HAUFE
ERBSCHAFT- UND SCHENKUNGSTEUERGESETZ
KOMMENTAR

HAUFE ERBSCHAFT- UND SCHENKUNGSTEUERGESETZ KOMMENTAR

herausgegeben von

Prof. Dr. iur. Michael Fischer
Dr. iur. Armin Pahlke
Dr. Thomas Wachter

Haufe-Lexware GmbH & Co. KG
Freiburg

Zitiervorschlag: Wachter, in F/P/W, ErbStG, 6. Auflage § 13a Rz. 10

Bibliografische Information der Deutschen Bibliothek
Die Deutsche Bibliothek verzeichnet diese Publikation in der Deutschen Nationalbibliografie; detaillierte bibliografische Daten sind im Internet über http://dnb.ddb.de abrufbar.

HAUFE ERBSTG-KOMMENTAR

ISBN 978-3-648-03990-8
Bestell-Nr. 03860-0006

6. Auflage 2017, © Haufe-Lexware GmbH & Co. KG – Ein Unternehmen der Haufe Gruppe

Anschrift
Haufe-Lexware GmbH & Co. KG
Munzinger Straße 9, 79111 Freiburg
Telefon: 07 61/8 98-0, Fax: 07 61/8 98-32 11
E-Mail: steuer-service@haufe.de, Internet: http://www.haufe.de/steuern

Kommanditgesellschaft, Sitz und Registergericht Freiburg HRA 4408
Komplementäre: Haufe-Lexware Verwaltungs GmbH
Sitz und Registergericht Freiburg HRB 5557;
Martin Laqua

Geschäftsführung: Isabel Blank, Markus Dränert, Jörg Frey, Birte Hackenjos, Markus Reithwiesner, Joachim Rotzinger, Dr. Carsten Thies
Beiratsvorsitzende: Andrea Haufe

USt-IdNr.: DE812398835

Produktmanagement: RA Dirk Paul Heimann
Redaktion: RA Dirk Paul Heimannn (V.i.S.d.P.), Elisabeth Burkard (Assistenz), Freiburg

Die Angaben entsprechen dem Wissensstand bei Redaktionsschluss am 20.2.2017. Alle Angaben/ Daten nach bestem Wissen, jedoch ohne Gewähr für Vollständigkeit und Richtigkeit. Dieses Werk sowie alle darin enthaltenen einzelnen Beiträge und Abbildungen sind urheberrechtlich geschützt. Jede Verwertung, die nicht ausdrücklich vom Urheberrechtsgesetz zugelassen ist, bedarf der vorherigen Zustimmung von Haufe-Lexware. Das gilt insbesondere für Vervielfältigungen, Bearbeitungen, Übersetzungen, Mikroverfilmungen, Auswertungen durch Datenbanken und für die Einspeicherung und Verarbeitung in elektronische Systeme.

Vorwort zur 6. Auflage

Mit der Neuauflage bringen wir das Werk auf den aktuellen Stand. Den notwendigen Änderungen des Erbschaftsteuer- und Schenkungssteuergesetzes, die aufgrund des BVerfG-Beschlusses vom 17.12.2014, 1 BvL 21/12, BVerfGE 138, 136, BStBl II 2015, 50 nötig waren, trägt das Gesetz zur Anpassung des Erbschaftsteuer- und Schenkungsteuergesetzes an die Rechtsprechung des Bundesverfassungsgerichts vom 4. November 2016 Rechnung. Diese Änderungen sind in der Neuauflage umfassend berücksichtigt. Dabei beschränkt sich die Darstellung nicht nur auf die Wiedergabe des jetzigen Rechtszustands; umfassend erörtert sind auch die durch die höchstrichterliche Rechtsprechung und Literatur diskutierten Anpassungs- und Fortentwicklungsmöglichkeiten.

Darüber hinaus haben wir das Werk auch in allen übrigen Teilen durchgehend aktualisiert und auf den Stand vom Februar 2017 gebracht. Es war unser Bemühen, Ihnen die jetzigen Rechtszustand und ihre Bedeutung für die Praxis umfassend aufzuzeigen.

Hinweise und Anregungen aus der Leserschaft sind uns stets willkommen.

Dem Steuerkommentar-Team von Haufe-Lexware danken wir für die engagierte und umsichtige Betreuung bei der vollständigen Neubearbeitung.

Erlangen, Gehrden und München, im März 2017

Die Herausgeber

Autorenverzeichnis

Dr. Bernhard ARLT, Steuerberater, München

Prof. Dr. Michael FISCHER, Friedrich-Alexander-Universität, Erlangen-Nürnberg

Dr. Hellmut GÖTZ, Rechtsanwalt, Steuerberater, Freiburg

Dr. Hans-Joachim HORN, Vorsitzender Richter am Finanzgericht, Niedersächsisches Finanzgericht, Hannover

Prof. Dr. Hagen KOBOR, Richter am Finanzgericht München, Privatdozent Universität Augsburg

Karlheinz KONRAD, Ministerialrat, Bayerisches Staatsministerium der Finanzen, für Landesentwicklung und Heimat, München

Hermann LÄNGLE, Ministerialrat, Finanzministerium Baden-Württemberg, Stuttgart

Dr. Armin PAHLKE, Richter am Bundesfinanzhof a.D., Gehrden

Dr. Thomas WACHTER, Notar, München

Inhaltsverzeichnis

Vorwort	I
Autorenverzeichnis	III
Inhaltsverzeichnis	IV
Abkürzungs- und Schrifttumsverzeichnis	VI
Einführung	1

ERSTER TEIL: Steuerpflicht (§§ 1–9)

§ 1	Steuerpflichtige Vorgänge	41
§ 2	Persönliche Steuerpflicht	49
§ 3	Erwerb von Todes wegen	73
§ 4	Fortgesetzte Gütergemeinschaft	199
§ 5	Zugewinngemeinschaft	205
§ 6	Vor- und Nacherbschaft	235
§ 7	Schenkungen unter Lebenden	253
§ 8	Zweckzuwendungen	389
§ 9	Entstehung der Steuer	395

ZWEITER TEIL: Wertermittlung (§§ 10–13d)

§ 10	Steuerpflichtiger Erwerb	425
§ 11	Bewertungsstichtag	479
§ 12	Bewertung	487
§ 13	Steuerbefreiungen	733
§ 13a	Steuerbefreiung für Betriebsvermögen, Betriebe der Land- und Forstwirtschaft und Anteile an Kapitalgesellschaften	783
§ 13b	Begünstigtes Vermögen	897
§ 13c	Verschonungsabschlag bei Großerwerben von begünstigtem Vermögen	1003
§ 13d	Steuerbefreiung für zu Wohnzwecken vermietete Grundstücke	1019

DRITTER TEIL: Berechnung der Steuer (§§ 14–19a)

§ 14	Berücksichtigung früherer Erwerbe	1031
§ 15	Steuerklassen	1071
§ 16	Freibeträge	1109
§ 17	Besonderer Versorgungsfreibetrag	1125
§ 18	Mitgliederbeiträge	1137
§ 19	Steuersätze	1141
§ 19a	Tarifbegrenzung beim Erwerb von Betriebsvermögen, von Betrieben der Land- und Forstwirtschaft und von Anteilen an Kapitalgesellschaften	1153

VIERTER TEIL: Steuerfestsetzung und Erhebung (§§ 20–35)

§ 20	Steuerschuldner	1161
§ 21	Anrechnung ausländischer Erbschaftsteuer	1181
§ 22	Kleinbetragsgrenze	1199
§ 23	Besteuerung von Renten, Nutzungen und Leistungen	1203
§ 24	Verrentung der Steuerschuld in den Fällen des 1 Abs. 1 Nr. 4	1215
§ 25	Besteuerung bei Nutzungs- und Rentenlast (aufgehoben)	1217
§ 26	Ermäßigung der Steuer bei Aufhebung einer Familienstiftung oder Auflösung eines Vereins	1221
§ 27	Mehrfacher Erwerb desselben Vermögens	1225
§ 28	Stundung	1233
§ 28a	Verschonungsbedarfsprüfung	1247
§ 29	Erlöschen der Steuer in besonderen Fällen	1287
§ 30	Anzeige des Erwerbs	1303
§ 31	Steuererklärung	1319
§ 32	Bekanntgabe des Steuerbescheides an Vertreter	1329
Anhang zu § 32		1335
§ 33	Anzeigepflicht der Vermögensverwahrer, Vermögensverwalter und Versicherungsunternehmen	1339
§ 34	Anzeigepflicht der Gerichte, Behörden, Beamten und Notare	1347
§ 35	Örtliche Zuständigkeit	1351

FÜNFTER TEIL: Ermächtigungs- und Schlussvorschriften (§§ 36–37a)

§ 36	Ermächtigungen	1355
§ 37	Anwendung des Gesetzes	1357
Anhang zu § 37	Art. 3 ErbStRG Art. 14 WachstBeschlG Art. 15 WachstBeschlG	1365
§ 37a	Sondervorschriften aus Anlass der Herstellung der Einheit Deutschlands	1371

Bilaterale Maßnahmen zur Vermeidung der Doppelbesteuerung auf dem Gebiet der Erbschaft- und Schenkungsteuern 1377
OECD-Musterabkommen (Erb) 1383
DBA-Griechenland 1393
DBA-Österreich 1395
DBA-Schweiz 1401
DBA-USA 1421
DBA-Schweden 1447
DBA-Dänemark 1457
DBA-Frankreich 1465

Stichwortverzeichnis 1485

Abkürzungs- und Schrifttumsverzeichnis

a. A.	anderer Ansicht
a. a. O.	am angegebenen Ort
AblEG	Amtsblatt der Europäischen Gemeinschaft
Abs.	Absatz
Abschn.	Abschnitt
AcP	Archiv für civilistische Praxis
a. E.	am Ende
AEAO	Anwendungserlass zur Abgabenordnung
ÄndG	Änderungsgesetz
AEUV	Vertrag über die Arbeitsweise der Europäischen Union
a. F.	alte Fassung
AG	Aktiengesellschaft
AktG	Aktiengesetz
Alt.	Alternative
amtl.	amtlich(e)
Amtsbl.	Amtsblatt
Amtshilfe RLUmsG	Amtshilferichtlinie-Umsetzungsgesetz
Anm.	Anmerkung
AO	Abgabenordnung
Art.	Artikel
AStG	Außensteuergesetz
Aufl.	Auflage
AÜG	Gesetz zur Regelung der gewerbsmäßigen Arbeitnehmerüberlassung
ausl.	ausländisch
AuslInvG	Auslandsinvestitionsgesetz
BauGB	Baugesetzbuch
BB	Betriebs-Berater (Zeitschrift)
BBiG	Berufsbildungsgesetz
Bd.	Band
BDSG	Bundesdatenschutzgesetz

BeitrRLUmsG	Beitreibungsrichtlinie-Umsetzungsgesetz
Beschl.	Beschluss
betr.	betreffend; betreffs
BetrAVG	Gesetz zur Verbesserung der betrieblichen Altersversorgung
BewDV	Durchführungsverordnung zum Bewertungsgesetz
BewG	Bewertungsgesetz
BfF	Bundesamt für Finanzen
BFH	Bundesfinanzhof
BFHE	Sammlung der Entscheidungen des Bundesfinanzhofs
BFH/NV	Sammlung der Entscheidungen des Bundesfinanzhofs mit allen amtlich und nicht amtlich veröffentlichten Entscheidungen
BGB	Bürgerliches Gesetzbuch
BGBl	Bundesgesetzblatt
BGH	Bundesgerichtshof
BGHSt	Entscheidungssammlung des Bundesgerichtshofs in Strafsachen
BGHZ	Entscheidungssammlung des Bundesgerichtshofs in Zivilsachen
Birnbaum	Die Begünstigung unternehmerischen Vermögens durch das Erbschaftsteuerreformgesetz, 2010
BauROG	Bau- und Raumordnungsgesetz
BMELV	Bundesministerium für Ernährung, Landwirtschaft und Verbraucherschutz
BMF	Bundesministerium der Finanzen
BNotO	Bundesnotarordnung
Boruttau	Kommentar zum Grunderwerbsteuergesetz, 17. Aufl., 2011
BR	Bundesrat
BRAO	Bundesrechtsanwaltsordnung
BRD	Bundesrepublik Deutschland
BR-Drs.	Bundesrats-Drucksache
BStBl	Bundessteuerblatt
BT	Bundestag
BT-Drs.	Bundestags-Drucksache
Buchst.	Buchstabe
BVerfG	Bundesverfassungsgericht
BVerfGE	Entscheidungssammlung des Bundesverfassungsgerichts
BVerfGG	Bundesverfassungsgerichtsgesetz

Abkürzungs- und Schrifttumsverzeichnis

BVerwG	Bundesverwaltungsgericht
BVerwGE	Entscheidungssammlung des Bundesverwaltungsgerichts
BWaldG	Bundeswaldgesetz
BZSt	Bundeszentralamt für Steuern
bzw.	beziehungsweise
Christ/ von Elsner	Betrieblich genutzte Immobilien nach der Erbschaftsteuerreform, 2010
Crezelius	Unternehmenserbrecht, 2. Aufl., 2009
Daragan/ Halaczinsky/ Riedel	Praxiskommentar ErbStG und BewG, 2. Aufl. 2012
DB	Der Betrieb (Zeitschrift)
DBA	Doppelbesteuerungsabkommen
ders.	derselbe
dgl.	dergleichen, desgleichen
d. h.	das heißt
DM	Deutsche Mark
DNotZ	Deutsche Notar-Zeitschrift
DStR	Deutsches Steuerrecht (Zeitschrift)
DStRE	Deutsches Steuerrecht Entscheidungsdienst (Zeitschrift)
DStZ	Deutsche Steuerzeitung (Zeitschrift)
DVR	Deutsche Verkehrsteuerrundschau (Zeitschrift)
EDV	Elektronische Datenverarbeitung
EFG	Entscheidungen der Finanzgerichte (Zeitschrift)
eG	eingetragene Genossenschaft
EG	Europäische Gemeinschaft
Einf.	Einführung
EinfG	Einführungsgesetz
Einl.	Einleitung
einschl.	einschließlich
Eisele	Erbschaftsteuerreform 2009, 2. Aufl., 2009
ErbbauRG	Erbbaurechtsgesetz

ErbSt	Erbschaftsteuer
ErbStDV	Erbschaftsteuer-Durchführungsverordnung
ErbStB	Der Erbschaftsteuerberater (Zeitschrift)
ErbStG	Erbschaftsteuergesetz
ErbStgb	Erbfolgebesteuerung (Zeitschrift)
ErbStH 2011	Hinweise zu den Erbschaftsteuerrichtlinien 2011 (BStBl 2011 Sondernummer 1/2011, 117 ff.)
ErbStR 2011	Erbschaftsteuer-Richtlinien 2011 (BStBl 2011 Sondernummer 1/2011, 1 ff.)
ErbStRG	Erbschaftsteuerreformgesetz
Erl.	Erlass
Ernst & Young/ Bundesverband der Deutschen Industrie e.V. (Hrsg.)	Die Erbschaftsteuerreform, 2009
EStG	Einkommensteuergesetz
etc.	et cetera
EU	Europäische Union
EuGH	Europäischer Gerichtshof
EuGHE	Entscheidungen des Europäischen Gerichtshofs
EUGrdRCh	Charta der Grundrechte der Europäischen Union
EUR	Euro
e.V.	eingetragener Verein
evtl.	eventuell
EWG	Europäische Wirtschaftsgemeinschaft
FA	Finanzamt
ff.	fortfolgende
f.	folgende
FG	Finanzgericht
FGO	Finanzgerichtsordnung
FinBeh	Finanzbehörde
FinMin	Finanzminister(ium)
FinSen	Finanzsenator
FinVerw.	Finanzverwaltung

Abkürzungs- und Schrifttumsverzeichnis

G	Gesetz
GBl	Gesetzblatt
GBO	Grundbuchordnung
GbR	Gesellschaft bürgerlichen Rechts
gem.	gemäß
GemS	Gemeinsamer Senat
GG	Grundgesetz
ggf.	gegebenenfalls
gl. A.	gleicher Ansicht
GmbH	Gesellschaft mit beschränkter Haftung
GmbHG	Gesetz betreffend die Gesellschaften mit beschränkter Haftung
GmbH-StB	Der GmbH-Steuer-Berater (Zeitschrift)
GmbHR	GmbH-Rundschau (Zeitschrift)
Götzenberger	Die neue Erbschaftsteuer, 2008
grds.	grundsätzlich
GrEStG	Grunderwerbsteuergesetz
GrS	Großer Senat
Gürsching/ Stenger	Bewertungsrecht BewG ErbStG, Kommentar (Loseblatt), Stand Januar 2012
GVBl	Gesetz- und Verordnungsblatt
Halaczinsky	Die Erbschaft- und Schenkungsteuererklärung, 2. Aufl., 2010
Halaczinsky/ Riedel	Das neue Erbschaftsteuerrecht, 2009
Handzik	Erbschaft- und Schenkungsteuer, 8. Aufl., 2012
Halbs.	Halbsatz
HausratsV	Hausratsverordnung
HFR	Höchstrichterliche Finanzrechtsprechung
HGB	Handelsgesetzbuch
h. M.	herrschende Meinung
Hübner	Erbschaftsteuerreform 2009, 2009
i. d. F.	in der Fassung
i. d. R.	in der Regel
ImmoWertV	Immobilienwertermittlungsverordnung

INF	Die Information für Steuerberater und Wirtschaftsprüfer
insbes.	insbesondere
i.S.d.	im Sinne des (der)
i.V.m.	in Verbindung mit
JbFSt	Jahrbuch der Fachanwälte für Steuerrecht
JStG	Jahressteuergesetz
Kapp/Ebeling	Erbschaftsteuer- und Schenkungsteuergesetz, Kommentar (Loseblatt), Stand September 2013
KG	Kommanditgesellschaft
KGaA	Kommanditgesellschaft auf Aktien
KÖSDI	Kölner Steuerdialog (Zeitschrift)
krit.	kritisch
KSchG	Kündigungsschutzgesetz
KStG	Körperschaftsteuergesetz
LG	Landgericht
Lit.	Literatur
LPartG	Lebenspartnerschaftsgesetz
LStDV	Lohnsteuer-Durchführungsverordnung
LwG	Landwirtschaftsgesetz
m.E.	meines Erachtens
Meincke	Meincke, Jens Peter, Erbschaftsteuergesetz, 16. Aufl., 2012
Mio.	Millionen
MitbestG	Mitbestimmungsgesetz
Moench/ Weinmann	Erbschaft- und Schenkungsteuergesetz, Kommentar (Loseblatt), Stand Januar 2014
Moench/ Hübner	Erbschaftsteuer, 3. Aufl., 2012
m.w.N.	mit weiteren Nachweisen

n. F.	neue Fassung
NJW	Neue Juristische Wochenschrift (Zeitschrift)
Nr./Nrn.	Nummer, Nummern
n. rkr.	nicht rechtskräftig
n. v.	nicht veröffentlicht
NWB	Neue Wirtschafts-Briefe (Zeitschrift)
o. a.	oben angeführt
o. Ä.	oder Ähnliches
OFD	Oberfinanzdirektion
o. g.	oben genannten
OHG	offene Handelsgesellschaft
OLG	Oberlandesgericht
Pahlke/Koenig	Abgabenordnung, 2. Aufl., 2009
Palandt	Kommentar zum bürgerlichen Gesetzbuch, 73. Aufl., 2014
Pauli/Maßbaum	Erbschaftsteuerreform 2009, 2009
PartG	Parteiengesetz
PfandBG	Pfandbriefgesetz
Preißer/Hegemann/Seltenreich	Erbschaftsteuerreform 2009, 2009
Preißer/Rödl/Seltenreich	Erbschaft- und Schenkungsteuer, 2. Aufl., 2013
PStR	Praxis Steuerstrafrecht (Zeitschrift)
qm	Quadratmeter
Rn.	Randnummer
RFH	Reichsfinanzhof
RG	Reichsgericht
RGBl	Reichsgesetzblatt
RGZ	Reichsgericht in Zivilsachen
rkr.	rechtskräftig
RL	Richtlinie (EU)

Rössler/Troll	Bewertungsgesetz, Kommentar (Loseblatt), Stand Oktober 2013
Rspr.	Rechtsprechung
RStBl	Reichssteuerblatt
Rz.	Randziffer
s.	siehe
S.	Satz, Seite
s. a.	siehe auch
ScheckG	Scheckgesetz
Schulte	Erbschaftsteuerrecht, 2010
SGB	Sozialgesetzbuch
Slg	Sammlung
s. o.	siehe oben
Sog.	sogenannte
StBerJb	Steuerberater-Jahrbuch
StEd	Steuer-Eildienst (Zeitschrift)
Steiner	Das neue Erbschaftsteuerrecht, 2009
StEK	Steuererlasse in Karteiform
StGB	Strafgesetzbuch
Stpfl.	Steuerpflichtiger, Steuerpflichtige
Stpfl.	steuerpflichtig
StraBEG	Gesetz über die strafbefreiende Erklärung (Strafbefreiungserklärungsgesetz – StraBEG)
StRK	Steuerrechtsprechung in Karteiform
StuW	Steuer und Wirtschaft
StVereinfG	Steuervereinfachungsgesetz
s. u.	siehe unten
T/G/J	Troll/Gebel/Jülicher, Erbschaftsteuer- und Schenkungsteuergesetz, Kommentar (Loseblatt), September 2013
Tiedtke	ErbStG; Erbschaftsteuer- und Schenkungsteuergesetz, Kommentar, 2009
Tz.	Textziffer
TzBefG	Gesetz über Teilzeitarbeit und befristete Arbeitsverträge
u. a.	unter anderen
u. Ä.	und Ähnliches

Abkürzungs- und Schrifttumsverzeichnis

UmwG	Umwandlungsgesetz
UmwStG	Umwandlungssteuergesetz
Urt.	Urteil
usw.	und so weiter
UVR	Umsatz- und Verkehrsteuerrecht (Zeitschrift)
u. U.	unter Umständen
v.	vom/von
VermG	Gesetz zur Regelung offener Vermögensfragen
vgl.	vergleiche
VerschG	Verschollenheitsgesetz
VersG	Versicherungsgesetz
v. H.	vom Hundert
V/K/S/W	Viskorf/Knobel/Schuck/Wälzholz, Erbschaftsteuer- und Schenkungsteuergesetz, Kommentar, 4. Aufl., 2012
Völkers/ Weinmann/ Jordan	Erbschaft- und Schenkungsteuerrecht, 3. Aufl., 2009
Vorbem.	Vorbemerkung(en)
VorstAG	Gesetz zur Angemessenheit der Vorstandsvergütung
VStG	Vermögensteuergesetz
VVG	Versicherungsvertragsgesetz
WachstBeschlG	Wachstumsbeschleunigungsgesetz
WertR	Wertermittlungsrichtlinien 2006
WG	Wechselgesetz
WEG	Wohnungseigentumsgesetz
Weinmann/ Roscher/ Wiegand	Die neue Erbschaftsteuer, Erstkommentierung zum Erbschaft- und Schenkungsteuergesetz, 2009
WertV	Wertermittlungsverordnung
Wilms	Erbschaft- und Schenkungsteuergesetz, Kommentar, (Loseblatt), Stand November 2013
WM	Wertpapier-Mitteilungen
WP	Wirtschaftsprüfer
WpHG	Gesetz über den Wertpapierhandel

WüD	Wiener Übereinkunft über diplomatische Beziehungen
WüK	Wiener Übereinkunft über konsularische Beziehungen
z.B.	zum Beispiel
Zerb	Zeitschrift für die Steuer- und Erbrechtspraxis (Zeitschrift)
ZEV	Zeitschrift für Erbrecht und Vermögensnachfolge (Zeitschrift)
Ziff.	Ziffer
ZIP	Zeitschrift für Insolvenz- und Wirtschaftsrecht (Zeitschrift)
ZIVIT	Zentrum für Informationsverarbeitung und Informationstechnik
ZPO	Zivilprozessordnung
ZSG	Zivilschutzgesetz
z.T.	zum Teil
ZVG	Gesetz über die Zwangsversteigerung und Zwangsverwaltung
zzt.	zurzeit

Einführung

Inhalt

		Rz.
1	Rechtsgrundlagen: Die Änderungen des ErbStRG im Überblick	1–3k
2	Wesen und Ausgestaltung der Erbschaftsteuer	4–29
2.1	Leistungsfähigkeitsprinzip	7
2.2	Grundrechtliche Bindungen	8–11
2.3	BVerfG-Urteil vom 17.12.2014: Verfassungswidrigkeit des ErbStRG	12–13a
2.3.1	Grundaussagen des BVerfG-Urteils	12a
2.3.2	Weitergeltung des bisherigen Rechts bis zum 30.6.2016	13–13a
2.4	Weitergeltung des bisherigen Rechts über den 30.6.2016 hinaus?	14–19
2.4.1	Rückwirkung einer gesetzlichen Neuregelung auf den 17.12.2014?	15–18
2.4.2	Vorläufige Festsetzung von Erbschaft- und Schenkungsteuer	19
2.5	Verschonungsübermaß bei Zuwendung von Familienheimen?	20–21
2.6	Alternativmodell flat-tax?	22–29
3	Verhältnis zu anderen Steuern	30–44
3.1	Verhältnis zur Einkommensteuer	31–34
3.2	Verhältnis zur Grunderwerbsteuer	35–44
4	Auslegung des ErbStG; Verhältnis zum Zivilrecht	45–59
5	Erbschaftsteuer und EU-Recht	60–94
5.1	Direkte Steuern und Grundfreiheiten	61
5.2	Dreistufige Prüfung der Grundfreiheiten	62–80
5.2.1	Schutzbereich	62a
5.2.2	Eingriff	63–67
5.2.3	Rechtfertigung	68–80
5.3	Freiheit des Kapitalverkehrs	81–85
5.3.1	Erbschaft und Schenkung als Kapitalverkehr	81–82
5.3.2	Die Bedeutung von Art. 63 AEUV	83–83a
5.3.3	Freiheit des Kapitalverkehrs und Drittstaaten	84–85
5.4	Niederlassungsfreiheit	86–94
6	Einzelregelungen und Grundfreiheiten	95–120
6.1	Allgemeines	95
6.2	Einzelnormen	96–120
6.2.1	Erweitert unbeschränkte Steuerpflicht (§ 2 Abs. 1 Nr. 1 Satz 2 Buchst. b ErbStG)	96–97
6.2.2	Nachlassverbindlichkeiten und beschränkte Steuerpflicht (§ 10 Abs. 6 Satz 2 ErbStG)	98
6.2.3	Bewertung (§ 12 ErbStG i. V. m. Bewertungsvorschriften des BewG)	99–101
6.2.4	Begünstigungsvorschriften	102–106
6.2.4.1	Begünstigung der Zuwendung eines Familienwohnheims (§ 13 Abs. 1 Nr. 4a–c ErbStG)	103

6.2.4.2	Zuwendungen an ausländische steuerbegünstigte Körperschaften (§ 13 Abs. 1 Nr. 16 Buchst. c ErbStG)	104–105
6.2.4.3	Steuerbefreiung nach § 13a ErbStG	106
6.2.5	Freibetrag bei beschränkter Steuerpflicht (§ 16 Abs. 2 ErbStG)	107
6.2.6	Anrechnung ausländischer Erbschaftsteuer (§ 21 ErbStG)	108
6.2.7	Mehrfacher Erwerb desselben Vermögens (§ 27 ErbStG)	109
6.2.8	Anzeigepflicht der Vermögensverwahrer (§ 33 ErbStG)	110–120
7	Erbschaftsteuer und Beihilfenrecht	121–124

1 Rechtsgrundlagen: Die Änderungen des ErbStRG im Überblick

1 Der Gesetzgeber hat mit dem **ErbStRG** in Teilen das ErbStG sowie das BewG neu geregelt. Er hat damit dem Beschluss des BVerfG v. 7.11.2006 (1 BvL 10/02, BStBl II 2007, 192) entsprochen, der die Anwendung des einheitlichen Steuertarifs (§ 19 Abs. 1 ErbStG a. F.) auf die sich nach § 12 ErbStG a. F. ergebenden unterschiedlichen Bemessungsgrundlagen als verfassungswidrig beanstandet und dem Gesetzgeber für eine Neuregelung eine Frist bis spätestens zum 31.12.2008 gesetzt hatte. Das ErbStRG ist am 1.1.2009 in Kraft getreten (Art. 6 Abs. 1 ErbStG). In begrenztem Umfang war eine rückwirkende Anwendung der durch das ErbStRG geänderten Vorschriften des ErbStG und BewG zugelassen (Art. 3 ErbStRG; dazu Anhang zu § 37 ErbStG Rz. 1 ff).

Kernpunkte des ErbStRG waren auf der Ebene des **ErbStG**

- die Neuregelung der **Wertermittlungsvorschriften** (§§ 10 und 12 ErbStG), wobei durch die Neufassung des § 12 ErbStG durch die Verweisung auf die Neuregelungen des BewG die Weichen für die Bewertung aller geschenkten bzw. vererbten Vermögenseinheiten mit dem gemeinen Wert gestellt werden;
- die Neuregelung der **Verschonungsnormen** nach §§ 13 bis 13c ErbStG. Von zentraler Bedeutung sind dabei die erweiterten Steuerbegünstigungen für Betriebsvermögen (§§ 13a und b ErbStG) sowie die neuartige Verschonungsregelung des § 13c ErbStG für den Erwerb zu Wohnzwecken vermieteter Grundstücke;
- die Erhöhung der **Freibeträge**, (§ 16 ErbStG)**Veränderungen des Steuertarifs** (§ 19 ErbStG) mit deutlichen Verschlechterungen in den Steuerklassen II und III;
- die weitgehende – mit Ausnahme der Steuerklasse – steuerliche Gleichbehandlung von Lebenspartnern i. S. d. LPartG mit Ehegatten (zu weiteren Änderungen durch das JStG 2010 vgl. Rz. 3a);
- die **Ausweitung der Steuerbefreiungen für Familienheime** u. a. auf Erwerbe von Todes wegen durch überlebende Ehegatten bzw. Lebenspartner sowie Kinder (§ 13 Abs. 1 Nrn. 4b und 4c ErbStG).

2 einstweilen frei

3 Daneben ist durch das ErbStRG das **BewG** in Teilen neu geregelt worden. Kernstück ist die Neuregelung der Bewertung von Grundbesitz, nicht notierten Anteilen an Kapitalgesellschaften und von Betriebsvermögen (§§ 157ff. BewG). Nach der Zielvorstellung des Gesetzgebers ist die Bewertung einheitlich am Bewertungsziel des gemeinen Werts ausgerichtet, sodass alle Vermögensklassen in Annäherungswerten an den gemeinen Wert erfasst werden sollen (BT-Drs. 16/7918, 41).

Das **WachstBeschlG** (v. 22.12.2009, BGBl I 2009, 3950) hat die Bedingungen der Unternehmensnachfolge durch erneute Änderung des § 13a sowie des § 19a ErbStG weiter verbessert. Ferner wurden die Steuersätze für Erwerber der Steuerklasse II durch Änderung des § 19 ErbStG herabgesetzt. Diese Vorschriften sind am 1.1.2010 in Kraft getreten (Art. 15 Abs. 3 WachstBeschlG; zur zeitlichen Geltung vgl. § 37 Abs. 1 ErbStG i.d.F. des WachstBeschlG). Soweit das aufgrund Art. 3 ErbStRG begründete Wahlrecht zur Anwendung des ErbStG i.d.F. des ErbStRG ausgeübt worden war, sind auch die durch das WachstBeschlG geänderten §§ 13a und 19a ErbStG anzuwenden (Art. 14 WachstBeschlG; zu Einzelheiten vgl. Anhang zu § 37). 3a

Weitere Nachbesserungen wurden durch das **JStG 2010** (v. 8.12.2010, BGBl I 2010, 1768) vorgenommen. Eingefügt wurden § 13b Abs. 2 S. 6 und 7 ErbStG n.F., durch die die Berechnung der Verwaltungsvermögensquote neu geregelt und ferner der Begünstigungsumfang für sog. junges Verwaltungsvermögen bei Kapitalgesellschaften präzisiert wurde; gleichzeitig wurde § 13b Abs. 3 S. 2 ErbStG a.F. aufgehoben. Weitere Änderungen durch das JStG 2010 betreffen die **Erwerbe eingetragener Lebenspartner**. Während sich das ErbStRG noch auf eine partielle Gleichstellung von Ehegatten und eingetragenen Lebenspartnern beschränkt hatte, sind letztere nunmehr vollumfänglich den Ehegatten gleichgestellt. Diese Gleichstellung erstreckt sich jetzt auch auf die Steuerklasse (§ 15 Abs. 1 Nr. 1 I Nr. 1 und II Nr. 7 ErbStG n.F.), die Freibeträge (§ 16 Abs. 1 Nr. 1 ErbStG n.F.; gleichzeitig wurde § 16 Abs. 1 Nr. 6 ErbStG a.F. aufgehoben) und den besonderen Versorgungsfreibetrag (§ 17 Abs. 1 S. 1 ErbStG n.F.). Der Gesetzgeber ist damit auch der ihm vom BVerfG (v. 21.7.2010, 1 BvR 611/07 und 1 BvR 2464/07, BFH/NV 2010, 1985) aufgegebenen verfassungskonformen Neuregelung des ErbStG bis zum 31.12.2010 nachgekommen. 3b

Durch das **StVereinfG 2011** (v. 1.11.2011, BGBl I 2011, 2131; dazu die Überblicksdarstellung von *Halaczinsky*, UVR 2011, 342) wurden § 13a Abs. 1a und 2a sowie § 37 Abs. 6 ErbStG eingefügt und § 13b Abs. 2 S. 3 ErbStG geändert. Zur zeitlichen Geltung vgl. § 37 Abs. 6 ErbStG. Im BewG wurde durch Anfügung des § 153 Abs. 2 S. 3 und 4 BewG eine Erklärungspflicht der Erbbauberechtigten begründet. Aufgrund des neu eingefügten § 154 Abs. 1 Nr. 3 BewG sind auch Schuldner der Erbschaft- und Schenkungsteuer am Feststellungsverfahren beteiligt. Die Änderungen des BewG sind auf Bewertungsstichtage nach dem 30.6.2011 anzuwenden. 3c

Zahlreiche Neuregelungen sind durch das **BeitrRLUmsG** (v. 7.12.2011, BGBl I 2011, 259; dazu die Überblicksdarstellung von *Schulte/Sedemund*, BB 2011, 2080) erfolgt, mit dem der Begriff der **beschränkten Steuerpflicht** eingeführt (vgl. § 2 Abs. 1 ErbStG) und zugleich durch Einfügung des **§ 2 Abs. 3 ErbStG** entsprechend den EG-rechtlichen Vorgaben eingeschränkt wurde. Ein beträchtliches Echo hat die Einfügung des neuen **§ 7 Abs. 8 und § 15 Abs. 4 ErbStG** ausgelöst, mit denen **Schenkungen im Zusammenhang mit Beteiligungen an Kapitalgesellschaften** eine gesetzliche Regelung erfahren haben. Zur zeitlichen Geltung dieser Neuregelungen vgl. § 37 Abs. 7 ErbStG. 3d

Im **BewG** haben vornehmlich die Bewertungsregelungen für unbebaute Grundstücke (§ 145 Abs. 3 S. 1, § 179 S. 4 BewG), in Erbbaurechtsfällen (§ 192 S. 2 BewG) sowie insbesondere die Anlage 24 zu § 190 Abs. 1 S. 4 und 5 BewG Änderungen erfahren (zum Inkrafttreten vgl. § 205 Abs. 3 und 4 BewG).

3e Nach § 1519 BGB – eingefügt durch das **Gesetz zu dem Abkommen zwischen der Bundesrepublik und der Französischen Republik** v. 4.2.2010 (v. 15.3.2012, BGBl I 2012, 178) – können Ehegatten durch Ehevertrag den Güterstand der **Wahl-Zugewinngemeinschaft** begründen. Hierzu stellt der ebenfalls durch das vorstehende Gesetz eingefügte § 5 Abs. 3 ErbStG klar, dass die bei Beendigung dieses Güterstandes entstehende Ausgleichsforderung nicht der Erbschaftsteuer unterliegt.

3f Durch das **AmtshilfeRLUmsG** (v. 26.6.2013, BGBl I 2013, 1809) wurden § 13a Abs. 1 S. 4, Abs. 4 S. 5 sowie § 13b Abs. 2 S. 3 und 7 ErbStG geändert und § 13b Abs. 2 S. 2 Nr. 4a ErbStG eingefügt. Durch diese Regelungen sind, bezogen auf Beschäftigte von Beteiligungsgesellschaften, Änderungen bei der Lohnsummenregelung eingetreten. Der Schwerpunkt der Neuregelung liegt in der Erweiterung des schädlichen Verwaltungsvermögens durch § 13 Abs. 2 S. 2 Nr. 4a ErbStG, der auf die Beseitigung der sog. cash-GmbH zielt; schließlich ist eine Folgeänderung zum jungen Verwaltungsvermögen (§ 13b Abs. 2 S. 3 ErbStG) erfolgt (vgl. dazu die Überblicksdarstellungen z. B. von *Hannes*, DStR 2013, 1417; *Klöpping/Weichhaus*, BB 2013, 2396; *Weber/Schwind*, ZEV 2013, 369).

3g Durch das „Gesetz zum internationalen Erbrecht und zur Änderung von Vorschriften zum Erbschein sowie zur Änderung sonstiger Vorschriften" (v. 29.6.2015, BGBl I 2015, 1042) wurde als Folgeänderung zu dem durch dieses Gesetz eingeführten **Europäischen Nachlasszeugnis** die Anzeigepflicht der Gerichte und Notare durch Ergänzung des § 34 Abs. 2 Nr. 2 ErbStG sowie durch Einfügung des § 7 Abs. 1 Nr. 2a ErbStDV auf dieses Nachlasszeugnis ausgedehnt (zur erstmaligen Anwendung vgl. § 37 Abs. 9 ErbStG sowie § 12 Abs. 4 ErbStDV).

3h Durch das **StÄndG 2015** (v. 2.11.2015, BGBl I 2015, 1834) wurde die Steuerbefreiung nach § 13 Nr. 16 Buchst. b und c ErbStG und ferner der Inhalt der Anzeige nach § 30 Abs. 4 Nr. 1 ErbStG um die Angabe der Identifikationsnummer (§ 139b AO) ergänzt; zur erstmaligen Anwendung vgl. § 37 Abs. 10 ErbStG. Geändert wurde ferner das **BewG**: Durch Anfügung des § 97 Abs. 1b S. 2 BewG werden nunmehr bei der Wertermittlung von Anteilen an Kapitalgesellschaften auch Regelungen berücksichtigt, die sich auf den Wert der Anteile auswirken (zur erstmaligen Anwendung § 205 Abs. 8 BewG). Neu gefasst wurde auch § 154 Abs. 1 Nr. 3 BewG, so dass nunmehr auch die Gesamtschuldner Beteiligte des Feststellungsverfahrens sind (zur erstmaligen Anwendung § 205 Abs. 9 BewG). Schließlich wurde das Sachwertverfahren durch Änderung der §§ 190, 195 Abs. 2 Sätze 4 und 5 sowie der Anlagen 22, 24 und 25 BewG an die Sachwertrichtlinie angepasst (zur erstmaligen Anwendung § 205 Abs. 10 BewG).

3i Bereits mit Urteil vom 17.12.2014 hat das BVerfG mit Gesetzeskraft (§ 31 Abs. 2 BVerfGG) entschieden, dass §§ 13a und 13b jeweils i. V. m. § 19 Abs. 1 ErbStG mit Art. 3 Abs. 1 GG unvereinbar sind. Das bisherige Recht ist bis zu einer Neuregelung, die der Gesetzgeber bis spätestens zum 30.6.2016 zu treffen hat, weiter anwendbar (dazu näher Rz. 13 ff.). Diese Neuregelung ist durch das Gesetz vom

9.11.2016 (Gesetz zur Anpassung des Erbschaftsteuer- und Schenkungsteuergesetz an die Rechtsprechung des Bundesverfassungsgerichts vom 04.11.2016, BGBl I 2016, 2464) erfolgt.

Große praktische Bedeutung kommt schließlich den **ErbStR 2011** sowie den amtlichen Hinweisen **(ErbStH) 2011** v. 19.11.2011 (Hinweise zu den ErbStR 2011 v. 19.12.2011, BStBl I 2011 Sondernummer 1/2011, zuletzt geändert durch gleichlautende Erlasse v. 23.2.2015, BStBl I 2015, 264; zu Einzelheiten vgl. die Überblicksdarstellungen von *Schmidt/Schwind*, NWB 2011, 3512 ff.; *Halaczinsky*, ErbStB 2012, 44 ff.; *Eisele*, NWB 2012, 96 ff., 373 ff.; *Eisele*, ZEV 2012, 17; *Mannek*, ZEV 2012, 6 ff.; *Viskorf/Haag*, DStR 2012, 219 ff.; *Höne*, UVR 2012, 49 ff.) zu. Diese sind im Amtlichen Erbschaftsteuer-Handbuch 2013 (Hrsg. vom BMF, 2013) zusammengestellt. Diese ersetzen die veralteten ErbStR bzw. ErbStH 2003 sowie die seitdem ergange nen zahlreichen Verwaltungserlasse (vgl. dazu die Nachweise in ErbStR 2011 und ErbStH 2011). Die ErbStR 2011 und ErbStH 2011 sowie auch alle sonstigen Verwaltungserlasse entfalten Bindungswirkung allein für die FinVerw. Für die Gerichte sind sie nicht bindend.

3j

Die **zeitliche Geltung** der ErbStR 2011 und ErbStH 2011 ist dahin bestimmt, dass sie auf alle Erwerbe anzuwenden sind, für die Steuer nach dem **2.11.2011** entstanden ist oder entsteht. Die ErbStR 2011 gelten ferner auch für Erwerbsfälle, für die die Steuer vor dem 3.11.2011 entstanden ist, soweit sie geänderte Vorschriften des ErbStG und des BewG betreffen, die vor dem 3.11.2011 anzuwenden sind (vgl. ErbStR 2011 unter I. [Einführung] Abs. 2). Gegen diese rückwirkende Geltung werden Bedenken unter dem Gesichtspunkt des **Vertrauensschutzprinzips** erhoben, soweit sich im Vergleich zu den früheren Verwaltungsvorschriften für Steuerpflichtige nachteilige Steuerfolgen ergeben können (so *Schmidt/Schwind*, NWB 2011, 3512/3514; differenzierend *Höne*, UVR 2012, 49ff.). Diese Bedenken entbehren jedoch einer tragfähigen Grundlage, weil sich aus Verwaltungsvorschriften keine besondere Vertrauenssituation zwischen FA und Steuerpflichtigem ergeben kann (z.B. BFH v. 23.10.2003, V R 24/00, BStBl II 2004, 89 m.w.N.; *Tipke/Kruse*, § 4 AO Rz. 136).

3k

2 Wesen und Ausgestaltung der Erbschaftsteuer

Die nach dem ErbStG erhobene Erbschaft- und Schenkungsteuer erfasst den **außerordentlichen Vermögenszugang beim Erwerber**. Gegenstand der Besteuerung ist zunächst der unentgeltliche Übergang von Vermögen von Todes wegen. Die Schenkungsteuer – sie ist der Erbschaftsteuer gem. § 1 Abs. 2 ErbStG grundsätzlich gleichgestellt – besteuert den Vermögensanfall unter Lebenden. Damit soll zwar eine Umgehung der Erbschaftsteuer durch eine vorweggenommene Erbfolge ausgeschlossen werden; die Besteuerung erfolgt aber – unabhängig davon, ob ein Erbfall vorweggenommen wird oder nicht – allein deswegen, weil es wie im Erbfall zu einem unentgeltlichen Übergang von Vermögen kommt. Neben diese klassischen Steuergegenstände der Erbschaft- und Schenkungsteuer ist seit der Erbschaftsteuerreform des Jahres 1974 die **Ersatzerbschaftsteuer** (§ 1 Abs. 1 Nr. 4 ErbStG) getreten. Sie unterwirft das Vermögen von Familienstiftungen oder Familienvereinen im Turnus von 30 Jahren der Erbschaftsteuer. Ihrer *formalen Ausgestaltung* nach ist die Erb-

4

schaft- und Schenkungsteuer eine **Verkehrsteuer** (BFH v. 7.11.2007, II R 28/06, BStBl II 2008, 258; BFH v. 30.11.2011, II B 60/11, BFH/NV 2012, 580 m. w. N.; krit. z. B. *Seer*, in Tipke/Lang, 22. Aufl. 2015, § 15 Rz. 3), wobei ihr Steuerzugriff vornehmlich (insbesondere in §§ 3 bis 9 ErbStG) an die **zivilrechtlichen** Vorgegebenheiten des Vermögensübergangs anknüpft. Diese Regelungstechnik hat Auswirkungen auf die Auslegung des ErbStG (vgl. dazu Rz. 45 ff.).

5 Nach ihrer *Erhebungsform* ist die Erbschaftsteuer eine **Erbanfallsteuer** (BVerfG v. 22.6.1995, 2 BvR 552/91, BStBl II 1995, 671/673; BVerfG v. 7.11.2006, 1 BvL 10/02, BStBl II 2007, 192/202; BVerfG v. 30.10.2010, 1 BvR 3196/09, 1 BvR 3197/09, 1 BvR 3198/09, BFH/NV 2011, 399). Als solche erfasst sie die Bereicherung, die dem einzelnen Erwerber aufgrund des Erbfalls bzw. der Schenkung zufließt. Als alternative Erhebungsform käme an sich auch die Versteuerung des Nachlasses selbst in Betracht. Eine solche Nachlasssteuer würde unmittelbar den gesamten Nachlass entsprechend seinem Wert belasten. Die Umgestaltung des ErbStG zur Erhebung einer Nachlasssteuer ist zwar immer wieder erwogen (z. B. BT-Drs. 13/4839, 627), letztlich jedoch verworfen worden.

6 Die Erbschaft- und Schenkungsteuer ist eine **Landessteuer**. Die Verwaltungs- und Ertragshoheit steht den einzelnen Bundesländern zu (Art. 106 Abs. 2 Nr. 2 GG, Art. 108 Abs. 2 S. 1 GG). Die **Gesetzgebungskompetenz des Bundes** für das ErbStG folgt aus Art. 105 Abs. 2 i. V. m. Art. 72 Abs. 2 GG (BVerfG v. 17.12.2014, 1 BvL 21/12, BStBl II 2015, 50 Tz. 107 ff; vgl. auch BT-Drs. 16/7918, 44; anders z. B. *Wernsmann*, FR 2007, 829). Dies hat das BVerfG zwar explizit nur im Hinblick auf die Kompetenz des Bundes für die Verschonungsregelungen nach §§ 13 a und 13 b ErbStG ausgesprochen. Die für die Gesetzgebungskompetenz des Bundes ausschlaggebende Erwägung einer andernfalls drohenden Rechtszersplitterung durch unterschiedliche ländergesetzliche Regelungen und eines dadurch bedingten Koordinierungs- und Administrierungsaufwands zur Vermeidung von Doppelbelastungen – man denke nur an erforderliche Doppelbesteuerungsabkommen auf Ebene der Bundesländer – gilt jedoch für die Gesamtmaterie des Erbschaft- und Schenkungsteuerrechts.

2.1 Leistungsfähigkeitsprinzip

7 Ihre Rechtfertigung findet die Erbschaft- und Schenkungsteuer letztlich im Leistungsfähigkeitsprinzip (BT-Drs. VII/3418, 59; BT-Drs. 13/4839, 62; BVerfG v. 22.6.1995, 2 BvR 552/91, BStBl II 1995, 671, 673; BVerfG v. 7.11.2006, 1 BvL 10/02, BStBl II 2007, 192, 202 f.), dem allerdings für die konkrete Ausgestaltung der Erbschaftsteuer – abgesehen von den nachfolgenden verfassungsrechtlichen Maßgaben – nur vage Leitlinien zu entnehmen sind. Eine den Steuerzugriff begrenzende Wirkung kann das Leistungsfähigkeitsprinzip allerdings von vornherein nicht entfalten, wenn der Gesetzgeber bei der Ausgestaltung des ErbStG durch **Verschonungsregelungen** in verfassungsrechtlich zulässiger Weise außerfiskalische Förderungs- und Lenkungsziele verfolgt (dazu BVerfG v. 7.11.2006, 1 BvL 10/02, BStBl II 2007, 192/202; missverständlich insoweit BFH v. 5.10.2011, II R 9/11, BStBl II 2012, 29, 30).

2.2 Grundrechtliche Bindungen

Spezifische verfassungsrechtliche Grenzen der Erbschaftsteuer ergeben sich zunächst aus der **Erbrechtsgarantie** (Art. 14 Abs. 1 S. 1 Alt. 2 GG), die insbesondere in Gestalt der Testierfreiheit und des Verwandtenerbrechts die Eigentumsgarantie (Art. 14 GG) ergänzt (BVerfG v. 21.7.2010, 1 BvR 611/07, 1 BvR 2464/07, BFH/NV 2010, 1985; BVerfG v. 30.10.2010, 1 BvR 3196/09, 1 BvR 3197/09, 1 BvR 3198/09, BFH/NV 2011, 399). Zwar verstößt die Erbschaftsteuer als solche nicht gegen die verfassungsrechtliche Garantie des Erbrechts (BVerfG v. 7.4.2015, 1 BvR 1432/10, ZEV 2015, 426). Schon in seinen Beschlüssen vom 22.6.1995 (BVerfG v. 22.6.1995, 2 BvR 552/91, BStBl II 1995, 671, 673; v. 22.6.1995, 2 BvL 37/91, BStBl II 1995, 655; vgl. auch BVerfG v. 30.10.2010, 1 BvR 3196/09, 1 BvR 3197/09, 1 BvR 3198/09, BFH/NV 2011, 399; BVerfG v. 7.4.2015, 1 BvR 1432/10, 426) hat das BVerfG jedoch dem Zugriff durch die Erbschaftsteuer spezifische Grenzen gesetzt: Die Erbschaftsteuer mindert für den Steuerpflichtigen den Wert seines Erbes. Ihre Ausgestaltung und Bemessung muss den grundlegenden Gehalt der Erbrechtsgarantie, zu dem die Testierfreiheit und das Prinzip des Verwandtenerbrechts gehören, wahren. Die Steuerbelastung darf daher das Vererben vom Standpunkt eines wirtschaftlich denkenden Eigentümers nicht als ökonomisch sinnlos erscheinen lassen. Zudem darf die Testierfreiheit des Erblassers auch nicht durch eine ausschließlich an die Erben adressierte Erbschaftsteuer ausgehöhlt werden (BVerfG v. 30.10.2010, 1 BvR 3196/09, 1 BvR 3197/09, 1 BvR 3198/09, BFH/NV 2011, 399). Beurteilungsgrundlage für diese verfassungsrechtliche Grenzlinie ist bei der Erbschaftsteuerbelastung grundsätzlich der **gesamte Nachlass** des jeweiligen Erben und die **gesamte hierauf ruhende Steuerlast** (BVerfG v. 7.4.2015, 1 BvR 1432/10, ZEV 2015, 426).

8

Eine darüber hinausgehende Begrenzung des Erbschaft- und Schenkungsteuerrechts durch den sog. **Halbteilungsgrundsatz** (dazu BVerfG v. 22.6.1995, 2 BvL 37/91, BStBl II 1995, 655, 661; BVerfG v. 18.1.2006, 2 BvR 2194/99, DStR 2006, 555) besteht jedoch **nicht**. Dieser Grundsatz ist auf die spezifische Belastungssituation bei der (inzwischen weggefallenen) Vermögensteuer beschränkt und kann nicht i. S. einer Belastungsobergrenze auf die Belastung mit Erbschaft- und Schenkungsteuer angewendet werden (BFH v. 27.3.2006, II B 161/05, BFH/NV 2006, 1301).

8a

Nicht abschließend geklärt ist, ob und ggf. mit welchen Maßgaben sich aus Grundrechten (insb. Art. 3 Abs. 1 und Art. 14 GG) ein Anspruch auf die erbschaft- und schenkungsteuerliche **Verschonung des Übergangs von Betriebsvermögen** ergibt. In dieser Frage lässt sich der **Rechtsprechung des BVerfG** keine klare Linie entnehmen.

8b

Das **BVerfG (2. Senat)** hatte in seinem Beschluss vom 22.6.1995 (BVerfG v. 22.6.1995, 2 BvR 552/91, BStBl II 1995, 671, 673) aus Art. 3 Abs. 1 GG die Forderung abgeleitet, bei der Gestaltung der Steuerlast auf die **verminderte Leistungsfähigkeit** bei den Erben bestimmter **Unternehmen** – namentlich mittelständischer Betriebe – Rücksicht zu nehmen. Aufgrund der gesteigerten rechtlichen Bindungen dieser Betriebe entspreche der vom Erben durch den Erbfall erworbene Vermögenszuwachs nicht voll der durch den Betrieb entgegengenommenen finanziellen Leistungsfähigkeit. Die Milderung des Steuerzugriffs sollte sich allerdings auf **Erwerber von Betriebsvermögen** beschränken, die den Betrieb **weiterführen** (BVerfG v.

8c

22.6.1995, 2 BvR 552/91, BStBl II 1995, 671, 674). Diese Erwerber haben jedenfalls dem Grundsatz nach einen **grundrechtlich fundierten Verschonungsanspruch** (dazu *Kirchhof*, DStR 2015, 1473 m.w.N.; *Pahlke*, ZEV 2015, 377).

8d **Unklar** ist, ob auch der 1. Senat des BVerfG diese Auffassung teilt. Dieser hatte sich schon in seinem Beschluss v. 7.11.2006 (1 BvL 10/02, BStBl II 2007, 192) einer klaren Stellungnahme zu dieser Problematik enthalten. Ob sich der 1. Senat des BVerfG in seinem Urteil vom 17.12.2014 (1 BvL 21/12, BStBl II 2015, 50) von dieser für die Besteuerung der Unternehmensnachfolge grundlegenden Weichenstellung distanziert, bleibt letztlich unklar. Das BVerfG-Urteil v. 17.12.2014 weist zwar darauf hin, der Gesetzgeber habe mit den erbschaft- und schenkungsteuerlichen Befeiungen und Verschonungen „in weitem Umfang Vorgaben der Rechtsprechung des Bundesverfassungsgerichts unter anderem aus Art. 14 Abs. 1 GG und Art. 6 Abs. 1 GG Rechnung getragen" (BVerfG, a.a.O., Tz. 169). Ob jedoch der Gesetzgeber diese Vorgaben auch zukünftig zu beachten hat, ist dem BVerfG-Urteil v. 17.12.2014 nicht mit hinreichender Klarheit zu entnehmen. Dies ist schon wegen der fundamentalen Bedeutung, die dieser Frage für die Ausgestaltung des ErbStG zukommt, höchst misslich. Sollte jedenfalls eine Verschonung beim Erwerb von Betriebsvermögen in gewissem Umfang verfassungsgeboten sein, so könnte die Ausgestaltung der entsprechenden Verschonungsregelungen jedenfalls nicht an den vom 1. Senat des BVerfG herausgestellten Verfassungsmaßstäben zur Zulässigkeit außerfiskalischer Förderungs- und Lenkungsziele ausgerichtet werden. Denn derartige Förder- und Lenkungsziele verlangen notwendig einen entsprechenden Entscheidungsspielraum des Gesetzgebers, der diesem im Umfang einer verfassungsrechtlich gebotenen Verschonung gerade fehlt.

8e Die Frage einer möglichen – in ihren Konturen nicht abschließend geklärten – Fundierung der Verschonung des Übergangs von Betriebsvermögen bleibt zwar ohne praktische Bedeutung, sofern es der Gesetzgeber in den vom BVerfG-Urteil vom 17.12.2014 aufgezeigten Grenzen beim jetzigen Verschonungskonzept belässt. Die Frage würde aber virulent, wenn sich der Gesetzgeber zu einer grundsätzlichen Neukonzeption des ErbStG etwa in Richtung eines flat-tax-Modells (dazu Rz. 22 ff.) entschließen würde oder wenn das BVerfG nach fruchtlosem Verstreichen der dem Gesetzgeber bis zum 30.6.2016 gesetzten Neuregelungsverpflichtung ein eigenes Übergangsrecht schaffen müsste (dazu Rz. 14). Das BVerfG müsste in diesem Fall Farbe bekennen, ob das ErbStG auch ohne Verschonungsregelung für den Übergang von Betriebsvermögen vorläufig (bis zu einer gesetzlichen Neuregelung) Bestand haben könnte.

9 Zentrale Bedeutung hat das in Art. 3 Abs. 1 GG verankerte Gebot der **Besteuerungsgleichheit**. Im Grundsatz müssen Steuerpflichtige durch ein Steuergesetz rechtlich und tatsächlich gleichmäßig belastet werden. Der Gesetzgeber hat jedoch einen weitreichenden Entscheidungsspielraum bei der Auswahl des Steuergegenstands und der Bestimmung des Steuersatzes (zuletzt BVerfG v. 7.4.2015, 1 BvR 1432/10, ZEV 2015, 426 m.w.N.). Bereits in seinem Beschluss v. 22.6.1995 (2 BvR 552/91, BStBl II 1995, 671, 673; zuletzt BVerfG v. 7.4.2015, 1 BvR 1432/10, ZEV 2015, 426) hatte der 2. Senat des BVerfG aus Art. 3 Abs. 1 GG hergeleitet, dass der Gesetzgeber eine einmal getroffene Belastungsentscheidung folgerichtig mit dem

Ziel gleichmäßiger Belastung umzusetzen hat (Gebot der Folgerichtigkeit). Abweichungen bedürfen eines die Ungleichbehandlung rechtfertigenden besonderen Grundes. Die Anforderungen an den Rechtfertigungsgrund steigen mit Umfang und Ausmaß der Abweichung (BVerfG v. 17.12.2014, 1 BvL 21/12, BStBl II 2015, 50). Dieser verfassungsrechtlichen Vorgabe hatte der Gesetzgeber durch das JStG 1996 – insbesondere mit der Einführung der Bedarfsbewertung (§§ 138ff. BewG a.F.) sowie durch eine Entlastung des Betriebsvermögens (§ 13a und § 19a ErbStG a.F.) – Rechnung zu tragen versucht.

Aufbauend auf dem Gebot der Folgerichtigkeit hat sodann der 1. Senat des BVerfG in seinem Beschluss v. 7.11.2006 (1 BvL 10/02, BStBl II 2007, 192, 201 ff.) den Gesetzgeber dazu verpflichtet, bei einer Erhebung der Erbschaftsteuer auf den Wert des Erwerbs nach einheitlichen Steuersätzen (§ 19 Abs. 1 ErbStG) die Wertermittlung einheitlich am gemeinen Wert als dem maßgeblichen Bewertungsziel auszurichten (dazu *Birk*, DStR 2009, 877). **9a**

Dazu hat das BVerfG eine „**Stufenlehre**" zur verfassungskonformen Ausgestaltung des ErbStG entwickelt. Auf der **ersten Stufe** ist der Gesetzgeber zu einer Bewertung des anfallenden Vermögens verpflichtet, die die Werte in ihrer Relation realitätsgerecht abbildet. Erst darauf aufbauend kann der Gesetzgeber – auf der **zweiten Stufe** – bei der Ermittlung der Bemessungsgrundlage steuerliche Lenkungsziele durch Belastungs- und Verschonungsregelungen verwirklichen. Beide Ebenen bedürfen der strikten Trennung; die Verfolgung außerfiskalischer Förderungs- und Lenkungsziele auf der Bewertungsebene ist verfassungswidrig (BVerfG v. 7.11.2006, 1 BvL 10/02, BStBl II 2007, 192, 201 ff.; ebenso jetzt auch BVerfG v. 23.6.2015, 1 BvL 13/11 und 14/11, DStR 2015, 1678 für § 8 Abs. 2 GrEStG). **9b**

Hiervon ausgehend müssen (auf der ersten Stufe) die angewendeten **Bewertungsmethoden** zum Bewertungsstichtag die jeweiligen Werte in ihrer Relation realitätsgerecht ermitteln und insbesondere der Bewertung des Grundbesitzes im Verhältnis zu anderem Vermögen – insbesondere Kapitalvermögen – gegenwartsnahe Werte zugrunde legen. Diesen verfassungsrechtlichen Vorgaben hat der Gesetzgeber durch die neuen Bewertungsregelungen in §§ 157 ff. BewG zu entsprechen versucht. **9c**

Das auf der zweiten Stufe angesiedelte Verschonungskonzept für den Übergang betrieblichen Vermögens (§§ 13a und 13b ErbStG) hat das BVerfG mit Urteil vom 17.12.2014 (1 BvL 21/12, BStBl II 2015, 50) für verfassungswidrig erklärt (dazu Rz. 12 ff.). Der auf Art. 3 Abs. 1 GG fußende Begründungsansatz des BVerfG greift allerdings nicht auf das Folgerichtigkeitsgebot zurück, sondern orientiert sich an der für den allgemeinen Gleichheitssatz (Art. 3 Abs. 1 GG) entwickelten Gleichheitsrechtsdogmatik und dem insoweit zentralen Verhältnismäßigkeitsprinzip (dazu auch *Schüler-Täsch/ Schulze*, DStR 2015, 1137(1140)).

Das aus Art. 3 Abs. 1 GG herzuleitende Prinzip der Gleichmäßigkeit der Besteuerung erfährt eine gewisse Relativierung unter dem Gesichtspunkt der **Typisierung und Pauschalierung**. Steuergesetze müssen aus Gründen der Praktikabilität notwendig typisieren und dabei in weitem Umfang die Besonderheiten des Einzelfalls vernachlässigen. Allerdings müssen die steuerlichen Vorteile der Typisierung im rechten Verhältnis zu der mit der Typisierung notwendig verbundenen Ungleichheit der steuerlichen Belastung stehen (vgl. z.B. BVerfG v. 15.1.2008, 1 BvL 2/04, **9d**

BVerfGE 120, 1 Tz. 116; BVerfG v. 7.4.2015, 1 BvR 1432/10, ZEV 2015, 426 m.w.N.). Diese Grundsätze gelten auch für die Ausgestaltung des ErbStG. Gründe der Typisierung und Pauschalierung rechtfertigen nach Meinung des BVerfG die kumulative Belastung mit latenter Erbschaft- und Schenkungsteuer sowie Einkommensteuer bei der Vererbung von Zinsansprüchen (vgl. Rz. 34).

10 Grundrechtliche Umgrenzungen des Erbschaftsteuerrechts entnimmt das BVerfG (BVerfG v. 22.6.1995, 2 BvR 552/91, BStBl II 1995, 671, 673) auch dem **Schutz von Ehe und Familie** (Art. 6 Abs. 1 GG). Dem Gesetzgeber sind durch ein in Art. 14 Abs. 1 i.V.m. Art. 6 Abs. 1 GG verankertes „**Familienprinzip**" (BVerfG v. 21.7.2010, 1 BvR 611/07, 1 BvR 2464/07, BFH/NV 2010, 1985; BVerfG v. 30.10.2010, 1 BvR 3196/09, 1 BvR 3197/09, 1 BvR 3198/09, BFH/NV 2011, 399; vgl. auch BFH v. 3.6.2014, II R 45/12, BStBl II 2014, 806) Schranken für die steuerliche Belastung des Vermögensübergangs auf Familienangehörige gesetzt. Die familiäre Verbundenheit der nächsten Angehörigen zum Erblasser ist erbschaftsteuerlich zu berücksichtigen und der steuerliche Zugriff bei Familienangehörigen (insbesondere bei Ehegatten und Kindern) derart zu mäßigen, dass diesen der jeweils überkommene Nachlass zumindest zum deutlich überwiegenden Teil oder – bei kleineren Vermögen – völlig steuerfrei zugute kommt (BVerfG v. 21.7.2010, 1 BvR 611/07, 1 BvR 2464/07, BFH/NV 2010, 1985 m.w.N.). Demgemäß ist bei der Besteuerung eines Erbfalls unter Familienangehörigen, in dem das Familiengut von den Eltern auf die Kinder weitergegeben wird, der Nachlasswert in Höhe des **persönlichen Gebrauchsvermögens** steuerfrei zu stellen. In seinem Beschluss v. 22.6.1995 (BVerG v. 22.6.1995, 2 BvR 552/91, BStBl II 1995, 671, 673) hat das BVerfG als Maßgröße für den den Erben ungeschmälert zu belassenden Nachlasswert in der Steuerklasse I den **Wert eines durchschnittlichen Einfamilienhauses** festgelegt. Bei einem **darüber hinausgehenden Vermögenszuwachs** muss das Erbschaftsteuerrecht berücksichtigen, dass die Erbschaft für den Ehegatten noch Ergebnis der ehelichen Erwerbsgemeinschaft bleibt und die Mitberechtigung der Kinder am Familiengut nicht verloren geht.

10a Nach dem Beschluss des BVerfG vom 21.7.2010 (1 BvR 611/07, 1 BvR 2464/07, BFH/NV 2010, 1985) ist eine **Schlechterstellung eingetragener Lebenspartner** gegenüber Ehegatten bei der Freibetragsregelung (§ 16 ErbStG) nicht durch das Familienprinzip zu rechtfertigen und verstößt gegen Art. 3 Abs. 1 GG. Ein solcher Verstoß liegt auch vor, soweit eingetragene Lebenspartner beim Versorgungsfreibetrag (§ 17 ErbStG) nicht berücksichtigt werden und ihnen die höchste Steuerklasse (§ 15 Abs. 1 ErbStG) zugewiesen wird. Diesen Vorgaben ist der Gesetzgeber durch die entsprechenden Neuregelungen im JStG 2010 (vgl. Rz. 3b) nachgekommen.

11 Mit dem Hinweis auf das **Sozialstaatsprinzip** (Art. 20 Abs. 1 GG) hat das Minderheitsvotum zum BVerfG-Urteil v. 17.12.2014 einen neuen Aspekt in die Diskussion eingebracht. Das Sozialstaatsprinzip ist jedoch eine Staatszielbestimmung. Sie kann – auch nicht im Zusammenhang mit dem aus Art. 3 Abs. 1 GG abzuleitenden Gebot der Lastengleichheit – keine taugliche Grundlage dafür bilden, eine eigenständige Verfassungspflicht des Gesetzgebers zu einer gerechten Vermögensverteilung zu postulieren (dazu eingehend *Sachs*, NJW 2015, 601).

2.3 BVerfG-Urteil vom 17.12.2014: Verfassungswidrigkeit des ErbStRG

Mit Urteil v. 17.12.2014 (1 BvL 21/12, BStBl II 2015, 50) hat das BVerfG, nachdem es zuvor drei unmittelbar gegen das ErbStRG gerichtete Verfassungsbeschwerden mangels Selbstbetroffenheit der Beschwerdeführer nicht zur Entscheidung angenommen hatte (BVerfG v. 30.10.2010, 1 BvR 3196/09, 1 BvR 3197/09, 1 BvR 3198/09, BFH/NV 2011, 399; vgl. auch *Wachter*, BB 2010, 667), auf den Vorlagebeschluss des BFH (BFH v. 27.9.2012, II R 9/11, BStBl II 2012, 899; dazu z.B. *Wehberg*, BB 2013, 96; *Loose*, FR 2013, 101; *Bareis*, FR 2013, 13; *Meincke*, ZEV 2013, 1) die Verschonungsregelungen der §§ 13a und 13b ErbStG in ihrer ab 2009 geltenden Fassung sowie die Tarifvorschrift des § 19 Abs. 1 ErbStG für gleichheits- und verfassungswidrig erklärt.

2.3.1 Grundaussagen des BVerfG-Urteils

Das BVerfG-Urteil beurteilt die Verschonung beim Übergang von Betriebsvermögen mit einem verfassungsrechtlich eher großzügigen Maßstab. Der Gesetzgeber darf grundsätzlich auch eine Steuerverschonung von 85 % oder gar 100 % vorsehen. Im Grundsatz verfassungskonform ist eine **Verschonung ohne Bedürfnisprüfung**, soweit es sich um Erwerbe kleiner und mittlerer Unternehmen handelt. Nicht beanstandet hat das BVerfG auch die – im BFH-Vorlageschluss (BFH v. 27.9.2012, II R 9/11, BStBl II 2012, 899 Tz. 86) als „unverhältnismäßig kurz" gerügten – **Behaltensregelungen** von fünf bzw. sieben Jahren (§ 13a Abs. 5 S. 1 bzw. Abs. 8 Nr. 2 ErbStG). Mit eingehender Begründung hat das BVerfG schließlich auch das in § 13b Abs. 1 ErbStG umschriebene begünstigte Vermögen und insbesondere für Anteile an Kapitalgesellschaften die Mindestbeteiligungsquote von 25 % gebilligt (BVerfG v. 17.12.2014, 1 BvL 21/12, BStBl II 2015, 50 Tz. 177 ff.). Die Verschonungsregelungen bedürfen deshalb auch künftig, sofern sich nicht der Gesetzgeber zu einer Korrektur durchringt, keiner rechtsformneutralen Ausgestaltung (vgl. dazu die eindringliche Kritik von *Piltz*, DStR 2015, 97/99 f.). Das Credo des BFH-Vorlagebeschlusses (BFH v. 27.9.2012, II R 9/11, BStBl II 2012, 899), die Verschonungsregelungen des ErbStG machten in verfassungswidriger Weise die steuerliche Freistellung zur Regel und die Besteuerung zur Ausnahme, hat das BVerfG nicht erhört und ein solches **Regel-Ausnahmeverhältnis** als grundsätzlich **verfassungsgemäß** erkannt (dazu auch Rz. 23).

Verfassungswidrig sind §§ 13a und 13b ErbStG deshalb, weil nach bisheriger Rechtslage
- die Verschonung unentgeltlicher Erwerbe von Betriebsvermögen, soweit es sich nicht um kleine oder mittlere Unternehmen handelt, **ohne Bedürfnisprüfung** erfolgt;
- Betriebe mit nicht nur „einigen wenigen Beschäftigten" von der **Lohnsummenpflicht** befreit sind und
- **Verwaltungsvermögen** mit einer Quote bis zu 50 % bzw. 10 % begünstigt ist.

Für die Neuregelung hatte dass BVerfG eine Frist bis zum 30.6.2016 gesetzt. Eine gesetzliche Neuregelung ist jedoch erst durch das Gesetz vom 9.11.2016

Einführung

(Gesetz zur Anpassung des Erbschaftsteuer- und Schenkungsteuergesetzes an die Rechtsprechung des BVerfG vom 4.11. 2016, BGBl I 2016, 2464) erfolgt. Die Kommentierung der im einzelnen geänderten Vorschriften der § 10, § 13a bis 13d, § 19, § 28 und § 28a erfolgt ebenda.

2.3.2 Weitergeltung des bisherigen Rechts bis zum 30.6.2016

13 Das BVerfG hatte wiederum – wie schon zuvor in seinen Entscheidungen der Jahre 1995 und 2006 – die **Weitergeltung** des ErbStG angeordnet und den Gesetzgeber dieses Mal zur **Neuregelung bis zum 30.6.2016** verpflichtet (zur Möglichkeit einer rückwirkenden Inkraftsetzung der Neuregelung vgl. Rz. 16). Damit fehlt es für die Erbschaft- bzw. Schenkungsteuer seit mehr als drei Jahrzehnten an einer verfassungsgemäßen Rechtsgrundlage – ein unter rechtsstaatlichem Aspekt höchst bedenklicher Befund.

13a Aus der vom BVerfG getroffenen Weitergeltungsanordnung folgt zunächst, dass **vor dem 17.12.2014 ergangene Steuerfestsetzungen** von der vom BVerfG ausgesprochenen Unvereinbarkeitserklärung unberührt bleiben; insoweit ist die Regelung des § 176 Abs. 1 S. 1 Nr. 1 AO entsprechend anzuwenden (*Wachter*, FR 2015, 193, 211 m.w.N.). Ist die Erbschaft- oder Schenkungsteuer zwar bereits vor dem 17.12.2014 entstanden (zur Steuerentstehung vgl. § 9 ErbStG), aber **noch kein Steuerbescheid** ergangen, ist zwar die Vertrauensschutzregelung des § 176 Abs. 1 S. 1 Nr. 1 AO nicht anwendbar. Aufgrund der vom BVerfG angeordneten „Fortgeltung der für gleichheitswidrig befundenen Normen bis zu einer Neuregelung" (BVerfG v. 17.12.2014, 1 BvL 21/12, BStBl II 2015, 50 Tz. 292) sind aber auch diese Steuerfälle grundsätzlich auf der Grundlage des insoweit weiter geltenden früheren ErbStG zu veranlagen (*Wachter*, FR 2015, 193,211 m.w.N.). Aus der Weitergeltungsanordnung des BVerfG folgt schließlich, dass es auch für ab dem 17.12.2014 entstandene Erbschaft- oder Schenkungsteuer bei der Weitergeltung des (an sich verfassungswidrigen) ErbStG bis zu seiner Neuregelung verbleibt. Dies ist jedenfalls für Steuerentstehungszeitpunkte **bis zum 30.6.2016 nicht zweifelhaft**; für nach dem 30.6.2016 liegende Zeitpunkte ist hingegen die Rechtslage -dazu nachfolgend- jedoch umstritten. Zu einer etwaigen rückwirkenden Neuregelung vgl. Rz. 15.

2.4 Weitergeltung des bisherigen Rechts über den 30.6.2016 hinaus?

14 Die vom BVerfG in seinem Urteil vom 17.12.2014 erwartete Neuregelung ist nicht bis zum 30.6.2016, sondern erst durch das am 9.11.2016 veröffentlichte Gesetz (BGBl I 2016, 2464) erfolgt. Nachdem die Bundesregierung zunächst einen Gesetzentwurf zur Anpassung des ErbStG an die Rechtsprechung des BVerfG vorgelegt hatte, (BT-Drs. 18/5923; dazu Stellungnahme des Bundesrats, BR-Drs. 353/15) kam es nach Einwänden der Bayerischen Staatsregierung auf der Grundlage eines Berichts des Finanzausschusses (BT-Drs. 18/8911) zu einem vom Bundestag am 24.6.2016 beschlossenen Gesetz. Der Bundesrat hat am 8.7.2016 (BR-Drs. 344/16 (Beschluss)) zu dem vom Bundestag am 24. 6. 2016 verabschiedetenGesetz die Einberufung des Vermittlungsausschusses „mit dem Ziel der grundlegenden Überarbeitung" beschlossen. Erst nach dieser Einigung konnte das Gesetz in Kraft treten; zu der vom

1. Senat des BVerfG angekündigten erneuten Befassung mit dieser Sache (Pressemitteilung des BVerfG Nr. 41/2016 v. 14.7.2016) ist es nicht gekommen. Damit stellt sich derzeit die Frage nach den Rechtsfolgen, die sich aus der verzögerten ErbStG-Reform für Steuerentstehungszeitpunkte **nach dem 30.6.2016 bis zum 9.11.2016** ergeben. Kontrovers beurteilt wird insbesondere, ob das ErbStG nach dem 30.6.2016

- bis zum 9.11.2016 weitergilt oder
- insgesamt nicht mehr anwendbar ist oder
- nur partiell ohne die Verschonungsregelungen nach § 13a und 13b ErbStG weitergilt.

14a

Für die Beantwortung dieser Frage ist vom Tenor des BVerfG-Urteils v. 17.12.2014 auszugehen. Dieser lautet unter Ziff. 2: „Das bisherige Recht ist bis zu einer Neuregelung weiter anwendbar. Der Gesetzgeber ist verpflichtet, eine Neuregelung spätestens bis zum 30. Juni 2016 zu treffen." Eine zeitliche Befristung der Weitergeltung des ErbStG ist weder dem Tenor dieser Entscheidung noch den sonstigen Gründen des BVerfG-Urteils zu entnehmen. Darin liegt ein bedeutsamer Unterschied zu dem seinerzeit zur Vermögensteuer ergangenen Beschluss v. 22.6.1995, (2 BvL 37/91, BVerfGE 93, 121) dessen Tenor (Ziff. 2: "Der Gesetzgeber ist verpflichtet, eine Neuregelung bis spätestens zum 31. Dezember 1966 zu treffen. Längstens bis zu diesem Zeitpunkt ist das bisherige Recht weiterhin anwendbar.") die Frist zur Neuregelung mit der Nichtanwendbarkeit des bisherigen verfassungswidrigen Gesetzes verknüpfte. Im BVerfG-Urteil vom 17.12.2014 fehlt hingegen eine ausdrückliche Bestimmung darüber, bis zu welchem Zeitpunkt das bisherige Recht längstens anwendbar bleibt. Insbesondere kann keine Parallele zu der das Auslaufen der Vermögensteuer bestimmenden Rechtslage gezogen werden. Wegen der **unbefristeten** Weitergeltungsanordnung des ErbStG ist dieses bei fehlender Neuregelung durch den Gesetzgeber grundsätzlich auch **über den Ablauf des 30.6.2016 hinaus** anzuwenden (*Kirchdörfer/Layer*, DB 2015, 451, 458; ebenso auch Äußerungen aus dem Kreis des BVerfG, so Pressemitteilung des BVerfG Nr. 41/2016 v. 14.7.2016 sowie von RiBVerfG Prof.Dr. Eichberger, vgl. Tagungsbericht von *Richter/Welling*, FR 2015, 497, 499). Davon geht die **Finanzverwaltung** aus, die das bisherige Recht auch für Erwerbe, für die die Steuer nach dem 30.6.2016 entsteht, bis zu einer gesetzlichen Neuregelung "in vollem Umfang" für weiter anwendbar hält (Gleich lautende Erlasse der obersten Finanzbehörden der Länder v. 21.6.2016, BStBl I 2016, 646). Die Fortgeltungsanordnung erstreckt sich damit auch auf die vom BVerfG als verfassungswidrig beurteilten §§ 13a und 13b ErbStG sowie auf die Tarifregelung des § 19 Abs. 1 ErbStG. Damit dürften jedenfalls – ohnehin kaum erfolgversprechende – Versuche im politischen Raum, durch eine Verschleppung des Gesetzgebungsverfahrens die Reform des ErbStG zum Scheitern zu bringen und damit die Erbschaftsteuer endgültig zu Fall zu bringen, kein Erfolg beschieden sein (vgl. auch *Geck*, in Kapp/Ebeling, ErbStG, Einleitung Rz. 6).

14b

Demgegenüber wird in der **Literatur** angenommen, das ErbStG sei ab 1.7.2016 "automatisch" unanwendbar geworden. Infolge gesetzgeberischer Untätigkeit dürfe Erbschaft- und Schenkungsteuer für Besteuerungsstichtage nach dem 30.6.2016 nicht mehr festgesetzt und erhoben werden (*Drüen*, DStR 2016, 643; *Crezelius*, ZEV 2015,

14c

Pahlke

1; *ders.*, ZEV 2016, 367: "Steuerpause"; *Seer*, GmbHR 2015, 113, 116; *Wachter*, FR 2015, 193, 213 f.) bzw. gewähre für die Interimsperiode ein Wahlrecht zur Anwendung entweder des alten oder des neuen Rechts (Crezilius, ZEV 2016, 541, 543; anders Ergebnis offen Höreth/Stelzer, DStZ 2016, 941, 942 f.) Diese Sichtweise stützt sich insbesondere auf die "Gesamtbegründung" des BVerfG-Urteils (BVerfG v. 17.12.2014, 1 BvL 21/12, BStBl II 2015, 50 insbes. Rz. 283 ff.) und auf eine andernfalls mögliche dauerhafte Perpetuierung eines als verfassungswidrig eingestuften Gesetzes. Diese Gesichtspunkte reichen indes nicht aus, die im BVerfG-Urteil ersichtlich bewusst gewählte Tenorierung als "nicht intendiert" zu verwerfen (so aber *Drüen*, DStR 2016, 643, 645).

14d Die Adressaten mussten auch damit rechnen, dass der Gesetzgeber die am 9.11.2016 erlassenen Regeln rückwirkend zum 1.6.2016 in Kraft setzt. Darin liegt insbesondere kein Verstoß gegen das Rückwirkungsverbot, weil die Stpfl. mit Ablauf des 30.6.2016 mit der gesetzlichen Neuregelung rechnen konnten und mussten (zur Zulässigkeit einer echten Rückwirkung für diesen Fall vgl. z.B. BVerfG v. 20.2.2014, 1 BvL 5/08, BVerfGE 135, 1 Tz. 65 m.w.N; näher *Pahlke*, in Schwarz/Pahlke, AO/FGO, § 4 AO Rz. 80 ff.; vgl. auch *Reich*, DStR 2016, 1459, 1460). Auch die vom BVerfG getroffene Weitergeltungsanordnung des bisherigen Rechts scheidet schon wegen des Gleichheitsverstoßes dieser Regelung als verfassungsrechtliche Grundlage für die begrenzte Fortgeltung des bisherigen Rechts aus (A.A. Koblenzer/Günther, Der Betrieb 2016, 2016, 2019). Die Hoffnung, es könne zu einer Fortgeltung der vom BVerfG als verfassungswidrig beurteilten §§ 13a und 13b ErbStG auch für die Zeit bis zum 4.11.2016 kommen, entbehrt damit einer tragfähigen Grundlage.

14e Schließlich ist die Weitergeltung des ErbStG über den 30.6.2016 hinaus auf Grund des EU-Rechts mit weiteren Unwägbarkeiten behaftet. Erst in jüngster Zeit ist die Vereinbarkeit der Verschonungsregelungen für unternehmerisches Vermögen mit dem Beihilfeverbot (Art. 107, 108 AEUV) in die Diskussion geraten (dazu Wachter, DB 2016, 1273; Ekkehart, BB 2016, 1; Bäuml/Vogel, BB 2015, 736).

Steuerliche Maßnahmen nach Art der §§ 13a und 13b ErbStG können eine staatliche Beihilfe sein (eingehend z.B. Englisch, in Schaumburg/Englisch, Europäisches Steuerrecht, 2015, Rz. 9.4 ff.).

Wesensmerkmal einer unzulässigen Beihilfe ist der Ausnahmecharakter einer steuerlichen Maßnahme (Kriterium der sog. Selektivität).

Sollten §§ 13a und 13b ErbStG in ihrer künftigen Ausgestaltung einen Beihilfecharakter haben (in diese Richtung Wachter, DB 2016, 1273, 1275 ff.), bedürften diese Regelungen einer Genehmigung durch die EU-Kommission. Da verbotene Beihilfen einem Durchführungsverbot und Rückforderungsgebot unterliegen (dazu z.B. Englisch, in Schaumburg/Englisch, Europäisches Steuerrecht, 2015, Rz. 9.60 ff.) und für die Novellierung der Verschonungsregelungen für unternehmerisches Vermögen bislang keine Genehmigung der EU-Kommission eingeholt oder beantragt wurde, könnte ein zeitnahes Inkrafttreten dieser Neuregelungen mit erheblichen Risiken sowohl für den deutschen Gesetzgeber als auch die begünstigten Erwerberverbunden sein. Vor diesem Hintergrund könnte der Gesetzgeber gehalten sein, ein Inkrafttreten der gesetzlichen Neuregelungen erst ab Genehmigungserteilung durch die EU-Kommission vorzusehen (so Wachter, DB 2016, 1273, 1278).

Angesichts der aufgezeigten Rechtsunsicherheiten steht die **Praxis** im Umgang mit Erwerben, für die Steuer nach dem 30.6.2016 und vor dem 9.11.2016 entsteht bzw. entstanden ist, vor erheblichen **Problemen**. Für Erwerbe von Todes wegen sollten entsprechende Steuerbescheide bis zur endgültigen Klärung der Weitergeltung des bisherigen ErbStG offen gehalten werden. Der Beratungspraxis wurde für freigebige Zuwendungen unternehmerischen Vermögens empfohlen, die künftige gesetzliche Neuregelung abzuwarten. Zumindest sollten derartige freigebige Zuwendungen mit einem Widerrufsvorbehalt versehen sein, (dazu § 29 Rz 14 ff) um einer unerwarteten Steuerbelastung begegnen zu können.

14f

Im Übrigen dürfte es sich im Blick auf die künftigen Verschonungsregelungen für "Großunternehmer" empfehlen, durch entsprechende Gestaltung von Gesellschaftsverträgen und letztwilligen Verfügungen die zu erwartende höhere steuerliche Belastungen von "Großerwerben" zu vermeiden (dazu näher *Reich*, DStR 2016, 1459).

2.4.1 Rückwirkung einer gesetzlichen Neuregelung auf den 17.12.2014?

Unter dem Aspekt der Planungssicherheit ist auch die mögliche Rückwirkung der erforderlichen gesetzlichen Neuregelungen von Interesse. Das BVerfG begründet seine Entscheidung zur Fortgeltung des bisherigen Rechts mit haushaltswirtschaftlichen und verwaltungstechnischen Problemen einer auf den 17.12.2014 bezogenen gesetzlichen Neuregelung sowie mit dem berechtigten Interesse von Unternehmern und ihren künftigen Erben oder Nachfolgern an einer verlässlichen Rechtsgrundlage für die Nachfolgeplanung. Damit ist eine **rückwirkende Neuregelung** auf den 17.12.2014 **im Ganzen nicht möglich** und auch nicht vorgesehen.

15

Das BVerfG hat allerdings ausdrücklich klargestellt, dass die Fortgeltungsanordnung keinen Vertrauensschutz gegen eine auf den Zeitpunkt der Verkündung seines Urteils am 17.12.2014 bezogene **rückwirkende Neuregelung** gewährt, „die einer **exzessiven Ausnutzung** gerade der als gleichheitswidrig befundenen Ausgestaltungen der §§ 13a und 13b ErbStG die Anerkennung versagt" (BVerfG v. 17.12.2014, 1 BvL 21/12, BStBl II 2015, 50 Tz. 292). Klare Vorgaben hierzu enthält das BVerfG-Urteil insoweit nicht, sodass diesbezüglich eine erhebliche **Rechtsunsicherheit** besteht . Gesetzgeberische Aktivitäten zu einer rückwirkenden Neuregelung für exzessive Gestaltungen hat der Gesetzgeber allerdings nicht unternommen.

16

Verzichtet der Gesetzgeber für diese exzessiven Gestaltungen auf eine rückwirkende Neuregelung, käme zwar entsprechend dem Dictum des BVerfG (BVerfG v. 17.12.2014, 1 BvL 21/12, BStBl II 2015, 50 Tz. 255) grundsätzlich deren Beurteilung am Maßstab des **§ 42 AO** in Betracht. Doch hat der BFH in seinem Vorlagebeschluss v. 27.9.2012 (BFH v. 27.9.2012, II R 9/11, BStBl II 2012, 899 Tz. 116) jedenfalls für die im Zusammenhang mit dem Verwaltungsvermögen stehenden exzessiven Gestaltungen einen Gestaltungsmissbrauch (§ 42 AO) verneint.

17

Eine **rückwirkende Inkraftsetzung** gesetzlicher Regelungen, die **nicht exzessive Gestaltungen** betreffen, ist **ausgeschlossen**. Neuregelungen wie z. B. die Absenkung

18

der Beschäftigtenzahl bei der Lohnsummenregelung, die Einführung der Bedürfnisprüfung bei Großunternehmen oder die Absenkung der Verwaltungsvermögensquote, können erst ab Inkrafttreten der Reglungen ab 1.7.2016 angewendet werden.

2.4.2 Vorläufige Festsetzung von Erbschaft- und Schenkungsteuer

19 Die Steuer für Erwerbe nach dem 30.6.2016 ist sofort festzusetzen (die Erlasse vom 21.6.2016 wurden durch Erlass vom 8.12.2016 aufgehoben) (BStBl I 2016, 1434;). Bereits aufgrund des BFH-Vorlagebeschlusses v. 27.9.2012 (BFH v. 27.9.2012, II R 9/11, BStBl II 2012, 899) wurden sämtliche Festsetzungen für nach dem 31.12.2008 entstandene Erbschaft- oder Schenkungsteuer **gem. § 165 Abs. 1 S. 2 Nr. 3 AO vorläufig** durchgeführt (Gleich lautende Erlasse der obersten Finanzbehörden der Länder v. 14.11.2012, BStBl I 2012, 1082). Nunmehr ergehen im Hinblick auf die sich aus dem BVerfG-Urteil vom 17.12.2014 ergebende Verpflichtung zur gesetzlichen Neuregelung sämtliche Festsetzungen für nach dem 31.12.2008 entstandene Erbschaft- und Schenkungsteuer, soweit verfahrensrechtlich möglich, gem. **§ 165 Abs. 1 S. 2 Nr. 2 AO vorläufig** (Gleich lautende Erlasse der obersten Finanzbehörden der Länder v. 5.11.2015, BStBl I 2015, 788). Diese Vorläufigkeitserklärung erstaunt insoweit, als das BVerfG die Fortgeltung des bisherigen Rechts bis zu einer gesetzlichen Neuregelung angeordnet und eine auf den Zeitpunkt der Verkündung seiner Entscheidung (17.12.2014) bezogene rückwirkende Neuregelung ausschließlich für exzessive Gestaltungen zur Ausnutzung der §§ 13a und 13b ErbStG zugelassen hat (Rz. 16); diese Regelungen dürften nach der jetzt umgesetzten Reform des ErbStG insgesamt leer laufen (krit. auch *Söffing/Lüken*, ErbStB 2015, 169). Ferner ergehen nunmehr Feststellungen nach § 13a Abs. 1a und § 13b Abs. 2a ErbStG im Hinblick auf die vom BVerfG angeordnete Verpflichtung zur gesetzlichen Neuregelung in vollem Umfang gem. § 165 Abs. 1 S. 2 Nr. 2 AO vorläufig (Gleich lautende Erlasse der obersten Finanzbehörden der Länder v. 5.11.2015, BStBl I 2015, 788). Diese Regelungen dürften in Kürze aufgehoben werden.

2.5 Verschonungsübermaß bei Zuwendung von Familienheimen?

20 Nach der vom BVerfG erzwungenen Korrektur der §§ 13a und 13b ErbStG gerät nunmehr verstärkt die mögliche Verfassungswidrigkeit der Steuerbefreiungen nach § 13 Abs. 1 Nr. 4a bis c ErbStG für die Zuwendung eines Familienheims in den Fokus. Der BFH (z.B. BFH v. 18.7.2013, II R 35/11, BStBl II 2013, 1051; BFH v. 3.6.2014, II R 45/12, BStBl II 2014, 806) hat in zahlreichen Entscheidungen und in breitem Konsens mit dem Schrifttum (z.B. *Meincke*, ErbStG, 2012, § 13 Rz 18, 24; *Viskorf*, in: V/K/S/W, ErbStG, 2012, § 13 Rz. 49, 66; *Kien-Hümbert*, in Moench/Weinmann, ErbStG, § 13 Rz. 33; *Wachter*, FR 2015, 193 (212)) die Verfassungsmäßigkeit dieser Regelungen in Zweifel gezogen. Die Befreiung nach § 13 Abs. 1 Nr. 4a ErbStG erfolgt **ohne Anrechnung auf** den **Ehegattenfreibetrag** von immerhin 500.000 EUR, kann zeitlich nacheinander auch für **mehrere Objekte** in Anspruch genommen werden und ist zudem völlig **unabhängig vom Wert** des zugewendeten Familienheims. Die Regelung führt bei Eheleuten zu einer Begünstigung von Immobilienvermögen, für die ein hinreichender sachlicher Grund fehlt.

Die Begünstigung kann insbesondere nicht mit einem Anspruch auf steuerliche Freistellung des Gebrauchsvermögens der Familie gerechtfertigt werden, weil diese Freistellung in typisierender Weise bereits durch die Freibeträge des § 16 ErbStG erfolgt.

Eine Vorlage (Art. 100 Abs. 1 GG) im Hinblick auf diese Verfassungsproblematik scheidet derzeit schon deshalb aus, weil sich die Weitergeltungsanordnung des BVerfG im Urteil vom 17.12.2014 auch auf § 13 Abs. 1 Nr. 4a bis 4c ErbStG erstreckt. In der gegenwärtigen Reformdebatte werden freilich die angesprochenen Verfassungszweifel ersichtlich nicht zur Kenntnis genommen. Dies kann angesichts der (sozial-)politischen Brisanz dieser Problematik auch nicht überraschen. Damit dürfte dieser Fragenkreis voraussichtlich erst nach Ablauf der bis zum 30.6.2016 zu erwartenden Neuregelung des ErbStG Bedeutung gewinnen.

Künftig wird sich daher die Frage stellen, ob und auf welchem Wege sich Steuerpflichtige, denen keine Steuerbefreiung für die Zuwendung eines Familienheims zusteht, auf einen Verstoß gegen Art. 3 Abs. 1 GG wegen gleichheitswidrigem Begünstigungsausschluss berufen können. Dem Ansatz des BFH-Vorlagebeschlusses, die Verletzung subjektiver Rechte der Steuerpflichtigen aus der Verknüpfung des Gleichheitsverstoß aus der „Klammernorm" des § 19 ErbStG abzuleiten, hat das BVerfG eine Absage erteilt. Art. 3 Abs. 1 GG verleiht zwar keinen Anspruch auf die verfassungsrechtliche Kontrolle eines Steuergesetzes im Hinblick auf Regelungen, die das eigene Steuerverhältnis nicht betreffen (BVerfG v. 17.12.2014, 1 BvL 21/12, BStBl II 2015, 50 Tz. 97; ähnlich z.B. BFH v. 11.9.2008, VI R 13/06, BStBl II 2008, 928). Anderes gilt jedoch, wenn die Dritten gewährten Steuervergünstigungen für eine gleichheitsgerechte Belastung durch die betreffende Steuer insgesamt „übergreifende Bedeutung" haben, wenn also die nur einer Gruppe gewährten Vergünstigungen „nach Zahl oder Umfang ein solches Ausmaß erreichen oder nach ihrer strukturellen Bedeutung für die Steuer solches Gewicht haben", dass im Falle der Verfassungswidrigkeit der Privilegierungsnorm die lastengleiche Besteuerung auch der davon nicht Erfassten in Frage gestellt ist (BVerfG v. 17.12.2014, 1 BvL 21/12, BStBl II 2015, 50 Tz. 98). Zwar ist kein Zahlenmaterial zu den Steuerfällen ersichtlich, in denen die Steuerbefreiungen nach § 13 Abs. 1 Nr. 4a bis c ErbStG einschlägig sind. Doch dürfte es sich nach Zahl und Umfang um eine für das ErbStG strukturell bedeutsame Größenordnung handeln.

2.6 Alternativmodell flat-tax?

Die Erbschaft- und Schenkungsteuer steht seit jeher im Blickpunkt ganz unterschiedlicher (steuer-)politischer Zielvorstellungen (dazu *Birk*, StuW 2005, 346). Die Skala reicht hier von der gänzlichen Infragestellung der Erbschaftsteuer (z.B. *Ritter*, BB 1994, 2285 ff.; *Schulte*, FR 2008, 341/349; *Rödl*, BB 2015, Heft 27/28 S. R 1) bis hin zu Vorschlägen, die Erbschaftsteuer offensiv als Instrument zur Auflösung der Vermögenskonzentration zu nutzen (so Antrag der Fraktion DIE LINKE, BT-Drs. 16/3348). Die (steuer-)politische Diskussion ist ständig im Fluss.

Großen Anklang im Schrifttum findet nach wie vor der Vorschlag einer völligen Neukonzeption des ErbStG in Richtung einer sog. **flat-tax** (z.B. *Viskorf*, DB 2015

Heft 17 M 5; *Weber-Grellet*, BB 2015, 1367; *Englisch*, DB 2015, 637; *Seer*, GmbHR 2015, 113, 120 *Piltz*, DStR 2010, 1913, 1923 f.; *Kahle/Hiller/Eichholz*, DStR 2015, 183; ähnlich, wenn auch differenzierter, *Wissenschaftlicher Beirat beim BMF*, Die Begünstigung des Unternehmervermögens in der Erbschaftsteuer, 01/2012, 37 ff.). Im Grundansatz setzt dieses Modell auf den weitestgehenden Verzicht auf Verschonungsregelungen, was auf der Grundlage eher geringer Freibeträge eine breite Bemessungsgrundlage mit einem maßvoll-niedrigen Steuertarif von etwa 5 bis 15 % für sämtliche Erwerbe ermöglichen soll. Der Gesetzgeber wäre zwar im Grundsätzlichen an einer solchen Neuausrichtung des ErbStG nicht gehindert. Allerdings müsste auch ein solches Modell die aufgezeigten (vgl. Rz. 8c und d) verfassungsrechtlichen Bindungen aus Art. 14 und Art. 6 GG beachten. Dies schließt nicht nur eine massive Absenkung der Freibeträge aus, sondern dürfte bei einem Verzicht auf Verschonungsregelungen für den Übergang unternehmerischen Vermögens auch nicht mit den Vorgaben des BVerfG übereinstimmen (dazu eingehend *Pahlke*, ZEV 2015, 377). Schon deshalb stößt eine Vermehrung der Zahl der Steuerfälle, wie sie mit dem flat-tax-Konzept angestrebt wird, auf der Grundlage der jetzigen BVerfG-Rspr. auf kaum überwindbare verfassungsrechtliche Hürden. In seinem Urteil vom 17.12.2014 (BVerfG, 1 BvL 21/12, BStBl II 2015, 50 Tz. 169) hat das BVerfG zudem deutlich gemacht, dass Ausnahmen, Befreiungen und Verschonungen – ihre sachliche Rechtfertigung und gleichheitsgerechte Ausgestaltung vorausgesetzt – nicht deshalb zu einem Gleichheitsverstoß führen, weil damit eine Steuer in großem Umfang nicht greift.

24 Schon deshalb entbehrt auch die am gegenwärtigen Rechtszustand geübte Kritik (*Piltz*, DStR 2010, 1913 ff.; ähnlich *Lang*, FR 2010, 49 ff.; *Crezelius*, ZEV 2009, 1, 2; *ders.*, ZEV 2012, 1,3; *Seer*, GmbHR 2011, 1331) jeglicher Grundlage, es liege wegen der hohen Freibeträge und der zahlreichen Verschonungsregelungen ein Verstoß gegen das Verfassungsgebot der **Allgemeinheit des Gesetzes**, besser: gegen die im Steuerbegriff angelegte Ausgestaltung der Erbschaft- und Schenkungsteuer als „allen" auferlegte Gemeinlast (§ 3 Abs. 1 Halbs. 1 AO), vor. Ob der Befund zutrifft, es würden überhaupt nur ca. 5 % aller Erwerbsfälle erbschaftsteuerlich erfasst (so *Piltz*, DStR 2010, 1913; ähnlich *Crezelius*, ZEV 2009, 1, 2; *Seer*, GmbHR 2011, 1331), mag offen bleiben. Selbst wenn dies zuträfe, läge darin schon wegen der Vorgaben des BVerfG zur Beschränkung des erbschaftsteuerlichen Zugriffs kein Verfassungsverstoß. Bedenkt man die grundrechtlichen Bindungen des Gesetzgebers aufgrund der vom BVerfG geforderten Freistellung des Nachlasswerts in Höhe des persönlichen Gebrauchsvermögens, des „Familienprinzips" sowie der Erwerber von Betriebsvermögen (vgl. Rz. 9 ff.) und stellt man ferner die vom BVerfG ausdrücklich bejahte Befugnis des Gesetzgebers zur Schaffung von Verschonungsregelungen (Rz. 12) in Rechnung, kommt die Erhebung von Erbschaft- und Schenkungsteuer zwangsläufig nur bei einem relativ kleinen Teil der gem. § 1 ErbStG steuerbaren Erwerbe in Betracht.

25–29 einstweilen frei

3 Verhältnis zu anderen Steuern

Die Erhebung der Erbschaft- und Schenkungsteuer schließt eine Steuerpflicht nach anderen Steuergesetzen grundsätzlich nicht aus. Allerdings sind die Steuertatbestände für den Regelfall so ausgestaltet, dass eine mehrfache Besteuerung nur ganz ausnahmsweise eintreten kann.

3.1 Verhältnis zur Einkommensteuer

Einmalige Vermögensanfälle infolge eines Erwerbs von Todes wegen oder einer Schenkung unter Lebenden unterfallen keiner Einkunftsart des § 2 Abs. 1 Nr. 1 bis 7 EStG. Damit sind Überschneidungen zwischen der Einkommensteuer und der Erbschaft- und Schenkungsteuer im Regelfall ausgeschlossen; ein und dieselbe Handlung kann nicht zugleich Einkommensteuer und Erbschaft- oder Schenkungsteuer auslösen (BFH v. 12.9.2011, VIII B 70/09, BFH/NV 2012, 154). Insbesondere fehlt es bei Vermögensvorteilen, die ein Steuerpflichtiger durch eine der Einkommensteuer unterliegende Erwerbshandlung erzielt, an der Freigebigkeit i.S.d. § 7 Abs. 1 Nr. ErbStG (BFH v. 27.8.2014, II R 44/13, BStBl II 2015, 249). Auch bei einer zu Lebzeiten des Erblassers entstandenen Einkommensteuer kann eine Kollisionsproblematik nicht auftreten. Hatte der Erblasser die Einkommensteuer noch zu seinen Lebzeiten entrichtet, so ist in entsprechendem Umfang eine Minderung seines Vermögens eingetreten. Hat der Erbe die Steuerschuld zu entrichten, liegen insoweit gem. § 10 Abs. 5 Nr. 1 ErbStG abziehbare Erbfallschulden vor (vgl. § 10 ErbStG Rz. 134 ff). Nunmehr sind nach der BFH-Rechtsprechung (BFH v. 4.7.2012, II R 15/11, BStBl II 2012, 790, dazu *Loose*, ZEV 2015, 397; den gegenteiligen Standpunkt in R E 10.8. Abs. 3 ErbStR 2011 hat die FinVerw aufgegeben) auch Steuerschulden für das Todesjahr des Erblassers als Nachlassverbindlichkeiten abziehbar. Eine vom Erblasser bestimmte **Testamentsvollstrecker-Vergütung** unterliegt i.d.R. in vollem Umfang der Einkommensteuer (BFH v. 2.2.2005, II R 18/03, BStBl II 2005, 489).

Aus der in Rz. 31 angeführten BFH-Rechtsprechung lässt sich zwar die grundsätzliche Tendenz ableiten, eine Doppelbelastung mit Erbschaftsteuer und Einkommensteuer möglichst zu vermeiden (dazu *Keß*, ZEV 2015, 254; *Crezelius*, ZEV 2015, 392; *Friz*, DStR 2015, 2409). Doch trifft der Befund von *Crezelius* (*Crezelius*, ZEV 2015, 392 (393)) zu, dass es für die Abgrenzung beider Steuern derzeit an einer kodifizierten Kollisionsregelung mangelt. Ob eine solche aus Grundrechten (z.B. aus Art. 3 Abs. 1 GG) hergeleitet werden kann (in diese Richtung *Birnbaum*, BB 2015, 2141/2144), erscheint zweifelhaft. Die Rspr. verneint jedenfalls eine grundsätzliche Verpflichtung des Gesetzgebers, alle Steuern zur Vermeidung von Lücken oder von Mehrfachbelastung aufeinander abzustimmen (Z.B BVerfG v. 8.1.1999, 1 BvL 14/98, BStBl II 1999, 152; BFH v. 17.2.2010, II R 23/09, BStBl II 2010, 641; FG Hamburg v. 20.1.2015, 3 K 180/14, EFG 2015, 1000 Revision anhängig Az. des BFH II R 15/15).

Deshalb muss es gegenwärtig bei dem Befund bleiben, dass sich **Erbschaftsteuer und Einkommensteuer** nicht grundsätzlich ausschließen, also in rechtlich zulässiger Weise **nebeneinander** anfallen können (BFH v. 17.2.2010, II R 23/09, BStBl II 2010, 641; Verfassungsbeschwerde nicht zur Entscheidung angenommen, BVerfG v.

7.4.2015, 1 BvR 1432/10, ZEV 2015, 426; BFH v. 26.11.1986, II R 190/81, BStBl II 1987, 175; BFH v. 23.2.1994, X R 123/92, BStBl II 1994, 690 m.w.N.). Zur **Mehrfachbelastung** mit Einkommensteuer und Erbschaftsteuer kommt es z.B. dann, wenn die für den Gewerbebetrieb eines Steuerpflichtigen (z.B. Altenheim) bestimmte Erbschaft ertragsteuerlich als Betriebseinnahme zu versteuern (so BFH v. 14.3.2006, VIII R 60/03, BStBl II 2006, 650; dazu krit. *Moench*, in Moench/Weinmann, ErbStG, Einführung Rz. 56 m.w.N.; *Crezelius* ZEV 2006, 421; einschr. jedoch nunmehr BFH v.12.9.2011, VIII B 70/09, BFH/NV 2012, 229) und ferner auch der Erbschaftsteuer unterworfen ist. Hauptsächliches Anwendungsfeld einer Doppelbelastung ist der Erwerb von Vermögensgegenständen, die **latent mit Einkommensteuer belastet** sind (eingehend zu den verschiedenen Fallkonstellationen *Crezelius*, BB-Spezial 10/2007). Diese Doppelbelastung wird nunmehr durch **§ 35b EStG**, der durch Art. 5 ErbStRG in das EStG aufgenommen und am 1.1.2009 in Kraft getreten ist, auf der Ebene der Einkommensteuer gemildert. Die Vorschrift entspricht in der Sache dem früheren § 35 EStG a.F., der bis zum Veranlagungszeitraum 1998 anzuwenden war. Die definitive Doppelbelastung mit Erbschaft- und Einkommensteuer für die Zeit zwischen Aufhebung des § 35 EStG a.F. und Einfügung des jetzigen § 35b EStG ist nach der BFH-Rechtsprechung rechtmäßig (BFH v. 17.2.2010, II R 23/09, BStBl II 2010, 641; Verfassungsbeschwerde eingelegt, Az. beim BVerfG 1 BvR 1432/10; vgl. auch § 10 ErbStG Rz. 142).

33 Die Anwendung des § 35b EStG ist auf Fälle beschränkt, in denen beim Erben Einkünfte tatsächlich mit Einkommensteuer belastet werden, die zuvor als Vermögen oder Bestandteil von Vermögen bereits der Erbschaftsteuer unterlagen. Die Vorschrift erlangt praktische Bedeutung vor allem bei der **Veräußerung oder Entnahme einzelner Wirtschaftsgüter** oder der **Veräußerung oder Aufgabe eines ganzen Gewerbebetriebs**, Teilbetriebs oder Mitunternehmeranteils nach § 16 EStG. Hier kommt es – anders als nach der früheren Bewertung mit den Buchwerten – wegen der nunmehr gebotenen Bewertung mit dem gemeinen Wert zur Aufdeckung von stillen Reserven. Die einkommensteuerliche Entlastung durch § 35b EStG erfolgt durch eine prozentuale Ermäßigung der tariflichen Einkommensteuer; der nach § 35b S. 2 EStG zu berechnende Ermäßigungsbetrag ergibt sich aus dem Verhältnis der festgesetzten Erbschaftsteuer zum steuerpflichtigen Erwerb (zu Einzelfragen vgl. *Herzig/Joisten/Vossel*, DB 2009, 584; *Hechtner*, BB 2009, 486; *Gauß/Schwarz*, BB 2009, 1387).

34 Eine weitergehende Beseitigung oder Minderung der Doppelbelastung mit Einkommensteuer und Erbschaftsteuer könnte grundsätzlich auch auf der Ebene der Erbschaftsteuer herbeigeführt werden. Für eine solche erbschaftsteuerrechtliche Lösung fehlt es jedoch an einer gesetzlichen Grundlage, weil eine latente Ertragsteuerbelastung des Nachlassvermögens bei dem Erwerber aufgrund des Stichtagsprinzips und der Systematik des ErbStG nicht berücksichtigt werden kann (BFH v. 17.2.2010, II R 23/09, BStBl II 2010, 641; Verfassungsbeschwerde nicht zur Entscheidung angenommen, vgl. BVerfG v. 7.4.2015, 1 BvR 1432/10, ZEV 2015, 426; ebenso nunmehr FG Hamburg v. 20.1.2015, 3 K 180/14, EFG 2015, 1000, Revision anhängig BFH Az. II R 15/15; vgl. auch § 10 ErbStG Rz. 142). Für eine verfassungskonforme Auslegung des § 10 Abs. 5 Nr. 1 ErbStG dürfte insoweit kein Raum sein (a. A. z.B. *Meincke*,

ErbStG, 2012, § 10 Rz. 32 m.w.N). Auf der Ebene der Erbschaftsteuer dürfte eine Beseitigung der Doppelbelastung nur in Betracht kommen, wenn das Stichtagsprinzip aus Gründen des Leistungsfähigkeitsprinzips oder des Art. 14 Abs. 1 GG aufgeweicht würde (zur Problematik z.B. *Zimmermann*, EFG 2011, 1342 (Urteilsanm. m.w.N.); *Billig*, UVR 2012, 61; *Keß*, ZEV 2012, 119; *Birnbaum*, BB 2015, 2141/2142f.; vgl. auch § 11 Rz. 15). Das BVerfG (BVerfG v. 7.4.2015, 1 BvR 1432/10, ZEV 2015, 426; abl. *Holler*, ErbR 2015, 423 und *Friz*, DStR 2015, 2409) hat jedenfalls die Nichtabzugsfähigkeit latenter Einkommensteuer bei der Erbschaftsteuer aus Gründen zulässiger Typisierung als zulässig angesehen, wenn die darauf beruhende Mehrbelastung mit Erbschaftsteuer in Relation zur Gesamtbelastung eine vernachlässigbar geringe Mehrbelastung ausmacht.

3.2 Verhältnis zur Grunderwerbsteuer

Beim Erwerb von Grundstücken durch Erwerb von Todes wegen oder durch Zuwendung unter Lebenden besteht aufgrund § 3 Nr. 2 GrEStG ein gesetzessystematischer **Vorrang der Erbschaftsteuer** vor der Grunderwerbsteuer („Prävalenz" der Erbschaftsteuer, vgl. BVerfG v. 15.5.1984, 1 BvR 464/81, BStBl II 1984, 608, 614; zu Einzelfragen einer wirtschaftlichen Doppelbelastung mit Grunderwerb- und Erbschaftsteuer vgl. *Halaczinsky*, ZEV 2003, 97; *Moench*, ErbStG, Einführung Rz. 60ff.).

Bei einer **gemischten Grundstücksschenkung** kann es zur Erhebung der Grunderwerbsteuer nach Maßgabe des Werts kommen, zu dem der Beschenkte zur Gegenleistung verpflichtet ist (dazu BFH v. 2.3.2011, II R 23/10, BStBl II 2011, 932 unter Teil B III. 3. d.bb. m.w.N.).**Grundstücksschenkungen unter** einer **Auflage** unterliegen gem. § 3 Nr. 2 S. 2 GrEStG hinsichtlich des Werts solcher Auflagen der Grunderwerbsteuer, die bei der Schenkungsteuer abziehbar sind. Nach dieser Vorschrift durften daher Belastungen, die aufgrund des § 25 ErbStG a.F. bei der Schenkungsteuer nicht abziehbar waren, nicht bei der Bemessung der Grunderwerbsteuer berücksichtigt werden. Nachdem nunmehr § 25 ErbStG a.F. durch das ErbStRG ersatzlos aufgehoben worden und damit das in dieser Vorschrift normierte Abzugsverbot entfallen ist, fällt in Höhe der bei der Schenkungsteuer abzugsfähigen Auflage Grunderwerbsteuer an (vgl. auch OFD Münster v. 11.2.2009, DB 2009, 368; *Theissen/Steger*, ErbStB 2009, 159). Dies muss auch gelten, wenn der Erwerb insgesamt von Erbschaft-/Schenkungsteuer befreit ist (FG Baden-Württemberg v. 21.10.2014, 5 K 2894/12, EFG 2015, 317, Revision BFH, Az. II R 57/14).

Erwerbsvorgänge nach **§ 1 Abs. 2a GrEStG** (Änderung des Gesellschafterbestands einer Personengesellschaft) sind insoweit nach § 3 Nr. 2 GrEStG befreit, als sie auf einer schenkweisen Anteilsübertragung beruhen (BFH v. 12.10.2006, II R 79/05, BStBl II 2007, 409; BFH v. 23.5.2012, II R 21/10, BStBl II 2012, 793; *Pahlke*, GrEStG, 5. Aufl. 2014 § 3 Rz. 8). Bei Erwerbsvorgängen i.S.d. **§ 1 Abs. 3 GrEStG** in Bezug auf **Kapitalgesellschaften** können die personenbezogenen Befreiungen des § 3 GrEStG und insbesondere § 3 Nr. 2 GrEStG sowohl auf den Übergang der bereits vereinigten Anteile (§ 1 Abs. 3 Nrn. 3 und 4 GrEStG) als auch auf die Anteilsvereinigung (§ 1 Abs. 3 Nr. 1 und 2 GrEStG) Anwendung finden (BFH v. 23.5.2012, II R 21/10, BStBl II 2012, 793 unter Aufgabe des noch in BFH v. 8.6.1988,

35

36

37

II R 143/86, BStBl II 1988, 785 vertretenen Rechtsstandpunkts; gleich lautende Erlasse der obersten FinBeh der Länder v. 6.3.2013, BStBl I 2013, 773; zu Einzelheiten *Pahlke*, GrEStG, 5. Aufl. 2014 § 3 Rz. 15, 39 f.). Bei Personengesellschaften ist § 3 Nr. 2 GrEStG insoweit ebenfalls uneingeschränkt anwendbar (zur Problematik näher *Meßbacher-Hönsch*, in Boruttau, GrEStG, 18. Aufl., 2016, § 3 GrEStG Rz. 119 ff.; Pahlke, GrEStG, 5. Aufl. 2014, § 3 Rz. 13 ff. m.w.N.; FinMin Baden-Württemberg v. 18.12.2009, 3 – S 450.5/18). Auf den Erwerb einer wirtschaftlichen Beteiligung i.S.d. § 1 Abs. 3a GrEStG ist die Anwendung des § 3 Nr. 2 GrEStG in gleichem Umfang möglich wie für Erwerbe nach § 1 Abs. 3 GrEStG (*Pahlke*, GrEStG, 5. Aufl. 2014, § 3 Rz. 16).

38–44 einstweilen frei

4 Auslegung des ErbStG; Verhältnis zum Zivilrecht

45 Für die Auslegung des ErbStG gelten zunächst die für Steuergesetze allgemein anzuwendenden Regeln (dazu *Drüen*, in Tipke/Kruse, AO, § 4 Rz. 200ff.; *Schwarz*, in Schwarz/Pahlke, AO, § 4 Rz. 47ff). Jeder gesetzliche Tatbestand des ErbStG ist nach seiner eigenen, spezifischen Teleologie auszulegen (BFH v. 2.3.1994, II R 59/92, BStBl II 1994, 366; v. 2.2.2005, II R 18/03, BStBl II 2005, 489; v. 7.11.2007, II R 28/06, BStBl II 2008, 258; BFH v. 11.9.2013, II R 37/12, BStBl II 2014, 114; vgl. auch BVerfG v. 27.12.1991, 2 BvR 72/90, BStBl II 1992, 212 zur Auslegung des GrEStG). Dabei ergeben sich aus den vielfältigen **Anknüpfungen des ErbStG an das Zivilrecht** (z.B. § 3 Abs. 1 Nrn. 1 u. 2, und §§ 4, 5, 7 Abs. 1 Nrn. 4–6 ErbStG) spezielle Auslegungsfragen. Über unmittelbare Bezugnahmen auf zivilrechtliche Begriffe bzw. Rechtsinstitute hinaus finden sich im ErbStG allerdings auch eigenständige Begriffsbildungen (z.B. die „freigebige Zuwendung", § 7 Abs. 1 Nr. 1 ErbStG). Da die Erbschaft- und Schenkungsteuer eine an bürgerlich-rechtliche Vorgänge anknüpfende **Verkehrsteuer** ist (vgl. Rz. 4), ist die wirtschaftliche Betrachtungsweise nicht bzw. nur nach Sachlage des Einzelfalls anwendbar (BFH v. 7.11.2007, II R 28/06, BStBl II 2008, 258).

46 Aus der zivilrechtlichen Vorprägung eines im ErbStG verwendeten Begriffs folgt für die Auslegung der jeweiligen Steuernorm noch kein prinzipieller Vorrang des zivilrechtlichen Begriffsverständnisses; es besteht weder eine Vermutung für ein übereinstimmendes noch für ein abweichendes Verständnis (BVerfG v. 27.12.1991, 2 BvR 72/90, BStBl II 1992, 212; *Jülicher*, in T/G/J, ErbStG, Einführung Rz. 29f.; ablehnend zum Begründungsansatz des BVerfG: *Meincke*, StuW 1992, 188; *Moench*, ErbStG, Einführung Rz. 75). Deshalb ist für die jeweilige Einzelvorschrift des ErbStG nach den gängigen Auslegungsmethoden zu ermitteln, ob eine Identität des zivilrechtlichen und erbschaftsteuerlichen Begriffsinhalts besteht (zur Qualifikation von Erwerben kraft ausländischen Zivilrechts vgl. § 2 ErbStG Rz. 22 und § 3 ErbStG Rz. 62 f.).

47 Soweit das ErbStG unmittelbar auf zivilrechtliche Vorschriften verweist (z.B. in § 3 Abs. 1 Nrn. 1 und 2 ErbStG), ist für die Auslegung der verwendeten Begriffe grundsätzlich das bürgerliche Recht maßgebend. Die Steuerpflicht beim **Erwerb von Todes wegen** kann sich nur aufgrund rechtlicher Beurteilung ergeben; eine

Erbschaft in wirtschaftlichem Sinne gibt es nicht (BFH v. 30.6.1960, II 254/57 U, BStBl III 1960, 348; BFH v. 10.11.1982, II R 111/80, BStBl II 1983, 116). Deshalb kann § 3 ErbStG nicht nach Maßgabe einer wirtschaftlichen Betrachtungsweise über den Wortsinn der steuerbegründenden Tatbestände hinaus ausgedehnt werden. Ein Vorrang des bürgerlichen Rechts besteht auch bei den Steuertatbeständen des § 7 ErbStG, soweit sie unmittelbar auf das bürgerliche Recht Bezug nehmen (z.B. § 7 Abs. 1 Nrn. 4 bis 6 ErbStG), es die Bestimmung des Gegenstand des Erwerbs (dazu z.B. BFH v. 3.10.1984, II R 194/82, BStBl II 1985, 73; *Meincke*, ErbStG, 2012, § 7 Rz. 14) oder die Person des Beteiligten an einer freigebigen Zuwendung (BFH v. 9.12.2009 II R 28/08, BStBl II 2010, 566; BFH v. 20.9.2010, II B 7/10, BFH/NV 2010, 2280) betrifft. Die **freigebige Zuwendung** unter Lebenden i.S.d. § 7 Abs. 1 Nr. 1 ErbStG ist hingegen ein spezifisch (schenkung-)steuerlicher Begriff, der primär nach steuerlichen Gesichtspunkten auszulegen ist (zutr. *Jülicher*, in T/G/J, ErbStG, Einführung Rz. 31).

Die Ausrichtung des ErbStG auf steuerbare Vermögensbewegungen hat auch Auswirkungen auf die **Zurechnung von Wirtschaftsgütern.** Im Bereich des ErbStG kommt ein wirtschaftliches Eigentum i.S.d. § 39 Abs. 2 Nr. 1 AO grundsätzlich nicht in Betracht, weil diese Vorschrift Ausdruck der wirtschaftlichen Betrachtungsweise ist und mit den vom ErbStG vorausgesetzten Zurechnungsregelungen des bürgerlichen Rechts kollidiert (BFH v. 10.11.1982, II R 111/80, BStBl II 1983, 116; v. 22.9.1982, II R 61/80, BStBl II 1983, 179; v. 25.1.2001, II R 39/98, BFH/NV 2001, 908; BFH v. 28.6.2007, II R 21/05, BStBl II 2007, 669; BFH v. 9.7.2009, II R 47/07, BStBl II 2010, 74).

48

einstweilen frei

49–59

5 Erbschaftsteuer und EU-Recht

Das Recht der Europäischen Union **gilt vorrangig** vor der nationalen Rechtsordnung und ist damit auch allgemein dem Steuerrecht übergeordnet, unabhängig davon, ob es sich um die Regelung einer direkten oder indirekten Steuer handelt. Aus dem primären EU-Recht und den darin geregelten Grundfreiheiten (Warenverkehrsfreiheit, Personenverkehrsfreiheit [Arbeitnehmerfreizügigkeit und Niederlassungsfreiheit], Dienstleistungs- und Kapitalverkehrsfreiheit) können Bürger der Mitgliedstaaten individuelle subjektive Rechte herleiten und auch vor den Gerichten der Mitgliedstaaten durchsetzen. Verstößt eine nationale Rechtsnorm gegen EU-Recht, insbesondere gegen die Grundfreiheiten, so ist die nationale Rechtsnorm aufgrund des Vorrangs des EU-Rechts unanwendbar.

60

5.1 Direkte Steuern und Grundfreiheiten

Während **indirekte Steuern** nach Maßgabe der Art. 90–93 AEUV zu harmonisieren sind, (die Zitierung (AEUV) erfolgt nach der konsolidierten Fassung des Vertrags über die Europäische Union und des Vertrags über die Arbeitsweise der Europäischen Union, ABlEG v. 7.6.2016, C 202) sieht der AEUV einen vergleichbaren Auftrag für **direkte Steuern,** zu denen auch die **Erbschaftsteuer** zählt, nicht vor. Nach dem Subsidiaritätsprinzip bleibt die Regelung der direkten Steuern vielmehr

61

grundsätzlich Sache der Mitgliedstaaten (eine Harmonisierungskompetenz könnte sich zwar aus der Rechtsangleichungsklausel des Art. 115 AEUV und der allgemeinen Kompetenzabrundungsklausel des Art. 352 AEUV ergeben; sie ist bislang kaum genutzt worden. Die Maßnahmen der EU in diesem Bereich beschränken sich bislang auf Teillösungen für bestimmte Fälle von Doppelbesteuerung und grenzüberschreitender Wirtschaftstätigkeit). Der Bereich der direkten Steuern als solcher fällt beim gegenwärtigen Stand des EU-Rechts nicht in die Zuständigkeit der Europäischen Union, die Mitgliedstaaten dürfen die ihnen verbliebenen Befugnisse gleichwohl nur unter Wahrung des EU-Rechts ausüben (vgl. m.w.N. EuGH v. 11.9.2008, C-43/07 (Arens-Sikken), BFH/NV 2009, 107; EuGH v. 17.1.2008, C-256/06 (Jäger), BFH/NV Beilage 2008, 120; EuGH v. 23.2.2006, C-513/03 (van Hilten-van der Heijden), BFH/NV Beilage 2006, 229. Vgl. auch die Mitteilung der Kommission an das Europäische Parlament, den Rat und den Europäischen Wirtschafts- und Sozialausschuss zum Abbau grenzübergreifender Erbschaftsteuerhindernisse in der EU, KOM(2011) 864 endg.; die Kommission regt nationale Maßnahmen zum Abbau der Doppelbesteuerung an, vgl. Commission Recommendation of regarding relief for double taxation of inheritances, (C/2011/8819)). Dahinter steht der Grundgedanke, dass die praktische Wirksamkeit des EU-Rechts (der sog. effet utile) der Grundfreiheiten in erheblicher Weise beeinträchtigt wäre, wenn die Mitgliedstaaten mittels steuerlicher Gestaltungsfreiräume die Wirkung der Grundfreiheiten beeinflussen könnten (*Wilms/Maier*, UVR 2004, 327, 328). Die allgemeinen Bestimmungen der Grundfreiheiten schließen die Lücke, die dadurch entsteht, dass der AEUV keine Regelung dazu enthält, wie die nationalen Steuersysteme gestaltet sein müssen, um das Integrationsziel des Binnenmarkts nicht zu beeinträchtigen (*Fischer*, Primäres Gemeinschaftsrecht und direkte Steuern, Frankfurt am Main 2001, 315). Wenn sich also einzelstaatliche Rechtsvorschriften über direkte Steuern auf die Ausübung der vier Grundfreiheiten des AEUV – freier Verkehr von Waren, Personen (insbes. Arbeitnehmerfreizügigkeit und Niederlassungsfreiheit) und Kapital – auswirken, ist jegliche offene Diskriminierung aufgrund der Staatsangehörigkeit und jede versteckte Diskriminierung Gebietsfremder gegenüber Gebietsansässigen untersagt, wenn und weil ein Differenzierungskriterium sich überwiegend und typischerweise zum Nachteil ausländischer Staatsangehöriger auswirkt. Dies gilt auch für das Erbschaftsteuerrecht (grundlegend EuGH v. 11.12.2003, C-364/01 (Barbier), BFH/NV Beilage 2004, 105).

5.2 Dreistufige Prüfung der Grundfreiheiten

62 Die Überprüfung einer steuerrechtlichen Norm am Maßstab der Grundfreiheiten erfolgt in drei Schritten (vgl. etwa EuGH v. 17.1.2008, C-256/06, BFH/NV Beilage 2008, 120; s.a. *Kokott/Ost*, EuZW 2011, 496): Ist eine Grundfreiheit betroffen? Ist die Grundfreiheit durch Diskriminierung beeinträchtigt? Ist die Beeinträchtigung gerechtfertigt (zum Anwendungsbereich der Kapitalverkehrsfreiheit und zur Niederlassungsfreiheit s. Rz. 81ff.)?

5.2.1 Schutzbereich

Ob eine Grundfreiheit betroffen ist, ergibt sich aus dem Anwendungsbereich der jeweiligen Grundfreiheit (Als Beispiel etwa EuGH v. 19.7.2012, C-31/11 (Scheunemann), DStR 2012, 1508(auf das Vorabentscheidungsverfahren BFH v. 15.12.2010, II R 63/09, BStBl II 2011, 221) zur Abgrenzung zwischen Niederlassungsfreiheit und Kapitalverkehrsfreiheit). So ist etwa die Kapitalverkehrsfreiheit betroffen bei Erbschaften, Vermächtnissen und Schenkungen mit grenzüberschreitenden Elementen, es sei denn, die betreffenden Transaktionen weisen mit keinem wesentlichen Element über die Grenzen eines Mitgliedsstaats hinaus (vgl. hier unter Rz. 8). Während sich also wesensgemäß zu den jeweiligen Grundfreiheiten keine allgemeinen Ausagen vor die Klammer ziehen lassen, kann zur Beeinträchtigung der Grundfreiheiten und zur Rechtfertigung einer solchen Beeinträchtigung grundsätzlich Folgendes vorangestellt werden.

62a

5.2.2 Eingriff

Die Feststellung einer Beeinträchtigung setzt zunächst voraus, dass sich ein Gebietsfremder und ein Gebietsansässiger in einer **objektiv vergleichbaren wirtschaftlichen Situation** befinden (EuGH v. 17.1.2008, C-256/06 (Jäger), BFH/NV Beilage 2008, 120; v. 22.1.2009, C-377/07 (STEKO), BFH/NV 2009, 530). Wann eine objektiv vergleichbare Situation vorliegt, lässt sich der Rechtsprechung des EuGH nicht allgemein, sondern nur einzelfallbezogen entnehmen.

63

Nach der grundlegenden Entscheidung „avoir fiscal", mit der der EuGH den Einfluss der Grundfreiheiten zunächst auf die Einkommen- und Körperschaftsteuer eingeleitet hatte, ist entscheidend, dass die Vergleichspartner in Bezug auf die „Modalitäten und Voraussetzungen" der Besteuerung gleich behandelt werden (EuGH v. 28.1.1986, 270/83 (Kommission/Frankreich), NJW 1987, 569; vgl. auch EuGH v. 11.9.2008, C-11/07 (Eckelkamp), BFH/NV 2009, 107, m.w.N.). Eine solche Gleichbehandlung liegt etwa vor, wenn das Gesetz für Zwecke der Besteuerung einer im Wege der Erbfolge erworbenen Immobilie, die in einem Mitgliedstaat belegen ist, die Erben einer zum Zeitpunkt ihres Todes gebietsansässigen Person und diejenigen einer zu diesem Zeitpunkt gebietsfremden Person grundsätzlich auf die gleiche Stufe stellt (EuGH v. 11.9.2008, C-11/07 (Eckelkamp), BFH/NV 2009, 107; EuGH v. 17.1.2008, C-256/06 (Jäger), BFH/NV Beilage 2008, 120; EuGH v. 22.4.2010, C-510/08 (Mattner), BFH/NV 2010, 1212).

64

In den sog. **Grenzpendlerfällen** hat der EuGH eine vergleichbare Situation nur dann angenommen, wenn der Steuerpflichtige in seinem Wohnsitzstaat keine nennenswerten Einkünfte erzielt und sein Einkommen „im Wesentlichen" aus einer Tätigkeit bezieht, die er im Beschäftigungsstaat ausübt. Erzielt er dagegen im Wohnsitzstaat Einkünfte in einer Höhe, die ihn dort in den Genuss der üblichen persönlichen Vergünstigungen kommen lassen, bleibt es bei dem Grundsatz, dass sich Gebietsansässige und Gebietsfremde nicht in einer vergleichbaren Situation befinden (*Fischer*, Primäres Gemeinschaftsrecht und direkte Steuern, 2001, 317).

65

Die Feststellung einer Beeinträchtigung setzt weiter voraus, dass eine **nachteilige Ungleichbehandlung** vorliegt. Hierzu gehören Maßnahmen, die geeignet sind,

66

Einführung

Gebietsfremde von Investitionen in einem Mitgliedstaat oder die dort Ansässigen von Investitionen in anderen Mitgliedstaaten abzuhalten (vgl. m. w. N. EuGH v. 22.1.2009, C-377/07 (STEKO), BFH/NV 2009, 530; EuGH v. 23.2.2006, C-513/03 (van Hilten-van der Heijden), BFH/NV Beilage 2006, 229). Eine Ungleichbehandlung wird man immer annehmen können, wenn der Gebietsfremde durch die Besteuerung wirtschaftlich höher belastet wird als der vergleichbare Gebietsansässige (EuGH v. 17.1.2008, C-256/06, BFH/NV Beilage 2008, 120). So etwa, wenn Erben in Bezug auf die Abzugsfähigkeit der auf einer Immobilie ruhenden Belastungen unterschiedlich danach behandelt werden, ob der Erblasser eine gebietsansässige oder gebietsfremde Person war (EuGH v. 11.9.2008, C-11/07 (Eckelkamp), BFH/NV 2009, 107; v. 11.9.2008, C-43/07 (Arens-Sikken), BFH/NV 2009, 107; EuGH v. 17.1.2008, C-256/06 (Jäger), BFH/NV Beilage 2008, 120; ebenso, wenn Freibeträge zu einer höheren Steuer führen, allein deswegen, weil die Beteiligten in einem Mitgliedstaat wohnen und nicht wenigstens einer im Inland, vgl. EuGH v. 22.4.2010, C-510/08 (Mattner), BFH/NV Beilage 2010, 1212). Eine Ungleichbehandlung ergibt sich auch in den Fällen einer Wegzugsbesteuerung (EuGH v. 7.9.2006, C-470/04 (N), BFH/NV Beilage 2007, 28).

67 Hierbei scheiden allerdings einzelfallimmanente Be- oder Entlastungen aus. Auch dürfen nur solche Belastungen eingestellt werden, die dem Besteuerungsstaat zurechenbar sind.

5.2.3 Rechtfertigung

68 Liegt eine nachteilige Ungleichbehandlung vor, ist schließlich zu fragen, ob die Beeinträchtigung der Grundfreiheit gerechtfertigt ist.

69 Dies ist dann der Fall, wenn ein unmittelbarer Zusammenhang zwischen einem steuerlichen Vorteil und dem Ausgleich dieses Vorteils durch eine bestimmte steuerliche Belastung besteht („**Kohärenz**") (EuGH v. 28.2.2008, C-293/06 (Deutsche Shell), BFH/NV Beilage 2008, 188; die „Kohärenz" wurde vom EuGH als Rechtfertigungsgrund eingeführt in der „Bachmann"-Entscheidung, EuGH v. 28.1.1992, C-204/90 (Bachmann), EuGHE 1992, I-249; EuGH v. 22.4.2010, C-510/08 (Mattner); vgl. dazu eingehend *Kokott/Ott*, EuZW 2011, 496, 500 ff., die dem Rechtfertigungsgrund der Kohärenz vielsagend "eine gewisse Offenheit für weitere Entwicklungen" (a.a.O. 502) zubilligen). Der Ausgleich des steuerlichen „Vorteils" des Gebietsansässigen sollte auch durch besondere Bindungen des Heimatstaats, die mit dem Vorteil in einem unmittelbaren Zusammenhang stehen, aufgewogen werden können. So können nach Auffassung des EuGH etwa Ziele wie die Weiterführung land- und forstwirtschaftlicher Betriebe und die Aufrechterhaltung der Arbeitsplätze in diesen Betrieben im Erbfall in bestimmten Situationen und unter bestimmten Bedingungen an sich im Allgemeininteresse liegen und grundsätzlich Beschränkungen des freien Kapitalverkehrs rechtfertigen (vgl. m.w.N. EuGH v. 17.1.2008, C-256/06 (Jäger), BFH/NV Beilage 2008, 120). Eine rechtfertigende Kohärenz ergibt sich regelmäßig dann, wenn die Mitgliedstaaten ein DBA abgeschlossen haben.

Gerechtfertigt ist die Ungleichbehandlung auch dann, wenn sie Folge einer zum Zwecke der **Aufteilung der Steuerhoheit** zwischen den Mitgliedstaaten getroffenen Unterscheidung ist. Dies gilt auch dann, wenn in Bezug auf ein gleiches Vermögen die steuerliche Ungleichbehandlung allein davon abhängt, ob der Erblasser seinen Wohnsitz im Inland oder in einem Mitgliedstaat hatte (EuGH v. 12.2.2009, C-67/08 (Margarete Block), BFH/NV 2009, 677; kritisch hierzu *Hamdan/Hamdan*, ZEV 2009, 205; ebenso („politische Entscheidung") *Scheller/Bader*, ZEV 2011, 112; zustimmend *Radeisen*, Anm. zu EuGH v. 12.2.2009, C-67/08, HaufeIndex 2125144). Die Befugnis hierzu ergibt sich nämlich in Ermangelung gemeinschaftsrechtlicher Vereinheitlichungs- oder Harmonisierungsmaßnahmen aus der Befugnis der Mitgliedstaaten, die Kriterien für die Aufteilung ihrer Steuerhoheit vertraglich oder einseitig festzulegen (vgl. m.w.N. EuGH v. 23.2.2006, C-513/03 (van Hilten-van der Heijden), BFH/NV Beilage 2006, 229). Laut EuGH ist es für die Mitgliedstaaten nicht sachfremd, sich zum Zwecke der Aufteilung der Steuerhoheit an der internationalen Praxis und den von der Organisation für wirtschaftliche Zusammenarbeit und Entwicklung (OECD) erarbeiteten Musterabkommen zu orientieren (vgl. m.w.N. EuGH v. 23.2.2006, C-513/03 (van Hilten-van der Heijden), BFH/NV Beilage 2006, 229; EuGH v. 7.9.2006, C-470/04 (N), BFH/NV Beilage 2007, 28).

70

Die Ungleichbehandlung ist weiter dann gerechtfertigt, wenn es um Maßnahmen der **Steueraufsicht** geht, die der Bekämpfung von Missbrauch, Steuerflucht oder der Steuerumgehung dienen.

71

Der **Finanzbedarf** (vgl. m.w.N. EuGH v. 10.2.2011, C-25/10 (Missionswerk Werner Heukelbach), DStRE 2012, 175; EuGH v. 27.1.2009, C-318/07 (Persche), BFH/NV 2009, 522) eines Staats wie auch bloße **verwaltungstechnische Erwägungen** (EuGH v. 17.1.2008, C-256/06 (Jäger), BFH/NV Beilage 2008, 120) **können** die Ungleichbehandlung dagegen **nicht rechtfertigen**. Bei der steuerlichen Abzugsfähigkeit von Spenden darf ein Mitgliedstaat inländische und in anderen Mitgliedstaaten ansässige, als gemeinnützig anerkannte Einrichtungen unterschiedlich behandeln, wenn diese andere Ziele als die in seinem eigenen Regelungsstatut vorgegeben verfolgen. Bei gleicher Zielsetzung ist eine Ungleichbehandlung aber nicht gerechtfertigt, die sich allein darauf stützt, die Spenden an Einrichtungen in einem anderen Mitgliedstaat könnten nicht zu einem Haushaltsausgleich führen. Nach ständiger Rechtsprechung zählt nämlich das Erfordernis, einen Rückgang der Steuereinnahmen zu vermeiden, weder zu den in Art. 65 AEUV genannten Zielen noch zu den zwingenden Gründen des Allgemeininteresses, die eine Beschränkung einer vom Vertrag eingeräumten Freiheit rechtfertigen können (vgl. m.w.N. EuGH v. 27.1.2009, C-318/07 (Persche), BFH/NV 2009, 522). Dennoch darf ein Mitgliedstaat, bevor er eine Steuerbefreiung gewährt, Maßnahmen anwenden, mit denen er klar und genau nachprüfen kann, ob auch für eine ausländische Einrichtung die nach nationalem Recht vorgeschriebenen Voraussetzungen für die Befreiung erfüllt sind. Auch darf er die tatsächliche Geschäftsführung der Einrichtung, z.B. auf der Grundlage der Vorlage des Jahresabschlusses und eines Tätigkeitsberichts, kontrollieren (vgl. m.w.N. EuGH v. 27.1.2009, C-318/07 (Persche), BFH/NV 2009, 522). Im Ergebnis gilt Gleiches für die Steuerbefreiung von Einkünften gemeinnütziger Stiftungen, die davon abhängen soll, ob die Stiftung eine inländische oder eine

72

ausländische ist (EuGH v. 14.9.2006, C-386/04 (Centro di Musicologia Werner Stauffer), BFH/NV Beilage 2007, 55).

73 Eine **Rechtfertigung** ergibt sich für den Wohnsitzstaat **nicht** daraus, einem Bürger einen steuerlichen Vorteil zu nehmen, der ihm nach den in einem anderen Mitgliedstaat als seinem Wohnstaat geltenden Vorschriften legal zusteht. Ein Mitgliedstaat kann sich nämlich nicht auf das Bestehen eines von einem anderen Mitgliedstaat einseitig gewährten Vorteils berufen, um seinen Verpflichtungen aus dem AEUV, insbesondere denen aus den Vorschriften über den freien Kapitalverkehr, zu entgehen (EuGH v. 11.9.2008, C-43/07 (Arens-Sikken), BFH/NV 2009, 107; EuGH v. 11.9.2008, C-11/07 (Eckelkamp), BFH/NV 2009, 107, unter Berufung auf EuGH v. 11.12.2003, C-364/01 (Barbier), BFH/NV Beilage 2004, 105; EuGH v. 22.4.2010, C-510/08 (Mattner), BFH/NV 2010, 1212).

74 Auch soweit eine Rechtfertigung angenommen werden könnte, ist der Rechtfertigungsgrund schließlich am Maßstab der **Verhältnismäßigkeit** zu messen. Die steuerliche Maßnahme muss zur Erreichung des vom Besteuerungsstaat angestrebten Ziels geeignet sein; es darf keine milderes, gleich wirksames Mittel zur Verfügung stehen (Erforderlichkeit) und die Beeinträchtigung der Grundfreiheit darf auch nicht außer Verhältnis zum verfolgten Zweck stehen (Verhältnismäßigkeit im engeren Sinne) (vgl. m.w.N. EuGH v. 27.1.2009, C-318/07 (Persche), BFH/NV 2009, 522; v. 2.10.2008, C-360/06 (Heinrich Bauer Verlag), BFH/NV 2009, 108; EuGH v. 15.5.2008, C-414/06 (Lidl Belgium), BFH/NV Beilage 2008, 194; EuGH v. 7.9.2006, C-470/04 (N), BFH/NV Beilage 2007, 28).

75–80 einstweilen frei

5.3 Freiheit des Kapitalverkehrs

5.3.1 Erbschaft und Schenkung als Kapitalverkehr

81 Art. 63 Abs. 1 AEUV verbietet Beschränkungen des Kapitalverkehrs zwischen den Mitgliedstaaten (vgl. EuGH v. 12.2.2009, C-67/08 (Margarete Block), BFH/NV 2009, 677, und die dort angeführte Rechtsprechung). Der AEUV enthält keine Definition des Begriffs „Kapitalverkehr". Nach ständiger Rechtsprechung des EuGH gilt die Nomenklatur für den Kapitalverkehr im Anhang zu Art. 1 der Richtlinie 88/361 für die Definition des Begriffs des Kapitalverkehrs fort, wobei die in ihr enthaltene Aufzählung gem. ihrer Einleitung nicht erschöpfend ist (vgl. m.w.N. EuGH v. 10.2.2011, C-25/10 (Missionswerk Werner Heukelbach), DStRE 2012, 175; EuGH v. 12.2.2009, C-67/08 (Margarete Block), BFH/NV 2009, 677; EuGH v. 17.1.2008, C-256/06 (Jäger), BFH/NV Beilage 2008, 120; v. 23.2.2006, C-513/03 (van Hilten-van der Heijden), BFH/NV Beilage 2006, 229). In der Rubrik XI des Anhangs I der Richtlinie 88/361 werden unter der Überschrift „Kapitalverkehr mit persönlichem Charakter" Erbschaften (vgl. m.w.N. EuGH v. 12.2.2009, C-67/08 (Margarete Block), BFH/NV 2009, 677; EuGH v. 11.9.2008, C-11/07 (Eckelkamp), BFH/NV 2009, 107; EuGH v. 17.1.2008, C-256/06 (Jäger), BFH/NV Beilage 2008, 120; EuGH v. 23.2.2006, C-513/03 (van Hilten-van der Heijden), BFH/NV Beilage 2006, 229) und Schenkungen (EuGH v. 22.4.2010, C-510/08 (Mattner), BFH/NV 2010, 1212; EuGH v. 27.1.2009, C-318/07 (Persche), BFH/NV

2009, 522) sowie Stiftungen (EuGH v. 27.1.2009, C-318/07 (Persche), BFH/NV 2009, 522) genannt. Es sind dies Transaktionen, mit denen das Vermögen einer Person ganz oder teilweise, sei es zu ihren Lebzeiten oder nach ihrem Tod, gleichviel, ob es Geldbeträge, unbewegliche Güter oder bewegliche Güter betrifft (EuGH v. 27.1.2009, C-318/07 (Persche), BFH/NV 2009, 522), auf einen anderen übergeht; ausgenommen sind die Fälle, die mit keinem ihrer wesentlichen Elemente über die Grenzen eines Mitgliedstaats hinausweisen (vgl. m.w.N. EuGH v. 12.2.2009, C-67/08 (Margarete Block), BFH/NV 2009, 677; EuGH v. 17.1.2008, C-256/06 (Jäger), BFH/NV Beilage 2008, 120; EuGH v. 23.2.2006, C-513/03 (van Hilten-van der Heijden), BFH/NV Beilage 2006, 229), also keinen grenzüberschreitenden Sachverhalt aufweisen.

Nach Art. 63 Abs. 1 AEUV sind Maßnahmen verboten, die geeignet sind, Gebietsfremde von **Investitionen** in einem Mitgliedstaat oder die dort Ansässigen von Investitionen in anderen Mitgliedstaaten abzuhalten, oder im Fall von Erbschaften solche Maßnahmen, die eine Wertminderung des Nachlasses dessen bewirken, der in einem anderen Mitgliedstaat als dem ansässig ist, in dem sich die betreffenden Vermögensgegenstände befinden, und der deren Erwerb von Todes wegen besteuert (vgl. m.w.N. EuGH v. 23.2.2006, C-513/03 (van Hilten-van der Heijden), BFH/NV Beilage 2006, 229). Verboten sind also Maßnahmen, die eine Wertminderung des Nachlasses desjenigen bewirken, der in einem anderen Staat ansässig ist als dem Mitgliedstaat, in dem sich die betreffenden Vermögensgegenstände befinden und in dem deren Erwerb von Todes wegen besteuert wird (vgl. EuGH v. 10.2.2011, C-25/10 (Missionswerk Werner Heukelbach), DStRE 2012, 175; EuGH v. 12.2.2009, C-67/08 (Margarete Block), BFH/NV 2009, 677; EuGH v. 23.2.2006, C-513/03 (van Hilten-van der Heijden), BFH/NV Beilage 2006, 229; ebenso für den Fall einer Schenkung EuGH v. 22.4.2010, C-510/08 (Mattner), BFH/NV 2010, 1212).

5.3.2 Die Bedeutung von Art. 63 AEUV

Art. 63 AEUV berührt nach seinem Wortlaut nicht das Recht der Mitgliedstaaten, die einschlägigen Vorschriften ihres Steuerrechts anzuwenden, insbes. die Steuerpflichtigen mit unterschiedlichem Wohnort oder Kapitalanlageort unterschiedlich zu behandeln (Art. 65 Abs. 1 Buchst. a). Die Vorschrift ist als Ausnahme vom Grundprinzip des freien Kapitalverkehrs eng auszulegen. Sie kann nicht dahin verstanden werden, dass jede Steuerregelung, die zwischen Steuerpflichtigen nach ihrem Wohnort oder nach dem Mitgliedstaat ihrer Kapitalanlage unterscheidet, ohne Weiteres mit dem Vertrag vereinbar wäre. Insbes. dürfen nach Art. 65 Abs. 3 AEUV die in Art. 65 Abs. 1 und 2 AEUV genannten nationalen Maßnahmen „weder ein Mittel zur willkürlichen Diskriminierung noch eine verschleierte Beschränkung des freien Kapital- und Zahlungsverkehrs darstellen" (vgl. m.w.N. EuGH v. 10.2.2011, C-25/10 (Missionswerk Werner Heukelbach), IStR 2011, 192; EuGH v. 17.1.2008, C-256/06 (Jäger), BFH/NV Beilage 2008, 120). Die Prüfung, ob eine Beeinträchtigung der Freiheit des Kapitalverkehrs gegeben ist, hat im Kern also die gleichen Voraussetzungen wie die Prüfung einer Diskriminierung bei den anderen Grundfreiheiten. Eine nationale Steuerregelung kann nur dann als vereinbar mit den

Vertragsbestimmungen über den freien Kapitalverkehr angesehen werden, wenn die unterschiedliche Behandlung Situationen betrifft, die nicht objektiv miteinander vergleichbar sind, oder wenn sie durch einen zwingenden Grund des Allgemeininteresses wie die Notwendigkeit, die Wirksamkeit der steuerlichen Kontrollen zu gewährleisten, gerechtfertigt ist. Außerdem ist die unterschiedliche Behandlung nur dann gerechtfertigt, wenn sie nicht über das hinausgeht, was zum Erreichen des mit der fraglichen Regelung verfolgten Ziels erforderlich ist (vgl. m.w.N. EuGH v. 27.1.2009, C-318/07 (Persche), BFH/NV 2009, 522; EuGH v. 11.9.2008, C-11/07 (Eckelkamp), BFH/NV 2009, 107; EuGH v. 11.9.2008, C-43/07 (Arens-Sikken), BFH/NV 2009, 107).

83a Im Erbschaftsteuerrecht stellte sich die Fage nach der Reichweite der Kapitalverkehrsfreiheit insbesondere bei der beschränkten Steuerpflicht, bei der die Erbschaftsteuer nur auf den inländischen Erwerb erhoben wird, im Gegenzug aber nur ein geringer Freibetrag in Höhe von 2.000 Euro gewährt wird, während bei der unbeschränkten Steuerpflicht auf den weltweiten Erwerb immerhin Freibeträge von bis zu 500.000 Euro gewährt worden sind. In der Rechtssache Mattner sah der EuGH darin ein Verletzung der Kapitalverkehrsfreiheit (EuGH v. 22.4.2010, Rs. C-510/08 (Mattner), BFH/NV 2010, 1212; vgl. dazu *Zipfel*, BB 2010, 1990; *Wachter*, DB 2010, 931. In einem von der Kommission gegen Deutschland angestrengten Vertragsverletzungsverfahren bestätigte der EuGH v. 4.9.2014, Rs. C-211/13 (Kommission/Deutschland), DStR 2014, 1818, diese Rechtsprechung; vgl. dazu *Wachter*, DB 2014, 2147; *Holtz/Stalleiken*, ErbR 2015, 17; *Schneider/Deranco*, NWB 2016, 3236, 3237 näher dazu § 2 Rz. 151 ff.).

5.3.3 Freiheit des Kapitalverkehrs und Drittstaaten

84 Die Freiheit des Kapitalverkehrs gilt nach dem ausdrücklichen Wortlaut des Art. 63 Abs. 2 AEUV auch für den Kapitalverkehr zwischen Mitgliedstaaten und dritten Ländern (Drittstaaten) (EuGH v. 19.7.2012, C-31/11 (Scheunemann), DStR 2012, 1508, auf Vorlage des BFH v. 15.12.2010, II R 63/09, BStBl II 2011, 221). Daher sind die Grundsätze der Rechtsprechung des EuGH zur Freiheit des Kapitalverkehrs zwischen Mitgliedstaaten grundsätzlich auch aufden Kapitalverkehr zwischen Mitgliedstaaten und Drittländern anzuwenden.Die Freiheit des Kapitalverkehrs steht einer Regelung eines Mitgliedstaats über die Berechnung von Erbschaftsteuern entgegen, die für den Fall des Erwerbs eines im Gebiet dieses Staates belegenen Grundstücks durch Erbanfall vorsieht, dass der Freibetrag auf die Steuerbemessungsgrundlage dann, wenn der Erblasser und der Erwerber zum Zeitpunkt des Erbfalls ihren Wohnsitz in einem Drittland (wie im Vorabentscheidungsverfahren der Schweizerischen Eidgenossenschaft) hatten, niedriger ist als der Freibetrag, der zur Anwendung gekommen wäre, wenn zumindest eine dieser beiden Personen zu diesem Zeitpunkt ihren Wohnsitz in dem genannten Mitgliedstaat gehabt hätte (EuGH v. 17.10.2013, C-181/12 (Welte), BFH/NV 2013, 2046). Dementsprechend ist für den Erwerb eines inländischen Grundstücks im Erbwege durch einen in der Schweiz ansässigen Erben in gemeinschaftsrechtkonformer Anwendung des § 16 Abs. 1 Nr. 1 ErbStG in gleicher Weise wie im Fall eines der unbeschränkten Steuer-

pflicht unterliegenden gebietsansässigen Erben der Steuerfreibetrag in Höhe von 500.000 EUR zu gewähren (FG Düsseldorf v. 27.11.2013, 4 K 689/12 Erb, ZEV2014, 166). Die entscheidende Weichenstellung in der Entscheidung des EuGH ist es, den Sachverhalt dem Wirkungsbereich der Kapitalfreiheit zu unterstellen und nicht dem der Niederlassungsfreiheit. Damit hätte die Entscheidung nur noch anders ausfallen können, wenn die Beeinträchtigung der Kapitalverkehrsfreiheit gerechtfertigt gewesen wäre; eine Rechtfertigung hat der EuGH nicht erkennen können.

Den vorläufigen Endpunkt in der Rechtsprechung des EuGH markiert das Urteil des EuGH in der Rechtssache Hünnebeck (EuGH v. 8.6.2016, C-479/14 (Hünnebeck), DStR 2016, 1360; vgl. dazu *Holtz*, ErbR 2016, 493; *Henze*, ISR 2016, 397; *Schütz*, IWB 2016, 728). Auch die mit § 2 Abs. 3 ErbStG (Angefügt durch Art. 11 Beitreibungsrichtlinie-Umsetzungsgesetz v. 7.12.2011, BGBl I 2011, 2592) neu geschaffene Optionsmöglichkeit ist mit der Kapitalverkehrsfreiheit unvereinbar, als bei Ausübung der Option – abweichend von § 14 ErbStG – alle Erwerbe, die der Erwerber in den letzten zehn Jahren vor und zehn Jahren nach dem Vermögensanfall von derselben Person anfallenden Erwerbe als unbeschränkt steuerpflichtig zu behandeln und entsprechend § 14 ErbStG zusammenzurechnen sind (das Urteil des EuGH war maßgebend motiviert durch die unterschiedliche Länge der Zusammenrechnungszeiträume – zehn Jahre bei § 14 ErbStG, zwanzig Jahre bei § 2 Abs. 3 Satz 2 ErbStG. Es bleibt nur schwer nachvollziehbar, weshalb die Bundesregierung in dem Verfahren vor dem EuGH diese Ungleichbehandlung bestritt (Rz. 35)).

Zugleich überträgt der EuGH seine Rechtsprechung zur Ausübung von Wahlrechten (EuGH v. 28.2.2013, C-168/11 (Beker), BStBl II 2015, 431) auf die Erbschaftsteuer: Ein Wahlrecht, durch dessen Ausübung ein mit der Kapitalverkehrsfreiheit vereinbarer Zustand herbeigeführt werden könnte, vermag die Unionsrechtswidrigkeit nicht abzuwenden. Dies gelte erst recht in dem Fall, dass die unionsrechtswidrige Rechtsfolge zur Anwendung kommt, wenn der Steuerpflichtige keine Wahl trifft (EuGH v. 8.6.2016, C-479/14 (Hünnebeck), DStR 2016, 1360).

Einschränkungen sind allerdings vorprogrammiert. So hat der EuGH bereits entschieden: Wenn die Regelung eines Mitgliedstaats die Gewährung eines Steuervorteils von der Erfüllung von Verpflichtungen abhängig macht, deren Einhaltung nur in der Weise nachgeprüft werden kann, dass Auskünfte von den zuständigen Behörden eines Drittlands eingeholt werden, ist es folglich grundsätzlich gerechtfertigt, dass dieser Mitgliedstaat die Gewährung dieses Vorteils ablehnt, wenn es sich, insbesondere wegen des Fehlens einer vertraglichen Verpflichtung dieses Drittlands zur Vorlage der Informationen, als unmöglich erweist, diese Auskünfte von diesem Land zu erhalten (EuGH v. 18.12.2007, C-101/05 (A), BFH/NV Beilage 2008, 105).

5.4 Niederlassungsfreiheit

86 Gemäß Art. 49 Abs. 1 AEUV sind Beschränkungen der freien **Niederlassung von Staatsangehörigen** eines Mitgliedstaats im Hoheitsgebiet eines anderen Mitgliedstaats nach Maßgabe der Art. 49 ff. AEUV verboten. Nach Art. 49 Abs. 2 AEUV gilt dies vorbehaltlich des Kapitels über den Kapitalverkehr. Dies wirft schwierige Abgrenzungsfragen auf (vgl. auch EuGH v. 19.7.2012, C-31/11 (Scheunemann), DStR 2012, 1508, auf den Vorlagebeschluss des BFH v. 15.12.2010, II R 63/09, BStBl II 2011, 221), zumal der EuGH einen **Vorrang der Niederlassungsfreiheit** sieht: Soweit Steuerregelungen beschränkende Wirkungen auf die Freiheit des Kapitalverkehrs haben sollten, wären solche Wirkungen eine zwangsläufige Folge einer eventuellen Beschränkung der Niederlassungsfreiheit und rechtfertigen keine Prüfung dieser Steuerregelung anhand von Art. 63 AEUV (vgl. m.w.N. EuGH v. 15.5.2008, C-414/06 (Lidl Belgium), BFH/NV Beilage 2008, 194). Für Erbschaften formulierte der EuGH allerdings apodiktisch: Bei einer Frage nach der Vereinbarkeit nationaler Bestimmungen über die Besteuerung von Erbschaften mit dem Unionsrecht sind weder die Freizügigkeit der Arbeitnehmer (Art. 45 AEUV) noch die Niederlassungsfreiheit (Art. 49 AEUV und 54 AEUV) einschlägig (EuGH v. 10.2.2011, C-25/10 (Missionswerk Werner Heukelbach), DStRE 2012, 175).

87 Interpretationsfragen wirft auch die Formulierung des EuGH auf, wonach der AEUV einem Unionsbürger nicht garantiert, dass die Verlegung seines Wohnsitzes in einen anderen Mitgliedstaat als denjenigen, in dem er bis dahin gewohnt hat, steuerneutral ist. Aufgrund der unterschiedlichen Regelungen der Mitgliedstaaten in diesem Bereich kann eine solche Verlegung für den Bürger je nach dem Einzelfall mehr oder weniger vorteilhaft sein (vgl. m.w.N. EuGH v. 12.2.2009, C-67/08 (Margarete Block), BFH/NV 2009, 677).

88 In den sachlichen Geltungsbereich der Vertragsbestimmungen über die Niederlassungsfreiheit fallen nach ständiger Rechtsprechung nationale Vorschriften, die Anwendung finden, wenn ein Angehöriger oder eine Gesellschaft des betreffenden Mitgliedstaats am Kapital einer in einem anderen Mitgliedstaat ansässigen Gesellschaft eine **Beteiligung** hält, die es ihm bzw. ihr ermöglicht, einen sicheren Einfluss auf die Entscheidungen der Gesellschaft auszuüben und deren Tätigkeiten zu bestimmen (vgl. m.w.N. EuGH v. 2.10.2008, C-360/06 (Heinrich Bauer Verlag), BFH/NV 2009, 108). Dies gilt insbesondere dann, wenn eine inländische Gesellschaft zu 100 % am Kapital einer in einem anderen Mitgliedstaat ansässigen Gesellschaft beteiligt ist. Dies gilt auch dann, wenn die Anteile einer Gesellschaft mit Sitz in einem Mitgliedstaat unmittelbar oder mittelbar von den Mitgliedern derselben Familie, die in einem anderen Mitgliedstaat ansässig ist, gehalten werden, die gemeinsam die gleichen Interessen verfolgen, einvernehmlich durch denselben Vertreter in der Gesellschafterversammlung die diese Gesellschaft betreffenden Beschlüsse fassen und die Tätigkeiten dieser Gesellschaft bestimmen (vgl. m.w.N. EuGH v. 2.10.2008, C-360/06 (Heinrich Bauer Verlag), BFH/NV 2009, 108).

89–94 einstweilen frei

6 Einzelregelungen und Grundfreiheiten
6.1 Allgemeines

Eine Vielzahl von Einzelvorschriften des ErbStG waren und sind mit Blick auf ihre Vereinbarkeit mit den Grundfreiheiten des EU-Rechts in der Diskussion (vgl. *Kessler/Spengel*, DB 2016 Beilage 1, 1 (33-35)). Der EuGH hat allerdings in der Rechtssache Margarete Block (EuGH v. 12.2.2009, C-67/08 (Margarete Block), BFH/NV 2009, 677) sehr deutlich auf den Aspekt der Aufteilung der Steuerhoheit als Rechtfertigungsgrund abgehoben. 95

6.2 Einzelnormen
6.2.1 Erweitert unbeschränkte Steuerpflicht (§ 2 Abs. 1 Nr. 1 Satz 2 Buchst. b ErbStG)

Die erweiterte unbeschränkte Steuerpflicht ist im Verhältnis zu EU-Staaten zum Teil als europarechtswidrig angesehen worden (*Wachter*, ZErb 2005, 104, 108f.). Der EuGH gab jedoch mit seinem Urteil in der Rechtssache van Hilten-van der Heijden (EuGH v. 23.2.2006, C-513/03 (van Hilten-van der Heijden), BFH/NV Beilage 2006, 229) zu erkennen, dass die erweiterte unbeschränkte Steuerpflicht mit EU-Recht vereinbar ist. Der EuGH billigte eine Vorschrift des niederländischen Rechts, die im Erbfall eine auf zehn Jahre nach dem Wegzug befristete erweiterte unbeschränkte Steuerpflicht der Niederlande vorsah. 96

Zur Anrechnung ausländischer Erbschaftsteuer führte der EuGH in der Rechtssache Margarete Block (EuGH v. 12.2.2009, C-67/08, (Margarete Block), BFH/NV 2009, 677, auf den Vorlagebeschluss des BFH v. 16.1.2008, II R 45/05, BStBl II 2008, 623; krit. *Scheller/Bader*, ZEV 2011, 112) aus, dass die Mitgliedstaaten beim gegenwärtigen Entwicklungsstand des EU-Rechts über eine gewisse Autonomie in diesem Bereich verfügen und deshalb nicht verpflichtet sind, ihr eigenes Steuersystem den verschiedenen Steuersystemen der anderen Mitgliedstaaten anzupassen, um namentlich die sich aus der parallelen Ausübung ihrer Besteuerungsbefugnisse ergebende Doppelbesteuerung zu beseitigen. Nach diesem Urteil ist wohl davon auszugehen, dass auch die erweiterte unbeschränkte Steuerpflicht nach § 2 Abs. 1 Nr. 1 Satz 2 Buchst. b ErbStG mit EU-Recht vereinbar ist (zweifelnd *Viskorf*, in V/K/S/W, § 2 Rz. 47). 97

6.2.2 Nachlassverbindlichkeiten und beschränkte Steuerpflicht (§ 10 Abs. 6 Satz 2 ErbStG)

Bedenken werden ebenso gegen die Vereinbarkeit des § 10 Abs. 6 Satz 2 ErbStG mit EU-Recht vorgetragen (vgl. *Meincke*, ZEV 2004, 353, 358; *Thömmes*, IWB 2008 Fach 11a, 1191; *Corsten/Führich*, ZEV 2009, 481). Selbst bei objektiver Vergleichbarkeit der Sachverhalte ließe sich die Regelung mit der Erwägung rechtfertigen, dass sie der Aufteilung und Abgrenzung der Steuerhoheit der Mitgliedstaaten dient (EuGH v. 12.2.2009, C-67/08 (Margarete Block), BFH/NV 2009, 677). Die Aussagen des EuGH in seinem Urteil in der Rechtssache Mattner (EuGH v. 22.4.2010, C-510/08 (Mattner), BFH/NV 2011, 221) sindauf diese Regelung nicht übertragbar. 98

6.2.3 Bewertung (§ 12 ErbStG i. V. m. Bewertungsvorschriften des BewG)

99 Die aus den Bewertungsdivergenzen zwischen inländischem und ausländischem Vermögen resultierenden Probleme der Vereinbarkeit mit dem europäischen Gemeinschaftsrecht wurden in der Folge der Entscheidung des EuGH in der Rechtssache Jäger (EuGH v. 17.1.2008, C-256/06, BFH/NV Beilage 2008, 120; vgl. dazu *Seitz*, IStR 2008, 349; *Thommes*, IWB 2008 Fach 11a, 1199; *Hecht/Cölln*, BB 2009, 1212; *Strunk/Kaminski*, Stbg 2009, 158; *Hey*, DStR 2011, 1149) zunächst verwaltungsseitig geklärt; die Grundsätze der Entscheidung sind in allen offenen Fällen nicht nur auf land- und forstwirtschaftliches Vermögen, sondern auch auf Betriebs- und Grundvermögen sowie auf Anteile an nicht börsennotierten Kapitalgesellschaften mit Sitz in anderen EU-Mitgliedstaaten anzuwenden (FinMin Baden-Württemberg v. 16.7.2008, 3 – S 3831/4, DStR 2008, 1537). Dies entspricht der vom BFH geforderten geltungserhaltenden gemeinschaftsrechtskonformen Auslegung (BFH v. 1.7.2008, II R 71/06, BStBl II 2008, 874, BFH/NV 2008, 1947). Die Bewertung erfolgt insoweit nicht mehr mit dem gemeinen Wert, sondern mit dem **vergleichbaren Wert**, wie er sich nach den Bewertungsvorschriften für inländisches Vermögen ergäbe; auch sind die Steuerbegünstigungen gem. §§ 13a und 19a ErbStG entsprechend zu gewähren.

100 Gem. § 12 Abs. 7 ErbStG werden ausländischer Grundbesitz und ausländisches Betriebsvermögen nach § 31 BewG bewertet. Allerdings hat sich die sachliche Bedeutung der Vorschrift insofern verändert, als der Bewertungsgrundsatz des gemeinen Werts, der sich aus der Weiterverweisung des § 31 Abs. 1 Satz 1 BewG auf die allgemeinen Vorschriften des BewG, insbesondere § 9 BewG, ergibt, bis zum 31.12.2008 auf ausländisches Vermögen beschränkt war; seit dem 1.1.2009 gilt der **Bewertungsgrundsatz des gemeinen Werts auch für Inlandsvermögen** (§ 12 Abs. 1 ErbStG).

101 Damit ist die Diskriminierung ausländischen Sachvermögens beseitigt worden und die Bewertung EU-rechtskonform (zu Einzelheiten siehe § 12 ErbStG Rz. 620). Soweit es noch einzelne Unterschiede gibt, etwa deswegen, weil bei ausländischen unbebauten Grundstücken nicht an Bodenrichtwerte angeknüpft werden kann, dürften diese EU-rechtlich unbedenklich sein, weil sie typischerweise nicht zu einer unvorteilhaften Gestaltung der Art der Berechnung des Werts führen (ebenso – keine strukturell bedingte Abweichung – *Hecht/Cölln*, BB 2009, 1212, 1216). Dies gilt im Grundsatz auch für die Bewertung des land- und forstwirtschaftlichen Vermögens, für das der Gesetzgeber bei Anwendung der gesetzlichen Bewertungsmethode annähernd den gemeinen Wert gewährleisten will (BR-Drs. 4/08, 65. Die gesetzliche Bewertungsmethode für land- und forstwirtschaftliches Vermögen ist – trotz Kritik im Vorlagebeschluss des BFH v. 27.9.2012, II R 9/11, BStBl II 2012, 899 - im Urteil des BVerfG v. 17.12.2014, 1 BvL 21/12, BVerfGE 138, 136, nicht beanstandet worden).

6.2.4 Begünstigungsvorschriften

102 Begünstigungen, die an den Erwerb von Inlandsvermögen anknüpfen und auf dieses beschränkt sind, können zwar gleichermaßen von Steuerinländern wie Steuerausländern in Anspruch genommen werden. Ob deswegen die Verletzung eines gemeinschaftsrechtlichen Diskriminierungsverbots fraglich ist (so *Jülicher*, in T/G/J, ErbStG, Einf. Rz. 53), ist seinerseits fraglich. Begünstigungen, die an den Erwerb von Inlandsvermögen anknüpfen, werden sich überwiegend und typischerweise zum Nachteil ausländischer Staatsangehöriger auswirken. Ob eine solche versteckte Diskriminierung gerechtfertigt sein kann, lässt sich nur anhand der jeweiligen Einzelregelung beurteilen. Ob diese vor dem EuGH besteht, hängt auch davon ab, in welchen Kontext das vorlegende nationale Gericht die Vorlagefrage einbettet. Denn es ist nicht Sache des Gerichtshofs, über die Auslegung nationaler Vorschriften zu befinden. Er hat vielmehr im Rahmen der Verteilung der Zuständigkeiten zwischen den Gerichten der Europäischen Union und den nationalen Gerichten in Bezug auf den tatsächlichen und rechtlichen Rahmen, in den sich die Vorlagefrage einfügt, von den Feststellungen des vorlegenden Gerichts auszugehen (vgl. m.w.N. EuGH v. 2.10.2008, C-360/06 (Heinrich Bauer Verlag), BFH/NV 2009, 108); d.h. unter Umständen entscheidet der EuGH eine Vorlagefrage, die sich in dieser Form für das nationale Recht tatsächlich gar nicht stellt.

6.2.4.1 Begünstigung der Zuwendung eines Familienwohnheims (§ 13 Abs. 1 Nr. 4a–c ErbStG)

Die Bedenken gegen die bisherige Regelung des § 13 Abs. 1 Nr. 4a ErbStG a.F. (noch zur alten Regelung des § 13 Abs. 1 Nr. 4a ErbStG vgl.*Högl*, in Gürsching/Stenger, ErbStG, § 2 Rz. 19) richteten sich dagegen, dass nur der Erwerb eines Familienheims im Inland begünstigt war. Nunmehr ist auch begünstigt der Erwerb eines Familienheims in einem **Mitgliedstaat der Europäischen Union oder in einem Staat des Europäischen Wirtschaftsraums** (§ 13 Abs. 1 Nr. 4a bis 4c ErbStG, jeweils im Einleitungssatz). Damit trägt die Regelung zumindest unter dem Aspekt des Gemeinschaftsrechts diesen Bedenken Rechnung (z.B. *Busch*, IStR 2002, 448, 452f.). Die Bedeutung der Änderung wird sich jedoch in Grenzen halten, da das Familienheim den Lebensmittelpunkt der Familie bilden muss. Deswegen dürfte bei Familienheimen, die im Ausland belegen sind, regelmäßig auch der Wohnsitz (§ 8 AO) oder der gewöhnliche Aufenthalt (§ 9 AO) im Ausland liegen. Die Steuerfreiheit für das im Ausland befindliche Familienheim als Auslandsvermögen (§ 121 BewG) wird lediglich in den Fällen der **erweiterten unbeschränkten Steuerpflicht** nach § 2 Abs. 1 Nr. 1 Buchst. b ErbStG eine Rolle spielen (ebenso *Geck*, ZEV 2008, 557, 558).

103

6.2.4.2 Zuwendungen an ausländische steuerbegünstigte Körperschaften (§ 13 Abs. 1 Nr. 16 Buchst. c ErbStG)

Die Steuerbefreiung des § 13 Abs. 1 Nr. 16 ErbStG gilt für Zuwendungen unter Lebenden und von Todes wegen an inländische Religionsgesellschaften des öffentlichen Rechts bzw. inländische jüdische Kultusgemeinden (Buchst. a), an inländische steuerbegünstigte Institutionen (Buchst. b) und ausländische Kirchen oder sonstige begünstigte Körperschaften, sofern der jeweilige ausländische Staat eine Gegenseitigkeit gewährt (Buchst. c).

104

Einführung

105 Bei der steuerlichen Abzugsfähigkeit von Spenden darf ein Mitgliedstaat inländische und in anderen Mitgliedstaaten ansässige als gemeinnützig anerkannte Einrichtungen unterschiedlich behandeln, wenn diese andere Ziele als die in seinem eigenen Regelungsstatut vorgegeben verfolgen (vgl. m.w.N. EuGH v. 10.2.2011, C-25/10 (Missionswerk Werner Heukelbach), DStRE 2012, 175; EuGH v. 27.1.2009, C-318/07 (Persche), BFH/NV 2009, 522; s.a. *Hey*, DStR 2011, 1149).§ 13 Abs. 1 Nr. 16 Buchst. c ErbStG behandelt die ausländischen Religionsgesellschaften, Körperschaften, Personenvereinigungen und Vermögensmassen der in Buchst. a) und b) bezeichneten Art insoweit anders, als er **Gegenseitigkeit** verlangt. Eine derartige Gegenseitigkeit liegt vor, wenn der ausländische Staat zum einen selber eine Erbschaft- bzw. Schenkungsteuer erhebt und zum anderen seinerseits eine der deutschen Steuerbefreiung entsprechende Befreiung für Zuwendungen an deutsche steuerbegünstigte Körperschaften gewährt (ErbStR 2011 R E 13.9). Sofern sich das Erfordernis der Gegenseitigkeit allein auf den Aspekt eines Haushaltsausgleichs stützt, würde die Regelung wohl gegen Gemeinschaftsrecht verstoßen (EuGH v. 27.1.2009, C-318/07 (Persche), BFH/NV 2009, 522; demgegenüber hält *Högl*, in Gürsching/Stenger, ErbStG, § 2 Rz. 19, die Vorschrift nicht für EU-rechtswidrig).

6.2.4.3 Steuerbefreiung nach § 13a ErbStG

106 Die Bedenken gegen die bis 31.12.2008 geltendeRegelung des § 13a ErbStG a.F. richteten sich dagegen, dass nur inländisches land- und forstwirtschaftliches Vermögen, inländisches Betriebsvermögen und Anteile an inländischen Kapitalgesellschaften begünstigt waren (§ 13a Abs. 4 ErbStG a.F.). Nunmehr ist auch solches Betriebsvermögen etc. in einem Mitgliedstaat der Europäischen Union oder in einem Staat des Europäischen Wirtschaftsraums begünstigt (§ 13b Abs. 1 ErbStG). Damit entspricht das Gesetz dem EU-Recht, soweit man in einer solchen Begünstigung eine Diskriminierung sehen wollte (so im Anschluss an EuGH v. 17.1.2008, C-256/06 (Jäger), BFH/NV Beilage 2008, 120, die wohl herrschende Meinung, vgl. *Högl*, in Gürsching/Stenger, ErbStG, § 2 Rz. 19; s.a. *Fuhrmann*, KÖSDI 2008, 16113; *Frenz*, DStZ 2009, 334; *Milatz/Kämper*, IWB 2010, 608; *Hannes/Onderka/von Oertzen*, ZEV 2011, 303; *Herlinghaus*, BFH/PR 2011, 197; *Hubert*, IWB 2011, 331; *Rehm/Nagler*, IStR 2011, 622; *Thömmes*, IWV 2011, 130; *Watrin/Kappenberg*, ZEV 2011, 105; *Thömmes*, IWB 2012, 646; *Scheunemann*, ZEV 2011, 146).

Dabei wird übersehen, dass der EuGH in diesem Urteil auch festgestellt hat, dass grundsätzlich Ziele wie die Weiterführung land- und forstwirtschaftlicher Betriebe und die Aufrechterhaltung der Arbeitsplätze in diesen Betrieben im Erbfall in bestimmten Situationen und unter bestimmten Bedingungen im Allgemeininteresse liegen und Beschränkungen des freien Kapitalverkehrs rechtfertigen können. Mit Vorabentscheidungsvorlage hatte der BFH (BFH v. 15.12.2010, II R 63/09, BStBl II 2011, 221) dem EuGH die Frage vorgelegt, ob Art. 56 Abs. 1 EG i.V.m. Art. 58 EG (jetzt Art. 63 AEUV i.V.m. Art. 65 AEUV) dahin auszulegen ist, dass er der Regelung eines Mitgliedstaates entgegensteht, die für die Berechnung der Erbschaftsteuer auf einen Nachlass vorsieht, dass die zum Privatvermögen gehörende Beteiligung als Alleingesellschafter an einer Kapitalgesellschaft mit Sitz und Geschäftsleitung in Kanada mit dem vollen Wert angesetzt wird, während beim Erwerb eines derartigen Anteils an einer Kapitalgesellschaft mit Sitz oder Geschäftsleitung im Inland ein gegenstandsbezogener Freibetrag gewährt und der verbliebene Wert lediglich in Höhe von 65 % berücksichtigt wird. Wenn die Kapitalverkehrsfreiheit statt der Niederlassungsfreiheit die einschlägige Grundfreiheit wäre, könnte die Beeinträchtigung der Kapitalverkehrsfreiheit kaum gerechtfertigt werden (so auch *Herlinghaus*, Anm. zu BFH v. 15.12.2010, II R 63/09, HaufeIndex 2598491). Der EuGH sah in diesem Fall die Niederlassungsfreiheit als maßgebliche Grundfreiheit an (EuGH v. 19.7.2012, C-31/11 (Scheunemann), DB 2012, 1963; s.a. *Steger*, ISR 2012, 23; *Wünsche*, IStR 2012, 785).

6.2.5 Freibetrag bei beschränkter Steuerpflicht (§ 16 Abs. 2 ErbStG)

Bei beschränkter Steuerpflicht wird durch § 16 Abs. 2 ErbStG ausschließlich ein Freibetrag von 2.000 EUR gewährt. Der BFH ist der Auffassung, dass jedenfalls grundsätzlich die unterschiedlichen Freibeträge gemeinschaftskonform sind, weil es hierbei um die Berücksichtigung persönlicher Verhältnisse gehe, bei denen sich Gebietsansässige und Gebietsfremde nach der Rechtsprechung des EuGH grundsätzlich nicht in einer vergleichbaren Situation befinden (BFH v. 21.9.2005, II R 56/03, BStBl II 2005, 875, BFH/NV 2006, 195; grundlegend EuGH v. 14.2.1995, C-279/93 (Schumacker), NJW 1995, 1207). Dem ist zuzustimmen (vgl. hierzu § 2 ErbStG Rz. 100 f.; dort auch zur Frage, ob dies auch gilt, wenn nahezu die gesamten Einkünfte bzw. Vermögenswerte dem Staat der beschränkten Steuerpflicht zugeordnet sind und der Wohnsitzstaat die persönlichen Verhältnisse daher nicht angemessen berücksichtigen kann). Der EuGH stufte diese Regelung jedoch als EU-rechtswidrig ein (EuGH v. 22.4.2010, C-510/08 (Mattner), BFH/NV 2010, 1212; vgl. § 2 ErbStG Rz. 102).

107

Zur Anpassung des ErbStG an das Urteil des EuGH in der Rechtssache Mattner räumte der Gesetzgeber dem Erwerber eines an sich nur beschränkt steuerpflichtigen Vermögensanfalls in § 2 Abs. 3 ErbStG (Neugefasst durch Art. 30 Beitreibungsrichtlinie-Umsetzungsgesetz v. 7.12.2011, BGBl I 2011, 2592) ein **Antragsrecht** ein, wenn einer der Zuwendungsbeteiligten oder beide Zuwendungsbeteiligte in einem EU- oder EWR-Mitgliedstaat ansässig sind (vgl. § 2 Rz. 152ff). Auch diese Neuregelung ist vom EuGH (EuGH v. 8.6.2016, C-479/14 (Hünnebeck), DStR 2016, 1360, auf Vorabentscheidungsersuchen des FG Düsseldorf v. 22.10.2014, 4 K 488/14 Erb, DStR 2014, 2384; nachgehend FG Düsseldorf v. 13.7.2016, 4 K 488/14 Erb, DStRE 2016, 1248) beanstandet worden, wobei neben dem Zusammenrechnungszeitraum für Schenkungen von 20 Jahren vor allem auch der Ausgestaltung des Antragsrechts tragende Bedeutung beigemessen worden ist (dazu eingehend *Sarburg/Mengwasser*, DStR 2016, 2777). Auch fakultative Regelungen im nationalen Steuerrecht, die zu einer Vereinbarkeit der einzelstaatlichen Regelung mit EU-Recht führen könnten, können die Rechtswidrigkeit eines Besteuerungssystems nicht heilen, wenn der EU-rechtswidrige Mechanismus zur Anwendung gelangt, wenn der Steuerpflichtige von sich aus keine Wahl trifft.

Wie nach der Entscheidung des EuGH in der Sache Welte (EuGH v. 17.10.2013, C-181/12 (Welte), BFH/NV 2013, 2046, vgl. oben Rz. 84) mit Ansässigen in einem Drittstaat zu verfahren ist, bleibt abzuwarten.

Einführung

6.2.6 Anrechnung ausländischer Erbschaftsteuer (§ 21 ErbStG)

108 Scheidet eine Anrechnung einer im Ausland gezahlten Erbschaft- oder Schenkungsteuer aus (vgl. BFH v. 19.6.2013, II R 10/12, BStBl II 2013, 746. Ausführlich s. § 21 ErbStG Rz. 6), verstößt die fehlende Anrechnungsmöglichkeit nicht gegen die Kapitalverkehrsteuerfreiheit, weil die Mitgliedstaaten beim gegenwärtigen Entwicklungsstand des EU-Recht vorbehaltlich dessen Beachtung über eine gewisse Autonomie in diesem Bereich verfügen und deshalb nicht verpflichtet sind, ihr eigenes Steuersystem den verschiedenen Steuersystemen der anderen Mitgliedstaaten anzupassen, um namentlich die sich aus der parallelen Ausübung ihrer Besteuerungsbefugnisse ergebende Doppelbesteuerung zu beseitigen (EuGH v. 12.2.2009, C-67/08 (Margarete Block), BFH/NV 2009, 677).

6.2.7 Mehrfacher Erwerb desselben Vermögens (§ 27 ErbStG)

109 § 27 ErbStG gewährt bei mehrfachem Erwerb desselben Vermögens keine Steuerermäßigung, wenn der Vorerwerb einer ausländischen Steuer unterworfen war. Die Beschränkung des freien Kapitalverkehrs ist im Interesse der Wahrung des Kohärenz des Steuersystems gerechtfertigt, da ein unmittelbarer Zusammenhang zwischen dem Steuervorteil des § 27 ErbStG und früherer Besteuerung im Inland besteht (vgl. EuGH v. 30.6.2016, C-123/15 (Feilen), BB 2016, 1702; dazu *Gottschalk*, EuZW 2016, 704; *Henze*, ISR 2016, 397. Zum Vorlagebeschluss des BFH v. 20.1.2015, II R 37/13, BStBl II 2015, 497, vgl. *Pahlke*, BFH/PR 2015, 211; *Heinrichshofen*, ErbStB 2015, 126; nachgehend BFH v. 27.9.2016, II R 37/13, BFH/NV 2017, 228).

6.2.8 Anzeigepflicht der Vermögensverwahrer (§ 33 ErbStG)

110 Die Regelung des § 33 ErbStG, wonach Kreditinstitute mit Sitz im Inland Vermögensgegenstände anzeigen müssen, die bei ihren unselbständigen Zweigstellen in einem anderen Mitgliedstaat verwahrt oder verwaltet werden, im Fall des Ablebens des Eigentümers, der Steuerinländer war, ist mit der Niederlassungsfreiheit des Art. 49 AEUV auch dann vereinbar, wenn im anderen Mitgliedstaat keine vergleichbare Anzeigepflicht besteht und Kreditinstitute dort einem strafbewehrten Bankgeheimnis unterliegen (vgl. EuGH v. 14.4.2016, C-522/14, DStR 2016, 911 (Sparkasse Allgäu); dazu *Delp*, DB 2016, 1403; *Musil*, EuZW 2016, 465; *Henze*, ISR 2016, 207; *Esskandari*, ErbStB 2016, 165. Zum Vorlagebeschluss des BFH vom 1.10.2014, II R 29/13, BStBl II 2015, 232, vgl. *Bäuml/Escher*, BB 2015, 355; *Kirschstein*, ErbStB 2015, 3. Der Sachverhalt liegt zeitlich vor dem Erlass der Richtlinie 2011/16/EU des Rates vom 15.2.2011 über die Zusammenarbeit der Verwaltungsbehörden im Bereich der Besteuerung (ABl L 64, 1) in der durch die Richtlinie 2014/107/EU des Rates vom 9. Dezember 2014 (ABl L 359, 1) geänderten Fassung; nachgehend BFH v. 16.11.2016, II R 29/13, juris). Die Niederlassungsfreiheit des Art. 49 AEUV verpflichtet nämlich einen Mitgliedstaat nicht dazu, seine Steuervorschriften auf diejenigen eines anderen Mitgliedstaats abzustimmen, um alle Diskrepanzen zu beseitigen (so zuvor schon EuGH v. 6.12.2007, C-298/05 (Columbus Container Services),

BFH/NV Beilage 2008, 100; EuGH v. 29.11.2011, C-371/10 (National Grid Indus), DStR 2011, 2334).

einstweilen frei   111-120

7 Erbschaftsteuer und Beihilfenrecht

In jüngster Zeit ist auch die Vereinbarkeit des ErbStG mit dem Beihilfenrecht der Art. 107 ff. AEUV in den Blick geraten (für eine Einordnung als Beihilfe wohl *Wachter*, DB 2016, 1273; *Seer*, GmbHR 2016, 673, 677; dagegen eher *Bäuml/Vogl*, BB 2015, 736; *de Weerth*, DB 2016, 2692). Wären die Verschonungsregelungen der §§ 13a, 13b ErbStG als staatliche Beihilfe einzuordnen, hätte das Erbschaftsteuerreformgesetz (Gesetz v. 4.11.2016, BGBl I 2016, 2464) gemäß Art. 108 Abs. 3 AEUV erst nach Erteilung der beihilferechtlichen Genehmigung durch die Europäische Kommission in Kraft treten dürfen.   121

Art. 107 Abs. 1 AEUV versteht unter staatlichen Beihilfen staatliche oder aus staatlichen Mitteln gewährte Maßnahmen, die zu einer Wettbewerbsverfälschung und einer Beeinträchtigung des Binnenhandels führen, wenn diese selektiv sind, d.h. der Begünstigung bestimmter Unternehmen oder Produktionszweige dienen. Entscheidendes Kriterium ist dabei die Selektivität der Verschonungsregelungen für Unternehmensvermögen. Die Selektivität kann dabei nicht allein schon mit der Erwägung verneint werden, dass nicht das Unternehmen, sondern der Erbe bzw. der Beschenkte der Steuerpflicht unterliegt, da sich die Verschonung des Unternehmensvermögens schon aus verfassungsrechtlichen Gründen aus dem Fortbestand des Unternehmens und der damit verbundenen Arbeitsplätze rechtfertigen lässt (vgl. *Wachter*, DB 2016, 1273, 1275 unter Bezugnahme auf BVerfG v. 17.12.2014, 1 BvL 21/12, BVerfGE 138, 136 Rz. 127, 133, 136, 152, 172).   122

Die Selektivität setzt jedoch voraus, dass die Regelung nicht unterschiedslos auf alle Wirtschaftsteilnehmer anwendbar ist, sondern rechtlich oder tatsächlich nur einzelne Unternehmen oder Branchen begünstigt. Da die Verschonung gemäß §§ 13a, 13b ErbStG grundsätzlich allen Unternehmen offensteht, dürfte die Selektivität zu verneinen sein. Zwar unterscheidet das ErbStG in vielfältiger Weise unter anderem nach der Größe von Unternehmen (Lohnsummentest, Verschonungsregime) und deren Rechtsform (Erfordernis einer Mindestbeteiligung), doch sind diese Unterscheidungen nicht Ausdruck der Begünstigung einzelner Unternehmen oder Branchen, zumal die Verschonung auch für Unternehmen aus anderen Staaten der EU und des EWR gewährt wird. Der Vorababschlag für Familienunternehmen ist keine Verschonungsregelung, sondern eine Bewertungsregelung, die den Unternehmenswert realitätsgerechter abbilden will.   123

Das Beihilfenrecht leidet daran, dass es derzeit noch keine wirklich belastbaren Kriterien für die Beurteilung der Selektivität einer steuerrechtlichen Regelung gibt. Dies gilt insbesondere für die Frage, ob die Selektivität durch den inneren Aufbau des Steuersystems oder die Natur der Sache gerechtfertigt werden kann (eine strenge Linie haben die Urteile des EuG zum deutschen Körperschaftsteuerrecht vorgegeben, vgl. EuG v. 4.2.2016, T-620/11 (GFKL Financial Leasing), DStR 2016, 390; EuG v. 4.2.2016, T-287/11 (Heitkamp Bau), juris, jeweils zur Sanierungsklausel des   124

§ 8c Abs. 1a KStG. Danach sei die Bewältigung der Finanz- und Wirtschaftskrise nicht durch Natur und System des Steuerrechts vorgegeben. Vgl. dazu *Hinder/Hentschel*, GmbHR 2016, 345; *Olbing*, AG 2016, 325; *de Weerth*, DB 2016, 682; *Henze*, ISR 2016, 397; *Hackemann/Fiedler*, IStR 2016, 259. Gegen die Urteile des EuG ist Rechtsmittel zum EuGH eingelegt worden). Eine gewisse praktische Evidenz lässt sich jedoch daraus schöpfen, dass auch die Erbschaftsteuergesetze anderer Mitgliedstaaten eine Sonderbehandlung von Unternehmensvermögen kennen, ohne dass die Europäische Kommission bislang – soweit bekannt – Anlass zu einer beihilfenrechtlichen Prüfung gesehen hätte.

ERSTER TEIL: Steuerpflicht (§§ 1–9)

§ 1 Steuerpflichtige Vorgänge

(1) Der Erbschaftsteuer (Schenkungsteuer) unterliegen
1. der Erwerb von Todes wegen
2. die Schenkungen unter Lebenden
3. die Zweckzuwendungen
4. das Vermögen einer Stiftung, sofern sie wesentlich im Interesse einer Familie oder bestimmter Familien errichtet ist, und eines Vereins, dessen Zweck wesentlich im Interesse einer Familie oder bestimmter Familien auf die Bindung von Vermögen gerichtet ist, in Zeitabständen von je 30 Jahren seit dem in § 9 Abs. 1 Nr. 4 bestimmten Zeitpunkt.

(2) Soweit nichts anderes bestimmt ist, gelten die Vorschriften dieses Gesetzes über die Erwerbe von Todes wegen auch für Schenkungen und Zweckzuwendungen, die Vorschriften über Schenkungen auch für Zweckzuwendungen unter Lebenden.

Inhalt   Rz.

1	Allgemeines	1–19
2	Die Erwerbstatbestände des § 1 Abs. 1 Nr. 1–3 ErbStG	20–49
2.1	Erwerb von Todes wegen (§ 1 Abs. 1 Nr. 1 ErbStG)	20–21
2.2	Schenkungen unter Lebenden (§ 1 Abs. 1 Nr. 2 ErbStG)	22
2.3	Zweckzuwendungen (§ 1 Abs. 1 Nr. 3 ErbStG)	23–49
3	Ersatzerbschaftsteuer (§ 1 Abs. 1 Nr. 4 ErbStG)	50–149
3.1	Zweck der Vorschrift	50–59
3.2	Begriff der Familienstiftung	60–79
3.3	Erhebung der Ersatzerbschaftsteuer	80–99
3.4	Sonstige Besteuerungstatbestände	100–149
4	Regelungsverknüpfung (§ 1 Abs. 2 ErbStG)	150–151

Schrifttum

Binz/Sorg, Erbschaftsteuerprobleme der Familienstiftung, DB 1988, 1822; *Blumers*, Die Familienstiftung als Instrument der Nachfolgeregelung, DStR 2012, 1; *Bruschke*, Der Erwerb von Todes wegen, UVR 2008, 211; *Flämig*, Die Familienstiftungen unter dem Damoklesschwert der Erbersatzsteuer, DStZ 1986, 11; *Freundl*, Die Stiftung – das Gestaltungsinstrument der Unternehmensnachfolge, DStR 2004, 1509; *Hübner/Currle/Schenk*, Die nichtrechtsfähige Stiftung als Familienstiftung, DStR 2013, 1966; *Jülicher*, Brennpunkte der Besteuerung der inländischen Familienstiftung im ErbStG, StuW 1999, 363; *ders.*, Die Familienstiftung i.S.d. § 1 Abs. 1 Nr. 4 ErbStG, StuW 1995, 71; *Korezkij*, Familienstiftungen im neuen Erbschaftsteuerrecht, ZEV 1999, 132; *Laule/Heuer*, Familienstiftungen als Objekt der Erbschaftsteuer, DStZ 1987, 495; *v. Löwe/du Roi Droege*, Ist die Erbersatzsteuer bei Familienstiftungen reformbedürftig?, ZEV 2006, 530; *Marx,* Steuervermeidende Sachverhaltsgestaltungen mittels zivilrechtlicher Vermögenssonderungen, StuW 1990, 151; *Meincke,* Erbersatzsteuer und Gleichheitssatz, StuW 1982, 169; *v. Oertzen,* Vorbereitungen für den großen Ersatzerbschaftsteuertermin zum 1. Januar 2014, Beihefter zu DStR Heft 11/2012, 37; *Pauli,* Stiftung und Testamentsvollstreckung als Gestaltungsmittel zur Sicherung des Erblasserwillens, ZEV 2012, 461; *van Randenborgh,* Unterliegt eine nicht-rechtsfähige Familienstiftung der Erbersatzsteuer?, BB 2013, 2780; *Werder/Wystrcil,* Familienstiftungen in der Unternehmensnachfolge, BB 2016, 1558; *Schwarz,* Die Stiftung als Instrument für die mittelständische Unternehmensnachfolge, BB 2001, 2381; *Sorg,* Hat die Familienstiftung jetzt noch eine Überlebenschance?, BB 1983, 1620; *Theuffel-Werhahn,* Unterliegen unselbständige Familienstiftungen der Ersatzerbschaftsteuer? Zugleich eine Betrachtung des Begriffs „Stiftung" im Steuerrecht, ZEV 2014, 14.

1 Allgemeines

1 § 1 Abs. 1 ErbStG enthält eine **abschließende Aufzählung** der Erwerbsvorgänge, die der Erbschaft- und Schenkungsteuer unterliegen. § 1 Abs. 2 ErbStG enthält ein **Gleichstellungsgebot,** wonach die Vorschriften des Gesetzes über die Erwerbe von Todes wegen auch für Schenkungen und Zweckzuwendungen, die Vorschriften über Schenkungen auch für Zweckzuwendungen unter Lebenden anzuwenden sind (siehe hierzu Rz. 150). Die als „steuerpflichtige Vorgänge" in § 1 Abs. 1 Nr. 1-3 ErbStG genannten Tatbestände müssen durch die §§ 3 bis 6 ErbStG (Nr. 1: Erwerb von Todes wegen), § 7 ErbStG (Nr. 2: Schenkungen unter Lebenden) und § 8 ErbStG (Nr. 3: Zweckzuwendungen) ausgefüllt und bestimmt werden (*Jülicher,* in T/G/J, ErbStG, § 1 Rz. 2; *Weinmann,* in Moench/Weinmann, ErbStG, § 1 Rz. 2).§ 1 Abs. 1 Nr. 4 ErbStG nennt demgegenüber entgegen der Überschrift keinen Vorgang im eigentlichen Sinn: Es wird lediglich unter bestimmten Voraussetzungen das Vorhandensein von Vermögen einer Stiftung oder eines Vereins besteuert, ohne dass dies von einem weiteren „Vorgang" abhängig wäre.

2-19 einstweilen frei

2 Die Erwerbstatbestände des § 1 Abs. 1 Nr. 1–3 ErbStG

2.1 Erwerb von Todes wegen (§ 1 Abs. 1 Nr. 1 ErbStG)

20 § 3 ErbStG bestimmt, was als „Erwerb von Todes wegen" und was als vom Erblasser zugewendet gilt (zu Einzelheiten § 3 ErbStG Rz. 1 ff). Der Begriff „Erwerb von Todes wegen" bildet den **Oberbegriff für Erwerbsvorgänge,** die durch den Tod eines Menschen (Erbfall) ausgelöst werden. Die Aufzählung in § 3 ErbStG ist weitgehend an erbrechtliche Rechtsinstitute angelehnt, jedoch werden auch einige Vermögensvorteile als Erwerb aus Anlass des Todes eines Menschen erfasst, die außerhalb eines Nachlasses anfallen (*Jülicher,* in T/G/J, ErbStG, § 1 Rz. 4; *Viskorf,* in V/K/S/W, ErbStG, 2012, § 1 Rz. 6).

21 einstweilen frei

2.2 Schenkungen unter Lebenden (§ 1 Abs. 1 Nr. 2 ErbStG)

Schenkungen unter Lebenden sind ursprünglich in die Steuerpflicht einbezogen worden, um ein Ausweichen vor den steuerpflichtigen Vermögensübertragungen von Todes wegen in steuerfreie Rechtsgeschäfte unter Lebenden auszuschließen (*Meincke*, ErbStG, 2012, § 1 Rz. 10; *Meßbacher-Hönsch*, in Wilms/Jochum, ErbStG, § 1 Rz. 27) Zu den Schenkungen unter Lebenden i.S.d. Abs. 1 Nr. 2 gehört vor allem der Erwerb aufgrund einer Schenkung i.S.d. §§ 516ff. BGB. Der Begriff „Schenkung unter Lebenden" (§ 1 Abs. 1 Nr. 2 ErbStG) wird im Katalog von § 7 ErbStG zum endogen schenkungsteuerlichen Begriff "**freigebige Zuwendung**", der z.T. weiter reicht als der bürgerlich-rechtliche Begriff der Schenkung i.S.d. § 516 BGB. Diese wird zum Unterfall der „freigebigen Zuwendung" i.S.d. § 7 Abs. 1 Nr. 1 ErbStG (zu Einzelheiten § 7 ErbStG Rz. 1 ff). 22

2.3 Zweckzuwendungen (§ 1 Abs. 1 Nr. 3 ErbStG)

Die „Zweckzuwendung" ist eine erbschaft- bzw. schenkungsteuerliche Schöpfung, eine Mischung aus Zuwendung und Zweckauflage (vgl. § 2193 BGB). Mit der Besteuerung der Zweckzuwendungen sollen Zuwendungen erfasst werden, die weder dem Geber noch dem Empfänger noch bestimmten dritten Personen zugute kommen, die als Erwerber zur Steuerzahlung herangezogen werden könnten. Dies ist mit dem Leistungsfähigkeits- und Bereicherungsprinzip nur schwer zu vereinbaren (Gl.A. *Jülicher*, in T/G/J, ErbStG, § 1 Rz. 6; *Meincke*, ErbStG, 2012, § 1 Rz. 12). 23

Zweckzuwendungen sind nach § 8 ErbStG im Kern dadurch gekennzeichnet, dass von dem auf einen Erwerber übergehenden Vermögen anordnungsgemäß ein bestimmter Teil einem unbestimmten Personenkreis und damit auch einer Zweckbestimmung zugutekommen soll (z.B. einem Kindergarten; zu Einzelheiten § 8 ErbStG Rz. 1 ff). Aufgrund entsprechender Verfügungen des Erblassers oder Schenkers entsteht eine getrennte Vermögensmasse, die der Erwerber nur zweckgebunden verwenden darf (*Viskorf*, in V/K/S/W, 2012, ErbStG, § 1 Rz. 8). Die demgemäß von dem Erwerber zu erfüllende Verpflichtung mindert so dessen Bereicherung, weshalb der Betrag bereicherungsmindernd abgezogen wird (§ 10 Abs. 5 Nr. 2 ErbStG). Demgegenüber lässt sich das aus der Verpflichtungserfüllung Geleistete nicht einem bestimmten Erwerber oder mehreren bestimmten Bedachten zuordnen, sodass das Geleistete ohne die Regelung des § 1 Abs. 1 Nr. 3 erbschaft- bzw. schenkungsteuerfrei bliebe (*Jülicher*, in T/G/J, ErbStG, § 1 Rz. 6; *Meßbacher-Hönsch*, in Wilms/Jochum, ErbStG, § 1 Rz. 28). 24

Ist eine **Zuwendung von Todes wegen** mit einer **Auflage** zugunsten eines bestimmten Zwecks verbunden, durch die die Bereicherung des Erwerbers gemindert wird, liegen zwei formal zu trennende steuerbare Vorgänge vor, nämlich zum einen ein Erwerb von Todes wegen und zum anderen eine Zweckzuwendung gemäß § 8 des Gesetzes (BFH v. 16.1.2002, II R 82/99, BStBl. II 2002, 721). 25

einstweilen frei 26–49

3 Ersatzerbschaftsteuer (§ 1 Abs. 1 Nr. 4 ErbStG)

3.1 Zweck der Vorschrift

50 § 1 Abs. 1 Nr. 4 ErbStG regelt im Gegensatz zu § 1 Abs. 1 Nr. 1-3 ErbStG keinen (Erwerbs-)Vorgang im eigentlichen Sinn (Rz. 3), sondern unterwirft das **Vermögen** bestimmter Stiftungen und Vereine als solches in regelmäßigen Abständen von 30 Jahren der Steuerpflicht. Hintergrund der Regelung zur sog. **Ersatzerbschaftsteuer** (auch Erbersatzsteuer genannt) ist, dass das Vermögen einer Familienstiftungen oder eines Familienvereins in der Stiftung oder dem Verein gebunden ist und damit in der Generationenfolge nach bürgerlich-rechtlichen Grundsätzen keinem Rechtsträgerwechsel unterliegt. Mit der Besteuerung des Stiftungs- bzw. Vereinsvermögens mit der Ersatzerbschaftsteuer im Turnus von 30 Jahren fingiert § 1 Abs. 1 Nr. 4 ErbStG letztlich eine Erbschaftsbesteuerung in einem regelmäßigen Generationenwechsel (BT-Drs. 7/1333, 3; BFH v. 10.12.1997, II R 25/94, BStBl II 1998, 114; *Viskorf*, in V/K/S/W, ErbStG, 2012, § 1 Rz. 9; *Geck*, in Kapp/Ebeling, ErbStG, § 1 Rz. 48). Diese typisierende Besteuerung ist **verfassungskonform**, da sie einer (annähernden) Gleichstellung der Besteuerung von Familienstiftungen und Familienvereinen mit der natürlicher Personen dient (BVerfG v. 8.3.1983, 2 BvL 27/81, BStBl II 1983, 779; v. 22.8.2011, 1 BvR 2570/10, HFR 2011, 1247; BFH v. 10.12.1997, II R 25/94, BStBl II 1998, 114; *Meßbacher-Hönsch*, in Wilms/Jochum, ErbStG, § 1 Rz. 30; *Geck*, in Kapp/Ebeling, ErbStG, § 1 Rz. 44; krit. *Meincke*, ErbStG, 2012, § 1 Rz. 15; *Sorg*, BB 1983, 1620). Die Regelung des § 1 Abs. 1 Nr. 4 ErbStG wird im Hinblick auf die übrigen Erwerbe von Todes wegen i.S.d. § 1 Abs. 1 Nr. 1 ErbStG bzw. Schenkungen unter Lebenden i.S.d. § 1 Abs. 1 Nr. 2 ErbStG **als systemwidrig** kritisiert (z.B. *Meincke*, ErbStG, 2012, § 1 Rz. 14; *Marx*, StuW 1990, 151, 158 ff.; *Jülicher*, StuW 1995, 71, 74; *v. Löwe/du Roi Droege*, ZEV 2006, 530, 533f.).

51-59 einstweilen frei

3.2 Begriff der Familienstiftung

60 Eine **rechtsfähige Stiftung** i.S.d. §§ 80ff. BGB ist in bürgerlich-rechtlicher Hinsicht eine rechtsfähige Organisation (Verwaltung), die keine Mitglieder hat und bestimmte, durch den Stiftungsakt festgelegte Zwecke mit Hilfe eines Vermögens verfolgt, das diesen Zwecken dauerhaft gewidmet ist (BayObLG v. 25.10.1972, BReg 2 Z 56/72, NJW 1973, 249; *Ellenberger*, in Palandt, BGB, 2016, Vorb. § 80 Rz. 5ff.).**Destinatäre**, die nach dem Stiftungszweck begünstigt sind, haben keine mitgliedschaftliche Rechtsposition, sondern sind als Bezugs- oder Anfallsberechtigte lediglich Nutznießer des Stiftungsvermögens (BGH v. 22.1.1987, III ZR 26/85, NJW 1987, 2364).**Unselbstständige Stiftungen** verfügen demgegenüber zwar über ein dem Stiftungszweck gewidmetes Vermögen, haben aber keine eigene Rechtspersönlichkeit (*Ellenberger*, in Palandt, BGB, 2016, Vorb. § 80 Rz. 10). Der Tod des Stifters bzw. der Destinatäre hat keine Auswirkungen auf den Bestand der rechtsfähigen Stiftung. Aus diesem Grunde eignet sich die Stiftung als **Instrument der Vermögens- und Unternehmensnachfolge**, da der Stifter mit der Errichtung einer Familienstiftung – im Gegensatz zu einer bloßen Testaments-

vollstreckung – die Nachfolge und den Bestand des Vermögens bzw. Unternehmens über mehrere Generationen regeln und sichern kann (z.B. *Jülicher*, in T/G/J, ErbStG, § 1 Rz. 15, 36; *Geck*, in Kapp/Ebeling, ErbStG, § 1 Rz. 46; *Blumers*, DStR 2012, 1; *Pauli*, ZEV 2012, 461).

§ 1 Abs. 1 Nr. 4 ErbStG erfasst das Vermögen einer Stiftung, sofern sie wesentlich im Interesse einer Familie oder bestimmter Familien errichtet ist. Der **Begriff der Familienstiftung** wird mit dieser Formulierung nicht exakt definiert, sondern mit dem Kriterium des wesentlichen Familieninteresses vielmehr lediglich umschrieben. Der konkrete Bedeutungsgehalt kann über **quantitative** oder **qualitative Merkmale** erschlossen werden (*Jülicher*, in T/G/J, ErbStG, § 1 Rz. 44f.; *Meßbacher-Hönsch*, in Wilms/Jochum, ErbStG, § 1 Rz. 35ff). Nach **Ansicht des BFH** bestimmt sich der Begriff der Familienstiftung i.S.d. § 1 Abs. 1 Nr. 4 ErbStG in erster Linie nach **qualitativen Kriterien**: Ob eine Stiftung als Familienstiftung anzusehen ist, ist anhand des vom Stifter verfolgten Zwecks der Stiftung zu beurteilen, wie er ihn objektiv erkennbar in der Satzung zum Ausdruck gebracht hat; die Bezeichnung durch den Stifter sowie die Einschätzung der Stiftungsaufsicht sind für die erbschaftsteuerrechtliche Beurteilung unerheblich (BFH v. 18.11.2009, II R 46/07, BFH/NV 2010, 898). Eine Stiftung dient **wesentlich dem Interesse einer Familie** oder bestimmter Familien, wenn nach der Satzung und ggf. dem Stiftungsgeschäft ihr Wesen darin besteht, es den Familien zu ermöglichen, das Stiftungsvermögen, soweit es einer Nutzung zu privaten Zwecken zugänglich ist, zu nutzen und die Stiftungserträge an sich zu ziehen; inwieweit davon tatsächlich Gebrauch gemacht wird, ist nicht entscheidend (BFH v. 10.12.1997, II R 25/94, BStBl II 1998, 114; FG Köln v. 25.5.2016, 7 K 291/16, EFG 2016, 1447, Rev. eingelegt, Az. beim BFH II R 26/16). Der Begriff **Vermögensinteresse der Familie** ist nach Ansicht des BFH weit zu fassen, da hierzu nicht nur Bezugs- und Anfallsrechte gehören, sondern auch alle unmittelbaren oder mittelbaren, nicht notwendig in Geld bezifferbaren Vermögensvorteile, die die begünstigte Familie aus dem Stiftungsvermögen zieht (BFH v. 18.11.2009, II R 46/07, BFH/NV 2010, 898; gl.A. *Meßbacher-Hönsch*, in Wilms/Jochum, ErbStG, § 1 Rz. 35f.; *Geck*, in Kapp/Ebeling, ErbStG, § 1 Rz. 48.1).

Nach **Ansicht der FinVerw.** liegt nach **quantitativen Kriterien** eine Familienstiftung i.S.d. § 1 Abs. 1 Nr. 4 ErbStG vor, wenn unter Rückgriff auf § 15 Abs. 2 AStG nach der Satzung der Stifter, seine Angehörigen und deren Abkömmlinge **zu mehr als 50 % bezugs- und anfallsberechtigt** sind (R E 1.2 Abs. 2 S. 1 ErbStR 2011; *Jülicher*, in T/G/J, ErbStG, § 1 Rz. 46 f.; *Meßbacher-Hönsch*, in Wilms/Jochum, ErbStG, § 1 Rz. 37). Eine Familienstiftung liegt aber auch dann vor, wenn die genannten Destinatäre **zu mehr als 25 % bezugs- oder anfallsberechtigt** sind, und zusätzliche Merkmale ein wesentliches Familieninteresse belegen, was insbesondere dann der Fall sein kann, wenn die Familie wesentlichen Einfluss auf die Geschäftsführung der Stiftung hat (R E 1.2 Abs. 2 S. 2-3 ErbStR 2011). Als **wesentliche Familieninteressen** erkennt die FinVerw. insbesondere die unentgeltliche oder verbilligte Nutzung des Stiftungsvermögens an, z.B. die Nutzung der stiftungseigenen Immobilien zu Wohnzwecken, den Einsatz des Personals der Stiftung für Arbeiten im Rahmen des eigenen Hausstandes oder bei einer Stiftung mit Kunstbesitz den Vorteil, von diesem Kunstbesitz umgeben zu sein (R E 1.2 Abs. 3

S. 4 ErbStR 2012). Im **Schrifttum** wird bei Ansatz quantitativer Kriterien bezüglich der Bezugs- und Anfallsberechtigung auf Größen zwischen 25 % und 90 % abgestellt (vgl. *Laule/Heuer*, DStZ 1987, 495; *Jülicher*, StuW 1995, 71; *Weinmann*, in Monech/Weinmann, ErbStG, § 1 Rz. 14).

63 Die Voraussetzungen einer Familienstiftung müssen **während des gesamten 30-Jahreszeitraums** erfüllt sein (BFH v. 10.12.1997, II R 25/94, BStBl II 1998, 114; *Viskorf*, in V/K/S/W, ErbStG, 2012, § 1 Rz. 23; a. A. R E 1.2 Abs. 1 S. 2 ErbStR 2011: am maßgebenden Besteuerungszeitpunkt i. S. d. § 9 Abs. 1 Nr. 4 ErbStG; *Geck*, in Kapp/Ebeling, ErbStG, § 1 Rz. 48.2).

64 Der im Gesetz ebenfalls nicht definierte **Begriff des Familienvereins** bestimmt sich nach den für die Familienstiftung geltenden Kriterien (R E 1.2 Abs. 6 ErbStR 2011; *Viskorf*, in V/K/S/W, ErbStG, 2012, § 1 Rz. 25).§ 1 Abs. 1 Nr. 4 ErbStG gilt lediglich für Vereine, deren Mitgliedschaft nach § 38 S. 1, § 40 BGB nicht vererblich ist, da wegen der erforderlichen Vergleichbarkeit mit der Familienstiftung die zum Vereinsvermögen zählenden Werte nicht der Erbfolge entzogen sein dürfen (*Meincke*, ErbStG, 2012, § 1 Rz. 19; *Meßbacher-Hönsch*, in Wilms/Jochum, ErbStG, § 1 Rz. 50). Der Familienverein hat **kaum praktische Bedeutung** (*Weinmann*, in Moench/Weinmann, ErbStG, § 1 Rz. 19).

65 Der Ersatzerbschaftsteuer nach § 1 Abs. 1 Nr. 4 ErbStG unterliegen nur **inländische Familienstiftungen** (BFH v. 6.12.1989, II R 18/87, BStBl II 1990, 221; *Meßbacher-Hönsch*, in Wilms/Jochum, ErbStG, § 1 Rz. 43; *Jülicher*, in T/G/J, ErbStG, § 1 Rz. 30ff. zur Behandlung einer ausländischen Familienstiftung).**Unselbstständige Stiftungen** ohne eigene Rechtspersönlichkeit fallen nicht unter die Regelung des § 1 Abs. 1 Nr. 4 ErbStG (gl. A. *Meßbacher-Hönsch*, in Wilms/Jochum, ErbStG, § 1 Rz. 33; *Geck*, in Kapp/Ebeling, ErbStG, § 1 Rz. 54; *van Randenborgh*, BB 2013, 2780; *Theuffel-Werhahn*, ZEV 2014, 14; a. A. FG Köln v. 25.5.2016, 7 K 291/16, EFG 2016, 1447, Rev. eingelegt, Az. beim BFH II R 26/16; *Weinmann*, in Moench/Weinmann, ErbStG, § 1 Rz. 7; *Hübner/Currle/Schenk*, DStR 2013, 1966).

66-79 einstweilen frei

3.3 Erhebung der Ersatzerbschaftsteuer

80 Beim Anfall der **Ersatzerbschaftsteuer** nach § 1 Abs. 1 Nr. 4 ErbStG wird nach § 15 Abs. 2 S. 3 ErbStG der doppelte **Freibetrag** für Kinder nach § 16 Abs. 1 Nr. 2 ErbStG gewährt (§ 15 ErbStG Rz. 65). Die Steuer bemisst sich nach dem Prozentsatz der **Steuerklasse I** gem. § 19 ErbStG, der für die Hälfte des steuerpflichtigen Vermögens gelten würde; nach § 10 Abs. 1 S. 7 ErbStG tritt für Zwecke der **Wertermittlung** an die Stelle des Vermögensanfalls das Vermögen der Stiftung oder des Vereins (§ 10 ErbStG Rz. 58). Im Ergebnis entspricht die in Zeitabständen von 30 Jahren vorgenommene Ersatzerbschaftsbesteuerung jeweils einem Vermögensübergang auf zwei Kinder eines Erblassers (BFH v. 8.4.1981, II R 47/79, BStBl II 1981, 581; v. 10.12.1997, II R 25/94, BStBl II 1998, 114).

81 Den **Zeitpunkt der Entstehung** der Ersatzerbschaftsteuer regelt § 9 Abs. 1 Nr. 4 ErbStG (§ 9 ErbStG Rz. 128). Die Steuer kann nach § 24 ErbStG **verrentet** in 30 gleichen jährlichen Teilbeträgen (Jahresbeträgen) entrichtet werden. Nach

§ 20 Abs. 1 S. 1 ErbStG ist **Steuerschuldner** in den Fällen des § 1 Abs. 1 Nr. 4 ErbStG die Stiftung oder der Verein (§ 20 ErbStG Rz. 15). Nach § 26 ErbStG ist in den Fällen des § 7 Abs. 1 Nr. 9 ErbStG (Aufhebung einer Stiftung oder Auflösung eines Vereins) auf die nach § 15 Abs. 2 S. 2 ErbStG zu ermittelnde Steuer (§ 15 ErbStG Rz. 60) die nach § 15 Abs. 2 S. 3 ErbStG festgesetzte Steuer (§ 15 ErbStG Rz. 65)**anteilsmäßig anzurechnen** (§ 26 ErbStG Rz. 4).

einstweilen frei   82-99

3.4 Sonstige Besteuerungstatbestände

Neben der „laufenden" Besteuerung einer Familienstiftung durch die Ersatzerbschaftsteuer nach § 1 Abs. 1 Nr. 4 ErbStG greifen ggf. **weitere Besteuerungstatbestände** ein (*Meßbacher-Hönsch*, in Wilms/Jochum, ErbStG, § 1 Rz. 44ff.; *Viskorf*, in V/K/S/W, ErbStG, 2012, § 1 Rz. 28ff). Dies sind bei der Errichtung der Stiftung von Todes wegen der Übergang von Vermögen auf eine vom Erblasser angeordnete Stiftung i.S.d. § 3 Abs. 2 Nr. 1 ErbStG, (§ 3 ErbStG Rz. 528) der Übergang von Vermögen auf Grund eines Stiftungsgeschäfts unter Lebenden i.S.d. § 7 Abs. 1 Nr. 8 ErbStG, (§ 7 ErbStG Rz. 440) die sog. Zustiftung als freigebige Zuwendung unter Lebenden i.S.d. § 7 Abs. 1 Nr. 1 ErbStG (§ 7 ErbStG Rz. 440) und die Aufhebung einer Stiftung bzw. die Auflösung eines Vereins i.S.d. § 7 Abs. 1 Nr. 9 ErbStG (§ 7 ErbStG Rz. 460). Wird eine Familienstiftung durch Satzungsänderung in eine gemeinnützige Stiftung **umgewandelt**, ist deren Erwerb nach § 13 Abs. 1 Nr. 16 Buchst. b ErbStG steuerfrei (R E 1.2 Abs. 5 ErbStR 2011; § 13 ErbStG Rz. 84). Satzungsmäßige **laufende Ausschüttungen** an die Destinatäre sind erbschaft- und schenkungsteuerfrei (*Jülicher*, in T/G/J, ErbStG, § 1 Rz. 24).   100

einstweilen frei   101-149

4 Regelungsverknüpfung (§ 1 Abs. 2 ErbStG)

Soweit nichts anderes bestimmt ist, gelten nach dem Gleichstellungsgebot des § 1 Abs. 2 ErbStG die Vorschriften des ErbStG über die Erwerbe von Todes wegen auch für Schenkungen und Zweckzuwendungen, die Vorschriften über Schenkungen auch für Zweckzuwendungen unter Lebenden (*Meincke*, ErbStG, 2012, § 1 Rz. 22 ff.; *Jülicher*, in T/G/J, ErbStG, § 1 Rz. 61 ff). Das Gleichstellungsgebot gilt jedoch nur für Vorschriften des ErbStG, **nicht** für ausländische Rechtsvorschriften und nicht für Vorschriften der zwischenstaatlichen Doppelbesteuerungsabkommen (*Jülicher*, in T/G/J, ErbStG, § 1 Rz. 71). **Nicht auf Schenkungen** anzuwenden sind insbesondere die Vorschriften   150

- zum Abzug der **Nachlassverbindlichkeiten** (§ 10 Abs. 1 S. 2 ErbStG)
- zum Pauschbetrag für **Erbfallkosten** (§ 10 Abs. 5 Nr. 3 S. 2 ErbStG)
- zum Rückfall von Vermögensgegenständen an die Eltern (§ 13 Abs. 1 Nr. 10 ErbStG)
- zur **Steuerklasse der Eltern** bei Erwerben von Todes wegen (§ 15 Abs. 1 ErbStG) oder zu Erwerben aufgrund gemeinschaftlicher Testamente von Ehegatten (§ 15 Abs. 3 ErbStG)

- zum besonderen **Versorgungsfreibetrag** für den überlebenden Ehegatten oder Kinder des Erblassers (§ 17 ErbStG). Der Versorgungsfreibetrag nach § 17 ErbStG kann ausnahmsweise bei einem nach § 7 Abs. 1 Nr. 5 ErbStG steuerbaren Erwerb gewährt werden, wenn ein Ehegatte als Abfindung für seinen Erbverzicht und aufschiebend bedingt bis zum Tod des anderen Ehegatten ein Leibrentenstammrecht erwirbt.
- zur **Haftung von Gewahrsamsinhabern**, z.B. Kreditinstituten (§ 20 Abs. 6 S. 2 ErbStG) und
- zur Steuerermäßigung bei **mehrfachem Erwerb** desselben Vermögens (§ 27 ErbStG)

151 Umgekehrt sind zwar nach dem Wortlaut des § 1 Abs. 2 ErbStG die für Schenkungen unter Lebenden geltenden Vorschriften auf Erwerbe von Todes wegen nicht anzuwenden (*Meincke*, ErbStG, 2012, § 1 Rz. 27; *Jülicher*, in T/G/J, ErbStG, § 1 Rz. 94). Doch stellt sich für einzelne, auf Schenkung unter Lebenden beschränkte Vorschriften die Frage, warum sie nicht auch für Erwerbe von Todes wegen gelten (*Jülicher*, T/G/J, ErbStG, § 1 Rz. 94). **Nicht auf Erwerbe von Todes wegen anzuwenden sind insbesondere die Vorschriften**

- bei der Schenkung einer Beteiligung an einer **Personengesellschaft** mit „Buchwertklausel" oder mit einem Übermaß an Gewinnberechtigung (§ 7 Abs. 5 und 6 ErbStG)
- der steuerfreie Erwerb eines **Familienwohnheims** vom Ehegatten (§ 13 Abs. 1 Nr. 4a ErbStG; aber nun mit weiteren Voraussetzungen in § 13 Abs. 1 Nr. 4b und c ErbStG)
- die steuerfreie Weitergabe von **Pflegegeld** (§ 13 Abs. 1 Nr. 9a ErbStG)
- **Unterhaltszahlungen** (§ 13 Abs. 1 Nr. 12 ErbStG) und
- steuerfreie **Gelegenheitsgeschenke** (§ 13 Abs. 1 Nr. 14 ErbStG).

§ 2 Persönliche Steuerpflicht

(1) Die Steuerpflicht tritt ein
1. in den Fällen des § 1 Abs. 1 Nr. 1 bis 3, wenn der Erblasser zur Zeit seines Todes, der Schenker zur Zeit der Ausführung der Schenkung oder der Erwerber zur Zeit der Entstehung der Steuer (§ 9) ein Inländer ist, für den gesamten Vermögensanfall (unbeschränkte Steuerpflicht). ²Als Inländer gelten
   a) natürliche Personen, die im Inland einen Wohnsitz oder ihren gewöhnlichen Aufenthalt haben,
   b) deutsche Staatsangehörige, die sich nicht länger als fünf Jahre dauernd im Ausland aufgehalten haben, ohne im Inland einen Wohnsitz zu haben,
   c) unabhängig von der Fünfjahresfrist nach Buchstabe b deutsche Staatsangehörige, die
      aa) im Inland weder einen Wohnsitz noch ihren gewöhnlichen Aufenthalt haben und
      bb) zu einer inländischen juristischen Person des öffentlichen Rechts in einem Dienstverhältnis stehen und dafür Arbeitslohn aus einer inländischen öffentlichen Kasse beziehen,
      sowie zu ihrem Haushalt gehörende Angehörige, die die deutsche Staatsangehörigkeit besitzen. ³Dies gilt nur für Personen, deren Nachlass oder Erwerb in dem Staat, in dem sie ihren Wohnsitz oder ihren gewöhnlichen Aufenthalt haben, lediglich in einem der Steuerpflicht nach Nummer 3 ähnlichen Umfang zu einer Nachlass- oder Erbanfallsteuer herangezogen wird,
   d) Körperschaften, Personenvereinigungen und Vermögensmassen, die ihre Geschäftsleitung oder ihren Sitz im Inland haben;
2. in den Fällen des § 1 Abs. 1 Nr. 4, wenn die Stiftung oder der Verein die Geschäftsleitung oder den Sitz im Inland hat;
3. in allen anderen Fällen, vorbehaltlich des Absatzes 3, für den Vermögensanfall, der in Inlandsvermögen im Sinne des § 121 des Bewertungsgesetzes besteht (beschränkte Steuerpflicht). ²Bei Inlandsvermögen im Sinne des § 121 Nr. 4 des Bewertungsgesetzes ist es ausreichend, wenn der Erblasser zur Zeit seines Todes oder der Schenker zur Zeit der Ausführung der Schenkung entsprechend der Vorschrift am Grund- oder Stammkapital der inländischen Kapitalgesellschaft beteiligt ist. ³Wird nur ein Teil einer solchen Beteiligung durch Schenkung zugewendet, gelten die weiteren Erwerbe aus der Beteiligung, soweit die Voraussetzungen des § 14 erfüllt sind, auch dann als Erwerb von Inlandsvermögen, wenn im Zeitpunkt ihres Erwerbs die Beteiligung des Erblassers oder Schenkers weniger als ein Zehntel des Grund- oder Stammkapitals der Gesellschaft beträgt.

(2) Zum Inland im Sinne dieses Gesetzes gehört auch der der Bundesrepublik Deutschland zustehende Anteil am Festlandsockel, soweit dort Naturschätze des Meeresgrundes und des Meeresuntergrundes erforscht oder ausgebeutet werden.

(3) ¹Auf Antrag des Erwerbers wird ein Vermögensanfall, zu dem Inlandsvermögen im Sinne des § 121 des Bewertungsgesetzes gehört (Absatz 1 Nummer 3), insgesamt als unbeschränkt steuerpflichtig behandelt, wenn der Erblasser zur Zeit seines Todes, der Schenker zur Zeit der Ausführung der Schenkung oder der Erwerber zur Zeit der Entstehung der Steuer (§ 9) seinen Wohnsitz in einem Mitgliedstaat der Europäischen Union oder einem Staat hat, auf den das Abkommen über den Europäischen Wirtschaftsraum anwendbar ist. ²In diesem Fall sind auch mehrere innerhalb von zehn Jahren vor dem Vermögensanfall und innerhalb von zehn Jahren nach dem Vermögensanfall von derselben Person anfallende Erwerbe als unbeschränkt steuerpflichtig zu behandeln und nach Maßgabe des § 14 zusammenzurechnen. ³Die Festsetzungsfrist für die Steuer endet im Fall des Satzes 2 Nummer 1 nicht vor Ablauf des vierten Jahres, nachdem die Finanzbehörde von dem Antrag Kenntnis erlangt.

Inhalt

		Rz.
1	Allgemeines	1–19
2	(Sachlich) unbeschränkte Steuerpflicht für Vermögensanfälle (§ 2 Abs. 1 Nr. 1)	20–60
2.1	Maßgebender Zeitpunkt für Inländereigenschaft	24–26
2.2	Inländer (§ 2 Abs. 1 Nr. 1 Satz 2 ErbStG)	27–58
2.2.1	Wohnsitz oder gewöhnlicher Aufenthalt im Inland (§ 2 Abs. 1 Nr. 1 Satz 2 Buchst. a ErbStG)	29–33
2.2.2	Erweiterte unbeschränkte Steuerpflicht (§ 2 Abs. 1 Nr. 1 Satz 2 Buchst. b ErbStG)	34–49
2.2.3	Deutsche Auslandsbedienstete (§ 2 Abs. 1 Nr. 1 Satz 2 Buchst. c)	50–55
2.2.3.1	Mitglieder diplomatischer Missionen und konsularischer Vertretungen	53–54
2.2.3.2	Bedienstete und Angehörige der EU	55
2.2.4	Körperschaften, Personenvereinigungen und Vermögensmassen (§ 2 Abs. 1 Nr. 1 Satz 2 Buchst. d)	56–58
2.3	Wirkungen der unbeschränkten Steuerpflicht	59–60
3	(Sachlich) unbeschränkte Steuerpflicht für Familienstiftungen und -vereine (§ 2 Abs. 1 Nr. 2)	61–89
4	(Sachlich) beschränkte Steuerpflicht (§ 2 Abs. 1 Nr. 3)	90–129
4.1	Personenkreis	91
4.2	Inlandsvermögen (§ 121 BewG)	92–96
4.3	Wertermittlung und Steuerberechnung	97–129
5	Erweiterte beschränkte Steuerpflicht (§ 4 AStG)	130–150
6	Optional unbeschränkte Steuerpflicht (§ 2 Abs. 3)	151–156
6.1	Rechtssache „Mattner"	151
6.2	Die Neuregelung	152–153
6.3	Zusammenrechnung mehrerer Erwerbe	154
6.4	Rechtssache Hünnebeck	155
6.5	Verfahren	156

Persönliche Steuerpflicht § 2

1 Allgemeines

Im Aufbau des Steuertatbestands – Subjekt, Objekt, Bemessungsgrundlage und Steuersatz – stellt sich regelmäßig die Frage nach dem Subjekt, der subjektiven Steuerpflicht, also die Frage, wer Schuldner der Steuer ist. Die Antwort hierauf gibt § 20 ErbStG. § 2 ErbStG regelt dagegen, **inwieweit** die in § 1 ErbStG genannten Vermögenserwerbe der deutschen Erbschaftsteuer unterliegen. Insoweit regelt § 2 ErbStG einen Ausschnitt der persönlichen Steuerpflicht (nach *Wohlschlegel*, ZEV 1995, 94, soll § 2 ErbStG daneben auch noch den Kreis der potentiell steuerpflichtigen Personen näher bestimmen. Weder Wortlaut noch Systematik des Gesetzes sprechen jedoch für diese Auffassung. Wie hier *Richter*, in V/K/S/W, ErbStG, § 2 Rz. 1).

Entscheidend ist dabei, ob in den Fällen des § 1 Abs. 1 Nrn. 1-3 ErbStG ein Inländer Erblasser, Schenker oder Erwerber ist (Prüfungsschema bei *Noll*, DStZ 1995, 713 (715)). Ist dies der Fall, tritt die Steuerpflicht für den gesamten Vermögensanfall ein, also unabhängig davon, wo sich das Vermögen befindet (§ 2 Abs. 1 Nr. 1 ErbStG). Dies ist die sog. unbeschränkte Steuerpflicht, aber eben keine unbeschränkte Steuerpflicht eines Steuersubjekts, sondern eine des Steuerobjekts. Durch das BeitrRLUmsG (Art. 11 G v. 7.12.2011, BGBl I 2011, 2592) ist das Gesetz nun auch um den (Klammer-)Zusatz „**unbeschränkte Steuerpflicht**" redaktionell ergänzt worden.

In allen anderen Fällen – wobei § 1 Abs. 1 Nr. 4 ErbStG insoweit außen vor bleiben kann, weil dieser Tatbestand nicht von einem Vermögensanfall handelt – tritt die Steuerpflicht für den Vermögensanfall ein, der in Inlandsvermögen i.S.d. § 121 BewG besteht (§ 2 Abs. 1 Nr. 3 ErbStG). Dies ist die sog. **beschränkte Steuerpflicht**, weil sie sich auf Vermögensanfälle von Inlandsvermögen beschränkt. Auch hier hat das BeitrRLUmsG nun das Gesetz um den (Klammer-)Zusatz „beschränkte Steuerpflicht" redaktionell ergänzt, zum anderen wollte der Gesetzgeber durch den Hinweis auf Abs. 3 den Anwendungsbereich der beschränkten Steuerpflicht im Grundsatz EU-rechtskonform beschränken (vgl. Begr. zum BR-Entw BeitrRLUmsG BR-Drs. 253/11, 103).

Daneben sind Zwischenstufen vorstellbar, wenn einzelne Gegenstände durch eines der wenigen DBA der unbeschränkten Steuerpflicht entzogen wird (mit der Rechtsfolge des § 19 Abs. 2 ErbStG) oder wenn die beschränkte Steuerpflicht in den Fällen des § 4 Abs. 1 AStG neben dem Inlandsvermögen i.S.d. § 121 BewG auch Vermögensgegenstände erfasst, deren Erträge bei unbeschränkter Einkommensteuerpflicht nicht ausländische Einkünfte i.S.d. § 34c EStG wären (Meincke, ErbStG, 2012, § 2 Rz. 2a, schlägt für diese beiden Sonderfälle die Begriffe unbeschränkte begrenzte Steuerpflicht und beschränkte erweiterte Steuerpflicht vor, in Abgrenzung von der erweiterten unbeschränkten Steuerpflicht i.S.d. § 2 Abs. 1 Nr. 1 Satz 2 Buchst. b ErbStG).

In den Fällen des § 1 Abs. 1 Nr. 4 ErbStG ergibt sich die Steuerpflicht, wenn die Stiftung oder der Verein Geschäftsleitung oder Sitz im Inland hat (§ 2 Abs. 1 Nr. 2 ErbStG). Sie ist immer unbeschränkt.

§ 2 Abs. 1 ErbStG radiziert somit die **sachliche Steuerpflicht**, das Steuerobjekt, in den Fällen des § 1 Abs. 1 Nr. 1-3 ErbStG anhand der Inländereigenschaft des

Erblassers/Schenkers oder des Erwerbers, also anhand persönlicher Merkmale (Wohnsitz, Aufenthaltsort, Staatsangehörigkeit) (kritisch zur Anknüpfung an den Wohnsitz des Erblassers bzw. Schenkers *Meincke*, ErbStG, 2012, § 2 Rz. 5, 5a; *Seer*, in: Tipke/Lang, Steuerrecht, § 13 Rz. 139).

Da die Vorschrift aber ungeachtet dessen nicht regelt, wer Steuersubjekt ist, lässt sie auch keine Rückschlüsse darauf zu, ob Gesamthandsgemeinschaften steuerpflichtig werden können (wohl ebenso und m. w. N. *Meincke*, ErbStG, 2012, § 2 Rz. 1).

4 § 2 Abs. 2 ErbStG bestimmt, dass auch der der Bundesrepublik Deutschland zustehende Anteil am **Festlandsockel** unter den in der Vorschrift genannten Voraussetzungen zum Inland gehört, soweit dort die Naturschätze des Meeresgrundes und des Meeresuntergrundes erforscht und ausgebeutet werden (vgl. §§ 132-137 Bundesberggesetz v. 13.8.1980, BGBl I 1980, 1310, zuletzt geändert durch Art. 4 G v. 30.11.2016, BGBl I 2016, 2749). Dieser Regelung kommt jedoch allenfalls für Betriebsstätten i. S. d. § 2 Abs. 1 Nr. 3 ErbStG i. V. m. § 121 BewG Bedeutung zu.

5 Der durch das BeitrRLUmsG eingefügte neue § 2 Abs. 3 ErbStG zieht die Konsequenz aus der Entscheidung des EuGH in der Rechtssache Mattner (EuGH v. 22.4.2010, Rs. C-510/08 (Mattner), BFH/NV 2010, 1212; vgl. Einf. Rz. 107). Dem Erwerber eines an sich nur beschränkt steuerpflichtigen Vermögensanfalls wird ein **Antragsrecht** (vgl. hierzu *Billig*, UVR 2012, 312) eingeräumt, sich der **unbeschränkten Steuerpflicht** zu unterwerfen. Damit wird eine Kumulierung der Vorteile einer beschränkten Steuerpflicht und der Freibeträge der unbeschränkten Steuerpflicht vermieden (zu den Vorteilen der unbeschränkten Steuerpflicht vgl. Rz. 60).

6 Der EuGH stufte jedoch in der Rechtssache Hünnebeck (EuGH v. 8.6.2016, C-479/14, DStR 2016, 1360) bereits schon das Antragsrecht zugunsten der unbeschränkten Steuerpflicht als Verstoß gegen die Kapitalverkehrsfreiheit gem. Art. 63, 65 AEUV ein. Dementsprechend ist in Art. 4 Nr. 1 des Entwurfs des Steuerumgehungsbekämpfungsgesetzes (BR-Drs. 816/16) die ersatzlose Aufhebung des § 2 Abs. 3 ErbStG vorgesehen.

7–19 einstweilen frei

2 (Sachlich) unbeschränkte Steuerpflicht für Vermögensanfälle (§ 2 Abs. 1 Nr. 1)

20 Für den gesamten Vermögensanfall tritt die Steuerpflicht ein, wenn einer der Beteiligten – Erblasser, Schenker oder Erwerber – zur Zeit der Entstehung der Steuer (§ 9 ErbStG) **Inländer** ist. Das Gesetz stellt damit auf die steuerliche Inländereigenschaft der Beteiligten ab, nicht auf deren Staatsangehörigkeit. Auch ausländische Staatsangehörige können daher Inländer sein, wenn sie im Inland wohnen oder ihren gewöhnlichen Aufenthalt haben.

21 Ist der Erblasser bzw. der Schenker Inländer, wird der **gesamte Erbanfall bzw. die einheitliche Schenkung**, auch wenn sie zugunsten mehrerer Erwerber geschieht, die nicht alle Inländer sind, uneingeschränkt den Vorschriften des ErbStG unterworfen. Ist der Erblasser bzw. der Schenker kein Inländer, ist aber ein Erwerber Inländer, wird lediglich der auf ihn entfallende Erwerb von der unbeschränkten Steuerpflicht

erfasst (*Jülicher*, in T/G/J, ErbStG, § 2 Rz. 7; ; *Noll*, DStZ 1995, 713. Kritisch *Meincke*, ErbStG, 2012, § 2 Rz. 8, wegen eines Verstoßes gegen den Bereicherungsgrundsatz des ErbStG; *Richter*, in V/K/S/W, § 2 Rz. 4, wegen der dem Erbanfallprinzip des ErbStG fremden Steuerverhaftung).

Der unbeschränkten Steuerpflicht unterliegt auch ein **Vermögensanfall**, der nach deutschem Internationalen Privatrecht ausländischem Privatrecht unterliegt. Auch solche Erwerbe, die ausländischem Recht unterliegen, können als steuerpflichtige Vorgänge i.S.d. § 1 Abs. 1 ErbStG zu werten sein. Da das ErbStG vornehmlich in §§ 1 bis 9 ErbStG weitgehend an das materielle deutsche Erbrecht anknüpft, bedarf es – soweit das ausländische Recht nach den Regeln des internationalen Erbrechts maßgebend ist – bezüglich der jeweiligen ausländischen Rechtsfigur einer vergleichenden Betrachtung mit den im ErbStG vorausgesetzten inländischen Rechtsinstituten. Eine Deckungsgleichheit der ausländischen Rechtsfigur und derjenigen des BGB ist jedoch nicht gefordert. Es genügt bereits, dass die ausländische Rechtsfigur in ihrer wirtschaftlichen Bedeutung einer Rechtsfigur des BGB gleichsteht. Sollte eine ausländische Rechtsfigur insoweit mit mehreren inländischen Rechtsinstituten vergleichbar sein, ist diejenige Rechtsfigur des BGB zugrunde zu legen, für die das ErbStG die mildeste Besteuerung vorsieht (BFH v. 12.5.1970, II 52/64, BStBl II 1972, 462, BFH v. 7.5.1986, II R 137/79, BStBl 1986, 615; s.a. Klein, FR 2001, 118 sowie hier § 3 Rz. 62). A.A. wohl *Meincke* (*Meincke*, ErbStG, 2012, § 2 Rz. 3), wegen der ausdrücklichen Bezugnahme einzelner Erwerbstatbestände auf Regelungen des BGB. Eine rein zivilrechtliche Auslegung des ErbStG führt jedoch in eine methodische Sackgasse.

Ist das nicht der Fall, wird auf einer zweiten Stufe („**zweistufige Objektqualifikation**") (ausführlich und m.w.N. zu zahlreichen Einzelfragen *Jülicher*, in T/G/J, ErbStG § 2 Rz. 91-145) geprüft, ob die Rechtsposition nach ausländischem Recht an das deutsche Recht angepasst werden kann. Dabei soll nicht die formale Gestaltung des ausländischen Privatrechtsinstituts entscheidend sein, sondern ob der Vermögensanfall in seiner wirtschaftlichen Bedeutung einem durch das ErbStG erfassten Erwerb gleichkommt. Diese Rechtsprechung entspricht dem Gebot, steuerrechtliche Tatbestandsmerkmale nach den spezifischen Regelungszielen des ErbStG zu beurteilen (BVerfG v. 27.12.1991, 2 BvR 72/90, BStBl II 1992, 212).

2.1 Maßgebender Zeitpunkt für Inländereigenschaft

Die Inländereigenschaft bestimmt sich für den Erblasser nach seinem **Todeszeitpunkt**, für den Schenker nach dem **Zeitpunkt der Ausführung der Schenkung** und für den Erwerber nach dem sich aus § 9 ErbStG ergebenden Zeitpunkt der Entstehung der Steuer (§ 2 Abs. 1 Nr. 1 S. 1 ErbStG). Die Bestimmung hat für den Regelfall, in dem der Erblasser im Zeitpunkt seines Todes Inländer war, keine praktische Bedeutung. In diesem Fall bleibt es auch dann bei der unbeschränkten Steuerpflicht, wenn die Steuer gemäß § 9 Abs. 1 Nr. 1 ErbStG nicht schon mit dem Tod des Erblassers entsteht. Ebenso ist bei der Schenkung stets der Zeitpunkt maßgebend, in dem die Zuwendung ausgeführt ist. § 9 Abs. 1 Nr. 1 Buchst. a Halbs. 2 ErbStG verschiebt in diesem Zusammenhang nur den Zeitpunkt der Steuerentstehung, lässt aber den Zeitpunkt des Erwerbs unangetastet (BFH v.

16.1.2008, II R 30/06, BStBl II 2008, 626, unter Aufgabe von BFH v. 2.3.2006, II R 57/04, BFH/NV 2006, 1480; s.a. *Geck*, ZEV 1995, 249 (250); *Jülicher*, in T/G/J, ErbStG, § 2 Rz. 42).

25 Ist der Erblasser hingegen **Ausländer**, so bestimmt sich die unbeschränkte Steuerpflicht des Erwerbers nach seiner Inländereigenschaft. In diesem Fall hat es der Erwerber in der Hand, sich bis zu dem nach § 9 Abs. 1 Nr. 1 Buchst. a bis j ErbStG maßgebenden Zeitpunkt der Entstehung der Steuer der seiner Inländereigenschaft begründenden Merkmale zu entziehen. Denkbar ist auch der umgekehrte Fall, dass ein im Zeitpunkt des Todes des ausländischen Erblassers ausländischer Erbe in dem später eintretenden Zeitpunkt der Steuerentstehung die Merkmale des Inländers erfüllt (*Jülicher*, in T/G/J, ErbStG, § 2 Rz. 41 f.; *Richter*, in V/K/S/W, § 2 Rz. 6).

26 Bei Eintritt der **Nacherbfolge** gilt der Vorerbe auch dann als Erblasser des Nacherben, wenn der Nacherbe nach § 6 Abs. 2 S. 2 ErbStG beantragt, der Besteuerung sein Verhältnis zum (ursprünglichen) Erblasser zugrunde zu legen. Ist der Nacherbe Ausländer, so kommt es also auf die Inländereigenschaft des Vorerben zum Zeitpunkt seines Todes, nicht auf die Inländereigenschaft des (ursprünglichen) Erblassers beim Erbfall an (ebenso *Meincke*, ErbStG, 2012, § 2 Rz. 7; a. A. *Jülicher*, in T/G/J, ErbStG, § 2 Rz. 43; *Richter*, in V/K/S/W, § 2 Rz. 21 f.). In diesem Fall modifiziert § 6 Abs. 2 S. 3-5 ErbStG lediglich die Berechnung der Steuer (BFH v. 2.12.1998, II R 43/97, BStBl II 1999, 235; BFH v. 3.11.2010, II R 65/09, BStBl II 2011, 123).

2.2 Inländer (§ 2 Abs. 1 Nr. 1 Satz 2 ErbStG)

27 Wer als Inländer gilt, ergibt sich aus § 2 Abs. 1 Nr. 1 Buchst. a bis d ErbStG. Das sind

- alle Personen, die im Inland einen **Wohnsitz** oder ihren **gewöhnlichen Aufenthalt** haben (Buchst. a),
- die deutschen Staatsangehörigen, die sich nicht länger als fünf Jahre dauernd im Ausland aufgehalten haben (**erweiterte unbeschränkte Steuerpflicht**, Buchst. b),
- unabhängig von und nach der Fünfjahresfrist auch deutsche Staatsangehörige mit Wohnsitz oder gewöhnlichen Aufenthalt im Ausland, die in einem Dienstverhältnis zu einer inländischen Körperschaft des öffentlichen Rechts stehen und dafür Arbeitslohn aus einer öffentlichen Kasse beziehen (**deutsche Auslandsbedienstete**, Buchst. c) sowie
- Körperschaften, Personenvereinigungen und Vermögensmassen, die ihre **Geschäftsleitung** oder ihren **Sitz** im Inland haben (Buchst. d).

28 Beim Vermögenserwerb durch und von **Personengesellschaften** ist nicht die Gesamthandsgemeinschaft als solche, sondern der Gesamthänder Erwerber bzw. Zuwendender (BFH v. 14.9.1994, II R 95/92, BStBl II 1995, 81; BFH v. 15.7.1998, II R 82/96, BStBl II 1998, 630; s.a. § 1 Rz. 28; *Wohlschlegel*, ZEV 1997, 233 f.; *ders.*, ZEV 1998, 367). Für die Steuerpflicht kommt es daher insoweit auf die Inländereigenschaft des einzelnen Gesamthänders und nicht darauf an, wo die Personengesellschaft ihre Geschäftsleitung oder ihren Sitz hat (kritisch in der Vorauflage *Jülicher*, in T/G/J, ErbStG, § 2 Rz. 38 f; *Richter*, in V/K/S/W, 2009, ErbStG, § 2 Rz. 21).

2.2.1 Wohnsitz oder gewöhnlicher Aufenthalt im Inland (§ 2 Abs. 1 Nr. 1 Satz 2 Buchst. a ErbStG)

Als Inländer gelten gem. § 2 Abs. 1 Nr. 1 S. 2 Buchst. a ErbStG natürliche Personen, die im Zeitpunkt der Entstehung der Steuer im Inland einen Wohnsitz oder ihren gewöhnlichen Aufenthalt haben. Die so definierte Inländereigenschaft ist unabhängig von der Staatsangehörigkeit (BFH v. 18.4.1962, II 272/60 U, BStBl III 1962, 276) und allein nach den tatsächlichen Umständen zu ermitteln. Ob rechtliche Hindernisse (z. B. solche ausländerrechtlicher Art) einem dauerhaften Verbleiben im Inland entgegenstehen, ist ohne Bedeutung.

Ob eine natürliche Person ihren **Wohnsitz im Inland** hat, beurteilt sich nach § 8 AO: Einen Wohnsitz hat jemand dort, wo er eine Wohnung unter Umständen innehat, die darauf schließen lassen, dass er die Wohnung beibehalten oder benutzen wird. Dabei sind an einen Wohnsitz verhältnismäßig geringe Anforderungen zu stellen. Es genügt, dass jemand eine ihm selbst gehörende Immobilie regelmäßig zweimal jährlich zu bestimmten Zeiten über mehrere Wochen benutzt. Der steuerliche Wohnsitzbegriff ist dabei – im Gegensatz zum Bürgerlichen Recht – insofern verobjektiviert, als er nicht auf subjektive Elemente oder Absichten, sondern nur auf äußere Merkmale abstellt (BFH v. 23.11.1988, II R 139/87, BStBl II 1989, 182). Ein Steuerpflichtiger kann mehrere Wohnungen und mehrere Wohnsitze i.S.d. § 8 AO haben. Ein inländischer Wohnsitz wird nicht dadurch ausgeschlossen, dass der Hauptwohnsitz im Ausland liegt (BFH v. 26.2.1986, II R 200/82, BFH/NV 1987, 301).

Den **gewöhnlichen Aufenthalt** hat jemand dort, wo er sich unter Umständen aufhält, die erkennen lassen, dass er an diesem Ort oder in diesem Gebiet nicht nur vorübergehend verweilt (§ 9 AO). Bei einem zusammenhängenden Aufenthalt von **mehr als sechs Monaten** wird ein gewöhnlicher Aufenthalt unwiderleglich vermutet, sofern es sich nicht um einen Aufenthalt der in § 9 S. 3 AO genannten Art handelt (BFH v. 22.6.2011, I R 26/10, BFH/NV 2011, 2001). Im Gegensatz zum Wohnsitz setzt der gewöhnliche Aufenthalt keine Wohnung als festen Lebensmittelpunkt voraus. Während ein Steuerpflichtiger mehrere Wohnsitze unterhalten kann, ist stets nur ein gewöhnlicher Aufenthalt denkbar (BFH v. 10.8.1983, I R 241/82, BStBl II 1984, 11).

Wegen der Einzelheiten wird auf den Anwendungserlass zur AO (BMF v. 31.1.2014, IV A 3 – S 0062/14/10002, BStBl I 2014, 290, zuletzt geändert durch BMF v. 12.1.2017, IV A 3 – S 0062/16/10005, BStBl I 2017, 51) sowie auf die Kommentarliteratur zu § 8 AO und § 9 AO verwiesen (*Schwarz*, in Schwarz/Pahlke, AO, § 8 und § 9). Dabei ist jedoch vor einer unbesehenen Übernahme der zu ertragsteuerlichen Fällen entwickelten Rechtsprechung zu warnen, die sowohl beim Wohnsitz als auch beim gewöhnlichen Aufenthalt grundsätzlich einer zeitraumbezogenen Betrachtung folgt. Diese Sichtweise, die für periodische Ertragsteuern angemessen ist, ist für eine stichtagsbezogene Steuer wie die Erbschaft- und Schenkungsteuer angemessen anzupassen (Zurückhaltender *Jülicher*, in T/G/J, ErbStG, § 2 Rz. 6).

Da die Anknüpfung an den Wohnsitz bzw. gewöhnlichen Aufenthalt eine nur verhältnismäßig lose Verbindung mit dem Inland voraussetzt, kann es wegen des dadurch ausgelösten steuerlichen Zugriffs des ErbStG auf das gesamte weltweite

Vermögen häufig zu einer **Doppelbesteuerung** durch mehrere Staaten kommen. Diese Folge wird nach gegenwärtigem Recht durch die Anrechnung der ausländischen Steuer gem. § 21 ErbStG (zu den Einzelheiten § 21 ErbStG Rz. 1 ff) sowie durch einzelne DBA (dazu s. DBA-Erb) vermieden.

2.2.2 Erweiterte unbeschränkte Steuerpflicht (§ 2 Abs. 1 Nr. 1 Satz 2 Buchst. b ErbStG)

34 Die „erweiterte unbeschränkte Steuerpflicht" nach § 2 Abs. 1 Nr. 1 Satz 2 Buchst. b ErbStG ist in ihren Auswirkungen der unbeschränkten Steuerpflicht nach Abs. 1 Nr. 1 Satz 2 Buchst. b der Vorschrift gleichgestellt. Sie betrifft deutsche Staatsangehörige als Erblasser bzw. Schenker und Erwerber, die sich **nicht länger als fünf Jahre dauernd im Ausland** aufgehalten haben, ohne im Inland einen Wohnsitz zu haben. Die Vorschrift setzt einen früheren inländischen Wohnsitz voraus (*Jülicher* in T/G/J, ErbStG § 2 Rz. 21. Beim Wegzug in die USA gilt seit dem 15.12.2000 gem. Art. 3 G v. 15.9.2000, BStBl I 2001, 110, eine Frist von zehn Jahren. Zur rechtstechnischen Umsetzung im Zustimmungsgesetz zum DBA-USA zu Recht kritisch *Jülicher*, in T/G/J, ErbStG, § 2 Rz. 24.). Eine auch nur kurzzeitige Begründung eines inländischen Wohnsitzes nach dem Fortzug lässt die Frist von Neuem laufen.

35 Die erweiterte unbeschränkte Steuerpflicht ist im Verhältnis zu EU-Staaten zum Teil als **EU-rechtswidrig** angesehen worden (vgl. *Wachter*, ZErb 2005, 104, 108 f. Eine verfassungsrechtliche bedenkliche Inländerdiskriminierung sieht *Schaumburg*, RIW 2001, 161, 165). Bereits mit dem Urteil des EuGH in der Sache van Hilten (EuGH v. 23.2.2006, C-513/03 (van Hilten-van der Heijden), BFH/NV Beilage 2006, 229; vgl. dazu *Jochum*, ZEV 2006, 463) zeichnete sich jedoch ab, dass die erweiterte unbeschränkte Steuerpflicht jedenfalls dann mit Unionsrecht vereinbar ist, soweit eine Doppelbesteuerung vermieden wird. In diesem Urteil billigte der EuGH eine Vorschrift des niederländischen Rechts, die im Erbfall eine auf zehn Jahre nach dem Wegzug befristete erweiterte unbeschränkte Steuerpflicht in den Niederlanden vorsah. In der Sache Margarete Block (EuGH v. 12.2.2009, C-67/08 (Margarete Block), BFH/NV 2009, 677) führte der EuGH zur Anrechnung ausländischer Erbschaftsteuer aus, dass die Mitgliedstaaten beim gegenwärtigen Entwicklungsstand des Gemeinschaftsrechts vorbehaltlich dessen Beachtung über eine gewisse Autonomie in diesem Bereich verfügen und deshalb nicht verpflichtet sind, ihr eigenes Steuersystem den verschiedenen Steuersystemen der anderen Mitgliedstaaten anzupassen, um namentlich die sich aus der parallelen Ausübung ihrer Besteuerungsbefugnisse ergebende Doppelbesteuerung zu beseitigen.

36 Die erweiterte unbeschränkte Steuerpflicht bei ins Ausland verzogenen Staatsangehörigen kollidiert häufig mit der Wohnsitzbesteuerung eines ausländischen Staats und führt dann zu einer Doppelbesteuerung.

37 Durch Aufgabe des Wohnsitzes oder der deutschen Staatsangehörigkeit lässt sich die erweiterte unbeschränkte Steuerpflicht zwar vermeiden, doch darf zum einen weder auf Erwerberseite noch auf Seiten des Erblassers oder Schenkers eine unbeschränkte Steuerpflicht fortbestehen oder aus anderem Grund begründet werden, wofür der gewöhnliche Aufenthalt in Deutschland bereits ausreicht (Rz. 29).

Persönliche Steuerpflicht § 2

Die deutsche Staatsangehörigkeit kann unter bestimmten Umständen aufgegeben werden. Die Voraussetzungen regelt das Staatsangehörigkeitsgesetz (StAG v. 22.7.1913, RGBl 1913, 583, i.d.F. des Art. 2 G v. 22.11.2011, BGBl I 2011, 2258, zuletzt geändert durch Art. 3 G v. 11.10.2016, BGBl I 2016, 2218). Danach (§ 17 StAG) geht die Staatsangehörigkeit unter den jeweils genannten Voraussetzungen verloren durch
- Entlassung (§§ 18 bis 24 StAG),
- den Erwerb einer ausländischen Staatsangehörigkeit (§ 25 StAG),
- Verzicht (§ 26 StAG),
- Annahme als Kind durch einen Ausländer (§ 27 StAG),
- Eintritt in die Streitkräfte oder einen vergleichbaren bewaffneten Verband eines ausländischen Staats (§ 28 StAG),
- Erklärung (§ 29 StAG),
- Rücknahme eines rechtswidrigen Verwaltungsakts (§ 35 StAG).

Zu beachten ist dabei, dass auch die beschränkte Steuerpflicht (Rz. 90 ff) sowie die erweiterte beschränkte Steuerpflicht nach § 4 AStG vermieden werden müssen (Rz. 130 ff).

Der unbeschränkten Steuerpflicht unterliegen auch Doppelstaater mit (auch) deutscher Staatsangehörigkeit, selbst wenn diese ihren Wohnsitz oder gewöhnlichen Aufenthalt ausschließlich im Ausland haben. Für eine Einschränkung aus Billigkeitsgründen gibt es angesichts des eindeutigen Wortlauts des Gesetzes keinen Anlass (A.A. aber *Jülicher*, in T/G/J, ErbStG, § 2 Rz. 22). Wer in einer solchen Konstellation an der deutschen Staatsangehörigkeit festhält, kann nicht nur die Vorteile hieraus beanspruchen. 38

einstweilen frei 39–49

2.2.3 Deutsche Auslandsbedienstete (§ 2 Abs. 1 Nr. 1 Satz 2 Buchst. c)

§ 2 Abs. 1 Nr. 1 S. 2 Buchst. c ErbStG ist teilweise an § 1 Abs. 2 EStG angelehnt; im Einzelnen kann auf die für § 1 Abs. 2 EStG maßgeblichen Grundsätze zum erfassten Personenkreis zurückgegriffen werden. Unbeschränkt steuerpflichtig aufgrund Inländereigenschaft sind danach 50
- deutsche Staatsangehörige und die zu ihrem Haushalt gehörenden Angehörigen (§ 15 AO; a.A. *Jülicher*, in T/G/J, ErbStG, § 2 Rz. 32 (entsprechende Anwendung des Art. 37 Abs. 1 WÜD), der zudem bei Versetzung des Steuerpflichtigen ins Inland eine entsprechende Anwendung der Billigkeitsregelung zur erweiterten unbeschränkten Steuerpflicht (BMF v. 9.11.1992, BStBl I 1992, 726) in Betracht zieht),
- die im Inland weder Wohnsitz noch gewöhnlichen Aufenthalt haben,
- die in einem aktiven Dienstverhältnis zu einer inländischen Körperschaft des öffentlichen Rechts stehen (inländische Gebietskörperschaft, etwa Bund, Land oder Gemeinde; inländische Personalkörperschaft, etwa Religionsgemeinschaft),
- für hoheitliche oder schlicht hoheitliche Dienste (BFH v. 15.3.1968, VI R 288/66, BStBl II 1968, 437) Arbeitslohn aus einer öffentlichen Kasse (Kasse einer Körperschaft des öffentlichen Rechts, nicht notwendig die Körper-

Konrad 57

schaft, zu der das Dienstverhältnis besteht) (BFH v. 15.3.1968, VI R 288/66, BStBl II 1968, 437) beziehen
- und in dem ausländischen Wohnsitzstaat (Wohnsitz oder gewöhnlichen Aufenthalt) nur in einem der deutschen beschränkten Steuerpflicht ähnlichen Umfang zu Erbschaftsteuer herangezogen werden.

51 Die unbeschränkte Steuerpflicht nach § 2 Abs. 1 Nr. 1 Satz 2 Buchst. c ErbStG steht unabhängig neben der Begründung der unbeschränkten Steuerpflicht nach § 2 Abs. 1 Nr. 1 Satz 2 Buchst. b ErbStG. Eigenständige Bedeutung erlangt die Regelung für deutsche Auslandsbedienstete somit erst **fünf Jahre nach Aufgabe des letzten inländischen Wohnsitzes** (*Richter*, in V/K/S/W, § 2 Rz. 13).

52 Bei der Frage, ob Auslandsbedienstete in dem ausländischen Wohnsitzstaat in einem der deutschen beschränkten Steuerpflicht ähnlichen Umfang zur Erbschaftsteuer herangezogen werden, ist nicht abstrakt auf die subjektive Steuerpflicht als solche, sondern den **Umfang der tatsächlichen Steuerpflicht im ausländischen Staat** abzustellen (*Jülicher* in T/G/J, § 2 Rz. 31; *Richter*, in V/K/S/W, § 2 Rz. 15; s. a. FG Düsseldorf v. 5.4.1978, EFG 1978, 440 zum insoweit vergleichbaren § 1 Abs. 2 S. 2 EStG). Dieser Unterschied kann sich bei Angehörigen deutscher diplomatischer und konsularischer Vertretungen in ausländischen Staaten auswirken, wenn der ausländische Staat dem Wiener Übereinkommen über diplomatische Beziehungen (WÜD) v. 18.4.1961 (Gesetz v. 6.8.1964, BGBl II 1964, 959) und dem Wiener Übereinkommen über konsularische Beziehungen (WÜK) v. 24.4.1963 (Gesetz v. 26.8.1969, BGBl II 1969, 1585) beigetreten ist und deswegen das bewegliche Vermögen des Auslandsbediensteten trotz unbeschränkter Steuerpflicht im ausländischen Wohnsitzstaat steuerfrei belässt.

2.2.3.1 Mitglieder diplomatischer Missionen und konsularischer Vertretungen

53 Die steuerliche Behandlung der Angehörigen der diplomatischen und berufskonsularischen Vertretungen auswärtiger Staaten in der Bundesrepublik Deutschland richtet sich nach dem Wiener Übereinkommen über die diplomatischen Beziehungen (WÜD) (v. 1.4.1961, BGBl II 1964, 958) und nach dem Wiener Übereinkommen über die konsularischen Beziehungen (WÜK) (v. 24.4.1963, BGBl II 1969, 1587; II 1971, 1285; dazu *Streck/Hahn*, ErbR 2016, 64).

Die steuerlichen Vorschriften der beiden Abkommen sind nicht nur im Verhältnis zu den Vertragsstaaten anzuwenden. Nach dem Wiener Übereinkommen über diplomatische Beziehungen gilt Folgendes:

- Diplomaten sind zwar nicht von der Erbschaftsteuer befreit (Art. 34 WÜD),
- jedoch wird von beweglichem Vermögen in dem Staat, in dem sich der Verstorbene als Mitglied der Mission in Deutschland aufhielt, keine Erbschaftsteuer erhoben (Art. 39 Abs. 4 WÜD). Zum beweglichen Vermögen rechnet Kapitalvermögen nicht;
- die zum Haushalt eines Diplomaten gehörenden Familienmitglieder genießen, wenn sie nicht deutsche Staatsangehörige sind, die im vorangegangenen Punkt bezeichneten Vorrechte (Art. 37 Abs. 1 WÜD). Familienmitglieder sind:

- der **Ehegatte** und die **minderjährigen Kinder**, die im Haushalt des Diplomaten leben. Eine vorübergehende Abwesenheit, z. B. zum auswärtigen Studium, ist hierbei ohne Bedeutung;
- die **volljährigen unverheirateten Kinder** sowie die **Eltern** und **Schwiegereltern** – unter der Voraussetzung der Gegenseitigkeit –, die mit im Haushalt des Diplomaten leben und von ihm wirtschaftlich abhängig sind. Dies ist nach den jeweiligen Einkommens- und Vermögensverhältnissen aufgrund einer über das Einkommen und das Vermögen abzugebenden Erklärung zu beurteilen.
- Für andere Personen kommt eine Anwendung des Artikels 37 WÜD grundsätzlich nicht in Betracht. In besonderen Fällen prüft das Auswärtige Amt im Einvernehmen mit dem Bundesministerium der Finanzen, ob die besonderen Umstände des Falls eine andere Entscheidung rechtfertigen.
- Auch **Mitglieder des Verwaltungs- und technischen Personals** einer diplomatischen Mission, z. B. Kanzleibeamte, Chiffreure, Übersetzer, Stenotypistinnen und die zu ihrem Haushalt gehörenden Familienmitglieder, genießen, wenn sie weder deutsche Staatsangehörige noch im Inland ständig ansässig sind, die im vorletzten Punkt bezeichneten Vorrechte (Art. 37 Abs. 2 WÜD). Mitgliedern des dienstlichen Hauspersonals, z. B. Kraftfahrer, Pförtner, Boten, Gärtner, Köche, Nachtwächter, und privaten Hausangestellten von Mitgliedern der Mission stehen erbschaftsteuerliche Vorrechte nicht zu.

Nach dem Wiener **Übereinkommen über konsularische Beziehungen** gilt Folgendes:

- **Berufskonsularbeamte** und **Bedienstete des Verwaltungs- und technischen Personals** sowie die mit ihnen im gemeinsamen Haushalt lebenden Familienmitglieder sind nicht von der Erbschaftsteuer befreit (Art. 49 Abs. 1 Buchst. c WÜK).
- Von beweglichem Vermögen in dem Staat, in dem sich der der Verstorbene als Mitglied der Mission in Deutschland aufhielt, wird keine Erbschaftsteuer erhoben werden (Art. 51 Buchst. b Abs. 4 WÜK). Zum beweglichen Vermögen rechnet nicht Kapitalvermögen.
- Die im vorangegangenen Punkt vorgesehene Befreiung von der Erbschaftsteuer steht folgenden Personen nicht zu:
  - **Wahlkonsularbeamten** (Art. 1 Abs. 2, Art. 58 Abs. 1 und 3 WÜK) und ihren Familienmitgliedern,
  - **Bediensteten des Verwaltungs- oder technischen Personals**, die im Inland eine private Erwerbstätigkeit ausüben, und deren Familienmitgliedern (Art. 57 Abs. 2 Buchst. a und b WÜK), außerdem den Mitgliedern des dienstlichen Hauspersonals und den privaten Hausangestellten von Mitgliedern der konsularischen Vertretung, und
  - Familienangehörigen eines Mitglieds einer konsularischen Vertretung, die im Inland eine private Erwerbstätigkeit ausüben (Art. 57 Abs. 2 Buchst. c WÜK).

2.2.3.2 Bedienstete und Angehörige der EU

55 Bedienstete und Angehörige der EU und ihrer Unterorganisationen unterfallen § 2 Abs. 1 Nr. 1 S. 2 Buchst. c ErbStG **nicht**, weil sie nicht aus einer inländischen öffentlichen Kasse besoldet werden. Im Übrigen werden sie nach Art. 14 Abs. 2 der Protokolle über die Vorrechte und Befreiungen der EG v. 8. 4. 1965 (BGBl II 1965, 1453, 1482, zuletzt durch Art. 6 des Vertrages von Nizza vom 26.2.2001, BGBl II 2001, 1666 geändert) so behandelt, als hätten sie den Wohnsitz in ihrem Heimatstaat beibehalten. Danach gilt z. B. für einen deutschen Beamten, der sich in Ausübung seiner Amtstätigkeit für die EU in Belgien aufhält, weil er nach Brüssel abgeordnet worden ist, allein das deutsche Erbschaftsteuerrecht (*Jülicher*, in T/G/J, ErbStG, § 2 Rz. 90).

2.2.4 Körperschaften, Personenvereinigungen und Vermögensmassen (§ 2 Abs. 1 Nr. 1 Satz 2 Buchst. d)

56 Bei Körperschaften, Personenvereinigungen und Vermögensmassen entscheidet die **Geschäftsleitung oder der Sitz** im Inland darüber, ob diese Inländer sind und Erwerbe der unbeschränkten Steuerpflicht unterliegen. Die Begriffe des Sitzes und der Geschäftsleitung sind in § 10 AO (Geschäftsleitung) und § 11 (Sitz) legal definiert (zu den Einzelheiten s. *Schwarz*, in Schwarz/Pahlke, AO, § 10 und § 11). Während der Sitz einer Gesellschaft durch Satzung, Gesellschaftsvertrag etc. festgelegt ist, bestimmt sich der Ort der Geschäftsleitung als Mittelpunkt der geschäftlichen Oberleitung nach den tatsächlichen Verhältnissen. Für die unbeschränkte Steuerpflicht genügt es, wenn einer der beiden Orte im Inland liegt (Niedersächsisches FG v. 12.12.1969, 143/68, EFG 1970, 316; *Jülicher*, in T/G/J, ErbStG, § 2 Rz. 38).

57 Bei diesen Rechtsgebilden ist eine erweiterte unbeschränkte Steuerpflicht nach § 2 Abs. 1 Nr. 1 S. 2 Buchst. b ErbStG nicht vorgesehen; bei Verlegung der Geschäftsleitung oder des Sitzes ins Ausland kommt mithin nur die beschränkte Steuerpflicht in Betracht. Es ist im Übrigen nicht erforderlich, dass die Körperschaft usw. eine Rechtsform des deutschen Rechts aufweist. Eine Steuerpflicht ist mithin auch bei einer Rechtsform des ausländischen Rechts möglich.

58 Zu den Körperschaften zählen alle **juristischen Personen des öffentlichen und privaten Rechts**. § 2 Abs. 1 Satz 2 Buchst. d ErbStG geht ersichtlich davon aus, dass insbesondere Kapitalgesellschaften als eigene Rechtspersonen selbst Erwerber i. S. d. ErbStG sein können. Zu den Personenvereinigungen und Vermögensmassen gehören in jedem Fall Rechtsgebilde, die der Körperschaftsteuer unterliegen (zu Personengesellschaften vgl. Rz. 28).

2.3 Wirkungen der unbeschränkten Steuerpflicht

59 Die unbeschränkte Steuerpflicht erstreckt sich auf den gesamten Vermögensanfall, § 2 Abs. 1 Nr. 1 Satz 1 ErbStG. Insoweit gilt das **Weltvermögensprinzip**; es kommt grundsätzlich nicht darauf an, ob es sich um Inlands- oder um Auslandsvermögen handelt.

Die Unterscheidung zwischen unbeschränkter und beschränkter Steuerpflicht hat erhebliche steuerliche Bedeutung, nicht nur wegen der unterschiedlichen Erfassung des Vermögens. I. d. R. ist die unbeschränkte Steuerpflicht wegen der weiter reichenden Besteuerung für den Steuerpflichtigen ungünstiger. Umgekehrt sind diverse Einzelregelungen für die unbeschränkte Steuerpflicht jedoch günstiger, z. B.: 60

- Die **persönlichen Freibeträge** (§ 16 Abs. 1 ErbStG) sind wesentlich höher bei unbeschränkter Steuerpflicht als der niedrige pauschale Freibetrag von nur 2.000 EUR nach § 16 Abs. 2 ErbStG bei beschränkter Steuerpflicht;
- den **Versorgungsfreibetrag** nach § 17 ErbStG erhalten nur unbeschränkt steuerpflichtige Ehegatten und Kinder;
- bei unbeschränkter Steuerpflicht können **Schulden** uneingeschränkt vom Erwerb abgezogen werden, bei beschränkter Steuerpflicht nur beschränkt nach § 10 Abs. 6 Satz 2 ErbStG;
- die steuerfreie **Zugewinnsausgleichsforderung** nach § 5 ErbStG ist bei beschränkter Steuerpflicht, sofern deutsches Familienrecht nach Art. 13 und 14 EGBGB anwendbar ist, nur insoweit steuerfrei, wie sie dem Anteil des Inlandsvermögens am gesamten Endvermögen des verstorbenen Ehegatten/Lebenspartners entspricht;
- ausländische Erbschaftsteuer ist nach § 21 ErbStG nur bei unbeschränkter Steuerpflicht anrechenbar.

3 (Sachlich) unbeschränkte Steuerpflicht für Familienstiftungen und -vereine (§ 2 Abs. 1 Nr. 2)

Haben Familienstiftungen oder -vereine (§ 1 Abs. 1 Nr. 4 ErbStG) ihre Geschäftsleitung oder Ihren Sitz im Inland, tritt für sie unbeschränkte Steuerpflicht ein. Die Begriffe des Sitzes und der Geschäftsleitung sind in § 10 AO (Geschäftsleitung) und § 11 (Sitz) legal definiert (zu den Einzelheiten s. *Schwarz*, in Schwarz/Pahlke, AO, § 10 und § 11). 61

Die **unbeschränkte Steuerpflicht** erstreckt sich auf das Vermögen der Familienstiftung oder des -vereins insgesamt, also auch auf dessen Auslandsvermögen (S.a. *Wachter*, ZErb 2016, 323; *Wachter*, Erbersatzsteuer für Familienstiftungen, in: Richter/Wachter, Handbuch der internationalen Familienstiftungen, 2007, 541). 62

Hat die Familienstiftung oder der -verein Sitz oder Geschäftsleitung nicht im Inland, tritt **keine beschränkte Steuerpflicht** ein. Dies ergibt sich daraus, dass § 2 Abs. 1 Nr. 3 ErbStG die beschränkte Steuerpflicht in „allen anderen Fällen für den Vermögensanfall" vorschreibt; hierbei bleibt § 2 Abs. 1 Nr. 2 ErbStG i.V.m. § 1 Abs. 1 Nr. 4 ErbStG außen vor, weil dieser Tatbestand nicht von einem Vermögensanfall handelt. Familienstiftungen oder -vereine, die ihre Geschäftsleitung oder ihren Sitz nicht im Inland haben, sind demgemäß mit ihrem Inlandsvermögen nicht der Steuerpflicht nach § 1 Abs. 1 Nr. 4 ErbStG unterworfen. Diese Besteuerungslücke, die zu Gestaltungen einlädt, bedarf mit Blick auf die Aussagen des BVerfG (BVerfG v. 17.12.2014, 1 BvL 21/12, BVerfGE 138, 136, 235 f.) einer sorgfältigen Würdigung (zur grundsätzlichen Verfassungsmäßigkeit der Ersatzerbschaftsteuer vgl. BVerfG v. 63

§ 2 Persönliche Steuerpflicht

8.3.1983, 2 BvL 27/81, BVerfGE 63, 312; s.a. *von Löwe/du Roi Droege*, ZEV 2006, 530, 531). Die Rechtfertigung, mit der § 2 Abs. 1 Nr. 3 ErbStG ausländische Familienstiftungen von der beschränkten Steuerpflicht ausnimmt, bleibt unscharf.

64–89 einstweilen frei

4 (Sachlich) beschränkte Steuerpflicht (§ 2 Abs. 1 Nr. 3)

90 Unterliegt ein Erwerb nicht der unbeschränkten Steuerpflicht nach § 2 Abs. 1 Nr. 1 ErbStG, weil weder der Erblasser bzw. Schenker noch der Erwerber Inländer sind, kann sich für den Vermögensanfall, der in Inlandsvermögen i.S.d. § 121 BewG besteht, die beschränkte Steuerpflicht nach § 2 Abs. 1 Nr. 3 ErbStG ergeben (vgl. hierzu *Wachter*, ErbStB 2004, 25). Alleiniger Anknüpfungspunkt für die Steuerpflicht ist hier die **Zuordnung des Vermögens zum Inland**. Geht Vermögen von einem Nicht-Inländer auf einen anderen Nicht-Inländer über, soll nach dem Willen des Gesetzgebers nur der Teil des übergehenden Vermögens steuerlich erfasst werden, der als Inlandsvermögen in besonderer Beziehung zum Inland steht.

4.1 Personenkreis

91 Die beschränkte Steuerpflicht tritt ein, sofern **weder der Erblasser bzw. Schenker noch der Erbe bzw. Bedachte Inländer** sind; sie dürfen mithin ihren Wohnsitz oder gewöhnlichen Aufenthalt nicht im Inland haben. Ebenso tritt beschränkte Steuerpflicht für Körperschaften, Personenvereinigungen und Vermögensmassen ein, sofern sie weder ihre Geschäftsleitung noch ihren Sitz im Inland haben (Rz. 57). Für Familienstiftungen und -vereine kann nur unbeschränkte Steuerpflicht eintreten (Rz. 63). Zur Steuerpflicht ausländischer Diplomaten siehe oben Rz. 53.

4.2 Inlandsvermögen (§ 121 BewG)

92 Das Inlandsvermögen i.S.d. § 2 Abs. 1 Nr. 3 ErbStG setzt sich ausschließlich aus den in § 121 BewG **abschließend aufgezählten Vermögenswerten** zusammen (FG des Saarlandes v. 10.6.2010, 1 K 1209/07, EFG 2010, 1711), jede der in den Nummern 1–9 genannten Gruppen von Wirtschaftsgütern beinhaltet einen hinreichenden Anknüpfungspunkt für die inländische Besteuerung. Liegt eine der Nummern – aus welchem Grund auch immer – nicht vor, so kann eine andere an ihre Stelle treten, wenn deren Voraussetzungen erfüllt sind (FG des Saarlandes v. 10.6.2010, 1 K 1209/07, EFG 2010, 1711; dort zur Sonderproblematik der Erbschaftsteuerpflicht unter Berufung auf den Saarvertrag). Innerhalb dieses Vermögens werden nur solche Wirtschaftsgüter erfasst, die auch bei unbeschränkter Steuerpflicht einem Erwerb zuzurechnen sind (R E 2.2 Abs. 1 ErbStR 2011). Der Begriff „Inlandsvermögen" ist deshalb nicht mit dem Begriff „im Inland befindliches Vermögen" gleichzusetzen (BFH v. 11.3.1966, III 281/62, BFHE 85, 386; *Wachter*, ErbStB 2004, 25). So befindet sich ein **Bankguthaben** bei einer inländischen Bank zwar im Inland, gehört mangels Aufzählung in § 121 BewG aber nicht zum Inlandsvermögen.

Persönliche Steuerpflicht § 2

Zum **Inlandsvermögen** gehören (§ 121 BewG und R E 2.2 Abs. 2–6 ErbStR 2011): 93
- Inländisches **land- und forstwirtschaftliches Vermögen** (§§ 158ff. BewG. Hierfür genügt bereits eine einzige bewirtschaftete Fläche, vgl. BFH v. 2.4.2014, I R 68/12, BStBl II 2014, 875).
- Inländisches **Grundvermögen** (§§ 176ff. BewG). Zum inländischen **Grundvermögen** gehören im Inland belegene Grundstücke; dazu gehören auch das Erbbaurecht, Grundstücke im Zustand der Bebauung, Gebäude auf fremden Grund und Boden sowie das Wohnungseigentum. Anteile an geschlossenen Immobilienfonds oder sonstigen vermögensverwaltenden Personengesellschaften werden wie Bruchteilseigentum behandelt (§ 10 Abs. 1 Satz 4 ErbStG), Anteile an offenen Immobilienfonds sind Wertpapiere (§ 11 Abs. 4 BewG) und gehören nicht zum Inlandsvermögen.
- Inländisches **Betriebsvermögen**, wenn im Inland eine Betriebsstätte unterhalten wird oder ein ständiger Vertreter (§ 13 AO. Vgl. auch R E 2.2 Abs. 2 ErbStR 2011) für den Gewerbebetrieb bestellt ist. Der Begriff des Betriebsvermögens richtet sich nach § 95 BewG. Danach umfasst das Betriebsvermögen alle Teile eines Gewerbebetriebs i.S.d. § 15 Abs. 1 und 2 EStG, die bei der steuerlichen Gewinnermittlung zum Betriebsvermögen gehören. Hierzu zählt auch das Vermögen einer lediglich vermögensverwaltenden Kommanditgesellschaft, wenn es sich um eine gewerblich geprägte Personengesellschaft i.S.d. § 15 Abs. 3 Satz 2 EStG handelt (vgl. *Jülicher*, in T/G/J, ErbStG, § 2 Rz. 53; *Wachter*, GmbHR 2005, 407 (423)). Der Erwerber muss unmittelbar Träger des Betriebsvermögens werden. Für die Frage der Zuordnung zum inländischen Betriebsvermögen ist dabei eine isolierende Betrachtung vorzunehmen. Inländisches Betriebsvermögen i.S.d. § 121 Nr. 3 BewG setzt voraus, dass im Inland tatsächlich ein Gewerbe betrieben wird (BFH v. 30.1.1981, III R 161/79, BStBl II 1981, 560; s.a. *Jülicher*, in T/G/J, ErbStG, § 2 Rz. 49; *Wachter*, ErbStB 2004, 25). Bei einer Betriebsaufspaltung hat die Besitzgesellschaft am inländischen Sitz der Betriebsgesellschaft eine Betriebsstätte, wenn sie deren Räumlichkeiten für ihre gewerbliche Tätigkeit – auch ohne ausdrückliche vertragliche Vereinbarung – ständig nutzen konnte und auch tatsächlich genutzt hat (BFH v. 4.7.2012, II R 38/10, BStBl II 2012, 782).
- **Beteiligungen** an einer inländischen **Kapitalgesellschaft** (s. R E 2.2 Abs. 3 ErbstR 2011), wenn der Erblasser zur Zeit seines Todes oder der Schenker zur Zeit der Ausführung der Schenkung allein oder zusammen mit ihm nahe stehenden Personen i.S.d. § 1 Abs. 2 AStG als Eigentümer der übertragenen Anteile mindestens zu 10 % am Grund- oder Stammkapital der inländischen Kapitalgesellschaft beteiligt ist (§ 2 Abs. 1 Nr. 3 S. 2 ErbStG). Folgende Sachverhalte müssen im Zusammenhang mit Beteiligungen beachtet werden:
  - Wird nur **ein Teil einer solchen Beteiligung** durch Schenkung zugewendet, sind auch weitere innerhalb der nächsten zehn Jahre von derselben Person anfallende Erwerbe aus der Beteiligung als Inlandsvermögen zu behandeln, auch wenn im Zeitpunkt ihres Erwerbs die Beteiligung des Erblassers oder Schenkers weniger als 10 % beträgt, soweit die Voraussetzungen des § 14 ErbStG vorliegen (§ 2 Abs. 1 Nr. 3 S. 3 ErbStG).

Konrad 63

- Bei der Ermittlung des **Umfangs der Beteiligung** sind auch lediglich **mittelbar gehaltene Anteile** zu berücksichtigen. Anteile, die über eine inländische Betriebsstätte des beschränkt Steuerpflichtigen gehalten werden und daher bereits nach § 121 Nr. 3 BewG zum Inlandsvermögen gehören, sind mit Anteilen zusammenzurechnen, die nicht in der Betriebsstätte gehalten werden. Bei Erreichen der Beteiligungsgrenze zählt grundsätzlich nur die jeweils unmittelbar gehaltene Beteiligung zum Inlandsvermögen, auch wenn sie für sich genommen die Beteiligungsgrenze nicht erreicht.
- Eine **mittelbar über eine ausländische Gesellschaft** gehaltene Beteiligung zählt zum Inlandsvermögen, soweit die ausländische Gesellschaft als Treuhänder für Anteile des Erblassers oder Schenkers an der inländischen Kapitalgesellschaft anzusehen ist (§ 39 Abs. 2 Nr. 1 S. 2 AO) oder soweit es sich bei der Zwischenschaltung der ausländischen Gesellschaft um einen Missbrauch steuerlicher Gestaltungsmöglichkeiten handelt (§ 42 AO). Letzteres kommt in Betracht, wenn für die Einschaltung der ausländischen Gesellschaft wirtschaftliche oder sonst beachtliche Gründe fehlen und sie keine eigene Wirtschaftstätigkeit entfaltet (R E 2.2 Abs. 3 Satz 7 ErbStR 2011);
- **Erfindungen, Gebrauchsmuster** und **Topografien**, die in ein inländisches Buch oder Register eingetragen sind, soweit sie nicht schon als inländisches Betriebsvermögen erfasst werden;
- Wirtschaftsgüter, die nicht unter § 121 Nrn. 1, 2 und 5 BewG fallen und einem inländischen Gewerbebetrieb überlassen, insbesondere an diesen vermietet oder verpachtet worden sind (§ 121 Nr. 6 BewG); § 121 Nr. 6 BewG setzt nicht voraus, dass die einem Gewerbebetrieb überlassenen Wirtschaftsgüter diesem auf Dauer oder auf lange Zeit zu dienen bestimmt sind. Es genügt vielmehr, dass sie tatsächlich dem inländischen Gewerbebetrieb zur gewerblichen Verwendung am Stichtag überlassen sind (s. R E 2.2 Abs. 4 ErbStR 2011);
- **Hypotheken, Grundschulden, Rentenschulden** und andere Forderungen oder Rechte, wenn sie dinglich gesichert sind. Die Vormerkung zur Sicherung eines Anspruchs auf Eintragung einer **Sicherungshypothek** stellt eine der eingetragenen Hypothek gleichzustellende unmittelbare dingliche Sicherung einer Forderung oder eines Rechts i. S. d. § 121 Nr. 7 BewG dar (H E 2.2 ErbStH 2011 „Sicherungshypothek");
- Forderungen aus der Beteiligung an einem Handelsgewerbe als **stiller Gesellschafter** und aus **partiarischen Darlehen**, wenn der Schuldner Inländer ist (Erfasst ist dabei nur die typische stille Beteiligung, vgl. BFH v. 29.10.1969, I R 80/67, BStBl II 1970, 180, nicht aber die atypische stille Beteiligung, die Betriebsvermögen i. S. d. § 121 Nr. 3 BewG darstellt, vgl. Jülicher, in T/G/J, § 2 Rz. 65);
- **Nutzungsrechte** an einem der vorgenannten Vermögensgegenstände (s. auch R E 2.2 Abs. 6 ErbStR 2011). Die Erfassung eines Nutzungsrechts wird nicht dadurch ausgeschlossen, dass das Wirtschaftsgut, an dem es besteht, seinerseits steuerfrei bleibt (BFH v. 31.5.1957, III 38/57 S, BStBl III 1957, 242. Zwar werden damit Nutzungsrechte schlechter behandelt als das Vollrecht. Dies ist jedoch zur Vermeidung einer Umgehung der Regelungen zur beschränkten Steuerpflicht geboten. Auch wird durch die Bestellung des Nutzungsrechts ein neues Wirtschaftsgut geschaffen).

Aufgrund der im § 121 BewG enthaltenen enumerativen Abgrenzung des Inlandsvermögens unterliegen in dieser Vorschrift nicht genannte Vermögensgegenstände auch nicht der beschränkten Steuerpflicht. Insbesondere gehören **nicht zum Inlandsvermögen** z.B. **Wertpapiere, Bank- und Spargutgaben** bei inländischen Kreditinstituten, **ungesicherte Forderungen und Wertsachen**. Ansprüche nach dem **Vermögensgesetz**, die auf Rückübertragung von Grundbesitz gerichtet sind, gehören nicht zum Inlandsvermögen. Etwas anderes gilt nach § 121 Nr. 3 BewG nur, wenn ein solcher Anspruch zu einem inländischen Betriebsvermögen gehört (H E 2.2 ErbStH 2011 „Ansprüche nach dem Vermögensgesetz"). Ebenso gehört der auf Geld gerichtete **Pflichtteilsanspruch eines Ausländers** im Erbfall nach einem Ausländer nicht zum Inlandsvermögen und wird demgemäß nicht besteuert. Dies führt zu Wertungswidersprüchen, da der beschränkt steuerpflichtige Erbe gem. R E 10.10 Abs. 2 Satz 1 ErbStR 2011 den Pflichtteilsanspruch unabhängig davon abziehen kann, ob beim Pflichtteilsberechtigten Inlandsvermögen vorliegt (BFH v. 21.7.1972, III R 44 /70, BStBl II 1973, 3). **Sachleistungsansprüche** sollen dagegen nicht zum Inlandsvermögen gehören, selbst wenn die Gegenstände, auf die sie gerichtet sind, ihrerseits in den Katalog des § 121 BewG fallen (*Jülicher*, in T/G/J, § 2 Rz. 68; *Richter*, in V/K/S/W, 2012, ErbStG, § 2 Rz. 27; *Geck*, ZEV 1995, 249 (251); a.A. mit gewichtigen Argumenten *Meincke*, ErbStG, 2012, § 2 Rz. 11; *Krumm*, IStR 2011, 615).

94

Der **Herausgabeanspruch eines Treugebers** gegenüber dem Treuhänder i.S.d. § 667 BGB stellt Inlandsvermögen dar, wenn schon das Treugut selbst als Inlandsvermögen zu qualifizieren ist (*Jülicher*, in T/G/J, § 2 Rz. 69, § 13b Rz. 73; *Wachter*, DStR 2015, 1844, 1846).

95

Der **Abzug von Schulden und Lasten** beschränkt sich gemäß § 10 Abs. 6 Satz 2 ErbStG auf solche, die mit dem die beschränkte Steuerpflicht unterliegenden Inlandsvermögen in wirtschaftlichem Zusammenhang stehen. **Pflichtteilsansprüche** und **Erbersatzansprüche** stehen anteilig in wirtschaftlichem Zusammenhang mit der Erbschaft; sie lasten insoweit auf dem Inlandsvermögen, als die Erbschaft zum Inlandsvermögen gehört (H E 2.2 ErbStH 2011 „Schulden und Lasten im wirtschaftlichen Zusammenhang mit Inlandsvermögen"). **Einkommensteuerschulden** eines Erblassers sind bei der Ermittlung des Inlandsvermögens abzuziehen, wenn die Einkommensteuer durch den Besitz des Inlandsvermögens ausgelöst worden ist. Steuerforderungen eines Erblassers gehören zwar grundsätzlich nicht zum Inlandsvermögen, sind aber mit abzugsfähigen Steuerschulden des Erblassers zu saldieren (R E 2.2 Abs. 7 ErbStR 2011; s.a. Jülicher, in T/G/J, ErbStG, § 2 Rz. 48).

96

4.3 Wertermittlung und Steuerberechnung

Nach § 10 Abs. 6 S. 2 ErbStG sind nur die mit dem Inlandsvermögen in wirtschaftlichem Zusammenhang stehenden Schulden und Lasten abzugsfähig. Der geforderte **wirtschaftliche Zusammenhang** setzt voraus, dass die Entstehung der Verbindlichkeit ursächlich und unmittelbar auf Vorgängen beruht, die diesen Vermögensgegenstand betreffen. Er ist insbesondere zu bejahen, wenn die Schuld zum Erwerb, zur Sicherung oder zur Erhaltung des inländischen Grundvermögens eingegangen worden ist (BFH v. 25.10.1995, II R 45/92, BStBl II 1996, 11). Die **Schuld zur**

97

Leistung eines Pflichtteils steht in wirtschaftlichem Zusammenhang mit der Erbschaft und lastet insoweit auf dem Inlandsvermögen, als die Erbschaft zum Inlandsvermögen gehört (BFH v. 21.7.1972, III R 44/70, BStBl II 1973, 3). Die **Bewertung** des der beschränkten Steuerpflicht unterliegenden Inlandsvermögens erfolgt nach § 12 ErbStG.

98 Die sachlichen Steuerbefreiungen des § 13 ErbStG gelten auch bei beschränkter Steuerpflicht.

99 Hingegen ergeben sich Einschränkungen bezüglich der persönlichen Freibeträge: § 16 Abs. 1 ErbStG ist nicht anwendbar. Bei beschränkter Steuerpflicht gewährt § 16 Abs. 2 ErbStG ausschließlich einen **Freibetrag von 2.000 EUR**.

100 Der **BFH** war der Auffassung, dass jedenfalls grundsätzlich die unterschiedlichen Freibeträge **EU-rechtskonform** sind, weil es hierbei um die Berücksichtigung persönlicher Verhältnisse gehe, bei denen sich Gebietsansässige und Gebietsfremde nach der Rechtsprechung des EuGH grundsätzlich nicht in einer vergleichbaren Situation befinden (BFH v. 21.9.2005, II R 56/03, BStBl II 2005, 875; grundlegend EuGH v. 14.2.1995, C-279/93 (Schumacker), NJW 1995, 1207).

101 Ob dies auch gilt, wenn nahezu die **gesamten Einkünfte bzw. Vermögenswerte** dem Staat der beschränkten Steuerpflicht zugeordnet sind und der Wohnsitzstaat die persönlichen Verhältnisse daher nicht angemessen berücksichtigen kann, konnte der BFH offenlassen; er neigt aber offensichtlich dazu, bei einer solchen Konstellation die Vereinbarkeit mit EU-Recht zu verneinen (BFH v. 21.9.2005, II R 56/03, BStBl II 2005, 875, sowie *Schnitger*, FR 2004, 185, 193; *Jochum*, ZErb 2004, 253, 259).

101a Mit der Entscheidung des EuGH in der Rechtssache Mattner (EuGH v.. 22.4.2010, Rs. C-510/08 (Mattner), BFH/NV 2010, 1212) stehen nun alle Vorschriften der beschränkten Steuerpflicht, die zu einer Minderung des Werts einer Schenkung oder einer Erbschaft allein deswegen führen, weil die Beteiligten in einem Mitgliedstaat wohnen, unter dem Generalverdacht der Unvereinbarkeit mit dem EU-Recht. Der Versuch des Gesetzgebers, über ein Antragsrecht auf die unbeschränkte Steuerpflicht in § 2 Abs. 3 ErbStG eine EU-rechtskonforme Regelungen zu schaffen, ist jedoch gescheitert (EuGH v. 8.6.2016, C-479/14 (Hünnebeck), DStR 2016, 1360; ausführlich s. Rz. 151 ff). Dementsprechend sieht Art. 4 Nr. 2 des Entwurfs des Steuerumgehungsbekämpfungsgesetzes (BR-Drs. 816/16) eine Neufassung des § 16 Abs. 2 ErbStG vor, wonach in den Fällen der beschränkten Steuerpflicht die Freibeträge des § 16 Abs. 1 ErbStG im Verhältnis des der beschränkten inländischen Steuerpflicht unterliegenden Vermögens zum gesamten Vermögenserwerb aufzuteilen sind.

102 **§ 17 ErbStG** kann wegen der Unanwendbarkeit des § 16 Abs. 1 ErbStG von beschränkt Steuerpflichtigen nicht in Anspruch genommen werden, weil die besonderen Freibeträge aus § 17 ErbStG nur neben § 16 Abs. 1 Nrn. 1 und 2 ErbStG gewährt werden. Nach der Entscheidung des EuGH in der Sache Mattner (EuGH v. 22.4.2010, Rs. C-510/08 (Mattner), BFH/NV 2010, 1212) wäre die Vorschrift allerdings EU-rechtlich mehr als bedenklich, soweit sie für beschränkt Steuerpflichtige in einem Mitgliedstaat nicht zur Anwendung kommt. Auch insoweit verfängt die gesetzgeberische Anknüpfung an ein Antragsrecht in § 2 Abs. 3 ErbStG nicht mehr. Art. 4 Nr. 3 des Entwurfs des Steuerumgehungs-

bekämpfungsgesetzes (BR-Drs. 816/16) sieht dementsprechend einen neuen § 17 Abs. 3 ErbStG vor, der bei beschränkter Steuerpflicht den besonderen Versorgungsfreibetrag gewährt, wenn im Ansässigkeitsstaat des Steuerpflichtigen Amtshilfe gewährt wird.

Keine Besonderheiten gelten für beschränkt Steuerpflichtige hinsichtlich der **Steuerklassen und -sätze** (§§ 15, 19 ErbStG). 103

einstweilen frei 104–129

5 Erweiterte beschränkte Steuerpflicht (§ 4 AStG)

Die erweiterte beschränkte Erbschaftsteuerpflicht nach § 4 AStG (zum erweiterten Inlandsvermögen vgl. im Einzelnen den Anwendungserlass zum AStG, BMF v. 14.5.2004, IV B 4 – S 1340 – 11/04, BStBl I 2004, 3) ist der erweiterten beschränkten Einkommensteuerpflicht nach § 2 AStG angeglichen. Bei Wegzug eines unbeschränkt Steuerpflichtigen in ein **einkommensteuerrechtliches Niedrigsteuergebiet** wird unterstellt, dass oftmals auch die Erbschaftsteuer entsprechend niedrig gehalten ist. Ist Erbschaftsteuerpflicht nach § 2 Abs. 1 Nr. 3 ErbStG gegeben, tritt die erweitert beschränkte Steuerpflicht über den dort bezeichneten Umfang hinaus für alle Teile des Erwerbs ein, deren Erträge bei unbeschränkter Einkommensteuerpflicht nicht ausländische Einkünfte i. S. d. § 34c Abs. 1 EStG wären (§ 4 Abs. 1 AStG): Die erweitert beschränkte Steuerpflicht setzt also die beschränkte Steuerpflicht voraus. 130

§ 4 AStG knüpft mit seinen Anwendungsvoraussetzungen an einkommensteuerliche Beurteilungsmerkmale (§ 2 AStG) an. Die **erweitert beschränkte Erbschaftsteuerpflicht tritt ein,** wenn 131

- der Erblasser oder Schenker (nicht der Erwerber) in den letzten zehn Jahren vor seiner Auswanderung als Deutscher insgesamt mindestens fünf Jahre nach § 1 Abs. 1 EStG unbeschränkt steuerpflichtig gewesen ist,
- er in einem niedrig besteuerten Land ansässig ist (§ 2 Abs. 2 AStG. Zu Niedrigsteuerländern s. Anlage 1 zum Anwendungserlass zum AStG, BMF v. 14.5.2004, IV B 4 – S 1340 – 11/04, BStBl I 2004, 3) und
- wesentliche wirtschaftliche Interessen im Inland hat (§ 2 Abs. 3, 4 AStG),
- die Anwendung des § 1 Abs. 1 AStG nicht aufgrund eines Doppelbesteuerungsabkommens ausgeschlossen ist,
- im Ausland eine der deutschen Erbschaftsteuer entsprechende Steuer für die § 4 AStG unterliegenden Teile des Erwerbs zu entrichten ist, die weniger als 30 % der auf dieses Vermögen entfallenden deutschen Erbschaftsteuer beträgt und
- dem Grunde nach die beschränkte Steuerpflicht nach § 2 Abs. 1 Nr. 3 ErbStG wegen Erwerbs von Inlandsvermögen i. S. d. § 121 BewG vorliegt.

Die Anwendungsvoraussetzungen des § 4 Abs. 1 AStG überschneiden sich mit denen des § 2 Abs. 1 Nr. 1 Satz 2 Buchst. b ErbStG. Die beschränkte Steuerpflicht ist jedoch gegenüber der unbeschränkten **subsidiär.** Daher tritt die Steuerpflicht aus § 4 AStG erst ein, wenn der die erweiterte unbeschränkte Steuerpflicht auslösende Fünf-Jahres-Zeitraum abgelaufen ist. Auf die Person des Erwerbers kommt es bei der Anwendung des § 4 AStG nicht an. Die erweiterte beschränkte Steuerpflicht 132 kommt selbstverständlich nur in Betracht, wenn der Erwerber nicht Inländer ist; anderenfalls folgt hieraus schon die unbeschränkte Steuerpflicht nach § 2 Abs. 1 Nr. 1 ErbStG.

133 Ob bei dem Erblasser oder Schenker die Voraussetzungen des § 2 Abs. 1 AStG erfüllt sind, ist regelmäßig schon bei der Einkommensteuer zu entscheiden. Zu beachten ist allerdings, dass sich für die Erbschaftsteuer wegen der auf den Zeitpunkt der Steuerentstehung (§ 9 ErbStG) auszurichtenden Prüfung ggf. Unterschiede zur einkommensteuerlichen Beurteilung ergeben können.

134 Von der erweiterten beschränkten Steuerpflicht wird – über § 2 Abs. 1 Nr. 3 ErbStG i. V. m. § 121 BewG hinausgehend – das sog. **erweiterte Inlandsvermögen** erfasst. Es erstreckt sich auf alle Vermögenswerte, deren Erträge bei unbeschränkter Einkommensteuerpflicht nicht ausländische Einkünfte i. S. d. § 34 c Abs. 1 EStG wären (§ 4 Abs. 1 AStG). Dieses erweiterte Inlandsvermögen ist allerdings nur dann der Besteuerung unterworfen, wenn beim Erblasser bzw. Schenker auch Inlandsvermögen i. S. d. § 121 BewG vorhanden war (ist) (ebenso *Jülicher*, in T/G/J, ErbStG § 2 Rz. 82).

135 Die **erweiterte beschränkte** Erbschaft- und Schenkungsteuerpflicht erstreckt sich über das in § 2 Abs. 1 Nr. 3 ErbStG i. V. m. § 121 BewG genannte Inlandsvermögen hinaus auf (BMF v. 14.5.2004, IV B 4 – S 1340 – 11/04, BStBl I 2004, 3):

- Kapitalforderungen gegen Schuldner im Inland
- Spareinlagen und Bankguthaben bei Geldinstituten im Inland
- Aktien und Anteile an Kapitalgesellschaften, Investmentfonds und offenen Immobilienfonds sowie Geschäftsguthaben bei Genossenschaften im Inland
- Ansprüche auf Renten und andere wiederkehrende Leistungen gegen Schuldner im Inland sowie Nießbrauchs- und Nutzungsrechte an Vermögensgegenständen im Inland
- Erfindungen und Urheberrechte, die im Inland verwertet werden
- Versicherungsansprüche gegen Versicherungsunternehmen im Inland
- bewegliche Wirtschaftsgüter, die sich im Inland befinden
- Vermögen, dessen Erträge nach § 5 AStG der erweiterten beschränkten Steuerpflicht unterliegen
- Vermögen, das nach § 15 AStG dem erweitert beschränkt Steuerpflichtigen zuzurechnen ist

136 **Nicht** der erweiterten beschränkten Steuerpflicht unterliegen z. B. ausländisches land- und forstwirtschaftliches Vermögen, sonstiges im Ausland belegenes unbewegliches Vermögen und Sachinbegriffe und in einem ausländischen Staat belegene Betriebsstätten.

137 Bei der Ermittlung der der erweiterten beschränkten Steuerpflicht unterliegenden Erwerbe kommt ein **Abzug von Schulden und Lasten** nur insoweit in Betracht, als diese in einer wirtschaftlichen Beziehung zu diesen Erwerben stehen (§ 10 Abs. 6 ErbStG). Für die Berücksichtigung negativen Vermögens gilt Folgendes: Ergibt sich infolge des Abzugs der Schulden und Lasten ein negatives erweitertes Inlandsvermögen, so kann dieses mit dem positiven Inlandsvermögen (§ 121 BewG) verrechnet

werden. Ein negatives Inlandsvermögen (§ 121 BewG) kann im umgekehrten Fall mit einem positiven erweiterten Inlandsvermögen verrechnet werden.

Der bei beschränkter Steuerpflicht vorgesehene Freibetrag nach § 16 Abs. 2 ErbStG ist auch bei der erweitert beschränkten Steuerpflicht zu gewähren. 138

Die erweiterte beschränkte Steuerpflicht entfällt gem. § 4 Abs. 2 AStG bei dem Nachweis des Steuerpflichtigen, dass für die § 4 AStG unterliegenden Teile des Erwerbs im Ausland eine der deutschen Erbschaftsteuer entsprechende Steuer zu entrichten ist, die mindestens 30 % der auf dieses Vermögen entfallenden deutschen Erbschaftsteuer beträgt. 139

einstweilen frei 140–150

6 Optional unbeschränkte Steuerpflicht (§ 2 Abs. 3)

6.1 Rechtssache „Mattner"

Die durch Art. 11 BeitrRLUmsG (v. 7.12.2011, BGBl I 2011, 2592) neu geschaffene Regelung des § 2 Abs. 3 ErbStG geht auf das Urteil des EuGH in der Rechtssache Mattner (EuGH v. 22.4.2010, Rs. C-510/08 (Mattner), BFH/NV 2010, 1212) zurück. Danach steht Art. 56 EG in Verbindung mit Art. 58 EG – nunmehr Art. 63 AEUV in Verbindung mit Art. 65 AEUV – der Anwendung nur des beschränkten Freibetrags bei einem im Inland belegenen Grundstück entgegen, wenn Schenker und Schenkungsempfänger zur Zeit der Ausführung der Schenkung ihren Wohnsitz in einem anderen Mitgliedstaat hatten: Da der Freibetrag bei einer Schenkung, die eine in der Bundesrepublik belegene Immobilie umfasst, niedriger ist, wenn Schenker und Schenkungsempfänger ihren Wohnsitz in einem anderen Mitgliedstaat haben, als wenn einer von ihnen seinen Wohnsitz im Inland hätte, bewirkt dies eine **Beschränkung des Kapitalverkehrs**, weil der Wert der Schenkung einer Immobilie gemindert wird. 151

Der EuGH sieht dabei Gebietsansässige und Gebietsfremde in einer vergleichbaren Situation: Da sich die Höhe der Schenkungsteuer nach dem Wert der Immobilie und der familienrechtlichen Beziehung zwischen Schenker und Schenkungsempfänger bemessen und diese Kriterien unabhängig vom Wohnort des Schenkers oder des Schenkungsempfängers seien, „kann es ... keinen objektiven Unterschied geben, der es rechtfertigen würde, die Situation von Personen, von denen keine im Inland wohnt, und die Situation, in der zumindest eine dieser Personen im Inland wohnt, ungleich zu behandeln" (EuGH v. 22.4.2010, Rs. C-510/08 (Mattner), BFH/NV 2010, 1212).

Der EuGH setzt sich mit dieser Argumentation über die vom Gesetzgeber getroffene Unterscheidung in beschränkte und unbeschränkte Steuerpflicht hinweg, die letztlich eine Ausprägung der Aufteilung und Abgrenzung der Steuerhoheit der Mitgliedstaaten darstellt. Das Urteil steht in einem Spannungsverhältnis zum Urteil des EuGH in der Sache Margarete Block (EuGH v. 12.2.2009, Rs. C-67/08 (Margarete Block), BFH/NV 2009, 677). Der EuGH blendet dabei insbesondere aus, dass die höheren Freibeträge des § 16 ErbStG und der besondere Versorgungsfreibetrag des § 17 ErbStG auch deshalb gerechtfertigt sind, weil der gesamte weltweite Vermögenserwerb der unbeschränkten Steuerpflicht unterliegt (krit. auch *Jochum*, ZEV 2010, 274).

6.2 Die Neuregelung

152 Zur Anpassung des ErbStG an das Urteil des EuGH in der Rechtssache Mattner räumt § 2 Abs. 3 ErbStG dem Erwerber (also nicht dem Schenker, auch wenn er die Steuer übernommen hat bzw. Steuerschuldner ist, § 20 Abs. 1 ErbStG) eines an sich nur beschränkt steuerpflichtigen Vermögensanfalls ein **Antragsrecht** ein, wenn der Erblasser zur Zeit seines Todes, der Schenker zur Zeit der Ausführung der Schenkung oder der Erwerber zur Zeit der Entstehung der Steuer (§ 9 ErbStG) in einem EU- oder EWR-Mitgliedstaat ansässig (§ 8 AO) ist (vgl. *Schulte/Sedemund*, BB 2011, 2080; *Billig*, UR 2012, 312; *Dürrschmidt*, IStR 2012, 410 sowie 572; *Eisele*, NWB 2012, 1591; *Grootens*, ErbStB 2012, 178; *Lüdicke/Schulz*, IStR 2012, 417, und die gleichlautenden Ländererlasse v. 15.3.2012, BStBl I 2012, 328. Zum Inkrafttreten vgl. § 37 Abs. 7 ErbStG). Das Antragsrecht gilt auch in den Fällen der erweiterten beschränkten Steuerpflicht nach § 4 AStG. Mit dem Antrag unterwirft der Erwerber seinen Erwerb den Regelungen der unbeschränkten Steuerpflicht. Sie umfasst den gesamten Vermögensanfall, und zwar unabhängig davon, worin das Vermögen besteht und ob es in Deutschland oder einem anderen Staat belegen ist (§ 2 Abs. 1 Nr. 1 ErbStG) (vgl. Rz. 59). Dadurch kann er auch den höheren Freibetrag nach § 16 Abs. 1 ErbStG in Anspruch nehmen, der sich nach seinem persönlichen Verhältnis (Steuerklasse) zum Erblasser oder Schenker ergibt. Zusätzlich kann er auch den besonderen Versorgungsfreibetrag gem. § 17 ErbStG nutzen.

153 Der Gesetzgeber wollte mit der optional unbeschränkten Steuerpflicht eine Besserstellung beschränkt steuerpflichtiger Erwerber verhindern. Während die unbeschränkte Steuerpflicht den gesamten Vermögensanfall erfasst, ist die beschränkte Steuerpflicht gegenständlich begrenzt (vgl. Rz. 90 ff). Deshalb muss sich der Erwerber, der den höheren persönlichen Freibetrag in Anspruch nehmen möchte, gem. § 2 Abs. 3 ErbStG den vollständigen Regelungen der unbeschränkten Steuerpflicht unterwerfen (so die. Begr. zum BR-Entw BeitrRLUmsG, BR-Drs. 253/11, 104).

6.3 Zusammenrechnung mehrerer Erwerbe

154 Um Gestaltungen zu vermeiden, die die Wirkung der unbeschränkten Steuerpflicht durch Aufspaltung von Schenkungen zwischen denselben Personen umgehen, soll auch eine **Zusammenrechnung mehrerer Erwerbe innerhalb von zehn Jahren** vor und nach dem Vermögensanfall nach Maßgabe des § 14 ErbStG erfolgen. Auch bei diesen vorangegangenen oder nachfolgenden Erwerben richtet sich der Umfang des Vermögensanfalls, unabhängig davon, worin das Vermögen besteht und ob es in Deutschland oder einem anderen Staat belegen ist, nach § 2 Abs. 1 Ziff. 1 ErbStG. Für diese Erwerbe ist es unerheblich, wo der Erblasser oder Schenker oder der Erwerber zur Zeit der Entstehung der Steuer (§ 9 ErbStG) ihren Wohnsitz hatten oder haben werden (Gleichlautende Ländererlasse v. 15.3.2012, BStBl I 2012, 328).

Verfahrensrechtlich sichert das Gesetz die in solchen Fällen wohl schwierige Sachverhaltsaufklärung dadurch ab, dass die **Festsetzungsfrist** nicht vor Ablauf des vierten Jahres abläuft, nachdem die Finanzbehörde von dem Antrag Kenntnis erlangt hat. Wurde eine Steuer aufgrund beschränkter Steuerpflicht festgesetzt, ist die Festsetzung zu ändern (§ 175 Abs. 1 S. 1 Ziff. 2 AO). Zukünftige Erwerbe innerhalb der 10-Jahresfrist nach dem gegenwärtigen Erwerb sind mit dem gegenwärtigen und früheren Erwerben nach Maßgabe des § 14 ErbStG zusammenzurechnen, sofern sie innerhalb der Frist von zehn Jahren angefallen sind (vgl. mit Beispielen gleichlautende Ländererlasse v. 15.3.2012, BStBl I 2012, 328). Dabei kann es auch zur Anrechnung ausländischer Erbschaft- und Schenkungsteuer nach Maßgabe des § 21 ErbStG kommen.

Der Gesetzgeber sieht sich zur Zusammenrechnung der Erwerbe nach § 14 ErbStG durch den EuGH in der Rechtssache Mattner befugt (Begr. zum BR-Entw BeitrRLUmsG, BR-Drs. 253/11, 104). Hierbei dürfte es sich im Inland zwar um eine **unechte, zulässige Rückwirkung** handeln, soweit auch vergangene Erwerbe erfasst werden, die vor dem Inkrafttreten der Regelung liegen (vgl. Rz. 155). Kommt es dadurch nachträglich zu einer doppelten unbeschränkten Steuerpflicht für einzelne vergangene Erwerbe und damit zu einer Höherbelastung, so verstößt dies nach Auffassung des BFH (BFH v. 7.9.2011, II R 58/09, BStBl II 2012, 40. Die dagegen eingelegte Verfassungsbeschwerde ist vom BVerfG ohne Begründung gem. § 93 d Abs. 1 Satz 3 BVerfGG nicht zur Entscheidung angenommen worden, vgl. BVerfG v. 16.8.2012, 1 BvR 2777/11, juris) nicht gegen die EU-rechtlich gewährleistete Kapitalverkehrsfreiheit. Der EuGH sah jedoch auch in der Neuregelung des § 2 Abs. 3 ErbStG einen Verstoß gegen die Kapitalverkehrsfreiheit gem. Art. 63, 65 AEUV (EuGH v. 8.6.2016, C-479/14, DStR 2016, 1360).

6.4 Rechtssache Hünnebeck

Die Neuregelung des § 2 Abs. 3 ErbStG bot dem EuGH in Rechtssache Hünnebeck zwei offene Flanken, die jeweils schon für sich genommen die Vereinbarkeit mit EU-Recht ausschlossen. Der eine Vorwurf wandte sich gegen die zumindest vordergründig bestehende Ungleichbehandlung der Zusammenrechnungsfristen in § 14 ErbStG (zehn Jahre) und § 2 Abs. 3 S. 2 ErbStG (zwanzig Jahre). Der andere Vorwurf galt dem Antragsrecht, durch dessen Ausübung erst ein der Kapitalverkehrsfreiheit gemäßer Zustand herbeigeführt werden konnte, während die EU-rechtswidrige Regelung bei unterlassener Antragstellung zur Anwendung gelangt (EuGH v. 8.6.2016, C-479/14 (Hünnebeck), DStR 2016, 1360; siehe dazu eingehend Einführung Rz. 84 m.w.N.). Der Gesetzgeber sah sich durch dieses Urteil, das die hergebrachte Unterscheidung zwischen unbeschränkter Steuerpflicht (für den weltweiten Erwerb) und beschränkter Steuerpflicht (für den inländischen Erwerb) von Grund auf in Frage stellt, zur zukünftigen Aufhebung des § 2 Abs. 3 ErbStG mit Folgeänderungen bei §§ 16, 17 ErbStG veranlasst (Art. 4 Nr. 1 Entwurf des Steuerumgehungsbekämpfungsgesetzes, BR-Drs. 816/16). Die dadurch herbeigeführte Rechtslage führt unter dem Gesichtspunkt der Inländerdiskriminierung nicht nur zu manifesten verfassungsrechtlichen Problemen, sondern wirft auch die Frage auf, wie es um die vom EuGH in anderem Zusammenhang (EuGH v. 12.2.2009, C-67/08 (Margarete Block), BFH/NV 2009, 677) betonte Wahrung der Steuerhoheit der Mitgliedstaaten auf dem Gebiet der direkten Steuern bestellt ist.

6.5 Verfahren

156 Die örtliche Zuständigkeit richtet sich nach § 35 Abs. 4 ErbStG. Örtlich zuständig ist nach sinngemäßer Anwendung des § 19 Abs. 2 AO das FA, in dessen Bezirk sich das erworbene inländische Vermögen und, wenn dies für mehrere Finanzämter zutrifft, in dessen Bezirk sich der wertvollste Teil des Vermögens befindet. Gehört zu dem Erwerb kein Inlandsvermögen, ist für die Besteuerung das FA zuständig, das für die Besteuerung des Erwerbs, für den der Antrag gestellt wurde, zuständig ist. Gehört zu dem Erwerb Inlandsvermögen, ist für die Besteuerung das FA zuständig, das für die Besteuerung des beschränkt steuerpflichtigen Erwerbs zuständig ist oder sein würde. Das für den gegenwärtigen Erwerb zuständige FA hat das für einen früheren Erwerb zuständige FA darüber zu unterrichten, dass auf Grund des Antrags eine Änderung der Steuerpflicht eingetreten ist (vgl. zum Ganzen gleichlautender Ländererlasse v. 15.3.2012, BStBl I 2012, 328 unter Rz. 7).

Den Erwerber trifft wegen des Bezugs auf Vorgänge mit Auslandssachverhalten eine erhöhte Mitwirkungspflicht (§ 90 Abs. 2 AO). Das FA wird ihn daher zu umfänglichen Angaben auffordern und muss ihn auf die Folgen der „Verdoppelung" der 10-Jahresfrist hinweisen (vgl. im Einzelnen gleichlautender Ländererlasse v. 15.3.2012, BStBl I 2012, 328 unter Rz. 8).

§ 3 Erwerb von Todes wegen

(1) Als Erwerb von Todes wegen gilt
1. der Erwerb durch Erbanfall (§ 1922 des Bürgerlichen Gesetzbuchs), durch Vermächtnis (§§ 2147ff. des Bürgerlichen Gesetzbuchs) oder auf Grund eines geltend gemachten Pflichtteilsanspruchs (§§ 2303ff. des Bürgerlichen Gesetzbuchs);
2. der Erwerb durch Schenkung auf den Todesfall (§ 2301 des Bürgerlichen Gesetzbuchs). ²Als Schenkung auf den Todesfall gilt auch der auf dem Ausscheiden eines Gesellschafters beruhende Übergang des Anteils oder des Teils eines Anteils eines Gesellschafters einer Personengesellschaft oder Kapitalgesellschaft bei dessen Tod auf die anderen Gesellschafter oder die Gesellschaft, soweit der Wert, der sich für seinen Anteil zur Zeit seines Todes nach § 12 ergibt, Abfindungsansprüche Dritter übersteigt. ³Wird auf Grund einer Regelung im Gesellschaftsvertrag einer Gesellschaft mit beschränkter Haftung der Geschäftsanteil eines Gesellschafters bei dessen Tod eingezogen und übersteigt der sich nach § 12 ergebende Wert seines Anteils zur Zeit seines Todes Abfindungsansprüche Dritter, gilt die insoweit bewirkte Werterhöhung der Geschäftsanteile der verbleibenden Gesellschafter als Schenkung auf den Todesfall;
3. die sonstigen Erwerbe, auf die die für Vermächtnisse geltenden Vorschriften des bürgerlichen Rechts Anwendung finden;
4. jeder Vermögensvorteil, der auf Grund eines vom Erblasser geschlossenen Vertrags bei dessen Tode von einem Dritten unmittelbar erworben wird.

(2) Als vom Erblasser zugewendet gilt auch
1. der Übergang von Vermögen auf eine vom Erblasser angeordnete Stiftung. ²Dem steht gleich die vom Erblasser angeordnete Bildung oder Ausstattung einer Vermögensmasse ausländischen Rechts, deren Zweck auf die Bindung von Vermögen gerichtet ist;
2. was jemand infolge Vollziehung einer vom Erblasser angeordneten Auflage oder infolge Erfüllung einer vom Erblasser gesetzten Bedingung erwirbt, es sei denn, dass eine einheitliche Zweckzuwendung vorliegt;
3. was jemand dadurch erlangt, dass bei Genehmigung einer Zuwendung des Erblassers Leistungen an andere Personen angeordnet oder zur Erlangung der Genehmigung freiwillig übernommen werden;
4. was als Abfindung für einen Verzicht auf den entstandenen Pflichtteilsanspruch oder für die Ausschlagung einer Erbschaft, eines Erbersatzanspruchs oder eines Vermächtnisses oder für die Zurückweisung eines Rechts aus einem Vertrag des Erblassers zugunsten Dritter auf den Todesfall oder anstelle eines anderen in Absatz 1 genannten Erwerbs gewährt wird;
5. was als Abfindung für ein aufschiebend bedingtes, betagtes oder befristetes Vermächtnis, für das die Ausschlagungsfrist abgelaufen ist, vor dem Zeitpunkt des Eintritts der Bedingung oder des Ereignisses gewährt wird;
6. was als Entgelt für die Übertragung der Anwartschaft eines Nacherben gewährt wird;

7. was der Vertragserbe oder der Schlusserbe eines gemeinschaftlichen Testaments oder der Vermächtnisnehmer wegen beeinträchtigender Schenkungen des Erblassers (§§ 2287, 2288 Abs. 2 des Bürgerlichen Gesetzbuchs) von dem Beschenkten nach den Vorschriften über die ungerechtfertigte Bereicherung erlangt.

Inhalt		Rz.
1	Allgemeines	1–99
1.1	Verhältnis zu § 1 ErbStG	1
1.2	Abschließender Katalog der Erwerbsgründe in § 3 Abs. 1 ErbStG und § 3 Abs. 2 ErbStG	2–4
1.3	Verhältnis zu anderen Vorschriften	5–11
1.4	Anfall der Erbschaft und Ausschlagung	12–19
1.5	Erfüllung unwirksamer Verfügung von Todes wegen	20–49
1.6	Testamentsanfechtung	50–53
1.7	Erbvergleich und Auslegungsvertrag	54–59a
1.8	Übertragung des Erwerbs	60–61
1.9	Auslandserwerb	62–63a
1.10	Tod des Erblassers	64–66
1.11	Erwerber	67–99
2	Erwerb durch Erbanfall (§ 3 Abs. 1 Nr. 1 Alt. 1 ErbStG)	100–299
2.1	Erbanfall	100–101
2.2	Erbschein	102–103
2.3	Gesetzliche Erbfolge	104–110
2.4	Gewillkürte Erbfolge	111–118
2.5	Erbengemeinschaft	119–121
2.6	Auseinandersetzung der Erbengemeinschaft	122–127
2.7	Teilungsanordnung	128–149
2.8	Vererbung von Personengesellschaftsanteilen	150–249
2.8.1	Gesellschaftsrechtliche Grundlagen	150–154
2.8.2	Auflösung und Liquidation	155–159
2.8.3	Fortsetzung der Gesellschaft	160–164
2.8.4	Einfache Nachfolgeregelung	165–168
2.8.5	Qualifizierte Nachfolgeklausel	169–173
2.8.6	Eintrittsklausel	174–249
2.9	Vererbung von GmbH-Anteilen	250–262
2.9.1	Erbfall	250–254
2.9.2	Einziehungsklausel	255–260
2.9.3	Abtretungsklausel	261–262
2.10	Anerbenrecht (Höferecht)	263–267
2.11	Testamentsvollstreckung	268–299
3	Erwerb durch Vermächtnis (§ 3 Abs. 1 Nr. 1 Alt. 2 ErbStG)	300–399
3.1	Erbrechtliche Grundlagen	300–304
3.2	Erbschaftsteuerrecht	305–311
3.3	Vermächtnisnehmer	312–316

3.4	Vermächtnisgegenstand und Vermächtnisarten	317–399
4	Erwerb aufgrund Pflichtteilsanspruchs (§ 3 Abs. 1 Nr. 1 Alt. 3 ErbStG)	400–424
4.1	Erbrechtliche Grundlagen	400–412
4.2	Erbschaftsteuer	413–420
4.3	Pflichtteilsergänzungsanspruch	421–424
5	Erwerb durch Schenkung auf den Todesfall (§ 3 Abs. 1 Nr. 2 Satz 1 ErbStG)	425–430
6	Gesellschaftsrechtliche Anteilsübertragung (§ 3 Abs. 1 Nr. 2 S. 2, 3 ErbStG)	431–435
7	Sonstige Erwerbe nach Vermächtnisrecht (§ 3 Abs. 1 Nr. 3 ErbStG)	436–499
8	Erwerb von Todes wegen aufgrund Vertrages zugunsten Dritter (§ 3 Abs. 1 Nr. 4 ErbStG)	500–527
8.1	Allgemeines	500–514
8.2	Lebensversicherungen	515–522
8.3	Versorgungsansprüche Hinterbliebener	523–527
9	Zuwendungen durch Errichtung einer Stiftung oder ausländischer Vermögensmasse (§ 3 Abs. 2 Nr. 1 ErbStG)	528–535
10	Zuwendungen durch Auflage oder Bedingung (§ 3 Abs. 2 Nr. 2 ErbStG)	536–541
11	Erwerb aus Anlass der Genehmigung einer Zuwendung des Erblassers (§ 3 Abs. 2 Nr. 3 ErbStG)	542
12	Abfindungen für anstelle eines in Abs. 1 genannten Erwerbs (§ 3 Abs. 2 Nr. 4 ErbStG)	543–548
13	Abfindung für bedingtes, betagtes oder befristetes Vermächtnis (§ 3 Abs. 2 Nr. 5 ErbStG)	549
14	Entgelt für die Übertragung der Nacherbenanwartschaft (§ 3 Abs. 2 Nr. 6 ErbStG)	550
15	Herausgabeanspruch des Vertrags- und Schlusserben (§ 3 Abs. 2 Nr. 7 ErbStG)	551–552

Schrifttum

Baumbach/Hueck, GmbHG, 20. Aufl., 2012; *Baumann*, Rechtsnatur und Haftungsverfassung der Gesellschaft bürgerlichen Rechts im Spannungsfeld zwischen Grundrechtsgewährleistung und Zivilrechtsdogmatik, JZ 2001, 895; *Bayer*, Der Vertrag zu Gunsten Dritter, 1995; *Benne*, Erbschaftsteuerfolgen des Erbvergleichs, FR 2004, 1102; *Berresheim*, Die erbschaftsteuerliche Abzugsfähigkeit von Pflichtteilsforderungen bei fehlender wirtschaftlicher Belastung zu Lebzeiten des Schuldners, ZErb 2007, 436; *Berresheim*, Die erbschaftsteuerliche Behandlung der Abfindung des weichenden Erbprätendenten im Erbvergleich, DB 2011, 2623; *Billig*, Erst mit dem Tod des Erblassers fällig gewordene Schulden nicht als Nachlassverbindlichkeiten abzugsfähig?, UVR 2007, 346; *Canaris*, Die Übertragung des Regelungsmodells der §§ 125–130 HGB auf die Gesellschaft bürgerlichen Rechts als unzulässige Rechtsfortbildung contra legem, ZGR 2004, 69; *Crezelius*, Erbschaft- und Schenkungsteuerrecht in zivilrechtlicher Sicht (Diss.), 1979; *Crezelius*, Schenkungssteuerpflicht ehebedingter Zuwendungen, NJW 1994, 3066; *Crezelius*, Unternehmenserbrecht, 1998; *Crezelius*, Zur Ermittlung des Grundstückswerts eines durch Vermächtnis übergegangenen Grundstücks mit Gebäude auf fremden Grund und Boden, ZEV 2004, 476; *Crezelius*, Die Entwicklung des Erbschaftsteuerrechts in den letzten 100 Jahren, FR 2007, 613; *Ebeling*, Zur Bewertung von Grundstücksvermächtnissen mit dem gemeinen Wert, DStR 2005, 1633; *Ebenroth*, Erbrecht, 1992; *Edenfeld*, Zum Ausschlagungsrecht des Schlußerben bei einem Berliner Testament, ZEV 1996, 313; *v. Elsner/Geck*, Gestaltungsschwerpunkte bei der Erbschafts- und Schenkungsteuer, Stbg 2005, 204; *Erman*, Kommentar zum Bürgerlichen Gesetzbuch, Band 1 und 2, 12. Aufl., 2008; *Fiedler*, Zur Besteuerung des Erwerbs einer nicht fälligen Kapitallebensversicherung von Todes wegen, DStR 2005, 1966; *Fischer*, Die Unentgeltlichkeit im Zivilrecht, 2002; *Fischer*, Nachlaßteilung durch Teilungsanordnung, Vermächtnis, ErbStB 2004, 395; *Fischer*, Rückwirkende Rechtsprechungsänderung im Steuerrecht, DStR 2008, 697; *Flick*, Finanzierung der Erbschaft- und Schenkungsteuer, DStR 1986, 683; *Flick/Piltz*, Der Internationale Erbfall, 2. Aufl., 2008; *Flume*, Gesellschaft und Gesamthand, ZHR 136 (1972), 177; *Flume*, Die Personengesellschaft, 1977; *Flume*, Teilungsanordnung und Erbschaftsteuer, DB 1983, 2271; *Fromm*, Ende der 2/3-Bewertung von Kapitallebensversicherungen?, DStR 2005, 1466; *Gebel*, Die qualifizierte Nachfolgeklausel, BB 1995, 173; *Gebel*, Der Erbschaft- oder Schenkungsteuer unterliegende Zuwendungen im Rahmen von Dreiecksverhältnissen, ZEV 2000, 173; *Gebel*, Wirtschaftliches Eigentum im Erbschaftsteuerrecht und Schenkungsteuerrecht, BB 2000, 537; *Gebel*, Schenkungsteuer bei Vermögensverschiebungen zwischen Eheleuten – steuerfreier Vermögensausgleich im Rahmen einer Ehegatteninnengesellschaft, BB 2000, 2017; *Gebel*, Erbschaftsteuer bei der Stiftung von Todes wegen, BB 2001, 2554; *Geck*, Lebensversicherungen und Erbschaftsteuer, ZEV 1995, 140; *Geck*, Aufschiebend bedingte, betagte und befristete Erwerbe von Todes wegen im Rahmen der Erbschaft- und Schenkungsteuer, Festschrift für Klaus Korn 2005, 557; *Geck*, Gestaltungsüberlegungen bei Grundstücksvermächtnissen unter Berücksichtigung des obiter dictum des BFH, ZEV 2006, 201; *Harder*, Zuwendungen unter Lebenden auf den Todesfall (Diss.), 1968; *Hübner*, Der erbschaft- und schenkungsteuerliche Freibetrag für die Übertragung von Betriebsvermögen, DStR 1995, 197; *Hübner*, Das Bereicherungsprinzip des ErbStG und seine Bedeutung für die Begünstigung des Produktivvermögens – mittelbare Erwerbe nach dem StÄndG 2001, DStR 2003, 4; *Hübner*, Zwangsabtretung und Zwangseinziehung im Erbschaftsteuerrecht, ErbStB 2004, 387; *Hutmacher*, Erbschaftsteuerreform: Die Bewertung und Verschonung des land- und forstwirtschaftlichen Vermögens, ZEV 2008, 22; *Jülicher*, Besteuerung von deutschen Trustbegünstigten eines südafrikanischen Nachlaßtrusts, IStR 1996, 575; *Keim*, Wie kann die Verjährungsfrist von Pflichtteilsansprüchen verlängert werden?, ZEV 2004, 173; *Kipp/Coing*, Erbrecht, 14. Bearbeitung, 1990; *Kirchhof*, Die Rechtsprechung des Bundesverfassungsgerichts in ihrer Bedeutung für das Steuerrecht, Stbg 1991, 552; *Kleeberg*, Steuerrechtliche Aspekte der Errichtung und Erhaltung von Familiengesellschaften in der Generationenfolge, BB 1989, 2448; *Klein*, Eingeschränkte Vollstreckbarkeit des Steueranspruchs gegen einen Common Law Trust, FR 1999, 1110; *Klein*, Ausländische Zivilrechtsformen im deutschen Erbschaftsteuerrecht (Diss.), 2000; *Kottke*, Erbschaftsteuerliche Gestaltung der Lebensversicherung von Ehegatten, DB 1990, 2446; *Lange/Kuchinke*, Erbrecht, 5. Aufl., 2001; *Langenfeld*, Das Ehegattentestament, 1994; *Lüdicke/Fürwentsches*, Das neue Erbschaftsteuerrecht, DB 2009, 12; *Märckle*, Strategien zur Vermeidung der Zwangsentnahme von Sonderbetriebsvermögen bei qualifizierter Nachfolge, FR 1997, 135; *Martiny*, Internationale Schenkungs- und Erbfälle – Zivilrechtliche Aspekte, IStR 1998, 56; *Mayer*, Erbschaftsteuer sparen um jeden Preis?, DStR 2004, 1409; *Meincke*, Zum Verfahren der Miterbenausgleichung, AcP 178 (1978), 45; *Meincke*, Zum Geltendmachen des Pflichtteils, ZErb 2004, 1; *Meincke*, Entstehung der Erbschaftsteuer bei Erwerb betagter Forderungen, ZEV 2004, 36; *Müller/Grund*, Pflichtteilsklausel und einvernehmliche Geltendmachung des Pflichtteils aus erbschaftsteuerlichen Gründen: zivilrechtliche Risiken – steuerliche Alternativen, ZErb 2007, 205; *Münchener Kommentar*, Band 1/1, 5. Aufl., 2006; Band 5, 5. Aufl., 2009; Band 9, 4. Aufl., 2004; *Muscheler*, Kindestpflichtteil und Erbschaftsteuer beim Berliner Testament, ZEV 2001, 377; *v. Oertzen/Cornelius*, Steuerrechtliche Gestaltungen mit und um das Pflichtteilsrecht, ErbStB 2006, 49; *v. Oertzen/Cornelius*, Behandlung von Anteilen an einer englischen Limited im Nachlassvermögen eines deutschen Erblassers, ZEV 2006, 106; *Olzen*, Erbrecht, 2. Aufl., 2005; *Otto*, Deutsche Schenkungsteuerpflicht bei der Errichtung eines Intervivos-Trusts nach anglo-amerikanischem Recht, RIW 1982, 491; *Pahlke*, Befreiende Lebensversicherung und „vergleichbare Vorsorge", NWB F 10, 927; *Pahlke*, Baumaßnahmen des künftigen Erben in Erwartung des Grundstückserwerbs, NWB 2009, 539; *Petersen*, Die Lebensversicherung im Bürgerlichen Recht, AcP 204 (2004), 832; *Piltz*, Die neue Erbschaftsbesteuerung des unternehmerischen Vermögens, ZEV 1997, 61; *Radke*, Verlangen, Erhalten oder Durchsetzen – Gestaltungsalternativen bei der Pflichtteilsklausel, ZEV 2001, 136; *Raudszus*, Schuldenabzug bei internationalen Erbfällen, ZEV 1999, 179; *Reuter*, Die Reform des Vereinsrechts, NZG 2005, 738; *Scherer/Feick*, Die GbR als Erbin – Thesen und Gestaltungsmöglichkeiten, ZEV 2003, 341; *Scholten/Korekji*, Begünstigung für Betriebsvermögen nach der Erbschaftsteuerreform – Begünstigte Erwerbe und begünstigtes Vermögen, DStR 2009, 73; *Scholz*, GmbHG, Band 1, 10. Aufl., 2006; *K. Schmidt*, Die BGB-Außengesellschaft – rechts- und parteifähig, NJW 2001, 993; *K. Schmidt*, Gesellschaftsrecht, 4. Aufl., 2002; *Schmidt*, Ehegattentestament und Neues Erbschaftsteuerrecht, BWNotZ 1998, 97; *Schwind/Schmidt*, Gesellschaftsvertragliche Abfindungsklauseln, NWB 2009, 297; *Seifried*, Neue BFH-Rechtsprechung zum Anteilsbegriff im Sinne der §§ 13a, 13b ErbStG, DStR 2012, 274; *Spiegelberger/Wartenburger*, Die Erbschaftsteuerrecht aus verfassungsrechtlicher Sicht, ErbStB 2009, 98; *Sommer/Kerschbaumer*, „Echte" und „überquotale" Teilungsanordnungen – Zivil- und steuerrechtliche Probleme, ZEV 2004, 13; *Staudinger*, Kommentar zum Bürgerlichen Gesetzbuch, Buch 5 Erbrecht, Neubearb. 2008; *Streck*, Der BFH und die Steuerneutralität des Erbschaftsteuerrechts, NJW 2005, 805; *Ulmer*, Die höchstrichterlich „enträtselte" Gesellschaft bürgerlichen Rechts, ZIP 2001, 585; *Viskorf*, Stuttgarter Steuerkongress 2008; *Viskorf*, Erfüllung einer Pflichtteilsverbindlichkeit durch Übertragung eines Grundstücks (Rechtsprechungsänderung), FR 1999, 664; *Wälzholz*, Die Besteuerung unangemessen hoher Vergütungen für Testamentsvollstrecker, ZErb 2005, 247; *Wälzholz*, Erbauseinandersetzung und Teilungsanordnung nach der Erbschaftsteuerreform, ZEV 2009, 113; *Wälzholz*, Die (zeitliche) Geltendmachung von Pflichtteilsansprüchen – Zivil- und steuerrechtliche Überlegungen aus Anlass aktueller Rechtsprechung, ZEV 2007, 162; *Wälzholz*, Steuerliche Folgen der Vererbung von Anteilen an Personengesellschaften, notar 2015, 39; *Wachter*, GmbH-Geschäftsanteile im Erbfall: Erbrecht, Gesellschaftsrecht und Steuerrecht, 2012; *Wachter*, Unternehmensvermächtnisse in der Erbschaftsteuer, ErbStB 2005, 322; *Wagner*, Grundprobleme der Parteifähigkeit, ZZP 2004, 305; *Westermann*, Handbuch der Personengesellschaften, Stand Nov. 2008; *Windel*, Über die Modi der Nachfolge in das Vermögen einer natürlichen Person beim Todesfall, 1998; *Zimmermann*, Einkommensteuerliche Risiken aus der Erbschaftsausschlagung gegen Abfindung, ZEV 2001, 5.

1 Allgemeines

1.1 Verhältnis zu § 1 ErbStG

1 Nach § 1 Abs. 1 Nr. 1 ErbStG unterliegt der Erwerb von Todes wegen der ErbSt. § 3 ErbStG erläutert im Einzelnen, welche Vorgänge als Erwerbe von Todes wegen der ErbSt unterliegen. § 3 Abs. 1 ErbStG regelt die **Grundtatbestände**, deren systematischer Zusammenhang zu § 1 Abs. 1 Nr. 1 ErbStG sich bereits ausdrücklich aus dem Wortlaut ergibt. § 3 Abs. 2 Nr. 1–7 ErbStG formuliert weitere **Ergänzungs- und Ersatztatbestände**, die als vom Erblasser zugewendet gelten. Auch sie haben auf der Seite des Empfängers den Charakter eines Erwerbs von Todes wegen (*Meincke*, ErbStG, 2012, § 3 Rz. 1).

1.2 Abschließender Katalog der Erwerbsgründe in § 3 Abs. 1 ErbStG und § 3 Abs. 2 ErbStG

2 § 3 ErbStG erstreckt die Erbschaftsteuerpflicht einerseits auf **Tatbestände, die nicht durch das Erbrecht definiert** werden (z.B. den Anteilsübergang im Gesellschaftsrecht nach § 3 Abs. 1 Nr. 2 Sätze 2, 3 ErbStG sowie die Fälle des § 3 Abs. 2 Nr. 4–7 ErbStG). Andererseits ist **nicht jeder Erwerb, der mit dem Tod einer natürlichen Person zusammenhängt,** ipso iure erbschaftsteuerpflichtig. Zum Erwerb von Todes wegen gehört nur, was unter § 3 ErbStG subsumierbar ist. Deshalb hat z.B. der BFH mit Urteil v. 6.3.1991 (R 69/87, BStBl II 1991, 412) entschieden, dass der Erwerb des Erben auf Grund eines Anspruchs nach § 2287 BGB nicht unter § 3 Abs. 1 Nr. 1 ErbStG (1974) falle. Diese Rspr. nahm der Gesetzgeber zum Anlass, den Fall explizit zu regeln. Durch das StÄndG 1992 (StÄndG v. 25.2.1991, BGBl I 1992, 297) wurde § 3 Abs. 2 ErbStG um die neu eingefügte Nr. 7 ergänzt. **Nicht steuerbar** sind z.B. die den Hinterbliebenen auf Grund gesetzlicher Vorschriften zustehenden Versorgungsbezüge, da § 3 Abs. 1 Nr. 4 ErbStG einen Vertrag voraussetzt (Rz. 500). Gleiches gilt für die Abfindung an den weichenden Erbprätendenten, der tatsächlich kein Erbe ist (BFH v. 4.5.2011, II R 34/09, ZEV 2011, 438 m. Anm. *Fischer*; Rz. 59). Ob **Schadensersatzansprüche**, die mit dem Todesfall zusammenhängen, nicht steuerbar sind, hängt von den Umständen des Einzelfalles ab. Nicht steuerbar sind die Schadensersatzansprüche aus den §§ 844, 845 BGB, weil sie nicht in der Person des Erblassers, sondern in der Person des Erben als sog. mittelbar Geschädigtem entstehen. Nicht erfasst werden weiterhin Schadensersatzansprüche enttäuschter Erben wegen rechtswidriger Ver-

eitelung einer durch den Erblasser geplanten wirksamen Erbeinsetzung (BGH v. 6.7.1965, VI ZR 47/64, JZ 1966, 141) oder die gesetzliche Mietvertragsübernahme nach den §§ 563ff. BGB. Anders liegt es für Ansprüche auf Schmerzensgeld, weil sie vor dessen Tod in der Person des Erblassers entstanden sind. An einem steuerbaren Erwerb fehlt es bei Ansprüchen aus der Luftunfall-Pflichtversicherung, mit der eigene Ansprüche der Hinterbliebenen nach dem LuftVG ohne Schadensnachweis pauschal abgegolten werden (BFH v. 11.10.1978, II R 46/76, BStBl II 1979, 115). Demgegenüber entstehen Ansprüche aus der Kfz-Insassen-Unfallversicherung (Rz. 501) bereits in der Person des versicherten Fahrzeuginsassen, weshalb sie zum Erwerb durch Erbanfall nach § 3 Abs. 1 Nr. 1 Alt. 1 ErbStG gehören (BFH v. 28.9.1993, II R 39/92, BStBl II 1994, 214).

Nicht von § 3 Abs. 1 ErbStG erfasst werden Vermögensvorteile, die sich mangels eines Erwerbs- oder Zuwendungsvorgangs **nicht als Substanzübergang** darstellen. Dabei spielt es keine Rolle, ob sie mittelbar auf Vermögensdispositionen des Erblassers beruhen, die mit seinem Ableben wirksam werden. Ein anschauliches Beispiel hierfür ist der Beschluss des BFH (v. 7.2.2001, II B 11/00, BFH/NV 2001, 707 = BStBl II 2001, 245), der den Verkauf von Grundstücken gegen Leibrente für die Verkäuferin und spätere Erblasserin und ihre beiden Schwestern als Gesamtgläubiger gem. § 428 BGB zum Gegenstand hatte. Das Finanzamt vertrat die Auffassung, der überlebenden Schwester (die zugleich Alleinerbin war) sei der der Erblasserin zustehende Rentenanteil auf Grund eines Vertrages zugunsten Dritter i. S. v. § 3 Abs. 1 Nr. 4 ErbStG „angewachsen". Der BFH stellte fest, dass sich die Rechtsposition der Antragstellerin als Gesamtgläubigerin der Rentenforderung mit dem Eintritt des Erbfalles nicht verändert habe. Da der Dritte gegenüber der Erblasserin zur Entrichtung der Rente nur für deren Lebensdauer verpflichtet war (§ 759 Abs. 1 BGB), verlor die Erblasserin überdies ihre Stellung als Gesamtgläubigerin der Rente mit ihrem Tode, so dass auch die Anwendung des § 3 Abs. 1 Nr. 2 ErbStG ausschied. § 3 ErbStG ist also **kein Auffangtatbestand** für Fälle, in denen die Besteuerung von Schenkungen versäumt worden ist. Eine vom Erben bereits vor dem Todesfall in vollem Umfang erworbene Rechtsposition – so der BFH – kann nicht Gegenstand eines Erwerbs von Todes wegen sein.

In gleicher Weise **abschließend** ist die **Regelung der Ersatztatbestände in § 3 Abs. 2 ErbStG**. Mit dem ErbStRG (v. 24.12.2008, BGBl I 2008, 3018) hat der Gesetzgeber allerdings den Tatbestand des § 3 Abs. 2 Nr. 4 und Nr. 7 ErbStG erweitert, um mögliche Lücken der Ersatztatbestände zu schließen (unten Rz. 543, 552).

1.3 Verhältnis zu anderen Vorschriften

Der Erwerbstatbestand des § 3 ErbStG wird durch die §§ 4, 5 und 6 ErbStG ergänzt. Bei § 4 ErbStG geht es um die erbschaftsteuerrechtliche Behandlung der fortgesetzten Gütergemeinschaften (§§ 1484ff. BGB) beim Tod eines Ehegatten (§ 4 ErbStG Rz. 10ff.). § 5 Abs. 1 Satz 1 ErbStG regelt für den Fall der Beendigung des Güterstandes durch Tod eines Ehegatten einen Freibetrag, der sich an einer fiktiven Ausgleichsforderung orientiert (§ 5 ErbStG Rz. 23ff.). Schließlich ist § 6 ErbStG ergänzend heranzuziehen, wenn der Erblasser durch Testament oder Erbvertrag einen Vor- und Nacherben eingesetzt hat.

6 Von besonderer Bedeutung ist der dogmatische Zusammenhang mit dem in § 10 ErbStG geregelten erbschaftsteuerrechtlichen **Bereicherungsprinzip**. Abweichend von freigebigen Zuwendungen unter Lebenden (§ 7 Abs. 1 Nr. 1 ErbStG) ist bei letztwilligen **Zuwendungen von Todes wegen i. S. d. § 3 Abs. 1 Nr. 1 ErbStG** die **Unentgeltlichkeit kein Merkmal** des objektiven Steuertatbestandes. Deswegen sind in dem Bereich der von § 3 Abs. 1 Nr. 1 ErbStG bezeichneten Vorgänge auch **entgeltliche Vermögenszuflüsse** steuerpflichtig. Der Erwerb durch Erbanfall oder Vermächtnis ist nicht schon deshalb von der Steuer freigestellt, weil er auf entgeltlicher Grundlage beruht (BFH v. 31.10.1984, II R 200/81, BStBl II 1985, 59; RFH v. 21.5.1931, I D 1/30, RStBl 1931, 559). Anders verhält es sich bei der Schenkung auf den Todesfall nach § 3 Abs. 1 Nr. 2 Satz 1 ErbStG (BFH v. 5.12.1990, II R 109/86, BStBl II 1991, 181) und bei einem nach § 3 Abs. 1 Nr. 4 ErbStG steuerpflichtigen Erwerb durch Vertrag zugunsten Dritter (BFH v. 17.10.2007, II R 8/07, BFH/NV 2008, 572). Während sich die Problematik der **Bereicherung** in den letztgenannten Fällen und in denjenigen des § 7 ErbStG prinzipiell nicht stellt, weil der Begriff der Bereicherung bereits zu den Voraussetzungen des Rechtsgeschäftes gehört, kommt das Bereicherungsprinzip in den Fällen des § 3 Abs. 1 Nr. 1 ErbStG nur mittelbar zur Geltung. Denn nach § 10 Abs. 1 Satz 1 ErbStG gilt als steuerpflichtiger Erwerb die Bereicherung des Erwerbers, soweit sie nicht steuerfrei bleibt. Der im § 10 Abs. 1 ErbStG formulierte **Bereicherungsgedanke ist eines der Grundprinzipien des Erbschaftsteuerrechts**. Es widerspräche daher dem System der Erbanfallsteuer, im konkreten Fall auf die Bereicherung als Tatbestandsmerkmal zu verzichten und die Feststellung, ob eine Vermögensmehrung des Erwerbers überhaupt stattgefunden hat, in den Bereich der Wertermittlung zu verschieben. Auf Grund des Bereicherungsprinzips ist die Feststellung der Bereicherung schon beim steuerauslösenden Tatbestand erforderlich. Dogmatisch ist das Problem bei § 10 Abs. 5 Nr. 3 ErbStG bzw. § 10 Abs. 5 Nr. 1 ErbStG anzusiedeln.

7 **Zivilrechtlich** kann jede Zuwendung von Todes wegen **Gegenstand einer (entgeltlichen) rechtsgeschäftlichen Vereinbarung** sein. Dabei wird die privatautonome Gestaltungsfreiheit des Erblassers dadurch eingeschränkt, dass er sich nicht dazu verpflichten kann, eine Verfügung von Todes wegen zu errichten oder nicht zu errichten, aufzuheben oder nicht aufzuheben (§ 2302 BGB). Den Parteien bleibt es allerdings unbenommen, eine schlichte (kausale) Rechtsgrundabrede zu treffen (*Fischer*, Die Unentgeltlichkeit im Zivilrecht, 2002, 213). Der Begünstigte kann dabei dem Erblasser eine Gegenleistung versprechen, wenn er eine bestimmte Verfügung von Todes wegen trifft, die mit dem Erbfall wirksam werden soll. Diese Rechtsgrundabrede ist eine rechtsgeschäftliche Vereinbarung unter Lebenden, deren materielle causa im Hinblick auf die vereinbarte Gegenleistung als **entgeltlich** einzustufen ist. Nimmt der Erblasser die letztwillige Verfügung nicht wie vereinbart vor, hebt er sie später wieder auf oder entfaltet sie aus sonstigen Gründen im Zeitpunkt des Erbfalles nicht die gewünschte Wirkung, kann der andere Vertragsteil zumindest nach den Regeln der sog. condictio ob rem (§ 812 Abs. 1 Satz 2 Alt. 2 BGB) seine Gegenleistung vom Erblasser (zu dessen Lebzeiten) oder dessen Erben zurückfordern, wenn der mit der Vorleistung bezweckte Erfolg nicht mehr erreicht werden kann. Die Position des Begünstigten kann dadurch verbessert werden, dass die Verfügung von Todes wegen in der **Form eines Erbvertrages** erfolgt, weil dieser vom Erblasser nicht frei widerrufen werden kann. Nach der gesetzlichen Konzeption enthält der Erbvertrag als solcher kein schuldrechtliches Grundgeschäft. Ebenso werden durch den Erbvertrag weder für den Erblasser noch für den anderen Vertragsteil schuldrechtliche Wirkungen begründet. Trotzdem ist eine **Entgeltabrede in Verbindung mit einem Erbvertrag** möglich.

Beispiel: Beispiel (BFH v. 13.7.1983, II R 105/82, BStBl II 1984, 37):
Der Erbe hatte zu Lebzeiten des Erblassers an diesen als Gegenleistung „für eine vertraglich vereinbarte Erbeinsetzung" Zuwendungen erbracht (Leibrentenbeträge, grundstücksbezogene Zahlungen usw.). Der Erbe möchte die „Gegenleistungen" bereicherungsmindernd geltend machen.

Obwohl bürgerlich-rechtlich zwischen dem Erbvertrag und den „Gegenleistungen" des Bedachten keine synallagmatische Verknüpfung besteht, (BGH v. 3.11.1961, V ZR 48/60, BGHZ 36, 65) ist zu berücksichtigen, dass es sich dabei um einen rein formalistischen Schluss handelt, der die formale Selbstständigkeit von Erbvertrag und lebzeitiger Verpflichtung auf den sachlichen Vertragsinhalt – entgeltlich oder unentgeltlich – ausdehnt.

Erbschaftsteuerrechtlich wird auch ein „entgeltlicher" Erbvertrag zwar von § 3 Abs. 1 Nr. 1 ErbStG erfasst, doch geht es hier darum, ob die Gegenleistungen „des Erben" den Betrag der erbschaftsteuerbaren Bereicherung mindern. Der BFH bejaht das Tatbestandsmerkmal „**Kosten in unmittelbarem Zusammenhang mit dem Erwerb**" **in § 10 Abs. 5 Nr. 3 ErbStG**, soweit es um Aufwendungen geht, die der Erwerber zu Lebzeiten des Erblassers an diesen als Gegenleistung für eine vertraglich vereinbarte Erbeinsetzung erbracht hat (BFH v. 13.7.1983, II R 105/82, BStBl II 1984, 37; v. 9.11.1994, II R 110/91, BStBl II 1995, 62).

Als **Nachlassverbindlichkeiten** i.S.d. § 10 Abs. 5 Nr. 1 ErbStG kommen auch Ansprüche aus rückständigen Vergütungen aus **entgeltlichen Arbeits- oder Dienstverhältnissen** in Betracht. Die mit dem Erbfall möglicherweise eintretende Konfusion ändert daran nichts (§ 10 Abs. 3 ErbStG). Allerdings stellt der BFH an den Nachweis der Vereinbarung eines entgeltlichen Arbeits- oder Dienstverhältnisses hohe Anforderungen (BFH v. 15.6.1988, II R 165/85, BStBl II 1988, 1006; v. 9.11.1994, II R 110/91, BStBl II 1995, 62). Namentlich will es der BFH nicht genügen lassen, wenn dem Dienstleistenden die **Erbeinsetzung lediglich** in Form einer sog. Zweckabrede, also ohne entsprechende Verpflichtung des Erblassers – die ohnehin an § 2302 BGB scheitern würde – **zugesagt** hat (BFH v. 9.11.1994, II R 110/91, BStBl II 1995, 62).

Die vorstehende **Rspr. ist deshalb nicht überzeugend**, weil sie zu § 612 Abs. 1 BGB und der dazu ergangenen Rspr. des BGH und BAG im Widerspruch steht. Nach **§ 612 Abs. 1 BGB** gilt eine Vergütung als stillschweigend vereinbart, wenn die Dienstleistung den Umständen nach nur gegen eine Vergütung zu erwarten ist. Zweck der Vorschrift ist es, bei Dienstleistungen den Dienstvertrag von unentgeltlichem Auftrag und Gefälligkeitsverhältnis abzugrenzen. Die Rspr. des BAG

8

9

geht aber gerade bei einer länger dauernden unentgeltlichen oder erheblich unterbezahlten Dienstleistung in Erwartung künftiger Zuwendungen, namentlich der Erbeinsetzung, von einer Anwendbarkeit des § 612 Abs. 1 BGB aus, selbst wenn vom Empfänger der Dienste keine sichere Aussicht auf die Zuwendung eröffnet wurde (BAG v. 24.6.1965, 5 AZ R 443/64, AP Nr. 23; v. 19.2.1970, 5 AZ R 241/69, NJW 1970, 1701; BGH v. 23.2.1965, VI ZR 281/63, NJW 1965, 1224; v. 30.10.1969, VII ZR 97/67, WM 1970, 90; v. 6.4.1964, II ZR 75/62, BGHZ 41, 282; v. 12.1.1970, VII ZR 191/67, BGHZ 53, 152). Die Höhe der Vergütung richtet sich nach § 612 Abs. 2 BGB, d.h. die übliche Vergütung, die sich in der Regel in einer gewissen Spanne bewegt (BGH v. 4.4.2006, X ZR 122/05, NJW 2006, 2472; v. 4.4.2006, X ZR 80/05, NJW-RR 2007, 56). Für den Fall, dass von dem Erblasser dem Erben die Erbeinsetzung versprochen worden ist, handelt es sich zwar um eine nach § 2302 BGB unwirksame Entgeltabsprache, doch geht die Rechtsprechung hier von einem **faktischen Arbeitsverhältnis** aus, auf das § 612 Abs. 1 und Abs. 2 BGB anzuwenden sind (BGH v. 12.1.1970, VII ZR 191/67, BGHZ 53, 152; BAG v. 30.9.1971, 5 AZ R 177/71, AP Nr. 27). Für die Fälligkeit ist **Stundung** bis zum Tod des Dienstberechtigten anzunehmen (BAG v. 24.9.1960, 5 AZ R 3/60, AP 15; v. 30.9.1971, 5 AZ R 177/71, AP 27).

10 Entsprechendes gilt, wenn dem Erblasser von dem in Aussicht gestellten künftigen Erben **Aufwendungen auf ihm gehörende Gegenstände** zugewendet werden. Nach der ständigen Rspr. des BGH kann demjenigen, der in der begründeten Erwartung künftigen Eigentumserwerbs auf einem fremden Grundstück Bauarbeiten vornimmt oder vornehmen lässt, ein Bereicherungsanspruch zustehen, wenn diese Erwartung später enttäuscht wird (BGH v. 12.4.1961, VIII ZR 152/60, WM 1961, 700; v. 18.9.1961, VII ZR 118/60, BGHZ 35, 356; v. 29.1.1965, VII ZR 214/63, BGHZ 44, 321; v. 12.7.1989, VIII ZR 286/88, BGHZ 108, 256). Damit handelt der Zuwendende für den Erblasser erkennbar **nicht in der Absicht, diesen oder Dritte unentgeltlich** bereichern zu wollen. In dem Fall, der der Entscheidung v. 29.11.1965 (VII ZR 214/63, BGHZ 44, 321) zugrunde lag, beruhte die Erwartung des Bauenden auf einem testamentarischen Vermächtnis. Zwar entsteht dieser Bereicherungsanspruch nicht, wenn die begründete Erwartung später infolge Erbeinsetzung gerade nicht enttäuscht wird. Dies darf allerdings aus der Wertung des erbschaftsteuerrechtlichen Bereicherungsgedankens keinen entscheidenden Unterschied machen (a. A. möglicherweise BFH v. 9.11.1994, II R 110/91, BStBl II 1995, 62). Sollten die Beteiligten eine **vertragliche Vereinbarung** i.S. einer sog. Zweckabrede getroffen haben, wäre damit ein möglicher Aufwendungsersatzanspruch aus § 812 Abs. 1 Satz 1 Alt. 1 BGB bis zum Erbfall gestundet und würde danach durch Konfusion erlöschen. Soweit die Beteiligten lediglich eine **tatsächliche Einigung** über den bezweckten Erfolg erzielt haben, die nicht den Charakter einer vertraglichen Bindung besitzt, ergäbe sich ein Bereicherungsanspruch aus § 812 Abs. 1 Satz 2 Alt. 2 BGB, wenn der bezweckte Erfolg – die Erbeinsetzung – nicht eintritt. Zwar ist es richtig, dass der Anspruch aus § 812 Abs. 1 Satz 2 Alt. 2 BGB von vornherein nicht entsteht, wenn die Erbeinsetzung tatsächlich erfolgt. Doch erscheint es vor dem Hintergrund des erbschaftsteuerrechtlichen Bereicherungsprinzips nicht stimmig, die Fälle unterschiedlich zu behandeln. Deshalb muss auch für den letztgenannten Fall § 10 Abs. 5 Nr. 1

ErbStG einschlägig sein. Das Ergebnis stimmt mit der Sicht weise des BFH im Urteil v. 1.7.2008 (v. 1.7.2008, II R 38/07, BFH/NV 2008, 1758 = BStBl II 2008, 876) überein. Zwar ging es in dem Entscheidungsfall um den Erwerb durch einen Nacherben, doch müssen die auf dem Bereicherungsprinzip beruhenden Grundsätze in gleicher Weise auch für sonstige Erwerbe von Todes wegen gelten (*Pahlke*, NWB 2009, 539).

Von den Fällen des erbrechtlichen Erwerbs auf entgeltlicher Grundlage sind diejenigen zu unterscheiden, in denen der Erwerb von Todes wegen die Erfüllung eines bereits zuvor **unter Lebenden begründeten schuldrechtlichen Anspruchs** auf die zugewendete Leistung zur Folge hat. Eine derartige Zuwendung unterliegt auch dann, wenn sie in einem Testament noch einmal bestätigt wird, nicht der ErbSt (BFH v. 24.10.1984, II R 103/83, BStBl II 1985, 137; *Meincke*, ErbStG, 2012, § 3 Rz. 10). Allerdings muss der Erwerber das Bestehen eines entsprechenden schuldrechtlichen Anspruches auf die zugewendete Leistung nachweisen. Umgekehrt ist es materiell-rechtlich ohne Bedeutung, ob der Vertrag als „entgeltliches Geschäft unter Lebenden" bezeichnet wird, wenn nach dem Inhalt der (formgerechten) Vereinbarung eine wechselseitige Vermächtnisanordnung gegeben ist (FG Hamburg v. 27.7.1987, II 4/85, EFG 1987, 625). Allerdings kann es hier zu Überschneidungen mit dem Steuergegenstand des EStG kommen. Im Fall einer überhöhten Testamentsvollstreckervergütung könnte man das überhöhte Entgelt als Vermächtniserwerb werten, obwohl bei § 18 Abs. 1 Nr. 2 EStG nicht nur der angemessene Teil der Testamentsvollstreckervergütung, sondern auch der unangemessene Teil den Einkünften aus selbstständiger Arbeit zugeordnet wird (Rz. 268). 11

1.4 Anfall der Erbschaft und Ausschlagung

Der Erwerb der Erbenstellung hängt von einem Berufungsgrund (Gesetz oder Verfügung von Todes wegen) und der Erbfähigkeit (namentlich Überleben zum Zeitpunkt des Erbfalles) ab. Schließlich darf kein Erbverzicht erfolgt sein. Unter diesen Voraussetzungen fällt die Erbschaft mit Erbfall von selbst (ipso iure) dem berufenen Erben an, ohne dass es dazu der Kenntnis vom Erbfall oder einer besonderen Handlung des Erben, wie etwa der Annahme der Erbschaft oder eines behördlichen oder gerichtlichen Aktes, bedürfte. Das deutsche Erbrecht hat sich für das **Erbanfallprinzip** entschieden (§ 1942 Abs. 1 BGB). Mit Erbfall (Zeitpunkt des Todes) gehen die Rechte des Erblassers auf den oder die Erben über (§ 1922 BGB). Das deutsche Erbrecht hat sich damit gegen die römisch-rechtliche Figur einer sog. ruhenden Erbschaft ausgesprochen, nach der die zum Nachlass gehörenden Rechte mit Eintritt des Erbfalles zunächst subjektlos wären. Es erschien dem Gesetzgeber vorzugswürdiger, einen entsprechenden Schwebezustand zu vermeiden. 12

Der Anfall der Erbschaft kann durch den Erben nur durch **Ausschlagung** vermieden werden. Ansonsten können Dritte die Erbenstellung wieder durch eine Erbunwürdigkeitserklärung oder eine Anfechtung der Verfügung von Todes wegen beseitigen. Das Ausschlagungsrecht steht grundsätzlich jedem Erben ohne Rücksicht auf seinen Berufungsgrund zu und kann auch nicht durch letztwillige Verfügung des Erblassers ausgeschlossen werden (*Leipold*, in MünchKomm, BGB, § 1942 Rz. 12). Das Ausschlagungsrecht lässt sich als **Gestaltungsrecht** einordnen, 13 weil das Gesetz dem Erben die Rechtsmacht einräumt, den eingetretenen Erbschaftsanfall durch einseitige Willenserklärung wieder rückgängig zu machen (§ 1945 BGB). Da die Ausschlagung notwendig die Rechtsstellung anderer Nachlassbeteiligter berührt, besteht ein erhebliches Interesse an Rechtsklarheit darüber, ob eine wirksame Ausschlagung des vorläufigen Erben vorliegt. Dem trägt das Gesetz zum einen dadurch Rechnung, dass es die Willenserklärung als **formgebunden und amtsempfangsbedürftig** ansieht. Die Erklärung hat gegenüber dem Nachlassgericht in der Form einer Niederschrift des Nachlassgerichts oder in öffentlich beglaubigter Form zu erfolgen. Zum anderen sieht § 1947 BGB vor, dass die Ausschlagung nicht unter einer Bedingung oder Zeitbestimmung erfolgen kann. Das Recht zur Ausschlagung ist zwar vererblich (§ 1952 BGB), aber nach ganz einhelliger Meinung nicht rechtsgeschäftlich übertragbar (*Schmidt*, in Erman, BGB, 14. Aufl., 2014, § 1952 Rz. 1, *Otte*, in Staudinger, BGB, Bearbeitung 2017, § 1942 Rz. 14). Das Ausschlagungsrecht **entsteht** gem. § 1946 BGB mit Eintritt des Erbfalls. Eine vor dem Erbfall erklärte Ausschlagung ist wirkungslos und muss deshalb nach dem Erbfall wiederholt werden (*Schmidt*, in Ermann, BGB, 14. Aufl., 2014, § 1946 Rz. 1; *Weidlich*, in Palandt, 2017, BGB, § 1946 Rz. 1; *Otte*, in Staudinger, Bearbeitung 2017, § 1946 Rz. 2). Da das Gesetz auf den Zeitpunkt des Erbfalls, also den Tod des Erblassers, und nicht auf den Erbanfall beim Erben abstellt, kann in der Konstellation der Vor- und Nacherbschaft der **Nacherbe** bereits vor Eintritt der Nacherbfolge ausschlagen (§ 2142 Abs. 1 BGB). Gleiches gilt für den **Ersatzerben** (RG v. 9.11.1912, IV 187/12, RGZ 80, 377, 382; *Weidlich*, in Palandt, 2017, BGB, § 1944 Rz. 6). Nach einer Entscheidung des OLG Düsseldorf (OLG Düsseldorf v. 14.6.1996, 7 U 153/95, FamRZ 1996, 1567 mit ablehnender Ansicht *von Leipold*; zustimmend *Edenfeld*, ZEV 1996, 313) soll auch der **Schlusserbe** beim Berliner Testament schon nach Versterben des ersten Ehegatten zur Ausschlagung berechtigt sein. Legt man allerdings den Wortlaut des Gesetzes zugrunde, entsteht das Ausschlagungsrecht des Schlusserben erst nach dem Tod des zweiten Ehegatten, weil er gem. § 2269 Abs. 1 BGB nur diesen beerbt. Das Ausschlagungsrecht **erlischt** entweder durch Annahme der Erbschaft oder durch Ablauf der Ausschlagungsfrist. Die **Ausschlagungsfrist** ist zeitlich auf sechs Wochen bzw. in Fällen mit Auslandsberührung auf sechs Monate begrenzt (§ 1944 Abs. 1, 3 BGB). Solange die für die Ausschlagung vorgeschriebene Frist nicht verstrichen ist und der Berufene die Erbschaft noch nicht angenommen hat, ist er nur **vorläufiger Erbe**. Mit der Stellung des Berufenen als vorläufigem Erben verbindet das Gesetz bestimmte Schutzvorschriften (§§ 1958, 1959 BGB). Allerdings **beginnt** die Frist erst, wenn der Erbe von dem Erbfall und dem konkreten Berufungsgrund Kenntnis erlangt hat. Bei einer Berufung durch letztwillige Verfügung beginnt die Frist frühestens mit Verkündung der Verfügung zu laufen (§ 1944 Abs. 2 Satz 2 BGB). Entscheidend ist hierfür nach Auffassung des BGH (v. 26.9.1990, IV ZR 131/89, BGHZ 112, 229 m.w.N.) die Kenntnis des Erben von der Eröffnung der Verfügung.

14 Wird die Erbschaft wirksam ausgeschlagen, gilt der Anfall an den Ausschlagenden als nicht erfolgt (§ 1953 Abs. 1 BGB). Der Ausschlagende ist kraft **gesetzlich rückwirkender Fiktion nie Erbe** gewesen, sodass der an seine Stelle tretende Erbe die Erbschaft nicht vom Ausschlagenden, sondern vom Erblasser im Wege

der Gesamtrechtsnachfolge (§ 1922 BGB) erlangt. Das Gesetz schreibt des Weiteren zwingend vor, wem die ausgeschlagene Erbschaft rückwirkend anfällt. Nach § 1953 Abs. 2 BGB fällt sie demjenigen an, welcher berufen sein würde, wenn der Ausschlagende zum Zeitpunkt des Erbfalls nicht gelebt hätte. An die Stelle eines eingesetzten Erben tritt ein **Ersatzerbe** (§§ 2096, 2069 BGB). Soweit ein solcher nicht berufen ist, tritt der **gesetzliche Erbe** an seine Stelle. Dem Ausschlagenden steht damit nicht das Recht zu, im Wege der Ausschlagung die Erbenstellung zu übertragen. Nach allgemeinen Grundsätzen ist die Stellung als Erbe generell der vertraglichen Disposition entzogen (RG v. 18.11.1909, IV 666/08, RGZ 72, 209). Das Ausschlagungsrecht ändert an diesem Befund nichts. Es vermittelt in seiner gesetzlich zwingend vorgegebenen Struktur dem vorläufigen Erben ein **Abwehrrecht** und kein Zuweisungsrecht. Für die Gestaltungspraxis folgt hieraus, dass Gegenstand einer vertraglichen Vereinbarung mit einem Dritten allein die Ausübung des Abwehrrechts sein kann und nicht die Zuweisung der Erbenstellung.

Mit Ausschlagung der Erbschaft entfällt die in der Person des Ausschlagenden entstandene **ErbSt** mit Wirkung für die Vergangenheit. Zugleich löst die Ausschlagung bezogen auf den Zeitpunkt des Erbfalles den **Erwerbstatbestand des § 3 ErbStG** bei demjenigen aus, welcher berufen sein würde, wenn der Ausschlagende zur Zeit des Erbfalles nicht gelebt hätte (§ 1953 Abs. 2 BGB). Auch wenn mit der Ausschlagung eine unentgeltliche Bereicherung des durch die Ausschlagung Begünstigten bezweckt wird, liegt **keine freigebige Zuwendung seitens des Ausschlagenden** vor (BFH v. 22.12.1976, II R 58/67, BStBl II 1977, 420, 425). Die Wertung des § 517 BGB wird bei § 7 ErbStG übernommen, wonach keine Schenkung vorliegt, wenn jemand zum Vorteil eines anderen einen Vermögenserwerb unterlässt oder auf ein angefallenes, noch nicht endgültig erworbenes Recht verzichtet. Deshalb ist auch kein Gestaltungsmissbrauch i.S.d. § 42 AO anzunehmen, wenn die Ausschlagung allein zu dem Zweck erfolgt, ErbSt zu sparen (FG Düsseldorf v. 16.10.1964, III 8/63 Erb, EFG 1965, 183; *Weinmann*, in Moench/Weinmann, ErbStG, § 3 Rz. 44; *Gebel*, in T/G/J, ErbStG, § 3 Rz. 27). Wird für die Ausschlagung ausnahmsweise eine Abfindung gewährt, ist der Vorgang nach **§ 3 Abs. 2 Nr. 4 ErbStG** steuerbar. Umgekehrt kann der Begünstigte aber die Abfindung als Nachlassverbindlichkeit abziehen (§ 10 Abs. 5 Nr. 3 ErbStG). Geht die Ausschlagung ins Leere, weil das Gestaltungsrecht erloschen oder unwirksam ist, kann **§ 41 Abs. 1 AO nicht angewendet** werden, weil dieser nur über unwirksame Ausübungserklärung, nicht aber das Fehlen eines Gestaltungsrechtes überwinden kann (*Weinmann*, in Moench/Weinmann, ErbStG, § 3 Rz. 47; *Gebel*, in T/G/J, ErbStG, § 3 Rz. 24). Soweit sich die Beteiligten tatsächlich darüber hinwegsetzen, bleibt die Steuerpflicht des Erben davon unberührt, und es kommt eine **zusätzliche, nach § 7 Abs. 1 Nr. 1 ErbStG schenkungsteuerpflichtige Zuwendung** an den oder die Begünstigten in Betracht.

Die **Beweggründe**, weswegen der vorläufige Erbe die Ausschlagung erklärt, können vielfältiger Natur sein. Es ist zunächst nicht auszuschließen, dass der Berufene die Erbenstellung nicht antreten möchte, weil zu erwarten ist, dass der **Nachlass überschuldet** ist – das dürfte der in der Praxis wohl häufigste Fall sein – oder weil er mit der Abwicklung des Nachlasses aus persönlichen Gründen nicht belastet werden möchte. Es kann sein, dass es dem Berufenen vorteilhafter erscheint, statt einer Miterbenstellung und der damit verbundenen gesamthänderischen Nachlassbeteiligung, einen schuldrechtlichen Pflichtteilsanspruch gegen den Nachlass geltend zu machen. Unter bestimmten Voraussetzungen gewährt § 2306 BGB dem Ausschlagenden das Recht, seinen **Pflichtteil** zu verlangen. Ähnliche Überlegungen können den überlebenden Ehegatten beim gesetzlichen Güterstand der Zugewinngemeinschaft dazu bewegen, statt des nach § 1371 Abs. 1 BGB vorgesehenen pauschalen Ausgleichs des Zugewinns durch Erhöhung des Erbteils (sog. erbrechtliche Lösung) gem. § 1371 Abs. 3 BGB im Wege der Ausschlagung der Erbschaft den Pflichtteil zuzüglich des konkreten Zugewinnausgleichs zu verlangen. Der überlebende Ehegatte kann sich von der **Bindungswirkung wechselbezüglicher Verfügungen** nur dadurch befreien, indem er das ihm vom verstorbenen Ehegatten Zugewendete ausschlägt (§ 2271 Abs. 2 Satz 1 BGB) und damit das Recht zum Widerruf nach §§ 2253ff. BGB wiedergewinnt. Zu beachten ist dabei § 1948 BGB, der einem gewillkürten Erben die Möglichkeit eröffnet, die Erbschaft auszuschlagen und gesetzlicher Erbe zu werden. Nach überwiegender Ansicht (BayObLG v. 10.4.1991, BReg Ia Z 60/90, FamRZ 1991, 1232 m.w.N.) ist hier der Wille des verstorbenen Ehegatten zu ermitteln, der in der Regel dahin gehen wird, dass der überlebende Ehegatte seine Freiheit nur dann erlangt, wenn er auch das gesetzliche Erbe ausschlägt. Es ist ferner denkbar, dass der vorläufige Erbe mit der Ausschlagung die **freigebige Begünstigung** des an seine Stelle tretenden Nachfolgeberechtigten beabsichtigt. Ein Anlass zur Ausschlagung besteht vor allem in den Fällen, in denen die Ausschlagung als erbrechtliche „**Notbremse" für steuerlich missglückte Erbfolgekonstellationen** dient (*Ebenroth*, Erbrecht, 1992, Rz. 329, 336).

Beispiel:

Der Vater verstirbt kurze Zeit nach der Mutter. Beide hatten sich gegenseitig zu Alleinerben eingesetzt.

In diesem Fall ist es ratsam, dass die Kinder als gesetzliche Erben des Vaters dessen Erbschaft (bzgl. der Mutter) ausschlagen. Dies ist deshalb steuerlich vorteilhaft, weil die Kinder dann nicht nur Erben des Vaters, sondern auch gesetzliche Erben der Mutter werden und sie infolgedessen die persönlichen Freibeträge zweimal in Anspruch nehmen können und sich zusätzlich die Steuerprogression verringern kann.

17 Schließlich kann es sein, dass der vorläufige Erbe zur Begünstigung eines anderen Nachfolgeberechtigten nur dann bereit ist, weil er im Gegenzug einen eigenen Vorteil verlangt. Der angestrebte Vorteil wird regelmäßig darauf hinauslaufen, von dem durch die Ausschlagung Begünstigten eine **finanzielle Abfindung** zu erhalten.

Beispiel:

Der Erblasser hinterlässt Ehegatten und zwei gemeinsame Kinder. Der Steuerwert des Nachlasses beträgt 1 Mio. EUR und verteilt sich auf den Ehegatten zu $7/_{10}$ und auf die beiden Kinder zu je $3/_{20}$. Der Ehegatte schlägt seine Erbschaft aus und bekommt von den beiden Kindern eine Abfindung in Höhe von je 250.000 EUR.

Nach § 3 Abs. 2 Nr. 4 ErbStG gelten die insgesamt 500.000 EUR als vom Erblasser zugewendet und sind vom Freibetrag des § 16 Abs. 1 Nr. 1 ErbStG gedeckt. Der Erbteil der Kinder erhöht sich zwar auf je 500.000 EUR, sie können jedoch die Ausgleichszahlungen von je 250.000 EUR als Nachlassverbindlichkeiten abziehen. Die zusätzliche Bereicherung in Höhe von je 100.000 EUR ist vom Freibetrag des § 16 Abs. 1 Nr. 2 ErbStG gedeckt. Schenkungsteuerrechtliche Folgen im Verhältnis des ausschlagenden Ehegatten zugunsten der Kinder treten nicht ein. Hinzuweisen ist in diesem Zusammenhang allerdings auf die **einkommensteuerrechtliche Sichtweise der FinVerw.**, wenn sich in dem Nachlass Betriebsvermögen, Mitunternehmeranteile, Beteiligungen i.S.d. § 17 EStG oder Grundstücke innerhalb der Zehnjahresfrist des § 23 EStG befinden. Die FinVerw. behandelt die Erbausschlagung gegen Abfindung als entgeltlichen Veräußerungsvorgang i.S.d. §§ 16, 17, 23 EStG, der zu entsprechenden Anschaffungskosten bei dem abfindenden Erben führt (BMF v. 14.3.2006, IV B 2 – S 2242–7/06, BStBl I 2006, 253, Tz. 37; *Wacker*, in Schmidt, 2016, EStG, § 16 Rz. 591 m.w.N.). Die vom BMF in Bezug genommene Entscheidung des IX. Senats des BFH v. 20.4.2004 (IX R 5/02, BStBl II 2004, 987) betrifft allerdings den abweichenden Fall, dass ein Miterbe entgeltlich den Erbteil eines anderen Miterben erwirbt. Die Erbausschlagung gegen Abfindung soll also einer entgeltlichen Veräußerung des Erbteils gleichzustellen sein (a. A. *Zimmermann*, ZEV 2001, 5).

Kautelarjuristische Gestaltungsüberlegungen erscheinen vor allem in der zuletzt dargestellten Variante einer „Ausschlagung gegen Abfindung" notwendig. Die gesetzliche Struktur als Abwehrrecht kann für den Ausschlagenden fatale Folgen haben. Wenn es dem Ausschlagenden darum geht, dass einem bestimmten Dritten die Erbschaft zugute kommen soll und er diesen Dritten irrtümlich für die nächstberufene Person gehalten hat, kommt eine Anfechtung nicht in Betracht, wenn sich der Ausschlagende über die nächstberufene Person im Irrtum befand (KG v. 30.12.1907, IX 1479/07, KGJ 35, A 67). Darüber hinaus lässt sich die Ausschlagung aber auch bereits zu Lebzeiten des Erblassers zur sog. „postmortalen" Nachfolgegestaltung nutzen. Dabei setzt der Erblasser einen oder mehrere Ersatzerben, § 2096 BGB neben- oder hintereinander ein und ermöglicht den Erben verschiedene Erbteile gem. § 1951 Abs. 3 BGB anzunehmen oder auszuschlagen, wodurch eine zu Vermögenssituation und Freibeträgen der Erben und Ersatzerben passende „postmortale" Verteilung des Nachlasses ermöglicht wird (grundlegend *Geck/von Elsner*, Stbg 2004, 25; *Schothöfer*, DStR 2016, 2295). 18

Beispiel:

M und F sind verheiratet und haben einen gemeinsamen Sohn S. F hat M testamentarisch auf zehn Erbteile zu je einem Zehntel eingesetzt und ihm gestattet, beliebig viele dieser Erbteile anzunehmen oder auszuschlagen. Als Ersatzerben im Fall der Ausschlagung hat sie jeweils S eingesetzt. Nach dem Tod von F hat es M nach § 1951 Abs. 3 BGB in der Hand, den Nachlass durch Annahme aller Erbteile als Alleinerbe an sich zu ziehen oder S durch entsprechende Ausschlagungen

19 Ein praktisch nicht selten anzutreffendes Problem besteht darin, dass die **Erben** zunächst **unbekannt** sind und erst noch ermittelt werden müssen. Für die ErbSt hat der II. Senat des BFH (v. 21.12.2004, II B 110/04, BFH/NV 2005, 704) entschieden, dass der Nachlass mit unbekannten Erben bei den Erben als Steuerschuldner durch Bekanntgabe des Steuerbescheides gegenüber dem Nachlasspfleger zu versteuern ist. Das zuständige Nachlassgericht kann auf Antrag zur Sicherung des Nachlasses eine Nachlasspflegschaft anordnen. Der **Nachlasspfleger** ist gesetzlicher Vertreter der unbekannten Erben. Er ist verpflichtet, für die Erben eine Steuererklärung abzugeben (§ 31 Abs. 6 ErbStG). Zugleich ist er **Bekanntgabeadressat** eines Erbschaftsteuerbescheides nach § 32 Abs. 2 ErbStG. Nach einer Verfügung der OFD Frankfurt/M (OFD Frankfurt/Main v. 5.12.2007, S 3843 A-5 – St 119, ErbStB 2008, 104). muss das FA dem Nachlasspfleger eine angemessene Zeit einräumen, um seiner Pflicht zur Ermittlung der Erben und seinen Mitwirkungspflichten nachzukommen. Angemessen ist es nach Ansicht des FG Düsseldorf (FG Düsseldorf v. 22.8.2007, 4 K 298/05 Erb, ErbStB 2008, 102), wenn das FA den Bescheid sechs Jahre nach dem Erbfall erlässt. Soweit dabei **Besteuerungsgrundlagen nach § 162 Abs. 1 AO zu schätzen** sind, reicht dem BFH (BFH v. 21.12.2004, II B 110/04, BFH/NV 2005, 704) die Rechtsfigur des unbekannten Erben i. S. d. §§ 1960 Abs. 1 S. 2, 1961 BGB als abstraktes Subjekt aus. Die Schätzung erstreckt sich auch auf die Höhe etwaiger Freibeträge und die tatbestandlichen Voraussetzungen für die Bestimmung der Steuerklasse.

1.5 Erfüllung unwirksamer Verfügung von Todes wegen

20 Eine Verfügung von Todes wegen kann aus **unterschiedlichen Gründen nichtig** sein, insbesondere weil der Erblasser testierunfähig war (§ 2229 BGB) oder die Wirksamkeit an Bindungen scheitert, die sich aus wechselbezüglichen Verfügungen in gemeinschaftlichen Testamenten (§ 2271 BGB) oder aus Erbverträgen (§ 2289 BGB) ergeben. Der praktisch wichtigste Fall der Nichtigkeit im Erbrecht ist die Nichtigkeit infolge Nichtbeachtung der zwingenden testamentarischen **Formvorschriften** (§§ 2231, 2247 BGB). Eine unwirksame Verfügung von Todes wegen ist bürgerlich-rechtlich als nicht vorhanden anzusehen, weshalb die Rechtslage erbrechtlich so zu beurteilen ist, als ob überhaupt keine Verfügung von Todes wegen gegeben wäre. Der in der unwirksamen Verfügung von Todes wegen Bedachte kann aus dieser keinerlei Rechte herleiten. Setzen sich die (tatsächlichen) Erben entsprechend der erbrechtlichen Rechtslage auseinander, ergeben sich **erbschaftsteuerrechtlich** keine Besonderheiten.

21 Soll dagegen die **Verteilung nach der nichtigen Verfügung von Todes wegen** erfolgen, setzt dies zunächst eine entsprechende **Vereinbarung** der tatsächlichen Erben und dem in der unwirksamen Verfügung von Todes wegen bedachten Erben oder Vermächtnisnehmern voraus. Diese Vereinbarung macht die nichtige Verfügung von Todes wegen nicht gültig, denn durch Parteivereinbarung kann niemand Erbe (oder Vermächtnisnehmer) werden (RG v. 18.11.1909, IV 666/08,

RGZ 72, 209). Auf den ersten Blick erscheint es konsequent, wenn das Erbschaftsteuerrecht nicht an die Vereinbarung, sondern an die zivilrechtliche Wertung anknüpft. Der erbrechtlich wirksam Bedachte müsste dann seinen auf Erbrecht beruhenden Vermögensanfall nach § 3 ErbStG versteuern, obwohl er die Bereicherung ganz oder teilweise wieder verliert, um dem in der unwirksamen Verfügung von Todes wegen geäußerten letzten Willen des Erblassers Geltung zu verschaffen. Zivilrechtlich beruht die Nachlassverteilung nicht auf Erbrecht, sondern ist als Schenkung des wahren Erben an den durch die unwirksame Verfügung von Todes wegen Bedachten zu qualifizieren. Im Fall einer gesetzlichen Erbfolge käme es demzufolge zunächst zur Besteuerung des gesetzlichen Erben nach § 3 Abs. 1 Nr. 1 ErbStG und zu einer Besteuerung der Vermögensverschiebung unter Lebenden zwischen den gesetzlichen Erben und dem durch die unwirksame Verfügung von Todes wegen Bedachten nach § 7 Abs. 1 Nr. 1 ErbStG.

Das Erbschaftsteuerrecht hat die **zweifache Besteuerung mit Erbschaft- und Schenkungsteuer** seit jeher als unbillig angesehen. Im ErbStG 1925 war geregelt, dass beim Erben eines formnichtigen Testamentes die Steuer nur zu erheben war, die bei Gültigkeit der Verfügung zu entrichten gewesen wäre (§ 11 ErbStG 1925). Die Vorschrift wurde 1951 (BStBl I 1951, 759) mit der Begründung aufgehoben, der zugrunde liegende Rechtsgedanke sei bereits in § 5 Abs. 3 StAnpG (Heute § 41 Abs. 1 AO) enthalten. Dies ist der Grund, weshalb die Rspr. die Erfüllung unwirksamer letztwilliger Verfügungen wohlwollend großzügig behandelt. Soweit die wahren Erben abgestimmt mit den übrigen Beteiligten die Verfügung von Todes wegen trotz ihrer Unwirksamkeit so erfüllen, wie sie der Erblasser angeordnet hat, greift namentlich der den Regelungen der §§ 2231, 2247 BGB zugrunde liegende Schutzgedanke erbschaftsteuerlich nicht. Für das Erbschaftsteuerrecht kommt es allein auf den Umfang der tatsächlich eingetretenen Bereicherung an (*Kapp/Ebeling*, ErbStG, § 3 Rz. 69). Dogmatisch beruht die Rspr. weniger auf dem Rechtsgedanken des § 41 Abs. 1 AO (*Crezelius*, FR 2007, 613, 618), als auf der Vorschrift des § 2231 BGB, der zufolge dem Erblasserwillen Rechnung getragen werden soll (*Kapp/Ebeling*, ErbStG, § 3 Rz. 69).

22

Die Rechtsprechung des BFH, die sich traditionell auf § 41 AO stützt, ist grundsätzlich **unabhängig von dem Grund, auf dem die Unwirksamkeit** beruht (BFH v. 7.10.1981, II R 16/80, BStBl II 1982, 28). Der Anwendungsbereich der Rechtsprechung geht also über die Erfüllung wegen Formmangels unwirksamer Verfügungen von Todes wegen hinaus. Keine Bedeutung hat es, ob die unwirksame Verfügung nur von der gesetzlichen Erbfolge oder auch von einer wirksamen früheren Verfügung von Todes wegen abweicht (BFH v. 12.12.1973, II R 130/71, BStBl II 1974, 340). Unschädlich ist es auch, ob der Wille des Erblassers von den Beteiligten in vollem Umfang oder nur z.T. befolgt wird (BFH v. 7.10.1981, II R 16/80, BStBl II 1982, 28). Dies hat der BFH erneut bestätigt (BFH v. 22.9.2010, II R 46/09, BFH/NV 2011, 261).

23

Mindestvoraussetzung ist allerdings eine **Anordnung des Erblassers**, die dieser im Hinblick auf seinen Tod getroffen hat (BFH v. 15.3.2000, II R 15/98, BFH/NV 2000, 1165 = BStBl II 2000, 588; v. 28.3.2007, II R 25/05, BFH/NV 2007, 1421 = BStBl II 2007, 461). An dem notwendigen Erblasserwillen fehlt es beispielsweise

24

dann, wenn dieser in Folge eines Rechtsirrtums eine ausdrückliche Willenserklärung, die als Äußerung eines Erblasserwillens gedeutet werden könnte, gänzlich unterlässt (BFH v. 9.11.2005, II B 163/04, BFH/NV 2006, 554). Ein durch schlüssige Handlung (§ 2255 BGB) oder durch Rücknahme aus amtlicher Verwahrung (§ 2256 BGB)**widerrufenes Testament** wandelt sich nicht etwa in ein formloses Testament, sondern es ist vernichtet, weil der Erblasser seinen Willen daraus zurückgezogen hat (*Kapp/Ebeling*, ErbStG, § 3 Rz. 80; *Gebel*, in T/G/J, ErbStG, § 3 Rz. 63). Nicht ausreichend ist namentlich ein bloßes **Inaussichtstellen** künftiger letztwilliger Bedenkung bzw. wenn es sich um einen Wunsch des Erblassers handelt. Die Abgrenzung sollte sich danach beurteilen, ob das Verhalten des Erblassers von einem Rechtsfolgebewusstsein getragen ist. Deshalb ist es im Grundsatz auch möglich, eine **mündlich „errichtete" letztwillige Verfügung** anzuerkennen (RFH v. 15.10.1942, III 87/42, RStBl 1942, 1116; BFH v. 2.12.1969, II 120/64, BStBl II 1970, 119; FG Köln v. 5.4.2005, 9 K 7416/01, EFG 2005, 1133). Insgesamt eröffnet sich für die Beteiligten ein nicht unerheblicher Gestaltungsspielraum. Deswegen müssen die mündlich Bedachten hier ein entsprechendes ernstliches Verlangen des Erblassers nachweisen oder zumindest glaubhaft machen können. Dafür reicht die schlichte Behauptung des unwirksam Bedachten nicht aus. Die Feststellungslast trägt der unwirksam Bedachte und nicht die FinVerw. Ein gewichtiges Indiz dafür, dass die Beteiligten nicht den eigenen Willen, sondern den des Erblassers vollzogen haben, stellt es dar, wenn der rechtlich Begünstigte Personen außerhalb des engeren Familienkreises berücksichtigt (BFH v. 17.10.2007, II R 8/07, BFH/NV 2008, 572). Neben der Anordnung des Erblassers ist es erforderlich, dass die von den an dem Erbfall Beteiligten getroffene Regelung auf Grund der Anforderung des Erblassers **ausgeführt** worden ist (BFH v. 15.3.2000, II R 15/98, BFH/NV 2000, 1165 = BStBl II 2000, 588).

25 Werden die Vorgaben der Rspr. erfüllt, schuldet im Ergebnis der **tatsächliche Erbe** die Steuer nur in dem **Umfang, die seiner Bereicherung entspricht**. Spiegelbildlich muss der in der unwirksamen Verfügung Bedachte die aus deren Erfüllung ihm zugewandte Bereicherung versteuern. Dabei besteht die Besonderheit, dass die Steuer für den Erwerb des Begünstigten abweichend von § 9 Abs. 1 Nr. 1 Buchst. a ErbStG nicht mit dem Tod des Erblassers, sondern mit der Erfüllung des unwirksam geäußerten Erblasserwillens entsteht (BFH v. 28.3.2007, II R 25/05, BFH/NV 2007, 1421 = BStBl II 2007, 461). Demgegenüber ist für die Wertermittlung nicht dieser spätere Zeitpunkt, sondern der Zeitpunkt des Erbfalles maßgebend (*Wälzholz*, in V/K/S/W, ErbStG, 2012, § 3 Rz. 122; *Gebel*, in T/G/J, ErbStG, § 3 Rz. 70). Soweit gegen den wahren Erben die Steuer bereits unter Berücksichtigung der zivilrechtlichen Rechtslage festgesetzt worden ist, führt die Erfüllung der unwirksamen Bestimmung verfahrensrechtlich zu einem rückwirkenden Ereignis i.S.d. § 175 Abs. 1 Satz 1 Nr. 2 AO.

Beispiel: Beispiel (BFH v. 7.10.1981, II R 16/80, BStBl II 1982, 28):
Die Ehegatten haben sich in einem gemeinschaftlichen Testament mit wechselbezüglichen Verfügungen gegenseitig zu Alleinerben und ihre Tochter zur Schlusserbin eingesetzt. Die den Ehemann überlebende Ehefrau verfügt entgegen den bindenden wechselbezüglichen Verfügungen nach dem Tod ihres Mannes, indem

sie verschiedene Vermächtnisse aussetzt. Nach dem Tod der Mutter erfüllt die Tochter, die sich über die Unwirksamkeit der mütterlichen Verfügungen im Klaren ist, die ausgesetzten Vermächtnisse zum Teil. Nach der zivilrechtlichen Rechtslage müsste die Tochter als Schlusserbin den Erbanfall in vollem Umfang versteuern. Sie könnte die Vermächtnisse nicht als Nachlassverbindlichkeiten (§ 10 Abs. 5 Nr. 2 ErbStG) vom Erwerb abziehen. Die Erfüllung der unwirksamen Vermächtnisse wäre als zusätzliche freigebige Zuwendung i.S.d. § 7 Abs. 1 Nr. 1 ErbStG zu sehen, die der Schenkungsteuer unterliegt. Nach der Rspr. des BFH können die Vermächtnisse von der Tochter als Nachlassverbindlichkeiten, soweit sie erfüllt worden sind, abgezogen werden. Spiegelbildlich haben die „Vermächtnisnehmer" diese nach § 3 Abs. 1 Nr. 1 Alt. 3 ErbStG der ErbSt zu unterwerfen. In Fällen, in denen die Bindungswirkung nach § 2271 BGB nicht beachtet worden ist, bestehen an dem Testierwillen der Erblasserin regelmäßig keine Zweifel. Problematisch ist es bezogen auf das vorliegende Beispiel, dass jeder Bezug auf den „Willen des Erblasser" die Besonderheit aufweist, dass es die Schlusserbin mit dem widerstreitenden Willen zweier Erblasser zu tun hat.

einstweilen frei 26–49

1.6 Testamentsanfechtung

Verfügungen von Todes wegen können durch Anfechtung ganz oder teilweise vernichtet werden. Die Anfechtung ist jedoch, anders als bei Rechtsgeschäften unter Lebenden, kein Gestaltungsrecht des Erblassers, um seine Testierfreiheit wieder herzustellen, weil er im Grundsatz letztwillige Verfügungen jederzeit widerrufen kann (§ 2253 BGB). Beim Widerruf wechselbezüglicher Verfügungen im gemeinschaftlichen Testament von Ehegatten erlischt mit dem Tode eines Ehegatten das Recht des anderen Ehegatten zum Widerruf seiner wechselbezüglichen Verfügung (§ 2271 Abs. 2 Satz 1 BGB). Etwas anderes gilt nur, wenn und soweit dem überlebenden Ehegatten in dem gemeinschaftlichen Testament vom verstorbenen Ehegatten die Befugnis zur Abänderung oder Aufhebung eingeräumt wurde (BGH v. 26.4.1951, IV ZR 4/50, BGHZ 2, 35). 50

Das Anfechtungsrecht steht **nach dem Tode des Erblassers Dritten** zu, um letztwillige Verfügungen, die auf Willensmängel des Erblassers beruhen, zu vernichten und nicht gegen sich gelten lassen zu müssen. Von besonderer Bedeutung ist, dass nach § 2078 Abs. 2 Alt. 1 BGB jeder **Motivirrtum des Erblassers** zur Anfechtung seiner Verfügung berechtigt. Dieser Motivirrtum kann sich auf Umstände beziehen, die in der Vergangenheit, Gegenwart oder Zukunft liegen. Allerdings muss der Motivirrtum für die Verfügung ursächlich geworden sein, wobei es bei einer differenzierten Motivlage genügt, wenn der Irrtum für die Erblasserentscheidung mitbestimmend war (BayObLG v. 24.10.2001, 1 Z BR 40/01, FamRZ 2002, 497). Erweiternd stellt § 2079 BGB fest, dass eine letztwillige Verfügung anfechtbar ist, wenn der Erblasser eine im Zeitpunkt des Erbfalls pflichtteilsberechtigte Person übergangen hat, deren Existenz ihm bei Errichtung der Verfügung unbekannt war oder die erst nach der Errichtung geboren oder pflichtteilsberechtigt wurde. Zwar 51 regelt § 2079 BGB einen Sonderfall des Motivirrtums, doch unterscheidet sich die Norm insoweit von § 2078 Abs. 2 BGB, dass in letzterem Fall die Ursächlichkeit des Irrtums für die Verfügung positiv festgestellt werden muss, während das Übergehen eines Pflichtteilsberechtigten regelmäßig die Anfechtbarkeit der Verfügung begründet. Nach § 2079 Satz 2 BGB obliegt es dem Anfechtungsgegner, die Nichtursächlichkeit des Irrtums für die Verfügung zu beweisen.

52 Die wirksame Anfechtung einer letztwilligen Verfügung hat die **Nichtigkeit ex tunc** zur Folge (§ 142 Abs. 1 BGB). Wurde nur eine von mehreren Verfügungen eines Testaments wirksam angefochten, so richtet sich die Auswirkung der Nichtigkeit dieser Verfügung auf die anderen nach dem Willen des Erblassers zur Zeit der Testamentserrichtung. Lässt sich ein solcher hypothetischer Wille nicht ermitteln, geht § 2085 BGB grundsätzlich von einem weiteren Bestand der übrigen Verfügungen aus. Wer die Unwirksamkeit dieser Erblasserbestimmungen geltend macht, trägt dafür die Darlegungs- und Beweislast. An die Stelle eines insgesamt nichtigen Testamentes tritt entweder die **gesetzliche Erbfolge** oder **ggf. ein früheres Testament**. Sollte gegenüber dem Anfechtungsgegner bereits ein Steuerbescheid erlassen worden sein, ist dieser nach § 175 Abs. 1 Nr. 2 AO zu berichtigen. Die Testamentsanfechtung ist von der Anfechtung eines Erbschaftserwerbs wegen **Erbunwürdigkeit** (§§ 2339ff. BGB) zu unterscheiden, doch gilt hier erbschaftsteuerrechtlich nichts Abweichendes.

> **Beispiel: Beispiel (BGH v. 27.5.1987, IVa ZR 30/86, NJW-RR 1987, 1412):**
>
> Der Erblasser verfasst im Jahre 2005 ein Testament mit folgendem Wortlaut: „Liebe Ehefrau, da mich mit Dir schon so viele glückliche Ehejahre verbinden, sollst Du meine Alleinerbin sein." Als der Erblasser im Jahre 2009 verstirbt, stellt sich heraus, dass seine Ehefrau bereits seit dem Jahr 2000 ein intimes Verhältnis mit einem Dritten unterhielt, von dem der Erblasser Zeit seines Lebens nie etwas erfahren hatte.
>
> In dem Fall unterlag der Erblasser bei Abfassung seines Testamentes zwar keinem aktuellen Motivirrtum, weil er sich offenbar keine Gedanken über ein mögliches außereheliches Verhältnis seiner Frau machte und auch keinen Anlass sah, ein solches Verhalten mit zu bedenken. Der Wortlaut des Testamentes spricht aber dafür, dass er seine Ehefrau u. a. auch im Hinblick auf „viele glückliche Ehejahre" zu seiner Alleinerbin einsetzte. Deshalb ist nach der Rechtsprechung ein für die Verfügung ursächlich gewordener Motivirrtum zu bejahen (BGH v. 27.5.1987, IVa ZR 30/86, NJW-RR 1987, 1412; BayObLG v. 14.8.2002, 1 Z BR 58/02, FamRZ 2003, 708). Erbrechtlich hängt der Umfang des Ehegattenerbrechts davon ab, inwieweit Erben erster oder zweiter Ordnung oder aus der dritten Ordnung Großeltern vorhanden sind, die von ihrem Anfechtungsrecht wirksam Gebrauch machen.

53 Wird von dem Anfechtungsrecht **kein Gebrauch** gemacht, folgt das **Erbschaftsteuerrecht** dem Zivilrecht. Vergleichbar zu der Praxis der Erfüllung einer unwirksamen letztwilligen Verfügung kommt es auf eine **wirksame Ausübung des Gestaltungsrechtes nicht** an, wenn die Beteiligten in der Überzeugung, dass die Anfechtung erfolgreich sein würde, bei der Nachlassregulierung von den Rechts-

wirkungen einer Anfechtung ausgehen und das Recht noch nicht erloschen ist (RFH v. 23.5.1939, III e 27/39, RStBl 1939, 935). Wenn das Gestaltungsrecht wegen Ablaufs der Anfechtungsfrist **erloschen ist**, ist es auch erbschaftsteuerrechtlich unbeachtlich, es sei denn, dem durch die anfechtbare Verfügung Beschwerten steht ein Leistungsverweigerungsrecht nach § 2083 BGB zu (*Gebel*, in T/G/J, ErbStG, § 3 Rz. 73). Ist ein **Testament wirksam angefochten** worden und besinnen sich die Beteiligten darauf, das nunmehr ex tunc **unwirksame Testament dennoch auszuführen,** scheint dies zunächst wie die Erfüllung einer unwirksamen Verfügung von Todes wegen zu behandeln zu sein. Allerdings geht der BFH davon aus, dass sich die Beteiligten über die Unwirksamkeit nur insoweit hinwegsetzen können, als die von ihnen beabsichtigte Änderung ihre Wurzel in dem erblasserischen Willen hat (BFH v. 7.10.1981, II R 16/80, BStBl II 1982, 28). Die steuerliche Berücksichtigung einer wegen eines Irrtums oder Willensmangels erfolgreich angefochtenen letztwilligen Verfügung des Erblassers würde diesem Rechtsgedanken allerdings widersprechen (*Gebel*, in T/G/J, ErbStG, § 3 Rz. 75).

1.7 Erbvergleich und Auslegungsvertrag

In der Praxis ist es häufig anzutreffen, dass der Erbfall ernstliche Zweifel und daraus folgenden Streit darüber auslöst, ob und in welchem Umfang (namentlich streitige Bewertungsfragen) (zur Auslegung eines Erbvergleichs über Zugewinn- und Pflichtteilsanspruch vgl. BFH v. 27.9.2012, II R 52/11, BFH/NV 2013, 938, ausführlich Rz. 419) ein Erwerb von Todes wegen vorliegt (z.B. bei Anfechtung eines Testamentes). Handelt es sich um eine Verfügung von Todes wegen, kann es zwischen den Beteiligten leicht zu Streit über die zutreffende Auslegung derselben kommen.

Beispiel:
Der verwitwete Erblasser hat aus zweiter Ehe zwei Söhne, nämlich den älteren Sohn E und den jüngeren Sohn X. Außerdem hat er noch einen Sohn S aus erster Ehe. Testamentarisch hat der Erblasser seinen „ältesten Sohn" als Alleinerben eingesetzt. Sohn S macht geltend, im Wege der Auslegung gelange man zu dem Ergebnis, dass sein Vater ihn und nicht den E bei der Erbeinsetzung im Auge gehabt habe. Sohn E trägt demgegenüber vor, es sprächen eindeutige Indizien dafür, dass der Vater allein an ihn gedacht habe. E einigt sich mit S später dahingehend, dass E als Erbe gelten soll und von S die (mögliche) Erbschaft gegen eine Abfindungszahlung übertragen bekommt.

Zivilrechtlich können sich die Beteiligten nach dem Erbfall durch einen sog. **Auslegungsvertrag** über die Auslegung einer Verfügung von Todes wegen verbindlich einigen, allerdings nur mit **schuldrechtlicher Wirkung bzw. unter Vornahme von Übertragungsgeschäften**, wie etwa einer Erbteilsübertragung nach § 2033 Abs. 1 BGB (BGH v. 22.1.1986, IVa ZR 90/84, NJW 1986, 1812 = JR 1986, 373 mit Anm. *Damrau*). Der Vertrag bedarf der notariellen Beurkundung (§§ 2371, 2385 und 2033 BGB). Eine dingliche Wirkung kommt dem Auslegungsvertrag ebenso wenig zu wie einem **Erbvergleich i.S.d. § 779 Abs. 1 BGB**, mit dem die Parteien Streitigkeiten über die Ungewissheit der Erbrechtslage im Wege gegenseitigen Nachgebens beenden. Das subjektive Erbrecht, also die Stellung als Allein-

oder Miterbe, kann schon deshalb nicht Gegenstand eines Auslegungsvertrages oder Vergleiches zwischen Erbprätendenten sein, weil es nur durch Gesetz oder Verfügung von Todes wegen begründet werden kann und der Anfall des Erbes sich unmittelbar aus dem Vermögen des Erblassers vollzieht. Deshalb kann eine vertragliche Vereinbarung über die Gültigkeit oder Auslegung eines nichtigen Testaments dieses nicht wirksam machen oder die seinem wirklichen Inhalt entsprechenden Rechtswirkungen abändern (RG v. 18.11.1909, IV 666/08, RGZ 72, 209; BayObLG v. 19.9.1988, BReg 1a Z 40/88, FamRZ 1989, 99; *Habersack*, in Münch-Komm, BGB, § 779 Rz. 7). Entsprechende streitschlichtende Verträge sind also nur schuldrechtlicher Natur. Auslegungsverträge legen ihren schuldrechtlichen Verpflichtungen eine von **mehreren denkbaren Auslegungsmöglichkeiten** zu Grunde und klammern ganz bewusst die Frage aus, welche der denkbaren Auslegungsmöglichkeiten tatsächlich der eingetretenen Erbfolge entspricht. Insoweit hat der Vertrag Vergleichscharakter (§ 779 BGB). Eine vergleichbare Situation besteht, wenn sich die Beteiligten über die Existenz eines Anfechtungsrechtes oder Erbunwürdigkeitsgrundes streiten. Der Vertrag begründet für die eine Seite einen Anspruch auf Einräumung oder Verzicht einer entsprechenden Rechtsposition. Regelmäßig erhält der auf seine mögliche Rechtsposition gewährende oder verzichtende Beteiligte eine **Abfindung**. Soweit die schuldrechtliche Verpflichtung auf die Übertragung einer möglicherweise bereits angefallenen Erbschaft oder eines Erbteiles gerichtet ist, liegt ein schuldrechtlicher **Veräußerungsvertrag i. S. d. § 2385 BGB** vor, der der notariellen Beurkundung nach § 2371 BGB bedarf.

56 **Erbschaftsteuerrechtlich** stellt sich in den genannten Fällen das Problem, ob die Besteuerung nach der tatsächlichen – wenn auch gegenüber dem Finanzamt als Nachlassgläubiger noch klärungsbedürftigen – erbrechtlichen Situation vorzunehmen ist. Bezogen auf den Beispielsfall kommt es also darauf an, ob der Sohn E oder der Sohn S vom Vater zum Alleinerben eingesetzt worden ist.

57 Unterstellt man im **Beispielsfall**, dass E der tatsächliche Erbe ist, ist auf ihn § 3 Abs. 1 Nr. 1 ErbStG anwendbar. Bezüglich der **Abfindung** stellt sich die Frage, ob einerseits S diese nach § 3 Abs. 1 Nr. 1 ErbStG versteuern muss und ob E die Abfindungszahlung als Nachlassverbindlichkeit nach § 10 Abs. 5 Nr. 3 ErbStG absetzen kann. Da S tatsächlich nicht Erbe geworden ist, käme eine freigebige Zuwendung nach § 7 Abs. 1 Nr. 1 ErbStG in Betracht. Bei ernsthafter Zweifelhaftigkeit der Erbrechtslage besteht jedoch die Situation eines begründeten Streits, bei dem die Beteiligten nicht das Bewusstsein haben, eine andere Person freiwillig und unentgeltlich zu bereichern. Von einer freigebigen Zuwendung könne nur dann die Rede sein, wenn die Beteiligten über die wahre Rechtslage gerade nicht im Unklaren waren und mit dem Erbvergleich der Abfindungsempfänger bereichert werden sollte (*Benne*, FR 2004, 1102, 1107; *Crezelius*, FR 2007, 613, 619; *Kapp/Ebeling*, ErbStG, § 3 Rz. 57). Das Ergebnis stimmt im Übrigen damit überein, dass auch in anderen Situationen des § 779 Abs. 1 BGB eine freigebige unentgeltliche Zuwendung mit der Folge der Schenkungsteuer verneint wurde (BFH v. 24.1.1952, III 41/50 U, BStBl III 1952, 45; v. 1.7.1955, III 198/54 U, BStBl III 1955, 231). § 22 Nr. 3 EStG ist nicht einschlägig, weil der Verzicht auf ein (vermeintliches) Erbrecht in der privaten, nicht steuerbaren Vermögenssphäre anzusiedeln ist. Aus der Perspektive des Sohnes E wird man mit

guten Gründen den Standpunkt vertreten können, dass die **Abfindungszahlung** zu den **Erwerbskosten nach § 10 Abs. 5 Nr. 3 ErbStG** zählt, weil sie dem E unmittelbar im Zusammenhang mit dem Erwerb entsteht (*Benne*, FR 2004, 1102, 1109; zweifelnd *Berresheim*, DB 2011, 2623, 2625). Auf eine korrespondierende Steuerbarkeit kommt es nicht an.

Verhält es sich umgekehrt so, dass **E nicht Erbe geworden** ist, müsste nach den Vorgaben des Erbrechts der Erbfall ausschließlich bei S nach § 3 Abs. 1 Nr. 1 ErbStG versteuert werden. Die von S an E erfolgende Übertragung des Erwerbs richtet sich nicht nach § 3 Abs. 1 Nr. 1 ErbStG, sondern nach den vertraglichen Beziehungen zwischen dem S als Veräußerer und dem E als Übernehmer (Rz. 60 ff.). 58

Die vorstehend dargestellte Besteuerung nach der materiellen Rechtslage des Erbrechtes entsprach nicht der Praxis im Erbschaftsteuerrecht. Der BFH ging vielmehr in ständiger Rspr. davon aus, dass das Ergebnis eines ernsthaft gemeinten Vergleichs, der die gütliche Regelung streitiger Erbverhältnisse zum Ziel hat, der Erbschaftsbesteuerung zugrunde zu legen sei, da das, was die Beteiligten im Vergleichswege erhalten, seinen letzten Rechtsgrund in ihrem Erbrecht habe (BFH v. 11.10.1957, III 139/56 U, BStBl III 1957, 447; v. 1.2.1961, II 269/58 U, BStBl III 1961, 133; v. 19.9.2000, II B 10/00, BFH/NV 2001, 163). Die Rspr. zur Maßgeblichkeit eines Erbvergleichs für die Besteuerung ging auf eine Rspr. des RFH aus dem Jahr 1919 zurück (RFH v. 30.1.1919, II A 14/18, RFHE 1, 1; v. 26.3.1919, II A 33/19, RFHE 1, 24). Es sei erbschaftsteuerlich so zu verfahren, als ob der Erblasser durch Verfügung von Todes wegen eine entsprechende Regelung getroffen hätte (RFH v. 14.7.1938, III e 67/37, RStBl 1938, 748; BFH v. 11.10.1957, III 139/56 U, BStBl III 1957, 447). Der BFH hat mit Urteil v. 4.5.2011 (II R 34/09, ZEV 2011, 438 m. Anm. *Fischer*, bestätigt durch gleichlautende Entscheidungen des BFH v. 15.06.2015, II R 23/15 und II R 24/15, BFH/NV 2016, 1568 bzw. BFHE 254, 60, der die Abfindungszahlung als Erwerbskosten i. S. d. § 10 Abs. 5 Nr. 3 S. 1 ErbStG qualifiziert) – unter **Aufgabe der seit 1919 ständigen Rspr.** – entschieden, dass sich die **Besteuerung nach der materiellen erbrechtlichen Situation** zu richten habe. Im Einklang mit dem Zivilrecht, wonach ein Erbvergleich lediglich schuldrechtliche Wirkung hat, könne dieser keine Bindungswirkung für das FA entfalten. Soweit ein wirksames Testament vorliegt, kommt im Ergebnis auch § 41 Abs. 1 AO nicht zum Zuge (*Benne*, FR 2004, 1102, 1104). 59

Im vom BFH entschiedenen Fall hatte der Erblasser den Kläger zunächst zum testamentarischen Alleinerben eingesetzt und durch ein späteres Testament zugunsten von K als Alleinerbin verfügt. Der Kläger hielt das letzte Testament wegen Testierunfähigkeit für nichtig. Vor Gericht blieb er allerdings den Nachweis schuldig, weswegen er in zweiter Instanz einen Prozessvergleich abschloss, seine Beschwerde gegen eine Abfindung zurückzunehmen. Auch das FA ging von der Erbenstellung der K aus, wollte aber die Abfindung an den Kläger als Erwerb von Todes wegen erfassen.

Nach dem festgestellten Sachverhalt sind FA und FG von einer tatsächlichen Erbenstellung der K ausgegangen. Damit schied eine Besteuerung des Klägers durch Erbanfall nach § 3 Abs. 1 Nr. 1 ErbStG mangels dinglichen Vermögenszuwachses aus, der **Erwerb „aufgrund" eines Erbfalls** wird nach dem Standpunkt des BFH

Fischer

nicht erfasst. Ebenso wenig könne ein **Vermächtniserwerb** ohne Anhaltspunkte in der letztwilligen Verfügung des Erblassers angenommen werden. Der BFH betont den **abschließenden Charakter der in § 3 ErbStG aufgeführten Erwerbsgründe** (Rz. 2) und spricht sich damit auch gegen eine analoge Erweiterung des Anwendungsbereichs aus. Damit fehlt es für eine Besteuerung des Klägers als Scheinerben an einem steuerbaren Tatbestand i. S. d. § 3 ErbStG.

Gestaltungshinweis:
Als Folge der geänderten Rspr. des BFH ist **in der Praxis darauf zu achten, dass das FA nicht den Abgefundenen als den wahren Erben** behandelt. Denn dies hätte zur Konsequenz, dass der Abgefundene nicht nur die Abfindung, sondern den gesamten Erbanfall versteuern müsste. Auf die Besteuerung des wahren Erben hat die rechtsgeschäftliche Verfügung an den Scheinerben keinen Einfluss. Dem erbschaftsteuerrechtlichen Bereicherungsgedanken widerspricht dies nicht notwendig (*Crezelius*, FR 2007, 613, 619). Deshalb ist für die Praxis dringend zu empfehlen, das FA bei der Vergleichsregelung künftig mit einzubinden.

59a Vom Tatbestand des § 3 Abs. 1 Nr. 1 ErbStG umfasst und damit steuerbar, ist allerdings der Schadensersatzanspruch des Nacherben aus § 2138 Abs. 2 BGB. Dies ergibt sich schon daraus, dass der Herausgabeanspruch erbrechtlicher natur (*Weidlich*, in Palandt, BGB, § 2130, Rz. 2) und damit Inhalt des Nacherbes ist. Vergleichen sich die Beteiligten nach einem Streit über das Bestehen eines solchen Schadensersatzanspruchs, ist dieser Vergleich nicht zwangsläufig als Erbvergleich zu qualifizieren. Vielmehr ist danach abzugrenzen, ob der Vergleich Ungewissheiten über einzelne Erbteile oder die Erbenstellung der Parteien regelt (FG München v. 8.7.2015, 4 K 2514/12, EFG 2015, 1955).

1.8 Übertragung des Erwerbs

60 Die Erbschaft kann entgeltlich oder unentgeltlich übertragen werden. Bei der entgeltlichen Übertragung handelt es sich regelmäßig um einen **Erbschaftskauf**. Dies ist ein Verpflichtungsgeschäft unter Lebenden, in dem sich der Erbe als Verkäufer zur Übertragung der Erbschaft bzw. der Miterbe zur Übertragung seines Erbanteiles im Ganzen verpflichtet (§§ 1922 Abs. 2, 2371 ff. BGB). Gegenstand des Vertrages ist nicht das Erbrecht als solches, sondern die Erbschaft oder der Erbteil. Für die von der Übertragung der Erbschaft bzw. Erbteilsübertragung erfasste Rechtsstellung des Erwerbers ist von dem erbrechtlichen Grundsatz auszugehen, dass nur Erbe werden kann, wer vom Gesetz oder vom Erblasser hierzu berufen ist (§ 1922 BGB). Beim Alleinerben erfasst der Erbschaftskauf die gesamte Erbschaft, also den Inbegriff aller Vermögensgegenstände und Nachlassverbindlichkeiten. Aus dem Verpflichtungsgeschäft mit einem Miterben folgt für den Käufer der Anspruch auf Abtretung des Erbanteils nach § 2033 Abs. 1 BGB. Wird entsprechend der Verpflichtungen verfügt, tritt der **Erwerber** an die Stelle des Erben bzw. Miterben **in die vermögensrechtliche Stellung** am Nachlass ein. Die **(Mit-)Erbenstellung als solche erhält der Erwerber dagegen nicht**, da in seiner Person die Voraussetzungen der Berufung zum Erben nicht gegeben sind.

Erbschaftsteuerrechtlich folgt daraus, dass der Erwerber einer Erbschaft oder eines 61
Erbanteiles kein Erwerber von Todes wegen i.S.d. § 3 ErbStG ist und der Erbe durch
die Verfügung über die Erbschaft bzw. seinen Erbteil von der Erbschaftsteuerpflicht
nicht frei wird. Inwieweit der Erwerber neben dem Veräußerer die Erbschaftsteuerpflicht übernimmt, richtet sich also nicht nach § 3 ErbStG, sondern nach den
vertraglichen Beziehungen zwischen dem Veräußerer und dem Übernehmer, im
Fall des Erbschafts- oder Erbteilskaufes nach § 2381 Abs. 1 Satz 1 BGB, bei unentgeltlicher Zuwendung des Erwerbs nach § 20 Abs. 5 ErbStG (*Meincke*, ErbStG,
2012, § 3 Rz. 11). Eine **abweichende Regelung** trifft § 3 Abs. 2 Nr. 6 ErbStG für den
Fall der Übertragung einer Nacherbenanwartschaft (Rz. 550). Da hier das Entgelt an
die Stelle der Anwartschaft tritt, muss die Steuerpflicht für die Anwartschaft bei
Eintritt des Nacherbfalls den Übernehmer der Anwartschaft treffen. Nach Ansicht
des BFH (v. 28.10.1992, II R 21/92, BStBl II 1993, 158) gilt dies auch für den Fall
einer unentgeltlichen Übertragung des Anwartschaftsrechts. Der BFH betont, dass
der Erwerber materiell-rechtlich voll in die Rechtsstellung des Nacherben eintritt
und ihm und nicht mehr dem Nacherben (Veräußerer oder unentgeltlich Verfügender) bei Eintritt des Nacherbfalles die Erbschaft gem. § 2139 BGB i.V.m. § 1922
Abs. 1 BGB – ohne Durchgangserwerb des Nacherben (*Grunsky*, in MünchKomm,
BGB, § 2100 Rz. 39 m.w.N.) – anfällt. In Konsequenz richten sich Steuerklasse,
Steuersatz und Höhe des persönlichen Freibetrages in diesem Fall nach dem Verhältnis des Erwerbers zum Vorerben bzw. zum Erblasser, nicht hingegen nach dem
Verhältnis des Nacherben zu den genannten Personen.

1.9 Auslandserwerb

§ 3 ErbStG ist auf das deutsche Erb- und Schenkungsrecht zugeschnitten, benutzt 62
dessen Terminologie und verweist vielfach auf Vorschriften des BGB. Damit stellt
sich das Problem, wie im Bereich internationaler Erbfälle zu verfahren ist, die auf
Grund des Internationalen Privatrechtes (IPR) ausländischem Recht unterliegen
(Art. 25 EGBGB). Daraus könnte man schlussfolgern, dass Erwerbe von Todes
wegen, die sich nach ausländischem Erbrecht vollziehen, überhaupt nicht dem
deutschen Erbschaftsteuerrecht unterfallen. Nach der Rspr. werden allerdings
auch Erwerbe, bei denen der **Erwerbsvorgang nach ausländischem Zivilrecht**
statt findet, von § 3 ErbStG erfasst, (RFH v. 17.2.1944, III 84/43, StuW 1944,
Sp. 201; BFH v. 19.10.1956, III 128/55 U, BStBl III 1956, 363; v. 12.5.1970, II 52/64,
BStBl II 1972, 462; dazu *Klein*, Ausländische Zivilrechtsformen im deutschen
Erbschaftsteuerrecht (Diss.)) 2000, passim). Für diesen Standpunkt spricht, dass
die Grundtatbestände des § 1 Abs. 1 Nr. 1 und Nr. 2 ErbStG nicht als Erwerbsvorgänge nach deutschem Zivilrecht beschränkt sind und demzufolge auch Erwerbsvorgänge nach ausländischem Recht erfassen. Des Weiteren liefe die Vorschrift des § 2 Abs. 1 Nr. 3 ErbStG über die beschränkte Erbschaftsteuerpflicht
weitestgehend leer. Schließlich wäre es im Hinblick auf den aus Art. 3 Abs. 1 GG
hergeleiteten Leistungsfähigkeitsgedanken verfassungsrechtlich bedenklich, wenn
Erwerbe nach in- und ausländischem Recht unterschiedlich behandelt würden.

Aus der ständigen Rspr. des BFH folgt die Notwendigkeit, den ausländischen 63
Erwerbstatbestand unter das ErbStG zu subsumieren. Dazu hat die Rechtsprechung

eine sog. **zweistufige Objektqualifikation** entwickelt (RFH v. 8.10.1929, V e A 62, StuW 1929, Nr. 996; BFH v. 19.10.1956, III 128/55 U, BStBl III 1956, 363; v. 12.5.1970, II 52/64, BStBl II 1972, 462; v. 7.5.1986, II R 137/79, BStBl II 1986, 615). Bezogen auf § 3 ErbStG wird auf erster Stufe verglichen, ob das ausländische Privatrechtsinstitut einem der in § 3 ErbStG genannten Erwerbsvorgänge entspricht. Ist dies nicht der Fall, muss auf nächster Stufe geprüft werden, ob die Rechtsposition des potentiellen Steuerpflichtigen nach ausländischem Recht an das deutsche Recht angepasst werden kann. Dabei soll für die Erbschaftsbesteuerung nicht die formale Gestaltung des ausländischen Rechts maßgebend sein, sondern die **wirtschaftliche Bedeutung** dessen, was das ausländische Recht für den Einzelfall vorschreibt. Soweit nach deutschem Recht mehrere Strukturen in Betracht kommen, die dem nach dem ausländischen Recht verwirklichten Sachverhalt in ihrem wirtschaftlichen Ergebnis gleichkommen, kann höchstens die Steuer aus dem für den Steuerpflichtigen günstigeren Tatbestand des deutschen Rechts festgesetzt werden (BFH v. 12.5.1970, II 52/64, BStBl II 1972, 462). Die **Sichtweise des BFH ist nicht unumstritten**, (*Crezelius*, Erbschaft- und Schenkungsteuerrecht in zivilrechtlicher Sicht (Diss.)) 1979, 62 ff.; *Jülicher*, IStR 1996, 575; *Martiny*, IStR 1998, 56; *Otto*, RIW 1982, 491). Namentlich wird gegen die wirtschaftliche Betrachtungsweise überzeugend vorgetragen, dass der Vergleich schon wegen des Zusammenwirkens von IPR und dem ausländischen Erbrecht nicht auf bürgerlich-rechtliche Maßstäbe verzichten kann. Des Weiteren besteht bei einer wirtschaftlichen Betrachtungsweise die Gefahr, dass das Prinzip der Tatbestandsmäßigkeit der Besteuerung gegenüber dem Bereicherungsprinzip vollständig aufgegeben wird. Letztlich geht es um eine **zivilrechtliche Analyse**, weil sich die wirtschaftliche Position eines Erwerbers nach zivilrechtlichen Kriterien, wie etwa der dinglichen Eigentümerstellung, Verfügungsbefugnissen und Verfügungsverboten, schuldrechtlichen Ansprüchen auf Substanz oder Ertrag usw. bestimmt. Das sieht inzwischen auch der BFH so und sieht eine allein auf die wirtschaftliche Betrachtungsweise gestützte Anwendung als mit der Tatbestandsmäßigkeit der Besteuerung nicht vereinbar. Der Schwerpunkt in der Praxis liegt auf der **Qualifikation von Rechtsinstituten des angelsächsischen Rechts**, namentlich des Executors und Administrators, sowie des Trusts. Im US-amerikanischen Erbrecht ist die Testamentsvollstreckung zwingend vorgeschrieben, der gerichtlich eingesetzte Testamentsvollstrecker heißt **Administrator**, der testamentarisch eingesetzte **Executor**. Hierzu hat der BFH (BFH v. 8.6.1988, II R 243/82, BStBl II 1988, 808) entschieden, dass die Erbeinsetzung unter Zwi schenschaltung eines Executors nach amerikanischem Recht selbst dann nicht aufschiebend bedingt sei, wenn dem Executor für die Zeit der Nachlassabwicklung unbeschränkte Verfügungsmacht eingeräumt sei. Das dem Erbbegünstigten zustehende Vermögen, hinsichtlich dessen er mit dem Erbfall „equitable interests" erlange, sei seinem Vermögen steuerrechtlich zuzurechnen. Beim **Trust**, der mit Wirkung v. 5.3.1999 (Steuerentlastungsgesetz 1999/2000/2002 v. 24.3.1999, BStBl I 1999, 402) erbschaftsteuerrechtlich als „Erwerber" zur Kenntnis genommen wird (Rz. 73 ff.), kann die wirtschaftliche Stellung eines Trustees oder Begünstigten je nach Ausgestaltung mit der eines Testamentvollstreckers, Vorerben, Erben, Zweckauflage Begünstigter oder Anwartschaftsberechtigten verglichen werden (*Jülicher*, IStR 1996, 575, 577). Aus der Entscheidung des BFH v.

28.6.2007 (II R 21/05, BFH/NV 2007, 1775 = BStBl II 2007, 669) ist abzuleiten, dass die Abgrenzung zwischen erbschaftsteuerwirksam errichtetem Trust und nicht steuerbarer Treuhand bedeutsam bleibt.

Nach dem Urteil des BFH v. 4.7.2012 (II R 38/10, BStBl II 2012, 782) soll der auf einer Anwachsungsklausel nach französischem Güterrecht beruhende Erwerb nach einer zivilrechtlichen Analyse einem Erbanfall nach § 3 Abs. 1 Nr. 1 ErbStG vergleichbar sein. Die verstorbene Ehefrau hatte kurz vor ihrem Tod mit ihrem Ehemann einen Ehevertrag abgeschlossen, in dem beide ihre vermögensrechtlichen Beziehungen dem Güterstand der Gütergemeinschaft nach französischem Recht unterstellten. Mit dem Tod der Ehefrau führte die gem. Art. 1524 Abs. 1 CC vereinbarte Anwachsungsklausel auf den Todesfall zu einer partiellen Gesamtrechtsnachfolge, die Beteiligungen an inländischen Kapitalgesellschaften und einer Gesellschaft bürgerlichen Rechts umfasste. In den Nachlass der Erbengemeinschaft, die aus dem Ehemann und dessen Tochter bestand, fiel allein inländisches Grundvermögen, das die Eheleute von der französischen Güterstandsvereinbarung ausgenommen hatten. Das deutsche Güterrecht der Gütergemeinschaft kennt keine vergleichbare güterrechtliche Sonderrechtsnachfolge für den überlebenden Ehegatten, an die das deutsche Erbschaftsteuerrecht anknüpfen könnte. Vielmehr gehört der Anteil des verstorbenen Ehegatten am Gesamtgut gem. § 1482 BGB zum Nachlass. Der verstorbene Ehegatte wird also nach den allgemeinen Vorschriften beerbt. Einen vergleichbaren Fall einer gesetzlich angeordneten güterrechtlichen Sondererbfolge kennt das deutsche Zivilrecht nur für die sog. fortgesetzte Gütergemeinschaft des überlebenden Ehegatten mit gemeinsamen Abkömmlingen (vgl. § 1483 Abs. 1 S. 2 BGB). In der vorliegenden Entscheidung geht der II. Senat des BFH davon aus, dass die partielle Gesamtrechtsnachfolge nach französischem Güterrecht für den Todesfall als Erwerb durch Erbanfall (§ 1922 BGB) i.S.d. § 3 Abs. 1 Nr. 1 Alt. 1 ErbStG zu werten sei. Das ist dogmatisch nicht überzeugend. Denn die Subsumtion der güterrechtlichen Anwachsungsklausel gem. Art. 1524 Abs. 1 CC auf den Todesfall unter den Tatbestand des Erbanfalls gem. § 3 Abs. 1 Nr. 1 Alt. 1 ErbStG läuft in der Sache auf eine – vom BFH als methodologisch unvertretbar angesehene – rein wirtschaftliche Betrachtungsweise hinaus. Unerheblich sei nach Meinung des BFH, dass dem Erwerb nur eine partielle Gesamtrechtsnachfolge (Sonderrechtsnachfolge) eines Vermögensteils statt einer auf das ganze Vermögen ausgerichteten Gesamtrechtsnachfolge zugrunde liege und dass die Zuwendung ihren Rechtsgrund im Familienrecht statt im Erbrecht habe. Entscheidend sei die (partielle) Gesamtrechtsnachfolge „mit dem Tod". Wäre letzteres ausreichend, dann wäre der Tatbestand des § 3 Abs. 1 Nr. 2 ErbStG, der an eine „Schenkung" anknüpft, überflüssig. Ebenso wäre der Ergänzungstatbestand des § 4 ErbStG, der die güterrechtliche Sonderrechtsnachfolge bei fortgesetzter Gütergemeinschaft dem Erwerb von Todes wegen gleichstellt, nicht notwendig. Dogmatisch schlüssiger wäre es deshalb gewesen, den Vergleich zur Schenkung auf den Todesfall gem. § 3 Abs. 1 Nr. 2 S. 1 ErbStG zu ziehen. Das hätte aber zur Folge gehabt, dass die Ehegatten bei Vereinbarung der Gütergemeinschaft französischen Rechts eine unentgeltliche Zuwendung eines der Beteiligten hätten beabsichtigen müssen (vgl. Rz. 425). Im konkreten Fall liegt dies nahe, weil die verstorbene Ehefrau offensichtlich todkrank war und die Gütergemeinschaft erst einen Monat

63a

vor ihrem Ableben abgeschlossen worden ist. Für den Regelfall wäre demgegenüber wegen des aleatorischen Charakters des Rechtsgeschäfts – es ist regelmäßig bei Vereinbarung der Gütergemeinschaft unklar, wer zuerst verstirbt – von einer entgeltlichen Zuwendung auszugehen. Dass der II. Senat des BFH bei Anwendung des § 3 Abs. 1 Nr. 2 S. 1 ErbStG eine „Besteuerungslücke" wohl erkannt hat, die er im Wege einer wirtschaftlichen Betrachtungsweise vermeiden möchte, zeigt sich insbesondere an dem Hinweis, die Besteuerung der güterrechtlichen Anwachsungsklausel entspreche „den Wertungen des Gesetzgebers in § 3 Abs. 1 Nr. 2 S. 2 ErbStG". Der durch das ErbStRG 1974 (BGBl I 1974, 933) eingefügte Sondertatbestand richtet sich ebenso wie § 7 Abs. 7 ErbStG u. a. in auf § 738 Abs. 1 BGB beruhenden gesellschaftsrechtlichen Anwachsungsfällen gegen die Wagnisrechtsprechung des BGH, der sich der BFH für das Schenkungsteuerrecht angeschlossen hatte. Im Ergebnis läuft die Sichtweise des BFH damit auf eine nach hier vertretener Auffassung unzulässige analoge Erweiterung des § 3 Abs. 1 Nr. 2 S. 2 ErbStG auf ausländische güterrechtliche Anwachsungsklauseln von Todes zulasten des Steuerpflichtigen wegen hinaus.

1.10 Tod des Erblassers

64 Erblasser ist derjenige, in dessen Rechtsnachfolge der oder die Erben eintreten. Als **Erblasser** kommt nur eine **natürliche Person** in Betracht. Der Tod des Erblassers bildet den Erbfall (§ 1922 Abs. 1 BGB). Dem Tod steht die (widerlegbare) **Todesvermutung** gleich, die durch Todeserklärung eines Verschollenen begründet wird (§§ 2, 9 VerschG). Möglich ist die Todeserklärung auch auf Antrag der Staatsanwaltschaft (§ 16 Abs. 2a VerschG), die aber in der Praxis kaum vorkommt (*Meincke*, ErbStG, 2012, § 3 Rz. 3). In der erbschaftsteuerlichen Praxis von großer Bedeutung ist demgegenüber die Frage nach dem **Todeszeitpunkt** oder dem **Zeitpunkt der Wirksamkeit einer Todeserklärung**. Davon kann im Einzelfall die Erbfolge abhängen, weil Erbe, Vermächtnisnehmer, Pflichtteilsberechtigter oder Beschenkter auf den Todesfall nur werden kann, wer **zur Zeit des Erbfalles noch lebt** (§§ 1923, 2101, 2160, 2301 BGB) oder als juristische Person existiert (§ 2101 Abs. 2 BGB; zum Sonderfall der Stiftung vgl. Rz. 68, 528 ff.). Des Weiteren ist der Zeitpunkt maßgeblich für die Zusammensetzung des Nachlasses und die Entstehung der Steuer nach § 9 ErbStG.

65 Nach h.M. im Erbrecht (OLG Frankfurt/Main v. 11.7.1997, 20 W 254/95, NJW 1997, 3099; *Weidlich*, in Palandt, 2017, BGB, § 1922 Rz. 2) und damit auch im Erbschaftsteuerrecht ist maßgeblich der **Zeitpunkt des Hirntodes**. Bei Todesfällen in Deutschland ist der Todeszeitpunkt von Standesbeamten beurkundet und in einer von ihm ausgestellten Sterbeurkunde genannt. Todesfälle von deutschen Staatsangehörigen im Ausland können auf Antrag beim Standesamt Berlin I beurkundet werden. In allen übrigen Todesfällen im Ausland ist es notwendig, auf entsprechende Unterlagen öffentlicher Stellen zurückzugreifen (*Weinmann*, in Moench/Weinmann, ErbStG, § 3 Rz. 7). Wenn der natürliche Tod gewiss, aber der **Todeszeitpunkt unklar** ist, kann auf das Verfahren zur Feststellung der Todeszeit (§ 39 VerschG) zurückgegriffen werden. Hier ist § 49 AO nicht anwendbar (BFH v.

26.6.1953, III 127/52 S, BStBl III 1953, 237), sodass es auch steuerrechtlich auf den festgestellten Todestag ankommt.

Wenn der **natürliche Tod nicht nachgewiesen** werden kann und sich die Todeserklärung nach dem VerschG richtet, ist für die Festlegung der Todeszeit erbrechtlich der in dem Beschluss festgestellte Zeitpunkt maßgebend. Demgegenüber stellt § 49 AO auf den Zeitpunkt ab, in dem der **Beschluss über die Todeserklärung formell rechtskräftig** wird. Nach Ansicht des BFH (v. 21.9.1956, III 30/56, BStBl III 1956, 373) ist für die Entstehung der Steuerschuld § 49 AO maßgeblich (a. A. *Weinmann*, in Moench/Weinmann, ErbStG, § 3 Rz. 7). Das hat zur Folge, dass der Besteuerungszeitpunkt wesentlich später liegt als der erbrechtliche Todeszeitpunkt. Demnach sind alle bis zur Rechtskraft der Todeserklärung angefallenen Gewinne bzw. zu versteuernden Einnahmen, die als solche eine Bereicherung gem. § 11 ErbStG darstellen, dem Vermögen des Erblassers zuzurechnen und nicht dem Vermögen des späteren Erben (Hülsmann, in Wilms/Jochum, ErbStG, § 3 Rz. 25). Wenn der Erbe zwischen dem im Beschluss bezeichneten Todeszeitpunkt und der Rechtskraft des Beschlusses gestorben ist, so ist für die Frage nach seiner Erbeneigenschaft wiederum der im Beschluss bezeichnete Todeszeitpunkt maßgeblich, weil § 49 AO nur „für die Besteuerung", also für die Entstehung der Steuer (§ 9 ErbStG) gilt (Gebel, in T/G/J, ErbStG, § 3 Rz. 8; Wälzholz, in V/K/S/W, ErbStG, 2012, § 3 Rz. 6).

66

1.11 Erwerber

Erwerber sind in den drei Konstellationen des § 3 Abs. 1 Nr. 1 ErbStG der **Erbe**, der Begünstigte bzw. **Vermächtnisnehmer** und der **Pflichtteilsberechtigte**, in den Konstellationen des § 3 Abs. 2 Nr. 1 ErbStG die **Stiftung** und die **Vermögensmasse ausländischen Rechts**. Der Erbschaftsbesitzer ist als **Scheinerbe** weder zivilrechtlich noch erbschaftsteuerrechtlich als Erbe zu behandeln. Ein gegen ihn ergangener Erbschaftsteuerbescheid ist materiell rechtswidrig und ist nach Bestandskraft, wenn die tatsächliche Erbrechtslage nachträglich bekannt wird, nach § 173 Abs. 1 Nr. 2 AO aufzuheben. Der Eintritt der Festsetzungsverjährung scheitert an der Anlaufhemmung gem. § 170 Abs. 5 Nr. 1 AO.

67

In der Konstellation des § 3 Abs. 1 Nr. 1 Alt. 1 ErbStG setzt die Erwerbereigenschaft die Erbfähigkeit voraus. **Erbfähigkeit** ist die Fähigkeit, das Vermögen des Erblassers als dessen erbrechtlicher Gesamtrechtsnachfolger (§ 1922 BGB) zu erlangen. Nach h.M. ergibt sie sich aus der allgemeinen Rechtsfähigkeit (§ 1 BGB) und wird in § 1923 BGB vorausgesetzt, der seinem Wortlaut nach auf natürliche Personen abstellt (*Weidlich*, in Palandt, 2017, BGB, § 1923 Rz. 1). Erbfähig ist demzufolge **jede natürliche Person und jede juristische Person des privaten oder öffentlichen Rechts** (§§ 2044 Abs. 2 Satz 3, 2101 Abs. 2, 2106 Abs. 2, 2109 Abs. 2, 2163 Abs. 2 BGB). Soweit juristische Personen zum Zeitpunkt des Erbfalles noch nicht bestehen, können sie nur Nacherbe werden. Davon macht § 84 BGB für **Stiftungen**, die erst nach dem Tode des Stifters als rechtsfähig anerkannt werden, eine Ausnahme. Vor dem Hintergrund der Kolping-Entscheidung des BGH (v. 10.12.2007, II ZR 239/05, BGHZ 175, 12), in der der BGH die Durchgriffshaftung der Mitglieder eines eingetragenen Ideal-Vereins für dessen Verbindlich-

68

keiten ablehnte, wenn der Verein den zulässigen Rahmen wirtschaftlicher Betätigung überschritten hatte, wird man aus Gründen der Rechtssicherheit einen **eingetragenen Verein** generell als erbfähig anzusehen haben.

69 Die **Gemeinschaft zur gesamten Hand** ist als solche jedenfalls dann nicht erbfähig, wenn ihr keine Rechtsfähigkeit zugebilligt wird. Das trifft nach wie vor uneingeschränkt auf die **Erbengemeinschaft** zu, weil der XII. Zivilsenat des BGH deren Rechtsfähigkeit klar abgelehnt hat (BGH v. 11.9.2002, XII ZR 187/00, ZEV 2002, 504 m. Anm. *Marotzke*). Demgegenüber wird für die **Personenhandelsgesellschaften** (OHG und KG) im Allgemeinen die Fähigkeit, Erbe zu sein, auf Grund von § 124 HGB bejaht (*Weidlich*, in Palandt, 2017, BGB, § 1923 Rz. 7). Die Gegenposition wird mit gewichtigen Argumenten von *Flume* (die Personengesellschaft, 1977, § 7 III 6; dazu kritisch *Ulmer*, ZIP 2001, 585, 596) vertreten. In der Tat werfen etwa Fragen der Pflichtteilsansprüche der gesetzlichen Erben bei gleichzeitiger Gesellschafterstellung, der Erbunwürdigkeit einzelner Gesellschafter oder der Verwaltungstestamentsvollstrecker über den Erbteil einer GbR gewichtige dogmatische Einwände auf (*Scherer/Feick*, ZEV 2003, 341). *Flume* sieht also spezifisch erbrechtliche Hindernisse. Diese Einwände sind insofern berechtigt, als sie erkennen lassen, dass das Erbrecht für die **Erbfähigkeit von Personenverbänden** eine striktere Trennung der vermögensrechtlichen Verbandssphäre von der vermögensrechtlichen Mitgliedersphäre verlangt, als sie mit dem Personengesellschaftsrecht begründet werden könnte. Die Entstehung einer Erbengemeinschaft soll die Zersplitterung des Nachlasses vor der Befriedigung der Nachlassgläubiger (§ 2046 Abs. 1 BGB) verhindern. Sie dient damit als Haftungsgrundlage für die Nachlassgläubiger (*Heldrich*, in MünchKomm, BGB, Vor 2032 Rz. 4). Mit einer Personengesellschaft als Erbin droht aber die Zersplitterung des Nachlasses vor den Befriedigungen der Nachlassgläubiger, weil es bei den Personengesellschaften an einer zwingenden Vermögensbindung fehlt. Die Entnahmeregelung des § 122 HGB unterliegt der vollständigen Disposition der Gesellschafter (*Wertenbruch*, in Westermann, Handbuch der Personengesellschaften, Rz. I 637a). Die Gesellschafter dürfen also den Nachlass in ihr Privatvermögen überführen. Demzufolge wird dem Gläubiger entgegen dem Zweck der §§ 2032ff. BGB die Auseinandersetzung mit mehreren Schuldnern gerade nicht erspart. Deshalb ist die erbrechtliche Interessenlage – ungeachtet der Rechtssubjektivität der Personengesellschaft – eben doch annähernd die der Mehrheit von Erben, die das Erbrecht über die Vorschriften zur Erbengemeinschaft erfasst wissen will (*Arnold*, in MünchKomm, BGB, § 54 Rz. 25). Die Gegenposition wird ausführlich von *Krieg* (Krieg, Gesellschaften als Erben, 2013, 38 ff.) begründet. Nichtsdestoweniger bleiben Zweifel, ob hier nicht die Grundsatzentscheidung zur Rechtsfähigkeit von Personengesellschaften im Sinne einer unbesehenen Gleichstellung mit den juristischen Personen überspannt wird.

70 Soweit es um die **Rechtsfähigkeit der (Außen-)GbR** geht, hat sich der BGH in der Grundsatzentscheidung v. 29.1.2001 (II ZR 331/00, BGHZ 146, 341) der ebenfalls maßgeblich von *Flume* (ZHR 136 [1972], 177) begründeten Meinung angeschlossen, dass die (Außen-)GbR grundsätzlich rechts- und parteifähig sei. Wenn man – entgegen der hier vertretenen Ansicht – den Personenhandelsgesellschaften über § 124 HGB die Erbfähigkeit zubilligt, kann vor dem Hintergrund der zitierten

BGH-Entscheidung für die (Außen-)GbR nichts anderes gelten (*Scherer/Feick*, ZEV 2003, 341, 342 m.w. N. in Fn. 14).

Ein weiterer pathologischer Fall ist die Frage der **Erbfähigkeit des nicht eingetragenen** (in der Terminologie des § 54 BGB: des „nicht rechtsfähigen" **Vereins**)**Vereins**. Nach früher h. M. wurde die Erbfähigkeit abgelehnt (*Lange/Kuchinke*, Erbrecht, 5. Aufl., 2001, § 4 III 1). Die heute h. M. geht demgegenüber von der Erbfähigkeit des nicht eingetragenen Vereins aus. Dogmatisch wird dies regelmäßig auf die Rechtsfolgenverweisung des § 54 Satz 1 BGB gestützt. Aus der Anerkennung der Rechts- und Parteifähigkeit einer (Außen-)GbR folge damit ipso iure auch die Rechts- und Parteifähigkeit eines nicht eingetragenen Vereins (KG v. 14.4.2003, 26 W 44/03, MDR 2003, 1197; *K. Schmidt*, NJW 2001, 993, 1002; a. A. *Wagner*, ZZP 2004, 305, 358 ff). Gegen letzteren Ansatz sprechen die gleichen dogmatischen Bedenken wie gegen die Erbfähigkeit der Personengesellschaften. Ein anderer dogmatischer Weg besteht darin, die Verweisung des § 54 Satz 1 BGB auf das Personengesellschaftsrecht nicht zu befolgen und das Recht des nicht eingetragenen Vereins in Analogie zu den §§ 21–53 BGB zu entwickeln (*Reuter*, NZG 2005, 738). Auf diesem Weg kommt man zu einer schlüssigen Begründung des Ausschlusses der persönlichen Mitgliederhaftung eines nicht eingetragenen Vereins. Entscheidend ist die Vermögenstrennung dergestalt, dass die Überführung von Vereinsvermögen in das Privatvermögen der Mitglieder ein unentgeltlicher Erwerb i. S. d. §§ 4 AnfG, 134 InsO ist, ein Liquidationszwang analog § 47 BGB geschaffen wird und die Insolvenzreife schon bei der Überschuldung eintritt. Folgt man diesem Ansatz, ist die Vermögenssphäre des nicht eingetragenen Ideal-Vereins genauso von der Vermögenssphäre seiner Mitglieder getrennt wie diejenige des rechtsfähigen Ideal-Vereins, der Erbfähigkeit besitzt (Reuter, in MünchKomm, BGB, 2012, § 54 Rz. 5, 36). Der von *Reuter* verfolgte dogmatische Ansatz führt zu einer völligen Gleichstellung von eingetragenem und nicht eingetragenem Verein, die der Intention des § 54 BGB nicht mehr gerecht wird (*Wagner*, ZZP 2004, 305, 358 f.). Sie muss deshalb dem Gesetzgeber vorbehalten bleiben. In der Entscheidung v. 30.6.2003 (II ZR 153/02, NZG 2003, 878) hat der II. Zivilsenat des BGH jedenfalls keine Notwendigkeit gesehen, auf die unterschiedliche Haftungsverfassung bei der GbR (BGH v. 27.9.1999, II ZR 371/98, BGHZ 142, 315; v. 29.1.2001, II ZR 331/00, BGHZ 146, 341) einzugehen.

Erbschaftsteuerrechtlich ist im Grundsatz an das Zivilrecht und damit an die **zivilrechtliche Erbfähigkeit** anzuknüpfen. Problematisch ist allerdings die Einordnung von **Gesamthandsgesellschaften**. Nachdem der BFH im Urteil v. 7.12.1988 (II R 150/85, BStBl II 1989, 237) Gesamthandsgesellschaften einschl. der GbR als Erwerber i. S. d. Erbschaftsteuerrechts anerkannt hatte, ist diese Sichtweise im Urteil v. 14.9.1994 (II R 95/92, BStBl II 1995, 81; bestätigt durch BFH v. 15.7.1998, II R 82/96, BFH/NV BFH/R 1998, 1572 = BStBl II 1998, 630) wieder korrigiert worden. Danach sind **stets die Gesamthänder Erwerber und damit Steuerschuldner** i. S. d. § 20 ErbStG, wenn einer Gesamthandsgemeinschaft durch Erbfall Vermögen zufällt, und zwar auch dann, wenn die Gesamthand Erbin sein sollte. Inwieweit der BFH im Lichte der Grundsatzentscheidung des BGH v. 29.1.2001 (II ZR 331/00, BGHZ 146, 341) seinen Standpunkt ändern wird, ist zurzeit nicht abzusehen. Notwendig wird es dabei aus zivilrechtlicher Sicht insbesondere sein, sich mit den doch gewichtigen dogmatischen Bedenken gegen die Erbfähigkeit von Personengesellschaften auseinanderzusetzen (Rz. 150 ff). Hinzu kommt, dass sich der Rspr. des BGH nicht entnehmen lässt, dass sich die Rechtsfähigkeit auch auf das Innenverhältnis der Gesellschafter zur Gesellschaft bezieht. Oftmals wird auch übersehen, dass es auch BGB-Gesellschaften mit Gesamthandsvermögen gibt, die aber nicht am Rechtsverkehr teilnehmen und deshalb gerade nicht „rechtsfähig" sind. Während also die juristische Person auch gegenüber ihren Gesellschaftern rechtsfähig und damit Rechtsträgerin des Vermögens ist, ist es nach hier vertretener Ansicht bei den Personengesellschaften anders. Im Verhältnis der Gesellschafter zur Gesellschaft besitzt letztere keine Rechtsfähigkeit – es geht nicht um den Schutz des Rechtsverkehrs –, sodass das Vermögen gesamthänderisch ausschließlich den Gesellschaftern zugewiesen bleibt (*Krieg*, Gesellschaften als Erben, 2013, 123 ff., 137 ff.). Da der BGH – soweit ersichtlich – die Erbfähigkeit von Gesamthandsgesellschaften noch nicht explizit entschieden hat, müsste er sich grundsätzlich der Position des BFH anschließen oder den Gemeinsamen Senat der Obersten Gerichtshöfe in dieser Frage anrufen. Ergänzend könnte man auch darüber nachdenken, ob für den Bereich der Gesamthandsgesellschaften das Erbschaftsteu errecht in diesem Punkt nicht **aus verfassungsrechtlichen Gründen zwingend vom Gesellschaftsrecht abweichen** muss. Immerhin handelt es sich hier um einen Rechtsprechungswandel im Zivilrecht, der zwar vom Rechtsfortbildungsauftrag von Zivilgerichten noch gedeckt sein mag (zur Frage einer möglichen Verfassungswidrigkeit der zivilrechtlichen Rechtsfortbildung näher *Baumann*, JZ 2001, 895 ff.; *Canaris*, ZGR 2004, 69, 117 f.). Steuerrecht ist demgegenüber Eingriffsrecht, weshalb sich der Rechtsbildungsauftrag des Zivilrechts nicht unbesehen auf das Steuerrecht übertragen lässt (*Fischer*, DStR 2008, 697). Vielmehr weisen die Aufgabe bzw. Kompetenz zur Rechtsfortbildung praeter legem im Zivilrecht und im Steuerrecht einen entscheidenden verfassungsrechtlichen Unterschied auf. Das BVerfG (v. 26.6.1991, 1 BvR 779/85, BVerfGE 84, 212) sieht nämlich die Zivilgerichte bei der Rechtsfortbildung und deren Grenzen nicht an den **Gesetzesvorbehalt** gebunden. Da mit der Einordnung von Gesamthandsgesellschaften als Erwerber im erbschaftsteuerrechtlichen Sinn allerdings erhebliche **erbschaftsteuerliche Verschärfungen** einhergehen, weil die Gesellschaft als Erwerberin in die Steuerklasse III fiele, persönliche Freibeträge nicht gewährt werden könnten und die Aufteilung des Nachlasses mit der möglichen Progressionsminderung bei nur einem Erben entfällt, handelt es sich um einen Bereich, der **unmissverständlich vom Steuergesetzgeber geregelt** werden muss. Die verfassungsrechtlichen Bedenken richten sich auch gegen die **Erbschaftsteuerpflicht des nicht rechtsfähigen Vereins** (a. A. FG Münster v. 18.1.2007, III K 2592/05 Erb, EFG 2007, 1037). Der BFH (v. 14.9.1994, II R 95/92, BStBl II 1995, 81) hat sich bisher gegen die Erbfähigkeit ausgesprochen.

73 Schwierigkeiten bereitet auch die Frage, inwieweit ausländische Vermögensmassen, insbesondere ein sog. **Trust**, dessen zivilrechtliche Konstruktion der deutschen Rechtsordnung fremd ist, Erwerber i. S. d. § 3 ErbStG sein kann. Durch die seit dem 5.3.1999 geltende Rechtslage (Steuerentlastungsgesetz 1999/2000/2002 v. 24.3.1999, BGBl I 1999, 402) ist aus § 3 Abs. 2 Nr. 1 Satz 2 ErbStG für die Bildung oder

Ausstattung eines Nachlasstrusts und aus § 7 Abs. 1 Nr. 8 Satz 2 ErbStG für die Bildung oder Ausstattung eines Inter-vivos-Trusts die Erwerberfähigkeit grundsätzlich anerkannt (vgl. zur früheren Rechtslage *Wälzholz*, in V/K/S/W, ErbStG, 2012, § 3 Rz. 14). § 20 ErbStG ist dahingehend erweitert worden, dass auch Vermögensmassen ausländischen Rechts (Trust) zum Kreis der Erwerber und Steuerschuldner gehören (§ 20 Abs. 1 Satz 2 ErbStG). Durch die Regelungen wird ungeachtet des Umstandes, dass die Vermögensmasse nach dem jeweiligen nationalen Recht und damit auch nach IPR nicht rechtsfähig ist und demgemäß auch nicht als Rechtssubjekt an dem im Zuge der Trusterrichtung erfolgten Vermögensübergang beteiligt sein kann, die Bildung der Vermögensmasse ausländischen Rechts mittels einer **tatbestandsbezogenen Fiktion** wie ein Vermögensübergang auf diese Vermögensmasse behandelt (*Gebel*, in T/G/J, ErbStG, § 20 Rz. 42; zu den völkerrechtlichen Bedenken Rz. 43). Die Vermögensmasse ausländischen Rechts ist damit für Zwecke des deutschen Erbschaftsteuerrechts ein **Steuerrechtssubjekt**.

Die steuerrechtliche Anerkennung der ausländischen Vermögensmasse qua Fiktion setzt wohl voraus, dass die **Errichtung** des Inter-vivos-Trusts bzw. des Testamentary-Trusts nach deutschem IPR **anzuerkennen** ist. Aus Art. 25 Abs. 1 EGBGB folgt, dass es einem deutschen Staatsangehörigen grundsätzlich verwehrt ist, einen Testamentary-Trust zu errichten (*Flick/Piltz*, Der Internationale Erbfall, 2. Aufl., 2008, Rz. 1084 f.; dort auch zur Ausnahme für im Ausland belegenes Vermögen). Beim Inter-vivos-Trust ist die Rechtslage nicht ganz eindeutig. Die Errichtung durch einen Deutschen dürfte wohl anzuerkennen sein, wenn in dem Trust-Dokument ausdrücklich das ausländische Recht, nach dem eine Trust-Errichtung zulässig ist, als maßgebliches Recht bestimmt wird und überdies die Verwaltung des Trust-Vermögens an einem Ort innerhalb dieses Staates durchgeführt wird (*Flick/Piltz*, Der Internationale Erbfall, 2. Aufl., 2008, Rz. 1091 ff.). Aus der Existenz eines wirksam errichteten Trusts folgt nicht zwingend, dass **Zuwendungen an diesen** erbschaft- bzw. schenkungsteuerrechtlich anerkannt werden. Nach Ansicht des BFH (v. 28.6.2007, II R 21/05, BFH/NV 2007, 1775 = BStBl II 2007, 669) ist eine **endgültige Vermögensübertragung** notwendig. Ansonsten handelt es sich um ein bloßes Treuhandverhältnis. Vor dem Hintergrund der zitierten Entscheidung des BFH erscheint es zudem zweifelhaft, ob ausländische **Trust-Konstruktionen, die aus deutscher Sicht nach IPR nicht anzuerkennen** sind, als Erwerber in Betracht kommen. Selbst wenn man dies annähme, wäre im Übrigen notwendig, dass im Ausland ein rechtlicher Übergang des Vermögens auf den Trust – etwa aufgrund einer anderen Qualifikation im Ausland – stattgefunden hat (*Flick/Piltz*, Der Internationale Erbfall, 2. Aufl., 2008, Rz. 1913 m.w.N.).

74

Ist die Vermögensmasse ausländischen Rechts als Steuersubjekt anzuerkennen und sollte bei deren Errichtung § 3 Abs. 2 Nr. 1 Satz 2 ErbStG einschlägig sein, muss der **Steuerbescheid** der Vermögensmasse ausländischen Rechts **zugestellt** werden, mit allen Schwierigkeiten der Durchsetzung des deutschen Steueranspruchs im Ausland (*Klein*, FR 1999, 1110). Die möglicherweise im Inland lebenden Begünstigten sind zu diesem Zeitpunkt nicht Steuerschuldner (*Flick/Piltz*, Der Internationale Erbfall, 2. Aufl., 2008, Rz. 1939).

75

76 **Vermächtnisnehmer** kann jede natürliche oder juristische Person sein, des Weiteren (rechtsfähige) Personengesellschaften, weil es auf eine spezielle Erbfähigkeit wegen der nur schuldrechtlichen Wirkungen im Verhältnis zum Erben nicht ankommt (*Lange/Kuchinke*, Erbrecht, 5. Aufl., 2001, § 29 III 2). Nichtsdestoweniger können Gesamthandsgemeinschaften unabhängig von ihrer inzwischen weitestgehend anerkannten Rechtsfähigkeit aus verfassungsrechtlichen Gründen (Rz. 69 ff.) für Zwecke der ErbSt nicht als Erwerber und Steuerschuldner i. S. des § 20 ErbStG angesehen werden (BFH v. 14.9.1994, II R 95/92, BStBl II 1995, 81). Es bleibt insofern bei dem Verständnis der traditionellen Gesamthandslehre, die als Träger des gesamthänderisch gebundenen Gesellschaftsvermögens die Gesamthänder (Gesellschafter) ansieht (*Gebel*, in T/G/J, ErbStG, § 3 Rz. 168).

77–99 einstweilen frei

2 Erwerb durch Erbanfall (§ 3 Abs. 1 Nr. 1 Alt. 1 ErbStG)

2.1 Erbanfall

100 Nach § 3 Abs. 1 Nr. 1 Alt. 1 BGB gilt als Erwerb von Todes wegen der „Erwerb durch Erbanfall", wobei ausdrücklich auf § 1922 BGB verwiesen wird. Erbanfall ist der **Übergang der Erbschaft** auf den oder die Erben (§ 1942 BGB). Nach § 1922 BGB i. V. m. § 1942 BGB geht das vererbbare Vermögen im Wege der **Gesamtrechtsnachfolge** als Ganzes auf den oder die Erben über, d. h. der Erbe oder die Erben (in Erbengemeinschaft) treten umfassend in die gesamte Rechtsposition des Erblassers ein, und zwar unbeschadet des Rechts, die Erbschaft auszuschlagen (Rz. 13 ff.). In den Fällen der Nachfolge in Personengesellschaftsanteile und der Hoferbfolge kann ausnahmsweise an die Stelle der Gesamtrechtsnachfolge eine Sonderrechtsnachfolge treten (Rz. 165, 263). Wer als Erbe und in welchem Umfang durch Erbanfall erwirbt, bestimmt sich nach der zivilrechtlichen Lage (*Meincke*, ErbStG, 2012, § 3 Rz. 12). Deshalb kann es für die Frage, ob ein **Vermögensgegenstand vom steuerbaren Erwerbsvorgang erfasst** wird, nur auf das **zivilrechtliche Eigentum** ankommen (*Gebel*, BB 2000, 537; *Weinmann*, in Moench/Weinmann, ErbStG, § 3 Rz. 10). Ein vom Erblasser bereits an einen Dritten (oder Miterben) verkauftes, aber im Grundbuch noch nicht auf den Käufer umgeschriebenes **Grundstück** muss danach noch als Nachlassbestandteil in die erbschaftsteuerrechtliche Wertermittlung einbezogen werden und zwar auch dann, wenn das sog. **wirtschaftliche Eigentum** (Besitz und Gefahr sowie Nutzen und Lasten) bereits auf den Käufer übergegangen sind (BFH v. 15.10.1997, II R 68/95, BStBl II 1997, 820). Denn die Grundbucheintragung ist für den zivilrechtlichen Eigentumsübergang entscheidend (§ 873 BGB). Das Problem verschiebt sich auf die Bewertung der mit dem Nachlass übergehenden Rechtspositionen. Im Regelfall wird beim rechtlichen Eigentümer, dem der Steuersachwert des Vermögensgegenstandes zuzurechnen ist, dieser Wertansatz durch seine Verpflichtungen gegenüber dem wirtschaftlichen Eigentümer kompensiert (*Gebel*, BB 2000, 537). Lediglich dann, wenn der Käufer der Alleinerbe ist, könnte man vertreten, dass der Vermögensgegenstand erbschaftsteuerrechtlich nicht vom steuerbaren Erwerbsvorgang erfasst wird, weil mit der Gesamtrechtsnachfolge zugleich die Erfüllung des Kaufvertrages eintritt (*Meincke*,

ErbStG, 2012, § 3 Rz. 8). Dogmatisch stimmiger erscheint es, den Alleinerben infolge des Kaufvertrags als nicht bereichert anzusehen, weil die durch Konfusion erloschene Übereignungsverpflichtung nach § 433 Abs. 1 BGB erbschaftsteuerrechtlich als nicht erloschen gilt (§ 10 Abs. 3 ErbStG). Wenn im Falle einer **Treuhandabrede** der Erblasser als Treuhänder verpflichtet ist, das Treugut an den Treugeber auf dessen Verlangen herauszugeben, (§ 667 BGB) dann steht beim Tod des Treuhänders (zivilrechtlicher Eigentümer) dem Ansatz des nachlasszugehörigen Treuguts mit seinem Steuersachwert die Herausgabepflicht als Nachlassverbindlichkeit gegenüber, die ebenfalls mit dem Steuersachwert anzusetzen ist. Im Ergebnis ist damit der Erbe des Treuhänders durch das Treugut nicht bereichert (*Gebel*, BB 2000, 537). Wird der Treuhänder vom Treugeber beerbt, gilt für die Frage der Bereicherung der erloschene Herausgabeanspruch als nicht erloschen (§ 10 Abs. 3 ErbStG).

§ 3 Abs. 1 Nr. 1 Alt. 1 BGB nimmt ausdrücklich auf **§ 1922 BGB** Bezug. Das sind diejenigen Personen, auf die im Zeitpunkt des Todes des Erblassers die Erbschaft durch Erbanfall gem. § 1942 BGB übergeht. Allerdings gibt es neben diesem Grundfall weitere Fälle, die **erbschaftsteuerrechtlich unter den „Erwerb durch Erbanfall" subsumiert** werden. Dazu gehört der Erwerb des **Nacherben** gem. § 2139 BGB bzw. der Erwerb eines Dritten, der das **Anwartschaftsrecht des Nacherben** rechtsgeschäftlich erworben hat und beim Nacherbfall gem. § 2139 BGB erwirbt. Insoweit regelt § 6 ErbStG nur ergänzende Bestimmungen. Nach der Rspr. wird als Erwerb durch Erbanfall auch der Erwerb aufgrund eines über die Erbfolge geschlossenen **Erbvergleichs** besteuert (Rz. 55) sowie der Erwerb, den ein unwirksam eingesetzter Erbe mit Rücksicht auf die **unwirksame Verfügung von Todes wegen** erhält (Rz. 20ff.). Ein Erwerb durch Erbanfall kommt des Weiteren beim **Erwerb aufgrund ausländischen Erbrechts** in Betracht (Rz. 62ff.). Erfasst werden schließlich die Fälle der **Sonderrechtsnachfolge**, wenn eine personengesellschaftsrechtliche Beteiligung an einen oder mehrere Miterben vererbt wird (Rz. 165ff.) oder der Erwerb eines Anteils an einem Hof, die nach dem Höferecht von der Hoferbfolge ausgeschlossen sind (Rz. 263; *Meincke*, ErbStG, 2012, § 3 Rz. 12; *Weinmann*, in Moench/Weinmann, ErbStG, § 3 Rz. 11).

2.2 Erbschein

Der Erbschein ist ein **amtliches Zeugnis, das dem Erben den Nachweis seiner Position als Erbe ermöglicht** und das auf seinen Antrag hin vom Nachlassgericht ausgestellt wird (§ 2353 BGB). Der Erbschein hat aber keine konstitutive Wirkung, d.h. ein unzutreffender Inhalt des Erbscheins ändert nichts an der Erbrechtslage, sondern ermöglicht es nur einem Nichterben (Erbscheinserben), im Rechtsverkehr als Erbe aufzutreten. Der Erbschein enthält **Angaben** über das Erbrecht, bei Miterben auch über die Höhe des jeweiligen Erbteils und Angaben über Beschränkungen, denen der Erbe unterliegt. Der Erbschein begründet **zwei widerlegbare Vermutungen** (§§ 2365 BGB, 292 ZPO): zum einen die Vermutung, dass dem Inhaber des Erbscheins das Erbrecht in der im Erbschein angegebenen Höhe zusteht (Richtigkeitsvermutung) und zum anderen, dass der Inhaber des Erbscheins anderen Beschränkungen als den im Erbschein angegebenen Beschränkungen nicht unterliegt (Vollständigkeitsvermutung).

103 Wenn das **Finanzamt** den Erbanfall prüft, d. h. wer Erbe ist und bei mehreren Erben, in welchem Umfang jemand Miterbe ist, dann hat es dabei auch **die gesetzliche Vermutung des Erbscheins zu beachten**, dass ein erteilter Erbschein richtig ist (BFH v. 17.08.1962, VI 70/61 U, BStBl III 1962, 444). Die Bindung kann aber nicht weiter reichen als die Vermutungswirkung. Sprechen **gewichtige Gründe gegen die Richtigkeit des Erbscheins**, ist das Finanzamt nicht an die rechtliche Beurteilung des Nachlassgerichts gebunden (BFH v. 22.11.1995, II R 89/93, BStBl II 1996, 242). Gewichtige Gründe können dabei nicht nur Tatsachen, sondern auch rechtliche Überlegungen sein (BFH v. 21.11.2004, II B 71/03, BFH/NV 2005, 557). Da der Erbschein keine Bindungswirkung entfaltet, ist seine spätere Änderung, Einziehung oder Kraftloserklärung kein rückwirkendes Ereignis i.S. des § 175 Abs. 1 Satz 1 Nr. 2 AO. Allerdings kommt eine Aufhebung bzw. Änderung des Erbschaftsteuerbescheids im Fall nachträglich bekannt gewordener Tatsachen nach § 173 Abs. 1 AO in Betracht (*Wälzholz*, in V/K/S/W, ErbStG, 2012, § 3 Rz. 68). Ein Irrtum über die Rechtslage stellt allerdings keine Tatsache dar.

2.3 Gesetzliche Erbfolge

104 Die gesetzliche Erbfolge (§§ 1924ff. BGB) tritt ein, wenn **keine wirksame Verfügung von Todes wegen vorliegt** oder der Erblasser in einer wirksamen Verfügung von Todes wegen nicht vollständig über seinen Nachlass verfügt hat (§ 2088 Abs. 1 BGB). Der Gesetzgeber folgt dem Konzept eines Familienerbrechts, indem er Verwandte und Ehegatten zu gesetzlichen Erben bestimmt. Voraussetzung für das **gesetzliche Verwandtenerbrecht** ist das Bestehen eines entsprechenden Verwandtschaftsverhältnisses, das dann vorliegt, wenn zwei Personen voneinander oder von derselben dritten Person abstammen (§ 1589 BGB). Ein Verwandtschaftsverhältnis kann auch durch **Adoption** begründet werden. Die Adoption eines Minderjährigen führt zu vollen verwandtschaftlichen Beziehungen nicht nur zu den Adoptiveltern, sondern auch zu deren Verwandten, (§ 1754 BGB) während sogleich die bisherigen Verwandtschaftsverhältnisse des Adoptierten erlöschen (§ 1755 BGB) soweit nicht die Adoptiveltern mit dem Minderjährigen im zweiten oder dritten Grad – etwa bei der Adoption eines Enkels durch die Großeltern – verwandt sind (§ 1756 BGB). Demgegenüber entsteht bei der Adoption volljähriger Personen grundsätzlich kein Verwandtschaftsverhältnis zwischen dem Adoptierten und den Verwandten der Adoptiveltern, (§ 1770 BGB) so dass die bisherigen verwandtschaftlichen Beziehungen fortbestehen.

105 Das deutsche Verwandtenerbrecht wird von drei wesentlichen **Leitprinzipien** geprägt, dem Ordnungsprinzip (oder Parentelprinzip), dem Linienprinzip und – praktisch weniger relevant – dem Gradualprinzip. Grundlegend ist zunächst die **Erbfolge nach Ordnungen**. Zu einer Ordnung gehören jeweils die Personen, die von dem Erblasser selbst bzw. dessen Vorfahren auf einer bestimmten Stufe abstammen. Die Abkömmlinge des Erblassers selbst, also seine Kinder, Enkel, Urenkel usw., bilden die **erste Ordnung** (§ 1924 Abs. 1 BGB). Die **zweite Ordnung** nimmt ihren Ausgangspunkt bei den Eltern des Erblassers und umfasst diese sowie sämtliche Abkömmlinge der Eltern des Erblassers, also Geschwister, Neffen und Nichten, usf. des Erblassers (§ 1925 Abs. 1 BGB). Die **dritte Ordnung** geht

eine weitere Stufe zurück und umfasst die Großeltern des Erblassers und deren Abkömmlinge (§ 1926 Abs. 1 BGB), also Onkel, Tante, Cousin, Cousine, usf. Innerhalb des Ordnungsprinzips gelten das Rangfolge- und Repräsentationsprinzip. Aus dem **Rangfolgeprinzip** folgt, dass Verwandte einer höheren Ordnung nicht zu Erben berufen sind, wenn zur Zeit des Erbfalls auch nur ein einziger Verwandter einer niedrigeren Ordnung vorhanden ist (§ 1930 BGB). Besitzt der Erblasser also beispielsweise eine einzige Enkelin (Erbin erster Ordnung), dann sind Eltern, Großeltern, Geschwister, Onkel, Tanten und deren sämtliche Abkömmlinge als Erben zweiter und dritter Ordnung von der gesetzlichen Verwandtenerbfolge ausgeschlossen. Innerhalb derselben Ordnung gilt das **Repräsentationsprinzip**. Danach repräsentiert der mit dem Erblasser nächstverwandte Abkömmling die durch ihn mit dem Erblasser verwandten weiteren Abkömmlinge (seinen Stamm) und schließt sie dadurch von der Erbfolge aus (§ 1924 Abs. 2 BGB). Beispielsweise sind beim Tod des Großvaters dessen Enkel – Kinder seines Sohnes – durch seinen Sohn „repräsentiert" und damit von der gesetzlichen Erbfolge ausgeschlossen. Das sog. **Linienprinzip** kommt beim gesetzlichen Erbrecht der zweiten und dritten Ordnung zum Zuge und bedeutet, dass etwa die Erben zweiter Ordnung der väterlichen Linie (Vater und Abkömmlinge des Vaters) und der mütterlichen Linie (Mutter und Abkömmlinge der Mutter) zu unterscheiden sind (§ 1925 Abs. 2, Abs. 3 BGB). Ab der praktisch seltenen Erbfolge der vierten Ordnung – Urgroßeltern und deren Abkömmlinge – gilt nicht mehr das Linienprinzip, sondern das sog. **Gradualsystem**, d. h. die Urgroßeltern erben zu gleichen Teilen und allein (§ 1928 Abs. 2 BGB). Sind alle Urgroßeltern bereits vorverstorben, so erbt der Abkömmling eines beliebigen Urgroßelternteils, der mit dem Erblasser dem Grad nach am nächsten verwandt ist (§ 1928 Abs. 3 BGB). Der Verwandtschaftsgrad lässt sich dadurch ermitteln, dass man die Zahl der Geburten ermittelt, die „die Verwandtschaft vermitteln" (§ 1589 Satz 3 BGB). Völlig verdrängt werden im Übrigen Erben der vierten Ordnung vom Ehegatten des Erblassers (§ 1931 Abs. 2 BGB) wie vom eingetragenen Lebenspartner des Erblassers (§ 10 Abs. 2 LPartG).

Neben das gesetzliche Verwandtenerbrecht tritt das gesetzliche **Erbrecht des Ehegatten** (§ 1931 BGB) oder des **eingetragenen Lebenspartners** (§ 10 Abs. 1 bis Abs. 3 LPartG). Ausgeschlossen ist es mangels statusrechtlicher Voraussetzungen, wenn zum Zeitpunkt des Erbfalls die Ehe/Lebenspartnerschaft mit dem Erblasser bereits rechtskräftig geschieden ist (§ 1564 Satz 2 BGB) oder aufgehoben wurde (§ 1313 Satz 2 BGB, § 15 LPartG). Darüber hinaus entfällt das Erbrecht gem. § 1933 BGB bzw. § 10 Abs. 3 LPartG, wenn zur Zeit des Erbfalls die materiellen Voraussetzungen für eine Eheaufhebung oder Ehescheidung (§ 1565 BGB) vorlagen und der **Erblasser die Eheaufhebung oder -scheidung beantragt** hatte (§ 1564 Satz 1 BGB, § 622 ZPO). Zum Schutz des anderen Ehegatten soll es auf die Rechtshängigkeit (§ 261 Abs. 1 ZPO) des Aufhebungs- oder Scheidungsantrags ankommen (BGH v. 13.7.1994, IV ZR 294/93, NJW 1995, 51). Ausgeschlossen ist das gesetzliche Erbrecht schließlich, wenn ein Scheidungsantrag des anderen Ehegatten vorlag und der Erblasser seine Zustimmung (§ 1566 Abs. 1 BGB, §§ 622, 630 ZPO) erklärt hatte.

106

107 Der **Umfang des Ehegattenerbrechts** hängt von zwei Faktoren ab, nämlich dem **Güterstand**, in dem die Ehegatten gelebt hatten und dem **Vorhandensein von Verwandten** des Erblassers als mögliche weitere gesetzliche Erben. Neben Erben der ersten Ordnung erhält der Ehegatte grundsätzlich 1/4, neben Erben der zweiten Ordnung die Hälfte des Nachlasses (§ 1931 Abs. 1 Satz 1 BGB). Hinterlässt also der Erblasser neben seinem Ehegatten noch drei Kinder, so erbt die Ehefrau ¼, jedes der Kinder ebenfalls ¼. Hinterlässt er neben seinem Ehegatten seine beiden Eltern, dann erhält der verwitwete Ehegatte die Hälfte, die beiden Elternteile jeweils ¼ der Erbschaft. In der dritten Ordnung erben neben dem Ehegatten nur die Großeltern des Erblassers. Den gesamten Nachlass erbt der überlebende Ehegatte, sofern weder Erben erster noch zweiter Ordnung noch aus dritter Ordnung Großeltern vorhanden sind (§ 1931 Abs. 2 BGB). Für eingetragene Lebenspartner gilt Entsprechendes (§ 10 Abs. 1, Abs. 2 LPartG).

108 Nach § 1931 Abs. 3 BGB bleibt die Vorschrift des § 1371 BGB, die den **Zugewinnausgleich im Todesfall** regelt, unberührt. Dies bedeutet, dass nach Feststellung des Ehegattenerbteils zusätzlich die Regelung des § 1371 BGB zu beachten ist. § 1371 Abs. 1 BGB regelt den sog. **pauschalierten Zugewinnausgleich**. Danach erhöht sich der gesetzliche Ehegattenerbteil des § 1931 BGB pauschal um 1/4, d. h. ohne Rücksicht darauf, ob und welcher der Ehegatten tatsächlich einen Zugewinn erwirtschaftet hat. Die geschilderte „erbrechtliche Lösung" kommt nur dann zum Zuge, wenn der überlebende Ehegatte nicht ausnahmsweise die **Erbschaft ausschlägt** und von den Erben Zugewinnausgleich wie nach Auflösung der Ehe durch Ehescheidung verlangt (§§ 1371 Abs. 3, 1372 ff. BGB; § 6 Satz 2 LPartG). Darüber hinaus steht ihm bei letzterer sog. güterrechtlichen Lösung trotz Ausschlagung ein Pflichtteilsanspruch in Höhe der Hälfte seines gesetzlichen Erbteils gegen die Erben zu. Dabei handelt es sich allerdings nur um den sog. kleinen Pflichtteil, der sich nicht aus dem nach §§ 1931 Abs. 3, 1371 Abs. 1 BGB erhöhten Erbteil errechnet (BGH v. 25.6.1964, III ZR 909/63, BGHZ 42, 182).

109 Haben die Ehegatten bzw. Lebenspartner abweichend vom gesetzlichen Güterstand **Gütertrennung** vereinbart, gelten zwar die Erbquoten aus § 1931 Abs. 1 und Abs. 2 BGB bzw. § 10 Abs. 1 und Abs. 2 LPartG, doch findet eine Erhöhung des gesetzlichen Erbteils nicht statt. Allerdings wird § 1931 Abs. 1 BGB durch § 1931 Abs. 4 BGB (§ 10 Abs. 2 Satz 2 LPartG) dahingehend abgewandelt, als der Ehegatte und die Kinder zu gleichen Teilen erben, wenn neben dem Ehegatten ein oder zwei Kinder des Erblassers als gesetzliche Erben berufen sind. Der Ehegatte erbt neben einem Kind zur Hälfte, neben zwei Kindern zu 1/3 und neben 3 und mehr Kindern stets zu je 1/4 der Erbschaft.

110 Unabhängig vom Güterstand räumt § 1932 BGB dem überlebenden Ehegatten, sofern er gesetzlicher Erbe wird, neben seinem Erbteil den sog. **Voraus** ein. Es handelt sich um einen schuldrechtlichen Anspruch nach den Vorschriften über Vermächtnisse (§§ 1932 Abs. 2, 2174 BGB). Seiner Rechtsnatur nach handelt es sich um ein gesetzliches Vorausvermächtnis, das nach § 3 Abs. 1 Satz 1 Alt. 2 ErbStG steuerbar ist (Rz. 300 ff.).

2.4 Gewillkürte Erbfolge

Der Erblasser kann die gesetzliche Erbfolge ausschließen, indem er eine Verfügung von Todes wegen errichtet. Dabei stehen ihm **zwei zulässige Formen** zur Verfügung, das **Testament** und der **Erbvertrag**. Beide können wiederum mehrere einzelne letztwillige Verfügungen enthalten. Beim Testament ist überdies zu unterscheiden zwischen dem **Einzeltestament**, also dem Testament eines einzelnen Erblassers als Regelfall und dem sog. **gemeinschaftlichen Testament**, welches Ehegatten bzw. eingetragenen Lebenspartnern zur Verfügung steht. 111

Als „Verfügung" kann die **Erbeinsetzung** einer bestimmten Person (§ 1937 BGB), die **Aussetzung** eines **Vermächtnisses**, (§ 1939 BGB) die Beschwerung mit einer **Auflage** (§ 1940 BGB) oder auch die **Ernennung eines Testamentsvollstreckers** (§ 2197 BGB) erfolgen. Der Erblasser kann im Wege der Erbeinsetzung **Ersatzerben** benennen, die nur dann zum Zuge kommen, wenn der in erster Linie Bedachte nicht Erbe wird (§ 2096 BGB). Er kann jemand im Übrigen auch als sog. **Vorerbe** einsetzen, der nur vorübergehend Erbe sein soll, bis an seiner Stelle ein Nacherbe in die Erbenstellung eintritt (§ 2100 BGB). Ferner kann der Erblasser grundsätzlich sämtliche letztwillige Verfügungen in einer Verfügung von Todes wegen unter eine aufschiebende oder auflösende **Bedingung oder Befristung** stellen. Typische Beispiele sind etwa **Wiederverheiratungsklauseln** in Ehegattentestamenten oder **Pflichtteilsstrafklauseln**, um Kinder davon abzuhalten, nach dem Tod des ersten Ehegatten ihren Anspruch auf den Pflichtteil geltend zu machen. Schließlich kann der Erblasser durch Testament eines Verwandten, den Ehegatten oder den Lebenspartner **von der gesetzlichen Erbfolge ausschließen**, ohne einen Erben einzusetzen (§ 1938 BGB). Dabei kann die Ausschließung stillschweigend dergestalt erfolgen, indem einem gesetzlichen Erben lediglich der Pflichtteil zugewiesen wird. 112

Jede Erbeinsetzung bezieht sich auf den **gesamten Nachlass** als Vermögensinbegriff ohne Rücksicht darauf, welche Vorstellungen sich der Erblasser im Augenblick der Testamentserrichtung vom derzeitigen Umfang seines Nachlasses gemacht hat (*Kapp/Ebeling*, ErbStG, § 3 Rz. 30). 113

Ein **gemeinschaftliches Ehegatten- und Lebenspartnertestament** (§§ 2265ff. BGB, § 10 Abs. 4 LPartG) unterscheidet sich von einem Testament eines einzelnen Erblassers oder zwei voneinander unabhängigen Testamenten der Ehegatten bzw. Lebenspartner dadurch, dass die Ehegatten bzw. Lebenspartner bei Errichtung den Willen haben, gemeinsam zu testieren. Dogmatisch liegen Verfügungen von Todes wegen von beiden Beteiligten vor, woran sich die Frage anknüpft, ob es sich um sog. **wechselbezügliche Verfügungen** handelt. Dies bedeutet, dass ein Ehegatte bzw. Lebenspartner seine letztwillige Verfügung nur deshalb trifft, weil auch der andere Ehegatte bzw. Lebenspartner in einer bestimmten Weise testiert und die deshalb eine **Bindungswirkung** erzeugen können (§ 2271 BGB). 114

Verfügungen von Todes wegen dürfen nicht nur einseitig (Testament), sondern auch durch einen **Erbvertrag**, den der Erblasser mit einer anderen Person abschließt, vorgenommen werden (§ 1941 Abs. 1 BGB). Regelungen in einem Erbvertrag können als einseitige Verfügungen der Parteien (§ 2299 BGB) oder als vertragsmäßige Bestimmungen (§ 2278 Abs. 1 BGB) getroffen werden. Damit überhaupt ein 115

Erbvertrag vorliegt, muss aber **zumindest eine vertragsmäßige Verfügung** getroffen worden sein, wobei als vertragsmäßige Verfügungen nur Erbeinsetzung, Vermächtnis und Auflage bestimmt werden dürfen (§ 2278 Abs. 2 BGB). Vertragsmäßige Verfügungen führen zu einer **vertraglichen Bindungswirkung**. Vorherige oder nachfolgende letztwillige Verfügungen, die die Position des durch eine vertragsmäßige letztwillige Verfügung Bedachten rechtlich beeinträchtigen, sind unwirksam (§ 2289 BGB).

116 Die **Ermittlung des Inhalts einer Verfügung von Todes wegen** erfolgt durch **Auslegung**. Bei der Auslegung eines Testaments geht es um die Ermittlung des Erblasserwillens nach dessen eigenem Verständnis. Bei wechselseitigen letztwilligen Verfügungen in gemeinschaftlichen Testamenten und bei Erbverträgen kommt es zudem auf den Horizont eines verständigen Dritten an. Der maßgebliche Zeitpunkt für die Auslegung ist die Errichtung der Verfügung von Todes wegen (BGH v. 30.9.1959, V ZR 66/58, BGHZ 31, 13). Wenn die Auslegung kein eindeutiges Ergebnis liefert, ist nach § 2084 BGB diejenige Auslegung vorzuziehen, bei der die Verfügung des Erblassers Erfolg haben kann. Schließlich kennt das Erbrecht eine Vielzahl von gesetzlichen **Auslegungshilfen**, die „im Zweifel" eingreifen, auf die aber nur dann zurückgegriffen werden darf, wenn die Auslegung zu keinem eindeutigen Ergebnis führt.

117 Häufige **Auslegungsfragen** sind die Abgrenzung zwischen Erbeinsetzung und Vermächtnis, (vgl. die Auslegungshilfen des § 2087 Abs. 1 und Abs. 2 BGB) die Reichweite einer Enterbung, die Abgrenzung zwischen Teilungsanordnung und Vorausvermächtnis (Rz. 128ff., 300ff.), die Abgrenzung zwischen Ersatzerbschaft und Nacherbschaft und die Abgrenzung zwischen Nießbrauchsvermächtnis und Vor-/Nacherbschaft. Von besonderer Bedeutung ist schließlich die **Auslegung von gemeinschaftlichen Testamenten** von Ehegatten bzw. Lebenspartnern. Regelmäßig testieren die Ehegatten, dass nach dem Tod eines Ehegatten zunächst der andere Ehegatte dessen Vermögen erhalten soll, und nach dem Tod des letztversterbenden Ehegatten der Nachlass an die gemeinsamen Kinder oder andere Personen fallen soll. Hier muss im Wege der Auslegung ermittelt werden, ob der überlebende Ehegatte **Vorerbe** und die Kinder **Nacherben** des verstorbenen Ehegatten sein sollten oder ob der überlebende Ehegatte als **Vollerbe** den verstorbenen Ehegatten beerbt und später die Kinder den überlebenden Ehegatten als sog. **Schlusserben** beerben, was die Praxis auch als „**Berliner Testament**" bezeichnet. Dies bedeutet zugleich, dass die Kinder beim erstverstorbenen Ehegatten enterbt werden, aber dazu berechtigt sind, ihr Pflichtteilsrecht geltend zu machen. Der entscheidende Unterschied zwischen dem „Berliner Testament" und der sog. Trennungslösung liegt in der **Stellung des überlebenden Ehegatten**. Dieser ist als Vollerbe keinen Beschränkungen bei der Verfügung über Gegenstände des Nachlasses des erstverstorbenen Ehegatten unterworfen. Wird der überlebende Ehegatte hingegen nur Vorerbe, unterliegt er je nach Ausgestaltung denselben mehr oder weniger strengen Beschränkungen (§§ 2113ff., 2136 BGB). Soweit die Auslegung zu keinem eindeutigen Ergebnis führt, gilt gem. § 2269 Abs. 1 BGB „im Zweifel" die sog. **Einheitslösung**. Das zweite Auslegungsproblem bei Ehegattentestamenten besteht darin, inwieweit die von ihnen getroffenen Verfügungen **wechselbezüglich** sind, d. h. durch den Willen beider Ehegatten so

miteinander verbunden sind, dass sie sich in ihrer Wirksamkeit gegenseitig bedingen, sie miteinander stehen und fallen sollen (BayObLG v. 17.3.2005, 1 Z BR 106/04, FamRZ 2005, 1931).

An das „Berliner Testament" knüpfen in der Gestaltungspraxis wiederum die sog. **Pflichtteilsstrafklauseln** an. Sie zielen darauf ab, den Pflichtteilsanspruch der Kinder zwar nicht rechtlich auszuschließen, aber wirtschaftlich uninteressant zu gestalten, indem derjenige, der nach dem Tod des Erstversterbenden den Pflichtteil geltend macht, auch nach dem Tod des Letztversterbenden nur den Pflichtteil erhält. Regelmäßig wird nach der sog. **Jastrowschen Klausel** (*Radke*, ZEV 2001, 136) ergänzend den übrigen Abkömmlingen seitens des Erstversterbenden ein **Vermächtnis** eingeräumt, um den Pflichtteilsanspruch des den Pflichtteil geltend machenden Abkömmlings nach dem Tod des letztversterbenden Ehegatten weiter zu kürzen. Die Höhe des Vermächtnisses entspricht dabei dem Pflichtteil und wird erst nach dem Tod des Längstlebenden fällig. Eine weitere Möglichkeit besteht darin, dass der Schlusserbe ergänzend zu dem „Berliner Testament" der Ehegatten durch notariellen Vertrag den ihm nach dem Tod des zuerst versterbenden Elternteils zustehenden **Pflichtteilsanspruch** nicht geltend macht und dem überlebenden Elternteil gegenüber bis zu dessen Tod **stundet**. Erfolgt diese Stundung zinslos, liegt in dem **Zinsvorteil keine freigebige Zuwendung** (BFH v. 31.3.2010, II R 22/09, BFH/NV 2010, 1564 = BStBl II 2010, 806). Dem bloßen Entstehen des Anspruchs mit dem Erbfall (§ 2317 Abs. 1 BGB) kommt erbschaftsteuerrechtlich noch keine Bedeutung zu; entscheidend ist die Geltendmachung. Damit wäre es nach der (überzeugenden) Ansicht des BFH nicht vereinbar, wenn man in dem Umstand, dass der Berechtigte das vorübergehende Nichtgeltendmachen des Anspruchs nicht von einer Verzinsung abhängig macht, eine freigebige, der Schenkungsteuer unterliegende Zuwendung des Berechtigten an den Verpflichteten sähe. Insbesondere stellt der BFH klar, dass seine Rspr. zur Steuerbarkeit eines zinslos gewährten Darlehens einen anderen Sachverhalt betreffe und sich daher nicht auf den Fall übertragen lasse, dass das vorläufige Nichtgeltendmachen des Pflichtteils nicht von einer Verzinsung abhängig gemacht werde.

2.5 Erbengemeinschaft

In der überwiegenden Zahl der Fälle erfolgt die Erbfolge nicht nur an einen Erben, sondern an eine **Mehrheit von Erben**. In diesem Fall geht der Nachlass als Ganzes ungeteilt auf die Erben über und sie bilden eine Erbengemeinschaft nach Maßgabe der §§ 2032ff. BGB. Die Erbengemeinschaft ist eine nicht rechtsfähige (BGH v. 11.9.2002, XII ZR 187/00, NJW 2002, 3389)**Gesamthandsgemeinschaft**. Träger der Nachlassrechte und Schuldner der Nachlassverbindlichkeiten sind die Erben gemeinsam. Der Nachlass, der auf die Erbengemeinschaft übergeht, bildet ein **Sondervermögen**, das vom Eigenvermögen der einzelnen Miterben zu trennen ist und grundsätzlich der gemeinsamen Verwaltung und Verfügung durch die Miterben unterliegt. Über die einzelnen Nachlassgegenstände kann der Miterbe nicht – auch nicht anteilig – verfügen (§ 2033 Abs. 2 BGB). Der Erblasser kann einem einzelnen Miterben besondere Verwaltungsrechte übertragen, z.B. durch Einsetzung als Testamentsvollstrecker.

120 Der steuerbare Erwerb durch Erbanfall des einzelnen Miterben wird durch seinen **Anteil am – zunächst nicht auseinandergesetzten – Gesamthandsvermögen** bestimmt. Dieser regelt sich nach der auf den jeweiligen Miterben entfallenden **Erbquote**, die der Steuerfestsetzung zugrunde zu legen ist. Die Erbquote der einzelnen Miterben folgt vorrangig aus der letztwilligen Verfügung des Erblassers und ansonsten aus der gesetzlichen Erbfolge. In der Praxis richtet sich die für die Besteuerung zugrunde zu legende Quote üblicherweise nach dem Erbschein (Rz. 102, 103). Die im Nachlass zusammengefassten **Wirtschaftsgüter** werden den Miterben über **§ 39 Abs. 2 Nr. 2 AO** anteilig als Erwerb von Todes wegen **zugerechnet**. Das Steuerrecht ordnet – abweichend vom Zivilrecht – an, dass die Miterben der Gesamthandsgemeinschaft so zu behandeln sind, als ob ihnen die einzelnen Vermögensgegenstände zu Bruchteilen zustünden. Für die erbschaftsteuerrechtliche **Bereicherung** der einzelnen Miterben ist zunächst ein Steuerwert der einzelnen Nachlassgegenstände zu ermitteln. Der Gesamtwert des Nachlasses abzüglich der Nachlassverbindlichkeiten wird dann auf die Miterben im Verhältnis jeder Erbquoten aufgeteilt. Diese Anteile stellen beim einzelnen Miterben seine Bereicherung i. S. d. § 10 Abs. 1 Satz 2 ErbStG dar.

121 Keine Erbengemeinschaft entsteht in Fällen der **Sonderrechtsnachfolge**, namentlich bei der Vererbung einer personengesellschaftsrechtlichen Beteiligung (Rz. 165). Dies gilt nicht für die **Vererbung von Anteilen an Kapitalgesellschaften, namentlich GmbH-Anteile.** Nach § 15 Abs. 1 GmbHG sind GmbH-Anteile zwingend vererblich. Da ein Geschäftsanteil nach § 18 Abs. 1 GmbHG mehreren Mitberechtigten ungeteilt zustehen kann, geht diese auf die Miterben als Erbengemeinschaft über.

2.6 Auseinandersetzung der Erbengemeinschaft

122 Die Erbengemeinschaft ist eine auf Liquidation angelegte Gesamthandsgemeinschaft. Die Verteilung des Nachlasses erfolgt durch die **Erbauseinandersetzung**. Nach § 2042 BGB kann jeder Miterbe zu jeder Zeit und ohne wichtigen Grund verlangen, dass eine entsprechende Auseinandersetzung erfolgt. Der Anspruch des einzelnen Miterben richtet sich dabei auf **Auseinandersetzung der gesamten Erbengemeinschaft**, d. h. ein auf seine Person beschränkte Teilauseinandersetzung kann ein Miterbe nicht verlangen. Auch wenn der Miterbe die Teilauseinandersetzung nicht verlangen kann, lässt sie sich entweder dadurch bewerkstelligen, dass der ausscheidende Miterbe seinen Miterbenanteil auf die anderen Miterben überträgt oder er aufgrund einer formfreien Vereinbarung – und im Regelfall gegen Abfindung – aus der Erbengemeinschaft austritt, wobei seine bisherige Beteiligung an dem Nachlass den anderen Miterben im Verhältnis ihrer bisherigen Anteile kraft Gesetzes anwächst (BGH v. 21.1.1998, IV ZR 346/96, BGHZ 138, 8; v. 27.10.2004, IV ZR 174/03, NJW 2005, 284). Der Erblasser hat die Möglichkeit, durch Verfügung von Todes wegen die Auseinandersetzung für maximal 30 Jahre auszuschließen (§ 2044 Abs. 1 Satz 1 BGB).

123 Nach dem gesetzlichen Leitbild erfolgt die Erbauseinandersetzung dergestalt, dass die Nachlassverbindlichkeiten zu berichtigen sind (§ 2046 Abs. 1 Satz 1 BGB) und der Nachlass, soweit erforderlich, in Geld umzusetzen ist (§ 2046 Abs. 3 BGB). Danach ist der Überschuss nach dem Verhältnis der Erbquoten unter den Miterben

aufzuteilen (§ 2047 Abs. 1 BGB). Die Art und Weise der Auseinandersetzung legt das Gesetz in den §§ 752ff. BGB fest. Wenn keine **Teilungsanordnungen** (Rz. 128ff.) vom Erblasser angeordnet wurden, können die Miterben den Nachlass nach ihrem Gutdünken aufteilen. Wie die Auseinandersetzung im Einzelnen durchgeführt werden soll, bestimmen die Miterben in einem **Auseinandersetzungsvertrag**.

Die Verteilung der Nachlassposten bei der Erbauseinandersetzung unter den Miterben ist **erbschaftsteuerrechtlich regelmäßig belanglos** (RFH v. 26.11.1936, III e A 66/36, RStBl 1937, 6; v. 14.3.1940, III e 28/38, RStBl 1940, 417; BFH v. 30.6.1960, II 254/57 U, BStBl III 1960, 348; v. 1.4.1992, II R 21/89, BStBl II 1992, 669). Es ist also unerheblich, wie die Nachlassgegenstände im Einzelnen verteilt und mögliche Wertdifferenzen, die sich daraus ergeben können, durch **Ausgleichszahlungen** berichtigt werden. 124

Demgegenüber können Ausgleichszahlungen im Rahmen der Erbauseinandersetzung unter den Miterben **einkommensteuerrechtlich** beachtlich sein, d. h. bei dem Empfänger steuerpflichtig sein und beim Zahlenden zu Anschaffungskosten führen (BMF v. 14.3.2006, IV B 2 – S 2242-7/06, BStBl I 2006, 253 Rz. 26; *Wacker*, in Schmidt, 2016, EStG, § 16 Rz. 637). Auszugehen ist für die einkommensteuerrechtliche Beurteilung vom **Trennungsgedanken** bezüglich Erbfall und Erbauseinandersetzung (Grundsatzentscheidung BFH [GrS] v. 5.7.1990, GrS 2/89, BStBl II 1990, 837). Nach der sog. Trennungstheorie sind Erbfall und nachfolgende Erbauseinandersetzung steuerrechtlich zwei getrennt zu beurteilende Vorgänge. Ist die Erbauseinandersetzung einkommensteuerrechtlich nicht mehr Bestandteil des Erbfalls, dann sind die mit ihr verbundenen Sachverhalte anhand der allgemeinen ertrag steuerrechtlichen Tatbestände zu bewerten. Eine Realteilung des Nachlasses ist nur insoweit erfolgsneutral möglich, als keine Ausgleichszahlungen erfolgen (BMF v. 14.3.2006, IV B 2 – S 2242-7/06, BStBl I 2006, 253 Rz. 26; *Wacker*, in Schmidt, 2016, EStG, § 16 Rz. 637). 125

Der **Auseinandersetzungsvertrag** wird häufig **Vergleichscharakter** (§ 779 BGB) besitzen. Auch wenn nach objektiven Werten einer der Beteiligten besser abschneidet als die anderen wird man zivilrechtlich regelmäßig mangels Einigung über die Unentgeltlichkeit keine Übertragung des Mehr durch Schenkung annehmen können (*Lange/Kuchinke*, Erbrecht, 5. Aufl., 2001, § 44 III 3; KG v. 17.11.1978, 1 W 739/78, OLGZ 1979, 11). Allerdings muss beachtet werden, dass eine **freigebige Zuwendung nach § 7 Abs. 1 Nr. 1 ErbStG** vorliegen kann, wenn dem einzelnen Miterben bewusst Nachlassvermögen zugewendet wird, das über dessen Erbquote hinausgeht und auf entsprechende Ausgleichszahlungen verzichtet wird (BFH v. 14.7.1982, II R 125/79; BStBl II 982, 714). 126

Bislang vom BFH nicht entschieden (offengelassen in BFH v. 10.11.1982, II R 85–86/78, II R 85/78, II R 86/78, BStBl II 1983, 329; aber RFH v. 23.9.1930, I e A 280/30, RStBl 1930, 817; v. 21.5.1931, I D 1/30, RStBl 1931, 559) ist, ob die **Ausgleichspflichten nach §§ 2050ff. BGB erbschaftsteuerrechtlich zu berücksichtigen** sind. Die h. M. und die Rspr. bejahen dies (z. B. *Meincke*, ErbStG, 2012, § 3 Rz. 21; *Weinmann*, in Moench/Weinmann, ErbStG, § 3 Rz. 83; Hülsmann, in Wilms/Jochum, ErbStG, § 3 Rz. 128; Niedersächsisches FG v. 2.9.2015, 3 K 127

388/14, ZEV 2016, 108). Die FinVerw. schließt sich dem an und geht in R E 3.1 Abs. 5 S. 5 ErbStR 2011 davon aus, dass erbschaftsteuerrechtlich der Nachlass mit seinem steuerlichen Wert den Miterben nach diesen Teilungsanteilen, also nicht nach den Erbquoten, zuzurechnen sei. Abkömmlinge des Erblassers, die als gesetzliche Erben berufen sind und schon zu Lebzeiten des Erblassers besondere Zuwendungen aus seinem Vermögen erhalten haben, müssen in bestimmten Fällen diese Zuwendungen bei der Auseinandersetzung ausgleichen. Dies gilt z. B. für Ausstattungen (§ 2050 Abs. 1 BGB i.V.m. § 1624 Abs. 1 BGB) oder wenn der Erblasser dies bei der Zuwendung (BGH v. 12.10.1988, IVa ZR 166/87, NJW-RR 1989, 259; *Weidlich*, in Palandt, 2017, BGB, § 2050 Rz. 11) angeordnet hat (§ 2050 Abs. 3 BGB). In den §§ 2055f. BGB ist geregelt, wie die **Ausgleichung durchzuführen** ist. Danach sind sämtliche auszugleichende Zuwendungen dem Nachlass hinzuzurechnen, andererseits aber vom Anteil des jeweils Ausgleichsverpflichteten abzuziehen. Für die Bewertung des Nachlasses ist der Zeitpunkt des Erbfalls maßgeblich (BGH v. 31.10.1985, IVa ZR 26/84, BGHZ 96, 174 im Anschluss an *Meincke*, AcP 178 [1978], 45).

Beispiel:

Gesetzliche Erben sind die Abkömmlinge A, B und C zu je ⅓. Der Nachlasswert beträgt 3 Mio. EUR. Daraus folgt ein quotaler Erbteil der drei Miterben von je 1 Mio. EUR. Abkömmling A hat eine ausgleichspflichtige Zuwendung in Höhe von 300.000 EUR vom Erblasser erhalten.

Zur Durchführung der Ausgleichung wird zunächst die Zuwendung dem Nachlasswert hinzugerechnet (3 Mio. EUR + 300.000 EUR = 3,3 Mio. EUR), um sodann aus der Summe die drei Anteile neu zu berechnen (Anteile je 1,1 Mio. EUR). Dem zum Ausgleich verpflichteten A wird die Zuwendung dann auf seinen Anteil angerechnet (1,1 Mio. EUR − 300.000 EUR = 800.000 EUR). Der Nachlasswert von 3 Mio. EUR wird also bei der Auseinandersetzung nicht nach dem Verhältnis von je 1 Mio. EUR, sondern nach dem Verhältnis 80 zu 110 zu 110 als Teilungsanteil verteilt. Nach h. M. bestimmt sich die erbschaftsteuerrechtlich maßgebliche Quote nach dem Teilungsanteil (8/30; 11/30; 11/30).

2.7 Teilungsanordnung

Der Erblasser kann testamentarisch **Anordnungen für die Auseinandersetzung** treffen, sog. Teilungsanordnungen (§ 2048 BGB). In einer Teilungsanordnung wird z. B. festgelegt, welche bestimmten Nachlassgegenstände (insbesondere Grundstücke, Betriebsvermögen) einzelne Miterben bei der Auseinandersetzung erhalten sollen. Teilungsanordnungen setzen eine gesetzliche oder testamentarische Erbfolge voraus und lassen die **Erbteilshöhe unberührt**. Dies hat zur Folge, dass der Gegenstand bei der Auseinandersetzung **wertmäßig auf den jeweiligen Erbteil anzurechnen** ist. Soweit der Gegenstand über den Wert der Erbquote hinausgeht, kann dieser einem Miterben durch Teilungsanordnung nur zugewiesen werden, wenn der Bedachte zugleich eine **Ausgleichspflicht** zugunsten der anderen Miterben akzeptiert (BGH v. 23.9.1981, IVa ZR 185/80, BGHZ 82, 274). Es gibt also **keine sog.**

wertverschiebenden Teilungsanordnungen (BGH v. 28.1.1987, IVa ZR 191/85, FamRZ 1987, 475). Entspricht es dem Willen des Erblassers den Miterben durch die Zuwendung eines bestimmten Nachlassgegenstandes besser zu stellen, liegt insoweit ein **Vorausvermächtnis** (§ 2150 BGB) vor. Teilungsanordnungen **wirken ausschließlich schuldrechtlich**, weswegen die Erbengemeinschaft verpflichtet ist, den Nachlassgegenstand bei Auseinandersetzung dem betreffenden Miterben zuzusprechen und auf ihn zu übereignen.

Beispiel:
Der Erblasser E hat testamentarisch verfügt, dass sein Sohn S und seine Tochter T zu je ½ als Erben eingesetzt sind. Des Weiteren hat er angeordnet, dass S den Betrieb (Verkehrswert: 1 Mio. EUR) und T private Immobilien (Verkehrswert: 800.000 EUR) beanspruchen können. Das übrige Vermögen hat einen Wert von 600.000 EUR. Da durch die Teilungsanordnung die beiden Miterben weder besser noch schlechter gestellt werden dürfen, erhält S neben dem Betrieb vom Restvermögen 200.000 EUR, T neben den Immobilien vom Restvermögen 400.000 EUR.

Läge es so, dass neben dem Betrieb und den Immobilien kein weiteres Vermögen vererbt wird, wäre der an S über die Teilungsanordnung zugewiesene Vermögenswert (Betrieb) höher als der seiner Erbquote entsprechende Wert. Deshalb müsste S den seine Erbquote übersteigenden Betrag von 100.000 EUR an T erstatten. Sieht sich S dazu nicht in der Lage, kann die Teilungsanordnung nicht vollzogen werden. Der Erblasser kann Miterben nicht verbindlich dazu verpflichten, den Wertausgleich aus ihrem Privatvermögen zu leisten (BGH v. 14.3.1984, IV a ZR 87/82, NJW 1985, 51; v. 25.10.1995, IV ZR 362/94, ZIV 1996, 70).

Erbschaftsteuerrechtlich geht der BFH davon aus, dass Teilungsanordnungen des Erblassers **für die Besteuerung des Erbanfalls des einzelnen Miterben unbeachtlich** sind (BFH v. 30.6.1960, II 254/57 U, BStBl III 1960, 348; v. 1.4.1992, II R 21/89, BStBl II 1992, 669). Der Erwerb durch Erbanfall richte sich allein nach dem durch die Erbfolge eingetretenen dinglichen Vermögenszuwachs. Die gegenteilige Position, die der BFH im Urteil v. 16.3.1977 (II R 11/69, BStBl II 1977, 640) vertreten hatte, wurde bereits mit Urteil v. 10.11.1982 (II R 85-86/78, BStBl II 1983, 329) wieder aufgegeben. Der – aus der Perspektive des erbschaftsteuerrechtlichen **Bereicherungsprinzips** überzeugende – **dogmatische Einwand**, die ErbSt sei nicht auf den Nachlass, sondern auf den Erwerb des einzelnen Erben bezogen, (*Flume*, DB 1983, 2271) wird unter Hinweis auf die Maßgeblichkeit des Bürgerlichen Rechts verworfen (z. B. *Kapp/Ebeling*, ErbStG, § 3 Rz. 129.2). Dabei wird übersehen, dass die zivilrechtliche Funktion der Erbengemeinschaft darin besteht, Drittinteressen zu schützen. Die Entstehung einer Erbengemeinschaft soll die Zersplitterung des Nachlasses vor der Befriedigung der Nachlassgläubiger (§ 2046 Abs. 1 BGB) verhindern. Sie dient damit als Haftungsgrundlage für die Nachlassgläubiger (*Heldrich*, in MünchKomm, BGB, Vor § 2032 Rz. 4). In Konsequenz wirkt eine Teilungsanordnung auch nicht dinglich. Dieser spezifisch zivilrechtlichen Zwecksetzung sollte man erbschaftsteuerrechtlich keine entscheidende Bedeutung zubilligen, wenn sich die Erben tatsächlich entsprechend der Teilungs-

129

anordnung des Erblassers auseinandersetzen. In vergleichbarer Weise hat der IV. Senat des BFH (v. 4.5.2000, IV R 10/99, BFH/NV 2000, 1039 = BStBl II 2002, 850) ertragsteuerrechtlich die Rückbeziehung einer tatsächlich vollzogenen Teilungsanordnung anerkannt.

130 Der Meinungsstreit hatte vor allem Bedeutung vor dem Hintergrund **eines vom Verkehrswert abweichenden Steuerwertes** einzelner Vermögensgegenstände. Da das ErbStRG v. 24.12.2008 (BGBl 2008, 3018) nach den Vorgaben des BVerfG (v. 7.11.2006, 1 BvL 10/02, BFH/NV 2007, Beilage, 4, 237 = BStBl II 2007, 192) mit dem Anspruch angetreten ist, alle Wirtschaftsgüter des Nachlasses auf der ersten Bewertungsstufe mit dem gemeinen Wert (Verkehrswert) zu bewerten, ist die **Problematik für die Praxis erheblich entschärft.** Abzuwarten bleibt, ob bei einzelnen Nachlassgegenständen – etwa land- und forstwirtschaftlichem Vermögen (Rz. 265) oder Grundstücken (*Wälzholz*, ZEV 2009, 113, 114 Fn. 13: Auch wenn der Gesetzgeber mit dem neuen BewG die Ermittlung gemeiner Werte anstrebe, lasse es sich nicht vermeiden, dass gleichwohl immer wieder Wertdifferenzen zwischen dem Steuerwert und dem tatsächlichen gemeinen Wert von Grundstücken einträten) – von der Rspr. weiterhin zwischen Verkehrswert und Steuerwert unterschieden wird. Schließlich ist zu fragen, wie es sich mit den Steuervergünstigungen für Betriebsvermögen verhält. Wird einem Miterben **begünstigtes Vermögen i. S. des § 13b Abs. 1 ErbStG** im Wege der Teilungsanordnung zugewiesen, dann können diejenigen Miterben, die den Betrieb nicht fortführen, die Begünstigungen nach § 13a Abs. 3 Satz 1 ErbStG nicht in Anspruch nehmen. Der Wortlaut ist allerdings nicht ganz eindeutig, weil es sich zwar darum handelt, dass die Miterben aufgrund einer letztwilligen Verfügung des Erblassers (Teilungsanordnung) das Vermögen i. S. d. § 13b Abs. 1 ErbStG übertragen müssen, doch bleibt unklar, ob mit dem „Dritten" auch der Miterbe gemeint ist. § 13a Abs. 3 S. 2 ErbStG regelt seinem Wortlaut nach die vom Erbfall zu trennende Konstellation der Erbauseinandersetzung unter den Miterben. Allerdings sind für die Auseinandersetzungsregeln primär die Teilungsanordnungen des Erblassers maßgeblich, so dass die Anwendung des S. 2 vorzuziehen ist (§ 13b ErbStG Rz. 1ff.). Die FinVerw. behandelt in R E 13a.3 ErbStR 2011 alle Varianten einheitlich und hat nur festgestellt, dass die übertragenden Miterben im Falle einer Teilungsanordnung die Befreiung unabhängig davon nicht in Anspruch nehmen dürfen, wann die Auseinandersetzungsvereinbarung geschlossen wird (R E 13a.3 Abs. 1 S. 4 ErbStR 2011). Des Weiteren stellt sich die Frage, ob derjenige Miterbe, der aufgrund der Teilungsanordnung das Betriebsvermögen übertragen bekommt, die Begünstigung nach § 13a ErbStG erhält. Er ist zwar einerseits „Erwerber", aber nach h. M. nur in Höhe seiner Erbquote. Jenseits der eigenen Erbquote folgt die subjektive Berechtigung aus § 13b Abs. 3 ErbStG, der technisch an § 13a Abs. 3 Satz 2 ErbStG anknüpft, sodass der Miterbe, der das Betriebsvermögen übernimmt, die vollständigen Steuervergünstigungen erlangt. Im Ergebnis wird dies von der Gesetzesbegründung (BT-Drs. 16/7918 S. 34) bestätigt. Für die **Begünstigung von Grundstücken nach § 13c ErbStG** gilt Entsprechendes.

130a Die FinVerw. hat in **R E 3.1 Abs. 1 ErbStR 2011** ihre bisherige, auf der Rspr. des BFH beruhende Sichtweise zur Teilungsanordnung bestätigt. In Konsequenz der

Erwerb von Todes wegen § 3

BFH-Rspr. sollen gem. R E 3.1 Abs. 1 S. 5 ErbStR 2011 die **Sonderregelungen für Teilungsanordnungen** und freie Erbauseinandersetzungen bei den Steuerbefreiungen (§ 13 Abs. 1 Nr. 4b S. 3 und 4 ErbStG, § 13 Abs. 1 Nr. 4c S. 3 und 4 ErbStG, § 13a Abs. 3 S. 2 i.V.m. § 13b Abs. 3 ErbStG sowie § 13c Abs. 2 S. 2 und 3 ErbStG) bzw. der Steuerentlastung nach § 19a Abs. 2 S. 3 ErbStG nur zu einer Änderung der Bemessungsgrundlage für die Steuerbefreiung bzw. -entlastung und **nicht zu einer Änderung der Zuordnung der Erwerbsgegenstände beim einzelnen Erben** führen.

Beispiel:
A und B sind Erben zu gleichen Teilen. Im Nachlass befindet sich ein land- und forstwirtschaftlicher Betrieb mit einem Verkehrswert von 1 Mio. EUR und einem Steuerwert von 600.000 EUR sowie Kapitalvermögen im Wert von 1 Mio. EUR. Unter Vollzug der Teilungsanordnung übernimmt A den Betrieb und B das Kapitalvermögen. Ausgleichszahlungen erfolgen wegen der Wertgleichheit nicht.

Die Begünstigung für Betriebsvermögen nach §§ 13a, 13b ErbStG steht allein dem A zu. Da die Teilungsanordnung nach Maßgabe des BFH im Übrigen erbschaftsteuerrechtlich unbeachtlich sein soll, geht auch die FinVerw. davon aus, dass der Steuerwert des Nachlasses (1,6 Mio. EUR) beiden Miterben quotal in Höhe von je 800.000 EUR zuzurechnen sei. Die Entlastung bei A beträgt entweder 100 % oder 85 % vom Steuerwert des Betriebsvermögens (600.000 EUR). Dies kann bei A selbst bei einer 100 %igen Entlastung bezogen auf 200.000 EUR zu einer Erbschaftsteuerbelastung führen, sofern die persönlichen Freibeträge bereits verbraucht sind. Umgekehrt profitiert B davon, dass sich im Nachlass ein Vermögenswert befindet, der mit einem Steuerwert unterhalb des Verkehrswerts berücksichtigt wird, ohne dass B an A dafür einen Ausgleich bezahlen müsste. Anders wäre es auch nach Meinung der FinVerw (R E 3.1 Abs. 4 ErbStR)., wenn der Erblasser dem A den Betrieb im Wege eines Vorausvermächtnisses zugewendet hätte.

Wird im Zuge einer Teilungsanordnung ein **Wertausgleich** an die anderen Miterben geleistet, weil der Wert des zugewiesenen Nachlassgegenstandes die Erbquote übersteigt, ist dies erbschaftsteuerrechtlich ebenfalls unbeachtlich. Anders verhält es sich, wenn die Teilungsanordnung in Kombination mit einem sog. **Vorausvermächtnis** auszulegen ist, indem beispielsweise der Erblasser den besser gestellten Miterben von einer diesen ansonsten treffenden **Wertausgleichsverpflichtung befreit** (zum Vorausvermächtnis R E 3.1 Abs. 4 ErbStR), Die Abgrenzung zwischen Teilungsanordnung und Vorausvermächtnis kann in der Praxis erhebliche Schwierigkeiten bereiten. Ein entscheidender Unterschied besteht darin, dass das Vorausvermächtnis den bedachten Erben grundsätzlich einen **Vermögensvorteil** verschafft, der über seinen Erbteil hinausgeht, weil er Erbquote plus Vermächtnis erhält, während die Teilungsanordnung die Auseinandersetzung des Nachlasses regelt, ohne dabei die einzelnen Erbquoten zu verändern. Entscheidend ist der erklärte Wille des Erblassers, der ggf. durch Auslegung zu ermitteln ist.

131

Beispiel:
Der Erblasser E hat testamentarisch verfügt, dass sein Sohn S und seine Tochter T zu je ½ als Erben eingesetzt sind. Des Weiteren hat er angeordnet, dass S den Betrieb (Verkehrswert: 1 Mio. EUR) und T private Immobilien (Verkehrswert: 1 Mio. EUR) beanspruchen können. Für den Fall, dass der jeweilige Wert des zugedachten Gegenstandes zum Zeitpunkt des Erbfalles den ursprünglichen Wert übersteigt, wird eine Anrechnung bzw. ein Ausgleich ausdrücklich ausgeschlossen. Das übrige Vermögen hat einen Wert von 600.000 EUR.

In diesem Fall ist davon auszugehen, dass in Höhe einer Wertdifferenz zwischen Betriebsvermögen und Immobilien in Höhe des Mehrwertes ein Vorausvermächtnis zugewandt werden soll. Unabhängig davon, wie sich die Wertverhältnisse zwischen Abfassung der letztwilligen Verfügung und dem Erbfall zueinander entwickelt haben, ist das übrige Vermögen entsprechend der Erbquote hälftig aufzuteilen. Eine Anrechnung bzw. ein Ausgleich findet nicht statt.

132 Auch wenn der zugewendete Gegenstand nach dem Verkehrswert auf den Erbteil anzurechnen ist, kann ein Vorausvermächtnis anzunehmen sein, sofern der Wille des Erblassers erkennbar ist, den bedachten Miterben gegenüber den anderen zu begünstigen (BGH v. 8.11.1961, V ZR 31/60, BGHZ 36, 115) oder der Zuwendung einen von der Erbeinsetzung unabhängigen Geltungsgrund zu geben (BGH v. 7.12.1994, IV ZR 281/93, NJW 1995, 721). Es kann also auch ein **Vorausvermächtnis ohne wertmäßige Begünstigung** geben. Besonders bedeutsam ist die Abgrenzung beim Erbvertrag, weil ein Vorausvermächtnis im Gegensatz zur Teilungsanordnung in vertragsmäßiger, also bindender Weise angeordnet werden kann (§ 2278 Abs. 2 BGB). Eine vergleichbare Bindungswirkung kann das Vorausvermächtnis beim gemeinschaftlichen Testament entfalten (§ 2070 Abs. 3 BGB). In dem Urteil v. 30.3.2009 (II R 12/07, BFH/NV 2009, 1653) hat sich der BFH mit der **zivilrechtlichen Abgrenzung** zwischen Teilungsanordnung und Vorausvermächtnis beschäftigen müssen. Der Erblasser hatte in dem Streitfall testamentarisch verfügt, der Testamentsvollstrecker solle bezüglich eines zum Nachlass gehörenden Grundstücks eine geschlossene Versteigerung durchführen. Zur Versteigerung sollten nur die Miterben zugelassen sein. Das Grundstück sollte derjenige erhalten, der das höchste Gebot abgab. Als Mindestgebot wurden zunächst 7/10 des Verkehrswerts festgesetzt. Der Meistbietende sollte sodann das Grundstück von der Erbengemeinschaft gem. diesem Gebot erwerben. Der Kaufpreis sollte zur Hälfte in bar und zur Hälfte in 10 gleichen Jahresraten entrichtet werden. Nach Auffassung des BFH (BFH v. 30.3.2009, II R 12/07, BFH/NV 2009, 1653) ließen die testamentarischen Anordnungen des Erblassers nicht den Willen erkennen, allein mit dem Grundstück **einem der Miterben über seine Erbquote hinaus einen Mehrwert zuwenden** zu wollen. Grundanliegen des Erblassers sei es gewesen, die Immobilie möglichst nicht in fremde Hände übergehen zu lassen. Bei dem Bestreben, dies zu verhindern, wollte er offensichtlich keinen konkreten Miterben – etwa wegen eines besonderen Näheverhältnisses – von vornherein gegenüber allen anderen begünstigen. Anderenfalls hätte er gleich zu dessen Gunsten ein Vorausvermächtnis – gegebenenfalls in Form eines Kaufrechtsvermächtnisses mit bewusst niedrig angesetztem Kaufpreis – anordnen können. Statt-

dessen habe er jedem Miterben dieselbe Erwerbschance eingeräumt und durch das Einziehen einer Preisuntergrenze zusätzlich dafür gesorgt, dass der Meistbietende das Grundstück nicht zu billig würde erwerben können. Unter diesen Umständen lasse sich ein Wille des Erblassers, dem Meistbietenden durch den Erwerb des Grundstücks als solches über seine Erbquote hinaus einen Mehrwert zukommen zu lassen, nicht mit hinreichender Sicherheit feststellen. Für die Praxis bedeutsam ist es, dass in Zweifelsfällen die **Feststellungslast für das Vorhandensein eines Vorausvermächtnisses** beim FA liege. Anders verhielt es sich in dem Streitfall mit der **Stundung des halben Kaufpreises**. Der BFH nimmt ein Vorausvermächtnis an, weil mit dem darin liegenden Zinsvorteil der Erblasser dem Meistbietenden bewusst einen Mehrwert über seine Erbquote hinaus zugestanden habe (BFH v. 30.3.2009, II R 12/07, BFH/NV 2009, 1653). Der Erblasser habe zwar den Vermächtnisnehmer entgegen § 2065 Abs. 2 BGB nicht selbst bestimmt und diese Bestimmung auch nicht gemäß § 2151 Abs. 1 BGB einem Dritten übertragen; er habe aber mit seinen Anordnungen zur Versteigerung des streitbefangenen Grundstücks für eine Bestimmung des Vermächtnisnehmers gem. § 2178 BGB gesorgt. Das danach erforderliche Ereignis bestand im Streitfall in der Abgabe eines Gebots, das von keinem der anderen Miterben überboten wurde. Es sei eingetreten, sobald Letzteres feststand. Auf diese Weise ist der Ersteigerer bezüglich des Zinsvorteils zum Begünstigten eines Vorausvermächtnisses bestimmt worden.

Erbschaftsteuerrechtlich ist von Bedeutung, dass das Vermächtnis in § 3 Abs. 1 Nr. 1 Alt. 2 ErbStG als eigenständiger Erwerbsgrund – im Gegensatz zur Teilungsanordnung – ausdrücklich erwähnt ist. Während die Teilungsanordnung nach h.M. integraler Bestandteil des Erwerbs durch Erbanfall ist (Rz. 100ff.), ist das **Vorausvermächtnis**, soweit es dem Begünstigten einen Vermögensvorteil verschafft, ein **eigenständiger Erwerbsgrund**. Dies zeigt sich auch daran, dass es selbstständig ausgeschlagen werden kann (*Weidlich*, in Palandt, 2017, BGB § 2150 Rz. 2). Daraus folgt steuersystematisch, dass Teilungsanordnung und Vorausvermächtnis strikt unterschieden werden müssen. Die dogmatische Frage hatte im früheren Erbschaft steuerrecht erhebliche Relevanz, weil zum einen die Bewertung des Vermächtnisses auf den Vermächtnisgegenstand bezogen war (Rz. 308ff.) und zum anderen der Steuerwert des Nachlassgegenstandes, der im Wege eines Vorausvermächtnisses vom Erblasser zugewiesen wurde, von dem Verkehrswert erheblich abweichen konnte. Das war namentlich bei Grundstücken der Fall (*Weinmann*, in Moench/ Weinmann, ErbStG, § 3 Rz. 70). Sollte sich aber unter der Geltung des durch das ErbStRG v. 24.12.2008 (BGBl 2008, 3018) neu gefassten ErbStG die zu erwartende Ansicht durchsetzen, dass die Bewertung von Grundstücken dem Verkehrswert entspricht, hätte die dogmatische Frage in diesem Bereich an praktischer Bedeutung verloren. Bei Unternehmensvermögen ist davon auszugehen, dass die vom Gesetz vorgesehenen Bewertungsmethoden allesamt dem Verkehrswert entsprechen. Dies zeigt sich daran, dass das sog. vereinfachte Ertragswertverfahren (§§ 200ff. BewG) gem. § 199 Abs. 2 BewG nur angewendet werden darf, wenn es nicht zu offensichtlich unzutreffenden Ergebnissen führt (zu land- und forstwirtschaftlichem Vermögen vgl. Rz. 265). Bezogen auf die Inanspruchnahme von **Steuervergünstigungen** für Betriebsvermögen (§ 13b ErbStG) und für Grund-

133

stücke (§ 13c ErbStG) ist die Rechtslage einfacher, weil der Vermächtnisnehmer der „Erwerber" ist, auf den die Vergünstigungen unmittelbar anwendbar sind.

134 Erbschaftsteuerrechtlich grundsätzlich unbeachtliche Teilungsanordnungen können **ausnahmsweise dann für die ErbSt relevant** sein, wenn sie sich nicht ausschließlich auf die Erbauseinandersetzung beziehen, sondern zusätzlich die Erbquoten festlegen sollen. Zwar gibt es keine sog. wertverschiebenden Teilungsanordnungen, die die Erbquoten verschieben, doch kann die Auslegung ergeben, dass Teilungsanordnungen als **Teil der Erbeinsetzung die Erbquoten erst einmal festlegen**. Man bezeichnet dies auch als sog. **Teilungsanordnung mit einer Erbquotenbestimmung** (*Meincke*, ErbStG, 2012, § 3 Rz. 25). Die Bestimmung der Erbquoten ist erbschaftsteuerrechtlich beachtlich. Eine entsprechende Quotenbestimmung kann gegeben sein, wenn die Verfügung von Todes wegen, die eine Erbeinsetzung zugunsten mehrerer Personen und eine Einzelzuweisung der Nachlassgegenstände vorsieht, im Übrigen keine Angaben über die Erbquoten macht, solche Quoten sich auch nicht im Wege der Testamentsauslegung ermitteln lassen und auch die Vermutung nicht einschlägig ist, der Erblasser habe eine Aufteilung des Nachlasses nach Kopfteilen (§ 2091 BGB) oder nach dem Verhältnis der gesetzlichen Erben (§§ 2066 ff. BGB) beabsichtigt (*Gebel*, in T/G/J, ErbStG, § 3 Rz. 117). In diesem Fall können die Erbquoten nur nach dem Verhältnis des Gesamtwerts der jeweils zugewiesenen Nachlassgegenstände zum Gesamtnachlasswert festgelegt werden (BGH v. 6.12.1989, IVa ZR 59/88, FamRZ 1990, 396; v. 16.10.1996, IV ZR 349/95, NJW 1997, 392). Eine entsprechende Anordnung ist dann auch erbschaftsteuerrechtlich zu beachten (FG München v. 28.6.1990, 10 K 10070/87, EFG 1991, 28): „Eine zur Verschiebung der Erbquoten führende und damit erbschaftsteuerlich zu beachtende Teilungsanordnung liegt nicht vor, wenn vom Erblasser von vornherein keine Erbquoten festgelegt wurden und deshalb die Teilungsanordnung selbst (mittelbar) die Erbquoten festlegte." Die FinVerw. hat sich dieser Sichtweise in R E 3.1 Abs. 2 ErbStR 2011 angeschlossen.

Beispiel:

Der Erblasser E hat testamentarisch verfügt, dass sein Sohn S den Betrieb (Verkehrswert 1 Mio. EUR) und seine Tochter T private Immobilien (Verkehrswert 500.000 EUR) erhalten sollen. Das übrige Vermögen hat einen Wert von 30.000 EUR.

Hier sprechen die Umstände trotz der Auslegungsregel des § 2087 Abs. 2 BGB dafür, dass der Erblasser E den Willen hatte, seinen Sohn S und seine Tochter T als Erben einzusetzen (BGH v. 16.10.1996, IV ZR 349/95, NJW 1997, 392). Gibt es bei der Auslegung des Erblasserwillens keine Anhaltspunkte dafür, dass S als Alleinerbe eingesetzt sein soll – auch als Modell „Unternehmererbe" bezeichnet (*Fischer*, ErbStB 2004, 395, 397) – oder für ein Unternehmensvermächtnis mit T als Alleinerbin, ist davon auszugehen, dass E beide Bedachten als Miterben einsetzen wollte. Die Erbquote wird indirekt über das Verhältnis des Werts des zugewiesenen Vermögens zum Gesamtwert des Nachlasses bestimmt (*Sommer/Kerschbaumer*, ZEV 2004, 13). Daraus ergibt sich eine Erbquote des S in Höhe von $2/3$ und der T in Höhe von $1/3$. Entsprechend dieser Quote sind sie am

Nachlass beteiligt, so dass die Aufteilungsanordnung des E betreffend das Betriebsvermögen und die privaten Immobilien als Teilungsanordnung zu verstehen ist. Das übrige Vermögen ist in entsprechender Quote 2/3 (20.000 EUR) zu ⅓ (10.000 EUR) zwischen S und T zu verteilen.

einstweilen frei 135–149

2.8 Vererbung von Personengesellschaftsanteilen

2.8.1 Gesellschaftsrechtliche Grundlagen

Die Vererblichkeit von Personengesellschaftsanteilen liegt in der **Gestaltungsfreiheit der Gesellschafter.** Diese können im **Gesellschaftsvertrag** vereinbaren, dass für den Fall des Todes eines Gesellschafters (1) die Gesellschaft aufgelöst ist und liquidiert wird – sog. **Liquidationsklausel**; (2) die Gesellschaft mit den verbleibenden Gesellschaftern fortgesetzt wird – sog. **Fortsetzungsklausel**; (3) die Gesellschaft mit den Erben des verstorbenen Gesellschafters weitergeführt wird – sog. **einfache Nachfolgeklausel**; (4) die Gesellschaft nicht mit allen, sondern nur mit einem bestimmten Erben des verstorbenen Gesellschafters weitergeführt wird – sog. **qualifizierte Nachfolgeklausel**; oder (5) die Gesellschaft von den verbleibenden Gesellschaftern fortgesetzt wird und der verstorbene Gesellschafter einem Dritten das Recht einräumt, in seine Gesellschafterstellung einzutreten – sog. **Eintrittsklausel**. 150

Soweit der Gesellschaftsvertrag keine Regelung trifft, kommt das **Regelstatut der jeweiligen Gesellschaftsform** zum Zuge. Bei der **Gesellschaft bürgerlichen Rechts (GbR)** ordnet § 727 Abs. 1 BGB die Auflösung und Liquidation an. Die GbR wandelt sich zunächst in eine **Gesellschaft in Liquidation (i. L.)** um, die noch auseinandergesetzt werden muss (§§ 730 ff. BGB). 151

Nach dem derzeitigen Regelstatut des § 131 Abs. 3 Nr. 1 HGB führt der Tod eines persönlich haftenden Gesellschafters einer **Offenen Handelsgesellschaft (OHG)** nicht zur Auflösung, sondern zum Ausscheiden des Verstorbenen aus der Gesellschaft; die Gesellschaft wird mit den verbleibenden Gesellschaftern fortgesetzt. Dies entspricht dogmatisch den Rechtsfolgen einer sog. Fortsetzungsklausel. Gleiches gilt bei der **Partnerschaftsgesellschaft (PartG)**, soweit der Gesellschaftsvertrag nicht bestimmt, dass die Partnerschaft an Dritte vererblich ist, die als Freiberufler Partner sein können (§ 9 Abs. 4 Satz 2 PartGG). In dem Sonderfall, dass die OHG oder PartG **nur (noch) aus zwei Gesellschaftern** bestand, kann die Gesellschaft beim Versterben des vorletzten Gesellschafters nicht mehr fortgesetzt werden. Denn eine Personengesellschaft mit nur einem Gesellschafter ist dem deutschen Gesellschaftsrecht fremd. Mit der Anwachsung der Beteiligung des verstorbenen Gesellschafters tritt ipso iure beim verbleibenden Gesellschafter Gesamtrechtsnachfolge ein (*Leipold*, in MünchKomm, BGB, § 1922 Rz. 87). § 131 Abs. 3 Nr. 1 HGB kommt über § 161 Abs. 2 HGB auch bei der **Kommanditgesellschaft (KG)** zum Zug, wenn ein Komplementär verstirbt. Probleme können sich ergeben, wenn der einzige oder der **letzte persönlich haftende Gesellschafter stirbt.** Dann wird nämlich die KG, wenn sich kein neuer Komplementär findet, aufgelöst, da sie ohne einen persönlich haftenden Gesellschafter nicht existieren kann. Der Tod des letzten persönlich haftenden Gesellschafters führt 152 jedoch nicht zur automatischen Beendigung der KG, sondern nur zu einer aufgelösten KG. Ein wirtschaftlich sinnvolles Ergebnis wird jedoch nur dann erreicht, wenn gesellschaftsvertraglich ein neuer Komplementär gefunden bzw. ein Fortsetzungsbeschluss als OHG getroffen wird. Aufgrund des gesellschaftsrechtlichen Typenzwangs wird aus der aufgelösten KG dann eine OHG, wenn die bisherigen Kommanditisten nach dem Tod des letzten Komplementärs kontinuierlich werbend tätig sind (BGH v. 23.11.1978, II ZR 20/78, NJW 1979, 1705).

153 § 139 HGB, der im Übrigen stillschweigend schon die Zulässigkeit der einfachen Nachfolgeklausel voraussetzt, zeigt, dass es das Gesetz dem in die Stellung eines persönlich haftenden Gesellschafters Einrückenden nicht zumutet, die Position eines persönlich haftenden Gesellschafters zu übernehmen. Ihm wird daher das Recht zugestanden, sein Verbleiben in der Gesellschaft von der **Umwandlung seiner Beteiligung in eine kommanditistische Beteiligung** abhängig zu machen. Ungeklärt ist in diesem Zusammenhang die Frage, wie hoch die Einlage des nunmehrigen Kommanditisten zu bemessen ist, wenn der Kapitalanteil des Erblassers im Zeitpunkt des Todes beispielsweise durch Entnahmen unter den (gesellschaftsvertraglich vereinbarten) Nominalbetrag abgemindert war (eingehend *K. Schmidt*, Gesellschaftsrecht, 4. Aufl., 2002, § 54 II 4c m.w.N.). Den anderen Gesellschaftern steht wiederum gem. § 139 HGB das Recht zu, die Umwandlung abzulehnen und den einrückenden Erben mit Austritt abzufinden soweit der Gesellschaftsvertrag nicht eine sog. **kombinierte Nachfolge- und Umwandlungsklausel** vorsieht, die dem Erben einen Anspruch auf Umwandlung in eine Kommanditistenstellung einräumt (*K. Schmidt*, Gesellschaftsrecht, 4. Aufl., 2002, § 54 II 4d).

154 Im Rahmen der Vorschriften zur KG befasst sich § 177 HGB mit den **Rechtsfolgen des Todes eines Kommanditisten**. Der Tod eines Kommanditisten hat danach die Auflösung der Gesellschaft nicht zur Folge, vielmehr wird die KG mangels anderer Regelung mit den Erben des Kommanditisten fortgesetzt. Ist § 177 HGB einschlägig, dann treten im Ergebnis die Rechtsfolgen einer einfachen Nachfolgeklausel ein.

2.8.2 Auflösung und Liquidation

155 Wenn eine Personengesellschaft im Fall des Todes eines Gesellschafters aufgelöst wird, (z.B. § 727 Abs. 1 BGB) fällt die Beteiligung des verstorbenen Gesellschafters in die Zuständigkeit des Erben bzw. der gesamthänderisch verbundenen **Erbengemeinschaft** (BGH v. 14.5.1986, IVa ZR 155/84, BGHZ 98, 48). Dem ist auch **erbschaftsteuerrechtlich** dadurch Rechnung zu tragen, dass für die Beteiligung an der zu beendenden Personengesellschaft nach § 12 Abs. 5 ErbStG der **Anteil des jeweiligen Gesellschafters am Betriebsvermögen der Personengesellschaft** anzusetzen ist. Es kommt im Ergebnis also auf den **gemeinen Wert der Liquidationsgesellschaft** an, der dem anteiligen Steuerwert des Gesamtwerts des Gesellschaftsvermögens der Personengesellschaft entspricht. Nach §§ 12 Abs. 5 ErbStG, 97 Abs. 1a BewG ist bei einer **mitunternehmerischen Personengesellschaft** das Betriebsvermögen auf die Gesellschafter aufzuteilen. Die Beteiligung an der Gesellschaft wird dann bei der ErbSt mit dem anteiligen Wert des Betriebsvermögens bei dem jeweiligen Erben angesetzt.

Für die **Ermittlung und Aufteilung des gemeinen Wertes eines Anteils am Betriebsvermögen** einer Personengesellschaft gilt dabei Folgendes (§ 97 Abs. 1a BewG): Für die **Wertermittlung** gilt das vereinfachte Ertragswertverfahren unter den Voraussetzungen des § 11 Abs. 2 Satz 2 BewG auch hier, (§ 199 Abs. 2 BewG) doch wird es regelmäßig zu offensichtlich unzutreffenden Ergebnissen führen und deshalb nicht anwendbar sein. Der nach §§ 11 Abs. 2 Satz 2, 199 BewG zu ermittelnde gemeine Wert anhand einer im gewöhnlichen Geschäftsverkehr aus Erwerbersicht üblichen Methode kann sich bei einer Liquidation nicht am Ertragswert orientieren. Deshalb ist auf den **Substanzwert** als Differenz zwischen den gemeinen Werten der Vermögensgegenstände und den Schulden des Unternehmens abzustellen, der zugleich die untere Wertgrenze bildet (§ 11 Abs. 2 Satz 3 BewG). Bei der **Aufteilung** sind die Kapitalkonten aus der Gesamthandsbilanz dem jeweiligen Gesellschafter vorweg zuzurechnen. Es kommt demnach nicht auf einen etwaigen Geldzahlungsanspruch an, der sich im Wege der Liquidation ergibt. Der verbleibende Wert ist nach dem für die Gesellschaft maßgeblichen Gewinnverteilungsschlüssel auf die Gesellschafter aufzuteilen. Die **Wirtschaftsgüter und Schulden des Sonderbetriebsvermögens** sind mit dem gemeinen Wert anzusetzen, der sodann dem jeweiligen Gesellschafter zuzurechnen ist. Damit ergibt sich der Wert des Anteils **als Summe aus dem Anteil am Gesamthandsvermögen und dem Wert seines Sonderbetriebsvermögens** (§ 97 Abs. 1a Nr. 3 BewG).

156

Soweit es um Verschonungsabschlag, Abzugsbetrag und StKl. I für (geerbtes) Betriebsvermögen nach §§ 13a, 19a ErbStG geht, kommen diese Vorschriften in einem ersten Schritt zur Anwendung, weil nämlich Betriebsvermögen i. S. des § 13b ErbStG vererbt worden ist. Wird jedoch die Liquidation der Personengesellschaft innerhalb der in § 13a Abs. 5 Nr. 1 ErbStG genannten siebenjährigen Behaltensfrist durchgeführt, fallen mit dem Verlust der Stellung als Gesellschafter auch die Vergünstigungen der §§ 13a, 19a ErbStG weg. Gleiches gilt für vorhandenes Sonderbetriebsvermögen, weil auch das Sonderbetriebsvermögen mit der Verwirklichung des erbschaftsteuerrechtlichen Schädlichkeitstatbestandes im Zuge der Liquidation Privatvermögen wird. Zwar mag man einwenden, dass die vorstehenden Grundsätze zunächst gekünstelt wirken, weil in einem ersten Schritt die Steuervergünstigungen gewährt werden, dann jedoch wieder rückwirkend entfallen. Demgegenüber ist jedoch darauf hinzuweisen, dass die zunächst aufgelöste Gesellschaft durch einen **Fortsetzungsbeschluss** (BGH v. 20.12.1962, VII ZR 264/60, WM 1963, 728; v. 15.12.2003, II ZR 358/01, DStR 2004, 649) auch wieder in eine werbende umgewandelt werden kann. In einer solchen Konstellation bleiben die Erben von vornherein und auf Dauer Träger mitunternehmerischen Vermögens, so dass für eine Nichtanwendung der §§ 13a, 19a ErbStG kein Raum ist. Auf die **Bewertung nach Liquidationsgrundsätzen** dürfte der Fortsetzungsbeschluss wegen des Stichtagsprinzips keine Auswirkungen haben (Gottschalk, in T/G/J, ErbStG, § 3 Rz. 141).

157

Für das **Einkommensteuerrecht** hat die Auflösung der Personengesellschaft zunächst keine Konsequenzen. Da die derzeitige Rspr. des Gr. Senats des BFH (v. 5.7.1990, GrS 2/89, BStBl II 1990, 837) strikt zwischen Erbfall und Erbauseinandersetzung trennt, wird der Erbe bzw. die Miterbengemeinschaft automatisch im

158

§ 3　　　　　　　　　　　　　　　　　　　　　　　　Erwerb von Todes wegen

Todeszeitpunkt **Mitunternehmer** nach § 15 Abs. 1 Satz 1 Nr. 2 EStG in der Personengesellschaft (BFH v. 1.3.1994, VIII R 35/92, BStBl II 1995, 241, 242).

159　Übt die Personengesellschaft keine unter § 15 Abs. 2 EStG subsumierbare gewerbliche Tätigkeit oder selbstständige Tätigkeit i. S. d. § 18 Abs. 4 EStG aus und handelt es sich auch nicht (subsidiär) um einen Anwendungsfall der gewerblich geprägten Gesellschaft des § 15 Abs. 3 Nr. 2 EStG, wird allein **Privatvermögen** vererbt. Bezüglich des Personengesellschaftsanteils liegt eine Beteiligung an einer **vermögensverwaltenden Gesellschaft** vor. Hinsichtlich des möglicherweise zugleich vererbten Geschäftsanteils an einer Komplementär-GmbH – namentlich im Fall der GmbH & Co. KG – geht es ebenfalls um den erbschaftsteuerbaren Anfall von Privatvermögen, so dass die allgemeinen erbschaftsteuerrechtlichen Grundsätze für die Erbschaftsbesteuerung bei der Rechtsnachfolge in GmbH-Geschäftsanteile anzuwenden sind (Rz. 250ff.). Der frühere § 10 Abs. 1 Satz 3 ErbStG a. F. wird durch das ErbStRG v. 24.12.2008 (BGBl 2008, 3018) in § **10 Abs. 1 Satz 4 ErbStG** klarer gefasst und regelt, dass die Übertragung von Anteilen an Personengesellschaften und anderen Gesamthandsgemeinschaften, die **nicht Mitunternehmerschaften** i. S. der §§ 15 Abs. 1 Nr. 2, Abs. 3, 18 Abs. 4 EStG sind (§ 97 Abs. 1 Nr. 5 BewG), als Übertragung der anteiligen Wirtschaftsgüter gilt. Ausweislich der Regierungsbegründung (BT-Drs. 16/7918, S. 32) soll damit die Einbeziehung u. a. von **vermögensverwaltenden Personengesellschaften** und ungeteilten Erbengemeinschaften sichergestellt werden. Sofern diese Gesellschaften mit **Schulden** belastet sind, die auf den Übernehmenden übergehen, sind diese als Gegenleistungen anzusehen und die Grundsätze der gemischten Schenkung (§ 7 ErbStG Rz. 330ff.) anzuwenden (§ 10 Abs. 1 Satz 4 Halbsatz 2 ErbStG). Damit werden Mitunternehmerschaften und solche Personengesellschaften, die nicht Mitunternehmerschaften sind, **erbschaftsteuerrechtlich unterschiedlich behandelt**. Bei Mitunternehmerschaften finden die Grundsätze der gemischten Schenkung keine Anwendung. Vielmehr reduzieren Belastungen lediglich den Steuerwert des übertragenen Vermögens.

2.8.3 Fortsetzung der Gesellschaft

160　Kommt § **131 Abs. 3 Nr. 1 HGB** zur Anwendung bzw. ist gesellschaftsvertraglich eine echte **Fortsetzungsklausel** vereinbart, scheidet der verstorbene Gesellschafter im Todeszeitpunkt aus der Gesellschaft aus. In diesem Zeitpunkt erlischt auch sein Mitgliedschaftsrecht (BGH v. 25.5.1987, II ZR 195/86, WM 1987, 981). Die Fortsetzung führt unmittelbar zu einem Anwachsungserwerb bei den verbleibenden Gesellschaftern ohne Durchgangserwerb der Erben. Auf Seiten der verbleibenden Gesellschafter kommt es über §§ 161 Abs. 2, 105 Abs. 3 HGB, 738 BGB zur gesetzlich zwingenden dinglichen **Anwachsung der gesamthänderischen Beteiligung** des Verstorbenen auf die übrigen Gesellschafter. Aus Sicht des verstorbenen Gesellschafters fallen zugunsten seiner Erben die Ansprüche aus § 738 Abs. 1 Satz 2 BGB in den Nachlass. Der **Abfindungsanspruch** des oder der Erben richtet sich nach dem anteiligen **Verkehrswert des Unternehmens** (BGH v. 21.4.1955, II ZR 227/53, BGHZ 17, 136; v. 22.10.1973, II ZR 37/72, NJW 1974, 312) und ist die Kehrseite der Fortsetzungsklausel bzw. des § 131 Abs. 3 Nr. 1 HGB. Dies kann zu Liquiditätsengpässen in der Gesellschaft führen und bildet in der kautelarjuristischen Praxis den Hintergrund z. B. für Abfindungsbeschränkungsklauseln bzw. für Ratenzahlungsvereinbarungen. Nach der Rspr. des BGH ist es für den Fall des Ausscheidens durch Tod sogar zulässig, den **Abfindungsanspruch des oder der Erben vollständig auszuschließen** (BGH v. 22.11.1956, II ZR 222/55, BGHZ 22, 186; v. 14.7.1971, III ZR 91/70, WM 1971, 1338; a. A. *Schäfer*, in MünchKomm, BGB, § 738 Rz. 61).

Da die Fortsetzung allein unter den Altgesellschaftern dazu führt, dass das personengesellschaftsrechtliche Mitgliedschaftsrecht des verstorbenen Gesellschafters nicht in den Nachlass fällt, ergeben sich gewisse **Brüche zum Erbrecht**. Auch dann, wenn Abfindungsansprüche der Erben ausgeschlossen werden sollten, sind im Zweifel etwaige Forderungen des Erblassers/Gesellschafters aus Privatkonten, Darlehenskonten usf. wie etwaige Forderungen von Drittgläubigern Bestandteil des Nachlasses. Im Übrigen führt das Anwachsungsprinzip des BGB-Gesellschaftsrechts, welches nicht dispositiver Natur ist, dazu, dass die mit dem Tod des Personengesellschafters beendete Mitgliedschaft am Nachlass des Verstorbenen vorbeigesteuert wird.

161

Hinsichtlich der **erbschaftsteuerrechtlichen Konsequenzen der Fortsetzungsklausel** ist zwischen den Erben einerseits und den verbleibenden Gesellschaftern andererseits zu unterscheiden. Da die **Erben des verstorbenen Gesellschafters** bei einer Fortsetzungsklausel nicht unmittelbar in den Gesellschaftsanteil des Erblassers einrücken, sondern allein einen schuldrechtlichen Anspruch auf Abfindung erwerben, kann für die Erbschaftsbesteuerung allein der **Wert dieses Abfindungsanspruchs** maßgebend sein. Die durch die Fortsetzungsklausel von der Nachfolge in die Personengesellschaft ausgeschlossenen Erben haben damit den Tatbestand des **§ 3 Abs. 1 Nr. 1 ErbStG** erfüllt. Der **Zahlungsanspruch ist gem. § 12 BewG** grundsätzlich mit dem Nennwert zu bewerten. Im Fall einer langfristigen Stundung findet keine Abzinsung statt, soweit die **Stundung** ihren Rechtsgrund im Gesellschaftsvertrag und nicht in einer freiwilligen Vereinbarung mit dem Erben hat (*Gebel*, in T/G/J, ErbStG, § 3 Rz. 229 zur Stundung des Pflichtteilsanspruchs). Die **Betriebsvermögensbegünstigungen** finden keine Anwendung.

162

In der Praxis wird es oft so liegen, dass die an die Erben des verstorbenen Gesellschafters zu zahlende **Abfindung geringer** ist als der gemeine Wert dieser Beteiligung. In solchen Fällen liegt zu Lasten der **verbleibenden (bereicherten) Gesellschafter** der Tatbestand des **§ 3 Abs. 1 Nr. 2 Satz 2 ErbStG** (Rz. 431 ff.) vor, soweit die an die Erben für die nicht in den Nachlass fallende Beteiligung zu zahlende Abfindung niedriger ist als der gemeine Wert der Mitunternehmerposition. Insoweit sollen die verbleibenden Gesellschafter für Zwecke der ErbSt **unentgeltlich** bereichert sein. § 3 Abs. 1 Nr. 2 Satz 2 ErbStG wirft zahlreiche Zweifelsfragen auf (Rz. 431 ff.). Für die Anwendung der §§ 13a, 19a ErbStG ist bei den verbleibenden Gesellschaftern von der Fiktion des § 3 Abs. 1 Nr. 2 Satz 2 ErbStG auszugehen, die bei der Fortsetzungsklausel eine Schenkung auf den Todesfall bewirkt. Der Erwerb der verbleibenden Gesellschafter ist also qua Fiktion ein Erwerb von Todes wegen und damit als solcher nach §§ 13a, 19a ErbStG begünstigt, weil die beiden Normen auf alle Erwerbe von Todes wegen rekurrieren (vgl. zur früheren Rechtslage R 55 Abs. 2 Satz 5 ErbStR 2003). Nach *Lüdicke/Fürwentsches* (DB 2009, 12, 15 f.) soll die

163

Anwendbarkeit der §§ 13a, 19a ErbStG nicht zweifelsfrei sein. Denn es sei nicht auszuschließen, dass die FinVerw. versuchen könnte zu argumentieren, hier gehe nicht unternehmerisches Vermögen über, sondern es würde nur die Bereicherung in Form der anteiligen Werterhöhung der bereits vorhandenen Anteile besteuert, und dies sei ein aliud. Eine vergleichbare Auffassung habe die FinVerw. im Hinblick auf Treuhandverhältnisse vertreten und die Anwendung des § 13a ErbStG a. F. verneint, weil ausschließlich auf die zivilrechtliche Lage abzustellen sei und Übertragungsgegenstand z. B. bei einer Treuhandkommanditbeteiligung der zivilrechtliche Herausgabeanspruch des Treugebers gegen den Treuhänder sei, nicht dagegen eine Kommanditbeteiligung (Koordinierter Ländererlass v. 14.6.2005, 34 – S 3811-035-25199/05, DStR 2005, 1231; vgl. dazu § 7 Rz. 41). Dem ist jedoch entgegenzuhalten, dass die Zivilrechtslage bei der vorliegenden Frage keine andere Bewertung zulässt. Gegenstand der Bereicherung ist die unmittelbare Werterhöhung des unternehmerischen Vermögens, so dass eine solche Überlegung nicht auf die Anwendung der §§ 13a, 19a ErbStG übertragen werden kann.

164 **Einkommensteuerrechtlich** führt die Fortsetzungsklausel zu einer Gewinnrealisierung, wenn die Abfindung den Buchwert des Kapitalkontos des verstorbenen Gesellschafters im Todeszeitpunkt übersteigt (§§ 16 Abs. 1 Satz 1 Nr. 2, 34 EStG: tarifbegünstigter Gewinn in Höhe des Unterschieds zwischen dem Abfindungsanspruch und dem Kapitalkonto). Der Tatbestand der Gewinnrealisierung ist dem Erblasser zuzurechnen, so dass noch und allein in der **Person des Erblassers** ein begünstigter **Veräußerungsgewinn** auf den Todeszeitpunkt verwirklicht wird (BFH v. 15.4.1993, IV R 66/92, BStBl II 1994, 227; v. 19.8.1999, IV R 67/98, BFH/NV 2000, 355 = BStBl II 2000, 179; *Wacker*, in Schmidt, 2016, EStG, § 16 Rz. 661). Zweifel bestehen an der Anwendbarkeit des **§ 34 Abs. 3 EStG**, und zwar zum einen, weil die Anknüpfung des § 34 Abs. 3 Satz 1 EStG an das Lebensalter zeigt, dass es sich um eine Maßnahme der Altersvorsorge handelt, und zum anderen, weil der Steuerpflichtige nach § 34 Abs. 3 Satz 4 EStG den „halben Steuersatz" „nur einmal im Leben in Anspruch nehmen" kann; in der vorliegenden Konstellation aber bereits verstorben ist. Die bisher h. M. (BMF v. 14.3.2006, IV B 2 – S 2242-7/06, BStBl I 2006, 253, Rz. 69; *Wacker*, in Schmidt, 2016, EStG, § 16 Rz. 661) geht jedoch von einem begünstigten Veräußerungsgewinn nach § 34 EStG aus. Korrespondierend mit der Gewinnrealisierung entstehen bei den verbleibenden Gesellschaftern **Anschaffungskosten**, weil das Ausscheiden eines Gesellschafters durch Tod gegen Abfindung aus Sicht der verbleibenden Gesellschafter als entgeltliches Anschaffungsgeschäft einzustufen ist. Die Differenz zwischen Abfindungsbetrag und Buchwert ist auf die entsprechenden Anteile an den einzelnen (materiellen, immateriellen, bilanzierten, nicht bilanzierten) Wirtschaftsgütern, die stille Reserven aufweisen, zu verteilen. Ein verbleibender Restbetrag ist nach der sog. (modifizierten) Stufentheorie als Geschäftswert zu erfassen (BFH v. 30.3.1993, VIII R 63/91, BStBl II 1993, 706; v. 14.6.1994, VIII R 37/93, BStBl II 1995, 246; *Wacker*, in Schmidt, 2016, EStG, § 16 Rz. 487ff).

2.8.4 Einfache Nachfolgeregelung

Wird für den Tod eines Gesellschafters eine **einfache Nachfolgeklausel** vereinbart oder kommt beim Kommanditisten das Regelstatut des § 177 HGB zum Zuge, rücken nach Auffassung des BGH der bzw. die Erben automatisch in die Position des verstorbenen Gesellschafters ein, wenn die gesellschaftsvertragliche Nachfolgeregelung mit der erbrechtlichen Rechtslage übereinstimmt (BGH v. 10.2.1977, II ZR 120/75, BGHZ 68, 225). Bei der Erbenmehrheit sind die dogmatischen Einzelheiten der sog. Sonderrechtsnachfolge umstritten. Nach der heute h. M. liegt kein Erwerb durch Verfügung unter Lebenden (i. S. einer gesellschaftsrechtlichen Lösung), sondern ein Erwerb von Todes wegen (i. S. einer erbrechtlichen Lösung) vor (BGH v. 22.11.1956, II ZR 222/55, BGHZ 22, 186; *K. Schmidt*, Gesellschaftsrecht, 4. Aufl., 2002, § 45 V 3b m. w. N.). Des Weiteren stellt sich die Frage, in welcher Weise erbrechtlich der Übergang stattfindet. Der Erbrechtssenat des BGH geht davon aus, dass die Mitgliedschaft als einheitliches Bündel von Rechten und Pflichten von der Sonderrechtsnachfolge erfasst werde (BGH v. 4.5.1983, IV a ZR 229/81, NJW 1983, 2376; v. 14.5.1986 IVa ZR 155/84, BGHZ 98, 48 – sog. Einheitsthese). Demgegenüber geht der Gesellschaftsrechtssenat des BGH davon aus, dass die Verwaltungsrechte nicht zum Nachlass gehören und nur die von der Mitgliedschaft abgespaltenen Vermögensrechte (z. B. Gewinnanspruch und Anspruch auf das Auseinandersetzungsguthaben) Gesamthandsvermögen der Erbengemeinschaft werden (BGH v. 30.4.1984, II ZR 293/83, BGHZ 91, 132 – sog. Abspaltungsthese). Unabhängig von dieser Streitfrage hat sich die Erkenntnis durchgesetzt, dass der Gesellschaftsanteil trotz der Sonderrechtsnachfolge zumindest **dem Wert nach zum Nachlass gehört und damit Bestandteil des Nachlasses** bleibt (BGH v. 3.7.1989, II ZR 1/89, BGHZ 108, 187; Gergen, in MünchKomm, BGB, § 2032 Rz. 60). Dieser Ansatz erscheint überzeugend. Der gesellschaftsrechtliche Hintergrund für die Rechtsfigur der Sonderrechtsnachfolge besteht allein darin, dass eine Erbengemeinschaft nach den gesellschaftsrechtlichen Vorgaben (Insb. § 139 HGB) nicht Mitglied einer werbenden Personengesellschaft, (zur Liquidationsgesellschaft BGH v. 14.5.1986, IVa ZR 155/84, BGHZ 98, 48) die eine Arbeits- und Haftungsgemeinschaft bildet, sein kann (RG v. 17.3.1886, I 12/86, RGZ 16, 40; BGH v. 22.11.1956, II ZR 222/55, BGHZ 22, 186). Mit dem automatischen Splitting der vererbten Beteiligung ist den gesellschaftsrechtlichen Vorgaben Genüge getan, so dass es im Übrigen bei den erbrechtlichen Prinzipien bleiben kann.

Das Ergebnis, dass die Erben des verstorbenen Gesellschafters ipso iure als einzelne Mitglieder der Personengesellschaft in die gesellschaftsrechtliche Position des Verstorbenen einrücken, wird **erbschaftsteuerrechtlich** nachvollzogen. Der Übergang eines Personengesellschaftsanteils im Wege einer einfachen Nachfolgeklausel ist als erbrechtlicher Erwerb von Todes wegen nach **§ 3 Abs. 1 Nr. 1 ErbStG** erbschaftsteuerpflichtig, wobei sich die Höhe der auf den einzelnen Miterben (§ 39 Abs. 2 Nr. 2 AO) entfallenden Belastung nach dem **anteiligen Wert des Betriebsvermögens** der Personengesellschaft richtet, soweit es auf den verstorbenen Gesellschafter entfällt (§ 97 Abs. 1a BewG). Liegt somit die erbschaftsteuerrechtliche Folge der einfachen Nachfolgeklausel darin, dass Erwerbsgegenstand und Bewertungssubstrat die Beteiligung des verstorbenen persönlich haftenden Gesellschafters an der Gesellschaft ist, nehmen die „einfachen Nachfolger" an den **Begünstigungen der §§ 13a, 19a ErbStG** teil. Soweit aufgrund eines (Voraus-)Vermächtnisses oder zur Durchführung einer Teilungsanordnung Beteiligungen zwischen den Miterben übertragen werden, ist § 13a Abs. 3 Satz 1 ErbStG zu beachten. Auch im Falle einer Teilungsanordnung darf ausschließlich der Miterbe, der den Anteil eines Miterben zusätzlich erhält, begünstigt sein (§ 13b Abs. 3 Satz 1 ErbStG). Wird der Mitunternehmeranteil von den Miterben abweichend von dem mit der Sondererbfolge verbundenen Anteilssplitting aufgeteilt, handelt es sich um eine Maßnahme der **Erbauseinandersetzung**, die von §§ 13a Abs. 3 Satz 2, 13b Abs. 3 ErbStG erfasst wird, so dass der Schädlichkeitstatbestand des § 13a Abs. 5 Nr. 1 ErbStG nicht einschlägig ist.

167 Schließlich wurde **§ 10 Abs. 10 ErbStG** durch das ErbStRG v. 24.12.2008 (BGBl 2008, 3018) eingeführt. Dieser regelt die zielgenaue Erfassung der Bereicherung in den Fällen von **einfachen Nachfolgeklauseln kombiniert mit Einziehungsklauseln seitens der Altgesellschafter**. Es kommt darauf an, ob ein Einziehungsrecht der Altgesellschafter gegen eine Abfindungszahlung an den/die weichenden Erben besteht. Soweit die Altgesellschafter von ihrem Einziehungsrecht Gebrauch machen und die Abfindung unterhalb des gemeinen Werts der Beteiligung liegt, stellt § 10 Abs. 10 ErbStG klar, dass sich die Bereicherung des Erben nur auf den (niedrigeren) Abfindungsanspruch beschränkt. Die Bereicherung der übrigen Gesellschafter, die den Anteil durch Ausübung ihres Einziehungsrechts erhalten, wird dagegen von § 7 Abs. 7 ErbStG erfasst, was der neu eingefügte Satz 3 verdeutlicht. Diese sind um die Differenz zwischen dem gemeinen Wert des Anteils und der gezahlten Abfindung bereichert.

168 **Einkommensteuerrechtlich** rücken die Miterben in die mitunternehmerische Position des Verstorbenen nach **§ 6 Abs. 3 Satz 1 EStG** ein und übernehmen entsprechend der Erbquote das Kapitalkonto des Verstorbenen zum Buchwert (BFH v. 13.2.1997, IV R 15/96, BStBl II 1997, 535, 538; BMF v. 11.1.1993, IV B 2 – S 2242-86/92, BStBl I 1993, 62 Rz. 80). Nach der Rspr. des BFH (v. 13.12.1990, IV R 107/89, BStBl II 1992, 510) gilt diese steuerrechtliche Konsequenz unabhängig davon, dass gesellschaftsrechtlich die Beteiligung zwar dinglich im Wege der Sonderrechtsnachfolge übergeht, jedoch schuldrechtlich/vermögensrechtlich zum Gesamthandsvermögen der Erbengemeinschaft gehört. Aufgrund der Anwendung der Buchwertverknüpfung nach § 6 Abs. 3 Satz 3 EStG kommt es demzufolge zu **keinem Gewinnrealisierungstatbestand** in der Person des Erblassers oder der Erben. Für den laufenden Gewinn gilt, dass das Jahresergebnis der Personengesellschaft den Erben entsprechend ihrer Beteiligungsquote ab dem Erbfall zugerechnet wird. Die auf die Miterben übergegangene Beteiligung, das „quotale Kapitalkonto" des Erblassers, kann in die **Erbauseinandersetzung** einbezogen und abweichend aufgeteilt werden, vorausgesetzt, dass die entsprechenden Abtretungen der gesellschaftsrechtlichen Positionen gesellschaftsrechtlich zulässig sind. Der vererbte Mitunternehmeranteil kann nach h.M. auch Gegenstand einer **steuerneutralen Realteilung** sein (BMF v. 14.3.2006, IV B 2 – S 2242-7/06, BStBl I 2006, 253 Rz. 71; *Wacker*, in Schmidt, 2016, EStG, § 16 Rz. 670). Die Anwendung der Grundsätze der Realteilung ist hier nicht unproblematisch, da es sich bezüglich des Anteils, der

der einfachen Nachfolgeklausel unterlegen hat, nicht um eine dingliche, vielmehr nur um eine schuldrechtlich-wertmäßige Einbeziehung der personengesellschaftsrechtlichen Beteiligung in die Erbauseinandersetzung handeln kann (BFH v. 29.10.1991, VIII R 51/84, BStBl II 1992, 512). Wendet man hier die Grundsätze der Realteilung nicht an, handelt es sich stets um eine im Rahmen der Erbauseinandersetzung erfolgende rechtsgeschäftliche Anteilsübertragung, die den Regeln des § 16 Abs. 1 Satz 1 Nr. 2 EStG unterfällt. Für diese Ansicht spricht insbesondere der Umstand, dass die sich aufgrund der Nachfolgeklausel vollziehende gesellschaftsrechtliche Sonderrechtsnachfolge dazu führt, dass über den Personengesellschaftsanteil eine dinglich wirkende Erbauseinandersetzung gar nicht mehr stattfinden kann. Damit müsste der Personengesellschaftsanteil einer weiteren Nachlassteilung im Wege der Realteilung entzogen sein.

2.8.5 Qualifizierte Nachfolgeklausel

In den meisten Fällen werden die Rechtsfolgen der einfachen Nachfolgeklausel unerwünscht sein, weil es zu einem großen Gesellschafterkreis kommen kann. Aus diesem Grund wird auf die **qualifizierte Nachfolgeklausel** zurückgegriffen. Bei einer qualifizierten Nachfolgeklausel soll der Personengesellschaftsanteil des Verstorbenen nur auf einen oder einzelne Erben unter Ausschluss der übrigen, weichenden Miterben übergehen. Zivilrechtlich wird der qualifizierte Nachfolger für die gesellschaftsrechtliche Position unmittelbar (BGH v. 10.2.1977, II ZR 120/75, BGHZ 68, 225) Erbe des verstorbenen Gesellschafters und rückt in dessen Kapitalkonto ein. Die Sonderrechtsnachfolge (zu dogmatischen Einzelheiten Rz. 165) ist allein davon abhängig, dass der qualifizierte Nachfolger gleichzeitig auch Erbe wird (zur Umdeutung einer gescheiterten Nachfolgeklausel in eine Eintrittklausel Rz. 174 ff.). Der qualifizierte Nachfolger rückt auch dann unmittelbar in die personengesellschaftsrechtliche Beteiligung nach, wenn diese wertmäßig mehr ausmacht, als es seiner Erbquote entspricht. Vermögensrechtlich ist er den anderen (weichenden) Miterben zu einem erbrechtlichen **Wertausgleich** verpflichtet, wenn nicht ausnahmsweise bezüglich des Werts des Personengesellschaftsanteils ein Vorausvermächtnis zugunsten des qualifizierten Nachfolgers vorliegt oder ein Ausgleich ausgeschlossen ist (BayObLG v. 27.6.1980, BReg 1 Z 47/80, DB 1980, 2028). Daraus folgt üblicherweise die Qualifikation der Nachfolgeklausel als einer sog. **dinglich wirkenden Teilungsanordnung** (*K. Schmidt*, Gesellschaftsrecht, 4. Aufl., 2002, § 45 V 4b), wobei dieses Verständnis keinen Durchgangserwerb voraussetzt. Im Ergebnis besteht Einigkeit darüber, dass im Rahmen dieses erbrechtlichen Wertausgleichs der volle Verkehrswert der Beteiligung anzusetzen ist. Da dies zu erheblichen Liquiditätsengpässen führen kann, sollte der Erblasser gegebenenfalls in der letztwilligen Verfügung zum Ausdruck bringen, dass dem Nachfolger/Erben die vererbte personengesellschaftsrechtliche Beteiligung ohne Ausgleichsverpflichtung zukommen soll. Das ist abstrakt gesehen ein einfach zu erfüllendes Ziel, doch in der Praxis schwierig, weil sich die Wertverhältnisse des zukünftigen Nachlassvermögens nach Abfassung der Verfügung von Todes wegen jederzeit ändern können und damit auch die erbrechtliche Geschäftsgrundlage überholt sein kann. Helfen kann hier eine kontinuierliche Überprüfung der Verfügung von Todes wegen mit eventueller

Änderung der erbrechtlichen Anordnungen. Wird eine Wertausgleichsverpflichtung vom Erblasser ausgeschlossen, ist die Nachfolgeklausel als **dinglich wirkendes Vorausvermächtnis** zu qualifizieren. Die Formulierung der FinVerw. in R E 3.1 Abs. 3 S. 1 und S. 2 **ErbStR 2011** ist ungenau, wenn es dort heißt: „Sonderfälle dinglich wirkender Teilungsanordnung sind die qualifizierte Nachfolgeklausel im Gesellschaftsvertrag einer Personengesellschaft und die Hoferbenbestimmung nach der Höfeordnung. Trotz der hier eintretenden Sondererbfolge können auch diese Teilungsanordnungen erbschaftsteuerrechtlich unbeachtlich sein, falls insoweit bei Auslegung der Willenserklärungen des Erblassers die Sondererbfolge zu keiner Verschiebung der Erbquote führt." Zutreffend ist vielmehr, dass **qualifizierte Nachfolgeklauseln nicht generell „Sonderfälle" dinglich wirkender Teilungsanordnung** sind, sondern entweder als dinglich wirkende Teilungsanordnungen (wenn nämlich mit Wertausgleichsverpflichtung des qualifizierten Nachfolgers) oder als dinglich wirkende Vorausvermächtnisse (wenn nämlich ohne Wertausgleichsverpflichtung des qualifizierten Nachfolgers) auszulegen sind. **Wertverschiebende Teilungsanordnungen kennt das Zivilrecht nicht** (vgl. oben Rz. 128). Im Ergebnis meint die FinVerw., dass qualifizierte Nachfolgeklauseln, die ohne Wertausgleichsverpflichtung auszulegen sind, erbschaftsteuerrechtlich beachtlich sind, auch wenn sie zivilrechtlich ein dinglich wirkendes Vorausvermächtnis sind und keine zivilrechtlich nicht anerkannte erbquotenverschiebende Teilungsanordnung. Unbeachtlich sind qualifizierte Nachfolgeklauseln, die als dinglich wirkende Teilungsanordnung auszulegen sind.

Gestaltungshinweis:

Für die Praxis ist zu empfehlen, ausdrücklich auf den Wertausgleich, der regelmäßig nicht gewünscht ist, zu verzichten und die Bezeichnung „Vorausvermächtnis" zu wählen (*Geck*, ZEV 2012, 130, 131).

170 Handelt es sich bei dem „qualifizierten Nachfolger" um den alleinigen Erben, wird ihm **erbschaftsteuerrechtlich** der gesamte Wert des Mitunternehmeranteils des Verstorbenen zugerechnet. Bei mehreren **Miterben** ordnet der II. Senat des BFH die qualifizierte Nachfolgeklausel bisher als eine abgekürzt vollzogene Teilungsanordnung (BFH v. 1.4.1992, II R 21/89, BStBl II 1992, 669) i. S. eines „Durchgangserwerbs" ein. Deshalb wendet der BFH seine **erbschaftsteuerrechtlichen Regeln für Teilungsanordnungen** an. Da Teilungsanordnungen nach der derzeitigen Rspr. des BFH erbschaftsteuerrechtlich bedeutungslos sind (BFH v. 1.4.1992, II R 21/89, BStBl II 1992, 669; zur Kritik Rz. 129ff.), gilt das Gleiche für die qualifizierte Nachfolgeklausel. Wie im Fall der einfachen Nachfolgeklausel ist zugunsten aller Miterben der Nachlasswert nach erbschaftsteuerrechtlichen Grundsätzen in toto zu ermitteln. Jedem Miterben wird dann pro rata seiner Erbquote der Gesellschaftsanteil zugerechnet, und zwar unabhängig davon, ob die Nachfolgeklausel den Gesellschaftsanteil nur einem oder nicht allen Miterben zuordnet. Die FinVerw. hat diese Sichtweise in R E 3.1 Abs. 3 S. 3 i. V. mit Abs. 1 S. 5 ErbStR 2011 übernommen.

171 Das Verständnis des BFH, dessen praktische Folgen außerhalb des LuF-Vermögens mit dem ErbStRG an Bedeutung verloren haben (vgl. aber oben Rz. 130a), da beim Betriebsvermögen die Steuerwerte dem gemeinen Wert entsprechen (Rz. 130), ist

zivilrechtlich nicht vorgegeben. Die Mitgliedschaft geht unmittelbar – also ohne Durchgangserwerb – als Erwerbsgegenstand von Todes wegen auf den qualifizierten Nachfolger über und sie gehört nur dem Wert nach zum Nachlass (Rz. 169). Sie steht auch im Widerspruch zu der **einkommensteuerrechtlichen Behandlung** seitens des IV. Senats des BFH. Im Ergebnis wird **nur** der qualifizierte Nachfolger auch steuerrechtlicher **Mitunternehmer** und führt nach **§ 6 Abs. 3 Satz 1 EStG** den vom Erblasser übernommenen Buchwert des Kapitalkontos fort (BFH v. 29.10.1991, VIII R 51/84, BStBl II 1992, 512; v. 27.7.1993, VIII R 72/90, BStBl II 1994, 625). Kommt es aufgrund dieser zivilrechtlichen Grundsätze zu einer **Ausgleichszahlung** an die weichenden Miterben, weil der qualifizierte Nachfolger mit der gesellschaftsrechtlichen Position mehr erhalten hat, als es seiner Erbquote entspricht, führen die Ausgleichszahlungen an die anderen (weichenden) Miterben nicht zu **Anschaffungskosten** des zahlungsverpflichteten qualifizierten Nachfolgers. Da die nicht zur Nachfolge berufenen Miterben zu keiner Zeit Gesellschafter und steuerrechtlich Mitunternehmer nach § 15 Abs. 1 Satz 1 Nr. 2 EStG gewesen seien, erwerbe der qualifizierte Nachfolger den Gesellschaftsanteil **unentgeltlich** und der von ihm zu zahlende Wertausgleich habe damit grundsätzlich keine einkommensteuerrechtlichen Konsequenzen (BFH v. 29.10.1991, VIII R 51/84, BStBl II 1992, 512; BMF v. 11.1.1993, IV B2 – S 2242-86/92, BStBl I 1993, 62 Rz. 83; *Wacker*, in Schmidt, 2016, EStG, § 16 Rz. 672). Im Gegenzug führen die Ausgleichszahlungen zu keinen Veräußerungsgewinnen nach §§ 16 Abs. 1 Nr. 2, 34 EStG der weichenden Miterben, d. h. der qualifiziert vererbte Personengesellschaftsanteil ist nicht in die entgeltliche Erbauseinandersetzung einzubeziehen.

Vor dem Hintergrund der **Begünstigungen nach §§ 13 a, 19a ErbStG** ist die weitere Frage aufgeworfen, ob die Unbeachtlichkeit der qualifizierten Nachfolgeklausel auch dort gelten soll (zur früheren Rechtslage bejahend R 55 Abs. 2 S. 2 ErbStR; *Gebel*, BB 1995, 173; zweifelnd *Piltz*, ZEV 1997, 61, 65; kritisch *Jülicher*, in T/G/J, Bearbeitung 2006, ErbStG, § 13 a Rz. 39f). Nach der **Rechtslage seit dem ErbStRG v. 24.12.2008** (BGBl I 2008, 3018) folgt aus § 13 a Abs. 3 ErbStG, dass selbst unter der Prämisse eines Durchgangserwerbs die weichenden Miterben nicht in die Begünstigungen der §§ 13 a, 19a ErbStG gelangen, sondern über § 13 b Abs. 3 ErbStG nur der qualifizierte Nachfolger (*Wälzholz*, ZEV 2009, 113). Geht man – wie es dogmatisch schlüssiger erscheint – von einem erbrechtlichen Direkterwerb des qualifizierten Nachfolgers aus, sind die §§ 13 a, 19a ErbStG zugunsten des qualifizierten Nachfolgers unmittelbar einschlägig. Das ist auch die Position der FinVerw (R E 13b.1 Abs. 2 S. 1 ErbStR 2011)., die den Vorgang wie einen Erwerb durch Erbanfall behandelt. **Erbschaftsteuerrechtliche Probleme** können sich mittelbar aus dem Einkommensteuerrecht beim Vorhandensein von **Sonderbetriebsvermögen** ergeben. War der Rechtsvorgänger des qualifizierten Nachfolgers Inhaber von Sonderbetriebsvermögen, gilt dies als entnommen, soweit es auf die weichenden Erben übergeht. Es wird insoweit gesamthänderisch gebundenes Vermögen der Erbengemeinschaft und ertragsteuerrechtliches Privatvermögen. Bei einem Direkterwerb könnte man bereits – mangels Übergang des gesamten Sonderbetriebsvermögens auf den qualifizierten Nachfolger – an den Voraussetzungen eines Mitunternehmeranteils und damit an begünstigungsfähigem Vermögen i. S. d. § 13 b ErbStG zweifeln (*Wacker*, in Schmidt, 2016, EStG, § 16 Rz. 674 m. w. N.). Das gleiche

172

Problem stellt sich unter der Prämisse eines Durchgangserwerbs bei dem zweiten Erwerb von den weichenden Miterben an den qualifizierten Nachfolger. Werden die §§ 13a, 19a ErbStG beim Direkterwerb allein auf den qualifizierten Nachfolger angewendet, gilt das Sonderbetriebsvermögen noch vom Erblasser als entnommen, so dass in seiner Person der Entnahmegewinn entsteht. Die erbschaftsteuerrechtlichen Begünstigungen scheiden dann – auch nur vorübergehend – für auf andere Miterben übergehendes Sonderbetriebsvermögen aus. Kommen für die weichenden Miterben unter der Prämisse eines – dogmatisch nicht stimmigen – Durchgangserwerbs (zunächst) die §§ 13a Abs. 1, 19a ErbStG zum Zuge, können die den Miterben zuzurechnenden „Entnahmen aus dem Sonderbetriebsvermögen" eine **Nachsteuer nach § 13a Abs. 5 Nr. 3 ErbStG** auslösen.

173 Kommt es also nach überwiegender Meinung zu einem quotalen Entnahmegewinn hinsichtlich des Sonderbetriebsvermögens und lässt sich die Einschlägigkeit der Begünstigungsregeln nicht mit Sicherheit garantieren, ist die **kautelarjuristische Praxis** aufgerufen, derartige Konsequenzen zu vermeiden. In diesem Zusammenhang werden verschiedene Lösungsmodelle ins Auge gefasst (*Märkle*, FR 1997, 135, *Wacker*, in Schmidt, 2016, EStG, § 16 Rz. 675; BFH v. 29.10.1991, VIII R 51/84, BStBl II 1992, 512, 515). Man könnte daran denken, den qualifizierten Nachfolger ab dem Zeitpunkt des Erbfalls auch als wirtschaftlichen Eigentümer des Sonderbetriebsvermögens anzusehen; eine andere Möglichkeit bestünde darin, das Sonderbetriebsvermögen noch zu Lebzeiten des zukünftigen Erblassers zu Buchwerten in das Gesamthandsvermögen einer nach § 15 Abs. 3 Nr. 2 EStG gewerblich geprägten Personengesellschaft einzubringen. Überlegt wird auch, dem qualifizierten Nachfolger hinsichtlich des Sonderbetriebsvermögens ein Vorausvermächtnis auszusetzen, so dass er wiederum ab Zeitpunkt des Erbfalls als wirtschaftlicher Eigentümer anzusehen wäre. Alle diese Lösungen haben ihre Tücken. So dürfte es in der Praxis einem zukünftigen Erblasser z.B. kaum zu vermitteln sein, für den Gegenstand des Sonderbetriebsvermögens eine gewerblich geprägte Personengesellschaft zu errichten. Hinsichtlich des Vorausvermächtnisses ist anzumerken, dass auch die Figur des Vorausvermächtnisses nichts an dem zivilrechtlichen Durchgangserwerb bei den Miterben, die nicht qualifizierte Nachfolger werden, ändern kann. Und die Figur des wirtschaftlichen Eigentums ist mit derartigen Unwägbarkeiten belastet, dass sie mehr Rechtsunsicherheit stiftet, als Rechtsklarheit schafft. Konstruktiv ist allein diejenige Variante, bei der der qualifizierte Nachfolger zugleich zum **Alleinerben** eingesetzt wird. Wertmäßig können die „weichenden Erben" genauso gestellt werden, wie im Falle ihrer Erbposition, nur erhalten sie Vermächtnisse, die lediglich einen schuldrechtlichen Anspruch gegen den Erben vermitteln. Damit kommt es im Zeitpunkt des Todes des versterbenden Gesellschafters zum Zusammentreffen der Nachfolge in die Personengesellschaft und der Inhaberschaft hinsichtlich des (steuerrechtlichen) Sonderbetriebsvermögens; eine Entnahme wird vermieden. Die Lösung ist zwar dogmatisch einsichtig, doch darf nicht verkannt werden, dass sie in der Praxis auf große Widerstände stoßen wird. Die meisten Erblasser sind nicht davon zu überzeugen, aufgrund steuerrechtlicher Probleme nur einen der von ihnen als Nachfolger in das Gesamtvermögen vorgesehenen Personen technisch zum Erben einzusetzen.

2.8.6 Eintrittsklausel

Im Personengesellschaftsvertrag kann bestimmt werden, dass im Falle des Todes eines Gesellschafters ein Erbe oder auch ein fremder Dritter nur schuldrechtlich berechtigt ist, in die Gesellschaft einzutreten. Diese Eintrittsklausel gewährt lediglich ein **Recht zum Beitritt zur Gesellschaft** als Gestaltungsrecht (Option) oder als Anspruch auf Aufnahme in die Gesellschaft und Einräumung von Mitgliedschaftsrechten durch Änderung des Gesellschaftsvertrags. Die Gesellschaft wird deshalb zunächst – wie im Fall einer Fortsetzung bzw. Fortsetzungsklausel – mit den verbleibenden Gesellschaftern, bei denen der Anteil des verstorbenen Gesellschafters anwächst, (§ 738 BGB) fortgesetzt. Zivilrechtlich ist die Eintrittsklausel dahingehend zu qualifizieren, dass die Mitgliedschaft in der Gesellschaft nicht erbrechtlich, sondern **durch Rechtsgeschäft unter Lebenden begründet** wird. Sie ist deshalb als berechtigender **Vertrag zugunsten Dritter i.S.d. §§ 328ff. BGB** zu qualifizieren (*K. Schmidt*, Gesellschaftsrecht, 4. Aufl., 2002, § 45 V 5). 174

Ob die Regelung des Gesellschaftsvertrags als Eintrittsklausel oder als Nachfolgeklausel gelten soll, ist durch Auslegung zu ermitteln (BFH v. 27.3.1993, VIII R 72/90, BStBl II 1994, 625; *Ulmer*, in MünchKomm, BGB, § 727 Rz. 60). Insbesondere kann dann, wenn eine einfache oder qualifizierte Nachfolgeklausel daran scheitert, dass Gesellschaftsvertrag und Erbfolge nicht aufeinander abgestimmt sind und demzufolge ins Leere gehen, nach Ansicht des BGH (v. 29.9.1977, II ZR 214/75, NJW 1978, 264) eine Umdeutung der gescheiterten Klausel in eine Eintrittsklausel erfolgen. Für die kautelarjuristische Praxis besteht der **Vorteil der Eintrittsklausel** darin, die Person des Eintrittsberechtigten noch nicht konkret bestimmen zu müssen. Da die Wirkungen der Eintrittsklausel von den erbrechtlichen Anordnungen des aus der Gesellschaft ausscheidenden Gesellschafters völlig unabhängig sind, kann z.B. das Recht, den Eintrittsberechtigten zu bestimmen, ohne weiteres auf einen Dritten übertragen werden, ohne dass es dem § 2065 Abs. 2 BGB entgegenstünde (*Crezelius*, Unternehmenserbrecht, Rz. 263). Die Eintrittsklausel macht demzufolge insbesondere Sinn, wenn geeignete Nachfolger zur Zeit des Abschlusses des Gesellschaftsvertrages noch nicht feststehen. 175

Übt der Berechtigte sein Eintrittsrecht aus, ist hinsichtlich seiner Nachfolge in die Vermögensrechte des Erblassers nach Ansicht des BGH (v. 29.9.1977, II ZR 214/75, NJW 1978, 264) zwischen einer sog. Abfindungsvariante und einer sog. Treuhandvariante zu unterscheiden. In der **Abfindungsvariante** wird der Abfindungsanspruch, der den Erben infolge des zunächst ersatzlosen Ausscheidens des verstorbenen Gesellschafters zusteht, durch Vermächtnis oder Erbeinsetzung oder gleichfalls durch Vertrag nach den §§ 328, 331 BGB dem Eintrittsberechtigten zugewendet, der mit diesem Anspruch die auf ihn im Falle der Ausübung des Eintrittsrechts entfallende Einlageverpflichtung erfüllt (BGH v. 25.5.1987, II ZR 195/86, BB 1987, 1555). In der **Treuhandvariante** halten die Altgesellschafter die Beteiligung des Verstorbenen, die ihnen im Zeitpunkt des Erbfalls anwächst, treuhänderisch für den Eintrittsberechtigten, um den Kapitalanteil bei dessen Eintritt auf ihn zu übertragen. Im Grundsatz **unterscheiden sich die beiden Varianten** dadurch, dass im Fall der Abfindungsvariante der Abfindungsanspruch zunächst ungehindert entsteht, während im Fall der Treuhandvariante ein Abfindungs- 176

Fischer

anspruch zunächst nicht entsteht und der Kapitalanteil des Ausgeschiedenen treuhänderisch für den Eintrittsberechtigten gehalten wird.

177 Die **erbschaftsteuerrechtliche Betrachtung der Eintrittsklausel** hat aufgrund des **Stichtagsprinzips** von den Verhältnissen am Todestag auszugehen (§§ 11, 9 Abs. 1 Nr. 1 ErbStG).

Bei einer Eintrittsklausel entsteht im Todeszeitpunkt zunächst ein „Schwebezustand", dessen Auflösung davon abhängig ist, ob der Eintrittsbegünstigte letztlich in die Personengesellschaft eintritt oder nicht. Für den Fall, dass von der **Eintrittsklausel kein Gebrauch** gemacht worden ist, treten nach allgemeiner Ansicht im Ergebnis die Rechtsfolgen der Fortsetzungsklausel ein. Die **Altgesellschafter** haben durch die Anwachsung zunächst einen nach § 3 Abs. 1 Nr. 2 Satz 2 ErbStG steuerbaren Tatbestand verwirklicht, wenn der Abfindungsbetrag unterhalb des gemeinen Werts der Beteiligung liegt und der nach § 5 Abs. 1 BewG als unbedingter Erwerb qualifiziert wird. Die §§ 13a, 19a ErbStG sind anwendbar, da sie das (ehemalige) Betriebsvermögen des Verstorbenen fortführen. Da der Gesellschaftsanteil des Erblassers endgültig bei den Altgesellschaftern verbleibt, haben die **Erben** einen etwaigen **Abfindungsanspruch** zum Nominalwert zu besteuern. Ihr Erwerb ist nicht nach §§ 13a, 19a ErbStG begünstigt.

178 Wenn von der **Eintrittsklausel Gebrauch gemacht** wird, verwirklichen die **Altgesellschafter** durch die Anwachsung zunächst unter der Voraussetzung des § 3 Abs. 1 Nr. 2 Satz 2 ErbStG einen steuerbaren Tatbestand, der nach §§ 13a, 19a ErbStG begünstigt ist und nach § 5 Abs. 1 BewG als unbedingter Erwerb qualifiziert wird. Mit Ausübung des Eintrittsrechts tritt eine Bedingung ein, so dass von den Altgesellschaftern ein Antrag auf Berichtigung einer Erbschaftsteuerfestsetzung gestellt werden kann (§ 5 Abs. 2 BewG). Die Begünstigungen entfallen gem. § 13a Abs. 3 ErbStG. Übt einer der Erben oder üben die Erben das Eintrittsrecht in die Gesellschaft aus, ist bei diesen für die **erbschaftsteuerrechtliche Lösung bei den Erben** zu entscheiden, ob es tatsächlich auf die Verhältnisse am erbschaftsteuerrechtlichen Stichtag ankommt oder ob nicht vielmehr das letztlich Vollzogene auch erbschaftsteuerrechtlich maßgebend sein soll. Im Einzelnen sind die Rechtsfolgen der Eintrittsklausel bei den Erben erbschaftsteuerrechtlich ungeklärt (*Gebel,* BB 1995, 2611; *Hübner,* DStR 1995, 197; *Jülicher,* in T/G/J, ErbStG, § 13b Rz. 89f.).

179 Nach bisheriger Auffassung der **FinVerw** (R 55 Abs. 2 S. 3, 4 ErbStR 2003)., die **unverändert beibehalten wird** (R E 13b.1 Abs. 2 S. 2, 3 ErbStR 2011), kommt es im Allgemeinen und insbesondere auch für die §§ 13a, 19a ErbStG auf die aufgrund der Eintrittsklausel letztlich vollzogenen Rechtsfolgen an. Geht ein Anteil an einer Personengesellschaft auf einen Erben über, der von einer **Eintrittsklausel Gebrauch** macht, soll von einem **Erwerb durch Erbanfall** auszugehen sein. Erbschaftsteuerrechtlich führt die vom Berechtigten geltend gemachte Eintrittsklausel nach den zivilrechtlichen Vorgaben weder in der Variante des Abfindungs- noch des Treuhandmodells zu einem Erwerb durch Erbanfall i. S. d. **§ 3 Abs. 1 Nr. 1 Alt. 1 ErbStG**, wenn der Berechtigte das Eintrittsrecht ausübt. Die gegenteilige Position der FinVerw (R E 13b.1 Abs. 2 S. 2 ErbStR 2011). ist zwar zivilrechtsdogmatisch nicht haltbar, weil sich der Erwerb nicht erbrechtlich, sondern durch Rechtsgeschäft unter Lebenden vollzieht. Nichtsdestoweniger wäre es erbschaftsteuerrechtlich am dog-

matisch stimmigsten, **im Fall einer Ausübung des Eintrittsrechts für erbschaftsteuerrechtliche Zwecke durchgängig den Erwerb eines Mitunternehmeranteils durch Erbfall** anzunehmen (*Crezelius*, Unternehmenserbrecht, Rz. 291). Die Lösung des Problems ist letztlich mit dem weiteren und grundsätzlicheren Problem verknüpft, ob es **für die Erbschaftsbesteuerung auf das letztlich Vollzogene ankommen** soll. Dabei ist zu berücksichtigen, dass die kautelarjuristisch zu lösende Interessenlage einer Eintrittsklausel diejenige ist, dass im Ergebnis entweder die Rechtsfolgen der Fortsetzungsklausel oder diejenigen einer Nachfolgeklausel eingreifen sollen. Dies soll nur vom Willen des Eintrittsberechtigten abhängig sein. Stellt man auf diesen Gesichtspunkt ab, dann handelt es sich bei der zitierten Auffassung der FinVerw. nicht um eine Billigkeitsmaßnahme (so aber *Jülicher*, in T/G/J, ErbStG, § 13a Rz. 38), sondern um eine **konsequente Umsetzung desjenigen, was sich aufgrund erbrechtlichen Vollzugs ergibt**. Damit wäre dann aber die bisherige Rspr. zur Bedeutungslosigkeit von Teilungsanordnungen (zur vergleichbaren Kritik Rz. 129 ff.) überholt. Die **Praxis** kann sicherlich damit leben, dass die FinVerw. das Problem „undogmatisch" in R E 13b.1 Abs. 2 S. 2, 3 ErbStR zugunsten der Steuerpflichtigen regelt. Der BFH hat die Frage bislang nicht entschieden. Im Fall einer später abweichenden Sichtweise des BFH käme dann zugunsten der Steuerpflichtigen der Gedanke des Vertrauensschutzes zum Tragen.

Wenn man mit der bisherigen Sichtweise der FinVerw (vgl. *Jülicher*, in T/G/J, ErbStG, § 13a Rz. 92). in jedem Fall der Ausübung des Eintrittsrechts die Folgen eines Erbanfalls eintreten lässt, ist zweifelhaft, ob dies auch für **Sonderbetriebsvermögen** des aufgrund der Eintrittsklausel zunächst aus der Personengesellschaft Ausgeschiedenen gilt. Zwar spricht die Auffassung der Verwaltung nur von einem „Anteil an einer Personengesellschaft", doch ist zu berücksichtigen, dass nach der aktuellen Rspr. des BFH die mitunternehmerische Beteiligung aus der Beteiligung am Gesamthandsvermögen und dem Sonderbetriebsvermögen des jeweiligen Mitunternehmers besteht (BFH v. 31.8.1995, VIII B 21/93, BStBl II 1995, 890). Insofern ist es nur folgerichtig, auch das Sonderbetriebsvermögen in die Erbschaftsbesteuerung einzubeziehen. Als Folge davon ist das Sonderbetriebsvermögen, trotz der zeitweiligen Qualität als Privatvermögen, für erbschaftsteuerrechtliche Zwecke in jeder Hinsicht als Betriebsvermögen zu behandeln; auch sind die §§ 13a, 19a ErbStG einschlägig (*Jülicher*, in T/G/J, ErbStG, § 13a Rz. 92).

Folgt man – abweichend von der hier vertretenen Ansicht – **uneingeschränkt den zivilrechtlichen Vorgaben**, ist zwischen der Treuhand- und Abfindungsvariante zu unterscheiden (so auch die h. M. zum **Einkommensteuerrecht**; *Wacker*, in Schmidt, 2016, EStG, § 16 Rz. 677 m. w. N.). Die Zuwendung des geltend gemachten Eintrittsrechts ist im Fall der **Treuhandvariante** unter **§ 3 Abs. 1 Nr. 4 ErbStG** zu subsumieren. Das gilt auch, wenn die Bestimmung des Eintrittsberechtigten erst in der letztwilligen Verfügung des Erblasser erfolgt (*Wälzholz*, in V/K/S/W, ErbStG, 2012, § 3 Rz. 96). Eine Schenkung auf den Todesfall i. S. des § 3 Abs. 1 Nr. 2 ErbStG wird von der Rspr. des BGH (v. 29.1.1964, V ZR 209/61, BGHZ 41, 95; v. 26.11.2003, IV ZR 438/02, ZEV 2004, 118 mit Anm. *Leipold*) mit der Begründung abgelehnt, dass § 331 Abs. 1 BGB Verträge zugunsten Dritter mit Wirkung für den Todesfall ausdrücklich erwähnt, ohne sie in irgendeiner Weise den Verfügungen von Todes

180

181

wegen zuzuordnen. Deswegen seien derartige Zuwendungen als reine Rechtsgeschäfte unter Lebenden zu qualifizieren und nicht in den Bereich des § 2301 BGB einzubeziehen. Bei der Eintrittsklausel in der sog. Treuhandvariante ist zu entscheiden, ob selbst dann, wenn die Altgesellschafter die treuhänderisch gehaltene Beteiligung später auf den Eintrittsberechtigten übertragen, allein aufgrund der zivilrechtlichen Treuhandstellung konsequent nach dem Stichtagsprinzip zu besteuern, zu bewerten und nach §§ 13a, 19a ErbStG zu begünstigen ist. Die FinVerw. hat im Hinblick auf Treuhandverhältnisse im Allgemeinen die Anwendung des § 13a ErbStG a.f. verneint, weil ausschließlich auf die zivilrechtliche Lage abzustellen sei und Übertragungsgegenstand z.B. bei einer Treuhandkommanditbeteiligung der zivilrechtliche Herausgabeanspruch des Treugebers gegen den Treuhänder sei, nicht dagegen die Kommanditbeteiligung als solche (Koordinierter Ländererlass v. 14.6.2005, DStR 2005, 1231). Allerdings wendete die FinVerw. diese Grundsätze auf die Eintrittsklausel nicht an, weil in jedem Fall bei Ausübung des Eintrittsrechts die Folgen eines Erbanfalls eintreten sollten (*Jülicher*, in T/G/J, ErbStG, § 13b Rz. 90.). Nach der Rechtslage unter Geltung des ErbStRG v. 24.12.2008 (BGBl I 2008, 3014) ergibt sich das gleiche Ergebnis zumindest aus dem Rechtsgedanken der §§ 13b Abs. 3, 13a Abs. 3 Satz 1 ErbStG.

182 Bei der **Abfindungsvariante** besteht das zentrale dogmatische Problem darin, dass der zivilrechtliche Zuwendungsgegenstand der Abfindungsanspruch ist. Die Zuwendung kann dabei entweder durch Vermächtnis, (§ 3 Abs. 1 Nr. 1 Alt. 2 ErbStG) als Schenkung auf den Todesfall (§ 3 Abs. 1 Nr. 2 Satz 1 ErbStG) oder als Erwerb durch Vertrag zugunsten Dritter (§ 3 Abs. 1 Nr. 4 ErbStG) angeordnet werden. Geht man aufgrund des Stichtagsprinzips von den Verhältnissen am Todestag aus, (§§ 11, 9 Abs. 1 Nr. 1 ErbStG) dann müsste der noch in der Person des Erblassers entstandene Abfindungsanspruch mit seinem Nominalwert in die erbschaftsteuerrechtliche Bewertung einzubeziehen sein. Zugleich würden die Verschonungsregelungen der §§ 13a, 19a ErbStG nicht greifen. Zwar ist zu Lasten der verbleibenden Gesellschafter, bei denen zunächst eine Anwachsung stattgefunden hat, eine Inanspruchnahme der Verschonungsregelung nach § 13a Abs. 3 Satz 1 ErbStG nicht möglich. Andererseits knüpft § 13b Abs. 3 Satz 1 ErbStG ersichtlich nur an den Fall des § 13a Abs. 3 ErbStG an, so dass bei einem entgeltlichen Erwerb des Gesellschaftsanteils die Vergünstigungen nicht auf den Erwerber übergehen. Insgesamt bleiben die Rechtsfolgen der Eintrittsklausel jedenfalls in der Abfindungsvariante auch nach Inkrafttreten des ErbStRG v. 24.12.2008 (BGBl I 2008, 3018) **erbschaftsteuerrechtlich unklar und problematisch.**

183–249 einstweilen frei

2.9 Vererbung von GmbH-Anteilen

2.9.1 Erbfall

250 Beim Tod des Inhabers eines Geschäftsanteils an einer GmbH folgt aus der Existenz der juristischen Person, dass die Kapitalgesellschaft vom Erbfall unberührt bleibt. **§ 15 Abs. 1 GmbHG** stellt klar, dass der Geschäftsanteil vererblich ist (zur Vererblichkeiten von Anteilen an einer englischen Limited mit Sitz im Inland vgl. *v. Oert-*

zen/*Cornelius*, ZEV 2006, 106). Nach dem Regelstatut des GmbHG fällt damit der Geschäftsanteil in den Nachlass und bei Vorhandensein mehrerer Miterben in die Zuständigkeit der Erbengemeinschaft. Nach unbestrittener Auffassung (z.B. *Hueck/Fastrich*, in Baumbach/Hueck, GmbHG, 2017, § 15 Rz. 9) kann die Vererblichkeit der GmbH-Beteiligung weder durch den Gesellschaftsvertrag ausgeschlossen werden, noch kann die Satzung eine sich mit dem Erbfall automatisch vollziehende Einziehung vorsehen.

Die Vererbung von GmbH-Anteilen nach § 15 Abs. 1 GmbHG ist ein Anwendungsfall des **§ 3 Abs. 1 Nr. 1 ErbStG**. Der Anteil wird bei dem Alleinerben oder den einzelnen Miterben (§ 39 Abs. 2 Nr. 2 AO) erfasst und ist erbschaftsteuerrechtlich nach §§ 12 Abs. 1, 5 ErbStG, 11 Abs. 2 Satz 1 BewG grundsätzlich mit dem **gemeinen Wert** zu bewerten. Hinsichtlich der erbschaftsteuerrechtlichen Privilegierungen nach den **§§ 13 a, 19 a ErbStG** ist darauf hinzuweisen, dass im **Betriebsvermögen** (auch im Sonderbetriebsvermögen) gehaltene Beteiligungen an in- und ausländischen Kapitalgesellschaften (indirekt) begünstigt sind, wenn sie dem inländischen oder EU-/EWR-ausländischen Betriebsvermögen i.S. des § 13b Abs. 1 Nr. 2 ErbStG zuzurechnen sind (§ 13b ErbStG Rz. 21). Es kommt dabei weder auf den Sitz noch auf die Geschäftsleitung oder die Belegenheit des Vermögens der Kapitalgesellschaft an. Auch die Beteiligungsquote ist insoweit irrelevant. 251

Privatvermögen ist nach **§ 13b Abs. 1 Nr. 3 ErbStG** nur dann privilegiert, wenn es sich um eine unmittelbare Beteiligung handelt, die Kapitalgesellschaft zur Zeit der Entstehung der Steuer **Sitz oder Geschäftsleitung im Inland oder in einem EU-** bzw. **EWR-Staat** hat und der Erblasser am Nennkapital dieser Gesellschaft **zu mehr als 25 % unmittelbar beteiligt** war (§ 13b ErbStG Rz. 21). Mittelbare Beteiligungen werden bei der Berechnung der Beteiligungsquote nicht berücksichtigt. Ebenso wenig findet eine Zusammenrechnung der unmittelbaren und mittelbaren (im Betriebs- oder Sonderbetriebsvermögen gehaltenen) Beteiligungen statt. 252

Zwar sind Beteiligungen an Kapitalgesellschaften in **Drittstaaten** nicht begünstigt, doch kommt es für die Begünstigungen andererseits nicht darauf an, wo sich das Vermögen der Kapitalgesellschaft befindet und welcher Betriebsstätte es dient. Dieses kann sich (sogar überwiegend oder ausschließlich) auch in einem Drittstaat befinden. Ebenso wenig ist das Halten von Beteiligungen an Tochter- und ggf. auch Enkelgesellschaften in Drittstaaten schädlich. Soll eine Beteiligung an einer Kapitalgesellschaft mit Sitz und Geschäftsleitung in einem Drittstaat übertragen werden, so könnte die Inanspruchnahme der Begünstigung durch die **Zwischenschaltung** einer inländischen oder EU-/EWR-ausländischen Kapitalgesellschaft erreicht werden (*Scholten/Korekji*, DStR 2009, 73, 75). 253

Um die Mindestbeteiligungsquote von mehr als 25 % zu erreichen, sieht § 13b Abs. 1 Nr. 3 Satz 2 ErbStG eine Sonderregelung für den **Fall der „gepoolten" Anteile** vor (§ 13b ErbStG Rz. 48, 51 ff.). Danach bestimmt sich die Mindestbeteiligung nach der Summe der dem Erblasser unmittelbar zuzurechnenden Anteile und der Anteile weiterer Gesellschafter, wenn der Erblasser und die weiteren Gesellschafter untereinander verpflichtet sind, (1) über die Anteile nur einheitlich zu verfügen oder ausschließlich auf andere derselben Verpflichtung unterliegende Anteilseigner zu übertragen („**Verfügungsbeschränkung**") und (2) das Stimmrecht 254 gegenüber nicht gebundenen Gesellschaftern einheitlich auszuüben („**einheitliche Stimmrechtsausübung**"). Diese Sonderregelung eröffnet den mit Zwerganteilen an (meist familiengeführten) Kapitalgesellschaften Beteiligten die Möglichkeit, von den Begünstigungen nach §§ 13a, 19a ErbStG zu profitieren. Die Auslegung und Handhabung dieser Vorschrift dürfte in der Praxis jedoch nicht unproblematisch sein (näher *Scholten/Korekji*, DStR 2009, 73).

2.9.2 Einziehungsklausel

255 Anders als im Recht der Personengesellschaft kann die Rechtsfolge des § 15 Abs. 1 GmbHG **nicht** durch eine **Sondererbfolge** namentlich i.S. einer qualifizierten Nachfolgeklausel verhindert werden. Zwar finden sich in manchen GmbH-Satzungen Klauseln, die mit „Nachfolgeklauseln" überschrieben sind, doch handelt es sich dabei vor dem Hintergrund des § 15 Abs. 1 GmbHG um eine unpräzise Ausdrucksweise. Die Klausel regelt allein, wer Nachfolger in der Weise werden soll, dass der Anteil aus der Zuständigkeit der Erbengemeinschaft auf den Nachfolger übertragen werden soll (BGH v. 5.11.1984, II ZR 147/83, BGHZ 92, 386). Daraus ergeben sich verschiedene gesellschaftsrechtliche Fragen, die bei der Abfassung einer Einziehungsklausel bedacht werden müssen (vgl. z.B. *Wachter*, GmbH-Geschäftsanteile im Erbfall, 2012, 187 ff. mit einem Formulierungsvorschlag für eine Einziehungsklausel (241 m.w.N. zu Formulierungsvorschlägen in Fn. 919)).

256 Soll die Gesellschaft nur **mit den bisherigen Gesellschaftern fortgesetzt** werden, kommt eine in der Satzung aufzunehmende Einziehungsklausel in Betracht (§ 34 Abs. 1 GmbHG). Sie führt zwar nicht zu einem Ausschluss der Vererblichkeit, doch sind die übrigen Gesellschafter dann berechtigt, den Anteil des verstorbenen Gesellschafters einzuziehen, so dass er im Ergebnis vernichtet wird. Hinsichtlich des Verfahrens der Einziehung ist ein **Gesellschafterbeschluss** erforderlich, der den Anteil unmittelbar vernichtet. Der Erbe bzw. die Erbengemeinschaft scheidet/scheiden mit Einziehung des Anteils aus, da die mitgliedschaftsrechtliche Grundlage entzogen wird. Da aufgrund § 15 Abs. 1 GmbHG der Anteil trotz der Einziehungsklausel zunächst in die Zuständigkeit des Erben/der Erben fällt, sollte geregelt werden, dass das **Stimmrecht** bezüglich des einzuziehenden Anteils ab dem Zeitpunkt des Todes ruht.

257 Die wesentliche Problematik einer Einziehungsklausel liegt in den Regelungen über ein etwaiges **Einziehungsentgelt**. Enthält die GmbH-Satzung keine Kautelen über das Einziehungsentgelt, erhalten die von der Einziehung betroffenen Erben nach ganz h.M. einen **Anspruch, der sich nach dem vollen Verkehrswert** des einzuziehenden Anteils bemisst (BGH v. 16.12.1991, II ZR 58/91, BGHZ 116, 359; *Westermann*, in Scholz, 2012, GmbHG, § 34 Rz. 25). Kommt es zu einer Abfindung nach dem Verkehrswert, ist der Unternehmenswert nach betriebswirtschaftlichen Grundsätzen zu ermitteln (BGH v. 16.12.1991, II ZR 58/91, BGHZ 116, 359, 371). Da für die Unternehmensbewertung regelmäßig ein Sachverständigengutachten erforderlich sein wird, sollte in der Satzung ein rational nachprüfbares Verfahren geregelt werden. Satzungsregelungen dürfen zu einer Beschränkung der Abfindung gegenüber dem Verkehrswert führen, möglich ist sogar der völlige **Abfindungs-**

ausschluss, wenn der Zweck der Abfindungsregelung der Erhalt des Gesellschaftsvermögens ist (BGH v. 20.12.1976, II ZR 115/75, GmbHR 1977, 81).

Erbschaftsteuerrechtlich fällt auch bei der Einziehungsklausel der Anteil zunächst in den Nachlass, so dass zunächst **§ 3 Abs. 1 Nr. 1 ErbStG** erfüllt ist. Bei der Einziehungsklausel geht es um den **Erwerb unter einer auflösenden Bedingung,** wobei die Bedingung in der Ausübung des Einziehungsrechts zu sehen ist (ebenso *Wachter*, GmbH-Geschäftsanteile im Erbfall, 2012, 258 ff. m. w. N. zum Meinungsstand). Auflösend bedingte Erwerbe sind zunächst wie unbedingte Erwerbe zu bewerten (§ 5 Abs. 1 BewG). Tritt die Bedingung ein, hat eine Korrektur zu erfolgen (§ 5 Abs. 2 BewG). Wird ein Einziehungsentgelt gezahlt, so ist bei den Erben letztlich der nominelle Abfindungsbetrag erbschaftsteuerpflichtig (*Gottschalk,* in T/G/J, ErbStG, § 3 Rz. 155). *Wachter* (*Wachter,* GmbH-Geschäftsanteile im Erbfall, 2012, 262 ff.) vertritt demgegenüber nach einer ausführlichen Analyse der einzelnen Tatbestände des ErbStG, dass es gegenwärtig an einer Eingriffsnorm für die Besteuerung des Abfindungsanspruchs fehlt.

258

Probleme gibt es dann, wenn der Abfindungsbetrag, das Einziehungsentgelt, unter dem steuerrechtlichen (gemeinen) Wert des Anteils liegt. Dies ist aus Sicht der mittelbar begünstigten Gesellschafter die von § 3 Abs. 1 Nr. 2 ErbStG angesprochene Konstellation (Rz. 435). Für den Erben gilt § 10 Abs. 10 S. 2 Alt. 2 ErbStG, wonach nur der Abfindungsanspruch zum Vermögensanfall gehört.

259

Da mit Wirksamwerden der Einziehung der Gesellschaftsanteil selbst unmittelbar vernichtet wird und deshalb auch weder auf die Gesellschaft noch auf die verbleibenden Gesellschafter übergehen kann, ergeben sich im Hinblick auf die Begünstigungsvorschriften der §§ 13a, 19a ErbStG Ungereimtheiten. Aus Sicht des Erben bzw. der Erbengemeinschaft, die durch die Einziehung ihren Geschäftsanteil verliert, ist § 13a Abs. 3 S. 1 ErbStG nicht einschlägig, weil es an einem „Übertragen" fehlt. Auch § 13a Abs. 5 Nr. 4 ErbStG ist nicht anwendbar, weil die Einziehung weder eine „Veräußerung" noch eine „verdeckte Einlage" darstellt. Ebenso wenig kann aus Sicht der mittelbar begünstigten Gesellschafter oder der Gesellschaft eine Übertragung von begünstigtem Vermögen i. S. d. § 13b Abs. 3 S. 1 ErbStG angenommen werden (zur früheren Unanwendbarkeit vgl. R 7 Abs. 3 Sätze 7, 9 ErbStR; *Kapp/Ebeling,* ErbStG, § 3 Rz. 249). Im Ergebnis liegt eine (bewusste) Regelungslücke vor, weil es der Gesetzgeber abgelehnt hat, die Fiktion des § 3 Abs. 1 Nr. 2 S. 3 ErbStG im Bereich der §§ 13a, 13b ErbStG nachzuvollziehen (Trotzdem spricht sich *Wachter* (GmbH-Geschäftsanteile im Erbfall, 2012, 298 ff.) für die Anwendbarkeit der Verschonungsregeln aus). Die Rspr. ist an diese systemwidrige Entscheidung des Gesetzgebers gebunden, soweit man nicht einer verfassungskonformen Auslegung das Wort redet. Hier erscheint eine gesetzliche Korrektur dringend geboten, zumal auch die FinVerw. in R E 3.4 S. 9 ErbStR 2011 von der Nichtanwendbarkeit der §§ 13a, 19a ErbStG ausgeht. Im Übrigen bleibt es bei dem bisherigen Gestaltungshinweis, dass vor dem Hintergrund der Begünstigungen der §§ 13a, 19a ErbStG von Einziehungsregelungen Abstand genommen werden sollte (*Kapp/Ebeling,* ErbStG, § 3 Rz. 249).

260

2.9.3 Abtretungsklausel

261 Anstelle der Einziehung nach dem Todesfall kann die GmbH-Satzung auch die Pflicht der Erben statuieren, den Anteil an Miterben, eine dritte Person oder die Gesellschaft selbst abzutreten (RG v. 15.6.1928, II 502/27, RGZ 121, 294; *Fastrich*, in Baumbach/Hueck, 2017, GmbHG, § 15 Rz. 13). Auch hier gilt es bei der Satzungsbestimmung die gesellschaftsrechtlichen Implikationen genau zu beachten (vgl. z. B. *Wachter*, GmbH-Geschäftsanteile im Erbfall, 2012, 305 ff. mit Formulierungsvorschlag für eine Zwangsabtretungsklausel (315 m. w. N. zu Formulierungsvorschlägen in Fn. 1196)). Bezüglich des **Abtretungsentgelts** gelten die gleichen Grundsätze wie bei der Einziehungsklausel. Im Prinzip muss das Abtretungsentgelt dem Verkehrswert entsprechen.

262 Auch bei der Abtretungsklausel geht die kapitalgesellschaftsrechtliche Beteiligung für erbschaftsteuerrechtliche Zwecke zunächst auf den Erben oder die Erben über, so dass § 3 Abs. 1 Nr. 1 ErbStG gegeben ist. Wird die Abtretung gegen Entgelt durchgeführt, versteuern die Erben letztlich den Nominalwert des Abfindungsentgelts; dieses Abfindungsentgelt gilt als vom Erblasser erworben. Nach Auffassung von *Wachter* (*Wachter*, GmbH-Geschäftsanteile im Erbfall, 2012, 321 ff.) fehlt es allerdings an einem einschlägigen Eingriffstatbestand, sodass das Abtretungsentgelt nicht steuerbar wäre. Der Wortlaut des **§ 10 Abs. 10 Satz 2 Alt. 1 ErbStG** ist insofern unglücklich, als er nur die Varianten der Abtretung an Mitgesellschafter oder die Gesellschaft, nicht aber an Dritte erfasst. Da die Vorschrift als Ausdruck des erbschaftsteuerrechtlichen Bereicherungsprinzips nur klarstellende Bedeutung hat, kann bei einer Übertragung an Dritte nichts anderes gelten. Deswegen sollte man auch die nach dem Wortlaut notwendige Einschränkung, die Übertragung müsse „unverzüglich" erfolgen, lediglich als Vorkehrung gegenüber missbräuchlichen Gestaltungen interpretieren. Erfolgt eine Abtretung, kann der Erbe bzw. können die Miterben die Begünstigungen nach §§ 13a, 19a ErbStG nicht in Anspruch nehmen (§§ 13a Abs. 3 Satz 1, 19a Abs. 2 Satz 2 ErbStG).§ 13b Abs. 3 Satz 1 ErbStG regelt zwar nur den Sonderfall der Erbauseinandersetzung. Soweit man die Vorschrift aber als Ausdruck eines allgemeinen Rechtsgedankens dahingehend versteht, dass bei Einschlägigkeit der §§ 13a Abs. 3 Satz 1, 19a Abs. 2 Satz 2 ErbStG der Erwerber die Begünstigungen erhält, können der oder die Erwerber – je nach Durchführung die Gesellschaft, Mitgesellschafter oder Dritte – die Begünstigungen in Anspruch nehmen.

2.10 Anerbenrecht (Höferecht)

263 Anerbenrecht ist das in einzelnen Ländern historisch, aber uneinheitlich gewachsene **bäuerliche Erbrecht**, das einen landwirtschaftlichen Hof nebst Zubehör und Bestandteilen zur Erhaltung der wirtschaftlichen Einheit stets nur einem Erben (dem Anerben) zufallen lassen will (*Weidlich*, in Palandt, 2017, BGB, EGBGB Art. 64 Rz. 1). Bei der erbrechtlichen Ausgestaltung der Hofnachfolge ist zwischen der unmittelbar durch **Sonderrechtsnachfolge** außerhalb des BGB (Höferecht im engeren Sinn) als auch der mittelbar durch ein **Übernahmerecht** im Rahmen der Erbteilung (Höferecht im weiteren Sinn) zu unterscheiden. Bei Sonderrechtsnachfolge wird der Hof **mit dem Erbfall unmittelbar Alleineigentum** des Hoferben.

Die weichenden Erben haben gegen ihn zum Ausgleich schuldrechtliche **Abfindungsansprüche**, die regelmäßig zugunsten des Hoferben begrenzt sind. Zu Ländern mit Anerbenrecht gehören Hamburg, Niedersachsen, Schleswig-Holstein, Nordrhein-Westfalen, Bremen, Hessen, Rheinland-Pfalz und Baden-Württemberg (näher *Weidlich*, in Palandt, 2017, BGB, EGBGB Art. 64 Rz. 2). Die HöfeO i.d.F. v. 26.7.1976 (BGBl I 1976, 1933; zuletzt geändert durch Gesetz v. 20.11.2015, BGBl I 2015, 2010, 2014 f.) regelt ein landwirtschaftliches Anerbenrecht in den Ländern Niedersachsen, Nordrhein-Westfalen, Hamburg und Schleswig-Holstein, die Sonderrechtsnachfolge ergibt sich aus § 4 HöfeO. In anderen Ländern ist eine Sonderrechtsnachfolge z.B. in Art. 9 Abs. 1 des Württembergischen Anerbengesetzes v. 14.2.1930 (RegBl 1930, 5; BMF v. 11.1.1993, IV B 2 – S 2242-86/92, BStBl I 1993, 62 Rz. 90) vorgesehen.

Besteht nach Höferecht keine Sondererbfolge, sondern nur ein (schuldrechtliches) **Übernahmerecht** des Hoferben, wird es überwiegend als Fall einer **gesetzlichen Teilungsanordnung**, z.T. aber auch als **gesetzliches Vorausvermächtnis** qualifiziert, weil die Zuwendung des Übernahmerechts unter Berücksichtigung evtl. zu leistender Abfindungen regelmäßig einen Mehrerwerb des Übernahmeberechtigten gegenüber seiner Erbquote zur Folge habe (*Wälzholz*, in V/K/S/W, ErbStG, 2012, § 3 Rz. 101 m.w.N.). Dieser zivilrechtlichen Qualifikation und Abgrenzung kommt – jedenfalls nach bisherigem Stand der Rspr. des BFH – **erbschaftsteuerrechtlich entscheidende Bedeutung** zu. Bei Annahme einer Teilungsanordnung wären das Übernahmerecht des Hoferben und damit verbundene Ausgleichszahlungen an die Miterben unbeachtlich. 264

In dem zivilrechtlichen Meinungsstreit spiegelt sich das grundsätzliche **Problem der „zutreffenden" Bewertung von LuF-Grundvermögen** wider. Für Zwecke der ErbSt kann der Mindestwert gem. § 164 BewG einen Veräußerungspreis durchaus unterschreiten, denn er wird durch die Kapitalisierung des nach Region und Nutzungsart festgelegten üblichen Pachtpreises ermittelt, und ebenso wird der Fortführungswert gem. § 165 BewG in vielen Fällen hinter dem Sachwert zurück bleiben. Erst bei der Veräußerung bzw. Aufgabe eines Betriebs oder eines Mitunternehmeranteils an einem solchen Betrieb nach dem Erbfall tritt **an die Stelle des Fortführungswerts** nach § 166 Abs. 2 BewG der **Liquidationswert** als Bewertungsmaßstab (zur Bewertung allgemein *Hutmacher*, ZEV 2008, 22). Man wird also in diesen Bewertungsvorschriften eine **Privilegierung der Landwirtschaft** erkennen können, was wiederum verfassungs- und europarechtliche Bedenken aufwirft (*Spiegelberger/Wartenburger*, ErbStB 2009, 98, 101 unter Bezugnahme auf *Viskorf*, Stuttgarter Steuerkongress 2008, 20f.). Der Vermögensvorteil des Hoferben bestätigt sich erbrechtlich darin, dass das Höferecht mit der Unterscheidung zwischen Abfindungsanspruch und Abfindungsergänzungsanspruch eine vergleichbare Differenzierung wie im Bewertungsrecht vornimmt. Letztlich zeigt sich auch aus der Bewertung eines Landguts im Pflichtteilsrecht nach § 2312 Abs. 1 BGB, dass der Ertragswert einen vom Verkehrswert (§ 2311 BGB) abweichenden günstigeren Wert darstellt (*Weidlich*, in Palandt, 2017, BGB, § 2312 Rz. 1). Zwar sieht der BGH (v. 22.10.1986, IVa ZR 76/85, BGHZ 98, 375) die Begünstigung zu Lasten der weichenden Erben und der anderen Pflichtteilsberechtigten als mit Art. 3 Abs. 1 GG vereinbar an, 265 allerdings nur solange, als im Einzelfall davon ausgegangen werden kann, dass der Gesetzeszweck – das öffentliche Interesse an der Erhaltung eines leistungsfähigen landwirtschaftlichen Betriebes in der Hand einer vom Gesetz begünstigten Person – auch erreicht wird. Nicht gerechtfertigt ist die Ertragswertberechnung deshalb nach Ansicht des BGH (v. 9.10.1991, IV ZR 259/90, FamRZ 1992, 172) z. B. dann, wenn abzusehen ist, dass der Betrieb binnen kurzem nicht mehr als solcher wird erhalten werden können. Im Ergebnis ist deshalb die **Qualifizierung als gesetzliches Vorausvermächtnis vorzuziehen.** Das Übernahmerecht ist deshalb **erbschaftsteuerrechtlich beachtlich,** solange der BFH seine Rspr. zum Sachvermächtnis nicht ausdrücklich aufgegeben hat (Rz. 309).

266 Aus **erbschaftsteuerrechtlicher Sicht** ist das Anerbenrecht des Hoferben auch in Form der **Sonderrechtsnachfolge** nach der Rspr. des BFH (v. 1.4.1992, II R 21/89, BStBl II 1992, 669 zur HöfeO) **unbeachtlich.** Der BFH beruft sich darauf, dass nach § 4 Satz 1 HöfeO der Hof dem Hoferben als „Teil der Erbschaft" zufalle. Schon daraus werde erkennbar, dass Hof und hoffreies Vermögen zu einem Nachlass gehören. Dabei legt der BFH seiner Sichtweise ausdrücklich zugrunde, dass der Hof nach ganz überwiegender Auffassung gem. § 4 Satz 1 HöfeO **ohne vorherigen Zwischenerwerb der Erbengemeinschaft** im Wege der Sondernachfolge allein dem Hoferben anfällt. Dies bilde jedoch keinen Grund, die Nachlasszugehörigkeit des Hofes zu verneinen. Deshalb stelle sich die Zivil- und Steuerrechtslage so dar, dass alle Miterben ihren Erbanteil an dem gesamten Nachlass einschließlich des Hofes innehatten, dass aber, gewissermaßen durch eine kraft Gesetzes zugleich mit dem Erbfall sich vollziehende (Teil-)Auseinandersetzung, der Hoferbe den Hof erlange. Es handele sich um eine gleichsam **dinglich wirkende Teilungsanordnung.** Dies bedeutet zugleich, dass **Abfindungsansprüche** der weichenden Erben (z. B. § 12 HöfeO) erbschaftsteuerrechtlich ebenso irrelevant wie **Abfindungsergänzungsansprüche** sind (z. B. § 13 HöfeO, vgl. BFH v. 29.9.2015, II R 23/14, BStBl II 2016, 104 zu § 3 Abs. 2 Nr. 4 ErbStG).

267 Der BFH zitiert seine gleich lautende Sichtweise betreffend der qualifizierten Nachfolgeklausel (Rz. 169ff.) in Bezug auf einen Personengesellschaftsanteil (BFH v. 10.11.1982, II R 85-86/78, BStBl II 1983, 329). Da auch unter Geltung des ErbStG i.d.F. des ErbStRG v. 24.12.2008 (BGBl I 2008, 3018) die Teilungsanordnung weiterhin erbschaftsteuerrechtlich unbeachtlich ist (Rz. 128ff.), ist nach derzeitigem Stand nicht zu erwarten, dass der II. Senat des BFH seine Sichtweise zur Sonderrechtsnachfolge ändern wird. Für den **Tatbestand des Erwerbs durch Erbanfall** stellt er entscheidend auf die **erbrechtliche** causa ab und misst dem dinglichen Rechtsträgerwechsel durch Sondererbfolge ohne vorherigen Zwischenerwerb der Erbengemeinschaft keine entscheidende Bedeutung zu. Selbst wenn man die Prämissen des BFH teilt, kann die **Begründung nicht vollends überzeugen.** Denn nach der bisherigen Rspr. des BFH wäre – allerdings vorbehaltlich einer nicht auszuschließenden Änderung der Rspr. (Rz. 129ff. – eine andere Entscheidung dann geboten, wenn der Erblasser dem Hoferben den Hof durch Vorausvermächtnis zugewendet hat. Im Fall eines Übernahmerechts wäre dieses – wie soeben dargelegt (Rz. 265) – als Vorausvermächtnis zu qualifizieren. Dann muss es

sich aber bei dem Anerbenrecht mit Sonderrechtsnachfolge um ein **dinglich wirkendes Vorausvermächtnis** handeln, das **erbschaftsteuerrechtlich beachtlich** ist.

2.11 Testamentsvollstreckung

Bei der Testamentsvollstreckung bleibt der **Erbe zwar Rechtsträger**, doch fehlt ihm die **Verfügungsbefugnis** über die Nachlassgegenstände, die der Verwaltung des Testamentsvollstreckers unterliegen (§ 2211 Abs. 1 BGB). Gewöhnlich besteht die Aufgabe des Testamentsvollstreckers in der Abwicklungsvollstreckung. Doch kann der Erblasser abweichend auch als sog. **Dauervollstreckung** anordnen, dass die Verwaltung fortdauert, wenn die Abwicklung beendet ist (§ 2209 Satz 1 BGB). Eine Dauervollstreckung endet grundsätzlich spätestens, wenn **seit dem Erbfall 30 Jahre** verstrichen sind (§ 2210 Sätze 1 und 2 BGB). Die Dauervollstreckung bedeutet für den Erben eine **ganz wesentliche Einschränkung seiner Verfügungsbefugnisse.** Nichtsdestoweniger wird der Testamentsvollstrecker in keinem Fall als wirtschaftlicher Eigentümer der Nachlassgegenstände angesehen (BFH v. 9.7.1954, III 84/54 U, BStBl III 1954, 250). Im Übrigen kann der Testamentsvollstrecker für seine Tätigkeit eine angemessene Vergütung verlangen (§ 2221 BGB). Hat der Erblasser eine **überhöhte Vergütung** des Testamentsvollstreckers angeordnet, wird dies zwar erbrechtlich als **Vermächtnis zugunsten des Testamentsvollstreckers** behandelt, doch wird nach der Rspr. des BFH (v. 2.2.2005, II R 18/03, BStBl II 2005, 489) die Vergütung nicht von § 3 Abs. 1 Nr. 1 Alt. 2 ErbStG erfasst, sondern ausschließlich den Einkünften aus selbstständiger Arbeit nach § 18 Abs. 1 Nr. 3 EStG zugerechnet. Die zivilrechtliche Einordnung als fingiertes Vermächtnis hat ihren Grund darin, sonstige Nachlassgläubiger (Pflichtteilsberechtigte, Insolvenzgläubiger) nicht zu benachteiligen. Da dieser spezifische zivilrechtliche Zweck erbschaftsteuerrechtlich keine Bedeutung hat und nach der Sichtweise des BFH auch die regelmäßig schwierige und zeitaufwendige Prüfung der Angemessenheit der Vergütung entfällt, überzeugt der Standpunkt des BFH (ebenso *Kapp/Ebeling*, ErbStG, § 10 Rz. 137; *Wälzholz*, ZErb 2005, 247). Die Tätigkeit des Testamentsvollstreckers bei der Dauervollstreckung dient regelmäßig ausschließlich der laufenden Vermögensverwaltung im Interesse der Erben. Deshalb ist die Vergütung nach § 10 Abs. 5 Nr. 3 Satz 3 ErbStG ausdrücklich **nicht abzugsfähig** (§ 10 ErbStG Rz. 233 ff.). Sofern der Erblasser den im Einzelfall günstigen Abzug der gesamten Testamentsvollstreckervergütung bei der ErbSt sicher stellen will, muss er ausdrücklich festlegen, dass die **zusätzliche Zuwendung vermächtnisweise** und unabhängig von der Übernahme des Amtes gewährt wird (*Weinmann*, in Moench/Weinmann, ErbStG, § 3 Rz. 87). In diesem Fall können die Erben die gesamte Vergütung als Nachlassverbindlichkeit nach § 10 Abs. 5 Nr. 2 ErbStG abziehen. Allerdings muss der Erblasser hier auf das Pflichtbewusstsein des Testamentsvollstreckers vertrauen, weil er die „Vergütung" bei Gestaltung als Vermächtnis auch ohne Annahme des Amtes verlangen kann.

268

einstweilen frei

269–299

3 Erwerb durch Vermächtnis (§ 3 Abs. 1 Nr. 1 Alt. 2 ErbStG)

3.1 Erbrechtliche Grundlagen

300 Ein Vermächtnis liegt vor, wenn der Erblasser durch Verfügung von Todes wegen einem anderen einen **Vermögensvorteil zuwendet, ohne ihn als Erben einzusetzen** (§§ 1939, 1941 BGB). Das Gesetz gewährt dem Begünstigten bzw. dem Vermächtnisnehmer einen **Anspruch** gegen den Beschwerten auf Leistung des vermachten Gegenstandes (§ 2174 BGB). Der Gesetzgeber hat sich damit für das sog. Damnationslegat und gegen das sog. Vindikationslegat ausgesprochen. Der vermachte Gegenstand geht also nicht bereits im Entstehenszeitpunkt mit dinglicher Wirkung unmittelbar auf den Vermächtnisnehmer über, sondern muss erst durch Rechtsgeschäft unter Lebenden vom Beschwerten auf den Vermächtnisnehmer übertragen werden. Die Entscheidung gegen das Vindikationslegat beruht vor allen Dingen darauf, dass der Gesetzgeber eine Benachteiligung der Nachlassgläubiger vermeiden wollte (*Lange/Kuchinke*, Erbrecht, 5. Aufl., 2001, § 29 II 1). Mit einem Vermächtnis kann nicht nur ein Erbe, sondern auch ein Vermächtnisnehmer beschwert sein (§ 2147 Satz 1 BGB). Wenn ein Vermächtnisnehmer wiederum mit einem Vermächtnis beschwert ist, spricht man von einem sog. **Untervermächtnis**.

301 Das Vermächtnis begründet ein **einseitiges Schuldverhältnis zulasten des Beschwerten**. Zwar fordert § 1939 BGB die Zuwendung eines Vermögensvorteils, doch wird der Begriff in der Praxis in einem sehr weiten Sinne aufgefasst (z. B. Zuwendung von Familienpapieren, Briefen, wenn hierdurch ein nur mittelbarer Vermögensvorteil erlangt werden kann; RG v. 4.11.1909, IV 1/09, JW 1910, 6; *Weidlich*, in Palandt, 2017, BGB, § 1939 Rz. 4). Ein Bereicherungswille ist nicht erforderlich. Notwendig ist allerdings die **Zuweisung eines Anspruchs**. Daraus folgt für das sog. **Kaufrechtsvermächtnis**, dass dessen Gegenstand auch ein aufschiebend bedingtes Sachvermächtnis in der Form eines Ankaufsrechts für den Vermächtnisnehmer sein kann, der unmittelbar die Übertragung des entsprechenden Nachlassgegenstandes fordern kann (BGH v. 27.6.2001, IV ZR 120/00, BGHZ 148, 187). Alternativ kann ein Kaufrechtsvermächtnis auch so gestaltet werden, dass dem Vermächtnisnehmer ein Recht eingeräumt wird, mit dem Beschwerten einen schuldrechtlichen Vertrag (Kaufvertrag) über die Sache zu festgelegten Konditionen abzuschließen. Beim Kaufrechtsvermächtnis kann den Berechtigten eine synallagmatische Gegenleistungspflicht treffen, so dass es letztlich an einer Bereicherung des Vermächtnisnehmers bzw. an einem Bereicherungswillen des Erblassers fehlt. Anders liegt es, wenn im Rahmen eines Kaufrechtsvermächtnisses dem Vermächtnisnehmer das Recht eingeräumt wird, den zugewendeten Gegenstand zu einem unterhalb des Verkehrswertes liegenden Preis zu erwerben. Beim sog. **Übernahmevermächtnis** verhält es sich so, dass dem Übernahmerecht des Berechtigten keine synallagmatische Gegenleistungspflicht gegenübersteht; es kann entweder unentgeltlich oder gegen Auflagen erfolgen. Durch **Erbvertrag** kann ein Vermächtnis bindend (§ 2278 Abs. 2 BGB) und im **gemeinschaftlichen Testament wechselbezüglich** (§ 2270 Abs. 3 BGB) angeordnet werden. **Kraft Gesetzes** bestehen zwei Vermächtnisse, nämlich der Voraus des überlebenden Ehegatten (§ 1932 BGB) und der Dreißigste (§ 1969 BGB) die beide von § 3 Abs. 1 Nr. 3 ErbStG erfasst werden (Rz. 436).

Der Anspruch des Vermächtnisnehmers **entsteht** – unbeschadet des Rechts, das Vermächtnis auszuschlagen – **mit dem Erbfall.** Das Gesetz spricht vom **Anfall des Vermächtnisses** (§ 2176 BGB). Bei aufschiebend bedingten oder befristeten Vermächtnissen erfolgt der Anfall erst mit Eintritt der Bedingung oder des Zeitpunktes, (§ 2177 BGB) bei einer noch nicht gezeugten Person erst mit deren Geburt und bei einer nach dem Erbfall durch ein Ereignis bestimmten Person, erst mit dieser Bestimmung (§ 2178 BGB). 302

§ 2176 BGB trifft keine Aussage zur **Fälligkeit des Anspruchs**, weswegen die allgemeine Regel gilt, dass der Vermächtnisnehmer die Leistung sofort verlangen kann, soweit der Erblasser keine abweichende Anordnung getroffen hat (§ 271 Abs. 1 BGB). Für den Sonderfall eines **Untervermächtnisses** gilt, dass der gegen den Hauptvermächtnisnehmer gerichtete Anspruch nicht fällig wird, bevor dieser die Erfüllung des ihm zugewendeten Vermächtnisses verlangen kann (§ 2186 BGB). Wenn nach Anfall des Vermächtnisses dessen **Erfüllungszeit in die freie Willkür des Beschwerten** gelegt ist, so tritt die Fälligkeit im Zweifel erst mit dem Tod des Beschwerten ein (§ 2181 BGB). Der Anspruch des Vermächtnisnehmers **verjährt** spätestens in 30 Jahren (§ 197 Abs. 1 Nr. 2 BGB). 303

Der Vermächtnisnehmer kann den Anfall des Vermächtnisses durch **Ausschlagung** mit Rückwirkung auf den Erbfall (§§ 2180 Abs. 3, 1953 Abs. 1 BGB) beseitigen, solange er die Zuwendung **noch nicht angenommen** hat (§ 2180 Abs. 1 BGB). Abweichend von der Ausschlagung eines Erbrechtes kennt das Gesetz dabei keine Ausschlagungsfrist. Annahme und Ausschlagung haben nicht, wie bei der Erbausschlagung, gegenüber dem Nachlassgericht, sondern durch formlose Erklärung gegenüber dem Beschwerten zu erfolgen (§ 2180 Abs. 2 BGB). 304

3.2 Erbschaftsteuerrecht

Nach § 3 Abs. 1 Nr. 1 Alt. 2 ErbStG unterliegt der Erwerb durch Vermächtnis der ErbSt. Die ErbSt entsteht nach h. M. (BFH v. 25.10.1995, II R 5/92, BStBl II 1996, 97; *Weinmann*, in Moench/Weinmann, ErbStG, § 3 Rz. 96; *Gottschalk*, in T/G/J, ErbStG, § 3 Rz. 170) mit dessen Anfall (§ 2176 BGB) und nicht mit dessen Annahme. Dies ist vor dem Hintergrund des erbschaftsteuerrechtlichen **Bereicherungsprinzips** – zumindest rechtspolitisch – nicht unproblematisch (*Kapp/Ebeling*, ErbStG, § 3 Rz. 158; *Kirchhof*, Stbg 1991, 552). Zwar verhält es sich so, dass die Forderung bereits mit dem Erbfall zivilrechtlich entsteht (§ 2176 BGB). Gleichwohl bedarf es zur Durchsetzung derselben einer **Annahme** (§ 2180 Abs. 1 BGB). Gerade der Vergleich mit dem Pflichtteilsrecht zeigt, dass es systematisch stimmiger wäre, auch beim Vermächtnis auf dessen Annahme abzustellen (*Geck*, in FS für Klaus Korn, 2005, 557, 559). Dogmatische Ungereimtheiten ergeben sich auch, wenn das **Forderungsrecht wegen nachträglicher Leistungsstörungen untergeht** (*Gottschalk*, in T/G/J, ErbStG, § 3 Rz. 197f). Es besteht die Gefahr, dass der Vermächtnisnehmer den Vermächtniserwerb zu versteuern hat, obwohl er am Ende leer ausgeht. Die Praxis hilft sich mit Billigkeitsmaßnahmen (§§ 163, 227 AO) oder möchte das Erfüllungsrisiko – entgegen der restriktiven Rspr. des BFH (v. 28.9.1993, II R 39/92, BStBl II 1994, 36) – bereits bei der Bewertung der Forderung berücksichtigen (*Gottschalk*, in T/G/J, ErbStG, § 3 Rz. 199). Insgesamt spricht das Berei- 305 cherungsprinzip bereits de lege lata für die Ansicht von *Hübner* (*Hübner,* in V/G/H/K/S, ErbStG, 2004, § 3 Rz. 23, 127; anders nun *Wälzholz,* in V/K/S/W, ErbStG, 2012, Rz. 24), dass als Erwerb durch Vermächtnis erst der **durch Vermächtniserfüllung eintretende endgültige, dingliche Erwerb des vermachten Gegenstandes** zu verstehen ist, der dann durch § 9 Abs. 1 Nr. 1 ErbStG auf den Zeitpunkt der Steuerentstehung und damit auf den Zeitpunkt des Anfalls des Vermächtnisses zurück zu beziehen ist. Das Stichtagsprinzip steht dem nicht zwingend entgegen. Für den Sonderfall eines erbschaftsteuerrechtlich anzuerkennenden **formunwirksamen Vermächtnisses** (Rz. 20 ff., 300 ff.) entsteht die Steuer nicht – auch nicht rückwirkend – mit dem Tod des Erblassers, sondern erst mit Erfüllung des Vermächtnisses (BFH v. 28.3.2007, II R 25/05, BFH/NV 2007, 1421 = BStBl II 2007, 461). Verschiedene Zeitpunkte der Tatbestandsverwirklichung und damit zusammenhängend der Entstehung der Steuer bedeuten, dass selbstständige Erwerbsvorgänge vorliegen, für die die Steuer jeweils gesondert festzusetzen ist (BFH v. 2.3.2006, II R 57/04, BFH/NV 2006, 1480).

306 Entstehen und Fälligkeit des Vermächtnisanspruches können **abweichend vom nach Ansicht der h.M. maßgeblichen Zeitpunkt des Erbfalls** (§ 2176 BGB)**zu einem späteren Zeitpunkt hinausgeschoben** sein. Wenn der Anspruch des Vermächtnisnehmers erst nach dem Erbfall, insbesondere **beim Eintritt einer aufschiebenden Bedingung,** entsteht, dann erfolgt nach § 2177 BGB auch der Anfall des Vermächtnisses erst mit Eintritt der Bedingung. Z. B. ist nach der (geänderten) Rspr. des BFH (v. 13.8.2008, II R 7/07, BFH/NV 2008, 1830 = BStBl II 2008, 982) Gegenstand eines **Übernahme- bzw. Kaufrechtsvermächtnisses** eine aufschiebend bedingte Forderung. Folglich entsteht auch die ErbSt erst zu diesem Zeitpunkt. Gleiches gilt bei einem **aufschiebend befristeten Erwerb.** Die ErbSt entsteht im Einklang mit § 2177 BGB erst mit dem Erreichen des Termins. Fraglich ist der Entstehenszeitpunkt des Erwerbs unter einer sog. **Betagung,** d.h., die Verbindlichkeit ist bereits entstanden, aber ganz oder teilweise noch nicht fällig oder durchsetzbar (*Sprau,* in Palandt, 2017, BGB, § 813 Rz. 7). Nach der Entscheidung des BFH v. 27.8.2003 (II R 58/01, BFH/NV 2004, 138 = BStBl II 2003, 921) ist im Hinblick auf entstandene, aber noch nicht fällige Ansprüche wie folgt zu unterscheiden:

(1) Entsteht der Anspruch mit dem Erbfall und ist die **Fälligkeit bis zu einem bestimmten Zeitpunkt** hinaus geschoben, entsteht die Steuer sofort mit dem Erbfall, wobei allerdings der Vermächtnisanspruch vom Zeitpunkt der Fälligkeit auf den Zeitpunkt des Erbfalls abzuzinsen ist (§ 12 Abs. 3 BewG);

(2) Wenn der Anspruch mit dem Erbfall entstanden ist und lediglich die **Fälligkeit bis zu einem unbestimmten Zeitpunkt hinausgeschoben** wird, entsteht die Steuer erst mit der Fälligkeit.

Nach Ansicht des BFH ist also nicht jeder betagte Anspruch i. S. d. Zivilrechts auch erbschaftsteuerrechtlich als betagt i. S. d. § 9 Abs. 1 Nr. 1 Buchst. a ErbStG anzusehen. Aus der bewertungsrechtlichen Behandlung noch nicht fälliger Forderungen in § 12 Abs. 3 BewG lasse sich ableiten, dass die ErbSt für solche Ansprüche, die zu einem bestimmten, feststehenden Zeitpunkt fällig werden, dem Regelfall des § 9 Abs. 1 Nr. 1 ErbStG entsprechend bereits im Zeitpunkt des Todes des Erblassers entstünden und mit ihrem ggf. abgezinsten Wert anzusetzen seien. Die dogmatische Schwäche der Entscheidung wird zum einen darin gesehen, dass von der Frage, ob und in welcher Weise der Erwerb im konkreten Fall bewertet werden kann, abhängig gemacht wird, ob die Steuer entstanden ist. Letzteres ist im System des ErbStG aber die vorrangige Frage (*Geck*, in FS für Klaus Korn, 2005, 557, 565; *Meincke*, ZEV 2004, 36). Nur wenn die Steuer entstanden ist, kommt es auf die Bewertung an. Vor dem Hintergrund des Bereicherungsprinzips ist es zum anderen systematisch nicht stimmig, die sofortige Besteuerung mit dem abgezinsten Wert zu verlangen. Hier wäre der hinausgeschobene Zeitpunkt der Steuer die grundsätzlich bessere Lösung (*Hübner*, DStR 2003, 4). Gleichwohl wird die Sichtweise des BFH in der Praxis begrüßt, als nunmehr feststeht, dass die Sondertatbestände des § 9 Abs. 1 Nr. 1 Buchst. a ErbStG ein unsicheres Ereignis voraussetzen (*Geck*, in FS für Klaus Korn, 2005, 557, 565; *Weinmann*, in Moench/Weinmann, ErbStG, § 3 Rz. 89). Nicht zuletzt lassen sich vor dem Hintergrund der Rspr. des BFH in begrenztem Maße auch steuergünstige Gestaltungen realisieren (dazu *Weinmann*, in Moench/Weinmann, ErbStG, § 3 Rz. 89).

Besonderheiten gelten, wenn das **Vermächtnis erst beim Tod des Beschwerten fällig** wird. Dies ist gem. § 2181 BGB im Zweifel dann der Fall, wenn die Zeit der Erfüllung dem freien Belieben des Beschwerten überlassen wird. Ein beim Tod des Beschwerten fälliges Vermächtnis steht nach **§ 6 Abs. 4 ErbStG** den Nacherbschaften gleich. Demzufolge kommt § 6 Abs. 2 Satz 1 ErbStG zur Anwendung, wonach der **Vermächtniserwerb als Erwerb vom Beschwerten und nicht als Erwerb vom Erblasser** gilt. Dies hat den nachteiligen Effekt, dass der Vermächtnisnehmer einen möglichen persönlichen Freibetrag im Verhältnis zum Erblasser nicht ausnutzen kann. § 6 Abs. 4 ErbStG hat insbesondere im Rahmen der sog. Jastrowschen Klausel beim sog. **Berliner Ehegattentestament** Bedeutung (§ 2269 BGB). Bei der sog. Einheitslösung tritt erbrechtlich das Problem auf, dass die als Schlusserben eingesetzten Kinder nach dem erstversterbenden Elternteil pflichtteilsberechtigt sind. Eine sog. **Pflichtteilsstrafklausel**, wonach das Kind, das beim Erstversterbenden seinen Pflichtteil verlangt, beim Tod des länger Lebenden auch nur den Pflichtteil erhält, (*Weidlich*, in Palandt, 2017, BGB, § 2269 Rz. 14) verhindert nicht, dass das Kind den Pflichtteil im wirtschaftlichen Ergebnis doppelt erhalten kann. Das ist nämlich dann der Fall, wenn sich der Nachlass des ersten Ehegatten dem Wert nach noch im Nachlass des zweiten Ehegatten befindet, so dass das pflichtteilsberechtigte Kind aus dem Vermögen des ersten Ehegatten beim Tode des zweiten Ehegatten gleichsam erneut den Pflichtteil erhält. Dies wird durch die sog. **Jastrowsche Klausel** (*Weidlich*, in Palandt, 2017, BGB, § 2269 Rz. 12 m.w.N.) verhindert. Sie funktioniert in der Weise, dass im Ehegattentestament zugunsten der Kinder, die den Pflichtteil nicht verlangen, ein (Geld-)Vermächtnis in Höhe des jeweils gesetzlichen Erbteils angeordnet wird. Dieses Vermächtnis fällt zwar mit dem Tod des ersten Ehegatten an, wird aber so ausgestaltet, dass es erst **mit dem Tod des zweiten Ehegatten fällig** wird. Das Vermächtnis ist erbrechtlich eine Verbindlichkeit, die den Nachlass des ersten Ehegatten belastet und damit die Höhe des Pflichtteilsanspruchs desjenigen Kindes, das den Pflichtteil geltend macht, schmälert. Die Jastrowsche Klausel ist mithin kein Anwendungsfall des § 2269 Abs. 2 BGB, wonach „im Zweifel" das Vermächtnis erst mit dem Tod des Letztversterbenden,

307

der im Verhältnis zum Vermächtnisnehmer als Erblasser gelten soll, anfällt (BGH v. 24.1.1958, IV ZR 234/57, BGHZ 26, 274; *Weidlich*, in Palandt, 2017, BGB, § 2269 Rz. 23). Im Ergebnis verhindert § 6 Abs. 4 ErbStG abweichend von der geschilderten erbrechtlichen Lage, dass sich auf diesem Weg mit Wirkung für die ErbSt eine Beteiligung am Nachlass des Erstverstorbenen erreichen lässt (R E 6. S. 5 ErbStR 2011). Empfohlen wird deshalb, testamentarisch einen bestimmten Fälligkeitstermin festzulegen. Das Vermächtnis ist dann beim Tod des Erstversterbenden mit dem abgezinsten Betrag bei den Kindern zu erfassen und bleibt in Höhe des persönlichen Freibetrags steuerfrei, während es beim überlebenden Ehegatten zum Abzug der entsprechenden Vermächtnislast nach § 10 Abs. 5 Nr. 2 ErbStG führt (*Weinmann*, in Moench/Weinmann, ErbStG, § 3 Rz. 110a; *Mayer*, DStR 2004, 1409).

308 Das Vermächtnis ist nach den Verhältnissen beim Anfall zu bewerten, also regelmäßig nach den Verhältnissen am Todestag (BFH v. 28.11.1990, II R 10/90, BStBl II 1993, 766). Des Weiteren kommt es für die **Bewertung** entscheidend darauf an, was der Begünstigte durch Vermächtnis erwirbt. Der praktisch häufigste Fall eines Vermächtnisses ist ein sog. **Geldvermächtnis**. Dieses bereitet für die Bewertung wegen des Nominalwertprinzips keine Schwierigkeiten. Anders verhält es sich bei einem sog. **Stückvermächtnis**, (§ 2169 BGB) in dem der Vermächtnisnehmer einen **bestimmten Gegenstand aus dem Nachlass**, namentlich Grundstücke dem Vermächtnisnehmer vermacht. Das erbschaftsteuerrechtliche Problem besteht darin, wie der **Wert des Vermächtnisanspruchs (§ 2174 BGB)zu bemessen** ist. Hintergrund dieses zentralen Streits ist die Tatsache gewesen, dass nach früheren Bewertungsmaßstäben der Steuerwert bestimmter Nachlassgegenstände, namentlich von Grundstücken, Einzelunternehmen, Mitunternehmeranteilen und (nicht börsennotierten) Anteilen an Kapitalgesellschaften mehr oder minder deutlich hinter dem Verkehrswert zurückblieb.

309 Der RFH (v. 19.4.1929, V e A 824/28, RStBl 1929, 562) ging ursprünglich davon aus, dass das Recht einen Gegenstand zu erwerben, keinen höheren Wert haben könne als der Gegenstand selbst. Von diesem Grundsatz ist der BFH im **Falle eines Verschaffungsanspruchs** abgerückt und hat stattdessen den gemeinen Wert des Anspruchs herangezogen (BFH v. 15.10.1997, II R 68/95, BStBl II 1997, 820; v. 28.3.2007, II R 25/05, BFH/NV 2007, 1421 = BStBl II 2007, 461). Wenn der Erblasser im Zeitpunkt des Erbfalls (noch) nicht Eigentümer des vermachten Gegenstands gewesen sei, sondern nur einen Anspruch gegen einen Dritten auf Übereignung habe, so kann nach Meinung des BFH auch nur dieser Rechtsanspruch und nicht der Gegenstand selbst mit einem evtl. niedrigeren Steuerwert das zu bewertende Objekt sein. Mit der vergleichbaren Begründung hat der BFH für das **Kaufrechtsvermächtnis** entschieden (BFH v. 6.6.2001, II R 76/99, BFH/NV 2001, 1344 = BStBl II 2001, 605; v. 13.8.2008, II R 7/07, BFH/NV 2008, 1760 = BStBl II 2008, 982). Für den Anspruch des Vermächtnisnehmers im Falle eines Stückvermächtnisses bzw. **reinen Sachvermächtnisses** hat der BFH mit Urteil v. 2.7.2004 (II R 9/02, BFH/NV 2004, 2394 = BStBl II 2004, 1039) die Überprüfung seiner bisherigen Rspr. zur Bewertung von Sachvermächtnissen angekündigt, soweit hiermit Sachleistungsverpflichtungen und Sachleistungs-

ansprüche verbunden sind, so dass § 10 Abs. 6 Satz 3 ErbStG eingreife. Im Schrifttum wird dieses obiter dictum ganz überwiegend kritisiert (*Crezelius*, ZEV 2004, 476; *Ebeling*, DStR 2005, 1633; *v. Elsner/Geck*, Stbg 2005, 204; *Wälzholz*, in V/K/S/W, ErbStG, 2012, § 3 Rz. 136; *Streck*, NJW 2005, 805; *Wachter*, ErbStB 2005, 322; *Weinmann*, in Moench/Weinmann, ErbStG, § 10 Rz. 22). Nach gegenwärtigem Stand ist allerdings davon auszugehen, dass der BFH seine dogmatische Sichtweise zum Sachvermächtnis ändern wird. Im Urteil v. 9.4.2008 (II R 24/06, BFH/NV 2008, 881 = BStBl II 2008, 951) hat der BFH den dort ausgesprochenen Verzicht auf eine Änderung seiner Rspr. zur Bewertung von Sachvermächtnissen für die Dauer der Fortgeltung des ErbStG in der damals geltenden Fassung – überraschenderweise trotz seines gegenteiligen obiter dictums v. 2.7.2004 – mit der Gewährung von Vertrauensschutz begründet.

Eine Besonderheit beim **Kaufrechtsvermächtnis** ergibt sich zumindest nach Ansicht des FG Köln (v. 28.10.2015, 5 K 585/14, ZEV 2016, 407 mit ablehender Anm. *Behrens*), das den Erwerb des Ankaufsrechts zum Verkehrswert unter Verweis auf dessen nicht vorhandenen Zuwendungscharakter nicht unter § 3 Abs. 1 Nr. 1 ErbStG subsumieren möchte und in Folge dessen auch nicht zu einer Grunderwerbsteuerbefreiung nach § 3 Nr. 2 GrEStG kommt. Die Entscheidung ist in mehrfacher Hinsicht problematisch. Zunächst handelt es sich bei einem Vermächtnis eindeutig um eine erbrechtliche Zuwendung. Bei der Zuwendung eines Ankaufsrechts zum Verkehrswert, könnte wenn überhaupt das Fehlen einer Bereicherung zur Ablehnung des § 3 Abs. 1 Nr. 1 ErbStG führen (vgl. oben Rz. 6). Darüber hinaus kommt auch einem Ankaufrecht zum Verkehrswert ein gewisser Wert zu (vgl. *Behrens*, ZEV 2016, 409). Das Revisionsverfahren ist unter dem Az. II R 7/16 beim BFH anhängig. Aktuell sollten Ankaufsrechte zumindest mit einem minimal unter dem Verkehrswert liegenden Wert, vermacht werden.

Unter der Geltung des ErbStG i. F. d. **ErbStRG v. 24.12.2008** (BGBl I 2008, 3018) dürfte sich dieses **Problem – jedenfalls für die Praxis, namentlich für Grundstücke** – **weitestgehend erledigt** haben. Eine Ausnahme gilt allerdings im Hinblick auf die Bewertung von LuF-Vermögen nach dem Ertragswertverfahren, weil davon auszugehen ist, dass der hierbei maßgebliche Steuerwert von dem Verkehrswert i. S. einer Substanzbewertung erheblich abweicht (Rz. 265). Um die negativen Konsequenzen beim Sachvermächtnis zu vermeiden, wurden in der Literatur verschiedene **Gestaltungsmöglichkeiten** diskutiert, die im Einzelnen als „Rollentausch-Modell", „Auflagen-Modell", „Miterben-Modell" oder „Ausschlagungs-Modell" bezeichnet wurden (*Geck*, ZEV 2006, 201). Diese Überlegungen haben ihre **praktische Bedeutung weitestgehend verloren**. Schenkt man der Gesetzesbegründung Glauben (BT-Drs. 16/7918, 34, 36), dann ergeben sich auch im Hinblick auf die Inanspruchnahme der Vergünstigungen nach den §§ 13b, 13c ErbStG durch den Vermächtnisnehmer keine Probleme. So sieht es auch die FinVerw. in R E 13a.3 Abs. 1 ErbStR 2011. Im Wortlaut der §§ 13b Abs. 3 Satz 1, 13c Abs. 2 S. 3 ErbStG spiegelt sich dies nicht wider, doch hilft es weiter, wenn man sowohl Erben als auch Vermächtnisnehmer als „Erwerber" i. S. der §§ 13b, 13c ErbStG ansieht. Soweit der Steuerwert ausnahmsweise vom gemeinen Wert abweicht, bietet sich namentlich das sog. **Ausschlagungs-Modell** an. Dieses hat zum Inhalt, dass der Vermächt-

310

nisnehmer den ihm zugedachten Vermächtnisgegenstand ausschlägt und sich als Entgelt für die Ausschlagung die Übertragung des betroffenen Gegenstandes ausbedingt. Der Erwerb des Gegenstandes ist dann so zu besteuern, als wenn er ihn vom Erblasser erhalten hätte, (§ 3 Abs. 2 Nr. 4 ErbStG) also mit dem möglicherweise günstigeren Steuerwert. Als Gestaltungsmissbrauch (§ 42 AO) lässt sich dies nicht einordnen (a. A. *Weinmann*, in Moench/Weinmann, ErbStG, § 3 Rz. 102f). Bei dem sog. **Auflagen-Modell** wird dem Erben die Übertragung des Vermögensgegenstandes auf eine dritte Person auferlegt, ohne dass die dritte Person einen entsprechenden schuldrechtlichen Anspruch erwirbt (§ 1940 BGB). Der Begünstigte wird daher nicht schon unmittelbar mit dem Erbfall durch einen Anspruchserwerb, sondern erst mit Vollziehung der Auflage bereichert. Der Bereicherungsgegenstand ist zugleich der unmittelbar zu bewertende Gegenstand, da es an einem Anspruch fehlt.

311 Die **Ausschlagung** des Vermächtnisses ist erbschaftsteuerrechtlich neutral. Wird allerdings für die Ausschlagung eines Vermächtnisses eine **Abfindung** gewährt, ist diese nach **§ 3 Abs. 2 Nr. 4 ErbStG** steuerbar (Rz. 543 ff.). Wäre demgegenüber der Vermächtnisgegenstand ohnehin entfallen oder (als Recht) erloschen, greift der Ersatztatbestand des § 3 Abs. 2 Nr. 4 ErbStG nicht ein (BFH v. 18.10.2000, II R 50/98, BFH/NV 2001, 191 = BStBl II 2001, 14 für den Fall des Erlöschens eines vermachten Nießbrauchs nach § 1063 BGB). In der dennoch gezahlten Abfindung kann dann eine **freigebige Zuwendung** (§ 7 Abs. 1 Nr. 1 ErbStG) liegen (*Gottschalk*, in T/G/J, ErbStG, § 3 Rz. 337). Verzichtet der Vermächtnisnehmer **nach Annahme** des Vermächtnisses (§ 2180 Abs. 1 BGB), ist dies erbschaftsteuerrechtlich grundsätzlich unbeachtlich. Wird der Verzicht vor Ablauf einer aufschiebenden Bedingung/Befristung gewährt, gelangt die Steuer nicht zur Entstehung. Allerdings greift der Ergänzungstatbestand des § 3 Abs. 2 Nr. 5 ErbStG ein. Die ErbSt entsteht nach § 9 Abs. 1 Nr. 1 Buchst. g ErbStG mit dem Zeitpunkt der Vereinbarung über die Abfindung (so bereits RFH v. 27.8.1935, III e A 48/35, RStBl 1935, 1304; *Kapp/Ebeling*, ErbStG, § 3 Rz. 163). Wenn der Vermächtnisnehmer ohne Gegenleistung auf ein angenommenes und damit erbschaftsteuerrechtlich entstandenes Vermächtnis verzichtet, wird dies als freigebige Zuwendung angesehen (RFH v. 31.7.1931, I e A 279/31, RStBl 1931, 678). Wird eine Abfindung gewährt, bleibt die Steuerbarkeit nach § 3 Abs. 1 Nr. 1 ErbStG beim Vermächtnisnehmer davon unberührt und der Ersatztatbestand des § 3 Abs. 2 Nr. 4 ErbStG greift nicht ein.

3.3 Vermächtnisnehmer

312 Das BGB stellt an die Entschiedenheit des Erblassers bei der Anordnung eines Vermächtnisses geringere Anforderungen als bei der Bestimmung des Erben. Abweichend von § 2065 Abs. 2 BGB kann der Erblasser einem anderen, dem Beschwerten wie einem Dritten, die **Bestimmung des Vermächtnisnehmers unter mehreren** überlassen (§ 2151 Abs. 1 BGB). Voraussetzung ist allerdings, dass der Erblasser den Personenkreis der Vermächtnisnehmer allgemein bestimmt. Namentlich kommt dem sog. **Unternehmensvermächtnis** in der Praxis besondere Bedeutung zu, wenn der Erblasser im Zeitpunkt der Abfassung der letztwilligen Verfügung noch nicht überblicken kann, welchen seiner Abkömmlinge er die

Unternehmensnachfolge anvertrauen soll. Hier eröffnet § 2151 Abs. 1 BGB abweichend vom Grundsatz der Höchstpersönlichkeit letztwilliger Verfügungen (§ 2065 Abs. 2 BGB) die Möglichkeit, ein Vermächtnis auch in der Weise auszusetzen, dass die Bestimmung des Vermächtnisnehmers den Beschwerten oder einem Dritten (z.B. Testamentsvollstrecker) überlassen wird. Im Unterschied zur restriktiven Praxis zu § 2065 Abs. 2 BGB (BGH v. 18.11.1954, IV ZR 152/54, BGHZ 15, 199) genügt bei § 2151 Abs. 1 BGB die Benennung eines überschaubaren Personenkreises, aus dem der Vermächtnisnehmer endgültig auszuwählen ist.

Bei der sog. **Anteilsbestimmung** (§ 2153 BGB) kann der Erblasser mehrere mit einem Vermächtnis in der Weise bedenken, dass der Beschwerte oder ein Dritter zu bestimmen hat, was **jeder der Vermächtnisnehmer von dem vermachten Gegenstand** erhalten soll (*Kapp/Ebeling*, ErbStG, § 3 Rz. 155.2). Auch dies stellt eine Ausnahme vom Grundsatz der höchstpersönlichen Bestimmung des § 2065 Abs. 2 BGB dar. Dabei können das Bestimmungsrecht des Beschwerten nach § 2151 Abs. 1 BGB und das Anteilsbestimmungsrecht nach § 2153 BGB miteinander verbunden werden, wenn z.b. der Testamentsvollstrecker unter Freunden des Erblassers etwas nach seinem Ermessen verteilen soll (*Weidlich*, in Palandt, 2017, BGB, § 2153 Rz. 2 unter Bezugnahme auf das RG v. 13.5.1919, VII 89/19, RGZ 96, 17). Bei den sog. Bestimmungsvermächtnissen (§§ 2151 bis 2153 BGB) handelt es sich mithin um **aufschiebend bedingte Vermächtnisse**, die erst mit Eintritt der Bedingung erbschaftsteuerrechtlich entstehen. 313

Der **Ersatzvermächtnisnehmer** erhält das Vermächtnis, wenn der zunächst eingesetzte Vermächtnisnehmer es nicht erwirbt. Aus welchen Gründen das Vermächtnis vom Erstbedachten nicht erworben wird, z.B. durch Tod vor dem Erbfall, (§ 2160 BGB) Ausschlagung oder Vermächtnisunwürdigkeit (§ 2345 BGB) oder durch Tod vor Eintritt der aufschiebenden Bedingung, (§ 2074 BGB) ist unerheblich. Erbschaftsteuerrechtlich tritt der Ersatzvermächtnisnehmer nach § 3 Abs. 1 Nr. 1 ErbStG in die Position des Erstbedachten. 314

Ein sog. **Nachvermächtnis** (§ 2191 BGB) liegt vor, wenn der Erblasser bestimmt, dass der dem Vermächtnisnehmer zugewendete Gegenstand von einem bestimmten Zeitpunkt oder Ereignis an dem Nachvermächtnisnehmer gebühren soll. Das Nachvermächtnis ist ein Untervermächtnis. Es liegt z.B. vor, wenn der Erblasser das Familienheim als einzelnen Vermögensgegenstand zunächst seinem Ehegatten und dann einem seiner Abkömmlinge zugewendet hat (BGH v. 6.3.1991, IV ZR 114/89, BGHZ 114, 16). Nach § 6 Abs. 4 ErbStG stehen Nachvermächtnisse den Nacherbschaften erbschaftsteuerrechtlich gleich. Nach § 6 Abs. 2 Satz 1 ErbStG gilt der Vermächtniserwerb als Erwerb vom Beschwerten und nicht als Erwerb vom Erblasser. 315

Nach § 2150 BGB kann auch ein Erbe mit einem Vermächtnis bedacht werden. Es handelt sich hierbei um das sog. **Vorausvermächtnis**. Hier bereitet namentlich bei der Auslegung der Verfügung von Todes wegen die Abgrenzung von einer Teilungsanordnung erhebliche Schwierigkeiten (Rz. 130f.). Auch beim Vorausvermächtnis entsteht die Erbschaftsteuer nach h.M. (BFH v. 25.10.1995, II R 5/92, BStBl II 1996, 97; *Weinmann*, in Moench/Weinmann, ErbStG, § 3 Rz. 96; *Gott-* 316 *schalk*, in T/G/J, ErbStG, § 3 Rz. 170) mit dessen Anfall (§ 2176 BGB) und nicht mit dessen Annahme (zur Kritik Rz. 305).

Als Alternative zum Vorausvermächtnis kommt eine erbrechtliche **Auflage** in Betracht. Die FinVerw. möchte Vorausvermächtnis und Auflage nach **R E 3.1 Abs. 4 ErbStR 2011** gleich behandeln, also bei den Beschwerten abziehen und dem Begünstigten anscheinend unmittelbar zurechnen. Das erscheint zweifelhaft. Dem Abzug bei dem durch die Auflage Begünstigten steht nämlich § 10 Abs. 9 ErbStG entgegen, weswegen entsprechend seiner Quote auch kein eigenständiger Erwerbstatbestand nach § 3 Abs. 2 Nr. 2 ErbStG in Betracht kommt (näher Rz. 536). Andererseits besteht ein Unterschied zum Vorausvermächtnis insofern, als die überquotale, dann über § 3 Abs. 2 Nr. 2 ErbStG zu erfassende Bereicherung des Auflagenbegünstigten erst mit Vollzug der Auflage eintritt. Darin besteht gerade der dogmatische Unterschied zwischen dem Vermächtnis, das dem Vermächtnisnehmer einen Anspruch einräumt, und der Auflage. Bei der Auflage gibt es keinen Forderungsberechtigten, aber nach § 2194 BGB **Vollziehungsberechtigte**.

Beispiel:

A, B und C sind Miterben zu gleichen Anteilen. Der Erblasser ordnet verbindlich als „Auflage" an, dass dem C ein Oldtimer im Wert von 120.000 EUR ohne Wertausgleich an A und B übereignet werden soll. Ein Forderungsrecht schließt der Erblasser ausdrücklich aus.

Die Auflage ist bei der Bereicherung des A und B zu je 40.000 EUR abziehbar. C hat kein Forderungsrecht und ist deswegen mangels „Anfalls" noch nicht bereichert. Erst wenn die Auflage vollzogen wird, tritt nach § 3 Abs. 2 Nr. 2 ErbStG bei C die Bereicherung in Höhe von 2/3 des Wertes (80.000 EUR, soweit sich der Wert des Oldtimer zwischenzeitlich nicht verändert hat) ein.

3.4 Vermächtnisgegenstand und Vermächtnisarten

317 Der in der Praxis am häufigsten vorkommende Fall des Vermächtnisses ist das **Geldvermächtnis**. Hier handelt es sich um ein sog. **Gattungsvermächtnis** (§ 2155 BGB). Zu unterscheiden sind das Geldsummenvermächtnis, dessen Wert dem vermachten Geldbetrag entspricht, und das Geldwertvermächtnis, dessen Wert von der Höhe eines Vermögensgegenstandes abhängt (*Gottschalk*, in T/G/J, ErbStG, § 3 Rz. 177). Ob die vom BFH entwickelten Grundsätze über mittelbare Schenkungen nach dem geltenden ErbStG i.d.F. des ErbStRG v. 24.12.2008 (BGBl I 2008, 3018) weiter gelten, erscheint zweifelhaft (§ 7 ErbStG Rz. 330ff.). Jedenfalls hat es der BFH abgelehnt, die entsprechenden Grundsätze auf Erwerbe von Todes wegen anzuwenden (BFH v. 17.4.1996, II R 16/93, BStBl II 1996, 454). Wenn ein durch Vermächtnis zugewendeter Geldbetrag nach dem Willen des Erblassers zum Erwerb eines bestimmten Vermögensgegenstandes verwendet werden soll, bleibt es deshalb dabei, dass der Nennwert der Geldsumme anzusetzen ist (*Weinmann*, in Moench/Weinmann, ErbStG, § 3 Rz. 98). Unter Umständen kann ein den Nachlass übersteigendes Geldvermächtnis zur erbschaftsteueroptimalen Gestaltung verwendet werden. Dabei können die Freibeträge des § 16 ErbStG mehrfach ausgenutzt

werden, indem der/die Vermächtnisnehmer mit Mitteln des Erben befriedigt werden, die nicht aus dem Nachlass stammen (ausführlich *Geck*, ZEV 2014, 630). Sofern dem Vermächtnisnehmer der Wert des Nachlasses und die Gestaltung bekannt sind, könnte es sich aber nach dem objektiven Zuwendungstatbestand des § 7 Abs. 1 Nr. 1 ErbStG (§ 7 Rz. 30 ff.) bereits um eine Schenkung bzw. das Angebot auf den Abschluss eines Schenkungsvertrages handeln, welches der Vermächtnisnehmer nach § 151 S. 1 BGB nicht annehmen muss.

Beispiel:
Die Ehefrau E des M hat als einziges Vermögen eine Eigentumswohnung im Wert von 200.000 EUR. E testiert: „Alleinerbe ist mein Mann M. Als Vermächtnisse in bar erhalten unsere Kinder S und T je 400.000 EUR." E stirbt. M behält die Wohnung und erfüllt die Barvermächtnisse aus eigenem Vermögen. S und T ist die Vermögenslage der E nicht bekannt. Ein Jahr später stirbt M mit einem Vermögen von 800.000 EUR, das S und T je zu 1/2 erben. (Beispiel nach *Geck*, ZEV 2014, 630, 630).

Sollten S und T die im Vermächtnis vorgesehenen 400.000 EUR pro Kind von E erworben haben, erhalten sie die weiteren 400.000 EUR pro Kind aus dem Erbe des M aufgrund des Freibetrags (§ 16 Abs. 1 Nr. 2 ErbStG) steuerfrei.

Stellt sich der Sachverhalt hingegen so dar, dass S und T die im Vermächtnis vorgesehenen jeweiligen 400.000 EUR auf Basis freigebiger Zuwendungen seitens des M erhalten haben, ist nach dem Anfall der Erbschaft des M der Freibetrag i. H. v. 400.000 EUR pro Erben infolge einer Zusammenrechnung des Vorerwerbs der Kinder (§ 14 Abs. 1 ErbStG) überschritten, sodass in Konsequenz die Freibeträge nicht „doppelt" genutzt werden können.

Beim sog. **Sachvermächtnis** geht es um die Zuwendung eines dem Erblasser regelmäßig gehörenden Gegenstandes. Zivilrechtlich wird es auch als sog. **Stückvermächtnis** bezeichnet. Das Stückvermächtnis setzt voraus, dass der Gegenstand zur Zeit des Erbfalls zum Nachlass gehört (*Lange/Kuchinke*, Erbrecht, 5. Aufl., 2001, § 29 V 2b). Eine Sonderform des Stückvermächtnisses ist das sog. **Verschaffungsvermächtnis** (§ 2170 BGB). Dadurch wird der Beschwerte verpflichtet, dem Vermächtnisnehmer den Gegenstand zu verschaffen, in dem er ihn entgeltlich erwirbt und im Anschluss an den Vermächtnisnehmer überträgt. Einen weiteren Sonderfall des Stückvermächtnisses bildet das **Wahlvermächtnis** (§ 2154 BGB). Es ist der Hauptfall der Wahlschuld (§§ 262 ff. BGB). Beim Wahlvermächtnis ist unter verschiedenen Gegenständen zu wählen, wobei die Wahl durch den Beschwerten ausgeübt wird. Die Bestimmung kann aber auch durch den Vermächtnisnehmer selbst oder einen Dritten erfolgen (§ 2154 Abs. 1 Satz 2 BGB). Die Ausübung des Wahlrechts wirkt gem. § 263 Abs. 2 BGB auf den Stichtag zurück (BFH v. 6.6.2001, II R 14/00, BFH/NV 2001, 1664 = BStBl II 2001, 725).

318

In der Praxis von nicht unerheblicher Bedeutung sind sog. **Renten- und Nießbrauchsvermächtnisse**. Beim Rentenvermächtnis wird ein Anspruch auf Rentenzahlungen oder andere wiederkehrende Leistungen zugewendet. Gegenstand des Nießbrauchsvermächtnisses ist ein Nutzungsrecht. Das Rentenvermächtnis ähnelt

319

in seiner wirtschaftlichen Wirkung dem Nießbrauch. Der grundsätzliche Unterschied besteht darin, dass beim Rentenvermächtnis bestimmt werden kann, ggf. auch die Substanz anzugreifen (*Kapp/Ebeling*, ErbStG, § 3 Rz. 157). Der Vermächtnisanspruch ist mit dem sich aus § 12 Abs. 1 ErbStG i.V.m. §§ 13ff. BewG ergebenen Kapitalwert anzusetzen. Auch mehrjährige Mietverbilligungen, die vermächtnisweise zugewendet werden, sind mit dem Kapitalwert gem. § 13 BewG bewertbare Erwerbe (FG München v. 24.1.2007, 4 K 816/05, EFG 2007, 779; *Kapp/Ebeling*, ErbStG, § 3 Rz. 182).

320 Eine Sonderform des Vermächtnisses bildet das sog. **Zweckvermächtnis** (§ 2156 BGB). Wenn der Erblasser den Zweck des Vermächtnisses (z. B. Finanzierung des Studiums) bestimmt, kann er es dem Beschwerten oder einem Dritten überlassen, die Leistung nach billigem Ermessen zu bestimmen. Zwar ordnet § 2065 Abs. 2 BGB an, dass der Erblasser die Bestimmung des Gegenstandes eines Vermächtnisses einem anderen nicht überlassen kann. Doch macht gerade das Zweckvermächtnis hiervon eine wichtige Ausnahme. Das Bestimmungsrecht ist ein Gestaltungsrecht, das wie eine aufschiebende Bedingung wirkt (BFH v. 5.3.1971, III R 130/68, BStBl II 1971, 481).

321 Zivilrechtlich ist es anerkannt, dass sich die **verschiedenen Vermächtnisarten** bezogen auf den Gegenstand und den Vermächtnisinhaber **miteinander kombinieren lassen** (*Kapp/Ebeling*, ErbStG, § 3 Rz. 156.2). Deswegen ist zivilrechtlich auch der von *Schmidt* (BWNotZ 1998, 97) entwickelte **Formulierungsvorschlag** zulässig: „Der zuerst Versterbende wendet den auf seinen Todestag von der Erbfolge ausgeschlossenen Kindern A, B, C und D ein Vermächtnis zu, dessen Zweck es ist, ihnen als Ersatz eine Abfindung einzuräumen und ihre Erbschaftsteuerfreibeträge auf den Tod des zuerst Versterbenden ganz oder teilweise auszuschöpfen zu ermöglichen. Der überlebende Ehegatte als Beschwerter hat die Befugnis, unter den genannten den bzw. die Bedachten gem. § 2151 BGB und unter den Ausgewählten zu bestimmen, was jeder hieran gem. § 2153 BGB erhält. Er kann gem. § 2156 BGB die Leistung nach billigem Ermessen bestimmen und die Zeit der Erfüllung nach freiem Belieben gem. § 2181 BGB festlegen. Er kann nach billigem Ermessen den Bedachten einzelne Gegenstände zuweisen, diese bewerten und Ausgleichs- bzw. Gleichstellungszahlungen festlegen."

322 Bei dieser auch als sog. **Supervermächtnis** (*Langenfeld*, Das Ehegattentestament, Tz. 4.3.2) bezeichneten Gestaltung handelt es sich um ein Bündel von Ermächtigungen zu Korrekturen, die entweder zu Lebzeiten des Erblassers nicht mehr geregelt werden konnten oder den Ehegatten auch nicht mehr als regelungsbedürftig erschienen. Nach Ansicht in der Literatur (*Kapp/Ebeling*, ErbStG, § 3 Rz. 156.2) überdauert diese Generalklausel jegliche Änderung im Familienbestand, im Vermögen der Eheleute und jegliche Änderung des ErbStG und hat den Vorteil, dass in unterschiedlicher Höhe vorgenommene Schenkungen und nicht mehr zum Tragen gekomme Ausgleichsschenkungen durch den überlebenden Ehegatten reguliert werden können.

323 Das Supervermächtnis, insbesondere dessen zivilrechtliche Wirksamkeit, war und ist durch die Literatur angezweifelt worden (*Kanzleiter*, in FS Brambring, 225 ff. m.w.N.; *Otte*, in Staudinger, BGB, Bearb. 2013, § 2156 Rz. 2; jüngst *Kanzleiter*,

NJW 2014, 225). Hauptargument gegen die Wirksamkeit ist die mangelnde Zweckbestimmung bzw. die willkürliche Zweckbestimmung, welche nicht dem Sinn des § 2156 BGB entspräche. Hierfür gibt es letztlich keine Anhaltspunkte. Der BGH (v. 29.2.1984, IVa ZR 188/82, NJW 1984, 2570) hat bereits entschieden, dass auch die "Abfindung" für den übergangenen Erben als ausreichende Zweckbestimmung anzusehen ist. Das Argument, dass das Supervermächtnis seinem Zweck nach der (gerichtlichen) Ermessenskontrolle durch die §§ 315 ff. BGB entzogen wäre, kann ebenfalls nicht überzeugen. Schon nach dem Wortlaut des § 315 Abs. 3 BGB ist einziger Anknüpfungspunkt die Billigkeit, die auch ohne entsprechende Zweckbestimmung gerichtlich überprüft und bestimmt werden kann. Auch die von *J. Mayer* (DStR 2004, 1490) aufgeworfene Problematik, dass der Vermächtnisnehmer seinen Anspruch durch dinglichen **Arrest** gem. §§ 916 ZPO ff. sichern könne, macht das Supervermächtnis als Gestaltungsinstrument nicht unbrauchbar. Hierfür dürfte es zunächst regelmäßig an einem Arrestgrund i.S.d. § 917 Abs. 1 ZPO fehlen. Zudem lässt sich der Arrest durch eine vollstreckungsbeschränkende schuldrechtliche Vereinbarung ausschließen (so von *Meyer*, a.a.O. selbst vorgeschlagen). Ein aktuelles Formulierungsbeispiel, das auch die Problematik des § 6 Abs. 4 ErbStG (dazu bereits *Ebeling*, ZEV 2000, 87) aufgreift, findet sich bei *Keim* (ZEV 2016, 6).

Gestaltungshinweis:

Formulierungsvorschlag nach *Wälzholz*, Skript zur 3. Jahresarbeitstagung des Notariats 2005, 390 f.:

"Zweckvermächtnis

Nimmt der überlebende Ehegatte die Erbschaft an und wird so Alleinerbe, so erhalten die gemeinsamen Kinder, ersatzweise deren Abkömmlinge einschließlich adoptierter und nichtehelicher Abkömmlinge, vom erstversterbenden Ehegatten ein Zweckvermächtnis gem. §§ BGB § 2151 ff., BGB § 2156 BGB.

Zweck des Vermächtnisses iSv § BGB § 2156 BGB ist es einmal, allen oder einzelnen Abkömmlingen eine Abfindung dafür zu gewähren, dass sie beim ersten Erbfall durch die Einsetzung des überlebenden Elternteils enterbt sind, sowie zum Zweiten, ein Ausnutzen der erbschaftsteuerlichen Freibeträge zu ermöglichen.

Dem überlebenden Ehegatten steht zur Vereinbarung dieser Zwecke mit einer ausgewogenen familiären Vermögensverteilung sowie mit dem eigenen Interesse auf Sicherung seiner Altersversorgung ein umfassendes Bestimmungsrecht zu.

Er kann bestimmen

– den Gegenstand, die Bedingungen und den Zeitpunkt der Leistungen, § 2156 BGB, dies im Rahmen von §§ 2156 S. 2, 315 BGB insbesondere auch unter Berücksichtigung seines eigenen Versorgungsinteresses,

– die Zeit der Erfüllung, § 2181 BGB,

– diejenigen, die aus dem Kreis der oben Genannten das Vermächtnis erhalten sollen, § 2151 BGB,

– sowie deren Anteile an dem Vermächtnis, § 2153 BGB.

Der überlebende Ehegatte hat die Zeit der Erfüllung des Vermächtnisses so zu bestimmen, dass die Erfüllung innerhalb von fünf Jahren nach dem Tod des erstversterbenden Ehegatten erfolgt.

Weiterhin kann der überlebende Ehegatte dann, wenn er Grundstücke zum Gegenstand des Vermächtnisses macht,

– Ausgleichszahlungen anordnen,

– sich an den Grundstücken den Nießbrauch mit einem von ihm zu bestimmenden Inhalt vorbehalten,

– sich hinsichtlich der Grundstücke Rückforderungsrechte für die Fälle der Veräußerung oder Belastung durch den Vermächtnisnehmer, des Vorversterbens des Vermächtnisnehmers und des Vermögensverfalls des Vermächtnisnehmers vorbehalten,

– sowie die grundbuchmäßigen Sicherheiten hierfür bestellen.

Derjenige meiner Abkömmlinge, der beim Nachlassgericht einen Antrag stellt, dem Bestimmungsberechtigten eine Frist zur Bestimmung des Begünstigten oder der Anteile der Begünstigten zu setzen, wird als Vermächtnisnehmer ausgeschlossen."

324–399 einstweilen frei

4 Erwerb aufgrund Pflichtteilsanspruchs (§ 3 Abs. 1 Nr. 1 Alt. 3 ErbStG)

4.1 Erbrechtliche Grundlagen

400 Die Testierfreiheit gestattet es dem Erblasser, nahe Familienangehörige (Kinder, Eltern) oder den Ehegatten **von der Erbfolge auszuschließen**. § 1938 BGB bestätigt, dass der Erblasser auch einzelne gesetzliche Erben enterben und es ansonsten bei der gesetzlichen Erbfolge belassen kann. Im Regelfall ist davon auszugehen, dass sich die Enterbung nicht auf Abkömmlinge des Enterbten bezieht (BGH v. 14.1.1959, V ZR 28/58, FamRZ 1959, 149). Um einen eng umgrenzten Personenkreis eine Mindestbeteiligung am Wert des Nachlasses zu sichern, sieht das Erbrecht ein sog. Pflichtteilsrecht vor (§§ 2303ff. BGB). Zum **Personenkreis der Pflichtteilsberechtigten** gehören die Abkömmlinge des Erblassers, seine Eltern und der Ehegatte oder Lebenspartner (§ 10 Abs. 6 S. 1 LPartG). Das Pflichtteilsrecht der entfernteren Abkömmlinge und Eltern kommt nicht zum Zug, wenn ein näherer Abkömmling pflichtteilsberechtigt ist, der den entfernteren Abkömmlingen bzw. die Eltern von der gesetzlichen Erbfolge ausschließen würde (§ 2309 BGB). Das geltende Pflichtteilsrecht ist nicht nur verfassungskonform, sondern im Kern auch durch die Verfassung gewährleistet. Das BVerfG (v. 19.4.2005, 1 BvR 1644/00, 1 BvR 188/03, BVerfGE 112, 332) hat bezogen auf das Pflichtteilsrecht der Kinder des Erblassers festgestellt, dass die unentziehbare und bedarfsunabhängige Mindestbeteiligung der Erblasserkinder am Nachlass zu einem der Kernelemente des deutschen Erbrechts gehöre und damit auch unter den Schutz des Erbrechts i.S. des Art. 14 GG falle.

§ 3 Erwerb von Todes wegen

401 Die wichtigste Rechtsfolge des Pflichtteilsrechts ist der **Pflichtteilsanspruch**, der in der Person des enterbten Pflichtteilsberechtigten **als Zahlungsanspruch mit dem Erbfall gegen den bzw. die Erben entsteht** (§ 2317 Abs. 1 BGB) und eine Nachlassverbindlichkeit i.S. des § 1967 BGB darstellt. Der Pflichtteilsberechtigte ist also nicht in Form eines sog. Noterbrechts dinglich am Nachlass beteiligt. **Anspruchsgegner** ist im Außenverhältnis der Alleinerbe bzw. die Miterben als Gesamtschuldner. Im **Innenverhältnis** ist allerdings derjenige Miterbe belastet, der anstelle des Pflichtteilsberechtigten gesetzlicher oder testamentarischer Erbe geworden ist (§ 2320 BGB). Hat z.B. der Erblasser das gesetzliche Erbrecht seiner beiden Söhne beibehalten und an die Stelle seiner Tochter deren Kinder eingesetzt, so haben im Innenverhältnis diese den Pflichtteilsanspruch der enterbten Tochter alleine zu tragen.

402 Der Pflichtteilsanspruch richtet sich der Höhe nach auf die **Hälfte des Wertes des gesetzlichen Erbteils** (§ 2303 Abs. 1 S. 2 BGB). Es ist also zunächst die gesetzliche Erbfolge nach dem Erblasser zu ermitteln. Dabei sind gesetzliche Erben, die enterbt wurden, die Erbschaft ausgeschlagen haben oder für erbunwürdig erklärt wurden, zu berücksichtigen. Unberücksichtigt bleibt allerdings der gesetzliche Erbe, der einen Erbverzicht (§ 2310 BGB) vereinbart hat. Der Erbverzicht ist vom Pflichtteilsverzicht bzw. einem Verzicht unter Vorbehalt des Pflichtteils zu unterscheiden und führt dazu, dass sich die Pflichtteilsansprüche der anderen Berechtigten erhöhen. Der Pflichtteilsanspruch ist **vererblich** und **übertragbar** (§ 2317 Abs. 2 BGB).

403 Erreicht die einem Pflichtteilsberechtigten durch Verfügung von Todes wegen eingeräumte Zuwendung nicht die Hälfte des Werts des gesetzlichen Erbteils, so besteht nach den §§ 2305, 2307 BGB ein sog. **Pflichtteilsrestanspruch**. Der Pflichtteilsrestanspruch und der Pflichtteilsanspruch sind in ihrem Bestand allerdings voneinander unabhängig. Der Pflichtteilsrestanspruch steht einem Angehörigen des Erblassers zu, wenn er zum Kreis der in § 2303 Abs. 1, Abs. 2 BGB genannten Personen zählt und im Falle seiner Enterbung pflichtteilsberechtigt wäre. Er setzt aber nicht voraus, dass ihm der Pflichtteilsanspruch auch tatsächlich zusteht (BGH v. 21.3.1973, IV ZR 157/71, NJW 1973, 995).

404 Zur **Berechnung der Höhe des Pflichtteilsanspruchs** muss der Nachlasswert mit der Pflichtteilsquote zum Zeitpunkt des Erbfalls (§ 2311 Abs. 1 S. 1 BGB) multipliziert werden. Der Nachlasswert ist nach den §§ 2311 bis 2313 BGB zu ermitteln. Maßgebend ist grundsätzlich der Verkehrswert. Gesellschaftsrechtliche Abfindungsbeschränkungsklauseln für den Fall eines Ausscheidens des Gesellschafters bleiben unberücksichtigt (BGH v. 10.10.1979, IV ZR 79/78, NJW 1980, 229). Zu den **Verbindlichkeiten** gehören Erblasserschulden und die meisten Erbfallschulden, wie Beerdigungskosten und die Kosten der Nachlassverwaltung. Im Hinblick auf die Bewertung des Nachlasses dürfen künftige **Ertragsteuerbelastungen** der Erben, die sich im Hinblick auf die im Nachlassvermögen enthaltenen stillen Reserven ergeben können, nicht als Nachlassverbindlichkeiten berücksichtigt werden (BGH v. 26.4.1972, IV ZR 114/70, DB 1972, 1229). Dies schließt aber nach zutreffender Ansicht nicht aus, dass die entsprechende steuerlatente Ertragsteuerbelastung bereits bei der Unternehmensbewertung nach § 2311 BGB berücksichtigt wird (*Lange*, in MünchKomm, BGB, § 2311 Rz. 41). Bei der Berech-

nung des Pflichtteils eines Abkömmlings und der Eltern des Erblassers wird nur der **Voraus** (§ 1932 BGB) vom Nachlasswert abgezogen, während Auflagen und testamentarische sowie gesetzliche Vermächtnisse bei der Berechnung des Pflichtteils unberücksichtigt bleiben (§ 2311 Abs. 1 Satz 2 BGB).

405 Soweit dem Pflichtteilsberechtigten von dem Erblasser durch Rechtsgeschäft unter Lebenden etwas mit der Bestimmung zugewendet worden ist, dass es auf den Pflichtteil **angerechnet** werden soll, mindert dies den Pflichtteilsanspruch (§ 2315 Abs. 1 BGB). Für die Berechnung wird der Wert der Zuwendung dem Nachlass hinzugerechnet und dann abgezogen (§ 2315 Abs. 2 Satz 1 BGB). Geht man von einer Pflichtteilsquote von z.b. ¼ aus und unterstellt einen Nachlasswert von 60.000 EUR mit einer anzurechnenden Zuwendung von 12.000 EUR, dann errechnet sich der Pflichtteilsanspruch wie folgt: 72.000 EUR (60.000 EUR + 12.000 EUR) × ¼ = 18.000 EUR − 12.000 EUR = 6.000 EUR.

Von der Anrechnungspflicht abzugrenzen ist die **Ausgleichspflicht** von mehreren pflichtteilsberechtigten Abkömmlingen, (§ 2316 Abs. 1 Satz 1 BGB) wenn einem oder mehreren von ihnen vom Erblasser Ausstattungen (§§ 2050 Abs. 1, 1624 Abs. 1 BGB) gemacht wurden. In diesem Fall erfolgt keine Anrechnung auf den Pflichtteil, sondern es kann zu einer Quotenverschiebung des gesetzlichen Erbteils, der dann für den Pflichtteil ausschlaggebend ist, nach Maßgabe der Ausgleichung gem. § 2055 BGB kommen (Rz. 127).

406 Der Pflichtteilsanspruch **verjährt in drei Jahren** (§ 2332 BGB). Die Verjährungsfrist wird mit Kenntnis des Pflichtteilsberechtigten vom Erbfall und der ihn beeinträchtigenden, zweifelsfrei wirksamen (BGH v. 23.6.1993, XII ZR 12/92, NJW 1993, 2439) Verfügung von Todes wegen in Gang gesetzt. Allerdings ist nach **§ 202 Abs. 2 BGB** eine **Verlängerung** der Verjährungsfrist bis zu 30 Jahren möglich (*Keim*, ZEV 2004, 173). Die Fristverlängerung setzt eine entsprechende Vereinbarung zwischen dem Erben und dem Pflichtteilsberechtigten voraus. Für den Erblasser besteht die Möglichkeit, dem Pflichtteilsberechtigten ein Vermächtnis dahingehend einzuräumen, dass er einen schuldrechtlichen Anspruch gegen den Erben auf Abschluss einer der Verjährung verlängernden Vereinbarung oder zur Abgabe einer Erklärung eingeräumt bekommt, auf die Einrede der Verjährung zu verzichten. Hilfreich ist die Fristverlängerung, wenn im Falle eines Berliner Testament pflichtteilsberechtigte Kinder ihren Pflichtteil nach dem Tod des erstversterbenden Elternteils erst zu einem bestimmten Zeitpunkt, der länger als drei Jahre in der Zukunft liegt, oder dann geltend machen sollen, wenn auch der andere Elternteil verstorben ist (*Weinmann*, in Moench/Weinmann, ErbStG, § 3 Rz. 114); in letzterem Fall ist § 6 Abs. 4 ErbStG zu beachten (§ 6 ErbStG Rz. 43ff.).

407 Wenn der **testamentarisch zugewandte Erbteil geringer ist als der halbe gesetzliche Erbteil**, gelten Beschränkungen, z.B. durch Ernennung eines Testamentsvollstreckers oder eine Nacherbeneinsetzung, oder Beschwerungen, wie etwa Vermächtnisse und Auflagen, die den Wert des hinterlassenen Erbteils weiter mindern würden, als nicht angeordnet.

408 **Nicht pflichtteilsberechtigt** ist grundsätzlich, wer die **Erbschaft ausschlägt**. Wenn der dem zum Erben berufenen Pflichtteilsberechtigten hinterlassene Erb-

teil zwar größer als der halbe gesetzliche Erbteil ist, aber zusätzlich mit Beschränkungen oder Beschwerungen belastet ist, kann der Pflichtteilsberechtigte ausnahmsweise den Erbteil **ausschlagen und trotzdem den Pflichtteil verlangen** (§ 2306 Abs. 1 S. 2 BGB). Die Ausschlagungsmöglichkeit des § 2306 Abs. 1 Satz 2 BGB muss im Rahmen der Gestaltungsberatung, namentlich der Unternehmensnachfolge bedacht werden, weil es zu einem unerwünschten Liquiditätsabfluss führen kann, wenn ein Miterbe – etwa im Falle der Testamentsvollstreckung – nach Ausschlagung den Pflichtteil geltend macht (*Wälzholz*, in V/K/S/W, ErbStG, 2012, § 3 Rz. 147). Ratsam ist in diesem Fall bereits der Abschluss eines Pflichtteilsverzichtvertrages zu Lebzeiten des Erblassers.

Des Weiteren bleibt das Pflichtteilsrecht **trotz Ausschlagung dem Ehegatten im Rahmen der Zugewinngemeinschaft** erhalten. Schlägt der überlebende Ehegatte die Erbschaft aus, so kann er nach den §§ 2303 Abs. 2 S. 2, 1371 Abs. 3 BGB den kleinen – also nach § 1931 Abs. 1 BGB nicht erhöhten – Pflichtteil neben dem (möglichen) Anspruch auf Zugewinnausgleich verlangen. 409

Der Güterstand der **Zugewinngemeinschaft** hat auch **Einfluss auf die Berechnung des Pflichtteils**. Für die Bestimmung der Pflichtteilsquote des Ehegatten ist grundsätzlich der sog. **kleine Pflichtteil** maßgebend, wenn dem überlebenden Ehegatten neben dem Pflichtteil der Anspruch auf den güterrechtlich zu ermittelnden Zugewinnausgleich zusteht. Wenn es dagegen um den **Zusatzpflichtteil** (§§ 2305, 2307 Abs. 1 S. 2 BGB) geht, ist für die Bestimmung der Pflichtteilsquote der nach § 1371 Abs. 1 BGB erhöhte Erbteil – sog. **großer Pflichtteil** – maßgeblich. 410

Des Weiteren hat **§ 1371 Abs. 1 BGB auch Auswirkung auf den Pflichtteil der Abkömmlinge**. Denn zu deren Ermittlung muss grundsätzlich vom erhöhten Erbteil des Ehegatten ausgegangen werden (BGH v. 21.3.1962, IV ZR 251/61, BGHZ 37, 58). Wenn also neben dem Ehegatten als dem testamentarischen Alleinerben drei pflichtteilsberechtigte Abkömmlinge des Erblassers existieren, beträgt der gesetzliche Erbteil jedes Kindes nur 1/6 und dementsprechend die Pflichtteilsansprüche je 1/12, weil der gesetzliche Erbteil des Ehegatten ½ beträgt (§§ 1931 Abs. 1 Satz 1, Abs. 3, 1371 Abs. 1 BGB). 411

Ist der überlebende **Ehegatte/Lebenspartner des Erblassers enterbt** worden, kann er neben dem Zugewinnausgleich immer nur den sog. **kleinen Pflichtteil** verlangen. Er kann also nach der vom BGH (v. 25.6.1964, III ZR 90/63, BGHZ 42, 182; v. 17.3.1982, IVa ZR 27/81, FamRZ 1982, 571) vertretenen **Einheitstheorie** nicht zwischen dem Zugewinnausgleich und dem kleinen Pflichtteil einerseits und dem großen Pflichtteil, der sich nach dem erhöhten gesetzlichen Ehegattenerbteil berechnet, andererseits wählen. 412

4.2 Erbschaftsteuer

Erbschaftsteuerrechtlich gilt als Erwerb von Todes wegen nach § 3 Abs. 1 Nr. 1 Alt. 3 ErbStG der Erwerb aufgrund eines geltend gemachten Pflichtteilsanspruchs unter Bezugnahme auf die §§ 2303ff. BGB. Dies bezieht sich auf den **Pflichtteilsanspruch** gem. § 2317 BGB, nach h.M. (*Meincke*, ErbStG, 2012, § 3 413

Rz. 48) einschl. eines **Zusatzpflichtteils** nach § 2305 BGB (zur Kritik Rz. 424) und eines **Pflichtteilsergänzungsanspruchs** nach § 2325 BGB (zur Kritik Rz. 423).

414 **Erwerbsgegenstand** ist der (Zahlungs-)Anspruch und nicht der Vermögenserwerb infolge Erfüllung dieses Anspruchs (BFH v. 7.10.1998, II R 52/96, BFH/NV BFH/R 1999, 416 = BStBl II 1999, 23). Nach § 9 Abs. 1 Nr. 1 Buchst. b ErbStG **entsteht die Steuer erst mit Geltendmachung** des Anspruchs. Korrespondierend dazu sieht **§ 10 Abs. 5 Nr. 2** ErbStG vor, dass der Erbe ab diesem Zeitpunkt eine Nachlassverbindlichkeit abziehen darf.

415 Ordnet der Erblasser in seiner Verfügung von Todes wegen an, dass ein **gesetzlicher Erbe nur den Pflichtteil erhalten** solle, ohne ihn ausdrücklich zu enterben, muss durch Auslegung ermittelt werden, ob der gesetzliche Erbe einen nach § 3 Abs. 1 Nr. 1 Alt. 1 ErbStG steuerbaren Erbteil in Höhe des Pflichtteils oder nur einen nach § 3 Abs. 1 Nr. 1 Alt. 3 ErbStG steuerbaren Pflichtteilsanspruch haben soll. Im Zweifel ist das Letztere anzunehmen (§ 2304 BGB). Wäre demgegenüber von einer Erbeinsetzung auszugehen, würde die Steuer grundsätzlich mit dem Erbfall entstehen.

416 Der Pflichtteilsanspruch ist mit dem **Nennwert** anzusetzen (§ 12 Abs. 1 ErbStG i.V.m. § 12 Abs. 1 BewG). Der Pflichtteilsberechtigte hat keinen Anspruch darauf, anstelle eines Zahlungsanspruchs die Übereignung einzelner Nachlassgegenstände verlangen zu können. Deswegen kann auch eine anstelle des Zahlungsanspruchs tretende **Leistung an Erfüllung statt** (§ 364 Abs. 1 BGB) den auf den Zahlungsanspruch entstandenen Steueranspruch weder ändern noch aufheben (BFH v. 7.10.1998, II R 52/96, BFH/NV BFH/R 1999, 416 = BStBl II 1999, 23). Die Frage spielte vor allem nach der früheren Rechtslage eine wichtige Rolle, wenn dem Pflichtteilsberechtigten Nachlassgegenstände mit einem unterhalb des Verkehrswerts liegenden Steuerwert übertragen wurden (insbesondere Grundstücke). Indes bleibt weiterhin für Zwecke der **Grunderwerbsteuer** bedeutsam, dass ein Grundstückserwerb zur Erfüllung eines auf Geld gerichteten Pflichtteilsanspruchs „an Erfüllung statt" nicht nach § 3 Nr. 2 Satz 1 GrEStG von der Steuer befreit ist (BFH v. 10.7.2002, II R 11/01, BFH/NV 2002, 1398 = BStBl II 2002, 775 unter Aufgabe von BFH v. 30.9.1981, II R 64/80, BStBl II 1982, 76; bestätigt durch BFH v. 29.9.2015, II R 23/14, BStBl II 2016, 104). Immerhin bleibt die **Möglichkeit einer Steuerbefreiung**, wenn auf den (noch nicht geltend gemachten) **Pflichtteilsanspruch verzichtet und als Abfindung hierfür dem Verzichtenden ein Grundstück übereignet** wird (§ 3 Nr. 2 Satz 1 GrEStG i.V.m. § 3 Abs. 2 Nr. 4 ErbStG). Dies folgt aus der Begründung des BFH-Urteils v. 10.7.2002 (*Kapp/Ebeling*, ErbStG, § 3 Rz. 199).

417 Die **Steuer entsteht erst mit der Geltendmachung** des Pflichtteilsanspruchs. Das hängt damit zusammen, dass die ErbSt eine Bereicherungssteuer ist und mit der zivilrechtlichen Entstehung des Pflichtteils nach § 2317 BGB noch keine Bereicherung eintritt (*Kapp/Ebeling*, ErbStG, § 3 Rz. 211). Erbschaftsteuerrechtlich ist damit das Tatbestandsmerkmal der „Geltendmachung" des Pflichtteils von **ganz entscheidender Bedeutung.** Von ihr hängt nicht nur die Entstehung der Steuer nach § 9 Abs. 1 Nr. 1 Buchst. b ErbStG ab, sondern auch Gestaltungs-

möglichkeiten im Hinblick auf einen Verzicht. Soweit der Pflichtteilsanspruch erbschaftsteuerrechtlich mangels Geltendmachung noch nicht entstanden ist, kann der Pflichtteilsberechtigte darauf **verzichten**. Steuerrechtlich hat dies dieselbe Wirkung wie die unentgeltliche Ausschlagung einer Erbschaft bzw. eines Vermächtnisses, ist also irrelevant (RFH v. 14.9.1939, III e 30/39, RStBl 1940, 3; *Kapp/Ebeling*, ErbStG, § 3 Rz. 211). Anders ist die Rechtslage, wenn der **Pflichtteilsanspruch bereits geltend gemacht worden ist und erst dann auf den Anspruch verzichtet** wird. Erfolgt der **Verzicht unentgeltlich**, kann der Vorgang als freigebige Zuwendung unter Lebenden nach § 7 Abs. 1 Nr. 1 ErbStG zu werten sein, wobei die Steuerbefreiung nach § 13 Abs. 1 Nr. 11 ErbStG nicht einschlägig ist (BFH v. 19.7.2006, II R 1/05, BFH/NV 2006/1989 = BStBl II 2006, 718). Erfolgt der Verzicht nach Geltendmachung des Anspruches gegen eine **Abfindung**, bleibt es bei der Steuerbarkeit nach § 3 Abs. 1 Nr. 1 Alt. 3 ErbStG. Die Abfindung ist schenkungsteuerrechtlich irrelevant, solange die Abfindung wertmäßig dem Wert des Anspruches entspricht. Wird demgegenüber auf die Geltendmachung des Pflichtteilsanspruches verzichtet, muss eine entsprechende Abfindung nach § 3 Abs. 2 Nr. 4 ErbStG versteuert werden (Rz. 543 ff.).

Unter „Geltendmachung" ist das ernstliche Verlangen auf Erfüllung des Pflichtteilsanspruches zu verstehen (*Gottschalk*, in T/G/J, ErbStG, § 3 Rz. 226). Dabei muss der Pflichtteilsberechtigte seinen Entschluss, die Erfüllung des Pflichtteils zu verlangen, **gegenüber dem Erben in geeigneter Weise bekunden** (RFH v. 19.4.1929, V e A 823/28, RStBl 1929, 515; BFH v. 30.4.2003, II R 6/01, BFH/NV 2004, 341). Ausreichend ist es, wenn der Erbe die Auszahlung anbietet und der Berechtigte das Angebot annimmt (RFH v. 5.11.1936, III e A 63/36, RStBl 1936, 1131). Ein **Auskunftsverlangen** gegenüber dem Erben unter dem Vorbehalt, den Pflichtteil geltend zu machen, stellt noch keine Geltendmachung des Pflichtteils dar (BFH v. 19.7.2006, II R 1/05, BFH/NV 2006, 1989 = BStBl II 2006, 718; *v. Oertzen/Cornelius*, ErbStB 2006, 49). Ebenso wenig führt die Aufnahme von Verhandlungen über den Pflichtteil bereits zu einem Geltendmachen (*Gottschalk*, in T/G/J, ErbStG, § 3 Rz. 226). Wird der Pflichtteilsanspruch vom Pflichtteilsberechtigten **gestundet**, ist von einem Geltendmachen auszugehen (BFH v. 27.8.2003, II R 58/01, BFH/NV 2004, 138 = BStBl II 2003, 921). Umstritten war lange Zeit die Frage, ob die **Einreichung einer Stufenklage**, die zunächst auf Auskunft gerichtet ist und bei der der Leistungsanspruch erst später beziffert wird, bereits als Geltendmachung einzuordnen ist (bejahend FG Hamburg v. 17.4.1978, V 234/77, EFG 1978, 555; FG Rheinland-Pfalz v. 10.12.2001, 4 K 2203/00, DStRE 2002, 459; FG München v. 16.10.2002, 4 K 5391/00, EFG 2003, 248; a.A. *Meincke*, ZErb 2004, 1; *Viskorf*, FR 1999, 664). Der BFH (BFH v. 19.7.2006, II R 1/05, BFH/NV 2006, 1989 = BStBl II 2006, 718) hat nunmehr entschieden, dass die Geltendmachung die Bezifferung des Anspruchs nicht voraussetze. Bislang nicht grundsätzlich entschieden ist schließlich die Frage, inwieweit in der **Abtretung** eines Pflichtteilsanspruchs, die nach § 2317 Abs. 2 BGB zulässig ist, eine Geltendmachung gesehen werden kann. Während zivilrechtlich ganz überwiegend von einer Geltendmachung ausgegangen wird (z.B. *Weidlich*, in Palandt, 2017, BGB, § 2317 Rz. 2ff), geht das FG Hessen (FG Hessen v. 7.3.1990, 10 K 389/83, EFG 1990, 587; zustimmend *Meincke*, ErbStG, 2012, § 9 Rz. 33) davon aus, dass die Abtretung allein noch keine Geltendmachung

418

sei, sondern erst dann vorliege, wenn der neue Gläubiger den Anspruch gegen den Erben geltend mache. Der Sichtweise des FG Hessen wird wiederum zutreffend entgegengehalten, dass das Erfüllungsverlangen des Zessionars dem Zedenten nicht zugerechnet werden könne. Deswegen entsteht der Steueranspruch erst durch die Zahlung an den Zessionar, da der Zedent sich die Auszahlung zurechnen lassen muss (*Gottschalk*, in T/G/J, ErbStG, § 3 Rz. 230). Schließt das Finanzamt aus einem notariell beurkundeten Vertrag i.V.m. einer Reihe von Indizien auf die Geltendmachung eines Pflichtteils, kann das FG davon abweichend nach entsprechendem Hinweis dem Vertrag i.V.m. den Indizien den Verzicht auf einen entstandenen Pflichtteilsanspruch nach § 3 Abs. 2 Nr. 4 ErbStG entnehmen, ohne einen anderen Lebenssachverhalt zugrunde gelegt und damit gegen die Grundordnung des Verfahrens verstoßen zu haben (BFH v. 4.3.2008, II B 28/07, BFH/NV 2008, 983).

419 Der Pflichtteilsberechtigte kann seinen Anspruch im Gegensatz zum Erben, der die Erbschaft nur insgesamt annehmen oder ausschlagen kann, auch **zum Teil geltend** machen. In diesem Fall entsteht die Steuer auch nur in Höhe des Nennwerts des zum Teil geltend gemachten Pflichtteilsanspruchs (BFH v. 18.7.1973, II R 34/69, BStBl II 1973, 798 unter Aufgabe von RFH v. 14.9.1939, III e 30/39, RStBl 1940, 3; bestätigt durch BFH v. 21.8.2015, II B 126/14, DStZ 2015, 817). In der Revisionsentscheidung (v. 27.9.2012, II R 52/11, BFH/NV 2013, 938) hatte sich der BFH in einem vom FG Düsseldorf (v. 7.9.2011, 4 K 803/11 Erb, EFG 2012, 101) entschiedenen Fall mit der Frage des teilweisen Geltendmachens befassen müssen. Die enterbte Ehefrau des Erblassers hatte gegenüber dem allein erbenden Bruder ihren Zugewinnausgleichsanspruch und ihren Pflichtteilsanspruch „geltend" gemacht. Im Rahmen eines den Streit beendenden Vergleichs hatte sie nach Ansicht des FG Düsseldorf den Pflichtteilsanspruch nicht voll geltend gemacht, sodass der Verzicht nicht steuerbar gewesen ist (Rz. 417), und nur den (steuerfreien) Zugewinnausgleichsanspruch in voller Höhe geltend gemacht. Hierbei spielte eine wichtige Rolle, ob bei der Auslegung des Vergleichs gem. §§ 133, 157 BGB die Parteien im Zweifel das für sie steuerrechtlich günstigere Ergebnis wollten. Der BFH ging in Ermangelung anderer Anhaltspunkte davon aus, dass es sich **im Zweifel** nach dem Grundsatz des § 366 Abs. 2 BGB um eine **gleichmäßige Tilgung** beider Forderungen handelte. Vergleichsverhandlungen sollten sich also zunächst auf den Zugewinnausgleich beschränken. Sofern darüber hinausgehende Zahlungen in Rede stehen, ist es überlegenswert die Teilleistung auf einen Betrag in **Höhe des dem Pflichtteilsberechtigten zustehenden persönlichen Freibetrags** nach § 16 ErbStG zu beschränken.

Wenn der Pflichtteilsberechtigte eine Teilleistung geltend macht und sich im Übrigen ausdrücklich oder konkludent vorbehält, auch den Restbetrag zu verlangen, geht das FG Hamburg (FG Hamburg v. 17.4.1978, V 234/77, EFG 1978, 555; *Weinmann*, in Moench/Weinmann, ErbStG, § 3 Rz. 121) davon aus, dass eine Geltendmachung in voller Höhe bereits eingetreten sei. Vorzugswürdig erscheint die Gegenposition, (*Wälzholz*, ZEV 2007, 162) weil es an einer endgültigen Entscheidung des Pflichtteilsberechtigten noch fehlt (so auch BFH v. 19.7.2006, II R 1/05, BFH/NV 2006, 1989 = BStBl II 2006, 718). Von einer Teilleistung ist regelmäßig dann auszugehen, wenn der **Pflichtteilsanspruch zinslos gestundet** wird, weil im Zweifel in der später fälligen Pflichtteilszahlung ein verdeckter Zinsanteil enthalten ist (*Gottschalk*, in T/G/J, ErbStG, § 3 Rz. 229). Der Pflichtteilsanspruch kann auch dann noch geltend gemacht werden, wenn zivilrechtlich bereits **Verjährung** eingetreten ist. Denn die Einrede der Verjährung lässt die zivilrechtliche Existenz des Anspruchs unberührt, sodass es ausreicht, dass der Erbe zu erkennen gibt, die Einrede der Verjährung nicht erheben zu wollen (*Wälzholz*, in V/K/S/W, ErbStG, 2012, § 3 Rz. 152; *Meincke*, ErbStG, 2012, § 9 Rz. 33). Die Freiwilligkeit der Leistung bedeutet also keine Freigebigkeit i. S. d. § 7 Abs. 1 Nr. 1 ErbStG. In Konsequenz scheint nichts anderes zu gelten, wenn der **Pflichtteilsschuldner stirbt** und die Verbindlichkeit auf den Erben als Gesamtrechtsnachfolger übergeht. Gem. § 10 Abs. 3 ErbStG geht die Schuld nicht durch Konfusion unter. Deshalb müsste namentlich beim Berliner Testament der Schlusserbe den Pflichtteilsanspruch auch noch nach dem Tod des überlebenden Ehegatten geltend machen und erfüllen können. Würde man die Geltendmachung des Pflichtteilsanspruchs noch nach dem Tod des überlebenden Ehegatten zulassen, hätte dies aus Sicht des Schlusserben den Vorteil, die Inanspruchnahme des Freibetrags nach dem Tode beider Elternteile sichern zu können. Die Frage ist umstritten gewesen (ablehnend allerdings FG München v. 30.11.2006, 4 V 4323/06, EFG 2007, 369; *Meincke*, ErbStG, 2012, § 3 Rz. 52 unter Bezugnahme auf das Fehlen einer wirtschaftlichen Belastung; a. A. *Gottschalk*, in T/G/J, ErbStG, § 3 Rz. 232; *Muscheler*, ZEV 2001, 377), die Entscheidung des BFH v. 27.6.2007 (BFH v. 27.6.2007, II R 30/05, BFH/NV 2007, 1773 = BStBl II 2007, 651) legte zunächst nahe, dass die **Schlusserben mangels wirtschaftlicher Belastung des überlebenden Elternteils** keine Nachlassverbindlichkeit i. S. d. § 10 Abs. 5 Nr. 1 ErbStG ansetzen können. Mit Urteil v. 19.2.2013 hat der BFH (II R 47/11, BStBl II 2013, 332) entschieden, dass beim Pflichtteilsberechtigten, der Alleinerbe des Verpflichteten geworden ist, das Recht zur Geltendmachung des (zivilrechtlich erloschenen) Pflichtteils als Folge der Regelung in § 10 Abs. 3 ErbStG bestehen bleibe. Erkläre der Berechtigte gegenüber dem FA, er mache den Anspruch geltend, sei dies erbschaftsteuerrechtlich unabhängig davon zu berücksichtigen, ob der Verpflichtete damit rechnen musste, den Anspruch zu Lebzeiten erfüllen zu müssen. Nach Ansicht des BFH gelte das jedenfalls dann, wenn der Pflichtteilsanspruch im Zeitpunkt der Mitteilung an das FA noch nicht verjährt sei. Wie bei Verjährung zu entscheiden sei, ließ der BFH mangels Entscheidungserheblichkeit ausdrücklich offen. Konsequenterweise darf dann aber auch im Verjährungsfall nichts anderes gelten, weil es auf die wirtschaftliche Belastung des verpflichteten Erblassers nicht ankommt.

In der Gestaltungspraxis ist empfohlen worden, den **geltend gemachten Pflichtteilsanspruch bis zum Tode des Erben zu stunden**. Damit entsteht einerseits die Nachlassverbindlichkeit, ohne dass der Erbe tatsächlich eine Zahlung erbringen muss. Bei einem ähnlichen Gestaltungsmodell verhält es sich so, dass vor der Geltendmachung des Pflichtteilsanspruchs ein **Verzicht gegen Abfindung** vereinbart wird und die **Abfindungsleistung erst beim Tod des Erben fällig gestellt** werden soll. Der BFH (v. 27.6.2007, II R 30/05, BFH/NV 2007, 1773 = BStBl II 2007, 651) hat allerdings entschieden, dass die Schlusserben beim Tod des überlebenden Elternteils keine Nachlassverbindlichkeit aus der Abfindungsvereinbarung abziehen können, weil die Verpflichtung zur Zahlung einer Abfindung für den überlebenden Elternteil **keine wirtschaftliche Belastung dargestellt** habe. An der wirtschaftlichen Belastung fehle

420

es, weil der überlebende Ehegatte als Schuldner der Abfindung davon ausgehen konnte, die Verpflichtung unter normalen Umständen nicht selbst erfüllen zu müssen. Auf der anderen Seite sei der Abfindungsberechtigte wirtschaftlich nicht bereichert. In Konsequenz dieser Entscheidung bleibt für die Beteiligten nur die Möglichkeit, den Pflichtteilsanspruch oder den Abfindungsanspruch für den Verzicht vor Geltendmachung **auf eine bestimmte Zeitdauer zu stunden** (*Weinmann*, in Moench/Weinmann, ErbStG, § 3 Rz. 121a). Andere Gestaltungsüberlegungen gehen dahin, die Pflichtteilsansprüche zu erfüllen und sich den Nießbrauch vorzubehalten (*Berresheim*, ZErb 2007, 436) oder auf eine Fälligkeitsvereinbarung zu verzichten (*Billig*, UVR 2007, 346). Seit der Entscheidung des BFH (v. 19.2.2013, a.a.O. Rz. 419) wird auch vermehrt die Idee geäußert die Verjährungsfrist des Pflichtteils durch letztwillige Verfügung zu verlängern (*Zehentmeier*, NWB 2013, 3309; *Geck*, DStR 2013, 1368, der auf die grundsätzlichen Ausführungen zur Verlängerung der Vejährung von Pflichtteilsansprüchen von *Keim*, ZEV 2004, 173 verweist; vgl. oben Rz. 406). In jedem Fall kann sich die Geltendmachung des Pflichtteilsanspruchs durch das alleinerbende Kind im Fall eines Berliner-Testaments als Gestaltungsinstrument eignen, da so die Freibeträge beider Elternteile ausgenutzt werden können (vgl. *Billig*, UVR 2014, 314 mit ausführlichenm Berechnungsbeispiel).

4.3 Pflichtteilsergänzungsanspruch

421   Der Pflichtteilsanspruch und der Pflichtteilsrestanspruch sind auf den Nachlass bezogen. **Wirtschaftlich** können diese Ansprüche dadurch **entwertet** werden, dass der Erblasser bereits zu Lebzeiten durch Schenkungen an Dritte den Nachlass verteilt. Dem will der Gesetzgeber mit dem sog. Pflichtteilsergänzungsanspruch nach § 2325 Abs. 1 BGB entgegenwirken, wonach der Pflichtteilsberechtigte Ergänzung seines Pflichtteils um den **Betrag verlangen kann, um den sich sein Pflichtteilsanspruch erhöhen würde, wenn sich der verschenkte Gegenstand noch im Nachlass befände.** Ausgeschlossen ist die Ergänzung dann, wenn die Schenkung bereits länger als 10 Jahre vor dem Erbfall zurückliegt. Schenkungen gleichgestellt werden sog. unbenannte Zuwendungen an Ehegatten bzw. Lebenspartner (BGH v. 27.11.1991, IV ZR 164/90, BGHZ 116, 167). Hier ist ergänzend zu beachten, dass bei Schenkungen an Ehepartner des Erblassers die 10-Jahresfrist nicht vor Auflösung der Ehe beginnt (§ 2325 Abs. 3 Halbsatz 2 BGB). Trotzdem kann die Zuwendung an den Ehegatten sinnvoll sein, weil die gezogenen Nutzungen (§ 100 BGB) dem Ehegatten verbleiben (*Kapp/Ebeling*, ErbStG, § 3 Rz. 208). Hier beginnt die Frist erst mit Auflösung der Ehe. Ebenfalls Schenkungen i.S.d. Pflichtteilsergänzungsrechts sind Zuwendungen an juristische Personen, die zur Förderung eines gemeinnützigen Zwecks errichtet worden sind (BGH v. 10.12.2003, IV ZR 249/02, ZEV 2004, 115).**Schuldner** des Pflichtteilsergänzungsanspruchs ist der **Erbe**. Soweit der Erbe zur Ergänzung des Pflichtteils nicht verpflichtet ist, (§ 2328 BGB) kann der Pflichtteilsberechtigte vom **Beschenkten** nach den Vorschriften über die ungerechtfertigte Bereicherung zur Befriedigung des Ergänzungsanspruchs Herausgabe des Geschenks verlangen (§ 2329 Abs. 1 Satz 1 BGB).

422   Der Pflichtteilsergänzungsanspruch ist **unabhängig** von einem konkreten Pflichtteilsanspruch i.S.d. § 2303 Abs. 1 BGB. Die Unabhängigkeit des Ergänzungs-

anspruchs vom ordentlichen Pflichtteilsanspruch bedeutet nicht nur, dass der Berechtigte nicht durch Verfügung von Todes wegen ausgeschlossen sein muss, sondern auch, dass der Anspruch selbst dann besteht, wenn jener die Erbschaft ausschlägt (BGH v. 21.3.1973, IV ZR 157/71, NJW 1973, 995). Nach **§ 2326 BGB** kann auch ein **Erbe** unter den Voraussetzungen des § 2325 BGB einen Ergänzungsanspruch entweder gegen die Miterben oder über § 2329 BGB gegen den Beschenkten (BGH v. 19.3.1981, IVa ZR 30/80, BGHZ 80, 205) erlangen.

Erbschaftsteuerrechtlich stellt sich die Frage, ob der Pflichtteilergänzungsanspruch als selbstständiger Anspruch in die Gruppe der geltend gemachten Pflichtteilsansprüche nach **§ 3 Abs. 1 Nr. 1 Alt. 3 ErbStG dogmatisch einbezogen werden kann**. Im Kern geht es darum, ob das Gesetz mit dem Begriff „Pflichtteilsanspruch" nur den Anspruch nach § 2317 BGB meint. Im Schrifttum wird von einer **Gesetzeslücke** ausgegangen, so dass der Pflichtteilergänzungsanspruch nicht steuerbar wäre (*Crezelius*, Unternehmenserbrecht, 1998, Rz. 109; *Kapp/Ebeling*, ErbStG, § 3 Rz. 226; a. A. *Gebel*, in Troll/Gebel/Jülicher, ErbStG, § 3 Rz. 223 (September 2013)).

423

Angesichts des Umstandes, dass der Gesetzgeber in einer Vielzahl von Fällen den Tatbestand des § 3 ErbStG namentlich auch in Abs. 2 um Ergänzungstatbestände erweitert hat, ist von einer **abschließenden Aufzählung** auszugehen. Auch im Rahmen des ErbStRG v. 24.12.2008 (BGBl I 2008, 3018) ist § 3 Abs. 2 ErbStG erneut erweitert worden. Daraus ist im Umkehrschluss abzuleiten, dass der Pflichtteilergänzungsanspruch ebenso wie der dogmatisch eigenständige **Zusatzpflichtteil nach § 2305 BGB** (Rz. 413) nicht steuerbar ist. Die Rspr. des BFH (v. 10.7.2002, II R 11/01, BFH/NV 2002, 1398 = BStBl II 2002, 775; v. 8.10.2003, II R 46/01, BFH/NV 2004, 431 = BStBl II 2004, 234) lässt allerdings erwarten, dass der BFH von einer Steuerbarkeit des Pflichtteilergänzungsanspruchs – und damit erst recht des Zusatzpflichtteils – ausgehen wird, auch wenn die Frage in den zitierten Entscheidungen nicht unmittelbar entscheidungserheblich war. Im Urteil v. 8.10.2003 (II R 46/01, BFH/NV 2004, 431, BStBl II 2004, 234) hat der BGH entschieden, dass die Verpflichtung des Erben aus einem gegen ihn gerichteten Pflichtteilergänzungsanspruch bei diesem als Nachlassverbindlichkeit nach § 10 Abs. 5 Nr. 2 ErbStG geltend gemacht werden könne, und dass sich die Zahlung des Beschenkten nach § 2329 Abs. 2 BGB zur Abwendung des Herausgabeanspruches nach § 2329 Abs. 1 BGB bei diesem erwerbsmindernd nach § 10 Abs. 5 Nr. 2 ErbStG auswirke.

424

Gestaltungshinweis:
Aufgrund der noch nicht erfolgten Klärung durch die Rechtsprechung, sollten entsprechende Bescheide angefochten werden.

Fraglich ist, ob dieser Abgeltungsbetrag vom Erwerb abzuziehen oder die Schenkung nachträglich als gemischte Schenkung zu bewerten ist (*Kapp/Ebeling*, ErbStG, § 3 Rz. 230.1). Da die Rechtsfigur der gemischten Schenkung im Kern überholt ist (§ 7 ErbStG Rz. 330ff.), ist der Abgeltungsbetrag vom Erwerb abzuziehen.

5 Erwerb durch Schenkung auf den Todesfall (§ 3 Abs. 1 Nr. 2 Satz 1 ErbStG)

425 Als Schenkung auf den Todesfall regelt § 2301 BGB ein **Schenkungsversprechen**, das unter der Bedingung steht, dass der Beschenkte den Schenker überlebt – sog. **Überlebensbedingung** – und das erst nach dem Tode des Schenkers erfüllt bzw. die bereits zuvor erbrachte Leistung mit deren Eintritt endgültig wirksam werden soll. In seiner Rechtsfolge ordnet § 2301 Abs. 1 BGB an, dass das Schenkungsversprechen den **Verfügungen von Todes wegen gleichgestellt** ist. Damit finden Vorschriften über Vermächtnisse Anwendung, wenn Zuwendungsgegenstand ein einzelner Vermögensgegenstand ist, und die Vorschriften über Erbeinsetzungen, sofern sich das Schenkungsversprechen auf das Vermögen als Ganzes oder auf Bruchteile davon bezieht. Wirksam ist das Schenkungsversprechen nur dann, wenn die Geltungsvoraussetzungen des Testaments erfüllt sind (RG v. 28.10.1913, VII 271/13, RGZ 83, 223; *Musielak*, in MünchKomm, BGB, § 2301 Rz. 13; a. A. *Weidlich*, in Palandt, 2017, BGB, § 2301 Rz. 6, der die Erbvertragsform für notwendig ansieht). Der Anwendungsbereich der Vorschrift ist auf ein Schenkungsversprechen bezogen, wobei die h. M. eine vertragliche Vereinbarung verlangt, während nach der Gegenansicht auch ein einseitiges, empfangsbedürftiges Angebot des Schenkers zum Abschluss eines Schenkungsvertrages ausreicht (*Musielak*, in MünchKomm, BGB, § 2301 Rz. 5 m. w. N.). Aus der Notwendigkeit des Versprechens einer Schenkung folgt, dass es sich um eine **unentgeltliche Zuwendung** des Erblassers handeln muss. Die Fortsetzung einer Gesellschaft mit den verbleibenden Gesellschaftern ohne Abfindungszahlung an die weichenden Erben stellt dabei regelmäßig ein entgeltliches Rechtsgeschäft dar (BGH v. 22.11.1956, II ZR 222/55, BGHZ 22, 186; v. 14.7.1971, III ZR 91/70, WM 1971, 1338).

426 Die **Ähnlichkeit zur Verfügung von Todes wegen** folgt aus der sog. **Überlebensbedingung**. Dadurch wird nämlich genau diejenige Rechtslage – nämlich die Unwirksamkeit bei Vorversterben des Bedachten – begründet, die bei der Erbeinsetzung (§ 1923 Abs. 1 BGB) und dem Vermächtnis (§ 2160 BGB) schon kraft Gesetzes gilt. Es ist nicht notwendig, dass die Überlebensbedingung ausdrücklich erklärt wird, sondern es reicht aus, wenn sie sich aus den übrigen Erklärungen des Schenkers und den Umständen des Einzelfalles ergibt (BGH v. 12.11.1986, IVa ZR 77/85, BGHZ 99, 97). Nach Ansicht des BGH (v. 1.6.1983, IVa ZR 35/82, NJW 1984, 46) ist in Zweifelsfällen unter entsprechender Anwendung des § 2084 BGB diejenige Auslegung zu wählen, bei der der Wille des Erblassers Erfolg haben könnte. Das Überleben des Versprechensempfängers ist Voraussetzung für die erbrechtlichen Wirkungen und damit keine Bedingung i. S. d. §§ 158 ff. BGB. Ihrer Wirkung nach muss es sich um eine **aufschiebende Bedingung** handeln, weil bei einer auflösenden Bedingung ohnehin die Rechtswirkungen der Schenkung eintreten (*Musielak*, in MünchKomm, BGB, § 2301 Rz. 9 m. w. N. zur wohl herrschenden Gegenmeinung, die auch auflösende Bedingungen einbezieht). Nach Ansicht des BGH (v. 20.6.1984, IVa ZR 34/83, NJW 1985, 1553; *Musielak*, in MünchKomm, BGB, § 2301 Rz. 12 m. w. N.) ist § 2301 BGB **nicht auf unbedingte Schenkungsversprechen**, bei denen lediglich die Erfüllung bis zum Tode des Schenkers **befristet** ist, anzuwenden. Der BGH (v. 18.5.1988, IVa ZR 36/87, NJW 1988, 2731) lehnt es zudem ab, für den Fall, dass das Versprechen einer

Schenkung für die Zeit nach dem Tod des Versprechenden gegeben wird, im Wege der Auslegung stillschweigend von einer Überlebensbedingung auszugehen. Soweit eine **Fortsetzungsklausel** ohne Abfindung der Erben ausnahmsweise unentgeltlicher Natur ist, liegt trotzdem kein Fall des § 2301 BGB vor, weil es regelmäßig an einer Überlebensbedingung fehlt (*Lange/Kuchinke*, Erbrecht, 5. Aufl., 2001, § 33 II 2b). Gleiches gilt für die GmbH im Falle einer **Einziehungsklausel**, die – soweit sie nicht ohnehin entgeltlicher Natur ist – eine aufschiebend befristete Schenkung auf den Todesfall darstellt. Selbst wenn man von einer Überlebensbedingung ausginge, wäre in beiden Konstellationen mit Eintritt des Todes des ausscheidenden Gesellschafters von einem Vollzug i.S.d. § 2301 Abs. 2 BGB auszugehen, weil der Erwerb des Vollrechtes keiner weiteren Rechtshandlungen mehr bedarf (*Lange/Kuchinke*, Erbrecht, 5. Aufl., 2001, § 33 II 2b, c).

Eine Schenkung von Todes wegen unterliegt nach **§ 2301 Abs. 2 BGB** nicht den Vorschriften über die Verfügungen von Todes wegen, sondern dem **Recht der Schenkung unter Lebenden,** wenn die Schenkung auf den Todesfall durch Leistung des zugewendeten Gegenstandes noch vor dem Tode des Schenkers vom Schenker **vollzogen** worden ist. Der BGH nimmt einen Vollzug bereits dann an, wenn der Erblasser zu Lebzeiten alles getan hat, was von seiner Seite zur Zuwendung des Gegenstandes an den Begünstigten erforderlich ist (BGH v. 24.1.1958, IV ZR 234/57, BGHZ 26, 274; v. 17.9.1986, IVa ZR 13/85, BGHZ 98, 226). Dabei greift der BGH auf die Kriterien des Anwartschaftsrechts und des Vermögensopfers zurück und fordert, dass der Schenker seinen Zuwendungswillen in entsprechendem Umfang in die Tat umgesetzt habe (BGH v. 25.5.1970, III ZR 141/68, NJW 1970, 1638; v. 23.2.1983, IVa ZR 186/81, BGHZ 87, 19). 427

Erbschaftsteuerrechtlich liegt eine Schenkung auf den Todesfall i.S. des § 3 Abs. 1 Nr. 2 Satz 1 ErbStG unstreitig dann vor, wenn die Schenkung auf den Todesfall noch nicht vor dem Tode des Schenkers vollzogen worden war – Konstellation des § 2301 Abs. 1 BGB. In diesem Fall entsteht die Steuer nach § 9 Abs. 1 Nr. 1 ErbStG mit dem Tode des Erblassers, obwohl der Bedachte zunächst nur einen gegen den oder die Erben gerichteten Erfüllungsanspruch erlangt. Die Situation des Bedachten entspricht mithin – soweit es um einen einzelnen Vermögensgegenstand geht – der eines Vermächtnisnehmers (*Gottschalk*, in T/G/J, ErbStG, § 3 Rz. 251; a.A. *Wälzholz*, in V/K/S/W, ErbStG, 2012, § 3 Rz. 163: Gegenstand des Erwerbes sei der zugewendete Gegenstand selbst). Der einzige dogmatische Unterschied zu § 3 Abs. 1 Nr. 1 ErbStG (Rz. 100ff) besteht demzufolge darin, dass an den zivilrechtlichen Schenkungsbegriff anzuknüpfen ist, mithin die Zuwendung zu einer Bereicherung des Beschenkten führen muss. Denn zum Schenkungsversprechen i.S.d. § 2301 BGB gehört die Übereinkunft der Vertragspartner über die Unentgeltlichkeit, weshalb es **ohne den Willen des Zuwendenden, eine unentgeltliche Zuwendung vorzunehmen,** ein Schenkungsversprechen i.S.d. § 2301 BGB nicht geben kann (BFH v. 5.12.1990, II R 109/86, BStBl II 1991, 181; *Meincke*, ErbStG, 2012, § 3 Rz. 59f.; a.A. RFH v. 21.5.1931, I D 1/30, RFHE 29, 137; BFH v. 22.2.1961, II 278/58 S, BStBl III 1961, 234). Ob es sich darüber hinausgehend um eine Schenkung im zivilrechtlichen Sinn handeln muss, die eine **vertragliche Vereinbarung** beider Parteien über die Unentgeltlichkeit voraussetzt, ist vom BFH noch nicht entschie- 428 den. Sollte man dies wegen der ausdrücklichen Bezugnahme auf § 2301 BGB verlangen (*Gottschalk*, in T/G/J, ErbStG, § 3 Rz. 246), bestünde in diesem Punkt ein dogmatischer Unterschied zu § 7 Abs. 1 Nr. 1 ErbStG, weil nach der Rspr. des BFH die dort mit erfassten Zuwendungen ohne vertragliche Grundlage in subjektiver Hinsicht nur das **einseitige Bewusstsein** des Zuwendenden von der Un- oder Teilentgeltlichkeit seiner Vermögenshingabe erfordern (BFH v. 2.3.1994, II R 59/92, BStBl II 1994, 366). Die FinVerw. spricht sich dafür aus, die Schenkung auf den Todesfall in die Dogmatik des § 7 Abs. 1 Nr. 1 ErbStG einzuordnen (R E 3.3 ErbStR 2011). Auf **gemischte Schenkungen** findet § 2301 BGB nur dann Anwendung, wenn die Unentgeltlichkeit überwiegt (*Musielak*, in MünchKomm, BGB, § 2301 Rz. 7; a. A. *Otte*, AcP 186 (1986), 313, 315). Deshalb ist auf § 7 Abs. 1 Nr. 1 ErbStG zurückzugreifen, wenn der entgeltliche Teil überwiegt, und die Steuer entsteht erst mit dem Zeitpunkt der Ausführung der Zuwendung (§ 9 Abs. 1 Nr. 2 ErbStG). Überwiegt der unentgeltliche Teil, bleibt abzuwarten, inwieweit die früheren Grundsätze zur Besteuerung der **gemischten Schenkung** und der Schenkung unter Leistungsauflage nach Inkrafttreten des ErbStRG v. 24.12.2008 (BGBl I 2008, 3018) noch weiterhin angewendet werden. Nachdem die Unterschiede zwischen gemeinem Wert und Steuerwert mit Ausnahme von LuF-Vermögen ausgeräumt sind (Rz. 129ff.), ist zu erwarten, dass die Grundsätze nicht uneingeschränkt weiter gelten. Die FinVerw. hat in R E 7.4 ErbStR 2011 die Trennungslösung des BFH aufgegeben und ist zur Einheitslösung zurückgekehrt (§ 7 ErbStG Rz. 336a). Deswegen ist R E 3.3 S. 2 ErbStR 2011, der anordnet, dass die vom Erwerber übernommenen Verbindlichkeiten nach § 10 Abs. 1 S. 2 ErbStG vom steuerlichen Wert des Erwerbsgegenstandes abzuziehen sind, überflüssig geworden. R E 3.3 S. 2 ErbStR 2011 entspricht wörtlich R 6 S. 3 ErbStR 2003, der in sachlichem Zusammenhang mit dem nicht in die ErbStR 2011 übernommenen R 6 S. 2 ErbStR 2003 („Die Grundsätze der Bereicherungsermittlung bei gemischten Schenkungen sowie bei Schenkungen unter Leistungsauflage sind jedoch nicht anzuwenden") stand. Im Übrigen erscheint es dogmatisch naheliegend, hier auf die von § 7 Abs. 1 Nr. 1 ErbStG und von § 3 Abs. 1 Nr. 2 Satz 1 ErbStG erfassten Schenkungen auf den Todesfall nach § 2301 BGB die gleichen Grundsätze anzuwenden.

429 Der BFH wendet des Weiteren § 3 Abs. 1 Nr. 2 S. 1 ErbStG auch auf den Fall an, dass eine Schenkung auf den Todesfall nach **§ 2301 Abs. 2 BGB vollzogen** worden ist. Dies betrifft jedenfalls die Konstellation einer aufschiebenden Bedingung. Liegt eine sog. **auflösende Bedingung** vor, ist nach der vorzugswürdigen Ansicht zum Erbrecht § 2301 BGB ohnehin nicht gegeben (Rz. 425ff.). Der BFH (v. 5.12.1990, II R 109/86, BStBl II 1991, 181) kommt zu dem gleichen Ergebnis, indem er von einer Schenkung unter Lebenden i. S. des § 7 Abs. 1 Nr. 1 ErbStG ausgeht, die bereits mit Ausführung der Zuwendung entsteht (§ 9 ErbStG Rz. 80ff.), wenn der Vollzug durch Leistung des Gegenstandes noch zu Lebzeiten des Schenkers (auflösend bedingt) erfolgt sei. Soweit man § 2301 BGB für einschlägig ansieht, weist der BFH dem § 3 Abs. 1 Nr. 2 Satz 1 ErbStG damit die Funktion eines Auffangtatbestandes im Verhältnis zu § 7 Abs. 1 Nr. 1 ErbStG zu (*Wälzholz*, in V/K/S/W, ErbStG, 2012, § 3 Rz. 162).

Während bei der Schenkung auf den Todesfall der Erfüllungsanspruch nicht entsteht, 430
wenn die (aufschiebende) Überlebensbedingung nicht eintritt, fällt der Erfüllungsanspruch bei der **befristeten Schenkung** in den Nachlass des vorverstebenden Bedachten, so dass dessen Erben mit dem Ableben des Schenkers den Zuwendungsgegenstand erwerben. In diesem Fall handelt es sich um eine Schenkung unter Lebenden i. S. d. § 7 Abs. 1 Nr. 1 ErbStG, die erst mit dem Zeitpunkt der Ausführung der Zuwendung nach § 9 Abs. 1 Nr. 2 ErbStG entsteht (*Gottschalk*, in T/G/J, ErbStG, § 3 Rz. 252).

6   Gesellschaftsrechtliche Anteilsübertragung (§ 3 Abs. 1 Nr. 2 S. 2, 3 ErbStG)

§ 3 Abs. 1 Nr. 2 S. 2 ErbStG regelt im Wege einer doppelten Fiktion, dass der durch 431
einen Gesellschafter ausgelöste Übergang eines Gesellschaftsanteiles bzw. Teils eines Anteils an einer Personen- oder Kapitalgesellschaft als Schenkung auf den Todesfall „gilt", „soweit" der Steuerwert dieses Anteils zum Todeszeitpunkt Abfindungsansprüche Dritter übersteigt. Die Vorschrift ist nach Inkrafttreten des ErbStRG v. 24.12.2008 (BGBl I 2008, 3018) von **überragender praktischer Bedeutung**, weil sich in den allermeisten Gesellschaftsverträgen mittelständischer Familienunternehmen Abfindungsklauseln finden, die eine Abfindung vom Verkehrswert beschränken bzw. in manchen Fällen sogar gänzlich ausschließen (*Schwind/Schmidt*, NWB 2009, 297). Da nach den Vorgaben des neuen Erbschaftsteuerrechts auch für Steuerzwecke der Verkehrswert als maßgeblicher Anteilswert zu ermitteln ist, führt jede Abfindungsbeschränkung in den Anwendungsbereich des § 3 Abs. 1 Nr. 2 S. 2, 3 ErbStG. Der Gesetzgeber hat die Verschärfung der Rechtslage bewusst in Kauf genommen. Nach seiner Ansicht sei es geboten, die Bereicherung der verbleibenden Gesellschafter der Erbschaft- bzw. Schenkungssteuer (§ 7 Abs. 7 ErbStG) zu unterwerfen (Bericht des Finanzausschusses v. 26.11.2008, BT-Drs. 16/11107, 9, 10).

Die Vorschrift des § 3 Abs. 1 Nr. 2 S. 2 ErbStG wirft eine Vielzahl von Zweifelsfragen auf (*Wälzholz*, in V/K/S/W, ErbStG, 2012, § 3 Rz. 153ff). Bei Personengesellschaften wird insbesondere der Anteilsübergang im Wege der **Anwachsung nach § 738 Abs. 1 BGB** erfasst, wenn die Gesellschaft unter den verbleibenden Gesellschaftern fortgesetzt wird, ohne dass Erben oder Dritte in die Position des verstorbenen Gesellschafters eintreten (Rz. 1606f). Vom Wortlaut bereits nicht erfasst ist der Übergang des Gesamthandseigentums in das Alleineigentum des übernehmenden Gesellschafters im Falle einer **zweigliedrigen Personengesellschaft**, weil dann keine Gesellschaft, sondern nur ein Gesellschafter als Einzelunternehmer übrig bleibt. Trotzdem soll nach Ansicht des BFH (v. 1.7.1992, II R 12/90, BStBl II 1992, 925) wie auch nach Meinung der FinVerw. in R E 3.4 Abs. 2 ErbStR 2011 § 3 Abs. 1 Nr. 2 S. 2 ErbStG auf diesen Fall (analog) anwendbar sein. **Erwerber** ist niemals die Personengesellschaft, sondern sind immer die verbleibenden Gesellschafter, denen der Anteil anwächst (*Gottschalk*, in T/G/J, ErbStG, § 3 Rz. 265). **Besteuerungstatbestand** ist der Steuerwert des Anteils, den der Erblasser am Gesellschaftsvermögen hatte, soweit dieser den Wert der Abfindungsansprüche Dritter (z. B. von Erben) übersteigt. Die §§ 13a, 19a ErbStG sind auf die verbleibenden Gesellschafter anwendbar (zu Fortsetzungsklauseln Rz. 160ff.).

433 Nach der Rspr. des BFH (v. 1.7.1992, II R 20/90, BStBl II 1992, 912) folgt aus der Fiktion des Tatbestandes, dass das **subjektive Merkmal – das Bewusstsein der Unentgeltlichkeit – nicht zum gesetzlichen Tatbestand** der Vorschrift gehört. Nach Ansicht des BFH steht der Annahme einer (objektiven) Bereicherung nicht entgegen, dass der durch Tod ausgeschiedene Gesellschafter bei Gründung der Gesellschaft weder eine Einlage erbracht noch Aufwendungen für zu diesem Zeitpunkt vorhandene stille Reserven geleistet hatte (BFH v. 31.1.1996, II R 76/93, BFH/NV 1996, 610). Damit steht § 3 Abs. 1 Nr. 2 S. 2 ErbStG nicht im Einklang mit der im Rahmen des § 2325 BGB vertretenen Wagnisrechtsprechung (BGH v. 22.11.1956, II ZR 225/55, BGHZ 22, 186; v. 26.3.1981, IVa ZR 154/80, NJW 1981, 1956), wonach das Risiko oder die Chance der Konsequenzen des Erstversterbens mit Bereicherung der übrigen Gesellschafter durch die Anwachsung der gesamthänderischen Beteiligung das Kriterium der Unentgeltlichkeit ausschließt. Folglich müsste konsequenterweise auch die Erbschaftsbesteuerung nicht möglich sein, da das ErbStG nur unentgeltliche Bereicherungen erfasst. Aus der Sicht des Zivilrechts formuliert § 3 Abs. 1 Nr. 2 S. 2 ErbStG also die Fiktion der Unentgeltlichkeit, die im Übrigen nicht zwingend erscheint. Man könnte nämlich die Fiktion nicht auf das Tatbestandsmerkmal der „Schenkung", sondern nur auf das Tatbestandsmerkmal „auf den Todesfall" beziehen, weil es sich bei der Fortsetzungs-, Abtretungs- und Einziehungsklausel (§ 3 Abs. 1 Nr. 2 S. 3 ErbStG) regelmäßig – mangels Überlebensbedingung – um keinen Anwendungsfall des § 2301 BGB handelt (Rz. 425ff.). Vor dem Hintergrund der erheblichen Verschärfung der Vorschrift durch das ErbStRG erscheint es – entgegen der Ansicht der FinVerw., die in R E 3.4 Abs. 1 S. 3 ErbStR 2011 dabei bleibt, dass es auf das subjektive Merkmal eines Willens zur Unentgeltlichkeit seitens des verstorbenen Gesellschafters nicht ankommen soll – angebracht, diese **Frage nochmals grundsätzlich zu diskutieren**. Es geht dabei nicht allein um den sog. Wagnisgedanken (BGH v. 22.11.1956, II ZR 225/55, BGHZ 22, 186), der den aleatorischen Bestandteil von Abfindungsbeschränkungen in den Vordergrund stellt. Entscheidend ist vielmehr, dass die Frage der Entgeltlichkeit nicht allein – qua Fiktion – aufgrund eines stichtagsbezogenen Wertvergleichs beurteilt werden kann, der dem Verkehrswert des Gesellschaftsanteils nur die vertraglich geschuldete Abfindung gegenüberstellt. Vielmehr ist – wie (Gottschalk, in T/G/J, ErbStG, § 3 Rz. 257) überzeugend feststellt – zu berücksichtigen, dass solche Regelungen in das **Gesamtgeflecht gesellschaftsrechtlicher Leistungsbeziehungen eingebettet** sind (*Fischer*, Die Unentgeltlichkeit im Zivilrecht, 2002, 222ff.). Besonders deutlich wird dies bei Abfindungsbeschränkungen, die der BGH (v. 19.9.2005, II ZR 342/03, BGHZ 164, 107) für Gesellschafter, die nur Mitarbeiter der Gesellschaft sein können – sog. „**Managermodell**" oder „**Mitarbeitermodell**" – zulässt. Letztlich sind diese Gesellschafter bereits durch ihren Gewinnanteil entgolten worden. Auch in diesen Fällen ist künftig mit einer Steuerbarkeit (nach Steuerklasse III mit einem Freibetrag von 20.000 EUR und Eingangssteuersatz von 30 %) zu rechnen.

434 **§ 3 Abs. 1 Nr. 2 Satz 2 ErbStG** bezieht sich ausdrücklich auch auf **Anteile an einer Kapitalgesellschaft**. Bei Anteilen an einer Kapitalgesellschaft ist zwar keine Anwachsung auf die verbleibenden Gesellschafter möglich, die Erben können aber durch den Gesellschaftsvertrag verpflichtet sein, den durch Erbanfall erworbenen

Geschäftsanteil an die Gesellschaft, die Gesellschafter oder Dritte zu übertragen. Der Gesetzgeber zielt wohl auf die Konstellation einer sog. **Zwangsabtretung** im Falle einer **Abtretungsklausel** ab (Rz. 261ff.). Die h. M. (*Weinmann*, in Moench/Weinmann, ErbStG, § 3 Rz. 143; *Gottschalk*, in T/G/J, ErbStG, § 3 Rz. 262; a. A. *Hübner*, ErbStB 2004, 387; *Wachter*, GmbH-Geschäftsanteile im Erbfall, 2012, 324 ff. (mangels Eingriffstatbestand generell nicht steuerbar sei der Erwerb durch die Gesellschaft)) will den Vorgang unter S. 2 subsumieren. Die **Steuer entsteht** allerdings nach § 9 Abs. 1 Nr. 1 Buchst. a ErbStG erst, wenn die Gesellschaft von der Abtretungsklausel Gebrauch macht (*Gottschalk*, in T/G/J, ErbStG, § 3 Rz. 262). Da bei Kapitalgesellschaften der Erwerb eigener Anteile durch die Gesellschaft möglich ist, kommen als **Erwerber** entweder die Gesellschaft oder bei Abtretung an die Mitgesellschafter die Gesellschafter in Betracht. Wiederum unklar ist, wie der Vorgang zu würdigen ist, wenn die Zwangsabtretung an einen **Dritten** erfolgt. Bei Kapitalgesellschaften mag man in diesem Fall die Gesellschaft als Erwerberin ansehen (*Gottschalk*, in T/G/J, ErbStG, § 3 Rz. 263). Allerdings scheidet bei Personengesellschaften die Gesellschaft selbst als Erwerberin aus (*Wälzholz*, in V/K/S/W, ErbStG, 2012, § 3 Rz. 172), sodass – soweit § 2301 BGB i. V. m. § 3 Abs. 1 Nr. 2 S. 1 ErbStG an der Überlebensbedingung scheitert – auf § 7 Abs. 1 Nr. 1 ErbStG zurückzugreifen ist. Im Falle einer Abtretung an einen Kapitalgesellschafter finden die Verschonungsregelungen der §§ 13a, 19a ErbStG Anwendung (vgl. auch R E 3.4 Abs. 3 S. 5 ErbStR 2011). Erfolgt die Abtretung an die Kapitalgesellschaft, kommt ausschließlich § 13a ErbStG in Betracht. § 19a ErbStG erfasst demgegenüber ausschließlich den Erwerb durch natürliche Personen und ist daher nicht anwendbar (R E 3.4 Abs. 3 S. 6 ErbStR 2011).

§ 3 Abs. 1 Nr. 2 Satz 3 ErbStG enthält eine Sonderregelung für die **Einziehung eines Geschäftsanteils an der GmbH**. Damit nimmt die Regelung im Umkehrschluss die Folgen der Einziehung von Aktien aus, obwohl auch die Satzung der Aktiengesellschaft die Einziehung von Aktien regeln kann (§ 237 Abs. 1 AktG). Demzufolge kann die Tatbestandsverwirklichung – in den Grenzen des Gestaltungsmissbrauchs nach § 42 AO – dadurch vermieden werden, dass eine GmbH in eine Aktiengesellschaft durch Formwechsel umgewandelt wird (*Kapp/Ebeling*, ErbStG, § 3 Rz. 248). **Ausländische Kapitalgesellschaften**, die mit der GmbH vergleichbar sind, sind ebenso wenig einbezogen (z. B. die englische Limited). Wird der Geschäftsanteil eines GmbH-Gesellschafters nach § 34 GmbHG gegen eine unter dem Verkehrswert als dem maßgeblichen Steuerwert liegende Abfindung eingezogen, unterliegt die dadurch eintretende **Werterhöhung der Anteile der verbleibenden Gesellschafter** der Besteuerung. Die Gesellschafter gelten fiktiv als bereichert, obwohl der Gesellschaftsanteil weder auf die verbleibenden Gesellschafter noch auf die Kapitalgesellschaft selbst übergeht. Dies wiederum hat zur Folge, dass ein Erwerb i. S. der §§ 13a, 19a ErbStG nicht angenommen werden kann (Rz. 260; ebenso R E 3.4 Abs. 3 S. 9 ErbStR 2011). Zu weiteren Unklarheiten der Bestimmungen vgl. *Hübner*, ErbStB 2004, 387, 390.

435

7 Sonstige Erwerbe nach Vermächtnisrecht (§ 3 Abs. 1 Nr. 3 ErbStG)

436 Der Erwerbstatbestand des § 3 Abs. 1 Nr. 3 ErbStG hat nur eine relativ geringe praktische Bedeutung. Ein vermächtnisgleicher Erwerb ist zunächst der sog. **Voraus** (§ 1932 BGB), der dem überlebenden Ehegatten als gesetzlichem Erben zusätzlich zu seiner Erbquote in Form eines schuldrechtlichen Anspruchs (§§ 1932 Abs. 2, 2174 BGB) gegen die Erben zusteht. Der Anspruch ist auf Übereignung und Übergabe der Haushaltsgegenstände und Hochzeitsgeschenke, die dem Erblasser gehörten, gerichtet. Dies schließt auch Luxusgegenstände, die einen erheblichen Wert haben können, ein. Der Umfang des Voraus reduziert sich jedoch auf die Gegenstände, die der überlebende Ehegatte zur Führung eines angemessenen Haushalts benötigt, wenn gesetzliche Erben erster Ordnung vorhanden sind (§ 1932 Abs. 1 S. 2 BGB). Im Übrigen gilt ein Freibetrag von 41.000 EUR (§ 13 Abs. 1 Nr. 1 ErbStG).

437 Nach § 1969 Abs. 2 BGB sind auf den sog. **Dreißigsten** die Vermächtnisvorschriften entsprechend anzuwenden. Danach hat der Erbe den Familienangehörigen, die zur Zeit des Erbfalls dem Hausstand des Erblasser angehörten und von ihm Unterhalt bezogen, die ersten 30 Tage nach dem Tod im gleichen Umfang wie der Erblasser Unterhalt zu gewähren und ihnen die Benutzung der Wohnung und des Hausrates zu gestatten. Dieser Erwerb bleibt nach § 13 Abs. 1 Nr. 4 ErbStG steuerfrei. Weitere gesetzliche Vermächtnisse sind **Zuwendungen nach § 1514 BGB** und der **Anspruch nach § 1371 Abs. 4 BGB** auf Ausbildungsmittel für Kinder des verstorbenen Ehegatten (zweifelnd *Meincke*, ErbStG, 2012, § 3 Rz. 71). **Abfindungsergänzungsansprüche nach § 13 HöfeO** (Rz. 263ff.) können demgegenüber vor dem Hintergrund der Rspr. des BFH (v. 1.4.1992, II R 21/89, BStBl II 1992, 669) nicht mehr als vermächtnisgleicher Erwerb verstanden werden (anders jedoch *Wälzholz*, in V/K/S/W, ErbStG, 2012, § 3 Rz. 178, der an der früheren Rechtsprechung festhalten möchte).

438–499 einstweilen frei

8 Erwerb von Todes wegen aufgrund Vertrages zugunsten Dritter (§ 3 Abs. 1 Nr. 4 ErbStG)

8.1 Allgemeines

500 Dem Erblasser stehen als Mittel für die Weitergabe von Vermögenswerten im Todesfall neben den Verfügungen von Todes wegen auch rechtliche Gestaltungsmöglichkeiten außerhalb des Erbrechts und neben der von § 2301 BGB erfassten Schenkung auf den Todesfall zur Verfügung. Dies betrifft insbesondere den sog. **echten Vertrag zugunsten Dritter** (§§ 328, 331 BGB). Gemäß § 3 Abs. 1 Nr. 4 ErbStG gilt als Erwerb von Todes wegen jeder Vermögensvorteil, der auf Grund eines vom Erblasser geschlossenen Vertrages bei dessen Tod von einem Dritten unmittelbar erworben wird. Im Einzelfall kann die **Abgrenzung zu § 7 Abs. 1 Nr. 1 ErbStG** problematisch sein. Denn die Vorschrift ist m.E. nicht nur anwendbar, wenn der Dritte ein Forderungsrecht gegen den Schuldner erwirbt, sondern auch dann, wenn bereits zu Lebzeiten des Erblassers das Vollzugsgeschäft unter der aufschiebenden Bedingung von dessen Tod abgeschlossen wurde und die Erfüllungswirkung deshalb ohne weiteres Zutun des Schuldners im Zeitpunkt des

Erbfalls eintritt (Rz. 504). In einem vom BFH (BFH v. 1.9.2011, II R 67/09, ZEV 2012, 51; *Seifried*, DStR 2012, 274) entschiedenen Fall hatte der Vater seiner Tochter einen Kommanditanteil übertragen und sich von seiner Tochter einen Nießbrauch an einem Teil des Kommanditanteils einräumen lassen. Zugleich hatte die **Tochter ihrer Mutter aufschiebend bedingt durch den Tod ihres Vaters ein lebenslanges und unentgeltliches Nießbrauchsrecht**, das inhaltlich dem Nießbrauchsrecht des Vaters entsprach, eingeräumt (ausführlich zum „weitergeleiteten" Nießbrauch und der Sukzessivberechtigung *Stalleiken/Hennig*, FR 2015, 389). Der BFH stellt zunächst fest, dass im Valutaverhältnis zwischen der Tochter und der Tochter alle Merkmale einer freigebigen Zuwendung i.S. von § 7 Abs. 1 Nr. 1 ErbStG erfüllt sind (Rz. 507). Zwar habe die Tochter den Nießbrauch für die Mutter bestellt, ohne von dieser eine Gegenleistung zu erhalten. Es handele sich aber dennoch nicht um eine freigebige Zuwendung der Tochter an die Mutter; denn die **Nießbrauchsbestellung stand im Zusammenhang mit dem Erwerb des Kommanditanteils** des Vaters. Aus diesem Zusammenhang folge, dass der Vater den Nießbrauch seiner Ehefrau zugewendet habe, ohne von ihr eine Gegenleistung zu erhalten. Die Vermögensübertragung auf seine Tochter war entsprechend eingeschränkt.

Der Tatbestand des § 3 Abs. 1 Nr. 4 ErbStG knüpft zunächst an einen vom Erblasser geschlossenen **Vertrag unter Lebenden** an. § 3 Abs. 1 Nr. 1 ErbStG bezieht bereits denjenigen **Erwerb, der auf der Grundlage eines Erbvertrages** dem Begünstigten einen Vermögensvorteil als Erbe oder Vermächtnisnehmer vermittelt, ein. Des Weiteren werden diejenigen **vertraglichen Ansprüche** nicht von § 3 Abs. 1 Nr. 4 ErbStG erfasst, welche **im Todesfall noch in der Person des Erblassers** entstehen. Diese gehen im Wege der Erbfolge auf den oder die Erben über und sind nach § 3 Abs. 1 Nr. 1 Alt. 1 ErbStG steuerbar. Dazu gehört etwa ein Abfindungsanspruch bei Personengesellschaften im Fall einer Fortsetzung der Gesellschaft unter den verbleibenden Gesellschaftern (Rz. 160ff.) oder der Ausgleichsanspruch des Handelsvertreters nach § 89b HGB, der bei dessen Tod von den Erben durch Erbanfall erworben wird (BFH v. 27.4.1962, II 174/60 U, BStBl III 162, 335). Bei **Unfallversicherungen** kommt es darauf an, ob die Versicherungssumme in den Nachlass eines tödlich verunglückten Erblassers fällt, sodass dessen Erben sie durch Erbanfall (§ 3 Abs. 1 Nr. 1 ErbStG) erwerben. In der Regel wird eine Unfallversicherung, die gegen fremde Unfälle versichert, für Rechnung der versicherten Person abgeschlossen sein, so dass dieser gem. § 75 Abs. 1 VVG die Rechte aus dem Versicherungsvertrag zustehen (*Wälzholz*, in V/K/S/W, ErbStG, 2012, § 3 Rz. 209). Namentlich bei der **Kfz-Insassen-Unfallversicherung** sind alle künftigen Insassen versichert. Auch wenn allein der Versicherungsnehmer den Leistungsanspruch gegen den Versicherer formal geltend machen kann, steht der materielle Anspruch aus der Versicherung dem Versicherten zu und fällt in dessen Nachlass (BGH v. 8.2.1960, II ZR 136/58, BGHZ 32, 44), sodass dessen Erben die Ansprüche durch Erbanfall erwerben (BFH v. 16.1.1963, II 21/61 U, BStBl III 1963, 187; v. 28.9.1993, II R 39/92, BStBl II 1994, 214). Demgegenüber unterfallen Ansprüche aus der **Luft-Unfallversicherung** weder dem § 3 Abs. 1 Nr. 1 ErbStG noch dem § 3 Abs. 1 Nr. 4 ErbStG, weil sie einerseits in der Person des Hinterbliebenen originär entstehen und damit nicht zum Nachlass gehören und § 3 Abs. 1 Nr. 4 ErbStG nicht anwendbar ist, weil die Ansprüche kraft Gesetzes entstehen (BFH v. 11.10.1978, II R 46/76, BStBl II 1979, 115).

502 Mangels vertraglicher Grundlage ist aus dem Anwendungsbereich des § 3 Abs. 1 Nr. 4 ErbStG jeglicher **kraft Gesetzes eintretende Erwerb** ausgeschlossen. Nicht **steuerbar** sind demzufolge die **gesetzlichen Versorgungsansprüche** der Hinterbliebenen von Beamten, Richtern, Soldaten sowie von in der gesetzlichen Rentenversicherung versicherten Arbeitnehmern und zwar auch insoweit, als sie auf einer freiwilligen Höher- oder Weiterversicherung beruhen (BFH v. 20.5.1981, II R 11/81, BStBl II 1981, 715; R E 3.5 Abs. 1 ErbStR 2011; *Meincke*, ErbStG, 2012, § 3 Rz. 84; *Weinmann*, in Moench/Weinmann, ErbStG, § 3 Rz. 173; a.A. *Gottschalk*, in T/G/J, ErbStG, § 3 Rz. 303). Nicht zur gesetzlichen Rentenversicherung gehört die sog. **Riester-Rente** (*Weinmann*, in Moench/Weinmann, ErbStG, § 3 Rz. 173a). Nicht steuerbar sind neben den Versorgungsleistungen auch Sterbegelder nach §§ 58, 59 SGB V, Gnadenbezüge, Beihilfen und vergleichbare gesetzliche Regelungen, die auf Grund beamten- oder versorgungsrechtlicher Vorschriften gezahlt werden (*Wälzholz*, in V/K/S/W, ErbStG, 2012, § 3 Rz. 166).

503 An einer vertraglichen Grundlage im Deckungsverhältnis fehlt es des Weiteren bei Hinterbliebenenbezügen, die auf Grund der **Abgeordnetengesetze** des Bundes oder eines Landes oder von einer **berufsständischen Versorgungseinrichtung mit Zwangsmitgliedschaft** gezahlt werden. Begründet wird dies überzeugend damit, dass der Erblasser zum Abschluss der entsprechenden Versicherung gesetzlich verpflichtet gewesen sei, so dass die vertragliche Ausgestaltung der gesetzlichen Vorgabe nicht zu einer vertraglichen Grundlage im Deckungsverhältnis führe (*Wälzholz*, in V/K/S/W, ErbStG, 2012, § 3 Rz. 188; *Meincke*, ErbStG, 2012, § 3 Rz. 84; a.A. *Gottschalk*, in T/G/J, ErbStG, § 3 Rz. 303, der darauf abstellt, es fehle im Valutaverhältnis an der Freigebigkeit und daraus ableitet, dass freiwillige Höher- oder Weiterversicherungen steuerbar seien). Schließlich fehlt es an einer vertraglichen Grundlage im Deckungsverhältnis, wenn der Versorgungsanspruch auf einem **kollektiv geprägten arbeitsrechtlichen Rechtsinstitut**, wie Tarifvertrag, Betriebsordnung, Betriebsvereinbarung, betriebliche Übung oder auf dem Gleichbehandlungsgrundsatz beruht (BFH v. 20.5.1981, II R 11/81, BStBl II 1981, 715; R E 3.5 Abs. 2 ErbStR 2011; *Meincke*, ErbStG, 2012, § 3 Rz. 84; a.A. *Wälzholz*, in V/K/S/W, ErbStG, 2012, § 3 Rz. 189 und *Gottschalk*, in T/G/J, ErbStG, § 3 Rz. 303, welche die Steuerbarkeit auf Grund der Freigebigkeit des Valutaverhältnisses verneinen wollen).

504 Der Hauptanwendungsbereich des § 3 Abs. 1 Nr. 4 ErbStG ist der **(echte) Vertrag zugunsten Dritter gem. §§ 328ff. BGB**. Nach § 331 Abs. 1 BGB erwirbt bei einem Vertrag zugunsten Dritter auf den Todesfall der Dritte im Zweifel mit dem Tode des Versprechensempfängers das Recht auf die Leistung. Der Vertrag zugunsten Dritter i.S.d. §§ 328ff. BGB ist **kein eigenständiger Vertragstyp** (*Grüneberg*, in Palandt, 2017, BGB, § 328 Rz. 1). Vielmehr kann jeder schuldrechtliche Vertrag auch ein Vertrag zugunsten Dritter sein, wenn einem am Vertragschluss unbeteiligten Dritten „unmittelbar", d.h. auch ohne sein Wissen und seine Mitwirkung, durch den Vertrag ein Recht zugewendet wird. Bei den Rechtsbeziehungen sind das **Deckungsverhältnis** zwischen dem Versprechenden und Versprechensempfänger (Erblasser), das

Valutaverhältnis zwischen Versprechensempfänger und dem begünstigten Dritten sowie das Vollzugsverhältnis zwischen dem Versprechenden und dem begünstigten Dritten zu unterscheiden. Wenn der Dritte das Recht erst mit dem Tod des Versprechensempfängers erwerben soll, liegt ein **Vertrag zugunsten Dritter auf den Todesfall** vor (§§ 331, 330 BGB). Ein typisches Beispiel des schuldrechtlichen Deckungsverhältnisses ist der Lebensversicherungsvertrag, in dem der Versprechensempfänger (Erblasser) Versicherter ist und im Vertrag mit dem Versprechenden (Versicherung) einen Dritten als Bezugsberechtigten benennt, dem bei seinem Tod der Anspruch auf die Versicherungssumme zufallen soll. Ein weiteres Beispiel bildet die **Anlage eines Sparkontos** oder der **Abschluss eines Bausparvertrages** durch den Erblasser, wenn mit der Bank bzw. Bausparkasse (Versprechender) vereinbart wird, wer nach dem Tod des Sparers die vorhandenen Ansprüche erhalten soll. Alternativ kann der Erblasser (Versprechensempfänger) bei der Bank ein Sparbuch auf den Namen des begünstigten Dritten anlegen und sich den Besitz des Sparbuches noch vorbehalten. In diesem Fall wird in der Regel zu Lebzeiten des Versprechensempfängers noch kein Anspruch des begünstigten Dritten begründet (BGH v. 18.1.2005, X ZR 264/02, NJW 2005, 980).

Auch wenn sich mithilfe des Vertrages zugunsten Dritter auf den Todesfall die Wirkung einer Verfügung von Todes wegen erreichen lässt, bringen die §§ 330 f. BGB, 166 f. VVG den gesetzgeberischen Willen zum Ausdruck, dass **derartige Zuwendungen als reine Rechtsgeschäfte unter Lebenden einzuordnen** sind und nicht in den Anwendungsbereich des § 2301 BGB fallen bzw. wegen Umgehung zwingender erbrechtlicher Vorschriften als nichtig anzusehen sind (BGH v. 29.1.1964, V ZR 109/61, BGHZ 41, 95; v. 26.11.1975, IV ZR 138/74, BGHZ 66, 8; v. 26.11.2003, IV ZR 438/02, NJW 2004, 767; ausführlich *Bayer*, Der Vertrag zu Gunsten Dritter, 1995, 289 ff., 303; a. A. *Kipp/Coing*, Erbrecht, 14. Aufl., 1990, § 81 V; *Olzen*, Erbrecht, 2. Aufl., 2005, Rz. 1229 ff.). Für den Schuldvertrag des Deckungsverhältnisses lässt sich die Unanwendbarkeit des § 2301 BGB schon damit begründen, dass diese Verträge regelmäßig entgeltlicher Natur sind, also kein Schenkungsversprechen enthalten. Liegt **im Valutaverhältnis eine Schenkung** vor, wendet der BGH (v. 10.6.1965, III ZR 71/63, NJW 1965, 1913) auf diese nicht § 2301 BGB an. Zum Teil bezieht sich der BGH auch auf den Schenkungsvollzug nach § 2301 Abs. 2 BGB, wie etwa in der Entscheidung v. 26.11.2003 (IV ZR 438/02, BGHZ 157, 79 = ZEV 2004, 118 mit Anm. *Leipold*). Allerdings setzt auch der **Rechtserwerb des begünstigten Dritten** im Rahmen des Valutaverhältnisses zum Versprechensempfänger (Erblasser) einen **Rechtsgrund als Erwerbs- bzw. Behaltensgrund** voraus. Im Falle einer unentgeltlichen Zuwendung muss also eine Schenkung (bzw. unbenannte Zuwendung) als schuldrechtliches Grundverhältnis zwischen dem Versprechensempfänger und dem begünstigten Dritten zustande gekommen sein (RG v. 25.3.1930, VII 440/29, RGZ 128, 187; BGH v. 19.10.1983, IVa ZR 71/82, NJW 1984, 480; *Grüneberg*, in Palandt, 2017, BGB, § 331 Rz. 4 f.; a. A. *Harder*, Zuwendung unter Lebenden auf den Todesfall, 1968, S. 143 ff. – für analoge Anwendung des Vermächtnisrechts; *Windel*, Über die Modi der Nachfolge in das Vermögen einer natürlichen Person beim Todesfall, 1998, S. 428 ff. – besonders vereinbartes Valutaverhältnis sei nicht erforderlich). Fehlt es an einem (unentgeltlichen) Rechtsgrund, erlangt der begünstigte Dritte das Recht aus dem Vertrag

505

zugunsten Dritter ohne Rechtsgrund und ist demzufolge **Bereicherungsansprüchen der Erben** gem. **§§ 812ff. BGB** ausgesetzt. Für das **Vollzugsverhältnis** zwischen dem Versprechenden und dem begünstigten Dritten ist **kein Vertrag erforderlich**. Die Rechte des Dritten leiten sich aus den im Deckungsverhältnis getroffenen Vereinbarungen zwischen dem die Leistung Versprechenden und dem Versprechensempfänger her.

506 Da das Deckungsverhältnis regelmäßig entgeltlicher Natur ist (zu Sonderkonstellationen eingehend *Gebel*, ZEV 2000, 173), ist **erbschaftsteuerrechtlich relevant allein das sog. Valutaverhältnis** zwischen dem Versprechensempfänger und dem Dritten. Möglich ist auch eine **mittelbare Zuwendung auf den Todesfall**. Zwar sind die Grundsätze der mittelbaren Schenkung nach Ansicht des BFH bei Erwerben durch Erbanfall (§ 3 Abs. 1 Nr. 1 ErbStG) nicht anwendbar (BFH v. 23.1.1991, II B 46/90, BStBl II 1991, 310; v. 28.6.1995, II R 89/92, BStBl II 1995, 786), doch gilt dies nicht für einen Erwerb nach § 3 Abs. 1 Nr. 4 ErbStG, weil die Schenkung im Valutaverhältnis nach den zivilrechtlichen Vorgaben wie eine Schenkung unter Lebenden zu behandeln ist (*Weinmann*, in Moench/Weinmann, ErbStG, § 3 Rz. 148).

507 Für die Frage der **Steuerbarkeit nach § 3 Abs. 1 Nr. 4 ErbStG** kommt es auf das sog. Valutaverhältnis zwischen Versprechensempfänger und dem Dritten als dem bedachten Erwerber an. Die Steuerbarkeit im **Verhältnis Versprechensempfänger zu begünstigtem Dritten** setzt nach der Rspr. des BFH voraus, dass die Zuwendung an den Dritten im Verhältnis zum Erblasser als dem Versprechensempfänger nach dem Valutaverhältnis alle **objektiven und subjektiven Merkmale einer freigebigen Zuwendung** aufweist. Bei dem nach § 3 Abs. 1 Nr. 4 ErbStG steuerpflichtigen Erwerb handelt es sich vom Typus her nämlich um eine freigebige Zuwendung i. S. des § 7 Abs. 1 Nr. 1 ErbStG, die nur deshalb den Erwerben von Todes wegen zugerechnet wird, weil die die Steuerpflicht auslösende Bereicherung des Dritten erst beim Tod des Erblassers als Zuwendenden eintritt. Daher verlangt auch der Erwerb i. S. des § 3 Abs. 1 Nr. 4 ErbStG eine objektive Bereicherung des Dritten. Außerdem muss das Bewusstsein der Freigebigkeit vorhanden sein (BFH v. 24.10.2001, II R 10/00, BFH/NV 2002, 451 = BStBl II 2002, 153; v. 17.10.2007, II R 8/07, BFH/NV 2008, 572). Die Steuerbarkeit ist deshalb nicht gegeben, wenn der Dritte als Bezugsberechtigter zugleich als Gläubiger des Erblassers eine Versicherungssumme zur Tilgung seiner Forderung erhält (*Weinmann*, in Moench/Weinmann, ErbStG, § 3 Rz. 151), oder wenn ein geschiedener Ehegatte im Rahmen der Scheidungsvereinbarung seine nacheheliche Unterhaltspflicht dadurch erfüllt, dass er eine Lebensversicherung zugunsten des anderen Ehegatten abschließt und die Prämien zahlt (BFH v. 28.11.1967, II 72/63, BStBl II 1968, 239; v. 26.1.1971, II B 32/70, BStBl II 1971, 184).

508 An einer objektiven Bereicherung fehlt es, wenn der **Erblasser gesetzlich zu der Zuwendung verpflichtet** war. In diesem Zusammenhang wird namentlich diskutiert, ob eine freigebige Zuwendung im Valutaverhältnis vorliegt, wenn der Erblasser mit dem Versorgungsvertrag für den Fall seines Todes eine angemessene Versorgung seines Ehegatten sichern will, um seiner **Unterhaltspflicht zu genügen**. Grundsätzlich ist der erwerbstätige Ehegatte nach den §§ 1360, 1360a BGB ver-

pflichtet, auch für den zukünftigen Unterhalt seines Ehegatten zu sorgen. Deshalb fehlt es an der für die Besteuerung nach § 3 Abs. 1 Nr. 4 ErbStG erforderlichen Unentgeltlichkeit (*Weinmann*, in Moench/Weinmann, ErbStG, § 3 Rz. 172a m.w.N.). Allerdings hat der BFH (v. 24.10.2001, II R 10/00, BFH/NV 2002, 451 = BStBl II 2002, 153) anders entschieden und aus dem Umstand, dass sich aus der (allgemeinen) Unterhaltspflicht ein konkreter Leistungs- oder Zahlungsanspruch gegen den verpflichteten Ehegatten nicht ableiten lasse, geschlossen, dass die Unterhaltspflicht der Unentgeltlichkeit der Zuwendung nicht entgegenstehe. Dagegen hat *Gebel* (BB 2000, 2017) überzeugend eingewendet, dass im Zeitpunkt der Steuerentstehung eine Konkretisierung eingetreten sei und Wahlmöglichkeiten des Verpflichteten vor Konkretisierung die Entgeltlichkeit nicht entfallen lassen. Bei Ehegatten bezeichnet *Gebel* (in T/G/J, ErbStG, § 3 Rz. 311) das Problem deshalb als nicht hinreichend geklärt. Der BGH (v. 27.11.1991, IV ZR 164/90, NJW 1992, 564) habe zu Recht betont, dass Zuwendungen, die einer angemessenen Alterssicherung dienen, keine sog. unbenannten Zuwendungen seien, da der Ehepartner einen Anspruch auf solche Zuwendungen habe. Deshalb besteht Anlass, die Rspr. bei nächster Gelegenheit nochmals zu überprüfen (kritisch auch *Crezelius*, NJW 1994, 3066; *Pahlke*, NWB F 10, 927, 931).

Wenn der begünstigte Dritte im Zusammenhang mit dem Valutaverhältnis **Gegenleistungen oder Leistungsauflagen** zu erbringen hatte, mindert dies in jedem Fall die Bereicherung. Es liegt nahe, den Vorgang als sog. gemischte Schenkung einzuordnen. Da nur der unentgeltliche Leistungsteil „Vermögensvorteil" i.S.d. § 3 Abs. 1 Nr. 4 ErbStG ist, wird auch nur dieser tatbestandlich erfasst (*Meincke*, ErbStG, 2012, § 3 Rz. 80; *Raudszus*, ZEV 1999, 179; a.A. *Weinmann*, in Moench/Weinmann, ErbStG, § 3 Rz. 152). Sofern die entsprechenden Verpflichtungen vertraglich nicht begründet sind, sondern nur **kausal als Entgelt veranlasst** sind, können sie bei den **Kosten zur Erlangung des Erwerbs** nach § 10 Abs. 5 Nr. 3 ErbStG erfasst werden (§ 10 ErbStG Rz. 219). Nach der überzeugenden Ansicht des FG München (v. 25.3.1998, 4 K 2574/94, EFG 1999, 660) gehört dazu auch die Summe der Beträge, die der Bezugsberechtigte dem Erblasser als Versicherungsnehmer zur Leistung der Lebensversicherungsprämien ohne Rückzahlungsverpflichtung im Hinblick auf den späteren Erwerb überlassen hatte.

Fehlt es an einem **Rechtsgrund im Valutaverhältnis**, ist der begünstigte Dritte dem bzw. den Erben gem. §§ 812ff. BGB zur Herausgabe des rechtsgrundlos Erlangten verpflichtet. Hier erscheint zweifelhaft, ob überhaupt eine Steuerbarkeit nach § 3 Abs. 1 Nr. 4 ErbStG eintritt (*Meincke*, ErbStG, 2012, § 3 Rz. 82; *Weinmann*, in Moench/Weinmann, ErbStG, § 3 Rz. 155). Wenn der begünstigte Dritte den Erwerbsgegenstand tatsächlich an die Erben herausgibt, erlischt die entstandene Steuer jedenfalls nach § 29 Nr. 1 ErbStG (*Gottschalk*, in T/G/J, ErbStG, § 3 Rz. 281). Nach der Gegenposition würde es sich so verhalten, dass in dem Unterlassen der Geltendmachung des Herausgabeanspruchs eine eigenständige freigebige Zuwendung an den Dritten liegen könnte (*Weinmann*, in Moench/Weinmann, ErbStG, § 3 Rz. 155).

Der **Dritte** kann nach **§ 333 BGB** das aus dem Vertrag zu seinen Gunsten herrührende Forderungsrecht **zurückweisen**. Die Zurückweisung hat gegenüber dem Versprechenden zu erfolgen. Eine entsprechende Erklärung gegenüber dem Versprechensempfänger genügt zwar nicht, doch können der bzw. die Erben als Übermittlungsboten fungieren. Die Zurückweisung bewirkt, dass das **Recht rückwirkend als nicht erworben** gilt (BFH v. 17.1.1990, II R 122/86, BStBl II 1990, 567). Erbschaftsteuerrechtlich entfällt damit rückwirkend der Tatbestand des § 3 Abs. 1 Nr. 4 ErbStG und schenkungsteuerrechtlich folgt daraus – ähnlich der Rechtslage bei der Ausschlagung – dass es sich um keine freigebige Zuwendung i.S.d. § 7 Abs. 1 Nr. 1 ErbStG handelt. Zwar ist für die Zurückweisung keine besondere Frist gesetzlich vorgesehen, doch scheidet sie dann aus, wenn der Bedachte das erworbene Recht ausdrücklich oder durch schlüssiges Verhalten angenommen hat. Lässt sich der begünstigte Dritte für die Zurückweisung eine Abfindung gewähren, bestand nach früherer Rechtslage eine Regelungslücke. Durch das ErbStRG v. 24.12.2008 (BGBl I 2008, 3018) ist der Tatbestand des § 3 Abs. 2 Nr. 4 ErbStG um eine entsprechende Variante erweitert worden, so dass nunmehr die Steuerbarkeit sichergestellt ist (Rz. 543 ff.).

512 Beim echten Vertrag zugunsten Dritter (§§ 328ff. BGB) erwirbt der Dritte ein eigenes Forderungsrecht gegenüber dem Versprechenden (Schuldner). Unstreitig erfasst der Tatbestand des § 3 Abs. 1 Nr. 4 ErbStG einen derartigen **Forderungserwerb**, der mit dem Tod des Versprechensempfängers (Gläubiger) **gem. § 331 Abs. 1 BGB** vom Drittbegünstigten erworben wird. Nach einer im Schrifttum vertretenen Meinung soll allerdings ein **Rechtsanspruch auf die Leistung** für die Steuerpflicht nach § 3 Abs. 1 Nr. 4 ErbStG **nicht erforderlich** sein, weil die Vorschrift nach ihrem Wortlaut nur einen „unmittelbaren" Erwerb und damit nicht notwendigerweise einen schuldrechtlichen Anspruch, wie er der echte Vertrag zugunsten Dritter vermittelt, voraussetzt (*Wälzholz*, in V/K/S/W, ErbStG, 2012, § 3 Rz. 180; *Weinmann*, in Moench/Weinmann, ErbStG, § 3 Rz. 153).§ 3 Abs. 1 Nr. 4 ErbStG sei mithin auch dann anwendbar, wenn – wie beim sog. unechten Vertrag zugunsten Dritter – ein Anspruch nach § 331 BGB nicht begründet wird.

513 Allerdings wird einschränkend für eine Steuerbarkeit gefordert, dass im Falle eines fehlenden Rechtsanspruchs der Begünstigte **mit Sicherheit** davon ausgehen können müsse, die Leistung (Rente) so lange zu erhalten, wie die Voraussetzungen dafür gegeben seien (*Kapp/Ebeling*, ErbStG, § 3 Rz. 273 unter Verweis auf RFH v. 8.1.1937, III A 192/36, RStBl 1937, 347). Es müsse also eine im wirtschaftlichen Ergebnis vergleichbare Position erworben werden (*Meincke*, ErbStG, 2012, § 3 Rz. 78). Demgegenüber schränkt der BFH noch weitergehend dahingehend ein, dass „wiederkehrende Bezüge" nur dann von dieser Vorschrift erfasst werden, wenn unmittelbar mit dem Tode des Erblassers ein Anspruch auf die künftigen Bezüge entsteht (BFH v. 22.12.1977, II R 58/67, BStBl II 1977, 420).

514 Letztlich geht es darum, dass § 3 Abs. 1 Nr. 4 ErbStG tatbestandlich zwar keinen Anspruch, aber zumindest einen „**Vermögensvorteil**" voraussetzt, und daran fehlt es wiederum, wenn der Dritte keine gesicherte Rechtsposition besitzt und er den unverbindlich zugesagten Vorteil noch nicht tatsächlich erlangt hat. Dogmatisch stimmiger ist es nicht zuletzt auch vor dem Hintergrund des Entstehens der Steuerpflicht nach § 9 ErbStG, von einer steuerbaren Zuwendung in diesen Fällen erst dann auszugehen, wenn der Schuldner nach dem Tode des Gläubigers auch tatsächlich an den Dritten leistet. Erst dadurch entsteht der Vermögensvorteil i.S.d. § 3 Abs. 1

Nr. 4 ErbStG. Die im Ergebnis vergleichbare Ansicht von *Gebel (Gottschalk,* in T/G/J, ErbStG, § 3 Rz. 279), die Zuwendung nach § 7 Abs. 1 ErbStG der Schenkungsteuer zuzuweisen, die aber erst mit Ausführung der Leistung nach § 9 Abs. 1 Nr. 2 ErbStG entsteht, erscheint schenkungsteuerrechtlich problematisch, weil der Erbe – wie bei einer Naturalobligation – nicht freigebig leistet. Leistungen von **Selbsthilfeeinrichtungen** (z.B. der Ärzte und Zahnärzte) an Hinterbliebene, auf die kein Anspruch auf Dotation gegenüber der Selbsthilfeeinrichtung besteht und die einzelfallbezogen im Umlageverfahren durch die Selbsthilfeeinrichtung erhoben werden, sind demzufolge erst dann nach § 3 Abs. 1 Nr. 4 ErbStG steuerbar, wenn entsprechende Leistungen auch tatsächlich gezahlt werden (a. A. *Kapp/Ebeling,* ErbStG, § 3 Rz. 277, der die Steuerbarkeit verneint; FinMin Baden-Württemberg v. 10.2.1995, DB 1995, 406).

8.2 Lebensversicherungen

Der aufgrund einer **Todesfallversicherung** ausgezahlte Betrag (Lebensversicherungssumme zzgl. Gewinnanteil und zzgl. Bonus) unterliegt grundsätzlich der ErbSt. Das Versicherungsvertragsrecht ermöglicht eine von der Beteiligung am Versicherungsvertrag getrennte Berechtigung bei der Lebensversicherung (§§ 166ff. VVG). Dabei kann der Versicherungsnehmer die Benennung eines Bezugsberechtigten sowohl im Versicherungsvertrag selbst oder später vornehmen. § 3 Abs. 1 Nr. 4 ErbStG ist einschlägig, wenn der **Dritte als Bezugsberechtigter** mit dem Tod des Erblassers als Versicherungsnehmer den unmittelbaren Anspruch gegen die Versicherung erwirbt, die Versicherungsleistung an ihn auszuzahlen. Der Vermögensvorteil kann in einem Einmalbetrag oder in wiederkehrenden Bezügen bestehen. Da der Bezugsberechtigte die Versicherungsleistung außerhalb des Erbrechts erwirbt, kann er – falls er zugleich Erbe ist – die Erbschaft ausschlagen und dennoch den Anspruch gegen die Versicherung behalten (*Weinmann,* in Moench/Weinmann, ErbStG, § 3 Rz. 160). Wenn der Erblasser als Bezugsberechtigte seine „Erben" bezeichnet hat, ohne sie namentlich zu konkretisieren, bleibt es zivilrechtlich bei einem Vertrag zugunsten Dritter und damit auch erbschaftsteuerrechtlich bei einer entsprechenden Steuerpflicht nach § 3 Abs. 1 Nr. 4 ErbStG (BGH v. 8.2.1960, II ZR 136/58, BGHZ 32, 44).

515

Kein Vertrag zugunsten Dritter und damit auch kein Erwerb i.S.d. § 3 Abs. 1 Nr. 4 ErbStG liegt demgegenüber vor, wenn der Erblasser als Versicherungsnehmer **keinen Bezugsberechtigten benannt** hat. Hier fällt die Versicherungsleistung als dem Versicherungsnehmer zustehender Anspruch in den Nachlass und gehört bei den Erben zum Erwerb durch Erbanfall nach § 3 Abs. 1 Nr. 1 ErbStG (*Weinmann,* in Moench/Weinmann, ErbStG, § 3 Rz. 161). Ebenso wenig liegt eine Konstellation i.S. des § 3 Abs. 1 Nr. 4 ErbStG vor, wenn die **Versicherung auf das Leben einer anderen Person** abgeschlossen wurde und die Versicherungsleistung an den Versicherungsnehmer, der auch die Prämien gezahlt hat, bei deren Tod ausgezahlt wird. Hier handelt es sich schon mangels Bezugsberechtigten um keinen Vertrag zugunsten Dritter. Es liegt auch kein Erwerb nach § 3 Abs. 1 Nr. 1 ErbStG vor, weil der Versicherungsnehmer nicht verstorben ist und selbst die Prämien bezahlt hat. Typische Beispiele für die Versicherungsleistung an den

516

Versicherungsnehmer sind die vom Versicherungsnehmer auf die Person seines Ehegatten genommene **Sterbegeldversicherung** oder die **Teilhaberversicherung**, die ein Gesellschafter auf die Person eines Mitgesellschafters abschließt. Insbesondere wenn es darum geht, dass der Tod eines Ehegatten die Einkommenssituation der Familie nachteilig verändert, bietet die Todesfallversicherung, die von dem anderen Ehegatten auf das Leben des Versorgers abgeschlossen wird, eine steuerlich günstige Gestaltungsmöglichkeit an (*Geck*, ZEV 1995, 140). Wenn der Versicherte dem Versicherungsnehmer allerdings die Mittel zur Prämienzahlung zur Verfügung stellt, kann diese (wiederkehrende) Kapitalüberlassung eine freigebige Zuwendung der Prämien i.S.d. § 7 Abs. 1 Nr. 1 ErbStG sein. Sollte der entsprechende Freibetrag bereits verbraucht sein, ist es aber noch möglich, dass die Prämien aus den Erträgen des bereits geschenkten Vermögens (z. B. einer vermieteten Eigentumswohnung) gezahlt werden (*Halaczinsky*, UVR 2016, 25 mit weiteren Gestaltungshinweisen). Im Einzelfall ist auch ein Gestaltungsmissbrauch i.S.d. § 42 AO möglich (*Kottke*, DB 1990, 2446). Bei Ehegatten muss allerdings der außersteuerrechtliche Grund beachtet werden, dass diese sich unterhaltsrechtlich eine angemessene Vorsorge schulden und der unterhaltsverpflichtete Ehegatte bereits zu seinen Lebzeiten ein endgültiges Vermögensopfer erbringt (*Meincke*, ErbStG, 2012, § 3 Rz. 75). Nach *Gebel* (*Gottschalk*, in T/G/J, ErbStG, § 3 Rz. 290) komme auch eine mittelbare Schenkung der Versicherungssumme auf den Todesfall nach § 3 Abs. 1 Nr. 2 Satz 1 ErbStG in Betracht, so dass es eines Rückgriffs auf § 42 AO gar nicht bedürfe. Regelmäßig keine mittelbare Schenkung auf den Todesfall und auch kein Erwerb nach § 3 Abs. 1 Nr. 4 ErbStG durch den überlebenden Gesamtschuldner einer Darlehensverbindlichkeit ist in der Konstellation gegeben, in der der Erblasser bestimmt hat, dass die Versicherungssumme aus einer von ihm abgeschlossenen Lebensversicherung bei seinem Ableben an eine Bank zur Tilgung dieser Vebindlichkeit ausgezahlt werden soll (BFH v. 07.07.2016, II B 95/15). Etwas anderes kann sich nur dann ergeben, wenn der Erblasser ausdrücklich auf die Ausgleichsforderung aus § 426 Abs. 2 S. 1 BGB verzichtet, da diese ansonsten nach § 1922 Abs. 1 BGB auf den/die Erben übergeht.

517 Im Rahmen einer „Liquiditätsplanung für den Erbfall" (*Flick*, DStR 1986, 683) kann der Abschluss einer **Lebensversicherung durch den künftigen Erben** als Versicherungsnehmer **auf das Leben des Erblassers** als Versicherter ratsam sein, um zu erwartende hohe Erbschaftsteuerverbindlichkeiten zu finanzieren (*Kleeberg*, BB 1989, 2448). Natürlich lässt sich die Versicherungssumme auch für Abfindungszahlungen an Pflichtteilsberechtigte oder an Miterben einsetzen. Wenn es um die Absicherung von Abfindungszahlungen an weichende Miterben geht, kommt im Übrigen auch der Abschluss einer Versicherung durch den Erblasser selbst zugunsten des übernehmenden Miterben in Betracht, da der aus dem Zufluss der Versicherungssumme resultierende zusätzliche steuerpflichtige Erwerb durch die Belastung mit abzugsfähigen Abfindungsverbindlichkeiten neutralisiert wird (*Meincke*, ErbStG, 2012, § 3 Rz. 76). Der Anspruch auf die Versicherungssumme fällt nicht in den Nachlass (RG v. 8.10.1912, II 133/12, RGZ 80, 175; OLG Schleswig v. 10.5.1994, 3 U 11/93, ZEV 1995, 415; eingehend *Petersen*, AcP 204 (2004), 832), sodass die Pflichtteilsberechtigten davon nicht profitieren. In Betracht kommt allein ein Pflicht teilsergänzungsanspruch in Höhe der vom

Erblasser erbrachten Versicherungsprämien (RG v. 25.3.1930, VII 440/29, RGZ 128, 187; BGH v. 4.2.1976, IV ZR 156/73, FamRZ 1976, 616). Allerdings muss bedacht werden, dass nach der jüngeren Rspr. des BGH (v. 23.10.2003, IX ZR 252/01, BGHZ 156, 350) bei einer Insolvenzanfechtung nicht nur die Versicherungsprämien, sondern auch die Versicherungssumme an die Masse zurückzugewähren ist, so dass nicht ausgeschlossen erscheint, dass der BGH seine ständige Rspr. zu § 2325 BGB ändern könnte.

Die **erbschaftsteuerrechtliche Bemessungsgrundlage** richtet sich bei einer **Kapitalversicherung** nach dem Nennwert der Versicherungssumme, bei einer **Rentenversicherung** nach deren Kapitalwert. Demgegenüber kommt es auf die Summe der vom Erblasser eingezahlten Prämien grundsätzlich nicht an (*Weinmann*, in Moench/Weinmann, ErbStG, § 3 Rz. 161a). Anders kann es sich verhalten, wenn der Erbe als Versicherungsnehmer einer **noch nicht fälligen Lebensversicherung** in die Rechtsposition des Erblassers eintritt. Sind zur Zeit des Erbfalls bereits alle Prämien voll eingezahlt, ist nach Ansicht des BFH (v. 27.8.2003, II R 58/01, BFH/NV 2004, 138 = BStBl II 2003, 921) davon auszugehen, dass die Besteuerung erst bei der Auszahlung der Versicherung erfolgt, weil die Fälligkeit der Versicherungsleistung erst nach Prüfung gemäß § 14 Abs. 1 VVG eintritt. Liegt es so, dass zusätzlich auch **noch nicht alle vereinbarten Prämien vom Erblasser einbezahlt** worden sind, ist – bezogen auf die Bemessungsgrundlage – auf das Bezugsrecht abzustellen, über das der Erbe schon vor Fälligkeit des Vertrages verfügen kann (*Fromm*, DStR 2005, 1466; a. A. *Fiedler*, DStR 2005, 1966). Seit Inkrafttreten des ErbStRG (BGBl I 2008, 3018) erfolgt nach § 12 Abs. 4 BewG die Bewertung ausschließlich nach dem Rückkaufswert.

518

Wenn der Erblasser als Versicherungsnehmer den **Bezugsberechtigten unwiderruflich benennt** oder ihm die Rechte aus dem Versicherungsvertrag abtritt und dennoch bis zu seinem Tode die Versicherungsprämie weiterhin bezahlt, bleibt es trotzdem dabei, das Zuwendungsgegenstand der mit dem Tod des Erblassers anfallende Anspruch auf die Versicherungssumme ist (BFH v. 7.4.1976, II R 87–89/70, BStBl II 1976, 632; v. 6.3.1985, II R 19/84, BStBl II 1985, 382). Auch im Falle eines unentziehbaren Anspruchs handelt es sich nicht um einen aufschiebend bedingten Erwerb unter Lebenden (BFH v. 12.6.1953, III 19/525, BStBl III 1953, 247; *Kapp/Ebeling*, ErbStG, § 3 Rz. 268). Allerdings hat es **Einfluss auf die Bereicherung**, dass dem Begünstigten schon vor Eintritt des Versicherungsfalls infolge des Rückkaufswertes (§§ 176, 178 Abs. 2 VVG) eine unentziehbare (BGH v. 17.2.1966, II ZR 286/63, BGHZ 45, 62; v. 18.6.2003, IV ZR 59/02, NJW 2003, 2679) Rechtsposition zusteht. Diese führt dazu, dass dem Begünstigten die Erträge aus den sog. Sparanteilen der Prämien (Gewinnanteile, Überschussbeteiligungen usw.) schon ab der Benennung mit der Folge zuzurechnen sind, dass die Versicherungssumme insoweit, als sie auch diese – mit eigenem Vermögen erwirtschafteten – Erträge umfasst, nicht steuerbar ist (*Gebel*, in T/G/J, ErbStG, § 3 Rz. 294 m.w.N.).

519

Unklar ist die Rechtslage, wenn der Erblasser als Versicherungsnehmer zwar den Versicherungsvertrag abgeschlossen hat, die **Prämien jedoch von dem bezugsberechtigten Dritten** gezahlt worden sind. Das FG Hessen (v. 11.4.1989, X 182-183/82, EFG 1989, 518) und das FG Niedersachsen (v. 16.11.2005, 3 K 47/04,

520

EFG 2006, 910) wollen danach unterscheiden, ob der Bezugsberechtigte in „wirtschaftlicher" Hinsicht die Stellung des Versicherungsnehmers innehatte und demzufolge die Prämienzahlung sowie Versicherungsleistung allein seiner Vermögenssphäre zuzurechnen sei (ebenso *Weinmann*, in Moench/Weinmann, ErbStG, § 3 Rz. 163). Die Gegenposition stellt – dogmatisch vorzugswürdig und im Ergebnis auf einer Linie mit den tragenden Gründen der Entscheidung des BFH v. 1.7.2008 (BFH v. 1.7.2008, II R 38/07, BStBl II 2008, 867; vgl. auch Rz. 10) – darauf ab, dass es unabhängig von der Unwiderruflichkeit der Bezugsberechtigung an dem für den objektiven Zuwendungstatbestand unverzichtbaren **Merkmal der Entreicherung** des Versicherungsnehmers fehle (BFH v. 18.9.2013, II R 29/11, BStBl. II 2014, 261; FG Rheinland-Pfalz v. 16.12.1993, 4 K 1130/93, EFG 1994, 665; FG München v. 26.7.2006, 4 K 4359/03, EFG 2006, 1921; *Gottschalk*, in T/G/J, ErbStG, § 3 Rz. 293). Gegen das letztgenannte Urteil des FG München war zwar Revision eingelegt worden (Az. des BFH: II R 56/06), doch hat der BFH mit Beschluss v. 5.12.2008 die Hauptsache für erledigt erklärt, so dass es vorläufig dabei bleibt, dass die Frage höchstrichterlich nicht entschieden ist. Inzwischen hat die FinVerw. ihre frühere strengere Sichtweise (R 10 Abs. 2 S. 3 und 4 ErbStR 2003) bereits im Ländererlass v. 23.2010 (BStBl I 2010, 194) aufgegeben und in die ErbStR 2011 (R E 3.7 Abs. 2 S. 2 ErbStR 2011) übernommen.

Gestaltungshinweis:

Soweit der Bezugsberechtigte sich darauf beruft, Prämien selbst gezahlt zu haben und damit auch wirtschaftlich belastet gewesen zu sein, trifft ihn allerdings die entsprechende **Feststellungslast** (FG München v. 14.4.1999, 4 K 442/95, EFG 2000, 139; FG Niedersachsen v. 24.2.1999, III 334/94, EFG 1999, 1141; R E 3.7 Abs. 2 S. 3 ErbStR 2011). Deswegen wird für die Praxis die Sterbegeldversicherung (Rz. 516) weiterhin als vorzugswürdige Alternative zu diskutieren sein.

521 Wenn der **Bezugsberechtigte die Prämien nur zum Teil selbst** gezahlt hat, muss die Versicherungssumme nach dem Verhältnis des eigenen Prämienanteils zur Gesamtprämie in einen nicht steuerbaren, d.h. auf eigener Leistung beruhenden Teilbetrag und einen steuerbaren Teilbetrag aufgeteilt werden (R E 3.6 Abs. 2 ErbStR 2011; *Gottschalk*, in T/G/J, ErbStG, § 3 Rz. 293; *Weinmann*, in Moench/Weinmann, ErbStG, § 3 Rz. 163). Demzufolge fehlt es bei einer sog. **Versicherung auf verbundene Leben,** bei der zwei oder mehr Personen – regelmäßig Ehegatten – sich gemeinschaftlich in der Weise versichern, dass die Versicherungssumme beim Tod des Erstversterbenden fällig wird, an einem steuerbaren Erwerb, als der überlebende Teil im Innenverhältnis die Prämienzahlung getragen hat (*Meincke*, ErbStG, 2012, § 3 Rz. 77). Bei Ehegatten geht die FinVerw (R E 3.6 Abs. 3 ErbStR 2011). von einer im Innenverhältnis vereinbarten hälftigen Zahlungsverpflichtung aus, wobei zu unterstellen ist, dass Ehegatten solche Leistungen nicht gegeneinander oder untereinander abrechnen (*Gottschalk*, in T/G/J, ErbStG, § 3 Rz. 293). Ein steuerlich günstigeres Ergebnis lässt sich zugunsten der Ehegatten nur dann erreichen, wenn eine abweichende Vereinbarung zur Prämienzahlung einschließlich

eines entsprechenden tatsächlichen Vollzugs nachgewiesen wird (*Weinmann*, in Moench/Weinmann, ErbStG, § 3 Rz. 165).

In der **Zurückweisung eines Lebensversicherungsvertrages** (§ 333 BGB) durch die Bezugsberechtigten sieht der BFH (v. 17.1.1990, II R 122/86, BStBl II 1990, 467) keinen Erwerb i.S.d. § 3 Abs. 1 Nr. 4 ErbStG. Die Zurückweisung ist ein bedingungsfeindliches Gestaltungsrecht. Bei der Zurückweisung ist trotz der namentlichen Bezeichnung eines Dritten eine Auslegung dahingehend möglich, dass es sich bei dem gewünschten Erwerb dieser Person nur um das unbeachtliche Motiv für die Zurückweisung gehandelt hat (BFH v. 17.1.1990, II R 122/86, BStBl II 1990, 467). Ausnahmsweise kann eine **unwirksame Ausübungserklärung** durch das wirtschaftliche Verhalten der Beteiligten nach § 41 Abs. 1 AO ersetzt werden (*Gottschalk*, in T/G/J, ErbStG, § 3 Rz. 286). Dies gilt aber nicht, wenn das Gestaltungsrecht dadurch entfallen ist, weil das Recht bereits angenommen wurde. **Besonders nachteilig** wäre die Entgegennahme des Versicherungsbetrages (= konkludente Annahme) und dessen sofortige Weiterleitung an einen anderen, weil dies zu einer doppelten Besteuerung führen würde, nämlich zunächst des Begünstigten nach § 3 Abs. 1 Nr. 4 ErbStG und ein weiterer Erwerb des beschenkten Dritten in seinem persönlichen Verhältnis zum Empfänger des Versicherungsbetrages nach § 7 Abs. 1 Nr. 1 ErbStG (R E 3.7 Abs. 1 S. 3 ErbStR 2011;*Kapp/Ebeling*, ErbStG, § 3 Rz. 267.1).

522

8.3 Versorgungsansprüche Hinterbliebener

§ 3 Abs. 1 Nr. 4 ErbStG erfasst Versorgungsansprüche Hinterbliebener, soweit sie **auf vertraglicher Grundlage** beruhen. Als vertragliche Grundlage im Deckungsverhältnis kommen insbesondere Arbeits- oder Dienstverträge, Gesellschaftsverträge oder Versicherungsverträge des Erblassers in Betracht. Umgekehrt scheiden alle Versorgungsleistungen, die nicht auf einer vertraglichen Grundlage, sondern **auf Gesetz beruhen**, aus dem Anwendungsbereich des § 3 Abs. 1 Nr. 4 ErbStG aus (zu gesetzlichen Versorgungsansprüchen vgl. Rz. 502). Als **Hinterbliebene** sind der mit dem Erblasser bei dessen Tod verheiratete Ehegatte und die Kinder des Erblassers anzusehen, daneben auch der hinterbliebene Lebenspartner einer eingetragenen Lebenspartnerschaft (FinMin Baden-Württemberg v. 15.9.2005, 3 – S 3800/16, DStR 2005, 1646).

523

Besondere Probleme wirft die Auslegung des § 3 Abs. 1 Nr. 4 ErbStG im Hinblick auf Versorgungsansprüche Hinterbliebener auf, die auf einem **Arbeits- oder Dienstverhältnis des Erblassers** beruhen. Hinterbliebenenbezüge, die auf einem Einzelvertrag beruhen, sind im Grundsatz nach § 3 Abs. 1 Nr. 4 ErbStG steuerbar. Nichtsdestoweniger hat der BFH mit wechselnder Begründung entsprechende Versorgungsansprüche von der Steuerbarkeit ausgenommen. Die bis heute aktuelle Begründung lieferte der BFH im Urteil v. 20.5.1981 (II R 11/81, BStBl II 1981, 715). **§ 3 Abs. 1 Nr. 4 ErbStG** sei auf Grund eines „(möglicherweise) zu weiten" Wortlauts der Vorschrift **teleologisch restriktiv dahingehend auszulegen**, dass ein auf einem **Dienst- oder Arbeitsvertrag beruhender Erwerb** von Hinterbliebenenbezügen **nicht der ErbSt** unterliege. Die FinVerw. ist dieser Auffassung gefolgt (R E 3.5 Abs. 3 und 4 ErbStR 2011). Einbezogen werden auch überlebende Partner einer eingetragenen Lebenspartnerschaft (R E 3.5 Abs. 1 S. 2 ErbStR 2011). Be-

524

gründet wird die teleologische Reduktion mit dem Gleichbehandlungsgrundsatz, weil vergleichbare Versorgungsbezüge auf gesetzlicher Grundlage nicht steuerbar seien. Ergänzend ist darauf hinzuweisen, dass die Steuerbarkeit nicht nur bei **wiederkehrenden Versorgungsbezügen** entfällt, sondern auch bei Ansprüchen auf **Ein malzahlungen**, die durch das Arbeitsverhältnis veranlasst sind und beim Tod des Arbeitnehmers unmittelbar in der Person des Hinterbliebenen entstehen, z.B. Ansprüche auf Sterbegelder oder Kapitalabfindungen (*Gottschalk*, in T/G/J, ErbStG, § 3 Rz. 305). Steht fest, dass die Versorgungsbezüge auf einem Dienstverhältnis beruhen, ist es erbschaftsteuerrechtlich ohne Belang, ob sie vom Arbeitgeber auf Grund einer Pensionszusage, von einer Pensions- oder Unterstützungskasse, auf Grund einer Direktversicherung des Arbeitgebers oder aufgrund einer anderen Rechtsgrundlage gezahlt werden (vgl. R E 3.5 Abs. 2 S. 6 ErbStR 2011; *Weinmann*, in Moench/Weinmann, ErbStG, § 3 Rz. 179). Allerdings führt der BFH einschränkend aus, dass die entsprechenden Versorgungsbezüge nur bis zu einer bestimmten **Angemessenheitsgrenze** von der Besteuerung ausgenommen sind. Dabei hat der BFH **45 % des Bruttoarbeitslohnes** als angemessen angesehen (BFH v. 20.5.1981, II R 11/81, BStBl II 1981, 715; v. 20.5.1981, II R 33/78, BStBl II 1982, 27), ohne jedoch eine absolute Grenze festzulegen. Die FinVerw. geht davon aus, dass es sich bei dieser Grenze um eine **Obergrenze** handelt (R E 3.5 Abs. 3 S. 2 ErbStR 2011). Demgegenüber wird zutreffend eingewendet, dass auch höhere Bezüge angemessen sein können, so lange sich deren Höhe etwa an den Verhältnissen in der gesetzlichen Rentenversicherung oder der Beamtenversorgung orientiert (*Weinmann*, in Moench/Weinmann, ErbStG, § 3 Rz. 181). Alternativ können die Versorgungsbezüge 60 % der Rentenbezüge des Verstorbenen ausmachen. Bei **Einmalzahlungen** wird für die Angemessenheitsprüfung vorgeschlagen, den zehnten Teil der Kapitalsumme als Jahreswert der Versorgung anzusetzen (*Meincke*, ErbStG, 2012, § 3 Rz. 89 unter Bezugnahme auf § 104 Abs. 12 BewG a. F.). Überschreiten die Hinterbliebenenbezüge die Angemessenheitsgrenze, unterliegen sie mit dem Kapitalwert des die Grenze übersteigenden Anteils der ErbSt (*Weinmann*, in Moench/Weinmann, ErbStG, § 3 Rz. 182).

Steuerbar sind demgegenüber nach Auffassung des BFH (BFH v. 24.10.2001, II R 10/00, BFH/NV 2002, 451 = BStBl II 2002, 153)**Ansprüche aus Lebensversicherungen**, die mit der Zielsetzung abgeschlossen worden sind, eine **Befreiung von der gesetzlichen Pflichtversicherung** zu erlangen. Die Frage war lange Zeit höchst umstritten (*Kapp/Ebeling*, ErbStG, § 3 Rz. 269.5). Der **Surrogationsgedanke** allein rechtfertigt allerdings keine teleologische Reduktion des § 3 Abs. 1 Nr. 4 ErbStG, sodass im Ergebnis der Auffassung des BFH zuzustimmen ist.

525 Bei Dienstverhältnissen mit **Gesellschafter-Geschäftsführern einer GmbH** ist nach gegenwärtigem Stand zu differenzieren. Nicht steuerbar sind Hinterbliebenenbezüge dann, wenn der Gesellschafter-Geschäftsführer wie ein Nicht-Gesellschafter in einer **arbeitnehmerähnlichen Stellung als abhängiger Geschäftsführer** anzusehen sei und die Hinterbliebenenbezüge im Übrigen angemessen sind (BFH v. 13.12.1989, II R 23/85, BStBl II 1990, 322). Erforderlich sei, dass es sich bei dem Gesellschafter-Geschäftsführer um einen **Mindergesellschafter** handle und dass er im Innenverhältnis wie ein weisungsgebundener Arbeitnehmer tätig werde. Letztlich kann die

Frage nur nach den Umständen des Einzelfalles geklärt werden (R E 3.5 Abs. 3 S. 3 und 4 ErbStR 2011; *Gottschalk*, in T/G/J, ErbStG, § 3 Rz. 309). Im Übrigen kann auch ein Minderheitsgesellschafter aufgrund seines Zusammenwirkens mit einem anderen Gesellschafter eine **beherrschende Stellung** haben, die der Annahme einer arbeitnehmerähnlichen Position entgegensteht (BFH v. 24.5.2005, II B 40/04, BFH/NV 2005, 1571). Besonders problematisch ist die **Auffassung der FinVerw** (H E 3.5 ErbStH 2011 „Herrschender Gesellschafter-Geschäftsführer einer GmbH"). über die sog. **faktische Beherrschung.** Danach wird – anscheinend unabhängig von der Beteiligung am Stammkapital der Gesellschaft – ein Fremdgeschäftsführer einem Gesellschafter-Geschäftsführer gleichgestellt, wenn der Geschäftsführer vom Verbot der Selbstkontrahierung nach § 181 BGB befreit ist, der Geschäftsführer als einziger über die notwendigen Branchenkenntnisse verfügt oder der „Gesellschafter" Großgläubiger der Gesellschaft ist. Die vorgetragene Sichtweise der FinVerw. ist von der Rspr. des BFH nicht gedeckt (*Wälzholz*, in V/K/S/W, ErbStG, 2012, § 3 Rz. 201). Außerhalb des Gestaltungsmissbrauchs (§ 42 AO) besteht kein Anlass für Subsysteme wie die faktische Beherrschung.

Versorgungsansprüche, die den Hinterbliebenen des **Gesellschafters einer gewerblichen Personengesellschaft, Freiberufler-Sozietät oder Partnerschaftsgesellschaft** auf Grund des Gesellschaftsvertrages zustehen, beruhen nicht auf einem Dienstverhältnis des Erblassers und sind deshalb grundsätzlich nach § 3 Abs. 1 Nr. 4 ErbStG steuerbar. Etwas anderes gilt ausnahmsweise nur dann, wenn sich der **Gesellschafter in einem arbeitnehmerähnlichen Verhältnis** befand. In der Praxis sind die Anforderungen an eine arbeitnehmerähnliche Stellung bei Personengesellschaften erheblich strenger als bei Kapitalgesellschaften, sodass insofern eine rechtsformneutrale Besteuerung durch die Rspr. des BFH nicht erreicht wird (*Wälzholz*, in V/K/S/W, ErbStG, 2012, § 3 Rz. 198, 199).

526

Letztlich kommt es darauf an, dass der Gesellschafter nach den Umständen des Einzelfalles im Innenverhältnis **wie ein weisungsgebundener Arbeitnehmer** tätig war (*Gottschalk*, in T/G/J, ErbStG, § 3 Rz. 309). Der geschäftsführende Gesellschafter einer Personengesellschaft ist regelmäßig nur dann in einem arbeitnehmerähnlichen Verhältnis, wenn er über eine geringe Beteiligung am Gewinn und den Vermögenswerten verfügt, seine Stimmrechte eingeschränkt sind und er nur begrenzt haftet (BFH v. 13.12.1989, II R 31/89, BStBl II 1990, 325). An einer persönlichen Haftung fehlt es bei Kommanditisten bzw. beim Komplementär, soweit dieser im Innenverhältnis von der persönlichen Haftung freigestellt wird (*Wälzholz*, in V/K/S/W, ErbStG, 2012, § 3 Rz. 196). Freiberuflich tätige Personen, die einer Sozietät angehören, scheiden von vornherein als arbeitnehmerähnlich aus, wenn sie selbstständig und eigenverantwortlich tätig werden (BFH v. 13.12.1989, II R 211/85, BStBl II 1990, 325). Im Übrigen hat der BFH (v. 15.7.1998, II R 80/96, BFH/NV 1999, 311) für einen geschäftsführenden Kommanditisten entschieden, dass die Hinterbliebenenrente nicht auf einem früheren Arbeitsverhältnis beruhe, wenn nach der gesellschaftsvertraglichen Regelung die Rentenzahlungen an den überlebenden Ehegatten ausschließlich zu Lasten der auf die früheren Erben übergegangenen Geschäftsanteile erfolgen soll, weil dann weder die KG als frühere Arbeitgeber noch die übrigen Gesellschafter belastet seien.

527

9 Zuwendungen durch Errichtung einer Stiftung oder ausländischer Vermögensmasse (§ 3 Abs. 2 Nr. 1 ErbStG)

528 Nach § 3 Abs. 2 Nr. 1 Satz 1 ErbStG gilt als vom Erblasser zugewendet der Übergang von Vermögen auf eine vom Erblasser angeordnete Stiftung. Gemeint ist die **rechtsfähige Stiftung des privaten Rechts** i.S.d. §§ 80ff. BGB, weil die Errichtung einer öffentlich-rechtlichen Stiftung nicht vom Erblasser angeordnet werden kann (*Wälzholz*, in V/K/S/W, ErbStG, 2012, § 3 Rz. 214).

529 Zur Entstehung einer rechtsfähigen Stiftung sind nach § 80 Abs. 1 BGB das **Stiftungsgeschäft** und die **Anerkennung** durch die zuständige Behörde des Landes erforderlich, in dem die Stiftung ihren Sitz haben soll. Das Stiftungsgeschäft kann auch in einer **Verfügung von Todes wegen**, also in einem Testament oder einem Erbvertrag (BGH v. 9.2.1978, III ZR 59/76, BGHZ 70, 313) bestehen. Die Vermögenszuwendung kann durch Erbeinsetzung, Vermächtnis oder Auflage erfolgen (BayObLG v. 17.3.1965, BReg 1b Z 293/64, BayObLGZ 65, 77; *Ellenberger*, in Palandt, 2017, BGB, § 83 Rz. 1). Alternativ ist auch möglich, dass der Erblasser dem Erben die **Auflage** macht, seinerseits **durch Rechtsgeschäft unter Lebenden** eine Stiftung zu errichten (KG v. 13.1.1908, 1 X 1551/07, KGJ 35 A 222; *Ellenberger*, in Palandt, 2017, BGB, § 83 Rz. 1). Nach der **Rückwirkungsfiktion des § 84 BGB** wird die Stiftung für Zuwendungen des Stifters schon als vor dessen Tod entstanden anerkannt.

530 Der **Anwendungsbereich der Vorschrift** ergibt sich aus dem Zusammenhang mit den §§ 3 Abs. 1 Nr. 1, 7 Abs. 1 Nr. 8 ErbStG. Nicht einschlägig ist § 3 Abs. 2 Nr. 1 ErbStG jedenfalls dann, wenn die **Stiftung bereits beim Tod des Erblassers bestanden** hat, weil dann der durch Verfügung von Todes wegen angeordnete Erwerb von Vermögen durch sog. Zustiftungen aus seinem Nachlass unter § 3 Abs. 1 Nr. 1 ErbStG bzw. § 3 Abs. 2 Nr. 2 ErbStG fällt. Wenn die **Stiftung beim Tod des Erblassers noch nicht bestanden** hat, muss sie nach dessen Versterben vom beschwerten Erben oder Vermächtnisnehmer durch besonderes Stiftungsgeschäft mit behördlicher Anerkennung und unter Rückwirkung nach § 84 BGB noch errichtet werden. Die zivilrechtliche Rückwirkungsfiktion führt auch erbschaftsteuerrechtlich dazu, dass ein Zwischenerwerb anderer Personen mit der Möglichkeit einer mehrfachen Besteuerung desselben Vermögens ausgeschlossen ist (*Weinmann*, in Moench/Weinmann, ErbStG, § 3 Rz. 198). Als Anwendungsbereich des § 3 Abs. 2 Nr. 1 Satz 1 ErbStG sieht der BFH (v. 25.10.1995, II R 20/92, BStBl II 1996, 99) die Variante, in der der Erblasser den Erben oder Vermächtnisnehmer mit der **Auflage** beschwert, eine **Stiftung durch Rechtsgeschäfte unter Lebenden** zu errichten und die Variante, in der der Erblasser eine von ihm durch letztwillige Verfügung angeordnete Stiftung unmittelbar zur Erbin oder Vermächtnisnehmerin einsetzt. Allerdings weist *Meincke* (ErbStG, 2012, § 3 Rz. 95) zutreffend darauf hin, dass sich die Steuerbarkeit der ersten Variante bereits aus § 7 Abs. 1 Nr. 8 ErbStG ergeben könnte. Insofern liegt die Bedeutung darin, dass sie das Stiftungsgeschäft unter Lebenden seitens des Erben bzw. Vermächtnisnehmers in die Erbschaftsbesteuerung verlegt und damit die Vermögensausstattung der Stiftung als Zuwendung des Erblassers versteht. Geht es um die Variante der **Errichtung einer Stiftung durch Verfügung von Todes wegen**, erfolgt die Vermögensausstattung entweder durch

Erbeinsetzung, Vermächtnis oder Auflage, so dass sich die Steuerbarkeit bereits aus § 3 Abs. 1 Nr. 1 ErbStG bzw. § 3 Abs. 2 Nr. 2 ErbStG ergäbe. Im Übrigen ordnet § 9 Abs. 1c ErbStG an, dass die Steuer erst mit dem Zeitpunkt der Anerkennung der Stiftung – also abweichend von § 84 BGB nicht rückwirkend – entsteht.

Das **zentrale dogmatische Problem der Vorschrift** besteht allerdings darin, ob erbschaftsteuerrechtlich nur das zum Todeszeitpunkt des Erblassers vorhandene Vermögen erfasst wird, oder ob auch der **zwischen dem Todestag und dem Zeitpunkt der Anerkennung der Stiftung** (früher: Genehmigung der Stiftung) **eingetretene Zuwachs** des Vermögens, das für die Stiftung bestimmt ist, der Erbschaftsbesteuerung zugrunde zu legen ist. Der BFH hatte sich mit der Frage im Urteil v. 25.10.1995 (II R 20/92, BStBl II 1996, 99) zu befassen. In dem konkreten Fall hatten die kinderlosen Ehegatten ihr Unternehmen auf eine durch Verfügung von Todes wegen zu errichtende Arbeitnehmerstiftung übertragen, die erst ca. vier Jahre nach dem Versterben des längstlebenden Ehegatten genehmigt worden war. Ertragsteuerrechtlich verhält es sich so, dass die mit dem Stiftungsvermögen nach dem Tod des Stifters erzielten Erträge regelmäßig Markteinkommen sind, d.h. bei natürlichen Personen der Einkommensteuer (u.U. zuzüglich Gewerbesteuer) und bei Körperschaften der Gewerbe- und Körperschaftsteuer unterliegen (BFH v. 17.9.2003, I R 85/01, BFH/NV 2004, 245 = BStBl II 2005, 149). Deshalb waren auch im vorliegenden Fall die bis zum Zeitpunkt der Stiftungsgenehmigung erwirtschafteten Unternehmenserträge mit Gewerbe- und Körperschaftsteuer belastet. Nach Auffassung des II. Senats des BFH soll der nach Abzug dieser Steuerbeträge verbleibende Vermögenszuwachs nach § 3 Abs. 2 Nr. 1 Satz 1 ErbStG steuerbar sein, weil diese Vorschrift „eine vor die Klammer gezogene rechtstechnische Zusammenfassung aller Fälle des Vermögensübergangs auf eine vom Erblasser angeordnete Stiftung" sei (zustimmend *Weinmann*, in Moench/Weinmann, ErbStG, § 3 Rz. 198; wohl auch *Meincke*, ErbStG, 2012, § 3 Rz. 95). Gegen eine **Doppelbesteuerung desselben Einkommens mit Ertrag- und Erbschaftsteuer** bestehen steuersystematisch grundlegende Bedenken, z.T. wird die Doppelbesteuerung auch für verfassungsrechtlich inakzeptabel gehalten (*Gottschalk*, in T/G/J, ErbStG, § 3 Rz. 320; *Kapp/Ebeling*, ErbStG, § 3 Rz. 282.1 m.w.N.). Dabei hat der BFH, wie *Gebel* (BB 2001, 2554) feststellt, verkannt, dass es um Vermögen geht, welches dem Rechtsnachfolger ertragsteuerrechtlich als in eigener Person erwirtschaftetes Einkommen zugerechnet wird. Es bleibt abzuwarten, ob der BFH seine Rechtsansicht in Zukunft korrigieren wird.

Der Übergang von Vermögen auf eine **Familienstiftung** ist zwar nach § 3 Abs. 2 Nr. 1 ErbStG steuerbar, allerdings ist nach § 15 Abs. 2 Satz 1 ErbStG bei im Inland errichteten Familienstiftungen der Besteuerung das Verwandtschaftsverhältnis des nach der Stiftungsurkunde entferntest Berechtigten zum Erblasser zugrunde zu legen. Ansonsten gilt bei Stiftungen die Steuerklasse III. Familienstiftungen sind Stiftungen, bei denen der Stifter, seine Angehörigen und deren Abkömmlinge zu mehr als der Hälfte bezugsberechtigt sind. Die Familienstiftung unterliegt zwar einer besonderen Ersatzerbschaftsteuer, (§ 1 Abs. 1 Nr. 4 ErbStG) doch berührt diese nicht die Erhebung der normalen ErbSt bei Errichtung der Stiftung.

Unsicherheit besteht im Rahmen der Familienstiftung darüber, ob der **Erwerb der Destinatärstellung** nach § 3 Abs. 1 Nr. 4 ErbStG steuerbar ist (zur Problematik vgl. *Piltz*, ZEV 2011, 236). Zu diesem Ergebnis gelangte jedenfalls das FG Bremen (v. 16.6.2010 – 1 K 18/10 (5), DStRE 2011, 361; ZEV 2011, 152 mit ablehnender Anmerkung *Büch*) indem es durch "weite" Auslegung des Vertragsbegriffes das Stiftungsgeschäft als Vertrag zugunsten des Destinatärs qualifizierte. Dies kann schon deshalb nicht überzeugen, da es sich bei einem Stiftungsgeschäft, selbst wenn es mit vertraglichen Abreden verbunden wurde, um ein einseitiges Rechtsgeschäft handelt (*Ellenberger*, in Palandt, BGB, § 80 Rz. 1), weshalb es bereits an einem Deckungsverhältnis im Sinne des § 3 Abs. 1 Nr. 4 ErbStG fehlt (ausführlich Rz. 504 ff.). Mit ähnlicher Begründung hat sich nun auch das FG Düsseldorf (ZEV 2014, 381 mit zustimmender Anmerkung *Maetz/Kotzenberg*), das ebenfalls über den Fall des Erwerbs der Destinatärstellung einer Liechtensteiner Familienstiftung (ausführlich zur Nachfolgeplanung mittels Liechtensteiner Familienstiftung *Billig*, UVR 2015, 204) zu entscheiden hatte, gegen die Anwendbarkeit des § 3 Abs. 2 Nr. 4 ErbStG auf das Stiftungsgeschäft ausgesprochen.

Auch wenn die Revision nach § 115 Abs. 2 Nr. 1 FGO zugelassen war, ist das Urteil mittlerweile rechtskräftig, weshalb die Unsicherheit um die erbschaftsteuerliche Behandlung des Erwerbs der Destinatärstellung bis zu einer Entscheidung durch den BFH weiterhin bestehen bleibt.

533 Der Vermögenserwerb durch eine gemeinnützige Stiftung bleibt nach § 13 Abs. 1 Nr. 16 Buchst. b ErbStG steuerfrei. Umstritten war, ob die **Erstausstattung** (§ 10b Abs. 1a EStG) durch Erbeinsetzung bei Errichtung einer Stiftung durch Verfügung von Todes wegen **einkommensteuerrechtlich** den **Spendenabzug eröffnet** (*vgl. dazu Brandt*, in Herrmann/Heuer/Raupach, EStG, § 10b Rz. 16; zweifelnd *Heinicke*, in Schmidt, 2009, EStG, § 10b Rz. 71; widersprüchlich *Geserich*, in Kirchhof/Söhn, 2005, EStG, § 10b Rz. B 722 und Rz. Ba 96). Zwischenzeitlich wurde vom BFH entschieden, dass Zuwendungen in den Vermögensstock einer durch Erbeinsetzung von Todes wegen errichteten Stiftung keine Sonderausgaben des Erblassers darstellen, da sie erst mit dem Tod des Erblassers abfließen. § 10b EStG bezweckt keine Abweichung vom Abflussprinzip nach § 11 Abs. 2 EStG. Ebensowenig bewirkt § 84 BGB eine Vorverlegung des Abflusszeitpunkts von Stiftungsgründungsspenden (BFH v. 16.2.2011, X R 46/09, BStBl II 2011, 685; *Heinicke* in Schmidt, 2016, EStG, § 10b Rz. 72). In jedem Falle nachteilig ist nach der Rspr. des BFH die Erstausstattung durch Vermächtnis oder Auflage. Macht der Erbe eine Vermächtniszuwendung in Erfüllung einer letztwilligen Verfügung, ist sie nicht bei der Erbschaftsteuerveranlagung des Erblassers für das Todesjahr als Sonderausgabe abzugsfähig (BFH v. 23.10.1996, X 75/94, BStBl II 1997, 239). Auch vom Erben kann die Zahlung nicht als Sonderausgabe abgezogen werden (BFH v. 22.9.1993, X R 107/91, BStBl II 1993, 874). Entsprechendes gilt bei der Auflage mit einem Stiftungsgeschäft des Erben unter Lebenden (*Heinicke*, in Schmidt, 2016, EStG, § 10b Rz. 72). Es bleibt nur die Möglichkeit, dass der Erbe die angeordnete Spende bei der ErbSt als Nachlassverbindlichkeit abzieht.

534 Für **nichtrechtsfähige Stiftungen** gilt § 3 Abs. 2 Nr. 1 ErbStG nach bislang h.M. (*Gottschalk*, in T/G/J, ErbStG, § 3 Rz. 319; *Weinmann*, in Moench/Weinmann,

ErbStG, § 3 Rz. 200) nicht. Begründet wird dies damit, dass auf diese mangels Rechtsfähigkeit kein Vermögen übergehen könne (*Wälzholz*, in V/K/S/W, ErbStG, 2012, § 3 Rz. 214). Zivilrechtlich ist die Diskussion nicht abgeschlossen (näher *Weitemeyer*, in MünchKomm, 2015, BGB, § 80 Rz. 199ff., 205ff. m.w.N.). Jedenfalls ist aus verfassungsrechtlichen Gründen die Steuersubjektivität abzulehnen (a. A. FG Münster v. 18.1.2007, III K 2592/05 Erb, EFG 2007, 1037 zum nicht rechtsfähigen Verein). Insoweit bleibt es dabei, dass die Vermögenswidmung bei nicht eingetragenen Stiftungen eine Zweckzuwendung darstellt, die nach § 8 ErbStG zu besteuern ist.

Nach § 3 Abs. 2 Nr. 1 Satz 2 ErbStG steht dem Übergang von Vermögen auf eine vom Erblasser angeordnete Stiftung die vom Erblasser angeordnete **Bildung oder Ausstattung einer Vermögensmasse ausländischen Rechts**, deren Zweck auf die Bindung von Vermögen gerichtet ist, gleich. Besteuert werden soll damit namentlich die Bildung oder Ausstattung eines ausländischen Trusts. Durch die Regelung wird ungeachtet des Umstandes, dass die Vermögensmasse nach dem jeweiligen nationalen Recht und damit auch nach IPR nicht rechtsfähig ist, für Zwecke des deutschen Erbschaftsteuerrechts ein Steuerrechtssubjekt fingiert (Rz. 63, 73). Aus der erbschaftsteuerrechtlichen Existenz eines wirksam errichteten Trusts folgt allerdings **nicht zwingend, dass Zuwendungen an diesen erbschaftsteuerrechtlich auch anerkannt** werden (BFH v. 28.6.2007, II R 21/05, BFH/NV 2007, 1775 = BStBl II 2007, 669 zum Schenkungsteuerrecht). Vielmehr ist eine endgültige Vermögensübertragung notwendig. Ansonsten handelt es sich um ein bloßes Treuhandverhältnis (Rz. 63, 73f.). Liegt eine erbschaftsteuerrechtlich anzuerkennende Vermögensübertragung auf den Trust vor, besteht eine unbeschränkte Steuerpflicht, wenn der Erblasser zum Zeitpunkt der Errichtung Inländer gewesen ist, (§ 2 Abs. 1 Nr. 1 ErbStG) ansonsten eine beschränkte Steuerpflicht, soweit Inlandsvermögen übertragen wird (§ 2 Abs. 1 Nr. 3 ErbStG). Die Sonderregelung für Familienstiftungen findet keine Anwendung, weil der Trust nur im Ausland errichtet werden kann. Insofern unterliegt er stets der Besteuerung nach Steuerklasse III.

535

10 Zuwendungen durch Auflage oder Bedingung (§ 3 Abs. 2 Nr. 2 ErbStG)

Nach § 3 Abs. 2 Nr. 2 Alt. 1 ErbStG gilt als vom Erblasser zugewendet zudem, was jemand in Vollziehung einer vom Erblasser angeordneten Auflage erwirbt. **Auflage** ist die in einer Verfügung von Todes wegen enthaltene Anordnung des Erblassers, die den Beschwerten zu einer Leistung verpflichtet, ohne einem Begünstigten ein Recht auf die Leistung zuzuwenden (§ 1940 BGB). Hierin liegt der **Unterschied zum von § 3 Abs. 1 Nr. 1 ErbStG erfassten Vermächtnis**, welches dem Vermächtnisnehmer einen Anspruch gewährt (§ 2174 BGB). Der durch eine Auflage Begünstigte wird daher nicht schon unmittelbar mit dem Erbfall durch einen Anspruchserwerb, sondern erst **in Folge der Vollziehung der Auflage bereichert**. Demzufolge tritt nach § 9 Abs. 1 Nr. 1 Buchst. d ErbStG die Steuerpflicht erst ein, wenn die vom Erblasser angeordnete Auflage nach dessen Tod vollzogen wird. Ein gewisses Gestaltungspotenzial besteht darin, dass bei den Erben die Auflage sofort nach § 10 Abs. 5 Nr. 2 ErbStG als Nachlassverbindlichkeit abgezogen werden darf. Begünstigt die Auflage den Beschwerten selbst, ist sie nach § 10 Abs. 9 ErbStG nicht abzugs-

536

fähig, andererseits aber auch nicht zusätzlich nach § 3 Abs. 2 Nr. 2 ErbStG steuerbar (*Meincke,* ErbStG, 2012, § 3 Rz. 96; *Weinmann,* in Moench/Weinmann, ErbStG, § 3 Rz. 204). Wenn die Auflage mehrere Miterben beschwert, aber nur einen Miterben begünstigt, kommt § 10 Abs. 9 ErbStG nur bezüglich der Quote des Begünstigten zum Zuge (näher Rz. 316).

537 Bei der Auflage gibt es zwar keinen Forderungsberechtigten, aber nach § 2194 BGB **Vollziehungsberechtigte.** Vollziehungsberechtigt ist der Erbe gegenüber dem beschwerten Vermächtnisnehmer, und bei der Erbengemeinschaft jeder Miterbe gegenüber den beschwerten Miterben. Darüber hinaus ist jeder berechtigt, dem der Wegfall des mit der Auflage zunächst Beschwerten unmittelbar zustatten kommen würde, also der gesetzliche Erbe gegenüber dem testamentarisch eingesetzten Erben oder der Ersatzerbe im Verhältnis zum Vorerben. Über den Kreis der in § 2194 BGB Genannten hinaus ist weiter der Testamentsvollstrecker vollziehungsberechtigt (*Rudy,* in MünchKomm, BGB, § 2194 Rz. 4).

538 Ein weiterer **Unterschied zum Vermächtnis** besteht darin, dass bei der Auflage **kein Auflagenbegünstigter** vorhanden sein muss. Sie kann ausschließlich einem unbestimmten Personenkreis oder einem sachlichen Zweck zugutekommen. Der mit § 2151 BGB beim Vermächtnis nicht zu erfassende Personenkreis spricht bei der durch Auslegung zu ermittelnden Abgrenzung zwischen Vermächtnis und Auflage gerade für die Anordnung einer Auflage und nicht eines Vermächtnisses (BGH v. 24.2.1993, IV ZR 239/91, BGHZ 121, 357). Wenn es an einem konkret Begünstigten fehlt, ist allerdings nicht § 3 Abs. 2 Nr. 2 ErbStG einschlägig. Vielmehr kann sich eine Steuerbarkeit nach dem Tatbestand der **Zweckzuwendung** (§§ 1 Abs. 1 Nr. 3, 8 ErbStG) ergeben. Für die Abgrenzung kann darauf abgestellt werden, ob ein Rechtsanspruch des Begünstigten auf Leistungen aus dem Nachlass besteht (vgl. FG Münster v. 13.2.2014, 3 K 210/12 Erb, EFG 2014, 946).

539 Da bei der Auflage ein Vollziehungsanspruch nach § 2194 BGB besteht, muss sie im Wege der Auslegung von einem **unverbindlichen Wunsch, Rat oder einer Empfehlung des Erblassers abgegrenzt** werden (OLG Koblenz v. 24.4.1986, 6 U 87/86, NJW-RR 1986, 1039). Hier liegt mangels zivilrechtlicher Verpflichtung erbrechtlich keine Auflage vor, weswegen § 3 Abs. 2 Nr. 2 ErbStG bei Vollziehung des Wunsches durch den Erben oder Vermächtnisnehmer nicht einschlägig ist. Vielmehr erfolgt eine Besteuerung als eigene freigebige Zuwendung des Erben oder Vermächtnisnehmers nach § 7 Abs. 1 Nr. 1 ErbStG, der dem Wunsch freiwillig entspricht (*Meincke,* ErbStG, 2012, § 3 Rz. 96; *Weinmann,* in Moench/Weinmann, ErbStG, § 3 Rz. 205).

540 Schließlich muss noch beachtet werden, dass sich die Steuerbarkeit nur dann nach § 3 Abs. 2 Nr. 2 ErbStG richtet, wenn die vom Erblasser angeordnete Auflage erst nach dessen Tod vollzogen wird. Vollzieht der Beschwerte die **Auflage des Erblassers bereits vor dessen Tod**, kommt eine Steuerbarkeit im Verhältnis zwischen dem Beschwerten und dem Dritten nur nach § 7 Abs. 1 Nr. 1 ErbStG in Betracht, wenn es sich um eine freigebige Zuwendung ohne rechtliche Verpflichtung handelt. Es liegt also kein Erwerb im Verhältnis zum Erblasser vor (*Weinmann,* in Moench/Weinmann, ErbStG, § 3 Rz. 206).

Nach § 3 Abs. 2 Nr. 2 Alt. 2 ErbStG gilt als vom Erblasser zugewendet, was jemand infolge Erfüllung einer vom Erblasser gesetzten Bedingung erwirbt. Es besteht Einvernehmen darüber, dass die Vorschrift nicht auf den Erwerb durch bedingte Erbeinsetzung oder bedingtes Vermächtnis abzielt, weil hier bereits § 3 Abs. 1 Nr. 1 ErbStG anwendbar ist (*Gottschalk*, in T/G/J, ErbStG, § 3 Rz. 327; *Meincke*, ErbStG, 2012, § 3 Rz. 96; *Weinmann*, in Moench/Weinmann, ErbStG, § 3 Rz. 207). Vielmehr bezieht sich die Vorschrift auf Fälle, in denen der Erwerb eines Dritten davon abhängt, dass der Erbe oder Vermächtnisnehmer eine vom Erblasser gesetzte Bedingung erfüllt. § 3 Abs. 2 Nr. 2 Alt. 2 ErbStG besteuert mithin den Erwerb durch den Dritten, der nicht Erbe oder Vermächtnisnehmer ist. Die Vorschrift nimmt den Erwerb als steuerbaren Erwerb von Todes wegen nach dem Erblasser in den Katalog der Steuertatbestände auf, in dem eine vom Erblasser gesetzte Bedingung die Begünstigung eines Dritten zur Folge hat. Die Steuer entsteht mit Eintritt der Bedingung; § 9 Abs. 1 Nr. 1 Buchst. d ErbStG.

541

Der Erbe oder Vermächtnisnehmer, der die Bedingung erfüllt, kann seinen Erwerb um den Wert des aufgewendeten Vermögens nach § 10 Abs. 5 Nr. 3 ErbStG mindern.

11   Erwerb aus Anlass der Genehmigung einer Zuwendung des Erblassers (§ 3 Abs. 2 Nr. 3 ErbStG)

Die Vorschrift entspricht § 2 Abs. 2 Nr. 3 ErbStG 1959. Sie knüpft an die durch Art. 86 EGBGB in der vor vor dem 30.7.1998 geltenden Fassung fortgeführten Genehmigungsvorbehalte einzelner Bundesländer an, die für juristische Personen mit Sitz im Ausland außerhalb des EG-Bereiches bei Erwerb über eine bestimmte Wertgrenze hinaus galten (*Meincke*, ErbStG, 2012, § 3 Rz. 97; *Weinmann*, in Moench/ Weinmann, ErbStG, § 3 Rz. 208). Wenn die zu erteilende Genehmigung davon abhängig gemacht wurde, dass bestimmte Leistungen an einen Dritten erbracht werden oder zur Erlangung der Genehmigung freiwillig erbracht wurden, unterlag der Erwerb des Dritten im Verhältnis zum Erblasser der ErbSt (*Gottschalk*, in T/G/J, ErbStG, § 3 Rz. 328). Heute hat die Regelung ihre praktische Bedeutung verloren.

542

12   Abfindungen für anstelle eines in Abs. 1 genannten Erwerbs (§ 3 Abs. 2 Nr. 4 ErbStG)

§ 3 Abs. 2 Nr. 4 ErbStG regelt die **Besteuerung der Abfindungen**, die **als Surrogate an die Stelle des Erwerbs nach § 3 Abs. 1 ErbStG** treten. Dies kommt namentlich durch den durch das ErbStRG v. 24.12.2008 (BGBl I 2008, 3018) am Ende der Vorschrift aufgenommenen **Auffangtatbestand** („anstelle eines anderen in Absatz 1 genannten Erwerbs") zum Ausdruck. Nach der früheren Rechtslage erklärte die Vorschrift einzelne Fälle der Abfindungsleistung zu steuerpflichtigen Vorgängen, ohne eine Gesamtregelung anzustreben. Die dadurch auftretenden Besteuerungslücken wurden als unbefriedigend empfunden (*Meincke*, ErbStG, 2012, § 3 Rz. 100). Dem hat der Gesetzgeber nunmehr abgeholfen. Die Bedeutung des § 3 Abs. 2 Nr. 4 ErbStG besteht darin, den Erwerbsvorgang des § 3 Abs. 1 ErbStG zu verlängern und den Erwerb von Todes wegen auf Rechtsgeschäfte

543

unter Lebenden zu erstrecken, die lediglich in einem engen sachlichen Zusammenhang mit dem Erwerb von Todes wegen stehen (*Wälzholz*, in V/K/S/W, ErbStG, 2012, § 3 Rz. 225). Dabei erfasst § 3 Abs. 2 Nr. 4 ErbStG nur solche Sachverhalte, bei denen eine Erbschaft vollständig ausgeschlagen wurde bzw. der erbrechtliche Erwerb durch Verzicht oder anderweitige Erklärung zurückgewiesen wurde (BFH v. 29.9.2015, II R 23/14, BStBl II 2016, 104). Außerhalb des Anwendungsbereiches liegen konsequenterweise aber Abfindungen, die an den **künftigen gesetzlichen Erben** für den Verzicht auf einen Pflichtteilsanspruch gezahlt wurden (BFH v. 16.3.2013, II R 21/11, BStBl II 2013, 922), da der Erbfall schlicht noch nicht eingetreten ist. Unter Umständen liegt aber eine steuerbare freigiebige Zuwendung des künftigen Erben an den Abfindungsempfänger vor (vgl. hierzu § 7 Rz. 420 ff.).

544 § 3 Abs. 2 Nr. 4 Alt. 1 ErbStG regelt zunächst die **Abfindung für einen Verzicht auf den entstandenen Pflichtteilsanspruch**. Nach § 2317 Abs. 1 BGB entsteht der Pflichtteilsanspruch mit dem Erbfall. Andererseits ist nach § 3 Abs. 1 Nr. 1 Alt. 3 ErbStG erst ein geltend gemachter Pflichtteilsanspruch steuerbar. Solange der Pflichtteilsanspruch erbschaftsteuerrechtlich mangels Geltendmachung noch nicht steuerbar ist, kann der Pflichtteilsberechtigte darauf ohne erbschaftsteuerrechtliche Konsequenzen verzichten (Rz. 417). Der unentgeltliche Verzicht ist beim Verzichtenden ebenso folgenlos wie die unentgeltliche Ausschlagung einer Erbschaft bzw. eines Vermächtnisses. Erfolgt der **Verzicht vor Geltendmachung gegen Abfindung**, ist die Abfindung nach § 3 Abs. 2 Nr. 4 Alt. 1 ErbStG steuerbar. Wenn allerdings erst nach Geltendmachung des Anspruches gegen Abfindung verzichtet wird, bleibt es bei der Steuerbarkeit nach § 3 Abs. 1 Nr. 1 Alt. 3 ErbStG. Die Abfindung ist schenkungsteuerrechtlich irrelevant, solange die Abfindung wertmäßig dem Wert des Anspruchs entspricht. Im Aushandeln einer Abfindung kann nicht bereits das Geltendmachen eines Pflichtteils gesehen werden (*Müller/Grund*, ZErb 2007, 205; zustimmend nunmehr *Weinmann*, in Moench/Weinmann, ErbStG, § 3 Rz. 211).

545 Wird für die **Ausschlagung einer Erbschaft oder eines Vermächtnisses eine Abfindung** gewährt, folgt die Besteuerungslücke in § 3 Abs. 1 Nr. 1 Alt. 1 und Alt. 2 ErbStG daraus, dass das ErbStG an die zivilrechtliche Rückwirkung der Ausschlagung anknüpft (§ 1953 BGB; § 2180 BGB i.V.m. § 1953 BGB). Damit bleibt der zurückgewiesene Erwerb für den Ausschlagenden zunächst unversteuert. Wird als Surrogat dem Ausschlagenden eine Abfindung gewährt, ist diese nach **§ 3 Abs. 2 Nr. 4 Alt. 2 bzw. Alt. 4 ErbStG** steuerbar. Der **Nacherbe** wird nach § 3 Abs. 2 Nr. 4 Alt. 1 ErbStG steuerpflichtig, wenn er vor Eintritt des Nacherbenfalles sein Nacherbenrecht gegen Abfindung ausschlägt, was gem. § 2142 Abs. 1 BGB schon vor Eintritt des Nacherbfalles zulässig ist. Eine Ausschlagung der Erbschaft oder des Vermächtnisses ist nicht mehr möglich, wenn diese **angenommen** wurden (Rz. 13, 304). Derjenige, dem die Ausschlagung zugutekommt und der die Abfindung leistet, kann das aufgewendete Vermögen als Kosten zur Erlangung des Erwerbs gem. § 10 Abs. 5 Nr. 3 ErbStG abziehen (*Weinmann*, in Moench/Weinmann, ErbStG, § 3 Rz. 209).

Gestaltungshinweis: Gestaltungshinweis:
Für die Gestaltungspraxis hat die Ausschlagung gegen Abfindungsleistung insofern an Bedeutung verloren, als durch die Anpassung der Steuerwerte an die Verkehrswerte beispielsweise die Überlegung, an die Stelle eines Geldvermächtnisses eine Grundstücksabfindung treten zu lassen, nicht mehr gegeben sind. Interessant bleibt allerdings die Ausschlagung gegen eine Teilabfindung, weil sich damit im wirtschaftlichen Ergebnis das Ziel einer zivilrechtlich nicht zulässigen Teilausschlagung erreichen lässt (*Weinmann*, in Moench/Weinmann, ErbStG, § 3 Rz. 209).

Erfolgt die **Abfindungsleistung durch einen Dritten**, ändert dies an der Steuerbarkeit nach § 3 Abs. 2 Nr. 4 ErbStG nichts. Umstritten ist allerdings die Behandlung der Abfindung bei demjenigen, dem die Ausschlagung zugute kommt. Während *Meincke* (ErbStG, 2012, § 3 Rz. 99) die Ansicht vertritt, der Vorgang sei bei dem Begünstigten weder als Erwerb noch als Abzugsposten zu berücksichtigen, gehen *Wälzholz* (in V/K/S/W, ErbStG, 2012, § 3 Rz. 232) und (*Gottschalk*, in T/G/J, ErbStG, § 3 Rz. 338) davon aus, dass es sich um eine Leistung des Dritten an den Begünstigten, die zur Abkürzung des Leistungsweges unmittelbar an den Abgefundenen erbracht wird, handelt. Im Verhältnis zu dem Begünstigten kann eine freigebige Zuwendung nach § 7 Abs. 1 Nr. 1 ErbStG vorliegen, während ungeachtet dessen der Begünstigte die Abfindung als Nachlassverbindlichkeit nach § 10 Abs. 5 Nr. 3 Satz 1 ErbStG abziehen kann. Dass schließlich auch die **Abfindung für die Ausschlagung des Erbersatzanspruches (Alt. 3)** ausdrücklich aufgeführt ist, ist kein redaktionelles Versehen, obwohl dieser in § 3 Abs. 1 Nr. 1 ErbStG durch das ErbStRG (ErbStRG v. 24.12.2008, BGBl I 2008, 3018) gestrichen worden ist. Ausweislich der Gesetzesbegründung (BT-Drs. 16/7918, 31) können entsprechende Abfindungen immer noch steuerrechtliche Wirkung entfalten. Deshalb wurde der Erbersatzanspruch bewusst nicht gestrichen.

Nach § 2306 Abs. 1 Satz 2 BGB kann der Pflichtteilsberechtigte, wenn der hinterlassene Erbteil größer als die Hälfte des gesetzlichen Erbteils ist, bei Beschränkungen und Beschwerungen den Pflichtteil verlangen, wenn er den Erbteil ausschlägt. Nach § 2306 Abs. 2 BGB steht es einer Beschränkung der Erbeinsetzung gleich, wenn der Pflichtteilsberechtigte als Nacherbe eingesetzt ist. Zahlt in einem solchen Fall der Vorerbe dem Nacherben eine Abfindung dafür, dass dieser seinen Pflichtteilsanspruch nicht geltend macht, wird der Erwerb der Abfindung nach § 3 Abs. 2 Nr. 4 ErbStG besteuert (BFH v. 18.3.1981, II R 89/79, BStBl II 1981, 473). Der BFH hat den Fall also so gedeutet, dass der als Nacherbe Eingesetzte auf den Pflichtteilsanspruch verzichtet, obwohl erbrechtlich er den Pflichtteilsberechtigte den Pflichtteil erst verlangen kann, wenn er die Nacherbschaft ausschlägt (*Weidlich*, in Palandt, 2017, BGB, § 2306 Rz. 5). Allerdings hat der BFH auf die Rspr. des RG (v. 10.11.1930, IV 289/30, JW 1931, 1354) verweisen können, wonach der Pflichtteilsanspruch auch im Fall des § 2306 Abs. 2 BGB bereits mit dem Erbfall entsteht (*Meincke*, ErbStG, 2012, § 3 Rz. 101).

Beim Vertrag zugunsten Dritter auf den Todesfall kann der Dritte den im Zweifel mit dem Tode des Versprechensempfängers gem. § 331 Abs. 1 BGB entstehenden

Anspruch nach § 333 BGB zurückweisen (Rz. 511). Eine für die **Zurückweisung gewährte Abfindung** war nach h. M. aufgrund einer Regelungslücke des Gesetzes nicht nach § 3 Abs. 2 Nr. 4 ErbStG a. F. steuerbar (*Gottschalk*, in T/G/J, ErbStG, § 3 Rz. 329; *Meincke*, ErbStG, 2012, § 3 Rz. 100; *Weinmann*, in Moench/Weinmann, ErbStG, § 3 Rz. 214). Mit dem durch das ErbStRG v. 24.12.2008 erweiterten Tatbestand wird nunmehr die Zurückweisung eines Rechts aus einem Vertrag des Erblassers zugunsten Dritter ausdrücklich in **§ 3 Abs. 2 Nr. 4 Alt. 5 ErbStG** erfasst und die bisherige gesetzliche Lücke geschlossen. Mit dem abschließenden Auffangtatbestand sollen ausweislich der Gesetzesbegründung (BT-Drs. 16/7918, 31) alle anderen Abfindungen steuerbar sein, die einem Erwerber anstelle eines ausgeschlagenen oder zurückgewiesenen nach § 3 Abs. 1 Nr. 2 oder Nr. 3 ErbStG steuerbaren Erwerbs, z. B. einer Schenkung auf den Todesfall, gewährt werden.

548 Bei Vereinbarung einer Abfindung für die Ausschlagung – z. B. eines Vermächtnisses – tritt die Steuerpflicht nicht sofort mit der Ausschlagung ein, wenn **gleichfalls die Abfindung nach der Vereinbarung aufschiebend bedingt** ist. Nach einer Rspr. des RFH (v. 26.11.1936, III e A 46/36, RStBl 1936, 1218) ist die allgemeine Beschränkung über die Entstehung der Steuer bei aufschiebend bedingtem Erwerb nach § 9 Abs. 1 Nr. 1 Buchst. a ErbStG auch in dem Fall des § 9 Abs. 1 Nr. 1 Buchst. f ErbStG entsprechend anzuwenden. Die Rspr. wird auch kritisch gesehen (*Crezelius*, Erbschaft- und Schenkungsteuer in zivilrechtlicher Sicht (Diss. 1979, 177; *Kapp/Ebeling*, ErbStG, § 3 Rz. 161))

13 Abfindung für bedingtes, betagtes oder befristetes Vermächtnis (§ 3 Abs. 2 Nr. 5 ErbStG)

549 Entstehen und Fälligkeit des Vermächtnisanspruchs können abweichend vom Zeitpunkt des Erbfalles (§ 2176 BGB) zu einem späteren Zeitpunkt hinausgeschoben sein. In diesen Konstellationen kann auch die ErbSt erst zu einem späteren Zeitpunkt entstehen (Rz. 306). Wenn das jeweilige **Vermächtnis bereits angenommen ist und damit nicht mehr ausgeschlagen** werden kann, aber **vor dem erbschaftsteuerrechtlichen Entstehenszeitpunkt auf den Vermächtniserwerb verzichtet** wird, entsteht eine Besteuerungslücke, die § 9 Abs. 2 Nr. 5 ErbStG schließt. Die Regelung ist als Sonderfall zu der allgemeiner gefassten Bestimmung des § 7 Abs. 1 Nr. 10 ErbStG zu verstehen (*Meincke*, ErbStG, 2012, § 3 Rz. 102). Irreführend ist der Wortlaut des § 3 Abs. 2 Nr. 5 ErbStG insofern, als er auf ein Vermächtnis abstellt, für das die Ausschlagungsfrist abgelaufen ist, obwohl es bei Vermächtnissen in der Regel keine entsprechende Frist gibt (§ 2180 BGB). Gegenstand des Erwerbs ist die Abfindung. Grundsätzlich entsteht die Steuerschuld mit dem Verzicht, es sei denn, dass die Abfindung nach der Vereinbarung gleichfalls aufschiebend bedingt ist (*Gottschalk*, in T/G/J, ErbStG, § 3 Rz. 342 unter Hinweis auf RFH v. 26.11.1936, III e A 46/36, RStBl 1936, 1218; dazu Rz. 124, 548).

14 Entgelt für die Übertragung der Nacherbenanwartschaft (§ 3 Abs. 2 Nr. 6 ErbStG)

Der Nacherbe erlangt mit dem Erbfall ein gegenwärtiges Anwartschaftsrecht, das vererblich (§ 2108 Abs. 2 Satz 1 BGB) und frei veräußerlich ist (BGH v. 9.6.1983, IX ZR 41/82, BGHZ 87, 367; *Weidlich*, in Palandt, 2017, BGB, § 2100 Rz. 12). Erbschaftsteuerrechtlich liegt es grundsätzlich so, dass der Erbe durch Verfügung über die Erbschaft den Erwerb von Todes wegen nach § 3 Abs. 1 ErbStG nicht beeinflussen kann (Rz. 61). Eine hiervon abweichende Regelung trifft § 3 Abs. 2 Nr. 6 ErbStG für den Fall der Übertragung einer Nacherbenanwartschaft. Nach dieser Vorschrift **tritt das Entgelt an die Stelle der Anwartschaft**, welches als vom Erblasser zugewendet gilt und folglich nach dem Verhältnis zum Erblasser besteuert wird. Die Steuer entsteht nach § 9 Abs. 1 Nr. 1 Buchst. i ErbStG mit dem Zeitpunkt der Übertragung der Anwartschaft. Erhält der Nacherbe eine Sachabfindung aus dem Nachlass, ist die Bereicherung nach dem Steuerwert der Sache zu bemessen (BFH v. 21.5.2001, II R 40/99, BFH/NV 2001, 1406). Allerdings wird nach Geltung des ErbStRG v. 24.12.2008 (BGBl I 2008, 3018) der Steuerwert regelmäßig dem Verkehrswert entsprechen. Der Nacherbe kann sein **Anwartschaftsrecht auch auf den Vorerben** übertragen, der damit zum uneingeschränkten Vollerben wird. Ein entsprechendes Entgelt ist nach § 3 Abs. 2 Nr. 6 ErbStG steuerbar (*Weinmann*, in Moench/Weinmann, ErbStG, § 3 Rz. 217). § 3 Abs. 2 Nr. 6 ErbStG ist auch dann einschlägig, wenn ein Nachvermächtnisnehmer entgeltlich auf sein Nachvermächtnis verzichtet (BFH v. 19.4.1989, II R 189/85, BStBl II 1989, 623; a.A. *Meincke*, ErbStG, 2012, § 3 Rz. 102, der hier eine Steuerpflicht nach § 3 Abs. 2 Nr. 5 ErbStG befürwortet).

550

15 Herausgabeanspruch des Vertrags- und Schlusserben (§ 3 Abs. 2 Nr. 7 ErbStG)

Nach § 3 Abs. 2 Nr. 7 ErbStG gilt als Erwerb von Todes wegen, was der Vertragserbe oder der Schlusserbe eines gemeinschaftlichen Testamentes oder der Vermächtnisnehmer wegen beeinträchtigender Schenkungen des Erblassers (§§ 2287, 2288 Abs. 2 BGB) von dem Beschenkten nach den Vorschriften über die ungerechtfertigte Bereicherung erlangt. Erbrechtlich geht es darum, dass die Bindungswirkung wechselbezüglicher oder vertragsmäßiger Verfügungen den Erblasser zu Lebzeiten nicht daran hindert, frei über sein Vermögen zu verfügen (§ 2286 BGB). Für den Fall, dass der gebundene Erblasser unter Lebenden bestimmte Gegenstände unentgeltlich veräußert und auf diese Weise seinen Nachlass zuungunsten des Erben schmälert, sieht § 2287 BGB, der für das gemeinschaftliche Testament analog angewendet wird, sobald nach dem Tode eines Ehegatten Bindungswirkung eingetreten ist (BGH v. 26.11.1975, IV ZR 138/74, BGHZ 66, 8; *Musielak*, in MünchKomm, BGB, § 2271 Rz. 47ff.), deshalb einen in drei Jahren vom Anfall der Erbschaft an verjährenden Anspruch gegen den Beschenkten auf Herausgabe des Geschenks vor.

551

Das erbschaftsteuerrechtliche Problem bestand darin, dass der BFH den **Anspruch aus § 2287 BGB nicht als Erwerb i.S.d. § 3 Abs. 1 Nr. 1 ErbStG** beurteilt hat (BFH

552

v. 6.3.1991, II R 69/87, BStBl II 1991, 412). Mit dem StÄndG 1992 (v. 25.2.1992, BGBl I 1992, 297) ist die Besteuerungslücke für den Fall des § 2287 BGB für den Vertragserben geschlossen worden. Zweifeln konnte man allerdings, ob die Vorschrift auch den dem Anspruch des Vertragserben gleichgestellten Anspruch des Vertragsvermächtnisnehmers nach § 2288 Abs. 2 Satz 2 BGB erfasst und ob die analoge Anwendung des § 2287 BGB bezüglich des Schlusserben eines Berliner Testaments einbezogen wird (*Kapp/Ebeling*, ErbStG, § 3 Rz. 316ff. m.w.N.). Zwar hat der BFH den analogen Erwerb des Schlusserben nach § 2287 BGB als steuerbar angesehen, (BFH v. 8.8.2000, II R 40/98, BStBl II 2000, 587) doch hat der Gesetzgeber mit dem ErbStRG v. 24.12.2008 (BGBl I 2009, 3018) die beiden vom Wortlaut der Norm bisher nicht ausdrücklich erfassten Fälle „klarstellend" (BT-Drs. 16/7918, 31) in den Wortlaut mit aufgenommen.

§ 4 Fortgesetzte Gütergemeinschaft

(1) Wird die Gütergemeinschaft beim Tod eines Ehegatten oder beim Tod eines Lebenspartners fortgesetzt (§§ 1483ff. des Bürgerlichen Gesetzbuchs), wird dessen Anteil am Gesamtgut so behandelt, als wäre er ausschließlich den anteilsberechtigten Abkömmlingen angefallen.
(2) ¹Beim Tode eines anteilsberechtigten Abkömmlings gehört dessen Anteil am Gesamtgut zu seinem Nachlass. ²Als Erwerber des Anteils gelten diejenigen, denen der Anteil nach § 1490 Satz 2 und 3 des Bürgerlichen Gesetzbuchs zufällt.

Inhalt		Rz.
1	Allgemeines	1
2	(Fortgesetzte) Gütergemeinschaft nach §§ 1415ff., 1483ff. BGB	2–9
3	Besteuerung beim Tod eines Ehegatten bzw. Lebenspartners (§ 4 Abs. 1 ErbStG)	10–19
4	Besteuerung beim Tod eines Abkömmlings (§ 4 Abs. 2 ErbStG)	20
5	Beendigung der fortgesetzten Gütergemeinschaft	21
6	Verzicht auf den Anteil an der fortgesetzten Gütergemeinschaft	22

1 Allgemeines

§ 4 ErbStG regelt die **Besteuerungsfolgen** des Sonderfalls der sog. **fortgesetzten** 1 **Gütergemeinschaft** i.S.d. §§ 1483ff. BGB und ist angesichts der geringen Verbreitung des Güterstands der Gütergemeinschaft von einer sehr eingeschränkten praktischen Bedeutung. Da sich der Erwerb von Anteilen am Gesamtgut einer fortgesetzten Gütergemeinschaft sowohl im Fall des Versterbens eines Ehegatten gem. § 1483 Abs. 1 S. 2 und 3 BGB als auch im Fall des Versterbens eines anteilsberechtigten Abkömmlings gem. § 1490 S. 1 BGB in zivilrechtlicher Hinsicht außerhalb der regulären Erbfolge im Wege einer gesetzlich angeordneten güterrechtlichen **Sonderrechtsnachfolge** vollzieht, stellen entsprechende Erwerbe korrespondierend hierzu in erbschaftsteuerrechtlicher Hinsicht keine steuerpflichtigen Erwerbe durch Erbanfall i.S.d. § 3 Abs. 1 Nr. 1 ErbStG dar (§ 3 ErbStG Rz. 100 ff.; *Philipp*, in V/K/S/W, ErbStG, 2012, § 4 ErbStG Rz. 3). Um keine Besteuerungslücke entstehen zu lassen, erfasst § 4 ErbStG einen durch Tod ausgelösten Erwerb eines Anteils am Gesamtgut einer fortgesetzten Gütergemeinschaft und unterwirft diesen als **Ergänzungstatbestand** zu den Erwerben von Todes wegen i.S.d. § 3 Abs. 1 ErbStG der Erbschaftsbesteuerung (BFH v. 26.3.1954, III 89/52 U, BStBl III 1954, 159; *Meincke*, ErbStG, 2012, § 4 Rz. 3). Die Norm regelt **zwei Fallgruppen** und unterscheidet danach, ob der Erwerb des Anteils am Gesamtgut einer fortgesetzten Gütergemeinschaft nach § 4 Abs. 1 ErbStG durch den Tod des erstversterbenden Ehegatten (Rz. 10 ff.) oder nach § 4 Abs. 2 ErbStG durch den Tod eines anteilsberechtigten Abkömmlings ausgelöst wird (Rz. 20). Seit der **Reform** des ErbStG durch das Gesetz vom 24.12.2008 (BGBl I 2008, 3018) mit Wirkung zum 1.1.2009 gilt § 4 Abs. 1 ErbStG auch für **Lebenspartner** einer Eingetragenen Lebenspartnerschaft, die im Lebenspartnerschaftsvertrag gem. § 7 LPartG eine der Gütergemeinschaft vergleichbare Regelung getroffen haben (vgl. BT-Drs. 16/7918; *Gottschalk*, in T/G/J, ErbStG, § 4 Rz. 1; *Geck*, in Kapp/Ebeling, ErbStG, § 4 Rz. 1).

2 (Fortgesetzte) Gütergemeinschaft nach §§ 1415ff., 1483ff. BGB

2 Vereinbaren die Ehegatten ehevertraglich nach § 1415 BGB den Güterstand der Gütergemeinschaft, wird nach § 1416 Abs. 1 S. 1 BGB das Vermögen beider Ehegatten grundsätzlich als sog. **Gesamtgut** gemeinschaftliches Vermögen der Eheleute; dies gilt nach § 1416 Abs. 1 S. 2 BGB auch für das Vermögen, das der Ehemann und die Ehefrau während des Bestehens der Gütergemeinschaft erwerben (Ausnahmen gelten nach § 1417 BGB für das sog. Sondergut und nach § 1418 BGB für das sog. Vorbehaltsgut). Die Gütergemeinschaft stellt gem. § 1419 Abs. 1 BGB keine Bruchteilsgemeinschaft, sondern eine **Gesamthandsgemeinschaft** dar (*Brudermüller*, in Palandt, BGB, 2016, § 1419 Rz. 1), womit der einzelne Ehegatte nicht über seinen Anteil am Gesamtgut bzw. an dessen einzelnen Gegenständen verfügen kann und nicht berechtigt ist, die Teilung der Gemeinschaft zu verlangen. Sofern die Ehegatten im Ehevertrag keine abweichende Bestimmung getroffen haben, **verwalten** diese nach § 1421 i.V.m. §§ 1450ff. BGB das Gesamtgut gemeinschaftlich. Die **Gütergemeinschaft endet** entweder durch Auflösung der Ehe, durch Ehevertrag oder durch Urteil (vgl. §§ 1447ff., 1469f. BGB), was die Auseinandersetzung des Gesamtguts nach §§ 1471ff. BGB zur Folge hat. Wird die Ehe durch den Tod eines Ehegatten aufgelöst, zählt nach § 1482 BGB der Anteil des verstorbenen Ehegatten am Gesamtgut zum Nachlass, womit der verstorbene Ehegatte nach den allgemeinen erbrechtlichen Vorschriften beerbt wird (*Brudermüller*, in Palandt, BGB, 2016, § 1482 Rz. 1).

3 Die Ehegatten können nach § 1483 Abs. 1 BGB darüber hinaus vereinbaren, dass die Gütergemeinschaft nach dem **Tod des (erst-)versterbenden Ehegatten** zwischen dem überlebenden Ehegatten und den gemeinschaftlichen Abkömmlingen hinsichtlich des Gesamtguts fortgesetzt wird, was dem überlebenden Ehegatten erspart, den erbberechtigten Abkömmlingen ihren Anteil am Gesamtgut sofort herauszugeben bzw. auszuzahlen (*Brudermüller*, in Palandt, BGB, 2016, Vorb. § 1483 Rz. 1). In die **fortgesetzte Gütergemeinschaft** treten nach § 1483 Abs. 1 S. 2 BGB die gemeinschaftlichen Abkömmlinge ein, die bei gesetzlicher Erbfolge als Erben berufen sind. Die in die Gütergemeinschaft eintretenden Abkömmlinge erwerben und übernehmen den Anteil des verstorbenen Ehegatten jedoch nicht durch einen Erwerb durch Erbanfall gem. §§ 1922ff. BGB, sondern im Wege einer gesetzlich angeordneten güterrechtlichen **Sonderrechtsnachfolge** (vgl. § 1483 Abs. 1 S. 3 BGB; *Brudermüller*, in Palandt, BGB, 2016, Vorb. § 1483 Rz. 1). Das Recht zur **Verwaltung** des Gesamtguts liegt nach § 1487 Abs. 1 BGB fortan ausschließlich beim überlebenden Ehegatten.

4 Der überlebende Ehegatte kann die fortgesetzte Gütergemeinschaft gem. § 1492 Abs. 1 BGB jederzeit durch eine entsprechende Erklärung gegenüber dem zuständigen Nachlassgericht aufheben. Eine fortgesetzte **Gütergemeinschaft endet** zudem, sobald der überlebende Ehegatte erneut heiratet oder eine Lebenspartnerschaft begründet (§ 1493 Abs. 1 BGB) bzw. mit dem Tod des überlebenden Ehegatten (§ 1494 Abs. 1 BGB). Nach Beendigung der fortgesetzten Gütergemeinschaft setzen

sich der überlebende Ehegatte und die anteilsberechtigten Abkömmlinge über das Gesamtgut gem. §§ 1497ff. BGB auseinander. Beim **Tod eines anteilsberechtigten Abkömmlings** zählt sein Anteil am Gesamtgut nach § 1490 S. 1 BGB nicht zu seinem Nachlass; der Anteil wird nach § 1490 S. 2 und 3 BGB im Wege der güterrechtlichen Sonderrechtsnachfolge entweder von anteilsberechtigten Abkömmlingen des verstorbenen Abkömmlings erworben bzw. wächst – sofern entsprechende Abkömmlinge nicht (mehr) vorhanden sind – den übrigen anteilsberechtigten Abkömmlingen oder – sofern entsprechende Abkömmlinge ebenfalls nicht (mehr) vorhanden sind – dem überlebenden Ehegatten an (*Brudermüller*, in Palandt, BGB, 2016, § 1490 Rz. 1). Schließlich kann ein Abkömmling gem. § 1517 BGB bereits vor Eintritt der fortgesetzten Gütergemeinschaft auf seinen Anteil am Gesamtgut **verzichten**. Den Verzicht auf den Anteil am Gesamtgut nach Eintritt der fortgesetzten Gütergemeinschaft regelt § 1491 Abs. 1 BGB, was hinsichtlich des Anteils einen Anwachsungserwerb der verbleibenden Mitglieder der fortgesetzten Gütergemeinschaft nach den Regelungen des § 1490 BGB zur Folge hat (*Brudermüller*, in Palandt, BGB, 2016, § 1491 Rz. 3).

einstweilen frei 5–9

3 Besteuerung beim Tod eines Ehegatten bzw. Lebenspartners (§ 4 Abs. 1 ErbStG)

Wird eine Gütergemeinschaft **beim Tod eines Ehegatten** oder eines **Lebenspartners** gem. §§ 1483ff. BGB fortgesetzt, behandelt § 4 Abs. 1 ErbStG dessen Anteil am Gesamtgut für erbschaftsteuerliche Zwecke so, als wäre er ausschließlich den anteilsberechtigten Abkömmlingen angefallen. Die Vorschrift überspielt den zivilrechtlichen Erwerb der Abkömmlinge im Wege der **güterrechtlichen Sonderrechtsnachfolge** i.S.d. § 1483 Abs. 1 S. 2 und 3 BGB (Rz. 3), der keinen Erwerb durch Erbanfall i.S.d. § 3 Abs. 1 ErbStG darstellt, und stellt den Anteilserwerb als Ergänzungstatbestand den Erwerben von Todes wegen nach § 3 Abs. 1 ErbStG gleich (BFH v. 26.3.1954, III 89/52 U, BStBl III 1954, 159; *Gottschalk*, in T/G/J, ErbStG, § 4 Rz. 173; *Weinmann*, in Moench/Weinmann, ErbStG, § 4 Rz. 7; *Geck*, in Kapp/Ebeling, ErbStG, § 4 Rz. 1.2). Damit verwirklicht ein anteilsberechtigter Abkömmling, unter dessen Beteiligung die Gütergemeinschaft fortgesetzt wird, im Hinblick auf den von ihm – evtl. bei weiteren Abkömmlingen lediglich anteilig – erworbenen Anteil des verstorbenen Ehegatten am Gesamtgut einen **erbschaftsteuerpflichtigen Erwerb**. Der Umstand, dass den anteilsberechtigten Abkömmlingen kein Recht zur Verwaltung des Gesamtguts zusteht und dieses nach § 1487 Abs. 1 BGB allein in der Hand des überlebenden Ehegatten liegt, spielt als bloße Einschränkung der Verfügungsbefugnis i.S.d. § 9 Abs. 2 und 3 BewG keine Rolle (*Weinmann*, in Moench/Weinmann, ErbStG, § 4 Rz. 8; RFH v. 28.2.1928, V e A 433/27, RStBl 1928, 217). 10

Da der Anteil des verstorbenen Ehegatten am Gesamtgut ausschließlich auf den oder die anteilsberechtigten Abkömmlinge übergeht, hat die Fortsetzung der Gütergemeinschaft für den **überlebenden Ehegatten** keinerlei erbschaftsteuerliche Auswirkungen; er bleibt am Gesamtgut unverändert zur Hälfte beteiligt. Einen **eigenständigen Erwerb von Todes wegen** i.S.d. § 3 Abs. 1 ErbStG verwirklicht der 11 überlebende Ehegatte lediglich hinsichtlich eines evtl. **Sonderguts** (§ 1417 BGB) bzw. **Vorbehaltsguts** (§ 1418 BGB), sofern entsprechende Gegenstände nach den erbrechtlichen Regelungen der §§ 1922ff. BGB auf ihn übergehen (*Gottschalk*, in T/G/J, ErbStG, § 4 Rz. 177; *Weinmann*, in Moench/Weinmann, ErbStG, § 4 Rz. 9).

12 Der **Wert des steuerpflichtigen Erwerbs** in Gestalt des Anteils am Gesamtgut ist gem. § 11 ErbStG auf den Zeitpunkt des Todes des Ehegatten zu ermitteln. Da der überlebende Ehegatte am Gesamtgut weiterhin zur Hälfte beteiligt ist, können die anteilsberechtigten Abkömmlinge Verbindlichkeiten, die im Zusammenhang mit dem Gesamtgut stehen, lediglich (anteilig) zur Hälfte als **Nachlassverbindlichkeiten** i. S. d. § 10 Abs. 5 ErbStG geltend machen, was nach umstrittener Ansicht des RFH auch für die Bestattungskosten gelten soll (RFH v. 26.7.1929, V e A 493/28, RStBl 1929, 515; krit. *Meincke*, ErbStG, 2012, § 4 Rz. 4; *Philipp*, in V/K/S/W, ErbStG, 2012, § 4 ErbStG Rz. 7). Die **Erbschaftsteuer entsteht** entsprechend der Regelung des § 9 Abs. 1 Nr. 1 ErbStG mit dem Tod des erstversterbenden Ehegatten (*Geck*, in Kapp/Ebeling, ErbStG, § 4 Rz. 14). Nach § 20 Abs. 2 ErbStG sind die Abkömmlinge im Verhältnis der auf sie entfallenden Anteile am Gesamtgut und der überlebende Ehegatte bzw. Lebenspartner für den gesamten Steuerbetrag **Steuerschuldner**, obwohl Letzterer in eigener Person im Rahmen der Fortsetzung der Gütergemeinschaft nach § 4 ErbStG keinen steuerpflichtigen Erwerb verwirklicht (§ 20 ErbStG Rz. 18f). Das FA kann gem. § 31 Abs. 3 ErbStG die **Erbschaftsteuererklärung** allein von dem überlebenden Ehegatten bzw. Lebenspartner verlangen (*Engel*, in Wilms/Jochum, ErbStG, § 4 Rz. 23).

13 § 4 Abs. 1 BGB gilt angesichts des eindeutigen Verweises auf §§ 1483ff. BGB lediglich für fortgesetzte Gütergemeinschaften nach dem BGB und nicht für entsprechende **ausländische Gemeinschaften** (RFH v. 17.2.1944, III 84/83, RFHE 54, 58); diesbezügliche Erwerbe im Rahmen ausländischer Gütergemeinschaften können ausschließlich anhand der einzelnen Tatbestände der steuerpflichtigen Erwerbe von Todes wegen i. S. d. § 3 ErbStG beurteilt werden (RFH v. 21.3.1935, III e A 20/32, RStBl 1935, 885; *Gottschalk*, in T/G/J, ErbStG, § 4 Rz. 232 ff.; *Geck*, in Kapp/Ebeling, ErbStG, § 4 Rz. 27).

14–19 einstweilen frei

4 Besteuerung beim Tod eines Abkömmlings (§ 4 Abs. 2 ErbStG)

20 Der **Tod eines anteilsberechtigten Abkömmlings** führt zivilrechtlich nicht zur Beendigung der fortgesetzten Gütergemeinschaft. Der Anteil des verstorbenen Abkömmlings fällt zudem nach § 1490 S. 1 BGB nicht in seinen Nachlass, sondern geht im Wege der güterrechtlichen Sonderrechtsnachfolge außerhalb der erbrechtlichen Regelungen – und damit ohne Rücksicht auf eine gesetzliche oder testamentarische Erbenstellung – auf seine Abkömmlinge über, die im Rahmen eines Anwachsungserwerbs in die Gütergemeinschaft eintreten. Sind keine entsprechenden eigenen Abkömmlinge vorhanden, geht der Anteil auf die bereits an der Gütergemeinschaft beteiligten anteilsberechtigten Abkömmlinge bzw. – sollten solche nicht (mehr) vorhanden sein – auf den überlebenden Ehegatten über (§ 1490 S. 2 und 3 BGB; Rz. 4).§ 4 Abs. 2 ErbStG durchbricht in gewissem Umfang diesen

zivilrechtlichen Regelungsansatz und zählt den **Anteil** des verstorbenen anteilsberechtigten Abkömmlings zu dessen **Nachlass** (S. 1), wobei als **Erwerber** dieses Anteils diejenigen gelten, denen der Anteil nach § 1490 S. 2 und 3 BGB zufällt. Diese Personen verwirklichen hinsichtlich des Anteils am Gesamtgut über den Auffangtatbestand des § 4 ErbStG einen den Erwerben von Todes wegen i.S.d. § 3 Abs. 1 ErbStG gleichgestellten Erwerb, für dessen Besteuerung – z.b. hinsichtlich seines Umfangs oder seiner Bewertung – die gleichen Grundsätze gelten, denen auch ein Erwerb beim Tod eines Ehegatten i.S.d. § 4 Abs. 1 ErbStG unterliegt (Rz. 10ff.; *Gottschalk*, in T/G/J, ErbStG, § 4 Rz. 201 f.; *Weinmann*, in Moench/Weinmann, ErbStG, § 4 Rz. 15).

5 Beendigung der fortgesetzten Gütergemeinschaft

Wird eine fortgesetzte Gütergemeinschaft nach §§ 1492ff. BGB **beendet** (z.B. mit dem Tod des überlebenden Ehegatten; Rz. 4) und das Gesamtgut anschließend gem. §§ 1497ff. BGB auseinandergesetzt, hat dies – wie eine Erbauseinandersetzung (§ 3 ErbStG Rz. 122ff.) – **keinerlei erbschaftsteuerliche Konsequenzen**. Gleiches gilt für **Zahlungen** an einen aus der fortgesetzten Gütergemeinschaft **ausscheidenden Abkömmling**, sofern die Abfindung dem Wert nach seinem Anteil am Gesamtgut entspricht (zu freigebigen Zuwendungen aus dem Gesamtgut an anteilsberechtigte Abkömmlinge oder Dritte RFH v. 23.9.1930, I e A 280/30, RStBl 1930, 817; v. 5.3.1936, III e A 6/36, RStBl 1936, 428). Sofern die fortgesetzte Gütergemeinschaft nach § 1494 Abs. 1 BGB mit dem **Tod des überlebenden Ehegatten** endet, fällt sein Anteil am Gesamtgut in seinen Nachlass und geht nach den allgemeinen erbrechtlichen Vorschriften auf den oder die Erben über, die einen steuerpflichtigen **Erwerb von Todes wegen** i.S.d. § 3 Abs. 1 ErbStG verwirklichen (RFH v. 22.7.1932, V e A 1004/31, RStBl 1932, 855; *Weinmann*, in Moench/Weinmann, ErbStG, § 4 Rz. 18).

21

6 Verzicht auf den Anteil an der fortgesetzten Gütergemeinschaft

Verzichtet ein Abkömmling bereits **vor Eintritt der fortgesetzten Gütergemeinschaft** auf seinen Anteil am Gesamtgut, entspricht dies nach § 1517 Abs. 2 BGB einem Erbverzicht (Rz. 4), was auf Seiten der von dem Verzicht begünstigten Personen **keine steuerpflichtige Zuwendung** darstellt (*Weinmann*, in Moench/Weinmann, ErbStG, § 4 Rz. 16). Erfolgt der Verzicht hingegen **gegen Entgelt**, gilt in entsprechender Anwendung des § 7 Abs. 1 Nr. 5 ErbStG als steuerpflichtige **Schenkung unter Lebenden**, was als **Abfindung** für den Verzicht gewährt wird (§ 7 ErbStG Rz. 420 ff). Verzichtet ein Abkömmling **nach Eintritt der fortgesetzten Gütergemeinschaft** auf seinen Anteil, ist hinsichtlich der steuerlichen Folgen auf Seiten des Verzichtenden und der von dem Verzicht begünstigten Personen ebenfalls danach zu differenzieren, ob der Verzicht unentgeltlich oder gegen Zahlung einer Abfindung erfolgt. Bei einem **unentgeltlichen Verzicht** erhalten der oder die Beteiligten, denen der Anteil des verzichtenden Abkömmlings anwächst, eine (anteilige) steuerpflichtige freigebige Zuwendung unter Lebenden i.S.d. § 7 Abs. 1 Nr. 1 ErbStG. Die Besteuerung richtet sich nach dem jeweiligen persönlichen Verhältnis der Person des Erwerbers zur Person des Verzichtenden, wobei der Wert des

22

Erwerbs zum Zeitpunkt des Verzichts maßgebend ist (RFH v. 21.10.1932, V e A 1031/31, RStBl 1932, 1029). Wird hingegen für den Verzicht eine **Abfindung** gezahlt, die dem Wert des Anteils am Gesamtgut entspricht, führt dies mangels Bereicherung sowohl auf Seiten des Erwerbers als auch auf Seiten des Verzichtenden zu **keinerlei steuerlichen Folgen** (*Philipp*, in V/K/S/W, ErbStG, 2012, § 4 ErbStG Rz. 11). Angesichts seines eindeutigen Wortlauts kann auf Seiten des Verzichtenden insbesondere § 3 Abs. 2 Nr. 4 ErbStG nicht entsprechend angewendet werden (§ 3 ErbStG Rz. 543 ff.; *Engel*, in Wilms/Jochum, ErbStG, § 4 Rz. 37).

§ 5 Zugewinngemeinschaft

(1) ¹Wird der Güterstand der Zugewinngemeinschaft (§ 1363 des Bürgerlichen Gesetzbuchs, § 6 des Lebenspartnerschaftsgesetzes) durch den Tod eines Ehegatten oder den Tod eines Lebenspartners beendet und der Zugewinn nicht nach § 1371 Abs. 2 des Bürgerlichen Gesetzbuchs ausgeglichen, gilt beim überlebenden Ehegatten oder beim überlebenden Lebenspartner der Betrag, den er nach Maßgabe des § 1371 Abs. 2 des Bürgerlichen Gesetzbuchs als Ausgleichsforderung geltend machen könnte, nicht als Erwerb im Sinne des § 3. ²Bei der Berechnung dieses Betrages bleiben von den Vorschriften der §§ 1373 bis 1383 und 1390 des Bürgerlichen Gesetzbuchs abweichende güterrechtliche Vereinbarungen unberücksichtigt. ³Die Vermutung des § 1377 Abs. 3 des Bürgerlichen Gesetzbuchs findet keine Anwendung. ⁴Wird der Güterstand der Zugewinngemeinschaft durch Ehevertrag oder Lebenspartnerschaftsvertrag vereinbart, gilt als Zeitpunkt des Eintritts des Güterstandes (§ 1374 Abs. 1 des Bürgerlichen Gesetzbuchs) der Tag des Vertragsabschlusses. ⁵Soweit das Endvermögen des Erblassers bei der Ermittlung des als Ausgleichsforderung steuerfreien Betrages mit einem höheren Wert als dem nach den steuerlichen Bewertungsgrundsätzen maßgebenden Wert angesetzt worden ist, gilt höchstens der dem Steuerwert des Endvermögens entsprechende Betrag nicht als Erwerb im Sinne des § 3.

(2) Wird der Güterstand der Zugewinngemeinschaft in anderer Weise als durch den Tod eines Ehegatten oder eines Lebenspartners beendet oder wird der Zugewinn nach § 1371 Abs. 2 des Bürgerlichen Gesetzbuchs ausgeglichen, so gehört die Ausgleichsforderung (§ 1378 des Bürgerlichen Gesetzbuchs) nicht zum Erwerb im Sinne der §§ 3 und 7.

(3) Wird der Güterstand der Wahl-Zugewinngemeinschaft (§ 1519 des Bürgerlichen Gesetzbuchs) beendet und der Zugewinn ausgeglichen, so gehört die Ausgleichsforderung (Artikel 12 Absatz 1 des Abkommens vom 4. Februar 2010 zwischen der Bundesrepublik Deutschland und der Französischen Republik über den Güterstand der Wahl-Zugewinngemeinschaft) nicht zum Erwerb im Sinne der §§ 3 und 7.

Inhalt		Rz.
1	Allgemeines	1–22
1.1	Zivilrechtliche Regelungen der Zugewinngemeinschaft	1–6
1.1.1	Grundsätze	1–2
1.1.2	Modifizierte Zugewinngemeinschaft	3–6
1.2	Ableben eines Ehegatten bei bestehender Zugewinngemeinschaft	7–11
1.2.1	Erbrechtlicher Ausgleich des Zugewinns	8–9
1.2.2	Güterrechtlicher Ausgleich des Zugewinns	10–11
1.3	Beendigung der Zugewinngemeinschaft in anderen Fällen	12
1.4	Die Ermittlung des Zugewinnausgleichsanspruchs nach §§ 1373 bis 1390 BGB	13–19
1.4.1	Anfangsvermögen	13–14
1.4.2	Endvermögen	15–16

1.4.3	Bewertung des Anfangs- und Endvermögens	17
1.4.4	Ehevertragliche Modifikationen	18
1.4.5	Anrechnung von Vorausempfängen	19
1.5	Die Errungenschaftsgemeinschaft	20–21
1.6	Die Lebenspartnerschaft nach dem LPartG	22
2	Erbrechtlicher Zugewinnausgleich (§ 5 Abs. 1 ErbStG)	23–57
2.1	Anwendungsbereich	23–26
2.2	Berechnung der Ausgleichsforderung	27–36
2.2.1	Nachweis des Anfangsvermögens	28–29
2.2.2	Nominale Wertsteigerung	30–32
2.2.3	Berücksichtigung von Versorgungsansprüchen	33–36
2.3	Berücksichtigung früherer Schenkungen	37–42
2.3.1	Vorausempfänge des überlebenden Ehegatten (§ 1380 BGB)	37–39
2.3.2	Schenkungen an Dritte	40–42
2.4	Bedeutung ehevertraglicher Vereinbarungen (§ 5 Abs. 1 S. 2 bis 4 ErbStG)	43–47
2.4.1	Hintergrund der Regelungen	43
2.4.2	§ 5 Abs. 1 S. 2 ErbStG	44
2.4.3	§ 5 Abs. 1 S. 3 ErbStG	45
2.4.4	§ 5 Abs. 1 S. 4 ErbStG	46–47
2.5	Umrechnung des Ausgleichsanspruchs (§ 5 Abs. 1 S. 5 ErbStG)	48–57
2.5.1	Anwendungsbereich	48–50
2.5.2	Besonderheiten bei der Rechtsanwendung	51–57
3	Güterrechtlicher Zugewinnausgleich (§ 5 Abs. 2 ErbStG)	58–86
3.1	Anwendungsbereich	58–62
3.2	Beendigung der Ehe durch Scheidung	63–66
3.2.1	Ermittlung des Zugewinns	63–64
3.2.2	Behandlung von Vorausempfängen	65–66
3.3	Wechsel des Güterstands zu Lebzeiten	67–77
3.3.1	Gründe für einen Wechsel	67–69
3.3.2	Erbschaftsteuerliche Folgen eines Wechsels hin zur Zugewinngemeinschaft	70–77
3.3.2.1	Beendigung des Güterstands durch Tod	72–75
3.3.2.2	Beendigung des Güterstands unter Lebenden	76–77
3.4	Überlebender Ehegatte wird weder Erbe noch Vermächtnisnehmer	78–80
3.5	Folgen der Ausschlagung einer Erbeinsetzung oder eines Vermächtnisses	81–82
3.6	Güterstandsschaukel	83–84
3.7	Sog. fliegender Zugewinnausgleich	85–86
4	Einzelfragen	87–109
4.1	Verzicht auf den Zugewinnausgleichsanspruch ohne Abfindung	87–89
4.1.1	Verzicht auf einen entstandenen Zugewinnausgleichsanspruch	87–88
4.1.2	Verzicht auf die Ausgleichsforderung vor Beendigung des Güterstands	89
4.2	Verzicht auf den Zugewinnausgleichsanspruch gegen Abfindung	90–94
4.2.1	Abfindung unter Wert	91

4.2.2	Abfindung höher als der rechnerische Zugewinn	92–94
4.3	Erfüllung des Ausgleichsanspruchs durch Hingabe von Vermögensgegenständen an Erfüllung statt	95–96
4.4	Nachehelicher Versorgungsausgleich	97–98
4.5	Errungenschaftsgemeinschaft	99
4.6	Steuernachteile bei lebzeitiger Zuwendung steuerfreien Vermögens infolge Kürzung des Zugewinnausgleichsfreibetrags gem. § 5 Abs. 1 ErbStG	100–103
4.7	Auslegung eines Erbvergleichs über Zugewinnausgleichs- und Pflichtteilsanspruch	104–109
5	Zugewinnausgleich bei der Wahl-Zugewinngemeinschaft (§ 5 Abs. 3 ErbStG)	110–118
5.1	Gesetzliche Grundlage	110–114
5.2	Geltungsbereich	115
5.3	Steuerliche Behandlung	116–118

Schrifttum

Billig, Gestaltungsmöglichkeiten im Rahmen der Zugewinngemeinschaft, UVR 2008, 252; *Brandt,* Die "klassischen" Modifikationen des Güterstandes, RNotZ 2015, 117; *Brüggemann,* Berechnung des nach § 5 Abs. 1 ErbStG steuerfreien Zugewinns im Erbfall, ErbBstg 2010, 37; *Bruschke,* Der Zugewinnausgleich – Berechnung des fiktiven Ausgleichsbetrags, ErbStB 2015, 302; *ders.,* Zugewinnausgleich im Erbschaftsteuerrecht, ErbStB 2014, 343; *Büttner/Hecht,* (Steuer-)Rechtliche Chancen und Risiken des lebzeitigen Zugewinnausgleichs, ErbStB 2011, 45; *Fritz,* Ein teurer Zugewinnausgleich, NWB 2013 (Heft 22, Beilage 2), 7; *Fuhrmann,* Beendigung der Zugewinngemeinschaft als Gestaltungsmittel, KÖSDI 2013, 18538; *Gehlhaar,* Die Zugewinngemeinschaft im Erbschaftsteuerrecht, ZErb 2016, 10; *Götz,* Die Wahl des Güterstandes unter erbschaftsteuerlichen Gesichtspunkten – Teil I, INF 2001, 417; *ders.,* Modifizierte Zugewinngemeinschaft versus § 5 ErbStG, NWB Fach 10, 1599; *ders.,* Ertragsteuerliche Risiken bei Leistungen an Erfüllung statt zur Abgeltung eines Zugewinnausgleichsanspruchs, FamRB 2004, 89; *ders.,* Steuernachteile bei der Übertragung von begünstigtem Unternehmensvermögen infolge Kürzung des Zugewinnausgleichsfreibetrags gem. § 5 Abs. 1 ErbStG, ZEV 2013, 74; *ders.,* Ausschlagung eines Erbteils oder Vermächtnisses durch den Ehegatten bei Zugewinngemeinschaft, ErbBstg **2013, 256;** *Grund,* **Erbschaftsteuerliche Grenzen der Modifizierung der Zugewinngemeinschaft, MittBayNot 2008, 19;** *Jebens,* Die Ausnutzung der schenkungsteuerlichen Freibeträge unter Einsatz der Zugewinngemeinschaft, DStZ 2009, 519; *Kalbfleisch,* Steuerliche Untiefen des Berliner Testaments, UVR 2011, 89; *Keller/Schrenck,* Zugewinnausgleich im Todesfall, NWB-EV 2010, 86; *Kessler,* Nichtige Eheverträge: ein steuerlicher Segen, ZEV 2008, 27; *Kieser,* Der Güterstandswechsel als Gestaltungsmittel, ZErb 2013, 49; *Moench,* Brennpunkte der neuen Erbschaftsteuer-Richtlinien, DStR 1999, 301; *Ramb,* Die Behandlung der Zugewinngemeinschaft nach § 5 ErbStG, NWB 2010, 2808; *ders.,* Steuerfreistellung des Zugewinnausgleichs bei der Erbschaftsteuer (§ 5 ErbStG), StW 2013, 25; *Reich,* Die rückwirkende Begründung der Zugewinngemeinschaft und ihre Auswirkung auf § 29 Abs. 1 Nr. 3 ErbStG und § 1380 BGB, ZEV 2011, 59;

ders., Schenkungsteuer bei Übertragung einer Ferien-/Zweitimmobilie unter Ehegatten, NZM 2014, 67; *Reiter*, Der Güterstand der Wahl-Zugewinngemeinschaft und seine erbschaftsteuerliche Behandlung, SAM 2015, 51; *Stein*, Einkommensteuerliches Veräußerungsgeschäft durch gesetzliche Anrechnung von Ehegatten-Schenkungen auf den Zugewinnausgleich?, DStR 2012, 1734; *ders.*, Vermeidung von Veräußerungsgewinnen bei Beendigung der Zugewinngemeinschaft, DStR 2012, 1063; *Tölle*, Erbschaftsteuerrechtliche Optimierung durch Ausschlagung, NWB 2013, 148; *ders.*, Eingetragene Lebenspartnerschaft – neue Entwicklungen der steuerlichen Behandlung, NWB 2013, 2708; *von Oertzen/Reich*, Die postmortale Ausschlagung eines Ehegattenvermächtnisses nach dem Tod des überlebenden Ehepartners als erbschaftsteuerliches Gestaltungsinstrument, ZEV 2010, 281; *Volland*, Vermögensverschiebungen zwischen Ehegatten, NWB-EV 2013, 92; *Wälzholz*, Die Ausschlagung gegen Abfindung, NWB 2010, 1360; *ders.*, Aktuelle Gestaltungsprobleme bei der nichtehelichen Lebensgemeinschaft, ErbR 2011, 226; *Werner*, Die Güterstandsschaukel, StBW 2011, 715; *Zehentmeier*, Die Ausschlagung von Vermächtnissen durch den überlebenden Ehegatten, NWB 2011, 1473.

1 Allgemeines

1.1 Zivilrechtliche Regelungen der Zugewinngemeinschaft

1.1.1 Grundsätze

1 Das Gleichberechtigungsgesetz hat ab 1.7.1958 als **gesetzlichen Güterstand** für den Regelfall die Zugewinngemeinschaft (§§ 1363ff. BGB) eingeführt. Das Wesen der Zugewinngemeinschaft besteht entgegen der irreführenden Bezeichnung „Gemeinschaft" darin, dass sowohl das bei einer Eheschließung vorhandene wie das später erworbene Vermögen beider Ehegatten rechtlich getrennt bleibt und grundsätzlich von jedem Ehegatten selbstständig verwaltet wird. Dem grundsätzlich unbeschränkten Recht eines jeden, frei über sein Vermögen verfügen zu können, setzen §§ 1365–1369 BGB Grenzen. Leben die Ehegatten im Güterstand der Zugewinngemeinschaft, ergeben sich für das von jedem Ehegatten während der Ehe getrennt verwaltete Vermögen Einschränkungen, was die Verfügung „über sein Vermögen im Ganzen" anbelangt (§ 1365 Abs. 1 S. 1 BGB). Nicht nur für diese i.d.R. wertmäßig bedeutsamen Verfügungen, sondern auch für alle Verfügungen über ihm gehörende Haushaltsgegenstände, § 1369 Abs. 1 BGB, bedarf er der Zustimmung des anderen Ehegatten. Letztere kann als Einwilligung vorab oder als nachträgliche Genehmigung erteilt werden. Wird sie verweigert, ist die Verfügung unwirksam.

2 Auch während der Ehe im Vermögen eines Ehegatten eingetretene **Wertsteigerungen** stehen allein ihm zu. Erst bei der Beendigung des Güterstands, die durch Tod eines Ehegatten oder durch andere Umstände (wie Scheidung der Ehe oder Abschluss eines Ehevertrags mit Wechsel zu einem anderen Güterstand) eintreten kann, wird der Zugewinn beider Ehegatten ausgeglichen. Dabei nimmt jeder Ehegatte zur Hälfte an der Vermögensmehrung (Zugewinn) des anderen teil. Man kann deshalb den gesetzlichen Güterstand auch als „Gütertrennung mit Zugewinnausgleich" charakterisieren. Der Zugewinnausgleich beruht auf der Erwägung, dass beide

Ehegatten durch ihre Arbeit bzw. durch die Tätigkeit im Haushalt zu dem Vermögenszuwachs in gleicher Weise beigetragen haben.

1.1.2 Modifizierte Zugewinngemeinschaft

Eine **Kombination aus Gütertrennung und Zugewinngemeinschaft** stellt die sog. modifizierte Zugewinngemeinschaft dar. Hierbei werden die Berechnung des Zugewinns und der Ausgleich vertraglich den individuellen Verhältnissen der Ehegatten angepasst. Da es sich bei der modifizierten Zugewinngemeinschaft um keinen gesetzlich normierten Güterstand handelt, sind an die vertragliche Ausgestaltung hohe Anforderungen zu stellen (zur Inhaltskontrolle von Eheverträgen vgl. *Münch*, in Festschrift für Sebastian Spiegelberger zum 70. Geburtstag, 1069). Durch notariellen Ehevertrag wird z.B. geregelt, dass der Zugewinnausgleich nur im Fall der Scheidung, nicht aber für den Fall des Todes des Erblassers ausgeschlossen wird. Auf diese Weise soll der überlebende Ehegatte zumindest für den Erwerb von Todes wegen an dem Vermögenszuwachs seines Ehepartners partizipieren (vgl. *Mayer*, in Festschrift für Sebastian Spiegelberger zum 70. Geburtstag, 1064, 1065).

Denkbar ist auch eine Modifikation der gesetzlichen Regelungen dahin, dass betriebliche Beteiligungen oder ein Einzelunternehmen/freiberufliche Praxis des Erblassers bei der Berechnung des durch Scheidung entstehenden Zugewinnausgleichs auszuklammern ist. Regelungen sind auch hinsichtlich der Auszahlungsmodalitäten des an sich sofort in bar zu leistenden Ausgleichsanspruchs denkbar. Bei der Formulierung sollte weiterhin beachtet werden, dass auch die Surrogate für unternehmerisches Vermögen vom Zugewinnausgleich freigestellt werden. Ziel derartiger Regelungen ist es, eine saubere Trennung der privaten und betrieblichen Vermögenssphäre zu erreichen, damit Verschiebungen und Missbräuche ausgeschlossen sind.

Bei der vertraglichen Gestaltung ist ferner an **die Konkretisierung des Anfangs- bzw. Endvermögens** zu denken. Dies bedeutet, dass die Ehegatten übereinstimmend etwa ihr Anfangsvermögen gegenständlich oder auch der Höhe nach festlegen können. Umgekehrt können sie auch später nachfolgende Erwerbsvorgänge gegenständlich, nach Erwerbsgründen oder Erwerbsanlässen, ausklammern. Ferner kann vereinbart werden, dass bestimmte näher bezeichnete Gegenstände des Anfangsvermögens (z.B. Gemälde, Sammlungen) nicht in die Wertberechnung des Endvermögens einbezogen werden oder dass für das Endvermögen ein Höchstbetrag vereinbart wird.

Generell ist jedoch zu beachten, dass auch diejenigen Verbindlichkeiten, die sich auf die vom Zugewinnausgleich ausgenommenen Gegenstände beziehen, ebenfalls aus der Berechnung herauszunehmen sind, da andernfalls eine ungerechtfertigte Belastung des übrigen ausgleichspflichtigen Vermögens eintreten würde.

1.2 Ableben eines Ehegatten bei bestehender Zugewinngemeinschaft

Wird der Güterstand der Zugewinngemeinschaft durch Tod beendet, gilt § 1371 BGB. Für den nachträglichen Vermögensausgleich kommen hierbei zwei Alternativen in Betracht. Der überlegende Ehegatte kann zwischen dem Vermögensausgleich im Erbwege und dem reinen güterrechtlichen Ausgleich **wählen**.

1.2.1 Erbrechtlicher Ausgleich des Zugewinns

8   Zur erbrechtlichen Regelung kommt es nach dem Tod eines Ehegatten, wenn die gesetzliche Erbfolge eintritt oder eine Erbeinsetzung nach §§ 2066, 2067 BGB vorliegt. Der **Zugewinn wird schematisch und pauschal in der Weise ausgeglichen**, dass sich der gesetzliche Erbteil des überlebenden Ehegatten um **ein Viertel der Erbschaft** erhöht (§ 1371 Abs. 1 BGB). Dabei ist es unerheblich, ob die Ehegatten überhaupt einen Zugewinn erzielt haben, und ob der Ehegatte, dessen Erbteil erhöht wird, einen geringeren Zugewinn als der verstorbene Ehegatte erzielt hat. Der Gesetzgeber wollte mit der erbrechtlichen Regelung eine einfache Lösung für Erbfälle erreichen. Die Schwierigkeiten einer genauen Berechnung, häufiger Anlass für Streitigkeiten unter den Erben, sollten so vermieden werden.

9   Wenn der überlebende Ehegatte aufgrund einer letztwilligen Verfügung des verstorbenen Ehegatten Erbe oder Vermächtnisnehmer wird und das Erbe oder Vermächtnis annimmt, kommt es weder zum erbrechtlichen noch zum güterrechtlichen Zugewinnausgleich. Der Ehegatte erhält das, was ihm als Erbe oder Vermächtnisnehmer anfällt.

1.2.2 Güterrechtlicher Ausgleich des Zugewinns

10 Zur güterrechtlichen Regelung kommt es – im Erbfall – nur dann, wenn der überlebende Ehegatte **weder Erbe noch Vermächtnisnehmer** des Verstorbenen wird. Letzteres ist der Fall, wenn

- der verstorbene Ehegatte testamentarisch andere Erben eingesetzt oder seinen Ehegatten von der gesetzlichen Erbfolge ausgeschlossen hat und ihm auch kein Vermächtnis ausgesetzt hat (§ 1371 Abs. 2 BGB) oder
- der überlebende Ehegatte die Erbschaft oder das Vermächtnis ausschlägt (§ 1371 Abs. 3 BGB).

11 In diesen Fällen ist der Zugewinn jeweils gem. §§ 1373 bis 1380, 1390 BGB zu ermitteln und die tatsächliche Ausgleichsforderung vom Erben/der Erbengemeinschaft auszugleichen.

1.3 Beendigung der Zugewinngemeinschaft in anderen Fällen

12 Wird die Zugewinngemeinschaft auf andere Weise als durch den Tod eines Ehegatten beendet, regelt § 1372 BGB, dass der Zugewinn dann nach §§ 1373 bis 1390 BGB ausgeglichen wird. Dies sind Fälle der Beendigung der Ehe mit Rechtskraft des **Scheidungsurteils** und die **Güterstandsbeendigung durch Ehevertrag**.

1.4 Die Ermittlung des Zugewinnausgleichsanspruchs nach §§ 1373 bis 1390 BGB

1.4.1 Anfangsvermögen

13 Die erste relevante Größe zur Ermittlung des Zugewinnausgleichs ist das jeweilige Anfangsvermögen der beiden Ehegatten. Anfangsvermögen ist das Vermögen, das einem Ehegatten **beim Eintritt des Güterstands nach Abzug der Verbindlichkeiten** gehört (Nettovermögen, § 1374 Abs. 1 BGB). Bestand und Wert des An-

fangsvermögens einschließlich der Verbindlichkeiten bestimmen sich nach den Verhältnissen in diesem Zeitpunkt (§ 1376 Abs. 1 BGB). Seit der am 1.9.2009 in Kraft getretenen Reform des Zugewinnausgleichsrechts (Gesetz zur Änderung des Zugewinnausgleichs- und Vormundschaftsrechts v. 6.7.2009, BGBl I 2009, 1696) können gem. § 1373 Abs. 3 BGB Verbindlichkeiten über die Höhe des positiven Vermögens hinaus abgezogen werden, sodass das Anfangsvermögen seitdem negativ sein kann.

Beispiel:
M hatte bei Eheschließung Schulden in Höhe von 100.000 EUR. Sein Endvermögen zum Todeszeitpunkt beträgt 10.000 EUR. F hatte ein Anfangsvermögen von 10.000 EUR und ein Endvermögen von 30.000 EUR. Der Zugewinn des M beträgt 110.000 EUR, der der F 20.000 EUR.

Vermögen, das ein Ehegatte **nach Eheschließung** von Todes wegen oder mit Rücksicht auf ein künftiges Erbrecht erwirbt, ist mit seinem Nettowert dem Anfangsvermögen hinzuzurechnen (§ 1374 Abs. 2 BGB). Es wird so hinsichtlich seiner Substanz nicht ausgleichspflichtig. Gleiches gilt für Schenkungen. 14

1.4.2 Endvermögen

Endvermögen ist das Vermögen, das einem Ehegatten **bei Beendigung des Güterstands** gehört (§ 1375 Abs. 1 S. 1 BGB). Bestand und Wert des Endvermögens einschließlich der Verbindlichkeiten bestimmen sich nach den Verhältnissen in diesem Zeitpunkt (§ 1376 Abs. 2 und 3 BGB). Verbindlichkeiten können seit der am 1.9.2009 in Kraft getretenen Reform des Zugewinnausgleichsrechts (Gesetz zur Änderung des Zugewinnausgleichs- und Vormundschaftsrechts v. 6.7.2009, BGBl I 2009, 1696) über die Höhe des Aktivvermögens hinaus abgezogen werden. Ist ein Ehegatte überschuldet, wird sein Endvermögen also nicht mehr mit null Euro angesetzt, sondern mit dem tatsächlichen Negativbetrag. Dies kann sich auswirken, wenn der bei Heirat verschuldete Ehegatte auch am Todestag noch verschuldet ist, er aber dennoch einen – wirtschaftlich betrachtet – Zugewinn erzielt hat. 15

Beispiel:
M hatte bei Eheschließung Schulden in Höhe von 100.000 EUR. Sein Endvermögen ist zum Todeszeitpunkt immer noch negativ, denn er hat Schulden von 10.000 EUR. F hatte ein Anfangsvermögen von 0 EUR und ein Endvermögen von 10.000 EUR. Der Zugewinn des M beträgt 90.000 EUR, der der F 10.000 EUR.

Korrekturen des Endvermögens erfolgen dann, wenn die Ehegatten **unentgeltliche Zuwendungen an Dritte** vorgenommen haben. Diese Geschenke werden mit dem Wert im Zeitpunkt der Zuwendung zugerechnet, es sei denn, sie lägen länger als zehn Jahre vor dem Erbfall, § 1375 Abs. 2 und 3 BGB. 16

1.4.3 Bewertung des Anfangs- und Endvermögens

Maßgeblich ist jeweils der „volle wirkliche Wert", also der **Verkehrswert** (§ 1376 BGB). Für ein im Endvermögen vorhandenes Unternehmen eines Ehegatten bedeu- 17 tet dies, dass eine Unternehmensbewertung nach anerkannten Grundsätzen (z. B. IDW S 1) vorzunehmen ist. Nach Ansicht des BGH sind hierbei latente Steuern als wertmindernde Belastung zu berücksichtigen (BGH v. 25.11.1998, XII ZR 84/97, DB 1999, 477). Angesichts des Streitpotenzials einer Unternehmensbewertung wundert es nicht, dass über ehevertragliche Regelungen versucht wird – zumindest im Scheidungsfall – ein Unternehmen aus der Ermittlung des Zugewinns herauszunehmen (Rz. 4). Die infolge der **Inflation** eintretende „unechte" Wertsteigerung des Anfangsvermögens wird dadurch eliminiert, dass das Anfangsvermögen mit dem Lebenshaltungskostenindex zur Zeit der Beendigung des Güterstands multipliziert und mit dem bei Beginn der Ehe geltenden Index dividiert wird (BGH v. 20.5.1987, IVb ZR 62/86, NJW 1987, 2814). Der Indexierung des Anfangsvermögens folgt seit dem 1.1.1999 auch das Steuerrecht (Rz. 30 f.).

1.4.4 Ehevertragliche Modifikationen

18 Die Vorschriften über die Berechnung der Ausgleichsforderung sind dispositiv, d. h. sie können durch **ehevertragliche Regelung** modifiziert werden. Dies gilt nicht nur für die Bewertung selbst, sondern auch den Bewertungsstichtag und den Umfang des Anfangsvermögens (*Koch*, in MünchKom, BGB, § 1374 Rz 30).

1.4.5 Anrechnung von Vorausempfängen

19 Wurde eine Zuwendung an den anderen Ehegatten mit der Maßgabe getätigt, dass dieser sich den Wert auf seine spätere Zugewinnausgleichsforderung anrechnen lassen muss, ist diese Zuwendung dem Endvermögen des Schenkers zuzurechnen, § 1380 Abs. 2 BGB (Rz. 37 ff.). Ertragsteuerlich wird diskutiert, ob eine Anrechnungsbestimmung dazu führen kann, dass sich eine Schenkung bei Beendigung der Zugewinngemeinschaft in ein entgeltliches Geschäft wandelt (*Stein*, DStR 2012, 1734 und DStR 2012, 1063, je m. w. N.).

1.5 Die Errungenschaftsgemeinschaft

20 Die Errungenschaftsgemeinschaft war **gesetzlicher Güterstand in der ehemaligen DDR** (§§ 13 und 14 FGB-DDR). Nach dem Einigungsvertrag vom 31.8.1990 (BGBl II 1990, 885) ist kraft Gesetzes zum 3.10.1990 eine Überleitung in die BGB-Zugewinngemeinschaft erfolgt (Art. 234, § 4 EGBGB). Das im Alleineigentum eines Ehegatten stehende Vermögen (§ 13 Abs. 2 FGB-DDR) sowie sein Anteil an dem gemeinschaftlichen Vermögen (§ 13 Abs. 1 FGB-DDR) bilden sein Anfangsvermögen (i. S. d. § 1374 BGB). Haben die Ehegatten nichts anderes vereinbart, wurde unterstellt, dass den Ehegatten das gemeinschaftliche Eigentum und Vermögen je zur Hälfte zusteht.

21 Auf Antrag eines Ehegatten, der bis zum 2.10.1992 gestellt werden musste, gilt jedoch die Errungenschaftsgemeinschaft ausnahmsweise rückwirkend fort.

1.6 Die Lebenspartnerschaft nach dem LPartG

22 Für Lebenspartner gilt seit 1.1.2005 das **gleiche Güterrecht wie für Ehegatten** (§ 6 LPartG, Gesetz zur Überarbeitung des Lebenspartnerschaftsrechts v. 15.12.2004,

BGBl I 2004, 3396). Die Vorschriften über die Zugewinngemeinschaft von Ehegatten (§ 1363 Abs. 2, §§ 1364 bis 1390 BGB) gelten entsprechend. Die Lebenspartner können durch Lebenspartnerschaftsvertrag (§ 7 LPartG), Gütertrennung oder Gütergemeinschaft vereinbaren (§§ 1409 bis 1563 BGB gelten auch hier entsprechend). Der Gesetzgeber hat zunächst mit Wirkung ab dem 1.1.2009 auch schenkung-/erbschaftsteuerlich die eingetragene Lebenspartnerschaft der Ehe gleichgestellt und § 5 insoweit geändert. Mit Beschluss v. 21.7.2010 hat das BVerfG verlangt, auch für Jahre vor 2009 die Lebenspartner den Ehegatten gleichzustellen. Dem ist der Gesetzgeber durch das JStG 2010 (JStG 2010 v. 8.12.2010, BGBl I 2010, 1768) gefolgt und hat rückwirkend mit Wirkung ab dem 1.8.2001 die Gleichstellung für alle noch offenen Fälle geregelt.

Ungeklärt ist, ob auch eine Lebenspartnerschaft nach **ausländischem Recht** in den Anwendungsbereich der Norm fällt. Liegt z. B. nach niederländischem Recht eine sog. „Geregistreerd partnerschap" vor, müssten deren Lebenspartner ebenso begünstigt werden, wie dies Lebenspartner nach deutschem Recht sind. Neben der Ehe (zwischen gleich- oder nicht gleichgeschlechtlichen Partnern) kennen die Niederlande seit dem 1.1.1998 die sog. „registrierte Partnerschaft". Eine solche Partnerschaft steht sowohl Personen verschiedenen als auch gleichen Geschlechts offen, die grundsätzlich volljährig sein müssen. Jeder der Partner muss entweder über die niederländische Staatsangehörigkeit oder aber eine gültige Aufenthaltsgenehmigung für die Niederlande verfügen. Die registrierte Partnerschaft entsteht durch Erklärung gegenüber dem Standesbeamten. Da die nach niederländischem Recht „registrierte Partnerschaft" weitgehend die Rechtsfolgen einer Ehe (nach niederländischem Recht) hat, ist eine Vergleichbarkeit mit der deutschen Lebenspartnerschaft i. S. d. LPartG gegeben und eine Ungleichbehandlung würde gegen europäisches Recht verstoßen.

Weitere Länder in Europa, die eingetragene Lebenspartnerschaften kennen (und bei denen sich die Rechtsfolgen für die Beteiligten kaum von denjenigen der Zivilehe unterscheiden), sind neben den Niederlanden auch Belgien, Spanien, Großbritannien, Dänemark, Grönland, Norwegen, Finnland, Schweiz, Island und Ungarn.

2 Erbrechtlicher Zugewinnausgleich (§ 5 Abs. 1 ErbStG)

2.1 Anwendungsbereich

Wird die Zugewinngemeinschaft durch Tod eines Ehegatten beendet und erfolgt der Ausgleich des Zugewinns nicht güterrechtlich (§ 1371 Abs. 2 BGB), ist zivilrechtlich keine Ausgleichsforderung zu ermitteln. Dennoch muss der überlebende Ehegatte für **steuerliche** Zwecke eine fiktive güterrechtliche Ausgleichsforderung ermitteln, die er dann von seinem Erwerb wie einen zusätzlichen Freibetrag abziehen kann (*Kesseler*, in Festschrift für Sebastian Spiegelberger zum 70. Geburtstag, 258–269). 23

Erste und wichtigste allgemeine Voraussetzung für die Anwendung des § 5 Abs. 1 ErbStG ist, dass die **Beendigung des Güterstands durch Tod** eintritt. Der überlebende Ehegatte muss also Vermögen des verstorbenen Ehegatten ganz oder teilweise durch Erbanfall oder Vermächtnis erwerben. Dies ergibt sich im Umkehrschluss aus der Bezugnahme auf § 1371 Abs. 2 BGB. § 5 Abs. 1 ErbStG ist also 24 unabhängig davon anwendbar, ob der überlebende Ehegatte gesetzlicher Erbe oder durch Verfügung von Todes wegen bestimmter Erbe wird.

25 Erhält der überlebende Ehegatte Vermögen aus anderen Rechtsgründen, **ohne** Erbe oder Vermächtnisnehmer geworden zu sein, z.B. aufgrund seines Pflichtteilsrechts oder aufgrund eines vertraglichen Erwerbs (§ 3 Abs. 1 Nr. 4 ErbStG), ist **keine** fiktive Ausgleichsforderung zu ermitteln und ein Betrag nach § 5 Abs. 1 ErbStG kann nicht abgezogen werden. Dies gilt selbst dann, wenn er in diesem Fall den ihm nach § 1371 Abs. 2 BGB zustehenden güterrechtlichen Zugewinnausgleich – aus welchen Gründen auch immer – nicht verlangt. Wird der überlebende Ehegatte hingegen zwar nicht als Erbe berufen, ist er aber zumindest vermächtnisweise bedacht worden und macht er gegenüber den Erben (z.B. anstelle einer Ausschlagung des Vermächtnisses) nach § 2307 Abs. 1 S. 2 BGB den Pflichtteilsrestanspruch geltend, kann er von dem Gesamterwerb (Vermächtnis zuzüglich Pflichtteilsrest) den Betrag nach § 5 Abs. 1 ErbStG abziehen (ebenso *Gottschalk*, in T/G/J, § 5 ErbStG Rz. 27).

26 Ob bei **beschränkt steuerpflichtigen** Ehegatten das erbschaftsteuerpflichtige Inlandsvermögen i.S.d. § 2 Abs. 1 Nr. 3 ErbStG, § 121 BewG um den fiktiven Zugewinnausgleichsanspruch gekürzt werden kann, ist nicht abschließend geklärt (*Weinmann*, in Moench/Weinmann, ErbStG, § 5 Rz. 15 m.w.N.; *Meincke*, ErbStG, 2012, § 5 Rz. 37; *Richter*, in V/K/S/W, ErbStG, 2012, § 5 Rz. 12). *Weinmann* ist zuzugeben, dass jedenfalls **im Ausland** ansässige Ehegatten/eingetragene Lebenspartner, die dem **deutschen Ehegüterrecht** unterliegen, von einem Inlandserwerb den ihnen zustehenden fiktiven Zugewinnausgleichsanspruch abziehen können (*Weinmann*, *in* Moench/Weinmann, ErbStG, § 5 Rz. 15).

Der Gesetzgeber hat allerdings im BeitrRLUmsG (v. 7.12.2011, BGBl I 2011, 2592) mit Wirkung ab dem 14.12.2011 ein Wahlrecht für an sich nur beschränkt steuerpflichtige Erwerbe in § 2 Abs. 3 ErbStG aufgenommen. Danach wird auf Antrag des Erwerbers ein Vermögensanfall, zu dem Inlandsvermögen i.S.d. § 121 Abs. 1 Nr. 3 BewG gehört, insgesamt als unbeschränkt steuerpflichtig behandelt, wenn der Erblasser zur Zeit seines Todes, der Schenker zur Zeit der Ausführung der Schenkung oder der Erwerber zur Zeit der Entstehung der Steuer (§ 9 ErbStG) seinen Wohnsitz in einem Mitgliedstaat der EU oder einem Staat hat, auf das Abkommen über den Europäischen Wirtschaftsraum anwendbar ist. Dadurch hat der Gesetzgeber zumindest die Gleichbehandlung von beschränkt Steuerpflichtigen und unbeschränkt Steuerpflichtigen Erwerben eröffnet. Damit ist aber **nicht** automatisch geklärt, dass § 5 ErbStG auf den jeweiligen ausländischen Güterstand stets analog anzuwenden ist. Man wird aus Gleichbehandlungsgründen mit Inländern eine Vergleichbarkeit des jeweiligen ausländischen Güterstands mit dem deutschen Güterstand der Zugewinngemeinschaft verlangen müssen.

2.2 Berechnung der Ausgleichsforderung

27 Der in diesem Fall nur für steuerliche Zwecke benötigte „fiktive" Zugewinn ist unter **Beachtung der zivilrechtlichen Regelungen** (Rz. 13 ff.) zu ermitteln (vgl. H E 5.1 (5) ErbStH 2011). Hierzu sind jeweils das Anfangsvermögen und das

Zugewinngemeinschaft § 5

Endvermögen eines Ehegatten gegenüberzustellen. Hierbei sind die Korrekturen des Anfangs- (Rz. 14) und Endvermögens (Rz. 16) zu beachten.

2.2.1 Nachweis des Anfangsvermögens

Als problematisch erweist es sich in der Praxis, wenn keinerlei Nachweise über die Höhe bzw. den Umfang des jeweiligen Anfangsvermögens vorhanden sind. Steuerlich kann nämlich **nicht** auf die gesetzliche Vermutung des § 1377 Abs. 3 BGB verwiesen werden, wonach im Zweifel kein Anfangsvermögen vorhanden war (*Meßbacher-Hönsch*, in Wilms/Jochum, ErbStG, § 5 Rz. 89; *Geck*, in *Kapp/Ebeling*, ErbStG, § 5 Rz. 54). 28

Für den überlebenden Ehegatten nachteilig ist, dass eine als Beweismittel grundsätzlich denkbare eidesstattliche Versicherung des erstverstorbenen Ehegatten über sein Anfangsvermögen regelmäßig nicht vorhanden ist und nachträglich ja nicht mehr vorgelegt werden kann. Daher kommen hilfsweise andere Erkenntnisquellen (Aussagen von Familienangehörigen, Verwandten oder des Steuerberaters) in Betracht. Im Zweifel begnügt sich das Finanzamt mit einer (ggf. eidesstattlichen) Erklärung des überlebenden Ehegatten zum Anfangsvermögen des erstverstorbenen Ehegatten. Ferner kommt auch eine **Schätzung** des Finanzamts in Betracht (*Weinmann*, in Moench/Weinmann, ErbStG, § 5 Rz. 28). 29

2.2.2 Nominale Wertsteigerung

Da das Anfangsvermögen im Laufe der Ehezeit allein aufgrund Inflation an Wert gewinnt, müssen auch für erbschaftsteuerliche Zwecke diese nur nominellen Steigerungen eliminiert werden (BFH v. 27.6.2007, II R 39/05, BStBl II 2007, 783; H E 5.1 (2) ErbStH 2011; vgl. Rz. 17). Die Anwendung des laufend veröffentlichten Verbraucherpreisindexes führt zu geringeren steuerfreien Ausgleichsforderungen, was bei langer Ehedauer nachteilig sein kann (*Keller/Schrenck*, NWB-EV 2010, 86, 90). 30

Es gilt die Formel: 31

$$\frac{\text{Anfangsvermögen bei Beginn des Güterstands} \times \text{Lebenshaltungskosten bei Beendigung des Güterstands}}{\text{Lebenshaltungskosten bei Beginn des Güterstands}}$$

einstweilen frei 32

2.2.3 Berücksichtigung von Versorgungsansprüchen

Stehen dem überlebenden Ehegatten Versorgungsansprüche zu, ist danach zu differenzieren, ob diese kraft Gesetzes oder aufgrund eines Vertrags zugunsten Dritter anfallen. Hinterbliebenenbezüge **kraft Gesetzes** unterliegen **nicht** der Erbschaftsteuer (H E 5.1 Abs. 4 „Steuerfreie Hinterbliebenenbezüge" ErbStR 2011). 33

Hinterbliebenenbezüge, die auf einem **Vertrag** beruhen (z.B. Gesellschafts- oder Lebensversicherungsvertrag), sind nach § 3 Abs. 1 Nr. 4 ErbStG steuerpflichtig. Für sie wird der Versorgungsfreibetrag, § 17 ErbStG, gewährt. 34

35 Für die Berücksichtigung **vertraglicher** Versorgungsansprüche bei der Ermittlung des Zugewinnausgleichsanspruchs ergeben sich aus der rechtlichen Beurteilung dieser Ansprüche Besonderheiten. Denn der Ehegatte erwirbt diese Ansprüche unmittelbar aus eigenem Recht. Sie fallen daher **nicht** in den Nachlass. Ausgehend von dieser erbrechtlichen Beurteilung war bislang unklar, ob diese dennoch in das Endvermögen fallen (*Meßbacher-Hönsch*, in Wilms/Jochum, ErbStG, § 5 Rz. 124; *Geck* in Kapp/Ebeling, ErbStG, § 5 Rz. 71). Nach Ansicht des BFH ist zumindest ein Pensionsanspruch des überlebenden Ehegatten im Rahmen der Berechnung der fiktiven Zugewinnausgleichsforderung sowohl beim Endvermögen als auch beim Anfangsvermögen des Erblassers zu berücksichtigen und **beeinflusst** damit im Ergebnis den Zugewinn des Erblassers **nicht** (BFH v. 5.5.2010, II R 16/08, BStBl II 2010, 923). Ob dies aber auch für alle anderen steuerpflichtigen Versorgungs-/Hinterbliebenenbezüge gilt, ist weiterhin umstritten. Zu Recht wird auf einen Wertungswiderspruch hingewiesen, der sich nur lösen lasse, wenn steuerpflichtige wie steuerfreie Versorgungsbezüge stets bei der Ermittlung des Zugewinns dem Endvermögen des Erblasser zugerechnet wird (*Geck*, in Kapp/Ebeling, ErbStG, § 5 Rz. 71).

36 Dagegen ist das Bezugsrecht aus einer **Kapitallebensversicherung (Todesfallversicherung)**, das beim Tod des Versicherungsnehmers nach § 3 Abs. 1 Nr. 4 der Erbschaftsteuer unterliegt, bei der Berechnung der fiktiven Ausgleichsforderung dem Endvermögen hinzurechnen (*Richter*, in V/K/S/W, 2012, ErbStG, § 5 Rz. 32-36; *Gottschalk*, in T/G/J, § 5 ErbStG Rz. 97 f.; krit. *Tiedtke/Szczesny*, in Tiedtke, ErbStG, § 5 Rz. 19 und *Meincke*, ErbStG, 2012, § 5 Rz 25). Die Rente ist mit ihrem Kapitalwert nach § 14 BewG anzusetzen. Das Hinzurechnen der Versicherungssumme bzw. des Kapitalwerts der Rente zum Endvermögen des verstorbenen Ehegatten erhöht die fiktive steuerfreie Ausgleichsforderung des überlebenden Ehegatten um die Hälfte ihres Werts. Im Ergebnis bleibt dadurch wertmäßig die Hälfte dieser Ansprüche und Bezüge als Teil der fiktiven Ausgleichsforderung steuerfrei (*Weinmann*, in Moench/Weinmann, ErbStG, § 5 Rz. 35).

2.3 Berücksichtigung früherer Schenkungen

2.3.1 Vorausempfänge des überlebenden Ehegatten (§ 1380 BGB)

37 Sind zu Lebzeiten der Ehegatten freiwillige Zuwendungen des verstorbenen Ehegatten (Schenkungen, unbenannte Zuwendungen) erfolgt, können diese im Rahmen des Zugewinnausgleichs berücksichtigt werden (§ 1380 BGB). **Voraussetzung** hierfür ist dreierlei:

- Zuwendung von einem Ehegatten an den anderen,
- Bestehen des Güterstands der Zugewinngemeinschaft und
- Bestimmung des Zuwendenden, dass die Zuwendung auf den Zugewinnausgleich anzurechnen ist.

Wird auf die Anrechnung nach § 1380 Abs. 1 S. 2 BGB verzichtet, so ist die Zuwendung an den Ehegatten zwar nicht nach § 1380 Abs. 2 BGB aus seinem Vermögen auszuscheiden und dem Vermögen des Schenkers zuzurechnen. Richtigerweise ist aber die Zuwendung, sofern im Endvermögen noch vorhanden, bei der Berechnung des Zugewinns zu berücksichtigen.

Zugewinngemeinschaft § 5

In der Praxis stellt sich bei der Abfassung von **Schenkungsverträgen** an den Ehegatten/eingetragenen Lebenspartner die Frage, ob es vorteilhafter ist, wenn die Zuwendung (nur) auf den Pflichtteilsanspruch am zukünftigen Nachlass des Schenkers angerechnet wird. Alternativ werden nämlich Klauseln vorgeschlagen, die neben der Pflichtteilsanrechnung (zugleich) auch die **Anrechnung** auf den Zugewinnausgleichsanspruch vorsehen. Zu diesen beiden Varianten wird vertreten, dass es zu erbschaftsteuerlich günstigeren Ergebnissen führe, wenn die Anrechnung (nur) auf den Pflichtteil beschränkt sei. Zur Begründung wird angeführt, dass eine Anrechnung sowohl auf den Pflichtteil als auch auf den Zugewinnausgleichsanspruch riskant sei. Denn dann drohe im Erbfall ggf. eine Diskussion darüber, ob die Anrechnung – wenn es zum güterrechtlichen Ausgleich des Zugewinns kommt – auf den Pflichtteil oder Zugewinnausgleichsanspruch zu erfolgen habe. Letztere Anrechnung wäre indes nachteilig, da der (nach § 5 Abs. 2 ErbStG) steuerfrei bleibende Erwerb des überlebenden Ehegatten/eingetragenen Lebenspartners vermindert werden würde. Besser sei es, den per se steuerpflichtigen Erwerb aufgrund des geltend gemachten Pflichtteils durch die Anrechnung zu reduzieren. Optimal dürfte sein, wenn die Zuwendung grundsätzlich auf den Zugewinnausgleichsanspruch anzurechnen ist und lediglich im Erbfall eine Anrechnung auf den Pflichtteilsanspruch des überlebenden Ehegatten/Lebenspartners zu erfolgen habe.

Nach der Rechtsprechung des BGH (v. 26.11.1981, IX ZR 91/80, NJW 1982, 1093) kann beim überlebenden Ehegatten die so erhaltene Zuwendung nicht nach § 1374 Abs. 2 BGB neutralisiert werden, indem sie seinem Anfangsvermögen zugerechnet wird. Denn diese Vorschrift ist nur auf Zuwendungen an Dritte, nicht hingegen auf solche zwischen Ehegatten anwendbar (BGH v. 20.5.1987, IV b ZR 62/86, NJW 1987, 2814). Vielmehr wird die Schenkung fiktiv dem Endvermögen des Zuwendenden mit dem Verkehrswert zur Zeit der Zuwendung zugerechnet und beim Empfänger, soweit noch vorhanden, aus dessen Endvermögen ausgeschieden (*Richter*, in V/K/S/W, ErbStG, 2012, § 5 Rz. 27). 38

Die anzurechnenden Vorausempfänge werden (bewertet mit dem Verkehrswert zur Zeit der Zuwendung) gleichsam wie Vorauszahlungen von der ermittelten Ausgleichsforderung abgezogen (H E 5.1 (5) ErbStH 2011). 39

> **Beispiel: Abzug Vorausempfang von Ausgleichsforderung**
> M und F hatten bei Eheschließung Anfang 1980 je ein Anfangsvermögen von 0 EUR. M schenkt F in 2009 das selbstgenutzte Einfamilienhaus im Wert von 5 Mio. EUR (schenkungsteuerfrei gem. § 13 Abs. 4a ErbStG). Eine von § 1380 Abs. 1 S. 2 BGB abweichende Vereinbarung wird nicht getroffen. M verstirbt 2013 und der Nachlass enthält Wertpapiere i.H.v. 10 Mio. EUR. F hat am Todestag neben dem mit M gemeinsam bewohnten Familienheim kein weiteres Vermögen.
>
> Nach § 1380 BGB ist der Zugewinnausgleichsanspruch der F wie folgt zu ermitteln:

	Ehemann M	Ehefrau F
Vorläufiger Zugewinn	10.000.000 EUR	0 EUR
Schenkung 2009 an F	5.000.000 EUR	
Zugewinn (nach Korrektur gem. § 1380 BGB)	15.000.000 EUR	0 EUR
Anspruch F (vorl. § 1378 Abs. 1 BGB)		7.500.000 EUR
Abzügl. Zuwendung 2009, § 1380 Abs. 1 BGB		−5.000.000 EUR
Zugewinnausgleichsanspruch (endgültig)		2.500.000 EUR

Im Ergebnis führt diese gesetzlich angeordnete Vorgehensweise dazu, dass sich der Ausgleichsanspruch um den halben Wert der Zuwendung mindert und der Gesamterwerb des überlebenden Ehegatten (Zuwendung und Ausgleichsanspruch) genau der Ausgleichsforderung entspricht, die er ohne die Zuwendung erhalten hätte (*Weinmann*, in Moench/Weinmann, ErbStG, § 5 Rz. 32).

2.3.2 Schenkungen an Dritte

40 Wird während der Zugewinngemeinschaft eine unentgeltliche Zuwendung an Dritte – z. B. an Kinder – gemacht, wird diese mit dem Wert im Zeitpunkt der Ausführung der Zuwendung dem **Endvermögen** des Schenkers **zugerechnet**. Das gilt allerdings dann nicht, wenn es sich um sog. Anstandsschenkungen handelt oder wenn die Zuwendung mindestens zehn Jahre vor Beendigung des Güterstands erfolgt oder der andere Ehegatte mit ihr einverstanden gewesen ist.

41 Entsprechend wird Vermögen behandelt, das der Ehegatte verschwendet hat oder über das er in der Absicht verfügt hat, den anderen Ehegatten zu benachteiligen. Auch diese Vermögensminderungen innerhalb von zehn Jahren vor Beendigung des Güterstands werden dem Endvermögen des leistenden Ehegatten wieder fiktiv hinzugerechnet.

42 Im Rahmen des § 5 Abs. 1 S. 5 ErbStG sind die vorgenannten Zuwendungen nach neuerer BFH-Rechtsprechung hingegen nicht zu berücksichtigen (Rz. 54).

2.4 Bedeutung ehevertraglicher Vereinbarungen (§ 5 Abs. 1 S. 2 bis 4 ErbStG)

2.4.1 Hintergrund der Regelungen

43 Ehegatten steht es zivilrechtlich frei, durch Ehevertrag die Höhe des Zugewinnausgleichsanspruchs zu beeinflussen (vgl. oben Rz. 3 ff.). Den Streit darüber, ob solche Vereinbarungen auch bei der Berechnung der fiktiven Ausgleichsforderung nach § 5 Abs. 1 zu beachten sind, hat erst ein Machtwort des Gesetzgebers mit Wirkung ab 1.1.1994 beendet, indem die S. 2 bis 4 neu eingefügt wurden (zur Historie vgl. *Weinmann*, in Moench/Weinmann, ErbStG, § 5 Rz. 43).

2.4.2 § 5 Abs. 1 S. 2 ErbStG

44 Nach § 5 Abs. 1 S. 2 bleiben **güterrechtliche Vereinbarungen**, die von den Vorschriften der §§ 1373 bis 1383, 1390 BGB abweichen, **unberücksichtigt**. Demnach

sind sämtliche ehevertragliche Regelungen hinsichtlich der Ermittlung des fiktiven Zugewinnausgleichsanspruchs zu negieren.

2.4.3 § 5 Abs. 1 S. 3 ErbStG

Gemäß § 5 Abs. 1 S. 3 findet die Vermutung des § 1377 Abs. 3 BGB für erbschaftsteuerliche Zwecke keine Anwendung. Dies bedeutet, dass sich der überlebende Ehegatte nicht auf die dort enthaltene gesetzliche Vermutung berufen kann, wonach im Zweifel das Endvermögen dem Zugewinn entspricht. Vielmehr ist ungeachtet etwaiger Nachweisprobleme die Höhe des Anfangsvermögens zu ermitteln (zu Einzelheiten oben Rz. 28f.). 45

2.4.4 § 5 Abs. 1 S. 4 ErbStG

Tritt der Güterstand der Zugewinngemeinschaft nicht mit der Eheschließung ein, sondern wird er erst während der Ehe durch Ehevertrag vereinbart, gilt für erbschaftsteuerliche Zwecke der Tag des Vertragsabschlusses als Zeitpunkt, auf den das Anfangsvermögen zu bestimmen ist (zur Verfassungsmäßigkeit der Norm BFH v. 18.1.2006, II R 64/04, BFH/NV 2006, 948). 46

Rechtsfolge dieser mit Wirkung ab dem 1. 1. 1994 eingeführten Regelung ist, dass nur diejenige fiktive Ausgleichsforderung steuerfrei bleibt, die sich während der tatsächlichen Dauer der Zugewinngemeinschaft, nämlich ab dem Zeitpunkt des Abschlusses des Ehevertrags, errechnet (zur Historie und Kritik an der Regelung vgl. *Ebeling*, in Kapp/Ebeling, § 5 ErbStG Rz. 55–58). Die Bedeutung der S. 2–4 **beschränkt sich aber auf die Fälle der erbrechtlichen Regelung** (Rz. 8), denn wird die Zugewinngemeinschaft auf andere Art und Weise beendet (Rz. 12, 58), sind ehevertragliche Modifikationen auch mit steuerlicher Wirkung zu beachten (Rz. 60). 47

2.5 Umrechnung des Ausgleichsanspruchs (§ 5 Abs. 1 S. 5 ErbStG)

2.5.1 Anwendungsbereich

Die für erbschaftsteuerliche Zwecke entsprechend den Vorgaben der S. 1–4 ermittelte Zugewinnausgleichsforderung wird durch S. 5 der Höhe nach begrenzt. In der bis 31.12.2008 geltenden Fassung minderte nicht der Nominalwert des zivilrechtlichen Ausgleichsanspruchs den steuerbaren Erwerb des Ehegatten oder Lebenspartners, sondern lediglich der dem Steuerwert des Nachlasses entsprechende Wert. Für die Fälle, in denen der steuerliche Wert des Nachlasses vom Verkehrswert abwich, kam es zu einer anteiligen Kürzung der Ausgleichsforderung. 48

Es galt bis 31.12.2008 folgende Formel: 49

$$\frac{\text{Ausgleichsforderung} \times \text{Steuerwert des Nachlasses}}{\text{Verkehrswert des Nachlasses}}$$

50 **Beispiel:**
Der Verkehrswert des Nachlasses beträgt 6,0 Mio. EUR; der Steuerwert 3,0 Mio. EUR und die fiktive Ausgleichsforderung 4,0 Mio. EUR. Nach Ansicht der FinVerw. beträgt die steuerfreie Ausgleichsforderung 2,0 Mio. EUR.

Die von der FinVerw. und dem BFH unter Berufung auf den Wortlaut propagierte Kürzung war in der Literatur auf Kritik gestoßen (*Meincke*, ErbStG, 2012, § 5 Rz. 32). Nach Ansicht von Meincke ist im Beispielsfall oben die zivilrechtliche Ausgleichsforderung auf den Steuerwert des Nachlasses zu begrenzen und beträgt 3,0 Mio. EUR.

Der Gesetzgeber hat mit Wirkung ab dem 1.1.2009 reagiert und in S. 5 jeweils die Worte „Nachlass" durch „Endvermögen" ersetzt. Demnach lautet die zutreffende Formel nunmehr:

$$\frac{\text{Ausgleichsforderung} \times \text{Steuerwert des Endvermögens}}{\text{Verkehrswert des Endvermögens}}$$

Unabhängig von dieser überfälligen Korrektur hat sich deren Bedeutung seit 1.1.2009 erheblich reduziert, da die steuerlichen Werte mit den Verkehrswerten in aller Regel identisch sind, mithin eine Kürzung nur noch in Ausnahmefällen in Betracht kommen wird (*Brüggemann*, ErbBstg 2010, 37).

2.5.2 Besonderheiten bei der Rechtsanwendung

51 Bis 31.12.2008 waren bei der Anwendung der Formel (Rz. 49) in die Rechnungsgröße „Verkehrswert des Nachlasses" auch Zuwendungen nach § 3 Abs. 1 Nr. 4 ErbStG, insbesondere also Hinterbliebenenbezüge an den überlebenden Ehegatten, einzubeziehen, obwohl diese nicht in den Nachlass fallen (Rz. 33 ff.), sondern vom begünstigten Ehegatten am Nachlass vorbei erworben werden. Da seit 1.1.2009 auf das **Endvermögen** und nicht mehr den Nachlass abzustellen ist, hat sich die frühere Streitfrage erledigt (*Ramb*, NWB 2010, 2808, 2817).

52 **Vorschenkungen** des Erblassers an den überlebenden Ehegatten, die **nicht** nach § 1380 Abs. 1 BGB auf die Ausgleichsforderung anzurechnen sind (Rz. 37), sind bei der Kürzung der Ausgleichsforderung – nach umstrittener Ansicht – nicht zu berücksichtigen (*Weinmann*, in Moench/Weinmann, ErbStG, § 5 Rz. 50; *Gottschalk*, in T/G/J, § 5 ErbStG Rz. 142; a.A. *Geck in* Kapp/Ebeling, ErbStG, § 5 Rz. 74.1; *Meincke*, ErbStG, 2012, § 5 Rz. 18). Sie wirkten sich folglich nur im Rahmen des § 14 ErbStG aus bzw. dann, wenn sie im Endvermögen des überlebenden Ehegatten noch vorhanden sind (*Richter*, in V/K/S/W, ErbStG, 2012, § 5 Rz. 27 m.w.N.).

Durch die Neufassung des S. 5 (Rz. 50) dürfte sich diese von der Literatur zu Recht kritisierte Problematik nicht gelöst haben, denn allein der Austausch der Bezugsgröße „Nachlass" durch „Endvermögen" vermag diese Streitfrage nicht zu klären (*Richter*, in V/K/S/W, ErbStG, 2012, § 5 Rz. 43 geht von einem „Leerlaufen" der Regelung aus).

Die nach § 1380 Abs. 1 BGB auf die Ausgleichsforderung **anrechenbaren Vo-** 53
rausempfänge an den überlebenden Ehegatten werden von der FinVerw. in die
Umrechnung einbezogen (*Weinmann*, in Moench/Weinmann, ErbStG, § 5 Rz. 50;
H E 5.1 Abs. 5 „Schenkungen, die auf die Ausgleichsforderung angerechnet
werden" ErbStH 2011). In der Literatur bestand Einigkeit darüber, dass es Fallkonstellationen gab, bei denen sich sachlich unbefriedigende Ergebnisse ergeben
konnten. Da die FinVerw. an ihrer bisherigen Ansicht festhalten wird, dürfte sich
auch für Erwerbsfälle nach dem 31.12.2008 an der Streitfrage nichts ändern.

Seit 1.1.2009 sind in die Verhältnisrechnung Vermögensgegenstände **einzubeziehen,** 54
die der Erblasser Dritten zugewendet hatte und die nach § 1375 Abs. 2 und 3 BGB
bei der Berechnung der Zugewinnausgleichsforderung (Rz. 40) dem Endvermögen
des verstorbenen Ehegatten hinzugerechnet werden (BFH v. 29.6.2005, II R 7/01,
BFH/NV 2005, 2121). Denn seitdem das Endvermögen und nicht mehr der „Nachlass" die relevante Größe ist, sind nunmehr auch die **Hinzurechnungen nach § 1375
Abs. 2 und 3 BGB** steuerlich vorzunehmen.

Einzubeziehen sind nach überwiegender Ansicht ferner solche Vermögensgegen- 55
stände, die nicht zum steuerpflichtigen Erwerb gehören, weil sie nach einer Befreiungsvorschrift des ErbStG, z. B. §§ 13, 13a oder § 13c oder einer Freistellungsregel in
einem DBA (z. B. bis 31.12.2007 im DBA-Erb mit Österreich) außer Ansatz bleiben
(R E 5.1 Abs. 5 ErbStR 2011; BFH v. 10.3.1993, II R 87/91, BStBl II 1993, 510;
Ramb, NWB 2010, 2808, 2817). Allerdings erlaubt die FinVerw. im Gegenzug auch,
dass alle im Endvermögen enthaltenen Verbindlichkeiten abgezogen werden dürfen.
Dies gilt auch für solche Verbindlichkeiten, deren Abzugsfähigkeit durch § 10 Abs. 6
ErbStG bei der Ermittlung des steuerpflichtigen Erwerbs teilweise beschränkt ist.

Seit 1.1.2009 hat sich die Bedeutung von § 5 Abs. 1 S. 5 ErbStG erheblich 56
reduziert. Mit Einführung des gemeinen Werts als steuerlicher Bewertungsmaßstab
für alle Vermögensgegenstände entfällt die „letzte" Berechtigung der Vorschrift,
denn Abweichungen zwischen dem zivilrechtlichen Ansatz und den steuerlichen
Werten sind danach marginal und rechtfertigen kein längeres Festhalten an der
umstrittenen Vorschrift (*Richter*, in V/K/S/W, ErbStG, 2012, § 5 Rz. 44).

einstweilen frei 57

3 Güterrechtlicher Zugewinnausgleich (§ 5 Abs. 2 ErbStG)

3.1 Anwendungsbereich

Von der Vorschrift erfasst werden die folgenden Fallgruppen: 58

- Beendigung des Güterstands unter Lebenden durch Ehescheidung (Rz. 63).
- Beendigung des Güterstands unter Lebenden durch Wechsel des Güterstands
  (Rz. 67 f.).
- Beendigung des Güterstands durch Tod, wobei der überlebende Ehegatte weder
  Erbe noch Vermächtnisnehmer wird (unten Rz. 78 f.).
- Beendigung des Güterstands durch Tod, wobei der überlebende Ehegatte seine
  Erbeinsetzung oder ein zugewandtes Vermächtnis ausschlägt (unten Rz. 81).

Ist eine der vorgenannten Sachverhaltskonstellationen gegeben, dann gehört der beim überlebenden Ehegatten entstehende Zugewinnausgleichsanspruch nicht zum Erwerb i. S. d. §§ 3, 7 ErbStG. Die Vorschrift hat nur klarstellenden Charakter, denn sie stellt nur fest, was ohnedies keinem Zweifel unterliegen kann (*Richter*, in V/K/S/W, ErbStG, 2012, § 5 Rz. 45; *Weinmann*, in Moench/Weinmann, ErbStG, § 5 Rz. 54).

59 Der nach § 5 Abs. 2 ErbStG steuerfrei bleibende Betrag ist mit dem Betrag identisch, der zivilrechtlich als Zugewinnausgleichsanspruch geltend gemacht werden kann (*Geck*, in Kapp/Ebeling, ErbStG, § 5 Rz. 59).

60 Vorteilhaft an der Anwendung des Absatzes 2 ist, dass sämtliche in den S. 2-5 des Abs. 1 enthaltenen Beschränkungen nicht gelten. Demnach sind etwaige ehevertragliche Modifikationen hinsichtlich der Berechnung des Zugewinns erbschaftsteuerlich zu beachten. Dies bedeutet, dass auch eine rückwirkende Vereinbarung der Zugewinngemeinschaft (auf den Tag der Eheschließung) möglich ist; im Anwendungsbereich des § 5 Abs. 1 ist dies nach Satz 4 erst ab dem Tag des Abschlusses des Ehevertrages möglich (Rz. 46) (*Richter*, in V/K/S/W, ErbStG, 2012, § 5 Rz 25).

61 Auch ist im Anwendungsbereich des § 5 Abs. 2 ErbStG die Vermutungsregel des § 1377 Abs. 3 BGB (Rz. 28) zu beachten.

62 Schließlich kommt es auch nicht zu einer anteiligen Kürzung der Ausgleichsforderung (Rz. 49).

3.2 Beendigung der Ehe durch Scheidung

3.2.1 Ermittlung des Zugewinns

63 In diesem Fall ist der Zugewinn beider Ehegatten nach den Vorgaben des BGB zu ermitteln und die beiden Salden (Endvermögen abzüglich Anfangsvermögen) sind zu vergleichen. Derjenige Ehegatte mit dem geringeren Zugewinn erhält vom anderen Ehegatten die Hälfte des überschießenden Betrags (*Meincke*, ErbStG, 2012, § 5 Rz. 4). Beträgt der Zugewinn des Ehemanns z. B. 4,0 Mio. EUR und derjenige der Ehefrau 1,0 Mio. EUR, so hat der Ehemann eine Ausgleichsverpflichtung in Höhe von 1,5 Mio. EUR.

64 Das Steuerrecht übernimmt den so ermittelten Betrag und lässt den Ausgleichsbetrag von 1,5 Mio. EUR in voller Höhe unbesteuert. Eine Korrektur der Ausgleichsforderung, wie dies § 5 Abs. 1 S. 5 ErbStG vorsieht, erfolgt nicht. Bei einer Abweichung zwischen Steuerwert und Verkehrswert kommt es demnach in Fällen des § 5 Abs. 2 ErbStG nie zu einer Korrektur.

3.2.2 Behandlung von Vorausempfängen

65 Sind Vorausempfänge nach § 1380 BGB auf die Ausgleichsforderung anzurechnen (Rz. 37), wirkt sich dies zuungunsten des ausgleichsberechtigten Ehegatten aus. Denn die Zuwendung wird dem Zugewinn des Erblassers hinzugerechnet und erhöht so die Ausgleichsforderung um die Hälfte des Schenkungswerts. Die sich so ergebende Ausgleichsforderung wird dann jedoch um den vollen Wert der Zuwendung gekürzt.

Diesem zivilrechtlichen Nachteil steht erbschaftsteuerlich ein „Vorteil" gegenüber. Denn wurde für den Vorausempfang eine Schenkungsteuer erhoben, erlischt diese rückwirkend nach § 29 Abs. 1 Nr. 3 ErbStG und wird erstattet. 66

3.3 Wechsel des Güterstands zu Lebzeiten

3.3.1 Gründe für einen Wechsel

Insbesondere unter steuergestalterischen Gesichtspunkten hat der Güterstandswechsel erheblich an Bedeutung gewonnen. Der bei Unternehmern weit verbreitete Güterstand der **Gütertrennung** beruht vor allem auf seiner Einfachheit, denn es fehlen jegliche güterrechtliche Bindungen der Ehegatten. Die beiden Vermögensmassen der Ehegatten bleiben nicht nur getrennt, sondern jeder Ehegatte kann sein Vermögen ohne Zustimmung des anderen verwalten, veräußern oder belasten. Zudem muss ein während der Ehe erzielter Wertzuwachs im Vermögen eines der Ehegatten bei Beendigung der Ehe nicht ausgeglichen werden. Liquiditätsbelastungen, wie sie z. B. durch hohe Zugewinnausgleichsansprüche im Fall der Scheidung entstehen können, unterbleiben hier. Die Ehegatten werden somit hinsichtlich ihres Vermögens wie Fremde behandelt. 67

Diese strikte Trennung und einfache Handhabung wird im Falle der Beendigung der Ehe durch Tod aus steuerlicher Sicht „teuer" erkauft. Denn ein zusätzlicher Freibetrag, wie ihn § 5 ErbStG für den gesetzlichen Güterstand gewährt, entfällt. Diese Erkenntnis wächst bei den Betroffenen im Laufe der Jahre und verstärkt den Wunsch nach einem Wechsel des Güterstands hin zum gesetzlichen Güterstand. In der Gestaltungspraxis wird in diesen Fällen vor allem der Güterstand der sog. modifizierten Zugewinngemeinschaft empfohlen (*Götz*, NWB, Fach 10, 1599). 68

Aus erbrechtlicher Sicht ist auf die Auswirkungen des Wechsels auf das Pflichtteilsrecht hinzuweisen (*Götz*, INF 2001, 417). 69

3.3.2 Erbschaftsteuerliche Folgen eines Wechsels hin zur Zugewinngemeinschaft

Für die erbschaftsteuerliche Relevanz eines Wechsels von der Gütertrennung oder Gütergemeinschaft zum gesetzlichen Güterstand sind zwei unterschiedliche Beendigungsszenarien zu unterscheiden: 70

- Beendigung des Güterstands unter Lebenden;
- Beendigung durch Tod.

Diese Unterscheidung ist wichtig, weil ehevertragliche Modifikationen anlässlich der Vereinbarung des Güterstandswechsels entweder nicht (= Anwendungsfall § 5 Abs. 1 ErbStG) oder aber vollumfänglich (= Anwendungsfall § 5 Abs. 2 ErbStG) steuerlich zu berücksichtigen sind. 71

3.3.2.1 Beendigung des Güterstands durch Tod

Im Fall der Beendigung durch Tod ist wiederum danach zu differenzieren, ob es zur güterrechtlichen oder erbrechtlichen Lösung kommt. 72

73 Erfolgt der Ausgleich des Zugewinns über das Erbrecht, findet § 5 Abs. 1 ErbStG und damit auch dessen S. 4 Anwendung (Rz. 46). Dies bedeutet, dass für die Ermittlung der – fiktiv zu ermittelnden – Zugewinnausgleichsforderung auf den Abschluss des Ehevertrags abzustellen ist. Eine Rückbeziehung auf den Tag der Eheschließung ist erbschaftsteuerlich nicht möglich.

74 Aber auch andere ehevertragliche Modifikationen sind wegen § 5 Abs. 1 S. 2 und 3 ErbStG unbeachtlich, vgl. Rz. 44 und Rz. 45. Ist in den Jahren zwischen Ehevertragsabschluss und Tod kein oder nahezu kein Zugewinn (mehr) erzielt worden, erweist sich der Wechsel schlussendlich als nutzlos.

75 Demgegenüber ist bei der güterrechtlichen Lösung § 5 Abs. 2 ErbStG einschlägig und alle ehevertraglichen Modifikationen wirken sich mit steuerlicher Wirkung aus. Unter Umständen muss der überlebende Ehegatte hierzu aber den Weg der Ausschlagung gehen, um sich die Vorteile nach § 5 Abs. 2 ErbStG zu sichern (*Wälzholz*, NWB 2010, 1360).

3.3.2.2 Beendigung des Güterstands unter Lebenden

76 Bei Beendigung des Güterstands unter Lebenden, sei es durch Ehevertrag oder Scheidung, ist der Zugewinn tatsächlich zu ermitteln und bleibt in dieser Höhe auch erbschaftsteuerfrei gem. § 5 Abs. 2 ErbStG.

77 Bei der Berechnung der Zugewinnausgleichsforderung sind ehevertragliche Modifikationen auch steuerlich zu beachten. Demnach kann im Ehevertrag eine **Rückbeziehung des Beginns der Zugewinngemeinschaft** für Zwecke der Ermittlung der Ausgleichsforderung, z. B. auf den Beginn der Ehe, unter gestalterischen Aspekten sinnvoll sein, da sie steuerlich beachtlich ist und insoweit auch keinen Anwendungsfall von § 42 AO darstellen kann (BFH v. 28.5.1989, II R 82/86, BStBl II 1989, 897; FG Düsseldorf v. 14.6.2006, 4 K 7107/02 Erb, EFG 2006, 1447). Der steuerlichen Anerkennung steht auch nicht entgegen, wenn im Zeitpunkt des Abschlusses des Ehevertrags ein Ehepartner nur noch eine geringe Lebenserwartung hatte (BFH v. 12.5.1993, II R 37/89, BStBl II 1993, 739).

3.4 Überlebender Ehegatte wird weder Erbe noch Vermächtnisnehmer

78 Ist der überlebende Ehegatte weder als Erbe eingesetzt worden noch mit einem Vermächtnis bedacht, hat der überlebende Ehegatte neben seinem **Pflichtteilsanspruch** (sog. kleiner Pflichtteil) **Anspruch auf den vollen Zugewinngleich**. Ist ein solcher von den Erben an den überlebenden Ehegatten zu bezahlen, bleibt der Betrag beim Ehegatten gem. § 5 Abs. 2 ErbStG unbesteuert. Die Erben können die Zahlung ihrerseits nach § 10 Abs. 6 ErbStG als Nachlassverbindlichkeit abziehen (BFH v. 1.7.2008, II R 71/06, BStBl II 2008, 874).

79 Nicht ratsam ist es im Fall der Enterbung, anstelle des Zugewinns „nur" den Pflichtteil (Geldanspruch) geltend zu machen. Denn bei isolierter Geltendmachung des Pflichtteilsanspruchs wird die Steuerfreistellung des Erlangten nach § 5 Abs. 2 ErbStG nicht erreicht. Denn § 5 Abs. 2 ErbStG stellt nur den Zugewinn, nicht jedoch den Pflichtteilsanspruch steuerfrei (*Gottschalk*, in T/G/J, ErbStG, § 5 Rz. 28; Geck, in Kapp/Ebeling, ErbStG, § 5 Rz. 13). Macht also der Ehegatte – aus welchen außer-

steuerlichen Gründen auch immer – nur den Pflichtteilsanspruch geltend, ist der Erwerb in Höhe des geltend gemachten Pflichtteils nach § 3 Abs. 1 Nr. 1 ErbStG steuerpflichtig und die Befreiungsmöglichkeit nach § 5 Abs. 2 ErbStG geht verloren. Wenn der überlebende Ehegatte beabsichtigt, zugunsten seiner Kinder entweder nur den Pflichtteilsanspruch oder nur den Zugewinnausgleichsanspruch geltend zu machen, dann sollte er den Zugewinnausgleichsanspruch verlangen, weil dieser nach § 5 Abs. 2 ErbStG in voller Höhe steuerfrei bleibt.

Soweit der überlebende Ehegatte **gegen Abfindung auf beide Ansprüche verzichtet**, also auf den Pflichtteil und Zugewinn, ist die Abfindung aufzuteilen und bleibt nur insoweit steuerfrei als sie auf den Zugewinn entfällt (*Meincke*, ErbStG, 2012, § 5 Rz. 44). 80

3.5 Folgen der Ausschlagung einer Erbeinsetzung oder eines Vermächtnisses

Für den überlebenden Ehegatten unterscheidet sich erbschaftsteuerlich die Situation bei Ausschlagung der Erbeinsetzung oder eines Vermächtnisses nicht von der soeben dargestellten (Rz. 78 f.). Denn auch bei Ausschlagung behält der Ehegatte seinen Pflichtteils- und Zugewinnausgleichsanspruch. Der von dem oder den Erben auf den Zugewinn tatsächlich geleistete Betrag bleibt auch hier gem. § 5 Abs. 2 ErbStG steuerfrei. Bislang ist von der Rspr. nicht entschieden, ob § 5 Abs. 2 ErbStG anwendbar ist, wenn die Erbeserben (also nach dem zweiten Erbfall) ein dem überlebenden Ehegatten zugewandtes Vermächtnis (nach dessen Tod) ausschlagen, und dadurch den Zugewinnausgleichsanspruch zum Entstehen bringen. Nach zutreffender Ansicht ist auch dieser Zugewinnausgleichsanspruch über § 5 Abs. 2 ErbStG begünstigt. Die postmortale Zugewinnausgleichsforderung im Nachlass des überlebenden Ehegatten bleibt im ersten Erbgang damit steuerfrei (*von Oertzen/Reich*, ZEV 2010, 281, 282). 81

Zu einer Ausschlagung kann es dann kommen, wenn der Zugewinnausgleichsanspruch nebst kleinem Pflichtteil betrags-/wertmäßig höher ist als die Erbeinsetzung oder das zugewandte Vermächtnis. In diesen Fällen muss ein zugezogener Rechtsberater regelmäßig auf den Vorteil einer Ausschlagung hinweisen. 82

3.6 Güterstandsschaukel

Unter diesem Begriff wird in der Fachliteratur eine Gestaltung diskutiert, bei der die Ehegatten die Zugewinngemeinschaft durch formwirksamen (notariellen) Ehevertrag bei Fortbestand der Ehe beenden. In diesem Fall kommt es tatsächlich zu einer güterrechtlichen Abwicklung der Zugewinngemeinschaft durch Berechnung der Ausgleichsforderung, was nach Auffassung des BFH im Erbschaftsteuer- und Schenkungsteuerrecht zu beachten ist (BFH v. 12.7.2005, II R 29/02, BStBl II 2005, 843). Für die Güterstandsschaukel können auch insolvenzrechtliche Gründe sprechen. Denn im Gegensatz zu einer Schenkung an den Ehegatten, die anfechtbar wäre, ist die Erfüllung des Zugewinnausgleichsanspruchs nicht unentgeltlich, sondern entgeltliche Erfüllung eines gesetzlichen Anspruchs (*Esskandari*, Erbschaftsteuerrecht, 2010, Rz. 531–535). 83

84 Die Ehegatten können im Anschluss an den Güterstandswechsel sofort wieder in die Zugewinngemeinschaft zurückwechseln. Dies ist nach Ansicht des BFH Ausfluss der in § 1408 BGB statuierten Vertragsfreiheit und stellt somit weder ein Scheingeschäft (§ 41 Abs. 2 AO) noch einen Missbrauch rechtlicher Gestaltungsmöglichkeiten (§ 42 AO) dar. Der **BFH hat somit die sog. Güterstandsschaukel aner kannt**, die beträchtliche Zuwendungen vom vermögenderen Ehegatten an den anderen ohne Steuerbelastung ermöglicht, solange nur der Güterstand für einen Tag beendet wird (*Weinmann*, in Moench/Weinmann, ErbStG, § 5 Rz. 64 ff.; *Gottschalk*, in T/G/J, ErbStG, § 5 Rz. 68; *Geck*, in Kapp/Ebeling, ErbStG, § 5 Rz. 59.1).

In Betracht kommt schließlich die sog. doppelte Güterstandsschaukel, wenn die Ehegatten im Güterstand der Gütertrennung leben (*Holler/Schmidt*, in Festschrift für Sebastian Spiegelberger zum 70. Geburtstag, 239–246). Hier muss der Güterstand zunächst hin zur Zugewinngemeinschaft geändert werden. Um den Zugewinn danach ausgleichen zu können, bedarf es einer erneuten Beendigung des Güterstands. Im Hinblick auf die in Deutschland anfallenden, unter Umständen erheblichen, Beurkundungskosten der beiden notariellen Eheverträge, wird in der Praxis oft eine Beurkundung, z. B. in Basel (Schweiz), vorgezogen.

3.7 Sog. fliegender Zugewinnausgleich

85 Wenn die Ehegatten freiwillig einen **vorzeitigen Ausgleich** des bis dahin erzielten Zugewinns vereinbaren, **ohne den gesetzlichen Güterstand zu beenden**, liegt ein sog. „fliegender Ausgleich" vor (*Moench*, DStR 1999, 301). Zivilrechtlich ist dieser Ausgleich möglich, weil die den Ehegatten aus § 1408 BGB zukommende Vertragsfreiheit auch solche Vereinbarungen umfasst.

86 Der BFH hat dieser Gestaltung die steuerrechtliche Anerkennung unter Hinweis auf den Wortlaut des § 5 zu Recht versagt (BFH v. 4.8. 2005, II R 28/02, DStR 2006 S. 178; *Kapp/Ebeling*, ErbStG, § 5 Rz. 59.1). Die Leistung auf eine so begründete Ausgleichsforderung ist als unentgeltliche Zuwendung gemäß § 7 Abs. 1 Nr. 1 ErbStG zu erfassen. Wird der Güterstand später durch Tod eines Ehegatten oder zu Lebzeiten beendet und die im Weg des vorweggenommenen Zugewinnausgleichs erhaltene Zuwendung auf die Ausgleichsforderung angerechnet (§ 1380 Abs. 1 BGB), erlischt insoweit gemäß § 29 Abs. 1 Nr. 3 ErbStG die Steuer mit Wirkung für die Vergangenheit (*Weinmann*, in Moench/Weinmann, ErbStG, § 5 Rz. 68a). An der zunächst begründeten Steuerpflicht ändert dies jedoch nichts.

4 Einzelfragen

4.1 Verzicht auf den Zugewinnausgleichsanspruch ohne Abfindung

4.1.1 Verzicht auf einen entstandenen Zugewinnausgleichsanspruch

87 Die Zugewinnausgleichsforderung entsteht nach § 1378 Abs. 3 S. 1 BGB mit Beendigung des Güterstands. Verzichtet der ausgleichsberechtigte Ehegatte im Rahmen des notariellen Vertrags, der den Güterstandswechsel herbeiführt, auf die bereits entstandene Forderung, soll dies, sofern ein Wille zur Unentgeltlichkeit gegeben ist, eine Schenkung unter Lebenden an den ausgleichsverpflichteten Ehegatten oder

dessen Erben bewirken können (BFH v. 13.5.1998, II R 60/95, BFH/NV 1998, 1485; *Weinmann*, in Moench/Weinmann, ErbStG § 5 Rz. 59; *Richter*, in V/K/S/W, ErbStG, 2012, § 5 Rz. 49; *Meßbacher-Hönsch*, in Wilms/Jochum, ErbStG, § 5 Rz. 177).

Hiergegen wird vorgebracht, dass der Ausgleichsanspruch in der vom Gesetz vorgesehenen Höhe niemals entstanden sei, sodass der Verzicht auch keinen Besteuerungstatbestand auslösen könne (*Meincke*, ErbStG, 2012, § 5 Rz. 42; *Gottschalk*, in T/G/J, ErbStG, § 5 Rz. 285 ff.; *Geck*, in Kapp/Ebeling, ErbStG, § 5 Rz. 82). Richtigerweise wird man – wie beim Pflichtteilsanspruch – danach differenzieren müssen, ob der Anspruch „geltend gemacht" wurde oder nicht (in diesem Sinne wohl auch die FinVerw. R E 5.2 Abs. 1 S. 2 ErbStR 2011). Ein Verzicht auf einen nicht geltend gemachten Zugewinnausgleichsanspruch ist nicht steuerbar. 88

4.1.2 Verzicht auf die Ausgleichsforderung vor Beendigung des Güterstands

Einigkeit besteht, dass ein Verzicht auf die Ausgleichsforderung **vor** ihrem Entstehen, d. h. vor Beendigung des Güterstands, **keine freigebige Zuwendung** an den ausgleichsverpflichteten Ehegatten bzw. seine Erben darstellen könne. Denn zivilrechtlich stelle das Unterlassen eines Vermögenserwerbs durch Verzicht auf ein noch nicht endgültig erworbenes Recht nach § 517 BGB keine Schenkung dar (*Weinmann*, in Moench/Weinmann, ErbStG, § 5 Rz. 59; *Meßbacher-Hönsch*, in Wilms/Jochum, ErbStG, § 5 Rz. 179). 89

4.2 Verzicht auf den Zugewinnausgleichsanspruch gegen Abfindung

Verzichtet der ausgleichsberechtigte Ehegatte anlässlich der Beendigung des gesetzlichen Güterstands auf seinen Ausgleichsanspruch gegen Abfindung oder Leistung an Erfüllung statt (zu den ertragsteuerlichen Risiken vgl. *Götz*, FamRB 2004, 89), bleibt der Abfindungsbetrag ebenso wie die Ausgleichsforderung nach § 5 Abs. 2 ErbStG im Grundsatz steuerfrei (*Tiedtke/Szczesny*, in Tiedtke, ErbStG, § 5 Rz. 38). 90

4.2.1 Abfindung unter Wert

Bleibt die Abfindung hinter der vom Gesetz vorgesehenen Höhe zurück, liegt darin **keine teilweise Schenkung** des ausgleichsberechtigten Ehegatten an den ausgleichsverpflichteten Ehegatten oder dessen Erben (*Geck*, in Kapp/Ebeling, ErbStG, § 5 Rz. 82; a. A. *Weinmann*, in Moench/Weinmann, ErbStG, § 5 Rz. 61). Denn den Ehegatten steht es zivilrechtlich frei, sich aus Vereinfachungsgründen über die Höhe vergleichsweise zu einigen, um aufwendige Ermittlungen des Anfangs- und Endvermögens zu vermeiden. Da § 5 Abs. 2 ErbStG den Zugewinnausgleichsanspruch in der Höhe freistellt, wie er zivilrechtlich ermittelt wurde, ist auch ein vergleichsweise ermittelter (niedrigerer) Ausgleichsbetrag steuerlich anzuerkennen. Für eine hinsichtlich des Differenzbetrags erfolgte Zuwendung fehlt es in diesen Fällen am Willen zur Unentgeltlichkeit. Denn beide Parteien gehen davon aus, dass genau der vergleichsweise ermittelte Ausgleichsbetrag dem Ausgleichsberechtigten zusteht. 91

4.2.2 Abfindung höher als der rechnerische Zugewinn

92 Übersteigt die Abfindung den vom Gesetz vorgesehenen Betrag, liegt darin eine **gemischte Schenkung** (*Meincke*, ErbStG, 2012, § 5 Rz. 43; *Geck*, in Kapp/Ebeling, ErbStG, § 5 Rz. 83.2; *Weinmann*, in Moench/Weinmann, ErbStG, § 5 Rz. 61).

93 Diese Konstellation darf nicht mit derjenigen verwechselt werden, bei der die Ehegatten durch ehevertragliche Modifikation die Ermittlung des Zugewinnausgleichsanspruchs zivilrechtlich zulässig angepasst haben. Haben nämlich die Ehegatten durch ehevertragliche Regelung z.B. das Anfangsvermögen übereinstimmend mit Null angesetzt, obwohl der – später ausgleichsverpflichtete – Ehegatte über ein Anfangsvermögen verfügte, ist dies auch steuerlich anzuerkennen (ebenso *Tiedtke/Szczesny*, in Tiedtke, ErbStG, § 5 Rz. 36; unklar FinVerw. in R E 5.2 Abs. 2 S. 3 ErbStR 2011 einerseits und R E 5.2 Abs. 2 S. 4 ErbStR 2011 andererseits).

94 Die FinVerw. und ihr folgend der BFH will in diesen Fällen eine Zuwendung jedenfalls in den Fällen bejahen, in denen die ehevertragliche Vereinbarung in erster Linie eine **überhöhte** Ausgleichsforderung verschaffen soll (R E 5.2 Abs. 2 S. 3 ff. ErbStR 2011; *Geck*, in Kapp/Ebeling, ErbStG, § 5 Rz. 83.2; Bay. Landesamt f. Steuern v. 5.10.2006, S 3804 – 4 St 35 N, DStR 2007, 26; *Weinmann*, in Moench/Weinmann, ErbStG, § 5 Rz. 63 f.; *Meincke*, ErbStG, 2012, Rz. 41; BFH v. 12.7.2005, II R 29/02, BStBl II 2005, 843 und BFH v. 28.6.1989, II R 82/86, BStBl II 1989, 897). Von einer überhöhten Ausgleichsforderung kann indes nicht gesprochen werden, wenn die Ehegatten für die Ermittlung des Anfangsvermögens auf den Zeitpunkt der Eheschließung abgestellt haben. Der BFH sieht allenfalls bei der Ermittlung des Anfangsvermögens eine Überhöhung als möglich an, wenn die Ehegatten auf einen **vor** der Eheschließung liegenden Zeitpunkt abstellen (BFH v. 28.6.1989, II R 82/86, BStBl II 1989, 897; ebenso FG Düsseldorf v. 14.6.2006, 4 K 7107/02 Erb, EFG 2006, 1447). Dies dürfte indes praktisch nie relevant werden.

Unklar und in sich widersprüchlich sind in diesem Zusammenhang die Aussagen der Finanzverwaltung in R E 5.2 Abs. 2 S. 3 und 4 ErbStR 2011. Denn die in R E 5.2 Abs. 2 S. 3 ErbStR 2011 enthaltene These, eine Überhöhung liege „z.B. durch Vereinbarung eines vor dem Zeitpunkt des Vertragsschlusses liegenden Beginns des Güterstandes" vor, wird im folgenden S. 4 als unschädlich erachtet.

4.3 Erfüllung des Ausgleichsanspruchs durch Hingabe von Vermögensgegenständen an Erfüllung statt

95 Erbschaft- und schenkungsteuerlich ist die Erfüllung des auf Geld gerichteten Anspruchs durch Hingabe von Vermögensgegenständen an Erfüllung irrelevant, solange die hingegebenen Gegenstände den Anspruch wertmäßig nicht erheblich übersteigen (Rz. 92) bzw. unterschreiten (oben Rz. 91).

96 **Ertragsteuerlich** betrachtet sind Vermögensübertragungen anlässlich der Beendigung des gesetzlichen Güterstands nach übereinstimmender Ansicht von Rechtsprechung und FinVerw. als Veräußerungsgeschäfte zu behandeln (*Geck*, in Kapp/Ebeling, ErbStG, § 5 Rz. 84 bis 89; *Fritz*, NWB 2013 (Heft 22, Beilage 2), 7). Sie können zu einer Besteuerung nach § 23, § 17, § 16 oder zu laufendem Gewinn gem. § 15 EStG führen (*Götz*, FamRB 2004, 89). Zu bedenken ist darüber hinaus, dass die

Übertragung von nach § 13 b ErbStG begünstigt erworbenem Vermögen nach § 13 a Abs. 5 ErbStG schädlich sein kann.

4.4 Nachehelicher Versorgungsausgleich

Der nacheheliche Versorgungsausgleich (§§ 1587ff. BGB), auf den anlässlich einer Ehescheidung ein Rechtsanspruch besteht (zu den rechtlichen Einzelheiten vgl. *Geck*, in Kapp/Ebeling, ErbStG, § 5 Rz. 93-104), unterliegt **nicht der Schenkungsteuer**. Zwar ist dafür keine dem § 5 Abs. 2 ErbStG vergleichbare Vorschrift vorhanden, gleichwohl verneint die ganz h. M. eine Steuerbarkeit in diesem Fall (*Weinmann*, in Moench/Weinmann, ErbStG, § 5 Rz. 69 und 69a; *Meincke*, ErbStG, 2012, § 5 Rz. 47). 97

Auch für Vereinbarungen der Ehegatten, mit denen der **nacheheliche Versorgungsausgleich** ausgeschlossen wird (§ 1408 Abs. 2 BGB) oder eine Abfindung an Stelle des Versorgungsausgleichs gewährt wird, bleiben nach einhelliger Ansicht **steuerfrei** (*Geck*, in Kapp/Ebeling, ErbStG, § 5 Rz. 107). 98

4.5 Errungenschaftsgemeinschaft

Bei Beendigung des Güterstands, sei es durch Scheidung oder Wechsel zu einem anderen Güterstand, ist das gemeinschaftliche Vermögen nach Maßgabe des § 39 FGB-DDR und damit grundsätzlich zu gleichen Teilen auf die Ehegatten zu verteilen (*Weinmann*, in Moench/Weinmann, ErbStG, § 5 Rz. 79; *Geck*, in Kapp/Ebeling, ErbStG, § 5 Rz. 108 bis 113; *Gottschalk*, in T/G/J, ErbStG, § 5 Rz. 8, 51, 61). In Höhe des gesetzlichen Anteils am gemeinschaftlichen Vermögen liegt kein Erwerb i. S. d. §§ 3 oder 7 ErbStG vor. 99

4.6 Steuernachteile bei lebzeitiger Zuwendung steuerfreien Vermögens infolge Kürzung des Zugewinnausgleichsfreibetrags gem. § 5 Abs. 1 ErbStG

Im Rahmen der Ermittlung des Zugewinnausgleichsfreibetrags sind nach § 1380 Abs. 1 S. 1 BGB bestimmte zu Lebzeiten erfolgte Zuwendungen an den überlebenden Ehegatten zu berücksichtigen (Rz. 39). 100

Beispiel: Variante 1: Steuerfreies Vermögen geht zu Lebzeiten über

M und F hatten bei Eheschließung Anfang 1980 je ein Anfangsvermögen von 0 EUR. M schenkt F in 2009 das selbstgenutzte Einfamilienhaus im Wert von 5 Mio. EUR (schenkungsteuerfrei gem. § 13 Abs. 4a ErbStG). Eine von § 1380 Abs. 1 S. 2 BGB abweichende Vereinbarung wird nicht getroffen. M verstirbt 2013 und der Nachlass enthält Wertpapiere i. H. v. 10 Mio. EUR. F hat am Todestag neben dem mit M gemeinsam bewohnten Familienheim kein weiteres Vermögen.

Nach § 1380 BGB ist der Zugewinnausgleichsanspruch der F wie folgt zu ermitteln:

	Ehemann M	Ehefrau F
Vorläufiger Zugewinn	10.000.000 EUR	0 EUR
Schenkung 2009 an F	5.000.000 EUR	
Zugewinn (nach Korrektur gem. § 1380 BGB)	15.000.000 EUR	0 EUR
Anspruch F (vorl. § 1378 Abs. 1 BGB)		7.500.000 EUR
Abzügl. Zuwendung 2009, § 1380 Abs. 1 BGB		– 5.000.000 EUR
Zugewinnausgleichsanspruch (endgültig)		2.500.000 EUR

Ermittlung der Erbschaftsteuer bei F in 2013:

Nachlass	10.000.000 EUR
Zugewinnausgleichsanspruch, § 5 Abs. 1 ErbStG	– 2.500.000 EUR
Persönlicher Freibetrag, § 16 Abs. 1 Nr. 1 ErbStG	– 500.000 EUR
Versorgungsfreibetrag, § 17 Abs. 1 ErbStG	– 256.000 EUR
Steuerpflichtiger Erwerb	6.744.000 EUR
Steuersatz in St. Kl. I, 23 %	
Erbschaftsteuer 2013	1.551.120 EUR

F hat das Familienheim zwar in 2009 steuerfrei erlangt. Da der Zugewinnausgleichsanspruch indes um diese frühere Zuwendung gekürzt wird, verbleibt im Erbfall nur noch ein um 5 Mio. EUR gekürzter Zugewinnausgleichsfreibetrag als Abzugsbetrag. Obwohl die Familienheimschenkung in 2009 nach § 13 Nr. 4a ErbStG steuerfrei war, führt die zivilrechtliche Anrechnung dieser Zuwendung auf den Zugewinnausgleichsanspruch erbschaftsteuerlich zu einem anteiligen Verlust des Freibetragsvolumens gem. § 5 Abs. 1 ErbStG.

101 Nachfolgend wird dargestellt, welche Erbschaftsteuerbelastung ohne die lebzeitige Zuwendung des Familienheims (oben Rz. 100) eintreten würde. In Abwandlung vom Beispiel in Rz. 100 ist die Schenkung in 2009 unterblieben und das Familienheim wurde von Todes wegen erworben.

Beispiel: Variante 2: Steuerfreies Vermögen geht erst im Erbfall über

M und F hatten bei Eheschließung Anfang 1980 je ein Anfangsvermögen von 0 EUR. M verstirbt 2013 und sein Nachlass enthält Wertpapiere von 10 Mio. EUR und das selbstgenutzte Einfamilienhaus im Wert von 5 Mio. EUR. F hat am Todestag kein Vermögen.

Nach § 1380 BGB ist der Zugewinnausgleichsanspruch der F wie folgt zu ermitteln:

	Ehemann M	Ehefrau F
Zugewinn	15.000.000 EUR	0 EUR
Zugewinnausgleichsanspruch		7.500.000 EUR

Ermittlung der Erbschaftsteuer bei F in 2013:

Nachlass	15.000.000 EUR
Zugewinnausgleichsanspruch, § 5 Abs. 1 ErbStG	− 7.500.000 EUR
Freistellung Familienheim, § 13 Abs. 1 Nr. 4 b ErbStG	− 5.000.000 EUR
Persönlicher Freibetrag, § 16 Abs. 1 Nr. 1 ErbStG	− 500.000 EUR
Versorgungsfreibetrag, § 17 Abs. 1 ErbStG	− 256.000 EUR
Steuerpflichtiger Erwerb	1.744.000 EUR
Steuersatz in St.Kl. I, Steuersatz 19 %	
Erbschaftsteuer 2013	331.360 EUR

F erwirbt hier das Familienheim von Todes wegen. Der Erwerb bleibt bei ihr gem. § 13 Abs. 1 Nr. 4 b ErbStG erbschaftsteuerfrei, sofern die dort geregelten Voraussetzungen über zehn Jahre erfüllt werden. Vom übrigen Erwerb kann F den ungekürzten Zugewinnausgleichsfreibetrag i. H. v. 7,5 Mio. EUR nach § 5 Abs. 1 ErbStG vom Nachlass abziehen. Dadurch ergibt sich im Vergleich zum Beispiel in Rz. 100 eine erheblich niedrigere Steuerbelastung.

Gestaltungshinweis: Erbschaftsteuerlicher Unterschied

Der entscheidende erbschaftsteuerliche Unterschied der beiden Varianten besteht darin, dass im Beispiel (Rz. 100) die in § 1380 Abs. 1 S. 2 BGB enthaltene zivilrechtliche Anrechnung lebzeitiger Zuwendung auf die spätere Zugewinnausgleichsforderung auch steuerlich zu beachten ist. Durch das in § 5 Abs. 1 ErbStG angeordnete Abstellen auf die zivilrechtlichen Regelungen über die Ermittlung des Zugewinnausgleichsanspruchs bleibt indes unberücksichtigt, wie diese lebzeitige Zuwendung schenkungsteuerlich behandelt worden war.

Der bei lebzeitigen Zuwendungen eintretende teilweise Verlust des Zugewinnausgleichsfreibetrags (oben Rz. 100) ist in den Fällen systematisch zutreffend, in denen die lebzeitige Zuwendung steuerpflichtig war (über § 29 Abs. 1 Nr. 3 S. 2 ErbStG wird eine ggf. festgesetzte Steuer erstattet; vgl. *Gottschalk*, in Troll/Gebel/Jülicher, ErbStG, § 5 Rz. 225). Diesem Gesetzesverständnis trägt auch § 29 Abs. 1 Nr. 3 S. 2 ErbStG Rechnung, indem eine für die unentgeltliche Zuwendung ggf. bezahlte Schenkungsteuer nach erfolgter Anrechnung auf den Zugewinnausgleichsfreibetrag erstattet wird. War hingegen die lebzeitige Zuwendung ganz (z.B. bei Familienheimschenkung oder Vollverschonung § 13a Abs. 8 ErbStG) oder im Falle der Regelverschonung (§ 13a Abs. 1 ErbStG) zu 85 % schenkungsteuerfrei, dann führt ihre – zivilrechtlich folgerichtige – Anrechnung auf den Zugewinnausgleichsfreibetrag zu einem aus schenkungsteuerlicher Sicht unsystematischen und unter Wertungsgesichtspunkten nicht begründbaren Ergebnis (*Götz*, ZEV 2013, 74 (75)). Die für die Zuwendung in Anspruch genommene Steuerfreiheit nach § 13a Abs. 8 ErbStG (bzw. für eine Familienheimschenkung gewährte Steuerbefreiung) wird rückwirkend beseitigt, indem die Schenkung so behandelt wird, als sei die schenkungsteuerpflichtig gewesen. Dadurch ergibt sich ein steuerlicher Nachteil beim zugewinnausgleichsberechtigten (überlebenden) Ehegatten.

Eine günstigere Besteuerungsfolge kann auch nicht dadurch erreicht werden, dass die Ehegatten anlässlich der lebzeitigen Zuwendung des nach § 13a Abs. 8 ErbStG ganz oder nach § 13a Abs. 1 ErbStG zu 85 % steuerfrei bleibenden Vermögens auf die Anrechnung der Zuwendung auf den Zugewinnausgleich (§ 1380 Abs. 1 S. 2 BGB) ausdrücklich verzichten (vgl. *Meincke*, ErbStG, 2012, § 5 Rz 19). Denn in den Fällen, in denen das nach § 13a Abs. 1 oder Abs. 8 ErbStG begünstigt übertragene Vermögen (bzw. das Familienheim) noch im Endvermögen des überlebenden Ehegatten vorhanden ist, kommt es zu denselben erbschaftsteuerlichen Folgen wie im Falle der Anrechnung nach § 1380 Abs. 1 S. 1 BGB.

103 De lege ferenda sollten steuerfreie Zuwendungen aus der Kürzung des Zugewinnausgleichsfreibetrags ausgenommen werden, da andernfalls die damit angestrebte Steuerfreistellung nicht erreicht wird, sondern im Anrechnungsfall verloren geht.

Tipp: Hinweis auf nachteilige Folgen

Ehegatten, die im gesetzlichen Güterstand leben, sind bei anstehenden Zuwendungen, die nach § 13 Abs. 1 Nr. 4a ErbStG bzw. § 13a Abs. 8 ErbStG ganz oder nach § 13a Abs. 1 ErbStG zu 85 % steuerbefreit sind, auf diese u.U. nachteilige erbschaftsteuerliche Folge hinzuweisen.

4.7 Auslegung eines Erbvergleichs über Zugewinnausgleichs- und Pflichtteilsanspruch

104 Bei der Auslegung eines Erbvergleichs über den Zugewinnausgleichs- und den Pflichtteilsanspruch sind neben dem Wortlaut der Willenserklärungen alle Begleitumstände, insbesondere die Entstehungsgeschichte des Vertrages sowie der mit dem Rechtsgeschäft verfolgte Zweck und die bestehende Interessenlage zu berücksichtigen. Aus dem Umstand, dass nur der geltend gemachte Pflichtteilsanspruch, nicht aber die Zugewinnausgleichsforderung zum erbschaftsteuerrechtlichen Erwerb gehört, kann nicht darauf geschlossen werden, die Vertragsparteien hätten ausschließlich den Pflichtteilsanspruch mindern und den Zugewinnausgleichsanspruch unverändert bestehen lassen wollen (BFH v. 27.9.2012, II R 52/11, BFH/NV 2013, 938).

Die Rechtsprechung des BFH hat zur Folge, dass der Nachlasswert, das Anfangs- und Endvermögen exakt zu bestimmen sind. Daneben ist der genaue Wert des Pflichtteilsanspruchs zu bestimmen. Sofern und soweit vom Erben an den überlebenden Ehegatten weniger als rechnerischer Zugewinnausgleich und Pflichtteil bezahlt wird, ist eine **genaue Leistungsbestimmung** nach § 366 Abs. 1 BGB vorzusehen und eine pauschale Zahlung zur Abgeltung aller Ansprüche zu vermeiden. Ansonsten droht gem. § 366 Abs. 2 BGB die verhältnismäßige Aufteilung auch auf den steuerbaren Pflichtteilserwerb (*Spieker*, jurisPR-FamR 13/2013 Anm. 6).

105–109 einstweilen frei

5 Zugewinnausgleich bei der Wahl-Zugewinngemeinschaft (§ 5 Abs. 3 ErbStG)

5.1 Gesetzliche Grundlage

Im Abkommenswege haben Deutschland und Frankreich den Güterstand der Wahl-Zugewinngemeinschaft vereinbart (Abkommen v. 4.2.2010, BGBl II 2012, 178). 110

Das Abkommen ist am 1. Mai 2013 in Kraft getreten. Im BGB wurde hierzu § 1519 BGB neu eingefügt. Es handelt sich um den „vierten" Güterstand (neben Gütertrennung, Gütergemeinschaft und Zugewinngemeinschaft).

Die Vorschriften des Abkommens sind gem. § 1519 Satz 1 BGB anwendbar, wenn Ehegatten durch Ehevertrag den Güterstand der Wahl-Zugewinngemeinschaft vereinbart haben. Entsprechend anwendbar ist § 1368 BGB; jedoch findet § 1412 BGB gem. § 1519 Satz 3 BGB keine Anwendung. Der Güterstand ist auch Lebenspartnern eröffnet (§ 7 Satz 2 LPartG). 111

Die Einzelheiten des Güterstandes ergeben sich unmittelbar aus dem – in Art. gegliederten – Abkommen. Nach Art. 2 des Abkommens bleibt das Vermögen der Ehegatten getrennt. Zugewinn ist der Betrag, um den das Endvermögen eines Ehegatten sein Anfangsvermögen übersteigt. Bei Beendigung des Güterstandes ergibt sich die Ausgleichsforderung aus dem Vergleich der vom jeweiligen Ehegatten/Lebenspartner erzielten Zugewinns. 112

Die Ermittlung des Anfangsvermögens und seine Bewertung regeln Art. 8 und Art. 9. Das Endvermögen und seine Bewertung ergibt sich aus den Art. 9 und 10. Sowohl das Anfangs- als auch das Endvermögen können auch negativ sein. Hinzurechnungen erfolgen nach Art. 8 Abs. 2 und Art. 10 Abs. 2, z.B. bei Schenkungen an einen Ehegatten/Lebenspartner bzw. Erwerben von Todes wegen. 113

Wie bei dem im BGB geregelten Zugewinnausgleich wird die Höhe der Zugewinnausgleichsforderung ermittelt (Art. 12 Abs. 1). Danach kann der Ehegatte die Hälfte des Überschusses als Zugewinnausgleichsforderung verlangen, dessen Zugewinn während der Ehe/Lebenspartnerschaft kleiner war. 114

5.2 Geltungsbereich

Der Wahl-Güterstand ist nach Art. 1 des Abkommens deutschen, französichen und deutsch-französichen Ehepaaren eröffnet. Es genügt, dass sie ihren Wohnsitz in Deutschland, Frankreich oder einem Drittstaat haben, dessen internationales Privatrecht für das Güterrecht auf die Staatsangehörigkeit abstellt. Demnach können auch Ehegatten mit anderen Staatsangehörigkeiten diesen Güterstand vereinbaren, wenn sie ihren gewöhnlichen Aufenthalt in Deutschland bzw. Frankreich haben. Eine grenzüberschreitende Konstellation ist nicht erforderlich (*Gottschalk* in T/G/J, ErbStG, § 5 Rz. 40) (*Jünemann*, ZEV 2013, 353). 115

5.3 Steuerliche Behandlung

Die erbschaft-/schenkungsteuerlichen Folgen der Beendigung der Wahl-Zugewinngemeinschaft sind in Art. 12 Abs. 3 des Abkommens geregelt. Wird der Güterstand 116 beendet und der Zugewinn ausgeglichen, so bleibt die Ausgleichsforderung (Art. 12 Abs. 1) steuerfrei; sie gehört nicht zum Erwerb i.S.d. §§ 3, 7 ErbStG.

117 Die Norm hat – wie Abs. 2 – klarstellende Bedeutung, da die kraft Abkommen (Gesetzes) entstehende Zugewinnausgleichsforderung weder eine Zuwendung i.S.d. § 7 ErbStG darstellt noch – bei einer Beendigung des Güterstandes durch Tod- auf einem Erwerb durch Erbfall beruht.

118 Einen erbrechtlichen Zugewinnausgleich analog § 1371 Abs. 1 BGB ist bei der Wahl-Zugewinngemeinschaft nicht vorgesehen. Daher bedurfte es auch keiner Regelung, die Art. 12 Abs. 1 vergleichbar ist. Eine „fiktive Ausgleichsforderung" ist nicht zu ermitteln. Vollumfänglich steuerfrei bleibt der tatsächlich auszugleichende Zugewinn (*Meßbacher-Hönsch* in Wilms/Jochum, ErbStG, § 5 Rz. 207).

§ 6 Vor- und Nacherbschaft

(1) Der Vorerbe gilt als Erbe.

(2) ¹Bei Eintritt der Nacherbfolge haben diejenigen, auf die das Vermögen übergeht, den Erwerb als vom Vorerben stammend zu versteuern. ²Auf Antrag ist der Versteuerung das Verhältnis des Nacherben zum Erblasser zugrunde zu legen. ³Geht in diesem Fall auch eigenes Vermögen des Vorerben auf den Nacherben über, sind beide Vermögensanfälle hinsichtlich der Steuerklasse getrennt zu behandeln. ⁴Für das eigene Vermögen des Vorerben kann ein Freibetrag jedoch nur gewährt werden, soweit der Freibetrag für das der Nacherbfolge unterliegende Vermögen nicht verbraucht ist. ⁵Die Steuer ist für jeden Erwerb jeweils nach dem Steuersatz zu erheben, der für den gesamten Erwerb gelten würde.

(3) ¹Tritt die Nacherbfolge nicht durch den Tod des Vorerben ein, gilt die Vorerbfolge als auflösend bedingter, die Nacherbfolge als aufschiebend bedingter Anfall. ²In diesem Fall ist dem Nacherben die vom Vorerben entrichtete Steuer abzüglich desjenigen Steuerbetrags anzurechnen, welcher der tatsächlichen Bereicherung des Vorerben entspricht.

(4) Nachvermächtnisse und beim Tod des Beschwerten fällige Vermächtnisse oder Auflagen stehen den Nacherbschaften gleich.

Inhalt

		Rz.
1	Allgemeines	1–10
1.1	Erbrechtliche Grundsätze	2–6
1.2	Erbschaftsteuerrechtliche Grundsätze	7–10
2	Vorerbfall (§ 6 Abs. 1 ErbStG)	11–24
2.1	Besteuerungsgrundsatz	13–15
2.2	Nießbrauchsvermächtnis als Alternative zur Vor- und Nacherbschaft	16–17
2.3	Erlöschen, Verzicht und Übertragung des Nacherbenanwartschaftsrechts	18–24
2.3.1	Vorzeitige Herausgabe von Sondervermögen an den Nacherben	19
2.3.2	Verzicht zugunsten des Vorerben	20–21
2.3.3	Übertragung des Nacherbenanwartschaftsrechts auf einen Dritten	22–23
2.3.4	Vererbung des Nacherbenanwartschaftsrechts	24
3	Nacherbfall durch Tod des Vorerben (§ 6 Abs. 2 ErbStG)	25–35
3.1	Besteuerungsgrundsatz	27–28
3.2	Wahlrecht	29–31
3.3	Zusätzlicher Übergang von freiem Vermögen des Vorerben	32–35
3.3.1	Steuerklasse	33
3.3.2	Freibetrag	34
3.3.3	Steuersatz	35
4	Vorzeitiger Eintritt des Nacherbfalls (§ 6 Abs. 3 ErbStG)	36–41
4.1	Besteuerung des Vorerbfalls	37

4.2	Besteuerung des Nacherbfalls	38
4.3	Steueranrechnung	39–41
5	Nachvermächtnisse und beim Tod des Beschwerten fällige Vermächtnisse oder Auflagen (§ 6 Abs. 4 ErbStG)	42–47
5.1	Nachvermächtnis	43
5.2	Beim Tod des Beschwerten fällige Vermächtnisse	44–46
5.3	Beim Tod des Beschwerten fällige Auflagen	47

Schrifttum

Billig, Tod des Vorerben vor Erlass des Steuerbescheids – Wer schuldet die Erbschaftsteuer aus dem Vorerbfall?, UVR 2015, 61; *Daragan*, Die Auflage als erbschaftsteuerliches Gestaltungsmittel, DStR 1999, 393; *Jandl/Kraus*, Haftung für die Erbschaftsteuer im Vor- und Nacherbfall, DStR 2016, 2265; *Everts*, Berliner Testament und Rettung erbschaftsteuerlicher Freibeträge, NJW 2008, 557; *Jülicher*, Schenkungsteuer bei Erfüllung der mit einer Schenkung verbundenen aufschiebend bedingten Weitergabeverpflichtung, DStR 1994, 926; *ders*, Erbschaftsteuerliche Gestaltungsüberlegungen im Vergleich: Vor- und Nacherbschaft bzw. -vermächtnis und Weiterleitungsklauseln zugunsten Dritter in Schenkungsverträgen, ZEV 2003, 350; *Kalbfleisch*, Steuerliche Untiefen des Berliner Testaments – Ungewollte Steuerfolge bei unzureichender Gestaltung, UVR 2011, 89; *Kamps*, Vor- und Nacherbfolge in Gesellschaftsbeteiligungen aus erbschaftsteuerlicher Sicht, FR 2014, 361; *Moench*, Erbschaftsteuer-Belastung und Erbschaftsteuer-Ersparnis in der „Otto-Normal-Familie", DStR 1987, 139; *Pahlke*, Baumaßnahmen des künftigen Erben in Erwartung des Grundstückserwerbs, NWB 2009, 539; *Siebert*, Die Erbschaftsbesteuerung bei Vor- und Nacherbschaft, BB 2010, 1252; *Wilhelm*, Wiederverheiratungsklausel, bedingte Erbeinsetzung und Vor- und Nacherbfolge, NJW 1990, 2857; *Zawar*, Gedanken zum bedingten oder befristeten Rechtserwerb im Erbrecht, NJW 2007, 2353.

1 Allgemeines

1 § 6 ErbStG entspricht im Wesentlichen der Vorgängerregelung des § 7 Abs. 1 bis 3 ErbStG 1959. Die Vorschrift ergänzt die Tatbestände der steuerpflichtigen Erwerbe von Todes wegen nach § 3 Abs. 1 Nr. 1 ErbStG und normiert für den Fall eines Erwerbs aufgrund einer vom Erblasser angeordneten **Vor- und Nacherbfolge** (§ 6 Abs. 1 bis 3 ErbStG) bzw. eines Nachvermächtnisses oder eines mit dem Tod des Beschwerten fälligen Vermächtnisses (§ 6 Abs. 4 ErbStG) einige **besondere Besteuerungsgrundsätze**. Seit der Reform des ErbStG durch das Gesetz vom 24.12.2008 (BGBl I 2008, 3018) mit Wirkung zum 1.1.2009 wurden in die Regelungen zum Nachvermächtnis bzw. den beim Tod des Beschwerten fälligen Vermächtnissen gem. § 6 Abs. 4 ErbStG auch die mit dem Tod des Beschwerten fälligen Auflagen einbezogen.

1.1 Erbrechtliche Grundsätze

2 Nach den allgemeinen erbrechtlichen Regelungen ist der Erblasser nicht darauf beschränkt, im Wege einer testamentarischen Verfügung den Übergang seines Ver-

mögens auf einen bzw. mehrere Erben für den Fall seines Todes anzuordnen. Nach § 2100 BGB hat der Erblasser zudem die Möglichkeit, bezogen auf sein Vermögen das **zeitliche Aufeinanderfolgen** verschiedener Erben anzuordnen, indem er einen Erben in der Weise einsetzt, dass dieser als **Nacherbe** erst Erbe wird, nachdem zumindest ein anderer als **Vorerbe** Erbe geworden ist (*Weidlich*, in Palandt, BGB, 2016, Einf. vor § 2100 Rz. 1). Nach der Regelungstechnik des Erbrechts wird der Vorerbe unter einer auflösenden Bedingung bzw. unter der Bestimmung eines Endzeitpunkts zum Erben eingesetzt, dem die zunächst aufschiebend bedingte oder befristete Erbeinsetzung des Nacherben gegenübersteht (*Zawar*, NJW 2007, 2353). Da der Nacherbe sein gegenüber dem Vorerben zeitlich nachgelagertes Erbrecht unmittelbar vom Erblasser als dessen Erbe und Rechtsnachfolger ableitet (BGH v. 30.10.1951, V BLw 61/50, BGHZ 3, 254), bedingt das zeitliche Aufeinanderfolgen verschiedener Erben ein **rechtlich selbstständiges Sondervermögen** in der Hand des Vorerben, das aus dem vom Erblasser erworbenen und an den Nacherben weiterzugebenden Vermögen besteht (*Weidlich*, in Palandt, BGB, 2016, § 2100 Rz. 2).

Mit Eintritt des Vorerbfalls durch den Tod des Erblassers erwirbt zunächst der Vorerbe das Sondervermögen aus der angeordneten Vor- und Nacherbfolge, welches bei ihm bis zum Eintritt des Nacherbfalls seiner **Nutzungsbefugnis** unterliegt. Gegenüber dem Nacherben, der mit dem Tod des Erblassers (noch) nicht Erbe wird, sondern zunächst lediglich ein **Anwartschaftsrecht** auf die Nacherbschaft erwirbt, ist der Vorerbe grds. zum Erhalt der Substanz des der Vor- und Nacherbfolge unterliegenden Sondervermögens verpfichtet, obwohl er allein mit dem Eintritt des Vorerbfalls als Rechtsnachfolger des Erblassers Erbe – und damit zugleich Eigentümer – des Nachlasses geworden ist. 3

Nach § 2112 BGB kann der Vorerbe über die zur Erbschaft gehörenden Gegenstände verfügen, soweit sich aus den **Verfügungsbeschränkungen** der §§ 2113 bis 2115 BGB als Schutzvorschriften zugunsten des Nacherben nichts Abweichendes ergibt. In diesem Zusammenhang ist z.B. gem. § 2113 Abs. 1 BGB die Verfügung des Vorerben über ein zur Erbschaft gehörendes Grundstück im Fall des Eintritts der Nacherbfolge insoweit unwirksam, als sie das Recht des Nacherben vereiteln oder beeinträchtigen würde. Allerdings kann der Erblasser dem Vorerben einen größeren Verfügungsspielraum einräumen, als er von Gesetzes wegen vorgesehen ist, und ihn als sog. **befreiten Vorerben** nach § 2136 BGB von bestimmten Verfügungsbeschränkungen freistellen (*Weidlich*, in Palandt, BGB, 2016, § 2136 Rz. 2ff). 4

Gem. § 2139 BGB fällt dem Nacherben erst mit Eintritt des Ereignisses, das nach der testamentarischen Verfügung des Erblassers den Nacherbfall auslösen soll, die Erbschaft an. Das bis zu diesem Zeitpunkt in der Person des Nacherben bestehende Anwartschaftsrecht erstarkt zum Vollrecht in Form einer echten Erbenstellung und der Nacherbe wird dem entsprechend zum Erben. 5

Neben der Anordnung einer Vor- und Nacherbfolge kann der Erblasser gem. § 2191 Abs. 1 BGB auch ein **Nachvermächtnis** anordnen, indem der Erblasser von einem nach dem Anfall des Vermächtnisses eintretenden bestimmten Zeitpunkt oder Ereignis an den vermachten Gegenstand einem Dritten (Nachvermächtnisnehmer) zuwendet. Nach § 2191 Abs. 1 BGB gilt zum einen der ursprüngliche Vermächtnisnehmer (Vorvermächtnisnehmer) als beschwert (*Weidlich*, in Palandt, BGB, 2016, 6

§ 2191 Rz. 1f), zum anderen finden auf das Nachvermächtnis nach § 2191 Abs. 2 BGB weitgehend die Vorschriften über die Einsetzung eines Nacherben entspre chende Anwendung. Neben der Anordnung eines Nachvermächtnisses kann der Erblasser schließlich auch anordnen, dass ein **Vermächtnis** i.S.d. § 1939 BGB bzw. eine **Auflage** i.S.d. § 1940 BGB erst mit dem Tod eines zuvor Beschwerten fällig sein soll.

1.2 Erbschaftsteuerrechtliche Grundsätze

7   Nach der Systematik des ErbStG verwirklichen sowohl der Vorerbe als auch der Nacherbe zeitlich aufeinanderfolgend durch den jeweiligen Erbanfall einen Erwerb von Todes wegen i.S.d. § 3 Abs. 1 Nr. 1 ErbStG (§ 3 ErbStG Rz. 112; krit. *Meincke*, ErbStG, 2012, § 6 Rz. 25ff.; *Geck*, in Kapp/Ebeling, ErbStG, § 6 Rz. 58f.; *Philipp*, in V/K/S/W, ErbStG, 2012, § 6 ErbStG Rz. 9). In der Konsequenz unterliegen beide Erwerbe für sich der Erbschaftsbesteuerung, was nicht nur zu einer **getrennten Beurteilung** der Vor- und der Nacherbschaft zwingt, sondern gleichzeitig einen **zweifachen steuerlichen Zugriff** auf das Vermögen des Erblassers bedingt, das als Sondervermögen der angeordneten Vor- und Nacherbfolge unterliegt (BFH v. 21.12.2000, II B 18/00, BFH/NV 2001, 798; *Gottschalk*, in T/G/J, ErbStG, § 6 Rz. 2; zu Vermeidungsstrategien Rz. 16f.; *Jülicher*, ZEV 2003, 350).

8   In Ergänzung zu diesem allgemeinen Besteuerungsgrundsatz stellt § 6 Abs. 1 ErbStG zunächst klar, dass der Vorerbe ungeachtet der gleichzeitig angeordneten Nacherbschaft als Erbe gilt (Rz. 11ff.;) (*Philipp*, in V/K/S/W, ErbStG, 2012, § 6 ErbStG Rz. 7). Im Hinblick auf die Besteuerung des Nacherben normiert § 6 Abs. 2 S. 1 ErbStG den Grundsatz, wonach der Nacherbe mit Eintritt der Nacherbfolge den Erwerb als **vom Vorerben stammend** zu versteuern hat (Rz. 25ff.). Abweichend von diesem Grundsatz ist nach § 6 Abs. 2 S. 2 ErbStG auf **Antrag** des Nacherben der Besteuerung das Verhältnis zum Erblasser zugrunde zu legen, was insoweit einen dogmatischen Gleichlauf zu den erbrechtlichen Regelungen zur Vor- und Nacherbschaft herstellt (Rz. 29ff.). In diesem Zusammenhang enthält § 6 Abs. 2 S. 3 bis 5 ErbStG einige klarstellende Regelungen für den praxisrelevanten Fall, dass mit Eintritt des Nacherbfalls neben dem der angeordneten Vor- und Nacherbfolge unterliegenden Sondervermögen des (ursprünglichen) Erblassers auch eigenes – sog. freies – Vermögen des Vorerben auf den Nacherben übergeht (Rz. 32ff.).

9   § 6 Abs. 3 ErbStG regelt demgegenüber den Fall, in dem die Nacherbfolge nicht erst durch den Tod des Vorerben, sondern bereits zu einem früheren Zeitpunkt eintritt, und qualifiziert die Vorerbfolge als auflösend bedingten und die Nacherbfolge als aufschiebend bedingten Erbanfall (Rz. 36ff.). Dem **vorzeitigen Verlust** der Erbschaft in der Person des Vorerben wird unter dem Gesichtspunkt der steuerlichen Erfassung der Bereicherung des Erwerbers nach dem **Bereicherungsprinzip** (Einführung Rz. 4, 7; *Viskorf*, in V/K/S/W, ErbStG, 2012, Einführung Rz. 2) jedoch nicht dadurch Rechnung getragen, dass die Steuerfestsetzung gegenüber dem Vorerben rückwirkend korrigiert wird, was im Hinblick auf den nunmehr lediglich auflösend bedingten Erwerb des Vorerben gem. § 6 Abs. 3 S. 1 ErbStG eine konsequente Lösung wäre. Nach § 6 Abs. 3 S. 2 ErbStG führt der vorzeitige Eintritt der Nacherbfolge hingegen zu einer reduzierten steuerlichen Belastung des Nacherben, indem dem Vorerben die

von ihm für den Vorerbfall gezahlte Erbschaftsteuer nicht – auch nicht teilweise – erstattet, sondern diese vielmehr auf die Erbschaftsteuer des Nacherben angerechnet wird (Rz. 39ff.; krit. auch *Gottschalk*, in T/G/J, ErbStG, § 6 Rz. 3).

Nach der Neufassung des § 6 Abs. 4 ErbStG im Zuge der **Reform** des ErbStG mit Wirkung zum 1.1.2009 stehen nicht nur Nachvermächtnisse i.S.d. § 2191 BGB und beim Tod des Beschwerten fällige Vermächtnisse i.S.d. § 1939 BGB Nacherbschaften gleich. Entsprechendes gilt auch für die beim Tod des Beschwerten fälligen **Auflagen** i.S.d. § 1940 BGB (Rz. 42ff.). 10

2 Vorerbfall (§ 6 Abs. 1 ErbStG)

Der Vorerbe gilt nach § 6 Abs. 1 ErbStG als Erbe. Diese gesetzliche Regelung hat zur Folge, dass der Vorerbe mit Eintritt des Vorerbfalls einen entsprechenden Erwerb von Todes wegen in Form eines Erwerbs durch Erbanfall i.S.d. § 3 Abs. 1 Nr. 1 ErbStG verwirklicht (§ 3 ErbStG Rz. 112). Damit löst sich das ErbStG in zweifacher Hinsicht vom zivilrechtlichen Leitbild der Vor- und Nacherbfolge (Rz. 2ff.): Zum einen erfolgt die Besteuerung des Vorerben unabhängig von der Ausgestaltung seiner zivilrechtlichen Stellung als **befreiter** oder **nicht befreiter Vorerbe**, womit evtl. Verfügungsbeschränkungen gegenüber dem Nacherben i.S.d. §§ 2112ff. BGB keinerlei Rolle spielen (BFH v. 17.9.1997, II R 8/96, BFH/NV 1998, 587; *Moench*, DStR 1987, 139, 141f.). Zum anderen wird ungeachtet des lediglich vorübergehenden Charakters des Vorerwerbs im Hinblick auf die **Nacherbenanwartschaft** des Nacherben der Erwerb des Vorerben als endgültig angesehen und grds. ohne Rücksicht auf den späteren Nacherbfall besteuert (§ 5 Abs. 1 S. 1 BewG). 11

Diese Grundsätze gelten insbes. auch in den Fällen, in denen der Nacherbfall nicht durch den Tod des Vorerben eintritt und der Erwerb der Vorerbschaft nach § 6 Abs. 3 S. 1 ErbStG lediglich als **auflösend bedingter Erwerb** anzusehen ist (Rz. 36ff.). Korrespondierend mit der Besteuerung des Vorerbfalls als endgültigem Vollerwerb wird der bloße Anfall des Nacherbenanwartschaftsrechts auf Seiten des oder der Nacherben nicht besteuert (§ 9 Abs. 1 Nr. 1 Buchst. a ErbStG). 12

2.1 Besteuerungsgrundsatz

Mit Eintritt des Vorerbfalls hat der Vorerbe den vollen Wert des Erbanfalls zu versteuern. Die Bewertung seines Erwerbs erfolgt unanhängig von den zivilrechtlichen Beschränkungen i.S.d. §§ 2112ff. BGB, die sich weder in Form eines Abschlags noch als Schuld bereicherungsmindernd auswirken. Über vereinzelt in der Literatur geäußerte **verfassungsrechtliche Bedenken** im Hinblick auf diese stringente Behandlung des Vorerben als Vollerben (*Geck*, in Kapp/Ebeling, ErbStG, § 6 Rz. 58f. m.w.N.) hat sich der BFH wiederholt und unmissverständlich hinweggesetzt (z.B. BFH v. 21.12.2000, II B 18/00, BFH/NV 2001, 798; v. 6.5.2003, II B 73/02, BFH/NV 2003, 1185; v. 27.1.2006, II B 13/05, BFH/NV 2006, 1299). Die Besteuerung des Vorerben als endgültiger Vollerbe bedeutet umgekehrt jedoch auch, dass sich der Wegfall des Nacherbenanwartschaftsrechts – z.B. durch Ausschlagung der Nacherbschaft – auf Seiten des Vorerben nicht bereicherungserhöhend auswirkt (*Gottschalk*, in T/G/J, ErbStG, § 6 Rz. 22; dazu Rz. 20f). 13

14 **Schuldner** der Erbschaftsteuer ist nach § 20 Abs. 1 S. 1 ErbStG der Vorerbe, der nach § 20 Abs. 4 ErbStG die durch die Vorerbschaft veranlasste Steuer aus den Mitteln der Vorerbschaft zu entrichten hat (§ 20 ErbStG Rz. 40ff.). Auch wenn der Vorerbe die Erbschaftsteuer zulasten der Nachlasssubstanz aufbringen muss, handelt es sich um eine eigene Verbindlichkeit des Vorerben (*Gottschalk*, in T/G/J, ErbStG, § 6 Rz. 23), die nach § 10 Abs. 8 ErbStG nicht abzugsfähig ist (§ 10 ErbStG Rz. 290ff.). Der **Vorerbe haftet** für diese eigene Verbindlichkeit auch mit seinem gesamten Privatvermögen (RFH v. 7.11.1935, III e A 28/35, RStBl 1935, 1509). Stirbt der Vorerbe, ist die Steuer für den Vorerbfall nach dem Tod des Vorerben regelmäßig gegen den Nacherben und nur ausnahmsweise gegen den Erben des Vorerben festzusetzen (BFH v. 13.4.2016, II R 55/14, BFH/NV 2016, 1383; *Jandl/Kraus*, DStZ 2016, 2265 ff.).

15 Erfüllt der Vorerbe freiwillig ein **Vermächtnis**, mit dem nach Anordnung des Erblassers der Nacherbe belastet ist, stellt das Vermächtnis auf Seiten des Vorerben ebenfalls keine Nachlassverbindlichkeit i.S.d. § 10 Abs. 5 Nr. 2 ErbStG dar, da kein betagtes, sondern ein befristetes Vermächtnis vorliegt, auf das auch § 6 Abs. 3 ErbStG nicht analog Anwendung findet (FG Hamburg v. 3.10.1969, II 187/66, EFG 1970, 226, rkr.; *Geck*, in Kapp/Ebeling, ErbStG, § 6 Rz. 21).

2.2 Nießbrauchsvermächtnis als Alternative zur Vor- und Nacherbschaft

16 Obwohl der Vorerbe durch mögliche Verfügungsbeschränkungen als **nicht befreiter Vorerbe** (Rz. 4) gegenüber dem oder den Nacherben wirtschaftlich der Stellung eines Nießbrauchers angenähert ist, scheidet eine entsprechende Besteuerung als zeitlich befristeter Nießbraucher angesichts des eindeutigen Wortlauts des § 6 Abs. 1 ErbStG aus (RFH v. 17.2.1931, I e A 73/31, RStBl 1931, 241; v. 12.10.1933, III A 288/33, RStBl 1933, 1160). Die Anordnung eines **Nießbrauchsvermächtnisses** anstatt einer Vor- und Nacherbschaft bietet sich als **Gestaltungsalternative** an, wenn dem potenziellen Vorerben lediglich ein – zeitlich befristetes – Nutzungsrecht am Nachlass eingeräumt werden soll, ohne dass dieser über einzelne Nachlassgegenstände oder den Nachlass insgesamt zulasten des potenziellen Nacherben verfügen können soll.

17 Ein Nießbrauchsvermächtnis ist gegenüber einer Vor- und Nacherbschaft aus erbschaftsteuerlicher Sicht – auch unter Beachtung der partiellen steuerlichen Verschonung des Nacherben nach § 6 Abs. 2 und 3 ErbStG (Rz. 25ff., 36ff.) – insoweit vorteilhaft, als der potenzielle Nacherbe unmittelbar zum Erben eingesetzt wird, womit zunächst nur **ein steuerpflichtiger Erwerb** durch Erbanfall i.S.d. § 3 Abs. 1 Nr. 1 ErbStG vorliegt – die doppelte Belastung des Nachlasses durch zwei Erbgänge in Form der Vorerbschaft und der anschließenden Nacherbschaft entfällt. Der im Fall des Nießbrauchsvermächtnisses eingesetzte Erbe kann die Nießbrauchsbelastung bereicherungsmindernd abziehen und der Nießbraucher versteuert den Nießbrauch mit dem jeweiligen Kapitalwert. Sowohl der Erbe als auch der Nießbraucher werden mit ihrem Erwerb im Verhältnis zum Erblasser besteuert, d.h. unter Zugrundelegung des jeweiligen Freibetrags und der individuellen Steuerklasse mit den entsprechenden Auswirkungen auf den Steuersatz (*Gottschalk*, in T/G/J, ErbStG, § 6 Rz. 16, 24ff.).

2.3 Erlöschen, Verzicht und Übertragung des Nacherbenanwartschaftsrechts

Der bloße Erwerb des **Nacherbenanwartschaftsrechts** mit Eintritt des Vorerbfalls unterliegt auf Seiten des Nacherben **nicht** der Besteuerung (§ 9 Abs. 1 Nr. 1 Buchst. a ErbStG). Steuerlich relevant sind jedoch u. U. die Fälle, in denen der Nacherbe vor Eintritt des Nacherbfalls auf sein Nacherbenanwartschaftsrecht zugunsten des Vorerben **verzichtet** bzw. dieses Recht im Wege der Abtretung auf einen Dritten **überträgt**. 18

2.3.1 Vorzeitige Herausgabe von Sondervermögen an den Nacherben

Gibt der Vorerbe das der angeordneten Vor- und Nacherbfolge unterliegende Sondervermögen ganz oder teilweise bereits vor Eintritt des Nacherbfalls im Hinblick auf die angeordnete Nacherbschaft an den Nacherben heraus, gilt dies nach § 7 Abs. 1 Nr. 7 ErbStG als **Schenkung unter Lebenden** des Vorerben an den Nacherben (§ 7 ErbStG Rz. 431ff.; BFH v. 24.2.1971, II B 48/70, BStBl II 1971, 394; v. 6.3.1990, II R 63/87, BStBl II 1990, 504) Der Versteuerung dieses eigenständigen Erwerbsvorgangs ist nach § 7 Abs. 2 ErbStG auf Antrag das Verhältnis des Nacherben zum Erblasser zugrunde zu legen, wobei § 6 Abs. 2 S. 3 bis 5 ErbStG entsprechend gelten (Rz. 29ff.; *Geck*, in Kapp/Ebeling, ErbStG, § 6 Rz. 17; *Philipp*, in V/K/S/W, ErbStG, 2012, § 6 ErbStG Rz. 13). Auch wenn durch die vorzeitige Übertragung von Vermögen vom Vorerben auf den Nacherben i.S.d. § 7 Abs. 1 Nr. 7 ErbStG dessen Nacherbenanwartschaftsrecht erlischt, stellt dies **keine Gegenleistung** dar, die die Bereicherung des Nacherben mindert (BFH v. 25.1.2002, II R 22/98, BStBl II 2001, 456; FG München v. 6.11.2002, 4 K 5600/00, EFG 2003, 552, rkr.; *Weinmann*, in Moench/Weinmann, ErbStG, § 6 Rz. 12). Übernimmt der Erbe hingegen **Verbindlichkeiten** des Vorerben, stellt dies insoweit eine Gegenleistung dar, womit die steuerpflichtige Bereicherung des Nacherben nach den Grundsätzen der **gemischten Schenkung** (§ 7 ErbStG Rz. 330ff.) zu ermitteln ist (FG Nürnberg v. 21.11.2002, IV 468/2000, EFG 2003, 553, rkr.). 19

2.3.2 Verzicht zugunsten des Vorerben

Nach § 2142 Abs. 1 BGB kann der Nacherbe bereits mit Eintritt des Vorerbfalls aber noch vor Eintritt des Nacherbfalls die **Nacherbschaft ausschlagen**, was wirtschaftlich einem Verzicht auf das Nacherbenanwartschaftsrecht zugunsten des Vorerben gleichkommt, der damit zum Vollerben wird. Mit einem derartigen Verzicht wird jedoch **kein steuerpflichtiger Erwerb** verwirklicht, d.h. er begründet keine eigenständige unentgeltliche Zuwendung an den von der Ausschlagung bzw. vom Verzicht begünstigten Vorerben (*Gottschalk*, in T/G/J, ErbStG, § 6 Rz. 8). 20

Zahlt der Vorerbe dem Nacherben ein **Entgelt** für den Verzicht auf das Nacherbenanwartschaftsrecht, kann die Abfindung nach Ansicht des BFH nicht als Nachlassverbindlichkeit i.S.d. § 10 Abs. 5 Nr. 3 S. 1 ErbStG bereicherungsmindernd beim Erwerb der Vorerbschaft als Erwerb durch Erbanfall nach § 3 Abs. 1 Nr. 1 ErbStG abgezogen werden (BFH v. 23.8.1995, II R 88/92, BStBl II 1996, 137; gl. A. *Gottschalk*, in T/G/J, ErbStG, § 6 Rz. 8; a.A. *Meincke*, ErbStG, 2012, § 6 Rz. 7). Die Zahlung des Entgelts stellt auf Seiten des abgefundenen Nacherben einen steuer- 21 pflichtigen Erwerb von Todes wegen nach § 3 Abs. 2 Nr. 4 bzw. 6 ErbStG dar (BFH v. 30.10.1979, II R 4/76, BStBl II 1980, 46; v. 19.4.1989, II R 189/85, BStBl II 1989, 623; *Gottschalk*, in T/G/J, ErbStG, § 6 Rz. 9; dazu näher § 3 ErbStG Rz. 543ff., 550).

2.3.3 Übertragung des Nacherbenanwartschaftsrechts auf einen Dritten

22 Überträgt der Nacherbe sein Nacherbenanwartschaftsrecht **unentgeltlich** auf einen **Dritten**, gelten die Grundsätze zur Ausschlagung der Nacherbschaft entsprechend (Rz. 20). Der Dritte tritt mit Abtretung des Nacherbenanwartschaftsrechts in die Rechtsposition des (vormaligen) Nacherben ein, womit angesichts des aufschiebend bedingten Erwerbs der Nacherbschaft in der Hand des Dritten (noch) kein steuerbarer Tatbestand verwirklicht wird (dazu auch Rz. 12; BFH v. 28.10.1992, II R 21/92, BStBl II 1993, 158). Überträgt der Nacherbe sein Nacherbenanwartschaftsrecht hingegen gegen **Entgelt** auf einen Dritten, unterliegt der Nacherbe mit dem Entgelt der Erbschaftsbesteuerung, das gem. § 3 Abs. 2 Nr. 6 ErbStG als vom Erblasser zugewendet gilt (dazu näher § 3 ErbStG Rz. 550; *Gottschalk*, in T/G/J, ErbStG, § 6 Rz. 9).

23 Nach Ansicht des BFH verwirklich der **Dritte** sowohl im Fall des **unentgeltlichen** als auch des **entgeltlichen Erwerbs** des Nacherbenanwartschaftsrechts mit Eintritt des Nacherbfalls einen Erwerb von Todes wegen gem. § 3 Abs. 1 Nr. 1 ErbStG (BFH v. 28.10.1992, II R 21/92, BStBl II 1993, 158; v. 20.10.2005, II B 32/05, BFH/NV 2006, 304). Da der Dritte mit Abtretung des Nacherbenanwartschaftsrechts in die Rechtsposition des (vormaligen) Nacherben eintritt, richtet sich die Besteuerung des Erwerbs auf Seiten des Dritten hinsichtlich der Steuerklasse, des Steuersatzes und des persönlichen Freibetrags gemäß den allgemeinen Regeln nach § 6 Abs. 2 S. 1 ErbStG grds. nach dem Verhältnis des Dritten zum Vorerben (Rz. 25ff.) bzw. nach § 6 Abs. 2 S. 2 ErbStG wahlweise auf Antrag nach dem Verhältnis des Dritten zum Erblasser (Rz. 29ff.). Das Verhältnis des (vormaligen) Nacherben zur Person des Vorerben bzw. der Person des Erblassers spielt hingegen keine Rolle (krit. *Gottschalk*, in T/G/J, ErbStG, § 6 Rz. 10 für den Fall der entgeltlichen Übertragung des Nacherbenanwartschaftsrechts). Das vom Dritten zur Erlangung der Nacherbschaft aufgewendete **Entgelt** kann als sonstige **Nachlassverbindlichkeit** i.S.d. § 10 Abs. 5 Nr. 3 ErbStG von seinem steuerpflichtigen Erwerb abgezogen werden (BFH v. 20.10.1992, II R 21/92, BStBl II 1993, 158).

2.3.4 Vererbung des Nacherbenanwartschaftsrechts

24 Stirbt der Nacherbe nach Eintritt des Vorerbfalls und noch vor Eintritt des Nacherbfalls, wird sein Nacherbenanwartschaftsrecht **vererbt**, fällt nach den allgemeinen erbrechtlichen Grundsätzen in den Nachlass und geht im Wege der Gesamtrechtsnachfolge auf den oder die Erben des Nacherben über (*Weidlich*, in Palandt, BGB, 2016, § 2100 Rz. 10 ff. m.w.N.). Im Rahmen der Besteuerung des Erwerbs von Todes wegen der Erben des Nacherben i.S.d. § 3 Abs. 1 Nr. 1 ErbStG findet das Nacherbenanwartschaftsrecht jedoch keine Berücksichtigung, da gem. § 10 Abs. 4 ErbStG das Anwartschaftsrecht des Nacherben nicht zu seinem Nachlass gehört (§ 10 ErbStG Rz. 95ff.; *Gottschalk*, in T/G/J, ErbStG, § 6 Rz. 11). Sofern das

Nacherben anwartschaftsrecht nicht vererbt, sondern **unter Lebenden unentgeltlich übertragen** wird, gelten gem. § 1 Abs. 2 i. V. m. § 10 Abs. 4 ErbStG die gleichen Grundsätze (BFH v. 28.10.1992, II R 21/92, BStBl II 1993, 158; *Meincke*, ErbStG, 2012, § 6 Rz. 8).

3 Nacherbfall durch Tod des Vorerben (§ 6 Abs. 2 ErbStG)

Der bloße Eintritt des Vorerbfalls führt auf Seiten des Nacherben zu keinerlei erbschaftsteuerlichen Konsequenzen. Obwohl der Nacherbe hierdurch ein übertragbares – und damit werthaltiges – Nacherbenanwartschaftsrecht erlangt (Rz. 3, 11), verwirklicht er insoweit noch keinen steuerpflichtigen Erwerb, da (noch) keine Nachlasssubstanz auf ihn übergeht (*Meincke*, ErbStG, 2012, § 6 Rz. 8). Erst mit Eintritt des **Nacherbfalls** kommt es zu einem substanziellen Vermögensübergang auf den Nacherben, der einen **steuerpflichtigen Erwerb durch Erbanfall** nach § 3 Abs. 1 Nr. 1 ErbStG auslöst, wobei nach der Systematik des § 6 ErbStG zwischen dem Eintritt der Nacherbfolge durch den Tod des Vorerben (§ 6 Abs. 2 ErbStG; Rz. 27ff.) und dem vorzeitigen Eintritt der Nacherbfolge zu Lebzeiten des Vorerben zu unterscheiden ist (§ 6 Abs. 3 ErbStG; Rz. 36ff.). Der Zeitpunkt des Eintritts der Nacherbfolge entscheidet gem. § 9 Abs. 1 Nr. 1 Buchst. h ErbStG über den Zeitpunkt der Entstehung der Steuer (§ 9 ErbStG Rz. 57f.) und ist gleichzeitig gem. § 11 ErbStG der Stichtag für die Wertermittlung.

25

Trotz Eintritts des Nacherbfalls durch den Tod des Vorerben verwirklicht der Nacherbe keinen gem. § 3 Abs. 1 Nr. 1 ErbStG steuerpflichtigen Erwerb von Todes wegen, sofern er die **Nacherbschaft ausschlägt**, was nach § 2142 Abs. 1 BGB bereits mit Eintritt des Vorerbfalls möglich ist (Rz. 20; *Weidlich*, in Palandt, BGB, 2016, § 2142 Rz. 1). Erhält der Nacherbe für seine Ausschlagung eine **Abfindung**, unterliegt diese gem. § 3 Abs. 1 Nr. 1 i. V. m. § 3 Abs. 2 Nr. 4 ErbStG als vom Erblasser zugewendet der Besteuerung (§ 3 ErbStG Rz. 543ff.; *Gottschalk*, in T/G/J, ErbStG, § 6 Rz. 7ff).

26

3.1 Besteuerungsgrundsatz

Nach § 2106 Abs. 1 BGB tritt die Nacherbfolge mit dem **Tod des Vorerben** ein, sofern der Erblasser kein anderes Ereignis oder keinen sonstigen Zeitpunkt bestimmt hat. § 6 Abs. 2 ErbStG normiert die Besteuerung der Nacherbfolge in den Fällen, in denen diese mit dem Tod des Vorerben eintritt. Das ErbStG durchbricht dabei den zivilrechtlichen Regelungsansatz, wonach der Nacherbe vom Erblasser und nicht vom Vorerben erbt. § 6 Abs. 2 S. 1 ErbStG enthält den erbschaftsteuerrechtlichen Grundsatz, wonach der Nacherbe im Fall der Nacherbfolge durch den Tod des Vorerben den **Erwerb als vom Vorerben stammend** zu versteuern hat (Ausnahmen enthält § 6 Abs. 2 S. 2 bis 5 ErbStG; Rz. 29ff.). Diese gesetzliche Regelung enthält zum einen die Aussage, dass der Nacherbe „wie ein unbeschränkt eingesetzter Vollerbe behandelt wird" (*Meincke*, ErbStG, 2012, § 6 Rz. 11). Zum anderen bewirkt die Norm besteuerungstechnisch, dass sämtliche Besteuerungsmerkmale, die an die Person des Erblassers anknüpfen, durch die entsprechenden **Besteuerungsmerkmale** im Verhältnis zur **Person des Vorerben** ersetzt werden. So gilt für die

27

Besteuerung des Nacherben z.B. die Steuerklasse nach dem Verhältnis zum Vorerben und nicht zum Erblasser (*Gottschalk*, in T/G/J, ErbStG, § 6 Rz. 28ff). Lediglich bezüglich des **Umfangs** des steuerpflichtigen Erwerbs in der Person des Nacherben spielt das Verhältnis zum Vorerben eine Rolle – maßgebend ist das Vermögen, das der Nacherbe vom Vorerben kraft angeordneter Nacherbfolge erwirbt (BFH v. 10.5.1972, II 78/64, BStBl II 1972, 765; *Geck*, in Kapp/Ebeling, ErbStG, § 6 Rz. 26). Schafft der Nacherbe zu Lebzeiten des Vorerben und in Erwartung der Nacherbfolge z.B. durch Baumaßnahmen auf einem nachlasszugehörigen Grundstück Vermögenswerte, ist deren steuerliche Erfassung beim Nacherben bei Eintritt des Nacherbfalls ausgeschlossen, da der Nacherbe insoweit nicht bereichert ist (BFH v. 1.7.2008, II R 38/07, BStBl II 2008, 876; *Pahlke*, NWB 2009, 539).

28 In den Fällen, in denen neben dem Nachlass des Erblassers – d.h. dem Sondervermögen aus der Vorerbschaft – auch sog. **freies Vermögen** des Vorerben auf den Nacherben von Todes wegen übergeht, liegt unter konsequenter Anwendung des § 6 Abs. 2 S. 1 ErbStG insgesamt nur ein **Erwerb** im Verhältnis zwischen dem Vorerben und dem Nacherben vor (*Geck*, in Kapp/Ebeling, ErbStG, § 6 Rz. 29). Dies hat den steuerlichen Nachteil, dass nur ein Freibetrag – und zwar im Verhältnis zur Person des Vorerben – in Anspruch genommen werden kann und sich auch der Steuersatz nach dem Wert des steuerpflichtigen Erwerbs insgesamt richtet (*Weinmann*, in Moench/Weinmann, ErbStG, § 6 Rz. 14).

3.2 Wahlrecht

29 Die Fiktion des § 6 Abs. 2 S. 1 ErbStG mit der Versteuerung der Nacherbschaft nach dem Verhältnis zur Person des Vorerben kann in Einzelfällen zu steuerlichen Nachteilen führen. Vor diesem Hintergrund ist nach § 6 Abs. 2 S. 2 ErbStG auf Antrag des Nacherben der Besteuerung der Nacherbschaft das Verhältnis des **Nacherben zur Person des Erblassers** zugrunde zu legen, da es letztlich der Erblasser ist, von dem der Nacherbe seine Nacherbenstellung ableitet und damit die Nacherbschaft erlangt hat. Ein solcher Antrag kann von jedem Nacherben individuell gestellt werden (RFH v. 10.10.1935, III e A 15/35, RStBl 1935, 1485); er ist spätestens bis zur **Bestandskraft** der Steuerfestsetzung gegenüber dem FA abzugeben und bedarf keiner besonderen Form.

Gestaltungshinweis: Gestaltungshinweis:

Ein entsprechender Antrag bietet sich an, wenn eine Versteuerung im Verhältnis zum Erblasser aufgrund des engeren Verwandtschaftsverhältnisses zu einem **steuerlich günstigeren Ergebnis** führt (*Gottschalk*, in T/G/J, ErbStG, § 6 Rz. 28f.; *Moench*, DStR 1987, 139, 141f.).

Beispiel:

Eine Erblasserin setzt ihre Tochter zur Vorerbin und ihren Sohn zum Nacherben ein. Nach der Grundregel des § 6 Abs. 2 S. 1 ErbStG versteuert der Sohn den Erwerb der Nacherbschaft als von seiner Schwester stammend nach der Steuerklasse II. Stellt der Sohn den Antrag nach § 6 Abs. 2 S. 2 ErbStG, wird der

Besteuerung das Verwandtschaftsverhältnis zu seiner Mutter als Erblasserin zugrunde gelegt, womit die Steuerklasse I zur Anwendung kommt.

Die Formulierung „Verhältnis des Nacherben zum Erblasser" ist nach h. M. umfassend zu interpretieren (*Gottschalk*, in T/G/J, ErbStG, § 6 Rz. 31 ff. m. w. N.). Der RFH vertrat zur Vorgängerregelung (§ 7 Abs. 2 S. 2 ErbStG 1925) noch eine restriktive Interpretation und wandte auf eine antragsmäßge Besteuerung im Verhältnis zum Erblasser lediglich die entsprechende Steuerklasse gemäß dem Verwandtschaftsverhältnis an (RFH v. 8.7.1937, III e A 78/36, RStBl 1937, 974; v. 9.3.1939, III e 4/39, RFHE 46, 247). Der BFH hat unter Hinweis auf den Gesetzeszweck eine derartig enge Auslegung des § 6 Abs. 2 S. 2 ErbStG abgelehnt, ohne allerdings dessen Grenzen abzustecken bzw. aufzuzählen, welche Besteuerungskriterien im Einzelnen vom Regelungsgehalt der Vorschrift umfasst sein sollen. Bislang hat der BFH entschieden, dass sich im Fall eines Antrags nach § 6 Abs. 2 S. 2 ErbStG (zumindest) die Steuerklasse, der Steuersatz und die persönlichen Freibeträge nach dem Verhältnis des Nacherben zum Erblasser bestimmen (BFH v. 30.6.1976, II R 3/69, BFHE 119, 492; BFH v. 2.12.1998, II R 43/97, BStBl II 1999, 235). Nach Ansicht des BFH soll die Anwendung des § 6 Abs. 2 S. 2 ErbStG jedoch nicht zur Folge haben, dass auch i. R. d. § 14 ErbStG der Erwerb der Nacherbschaft mit früheren Erwerben vom Erblasser zusammenzurechnen ist; ungeachtet einer Versteuerung der Nacherbschaft „im Verhältnis zum Erblasser" soll vielmehr eine Zusammenrechnung mit weiteren Erwerben des Nacherben vom Vorerben erfolgen (BFH v. 3.11.2010, II R 65/09, ZEV 2011, 95 m. Anm. *Kobor*; § 14 ErbStG Rz. 55f). Das Verhältnis zum Erblasser bestimmt somit m. E. folgende Besteuerungsmerkmale (gl. A. *Meincke*, ErbStG, 2012, § 6 Rz. 13; *Engel*, in Wilms/Jochum, ErbStG, § 6 Rz. 25; hierzu auch *Philipp*, in V/K/S/W, ErbStG, 2012, § 6 ErbStG Rz. 20ff):

- beschränkte bzw. unbeschränkte **Steuerpflicht** gem. § 2 Abs. 1, 3 ErbStG,
- Anwendung von **DBA**,
- **Zugewinnausgleich** gem. § 5 ErbStG,
- **Anrechnung** ausländischer Erbschaftsteuer gem. § 21 ErbStG.

Der Antrag des Nacherben i. S. d. § 6 Abs. 2 S. 2 ErbStG ist **wirkungslos,** wenn im Verhältnis des Nacherben zum Erblasser das gleiche Verwandtschaftsverhältnis wie zum Vorerben besteht. Ist das Verwandtschaftsverhältnis zum Erblasser ungünstiger als zum Vorerben, geht der Antrag ebenfalls ins Leere (*Moench*, DStR 1987, 139, 141f.). Die Regelung des § 6 Abs. 2 S. 2 ErbStG ist zudem grds. **nicht analogiefähig,** womit sie auf die Fälle eines vom Zuwender angeordneten zeitlichen Aufeinanderfolgens mehrerer Schenkungen unter Lebenden etc. keine Anwendung finden kann (gl. A. z. B. *Weinmann*, in Moench/Weinmann, ErbStG, § 6 Rz. 21; FG Niedersachsen v. 5.1.1989, III 44/85, EFG 1989, 463, rkr.; a. A. *Gottschalk*, in T/G/J, ErbStG, § 6 Rz. 37; *Jülicher*, DStR 1994, 926, 929; *Meincke*, ErbStG, 2012, § 6 Rz. 14). Beantragt der Nacherbe die Versteuerung im Verhältnis zum Erblasser, trägt er die **Feststellungslast** für den Umstand, dass im Nachlass des Vorerben der Nacherbfolge unterliegendes Vermögen mit einem bestimmten Wert enthalten ist (BFH v. 28.2.2007, II B 82/06, BFH/NV 2007, 919).

3.3 Zusätzlicher Übergang von freiem Vermögen des Vorerben

32 § 6 Abs. 2 S. 3 bis 5 ErbStG regelt die Besteuerung von Erwerbsvorgängen, in denen mit dem Tod des Vorerben nicht nur das Sondervermögen aus der durch den Erblasser angeordneten Vor- und Nacherbfolge übergeht, sondern zusätzlich auch sog. **freies Vermögen** des Vorerben. Unabhängig davon, ob es der Nacherbe bei einer Versteuerung der Nacherbfolge nach der Grundregel des § 6 Abs. 2 S. 1 ErbStG – d.h. Erwerb als vom Vorerben stammend – belässt oder nach § 6 Abs. 2 S. 2 ErbStG eine Versteuerung im Verhältnis zur Person des Erblassers wählt, verwirklicht der Nacherbe einen **einheitlichen Erwerb** von Todes wegen nach § 3 Abs. 1 Nr. 1 ErbStG (RFH v. 16.7.1942, III 13/42, RStBl 1942, 935).

3.3.1 Steuerklasse

33 Beantragt der Nacherbe eine Versteuerung der Nacherbschaft im Verhältnis zum Erblasser, wird der einheitliche Erwerb nach § 6 Abs. 2 S. 3 ErbStG insoweit aufgeteilt, als beide Vermögensanfälle hinsichtlich der **Steuerklasse** getrennt zu behandeln sind. Dies bedeutet, dass sowohl das **Sondervermögen** aus der angeordneten Vor- und Nacherbfolge, als auch das übergegangene **freie Vermögen** des Vorerben auf den Zeitpunkt des Eintritts der Nacherbfolge (vgl. § 9 Abs. 1 Nr. 1 Buchst. h ErbStG) getrennt ermittelt und bewertet werden müssen (*Gottschalk*, in T/G/J, ErbStG, § 6 Rz. 40).

3.3.2 Freibetrag

34 Da es sich beim gleichzeitigen Erwerb von Sondervermögen aus der Vor- und Nacherbschaft und freiem Vermögen des Vorerben grds. um einen einheitlichen Erwerb handelt, kann nach § 6 Abs. 2 S. 4 ErbStG für das freie Vermögen des Vorerben ein **Freibetrag** nur gewährt werden, soweit der Freibetrag für das der Nacherbfolge unterliegende Vermögen **nicht ausgeschöpft** ist. Bedeutung hat diese Vorschrift in den Fällen, in denen der Nacherbe eine Besteuerung der Nacherbfolge im Verhältnis zum Erblasser gem. § 6 Abs. 2 S. 2 ErbStG beantragt. Der persönliche Freibetrag nach § 16 Abs. 1 ErbStG bzw. ein möglicher Versorgungsfreibetrag nach § 17 ErbStG, der dem Nacherben nach seinem Verhältnis zur Person des Erblassers zusteht, ist zunächst vom Wert der Nacherbschaft abzuziehen. Bezüglich des übergegangenen freien Vermögens des Vorerben ist der Freibetrag, der sich aus dem Verhältnis zum Vorerben ergibt, nur in dem Umfang zu berücksichtigen, in dem der Freibetrag bezüglich der Nacherbschaft im Verhältnis zur Person des Erblassers noch nicht verbraucht ist (BFH v. 2.12.1998, II R 43/97, BStBl II 1999, 235; gl. A. *Gottschalk*, in T/G/J, ErbStG, § 6 Rz. 39; a.A. *Moench*, DVR 1988, 2).

Beispiel:

Eine Erblasserin setzt ihre Tochter zur Vorerbin und ihren Sohn zum Nacherben ein. Der Sohn ist alleiniger Erbe seiner Schwester. Bei Eintritt des Nacherbfalls beantragt der Sohn die Besteuerung der Nacherbschaft im Verhältnis zur Erblasserin gem. § 6 Abs. 2 S. 2 ErbStG. Die Nacherbschaft hat einen Steuerwert i.H.v. 390.000 EUR, das freie Vermögen der Vorerbin einen Steuerwert i.H.v.

50.000 EUR. Im Rahmen der Besteuerung der Nacherbschaft gilt aufgrund der Steuerklasse I im Verhältnis zur Erblasserin ein Freibetrag gem. § 16 Abs. 1 Nr. 2 ErbStG i. H. v. 400.000 EUR, der bei einer Nacherbschaft von 390.000 EUR i. H. v. 10.000 EUR noch nicht ausgeschöpft ist (= Restfreibetrag). Die Besteuerung des freien Vermögens der Vorerbin erfolgt nach der Steuerklasse II, womit diesbezüglich gem. § 16 Abs. 1 Nr. 5 ErbStG grds. ein Freibetrag i. H. v. 20.000 EUR zur Anwendung kommt. Da dieser Freibetrag jedoch über dem noch nicht verbrauchten Restfreibetrag aus der Versteuerung der Nacherbschaft im Verhältnis zur Erblasserin i. H. v. 10.000 EUR liegt, kann im Rahmen der Besteuerung des freien Vermögens der Vorerbin i. H. v. 50.000 EUR nach § 6 Abs. 2 S. 4 ErbStG lediglich der noch nicht verbrauchte Restfreibetrag aus der Versteuerung der Nacherbschaft i. H. v. 10.000 EUR in Anspruch genommen werden.

3.3.3 Steuersatz

Nach einem entsprechenden Abzug auf der Ebene des Freibetrags ist nach § 6 Abs. 2 S. 5 ErbStG die Steuer für den Erwerb der Nacherbschaft und den Erwerb des freien Vermögens des Vorerben jeweils nach dem **Steuersatz** zu erheben, der für den gesamten Erwerb gelten würde – die Anknüpfung an den Steuersatz auf den Gesamterwerb wirkt wie ein **Progressionsvorbehalt** und ist gesetzestechnisch erforderlich, um eine ungerechtfertigte Begünstigung durch die Aufspaltung in zwei einzelne Erwerbe nach dem Verhältnis zum Erblasser einerseits und dem Verhältnis zum Vorerben andererseits zu vermeiden (*Meincke*, ErbStG, 2012, § 6 Rz. 17; RFH v. 16.7.1942, III 13/42, RStBl 1942, 935). Für jeden der beiden Erwerbe gilt nicht nur § 14 ErbStG mit der Berücksichtigung früherer Erwerbe im Verhältnis zum Erblasser bzw. zum Vorerben, sondern auch der **Härteausgleich** nach § 19 Abs. 3 ErbStG (§ 19 ErbStG Rz. 13 ff.; *Weinmann*, in Moench/Weinmann, ErbStG, § 6 Rz. 29).

35

> **Beispiel:**
> Eine Erblasserin setzt ihre Tochter zur Vorerbin und ihren Sohn zum Nacherben ein. Der Sohn ist alleiniger Erbe seiner Schwester. Bei Eintritt des Nacherbfalls beantragt der Sohn die Besteuerung der Nacherbschaft im Verhältnis zur Erblasserin gem. § 6 Abs. 2 S. 2 ErbStG. Die Nacherbschaft hat einen Steuerwert i. H. v. 500.000 EUR, das freie Vermögen der Vorerbin einen Steuerwert i. H. v. 100.000 EUR. Auf den Gesamterwerb i. H. v. 600.000 EUR kommt nach § 6 Abs. 2 S. 4 ErbStG lediglich der Freibetrag für die Vorerbschaft i. H. v. 400.000 EUR gem. § 16 Abs. 1 Nr. 2 ErbStG zur Anwendung, da dieser vollständig ausgeschöpft wurde (kein Restfreibetrag). Für die Besteuerung des Gesamterwerbs nach § 6 Abs. 2 S. 5 ErbStG beläuft sich für einen verbleibenden Betrag i. H. v. 200.000 EUR (= 600.000 EUR ./. 400.000 EUR) der Steuersatz bei Anwendung der Steuerklasse I (Verhältnis zur Erblasserin) auf 11 % und bei Anwendung der Steuerklasse II (Verhältnis zur Vorerbin) auf 20 %. Die Steuer auf die Nacherbschaft beträgt 11.000 EUR (= 500.000 EUR ./. 400.000 EUR = 100.000 EUR × 11 %), die Steuer auf das freie Vermögen der Vorerbin 20.000 EUR (= 100.000 EUR × 20 %) und die Steuer auf den Gesamterwerb 31.000 EUR (= 11.000 EUR + 20.000 EUR).

4 Vorzeitiger Eintritt des Nacherbfalls (§ 6 Abs. 3 ErbStG)

36 § 6 Abs. 3 ErbStG enthält Sonderregelungen für die Besteuerung der Nacherbfolge, sofern diese nicht durch den Tod des Vorerben – und damit vorzeitig – eintritt. Bei dem vom Erblasser bestimmten Kriterium für einen solchen vorzeitigen Eintritt der Nacherbfolge kann es sich um ein **zukünftiges gewisses oder ungewisses Ereignis** handeln, z. B. die Erlangung der Volljährigkeit des Vorerben oder die Wiederverheiratung des zum Vorerben eingesetzten überlebenden Ehegatten (*Wilhelm*, NJW 1990, 2857). Mit Eintritt des jeweiligen Ereignisses fällt die Nacherbschaft automatisch dem oder den eingesetzten Nacherben an. Nach der Grundregel des § 6 Abs. 3 S. 1 ErbStG gilt in diesen Fällen die Vorerbfolge als **auflösend bedingter**, die Nacherbfolge als **aufschiebend bedingter Anfall**. § 6 Abs. 3 S. 2 ErbStG ordnet an, dass dem Nacherben die vom Vorerben entrichtete Steuer abzüglich des Steuerbetrags **anzurechnen** ist, der der tatsächlichen Bereicherung des Vorerben entspricht (Rz. 39 ff.).

4.1 Besteuerung des Vorerbfalls

37 Tritt die Nacherbfolge nicht erst mit dem Tod des Vorerben ein, gilt die Vorerbfolge als auflösend bedingter Anfall, was vor dem Hintergrund des § 5 Abs. 2 BewG an sich eine Berichtigung der Steuerfestsetzung gegenüber dem Vorerben zu Folge hätte. An der Besteuerung des Vorerbfalls ändert sich jedoch durch den vorzeitigen Eintritt der Nacherbfolge im Nachhinein nichts – der Vorerbe wird mit seinem Erwerb durch Erbanfall gem. § 3 Abs. 1 Nr. 1 ErbStG wie ein **endgültiger Vollerbe** besteuert. Eine Erstattung der bereits entrichteten Steuer ist ausgeschlossen (gl. A. *Gottschalk*, in T/G/J, ErbStG, § 6 Rz. 46; krit. *Engel*, in Wilms/Jochum, ErbStG, § 6 Rz. 26.1). Lediglich die Besteuerung des Nacherben ist insoweit betroffen, als dieser teilweise die (endgültige) Steuer des Vorerben auf seine Steuerschuld aus dem Anfall der Nacherbschaft **anrechnen** kann. Von dieser Anrechnung ist lediglich die Steuer ausgeschlossen, die auf eine beim Vorerben trotz Eintritts der Nacherbfolge **verbleibende Bereicherung** entfällt (*Meincke*, ErbStG, 2012, § 6 Rz. 21; *Weinmann*, in Moench/Weinmann, ErbStG, § 6 Rz. 35).

4.2 Besteuerung des Nacherbfalls

38 Die Regelung des § 6 Abs. 3 S. 1 ErbStG bedeutet aus Sicht des Nacherben zunächst, dass dieser aufgrund des Eintritts der aufschiebenden Bedingung die Nacherbschaft nicht vom Vorerben, sondern vom **Erblasser** erwirbt. Damit ist der Besteuerung der Nacherbfolge das Verhältnis des Nacherben zum Erblasser zugrunde zu legen, was maßgeblichen Einfluss auf die **Steuerklasse** und den **persönlichen Freibetrag** hat. Ein Antrag auf Besteuerung im Verhältnis zur Person des Vorerben ist mangels Analogiefähigkeit des § 6 Abs. 2 S. 2 ErbStG nicht möglich (BFH v. 10.5.1972, II 78/64, BStBl II 1972, 765; *Weinmann*, in Moench/Weinmann, ErbStG, § 6 Rz. 32; dazu auch Rz. 31). Da die Erbschaftsteuer auf den Vorerbfall nach § 20 Abs. 4 ErbStG aus den Mitteln der Vorerbschaft zu entrichten ist, ist der Nacherbe insoweit auch nicht bereichert, wobei der Anrechnungsanspruch des Nacherben gem. § 6 Abs. 3 S. 2 ErbStG (Rz. 39 ff.) keine Auswirkungen auf den Wert der Nacherbschaft hat und diesen nicht erhöht (BFH v. 10.5.1972, II 78/64, BStBl II 1972, 765). Der Grundsatz

Vor- und Nacherbschaft § 6

der Versteuerung der Nacherbschaft im Verhältnis zum Erblasser **gilt auch** in den Fällen, in denen der Vorerbe vor Eintritt des die Nacherbschaft auslösenden Ereignisses verstirbt und der Vorerbe (zunächst) von seinen gesetzlichen oder testamentarischen Erben beerbt wird (*Gottschalk*, in T/G/J, ErbStG, § 6 Rz. 45). Eine Versteuerung im Verhältnis vom Nacherben zum Vorerben kann dadurch erreicht werden, dass der Vorerbe die Nacherbschaft vorzeitig herausgibt, was nach § 7 Abs. 1 Nr. 7 ErbStG zu einer Schenkung unter Lebenden des Vorerben an den Nacherben führt (Rz. 19; § 7 ErbStG Rz. 431 ff.; *Meincke*, ErbStG, 2012, § 6 Rz. 19).

4.3 Steueranrechnung

Die auf Seiten des Nacherben **anrechenbare Steuer** ist nach § 6 Abs. 3 S. 2 ErbStG die tatsächlich entrichtete Steuer des Vorerben abzüglich der Steuer, die dessen tatsächlicher Bereicherung entspricht. Die tatsächlich vom Vorerben entrichtete Steuer bemisst sich nach den Verhältnissen zum Zeitpunkt der **Steuerentstehung**, mithin nach dem Tod des Erblassers. Die Steuer auf die tatsächliche Bereicherung des Vorerben erfasst demgegenüber fiktiv den Vermögenszuwachs, den der Vorerbe aufgrund der auflösend bedingten und damit zeitlich beschränkten Stellung als Vorerbe erzielt hat (vgl. § 6 Abs. 3 S. 1 ErbStG). 39

Eine entsprechende **Bereicherung** des Vorerben kann unterschiedliche Ursachen haben. In Betracht kommen z. B. eine Entnahme von Gegenständen aus dem Nachlass mit dem Willen des Erblassers, Entnahmen ohne Ersatz (Surrogat) bei befreiter Vorerbenstellung und gezogene Nutzungen bzw. Erträge, die – entsprechend einem Nießbrauch – mit dem Kapitalwert angesetzt werden (vgl. §§ 13 ff. BewG). Da § 6 Abs. 3 S. 2 ErbStG auf die tatsächliche Bereicherung abstellt, sind andererseits **Aufwendungen** des Vorerben auf die Vorerbschaft bzw. gegenüber dem Nacherben bereicherungsmindernd abzuziehen (gl. A. *Gottschalk*, in T/G/J, ErbStG, § 6 Rz. 47). Dies gilt nach § 10 Abs. 8 ErbStG ausdrücklich nicht für die eigene Erbschaftsteuer des Vorerben (§ 10 ErbStG Rz. 290 ff.). Der **Bewertungsstichtag** für die tatsächliche Bereicherung des Vorerben ist nach h. M. der Zeitpunkt des Eintritts des Nacherbfalls (z. B. *Weinmann*, in Moench/Weinmann, ErbStG, § 6 Rz. 36; a. A. *Gottschalk*, in T/G/J, ErbStG, § 6 Rz. 47). 40

Die nach diesen Kriterien ermittelte **anrechenbare Steuer** entspricht nicht in jedem Fall der tatsächlich anzurechnenden Steuer. Angerechnet wird die Steuer des Vorerben lediglich in der Höhe der tatsächlichen Steuer des Nacherben; ist diese niedriger als die anrechenbare Steuer des Vorerben, kommt es faktisch zu einer **steuerlichen Überbelastung** (*Weinmann*, in Moench/Weinmann, ErbStG, § 6 Rz. 31). Der Anrechnungsanspruch des Nacherben gem. § 6 Abs. 3 S. 2 ErbStG erhöht jedoch in keinem Fall die Bereicherung des Nacherben (BFH v. 10.5.1972, II 78/64, BStBl II 1972, 765). 41

Beispiel:
Ein Erblasser setzt seine Ehefrau als Vorerbin ein, die gemeinsame Tochter soll mit Erreichen der Volljährigkeit Nacherbin werden. Bis zum Eintritt der Nacherbfolge hat die Vorerbin zulässigerweise aus der Vorerbschaft eine größere Summe Bargeld verbraucht und Nutzungen gezogen. Die Steuer, die die Vorerbin

Kobor 249

für den Erwerb der Vorerbschaft gezahlt hat, beläuft sich auf 200.000 EUR, die Steuer auf die der Vorerbin verbleibende Bereicherung aus dem Verbrauch des Bargelds und den gezogenen Nutzungen beträgt 75.000 EUR und die Steuer, die auf den Erwerb der Nacherbschaft durch die Tochter entfällt, beträgt 50.000 EUR. Die gem. § 6 Abs. 3 S. 2 ErbStG anrechenbare Steuer der Vorerbin beläuft sich auf 125.000 EUR (= 200.000 EUR ./. 75.000 EUR), womit die Steuer auf den Erwerb der Nacherbschaft 0 EUR beträgt. Da die anrechenbare Steuer der Vorerbin die Steuer der Nacherbin übersteigt, muss die Nacherbin im Ergebnis keine Steuer zahlen, allerdings erfolgt auch keine Erstattung der von der Vorerbin gezahlten und auf die Steuer der Nacherbin nicht anrechenbaren Steuer i. H. v. 75.000 EUR (= 125.000 EUR ./. 50.000 EUR).

5 Nachvermächtnisse und beim Tod des Beschwerten fällige Vermächtnisse oder Auflagen (§ 6 Abs. 4 ErbStG)

42 Nach § 6 Abs. 4 ErbStG stehen Nachvermächtnisse und beim Tod des Beschwerten fällige Vermächtnisse den Nacherbschaften gleich – seit der **Reform** des ErbStG durch das Gesetz vom 24.12.2008 (BGBl I 2008, 3018) mit Wirkung zum 1.1.2009 gilt dies ergänzend auch für **Auflagen**, die beim Tod des Beschwerten fällig werden. Eine entsprechende Gesetzesänderung war bereits im Rahmen des Entwurfs des Steuerbereinigungsgesetzes 1999 (BR-Drs. 475/99) vorgesehen, ist jedoch seinerzeit noch nicht umgesetzt worden.

5.1 Nachvermächtnis

43 Bei einem Nachvermächtnis gem. § 2191 Abs. 1 BGB muss der vermachte Gegenstand zu einem bestimmten Zeitpunkt oder mit einem bestimmten Ereignis einem anderen als dem Vermächtnisnehmer zugewendet werden; nach § 2191 Abs. 2 BGB sind die Vorschriften über die Nacherbschaft (§§ 2102ff. BGB) auf das Nachvermächtnis entsprechend anwendbar (Rz. 6; *Weidlich*, in Palandt, BGB, 2016, § 2191 Rz. 1). Nach § 6 Abs. 4 ErbStG steht das **Nachvermächtnis** auch für Zwecke der Erbschaftsteuer der **Nacherbschaft** gleich (FG Hamburg v. 3.10.1969, II 187/66, EFG 1970, 226, rkr.; FG München v. 24.7.1986, X 60/84 Erb, EFG 1987, 254, rkr.; R E 6 ErbStR 2011). Für die analoge Anwendung von § 6 Abs. 2 bzw. 3 ErbStG ist jeweils danach zu differenzieren, ob das Nachvermächtnis mit dem Tod des Vorvermächtnisnehmers oder durch ein sonstiges Ereignis eintritt (Rz. 25ff., 36ff.; BFH v. 19.4.1989, II R 189/85, BStBl II 1989, 623; *Gottschalk*, in T/G/J, ErbStG, § 6 Rz. 54). Überträgt der Nachvermächtnisnehmer sein Anwartschaftsrecht auf einen Dritten, gilt als vom Erwerber gem. § 3 Abs. 2 Nr. 6 ErbStG analog zugewendet, was als Entgelt für die Übertragung der Anwartschaft gewährt wird (§ 3 ErbStG Rz. 550; BFH v. 19.4.1989, II R 189/85, BStBl II 1989, 623).

5.2 Beim Tod des Beschwerten fällige Vermächtnisse

44 § 6 Abs. 4 ErbStG stellt auch beim Tod des Beschwerten fällige Vermächtnisse der Nacherbschaft gleich. Gem. § 2147 BGB kommt als Beschwerter sowohl ein Erbe,

als auch ein Vermächtnisnehmer in Betracht. Nach der entsprechend anwendbaren Regelung des § 6 Abs. 2 S. 1 ErbStG verwirklicht der Vermächtnisnehmer einen Erwerb von Todes wegen gem. § 3 Abs. 1 Nr. 1 ErbStG und **erwirbt** insoweit nicht vom Erblasser, sondern von der **Person des Beschwerten** (Rz. 27). Soweit dies steuerlich günstiger ist, kann gem. § 6 Abs. 2 S. 2 ErbStG analog beantragt werden, dass der Besteuerung das Verhältnis zum Erblasser zugrunde zu legen ist (R E 6 S. 6 ErbStR 2011; *Weinmann*, in Moench/Weinmann, ErbStG, § 6 Rz. 39; dazu auch Rz. 29ff).

Mit dem Tod des Beschwerten fällige Vermächtnisse spielen insbes. im Rahmen eines sog. **Berliner Testaments** nach § 2269 BGB eine Rolle, in dem sich die Ehegatten gegenseitig zu Erben und ihre Kinder als Schlusserben einsetzen und in diesem Zusammenhang bestimmen, dass den Kindern bereits beim Tod des erstversterbenden Elternteils Vermächtnisse zufallen sollen, die jedoch erst mit dem Tod des überlebenden Ehegatten fällig werden (R E 6 S. 2 ErbStR 2011; BFH v. 27.6.2006, II R 30/05, BStBl II 2007, 651; v. 27.8.2008, II R 23/06, BFH/NV 2009, 83; *Everts*, NJW 2008, 557; *Gottschalk*, in T/G/J, ErbStG, § 6 Rz. 55; *Weinmann*, in Moench/ Weinmann, ErbStG, § 6 Rz. 40; zum Berliner Testament auch § 15 ErbStG Rz. 70). Derartige Vermächtnisse stehen nach § 6 Abs. 4 ErbStG einer Nacherbschaft gleich und sind – sofern kein Antrag gem. § 6 Abs. 2 S. 2 ErbStG auf Versteuerung im Verhältnis zum Erblasser gestellt wird – als Erwerb vom überlebenden Elternteil zu versteuern (R E 6 S. 3 ErbStR 2011). Dies hat zur Konsequenz, dass weder beim Tod des erstversterbenden Ehegatten noch beim Tod des überlebenden Ehegatten eine die jeweilige Bereicherung durch Erbanfall mindernde Vermächtnislast i.S.d. § 10 Abs. 5 Nr. 2 ErbStG vorliegt. Nach Ansicht der FinVerw. ist jedoch beim Tod des überlebenden Ehegatten eine entsprechende Erblasserschuld nach § 10 Abs. 5 Nr. 1 ErbStG abzugsfähig (R E 6 S. 4 ErbStR 2011). Die gleichen Grundsätze gelten im Fall einer sog. **Jastrowschen Klausel**, bei der die Eheleute im Rahmen eines Berliner Testaments testamentarisch bestimmen, dass den Kindern, die beim Tod des erstversterbenden Elternteil den Pflichtteil nicht geltend machen, als Erwerb vom erstversterbenden Elternteil ein Vermächtnis im Wert des Pflichtteils zufallen soll, das erst mit dem Tod des überlebenden Elternteils fällig wird (*Weidlich*, in Palandt, BGB, 2016, § 2269 Rz. 11). Die Vermächtnisse werden grds. als Erwerb vom überlebenden Ehegatten besteuert (Rz. 27; R E 6 S. 5 ErbStR 2011).

§ 6 Abs. 4 ErbStG gilt angesichts seines eindeutigen Wortlauts („beim Tod des Beschwerten") nicht für **bedingte Vermächtnisse** oder solche, die von einem anderen künftigen Ereignis abhängig sind. In diesen Fällen liegt stets ein Erwerb durch Erbanfall nach § 3 Abs. 1 Nr. 1 ErbStG im Verhältnis zur Person des Erblassers vor, auf den auch § 6 Abs. 3 ErbStG keine analoge Anwendung findet (*Gottschalk*, in T/G/J, ErbStG, § 6 Rz. 55; *Geck*, in Kapp/Ebeling, ErbStG, § 6 Rz. 52; *Daragan*, DStR 1999, 393).

5.3 Beim Tod des Beschwerten fällige Auflagen

Bis zur **Reform** des ErbStG durch das Gesetz vom 24.12.2008 (BGBl I 2008, 3018) mit Wirkung zum 1.1.2009 wurden erbrechtliche Auflagen (§§ 1940, 2192 ff. BGB), die der Person des Begünstigten keinen unmittelbaren Anspruch gegen den Beschwerten einräumen, stets als Erwerb vom Erblasser besteuert (*Daragan*, DStR 1999, 393). Seither stehen auch **beim Tod des Beschwerten fällige Auflagen** der Nacherbschaft gleich, womit sie – wie bisher bereits entsprechende Vermächtnisse – nicht als Erwerb vom Erblasser, sondern vom Beschwerten zu versteuern sind (*Geck*, ZEV 2008, 5, 8; *Geck*, in Kapp/Ebeling, ErbStG, § 6 Rz. 51).

§ 7 Schenkungen unter Lebenden

(1) Als Schenkungen unter Lebenden gelten
1. jede freigebige Zuwendung unter Lebenden, soweit der Bedachte durch sie auf Kosten des Zuwendenden bereichert wird;
2. was infolge Vollziehung einer von dem Schenker angeordneten Auflage oder infolge Erfüllung einer einem Rechtsgeschäft unter Lebenden beigefügten Bedingung ohne entsprechende Gegenleistung erlangt wird, es sei denn, dass eine einheitliche Zweckzuwendung vorliegt;
3. was jemand dadurch erlangt, dass bei Genehmigung einer Schenkung Leistungen an andere Personen angeordnet oder zur Erlangung der Genehmigung freiwillig übernommen werden;
4. die Bereicherung, die ein Ehegatte oder ein Lebenspartner bei Vereinbarung der Gütergemeinschaft (§ 1415 des Bürgerlichen Gesetzbuchs) erfährt;
5. was als Abfindung für einen Erbverzicht (§§ 2346 und 2352 des Bürgerlichen Gesetzbuchs) gewährt wird;
6. (weggefallen)
7. was ein Vorerbe dem Nacherben mit Rücksicht auf die angeordnete Nacherbschaft vor ihrem Eintritt herausgibt;
8. der Übergang von Vermögen auf Grund eines Stiftungsgeschäfts unter Lebenden. ²Dem steht gleich die Bildung oder Ausstattung einer Vermögensmasse ausländischen Rechts, deren Zweck auf die Bindung von Vermögen gerichtet ist;
9. was bei Aufhebung einer Stiftung oder bei Auflösung eines Vereins, dessen Zweck auf die Bindung von Vermögen gerichtet ist, erworben wird. ²Dem steht gleich der Erwerb bei Auflösung einer Vermögensmasse ausländischen Rechts, deren Zweck auf die Bindung von Vermögen gerichtet ist, sowie der Erwerb durch Zwischenberechtigte während des Bestehens der Vermögensmasse. ³Wie eine Auflösung wird auch der Formwechsel eines rechtsfähigen Vereins, dessen Zweck wesentlich im Interesse einer Familie oder bestimmter Familien auf die Bindung von Vermögen gerichtet ist, in eine Kapitalgesellschaft behandelt;
10. was als Abfindung für aufschiebend bedingt, betagt oder befristet erworbene Ansprüche, soweit es sich nicht um einen Fall des § 3 Abs. 2 Nr. 5 handelt, vor dem Zeitpunkt des Eintritts der Bedingung oder des Ereignisses gewährt wird.

(2) ¹Im Falle des Absatzes 1 Nr. 7 ist der Versteuerung auf Antrag das Verhältnis des Nacherben zum Erblasser zugrunde zu legen. ²§ 6 Abs. 2 Satz 3 bis 5 gilt entsprechend.

(3) Gegenleistungen, die nicht in Geld veranschlagt werden können, werden bei der Feststellung, ob eine Bereicherung vorliegt, nicht berücksichtigt.

(4) Die Steuerpflicht einer Schenkung wird nicht dadurch ausgeschlossen, dass sie zur Belohnung oder unter einer Auflage gemacht oder in die Form eines lästigen Vertrags gekleidet wird.

(5) ¹Ist Gegenstand der Schenkung eine Beteiligung an einer Personengesellschaft, in deren Gesellschaftsvertrag bestimmt ist, dass der neue Gesellschafter bei

Auflösung der Gesellschaft oder im Fall eines vorherigen Ausscheidens nur den Buchwert seines Kapitalanteils erhält, werden diese Bestimmungen bei der Feststellung der Bereicherung nicht berücksichtigt. ²Soweit die Bereicherung den Buchwert des Kapitalanteils übersteigt, gilt sie als auflösend bedingt erworben.

(6) Wird eine Beteiligung an einer Personengesellschaft mit einer Gewinnbeteiligung ausgestattet, die insbesondere der Kapitaleinlage, der Arbeits- oder der sonstigen Leistung des Gesellschafters für die Gesellschaft nicht entspricht oder die einem fremden Dritten üblicherweise nicht eingeräumt würde, gilt das Übermaß an Gewinnbeteiligung als selbstständige Schenkung, die mit dem Kapitalwert anzusetzen ist.

(7) ¹Als Schenkung gilt auch der auf dem Ausscheiden eines Gesellschafters beruhende Übergang des Anteils oder des Teils eines Anteils eines Gesellschafters einer Personengesellschaft oder Kapitalgesellschaft auf die anderen Gesellschafter oder die Gesellschaft, soweit der Wert, der sich für seinen Anteil zur Zeit seines Ausscheidens nach § 12 ergibt, den Abfindungsanspruch übersteigt. ²Wird auf Grund einer Regelung im Gesellschaftsvertrag einer Gesellschaft mit beschränkter Haftung der Geschäftsanteil eines Gesellschafters bei dessen Ausscheiden eingezogen und übersteigt der sich nach § 12 ergebende Wert seines Anteils zur Zeit seines Ausscheidens den Abfindungsanspruch, gilt die insoweit bewirkte Werterhöhung der Anteile der verbleibenden Gesellschafter als Schenkung des ausgeschiedenen Gesellschafters. ³Bei Übertragungen im Sinne des § 10 Abs. 10 gelten die Sätze 1 und 2 sinngemäß.

(8) ¹Als Schenkung gilt auch die Werterhöhung von Anteilen an einer Kapitalgesellschaft, die eine an der Gesellschaft unmittelbar oder mittelbar beteiligte natürliche Person oder Stiftung (Bedachte) durch die Leistung einer anderen Person (Zuwendender) an die Gesellschaft erlangt. ²Freigebig sind auch Zuwendungen zwischen Kapitalgesellschaften, soweit sie in der Absicht getätigt werden, Gesellschafter zu bereichern und soweit an diesen Gesellschaften nicht unmittelbar oder mittelbar dieselben Gesellschafter zu gleichen Anteilen beteiligt sind. ³Die Sätze 1 und 2 gelten außer für Kapitalgesellschaften auch für Genossenschaften.

Inhalt		Rz.
1	Allgemeines	1–29
1.1	Verhältnis zu § 1 ErbStG	1
1.2	Verhältnis zu anderen Vorschriften	2–9
1.3	Freigebige Zuwendung und Schenkung i. S. d. BGB	10–29
2	Freigebige Zuwendungen (§ 7 Abs. 1 Nr. 1 ErbStG)	30–119
2.1	Zuwendungstatbestand	30–38
2.2	Zuwendungsgegenstand	39–119
2.2.1	Allgemeines	39–54
2.2.2	Mittelbare Zuwendung	55–71
2.2.3	Zuwendungsgegenstand im Kapitalgesellschaftsrecht	72–119
3	Empfänger der Zuwendung (Bedachter)	120–159

4	Entreicherung	160–199
5	Bereicherung	200–249
6	Objektive Unentgeltlichkeit	250–299
7	Subjektiver Tatbestand	300–329
8	Gemischt-freigebige Zuwendung	330–359
9	Schenkung unter Auflage	360–389
10	Schenkung unter Auflage oder Erfüllung einer Bedingung (§ 7 Abs. 1 Nr. 2 ErbStG)	390–399
11	Erwerb durch Dritte vor einer genehmigungspflichtigen Zuwendung (§ 7 Abs. 1 Nr. 3 ErbStG)	400–409
12	Vereinbarungen der Gütergemeinschaft (§ 7 Abs. 1 Nr. 4 ErbStG)	410–419
13	Abfindungen für Erb- und Pflichtteilsverzicht (§ 7 Abs. 1 Nr. 5 ErbStG)	420–429
14	Abfindung bei vorzeitigem Erbausgleich (§ 7 Abs. 1 Nr. 6 ErbStG a. F.)	430
15	Herausgabe des Vorerbschaftsvermögens (§ 7 Abs. 1 Nr. 7 ErbStG)	431–439
16	Erwerb bei Errichtung einer Stiftung oder Bildung eines Trusts (§ 7 Abs. 1 Nr. 8 ErbStG)	440–459
17	Aufhebung der Stiftung, Auflösung des Vereins oder Trusts (§ 7 Abs. 1 Nr. 9 ErbStG)	460–479
18	Abfindung für aufschiebend bedingte Ansprüche (§ 7 Abs. 1 Nr. 10 ErbStG)	480–489
19	Vorzeitige Herausgabe von Nacherbschaftsvermögen (§ 7 Abs. 2 ErbStG)	490–494
20	Gegenleistungen ohne Geldwert (§ 7 Abs. 3 ErbStG)	495–499
21	Schenkung zur Belohnung unter Auflage oder in Form eines lästigen Vertrags (§ 7 Abs. 4 ErbStG)	500–509
22	Schenkung eines Gesellschaftsanteils bei Buchwertklausel (§ 7 Abs. 5 ErbStG)	510–519
23	Schenkung eines Gesellschaftsanteils mit überhöhter Gewinnbeteiligung (§ 7 Abs. 6 ErbStG)	520–539
24	Ausscheiden eines Gesellschafters zu einem unter dem gemeinen Wert liegenden Abfindungsentgelt (§ 7 Abs. 7 ErbStG)	540–548
25	Leistungen an Kapitalgesellschaften (§ 7 Abs. 8 ErbStG)	549–599
25.1	Überblick	549–553
25.2	Neuregelung des § 7 Abs. 8 S. 1 ErbStG	554–573
25.2.1	Tatbestand	554–557
25.2.2	Überschießender Charakter des Tatbestands	558–565
25.2.2.1	Beispielsfälle	558
25.2.2.2	Zweifel an der Verfassungskonformität	559–560
25.2.2.3	Teleologische Reduktion des Anwendungsbereichs	561–565
25.2.3	Freigebige Zuwendung im Valutaverhältnis als „ungeschriebenes" Tatbestandsmerkmal	566–573
25.2.3.1	Rechtsverhältnis zwischen Leistendem und Bedachtem	567
25.2.3.2	Entreicherung	568

25.2.3.3	Bereicherung	569
25.2.3.4	Bereicherungswille des Leistenden	570–573
25.3	Neuregelung des § 7 Abs. 8 S. 2 ErbStG	574–599
25.3.1	Konzernsachverhalte	574–578
25.3.2	Weitere Anwendungsfälle	579–599
26	Sanierungsgewinn als Schenkungsteuerproblem	600

Schrifttum

Benz/Böing, Schenkungsteuer im Konzern?, DStR 2010, 1157; *Binnewies*, Keine Schenkung der Gesellschaft bei Ausschüttungen an Gesellschafter oder nahestehende Personen, GmbHR 2013, 449; *Birnbaum*, Die verdeckte Gewinnausschüttung wird schenkungsteuerpflichtig, DStR 2011, 252; *Carlé*, Der Trust als Gestaltungselement der Nachfolgeplanung – Zivil- und steuerrechtliche Aspekte, KÖSDI 1999, 11839; *Christ*, Auswirkungen von unentgeltlichen Leistungen bei Kapitalgesellschaften auf Gesellschafter, Mitgesellschafter sowie nahe stehende Personen, ZEV 2011, 10; *Christ*, Erbschaft- und Schenkungsteuer als Gestaltungsrisiko in der bewährten Unternehmenspraxis, in: *Christ/Fischer*, Steuerrecht und Markt – Wie „unternehmerfreundlich" ist das deutsche Unternehmenssteuerrecht?, 2014, S. 13; *Crezelius*, Unverzinsliches Darlehen und Schenkungsteuerrecht, BB 1978, 621; *Crezelius*, Schenkungsteuerrechtliche Beurteilung gemischter Schenkungen, BB 1979, 1404; *Crezelius*, Erbschaft- und Schenkungsteuerrecht in zivilrechtlicher Sicht (Diss.), 1979; *Crezelius*, Schenkungssteuer bei unentgeltlicher Überlassung von Darlehen, BB 1979, 1594; *Crezelius*, Mittelbare Grundstücksschenkung bei Übernahme von Baukosten, NWB Fach 10, 613; *Crezelius*, Die Entwicklung des Erbschaftsteuerrechts in den letzten 100 Jahren, FR 2007, 613; *Crezelius*, Verdeckte Gewinnausschüttungen zwischen Zivilrecht, Ertragsteuerrecht und Schenkungsteuerrecht, ZEV 2008, 268; *Daragan*, Werterhöhung, objektive Bereicherung und freigebige Zuwendung im Schenkungsteuerrecht, DStR 1998, 1241; *Daragan*, Erwerb des Herausgabeanspruchs aus einem Treuhandverhältnis im Erbschaft- und Schenkungsteuerrecht, DB 2005, 2210; *Dernburg*, Bürgerliches Recht, Bd. II/2, 4. Aufl., 1915; *Ebbinghaus/Osenroth/Hinz*, Schuldübernahme durch Gesellschafter als Sanierungsinstrument unter Berücksichtigung der Schenkungsteuer, BB 2012, 1374; *Felix*, Vergleichsweises Ausscheiden unter Steuerwert aus Gesellschaften – kein Fall des § 7 Abs. 7 ErbStG, DStZ 1991, 275; *Fischer*, Die Unentgeltlichkeit im Zivilrecht, 2002; *Fischer*, Die Neuregelung des § 7 Abs. 8 ErbStG durch das BeitrRLUmsG, ZEV 2012, 77; *Flume*, Das Rechtsgeschäft, 4. Aufl., 1992; *Förster/Walla*, Disquotale Einlage bei personenbezogenen Kapitalgesellschaften, FR 2015, 961; *Fromm*, Kettenschenkung statt Schenkung unter Auflage – eine steueroptimale Gestaltung, DStR 2000, 453; *Füger/v. Oertzen*, Die neue Trustbesteuerung in der Erbschafts- und Schenkungsteuer, IStR 1999, 11; *Gebel*, Schenkung von Anteilen an der Betriebskapitalgesellschaft im Zuge einer Betriebsaufspaltung, DStR 1992, 1341; *Gebel*, Freigebige Zuwendungen durch Leistungen ins Vermögen einer Kapitalgesellschaft, BB 1998, 510; *Gebel*, Zusammenfassung mehrerer Zuwendungen bei der Steuerberechnung und der Steuerfestsetzung, ZEV 2001, 213; *Gebel*, Teilschenkung oder gemischte Schenkung bei mittelbarer Zuwendung von Anteilen an Personen- und Kapitalgesellschaften, DStR 2003, 622; *Geck*, Die Übertragung unter Nießbrauchsvorbehalt nach Aufhebung des § 25 ErbStG durch das ErbStRG, DStR 2009, 1005; *Götz*, Die Bedeutung des § 14 Abs. 2 BewG bei Zuwendungen unter Nießbrauchsvorbehalt, DStR 2009, 2233; *Götz/Hülsmann*, Surrogation beim Vorbehaltsnießbrauch: Zivilrechtliche und schenkungsteuerliche Aspekte, DStR 2010, 2377; *Götz*, Zuwendungen von Kapitalgesellschaften, ZEV 2015, 624; *Gottschalk*, Substanzielle Vermögensverschiebung auf Gesellschafterebene bei Leistungen in das Gesellschaftsvermögen einer GmbH, DStR 2000, 1798; *Gottschalk*, Leistungen in das Gesellschaftsvermögen einer GmbH als freigebige Zuwendung gem. § 7 Abs. 1 Nr. 1 ErbStG, 2001; *Habammer*, Der ausländische Trust im deutschen Ertrag- und Erbschaft-/Schenkungsteuerrecht, DStR 2002, 425; *Hannes/Otto*, Der Treuhand-Erlass – eine Verwaltungsanweisung contra legem?, ZEV 2005, 464; *Hartmann*, Peanuts, ein Beitrag zur Schneider-Pleite aus schenkungsteuerlicher Sicht, UVR 1996, 39; *Hartmann*, Geschenke an „Geschäftsfreunde", DStZ 1998, 509; *Hartmann*, Unentgeltliche Zuwendungen an Arbeitnehmer unterliegen der Schenkungsteuer, FR 2000, 1014; *Hasbach*, Gesellschaftsvertragliche Abfindungsklauseln in der Erbschaft- und Schenkungsteuer (Diss.), 2014; *Holthusen*, Streitfragen im Rahmen der Neuregelung des § 7 Abs. 8 ErbStG, ZEV 2016, 311; *Hucke*, Bleibt die disquotale Einlage in eine Kapitalgesellschaft schenkungsteuerfrei?, BB 2001, 1932; *Hübner*, Verdeckte Zuwendungen im Umfeld von Kapitalgesellschaften, DStR 1997, 897; *Hübner*, Disqoutale Gewinnausschüttungen und Einlagen im Schenkungsteuerrecht- eine unendliche Geschichte, DStR 2008, 1357; *Hübner*, Unentgeltliche Übertragung eines Gesellschaftergrundstücks auf Kapitalgesellschaft nicht grunderwerbsteuerfrei, DStR 2008, 147; *Jochum*, Ist die Schenkungsteuer eine Unternehmensteuer?, UVR 2004, 265; *Jülicher*, ErbStG: Bei der Trustbesteuerung wird noch „eine Schippe" nachgelegt, IStR 1999, 202; *Jülicher*, Treuhandverhältnisse im Erbschaftsteuerrecht, DStR 2001, 2177; *Jülicher*, Steuerlast bei Schenkungen unter aufschiebender Bedingung, ZErb 2006, 243; *Kahlert/Schmidt*, Löst ein Forderungsverzicht zu Sanierungszwecken nach § 7 Abs. 8 ErbStG Schenkungsteuer aus?, DStR 2012, 1208; *Kamps*, Schenkungsteuerpflicht verdeckter Gewinnausschüttungen durch Leistungen der Kapitalgesellschaft an Gesellschafter und deren nahe Angehörige, Stbg 2006, 107; *Kemmer*, Besonderheiten bei letztwilligen Verfügungen zu Gunsten kirchlicher juristischer Personen, ZEV 2004, 492; *Klaas*, Gestaltungsmöglichkeiten zur Vermeidung fiktiver Schenkungen – zur Anwendung des § 7 Abs. 7 ErbStG bei Personengesellschaften –, WPg 1991, 537; *Knobbe-Keuck*, Erbschaftsteuer bei unengeltlichem Erwerb von Gesellschaftsanteilen, StBerJB 1978/79, 413; *Korezkij*, Schenkungen unter Beteiligung von Kapitalgesellschaften – Überlegungen und Anwendungsbeispiele zu § 7 Abs. 8 und § 15 Abs. 4 ErbStG, DStR 2012, 163; *Kreutzinger*, Schenkungsteuerliche Auswirkungen beim Ausscheiden eines Gesellschafters aus einer Freiberuflerpraxis, ZEV 2013, 252; *Liebisch*, Das Wesen der unentgeltlichen Zuwendungen unter Lebenden im bürgerlichen Recht und Reichssteuerrecht, 1927; *Loose*, Schenkung mittels verdeckter Gewinnausschüttung?, DB 2013, 1080; *Lüdicke/Kaiser*, Die erbschaft- und schenkungsteuerliche Behandlung der Übertragung treuhänderisch gehaltener Kommanditbeteiligungen, DStR 2005, 1926; *Medicus*, Bürgerliches Recht, 21. Aufl., 2007; *Meincke*, Wandlungen in der Rechtsprechung des BFH zur gemischten Schenkung, ZEV 1994, 17; *Michalski*, GmbHG, Band 2, 2002; *Mückl*, Sponsoring und Schenkungsteuer, StuW

2007, 122; *Münch*, Kompensation ist keine Schenkung! – Ein familienrechtlicher Zwischenruf zur Wahrung einer einheitlichen Rechtsordnung, DStR 2008, 26; *Münchener Kommentar*, Band 3, 5. Aufl., 2008; *Ostermeyer/Erhart*, Schenkungsteuer ohne objektive Bereicherung? Probleme mit § 7 Abs. 7 ErbStG, BB 2005, 2044; *Ostermeyer/Riedel*, Hinauskündigungsklauseln: Gesellschaftsrechtliche Zulässigkeit führt zu steuerpflichtigen Schenkungen, BB 2006, 1662; *Pach-Hanssenheimb*, Der Verschonungsabschlag bei gemischten Schenkungen, DStR 2009, 466; *Pohlmann*, Das von Ehegatten geführte Oder-Konto (Diss.), 2002; *Potsch/Urbach*, Leistungen zwischen Kapitalgesellschaften und ihren Gesellschaftern aus schenkungsteuerlicher Sicht, KÖSDI 2012, 17747; *Pruskowski*, Das Merkmal der Zuwendung im Tatbestand der Schenkung (Diss.), 1987; *v. Oertzen*, Zur erbschaftsteuerlichen Behandlung treuhänderisch gehaltener Vermögensgegenstände, ZEV 2005, 341; *Reuter/Martinek*, Ungerechtfertigte Bereicherung, 1983; *Reymann*, Schwiegerkinderzuwendungen im steuerlichen und zivilrechtlichen Zielkonflikt, ZEV 2009, 55; *Richter/Fürwentsches*, Unentgeltliche Übertragung von Treuhand-Kommanditanteilen, DStR 2010, 2070; *Rodewald/Mentzel*, Schenkungsteuer und gesellschaftsrechtliche Gestaltungen in der GmbH, GmbHR 2015, 841; *Rödl/Seifried*, Treuhandverhältnisse im Erbschaft- und Schenkungsteuerrecht, BB 2006, 20; *Roth/Altmeppen*, GmbHG, 5. Aufl., 2005; *Schreiber*, Gemischte Verträge im Reichsschuldrecht, JherJb. 60 (1912), 106; *Scholz*, GmbHG, 10. Aufl., 2006; *Schuck/Schuck*, Für Großeltern: Enkelfonds als Sicherungsinstrument für die Familie, in FS für Hans Flick, 1997, 385; *Schütz*, Die Besteuerung ausländischer, insbesondere liechtensteinischer Familienstiftungen und ihrer Begünstigten in Deutschland, DB 2008, 803; *Schulte/Petschulat*, Die subjektive Seite der disquotalen Einlage im Schenkungsteuerrecht – § 7 Abs. 8 S. 1 ErbStG, BB 2013, 471; *Schulte/Petschulat*, Disquotale Einlagen und verdeckte Gewinnausschüttungen im Schenkungsteuerrecht, 2013, IFSt-Schrift Nr. 484; *Schulze-Osterloh*, Der „Bereicherungswille" bei der freigebigen Zuwendung im Schenkungsteuerrecht, StuW 1977, 122; *Seifried*, Gemischte Schenkung: Ansatz aufschiebend bedingter Gegenleistungspflichten erst nach Bedingungseintritt; Verkehrswert von Rentenverpflichtungen, ZEV 2006, 278; *Staudinger*, Kommentar zum Bürgerlichen Gesetzbuch, Buch 2 Schenkungsrecht, Neubearb. 2005; *Steiner*, Der Sponsor in der Schenkungsteuerfalle?, ErbStB 2007, 204; *Steiner*, Unentgeltliche Nutzungsüberlassung, ErbStB 2007, 110; *Van Lishaut/Ebber/Schmitz*, Die schenkung- und ertragsteuerliche Behandlung disquotaler Einlagen und disquotaler Gewinnausschüttungen, Ubg 2012, 1; *Viskorf*, Aktuelle Rechtsentwicklung im Schenkungsteuerrecht bei Zuwendungen im betrieblichen Bereich, Stbg 1998, 337; *Viskorf*, Kann die Werterhöhung eines im Vermögen vorhandenen Gegenstandes schenkungsteuerrechtlich zur objektiven Bereicherung führen?, DStR 1998, 150; *Viskorf*, Die Zulassung Dritter zur Übernahme neuer Anteile an einer GmbH gegen Einlage unter dem Verkehrswert unterliegt der Schenkungssteuer, FR 2001, 910; *Viskorf*, Tatsächliche Dauer einer Leibrente für die Ermittlung der Bereicherung ohne Bedeutung, FR 2002, 96; *Viskorf*, Mittelbare Grundstücksschenkungen, ErbR 2006, 44; *Viskorf, S./Haag/Kerstan*, Verdeckte Einlagen und verdeckte Gewinnausschüttungen im Schenkungsteuerrecht, NWB 2012, 927; *Wachter*, Störungen der Geschäftsgrundlage im Schenkungsteuerrecht, ZEV 2002, 176; *Wachter*, Erbschaft- und Schenkungsteuer bei der Übertragung treuhänderisch gehaltener Vermögensgegenstände, DStR 2005, 1844; *Weber/Zürcher*, Keine Schenkungsteuerbarkeit der Übertragung von Vermögen auf eine liechtensteinische Familienstiftung als (unechte) Treuhänderin, DStR 2008, 803; *Wefers/ Carlé*, Freigebige Zuwendungen unter Ehegatten – Gemeinsamer Tisch, gemeinsames Bett, gemeinsames Konto?, ErbStB 2013, 48; *Wieling*, Sachenrecht I, 2. Aufl., 2006.

1 Allgemeines

1.1 Verhältnis zu § 1 ErbStG

Nach § 1 Abs. 1 Nr. 2 ErbStG unterliegen „Schenkungen unter Lebenden" der Erbschaftsteuer (Schenkungsteuer). § 7 ErbStG erläutert im Einzelnen die Vorgänge, die als Schenkungen unter Lebenden gelten. § 7 Abs. 1 Nr. 1 ErbStG bezeichnet als **Grundtatbestand** jede **freigebige Zuwendung unter Lebenden**. Schenkungen i.S.d. Bürgerlichen Rechts und sonstige freigebige Zuwendungen unter Lebenden werden unter dem Oberbegriff „Freigebige Zuwendungen" zusammengefasst. Daraus folgt, dass die Schenkung eine Unterart der freigebigen Zuwendung darstellt, d.h., dass jede **Schenkung i.S.d. Bürgerlichen Rechts (§§ 516ff. BGB)** immer auch eine Zuwendung i.S.d. § 7 Abs. 1 Nr. 1 ErbStG ist (RFH v. 21.5.1931, I D 1/30, RStBl 1931, 559). Neben dem Grundtatbestand des § 7 Abs. 1 Nr. 1 ErbStG haben die anderen in **§ 7 Abs. 1 Nr. 2 bis 10 ErbStG** genannten Erwerbsvorgänge die Funktion von **Ersatz- und Ergänzungstatbeständen**. Drei weitere Tatbestände der Schenkung unter Lebenden werden in § 7 Abs. 6, 7, 8 ErbStG genannt. Der Katalog der Tatbestände in § 7 Abs. 1, 6, 7, 8 ErbStG ist abschließend (*Weinmann*, in Moench/Weinmann, ErbStG, § 7 Rz. 1; a.A. *Kapp/Ebeling*, ErbStG, § 7 Rz. 2). § 7 Abs. 2 bis 5 ErbStG sind keine Steuertatbestände, sondern setzen die Steuerbarkeit voraus und regeln ergänzende Details. 1

1.2 Verhältnis zu anderen Vorschriften

Das ErbStR bezweckt zunächst die Besteuerung des Erwerbs von Todes wegen (§ 1 Abs. 1 Nr. 1 ErbStG). Allerdings ließe sich die Erbschaftsteuerpflicht leicht umgehen, wenn sich ohne steuerrechtliche Konsequenzen bereits zu Lebzeiten des Erblassers die Vermögenswerte auf die künftigen Erben übertragen ließen. Demzufolge ist es nahe liegend, dass § 1 Abs. 1 Nr. 2 ErbStG als steuerpflichtige Vorgänge auch die Schenkungen unter Lebenden erfasst. § 3 ErbStG und § 7 ErbStG erläutern im Einzelnen, welche Vorgänge als Erwerbe von Todes wegen bzw. als Schenkungen unter Lebenden besteuert werden. Da § 3 ErbStG die Erbschaftsteuerpflicht auch auf Tatbestände erstreckt, die nicht durch das Erbrecht definiert werden, also aus Rechtsgeschäften unter Lebenden resultieren, folgt daraus ein grundsätzlicher **Vorrang der Besteuerung nach § 3 ErbStG vor der Besteuerung nach § 7 ErbStG**. Die Schenkung auf den Todesfall (§ 3 Abs. 1 Nr. 2 ErbStG) und der Erwerb von Todes wegen aufgrund eines Vertrages zu Gunsten Dritter (§ 3 Abs. 1 Nr. 4 ErbStG) sind ebenso vorrangig nach § 3 ErbStG zu besteuern, wie die unter die Ergänzungstatbestände des § 3 Abs. 2 Nr. 4 bis 7 ErbStG zu subsumierenden Vorgänge. Ausnahmsweise hat der BFH dem § 3 Abs. 1 Nr. 2 S. 1 ErbStG eine Auffangfunktion im Verhältnis zu § 7 2

Abs. 1 Nr. 1 ErbStG zugewiesen (BFH v. 5.12.1990, II R 109/86, BStBl II 1991, 181). In dem der Entscheidung zugrunde liegenden Sachverhalt ging es zwar um die Konstellation einer Schenkung auf den Todesfall, allerdings unter der Besonderheit einer sog. auflösenden Bedingung. Soweit man diese überhaupt unter § 2301 BGB subsumiert (§ 3 ErbStG Rz. 426), kommt der BFH trotzdem zu einem Vorrang des § 7 Abs. 1 Nr. 1 ErbStG, weil der Vollzug der Schenkung durch Leistung des Gegenstandes noch zu Lebzeiten des Schenkers (auflösend bedingt) erfolgt ist.

3 Obwohl die Funktion des § 7 ErbStG darin besteht, eine **Besteuerungslücke durch eine Vorwegnahme des durch den Erbfall ausgelösten Vermögensübergangs** zu schließen, werden auch Zuwendungsvorgänge erfasst, die keinen Erwerb in vorweggenommener Erbfolge bezwecken bzw. voraussetzen (*Gebel*, in T/G/J, ErbStG, § 7 Rz. 5). Schenkungen unter Lebenden setzen also als Beweggrund für die Vermögensübertragung nicht die künftige Erbfolge als Geschäftsgrundlage oder zumindest Motiv der rechtsgeschäftlichen Übertragung voraus.

4 Rechtsfolge der Tatbestände des § 7 Abs. 1, 6, 7, 8 ErbStG ist die Steuerbarkeit einer Schenkung unter Lebenden. Daran anknüpfend wird in § 10 ErbStG der steuerpflichtige Erwerb umschrieben. Während das Prüfungsmerkmal der Bereicherung bei § 7 Abs. 1 ErbStG die freigebige Zuwendung von sonstigen Vermögensverschiebungen abgrenzen soll, wird unter der Bereicherung nach § 10 Abs. 1 S. 1 ErbStG der Wert verstanden, welcher sich nach der Wertbeimessung gem. § 12 ErbStG nach Berücksichtigung von möglichen Abzugsbeträgen (§§ 5, 13, 13a, 13c, 16, 17, 18 ErbStG) als steuerpflichtiger Erwerb ergibt (*Götz*, in Wilms/Jochum, ErbStG, § 7 Rz. 7). Nach der allgemeinen Systematik folgt daraus ein **Vorrang der Steuerbarkeit nach § 7 ErbStG vor der Steuerpflichtigkeit nach § 10 ErbStG**. Dies bedeutet, dass bei der Feststellung der Steuerbarkeitsvoraussetzungen nach § 7 ErbStG die Regelungen der §§ 10ff. ErbStG, die die steuerliche Bemessungsgrundlage festlegen, zunächst noch unberücksichtigt bleiben müssen (*Meincke*, ErbStG, 2012, § 7 Rz. 5). Die steuerliche Bereicherung ist zwar Bemessungsgrundlage, nicht aber Gegenstand der Besteuerung.

5 **Besteuerungsgegenstand** ist der durch einen steuerbaren Vorgang **im Steuerentstehungszeitpunkt eingetretene Vermögenszuwachs**. Dieser wiederum ist Ergebnis einer Vermögensverschiebung im Rechtssinne (*Gebel*, in T/G/J, ErbStG, § 7 Rz. 6, *Gebel/Gottschalk*, in T/G/J, ErbStG, § 9 Rz. 8). Daran zeigt sich das enge systematische Zusammenspiel der **Steuerbarkeit nach § 7 ErbStG und der Steuerentstehung nach § 9 Abs. 1 Nr. 2 ErbStG**. Für die Steuerbarkeit entscheidend ist der Wechsel der Rechtszuständigkeit in Folge einer rechtsgeschäftlichen Verfügung und nicht das schuldrechtliche Kausal- oder Verpflichtungsgeschäft, welches den Gegenstand und den Umfang der Zuwendung festschreibt. Werden z.B. ein bestehender und ein erst künftig durch Kapitalerhöhung neu entstehender GmbH-Geschäftsanteil in einer notariellen Urkunde übertragen, handelt es sich trotzdem um zwei voneinander zu unterscheidende Zuwendungen; der Zeitpunkt der Ausführung der jeweiligen Zuwendung ist für jeden der Geschäftsanteile eigenständig zu beurteilen (BFH v. 20.1.2010, II R 54/07, BFH/NV 2010, 713 = BStBl II 2010, 463). In dem Sonderfall des § 7 Abs. 7 ErbStG tritt der Vermögensübergang durch Anwachsung kraft Gesetzes und damit nicht auf rechtsgeschäftlicher Grundlage

ein. Ausnahmsweise liegt nach der Rspr. des BFH der Ausführungszeitpunkt bei der Übereignung von Grundstücken vor dem Übergang des Eigentums (§ 9 ErbStG Rz. 100ff.).

Nach einhelliger Ansicht wird demzufolge ein **(formwirksames) Schenkungsversprechen**, welches einen Anspruch begründet, noch **nicht als Zuwendung gewertet**, die eine Besteuerung auslöst (RFH v. 7.1.1921, I D 3/20, RStBl 1921, 157; BFH v. 28.11.1967, II 72/63, BStBl II 1968, 239). Daran ändert sich auch nichts, wenn zur Sicherung des (künftigen) Anspruchs eine Vormerkung in das Grundbuch eingetragen wird (BFH v. 28.10.2009, II R 32/08, BFH/NV 2010, 893). Dies stimmt grundsätzlich mit dem aus dem Parteiwillen abzuleitenden Zuwendungsgegenstand überein, weil die Parteien des Schenkungsvertrages regelmäßig nicht die Forderung, sondern den in der Forderung in Bezug genommenen Gegenstand zuwenden wollen (*Meincke*, ErbStG, 2012, § 7 Rz. 46 unter Hinweis darauf, dass die Schenkungsabrede auch auf die Forderungsbegründung abzielen könne). Die Freistellung des Schenkungsversprechens legt bereits der Wortlaut der §§ 7 Abs. 1 Nr. 1, 9 Nr. 1, Abs. 2 ErbStG nahe, doch spricht überdies auch die Entstehungsgeschichte klar dafür, dass eine Besteuerung vom Gesetzgeber nicht beabsichtigt war (*Meincke*, ErbStG, 2012, § 7 Rz. 47 m.w.N). 6

Wenn demgegenüber der Zuwendungsgegenstand selbst in einer Forderungsbegründung oder in der Begründung eines nach §§ 413, 398 BGB abzutretenden Rechts liegt, tritt die für § 7 ErbStG relevante Vermögensverschiebung bereits mit der Begründung der Forderung bzw. des Rechtes ein. Nach den Ausführungen des RFH (RFH v. 17.5.1922, VI A 117/22, RFHE 9, 276) kann die Bereicherung, die bereits mit dem Entstehen eines Anspruches entsteht, nur dann vernachlässigt werden, wenn „die Anschauungen des Verkehrs das Verhältnis zwischen dem Gläubiger und dem Schuldner noch als von den Vorschriften über die Schenkung beherrscht ansehen und deshalb eine Einziehung wider den Willen des Schuldners und eine Abtretung missbilligen". Demzufolge ist von einer steuerbaren Vermögensverschiebung auszugehen, wenn dem Beschenkten schenkweise eine wirksame Darlehensforderung gegen den Schenker eingeräumt wird (RFH v. 28.5.1929, V e A 850/28, RStBl 1929, 497) oder wenn dem Empfänger schenkweise eine Einlage als stiller Gesellschafter (RFH v. 26.9.1923, VI A 65/23, RStBl 1923, 401) oder eine Unterbeteiligung (RFH v. 26.10.1922, VI A 178/22, RStBl 1923, 130; BFH v. 22.8.1962, II 283/58 U, BStBl III 1962, 502) zugewendet wird. Wendet der Schenker dem Beschenkten einen bestimmten Geldbetrag mit der Bestimmung zu, dass der Beschenkte ihm diesen zugleich darlehensweise überlassen müsse, ist der Vorgang zivilrechtlich entweder als schenkweise Einräumung einer Darlehensforderung (OLG Hamm v. 13.3.1978, 15 W 58/78, OLGZ 78, 422; *J. Koch*, in MünchKomm, BGB, § 516 Rz. 12) oder – was dogmatisch stimmiger erscheint – als Geldschenkung unter Auflage (so m.E. zutreffend *Pruskowski*, Das Merkmal der Zuwendung im Tatbestand der Schenkung (Diss.), 1987, 124ff.) zu werten. Geht man von einer Schenkung der Darlehensforderung aus, spricht dies für die sofortige Steuerbarkeit und Ausführung i.S.d. § 9 Abs. 1 Nr. 2 ErbStG (*Meincke*, ErbStG, 2012, § 9 Rz. 41). Geht man demgegenüber von einer Geldschenkung unter Auflage aus, ist der Vorgang nach seinem rechtlichen und wirtschaftlichen Gehalt als Schenkungsver- 7 sprechen zu qualifizieren (BFH v. 12.2.1992, X R 121/88, BStBl II 1992, 468; BMF v. 1.12.1992, IV B 2 – S 2144-76/92, BStBl I 1992, 729). Demzufolge ist die Steuerbarkeit erst mit der Rückzahlung des Darlehens gegeben.

8 Mit der Steuerentstehung nach § 9 ErbStG wird auch der Zeitpunkt festgelegt, zu dem der vom **Tatbestand erfasste Vermögensübergang schenkungsteuerrechtlich abgeschlossen** ist. Daraus folgt im Umkehrschluss, dass die Nichtdurchführung des Schenkungsversprechens bzw. der Verzicht des Beschenkten auf seinen Anspruch bei dem Schenker nicht als steuerbare Vermögensmehrung gewertet werden kann (BFH v. 24.7.2002, II R 33/01, BStBl II 2002, 781). Da das Gesetz in dem unentgeltlichen Forderungserwerb durch ein notarielles Schenkungsversprechen noch keine schenkungsteuerrechtlich relevante Wertbewegung sieht, muss auch der **unentgeltliche Forderungserlass** ein nicht steuerbarer Vorgang sein (*Meincke*, ErbStG, 2012, § 7 Rz. 56c).

9 Schließlich führt ein durch **aufschiebend bedingte Verfügung** entstandenes **Anwartschaftsrecht** zu keinem schenkungsteuerrechtlich relevanten Vermögenszuwachs. Dies folgt systematisch aus § 7 Abs. 1 Nr. 10 ErbStG und wird des Weiteren durch §§ 3 Abs. 2 Nr. 5, 9 Abs. 1 Nr. 1a, 1g ErbStG sowie durch § 4 BewG bestätigt (*Gebel*, in T/G/J, ErbStG, § 7 Rz. 50). Im Umkehrschluss kann der Begünstigte **vor Eintritt der Bedingung auf die Anwartschaft verzichten**, ohne dass deren Wegfall steuernachteilig wäre (vgl. auch § 517 BGB). Wird für den Verzicht auf das Anwartschaftsrecht eine Abfindung gewährt, ist diese nach § 7 Abs. 1 Nr. 10 ErbStG zu besteuern.

1.3 Freigebige Zuwendung und Schenkung i.S.d. BGB

10 Als Zuwendung versteht man jedwede Bereicherung des Vermögens einer anderen Person. Dabei muss sich der Zuwendende der Mehrung fremden Vermögens bewusst sein (*Fischer*, Die Unentgeltlichkeit im Zivilrecht, 2002, 188; a.A. *Liebisch*, Das Wesen der unentgeltlichen Zuwendungen unter Lebenden im bürgerlichen Recht und Reichsteuerrecht, 1927, 16f.). Nur die Gruppe der Zuwendungsgeschäfte lässt sich in entgeltliche und unentgeltliche unterscheiden (*Fischer*, Die Unentgeltlichkeit im Zivilrecht, 2002, 188; *Flume*, Das Rechtsgeschäft, 4. Aufl., 1992, § 11, 2). Personenrechtliche Rechtsgeschäfte (z.B. Eheschließung) sind keine Zuwendungsgeschäfte, sie lassen sich als „entgeltfremd" qualifizieren. Ebenso wenig ist die **Verfügung von Todes wegen** (Erbeinsetzung oder Einräumung eines Vermächtnisses) ein geeigneter Zuwendungsgegenstand. Das hängt damit zusammen, dass eine Verfügung von Todes wegen weder beim (künftigen) Erblasser zu einer gegenwärtigen Entreicherung noch beim Begünstigten zu einer gegenwärtigen Bereicherung führt. Die Verfügung von Todes wegen führt zu keiner Vermögensverschiebung, sondern zu einer Vermögenszuordnung (*Fischer*, Die Unentgeltlichkeit im Zivilrecht, 2002, 208ff.), die erbschaftsteuerrechtlich von § 3 Abs. 1 Nr. 1 ErbStG erfasst wird.

11 Der klassische Fall der unentgeltlichen Zuwendung ist die Schenkung. Doch reicht der **Anwendungsbereich des § 7 Abs. 1 Nr. 1 ErbStG** über den zivilrechtlichen **Schenkungsbegriff** hinaus (zur Entstehungsgeschichte *Crezelius*, FR 2007, 613).

Einvernehmen herrscht, dass sich die Schenkung des Bürgerlichen Rechts von der freigebigen Zuwendung in **subjektiver Hinsicht** dahingehend unterscheidet, dass bei der Schenkung Bürgerlichen Rechts die Bereicherung mit übereinstimmendem Willen beider Parteien gefordert wird, während für die freigebige Zuwendung die Bereicherung mit dem **einseitigen Willen des Zuwendenden** ausreichend ist (RFH v. 21.5.1931, I D 1/30, RStBl 1931, 560; BFH v. 21.10.1981, II R 176/78, BStBl II 1982, 83; *Kapp/Ebeling*, ErbStG, § 7 Rz. 2.1). Zwei weitere Abweichungen in der Rspr. des BFH vom Schenkungsrecht werden demgegenüber mit guten Gründen kritisch gesehen. Zum einen wird der Wille zur Unentgeltlichkeit dahingehend objektiviert, dass es für das Vorliegen einer Zuwendung ausreichen soll, wenn der Schenker die Umstände kennt, aufgrund derer eine Zuwendung nach den Maßstäben des allgemein Verkehrsüblichen als objektiv unentgeltlich qualifiziert werden könne (BFH v. 2.3.1994, II R 59/92, BStBl II 1994, 366; krit. *Meincke*, ErbStG, 2012, § 7 Rz. 11, 91). Zum anderen lehnt der BFH (BFH v. 2.3.1994, II R 59/92, BStBl II 1994, 366; krit. *Meincke*, ErbStG, 2012, § 7 Rz. 86) einen Willen zur schenkweisen Zuwendung ausdrücklich ab. **Unbenannte bzw. ehebedingte Zuwendungen** erfolgen zwar mangels Gegenleistung objektiv unentgeltlich, sie bezwecken jedoch subjektiv nicht die (altruistische) Bereicherung des Lebenspartners, sondern die Verwirklichung der Lebensgemeinschaft. Aus dem eigenständigen Vertragszweck folgt ein **eigenständiger Vertragstypus**. Sie sind deshalb zivilrechtlich (grundlegend BGH v. 27.11.1991, IV ZR 164/90, BGHZ 116, 167; vgl. aber auch BGH v. 13.7.1994, XII ZR 1/93, BGHZ 127, 48; näher *Fischer*, Die Unentgeltlichkeit im Zivilrecht, 2002, 84f., 386f.) ebenso wie die (angemessene) **Ausstattung nach § 1624 BGB** keine Schenkung, werden schenkungsteuerrechtlich (BFH v. 2.3.1994, II R 59/92, BStBl II 1994, 366; R E 7.2 ErbStR 2011) aber als freigebige Zuwendung erfasst. Einer Einschränkung unterliegt diese Beurteilung aber bei Einzahlungen auf ein Oder-Konto, (vgl. Rz. 204 f; siehe auch *Billig*, UVR 2015, 311 zu Bankkonten von Ehegatten; *Götz*, ZEV 2016, 623, zu Risiken bei Einkommensteuererstattungen auf das Konto eines Ehegatten) bei denen die Ehegatten regelmäßig davon ausgehen werden, dass ihnen das Guthaben gemeinsam zusteht und dieses für familiäre Zwecke zu verwenden ist. Sofern es keine anderen Anhaltspunkte gibt, trägt das Finanzamt die Feststellungslast für eine endgültige Bereicherung des anderen Ehegatten (BFH v. 23.11.2011, II R 33/10, BStBL II 2012, 473). Dabei wird aus der Freiwilligkeit vorschnell auf die Freigebigkeit geschlossen. Geht es um die **freiwillige „Erfüllung" einer Naturalobligation** (z.B. verjährte Schulden), wird die schenkungsteuerrechtliche Freigebigkeit (RFH v. 21.11.1924, V D 6/24, RFHE 15, 72; BFH v. 2.10.1957, II 127/57 U, BStBl III 1957, 449; *Gebel*, in T/G/J, ErbStG, § 7 Rz. 163) im Einklang mit der zivilrechtlichen Sichtweise (*Fischer*, Die Unentgeltlichkeit im Zivilrecht, 2002, 69ff., wobei der dogmatisch entscheidende Grund nicht in der „Freiwilligkeit", sondern im fehlenden Bereicherungswillen gesehen werden muss, weil sich die Beteiligten nicht über die Unentgeltlichkeit einig sind) verneint. Wie § 534 BGB erkennen lässt, schließt zwar nicht jedwedes Bestehen einer sittlichen Pflicht eine Schenkung aus (zum Verhältnis zwischen Freigebigkeit und Pflichtschenkung näher *Fischer*, Die Unentgeltlichkeit im Zivilrecht, 2002, 86f.: „einer sittlichen Pflicht kann, muss aber nicht durch eine Schenkung entsprochen werden"). Insbesondere bestehen im familiären Bereich gesetzliche Unterhaltspflichten, deren

Erfüllung nicht unentgeltlich erfolgt. Wenn der Gesetzgeber in diesem Bereich nicht in allen Einzelheiten konkrete Rechtspflichten vorschreibt, sondern Raum für Unterhaltsobliegenheiten gewährt, die dann auf einer sittlichen Verpflichtung beruhen, lässt die zivilrechtliche Wertung, wonach es sich bei unbenannten Zuwendungen und der Ausstattung um keine Schenkungen handelt, erkennen, dass freiwillige Unterhaltsleistungen eben nicht freigebig erfolgen (*Fischer*, Die Unentgeltlichkeit im Zivilrecht, 2002, 386 ff.; *Meincke*, ErbStG, 2012, § 7 Rz. 82 ff).

12 Nach der Rspr. des BFH unterscheiden sich die Schenkung des Bürgerlichen Rechts und die freigebige Zuwendung auch im **objektiven Tatbestand**. Da im Schenkungsrecht die substanzielle Bereicherung des Empfängers endgültiger Natur sein muss, ist der Empfang der Darlehensvaluta auch dann keine Schenkung, wenn das Darlehen unverzinslich gewährt wird (*Fischer*, Die Unentgeltlichkeit im Zivilrecht, 2002, 37; *J. Koch*, in MünchKomm, BGB, § 516 Rz. 6). Schenkungsteuerrechtlich qualifiziert der BFH (BFH v. 12.7.1979, II R 26/78, BStBl II 1979, 631) bei einem unverzinslichen Darlehen die „gewährte Nutzungsmöglichkeit" als freigebige Zuwendung.

13 Nach den Wertungen des Schenkungsrechts fehlt es an der (objektiven) Unentgeltlichkeit einer Zuwendung auch dann, wenn die **Gegenleistung des Zuwendungsempfängers nicht vermögensrechtlicher, sondern immaterieller Art** ist (BGH v. 17.1.1990, XII ZR 1/89, NJW-RR 1990, 386; v. 2.10.1991, XII ZR 132/90, NJW 1992, 238; *J. Koch*, in MünchKomm, BGB, § 516 Rz. 25). Keine Schenkung liegt z. B. vor, wenn ein Ehegatte den anderen mit einer Zuwendung zur Rückkehr in die Ehe (RG v. 8.6.1931, IV 474/30, HRR 1931 Nr. 1752) oder zur Erleichterung einer Scheidung (RG v. 24.9.1941, IV 96/41, HRR 1942 Nr. 15; BGH v. 8.10.1955, IV ZR 82/55, MDR 1957, 26) bewegen will. Lediglich im Vollstreckungsrecht wird vom BGH (BGH v. 28.2.1991, IX ZR 74/90, BGHZ 113, 393; dazu *Fischer*, Die Unentgeltlichkeit im Zivilrecht, 2002, 380 f., zur Kritik 436 ff.) bei der Beurteilung des Anfechtungstatbestands wegen unentgeltlicher Leistungen (§ 134 InsO; vgl. auch § 4 Abs. 1 AnfG) aus Gründen des Gläubigerschutzes – allerdings ohne klares dogmatisches Konzept – eine Art „Entgelttauglichkeit" der Gegenleistung gefordert. Deswegen ist die Zuwendung des Erblassers an einen Pflichtteilsberechtigten, der als „Gegenleistung" auf sein gesetzliches Pflichtteilsrecht verzichtet, unentgeltlich, weil in das Vermögen des Erblassers keine werthaltige Gegenleistung geflossen ist; die erweiterte Testierfreiheit besitzt nur einen ideellen Wert. Der BFH (BFH v. 25.1.2001, II R 22/98, BFH/NV 2001, 705 = BStBl II 2001, 456) hat – auch unter Bezugnahme auf die zitierte Entscheidung des BGH – entschieden, dass ein Vertrag zwischen künftigen gesetzlichen Erben über den entgeltlichen Verzicht auf ein künftiges Pflichtteilsrecht alleine deswegen objektiv unentgeltlich sei, weil eine **schlichte Erwerbschance keine entgelttaugliche Gegenleistung** sei. Da die Abfindung in einem solchen Fall aus dem Vermögen des künftigen gesetzlichen Erben geleistet wird, ist es konsequent, hierin eine freigebige Zuwendung von diesem an den Empfänger zu sehen (BFH v. 16.5.2013, II R 21/11, BStBl II 2013, 992). Es ist also nicht möglich, dies als fiktive freigebige Zuwendung des künftigen Erblassers an den Empfänger der Abfindungszahlung zu werten.

14 Schenkungsrechtlich ist diese Position nicht vertretbar. Insbesondere kann es nicht überzeugen, dass die Frage der Eignung des Zuwendungsgegenstandes, der in einer

vermögenswerten Position bestehen muss (*J. Koch*, in MünchKomm, BGB, § 516 Rz. 5), gleichgeschaltet wird mit der Frage der Eignung als Gegenleistung (*J. Koch*, in MünchKomm, BGB, § 516 Rz. 25). So ist z. B. die unentgeltliche Zuwendung einer Dichterlesung mangels Zuwendung aus dem Vermögen des Schenkers keine Schenkung. Dies kann aber nicht bedeuten, dass ein Entgelt, welches für die Dichterlesung bezahlt wird, dann eine Schenkung sei, weil das Vorlesen keinen Vermögenswert besitze. Ungeschütztes Know-How oder künftige Erwerbspositionen i. S. d. § 517 BGB oder – nach vorzugswürdiger Ansicht – die **eigene Arbeitskraft** (BGH v. 13.7.1994, XII ZR 1/93, BGHZ 127, 48; *Fischer*, Die Unentgeltlichkeit im Zivilrecht, 2002, 23 f.; *J. Koch*, in MünchKomm, BGB, § 516 Rz. 6 m. w. N. Unerheblich ist es – entgegen BGH v. 1.7.1987, IVb ZR 70/86, BGHZ 101, 229 – ob der Zuwendende seine Arbeitskraft anderweitig gegen Entgelt hätte einsetzen können) kann man zwar nicht „verschenken", weil es diesen Positionen an der Eignung zur schenkungsrechtlichen Bereicherung fehlt (*Fischer*, Die Unentgeltlichkeit im Zivilrecht, 2002, 22 ff.), aber man kann diese Positionen selbstverständlich zivilrechtlich zum Gegenstand eines entgeltlichen Vertrags machen. So kannte bereits das römische Recht den sog. **Hoffnungskauf** (emptio spei), bei dem die Gegenleistung im Einräumen einer Erwerbschance besteht. Der BFH geht im Schenkungsteuerrecht (zustimmend *Gebel*, in T/G/J, ErbStG, § 7 Rz. 152 f) – ohne klare Auseinandersetzung mit dem Schenkungsrecht – und inzwischen unter **Bezugnahme auf § 7 Abs. 3 ErbStG** eigene Wege. Demnach stellt der in einem Ehevertrag gegen Entgelt erklärte Verzicht auf eine noch nicht entstandene, möglicherweise erst künftig entstehende Zugewinnausgleichsforderung keinen als Entgelt bewertbaren Vermögenswert dar, sondern verkörpert allenfalls eine bloße Erwerbschance, die nicht in Geld veranschlagt werden kann und deshalb nach § 7 Abs. 3 ErbStG bei der Feststellung, ob eine Bereicherung vorliegt, nicht zu berücksichtigen ist (BFH v. 28.6.2007, II R 12/06, BFH/NV 2007, 2014 = BStBl II 2007, 785). Eine freigebige Zuwendung soll nach Meinung des BFH (BFH v. 17.10.2007, II R 53/05, BFH/NV 2008, 484 = BStBl II 2008, 256) auch vorliegen, wenn bei Beginn der Ehe eine Geldzuwendung erfolgt, für die der andere Ehegatte auf nachehelichen Unterhalt verzichtet. *Gebel* (in T/G/J, ErbStG, § 7 Rz. 154) sieht als Konsequenz dieser Gleichschaltungsprämisse auch die Abtretung oder den Verzicht auf eine aufschiebend bedingte Forderung als schlichte Erwerbschance an, die entgeltuntauglich sei. Dass die Problematik dogmatisch noch nicht abschließend geklärt ist, lässt die Entscheidung des BFH v. 11.4.2006 (II R 13/04, BFH/NV 2006, 1665 = ErbStB 2006, 243 m. Anm. *Hartmann*) erkennen. Danach kann das Einräumen eines Ankaufs- oder Vorkaufsrechts die Gegenleistung des Darlehensnehmers für ein (unverzinsliches) Darlehen sein (krit. *Weinmann*, in Moench/Weinmann, ErbStG, § 7 Rz. 17).

Schließlich soll dem Grundtatbestand des § 7 Abs. 1 Nr. 1 ErbStG eine Art **Auffangfunktion** (*Gebel*, in T/G/J, ErbStG, § 7 Rz. 15) zukommen. So soll etwa eine freigebige Zuwendung auch dann vorliegen, wenn eine bewusste Leistung auf eine Nichtschuld erfolgt, welche der Zuwendende wegen der **Konditionssperre des § 814 Alt. 1 BGB** nicht zurückfordern kann. Einer pauschalen Gleichsetzung von Rechtsgrundlosigkeit und (objektiver) Unentgeltlichkeit/Freigebigkeit ist allerdings entgegenzuhalten, dass der objektive Tatbestand nicht ohne Bezugnahme auf die

15

rechtsgeschäftliche Ebene beurteilt werden kann (*Fischer*, Die Unentgeltlichkeit im Zivilrecht, 2002, 206 f. m. w. N.). Bei **rechtsgrundlosen Zuwendungen** ist demzufolge zu differenzieren. Liegt der Zuwendung eine unwirksame entgeltliche Causa (z. B. ein gem. § 138 Abs. 1 BGB nichtiger Kaufvertrag) zugrunde oder fehlt es überhaupt an einer beachtlichen Zwecksetzung (z. B. keine Einigung wegen eines offenen Dissenses), ist die (gescheiterte) Erfüllungsleistung keine freigebige Zuwendung (a. A. *Gebel*, in T/G/J, ErbStG, § 7 Rz. 15). Liegt der Zuwendung demgegenüber eine unwirksame unentgeltliche Causa (z. B. ein gem. § 138 Abs. 1 BGB nichtiges Schenkungsversprechen) zugrunde, kann man von einem „Geschenk" i. S. d. § 29 ErbStG jedenfalls dann ausgehen, wenn Anhaltspunkte dafür gegeben sind, dass die Beteiligten die unwirksame Zuwendung in ihrem wirtschaftlichen Ergebnis bestehen lassen wollten (§ 41 Abs. 1 AO). Ansonsten schließt die bereicherungsrechtliche Herausgabepflicht des Empfängers eine freigebige Zuwendung aus (*Meincke*, ErbStG, 2012, § 7 Rz. 59; a. A. *Gebel*, in T/G/J, ErbStG, § 7 Rz. 15). In Fällen des **bewussten Leistens auf eine Nichtschuld i. S. des § 814 Alt. 1 BGB** kommt es dagegen entscheidend auf den subjektiven Tatbestand an, wonach (ausnahmsweise) eine freigebige Zuwendung ausgeschlossen sein kann, weil „freiwillig" nicht zwingend „freigebig" bedeutet. Z. B. wenn die Leistung „um des lieben Friedens willen" erfolgt, obwohl der Leistende davon überzeugt ist, nicht zur Leistung verpflichtet zu sein (näher *Fischer*, Die Unentgeltlichkeit im Zivilrecht, 2002, 207, 391 f.), oder wenn der Zuwendende etwa im Rahmen eines Vermögensverwaltungsanlagevertrags Scheinerträge an den Empfänger ausschüttet (vgl. den Sachverhalt der Entscheidung des BGH v. 29.11.1990, IX ZR 29/90, BGHZ 113, 98), um diesen über den Erfolg der Vermögensverwaltung zu täuschen, erfolgt diese bewusste Leistung auf eine Nichtschuld zwar freiwillig, aber nicht freigebig.

16 Insgesamt muss betont werden, dass die Schenkungsteuer und damit insbesondere die sonstige freigebige Zuwendung i. S. d. § 7 Abs. 1 Nr. 1 ErbStG **kein Auffangtatbestand für ungeklärte Vermögenszuwächse** ist (FG Köln v. 28.11.2000, 9 K 2480/94, EFG 2001, 767; *Kapp/Ebeling*, ErbStG, § 7 Rz. 8) und demzufolge die **Schenkung Bürgerlichen Rechts nach wie vor als Grundmodell der freigebigen Zuwendung** nach § 7 Abs. 1 Nr. 1 ErbStG zu gelten hat (*Meincke*, ErbStG, 2012, § 7 Rz. 3). Der **BFH**, der in seiner Rspr. dazu neigt, die **Querbezüge zum zivilrechtlichen Schenkungsbegriff sowohl in objektiver als auch in subjektiver Hinsicht immer weiter zurücktreten** zu lassen, begibt sich auf die bedenkliche Linie, ein Recht der Besteuerung objektiver Bereicherungen zu entwickeln (*Meincke*, ErbStG, 2012, § 7 Rz. 11).

17–29 einstweilen frei

2 Freigebige Zuwendungen (§ 7 Abs. 1 Nr. 1 ErbStG)

2.1 Zuwendungstatbestand

30 Nach dem Grundtatbestand des § 7 Abs. 1 Nr. 1 ErbStG gilt als Schenkung unter Lebenden „jede freigebige Zuwendung unter Lebenden, soweit der Bedachte durch sie auf Kosten des Zuwendenden bereichert wird". Der Zuwendungstatbestand ist erfüllt (§ 38 AO), wenn die Zuwendung i. S. d. § 9 Abs. 1 Nr. 2 ErbStG

ausgeführt ist. Die Schenkung i. S. d. Bürgerlichen Rechts ist der Hauptanwendungsfall der freigebigen Zuwendung, doch geht der Tatbestand des § 7 Abs. 1 Nr. 1 ErbStG über den zivilrechtlichen Begriff der Schenkung hinaus (Rz. 11 ff). Nach allgemeinem dogmatischem Verständnis wird der Tatbestand des § 7 Abs. 1 Nr. 1 ErbStG in einen objektiven Zuwendungstatbestand und einen subjektiven Zuwendungstatbestand untergliedert.

Der **objektive Zuwendungstatbestand** ist erfüllt, wenn ein rechtsgeschäftliches oder tatsächliches Handeln (Tun oder Unterlassen) des Zuwendenden (Schenkers) zu einer **Minderung seines Vermögens (Entreicherung)** führt, darauf beruhend beim Zuwendungsempfänger (Beschenkten) eine **endgültige Vermögensmehrung (Bereicherung)** eintritt und dem Vermögenstransfer **kein äquivalenter Vermögensabfluss i. S. einer objektiven Unentgeltlichkeit** gegenübersteht (*Götz*, in Wilms/Jochum, ErbStG, § 7 Rz. 6). Bei der Prüfung, wer als **Zuwendender** an einer freigebigen Zuwendung beteiligt ist, kommt es nach der ständigen Rspr. des BFH auf die **Zivilrechtslage** an. Hat ein Erblasser ein **bindendes Angebot** abgegeben, das trotz des Ablebens des Erklärenden gem. §§ 130 Abs. 2, 153 BGB seine Wirkung behält, so tritt grundsätzlich der Erbe in die Bindung ein, mit der Folge, dass ein solches Angebot vom Empfänger – als Zuwendung/Schenkung des Erblassers – noch angenommen werden kann. Wird ein entsprechendes Angebot bzw. Schenkungsversprechen jedoch vom Erben des versprechenden Erblassers nach Eintritt des Erbfalls dem Inhalt nach wesentlich geändert, liegt ein neues Angebot des Erben/Gesamtrechtsnachfolgers vor. Dessen Annahme führt mithin zu einer freigebigen Zuwendung des Erben/Gesamtrechtsnachfolgers an den Bedachten (BFH v. 28.10.2009, II R 32/08, BFH/NV 2010, 893). Nach der Zivilrechtslage ist des Weiteren zu beurteilen, wer **Bedachter** ist; unerheblich ist, wem nach wirtschaftlicher Betrachtungsweise Vermögen oder Einkommen zuzurechnen ist; denn die Schenkungsteuer ist Verkehrsteuer (BFH v. 29.11.2006, II R 42/05, BStBl II 2007, 319; BFH v. 9.7.2009, II R 47/07, BFH/NV 2010, 310 = BStBl II 2010, 74). Bei einer Vermögensübertragung auf eine rechtsfähige Stiftung kann deshalb keine freigebige Zuwendung an den Begünstigten vorliegen. Ebenso beurteilt sich auch die **Bereicherung** nach der Zivilrechtslage und nicht danach, wem nach wirtschaftlicher Betrachtungsweise das übertragene Vermögen zuzurechnen ist (BFH v. 22.8.2007, II R 33/06, BFH/NV 2008, 160 = BStBl II 2008, 28;; BFH v. 6.5.2015, II R 34/13, BStBl II 2015, m. w. N.). Deshalb kann es für die Zuwendung eines Vermögensgegenstands auch nicht genügen, dass dieser nur dem Wert nach in eine Personengesellschaft eingebracht wird und dadurch das wirtschaftliche Eigentum auf die Gesamtheit übergeht (BFH v. 1.2.2001, II B 15/00, BFH/NV 2001, 1265). Zwar muss der Gegenstand der Vermögenshingabe (Entreicherung) beim Zuwendenden nicht mit dem Gegenstand der Vermögensmehrung (Bereicherung) beim Zuwendungsempfänger identisch sein, doch muss ein Zuwendungsgegenstand vor handen sein, der in das Vermögen des Zuwendungsempfängers gelangt und dort die Bereicherung verkörpert. Es ist also die Übertragung von Vermögenssubstanz an den Zuwendungsempfänger erforderlich; das Erbringen eigener Arbeitsleistungen oder die bloße Werterhöhung im Vermögen des Beschenkten genügt nicht (Rz. 14). Der objektive Zuwendungstatbestand ist beispielsweise dann nicht erfüllt, wenn der Empfänger durch die Zuwendung nur das erhält, worauf er bereits einen Rechts-

31

anspruch (mit Ausnahme eines wirksamen Schenkungsversprechens) hat. Hier liegt keine Vermögensmehrung, sondern eine Vermögensumschichtung vor.

32 Der **subjektive Zuwendungstatbestand** wird aus dem Tatbestandsmerkmal „freigebige" Zuwendung sowie aus der Verbindung zum zivilrechtlichen Schenkungsbegriff abgeleitet (*Meincke*, ErbStG, 2012, § 7 Rz. 76 ff.; *Weinmann*, in Moench/Weinmann, ErbStG, § 7 Rz. 109 f). Er erfordert zumindest, dass die Zuwendung nach dem Willen des Zuwendenden unentgeltlich erfolgen soll (Wille zur Unentgeltlichkeit) (*Schuck*, in V/K/S/W, ErbStG, 2012, § 7 Rz. 20). Dabei wird der Wille zur Unentgeltlichkeit dahingehend objektiviert, dass es für das Vorliegen einer Zuwendung ausreichen soll, wenn der Schenker die Umstände kennt, aufgrund derer eine Zuwendung als objektiv unentgeltlich qualifiziert werden könne (BFH v. 2.3.1994, II R 59/92, BStBl II 1994, 366). Zum Teil wird darüber hinausgehend beim Zuwendenden der Wille zur Bereicherung des Empfängers (Bereicherungswille) und der Wille zur schenkweisen Zuwendung gefordert, der namentlich in familienrechtlichen, gesellschaftsrechtlichen und allgemein geschäftlichen Beziehungen fehlen kann (*Meincke*, ErbStG, 2012, § 7 Rz. 78 ff).

33 Der subjektive Zuwendungstatbestand ist nicht erfüllt, wenn der **Zuwendende irrig glaubt, er sei zur Leistung rechtlich verpflichtet** oder wenn er irrtümlich die Gewährung einer Gegenleistung annimmt (BFH v. 13.9.1989, II R 57/86, BStBl II 1989, 1034; v. 20.12.2000, II R 42/99, BFH/NV 2001, 1081 = BStBl II 2001, 454). Ebenso fehlt es am Willen zur Unentgeltlichkeit, wenn sich der Schenker bei der gemischten Schenkung über den **Wert der Gegenleistung irrt**. Allerdings will hier der BFH den subjektiven Zuwendungstatbestand schon dann als begründet ansehen, wenn der Zuwendende grundsätzlich vom objektiven Missverhältnis zwischen Leistung und Gegenleistung Kenntnis besaß (BFH v. 21.10.1981, II R 176/78, BStBl II 1982, 83).

34 Wenn demgegenüber der Schenker annimmt, dass eine bestimmte Zuwendung der Schenkungsteuer unterliegt bzw. die Schenkungsteuer eine bestimmte Höhe nicht übersteigt, handelt es sich dabei um einen bereits zivilrechtlich **unbeachtlichen Rechtsfolgenirrtum** (*Wachter*, ZEV 2002, 176). Voraussetzung für das Erlöschen der Steuer nach § 29 Abs. 1 Nr. 1 ErbStG ist ein **Rückforderungsrecht des Schenkers**, welches sich nach Ansicht der Rspr (BFH v. 27.10.1972, II B 7/72, BStBl II 1973, 14). nur unter besonderen Voraussetzungen über das **Rechtsinstitut der Störung der Geschäftsgrundlage** (§ 313 BGB) herleiten lässt. Dies hat der BFH (BFH v. 11.11.2009, II R 54/08, BFH/NV 2010, 896) in einer aktuellen Entscheidung erneut bestätigt. Ein Irrtum über die Schenkungsteuerpflicht setzt konkret voraus, dass die Parteien von der Nichtsteuerbarkeit bzw. Schenkungsteuerfreiheit ausgegangen sind. Dies ausdrücklich offenzulassen genügt nicht. Namentlich kommt ein „Wegfall" der Geschäftsgrundlage mit einem entsprechenden Rückforderungsanspruch erst dann in Betracht, wenn eine „Anpassung" an veränderte Umstände scheitert. Notwendig ist es, dass die schenkungsteuerrechtlichen Folgen von den Vertragsparteien vor oder bei Vertragsabschluss ausdrücklich erörtert wurden und damit eindeutig zur Grundlage oder zum Inhalt des Vertrags gemacht worden sind. Dabei trifft den Beschenkten die Feststellungslast für die Tatsachen, die das Rückforderungsrecht begründen (*Wachter*, ZEV 2002, 176).

Namentlich bei **gemischten Schenkungen** (Rz. 50ff., 300ff.) liegt der **Wille zur** **35** **Unentgeltlichkeit** nicht allein deshalb vor, weil der Wert der einen Leistung den der anderen objektiv übersteigt. Problematisch ist in diesem Zusammenhang allerdings die von *Schulze-Osterloh* (StuW 1977, 122) vertretene Ansicht, wonach für den Willen zur Unentgeltlichkeit nicht der konkrete Wille des Zuwendenden maßgeblich sein soll, sondern der Wille, der dem Zuwendenden nach dem Maßstab einer durchschnittlichen Verkehrsauffassung zuzurechnen sei. Dieser sog. objektivierenden Theorie (*Weinmann*, in Moench/Weinmann, ErbStG, § 7 Rz. 118) hat sich der BFH mit der Begründung angeschlossen, dass der Wille zur Freigebigkeit auf der Grundlage der den Zuwendenden bekannten Umständen nach den Maßstäben des allgemein Verkehrsüblichen bestimmbar sei (BFH v. 2.3.1994, II R 59/92, BStBl II 1994, 366). Die Problematik hat einen verfahrensrechtlichen und einen materiellrechtlichen Aspekt (*Meincke*, ErbStG, 2012, § 7 Rz. 92).

Materiell-rechtlich kommt es darauf an, ob es bei der Feststellung des Willens zur **36** Freigebigkeit um die Ermittlung des wirklichen konkreten Willens des Zuwendenden geht (*Meincke*, ErbStG, 2012, § 7 Rz. 93). Hier ist davor zu warnen, den Anwendungsbereich der freigebigen Zuwendungen des Schenkungssteuerrechts vom Schenkungsrecht des BGB abzulösen und in ein Recht der Besteuerung von objektiv ermittelten Bereicherungen zu überführen (*Meincke*, ErbStG, 2012, § 7 Rz. 12). Die Schenkungsteuer darf nicht aus fiskalischen Gründen zu einem Auffangtatbestand für ungeklärte Vermögenszuwächse (FG Köln v. 28.11.2000, 9 K 2480/94, EFG 2001, 767) degeneriert werden.

Verfahrensrechtlich geht es neben der Feststellungslast der Finanzbehörde um die **37** **objektive Beweislast des Steuerpflichtigen**, der seine Steuerpflicht nicht mit der bloßen Behauptung über die Entgeltlichkeit der Zuwendung abwenden kann. Hierzu ist auf die Entscheidung des BFH v. 5.3.1980 (II R 148/76, BStBl II 1980, 402) zu verweisen: „Es trifft zu, dass die Finanzbehörden im Regelfall die Feststellungslast dafür trifft, dass der Tatbestand erfüllt ist, an den das Gesetz die Steuerpflicht knüpft. Diese Feststellungslast geht jedoch nicht über den objektiven Tatbestand hinaus; sprechen die Tatsachen und Umstände für das Vorliegen einer freigebigen Zuwendung, so trifft den Steuerpflichtigen, der sich auf einen inneren Vorbehalt, z. B. auf das Vorliegen eines verdeckten Treuhandverhältnisses, beruft, insoweit die objektive Beweislast." Das Finanzamt trägt also die Feststellungslast für die Tatsachen, die zur Annahme einer freigebigen Zuwendung erforderlich sind. Den Steuerpflichtigen hingegen trifft die Feststellungslast für Tatsachen, die der Annahme entgegenstehen (BFH, v. 23.6.2015, II R 52/13, BStBl II 2015, 960; BFH, v. 29.6.2016, II R 41/14, BStBl II 2016, 865). Der Zuwendungsgegenstand verkörpert die durch Erhöhung des Vermögensbestandes eintretende Vermögensmehrung (*Gebel*, in T/G/J, ErbStG, § 7 Rz. 57). Trotzdem können die Finanzgerichte nicht allein aufgrund einer Umkehr der Feststellungslast zu Lasten des Steuerpflichtigen entscheiden, sondern müssen dessen Vorbringen im Rahmen von § 96 Abs. 1 S. 1 1. Halbs. FGO berücksichtigen (BFH v. 12.7.2016, II R 42/14, BStBl II 2016, 868).

Schließlich ist zu betonen, dass **objektiver und subjektiver Zuwendungstatbestand** **38** **sich gegenseitig durchdringen**. Es lässt sich die Frage der Bereicherung nicht ohne

Rückgriff auf den Inhalt des Rechtsgeschäftes beurteilen. Die objektive Unentgeltlichkeit ist zu verneinen, wenn der Zuwendung nach dem Inhalt des Rechtsgeschäfts eine äquivalente geldwerte Gegenleistung gegenübersteht. Ebenso wenig führt die Vermögensübertragung im Rahmen eines Treuhandverhältnisses zur Bereicherung des Treuhänders (BFH v. 5.3.1980, II R 148/76, BStBl II 1980, 402). Gleiches gilt, wenn der „Beschenkte" nur Mittelsperson bei einem Durchgangserwerb ist. Schließlich kommt es entscheidend auf den Parteiwillen an, wenn es darum geht, den Zuwendungsgegenstand, der der Besteuerung zugrunde liegt, festzustellen.

2.2 Zuwendungsgegenstand

2.2.1 Allgemeines

39 **Gegenstand der Schenkung bzw. Zuwendung** können Sachen, Rechte und andere geldwerte Vermögensgegenstände, aber auch der Wegfall einer Verbindlichkeit durch Schulderlass nach § 397 BGB, die ebenfalls den Vermögensbestand erhöht, sein. In **steuersystematischer Hinsicht** hat der Zuwendungsgegenstand Bedeutung für die Tatbestandsverwirklichung, weil erst mit Ausführung der Schenkung i.S.d. § 9 Abs. 1 Nr. 2 ErbStG die Steuer entsteht. Des Weiteren knüpfen zahlreiche Steuerbefreiungen (§ 13 ErbStG) an einen bestimmten Zuwendungsgegenstand an. Der nach früherer Rechtslage zentrale Umstand, dass sich der Steuerwert nach dem jeweiligen Zuwendungsgegenstand richtet, ist durch die grundsätzliche Angleichung der Steuerwerte an den gemeinen Wert für die Praxis zwar weitestgehend überholt. Nichtsdestoweniger bleibt es dabei, dass auch nach § 12 ErbStG unterschiedliche Bewertungsmethoden bei den Zuwendungsgegenständen gelten, so dass auch weiterhin der Zuwendungsgegenstand für die einschlägigen Bewertungsvorschriften eine Rolle spielt.

40 Die **konkrete Bestimmung des Zuwendungsgegenstandes** richtet sich nach dem Bürgerlichen Recht und bildet somit für das Schenkungsteuerrecht eine bürgerlich-rechtliche Vorfrage (BFH v. 5.2.1986, II R 188/83, BStBl II 1986, 460). Maßgebend ist grundsätzlich die **Schenkungsabrede**, d.h. der übereinstimmende Wille von Schenker und Bedachtem (BFH v. 5.4.1989, II R 45/86, BFH/NV 1990, 506). Der Wille des Gebers ist dabei i.S. einer „steuersparenden" Auslegung unter Berücksichtigung der Steuerfolgen zu ermitteln (BGH v. 18.11.1976, VII ZR 150/75, BGHZ 67, 334; v. 17.1.1990, XII ZR 1/89, FamRZ 1990, 600; *Meincke*, ErbStG, 2012, § 7 Rz. 14). Haben die Beteiligten den Schenkerwillen allerdings abweichend vollzogen, kann er für die Erhebung der Schenkungsteuer auch nicht erheblich sein. Für die Bestimmungen des Zuwendungsgegenstandes ist dann entscheidend, wie sich die Vermögensmehrung im Zeitpunkt der Ausführung der Schenkung beim Bedachten darstellt, d.h., worüber der Bedachte im Verhältnis zum Schenker endgültig, tatsächlich und rechtlich frei verfügen kann (BFH v. 26.9.1990, II R 50/88, BStBl II 1991, 32; v. 6.3.2002, II R 85/99, BFH/NV 2002, 1030). Handelt es sich ausnahmsweise um eine sonstige freigebige Zuwendung ohne vertragliche Grundlage (z.B. bewusste und freigebige Leistung auf eine Nichtschuld), entscheidet allein der Wille des Zuwendenden über den maßgeblichen Zuwendungsgegenstand (BFH v. 19.8.1959, II 259/57 S, BStBl III 1959, 417).

Schenkungen unter Lebenden § 7

Schenkungsgegenstand bei Übertragung eines Treuhandverhältnisses durch den 41
Treugeber ist der Herausgabeanspruch aus einem **Treuhandvertrag**. Dies hatte nach (bisheriger) Ansicht der FinVerw (R 92 Abs. 2 ErbStR (inhaltsgleich ersetzt durch R B 9.1 Abs. 2 ErbStR 2011); FinMin Bayern v. 14.6.2005, 34 – S 3811 – 035 – 25199/05, DStR 2005, 1231; *Gebel*, in T/G/J, ErbStG, § 7 Rz. 63). insbesondere zur Folge, dass die §§ 13 a, 13c, 19a ErbStG nicht anzuwenden sind, wenn es sich bei dem Treugut um in den genannten Vorschriften aufgeführte Vermögenswerte handelt. Die Sichtweise wurde von der FinVerw (FinMin Baden-Württemberg v. 27.6.2005, 3 – S 3806/51, DB 2005, 1493, mit Ergänzungs-Erlass, FinMin Baden-Württemberg v. 16.2.2007, 3 – S 3806/51, ZEV 2007, 192; OFD Rheinland/Münster v. 30.3.2007, S 3811 – 33 – V A 2, ZEV 2007, 295). auf atypische Beteiligungen an Personengesellschaften und auf atypische stille Beteiligungen übertragen. Die Auffassung der FinVerw. widerspricht allerdings der ertragsteuerrechtlichen Lage und wird – soweit es um die Zuwendung, Bewertung und Verschonung von **Betriebsvermögen** gem. §§ 13a, b ErbStG geht – zu Recht kritisiert (*Daragan*, DB 2005, 2210; *Hannes/Otto*, ZEV 2005, 464; *Lüdicke/Kaiser*, DStR 2005, 1926; *v. Oertzen*, ZEV 2005, 341; *Rödel/Seifried*, BB 2006, 20; *Wachter*, DStR 2005, 1844). Das FG Niedersachsen hat mit Urteil v. 28.7.2010 (FG Niedersachsen v. 28.7.2010, 3 K 215/09, DStRE 2010, 1191) demgegenüber entschieden, dass der sog. Treuhanderlass der FinVerw. im Gesetzeswortlaut keine Grundlage finde. Mit **Erlass vom 16.9.2010** (FinMin Bayern v. 16.9.2010, 34 – S 3811 – 035 – 38476/10, ZEV 2010, 658; dazu *Richter/Fürwentsches*, DStR 2010, 2070) ändert die bayerische FinVerw. ihre Sichtweise und geht nunmehr davon aus, dass sich die steuerliche Beurteilung, insbesondere die Bewertung, des übertragenen Sachleistungsanspruchs in diesem Fall an dem Gegenstand orientiere, auf welchen sich der Herausgabeanspruch beziehe. Dem hat sich der überwiegende Teil der Finanzverwaltungen der Länder angeschlossen (FinMin Baden-Württemberg v. 2.11.2010, 3-S 3806 / 51; Oberfinanzdirektion Karlsruhe v. 4.11.2010, S 3806/18-St 341; Finanzbehörde der Freien und Hansestadt Hamburg v. 18.10.2010, 53-S 3811-002/09; Hessisches Ministerium der Finanzen v. 18.3.2011, S 3811 A-021-II 6a; Niedersächsisches FinMin v. 1.11.2010, S 3806-63-35 1; Ministerium der Finanzen des Saarlandes v. 11.11.2010, B/5-S 3811-1#001; Finanzministerium des Landes Schleswig-Holstein v. 28.10.2010, VI 353-S 3806-051; Ministerium der Finanzen des Landes Sachsen-Anhalt v. 24.11.2010, 44-S 3811-33; Oberfinanzdirektion Magdeburg v. 18.10.2011, S 3811-37-St 271). Zumindest für den Nießbrauch an einem Anteil an einer Personengesellschaft hat der BFH entschieden, dass es für die Anwendbarkeit der Betriebsvermögensverschonung nicht auf den Übergang der zivilrechtlichen Beteiligung ankommt (BFH v. 1.9.2011, II R 67/09, BStBl II 2013, 210).

Die **steuerbare Zuwendung** liegt bei beweglichen Sachzuwendungen in der Über- 42
eignung nach §§ 929ff. BGB, bei Rechten in der Abtretung nach §§ 413, 398 BGB und bei Forderungen in der Abtretung nach § 398 BGB. Die unentgeltliche Abtretung aus **künftig entstehenden Forderungen** ist noch nicht schenkungsteuerpflichtig. Schenkungsteuerrechtlich relevant ist erst der nachfolgende Erwerb des Vollrechts (BFH v. 30.6.1999, II R 70/97, BFH/NV 2000, 145 = BStBl II 1999, 742; v. 21.5.2001, II R 48/99, BFH/NV 2001, 1407). Gleiches gilt bei der unentgeltlichen Abtretung eines künftig (nach Eintragung der Kapitalerhöhung) entstehenden Ge-

schäftsanteils an einer GmbH (BFH v. 20.1.2010, II R 54/07, BFH/NV 2010, 713 = BStBl II 2010, 463). Im Ergebnis erfolgt hier eine Gleichbehandlung mit einer aufschiebend bedingten unentgeltlichen Abtretung. Konsequent ist es deshalb, dass die Steuerbarkeit der Zuwendung bei der aufschiebend bedingten Abtretung eines Kommanditanteils erst mit Eintritt der Bedingung erfolgt (BFH v. 30.11.2009, II R 70/06, BFH/NV 2010, 900). In der Gestaltungspraxis ist es üblich, die Abtretung eines Kommanditanteils unter der aufschiebenden Bedingung der Eintragung der Kommanditistenstellung im Handelsregister vorzunehmen, um eine Rechtsscheinhaftung nach § 176 HGB auszuschließen. Ebenfalls kein geeigneter Zuwendungsgegenstand ist das **Anwartschaftsrecht**. Vielmehr kommt es auf die durch das Anwartschaftsrecht vermittelte Rechtsposition an. Soweit der Zuwendende Inhaber eines Anwartschaftsrechts ist, ist zivilrechtlich die Schenkung eines Anwartschaftsrechts möglich. Schenkungsteuerrechtlich wird sie als Schenkung des Vollrechts behandelt, die erst mit Bedingungseintritt zu einer Bereicherung führt. Des Weiteren werden – in Übereinstimmung mit der zivilrechtlichen Wertung des § 517 BGB – **schlichte Erwerbsaussichten** grundsätzlich als nicht steuerrelevante Vermögenswerte behandelt (*Gebel*, in T/G/J, ErbStG, § 7 Rz. 36ff.; *Meincke*, ErbStG, 2012, § 7 Rz. 52). In Konsequenz ist auch der Erbverzicht kein geeigneter Zuwendungsgegenstand (§ 7 Abs. 1 Nr. 5 ErbStG).

43 Von weiterhin großer praktischer Bedeutung ist die Feststellung des Zuwendungsgegenstandes bei der unentgeltlichen Übertragung im Zusammenhang mit **Lebensversicherungen**. Hier kommt als **Zuwendungsgegenstand** entweder das Bezugsrecht oder die Lebensversicherung als solche in Betracht. Die praktische Bedeutung der Frage besteht darin, dass sich die Bemessungsgrundlage der Schenkungsteuer beim **Bezugsrecht als Zuwendungsgegenstand auf die später ausgezahlte Versicherungssumme** bezieht (BFH v. 30.6.1999, II R 70/97, BFH/NV 2000, 145 = BStBl II 1999, 742, DStR 1999, 1764, m. Anm. *Viskorf*). Wird dem Bedachten das Bezugsrecht unwiderruflich eingeräumt, behandelt der BFH das Bezugsrecht als aufschiebend bedingten Anspruch, der erst bei Zahlung der Versicherung eine dann nach dem Nennwert der Versicherungssumme zu bemessene Steuer auslöst (§ 7 Abs. 1 Nr. 10 ErbStG). Wäre demgegenüber der **Lebensversicherungsvertrag** selbst der Zuwendungsgegenstand, würde sich die Bemessungsgrundlage nach dem **Rückkaufswert der Versicherung zum Zeitpunkt der Zuwendung oder** – was im Regelfall wesentlich günstiger ist – bei einem Verzicht auf den Nachweis des Rückkaufswertes gem. § 12 Abs. 1 ErbStG i.V.m. § 12 Abs. 4 BewG a.F. nach **2/3 der eingezahlten Prämien** bemessen (*Fromm*, DStR 2005, 1465; *Weinmann*, in Moench/Weinmann, ErbStG, § 7 Rz. 19). Diese Unterscheidung für die Ermittlung der Bemessungsgrundlage im Falle der Zuwendung des Lebensversicherungsvertrages selbst hat sich ab dem 1.1.2009 erübrigt. Seit dem werden Lebensversicherungen gem. § 12 Abs. 4 S. 1 BewG mit dem Rückkaufswert bewertet (). In der Gestaltungspraxis ist daher zu empfehlen, dass der Begünstigte selbst Versicherungsnehmer wird und die Versicherungsbeiträge selber zahlt. Notfalls können diese Beiträge wiederum aus geschenktem Vermögen bestritten werden (dazu ausführlich mit weiteren Gestaltungsmöglichkeiten *Halaczinsky*, UVR 2016, 25). Ergebnisgleich ist auch die Zahlung der Versicherungsprämie durch einen Dritten, da darin keine mittelbare Schenkung des Bezugsrechts zu sehen ist (Inhaltsgleiche Entscheidungen des BFH v.

22.10.2014, II R 26/13 und II R 27/13, BStBl II 2015, 239 sowie BFH/NV 2015, 335). In dieser Konstellation ist das durch die Zahlung des Dritten eintretende Freiwerden von der Verbindlichkeit bei Verzicht auf den entsprechenden Kondiktionsanspruch aber als freigebige Zuwendung zu qualifizieren (vgl. Rz. 46).

Problematisch ist, inwieweit auch die **schenkweise Begründung oder Erhöhung einer Forderung gegen den Zuwendenden** bereits steuerbar ist (Rz. 42). Dies hängt entscheidend vom vereinbarten Zuwendungsgegenstand ab. Ist dieser nach dem Parteiwillen auf die Zuwendung einer Forderung gerichtet, führt bereits die Begründung der Forderung zur Steuerbarkeit. Ist der Zuwendungsgegenstand demgegenüber in der Erfüllung der Forderung (z.B. durch Übereignung eines Geldbetrags) zu sehen, liegt die Steuerbarkeit erst dann vor, wenn der Geldbetrag vereinnahmt worden ist. 44

Ein **Recht auf wiederkehrende Leistungen** (z.B. Rentenzahlungen) ist ein geeigneter Zuwendungsgegenstand, soweit damit zugleich ein **Stammrecht begründet** wird (BFH v. 28.11.1967, II 72/63, BStBl II 1968, 239). Der Begünstigte kann zwischen der Einmalbesteuerung des Stammrechts, dessen Kapitalwert nach den §§ 13 bis 16 BewG ermittelt wird, und der fortlaufenden jährlichen Besteuerung nach dem Jahreswert wählen. Maßgebend sind diesbezüglich die Verhältnisse am ursprünglichen Bewertungsstichtag (BFH v. 8.6.1977, II R 79/69, BStBl II 1979, 562). Ergänzend eröffnet das Gesetz die Möglichkeit, die Jahressteuer zum jeweils nächsten Fälligkeitstermin mit ihrem Kapitalwert abzulösen (§ 23 Abs. 2 ErbStG). Soweit es an einem **Stammrecht** fehlt, liegt der **Zuwendungsgegenstand in den jeweils gezahlten Rentenbeträgen** (BFH v. 15.3.2007, II R 5/04, BFH/NV 2007, 1246 = BStBl II 2007, 472). Weitere mögliche Zuwendungsgegenstände sind **obligatorische und dingliche Nutzungsrechte**. Auch hier kann sich der Begünstigte nach § 23 ErbStG zwischen der Einmalbesteuerung oder der fortlaufenden jährlichen Besteuerung nach dem Jahreswert entscheiden. 45

Wird eine **fremde Schuld getilgt** (§ 267 BGB), tritt bei dem Schuldner zivil- und damit auch schenkungsteuerrechtlich keine Bereicherung ein. Auch ohne gesetzlichen Forderungsübergang kann der Dritte zumindest nach Bereicherungsrecht im Wege der Rückgriffskondiktion vom Schuldner den Ausgleich seiner Leistung verlangen. Auch wenn der **Schuldner zahlungsunfähig** und demzufolge die gegen ihn gerichtete Forderung wertlos war, handelt es sich mangels Bereicherung des Schuldners, der mit der Verbindlichkeit belastet bleibt, um keine freigebige Zuwendung an diesen (*Fischer*, Die Unentgeltlichkeit im Zivilrecht, 2002, 145 f.; a.A. RFH v. 29.10.1937, III e 37/37, RStBl 1937, 1303). Eine freigebige Zuwendung an den Schuldner ist nur dann gegeben, wenn ein Regressanspruch (ausnahmsweise) nicht besteht oder dieser dem Schuldner erlassen wird (*Fischer*, Die Unentgeltlichkeit im Zivilrecht, 2002, 144 ff.). Wenn der Schuldner zahlungsunfähig und demzufolge die gegen ihn gerichtete Forderung wertlos war, soll es sich aber auch um eine Zuwendung an den befriedigten Gläubiger handeln können (RG v. 12.10.1896, VI 74/96, RGZ 38, 7; BGH v. 15.4.1964, VIII ZR 232/62, BGHZ 41, 298). Dem ist jedoch entgegenzuhalten, dass mit jeder Zuwendung nur gegenüber einer Person ein rechtlich relevanter Zweck verfolgt werden kann, der mit der Tilgungsbestimmung gegenüber dem Schuldner verbindlich festgelegt ist. Deswegen ist nicht nur eine Doppelschenkung an Gläubiger und Schuldner ausgeschlossen, sondern auch die 46 vom RFH (RFH v. 29.10.1937, III e 37/37, RStBl 1937, 1303) vertretene Lösung, in dieser Konstellation solle die Person des Begünstigten von der Willensrichtung des Leistenden abhängen (*Fischer*, Die Unentgeltlichkeit im Zivilrecht, 2002, 146 ff.).

47 Problematisch ist die Eignung von Zuwendungsgegenständen bei der **Bestellung bzw. Aufhebung von Sicherheiten gegenüber dem eigenen Gläubiger**, weil der Sicherungszweck kein eigenständiger Zuwendungszweck ist. Deshalb kommt allenfalls eine unentgeltliche Änderung des Grundgeschäfts in Betracht (*Fischer*, Die Unentgeltlichkeit im Zivilrecht, 2002, 152 ff., 158 ff.; a. A. *Gebel*, in T/G/J, ErbStG, § 7 Rz. 59).

48 Bei der **Begründung von Sicherheiten im Dreipersonenverhältnis** ist zwischen dem Rechtsverhältnis zwischen Sicherungsgeber und Sicherungsnehmer und dem Rechtsverhältnis zwischen Sicherungsgeber und Hauptschuldner zu unterscheiden. Die **Übernahme einer Bürgschaft** als solche stellt noch keinen geeigneten Zuwendungsgegenstand an den Hauptschuldner dar (*Schuck*, in V/K/S, ErbStG, 2012, § 7 Rz. 9). Eine Zuwendung an den Gläubiger scheidet von vornherein aus (*Fischer*, Die Unentgeltlichkeit im Zivilrecht, 2002, 164 m. w. N.; a. A. RG v. 14.4.1903, VII 458/02, RGZ 54, 281; v. 26.4.1917, VI 37/17, RGZ 90, 177). Erst im Fall der nachfolgenden Inanspruchnahme des Bürgen kann der **Verzicht auf den Regressanspruch** als freigebige Zuwendung an den Hauptschuldner angesehen werden. Nach Ansicht des BFH (BFH v. 12.7.2000, II R 26/98, BStBl II 2000, 596) kommt es darauf an, ob nach den objektiven Umständen der Schuldner vom Bürgen endgültig von der gegen ihn bestehenden Forderung befreit werden soll. Dafür ist es nicht ausreichend, wenn die Möglichkeit des Ausfalls vom Anspruch des Bürgen gegen den Schuldner nach § 774 Abs. 1 BGB besteht. Bei der **Bestellung von Realsicherheiten** zugunsten eines anderen für eine fremde Schuld liegt ebenfalls kein geeigneter Zuwendungsgegenstand vor (a. A. *Gebel*, in T/G/J, ErbStG, § 7 Rz. 59). Es gelten die gleichen Grundsätze wie bei der Einräumung einer Bürgschaft.

49 Fehlt es an der Übertragung eines Zuwendungsgegenstandes an den Bedachten, liegt keine freigebige Zuwendung vor. Die **schlichte Werterhöhung im Vermögen des Bedachten**, die sich als „Reflexwirkung" aus der Disposition eines anderen ergibt, reicht nach der Rspr. des BFH (v. 25.10.1995, II R 67/93, BStBl II 1996, 160) nicht aus. Dies zeigt sich am Beispiel der sog. **disquotalen Einlage** (Rz. 73) in das Gesellschaftsvermögen einer Kapitalgesellschaft (ausführlich *Hübner*, DStR 2008, 1357).

50 Nach der vom BFH im Zusammenhang mit der **gemischten Schenkung** (Rz. 330) praktizierten Sichtweise muss der Zuwendungsgegenstand als Sache, Recht, Sach- oder Rechtsbruchteil **nicht zwingend selbstständig zuwendungsfähig** sein (*Meincke*, ErbStG, 2012, § 7 Rz. 15; *Götz*, in Wilms/Jochum, ErbStG, § 7 Rz. 6, 168 ff.).

Bei der gemischten Schenkung nimmt der BFH (BFH v. 12.12.1979, II R 157/78, BStBl II 1980, 260) auf die im Zivilrecht vertretene **Trennungstheorie** Bezug, die bei gemischten Schenkungen die einheitliche Zuwendung in einen entgeltlichen und einen unentgeltlichen Teil aufteilt (BFH v. 21.12.1981, II R 176/78, BStBl II 1982, 83; zu den sich hieraus ergebenden praktischen Problemen vgl. *Schuck*, in V/K/S/W, ErbStG, 2012, § 7 Rz. 48). Die frühere unangefochtene Praxis betonte demgegenüber i. S. d. sog. Einheitstheorie den **einheitlichen Charakter des insgesamt zum Schenkungsrecht gehörenden Geschäfts** und sah demzufolge auch schenkungsteuer-

Schenkungen unter Lebenden § 7

rechtlich die Sache bzw. das Recht selbst als den Zuwendungsgegenstand an (BFH v. 15.7.1964, II 43/62, HFR 1965, 269; *Meincke*, ErbStG, 2012, § 7 Rz. 28).

Wenn der BFH sich zur Rechtfertigung der Änderung der Rspr. auf die Trennungstheorie berufen hat, dann stellte dies lediglich eine Begründung dafür dar, dass die seinerzeit bestehende z. T. außerordentliche **Diskrepanz zwischen dem Verkehrswert und dem Steuerwert** – namentlich dem Einheitswert bei Grundstücken – in das richtige Verhältnis zum Verkehrswert und zum bewertungsrechtlichen Wert der Gegenleistung gebracht werden sollte. Da durch das **ErbStRG v. 24.12.2008** (BGBl I 2008, 3018) die Bewertung nach dem gemeinen Wert – mit Ausnahme von LuF-Vermögen – vorgeschrieben ist, ist **die Rspr. des BFH zur gemischten Schenkung auf der Grundlage der Trennungstheorie ebenso überholt wie die Unterscheidung zwischen Schenkungen unter Duldungsauflage und Schenkungen unter Leistungsauflage** (*Kapp/Ebeling*, ErbStG, § 7 Rz. 50). Für gemischte Schenkungen und Auflageschenkungen wird demzufolge i. S. d. wieder vorzugswürdigen Einheitstheorie unter Zugrundelegung der Verkehrswerte von Leistung und Gegenleistung festgestellt, ob überhaupt eine Bereicherung im bürgerlich-rechtlichen Sinne vor liegt. Soweit eine steuerbare gemischte Schenkung oder Auflagenschenkung festgestellt ist, wird der schenkungsteuerpflichtige Erwerb nach bewertungsrechtlichen Grundsätzen (§ 10 ErbStG) ermittelt. Die FinVerw. legt inzwischen wieder die Einheitstheorie zugrunde. In R E 7.4 ErbStR 2011 greift sie ihre bereits in den Gleichlautenden Ländererlassen vom 20.5.2011 (BStBl I 2011, 562) dokumentierte, mitunter erheblich geänderte Auffassung zur Besteuerung gemischter Schenkungen und Schenkungen unter Auflage auf (vgl. Rz. 336a, 362).

Nach Meinung von *Pach-Hanssenheimb* (DStR 2009, 466) werden bei der Bewertung von Leistung und Gegenleistung im Zusammenhang mit dem Verschonungsabschlag für Betriebsvermögen (§ 13a ErbStG) und dem Verschonungsabschlag für zu Wohnzwecken vermieteten Grundbesitz (§ 13c ErbStG) die **Zweifel an der Einheitstheorie mit ihrer Technik der Saldierung** jedoch wieder wach. Das dogmatische Problem besteht darin, dass die nach § 10 Abs. 6 ErbStG vorzunehmende Kürzung der Gegenleistung nach § 10 Abs. 5 Nr. 2 ErbStG nur in den Fällen des § 3 ErbStG (Erwerbe von Todes wegen) mit entsprechend abzugsfähigen Nachlassverbindlichkeiten Anwendung findet. Das Problem der gemischten Schenkung hat der Gesetzgeber nicht mitgelöst. Möglicherweise hofft der Gesetzgeber darauf, dass der BFH seine Rspr. zur gemischten Schenkung i. S. d. Trennungstheorie beibehalten wird. Möchte man beim Verschonungsabschlag zum gleichen Ergebnis wie nach der Trennungstheorie kommen, bestünde die weitere Möglichkeit darin, § 10 Abs. 1 Satz 2 ErbStG i. V. m. § 10 Abs. 6 Sätze 4 und 5 ErbStG auch für gemischt freigebige Zuwendungen anzuwenden. Doch dies hat der BFH (BFH v. 21.10.1981, II R 176/78, BStBl II 1982, 83) bisher explizit abgelehnt. Darauf beruft sich auch das FG Saarland und lehnt die Kürzung mit einer Schenkung verbundenen Leistungsauflage – im Fall eine Leibrente – nach § 10 Abs. 6 ErbStG ab (FG Saaland v. 3.1.2012, 1 V 1387/11, EFG 2012, 530 mit Anm. *Fumi*). Vor diesem Hintergrund könnte es sein, dass der **BFH seine bisherige Sichtweise zum nicht zwingend selbstständig zuwendungsfähigen Gegenstand i. S. d. Trennungstheorie beibehalten** wird.

53 Ob es sich um eine **einheitliche Zuwendung handelt,** richtet sich zudem nach dem Willen der Parteien, **wenn demselben Beschenkten gleichzeitig mehrere Gegenstände zugewendet** werden (BFH v. 18.3.1981, II R 11/79, BStBl II 1981, 532, wonach für die Annahme einer einheitlichen Schenkung das einheitliche Schenkungsversprechen maßgebend ist, auch wenn aus technischen Gründen die Schenkung zeitlich auseinander fallend durch einzelne Verträge durchgeführt wird; vgl. auch BFH v. 10.2.1982, II R 3/80, BStBl II 1982, 351). Der besondere Vorteil der einheitlichen Zuwendung bestand nach früherer Rechtslage darin, dass trotz der Regelung des § 14 Abs. 1 Satz 2 ErbStG positive und negative Steuerwerte miteinander verrechnet werden konnten. Da es **negative Steuerwerte** im betrieblichen Bereich nach dem ErbStG i.d.F. des ErbStRG v. 24.12.2008 (BGBl I 2008, 3018) nicht mehr gibt, ist dieser Gestaltungseffekt für die Beratungspraxis entfallen. Die Verrechnungsmöglichkeit folgt aus § 14 Abs. 1 Satz 5 ErbStG. Etwas anderes mag gelten, wenn man die Trennungstheorie im Bereich der gemischten Schenkung einerseits aufgibt und andererseits § 10 Abs. 6 ErbStG nicht auf den Tatbestand der gemischten Schenkung anwendet. Dann kann ein negativer Steuerwert dadurch entstehen, dass von dem unter Berücksichtigung des Verschonungsabschlages bewerteten Betriebsvermögen die Gegenleistung abgezogen wird. Die FinVerw. (R E 7.4 Abs. 2 ErbStR 2011) wendet § 10 Abs. 6 ErbStG an (vgl. Rz. 336a).

Beispiel:

Der Schenker überträgt einen Mitunternehmeranteil mit einem gemeinen Wert von 10 Mio. EUR an den Beschenkten, der zugleich Verbindlichkeiten i.H.v. 5 Mio. EUR übernimmt. Unter Berücksichtigung der Verschonungsregelung der §§ 13a Abs. 1, 13b Abs. 4 ErbStG ergebe sich ein negativer Steuerwert i.H.v. 3,5 Mio. EUR, wenn man die Trennungstheorie ebenso wie die Anwendbarkeit des § 10 Abs. 6 ErbStG ablehnt (*Pach-Hanssenheimb*, DStR 2009, 466).

Die Annahme einer einheitlichen Schenkung ändert aber nichts daran, dass für die Frage des Entstehens der Steuer nach § 9 Abs. 1 Nr. 2 ErbStG die Ausführung der einzelnen Zuwendungen entscheidend ist (BFH v. 15.3.2007, II R 5/04, BStBl II 2007, 472; vgl. dazu auch *Gebel*, ZEV 2001, 213).

54 **Gestaltungshinweis: Gestaltungshinweis:**

Nach **Abschaffung des** § 25 ErbStG durch das ErbStRG v. 24.12.2008 (BGBl I 2008, 3018) wird die **Schenkung eines Grundstücks unter Nießbrauchsvorbehalt** eines der zentralen Instrumente der kautelarjuristischen Praxis im Rahmen der vorweggenommenen Erbfolge bilden. Dies hängt damit zusammen, dass für Vermögensgegenstände des Privatvermögens die (unentgeltliche) Vermögensübergabe gegen Versorgungsleistungen einkommensteuerrechtlich nicht mehr dazu führt, dass die Versorgungsleistungen bei dem Verpflichteten als Sonderausgaben abgezogen werden dürfen (*Geck*, DStR 2009, 1005). Allerdings muss der Erwerber im Fall des Todes des Nießbrauchers mit einer Nachsteuer rechnen, wenn die Zeitspanne zwischen Nießbrauchsbestellung und dessen Wegfall infolge des Todes des Berechtigten (zu) kurz ist. Dies ergibt sich aus der Sondervorschrift für vorbehaltene Nutzungen und Leistungen (§ 14 BewG), die bei Übertragungen unter Nießbrauchsvorbehalt seit dem 1.1.2009 generell zu beachten ist (*Götz*,

DStR 2009, 2233). Der vorzeitige lebzeitige Verzicht auf ein vorbehaltenes Nießbrauchsrecht erfüllt als Rechtsverzicht den Tatbestand des § 7 Abs. 1 Nr. 1 ErbStG, wenn er ohne angemessene Gegenleistung erfolgt (BFH, v. 17.3.2004, II R 3/01, BStBl II 2004, 429; bestätigt durch BFH, v. 20.5.2014, II R 7/13, BStBl II 2014, 896). Die Gegenleistung kann auch in dem schuldrechtlichen Surrogat eines (neuen) Zuwendungsnießbrauchs an einem Ersatzwirtschaftsgut bestehen (*Götz/Hülsmann*, DStR 2010, 2377).

Die Übernahme dinglicher Belastungen bei Grundstücksschenkungen stellt zivilrechtlich keine Gegenleistung des Beschenkten dar, sondern mindert lediglich den Wert des Geschenks (BGH v. 7.4.1989, V ZR 252/87, BGHZ 107, 156). Schenkungsteuerrechtlich sind die Belastungen zum Zeitpunkt der Grundstücksschenkung nicht berücksichtigungsfähig, da die dinglichen Belastungen (Grundschuld, Hypothek) lediglich eine Sicherheit darstellen, die erst im Zeitpunkt der Inanspruchnahme einen Abzugsposten bildet (§ 6 Abs. 1 BewG; vgl. Rz. 362, 363). Nach Ansicht des BFH (BFH v. 17.10.2001, II R 60/99, BFH/NV 2002, 449 = BStBl II 2002, 165) liegt **keine gemischte Grundstücksschenkung vor, wenn der Schenker die Schuld weiter tilgt** und verzinst. Die Zahlungen selbst führen zu keiner Bereicherung des Beschenkten. Dies gilt auch in Kombination mit einem Vorbehaltsnießbrauch.

Gestaltungshinweis: Gestaltungshinweis:
Um Grunderwerbsteuer zu vermeiden, wird deshalb regelmäßig bei Grundstücksübertragungen im Zusammenhang mit einem Nießbrauchsvorbehalt vereinbart, dass die den **dinglichen Belastungen zugrunde liegenden persönlichen Schulden beim Schenker verbleiben.** Dabei sollte darauf geachtet werden, dass die den dinglichen Belastungen zugrunde liegenden schuldrechtlichen Verpflichtungen beim Erlöschen des Nießbrauchs auch vom Beschenkten übernommen werden. Fehlt es an einer solchen Regelung, gehen die schuldrechtlichen Verbindlichkeiten mit dem Ableben des Schenkers auf dessen Erben über und nicht auf den Beschenkten.

2.2.2 Mittelbare Zuwendung

Nicht erforderlich ist es, dass sich der **Zuwendungsgegenstand im Vermögen des Schenkers** befunden hat und wesensgleich auf den Beschenkten übergeht. Wenn der Entreicherungsgegenstand beim Schenker einerseits und der Bereicherungsgegenstand beim Beschenkten andererseits nicht übereinstimmen, wird dies als sog. **mittelbare Zuwendung** bzw. mittelbare Schenkung bezeichnet (BFH v. 12.12.1979, II R 157/78, BStBl II 1980, 260). Die Rechtsfigur der mittelbaren Schenkung geht bereits auf eine alte Rspr. des RG (RG v. 19.6.1941, V 129/40, RGZ 167, 199) zurück, die vom BGH (BGH v. 29.5.1952, IV ZR 167/51, NJW 1952, 1171) fortgeführt worden ist. Die **Standardkonstellation der mittelbaren Schenkung** besteht darin, dass der Schenker dem Beschenkten einen bestimmten Geldbetrag gibt, mit dem der Beschenkte einen bestimmten Gegenstand erwerben muss. Die mittelbare Schenkung ist damit von der **Geldschenkung unter der Auflage, mit dem Geld einen bestimmten Gegenstand zu erwerben,** abzugrenzen (BFH v. 7.4.1976, II R 89/70,

BStBl II 1976, 632; v. 28.11.1984, II R 133/83, BStBl 1985, 159). Wenn in der Schenkungsurkunde der Begriff der „Auflage" verwendet wird, ist dies dann nicht zwingend schädlich, wenn sich die entsprechende Verwendungsverpflichtung anderweitig im Wege der Auslegung ermitteln lässt (BFH v. 5.2.1986, II R 188/83, BStBl II 1986, 460). Die mittelbare Schenkung setzt also voraus, dass der Beschenkte im Verhältnis zum Schenker nicht über den Geldbetrag, sondern **erst über den Gegenstand verfügen darf.** Die **Lebensversicherung** bzw. deren Werterhöhung, auf die monatlich Versicherungsbeiträge von einem Dritten einbezahlt werden, ist nicht Gegenstand der mittelbaren Schenkung (BFH, v. 22.10.2014, II R 26/13, BStBl II 2015, 239; siehe auch Rz. 42 ff) Anders sah dies noch die Vorinstanz. Nach ihr bestand die Bereicherung nicht in mit dem Nennwert anzusetzenden einzelnen monatlichen Geldschenkungen, sondern im Erwerb des jeweils monatlichen Wertzuwachses des Versicherungsanspruchs (FG München v. 20.2.2013, 4 K 690/10, EFG 2013, 869). Der Zuwendungsgegenstand richtet sich danach, worüber der Bedachte nach dem Inhalt der Schenkungsabrede „frei" bzw. „tatsächlich und rechtlich endgültig verfügen" konnte (BFH v. 28.11.1984, II R 133/83, BStBl II 1985, 159; v. 26.9.1990, II R 150/88, BStBl II 1991, 320). Demzufolge liegt nach Ansicht des BFH (BFH v. 21.5.2001, II R 10/99, BFH/NV 2001, 1404) eine mittelbare Grundstücksschenkung nicht ohne weiteres vor, wenn der Schenker seinen noch nicht erfüllten schuldrechtlichen Anspruch auf Auflassung und Eintragung an den Beschenkten abtritt. Der Schenkungsvertrag müsste hier eine klare Zweckbindung dergestalt enthalten, dass der Beschenkte im Innenverhältnis zum Schenker allein die Erfüllung des abgetretenen Anspruchs herbeiführen dürfe, weil ansonsten der Beschenkte bereits über den an ihn abgetretenen Anspruch tatsächlich und rechtlich frei verfügen könne. Kritisch äußert sich zu dieser Entscheidung *Kapp/Ebeling* (ErbStG, § 7 Rz. 10.1), wonach die zivilrechtliche Vereinbarung einer internen Zweckbindung jedenfalls im grundbuchrechtlichen Bereich ein untaugliches Bewertungskriterium des Schenkungsgegenstandes sei. Letztlich sei die schenkweise Abtretung des Übereignungsanspruchs ein auflösend bedingter Erwerb des Volleigentums gem. § 158 Abs. 2 BGB, der nach § 5 BewG zu beurteilen sei. Die Rechtsfigur der mittelbaren Schenkung ist **nicht auf die Zuwendung eines Geldbetrags, mit dem der Beschenkte einen bestimmten Gegenstand erwerben muss, beschränkt.** So hat der BFH (BFH v. 28.3.2012, II R 39/10, BStBl II 2012, 712) entschieden, dass in der Übertragung von Geschäftsanteilen (einer GmbH) die **mittelbare Schenkung des Erlöses aus einem bereits geplanten Verkauf der Anteile** liegen könne. Das sei dann der Fall, wenn der Beschenkte nicht über die Geschäftsanteile frei verfügen, sondern sich den Verfügungen des Schenkers unterordnen musste. Neben einer umfassenden Vollmacht zur Verfügung und Ermächtigung lag es in dem entschiedenen Fall überdies so, dass der Schenker bevollmächtigt war, das Stimmrecht in der Gesellschafterversammlung einschließlich der Vornahme von Grundlagengeschäften auszuüben. Ausgeführt i.S.d. § 9 Abs. 1 Nr. 2 ErbStG ist die mittelbare Schenkung erst mit endgültiger Vermögensverschiebung, sprich mit der Auszahlung des Verkaufserlöses an die mittelbar Beschenkte.

56 Die Rechtsfigur der mittelbaren Zuwendung bzw. Schenkung hatte für die Praxis überragende Bedeutung im **Bereich der mittelbaren Grundstücksschenkung** und der mittelbaren Schenkung von Betriebsvermögen, weil der Beschenkte dadurch in den Genuss des vom Verkehrswert erheblich abweichenden günstigeren Steuerwertes kam. Durch das ErbStRG v. 24.12.2008 (BGBl I 2008, 3018) entspricht die Bewertung von Grundvermögen und Betriebsvermögen grundsätzlich dem gemeinen Wert, so dass es – zumindest theoretisch – zu keinem abweichenden Steuerwert mehr kommen kann. Nichtsdestoweniger bleibt die Rechtsfigur der mittelbaren Schenkung auch schenkungsteuerrechtlich von Bedeutung, weil namentlich bei der mittelbaren Schenkung von Betriebsvermögen die Verschonungsabschläge nach §§ 13a, 13b, 19a ErbStG und bei der Schenkung von vermieteten Grundstücken der Verschonungsabschlag nach § 13c ErbStG nur Anwendung finden, wenn entweder begünstigtes Betriebsvermögen oder ein begünstigtes Grundstück den Gegenstand der Schenkung bildet. Insofern ist es aus Sicht der Praxis zu begrüßen, dass die **FinVerw** in den **ErbStR 2011** weiterhin davon ausgeht, dass trotz der an den Verkehrswerten orientierten Bewertung von Immobilien die bisherigen Grundsätze der mittelbaren Grundstücksschenkung nicht entbehrlich seien. Nach R E 7.3 Abs. 1 ErbStR kann die Hingabe von Geld zum Erwerb eines Grundstücks oder zur Errichtung eines Gebäudes als Schenkung von Grundbesitz anzusehen sein, wenn dem Bedachten nach dem erkennbaren Willen des Zuwendenden im Zeitpunkt der Ausführung der Schenkung ein bestimmtes Grundstück oder Gebäude verschafft werden soll. Im Übrigen entsprechen die weiteren Voraussetzungen der bisherigen R 16 ErbStR 2003 zur mittelbaren Grundstücksschenkung. Einzelfälle regelt H E 7.3 ErbStR 2011 „Mittelbare Grundstücksschenkung – Einzelfälle". In R E 13b.2 Abs. 2 ErbStR 2011 liegt eine begünstigte Übertragung von Betriebsvermögen in Form einer mittelbaren Schenkung auch dann vor, wenn ein Geldbetrag zur Beteiligung am Betriebsvermögen des Schenkers zugewendet wird. Nach R E 13b.2 Abs. 2 S. 2 ErbStR ist die mittelbare Schenkung aber nicht begünstigt, wenn die Beteiligung am **Vermögen eines Dritten** erfolgen soll, weil insofern kein begünstigtes Vermögen vom Schenker auf den Erwerber übergehe.

Gestaltungshinweis: Gestaltungshinweis:

In der Praxis ist besonders auf die **zeitliche Reihenfolge zwischen Geldzusage, Zuwendung und Verwendung** zu achten. Nach Auffassung des BFH (BFH v. 10.11.2004, II R 44/02, BFH/NV 2005, 468 = BStBl II 2005, 188) ist es notwendig, dass der Schenker dem Beschenkten den für den Kauf eines bestimmten Gegenstandes vorgesehenen Geldbetrag vor dem Abschluss des Kaufvertrages zusagt und der Schenker dem Beschenkten den Betrag spätestens bis zur Tilgung der Kaufpreisschuld zur Verfügung stellt. Wird ein Geldbetrag erst nach Abschluss des Kaufvertrages bzw. nach dem Beginn von Baumaßnahmen zum Zwecke der Tilgung des Kaufpreises oder zur Entlohnung des Werkunternehmers hingegeben, liegt grundsätzlich keine mittelbare Grundstücksschenkung mehr vor (BFH v. 1.6.2004, IX R 61/03, BFH/NV 2005, 27). Es ist zwar nicht notwendig, aber aus Gründen des verfahrensrechtlichen Nachweises sinnvoll, auch den Geldbetrag schon zum Zeitpunkt des Abschlusses des Kaufvertrages zur Verfügung zu stellen.

Um die **Glaubhaftmachung gegenüber dem Finanzamt sicherzustellen,** wird folgende Vorgehensweise vorgeschlagen (*Weinmann*, in Moench/Weinmann, ErbStG, § 7 Rz. 30; *Götz*, in Wilms/Jochum, ErbStG, § 7 Rz. 131):

- Schriftliche Erklärung des Zuwendenden, dass der Zuwendungsempfänger den Geldbetrag ausschließlich zum Erwerb eines bestimmten Gegenstandes verwenden darf,
- vertragliche Regelungen vor Abschluss des Kaufvertrages bzw. bei Herstellung eines Grundstücks vor Beginn der Baumaßnahme,
- enger zeitlicher Zusammenhang,
- tatsächliche Durchführung.

58 Eine mittelbare Schenkung hängt bei Zuwendung des entsprechenden Geldbetrages nicht davon ab, dass der Schenker den gesamten Kaufpreis übernimmt. Vielmehr ist es ausreichend, wenn er nur einen **Teil finanziert**. Denn die schenkungsrechtlichen Vorschriften des BGB schließen die **Schenkung eines Teilgegenstands** nicht aus (BFH v. 7.4.1976, II R 87-89/70, BStBl II 1976, 632; v. 5.10.2005, II R 48/03, BFH/NV 2006, 238). Allerdings soll bei vergleichsweise nur unbedeutenden Beträgen des Schenkers (bis etwa 10 %) nach Ansicht der FinVerw. regelmäßig eine Geldzuwendung anzunehmen sein (R E 7.3 Abs. 3 ErbStR 2011; a.A. Hess. FG v. 9.3.1994, 1 K 3149/93, UVR 1994, 248; offengelassen BFH v. 5.10.2005, II R 48/03, BFH/NV 2006, 238).

59 Der BFH hat eine mittelbare Grundstücksschenkung auch dann bejaht, wenn der Schenker dem Beschenkten Geld für die **Errichtung eines Gebäudes** auf einem bereits im Eigentum des Beschenkten stehenden Grundstücks zugewendet hat (BFH v. 3.8.1988, II R 39/86, BStBl II 1988, 1025). In gleicher Weise können die Grundsätze der mittelbaren Grundstücksschenkung auf **Ausbau-, Umbau- oder Anbaumaßnahmen**, deren Kosten der Schenker übernimmt, Anwendung finden (BFH v. 13.3.1996, II R 51/95, BStBl II 1996, 548). Demgegenüber kommt eine mittelbare Grundstücksschenkung dann nicht mehr in Betracht, wenn die Geldmittel auf Weisung des Schenkers für den Umbau oder Ausbau eines einem Dritten gehörenden Gebäudes verwendet werden sollen, in dem der Beschenkte wohnt. Dies gilt auch bei dem gleichzeitigen Erwerb eines Dauerwohnrechtes (BFH v. 17.6.1998, II R 51/96, BFH/NV 1998, 1378).

60 Umstritten ist die Frage, ob eine mittelbare Grundstücksschenkung auch bei **Übernahme der Kosten für Modernisierungen, Reparaturmaßnahmen, Renovierungsarbeiten** oder andere grundstücksbezogene Verwendungen in Betracht kommt, soweit sie nicht in einem unmittelbaren Zusammenhang mit der Anschaffung eines Grundstücks oder Herstellung eines Gebäudes stehen. Teile der Praxis lehnen dies ab (FG München v. 23.9.1993, 4 V 923/93, UVR 1994, 57 (betreffend Modernisierung); *Gebel*, in T/G/J, ErbStG, § 7 Rz. 111; *Weinmann*, in Moench/Weinmann, ErbStG, § 7 Rz. 55). Der BFH hat den Fall bislang nicht entschieden. Eine Anerkennung der Grundsätze der mittelbaren Grundstücksschenkung könnte hier die Möglichkeit neuer günstiger Gestaltungen eröffnen, weil auch nach den durch das ErbStRG v. 24.12.2008 (BGBl I 2008, 3018) neu geregelten Bewertungsgrundsätzen für Grundstücke mit Modernisierungs-, Reparatur- oder Renovierungsmaßnahmen nicht notwendigerweise auch eine Wertsteigerung des Gebäudes i.S. der §§ 180ff. BewG einhergehen muss. Nach Meinung von *Schuck* (in V/K/S/W, ErbStG 2012, § 7 Rz. 67) kommt auch bei der Finanzierung von Renovierungsarbeiten eine mittelbare Schenkung in Betracht, weil sich der Schenkungsgegenstand

Schenkungen unter Lebenden   § 7

zivilrechtlich bestimmt und demzufolge steuerrechtlich entscheidend sei, über was der Beschenkte im Verhältnis zum Zuwendenden rechtlich verfügen könne. Wenn der Gesetzgeber für die Bewertung von Immobilien pauschale Verfahren vorschreibe, so gelten diese auch dann, wenn trotz einer zivilrechtlichen Bereicherung auf der Ebene der Bemessungsgrundlage keine Wertverschiebung eintrete. Dies sei Konsequenz des Systems. Demgegenüber vertritt *Gebel* (in T/G/J, ErbStG, § 7 Rz. 111) den Standpunkt, dass durch die vom Schenker finanzierte Baumaßnahme ein „selbstständig abgrenzbarer Grundstücksbestandteil" entstehen müsse, weil der Begriff der Zuwendung eine Erhöhung des Vermögensbestandes voraussetze. Deshalb sei zweifelhaft, ob die Finanzierung von reinen Modernisierungsmaßnahmen eine mittelbare Grundstücksschenkung sein könne. Im Ergebnis sind beide Ansichten abzulehnen. Es liegt weder eine unmittelbare Geldschenkung noch eine mittelbare Grundstücksschenkung vor, sondern eine mittelbare Schenkung der entsprechenden Werkleistungen. Diese – und nicht die Immobilie – sind eigenständig mit dem gemeinen Wert zu bewerten, was im Ergebnis regelmäßig den vereinbarten Werklohn entspricht. Es handelt sich also um keine steuerlich günstige Gestaltungsmöglichkeit.

Die FinVerw (R E 7.3 Abs. 2 S. 1 ErbStR 2011). geht bislang von einer **Geld-** 61 **schenkung unter Auflage** dann aus, wenn der Schenker dem Bedachten gegenüber lediglich ausführt, dieser solle für den zugewendeten Geldbetrag im eigenen Namen und auf eigene Rechnung ein **Grundstück erwerben, ohne dass bereits feststünde, um welches konkrete Grundstück** es sich handelt. Nach der vorzugswürdigen, weil mit dem Schenkungsrecht im Einklang stehenden, Gegenauffassung reicht die Bestimmbarkeit des Zuwendungsgegenstandes (z.B. Auswahl aus zwei oder mehreren Objekten) aus (*Crezelius*, NWB F. 10, 613; *Gebel*, in T/G/J, ErbStG, § 7 Rz. 97; *Meincke*, ErbStG, 2012, § 7 Rz. 17f). Im Zusammenhang mit der **Herstellung des Gebäudes** verlangt die FinVerw. eine Bestimmtheit dahingehend, dass bei Ausführung der Schenkung das konkrete Bauvorhaben schon besteht, etwa durch eine Bauvoranfrage, einen Kostenvoranschlag oder durch einen Finanzierungsplan (R E 7.3 Abs. 2 S. 2 ErbStR 2011). Hiergegen wendet *Schuck* (in V/K/S/W, ErbStG, 2012, § 7 Rz. 75) überzeugend ein, dass damit Gesichtspunkte der Beweiserhebung und Tatbestandsmerkmale vermischt würden. Der Bedachte könne die Zuwendung einer konkreten Baumaßnahme auch durch eine Baubeschreibung oder Zeugenaussagen nachweisen.

Möglich ist auch eine sog. **zweistufige mittelbare Grundstücksschenkung** (FG 62 München v. 21.7.1999, 4 K 1628/95, EFG 1999, 1193). Sie besteht darin, dass der Geldbetrag für die Anschaffung oder Herstellung eines Gebäudes aus dem Verkaufserlös eines zuvor geschenkten Grundstücks stammt, wenn der Verkaufserlös zur Anschaffung bzw. Herstellung eines anderen Gebäudes verwendet werden musste (*Kapp/Ebeling*, ErbStG, § 7 Rz. 375.3; *Schuck*, in V/K/S/W, ErbStG, 2012, § 7 Rz. 69).

Für die **Abgrenzung zwischen Geldschenkung unter Auflage zur mittelbaren** 63 **Grundstücksschenkung** ist auch die Frage des zeitlichen Zusammenhangs von Bedeutung. Wenn **zwischen der Zuwendung des Geldbetrages und der bestimmungsmäßigen Verwendung** zum Erwerb eines Grundstückes mehrere Jahre vergehen, legt dies zumindest den Schluss nahe, dass bei der Zuwendung des Geldes

Fischer

noch keine konkrete Verwendung ins Auge gefasst war (*Weinmann*, in Moench/ Weinmann, ErbStG, § 7 Rz. 35). Der BFH (BFH v. 4.10.2002, II R 75/00, BFH/NV 2003, 563 = BStBl II 2003, 273) hat allerdings trotz eines Zeitabstandes von mehr als zwei Jahren das Vorliegen einer mittelbaren Grundstücksschenkung bejaht. Deshalb dürfte die Sichtweise der FinVerw., einen engen zeitlichen Zusammenhang zu fordern (R E 7.3 Abs. 1 S. 5 ErbStR 2011; a. A. *Gebel*, in T/G/J, ErbStG, § 7 Rz. 98), zu restriktiv sein. Trotzdem gilt für die Praxis der allgemeine Hinweis, dass im „Normalfall" der Zeitabstand auf einige Monate begrenzt werden sollte (vgl. auch *Viskorf*, ErbR 2006, 44).

64 So wie es den Fall der mittelbaren Grundstücksschenkung gibt, ist auch der umgekehrte Fall einer **mittelbaren Geldschenkung** denkbar. Auch hierbei handelt es sich um eine Problematik, die ganz entscheidend von den Bewertungsdifferenzen zwischen dem Steuerwert von Grundstücken und Geldschenkungen geprägt gewesen ist. Im Grundsatz ging es um die Konstellation einer Schenkung von Sachwerten, insbesondere von Grundstücken, die nach der Schenkung von dem Bedachten veräußert werden. Dass die Möglichkeit der Geldbeschaffung Motiv der Schenkung war, reicht für die Annahme einer Geldschenkung allerdings noch nicht aus (BFH v. 17.4.1974, II R 4/67, BStBl II 1974, 521). Entscheidend ist auch hier, worüber nach der Schenkungsabrede der Bedachte im Verhältnis zum Schenker tatsächlich und rechtlich endgültig verfügen durfte (BFH v. 6.3.1985, II R 114/82, BStBl II 1985, 380).

65 Die **Zuwendung** ist gegenüber dem Bedachten so lange **nicht ausgeführt** i. S. d. § 9 Abs. 1 Nr. 2 ErbStG, als die Verwendungsabrede, die den hingegebenen Vermögensgegenstand (regelmäßig eine Geldzahlung) betrifft, gegenüber dem Zuwendenden bindend ist. Dieser Gegenstand (Geldbetrag) wird aber dann zum Zuwendungsobjekt, wenn die Verwendungsabrede von den Beteiligten aufgehoben oder aus anderen Gründen tatsächlich nicht weiter verfolgt wird (*Gebel*, in T/G/J, ErbStG, § 7 Rz. 75). Handelt es sich ausnahmsweise um eine sonstige freigebige Zuwendung ohne vertragliche Grundlage, entscheidet zwar allein der Wille des Zuwendenden über den maßgeblichen Zuwendungsgegenstand (BFH v. 19.8.1959, II 259/57 S, BStBl III 1959, 417), doch können die Grundsätze der mittelbaren Schenkung hier im Ergebnis trotzdem nicht einschlägig sein, weil der Zuwendende mangels vertraglicher Grundlage mit dem Bedachten keine bindende Verwendungsabrede treffen konnte (*Gebel*, in T/G/J, ErbStG, § 7 Rz. 76).

66 Überlegungen der Gestaltungspraxis, durch eine möglichst **frühzeitige Zurverfügungstellung des Geldbetrages** steuerlich günstige Effekte zu erzielen, hat der BFH (BFH v. 4.12.2002, II R 75/00, BFH/NV 2003, 563 = BStBl II 2003, 273) einen Riegel vorgeschoben. In dem vom BFH entschiedenen Fall hatte die Schenkerin den Beschenkten zunächst ein unbebautes Grundstück unentgeltlich übertragen und außerdem auf das gemeinsame Baukonto der Beschenkten einen Geldbetrag in Höhe der veranschlagten Herstellungskosten für die Errichtung eines Geschäftshauses überwiesen. In dieser Konstellation ist die Schenkung erst dann **ausgeführt** i. S. d. § 9 Abs. 1 Nr. 2 ErbStG, wenn das **Gebäude auch tatsächlich hergestellt** ist. Die Höhe der mittelbaren Gebäudeschenkung richtet sich nach dem Finanzierungsaufwand. Weil die Beschenkten zum Vorsteuerabzug berechtigt gewesen sind, bemaß sich der Herstellungsaufwand lediglich nach den Nettobeträgen. Soweit der

zugewendete Geldbetrag den Herstellungsaufwand übersteigt, liegt eine zusätzliche Bargeldschenkung vor. Des Weiteren hat der BFH entschieden, dass in der zinslosen Zurverfügungstellung des veranschlagten Herstellungsaufwandes eine weitere freigebige Zuwendung durch die Möglichkeit zur Kapitalnutzung bis zum Zeitpunkt der Ausführung der Schenkung (= Fertigstellung des Gebäudes) vorliegt (Rz. 5). Einen ähnlichen Fall behandelt die Entscheidung des BFH (BFH v. 23.8.2006, II R 16/06, BFH/NV 2006, 2211 = BStBl II 2006, 787). Dort war Gegenstand der mittelbaren Schenkung ein Grundstück mit noch zu errichtendem Gebäude. Hier ist die Schenkung – jedenfalls in den Fällen, in denen der Schenker den zum Erwerb erforderlichen Geldbetrag bereits zur Verfügung gestellt hat – ausgeführt i.S.d. § 9 Abs. 1 Nr. 2 ErbStG, wenn sowohl die Auflassung erklärt und die Eintragungsbewilligung erteilt als auch das Gebäude fertig gestellt ist.

Bei einem zinslosen Darlehen ist nach der Rspr. des BFH (BFH v. 12.7.1979, II R 26/78, BStBl II 1979, 631; v. 27.10.2010, II R 37/09, BFH/NV 2010, 359; BStBl II 2010, 498) Gegenstand der Zuwendung die unentgeltliche Gewährung des Rechts, das als Darlehen überlassene Kapital zu nutzen. Soll das **Darlehen** nach dem Willen des Darlehensgebers **zur Finanzierung eines Grundstückskaufes dienen**, scheidet im Hinblick auf den eingeräumten Nutzungsvorteil eine mittelbare Grundstücksschenkung aus, weil dem Darlehensnehmer die Vorteile hieraus regelmäßig erst nach der Zahlung des Kaufpreises zufließen und diese deshalb nicht mehr mittelbarer Teil des bereits abgeschlossenen Grundstückerwerbs sein können (BFH v. 29.6.2005, II R 52/03, BFH/NV 2005, 2123 = BStBl II 2005, 800). Selbst wenn das Darlehen zur Sanierung einer gemeinsam bewohnten Wohnung verwendet wird, stellt nach Auffassung des FG München die Nutzungsüberlassung der Wohnung an den Darlehensgeber keine Gegenleistung dar, sofern hierin vordergründig die Verwirklichung der Lebensgemeinschaft zu sehen ist (FG München v. 25.2.2016, 4 K 1984/14, EFG 2016, 728). Dies ist im Ergebnis vor dem Hintergrund der Rechtsprechung des BFH (vgl. Rz. 254) zur objektiven Unentgeltlichkeit bei Zuwendungen an Gesellschaften nicht überzeugend. Im vom FG München zu entscheidenden Fall, ist das Ergebnis aber überwiegend durch dessen tatsächliche Feststellungen geprägt. Die Darlehensgewährung als solche führt zu keiner Entreicherung des Darlehensgebers, sondern zu einer schlichten Vermögensumschichtung. Da der Darlehensgeber nicht entreichert ist, fehlt es bezogen auf die Darlehensvaluta an einem schenkungsteuerbaren Vorgang (Rz. 169). Deshalb kommt es auf den Willen des Darlehensgebers, den Darlehensbetrag für den Erwerb eines Grundstücks einzusetzen, nicht entscheidend an. 67

Bei der mittelbaren Schenkung können **Erwerbsnebenkosten** Berücksichtigung finden. Dies gilt zunächst für allgemeine Erwerbsnebenkosten, wie z.B. für Notar, Grundbuchamt, die der Bedachte trägt (*Götz*, in Wilms/Jochum, ErbStG, § 7 Rz. 182; a.A. *Meincke*, ErbStG, 2012, § 7 Rz. 20). Voll abzugsfähig sind des Weiteren Steuerberatungskosten für Schenkungsteuererklärung sowie die Grunderwerbsteuer, die der Bedachte dafür zu entrichten hat, dass er ein Grundstück entgeltlich von einem Dritten erwirbt. 68

Eine mittelbare Schenkung kommt auch bei **Gesellschaftsanteilen** (Beteiligung an einer Personengesellschaft, GmbH-Anteil, Aktien) in Betracht (*Tiziana J. Chiusi*, in Staudinger, 2013, BGB, § 516 Rz. 168ff). Nach einer Entscheidung des BGH (BGH 69

v. 2.7.1990, II ZR 243/89, BGHZ 112, 40) kann die Zuwendung eines Anteils an einer Personengesellschaft zivilrechtlich als Schenkung gewertet werden (Rz. 257). Gegenstand einer freigebigen Zuwendung kann grundsätzlich der originäre Erwerb eines Gesellschaftsanteils durch Beteiligung am Gründungsvorgang als auch der Eintritt in eine bereits bestehende Personengesellschaft sein. Alternativ zum Geldbetrag kann der Zuwendende auch einen Gegenstand als Sacheinlage zur Verfügung stellen. Eine Schenkung von Gesellschaftsanteilen liegt ebenfalls vor, wenn im Zusammenhang mit der Gründung einer Personengesellschaft nur einer der Gesellschafter Vermögensgegenstände in die gleichzeitig mit Familienangehörigen errichtete Gesellschaft einbringt (*Kapp/Ebeling*, ErbStG, § 7 Rz. 89.1). Es werden also nicht die einzelnen Vermögensgegenstände zugewendet, an denen die Mitgesellschafter nur gesamthänderisch beteiligt sind und über die sie deshalb tatsächlich und rechtlich nicht gesondert verfügen dürfen (§ 718 Abs. 1 BGB).

70 Bei der mittelbaren Zuwendung von Gesellschaftsanteilen handelt es sich regelmäßig um die Zuwendung von Geld entweder zum **Erwerb einer Beteiligung von dem Schenker oder von einem Dritten**. Inwieweit bei einer mittelbaren Schenkung die Begünstigungsregelungen für Betriebsvermögen nach den §§ 13a, 13b, 19a ErbStG beim Erwerb von Dritten eingreifen, bleibt abzuwarten. Die FinVerw (R 56 Abs. 2 ErbStR 2003). vertrat jedenfalls zum früheren Recht die Ansicht, dass der Beschenkte das Betriebsvermögen unmittelbar vom Schenker erwerben musste, weil ein Sinn und Zweck des § 13a ErbStG a. F. gewesen sei, das Betriebsvermögen des Schenkers oder Erblasser beim Übergang auf den Betriebsnachfolger zu schonen (*Weinmann*, in Moench/Weinmann, ErbStG, § 13a Rz. 2).

71 Wenn zum Zeitpunkt der Ausführung der Schenkung schon die **Umwandlung** einer GmbH in eine KG beschlossen war, ist trotzdem Gegenstand der Schenkung der GmbH-Anteil (RFH v. 30.10.1941, III e 32/41, RStBl 1941, 875; BFH v. 4.7.1984, II R 73/81, BStBl II 1984, 772). Im Bereich der Bewertung hat die Frage des zutreffenden Zuwendungsgegenstandes hier an Bedeutung verloren, weil Betriebsvermögen mit dem gemeinen Wert zu bewerten ist. Allerdings können sich Unterschiede etwa bei der Begünstigung von Betriebsvermögen nach § 13b ErbStG weiterhin ergeben. Um eine Schenkung von Geschäftsanteilen handelt es sich auch bei einer **Bargründung einer GmbH und der zeitgleichen Einbringung eines Einzelunternehmens** durch einen Gründungsgesellschafter zu Buchwerten (BFH v. 12.7.2005, II R 8/04, BStBl II 2005, 845).

2.2.3 Zuwendungsgegenstand im Kapitalgesellschaftsrecht

72 Kapitalgesellschaften können Zuwendungen selbst ausführen und empfangen. Dass namentlich bei **Leistungen eines Gesellschafters in das Vermögen einer GmbH** auch ein schenkungsteuerrechtlich relevanter Vermögenstransfer an die Gesellschaft stattfindet, steht sowohl zivil- als auch schenkungsteuerrechtlich außer Frage. Allerdings führt auch die sog. disquotale Einlage in die Kapitalrücklage einer Kapitalgesellschaft außerhalb der Gründung oder Kapitalerhöhung zu **keiner freigebigen Zuwendung an die Kapitalgesellschaft**, weil es an der objektiven Unentgeltlichkeit der Zuwendung im Verhältnis zur Kapitalgesellschaft fehlt (Rz. 250ff.).

Schenkungen unter Lebenden § 7

In Betracht kommt eine **freigebige Zuwendung an die Mitgesellschafter**, doch setzt 73
dies einen **geeigneten Zuwendungsgegenstand** voraus. Fehlt es an der Übertragung
eines Zuwendungsgegenstandes an den Mitgesellschafter, liegt keine freigebige
Zuwendung vor. Die **schlichte Werterhöhung im Vermögen des Mitgesellschafters**, die sich als „Reflexwirkung" aus der Disposition eines anderen ergibt, reicht
nach der Rspr. des BFH nicht aus. Dies zeigt sich am Beispiel der sog. **disquotalen
Einlage** in das Gesellschaftsvermögen einer Kapitalgesellschaft. Nicht anders hat der
BFH in der Revision (BFH v. 30.1.2013, II R 38/11, ZEV 2013, 349) gegen das Urteil
des FG Baden-Württemberg (FG Baden-Württemberg v. 25.5.2011, 7 K 1475/09,
EFG 2011, 2178) entschieden. Auf der dogmatischen Linie des BFH ging bereits das
FG davon aus, dass der Verzicht auf ein Mehrheitsstimmrecht eines GmbH-Gesellschafters keine freigebige Zuwendung zugunsten der Mitgesellschafter darstellt, weil
dafür nicht ausreichend ist, dass deren Geschäftsanteile dadurch eine Werterhöhung
erfahren (was der BFH überdies ablehnt). Abzuwarten bleibt, ob eine entsprechende
Satzungsänderung eine „Leistung" an die Kapitalgesellschaft i.S.d. § 7 Abs. 8 S. 1
ErbStG darstellt (Rz. 555).

Beispiel:
Der Vater hat seinem Sohn bereits seit Längerem im Wege der vorweggenommenen Erbfolge Anteile an der X-GmbH übertragen. Da die GmbH eine größere
Investition tätigen möchte, zahlt der Vater allein einen bestimmten Betrag in die
Kapitalrücklage (§ 272 Abs. 2 Nr. 4 HGB) ein. Da nach Ansicht des BFH die
freigebige Zuwendung einen **„Substanzübergang" in Form eines Zuwendungsgegenstandes** voraussetzt, geht er davon aus, dass in Fällen der disquotalen
Einlage eine Schenkung zwischen den Gesellschaftern grundsätzlich nicht in
Betracht kommt (BFH v. 25.10.1995, II R 67/93, BStBl II 1996, 160). Die FinVerw. hat sich dieser Sichtweise inzwischen angeschlossen. In Tz. 2.1.1. der gleich
lautenden Erlasse der obersten Finanzbehörden der Länder v. 14.3.2012 (Gleich
lautende Ländererlasse v. 14.3.2012 – Schenkungen unter Beteiligung von Kapitalgesellschaften oder Genossenschaften, BStBl I 2012, 331) (im Anschluss an den
koordinierten Ländererlass v. 20.10.2010) folgt die FinVerw. der wiederholt
seitens des BFH (BFH v. 9.12.2009, II R 28/08, BFH/NV 2010, 1189 = BStBl II
2010, 566) bestätigten Sichtweise, dass keine steuerbare Zuwendung vorliegt,
wenn ein Gesellschafter einer Kapitalgesellschaft im Wege einer verdeckten
Einlage einen Vermögenswert der Gesellschaft zuführt und sich infolge dieses
Vermögenszugangs der gemeine Wert sämtlicher Anteile an der Kapitalgesellschaft erhöht. Einschränkend führt die FinVerw. allerdings aus, dass im Fall einer
in **zeitlichem Zusammenhang mit der verdeckten Einlage** erfolgenden offenen
oder verdeckten **Ausschüttung** der **ausgeschüttete Betrag Gegenstand einer
Zuwendung** des Einlegenden an die Ausschüttungsbegünstigten i.S. einer Weiterleitung des eingelegten Vermögens an den jeweiligen Beschenkten sein könne.
Soweit diese Formulierung als deklaratorischer Hinweis auf § 42 AO gemeint ist,
begegnet sie keinen Bedenken. Der **zeitliche Zusammenhang** wäre lediglich als
Indiz bei der Würdigung des § 42 AO einzuordnen, wobei es dann hilfreich
gewesen wäre, diesen Zeitraum zu konkretisieren. Es steht allerdings zu befürchten, dass die FinVerw. künftig bei jeglicher offener oder verdeckter Ausschüttung,

die sich in der zeitlichen Nähe zur verdeckten Einlage findet, eine freigebige Zuwendung zu konstruieren versucht. Jedenfalls dann, wenn handelsrechtlich ein Gewinnvortrag oder offene Gewinnrücklagen vorhanden sind, ginge dies zu weit. Umgekehrt liegt ein Gestaltungsmissbrauch nahe, wenn über den Umweg über die Kapitalgesellschaft erst eine Kapitalrücklage i. S. d. § 272 Abs. 2 Nr. 4 HGB gebildet, diese dann aber zeitnah wieder aufgelöst und an die Gesellschafter ausgeschüttet wird. Die **Steuerbarkeit der verdeckten Einlage** wird durch den durch das **BeitrRLUmsG (v. 7.12.2011, BGBl I 2011, 2592) eingeführten § 7 Abs. 8 S. 1 ErbStG** sichergestellt (Rz. 555, 558). Hauptzielrichtung der Neuregelung in § 7 Abs. 8 S. 1 ErbStG ist die als „gleichheitswidrig" angesehene Rspr. des BFH zu sog. disquotalen bzw. disproportionalen Einlagen in Kapitalgesellschaften zu beseitigen. Im Ergebnis hält der BFH den Grundtatbestand des § 7 Abs. 1 ErbStG weder im Verhältnis zur Kapitalgesellschaft noch im Verhältnis zum begünstigten Mitgesellschafter für einschlägig.

74 Demgegenüber kann die **Kapitalerhöhung gegen Einlagen** (sog. effektive Kapitalerhöhung) schenkungsteuerrechtlich **im Verhältnis zum Mitgesellschafter** relevant sein. Bei der effektiven Kapitalerhöhung sind neue Einlagen aufzubringen, in deren Höhe weitere Gesellschaftsanteile entstehen. Die Erhöhung des Kapitals erfordert einen Beschluss mit qualifizierter Mehrheit. Neben dem Kapitalerhöhungsbeschluss bedarf es eines Beschlusses, wer zur Übernahme der neuen Einlagen zugelassen wird. Dabei wird heute auch im GmbH-Recht davon ausgegangen, dass alle Gesellschafter ein gesetzliches Bezugsrecht besitzen (zur Frage eines „ungeschriebenen" gesetzlichen Bezugsrechts bei der GmbH vgl. *Hermanns*, in Michalski, 2010, GmbHG, § 55 Rz. 38 ff. m. w. N.). Denn der Ausschluss der bisherigen Gesellschafter an der Kapitalerhöhung bewirkt bei diesen einen Eingriff in deren mitgliedschaftliche Stellung, da sich deren Stimmquote und deren Gewinnanteil verhältnismäßig verringern.

75 Im Zuge der Ausgabe der jungen Anteile kann es zu einer **Wertverwässerung oder Werterhöhung der alten Anteile** kommen, je nachdem, ob die jungen Anteile zu ihrem – aus dem Unternehmenswert abgeleiteten – Verkehrswert, zu einem unter oder zu einem über ihrem Verkehrswert liegenden Kurs ausgegeben werden. Seit den zunächst unverändert in die ErbStR (R 18 ErbStR 2003 und H 18 ErbStH 2003) übernommenen gleich lautenden Ländererlassen v. 15.3.1997 (S 3806/5, BStBl I 1997, 350) ging die FinVerw. davon aus, dass mit Leistungsbeziehungen zwischen Gesellschaftern einer GmbH und der Gesellschaft **schenkungsteuerrechtliche Folgen bei den Mitgesellschaftern** eintreten können. Mit einem **koordinierten Ländererlass v. 20.10.2010** (z. B. FinMin Baden-Württemberg v. 20.10.2010, 3 – S 3806/75, ZEV 2010, 656) hat die FinVerw. ihre bisherige Sichtweise korrigiert und R 18 ErbStR 2003 sowie H 18 ErbStH 2003 ersetzt. R E 7.5 ErbStR 2011 ist zunächst unbesetzt geblieben. Der Erlass v. 20.10.2010 wurde durch die gleich lautenden Erlasse der obersten Finanzbehörden der Länder v. 14.3.2012 (Gleich lautende Ländererlasse v. 14.3.2012 – Schenkungen unter Beteiligung von Kapitalgesellschaften oder Genossenschaften, BStBl I 2012, 331) ersetzt.

Thematisch muss zwischen der Kapitalerhöhung gegen zu geringes Aufgeld und der Kapitalerhöhung gegen zu hohes Aufgeld unterschieden werden. Im ersten Fall kommt es zu einer Wertverwässerung bei den Altanteilen, im zweiten Fall zu einer

Werterhöhung bei den Altanteilen. Eine **Kapitalerhöhung gegen zu geringes Aufgeld** liegt vor, wenn jemand im Rahmen einer sog. kapitalquotenverändernden Kapitalerhöhung einen Anteil an einer Kapitalgesellschaft gegen eine Einlage in Höhe des Nennwertes ohne oder mit zu geringem Aufgeld erwirbt, weil der gemeine Wert des jungen Anteils höher ist (FG Münster v. 18.10.2007, 3 K 3325/05 Erb, DStRE 2008, 943). Bei einer **Kapitalerhöhung gegen zu hohes Aufgeld** ist dagegen der gemeine Wert des jungen Anteils niedriger als die Summe aus Einlage und Aufgeld.

Der Vorgang der **Kapitalerhöhung gegen zu hohes Aufgeld** kann gedanklich in einen nicht steuerbaren Teil (Kapitalerhöhung zu Zeitwerten) und einen möglicherweise steuerbaren Teil (zusätzliche Leistungen des Zeichners) aufgespalten werden. 76

Beispiel: Beispiel (nach H 18 Nr. 4 ErbStH 2003):
S und T sind Gesellschafter einer GmbH. Die Gesellschafterversammlung beschließt zur Aufnahme des V (Vater von S) eine Kapitalerhöhung, wobei zur Übernahme des neuen Anteils ausschließlich V zugelassen wird. Für die Übernahme des neuen Anteils im Nennwert von 50.000 EUR wird ein Betrag von 500.000 EUR festgelegt, obwohl der wirkliche Wert des neuen Anteils lediglich 200.000 EUR beträgt. Soweit das Entgelt für den neuen Anteil dessen Nennwert übersteigt, ist es in die Kapitalrücklage nach § 272 Abs. 2 Nr. 1 HGB einzustellen. Die Kapitalrücklage erhöht den Wert sämtlicher Geschäftsanteile, also insbesondere auch den Wert des dem S gehörenden Anteils.

Nach früherer Ansicht der FinVerw. sollte die Wertverschiebung stiller Reserven auf die Gesellschaftsanteile der Altgesellschafter den **objektiven Tatbestand** einer bzw. mehrerer freigebiger Zuwendungen erfüllen (R 18 Abs. 3 ErbStR 2003). In subjektiver Hinsicht sollte die Steuerbarkeit davon abhängen, ob die Altgesellschafter Angehörige i.S.d. § 15 AO im Verhältnis zum Neugesellschafter sind. In diesem Fall sollte nach früherer Auffassung der FinVerw. davon auszugehen sein, dass der Neugesellschafter zumindest auch das Ziel der Werterhöhung der Anteile der Altgesellschafter verfolgt (R 18 Abs. 3 Satz 4 Nr. 2 Satz 1 ErbStR). Der Neugesellschafter konnte aber Umstände geltend machen, nach denen das überhöhte Aufgeld ausschließlich der Förderung des Gesellschaftszweckes diente (R 18 Abs. 3 Satz 4 Nr. 2 Satz 2 ErbStR). Die **steuerliche Bereicherung** sollte nach der Erhöhung des gemeinen Anteilswertes der Altgesellschafter ermittelt werden. Nach der vom II. Senat des BFH (BFH v. 25.10.1995, II R 67/93, BStBl II 1996, 160; v. 17.4.1996, II R 16/93, BStBl II 1996, 454) vertretenen Gegenansicht lag bereits **kein objektiv steuerbarer Vorgang** vor, weil die Werterhöhung der Gesellschaftsanteile der Altgesellschafter keinen geeigneten Zuwendungsgegenstand i.S.d. § 7 Abs. 1 Nr. 1 ErbStG bildet (zustimmend z.B. *Gebel*, BB 1998, 510; *Viskorf*, DStR 1998, 150; a.A. *Gottschalk*, Leistungen in das Gesellschaftsvermögen einer GmbH als freigebige Zuwendung gem. § 7 Abs. 1 Nr. 1 ErbStG, 2001, 325ff.; *Hucke*, BB 2001, 1932). Nachdem der BFH (BFH v. 9.12.2009, II R 28/08, BFH/NV 2010, 1189 = BStBl II 2010, 566) seine Sichtweise wiederum bestätigte und erneut klarstellte, dass es für die Frage des Zuwendungsgegenstands und -subjekts ausschließlich auf die Zivilrechtslage ankomme und nicht darauf, wem nach wirtschaftlicher Betrachtungsweise 77

Vermögen oder Einkommen zuzurechnen sei, hat die FinVerw. in Tz. 2.1.3 der gleich lautenden Erlasse der obersten Finanzbehörden der Länder v. 14.3.2012 (Schenkungen unter Beteiligung von Kapitalgesellschaften oder Genossenschaften, BStBl I 2012, 331 in Übereinstimmung mit dem (aufgehobenen) koordinierten Ländererlass v. 20.10.2010 (z.B. FinMin Baden-Württemberg v. 20.10.2010, 3 – S 3806/75, ZEV 2010, 656)) eingelenkt und sich der Sichtweise des BFH angeschlossen (vgl. Tz. 1.3: „Erwirbt ein Gesellschafter im Rahmen einer Kapitalerhöhung neue Anteile an einer Kapitalgesellschaft gegen eine Einlage, die den Wert der Anteile übersteigt, kommt regelmäßig die Annahme einer steuerbaren Zuwendung an die übrigen Gesellschafter nicht in Betracht."). Die **Steuerbarkeit der Kapitalerhöhung gegen zu hohes Aufgeld** wird durch den durch das **BeitrRLUmsG (v. 7.12.2011, BGBl I 2011, 2592) eingeführten § 7 Abs. 8 S. 1 ErbStG** sichergestellt (Rz. 555).

78 Bei Gestaltungen, die sich der Kapitalgesellschaft nur als „Durchgangsperson" bedienen (vgl. *Daragan*, DStR 1998, 1241; *Gebel*, BB 1998, 510), steht **§ 42 AO** in Rede. In nach Einfügung des § 7 Abs. 8 S. 1 ErbStG überholter (Tz. 73) Tz. 1.1 des Erlasses führt das FinMin Baden-Württemberg aus, dass im Fall einer in **zeitlichem Zusammenhang mit der offenen Einlage** erfolgenden offenen oder verdeckten **Ausschüttung** der **ausgeschüttete Betrag Gegenstand einer Zuwendung** des Einlegenden an die Ausschüttungsbegünstigten i.S. einer Weiterleitung des eingelegten Vermögens an die jeweiligen Beschenkten sein könne (vgl. zur Problematik im Verhältnis zu § 42 AO Rz. 73).

79 Eine **Wertverwässerung bei den Altanteilen** führt zu einer wirtschaftlichen Bereicherung einer dritten Person, weil diese den jungen Gesellschaftsanteil, auf den sich stille Reserven von den Altanteilen verschieben, unter dessen gemeinem Wert erwirbt. Der technisch einfachste Fall besteht darin, dass die bisherigen Gesellschafter ihren infolge des Kapitalerhöhungsbeschlusses entstandenen gesetzlichen **Bezugsanspruch nicht ausüben** und damit dem Dritten den Anteilserwerb unter Wert ermöglichen. Alternativ können sie auch ihren konkreten **Bezugsanspruch an den jungen Anteilen auf den Dritten (unentgeltlich) übertragen**. Schließlich kann es sich so verhalten, dass die Altgesellschafter – regelmäßig im Rahmen des Kapitalerhöhungsbeschlusses – einvernehmlich das **Bezugsrecht ausschließen** und die jungen Anteile dem **Dritten unter Wert (gegen zu geringes Aufgeld)** anbieten.

> **Beispiel: Beispiel (nach H 18 Nr. 3 ErbStH 2003):**
>
> A und S (Sohn des A) sind Gesellschafter einer GmbH mit einem Stammkapital von 50.000 EUR und Kapitalrücklage von 100.000 EUR. Im Betriebsvermögen der GmbH sind stille Reserven in Höhe von 1 Mio. EUR gebunden. Die Gesellschafterversammlung beschließt eine Erhöhung des Stammkapitals auf 150.000 EUR. Zum Erwerb des neuen Geschäftsanteils wird ausschließlich S zugelassen, der für den Erwerb eine Einlage in Höhe des Nennwertes des Anteils leistet. Der Vorgang führt dazu, dass sich das Vermögen der GmbH auf den neu entstehenden Anteil (zu zwei Dritteln) verteilt. Der Verkehrswert des in dem jungen Anteil gebundenen Vermögens übersteigt dabei den von S aufgebrachten Betrag.

Bei der kapitalquotenverändernden Kapitalerhöhung erfolgt eine Besteuerung 80
nach § 7 Abs. 1 Nr. 1 ErbStG, wenn auf Seiten des Erwerbers der jungen Anteile
eine schenkungsteuerrechtlich erfassbare objektive Bereicherung vorliegt, die sich
auf Kosten der bisherigen Gesellschafter vollzieht und der Vermögenstransfer
subjektiv freigebig geschieht. Der II. Senat des BFH (v. 20.12.2000, II R 42/99,
BFH/NV 2001, 1081 = BStBl II 2001, 454; v. 30.5.2001, II R 6/98, BFH/NV 2002,
26; bestätigt durch BFH v. 27.8.2014, II R 43/12, BStBl II 2015, 241) hat entschieden, dass ein Neugesellschafter mit seiner Eintragung im Handelsregister **auf
Kosten der Altgesellschafter objektiv bereichert** ist. In dem Vorgang liegt eine
freigebige Zuwendung der Altgesellschafter an den Neugesellschafter i.S.d. § 7
Abs. 1 Nr. 1 ErbStG, sofern auch der subjektive Tatbestand erfüllt ist, d.h. die
Altgesellschafter mit einem entsprechenden Bewusstsein der Unentgeltlichkeit
(Bereicherungswillen) handeln. Ein Einigsein über die Unentgeltlichkeit ist nach
inzwischen ständiger Rspr. des BFH (v. 12.7.1979, II R 26/78, BStBl II 1979, 631;
v. 1.7.1992, II R 70/88, BStBl II 1992, 921; v. 2.3.1994, II R 59/92, BStBl II 1994,
366; *Kapp/Ebeling*, ErbStG, § 7 Rz. 16ff) nicht erforderlich. Die **FinVerw.** nimmt
auf die Entscheidung v. 20.12.2000 (BFH v. 20.12.2000, II R 42/99, BFH/NV 2001,
1081 = BStBl II 2001, 454) in Tz. 2.1.4 der gleich lautenden Erlasse der obersten
Finanzbehörden der Länder v. 14.3.2012 (Schenkungen unter Beteiligung von
Kapitalgesellschaften oder Genossenschaften, BStBl I 2012, 331) (früher H 18
Nr. 3 ErbStH 2003 und Tz. 1.4 des koordinierten Ländererlasses v. 20.10.2010
(FinMin Baden-Württemberg v. 20.10.2010 [koordinierter Ländererlass], 3 –
S 3806/75, ZEV 2010, 656)) ausdrücklich Bezug. Tz. 2.1.4 lautet: „Erwirbt ein
Gesellschafter im Rahmen einer **Kapitalerhöhung** neue Anteile an einer Kapitalgesellschaft gegen eine nach Maßgabe der Wertverhältnisse zu geringe Einlage und
ohne weitere Verpflichtungen eingehen zu müssen, ist er mit der Eintragung im
Handelsregister auf Kosten der Altgesellschafter **bereichert**. Hierbei ist der gemeine Wert der Anteile maßgebend. Die Leistung der Einlage stellt Erwerbsaufwand dar und ist von dem gemeinen Wert der gewährten Anteile abzuziehen."
Gleiches gilt nach Tz. 2.3.1 im Fall eines Verzichts auf das Bezugsrecht. Da
Tz. 2.3.1 nur die objektive Bereicherung regelt, dürfte unverändert davon auszugehen sein, dass eine objektiv freigebige Zuwendung i.S.d. § 7 Abs. 1 Nr. 1
ErbStG subjektiv nur zu vermuten ist, wenn es sich bei dem begünstigten Neugesellschafter um einen **Angehörigen** des Altgesellschafters i.S.d. § 15 AO handelt.
Unter **fremden Dritten** ist regelmäßig subjektiv von keiner freigebigen Zuwendung auszugehen (Rz. 303). Die Einschränkung auf subjektiver Ebene ist umso
wichtiger, als nach Tz. 2.2.1 ausdrücklich auch bei **Verschmelzung von Kapitalgesellschaften** eine **objektive Bereicherung der Gesellschafter der übernehmenden Kapitalgesellschaft** in Betracht kommt, wenn den Gesellschaftern der übertragenden Gesellschaft von der übernehmenden Gesellschaft eine den Wert der
übertragenden Gesellschaft übersteigende Beteiligung gewährt wird. Fraglich ist,
wie sich der durch das **BeitrRLUmsG** (v. 7.12.2011, BGBl I 2011, 2592) **eingefügte § 7 Abs. 8 S. 1 ErbStG** auf die bisherige Sichtweise auswirkt. Nach hier
vertretener Ansicht ist die bisherige Lösung über § 7 Abs. 1 Nr. 1 ErbStG vorrangig, weil Zuwendungsgegenstand die jungen Anteile selbst sind (so nun auch
ausdrücklich der BFH, v. 27.8.2014, II R 43/12, BStBl II 2015, 241) und es

deswegen nicht zu einer isolierten Werterhöhung bei den Anteilen kommen kann (Rz. 556). Deswegen kann auch die Steuerbegünstigung nach den §§ 13a, 13b ErbStG zum Zuge kommen (vgl. BFH, v. 27.8.2014, II R 43/12, BStBl II 2015, 241). Der gleich lautende Erlass der obersten Finanzbehörden der Länder v. 14.3.2012 ist hier nicht ganz stimmig, weil er in Tz. 1.4 den Vorrang von § 7 Abs. 8 ErbStG anordnet („Wenn ein Erwerb zugleich die Voraussetzungen des § 7 Abs. 1 Nr. 1 ErbStG mit der dazu ergangenen Rechtsprechung als auch des § 7 Abs. 8 S. 1 ErbStG erfüllt, ist ausschließlich § 7 Abs. 8 S. 1 ErbStG anzuwenden"), in den einschlägigen Textziffern allerdings nur vereinzelt auf § 7 Abs. 8 ErbStG verweist, was nahelegt, dass in den nicht genannten Fällen § 7 Abs. 1 Nr. 1 ErbStG allein maßgebend ist.

Beispiel:

Die A-GmbH, an der die Gesellschafter A und B gleich beteiligt sind, wird auf die X-GmbH, an der die Gesellschafter X und Y gleich beteiligt sind, verschmolzen. Dazu ist eine (Sach-)Kapitalerhöhung bei der X-GmbH erforderlich. Alle Beteiligten sind keine einander nahe stehenden Personen. A und B werden mit Eintragung der Verschmelzung im Handelsregister der übernehmenden X-GmbH Gesellschafter der X-GmbH zu ¼. Die A-GmbH erlischt. Wenn die A-GmbH halb soviel wert war (z.B. 100) wie die X-GmbH (z.B. 200) sind A und B um 50 % in Bezug auf die neuen Anteile an der X-GmbH „reicher" (75 statt bisher 50) und X und Y um 25 % (75 statt bisher 100) „ärmer" geworden. Nach Meinung der FinVerw. (Tz. 2.2.1) liegt damit eine **steuerbare Zuwendung** der Gesellschafter der übernehmenden Gesellschaft an die Gesellschafter der übertragenden Gesellschaft in Höhe des übersteigenden Werts vor. Zuwendungsgegenstand sind die neuen Anteile an der X-GmbH. Zutreffenderweise ist nach der zitierten Rspr. des BFH (BFH v. 20.12.2000, II R 42/99, BFH/NV 2001, 1081 = BStBl II 2001, 454; v. 30.5.2001, II R 6/98, BFH/NV 2002, 26) zunächst nur eine objektive Bereicherung zu bejahen. Im Wirtschaftsleben wird man unter fremden Dritten keinen subjektiven Bereicherungswillen bei A und B gegenüber X und Y generell unterstellen dürfen (Rz. 84). Wandelt man das Ausgangsbeispiel ab und geht umgekehrt davon aus, dass die A-GmbH doppelt soviel wert ist (z.B. 200) wie die X-GmbH (z.B. 100), sind A und B um 25 % „ärmer" (75 statt bisher 100) und X und Y um 50 % „reicher" (75 statt bisher 50) geworden. Da X und Y allerdings ihre bisherigen Anteile bereits besaßen, fehlt es an einem geeigneten Zuwendungsgegenstand. Die FinVerw. schließt sich dem an (vgl. Tz. 2.2.2 des koordinierten Ländererlasses v. 14.3.2012: „Unterschreitet die gewährte Beteiligung den Wert der übertragenden Gesellschaft und erhalten die begünstigten Gesellschafter der übernehmenden Gesellschaft bereits vorab als Gesellschafter keine zusätzlichen Anteile, liegen keine freigebigen Zuwendungen vor"). Nunmehr wird sich die Steuerbarkeit aus § 7 Abs. 8 S. 1 ErbStG ergeben (Rz. 76ff., 555). Für die Gestaltungspraxis bedeutet dies, dass nunmehr auch **Konzernsachverhalte in den schenkungsteuerlichen Fokus der FinVerw.** geraten werden (vgl. zur Frage der Schenkungsteuer im Konzern *Benz/Böing*, DStR 2010, 1157).

Der BFH sieht den neuen Gesellschafter dadurch als objektiv bereichert an, dass er 81
einen **Gesellschaftsanteil**, der eine proportionale Beteiligung am bisherigen Vermögen der Gesellschaft vermittelt, **originär erwerben** konnte, dessen Verkehrswert den Nennwert von Anfang an übersteigt. Dieser Bereicherung entspreche die Entreicherung der Altgesellschafter, weil deren Gesellschaftsanteile nach Entstehung des jungen Anteils nicht nur eine geringere quotale Beteiligung vermitteln, sondern zugleich auch eine Wertminderung erfahren haben. Auch wenn dem neuen Gesellschafter nicht das Bezugsrecht als solches übertragen werde, beruhe seine Bereicherung dennoch auf (mittelbaren) Zuwendungen der Altgesellschafter. Unerheblich sei, dass im Fall eines einvernehmlichen Bezugsrechtsausschlusses die von deren Gesellschaftsanteilen abgespaltenen und auf den Neugesellschafter übergegangenen Vermögensteile als solche nicht Gegenstand eines zivilrechtlichen Übertragungsgeschäftes sein könnten. Entscheidend sei, dass die Altgesellschafter die Gesellschaft durch einen Zulassungsbeschluss ermächtigt haben, über das Vermögen der Altgesellschafter zu verfügen. Diese Verfügung stelle den Rechtsgrund für die Vermögensverschiebung dar.

Die Problemschwerpunkte der kapitalquotenverändernden Kapitalerhöhung liegen 82
im objektiven Tatbestand des § 7 Abs. 1 Nr. 1 ErbStG bei der Feststellung des genauen Gegenstands der Bereicherung, dem **Zuwendungsgegenstand**, und der weiteren Frage der **Beteiligten des Zuwendungsvorgangs**. Jede effektive Kapitalerhöhung stellt gesellschaftsrechtlich einen Eingriff in die bisherigen Anteilsrechte dar, weil sie durch die Vermehrung des Gesamtbestands an Gesellschaftsrechten zugleich zu einer verhältnismäßigen Verminderung von Gesellschaftsrechten (Stimmrechte, Gewinnbezugsrechte) bei den Altgesellschaftern führt. Wird der junge Anteil unter Wert ausgegeben, geht damit zusätzlich eine Wertminderung der Altanteile einher. Den Vorgang mag man auch als eine Art „Abspaltung" von Gesellschaftsrechten bei den Altanteilen ansehen, obgleich diese in ihrem Bestand „äußerlich unversehrt" bleiben (*Gottschalk*, DStR 2000, 1798). Darin zeigt sich einerseits die dogmatische Nähe zur (Teil-)Einziehung der Anteile, aber zugleich der – vor dem Hintergrund des § 7 Abs. 7 ErbStG entscheidende – Unterschied. Es dürfte auch auf der Linie des II. Senats des BFH liegen, dass dem Neugesellschafter jene **abgespaltenen Substanzanteile** der Altanteile mittelbar zugewendet werden, die sich je nach Fallkonstellation in eigenständigen konkreten Bezugsansprüchen konkretisieren können, aber nicht müssen. Aus letzterem Grund hat wohl der II. Senat des BFH als **Zuwendungsgegenstand** den **neuen Gesellschaftsanteil** selbst mit einem entsprechend erhöhten Wert angesehen. Dafür spricht, dass der BFH entscheidend auf die Verhältnisse bei Eintragung der Kapitalerhöhung im Handelsregister abgestellt hat. Denn erst ab diesem Zeitpunkt liegt ein geeigneter Zuwendungsgegenstand vor (vgl. auch BFH v. 20.1.2010, II R 54/07, BFH/NV 2010, 713 = BStBl II 2010, 463). Darin liegt der wesentliche Unterschied zum Fall, dass es infolge disquotaler verdeckter Einlagen in das Gesellschaftsvermögen zu einer – bislang grundsätzlich nicht steuerbaren (BFH v. 25.10.1995, II R 67/93, BStBl II 1996, 160; BFH v. 17.4.1996, II R 16/93, BStBl II 1996, 464; a. A. früher FinVerw. in R 18 Abs. 3–6 ErbStR 2003) – Werterhöhung bestehender Gesellschaftsanteile der Mitgesellschafter kommt (*Albrecht*, ZEV 2001, 375; *Viskorf*, FR 2001, 910).

83 Bei der Frage nach den **Beteiligten des Zuwendungsvorgangs** geht es darum, ob die Bereicherung des neuen Gesellschafters „auf Kosten" des Altgesellschafters erfolgte. Dabei handelt es sich nicht nur um ein Kausalitätsproblem, sondern auch ein **Zurechnungsproblem** (vgl. im Allgemeinen *Daragan*, DStR 1998, 1241; *Gottschalk*, Leistungen in das Gesellschaftsvermögen einer GmbH als freigebige Zuwendung gem. § 7 Abs. 1 Nr. 1 ErbStG, 2001, 107f.; *Viskorf*, DStR 1998, 150). Es steht außer Frage, dass ein Altgesellschafter mit einer kapitalquotenverändernden Kapitalerhöhung auch das Ziel verfolgen kann, dem Neugesellschafter einen Vermögensvorteil zukommen zu lassen. Allerdings kann dem Neugesellschafter dieser Vorteil – mit Ausnahme des Sonderfalls einer unmittelbaren Verfügung über den konkreten Bezugsanspruch – nicht ohne weiteres als Zuwendung seitens des Altgesellschafters zugerechnet werden, da eine **Kapitalgesellschaft zwischen geschaltet** ist, der als juristische Person auch schenkungsteuerrechtlich anerkanntermaßen eine **eigene Vermögenszuständigkeit** zukommt. Hierin besteht ein wesentlicher dogmatischer Unterschied im Vergleich zu mittelbaren Zuwendungen an Mitgesellschafter über das Vermögen einer „zwischengeschalteten" Personengesellschaft (*Gebel*, DStR 2003, 622). Damit liegt sowohl zivil- als auch schenkungsteuerrechtlich keine unmittelbare Begünstigung der Mitgesellschafter vor. Im Kern geht es um die **Zurechnungsfrage** zwischen der Entreicherung beim Zuwendenden und der Bereicherung beim Empfänger trotz Zwischenschaltung eines Subjekts mit grundsätzlicher „Abschirmwirkung". Die Zurechnungsfrage lautet, wann die Entreicherung durch Vermögensabspaltung unter dem Aspekt einer **mittelbaren freigebigen Zuwendung** dem Neugesellschafter schenkungsteuerrechtlich nach § 7 Abs. 1 Nr. 1 ErbStG zugerechnet werden kann (vgl. auch *Hübner*, DStR 1997, 897; *Gottschalk*, DStR 2000, 1798; *Gebel*, DStR 2003, 622).

84 Die mittelbare Zuwendung stellt typischerweise den Zuwendungsgegenstand in die Disposition der Vertragsparteien und bewirkt, dass es nicht darauf ankommt, welchen Gegenstand der Geber (unmittelbar) aus seinem Vermögen an den Empfänger hingegeben hat (Rz. 55ff). Das schwierige dogmatische Problem besteht darin, dass die kapitalquotenverändernde Kapitalerhöhung durch die vorstehende Struktur der mittelbaren Zuwendung nicht vollständig abgedeckt wird (*Gottschalk*, DStR 2000, 1798). Denn die Begünstigung durch Gesellschafterleistung funktioniert ohne unmittelbare Leistung zwischen Alt- und Neugesellschafter, entweder durch Zustimmung zum Bezugsrechtsausschluss oder durch Nichtgeltendmachung des (befristeten) konkreten Bezugsanspruchs. Dies bedeutet, dass es hier nicht nur um eine Bestimmung des Zuwendungsgegenstandes (junge Anteile statt Geld) geht, sondern auch um die Festlegung der Beteiligten des Zuwendungsvorganges. Dies muss durch eine zivilrechtliche Abrede festgelegt werden, die aber – entgegen dem Standpunkt des II. Senats des BFH – nicht allein in einem Rechtsgeschäft zwischen Altgesellschafter und Gesellschaft, sondern in einer weiteren rechtsgeschäftlichen **Abrede zwischen Alt- und Neugesellschafter** liegen muss (*Viskorf*, DStR 1998, 150). Insgesamt wird die gedankliche Konstruktion erst dadurch schlüssig, dass man die auf das Objekt und die auf die Beteiligten bezogene mittelbare Zuwendung **miteinander kombiniert** (*Hübner*, DStR 1997, 897; *Gottschalk*, DStR 2000, 1798): Es handelt sich um die schenkungsteuerrechtliche Wertung eines Unterlassens – bei der Nichtgeltendmachung des konkreten Bezugsanspruchs – bzw. einer geldwerten

Leistung – beim Einverständnis zum Bezugsrechtsausschluss mit den Altgesellschaftern – welches die Zuwendung einer abzuspaltenden Beteiligungssubstanz, die sich im neuen Geschäftsanteil realisiert (Zuwendungsobjekt), an den neuen Gesellschafter (Zuwendungsempfänger) erst ermöglicht.

§ 7 Abs. 7 ErbStG regelt nach bisheriger Ansicht der FinVerw (FinMin Saarland v. 27.1.1987, B/V-775/87 – S 3806 A, MittRhNotK 1987, 84; zustimmend *Weinmann*, in Moench/Weinmann, ErbStG, § 7 Rz. 250; a.A. *Meincke*, ErbStG, 2012, § 7 Rz. 144; *Gebel*, in T/G/J, ErbStG, § 7 Rz. 405; *Schuck*, in V/K/S/W, ErbStG, 2012, § 7 Rz. 265). nicht nur den Fall des Ausscheidens eines Gesellschafters – bei Kapitalgesellschaften durch Einziehung des Gesellschaftsanteils – sondern auch den Fall einer Verminderung der Beteiligung – was bei Kapitalgesellschaften einer **teilweisen Einziehung des Gesellschaftsanteils** entspricht (zur Zulässigkeit bei Geschäftsanteilen einer GmbH *Westermann*, in Scholz, 2012, GmbHG, § 34 Rz. 37 m.w.N.). Im gleich lautenden Erlass der obersten Finanzbehörden der Länder v. 14.3.2012 (Schenkungen unter Beteiligung von Kapitalgesellschaften oder Genossenschaften, BStBl I 2012, 331), der an die Stelle des gleich lautenden koordinierten Ländererlasses v. 20.10.2010 (FinMin Baden-Württemberg v. 20.10.2010 [koordinierter Ländererlass], 3 – S 3806/75, ZEV 2010, 656) getreten ist, wird auf die Frage nicht eingegangen. Tz. 2.5 behandelt nur den Fall der vollständigen Einziehung. An der bisherigen Position der FinVerw. dürfte sich deshalb nichts geändert haben. Deswegen könnte i.S.d. FinVerw. die objektiv unentgeltliche Abspaltung als ein nach § 7 Abs. 7 ErbStG steuerbarer Vorgang angesehen werden, ohne dass es dabei auf das Erfordernis eines Willens zur Unentgeltlichkeit ankäme (*Kapp/Ebeling*, ErbStG, § 7 Rz. 205). Selbst wenn man die „Abspaltung" von Gesellschaftsrechten bei den Altanteilen in die dogmatische Nähe zur Teileinziehung der Anteile rückt (*Gottschalk*, DStR 2000, 1798), liegt der entscheidende dogmatische Unterschied darin, dass bei der hier in Rede stehenden „Abspaltung" die Altanteile in ihrem Bestand „äußerlich unversehrt" bleiben. Will man sich nicht vollständig vom Wortlaut i.S. einer methodologisch problematischen wirtschaftlichen Betrachtungsweise lösen, scheidet § 7 Abs. 7 ErbStG tatbestandlich aus.

Erfolgt die **Bargründung einer Kapitalgesellschaft und zeitgleich die verdeckte Einbringung einer Sacheinlage** (z.B. eines Einzelunternehmens in eine GmbH) durch einen Gesellschafter i.S. einer disquotalen Einlage (Rz. 72 ff., 254), wertet der BFH (v. 12.7.2005, II R 8/04, BStBl II 2005, 845) den Vorgang als ein **einheitliches Rechtsgeschäft**, durch das der Einbringende seine Mitgesellschafter anteilig bereichert. Um die Anwendung der Rspr. des BFH zur disquotalen Einlage (BFH v. 25.10.1995, II R 67/93, BStBl II 1996, 160) zu ermöglichen, muss also ein sachlicher Zusammenhang i.S. eines Gesamtplans vermieden werden, was im Grundsatz verlangt, dass kein zeitlicher Zusammenhang zwischen Bargründung und verdeckter Einlage besteht (*Crezelius*, FR 2005, 1223). In Tz. 2.1.2 des gleich lautenden Erlasses der obersten Finanzbehörden der Länder v. 14.3.2012 hat die FinVerw. (wie bereits im koordinierten Ländererlass v. 20.10.2010 (FinMin Baden-Württemberg v. 20.10.2010 [koordinierter Ländererlass], 3 – S 3806/75, ZEV 2010, 656)) diese Sichtweise bestätigt. Zuwendungsgegenstand ist der Geschäftsanteil. Die vom jeweiligen Beschenkten geleistete Einlage stellt Erwerbsaufwand dar und ist vom gemeinen Wert der gewährten Anteile abzuziehen.

87–119 einstweilen frei

3 Empfänger der Zuwendung (Bedachter)

120 Bei der Frage des Zuwendungsempfängers geht es darum, **bei welcher Person tatsächlich und endgültig die Bereicherung** eintritt. Die Frage stellt sich im Zwei-Personen-Verhältnis nicht, sondern wird erst relevant, wenn Dritte unmittelbar oder mittelbar beteiligt sind (sog. Dreiecksgeschäfte, *Schuck*, in V/K/S/W, ErbStG, 2012, § 7 Rz. 98). Bei der Prüfung, wer als Zuwendender und Bedachter an einer freigebigen Zuwendung beteiligt ist, kommt es nach der ständigen Rspr. des BFH auf die **Zivilrechtslage** und nicht darauf an, wem nach wirtschaftlicher Betrachtungsweise Vermögen oder Einkommen zuzurechnen ist; denn die Schenkungsteuer ist Verkehrsteuer (BFH v. 29.11.2006, II R 42/05, BStBl II 2007, 319; BFH v. 9.7.2009, II R 47/07, BFH/NV 2010, 310 = BStBl II 2010, 74), Bei einer Vermögensübertragung auf eine rechtsfähige Stiftung kann deshalb keine freigebige Zuwendung an den Begünstigten vorliegen. Typologisch geht es um den Vertrag zugunsten Dritter, die Weiterleitung des zugewendeten Gegenstands vom Erstempfänger an den Dritten und um Besonderheiten bei rechtsfähigen Personengesellschaften und Kapitalgesellschaften. Die Bestimmung des Zuwendungsempfängers hat schenkungsteuerrechtlich Bedeutung für die **Ermittlung der Steuerklasse** (§ 15 ErbStG), die persönlichen Freibeträge (§§ 16, 17 ErbStG) und bestimmte Steuerbefreiungstatbestände (vgl. § 13 ErbStG).

121 Beim sog. **echten Vertrag zugunsten Dritter** (§§ 328ff. BGB) ist zivilrechtlich das sog. Deckungsverhältnis zwischen dem Versprechenden und dem Versprechensempfänger und das sog. Valutaverhältnis zwischen dem Versprechensempfänger und dem Drittbegünstigten zu unterscheiden. Beim echten Vertrag zugunsten Dritter erwirbt der Dritte ein unmittelbares **Forderungsrecht gegenüber dem Versprechenden**, über das er grundsätzlich frei verfügen kann.

122 Zunächst kommt eine **(freigebige) Zuwendung im Valutaverhältnis** zwischen dem Versprechensempfänger und dem Drittbegünstigten in Betracht. Wenn der Rechtsgrund des Valutaverhältnisses unentgeltlicher Natur ist, ist Gegenstand der mittelbaren Zuwendung bzw. Schenkung das **Forderungsrecht gegen den Versprechenden.** Die Zuwendung ist dann grundsätzlich auch mit dem Vertragsabschluss des Deckungsverhältnisses i.S.d. § 9 Abs. 1 Nr. 2 ErbStG ausgeführt (BFH v. 22.10.1980, II R 73/77, BStBl II 1981, 78; v. 23.10.2002, II R 71/00, BFH/NV 2003, 412 = BStBl II 2003, 162). Die Vertragsauslegung kann allerdings auch ergeben, dass nicht das Forderungsrecht als solches den Gegenstand der Zuwendung bildet, sondern erst die Sache selbst. Die Abgrenzung hat danach zu erfolgen, ob der in dem Valutaverhältnis Drittbegünstigte über die Forderung gegen den Versprechenden frei verfügen kann oder nicht (BFH v. 20.1.2005, II R 20/03, BFH/NV 2005, 971 = BStBl II 2005, 408).

Beispiel: Beispiel (BFH v. 20.1.2005, II R 20/03, BFH/NV 2005, 971 = BStBl II 2005, 408):

In der Entscheidung des BFH zugrunde liegenden Sachverhalts hatten die Eltern an die Schwester des Klägers ein Grundstück verschenkt und zugleich deren Bruder das Recht eingeräumt, die Hälfte des Grundbesitzes unentgeltlich verlangen zu können. Es handelte sich dabei um einen Vertrag zugunsten Dritter, nämlich zugunsten des Bruders. Bereits mit Abschluss des Schenkungsvertrags gilt die Schenkung zugunsten des Bruders ausgeführt, weil er einen frei verfügbaren Anspruch gegen seine Schwester erlangt hatte. Es kommt also entgegen der Ansicht des FG nicht auf den Vollzug (Auflassung und Eintragung des Bruders im Grundbuch) an.

Anders verhält es sich, wenn der Bruder keinen frei verfügbaren – z.B. einen aufschiebend bedingten – Anspruch vertraglich eingeräumt bekommen hätte.

Liegt **kein echter Vertrag zugunsten Dritter** vor, d.h. erwirbt der Drittbegünstigte kein unmittelbares Forderungsrecht gegenüber dem Versprechenden, bedarf es zur Ausführung der Zuwendung im Valutaverhältnis i.S.d. § 9 Abs. 1 Nr. 2 ErbStG des **Leistungsvollzugs im Deckungsverhältnis** (*Gebel*, in T/G/J, ErbStG, § 7 Rz. 129).

Beispiel:

Wenn in dem oben genannten Beispielsfall die Eltern ein Forderungsrecht des Bruders im Schenkungsvertrag mit der Schwester ausdrücklich ausgeschlossen hätten (vgl. § 328 Abs. 2 BGB), hätte der Bruder kein unmittelbares Forderungsrecht erlangt (sog. unechter Vertrag zugunsten Dritter).

Wenn der Drittbegünstigte den Erwerb **nach § 333 BGB zurückweist**, kann auch die bereits mit Vertragsschluss entstandene Schenkungsteuer rückwirkend wieder entfallen, weil auch das Forderungsrecht rückwirkend beseitigt wird (RFH v. 3.2.1931, I e A 201/30, RStBl 1931, 535; *Gebel*, in T/G/J, ErbStG, § 7 Rz. 132). Dies setzt allerdings voraus, dass der Drittbegünstigte nicht bereits den Erwerb ausdrücklich oder konkludent angenommen hatte (*Grüneberg*, in Palandt, 2017, BGB, § 333 Rz. 2). Wenn die **Zuwendung im Valutaverhältnis aufschiebend bedingt oder befristet** erfolgt, ist die mittelbare Zuwendung grundsätzlich erst mit Bedingungseintritt ausgeführt. Im Fall einer **Abfindung** greift der Ersatztatbestand des § 7 Abs. 1 Nr. 10 ErbStG ein. Gleiches gilt, wenn das Deckungsverhältnis aufschiebend bedingt oder befristet ist, weil dies bis zum Eintritt der Bedingung oder des Anfangstermins die Entstehung eines uneingeschränkten eigenständigen Forderungsrechts des Dritten gegen den Versprechenden verhindert. Schenkungsteuerrechtlich wie eine aufschiebende Bedingung zu behandeln ist es, wenn die Vertragsparteien des Deckungsverhältnisses befugt sind, das Forderungsrecht des Dritten ohne dessen Zustimmung aufzuheben oder zu ändern (§ 328 Abs. 2 BGB) oder wenn sich der Versprechensempfänger gem. § 332 BGB vertraglich das Recht vorbehalten hat, die Person des Drittbegünstigten ohne Zustimmung des Versprechenden auszuwechseln (*Gebel*, in T/G/J, ErbStG, § 7 Rz. 136).

Neben einer mittelbaren Zuwendung durch Drittleistung kann es beim Vertrag zu Gunsten Dritter auch zu einer **freigebigen Zuwendung im Deckungsverhältnis** kommen. Ein wichtiges Beispiel aus der Praxis bilden die sog. **Übergabeverträge**, in denen der künftige Erblasser im Wege der **vorweggenommenen Erbfolge** Vermögensgegenstände an den künftigen Erben überträgt und sich in diesem Zusammenhang zugleich **Versorgungsleistungen** an den überlebenden Ehegatten oder **Gleichstellungsgelder** an die Geschwister des Abkömmlings zusagen lässt. Sieht man – bezogen auf die Versorgungsleistungen und Gleichstellungsgelder – den Abkömmling als Versprechenden an und den künftigen Erblasser als Versprechensempfänger, liegt neben der Schenkung im Valutaverhältnis zugunsten des Ehegatten bzw. der Geschwister auch eine freigebige Zuwendung im Deckungsverhältnis des Erblassers im Verhältnis zum Abkömmling (Versprechender) vor (*Gebel*, in T/G/J, ErbStG, § 7 Rz. 228 ff).

126 Für den Fall, dass der Gegenstand der **Zuwendung vom Erstempfänger an einen Zweitempfänger weiterzuleiten** ist, liegt eine mittelbare Zuwendung im Verhältnis des Zuwendenden zum Zweitempfänger dann vor, wenn der Erstempfänger eine reine Durchgangs- oder Mittelsperson darstellt (Rz. 55 ff., 214; BFH v. 17.2.1993, II R 72/90, BStBl II 1993, 523).

127 Unklarheiten über den Zuwendungsempfänger können auch bei freigebigen Zuwendungen im Familienkreis bestehen, wenn es darum geht, ob und in welchem Umfang **mehrere Personen nebeneinander bedacht** sind (BFH v. 5.4.1978, II R 115/72, BStBl II 1978, 440). Bei **Zuwendungen an mehrere Kinder** sind im Zweifel alle Kinder zu gleichen Teilen bedacht. Bei **Zuwendungen an Ehegatten** ist im Zweifel davon auszugehen, dass sie je zur Hälfte Zuwendungsempfänger sind (*Weinmann*, in Moench/Weinmann, ErbStG, § 7 Rz. 142). Zweifelsfragen können insbesondere auch dann auftreten, wenn neben dem verheirateten Kind auch ein **Schwiegerkind** möglicher Zuwendungsempfänger sein kann (dazu näher *Reymann*, ZEV 2006, 55). Wenn Zuwendungen von Eltern an ein verheiratetes Kind in Rede stehen, wird häufig nur eine Zuwendung an das eigene Kind, nicht aber zugleich eine Zuwendung an dessen Ehepartner gewollt sein. Dies liegt namentlich bei Zuwendungen, die auf familien- oder erbrechtlichen Gründen (z.B. zur Vorwegnahme der Erbfolge) beruhen, nahe (RFH v. 22.11.1934, III e A 83/33, RStBl 1935, 155; *Gebel*, in T/G/J, ErbStG, § 7, Rz. 255; FinMin Baden-Württemberg v. 10.3.1976, S 3715-4/75, BStBl I 1976, 145).

128 Die nach zivilrechtlichen Maßstäben zu ermittelnde Frage des Zuwendungsempfängers wird schenkungsteuerrechtlich von der Frage überlagert, ob der nach Zivilrecht festgelegte Zuwendungsempfänger auch der **relevante „Erwerber" und damit Steuerschuldner** i.S.d. § 20 ErbStG ist. Als „Erwerber" kommt jede natürliche oder juristische Person in Betracht, wenn sie nach zivilrechtlichen Kriterien auch der Zuwendungsempfänger ist.

129 Dass namentlich bei **Leistungen eines Gesellschafters in das Vermögen einer GmbH** der auch schenkungsteuerrechtlich relevante Vermögenstransfer an die Gesellschaft stattfindet, steht sowohl zivil- als auch schenkungsteuerrechtlich außer Frage. Kapitalgesellschaften können Zuwendungen selbst ausführen und empfangen. Das dogmatische Problem besteht in diesem Zusammenhang vielmehr darin, ob auch der objektive (Rz. 250 ff) und subjektive Tatbestand einer freigebigen Zuwendung i.S.d. § 7 Abs. 1 Nr. 1 ErbStG im Verhältnis zur Kapitalgesellschaft vollständig erfüllt sind. Wenn ein **Nichtgesellschafter** unentgeltlich an die GmbH leistet,

kommt es entscheidend darauf an, ob die zivilrechtliche Analyse dazu führt, dass eine Leistung an die Gesellschaft selbst oder an einen, mehrere oder alle Gesellschafter vorliegt. Demgegenüber möchte die FinVerw. in Tz. 2.1.6 der gleich lautenden Erlasse der obersten Finanzbehörden der Länder v. 14.3.2012 (Schenkungen unter Beteiligung von Kapitalgesellschaften oder Genossenschaften, BStBl I 2012, 331) (wie bereits im koordinierten Ländererlass v. 20.10.2010 (FinMin Baden-Württemberg v. 20.10.2010 [koordinierter Ländererlass], 3 – S 3806/75, ZEV 2010, 656)) unter Bezugnahme auf die in der zivilrechtlichen Analyse (Rz. 132 ff) fragwürdige Entscheidung des BFH v. 7.11.2007 (II R 28/06, BStBl II 2008, 258)in einem **Forderungsverzicht einer nahe stehenden Person gegenüber der Kapitalgesellschaft** anscheinend generell eine steuerbare Zuwendung der nahe stehenden Person an die Kapitalgesellschaft mit Steuerklasse III sehen. Um diese gravierende Rechtsfolge zu vermeiden, wäre es ratsam, dass die nahe stehende Person die Forderung unentgeltlich an den Gesellschafter zum Zweck des Verzichts abtritt. Im Übrigen ist der subjektive Tatbestand nicht erfüllt, wenn mehrere Personen zum Zweck der Sanierung Forderungen gegenüber der Gesellschaft erlassen (Rz. 305). Ab dem 14.12.2011 sind die Neuregelungen der §§ 7 Abs. 8 S. 1, 15 Abs. 4 ErbStG zu beachten (Rz. 549ff., 557, 570f.).

Handelt es sich bei dem zivilrechtlichen Zuwendungsempfänger demgegenüber um eine zivilrechtlich als **rechtsfähig anerkannte Personengesellschaft** (Außen-GbR, OHG, KG, Partnerschaftsgesellschaft), stellt sich schenkungsteuerrechtlich die Frage, ob die Gesamthand oder die einzelnen Gesellschafter für Zwecke der Schenkungsteuer Erwerber sind. Gesellschaftsrechtlich verhält es sich so, dass durch Aufgabe der früheren traditionellen Gesamthandslehre durch die Rspr. des BGH (insbesondere BGH v. 29.1.2001, II ZR 331/00, BGHZ 146, 341), welche die Personengesellschaften trotz der Regelungen des § 124 Abs. 1 HGB nicht als Rechtssubjekt anerkannte, überholt ist. Die Gesamthandsgesellschaft als solche ist zivilrechtlich Zurechnungssubjekt und wird als rechtsfähig bezeichnet. Während sich bei Zuwendungen von Todes wegen die weitere zivilrechtliche Vorfrage stellt, ob die Gesamthandsgesellschaften die zivilrechtliche Erbfähigkeit besitzen, lässt sich schenkungsrechtlich nicht mehr in Zweifel ziehen, dass der Zuwendungsempfänger einer freigebigen Zuwendung die Personengesellschaft als solche ist. Allerdings beruht die heutige Sichtweise auf einer Rechtsfortbildung praeter legem, zu der im Bereich des Zivilrechts die höchstrichterliche Rspr. deshalb befugt ist, weil sie an den Vorbehalt des Gesetzes nach Art. 20 Abs. 3 GG nicht gebunden ist. Demgegenüber ging der Gesetzgeber des ErbStG traditionell davon aus, dass Zuwendungsempfänger nicht die Gesamthand, sondern die einzelnen Gesellschafter sind. Die Rechtsfortbildung im Zivilrecht für Zwecke des ErbStG nachzuvollziehen, ist verfassungsrechtlich höchst bedenklich, weil es sich im Bereich des Steuerrechts um klassisches Eingriffsrecht handelt, das dem Gesetzesvorbehalt unterliegt, und weil das neue Verständnis der ursprünglichen Sichtweise des Gesetzgebers nicht entsprochen haben kann. Abweichend vom Zivilrecht bedarf es für das **Schenkungsteuerrecht** bei dieser für die Steuerbelastung (persönliche Freibeträge, Steuerklasse III) ganz wesentlichen Frage einer **ausdrücklichen Regelung seitens des Gesetzgebers**. Dies entspricht auch der bisherigen Auffassung des BFH (v. 14.9.1994, II R 95/92, BStBl II 1995, 81; v. 15.7.1998, II R 82/96, BStBl II 1998, 630) Die Fortgeltung dieser Auffassung

130

wurde mittlerweile zumindest durch das FG Niedersachsen (FG Niedersachsen v. 18.3.2015, 3 K 174/14, DStRE 2017, 89) bestätigt. Die Revision ist beim BFH unter dem Az. II R 46/15 anhängig.

Daraus folgt: Wenn der Gesellschafter einer Personengesellschaft einseitig Vermögensgegenstände in das Gesamthandsvermögen einbringt, sind **allein die Mitgesellschafter schenkungsteuerrechtlich bereichert**. Dies setzt allerdings voraus, dass der Vermögensgegenstand mittels eines Verfügungsgeschäftes Gesamthandsvermögen wird. Die Einräumung wirtschaftlichen Eigentums genügt nicht (BFH v. 1.2.2001, II B 15/00, BFH/NV 2001, 1265).

131 Unklarheiten herrschen über die Person des Zuwendungsempfängers bei der sog. **mittelbaren verdeckten Gewinnausschüttung (vGA) an nahe Angehörige**. Die steuerrechtlichen Fragestellungen beziehen sich auf den überhöhten Teil der Vergütung.

Beispiel: (nach BFH v. 7.11.2007, II R 28/06, BFH/NV 2008, 486 = BStBl II 2008, 258):

Frau F war als freie Mitarbeiterin für eine GmbH tätig. Ihr Ehemann M war Mitgesellschafter und Geschäftsführer dieser GmbH. Auf Grund einer bei der GmbH durchgeführten Betriebsprüfung stellte sich heraus, dass Teile der an die Ehefrau F gezahlten Vergütungen unangemessen hoch waren.

Der II. Senat des BFH hat mit Urteil vom 7.11.2007 (II R 28/06, BFH/NV 2008, 486 = BStBl II 2008, 258; vgl. *Crezelius*, ZEV 2008, 268) entschieden, dass jedenfalls **im Verhältnis zwischen dem Gesellschafter und seiner Ehefrau regelmäßig keine freigebige Zuwendung** i.S.d. § 7 Abs. 1 Nr. 1 ErbStG vorliege. Zugleich hat der II. Senat des BFH als obiter dictum in den Urteilsgründen ausgeführt, dass **in Höhe des überhöhten Teils eine freigebige Zuwendung im Verhältnis der GmbH zur Ehefrau** (mit Steuerklasse III) gegeben sein kann. Die FinVerw. hat sich koordinierten Ländererlass v. 20.10.2010 (z. B. FinMin Baden-Württemberg v. 20.10.2010, 3 – S 3806/75, ZEV 2010, 656) unter Bezugnahme auf die zitierte Entscheidung des BFH v. 7.11.2007 dieser Sichtweise ausdrücklich angeschlossen und ihren Standpunkt in den gleich lautenden Erlassen der obersten Finanzbehörden der Länder v. 14.3.2012 (Schenkungen unter Beteiligung von Kapitalgesellschaften oder Genossenschaften, BStBl I 2012, 331) in Tz. 2.6.1 beibehalten. Demgegenüber entspricht es ständiger Praxis des I. Senats (BFH v. 27.1.1972, I R 28/69, BStBl II 1972, 320; v. 6.4.1977, I R 86/75, BStBl II 1977, 569) und des VIII. Senats (BFH v. 22.2.2005, VIII R 24/03, BFH/NV 2005, 1266) des BFH, dass die der Ehefrau ausgezahlte überhöhte Teil der Vergütung als verdeckte Gewinnausschüttung an den Ehemann zu werten ist. Auf Ebene der GmbH führt dies zu einer außerhalb der Steuerbilanz vorzunehmenden Hinzurechnung nach § 8 Abs. 3 S. 2 KStG. Mit Auszahlung an die Ehefrau löst dies zugleich einen Zufluss dieser verdeckten Gewinnausschüttung auf Ebene des Gesellschafters i.S.d. § 20 Abs. 1 Nr. 1 EStG aus. Bei einer **überhöhten Vergütung eines nahen Angehörigen des Gesellschafters einer Kapitalgesellschaft** droht demzufolge eine freigebige Zuwendung der Gesellschaft an den Angehörigen mit Steuerklasse III und eine zusätzliche einkommensteuerrechtliche Erfassung des überhöhten Teils als Einkünfte aus Kapitalvermögen beim Gesellschafter. Nicht auszuschließen ist, dass der überhöhte Teil der Vergütung überdies über § 19 EStG als steuerpflichtiges Arbeitseinkommen der Ehefrau erfasst wird. Es könnte sogar so sein, dass wegen des Vorrangs von § 19 EStG eine freigebige Zuwendung zurücktreten muss. Der VIII. **Senat des BFH** (BFH v. 12.9.2011, VIII B 70/09, ErbStB 2012, 32) hat im BFH die überfällige **dogmatische Diskussion des Verhältnisses von Ertrag- und Schenkungsteuer** eröffnet. Er führt überzeugend aus: „Grundsätzlich ist es tatbestandlich ausgeschlossen, mit derselben Handlung sowohl eine freigebige Zuwendung zu verwirklichen (§ 7 ErbStG) als auch wirtschaftlich am Markt teilzunehmen. Vorliegend unterfällt jedoch **ein und derselbe Lebenssachverhalt tatbestandlich sowohl der Einkommen- als auch der Schenkungsteuer.** In diesem Fall hat bei summarischer Prüfung die Ertragsbesteuerung zurückzutreten." Im konkreten Fall ging es um die zinslose Stundung einer Zugewinnausgleichsforderung. Im vorliegenden Fall eines überhöhten Gehalts könnte man umgekehrt § 19 EStG gegenüber § 7 Abs. 1 Nr. 1 ErbStG vorrangig ansehen. Mit der durch das **BeitrRLUmsG** (v. 7.12.2011, BGBl I 2011, 2592) **eingeführten Neuregelung des § 15 Abs. 4 ErbStG** knüpft der Gesetzgeber an das obiter dictum an und geht von einer zivilrechtlichen (gemischten) und steuerpflichtigen Schenkung von der Kapitalgesellschaft an den Dritten aus. Nach der Gesetzesbegründung (BT-Drs. 17/7524, 26) soll S. 1 Härten ausräumen, die sich aus der unmittelbaren zivilrechtlichen Betrachtung einer Zuwendung durch eine Kapitalgesellschaft ergeben können. Bei einer Schenkung durch eine Kapitalgesellschaft oder Genossenschaft der Besteuerung ist dann das persönliche Verhältnis des Erwerbers zu derjenigen unmittelbar oder mittelbar beteiligten Person oder Stiftung zugrunde zu legen, durch die sie veranlasst ist. In diesem Fall gilt die Schenkung bei der Zusammenrechnung früherer Erwerbe (§ 14 ErbStG) als Vermögensvorteil, der dem Bedachten von dieser Person anfällt.

Schenkungsrechtlich kann die GmbH mit der Auszahlung des überhöhten Teiles der Vergütung aus ihrer Sicht entweder den Gesellschafter oder die Ehefrau materiell bereichern. Das lässt sich zivilrechtlich anhand des Bereicherungsrechts zur Festlegung der Leistungsbeziehung in sog. Dreipersonenverhältnissen belegen. Sollte die Auszahlung seitens der GmbH ohne rechtlichen Grund erfolgt sein, kann es allein darum gehen, dass entweder der Gesellschafter oder die Ehefrau Bereicherungsschuldner sind. Beide können nicht gleichzeitig Bereicherungsschuldner sein, weil es ansonsten zu einer Verdoppelung des Rückzahlungsbetrages im Vergleich zum ausgezahlten Betrag käme.

132

Steuerrechtlich ist daraus zwingend zu folgern, dass sich eine **verdeckte Gewinnausschüttung** auf Ebene des Gesellschafters **und eine freigebige Zuwendung seitens der GmbH** an die Ehefrau **gegenseitig ausschließen** müssen. Denn sowohl der Tatbestand des § 7 Abs. 1 Nr. 1 ErbStG als auch derjenige des § 20 Abs. 1 Nr. 1 EStG i.V.m. § 8 Abs. 1 EStG (ein „Gut" i.S.d. § 8 Abs. 1 EStG ist jeder wirtschaftliche Vorteil, jede Zuwendung, die sich im Vermögen des Empfängers objektiv nutzbringend auswirkt; *Kirchhof*, EStG, 2011, § 8 Rz. 9) verlangen beide einen in EUR bewertbaren materiellen Vorteil. Wenn also die im obiter dictum des II. Senats des BFH angedeutete Einordnung der Auszahlung an die GmbH als

133

freigebige Zuwendung wirklich zutreffend wäre, müsste die Würdigung des Vorgangs als verdeckte Gewinnausschüttung auf Ebene des Gesellschafters in jedem Fall unzutreffend sein. Darüber hinaus käme man in dogmatische Erklärungsnöte, ob der Vorgang dann auch auf Ebene der GmbH als verdeckte Gewinnausschüttung nach § 8 Abs. 3 Satz 2 KStG gewürdigt werden könnte.

134 Im Ausgangssachverhalt lag es so, dass der **Ehemann Gesellschafter und zugleich Geschäftsführer war**. Vergleichbar wäre es, wenn der **Gesellschafter einem Fremdgeschäftsführer eine Weisung** erteilt. Wenn der Gesellschafter und der Geschäftsführer vereinbart haben, dass der Geschäftsführer eine Auszahlung auf Veranlassung des Gesellschafters vornehmen soll und diese unmittelbar an die Ehefrau des Gesellschafters zu erbringen ist, handelt es sich hierbei um einen Leistungsvollzug auf gesellschaftsvertraglicher Grundlage. Es liegt eine verdeckte Gewinnausschüttung der GmbH an den Gesellschafter vor, die auch zu einer entsprechenden materiellen Bereicherung des Gesellschafters führt. Die entscheidende Wertung, dass der Gesellschafter den vollen materiellen Vorteil aus der tatsächlichen Zuwendung des Geschäftsführers an die Ehefrau erlangt, lässt sich mit Hilfe des **Bereicherungsrechts** belegen. Im dortigen Schrifttum wird inzwischen allgemein vertreten, dass jedenfalls bei tatsächlich und rechtswirksam erteilter Weisung eines Gläubigers – hier des Gesellschafters – eine Rückzahlung durch den Gesellschafter und nicht durch seine Ehefrau, an die die Zuwendung tatsächlich erfolgt ist, im Wege der Leistungskondiktion erfolgen müsse (*Fischer*, Die Unentgeltlichkeit im Zivilrecht, 2002, 175f. m.w.N.). Nach der im Vordringen befindlichen bereicherungsrechtlichen Meinung wird dem Gesellschafter der seiner Ehefrau zugewendete Gegenstand als „Leistung" i. S. einer bewussten und zweckgerichteten Mehrung des Vermögens des Gesellschafters zugerechnet. D. h., dem Gesellschafter wird bereicherungsrechtlich der an seine Ehefrau tatsächlich ausgezahlte Betrag als „Leistung" zugerechnet. Einen materiellen Zweck i. S. d. Leistungsbegriffs verfolgt die Gesellschaft nur gegenüber dem sie anweisenden Gesellschafter und nicht gegenüber dem Zuwendungsempfänger. Dies gilt selbst dann, wenn sachenrechtlich kein Durchgangserwerb von der GmbH an den Gesellschafter und vom Gesellschafter an dessen Ehefrau in Form eines doppelten Geheißerwerbs, sondern eine unmittelbare Übereignung von der GmbH an die Ehefrau in Form der sog. traditio ad incertam personam stattgefunden hat (*Medicus/Petersen*, Bürgerliches Recht, 23. Aufl., 2011, Rz. 671; *Reuter/Martinek*, Ungerechtfertigte Bereicherung, 1983, § 10 I; *Wieling*, Sachrecht I, 2. Aufl., 2006, § 9 VII 5, VIII). Das vorliegende Ergebnis stimmt auch mit der gesellschaftsrechtlichen Sichtweise überein, die hier – falls die Auszahlung an die Ehefrau das geschützte Stammkapital der GmbH beeinträchtigen sollte – zu einem **Rückforderungsanspruch nach § 31 Abs. 1 GmbHG** käme, der sich unmittelbar gegen den Gesellschafter richtet (*Habersack*, in Großkommentar GmbHG, 2014, GmbHG, § 30 Rz. 60f.; *Altmeppen*, in Roth/Altmeppen, GmbHG, 8. Aufl., 2015, § 30 Rz. 48ff).

135 Vor dem Hintergrund dieser **zivilrechtlichen Analyse** liegt in Höhe des an die Ehefrau ohne Gegenleistung oder kausale Vereinbarung ausgezahlten Betrages eine verdeckte Gewinnausschüttung auf Ebene der GmbH und auf Ebene des Gesellschafters vor. Des Weiteren besteht zwischen dem Gesellschafter und seiner Ehefrau ein unentgeltliches (mittelbares) Zuwendungs- bzw. Valutaverhältnis, bei dem ab-

zuwarten bleibt, ob es tatbestandlich als freigebige Zuwendung unter Ehegatten i.S.d. § 7 Abs. 1 Nr. 1 ErbStG zu qualifizieren ist (vgl. Rz. 255c). Jedenfalls scheint sich nach den Ausführungen des BFH im Urteil v. 30.1.2013 (II R 6/12, BFH/NV 2013, 846) abzuzeichnen, dass die verdeckte Gewinnausschüttung an eine **nahestehende Person** auch schenkungsteuerrechtlich eine dem veranlassenden Gesellschafter zuzurechnende verdeckte Gewinnausschüttung darstellt, so dass für eine freigebige Zuwendung der Gesellschaft an den Dritten kein Raum bleibt (*Binnewies*, GmbHR 2013, 449, 451; *Loose*, DB 2013, 1080, 1083), auch wenn diverse FG der Sichtweise der FinVerw. gefolgt sind (z.B. FG München v. 30.5.2012, 4 K 689/09, EFG 2012, 1721). Das offen formulierte obiter dictum des BFH in der Entscheidung v. 7.11.2007 (BFH v. 7.11.2007, II R 28/06, BStBl II 2008, 346) wird inzwischen aus Kreisen des BFH als „unglücklich" (*Loose*, DB 2013, 1080, 1082) angesehen.

Gestaltungshinweis:
Siehe hierzu auch Rz. 255 ff.

Theoretisch denkbar wäre es allerdings, dass der Gesellschafter dem Geschäftsführer die Weisung erteilt, im Namen der GmbH mit der Ehefrau des Gesellschafters eine **kausale Schenkungsabrede** zu vereinbaren, auf der die Auszahlung beruht. Im Extremfall könnte man sich vorstellen, dass der Geschäftsführer als Vertreter der GmbH und die Ehefrau den Vertrag notariell beurkunden lassen. Hier liegt zwar auf Ebene der GmbH trotzdem eine verdeckte Gewinnausschüttung vor, allerdings des Inhaltes, dass Gegenstand der verdeckten Gewinnausschüttung eine kausale Schenkung an die Ehefrau des Gesellschafters ist. Diese atypische Konstellation müsste – folgt man den zivilrechtlichen Vorgaben – steuerrechtlich so behandelt werden, dass es zu keiner unmittelbaren Bereicherung des Gesellschafters und mittelbaren Bereicherung der Ehefrau kommt, sondern nur zu einer unmittelbaren unentgeltlichen Bereicherung der Ehefrau. Im Verhältnis zwischen der GmbH und der Ehefrau des Gesellschafters läge dann eine freigebige Zuwendung nach § 7 Abs. 1 Nr. 1 ErbStG vor. Der Vorgang dürfte deshalb auf Ebene des Gesellschafters nicht die Rechtsfolge des § 20 Abs. 1 Nr. 1 EStG auslösen, weil es an einer einkommensteuerbaren materiellen Bereicherung des Gesellschafters fehlt. Der BFH sieht dies seit der Entscheidung vom 18.12.1996 anders, indem er bei der mittelbaren verdeckten Gewinnausschüttung ausdrücklich auf einen wirtschaftlichen Vorteil auf Gesellschafterebene verzichtet (BFH v. 18.12.1996, I R 139/94, BStBl II 1997, 301; v. 19.6.2007, VIII R 54/05, BFH/NV 2007, 1978 = BStBl II 2007, 830).

136

Handelt es sich – wie in dem vom BFH zu beurteilenden Sachverhalt – um einen **Gesellschafter-Geschäftsführer**, kann im Ergebnis nichts anderes gelten, selbst wenn sich die Beteiligten über die Unangemessenheit des Entgeltes im Klaren gewesen waren. Der II. Senat des BFH meint, den Vorgang als gemischte Schenkung zwischen der GmbH und der Ehefrau würdigen zu wollen, doch wäre dies nur dann zutreffend, wenn Gegenstand der verdeckten Gewinnausschüttung auch eine **kausale Schenkungsabrede** zwischen GmbH und Ehefrau wäre. Die Interessenlage der Beteiligten weist aber in eine andere Richtung. Letztlich wollen die Beteiligten mit dem im Dienstvertrag ausgewiesenen überhöhten Entgelt eine Schenkung des Gesellschafters an seine Ehefrau in Höhe des unangemessenen Teils verschleiern.

137

Insoweit entspricht es der Interessenlage der Parteien, dass die GmbH nur eine Auszahlung vornehmen soll, während das kausale Zuwendungsverhältnis zwischen dem Gesellschafter und seiner Ehefrau gegeben ist. Eine im Dienstvertrag bewusst vereinbarte (überhöhte) Zuwendung ist im Verhältnis zwischen der GmbH und der Ehefrau des Gesellschafters ein nach § 117 Abs. 1 BGB als nichtig zu qualifizierendes Scheingeschäft, weil es die **unmittelbare kausale Schenkung zwischen dem Gesellschafter und seiner Ehefrau verschleiern** soll. Die GmbH bereichert materiell (zweckbestimmt i.S.d. bereicherungsrechtlichen Leistungsbegriffs) ausschließlich den Gesellschafter und dient im Verhältnis zur Ehefrau nur als Auszahlungsstelle. Steuerrechtlich bedeutet dies, dass der Vorgang entgegen dem obiter dictum des II. Senats des BFH nicht als freigebige Zuwendung im Verhältnis zwischen GmbH und der Ehefrau des Gesellschafters gewertet werden kann und es sich in Übereinstimmung mit der bisherigen Sichtweise des I. Senats und des VIII. Senats des BFH um eine verdeckte Gewinnausschüttung auf Ebene der GmbH und des Gesellschafters handelt.

138–159 einstweilen frei

4 Entreicherung

160 Der Tatbestand des § 7 Abs. 1 Nr. 1 ErbStG verlangt ausdrücklich eine Bereicherung „auf Kosten" des Zuwendenden. Im Einklang mit dem Schenkungsrecht muss durch die Zuwendung eine Entreicherung beim Schenker eintreten (*Schuck*, in V/K/S/W, ErbStG, 2012, § 7 Rz. 9). Dies bedeutet, dass die **gegenwärtige Vermögenssubstanz dauerhaft gemindert** werden muss (BGH v. 1.7.1987, IVb ZR 70/86, BGHZ 101, 229; *Weidenkaff*, in Palandt, 2017, BGB, § 516 Rz. 5). Der Schenker muss „ärmer" werden (Mot. II, 287). Auf dieser dogmatischen Linie liegt es, wenn der II. Senat des BFH (BFH v. 30.1.2013, II R 6/12, DB 2013, 1032) vor kurzem ausdrücklich klargestellt hat, dass der **Verkauf einer wertlosen Forderung für 1 EUR nicht geeignet ist, Gegenstand einer freigebigen Zuwendung** zu sein. An einer Entreicherung fehlt es demzufolge, wenn der Zuwendende lediglich auf einen **möglichen Vermögenserwerb verzichtet** (*J. Koch*, in MünchKomm, BGB, § 516 Rz. 6 m.w.N.). Für das **Schenkungsteuerrecht** weisen *Kapp/Ebeling* (ErbStG, § 7 Rz. 11.1) zutreffend darauf hin, dass bei der schenkungsteuerrechtlichen Beurteilung in der Praxis weniger auf den Gesichtspunkt der Entreicherung des Schenkers als der Bereicherung des Beschenkten hingewiesen wird. Ebenso kritisiert *Gebel* (in T/G/J, ErbStG, § 7 Rz. 21), dass die schenkungsteuerrechtliche Diskussion dazu neigt, den objektiven Zuwendungstatbestand auf das Merkmal der Bereicherung zu verkürzen. Der BFH hat allerdings in einer Entscheidung zum (unentgeltlichen) Verzicht des GmbH-Gesellschafters auf ein ihm durch die Satzung (für die GmbH allgemein anerkannt; vgl. *Bayer*, in Lutter/Hommelhoff, GmbHG, 2016, § 3 GmbHG Rz. 72, § 47 GmbHG Rz. 5. Das aktienrechtliche Verbot nach § 12 Abs. 2 AktG gilt also nicht analog) eingeräumtes persönliches **Mehrstimmrecht** deutlich gemacht, dass sich die Vermögensverschiebung zwischen Schenker und Beschenktem **auf die Vermögenssubstanz** beziehen muss (BFH v. 30.1.2013, II R 38/11, ZEV 2013, 349 m. Anm. *Wachter*). Durch den Wegfall eines Mehrstimmrechtes vermindert sich nicht die Vermögenssubstanz des Verzichtenden. Das Mehrstimmrecht sei – wie der BFH unter Bezugnahme auf die gesellschaftsrechtliche Sichtweise überzeugend darlegt – kein Vermögensgegenstand, sondern lediglich eine an die Person des Gesellschafters gebundene, unselbstständige Ausgestaltung seines Stimmrechts in der Gesellschafterversammlung. Zur Anwendbarkeit des § 7 Abs. 8 ErbStG hat der BFH mangels Entscheidungsrelevanz nicht ausdrücklich Stellung bezogen. Nach hier vertretener Ansicht (vgl. Rz. 555) fehlt es aber bei Änderungen der Stimmverhältnisse an einer „Leistung" an die Gesellschaft.

Mangels Entreicherung des Leistenden sind **Arbeits- oder Dienstleistungen**, die unentgeltlich ausgeführt werden, zivilrechtlich keine Schenkungen, weil sie keine dauerhafte Vermögenseinbuße bewirken (BGH v. 13.7.1994, XII ZR 1/93, BGHZ 127, 48; *Fischer*, Die Unentgeltlichkeit im Zivilrecht, 2002, 23; *J. Koch*, in Münch-Komm, BGB, § 516, Rz. 6 m.w.N.). Das BGB behandelt die Arbeitskraft weder als Sache noch als ein von der natürlichen Person trennbares Recht, welches Gegenstand einer Schenkung sein könnte. Diese **substanzorientierte Betrachtungsweise** wird allerdings verwässert, wenn man auch dann zur Annahme einer Schenkung neigt, wenn der Zuwendende seine Arbeitskraft **anderweitig gegen Ertrag** hätte einsetzen können, wie es der BGH angedeutet hat (BGH v. 1.7.1987, IVb ZR 70/86, BGHZ 101, 229). Damit belebt der BGH die früher von *Dernburg* (Bürgerliches Recht, Bd. II/2, 4. Aufl., 1915, 205 II 2) vertretene Meinung, der sich für eine Schenkung der Vergütung ausgesprochen hatte, wenn es sich um eine Dienstleistung handelt, aus der man seine ständige Einnahmequelle zieht. Dabei mag es sich zwar bei wirtschaftlicher Betrachtungsweise um einen materiellen Schaden i.S.d. §§ 249ff. BGB handeln, weil die Person wegen des Unterlassens einer vermögensrelevanten Tätigkeit nicht reicher wird; nach § 252 BGB umfasst der zu ersetzende Schaden den entgangenen Gewinn. Bei § 516 BGB steht jedoch eine solche verhinderte Vermögensmehrung nicht einer Vermögensminderung gleich, durch die der Betroffene „ärmer" wird. Dass der Vermögensbegriff des § 516 BGB aus Gründen der Rechtsklarheit rechtstechnisch verstanden werden sollte und deshalb nicht alle denkbaren wirtschaftlichen Vorteile umfasst, die sich abstrakt am Markt verwerten lassen, lässt sich nicht nur durch die Entstehungsgeschichte (Protokolle, Bd. II, 4: „Es komme hinzu, dass die Kennzeichnung des Schenkungsgegenstandes als wirtschaftliches Gut keineswegs eine sichere Abgrenzung gewähre. Der Schenkungsbegriff würde ins Schwanken geraten und die Praxis mit Schwierigkeiten und Zweifeln zu kämpfen haben. Es würde darüber gestritten werden, ob auch die Gebrauchsleihe oder die unentgeltliche Dienstleistung hierher gehören") erklären, sondern zeigt auch der Wortlaut des Gesetzes. Insbesondere § 517 BGB macht deutlich, dass es sich um eine gegenüber jedermann gesicherte und übertragbare Rechtsposition handeln muss. Das Schenkungsrecht legt also einen statischen und substanzorientierten Maßstab zugrunde. Deswegen ist es auch zutreffend, wenn das FG Niedersachen (FG Niedersachsen v. 16.10.2012, 3 K 251/12, EFG 2013, 63; vgl. auch *Geck*, KÖSDI 2013, 18290, 18297) bei einer Personengesellschaft eine **„Schenkung" durch den geschäftsführenden Gesellschafter an dessen Mitgesellschafter bei einer im Fremdvergleich zu niedrigen Vergütung** verneint hat, selbst wenn im Gesellschaftsvertrag für den geschäftsführenden Gesellschafter ein „Anspruch auf eine angemessene Vergütung", deren Festsetzung durch Gesellschafterbeschluss erfolgt", bestimmt war. In der Praxis sind oftmals Gewinnverteilungsabreden anzutreffen, nach der sich die Beteiligung aller

Gesellschafter am Gewinn (und Verlust) nach Berücksichtigung der Tätigkeitsvergütung als (ergebnisunabhängigem) Aufwand ergibt. Erweist sich die Vergütung als im Fremdvergleich (zu) niedrig, führt dies daher gegenüber einer (höheren) angemessenen Vergütung zu einem höheren Gewinnanteil aller Gesellschafter. Nichtsdestoweniger ist die Unangemessenheit nicht schenkungsteuerrelevant, weil es schlicht an einem Vermögenstransfer fehlt (*Christ*, in: Christ/Fischer, Steuerrecht und Markt – Wie „unternehmerfreundlich" ist das deutsche Unternehmenssteuerrecht?, 2014, 19 ff.). Eine Schenkung bzw. freigebige Zuwendung liegt indes vor, wenn eine **Dienstleistung gegen Entgelt vereinbart** war und der Dienstleistende die Bezahlung erlässt (§ 397 BGB). Denn dann wendet er einen Anspruch aus seinem Vermögen auf. Im Schenkungsteuerrecht werden diese dogmatischen Zusammenhänge nicht immer klar analysiert. So geht etwa *Gebel* (in T/G/J, ErbStG, § 7 Rz. 35) davon aus, dass die unentgeltlich erbrachte Arbeits- und Dienstleistung jedenfalls dann eine freigebige Zuwendung nach § 7 Abs. 1 Nr. 1 ErbStG sein könnte, wenn der Leistende zu Gunsten des Leistungsempfängers auf eine anderweitige Erwerbsmöglichkeit, die z.B. schon konkret geplant war, verzichtet hat.

162 Mit der gleichen Begründung können **Gebrauchs- oder Nutzungsüberlassungen** keine freigebigen Zuwendungen sein. Auch hier fehlt es schenkungsrechtlich an einer Entreicherung der Vermögenssubstanz des Zuwendenden (*Crezelius*, BB 1978, 621; *Crezelius*, BB 1979, 1594). Selbst wenn ein Nutzungsrecht (z.B. ein Wohnrecht) auf Lebenszeit eingeräumt wird, besteht im Zivilrecht heute weitgehend Einigkeit darüber, dass die Gebrauchsüberlassung nicht als Schenkung, sondern als Leihe anzusehen ist, weil der Vermögensgegenstand nicht endgültig der Substanz nach aus dem Vermögen des Eigentümers ausscheidet (BGH v. 11.12.1981, V ZR 247/80, BGHZ 82, 354; v. 17.3.1994, III ZR 10/93, BGHZ 125, 293; *Fischer*, Die Unentgeltlichkeit im Zivilrecht, 2002, 34 ff.; *J. Koch*, in MünchKomm, BGB, § 516 Rz. 7 m.w.N.). Nach *Schuck* (in V/K/S/W, ErbStG, 2012, § 7 Rz. 11) kommt eine Schenkung im Rahmen einer Gebrauchsüberlassung lediglich in Fällen der vorzeitigen Erfüllung in Betracht: Hier sei der Gegenstand an sich und nicht die vorzeitige Nutzungsmöglichkeit geschenkt. Der BGH (v. 11.7.2007, IV ZR 218/06, ZEV 2008, 192 m. Anm. *Mayer*) hat in einer aktuellen Entscheidung die Einräumung eines unentgeltlichen schuldrechtlichen Wohnrechts selbst bei langer Dauer erneut nicht als Schenkung, sondern als Leihe qualifiziert. In gleicher Weise hat der VIII. Senat des BFH (v. 29.11.1983, VIII R 184/83, BStBl II 1984, 371) entschieden, dass die unentgeltliche Gebrauchsüberlassung einer Wohnung keine Schenkung, sondern Leihe sei. Für das Schenkungsteuerrecht fehlt es an einschlägigen Entscheidungen des II. Senats des BFH.

163 Abweichend von der schenkungsrechtlichen Sichtweise kann nach dem Urteil des FG Rheinland-Pfalz (v. 18.4.2002, 4 K 1869/01, DStRE 2002, 1078) demgegenüber eine freigebige Zuwendung vorliegen, wenn das **Objekt nach der Verwendungsplanung des Eigentümers erwerbswirtschaftlich genutzt** worden wäre; davon könne bei leicht vermietbaren Wohnungen ausgegangen werden. Im Schrifttum geht vor allen Dingen *Gebel* (in T/G/J, ErbStG, § 7 Rz. 28; zustimmend *Steiner*, ErbStB 2007, 110) von einer freigebigen Zuwendung nach der subjektiven Verwendungsplanung des Eigentümers aus, während die abstrakte Nutzungsmöglichkeit,

auch wenn sie verkehrsüblich sei, nicht ausreiche. Eine unentgeltliche Nutzungsüberlassung führt nach Ansicht von *Kapp/Ebeling* (ErbStG, § 7 Rz. 11.3) zu keinen schenkungsteuerrechtlich zu berücksichtigenden Vermögensminderungen, wenn die Sache vor der Zuwendung für einen eigenwirtschaftlichen Einsatz bestimmt war und der entstandene Gebrauchsverlust wegen der geringen Bedeutung der Sache für den nur eine Eigennutzung aufgebenden Eigentümer keine Vermögensqualität besitzt. Nach einem Urteil des FG München (v. 22.3.2006, 4 K 1631/04, EFG 2006, 1262 m. Anm. *Fumi*) stellt die bloße Überlassung einer zuvor selbst genutzten Wohnung regelmäßig keine freigebige Zuwendung dar. Die schenkungsteuerrechtliche Diskussion wird vor allem dadurch gefördert, dass der **BFH** (v. 12.7.1979, II R 26/78, BStBl II 1979, 631; v. 25.10.1995, II R 67/93, BStBl II 1996, 160) für die **Gewährung eines zinslosen Darlehens** abweichend vom Schenkungsrecht eine freigebige Zuwendung annimmt, obwohl keine Vermögenssubstanz übergeht. Daraus möchte man anscheinend – zumindest punktuell (Streng am Zivilrecht orientiert demgegenüber BFH v. 30.1.2013, II R 38/11, ZEV 2013, 349, vgl. oben Rz. 161) – einen **eigenständigen Entreicherungsbegriff für das Schenkungsteuerrecht** entwickeln (*Weinmann*, in Moench/Weinmann, ErbStG, § 7 Rz. 17; *Steiner*, ErbStB 2007, 110). Der BFH sieht die Hingabe eines unverzinslichen Darlehens als freigebige Zuwendung an, weil sich der Darlehensgeber bei der unentgeltlichen Überlassung einer Kapitalsumme einer Einnahmemöglichkeit begebe (BFH v. 12.7.1979, II R 26/78, BStBl II 1979, 631; v. 25.10.1995, II R 67/93, BStBl II 1996, 160), legt also den Maßstab einer abstrakten Nutzungsmöglichkeit an. Da die abstrakte Nutzungsmöglichkeit genügt, soll es auch keine Rolle spielen, ob im konkreten Fall eine Einnahmemöglichkeit bestand. In einem vom FG Düsseldorf entschiedenen Fall war es deshalb nicht entscheidungserheblich, ob nach dem auf das Darlehen anzuwendenden iranischen Rechts in den ersten acht Jahren keine Zinsen hätten berechnet werden dürfen (FG Düsseldorf v. 20.3.2012, 4 K 3143/12 Erb, EFG 2013, 951). Die Auffassung des FG Düsseldorf wurde vom BFH in der Revision bestätigt. Auch wenn der Darlehensgeber aus religiösen Gründen keine Zinsen verlangen dürfe, stehe dies einer Entreicherung nicht entgegen, sofern der Darlehensgeber objektiv die Möglichkeit hatte das Kapital gewinnbringend anzulegen (BFH, v. 4.3.2015, II R 19/13, BFH/NV 2015, 993). Im Fall der **zinslosen Stundung eines nicht geltend gemachten Pflichtteilsanspruchs** nach dem Tod des zuerst versterbenden Elternteils durch den Schlusserben im Rahmen eines sog. „Berliner Testaments" sieht der BFH (v. 31.3.2010, II R 22/09, BFH/NV 2010, 1564 = BStBl II 2010, 806) demgegenüber keine freigebige Zuwendung. Seine Rspr. zur Steuerbarkeit eines zinslos gewährten Darlehens betreffe einen anderen Sachverhalt und lasse sich daher nicht auf den Fall übertragen, dass das vorläufige Nichtgeltendmachen des Pflichtteils nicht von einer Verzinsung abhängig gemacht werde. Dem bloßen Entstehen des Anspruchs mit dem Erbfall (§ 2317 Abs. 1 BGB) komme nämlich erbschaftsteuerrechtlich noch keine Bedeutung zu; entscheidend ist die Geltendmachung. Damit wäre es nach der (überzeugenden) Ansicht des BFH nicht vereinbar, wenn man in dem Umstand, dass der Berechtigte das vorübergehende Nichtgeltendmachen des Anspruchs nicht von einer Verzinsung abhängig macht, eine freigebige, der Schenkungsteuer unterliegende Zuwendung des Berechtigten an den Verpflichteten sähe.

164 Die **Entwicklung eines eigenständigen, vom Schenkungsrecht abweichenden Entreicherungsbegriffs** ist abzulehnen, weil es nicht die Funktion des § 7 Abs. 1 Nr. 1 ErbStG ist, jedwede objektive Bereicherung zu besteuern (Rz. 200ff., 250ff.). Zwar steht außer Frage, dass die Nutzungsmöglichkeit einen wirtschaftlichen Wert i.S. einer Ertragschance bildet, doch kann deshalb noch nicht von einer Übertragung der Vermögenssubstanz gesprochen werden. Die im Schrifttum vertretene Meinung, das Rechtsverhältnis lasse sich in eine auf einem Leihvertrag gegründete Gebrauchsüberlassung und einen schenkweise erklärten Verzicht auf ein Nutzungsentgelt aufspalten, ist eine fiktive Konstruktion, die im geltenden Recht keine ausreichende Grundlage findet (*Fischer*, Die Unentgeltlichkeit im Zivilrecht, 2002, 35 m.w.N.). Vielmehr verhält es sich de lege lata so, dass die Ertragschance nicht als eigenständiger Vermögensgegenstand vom Eigentum abgespalten werden kann, solange es an der substanziellen Realisierung durch Vereinbarung eines Entgeltes fehlt.

165 Gegenstand der Zuwendung ist bei der **Hingabe eines unverzinslichen Darlehens** nach der Sichtweise des BFH nicht der konkrete Ertrag, der dem Zuwendenden entgeht, sondern der Nutzen des Zuwendungsempfängers, d.h. die unentgeltliche Gewährung der Nutzungsmöglichkeit des als Darlehen überlassenen Kapitals.

166 Zur **Bewertung des Nutzungsvorteils** ist von dem gesetzlichen Zinssatz von 5,5 % jährlich auszugehen. Je nach der vereinbarten Zeitdauer ist der Jahreswert gem. §§ 13, 14 BewG zu kapitalisieren. Bemessungsgrundlage der Schenkungsteuer sind 5,5 % des Darlehensbetrages pro Jahr (§ 12 Abs. 1 ErbStG i.V.m. § 15 Abs. 1 BewG). Liegt der marktübliche Zinssatz unter 5,5 %, so bildet dieser die Grundlage. Nach Meinung des FG Münster sei der Zinssatz von 5,5 % gesetzlich zwingend festgelegt, sodass es auf den marktüblichen Zinssatz nicht ankäme (FG Münster v. 29.3.2012, 3 K 3819/10 Erb, EFG 2012, 1950). Der BFH hingegen lässt eine Abweichung vom Regelzinssatz jedoch dann zu, wenn ein niedriger marktüblicher Zinssatz zum relevanten Zeitpunkt feststeht bzw. nachgewiesen werden kann (BFH v. 27.11.2013, II R 25/12, BFH NV 2014, 537)(). Wird das Darlehen auf unbestimmte Zeit zinslos gewährt, so ist der Kapitalwert nach § 13 Abs. 2 Alt. 2 BewG mit dem 9,3-fachen des Jahreswertes anzusetzen (BFH v. 29.6.2005, II R 52/03, BFH/NV 2005, 2123 = BStBl II 2005, 800). Bei **niedrig verzinslichen Darlehen** besteht grundsätzlich die schenkungsteuerliche Bereicherung in der Differenz der Kapitalwerte des vereinbarten Zinssatzes zu dem Zinssatz von 5,5 %, sofern kein anderer Wert feststeht (BFH v. 15.3.2001, II V 171/99, BFH/NV 2001, 1122; BFH v. 27.10.2010, II R 37/09, BFH/NV 2010, 359 = BStBl II 2010, 498; BFH v. 4.3.2015, II R 19/13, BFH/NV 2015, 993). Wird ein **Zinssatz zwischen 3 % und 5,5 %** vereinbart, ist zweifelhaft, ob beim Zuwendenden eine Entreicherung angenommen werden kann (R B 12.1 Abs. 2 ErbStR 2011; *Gebel*, in T/G/J, ErbStG, § 7 Rz. 32; *Weinmann*, in Moench/Weinmann, ErbStG, § 7 Rz. 16). Wenn der vereinbarte Zinssatz vom marktüblichen Zinssatz nur unwesentlich abweicht, ist nach Ansicht der FinVerw. eine freigebige Zuwendung nicht anzunehmen (FinMin Baden-Württemberg v. 20.1.2000, S 3104/6, DStR 2000, 204). Ungeklärt ist, wann eine unwesentliche Abweichung vorliegt. *Gebel* (in T/G/J, ErbStG, § 7 Rz. 32) geht von einer unentgeltlichen Zuwendung erst dann aus, wenn der Zinssatz weniger als 3 % beträgt und die Kündbarkeit des Darlehens für längere Zeit ausgeschlossen ist. In

jedem Fall ist bei einem niedrig verzinsten Darlehen, welches nur geringfügig unter dem Kapitalmarktzins liegt, der subjektive Tatbestand mit dem Willen zur Unentgeltlichkeit genau zu prüfen (*Schaub*, in Wilms/Jochum, ErbStG, § 7 Rz. 87).

Die **schenkungsteuerrechtliche Behandlung des unverzinslichen Darlehens** bedarf, nachdem das Darlehensrecht durch das Gesetz zur Modernisierung des Schuldrechts vom 26.11.2001 (BGBl I 2001, 3138) in Sachdarlehens- und Gelddarlehensverträge aufgeteilt worden ist, einer **grundsätzlichen Überprüfung**. Wenn der BFH bei der Gewährung eines zinslosen Darlehens die „gewährte Nutzungsmöglichkeit" als Gegenstand der Vermögenshingabe ansieht, kann nach der Neufassung der Darlehensvorschriften in § 488 Abs. 1 Satz 2 und § 488 Abs. 3 Satz 3 BGB, wonach beim Gelddarlehen Zinsen nur geschuldet werden, wenn sie vereinbart sind, nicht mehr i.S.d. bisherigen Sichtweise des BFH unterstellt werden, dass die Entgeltlichkeit der Kapitalüberlassung „verkehrsüblich" sei und dass deshalb ein – vom sonstigen Umgang mit Geldmitteln und der konkreten Verwendungsplanung des Überlassenen unabhängiger – Vermögensverlust durch eine nicht wahrgenommene Einnahmemöglichkeit eintrete (*Gebel*, in T/G/J, ErbStG, § 7 Rz. 30; *Kapp/Ebeling*, ErbStG, § 7 Rz. 11). 167

Gebel begründet die Entreicherung des Darlehensgebers damit, dass dieser die Darlehensmittel endgültig dem Empfänger übereignet. Der damit verbundene Vermögensabgang führe nur dann zu keiner Vermögensminderung, wenn dem gleichzeitig ein Rückerstattungsanspruch gegenüberstünde, der den Vermögensabgang voll ausgleichen kann. Dies setze allerdings eine Verzinsung des Darlehens voraus, da nur dann der **Gegenwert des Rückerstattungsanspruches seinem Nennwert entsprechen** könne (§ 12 Abs. 1 BewG). Deshalb stelle ein zinsloses Darlehen eine freigebige Zuwendung allein schon deshalb dar, weil zum Zeitpunkt der Hingabe der Kapitalsumme als den für die Bewertung maßgeblichen Stichtag (§ 11 ErbStG i.V.m. § 9 Abs. 1 Nr. 2 ErbStG) der Wert der Leistung des Darlehensnehmers nicht mit dem Nennbetrag der übereigneten Kapitalsumme übereinstimmt. Die daraus resultierende Wertdifferenz soll der Entreicherung des Darlehensgebers und damit zugleich der Bereicherung des Darlehensnehmers entsprechen (so auch *Schuck*, in V/K/S/W, ErbStG, 2012, § 7 Rz. 10). Insofern sei es auch unerheblich, ob der Darlehensgeber die Darlehensmittel anderweitig erwerbswirtschaftlich eingesetzt und damit Einnahmen i.S. einer subjektiven Verwendungsplanung erzielt hätte. Dementsprechend kommt es auch nicht darauf an, ob die Kapitalüberlassung objektiv „verkehrsüblich" sei. 168

Der dargestellten Sichtweise ist entgegenzuhalten, dass sie die Frage der wirtschaftlichen Vorteilhaftigkeit der Darlehensgewährung, die ohne Zweifel besteht, mit den Tatbestandsvoraussetzungen der Entreicherung und Bereicherung vermengt. Bezogen auf das unentgeltliche Darlehen ist *Gebel* zwar zuzugeben, dass man hier – abweichend von Dienstleistungen oder Nutzungsüberlassungen – eine Entreicherung des Darlehensgebers diskutieren kann. Allerdings **fehlt es an einer substanziellen Bereicherung des Darlehensnehmers**. Der Empfänger hat die Darlehensvaluta mangels endgültiger Bereicherung nicht i.S.d. § 516 BGB geschenkt bekommen, weil diese zum Zeitpunkt der Fälligkeit zurückzuerstatten ist. Die schuldrechtliche Rückgabepflicht schließt eine Bereicherung in Bezug auf die zu- 169 rückzugewährende Substanz aus. Rechtsgeschäftlich erlangt der Empfänger nur ein Nutzungsrecht an der Darlehensvaluta, obgleich bezüglich der Substanz eine dingliche und haftungsrechtliche Vermögensverschiebung in sein Vermögen eingetreten ist (*Fischer*, Die Unentgeltlichkeit im Zivilrecht, 2002, 37f.). Das Vorhandensein einer Entreicherung reicht für sich allein nicht aus, um den Zuwendungstatbestand vollständig zu begründen. Dies zeigt sich insbesondere dann, wenn der Darlehensnehmer zahlungsunfähig ist. Denn hier erhält der Darlehensgeber einen zurzeit wirtschaftlich wertlosen Rückzahlungsanspruch. Würde man hier allerdings von einer Entreicherung ausgehen, würde dies bedeuten, dass der Erlass einer wertlosen Forderung den Vermögensbestand nicht mehr verringern könnte und demzufolge keine Entreicherung vorliege. Dem wird allerdings auch von *Gebel* entgegengehalten, es sei bei dem Erlass einer wertlosen Forderung nicht auszuschließen, dass diese – etwa wenn sich die finanzielle Situation des Schuldners bessere – wieder an Wert gewinnen könne (RFH v. 29.10.1937, III e 37/37, RStBl 1937, 1303; v. 23.6.1938, III e 81/37, RStBl 1938, 749; *Gebel*, in T/G/J, ErbStG, § 7 Rz. 23; *Fischer*, Die Unentgeltlichkeit im Zivilrecht, 2002, 146). Deshalb liegt eine Entreicherung erst dann vor, wenn der endgültige Forderungsausfall z.B. bei fehlender Eröffnung des Insolvenzverfahrens mangels Masse sicher feststeht.

170   Erlässt der Schenker dem Beschenkten eine **bereits entstandene Forderung**, handelt es sich um eine sog. Forderungsschenkung, wenn diese dem Schuldner erlassen wird. Allerdings bleibt eine uneinbringliche Forderung nach § 12 Abs. 2 BewG außer Ansatz. Erlässt der Darlehensgeber die **Rückzahlung der Kapitalsumme eines unverzinslichen Darlehens**, soll nach der Rspr. des BFH (v. 7.10.1998, II R 64/96, BStBl II 1999, 25) nicht ausgeschlossen sein, dass die Gesamtsteuer beider Zuwendungen, die sich aus der Addition der Nutzungsmöglichkeit des Kapitals und des Verzichtes auf die Rückzahlung des Darlehens ergeben, insgesamt höher ausfällt, als wenn gleich das Kapital zugewendet worden wäre. Allerdings ist bei der Bewertung des Darlehenserlasses nicht vom Nennwert auszugehen, sondern der Betrag abzuzinsen (BFH v. 27.10.2010, II R 37/09, BFH/NV 2010, 359 = BStBl II 2010, 498).

171–199   einstweilen frei

5   Bereicherung

200   Die Frage der Bereicherung richtet sich auch für das Schenkungsteuerrecht im Grundsatz nach den zivilrechtlichen Vorgaben. Dabei ist insbesondere dogmatisch von Bedeutung, dass die **schenkungsrechtliche Bereicherung nicht mit dem bereicherungsrechtlichen Begriff der Bereicherung gleichgesetzt** werden darf. Der Begriff der Bereicherung ist schenkungsrechtlich enger zu fassen als derjenige des erlangten „Etwas" in § 812 Abs. 1 Satz 1 BGB. Die schenkungsrechtliche Bereicherung setzt nicht nur eine Vermögensmehrung oder Minderung der Passiva, sondern die **Verschaffung eines Vermögensvorteils** voraus. Deshalb kommt es für die schenkungsrechtliche Bereicherung nicht allein auf die dingliche Rechtslage, sondern auch auf die schuldrechtlichen Vereinbarungen mit dem Leistenden an. Ergibt die Auslegung der konkreten Parteiabrede, dass dem Empfänger rechtsgeschäftlich kein Vorteil eingeräumt werden sollte, liegt weder eine Schenkung

noch eine freigebige Zuwendung vor. Dagegen wird im Bereicherungsrecht die konkrete Parteiabrede bzw. deren Wirksamkeit erst relevant, wenn es darum geht, festzustellen, ob der Bereicherungsschuldner den Bereicherungsgegenstand „ohne rechtlichen Grund" erlangt hat. Das zeigt sich am Beispiel der **Übereignung von Treugut bei der fremdnützigen Treuhand.** Aus Sicht des Bereicherungsrechts hat der fremdnützige Treuhänder „etwas", nämlich Eigentum und Besitz am Treugut als Bereicherung erlangt. Aus Sicht des Schenkungsrechts fehlt es daran, weil die Bereicherung i.S.d. § 516 BGB die Verschaffung eines Vorteils beim Empfänger voraussetzt. An einer Bereicherung im schenkungsrechtlichen Sinn fehlt es deshalb, weil es bei der fremdnützigen Treuhand in Bezug auf das erlangte Eigentum an irgendeinem Vermögensvorteil auf Seiten des Empfängers fehlt.

Dies ergibt sich aus der **schuldrechtlichen Beziehung** der Beteiligten, weil den Empfänger eine uneingeschränkte Rückgabepflicht bezüglich des Treugutes trifft. Diese Rückgabepflicht schließt die Bereicherung aus (RFH v. 25.5.1921, I A 43/21, RFHE 6, 62: „Für die zwar formell freigebige, materiell aber fiduziarisch erfolgte Eigentumsübertragung eines Grundstücks kann eine Schenkungsteuer nicht erhoben werden." Vgl. auch RG v. 6.2.1905, III 273/05, RGZ 62, 386). Hat der Treuhänder nach der vereinbarten Treuhandabrede allerdings das Recht, das Treugut als Sicherheit zu verwenden (sog. Sicherungsabrede), darf der Treuhänder den Gegenstand im Sicherungsfall berechtigterweise verwerten, sodass eine Rückgabepflicht nicht mehr besteht. Deshalb kann hier die Möglichkeit einer (aufschiebend bedingten) Bereicherung nicht von vornherein unter Hinweis auf das mögliche Aussonderungsrecht des Treuhänders, jedenfalls dann, wenn der Sicherungszweck später entfällt, kategorisch verneint werden. An einer freigebigen Zuwendung fehlt es bezogen auf die Bestellung der Sicherheit aber deshalb, weil der Sicherungszweck keine materielle, d.h. eine Vermögensverschiebung endgültig rechtfertigende Causa (*Fischer*, Die Unentgeltlichkeit im Zivilrecht, 2002, 152 ff. m.w.N.) darstellt (Rz. 47). 201

Auch schenkungsteuerrechtlich liegt eine Bereicherung i.S.d. § 7 Abs. 1 ErbStG nur dann vor, wenn der **Empfänger über den Zuwendungsgegenstand tatsächlich und rechtlich frei verfügen** kann. Hierfür kommt es ausschließlich auf die Zivilrechtslage und nicht darauf an, wem nach wirtschaftlicher Betrachtungsweise das übertragene Vermögen nach § 39 Abs. 2 AO zuzurechnen ist. Eine Bereicherung ist nicht gegeben, wenn der Empfänger zivilrechtlich zur **Rückgewähr des Zuwendungsgegenstandes** verpflichtet ist (BFH v. 26.9.1990, II R 150/88, BStBl II 1991, 320; v. 25.1.2001, II R 39/98, BFH/NV 2001, 908). Wird dem Empfänger also ein Vermögensgegenstand lediglich treuhänderisch übereignet, tritt keine Bereicherung ein. Ebenso verhält es sich, wenn der Empfänger rechtlich verpflichtet ist, den erhaltenen Gegenstand an Dritte (z.B. den Arbeitgeber) herauszugeben (*Kemmer*, ZEV 2004, 492; *Weinmann*, in Moench/Weinmann, ErbStG, § 7 Rz. 12). 202

Ein Herausgabeanspruch kann auch nicht mit dem Hinweis verneint werden, der Empfänger etwa von Geldvermögen habe dieses nicht getrennt von seinem eigenen Vermögen verwaltet. Etwa hat der BFH (v. 7.10.1998, II R 30/97, BFH/NV 1999, 618) entschieden, dass allein die **Einzahlung auf ein Einzelkonto** des Lebensgefährten/Ehegatten nicht zwingend als Schenkung bzw. freigebige Zuwendung angesehen werden müsse. Wenn der Rechtsgrund der Zuwendung treuhänderischer Natur sei 203 und deshalb eine Herausgabepflicht bestehe (§ 667 BGB), fehle es objektiv an einer endgültigen Bereicherung. Der BFH hielt den Vortrag des Klägers, die Einzahlung sei nur erfolgt, um den Partnern eine günstigere Geldanlage zu ermög lichen, für erheblich. Wird **einem Ehegatten Geldvermögen vom anderen Ehegatten anvertraut**, liegt keine freigebige Zuwendung vor, wenn es sich lediglich um ein Auftragsverhältnis handelt, aufgrund dessen der Empfänger den erhaltenen Geldbetrag später gem. § 667 BGB wieder herausgeben muss; unschädlich ist die Vermischung mit eigenem Geldvermögen (BFH v. 25.1.2001, II R 39/98, BFH/NV 2001, 908; v. 18.11.2004, II B 176/03, BFH/NV 2005, 355 = ZEV 2005, 227 m. Anm. *Geck*).

204 Ein besonderes Problem stellt sich im Zusammenhang mit **Gemeinschaftskonten bzw. Gemeinschaftsdepots von Ehegatten** (vgl. ausführlich *Wefers/Carlé*, ErbStB 2013, 48 ff.). Wenn die Ehegatten im Güterstand der Zugewinngemeinschaft oder Gütertrennung leben, bleibt das Vermögen der Ehegatten grundsätzlich voneinander getrennt. Nicht selten empfehlen insbesondere Banken den Ehegatten anstelle eines Einzelkontos mit einer Kontovollmacht für den anderen Ehegatten ein sog. Gemeinschafts- bzw. Oder-Konto. Bei solchen Gemeinschaftskonten kann jeder der Inhaber allein über das auf dem Konto ausgewiesene Guthaben verfügen. Die Kontoinhaber sind im Verhältnis zur Bank **Gesamtgläubiger** i.S.d. § 428 BGB (v. 8.7.1985, II ZR 16/85, BGHZ 95, 185). Von der Rechtsinhaberschaft im Außenverhältnis gegenüber der kontoführenden Bank ist das Innenverhältnis zu unterscheiden, welches über die Berechtigung der Gesamtgläubiger an dem Guthaben entscheidet. Im Verhältnis der Gesamtgläubiger untereinander kommt ein **Ausgleichsanspruch** nach § 430 BGB in Betracht. Nach dieser Ausgleichsregelung sind Gesamtgläubiger im Verhältnis zueinander zu gleichen Teilen berechtigt, soweit nicht ein anderes bestimmt ist. Die Vorschrift über die Güterstände der Zugewinngemeinschaft und der Gütertrennung enthalten keine andere Bestimmung der Kontoeinlage i.S.d. § 430 BGB. In Rspr. und Lit. wird überwiegend zur Vermeidung eines Ausgleichsanspruchs während intakter Ehe neben den Vorschriften über die eheliche Lebensgemeinschaft (§ 1357 BGB) auf ausdrückliche oder stillschweigende Vereinbarungen, Zweck und Handhabung des Oder-Kontos verwiesen (BGH v. 29.11.1989, IVb ZR 4/89, WM 1990, 239; v. 23.9.1992, XII ZR 66/91, WM 1993, 1005; OLG Düsseldorf v. 21.6.1996, 22 U 265/95, WM 1998, 550; OLG Köln v. 14.12.1999, 15 U 79/99, WM 2000, 2485; dazu näher *Pohlmann*, Das von Ehegatten geführte Oder-Konto (Diss.), 2002, 135 ff. m.w.N.). Etwas anderes gilt insbesondere dann, wenn die **Kontoinhaber einen anderen Aufteilungsmaßstab ausdrücklich vereinbart** haben. Die Vermutungsregelung des § 430 BGB gilt grundsätzlich unabhängig davon, aus wessen Vermögensbereich die Zuflüsse stammen (OLG Köln v. 14.12.1999, 15 U 79/99, WM 2000, 2485). Auch wenn es an einer ausdrücklichen Regelung fehlt, geht die überwiegende Ansicht nur „im Zweifel" von einem Ausgleichsanspruch gem. § 430 BGB aus und verneint deshalb bei konkludent akzeptierten Verfügungen, die über die hälftige Berechtigung hinausgehen, einen Ausgleichsanspruch nach § 430 BGB. Dies hat der BFH (BFH v. 23.11.2011, II R 33/10, BStBl II 2012, 473; so auch FG München v. 24.8.2015, 4 K 3124/12, ZEV 2016, 156) für das Ehegatten Oder-Konto ausdrücklich bestätigt. Das Finanzamt trifft jedenfalls die Feststellungslast für Anwendung des Auslegungsregel des § 430 BGB. Beim **Wertpapier-Gemeinschaftsdepot** ist überdies zu beachten, dass nach der auch schenkungssteuerrechtlich

maßgeblichen Rspr. des BGH zwischen den Rechten aus dem mit der Bank geschlossenen Depotverwahrungsvertrag, bei dem § 430 BGB einschlägig sein kann, und der Eigentumslage an den im Depot verwahrten Papieren zu unterscheiden ist (BGH v. 25.2.1997, XI ZR 321/95, DStR 2007, 754;). Für die Eigentumslage lassen sich aus der Depotinhaberschaft keine automatischen Rückschlüsse ziehen.

Gestaltungshinweis:
Vor dem Hintergrund einer freigebigen Zuwendung nach § 7 Abs. 1 Nr. 1 ErbStG ist den **Ehegatten demzufolge zunächst eine klare Regelung zu empfehlen.** Die FG folgen grundsätzlich der zivilrechtlichen Betrachtung und haben je nach den Umständen des Einzelfalles eine (hälftige) freigebige Zuwendung bei einseitigen Einzahlungen auf ein Oder-Konto bejaht bzw. verneint, wobei sich einheitliche Anforderungskriterien für den Nachweis einer von § 430 BGB abweichenden Entscheidung nicht eindeutig feststellen lassen. Deshalb ist in jedem Fall zu empfehlen, dass die Kontoinhaber einen von § 430 BGB abweichenden **Aufteilungsmaßstab schriftlich,** am besten bei Eröffnung des Oder-Kontos, vereinbaren.

Auch im Nachhinein lässt sich im Zweifel noch eine Klarstellungsvereinbarung abfassen, die, für den Fall, dass es tatsächlich eine Abweichung von dieser gibt, auch mit einem Rückforderungsrecht versehen werden kann (*Blusz,* ZEV 2016, 626).

Insbesondere stellt sich die Frage, ob eine **konkludente Zuordnungsvereinbarung** steuerlich anerkannt wird. Nach Auffassung des FG Düsseldorf (v. 19.7.1995, 4 K 7813/91, EFG 1996, 242) muss eine abweichende Vereinbarung ernsthaft und eindeutig getroffen worden und auch tatsächlich durchgeführt worden sein. Als Indiz kommt insbesondere die **Behandlung der Zinseinkünfte** in den vergangenen Einkommensteuererklärungen in Betracht. In der finanzgerichtlichen Rspr (FG Hessen v. 25.4.1991, 10 K 10197/85, EFG 1992, 142; FG Münster v. 3.12.1992, 3 K 2366/89, EFG 1993, 589). wird vertreten, dass allein die Eröffnung des Oder-Kontos nicht zur unentgeltlichen Überlassung eines Teils der Kontoeinlage führt. Das hessische FG hat mit Urteil v. 26.7.2001 (FG Hessen v. 26.7.2001, 1 K 2651/00, EFG 2002, 34) demgegenüber entschieden, dass die Errichtung eines sog. Oder-Kontos eine freigebige Zuwendung in Höhe von 50 % des Kontoguthabens darstelle. In diesem Fall waren die Anforderungen des zuständigen FG an den Nachweis einer von der Vermutung des § 430 BGB abweichenden Vereinbarung nicht erfüllt worden. Auch wenn der BFH (BFH v. 23.11.2011, II R 33/10, BStBl II 2012, 473) mittlerweile entschieden hat, dass zunächst von einer der Auslegungsregel des § 430 BGB abweichenden Vereinbarung auszugehen ist, können anderslautende Anhaltspunkte die Feststellungslast auf den Steuerpflichtigen übertragen, weshalb der obenstehende Gestaltungshinweis nach wie vor befolgt werden sollte. Ist ein Ehegatte nur formal berechtigt, scheidet eine freigebige Zuwendung des anderen Ehegatten von vornherein aus (FG München, v. 18.8.2015, 4 K 2442/12, EFG 2016, 40).

Hält man die zivilrechtliche Vorfrage für maßgeblich, wird die **FinVerw.** trotz Fehlens einer ausdrücklichen Regelung nicht einseitig vermuten können, es müsse wegen § 430 BGB von einer (mindestens) hälftigen Zuwendung ausgegangen werden. Vorrangig hat die FinVerw. den Sachverhalt dahingehend zu untersuchen, ob anhand von **Indizien oder besonderen Anzeichen** der Kontoinhaber die gewollte Zuordnung ermittelt werden kann. Die Beteiligten sind dabei zur Mitwirkung verpflichtet (§ 90 Abs. 1 AO). Dies liegt auf der Linie des BFH, der sich ausführlich zur **Feststellungslast** geäußert hat (BFH v. 30.11.2011, II R 33/10, BStBl II 2012, 473). Nach Auffassung des BFH hat die FinVerw. grundsätzlich einer übereinstimmenden Darstellung des Innenverhältnisses durch die Eheleute zu folgen, soweit nicht „objektive Anhaltspunkte vorliegen, die Zweifel an der Richtigkeit der Darstellung begründen". Erst wenn aufgrund des konkret festzustellenden Sachverhalts objektive Anhaltspunkte ersichtlich sind, dass beide Ehegatten entsprechend der Ausgleichsregel des § 430 BGB zu gleichen Anteilen am Kontoguthaben berechtigt sind, obliegt dem zur Schenkungsteuer herangezogenen Ehegatten im Finanzgerichtsprozess als Kläger die Feststellungslast dafür, dass im Innenverhältnis ausschließlich der einzahlende Ehegatte berechtigt sein soll.

207 Im Einzelfall können „besondere Umstände" für eine abweichende Vereinbarung sprechen. Dabei wird insbesondere auch auf die **Herkunft der Mittel** für die Zurechnung der Kontoeinlage abzustellen sein. Das niedersächsische FG hat mit Urteil v. 14.11.2001 (FG Niedersachsen v. 14.11.2001, 3 K 296/96, EFG 2002, 480) entschieden, dass die Übertragung des einem Ehegatten allein gehörenden **Betriebsvermögens gegen Rentenzahlung** an einen Dritten zu keiner freigebigen Zuwendung i.S.d. § 7 Abs. 1 Nr. 1 ErbStG führe, wenn der Rentenanspruch im Außenverhältnis den Ehegatten als Gesamtgläubiger zustehe. Entscheidend sei, in welchem Verhältnis zueinander der Rentenanspruch den Gesamtgläubigern im Innenverhältnis zuzurechnen ist. Da es sich bei dem Betriebsvermögen um eine ausschließlich dem Inhaber zuzurechnende Einkommensquelle gehandelt habe, könne ohne eine ausdrückliche vertragliche Regelung zwischen den Ehegatten nicht davon ausgegangen werden, dass der Ehegatte bereits zu seinen Lebzeiten dem anderen anteilig seinen Rentenanspruch zuwenden wollte. § 430 BGB sei eine reine Hilfsregel, die nur dann anzuwenden sei, wenn sich aus dem Rechtsverhältnis der Gesamtgläubiger zueinander kein anderer Aufteilungsmaßstab entnehmen lasse. Eine freigebige Zuwendung sieht auch der BFH erst als möglich an, wenn im Rahmen einer Vermögensübertragung des Vaters auf die Kinder **beiden Elternteilen als Gesamtgläubiger ein Rentenstammrecht eingeräumt** worden ist (BFH v. 22.8.2007, II R 33/06, BFH/NV 2008, 160 = BStBl II 2008, 28 m. Anm. *Götz*, ZEV 2007, 601). Entscheidend sei, ob die Ehefrau über die eingehenden Zahlungen im Innenverhältnis rechtlich und tatsächlich endgültig frei verfügen könne.

Gestaltungshinweis:

Um die Steuerpflicht hier zu vermeiden, ist es ratsam, wenn dem Ehepartner ein auf den Tod des Schenkers aufschiebend bedingtes Recht eingeräumt wird.

208 Die Frage einer **Bereicherung des Empfängers** stellt sich auch immer dann, wenn dieser den **Erwerb oder Teile seines Erwerbs** vor oder nach dem Empfang oder nach einer Zeit der eigenen Innehabung **an einen Dritten** weitergibt. Bestand hierzu bei dem Empfänger **keine Verpflichtung**, liegt uneingeschränkt eine Schenkung bzw. freigebige Zuwendung vor. Das bloße Wissen, selbst das **Einver-**

ständnis des Schenkers damit, dass der Beschenkte seinerseits mit Mitteln der Schenkung eine Zuwendung ausführen will, ist unschädlich und genügt insbesondere nicht für die Annahme eines Gestaltungsmissbrauchs i. S. d. § 42 AO (BFH v. 14.3.1962, II 218/59 U, BStBl III 1962, 206). Dass die Weiterleitung auch den Wünschen des Schenkers entspricht, ändert nichts an der Bereicherung, solange keine rechtliche Verpflichtung oder schlichte Rechtsgrundabrede bzw. Zweckvereinbarung gegenüber dem Erstzuwendenden besteht. Der BFH hat seine **ausschließlich an der Zivilrechtslage orientierte Sichtweise** bestätigt (BFH v. 18.7.2013, II R 37/11, BFH/NV 2013, 1881). In dem entschiedenen Fall ging es um die Übertragung eines Grundstücks vom Elternteil an ein Kind, welches an seinen Ehegatten weiterübertrug. Ohne Weiterschenkungsverpflichtung liegen zwei Schenkungen vor. Der BFH betont, dass selbst eine kurze Verweildauer des Geschenks für sich allein nicht für eine Weitergabeverpflichtung spreche. Denn es gibt gute Gründe (z. B. güterrechtlicher Natur), weswegen eine Schenkung an das Kind und nicht direkt an das Schwiegerkind gewollt ist. Der **Gesamtplangedanken einschließlich § 42 AO** erteilt der BFH unter Hinweis auf die privatautonome Gestaltungsfreiheit der Beteiligten eine ausdrückliche **Absage**.

Eine sog. **Kettenschenkung** liegt vor, wenn der Beschenkte ohne rechtliche oder tatsächliche Verpflichtung zur Weiterleitung des Erwerbs **aufgrund eines eigenen Entschlusses** tätig wird. Dann handelt es sich um zwei aufeinander folgende, voneinander unabhängige Schenkungen. Schenkungsteuerrechtlich ist dies insbesondere günstig, wenn durch die Transaktion aus der Steuerklasse II im Verhältnis Schwiegereltern zu Schwiegerkindern eine zweifache Schenkung in Steuerklasse I von den Eltern auf das Kind und von dem Kind als Ehegatten auf seinen Ehegatten erfolgt. Entscheidend ist, ob dem Erstbeschenkten ein **eigener Entscheidungsspielraum über die Weitergabe des Vermögens** verbleibt (*Meincke*, ErbStG, 2012, § 7 Rz. 68a). Ist dies der Fall, bleibt für einen Gestaltungsmissbrauch i. S. d. § 42 AO kein Raum. Die Beteiligten können ihre Rechtsgeschäfte steuergünstig gestalten. Nach einem Urteil des BFH v. 13.10.1993 (II R 92/91, BStBl II 1994, 128) ist für die Feststellung einer Kettenschenkung, namentlich dafür, ob der Mittelsperson ein eigener Entscheidungsspielraum verblieben ist, auf die Umstände des Einzelfalls abzustellen. Es kommt also nicht allein auf eine schriftlich fixierte Weitergabeverpflichtung an. Auch im zeitgleichen Abschluss und in der inhaltlichen Abstimmung mehrerer Schenkungsverträge kann das Fehlen eines eigenen Entscheidungsspielraumes erkannt werden. Umgekehrt folgt daraus, dass – wenn zwischen den einzelnen Schenkungsvorgängen ein zeitlicher Abstand eingehalten wird und insbesondere dann, wenn der ursprüngliche Schenkungsgegenstand „umgetauscht" worden ist (z. B. Anschaffung eines Vermögensgegenstandes nach einer Geldschenkung) – eine zulässige Kettenschenkung anzunehmen ist. Die von *Reymann* (ZEV 2006, 55) vorgeschlagenen Kriterien, es komme auch auf die familiären und emotionalen Bindungen des Erstzuwendenden zum Zwischenbedachten und zum Letztbedachten an, führen eher zu Rechtsunsicherheit, weil sich daraus allgemeine Vermutungen für den Entscheidungsspielraum nicht entwickeln lassen.

Das FG Rheinland-Pfalz (v. 18.2.1999, 4 K 2011/98, EFG 1999, 617; dazu *Fromm*, DStR 2000, 453) hat eine echte Kettenschenkung in dem Fall der Vermögensweitergabe vom beschenkten Kind an den Ehegatten (das Schwiegerkind) angenommen, weil allein der Umstand, dass die Weitergabe schon vor der Schenkung an das Kind festgestanden habe und die Eltern ihr ausdrücklich zugestimmt hätten, für eine rechtliche Weitergabeverpflichtung nicht genüge. Der BFH hat mit Urteil v. 10.3.2005 (II R 54/03, BFH/NV 2005, 976 = BStBl II 2005, 412) der Argumentation des FG Rheinland-Pfalz widersprochen und gleichzeitig das Urteil des FG Hessen v. 16.9.2003 (1 K 1936/03, EFG 2004, 148 m. Anm. *Kolosa*, HFR 2005, 684) bestätigt. Die Eltern hatten in einem zusammengefassten Schenkungsvertrag ein Grundstück an ihre Tochter und ihren Schwiegersohn übertragen. Die Auflassung war unmittelbar an die Tochter und den Schwiegersohn erfolgt und in dem Vertrag war lediglich bestimmt worden, dass die Übertragung des Miteigentumsanteils an den Ehemann „auf Veranlassung der Tochter als deren ehebedingte Zuwendung" erfolgen solle. Das hessische FG hatte eine Kettenschenkung der Eltern an ihre Tochter und der Tochter an ihren Ehemann mit der Begründung abgelehnt, dass die Tochter eine eigene Dispositionsmöglichkeit über die ihrem Ehemann zugewendete Miteigentumshälfte nicht besaß. Allerdings hätte in dem entschiedenen Fall durch Aufteilung des Gesamtschenkungsvorgangs in zwei getrennte und zeitlich verschobene Urkundenvorgänge erreicht werden können, dass es sich um eine Kettenschenkung gehandelt hätte (*Kapp/Ebeling*, ErbStG, § 7 Rz. 98).

211 Besteht eine **Verpflichtung zur Weiterleitung**, ist zwischen einer Schenkung unter Auflage, einer Schenkung mit Weiterschenkungsklausel bzw. einer Schenkung mit Vererbungsklausel zu unterscheiden. In Betracht kommt auch ein **Auftragsverhältnis i.S.d. § 662 BGB** bzw. ein Geschäftsbesorgungsverhältnis. Dies ist dann der Fall, wenn nach dem Willen der Parteien die Interessen des Empfängers nicht berücksichtigt werden sollen, so dass der Zuwendende wie bei Treuhandverhältnissen im Innenverhältnis Herr des Geschehens bleibt. Würde hier das Vertragsverhältnis widerrufen, müsste der Gegenstand an den Verfügenden wieder zurückübereignet werden.

212 Anders verhält es sich, wenn der Zuwendende **nach dem Inhalt des Rechtsgeschäftes (auch) die Interessen des Empfängers fördern** will. Dann ordnet sich der Empfänger nicht mehr ausschließlich den Interessen des Zuwendenden unter, sondern verfolgt auch seinen eigenen Zweck, der ihn dazu berechtigt, den Gegenstand entsprechend seinem eigenen Zweck zu verwenden. Hier liegt eine Bereicherung vor (*Fischer*, Die Unentgeltlichkeit im Zivilrecht, 2002, 27). Das Gesetz verlangt bei § 516 BGB nicht, dass die einmal eingetretene Bereicherung im Vermögen des Empfängers dauerhaft verbleiben müsse. Eine Bereicherung ist deshalb anzunehmen, wenn die **Zuwendung an eine juristische Person** erfolgt, die diese **satzungsgemäß oder innerhalb ihres gesetzlichen Zweckes zu verwenden** hat. Anders als im Fall einer treuhänderischen Vermögensübertragung auf der Grundlage eines Auftrags wird das Zugewendete hier nicht für einen dem Empfänger fremden Zweck eingesetzt, sondern für den eigenen Zweck der Organisation (BGH v. 10.12.2003, IV ZR 249/02, ZEV 2004, 115 m. Anm. *Kollhosser*). Die dogmatische Begründung besteht darin, dass die juristische Person von ihrem Zweck nicht zu trennen ist und damit das Zweckvermögen für sich selbst ver-

Schenkungen unter Lebenden § 7

wendet (RG v. 7.5.1909, VII 365/08, RGZ 71, 141; v. 10.12.1925, IV 374/25, RGZ 112, 210; *Tiziana J. Chiusi*, in Staudinger, 2005, BGB, § 516 Rz. 29).

Ist der Schenker rechtlich bindend zur Weitergabe verpflichtet, so bedarf es keiner Prüfung einer Steuerumgehung i.S.d. § 42 AO, da der Dritte hier ohnehin gem. § 7 Abs. 1 Nr. 2 ErbStG nach dem Verhältnis zum Schenker steuerpflichtig ist. Zum Teil (*Crezelius*, Erbschaft- und Schenkungsteuer in zivilrechtlicher Sicht (Diss.), 1979, 147 ff.) wird zur Abgrenzung zwischen der Schenkung unter Auflage und der Weitergabe im Fall eines Auftrages dahin gehend differenziert, dass eine Auflagenschenkung nur dann vorliegt, wenn der Zuwendungsempfänger zur Weitergabe eines Teils der Zuwendung verpflichtet ist. Ist der Zuwendungsempfänger zur Weitergabe des gesamten zugewendeten Gegenstandes verpflichtet, liegt ein Auftrag vor. 213

Die **Weiterschenkungsklausel** hat auf dem Gebiet des Schenkungsrechts in etwa die gleiche praktische Bedeutung wie die Vor- und Nacherbschaft (befreite Vorerbschaft) auf dem Gebiet des Erbrechts (*Kapp/Ebeling*, ErbStG, § 7 Rz. 98). Sie beinhaltet, dass zwischen Schenker und Beschenktem eine Vereinbarung getroffen wird, wonach sich der Beschenkte gegenüber dem Schenker verpflichtet, den geschenkten Gegenstand an einen Dritten weiterzuschenken. Hier stellt sich die Frage, ob der Dritte den späteren Erwerb von dem ursprünglichen Schenker oder als von dem Zwischenerwerber stammend zu versteuern hat. Nach der Rspr. des BFH (v. 17.2.1993, II R 72/90, BStBl II 1993, 523 – unter Abweichung von BFH v. 14.7.1982, II R 102/80, BStBl II 1982, 736) kommt es nicht entscheidend darauf an, ob der Erstbeschenkte über den Zeitpunkt der Übertragung an den Dritten frei entscheiden darf. Auch wenn dem Dritten vor der Übertragung kein klagbarer Anspruch zugestanden hat und insofern der Zeitpunkt der Übertragung auf einer eigenen Entscheidung des Erstbeschenkten beruht, liegt trotzdem eine Schenkung des ursprünglichen Schenkers an den Dritten vor. Dass die Erfüllung in diesem Fall vom bedachten Dritten rechtlich (noch) nicht verlangt werden kann, bedeutet nur, dass der Zwischenbedachte freiwillig handelt, jedoch nach Ansicht des BFH nicht freigebig. Denn auch die (Vorweg-)Erfüllung eines noch aufschiebend bedingten Anspruchs erfolgt nicht freigebig. Da nur im Verhältnis zum ursprünglichen Schenker Freigebigkeit besteht, ist dieses Verhältnis der Besteuerung zugrunde zu legen. Es erfolgt eine Gleichbehandlung zur Schenkung unter Auflage. 214

Das **Schenkungsteuerrecht weicht insofern vom Schenkungsrecht** ab, als dem Empfänger ein Gegenstand zugewendet werden muss, der schenkungsteuerrechtlich geeignet ist, dessen Vermögensbestand zu erhöhen (Rz. 200 ff). Während zivilrechtlich ein Anwartschaftsrecht Gegenstand einer Schenkung sein kann, kommt es schenkungsteuerrechtlich allein auf den Erwerb des Vollrechts an, das erst mit Bedingungseintritt zu einer Bereicherung führt. Darüber hinaus verlangt der Schenkungstatbestand die Verschaffung eines besonderen Vermögensvorteils beim Empfänger. Das Tatbestandsmerkmal der Bereicherung nach § 516 BGB setzt voraus, dass der Empfänger um die **Substanz des Gegenstands** bereichert wird. Hier zeigt sich nicht nur ein dogmatischer Unterschied zu den anderen gesetzlich normierten Vertragstypen des besonderen Schuldrechts, namentlich zu den Gebrauchsüberlassungsverhältnissen und dem Darlehensvertrag. Die Schenkung ist zivilrechtlich vom (unverzinslichen) Darlehen zu unterscheiden (BGH v. 10.1.1980, III ZR 108/78, 215

WM 1980, 380; vgl. auch RG, Gruchot 71, 531). Schenkungsteuerrechtlich soll das unverzinsliche **Darlehen** geeigneter Gegenstand einer freigebigen Zuwendung sein (Rz. 163).

216 Eine Bereicherung ist nicht deshalb abzulehnen, weil eine **Schenkung unter Widerrufsvorbehalt** vorliegt bzw. das **wirtschaftliche Eigentum** (§ 39 AO) beim Schenker verbleibt. Zwar wurde das Ergebnis im Hinblick auf ein freies Widerrufsrecht zum Teil kritisiert (*Schuck*, in V/K/S/W, ErbStG, 2012, § 7 Rz. 102 f. m.w.N.), doch geht die heute ganz h.M. (BFH v. 13.9.1989, II R 67/86, BStBl II 1989, 1034; *Meincke*, ErbStG, 2012, § 7 Rz. 53 m.w.N) im Erbschaft- und Schenkungsteuerrecht davon aus, dass die freie Widerrufsmöglichkeit die Bereicherung des Erwerbers nur beeinträchtigt, aber nicht entfallen lässt. Bestätigt wird das Ergebnis von § 5 BewG, wonach sogar die Einschränkung des Erwerbs durch **auflösende Bedingungen unberücksichtigt** gelassen werden muss, woraus dann im Erst-Recht-Schluss folgt, dass für das schwächere schuldrechtliche Widerrufsrecht nichts anderes gelten kann. Ebenso wenig schließt der **Erwerb unter Nießbrauchsvorbehalt** eine Bereicherung des Empfängers aus. Unerheblich ist es, ob sich der Schenker aufgrund besonderer vertraglicher Gestaltungen eine Rechtsposition vorbehält, die zugleich wirtschaftliches Eigentum begründet (*Meincke*, ErbStG, 2012, § 7 Rz. 55).

217–249 einstweilen frei

6 Objektive Unentgeltlichkeit

250 An einer Bereicherung im schenkungsteuerrechtlichen Sinn fehlt es, wenn die Zuwendung nicht objektiv unentgeltlich ist. Die Frage der Unentgeltlichkeit ist unter Rückgriff auf die schuldrechtliche Rechtsgrundabrede zu beurteilen. Unentgeltlich ist die Bereicherung des Empfängers dann, wenn mit ihr nach Maßgabe des Inhalts des Rechtsgeschäftes bzw. des Willens des Zuwendenden die **Erlangung irgendeiner Gegenleistung oder eines Anspruchs auf eine solche nicht verfolgt** wird (RG v. 30.9.1929, IV 800/28, RGZ 125, 380; BGH v. 19.5.1967, V ZR 167/64, WM 1967, 1131). Entgeltlich ist überdies jede Zuwendung, die in **Erfüllung einer gesetzlichen Verpflichtung** erfolgt (BFH v. 1.7.1992, II R 20/90, BStBl II 1992, 921; *Fischer*, Die Unentgeltlichkeit im Zivilrecht, 2002, 41 ff., m.w.N.). Die Entgeltlichkeit bildet den Gegensatz zur Unentgeltlichkeit. Wird die Entgeltlichkeit einer Zuwendung festgestellt, folgt hieraus zugleich zwingend die Verneinung der Unentgeltlichkeit derselben. Methodologisch folgt die Entscheidung über die Unentgeltlichkeit aus der Negation der Grundsätze, nach denen sich die Entgeltlichkeit bestimmt. Die Zuwendung ist entgeltlich und damit keine Schenkung, wenn sie mit einer Gegenleistung verbunden ist. Diesbezüglich sind drei Problemkreise näher zu erörtern. Erstens ist zu fragen, in welcher Weise die beiderseitigen Leistungen miteinander verknüpft sein müssen. Weiterhin ist zu überlegen, ob bestimmte inhaltliche Merkmale vorliegen müssen, um von einer Gegenleistung sprechen zu können. Schließlich ist darauf einzugehen, ob jede Art von Leistung des Empfängers an den Zuwendenden als eine die Unentgeltlichkeit ausschließende Gegenleistung qualifiziert werden kann.

Schenkungen unter Lebenden § 7

Die ganz herrschende Praxis geht davon aus, dass der Begriff der Entgeltlichkeit keine **synallagmatische Verknüpfung** in Form eines gegenseitigen Vertrags erfordert, sondern auch die Fälle einer **konditionalen** sowie **rechtlich kausalen Verknüpfung** umfasst, andererseits eine rein kausale Verbindung i.S. eines wirtschaftlichen Entgeltes nicht genügt (RG v. 16.1.1911, 58/10 IV, JW 1911, 278, BGH v. 10.1.1951, II ZR 18/50, NJW 1951, 268; *Fischer*, Die Unentgeltlichkeit im Zivilrecht, 2002, 43 m.w.N.). Dies bedeutet insbesondere, dass die sog. **belohnende (remuneratorische) Schenkung** de lege lata als unentgeltliche Zuwendung eingeordnet werden muss (§ 7 Abs. 4 ErbStG). Ein rechtlicher Zusammenhang fehlt auch dann, wenn sich unterschiedliche Ansprüche nur faktisch ausschließen, ohne rechtlich miteinander verknüpft oder voneinander abhängig zu sein (BFH v. 21.5.2001, II R 48/99, BFH/NV 2001, 1407). Wurde in der Vergangenheit eine Leistung als unentgeltlich gewährt, ist der Vorgang schenkungsteuerrechtlich abgeschlossen und kann nicht durch **nachträgliche Vereinbarungen zu einem entgeltlichen Vorgang umqualifiziert** werden (BFH v. 8.5.1985, II R 119/82, BFH/NV 1985, 84). 251

Von einer **konditionalen Verknüpfung** zwischen Leistung und Gegenleistung ist auszugehen, wenn der Leistende die Gegenleistung zwar nicht beanspruchen darf, diese aber zur Bedingung für die eigene Leistung macht. Eine **kausale Verknüpfung** liegt vor, wenn die Gegenleistung nicht Wirksamkeitsbedingung ist, sondern Geschäftsgrundlage für die eigene Leistung. 252

Beispiel:

A vereinbart mit B, dass er einen bestimmten Gegenstand (z.B. ein Kunstwerk) nur unter der Bedingung behalten darf, dass er ihm dafür einen festgelegten Geldbetrag bezahlt. In diesem Fall besteht kein Anspruch auf Zahlung des Kaufpreises, sondern nur eine konditionale Verknüpfung von Leistung und Gegenleistung. Tritt die Bedingung nicht ein, muss der Gegenstand von B an A zurückgegeben werden (§ 812 Abs. 1 Satz 2 Alt. 1 BGB).

Eine kausale Verknüpfung besteht, wenn A gegen B weder einen schuldrechtlichen Anspruch auf Zahlung des Kaufpreises besitzt, noch eine konditionale Verknüpfung erfolgte, den Parteien aber klar war, dass keine Schenkung von A an B beabsichtigt war. Kommt es zu keiner Gegenleistung des B, kann A den Gegenstand zurückfordern (§ 812 Abs. 1 Satz 2 Alt. 2 BGB).

Allerdings muss hier eine Abgrenzung zur sog. **Zweckschenkung** erfolgen. Eine kausale Verknüpfung i.S. einer entgeltlichen Zweckabrede liegt vor, wenn die Zweckerreichung entweder dem Interesse des Leistenden oder eines Dritten dient. Wenn die Zweckerreichung vornehmlich im Interesse des Leistungsempfängers liegt, spricht dies für die Annahme einer Zweckschenkung (BFH v. 15.3.2007, II R 5/04, BFH/NV 2007, 1246 = BStBl II 2007, 472). 253

Beispiel:

Leistet ein **Vereinsmitglied einen außerordentlichen Beitrag**, der weder satzungsgemäß noch durch entsprechenden Beschluss allen Vereinsmitgliedern auferlegt ist, an einen Verein, der einer satzungsmäßigen Vermögensbindung unterliegt und seinen Mitgliedern keine Gewinnanteile ausschütten darf, liegt ein schenkungsteuerbarer Vorgang vor. Hierfür spricht auch § 18 ErbStG, wonach Beiträge an Vereine, die nicht nur die Förderung ihrer Mitglieder zum Zweck haben, schenkungsteuerpflichtig sind. Ausdrücklich unentschieden gelassen hat der BFH (v. 15.3.2007, II R 5/04, BFH/NV 2007, 1246 = BStBl II 2007, 472) die Frage, ob die Rechtslage – bezogen auf ordentliche, d. h. satzungsmäßige oder auf entsprechendem Beschluss beruhende Beiträge – abweichend beurteilt werden muss.

254 Auch wenn **Kapitalgesellschaften** schenkungsteuerrechtlich geeignete Zuwendungsempfänger sind (Rz. 72, 129), muss im Einzelfall geprüft werden, ob der Tatbestand einer freigebigen Zuwendung erfüllt ist. Übertragen **Gesellschafter im Rahmen des Gesellschaftsverhältnisses Vermögen auf die Kapitalgesellschaft**, dient dies dem Gesellschaftszweck. Der BFH geht in ständiger Rspr. davon aus, dass es an der objektiven Unentgeltlichkeit fehlt, wenn die von den Gesellschaftern erbrachten Leistungen in einem rechtlichen Zusammenhang mit dem **Gemeinschaftszweck** stehen (BFH v. 17.4.1996, II R 16/93, BStBl II 1996, 454; v. 17.10.2007, II R 63/05, BFH/NV 2008, 298 = BStBl II 2008, 381 = ZEV 2008, 153 m. Anm. *Crezelius;* vgl. auch BFH v. 20.1.2016, II R 40/14, BFHE 252, 453). Gleiches gilt selbstverständlich auch für Personengesellschaften insb. auch die BGB-Innengesellschaft (vgl. FG Düsseldorf v. 1.6.2016, 4 K 2699/15 Erb, das über eine Ehegatteninnengesellschaft zu entscheiden hatte, deren Zweck auf die Förderung der Berufsausübung des Ehemannes gerichtet war). In derartigen Konstellationen sollte trotz Formfreiheit auf eine Dokumentation des Vertrages und im Falle von Gestaltungen an die Beachtung der Grenzen des § 42 AO und an eventuelle ertragsteuerliche Probleme gedacht werden Am Grundsatz, dass der Zusammenhang mit dem Gemeinschaftszweck die objektive Unentgeltlichkeit verdrängt, hat es im Bezug auf die Kapitalgesellschaft vorübergehend Zweifel gegeben, nachdem der BFH mit Urteil v. 15.3.2007 (II R 5/04, BFH/NV 2007, 1246 = BStBl II 2007, 472 = ZEV 2007, 285 m. Anm. *Viskorf)* ausdrücklich offen gelassen hatte, ob eine freigebige Zuwendung an die Gesellschaft nicht ausnahmsweise doch in Betracht käme. *Viskorf* (vgl. BFH v. 1.2.2007, II R 19/05, BFH/NV 2007, 1029 = BStBl II 2007, 635 = ZEV 2007, 291 m. Anm. *Hübner)* möchte nur solche Leistungen an die Gesellschaft durch den Gesellschaftszweck veranlasst und damit als nicht steuerbar ansehen, die entweder der Satzung entsprechen oder allen Gesellschaftern durch einen entsprechenden Beschluss auferlegt wurden. Damit stellte sich insbesondere die Frage, ob die sog. **disquotale Einlage**, bei der nicht alle Gesellschafter gleichmäßig Leistungen in das Gesellschaftsvermögen erbringen, Schenkungsteuer auslösen könnte. Der BFH hat allerdings im Urteil v. 17.10.2007 (II R 63/05, BFH/NV 2008, 298 = BStBl II 2008, 381) ausdrücklich festgestellt, dass es nicht maßgeblich sei, ob der Vermögensübertragung auf die Kapitalgesellschaft eine entsprechende Erhöhung des Wertes des Gesellschaftsanteils des übertragenden Gesellschafters gegenüberstehe. Auch wenn dies nicht der Fall sei, könne daraus nicht auf das Vorliegen einer freigebigen Zuwendung des Gesellschafters an die Gesellschaft geschlossen werden. Denn auch dann fehle es wegen der Förderung des Gesellschaftszweckes an der (objektiven) Unentgeltlichkeit der Vermögensübertragung. Damit dürften sich die Zweifel, die der BFH im Urteil vom 15.3.2007 geäußert hatte, erledigt haben (*Hübner,* DStR 2008, 147).

Dogmatisch ist die Ansicht des BFH – auch im Hinblick auf die zivilrechtliche (vgl. § 272 Abs. 2 Nr. 4 HGB) und ertragsteuerrechtliche Sichtweise überzeugend. Der gegenwärtige dogmatische Stand ist das Ergebnis eines langen Diskussionsprozesses. Während zunächst der RFH (v. 13.12.1922, VI A 155/21, RFHE 11, 112, 116) zivilrechtlich eine andere Behandlung der verdeckten Einlage als eine Schenkung als „ausgeschlossen" ansah, hat sich der RFH bereits mit Urteil v. 20.12.1927 (VeA 548/27, RStBl. 1928, 101) von dieser Sichtweise wieder distanziert, wenn ein Gesellschafter an die GmbH die Zuwendung mit dem Zweck macht, eine Unterbilanz abzuwenden. Danach würde es an der subjektiven Unentgeltlichkeit fehlen. Der aktuellen Dogmatik des BFH liegt allerdings das überzeugende Verständnis zugrunde, dass bereits der objektive Tatbestand der Unentgeltlichkeit nicht erfüllt ist. Dies mag auf den ersten Blick überraschen, weil es bei der verdeckten Einlage und erst recht bei der disquotalen verdeckten Einlage an einer Gegenleistung fehlt. Bei der offenen Einlage gegen Gewährung von Gesellschaftsrechten könnte man sich noch an der Hilfskonstruktion von *Kipp* (ErbStG, 1927, § 3 Anm. 68, 71 f.) orientieren, wonach ein sog. automatisches Entgelt vorliege, wenn mit der Leistung des Zuwendenden ipso iure dessen Bereicherung mittelbar verbunden sei. Allerdings würde diese Sichtweise **den auf Gewinnerzielung ausgerichteten Verbandszweck von Kapitalgesellschaften** nur unzureichend erklären. Im Urteil des Reichsgerichts (RGZ 59, 423) ging es um die Frage, ob die nachträgliche Übernahme der Gründungskosten durch die Gründer und einzigen Aktionäre einer AG als Schenkungsversprechen zu qualifizieren sei. Das Reichsgericht führte dazu aus: *„Es ist nicht zu billigen, wenn in Bezug auf das Steigen des Aktienkurses nur von einer Hoffnung des Beklagten, also einem für den Begriff der Schenkung bedeutungslosen Motiv gesprochen wird. Die Zuwendung an die Aktiengesellschaft hat zur unmittelbaren und notwendigen Folge, dass dadurch auch der innere Wert der Aktionärsrechte entsprechend gesteigert wird. Die Aktiengesellschaft ist kein selbstnütziges Vermögenssubjekt; ihre Bestimmung ist, für die Aktionäre zu arbeiten und diesen, während des Bestehens in Form des Gewinns, nach der Auflösung durch Verteilung, das Vermögen wieder zufließen zu lassen."* Daraus folgt: Der Verbandszweck einer auf Gewinnerzielung gerichteten Kapitalgesellschaft gilt **ausschließlich dem Interesse der Gesellschafter**. Mit den Einlagen der Gesellschafter in das Gesellschaftsvermögen – mögen diese offen, mögen diese verdeckt, oder mögen diese disquotal bzw. disproportional erfolgen – **unterstützen die Gesellschafter diesen Verbandszweck**. Aus Sicht der Gesellschaft besteht deshalb **kein Anlass, sich um einen Vorteilsausgleich in Form eines Entgelts Gedanken zu machen**, da der Gesellschafter der Kapitalgesellschaft aufgrund der gesellschaftsrechtlichen Beziehung **keinen schenkungsrechtlich relevanten Vorteil** einräumt. Entgegen der Auffassung der Vorinstanz (FG Köln v. 14.5.2014, 9K 879/12, ZEV 2014, 563) wird nach Auffassung des BFH der Gesellschaftszweck nicht gefördert, wenn der Gesellschafter zeitgleich mit der Übertragung der Geschäftsanteile aus der Gesellschaft ausscheidet (BFH v. 20.1.2016, II R 40/14, ZEV 2016, 281). In dem dem Urteil zugrunde liegenden Sachverhalt übertrug der Gesellschafter seinen Geschäftsanteil zur einem erheblich unter dem gemeinen Wert liegenden Preis an den einzigen Mitgesellschafter. Auch wenn § 7 Abs. 1 Nr. 1 ErbStG in diesem Fall grundsätzlich Anwendung findet, handelte es sich im vorliegenden Fall um eine verdeckte Einlage, die bereits gem. § 17 Abs. 1

254a

Satz 2 EStG steuerbar ist und nicht zugleich als Erwerb durch freigebige Zuwendung gewertet werden kann. Inwiefern die Entscheidung für das Streitjahr 2004 unter der aktuellen Rechtslage Geltung beanspruchen kann, ist unsicher. Der BFH hat offen gelassen, ob sich aus § 272 Abs. 1a HGB, der nunmehr ein Bilanzierungsverbot für eigene Anteile der Gesellschaft vorsieht, doch ein unentgeltlicher Vorgang ergibt. Richtigerweise ist die bilanzielle Situation für die Zwecke des ErbStG unbeachtlich (*Crezelius*, ZEV 2016, 281). Im Ergebnis ändert der Ausweis der eigenen Anteile nichts an den Anschaffungskosten der Gesellschaft für diese. Fraglich bleibt auch, ob § 7 Abs. 8 ErbStG (Rz. 554 ff) im Falle der verdeckten Einlage Anwendung finden würde. Wollte er dies bejahen, müsste der BFH mit seiner im Streitfall bestätigten Auffassung, dass ein und derselbe Lebenssachverhalt nicht zugleich Schenkung- und Einkommensbesteuerung unterliegen können, brechen.

Es bleibt die Frage, ob es im Falle einer Gesellschafterstellung bei einer Kapitalgesellschaft überhaupt zivilrechtlich möglich ist, dass der Gesellschafter der Kapitalgesellschaft eine Schenkung i. S. d. § 516 Abs. 1 BGB zukommen lässt. Dazu müsste der Gesellschafter der Gesellschaft wie ein fremder Dritter gegenübertreten. Dies bedeutet, dass die Zuwendung im konkreten Fall einer Zwecksetzung bedarf, die vom Verbandszweck nicht gedeckt ist.

Beispiel:

Der Geschäftsführer der X-GmbH fragt bei den Gesellschaftern an, ob er für 50 EUR einen Weihnachtsbaum erwerben darf. Die Gesellschafter beschließen mehrheitlich, dem nicht zuzustimmen. Der überstimmte Mitgesellschafter C beschließt daraufhin, die 50 EUR der GmbH privat zu „schenken", damit der Geschäftsführer für die GmbH einen Weihnachtsbaum erwerben kann. Im Beispielsfall liegt eine Schenkung vor, weil die GmbH keine Aufwendung erspart hat. Denn der Geschäftsführer hätte entsprechende Aufwendungen wegen der entgegenstehenden Beschlusslage nicht tätigen dürfen.

254b Allerdings kommt nach dem **gleich lautenden Erlass der obersten Finanzbehörden der Länder v. 14.3.2012** (Schenkungen unter Beteiligung von Kapitalgesellschaften oder Genossenschaften, BStBl I 2012, 331) (übereinstimmend mit dem koordinierten Erlass des FinMin Baden-Württemberg v. 20.10.2010 (FinMin Baden-Württemberg v. 20.10.2010, 3 – S 3806/75, ZEV 2010, 656)) eine freigebige Zuwendung seitens nahe stehender Personen (mit Steuerklasse III) an die **Kapitalgesellschaft** in Betracht. Nach Tz. 2.1.6. des Erlasses ist von einer **steuerbaren Zuwendung der nahe stehenden Person** an die Kapitalgesellschaft auszugehen, wenn eine einem Gesellschafter nahe stehende Person auf eine Forderung gegen die Kapitalgesellschaft verzichtet (Rz. 129). Entsprechendes soll gelten, wenn in einem gegenseitigen Vertrag zwischen einer einem Gesellschafter nahe stehenden Person und der Kapitalgesellschaft Leistung und Gegenleistung nicht gleichwertig sind (Rz. 131 ff). Die FinVerw. bezieht sich dabei ausdrücklich auf das Urteil des BFH (v. 7.11.2007, II R 28/06, BStBl II 2008, 258, ZEV 2008, 154 mit Anm. *Götz*). Neben einer freigebigen Zuwendung des Dritten an die Kapitalgesellschaft i. S. d. § 7 Abs. 1 Nr. 1 ErbStG wird der Fall nunmehr von dem durch das **BeitrRLUmsG** (v. 7.12.2011, BGBl I 2011, 2592) **neu eingeführten § 7 Abs. 8 S. 1 ErbStG** erfasst.

Daraus resultiert ein Konkurrenzverhältnis (mit einer möglichen Doppelbelastung), das nach hier vertretener Auffassung so zu lösen ist, dass im Falle einer Abrede zwischen dem Leistenden und dem Bedachten (sog. Valutaverhältnis) § 7 Abs. 1 Nr. 1 ErbStG zurücktritt (Rz. 556).

Den umgekehrten Fall bilden **Leistungen der Gesellschaft an die Gesellschafter.** Diese erfolgen in gleicher Weise nach dem gegenwärtigen Stand der Rspr. nicht objektiv unentgeltlich. Deshalb führt auch die **verdeckte Gewinnausschüttung** zu keiner freigebigen Zuwendung im Verhältnis zwischen Kapitalgesellschaft und Gesellschafter (*Kamps*, Stbg 2006, 107; *Kapp/Ebeling*, ErbStG, § 7 Rz. 208). Das hat der BFH nunmehr ausdrücklich klargestellt (BFH v. 30.1.2013, II R 6/12, BFH/NV 2013, 846). Dem ist die Finanzverwaltung mit gleichlautenden Ländererlassen v. 5.6.2013 (BStBl I 2013, 1465) begegnet, mit denen die Finanzämter angewiesen werden diese Rechtsprechung über den Einzelfall hinaus **nicht anzuwenden.** An der unten (Rz. 255a) dargestellten Auffassung der Finanzverwaltung hat sich also trotz gegenteiliger Entscheidung des BFH nichts geändert. Lediglich für den Fall, dass eine der Beteiligungsquote entsprechende vGA vorgenommen wird, nimmt nun auch die Finanzverwaltung keine freigebige Zuwendung mehr an. Die Auffassung des BFH (BFH v. 30.1.2013, II R 6/12, BFH/NV 2013, 846) wurde jüngst vom FG Niedersachsen (FG Niedersachsen v. 8.6.2015, 3 K 72/15, DStRE 2016, 1441) ausdrücklich bestätigt. Sollte die von der Finanzverwaltung bemühte Revison (Az. II R 32/16) nicht erfolgreich sein, sollte dies für die Finanzverwaltung Anlass genug sein ihre gegenwärtige Auffassung zu überdenken. Zuvor hatte der BFH (BFH v. 2.9.2015, II B 146/14, BFH/NV 2015, 1586) bereits eine von der Finanzverwaltung eingelegte Nichtzulassungsbeschwerde als unbegründet zurückgewiesen und seine Auffassung erneut bestätigt.

Die Steuerbarkeit der verdeckten Gewinnausschüttung im Verhältnis zwischen Gesellschaft und Gesellschafter richtet sich auch nach Inkrafttreten des **BeitrRLUmsG** (v. 7.12.2011, BGBl I 2011, 2592) weiterhin nach dem Grundtatbestand des § 7 Abs. 1 Nr. 1 ErbStG. Der durch das **BeitrRLUmsG eingeführte § 15 Abs. 4 ErbStG** bildet keine geeignete Grundlage für die Steuerbarkeit (ebenso *Loose*, DB 2013, 1080, 1081). Die Norm geht zwar von „Schenkungen durch Kapitalgesellschaften" aus, lässt allerdings gerade unbeantwortet, ob auch ein Gesellschafter der geeignete Erwerber einer Schenkung durch die Kapitalgesellschaft sein kann. Ebenso wenig hilft der durch das **BeitrRLUmsG (v. 7.12.2011, BGBl I 2011, 2592) eingeführte § 7 Abs. 8 S. 1 ErbStG** im Ergebnis weiter. Bei der Vorschrift geht es ersichtlich nicht um Leistungen der Gesellschaft an den Gesellschafter, sondern gerade umgekehrt um Leistungen eines Gesellschafters oder eines Dritten an die Kapitalgesellschaft (Rz. 549ff). Es geht dort also nicht um verdeckte Gewinnausschüttungen, sondern um den umgekehrten Fall der sog. verdeckten Einlage. **Gesellschaftsrechtlich** liegt eine verdeckte Gewinnausschüttung vor, wenn die Gesellschaft außerhalb der förmlichen Gewinnverteilung einem Gesellschafter Leistungen aus dem Gesellschaftsvermögen ohne äquivalente Gegenleistung gewährt (statt aller *Baumbach/Hueck*, GmbHG, 2017, § 29 GmbHG Rz. 68). Die verdeckte Gewinnausschüttung ist im GmbH-Recht keineswegs per se verboten. Der BGH geht mit der herrschenden Lehre davon aus, dass die Gesellschafter einer GmbH rechtlich ohne Weiteres in der Lage sind, nicht nur Gewinne, sondern auch das übrige Vermögen der Gesellschaft auf sich zu übertragen, wenn sie sich einig sind und nicht zum Nachteil der Gläubiger gegen Kapitalerhaltungsvorschriften verstoßen (BGH v. 12.12.1983, NJW 1984, 1037; überdies wird man mit der Literatur verlangen müssen, dass sich der Geschäftsführer bewusst über seine Kompetenzen zum Nachteil der GmbH hinwegsetzt, was bei grob nachteiligen Konditionen zu vermuten ist). Das GmbH-Recht interessiert sich also für verdeckte Gewinnausschüttungen, wenn es gem. § 30 Abs. 1 S. 1 GmbHG um das zur Erhaltung des Stammkapitals erforderliche Vermögen geht. Es muss verhindert werden, dass die gesellschaftsrechtlichen Kapitalerhaltungsvorschriften zulasten der Gesellschaftsgläubiger umgangen werden. Wenn vom Gesellschafter für eine Leistung der GmbH keine äquivalente Gegenleistung gezahlt wird, wäre § 30 Abs. 1 S. 1 GmbHG trotzdem nicht verletzt, wenn ausreichend Rücklagen vorhanden wären. Die überhöhte Zahlung wäre dann aus nicht gebundenem Vermögen geleistet worden. Bei der sog. disproportionalen verdeckten Gewinnausschüttung kommt gesellschaftsrechtlich jenseits des Kapitalerhaltungsrechts der Schutz des benachteiligten Mitgesellschafters hinzu. Das Problem stellt sich dann, wenn der Mitgesellschafter mit der verdeckten Gewinnausschüttung nicht einverstanden oder in Unkenntnis ist. Die gesellschaftsrechtlichen Lösungsmöglichkeiten orientieren sich am Gleichbehandlungsgrundsatz, der Treuepflicht und der innergesellschaftsrechtlichen Kompetenzordnung. Der BGH geht bei einem Vertragsverhältnis zwischen Gesellschaft und begünstigtem Gesellschafter von einem Missbrauch der Vertretungsmacht aus, wenn es sich dem begünstigten Gesellschafter aufdrängen musste, dass der Geschäftsführer die Grenzen überschreitet, die seiner Vertretungsbefugnis im Innenverhältnis zur Gesellschaft gezogen sind. Das sei, so der BGH, bei grob nachteiligen Konditionen der Fall (BGH v. 13.11.1995, GmbHR 1996, 111). Keine abschließende Klarheit herrscht bezüglich der Rechtsfolgen. Im Regelfall ist den schutzwürdigen Interessen des benachteiligten Gesellschafters genügt, wenn der begünstigte Gesellschafter nach seiner Wahl entweder Wertausgleich in Höhe der Differenz zum angemessenen Preis leistet oder er den von der Gesellschaft veräußerten Gegenstand Zug um Zug gegen Rückzahlung des Kaufpreises zurückgibt. **Ertragsteuerrechtlich** darf die verdeckte Gewinnausschüttung das Einkommen der Körperschaft nicht mindern (vgl. § 8 Abs. 3 S. 2 KStG) und führt beim begünstigten Gesellschafter zu Einkünften aus Kapitalvermögen (§ 20 Abs. 1 Nr. 1 EStG). In Bezug auf die Angemessenheitsprüfung wird im Normalfall auf einen Dritt- oder Fremdvergleich und in Bezug auf dessen Unterschreitung auf die Sorgfalt eines ordentlichen und gewissenhaften Geschäftsleiters abgestellt (beide Überlegungen münden in die Formel: Eine verdeckte Gewinnausschüttung liegt vor, wenn eine Kapitalgesellschaft ihren Gesellschaftern außerhalb der gesellschaftsrechtlichen Gewinnverteilung einen Vermögensvorteil zuwendet, den sie bei Anwendung der Sorgfalt eines ordentlichen und gewissenhaften Geschäftsleiters einem Nichtgesellschafter unter sonst gleichen Umständen nicht gewährt hätte).

255a Der II. Senat des BFH hat mit Urteil vom 7.11.2007 (II R 28/06, BFH/NV 2008, 486 = BStBl II 2008, 258; *Crezelius*, ZEV 2008, 268) angedeutet, dass im Fall einer mittelbaren verdeckten Gewinnausschüttung an Angehörige in Höhe des überhöhten Teiles eine freigebige Zuwendung im Verhältnis der Kapitalgesellschaft zum Angehörigen (mit Steuerklasse III) gegeben sein kann (Rz. 131 ff; Rz. 255 c; vgl. zu den möglichen Konstellationen auch *Götz*, ZEV 2015, 624). Die FinVerw. nahm dies bereits in dem koordinierten Ländererlass des FinMin. Baden-Württemberg v. 20.10.2010 (FinMin Baden-Württemberg v. 20.10.2010, 3 – S 3806/75, ZEV 2010, 656) zum Anlass, bestimmte **verdeckte Gewinnausschüttungen an Gesellschafter** als freigebige Zuwendungen erfassen zu wollen. Trotz Kritik hat sie in den **gleich lautenden Erlassen der obersten Finanzbehörden der Länder vom 14.3.2012 zu Schenkungen unter Beteiligung von Kapitalgesellschaften oder Genossenschaften** ihren Standpunkt beibehalten (Gleichlautender Ländererlass v. 14.3.2012, BStBl I 2012, 331).

Nach Tz. 2.6.2 des Erlasses soll eine von der Kapitalgesellschaft einem Gesellschafter gezahlte überhöhte Vergütung zu einer Bereicherung des Gesellschafters auf Kosten der Gesellschaft führen, soweit das Verteilte die **gesellschaftsrechtliche Beteiligungsquote** des Gesellschafters übersteigt. Insofern soll eine gemischte freigebige Zuwendung im Verhältnis der Kapitalgesellschaft zum Gesellschafter vorliegen. Die Auszahlung erfolge nicht in Erfüllung eines Gesellschaftszwecks. Entsprechendes gelte auch für andere Fälle der verdeckten Gewinnausschüttung. Der Erlass führt als Beispiel an, dass eine Kapitalgesellschaft auf eine Forderung gegenüber einem Gesellschafter verzichtet und erläutert dies anhand von Beispielsfällen.

Beispiel: Beispiel 1 des Erlasses v. 14.3.2012:

A und B sind mit Geschäftsanteilen im Betrag von je 25.000 EUR Gesellschafter einer GmbH. A erhält mit Duldung des B von der GmbH einen Pkw zu einem um 100.000 EUR unangemessen zu niedrigen Kaufpreis. In Höhe von (50 % von 100.000 EUR =) 50.000 EUR liegt eine freigebige Zuwendung der GmbH an A vor.

Beispiel: Beispiel 2 des Erlasses v. 14.3.2012:

Sachverhalt wie in Beispiel 1. Im zeitlichen und sachlichen Zusammenhang erhält jedoch auch B mit Duldung des A von der GmbH einen Pkw zu einem um 100.000 EUR unangemessen zu niedrigen Kaufpreis. In diesem Fall liegt weder an A noch an B eine freigebige Zuwendung der GmbH vor.

Beispiel: Beispiel 3 des Erlasses v. 14.3.2012:

Sachverhalt wie in Beispiel 2. Der Vorteil für B beträgt jedoch nur 60.000 EUR. In diesem Fall liegt eine freigebige Zuwendung der GmbH an A i. H. von 50 % von 40.000 EUR (100.000 EUR – 60.000 EUR) = 20.000 EUR vor.

Mit der dargestellten Sichtweise wird der **Schenkungsteuer im Unternehmenssteuerrecht** eine ganz **neue Qualität** eingeräumt. Verdeckte Gewinnausschüttungen sind bei den mittelständischen GmbH, bei denen die Gesellschafter oftmals auch die Geschäftsführer sind, ein regelmäßiger Diskussionspunkt mit der FinVerw. Nach Auffassung der FinVerw. soll jetzt auch noch die Schenkungsteuer dazukommen, wenn es sich nicht um eine **verdeckte Gewinnausschüttung an einen Alleingesellschafter** handelt. Diese höchst praxisrelevante Fragestellung auf ein – noch dazu im Schrifttum überwiegend kritisch gewürdigtes – obiter dictum zu einem nicht unmittelbar vergleichbaren Fall zu stützen, ist doch ein recht „offensives" Vorgehen.

Hinzu kommt, dass das **Verhältnis zur Einkommensteuer** über Einzelfälle hinaus **ungeklärt** bleibt (*Birnbaum*, DStR 2011, 252, 255; *Friz*, DStR 2015, 2409). Denn die verdeckte Gewinnausschüttung führt bekanntlich zu Einkünften aus Kapitalvermögen (§ 20 Abs. 1 Nr. 1 EStG). I. S. d. Rechtssicherheit wäre es in jedem Fall vorzugswürdig gewesen, die weitere Entwicklung der Rspr. des II. Senats des BFH abzuwarten.

255b Auch in der Sache kann die Position der FinVerw. im Lichte der bisherigen Judikatur des II. Senats des BFH nicht überzeugen. Vom **BFH** wird sie im **Urteil v. 30.1.2013** ausdrücklich nicht geteilt, wenn die Ausschüttung an einen unmittelbaren oder mittelbaren Gesellschafter erfolgt (BFH v. 30.1.2013, II R 6/12, BFH/NV 2013, 846; vgl. auch *Binnewies*, GmbHR 2013, 449, 450 f.). Erstens ist die **disquotale Gewinnausschüttung der spiegelbildliche Fall zur disquotalen Einlage**, der nach Ansicht des BFH (v. 17.10.2007, II R 63/05, BFH/NV 2008, 298 = BStBl II 2008, 381 = ZEV 2008, 153 m. Anm. *Crezelius*) nicht objektiv unentgeltlich ist, sodass es widersprüchlich wäre, die Fälle steuersystematisch unterschiedlich zu behandeln (*Christ*, ZEV 2011, 10, 14). Zum anderen ist es inkonsequent, auf die Beteiligungsquote abzustellen, wenn die freigebige Zuwendung nach dem zivilrechtlichen Zuwendungsverhältnis von der Gesellschaft an den Gesellschafter beurteilt wird. Stellt man auf dieses direkte Zuwendungsverhältnis ab, würde die Beteiligung an der Gesellschaft keine Rolle spielen (*Birnbaum*, DStR 2011, 252, 254f.). **Schenkungsteuerrechtlich** liegt keine freigebige Zuwendung vor, weil Gewinnausschüttungen an die GmbH, ob offen oder verdeckt, ob quotal oder disquotal, nicht unentgeltlich erfolgen (man könnte sie – wie die Erfüllung gesetzlicher Ansprüche, die ebenfalls nicht unentgeltlich sind – als „entgeltfremd" bezeichnen). Zwar können Kapitalgesellschaften als juristische Personen mit umfassender Rechtsfähigkeit Zuwendungen selbst ausführen und selbst empfangen, sie können also (selbstverständlich) Schenker und Beschenkte sein. Allein, dies gilt nicht im Verhältnis zu ihren Gesellschaftern, wenn der Verbandszweck der Kapitalgesellschaft als Maßstab des inneren Verbandsrechts in einer wirtschaftlichen Zielsetzung besteht. Bereits im Jahr 1904 hatte das Reichsgericht (RGZ 59, 423) in einer aktienrechtlichen Entscheidung zutreffend betont, dass die Aktiengesellschaft im Verhältnis zu den Aktionären kein „selbstständiges Vermögenssubjekt" bilde, ihre Bestimmung sei, „für die Aktionäre zu arbeiten und diesen – während ihres Bestehens in Form des Gewinnes, nach der Auflösung durch Verteilung – das Vermögen wieder zufließen zu lassen". Die **Kapitalgesellschaft mit wirtschaftlicher Zielsetzung** (den Gegensatz bildet die fremdnützige, insbesondere gemeinnützige Gesellschaft, vgl. Rz. 212) hat im Verhältnis zu den Gesellschaftern also **keine eigenständige Daseinsfunktion** und sie hat damit auch **kein von den Interessen der Gesellschafter zu unterscheidendes eigenständiges Vermögensinteresse**.

Die Gesellschafter können jederzeit die Satzung einschließlich Gewinnverteilung ändern oder sich durch Liquidation deren Vermögenswerte auskehren lassen. Die Gesellschaft besitzt mithin gegenüber den Gesellschaftern **keine eigenständige gesellschaftsrechtliche Rechtsposition**, das **Vermögen dauerhaft behalten** zu dürfen. Erfolgt eine Gewinnausschüttung, wird zwar das Gesellschaftsvermögen vermindert, die Gesellschaft hat aber deswegen **keinen Anspruch auf eine Gegen-**

leistung, weil ihr im Verhältnis zu den Gesellschaftern **kein einen Ausgleich erforderndes schutzwürdiges Eigeninteresse** zukommt. Die FinVerw. stimmt dieser Sichtweise im Ergebnis zu, weil auch nach ihrer Ansicht die verdeckte Gewinnausschüttung an den Alleingesellschafter keine Schenkungsteuer auslöst. Sie wendet sich allein gegen die disproportionale verdeckte Gewinnausschüttung. Sie behauptet in Tz. 2.6.2 der Gleich lautenden Ländererlasse v. 14.3.2012 (Gleich lautende Ländererlasse v. 14.3.2012 – Schenkungen unter Beteiligung von Kapitalgesellschaften oder Genossenschaften, BStBl I 2012, 331), es läge eine gemischte freigebige Zuwendung im Verhältnis der Kapitalgesellschaft zum Gesellschafter vor, denn die Auszahlung erfolge dann nicht in Erfüllung eines Gesellschaftszwecks. Die Bemessungsgrundlage für die Schenkungsteuer sei nicht der volle Betrag, sondern der Betrag abzüglich der quotalen Gewinnbeteiligung des begünstigten Gesellschafters. Die FinVerw. möchte also den Veranlassungszusammenhang entsprechend der Beteiligungsquote in einen gesellschaftsrechtlichen und einen schenkungsrechtlichen Anteil aufteilen. Die Sichtweise der FinVerw. ist aus folgenden Gründen nicht überzeugend:

Die Disproportionalität der verdeckten Gewinnausschüttung ist ein **Problem des gesellschaftsrechtlichen Gleichbehandlungsgrundsatzes**. Dieser verlangt, dass jedes Mitglied einer Gesellschaft unter gleichen Voraussetzungen ebenso behandelt werden muss wie die übrigen Mitglieder. Der Gleichbehandlungsgrundsatz unterliegt aber der alleinigen **Disposition des benachteiligten Gesellschafters**, der seinerseits auf Gleichbehandlung verzichten kann. Das bedeutet im Umkehrschluss, dass der **Gleichbehandlungsgrundsatz der Gesellschaft keine eigenständige gesellschaftsrechtliche Rechtsposition** einräumt, die mittels einer Gegenleistung ausgeglichen werden könnte.

Die These der FinVerw. steht im Widerspruch zum Kapitalerhaltungsrecht und zum Ertragsteuerrecht (Rz. 255). Verletzt die Auszahlung das nach § 30 Abs. 1 S. 1 GmbHG geschützte Vermögen, hat eine Rückzahlung in voller Höhe und nicht nur quotal zu erfolgen. Für Zwecke der Körperschaftsteuer ist das Einkommen in voller Höhe (also nicht nur der quotale Teil) als verdeckte Gewinnausschüttung zu korrigieren. Die Disproportionalität spielt keine Rolle. Einkommensteuerrechtlich wird die disproportionale verdeckte Gewinnausschüttung in voller Höhe den Einkünften aus Kapitalvermögen (§ 20 Abs. 1 Nr. 1 EStG) zugeordnet. Schließlich hat der Steuergesetzgeber diese Sichtweise indirekt sogar bestätigt, indem er in § 7 Abs. 8 S. 1 ErbStG ab dem 1.1.2012 den umgekehrten Fall der disproportionalen verdeckten Einlage als fiktiven schenkungsähnlichen Vorgang zwischen dem leistenden Gesellschafter und dem begünstigten Gesellschafter qualifiziert. Das bedeutet aber zugleich, dass der Gesetzgeber eine Schenkung des Gesellschafters an die Gesellschaft ausschließt. Für den umgekehrten Fall der disproportionalen verdeckten Gewinnausschüttung der Gesellschaft an den Gesellschafter kann aus steuersystematischen Gründen nichts anderes gelten.

Die disproportionale bzw. disquotale verdeckte Gewinnausschüttung führt auch zu **keiner Besteuerung zwischen den Gesellschaftern**, wenn der benachteiligte Gesellschafter zustimmt oder auf die Rückgängigmachung nachträglich verzichtet (im Ergebnis zustimmend *Loose*, DB 2013, 1080, 1083). Die Entscheidung des BFH lässt

255c

sich dahin verstehen, dass der Mitgesellschafter nur einmal ertragsteuerrechtlich besteuert werden darf (*Loose*, DB 2013, 1080, 1083). Ergänzend ist darauf hinzuweisen, dass es für den Grundtatbestand des § 7 Abs. 1 Nr. 1 ErbStG an einer Entreicherung des benachteiligten Gesellschafters A fehlt. Denn der Gesellschafter A verfügt mit seinem Einverständnis bzw. seinem späteren Verzicht nicht über eigenes Vermögen, sondern über fremdes Vermögen der Gesellschaft. Die Wertminderung seines Geschäftsanteils ist – so der BFH in ständiger Rspr (vgl. aber die Rspr. zum sog. gesellschafterfreundlichen Durchgriff, BGH v. 13.11.1973, VI ZR 53/72, BGHZ 61, 380). – lediglich ein steuerlich unbeachtlicher Vermögensreflex. Der neue Sondertatbestand des § 7 Abs. 8 S. 1 ErbStG ist ebenso wenig einschlägig. Zwar mag man das Einverständnis oder den Verzicht als eine „Leistung" i.S.d. Satz 1 an die Gesellschaft verstehen. Doch setzt der Tatbestand eine Erhöhung des Vermögenswerts der Gesellschaft voraus. Das Einverständnis bzw. der Verzicht bedeutet jedoch gerade umgekehrt, dass die Gesellschaft ärmer wird. Eine umgekehrt analoge Anwendung des § 7 Abs. 8 S. 1 ErbStG scheitert bereits im Ansatz am Analogieverbot. Soweit es um die verdeckte Gewinnausschüttung an eine **nahestehende Person** geht, liegt auch insoweit eine dem veranlassenden Gesellschafter zuzurechnende verdeckte Gewinnausschüttung vor, sodass für eine freigebige Zuwendung der Gesellschaft an den Dritten kein Raum bleibt (*Binnewies*, GmbHR 2013, 449, 451; *Loose*, DB 2013, 1080, 1083), auch wenn in einigen FG-Entscheidungen der Sichtweise der FinVerw. gefolgt sind (z.B. FG München v. 30.5.2012, 4 K 689/09, EFG 2012, 1721). Dafür spricht auch eine Entscheidung des BFH (BFH v. 27.8.2014, II R 44/13, BStBl II 2015,249) in der es zwar nicht um einen vGA an einen Dritten, aber an den ausscheidenen Gesellschafter ging. Trotzdem lässt sich der Entscheidung entnehmen, dass die vGA ausschließlich auf ertragsteuerlicher Ebene zu behandeln ist. Dies deckt sich auch mit der mittlerweile vom BFH (vgl. BFH v. 12.9.2011, VIII B 70/09, ErBStB 2012, 32; v. 21.7.2014, II B 40/41, ZEV 2014, 504) geäußerten Auffassung, dass ein und derselbe Sachverhalt nicht zugleich der Einkommen- und Schenkungsteuer unterworfen sein kann. Dass auch bei nahestehenden Personen in vGA-Konstellationen keine freigebige Zuwendung vorliegt, hat jüngst das FG Münster (FG Münster v. 22.10.2015, 3 K 986/13 Erb, ZEV 2016, 106 mit zustimmender Anm. *Crezelius;* ablehnend *Erkis*, DStR 2016, 350, die ein Missbrauchspotential für nicht steuerbare Übertragungen sieht; dagegen *Viskorf/Löcherbach*, DStR 2016, 789) entschieden. Der Sachverhalt betraf überhöhte Mietzahlungen einer GmbH an deren Geschäftsführer, dessen Ehefrau die Alleingesellschafterin war. Auch hier entschied das FG, dass die erhaltene Miete in vollem Umfang zu den Einkünften aus § 21 EStG gehöre und es insoweit an einer Freigebigkeit fehle. Im Revisionsverfahren, welches beim BFH unter dem Az. II R 54/15 anhängig ist, wird dieser erneut Gelegenheit zur Klärung bekommen (zudem ist ein weiteres Verfahren, dessen Rechtsfrage ebenfalls die vGA an Gesellschafter und nahestehende Personen betrifft, unter dem Az. II R 32/16 anhängig).

Das offen formulierte obiter dictum des BFH in der Entscheidung v. 7.11.2007 (BFH v. 7.11.2007, II R 28/06, BStBl II 2008, 346), das in einer Gesetzesbegründung des Bundesrates zu einer „ständigen Rspr." mutiert war (vgl. Stellungnahme des Bundesrates v. 17.6.2011, BR-Drs. 253/11), wird inzwischen aus Kreisen des BFH als „unglücklich" (*Loose*, DB 2013, 1080, 1082) angesehen. Allerdings wird hier wiederum eine freigebige Zuwendung zwischen dem Gesellschafter und der ihm nahestehenden Person für möglich gehalten (wenn es sich nicht um einen Leistungsaustausch handelt), ohne die Frage der substanziellen Entreicherung näher zu erörtern (*Binnewies*, GmbHR 2013, 449, 451; *Keß*, FR 2013, 560, 561 f.; *Loose*, DB 2013, 1080, 1083). Unter Zugrundelegung der bisherigen Rspr. des BFH liegt nach hier vertretener Ansicht lediglich ein schenkungsteuerrechtlich unbeachtlicher Vermögensreflex vor.

Bezüglich der Frage der **Gleichwertigkeit der Gegenleistung im Verhältnis zur Leistung** geht man schenkungsrechtlich von der Maßgeblichkeit einer subjektiven Äquivalenz aus. Entscheidend für die Bewertung von Leistung und Gegenleistung ist demzufolge die Einschätzung der Parteien und nicht der objektive Standpunkt eines unbeteiligten Dritten (*Fischer*, Die Unentgeltlichkeit im Zivilrecht, 2002, 51 ff. m.w.N.). Schenkungsteuerrechtlich verhält es sich demgegenüber so, dass man i.S. einer objektivierten Sichtweise darauf abstellen möchte, ob verständige Dritte Leistung und Gegenleistung als angemessen angesehen hätten (Rz. 250 ff). 256

Schließlich besteht ein **zentraler Unterschied zum zivilrechtlichen Schenkungsrecht** darin, dass es für die Frage der Entgeltlichkeit eines Leistungsaustausches nicht darauf ankommt, ob die **Gegenleistung einen wirtschaftlichen Wert** besitzt. Demgegenüber vertritt der BFH den Standpunkt, dass eine die objektive Unentgeltlichkeit ausschließende Gegenleistung nur dann berücksichtigt werden darf, wenn es sich um einen geldwerten Vorteil handelt, der seinerseits geeignet wäre, eine Zuwendung i.S.d. § 7 Abs. 1 Nr. 1 ErbStG zu begründen (Rz. 30 ff). Ausdrücklich beruft sich der BFH neuerdings in diesem Zusammenhang auf die Regelung des § 7 Abs. 3 ErbStG (Rz. 495 ff). 256a

Bei **Gesellschaftsanteilen** handelt es sich unzweifelhaft um einen geeigneten Zuwendungsgegenstand. Die Frage ist im Einzelfall, ob auch eine (objektiv unentgeltliche) **Bereicherung beim Bedachten** eintritt. Kritisch ist vor allen Dingen die **Aufnahme als Gesellschafter** in eine GbR oder eine OHG oder als persönlich haftender Gesellschafter in eine KG oder PartG. In all diesen Fällen begründet die Aufnahme eine gesellschaftsvertraglich nicht abdingbare **Haftung für Schulden der Gesellschaft** im Außenverhältnis und nach dem Regelstatut auch eine entsprechende Verpflichtung zur Geschäftsführung. Unproblematisch ist das Vorliegen einer Bereicherung, wenn der Bedachte bereits persönlich haftender Gesellschafter war und seine Beteiligung lediglich aufgestockt wird. Denn damit werden der Umfang der Außenhaftung und die bereits bestehende Einbringung der eigenen Arbeitskraft bei der Geschäftsführung nicht erhöht (*Meincke*, ErbStG, 2012, § 7 Rz. 71). Der **BGH** (v. 11.5.1959, II ZR 2/58, BB 1959, 574; vgl. auch BGH v. 27.1.1965, Ib ZR 47/63, WM 1965, 359; v. 26.3.1981, IVa ZR 154/80, WM 1981, 623; v. 2.7.1990, II ZR 243/89, BGHZ 112, 40; *Meincke*, ErbStG, 2012, § 7 Rz. 71) geht bei der **Neuaufnahme** eines Gesellschafters davon aus, dass im Regelfall der in eine OHG neu aufgenommene Gesellschafter zum Einsatz seiner vollen Arbeitskraft im Dienst des Gesellschaftsunternehmens verpflichtet ist, so dass schon darin und in der Übernahme der persönlichen Haftung eine entsprechende **Gegenleistung** zu erblicken sei. Es müssten schon besondere Umstände vorliegen, um in einem solchen Fall gleichwohl das Vorliegen einer sog. gemischten Schenkung annehmen zu können, namentlich müssten auch die Beteiligten bei der Aufnahme des neuen Gesellschafters 257

§ 7 Schenkungen unter Lebenden

die Vorstellung einer teilweise unentgeltlichen Zuwendung an diesen gehabt haben. RFH (v. 10.7.1941, III e 19/41, RStBl 1941, 854) und BFH (v. 16.10.1963, II 266/60, HFR 1964, 120; v. 14.12.1995, II R 79/94, BStBl II 1996, 546) haben demgegenüber die **Bereicherung im Grundsatz nie infrage gestellt.** Letztlich lässt auch die Sonderregelung des § 7 Abs. 5 ErbStG erkennen, dass der Gesetzgeber von der Möglichkeit einer Bereicherung ausgeht. Nach Ansicht des BFH (v. 1.7.1992, II R 70/88, BStBl II 1992, 921) kann die Übertragung der Beteiligung durch Verfügung eines Gesellschafters eine freigebige Zuwendung nach § 7 Abs. 1 Nr. 1 ErbStG sein, nicht aber ein Vorgang nach § 7 Abs. 7 ErbStG.

258 Die im Zusammenhang mit Geschäftsführungspflicht und Haftungsrisiko stehenden Bedenken an eine Bereicherung greifen im Übrigen nicht bei der unentgeltlichen Zuwendung einer **Kommanditbeteiligung** (BGH v. 2.7.1990, II ZR 243/89, BGHZ 112, 40), einer (typisch) **stillen Beteiligung, Unterbeteiligung** und bei der unentgeltlichen **Zuwendung eines GmbH-Anteils** (BFH v. 31.5.1989, II B 31/89, BFH/NV 1990, 235; *Gebel*, DStR 1992, 1341).

259–299 einstweilen frei

7 Subjektiver Tatbestand

300 Der Tatbestand der freigebigen Zuwendung setzt einen **Willen zur Freigebigkeit** voraus. Dieser lässt sich im Anschluss an *Meincke* (ErbStG, 2012, § 7 Rz. 78 ff) dogmatisch in drei Elemente untergliedern: (1) in den **Willen zur Bereicherung,** der Zuwendende will den Bedachten durch die Zuwendung wirtschaftlicher Vorteile begünstigen; (2) den **Willen zur Unentgeltlichkeit,** die Zuwendung erfolgt nicht um einer Gegenleistung willen oder in der Erfüllung einer Rechtspflicht; und (3) den **Willen zur schenkweisen Zuwendung,** der Zuwendende will den Bedachten um der Bereicherung willen bereichern und nicht zur Regelung arbeits-, familien- oder gesellschaftsrechtlicher Beziehungen.

301 Nach der gegenwärtigen **Rspr. des BFH** (v. 2.3.1994, II R 59/92, BStBl II 1994, 366) genügt für den subjektiven Tatbestand der (einseitige) Wille des Zuwendenden zur Unentgeltlichkeit. Ein auf die Bereicherung des Empfängers gerichteter Wille i. S. einer Bereicherungsabsicht und ein Wille zur schenkweisen Zuwendung seien nicht erforderlich. Der **Wille zur Unentgeltlichkeit** liege vor, „wenn sich der Zuwendende der Unentgeltlichkeit der Zuwendung derart bewusst sei, dass er seine Leistung ohne Verpflichtung und ohne rechtlichen Zusammenhang mit einer Gegenleistung oder einem Gemeinschaftszweck erbringe; er sei, anders ausgedrückt, dann gegeben, wenn der Zuwendende in dem Bewusstsein handelt, zu der Vermögenshingabe weder rechtlich verpflichtet zu sein noch dafür eine mit seiner Leistung in einem synallagmatischen, konditionalen oder kausalen Zusammenhang stehende Gegenleistung zu erhalten." (BFH v. 2.3.1994, II R 59/92, BStBl II 1994, 366). Dass das Schenkungsrecht ein zusätzliches Willensmerkmal enthalte, sei für das Schenkungsteuerrecht unerheblich. Auch sind die **Motive des Zuwendenden** für den subjektiven Tatbestand ohne Bedeutung (BFH v. 5.2.2003, II R 84/00, BFH/NV 2004, 340).

Die von der Rspr. des BFH vertretene Verkürzung des subjektiven Tatbestandes auf einen Willen zur Unentgeltlichkeit führt bei der Abgrenzung von teilentgeltlichen zu vollentgeltlichen Zuwendungen zu dogmatischen Ungereimtheiten (zur gem. Schenkung Rz. 330ff) Sie würde im Ergebnis zu einer **Ausweitung der Schenkungsbesteuerung auf den Bereich des Geschäfts- und Wirtschaftslebens**, möglicherweise auch des Arbeitsrechts führen. Damit würde die historisch gewachsene Überzeugung, dass die Schenkungsteuer außerhalb von Familie und Freundeskreis wenig zu suchen habe (*Meincke*, ErbStG, 2012, § 7 Rz. 89; *Schulze-Osterloh*, StuW 1977, 122), prinzipiell aufgegeben. Die Schenkungsteuer würde sich in letzter Konsequenz zu einer Unternehmenssteuer entwickeln (*Hartmann*, UVR 1996, 39; *Hartmann*, DStZ 1998, 509; *Hartmann*, FR 2000, 1014; *Jochum*, UVR 2004, 265), wobei sich zusätzlich eine **Doppelbesteuerung** bestimmter Sachverhalte mit Einkommen- bzw. Körperschaftsteuer ergäbe. Deshalb muss in besonderer Weise die Entscheidung des BFH v. 29.10.1997 (II R 60/94, BStBl II 1997, 832) hervorgehoben werden, in der es um Vorgänge im Geschäfts- und Wirtschaftsleben ging und bei der ein „Wille zur Unentgeltlichkeit" außer Frage stand. Der BFH führt dann aber aus, dass bei subjektiver Verfolgung geschäftlicher Interessen das Bewusstsein der Unentgeltlichkeit verdrängt sein könne. Das subjektive Merkmal der Freigebigkeit entfalle trotz Kenntnis der Unentgeltlichkeit, wenn der **Zuwendende nachweise, dass die Bereicherung des Bedachten der Förderung des Geschäfts des Zuwendenden diene**, also objektiv und nahezu ausschließlich auf die Erzielung geschäftlicher Vorteile gerichtet sei. Wie *Weinmann* (in Moench/Weinmann, ErbStG, § 7 Rz. 116, 153) zutreffend feststellt, liegt in der Entscheidung das verdeckte Eingeständnis, dass die Beschränkung auf den Willen zur Unentgeltlichkeit zu kurz greife und die Freistellung besteuerungsunwürdiger Vorfälle letztlich doch auf eine Bereicherungsabsicht bzw. auf einen Willen zur schenkweisen Zuwendung i.S.v. *Meincke* hinausläuft.

Auch wenn aus Sicht der Praxis die Entscheidung zu begrüßen ist, muss beachtet werden, dass der Steuerpflichtige die **objektive Beweislast** dafür trägt, dass die Zuwendung der Förderung des Geschäftes des Zuwendenden gedient hat und die Zuwendung „objektiv und nahezu ausschließlich auf die Erzielung geschäftlicher Vorteile des Zuwendenden gerichtet" gewesen sei. Diesen Nachweis wird der Steuerpflichtige kaum erbringen können (*Weinmann*, in Moench/Weinmann, ErbStG, § 7 Rz. 153). Deshalb muss es mit *Viskorf* (Stbg 1998, 337; zustimmend *Weinmann*, in Moench/Weinmann, ErbStG, § 7 Rz. 153) genügen, wenn der Steuerpflichtige in nachvollziehbarer Weise vorträgt, dass seine Bereicherung „der Förderung des Geschäfts des Zuwendenden diente, d.h. objektiv und eindeutig der Verfolgung geschäftlicher Interessen des Zuwendenden zugeordnet werden" könne. Diesbezüglich kann sich der Zuwendende auf die bereits vom RFH (v. 6.8.1942, III e 32/40, RStBl 1943, 93) geprägte Formel berufen, dass Kaufleute sich nichts zu schenken pflegen. Im Ergebnis läuft die Rspr. des BFH zumindest auf die **Feststellung eines Bereicherungswillens im Geschäfts- und Wirtschaftsverkehr** hinaus. Insofern könnte man dogmatisch für den subjektiven Tatbestand des Schenkungsteuerrechts an den von *Schreiber* (JherJb. 60 (1912), 106) entwickelten wirtschaftlichen Entgeltlichkeitsbegriff anknüpfen. *Schreiber* sah für den Ausschluss der Unentgeltlichkeit eine rechtliche Verknüpfung zwischen Leistung und Gegenleistung als nicht notwendig an. Für den Begriff der Entgeltlichkeit sei es ausreichend, wenn die Zuwendung den Gegenwert für etwas Empfangenes oder künftig zu Empfangendes darstelle, und zwar in der Weise, dass es allein auf die subjektiven Wertbeziehungen ankomme, in welcher die Parteien ihre Leistungen zueinander erbringen. Ob dieser Gegenwert aus Rechtszwang oder ohne einen solchen gegeben werde, sei vollkommen gleichgültig für den wirtschaftlichen Charakter. Der freiwillig gegebene Gegenwert sei genauso gut Entgelt wie der kraft Rechtspflicht Geleistete.

304 Von der belohnenden (remuneratorischen) Schenkung einmal abgesehen, die auch zivilrechtlich als Schenkung behandelt wird (§ 534 BGB), geht es bei dem Prinzip im Geschäftsverkehr (unter Kaufleuten) bzw. zwischen Arbeitgeber und Arbeitnehmer letztlich darum, dass diese sich nicht aus privater Veranlassung etwas zu schenken pflegen. Damit würde sich auch das systemwidrige Problem der Doppelbesteuerung mit Einkommen- und Körperschaftsteuer entschärfen, weil bei einer betrieblichen bzw. beruflichen Veranlassung einer Zuwendung beim Empfänger entweder Gewinneinkünfte (§§ 13ff. EStG) oder Einkünfte aus nichtselbstständiger Arbeit (§ 19 EStG) vorliegen. Einen wirtschaftlichen Entgeltbegriff hat im Ergebnis – ohne nähere dogmatische Auseinandersetzung mit dem Begriff und der schenkungsteuerrechtlichen Überlagerung – der IX. Senat des BFH (v. 21.9.2004, IX R 13/02, BFH/NV 2004, 1725 = BStBl II 2005, 44) bei einer nachträglichen belohnenden „Entlohnung" angenommen, die zu Einkünften nach § 22 Nr. 3 EStG führen soll. Letztlich ist daraus das **allgemeine (Subsidiaritäts-)Prinzip** abzuleiten, dass die Erfassung einer Zuwendung bei der Einkommen- oder Körperschaftsteuer eine weitere Besteuerung mit Schenkungsteuer ausschließt.

305 In bestimmten Konstellationen ist zu vermuten, dass eine bestimmte Zuwendung objektiv und eindeutig der Verfolgung geschäftlicher Interessen des Zuwendenden zugeordnet werden kann und es deshalb am Bereicherungswillen des Zuwendenden fehlt. So fehlt es an einem Bereicherungswillen typischerweise beim sog. **Notverkauf**. In der Situation eines Notverkaufs, in der sich der Verkäufer aus persönlichen wirtschaftlichen Gründen zum unverzüglichen Verkauf unter dem Marktpreis gezwungen sieht, um zu Lasten des Gewinns Umsatz – d. h. zugleich Liquidität – zu gewinnen und dadurch einen größeren Verlust, z. B. aus Gründen der Refinanzierung zu vermeiden, sind diese Gründe aus Sicht des Erwerbers unerheblich, selbst wenn er davon Kenntnis besitzt. Auch wenn objektiv ein Missverhältnis zwischen Leistung und Gegenleistung besteht, fehlt es hier am Bereicherungswillen. Eine Schenkungsteuerpflicht ist in gleicher Weise zu verneinen bei **Kulanzleistungen** eines Kaufmannes oder bei **Werbegeschenken** (*Weinmann*, in Moench/Weinmann, ErbStG, § 7 Rz. 156). Ähnlich liegt es bei freiwilligen **Zuwendungen an Mitarbeiter oder Geschäftskunden** (z. B. sog. Friends and Family Programme). Ebenso fehlt es an einem Bereicherungswillen, wenn Forderungen zum Zweck der **Sanierung** eines Unternehmens erlassen werden, sei es bedingt oder unbedingt oder nur in Form eines schuldrechtlichen Rangrücktritts (RFH v. 26.2.1942, III e 15/41, RStBl 1942, 803; *Gebel*, in T/G/J, ErbStG, § 7 Rz. 23). Ungeeignet ist das Schenkungsteuerrecht auch für den Bereich unentgeltlicher **Zuwendungen im Konzern** (*Jochum*, UVR 2004, 265). Auch bei im Wirtschaftsverkehr üblichen **Sonderangeboten** fehlt es an der Bereicherungsabsicht (*Viskorf*, Stbg 1998, 337).

Soweit es sich um Zuwendungen von **Sponsoren** und **Mäzenen** handelt, betritt man die Grauzone zwischen Geschäfts- und Wirtschaftsleben aus privater Mitveranlassung. Hier ist in der Praxis damit zu rechnen, dass ein Bereicherungswille anzunehmen ist, weil der objektive Gegenbeweis nicht geführt werden kann, dass die Zuwendung „objektiv und nahezu ausschließlich auf die Erzielung geschäftlicher Vorteile des Zuwendenden gerichtet" gewesen ist (H E 7.1 ErbStH 2011; *Weinmann*, in Moench/Weinmann, ErbStG, § 7 Rz. 157; *Mückl*, StuW 2007, 122). An der objektiven Unentgeltlichkeit fehlt es, soweit der Leistung des Sponsors angemessene Gegenleistungen gegenüberstehen. Hier ist insbesondere anzuraten, die Zuwendungen auf der Grundlage eines Vertrags zu leisten, der alle (geldwerten) Gegenleistungen aufführt und nach Möglichkeit ihren Wert angibt (*Weinmann*, in Moench/Weinmann, ErbStG, § 7 Rz. 157). 306

Gestaltungshinweis: Gestaltungshinweis:
Um das Mäzenatentum steuergünstig zu gestalten, erscheint es vorzugswürdig, den Förderzweck im Rahmen eines gemeinnützigen Fördervereins zu verfolgen (*Steiner*, ErbStB 2007, 204).

Auf subjektiver Ebene scheitert auch die Schenkungsteuerpflicht unentgeltlicher Vermögensübertragungen durch **Träger der öffentlichen Verwaltung**, die der Erfüllung öffentlicher Aufgaben dienen. Nach der Rspr. des BFH (v. 1.12.2004, II R 46/02, BFH/NV 2005, 784 = BStBl II 2005, 311; v. 29.3.2006, II R 15/04, BFH/NV 2006, 1413 = BStBl II 2006, 557) fehlt es an der Freigebigkeit, weil Träger öffentlicher Verwaltung dem Grundsatz der Bindung der vollziehenden Gewalt an Gesetz und Recht nach Art. 20 Abs. 3 GG unterworfen sind, was das Haushaltsrecht mit einschließt. Wird deshalb ein Grundstück durch einen Träger öffentlicher Verwaltung (Landkreis) auf eine GmbH übertragen, deren alleiniger Gesellschafter der Landkreis ist, handelt es sich nicht um eine freigebige Zuwendung i.S.d. § 7 Abs. 1 Nr. 1 ErbStG, so dass wegen Nichteingreifens von § 3 Nr. 2 GrEStG dieser Vorgang grunderwerbsteuerpflichtig ist (BFH v. 29.3.2006, II R 15/04, BFH/NV 2006, 1413 = BStBl II 2006, 557; v. 17.10.2007, II R 63/05, BFH/NV 2008, 298 = BStBl II 2008, 381). Die Grundsätze lassen sich nicht auf freigebige Zuwendung zwischen einer **Kirchengemeinde** und die angeschlossene oder untergeordnete kirchliche Einrichtung übertragen. Hier sind freigebige Zuwendungen denkbar, die nach § 3 Nr. 2 GrEStG von der Grunderwerbsteuer freizustellen sind (BFH v. 17.5.2006, II R 46/04, BFH/NV 2006, 1991 = BStBl II 2006, 720). 307

einstweilen frei 308–329

8 Gemischt-freigebige Zuwendung

Eine gemischt-freigebige Zuwendung liegt vor, wenn mit einem gegenseitigen Vertrag (z.B. Kauf) eine unentgeltliche Zuwendung in der Weise verbunden ist, dass der **Differenzbetrag** zwischen dem Wert der Leistung (z.B. Kaufsache) und der Höhe der Gegenleistung (z.B. Kaufpreis) als **unentgeltliche Zuwendung** gelten soll. Zivilrechtlich wird dies als **gemischte Schenkung** bezeichnet. Eine Gegenleistung kann nach allgemeinen Grundsätzen (Rz. 250ff) auch bei einer **rechtlich-kausalen** 330

§ 7 Schenkungen unter Lebenden

Verknüpfung von Leistung und Gegenleistung vorliegen. Das ist z.B. der Fall, wenn der spätere Beschenkte vor dem Schenkungsvollzug das Grundstück des Schenkers unter Erwartung der künftigen Schenkung bebaut (im Ergebnis ebenso *Weinmann*, in Moench/Weinmann, ErbStG, § 7 Rz. 69b; H E 7.1 ErbStH 2011). Klassischer Fall der Gegenleistung ist der Kaufpreis beim sog. Freundschaftskauf, wenn dieser nicht ohnehin nach dem Willen der Parteien als vollentgeltlich zu behandeln ist. Die **Übernahme dinglicher Lasten** (z.B. Grundpfandrechte) stellt zivilrechtlich weder Gegenleistung noch Auflage dar (BGH v. 7.4.1989, V ZR 252/87, BGHZ 107, 156; zum Schenkungsrecht FG Nürnberg v. 26.4.2007, 4 K 177/2007, EFG 2007, 1185; zum Steuerrecht Rz. 362). Erfolgt ein **Schuldbeitritt zur Darlehensverpflichtung** des Schenkers, hängt die Berücksichtigung als Gegenleistung davon ab, ob der Beschenkte die Zins- und Tilgungsleistungen auch im Innenverhältnis zu tragen hat (BFH v. 26.1.2000, II B 88/99, BFH/NV 1999, 954).

331 Voraussetzung für die Annahme einer gemischt-freigebigen Zuwendung ist zunächst, dass sich eine **objektive Wertdifferenz** zwischen Leistung und Gegenleistung nach bürgerlich-rechtlichen Maßstäben (BFH v. 2.3.1994, II R 59/92, BStBl II 1994, 366; v. 17.10.2001, II R 60/99, BFH/NV 2002, 449 = BStBl II 2002, 165; *Gebel*, in T/G/J, ErbStG, § 7 Rz 44) feststellen lässt. Bei der Bewertung der zugewendeten Leistung ist auf den Verkehrswert abzustellen (BFH v. 14.7.1982, II R 125/79, BStBl II 1982, 714; v. 14.12.1995, II R 18/93, BStBl II 1996, 243; v. 23.10.2002, II R 71/00, BFH/NV 2003, 412 = BStBl II 2003, 162; v. 8.2.2006, II R 38/04, BFH/NV 2006, 1181 = BStBl II 2006, 475). Es sind alle tatsächlichen, rechtlichen und wirtschaftlichen Umstände zu berücksichtigen, die üblicherweise vom Markt beachtet werden. Bei einem **auffallenden Missverhältnis** von Leistung und Gegenleistung ist zu vermuten, dass eine gemischt-freigebige Zuwendung vorliegt, doch stellt sich sogleich die Frage, wann ein auffallendes Missverhältnis gegeben ist. Das FG Münster (v. 18.9.1997, 3 K 4562, 4563/95 Erb, EFG 1998, 673) hat sich für einen Angemessenheitsspielraum von 20 bis 25 % ausgesprochen; das FG München (v. 5.2.2001, 4 V 3339/00, EFG 2001, 701) sieht eine Wertdifferenz von 51 % als auffällig an. Letztlich kommt es auf die Umstände des Einzelfalls an, z.B. die Schwierigkeit der Wertermittlung (*Götz*, in Wilms/Jochum, ErbStG, § 7 Rn. 175). Liegt ein auffälliges Missverhältnis vor, ist zu vermuten, dass der Zuwendende dieses auch kannte (BFH v. 10.9.1986, II R 81/84, BStBl II 1987, 80; v. 5.12.1990, II R 109/86, BStBl II 1991, 181). Ob dann noch Raum bleibt, eine freigebige Zuwendung auf subjektiver Ebene abzulehnen, hängt davon ab, ob es zusätzlich auf einen Bereicherungswillen des Zuwendenden ankommt, was der BFH im Grundsatz verneint (Rz. 301).

332 Für die Frage, ob Leistung und Gegenleistung ausgeglichen sind, ist schenkungsrechtlich allein auf die **subjektive Äquivalenz** zwischen den Vertragsteilen abzustellen (*J. Koch*, in MünchKomm, BGB, § 516 Rz. 21; *Weidenkaff*, in Palandt, 2017, BGB, § 516 Rz. 13). Schenkungsteuerrechtlich soll demgegenüber eine **Objektivierung der Bewertung des Leistungsaustausches** nach den Maßstäben des allgemein Verkehrsüblichen erfolgen (Rz. 35), eine Linie, die inzwischen auch von der FinVerw. vertreten wird (R E 7.1 Abs. 3 Satz 3 ErbStR 2011). Namentlich haben nach der Ansicht des BFH **ungewöhnliche und persönliche Umstände unberücksichtigt** zu bleiben (BFH v. 19.12.2007, II R 22/06, BFH/NV 2008, 962). Insoweit gelte für den

Verkehrswert von Leistung und Gegenleistung dasselbe, was § 9 Abs. 2 Satz 3 BewG für die Ermittlung des gemeinen Werts vorschreibe. Ungewöhnliche und persönliche Umstände sind solche, mit denen der Verkehr bei Abschätzung des Werts eines Wirtschaftsguts nicht zu rechnen pflegt, die lediglich in einem Einzelfall ausnahmsweise die Preisbildung beeinflusst haben; persönliche Verhältnisse weisen darüber hinaus die Besonderheit auf, dass sie in der Person des Käufers oder Verkäufers liegen (BFH v. 26.2.2007, II R 73/05, BFH/NV 2007, 1277 m.w.N.). Deswegen sind im Gesellschaftsvertrag vereinbarte Verfügungsbeschränkungen für die Übertragung der Geschäftsanteile zu den persönlichen Verhältnissen zu rechnen, die bei der Wertermittlung nicht zu berücksichtigen sind. Die Gesellschafter sind diese Bindungen im eigenen und gegenseitigen Interesse eingegangen und können sie jederzeit wieder beseitigen. Ziel der Verfügungsbeschränkungen ist der Schutz der Gesellschaft gegen das Eindringen Dritter. Dieser Schutz dient mittelbar auch den Interessen der Gesellschafter (BFH v. 17.6.1998, II R 46/96, BFH/NV 1999, 17; v. 12.7.2005, II R 8/04, BStBl II 2005, 845). Demgegenüber stellt der Wechsel in der Geschäftsführung eines Unternehmens keinen persönlichen Umstand dar, wenn die Wahrnehmung des Unternehmens am Markt maßgeblich von den geschäftsführenden Gesellschaftern geprägt wird und der Unternehmenswert entscheidend davon abhängt, dass diese Personen dem Unternehmen mit ihren Kenntnissen, Erfahrungen und Kontakten erhalten bleiben (BFH v. 19.12.2007, II R 22/06, BFH/NV 2008, 962).

Der **Objektivierung der Bewertung von Leistung und Gegenleistung** einschließlich des Außerachtlassens von ungewöhnlichen und persönlichen Umständen ist entgegenzuhalten, dass eine vom konkreten Willen der Parteien und damit vom Inhalt des Rechtsgeschäfts abweichende Sichtweise auf eine fiktive Besteuerung hinausläuft (*Meincke*, ErbStG, 2012, § 7 Rz. 93). Die Annahme einer gemischt-freigebigen Zuwendung setzt ebenso wie die gemischte Schenkung den **übereinstimmenden Willen zur Bereicherung** voraus; der Bereicherungswille grenzt mithin die entgeltliche von der unentgeltlichen Sphäre ab, soweit eine Gegenleistung vorliegt (*Fischer*, Die Unentgeltlichkeit im Zivilrecht, 2002, 57f.). Dies spricht entscheidend dafür, dass der Bereicherungswille Wesenselement der Unentgeltlichkeit ist, und zwar auch dann, wenn es an einer Gegenleistung fehlt (Rz. 300ff). Das zeigt das einfache Beispiel eines „Kaufvertrags" zum Kaufpreis von 1 EUR. Es kann nicht sein, dass hier einerseits ein vollständig entgeltliches Geschäft möglich ist – wenn es nämlich, z.B. bei einem ohne Sanierung insolventen Unternehmen, übereinstimmend am Bereicherungswillen fehlt – demgegenüber bei einem „Kaufpreis" von 0 EUR unter sonst gleichem Sachverhalt eine Schenkung bzw. freigebige Zuwendung vorliegt.

Ein bis heute nicht abschließend gelöstes Problem ist, was bei der gemischten Schenkung den **Gegenstand der Zuwendung** bildet. Nach früher ganz h.M. wurde unter Zugrundelegung der bürgerlich-rechtlichen Wertmaßstäbe geprüft, ob eine einheitliche freigebige Zuwendung i.S.d. § 7 Abs. 1 Nr. 1 ErbStG gegeben war. Überstieg dabei der Wert des übertragenden Gegenstandes den Wert der Gegenleistung, so stand fest, dass der Tatbestand des § 7 Abs. 1 Nr. 1 ErbStG eingriff. Auf einer zweiten Stufe war die Bewertung des steuerpflichtigen Erwerbs i.S. des § 10 ErbStG vorzunehmen. Dabei war der übertragene Gegenstand mit seinem steuer

§ 7   Schenkungen unter Lebenden

rechtlichen Wert anzusetzen und von ihm der Wert der Gegenleistung abzusetzen. Die führte vor dem Hintergrund der Bewertungsdifferenzen zwischen Verkehrswert und Steuerwert zu fragwürdigen Ergebnissen.

Beispiel:
Vater V überträgt an seinen Sohn S ein Grundstück mit einem Verkehrswert von 400.000 EUR. Der frühere steuerliche Wert betrug nur 150.000 EUR. Das Grundstück ist mit Grundpfandrechten/Darlehen in Höhe von 200.000 EUR belastet, die S – insofern entgeltlich – persönlich übernimmt.

Die Besteuerung wurde wie folgt vorgenommen: Steuerwert der Zuwendung 150.000 EUR, abzügl. Steuerwert der Belastung 200.000 EUR, sodass eine negative Bereicherung von 50.000 EUR verblieb.

335 Während die traditionelle Auffassung den hingegebenen Gegenstand als einheitliches Objekt der teils entgeltlichen und teils unentgeltlichen Zuwendung ansah und die Gegenleistung erst als bereicherungsmindernden Abzugsposten i.S. des § 10 ErbStG behandelte, erkannte der BFH seit 1981 (BFH v. 21.10.1981, II R 176/78, BStBl II 1982, 83; v. 12.11.1989, II 37/87, BStBl II 1989, 524; krit. *Crezelius*, BB 1978, 1406; *Meincke*, ZEV 1994, 17) – letztlich ergebnisorientiert – eine gemischte freigebige Zuwendung in dieser Form nicht mehr an und betonte das Erfordernis, den gemischt entgeltlichen-unentgeltlichen Vorgang i.S.d. **Trennungstheorie** in seine Elemente zu zerlegen und aus ihm die ungemischte freigebige Zuwendung herauszulösen (Rz. 330 ff). Das vorherige Beispiel löst sich nach Ansicht des BFH wie folgt: Verkehrswert des Gegenstandes 400.000 EUR abzügl. der Gegenleistung von 200.000 EUR, so dass als Bereicherung ein Betrag von 200.000 EUR verbleibt. Die 200.000 EUR entsprechen der Hälfte des Verkehrswerts des Grundstücks. Bemessungsgrundlage der Steuer ist damit die Hälfte des Steuerwertes des Grundstücks, mithin 75.000 EUR. Die FinVerw. ist dem BFH gefolgt (R 17 ErbStR 2003 mit Berechnungsformel in R 17 Abs. 2 ErbStR 2003 und zahlreichen Anwendungsbeispielen).

336 Die Sichtweise des BFH mag wirtschaftlich plausibel gewesen sein, weil die nach der **Einheitstheorie** vorgenommene Behandlung der gemischten Schenkung in der Tat zu widersinnigen Ergebnissen führte, die sich aus der Unzulänglichkeit der von den Verkehrswerten abweichenden steuerlichen Werte ergab. Doch ist dieses Argument nunmehr entfallen. Da nach dem ErbStG in der Fassung des ErbStRG v. 24.12.2008 (BGBl I 2008, 3018) die steuerlichen Grundstückswerte wieder den Verkehrswerten entsprechen bzw. diese im Einzelfall sogar übersteigen können, sodass dann bei Nachweis auf den niedrigeren Verkehrswert abzustellen ist, hat sich die Problematik der gemischten Schenkung, die im Beispielsfall zu keiner bzw. früher sogar zu einer negativen Bereicherung führen konnte, erledigt.

336a Die FinVerw. hat im Anschluss an den Gleich lautenden Ländererlass zur Behandlung gemischter Schenkungen und Schenkungen unter einer Auflage v. 20.5.2010 (z.B. FinMin Baden-Württemberg v. 20.5.2010, 3 – S 3806/75, ZEV 2010, 656) ihre bisherige Sichtweise in R E 7.4 ErbStR 2011 ausdrücklich aufgegeben und folgt nunmehr wieder der **Einheitstheorie**.

Gestaltungshinweis:
Es bleibt abzuwarten, wie der BFH entscheiden wird. Zugunsten des Steuerpflichtigen entfaltet die Richtlinie Vertrauensschutz. Da die Gerichte nicht an die Richtlinie gebunden sind, ist eine **verbindliche Auskunft** im Vorfeld des (gemischten) Schenkungsvollzugs in Betracht zu ziehen.

Als steuerpflichtiger Erwerb gilt die **Bereicherung des Bedachten.** Diese wird nach R E 7.4 Abs. 1 ErbStR 2011 in der Weise ermittelt, dass von dem nach § 12 ErbStG zu ermittelnden **Steuerwert** der Leistung des Schenkers die **Gegenleistung** des Beschenkten mit ihrem nach § 12 ErbStG ermittelten Wert **abgezogen** werden.

Beispiel:
Vater V verkauft seiner Tochter T sein zu eigenen Wohnzwecken genutztes Einfamilienhaus. Nach dem Sachwertverfahren ergibt sich ein Wert von 900.000 EUR. Der Verkehrswert wird auf 1 Mio. EUR geschätzt. Die Gegenleistung besteht darin, dass T bei der Bank das grundpfandrechtlich gesicherte Darlehen in Höhe von 300.000 EUR ablöst (vgl. §§ 415f. BGB).
Nach der Einheitstheorie beträgt die Bereicherung der T Grundbesitzwert ./. Gegenleistung = 900.000 EUR ./. 300.000 EUR = 600.000 EUR. Die Einheitslösung ist also von Vorteil, wenn der Steuerwert unter dem Verkehrswert liegt. Die Öffnungsklausel des § 198 BewG, die dem Steuerpflichtigen zugutekommt, wenn der Verkehrswert niedriger liegt als der steuerliche Wert, kommt dem FA nicht zugute (*Halaczinsky*, in: Rössler/Troll, BewG (Stand: Okt. 2016), § 198 Rz. 3).

Der **Abzug der Gegenleistung ist nach § 10 Abs. 6 ErbStG beschränkt**, soweit der **Gegenstand** nach §§ 13, 13a oder 13c ErbStG **befreit** ist (R E 7.4 Abs. 2 ErbStR). Inwieweit der BFH § 10 Abs. 6 ErbStG anwenden würde, ist offen (Rz. 52f.). Das FG Saarland lehnt die Kürzung mit einer Schenkung verbundenen Leistungsauflage – im Fall eine Leibrente – nach § 10 Abs. 6 ErbStG ab (FG Saarland v. 3.1.2012, 1 V 1387/11, EFG 2012, 530 mit Anm. *Fumi*). Hätte im Beispielsfall V seiner Ehefrau das zu eigenen Wohnzwecken genutzte Einfamilienhaus verkauft, wäre der Gegenstand der (gemischten) Schenkung nach § 13 Abs. 1 Nr. 4a ErbStG steuerbefreit. Dann entfällt auch die Abzugsmöglichkeit. Nach R E 7.4 Abs. 4 ErbStR 2011 sind im Zusammenhang mit der Ausführung der Schenkung anfallende **Erwerbsnebenkosten**, z.B. für Notar, Grundbuch oder Handelsregister, aus Vereinfachungsgründen unbeschränkt abzugsfähig. **Steuerberatungs- und Rechtsberatungskosten** im Vorfeld der Schenkung sind keine abzugsfähigen Erwerbskosten. Steuerberatungskosten für die Erstellung der Steuererklärung sind im Umkehrschluss abzugsfähig. Wenn V seiner Ehefrau zusätzlich zur Immobilie einen Barbetrag von 10.000 EUR schenkt, können die Erwerbskosten, unterstellt sie betrügen 10.000 EUR, vollständig abgezogen werden.
Wenn V seiner Ehefrau **mehrere Vermögensgegenstände** zuwendet, z.B. neben dem Einfamilienhaus noch unentgeltlich Wertpapiere im Wert von 900.000 EUR, darf die Gegenleistung in Höhe von 300.000 EUR **nicht nach dem Verhältnis der Steuerwerte** auf die Immobilie und die Wertpapiere (½ und ½) verteilt

werden. Denn das grundpfandrechtlich gesicherte Darlehen steht **in wirtschaftlichem Zusammenhang mit der (steuerbefreiten) Immobilie.** Die steuerpflichtige Bereicherung beträgt 900.000 EUR.

Gestaltungshinweis:

V und seiner Ehefrau wäre zu empfehlen, dass E nicht das Darlehen übernimmt, sondern stattdessen dem V im (gemischten) Schenkungsvertrag eine Barzahlung in Höhe von 300.000 EUR vereinbart. Dann stünde die **Gegenleistung nicht mehr in wirtschaftlichem Zusammenhang mit der Immobilie,** sondern mit allen Vermögensgegenständen und wäre nach dem Verhältnis der Steuerwerte (½ und ½) zu verteilen. Die steuerpflichtige Bereicherung betrüge 750.000 EUR.

Läge der Fall so, dass V nicht die Immobilie, sondern die Wertpapiere fremdfinanziert hätte, wäre das Einfamilienhaus nach § 13 Abs. 1 Nr. 4 ErbStG steuerbefreit und die Gegenleistung könnte in voller Höhe vom Steuerwert der Wertpapiere (900.000 EUR ./. 300.000 EUR) abgezogen werden. Die steuerpflichtige Bereicherung betrüge 600.000 EUR.

337 Wenn der Tatbestand des § 7 Abs. 1 Nr. 1 ErbStG ersichtlich an die zivilrechtliche Schenkung anknüpft, zu deren Tatbestand eine objektive Bereicherung des Zuwendungsempfängers gehört, erscheint es vorzugswürdig, die Bereicherung nicht nach eigenständigen steuerrechtlichen Bewertungsgrundsätzen zu prüfen, sondern auf das Schenkungsrecht abzustellen. Aus der **Sonderregelung** zur Behandlung von **vermögensverwaltenden Personengesellschaften in § 10 Abs. 1 Satz 4 ErbStG** einschließlich der anteiligen Zuordnung von Schulden und Lasten nach Halbs. 2, die bei der „Ermittlung der Bereicherung wie eine Gegenleistung zu behandeln" sind, folgt nichts zwingend Abweichendes. Denn es handelt sich letztlich um eine auf die Ermittlung der Bereicherung nach § 10 ErbStG begrenzte gesetzliche Fiktion, die für § 10 ErbStG zu einer Zurechnung bei den Gesellschaftern nach dem Rechtsgedanken des § 39 Abs. 2 Nr. 2 AO führt. Der **Zuwendungsgegenstand** i.S.d. § 7 ErbStG bleibt im Einklang mit der Rspr. des BFH (v. 14.12.1995, II R 79/94, BStBl II 1996, 546; v. 17.2.1999, II R 65/97, BFH/NV 1999, 1338 = BStBl II 1999, 476), die durch die gesetzlichen Änderungen des § 10 ErbStG (§ 10 Abs. 1 Satz 3 ErbStG a. F.) durch das JStG 1997 (BGBl I 1996, 2049) und die Neufassung und Ergänzung des § 10 Abs. 1 Satz 4 ErbStG durch das ErbStRG v. 24.12.2008 (BGBl I 2008, 3018) insoweit unberührt bleibt, die **gesellschaftsrechtliche Beteiligung an der Personengesellschaft** und nicht die anteiligen Wirtschaftsgüter und Schulden/Lasten. Ein Argument für die Beibehaltung der Trennungstheorie könnte sein, dass die in § 10 Abs. 6 Sätze 4, 5 ErbStG vorgesehene anteilige Kürzung von Schulden und Lasten bei dem steuerbegünstigten Erwerb nach den §§ 13a, 13c ErbStG nur auf Erwerbe von Todes wegen Anwendung findet. Doch lässt sich dies dogmatisch stimmig dadurch lösen, dass man § 10 Abs. 1 Satz 2 ErbStG – entgegen der bisherigen Sichtweise des BFH (v. 21.10.1981, II R 176/78, BStBl II 1982, 83) – auch auf Schenkungen unter Lebenden anwendet, weil § 10 ErbStG zur Ermittlung der Bemessungsgrundlage des Beschenkten ausdrücklich nichts aussagt und deshalb der allgemeine Verweis des § 1 Abs. 2 ErbStG auch § 10 Abs. 1 Satz 2 ErbStG (i. V.m. § 10 Abs. 6 Sätze 4, 5 ErbStG) in Bezug nimmt (*Meincke*, ErbStG, 2012, § 10 Rz. 18ff., 20a zur

gemischten Schenkung). Dies führt zu einem schlüssigen Gesamtkonzept, weil der BFH es für möglich hält, bei freigebigen Zuwendungen „Erwerbsaufwand gem. § 10 Abs. 5 Nr. 3 ErbStG 1974" zu berücksichtigen (BFH v. 20.12.2000, II R 42/99, BFH/NV 2001, 1081 = BStBl II 2001, 454) und Zahlungen des Beschenkten „gemäß § 10 Abs. 5 Nr. 2 i.V.m. § 1 Abs. 2 ErbStG" (BFH v. 8.10.2003, II R 46/01, BFH/NV 2004, 431 = BStBl II 2004, 234 = ZEV 2004, 124 m. Anm. *Meincke*) in Abzug zu bringen. Es bleibt abzuwarten, ob der BFH dogmatisch wieder zur Einheitstheorie zurückkehrt.

einstweilen frei   338–359

9   Schenkung unter Auflage

Die Schenkung unter Auflage (§§ 525 ff. BGB) verknüpft die Zuwendung des Schenkers mit einer (Neben-)Leistungspflicht des Beschenkten. Typische Fälle sind die vom Beschenkten übernommene Verpflichtung zur Einräumung eines Nutzungsrechts oder die Herausgabe künftiger Nutzungen, wie sie regelmäßig bei der sog. Vermögensübergabe gegen Versorgungsleistungen (BGH v. 7.4.1989, V ZR 252/87, BGHZ 107, 156) erfolgt. Zivil- und schenkungsteuerrechtlich stellt sich die Frage, wie sich die Auflage zur Unentgeltlichkeit des Schenkungsvertrages verhält bzw. abgrenzt. Der Vorschrift des § 525 BGB kann dazu entnommen werden, dass eine Leistungsverpflichtung des Zuwendungsempfängers das Rechtsgeschäft nicht ipso iure zu einem anderen Vertragstypus wandelt. Die Schenkung unter Auflage ist nach dem Zivilrecht eine „Schenkung" mit der zusätzlichen Abrede, dass der Schenker von dem Beschenkten eine Leistung beanspruchen kann, wenn dieser den Schenkungsgegenstand erhalten hat. Die Eigenart der Auflage besteht darin, dass sie die Unentgeltlichkeit der Zuwendung unberührt lässt, wohingegen das Vorhandensein einer Gegenleistung das Rechtsgeschäft zu einem teil- oder vollentgeltlichen gestaltet. Deshalb muss **zivilrechtlich die Auflage als Nebenleistung (Nebenzweck der Zuwendung) von der Gegenleistung als Hauptleistung (Hauptzweck der Zuwendung) abgegrenzt** werden (*Fischer*, Die Unentgeltlichkeit im Zivilrecht, 2002, 74 ff. m.w.N.). Festzuhalten bleibt, dass die heute herrschende Praxis die Schenkung unter Auflage **in vollem Umfang als unentgeltlich** ansieht (RG v. 7.3.1905, VII 336/04, RGZ 60, 238; BGH v. 23.5.1959, V ZR 140/58, BGHZ 30,120; BGH v. 7.4.1989, V ZR 252/87, BGHZ 107, 156; *Weidenkaff*, in Palandt, 2017, BGB, § 525 Rz. 1; eingehend *Fischer*, Die Unentgeltlichkeit im Zivilrecht, 2002, 72 ff.).   360

Das **Schenkungsteuerrecht** hat früher an die zivilrechtliche Sichtweise angeknüpft. Die geänderte Berechnung der Schenkungsteuer bei der gemischten Schenkung durch die Entscheidung des BFH v. 21.10.1981 (II R 176/78, BStBl II 1982, 83) ist zunächst nur auf Fälle der gemischten Schenkung bezogen und die wirtschaftlich vergleichbare Schenkung unter Auflage ausgeklammert worden. Die Sachverhalte der gemischten Schenkung und der Schenkung unter Auflage wurden damit erbschaftsteuerrechtlich ungleich behandelt, da bei der Auflagenschenkung, einem einheitlich unentgeltlichen Rechtsgeschäft, eine Aufspaltung in einen entgeltlichen und unentgeltlichen Teil unter verhältnismäßiger Kürzung des abzugsfähigen Werts der Auflage nicht in Betracht kam. Mit Urteil v. 12.4.1989 (II R 37/87, BStBl II 1989,   361

524) hat der BFH dann aber eine weitergehende Gleichstellung zwischen gemischter Schenkung und Auflagenschenkung vorgenommen. Bei einer Schenkung unter Auflage sind schenkungsteuerrechtlich die dem Bedachten auferlegten Aufwendungen von den ihm obliegenden Duldungspflichten zu unterscheiden. Duldungspflichten bzw. **Duldungsauflagen** sind insbesondere das Wohnrecht, der Nießbrauch oder sonstige Nutzungsrechte und zwar unabhängig davon, ob sie dinglich abgesichert sind oder nur schuldrechtlich eingeräumt sind. Soweit dem Bedachten Aufwendungen auferlegt sind, die ihn zu Leistungen verpflichten – sog. **Leistungsauflagen** – ist er insoweit (wie bei der gemischten Schenkung) nicht i.S.d. § 7 Abs. 1 Nr. 1 ErbStG auf Kosten des Zuwendenden bereichert. Wenn der Bedachte zu (Neben-)Leistungen verpflichtet ist, die er unabhängig vom Innehaben des auf ihn übergegangenen Gegenstands oder Rechtes auch aus seinem persönlichen (Eigen-)Vermögen erbringen kann oder soweit er den Zuwendenden von diesem obliegenden Leistungsverpflichtungen zu befreien hat, werden die Aufwendungen als sog. **Leistungsauflagen schenkungsteuerrechtlich nicht anders behandelt als Gegenleistungen im Rahmen einer gemischten Schenkung.** Demzufolge ist es aus Sicht des Schenkungsteuerrechts unerheblich, ob man sog. Abstandszahlungen bzw. sog. Gleichstellungsgelder an Geschwister zivilrechtlich als Gegenleistung einer gemischten Schenkung (*Fischer*, Die Unentgeltlichkeit im Zivilrecht, 2002, 77 m.w.N.; *Kapp/Ebeling*, ErbStG, § 7 Rz. 52) oder nur als Leistungsauflage einer Schenkung unter Auflage (*Kapp/Ebeling*, ErbStG, § 7 Rz. 79) einräumt.

362 Im Ergebnis hat der BFH seine zur gemischten Schenkung entwickelte Vorstellung von zwei getrennt zu beurteilenden Vorgängen auf die **Auflagenschenkung mit sog. Leistungsauflagen** ausgedehnt. Demzufolge bleiben auch hier die gleichen **grundsätzlichen Bedenken gegen den Trennungsgedanken wie gegen die Behandlung der gemischten Schenkung** (Rz. 330ff). Da der ergebnisorientierte Anlass des von Verkehrswert abweichenden Steuerwerts bestimmter Zuwendungsgegenstände durch das ErbStRG v. 24.12.2008 (BGBl I 2008, 3018) entfallen ist, wird man auch die Unterscheidung zwischen Duldungs- und Leistungsauflagen dogmatisch neu überdenken müssen. Nach der hier vertretenen Ansicht ist für den Bereich der gemischten Schenkung zur **Einheitstheorie zurückzukehren**, so dass auch die Schenkung unter Auflage im Einklang mit dem Zivilrecht erst recht wieder als voll unentgeltlicher Vorgang zu erfassen ist. Die zivilrechtlich in Teilbereichen schwierige und umstrittene Abgrenzung zwischen gemischter Schenkung und Schenkung unter Auflage ist schenkungsteuerrechtlich wegen des auch für die steuerliche Bereicherung maßgeblichen gemeinen Werts kein Problem mehr, weil sowohl Auflage als auch Gegenleistung die Bereicherung mindern können.

Die **FinVerw** hat im Anschluss an den koordinierten Ländererlass zur Behandlung gemischter Schenkungen und Schenkungen unter einer Auflage v. 20.5.2010 (z.B. FinMin Baden-Württemberg v. 20.5.2010, 3 – S 3806/75, ZEV 2010, 656) ihre bisherige Sichtweise in R E 7.4 ErbStR 2011 ausdrücklich aufgegeben (Rz. 336a zur gemischten Schenkung) und folgt nunmehr wieder der **Einheitstheorie.** Es bleibt abzuwarten, wie der BFH entscheiden wird.

Schenkungen unter Lebenden § 7

Gestaltungshinweis:
Zugunsten des Steuerpflichtigen entfaltet die Richtlinie Vertrauensschutz. Da die Gerichte nicht an die Richtlinie gebunden sind, ist eine **verbindliche Auskunft** im Vorfeld des Schenkungsvollzugs in Betracht zu ziehen.

Vom Steuerwert können mithin **Leistungs- und Duldungsauflagen** abgezogen werden. Die **Unterscheidung bleibt bedeutsam, wenn mehrere Vermögensgegenstände zugewendet** werden, die z. T. steuerbegünstigt sind, weil Duldungsauflagen einem bestimmten Gegenstand zugeordnet werden, während Leistungsauflagen nach dem Verhältnis der Steuerwerte vor Anwendung der Steuervergünstigung aufzuteilen sind.

Ist der Bedachte durch eine Auflage zu Geldzahlungen verpflichtet, ist regelmäßig von einer Leistungsauflage auszugehen. Die Übertragung von Gesellschaftsanteilen gegen Einräumung eines obligatorischen Nutzungsrechts (Gewinnbezugsrechts) zugunsten eines vom Schenker bestimmten Dritten stellt nach der Rspr. des BFH (BFH v. 13.4.2011, II R 27/09, NJW-RR 2011, 1407) eine Schenkung unter Leistungsauflage dar, wenn der Bedachte verpflichtet ist, die ihm aufgrund der Beteiligung zustehenden Gewinne an den Dritten auszukehren. Denn Inhalt des Nutzungsrechts sei ein Zahlungsanspruch, den der Beschwerte unabhängig vom Innehaben der auf ihn übergegangenen Gesellschaftsanteile (vgl. auch die Beispielsfälle in H E 7.4 Abs. 1–4 ErbStH 2011) auch aus seinem persönlichen Vermögen erfüllen kann.

Beispiel:
Vater V (65 Jahre) schenkt seiner Tochter T im Wege der vorweggenommenen Erbfolge im April 2012 ein zu privaten Wohnzwecken vermietetes Grundstück mit einem Steuerwert von 900.000 EUR, der Verkehrswert beträgt 1 Mio. EUR. Darüber hinaus schenkt V der T Wertpapiere im Wert von 900.000 EUR.
Variante 1: Die Parteien vereinbaren eine Leibrente von 1.500 EUR monatlich.
Variante 2: Die Parteien vereinbaren, der Mutter M (60 Jahre) ein lebenslängliches Nießbrauchsrecht (Jahreswert 30.000 EUR) zuzuwenden.
In Variante 1 liegt eine sog. **Leistungsauflage** vor. Der Kapitalwert der Leibrente berechnet sich nach § 14 Abs. 1 BewG. Der Jahreswert von 18.000 EUR ist mit dem Vervielfältiger für Bewertungsstichtage ab 1.1.2012 (BMF v. 26.9.2011, IV D 4 – S 3104/09/10001, BStBl I 2011, 834) von 11,295 zu multiplizieren und beträgt 203.310 EUR.
Das Grundvermögen ist mit 90 % anzusetzen (§ 13c ErbStG). Der Abzug ist nach § 10 Abs. 6 S. 5 ErbStG auf 90 % zu beschränken. Es werden mehrere Vermögensgegenstände (Immobilie, Wertpapierdepot) zugewendet. Da die Leibrente als Leistungsauflage keinem der beiden Vermögensgegenstände direkt zuordnungsfähig ist, ist sie auf die Vermögensgegenstände nach dem Verhältnis der Steuerwerte vor Anwendung des § 13c ErbStG aufzuteilen, hier als im Verhältnis ½ zu ½ (= 101.655 EUR). Von den auf die Immobilie entfallenden 101.655 EUR dürfen nur 90 % (= 91.489,50 EUR) von der steuerpflichtigen Bereicherung in Höhe von 810.000 EUR abgezogen werden (= 718.510,50 EUR).

Fischer

Die gesamte steuerpflichtige Bereicherung beträgt 798.345 EUR (Wertpapierdepot: 900.000 EUR ./. 101.655 EUR) + 718.510,50 EUR (Immobilie) = 1.516.855,50 EUR.
In Variante 2 liegt eine sog. **Duldungsauflage** vor. Der Kapitalwert des Zuwendungsnießbrauchs ermittelt sich aus dem Produkt von Jahreswert des Nießbrauchs (30.000 EUR) x Vervielfältiger für Bewertungsstichtage ab 1.1.2012 (BMF v. 26.9.2011, IV D 4 – S 3104/09/10001, BStBl I 2011, 834) von 13,743 = 412.290 EUR. Die Duldungsauflage ist im Unterschied zur Leistungsauflage dem nach § 13c ErbStG mit 90 % anzusetzenden Grundstück direkt zuordnungsfähig, weswegen auch nur 90 % abziehbar sind (= 371.061 EUR). Die steuerpflichtige Bereicherung beträgt damit (810.000 EUR ./. 371.061 EUR =) 438.939 EUR für die Immobilie + 900.000 EUR für das Wertpapierdepot = 1.338.939 EUR.

Dingliche Lasten (insbesondere Nießbrauch, Grundpfandrechte) sind nach der Rspr. des BGH (v. 7.4.1989, V ZR 252/87, BGHZ 107, 156) keine Auflagen, sondern schlichte Wertminderungen des Geschenks. Demgegenüber geht der BFH (v. 6.3.1990, II R 165/87, BFH/NV 1990, 809) von der Einordnung als Duldungsauflage aus, die nach § 25 ErbStG a.F. einem Abzugsverbot unterliegen konnten. Nachdem § 25 ErbStG a.F. durch das ErbStRG v. 24.12.2008 (BGBl I 2008, 3018) abgeschafft worden ist, macht es auch hier regelmäßig keinen Unterschied mehr, ob man die dinglichen Lasten als schlichte Wertminderung oder als Abzugsposten ansieht. Eine doppelte Berücksichtigung verhindert das Abzugsverbot des § 10 Abs. 6 S. 6 ErbStG, wenn sich ein Nutzungsrecht bereits als Grundstücksbelastung bei der Ermittlung des gemeinen Werts eines Grundstücks ausgewirkt hat. Eine Berücksichtigung bereits bei der Ermittlung des gemeinen Werts kann sich z.B. günstiger auswirken, weil die Kappungsgrenze des § 16 BewG nicht gilt. Einschlägig sind hier die Fälle der Öffnungsklausel (sog. Escape-Klausel gem. § 198 BewG) mit dem Nachweis des niedrigeren gemeinen Werts für ein Grundstück – regelmäßig – mittels Sachverständigengutachtens (vgl. R B 198 ErbStR 2011; näher *Eisele/Schmitt*, NWB 28/2010, 2232). Die weitere Entwicklung in der Rspr. des BFH bleibt abzuwarten. Die FinVerw lässt in R E 7.4 Abs. 1 S. 3 ErbStR 2011 die Minderung des gemeinen Werts unter Hinweis auf § 10 Abs. 6 S. 6 ErbStG wieder zu.

363 Ein wesentliches praktisches Problem besteht bei der Schenkung unter Auflage ebenso wie bei der gemischten Schenkung darin, den **Verkehrswert der Gegenleistung** zu ermitteln. Bei wiederkehrenden Leistungen ist im Grundsatz zur Ermittlung des Verkehrswertes der Kapitalwert festzustellen, der sich nach den §§ 13 bis 15 BewG ergibt, doch kann bei Unzulänglichkeiten (etwa wegen des starren Zinssatzes von 5,5 %, welcher in Zeiten niedriger Kapitalmarktzinsen zu hoch liegen kann) auf Antrag des Steuerpflichtigen ein abweichender „tatsächlicher" Wert ermittelt werden (BFH v. 8.2.2006, II R 38/04, BFH/NV 2006, 1181 = BStBl II 2006, 475). Nach § 14 BewG i.d.F. des ErbStRG v. 24.12.2008 (BGBl I 2008, 3018) wird auf die **aktuelle Sterbetafel** Bezug genommen (Rz. 362). Eine **aufschiebend bedingte Rente** ist nach Ansicht des BFH (v. 8.2.2006, II R 38/04, BFH/NV 2006, 1181 = BStBl II 2006, 475) ebenso wie eine **Wertsicherungsklausel** vor Bedingungseintritt gem. § 6 Abs. 2 BewG nicht anzusetzen. Bei Bedingungseintritt ist eine Korrektur gem. § 5 Abs. 2

BewG i. V. m. § 175 Abs. 1 Satz 1 Nr. 2 AO (vgl. zur Korrektur FG Köln v. 27.8.2014, 9 K 2193/12, EFG 2015, 58) möglich, wodurch sich bei der aufschiebend bedingten Rente das Zuwendungsverhältnis umkehren kann, wenn der überlebende Ehegatte, an den die Rente weiter zu zahlen ist, erheblich jünger als der vorverstorbene Ehegatte ist, dem die Rente bis zu seinem Tod zu zahlen war (*Weinmann*, in Moench/Weinmann, ErbStG, § 7 Rz. 98; krit. auch *Jülicher*, ZErb 2006, 243; *Seifried*, ZEV 2006, 278). Wird etwa im Rahmen eines Übergabevertrages als Auflage das **Pflegerisiko** übernommen, soll dieses – solange es sich nicht realisiert hat – wegen § 6 Abs. 2 BewG zunächst unberücksichtigt bleiben. Daraus ergibt sich das erste praktische Problem, nämlich die Feststellung der Realisierung des Risikos, die zur Korrektur der Schenkungsteuer führt. Die FinVerw (H E 7.4 (1) ErbStR 2011 im Anschluss an FinMin Baden-Württemberg. 20.8.2002, S 38 11/6, DB 2002, 1803; OFD Erfurt v. 9.7.2002, S 3806 A-12-L 215, DStR 2002, 1305; OFD Karlsruhe v. 28.9.2008, S 380.6/59 – St 341, ErbSt-Kartei BW § 7 ErbStG Karte 27b). vertritt den Standpunkt, maßgeblich sei die Pflegebedürftigkeit nach den Voraussetzungen des § 15 SGB XI. Doch kommt es letztlich entscheidend darauf an, was die Parteien konkret vereinbart haben und tatsächlich durchführen. Das FG Niedersachsen (v. 14.4.2004, 3 K 198/02, EFG 2005, 289) hat entschieden, dass der Zuwendende auf Dauer auf fremde Hilfe angewiesen sein müsse, was bei einer Erkrankung von drei Monaten nicht der Fall sei. Der weitere Streitpunkt besteht in der Bewertung der Pflegeleistungen. Hier möchte sich die FinVerw (H E 7.4 Abs. 1 ErbStH 2011 „Übernommene Pflegeleistungen als Gegenleistung" im Anschluss an FinMin Bayern v. 6.12.2002, 34 – S 3806-45/4-54702, ErbSt-Kartei BY § 10 ErbStG Karte 9; *Weinmann*, in Moench/Weinmann, ErbStG, § 7 Rz. 100b; ausführlich *Kieser*, ZErb 2014, 300) an den in § 36 Abs. 3 SGB XI festgelegten monatlichen Pauschalvergütungen für Pflegeleistungen im Bereich der gesetzlichen Pflegeversicherung orientieren (ab 1.1.2012 450 EUR in Pflegestufe I; 1.100 EUR in Pflegestufe II; 1.550 EUR in Pflegestufe III) und den Jahreswert gem. der Anlage zu § 14 BewG kapitalisieren. In besonders gelagerten Fällen ist nach H E 7.4 Abs. 1 ErbStH 2011 „Übernommene Pflegeleistungen als Gegenleistung„ unter Bezugnahme auf § 36 Abs. 4 SGB XI in der Pflegestufe III ein Betrag von 1.918 EUR anzuwenden, andererseits sind die Beträge in bestimmten Fällen wieder zu kürzen. Das FG Rheinland-Pfalz (v. 23.3.2007, 4 K 2892/04, EFG 2007, 1095; vgl. dazu den Nichtanwendungserlass des FinMin Baden-Württemberg v. 5.10.2007, 3 – S 3806/37, DStR 2007, 2068) hat davon abweichend entschieden, dass sich der Wert der Pflegeleistung weder nach § 36 Abs. 3 SGB XI noch nach dem üblichen Stundensatz des Pflegedienstes, sondern nach dem Tariflohn für ungelernte Pflegekräfte bestimme. Beim vorzeitigen Ableben eines Rentenberechtigten findet **§ 14 Abs. 2 BewG keine Anwendung** (BFH v. 17.10.2001, II R 72/99, BFH/NV 2002, 278 = BStBl II 2002, 25 m. Anm. *Viskorf*, FR 2002, 96). Demzufolge ist keine Berichtigung der Kapitalisierung unter Berücksichtigung der tatsächlichen Lebenserwartung vorzunehmen, was andererseits zur Folge hat, dass von der individuellen Lebenserwartung der berechtigten Person auszugehen ist, wenn diese mit an Sicherheit grenzender Wahrscheinlichkeit niedriger liegt. Werden bei der Zuwendung eines Grundstücks vom **Erwerber Grundpfandrechte** übernommen, die der Sicherung von Darlehen dienen, die er **nicht persönlich übernommen** hat oder zu deren Rückzahlung einschließlich der Zinsen der **Zuwendende (im Innenverhältnis) allein verpflichtet** bleibt, übernimmt der Erwerber eine **aufschiebend bedingte Last** (im Einzelnen: H E 7.4 Ab. 1 ErbStH 2011 „Bestehen bleibende Grundpfandrechte bei Zuwendung eines Grundstücks"). Sie ist bei der Ermittlung der Bereicherung des Erwerbers nicht zu berücksichtigen (§ 12 Abs. 1 ErbStG i. V. m. § 6 Abs. 1 BewG). Eine zu berücksichtigende Last des Erwerbers tritt erst ein, wenn der Zuwendende seinen Verpflichtungen aus dem Darlehensvertrag nicht nachkommt und der Gläubiger der Grundpfandrechte den dinglichen Anspruch auf Befriedigung aus dem Grundstück geltend macht (vgl. §§ 1142, 1150 BGB). Dieser Umstand ist nach § 6 Abs. 2 BewG i. V. m. § 5 Abs. 2 BewG zu berücksichtigen. Der tatsächlich übernommene Schuldbetrag ist auf den Stichtag der Steuerentstehung abzuzinsen (vgl. FG Köln v. 27.8.2014, 9 K 2193/12, EFG 2015, 58). Der Vervielfältiger für die Abzinsung ist der Tabelle 1 der Gleichlautenden Erlasse der obersten Finanzbehörden der Länder v. 10.10.2010 (BStBl I 2010, 810) zu entnehmen. Entsprechendes gilt, wenn der Beschenkte für auf dem Grundstück abgesicherte Verbindlichkeiten zwar die persönliche Haftung übernimmt, der Schenker (und Vorbehaltsnießbraucher) sich aber verpflichtet, die Verbindlichkeit für die Dauer des Nießbrauchs weiter zu tilgen und zu verzinsen.

364–389 einstweilen frei

10 Schenkung unter Auflage oder Erfüllung einer Bedingung (§ 7 Abs. 1 Nr. 2 ErbStG)

390 Als Schenkung unter Lebenden gilt gem. § 7 Abs. 1 Nr. 2 ErbStG, was entweder infolge Vollziehung einer vom Schenker angeordneten Auflage (Alt. 1) oder infolge Erfüllung einer einem Rechtsgeschäft unter Lebenden beigefügten Bedingung (Alt. 2) ohne entsprechende Gegenleistung erlangt wird. Die **Schenkung unter Auflage (Alt. 1) verbindet zwei freigebige Zuwendungen** miteinander, nämlich die Erstschenkung an den mit der Auflage beschwerten Beschenkten und die Zweitschenkung des Erstbeschenkten an einen Dritten. Fehlt es an einem Dritten, weil die Auflage einen nicht abgrenzbaren Personenkreis zugute kommt, liegt eine **Zweckzuwendung** nach § 8 ErbStG vor. Kommt die Auflage dem Beschenkten selbst zugute, ist § 10 Abs. 9 ErbStG zu beachten, wonach die Auflage nicht abzugsfähig ist. Die **Besteuerung der Erstschenkung** richtet sich nach § 7 Abs. 1 Nr. 1 ErbStG. Demzufolge geht es in § 7 Abs. 1 Nr. 2 ErbStG um **die Besteuerung der Zweitschenkung**, also um die Steuerpflicht des Auflagenbegünstigten. Dabei ist die Zuwendung des Erstbeschenkten an den Dritten als **Zuwendung des ursprünglichen Schenkers an den Auflagenbegünstigten** anzusehen (BFH v. 17.2.1993, II R 72/90, BStBl II 1993, 523). Hier liegt der dogmatische Unterschied zur sog. **Kettenschenkung** mit zwei aufeinander folgenden Zuwendungen (Rz. 209 ff). Die **Schenkung mit Weiterschenkklausel** (Rz. 211, 214) wird demgegenüber der Schenkung unter einer Auflage gleichgestellt (BFH v. 17.2.1993, II R 72/90, BStBl II 1993, 523). Unklar ist, ob sich diese Sichtweise des BFH auch auf die **Schenkung mit Vererbungsklausel** übertragen lässt, wonach das Geschenk dem Beschenkten bis zu seinem Tod verbleiben soll, dann jedoch nicht an die Erben des Beschenkten, sondern an einen vom Schenker ausgesuchten Dritten weiterzugeben ist (*Meincke*, ErbStG, 2012, § 7 Rz. 67). Die Vererbungsklausel kann z. B. die Schenkung mit einer auflösenden Bedingung

versehen, wonach der Beschenkte den Zuwendungsgegenstand verliert, wenn er ihn nicht als eigene Zuwendung durch Erbeinsetzung oder Vermächtnis an den vom Schenker benannten Dritten von Todes wegen weitergibt. Das FG Niedersachsen (v. 5.1.1989, III 44/85, EFG 1989, 463) möchte auch diese Gestaltung den Regeln über die Schenkung unter Auflage unterstellen. Doch spricht gegen diese Sichtweise die Dogmatik des § 3 Abs. 1 Nr. 1 ErbStG, der den Erwerb von Todes wegen stets auf den Erblasser zurückführt (*Meincke*, ErbStG, 2012, § 7 Rz. 96).

Der **Anwendungsbereich des § 7 Abs. 1 Nr. 2 ErbStG** in Bezug auf die Besteuerung der Zweitschenkung wird durch den BFH noch **weiter eingeschränkt**, weil sich die Steuerpflicht des Auflagenbegünstigten bereits aus § 7 Abs. 1 Nr. 1 ErbStG ergeben soll, wenn er aus der Anordnung des Schenkers einen **gesicherten und frei verfügbaren Anspruch auf Vollzug der Auflage gegen den Erstbeschenkten** erhält (BFH v. 22.10.1980, II R 73/77, BStBl II 1981, 78; v. 17.2.1993, II R 72/90, BStBl II 1993, 523). Nach den einschlägigen zivilrechtlichen Bestimmungen ist dies im Zweifel anzunehmen (§ 330 Satz 2 BGB). Damit beschränkt sich der Anwendungsbereich des § 7 Abs. 1 Nr. 2 ErbStG auf die Konstellation, dass der **auflagebegünstigte Dritte aus der Auflagenanordnung ausnahmsweise nicht unmittelbar selbstständig berechtigt** ist. Liegt für den Auflagebegünstigten ein gesicherter und frei verfügbarer Anspruch auf Vollzug der Auflage gegen den Erstbeschenkten vor, sieht der BFH als Zuwendungsgegenstand zwischen dem Schenker und dem Dritten die dem Dritten eingeräumte Forderung gegen den Erstbeschenkten an, für die die Steuerpflicht bereits zum Zeitpunkt der Ausführung der Erstschenkung entsteht. Wenn für den Dritten keine Forderung begründet wird, kann dies für die Praxis eine steuergünstige Gestaltung ermöglichen, weil die Auflage beim Erstbeschenkten sofort absetzbar ist, während bei dem auflagenbegünstigten Dritten eine verzögerte Besteuerung eintritt.

Beispiel:
A schenkt B 100.000 EUR unter der Auflage, an C die Hälfte des Geldes innerhalb der nächsten 5 Jahre weiterzureichen. Dem C soll aber ausdrücklich kein eigenständiges Forderungsrecht gegen B zustehen.

Die Schenkung unter Auflage ist abzugrenzen vom **bedingten Erwerb**, etwa bei einem sog. Enkel-Fonds, wenn die bereits beschenkten Enkel bei der Geburt eines weiteren Enkels einen Teil ihres Anteils an diesen übertragen müssen (*Schuck/Schuck*, in FS für Hans Flick, 1997, 385). Hier entsteht die **Auflage erst mit Eintritt der Bedingung** (BFH v. 5.4.1989, II R 45/86, BFH/NV 1990, 506), wobei ein vorzeitiger Auflagenvollzug vom BFH (v. 17.2.1993, II R 72/90, BStBl II 1993, 523; krit. *Gebel*, in T/G/J, ErbStG, § 7 Rz. 298) als Bedingungseintritt gewertet wird, obwohl eine vorzeitige Erfüllung zivilrechtlich unmöglich ist. Wird die **aufschiebende Bedingung nach Eintritt der Bedingung** von dem zunächst Beschenkten gegenüber dem Dritten erfüllt, kommt es für die schenkungsteuerrechtliche Beurteilung des Erwerbs des Dritten ebenfalls auf das Verhältnis zum Schenker an (BFH v. 17.2.1993, II R 72/90, BStBl II 1993, 523).

Beim **Erwerb infolge der Erfüllung einer Bedingung (Alt. 2)** geht es um die Konstellation, dass sich die Vertragspartner des Schenkers zwar nicht zu einer

Leistung an den Dritten verpflichtet, er aber das von dem Schenker Erlangte nur dann endgültig behalten darf, wenn er im Verhältnis zu dem Dritten die Bedingung erfüllt. Auch hier regelt § 7 Abs. 1 Nr. 2 ErbStG nur die Besteuerung des Dritten (*Meincke*, ErbStG, 2012, § 7 Rz. 97). Das von einer Bedingung abhängig gemachte Rechtsgeschäft zwischen dem Schenker und dem Vertragspartner kann eine Schenkung sein, doch sind auch andere (entgeltliche) Rechtsgeschäfte möglich.

394–399 einstweilen frei

11 Erwerb durch Dritte vor einer genehmigungspflichtigen Zuwendung (§ 7 Abs. 1 Nr. 3 ErbStG)

400 Die Vorschrift will eine Besteuerungslücke vermeiden, wenn eine **Schenkung einer staatlichen Genehmigungspflicht** unterliegt. Hier könnte nämlich der Erwerb nicht auf dem Willen des Schenkers, sondern auf der staatlichen Anordnung beruhen (*Götz*, in Wilms/Jochum, ErbStG, § 7 Rz. 225). Die Vorschrift hat bisher noch keine praktische Bedeutung erlangt (*Meincke*, ErbStG, 2012, § 7 Rz. 98). Nach § 9 Abs. 1 Nr. 1 Buchst. e ErbStG entsteht die Steuer mit dem Zeitpunkt der Genehmigung.

401–409 einstweilen frei

12 Vereinbarungen der Gütergemeinschaft (§ 7 Abs. 1 Nr. 4 ErbStG)

410 Zivilrechtlich ist die Vereinbarung der Gütergemeinschaft keine Schenkung i.S.d. §§ 516ff. BGB (BGH v. 27.11.1991, IV ZR 266/90, BGHZ 116, 178 m.w.N.). Deshalb erscheint es auch bedenklich, die Bereicherung, die ein Ehegatte oder Lebenspartner (gemäß § 7 LPartG sind Partner einer eingetragenen Lebenspartnerschaft durch das ErbStRG v. 24.12.2008 (BGBl I 2008, 3018) seit dem 1.1.2009 in den persönlichen Anwendungsbereich des § 7 Abs. 1 Nr. 4 ErbStG mit einbezogen) bei Vereinbarungen der Gütergemeinschaft erfährt, unter den allgemeinen Tatbestand des § 7 Abs. 1 Nr. 1 ErbStG zu subsumieren. Ob daran die vom BFH (v. 2.3.1994, II R 59/92, BStBl II 1994, 366; krit. *Meincke*, ErbStG, 2012, § 7 Rz. 86) befürwortete Besteuerung unbenannter Zuwendungen (Rz. 301) etwas ändert, ist zweifelhaft, da der Eintritt der Gütergemeinschaft sich kraft Gesetzes und nicht durch Rechtsgeschäft vollzieht. Insoweit schließt **§ 7 Abs. 1 Nr. 4 ErbStG eine vermeintliche „Besteuerungslücke"**, indem die Bereicherung, die der ärmere Ehegatte/Lebenspartner bei Vereinbarung der Gütergemeinschaft im Verhältnis zum reicheren Ehegatten/Lebenspartner erhält, besteuert wird. Dabei geht es um die Vergemeinschaftung der beiderseitigen Vermögen zum **Gesamtgut nach § 1416 BGB**. Die Steuerpflicht bezieht sich also nicht auf das Sondergut (§ 1417 BGB) und das Vorbehaltsgut (§ 1418 Abs. 1 BGB). Ein besonderer Wille zur Freigebigkeit ist nicht erforderlich (*Meincke*, ErbStG, 2012, § 7 Rz. 105 m.w.N.). Die Vorschrift erfasst allerdings lediglich die ursprüngliche Vereinbarung der Gütergemeinschaft einschließlich eines späteren Wechsels etwa vom gesetzlichen Güterstand in den Güterstand der Gütergemeinschaft. Wird das **Gesamtgut später erweitert**, ist dieser Vorgang nicht vom Wortlaut des § 7 Abs. 1 Nr. 4 ErbStG gedeckt. Dies betrifft etwa die Überführung vom Vorbehaltsgut eines Ehegatten/Lebenspartners in das gemeinschaftliche Vermögen oder die Überführung von Gegenständen aus dem Gesamtgut

Schenkungen unter Lebenden § 7

in das Vorbehaltsgut eines Ehegatten/Lebenspartners (*Meincke*, ErbStG, 2012, § 7 Rz. 100; *Weinmann*, in Moench/Weinmann, ErbStG, § 7 Rz. 209). Im Einzelfall ist zu prüfen, ob der **Vorgang unter den Grundtatbestand des § 7 Abs. 1 Nr. 1 ErbStG** subsumiert werden kann (*Weinmann*, in Moench/Weinmann, ErbStG, § 7 Rz. 209). Da der BFH (v. 2.3.1994, II R 59/92, BStBl II 1994, 366; krit. *Meincke*, ErbStG, 2012, § 7 Rz. 86) grundsätzlich einen Willen zur Unentgeltlichkeit genügen lässt und bei Zuwendung unter Ehegatten (bzw. Lebenspartnern) auf einen Willen zur schenkweisen Zuwendung nicht abstellt, wird regelmäßig eine freigebige Zuwendung nach § 7 Abs. 1 Nr. 1 ErbStG anzunehmen sein. Im Fall der Ehescheidung ist jedem der Ehegatten/Lebenspartner der Wert des seinerzeit in die Gütergemeinschaft Eingebrachten zu erstatten. Es erscheint sinnvoll, die Rückgängigmachung der Bereicherung analog § 29 Abs. 1 Nr. 3 ErbStG zu behandeln (*Kapp/Ebeling*, ErbStG, § 7 Rz. 111.1 m.w.N.).

einstweilen frei 411–419

13 Abfindungen für Erb- und Pflichtteilsverzicht (§ 7 Abs. 1 Nr. 5 ErbStG)

Der **Erblasser kann zu Lebzeiten** mit künftigen Erben, Pflichtteilsberechtigten 420 oder Vermächtnisgläubigern rechtsgeschäftlich vereinbaren, dass diese auf die Erbaussicht verzichten (§§ 2346, 2348, 2352 BGB). Der Verzicht kann auf das Pflichtteilsrecht beschränkt werden. Wenn die Beteiligten stattdessen eine **Abfindung** erhalten, handelt es sich dabei schenkungsrechtlich um ein entgeltliches Geschäft. Die in diesem Zusammenhang immer wieder zitierte Entscheidung des BGH (v. 28.2.1991, IX ZR 74/90, BGHZ 113, 393) bezog sich allein auf den Begriff der Unentgeltlichkeit im Vollstreckungsrecht, der sich von der schenkungsrechtlichen Sichtweise unterscheidet (zu den Abweichungen vom Schenkungsrecht näher *Fischer*, Die Unentgeltlichkeit im Zivilrecht, 2002, 380 ff.). Entstehungsgeschichtlich knüpft § 7 ErbStG allerdings an das Schenkungsrecht und nicht an das Vollstreckungsrecht an. Im Übrigen ist die Entscheidung des BGH auch für das Vollstreckungsrecht nicht überzeugend, weil sich die Anfechtungsmöglichkeit eines Pflichtteilverzichts gegen Entgelt bereits aus anderen Anfechtungstatbeständen ergeben hätte (*Fischer*, Die Unentgeltlichkeit im Zivilrecht, 2002, 433 ff., 441 f.). Im Ergebnis bleibt es also dabei, dass **schenkungs- und schenkungsteuerrechtlich ein entgeltliches Geschäft** vorliegt, welches ausnahmsweise nach § 7 Abs. 1 Nr. 5 ErbStG besteuert wird. Deshalb kann es auch nicht auf das Bewusstsein der Unentgeltlichkeit nicht ankommen. Insoweit ist der Sondertatbestand des § 7 Abs. 1 Nr. 5 ErbStG nicht klarstellend sondern konstitutiv.

Wird die **Abfindung nicht von dem Erblasser sondern von einem Dritten** 421 gewährt, dem der Verzicht im Erbfall zugute kommt (z.B. Abfindung des Bruders an die Schwester für deren Erbverzicht gegenüber den Eltern), soll schenkungsteuerrechtlich nach der Rspr. des BFH trotzdem das **Verhältnis zwischen dem Erblasser und Abfindungsempfänger** zugrunde gelegt werden (BFH v. 25.5.1977, II R 136/73, BStBl II 1977, 733). Regelmäßig ist dies für den Abfindungsempfänger günstig, weil er zu dem Erblasser bezogen auf Freibetrag und Steuerklasse in einem *günstigeren* Verhältnis steht als zu dem Dritten. Beim späteren Erwerb vom Erblasser ist der Dritte berechtigt, die von ihm geleistete Abfindung als Kosten zur Erlangung des Erwerbs nach § 10 Abs. 5 Nr. 3 ErbStG abzuziehen.

422 Nicht von § 7 Abs. 1 Nr. 5 ErbStG erfasst wird die **Abfindung zwischen künftigen gesetzlichen Erben zu Lebzeiten des Erblassers** (§ 311b Abs. 4, Abs. 5 BGB). Allerdings geht der BFH (v. 25.1.2001, II R 22/98, BFH/NV 2001, 705 = BStBl II 2001, 456) von einer freigebigen Zuwendung i. S. d. Grundtatbestandes des § 7 Abs. 1 Nr. 1 ErbStG aus, ohne sich mit der schenkungsrechtlichen Dogmatik auseinanderzusetzen (Rz. 13). Wenn der Erbe auf einen **Anspruch aus 2287 BGB gegen Abfindung** verzichtet oder ein Erbvertrag gem. § 2290 Abs. 1 BGB gegen Abfindung aufgehoben wird, ist zwar der Sondertatbestand des § 7 Abs. 1 Nr. 5 ErbStG nicht erfüllt, doch wendet die Rspr. des BFH (BFH v. 25.1.2001, II R 22/98, BFH/NV 2001, 705 = BStBl II 2001, 456; BFHv. 16.5.2013, II R 21/11, BStBl II 2013, 992) den Grundtatbestand des § 7 Abs. 1 Nr. 1 ErbStG im Verhältnis zwischen den künftigen Erben an. Trotzdem richtet sich in diesem Fall die **Steuerklasse** nach dem Verhältnis zum Erblasser (BFH v. 16.5.2013, II R 21/11, BStBl II 2013, 992). Gleiches soll auch für den Freibetrag gelten (FG Münster v. 26.2.2015, 3 K 3065/14 Erb, ZEV 2015, 667; eingehend *Carlé*, Kösdi 2016, 19773 mit ausführlichen Gestaltungshinweisen).

423–429 einstweilen frei

14 Abfindung bei vorzeitigem Erbausgleich (§ 7 Abs. 1 Nr. 6 ErbStG a. F.)

430 § 7 Abs. 1 Nr. 6 ErbStG a. F. hatte keine aktuelle Bedeutung mehr, weil durch das Erbrechtsgleichstellungsgesetz vom 16.12.1997 (BGBl I 1997, 2968) die früher in § 1934 d BGB geregelten Fälle durch Gleichstellung von ehelichen und nichtehelichen Kindern gegenstandslos geworden sind. Damit war der Sondertatbestand nur noch auf Fälle anzuwenden, bei denen der Erblasser bis zum 1.4.1998 (Inkrafttreten des Gesetzes) verstorben ist oder in denen bis zu diesem Zeitpunkt eine wirksame Vereinbarung über den Erbausgleich getroffen worden ist. Durch das **ErbStRG v. 24.12.2008** (BGBl I 2008, 3018) ist die **Vorschrift zum 1.1.2009 gestrichen** worden.

15 Herausgabe des Vorerbschaftsvermögens (§ 7 Abs. 1 Nr. 7 ErbStG)

431 Der Eintritt der Nacherbschaft richtet sich nach der Anordnung des Erblassers. Fehlt es daran, gilt der Tod des Vorerben als Nacherbfall (§ 2106 Abs. 1 BGB). Den Nacherbfall eintreten zu lassen, liegt also nicht in der Hand des Vorerben, doch bleibt es selbstverständlich möglich, das der Vor- und Nacherbfolge unterliegende Vermögen rechtsgeschäftlich vorzeitig auf den Nacherben zu übertragen. Daran knüpft der Sondertatbestand des § 7 Abs. 1 Nr. 7 ErbStG an. Als Schenkung unter Lebenden gilt gem. § 7 Abs. 1 Nr. 7 ErbStG, was ein **Vorerbe dem Nacherben** mit Rücksicht auf die angeordnete Nacherbschaft **vor ihrem Eintritt herausgibt**.

432 Der objektive Tatbestand der freigebigen Zuwendung ist erfüllt, wenn die Übertragung unentgeltlich erfolgt, denn es wird Vermögenssubstanz zugewendet und nicht „nur die Nutzungen der Zwischenzeit" (*Meincke*, ErbStG, 2012, § 7 Rz. 111; BFH v. 6.3.1990, II R 63/87, BStBl II 1990, 504). Allerdings könnte man an dem

subjektiven Tatbestand des § 7 Abs. 1 Nr. 1 ErbStG zweifeln, wenn man mit dem BFH (v. 17.2.1993, II R 72/90, BStBl II 1993, 523) davon ausgeht, dass die Übertragung der Vermögenssubstanz zwar freiwillig, aber wegen des künftigen Eintritts des Nacherbenfalls nicht freigebig erfolge. Wird **von dem Nacherben eine Gegenleistung** gewährt, liegt ein entgeltlicher bzw. ein teilentgeltlicher Vorgang in Form einer gemischten Schenkung vor. Wenn der **Nacherbe auf sein Anwartschaftsrecht verzichtet**, wird dies **nicht als eine die Steuerpflicht mindernde Gegenleistung** angesehen. Denn der Nacherbe verfügt beim Verzicht lediglich über eine Erwerbschance, da es an einem hinreichend gesicherten Vermögenswert fehlen soll (FG München v. 6.11.2002, 4 K 4500/00, EFG 2003, 552). Dies liegt auf der Linie der Rspr. des BFH.

Der **Erwerb des Nacherben wird im Verhältnis zum Vorerben** besteuert. Das ist konsequent, denn nach § 6 ErbStG erbt für Zwecke der Erbschaftsteuer der Nacherbe abweichend vom Erbrecht vom Vorerben. Der Nacherbe kann allerdings gem. § 7 Abs. 2 ErbStG beantragen, dass sein Erwerb nach dem Verhältnis zum jeweiligen Erblasser besteuert wird.

433

einstweilen frei

434–439

16 Erwerb bei Errichtung einer Stiftung oder Bildung eines Trusts (§ 7 Abs. 1 Nr. 8 ErbStG)

Als Schenkung unter Lebenden gilt der Übergang von Vermögen aufgrund eines Stiftungsgeschäftes unter Lebenden (§ 7 Abs. 1 Nr. 8 Satz 1 ErbStG). Satz ;1 betrifft die **Erstausstattung der Stiftung**, die auch als ausländische Stiftung errichtet worden sein kann (FG Rheinland-Pfalz v. 19.3.1998, 4 K 2887/97, EFG 1998, 1021). Besteuert wird der Vermögensübergang auf die Stiftung, zu dem der Stifter mit der Anerkennung der Stiftung gem. § 82 Satz 1 BGB verpflichtet wird bzw. der sich nach § 82 Satz 2 BGB mit der Anerkennung der Stiftung als rechtsfähig von selbst vollzieht. Ist die Stiftung errichtet worden und erfolgen später sog. **Zustiftungen**, unterliegen diese als freigebige Zuwendungen nach § 7 Abs. 1 Nr. 1 ErbStG der Schenkungsteuer (RFH v. 12.5.1931, I e A 164/30, RStBl 1931, 539). Bei der Prüfung, wer als Zuwendender und Bedachter an einer freigebigen Zuwendung beteiligt ist, kommt es nach der ständigen Rspr. des BFH auf die **Zivilrechtslage** und nicht darauf an, wem nach wirtschaftlicher Betrachtungsweise Vermögen oder Einkommen zuzurechnen ist; denn die Schenkungsteuer ist Verkehrsteuer (BFH v. 29.11.2006, II R 42/05, BStBl II 2007, 319). Bei einer Vermögensübertragung auf eine rechtsfähige Stiftung kann deshalb keine freigebige Zuwendung an den Begünstigten vorliegen (BFH v. 9.7.2009, II R 47/07, BFH/NV 2010, 310 = BStBl II 2010, 74). Die Zustiftung an eine (Familien-)Stiftung ist auch dann nach § 7 Abs. 1 Nr. 1 ErbStG mit Steuerklasse III steuerpflichtig, wenn der Zuwendende zugleich der einzige Begünstigte der Stiftung ist (BFH v. 9.12.2008, II R 22/08, BFH/NV 2010, 743 = BStBl II 2010, 363). Der Sondertatbestand des § 7 Abs. 1 Nr. 8 ErbStG ist allerdings dann noch einschlägig, wenn der Stifter im Stiftungsgeschäft die hinreichend **konkretisierte Verpflichtung zu weiteren Zuwendungen** an die Stiftung

440

übernommen hat, was vor allem bei Familienstiftungen (§ 15 Abs. 2 ErbStG) steuerlich vorteilhaft sein kann (*Meincke*, ErbStG, 2012, § 7 Rz. 112).

441 Zur Tatbestandserfüllung des § 7 Abs. 1 Nr. 8 S. 1 ErbStG ist eine **Bereicherung der Stiftung** (Rz. 200 ff) erforderlich, insbesondere, dass die Stiftung über die Erstausstattung tatsächlich und rechtlich frei verfügen kann (BFH v. 28.6.2007, II R 21/05, BFH/NV 2007, 1775 = BStBl II 2007, 669 bzgl. einer liechtensteinischen Stiftung; *Schütz*, DB 2008, 603; *Weber/Zürcher*, DStR 2008, 803). An der Bereicherung fehlt es, wenn die Übertragung nur treuhänderisch erfolgt (*Jülicher*, DStR 2001, 2177; BMF v. 16.9.2004, IV A 4 – S 1928-18/04, BStBl I 2004, 225). Die Verpflichtung einer Stiftung, eine ihr zugedachte Verwendung satzungsgemäß zu verwenden, begründet keine auf der Zuwendung ruhende Last oder Auflage und mindert nicht die Bereicherung (RFH v. 12.5.1931, I e A 164/30, RStBl 1931, 539). Ebenso wenig schließt es die Bereicherung aus, dass die Stiftung satzungsgemäß weitgehend identischen Zwecken wie der Stifter dient (BFH v. 13.4.2011, II R 45/09, BB 2011, 1768). Während Kapitalgesellschaften ihren Gesellschaftern – jedenfalls bei eigennützigem Verbandszweck – „gehören" (Rz. 254a), sind mitgliederlose Stiftungen eigenständige juristische Personen und damit im Grundsatz auch zum Stifter wie ein Dritter zu behandeln. Für als **gemeinnützig anerkannte Stiftungen** stellt § 13 Abs. 1 Nr. 16 Buchst. b ErbStG den Vermögensübergang von der Steuerpflicht frei.

442 § 7 Abs. 1 Nr. 8 Satz 2 ErbStG, der durch das StEntlG 1999/2000/2002 (BGBl I 1999, 402) eingeführt worden ist, erstreckt die Besteuerung auf die Bildung und – abweichend von Satz 1 – auf die (spätere) Ausstattung einer **Vermögensmasse ausländischen Rechts** durch Rechtsgeschäfte unter Lebenden (*Gebel*, in T/G/J, ErbStG, § 7 Rz. 336; *Weinmann*, in Moench/Weinmann, ErbStG, § 7 Rz. 221a; a.A. *Schuck*, in V/K/S/W, ErbStG, 2012, § 7 Rz. 151). Dabei ist die **Steuerklasse III** einschlägig, weil sich die Privilegierung des § 15 Abs. 2 Satz 1 ErbStG ausdrücklich auf Inlandsstiftungen beschränkt (*Kapp/Ebeling*, ErbStG, § 7 Rz. 149.2 m.w.N.). § 7 Abs. 1 Nr. 8 Satz 2 ErbStG dient der Ergänzung des § 3 Abs. 2 Nr. 1 Satz 2 ErbStG (§ 3 ErbStG Rz. 528 ff). Mit der Regelung hat der Gesetzgeber auf die Entscheidung des BFH (v. 7.5.1986, II R 137/79, BStBl II 1986, 615) reagiert, wonach die Vermögenszuwendung an einen Inter-Vivos-Trust nach angloamerikanischem Recht nicht dem deutschen ErbStG unterliegt. Denn der Trustee ist nicht bereichert. Daran ändert auch Satz 2 nichts. Vielmehr erfolgt die **Besteuerung der Errichtung von Inter-Vivos-Trusts** seit dem 4.3.1999 aufgrund einer **doppelten Fiktion**. Da der Trust nach deutschem Zivilrecht keine Rechtsfähigkeit besitzt und damit kein Vermögensübergang stattfindet, fingiert das Gesetz in § 20 Abs. 1 Satz 2 ErbStG zunächst die Erwerberfähigkeit (§ 3 ErbStG Rz. 73) und dann in § 7 Abs. 1 Nr. 8 Satz 2 ErbStG den Vermögensübergang, der zumindest eine Anerkennung nach deutschem IPR voraussetzen dürfte (§ 3 ErbStG Rz. 73 ff). Dies bedeutet aber auch, dass die Fiktion des Satzes 2 zu Ende gedacht werden muss. Fehlt es bereits an einer **Bereicherung des fiktiven Gebildes**, weil der Trust-Errichter (Settlor) nach der Trusturkunde keine Rechtsposition besitzt, dass der Trustee nicht tatsächlich und rechtlich frei verfügen kann (BFH v. 28.6.2007, II R 21/05, BFH/NV 2007, 1775 = BStBl II 2007, 669, bzgl. einer liechtensteinischen Stiftung; *Schütz*, DB 2008, 603; *Weber/Zürcher*, DStR 2008, 803), geht Satz 2 ins Leere. Die liechtensteinische Stiftung ist nicht zuletzt wegen ihrer steuerstrafrechtlichen Aktualität wieder in die Diskussion geraten (auführlich *Billig*, UVR 2015, 204). Auch sofern sie nur zur Steuerhinterziehung dient, ist sie zivilrechtlich schon deshalb nicht anzuerkennen (FG München v 19.8.2015, 4 K 1647/13, EFG 2015, 1824 unter Bezug auf OLG Düsseldorf v. 30.4.2010, I-22 U 126/06, ZEV 2010, 528; Rev. unter dem Az. II R 8/16 beim BFH anhängig). Behält sich der Stifter also umfassende Weisungsbefugnisse vor, ist ihm das Vermögen der Stiftung weiterhin zuzurechnen (FG Münster,v. 11.12.2014, K 764/12 Erb, DStRE 2016, 1311; Rev. beim BFH unter Az. II R 9/15 anhängig). Allein die Widerrufsmöglichkeit bei einem sog. **revocable Trust** reicht für dessen freie Verfügbarkeit nicht aus (*Meincke*, ErbStG, 2012, § 7 Rz. 115a; *Jülicher*, DStR 2001, 2177; a. A. *Carlé*, KÖSDI 1999, 11839; *Füger/von Oertzen*, IStR 1999, 11), wie auch die Schenkung unter Widerrufsvorbehalt die Bereicherung unberührt lässt (Rz. 216). Andererseits spricht der Wortlaut des Satzes 2 davon, dass der Zweck der ausländischen Vermögensmasse auf die „**Bindung von Vermögen**" gerichtet sein müsse, was man im Fall eines revocable Trusts – unabhängig von der Bereicherung – auch verneinen könnte. Besteht demgegenüber von Anfang an eine **Herausgabepflicht**, schließt dies eine tatsächliche und freie Verfügungsmöglichkeit und damit eine Bereicherung aus.

Von § 7 Abs. 1 Nr. 8 Satz 2 ErbStG wird der Erwerb inländischen und ausländischen Vermögens nur dann erfasst, wenn der **Trust-Errichter (Settlor)** als Einbringender **unbeschränkt steuerpflichtig** ist. Hier besteht vor allem der praktische Vorteil, sich an den Trust-Errichter als weiteren Steuerschuldner zu halten (§ 20 Abs. 1 S. 2 ErbStG). Bei **beschränkt Steuerpflichtigen** kommt es darauf an, ob es sich um Inlandsvermögen i.S.d. § 2 Abs. 1 Nr. 3 ErbStG handelt. 443

einstweilen frei 444–459

17 Aufhebung der Stiftung, Auflösung des Vereins oder Trusts (§ 7 Abs. 1 Nr. 9 ErbStG)

Als Schenkung unter Lebenden gilt nach § 7 Abs. 1 Nr. 9 Satz 1 ErbStG, was bei der **Aufhebung einer Stiftung** (Alt. 1) oder bei **Auflösung eines Vereins** (Alt. 2) erworben wird. Nach Satz 3, der durch das ErbStRG v. 24.12.2008 (BGBl I 2008, 3018) mit Wirkung zum 1.1.2009 neu eingefügt worden ist, wird auch der **Formwechsel eines Familienvereins** in eine Kapitalgesellschaft als Auflösung des Vereins behandelt. Satz 2, der durch das StEntG 1999/2000/2002 v. 24.3.1999 (BGBl I 1999, 402) mit Wirkung ab dem 5.3.1999 eingefügt worden ist, erfasst einerseits den Erwerb bei **Auflösung eines Trusts** (Satz 2 Alt. 1) und den **Erwerb von sog. Zwischenberechtigten** (Satz 2 Alt. 2). 460

Mit dem Erlöschen der Stiftung fällt das Vermögen an die in der Stiftungsverfassung oder dem Stiftungsgeschäft bestimmten Personen (§ 88 Satz 1 BGB). Für eine freigebige Zuwendung zwischen Stiftung und den Empfängern fehlt es an der objektiven Unentgeltlichkeit, weil diese zur Auskehrung des Vermögens im Rahmen der Liquidation gesetzlich verpflichtet sind (§ 88 Satz 2 BGB i.V.m. § 49 Abs. 1 Satz 1 BGB). Für eine freigebige Zuwendung zwischen Stifter und Empfängern fehlt es 461 bereits an einer Handlung des Stifters (Rz. 441 ff.). Die **Steuerpflicht** folgt demnach **konstitutiv aus § 7 Abs. 1 Nr. 9 Satz 1 ErbStG.**

462 Dem gesamten Wortlaut des § 7 Abs. 1 Nr. 9 ErbStG lässt sich nicht entnehmen, **wer als Zuwendender gilt.** In Betracht kommen entweder Stiftung/Verein/Trust oder Stifter, bzw. derjenige, der das Vermögen auf den Verein übertragen, oder derjenige, der die ausländische Vermögensmasse gebildet oder ausgestattet hat. Da § 7 Abs. 1 Nr. 9 ErbStG lückenhaft ist, erscheint es systematisch nahe liegend, auf die Vorschrift des § 15 Abs. 2 Satz 2 ErbStG abzustellen. Dies würde für die Stiftung bedeuten, dass der Vermögensrückfall an den Stifter nicht steuerpflichtig ist. Entsprechendes würde für Verein und ausländische Vermögensmasse gelten. Der BFH (v. 25.11.1992, II R 77/90, BStBl II 1993, 238; v. 25.11.1992, II R 78/90, BFH/NV 1993, 438; v. 25.11.1992, II R 79/90, BFH/NV 1993, 438) hat allerdings entschieden, dass die Vorschrift des § 15 Abs. 2 ErbStG keine Regelung in Bezug auf den durch § 7 Abs. 1 Nr. 9 ErbStG erfassten Tatbestand treffe. § 15 Abs. 2 ErbStG habe nur Bedeutung für die Steuerklasse und Berechnung der Steuer. Ansonsten müsse davon ausgegangen werden, dass bei Aufhebung einer Stiftung nach Bürgerlichem Recht Zuwendender die Stiftung sei, weil auf diese das Vermögen in dem Stiftungsgeschäft übertragen worden sei. Entsprechendes müsste dann für die Auflösung des Vereins und der ausländischen Vermögensmasse gelten. *Meincke* (ErbStG, 2012, § 7 Rz. 113; ebenso *Schuck*, in V/K/S/W, ErbStG, 2012, § 7 Rz. 159; dem BFH zustimmend *Kapp/Ebeling*, ErbStG, § 7 Rz. 151; *Weinmann*, in Moench/Weinmann, ErbStG, § 7 Rz. 222) äußert zu Recht Zweifel, ob dieses Ergebnis angesichts von Gesetzeswortlaut, Entstehungsgeschichte und der Teleologie im Licht des § 29 ErbStG wirklich zu überzeugen vermag.

463 Das **Erlöschen einer rechtsfähigen Stiftung** kann durch verschiedene Tatbestände, etwa durch Beschluss der Stiftungsorgane, Zeitablauf oder Einleitung eines Insolvenzverfahrens erfolgen. Sie kann auch durch Aufhebung seitens der zuständigen Behörde (§ 87 Abs. 1 BGB) erlöschen. Dem Wortlaut nach bezieht sich § 7 Abs. 1 Nr. 9 Satz 1 ErbStG nur auf den Erwerb, der bei „**Aufhebung einer Stiftung**" anfällt. Deshalb ist zweifelhaft, ob auch die sonstigen Erlöschensgründe, wie etwa durch Zeitablauf oder Eintritt einer auflösenden Bedingung, erfasst werden (zweifelnd *Schuck*, in V/K/S/W, ErbStG, 2012, § 7 Rz. 157; a. A. *Meincke*, ErbStG, 2012, § 7 Rz. 113, jeder Fall des Erlöschens der Stiftung sei in Bezug genommen; ebenso *Gebel*, in T/G/J, ErbStG, § 7 Rz. 337; *Weinmann*, in Moench/Weinmann, ErbStG, § 7 Rz. 222). Aufhebung bzw. Erlöschen setzen eine **vollständige Beendigung der Stiftung** voraus. Werden demgegenüber nur Teile des Vermögens ausgeschüttet, liegt keine Aufhebung oder Teilaufhebung vor, auch wenn der Empfänger des Vermögens zu den Destinatären gehört (RFH v. 11.5.1939, III e 17/38, RStBl 1939, 789). **Satzungsmäßige Zuwendungen** aus dem Vermögen von Stiftungen erfolgen nicht mit Bereicherungsabsicht, sondern aufgrund des Satzungszwecks, sodass Zuwendungen an Destinatäre von Stiftungen keine freigebigen Zuwendungen sind (RFH v. 8.3.1922, VI A 49/21, JW 1922, 1066 = StuW 1922 Nr. 640; *Meincke*, ErbStG, 2012, § 7 Rz. 88). Sie sind nach § 10 Abs. 7 ErbStG nicht abzugsfähig, und zwar selbst dann nicht, wenn sie in der Stiftungssatzung bereits verbindlich begründet sind (BFH v. 16.1.2002, II R 82/99, BFH/NV 2002, 721 = BStBl II 2002, 303).

Schenkungen unter Lebenden § 7

Abweichend von der Sichtweise der FinVerw. stellt die **Änderung des Stiftungszwecks** unter Aufrechterhaltung der Identität der bestehenden juristischen Person keine Aufhebung dar (*Gebel*, in T/G/J, ErbStG, § 7 Rz. 338; *Schuck*, in V/K/S/W, ErbStG, 2012, § 7 Rz. 156; a. A. R 2 Abs. 4 ErbStR). Es liegt also kein Vermögensübergang auf die „neue" Stiftung vor, die der Steuerklasse III unterliegen würde. Die Änderung des Stiftungszweckes ist kein steuerliches Tatbestandsmerkmal (*Kapp/ Ebeling*, ErbStG, § 7 Rz. 155). 464

§ 7 Abs. 1 Nr. 9 Satz 1 Alt. 2 ErbStG stellt die **Auflösung eines Vereins**, dessen Zweck auf die Bindung von Vermögen gerichtet ist, der Aufhebung einer Stiftung gleich. Die Erweiterung des Satzes 1 wurde durch das ErbStRG 1974 (BGBl I 1974, 933) neu in das ErbStG eingefügt, um „aus Gründen der Steuergerechtigkeit" eine Gleichbehandlung zu den Stiftungen herzustellen. Da Alt. 1 nach allgemeiner Ansicht nur die rechtsfähige Stiftung betrifft (*Theuffel-Werhahn*, ZEV 2014, 14 m. w. N.), kann es bei der Gleichstellung in Alt. 2 nur um den **eingetragenen Verein** gehen (a. A. *Gebel*, in T/G/J, ErbStG, § 7 Rz. 344). Eine generelle steuerrechtliche Gleichbehandlung lässt sich aus § 2 Abs. 1 Nr. 1 Buchst. d ErbStG nicht ableiten, denn so würde § 54 Satz 1 BGB negiert, der auf das Recht der Personengesellschaften verweist (§ 3 ErbStG Rz. 71). Überdies stellt sich die Frage, ob bei Gesamthandsvermögen überhaupt der Zweck auf die Bindung von Vermögen gerichtet sein kann. 465

Besteuert wird der **Übergang von Vereinsvermögen auf Vereinsmitglieder**, die entweder nach § 45 Abs. 1 BGB kraft satzungsmäßiger Bestimmung oder nach § 45 Abs. 3 BGB kraft Gesetzes anfallberechtigt sind. Kommt es demgegenüber im Zuge der Liquidation zu einem Übergang von Vereinsvermögen auf anfallberechtigte Personen, die nicht Vereinsmitglieder sind, kommt nach Auffassung des BFH (v. 14.6.1995, II R 92/92, BStBl II 1995, 609) nur eine freigebige Zuwendung nach § 7 Abs. 1 Nr. 1 ErbStG in Betracht. 466

Umstritten ist, ob es für die Besteuerung darauf ankommt, in welchem Umfang bei den **Vereinsmitgliedern eine Bereicherung** eintritt. Nach *Meincke* (ErbStG, 2012, § 7 Rz. 114) soll nur der Vermögensanteil als Erwerb anzusehen sein, der bei einer Bewertung nach bürgerlich-rechtlichen Bewertungsgrundsätzen zu einer Bereicherung des Erwerbers führt. Das einzelne Mitglied sei also nicht bereichert, soweit der Auskehrung des Vermögens der Entfall der Mitgliedschaft und damit der Anteil am Vereinsvermögen gegenüberstehe. Nach *Gebel* (in T/G/J, ErbStG, § 7 Rz. 344) werde diese Gegenleistung jedoch durch die tatbestandliche Funktion überlagert, sodass insgesamt von der Steuerpflicht auszugehen sei. *Schuck* (in V/K/S/W, ErbStG, 2012, § 7 Rz. 159) weist auf die zivilrechtlichen Besonderheiten des Vereinsrechtes hin. Danach hat das ausscheidende Mitglied grundsätzlich keinen Anspruch auf Auseinandersetzung oder Abfindung (*Ellenberger*, in Palandt, 2017, BGB, § 39 Rz. 4). Ebenso wenig ist der Anteil am Vereinsvermögen übertragbar oder pfändbar. Andererseits muss bedacht werden, dass der Anspruch des Mitglieds auf Beteiligung am Vereinsvermögen mit der Auflösung entsteht, die durch die Liquidatoren abzuwickeln ist (§§ 48 f. BGB). Dieser Anspruch besitzt auch einen geldwerten Inhalt. Der BFH (v. 14.6.1995, II R 92/92, BStBl II 1995, 609) geht von einer vollständigen Besteuerung des Erwerbs aus, da der in § 7 Abs. 1 Nr. 9 Satz 1 Alt. 2 ErbStG 467 umschriebene Tatbestand einer Schenkung lediglich gleichgestellt werde und der Wortlaut auf das, was „erworben wird", abstellt.

468 Vereine, die im Unterschied zu Stiftungen selbstbestimmt handeln und deshalb auch in ihrer Satzung den Vorstand zu Freigebigkeiten ermächtigen können, können **freigebige Zuwendungen** ausführen, wenn Vereinsvermögen an außen stehende Empfänger übertragen wird (BFH v. 14.6.1995, II R 92/92, BStBl II 1995, 609).

469 Wird ein Verein **formwechselnd** nach §§ 272ff. UmwG in eine Kapitalgesellschaft umgewandelt, erfüllt der Formwechsel nach Auffassung des BFH (BFH v. 14.2.2007, II R 66/05, BFH/NV 2007, 1587 = BStBl II 2007, 621) nicht den Tatbestand des § 7 Abs. 1 Nr. 9 Satz 1 ErbStG. Die FinVerw. hat sich der Sichtweise des BFH angeschlossen (FinMin Baden-Württemberg v. 31.7.2007, 3 – S3806/32, DB 2007, 1786; a. A. *Kapp/Ebeling*, ErbStG, § 7 Rz. 155.1, weil an die Stelle der Vermögensbindung die Vermögensverwertbarkeit getreten sei). Die Rspr. ist durch die Einfügung des Satzes 3 durch das ErbStRG v. 24.12.2008 (BGBl I 2008, 3018) überholt, wenn der Zweck wesentlich im Interesse einer Familie oder bestimmter Familien auf die Bindung von Vermögen gerichtet ist.

470 Nach § 7 Abs. 1 Nr. 9 Satz 2 Alt. 1 ErbStG ist der Erwerb bei **Auflösung einer Vermögensmasse ausländischen Rechts** steuerpflichtig. Der Trust muss auf die „Bindung von Vermögen" gerichtet sein, was etwa bei einem revocable Trust wegen der Widerrufsmöglichkeit bereits zweifelhaft ist (Rz. 442) (vgl. *Habammer*, DStR 2002, 425). Zum steuerpflichtigen Erwerb gehören neben der Grundausstattung auch spätere Vermögenszuführungen des Trust-Errichters (Settlors) und zwischenzeitlich erwirtschaftetes Vermögen. Die Steuerklasse richtet sich nach dem Verhältnis des begünstigten Anfallberechtigten zum Trust-Errichter (§ 15 Abs. 2 Satz 2 ErbStG). Die **persönliche Steuerpflicht** setzt voraus, dass der Begünstigte unbeschränkt steuerpflichtig ist oder Inlandsvermögen i. S. d. § 2 Abs. 1 Nr. 3 ErbStG übertragen wird.

471 Nach § 7 Abs. 1 Nr. 9 Satz 2 Alt. 2 ErbStG wird bei ausländischen Vermögensmassen auch der Erwerb durch **Zwischenberechtigte während des Bestehens der Vermögensmasse** besteuert. Es kann nicht überzeugen, aus dieser dogmatisch wenig durchdachten Vorschrift die bisherige Praxis der Nichtbesteuerung der Destinatäre von Stiftungen in Frage zu stellen (so aber *Meincke*, ErbStG, 2012, § 7 Rz. 90, 115a; *Jülicher*, IStR 1999, 202). Hätte der Gesetzgeber dies gewollt, hätte er eine entsprechende klare Regelung in das Gesetz aufnehmen können. Solange es daran fehlt, bleibt es bei der bisherigen Praxis. Zwischenberechtigt kann nur derjenige sein, der weder anfangs- noch endberechtigt ist. Demgemäß scheidet der „Schenker" selbst aus, da er nicht zwischenberechtigt ist (*Schuck*, in V/K/S/W, ErbStG, 2012, § 7 Rz. 160). Der BFH (v. 7.5.1986, II R 137/79, BStBl II 1986, 615) hat als Zwischenberechtigte die Personen bezeichnet, denen sog. life interests oder future interests zustanden, und die wie Nutzungsberechtigte zu behandeln waren. Nach Meinung von *Schuck* (in V/K/S/W, ErbStG, 2012, § 7 Rz. 160) „erwerben" die Nutznießer des Trusts kein Vermögen, so dass auch sie als Zwischenberechtigte ausscheiden. Bezweckt wird wohl, dass sämtliche Empfänge aus der Vermögensmasse ausländischen Rechts, wie etwa die Ausschüttung von Vermögen oder erwirtschafteter Erträge, der Schenkungsteuer unterliegen. Deshalb sieht der BFH unter Bezugnahme auf den

Gesetzeszweck als **Zwischenberechtigte alle Personen an, die während des Bestehens eines Trusts Auszahlungen aus dem Trustvermögen erhalten** (BFH v. 27.9.2012, II R 45/10, BStBl II 2012, 84; vgl. auch FG Düsseldorf v. 25.10.2016, 4 K 2239/14 Erb, IStR 2017, 36, das auch durch einen Treuhänder verwaltete Ausschüttungen als Erweb durch den Zwischenberechtigten qualifiziert). Auch der Endberechtigte kann damit Zwischenberechtigter sein. Bei **beschränkt steuerpflichtigen Steuerausländern** setzt ihre Besteuerung als Zwischenberechtigte voraus, dass die Erwerbe zum Inlandsvermögen gehörten.

Der BFH hat aber angedeutet, dass er § 7 Abs. 1 Nr. 9 S. 2 Alt. 2 ErbStG nicht auf nach ausländischem Recht errichtete Stiftungen anwenden möchte, die in ihrer rechtlichen Struktur einer deutschen Stiftung entsprechen (BFH, v. 21.7.2014, II B 40/14, ZEV 2014, 504). Er begründet dies mit dem Wortlaut, der im Gegensatz zu Satz 1 nicht von einer Stiftung spricht und der aus der Anwendbarkeit resultierenden Doppelbelastung mit Schenkung- und Einkommensteuer aus § 20 Abs 1 Nr. 9 EStG. Jüngst hat sich allerdings das FG Baden-Württemberg (FG Baden-Württemberg v. 22.4.2015, 7 K 2471/12, EFG 2015, 1461) ausdrücklich für die Subsumtion der Stiftung unter den Begriff "Vermögensmassen ausländischen Rechts" entschieden. Im mittlerweile zugelassenen Revisionsverfahren (Az. beim BFH II R 6/16) wird der BFH erneut Gelegenheit zur Stellungnahme haben. Neben der Doppelbelastung spricht auch die sich aus der Anwendbarkeit ergebende Ungleichbehandlung von Stiftungen nach deutschem und ausländischem Recht für einen engen Anwendungsbereich des § 7 Abs. 1 Nr. 9 S. 2 Alt. 2 ErbStG (ausführlich *Werner*, ZEV 2016, 133). Bis zur endgültigen Klärung durch den BFH sollten Ausschüttungen entweder verschoben oder mit einem Widerrufsvorbehalt versehen werden.

472

Ebenfalls problematisch ist das Verhältnis von § 7 Abs. 1 Nr. 9 ErbStG zu § 15 AStG. Insbesondere wird diskutiert, ob der durch das Amtshilferichtlinie-Umsetzungsgesetz (BGBl I 2013, 1809) geschaffene § 15 Abs. 11 AStG die schenkungsteuerrechtliche Regelung verdrängt. Auch wenn § 15 Abs. 11 AStG seinem Wortlaut nach von "Zuwendungen" spricht, möchte er lediglich eine Doppelbelastung von Einkünften mit Einkommensteuer bei unbeschränkt steuerpflichtigen vermeiden, sofern diese Einkünfte bereits nach Abs. 1 der Vorschrift zugerechnet wurden (so auch Kapp/Ebeling, § 7 Rz. 152). Dies lässt sich aus den knappen Gesetzesmaterialien (BT-Drucks 17/10000, S. 68) und der Gesetzessystematik entnehmen, die ausweislich von Abs. 1 S. 2 der Vorschrift nur ertragsteuerliche Geltung beansprucht (a.A. *Götz*, DStR 2014, 1047; *Vogt*, in Blümich, § 15 AStG Rz. 143).

473

einstweilen frei

4743–479

18 Abfindung für aufschiebend bedingte Ansprüche (§ 7 Abs. 1 Nr. 10 ErbStG)

Der Erwerb eines **aufschiebend bedingten oder befristeten Anspruchs** löst grundsätzlich noch keine Steuerpflicht aus (§ 9 Abs. 1 Nr. 1a ErbStG). § 7 Abs. 1 Nr. 10 ErbStG möchte eine Besteuerungslücke schließen, wenn auf den Anspruch vor dem Zeitpunkt des Eintritts der Bedingung oder des Ereignisses gem. § 397 BGB verzichtet und eine Abfindung gewährt wird. Die Steuerbarkeit setzt demzufolge

480

§ 7 Schenkungen unter Lebenden

voraus, dass die Bereicherung, die im Fall des Bindungseintritts erfolgt, selbst steuerpflichtig ist (*Gebel*, in T/G/J, ErbStG, § 7 Rz. 352).

Beispiel:
Die Brüder A und B vereinbarten als künftige gesetzliche Erben ihrer Mutter M, dass A auf seine Pflichtteilsrechte gegenüber dem Nachlassvermögen der Mutter gegen eine Abfindung seines Bruders B verzichte, nachdem M ihr aus Grundbesitz bestehendes gesamtes Vermögen auf B übertragen hatte. Die Steuerklasse richtet sich nach dem Verhältnis des Zuwendungsempfängers A zur künftigen Erblasserin M. Beim Zuwendungsverpflichteten B führt die Abfindung zu Erwerbskosten i.S.v. § 10 Abs. 5 Nr. 3 ErbStG, und zwar bezogen auf die lebzeitigen Schenkungen der Mutter wie auch auf den Erwerb von Todes wegen nach ihr.

481 Nicht unter § 7 Abs. 1 Nr. 10 ErbStG fällt die Abfindung, die für den **Verzicht auf bloße Erwerbsaussichten** gezahlt wird, wie für den Verzicht auf das gesetzliche Erbrecht und das Pflichtteilsrecht (BFH v. 25.1.2001, II R 22/98, BFH/NV 2001, 705 = BStBl II 2001, 456). Hier kommt eine freigebige Zuwendung in Betracht (Rz. 30ff., 420). Die bereits unter § 3 Abs. 2 Nr. 5 ErbStG fallenden Ansprüche (§ 3 ErbStG Rz. 549) sind von der Regelung der Parallelvorschrift des § 7 Abs. 1 Nr. 10 ErbStG ausgenommen.

482–489 einstweilen frei

19 Vorzeitige Herausgabe von Nacherbschaftsvermögen (§ 7 Abs. 2 ErbStG)

490 § 7 Abs. 2 ErbStG nimmt auf den Tatbestand der vorzeitigen Herausgabe des Nachlassvermögens nach § 7 Abs. 1 Nr. 7 ErbStG Bezug. Die Herausgabe gilt als freigebige Zuwendung des Vorerben und nicht als Erwerb vom Erblasser. Auf Antrag wird der Versteuerung (Steuerklasse, Freibetrag, Steuertarif) das Verhältnis des Nacherben zum Erblasser zugrunde gelegt. Der Verweis des § 7 Abs. 1 Nr. 7 Satz 2 ErbStG auf § 6 Abs. 2 Sätze 3 bis 5 ErbStG betrifft den Sonderfall, dass der Vorerbe zugleich mit dem der Nacherbfolge unterliegenden Vermögen auch nacherbschaftsteuerfreies Vermögen freigebig zuwendet (dazu näher *Meincke*, ErbStG, 2012, § 7 Rz. 118).

491–494 einstweilen frei

20 Gegenleistungen ohne Geldwert (§ 7 Abs. 3 ErbStG)

495 Gegenleistungen, die nicht in Geld veranschlagt werden können, werden bei der Feststellung, ob eine Bereicherung vorliegt, nicht berücksichtigt (§ 7 Abs. 3 ErbStG). Die genaue Bedeutung der Vorschrift liegt im Unklaren. Nach der früheren Rspr. des BFH (BFH v. 15.5.1953, III 65/519, BStBl III 1953, 199; v. 23.6.1971, II R 56/67, BStBl II 1972, 43) galt die Vorschrift nur für das **Ausmaß der Bereicherung**, ließ aber eine Berücksichtigung der Gegenleistung bei der Frage zu, ob eine klar teilentgeltlich freigebige Zuwendung vorlag. Die Gegenleistung ohne Geldwert war also in die **Prüfung der Frage nach der subjektiven Entgeltlichkeit einer Zuwendung** einzubeziehen. Diese Sichtweise stimmt mit dem Schenkungsrecht überein (Rz. 300ff.).

Schenkungen unter Lebenden § 7

Allerdings hat der BFH bereits im Urteil vom 31.10.1984 (BFH v. 31.10.1984, II R 200/81, BStBl II 1985, 59) entschieden, dass in der Scheidungsbereitschaft **keine berücksichtigungsfähige Gegenleistung gesehen** werden könne, weil sie nicht in Geldwert bemessbar sei. Weitergehend hat der BFH (v. 17.10.2007, II R 53/05, BFH/NV 2008, 484 = BStBl II 2008, 256) den Teilverzicht eines Ehegatten auf nachehelichen Unterhalt in zeitlichem Zusammenhang mit der Eheschließung unter Berufung auf § 7 Abs. 3 ErbStG nicht als eine die Bereicherung mindernde Gegenleistung anerkannt. Bereits in einer kurz zuvor veröffentlichten Entscheidung hatte der BFH den Verzicht auf die möglicherweise zukünftig entstehende Forderung auf Zugewinnausgleich im Lichte des § 7 Abs. 3 ErbStG als unbeachtlich angesehen (BFH v. 28.6.2007, II R 12/06, BFH/NV 2007, 2014 = BStBl II 2007, 785 = ZEV 2007, 500 m. Anm. *Münch*). Wie bereits dargelegt, weichen die zitierten Entscheidungen von der schenkungsrechtlichen Sichtweise ab, ohne sich mit der zivilrechtlichen Vorfrage inhaltlich auseinanderzusetzen. Auch die geänderte Sichtweise zu § 7 Abs. 3 ErbStG wird nicht eingehend begründet. Wenn man bedenkt, dass zivilrechtlich sogar eine Inhaltskontrolle von Eheverträgen, die von den nachehelichen Unterhaltsverpflichtungen oder dem Zugewinnausgleich abweichen, vorgenommen wird (grundlegend BGH v. 24.4.1985, IVb ZR 17/84, NJW 1985, 1835; v. 28.11.1990, XII ZR 16/90, NJW 1991, 913; v. 11.2.2004, XII ZR 265/02, BGHZ 158, 81; *Brudermüller*, in Palandt, 2017, BGB, § 1408 Rz. 8) und sich daraus die Notwendigkeit einer Kompensation des verzichtenden Ehegatten ergibt, wäre es wünschenswert, die Rspr. auf das Zivilrecht abzustimmen. Die Ehegatten schenken sich hier nichts (*Münch*, DStR 2008, 26). Letztlich zeigt sich hier erneut die Unzulänglichkeit des subjektiven Tatbestandes in der Rspr. des BFH, wenn man diesen ausschließlich auf einen (einseitigen) Willen zur Unentgeltlichkeit verkürzt und das Fehlen eines übereinstimmenden Bereicherungswillens für unbeachtlich erklärt (Rz. 301 ff) (*Weinmann*, in Moench/Weinmann, ErbStG, § 7 Rz. 226a). Im Ergebnis wird die Vorschrift entgegen ihrem Wortlaut auf die Unentgeltlichkeit der Zuwendung bezogen (*Meincke*, ErbStG, 2012, § 7 Rz. 119; a. A. *Gebel*, in T/G/J, ErbStG, § 7 Rz. 357).

einstweilen frei 496–499

21 Schenkung zur Belohnung unter Auflage oder in Form eines lästigen Vertrags (§ 7 Abs. 4 ErbStG)

§ 7 Abs. 4 ErbStG hat im Grundsatz nur **klarstellenden Charakter**. Da bereits das Zivilrecht die **belohnende Schenkung** als Schenkung behandelt (§ 534 BGB), vollzieht das Schenkungsteuerrecht hier die zivilrechtliche Wertung nach. Das klassische Beispiel bildet die aus Dankbarkeit erfolgende, belohnende Rück- oder Gegenschenkung. Keine Belohnung liegt vor, wenn es sich um eine Gegenleistung handelt. Hier ist insbesondere an die Konstellation der sog. **Vorleistungs- bzw. Veranlassungsfälle** zu denken, mit denen der Leistende eine Gegenleistung veranlassen möchte, ohne dass der Empfänger zu einer entsprechenden Gegenleistung verpflichtet ist. Unterlässt der Empfänger die Gegenleistung, geht dem Leistenden ein bereicherungsrechtlicher Anspruch nach § 812 Abs. 1 Satz 2 Alt. 2 BGB (condictio ob rem) zu. Erfolgt die Gegenleistung, beruht sie auf entgeltlicher Grundlage. Im **Arbeitsrecht** gilt allgemein der Grundsatz, dass Gratifikationen zivilrechtlich auf

500

entgeltlicher Grundlage beruhen (näher *Fischer*, Die Unentgeltlichkeit im Zivilrecht, 2002, 49f. m.w.N.; zum Trinkgeld als entgeltliche Leistung *Fischer*, Die Unentgeltlichkeit im Zivilrecht, 2002, 67ff.). Ebenso stellen „Geschenke" an Angestellte, soweit sie sich als Ausfluss des Arbeitsverhältnisses darstellen, Arbeitslohn dar (RFH v. 12.9.1940, IIIe 46/39, RStBl 1940, 965; v. 26.11.1943, III 138/42, RStBl 1944, 205; *Kapp/Ebeling*, ErbStG, § 7 Rz. 168, 473ff.). Neben der zivilrechtlichen **Abgrenzungsfrage zwischen (entgeltlicher) Entlohnung und (unentgeltlicher) Belohnung** stellt sich steuerrechtlich die ergänzende Frage des Verhältnisses zum Einkommensteuerrecht. Wenn bestimmte Leistungen bereits nach § 19 EStG steuerbar sind, schließt dies zutreffend eine doppelte Erfassung mit Schenkungsteuer aus. Eine (nachträgliche) Entlohnung kommt allerdings dann nicht mehr in Betracht, wenn in der **Vergangenheit eine Leistung als unentgeltlich gewährt worden und der Vorgang abgeschlossen** war (BFH v. 8.5.1985, II R 119/82, BFH/NV 1985, 84). Das ist etwa der Fall, wenn Dienste einseitig und unentgeltlich geleistet worden sind, die nachträglich vergütet werden sollen. Zivilrechtlich wird hier die Möglichkeit einer nachträglichen Vergütung angenommen (grundlegend RG v. 22.11.1909, VI 437/08, RGZ 72, 188; näher *Fischer*, Die Unentgeltlichkeit im Zivilrecht, 2002, 46ff. m.w.N.), doch gilt steuerrechtlich § 38 AO.

501 Wenn das Gesetz die **Schenkung unter Auflage** als Schenkung bezeichnet, stimmt dies zwar mit der zivilrechtlichen Sichtweise, nicht aber mit der gegenwärtigen Interpretation des BFH überein. Im Fall der sog. Leistungsauflage in der Auflagenanordnung ist eine Verkürzung des Zuwendungsgegenstandes bei der Schenkung anzunehmen (Rz. 360ff). Hier wäre eine Rückkehr zur zivilrechtlichen Sichtweise, die in vollem Umfang eine Schenkung annimmt, angebracht. Die Auflage kann nach § 10 Abs. 5 Nr. 3 ErbStG abgezogen werden, wenn sie nicht ausnahmsweise dem Beschwerten selbst zugutekommt (§ 10 Abs. 9 ErbStG (FG Rheinland-Pfalz v. 19.12.1996, 4 K 1748/96, ZEV 1997, 81)).

Beispiel:

Der Vater schenkt seinem Sohn ein Grundstück unter der Auflage, seiner Schwester ein Wohnrecht einzuräumen.

502 Der **Begriff „lästiger Vertrag"**, der gleichbedeutend mit dem gegenseitigen Vertrag ist, stellt klar, dass eine freigebige Zuwendung auch dann vorliegt, wenn absichtlich der Schein der Entgeltlichkeit hervorgerufen wird, um die Schenkung zu verschleiern. Neben dem Fall der bewusst verdeckten bzw. verschleierten Schenkung (§ 117 Abs. 2 BGB) geht es hierbei auch um den allgemeinen Grundsatz, dass es für die Frage der Steuerpflicht auf die Bezeichnung des Geschäfts nicht ankommt, sondern auf dessen Inhalt (RFH v. 9.7.1931, I e A 886/28, RStBl 1931, 971).

503–509 einstweilen frei

22 Schenkung eines Gesellschaftsanteils bei Buchwertklausel (§ 7 Abs. 5 ErbStG)

510 Die Regelung des § 7 Abs. 5 ErbStG geht von der **Schenkung von Anteilen an Personengesellschaften** aus. Gemeint ist damit jeder Fall der freigebigen Zuwendung

i.S.d. § 7 Abs. 1 Nr. 1 bis 10 ErbStG, nicht aber die Fiktion des § 7 Abs. 7 ErbStG (*Meincke*, ErbStG, 2012, § 7 Rz. 123). Die Vorschrift befasst sich mithin nicht mit der Steuerbarkeit, sondern mit der Wertermittlung und ist demnach systematisch falsch platziert (*Meincke*, ErbStG, 2012, § 7 Rz. 121; *Schuck*, in V/K/S/W, ErbStG, 2012, § 7 Rz. 198). Personengesellschaften i.S.d. Vorschrift sind alle Personenhandelsgesellschaften, die Partnerschaftsgesellschaft und die GbR, weil in diesen Konstellationen eine Abfindung zum Verkehrswert nach § 738 BGB zu erfolgen hat, die gesellschaftsvertraglich beschränkt wird. Problematisch erscheint es, auch die **Stille Gesellschaft** unter die Vorschrift fassen zu wollen (*Gebel*, in T/G/J, ErbStG, § 7 Rz. 388; *Kapp/Ebeling*, ErbStG, § 7 Rz. 176; *Weinmann*, in Moench/Weinmann, ErbStG, § 7 Rz. 231). Nach dem Regelstatut des HGB kann der stille Gesellschafter lediglich seine Einlage zurückfordern, es besteht hier gerade keine Beteiligung an den stillen Reserven, was eine Buchwertklausel überflüssig macht.

Wird durch die Schenkung ein bisher **außen stehender Dritter (Nichtgesellschafter)** durch Änderung des Gesellschaftsvertrags in den Kreis der Gesellschafter aufgenommen und bestimmt der Gesellschaftsvertrag, dass der neue Gesellschafter bei Auflösung der Gesellschaft oder seinem vorherigen Ausscheiden nur den Buchwert seines Kapitalanteils erhalten soll, mindert diese Buchwertklausel nach § 7 Abs. 5 Satz 1 ErbStG nicht die Bereicherung der freigebigen Zuwendung. Der Vorgang wird also zunächst so behandelt, als ob eine Buchwertklausel überhaupt nicht gäbe; die Besteuerung erfolgt seit dem ErbStRG v. 24.12.2008 (BGBl I 2008, 3018) zum **gemeinen Wert der Beteiligung** (§ 12 Abs. 5 ErbStG i.V.m. §§ 109 Abs. 2 Satz 1, 97 Abs. 1a BewG). Damit hat sich die **praktische Bedeutung der Vorschrift**, die sie nach früherem Recht nur sehr eingeschränkt besaß (*Meincke*, ErbStG, 2012, § 7 Rz. 129), **grundlegend verändert**. Bereits zur früheren Bedeutung hat *Gebel* (in T/G/J, ErbStG, § 7 Rz. 381) zutreffend festgestellt, aufgrund der steuerverschärfenden Wirkung der Vorschrift sei für eine extensive Auslegung oder lückenergänzende Analogie, auch wenn sie sachgerecht erscheinen mag, kein Raum.

511

Nach *Kapp/Ebeling* (ErbStG, § 7 Rz. 199) ist für die Anwendung des § 7 Abs. 5 ErbStG ebenso wie die Anwendung des § 7 Abs. 7 ErbStG (Rz. 540ff.) kein Raum, wenn ein Fremder nur vorübergehend als Gesellschafter auf Zeit aufgenommen wird, d.h. zu einem von vornherein feststehenden Zeitpunkt (z.B. dem 65. Lebensjahr) oder dem Verlust der Geschäftsführerstellung wieder aus der Gesellschaft ausscheiden muss und dann nur einen Anspruch auf Abfindung zum Buchwert hat. Zwar sind **Hinauskündigungsklauseln**, die einem Gesellschafter, einer Gruppe von Gesellschaftern oder der Gesellschaftermehrheit das Recht einräumen, einen Mitgesellschafter ohne sachlichen Grund aus der Gesellschaft auszuschließen, grundsätzlich nach Maßgabe des § 138 Abs. 1 BGB sittenwidrig und damit nichtig. Der BGH hat allerdings ausdrücklich entschieden, dass eine willkürliche Hinauskündigung nicht im sog. **Managermodell** (BGH v. 19.9.2005, II ZR 173/04, BGHZ 164, 98) und im sog. **Mitarbeitermodell** einer Gesellschafterbeteiligung auf Zeit (BGH v. 19.9.2005, II ZR 342/03, BGHZ 164, 107) gegeben ist. Es geht hier um Fälle, in denen einem Geschäftsführer im Hinblick auf seine Geschäftsführerstellung eine Minderheitsbeteiligung eingeräumt wird, für die er ein Entgelt in Höhe des Nennwerts (Buchwerts) zu zahlen hat, die er bei Beendigung seines Geschäftsführeramtes gegen

512

eine der Höhe nach begrenzte Abfindung zurück zu übertragen hat. Entsprechendes gilt, wenn einem verdienten Mitarbeiter – sei es entgeltlich in Höhe des Nennbetrages oder unentgeltlich – eine Gesellschaftsbeteiligung eingeräumt wird, die er bei seinem Ausscheiden aus seinem Unternehmen zum Buchwert zurück zu übertragen hat. Eine **teleologische Reduktion** erscheint hier angebracht, weil der in der Vorschrift zum Ausdruck kommende **typisierte Missbrauchsgedanke**, die Buchwertklausel stehe nur auf dem Papier und der neue Gesellschafter werde über kurz oder lang über den Kapitalanteil hinaus an den stillen Reserven der Gesellschaft beteiligt werden (*Weinmann*, in Moench/Weinmann, ErbStG, § 7 Rz. 229; *Christ*, JbFfSt 2014/2015, 799), nicht eingreift. Dem Gesetzgeber ging es bei Einführung der Vorschrift in das ErbStG 1974 (BGBl I 1974, 933) darum, mögliche steuersparende Gestaltungen bei Personengesellschaften, namentlich wie es bei Familienpersonengesellschaften am natürlichen Interessengegensatz zwischen den Gesellschaftern fehlt, zu verhindern. Dies ist aber typologisch bei der Einräumung einer Gesellschafterstellung auf Zeit im allgemeinen Geschäftsverkehr beim Manager- und Mitarbeitermodell nicht der Fall.

513 Der **Wortlaut** des § 7 Abs. 5 Satz 1 ErbStG knüpft an die **klassische Buchwertklausel** an. Der Buchwert umfasst die geleistete Einlage des Gesellschafters (Kapitalanteil), seine entnahmefähigen Gewinne und seinen (gebundenen) Anteil an den offenen Rücklagen. Gesellschaftsrechtlich dient sie dem Zweck, stille Reserven und einen selbst geschaffenen Firmenwert nicht in die Abfindung einzubeziehen, um einerseits die Liquidität der Gesellschaft zu schonen und andererseits keinen Streit über die Berechnung des „richtigen" Firmenwertes auszulösen. Nach der Rspr. des BGH (v. 20.9.1993, II ZR 104/92, BGHZ 123, 281) ist eine Buchwertklausel grundsätzlich wirksam, doch tritt eine gewisse Rechtsunsicherheit dadurch ein, dass bei einer unverhältnismäßigen Abweichung zwischen Verkehrs- und Buchwert der Beteiligung der ausscheidende Gesellschafter nach den Grundsätzen der Anpassung der Geschäftsgrundlage eine spätere Erhöhung des Abfindungsanspruchs nach billigem Ermessen verlangen kann. Insoweit bleibt es bei einer gewissen **Rechtsunsicherheit** im Zeitpunkt der Vereinbarung der Buchwertklausel, die sich steuerrechtlich nicht auswirkt, wenn die Beteiligten zivilrechtliche Bedenken zurückstellen (vgl. § 41 AO).

514 Vor dem Hintergrund des Wortlauts des § 7 Abs. 5 ErbStG ist vor allen Dingen problematisch, inwieweit auch **abfindungsbeschränkende Klauseln**, die nicht an den Buchwert anknüpfen, erfasst werden. Während manche die Vorschrift abweichend von ihrem klaren Wortlaut immer dann zur Anwendung bringen wollen, wenn der Beschenkte beim Ausscheiden oder der Auflösung der Gesellschaft weniger als den vollen Verkehrswert seiner Beteiligung (§ 738 BGB) erhält (*Kapp/Ebeling*, ErbStG, § 7 Rz. 184f.; *Weinmann*, Moench/Weinmann, ErbStG, § 7 Rz. 232), trägt die h.M. (*Gebel*, in T/G/J, ErbStG, § 7 Rz. 381; *Meincke*, ErbStG, 2012, § 7 Rz. 127; *Schuck*, in V/K/S/W, ErbStG, 2012, § 7 Rz. 199) dem Wortlaut dahingehend Rechnung, dass nur Klauseln erfasst werden, deren Berechnung vom Buchwert ausgeht und diesen durch Zu- bzw. Abschläge modifiziert. Angesichts der überragenden und steuerverschärfenden Bedeutung, die § 7 Abs. 5 ErbStG durch das ErbStRG vom 24.12.2008 (BGBl I 2008, 3018) gewonnen hat, muss der klare Wort-

laut des Gesetzes entscheidend sein. Geht der Gesellschaftsvertrag von einer Buchwertklausel mit Zuschlägen aus, kommt es entscheidend darauf an, ob ein **Gestaltungsmissbrauch i. S. d. § 42 AO** vorliegt. Nur wenn die Beteiligten den Zuschlag gewählt haben, um § 7 Abs. 5 ErbStG zu umgehen, ist die Vorschrift anwendbar.

Gestaltungshinweis: Gestaltungshinweis:
Für die Praxis ratsamer ist es, auf Zuschläge zum Buchwert zu verzichten. Alle Klauseln, welche den Abfindungsbetrag aus anderen Berechnungsgrundlagen ableiten oder den Abfindungsanspruch vollständig ausschließen, werden von § 7 Abs. 5 ErbStG nicht erfasst (*Götz*, in Wilms/Jochum, ErbStG, § 7 Rz. 316).

Nach § 7 Abs. 5 Satz 1 ErbStG werden dem Beschenkten die bei seinem Eintritt in der Gesellschaft vorhandenen stillen Reserven anteilig fiktiv zugerechnet. § 7 Abs. 5 Satz 2 ErbStG sieht als Korrektiv vor, dass die **Bereicherung**, die den Buchwert übersteigt, als **auflösend bedingt erworben** gilt. 515

Bestätigt sich bei einer späteren Abfindung, dass der Beschenkte **tatsächlich nicht mehr als den Buchwert** seines Anteils erhalten hat, kann ihm auf Antrag ein Teil der Steuer erstattet werden (§ 5 Abs. 2 BewG). Der Antrag ist bis zum Ende des auf den Eintritt der Bedingung folgenden Kalenderjahres zu stellen (§ 8 BewG). Bei der Berichtigung sind dabei nicht nur der gemeine Wert und der Buchwert zur Zeit der Beteiligungsschenkung heranzuziehen und miteinander zu vergleichen. Denn dies würde voraussetzen, dass eine **Identität der bestehenden stillen Reserven** festgestellt werden kann, was praktisch unmöglich ist (*Weinmann*, in Moench/Weinmann, ErbStG, § 7 Rz. 234). Möglich ist es nämlich, dass dem Beschenkten aufgelöste stille Reserven über die Gewinnbeteiligung bereits zugeflossen sind. Deshalb bedient sich die FinVerw (H E 7.7 ErbStH 2011). einer **Hilfslösung**, die allgemein akzeptiert wird (*Kapp/Ebeling*, ErbStG, § 7 Rz. 182; *Meincke*, ErbStG, 2012, § 7 Rz. 131; *Weinmann*, in Moench/Weinmann, ErbStG, § 7 Rz. 234; *Götz*, in Wilms/Jochum, ErbStG, § 7 Rz. 317; wegen des Stichtagsprinzips zweifelnd *Gebel*, in T/G/J, ErbStG, § 7 Rz. 377). Die Hilfslösung der FinVerw. beruht darauf, den auf anderen Gründen beruhenden Auf- und Abbau von stillen Reserven während der Zeit der Beteiligung des Gesellschafters zu ignorieren und zu unterstellen, dass stille Reserven dem Gesellschafter über die Gewinnbeteiligung zugeflossen sind, soweit der gemeine Wert der Beteiligung zur Zeit des Ausscheidens unter dem gemeinen Wert zur Zeit der Schenkung liegt. Die Steuererstattung soll auf den Betrag begrenzt werden, der auf den Unterschiedsbetrag zwischen der Abfindung und dem höheren Steuerwert zum Zeitpunkt des Ausscheidens entfällt. Die Identität der stillen Reserven ist dabei unerheblich. 516

Beispiel: Beispiel (nach H E 7.7 ErbStH 2011 „Bedingte Beteiligung an den offenen und stillen Reserven einer Personengesellschaft"):
Buchwert des Anteils z. Zt. der Schenkung 1 Mio. EUR
Steuerwert des Anteils z. Zt. der Schenkung 1,2 Mio. EUR
Unterschiedsbetrag 200.000 EUR
Buchwert des Anteils z. Zt. des Ausscheidens 1,5 Mio. EUR

Steuerwert des Anteils z. Zt. des Ausscheidens 2 Mio. EUR
Unterschiedsbetrag 500.000 EUR
In dem Beispielsfall kann die Steuer erstattet werden, die auf die stillen Reserven bei einer Schenkung in der Höhe von 200.000 EUR entfällt. Würde der Unterschiedsbetrag z. Zt. des Ausscheidens nur 120.000 EUR betragen, könnte auch die Steuer nur für diesen Betrag erstattet werden.

517–519 einstweilen frei

23 Schenkung eines Gesellschaftsanteils mit überhöhter Gewinnbeteiligung (§ 7 Abs. 6 ErbStG)

520 § 7 Abs. 6 ErbStG knüpft an eine Beteiligung an einer Personengesellschaft an. Dabei kann es sich auch um eine Innengesellschaft, z. B. eine stille Gesellschaft, handeln. Die Norm will Schenkungen eines entsprechenden Gesellschaftsanteils mit „überhöhter" Gewinnbeteiligung schenkungsteuerrechtlich erfassen. In erster Linie zielt die Regelung auf **Familienpersonengesellschaften** ab. Hintergrund ist, dass es für die Bewertung der Beteiligung an einer Personengesellschaft nach früherer Rechtslage ausschließlich auf den Vermögenswert ankam. Der Ertragswert spielte keine Rolle. Es war deshalb möglich, eine verhältnismäßig geringe Gesellschaftsbeteiligung, die mit einem hohen Anteil am Gewinn ausgestattet ist, steuergünstig zum Vermögenswert zu übertragen. Daraus erklärt sich auch, dass Anteile an Kapitalgesellschaften, bei denen auch der Ertragswert berücksichtigt wurde, nicht erfasst werden. Betrachtet man die **Vorgeschichte der durch das ErbStRG 1974** (BGBl I 1974, 933)**eingeführten Regelung**, ist es so gewesen, dass der **RFH** zunächst von **zwei Schenkungen**, nämlich der Schenkung des Gesellschaftsanteils (Vermögenswert) und der Schenkung der überhöhten Gewinnbeteiligung, ausgegangen ist (RFH v. 19.6.1935, III e A 23/35, RStBl 1935, 1155). Im Folgenden nahm der **BFH nur noch eine Schenkung** an, wobei die **überhöhte Gewinnbeteiligung als werterhöhender Umstand** angesehen wurde (BFH v. 29.11.1961, II 282/58 U, BStBl III 1962, 323). Später gab der BFH diesen Standpunkt auf und stellte ausschließlich auf den Vermögenswert ab (BFH v. 25.6.1969, II R 131/63, BStBl II 1969, 653; v. 27.10.1972, II B 7/72, BStBl II 1973, 14). Die Regelung des § 7 Abs. 6 ErbStG legt dogmatisch ersichtlich die Sichtweise des RFH (v. 26.3.1931, I e A 106/30, RStBl 1931, 357; v. 19.6.1935, III e A 23/35, RStBl 1935, 1155) zugrunde, wonach die Zuwendung einer über das Verhältnis der Kapitalanteile hinausgehende Gewinnbeteiligung als **eigenständige besondere Zuwendung** neben den Kapitalanteilen versteuert werden muss.

521 Nachdem durch das **ErbStRG vom 24.12.2008** (BGBl 2008, 3018) die Steuerwerte von Beteiligungen an Personengesellschaften an die Verkehrswerte angepasst worden sind und der gemeine Wert, der sich im Wesentlichen nach dem Ertragswert richtet, maßgebend ist, ist de lege lata ein Zustand eingetreten, der der Sichtweise des BFH v. 29.11.1961 (überhöhte Gewinnbeteiligung als einen werterhöhenden Umstand) entspricht. Vor diesem Hintergrund ist die Regelung des § 7 Abs. 6 ErbStG nicht nur überflüssig, sondern mit der Fiktion einer doppelten Schenkung i. S. d. früheren Sichtweise des RFH **in sich widersprüchlich** geworden. Die Vorschrift hätte abgeschafft werden müssen, zumal die Aufteilung des gemeinen Werts des Gewerbebetriebs der Personengesellschaft gem. § 97 Abs. 1a Nr. 1 Buchst. b BewG nach dem Gewinnverteilungsschlüssel vorzunehmen ist. Da eine doppelte Besteuerung desselben Sachverhalts unverhältnismäßig wäre, hat die **Vorschrift keinen sinnvollen Anwendungsbereich** mehr. Sie ist teleologisch auf „Null" zu reduzieren und sollte bei nächster Gelegenheit abgeschafft werden.

Bereits in Bezug auf die frühere Rechtslage war die Vorschrift unglücklich formuliert. Zuwendungsgegenstand ist das Übermaß an Gewinnbeteiligung. Die Differenz zwischen dem zu erwartenden Gewinn und dem noch angemessenen Gewinn ist der „Übergewinn", der selbstständig der Schenkungsteuer unterworfen wird. Jedoch gibt § 7 Abs. 6 ErbStG keine Auskunft, auf welche Weise das Gewinnübermaß zu ermitteln ist. Das Übermaß muss kapitalisiert werden, doch schweigt das Gesetz zu Laufzeit und Vervielfältiger. Strittig ist vor allem der Fall, in dem es nachträglich, nach der schenkweisen Übertragung der Beteiligung, zu einer **Änderung des Gewinnverteilungsschlüssels** zugunsten des (Neu-)Gesellschafters kommt. Die FinVerw (R E 7.8 Abs. 2 ErbStR 2011; zustimmend *Kapp/Ebeling*, ErbStG, § 7 Rz. 190.9; a.A. *Gebel*, in T/G/J, ErbStG, § 7 Rz. 384; *Meincke*, ErbStG, 2012, § 7 Rz. 137f). geht hier von einer Anwendbarkeit des § 7 Abs. 6 ErbStG aus. Aus der Dogmatik der Aufspaltung in zwei selbstständige Schenkungen folgt, dass die Zuwendung einer erhöhten Gewinnbeteiligung ohne selbstständige Zuwendung eines Gesellschaftsanteils nicht unter § 7 Abs. 6 ErbStG fällt (*Meincke*, ErbStG, 2012, § 7 Rz. 137). Eine Besteuerungslücke ist damit allerdings nicht gegeben, da auf den Grundtatbestand des § 7 Abs. 1 Nr. 1 ErbStG zurückgegriffen werden kann (*Schuck*, in V/K/S/W, ErbStG, 2012, § 7 Rz. 212).

522

Die FinVerw. hat sich in R 21 ErbStR für ein **Primat der ertragsteuerlichen Behandlung der angemessenen Gewinnverteilung** ausgesprochen. R 21 Abs. 1 ErbStR 2003 ordnet an, dass – wenn eine Entscheidung bei den Ertragsteuern ergangen ist – diese für die Schenkungsteuer zu übernehmen ist. Fehlt es an einer entsprechenden Vorgabe, muss die „überhöhte" Gewinnbeteiligung für die Schenkungsteuer selbstständig festgestellt werden. Auch der Gesetzgeber ist offenbar bei Einführung des § 7 Abs. 6 ErbStG davon ausgegangen, dass die Grundsätze betreffend die einkommensteuerrechtliche Behandlung des Übermaßes an Gewinnbeteiligungen bei Familiengesellschaften (grundlegend BFH v. 29.5.1972, GrS 4/71, BStBl II 1973, 5) bei § 7 Abs. 6 ErbStG entsprechend gelten (*Kapp/Ebeling*, ErbStG, § 7 Rz. 188). Dies bedeutet: Der vereinbarten Beteiligung am Gewinn ist der angemessene Gewinn i.S.d. EStG gegenüberzustellen. Dabei ist von der vom BFH entwickelten Obergrenze der Angemessenheit von 15 % des tatsächlichen Wertes der Beteiligung auszugehen. Die Differenz zwischen dem zu erwartenden Gewinn und dem noch angemessenen Gewinn ist als „Übergewinn" anzusehen. Die Berechnung des Kapitalwertes richtet sich danach, dass der überhöhte Gewinnanteil dem Bedachten – soweit keine anderen Anhaltspunkte für die Laufzeit gegeben sind (im Fall einer immerwährenden Nutzung ist der Kapitalwert 18,6-fachen Jahreswert anzusetzen (§ 16 BewG). Wenn die Kapitalisierung nach dem Lebensalter des Gesellschafters zu errechnen ist, folgt der Kapitalisierungsfaktor aus § 14 Abs. 1 BewG, wonach sich der Vervielfältiger unter Berücksichtigung der vom statistischen

523

§ 7　　　　　　　　　　　　　　　　　　　　　　　　　Schenkungen unter Lebenden

Bundesamt ermittelten aktuellen Sterbetafel ableitet. Im Fall einer festgelegten Laufzeit ist die Summe der Jahreswerte hinsichtlich der Kapitalisierung maßgeblich) – auf unbestimmte Zeit in gleichbleibender Höhe zufließen wird. Der Kapitalwert ist das 9,3-Fache des Jahreswertes gem. § 13 Abs. 2 BewG (R E 7.8 Abs. 1 Satz 4 ErbStR 2011). Dieser unterliegt nach § 7 Abs. 6 ErbStG selbstständig der Schenkungsteuer. Nach § 9 Abs. 1 Nr. 2 ErbStG ist die Zuwendung des Übermaßes mit der Übertragung des Gesellschaftsanteils ausgeführt, weil darauf die Fiktion des § 7 Abs. 6 ErbStG bezogen ist.

524　Die pauschale 15 %-Grenze, die den Ausgangspunkt der Berechnung bildet, ist steuersystematisch sehr umstritten (*Carlé/Bauschatz*, in Korn, EStG, § 15 Rz. 171ff. m.w.N). Des Weiteren spricht gegen eine schlichte Übernahme der einkommensteuerrechtlichen Grundsätze, dass es nach dem Gesetzeswortlaut des § 7 Abs. 6 ErbStG schenkungsteuerrechtlich nicht nur auf den Beitrag des Gesellschafters (Kapitalanlagen, Arbeits- oder sonstige Leistung) für die Gesellschaft ankommt, sondern auch darauf, was einem **fremden Dritten üblicherweise eingeräumt** würde (*Kapp/Ebeling*, ErbStG, § 7 Rz. 190). Das Primat der ertragsteuerlichen Behandlung ist schenkungsteuerrechtlich deshalb bedenklich, weil es sich um Gewinnbeteiligung handeln muss, die einem fremden Dritten so üblicherweise nicht eingeräumt würde. Geht man hier von den ertragsteuerrechtlichen Grundsätzen aus, muss man feststellen, dass ein fremder Dritter sich mit einer Begrenzung seines Gewinnanteils auf 15 % des tatsächlichen Werts regelmäßig gerade nicht einverstanden erklären würde, sondern nur eine Gewinnbeteiligung akzeptieren würde, die nach Abzug von Unternehmerlohn und Darlehensverzinsung **prozentual seiner Beteiligung am Vermögen der Gesellschaft** entspricht. Deshalb kann § 7 Abs. 6 ErbStG nur dann Anwendung finden, wenn der Gewinnanteil nach Berücksichtigung eines angemessenen Gewinnvorabs für die übrigen Gesellschafter mit einem **prozentual höheren Gewinn ausgestaltet ist, als es dem Verhältnis des nominalen Kapitals** entspricht (*Knobbe-Keuk*, StBerJB 1978/79, 428; *Kapp/Ebeling*, ErbStG, § 7 Rz. 190; 190.2). Deshalb stellt eine **Gewinnbeteiligung, die der quotenmäßigen Kapitalbeteiligung** entspricht, kein Übermaß i.S.d. § 7 Abs. 6 ErbStG dar. Maßgebend ist das in der Praxis übliche Kapitalkonto I.

525　Wenn die Einräumung einer überhöhten Gewinnbeteiligung das **fremdübliche Entgelt für die Mitarbeit** als geschäftsführender Gesellschafter einer KG darstellt, bleibt für die Besteuerung kein Raum (BFH v. 4.4.1967, II 14/62, BStBl III 1967, 490). Nicht erfasst werden **Sondervergütungen** aufgrund von Leistungsbeziehungen zwischen Gesellschaft und Gesellschaftern, etwa wenn ein Gesellschafter ein Grundstück (Sonderbetriebsvermögen) an die Gesellschaft gegen Entgelt vermietet. Wenn der neu aufgenommene Gesellschafter zugleich für die Gesellschaft tätig wird und er dafür eine gewinnunabhängige Vorwegvergütung erhält, fällt selbst ein überhöhtes Gehalt nicht in den Anwendungsbereich des § 7 Abs. 6 ErbStG. Nach *Schuck* (in V/K/S/W, ErbStG, 2012, § 7 Rz. 216) können entsprechende überhöhte Gehaltszahlungen unter § 7 Abs. 1 Nr. 1 ErbStG fallen, doch bleibt hier zu bedenken, dass auch das überhöhte Entgelt zu gewerblichen Einkünften nach § 15 Abs. 1 Satz 1 Nr. 2 Halbs. 2 EStG führt. Deshalb ist der Vorgang vorrangig der Einkommensteuer zuzuordnen und unterliegt nicht noch zusätzlich der Schenkungsteuer.

Die **praktische Bedeutung** der Vorschrift ist begrenzt, weil die Gesellschaftsverträge von Familienpersonengesellschaften üblicherweise unter Beachtung der Vorgaben des BFH zur Anerkennung von Familienpersonengesellschaften dem Grunde und der Höhe nach gestaltet werden. Dann liegt auch keine überhöhte Gewinnbeteiligung nach § 7 Abs. 6 ErbStG vor.

526

Gestaltungshinweis: Gestaltungshinweis:
Empfohlen wird, eine allgemeine **Steuerklausel** in den Gesellschaftsvertrag aufzunehmen. Der Vorschlag von *Schuck* (in V/K/S/W, ErbStG, 2012, § 7 Rz. 229) lautet wie folgt: „An dem nach Abzug aller Vorwegvergütungen bleibenden Gewinn der Gesellschaft sind der persönlich haftende Gesellschafter A mit 75 % und der Kommanditist B mit 25 % beteiligt. Der Gewinnanteil des B wird jedoch – solange er in der Gesellschaft nicht tätig ist – begrenzt auf 15 % des gemeinen Wertes der Kommanditeinlage zum Zeitpunkt des Eintritts. Soweit die 25 % Gewinnbeteiligung die Verzinsung von 15 % des gemeinen Wertes der Kommanditbeteiligung übersteigt, ist der übersteigende Betrag dem persönlich haftenden Gesellschafter zuzurechnen. Die Begrenzung des Höchst-Gewinnbezugsrechtes des Kommanditisten auf 15 % des gemeinen Wertes des Kommanditanteils zum Zeitpunkt des Eintritts gilt zunächst auf die Dauer von fünf Jahren. Alsdann ist der gemeine Wert erneut festzustellen und der Betrag des Höhe-Gewinnbezugsrechts festzusetzen. Diese Regelung gilt sinngemäß für zukünftige Zeitabschnitte".

Eine Überrendite unterliegt **beim Schenker** der **Einkommensteuer**. In diesem Zusammenhang ist streitig, ob eine weitere Schenkung vorliegt, wenn die Einkommensteuer im Innenverhältnis nicht zulasten des Beschenkten verrechnet wird. Hier ist allerdings bereits unklar, ob zivilrechtlich überhaupt ein Ausgleichsanspruch besteht. Selbst wenn dieser bestünde, kommt es darauf an, dass dem Schenker dieser auch bekannt ist (*Schuck*, in V/K/S/W, ErbStG, 2012, § 7 Rz. 234 m. w. N.).

527

einstweilen frei

528–539

24 Ausscheiden eines Gesellschafters zu einem unter dem gemeinen Wert liegenden Abfindungsentgelt (§ 7 Abs. 7 ErbStG)

§ 7 Abs. 7 ErbStG besteuert die **verbleibenden Gesellschafter**, wenn ein Mitgesellschafter aus der Gesellschaft ausscheidet und er eine **Abfindung unter dem steuerlichen Anteilswert** erhält. Die Vorschrift ist durch das ErbStRG 1974 (BGBl I 1974, 933) mit der Parallelvorschrift in § 3 Abs. 1 Nr. 2 ErbStG in das ErbStG aufgenommen worden. Satz 2 ist durch das StEntlG 1999/2000/2002 v. 20.3.1999 (BStBl I 1999, 304) eingefügt worden und zielt auf eine Präzisierung bzw. Sonderregelung zur Einziehung von Geschäftsanteilen ab. Durch das ErbStRG v. 24.12.2008 (BGBl I 2008, 3018) ist ein weiterer Satz 3 angefügt worden, der den Anwendungsbereich des § 7 Abs. 7 ErbStG auf die Fälle des § 10 Abs. 10 ErbStG erweitert. Die **praktische Bedeutung** der Vorschrift hat sich **durch das ErbStRG grundlegend gewandelt**, weil sich der steuerliche Wert seit dem 1.1.2009 nach dem gemeinen Wert bestimmt, so dass jede Abfindungsbeschränkung im Zusammenhang mit dem Ausscheiden nunmehr zu einer Steuerpflicht nach § 7 Abs. 7 ErbStG führt. Nach früherer Rechts-

540

lage, die die steuerlichen Regelungen für die Betriebsvermögensbewertung den handelsrechtlichen Bilanzierungsgrundsätzen angepasst hatte, ergab sich aus § 7 Abs. 7 ErbStG in Fällen einer Buchwertklausel in den meisten Fällen keine steuerliche Konsequenz.

541 § 7 Abs. 7 ErbStG ist ein **Sondertatbestand** der freigebigen Zuwendung, der sich nach seiner Entstehungsgeschichte gegen die sog. „**Wagnisrechtsprechung**" des BGH (v. 22.11.1956, II ZR 222/55, BGHZ 22, 186) richtet, wonach die Vereinbarung von Abfindungsbeschränkungen, die gleichmäßig für alle Gesellschafter gelten sollen, keine Schenkung darstellt, weil jeder Gesellschafter um der Chance willen, die Anteile des anderen bei dessen Ausscheiden günstig übernehmen zu können, das Wagnis des Verlustes seines eigenen Anteils ohne entsprechende Abfindung eingeht. Der BFH hat sich dieser Sichtweise für das Schenkungsteuerrecht angeschlossen (BFH v. 15.5.1953, III 65/51 S, BStBl III 1953, 199). Mit der **doppelten Fiktion** des § 7 Abs. 7 Satz 1 ErbStG hat der Gesetzgeber auf diese Rspr. reagiert. Danach „gilt" der durch das Ausscheiden bewirkte Anteilsübergang auf die Gesellschaft oder den Mitgesellschafter als Schenkung, „soweit" der steuerliche Wert den im Gesellschaftsvertrag nicht vorgesehenen Abfindungsanspruch übersteigt. Die Reichweite der Fiktion einer Schenkung bzw. freigebigen Zuwendung ist nicht in allen Einzelheiten geklärt. Nach der Rspr. des BFH (v. 1.7.1992, II R 12/90, BStBl II 1992, 925) ist das subjektive **Merkmal des Bewusstseins der Unentgeltlichkeit** für den Tatbestand des § 7 Abs. 7 ErbStG nicht erforderlich. Der BFH verweist diesbezüglich auf die Entstehungsgeschichte der Norm. Wenn der Normzweck des § 7 Abs. 7 ErbStG aber darin liegt, rechtsprechungsüberholend den Tatbestand der freigebigen Zuwendung nicht allein an den sog. Wagnisgedanken scheitern zu lassen, ist die Vorschrift auch in diesem Sinne auszulegen. Durch das ErbStRG v. 24.12.2008 (BGBl I 2008, 3018) haben sich der Anwendungsbereich der Vorschrift und die daraus abzuleitenden Steuerfolgen erheblich verschärft. Deswegen und wegen des Eingriffscharakters des Steuerrechts einschließlich einer Fiktion des Tatbestandes ist die Vorschrift streng nach ihrem Wortlaut auszulegen und die Entstehungsgeschichte zwingend zu berücksichtigen. Der objektive Tatbestand der freigebigen Zuwendung setzt eine Entreicherung und eine Bereicherung voraus. An einer **Entreicherung** (Rz. 160 ff) fehlt es z. B. beim sog. Anwachsungsmodell, bei dem eine GmbH & Co. KG auf die Komplementär-GmbH dergestalt umgewandelt wird, dass alle Kommanditisten aus der KG ausscheiden und alle Gesellschaftsbeteiligung bei der GmbH, die das Unternehmen der KG fortführt, anwachsen. Unabhängig von der Frage, ob der Fall überhaupt vom Wortlaut des § 7 Abs. 7 ErbStG erfasst ist, tritt hier keine Entreicherung ein, weil die fehlende Abfindung durch die Wertsteigerung ihrer Anteile an der GmbH kompensiert wird (*Kapp/Ebeling*, ErbStG, § 7 Rz. 200 m.w.N.; a.A. *Gebel*, in T/G/J, ErbStG, § 7 Rz. 404).

542 Des Weiteren darf die Fiktion der Schenkung nicht auf die **generelle Fiktion einer objektiven Bereicherung** ausgedehnt werden (a. A. *Gebel*, in T/G/J, ErbStG, § 7 Rz. 400, der den Standpunkt vertritt, dass in § 7 Abs. 7 ErbStG Merkmale des objektiven schenkungsteuerlichen Zuwendungstatbestandes fingiert würden, so dass es für die Tatbestandsverwirklichung auf diese Merkmale ankommen könne). An der Bereicherung fehlt es, wenn eine bestimmte Zuwendung infolge einer Gegenleistung

objektiv nicht unentgeltlich erfolgt (Rz. 200 ff). Nach der Entstehungsgeschichte richtet sich § 7 Abs. 7 ErbStG gegen den (entgeltlichen) Wagnisgedanken, also gegen die Beachtlichkeit des entgeltlichen Charakters eines sog. aleatorischen Geschäftes. Mit der Fiktion des § 7 Abs. 7 ErbStG wollte der Gesetzgeber die gegen den Schenkungscharakter sprechenden Argumente „der Wagnisrechtsprechung" ausschließen (*Meincke*, ErbStG, 2012, § 7 Rz. 151). Das spricht dafür, die Reichweite der Fiktion von vornherein darauf zu beschränken. Die Gesetzesverfasser zielten aber nicht darauf ab, im Rahmen des § 7 Abs. 7 ErbStG eine entgeltlich erlangte Bereicherung für steuerpflichtig zu erklären, wie schon die Einordnung des Steuertatbestandes unter den Schenkungen unter Lebenden deutlich macht. Deshalb fehlt es an einer Bereicherung, wenn der Vorgang nicht objektiv unentgeltlich ist (*Meincke*, ErbStG, 2012, § 7 Rz. 151). Wie *Gottschalk* (in T/G/J, ErbStG, § 3 Rz. 257) überzeugend festgestellt hat, beurteilt sich die **objektive (Un-)Entgeltlichkeit einer Abfindungsbeschränkung unter Berücksichtigung des Gesamtgeflechtes gesellschaftsrechtlicher Leistungsbeziehungen**, in die auch eine entsprechende Abfindungsklausel eingebettet ist. Deshalb bleibt unter Außerachtlassung des aleatorischen Gedankens die Möglichkeit, die **Abfindungsbeschränkung als Teil des Entgeltes** in der Zusammenschau der gesamten vertraglichen Beziehungen zu rechtfertigen. Auch in diesem Fall fehlt es bereits an der objektiven Unentgeltlichkeit. Ganz deutlich wird dies, wenn es um die Einräumung einer **Gesellschafterstellung auf Zeit** geht bzw. um Abfindungsbeschränkungen im Rahmen der sog. Manager- bzw. Mitarbeitermodelle (Rz. 512), für die der BGH (v. 19.9.2005, II ZR 342/03, BGHZ 164, 107) die Hinauskündigung als sachlich gerechtfertigt und Abfindungsbeschränkungen gebilligt hat (*Christ*, in: Christ/Fischer, Steuerrecht und Markt – Wie „unternehmerfreundlich" ist das deutsche Unternehmenssteuerrecht?, 2014, 13, 21 ff.). In diesen Konstellationen liegt von vornherein eine nicht vollwertige Beteiligung vor, auf die § 7 Abs. 5 ErbStG (Rz. 511) und § 7 Abs. 7 ErbStG nicht passen (*Kapp/Ebeling*, ErbStG, § 7 Rz. 199; a. A. *Ostermayer/Erhart*, BB 2005, 2044; *Ostermeyer/Riedel*, BB 2006, 1662). Dieser Sichtweise folgt das FG Düsseldorf: Haben die Gesellschafter einer Wirtschaftsprüfungsgesellschaft mbH einen Poolvertrag geschlossen, wonach u. a. aus Altersgründen ausscheidende Poolmitglieder ihren Geschäftsanteil an den Pooltreuhänder zu einem Entgelt in Höhe des Nennbetrags verkaufen, und kann der Treuhänder, der den aus Altersgründen übertragenen Anteil auf Zeit bis zur Aufnahme neuer, den Anteil zum Nennwert erwerben werdender neuer Gesellschafter hält, über den Geschäftsanteil weder für die Gesellschaft noch für ihre Gesellschafter frei verfügen, liegt mangels Realisierbarkeit eines über den Nennwert des Geschäftsanteils hinausgehenden Wertes keine für die Schenkungsteuerbarkeit nach § 7 Abs. 7 S. 1 ErbStG nötige Vermögensverschiebung auf die Gesellschafter oder ihre Gesellschafter vor (FG Düsseldorf v. 13.11.2013, 4 K 834/13 Erb, GmbHR 2014, 105; ebenso *Kreutzinger*, ZEV 2013, 252). Der BFH hat die Revision (BFH v. 4.3.2015, II R 51/13, BStBl II 2015) als unbegündet zurückgewiesen und sich inhaltlich darauf zurückgezogen, dass die Erwerberin nicht die GmbH sei.

Mit dem Wagnisgedanken nichts zu tun hat es auch, wenn eine gesellschaftsvertragliche Abfindungsregelung einen **Vertragsstrafencharakter** besitzt. Das ist etwa der Fall, wenn der Abfindungsanspruch nur bei dem Ausschluss eines Gesellschafters aus wichtigem Grund eingreift (*Schuck*, in V/K/S/W, ErbStG, 2012, § 7 Rz. 256).

543

Wenn das Ausscheiden gegen Abfindung **Teil einer als Vergleich getroffenen Regelung**, die insgesamt als entgeltliches Geschäft einzuordnen ist, darstellt, ist die mit der Anteilsübertragung vermittelte Bereicherung der verbleibenden Gesellschafter nicht objektiv unentgeltlich erfolgt (*Felix*, DStZ 1991, 275; *Klaas*, WPg 1991, 537; *Meincke*, ErbStG, 2012, § 7 Rz. 151).

544 Tatbestandlich knüpft § 7 Abs. 7 ErbStG an das Ausscheiden eines Gesellschafters aus der Personengesellschaft an. Davon zu unterscheiden sind die Fälle der Liquidation und der **rechtsgeschäftlichen Übertragung einer Beteiligung** auf Dritte in Form der Abtretung (§§ 398, 413 BGB). § 7 Abs. 7 ErbStG hat demgegenüber vornehmlich die Fälle der **Anwachsung nach § 738 BGB** im Blick. Wenn die Übertragung der Beteiligung an Dritte oder Mitgesellschafter erfolgt, mit denen der Ausscheidende einem Ausschluss zuvorkommt, ist § 7 Abs. 7 ErbStG nicht einschlägig (*Schuck*, in V/K/S/W, ErbStG, 2012, § 7 Rz. 250). *Meincke* (ErbStG, 2012, § 7 Rz. 146) weist darauf hin, dass der BFH (v. 1.7.1992, II R 70/88, BStBl II 1992, 921) diese Sichtweise im Grundsatz teilt, sich allerdings eine Hintertür offen gelassen habe, in dem der BFH erläutert, dass in besonderen Fällen eine andere Beurteilung möglich sei. Mittlerweile hat der BFH aber ausdrücklich entschieden, dass § 7 Abs. 7 ErbStG in derartigen Konstellationen im Veräußerungsfall nicht einschlägig ist (BFH v. 20.1.2016, II R 40/14, BFHE 252, 453). Inwieweit bei der Übertragung an Dritte der Grundtatbestand des § 7 Abs. 1 Nr. 1 ErbStG einschlägig ist, hängt von den Umständen des Einzelfalles ab (für den Fall der verdeckten Einlage vgl. Rz. 254a). Kein Ausscheiden, sondern eine rechtsgeschäftliche Anteilsübertragung liegt auch dann vor, wenn **sämtliche Anteile an einer Personengesellschaft gleichzeitig** auf einen Außenstehenden oder einen Mitgesellschafter übertragen werden und sich durch die Vereinigung aller Anteile in einer Hand eine gesetzliche Gesamtrechtsnachfolge des Anteilserwerbers ergibt (BGH v. 10.5.1978, VIII ZR 32/77, BGHZ 71, 296).

545 Nach dem klaren Wortlaut der Vorschrift muss der Gesellschafter aus der Gesellschaft ausscheiden. Damit kann sie sich nicht auf eine **Minderung des Gesellschaftsanteils** beziehen (*Gebel*, in T/G/J, ErbStG, § 7 Rz. 405: Steuerverschärfende Fiktionen müssen streng am Wortlaut orientiert werden und erlauben weder eine extensive Auslegung noch eine Lücken ergänzende Analogie; *Kapp/Ebeling*, ErbStG, § 7 Rz. 193; *Meincke*, ErbStG, 2012, § 7 Rz. 144; *Hasbach*, Gesellschaftsvertragliche Abfindungsklauseln, 125 ff.; a.A. *Weinmann*, in Moench/Weinmann, ErbStG, § 7 Rz. 250). Das Argument, § 7 Abs. 7 Satz 1 ErbStG spreche auch von dem Übergang des „Teils eines Anteils" (*Weinmann*, in Moench/Weinmann, ErbStG, § 7 Rz. 250; *Hasbach*, Gesellschaftsvertragliche Abfindungsklauseln, 128), ändert nichts am fehlenden Ausscheiden des Gesellschafters. Demzufolge hat der Hinweis auf den Teil eines Anteils lediglich Bedeutung, wenn im Fall des Ausscheidens eines Gesellschafters ein Teil auf die Gesellschaft und der Rest auf nahe stehende Dritte übertragen wird (*Schuck*, in V/K/S/W, ErbStG, 2012, § 7 Rz. 265).

546 Unterschiedlich beurteilt wird die Frage, ob § 7 Abs. 7 ErbStG auf **zweigliedrige Personengesellschaften und auf Ein-Mann-Kapitalgesellschaften** Anwendung finden kann. Der Wortlaut der Vorschrift spricht dagegen, weil aus diesen Gesellschaften niemand ausscheiden kann, ohne zugleich den Gesellschaftsverband auf-

zuheben. Der Anteil des Ausscheidenden kann also nicht „auf die anderen Gesellschafter" übergehen (*Meincke*, ErbStG, 2012, § 7 Rz. 143; *Schuck*, in V/K/S/W, ErbStG, 2012, § 7 Rz. 245). Der BFH sieht es indes anders und hat mit Urteil v. 1.7.1992 (II R 70/88, BStBl II 1992, 921; vgl. auch BFH v. 1.7.1992, II R 108/88, BStBl II 1992, 923; v. 1.7.1992, II R 12/90, BStBl II 1992, 925) entschieden, dass unter § 7 Abs. 7 ErbStG auch die Anwachsung eines Gesellschaftsanteils beim Ausscheiden des vorletzten Gesellschafters aus einer zweigliedrigen Personengesellschaft subsumierbar sei. Der BFH stellt entscheidend auf das Kriterium der Anwachsung ab, das sowohl bei mehrgliedrigen als auch bei zweigliedrigen Personengesellschaften vorliege, was eine Differenzierung zwischen mehr- und zweigliedrigen Personengesellschaften als nicht sachgerecht erscheinen lasse. Ähnlich sieht dies auch *Hasbach* (*Hasbach*, Gesellschaftsvertragliche Abfindungsklauseln, 130) der sich aber für eine analoge Anwendung auf die zweigliedrige Personengesellschaft ausspricht, da der Fortbestand der Gesellschaft aus Sicht des Gesetzgebers vom Zufall abhinge.

Das **Kapitalgesellschaftsrecht** kennt nicht das Prinzip der Anwachsung. Wenn ein Gesellschafter nach dem Gesellschaftsvertrag aus einer Kapitalgesellschaft ausscheidet, erfolgt dies entweder durch eine entsprechende Abtretung der Beteiligung oder durch Einziehung (Amortisation), die zum Untergang des Geschäftsanteils führt. Wird ein Gesellschafter nach den Vorgaben des GmbH-Rechts und der Satzung wirksam aus der Gesellschaft ausgeschlossen, steht es der **Gesellschaft in solchen Fällen frei**, entweder den Gesellschaftsanteil einzuziehen oder seine Abtretung an eine von ihr zu bestimmende Person zu erzwingen. Da mit der **Einziehung** der Geschäftsanteil untergeht, regelt § 7 Abs. 7 Satz 2 ErbStG, dass Erwerber nach dem erweiterten Tatbestand die Mitgesellschafter des Ausgeschiedenen sind. Kommt es zu einer **Zwangsabtretung** des Geschäftsanteiles an die Gesellschaft oder einen Dritten, gilt die Kapitalgesellschaft als Erwerber (*Gebel*, in T/G/J, ErbStG, § 7 Rz. 410). Fraglich ist, ob dies auch bei der Abtretung an den Mitgesellschafter gilt.

547

Die durch Einziehung oder Zwangsabtretung gegen Minderabfindung nach § 7 Abs. 7 ErbStG anfallende Schenkungsteuer kann **nicht vor der Ausübung des der Kapitalgesellschaft zustehenden Wahlrechts entstehen**, das als Gestaltungsrecht wie eine aufschiebende Bedingung wirkt (BFH v. 5.3.1971, III R 130/68, BStBl II 1971, 481). Die Ausführung i.S.d. § 9 Abs. 1 Nr. 2 ErbStG liegt erst dann vor, wenn die rechtswirksame Einziehung oder Abtretung des Gesellschaftsanteils vollzogen worden ist. Anders liegt es bei **Personengesellschaften**. Hier entsteht die Steuer bereits mit dem Ausscheiden des Gesellschafters, welches die Anwachsung bei den Mitgesellschaftern auslöst.

548

§ 7 Abs. 7 Satz 3 ErbStG erweitert seit dem 1.1.2009 den Anwendungsbereich auf die Fälle des § 10 Abs. 10 ErbStG. Das betrifft Konstellationen, in denen Personen- und Kapitalgesellschaftsanteile zunächst auf die Erben übergegangen sind, von diesen jedoch auf Grund von gesellschaftsvertraglichen Klauseln auf die anderen Gesellschafter übertragen werden müssen. Die Vorschrift hat vor allen Dingen Bedeutung im GmbH-Recht, weil nach § 15 Abs. 1 GmbHG die freie Vererblichkeit von GmbH-Anteilen nicht ausgeschlossen oder beschränkt werden darf. Deshalb bedient sich die Praxis sog. **Abtretungs- oder Einziehungsklauseln**. Wenn in diesem Fall der Erbe auf Grund gesellschaftsrechtlicher Vorgaben den geerbten

Gesellschaftsanteil übertragen muss und er im Gegenzug nur eine Abfindung unterhalb des Verkehrswertes erhält, soll nach § 7 Abs. 7 Satz 3 ErbStG geregelt werden, dass gleichwohl im Verhältnis zu dem Mitgesellschafter in Höhe des Unterschiedsbetrags zwischen Minderabfindung und dem gemeinen Wert des Gesellschaftsanteils der Fiktionstatbestand des § 7 Abs. 7 ErbStG eingreift.

25 Leistungen an Kapitalgesellschaften (§ 7 Abs. 8 ErbStG)

25.1 Überblick

549 Die §§ 7 Abs. 8, 15 Abs. 4 ErbStG sind mit Wirkung ab dem 14.12.2011 durch das **BeitrRLUmsG v. 7.12.2011 (BGBl I 2011, 2592)** eingefügt worden. Die Vorschriften gehen zurück auf eine Empfehlung der Ausschüsse des Bundesrats (BR-Drs. 253/1/11 v. 3.6.2011, 36–39 = Stellungnahme des Bundesrats, BR-Drs. 253/11(B) v. 17.6.2011, 33–36), die der Finanzausschuss in die Beschlussempfehlung v. 26.10.2011 (BT-Drs. 17/7469, 57) übernommen hat. Zugleich wurde die Begründung zur Stellungnahme des Bundesrats unverändert in den Bericht des Finanzausschusses v. 26.10.2011 (BT-Drs. 17/7524, 20–22) übernommen.

550 Nach **§ 7 Abs. 8 S. 1 ErbStG** gilt als Schenkung auch die Werterhöhung von Anteilen an einer Kapitalgesellschaft, die eine an der Gesellschaft unmittelbar oder mittelbar beteiligte natürliche Person oder Stiftung (Bedachte) durch die Zuwendung einer anderen Person (Zuwendender) an die Gesellschaft erlangt. Ausweislich der Gesetzesbegründung (BT-Drs. 17/7524) schließt S. 1 die „Besteuerungslücke" der sog. disquotalen bzw. disproportionalen Einlage, in dem er eine überproportionale Einlage des Schenkers einer Direktzuwendung des Schenkers gleichstellt. Die bisherige Besteuerungslücke sei in der Steuersparbranche bekannt und werde auf Fachveranstaltungen regelmäßig als Gestaltungstipp vorgetragen. In der Gesetzesbegründung (BT-Drs. 17/7524, 20) heißt es, der Gesetzgeber greife die Grundsätze der Rspr. des BFH, namentlich das zitierte Urteil des BFH v. 9.12.2009 (II R 28/08, BStBl II 2010, 566) auf und entwickle sie mit S. 1 in Richtung auf eine „gleichheitsgerechte Besteuerung von Schenkungen" fort. Die vom Gesetzgeber konstatierte „Lücke" gründet sich darauf, dass der BFH im Falle einer sog. disquotalen Einlage einerseits keine freigebige Zuwendung in Höhe des überproportionalen Teils im Verhältnis zur Gesellschaft annimmt und zum anderen eine freigebige Zuwendung im Verhältnis zu dem bzw. den Mitgesellschaftern an einem geeigneten Zuwendungsgegenstand scheitern lässt. Wenn der Gesetzgeber dies als Verstoß gegen eine gleichheitsgerechte Besteuerung wertet, hätten theoretisch zwei Möglichkeiten bestanden, eine gleichheitsgerechte Besteuerung herzustellen. Zum einen wäre es möglich gewesen, dass der Gesetzgeber im Verhältnis zwischen Gesellschafter und Gesellschaft eine objektive Bereicherung bzw. einen Bereicherungswillen fingiert. Zum anderen bietet sich als Alternative an, die „Lücke" im Verhältnis zum Mitgesellschafter zu überwinden. Nach der **gesetzlichen Konzeption** bleibt es im Verhältnis zwischen dem an die Gesellschaft leistenden Gesellschafter und der Gesellschaft unverändert dabei, dass eine gemischt-freigebige Zuwendung am rechtlichen Zusammenhang mit dem Gemeinschaftszweck scheitert. Dabei könnte auch eine Rolle gespielt haben, dass ansonsten die Überschneidung von Körperschaft- und Schenkungsteuer bei Leis-

Schenkungen unter Lebenden § 7

tungen von Nichtgesellschaftern offen zu Tage getreten wäre. S. 1 **knüpft an die „Lücke" im Verhältnis zum Mitgesellschafter** an, weil die reflexartige Werterhöhung des Geschäftsanteils bzw. der Geschäftsanteile des Mitgesellschafters nach dem BFH keinen geeigneten Zuwendungsgegenstand darstellt.

§ 7 Abs. 8 S. 2 ErbStG ordnet des Weiteren an, dass Zuwendungen zwischen Kapitalgesellschaften freigebig sind, soweit sie in der Absicht getätigt werden, Gesellschafter zu bereichern, weil betriebliche Gründe fehlen, und soweit an diesen Gesellschaften nicht unmittelbar oder mittelbar dieselben Gesellschafter zu gleichen Anteilen beteiligt sind. Der Gesetzgeber bezieht sich hier ausdrücklich auf das Urteil des BFH v. 7.11.2007 (II R 28/06, BStBl II 2008, 258). Jene zivilrechtliche Betrachtungsweise der Rspr. habe in der Praxis zu der Sorge geführt, dass auch verdeckte Gewinnausschüttungen im Konzern als schenkungsteuerbar angesehen werden könnten (BT-Drs. 17/7524, 21). S. 2 stelle klar, dass verdeckte Gewinnausschüttungen und verdeckten Einlagen zwischen verbundenen Unternehmen grundsätzlich keine freigebigen Zuwendungen sind und nur in den dort definierten Ausnahmefällen als Schenkungen behandelt werden können (BT-Drs. 17/7524, 21). 551

Neben Kapitalgesellschaften werden über **§ 7 Abs. 8 S. 3 ErbStG** auch Genossenschaften in den Anwendungsbereich der S. 1 und 2 mit einbezogen. 552

Schließlich ist nach der **Neuregelung des § 15 Abs. 4 ErbStG** bei einer Schenkung durch eine Kapitalgesellschaft oder Genossenschaft der Besteuerung das persönliche Verhältnis des Erwerbers zu derjenigen unmittelbar oder mittelbar beteiligten Person oder Stiftung zugrunde zu legen, durch die sie veranlasst ist. In diesem Fall gilt die Schenkung bei der Zusammenrechnung früherer Erwerbe (§ 14 ErbStG) als Vermögensvorteil, der dem Bedachten von dieser Person anfällt. Nach der Gesetzesbegründung (BT-Drs. 17/7524, 21) soll S. 1 Härten ausräumen, die sich aus der unmittelbaren zivilrechtlichen Betrachtung einer Zuwendung durch eine Kapitalgesellschaft ergeben können. 553

25.2 Neuregelung des § 7 Abs. 8 S. 1 ErbStG

25.2.1 Tatbestand

Nach § 7 Abs. 8 S. 1 ErbStG soll folgender Fall künftig schenkungsteuerpflichtig sein: „Als Schenkung gilt auch die Werterhöhung von Anteilen an einer Kapitalgesellschaft, die eine an der Gesellschaft unmittelbar oder mittelbar beteiligte natürliche Person oder Stiftung (Bedachte) durch die Leistung einer anderen Person (Zuwendender) an die Gesellschaft erlangt". Dem nach Meinung des Gesetzgebers besteuerungswürdigen Sachverhalt liegt eine **Dreieckskonstellation** bestehend aus dem **Leistendem** (Zuwendendem), der **Kapitalgesellschaft** und dem **begünstigten Gesellschafter** (Bedachter) zugrunde. Der **Tatbestand des S. 1 ist ausschließlich auf das Rechtsverhältnis zwischen dem Leistenden und der Kapitalgesellschaft zugeschnitten** („Leistung einer anderen Person an die Gesellschaft"), welches im Folgenden als Deckungs- bzw. Grundverhältnis bezeichnet wird. Darin besteht – wie sogleich aufgezeigt wird – der **grundlegende handwerkliche Fehler** des Gesetzgebers. Die **Rechtsfolge** besteht in der Fiktion einer Schenkung der Wertsteigerung der Anteile. Da nicht Anteile übertragen werden, ist nach dem Wortlaut davon 554 auszugehen, dass die **Steuerbegünstigung nach §§ 13a, 13b ErbStG** nicht in Anspruch genommen werden kann (*Potsch/Urbach*, KÖSDI 2012, 17747, 17751). Es bleibt nur die Analogie, wenn man davon ausgeht, dass der Gesetzgeber den Verweis auf die entsprechende Anwendung des § 13b Abs. 1 Nr. 3 ErbStG schlicht „vergessen" hat. Eine vergleichbare Interessenlage ist gegeben, sodass es systematisch nahe gelegen hätte, die Begünstigung gleichermaßen zu gewähren.

555 Der Tatbestand setzt

(1) eine Leistung an eine Kapitalgesellschaft voraus;

(2) die Person des Leistenden muss eine **andere Personen als der Bedachte** sein;

(3) Bedachter kann nur eine an der Gesellschaft unmittelbar oder mittelbar beteiligte **natürliche Person oder Stiftung** sein und es muss

(4) eine **Werterhöhung von Anteilen des Bedachten** eintreten, was zwingend eine Werterhöhung der Kapitalgesellschaft voraussetzt.

Zu (1) Das Gesetz verlangt eine „Leistung" an die Gesellschaft, was man in einem weiten Sinn als jedes Tun, Dulden oder Unterlassen (vgl. § 241 BGB) verstehen kann. Ob der Leistung eine nach Fremdvergleichsgrundsätzen angemessene Gegenleistung gegenübersteht, scheint zunächst unerheblich zu sein. Damit erfasst der Wortlaut auch **„entgeltliche"** Leistungen von Nichtgesellschaftern. Ein **Bereicherungswille** ist damit erst recht nicht erforderlich. **Satzungsänderungen**, wie etwa Änderungen der Gewinnverteilungsabrede oder der Verzicht auf ein Mehrstimmrecht (ebenso *Wachter*, ZEV 2013, 352. Zu § 7 Abs. 1 Nr. 1 ErbStG vgl. FG Baden-Württemberg v. 25.5.2011, 7 K 1475/09, EFG 2011, 2178; BFH v. 30.1.2013, II R 38/11, ZEV 2013, 349) stellen keine „Leistung" an die Kapitalgesellschaft i.S.d. § 7 Abs. 8 S. 1 ErbStG dar, auch wenn sich dadurch der Wert der Geschäftsanteile von Mitgesellschaftern erhöhen sollte. Denn die Kapitalgesellschaft ist hier nicht Subjekt der Zuwendung (Vertragspartner), sondern Objekt.

Nach dem Wortlaut sind als „Leistungen" an die Kapitalgesellschaft auch **Nutzungseinlagen** (z.B. die unentgeltliche Überlassung von Wirtschaftsgütern), **Fremdfinanzierungsleistungen** (z.B. die zinslose Darlehensgewährung) und unentgeltliche **Dienstleistungen** zu qualifizieren. Ebenso wenig spielt es eine Rolle, ob aus Sicht des Leistenden seine **Leistung objektiv wertlos** ist. Verzichtet der Gesellschafter in der Krise der Gesellschaft auf eine Forderung gegen die Gesellschaft, dann ist seine Forderung wegen § 39 Abs. 1 Nr. 5 InsO regelmäßig wertlos. Nach der Rspr. des Großen Senats des BFH (BFH v. 9.6.1997, GrS 1/94, BStBl II 1998, 307) liegt keine verdeckte Einlage vor, weil der Gesellschafter aus seinem Vermögen nichts Werthaltiges aufwendet. Trotzdem führt der Wegfall der Verbindlichkeit bei der Gesellschaft zur Mehrung des Eigenkapitals, und zwar in Form von Gewinn.

Zu (2) Zuwendender kann nicht nur ein unmittelbarer oder mittelbarer (Mit-)Gesellschafter sein. Der Wortlaut spricht von einer „anderen" Person, schließt also nicht an der Gesellschaft beteiligte Dritte mit ein. Damit geht der sachliche Anwendungsbereich **des S. 1 über den ertragsteuerrechtlichen Fall der sog. verdeckten Einlage** von Gesellschaftern hinaus. Leistet ein Dritter an die Kapitalgesellschaft, ist nach dem Wortlaut S. 1 zu dem Alleingesellschafter oder allen Mitgesellschaftern einschlägig. Kein Fall des S. 1 ist es, wenn der unmittelbare Alleingesellschafter Wirtschaftsgüter in die Kapitalgesellschaft verdeckt einlegt.

Beispiel:
Herr A ist zu 100 % Gesellschafter der A-GmbH und leistet eine Bareinlage in die Kapitalrücklage des § 272 Abs. 2 Nr. 4 HGB; A ist zugleich Zuwendender und Bedachter.

Nach dem Wortlaut ist S. 1 aber bereits nicht ausgeschlossen, wenn die A-GmbH, die an der B-GmbH zu 100 % beteiligt ist, an diese eine entsprechende Bareinlage leistet. Denn Zuwendender (A-GmbH) und mittelbar Bedachter (Herr A) sind zivilrechtlich „andere" Personen. Hier kommt aber S. 2 zum Zuge, der nicht auf Konzernsachverhalte begrenzt ist (Rz. 580).

Zu (3) Der Bedachte muss nicht unmittelbar Gesellschafter sein. Juristische Personen und Personengesellschaften sind transparent zu natürlichen Personen oder Stiftungen. Handelt es sich bei der natürlichen Person oder Stiftung um einen Treuhänder, kommt es nach dem Wortlaut auf den Treuhänder und nicht auf den Treugeber an.

Zu (4) Erforderlich für den objektiven Tatbestand ist des Weiteren eine **Erhöhung des Unternehmenswertes** bei der Kapitalgesellschaft. Denn dies ist die zwingende Voraussetzung für die Werterhöhung von Anteilen an der Kapitalgesellschaft. In die Systematik von § 12 Abs. 2–7 ErbStG lässt sich der Zuwendungsgegenstand „Werterhöhung" nicht ohne Weiteres einordnen (*Potsch/Urbach*, KÖSDI 2012, 17747, 17750). § 12 Abs. 2 ErbStG trifft den Fall nicht unmittelbar, da nicht der Anteilswert am Bewertungsstichtag (§ 11 i.V.m. § 9 Abs. 1 Nr. 2 ErbStG), sondern die am Bewertungsstichtag eintretende Wertveränderung zu ermitteln ist. Letztlich gelangt man auch über die Grundregel des § 12 Abs. 1 ErbStG zu § 11 Abs. 2 BewG. Danach ist vorrangig, dass sich die Wertsteigerung naturgemäß aus früheren Anteilsverkäufen nicht ableiten lässt – nach dem Ertragswertverfahren zu bewerten (§ 11 Abs. 2 S. 2 BewG). Im Regelfall orientiert sich die Unternehmensbewertung an dem **Ertragswert des Unternehmens**. Dies würde bedeuten, dass durch die Leistung die Ertragskraft des Unternehmens gestärkt werden müsste. Eine Untergrenze für die Bewertung bildet der **Substanzwert** (vgl. § 11 Abs. 2 S. 3 BewG). Nach dem Ertragswertverfahren kann die zusätzliche Kapitalausstattung durch den Zuwendenden im Einzelfall maßgeblichen Einfluss auf den Ertragswert haben (*Riedel*, NZI 2011, 577, 578). Man denke etwa an den Fall, dass eine Kapitalgesellschaft mit gutem Geschäftsmodell und entsprechenden Ertragsaussichten in Zahlungsschwierigkeiten gerät. Ohne Kapitalzufuhr von außen könnte eine Going-Concern-Bewertung nicht mehr aufrechterhalten werden. Der Zuwendende schießt ausreichend Eigenkapital zu, so dass der Going-Concern-Ansatz beibehalten werden kann. Ohne die Leistung des Zuwendenden wäre die Kapitalgesellschaft unter Zugrundelegung von Liquidationswerten wesentlich niedriger zu bewerten als nach der Leistung des Zuwendenden, die zu einer Bewertung nach Ertragswert führt. Im Normalfall wird man allerdings auf das vereinfachte Bewertungsverfahren abstellen können (§ 11 Abs. 2 S. 4 BewG). Dies bedeutet, dass nach § 200 Abs. 4 BewG die Werterhöhung mit dem gemeinen Wert des Einlagegegenstands zu bewerten ist. Allerdings zielt die Vorschrift auf eine Maßnahme der Missbrauchsvermeidung ab (*Eisele*, in: Rössler/Troll,

BewG, § 200 BewG Rz. 11), um die es hier gerade nicht geht. **Nutzungseinlagen und Dienstleistungen** sind im Übrigen **keine Wirtschaftsgüter**. Im Regelfall folgt aus einer Erhöhung des Substanzwertes des Unternehmens ipso iure eine Werterhöhung der Anteile entsprechend der Beteiligungsquote. Zwingend ist das nicht, wenn man sich den Fall der Zuzahlung in eine **schuldrechtlich gebundene Kapitalrücklage** vor Augen führt. Hier kann sich ausschließlich der Substanzwert der Anteile des Leistenden erhöhen.

556 Zwischen dem Grundtatbestand des § 7 Abs. 1 Nr. 1 ErbStG und dem Tatbestand des § 7 Abs. 8 S. 1 ErbStG kann es zu „Überschneidungen" kommen, die die Verfasser des Gesetzes gesehen, aber trotzdem nicht im Tatbestand gelöst haben.

Wenn ein Dritter der Kapitalgesellschaft objektiv unentgeltlich Zuwendungen macht, ist zugleich der objektive Tatbestand des § 7 Abs. 1 Nr. 1 ErbStG im Verhältnis des Dritten zur Gesellschaft erfüllt. Nach dem Wortlaut ist damit nicht auszuschließen, dass Schenkungen Dritter an die Kapitalgesellschaft nicht nur als freigebige Zuwendung nach § 7 Abs. 1 Nr. 1 ErbStG, sondern zugleich als ein Fall des § 7 Abs. 8 S. 1 ErbStG als fiktive Schenkung an die Mitgesellschafter verstanden werden könnten. Dies würde zu einer zweifachen Besteuerung derselben Zuwendung führen. Die Gesetzesbegründung (BT-Drucks. 17/7524, 21) besagt dazu Folgendes: *„Satz 1 erfasst als lex specialis auch Fälle, in denen der Zuwendende nicht Gesellschafter der Kapitalgesellschaft ist und seine Zuwendung nicht auf eine originäre Bereicherung Kapitalgesellschaft, sondern auf eine mittelbare Bereicherung der Gesellschafter der Kapitalgesellschaft abzielt. Es liegt dann eine Zuwendung an die Gesellschafter in Form der dadurch bewirkten Werterhöhung der Anteile an der Kapitalgesellschaft vor."*

Beispiel:

Frau F veräußert an die X-GmbH, deren Alleingesellschafter ihr Ehemann M ist, ein Grundstück für einen um 100.000 EUR zu niedrigen Kaufpreis. Der Vorgang erfüllt als gemischte Schenkung den Tatbestand des § 7 Abs. 1 Nr. 1 ErbStG im Verhältnis zur X-GmbH. Zugleich handelt es sich um eine Leistung an die Kapitalgesellschaft, die zu einer Werterhöhung der Anteile des M an der X-GmbH führt und damit im Verhältnis zwischen F als Zuwendender und M als Bedachtem nach § 7 Abs. 8 S. 1 ErbStG steuerpflichtig ist.

Die Lösung scheint naheliegend. Im Zweifel wird Frau F ihren Ehemann bereichern wollen. Wenn man das Beispiel aber dahingehend abwandelt, dass M nicht Alleingesellschafter ist, sondern ein fremder Dritter Mitgesellschafter, verhält es sich im Zweifel so, dass Frau F außer auf ihren Ehemann M weder auf eine Bereicherung der GmbH noch des Dritten D „abzielt".

557 Nach der Rspr. des BFH ist § 7 Abs. 1 Nr. 1 ErbStG bei einer **Kapitalerhöhung gegen zu niedriges Aufgeld** anwendbar. Gleiches gilt bei der sog. Konzentrationsverschmelzung. In beiden Fällen gab es bereits nach der bisherigen Rspr. des BFH also keine „Besteuerungslücke", weil die jungen Anteile als Zuwendungsgegenstand geeignet sind (Rz. 82). In den genannten Varianten ist zugleich der Tatbestand des § 7 Abs. 8 S. 1 ErbStG einschlägig. Für den Vorrang des § 7 Abs. 8 S. 1 ErbStG könnte

Schenkungen unter Lebenden § 7

die systematische Stellung als Sonderfall der Einlage sprechen, für den Vorrang des § 7 Abs. 1 Nr. 1 ErbStG spricht der Gesetzeszweck, weil es hier keine „Lücke" zu schließen gibt (*van Lishaut/Ebber/Schmitz*, Ubg 2012, 1, 5). Es werden junge Anteile, auf die die stillen Reserven der Altanteile übergehen, zugewendet, sodass eine schlichte Werterhöhung bei den Altanteilen nicht mehr eintritt. Die Konkurrenzfrage ist nicht rein akademischer Natur, wenn man sich bei § 7 Abs. 8 S. 1 ErbStG gegen einen Bereicherungswillen des Leistenden zugunsten des Bedachten ausspricht. Im Übrigen findet nach dem Wortlaut des S. 1 die Steuerbegünstigung nach §§ 13a, 13b ErbStG keine Anwendung. Etwas anderes ergibt sich aber, wenn im Rahmen der Kapitalerhöhung ein Dritter hinzutritt, dessen Einlage hinter dem gemeinen Wert des an ihn ausgegebenen Anteils zurückbleibt (ausführlich Rz. 80; BFH v. 27.8.2014, II R 43/12, BStBl II 2015, 241, dessen Entscheidung, obwohl zur Rechtslage vor Einführung des § 7 Abs. 8 ErbStG, für die Anwendbarkeit der Verschonung einschlägig ist).

Sofern der Tatbestand des § 7 Abs. 1 Nr. 1 ErbStG zwar grundsätzlich anwendbar wäre, aber durch ertragsteuerrechtliche Erfassungen des Sachverhalts keine Anwendung findet, (vgl. Rz. 254a) fehlt es an einer freigebigen Zuwendung, weshalb nach hier vertretener Auffassung (siehe Rz. 566 ff) § 7 Abs. 8 ErbStG ebenfalls tatbestandlich ausgeschlossen ist.

25.2.2 Überschießender Charakter des Tatbestands

25.2.2.1 Beispielsfälle

Die Auslegung des § 7 Abs. 8 S. 1 ErbStG nach dem Wortlaut führt zu zum Teil grotesken Ergebnissen. Das sei an einigen Beispielsfällen demonstriert. 558

Beispiel: Beispiel 1

X und Y sind zu je 50 % an der XY-GmbH beteiligt. X leistet im Januar 2012 eine verdeckte Bareinlage in Höhe von 500.000 EUR. Y übereignet gegenleistungslos der GmbH Anfang Februar 2012 ein Wirtschaftsgut mit einem Zeitwert von 500.000 EUR. Legt man den Gesetzeswortlaut zugrunde, führen sowohl die verdeckte Bareinlage des X als auch die verdeckte Wirtschaftsguteinlage des Y zu einer Verwirklichung des Tatbestands des § 7 Abs. 8 S. 1 ErbStG. Die Rechtsfolge ist die Fiktion einer „Schenkung", sodass beide Gesellschafter jeweils auf der Bemessungsgrundlage 500.000 EUR Schenkungsteuer bezahlen müssten. Geht man davon aus, dass X und Y die entsprechenden verdeckten Einlagen verbindlich verabredet hatten, sind beide Gesellschafter jedenfalls im Hinblick auf eine wirtschaftliche Gesamtbetrachtung der gegenseitig erbrachten Leistungen objektiv nicht bereichert. Hierzu wird die Auffassung vertreten (*van Lishaut/Ebber/Schmitz*, Ubg 2012, 1, 4), es sei keine steuerbare disquotale Leistung anzunehmen, wenn ein zeitlicher und sachlicher Zusammenhang zwischen den einzelnen Gesellschafterleistungen und ein entsprechender Gesamtplan der Gesellschafter bestünde. Ergebnisorientiert ist dies sicherlich zutreffend, allein: Es fehlt an einer entsprechenden Einschränkung des Wortlautes, dass es auf eine wirtschaftliche Gesamtbetrachtung ankommt (*Viskorf/Haag/Kerstan*, NWB 2012, 927, 934). Dogmatisch läuft die wirtschaftliche Gesamtbetrachtung auf das Erfordernis einer Abrede zwischen den Gesellschaftern hinaus, die aber im Wortlaut keine Stütze findet.

Beispiel: Beispiel 2

X und Y sind zu je 50 % an der XY-GmbH beteiligt. X verpflichtet sich gegenüber Y im Januar 2012, auf sein Geschäftsführergehalt in den nächsten zwei Jahren in Höhe von insgesamt 500.000 EUR zu verzichten. Y verpflichtet sich gegenüber X, ihm ein schlüsselfertig errichtetes Haus im Wert von 500.000 EUR innerhalb der nächsten zwei Jahre zu überlassen.

Auch in diesem Fallbeispiel ist nach dem Wortlaut § 7 Abs. 8 S. 1 ErbStG bezüglich der Leistungen des X an die GmbH einschlägig (*Viskorf/Haag/Kerstan*, NWB 2012, 927, 934). Dass Y dem X eine entsprechende Gegenleistung in dessen Privatvermögen erbracht hat, spielt nach dem Wortlaut keine Rolle. Das entsprechende Rechtsverhältnis zwischen den Gesellschaftern ist in S. 1 nicht angesprochen, sodass erst recht die Gesamtplanüberlegungen (*van Lishaut/Ebber/Schmitz*, Ubg 2012, 1, 4) zwischen den Gesellschaftern ohne Wortlautstütze sind.

Beispiel: Beispiel 3

Die X-GmbH möchte möglichst effizient ihre Produktionsanlagen am Standort erweitern und dazu das benachbarte Grundstück von N erwerben. N, der den Mehrheitsgesellschafter X persönlich kennt, veräußert zum Marktpreis von 1 Mio. EUR. Da die X-GmbH unter erheblicher Verkürzung des Zeitaufwands im Vergleich zum Aufbau eines neuen Standortes ihre Produktion erhöhen kann, erhöht sich der Ertragswert der X-GmbH um 2 Mio. EUR.

Nach dem Wortlaut ergibt sich folgendes Ergebnis:

Es liegt eine Leistung des N vor, weil nach dem Wortlaut auch „entgeltliche" Leistungen erfasst sind. N ist als Nichtgesellschafter Zuwendender und wird erfasst. X ist als Gesellschafter Bedachter. Eine Werterhöhung der Anteile der Gesellschafter ist nach dem Ertragswertverfahren eingetreten (*Piltz*, Ubg 2009, 13, 19), sodass als Rechtsfolge in Höhe von 1 Mio. EUR eine „Schenkung" fingiert wird.

Beispiel: Beispiel 4

X und Y sind zu je 50 % an der XY-GmbH beteiligt. Die Ehefrau des X hat der XY-GmbH ein Grundstück vermietet. Der Mietzins beträgt 200.000 EUR p.a. Der Betriebsprüfer stellt bei der Überprüfung der Angemessenheit von Leistung und Gegenleistung fest, dass der angemessene Mietzins 300.000 EUR beträgt.

Zunächst ist im vorliegenden Fall zu diskutieren, ob die Ehefrau E an die XY-GmbH eine (gemischt) freigebige Zuwendung nach § 7 Abs. 1 Nr. 1 ErbStG erbringt. Nach bisherigem Stand der Praxis stellt die verbilligte Vermietung keinen geeigneten Zuwendungsgegenstand i.S.d. § 7 Abs. 1 Nr. 1 ErbStG dar. Anders läge es, wenn die Ehefrau E der XY-GmbH ein unverzinsliches Darlehen überließe.

Schenkungen unter Lebenden § 7

Der Tatbestand des § 7 Abs. 8 S. 1 ErbStG ist gegenüber beiden Gesellschaftern X und Y erfüllt. Es spielt keine Rolle, dass E nur die Ehefrau des X ist und im Verhältnis zu Y ein fremder Dritter vorliegt. Der Wortlaut verlangt keine Bereicherungsabsicht des Dritten (Zuwendenden) gegenüber den (objektiv) Bedachten.

Abwandlung:
Da sich die XY-GmbH in einer wirtschaftlich schwierigen Situation befindet, ist die Miete für die letzten sechs Monate nicht mehr bezahlt worden. Um die Zahlungsunfähigkeit der Gesellschaft abzuwenden, verzichtet E auf den ausstehenden Mietzins von 100.000 EUR.

Nach dem Wortlaut erfüllt der Forderungserlass der E gegenüber der XY-GmbH zunächst den Tatbestand des § 7 Abs. 1 Nr. 1 ErbStG gegenüber der Kapitalgesellschaft. Des Weiteren ist § 7 Abs. 8 S. 1 ErbStG gegenüber X und Y einschlägig. Bei näherer Prüfung der freigebigen Zuwendung im Verhältnis zur XY-GmbH müsste die Entreicherung von Frau E („auf Kosten"), d.h. die Werthaltigkeit ihrer Forderung, näher geprüft werden. Bei X und Y könnte der Ertragswert in der konkreten Situation wieder erheblich über dem Substanzwert der 100.000 EUR liegen, wenn ohne den Verzicht der Ehefrau E die XY-GmbH Insolvenzantrag hätte stellen müssen, sodass eine Bewertung nach Liquidationswerten hätte erfolgen müssen. Wenn durch den Verzicht der Ehefrau E die XY-GmbH sanierungsfähig ist, würde der Ertragswert erheblich über dem Liquidationswert liegen. Auf eine Bereicherungsabsicht seitens der E kommt es nach dem Wortlaut nicht an.

25.2.2.2 Zweifel an der Verfassungskonformität

Als Quintessenz der Beispielsfälle ist festzuhalten: Legt man die Vorschrift nach ihrem Wortlaut aus, werden Konstellationen der Schenkungsteuer unterworfen, bei denen es an einer objektiven Bereicherung des Steuerpflichtigen fehlt. Das Bereicherungsprinzip ist ein zentrales Prinzip des Erbschaftsteuerrechts, weswegen § 7 Abs. 8 S. 1 ErbStG mit dem aus dem Gleichheitssatz abgeleiteten sog. **Willkürverbot in Konflikt** gerät. Es ist nicht mehr erkennbar, dass der Gesetzgeber die einmal aus § 7 Abs. 1 Nr. 1 ErbStG als Grundtatbestand getroffene Belastungsentscheidung folgerichtig im Sinne der Belastungsgleichheit umsetzt (BVerfG v. 9.12.2008, NJW 2009, 48, Tz. 57 m.w.N.). Das Bereicherungsprinzip ist ein systemtragendes Prinzip, welches nicht willkürlich durchbrochen werden darf. Die rein fiskalisch begründete Durchbrechung einer gesetzgeberischen Grundentscheidung ist gleichheitsrechtlich nicht gerechtfertigt (vgl. BVerfG v. 21.6.2006, BVerfGE 116, 164, 182: „Ungleiche Belastungen durch Konkretisieren der Ausgestaltung der steuerrechtlichen Grundentscheidungen können nicht schon allein mit dem Finanzbedarf des Staates oder einer knappen Haushaltslage gerechtfertigt werden. Auch wenn der Staat auf Einsparungsmaßnahmen angewiesen ist, muss er auf die gerechte Verteilung der Lasten achten"). Deswegen wird sich die Rspr. mit der Frage einer **verfassungskonformen Auslegung** auseinandersetzen müssen.

Die Norm wirft noch ein weiteres, bislang nur wenig diskutiertes verfassungsrechtliches Problem auf. Wie bereits erwähnt ging es der die Gesetzesänderung initiierenden FinVerw. um die Schließung einer konkreten, als gleichheitswidrig angesehenen Besteuerungslücke. Die gesamte Gesetzesbegründung ist darauf angelegt, die Schließung dieser Besteuerungslücke als notwendig und gerechtfertigt zu beschreiben. Darin bestand der subjektive „Wille" des Gesetzgebers. Vergleicht man den Wortlaut des Gesetzestextes mit der ausführlichen Begründung des Gesetzes, dann weist der Gesetzestext einen erheblich überschießenden Charakter auf, der mit dem eigentlichen konkreten Fall der Lückenschließung nichts mehr zu tun hat. Der Text stimmt mit dem Willen des Gesetzgebers bei einer Vorschrift des Eingriffsrechts in zentralen Punkten nicht überein. Der überschießende Wortlaut wird demnächst – so ist zu erwarten – durch einen koordinierten Ländererlass nach dem freien Ermessen der Verwaltung – allerdings ohne Bindungswirkung für die Gerichte – reduziert werden. Da die **Sachherrschaft** für die Gesetzesänderung in § 7 Abs. 8 S. 1 ErbStG nur noch formal beim Gesetzgeber liegt, materiell aber bei der Exekutive, wird man darüber nachdenken müssen, ob das Gesetz nicht wegen **Verstoßes gegen den Gewaltenteilungsgrundsatz verfassungswidrig** sein könnte.

25.2.2.3 Teleologische Reduktion des Anwendungsbereichs

561 Der Wortlaut des S. 1 geht von einer Fiktion einer „Schenkung" aus. Der Normzweck des S. 1 besteht in der Schließung einer Besteuerungslücke zum Mitgesellschafter, die sich daraus ergeben hat, dass der BFH bislang eine reflexartige Werterhöhung der Anteile des Mitgesellschafters als ungeeigneten Zuwendungsgegenstand interpretierte. Der BFH stelle – so die Kritik des Gesetzgebers (BT-Drs. 17/7524, 20) – ausschließlich auf die Zivilrechtslage ab und nicht darauf, bei wem im wirtschaftlichen Ergebnis eine Mehrung an Vermögen zu verzeichnen sei.

562 Das **zentrale Manko der Neuregelung** besteht darin, dass sie im Tatbestand nur das **Deckungsverhältnis zwischen dem Leistenden und der Kapitalgesellschaft** regelt und das **Valutaverhältnis zwischen dem Leistenden und dem Bedachten**, an dem die Rechtsfolge anknüpft, **ausblendet**. Die Auslegung des S. 1 führt zu stimmigen, mit der in der Gesetzesbegründung ausgeführten Zwecksetzung des S. 1 übereinstimmenden Ergebnissen, wenn man als „ungeschriebenes" Tatbestandsmerkmal ergänzt, dass zwischen dem Leistenden und dem Bedachten eine freigebige Zuwendung i.S. des § 7 Abs. 1 Nr. 1 ErbStG gegeben sein muss und allein der nach der Sichtweise des BFH fehlende Zuwendungsgegenstand (Werterhöhung der Anteile) fingiert wird (*Fischer*, ZEV 2012, 77, 80f.).

563 Vor dem Hintergrund des Normzwecks darf man sich ausschließlich an einer **Erhöhung des Substanzwertes als Höchstwert** orientieren (*Potsch/Urbach*, KÖSDI 2012, 17747, 17750). Mit der Leistung an die Kapitalgesellschaft verbundene Synergieeffekte, die zusätzlich zum Substanzwert die Ertragskraft steigern, wollte der Gesetzgeber nicht erfassen. Denn die Absicht des Gesetzgebers bestand in der Herstellung einer „gleichheitsgerechten" Besteuerung, bei der die unmittelbare Zuwendung an den Begünstigten den Vergleichsmaßstab bildet. Bezogen auf das Valutaverhältnis zwischen Leistendem und Begünstigten (Rz. 566ff.) erfolgt nur die substanzwertbezogene Bereicherung „auf Kosten" des Leistenden.

Liegt die Leistung in einem **Forderungserlass**, um die **Überschuldung** der Kapitalgesellschaft zu beseitigen, liegt keine Erhöhung des Substanzwertes vor. Diese setzt voraus, dass der Vermögenswert nicht negativ (Schulden höher als Aktiva), sondern mindestens 0 ist. Des Weiteren kann die **mit der Ersparnis von Aufwendungen verbundene „verhinderte" Vermögensminderung** nicht als substanzielle Vermögensmehrung qualifiziert werden (vgl. auch BFH v. 26.10.1987, GrS 2/86, BStBl II 1988, 348 zur fehlenden Einlagefähigkeit sog. Nutzungseinlagen). Deswegen führen Nutzungseinlagen (z.b. die Leihe von Vermögensgegenständen, die Leistung von Diensten (z.B. Geschäftsführung) ohne Gegenleistung oder die zinslose Überlassung von Fremdkapital zu keiner Erhöhung des Unternehmenswertes i.S.d. S. 1 (im Ergebnis ebenso *Korekzij*, DStR 2012, 163, 164; a.A. *van Lishaut/ Ebber/Schmitz*, Ubg 2012, 1, 8). Eine Erhöhung des Substanzwertes träte erst dann ein, wenn sich die Leistung in Form eines sog. obligatorischen Nutzungsrechts zu einem bewertungsfähigen Vermögensgegenstand verdichten würde. Dass der BFH bei der Gewährung eines zinslosen Darlehens von einer freigebigen Zuwendung ausgeht (BFH v. 25.10.1995, II R 67/93, BStBl II 1996, 160), ändert daran nichts. Denn diese steuerbare Zuwendung führt nicht direkt zu einer Werterhöhung, sondern zunächst einmal nur zu einer Ersparnis von Aufwendungen.

564

Im Regelfall folgt aus einer Erhöhung des Substanzwertes des Unternehmens ipso iure eine Werterhöhung der Anteile entsprechend der Beteiligungsquote. Zwingend ist das nicht, wenn man sich den Fall der **Zuzahlung in eine schuldrechtlich gebundene Kapitalrücklage** vor Augen führt. Hier kann sich ausschließlich der Substanzwert der Anteile des Leistenden erhöhen.

565

25.2.3 Freigebige Zuwendung im Valutaverhältnis als „ungeschriebenes" Tatbestandsmerkmal

Das Valutaverhältnis setzt zwischen dem Leistenden (Zuwendenden) und dem (anderen) Gesellschafter (Bedachten) die Verwirklichung des vollständigen objektiven und subjektiven Tatbestandes des § 7 Abs. 1 Nr. 1 ErbStG mit Ausnahme des geeigneten Zuwendungsgegenstandes – Erhöhung des Wertes der Anteile – voraus.

566

25.2.3.1 Rechtsverhältnis zwischen Leistendem und Bedachtem

Nach hier vertretener Ansicht muss das Rechtsverhältnis ein zweiseitiges sein, um die Beteiligten des steuerbaren Zuwendungsvorgangs (Leistender und Gesellschaft oder Leistender und „anderer" Gesellschafter) klar festlegen zu können (vgl. Rz. 558 Beispiel 4). Denn die Bereicherung des „anderen" Gesellschafters muss nach der allgemeinen schenkungsteuerrechtlichen Dogmatik „auf Kosten" des an die Gesellschaft Leistenden erfolgen. Dabei handelt es sich nicht nur um ein Kausalitätsproblem, sondern – wie beim ähnlich gelagerten Fall der kapitalquotenändernden Kapitalerhöhung (Rz. 82ff.) – um ein **Zurechnungsproblem**. Denn es fehlt an der unmittelbaren Begünstigung des (Mit-)Gesellschafters. Die Zurechnungsfrage lautet dort, wann die Entreicherung durch Vermögensabspaltung unter dem Aspekt einer mittelbaren freigebigen Zuwendung dem Neugesellschafter schenkungsteuerrechtlich nach § 7 Abs. 1 Nr. 1 ErbStG zugerechnet werden kann. Im Kern geht es auch

567

im Anwendungsbereich des § 7 Abs. 8 S. 1 ErbStG um eine vergleichbare Zurechnungsfrage zwischen der Entreicherung beim Leistenden und der Bereicherung beim Gesellschafter (Bedachten) trotz Zwischenschaltung der Kapitalgesellschaft als Steuersubjekt mit grundsätzlicher „Abschirmwirkung". Die **Festlegung der Beteiligten des Zuwendungsvorganges** muss durch eine zivilrechtliche Abrede festgelegt werden, die zwischen dem Leistenden und dem Bedachten getroffen werden muss, auf die Abrede zwischen Leistendem und der Gesellschaft kann nicht abgestellt werden (vgl. zur kapitalquotenändernden Kapitalerhöhung *Viskorf*, DStR 1998, 150). Würde man auf die Notwendigkeit einer Abrede mit dem (Mit-)Gesellschafter verzichten, müsste der zielgerichtet Bedachte nicht einmal Kenntnis von dem Vorgang haben und könnte durch die Absicht des an die Gesellschaft Leistenden ohne sein Zutun mit Schenkungsteuer belastet werden. Letztlich zeigt auch der Normzweck des S. 1, dass auf eine Abrede zwischen dem Leistenden und dem Begünstigten nicht verzichtet werden kann.

An einem Rechtsverhältnis zum Gesellschafter fehlt es, wenn dieser mit der Leistung an die Gesellschaft nicht einverstanden ist – selbstverständlich darf dies keine Scheinhandlung sein (vgl. § 41 Abs. 2 S. 1 AO) – oder er nichts von der Leistung weiß.

25.2.3.2 Entreicherung

568 Eine Entreicherung liegt beim Leistenden objektiv nicht vor, wenn seine Leistung zu keiner Verminderung seines Vermögens führt. Den Standardfall bildet der Verzicht auf eine wegen des Nachrangs gem. § 39 Abs. 1 Nr. 5 InsO **objektiv wertlose Gesellschafterforderung** im Erlasswege (vgl. § 397 BGB), wenn sich die Gesellschaft, etwa wegen drohender Zahlungsunfähigkeit, in der Krise befindet (im Ergebnis ebenso *van Lishaut/Ebber/Schmitz*, Ubg 2012, 1, 5, aber nur für den Forderungsverzicht unter Besserungsvorbehalt). Die Entreicherung bildet zugleich den Höchstwert der beim Begünstigten objektiv möglichen Bereicherung. Deswegen hat sich die Beurteilung einer Erhöhung des Unternehmenswerts nach dem Substanzwert als Höchstwert zu richten.

25.2.3.3 Bereicherung

569 Eine Bereicherung scheidet beim begünstigten Mitgesellschafter objektiv aus, wenn Letzterer mit dem Leistenden eine Gegenleistung vereinbart, die ein **angemessenes Äquivalent für die Werterhöhung** seiner Anteile darstellt. Es kann sich hierbei sowohl um eine Gegenleistung an die Gesellschaft als auch unmittelbar an den Gesellschafter handeln. Erfolgt die Gegenleistung an die Gesellschaft, spielt die Sacheinlagefähigkeit nach den Regeln des Kapitalaufbringungsrechts keine Rolle. Entscheidend ist schenkungsteuerrechtlich allein, dass die **Gegenleistung in Geld veranschlagt** werden kann (vgl. § 7 Abs. 3 ErbStG). Deswegen darf sich der begünstigte Gesellschafter auch zu Dienstleistungen verpflichten (vgl. Rz. 558 Beispiel 2).

25.2.3.4 Bereicherungswille des Leistenden

570 Die Tatsache, dass sich dem Wortlaut des S. 1 kein subjektives Tatbestandsmerkmal des Bereicherungswillens entnehmen lässt, bedeutet nur, dass es darauf in dem

Deckungsverhältnis zwischen dem Leistenden und der Gesellschaft nicht ankommt. Eine am Normzweck ausgerichtete Auslegung führt aber dazu, dass es nichtsdestoweniger **im Valutaverhältnis zwischen dem Leistenden und dem Bedachten nach der allgemeinen Dogmatik des § 7 Abs. 1 Nr. 1 ErbStG eines Bereicherungswillens** bedarf. Der Ansatz von *van Lishaut/Ebber/Schmitz* (Ubg 2012, 1, 4 ff.), über den Wortlaut des S. 1 hinaus zwar als ungeschriebene Tatbestandsmerkmale, (1) eine wirtschaftliche Gesamtbetrachtung einzuführen – was auf eine Abrede zwischen dem Leistenden und dem Bedachten hinausläuft –, und (2) eine Entreicherung beim Leistenden zu verlangen, um dann beim Bereicherungswillen im Valutaverhältnis sich darauf zurückzuziehen, dass sich dies dem Wortlaut nicht entnehmen lasse, ist inkonsequent.

Jedenfalls dann, wenn es zwischen dem Leistenden und der Kapitalgesellschaft um Vorgänge im Geschäfts- und Wirtschaftsleben geht, ist die Kapitalgesellschaft Bezugspunkt für den Leistenden. Deswegen ist hier zugleich ein Bereicherungswille gegenüber dem oder den Gesellschaftern zu verneinen. Diese Vermutung ist erst dann nicht mehr aufrechtzuhalten, wenn Leistender und Gesellschafter in einer persönlichen Beziehung zueinander stehen, namentlich wenn es sich um Angehörige handelt. Wenn fremde Dritte beteiligt sind, ist demzufolge weder § 7 Abs. 1 Nr. 1 ErbStG gegenüber der Gesellschaft noch § 7 Abs. 8 S. 1 ErbStG gegenüber den Gesellschaftern erfüllt.

571

Beispiel:
X, Y und Z sind Gesellschafter der XYZ-GmbH. Die B-Bank erlässt der GmbH im Zuge einer Umschuldung einen Teil ihrer Forderungen zum Zweck der Sanierung.

Nach der Rspr. des BFH (v. 29.10.1997, II R60/94, BStBl II 1997, 832) ist bei **objektiver Unentgeltlichkeit der subjektive Tatbestand nicht erfüllt,** wenn der Zuwendende nachweist, dass die Bereicherung des Empfängers der Förderung des Geschäfts des Zuwendenden diene, also **objektiv und nahezu ausschließlich auf die Erzielung geschäftlicher Vorteile** gerichtet sei. Für den Nachweis muss es genügen, wenn der Steuerpflichtige in nachvollziehbarer Weise vorträgt, dass seine Bereicherung der Förderung des Geschäfts des Zuwendenden diente, d. h. objektiv und eindeutig der Verfolgung geschäftlicher Interessen des Zuwendenden zugeordnet werden könne. Allgemein kann man sich auf die vom RFH (v. 6.8.1942, III e 32/40, RStBl 1943, 93) geprägte Formel berufen, dass Kaufleute sich nichts zu schenken pflegen. Ergänzend wird diskutiert, ob für den Fall, dass eine Kapitalgesellschaft Verzichtender ist, nicht **vorrangig S. 2** einschlägig sein könnte (*Korezkij*, DStR 2012, 163, 170; *Viskorf/Haag/Kerstan*, NWB 2012, 927, 931). S. 2 ist ausweislich der Gesetzesbegründung auf Konzernfälle zugeschnitten, sodass die Norm keine Sperrwirkung entfalten könnte. Auf den Vorrang des S. 2 kommt es nach hier vertretener Ansicht aber gar nicht an, da im Valutaverhältnis ein Bereicherungswille erforderlich ist. Im Übrigen bildet S. 2 keinen eigenständigen Steuertatbestand (*Korezkij*, DStR 2012, 163, 165).

572 Erfolgt der Forderungsverzicht durch einen **Angehörigen**, ist der Bereicherungswille nur zu verneinen, wenn es ihm vorrangig um „betriebliche" Gründe geht. Letzteres wäre etwa der Fall, wenn sich der Angehörige mit fremden Dritten an einer Sanierungsmaßnahme für die Gesellschaft beteiligt.

573 Nach der Gesetzesbegründung zu S. 1 würden unter fremden Dritten überproportionale Einlagen „allenfalls" mit gesellschaftsvertraglichen Zusatzabreden vorgenommen, die für den einliegenden Gesellschafter gewährleisten, dass eine überproportionale Einlage nicht zu einer endgültigen Vermögensverschiebung zugunsten der Mitgesellschafter führt (z.B. in Sanierungsfällen). Diese Einschränkung beruht auf einer Fehlvorstellung der Sanierungspraxis und ist auch deshalb zu weit, weil es nicht immer gelingt, entsprechende Zusatzabreden durchzusetzen (*Viskorf/Haag/Kerstan*, NWB 2012, 927, 931). Immerhin spricht der Hinweis des Gesetzgebers dafür, dass der subjektive Tatbestand des § 7 Abs. 8 S. 1 ErbStG in den genannten Fällen nicht einschlägig sein soll, wenn der zuwendende Gesellschafter – entsprechend der Erwähnung in S. 2 – betriebliche Gründe für die disquotale Einlage anführen kann. Die Formulierung erinnert an R 18 Abs. 3 S. 4 Ziff. 2 S. 2 ErbStR 2003. Danach konnte der leistende Gesellschafter „Umstände glaubhaft machen, nach denen die Leistung an die Gesellschaft ausschließlich zur Förderung des Gesellschaftszwecks erfolgt und die Werterhöhung der Anteile anderer Gesellschafter nur in Kauf genommen wird, weil eine Gestaltung, die eine Bereicherung der anderen Gesellschafter auf Kosten des Leistenden vermeidet, nicht möglich ist."

25.3 Neuregelung des § 7 Abs. 8 S. 2 ErbStG

25.3.1 Konzernsachverhalte

574 § 7 Abs. 8 S. 2 ErbStG ordnet an, dass Zuwendungen zwischen Kapitalgesellschaften freigebig sind, soweit sie nicht betrieblich veranlasst sind, d.h. in der Absicht getätigt werden, die Gesellschafter der empfangenden Kapitalgesellschaft zu bereichern, und soweit an diesen Gesellschaften nicht unmittelbar oder mittelbar dieselben Gesellschafter zu gleichen Anteilen beteiligt sind. Der Gesetzgeber bezieht sich in der Gesetzesbegründung ausdrücklich auf das Urteil des BFH v. 7.11.2007 (II R 28/06, BStBl II 2008, 258). In der zitierten Entscheidung hält es der BFH für möglich, dass im Falle einer sog. mittelbaren verdeckten Gewinnausschüttung im Verhältnis zwischen der Kapitalgesellschaft und dem Dritten eine freigebige Zuwendung i.S.d. § 7 Abs. 1 Nr. 1 ErbStG gegeben sei. Jene zivilrechtliche Betrachtungsweise der Rspr. habe in der Praxis zu der Sorge geführt, dass auch verdeckte Gewinnausschüttungen im Konzern als schenkungsteuerbar angesehen werden könnten (BT-Drs. 17/7524, 21), nämlich dann, wenn der Dritte eine konzernzugehörige Kapitalgesellschaft ist. Namentlich **Vermögensverschiebungen zwischen Schwesterkapitalgesellschaften** werden – jedenfalls soweit sie durch die Muttergesellschaft veranlasst sind – als **Kombination aus mittelbarer verdeckter Gewinnausschüttung an die Gesellschafter der leistenden Kapitalgesellschaft (Muttergesellschaft) und als mittelbare verdeckte Einlage der Muttergesellschaft an die empfangende Tochterkapitalgesellschaft** behandelt. S. 2 stelle – so die Gesetzesbegründung – klar, dass verdeckte Gewinnausschüttungen und verdeckten Einlagen zwischen verbundenen Unternehmen grundsätzlich

keine freigebigen Zuwendungen sind und nur in den dort definierten Ausnahmefällen als Schenkungen behandelt werden können (BT-Drs. 17/7524, 21).

Beispiel:
Die M-AG ist zu 100 % Gesellschafterin der T1-GmbH und der T2-GmbH. Die M-AG veranlasst die T1-GmbH, der T2-GmbH ein Grundstück zu einem Preis deutlich unter dem Verkehrswert zu verkaufen.

Nach der Vorstellung des Gesetzgebers von der zivilrechtlichen Sichtweise des BFH liegt bei Zuwendungen zwischen Kapitalgesellschaften der zivilrechtliche Rechtsgrund für die Leistung ausschließlich in dem Rechtsverhältnis zwischen den beiden Kapitalgesellschaften, welches eine Schenkung oder ein unentgeltlicher (konzernrechtlicher) Schuldvertrag sui generis (vergleichbar der sog. unbenannten Zuwendung zwischen Ehegatten) sein könnte. Leistet der Empfänger, wie im Beispielsfall die T2-GmbH, eine Gegenleistung, ist der Vorgang als teilentgeltlich zu qualifizieren. Danach läge – vorbehaltlich eines Bereicherungswillens – eine **freigebige Zuwendung i. S. d. § 7 Abs. 1 Nr. 1 ErbStG** von der T1-GmbH an die T2-GmbH vor. Lässt man die gesellschaftsrechtliche Beziehung zwischen der T1-GmbH und der M-AG außer Betracht, liegt zugleich eine Leistung eines anderen (T1-GmbH) an eine Kapitalgesellschaft (T2-GmbH) vor, die zu einer Werterhöhung der Anteile der Aktionäre der M-AG (Bedachte, soweit natürliche Personen oder Stiftungen) an der T2-GmbH führt – mithin ein **Fall des S. 1**. In diesem Konkurrenzverhältnis würde § 7 Abs. 8 S. 1 ErbStG von § 7 Abs. 1 Nr. 1 ErbStG verdrängt (Rz. 134 ff., a. A. *van Lishaut/Ebber/Schmitz*, Ubg 2012, 1, 6, vgl. dort Fn. 48: Die Steuerbarkeit folge ausweislich der Gesetzesbegründung unmittelbar aus § 7 Abs. 8 S. 1 ErbStG), weil die T1-GmbH – wenn überhaupt – auf eine Bereicherung der T2-GmbH abzielte, und nicht auf die (wahrscheinlich anonymen) Aktionäre der M-AG. § 7 Abs. 8 Satz 2 ErbStG stellt eine objektive Steuerbefreiung der freigebigen Zuwendung von T1-GmbH an T2-GmbH dar.

Nicht auszuschließen ist, dass der BFH die Fälle der sog. **mittelbaren verdeckten Gewinnausschüttung** entgegen seiner bisherigen Sichtweise und im Einklang mit dem Bereicherungs- und Gesellschaftsrecht dann als Leistungen an den Gesellschafter ansieht, wenn Letzterer die Zuwendung der Kapitalgesellschaft an die andere Kapitalgesellschaft veranlasst hat (*Cahn*, Kapitalerhaltung im Konzern, 1998, 23; *Hübner*, DStR 2008, 1357, 1359). Es liegt dann eine nicht nach § 7 Abs. 1 Nr. 1 ErbStG steuerbare (mittelbare) verdeckte Gewinnausschüttung an Gesellschafter vor (Rz. 255). Die **(mittelbare) verdeckte Einlage** in die Schwesterkapitalgesellschaft wäre ein Fall des S. 1, wenn an der bedachten Schwesterkapitalgesellschaft ein Mitgesellschafter beteiligt ist. Das **Vollzugsverhältnis** zwischen der T1-GmbH und T2-GmbH ist nicht steuerbar.

575

Beispiel:
Die M-AG ist Alleingesellschafterin der X-GmbH und zugleich zu 95 % an der Y-GmbH beteiligt. Die verbleibenden 5 % gehören dem Z. Auf Veranlassung der M-AG übereignet die X-GmbH ein Wirtschaftsgut an die Y-GmbH im Wert von 100.000 EUR.

Sollte der BFH entscheiden, dass im Einklang mit dem Zivilrecht das Gesellschaftsverhältnis zwischen X-GmbH und M-AG das sog. Deckungsverhältnis ist, das Valutaverhältnis zwischen der M-AG und der Y-GmbH besteht und zwischen der X-GmbH und der Y-GmbH nur ein Vollzugsverhältnis anzunehmen ist, wäre S. 2 nicht einschlägig. Es läge auch keine freigebige Zuwendung nach § 7 Abs. 1 Nr. 1 ErbStG vor. Allerdings wäre der M-AG die Zuwendung der X-GmbH an die Y-GmbH zivilrechtlich als Leistung an die Y-GmbH zuzurechnen, sodass im Verhältnis zwischen der M-AG und Z S. 1 anwendbar ist. Darauf weist die Gesetzesbegründung ausdrücklich hin. Bei einer Werterhöhung der Anteile des Z in Höhe von 5.000 EUR ist eine Steuerpflicht der Zuwendung der M-AG an Z zu bejahen.

Interessant wird der Fall, wenn man davon ausgeht, dass **auf Veranlassung der M-AG die Y-GmbH an die X-GmbH ein Wirtschaftsgut** übereignet. S. 2 ist wegen der Veranlassung seitens der M-AG nicht einschlägig, wenn man schenkungsteuerrechtlich der zivilrechtlichen Dogmatik folgt. Die mittelbare verdeckte Gewinnausschüttung wäre nach der problematischen Ansicht der FinVerw (Gleich lautender Ländererlass v. 14.3.2012 – Schenkungen unter Beteiligung von Kapitalgesellschaften oder Genossenschaften, BStBl I 2012, 331, Tz. 2.6.2). in Höhe von 5.000 EUR nach § 7 Abs. 1 Nr. 1 ErbStG schenkungsteuerpflichtig (vgl. zur Kritik vgl. Rz. 255 m.w.N.). S. 1 führt zu keiner Steuerpflicht, weil nach der zivilrechtlichen Dogmatik Zuwendender die M-AG, also keine andere Person als die Bedachte, ist.

576 **Fehlt es an einer Veranlassung seitens des Gesellschafters**, entfallen im Verhältnis zum Gesellschafter (im Beispiel der Muttergesellschaft) das Deckungsverhältnis und das Valutaverhältnis. Der schuldrechtliche Rechtsgrund für die Leistung muss unmittelbar bei den Kapitalgesellschaften liegen, zwischen denen die Zuwendung stattfindet. In diesem Fall würde eine steuerbare Zuwendung i.S.d. S. 2 in Höhe der Beteiligungsquote des Mitgesellschafters stattfinden.

Beispiel:

Die M-AG ist Alleingesellschafterin der X-GmbH und zugleich zu 95 % an der Y-GmbH beteiligt. Die verbleibenden 5 % gehören dem Z. Ohne Veranlassung der M-AG übereignet die X-GmbH ein Wirtschaftsgut an die Y-GmbH ohne Gegenleistung.

Zivilrechtlich liegt hier ein unentgeltlicher schuldrechtlicher Vertrag zwischen der X-GmbH und der Y-GmbH vor, der nach **§ 7 Abs. 1 Nr. 1 ErbStG steuerbar** wäre, soweit nicht betriebliche Gründe vorliegen, die den Willen zur Unentgeltlichkeit ausschließen. Sollte es an betrieblichen Gründen fehlen, wirkt S. 2 in Höhe von 95 % wie eine objektive Steuerbefreiung. In Höhe von 5 % kommt es zu einer Steuerpflicht der Y-GmbH. Würde die Leistung umgekehrt von der Y-GmbH an die X-GmbH erbracht werden, käme es gleichermaßen zu einer Steuerpflicht der X-GmbH nach S. 2. Denn es sind nur zu 95 % dieselben Gesellschafter (im Beispiel die M-AG) an den Kapitalgesellschaften beteiligt.

Ein ähnlich gelagerter Fall liegt vor, wenn eine **Enkelkapitalgesellschaft einen Vermögensgegenstand ohne Gegenleistung unmittelbar der Muttergesellschaft,** die nur mittelbar an ihr beteiligt ist, zuwendet. Erfolgt dies auf Veranlassung der dazwischen liegenden Tochterkapitalgesellschaft, liegt eine (mittelbare) verdeckte Gewinnausschüttung der Enkelgesellschaft an die Tochtergesellschaft und eine weitere verdeckte Gewinnausschüttung der Tochtergesellschaft an die Muttergesellschaft vor. In dieser Konstellation sind auf die Zuwendung zwischen Enkel- und Muttergesellschaft weder S. 2 – wegen der Verlassung seitens der Tochtergesellschaft, die zivilrechtlich zur Zurechnung als Leistung an diese führt – noch S. 1 mangels Leistungsbeziehung zwischen Enkel- und Muttergesellschaft einschlägig. Fehlt es demgegenüber an der Veranlassung seitens der Tochtergesellschaft, kann der Tochtergesellschaft die Zuwendung an die Enkelgesellschaft nicht zugerechnet werden (*Cahn*, Kapitalerhaltung im Konzern, 91 m.w.N.). Deshalb muss das maßgebliche Valutaverhältnis in einem schuldrechtlichen Vertrag unentgeltlicher Natur zwischen der Enkel- und Kapitalgesellschaft liegen (zur gesellschaftsrechtlichen Frage, inwieweit der mittelbare Gesellschafter in das Kapitalerhaltungsrecht der Enkelgesellschaft einzubeziehen ist, näher *Cahn*, Kapitalerhaltung im Konzern, 99f.). Allerdings sind an der Enkelgesellschaft und der Muttergesellschaft mittelbar dieselben Gesellschafter (der Muttergesellschaft) beteiligt, sodass der Vorgang gem. S. 2 nicht steuerpflichtig ist.

577

Auffällig ist, dass nach dem Wortlaut des S. 2 im Unterschied zu S. 1 eine „Zuwendung" erforderlich ist. Das ist allerdings nicht notwendig widersprüchlich, weil S. 1 nur das sog. Deckungsverhältnis zwischen dem Leistenden und der Gesellschaft regelt, während es in S. 2 nach der Konzeption des Gesetzgebers um das Valutaverhältnis geht. Nach hier vertretener Ansicht ist auch für das in S. 1 nur rudimentär angesprochene Valutaverhältnis in Konstellationen des S. 1 eine Vermögensverschiebung erforderlich, weil sich sonst der Substanzwert der Gesellschaft nicht erhöht (Rz. 563). Die schlichte Nutzungseinlage oder Dienstleistungen an die Kapitalgesellschaft führen zu keiner Erhöhung des Substanzwertes und sind deshalb nicht nach S. 1 steuerbar. Für die Konstellationen nach S. 2 kann nichts anderes gelten. Dem zufolge liegt keine Zuwendung vor, wenn sich die Leistung der Kapitalgesellschaft in einer Nutzungseinlage oder Dienstleistungen an die andere Kapitalgesellschaft erschöpft.

578

Beispiel:
Die M-AG ist Alleingesellschafterin der X-GmbH und zugleich zu 95 % an der Y-GmbH beteiligt. Die verbleibenden 5 % gehören dem Z. Die X-GmbH gewährt der Y-GmbH ohne Gegenleistung ein zinsloses Darlehen auf unbestimmte Zeit.

Erfolgt die Nutzungsüberlassung auf Veranlassung der M-AG, liegt zwar eine (mittelbare) verdeckte Gewinnausschüttung an die M-AG vor, der Vorgang stellt aber weder ertragsteuerrechtlich eine verdeckte Einlage noch schenkungsteuerrechtlich eine steuerbare Leistung nach S. 1 dar, weil es an der Werterhöhung der Anteile des Z fehlt. Die verhinderte Vermögensminderung (mangels Zinsaufwandes) ist keine Vermögensmehrung.

Hat die M-AG die Darlehensgewährung nicht veranlasst, könnte man an eine freigebige Zuwendung i.S.d. § 7 Abs. 1 Nr. 1 ErbStG denken (vgl. zur zinslosen Darlehensgewährung BFH v. 25.10.1995, II R 67/93, BStBl II 1996, 160; zur Kritik Rz. 163 f). Allerdings wirkt hier S. 2 als objektive Steuerbefreiung, es fehlt an einer (substanziellen) Zuwendung.

25.3.2 Weitere Anwendungsfälle

579 § 7 Abs. 8 S. 1 ErbStG ist nicht erfüllt, wenn der unmittelbare Alleingesellschafter eine natürliche Person ist und Wirtschaftsgüter in die Kapitalgesellschaft verdeckt einlegt. (Beispiel: Herr A ist zu 100 % Gesellschafter der A-GmbH und leistet eine Bareinlage in die Kapitalrücklage des § 272 Abs. 2 Nr. 4 HGB). Denn Herr A ist zugleich Zuwendender und Bedachter, Zuwendender ist also keine „andere" Person.

580 Nach dem Wortlaut ist S. 1 nicht ausgeschlossen, wenn die A-GmbH mit Alleingesellschafter A, der an der B-GmbH zu 100 % beteiligt ist, an diese eine entsprechende Bareinlage leistet. Denn Zuwendender (A-GmbH) und mittelbar Bedachter (Herr A) sind zivilrechtlich „andere" Personen. In diesem Fall führt S. 2 zu einer objektiven Steuerbefreiung.

Beispiel:

Herr A ist Alleingesellschafter der A-GmbH, die wiederum Alleingesellschafterin der B-GmbH ist. Die A-GmbH legt ein Wirtschaftsgut verdeckt in die B-GmbH ein. Hier ist der Tatbestand des S. 1 erfüllt, da aber auch S. 2 einschlägig ist, weil eine Kapitalgesellschaft einer anderen Kapitalgesellschaft etwas zuwendet, sind beide Tatbestände erfüllt. S. 2 schafft keinen weiteren eigenen Steuertatbestand, sodass es bei der ausschließlichen Steuerbarkeit nach S. 1 bleibt. Allerdings schränkt S. 2 den S. 1 ein. An diesen Gesellschaften ist unmittelbar (A-GmbH) und mittelbar (B-GmbH) dieselbe Person (A) beteiligt, weswegen der Vorgang nach S. 2 objektiv steuerbefreit ist.

Abwandlung:

An der B-GmbH ist die A-GmbH nur zu 50 % beteiligt. Weitere Gesellschafter sind B und C zu je 25 %.

Die Zuwendung ist – wie im Ausgangsbeispiel – nach § 7 Abs. 8 S. 1 ErbStG im Verhältnis der A-GmbH zu A steuerbar, aber nach S. 2 nur zu 50 % steuerbefreit. Zugleich hat die A-GmbH im Verhältnis zu B und C den Tatbestand des § 7 Abs. 8 S. 1 ErbStG erfüllt, wenn man davon ausgeht, dass bei diesen eine Werterhöhung ihrer Anteile an der B-GmbH eintritt.

581–599 einstweilen frei

26 Sanierungsgewinn als Schenkungsteuerproblem

600 Sanierungsgewinn meint die besondere Konstellation, dass Gläubiger des Unternehmens diesem zum Zweck der Sanierung einen Teil ihrer Forderungen erlassen. Zivilrechtlich ist der Erlass bekanntlich in § 397 BGB geregelt und erfordert eine

vertragliche Einigung zwischen Gläubiger und Schuldner. In der Handels- und Steuerbilanz des Unternehmensträgers (Einzelunternehmer, Personen- oder Kapitalgesellschaft) war die Gläubigerforderung bis zum Erlass unabhängig von ihrer Werthaltigkeit mit dem Nennwert als Verbindlichkeit zu passivieren. Der Forderungserlass führt zum Wegfall der Verbindlichkeit und damit zu einer Erhöhung des Eigenkapitals oder bei bilanzieller Überschuldung zu einer Minderung des nicht durch Eigenkapital gedeckten Fehlbetrags (vgl. § 268 Abs. 3 HGB). Technisch handelt es sich also im Handelsbilanzrecht um einen (Buch-)Gewinn. Neben den ertragsteuerrechtlichen Problemen einer Steuerpflichtigkeit des Sanierungsgewinns ist inzwischen auch die Schenkungsteuerpflicht in das Blickfeld der Diskussion geraten (vgl. z. B. *Kahlert/Schmidt*, DStR 2012, 1208). Auch die mancherorts vorgeschlagene Schuldübernahme ist im Hinblick auf die bislang ungelösten Zweifelsfragen zu § 7 Abs. 8 ErbStG keine uneingeschränkt unbedenkliche Alternativlösung (vgl. *Ebbinghaus/Osenroth/Hinz*, BB 2013, 1374 ff.).

Beispiel:
Bank erlässt Forderungen zum Zweck der Sanierung
X, Y und Z sind Gesellschafter der XYZ-GmbH. Die B-Bank erlässt der GmbH im Zuge einer Umschuldung einen Teil ihrer Forderungen zum Zweck der Sanierung. Schenkungsteuerrechtliche Folgen für die GmbH, X, Y, Z und B-Bank?

(1) Freigebige Zuwendung an die GmbH?
Der Tatbestand des § 7 Abs. 1 Nr. 1 ErbStG verlangt ausdrücklich eine Bereicherung „auf Kosten" des Zuwendenden. Im Einklang mit dem Schenkungsrecht muss durch die Zuwendung eine Entreicherung beim Schenker eintreten (vgl. oben Rz. 160). Dies bedeutet, dass die gegenwärtige Vermögenssubstanz dauerhaft gemindert werden muss (BGH v. 1.7.1987, IVb ZR 70/86, BGHZ 101, 229; *Weidenkaff*, inPalandt, 2017, BGB, § 516 Rz. 5). Der Schenker muss „ärmer" werden. Auf dieser dogmatischen Linie liegt es, wenn der II. Senat des BFH inzwischen ausdrücklich klargestellt hat, dass der **Erlass einer wertlosen Forderung nicht geeignet ist, Gegenstand einer freigebigen Zuwendung** zu sein (BFH v. 30.1.2013, II R 6/12, DB 2013, 1032).

(2) Soweit die Forderung **nicht vollständig wertlos** ist, der Forderungserlass aber im Zusammenhang mit einer Sanierung steht, kommt es entscheidend auf den **subjektiven Tatbestand** des § 7 Abs. 1 Nr. 1 ErbStG an. Auch wenn ein Wille zur schenkweisen Zuwendung vom BFH abgelehnt wird, führt der Erlass des werthaltigen Teils der Forderung nicht ipso iure zur Steuerbarkeit.

So sieht es der BFH in der Entscheidung vom 29.10.1997, in der es um **Vorgänge im Geschäfts- und Wirtschaftsleben** ging und bei der ein „Wille zur Unentgeltlichkeit" außer Frage stand (BFH v. 29.10.1997, II R 60/94, BStBl II 1997, 832). Der BFH führt dann aber aus, dass bei subjektiver Verfolgung geschäftlicher Interessen das Bewusstsein der Unentgeltlichkeit verdrängt sein könne. Das subjektive Merkmal der Freigebigkeit entfalle trotz Kenntnis der Unentgeltlichkeit, wenn der Zuwendende nachweise, dass die Bereicherung des Bedachten der Förderung des Geschäfts des Zuwendenden diene, also objektiv und nahezu ausschließlich auf die Erzielung geschäftlicher Vorteile gerichtet sei (vgl. oben Rz. 303).

(3) Freigebige Zuwendung an X, Y, Z?
Unklar ist allerdings, ob § 7 Abs. 8 ErbStG (mit Wirkung ab dem 14.12.2011 durch das BeitrRLUmsG v. 7.12.2011, BGBl I 2011, 2592, eingefügt) einschlägig ist, wenn der Forderungserlass gegenüber einer zu sanierenden Kapitalgesellschaft erfolgt.

Der Tatbestand des § 7 Abs. 8 ErbStG hat einen weit überschießenden Charakter. Es muss abgewartet werden, ob sich der BFH – nicht zuletzt aus verfassungsrechtlichen Erwägungen – für eine teleologische Reduktion des Anwendungsbereichs ausspricht (vgl. oben Rz. 559 ff). Vor dem Hintergrund des Normzwecks darf man sich nach hier vertretener Ansicht ausschließlich an einer **Erhöhung des Substanzwertes als Höchstwert** orientieren. Mit der Leistung an die Kapitalgesellschaft verbundene Synergieeffekte, die zusätzlich zum Substanzwert die Ertragskraft steigern, wollte der Gesetzgeber nicht erfassen. Denn die Absicht des Gesetzgebers bestand in der Herstellung einer „gleichheitsgerechten" Besteuerung, bei der die unmittelbare Zuwendung an den Begünstigten den Vergleichsmaßstab bildet. Bezogen auf das Valutaverhältnis zwischen Leistendem und Begünstigtem erfolgt nur die substanzwertbezogene Bereicherung „auf Kosten" des Leistenden. Liegt die Leistung in einem Forderungserlass, um die Überschuldung der Kapitalgesellschaft zu beseitigen, liegt keine Erhöhung des Substanzwertes vor. Diese setzt voraus, dass der Vermögenswert nicht negativ (Schulden höher als Aktiva), sondern mindestens 0 ist.

Des Weiteren setzt nach hier vertretener Ansicht (vgl. oben Rz. 561 ff., 566 ff.) das Valutaverhältnis zwischen dem Leistenden (Zuwendenden) und dem (anderen) Gesellschafter (Bedachten) die Verwirklichung des vollständigen objektiven und subjektiven Tatbestandes des § 7 Abs. 1 Nr. 1 ErbStG mit Ausnahme des geeigneten Zuwendungsgegenstandes – Erhöhung des Wertes der Anteile – voraus.

Eine **Entreicherung** liegt beim Leistenden objektiv nicht vor, wenn seine Leistung zu keiner Verminderung seines Vermögens führt. Den Standardfall bildet der Verzicht auf eine wegen des Nachrangs gem. § 39 Abs. 1 Nr. 5 InsO objektiv wertlose Gesellschafterforderung im Erlasswege (vgl. § 397 BGB), wenn sich die Gesellschaft, etwa wegen drohender Zahlungsunfähigkeit, in der Krise befindet (im Ergebnis ebenso *van Lishaut/Ebber/Schmitz*, Ubg 2012, 1, 5, aber nur für den Forderungsverzicht unter Besserungsvorbehalt). Die Entreicherung bildet zugleich den Höchstwert der beim Begünstigten objektiv möglichen Bereicherung. Deswegen hat sich die Beurteilung einer Erhöhung des Unternehmenswerts nach dem Substanzwert als Höchstwert zu richten.

Schließlich bedeutet die Tatsache, dass sich dem Wortlaut des Satzes 1 kein subjektives Tatbestandsmerkmal des Bereicherungswillens entnehmen lässt, nur, dass es darauf in dem Deckungsverhältnis zwischen dem Leistenden und der Gesellschaft nicht ankommt. Eine am Normzweck ausgerichtete Auslegung führt aber dazu, dass es nichtsdestoweniger **im Valutaverhältnis zwischen dem Leistenden und dem Bedachten nach der allgemeinen Dogmatik des § 7 Abs. 1**

Nr. 1 ErbStG eines Bereicherungswillens bedarf. Jedenfalls dann, wenn es zwischen dem Leistenden und der Kapitalgesellschaft wie bei der Unternehmenssanierung um **Vorgänge im Geschäfts- und Wirtschaftsleben** geht, ist die Kapitalgesellschaft Bezugspunkt für den Leistenden. Deswegen ist hier zugleich ein Bereicherungswillen gegenüber dem oder den Gesellschaftern zu verneinen (ebenso *Schulte/Petschulat*, BB 2013, 471). Diese Vermutung ist erst dann nicht mehr aufrecht zu halten, wenn Leistender und Gesellschafter in einer **persönlichen Beziehung** zueinander stehen, namentlich wenn es sich um Angehörige handelt. Wenn fremde Dritte beteiligt sind, ist demzufolge weder § 7 Abs. 1 Nr. 1 ErbStG gegenüber der Gesellschaft noch § 7 Abs. 8 S. 1 ErbStG gegenüber den Gesellschaftern erfüllt.

Die von der **Finanzverwaltung** im **Gleichlautenden Ländererlass vom 14.3.2012** (Gleichlautender Ländererlass v. 14.3.2012, BStBl I 2012, 331) vorgenommenen Einschränkungen folgen keinem am Gesetzeszweck orientierten dogmatischen Konzept und schließen das Risiko einer Schenkungsteuerpflicht des Forderungserlasses nur begrenzt aus. Wenig praxisnah ist der Vorschlag in Tz. 3.3.6, die Forderungen vorab an die Gesellschafter zum Verkehrswert zu verkaufen (Tz 3.3.6 lautet:„ *Wenn Gesellschafter, z. B. zu Sanierungszwecken, auf Forderungen gegen die Gesellschaft verzichten wollen, das Verhältnis der Nennbeträge der Forderungen aber von den Beteiligungsquoten abweicht, bestehen keine Bedenken gegen einen vorgeschalteten Forderungsverkauf, bei dem der verzichtende Gläubiger (Gesellschafter oder Dritter) in einem ersten Schritt einen Teil seiner Forderung zum Verkehrswert an die (Mit-)Gesellschafter verkauft und die Gesellschafter dann in einem zweiten Schritt beteiligungsproportional auf ihre Forderungen verzichten"*). Beim Erlass einer wertlosen Forderung soll der Vorgang offensichtlich nur dann nicht steuerbar sein, wenn zugleich eine Besserungsvereinbarung getroffen wird (Tz. 3.3.7 lautet: *„Ein Forderungsverzicht unter Besserungsvorbehalt bessert als auflösend bedingter Verzicht die Vermögens- und Ertragslage der Gesellschaft zumindest vorübergehend (und seiner Zwecksetzung nach auch auf Dauer), bewirkt also eine Werterhöhung der Anteile sowohl des Verzichtenden als auch der etwaiger Mitgesellschafter. Grundsätzlich fehlt es jedoch an einem steuerbaren Vorgang, weil der Gläubiger einer wertlosen Forderung nichts aus seinem Vermögen hergibt, sondern lediglich uneinbringliche Werte gegen Erwerbsaussichten umschichtet. Es mangelt insoweit an einer Vermögensverschiebung von dem Verzichtenden an die Mitgesellschafter"*). Das ist insofern dogmatisch bedenklich, als es nach der Rspr. des BFH für die Ermittlung des Verkehrswerts allein auf den Bewertungsstichtag ankommt (BFH v. 17.10.2001, II R 72/99, BFHE 196, 296 = BStBl II 2002, 25; v. 30.1.2013, II R 6/12, DB 2013, 1032). Es gibt also keinen Grund, eine Besserungsvereinbarung zur Bedingung zu machen.

§ 8 Zweckzuwendungen

Zweckzuwendungen sind Zuwendungen von Todes wegen oder freigebige Zuwendungen unter Lebenden, die mit der Auflage verbunden sind, zugunsten eines bestimmten Zwecks verwendet zu werden, oder die von der Verwendung zugunsten eines bestimmten Zwecks abhängig sind, soweit hierdurch die Bereicherung des Erwerbers gemindert wird.

Inhalt		Rz.
1	Allgemeines	1–2
2	Begriffsmerkmale der Zweckzuwendung	3–10
2.1	Zweckzuwendung	4–5
2.2	Zweckwidmung	6
2.3	Einzelfälle	7–10
2.3.1	Pflege eines Haustiers	7
2.3.2	Grabpflege	8
2.3.3	Zuwendungen an eine gemeinnützige Körperschaft	9
2.3.4	Zuwendungen an eine Stiftung	10
3	Besteuerung der Zweckzuwendung	11–13

Schrifttum

Bruschke, Zweckzuwendungen im Erbschaft- und Schenkungsteuerrecht, ErbStB 2014, 73; *Götz,* Erbschaftsteuerliche Risiken bei testamentarischen Auflagen, die Haustiere des Erblassers zu pflegen, ZEV 2012, 649; *Martin,* Erbschaftsteuerliche Behandlung von Erblasserauflagen zur Grabpflege, DStR 1988, 697; *Michel,* Erbschaftsteuerliche Behandlung von Erblasser-Auflagen für Bestattung, Grabdenkmal, Grabpflege, Pflege des Andenkens usw., DStR 1984, 296; *Roth,* Das Haustier im Nachlass, NJW-Spezial 2011, 551.

1 Allgemeines

Die Zweckzuwendung ist nach § 1 Abs. 1 Nr. 3 ErbStG neben dem Erwerb von Todes wegen (§ 1 Abs. 1 Nr. 1 ErbStG) und den Schenkungen unter Lebenden (§ 1 Abs. 1 Nr. 2 ErbStG) ein **eigenständiger steuerpflichtiger Vorgang** (§ 1 ErbStG Rz. 23ff.). § 8 ErbStG definiert zum einen den Begriff der Zweckzuwendung als Zuwendung von Todes wegen oder freigebige Zuwendung unter Lebenden, die mit der Auflage verbunden ist, zugunsten eines bestimmten Zwecks verwendet zu werden, oder die von der Verwendung zugunsten eines bestimmten Zwecks abhängig ist, soweit hierdurch die Bereicherung des Erwerbers gemindert wird (Rz. 3ff.). Zum anderen regelt § 8 ErbStG auch die mit der Zweckauflage bzw. der Bedingung verbundenen **Besteuerungsfolgen** (Rz. 11ff.). 1

Nach der Gesetzessystematik handelt es sich bei der Erbschaft- und Schenkungsteuer um eine **Anfallsteuer**, die nicht das unentgeltlich übertragene Vermögen als solches besteuert, sondern nach dem **Bereicherungsprinzip** die beim Erwerber 2 eingetretene Bereicherung erfasst (Einführung Rz. 4, 7; *Viskorf*, in V/K/S/W, ErbStG, 2012, Einführung Rz. 2). Der Erwerber einer Zweckzuwendung verwirklicht in eigener Person einen steuerpflichtigen Erwerb von Todes wegen (§ 3 ErbStG) bzw. eine steuerpflichtige Schenkung unter Lebenden (§ 7 ErbStG). Kommt der Erwerber einer Zweckzuwendung der mit dem Vermögensübergang verbundenen Auflage oder Bedingung nach, ist dementsprechend seine Bereicherung gemindert (z. B. in Form einer Nachlassverbindlichkeit gem. § 10 Abs. 5 Nr. 2 ErbStG), womit ein steuerlicher Zugriff insoweit ausscheidet. Da allerdings der durch die Zweckzuwendung begünstigte Personenkreis nicht bestimmbar ist, bliebe das zur Zweckerreichung übertragene Vermögen an sich unbesteuert. Um keine **Besteuerungslücke** entstehen zu lassen, erklären § 1 Abs. 1 Nr. 3 i. V. m. § 8 ErbStG die Zweckzuwendung zu einem eigenständigen steuerpflichtigen Vorgang, wobei gem. § 10 Abs. 1 S. 5 ErbStG als **steuerpflichtiger Erwerb** die Verpflichtung des Beschwerten an die Stelle des Vermögensanfalls tritt (§ 10 ErbStG Rz. 53) und **Steuerschuldner** nach § 20 Abs. 1 S. 1 ErbStG der mit der Auflage oder Bedingung belastete Erwerber als „der mit der Ausführung der Zuwendung Beschwerte" ist (§ 20 ErbStG Rz. 14a).

2 Begriffsmerkmale der Zweckzuwendung

3   Zweckzuwendungen sind Zuwendungen an eine Person, die mit der **Verpflichtung** verbunden sind, das zugewendete Vermögen für bestimmte **fremde Zwecke** zu verwenden. Eine Zweckzuwendung besteht damit stets aus zwei Elementen: der eigentlichen Zuwendung und der Zweckwidmung in Form einer Auflage oder Bedingung.

2.1 Zweckzuwendung

4   Eine **Zweckzuwendung unter Lebenden** setzt die Übertragung von Vermögen auf eine andere Person voraus (BFH v. 13.3.1953, III 29/52 U, BStBl III 1953, 144) und erfasst sämtliche Zuwendungen i. S. d. § 7 ErbStG, sofern diese mit einer rechtlich bindenden Auflage oder Bedingung verbunden sind, das zugewendete Vermögen zugunsten eines bestimmten Zwecks zu verwenden (BFH v. 5.11.1992, II R 62/89, BStBl II 1993, 161). Eine Zweckzuwendung scheidet aus, sofern der Zuwender keine mit einer Auflage belastete Person zwischenschaltet, sondern einer anderen Person Vermögensgegenstände unmittelbar zur Erfüllung eines bestimmten Zwecks zuwendet. Die Zweckzuwendung i. S. d. § 8 ErbStG ist von der sog. **Zweckschenkung** abzugrenzen. Diese setzt voraus, dass mit der Zuwendung unmittelbar ein bestimmter Zweck verfolgt wird, wobei nach der Parteienabrede kein einklagbarer Anspruch auf Erfüllung besteht (*Geck*, in Kapp/Ebeling, ErbStG, § 8 Rz. 12).

5   Eine **Zweckzuwendung von Todes wegen** kann regelmäßig im Weg der Anordnung einer Auflage gem. § 1940 BGB vorgenommen werden, wobei die Auflage entweder einen Erben oder einen Vermächtnisnehmer beschwert (z.B. *Michel*, DStR 1984, 296, 298ff.; *Schuck*, in V/K/S/W, ErbStG, 2012, § 8 ErbStG Rz. 5). Möglich ist jedoch auch die Erbeinsetzung oder die Anordnung eines Vermächtnisses unter einer entsprechenden Bedingung (*Gottschalk*, in T/G/J, ErbStG, § 8

Zweckzuwendungen § 8

Rz. 17). Die Verpflichtung, das Zugewendete für einen bestimmten Zweck zu verwenden, muss nicht ausdrücklich vom Erblasser angeordnet sein. Sie kann sich nach Ansicht des BFH auch aus einer **Auslegung** der letztwilligen Verfügung ergeben, die nicht nur den Wortlaut und den damit verbundenen Sinn, sondern auch den inneren Zusammenhang der letztwilligen Verfügung sowie die Motive und Interessenlage des Erblassers berücksichtigt (BFH v. 5.11.1992, II R 62/89, BStBl II 1993, 161).

2.2 Zweckwidmung

Die **Auflage** oder **Bedingung** im Rahmen der Zweckwidmung muss **rechtlich bindend** sein (BFH v. 5.11.1992, II R 62/89, BStBl II 1993, 161). Nach Ansicht des BFH darf die Erfüllung des mit der Auflage verbundenen Zwecks weder im Interesse des Zuwenders oder Erblassers liegen (vgl. § 10 Abs. 9 ErbStG; BFH v. 30.9.1987, II R 122/85, BStBl II 1987, 861; v. 5.11.1992, II R 62/89, BStBl II 1993, 161) noch dem Erwerber unmittelbar zugutekommen. Die Auflage oder Bedingung darf auch keinen bestimmten oder bestimmbaren Personenkreis begünstigen, da ansonsten ein eigenständiger Erwerb von Todes wegen nach § 3 Abs. 2 Nr. 2 ErbStG (§ 3 ErbStG Rz. 536 ff.) bzw. eine eigenständige Schenkung nach § 7 Abs. 1 Nr. 2 ErbStG in Bezug auf diese Personen vorliegt (§ 7 ErbStG Rz. 390 ff.). Erforderlich ist ein **unbestimmbarer Personenkreis** und ein **unpersönlicher Zweck**, der insbes. auch Sachen (§ 90 BGB) oder Tieren (§ 90a BGB) zugutekommen kann (BFH v. 5.11.1992, II R 62/89, BStBl II 1993, 161). Bestimmt ein Erblasser, dass der Erbe als Alleinerbe den Nachlass nur zugunsten von in Not geratenen Mitarbeitern verwenden darf, reicht dieses Kriterium allein nicht zur Bestimmung des begünstigten Personenkreises aus, da aufgrund der Anordnung keiner der Mitarbeiter einen Rechtsanspruch auf eine bestimmte Zahlung aus dem Nachlass hat, womit eine Zweckzuwendung i.S.d. § 8 ErbStG und kein Erwerb nach § 3 Abs. 2 Nr. 2 ErbStG vorliegt (FG Münster v. 13.2.2014, 3 K 210/12 Erb, EFG 2014, 946, rkr.; *Geck*, in Kapp/Ebeling, ErbStG, § 8 Rn. 5).

6

2.3 Einzelfälle

2.3.1 Pflege eines Haustiers

Der klassische Fall der Zweckzuwendung von Todes wegen liegt vor, wenn der Bedachte Vermögen mit der Auflage zugewendet bekommt, sich um ein **Haustier** des Verstorbenen zu kümmern (*Götz*, ZEV 2012, 649; *Schuck*, in V/K/S/W, ErbStG, 2012, § 8 ErbStG Rz. 6). Voraussetzung ist, dass insoweit eine rechtliche Verpflichtung des Erwerbers besteht; die **bloße Erwartung** des Erblassers, dass das „hinterlassene" Haustier auf Dauer versorgt wird, genügt nicht für die Annahme einer Zweckzuwendung i.S.d. § 8 ErbStG (BFH v. 5.11.1992, II R 62/89, BStBl II 1993, 161; FG München v. 3.9.2003, 4 K 5029/01, EFG 2004, 215, rkr.; *Ebeling*, ZEV 1998, 407; dazu auch BFH v. 29.6.2009, II B 149/08, BFH/NV 2009, 1655). Der Annahme einer Zweckzuwendung und der damit verbundenen Besteuerung der Verpflichtung des Beschwerten steht es nicht entgegen, wenn das zugewendete Vermögen für die

7

§ 8   Zweckzuwendungen

Pflege und Versorgung des Haustiers nicht ausreicht (FG Düsseldorf v. 29.5.1998, 4 K 3167/94 Erb, EFG 1998, 1274, rkr.).

2.3.2 Grabpflege

8 Keine Zweckzuwendung i.S.d. § 8 ErbStG liegt vor, wenn der Bedachte ein Sparguthaben mit der Auflage erhält, die zu Lebzeiten mit dem Erblasser vereinbarte **Grabpflege** zu besorgen (BFH v. 30.9.1987, II R 122/85, BStBl II 1987, 861). In diesem Fall handelt es sich zum einen um eine Zuwendung, die eigenen – wenn auch immateriellen – Zwecken des Erblassers zugutekommt, zum anderen ist das zugewendete Sparguthaben letztlich lediglich das **Entgelt** für die durch Geschäftsbesorgungsvertrag übernommene Verpflichtung zur Grabpflege (*Gottschalk*, in T/G/J, ErbStG, § 8 Rz. 7, 19; *Martin*, DStR 1988, 697; *Michel*, DStR 1984, 296). Einzelheiten zur steuerlichen Behandlung von Grabpflegekosten hat die FinVerw. in H E 10.7 ErbStH 2011 geregelt (§ 10 ErbStG Rz. 207 f).

2.3.3 Zuwendungen an eine gemeinnützige Körperschaft

9 Zuwendungen an **Körperschaften**, die **gemeinnützige** oder **mildtätige Zwecke** i.S.d. §§ 51ff. AO verfolgen, können grds. auch in Form einer – evtl. nach § 13 Abs. 1 Nr. 17 ErbStG steuerbefreiten (§ 13 ErbStG Rz. 90ff.) – Zweckzuwendung vorgenommen werden (z.B. Zuwendung an eine Universität). Voraussetzung ist, dass sie unter der Auflage erfolgen, das **Allgemeinwohl** zu fördern, ohne (unmittelbar) dem Satzungszweck der gemeinnützigen Körperschaft zu dienen, da ansonsten lediglich eine direkte Zuwendung an die Körperschaft vorliegt (BFH v. 16.1.2002, II R 82/99, BStBl II 2002, 303 zu Zuwendung an eine ausländische gemeinnützige Stiftung; FG Köln v. 30.5.2000, 9 K 1766/91, EFG 2000, 1260, rkr.; *Gottschalk*, in T/G/J, ErbStG, § 8 Rz. 10).

2.3.4 Zuwendungen an eine Stiftung

10 Zuwendungen an eine **noch zu errichtende Stiftung** stellen nach § 3 Abs. 2 Nr. 1 bzw. § 7 Abs. 1 Nr. 8 ErbStG eigenständige steuerpflichtige Vorgänge dar (§ 3 ErbStG Rz. 528 ff.; § 7 ErbStG Rz. 440 ff.). Nach Ansicht des BFH können **Vermögenszuwächse** einer vom Erblasser errichteten, jedoch noch nicht als rechtskräftig anerkannten Stiftung in dieser Zwischenzeit nicht als Zweckzuwendungen i.S.d. § 8 ErbStG behandelt werden (BFH v. 25.10.1995, II R 20/92, BStBl II 1996, 99; gl.A. *Meincke*, ErbStG, 2012, § 8 Rz. 4; a.A. *Geck*, in Kapp/Ebeling, ErbStG, § 8 Rz. 19f).

3 Besteuerung der Zweckzuwendung

11 Für die Besteuerung einer Zweckzuwendung i.S.d. § 8 ErbStG durchbricht das ErbStG die allgemeine Besteuerungssystematik unentgeltlicher substanzieller Vermögensverschiebungen und normiert vor dem Hintergrund des Bereicherungsprinzips weitreichende **Sonderregelungen**, da Erwerbsvorgänge im Wege der Zweckzuwendung weder dem Erwerber noch eine oder mehrere bestimmte

andere Personen unmittelbar bereichern (Rz. 1 f.). Für die steuerliche Erfassung einer Zweckzuwendung muss zwischen der Vermögensverschiebung vom Zuwender auf den mit der Auflage oder Bedingung belasteten Erwerber einerseits und der Vermögensverschiebung in Erfüllung der Zweckwidmung andererseits unterschieden werden (vgl. *Meincke*, ErbStG, 2012, § 8 Rz. 3; *Götz*, ZEV 2012, 649; *Schuck*, in V/K/S/W, ErbStG, 2012, § 8 ErbStG Rz. 12).

Nach § 9 Abs. 1 Nr. 3 ErbStG entsteht die Steuer bei einer Zweckzuwendung mit dem Eintritt der Verpflichtung des Beschwerten (§ 9 ErbStG Rz. 127). Diese Verpflichtung des Beschwerten tritt nach § 10 Abs. 1 S. 5 ErbStG als **eigenständiger Besteuerungsgegenstand** für die Zwecke der Ermittlung des steuerpflichtigen Erwerbs an die Stelle des ansonsten nach dem Bereicherungsprinzip üblichen Vermögensanfalls. Maßgebend ist der **Vermögenswert**, der dem Beschwerten für die Erfüllung des vom Zuwender bestimmten Zwecks zur Verfügung steht (§ 10 ErbStG Rz. 53; FG Düsseldorf v. 29.5.1998, 4 K 3167/94 Erb, EFG 1998, 1274, rkr.), wobei evtl. sachliche Steuerbefreiungen zu berücksichtigen sind (vgl. z. B. § 13 ErbStG). Nach § 15 Abs. 1 ErbStG gilt stets die **Steuerklasse III**, womit für die Zweckzuwendung nach § 16 Abs. 1 Nr. 7 ErbStG ein **Freibetrag** i. H. v. 20.000 EUR zur Anwendung kommt. **Steuerschuldner** einer Zweckzuwendung unter Lebenden oder von Todes wegen ist nach § 20 Abs. 1 S. 1 ErbStG der mit der Ausführung der Zuwendung beschwerte Erwerber (§ 20 ErbStG Rz. 14a). Die beim Steuerschuldner infolge der Zweckwidmung eintretende Entreicherung wird dadurch berücksichtigt, dass der Wert der Zweckzuwendung bei einer Zuwendung von Todes wegen als Nachlassverbindlichkeit gem. § 10 Abs. 5 Nr. 2 ErbStG angesetzt bzw. bei einer Zweckzuwendung unter Lebenden unmittelbar über § 10 Abs. 1 ErbStG bereicherungsmindernd erfasst wird (*Meincke*, ErbStG, 2012, § 8 Rz. 2).

12

Eine finanzielle Belastung des infolge der Zweckwidmung nicht bereicherten Steuerschuldners wird regelmäßig dadurch vermieden, dass er nach h. M. berechtigt ist, die **anfallende Steuer** aus dem im Rahmen der Zweckzuwendung übertragenen Vermögen zu entrichten (gl. A. z. B. *Geck*, in Kapp/Ebeling, ErbStG, § 8 Rz. 14). Problematisch ist der Fall, in dem nach ausdrücklicher Anordnung des Schenkers oder Erblassers der durch die Auflage oder Bedingung Beschwerte die Steuer auf die Zweckzuwendung nicht aus dem Vermögen bestreiten darf, das ihm zur Erfüllung des Zwecks zugewendet wurde. Muss der Beschwerte die Steuer aus sonstigem unentgeltlich übertragenen Vermögen bestreiten, erhöht sich mangels Anwendbarkeit des § 10 Abs. 2 ErbStG nicht die Bemessungsgrundlage der Steuer auf die Zweckzuwendung (dazu auch § 10 ErbStG Rz. 65ff.; krit. auch *Meincke*, ErbStG, 2012, § 8 Rz. 10; a. A. *Geck*, in Kapp/Ebeling, ErbStG, § 8 Rz. 14; *Gottschalk*, in T/G/J, ErbStG, § 8 Rz. 3).

13

Beispiel:

Ein Erbe ist im Rahmen einer Zuwendung von Todes wegen im Wert von 1 Mio. EUR mit einer Zweckzuwendung i. H. v. 50.000 EUR belastet, für die keine Steuerbefreiung in Anspruch genommen werden kann. Bezüglich der Zweckzuwendung ergibt sich nach Abzug des Freibetrags von 20.000 EUR (§ 16 Abs. 1 Nr. 7 ErbStG) ein steuerpflichtiger Erwerb i. S. d. § 10 Abs. 1

S. 5 ErbStG i. H. v. 30.000 EUR. Aufgrund der Steuerklasse III (§ 15 Abs. 1 ErbStG) ermittelt sich bei einem Steuersatz von 30 % (§ 19 Abs. 1 ErbStG) eine Steuer von 9.000 EUR, mit der der Erbe als Steuerschuldner belastet ist (§ 20 Abs. 1 S. 1 ErbStG). Für die Erfüllung der Zweckzuwendung stehen nach Abzug der Steuer noch 41.000 EUR zur Verfügung. Die Bereicherung des Erben aufgrund seines Erwerbs von Todes wegen nach § 3 Abs. 1 Nr. 1 ErbStG i. H. v. 1 Mio. EUR mindert sich um die Zweckzuwendung von 50.000 EUR als Nachlassverbindlichkeit gem. § 10 Abs. 5 Nr. 2 ErbStG.

§ 9 Entstehung der Steuer

(1) Die Steuer entsteht
1. bei Erwerben von Todes wegen mit dem Tode des Erblassers, jedoch
    a) für den Erwerb des unter einer aufschiebenden Bedingung, unter einer Betagung oder Befristung Bedachten sowie für zu einem Erwerb gehörende aufschiebend bedingte, betagte oder befristete Ansprüche mit dem Zeitpunkt des Eintritts der Bedingung oder des Ereignisses,
    b) für den Erwerb eines geltend gemachten Pflichtteilsanspruchs mit dem Zeitpunkt der Geltendmachung,
    c) im Fall des § 3 Abs. 2 Nr. 1 Satz 1 mit dem Zeitpunkt der Anerkennung der Stiftung als rechtsfähig und im Fall des § 3 Abs. 2 Nr. 1 Satz 2 mit dem Zeitpunkt der Bildung oder Ausstattung der Vermögensmasse,
    d) in den Fällen des § 3 Abs. 2 Nr. 2 mit dem Zeitpunkt der Vollziehung der Auflage oder der Erfüllung der Bedingung,
    e) in den Fällen des § 3 Abs. 2 Nr. 3 mit dem Zeitpunkt der Genehmigung,
    f) in den Fällen des § 3 Abs. 2 Nr. 4 mit dem Zeitpunkt des Verzichts oder der Ausschlagung,
    g) im Falle des § 3 Abs. 2 Nr. 5 mit dem Zeitpunkt der Vereinbarung über die Abfindung,
    h) für den Erwerb des Nacherben mit dem Zeitpunkt des Eintritts der Nacherbfolge,
    i) im Falle des § 3 Abs. 2 Nr. 6 mit dem Zeitpunkt der Übertragung der Anwartschaft,
    j) im Falle des § 3 Abs. 2 Nr. 7 mit dem Zeitpunkt der Geltendmachung des Anspruchs;
2. bei Schenkungen unter Lebenden mit dem Zeitpunkt der Ausführung der Zuwendung;
3. bei Zweckzuwendungen mit dem Zeitpunkt des Eintritts der Verpflichtung des Beschwerten;
4. in den Fällen des § 1 Abs. 1 Nr. 4 in Zeitabständen von je 30 Jahren seit dem Zeitpunkt des ersten Übergangs von Vermögen auf die Stiftung oder auf den Verein. ²Fällt bei Stiftungen oder Vereinen der Zeitpunkt des ersten Übergangs von Vermögen auf den 1. Januar 1954 oder auf einen früheren Zeitpunkt, entsteht die Steuer erstmals am 1. Januar 1984. ³Bei Stiftungen und Vereinen, bei denen die Steuer erstmals am 1. Januar 1984 entsteht, richtet sich der Zeitraum von 30 Jahren nach diesem Zeitpunkt.

(2) In den Fällen der Aussetzung der Versteuerung nach § 25 Abs. 1 Buchstabe a gilt die Steuer für den Erwerb des belasteten Vermögens als mit dem Zeitpunkt des Erlöschens der Belastung entstanden.

Inhalt

		Rz.
1	Allgemeines	1–19
2	Steuerentstehung beim Erwerb von Todes wegen (§ 9 Abs. 1 Nr. 1 ErbStG)	20–79
2.1	Grundregel (§ 9 Abs. 1 Nr. 1 1. Halbsatz ErbStG)	20–25
2.2	Steuerentstehung bei bedingten Erwerben (§ 9 Abs. 1 Nr. 1 Buchst. a ErbStG)	26–39
2.2.1	Allgemeines	26–30
2.2.2	Aufschiebende Bedingung	31–33
2.2.3	Betagter Erwerb	34–39
2.3	Steuerentstehung bei Pflichtteilsansprüchen (§ 9 Abs. 1 Nr. 1 Buchst. b ErbStG)	40–47
2.4	Steuerentstehung bei sonstigen Erwerben von Todes wegen (§ 9 Abs. 1 Nr. 1 Buchst. c bis j)	48–79
3	Steuerentstehung bei der Schenkung unter Lebenden (§ 9 Abs. 1 Nr. 2 ErbStG)	80–126
3.1	Allgemeines	80–99
3.2	Ausführung der Grundstücksschenkung	100–119
3.3	Sonstige Schenkungen unter Lebenden	120–126
3.3.1	Allgemeines	120
3.3.2	Schenkung unter Auflage (§ 7 Abs. 1 Nr. 2 ErbStG)	121–123
3.3.3	Steuerentstehung in den Fällen des § 7 Abs. 1 Nrn. 3 bis 10 ErbStG	124–126
4	Steuerentstehung bei der Zweckzuwendung (§ 9 Abs. 1 Nr. 3 ErbStG)	127
5	Steuerentstehung bei der Erbersatzsteuer (§ 9 Abs. 1 Nr. 4 ErbStG)	128
6	Aussetzung der Versteuerung (§ 9 Abs. 2 ErbStG)	129

Schrifttum

Baumbach/Hueck, GmbHG, 19. Aufl. 2010; *Crezelius*, Erbschaft- und Schenkungsteuer in zivilrechtlicher Sicht (Diss.), 1979; *Fischer*, Die Unentgeltlichkeit im Zivilrecht, 2002; *Hüffer*, AktG, 9. Aufl., 2010; *Kapp*, Grundlagen des Erbschaftsteuerrecht, StbJb 1960/61, 291; *Müller/Grund*, Pflichtteilsklausel und einvernehmliche Geltendmachung des Pflichtteils aus erbschaftsteuerlichen Gründen: zivilrechtliche Risiken – steuerliche Alternativen, ZErb 2007, 205; *Schmid*, Das Stichtagsprinzip im Erbschaftsteuer- und Schenkungsteuerrecht, ZEV 2015, 387; *Wälzholz*, Die (zeitliche) Geltendmachung von Pflichtteilsansprüchen – Zivil- und steuerrechtliche Überlegungen aus Anlass aktueller Rechtsprechung, ZEV 2007, 162.

1 Allgemeines

1 Die Vorschrift knüpft an die Tatbestände der Steuerpflicht eines Erwerbs von Todes wegen, (§ 3 ErbStG) einer Schenkung unter Lebenden, (§ 7 ErbStG) einer Zweckzuwendung (§ 8 ErbStG) und der Erbersatzsteuer bei Familienstiftungen (§ 1 Abs. 1

Nr. 4 ErbStG) an und **konkretisiert bzw. ergänzt** diese im Hinblick auf den **Zeitpunkt der Tatbestandsverwirklichung.** Systematisch steht § 9 ErbStG im Zusammenhang mit § 38 AO, wonach die Steuerschuld entsteht, sobald der Tatbestand verwirklicht ist, an den das Gesetz die Leistungspflicht knüpft.

Das allgemeine Prinzip, dass das Entstehen der Steuerschuld unabhängig vom Willen sowohl des Steuerpflichtigen als auch des Finanzamtes ist, sobald die tatbestandsmäßigen Voraussetzungen erfüllt sind (BFH v. 27.3.1990, VII R 26/89, BStBl II 1990, 939; *Schuster*, in Hübschmann/Hepp/Spitaler, AO/FGO, § 28 Rz. 26), gilt auch im Bereich des ErbStG. Da der Erwerb durch Erbanfall nach § 1922 BGB i.V.m. § 3 Abs. 1 Nr. 1 ErbStG **weder die Kenntnis vom Tod des Erblassers noch die Kenntnis der eigenen Erbenstellung** voraussetzen, kommt es auch erbschaftsteuerrechtlich auf die Kenntnis nicht an. Dies gilt in gleicher Weise für den Fall der gewillkürten Erbfolge. Es ist also ohne Belang, wann das die Erbeinsetzung anordnende Testament aufgefunden wird (*Schuck*, in V/K/S/W, ErbStG, 2012, § 9 Rz. 3; a.A. RFH v. 20.10.1938, III e 43/38, RStBl 1939, 271). 2

Des Weiteren kann mit Tatbestandsverwirklichung ein Sachverhalt auch schenkungs- bzw. erbschaftsteuerrechtlich grundsätzlich **nicht mit steuerrechtlicher Wirkung rückwirkend** gestaltet werden. Eine solche Einflussnahme wäre ein unzulässiger Eingriff in öffentlich-rechtliche Verhältnisse (*Brockmeyer*, in Klein, AO, 2012, § 38 Rz. 8ff). Das Problem wird bei der nachträglichen Vereinbarung der Entgeltlichkeit einer unentgeltlichen Zuwendung (Entlohnung) relevant, die von der klassischen remuneratorischen Schenkung (Belohnung) zu unterscheiden ist. Den Hauptanwendungsbereich der Diskussion um die Zulässigkeit der nachträglichen Vereinbarung einer entgeltlichen Causa bildet in der Praxis der Fall, dass einseitig Dienste geleistet werden, die nachträglich vergütet werden sollen. Von der heute h.M. im Zivilrecht wird im Anschluss an eine reichsgerichtliche Rspr. die Zulässigkeit der nachträglichen Vergütungsvereinbarung auch bei zunächst unentgeltlich geleisteten Diensten überwiegend bejaht (RG v. 22.11.1909, VI 437/08, RGZ 72, 188; BGH v. 6.3.1985, IVa ZR 171/83, FamRZ 1985, 696; BAG v. 19.6.1959, 1 AZR 417/57, BAGE 8, 38; *Fischer*, Die Unentgeltlichkeit im Zivilrecht, 2002, S. 44ff. m.w.N.). Die Abgrenzung zwischen nachträglicher Entlohnung und unentgeltlicher Belohnung erfolgt dabei nicht nach objektiven Kriterien, sondern nach subjektiven; entscheidend ist der übereinstimmende Parteiwille, insbesondere der erklärte Wille des Zuwendenden. Schenkungsteuerrechtlich tritt die zivilrechtliche Sichtweise in Konflikt mit § 9 Abs. 1 Nr. 2 ErbStG, weil die Dienste bereits ausgeführt worden sind. Allerdings sind nach hier vertretener Ansicht Arbeits- oder Dienstleistungen nicht steuerbar (§ 7 ErbStG Rz. 161; anders liegt es bei einem geschenkten Grundstück, wenn die Einigung über die Unentgeltlichkeit nach Schenkungsausführung in eine Kaufabrede umgewandelt werden soll; vgl. RFH v. 29.7.1932, V e A 1242/30, RStBl 1932, 855; *Weinmann*, in Moench/Weinmann, ErbStG, § 9 Rz. 27). 3

Ob das nachträglich vereinbarte Entgelt seinerseits eine Schenkung darstellt, kann wiederum unter Rückgriff auf die zivilrechtlichen Gegebenheiten beurteilt werden. Denn in diesem Fall wird bei der nachträglichen Vergütung nicht in einen bereits verwirklichten Tatbestand im Hinblick auf das nachträgliche Entgelt eingegriffen. 4

§ 9 Entstehung der Steuer

Letztlich hängt die Beurteilung von der schenkungsteuerrechtlichen Relevanz der subjektiven Ebene ab (§ 7 ErbStG Rz. 300 ff).

5   Wenn ein **Tatbestand noch nicht abgeschlossen** ist, z.B. bei Vereinbarung eines formgültigen Schenkungsversprechens ohne Ausführung derselben, kann auf die Tatbestandsverwirklichung noch Einfluss genommen werden. Die Nichtdurchführung des Schenkungsversprechens bzw. der Verzicht des Beschenkten auf seinen Anspruch kann deshalb auch beim Schenker nicht als steuerbare **Vermögensmehrung** gewertet werden (§ 7 ErbStG Rz. 8).

6   Von der Entstehung der Steuer ist deren **Fälligkeit** zu unterscheiden. Fällig wird die Steuer erst mit Bekanntgabe des Steuerbescheids (§ 220 Abs. 2 Satz 2 AO). Der Umstand, dass der Steuertatbestand einheitlich aus der Sicht des sich aus § 9 ErbStG ergebenden Datums festzustellen ist, wird als **Stichtagsprinzip** bezeichnet. Ob es sich dabei tatsächlich um einen „fundamentalen Grundsatz" handelt (so *Kapp*, StbJb 1960/61, 291; relativierend *Meincke*, ErbStG, 2012, § 9 Rz. 4), erscheint zweifelhaft.

7   Der in § 9 ErbStG festgelegte Entstehenszeitpunkt ist **für das gesamte ErbStG von zentraler Bedeutung.** Die Besteuerung richtet sich nach der **zu diesem Zeitpunkt geltenden Gesetzesfassung.** Spätere Änderungen des Gesetzes berühren den einmal entstandenen Anspruch nicht mehr, soweit nicht ausnahmsweise eine zulässige echte Rückwirkung vorgesehen ist (vgl. Art. 3 des ErbStRG v. 24.12.2008, BGBl I 2008, 3018). Des Weiteren richtet sich nach dem Entstehenszeitpunkt die **persönliche Steuerpflicht** nach § 2 ErbStG, die **Prüfung der Voraussetzungen von Steuerbefreiungsvorschriften** (BFH v. 27.10.2010, II R 37/09; BStBl II 2009, 480; BFH v. 27.10.2010, II R 37/09, BFH/NV 2010, 359 = BStBl II 2010, 498) – z.B. § 13 Abs. 1 Nr. 4a ErbStG betreffend Familienwohnheimen/Familienheimen, wenn die Ehe zum Zeitpunkt der Anschaffung/Herstellung des Objekts noch nicht bestanden hat –, die **Zusammenrechnung von Erwerben** nach § 14 ErbStG (BFH v. 20.1.2010, II R 54/07, BFH/NV 2010, 713 = BStBl II 2010, 463), die **Einordnung des Erwerbers in die jeweilige Steuerklasse** nach § 15 ErbStG, die **Steuerermäßigung bei mehrfachem Erwerb desselben Vermögens** nach § 27 ErbStG und die **Verjährung** der Steuer. Entscheidend ist der Entstehenszeitpunkt auch für die **Berechnung von Fristen** für den nachträglichen Wegfall von Steuerbefreiungen (vgl. § 13 Abs. 1 Nr. 2, 3, 4b, 13, 16b ErbStG) und für die Behaltensfrist in § 13a Abs. 5 bzw. § 13a Abs. 8 Nr. 2 ErbStG.

8   Schließlich richtet sich nach dem Entstehenszeitpunkt auch der **Stichtag der Wertermittlung** nach §§ 11 und 12 ErbStG. Dies hat zur Folge, dass Wertsteigerungen, aber auch Wertminderungen, die zwischen dem Zeitpunkt der Entstehung der Steuerschuld und der Veranlagung eintreten, ohne Bedeutung sind. Dies gilt selbst dann, wenn es dem Erben nicht möglich war, die Verluste zu verhindern (BFH v. 2.2.1977, II R 150/71, BStBl II 1977, 425). Der BFH (v. 22.9.1999, II B 130/97, BFH/NV 2000, 320) tritt für eine strikte Beachtung des Stichtagsprinzips ein (§ 11 Rz. 20).

9   Die starre Durchführung des Stichtagsprinzips ist allenfalls über **Billigkeitsmaßnahmen nach § 163 AO** korrigierbar. Im Zusammenhang mit einer **latenten Einkommensteuerbelastung**, namentlich in den Veranlagungszeiträumen 1999–2008, verweist der BFH die Fragestellung in den Bereich der Einkommensteuer (BFH v.

Entstehung der Steuer § 9

17.2.2010, II R 23/09, BFH/NV 2010, 1351 = BStBl II 2010, 641). Die bisherige Praxis ist in diesem Bereich äußerst restriktiv (§ 11 Rz. 50). Einen Orientierungs punkt gibt die Rspr. des BVerfG. Wenn es dem Steuerpflichtigen an einer **Verfügungsmöglichkeit fehlt,** komme nach Auffassung des BVerfG (v. 22.6.1995, 2 BvR 552/91, BStBl II 1995, 671) eine Korrektur durch eine Billigkeitsmaßnahme in Betracht, ohne dass die Verfassungsmäßigkeit des – im zugrunde liegenden Sachverhalt einschlägigen – § 9 Abs. 1 Nr. 1 ErbStG durch diese besonderen Auswirkungen in einem atypischen Fall in Frage gestellt würde, wenn die Anwendung der gesetzlichen Stichtagsregelung in einem konkreten Einzelfall zu einem „gesetzlich ungewollten Überhang" und damit zu einer unbilligen und „erdrosselnd" wirkenden Härte führe. Das BVerfG interpretiert der BFH (v. 13.5.1998, II R 98/97, BFH/NV 1998, 1376) dahingehend, dass ein Grundrechtsverstoß bei Ablehnung einer Billigkeitsmaßnahme ausdrücklich nur dann in Betracht komme, wenn die Steuer über die sachliche Unbilligkeit hinaus **erdrosselnd wirke** und den **Betroffenen übermäßig belaste.** Es erscheint allerdings fraglich, ob die restriktive Sichtweise des BFH im Lichte der neueren Dogmatik, die das BVerfG zum Steuereingriff vertritt, noch haltbar ist. Nach früherer Sichtweise des BVerfG ist es so gewesen, dass die Auferlegung von Geldleistungspflichten die Eigentumsgarantie grundsätzlich unberührt ließ (vgl. BVerfG v. 24.7.1962, 2 BvL 15/61, 2 BvL 16/61, BVerfGE 14, 221, 241; v. 10.3.1998, 1 BvR 178/97, BVerfGE 97, 332, 349). Nach der Entscheidung des BVerfG vom 18.1.2006 (2 BvR 2194/99, BVerfGE 115, 97) mag zwar die Auferlegung von Geldleistungspflichten für sich genommen die Eigentumsgarantie grundsätzlich unberührt lassen; für die Anknüpfung von Geldleistungspflichten an den Erwerb vermögenswerter Rechtspositionen gilt dies nicht. Sei der Sinn der Eigentumsgarantie, das private Innehaben und Nutzen vermögenswerter Rechtspositionen zu schützen, greife auch ein Steuergesetz als rechtfertigungsbedürftige Inhalts- und Schrankenbestimmung (Art. 14 Abs. 1 Satz 2 GG) in den Schutzbereich der Eigentumsgarantie ein, wenn der Steuerzugriff tatbestandlich an das Innehaben von vermögenswerten Rechtspositionen anknüpft und so den privaten Nutzen der erworbenen Rechtspositionen zugunsten der Allgemeinheit einschränkt. In Konsequenz würde der II. Senat des BVerfG auch den steuerlichen Eingriff des ErbStG an Art. 14 GG messen. Der II. Senat des BVerfG lässt ausdrücklich offen, ob er hiermit von der Rspr. des I. Senats abweicht, nach dessen Rspr. Steuerlasten grundsätzlich den Schutzbereich des Art. 14 GG unberührt lassen und das Eigentumsgrundrecht erst dann verletzen, wenn die Geldleistungspflicht den Betroffenen übermäßig belastet und seine Vermögensverhältnisse so grundlegend beeinträchtigt, dass sie eine erdrosselnde Wirkung haben. Legt man mit dem I. Senat des BVerfG Art. 14 Abs. 1 GG als Maßstab an, ist nach hier vertretener Ansicht die Schwelle zur Unverhältnismäßigkeit nicht erst dann überschritten, wenn es sich im Einzelfall um eine Steuerpflicht mit sog. erdrosselnder Wirkung handelt. Deshalb muss es für die Anwendbarkeit des § 163 AO entscheidend darauf ankommen, ob die Unbilligkeit „in der Sache selbst" liegt, ohne dass es auf die wirtschaftliche Lage des Steuerpflichtigen im Übrigen ankommt (*Kapp/Ebeling*, ErbStG, § 9 Rz. 10ff). Für die Praxis werden Billigkeitsmaßnahmen nach § 163 AO nach dem ErbStRG v. 24.12.2008 (BGBl I 2008, 3018)

§ 9 Entstehung der Steuer

eine noch größere Bedeutung gewinnen, da die Pufferwirkung der unter dem Verkehrswert liegenden Steuerwerte bei Grundstücken und Betriebsvermögen entfallen ist.

10 Ein bestimmtes Ereignis kann **mehrere Erwerbe** ein und derselben Person oder von einer anderen Person auslösen, die auf unterschiedlichen Erwerbsvorgängen bzw. Erwerbsgründen beruhen. Wird etwa ein Miterbe zusätzlich mit einem aufschiebend bedingten (Voraus-)Vermächtnis oder eine Person mit mehreren Vermächtnissen bedacht, die an unterschiedliche – erst nach dem Tod des Erblassers erfüllbare aufschiebende Bedingungen – geknüpft sind, liegen **mehrere Erwerbsvorgänge** vor (BFH v. 28.3.2007, II R 25/05, BFH/NV 2007, 1421 = BStBl II 2007, 461), die zu verschiedenen Zeitpunkten entstehen können. Diese müssten verfahrensrechtlich getrennt, wenn auch u. U. in einem zusammengefassten Steuerbescheid, besteuert werden (BFH v. 20.2.1980, II R 90/77, BStBl II 1980, 414; v. 6.6.2007, II R 17/06, BFH/NV 2007, 2387 = BStBl II 2008, 46). Allerdings bedeutet der Umstand, dass verschiedene Steuerentstehungszeitpunkte gegeben sind, nach Ansicht des BFH nicht zwingend, dass es sich auch um selbstständige Erwerbsvorgänge handeln muss. Im Zusammenhang mit einem Steuererstattungsanspruch des Erblassers, der erbschaftsteuerrechtlich als Vermögenswert zu erfassen ist (vgl. auch § 10 Abs. 1 Satz 3 ErbStG), handelt es sich um einen betagten Anspruch, der erst nach dem Erbfall mit Fälligkeit entsteht. Zwar betrifft § 9 Abs. 1 Nr. 1 Buchst. a ErbStG nicht alle Ansprüche, die zivilrechtlich als betagt anzusehen sind (Rz. 34ff.). Doch werden von der Norm jedenfalls diejenigen betagten Ansprüche erfasst, bei denen der Zeitpunkt des Eintritts des zur Fälligkeit führenden Ereignisses unbestimmt ist. In diesen Fällen entsteht die ErbSt erst mit dem Eintritt des Ereignisses, welches zur Fälligkeit der Ansprüche führt. Trotz der verschiedenen Steuerentstehungszeitpunkte soll nach Ansicht des BFH ein einheitlicher Erwerb vorliegen (BFH v. 16.1.2008, II R 30/06, BFH/NV 2008, 875 = BStBl II 2008, 626). Solche Ansprüche sind zwar gem. § 12 Abs. 1 ErbStG i.V.m. den §§ 4 und 8 BewG zunächst nicht zu berücksichtigen; sie sind aber gleichwohl mit dem Übergang etwa auf einen Erben bereits erworben. Dies hat z. B. Bedeutung für § 14 Abs. 1 ErbStG. Es liegt also nur ein Vorerwerb i.S.d. § 14 Abs. 1 ErbStG vor.

11 Die geltende **Konzeption des § 9 ErbStG** weist bestimmte **Wertungswidersprüche** auf. Während es bei der Schenkung unter Lebenden entscheidend auf die **Ausführung der Schenkung** ankommt, (§ 9 Abs. 1 Nr. 2 ErbStG) also auf den Zeitpunkt, der im Grundsatz mit der endgültigen Bereicherung des Beschenkten zusammenfällt, entsteht die Steuer beim Erwerb von Todes wegen grundsätzlich mit dem **Tod des Erblassers**, (§ 9 Abs. 1 Nr. 1 ErbStG) also unabhängig davon, ob der Erbe tatsächlich über den Nachlass verfügen kann. Noch klarer ist der Wertungswiderspruch bei der noch nicht vollzogenen Schenkung auf den Todesfall, (§ 2301 Abs. 1 BGB) die nach § 3 Abs. 1 Nr. 2 ErbStG den Erwerben von Todes wegen zugeordnet wird und ebenfalls bereits mit dem Tod des Erblassers entsteht. Problematisch ist schließlich, dass auch der Erwerb durch Vermächtnis grundsätzlich mit dem Tod des Erblassers entsteht, obwohl das Vermächtnis nur ein Forderungsrecht gegenüber dem Erben bzw. den Miterben begründet. Zumindest wird in **§ 9 Abs. 1 Nr. 1 Buchst. a bis**

Buchst. i ErbStG berücksichtigt, dass der Erwerb von Todes wegen in Sonderfällen auch erst nach dem Erbfall tatbestandlich ausgelöst werden kann.

einstweilen frei   12–19

2 Steuerentstehung beim Erwerb von Todes wegen (§ 9 Abs. 1 Nr. 1 ErbStG)
2.1 Grundregel (§ 9 Abs. 1 Nr. 1 1. Halbsatz ErbStG)

Bei den Erwerben von Todes wegen entsteht die Steuer nach der Grundregel des § 9 Abs. 1 Nr. 1 ErbStG mit dem Tode des Erblassers (§ 3 ErbStG Rz. 64 f.). Der Tod des Erblassers ist zeitlich maßgebend für die beiden wichtigsten Grundtatbestände des § 3 Abs. 1 Nr. 1 ErbStG (Erwerb durch Erbanfall, Erwerb durch Vermächtnis und Vorvermächtnis (nach der Wertung des § 6 ErbStG ergeben sich keine Abweichungen beim Vorvermächtnis, vgl. FG Düsseldorf, Urteil v. 22.11.2016, 4 K 2949/14 Erb, ErbStB 2017, 35)) sowie für Erwerbsvorgänge nach § 3 Abs. 1 Nrn. 2 bis 4 ErbStG (Schenkung auf den Todesfall, gesetzliche Vermächtnisse und überlebensbedingter Erwerb auf Grund Vertrages zugunsten Dritter).   20

Im Einklang mit dem erbrechtlichen Prinzip des Von-Selbst-Erwerbs kommt es **weder auf eine Kenntnis noch eine Annahme** der Erbschaft an. Für den Fall, dass der Erbe die Erbschaft ausschlägt, entfällt allerdings auch rückwirkend die Erbschaftsteuerpflicht. Ebenso wenig hängt es im Falle einer gewillkürten Erbfolge davon ab, wann ein entsprechendes Testament aufgefunden wird (*Kapp/Ebeling*, ErbStG, § 3 Rz. 2; a.A. RFH v. 20.10.1938, III e 43/38, RStBl 1939, 271). Unerheblich ist es schließlich, ob sich die Erbfolge und die Regelung des Nachlasses nach ausländischem Recht richten (RFH v. 2.12.1930, I eA 395 – 397/30, RStBl 1931, 122). Ebenso wenig kommt es darauf an, ob der Erbe auch tatsächlich die Verfügungsbefugnis über die Nachlassgegenstände erlangt hat (BFH v. 28.11.1990, II S 10/90, BFH/NV 1991, 243). Deshalb hat z.B. die Anordnung einer Testamentsvollstreckung oder die Verfügungsbeschränkungen, die sich bei Miterben aus den Regeln über die Erbengemeinschaft ergeben, keinen Einfluss auf den Zeitpunkt der Besteuerung.   21

Demgegenüber ist der Todeszeitpunkt für die Steuerentstehung nicht maßgebend, soweit es um die Erfüllung **unwirksamer Verfügungen von Todes wegen** geht. Die Rspr. des BFH, die sich traditionell auf § 41 AO stützt, ist grundsätzlich unabhängig von dem Grund, auf dem die Unwirksamkeit beruht (§ 3 ErbStG Rz. 20 ff.). Neben der Anordnung des Erblassers ist es erforderlich, dass die von den an dem Erbfall Beteiligten getroffene Regelung aufgrund der Anforderung des Erblassers ausgeführt worden ist. Daraus leitet der BFH (v. 28.3.2007, II R 25/05, BFH/NV 2007, 1421 = BStBl II 2007, 461) ab, dass die Steuer für den Erwerb des Begünstigten abweichend von § 9 Abs. 1 Nr. 1 ErbStG nicht mit dem Tode des Erblassers, sondern erst mit der Erfüllung des unwirksam geäußerten Erblasserwillens entsteht. Für die Wertermittlung soll es demgegenüber maßgeblich auf den Zeitpunkt des Erbfalles ankommen (§ 3 ErbStG Rz. 25).   22

Noch nicht höchstrichterlich entschieden ist die Frage, welcher Steuerentstehungszeitpunkt maßgebend ist, wenn ein **Gestaltungsrecht** ausgeübt wird, welches **zivilrechtlich zurückwirkt** (*Meincke*, ErbStG, 2012, § 9 Rz. 11:   23

Entstehen mit dem Tod des Erblassers; a. A. *Gebel*, in T/G/J, ErbStG, § 9 Rz. 24: Entstehen der Steuer mit der Rechtsausübung).

24 Praxisrelevant ist vor allem die **Ausschlagung der Erbschaft**. Eine steuerliche Rückwirkung müsste gesetzlich ausdrücklich angeordnet werden. In einem parallel gelagerten Sachverhalt zur rückwirkenden Genehmigung bei einer Schenkung hat der BFH die Ansicht vertreten, dass die zivilrechtliche Rückwirkung der Genehmigung schenkungsteuerrechtlich nicht beachtlich sei (BFH v. 26.10.2005, II R 53/02, BFH/NV 2006, 551).

25 In der Praxis ist es häufig anzutreffen, dass der Erbfall ernstliche Zweifel und daraus folgenden Streit darüber auslöst, ob und in welchem Umfang ein Erwerb von Todes wegen vorliegt. Handelt es sich um eine **Verfügung von Todes wegen**, kann es zwischen den Beteiligten leicht zu Streit über die zutreffende Auslegung derselben kommen (§ 3 ErbStG Rz. 54 ff.). Der BFH geht in ständiger Rspr. davon aus, dass das Ergebnis eines ernsthaft gemeinten Vergleichs, der die gütliche Regelung streitiger Erbverhältnisse zum Ziel hat, der Erbschaftsbesteuerung zugrunde zu legen sei (§ 3 ErbStG Rz. 59). Deshalb geht der BFH *auch* von einem Entstehen der Steuer bereits mit dem Tode des Erblassers aus (BFH v. 1.2.1961, II 269/58 U, BStBl III 1961, 133; a. A. *Gebel*, in T/G/J, ErbStG, § 9 Rz. 23). Es ist also erbschaftsteuerrechtlich so zu verfahren, als ob der Erblasser durch Verfügung von Todes wegen eine entsprechende Regelung getroffen hätte.

2.2 Steuerentstehung bei bedingten Erwerben (§ 9 Abs. 1 Nr. 1 Buchst. a ErbStG)

2.2.1 Allgemeines

26 Abweichend von der Grundregel des § 9 Abs. 1 Nr. 1 ErbStG entsteht die Steuer bei aufschiebend bedingten, aufschiebend befristeten oder betagten Erwerben nicht schon mit dem Tod des Erblassers, sondern erst mit Eintritt der Bedingung oder des vergleichbaren Ereignisses. Dabei kann ein entsprechender Erwerbsgrund nach deutschem Erbrecht nur auf einer **Vermächtnisanordnung** beruhen. Denn eine Erbeinsetzung, deren Eintritt von einer aufschiebenden Bedingung oder Befristung abhängt, stellt eine Nacherbfolge dar. Da das Vermögen mit dem Erbfall nicht subjektlos werden kann, sind zunächst die gesetzlichen Erben als Vorerben berufen (*Gebel*, in T/G/J, ErbStG, § 9 Rz. 32 m. w. N.).

27 Die aufschiebende Bedingung bzw. Befristung kann sich entweder auf den **Erwerbsgrund** selbst beziehen oder nur **einzelne Erwerbsgegenstände** betreffen. In beiden Konstellationen ist § 9 Abs. 1 Nr. 1 Buchst. a ErbStG einschlägig. Bezieht sich die aufschiebende Bedingung bzw. Befristung auf einen in den Nachlass fallenden Anspruch, bleibt dieses Forderungsrecht zunächst für die auf den Todestag durchzuführende Wertermittlung (§ 11 ErbStG i. V. m. § 9 Abs. 1 Nr. 1 ErbStG) außer Ansatz. Die Steuer für den zunächst unberücksichtigten Teil entsteht mit Eintritt der Bedingung bzw. des Ereignisses. Allerdings handelt es sich hierbei nicht um einen eigenen Steuerfall (BFH v. 16.1.2008, II R 30/06, BFH/NV 2008, 875 = BStBl II 2008, 626). Der dogmatische Unterschied zu einem Erwerb auf Grund

Entstehung der Steuer § 9

bedingten, betagten oder befristeten Erwerbsgrundes besteht darin, dass letzterer einen eigenständigen Steuerfall bildet.

Eine **Bedingung** ist die einem Rechtsgeschäft beigefügte Erklärung, durch welche die Wirkung des Rechtsgeschäftes von dem Eintritt eines künftigen, ungewissen Ereignisses abhängig gemacht wird. Man unterscheidet zwischen aufschiebenden und auflösenden Bedingungen. Bei der **aufschiebenden Bedingung** tritt die Rechtswirksamkeit des Geschäfts erst mit dem Eintritt der Bedingung ein. Bei der **auflösenden Bedingung** endet die Wirkung des Rechtsgeschäfts, wenn die Bedingung eintritt. 28

Eine **aufschiebende Befristung** i. S. d. § 9 Abs. 1 Nr. 1 Buchst. a ErbStG liegt nach den auch für das ErbStR maßgeblichen Vorgaben des Zivilrechts dann vor, wenn der Eintritt eines künftigen Ereignisses, von dem die Rechtswirksamkeit des Geschäftes abhängt, gewiss ist, nicht dagegen der Zeitpunkt, zu dem es eintritt. So ist z. B. der Tod einer natürlichen Person ein mit Gewissheit eintretendes künftiges Ereignis, nur der Zeitpunkt des Todes ist nicht bekannt. Ist der Eintritt des künftigen Ereignisses selbst ungewiss, liegt eine Bedingung vor. **Erbschaftsteuerrechtlich** werden aufschiebende Bedingungen und aufschiebende Befristungen **gleich behandelt**. 29

Die **Sonderbehandlung aufschiebender Bedingungen und Befristungen** nach § 9 Abs. 1 Nr. 1 Buchst. a ErbStG ist im Zusammenhang mit §§ 4, 8 BewG zu sehen. Nach den genannten Vorschriften wird in Fällen des aufschiebend bedingten oder befristeten Erwerbs der Vorgang bewertungsrechtlich erst mit dem Eintritt des Ereignisses erfasst, von dem die Bedingung oder Befristung abhängt. Selbst wenn die Steuer bereits zum Zeitpunkt des Erbfalles entstünde, so könnte sie doch erst beim späteren Eintritt des Ereignisses berechnet werden, wäre dann aber auf die Verhältnisse beim Erbfall zurück zu beziehen. Insofern besteht der Zweck nicht zuletzt auch in einer Erleichterung für die Steuerverwaltung (*Meincke*, ErbStG, 2012, § 9 Rz. 16). Demgegenüber ist der **auflösend bedingte Erwerb nicht Gegenstand einer speziellen Regelung**, weil hier die Steuer zunächst wie bei einem nicht bedingten Erwerb sofort entsteht, wobei die Bedingung bei der Bewertung gem. § 12 Abs. 1 ErbStG i. V. m. § 5 Abs. 1 BewG zunächst keine Rolle spielt und erst in Zukunft bei Bedingungseintritt gem. § 5 Abs. 2 BewG eine Korrektur erfolgen kann. 30

2.2.2 Aufschiebende Bedingung

Als **aufschiebend bedingter Erwerb** wird es auch angesehen, wenn das als Bedingung gestellte Ereignis von der **freien Willensbestimmung eines Beteiligten** abhängt (RFH v. 27.10.1931, I e A 275/31, RStBl 1931, 972; BFH v. 16.7.1975, II R 154/66, BStBl II 1976, 17). Ansprüche aus beiderseits noch nicht erfüllten gegenseitigen Verträgen sind keine aufschiebend bedingten oder befristeten Forderungsrechte (BFH v. 6.12.1989, II R 103/86, BStBl II 1990, 434). Demgegenüber können auch **Optionsrechte** wie aufschiebende Bedingungen eingeordnet werden (BFH v. 5.3.1971, III R 130/68, BStBl II 1971, 481). **Genehmigungen**, die im Zeitpunkt des Erbfalls noch nicht erteilt worden sind, sind nicht als aufschiebende Bedingung einzuordnen. Denn hier ist die zivilrechtliche Rückwirkung der Genehmigung erbschaftsteuerrechtlich nachzuvollziehen (BFH v. 25.7.1984, II R 81/82, BStBl II 1984, 31

771). Dies gilt aber nur dann, wenn sich die Genehmigung lediglich auf einen bestimmten Erwerbsgegenstand bezieht. Soweit sich die Genehmigung auf den Erwerbsgrund als solchen bezöge, steht einer Beachtlichkeit der zivilrechtlichen Rückwirkung § 38 AO entgegen. **Erbrechtlich** ist darauf hinzuweisen, dass eine letztwillige Zuwendung, die der Erblasser von einer aufschiebenden Bedingung abhängig gemacht hat, der Bedachte im Zweifel den Bedingungseintritt erleben muss (vgl. § 2074 BGB).

32 Abweichend vom deutschen Erbrecht kann nach **ausländischem Erbrecht** eine **Erbeinsetzung** unter aufschiebender Bedingung oder Befristung erfolgen, ohne dass für die Zeit des Schwebezustandes ein Vorerbe eintritt (vgl. BFH v. 7.5.1986, II R 137/79, BStBl II 1986, 615). Namentlich im anglo-amerikanischen Rechtskreis wird das Erbrecht nicht vom Grundsatz der Gesamtrechtsnachfolge (Universalsukzession) bestimmt. Soweit im Falle einer gesetzlichen Erbfolge ein sog. **Administrator** (Nachlassverwalter) oder bei der testamentarischen Erbfolge ein sog. **Executor** (Testamentsvollstrecker) das Eigentum (legal title, legal ownership) an beweglichen Sachen erwirbt, ist dieser verpflichtet, die von ihm verwalteten Nachlasswerte nach dem Verteilungsbeschluss des Nachlassgerichtes an die Zuteilungsberechtigten auszukehren. Nichtsdestoweniger geht der BFH (v. 8.6.1988, II R 243/82, BStBl II 1988, 808) davon aus, dass **die dem Verwalter als legal owner zustehende Verfügungsmacht** der Annahme eines unmittelbaren mit dem Erbfall anfallenden Erwerbs des Erbbegünstigten nicht entgegensteht, und zwar selbst dann nicht, wenn sie vom Erblasser durch Testament erweitert worden ist. Es handelt sich also nicht um einen aufschiebend bedingten Erbanfall (zu Recht krit. *Kapp/Ebeling*, ErbStG, § 9 Rz. 32f.). Anders verhielt es sich bei Zwischenschaltung eines sog. **Nachlasstrusts**. Dieser wurde vom BFH regelmäßig als aufschiebend bedingter Erwerb eingeordnet (BFH v. 7.5.1986, II R 137/79, BStBl II 1986, 615; v. 7.6.1989, II R 4/89, BFH/NV 1990, 235). Seit der **Sonderregelung des § 3 Abs. 2 Nr. 1 Satz 2 ErbStG**, die für Erbfälle gilt, die nach dem 1.1.1999 eingetreten sind, wird ein testamentarisch angeordneter Nachlasstrust einer letztwillig angeordneten Stiftung mittels gesetzlicher Fiktion gleichgestellt (§ 3 ErbStG Rz. 535). Der **Anfall an den Trust gilt als (unbedingter) Erwerb von Todes wegen** und die **Weiterleitung** des Vermögens aus dem Trust an die endgültigen Erben stellt einen **unbedingten Erwerb unter Lebenden** dar (*Meincke*, ErbStG, 2012, § 9 Rz. 25). Die Einordnung als aufschiebend bedingter Erwerb von Todes wegen ist damit dogmatisch überholt.

33 **Entstehen und Fälligkeit des Vermächtnisanspruchs** können abweichend vom Zeitpunkt des Erbfalls (§ 2176 BGB) zu einem späteren Zeitpunkt hinausgeschoben werden. Wenn der Anspruch des Vermächtnisnehmers erst nach dem Erbfall, insbesondere beim **Eintritt einer aufschiebenden Bedingung**, entsteht, dann erfolgt nach § 2177 BGB auch der Anfall des Vermächtnisses erst mit Eintritt der Bedingung. Z.B. ist nach der (geänderten) Rspr. des BFH (v. 13.8.2008, II R 7/07, BFH/NV 2008, 1830 = BStBl II 2008, 982) Gegenstand eines **Übernahme- bzw. Kaufrechtsvermächtnisses** eine aufschiebend bedingte Forderung. Folglich entsteht auch die Erbschaftsteuer erst zum Zeitpunkt des Bedingungseintritts (§ 3 ErbStG Rz. 306). Um aufschiebend bedingte Vermächtnisse handelt es sich auch bei den sog. **Bestimmungsvermächtnissen** (§§ 2151 bis 2153 BGB), die erst mit Eintritt der Bedingung

Entstehung der Steuer § 9

erbschaftsteuerrechtlich entstehen (§ 3 ErbStG Rz. 312f.). Beim sog. **Zweckvermächtnis** (vgl. § 2156 BGB), bei dem der Erblasser nur den Zweck des Vermächtnisses (z.B. Finanzierung des Studiums) bestimmt, es aber dem Beschwerten oder einem Dritten überlässt, die Leistung nach billigem Ermessen zu bestimmen, ist dieses Bestimmungsrecht als Gestaltungsrecht zu verstehen, welches wie eine aufschiebende Bedingung (BFH v. 5.3.1971, III R 130/68, BStBl II 1971, 481) wirkt (§ 3 ErbStG Rz. 320).

2.2.3 Betagter Erwerb

Ein sog. betagter Erwerb liegt zivilrechtlich vor, wenn der Anspruch zwar bereits entstanden, seine Fälligkeit aber hinausgeschoben ist (vgl. § 813 Abs. 2 BGB; *Sprau*, in Palandt, 2017, BGB, § 813 Rz. 7). Nach der Rspr. des BFH ist allerdings **nicht jeder betagte Anspruch i.S.d. Zivilrechts auch erbschaftsteuerrechtlich als betagt i.S.d. § 9 Abs. 1 Nr. 1 Buchst. a ErbStG** anzusehen. Aus der bewertungsrechtlichen Behandlung noch nicht fälliger Forderungen in § 12 Abs. 3 BewG lasse sich ableiten, dass die ErbSt für solche Ansprüche, die zu einem bestimmten, feststehenden Zeitpunkt fällig werden, dem Regelfall des § 9 Abs. 1 Nr. 1 ErbStG entsprechend bereits im Zeitpunkt des Todes des Erblassers entstünden und mit ihrem ggf. abgezinsten Wert anzusetzen seien (§ 3 ErbStG Rz. 306; so auch BFH, Beschl. v. 14.5.2014, Az. II B 82/13, HI 7361603, zur Enstehung der Steuer bei einem Vermächtnisanspruch, dessen Entstehung nicht aufschiebend bedingt oder befristet ist und der mit Vollendung des 21. Lebensjahres des Vermächtnisnehmers fällig wird).   34

Nach der Entscheidung des BFH (v. 27.8.2003 II R 58/01, BFH/NV 2004, 138 = BStBl II 2003, 921) ist im Hinblick auf entstandene, aber noch nicht fällige Ansprüche demzufolge wie folgt zu unterscheiden: (1) Entsteht der Anspruch mit dem Erbfall und ist die Fälligkeit bis zu einem **bestimmten Zeitpunkt** hinausgeschoben, **entsteht die Steuer sofort mit dem Erbfall**, wobei allerdings der Anspruch vom Zeitpunkt der Fälligkeit auf den Zeitpunkt des Erbfalles **abzuzinsen** ist (§ 12 Abs. 3 BewG); (2) wenn der Anspruch mit dem Erbfall entstanden ist und lediglich die Fälligkeit bis zu einem **unbestimmten Zeitpunkt** hinausgeschoben wird, **entsteht die Steuer** vergleichbar einer Bedingung bzw. Befristung **erst mit der Fälligkeit**.   35

Besonderheiten gelten, wenn ein **Vermächtnis erst beim Tod des Beschwerten** fällig wird, weil dieses nach § 6 Abs. 4 ErbStG den Nacherbschaften gleichgestellt wird (§ 3 ErbStG Rz. 307). Davon betroffen ist vor allem die sog. **Jastrowsche Klausel**.   36

Gestaltungshinweis: Gestaltungshinweis:

Um § 6 Abs. 4 ErbStG auszuweichen, wird empfohlen, testamentarisch einen bestimmten Fälligkeitstermin festzulegen. Das Vermächtnis ist dann beim Tod des Erstversterbenden mit dem abgezinsten Betrag bei den Kindern zu erfassen und bleibt in Höhe des persönlichen Freibetrages steuerfrei, während es beim überlebenden Ehegatten zum Abzug der entsprechenden Vermächtnislast führt (§ 3 ErbStG Rz. 307).

Fischer

37 Inwieweit es sich um einen bedingten bzw. (unbestimmt) betagten Erwerb bei **Kapital-Lebensversicherungen** handelt, wenn der Erbe als Versicherungsnehmer einer **noch nicht fälligen Lebensversicherung** in die Rechtsposition des Erblassers eintritt, ist nicht abschließend geklärt (§ 3 ErbStG Rz. 518).

38 Sind zur Zeit des Erbfalles bereits **alle Prämien voll eingezahlt**, ist nach Ansicht des BFH (v. 27.8. 2003, II R 58/01, BFH/NV 2004, 138 = BStBl II 2003, 921) davon auszugehen, dass die Besteuerung erst bei Auszahlung der Versicherung erfolgt, weil die Fälligkeit der Versicherungsleistung erst nach Prüfung gem. § 14 Abs. 1 VVG eintritt, wenn die zur Feststellung des Versicherungsfalles und des Umfangs der Leistung des Versicherten nötigen Erhebungen beendet sind. Dies betrifft auch den Standardfall der Kapital-Lebensversicherung, dass der Erblasser Versicherungsnehmer und zugleich versicherte Person war. Es handelt sich insoweit um einen betagten Anspruch i. S. d. § 9 Abs. 1 Nr. 1 Buchst. a ErbStG. Hatte der Erblasser dagegen die Lebensversicherung auf das Leben eines Dritten abgeschlossen und vor seinem Tod bereits alle vereinbarten Prämien einbezahlt, müsste im Grundsatz ebenfalls von einer betagten Forderung i. S. d. § 9 Abs. 1 Nr. 1 Buchst. a ErbStG auszugehen sein. Diese Sichtweise hatte das Hessische FG (FG Hessen v. 31.3.1998, 1 K 2508/96, EFG 1998, 1347) zunächst vertreten, ist von diesem Standpunkt aber in einem vergleichbaren Sachverhalt abgerückt (FG Hessen v. 7.3.2007, 1 K 1046/03, EFG 2007, 1791). Der BFH hat sich nunmehr der korrigierten Sichtweise des Hessischen FG angeschlossen und geht davon aus, dass im Fall eines bestimmten späteren Fälligkeitszeitpunkts der Leistung der Versicherungssumme kein betagter Anspruch i. S. d. § 9 Abs. 1 Nr. 1 Buchst. a ErbStG vorliege, weil die Bereicherung des Begünstigten bereits mit dem Erbfall eingetreten sei (BFH v. 7.10.2009, II R 27/07, BFH/NV 2010, 891). Im konkreten Fall war der Anspruch gegen die Versicherung vermächtnisweise erworben worden. In die Bemessungsgrundlage der Erbschaftsteuer waren statt der Ablaufleistung gem. § 12 Abs. 4 S. 1 BewG a. F. lediglich zwei Drittel der eingezahlten Prämien einzubeziehen. Nach der Neufassung des § 12 Abs. 4 BewG (ErbStRG v. 24.12.2008, BGBl I 2008, 3018) sind mit Wirkung ab dem 1.1.2009 noch nicht fällige Ansprüche mit dem **Rückkaufswert** zu bewerten.

39 Liegt es im Übrigen so, dass zusätzlich auch **noch nicht alle vereinbarten Prämien** vom Erblasser eingezahlt worden sind, ist – bezogen auf die Bemessungsgrundlage – nicht auf den Anspruch, sondern auf das Bezugsrecht abzustellen, über das der Erbe schon vor Fälligkeit des Vertrages verfügen kann (§ 3 ErbStG Rz. 518). Die Bewertung erfolgt nach § 12 Abs. 4 BewG mit dem Rückkaufswert. Der günstigere alternative Ansatz mit 2/3 der eingezahlten Prämien ist durch das ErbStRG (v. 24.12.2008, BGBl I 2008, 3018) vom Gesetzgeber abgeschafft worden.

2.3 Steuerentstehung bei Pflichtteilsansprüchen (§ 9 Abs. 1 Nr. 1 Buchst. b ErbStG)

40 Abweichend vom Erbrecht, wonach der Pflichtteilsanspruch mit dem Tod des Erblassers entsteht (vgl. § 2317 BGB), sieht bereits § 3 Abs. 1 Nr. 1 Var. 3 ErbStG den Anspruch so lange als nicht vorhanden an, als er nicht geltend gemacht wird. Daran anknüpfend bestimmt § 9 Abs. 1 Nr. 1 Buchst. b ErbStG, dass die **Steuer in diesem Fall auch erst mit der Geltendmachung des Pflichtteils entsteht.** Erb-

schaftsteuerrechtlich ist damit der Tatbestand der „Geltendmachung" des Pflichtteils von ganz entscheidender Bedeutung (§ 3 ErbStG Rz. 417).

Dies betrifft namentlich auch Gestaltungsmöglichkeiten im Hinblick auf einen Verzicht. Soweit der Pflichtteilsanspruch erbschaftsteuerrechtlich mangels Geltendmachung **noch nicht entstanden** ist, kann der Pflichtteilsberechtigte darauf verzichten. Steuerrechtlich hat dies dieselbe Wirkung wie die unentgeltliche Ausschlagung einer Erbschaft bzw. eines Vermächtnisses, ist also irrelevant. 41

Anders ist die Rechtslage, wenn der **Pflichtteilsanspruch bereits geltend gemacht** worden ist und **erst dann auf den Anspruch verzichtet** wird. Erfolgt hier der Verzicht unentgeltlich, kann der Vorgang eine freigebige Zuwendung unter Lebenden nach § 7 Abs. 1 Nr. 1 ErbStG darstellen, wobei die Steuerbefreiung nach § 13 Abs. 1 Nr. 11 ErbStG nicht einschlägig ist. Es kommt also zu einer zweifachen Besteuerung, da die Steuer auf den Pflichtteil bereits entstanden ist. Soweit sich der Erbe und der Pflichtteilsberechtigte über die Höhe des Pflichtteils ernsthaft streiten und im Vergleichswege auf einen niedrigeren als den tatsächlichen Wert kommen, ist dieser der Besteuerung zugrunde zu legen (BFH v. 19.7.2006, II R I/05, BFH/NV 2006, 1989 = BStBl II 2006, 718). Erfolgt der Verzicht nach Geltendmachen des Anspruchs gegen eine **Abfindung**, bleibt es bei der Steuerbarkeit nach § 3 Abs. 1 Nr. 1 Alt. 3 ErbStG. Die Abfindung ist schenkungsteuerrechtlich irrelevant, solange sie wertmäßig dem Wert des Anspruchs entspricht. 42

Unter „Geltendmachen" ist das **ernstliche Verlangen auf Erfüllung des Pflichtteilsanspruchs** zu verstehen (§ 3 ErbStG Rz. 418). Dabei muss der Pflichtteilsberechtigte seinen Entschluss, die Erfüllung des Pflichtteils zu verlangen, gegenüber dem Erben in geeigneter Weise bekunden. Im **Aushandeln einer Abfindung** kann nicht bereits das Geltendmachen eines Pflichtteils gesehen werden (*Müller/Grund*, ZErb 2007, 205; zustimmend nunmehr *Weinmann*, in Moench/Weinmann, ErbStG, § 3 Rz. 211). Allerdings setzt die Geltendmachung des Pflichtteilsanspruchs **nicht die Bezifferung des Anspruchs** voraus (BFH v. 19.7.2006, II R 1/05, BFH/NV 2006, 1989 = BStBl II 2006, 718). 43

> **Gestaltungshinweis: Gestaltungshinweis:**
>
> Ein **Auskunftsverlangen** bzw. eine Auskunftsklage gegenüber dem bzw. den Erben unter dem Vorbehalt, den Pflichtteil geltend zu machen, stellt noch keine „Geltendmachung" des Pflichtteils dar. Wird demgegenüber eine **Stufenklage** eingereicht, die zunächst auf Auskunft gerichtet ist und bei der der Leistungsanspruch erst später beziffert wird, ist dies bereits als Geltendmachung einzuordnen. Aus Sicht des Erbschaftsteuerrechts ist deshalb von einer Erhebung einer Stufenklage abzuraten, um sich steuerrechtlich alle Möglichkeiten offen zu halten. Andererseits ist aus zivilrechtlicher Sicht auf die Verjährungsfristen zu achten, da die reine Auskunftsklage abweichend von der Stufenklage die Verjährung des Pflichtteilsanspruchs nicht hemmt (*Ellenberger*, in Palandt, 2017, BGB, § 204 Rz. 2).

Bislang nicht grundsätzlich entschieden ist, inwieweit in **Abtretung** eines Pflichtteilsanspruchs, die nach § 2317 Abs. 1 BGB zulässig ist, eine „Geltendmachung" 44 gesehen werden kann (§ 3 ErbStG Rz. 418). Das Hessische FG (FG Hessen v. 7.3.1990, 10 K 389/83, EFG 1990, 587; zustimmend *Meincke*, ErbStG, 2012, § 9 Rz. 33) geht davon aus, dass die Abtretung allein noch keine Geltendmachung sei, sondern erst dann vorliege, wenn der neue Gläubiger den Anspruch gegen den Erben geltend mache. Der Sichtweise des Hessischen FG wird wiederum zutreffend entgegengehalten, dass das Erfüllungsverlangen des Zessionars dem Zedenten nicht zugerechnet werden könne. Deshalb entsteht der Steueranspruch erst mit der Zahlung an den Zessionar, da der Zedent sich die Auszahlung spätestens zurechnen lassen muss (*Gottschalk*, in T/G/J, ErbStG, § 3 Rz. 230).

45 Eine zulässige Gestaltung besteht darin, den **Pflichtteilsanspruch nur zum Teil geltend** zu machen. In diesem Fall entsteht die Steuer auch nur in Höhe des Nennwertes des z. T. geltend gemachten Pflichtteilsanspruchs (§ 3 ErbStG Rz. 419). Überlegenswert ist es beispielsweise, die Teilleistung auf einen Betrag in Höhe des dem Pflichtteilsberechtigten zustehenden persönlichen Freibetrags nach § 16 ErbStG zu beschränken. Wenn der Pflichtteilsberechtigte eine Teilleistung geltend macht und sich im Übrigen ausdrücklich oder konkludent vorbehält, auch den Restbetrag zu verlangen, geht das FG Hamburg (v. 17.4.1978, V 234/77, EFG 1978, 555; *Weinmann*, in Moench/Weinmann, ErbStG, § 3 Rz. 121) davon aus, dass eine Geltendmachung in voller Höhe bereits eingetreten sei. Vorzugswürdig erscheint die Gegenposition, weil es an einer endgültigen Entscheidung des Pflichtteilsberechtigten noch fehlt (BFH v. 19.7.2006, II R 1/05, BFH/NV 2006, 1989 = BStBl II 2006, 718; *Wälzholz*, ZEV 2007, 162).

46 Die **Verjährung des Pflichtteilsanspruchs** schließt dessen Geltendmachung nicht aus. Allerdings ist auch hier nicht abschließend geklärt, zu welchem Zeitpunkt der Steueranspruch entsteht. Überwiegend wird die Ansicht vertreten, in diesem Falle könne die Steuer erst dann entstehen, wenn der Anspruch erfüllt werde bzw. der Pflichtteilsberechtigte sich zumindest zur Erfüllung in Kenntnis der Verjährung bereit erkläre (*Gottschalk*, in T/G/J, ErbStG, § 3 Rz. 232; *Meincke*, ErbStG, 2012, § 9 Rz. 33; *Weinmann*, in Moench/Weinmann, ErbStG, § 9 Rz. 18a; *Carlé*, Kösdi 2016, 19773, 19777). Davon abweichend gehen *Kapp/Ebeling* (ErbStG, § 9 Rz. 42 unter Berufung auf BFH v. 23.8.1978, BStBl II 1978, 675) davon aus, dass auch in diesem Falle die Steuer bereits mit der Geltendmachung entstehe. Für die Sichtweise der h. M. spricht, dass ein verjährter Anspruch, solange er nicht erfüllt wird, aus Sicht des Berechtigten wirtschaftlich keinen Wert besitzt. Würden sich die Pflichtteilsverpflichteten letztlich doch weigern, den Anspruch zu erfüllen, müsste der Pflichtteilsberechtigte Erbschaftsteuer bezahlen, ohne rechtlich bzw. wirtschaftlich tatsächlich bereichert zu sein.

Gestaltungshinweis: Gestaltungshinweis:

Mit der Erfüllung verjährter Pflichtteilsansprüche können persönliche Freibeträge mehrfach ausgenutzt werden, wenn der Pflichtteilsberechtigte zunächst nur einen Teilbetrag geltend macht und nach Ablauf von 10 Jahren (vgl. § 14 ErbStG) einen weiteren Teilbetrag fordert. Demgegenüber führt die spätere Zahlung seitens des Pflichtteilsverpflichteten zu einem rückwirkenden Ereignis i. S. d. § 175 Abs. 1 Nr. 2 AO (*Wälzholz*, ZEV 2007, 162). Das Risiko

Entstehung der Steuer § 9

besteht darin, dass nach Verjährung der Pflichtteilsverpflichtete sich weigert, den Anspruch noch zu erfüllen.

Bezogen auf den **Pflichtteilsergänzungsanspruch** stellt sich die Frage, ob dieser erbschaftsteuerrechtlich als selbstständiger Anspruch in die Gruppe der geltend gemachten Pflichtteilsansprüche nach § 3 Abs. 1 Nr. 1 Alt. 3 ErbStG dogmatisch einbezogen werden kann (§ 3 ErbStG Rz. 423). Die Rspr. des BFH (v. 10.7.2002, II R 11/01, BFH/NV 2002, 1398 = BStBl II 2002, 775; v. 8.10.2003, II R 46/01, BFH/NV 2004, 431 = BStBl II 2004, 234) lässt allerdings erwarten, dass der BFH von einer Steuerbarkeit des Pflichtteilsergänzungsanspruchs – und damit erst recht des **Zusatzpflichtteils** – ausgehen wird. Geht man von der Gegenposition aus, kann die Steuer nicht mit dem Zeitpunkt der Geltendmachung des Pflichtteilsergänzungsanspruchs nach § 9 Abs. 1 Nr. 1 Buchst. b ErbStG entstehen. Insofern bestünde eine Gesetzeslücke nicht nur bei § 3 Abs. 1 Nr. 1 ErbStG, sondern auch bei § 9 Abs. 1 Nr. 1 Buchst. b ErbStG (*Kapp/Ebeling*, ErbStG, § 9 Rz. 43).

47

2.4 Steuerentstehung bei sonstigen Erwerben von Todes wegen (§ 9 Abs. 1 Nr. 1 Buchst. c bis j)

§ 9 Abs. 1 Nr. 1 Buchst. c ErbStG regelt den Zeitpunkt der Entstehung der Steuer bei der Errichtung einer Stiftung bzw. Vermögensmasse ausländischen Rechts nach § 3 Abs. 2 Nr. 1 Satz 1 ErbStG. Wenn die **Stiftung beim Tod des Erblassers noch nicht bestanden** hat, muss sie nach dessen Versterben vom beschwerten Erben oder Vermächtnisnehmer durch besonderes Stiftungsgeschäft mit behördlicher Anerkennung und unter Rückwirkung nach § 84 BGB noch errichtet werden. Die zivilrechtliche Rückwirkungsfiktion führt auch erbschaftsteuerrechtlich dazu, dass ein Zwischenerwerb anderer Personen mit der Möglichkeit einer mehrfachen Besteuerung desselben Vermögens ausgeschlossen ist (*Weinmann*, in Moench/Weinmann, ErbStG, § 3 Rz. 198). Wenn eine **Stiftung durch Verfügung von Todes wegen** errichtet wird, erfolgt die Vermögensausstattung entweder durch Erbeinsetzung, Vermächtnis oder Auflage, so dass sich die Steuerbarkeit bereits aus § 3 Abs. 1 Nr. 1 ErbStG bzw. § 3 Abs. 2 Nr. 2 ErbStG ergäbe. Hier ordnet § 9 Abs. 1 Buchst. c ErbStG an, dass die Steuer erst mit dem Zeitpunkt der **Anerkennung der Stiftung** – also abweichend von § 84 BGB nicht rückwirkend – entsteht. Maßgebend ist die Bekanntgabe (BFH v. 23.4.1952, II 241/51 U, BStBl III 1952, 157). Dies bedeutet aber nicht zwingend, dass ein Vermögenszuwachs (z.B. Zinsen, Mieteinnahmen) in dem Interimszeitraum zwischen Tod und Anerkennung der Erbschaftsteuer unterliegt (§ 3 ErbStG Rz. 531).

48

Die Vorschrift gilt entsprechend für die **Bildung oder Ausstattung einer ausländischen Vermögensmasse** (§ 3 ErbStG Rz. 535), namentlich eines sog. Nachlasstrusts.

49

Als Anwendungsbereich des § 3 Abs. 2 Nr. 1 Satz 1 ErbStG sieht der BFH (v. 25.10.1995, II R 20/92, BStBl II 1996, 99) überdies die Variante an, in der der Erblasser den Erben oder Vermächtnisnehmer mit der **Auflage** beschwert, eine **Stiftung durch Rechtsgeschäfte unter Lebenden** zu errichten. Allerdings weist *Meincke* (ErbStG, 2012, § 3 Rz. 95) zutreffend darauf hin, dass sich die Steuerbarkeit

50

§ 9 Entstehung der Steuer

der ersten Variante bereits aus § 7 Abs. 1 Nr. 8 ErbStG ergeben könnte. Insofern liegt die Bedeutung darin, dass sie das Stiftungsgeschäft unter Lebenden seitens des Erben bzw. Vermächtnisnehmers in die Erbschaftsbesteuerung verlegt und damit die Vermögensausstattung der Stiftung als Zuwendung des Erblassers versteht. Der Entstehenszeitpunkt der ErbSt ist allerdings unklar. *Moench* (*Weinmann*, in Moench/Weinmann, ErbStG, § 9 Rz. 19) stellt auch hier auf den Zeitpunkt der Anerkennung der Stiftung ab, während *Gebel* (in T/G/J, ErbStG, § 9 Rz. 56) im Gleichklang mit § 7 Abs. 1 Nr. 8 ErbStG gem. § 9 Abs. 1 Nr. 1 Buchst. d ErbStG auf den Zeitpunkt der Vollziehung der Auflage abstellt, der zunächst die Anerkennung der Stiftung vorausgehen muss. Nicht einschlägig ist § 3 Abs. 2 Nr. 1 ErbStG, wenn die **Stiftung bereits beim Tod des Erblassers bestanden** hat, weil dann der durch Verfügung von Todes wegen angeordnete Erwerb von Vermögen durch sog. Zustiftungen aus seinem Nachlass unter § 3 Abs. 1 Nr. 1 ErbStG i.V.m. § 9 Abs. 1 Nr. 1 ErbStG bzw. § 3 Abs. 2 Nr. 2 ErbStG i.V.m. § 9 Abs. 1 Nr. 1 Buchst. d ErbStG fällt.

51 Nach § 3 Abs. 2 Nr. 2 Alt. 1 ErbStG gilt als vom Erblasser zugewendet, was jemand in Vollziehung einer vom Erblasser angeordneten **Auflage** (§ 3 ErbStG Rz. 536 ff.) erwirbt. Der durch eine Auflage Begünstigte wird nicht schon unmittelbar mit dem Erbfall durch einen Anspruchserwerb, sondern erst **infolge der Vollziehung der Auflage bereichert.** Demzufolge tritt nach **§ 9 Abs. 1 Nr. 1 Buchst. d ErbStG** die Steuerpflicht erst ein, wenn die vom Erblasser angeordnete Auflage nach dessen Tod vollzogen wird. Dies ist gegeben, wenn der Begünstigte ein frei verfügbares Recht auf Leistung bzw. einen **frei verfügbaren Vermögensgegenstand erlangt** (BFH v. 22.10.1980, II R 73/77, BStBl II 1981, 78). Im Wesentlichen ist der Begriff der Vollziehung deckungsgleich mit dem der Ausführung in § 9 Abs. 1 Nr. 2 ErbStG (Rz. 83; *Gebel*, in T/G/J, ErbStG, § 9 Rz. 60). Die Auflage kann ausschließlich einem unbestimmten Personenkreis oder einem sachlichen Zweck zugute kommen. Wenn es an einem konkret Begünstigten fehlt, ist nicht § 3 Abs. 2 Nr. 2 ErbStG einschlägig. Vielmehr kann sich eine Steuerbarkeit nach dem Tatbestand der **Zweckzuwendung** (§ 1 Abs. 1 Nrn. 3, 8 ErbStG) ergeben. Dann entsteht die Steuer gem. § 9 Abs. 1 Nr. 3 ErbStG bereits mit dem Zeitpunkt des Eintritts der Verpflichtung des Beschwerten.

52 Nach § 3 Abs. 2 Nr. 2 Alt. 2 ErbStG gilt als vom Erblasser zugewendet, was jemand **infolge Erfüllung einer vom Erblasser gesetzten Bedingung** erwirbt (§ 3 ErbStG Rz. 541). Die Vorschrift bezieht sich auf Fälle, bei denen der **Erwerb eines Dritten** davon abhängt, dass der Erbe oder Vermächtnisnehmer eine vom Erblasser gesetzte Bedingung erfüllt. § 3 Abs. 2 Nr. 2 Alt. 2 ErbStG besteuert mithin den Erwerb durch den Dritten, der nicht Erbe oder Vermächtnisnehmer ist. Die Vorschrift nimmt den Erwerb **als steuerbaren Erwerb von Todes wegen nach dem Erblasser** in den Katalog der Steuertatbestände auf, in dem eine vom Erblasser gesetzte Bedingung die Begünstigung eines Dritten zur Folge hat. Die Steuer entsteht gem. **§ 9 Abs. 1 Nr. 1 Buchst. d ErbStG mit Eintritt der Bedingung.**

53 § 9 Abs. 1 Nr. 1 Buchst. e ErbStG knüpft an den **Erwerb aus Anlass der Genehmigung** einer Zuwendung des Erblassers gem. § 3 Abs. 2 Nr. 3 ErbStG an. Die Steuer entsteht im **Zeitpunkt der Genehmigung.** Heute hat die Regelung ihre praktische Bedeutung verloren (§ 3 ErbStG Rz. 542).

§ 3 Abs. 2 Nr. 4 ErbStG regelt die **Besteuerung der Abfindungen**, die **als Surro-** 54
gate an die Stelle des Erwerbs nach § 3 Abs. 1 ErbStG treten. Die Bedeutung des § 3
Abs. 2 Nr. 4 ErbStG besteht darin, den Erwerbsvorgang des § 3 Abs. 1 ErbStG zu
verlängern und den Erwerb von Todes wegen auf Rechtsgeschäfte unter Lebenden
zu erstrecken, die lediglich in einem engen sachlichen Zusammenhang mit dem
Erwerb von Todes wegen stehen (*Wälzholz*, in V/K/S/W, ErbStG, 2012, § 3
Rz. 212). Die Steuer entsteht gem. § 9 Abs. 1 Nr. 1 Buchst. f ErbStG **mit dem**
Zeitpunkt des Verzichts oder der Ausschlagung, also unabhängig davon, zu
welchem Zeitpunkt tatsächlich die Abfindung bezahlt wird. Bei Vereinbarung einer
Abfindung (z. B. für die Ausschlagung eines Vermächtnisses) tritt die Steuerpflicht
ausnahmsweise nicht sofort mit der Ausschlagung/Verzicht ein, wenn **gleichfalls**
die Abfindung nach der Vereinbarung aufschiebend bedingt ist. Nach einer
Rspr. des RFH (v. 26.11.1936, III eA 46/36, RStBl 1936, 1218) ist die allgemeine
Beschränkung über die Entstehung der Steuer bei aufschiebend bedingtem Erwerb
nach § 9 Abs. 1 Nr. 1 Buchst. a ErbStG **auch in dem Fall des** § 9 Abs. 1 Nr. 1
Buchst. f ErbStG entsprechend anzuwenden. Die Rspr. wird auch kritisch gesehen
(*Crezelius*, Erbschaft- und Schenkungsteuer in zivilrechtlicher Sicht (Diss.), 1979,
177; *Kapp/Ebeling*, ErbStG, § 3 Rz. 161).

Die einzelnen Ausschlagungs- bzw. Verzichtstatbestände des § 3 Abs. 2 55
Nr. 4 ErbStG sind bereits an anderer Stelle (§ 3 ErbStG Rz. 543 ff.) näher erläutert
worden. § 3 Abs. 2 Nr. 4 Alt. 1 ErbStG regelt zunächst die Abfindung für einen
Verzicht auf den entstandenen Pflichtteilsanspruch (§ 3 ErbStG Rz. 544). Erfolgt der
Verzicht vor Geltendmachung des Pflichtteilsanspruchs gegen Abfindung, ist die
Abfindung nach § 3 Abs. 2 Nr. 4 Alt. 1 ErbStG i.V.m. § 9 Abs. 1 Nr. 1 Buchst. f
ErbStG steuerbar. Wenn allerdings erst nach Geltendmachung des Anspruches
gegen Abfindung verzichtet wird, bleibt es bei der Steuerbarkeit nach § 3 Abs. 1
Nr. 1 Alt. 3 ErbStG i.V.m. § 9 Abs. 1 Nr. 1 Buchst. b ErbStG. Die Abfindung ist
schenkungsteuerrechtlich irrelevant, solange die Abfindung wertmäßig dem Wert
des Anspruchs entspricht. Zahlt in einem Fall des § 2306 Abs. 2 BGB der **Vorerbe**
dem Nacherben eine Abfindung dafür, dass dieser seinen Pflichtteilsanspruch nicht
geltend macht (§ 3 ErbStG Rz. 546), wird der Erwerb der Abfindung nach § 3 Abs. 2
Nr. 4 ErbStG wie ein Pflichtteilsverzicht besteuert (BFH v. 18.3.1981, II R 89/79,
BStBl II 1981, 473). Wird für die **Ausschlagung einer Erbschaft oder eines Ver-**
mächtnisses eine Abfindung gewährt, folgt die Besteuerungslücke in § 3 Abs. 1
Nr. 1 Alt. 1 und Alt. 2 ErbStG daraus, dass das ErbStG an die zivilrechtliche
Rückwirkung der Ausschlagung anknüpft (vgl. §§ 1953, 2180 i.V.m. § 1953 BGB).
Damit bleibt der zurückgewiesene Erwerb für den Ausschlagenden zunächst unversteuert. Wird als Surrogat dem Ausschlagenden eine Abfindung gewährt, ist diese
nach § 3 Abs. 2 Nr. 4 Alt. 2 bzw. Alt. 4 ErbStG i.V.m. § 9 Abs. 1 Nr. 1 Buchst. f
ErbStG steuerbar. Der **Nacherbe** wird nach § 3 Abs. 2 Nr. 4 Alt. 1 ErbStG steuerpflichtig, wenn er vor Eintritt des Nacherbfalles sein Nacherbenrecht gegen Abfindung ausschlägt, was gem. § 2142 Abs. 1 BGB schon vor Eintritt des Nacherbfalles
zulässig ist. Schließlich ist auch die **Abfindung für die Ausschlagung des Erbersatz-**
anspruches (Var. 3) ausdrücklich aufgeführt. Eine beim Vertrag zugunsten Dritter
auf den Todesfall für die **Zurückweisung gewährte Abfindung** wird mit dem durch
das ErbStRG v. 24.12.2008 (BGBl I 2008, 3018) erweiterten Tatbestand ausdrücklich

§ 9 Entstehung der Steuer

in **§ 3 Abs. 2 Nr. 4 Alt. 5 ErbStG** erfasst und die bisherige gesetzliche Lücke (§ 3 ErbStG Rz. 547) geschlossen. Mit dem abschließenden Auffangtatbestand sollen ausweislich der Gesetzesbegründung (BT-Drs. 16/7918, 31) alle anderen Abfindungen steuerbar sein, die einem Erwerber anstelle eines ausgeschlagenen oder zurückgewiesenen nach § 3 Abs. 1 Nr. 2 oder Nr. 3 ErbStG steuerbaren Erwerbs, z. B. einer Schenkung auf den Todesfall, gewährt werden.

56 Entstehen und Fälligkeit des Vermächtnisanspruchs können abweichend vom Zeitpunkt des Erbfalles (vgl. § 2176 BGB) zu einem späteren Zeitpunkt hinausgeschoben sein. In diesen Konstellationen entsteht die Steuer nicht bereits nach dem Grundtatbestand des § 9 Abs. 1 Nr. 1 ErbStG mit dem Tode des Erblassers, sondern gem. § 9 Abs. 1 Nr. 1a ErbStG erst mit Eintritt der Bedingung bzw. Befristung (zur Betagung Rz. 34 ff). Wird das bedingte bzw. befristete Vermächtnis ausgeschlagen, entsteht die Steuer gem. § 9 Abs. 1 Nr. 1 Buchst. f ErbStG mit der Ausschlagung. Wenn das jeweilige **Vermächtnis bereits angenommen ist und damit nicht mehr ausgeschlagen** werden kann, aber **vor dem erbschaftsteuerrechtlichen Entstehenszeitpunkt auf den Vermächtniserwerb gegen Abfindung verzichtet** wird, entsteht eine Besteuerungslücke, die § 3 Abs. 2 Nr. 5 ErbStG i. V.m. § 9 Abs. 1 Nr. 1 Buchst. g ErbStG schließt. Irreführend ist der Wortlaut des § 3 Abs. 2 Nr. 5 ErbStG insofern, als er auf ein Vermächtnis abstellt, für das die Ausschlagungsfrist abgelaufen ist, obwohl es bei Vermächtnissen i.d.R. keine entsprechende Frist gibt. Gegenstand des Erwerbs ist die Abfindung. Grundsätzlich entsteht die Steuerschuld gem. **§ 9 Abs. 1 Nr. 1 Buchst. g** ErbStG mit dem Verzicht, es sei denn, dass die Abfindung nach der Vereinbarung gleichfalls aufschiebend bedingt ist (zum Vorrang des § 9 Abs. 1 Nr. 1 Buchst. a ErbStG Rz. 26 ff.; *Gottschalk*, in T/G/J, ErbStG, § 3 Rz. 342 unter Hinweis auf RFH v. 26.11.1936, III eA 46/36, RStBl 1936, 1218).

57 Die Steuer entsteht gem. **§ 9 Abs. 1 Nr. 1 Buchst. h** ErbStG für den Nacherben mit dem **Zeitpunkt des Eintritts der Nacherbfolge**. Die Vorschrift hat letztlich nur klarstellende Bedeutung. Für den Regelfall – Eintritt der Nacherbenfolge im Zeitpunkt des Todes des Vorerben – ergibt sich dies bereits aus § 6 Abs. 2 ErbStG i. V.m. § 9 Abs. 1 Nr. 1 ErbStG. Wird der Nacherbfall durch ein gewisses (z. B. Erreichen einer bestimmten Altersgrenze des Nacherben) oder ungewisses Ereignis (z. B. Wiederheirat des Vorerben) ausgelöst, handelt es sich bereits um einen bedingten Erwerb, (vgl. § 6 Abs. 3 ErbStG) der gem. § 9 Abs. 1 Nr. 1 Buchst. a ErbStG erst mit Eintritt der Bedingung entsteht.

58 Der Nacherbe erlangt mit dem Erbfall ein gegenwärtiges Anwartschaftsrecht, das vererblich und frei veräußerlich ist (§ 3 ErbStG Rz. 61). Erbschaftsteuerrechtlich liegt es grundsätzlich so, dass der Erbe durch Verfügung über die Erbschaft den Erwerb von Todes wegen nach § 3 Abs. 1 ErbStG nicht beeinflussen kann (§ 3 ErbStG Rz. 61 f.). Eine hiervon abweichende Regelung trifft § 3 Abs. 2 Nr. 6 ErbStG für den Fall der Übertragung einer Nacherbenanwartschaft. Nach dieser Vorschrift **tritt das Entgelt an die Stelle der Anwartschaft,** welches als vom Erblasser zugewendet gilt und folglich nach dem Verhältnis zum Erblasser besteuert wird. Die Steuer entsteht nach **§ 9 Abs. 1 Nr. 1 Buchst. i** ErbStG mit dem **Zeitpunkt der Übertragung der Anwartschaft.** Der Nacherbe kann sein **Anwartschaftsrecht auch auf den Vorerben** übertragen, der damit zum uneingeschränkten Vollerben wird. Ein entspre-

chendes Entgelt ist nach § 3 Abs. 2 Nr. 6 ErbStG steuerbar (*Weinmann*, in Moench/ Weinmann, ErbStG, § 3 Rz. 217). § 3 Abs. 2 Nr. 6 ErbStG ist auch dann einschlägig, wenn ein Nachvermächtnisnehmer entgeltlich auf sein Nachvermächtnis verzichtet (BFH v. 19.4.1989, II R 189/85, BStBl II 1989, 623; a. A. *Meincke*, ErbStG, 2012, § 3 Rz. 102, der hier eine Steuerpflicht nach § 3 Abs. 2 Nr. 5 ErbStG befürwortet).

Nach § 3 Abs. 2 Nr. 7 ErbStG gilt als Erwerb von Todes wegen, was der Vertragserbe oder der Schlusserbe eines gemeinschaftlichen Testamentes oder der Vermächtnisnehmer wegen **beeinträchtigender Schenkungen des Erblassers** (§§ 2287, 2288 Abs. 2 BGB) von dem Beschenkten nach den Vorschriften über die ungerechtfertigte Bereicherung erlangt (§ 3 ErbStG Rz. 551). **§ 9 Abs. 1 Nr. 1 Buchst. j** ErbStG legt fest, dass es für die Entstehung der Steuer nicht auf die Anspruchserfüllung ankommt, sondern die Geltendmachung des Anspruchs genügt. Für die Geltendmachung sind die gleichen Voraussetzungen erforderlich, die bei der Geltendmachung eines Pflichtteilsanspruchs verlangt werden (Rz. 40 ff). 59

einstweilen frei 60–79

3 Steuerentstehung bei der Schenkung unter Lebenden (§ 9 Abs. 1 Nr. 2 ErbStG)

3.1 Allgemeines

Bei Schenkungen unter Lebenden entsteht die Steuer gem. § 9 Abs. 1 Nr. 2 ErbStG im Zeitpunkt der **Ausführung der Zuwendung**. Die **Zuwendung** ist das Ergebnis einer Vermögensverschiebung im Rechtssinne (*Gebel/Gottschalk*, in T/G/J, ErbStG, § 7 Rz. 6, § 9 Rz. 8). Daran zeigt sich das enge systematische Zusammenspiel der Steuerbarkeit nach § 7 ErbStG und der Steuerentstehung nach § 9 Abs. 1 Nr. 2 ErbStG. Besteuerungsgegenstand der Schenkung unter Lebenden ist der durch einen steuerbaren Vorgang im Steuerentstehungszeitpunkt eingetretene Vermögenszuwachs (§ 7 ErbStG Rz. 5). 80

Für die Steuerbarkeit entscheidend ist der **Wechsel der Rechtszuständigkeit** in Folge einer rechtsgeschäftlichen Verfügung und nicht das schuldrechtliche Kausal- oder Verpflichtungsgeschäft, welches den Gegenstand und den Umfang der Zuwendung sowie die zur Ausführung auf steuerliche Vollzugshandlungen festschreibt. Die Unwirksamkeit des Verfügungsgeschäfts ist für die Ausführung ausnahmsweise unbeachtlich, wenn die Beteiligten das wirtschaftliche Ergebnis des gewollten Rechtsgeschäfts eintreten lassen (vgl. § 41 Abs. 1 Satz 2 AO). Wenn nur das (unentgeltliche) Kausalgeschäft nichtig ist, liegt eine rechtsgrundlose Zuwendung vor, bei der sich die Steuerbarkeit gleichermaßen nach § 41 Abs. 1 Satz 2 AO richtet (§ 7 ErbStG Rz. 15). In dem Sonderfall des § 9 Abs. 7 ErbStG tritt der Vermögensübergang durch Anwachsung kraft Gesetzes und damit nicht auf rechtsgeschäftlicher Grundlage ein. Ausnahmsweise liegt der Ausführungszeitpunkt bei der Übereignung von Grundstücken vor dem Übergang des Eigentums (Rz. 100 ff). 81

Erfolgt die Schenkungsabrede oder die Zuwendung unter einer **aufschiebenden Bedingung/Befristung**, entsteht die Steuer erst, wenn die Bedingung eingetreten bzw. die Frist erreicht worden ist (*Meincke*, ErbStG, 2012, § 9 Rz. 42). In der Konstellation einer **rückwirkenden Genehmigung** hat der BFH (v. 26.10.2005, 82

II R 53/02, BFH/NV 2006, 551) entschieden, dass die zivilrechtliche Rückwirkung schenkungsteuerrechtlich nicht nachvollzogen wird. Wird eine **betagte Forderung** zugewendet, vertritt die h.M. (*Gebel*, in T/G/J, § 9 Rz. 88; *Weinmann*, in Moench/ Weinmann, ErbStG, § 9 Rz. 25) – nach hier vertretener Ansicht inkonsequent – keine parallele Behandlung wie bei § 9 Abs. 1 Nr. 1 Buchst. a ErbStG (Rz. 26ff., 34ff.), sondern geht davon aus, dass die Steuer generell bereits mit Einräumung des Anspruchs entsteht und lediglich abzuzinsen ist. Dies ist aber nicht überzeugend, wenn die **Fälligkeit bis zu einem unbestimmten Zeitpunkt hinausgeschoben** wird. Der BFH (v. 27.8.2003, II R 58/01, BFH/NV 2004, 138 = BStBl II 2003, 921) rechtfertigt die teleologische Reduktion des für den Erwerb von Todes wegen maßgeblichen § 9 Abs. 1 Nr. 1 Buchst. a ErbStG mit dem Vorrang des Bewertungs rechts. Aus der bewertungsrechtlichen Behandlung noch nicht fälliger Forderungen in § 12 Abs. 3 BewG lasse sich ableiten, dass die ErbSt für solche Ansprüche, die zu einem bestimmten, feststehenden Zeitpunkt fällig werden, dem Regelfall des § 9 Abs. 1 Nr. 1 ErbStG entsprechend bereits im Zeitpunkt des Todes des Erblassers entstünden und mit ihrem ggf. abgezinsten Wert anzusetzen seien (so mittlerweile auch BFH, Beschl. v. 14.5.2014, Az. II B 82/13, HI 7361603). Wenn der Zeitpunkt unbestimmt ist, scheitert eine stimmige Bewertung. Dieser bewertungsrechtliche Aspekt lässt sich auf Schenkungen unter Lebenden in gleicher Weise übertragen. Im Übrigen entschied der BFH (v. 21.4.2009, II R 57/07, BStBl II 2009, 606), dass die Regelung des § 9 Abs. 1 Nr. 1 Buchst. a ErbStG auch bei Schenkungen anwendbar sei (nach FG Köln, Urt. v. 10.6.2015, 9 K 2384/09, DStRE 2015, 1245, gilt dies auch für betagte Darlehensforderungen mit ungewisser Fälligkeit (Rev. eingelegt unter BFH Az. II R 34/15)).

83 Der **Begriff der Ausführung** ist gesetzlich nicht definiert. Die Problemstellung weist eine Ähnlichkeit zu der Frage auf, wann eine versprochene Leistung i.S.d. § 518 Abs. 2 BGB bewirkt worden ist, weswegen der BFH vereinzelt ein paralleles Begriffsverständnis befürwortet. Trotz der funktionalen Nähe beider Begriffe lässt sich aber die Analogie zu § 518 Abs. 2 BGB aus dem Zweck des § 9 Abs. 1 Nr. 2 ErbStG nicht hinreichend legitimieren (*Gebel*, in T/G/J, ErbStG, § 9 Rz. 76; *Meincke*, ErbStG, 2012, § 9 Rz. 47). Die Zuwendung ist ausgeführt, wenn der **Beschenkte erhalten hat, was ihm nach der Schenkungsabrede verschafft** werden soll (BFH v. 6.3.1985, II R 19/84, BStBl II 1985, 382).

84 Es muss also der Zuwendungsgegenstand ermittelt werden (§ 7 ErbStG Rz. 39ff.). Das ist bei der sog. mittelbaren Schenkung (§ 7 ErbStG Rz. 55ff.) von besonderer Bedeutung. Eine mittelbare Schenkung ist erst dann ausgeführt, wenn der Beschenkte gegenüber dem Schenker die freie Verfügung über den Gegenstand der freigebigen Zuwendung erhält, also wenn die Vermögensverschiebung endgültig ist und somit die endgültige Vermögensmehrung des Beschenkten auf Kosten des Schenkers eintritt (zuletzt FG München, Urt. v. 9.4.2014, 4 K 1852/11, DStRE 2015, 992 m.w.N.). Gegenstand der Schenkung bzw. Zuwendung können Sachen, Rechte und andere geldwerte Vermögensgegenstände, aber auch der Wegfall einer Verbindlichkeit durch Schulderlass nach § 397 BGB, die ebenfalls den Vermögensbestand erhöht, sein. Die konkrete **Bestimmung des Zuwendungsgegenstandes** richtet sich nach dem Bürgerlichen Recht und bildet somit für das SchStR eine bürgerlich-recht-

Entstehung der Steuer § 9

liche Vorfrage (BFH v. 5.2.1986, II R 188/83, BStBl II 1986, 460). Maßgebend ist grundsätzlich die Schenkungsabrede, d.h. der übereinstimmende Wille von Schenker und Bedachtem (BFH v. 5.4.1989, II R 45/86, BFH/NV 1990, 506).

Haben die Beteiligten den Schenkerwillen allerdings abweichend vollzogen, ist für die Bestimmung des Zuwendungsgegenstandes entscheidend, wie sich die Vermögensmehrung im Zeitpunkt der Ausführung der Schenkung beim Bedachten darstellt, d.h., worüber der Bedachte im Verhältnis zum Schenker endgültig, tatsächlich und rechtlich frei verfügen kann (BFH v. 26.9.1990, II R 50/88, BStBl II 1991, 32; v. 6.3.2002, II R 85/99, BFH/NV 2002, 1030). 85

Einen sicheren Bestand der Rechtsposition setzt die Steuerbarkeit nach § 7 ErbStG nicht voraus (§ 7 ErbStG Rz. 216). Deswegen ist die Schenkung auch dann ausgeführt, wenn die Zuwendung unter **freiem Widerrufsvorbehalt** erfolgt (BFH v. 13.9.1989, II R 67/86, BStBl II 1989, 1034) oder ein **Rücktrittsrecht** besteht, das bis zum Schenkungsvollzug nicht ausgeübt wird. 86

Wird dem Beschenkten an dem zuzuwendenden Gegenstand (z.B. Guthaben bei einer Bank) eine **unwiderrufliche Verfügungsvollmacht** erteilt, ist unter Zugrundelegung der Rspr. des BFH (v. 6.3.1985, II R 114/82, BStBl II 1985, 380; a.A. BGH v. 23.2.1983, IVa ZR 186/81, NJW 1983, 1487 zum Schenkungsvollzug i.S.d. § 2301 Abs. 2 BGB) von einer Ausführung der Schenkung auszugehen. 87

Die Ausführung der Zuwendung liegt bei **beweglichen Sachzuwendungen** in der Übereignung nach §§ 929ff. BGB – auf die Übertragung des wirtschaftlichen Eigentums kommt es nicht an (BFH v. 22.9.1982, II R 61/80, BStBl II 1983, 179; *Weinmann*, in Moench/Weinmann, ErbStG, § 9 Rz. 23) – bei **Rechten** in der Abtretung nach §§ 413, 398 BGB (z.B. Abtretung von GmbH-Anteilen (zuletzt BFH v. 20.1.2010, II R 54/07, BFH/NV 2010, 713 = BStBl II 2010, 463, zur Ausnahme bei jungen Anteilen an Kapitalgesellschaften siehe Rz. 94)), bei **Forderungen** in der Abtretung nach § 398 BGB und bei Rechten an Grundstücken wie Nutzungsrechten in der Rechtsbestellung (vgl. §§ 1032, 1069, 1085, 1089 BGB zur Bestellung eines Nießbrauchs). 88

Bei (wirksamer) **Verfügung über eine bestehende Beteiligung an einer Personengesellschaft** ist die Schenkung mit der Abtretung nach §§ 398, 413 BGB ausgeführt (BFH v. 24.7.1963, II 207/61 U, BStBl III 1963, 442; *Kapp/Ebeling*, ErbStG, § 9 Rz. 62.1). Wird der **Beschenkte in eine Personengesellschaft aufgenommen**, entsteht die Steuer mit dem Abschluss bzw. dem Wirksamwerden der Änderung des Gesellschaftsvertrags (BFH v. 22.8.1962, II 283/58 U, BStBl III 1962, 502; *Weinmann*, in Moench/Weinmann, ErbStG, § 9 Rz. 23). Wenn allerdings die Abtretung eines Kommanditanteils – wie in der Gestaltungspraxis üblich, um eine Rechtsscheinhaftung nach § 176 HGB auszuschließen – unter der aufschiebenden Bedingung der Eintragung des Kommanditisten in das Handelsregister erfolgt, ist die Zuwendung erst mit Eintritt der Bedingung ausgeführt (BFH v. 30.11.2009, II R 70/06, BFH/NV 2010, 900). 89

Bei der Geldschenkung mittels **Scheck** ist umstritten, ob die Ausführung bereits mit der Hingabe des Schecks erfolgt (*Weinmann*, in Moench/Weinmann, ErbStG, § 9 Rz. 23) oder erst dann, wenn der Scheck eingelöst worden ist (*Schuck*, in V/K/S/W, 90

Fischer 415

§ 9   Entstehung der Steuer

ErbStG, 2012, § 9 Rz. 63). Letztere Sichtweise erscheint vorzugswürdig, weil erst die Einlösung zur endgültigen Bereicherung des Beschenkten führt.

91 Bei **Aktien**, die in einem Depot verwahrt werden, ist zu beachten, dass die Übereignung auch nach den allgemeinen sachenrechtlichen Bestimmungen erfolgen kann. Es ist also möglich, die Übereignung durch Abtretung des Herausgabeanspruchs gem. §§ 929, 931 BGB vorzunehmen, ohne dass eine Übertragung in ein eigenes Depot des Beschenkten erfolgen müsste.

92 Die unentgeltliche **Abtretung aus künftig entstehenden Forderungen** ist noch nicht schenkungsteuerpflichtig. Schenkungsteuerrechtlich relevant ist erst der nachfolgende Erwerb des Vollrechts (BFH v. 30.6.1999, II R 70/97, BFH/NV 2000, 145 = BStBl II 1999, 742; v. 21.5.2001, II R 48/99, BFH/NV 2001, 1407). Im Ergebnis erfolgt hier eine Gleichbehandlung mit einer aufschiebend bedingten unentgeltlichen Abtretung.

93 Will jemand seinem Schuldner, der aus wirtschaftlichen Gründen gegenwärtig eine bestimmte Forderung nicht erfüllen kann, Luft verschaffen, wird in der Praxis vielfach von der Möglichkeit einer **Besserungsabrede** Gebrauch gemacht. Nach einer solchen Abrede braucht der Schuldner die Forderung nur und ggf. erst dann zu erfüllen, wenn er dazu wieder in der Lage ist. Tritt die Besserung ein und hat der Gläubiger **in der Zwischenzeit die Forderung freigebig einem Dritten zugewendet**, stellt sich schenkungsteuerrechtlich die Frage, wann die Schenkung ausgeführt ist. Dazu entschied der BFH (v. 21.4.2009, II R 57/07, BStBl II 2009, 606), dass dies erst mit Eintritt der Besserung der Fall ist. Zu dem Ergebnis gelangte er unabhängig davon, wie die Besserungsabreden zivilrechtlich zu beurteilen sind, weil die Regelung des § 9 Abs. 1 Nr. 1 Buchst. a ErbStG auch bei Schenkungen anwendbar sei.

94 Sollen **junge Anteile an Kapitalgesellschaften**, die infolge einer Kapitalerhöhung entstehen, verschenkt werden, ist die Schenkung frühestens mit der Eintragung der Kapitalerhöhung im Handelsregister ausgeführt. Denn vorher fehlt es an einem geeigneten Zuwendungsgegenstand (vgl. § 7 Rz. 42). Erst mit Erlangung des Vollrechts wächst dem Bedachten die Rechtsposition zu, die den Gegenstand der Schenkung bildet. Der BFH (BFH v. 20.1.2010, II R 54/07, BFH/NV 2010, 713 = BStBl II 2010, 463) sieht dies in einer neueren Entscheidung genauso. Unerheblich ist demzufolge der Zeitpunkt der Beantragung der Handelsregisteranmeldung (A.A. *Schuck*, in V/K/S/W, ErbStg, 2012, § 9, Rz. 61). Eine Vorverlegung des Zeitpunkts lehnt der BFH auch für den Fall ab, dass die Beteiligten vereinbaren, die Abtretung des künftigen Geschäftsanteils solle „mit sofortiger Wirkung" erfolgen (krit. *Kapp/Ebeling*, ErbStG, § 9 Rz. 62.2). Denn erst zu diesem Zeitpunkt entstehen zivilrechtlich die Anteile (*Zöllner/Fastrich*, in Baumbach/Hueck, GmbHG, 2017, § 55 Rz. 49 zum GmbH-Recht; *Hüffer/Koch*, AktG, 2016, § 189 Rz. 3 zum Aktienrecht), bei Aktien (*Hüffer/Koch*, AktG, 2016, § 191 Rz. 1, 4) ist überdies die Übertragung vor Eintragung unwirksam.

95 Wird dem Beschenkten ein widerrufliches oder unwiderrufliches **Bezugsrecht** aus einem **Lebensversicherungsvertrag** übertragen, ist die Schenkung erst ausgeführt, wenn die Versicherungsleistung fällig wird (BFH v. 30.6.1999, II R 70/97, BStBl II 1999, 742; *Meincke*, ErbStG, 2012, § 9 Rz. 44; *Weinmann*, in Moench/Weinmann, ErbStG, § 9 Rz. 23).

Gestaltungshinweis:
Probleme ergeben sich in den Fällen, in denen Versicherungsnehmer, versicherte Person und Bezugsberechtigter personenverschieden sind. Verstirbt der Versicherungsnehmer vor der versicherten Person und ist die Versicherung noch nicht fällig, kann es im Falle eines widerruflichen Bezugsrechts zu einer **Doppelbelastung** von Erben und Bezugsberechtigtem kommen, da der Erbe im Zeitpunkt des Todesfalls nach § 3 Abs. 1 Nr. 1 ErbStG i. V. m. § 12 Abs. 4 BewG steuerpflichtig ist und der Bezugsberechtigte im Zeitpunkt des Versicherungsfalls nach § 7 Abs. 1 Nr. 1 ErbStG i. V. m. § 12 Abs. 1 BewG. In entsprechenden Situationen sollte also ein unwiderrufliches Bezugsrecht eingeräumt werden (ausführlich auch zu den ertragsteuerlichen Konsequenzen *Winkels/Thonemann-Micker*, DB 2016, 915).

Von einer Ausführung der Schenkung ist allerdings dann auszugehen, wenn dem Beschenkten im Einvernehmen mit der Versicherungsgesellschaft die Stellung des Versicherungsnehmers eingeräumt wird (*Kapp/Ebeling*, ErbStG, § 9 Rz. 57.1). Dann erfolgt die Bewertung mit dem Rückkaufswert (§ 12 Abs. 4 BewG).

Ebenfalls kein geeigneter Zuwendungsgegenstand ist das **Anwartschaftsrecht**. Vielmehr kommt es auf die durch das Anwartschaftsrecht vermittelte Rechtsposition an. Soweit der Zuwendende Inhaber eines Anwartschaftsrechts ist, ist zivilrechtlich die Schenkung eines Anwartschaftsrechts möglich. Schenkungssteuerrechtlich wird sie als Schenkung des Vollrechts behandelt, die erst mit Bedingungseintritt zur Ausführung und dem Entstehen der Steuer führt. 96

Nach einhelliger Ansicht wird ein **(formwirksames) Schenkungsversprechen**, welches einen Anspruch begründet, noch nicht als Zuwendung gewertet, die eine Besteuerung auslöst (RFH v. 7.1.1921, I D 3/20, RStBl 1921, 157; BFH v. 28.11.1967, II 72/63, BStBl II 1968, 239). Dies stimmt grundsätzlich mit dem aus dem Parteiwillen abzuleitenden Zuwendungsgegenstand überein, weil die Parteien des Schenkungsvertrages regelmäßig nicht die Forderung, sondern den in der Forderung in Bezug genommenen Gegenstand zuwenden wollen (*Meincke*, ErbStG, 2012, § 7 Rz. 46 unter Hinweis darauf, dass die Schenkungsabrede auch auf die Forderungsbegründung abzielen könne). Wenn demgegenüber der Zuwendungsgegenstand selbst in einer Forderungsbegründung oder in der Begründung eines nach §§ 413, 398 BGB abzutretenden Rechts liegt, tritt die für § 7 ErbStG relevante Vermögensverschiebung bereits mit der Begründung der Forderung bzw. des Rechtes ein (§ 7 ErbStG Rz. 7). Mit der Steuerentstehung nach § 9 ErbStG wird auch der Zeitpunkt festgelegt, zu dem der vom Tatbestand erfasste Vermögensübergang schenkungsteuerrechtlich abgeschlossen ist. Daraus folgt im Umkehrschluss, dass die **Nichtdurchführung des Schenkungsversprechens** bzw. der Verzicht des Beschenkten auf seinen Anspruch bei dem Schenker nicht als steuerbare Vermögensmehrung gewertet werden kann (BFH v. 24.7.2002, II R 33/01, BFH/NV 2002, 1679 = BStBl II 2002, 781). Da das Gesetz in dem unentgeltlichen Forderungserwerb durch ein notarielles Schenkungsversprechen noch keine schenkungsteuerrechtlich relevante Wertbewegung sieht, muss auch der unentgeltliche Forderungserlass ein nicht steuerbarer Vorgang sein (*Meincke*, ErbStG, 2012, § 7 Rz. 56c). 97

98 Die Feststellung, ob eine Schenkung ausgeführt worden ist, erfolgt aufgrund des **tatsächlichen Geschehensablaufs**. Diesen können die Beteiligten nach ihren Vorstellungen gestalten, die Rechtswirkungen treten demgegenüber ipso iure ein. Deswegen haben **Vor- oder Rückdatierungen** auf den schenkungsteuerrechtlich relevanten Zeitpunkt der Ausführung keinen Einfluss (BFH v. 24.7.1963, II 207/61 U, BStBl III 1963, 442). Für die Praxis ist es empfehlenswert, den **tatsächlichen Geschehensablauf zu dokumentieren**, um Unklarheiten über den Zeitpunkt der Ausführung der Schenkung etwa im Hinblick auf die erneute Ausnutzung des Freibetrags nach zehn Jahren (§ 14 Abs. 1 Satz 1 ErbStG) zu vermeiden. Soll etwa ein Grundstück geschenkt werden, können die Beteiligten die Ausführung bis zur Sanierung bzw. Renovierung verzögern, wenn Zuwendungsgegenstand nicht das Grundstück in seinem aktuellen Zustand, sondern in saniertem und renoviertem Zustand sein soll (BFH v. 22.9.2004, II R 88/00, BFH/NV 2005, 213; *Meincke*, ErbStG, 2012, § 9 Rz. 49).

99 Erbringt der Schenker **laufende Geldzahlungen** an den Beschenkten, werden diese für Zwecke der Schenkungsteuer grundsätzlich als selbstständige **Teilschenkungen** behandelt, die mit jeder Zahlung eigenständig ausgeführt werden (*Kapp/Ebeling*, ErbStG, § 9 Rz. 61; *Weinmann*, in Moench/Weinmann, ErbStG, § 9 Rz. 24). Die selbstständigen Schenkungen sind nach Maßgabe des § 14 ErbStG zusammenzurechnen. Ein Recht auf wiederkehrende Leistungen (z.B. Rentenzahlungen) ist nur dann ein geeigneter eigenständiger Zuwendungsgegenstand, wenn damit zugleich ein **Stammrecht** begründet wird (BFH v. 28.11.1967, II 72/63, BStBl II 1968, 239). Der Begünstigte kann zwischen der Einmalbesteuerung des Stammrechts, dessen Kapitalwert nach den §§ 13 bis 16 BewG ermittelt wird, und der fortlaufenden jährlichen Besteuerung nach dem Jahreswert wählen. Maßgebend sind diesbezüglich die Verhältnisse am ursprünglichen Bewertungsstichtag (BFH v. 8.6.1977, II R 79/69, BStBl II 1979, 562). Ergänzend eröffnet das Gesetz die Möglichkeit, die Jahressteuer zum jeweils nächsten Fälligkeitstermin mit ihrem Kapitalwert abzulösen (§ 23 Abs. 2 ErbStG). Soweit es an einem Stammrecht fehlt, liegt der Zuwendungsgegenstand in den jeweils gezahlten Rentenbeträgen (BFH v. 15.3.2007, II R 5/04, BFH/NV 2007, 1246 = BStBl II 2007, 472).

3.2 Ausführung der Grundstücksschenkung

100 Der Eigentumserwerb bei Grundstücksschenkungen tritt nicht allein mit der dinglichen Einigung (Auflassung) ein, sondern es bedarf zusätzlich der **Eintragung des Erwerbers im Grundbuch**. Die Eintragung seitens des Grundbuchamtes setzt voraus, dass ein entsprechender Antrag vom Übertragenden oder Erwerber gestellt wird und der im Grundbuch als Berechtigter Eingetragene die Eintragung bewilligt (vgl. § 19 GBO). Auf den genauen Zeitpunkt der Eintragung in das Grundbuch haben die Beteiligten dann keinen Einfluss mehr. Die Ausgangslage hat die zivilrechtliche Rspr. des BGH zum Anlass genommen, einen Schenkungsvollzug i.S.d. § 518 Abs. 2 BGB nicht von dem Zeitpunkt der Eintragung abhängig zu machen, sondern es genügen zu lassen, wenn der Schenker alles getan hat, was von seiner Seite zum Erwerb des Grundstücks durch den Beschenkten erforderlich ist (BGH v. 21.6.1972, IV ZR 69/71, BGHZ 59, 210; v. 16.10.1974, IV ZR 85/73, NJW 1974, 2319). In ähnlicher Weise vertritt der BFH in ständiger Rspr., dass der Zeitpunkt der Ausführung einer Grundstücksschenkung nicht zwingend das Datum der Eintragung in das Grundbuch ist, sondern vorverlegt werden muss (BFH v. 14.3.1979, II R 67/76, BStBl II 1979, 642). Die Grundstücksschenkung ist nach der gegenwärtigen Rspr. des BFH ausgeführt, wenn (1) die Beteiligten die **Auflassung erklärt** haben (§§ 873 Abs. 1, 925 Abs. 1 Satz 1 BGB), (2) der Schenker die **Eintragung der Rechtsänderung in das Grundbuch bewilligt** hat und (3) die **Umschreibung später auch tatsächlich erfolgt** (BFH v. 24.7.2002, II R 33/01, BFH/NV 2002, 1679 = BStBl II 2002, 781). Nicht erforderlich ist es, dass der Beschenkte den Antrag auf Eintragung der Rechtsänderung in das Grundbuch (§ 13 GBO), der den Beschenkten erst vor abredewidrigen anderweitigen Verfügungen des Schenkers schützt (§ 17 GBO), tatsächlich gestellt hat (BFH v. 26.9.1990, II R 150/88, BStBl II 1991, 320). Der BFH lässt es auch genügen, wenn die **Auflassung erklärt**, dem Beschenkten der Besitz verschafft worden ist, Nutzen und Lasten auf ihn übergegangen sind und ein **Dritter bevollmächtigt** worden ist, die für die Rechtsänderung erforderlichen Erklärungen abzugeben und entgegenzunehmen (BFH v. 6.3.1990, II R 63/87, BStBl II 1990, 504). **Beschränkungen** (z.B. Vorbehaltsnießbrauch, Verfügungsbeschränkungen, Scheidungsklauseln) stehen der Ausführung nicht entgegen (BFH v. 7.11.2001, II R 32/99, BFH/NV 2002, 469).

Für die Ausführung der Grundstücksschenkung ist es demgegenüber **nicht genügend**, wenn der Beschenkte von der **Eintragungsbewilligung** erst **zu einem späteren Zeitpunkt** (z.B. dem Tod des Schenkers) **Gebrauch machen** darf (BFH v. 8.2.2000, II R 9/98, BFH/NV 2000, 1095), und zwar selbst dann, wenn für den Beschenkten bereits eine Auflassungsvormerkung im Grundbuch eingetragen worden ist (BFH v. 2.2.2005, II R 26/02, BFH/NV 2005, 786 = BStBl II 2005, 312). Nicht genügend ist es des Weiteren, wenn die **Auflassung noch nicht erklärt**, dem Bürovorsteher des Notars aber **Auflassungsvollmachten** erteilt worden sind, weil diese nicht dazu berechtigen, den dinglichen Rechtsübergang einzuleiten (BFH v. 14.7.1982, II R 16/81, BStBl II 1983, 19; *Weinmann*, in Moench/Weinmann, ErbStG, § 9 Rz. 31; a.A. *Kapp/Ebeling*, ErbStG, § 9 Rz. 72).

101

Die FinVerw. folgt bisher (R E 9.1 ErbStR 2011) der Rspr. des BFH. Sie befürwortet in H 23 „Schenkung einer Grundstücksteilfläche" ErbStH 2003 sogar die Ausführung der Schenkung einer Grundstücksteilfläche, wenn zwar das Vermessungsverfahren zur Bildung einer eigenen Flurnummer noch nicht abgeschlossen wurde, Auflassung und Eintragungsbewilligung aber vollzogen sind (ablehnend *Gebel*, in T/G/J, ErbStG, § 9 Rz. 96; zustimmend *Kapp/Ebeling*, ErbStG, § 9 Rz. 72). Hängt die Wirksamkeit des Schenkungsvertrages von einer rechtsgeschäftlichen Genehmigung ab, entsteht die Steuer trotz der zivilrechtlichen Rückwirkung frühestens im Zeitpunkt der Erteilung der Genehmigung (BFH v. 27.4.2005, II R 52/02, BFH/NV 2005, 2312 = BStBl II 2005, 892). Hängt die Grundstücksübertragung von einer behördlichen Genehmigung ab, soll bei späterer Erteilung der Zeitpunkt maßgeblich sein, in dem die Beteiligten alles getan haben, um die Genehmigung herbeizuführen (*Gebel*, in T/G/J, ErbStG, § 9 Rz. 44).

102

Der vom BFH favorisierte Lösungsansatz zur Ausführung einer Grundstücksschenkung wird vor dem Hintergrund verständlich, dass den Entscheidungen

103

oftmals Sachverhalte zugrunde lagen, die sich mit vor dem Eigentumswechsel wirksam gewordenen Besteuerungsverschärfungen beschäftigten und dem Steuerpflichtigen damit den Vorteil der früheren günstigeren Besteuerung erhalten wollten. Dogmatisch stimmig ist die Rspr., vom Eigentumsübergang abzuweichen, indes nicht. Wenn man der fehlenden Einflussmöglichkeit auf das Tätigwerden des Grundbuchamts Rechnung tragen möchte, wäre es überdies schlüssiger, auf die mit dem Eintragungsantrag ausgelöste schützende Wirkung des § 17 GBO abzustellen (*Gebel*, in T/G/J, ErbStG, § 9 Rz. 96 m. w. N.). Dass es letztlich doch auf den **Eigentumswechsel entscheidend** ankommt, zeigt die Entscheidung des BFH v. 2.2.2005 (II R 26/02, BStBl II 2005, 312). Erst der Eigentumsübergang führt den Vermögensübergang endgültig herbei, sodass die **Beteiligten die Steuerentstehung verhindern** können, wenn sie die Schenkung nach Auflassung und Eintragungsbewilligung, aber vor Eintragung abbrechen.

104 Bei der sog. **mittelbaren Grundstücksschenkung** (§ 7 ErbStG Rz. 56 ff.) gelten die Besonderheiten der Ausführung der unmittelbaren Grundstücksschenkung entsprechend. Die mittelbare Grundstücksschenkung ist noch **nicht mit der Übergabe oder Überweisung des Geldes** für den Erwerb ausgeführt, soweit die Verwendungsabrede, die die Geldzahlung betrifft, gegenüber dem Zuwendenden bindend ist. Dieser Geldbetrag wird aber dann zum Zuwendungsobjekt, wenn die Verwendungsabrede von den Beteiligten aufgehoben wird oder aus anderen Gründen tatsächlich nicht weiter verfolgt wird (*Gebel*, in T/G/J, ErbStG, § 7 Rz. 75). Gegenstand der mittelbaren Zuwendung kann der Erwerb eines Grundstücks, dessen Bebauung oder dessen Umbau/Renovierung/Sanierung sein. Im Falle des **Grundstückserwerbs** ist die mittelbare Grundstücksschenkung ausgeführt, wenn im Verhältnis zum Dritten die Auflassung erklärt und die Eintragungsbewilligung erteilt worden ist (Rz. 100 ff.). Ist Gegenstand der mittelbaren Zuwendung ein **Grundstück mit einem noch zu errichtenden Gebäude**, ist die Schenkung – jedenfalls in den Fällen, in denen der Schenker den zum Erwerb erforderlichen Geldbetrag bereits zur Verfügung gestellt hat – ausgeführt i. S. d. § 9 Abs. 1 Nr. 2 ErbStG, wenn sowohl die Auflassung erklärt und die Eintragungsbewilligung erteilt als auch das Gebäude fertiggestellt ist (BFH v. 23.8.2006, II R 16/06, BFH/NV 2006, 2211 = BStBl II 2006, 786). Wenn Gegenstand der mittelbaren Zuwendung ein bebautes Grundstück ist, zu dessen **Sanierung** sich der Beschenkte verpflichtet hat, ist die Schenkung erst mit Abschluss der Sanierungsarbeiten ausgeführt (BFH v. 23.8.2006, II R 16/06, BFH/NV 2006, 2211 = BStBl II 2006, 786).

105–119 einstweilen frei

3.3 Sonstige Schenkungen unter Lebenden

3.3.1 Allgemeines

120 Abweichend von der Regelungstechnik beim Erwerb von Todes wegen nach § 9 Abs. 1 Nr. 1 ErbStG mit den Ausnahmeregelungen nach § 9 Abs. 1 Nr. 1 Buchst. a bis i ErbStG führt § 9 Abs. 1 Nr. 2 ErbStG bei Schenkungen unter Lebenden keinen vergleichbaren ergänzenden Ausnahmekatalog auf. *Meincke* (ErbStG, 2012, § 9 Rz. 50) begründet dies damit, dass das Gesetz mit der Ausführung bereits

Entstehung der Steuer § 9

das am spätesten mögliche Datum gewählt habe, doch trifft dies nicht uneingeschränkt zu, wenn eine Schenkung aufschiebend bedingt, befristet oder betagt erfolgt. Deswegen ist es bedeutsam, dass nach Ansicht des BFH (v. 21.4.2009, II R 57/07, BFH/NV 2009, 1205 = BStBl II 2009, 606) die Regelung des § 9 Abs. 1 Nr. 1 Buchst. a ErbStG auch bei Schenkungen unter einer **aufschiebenden Bedingung** anwendbar ist. Die eigenständige Regelung der Steuerentstehung bei Schenkungen unter Lebenden in § 9 Abs. 1 Nr. 2 ErbStG war allein deshalb erforderlich, weil die Steuerentstehung anders als regelmäßig beim Erwerb von Todes wegen nicht an den Tod des bisherigen Vermögensinhabers anknüpfen kann. Daraus folge aber nach Meinung des BFH nicht, dass ihr die Bedeutung einer lex specialis gegenüber § 9 Abs. 1 Nr. 1 Buchst. a ErbStG zukomme. Bei Schenkungen können sich dieselben Problemlagen ergeben, wie sie in § 9 Abs. 1 Nr. 1 Buchst. a ErbStG angesprochen sind. Für diese Problemlagen enthalte § 9 **Abs. 1 Nr. 1 Buchst. a ErbStG die speziellere Regelung gegenüber der Nr. 2** der Vorschrift, die i.V.m. § 1 Abs. 2 ErbStG dieser Nr. 2 vorgeht. Denn nach § 1 Abs. 2 ErbStG gelten die Vorschriften über die Erwerbe von Todes wegen, soweit nichts anderes bestimmt ist, auch für Schenkungen unter Lebenden. Dieses Gesetzesverständnis liegt im Übrigen auch § 7 **Abs. 1 Nr. 10 ErbStG** zugrunde, indem er **Abfindungen für aufschiebend bedingt, betagt oder befristet erworbene Ansprüche**, die vor dem Zeitpunkt des Eintritts der Bedingung oder des Ereignisses gewährt werden, als Schenkungen unter Lebenden behandelt.

3.3.2 Schenkung unter Auflage (§ 7 Abs. 1 Nr. 2 ErbStG)

§ 7 Abs. 1 Nr. 2 ErbStG regelt bei der Schenkung unter Auflage die Besteuerung des Auflagenbegünstigten (§ 7 ErbStG Rz. 390). Die Steuer entsteht mit Vollziehung der Auflage. Allerdings wird der Anwendungsbereich des § 7 Abs. 1 Nr. 2 ErbStG in Bezug auf die Besteuerung der Zweitschenkung durch den BFH eingeschränkt, weil sich die Steuerpflicht des Auflagenbegünstigten bereits aus § 7 Abs. 1 Nr. 1 ErbStG ergeben soll, wenn er aus der Anordnung des Schenkers einen **gesicherten und frei verfügbaren Anspruch auf Vollzug der Auflage** gegen den Erstbeschenkten erhält (BFH v. 22.10.1980, II R 73/77, BStBl II 1981, 78; v. 17.2.1993, II R 72/90, BStBl II 1993, 523). Nach den einschlägigen zivilrechtlichen Bestimmungen ist dies im Zweifel anzunehmen (vgl. § 330 Satz 2 BGB). Die Schenkung an den Auflagebegünstigten ist dann bereits mit Begründung des Forderungsrechts ausgeführt i.S.d. § 9 Abs. 1 Nr. 2 ErbStG. Damit beschränkt sich der Anwendungsbereich des § 7 Abs. 1 Nr. 2 ErbStG auf die Konstellation, dass der auflagebegünstigte Dritte aus der Auflagenanordnung ausnahmsweise nicht unmittelbar selbstständig berechtigt ist (krit. *Meincke*, ErbStG, 2012, § 9 Rz. 51). Liegt für den Auflagebegünstigten ein **gesicherter und frei verfügbarer Anspruch** auf Vollzug der Auflage gegen den Erstbeschenkten vor, sieht der BFH als Zuwendungsgegenstand zwischen dem Schenker und dem Dritten die dem Dritten eingeräumte Forderung gegen den Erstbeschenkten an, für die die Steuerpflicht bereits zum Zeitpunkt der Ausführung der Erstschenkung entsteht.

121

Gebel (in T/G/J, ErbStG, § 9 Rz. 105) schlägt unter Bezugnahme auf den Willen der Parteien vor, zwischen Forderungen, die auf eine Geldleistung gerichtet sind, und

122

Forderungen auf Sachleistungen zu unterscheiden. Es bleibt abzuwarten, ob die Rspr. dieser Differenzierung besondere Bedeutung beimessen wird (§ 7 ErbStG Rz. 122).

123 Die Schenkung unter Auflage ist abzugrenzen vom **bedingten Erwerb** (§ 7 ErbStG Rz. 392). Hier entsteht die **Auflage erst mit Eintritt der Bedingung** (BFH v. 5.4.1989, II R 45/86, BFH/NV 1990, 506), wobei ein vorzeitiger Auflagenvollzug vom BFH (v. 17.2.1993, II R 72/90, BStBl II 1993, 523; krit. *Gebel,* in T/G/J, ErbStG, § 7 Rz. 298) als Bedingungseintritt gewertet wird, obwohl eine vorzeitige Erfüllung zivilrechtlich unmöglich ist. Mit Eintritt der Bedingung entsteht auch die Schenkungsteuer.

3.3.3 Steuerentstehung in den Fällen des § 7 Abs. 1 Nrn. 3 bis 10 ErbStG

124 Für die Ergänzungs- bzw. Ersatztatbestände des § 7 Abs. 1 Nrn. 3 bis 10 ErbStG fehlt es an mit § 9 Abs. 1 Nr. 1 Buchst. a bis j ErbStG vergleichbaren Sonderregelungen. Deswegen ist die Ausführung der Schenkung i.S.d. § 9 Abs. 1 Nr. 2 ErbStG unter Berücksichtigung der Textfassung der Ergänzungs- bzw. Ersatztatbestände durch **Auslegung** zu ermitteln (*Meincke,* ErbStG, 2012, § 9 Rz. 50).

125 Soweit die Steuerbarkeit an **vertragliche Vereinbarungen** anknüpft, die anspruchs- bzw. rechtsbegründend sind, richtet sich die Ausführung nach dem Zeitpunkt des Vertragsschlusses. Dies betrifft den Erwerb durch Vereinbarung einer Gütergemeinschaft (§ 7 Abs. 1 Nr. 4 ErbStG), die Abfindung für den Erbverzicht (§ 7 Abs. 1 Nr. 5 ErbStG) und für aufschiebend bedingt bzw. befristete Ansprüche (§ 7 Abs. 1 Nr. 10 ErbStG) (*Gebel,* in T/G/J, ErbStG, § 9 Rz. 110; a.A. *Meincke,* ErbStG, 2012, § 9 Rz. 53: Gewähren der Abfindung).

126 Der Erwerb anlässlich der Genehmigung einer Schenkung entsteht nicht analog dem Rechtsgedanken des § 9 Abs. 1 Nr. 1 Buchst. e ErbStG mit der Genehmigung, sondern erst mit der Ausführung der Zuwendung (*Meincke,* ErbStG, 2012, § 9 Rz. 52). Entsprechendes gilt bei der vorzeitigen Herausgabe einer Nacherbschaft (§ 7 Abs. 1 Nr. 7 ErbStG), dem Übergang des Vermögens aufgrund eines Stiftungsgeschäfts (§ 7 Abs. 1 Nr. 8 ErbStG) und bei der Aufhebung einer Stiftung oder eines Vereins (§ 7 Abs. 1 Nr. 9 ErbStG) (*Gebel,* in T/G/J, ErbStG, § 9 Rz. 111).

4 Steuerentstehung bei der Zweckzuwendung (§ 9 Abs. 1 Nr. 3 ErbStG)

127 Bei Zweckzuwendungen (vgl. § 8 ErbStG) entsteht die Steuer mit dem Zeitpunkt des Eintritts der Verpflichtung des Beschwerten (§ 9 Abs. 1 Nr. 3 ErbStG). Auf die bestimmungsgemäße Ausführung der Zuwendung kommt es also nicht an. Der Beschwerte ist erst dann zur Ausführung verpflichtet, wenn er über die Mittel dazu verfügt. Soweit allerdings die Zweckzuwendung keine Verpflichtung des Beschwerten kennt, muss auf den Zeitpunkt der Ausführung der Zweckzuwendung abgestellt werden (*Meincke,* ErbStG, 2012, § 9 Rz. 55).

5 Steuerentstehung bei der Erbersatzsteuer (§ 9 Abs. 1 Nr. 4 ErbStG)

Familienstiftungen und Familienvereine unterliegen gem. § 1 Abs. 1 Nr. 4 ErbStG mit ihrem Vermögen in Zeitabständen von je 30 Jahren der 1974 neu eingeführten Erbersatzsteuer. Sie entsteht erstmals nach Ablauf von 30 Jahren seit dem ersten Übergang von Vermögen auf die Stiftung bzw. den Verein (z.B. 2.1.1990/2.1.2020). Wenn das Vermögen zum 1.1.1954 oder früher übergegangen ist, entsteht die Steuer erstmals zum 1.1.1984. Der nächstfolgende Besteuerungszeitpunkt richtet sich dann nach dem 1.1.1984 und ist der 1.1.2014. § 24 ErbStG eröffnet die Möglichkeit, die Zahlung der Steuer in 30 gleichen Jahresbeträgen vorzunehmen.

128

6 Aussetzung der Versteuerung (§ 9 Abs. 2 ErbStG)

§ 9 Abs. 2 ErbStG nimmt auf § 25 ErbStG a.F. Bezug. § 25 ErbStG a.F. war durch das ErbStG 1974 eingeführt worden und regelte ein Abzugsverbot für verschiedene mit dem Erwerb verbundene Belastungen (*Weinmann*, in Moench/Weinmann, ErbStG, § 9 Rz. 39). Zugleich eröffnete die **bis zum 30.8.1980 anwendbare Fassung die Aussetzung der Versteuerung**, die durch Gesetz v. 18.8.1980 (BGBl I 1980, 1537) für Fälle, die nach dem 30.8.1980 entstehen, abgeschafft wurde. Im Fall der Aussetzung der Versteuerung wurde der Erwerb beim Erlöschen der Belastung so besteuert, als wenn er zu diesem Zeitpunkt angefallen wäre. § 9 Abs. 2 ErbStG betrifft diese **Altfälle** der Aussetzung und ordnet das Entstehen der Steuer mit dem Wegfall der Nutzungsauflage oder Rentenverpflichtung an. Da entsprechende Fälle immer noch denkbar sind, bleibt die Vorschrift bestehen. Für Erwerbe, die nach dem 30.8.1980 erfolgten, ist § 9 Abs. 2 ErbStG ohne Bedeutung.

129

ZWEITER TEIL: Wertermittlung (§§ 10–13d)

§ 10 Steuerpflichtiger Erwerb

(1) ¹Als steuerpflichtiger Erwerb gilt die Bereicherung des Erwerbers, soweit sie nicht steuerfrei ist (§§ 5, 13, 13a, 13c, 13d, 16, 17 und 18). ²In den Fällen des § 3 gilt unbeschadet Absatz 10 als Bereicherung der Betrag, der sich ergibt, wenn von dem nach § 12 zu ermittelnden Wert des gesamten Vermögensanfalls, soweit er der Besteuerung nach diesem Gesetz unterliegt, die nach den Absätzen 3 bis 9 abzugsfähigen Nachlassverbindlichkeiten mit ihrem nach § 12 zu ermittelnden Wert abgezogen werden. ³Steuererstattungsansprüche des Erblassers sind zu berücksichtigen, wenn sie rechtlich entstanden sind (§ 37 Abs. 2 der Abgabenordnung). ⁴Der unmittelbare oder mittelbare Erwerb einer Beteiligung an einer Personengesellschaft oder einer anderen Gesamthandsgemeinschaft, die nicht unter § 97 Abs. 1 Satz 1 Nr. 5 des Bewertungsgesetzes fällt, gilt als Erwerb der anteiligen Wirtschaftsgüter; die dabei übergehenden Schulden und Lasten der Gesellschaft sind bei der Ermittlung der Bereicherung des Erwerbers wie eine Gegenleistung zu behandeln. ⁵Bei der Zweckzuwendung tritt an die Stelle des Vermögensanfalls die Verpflichtung des Beschwerten. ⁶Der steuerpflichtige Erwerb wird auf volle 100 Euro nach unten abgerundet. ⁷In den Fällen des § 1 Abs. 1 Nr. 4 tritt an die Stelle des Vermögensanfalls das Vermögen der Stiftung oder des Vereins.

(2) Hat der Erblasser die Entrichtung der von dem Erwerber geschuldeten Steuer einem anderen auferlegt oder hat der Schenker die Entrichtung der vom Beschenkten geschuldeten Steuer selbst übernommen oder einem anderen auferlegt, gilt als Erwerb der Betrag, der sich bei einer Zusammenrechnung des Erwerbs nach Absatz 1 mit der aus ihm errechneten Steuer ergibt.

(3) Die infolge des Anfalls durch Vereinigung von Recht und Verbindlichkeit oder von Recht und Belastung erloschenen Rechtsverhältnisse gelten als nicht erloschen.

(4) Die Anwartschaft eines Nacherben gehört nicht zu seinem Nachlaß.

(5) Von dem Erwerb sind, soweit sich nicht aus den Absätzen 6 bis 9 etwas anderes ergibt, als Nachlaßverbindlichkeiten abzugsfähig
1. die vom Erblasser herrührenden Schulden, soweit sie nicht mit einem zum Erwerb gehörenden Gewerbebetrieb, Anteil an einem Gewerbebetrieb, Betrieb der Land- und Forstwirtschaft oder Anteil an einem Betrieb der Land- und Forstwirtschaft in wirtschaftlichem Zusammenhang stehen und bereits bei der Bewertung der wirtschaftlichen Einheit berücksichtigt worden sind;
2. Verbindlichkeiten aus Vermächtnissen, Auflagen und geltend gemachten Pflichtteilen und Erbersatzansprüchen;
3. die Kosten der Bestattung des Erblassers, die Kosten für ein angemessenes Grabdenkmal, die Kosten für die übliche Grabpflege mit ihrem Kapitalwert für eine unbestimmte Dauer sowie die Kosten, die dem Erwerber unmittelbar

im Zusammenhang mit der Abwicklung, Regelung oder Verteilung des Nachlasses oder mit der Erlangung des Erwerbs entstehen. Für diese Kosten wird insgesamt ein Betrag von 10 300 Euro ohne Nachweis abgezogen. Kosten für die Verwaltung des Nachlasses sind nicht abzugsfähig.

(6) ¹Nicht abzugsfähig sind Schulden und Lasten, soweit sie in wirtschaftlichem Zusammenhang mit Vermögensgegenständen stehen, die nicht der Besteuerung nach diesem Gesetz unterliegen. ²Beschränkt sich die Besteuerung auf einzelne Vermögensgegenstände (§ 2 Abs. 1 Nr. 3, § 19 Abs. 2), so sind nur die damit in wirtschaftlichem Zusammenhang stehenden Schulden und Lasten abzugsfähig. ³Schulden und Lasten, die mit teilweise befreiten Vermögensgegenständen in wirtschaftlichem Zusammenhang stehen, sind nur mit dem Betrag abzugsfähig, der dem steuerpflichtigen Teil entspricht. ⁴Schulden und Lasten, die mit nach den §§ 13a und 13c befreitem Vermögen in wirtschaftlichem Zusammenhang stehen, sind nur mit dem Betrag abzugsfähig, der dem Verhältnis des nach Anwendung der §§ 13a und 13c anzusetzenden Werts dieses Vermögens zu dem Wert vor Anwendung der §§ 13a und 13c entspricht. ⁵Schulden und Lasten, die mit nach § 13d befreitem Vermögen in wirtschaftlichem Zusammenhang stehen, sind nur mit dem Betrag abzugsfähig, der dem Verhältnis des nach Anwendung des § 13d anzusetzenden Werts dieses Vermögens zu dem Wert vor Anwendung des § 13d entspricht. ⁶Haben sich Nutzungsrechte als Grundstücksbelastungen bei der Ermittlung des gemeinen Werts einer wirtschaftlichen Einheit des Grundbesitzes ausgewirkt, ist deren Abzug bei der Erbschaftsteuer ausgeschlossen.

(7) In den Fällen des § 1 Abs. 1 Nr. 4 sind Leistungen an die nach der Stiftungsurkunde oder nach der Vereinssatzung Berechtigten nicht abzugsfähig.

(8) Die von dem Erwerber zu entrichtende eigene Erbschaftsteuer ist nicht abzugsfähig.

(9) Auflagen, die dem Beschwerten selbst zugute kommen, sind nicht abzugsfähig.

(10) Überträgt ein Erbe ein auf ihn von Todes wegen übergegangenes Mitgliedschaftsrecht an einer Personengesellschaft unverzüglich nach dessen Erwerb auf Grund einer im Zeitpunkt des Todes des Erblassers bestehenden Regelung im Gesellschaftsvertrag an die Mitgesellschafter und ist der Wert, der sich für seinen Anteil zur Zeit des Todes des Erblassers nach § 12 ergibt, höher als der gesellschaftsvertraglich festgelegte Abfindungsanspruch, so gehört nur der Abfindungsanspruch zum Vermögensanfall im Sinne des Absatzes 1 Satz 2. Überträgt ein Erbe einen auf ihn von Todes wegen übergegangenen Geschäftsanteil an einer Gesellschaft mit beschränkter Haftung unverzüglich nach dessen Erwerb auf Grund einer im Zeitpunkt des Todes des Erblassers bestehenden Regelung im Gesellschaftsvertrag an die Mitgesellschafter oder wird der Geschäftsanteil auf Grund einer im Zeitpunkt des Todes des Erblassers bestehenden Regelung im Gesellschaftsvertrag von der Gesellschaft eingezogen und ist der Wert, der sich für seinen Anteil zur Zeit des Todes des Erblassers nach § 12 ergibt, höher als der gesellschaftsvertraglich festgelegte Abfindungsanspruch, so gehört nur der Abfindungsanspruch zum Vermögensanfall im Sinne des Absatzes 1 Satz 2.

Steuerpflichtiger Erwerb § 10

Inhalt

		Rz.
1	Allgemeines	1
2	Steuerpflichtiger Erwerb (§ 10 Abs. 1 ErbStG)	2–64
2.1	Allgemeines zum steuerpflichtigen Erwerb	3–8
2.2	Erwerb von Todes wegen (§ 10 Abs. 1 Satz 2)	9–24
2.2.1	Gesamter Vermögensanfall	10–12
2.2.2	Zurechnungsfragen	13–24
2.3	Erwerb durch Schenkung unter Lebenden	25–39
2.4	Steuererstattungsansprüche (§ 10 Abs. 1 S. 3 ErbStG)	40–49
2.5	Erwerb einer Beteiligung an einer vermögensverwaltenden Personengesellschaft (§ 10 Abs. 1 Satz 4 ErbStG)	50–52
2.6	Zweckzuwendung (§ 10 Abs. 1 S. 5 ErbStG)	53
2.7	Abrundung (§ 10 Abs. 1 S. 6 ErbStG)	54–57
2.8	Ersatzerbschaftsteuer (§ 10 Abs. 1 S. 7 ErbStG)	58–64
3	Übernahme der Steuer (§ 10 Abs. 2 ErbStG)	65–78
4	Vereinigung von Recht und Verbindlichkeit (§ 10 Abs. 3 ErbStG)	79–94
5	Anwartschaft eines Nacherben (§ 10 Abs. 4 ErbStG)	95–109
6	Nachlassverbindlichkeiten (§ 10 Abs. 5 ErbStG)	110–249
6.1	Allgemeines	111–129
6.2	Erblasserschulden (§ 10 Abs. 5 Nr. 1 ErbStG)	130–169
6.2.1	Zu Lebzeiten des Erblassers entstandene Verbindlichkeiten	133–139
6.2.2	Schwebende und mit dem Erbfall entstandene Verbindlichkeiten	140–146
6.2.3	Abzugsfähigkeit bei Unterhalts- und Pflegeleistungen	147–169
6.3	Erbfallschulden (§ 10 Abs. 5 Nr. 2 ErbStG)	170–199
6.3.1	Vermächtnisse	172–
6.3.2	Auflage	178–182
6.3.3	Pflichtteils- und Erbersatzansprüche	183–199
6.4	Nachlasskosten- und Erbschaftsverwaltungsschulden (§ 10 Abs. 5 Nr. 3 ErbStG)	200–249
6.4.1	Bestattungskosten	201–205
6.4.2	Grabdenkmal	206
6.4.3	Grabpflegekosten	207–208
6.4.4	Kosten für die Abwicklung, Regelung oder Verteilung des Nachlasses	209–218
6.4.5	Kosten zur Erlangung des Erwerbs	219–222
6.4.6	Erwerbskosten bei Schenkungen unter Lebenden	223–225
6.4.7	Pauschbetrag (Abs. 5 Nr. 3 S. 2)	226–232
6.4.8	Nichtabzugsfähigkeit der Kosten für die Verwaltung des Nachlasses (§ 10 Abs. 5 Nr. 3 S. 3 ErbStG)	233–249
7	Nichtabzugsfähige Schulden und Lasten (§ 10 Abs. 6 ErbStG)	250–279
7.1	Allgemeines	250–258
7.1.1	Überblick	251–253
7.1.2	Wirtschaftlicher Zusammenhang	254–258

7.2	Abzugsverbot bei steuerbefreiten Vermögensgegenständen (§ 10 Abs. 6 S. 1 ErbStG)	259
7.3	Abzugsverbot bei beschränkter Steuerpflicht (§ 10 Abs. 6 S. 2 ErbStG)	260–261
7.4	Abzugsverbot bei teilweise befreiten Vermögensgegenständen (§ 10 Abs. 6 S. 3 ErbStG)	262
7.5	Schulden und Lasten bei nach § 13a ErbStG befreitem Vermögen (§ 10 Abs. 6 S. 4 ErbStG)	263–269
7.6	Schulden und Lasten bei nach § 13d ErbStG befreitem Vermögen (§ 10 Abs. 6 S. 5 ErbStG)	270
7.7	Nutzungsrechte und Grundstücksbelastung (§ 10 Abs. 6 S. 6 ErbStG)	271–279
8	Nichtabzugsfähige Stiftungslasten (§ 10 Abs. 7 ErbStG)	280–289
9	Nichtabzugsfähigkeit der eigenen Erbschaftsteuer (§ 10 Abs. 8 ErbStG)	290–299
10	Nichtabzugsfähigkeit von Auflagen (§ 10 Abs. 9 ErbStG)	300–309
11	Abfindungsanspruch und qualifizierte negative Nachfolgeklausel	310–321
11.1	Allgemeines	310–311
11.2	Übertragung des Anteils an einer Personengesellschaft (§ 10 Abs. 10 S. 1 ErbStG)	312–319
11.3	Übertragung des Anteils an einer Gesellschaft mit beschränkter Haftung (§ 10 Abs. 10 S. 2 ErbStG)	320–321

1 Allgemeines

1 Die Regelungen des II. Abschnitts (§§ 10–13d ErbStG) enthalten unter der Überschrift „Wertermittlung" die für die Ermittlung des steuerpflichtigen Erwerbs und seine Bewertung maßgebenden Bestimmungen. Durch diese Vorschriften wird der Steuergegenstand bezüglich seiner Bemessungsgrundlage so präzisiert, dass sich die Steuerschuld nach Maßgabe der §§ 14 ff. ErbStG berechnen lässt.

Zur „Wertermittlung" gehört zunächst die Feststellung der durch § 10 ErbStG festgelegten steuerlichen Bemessungsgrundlage, d.h. des Gegenstands der Bewertung. Dies ist der sich in der Bereicherung des Erwerbers ausdrückende steuerpflichtige Erwerb. § 10 ErbStG enthält des Weiteren Regelungen zur Ermittlung der Bereicherung; dem steuerpflichtigen Erwerb sind ggf. Vorerwerbe gem. § 14 ErbStG hinzuzurechnen. § 11 ErbStG bestimmt den für die Bewertung maßgeblichen Zeitpunkt. § 12 ErbStG trifft nähere Bestimmungen zur Bewertung und schlägt die Brücke in das BewG. Die so ermittelte Bemessungsgrundlage ist ggf. noch um Steuerbefreiungen (§§ 5, 13, 13a, 13d, 18 ErbStG sowie die Freibeträge der §§ 16, 17 ErbStG) zu kürzen.

2 Steuerpflichtiger Erwerb (§ 10 Abs. 1 ErbStG)

2 Bemessungsgrundlage der Erbschaft- und Schenkungsteuer ist der in § 10 ErbStG näher umrissene steuerpflichtige Erwerb. § 10 ErbStG selbst ist zweigeteilt. Während § 10 Abs. 1-4 und 10 ErbStG den aus dem steuerpflichtigen Vorgang erwach-

senden Vermögensvorteil erfasst, regelt § 10 Abs. 5-9 ErbStG, welche Vermögensminderungen gegen den Erwerb zum Abzug gebracht werden können. Das Erbschaftsteuerrecht folgt somit einem objektiven Nettoprinzip, wobei jedoch der Erkenntniswert dieses Begriffs nicht überschätzt werden sollte, weil er deskriptiv, nicht normativ zu verstehen ist (vgl. hierzu die im Wesentlichen parallel gelagerte Diskussion im Einkommen- und Körperschaftsteuerrecht. Das BVerfG ließ dort stets offen, ob dem objektiven Nettoprinzip Verfassungsrang zukomme, vgl. aus der neueren Rechtsprechung BVerfG v. 9.12.2008, 2 BvL 1/07 u.a. (Pendlerpauschale), BVerfGE 122, 210 (234); BVerfG v. 12.5.2009, 2 BvL 1/00 (Jubiläumsrückstellung), BVerfGE 123, 111 (121); BVerfG v. 6.7.2010, 2 BvL 13/09 (häusliches Arbeitszimmer), BVerfGE 126, 268 (279 f.); BVerfG v. 12.10.2010, 1 BvL 12/07 (§ 8b KStG), BVerfGE 127, 224 (248). Überzeugend BVerfG v. 15.2.2016, 1 BvL 8/12, BStBl II 2016, 557). Größere Bedeutung kommt der Diskussion um die Qualität des objektiven Nettoprinzips jedoch nicht zu, da der Gesetzgeber von Verfassungs wegen gehalten ist, seine Belastungsentscheidung – wie sie im Erbschaftsteuerrecht maßgeblich durch § 10 ErbStG geprägt ist – folgerichtig umsetzen muss (Wobei der Grundsatz der Folgerichtigkeit seinerseits konturenarm ist und in BVerfG v. 17.12.2014, 1 BvL 21/12, BVerfGE 138, 136, zu Recht nur beiläufige Erwähnung fand).

2.1 Allgemeines zum steuerpflichtigen Erwerb

§ 10 ErbStG regelt den Umfang des steuerpflichtigen Erwerbs. Grundlage der Regelung ist das mit dem ErbStG verfolgte Ziel, den durch den Erbfall anfallenden Vermögenszuwachs jeweils gem. seinem realitätsgerechten Wert zu belasten (vgl. BVerfG v. 7.11.2006, 1 BvL 10/02, BVerfGE 117, 1). Aus § 10 ErbStG folgt der Grundsatz, dass nur die als Nettobetrag ermittelte **Bereicherung** der Erbschaftsteuer unterliegt (BFH v. 17.3.2004, II R 3/01, BStBl II 2004, 429; s. dazu *Viskorf*, FR 2004, 604; BFH v. 13.7.1983, II R 105/82, BStBl II 1984, 37).

In der Konsequenz des in § 10 ErbStG geregelten Bereicherungsprinzips liegt es, die steuerliche Erfassung selbst geschaffener Vermögenswerte auszuschließen. Soweit der **Nacherbe** den Wert eines nachlasszugehörigen Grundstücks in Erwartung der Nacherbfolge durch Baumaßnahmen erhöht und hierfür zu Lebzeiten des Vorerben keinen Ersatz erlangt, bewirkt der Erbanfall wegen der erbschaftsteuerrechtlichen Anknüpfung an die Bereicherung keinen Vermögenszuwachs des Nacherben (BFH v. 1.7.2008, II R 38/07, BStBl II 2008, 876; s. dazu *Kilches*, BFH/PR 2008, 477). Die Grundsätze der Entscheidung gelten aber auch für **sonstige Erwerbe von Todes wegen**, soweit der Erbe Aufwendungen in Erwartung der Erbschaft getätigt hat, und verlangen Beachtung, sofern schenkweise auf den Beschenkten ein bebautes Grundstück übertragen wird, das dieser in Erwartung der geplanten künftigen Schenkung bereits vor Durchführung der Zuwendung selbst bebaut bzw. anderweitig verändert hatte (vgl. § 3 Rz. 10).

Der steuerpflichtige Erwerb wird ermittelt, indem aus dem gesamten (nach § 12 ErbStG bewerteten) Vermögensanfall – wobei in den in § 10 Abs. 10 ErbStG genannten Fällen nur der Abfindungsanspruch und nicht der Anteilswert zu berücksichtigen ist – die in § 10 Abs. 3-9 ErbStG aufgeführten **Nachlassverbindlichkeiten** abgezogen werden. Dieser Wert ist sodann um die nach §§ 5, 13, 13a, 13d, 16, 17 und § 18 ErbStG **steuerfreien Teile des Erwerbs zu kürzen**; der Ansatz einer Steuerbefreiung nach den vorgenannten Vorschriften ist gegenüber einem nach § 10 Abs. 3 bis 9 ErbStG abzugsfähigen Posten systematisch nachrangig (BFH v. 13.7.1983, II R 105/82, BStBl II 1984, 37; BFH v. 9.11.1994, II R 110/91, BStBl II 1995, 62).

6   Ein steuerpflichtiger Erwerb liegt nur vor, wenn sich als Saldo der nach § 10 ErbStG vorgesehenen Ermittlung ein positiver Steuerwert ergibt. Bei einem negativen Steuerwert fehlt es an einer Bereicherung des Erwerbers.

7   Im Zusammenhang mit der **Zusammenrechnungsvorschrift des § 14 ErbStG** kann es bei sachlich selbstständigen steuerpflichtigen Erwerben zu einer Saldierung von Erwerben mit negativem und positivem Steuerwert wegen der Regelung des § 14 Abs. 1 Satz 5 ErbStG nicht kommen. Möglich ist die Saldierung nur bei einem einheitlichen Erwerb mit teils positivem und teils negativem Teilerwerben. Grundsätzlich stellt jedoch jeder steuerpflichtige Vorgang einen eigenständigen Erwerb dar. Ein einheitlicher Erwerb liegt vor, wenn der Erwerber aufgrund derselben letztwilligen Verfügung sowohl zum Erben als auch zum Vermächtnisnehmer berufen wird. Demgegenüber sind gesonderte Erwerbe anzunehmen, wenn der Erweber zeitgleich von derselben Person Gegenstände von Todes wegen und aufgrund freigebiger Zuwendung unter Lebenden bzw. wenn er zeitgleich Gegenstände von mehreren Erblassern bzw. Schenkern erlangt. Der Zusammenfassung mehrerer Erwerbe in einem zusammengefassten Bescheid kommt insoweit keine eigenständige Bedeutung zu (BFH v. 16.12.1992, II R 114/89, BFH/NV 1993, 298).

Gestaltungshinweis:
Es kann sich daher u. U. empfehlen, durch eine entsprechende Gestaltung (z. B. Zuschenkungen) eine Verbindung von positivem und negativem Erwerb herbeizuführen.

8   Eine nähere Definition der maßgeblichen Bereicherung des Erwerbers enthält § 10 ErbStG allerdings nur für Erwerbe von Todes wegen (§ 10 Abs. 1 Satz 2 ErbStG; vgl. dazu nachfolgend Rz. 9). Für Schenkungen unter Lebenden (§ 1 Abs. 1 Nr. 2 ErbStG) fehlt eine entsprechende Bestimmung. Die insoweit anzuwendenden Grundsätze werden nachfolgend unter Rz. 25 ff. dargestellt.

2.2 Erwerb von Todes wegen (§ 10 Abs. 1 Satz 2)

9   § 10 Abs. 1 Satz 2 ErbStG bestimmt, wie die Bereicherung des Erwerbers beim Erwerb von Todes wegen zu ermitteln ist. Aus der Vorschrift ergibt sich für den steuerpflichtigen Erwerb (§ 10 Abs. 1 Satz 1 ErbStG) folgendes **Berechnungsschema**:

Gesamter Vermögensanfall (Wertermittlung nach § 12 ErbStG)
./. nach § 10 Abs. 3–9 ErbStG abzugsfähige Nachlassverbindlichkeiten (Wertermittlung nach § 12 ErbStG)
./. steuerfreie Beträge nach §§ 5, 13, 13a, 13d, 16, 17, 18 ErbStG
= steuerpflichtiger Erwerb.

Steuerpflichtiger Erwerb § 10

2.2.1 Gesamter Vermögensanfall

Ausgangsgröße des steuerpflichtigen Erwerbs ist der gesamte Vermögensfall; er umfasst die **Gesamtheit des auf den Erben übergehenden Vermögens**. Beim Erwerb durch Erbanfall besteht grundsätzlich Identität zwischen dem, was der Erblasser im Todeszeitpunkt hatte, und demjenigen, was auf den oder die Erben im Wege der Gesamtrechtsnachfolge (§ 1922 BGB) übergeht. 10

Befindet sich ein Gegenstand im Zeitpunkt des Erbfalls nicht im Vermögen des Erblassers, so kann er nicht Besteuerungsgegenstand sein. Deshalb sind die Grundsätze der **mittelbaren Zuwendungen** (insbes. der mittelbaren Grundstücksschenkung) (BFH v. 2.2.2005, II R 31/03, BStBl II 2005, 531) bei Erwerben von Todes wegen unanwendbar. Ebenso umfasst der Erwerb von Todes wegen nicht den **Erlös aus der Veräußerung des Erbteils**. 11

Der Vermögensanfall kann nur vererbliche **Vermögensgegenstände** (dies sind alle dinglichen und persönlichen Vermögensrechte) umfassen; **unvererbliche Rechte** (z. B. Unterhaltsansprüche oder ein an die Person des Berechtigten gebundenes Nießbrauchsrecht) begründen keinen Vermögensanfall. 12

2.2.2 Zurechnungsfragen

Welche Vermögensgegenstände dem Grunde nach bei der Bewertung des Vermögensanfalls zu berücksichtigen sind, beurteilt sich nach gefestigter Rechtsprechung nach **zivilrechtlichen** und nicht nach steuerrechtlichen Grundsätzen (BFH v. 26.2.2008, II R 82/05, BStBl II 2008, 629; s.a. *Kilches*, BFH/PR 2008, 320; BFH v. 10.11.1982, II R 111/80, BStBl II 1983, 116). Eine Zurechnung von Vermögensgegenständen unter dem Gesichtspunkt eines bloß wirtschaftlichen Eigentums ist damit grundsätzlich ausgeschlossen (zur Besonderheit der Abgrenzung der wirtschaftlichen Einheit bei Betriebsvermögen vgl. § 12 ErbStG Rz. 252).; § 39 Abs. 2 Nr. 1 AO ist demnach für die Erbschaftsteuer nicht anwendbar (BFH v. 25.1.2001, II R 39/98, BFH/NV 2001, 908; s. dazu *Jülicher*, DStR 2001, 2177; BFH v. 15.10.1997, II R 68/95, BStBl II 1997, 820; s. dazu *Stegmaier*, DStZ 1998, 792; BFH v. 22.9.1982, II R 61/80, BStBl II 1983, 179). 13

Diese nahezu unbestrittene Auffassung in Rechtsprechung und Schrifttum begegnet jedoch Bedenken. Zwar nehmen insbesondere §§ 3, 7 ErbStG zivilrechtlich geprägte Begriffe in Bezug, die in diesem Zusammenhang auch nur zivilrechtlich verstanden und ausgelegt werden können. § 10 ErbStG überführt jedoch den steuerpflichtigen Vorgang in eine Bemessungsgrundlage. Die Bereicherung als Anknüpfungspunkt der steuerlichen Belastungsentscheidung ist dabei eine genuin wirtschaftliche Größe. Es ist zu unterscheiden zwischen der Vermögensposition, die nach zivilrechtlichen Regeln übergeht, und der steuerlichen Abbildung dieses Vorgangs (eine Erfassung des wirtschaftlichen Gehalts erleichtert zudem die verfassungskonforme Anwendung des ErbStG. Dies illustriert anschaulich der Sachverhalt, der dem Vorlagebeschluss des BFH v. 22.5.2002, II R 61/99, BStBl II 2002, 598, und dem nachfolgenden Beschluss des BVerfG v. 7.11.2006, 1 BvL 10/02, BVerfGE 117, 1, zugrunde lag und für eine verfassungskonforme Auslegung offen gewesen wäre. Zur Relativität der Rechtsbegriffe vgl. BVerfG v. 27.12.1991, 2 BvR 72/90, BStBl II 13a

1992, 212, in Abkehr von BVerfG v. 24.1.1962, 1 BvR 845/58, BVerfGE 13, 331 (340)). Zudem sah sich auch die Rechtsprechung veranlasst, die zivilrechtliche Betrachtungsweise in verschiedenen Konstellationen zugunsten einer wirtschaftlichen Betrachtungsweise aufzugeben (Hier sei beispielhaft auf das Erfordernis einer wirtschaftlichen Belastung mit Steuerschulden und auf die (nicht bedenkenfreie) Anerkennung formunwirksamer letztwilliger Verfügungen verwiesen).

13b Die Frage nach der Auslegung stellt sich seit dem dritten Erbschaftsteuerurteil mit zusätzlicher Schärfe. Das BVerfG führt dort unter Rückgriff auf frühere Entscheidungen (zu ertragsteuerlichen Fragen, vgl. BVerfG v. 11.7.1967, 1 BvR 495/63 u. a., BVerfGE 22, 156 (161); BVerfG v. 22.7.1970, 1 BvR 285/66 u. a., BVerfGE 29, 104 (118)). aus, dass die Finanzgerichte bei der Auslegung und Anwendung des § 42 AO nach Möglichkeit gehalten sind, „mit Hilfe dieser Bestimmung über den Missbrauch rechtlicher Gestaltungsmöglichkeiten im Steuerrecht solchen Gestaltungspraktiken entgegen zu wirken, die sonst zur Verfassungswidrigkeit einer Norm führen" (BVerfG v. 17.12.2014, 1 BvL 21/12, BVerfGE 138, 136, 236) Es bleibt abzuwarten, welche Rezeption diese Aussagen in der finanzgerichtlichen Rechtsprechung finden werden (zu § 42 AO im Rahmen des Erbschaftsteuerrechts zuletzt BFH v. 11.9.2013, II R 61/11, BStBl II 2014, 363; s. dazu *Pahlke*, BFH/PR 2014, 97. Es fällt schwer, diesem Urteil im Lichte des später ergangenen Urteils des BVerfG v. 17.12.2014 noch uneingeschränkt zu folgen).

14 Bei **schwebenden Rechtsgeschäften** ist bei der Ermittlung des Gesamtwerts des Nachlasses ggf. eine zeitanteilige Abgrenzung der übergegangenen Vermögensrechte und Verbindlichkeiten erforderlich. So ist z.B. der Gesamtwert des Nachlasses bezüglich eines Mietverhältnisses um den Wert solcher Mietzinsen für ein zum Nachlass gehörendes Grundstück zu kürzen, die vor dem Tod des Erblassers fällig geworden sind, jedoch auf einen Zeitraum nach dessen Tod entfallen (BFH v. 4.5.1977, II R 118/69, BStBl II 1977, 732). Die zeitanteilige Zerlegung der Mietzinsen hat nach Maßgabe des § 101 Nr. 2 2. Halbs. BGB zu erfolgen. Damit gehören beim Erbfall vorhandene rückständige Mietforderungen und vom Erblasser geleistete Zahlungen für Zeiträume nach dem Todeszeitpunkt zum Vermögensanfall. Ebenfalls müsste für vom Erblasser geleistete Mietvorauszahlungen ein Nutzungsrecht (§ 16 BewG) berücksichtigt werden. Zur Behandlung von **Sachleistungsansprüchen und -verpflichtungen aus schwebenden Geschäften** im Zusammenhang mit dem Anspruch auf Übereignung eines Grundstücks vgl. § 12 ErbStG Rz. 122.

14a **Restitutionsansprüche** nach dem VermG sind dem Grunde nach im Nachlass zu erfassen, wenn der Berechtigte einen Antrag nach § 30 VermG gestellt hat (R E 10.2 ErbStR 2011). Wird der Antrag erst später von einem Rechtsnachfolger eines verstorbenen Berechtigten gestellt, ist der Anspruch bereits im Nachlass des ursprünglich Berechtigten zu erfassen; bereits durchgeführte Erbschaftsteuerveranlagungen sind ggf. zu ändern. Die Besteuerung ist ggf. endgültig (bis dahin § 165 AO) nach derjenigen Sach- und Rechtslage vorzunehmen, wie sie sich durch die endgültigen Entscheidung gem. §§ 32, 33 VermG konkretisiert. Diese wirkt auf den Stichtag der Steuerentstehung zurück. Spiegelbildlich erfolgt auf der Seite des Rückübertragungsverpflichteten die Zurechnung des Vermögens, ggf. belastet mit einer Rückübertragungsverpflichtung.

Steuerpflichtiger Erwerb § 10

Bei **Bankguthaben** fällt dem Erben das beim Erbfall vorhandene Guthaben zu, 15
soweit nicht der Erblasser die Einlageforderung dem Nachlass durch einen mit der
Bank geschlossenen Vertrag zugunsten Dritter entzogen hatte. Liegt ein vom Erblasser mit der Bank geschlossener Vertrag zugunsten Dritter auf den Todesfall vor, so
bedarf es ggf. näherer Ermittlung darüber, ob hierdurch ein Erwerb i. S. d. § 3 Abs. 1
Nr. 4 ErbStG bewirkt und die gesetzliche Erbfolge beseitigt werden sollte. Denkbar
ist auch, dass der mit der Bank geschlossene Vertrag lediglich die todesfallbedingten
Rechtsbeziehungen zum Kreditinstitut regeln sollte (zur Abgrenzung FG Saarland v.
12.12.1995, 2 K 130/93, EFG 1996, 477).

Hat der Erblasser ein Konto errichtet und auf dieses Beträge eingezahlt, so ist er nicht 16
zwingend selbst Gläubiger der Forderung. Das Deckungsverhältnis ist zwar maßgebend für die Bezugsberechtigung des begünstigten Dritten gegenüber dem Versprechenden (der Bank). Geht es aber darum, ob und wie viel dem Dritten i. S. v. § 7
Abs. 1 Nr. 1 ErbStG freigebig zugewendet worden ist, ist auf das Valutaverhältnis
zwischen dem Versprechensempfänger (dem Schenker) und dem Dritten abzustellen. Allein nach diesem Verhältnis bestimmt sich, ob und in welchem Umfang der
Dritte das vom Versprechenden Bezogene behalten darf (BFH v. 17.10.2007, II R
8/07, BFH/NV 2008, 572).

Bei **Gemeinschaftskonten** (Und- bzw. Oder-Konten) mit alleiniger Verfügungs- 17
berechtigung jedes Mitinhabers sind die Kontoinhaber im Verhältnis zur Bank
Gesamtgläubiger. Erbschaftsteuerlich ist jedoch allein maßgebend, welcher Guthabenanteil jedem Mitinhaber im Innenverhältnis zusteht. Zivilrechtlich bestimmt sich
der Umfang dieser Berechtigung an der Einlageforderung nach der Absprache der
Mitinhaber (BFH v. 23.11.2011, II R 33/10, BStBl II 2012, 473; s. dazu *Pahlke*,
BFH/PR 2012, 251; BFH v. 7.10.1998, II R 30/97, BFH/NV 1999, 618). Fehlen
solche Absprachen, so steht das Guthaben den Inhabern nach der Auslegungsregel
des § 430 BGB zu gleichen Teilen zu. Diese zivilrechtlichen Vorgaben sind auch für
die Erbschaftsteuer maßgebend (BFH v. 23.11.2011, II R 33/10, BStBl 2012, 473;
Meincke, ErbStG, 2012, § 10 Rz. 12).

Gemeinschaftskonten und -depots von **Ehegatten** können danach unabhängig von
der Herkunft des Geldes bzw. der Wertpapiere grundsätzlich beiden Ehegatten
jeweils zur Hälfte zugerechnet werden. Etwas anderes gilt nur, wenn die Beteiligten
eine abweichende Vereinbarung und entsprechende tatsächliche Gestaltung nachweisen können.

Gestaltungshinweis:

Wollen die Mitinhaber eine von der Auslegungsregel des § 430 BGB abweichende
Berechtigung, so empfiehlt sich eine entsprechende schriftliche Fixierung der
Vereinbarung (vgl. auch *Niehues/Kränke*, DB 1996, 1158).

Bei **Einzelkonten** ist dagegen regelmäßig davon auszugehen, dass dem Kontoin- 18
haber das Konto alleine zuzurechnen ist. Den anderen Ehegatten trifft die Feststellungslast, dass ihm abweichend von diesem Grundsatz das Guthaben ganz oder
teilweise zusteht. Eine Kontovollmacht genügt hierfür nicht, wohl aber Einzahlungen beider Ehegatten auf das Konto, sofern Einvernehmen besteht, dass das

Guthaben beiden zugute kommen soll (BFH v. 29.6.2016, II R 41/14, BStBl II 2016, 865; s. dazu *Fumi*, BFH/PR 2016, 350).

19–24 einstweilen frei

2.3 Erwerb durch Schenkung unter Lebenden

25 Das ErbStG enthält keine Regelung darüber, nach welchen Grundsätzen die Bereicherung des Erwerbers (§ 10 Abs. 1 Satz 1 ErbStG) bei einer Schenkung unter Lebenden zu ermitteln ist. Die Regelung des § 10 Abs. 1 Satz 2 ErbStG gilt nach seinem Wortlaut nur „in den Fällen des § 3 ErbStG", d. h. für Erwerbe von Todes wegen.

26 Bezüglich der Schenkungen unter Lebenden kann die Bereicherung i. S. d. § 10 Abs. 1 Satz 1 ErbStG nicht mit der Bereicherung i. S. d. § 7 Abs. 1 Nr. 1 ErbStG gleichgesetzt werden. Denn § 7 Abs. 1 Nr. 1 ErbStG betrifft – als eine den Besteuerungsgegenstand betreffende Regelung – die Ermittlung eines nach bürgerlich-rechtlichen Maßstäben festzustellenden steuerbaren Erwerbs (Vermögenszuwachses), während der Umfang des steuerpflichtigen Erwerbs durch § 10 ErbStG festgelegt wird. Daraus folgt ein Vorrang des § 7 ErbStG vor § 10 ErbStG. Erst bei Vorliegen einer Bereicherung i. S. d. § 7 Abs. 1 Nr. 1 ErbStG ist in die Ermittlung des steuerpflichtigen Erwerbs i. S. d. § 10 ErbStG einzutreten (*Meincke*, ErbStG, 2012, § 7 Rz. 5 und § 10 Rz. 18 ff). Im Rahmen des § 10 ErbStG bedarf es mithin für Schenkungen unter Lebenden eines **spezifisch steuerlichen Bereicherungsbegriffs**.

27 Aufgrund dieser Gegebenheiten muss § 10 Abs. 1 Satz 2 ErbStG wegen der Grundregel des § 1 Abs. 2 ErbStG grundsätzlich auch für Schenkungen unter Lebenden gelten (ebenso schon bislang *Meincke*, ErbStG, 2012, § 10 Rz. 18). Zu beachten war bisher allerdings folgende Einschränkung: Die Anwendung des § 10 Abs. 1 Satz 2 ErbStG auf Schenkungen kommt nach § 1 Abs. 2 ErbStG nur in Betracht, soweit **„nichts anderes bestimmt ist"**. Eine solche anderweitige Bestimmung wird bei gemischten Schenkungen und Schenkungen unter Leistungsauflage angenommen (BFH v. 21.10.1981, II R 176/78, BStBl II 1982, 83; BFH v. 12.4.1989, II R 37/87, BStBl II 1989, 524). Bei solchen Schenkungen ergibt sich die abweichende Bestimmung aus § 7 Abs. 1 Nr. 1 ErbStG, wonach nur die auf Kosten des Zuwendenden eintretende Bereicherung der Besteuerung unterworfen ist.

28 Vor dem Hintergrund der Bewertung nach dem gemeinen Wert für alle Vermögensarten ist die Rechtsfigur der **gemischten Schenkung zu überdenken** (ebenso schon *Röder*, ZEV 2007, 505, für alle teilunentgeltlichen Vermögensübertragungen; vgl. auch bisher schon kritisch *Meincke*, ErbStG, 2012, § 1 Rz. 26). **Gegenleistung, Nutzungsauflage und Leistungsauflage** mindern unterschiedslos die Bemessungsgrundlage in Höhe ihres Werts: „Entsprechend § 10 Abs. 1 Satz 1 und 2 ErbStG gilt auch bei der gemischten Schenkung oder Schenkung unter einer Auflage als steuerpflichtiger Erwerb die Bereicherung des Bedachten, soweit sie der Besteuerung nach diesem Gesetz unterliegt. Die Bereicherung wird ermittelt, indem von dem nach § 12 ErbStG zu ermittelnden Steuerwert der Leistung des Schenkers die Gegenleistungen des Beschenkten und die von ihm übernommenen Leistungs-, Nutzungs- und Duldungsauflagen mit ihrem nach §

12 ErbStG ermittelten Wert abgezogen werden" (R E 7.4 Abs. 1 ErbStR); dies gilt vorbehaltlich der Beschränkungen des § 10 Abs. 6 ErbStG.
Mit den vorstehenden Maßgaben können auch bei Schenkungen unter Lebenden die Abzugsposten des § 10 Abs. 3 bis 9 ErbStG in Ansatz gebracht und das für Erwerbe von Todes wegen geltende Berechnungsschema angewendet werden. Bei Schenkungen unter Lebenden sind aufgrund der Anwendbarkeit des § 10 Abs. 5 ErbStG unter näheren Voraussetzungen auch die Erwerbskosten abziehbar (zu den Einheiten vgl. unten Rz. 223 f). 29

einstweilen frei 30–39

2.4 Steuererstattungsansprüche (§ 10 Abs. 1 S. 3 ErbStG)

§ 10 Abs. 1 Satz 3 ErbStG stellt klar, dass ein Steuererstattungsanspruch ungeachtet seiner Festsetzung als Forderung bereits dann angesetzt werden kann, wenn er im Zeitpunkt der Entstehung der Erbschaftsteuer materiell rechtlich entstanden war (§ 37 Abs. 2 AO). Mit § 10 Abs. 1 Satz 3 ErbStG bestätigt der Gesetzgeber eine schon zuvor in der Rechtsprechung entwickelte Auffassung (BFH v. 16.1.2008, II R 30/06, BStBl II 2008, 626). 40

Ob **private Steuererstattungsansprüche** in den Nachlass fallen und damit erbschaftsteuerrechtlich zum steuerpflichtigen Erwerb gehören, richtet sich danach, ob sie beim Tod des Erblassers schon entstanden sind. Nach der materiellen Rechtsgrundtheorie gehören private Steuererstattungsansprüche zum Nachlass, wenn und soweit beim Tod des Erblassers hinsichtlich des nach materieller Rechtslage entstandenen Steueranspruchs bereits eine Überzahlung vorliegt. Nach der formellen Rechtsgrundtheorie dagegen gehören solche Ansprüche nur dann zum Nachlass, wenn der Steuerbescheid, der Grundlage für des Erblassers/der Erblasserin Steuerzahlung war, vor dessen Tod aufgehoben oder geändert worden ist (hierzu m. w. N. *Jüptner*, UVR 2008, 180). § 9 Abs. 1 Nr. 1 Buchst. a 2. Halbsatz ErbStG, den den Zeitpunkt der Steuerentstehung regelt, setzt die materielle Rechtsgrundtheorie voraus. Gleichzeitig nähert sich die Vorschrift in der Bestimmung des Zeitpunkts, zu dem die Erbschaftsteuer entsteht, den nach der formellen Rechtsgrundtheorie maßgeblichen Zeitpunkten: Regelmäßig entsteht nach § 9 Abs. 1 Nr. 1 Buchst. a 2. Halbs. ErbStG die Erbschaftsteuer für private Steuererstattungsansprüche, die im Zeitpunkt des Todes des Erblassers materiell schon entstanden sind, erst mit deren Fälligkeit nach Änderung oder Aufhebung des der Steuerzahlung zugrunde liegenden Steuerbescheids (BFH v. 16.1.2008, II R 30/06, BStBl II 2008, 626). 41

Sämtliche Einkommensteuererstattungsansprüche aus **Veranlagungszeiträumen, die beim Tod des Erblassers bereits abgelaufen** waren, fallen in den nach § 10 Abs. 1 ErbStG steuerpflichtigen Erwerb, sofern und soweit sich bei Ablauf dieser Zeiträume nach materieller Rechtslage eine Überzahlung ergibt, ohne dass es auf ihre Festsetzung in einem Steuerbescheid zum Todeszeitpunkt ankommt (R E 10.3 Abs. 2 ErbStR 2011). Hinzu kommen noch diejenigen Einkommensteuererstattungsansprüche, die zwar beim Tod des Erblassers bereits abgelaufene Veranlagungszeiträume betreffen, aber erst nach deren Ablauf in der Zeit bis zum Tod des Erblassers dadurch entstanden sind, dass die Steuer fehlerhaft zu hoch festgesetzt 42 und noch vom Erblasser (nach-)bezahlt worden ist. Soweit die für die Höhe des Erstattungsanspruchs maßgeblichen Steuerbescheide noch vor dem Stichtag bekannt gegeben werden, gehören jene zum Nachlass und zum steuerpflichtigen Erwerb. Die Steuer entsteht mit dem Tod des Erblassers (§ 9 Abs. 1 Nr. 1 Satz 1 ErbStG). Auch soweit die Bescheide nach dem Stichtag bekannt gegeben werden, gehören die Steuererstattungsansprüche zum Nachlass und zum steuerpflichtigen Erwerb. Einkommensteuererstattungsansprüche, die das Todesjahr des Erblassers betreffen, entstehen erst mit Ablauf des Todesjahres (R E 10.3 Abs. 3 ErbStR 2011), jedenfalls bei einer Zusammenveranlagung mit dem überlebenden Ehegatten. Stehen Steuererstattungsansprüche mehreren Gläubigern als Gesamtgläubiger zu, z. B. zusammenveranlagten Ehegatten, ist es aus Vereinfachungsgründen nicht zu beanstanden, wenn die Forderung nach Köpfen auf die einzelnen Gläubiger aufgeteilt wird (H E 10.3 ErbStH 2011). Entsprechendes soll auch für die Aufteilung von Steuerschulden gelten (so *Höne*, UVR 2012, 49).

Dies alles gilt entsprechend für **Erstattungszinsen**, soweit diese auf den Zeitraum vom Beginn des Zinslaufs bis zum Todestag des Erblassers entfallen (R E 10.3 Abs. 4 ErbStR 2011).

43 Rechnet das Finanzamt mit fälligen Steueransprüchen gegen einen Steuererstattungsanspruch auf, braucht dieser noch nicht fällig zu sein. Die **Aufrechnung** bewirkt (zivilrechtlich), dass die Forderungen als in dem Zeitpunkt erloschen gelten, in welchem sie zur Aufrechnung geeignet einander gegenübergetreten sind (§ 389 BGB); nach § 226 Abs. 1 AO i. V. m. § 389 BGB tritt auch steuerrechtlich grundsätzlich die gleiche Rechtsfolge ein. Gleichwohl – sie *gelten* nur als erloschen – bleiben nach dem jeweiligen Normzweck steuerliche Folgen unberührt, die an die Fälligkeit anknüpfen (*Rüsken*, in Klein, AO, 2016, § 226 Rz. 68a). Rechnet das Finanzamt daher gegen einen später fällig werdenden Erstattungsanspruch auf, erlischt die Forderung des Finanzamts erst bei Fälligkeit des Erstattungsanspruchs (*Rüsken*, in Klein, AO, 2016, § 226 Rz. 68a).

44 **Betriebliche Steuererstattungsansprüche** gehen in der Gesamtbewertung des Betriebsvermögens nach der Ertragswertmethode auf (§ 12 Abs. 5 ErbStG i. V. m. § 109 BewG und § 11 BewG). Erträge aus der Erstattung von Ertragsteuern (Körperschaftsteuer, Zuschlagsteuern und Gewerbesteuer) werden nach dem vereinfachten Ertragswertverfahren (§§ 199 ff. BewG) bei der für den Ertragswert maßgeblichen Ermittlung des Betriebsergebnisses abgezogen (§ 202 Abs. 1 S. 2 Nr. 2 Buchst. e BewG).

45 Die nach früherer ertragsteuerrechtlicher Rspr. bestehende Möglichkeit des Erben, einen vom Erblasser nicht ausgenutzten Verlustabzug und auf ihn übergegangenen **Verlustabzug nach § 10d EStG** bei seiner Einkommensteuerveranlagung geltend zu machen und ggf. eine Steuererstattung zu erlangen, blieb erbschaftsteuerrechtlich unberücksichtigt, da sie im Zeitpunkt des Todes des Erblassers noch kein bewertbares Wirtschaftsgut darstellte. Nach der Aufgabe dieser Rspr. durch den Großen Senat (BFH v. 17.12.2007, GrS 2/04, BStBl II 2008, 608) stellt sich diese Frage auch ertragsteuerrechtlich nicht mehr.

46–49 einstweilen frei

Steuerpflichtiger Erwerb § 10

2.5 Erwerb einer Beteiligung an einer vermögensverwaltenden Personengesellschaft (§ 10 Abs. 1 Satz 4 ErbStG)

Nach § 10 Abs. 1 Satz 4 ErbStG ist bei dem Erwerb von Anteilen an einer nicht gewerblichen (vermögensverwaltenden) Personengesellschaft oder einer anderen Gesamthandsgemeinschaft (z.B. einer ungeteilten Erbengemeinschaft) von einem Erwerb der anteiligen Wirtschaftsgüter auszugehen. Auf eine gewerblich geprägte Personengesellschaft (§ 15 Abs. 3 Nr. 2 EStG) ist § 10 Abs. 1 Satz 4 ErbStG nicht anzuwenden. Die Vorschrift (§ 10 Abs. 1 Nr. 3 ErbStG a.F.) ist durch das Jahressteuergesetz 1997 eingefügt worden. In den Gesetzesmaterialien (zweiter Bericht des Finanzausschusses, BT-Drs. 13/5952, 88) ist ausgeführt: 50

„Die Gesetzesänderung betrifft die Zuwendung einer Beteiligung an einer vermögensverwaltenden (nicht gewerblichen) Personengesellschaft. Sie ist im Hinblick auf ein Urteil des Bundesfinanzhofs (BFH, Urteil v. 14.12.1995, II R 79/94, BStBl 1996 II S. 546) notwendig geworden. Der Bundesfinanzhof hat entschieden, bei der Schenkung eines Anteils an einer vermögensverwaltenden BGB-Gesellschaft sei Erwerbsgegenstand der Gesellschaftsanteil als solcher. Dieser sei mit dem anteiligen Gesamtsteuerwert des Gesellschaftsvermögens als Saldo aus den Steuerwerten der Besitzposten der Gesellschaftsschulden zu bewerten.

Nach bisheriger Verwaltungsauffassung war der Erwerb von Beteiligungen an vermögensverwaltenden BGB-Gesellschaften als Erwerb der anteiligen Wirtschaftsgüter zu beurteilen. Die Gesetzesänderung stellt die bisherige Behandlung sicher."

In der Sache beseitigte § 10 Abs. 1 Satz 3 ErbStG a.F. die als Steuersparmodell (Wohlschlegel, ZEV 1996, 254) genutzte Möglichkeit, durch Übertragung eines Anteils an einer vermögensverwaltenden Personengesellschaft die steuerlich ungünstigen Grundsätze der gemischten Schenkung zu umgehen. In diesem Sinne stellt § 10 Abs. 1 Satz 4 2. Halbs. ErbStG klar, dass die **Grundsätze der gemischten Schenkung** anzuwenden sind (vgl. R E 10.4 ErbStR 2011). Darüber hinaus wird klargestellt, dass es als Gegenleistung des Beschenkten gelten soll, wenn er die Verpflichtung eingeht, gesellschaftsintern die anteiligen Schulden der Gesellschaft gegen sich gelten zu lassen. 51

§ 10 Abs. 1 Satz 4 2. Halbs. ErbStG wird nur verständlich vor dem Hintergrund der gemischten Schenkung und der besonderen Art der Ermittlung der Bereicherung für sie i.S.d. § 10 Abs. 1 Satz 1 ErbStG. Deswegen ist die Vorschrift auf Erwerbe von Todes (§ 3 Abs. 1 ErbStG) einschließlich der Schenkung auf den Todesfall (§ 3 Abs. 1 Nr. 2 Satz 2 ErbStG) wegen der für diese in § 10 Abs. 1 Satz 2 ErbStG vorgesehenen Art der Ermittlung der Bereicherung nicht anwendbar (ebenso *Högl*, in Gürsching/Stenger, ErbStG, § 10 Rz. 44). 52

2.6 Zweckzuwendung (§ 10 Abs. 1 S. 5 ErbStG)

Bei der Zweckzuwendung (dazu § 8 ErbStG) tritt an die Stelle des Vermögensanfalls die Verpflichtung des Beschwerten (§ 10 Abs. 1 Satz 5 ErbStG). Diese Regelung ist erforderlich, weil bei dem Erwerber eine von § 10 Abs. 1 Satz 1 ErbStG vorausgesetzte Bereicherung gerade nicht eintritt. Der mit der Ausführung der Zuwendung Beschwerte darf jedoch von der Zuwendung die für die Entrichtung der Steuer 53 erforderlichen Mittel abziehen und ist daher auch gem. § 20 Abs. 1 ErbStG Steuerschuldner. Bemessungsgrundlage des steuerpflichtigen Erwerbs bei der Zweckzuwendung ist demgemäß der Betrag, der dem Beschwerten für die Erfüllung des festgelegten Zwecks zur Verfügung steht. Zur Feststellung des steuerpflichtigen Erwerbs sind die ggf. nach anderen Vorschriften des § 10 ErbStG abziehbaren Verbindlichkeiten sowie die Steuerbefreiungen bzw. Freibeträge gem. §§ 13, 13a, 13d, 16 bis 18 ErbStG zu berücksichtigen.

2.7 Abrundung (§ 10 Abs. 1 S. 6 ErbStG)

54 Der sich als steuerpflichtiger Erwerb ergebende Betrag ist auf volle 100 EUR nach unten abzurunden, § 10 Abs. 1 Satz 6 ErbStG; ergeben sich bei der Ermittlung des steuerpflichtigen Erwerbs Euro-Beträge mit Nachkommastelle, sind sie jeweils in der für den Steuerpflichtigen günstigen Weise auf volle Euro-Beträge auf- bzw. abzurunden (H E 10.1 ErbStH 2011 „Abrundung/Aufrundung"). Die Regelung entstammt einer Zeit vor dem flächendeckenden Einsatz von IT zur Bewältigung der für die Steuerfestsetzung erforderlichen Rechenarbeiten. Sie ist unzeitgemäß und sollte daher alsbald ersatzlos gestrichen werden. Für Bagatellfälle ist mit § 22 ErbStG und § 3 KBV bereits ausreichend Vorsorge getroffen worden.

55 Die **Freibeträge** (§§ 16, 17 ErbStG) und der jeweils maßgebende Steuersatz (§ 19 ErbStG) sind jeweils auf den nach § 10 Abs. 1 Satz 6 ErbStG abgerundeten Betrag anzuwenden. Es ergeben sich also keine steuerlichen Auswirkungen, wenn die in §§ 16, 17 ErbStG aufgeführten Steuerfreibeträge um jeweils bis zu 99,99 EUR überschritten werden.

56 Zu beachten ist daneben die **Kleinbetragsgrenze** aus § 22 ErbStG (zu Einzelheiten vgl. § 22 ErbStG Rz. 1 ff.).

57 Die Abrundungsvorschrift des § 10 Abs. 1 Satz 6 ErbStG gilt auch für die Ermittlung des steuerpflichtigen (Gesamt-)Erwerbs bei der **Jahresversteuerung nach § 23 ErbStG**; jedoch findet eine weitere Abrundung des (einzelnen) Jahreswerts der Rente nicht statt (§ 23 ErbStG Rz. 35).

57 Bei der **Ersatzerbschaftsteuer** fingiert § 15 Abs. 2 Satz 3 ErbStG den Übergang des Vermögens der Stiftung oder des Vereins auf zwei Personen, sodass auch die Abrundung nach § 10 Abs. 1 Satz 6 ErbStG zweimal (d.h. für jeden dieser beiden fingierten Erwerbe) vorzunehmen ist.

2.8 Ersatzerbschaftsteuer (§ 10 Abs. 1 S. 7 ErbStG)

58 Bei der Ersatzerbschaftsteuer tritt an die Stelle des Vermögensanfalls das Vermögen der Stiftung oder des Vereins (§ 10 Abs. 1 Satz 7 ErbStG). Maßgebend ist das **Reinvermögen am jeweiligen Stichtag** (dazu § 9 Abs. 1 Nr. 4 ErbStG). Ein tatsächlicher Erwerb findet bei der Ersatzerbschaftsteuer nicht statt; vielmehr fingiert § 15 Abs. 2 Satz 3 ErbStG einen Übergang des Vermögens auf zwei Personen der Steuerklasse I. Die Bewertung des Vermögens i.S.d. § 10 Abs. 1 Satz 7 ErbStG bestimmt sich nach § 12 ErbStG. Gem. § 10 Abs. 7 ErbStG sind Leistungen an die nach der Stiftungsurkunde oder nach der Vereinssatzung

Steuerpflichtiger Erwerb § 10

Berechtigten nicht abzugsfähig. Die Steuerbefreiungen des § 13 Abs. 1 ErbStG sowie des § 13a ErbStG und § 13d ErbStG finden Anwendung.

einstweilen frei 59–64

3 Übernahme der Steuer (§ 10 Abs. 2 ErbStG)

Muss ein Erwerber die Erbschaft- oder Schenkungsteuer für seinen Erwerb nicht zahlen, weil sie ein anderer übernommen hat oder einem anderen auferlegt worden ist, bestimmt § 10 Abs. 2 ErbStG, dass der von der Zahlung befreite Erwerber stets auch diesen **Vermögensvorteil** als zusätzliche Bereicherung zu versteuern hat (BT-Drs. VI/3418, 66). Mit einer – sachlich und rechnerisch vereinfachten – Methode behandelt das Gesetz die Übernahme der Steuer nicht als einen zusätzlichen Steuerfall, sondern als eine Werterhöhung der Schenkung; (BFH v. 11.11.1977, II R 66/68, BStBl II 1978, 220) dies gilt nicht, wenn die Steuer nachträglich übernommen wird (Hessisches FG v. 19.9.2013, 1 K 1072/10, StE 2013, 776). Konstitutiv ist die Vorschrift insoweit, als sie verhindert, fortlaufend die Steuer auf die übernommene Steuer als weitere freigebige Zuwendungen erfassen zu müssen (BFH v. 16.1.2002, II R 15/00, BFH/NV 2002, 590), was mathematisch korrekt wäre und sich in einem IT-gestützten Verfahren auch mit überschaubaren Aufwand berechnen ließe. 65

Die Übernahmevereinbarung hat zusammen mit dem Schenkungsversprechen in der gehörigen Form zu erfolgen. Ist das Schenkungsversprechen wegen Formmangels unwirksam, kann die Formunwirksamkeit durch Vollzug geheilt werden. Dies bedeutet, dass auch die Zahlung der Steuer erfolgen muss. Hierzu sollte das FA ggf. Gelegenheit geben.

Um den (Gesamt-)Erwerb zu ermitteln, ist der Erwerb nach § 10 Abs. 1 ErbStG, für den ein anderer die Steuer übernommen hat oder die Steuer einem anderen auferlegt worden ist, und die Steuer, die für diesen Erwerb anfallen würde, zusammenzuzählen. Aus diesem Gesamterwerb ist der steuerpflichtige Erwerb zu ermitteln und die Steuer festzusetzen. 66

Beipiel:

	M schenkt dem J 264.800 EUR	M schenkt dem J 190.899 EUR (also das, was J netto nach Steuerzahlung hat) und übernimmt die Steuer.		
		1. Rechenschritt (Steuer auf Erwerb)	2. Rechenschritt (Erwerb + Steuer ergibt „Gesamtschenkung")	3. Rechenschritt (Steuer auf Gesamtschenkung)
Bereicherung (§ 10 Abs. 1 Satz 1 ErbStG)	264.099 EUR	190.899 EUR	190.899 EUR + 51.240 EUR = 242.139 EUR	242.139 EUR

§ 10 Steuerpflichtiger Erwerb

./. Freibetrag (§§ 15 Abs. 1, 16 Abs. 1 Nr. 7 ErbStG)	20.000 EUR	20.000 EUR		20.000 EUR
Abgerundet (§ 10 Abs. 1 Satz 6 ErbStG)	244.000 EUR	170.800 EUR		222.100 EUR
Steuersatz 30 % (§ 19 Abs. 1 ErbStG)	73.200 EUR	51.240 EUR		66.630 EUR
Netto bei J	190.899 EUR			
„Belastung" M:	264.099 EUR			190.899 EUR + 66.630 EUR = 257.529 EUR
Übernimmt M die Steuer, muss er 257.529 EUR aufwenden, damit J netto 190.899 EUR erhält; zahlt J die Steuer, muss M 264.099 EUR aufbringen, damit J ebenfalls (nur) 190.899 EUR netto erhält.					

67 Das Beispiel zeigt, dass die **Übernahme der Schenkungsteuer durch den Schenker regelmäßig eine steuergünstige Gestaltung** ist. § 10 Abs. 2 ErbStG lässt nämlich bei der Bemessungsgrundlage unberücksichtigt, dass die Zuwendung der Steuer das Vermögensopfer des Schenkenden erhöht. Eine allgemein gültige Formel zur Errechnung des erzielbaren Steuervorteils gibt es allerdings nicht. Es bedarf daher einer Berechnung der möglichen Steuerersparnis für den jeweiligen Einzelfall (*Bachmann/Baumann/Schuler*, DStR 2013, 2645 haben es unternommen, eine für die betriebswirtschaftliche Praxis anwendbare Funktion zu enwickeln). Die mit der Übernahme der Steuer verbundenen steuerlichen Vorteile lassen sich sowohl bei Geldzuwendungen als auch bei Sachzuwendungen erzielen. Die Regelung des § 10 Abs. 2 ErbStG stammt aus einer Zeit vor dem flächendeckenden Einsatz von IT und sollte in den davon erfassten Fällen einer Berechnung der Steuer „von Hand" erlauben. Der mit der Übernahme der Steuer einhergehende Steuervorteil ist daher sachlich nicht mehr länger zu rechtfertigen und sollte vom Gesetzgeber überdacht werden.

68 Soweit der Schenker eine **Geldzuwendung** um den zur Begleichung der Steuer erforderlichen Betrag kürzt, liegt hierin bezüglich des zur Steuerbegleichung erforderlichen Betrags weder eine steuerpflichtige Rückschenkung des Beschenkten noch ein Fall des § 42 AO, da der Schenker eine vom Gesetz bewusst eröffnete vorteilhafte Gestaltung nutzt. Bei einer **Sachschenkung** können die Vorteile des § 10 Abs. 2 ErbStG durch gemischte Schenkung in der Weise gesichert werden, dass der Beschenkte dem Schenker die zu entrichtende Steuer erstattet (*Moench*, DStR 1993, 1586). Eine abschließende Klärung der Anwendbarkeit des § 10 Abs. 2 ErbStG in diesen Fällen steht allerdings noch aus. Beachtlich erscheint allerdings der von

Steuerpflichtiger Erwerb § 10

Wohlschlegel (DStR 1995, 252) gegen die steuerliche Anerkennung einer Rückerstattung der Steuer durch den Beschenkten vorgebrachte Einwand, dass es – bei teleologischer Auslegung des § 10 Abs. 2 ErbStG – an einer Übernahme der Steuer durch den Schenker fehlt.

Der mit § 10 Abs. 2 ErbStG verbundene Steuerspareffekt kann auch bei der Zuwendung von **Auslandsvermögen** erzielt werden. 69

Bei **beschränkter Steuerpflicht** (§ 2 Abs. 1 Nr. 3 ErbStG) kann § 10 Abs. 2 ErbStG dagegen nicht angewendet werden, weil die Bereicherung des Erwerbers um die ersparte Steuer nicht zum Inlandsvermögen i.S.d. § 121 BewG gehört und daher keinen steuerpflichtigen Erwerb auslöst (FinMin Bayern, v. 17.8.2006, 34 – S 3810 – 027 – 33 013/06, HaufeIndex 1576187). 70

Bei Übernahme der Schenkungsteuer durch den Beschenkten bedarf es ggf. der **Festlegung des Zeitpunkts**, in dem die Steuer auf diese Schenkung entsteht. Das hat z.B. Bedeutung für den Fall, dass das Schenkungsversprechen in Bezug auf die vom Schenker zu übernehmende Steuer vor deren Entrichtung rückgängig gemacht wird. Es spricht viel dafür, dass die Verpflichtung des Schenkers zur Übernahme der Steuer bereits mit der Schenkung der Hauptsache i.S.d. § 9 Abs. 1 Nr. 2 ErbStG ausgeführt ist. Für diese Auffassung lässt sich anführen, dass die Übernahme der Schenkungsteuer eine Werterhöhung der Schenkung bedeutet; diese Werterhöhung ist bereits mit Ausführung der zugrunde liegenden Zuwendung verwirklicht (*Meincke*, ErbStG, 2012, § 10 Rz. 25). 71

Bei der Zusammenrechnung von **mehreren Erwerben** innerhalb von zehn Jahren gem. § 14 ErbStG ist bei nicht nachträglicher Übernahme der Schenkungsteuer auf eine frühere Schenkung für diese deren Wert zuzüglich der Steuer anzusetzen, die dadurch bewirkte Erhöhung der daraus errechneten Steuer aber unberücksichtigt zu lassen (BFH v. 17.11.1977, II R 66/68, BStBl II 1978, 220). 72

Bei **Erwerben von Todes wegen** ist eine Übernahme der Steuer durch den Erblasser naturgemäß nicht möglich. § 10 Abs. 2 ErbStG kommt jedoch zur Anwendung, wenn die Steuer „einem anderen auferlegt" ist. Das kann z.B. der Fall sein, wenn der Erblasser den Erben zur Zahlung der Erbschaftsteuer für die Erwerbe anderer begünstigter Personen (z.B. Vermächtnisnehmer oder Pflichtteilsberechtigte) verpflichtet hat. Zivilrechtlich ist eine solche Anordnung des Erblassers allerdings nur wirksam, soweit die Verpflichtung zur Übernahme der Steuer nicht die durch das Pflichtteilsrecht garantierte Mindestbeteiligung am Nachlass schmälert (§ 2306 Abs. 1 BGB). Bei dem **Vermächtnisnehmer** oder **Pflichtteilsberechtigten** liegt in Höhe der vom Erben übernommenen Steuer eine zusätzliche Bereicherung vor, die gem. § 10 Abs. 2 ErbStG zu erfassen ist. Bei dem Erben ist die ihm auferlegte Steuerentrichtungspflicht gem. § 10 Abs. 5 Nr. 2 ErbStG abziehbar; das Abzugsverbot des § 10 Abs. 8 ErbStG gilt für den Erben – weil es sich insoweit nicht um seine eigene Erbschaftsteuer handelt – nicht. 73

einstweilen frei 74–78

4 Vereinigung von Recht und Verbindlichkeit (§ 10 Abs. 3 ErbStG)

79 § 10 Abs. 3 ErbStG gewährleistet „den Abzug von Schulden und Lasten, die durch Vereinigung von Recht und Verbindlichkeit erloschen sind" (BT-Drs. VI/3418, 66). Die Tragweite des § 10 Abs. 3 ErbStG ist damit jedoch aus den nachfolgenden Gründen nur unvollständig umrissen.

80 Nach Bürgerlichem Recht erlischt ein Schuldverhältnis, wenn sich Forderung und Schuld in einer Person vereinigen (sog. **Konfusion**). § 10 Abs. 3 ErbStG bestimmt hierzu, dass das infolge des Anfalls von Vereinigung von Recht und Verbindlichkeit erloschene Rechtsverhältnis nicht als erloschen gilt. Die Vorschrift betrifft daher zunächst den in der vorzitierten Gesetzesbegründung angesprochenen Fall, dass der **Erbe Gläubiger einer Forderung gegenüber dem Erblasser** war. Diese Forderung (z. B. der Vergütungsanspruch, der einem Erben gegen den Erblasser wegen erbrachter Pflegeleistungen aufgrund Dienstvertrag zusteht), obgleich durch Konfusion erloschen, kann bei dem Erben aufgrund der Anordnung des § 10 Abs. 3 ErbStG noch als bereicherungsmindernd berücksichtigt werden.

Die Frage, ob ein noch nicht verjährter Pflichtteilsanspruch vom Berechtigten, der den Verpflichteten beerbt hat, noch nach dem Tod des Verpflichteten geltend gemacht werden kann, hat der BFH mittlerweile bejaht (BFH v. 19.2.2013, II R 47/11, BStBl II 2013, 332. Diese Rechtsprechung wendet formal die zivilrechtlichen Vorgaben an. Dabei gerät jedoch außer Augen, dass der Letzterbe in solchen Konstellationen zumeist nicht den Pflichtteil gegenüber dem überlebenden Elternteil geltend gemacht hätte. Man darf mutmaßen, dass bei dieser Rechtsprechung auch ein verständliches Unbehagen darüber mitschwingt, dass das Bürgerliche Recht in § 2269 BGB einen bestimmten Testamentsinhalt besonders hervorhebt und als gem. § 2267 BGB auch noch in Bezug auf die Formerfordernisse privilegiert, während das Erbschaftsteuerrecht diese Gestaltung durch Verlust des Freibetrags der Kinder bei Tod des erstversterbenden Ehegatten mit empfindlichen Nachteilen belegt). Den eigentlichen Prüfstein bildet die nach wie vor umstrittene Frage, ob die vorstehenden Rechtsfolgen auch eintreten, wenn der Pflichtteilsanspruch im Zeitpunkt der entsprechenden Erklärung gegenüber dem FA bereits verjährt ist. Zwar wird auch auf einen verjährten Anspruch mit Rechtsgrund geleistet. Gleichwohl fehlt in solchen Fällen jede wirtschaftliche Belastung, da der Steuerpflichtige nur deswegen als Rechtsnachfolger des Pflichtteilsverpflichteten auf die Erhebung der Einrede der Verjährung verzichtet, damit er den ansonsten verlorenen Freibetrag in Anspruch nehmen kann (ebenfalls verneint von FG Hessen v. 3.11.2015, 1 K 1059, EFG 2016, 298 (Rev II R 1/16). Ebenso aus der Zeit vor dem eben genannten BFH-Urteil FG München v. 24.7.2002, 4 K 1286/00, EFG 2002, 1625; a.A. FG Schleswig-Holstein v. 4.5.2016, 3 K 148/15, EFG 2016, 1102 (Rev. II R 17/16)).

81 § 10 Abs. 3 ErbStG betrifft jedoch auch den umgekehrten Fall, in dem der **Erblasser eine Forderung gegen den Erben** hatte. Durch die Vorschrift wird nicht nur der Fortbestand der Gläubigerstellung, sondern auch der Fortbestand der Schuldnerstellung fingiert, so dass der zivilrechtlichen Erlöschen von Forderung und Schuld bei der Berechnung der Erbschaft- und Schenkungsteuer keine Bedeutung zukommt. Aufgrund der Konfusion wird der Erbe zwar zivilrechtlich von seiner Verbindlichkeit befreit. Die darin liegende Bereicherung des Erben ist jedoch nach §

10 Abs. 3 ErbStG bei ihm steuerlich als bereicherungserhöhend zu erfassen (BFH v. 7.10.1998, II R 64/96, BStBl II 1999, 25).

Erloschene Forderungen und Verbindlichkeiten sind gem. § 12 Abs. 1 ErbStG nach den **allgemeinen Bewertungsvorschriften** zu bewerten (BFH v. 10.7.1996, II R 32/94, BFH/NV 1997, 28). Bei einem **zinslosen Darlehen** scheidet eine Berichtigung des Kapitalwerts wegen des Eintritts des Erbfalls nach bewertungsrechtlichen Vorschriften (§§ 13 Abs. 3, 14 Abs. 2 BewG). von vornherein aus. Denn der Tod des Darlehensgebers führt gem. § 10 Abs. 3 ErbStG für die erbschaft- und schenkungsteuerrechtliche Beurteilung zu keiner Veränderung der Nutzungsdauer (BFH v. 7.10.1998, II R 64/96, BStBl II 1999, 25; a. A. FG Münster v. 10.9.2015, 3 K 1870/13 Erb, EFG 2016, 45 (Rev. Az BFH II R 51/15)). 82

Der Konfusion entsprechende Folgerungen treten auch ein, wenn sich ein Recht und eine darauf beruhende Belastung durch den Vermögensanfall in einer Hand vereinigen (sog. **Konsolidation**). Sie tritt u. a. beim Nießbrauch des Erben an beweglichen Sachen (§ 1063 BGB) und Rechten (§ 1068 BGB) des Erblassers ein. In solchen Fällen ist § 10 Abs. 3 ErbStG unmittelbar anwendbar. **Beschränkt dingliche Rechte** an Grundstücken bleiben jedoch gem. § 889 BGB trotz des Zusammentreffens von Grundstückseigentum und Belastung bestehen; gleichwohl dürfte auch in diesem Fall § 10 Abs. 3 ErbStG entsprechend anzuwenden sein. Erwirbt daher der Nießbrauchsberechtigte das belastete Grundstück von Todes wegen, so kann der Kapitalwert des Nießbrauchs vom Steuerwert des Grundstücks abgezogen werden. Wird dem Nießbraucher das Grundstück durch Schenkung unter Lebenden übertragen, so kann die Nießbrauchslast wie eine Nutzungs- oder Duldungsauflage mit dem Steuerwert des Grundstücks saldiert werden. 83

Der Eintritt dieser Fiktionswirkung des § 10 Abs. 3 ErbStG setzt voraus, dass Rechtsverhältnisse durch Konfusion bzw. Konsolidation **zivilrechtlich erlöschen**. 84

Dies ist **nicht** der Fall, wenn ein auflösend bedingter Anspruch nicht als Folge einer Vereinigung von Recht und Verbindlichkeit, sondern wegen Eintritts der auflösenden Bedingung untergeht (BFH v. 21.5.2001, II R 48/99, BFH/NV 2001, 1407). Gleiches gilt, wenn eine Verbindlichkeit (z. B. die Verpflichtung zur Zahlung einer lebenslänglichen Rente) unmittelbar mit dem Tode des Berechtigten erlischt; zu einer Konfusion kann es hier nicht mehr kommen. Eine Bereicherung des bis zu diesem Zeitpunkt Verpflichteten tritt daher nicht ein; § 10 Abs. 3 ErbStG ist hier unanwendbar. Gleiches gilt für den Wegfall eines dem Erblasser auf Lebenszeit eingeräumten Nießbrauchsrechts. Keine Konfusion – mit der Folge der Unanwendbarkeit des § 10 Abs. 3 ErbStG – ist auch bezüglich eines auf einen Sozialhilfeträger übergeleiteten Rückforderungsanspruchs des Schenkers gegenüber dem Beschenkten aus § 528 BGB gegeben, sofern der Beschenkte zugleich Erbe des Schenkers wird (BGH v. 14.6.1995, IV ZR 212/94, NJW 1995, 2287; vgl. auch § 29 Rz. 12). 85

Schließlich ist zu berücksichtigen, dass eine zunächst durch Konfusion erloschene Verbindlichkeit des Erblassers gegenüber dem Erben **wieder auflebt**, falls später eine Nachlassverwaltung angeordnet oder ein Nachlassinsolvenzverfahren eröffnet wird (§ 1976 BGB). Damit entfallen nachträglich die Anwendungsvoraussetzungen des § 10 Abs. 3 ErbStG. 86

einstweilen frei 87–94

5 Anwartschaft eines Nacherben (§ 10 Abs. 4 ErbStG)

95 § 10 Abs. 4 ErbStG enthält eine spezielle Regelung zu der in § 6 ErbStG geregelten Besteuerung der Vor- und Nacherbfolge. Die Vorschrift betrifft den Fall, dass der Nacherbe nach Eintritt des Vor-, aber vor Eintritt des Nacherbfalls stirbt. Bürgerlich-rechtlich erwirbt der Nacherbe mit dem Tod des Erblassers neben seinem zukünftigen Erbrecht ein (auch vererbliches und übertragbares) Anwartschaftsrecht (m. w. N. BFH v. 20.10.2005, II B 32/05, BFH/NV 2006, 304; BFH v. 28.10.1992, II R 21/92, BStBl II 1993, 158). Stirbt der Nacherbe vor Eintritt des Nacherbfalls, so geht dieses Anwartschaftsrecht auf die Erben des Nacherben über. § 10 Abs. 4 ErbStG bestimmt, dass diese **Anwartschaft eines Nacherben nicht zu seinem Nachlass** gehört. Dies entspricht der Regelung des § 6 ErbStG, wonach Erbschaftsteuer erst bei Eintritt des Nacherbfalls anfällt.

96 § 10 Abs. 4 ErbStG gilt nicht nur für die Erbschaftsteuer, sondern ist ebenso bei dem **Erwerb des Nacherbenanwartschaftsrechts** durch freigebige Zuwendung unter Lebenden anzuwenden (BFH v. 28.10.1992, II R 21/92, BStBl II 1993, 158). Auch hier ist erst der Vermögenserwerb durch Eintritt des Nacherbfalls steuerpflichtig. Wird das Nacherbenanwartschaftsrecht allerdings **entgeltlich auf einen Dritten** übertragen, so tritt insoweit Steuerpflicht nach § 3 Abs. 2 Nr. 6 ErbStG ein; der Dritte kann das von ihm gezahlte Entgelt als Kosten für die Erlangung des Erwerbs gem. § 10 Abs. 5 Nr. 3 ErbStG abziehen (BFH v. 28.10.1992, II R 21/92, BStBl II 1993, 158).

97 Hingegen sind Zahlungen, die ein Vorerbe zur **Ablösung des Nacherbenrechts** leistet, bei dem Erwerb des Vorerben nicht gem. § 10 Abs. 5 Nr. 3 ErbStG abzugsfähig (BFH v. 23.8.1995, II R 88/92, BStBl II 1996, 137).

98–109 einstweilen frei

6 Nachlassverbindlichkeiten (§ 10 Abs. 5 ErbStG)

110 § 10 Abs. 5 ErbStG regelt den Abzug der als Nachlassverbindlichkeiten abzugsfähigen Schulden und Lasten; die Vorschrift dient der Verwirklichung des erbschaftsteuerlichen **Bereicherungsprinzips** (Überblick bei *Wenhardt*, NWB-EV 2011, 31). Zu berücksichtigen sind Begrenzungen der Abzugsfähigkeit aufgrund § 10 Abs. 6-9 ErbStG; weitere Abzugsverbote folgen aus § 21 ErbStG und – für aufschiebend bedingte Lasten – aus § 12 Abs. 1 ErbStG i. V. m. § 6 BewG (zur Änderung des Steuerbescheids nach Eintritt der Bedingung vgl. § 6 Abs. 2 BewG).

6.1 Allgemeines

111 Der in § 10 Abs. 5 ErbStG verwendete Begriff der „Nachlassverbindlichkeiten" entspricht der Ausdrucksweise des § 1967 BGB. Bürgerlich-rechtlich gehören zu den Nachlassverbindlichkeiten zum einen die sog. **Erblasserschulden** (dies sind gem. § 1967 Abs. 2 BGB die – soweit vererblich – „vom Erblasser herrührenden Schulden") und ferner die sog. **Erbfallschulden** (dies sind gem. § 1967 Abs. 2 BGB die „den Erben als solche treffenden Verbindlichkeiten", die aus Anlass des Erbfalls entstehen). Hierbei ist zivilrechtlich zwischen den unmittelbaren Erbfall-

schulden (vgl. die in § 1967 Abs. 2 BGB beispielhafte Aufzählung der Verbindlichkeiten aus Pflichtteilsrechten, Vermächtnissen und Auflagen) und den erst nach dem Erbfall entstehenden – ebenfalls den Erben als solchen treffenden – sog. Nachlasskosten- und Erbschaftsverwaltungsschulden (z.B. Beerdigungs- oder Testamentsvollstreckerkosten) zu unterscheiden.

In Anknüpfung an diese zivilrechtlich durch § 1967 BGB vorgegebene Differenzierung ist die Abzugsfähigkeit der Erblasserschulden in § 10 Abs. 5 Nr. 1 ErbStG, von Erbfallschulden in § 10 Abs. 5 Nr. 2 ErbStG und von Nachlasskosten- und Erbschaftsverwaltungsschulden in § 10 Abs. 5 Nr. 3 ErbStG geregelt. Zur Anwendung des § 10 Abs. 5 ErbStG auf Schenkungen vgl. Rz. 223. 112

Ungeachtet der ersichtlichen Anknüpfung des § 10 Abs. 5 ErbStG an § 1967 Abs. 2 BGB besteht bezüglich der Abzugsfähigkeit von Nachlassverbindlichkeiten **keine starre Bindung des ErbStG an das Zivilrecht** (BFH v. 27.6.2007, II R 30/05, BStBl II 2007, 651; BFH v. 15.5.2009, II B 155/08, BFH/NV 2009, 1441). Der Begriff der Nachlassverbindlichkeiten ist zwar zivilrechtlich geprägt und auch im erbschaftsteuerlichen Zusammenhang zunächst an den Maßstäben des Bürgerlichen Rechts auszurichten. Bezugspunkt der Abzugsfähigkeit von Nachlassverbindlichkeiten ist jedoch letztlich die Bereicherung des Erwerbers (§ 10 Abs. 1 Satz 1 ErbStG). In diesem erbschaftsteuerlichen Zusammenhang kann jedoch unter näheren Umständen eine wirtschaftliche Betrachtungsweise nicht gänzlich ausgeschlossen sein; dies ist auch seit jeher – dazu nachfolgend – der Standpunkt der Rspr. 113

Grundsätzlich begründet **jede Verpflichtung des Erblassers**, die am Todestag schon bestanden hat und bis dahin auch noch nicht getilgt war, eine abzugsfähige Nachlassverbindlichkeit. Auszugehen ist insoweit vom Bürgerlichen Recht. Es erscheint daher zutreffend, wenn die Rspr (BFH v. 25.10.1995, II R 45/92, BStBl II 1996, 11). im Zusammenhang mit der Abziehbarkeit von Nachlassverbindlichkeiten gem. § 10 Abs. 5 ErbStG aus einem **Darlehensvertrag unter Angehörigen** eine Anwendung der einkommensteuerrechtlichen Grundsätze über den sog. Fremdvergleich ausschließt. Unter dem Gesichtspunkt der Bereicherung (§ 10 Abs. 1 Satz 1 ErbStG) kann einem Abzug von Nachlassverbindlichkeiten jedoch entgegenstehen, dass die Verbindlichkeit – bei wirtschaftlicher Betrachtungsweise – für den Erwerber keine wirtschaftliche Last beinhaltet (*Moench*, DStR 1992, 1185). Auf diesen Gesichtspunkt stellt auch die Rspr. ab und verneint die Abzugsfähigkeit von Nachlassverbindlichkeiten, wenn es tatsächlich und wirtschaftlich an einer Belastung des Erwerbers fehlt, wenn bei objektiver Würdigung der Verhältnisse angenommen werden kann, dass der Gläubiger seine Forderung nicht geltend machen wird (BFH v. 1.7.2008, II R 71/06, BStBl II 2008, 874; BFH v. 27.6.2007, II R 30/05, BStBl II 2007, 651; BFH v. 24.3.1999, II R 34/97, BFH/NV 1999, 1339. Die Berücksichtigung der von der Vollziehung ausgesetzten latenten Steuerschulden des Erblassers verneint FG Köln v. 10.6.2015, 9 K 2384/09, EFG 2015, 1618 (Rev. Az BFH II R 34/15)). Nicht ohne weiteres erschließt sich daher, weshalb die Geltendmachung eines Pflichtteils nach Tod des Verpflichteten durch dessen Alleinerben unabhängig davon erbschaftsteuerlich zu berücksichtigen sein soll, ob der Verpflichtete damit rechnen musste, den Anspruch zu Lebzeiten erfüllen zu müssen (BFH v. 19.2.2013, II R 47/11, BStBl II 2013, 332). Bei lebensnaher Betrachtung unterbleibt nämlich die 114

Geltendmachung in solchen Fällen in den meisten Fällen in dem Bewußtsein eines endgültigen Verzichts, sei es aus einem Geführ der Verpflichtung gegenüber dem überlebenden Elternteil, sei es aus Sorge vor nachfolgender Sanktionierung.

115 Umgekehrt wird in besonders gelagerten Ausnahmefällen eine als Nachlassverbindlichkeit abzugsfähige **wirtschaftliche Belastung** des Erblassers auch dann angenommen, wenn es an einer entsprechenden rechtlichen Verpflichtung fehlt. So können vom Erben erbrachte **Unterhaltsleistungen** zum Abzug berechtigen, zu denen er sich aus zwingenden Gründen (z.B. moralischer Art) für verpflichtet hält (BFH v. 18.11.1963, II 166/341, HFR 1964, 83. Das Kriterium bleibt jedoch konturenarm. Letztendes läuft dies auf ein "sittliches Urteil" seitens des Finanzamts (oder des Finanzgerichts) hinaus, zu dem beide nicht berufen und auch nicht in der Lage sind. Bei konsequenter zivilrechtlicher Betrachtung läge jedenfalls die Schlussfolgerung nahe, dass der Erbe von Rechts wegen zu keiner Zahlung verpflichtet war und diese daher als freigebige Zuwendung zu würdigen wäre). Steht dem nichtehelichen Lebenspartner bei Tod des Erblassers (ausnahmsweise) ein Ausgleichsanspruch nach gesellschaftsrechtlichen Grundsätzen zu, sind die Zahlungen der Erben als Nachlassverbindlichkeiten zu. berücksichtigen (FG Münster v. 29.5.2008, 3 K 1354/06 Erb, EFG 2008, 1646; s. dazu *Rothenberger*, ErbStB 2008, 350).

116 Zum Abzug von **außergewöhnlichen** Unterhaltskosten (sog. Überlast) nach Denkmalschutzrecht vgl. R E 10.6 ErbStR 2011 und H E 10.6 ErbStH 2011 „Kapitalwert der Überlast". Bei **Schlössern, Burgen und Herrenhäusern** wird allgemein davon ausgegangen, dass die – aufgrund der Verpflichtung nach dem jeweiligen Landesdenkmalschutzgesetz – zu erhaltende Bausubstanz in einem groben Missverhältnis zu dem durch sie vermittelten Nutzen steht. Die hierdurch verursachten zusätzlichen Instandhaltungskosten stellen als ernstliche wirtschaftliche Belastung (Überlast) eine Nachlassverbindlichkeit dar, die mit Pauschalsätzen (R E 10.6. Abs. 2 ErbStR 2011) berücksichtigt wird. Dies gilt auch für die Überlast aus der **Denkmalpflege bei einem Betriebsgrundstück**; sie gehört nach § 95 Abs. 1 BewG nicht zum Betriebsvermögen. Bei **denkmalgeschützten Patrizierhäusern, Bürgerhäusern, Wohn- und Geschäftsgebäuden** und dergleichen kann eine Überlast nur aufgrund eines Einzelnachweises berücksichtigt werden.

117 Nicht selten wird einem Erben erst nach längerer Zeit bekannt, dass weitere Nachlassverbindlichkeiten bestehen. Hier stellt sich im Zusammenhang mit der Abzugsfähigkeit dieser Nachlassverbindlichkeiten die verfahrensrechtliche Frage, ob ein bereits bestandskräftiger Erbschaftsteuer- bzw. Schenkungsteuerbescheid noch geändert werden kann. Gem. § 173 Abs. 1 Nr. 2 AO ist ein Steuerbescheid aufzuheben oder zu ändern, sofern die **nachträglich bekannt gewordenen Nachlassverbindlichkeiten** zu einer geringeren Steuer führen und den Steuerpflichtigen kein grobes Verschulden an der verspäteten Geltendmachung dieser Nachlassverbindlichkeit trifft. Die Änderung ist nur innerhalb der vierjährigen Festsetzungsfrist (§ 169 Abs. 1 Satz 1, Abs. 2 Nr. 2 AO) möglich. Macht der Steuerpflichtige eine Nachlassverbindlichkeit als bereicherungsmindernd geltend, so trifft ihn bezüglich des Bestehens dieser Verbindlichkeit die objektive Beweislast (Feststellungslast).

118–129 einstweilen frei

Steuerpflichtiger Erwerb § 10

6.2 Erblasserschulden (§ 10 Abs. 5 Nr. 1 ErbStG)

Zu den vom Erblasser herrührenden Schulden gehören alle gesetzlichen, vertraglichen und außervertraglichen Verpflichtungen, die in der Person des Erblassers begründet wurden. 130
Ein durch eine Vormerkung gesichertes Angebot auf eine schenkweise Übertragung eines Grundstücks stellt keinen den Erwerb mindernden Umstand i.S.v. § 10 Abs. 5 Nr. 1 ErbStG dar (BFH v. 28.10.2009, II R 32/08, BFH/NV 2010, 893).

Schulden, die mit einem zum Erwerb gehörenden Gewerbebetrieb, Anteil an einem Gewerbebetrieb, Betrieb der Land- und Forstwirtschaft oder Anteil an einem Betrieb der Land- und Forstwirtschaft in wirtschaftlichem Zusammenhang stehen und bei der Bewertung der wirtschaftlichen Einheit berücksichtigt worden sind, können nicht nach § 10 Abs. 5 ErbStG abgezogen werden. 131

Ebenfalls nicht abzugsfähig sind – über die sonstigen Abzugsverbote des § 10 Abs. 5 ErbStG hinaus – die mit dem Tod des Erblassers erlöschenden Verbindlichkeiten, weil diese nicht auf den Erben übergehen und mithin nicht vom Erblasser „herrühren". Insoweit ist allerdings die Sonderregelung des § 10 Abs. 3 ErbStG zu beachten. Lange Zeit vertrat die Rechtsprechung die Auffassung, dass Erblasserschulden nur bei dem Erben (§§ 1922, 1967 Abs. 2 BGB), nicht aber bei anderen Erwerbern (z.B. Vermächtnisnehmern) abziehbar sei (BFH v. 17.5.2000, II B 72/99, BFH/NV 2001, 39). Seit kurzem gestattet der BFH auch den Abzug der vom Erblasser herrührenden Schulden bei Erwerbern, die nicht Erben sind. Dies folgert der BFH aus § 10 Abs. 1 Satz 2 ErbStG, der den Abzug von Nachlassverbindlichkeiten nicht auf bestimmte Erwerbsvorgänge i.S.d. § 3 ErbStG beschränkt (BFH v. 15.6.2016, II R 51/14, BFH/NV 2016, 1837 (zur Veröffentlichung in BStBl II vorgesehen); s. dazu *Fumi*, BFH/PR 2017, 32). 132

6.2.1 Zu Lebzeiten des Erblassers entstandene Verbindlichkeiten

Die vom Erblasser herrührenden Schulden sind zunächst solche, die schon zu seinen Lebzeiten entstanden sind. Dazu gehören alle **gesetzlichen, vertraglichen und außervertraglichen Verpflichtungen des Erblassers**, z.B. aus Kauf, Miete oder unerlaubten Handlungen. Die Verbindlichkeiten müssen dabei zum Zeitpunkt des Erbfalls noch nicht voll wirksam entstanden sein. Zu den Erblasserschulden i.S.d. § 1967 Abs. 2 BGB zählen auch die erst in der Person des Erben entstehenden Verbindlichkeiten, die schon den Erblasser getroffen hätten, wenn er nicht schon vor Eintritt der zu ihrer Entstehung nötigen weiteren Voraussetzung verstorben wäre (BFH v. 15.6.2016, II R 51/14, BFH/NV 2016, 1837 (zur Veröffentlichung in BStBl II vorgesehen)). Die Rspr. nimmt eine Abzugsfähigkeit nur an, wenn sich aus der Verbindlichkeit auch eine **wirtschaftliche Belastung** ergibt (BFH v. 15.5.2009, II B 155/08, BFH/NV 2009, 1441 (zur Pflichtteilsschuld)). Mit dem zusätzlichen Erfordernis einer wirtschaftlichen Belastung weicht das Erbschaftsteuerrecht vom Zivilrecht ab (BFH v. 27.6.2007, II R 30/05, BStBl II 2007, 651). Steht fest, dass der Gläubiger seine Ansprüche nicht mehr geltend macht, so ist keine wirtschaftliche Belastung gegeben (s. oben Rz. 114, 115). Das ist auch der Fall, wenn sich eine Belastung des Erben aufgrund gesicherten Anspruchs auf eine andere Person abwäl- 133 zen lässt. So kann der Erbe solche Krankheitskosten des Erblassers nicht abziehen, für die ihm ein Beihilfeanspruch zusteht (FG Düsseldorf v. 2.12.1992, IV K 4519/91 Erb, EFG 1993, 391).

134 Abzugsfähig sind auch die **Steuerschulden des Erblassers**, die aufgrund § 45 Abs. 1 AO auf den Erben übergehen, soweit sie nicht mit Betriebsvermögen (Rz. 131) in wirtschaftlichem Zusammenhang stehen. Der Abzug der vom Erblasser herrührenden persönlichen Steuerschulden als Nachlassverbindlichkeiten nach § 10 Abs. 5 Nr. 1 ErbStG setzt nicht nur voraus, dass die Steuerschulden bei der Entstehung der Erbschaftsteuer, also bei Eintritt des Erbfalls (§ 9 Abs. 1 Nr. 1 ErbStG i.V.m. § 11 ErbStG), rechtlich bestehen bzw. durch die Verwirklichung von Steuertatbeständen durch den Erblasser begründet sind (BFH v. 4.7.2012, II R 15/11, BStBl II 2012, 790; BFH v. 4.7.2012, II R 50/11, BFH/NV 2012, 1790; BFH v. 4.7.2012, II R 56/11, BFH/NV 2012, 1792), sondern auch, dass sie zu diesem Stichtag eine wirtschaftliche Belastung darstellen (BFH v. 17.2.2010, II R 23/09, BStBl II 2010, 641; BFH v. 14.11.2007, II R 3/06, BFH/NV 2008, 574; BFH v. 14.12.2004, II R 35/03, BFH/NV 2005, 1093. Hieran hält der BFH auch nach Änderung seiner Rechtsprechung (s. Rz. 134a, 134b), wenngleich ohne überzeugende Begründung, ausdrücklich fest, vgl. BFH v. 4.7.2012, II R 15/11, BStBl II 2012, 790). Ob die Steuern dem Erblasser gegenüber tatsächlich bereits festgesetzt und/oder fällig gestellt worden sind, ist für § 10 Abs. 5 Nr. 1 ErbStG unerheblich (FG Hamburg v. 10.10.1990, II 173/88, EFG 1991, 130; OFD Koblenz, v. 3.11.2009, S 3810 A-St 4). Steuerschulden, die bis zum Bewertungsstichtag rechtlich entstanden sind, stellen auch dann eine wirtschaftliche Belastung dar, wenn sie vom Steuerpflichtigen zunächst nicht konkret vorausgesehen worden waren (BFH v. 14.11.2007, II R 3/06, BFH/NV 2008, 574). Dies gilt auch dann, wenn sich die Steuernachforderung erst aufgrund einer Außenprüfung ergibt. Etwas anderes gilt nur, wenn der Steuerpflichtige steuererhebliche Sachverhalte bewusst verheimlicht und aus diesem Grunde nicht mit seiner Inanspruchnahme rechnet (BFH v. 14.11.2007, II R 3/06, BFH/NV 2008, 574; BFH v. 14.12.2004, II R 35/03, BFH/NV 2005, 1093). Der Erbe kann eine vom Erblasser hinterzogene Einkommensteuer, die auch nach dem Eintritt des Erbfalls nicht festgesetzt worden ist, nicht schon dann als Nachlassverbindlichkeit abziehen, wenn er das für die Festsetzung der Einkommensteuer zuständige Finanzamt zeitnah über die Steuerangelegenheit unterrichtet hat; maßgebend ist, ob die Steuer tatsächlich festgesetzt wird und der Erbe durch die Steuerfestsetzung wirtschaftlich belastet wird (BFH v. 28.10.2015, II R 46/13, BStBl II 2016, 477; s. dazu *Pahlke*, BFH/PR 2016, 157; *Loose*, ErbR 2016, 316).

134a Bis zur Änderung der Rechtsprechung (BStBl II 2012, 790; BFH v. 4.7.2012, II R 50/11, BFH/NV 2012, 1790; BFH v. 4.7.2012, II R 56/11, BFH/NV 2012, 1792. S. dazu *Milatz/Knepel*, DStR 2012, 2527; *Pahlke*, BFH/PR 2012, 352) setzte der Abzug von Steuerschulden voraus, dass sie zum Besteuerungsstichtag bereits rechtlich entstanden waren. Dies hieß: **Einkommensteuerschulden** aus dem Veranlagungszeitraum, in den der Todeszeitpunkt des Erblassers fällt, waren nicht als Nachlassverbindlichkeit abzugsfähig, da der Abzug einer vom Erblasser herrührenden Schuld deren rechtliches Bestehen im Besteuerungszeitpunkt voraussetzte (R E 10.8. Abs. 3 ErbStR 2011; BFH v. 17.2.2010, II R 23/09, BStBl II 2010, 641; BFH v.

Steuerpflichtiger Erwerb § 10

6.10.2010, II R 29/09, BFH/NV 2011, 603). Entsprechendes galt für auf den Erben entfallende Abschlusszahlungen und Kosten der Erstellung der Einkommensteuererklärung für den Erblasser bis zum Erbfall (anders jetzt aber BFH v. 4.7.2012, II R 50/11, BFH/NV 2012, 1790).

Dass die Steuerschulden rechtlich entstanden sein müssen, ist nach Änderung der Rechtsprechung nun nicht mehr erforderlich. Der BFH stellt hierbei im Wesentlichen darauf ab, dass der Abzug von Nachlassverbindlichkeiten nach § 10 Abs. 5 Nr. 1 ErbStG ebenso wie die Erbenhaftung nach § 1967 Abs. 2 BGB lediglich voraussetzen, dass Schulden vom Erblasser herrühren. Aus dem Begriff „herrühren" ergebe sich, dass die Verbindlichkeiten zum Zeitpunkt des Erbfalls noch nicht voll wirksam entstanden sein müssen (BFH v. 4.7.2012, II R 15/11, BStBl II 2012, 790 BFH v. 4.7.2012, II R 50/11, BFH/NV 2012, 1790; BFH v. 4.7.2012, II R 56/11, BFH/NV 2012, 1792). Entscheidend ist danach, ob der Erblasser bis zu seinem Ableben selbst Steuertatbestände verwirklicht und damit das (spätere) Entstehen der Steuerschuld begründet hat. Verwirklicht erst der Erbe den Steuertatbestand (z. B. gem. § 24 Satz 2 EStG), hat der Erblasser lediglich die Möglichkeit der Verwirklichung eröffnet.

134b

Der Ermittlung der Steuerschuld wird der durch den Tod markierte verkürzte Ermittlungszeitraum zugrunde gelegt; die Steuer entsteht mit Ablauf des Kalenderjahres. Zu praktischen Schwierigkeiten führt die neue Rechtsprechung bei Ehegatten, die zusammenveranlagt werden. Stirbt ein Ehegatte und ergibt sich aufgrund der Zusammenveranlagung der Ehegatten für das Todesjahr eine Abschlusszahlung, ist die vom verstorbenen Ehegatten als Erblasser herrührende Einkommensteuerschuld nach Auffassung des BFH analog § 270 AO zu ermitteln. Entsprechendes gilt, wenn zusammen veranlagte Ehegatten im selben Jahr versterben und die Veranlagung zur Einkommensteuer für das Todesjahr zu einer Abschlusszahlung führt. Die Abschlusszahlung ist auf die Ehegatten aufzuteilen und als Nachlassverbindlichkeit beim jeweiligen Erwerb von Todes wegen abzugsfähig.

Für den Abzug von Steuerschulden ist vom objektiven Wert der Belastung auszugehen, wenn am Stichtag ein **Rechtsstreit** über die Höhe der Schulden anhängig ist. Dabei kann i. d. R. sowohl eine spätere förmliche Rechtsmittelentscheidung als auch das Ergebnis einer einvernehmlichen Beilegung des Rechtsstreits berücksichtigt werden (so zur Einheitsbewertung des Betriebsvermögens, deren Grundsätze auch im Rahmen des § 10 Abs. 5 Nr. 1 ErbStG anzuwenden sind, BFH v. 9.11.2005, II R 25/04, BFH/NV 2006, 500). Ergeht nach Bestandskraft eines Erbschaftsteuerbescheids ein Einkommensteuerbescheid, der noch den Erblasser betrifft und zu einer Steuernachzahlung führt, liegt nach der Rspr. des BFH darin kein rückwirkendes Ereignis, das eine Änderung der Erbschaftsteuerfestsetzung nach § 175 Abs. 1 Satz 1 Nr. 2 AO 1977 ermöglichen würde (BFH v. 14.12.2004, II R 35/03, BFH/NV 2005, 1093; vgl. zur ähnlichen Situation bei Änderung der ausländischen Steuer und deren Anrechnung aber auch § 21 ErbStG Rz. 52). Jedoch kommt eine Änderung gem. § 129 oder § 173 AO in Betracht (Satza. BFH v. 14.1.1998, II R 9/97, BStBl II 1998, 371. Wegen bereits eingetretener Festsetzungsverjährung ging der BFH in der vorgenannten Entscheidung nicht auf diese Vorschriften ein). Abzulehnen ist dagegen die Auffassung, dass ein Erbschaftsteuerbescheid gem. § 6 BewG i. V. m. § 5

135

Abs. 2 BewG auch nach Eintritt der Bestandskraft geändert und die Nachlassverbindlichkeit zum Abzug gebracht werden kann, wenn bis zur Festsetzung der Erbschaftsteuer unsicher war, ob eine Einkommensteuerbelastung der Erben hinsichtlich eines Sanierungsgewinns des Erblassers eintreten wird (so aber FG Schleswig-Holstein v. 14.10.2016, 3 K 112/13, EFG 2016, 1965 (Rev. Az BFH II R 36/16)). Letztlich werden durch die Gleichsetzung der EInkommensteuer mit einer aufschiebend bedingten Last die gesetzlichen Wertungen zur Festsetzungsverjährung unterlaufen.

136 **Einkommensteuerschulden** aus Veranlagungszeiträumen, die vor dem Todeszeitpunkt des Erblassers enden, sind mit Ablauf des jeweiligen Kalenderjahrs entstanden. Sie sind unabhängig davon, ob sie am Todeszeitpunkt des Erblassers bereits festgesetzt waren oder nicht, mit dem materiell-rechtlich zutreffenden Wert als Nachlassverbindlichkeiten nach § 10 Abs. 5 Nr. 1 ErbStG abzugsfähig (R E 10.8. Abs. 2 ErbStR 2011). Festgesetzte und entstandene Einkommensteuer-Vorauszahlungsbeträge, die bis zum Todeszeitpunkt des Erblassers noch nicht entrichtet sind, sind abzugsfähig (R E 10.8. Abs. 4 ErbStR 2011).

137 Auch eine vom Erblasser selbst aus einem vorangegangenen Erbfall **geschuldete Erbschaftsteuer** ist abzugsfähig; § 10 Abs. 8 ErbStG ist insoweit nicht einschlägig. Zum Abzug der Erbschaftsteuer, die wegen Nichtvorliegens der Voraussetzungen des § 21 Abs. 1 ErbStG nicht auf die deutsche Erbschaftsteuer anrechenbar ist (§ 21 ErbStG Rz. 9).

138 **Steuerberatungskosten**, die einem Erben bezüglich der Bearbeitung der Steuerangelegenheiten des Erblassers (z.B. für die Anfertigung der Steuererklärung) entstehen, sind ebenfalls gem. § 10 Abs. 5 Nr. 1 ErbStG (Nicht nach § 10 Abs. 5 Nr. 3 ErbStG, sodass diese Kosten nicht auf den Pauschbetrag gem. § 10 Abs. 5 Nr. 3 Satz 2 ErbStG anzurechnen sind) abzugsfähig.

139 Zur Nichtabzugsfähigkeit latenter Ertragsteuern vgl. Rz. 142.

6.2.2 Schwebende und mit dem Erbfall entstandene Verbindlichkeiten

140 Zivilrechtlich liegen Erblasserschulden auch bei den mit oder nach dem Erbfall entstehenden Verpflichtungen vor, sofern ihr Verpflichtungsgrund in der Person des Erblassers gegeben war. Die Abzugsfähigkeit derartiger Verbindlichkeiten im Rahmen des § 10 Abs. 5 ErbStG folgt nicht strikt dem Zivilrecht, sondern nur unter Berücksichtigung des Stichtagsprinzips (§§ 9, 11 ErbStG). Daraus ergeben sich die nachfolgenden erbschaftsteuerspezifischen Beschränkungen hinsichtlich der Abzugsfähigkeit, wobei sich freilich allgemein gültige Abgrenzungsregeln schwerlich definieren lassen. Sowohl zivilrechtlich als auch im Zusammenhang des § 10 Abs. 5 ErbStG setzt eine Nachlassverbindlichkeit in jedem Fall voraus, dass die jeweilige Schuld als Schuld des Erblassers entstanden ist (zu den Einschränkungen bei Steuerschulden vgl. Rz. 134). Im Einzelnen ergibt sich bezüglich der Abzugsfähigkeit folgendes Bild:

141 Bei Verbindlichkeiten aus **Dauerschuldverhältnissen** (z.B. bei Miet- oder Pachtverträgen), die der Erblasser eingegangen war und dessen Tod überdauern, ist für die

Zeit bis zur frühestmöglichen Kündigungsmöglichkeit durch den Erben eine Abzugsfähigkeit aus § 10 Abs. 5 Nr. 1 ErbStG gegeben.

Eine bei dem Erben realisierte **latente Ertragsteuerbelastung** des Nachlassvermögens ist nicht abzugsfähig. Begründet wird dies mit dem Stichtagsprinzip und dem Umstand, dass sich die spätere Einkommensteuerschuld des Erben dem Grunde nach und in der Höhe nach den für ihn geltenden Merkmalen – und denen des Erblassers – bemisst (BFH v. 17.2.2010, II R 23/09, BStBl II 2010, 641; BFH v. 6.10.2010, II R 29/09, BFH/NV 2011, 603; BFH v. 16.8.2006, II B 144/05, BFH/NV 2006, 2261; BFH v. 5.7.1978, II R 64/73, BStBl II 1979, 23; BFH v. 6.12.1989, II B 70/89, BFH/NV 1990, 643; s. a. R E 10.8. Abs. 3 ErbStR 2011). Die bei der Vererbung von Zinsansprüchen eintretende kumulative Belastung mit Erbschaftsteuer und Einkommensteuer ist verfassungsrechtlich unbedenklich (Nichtannahmebeschluss des BVerfG v. 7.4.2015, 1 BvR 1432/10, ZEV 2015, 426; s. dazu *Birnbaum*, BB 2015, 2141; *Friz*, DStR 2015, 2409; *Heinrichshofen*, ErbStB 2015, 159; *Crezelius*, ZEV 2015, 392).

142

Der Einkommensteuertatbestand wird bei den latenten Ertragsteuern erst nach dem erbschaftsteuerrechtlich maßgebenden Stichtag (§ 11 i.V.m. § 9 Abs. 1 Nr. 1 ErbStG) **in der Person des Erben verwirklicht** (§ 11 Abs. 1 Satz 1 EStG) (dies ist der Unterschied zu den vom BFH entschiedenen Fällen der Abzugsfähigkeit von Einkommensteuer, Solidaritätszuschlag und Kirchensteuer des Todesjahres als Nachlassverbindlichkeit, BFH v. 4.7.2012, II R 15/11, BStBl II 2012, 790; BFH v. 4.7.2012, II R 50/11, BFH/NV 2012, 1790; BFH v. 4.7.2012, II R 56/11, BFH/NV 2012, 1792). Dementsprechend rechnen § 24 Nr. 2 EStG u. a. Einkünfte aus einem früheren Rechtsverhältnis i. S. d. § 2 Abs. 1 Satz 1 Nr. 5 EStG mit rechtsbegründender Wirkung dem Erben zu, wenn sie ihm als Rechtsnachfolger zufließen. Bei der hieraus erwachsenden Einkommensteuerschuld handelt es sich mithin nicht um eine Steuerschuld des Erblassers, sondern um eine des Erben (BFH v. 17.2.2010, II R 23/09, BStBl II 2010, 641; krit. zum Zeitpunkt des „Entstehens" *Kämper/Milatz*, ZEV 2011, 70). Die sich daraus ergebenden einkommensteuerlichen Härten für den Erben werden durch § 35b EStG gemildert (vgl. BFH v. 17.2.2010, II R 23/09, BStBl II 2010, 641, sowie Einf. Rz. 32).

Die beim Erbfall (latent) auf der Zinsforderung ruhende Einkommensteuerlast des Erben ist auch nicht über die in § 10 Abs. 5 ErbStG geregelten Fälle hinaus als Nachlassverbindlichkeit abziehbar, denn Erbschaftsteuer und Einkommensteuer greifen auf verschiedene Steuerobjekte zu und folgen dabei ihrer jeweiligen Sachgerechtigkeit (BFH v. 17.2.2010, II R 23/09, BStBl II 2010, 641; bestätigt durch BVerfG v. 7.4.2015, 1 BvR 1432/10, ZEV 2015, 426; krit. *Crezelius*, ZEV 2010, 328, der für eine erweiternde Auslegung plädiert). Ein entsprechender (historischer) Wille des Gesetzgebers ist nicht erkennbar (BFH v. 17.2.2010, II R 23/09, BStBl II 2010, 641). § 6 Abs. 2 i.V.m. § 5 Abs. 2 BewG ermöglicht ebenfalls keinen nachträglichen Abzug der Einkommensteuerschuld des Erben. Die Regelung enthält keinen den § 10 Abs. 5 ErbStG ergänzenden, weiteren Abzugstatbestand (BFH v. 17.2.2010, II R 23/09, BStBl II 2010, 641, gegen *Keuk*, DB 1973, 634).

Die Frage einer abzugsfähigen Erblasserschuld stellt sich besonders häufig, wenn zum Nachlass ein **Grundstück oder Gebäude** gehört. Nach § 10 Abs. 5 Nr. 1

143

ErbStG sind die mit dem Grundvermögen in wirtschaftlichem Zusammenhang stehenden Schulden und Lasten abzugsfähig. Bei auf den Erben übergehenden dinglichen Belastungen (z. B. Hypothek) liegt eine abzugsfähige Nachlassverbindlichkeit nur vor, wenn der Erwerber auch die persönliche Schuld zu übernehmen hat. Ist dies nicht der Fall, so handelt es sich bei der dinglichen Belastung um eine aufschiebend bedingte Last (§ 6 Abs. 1 BewG). Sie kann – im Wege der Berichtigung des Steuerbescheids gem. § 6 Abs. 2 BewG – nur dann zu einer abzugsfähigen Nachlassverbindlichkeit führen, wenn eine dingliche Haftung aus der Hypothek eintritt und Ersatzansprüche gegen den persönlichen Schuldner der gesicherten Forderung uneinbringlich sind. Im Wesentlichen ähnliche Grundsätze gelten auch, wenn lediglich die dingliche Haftung für eine Grundschuld übernommen wird (vgl. zur entsprechenden Problematik bei der Grunderwerbsteuer BFH v. 13.7.1960, II 173/58 U, BStBl III 1960, 412).

144 Keine Erblasserschuld ergibt sich aus **Wertminderungen** eines Gebäudes aufgrund **aufgestauten Reparaturbedarfs**; dieser Umstand ist im Rahmen der Grundbesitzbewertung zu erfassen (BFH v. 11.7.1990, II R 153/87, BFH/NV 1991, 97). Abzugsfähig könnten etwaige Reparaturaufwendungen allerdings sein, soweit dem Erblasser kraft öffentlichen Rechts (z. B. aufgrund Anordnung einer Bauaufsichtsbehörde) eine Mängelbeseitigung aufgegeben war und diese Verpflichtung auf den Erben übergegangen ist. Entscheidend ist insoweit, ob im Zeitpunkt der Steuerentstehung (§ 9 Abs. 1 Nr. 1 ErbStG) eine entsprechend öffentlich-rechtliche Verpflichtung bestand. Diese Abgrenzung gilt auch für die Verpflichtung zur Zahlung von **Kanalisations- oder Straßenanliegerbeiträgen** Sie sind demgemäß keine Erblasserschuld, wenn die entsprechende öffentlich-rechtliche Zahlungsverpflichtung nach kommunalem Abgabenrecht erst nach dem Tod des Erblassers entstanden war.

145 Verbindlichkeiten des Erben aus „**pflichtbelasteten Rechtslagen**" des Erblassers dürften gem. § 10 Abs. 5 Nr. 1 ErbStG nur insoweit abzugsfähig sein, als dies mit dem erbschaftsteuerlichen Stichtagsprinzip des § 9 Abs. 1 ErbStG in Einklang steht. Das betrifft – abgesehen von den schon vorstehend angeführten Verbindlichkeiten kraft öffentlichen Rechts – z. B. Aufwendungen des Erben für einen von ihm aufgenommenen Prozess des Erblassers oder Verpflichtungen aus einer unerlaubten Handlung des Erblassers, aus der ein Schaden erst nach dem Erbfall eintritt. Bei Verbindlichkeiten, die aufgrund einer postmortalen Vollmacht des Erblassers begründet wurden, wird das Stichtagsprinzip i.d.R. einem Abzug gem. § 10 Abs. 5 Nr. 1 ErbStG entgegen stehen.

146 Nach § 10 Abs. 5 Nr. 1 ErbStG abzugsfähig ist schließlich auch die **Zugewinnausgleichsforderung**, die der überlebende Ehegatte, der weder Erbe noch Vermächtnisnehmer geworden ist, zum Ausgleich des Zugewinns beim Tod des anderen Ehegatten gegen die anderen Erben geltend macht (BFH v. 1.7.2008, II R 71/06, BStBl II 2008, 874; BFH v. 10.3.1993, II R 27/89, BStBl II 1993, 368). Die Ausgleichsforderung ist eine Geldforderung. Der Abzug nach § 10 Abs. 5 Nr. 1 ErbStG hat daher zum Nennwert zu erfolgen (§ 12 Abs. 1 ErbStG; § 12 Abs. 1 BewG); dies soll auch dann gelten, wenn Erfüllungsabreden getroffen werden (BFH v. 1.7.2008, II R 71/06, BStBl II 2008, 874; BFH v. 10.3.1993, II R 27/89, BStBl II 1993, 368) und sie im Rahmen einer solchen Erfüllungsabrede durch Übereignung eines Grundstücks

Steuerpflichtiger Erwerb § 10

erfüllt wird. Unter dem seit 2009 geltenden Bewertungsrecht ist dieser Gestaltung jedoch der wesentliche steuerliche Anreiz genommen worden.

6.2.3 Abzugsfähigkeit bei Unterhalts- und Pflegeleistungen

Von großer praktischer Bedeutung ist die Frage, unter welchen Voraussetzungen die dem Erblasser vom Erwerber erbrachten Unterhalts-, Hilfs- und Pflegeleistungen als Nachlassverbindlichkeiten abzugsfähig sind. Die Brisanz der Problematik ist dadurch leicht entschärft worden, dass der Freibetrag als angemessenes Entgelt für Pflege und Unterhalt (§ 13 Abs. 1 Nr. 9 ErbStG, s. unten § 13 Rz. 55 ff) auf 20.000 EUR angehoben worden ist und ferner Geldzuwendungen im Rahmen des gesetzlichen Pflegegelds gem. § 13 Abs. 1 Nr. 9a ErbStG steuerbefreit sind. 147

Die Abzugsmöglichkeit von Nachlassverbindlichkeiten aus § 10 Abs. 5 ErbStG wird durch § 13 Abs. 1 Nr. 9 ErbStG nicht ausgeschlossen (BFH v. 9.11.1994, II R 110/91, BStBl II 1995, 62). Soweit allerdings § 10 Abs. 5 Nr. 1 ErbStG anzuwenden ist, kann der Freibetrag des § 13 Abs. 1 Nr. 9 ErbStG daneben nicht gewährt werden (BFH v. 28.6.1995, II R 80/94, BStBl II 1995, 784). 148

Macht ein Erwerber von Todes wegen **aufgrund erbrachter Unterhalts- und Pflegeleistungen Nachlassverbindlichkeiten** geltend, so können ggf. Erblasserschulden i. S. d. § 10 Abs. 5 Nr. 1 ErbStG vorliegen. Voraussetzung hierfür ist, dass zwischen dem Erwerber und dem Erblasser ein Schuldverhältnis (z.B. Dienstvertrag) bestand, auf Grund dessen der Erblasser berechtigt war, vom späteren Erben Pflege und Unterhaltsleistungen zu fordern. Andererseits musste der Erwerber berechtigt sein, die vereinbarte Vergütung geltend zu machen, bzw. ihm ein Anspruch auf Vergütung (insbesondere gem. § 612 Abs. 1 und 2 BGB) zustehen (BFH v. 9.11.1994, II R 111/91, BFH/NV 1995, 598; vgl. zur Kritik § 3 Rz. 8 f). Erforderlich ist, dass ein eindeutiger vertraglicher Bindungswille erkennbar wird (BFH v. 9.11.1994, II R 111/91, BFH/NV 1995, 598). Die Feststellungslast (objektive Beweislast) bezüglich der als Gegenleistung geltend gemachten Vergütungs- oder Entschädigungsansprüche trifft den Steuerpflichtigen. 149

Gestaltungshinweis:
Ein bloßes Gefälligkeitsverhältnis begründet keine Ansprüche aus einem Dienstverhältnis und kann deshalb auch nicht gem. § 10 Abs. 5 ErbStG berücksichtigt werden. Es ist deshalb unbedingt ratsam, eine klare und verbindliche Vereinbarung in Gestalt eines Dienst- oder Geschäftsbesorgungsvertrags abzuschließen.

Wie die Praxis zeigt, gelingt der erforderliche Nachweis einer vertraglichen Vereinbarung häufig nicht. Es ist deshalb der Abschluss eines **schriftlichen Vertrags** zu empfehlen, zumal die vorgenannten Anforderungen an das Vorliegen eines Vertragsverhältnisses für Erleichterungen in der Beweisführung keinen Raum lassen. 150

Eine **tatsächlich erbrachte Arbeitsleistung** genügt für sich allein betrachtet nicht, um ein durch schlüssiges Verhalten zustandegekommenes Arbeitsverhältnis anzunehmen (BFH v. 30.9.1998, II B 29/98, BFH/NV 1999, 489; BFH v. 9.11.1994, II R 110/91, BStBl II 1995, 62; BFH v. 9.11.1994, II R 111/91, BFH/NV 1995, 598). Es besteht kein allgemeiner Erfahrungssatz, dass ein Leistender einen Anspruch auf 151

Vergütung hat, wenn dem Empfänger die entsprechenden Mittel zur Zahlung eines Entgelts zur Verfügung stehen. Eine vom Erben etwa angenommene **moralische Verpflichtung** reicht für den Abzug nach § 10 Abs. 5 Nr. 1 ErbStG nicht aus. Bei einem langjährigen Zusammenleben von Partnern einer **eheähnlichen Gemeinschaft** ist für erbrachte Unterhalts- und Pflegeleistungen die Vermutung einer dienstvertraglichen Vereinbarung ausgeschlossen (BFH v. 15.6.1988, II R 165/85, BStBl II 1988, 1006). Ein nach den Grundsätzen der **BGB-Innengesellschaft** begründeter Ausgleichsanspruch für erbrachte Unterhalts- und Pflegeleistungen bei testamentarischer Erbeinsetzung eines Partners einer eheähnlichen Gemeinschaft ist nach § 10 Abs. 5 Nr. 1 ErbStG kommt nur in Betracht, wenn besondere Gründe für ein Gesellschaftsverhältnis vorliegen (FG München v. 18.1.1995, 4 K 3921/93, UVR 1995, 116).

152 Bei einer nachgewiesenen zivilrechtlich gültigen Vereinbarung über Unterhalts- und Pflegeleistungen soll es für den Abzug nach § 10 Abs. 5 Nr. 1 ErbStG keine Rolle spielen, ob die Vereinbarung den einkommensteuerrechtlichen Grundsätzen über den Fremdvergleich standhält (BFH v. 25.10.1995, II R 45/92, BStBl II 1996, 11).

153 Denkbar ist schließlich, dass einem Erwerber im Zusammenhang mit von ihm erbrachten Pflege- und Unterhaltsleistungen auch **tatsächliche Sachkosten** (Auslagen usw.) angefallen sind. Derartige Kosten sind bei Vorliegen eines hieraus resultierenden zivilrechtlichen Erstattungsanspruchs gegen den Erblasser gem. § 10 Abs. 5 Nr. 3 ErbStG abzugsfähig.

154 Die Pflegeleistungen sind mit ihrem **Kapitalwert** im Zeitpunkt des Eintritts des Pflegefalls zu bewerten. Dieser ist auf den Zeitpunkt der Ausführung der Zuwendung (§ 9 Abs. 1 Nr. 2 ErbStG) unter Anwendung der Tabelle 1 zu § 12 Abs. 3 BewG **abzuzinsen**. Liegt Pflegebedürftigkeit i.S.v. § 15 SGB XI vor, kann der Jahreswert der Leistung (§ 15 BewG), soweit sich aus einer vertraglichen Vereinbarung nichts anderes ergibt, mit dem Zwölffachen der in der gesetzlichen Pflegeversicherung vorgesehenen monatlichen Pauschalvergütung bei Inanspruchnahme von Pflegesachleistungen (§ 36 Abs. 3 SGB XI) angesetzt werden (Gleichlautende Erlasse der obersten Finanzbehörden der Länder v. 4.6.2014, BStBl I 2014, 891). Die gesetzliche Pauschalvergütung bei Pflegesachleistungen wurde durch das Gesetz zur strukturellen Weiterentwicklung der Pflegeversicherung vom 28.5.2008 (BGBl I 2008, 874) neu geregelt und schrittweise angehoben. Sie beträgt seit dem Zweiten Pflegestärkungsgesetz v. 21.12.2015 (BGBl I 2015, 2424. Das Dritte Pflegestärkungsgesetz v. 23.12.2016, BGBl I 2016, 3191, ließ die Sätze des § 36 Abs 3 SGB XI unverändert) mit seinen neu gefassten Pflegegraden:

	ab 1.1.2017
Pflegegrad 2	689 EUR
Pflegegrad 3	1.298 EUR
Pflegegrad 4	1.612 EUR
Pflegegrad 5	1.995 EUR

Steuerpflichtiger Erwerb § 10

Bis zum 31.12.2016 galten folgende Sätze, bezogen auf die damaligen Pflegestufen:

	ab 1.7.2008	ab 1.1.2010	ab 1.1.2012	ab 1.1.2015
Pflegestufe I	420 EUR	440 EUR	450 EUR	468 EUR
Pflegestufe II	980 EUR	1.040 EUR	1.100 EUR	1.144 EUR
Pflegestufe III	1.470 EUR	1.510 EUR	1.550 EUR	1.612 EUR

einstweilen frei 155–169

6.3 Erbfallschulden (§ 10 Abs. 5 Nr. 2 ErbStG)

Als Erbfallschulden sind im Rahmen des § 10 Abs. 5 Nr. 2 ErbStG Verbindlichkeiten aus Vermächtnissen, Auflagen und geltend gemachten Pflichtteilen und Erbersatzansprüchen abzugsfähig. Zu diesen Verbindlichkeiten gehört auch eine etwaige Erbschaftsteuer, die der Erbe aufgrund entsprechender Anordnung des Erblassers zugunsten von Vermächtnisnehmern oder Pflichtteils- oder Erbersatzberechtigten übernehmen muss (§ 10 Abs. 2 ErbStG).   170

Eine nach § 10 Abs. 5 Nr. 2 ErbStG als Nachlassverbindlichkeit abziehbare Auflage i. S. d. § 8 ErbStG liegt nur vor, wenn diese Auflage eine rechtliche Verpflichtung des Erben begründet; die mit einem übertragenen Gegenstand einhergehenden Folgelasten stellen für sich keine Auflage dar (BFH v. 29.6.2009, II B 149/08, BFH/NV 2009, 1655).

Wird eine Verfügung von Todes wegen ausgeführt, obwohl sie unwirksam ist, und beruht die Ausführung der Verfügung auf der Beachtung des erblasserischen Willens, den Begünstigter und Belasteter anerkennen, soll gem. § 41 Abs. 1 AO das wirtschaftliche Ergebnis dieses Vollzugs erbschaftsteuerrechtlich maßgeblich sein (BFH v. 28.3.2007, II R 25/05, BStBl II 2007, 461; s. dazu *Kilchens*, BFH/PR 2007, 313; BFH v. 15.3.2000, II R 15/98, BStBl II 2000, 588; s. dazu *Viskorf*, FR 2000, 830). Diese Urteile stehen in einem Spannungsverhältnis zu der sonst vom BFH vertretenen zivilrechtlichen Betrachtungsweise. Zudem stellt sich die Frage nach der Vereinbarkeit mit dem Stichtagsprinzip gem. § 11 ErbStG, da dem Begünstigten im Zeitpunkt des Erbfalls keine Rechtsposition zusteht. Diese Rechtsposition erlangt der Begünstigte erst danach aufgrund einer autonomen Entscheidung des Belasteten. Abgesehen davon drängt sich das Missbrauchspotential solcher Sachverhaltsgestaltungen auf.   171

6.3.1 Vermächtnisse

Einen Abzug von Verbindlichkeiten aus Vermächtnissen lässt § 10 Abs. 5 Nr. 2 ErbStG ohne weitere Einschränkungen zu; eine Geltendmachung des Vermächtnisanspruchs durch den Vermächtnisnehmer ist nach dem eindeutigen Wortlaut der Vorschrift nicht erforderlich. Deshalb ist die Vermächtnislast auch bei einem befristeten oder betagten Vermächtnis sofort abzugsfähig. Ebenso wie ein Vermächtnis ist eine **Abfindung** zu behandeln, die vom Erben gegen Ausschlagung des Vermächtnisses durch den Vermächtnisnehmer gezahlt wird.   172

Konrad 455

173 Die dem Erben im Zusammenhang mit der Erfüllung eines Vermächtnisses entstehenden Kosten (z.B. für die Auflösung eines zum Nachlass gehörenden Wertpapierdepots, um ein Geldvermächtnis zu erfüllen) sind gem. § 10 Abs. 5 Nr. 3 ErbStG als Erbschaftsverwaltungsschulden abzugsfähig.

174 Die **Bewertung** der Vermächtnisschuld erfolgt grundsätzlich korrespondierend in gleicher Weise wie die des ihr gegenüberstehenden Vermächtnisanspruchs, weil ein auf denselben Gegenstand bezogener Anspruch grundsätzlich nicht anders bewertet werden sollte als die ihm gegenüberstehende Verpflichtung (BFH v. 28.3.2007, II R 25/05, BStBl II 2007, 461).

175 Bei einem **Geldvermächtnis** ist im Regelfall der Nennwert anzusetzen. Wird ein vom Erblasser ausgesetztes Geldvermächtnis durch Übertragung eines Gegenstandes (z.B. Grundstück) „an Erfüllungs Statt" erfüllt, so ist Besteuerungsgrundlage bei der Erbschaftsteuerfestsetzung gegen den Vermächtnisnehmer der (Nominal-)Wert der Forderung und nicht der Steuerwert (Grundbesitzwert) des übertragenen Grundstücks bzw. Gegenstands (BFH v. 25.10.1995, II R 5/92, BStBl II 1996, 97); die Problemstellung ist durch das neue Bewertungsrecht „entschärft". Unerheblich ist auch, ob das Vermächtnis aus einer Vermögensmasse heraus erbracht wird, die von einer Verschonungsregelung des ErbStG, namentlich § 13a ErbStG erfasst ist (BFH v. 22.7.2016, II R 21/13, BStBl II 2016, 228; s. unten Rz. 264).

176 Das **Verschaffungsvermächtnis** (Verschaffung einer Sache, die sich der Belastete mit Geldern aus dem Nachlass besorgen muss) ist mit dem gemeinen Wert zu bewerten (BFH v. 25.10.1995, II R 5/92, BStBl II 1996, 97). Beim Kaufrechtsvermächtnis ist die aufschiebend bedingte Forderung des Vermächtnisnehmers gem. § 2174 BGB Erwerbsgegenstand und mit dem gemeinen Wert (Verkehrswert) zu bewerten, von dem der festgelegte Kaufpreis abzuziehen ist (BFH v. 13.8.2008, II R 7/07, BStBl II 2008, 982); bei dem Erben liegt in Höhe dieses Differenzbetrags eine Nachlassverbindlichkeit i.S.d. § 10 Abs. 5 Nr. 2 Erb

Sachvermächtnisse sind mit dem Steuerwert der Sache, auf die sich die vermächtnisweise erworbenen Ansprüche beziehen, zu bewerten (so BFH v. 15.10.1997, II R 68/95, BStBl II 1997, 820). Von einer angedeuteten Änderung dieser Rspr (BFH v. 2.7.2004, II R 9/02, BStBl II 2004, 1039). hat der BFH aus Gründen des Vertrauensschutzes für die Dauer der Fortgeltung des Erbschaftsteuer- und Schenkungsteuergesetzes vom 17. April 1974 (BGBl I 1974, 933) in allen seinen Fassungen, die es bis zum Beschluss des BVerfG vom 7.11.2006 (BVerfG v. 7.11.2006, 1 BvL 10/02, BVerfGE 117, 1) erfahren hat, abgesehen (BFH v. 9.4.2008, II R 24/06, BStBl 2008, 951). Der BFH war der Auffassung, dass der Grund für jene Rspr., wonach Ansprüche und Verpflichtungen aus Sachvermächtnissen ausnahmsweise mit dem Steuerwert der vermachten Sache zu bewerten sind, entfalle, wenn der Gesetzgeber mit einer gesetzlichen Neuregelung den Bewertungsvorgaben dieses BVerfG-Beschlusses Rechnung trägt. Es kann daher davon ausgegangen werden, dass der BFH mittlerweile auch bei Sachvermächtnissen den Vermächtnisanspruch mit dem gemeinen Wert bewerten wird; dies muss dann auf der Seite der Verpflichtung ebenso geschehen (§ 10 Abs. 5 Nr. 2 ErbStG). Da das seit 2009 geltende Bewertungsrecht grundsätzlich bei allen Vermögensarten auf den Ansatz des gemeinen Werts zielt, hat die Unterscheidung zwischen gemeinem Wert und Steuerwert allerdings nicht mehr dieselbe Bedeutung wie nach früherem Recht. Nur bei der Bewertung des Wirtschaftsteils des land- und forstwirtschaftlichen Vermögens können sich auch in Zukunft erhebliche Abweichungen zwischen dem für erbschaftsteuerliche Zwecke ermittelten Fortführungswert (§ 162 Abs. 1 Satz 2 BewG) und dem fiktiven Veräußerungswert i. Satz d. § 9 BewG ergeben (Bewertungsunterschiede zwischen land- und forstwirtschaftlichem Vermögen und anderen Vermögensarten sind verfassungsrechtlich unbedenklich, vgl. BVerfG v. 17.12.2014, 1 BvL 21/12, BVerfGE 138, 136, gegen den Vorlagebeschluss des BFH v. 27.12.2012, II R 9/11, BStBl II 2012, 899).

6.3.2 Auflage

Abzugsfähig sind ferner Verbindlichkeiten aus Auflagen, für deren Berücksichtigung es nach § 10 Abs. 5 Nr. 2 ErbStG ebenfalls keiner Geltendmachung bedarf. Auch die Zuwendung eines Vermächtnisses kann mit einer Auflage für den Vermächtnisnehmer verbunden sein und vom Vermächtnisnehmer gem. § 10 Abs. 5 Nr. 2 ErbStG abgezogen werden (BFH v. 5.11.1992, II R 62/89, BStBl II 1993, 161). 178

Eine nach § 10 Abs. 5 Nr. 2 ErbStG als Nachlassverbindlichkeit abziehbare Auflage i. S. d. § 8 ErbStG liegt nur vor, wenn diese Auflage eine rechtliche Verpflichtung des Erwerbers begründet; die mit einem übertragenen Gegenstand einhergehenden Folgelasten stellen für sich keine Auflage dar (BFH v. 5.11.1992, II R 62/89, BStBl II 1993, 161).

In der Praxis betreffen Auflagen häufig die **Grabpflege**. In diesen Fällen wird dem Erben oder Vermächtnisnehmer ein bestimmter (auf einem Sparbuch angelegter oder anzulegender) Betrag hinterlassen, mit dem die Grabpflegekosten sichergestellt werden sollen. Diese Auflage ist keine Zweckzuwendung. Die FinVerw. lässt diese Auflage nach § 10 Abs. 5 Nr. 2 ErbStG zum Abzug zu (H E 10.7 ErbStH 2011 „Behandlung von Grabpflegekosten"). 179

Die vorstehende Behandlung betrifft nicht nur die Auflage zur Pflege des Grabs des Erblassers. In gleicher Weise ist eine Auflage zu behandeln, die die **Pflege der Gräber anderer Personen als des Erblassers** regelt. Die Anwendbarkeit des § 10 Abs. 5 Nr. 2 ErbStG auch für diesen Fall ist deshalb vorteilhaft, weil § 10 Abs. 5 Nr. 3 ErbStG die Grabpflege dieser anderen Personen nicht betrifft. Liegt daher eine entsprechende Auflage bezüglich der Grabpflege anderer Personen vor, so muss diese Verbindlichkeit nicht auf den Pauschbetrag des § 10 Abs. 5 Nr. 3 Satz 2 ErbStG angerechnet werden. 180

Bei einer Schenkung unter Auflage, die dem Auflagebegünstigen eine eigene **Forderung gegen den Beschenkten** einräumt, ist Gegenstand der Zuwendung des Schenkers an den Auflagebegünstigten die Forderung gegen den Beschwerten. Die Forderung des Auflagebegünstigten ist unabhängig davon, ob das Grundstück, das der Beschwerte an den Auflagebegünstigten zu übertragen hat, im In- oder Ausland belegen ist, mit dem gemeinen Wert zu bewerten. Für Altfälle gibt es kein schutzwürdiges Vertrauen auf die Bewertung mit dem niedrigeren Steuerwert der Sache (BFH v. 11.6.2008, II R 60/06, BFH/NV 2008, 2026). 181

Zu beachten ist das Abzugsverbot des § 10 Abs. 9 ErbStG für Auflagen, die dem Beschwerten selbst zugutekommen. 182

6.3.3 Pflichtteils- und Erbersatzansprüche

183 Verbindlichkeiten aus Pflichtteilen und Erbersatzansprüchen (Erbersatzansprüche können mittlerweile nach Streichung der §§ 1934a bis 1934e BGB durch das am 1.4.1998 in Kraft getretenen Erbrechtsgleichstellungsgesetz v. 16.12.1997 (BGBl I 1997, 2968) nicht mehr entstehen) sind gem. § 10 Abs. 5 Nr. 2 ErbStG nur abziehbar, wenn sie geltend gemacht worden sind (BFH v. 31.10.2010, II R 22/09, BFH/NV 2010, 1564; BFH v. 19.7.2006, II R 1/05, BFH/NV 2006, 1689). Der Begriff der Geltendmachung ist bei § 10 Abs. 5 Nr. 2 ErbStG ebenso auszulegen wie in § 3 Abs. 1 Nr. 1 ErbStG (§ 3 ErbStG Rz. 418). Ist auf die Geltendmachung eines Pflichtteils wirksam verzichtet worden, so ist die Pflichtteilsschuld des Verpflichteten nicht abzugsfähig. Das bloße Bestehen von Pflichtteilsverbindlichkeiten ist ohne steuerrechtliche Bedeutung (BFH v. 19.2.2013, II R 47/11, BStBl II 2013, 332; BFH v. 31.10.2010, II R 22/09, BStBl II 2010, 806; BFH v. 7.10.1998, II R 52/96, BStBl II 1999, 23).

184 Die „**Geltendmachung**" des Pflichtteilsanspruchs besteht in dem ernstlichen Verlangen auf Erfüllung des Anspruchs gegenüber dem Erben. Der Berechtigte muss seinen Entschluss, die Erfüllung des Anspruchs zu verlangen, in geeigneter Weise bekunden (BFH v. 30.4.2003, II R 6/01, BFH/NV 2004, 341; vgl. § 3 Rz. 418).

185 Wird nur ein Teil des Pflichtteilsanspruchs vom Pflichtteilsberechtigten gegenüber dem Erben geltend gemacht, kann der Erbe nur in dieser Höhe Nachlassverbindlichkeiten geltend machen, ebenso wenn sich der Pflichtteilsberechtigte nach ernstlichem Streit über die Höhe seines Pflichtteils vergleichsweise mit weniger zufrieden gibt als er beansprucht hat (BFH v. 21.8.2015, II B 126/14, UVR 2015, 363 (Kurzwiedergabe, Volltext bei juris). Die dagegen gerichtete Verfassungsbeschwerde ist nicht zur Entscheidung angenommen worden, vgl. BVerfG v. 23.3.2016, 1 BvR 2647/15).

186 Die geltend gemachte Pflichtteilsverbindlichkeit ist beim Erben auch dann mit dem Nennwert als Nachlassverbindlichkeit abzuziehen, wenn sie durch Übertragung eines Nachlassgrundstücks an Erfüllungs Statt erfüllt wird (BFH v. 7.10.1998, II R 52/96, BStBl II 1999, 23, unter Aufgabe von BFH v. 17.2.1982, II R 160/80, BStBl II 1982, 350. Die Fragestellung hat durch das seit 2009 geltende Bewertungsrecht weitgehend an Bedeutung verloren).

187 Den nach § 10 Abs. 5 Nr. 2 ErbStG abzugsfähigen Verbindlichkeiten sind auch etwaige **Abfindungsleistungen** gleichzustellen, die ein Erbe als Abfindung für einen Verzicht auf einen entstandenen und noch nicht geltend gemachten Pflichtteils- oder Erbersatzanspruch oder eines Vermächtnisses zahlt. Nach der Ergänzung des § 3 Abs. 2 Nr. 4 ErbStG durch das ErbStRG gilt dies auch für Abfindungen, für die Zurückweisung eines Rechts aus einem Vertrag des Erblassers zugunsten Dritter auf den Todesfall oder anstelle eines anderen Erwerbes von Todes wegen gewährt werden.

188 Zahlungen des Beschenkten gem. § 2329 Abs. 2 BGB zur **Abwendung des Herausgabeanspruchs eines Pflichtteilsberechtigten** nach § 2329 Abs. 1 BGB sind bei der Besteuerung der Schenkung nach § 10 Abs. 5 Nr. 2 ErbStG erwerbsmindernd zu berücksichtigen (BFH v. 8.10.2003, II R 46/01, BStBl II 2004, 234). Diese Grundsätze können auch auf die Zahlungen eines Beschenkten angewendet werden, die

dieser zur **Abwendung eines nach niederländischem Recht entstandenen Noterbrechts** an einen Pflichtteilsberechtigten leistet. Die erwerbsmindernde Berücksichtigung dieser Zahlungen setzt voraus, dass das Rechtsinstitut des niederländischen Noterbrechts unter Berücksichtigung seiner wirtschaftlichen Bedeutung einem Pflichtteilsergänzungsanspruch nach § 2329 BGB entspricht (BFH v. 11.5.2005, II R 12/02, BFH/NV 2005, 2011).

einstweilen frei 189–199

6.4 Nachlasskosten- und Erbschaftsverwaltungsschulden (§ 10 Abs. 5 Nr. 3 ErbStG)

Zu den Erben als solchen treffenden Nachlassverbindlichkeiten gehören auch Nachlasskosten- und Erbschaftsverwaltungsschulden, die erst **nach dem Erbfall** entstehen. § 10 Abs. 5 Nr. 3 Satz 1 ErbStG umschreibt die wesentlichen insoweit anfallenden Verbindlichkeiten (Überblick bei *Götz*, ZEV 2010, 561; *Brüggemann*, ErbStG 2011, 24 ff.). Der in dieser Vorschrift verwendete Begriff der „Kosten" umfasst nur solche, die in bezifferbaren Aufwendungen (Geldleistungen) bestehen oder jedenfalls in Geld messbar sind (BFH v. 31.10.1984, II R 200/81, BStBl II 1985, 59). Hierzu gehören nicht die von einem Erwerber selbst erbrachten Dienstleistungen (FG Nürnberg v. 9.8.1994, IV 322/92, EFG 1995, 27). 200

6.4.1 Bestattungskosten

Nach § 1968 BGB hat der Erbe die Kosten der standesgemäßen Beerdigung zu tragen. Der zivilrechtliche Begriff der Beerdigungskosten entspricht dem in § 10 Abs. 5 Nr. 3 ErbStG verwendeten Begriff der Bestattungskosten; allerdings verzichtet § 10 Abs. 5 Nr. 3 ErbStG auf den Maßstab des Standesgemäßen, so dass erbschaftsteuerlich auch darüber hinausgehende Aufwendungen abzugsfähig sind (Damit bleibt ein Wertungswiderspruch zur gesetzlichen Regelung für das Grabdenkmal, dessen Kosten nur im Rahmen des Angemessenen abzugsfähig sind). Berücksichtigungsfähig sind im Einzelnen – neben den **eigentlichen Beerdigungskosten** (Bestatter, Grabstätte, kirchliche und bürgerliche Trauerfeier) – die Kosten für **Todesanzeigen** und **Danksagungen, Reisekosten der Angehörigen** (einschl. der von den Erben getragenen Reisekosten für anreisende Angehörige) sowie Ausgaben für **Trauerkleidung**, soweit sie für die Trauerfeier angeschafft wurden. Ferner können auch Aufwendungen für eine etwaige **Exhumierung**, Überführung und endgültige Bestattung abgezogen werden (zu den an sich schon den Beerdigungskosten zuzuordnenden Kosten des Grabdenkmals vgl. Rz. 206). 201

Bestattungskosten sind auch **ohne rechtliche Verpflichtung** abzugsfähig, wenn eine **sittliche Pflicht** zur Übernahme von Bestattungs- und anderen Kosten angenommen werden kann. Dies ist namentlich bei Pflichtteilsberechtigten und Vermächtnisnehmern der Fall (R E 10.9 Abs. 2 ErbStR 2011). Auch **der nichteheliche Lebensgefährte des Erblassers** kann als Begünstigter eines Vertrags zugunsten Dritter sittlich verpflichtet sein, die genannten Kosten zu übernehmen (OFD Magdeburg v. 4.3.2010, S 3810 – 11 – St 271). Wird eine besonders aufwändige Grabanlage errichtet (auf den Maßstab des Standesgemäßen kommt

§ 10 Steuerpflichtiger Erwerb

es nicht an, s.o.), wird zu überlegen sein, ob den Aufwendungen ein Vermögenswert gegenübersteht, der gegenzurechnen ist.

202 Die Beerdigungskosten werden aufgrund entsprechender **rechtlicher Verpflichtung** häufig von **Dritten** (z.B. Sterbegeldversicherung, Arbeitgeber, Beihilfe) übernommen. Da dem Erben insoweit keine eigenen Aufwendungen entstehen, kann ein Abzug nach § 10 Abs. 5 Nr. 3 Satz 1 ErbStG nicht erfolgen. Der Pauschbetrag des § 10 Abs. 5 Nr. 3 Satz 2 ErbStG kann jedoch in voller Höhe – d.h. nicht um die vom Dritten übernommenen Bestattungskosten gekürzt – in Anspruch genommen werden.

203 Werden die Bestattungskosten von einem **Dritten ohne rechtliche Verpflichtung** getragen, so ist bei den Erben gleichfalls kein Abzug nach § 10 Abs. 5 Nr. 3 Satz 1 ErbStG möglich. Bezüglich der sich hieraus für den Erben ergebenden Auswirkungen auf die Abzugsfähigkeit eines Pauschbetrags nach § 10 Abs. 5 Nr. 3 Satz 2 ErbStG ist danach zu differenzieren, ob der die Bestattungskosten tragende Dritte am Erbfall als Erwerber beteiligt ist oder nicht. Aufgrund der Befreiung des Erben von seiner auf Gesetz beruhenden Verpflichtung zur Tragung der Bestattungskosten (§ 1968 BGB) kann im Verhältnis zum Erben eine freigebige Zuwendung (§ 7 Abs. 1 Nr. 1 ErbStG) vorliegen. Das ist allerdings nur anzunehmen, sofern der Dritte auf seinen gegen den Erben bestehenden Anspruch auf Kostenersatz endgültig verzichtet.

204 Eine Bereicherung des Erben um die ersparten Bestattungskosten ist zu erfassen, falls ihn der Erblasser zu Lebzeiten – z.B. durch vorab erfolgte Begleichung der Bestattungskosten – von diesen freigestellt hat. Hier gehört der entsprechende Sachleistungsanspruch zum steuerpflichtigen Erwerb; für den Erben ist der Pauschbetrag (§ 10 Abs. 5 Nr. 3 Satz 2 ErbStG) nicht zu kürzen. Eine solche Kürzung tritt auch dann nicht ein, wenn noch der Erblasser die seine Bestattung betreffenden Verbindlichkeiten (die bei den Erben gem. § 10 Abs. 5 Nr. 1 ErbStG abzugsfähig sind) begründet hatte.

205 Bei **Bestattungsvorsorge-Treuhandkonten** zahlt der Auftraggeber (d.h. der spätere Erblasser) die voraussichtlichen Bestattungskosten auf ein Treuhandkonto ein, dem der Treuhänder (Bestattungsinstitut) später die Bestattungskosten entnimmt. Auch hier gelten die dargestellten Grundsätze: Das Treuhandkonto gehört zum Nachlass des Erben. Dieser kann die Bestattungskosten als Nachlassverbindlichkeit gem. § 10 Abs. 5 Nr. 1 ErbStG abziehen. Der Pauschbetrag des § 10 Abs. 5 Nr. 3 Satz 2 ErbStG bleibt dem Erben in vollem Umfang erhalten.

6.4.2 Grabdenkmal

206 Als Nachlassverbindlichkeiten abzugsfähig sind ferner die „Kosten für ein angemessenes Grabdenkmal" (§ 10 Abs. 5 Nr. 3 Satz 1 ErbStG). Die Angemessenheit bestimmt sich nach der Lebensstellung des Erblassers. Handelt es sich um eine **Familiengrabstätte**, so können die Aufwendungen schon bei dem Tod des erstversterbenden Familienmitglieds angesetzt werden.

6.4.3 Grabpflegekosten

Abzugsfähig sind ferner die „Kosten für die übliche Grabpflege mit ihrem Kapitalwert für eine unbestimmte Dauer" (§ 10 Abs. 5 Nr. 3 Satz 1 ErbStG; eine ausführliche Darstellung enthält H E 10.7 ErbStH 2011 „Kosten der üblichen Grabpflege"). Maßgebend für die Bewertung ist mithin bei einem Einzelnachweis der Kosten das 9,3-Fache des Jahreswerts (§ 12 Abs. 1 ErbStG i.V.m. § 13 Abs. 2 BewG; H E 10.7 ErbStH 2011 „Kosten der üblichen Grabpflege"). Ein höherer Abzug scheidet auch bei Nachweis einer längeren Liegezeit aus (BFH v. 7.10.1981, II R 16/80, BStBl II 1982, 28). Diese Begrenzung der Abzugsfähigkeit gilt jedoch nicht, wenn der Grabpflegeaufwand nach § 10 Abs. 5 Nr. 1 oder Nr. 2 ErbStG abzugsfähig ist (vgl. Rz. 179).

207

Bei den Kosten für die übliche Grabpflege ist nicht auf die individuellen Verhältnisse abzustellen. Maßgebend sind die bei der Inanspruchnahme von Fremdleistungen nach den **üblichen Mittelpreisen** des Bestattungsorts zu erwartenden Aufwendungen (Thüringer FG v. 17.3.2010, 4 K 856/08, EFG 2010, 1332, und H E 10.7 ErbStH 2011). Soweit die geltend gemachten Kosten über den am Bestattungsort üblichen Rahmen hinausgehen, sind sie nach Auffassung der FinVerw. nicht zum Abzug zugelassen, auch wenn höhere Grabpflegekosten etwa auf der gesellschaftlichen bzw. beruflichen Stellung des Erblassers, seinen Vermögensverhältnissen oder auf persönlichen, im Verhältnis des Erblassers zu seinen Erben begründeten Umständen beruhen (H E 10.7. ErbStH 2011 „Kosten der üblichen Grabpflege"). Abzugsfähig sind nur die durch den konkreten Sterbefall veranlassten Aufwendungen; bei einem Familiengrab sind also ggf. nur anteilige Kosten berücksichtigungsfähig (Thüringer FG v. 17.3.2010, 4 K 856/08, EFG 2010, 1332).

Häufig treffen bereits die Erblasser selbst Vorkehrungen, um die Grabpflege dauerhaft sicherzustellen. Es haben sich hierzu in der Praxis verschiedene Gestaltungen herausgebildet, deren erbschaftsteuerliche Konsequenzen im Einzelnen in H E 10.7 ErbStH 2011 behandelt werden. Grundsätzlich ist bei Grabpflegeaufwendungen zu beachten, dass sie nicht zu den dem Erben gem. § 1968 BGB gesetzlich auferlegten Beerdigungskosten zählen. Zahlt mithin der Erblasser selbst im Voraus die Grabpflegekosten, tritt insoweit – anders als bei den vom Erblasser schon selbst gezahlten Kosten seines eigenen Begräbnisses – beim Erben keine Bereicherung ein. In diesem Fall ist überdies der Pauschbetrag des § 10 Abs. 5 Nr. 3 Satz 2 ErbStG nicht um die vom Erblasser getragenen Grabpflegekosten zu kürzen.

208

6.4.4 Kosten für die Abwicklung, Regelung oder Verteilung des Nachlasses

§ 10 Abs. 5 Nr. 3 ErbStG lässt ferner „Kosten, die dem Erwerber unmittelbar im Zusammenhang mit der Abwicklung, Regelung oder Verteilung des Nachlasses oder mit der Erlangung des Erwerbs entstehen", zum Abzug zu. Diese Regelung bedeutet der Sache nach eine Abweichung von dem das ErbStG sonst beherrschenden Stichtagsprinzip. Andererseits ist der Abzug auf Kosten begrenzt, die „unmittelbar" im Zusammenhang mit der Nachlassabwicklung usw. entstehen. Erfasst sind mithin die Aufwendungen für solche Maßnahmen, die erforderlich sind, um den Nachlass in einer Weise in das Vermögen des Erben zu überführen,

209

dass er darüber verfügen kann. Der Begriff der Nachlassregelungskosten ist weit auszulegen (BFH v. 11.1.1961, II 155/59, BStBl III 1961, 102).

210 Zu den **abzugsfähigen Kosten** gehören z. B. die bei Gerichten, Notaren und Rechtsanwälten anfallenden Kosten einer etwaigen Todeserklärung, der Eröffnung des Testaments oder Erbvertrags, der Erteilung des Erbscheins sowie einer Grundbuchberichtigung oder -umschreibung für ein Nachlassgrundstück (dazu BFH v. 11.1.1961, II 155/59, BStBl III 1961, 102). Erfasst sind ferner alle Kosten zur tatsächlichen und rechtlichen Feststellung des Erwerbs und zur Nachlassregulierung (z. B. Aufwendungen für die Sicherung des Nachlasses, die Errichtung eines Nachlassinventars, Aufgebot der Nachlassgläubiger). Zu den Nachlassregelungskosten gehören auch die Kosten für die Bewertung von Nachlassgegenständen, wenn sie in engem zeitlichen und sachlichen Zusammenhang mit dem Erwerb von Todes wegen und nicht erst durch die spätere Verwaltung des Nachlasses (§ 10 Abs. 5 Nr. 3 Satz 3 ErbStG) anfallen. Nachlassregelungskosten sind insbesondere Aufwendungen für die Erstellung eines Sachverständigengutachtens zum Nachweis eines niedrigeren gemeinen Werts eines zum Nachlass gehörenden Grundstücks, sofern die Kosten im Rahmen der Verpflichtung zur Abgabe einer Feststellungserklärung anfallen und vom Erwerber getragen werden (BFH v. 19.6.2013, II R 20/12, BStBl II 2013, 738. Das restriktivere Verständnis von H E 10.7 ErbStH 2011 ist damit überholt). Fallen die Kosten im anschließenden Rechtsbehelfs- oder Klageverfahren an, sind sie nicht abzugsfähig (vgl. Rz. 218).

211 Abzugsfähig sind auch die **Kosten einer Erbauseinandersetzung,** sofern sie entstanden sind, um die Erben in den Besitz der ihnen aus der Erbschaft zukommenden Gegenstände zu bringen, insbesondere Aufwendungen für die durch einen Sachverständigen vorgenommene Bewertung der Nachlassgegenstände, Notariats- und Gerichtskosten für die Übertragung der Nachlassgegenstände, Aufwendungen für anwaltliche Beratung und außergerichtliche und gerichtliche Vertretung, Gerichtskosten bei einem Rechtsstreit über die Auseinandersetzung (BFH v. 9.12.2009, II R 37/08, BStBl II 2010, 489; s. dazu *Herlinghaus,* BFH/PR 2010, 312) sowie Gutachterkosten für die Wertermittlung eines Grundstücks im Zivilrechtsstreit (BFH v. 1.7.2008, II R 71/06, BStBl II 2008, 874; s. dazu *Kilches,* BFH/PR 2008, 518). Unter Auseinandersetzung einer Erbengemeinschaft ist die Verteilung der Nachlassgegenstände unter den Miterben nach Tilgung der Nachlassverbindlichkeiten zu verstehen. Durch diese Verteilung wird das Alleineigentum eines jeden Miterben an den ihm bei der Verteilung zugewiesenen Vermögensgegenständen begründet und die nach dem Erbfall entstandene Gemeinschaft zur gesamten Hand (§ 2032 Abs. 1 BGB) aufgehoben. Der Begriff der Auseinandersetzung der Erbengemeinschaft umfasst sowohl die mit ihr verbundenen schuldrechtlichen Vereinbarungen als auch deren dinglichen Vollzug (BFH v. 9.12.2009, II R 37/08, BStBl II 2010, 489).

212 Der erforderliche unmittelbare Zusammenhang der Kosten mit der Abwicklung des Nachlasses bildet eine **Abzugsschranke** für lediglich mittelbar mit dem Erbfall zusammenhängende Kosten. Diese Abzugsschranke ist auch im Zusammenhang mit den nach § 10 Abs. 5 Nr. 3 Satz 3 ErbStG nicht abzugsfähigen Nachlassverwaltungskosten zu sehen. Daher sind Kosten aus der Verwertung von Nachlassgegenständen (z. B. Maklerprovision für die Veräußerung eines zum Nachlass

gehörenden Grundstücks) grundsätzlich nicht abzugsfähig (FG Niedersachsen v. 4.10.1991, III 210/89, EFG 1992, 141).

Hier ist jedoch eine Grenze zu solchen Kosten zu ziehen, deren unmittelbarer Entstehungsgrund in einer entsprechenden **Anordnung des Erblassers** liegt. Abziehbar sind daher – weil auf einer Anordnung des Erblassers beruhend – die Kosten (z. B. Bankprovisionen) einer Veräußerung von Wertpapiervermögen, die zur Erfüllung vom Erblasser angeordneter Vermächtnisse oder Auflagen vorgenommen wird (BFH v. 28.6.1995, II R 89/92, BStBl II 1995, 786). 213

Abzugsfähig sind auch Kosten, die durch einen **Testamentsvollstrecker** entstehen. Der Testamentsvollstrecker kann gem. § 2221 BGB für seine Tätigkeit eine Vergütung verlangen, wobei für eine normal verlaufende Abwicklungsvollstreckung eine einmal zu zahlende Vergütung vorgesehen ist. Ob und in welchem Umfang Sondervergütungen anfallen, ist jeweils eine Frage des Einzelfalls. Nach § 10 Abs. 5 Nr. 3 Satz 1 ErbStG ist die Testamentsvollstreckervergütung abzugsfähig, soweit sie sich auf die Nachlassregelung bezieht und der Höhe nach angemessen ist (RFH v. 8.7.1937, III eA 77/86, RStBl 1937, 973). Bezüglich der Angemessenheit der Testamentsvollstreckergebühren ist von den gebräuchlichen Tabellen über Vergütungsrichtsätze auszugehen. 214

Aus der Beschränkung auf die Nachlassregelung folgt, dass lediglich die Testamentsvollstreckervergütung zur Durchführung der **Abwicklungsvollstreckung** abzugsfähig ist. 215

Keine abzugsfähigen Nachlassverbindlichkeiten sind hingegen Testamentsvollstreckerkosten für die **Nachlassverwaltung** (§ 1981ff. BGB), insbesondere die dem Testamentsvollstrecker zustehende Verwaltungsgebühr. Dies folgt aus dem Abzugsverbot des § 10 Abs. 5 Nr. 3 Satz 3 ErbStG. 216

Zu den Nachlassregelungskosten gehören schließlich auch die **Steuerberatungskosten** für die Erstellung der Erbschaftsteuererklärung (H E 10.7 ErbStH 2011 „Steuerberatungskosten und Rechtsberatungskosten im Rahmen des Besteuerungs- und Wertfeststellungsverfahrens"). 217

Kosten der **Rechtsvertretung in** den anschließenden **Steuerfestsetzungs- und Wertfeststellungsverfahren** dagegen sind **nicht** als Nachlassverbindlichkeit abzuziehen. Dies ergibt sich aus § 10 Abs. 8 ErbStG, wonach die vom Erwerber zu entrichtende eigene Erbschaftsteuer nicht als Nachlassverbindlichkeit i.S.d. § 10 Abs. 5 ErbStG abzugsfähig ist. Das Abzugsverbot erstreckt sich auch auf die einem Erwerber entstehenden Rechtsverfolgungskosten, die er zur Abwehr der von ihm zu entrichtenden eigenen Erbschaftsteuer aufwendet (BFH v. 1.7.2008, II R 71/06, BStBl II 2008, 874; BFH v. 20.6.2007, II R 29/06, BStBl II 2007, 722; s. dazu *Kilches*, BFH/PR 2007, 471), und gilt auch für die Rechtsverfolgungskosten, die mit gesonderten Feststellungen der Grundbesitzwerte des zum Nachlass gehörenden Grundvermögens zusammenhängen. Denn derartige Aufwendungen haben einen unmittelbaren Bezug zu der vom Erben zu entrichtenden Erbschaftsteuer (BFH v. 1.7.2008, II R 71/06, BStBl II 2008 II, 874; ebenso *Gebel*, in T/G/J, § 10 Rz. 220; vgl. auch H E 10.7 ErbStH 2011 „Steuerberatungskosten und Rechtsberatungskosten im Rahmen des Besteuerungs- und Wertfeststellungsverfahrens"). Ob an diesen Grundsätzen 218 der Rechtsprechung noch uneingeschränkt festgehalten werden kann, nachdem der BFH Gutachterkosten zur Ermittlung des Grundstückswerts als Nachlassverbindlichkeit anerkannt hat (BFH v. 19.6.2013, II R 20/12, BStBl II 2013, 738; s. dazu *Pahlke*, BFH/PR 2013, 367), ist offen.

Steuerberatungskosten für die Einkommensteuererklärung des Erblassers entstehen in der Person des Erben als Gesamtrechtsnachfolger, rühren somit nicht vom Erblasser her und sind demzufolge keine Nachlassverbindlichkeiten.

6.4.5 Kosten zur Erlangung des Erwerbs

219 Kosten, die dem Erwerber unmittelbar „mit der Erlangung des Erwerbs" entstehen, sind gem. § 10 Abs. 5 Nr. 3 Satz 1 ErbStG ebenfalls abzugsfähig. Der Begriff der Erwerbskosten ist dabei wie der Begriff der **Nachlassregelungskosten** grundsätzlich weit auszulegen. Ein unmittelbarer Zusammenhang der Kosten mit dem Erwerb liegt vor, wenn diese im Sinne einer synallagmatischen Verknüpfung dafür aufgewandt werden, dass der Erwerber seine Rechtsstellung erlangt. Dabei können die Kosten vor dem Erbfall entstanden sein, aber auch danach, sofern ein enger zeitlicher Zusammenhang mit der Erlangung oder Sicherung der Erbenstellung vorliegt (BFH v. 15.6.2016, II R 24/15, BStBl II 2017, 128). Die Vorschrift betrifft bei Erwerben von Todes wegen **alle Kosten, die ein Erbe zur Erreichung seiner Erbeinsetzung verwendet**. Dazu gehören z. B. Beratungskosten im Zusammenhang mit der Erlangung und Sicherung des Erwerbs sowie Kosten der Erbenermittlung. Abzugsfähig sind ferner Kosten eines Rechtsstreits zur Erlangung des Nachlasses oder zur Durchsetzung einer Nachlassforderung; dazu gehören auch Kosten, die vom Erben zur Abwehr einer gegen ihn geltend gemachten Nachlassforderung aufgewendet werden.

Zu den abzugsfähigen Kosten zählen ferner auch vergeblich aufgewendete Kosten für einen Rechtsstreit, mit dem die Zugehörigkeit einzelner Gegenstände zum Nachlass geltend gemacht werden sollte. § 10 Abs. 6 Satz 1 ErbStG steht dem nicht entgegen, da der Vermögensgegenstand bei einem erfolgreichen Ausgang des Rechtsstreits auch der Besteuerung unterlegen hätte (A.A. FG Baden-Württemberg v. 25.3.2015, 11 K 448/11, juris (Rev. Az BFH II R 29/16)).

Ebenso sind Aufwendungen zu berücksichtigen, die einem Erben vor Eintritt des Erbfalls zur Abwendung (z.B. Abfindung für einen Erb- oder Pflichtteilsverzicht) (BFH v. 25.1.2001, II R 22/98, BStBl II 2001, 456; BFH v. 16.5.2013, II R 21/11, BStBl II 2013, 922) erbrechtlicher Ansprüche anderer Personen entstehen. Dazu gehört auch ein Entgelt, das der Erwerber für ein Nacherbenanwartschaftsrecht zahlt.

219a Auch die **Abfindungszahlung** an den weichenden **Erbprätendenten** zur Beendigung eines gerichtlichen Rechtsstreits zur Klärung der Erbenstellung ist als Nachlassverbindlichkeit abzugsfähig (BFH v. 15.6.2016, II R 24/15, BStBl II 2017, 128; s. dazu *Fumi*, BFH/PR 2016, 378). Die Kosten, die dem letztlich bestimmten Erben infolge eines Rechtsstreits um die Erbenstellung entstehen, hängen unmittelbar mit der Erlangung des Erwerbs zusammen. Ein gewisser Wertungswiderspruch ergibt sich jedoch daraus, dass nach neuerer Rechtsprechung die Abfindungszahlung, die der weichende Erbprätendent aufgrund eines Prozessvergleichs vom zuletzt eingesetzten Alleinerben erhält, nicht der Erbschaftsteuer unterliegen soll (BFH v. 4.5.2011, II R 34/09, BStBl II 2011, 725, unter Abkehr von der bisherigen Rechtsprechung, vgl. BFH v. 1.2.1961, II 269/58 U, BStBl III 1961, 133; RFH v. 30.1.1919, II A 14/18, RFHE 1, 1. Der BFH ließ sich bei seiner Rechtsprechungsänderung maßgeblich von der Erwägung leiten, dass sich die Abfindungszahlung nicht unter einen der Erwerbstatbestände des § 3 ErbStG fassen lasse). Hieraus folgt, dass die Abfindungszahlung auf Seiten des Erwerbers die Bemessungsgrundlage mindert, aber auf Seiten des Empfängers nicht spiegelbildlich einen steuerpflichtigen Erwerb darstellt. Der Gesetzgeber wird zur Vermeidung von Gestaltungsmöglichkeiten und zur Gewährleistung einer gleichmäßigen Besteuerung (vgl Gesetzesbegründung, BR-Drs. 816/16, 22) voraussichtlich noch im Laufe des Jahres 2017 diese sachlich nicht gerechtfertigte Besteuerungslücke durch eine entsprechende Ergänzung des § 3 Abs. 2 Nr. 4 ErbStG schließen (vgl. Art. 4 Nr. 1a des Entwurfs eines Steuerumgehungsbekämpfungsgesetzes, BR-Drs. 816/16 (B), 21). Die geplante Gesetzesänderung, die nur wenige Wochen nach der Veröffentlichung des Urteils v. 15.6.2016 auf den Weg gebracht worden ist, zeigt überdeutlich, dass der Gesetzgeber der Korrespondenz von steuerpflichtigen Erwerb und Abzugsfähigkeit als Nachlassverbindlichkeit ein herausragendes Gewicht beimisst.

Die Abfindung, die ein künftiger gesetzlicher Erbe für den Verzicht auf einen künftigen Pflichtteilsanspruch zahlt, ist als freigebige Zuwendung des künftigen gesetzlichen Erben an den Pflichtteilsberechtigten zu verstehen, wobei sich aber die Steuerklasse nach dem Verwandtschaftsverhältnis zwischen Pflichtteilsberechtigten und Erblasser bemessen soll. Auch diese Zahlung mindert als Nachlassverbindlichkeit gem. § 10 Abs. 5 Nr. 3 Satz 1 ErbStG den steuerpflichtigen Erwerb (BFH v. 16.5.2013, II R 21/11, BStBl II 2013, 922; s. dazu *Pahlke*, BFH/PR 2013, 422). 219b

Nicht als Nachlassverbindlichkeit abzugsfähig ist dagegen die Zahlung eines Vorerben zur **Ablösung eines Nacherbenrechts** (s. oben Rz. 97). 220

Erwerbskosten sind auch Zuwendungen, die der Erbe zu Lebzeiten des Erblassers für eine **vertraglich vereinbarte Erbeinsetzung** erbracht hat (BFH v. 13.7.1983, II R 105/82, BStBl II 1984, 37). Diese Behandlung ist deshalb gerechtfertigt, weil sich der Erblasser durch Abschluss des Erbvertrags an die Erbeinsetzung bindet (vgl. § 2289 Abs. 1 BGB), während andere vertragliche Beschränkungen der Testierfreiheit aufgrund § 2302 BGB nichtig sind. Zuwendungen als Gegenleistung für eine erbvertraglich vereinbarte Erbeinsetzung weisen mithin den nach § 10 Abs. 5 Nr. 3 Satz 1 ErbStG erforderlichen unmittelbaren Zusammenhang mit der Erlangung des Erwerbs auf. Voraussetzung der Abziehbarkeit ist jedoch, dass eine zumindest in Geld messbare Gegenleistung des Erben vorliegt und der Vertrag auch tatsächlich wie vereinbart vollzogen worden ist. 221

Diese für Erbvertragserben geltende Rechtslage kann auch dahingehend genutzt werden, dass sich der erbvertraglich Begünstigte zu **Pflege- oder Unterhaltsleistungen** gegenüber dem Erblasser verpflichtet. Fehlt es hingegen an einer Vereinbarung über die Erbeinsetzung, so kann der testamentarisch eingesetzte Erbe seine Entgeltansprüche aus von ihm dem Erblasser gegenüber erbrachten Pflege- oder Unterhaltsleistungen nicht nach § 10 Abs. 5 Nr. 3 ErbStG geltend machen (BFH v. 222

§ 10 Steuerpflichtiger Erwerb

30.9.1998, II B 29/98, BFH/NV 1999, 489; BFH v. 11.9.1994, II R 110/91, BStBl II 1995, 62; BFH v. 9.11.1994, II R 111/91, BFH/NV 1995, 598; dazu krit. *Gebel*, UVR 1995, 105). Ebenso kann ein Vertragserbe seine vor Abschluss des Erbvertrags erbrachten Pflegeleistungen nicht als Erwerbskosten abziehen; eine rückwirkende Vereinbarung ist insoweit nicht möglich (FG München v. 15.2.1995, IV K 415/92, EFG 1995, 752).

6.4.6 Erwerbskosten bei Schenkungen unter Lebenden

223 Bei Schenkungen unter Lebenden können im Zusammenhang mit der Ausführung der Zuwendung Kosten zur Erlangung des Erwerbs (z.B. Notar- und Gerichtskosten) anfallen. Eine **ausdrückliche Regelung** über die Abzugsfähigkeit derartiger Kosten **fehlt**; jedoch sind insoweit § 10 Abs. 1 Satz 2 ErbStG und § 10 Abs. 3–9 ErbStG – insbesondere auch § 10 Abs. 5 Nr. 3 Satz 1 ErbStG – entsprechend anwendbar. So hat der BFH etwa die Leistung einer Einlage durch Neugesellschafter als Erwerbsaufwand für eine Schenkung angesehen, weil im Zuge einer Kapitalerhöhung einer GmbH die Neugesellschafter zur Übernahme neuer Geschäftsanteile, deren gemeiner Wert die jeweils zu leistenden Einlagen übersteigt, zugelassen wurden, ohne weitere Verpflichtungen eingehen zu müssen (BFH v. 20.12.2000, II R 42/99, BStBl II 2001, 454; vgl. auch BFH v. 7.7.2008, II B 9/07, BFH/NV 2008, 1811).

224 Abzugsfähig sind im Einzelnen alle Kosten der Rechtsänderung (z.B. Notar-, Handelsregister- oder Grundbuchkosten) mit Ausnahme der Steuer- und Rechtsberatungskosten (R E 7.4 Abs. 4 ErbStR 2011). Dies gilt grundsätzlich auch bei einer mittelbaren Schenkung, ggf. anteilig, soweit dem Beschenkten bei einer mittelbaren Schenkung nur ein (nicht unwesentlicher) Teil des Kaufpreises zugewendet wird, der für den Erwerb des zugedachten Gegenstands zu zahlen ist.

Bei gemischten Schenkungen und Schenkungen unter Auflage sollen die im Zusammenhang mit der Ausführung der Schenkung anfallenden Erwerbsnebenkosten aus Vereinfachungsgründen unbeschränkt abzugsfähig sein (R E 7.4. Abs. 4 ErbStR 2011).

Die im Anschluss an den ergangenen Schenkungsteuerbescheid entstehenden Kosten eines Rechtsbehelfsverfahrens oder finanzgerichtlichen Verfahrens sind wie die festgesetzte Steuer selbst nicht abzugsfähig.

225 einstweilen frei

6.4.7 Pauschbetrag (Abs. 5 Nr. 3 S. 2)

226 Für die in § 10 Abs. 5 Nr. 3 Satz 1 ErbStG aufgeführten Kosten wird ein Betrag von 10.300 EUR **ohne Nachweis** abgezogen. Der Ansatz des Pauschbetrags setzt voraus, dass dem Erwerber dem Grunde nach Kosten i.S.d. § 10 Abs. 5 Nr. 3 Satz 1 ErbStG entstanden sind; einen „allgemeinen" Pauschbetrag für Nachlassverbindlichkeiten gewährt die Vorschrift nicht (BFH v. 21.1.2005, II B 6/04, BFH/NV 2005, 1092; BFH v. 28.11.1990, II S 10/90, BFH/NV 1991, 243). Der Sache nach enthält § 10 Abs. 5 Nr. 3 Satz 2 ErbStG mithin eine Nachweiserleichterung, indem der Abzug der Kosten nicht von der Vorlage entsprechender Belege abhängt. Sind die Aufwendungen tatsächlich niedriger, so wirkt die Regelung wie ein zusätzlicher Freibetrag.

Sind über den Pauschbetrag hinausgehende Kosten angefallen, so sind sie – soweit im Einzelnen nachgewiesen – abzugsfähig. 227

Der Pauschbetrag bezieht sich auf den **gesamten Erbfall** und kann auch bei einer Mehrzahl von Erben und/oder sonstigen Erwerbern wie z.B. Vermächtnisnehmern von den Beteiligten insgesamt **nur einmal** in Anspruch genommen werden (BFH v. 24.2.2010, II R 31/08, BStBl II 2010, 491; s. dazu *Herlinghaus*, BFH/PR 2010, 229). Daraus können sich Probleme hinsichtlich der Verteilung des Pauschbetrags ergeben. Haben die einzelnen Erwerber jeweils einen Teil der Kosten getragen und übersteigen diese Kosten insgesamt nicht den Pauschbetrag von 10.300 EUR, so kann sich die Verteilung des Pauschbetrags am Verhältnis der getragenen Kosten orientieren. Sinnvollerweise werden die Beteiligten dem FA einen bestimmten Verteilungsschlüssel vorschlagen (R E 10.9 Abs. 3 ErbStR 2011). 228

Trägt anstelle des Erben (vgl. § 1968 BGB) ein **anderer Erwerber** (z.B. Vermächtnisnehmer) die Kosten für die Bestattung des Erblassers, so ist er ebenfalls im Verhältnis der Gesamtkosten i.S.d. § 10 Abs. 5 Nr. 3 Satz 2 ErbStG am Pauschbetrag zu beteiligen (H E 10.9 ErbStH 2011 „Aufteilung des Pauschbetrags"). Trägt der Erwerber alle Aufwendungen der in § 10 Abs. 5 Nr. 3 ErbStG genannten Art, so kann ihm der volle Anteil des Pauschbetrages zugerechnet werden. Ist kein Nachlass vorhanden, so bedarf es hierzu auch keiner Vereinbarung zwischen den Beteiligten, die Zustimmung der Erben (ggf. des Fiskus nach § 1369 BGB) kann unterstellt werden (OFD Magdeburg v. 4.3.2010, S 3810 – 11 – St 271, HaufeIndex 2341445). Weist dieser andere Erwerber über den Pauschbetrag hinausgehende höhere Aufwendungen nach, sind sie von seinem Erwerb voll abzugsfähig; die anderen Beteiligten (z.B. Erben) können dann nur die von ihnen tatsächlich nachgewiesenen Kosten abziehen, ohne selbst den Pauschbetrag in Anspruch nehmen zu können. 229

Trägt die Bestattungskosten ein **Dritter**, der seinerseits aus dem Erbfall keinen steuerpflichtigen Erwerb erlangt, so verbleibt den übrigen Erwerbern ungeschmälert der Pauschbetrag des § 10 Abs. 5 Nr. 3 Satz 2 ErbStG; bei den Erben kann allerdings insoweit eine freigebige Zuwendung zu berücksichtigen sein. 230

Der Pauschbetrag ist auch dann nur einmal zu berücksichtigen, wenn einer oder mehrere der am Erbfall beteiligten Erwerber die in § 10 Abs. 5 Nr. 3 Satz 1 ErbStG aufgeführten Nachlassverbindlichkeiten aufgrund testamentarischer Auflage gem. § 10 Abs. 5 Nr. 2 ErbStG zu übernehmen haben. Soweit diese aufgrund der Auflage zu erbringenden Kosten den Pauschbetrag nicht übersteigen, sind sie damit abgegolten. Darüber hinausgehende Nachlassverbindlichkeiten sind abzugsfähig, sofern sie im Einzelnen nachgewiesen werden. 231

§ 10 Abs. 5 Nr. 3 Satz 2 ErbStG ist bei **Schenkungen unter Lebenden** und ebenso bei **Familienstiftungen und -vereinen** (§ 1 Abs. 1 Nr. 4 ErbStG) nicht einschlägig (S.a. *Högl*, in Gürsching/Stenger, ErbStG, § 10 Rz. 46). 232

6.4.8 Nichtabzugsfähigkeit der Kosten für die Verwaltung des Nachlasses (§ 10 Abs. 5 Nr. 3 S. 3 ErbStG)

Kosten für die Verwaltung des Nachlasses sind nach § 10 Abs. 5 Nr. 3 Satz 3 ErbStG nicht abzugsfähig. Diese Abzugsbeschränkung ist nach Systematik des ErbStG 233 deshalb gerechtfertigt, weil für Nachlassverwaltungskosten kein unmittelbarer Bezug zum Erwerbsvorgang hergestellt werden kann. Sie lässt sich in vielen Fällen auch bereits aus dem in § 10 Abs. 5 Nr. 3 Satz 1 ErbStG aufgestellten Unmittelbarkeitskriterium ableiten.

234 Nicht abzugsfähig sind etwa Kosten im Zusammenhang mit einer Nachlassverwaltung oder Nachlassauflösung sowie nach dem Erwerb anfallende laufende Verwaltungskosten (z. B. Bankgebühren, öffentliche Abgaben, Kosten einer Dauertestamentsvollstreckung usw.).

235–249 einstweilen frei

7 Nichtabzugsfähige Schulden und Lasten (§ 10 Abs. 6 ErbStG)

7.1 Allgemeines

250 § 10 Abs. 6 ErbStG beschränkt unter näheren Voraussetzungen den Abzug von Schulden und Lasten, die den steuerpflichtigen Erwerb nicht mindern dürfen. Der Gesetzgeber geht davon aus, dass der Abzug dem Charakter der Erbschaftsteuer, die die echte Bereicherung eines Erwerbs erfassen will, widersprechen würde (BT-Drs. VI/3418, 66; vgl. auch den Überblick bei *Milatz/Brockhoff*, ZEV 2011, 410). Gleichwohl ist dieser Grundsatz vom Gesetzgeber nur unvollkommen umgesetzt worden, so dass sich aus der Kumulation von Steuerbefreiungen und Schuldenabzug Entlastungswirkungen ergeben können, die die Gleichmäßigkeit der Besteuerung ernsthaft in Frage stellen (BFH v. 22.7.2015, II R 21/13, BStBl II 2016, 228, sieht insoweit keinen Raum für Gesetzesauslegung und nimmt stattdessen den Gesetzgeber in die Verantwortung (s. unten Rz. 264)). Ähnliche, sachlich nur schwer zu rechtfertigende Entlastungswirkungen können sich aus dem Zusammentreffen von Steuerbefreiungen und der nicht steuerbaren Zugewinnausgleichsforderung gem. § 5 ErbStG ergeben.

7.1.1 Überblick

251 Das Abzugsverbot erstreckt sich zunächst auf Schulden und Lasten, die in wirtschaftlichem Zusammenhang mit Vermögensgegenständen stehen, die nicht der Besteuerung nach dem ErbStG unterliegen. In § 10 Abs. 6 Sätze 1–3 ErbStG sind ausschließlich ganz oder teilweise steuerbefreite Vermögensgegenstände angesprochen (etwa § 13 Abs. 1 Nrn. 2, 3, 4b oder 4c ErbStG). § 10 Abs. 6 Sätze 4 und 5 ErbStG enthalten eine Konkretisierung des bereits in Satz 3 enthaltenen Grundsatzes für Vermögen, das nach § 13a ErbStG und § 13d ErbStG ganz oder teilweise steuerbefreit ist. Entbehrlich wäre die Regelung des § 10 Abs. 6 Satz 6 ErbStG, wonach sich Nutzungsrechte nicht doppelt, nämlich bei Bewertung und Bereicherung, steuerlich auswirken dürfen.

252 Nicht betroffen sind solche Gegenstände, für deren Erwerb ein **Freibetrag** (z. B. gem. § 13 Abs. 1 Nr. 1 ErbStG) gewährt wird. Denn diese Freibetragsregelung ändert nichts daran, dass die davon erfassten () Vermögensgegenstände zunächst voll der Besteuerung unterliegen. Der Abzug von Schulden und Lasten ist hier somit nicht durch § 10 Abs. 6 ErbStG eingeschränkt (R E 10.10 Abs. 3 ErbStR 2011).

Nicht betroffen sind auch die Erwerber, denen eine **Steuerbefreiung nicht gewährt** 253
wird (Insbesondere in den Fällen des § 13 Abs. 1 Nr. 4b Sätze 2–4 ErbStG, § 13
Abs. 1 Nr. 4c Sätze 2–4 ErbStG, § 13a Abs. 5 ErbStG und § 13d Abs. 2 ErbStG;
auch R E 10.10 Abs. 3 ErbStR 2011).

7.1.2 Wirtschaftlicher Zusammenhang

In den Fällen des § 10 Abs. 6 Sätze 1-5 ErbStG greift das Abzugsverbot nur ein, 254
soweit Schulden und Lasten mit dem erworbenen Vermögensgegenstand in wirtschaftlichem Zusammenhang stehen.

Bei **Pflichtteilsansprüchen** besteht ein wirtschaftlicher Zusammenhang mit allen 255
erworbenen Vermögensgegenständen unabhängig davon, inwieweit sie steuerbar
oder steuerbefreit sind; bei anderen allgemeinen Nachlassverbindlichkeiten besteht
dagegen kein wirtschaftlicher Zusammenhang mit einzelnen erworbenen Vermögensgegenständen (R E 10.10 Abs. 2 ErbStR 2011).

Für einen wirtschaftlichen Zusammenhang ist eine allgemeine Beziehung zwischen dem Vermögensgegenstand und der jeweiligen Schuld bzw. Last nicht
ausreichend. Vielmehr muss die maßgebliche wirtschaftliche Beziehung aus der
Entstehung der Schuld bzw. Last abzuleiten sein. Der wirtschaftliche Zusammenhang setzt voraus, dass die Entstehung der Verbindlichkeit ursächlich und unmittelbar auf Vorgängen beruht, die diesen Vermögensgegenstand betreffen (BFH v.
25.10.1995, II R 45/92, BStBl II 1996, 11). Zu bejahen ist der wirtschaftliche
Zusammenhang z. B. dann, wenn die Schuld zum Erwerb, zur Sicherung oder zur
Erhaltung eines Vermögensgegenstandes eingegangen wird, etwa wenn der Entstehungsgrund einer Schuld unmittelbar aus dem Anschaffungsvorgang resultiert
(z.B. Restkaufpreis). Einen solchen Zusammenhang sieht das FG Münster auch
bei einem Untervermächtnis, wenn ein Sachvermächtnis mit jenem belastet wird
und das Sachvermächtnis nur aus begünstigtem Vermögen besteht (FG Münster v.
11.4.2013, 3 K 604/11 Erb, EFG 2013, 1246).

Die **hypothekarische Sicherung** einer Schuld an einem Grundstück reicht für sich 257
allein noch nicht aus, um den wirtschaftlichen Zusammenhang mit dem Grundstück
herbeizuführen (H E 10.10 ErbStH 2011 „Wirtschaftlicher Zusammenhang von
Schulden und Lasten mit Vermögensgegenständen").

Bei einer Gesamtrechtsnachfolge ist auf die Entstehung der Schuld beim Erblasser 258
abzustellen; der Erbfall allein begründet noch keine wirtschaftliche Beziehung
zwischen Vermögensgegenstand und Schuld (BFH v. 28.9.1962, III 242/90 U,
BStBl III 1962, 535).

7.2 Abzugsverbot bei steuerbefreiten Vermögensgegenständen (§ 10 Abs. 6 S. 1 ErbStG)

Das Abzugsverbot des § 10 Abs. 6 Satz 1 ErbStG betrifft zunächst Vermögens- 259
gegenstände, die nach § 13 Abs. 1 ErbStG uneingeschränkt steuerfrei sind. Ist der
Erwerb in vollem Umfang befreit (z.B. gem. § 13 Abs. 1 Nr. 3 ErbStG), so sind auch
Schulden und Lasten in vollem Umfang nicht abzugsfähig. Das gilt selbst dann, wenn
die Schulden und Lasten den Wert des steuerbefreiten Vermögensgegenstands über-

schreiten. Wegen dieser ungünstigen Auswirkung eines „Schuldenüberhangs" kann der Steuerpflichtige auf die Steuerbefreiung aus § 13 Abs. 1 Nrn. 2 und 3 ErbStG durch Erklärung verzichten (§ 13 Abs. 3 Satz 2 ErbStG).

7.3 Abzugsverbot bei beschränkter Steuerpflicht (§ 10 Abs. 6 S. 2 ErbStG)

260 Bei der beschränkten Steuerpflicht (§ 2 Abs. 1 Nr. 3 ErbStG) ist Besteuerungsgrundlage ausschließlich das Inlandsvermögen. § 10 Abs. 6 Satz 2 ErbStG beschränkt die abzugsfähigen Schulden und Lasten auf solche, die mit diesen Gegenständen in wirtschaftlichem Zusammenhang stehen. Sofern die dem Inlandsvermögen zuzuordnenden Vermögensgegenstände nach § 13 Abs. 1 Nrn. 2 oder 3 ErbStG steuerbefreit sind, ist ggf. § 10 Abs. 6 Satz 1 ErbStG (mit der Verzichtsmöglichkeit aus § 13 Abs. 3 Satz 2 ErbStG) anzuwenden.

261 § 10 Abs. 6 Satz 2 ErbStG ist ferner dann einschlägig, wenn ein Vermögensgegenstand aufgrund eines **DBA** der Besteuerung entzogen ist (§ 19 Abs. 2 ErbStG). Dieses Abzugsverbot hat nur Bedeutung, sofern ein DBA der Freistellungsmethode folgt.

7.4 Abzugsverbot bei teilweise befreiten Vermögensgegenständen (§ 10 Abs. 6 S. 3 ErbStG)

262 Schulden und Lasten, die mit teilweise befreiten Vermögensgegenständen in wirtschaftlichem Zusammenhang stehen, sind nur mit dem Betrag abzugsfähig, der dem steuerpflichtigen Teil entspricht (§ 10 Abs. 6 Satz 3 ErbStG). Eine solche teilweise Steuerbefreiung gewährt § 13 Abs. 1 Nr. 2 Buchst. a ErbStG den dort genannten Vermögensgegenständen. Die mit diesen zusammenhängenden Schulden und Lasten können – wegen der Befreiung von 60 % bzw. 85 % ihres Steuerwerts – nur zu 40 % bzw. 15 % ihres Werts abgezogen werden.

7.5 Schulden und Lasten bei nach § 13a ErbStG befreitem Vermögen (§ 10 Abs. 6 S. 4 ErbStG)

263 Schulden und Lasten, die mit nach § 13a ErbStG a. F. befreiten Betriebsvermögen in wirtschaftlichem Zusammenhang standen, waren bislang in vollem Umfang abzugsfähig (die Vorschrift hatte weitgehend klarstellende Bedeutung, weil Betriebsschulden gem. § 12 Abs. 5 ErbStG a. F. i. V. m. § 98a BewG a. F., § 103 BewG a. F. schon bei der Bewertung des Betriebsvermögens berücksichtigt wurden); solche, die in wirtschaftlichem Zusammenhang mit befreiten land- und forstwirtschaftlichem Vermögen oder befreiten Anteilen an Kapitalgesellschaften standen, dagegen nur teilweise. Nunmehr unterscheidet das Gesetz nicht mehr nach den Vermögensarten und trägt damit der Neuregelung der Vermögensbewertung für erbschaftsteuerrechtliche Zwecke ab 1.1.2009 in verfassungsmäßiger Weise Rechnung (den bisherigen Schuldenabzug hatte der BFH für verfassungswidrig gehalten, BFH v. 22.5.2002, II R 61/99, BStBl II 2002, 598(Vorlagebeschluss), vgl. auch BVerfG v. 7.11.2006, 1 BvL 10/02, BVerfGE 117, 1).

Schulden und Lasten, die mit dem nach § 13a ErbStG befreiten Vermögen in wirtschaftlichem Zusammenhang stehen, sind nur mit dem Betrag abzugsfähig, der dem Verhältnis des nach Anwendung des § 13a ErbStG anzusetzenden Werts ihres Vermögens zu dem Wert vor Anwendung des § 13a ErbStG entspricht (§ 10 Abs. 6 Satz 4 ErbStG; R E 10.10 Abs. 4 ErbStR 2011). Ein wirtschaftlicher Zusammenhang ist gegeben, wenn die Entstehung der Schuld ursächlich und unmittelbar auf Vorgängen beruht, die das Betriebsvermögen betreffen. Dieser Zusammenhang ist insbesondere dann zu bejahen, wenn die Schuld zum Erwerb, zur Sicherung oder zur Erhaltung des jeweiligen Vermögens eingegangen worden ist. Dagegen reicht es nicht aus, wenn lediglich ein rechtlicher Zusammenhang zwischen Schuld und Vermögensgegenstand besteht (BFH v. 6.7.2005, II R 34/03, BStBl II 2005, 797, in Anlehnung an die Rspr. zu § 103 BewG). 264

Der Wert eines auf Zahlung von Geld gerichteten **Untervermächtnisses** ist auch dann in voller Höhe als Nachlassverbindlichkeit abziehbar, wenn der vermächtnisweise Erwerb einer Beteiligung an einer Personengesellschaft gem. § 13a ErbStG begünstigt ist (BFH v. 22.7.2015, II R 21/13, BStBl II 2016, 228; s. dazu *Pahlke*, BFH/PR 2015, 397; *Loose*, ErbR 2016, 136). Das Urteil steht in einem Spannungsverhältnis mit dem Bereicherungsprinzip, da der Nachlassverbindlichkeit übergewichtet in die Ermittlung der Bemessungsgrundlage eingeht. Dies sei jedoch dem Gesetzgeber anzulasten, da dieser hätte anordnen können, dass „sämtliche Nachlassverbindlichkeiten, die nicht in einem konkreten wirtschaftlichen Zusammenhang mit bestimmten zum Nachlass gehörenden aktiven Vermögensgegenständen oder Vermögen stehen, nur mit dem Anteil abzugsfähig sind, der dem Verhältnis der Verkehrswerte oder Steuerwerte der steuerpflichtigen Vermögensgegenständen zum entsprechenden Wert des steuerfreien Vermögens entspricht" (BFH v. 22.7.2015, II R 21/13, BStBl II 2016, 228 Rz. 14).

Zu den von § 10 Abs. 6 Satz 4 ErbStG erfassten Schulden und Lasten gehören nur solche, die nicht bereits bei der Ermittlung des Werts des begünstigten Vermögens berücksichtigt worden sind (R E 10.10 Abs. 4 ErbStR 2011) (so z.B. **Gleichstellungsgelder**, zu deren Zahlung sich ein Betriebsnachfolger verpflichtet). 265

Bei **land- und forstwirtschaftlichem** begünstigtem Vermögen ist § 158 Abs. 5 BewG zu berücksichtigen (R E 10.10 Abs. 4 ErbStR 2011); danach gehören Verbindlichkeiten, die mit den in § 158 Abs. 4 BewG genannten Wirtschaftsgütern (z.B. Geschäftsguthaben, Wertpapiere und Beteiligungen) in unmittelbarem wirtschaftlichem Zusammenhang stehen, nicht zum land- und forstwirtschaftlichen Vermögen. 266

Optiert der Erwerber nach § 13a Abs. 10 ErbStG zu einer **vollständigen Befreiung** des begünstigten Vermögens, ist der Abzug in vollem Umfang ausgeschlossen (R E 10.10 Abs. 4 ErbStR 2011). Das Gleiche gilt, wenn das begünstigte Vermögen wegen des Verschonungsabschlages nach § 13a Abs. 1 ErbStG und des Abzugsbetrags nach § 13a Abs. 2 ErbStG vollständig außer Ansatz bleibt; regelmäßig also bis zu einem Wert des begünstigten Betriebsvermögens von 1 Mio. EUR. 267

Unterliegt der Erwerb der **Regelverschonung**, sind 15 % der Schulden und Lasten abzugsfähig, wenn sich der Abzugsbetrag nach § 13a Abs. 2 ErbStG nicht bzw. nicht mehr auswirkt, also ab einem Wert des begünstigten Betriebsvermögens von 3 Mio. EUR. Wirkt er sich aus, ist die Höhe des Prozentsatzes aus 268

§ 10 Steuerpflichtiger Erwerb

dem Vergleich des Betriebsvermögens vor Anwendung des § 13a BewG und nach seiner Anwendung unter Berücksichtigung des Abzugsbetrags nach § 13a Abs. 2 ErbStG zu ermitteln.

Beispiel:
Der Wert des begünstigten Betriebsvermögens eines übergehenden Betriebs beträgt 10 Mio. EUR. Mit dem Betrieb stehen Schulden von 1 Mio. EUR in wirtschaftlichem Zusammenhang. Optiert der Erwerber nicht gem. § 13a Abs. 10 ErbStG für die vollständigen Befreiung, beträgt der Wert des begünstigten Betriebsvermögens nach Anwendung des § 13a ErbStG 1,5 Mio. EUR. Dies entspricht 15 % des ungekürzten Werts. Abzugsfähig sind mithin nur 15 % der Schulden, d. h. 150.000 EUR.

269 **Entfällt die Befreiung** nach § 13a ErbStG wegen Verstoßes gegen die Behaltensvoraussetzungen oder die Lohnsummenregelung nachträglich ganz oder teilweise, sind die bisher nicht abzugsfähigen Schulden und Lasten entsprechend ganz oder anteilig zum Abzug zuzulassen (R E 10.10 Abs. 4 ErbStR 2011).

7.6 Schulden und Lasten bei nach § 13d ErbStG befreitem Vermögen (§ 10 Abs. 6 S. 5 ErbStG)

270 § 10 Abs. 6 Satz 5 ErbStG entspricht § 10 Abs. 6 Satz 4 ErbStG und begrenzt den Abzug von Schulden und Lasten, die mit dem nach § 13d ErbStG befreiten Grundstücken oder Grundstücksteilen in wirtschaftlichem Zusammenhang stehen. Die etwas sperrige Formulierung, wonach nur der Betrag abgezogen werden darf, der dem Verhältnis des nach Anwendung des § 13d ErbStG anzusetzenden Werts dieses Vermögens zu dem Wert vor Anwendung des § 13d ErbStG entspricht, verbrämt, dass Schulden und Lasten in Höhe von 90 % abgezogen werden dürfen (R E 10.10 Abs. 5 ErbStR 2011).

7.7 Nutzungsrechte und Grundstücksbelastung (§ 10 Abs. 6 S. 6 ErbStG)

271 § 10 Abs. 6 Satz 6 ErbStG soll verhindern, dass Nutzungsrechte an einem Grundstück, die bereits bei der Bewertung des Grundstücks berücksichtigt wurden (vgl. §§ 176 ff. BewG), zusätzlich als Nachlassverbindlichkeit oder Duldungslast abgezogen werden können (BR-Drs. 4/08, 50).

272 Da die Berücksichtigung von Grundstücksbelastungen bei der Bewertung des Grundvermögens nach § 179 BewG und §§ 182 BewG bis 197 BewG nicht vorgesehen ist, kann die Vorschrift sich nur auf die Ermittlung des gemeinen Werts zum **Nachweis eines niedrigeren Werts nach § 198 BewG** beziehen (R E 10.10 Abs. 6 ErbStR 2011). Als Nachweis ist regelmäßig ein Gutachten des örtlich zuständigen Gutachterausschusses oder eines Sachverständigen für die Bewertung von Grundstücken erforderlich (BFH v. 10.11.2004, II R 69/01, BStBl II 2005, 259; s. dazu *Kilches*, BFH/PR 2005, 148; *Eisele*, DStZ 2005, 338; R B 198 Abs. 3 ErbStR 2011). Für diese Gutachten gelten grundsätzlich die aufgrund von § 199 Abs. 1 BauGB ergangenen Vorschriften und damit die Immobilienwertermittlungsverordnung v. 19.5.2010; (BGBl I 2010, 639) danach sind auf dem Objekt lastende

Nutzungsrechte bei der Ermittlung des Werts zu berücksichtigen. Auch beim Nachweis eines niedrigeren gemeinen Werts über den Kaufpreis (§ 198 BewG) haben sich auf einem Objekt lastende Nutzungsrechte grundsätzlich bereits auf den Kaufpreis ausgewirkt und können sie bei der Erbschaftsteuer nicht ein weiteres Mal abgezogen werden. Hierdurch wird eine Doppelberücksichtigung vermieden (R E 10.10 Abs. 6 ErbStR 2011).

Beim Nachweis des niedrigeren gemeinen Werts für Betriebswohnungen und den Wohnteil eines Betriebs der Land- und Forstwirtschaft nach § 167 Abs. 4 BewG gilt Entsprechendes.   273

§ 10 Abs. 6 Satz 6 ErbStG richtet sich gegen die Auffassung des BFH, ein vom Steuerpflichtigen zum Nachweis eines geringeren gemeinen Werts vorgelegtes Sachverständigengutachten oder ein nachgewiesener tatsächlicher Kaufpreis könne nur dann zur Feststellung eines niedrigeren gemeinen Werts (seinerzeit nach § 146 Abs. 7 BewG a. F.) führen, wenn Gutachten oder Kaufpreis Grundstückswerte ergeben, die mit den Steuerwerten (seinerzeit nach § 146 Abs. 2–5 BewG a. F. (Ertragswerte) oder § 146 Abs. 6 BewG a. F. (Mindestwerte)) vergleichbar seien, insbes. die gleichen preis- bzw. wertbildenden Faktoren berücksichtigt werden (BFH v. 8.10.2003, II R 27/02, BStBl II 2004, 179; BFH v. 11.6.2008, II R 71/15, BStBl II 2009, 132. Der Gesetzgeber hat mit dem ErbStRG v. 24.12.2008, BGBl I 2008, 3018, dieser Rechtsprechung die Grundlage entzogen).   274

Beispiel: 275

A überträgt B ein Grundstück, das mit einer Duldungsauflage belastet ist (lebenslanges Wohnrecht zugunsten der Schwester des A), deren Steuerwert (Kapitalwert) 96.000 EUR beträgt. Für das Grundstück ist ein Grundbesitzwert von 500.000 EUR festgestellt worden, der dem gutachterlich nachgewiesenen, unter Berücksichtigung der Duldungsauflage ermittelten Verkehrswert entspricht.

Steuerlich ist die Bereicherung des B ohne zusätzlichen Abzug des Kapitalwerts des Wohnrechts vom Grundbesitzwert des Grundstücks mit 500.000 EUR zu erfassen.

einstweilen frei   276–279

8 Nichtabzugsfähige Stiftungslasten (§ 10 Abs. 7 ErbStG)

Bei der Erbersatzsteuer sind Leistungen an die nach der Stiftungsurkunde oder nach der Vereinssatzung Berechtigten nicht abzugsfähig (§ 10 Abs. 7 ErbStG). Dieses Abzugsverbot ist angeordnet, weil Bezüge der Berechtigten aus dem Ertrag der Stiftung nicht steuerpflichtig sind.   280

einstweilen frei   281–289

9 Nichtabzugsfähigkeit der eigenen Erbschaftsteuer (§ 10 Abs. 8 ErbStG)

Die vom Erwerber zu entrichtende eigene Erbschaftsteuer ist gem. § 10 Abs. 8 ErbStG nicht abzugsfähig. Dies legt den Schluss nahe, dass diese nach den allgemeinen Grundsätzen des § 10 Abs. 5 Nr. 3 Satz 1 ErbStG und § 1967 BGB als Nach-   290 lassverbindlichkeit einzustufen wäre und nur aufgrund der Ausnahmevorschrift des § 10 Abs. 8 ErbStG nicht als Nachlassverbindlichkeit abgezogen werden darf (BFH v. 20.1.2016, II R 34/14, BStBl II 2016, 482; s. dazu *Fumi*, BFH/PR 2016, 207; *Loose*, DB 2016, 1343; BFH v. 13.4.2016, II R 55/14, BStBl II 2016, 746; s. dazu *Fumi*, BFH/PR 2016, 316 (auch zum Übergang der Erbschaftsteuerschuld vom Vorerben auf den Nacherben)). Die Vorschrift betrifft ausschließlich die eigene Erbschaftsteuer des Erwerbers für den jeweiligen Erwerb und beruht auf der Vorstellung, dass die Erbschaftsteuerzahlung eine unbeachtliche Erwerbsverwendung ist (dazu krit. *Meincke*, ErbStG, 2012, § 10 Rz. 59).

291 Das Abzugsverbot erstreckt sich auch auf eine **ausländische Erbschaftsteuer** (H E 10.11 ErbStH „Ausländische Erbschaftsteuer"; BFH v. 19.6.2013, II R 10/12, BFH/NV 2013, 149. Die gegen das Urteil des BFH eingelegte Verfassungsbeschwerde ist nicht zur Entscheidung angenommen worden, vgl. BVerfG v. 9.10.2013, 1 BvR 2488/13); insoweit lässt § 21 ErbStG ausschließlich deren Anrechnung zu.

292 § 10 Abs. 8 ErbStG betrifft nicht die Erbschaftsteuer oder sonstigen Steuerschulden, die der Erblasser aus einem vorausgegangenen Erbfall schuldete; diese Steuerschulden sind bei dessen Erben gem. § 10 Abs. 5 Nr. 1 ErbStG abzugsfähig (BFH v. 22.11.2006, II B 6/06, BFH/NV 2007, 395). Gleiches gilt für die gem. § 10 Abs. 2 ErbStG dem Erben auferlegte Erbschaftsteuer für andere Erwerber.

293 Im Zusammenhang mit der Ermittlung, ob bei einer Zuwendung an eine **Pensions- oder Unterstützungskasse** (§ 13 Abs. 1 Nr. 13 ErbStG) eine sog. Überdotierung eintritt, ist der Gesamtwert der Zuwendung um die Erbschaftsteuer zu kürzen. Insoweit handelt es sich nicht um eine Berücksichtigung der Erbschaftsteuer als Nachlassverbindlichkeit (BFH v. 11.9.1996, II R 15/93, BStBl II 1996, 70).

294–299 einstweilen frei

10 Nichtabzugsfähigkeit von Auflagen (§ 10 Abs. 9 ErbStG)

300 Verbindlichkeiten aus Auflagen sind gem. § 10 Abs. 5 Nr. 2 ErbStG grundsätzlich abzugsfähig. Davon nimmt § 10 Abs. 9 ErbStG solche **Auflagen aus, die dem Beschwerten selbst zugutekommen**; kommen die Auflagen anderen zugute, so ist deren Abzugsfähigkeit nicht durch § 10 Abs. 9 ErbStG eingeschränkt.

301 Die Auflage kommt dem Beschwerten „zugute", sofern sie Maßnahmen betrifft, die der Erhaltung oder Verbesserung des vererbten, vermachten oder geschenkten Gegenstands dienen (BFH v. 17.5.2006, II R 46/04, BStBl II 2006, 720; v. 27.10.1970, II S 2/70 u.a., BStBl II 1971, 269). Demgemäß ist die Auflage, aus Mitteln des Nachlasses ein Nachlassgebäude zu renovieren, als Auflage i.S.d. § 10 Abs. 9 ErbStG zu behandeln (BFH v. 28.6.1995, II R 89/92, BStBl II 1995, 786).

Gestaltungshinweis:

Es kann daher im Rahmen der Nachfolgeplanung sinnvoll sein, etwaige Instandsetzungsarbeiten noch selbst kreditfinanziert durchzuführen und sodann das Gebäude einschließlich der Verbindlichkeiten auf den Erwerber übergehen zu lassen; in diesem Fall steht § 10 Abs. 9 ErbStG dem Schuldabzug nicht entgegen.

Ein „Zugutekommen" der Auflage ist nicht danach zu beurteilen, ob sie für den Bedachten wirtschaftlich sinnvoll ist. Insbesondere kann sich der Bedachte nicht darauf berufen, dass er die Aufwendungen aus freien Stücken nicht gemacht hätte (BFH v. 27.10.1970, II S 2/70 u. a., BStBl II 1971, 269), denn § 10 Abs. 9 ErbStG setzt ersichtlich eine in der Auflage liegende Einschränkung der Dispositionsmöglichkeiten des Bedachten voraus. 302

Offen bleibt allerdings, ob auch bei einer dem Beschwerten **objektiv nachteiligen Auflage** ebenfalls das Abzugsverbot des § 10 Abs. 9 ErbStG gilt. Das betrifft zunächst Fallgestaltungen, in denen die mit der Auflage angeordnete Maßnahme den Wert des erworbenen Gegenstands nicht erhält oder erhöht, sondern im Gegenteil Wertminderungen herbeiführt. Des Weiteren ist es denkbar, dass die Auflage – z. B. wegen eines damit verbundenen wirtschaftlichen Risikos – die Gefahr einer Entreicherung des Bedachten begründet. 303

Beispiel:
Der Erblasser hinterlässt dem Erben Geld mit der Auflage, es in ein riskantes Unternehmen zu investieren (vgl. *Meincke*, ErbStG, 2012, § 10 Rz. 60).

Die Auffassung, dass § 10 Abs. 9 ErbStG ganz generell auch bei für den Bedachten nachteiligen Auflagen gilt (*Gebel*, in T/G/J, § 10 Rz. 271), ist abzulehnen. Schon vom Begriffsinhalt des „Zugutekommens" her ist diese Auffassung abzulehnen. In diesen Fällen kann sich der Bedachte vielmehr auf die durch die Auflage eintretende Entreicherung berufen (BFH v. 27.10.1970, II S 2/70 u. a., BStBl II 1971, 269). Im Einzelfall bedarf es bezüglich einer tatsächlich eintretenden Entreicherung einer Würdigung aller Umstände des Einzelfalls. 304

einstweilen frei 305–309

11 Abfindungsanspruch und qualifizierte negative Nachfolgeklausel

11.1 Allgemeines

Der Gesetzgeber regelt mit § 10 Abs. 10 ErbStG eine Sondersituation (vgl. R E 10.13 ErbStR 2011): Der Erbe, der durch den Erbfall zunächst Gesellschafter einer Personengesellschaft oder GmbH wird, muss diese sogleich aufgrund des Gesellschaftsvertrages gegen Abfindung verlassen, da er die gesellschaftsrechtlich vereinbarten Qualifikationsmerkmale für einen Gesellschafter nicht erfüllt (z. B. Nichtzugehörigkeit zum gesellschaftsvertraglich umschriebenen Familienzweig oder fehlende Qualifikation; sog. **qualifizierte negative Nachfolgeklausel**). Erwerbsgegenstand ist zunächst eigentlich die Beteiligung; ist die Abfindung niedriger als der Steuerwert des Anteils, tritt gem. § 10 Abs. 10 ErbStG an die Stelle des Anteils der Abfindungsanspruch; nur er gehört zum Vermögensanfall. 310

Die Vorschrift ist die Reaktion darauf, dass sich in der Folge der neuen Bewertung des Betriebsvermögens unter Zugrundelegung des gemeinen Werts (Verkehrswert) die Differenz zwischen dem gemeinen Wert einer vererbten Gesellschafterstellung zum Abfindungsanspruch, der im Interesse insbesondere von Familiengesellschaften zum Erhalt der Gesellschaft und eines abgegrenzten Gesellschafterbestands gesell- 311 schaftsvertraglich vor dem Erbfall vereinbart wurde, vergrößern kann. In diesen Fällen, in denen der Erbe tatsächlich und ausschließlich im Ergebnis nur durch den Abfindungsanspruch bereichert ist, ist es geboten, den Wert des Abfindungsanspruchs der Besteuerung zugrunde zu legen (BT-Drs. 16/11107, 8). Hierin liegt eine Durchbrechung des Stichtagsprinzips, die aber einer am Leistungsfähigkeitsprinzip ausgerichteten Konkretisierung des Bereicherungsprinzips entspricht.

11.2 Übertragung des Anteils an einer Personengesellschaft (§ 10 Abs. 10 S. 1 ErbStG)

312 Stirbt der Gesellschafter einer Personengesellschaft und wird die Gesellschaft nicht aufgelöst (im Falle der Auflösung ist der Anteil an der Liquidationsgesellschaft Erwerbs- und Bewertungsgegenstand), sondern mit den verbleibenden Gesellschaftern fortgesetzt (**Fortsetzungsklausel**), wächst der Anteil des Erblassers den verbleibenden Gesellschaftern zu (§ 738 Abs. 1 Satz 1 BGB; §§ 105 Abs. 3, 161 Abs. 2 HGB); den Erben steht ein Abfindungsanspruch zu (§ 738 Abs. 1 Satz 2 BGB), der erbschaftsteuerlich als Erwerb anzusehen und nach den Regeln für Kapitalforderungen zu bewerten ist (§ 12 Abs. 1 ErbStG; § 12 BewG) (hierzu sowie zum Folgenden § 3 Rz. 150 ff.).

313 Wird die Gesellschaft mit den Erben fortgesetzt (sog. **einfache Nachfolgeklausel**), geht der Anteil unmittelbar auf die einzelnen Erben im Wege der Sondererbfolge im Verhältnis ihrer Erbquote über; der dem jeweiligen Erben im Wege einer partiellen Vorwegnahme der Nachlassteilung anfallende Gesellschaftsanteil stellt erbschaftsteuerlich den Erwerb dar und ist dementsprechend nach den Regeln für Betriebsvermögen zu bewerten (§ 12 Abs. 5 ErbStG, § 97 Abs. 1 Nr. 5 BewG, § 109 Abs. 2 BewG i. V. m. § 11 Abs. 2 BewG; für vermögensverwaltende Personengesellschaften s. § 10 Abs. 1 Satz 4 ErbStG).

314 Wird die Gesellschaft mit einzelnen Erben fortgesetzt (sog. **qualifizierte Nachfolgeklausel**), geht der Anteil unmittelbar auf diese einzelnen Erben im Wege der Sondererbfolge über. Erbschaftsteuerrechtlich liegt hierin eine Teilungsanordnung; der übergehende Anteil wird allen Erben im Verhältnis ihrer Erbquote zugerechnet, Erwerbs- und Bewertungsgegenstand ist der zufallende Gesellschaftsanteil (zu Erbauseinandersetzung und Teilungsanordnung vgl. *Wälzholz*, ZEV 2009, 113, 119).

315 § 10 Abs. 10 ErbStG betrifft Sachverhalte mit Nachfolgeklausel. Erwerbs- und Bewertungsgegenstand wäre danach jeweils der Gesellschaftsanteil. Daran würde sich wegen des Stichtagsprinzip (§§ 9, 11 ErbStG) auch nichts ändern, wenn der Erbe nach dem Erwerb seinen Anteil aufgrund einer im Zeitpunkt des Todes des Erblassers bestehenden Regelung im Gesellschaftsvertrag auf die Mitgesellschafter überträgt (**qualifizierte negative Nachfolgeklausel** oder Einziehungsklausel, vgl. § 3 Rz. 255ff.). Da das Ausscheiden aufgrund der Regelung im Gesellschaftsvertrag den Voraussetzungen nach feststeht, ist ein auflösend bedingter Erwerb (§ 5 Abs. 1 BewG) hinsichtlich des Gesellschaftsanteils und ein aufschiebend bedingter Erwerb des Abfindungsanspruchs (§ 4 BewG) anzunehmen (spiegelbildlich die Situation bei der Eintrittsklausel gegen Einlage des Abfindungsanspruchs (vgl. R E 13b.1 Abs. 2 ErbStR 2011), deren dogmatische Einordnung umstritten ist, vgl.

Hübner, Erbschaftsteuerreform 2009, 2009, 397). § 10 Abs. 10 ErbStG vermeidet also die sich aus § 4 BewG und § 5 BewG ergebenden zeitlichen und verfahrensrechtlichen Konsequenzen, durchbricht das Stichtagsprinzip und ordnet an, dass in diesem Fall Erwerbs- und Bewertungsgegenstand – wie bei der Fortsetzungsklausel – der Abfindungsanspruch ist. Seine Bewertung als Kapitalforderung erfolgt gem. § 12 Abs. 1 ErbStG, § 12 BewG.

Die gilt allerdings nur unter engen **Voraussetzungen** (zur Kritik etwa *Mentel*, in Pauli/Maßbaum, Erbschaftsteuerreform 2009, 2009, 311): 316

- Persönlich begünstigt ist nur der Erbe, nicht etwa der Vermächtnisnehmer;
- es muss sich um einen Gesellschaftsanteil an einer Personengesellschaft handeln, der von Todes wegen übergegangen ist;
- der Erbe muss den Anteil auf einen Mitgesellschafter übertragen; Dritte scheiden also aus;
- die Übertragung muss aufgrund einer im Zeitpunkt des Todes des Erblassers bestehenden Regelung im Gesellschaftsvertrag erfolgen;
- der Anteilswert zum Bewertungsstichtag (Tod des Erblassers, § 9 Abs. 1 Satz 1 ErbStG) muss höher sein als der gesellschaftsvertraglich festgelegte Abfindungsanspruch;
- die Übertragung muss unverzüglich nach Erwerb erfolgen.

Wann eine solche Übertragung unverzüglich ist, also ohne schuldhaftes Zögern erfolgt, hängt von den Umständen des Einzelfalls ab. 317

Nach der Gesetzesfassung kommt es für den Vergleich zwischen Anteilswert und Abfindung allein auf die gesellschaftsvertraglich vereinbarte Abfindung an. Ob die Abfindung tatsächlich gezahlt wird und in welcher Höhe, spielt keine Rolle. Sollte dem ausscheidenden Erben allerdings in einem Zivilrechtsstreit eine höhere Abfindung zugesprochen werden, ist zu erwägen, diese der Berechnung zugrunde zu legen (so *Mentel*, in Pauli/Maßbaum, Erbschaftsteuerreform 2009, 2009, 312). 318

Die in solchen Fällen eintretende Bereicherung der Mitgesellschafter gilt als Schenkung unter Lebenden i.S.d. § 7 Abs. 7 ErbStG. (vgl. BT-Drs. 16/11107, 8) Damit wird letztendlich der gemeine Wert des Anteils insgesamt der Besteuerung unterworfen. 319

11.3 Übertragung des Anteils an einer Gesellschaft mit beschränkter Haftung (§ 10 Abs. 10 S. 2 ErbStG)

Unter den gleichen Voraussetzungen, bei denen die Übertragung eines Anteils an einer Personengesellschaft zum Abfindungsanspruch als Erwerbs- und Bewertungsgegenstand führt, führt auch die Übertragung eines Geschäftsanteils an einer Gesellschaft mit beschränkter Haftung zum Abfindungsanspruch als Erwerbs- und Bewertungsgegenstand (*Hübner*, Erbschaftsteuerreform 2009, 2009, 398, kritisiert den Ausschluss von AG, KgaA und ausländischer Kapitalgesellschaften; Rz. 316). 320

Gleichgestellt wird der Übertragung des Geschäftsanteils seine **Einziehung** auf Grund einer im Zeitpunkt des Todes des Erblassers bestehenden Regelung im Gesellschaftsvertrag (zur Frage, ob die Verschonungsregelungen für Betriebsvermögen in diesen Fällen greifen, vgl. *Mentel*, in Pauli/Maßbaum, Erbschaftsteuerreform 2009, 2009, 312). 321

§ 11 Bewertungsstichtag

Für die Wertermittlung ist, soweit in diesem Gesetz nichts anderes bestimmt ist, der Zeitpunkt der Entstehung der Steuer maßgebend.

Inhalt	Rz.
1 Allgemeines	1–14
1.1 Erbschaft- und Schenkungsteuer als Stichtagssteuer	3
1.2 Abweichende Regelungen	4–14
2 Verhältnis zum Bereicherungsprinzip	15–19
3 Strikte Anwendung des Stichtagsprinzips	20–29
4 Einzelfragen zum Bewertungsstichtag	30–49
4.1 Verzögerte Verfügbarkeit des Vermögensgegenstands	32–36
4.2 Rückwirkende Rechtsgestaltungen	37
4.3 Nachträglicher Forderungsausfall	38–49
5 Billigkeitsmaßnahmen	50–51

1 Allgemeines

§ 11 ErbStG legt den Bewertungsstichtag, d. h. den Zeitpunkt für die „Wertermittlung" fest. Diese Wertermittlung betrifft nicht nur die steuerliche Bewertung nach § 12 ErbStG, sondern die **Gesamtheit** der Ermittlungen, die für die Bestimmung **des steuerpflichtigen Erwerbs** i. S. d. § 10 ErbStG erforderlich sind (eingehend *Schmid*, ZEV 2015, 387 ff.). Nach den Verhältnissen des Bewertungsstichtags bestimmen sich auch die maßgeblichen persönlichen Verhältnisse, die Erfüllung der tatbestandlichen Voraussetzungen von Steuerbefreiungen (für § 13 a ErbStG vgl. z. B. BFH v. 4.2.2009, II R 41/07, BStBl II 2009, 600; BFH v. 27.10.2010, II R 37/09, BStBl II 2011, 134; vgl. auch *Schmid*, ZEV 2015, 387/390 f.) sowie der Bestand (d. h. der Umfang des angefallenen Vermögens oder z. B. die Höhe von Nachlassverbindlichkeiten) und der Wert des Erwerbs (*Geck*, FR 2007, 631 ff.). 1

Maßgebend ist – soweit im ErbStG nichts anderes bestimmt ist (dazu nachfolgend Rz. 4 und 5) – jeweils der Zeitpunkt der **Steuerentstehung**, der in § 9 ErbStG festgelegt ist. Bewertungsstichtag ist z. B. bei Erwerben von Todes wegen der Todestag des Erblassers (§ 9 Abs. 1 Nr. 1 ErbStG) und bei Schenkungen unter Lebenden der der Ausführung der Zuwendung (§ 9 Abs. 1 Nr. 2 ErbStG). Beim Übergang des Vermögens auf eine vom Erblasser angeordnete **Stiftung** (§ 3 Abs. 2 Nr. 1 ErbStG) entsteht die Steuer erst mit dem Zeitpunkt der Anerkennung der Stiftung als rechtsfähig (§ 9 Abs. 1 Nr. 1 Buchst. c ErbStG); der zwischen dem Erbfall und der Anerkennung als rechtsfähig eingetretene Vermögenszuwachs ist daher erbschaftsteuerlich zu erfassen (BFH v. 25.10.1995, II R 20/92, BStBl II 1996, 99; zur Problematik näher § 9 ErbStG Rz. 48 ff.). 2

§ 11 Bewertungsstichtag

1.1 Erbschaft- und Schenkungsteuer als Stichtagssteuer

3 Mit dem in § 11 ErbStG normierten Stichtagsprinzip, durch das die Erbschaft- und Schenkungsteuer als sog. Stichtagssteuer ausgestaltet ist, wird die Wertermittlung auf einen eindeutigen, zeitlich klar fixierten Zeitpunkt bezogen. Dieses Prinzip verwirklicht in erster Linie den Grundsatz der Gleichmäßigkeit der Besteuerung (Art. 3 Abs. 1 GG) und dient damit der Rechtssicherheit und Rechtsklarheit. Das Stichtagsprinzip gilt auch für die **Ersatzerbschaftsteuer** (BVerfG v. 8.3.1983, 2 BvL 27/81, BStBl II 1983, 779, 784).

1.2 Abweichende Regelungen

4 Der Zeitpunkt der Steuerentstehung ist nach § 11 ErbStG als Bewertungsstichtag nur maßgebend, „soweit in diesem Gesetz nichts anderes bestimmt ist". Derzeit ist eine solche abweichende Regelung nur in § 14 Abs. 1 Satz 1 ErbStG normiert, wonach ein **früherer Erwerb mit seinem früheren Wert** – und nicht mit seinem Stichtagswert im Zeitpunkt des letzten Erwerbs – anzusetzen ist.

5 **Einschränkungen** des Stichtagsprinzips ergeben sich im Übrigen, soweit – der Anknüpfung des ErbStG an zivilrechtliche Rechtsvorgänge entsprechend – ein Ereignis kraft zivilrechtlicher Rückwirkung, z. B. Genehmigung (§ 184 BGB), oder Ausschlagung (§ 1953 Abs. 1 BGB) nachträglich zu Veränderungen hinsichtlich des steuerpflichtigen Erwerbs führt und/oder der Gesetzgeber einem Ereignis – wie im Fall des § 29 Abs. 1 ErbStG – ausdrücklich die Rechtsqualität eines rückwirkenden Ereignisses i. S. d § 175 Abs. 1 Satz 1 Nr. 2 AO zumisst.

6 Eine **stichtagsdurchbrechende Wirkung** kann auch §§ 5ff. BewG zukommen (BFH v. 8.2.2006, II R 38/04, BFH/NV 2006, 1181, betr. aufschiebend bedingte Gegenleistungspflicht bei gemischter Schenkung; näher *Schmid*, ZEV 2015, 387 f.). So werden aufschiebend bedingte Lasten nach § 12 Abs. 1 ErbStG i. V. m. § 6 Abs. 1 BewG erst berücksichtigt, wenn die Bedingung eintritt (dazu § 12 Rz. 45 ff).

7–14 einstweilen frei

2 Verhältnis zum Bereicherungsprinzip

15 **Gesetzessystematisch** besteht kein Gegensatz zwischen dem Stichtagsprinzip und dem für das ErbStG zentralen Bereicherungsprinzip. Zwar wird das Stichtagsprinzip gelegentlich als ein zentrales Grundprinzip des ErbStG angesehen, das jedoch bei bestimmten Voraussetzungen – insbes. bei verzögerter Verfügbarkeit über das durch Erbfall bzw. Schenkung zugefallene Vermögen (dazu Rz. 32ff) – hinter dem Bereicherungsprinzip zurücktreten müsse (*Kapp*, DStR 1985, 174, 175); es trifft jedoch weder das eine noch das andere zu. Das Stichtagsprinzip ist kein zentrales, nach Ausgleich mit dem Bereicherungsprinzip verlangendes Prinzip des ErbStG (ähnlich *Meincke*, ErbStG, 2012, § 9 Rz. 4; *Gebel*, in T/G/J, ErbStG, § 11 Rz. 9; *Geck*, FR 2007, 631, 632). Vielmehr sind Stichtags- und Bereicherungsprinzip von vornherein **einander ergänzende Prinzipien**, die nicht in einem Konkurrenz- oder Rangverhältnis stehen (BFH v. 6.12.1989, II B 70/89, BFH/NV 1990, 643; BFH v. 27.11.1991, II R 12/89, BStBl II 1992, 298; BFH v. 22.9.1999, II B 130/97,

BFH/NV 2000, 320). Das Bereicherungsprinzip verlangt, da es regelmäßig auf die Erfassung einmaliger Erwerbe (freigebige Zuwendungen bzw. Erwerbe von Todes wegen) ausgerichtet ist, von vornherein eine **zeitpunktbezogene** – und *nicht* etwa eine auf eine längere Zeitspanne ausgerichtete zeit*raum*bezogene – Betrachtung (*Gebel,* in T/G/J, ErbStG, § 11 Rz. 9; *Billig,* UVR 2006, 254; *Geck,* FR 2007, 631/632); eine solche wird durch § 11 ErbStG gewährleistet. Nur insoweit schränkt das Stichtagsprinzip das Bereicherungsprinzip ein (BFH v. 19.2.2009, II B 132/08, BFH/NV 2009, 966). Aus diesen rechtlichen Eigenheiten des § 11 ErbStG leitet die BFH-Rspr. ab, dass eine (latente) Einkommensteuerbelastung des auf einen Erben übergehenden Vermögens nicht bereicherungsmindernd zu berücksichtigen ist (BFH v. 17.2.2010, II R 23/09, BStBl II 2010, 641; Verfassungsbeschwerde nicht zur Entscheidung angenommen, BVerfG v. 7.4.2015, 1 BvR 1432/10, ZEV 2015, 426; zur Problematik vgl. Einleitung Rz. 31 ff). Im Blick auf ein dadurch bewirktes Belastungsübermaß wird sich hier allerdings besonders dringlich die Frage nach etwa gebotenen Billigkeitsmaßnahmen stellen (vgl. Rz. 50f).

einstweilen frei   16–19

3 Strikte Anwendung des Stichtagsprinzips

Nach dem klaren Wortlaut des § 11 ErbStG, der hierzu ergangenen BFH-Rspr   20
(BFH v. 22.9.1999, II B 130/97, BFH/NV 2000, 320; BFH v. 13.5.1998, II R 98/97, BFH/NV 1998, 1376; BFH v. 27.11.1991, II R 12/89, BStBl 1992, 298; BFH v. 5.6.1991, II R 80/88, BFH/NV 1991, 54; krit. z.B. *Geck,* FR 2007, 631/635ff.) und der Auffassung der FinVerw (OFD Hannover v. 7.3.2003, S 3811 – 7 – StO 241, UVR 2003, 248) ist das Stichtagsprinzip strikt anzuwenden. Die Wertermittlung ist eine **Momentaufnahme** für den Zeitpunkt der Steuerentstehung und nicht etwa das Ergebnis einer dynamischen Betrachtung, mit der sich auch die weitere wertmäßige Entwicklung des Erwerbs erfassen ließe (BFH v. 22.10.2014, II R 4/14, BStBl II 2015, 237; v. 2.3.2006, II R 57/04, BFH/NV 2006, 1480;v. 18.10.2000, II R 46/98, BFH/NV 2001, 420; v. 13.5.1998, II R 98/97, BFH/NV 1998, 1376 m.w.N.; dagegen z.B. *Geck,* in Kapp/Ebeling, ErbStG § 11 Rz. 5 ff).

Nach dem Stichtag eintretende Ereignisse, die die beim Erwerber begründete   21
Bereicherung ändern, können bei der Wertermittlung (§§ 10 Abs. 1 Satz 2, 12 ErbStG) grds. nicht berücksichtigt werden (BFH v. 22.10.2014, II R 4/14, BStBl II 2015, 237; BFH v. 22.9.1999, II B 130/97, BFH/NV 2000, 320; zur verzögerten Verfügbarkeit für den Erwerber vgl. Rz. 32) Demnach kann eine vom Erblassser hinterzogene und vom FA nicht festgesetzte Steuer selbst dann als Nachlassverbindlichkeit abgezogen werden, wenn das FA zeitnah über die Steuerangelegenheit unterrichtet worden war (BFH v. 28.10.2015, II R 45/13, BFH/NV 2016, 567).

Allenfalls können nach dem Stichtag eintretende **wertaufhellende Umstände** zur   22
Beurteilung der am Stichtag gegebenen Verhältnisse i.S. einer retrospektiven Betrachtung unterstützend herangezogen werden (BFH v. 13.5.1998, II R 98/97, BFH/NV 1998, 1376).

| § 11 | Bewertungsstichtag |

23 Nicht möglich ist hingegen eine Rückprojizierung nachträglich eingetretener Ereignisse (BFH v. 2.3.2006, II R 57/04, BFH/NV 2006, 1480 m.w. N.).

24–29 einstweilen frei

4 Einzelfragen zum Bewertungsstichtag

30 § 11 ErbStG geht davon aus, dass die **tatsächlichen Verhältnisse** am Bewertungsstichtag der Wertermittlung zugrunde zu legen sind (BFH v. 25.11.2008, II R 11/07, BFH/NV 2009, 437). Ob spätere Ereignisse den Wert des Anfalls bzw. der Zuwendung verändern oder die Höhe einer dem Grunde nach abzugsfähigen Nachlassverbindlichkeit (§ 10 Abs. 5 Nr. 1 ErbStG) verändern (zum Abzug vom Erblasser herrührender Steuerschulden vgl. BFH v. 4.7.2012, II R 15/11, BStBl II 2012, 790), ist deshalb grds. unerheblich. Ebenso ist ohne Bedeutung, dass die Wertermittlung tatsächlich erst in einem u. U. erheblichen zeitlichen Abstand zum maßgeblichen Bewertungsstichtag erfolgt.

31 Kann der Bewertungsstichtag nicht genau festgestellt werden, so ist er im Wege der **Schätzung** (§ 162 AO) festzulegen (dazu z.B. BFH v. 6.6.2007, II R 17/06, BFH/NV 2007, 2387). Auch der Stichtagswert selbst ist ggf. zu schätzen.

4.1 Verzögerte Verfügbarkeit des Vermögensgegenstands

32 Konfliktstoff bietet das Stichtagsprinzip besonders dann, wenn nach dem Zeitpunkt der Steuerentstehung infolge verzögerter tatsächlicher Verfügbarkeit des Vermögensgegenstands ein **Wertverlust** eingetreten ist.

33 Zu Einschränkungen der tatsächlichen Verfügbarkeit kann es in erster Linie bei Erwerben von Todes wegen kommen (dazu eingehend *Klein-Blenkers*, DStR 1991, 1549, 1581 ff.). Fällt z.B. die Erbschaft nach **Ausschlagung** dem Nächstberufenen an, so gilt dieser rückwirkend vom Erbfall an als Erbe (§ 1953 Abs. 2 BGB). Entsprechende Folgen ergeben sich aus einer **Erbunwürdigkeitserklärung** (§ 2322 Abs. 2 BGB). Tatsächliche Hindernisse können der Verfügungsmöglichkeit des Erben über das ihm zugefallene Vermögen auch bei **verspäteter Erteilung des Erbscheins** (z.B. aufgrund von Erbstreitigkeiten) und häufig auch bei Erwerben von **Auslandsvermögen** entgegenstehen. Auch bei Anordnung der **Testamentsvollstreckung** ist die tatsächliche Verfügbarkeit für den Erben wegen der Verwaltungsbefugnis des Testamentsvollstreckers (§ 2205 Abs. 1 BGB) eingeschränkt (BFH v. 22.9.1999, II B 130/97, BFH/NV 2000, 320; v. 28.6.1995, II R 89/92, BStBl II 1995, 786; v. 2.2.1977, II R 150/71, BStBl II 1977, 425).

34 Vor allem beim Erwerb von **Wertpapiervermögen** oder **Fremdwährungsguthaben** können sich wegen der sich täglich ändernden Devisen- und Wechselkurse binnen kürzester Frist erhebliche Wertverluste ergeben. In besonders krassen Fällen ist es denkbar, dass z.B. bei einem starken Kurseinbruch bei Wertpapieren oder Währungsparitäten die nach dem Stichtagswert berechnete Steuer den Wert des Vermögens im Zeitpunkt seiner tatsächlichen Verfügbarkeit aufzehrt oder gar überschreitet.

Bewertungsstichtag § 11

In all diesen Fällen verzögerter Verfügbarkeit des Erworbenen ist der Bewertungsstichtag der Zeitpunkt der Steuerentstehung. **Wertverluste nach dem Stichtag**, insbesondere solche aufgrund eines nach dem Erbfall eingetretenen Kursverfalls, bleiben grds. **unberücksichtigt** (BFH v. 22.9.1999, II B 130/97, BFH/NV 2000, 320; v. 13.5.1998, II R 98/97, BFH/NV 1998, 1376; v. 28.11.1990, II S 10/90, BFH/NV 1991, 243; FG München v. 24.7.2002, EFG 2002, 1493; OFD Hannover v. 7.3.2003, S 3811-7-StO 241, UVR 2003, 248 krit. *Lüdicke*, FR 2013, 107; *Geck*, in Kapp/Ebeling, ErbStG § 11 Rz. 7). Davon geht auch die FinVerw. aus. Dies gilt ebenso, in diesem Fall freilich zugunsten des Erwerbers, auch für nach dem Stichtag eintretende Wertsteigerungen.   35

Gestaltungshinweis: 36

Als geeignete **Gestaltungsmaßnahme,** um nach einem **Erbfall** eine zeitnahe Verfügungsmöglichkeit des Erwerbs zu sichern, kann sich eine vom Erblasser zu seinen Lebzeiten erteilte Vollmacht auf den Todesfall (sog. postmortale Vollmacht (vgl. dazu *Edenhofer*, in Palandt, BGB, 74. Aufl. 2015, Einf. vor § 2197 Rz. 9ff.), ggf. auch die Anordnung der Testamentsvollstreckung oder der Abschluss eines Vertrags zugunsten Dritter erweisen (vgl. *Kemmerling/Delp*, BB 2002, 655).

Bei **Schenkungen unter Lebenden** kann nachteiligen schenkungsteuerlichen Folgen durch Vereinbarung eines Rücktritts- oder Widerrufsrechts für den Schenker, das die Anwendung des § 29 Nr. 1 ErbStG ermöglicht, begegnet werden (vgl. *Billig*, UVR 2006, 254).

4.2 Rückwirkende Rechtsgestaltungen

Aus dem Stichtagsprinzip folgt, dass **Rückdatierungen in Schenkungsverträgen** bei der steuerlichen Wertermittlung regelmäßig **nicht** zu berücksichtigen sind. Das gilt auch für die schenkungsweise Zuwendung einer Gesellschaftsbeteiligung (BFH v. 24.7.1963, II 207/61 U, BStBl III 1963, 442).   37

Auch eine ertragsteuerliche Rückwirkung, wie sie durch **§ 2 UmwStG** zugelassen ist, lässt die Anwendung des § 11 ErbStG unberührt. Denn die Frage, welches Vermögen zum Nachlass eines Erblassers gehörte bzw. was Gegenstand einer unentgeltlichen Zuwendung war, beurteilt sich ausschließlich nach zivil- bzw. erbschaftsteuerrechtlich maßgeblichen Verhältnissen des Bewertungsstichtags (vgl. R E 11 ErbStH 2013; ebenso z.B. *Weinmann*, in Moench/Weinmann, ErbStG, § 11 Rz. 2; *Jochum*, in Wilms, ErbStG, § 11 Rz. 12).

4.3 Nachträglicher Forderungsausfall

Das Stichtagsprinzip ist auch dann strikt zu beachten, wenn eine zum Nachlass des Erblassers gehörende Forderung nach dem Zeitpunkt der Steuerentstehung aus erst nach dem Todestag des Erblassers eingetretenen Umständen ausfällt (BFH v. 18.10.2000, II R 46/98, BFH/NV 2001, 420). Ein solcher Forderungsausfall ist nach der klaren Regelung des § 11 ErbStG auch kein rückwirkendes Ereignis i.S.d. § 175 Abs. 1 S. 1 Nr. 2 AO.   38

einstweilen frei   39–49

5 Billigkeitsmaßnahmen

50 Das in § 11 ErbStG normierte Stichtagsprinzip schließt einen Billigkeitserlass (§§ 163 AO, 227 AO) zwar nicht generell aus. Ein **Erlass** der Erbschaftsteuer wegen einer sich aus dem Stichtagsprinzip ergebenden **sachlichen Unbilligkeit** und ggf. eine **Stundung** (§ 222 AO) kommt aber nur in besonders gelagerten Ausnahmefällen in Betracht, weil der Gesetzgeber mit Schaffung der Stichtagsregelung die Möglichkeit von Wertminderungen oder -erhöhungen nach dem Stichtag bewusst in Kauf genommen hat. Es geht daher keinesfalls an, bei jedweder Wertminderung des Erworbenen infolge verzögerter tatsächlicher Verfügbarkeit einen Billigkeitserlass zu gewähren (so aber *Naujok*, ZEV 2003, 94, 96). Die Notwendigkeit einer Billigkeitsmaßnahme ist allerdings dann nicht von der Hand zu weisen, wenn eine nach dem Stichtag eintretende **Wertminderung** für den Erwerber unabwendbar war und die Steuer den tatsächlich zugeflossenen **Wert des Erworbenen erreicht** oder gar **übersteigt**. Diese Erwägung kann für die Gewährung eines Billigkeitserlasses sprechen, wenn bei einer von Todes wegen erworbenen Leibrente (§ 23 Abs. 1 ErbStG) zunächst die Jahresversteuerung gewählt und später, nachdem die **Rentenzahlungen** wegen Zahlungsunfähigkeit und Überschuldung des Verpflichteten **ausgefallen** sind, für die Ablösung der Jahressteuer nach § 23 Abs. 2 ErbStG eine abweichende Steuerfestsetzung (Ablösungsbetrag von 0 EUR) beantragt wird (BFH v. 22.10.2014, II R 4/14, BStBl II 2015, 237). Hinzukommen muss, dass der Rentenberechtigte den Zahlungsausfall nicht zu vertreten hat und eine dauerhafte Zahlungsfähigkeit des Rentenverpflichteten vorliegt. Einen Billigkeitserlass hat der BFH zusätzlich auch mit der **mangelnden wirtschaftlichen Verwertbarkeit des Rentenstammrechts** begründet (BFH v. 22.10.2014, II R 4/14, BStBl II 2015, 237 Tz. 27). Diese Aussage des BFH ist auf die speziellen Verhältnisse bei einem Rentenstammrecht beschränkt. Sie kann nicht dahin verstanden werden, dass auch in anderen Konstellationen (z. B. beim Wertverlust eines ererbten Wertpapierdepots infolge verzögerter Verfügbarkeit) bei fehlender oder eingeschränkter Verwertbarkeit eines Vermögensgegenstands eine Durchbrechung des Stichtagsprinzips gerechtfertigt sein kann.

51 Nach Auffassung der Lit (§ 9 ErbStG Rz. 9 und ferner *Weinmann*, in Moench/Weinmann, ErbStG, § 11 Rz. 7; *Meincke*, ErbStG, 2012, § 11 Rz. 6; *Geck*, FR 2007, 631/636; *Möllmann*, BB 2010, 407/409). soll eine Billigkeitsmaßnahme auch nahe liegen, wenn sich aus der nach dem Stichtagswert berechneten Steuer auf den verbliebenen Wert des zugewendeten Vermögens eine Besteuerungsquote ergibt, die den Höchststeuersatz der anzuwendenden Steuerklasse oder den Steuersatz der nächsthöheren Steuerklasse übersteigt. Dieser Vorschlag überzeugt – abgesehen davon, dass er für mit dem Höchststeuersatz zu besteuernde Erwerbe der Steuerklasse III keine Lösung bietet – schon deshalb nicht, weil der Gesetzgeber auch bei Normierung der (Höchst-)Steuersätze (§ 19 ErbStG) eine strikte Anwendung des Stichtagsprinzips zugrunde gelegt hat. Für eine Billigkeitsmaßnahme ist deshalb nur Raum, soweit die Besteuerung im Einzelfall die dem erbschaftsteuerlichen Zugriff gesetzte verfassungsrechtliche Grenze tangiert, d. h. **erdrosselnde Wirkung** hat (BVerfG v. 22.6.1995, 2 BvR 552/91, BStBl II 1995, 671, 672 f.; BFH v. 13.5.1998, II R 98/97, BFH/NV 1998, 1376; vgl. auch FG Düsseldorf v. 10.3.2010, 4 K 3000/09 Erb, EFG 2010, 847). Ferner dürften Billigkeitsmaßnahmen für Erben

Bewertungsstichtag § 11

der Steuerklasse I angezeigt sein, soweit das tatsächlich erworbene Vermögen nicht (mehr) unterhalb des Freibetrags verbleibt, der den Erben nach dem BVerfG-Beschluss v. 22.6.1995 (BVerfG v. 22.6.1995, 2 BvR 552/91, BStBl II 1995, 674) „ungeschmälert verbleiben muss" (ähnlich wohl auch *Gebel,* in T/G/J, ErbStG, § 11 Rz. 27). Der sog. **Halbteilungsgrundsatz** scheidet hingegen als verfassungsrechtliche Basis für Billigkeitsmaßnahmen aus (a. A. *Naujok,* ZEV 2003, 94, 97), da er auf die Erbschaft- und Schenkungsteuer unanwendbar ist (vgl. Einführung Rz. 8a).

§ 12 Bewertung

(1) Die Bewertung richtet sich, soweit nicht in den Absätzen 2 bis 7 etwas anderes bestimmt ist, nach den Vorschriften des Ersten Teils des Bewertungsgesetzes (Allgemeine Bewertungsvorschriften) in der Fassung der Bekanntmachung vom 1. Februar 1991 (BGBl. I S. 230), zuletzt geändert durch Artikel 2 des Gesetzes vom 24. Dezember 2008 (BGBl. I S. 3018), in der jeweils geltenden Fassung.

(2) Anteile an Kapitalgesellschaften, für die ein Wert nach § 151 Abs. 1 Satz 1 Nr. 3 des Bewertungsgesetzes festzustellen ist, sind mit dem auf den Bewertungsstichtag (§ 11) festgestellten Wert anzusetzen.

(3) Grundbesitz (§ 19 Abs. 1 des Bewertungsgesetzes) ist mit dem nach § 151 Abs. 1 Satz 1 Nr. 1 des Bewertungsgesetzes auf den Bewertungsstichtag (§ 11) festgestellten Wert anzusetzen.

(4) Bodenschätze, die nicht zum Betriebsvermögen gehören, werden angesetzt, wenn für sie Absetzungen für Substanzverringerung bei der Einkunftsermittlung vorzunehmen sind; sie werden mit ihren ertragsteuerlichen Werten angesetzt.

(5) Inländisches Betriebsvermögen, für das ein Wert nach § 151 Abs. 1 Satz 1 Nr. 2 des Bewertungsgesetzes festzustellen ist, ist mit dem auf den Bewertungsstichtag (§ 11) festgestellten Wert anzusetzen.

(6) Gehört zum Erwerb ein Anteil an Wirtschaftsgütern und Schulden, für die ein Wert nach § 151 Abs. 1 Satz 1 Nr. 4 des Bewertungsgesetzes festzustellen ist, ist der darauf entfallende Teilbetrag des auf den Bewertungsstichtag (§ 11) festgestellten Werts anzusetzen.

(7) Ausländischer Grundbesitz und ausländisches Betriebsvermögen werden nach § 31 des Bewertungsgesetzes bewertet.

Inhalt

		Rz.
1	Allgemeines	1–9
1.1	Zweck der Bewertung	1
1.2	Bewertungsziel und Bewertungsverfahren	2–4
1.3	Regelungstechnik des § 12 ErbStG	5–7
1.4	Materielle Bewertungsregeln	8–9
2	Allgemeine Bewertungsvorschriften (§ 12 Abs. 1 ErbStG)	10–199
2.1	Überblick	10–12
2.2	Wirtschaftliche Einheit (§ 2 BewG)	13–17
2.3	Wertermittlung bei mehreren Beteiligten (§ 3 BewG)	18–24
2.4	Bedingung und Befristung (§§ 4 bis 8 BewG)	25–59
2.4.1	Überblick	25–32
2.4.2	Aufschiebend bedingter Erwerb (§ 4 BewG)	33–39
2.4.3	Auflösend bedingter Erwerb (§ 5 BewG)	40–44
2.4.4	Aufschiebend bedingte Lasten (§ 6 BewG)	45–47

2.4.5	Auflösend bedingte Lasten (§ 7 BewG)	48
2.4.6	Befristungen (§ 8 BewG)	49–59
2.5	Gemeiner Wert (§ 9 BewG)	60–79
2.5.1	Begriff	60–68a
2.5.2	Verfahren zur Ermittlung des gemeinen Werts	69–79
2.6	Börsennotierte Wertpapiere und Schuldbuchforderungen (§ 11 Abs. 1 BewG)	80–89
2.7	Paketzuschlag (§ 11 Abs. 3 BewG)	90–96
2.8	Investmentzertifikate (§ 11 Abs. 4 BewG)	97–99
2.9	Kapitalforderungen und Schulden (§ 12 BewG)	100–120
2.9.1	Bewertungsgrundsatz: Ansatz mit dem Nennwert	101
2.9.2	Vom Nennwert abweichender Ansatz wegen besonderer Umstände	102
2.9.3	Unverzinsliche Kapitalforderungen oder Kapitalschulden (§ 12 Abs. 3 BewG)	103–104
2.9.4	Niedrig oder hoch verzinsliche Kapitalforderungen oder Kapitalschulden	105–109
2.9.5	Besonderheiten bei stiller Einlage	110–112
2.9.6	Uneinbringliche Forderungen (§ 12 Abs. 2 BewG)	113
2.9.7	Zweifelhafte Forderungen	114–116
2.9.8	Abweichende Bewertung von Kapitalschulden	117
2.9.9	Noch nicht fällige Ansprüche aus Lebens-, Kapital- oder Rentenversicherungen (§ 12 Abs. 4 BewG)	118–120
2.10	Sachleistungsansprüche und Sachleistungsverbindlichkeiten	121–129
2.11	Wiederkehrende Nutzungen und Leistungen (§§ 13–16 BewG)	130–199
2.11.1	Allgemeines	130–134
2.11.2	Nutzungen oder Leistungen, die auf bestimmte Zeit beschränkt sind	135–137
2.11.3	Immerwährende Nutzungen und Leistungen	138
2.11.4	Nutzungen oder Leistungen von unbestimmter Dauer	139
2.11.5	Begrenzung des Kapitalwerts durch den gemeinen Wert der Nutzungen oder Leistungen (§ 13 Abs. 3 BewG)	140
2.11.6	Lebenslängliche Nutzungen und Leistungen (§ 14 BewG)	141–151
2.11.6.1	Regelbewertung	141–143
2.11.6.2	Nachträgliche Berichtigung (§ 14 Abs. 2 BewG)	144–146
2.11.6.3	Abhängigkeit der Nutzungen und Leistungen von der Lebensdauer mehrerer Personen (§ 14 Abs. 3 BewG)	147–149
2.11.6.4	Ansatz des gemeinen Werts (§ 14 Abs. 4 BewG)	150–151
2.11.7	Jahreswert von Nutzungen und Leistungen (§ 15 BewG)	152–158
2.11.8	Höchstbetrag des Jahreswerts von Nutzungen (§ 16 BewG)	159–199
3	Gesonderte Feststellungen (§§ 151ff. BewG)	200–249
3.1	Überblick	200
3.2	Gegenstand und Voraussetzungen der gesonderten Feststellung (§ 151 BewG)	201–209
3.2.1	Feststellung von Grundbesitzwerten (§ 151 Abs. 1 S. 1 Nr. 1 BewG)	206

3.2.2	Feststellung von Betriebsvermögenswerten (§ 151 Abs. 1 S. 1 Nr. 2 BewG)	207
3.2.3	Feststellung von Anteilswerten (§ 151 Abs. 1 S. 1 Nr. 3 BewG)	208
3.2.4	Feststellung des Anteils am Wert von Wirtschaftsgütern und Schulden in anderen Fällen (§ 151 Abs. 1 S. 1 Nr. 4 BewG)	209
3.3	Umfang der zu treffenden Feststellungen (§ 151 Abs. 2 BewG)	210–212
3.4	Basiswert (§ 151 Abs. 3 BewG)	213–215
3.4.1	Anwendungsbereich	213
3.4.2	Keine wesentliche Änderung der für die erste Bewertung maßgeblichen Stichtagsverhältnisse (§ 151 Abs. 3 S. 1, letzter Satzteil BewG)	214
3.4.3	Abweichende Feststellung auf Antrag des Erklärungspflichtigen (§ 151 Abs. 3 S. 2 BewG)	215
3.5	Keine gesonderten Feststellungen bei Auslandsvermögen (§ 151 Abs. 4 BewG)	216
3.6	Örtliche Zuständigkeit (§ 152 BewG)	217–218
3.7	Erklärungspflicht, Verfahrensvorschriften für die gesonderte Feststellung, Feststellungsfrist (§ 153 BewG)	219–223
3.7.1	Erklärungspflicht (§ 153 Abs. 1 bis 4 BewG)	219–220
3.7.2	Feststellungsfrist (§ 153 Abs. 5 BewG)	221–223
3.8	Beteiligte am Feststellungsverfahren und Bekanntgabe des Feststellungsbescheids (§ 154 BewG)	224–229
3.8.1	Beteiligteneigenschaft	224
3.8.2	Gesonderte und einheitliche Feststellung bei mehreren Feststellungsbeteiligten	225
3.8.3	Bekanntgabe des Feststellungsbescheids (§ 154 Abs. 2 und 3 BewG)	226–227
3.8.4	Rechtsbehelfsbefugnis (§ 155 BewG)	228–229
3.9	Außenprüfung zur Ermittlung der Besteuerungsgrundlagen (§ 156 BewG)	230–249
4	Unternehmensbewertung	250–419
4.1	Überblick	250
4.2	Abgrenzung der wirtschaftlichen Einheit	251–269
4.2.1	Aktivseite	252–257
4.2.1.1	Einzelunternehmen	252
4.2.1.2	Kapitalgesellschaften und Personengesellschaften	253–255
4.2.1.3	Besonderheiten bei Betriebsgrundstücken	256–257
4.2.2	Passivseite	258–269
4.3	Überblick über die Bewertungsmethoden	270
4.4	Ableitung des gemeinen Werts aus Verkäufen (§ 11 Abs. 2 S. 2 BewG)	271–285
4.4.1	Verkäufe	272–274
4.4.2	Verkäufe unter fremden Dritten	275–276
4.4.3	Verkäufe im gewöhnlichen Geschäftsverkehr	277–279
4.4.4	Stichtagsnahe Verkäufe	280–281

4.4.5	„Ableitung" des gemeinen Werts aus stichtagsnahen Verkäufen	282
4.4.6	Berücksichtigung unterschiedlicher Ausstattungsmerkmale der veräußerten und der zu bewertenden Anteile	283–285
4.5	Ermittlung des Unternehmenswerts unter Berücksichtigung der Ertragsaussichten oder einer anderen anerkannten Methode (§ 11 Abs. 2 S. 2, 2. Fall BewG)	286–300
4.5.1	Ermittlung des Unternehmenswerts unter „Berücksichtigung" der Ertragsaussichten	290–297
4.5.2	Andere anerkannte, auch im gewöhnlichen Geschäftsverkehr für nichtsteuerliche Zwecke übliche Methode	298–300
4.6	Substanzwert (§ 11 Abs. 2 S. 3 BewG)	301–319
4.6.1	Substanzwert als allgemeine Untergrenze der Bewertung	301
4.6.2	Stichtag	301a
4.6.3	In die Ermittlung einzubeziehende aktive Wirtschaftsgüter	302–303
4.6.4	In die Ermittlung einzubeziehende Schulden	304–306
4.6.5	Verhältnis zum Liquidationswert	307
4.6.6	Notwendigkeit zur Ermittlung des Substanzwerts	308–319
4.7	Vereinfachtes Ertragswertverfahren (§§ 199 bis 203 BewG)	320–389
4.7.1	Überblick	320
4.7.2	Voraussetzungen für die Anwendung des vereinfachten Ertragswertverfahrens (§ 199 BewG)	321–327
4.7.2.1	Ertragswertverfahren als maßgebliche Bewertungsmethode	322
4.7.2.2	Keine offensichtlich unzutreffenden Ergebnisse	323–324a
4.7.2.3	Entscheidung über die Anwendung des vereinfachten Verfahrens	325–327
4.7.3	Struktur des vereinfachten Ertragswertverfahrens (§ 200 BewG)	328–333c
4.7.3.1	Grundsatz: Kapitalisierung des nachhaltig erzielbaren Jahresertrags	328
4.7.3.2	Einzelbewertung betriebneutraler Wirtschaftsgüter	329–331
4.7.3.3	Einzelbewertung von Beteiligungen	332–332a
4.7.3.4	Einzelbewertung neu eingelegter Wirtschaftsgüter	333–333b
4.7.3.5	Einzelbewertung von Wirtschaftsgütern des Sonderbetriebsvermögens	333c
4.7.4	Ermittlung des Jahresertrags (§ 201 BewG)	334–340
4.7.4.1	Herleitung des Jahresertrags aus dem regelmäßigen Ermittlungszeitraum	335–338
4.7.4.2	Verkürzung des Ermittlungszeitraums	339–340
4.7.5	Ermittlung des Betriebsergebnisses (§ 202 BewG)	341–373
4.7.5.1	Ausgangswert im Allgemeinen	341–343
4.7.5.2	Ausgangswert bei Kapitalgesellschaften	344
4.7.5.3	Ausgangswert bei Personengesellschaften	345–350
4.7.5.4	Gründe für Korrekturen des Ausgangswerts	351
4.7.5.5	Einzelne Hinzurechnungen	352–359a
4.7.5.6	Einzelne Abzüge	360–367

4.7.5.7	Sonstige Hinzurechnungen und Abzüge	368–371
4.7.5.8	Ermittlung des Betriebsergebnisses bei Einnahmen-Überschussrechnung (§ 202 Abs. 2 BewG)	372
4.7.5.9	Abgeltung des Ertragsteueraufwands (§ 202 Abs. 3 BewG)	373
4.7.6	Kapitalisierungsfaktor (§ 203 BewG)	374–376e
4.7.6.1	Bewertungsstichtage bis 31.12.2015	374a–376a
4.7.6.2	Bewertungsstichtage ab 1.1.2016	376b–376e
4.7.7	Zusammenfassendes Beispiel für eine Bewertung im vereinfachten Ertragswertverfahren	377
4.7.8	Anwendung des vereinfachten Ertragswertverfahrens auf ausländische Kapitalgesellschaften und auf ausländisches Betriebsvermögen	378–389
4.8	Ableitung des Werts von Anteilen an Kapitalgesellschaften und des Anteils am Betriebsvermögen aus dem Gesamtwert des Unternehmens (§ 97 Abs. 1a und 1b BewG)	390–419
4.8.1	Allgemeines	390–392
4.8.2	Ermittlung des gemeinen Werts eines Anteils am Betriebsvermögen (§ 97 Abs. 1a BewG)	393–400
4.8.2.1	Vorrangige Zurechnung der Kapitalkonten (§ 97 Abs. 1a Nr. 1 Buchst. a BewG)	394–396
4.8.2.2	Zurechnung des Restbetriebsvermögens nach dem Gewinnverteilungsschlüssel (§ 97 Abs. 1a Nr. 1 Buchst. b BewG)	397–399
4.8.2.3	Zurechnung des Sonderbetriebsvermögens (§ 97 Abs. 1a Nr. 2 BewG)	400
4.8.3	Ermittlung des gemeinen Werts eines Anteils an einer Kapitalgesellschaft (§ 97 Abs. 1b BewG)	401–419
4.8.3.1	Ermittlung nach dem Anteil am Nennkapital	401–404
4.8.3.2	Vom Anteil am Nennkapital abweichende Ermittlung	405–419
5	Bewertung des land- und forstwirtschaftlichen Vermögens	420–499
5.1	Überblick	420–424
5.2	Begriff und Umfang des land- und forstwirtschaftlichen Vermögens	425–428
5.2.1	Begriff der Land- und Forstwirtschaft	425
5.2.2	Zum land- und forstwirtschaftlichen Vermögen gehörende Wirtschaftsgüter	426
5.2.3	Nicht zum land- und forstwirtschaftlichen Vermögen gehörende Wirtschaftsgüter	427
5.2.4	Betriebsgrundstücke i. S. d. § 99 Abs. 1 Nr. 2 BewG	428
5.3	Betrieb der Land- und Forstwirtschaft als wirtschaftliche Einheit	429–431
5.3.1	Allgemeines	429
5.3.2	Personengesellschaften und Gemeinschaften	430
5.3.3	Stückländereien	431
5.4	Umfang des Wirtschaftsteils (§ 160 Abs. 2 BewG)	432–434
5.4.1	Land- und forstwirtschaftliche Nutzungen	433
5.4.2	Nebenbetriebe	434

5.5	Bewertung des Wirtschaftsteils (§ 162 BewG)	435–477
5.5.1	Überblick	435
5.5.2	Bewertungsstichtage	436
5.5.3	Ermittlung der Wirtschaftswerte (§ 163 BewG)	437–451
5.5.3.1	Allgemeines	437–440
5.5.3.2	Reingewinn für die landwirtschaftliche Nutzung (§ 163 Abs. 3 BewG)	441–444
5.5.3.3	Reingewinne für die übrigen Nutzungen, Nebenbetriebe und sonstigen Wirtschaftsgüter (§ 163 Abs. 4–10 BewG)	445–450
5.5.3.4	Kapitalisierungsfaktor für die Ermittlung des Wirtschaftswerts (§ 163 Abs. 11 BewG)	451
5.5.4	Mindestwert (§ 164 BewG)	452–457
5.5.5	Beispiel für die Bewertung des Wirtschaftsteils eines Betriebs der Land- und Forstwirtschaft	458
5.5.6	Nachweis des geringeren gemeinen Werts (§ 165 BewG)	459
5.5.7	Bewertung des Wirtschaftsteils mit dem Liquidationswert (§ 162 Abs. 3 und 4, § 166 BewG)	460–477
5.5.7.1	Allgemeines	460
5.5.7.2	Ansatz des Liquidationswerts bei Veräußerung des Betriebs oder eines Anteils am Betrieb innerhalb von 15 Jahren (§ 162 Abs. 3 BewG)	461–464
5.5.7.3	Beibehaltung des Fortführungswerts für den (Anteil am) Betrieb bei rechtzeitiger Reinvestition (§ 162 Abs. 3 S. 2 BewG)	465–469
5.5.7.4	Ansatz des Liquidationswerts bei Herauslösung wesentlicher Wirtschaftsgüter aus dem betrieblichen Nutzungszusammenhang (§ 162 Abs. 4 BewG)	470–472
5.5.7.5	Beibehaltung des Fortführungswerts der Wirtschaftsgüter bei rechtzeitiger Verwendung des Veräußerungserlöses im betrieblichen Interesse (§ 162 Abs. 4 S. 2 BewG)	473
5.5.7.6	Rückwirkende Ersetzung des Fortführungswerts durch den Liquidationswert (§ 166 BewG)	474–477
5.6	Bewertung der Betriebswohnungen und des Wohnungsteils (§ 167 BewG)	478–482
5.7	Grundbesitzwert des Betriebs der Land- und Forstwirtschaft (§ 168 Abs. 1 und 2 BewG)	482a
5.8	Ermittlung des Werts eines Anteils am Betrieb der Land- und Forstwirtschaft (§ 168 Abs. 4 bis 6 BewG)	483–499
6	Bewertung von Grundvermögen und Betriebsgrundstücken i.S.d. § 99 Abs. 1 Nr. 1 BewG	500–599
6.1	Überblick	500
6.2	Grundvermögen	501–514
6.2.1	Grund und Boden, Gebäude, sonstige Bestandteile und Zubehör (§ 176 Abs. 1 Nr. 1 BewG)	503–510
6.2.1.1	Bestandteile des Grundstücks	504–506
6.2.1.2	Nicht zum Grundstück gehörende Scheinbestandteile	507–509

6.2.1.3	Zubehör	510
6.2.2	Erbbaurecht (§ 176 Abs. 1 Nr. 2 BewG)	511
6.2.3	Wohnungs- und Teileigentum (§ 176 Abs. 1 Nr. 3 BewG)	512
6.2.4	Abgrenzung des Grundvermögens gegenüber dem land- und forstwirtschaftlichen Vermögen und dem Betriebsvermögen	513
6.2.5	Nicht zum Grundvermögen gehörende Wirtschaftsgüter (§ 176 Abs. 2 BewG)	514
6.3	Betriebsgrundstücke i.S.d. § 99 Abs. 1 Nr. 1 BewG	515
6.4	Abgrenzung der wirtschaftlichen Einheit	516–519
6.5	Bewertung unbebauter Grundstücke	520–522
6.6	Bewertung bebauter Grundstücke	523–575
6.6.1	Begriff und Arten der bebauten Grundstücke	523–525
6.6.2	Überblick über die Bewertungsverfahren	526
6.6.3	Vergleichswertverfahren (§ 182 Abs. 2 BewG, § 183 BewG)	527–532
6.6.4	Ertragswertverfahren (§ 182 Abs. 3 BewG, §§ 184 bis 188 BewG)	533–544
6.6.4.1	Ermittlung des Gebäudeertragswerts	535–540
6.6.4.2	Vervielfältiger	541–543
6.6.4.3	Bodenwert als Mindestwert	544
6.6.5	Sachwertverfahren (§ 182 Abs. 4 BewG, §§ 189 bis 191 BewG)	545–556
6.6.5.1	Gebäuderegelherstellungskosten	547–550
6.6.5.2	Alterswertminderung	551–552
6.6.5.3	Wertzahl	553–556
6.6.6	Erbbaurechtsfälle (§§ 192ff. BewG)	557–567
6.6.6.1	Bewertung des Erbbaurechts (§ 193 BewG)	558–563
6.6.6.2	Bewertung des Erbbaugrundstücks (§ 194 BewG)	564–567
6.6.7	Bewertung in Fällen mit Gebäuden auf fremdem Grund und Boden (§ 195 BewG)	568–573
6.6.8	Grundstücke im Zustand der Bebauung (§ 196 BewG)	574
6.6.9	Gebäude und Gebäudeteile für den Zivilschutz (§ 197 BewG)	575
6.7	Nachweis des niedrigeren Verkehrswerts (§ 198 BewG)	576–599
7	Bewertung von nicht zum Betriebsvermögen gehörenden Bodenschätzen (§ 12 Abs. 4 ErbStG)	600–619
8	Ausländischer Grundbesitz und ausländisches Betriebsvermögen (§ 12 Abs. 7 ErbStG i.V.m. § 31 BewG)	620–630
8.1	Allgemeines	620
8.2	Begriff des ausländischen Grundbesitzes und Betriebsvermögens	621–622
8.3	Allgemeiner Bewertungsgrundsatz (§ 31 Abs. 1 S. 1 BewG)	623–628
8.3.1	Grundvermögen	624
8.3.2	Betriebsvermögen	625
8.3.3	Anteile an ausländischen Kapitalgesellschaften	626
8.3.4	Land- und forstwirtschaftliches Vermögen	627–628
8.4	Bewertung ausländischer Teile einer wirtschaftlichen Einheit (§ 31 Abs. 1 S. 2 BewG)	629
8.5	Umfang der wirtschaftlichen Einheit (§ 31 Abs. 2 BewG)	630

Schrifttum

Arbeitskreis Bewertung nicht börsennotierter Unternehmen des IACVA e. V., Bewertung nicht börsennotierter Unternehmen – Die Berücksichtigung von Insolvenzwahrscheinlichkeiten, BewertungsPraktiker 1/2011, 12; *Barthel*, Unternehmenswert: Berücksichtigungsfähigkeit und Ableitung von Fungibilitätszuschlägen, DB 2003, 1181; *Barthel*, Unternehmenswert: Die vergleichsorientierten Bewertungsverfahren, DB 1996, 149; *Barthel*, Unternehmenswert: Expected Utility versus Similarity Theory, DB 2007, 586; *Barthel*, Unternehmenswert: Das Problem der Scheingenauigkeit, DB 2010, 2236; *Barthel*, Unternehmenswert, Die International Valuation Standards, DStR 2010, 2003; *Briese*, Unterschiedsbetrag, Gewinn und die Erbschaftsteuerreform, DB 2008, 1097; *Broekelschen/Maiterth*, Die geplante erbschaftsteuerliche Bewertung bebauter Grundstücke in Anlehnung an die WertV, FR 2008, 698; *Bruckmeier/Zwirner/Mugler*, Unternehmensbewertungen im Erbschaftsteuerrecht: Handlungsempfehlungen und Modellrechnungen – §§ 199ff. BewG und IDW S 1 im Vergleich, DStR 2011, 422; *Cölln/Behrendt*, ImmoWertV – Nachweis des niedrigeren gemeinen Werts nach § 198 BewG für Zwecke der Erbschaft- und Schenkungsteuer in den Sonderfällen der Grundbesitzbewertung, BB 2011, 2007; *Cölln/Behrendt*, ImmoWertV löst WertV ab – Nachweis des niedrigeren gemeinen Werts von bebauten und unbebauten Grundstücken für Zwecke der Erbschaft- und Schenkungsteuer nach § 198 BewG, BB 2010, 1444; *Creutzmann*, Einflussfaktoren bei der Ermittlung des Wachstumsabschlags, BewertungsPraktiker 1/2011, 24; *Creutzmann*, Unternehmensbewertung im Steuerrecht – Neuregelung des Bewertungsrechts ab 1.1.2009, DB 2008, 2784; *Creutzmann*, Unternehmensbewertung und Erbschaftsteuer – Anmerkungen zum Diskussionsentwurf für eine Anteils- und Betriebsvermögensbewertungsverordnung, Stbg 2008, 148; *Creutzmann/Heuer*, Der Risikozuschlag beim vereinfachten Ertragswertverfahren, DB 2010, 1301; *Drosdzol*, Die Einzelheiten der Grundstücksbewertung nach der „GrBewV", ZEV 2008, 177; *Eisele*, Erbschaftsteuerliches Bewertungsrecht – Verordnungsentwurf zur Neubewertung des land- und forstwirtschaftlichen Vermögens, NWB 2008, 895; *Drosdzol*, Aktuelle Entwicklungen der erbschaftsteuerlichen Grundstücksbewertung, ZEV 2012, 17; *Drosdzol*, Die neue Immobilienwertermittlungsverordnung, ZEV 2010, 403; *Eisele*, Bodenrichtwertrelevanz bei der Grundbesitzbewertung, NWB 2011, 2289; *Eisele*, Die Erbschaftsteuer-Richtlinien und Hinweise 2011, NWB 2012, 373; *Eisele*, Erbschaftsteuerliche Immobilienbewertung, NWB 2011, 127; *Eisele*, Erbschaftsteuerreformgesetz: Bewertung des Grundvermögens, NWB 2009, 4087; *Eisele*, Steuerliche Unternehmensbewertung, NWB 2011, 2782; *Eisele/Schmitt*, Verkehrswertnachweis bei erbschaftsteuerlicher Immobilienbewertung, NWB 2010, 2232; *Ellesser/Lahme*, Bewertung nichtnotierter Anteile an Familien-Kapitalgesellschaften – Besonderheiten bei der Wertableitung aus Verkäufen, BB 2002, 2201; *Flöter/Matern*, Erbschaftsteuerreform: Fehlbewertung von Betriebsvermögen – Vereinfachtes Bewertungsverfahren ist keine geeignete Methode, NWB 2008, 1727 *Gebel*, Wirtschaftliches Eigentum im Erbschaft- und Schenkungsteuerrecht, BB 2000, 537; *Gelhaar/Saecker*, Die Wertermittlung des Anteils an einer Personengesellschaft für erbschaftsteuerliche Zwecke, UVR 2011, 125; *Gerber/König*, ErbStRG: Auswirkungen eines einheitlichen Kapitalisierungssatzes auf die Bewertung von Unternehmen unterschiedlicher Risikoklassen,

Bewertung § 12

BB 2009, 1268; *Gerber/König*, Vereinfachtes Ertragswertverfahren: Die Konsequenzen des vom BMF festgelegten Basiszinssatzes, BB 2010, 348; *Gottschalk*, Internationale Unternehmensnachfolge: Qualifikation ausländischer Erwerbe und Bewertung von Produktivvermögen mit Auslandsberührung, ZEV 2009, 157; *Hachmeister/Ruthard/Lampenius*, Unternehmensbewertung im Spiegel der neueren gesellschaftsrechtlichen Rechtsprechung – Bewertungsverfahren, Ertragsprognose, Basiszinssatz und Wachstumsabschlag, Wpg 2011, 519; *Halaczinsky*, Änderung des ErbStG und des BewG durch das Steuervereinfachungsgesetz 2011, UVR 2011, 342; *Halaczinsky*, Die gesonderte Feststellung von Besteuerungsgrundlagen im Erbschaftsteuerrecht, UVR 2011, 203; *Hannes/Onderka*, Bewertung und Verschonung des Betriebsvermögens: Erste Erkenntnisse aus den Erlassen der FinVerw., ZEV 2009, 421; *Hannes/Onderka*, Die Bewertung von Betriebsvermögen und Anteilen an Kapitalgesellschaften nach der „AntBVBewV", ZEV 2008, 173; *Hecht/Cölln*, Ableitung des gemeinen Werts von Anteilen an gewerblichen Personengesellschaften aus Verkäufen nach § 11 Abs. 2 BewG, BB 2009, 2061; *Hecht/Cölln*, Auswirkungen des Erbschaftsteuerreformgesetzes auf die Bewertung von ausländischem Grundbesitz, BB 2009, 1212; *Hecht/Cölln*, Fallstricke des vereinfachten Ertragswertverfahrens nach dem BewG i. d. F. des ErbStRG, DB 2010, 1084; *Hecht/Cölln*, Sonderfälle der Grundbesitzbewertung nach dem Bewertungsgesetz i.d.F. des Erbschaftsteuerreformgesetzes BB 2009, 1667; *Henselmann/Kniest*, Immaterielle Werte beim Substanzwert im Sinne des Bewertungsgesetzes, BewertungsPraktiker Nr. 3/2011, 10; *Höne/Krause*, Die Steuererklärungspflicht nach § 153 BewG im Wertfeststellungsverfahren für erbschaft- und schenkungsteuerliche Zwecke, ZEV 2010, 179; *Höne/Krause*, Die Steuererklärungspflicht nach § 153 BewG im Wertfeststellungsverfahren für erbschaft- und schenkungsteuerliche Zwecke – Beteiligte, Verfahrensrecht, nachrichtliche Werte, ZEV 2010, 298; *Hübner*, Das Erbschaftsteuerreformgesetz – ein erster Überblick, Ubg 2009, 1; *Hübner*, Erbschaftsteuer-Bewertungserlass, Teil B: Einzelunternehmen und Personengesellschaften, DStR 2009, 2577; *Hutmacher*, Die Besteuerung des Wirtschaftsteils eines Betriebs der Land- und Forstwirtschaft nach der „LuFBewV", ZEV 2008, 182; *Knief*, Die „Bewertung medizinischer Praxen" nach dem 31.12.2008, DB 2009, 866; *Knief*, Der kalkulatorische Unternehmerlohn für Einzelunternehmer und Personengesellschafter, DB 2010, 289; *Knief/Weippert*, Erste praktische Erfahrungen mit dem vereinfachten Ertragswertverfahren gemäß §§ 199ff. Bewertungsgesetz, Stbg 2010, 1; *Kohl*, Überblick zum und Würdigung des vereinfachten Ertragswertverfahrens nach dem neuen Bewertungsrecht, ZEV 2009, 554; *Knoll/Wala/Ziemer*, Viele versus repräsentative Daten: Das Dilemma der historischen Marktrisikoprämie, BewertungsPraktiker 1/2011, 2; *Krause/Grootens*, Wohn- und Nießbrauchsrechte in der Erbschaftsteuer, NWB 2011, 1142; *Kühnold/Mannweiler*, Bewertung des Betriebsvermögens und der GmbH-Anteile nach der Erbschaftsteuerreform 2008 – Anmerkungen zu dem Entwurf der Anteils- und Betriebsvermögensbewertungsverordnung – AntBVBewV, DStZ 2008, 167; *Kußmaul/Pfirmann/Hell/Meyering*, Die Bewertung von Unternehmensvermögen nach dem ErbStRG und Unternehmensbewertung – Eine erste Analyse des Gesetzentwurfs aus der Sicht der Beratungspraxis, BB 2008, 472; *Jäckel*, Bewertung und Besteuerung des land- und forstwirtschaftlichen Vermögens, ZEV 2009, 33; *Levedag*, Anwendung der Bewertungs- und Verschonungsregelungen des BewG und des ErbStG auf inländische Personengesellschaften, GmbHR 2011, 1306; *Mannek,* Die wesentlichen Änderungen durch die Erbschaftsteuer-Richtlinien 2011 im Überblick, ZEV 2012, 6; *Mannek,* Diskussionsentwurf für eine Anteils- und Betriebsvermögensbewertungsverordnung – AntBVBewV, DB 2008, 423; *Mannek/Jardin,* Die neue Grundbesitzbewertung, DB 2009, 307; *Meinert,* Neuere Entwicklungen in der Unternehmensbewertung, DB 2011, 2397, 2445; *Meitner/Streitferdt,* Diskontierung anormaler Zahlungsströme – Unternehmensbewertung unter dem Eindruck der Finanzkrise, BewertungsPraktiker 1/2011, 8; *Möllmann,* Erbschaft- und schenkungsteuerliche Unternehmensbewertung anhand von Börsenkursen und stichtagsnahen Veräußerungsfällen, BB 2010, 407; *Neufang,* Bewertung des Betriebsvermögens und von Anteilen an Kapitalgesellschaften, BB 2009, 2004; *Oertzen/Helios,* Der bewertungsrechtliche Kapitalwert des Nießbrauchs an Kapitalgesellschaftsanteilen, ZEV 2004, 284; *Olbrich/Hares/Pauly,* Erbschaftsteuerreform und Unternehmensbewertung, DStR 2010, 1250; *Pauli,* Die Bewertung von unternehmensverbundenen Immobilien, ZEV 2011, 277; *Pauli,* Die Grundstücksbewertung nach der Erbschaftsteuerreform 2009, Beilage zu FR 11/2009, 13; *Pawelzik,* Das Verhältnis des gemeinen Werts i.S.d. § 11 Abs. 2 BewG für nicht notierte Anteile zum Ertragswertverfahren nach IDW S 1 – objektivierter Unternehmenswert – Bewertungseinheit – Substanzwert, Ubg 2010, 883; *Piltz,* Der gemeine Wert von Unternehmen und Anteilen im neuen ErbStG, Ubg 2009, 13; *Piltz,* Erbschaftsteuer-Bewertungserlass: Allgemeines und Teil A (Anteile an Kapitalgesellschaften), DStR 2009, 1829; *Piltz,* Unternehmensbewertung im neuen Erbschaftsteuerrecht, DStR 2008, 745; *Ramb,* Die neue Bedarfsbewertung des Betriebsvermögens, NWB 2010, 3390; *Rohde/Gemeinhard,* Bewertung von Betriebsvermögen nach der Erbschaftsteuerreform 2009, StuB 2009, 167; *Rohde/Gemeinhardt,* Erbschaftsteuerreform: Bewertung von Betriebsvermögen nach dem Diskussionsentwurf zu einer Anteils- und Betriebsvermögensbewertungsverordnung, StuB 2008, 338; *Roscher,* Grundbesitzbewertung bei fehlenden Bodenrichtwerten, DStR 2012, 122; *Schiffers,* Bewertung von Unternehmensvermögen nach der Erbschaftsteuerreform – Hinweise zur Bewertung von Unternehmensvermögen insbesondere nach den gleichlautenden Ländererlassen, DStZ 2009, 548; *Schmidt,* Reform der Erbschaftsteuer, Wpg 2008, 239; *Schmidt/Schwind,* Entwurf der Erbschaftsteuer-Richtlinien 2011, NWB 2011, 3512; *Schnabel/Köritz,* Neuere Rechtsprechung zum anwendbaren Bewertungsstandard, BewertungsPraktiker 1/2011, 28; *Schulte,* Die Reform der Erbschaftsteuer, FR 2008, 341; *Schulte/Birnbaum/Hinkers,* Unternehmensvermögen im neuen Erbschaftsteuer- und Bewertungsrecht – Zweifelsfragen und Gestaltungsansätze, BB 2009, 300; *Schulte/Köller/Lehmann/Luksch,* Ausgewählte Praxishinweise zur Ableitung des Basiszinssatzes, BewertungsPraktiker 2/2011, 14; *Seer,* Die Erbschaft- und Schenkungsteuer im System der Besteuerung nach wirtschaftlicher Leistungsfähigkeit. Zugleich eine kritische Würdigung des Erbschaftsteuerreformgesetzes v. 24.12.2008, GmbHR 2009, 223; *Siegmund/Zipfel,* Ländererlasse zur Erbschaftsteuerreform – Unternehmen betreffende Inhalte, BB 2009, 2678; *Spengel/Elschner,* Bewertung von Betriebsvermögen und Grundvermögen im Rahmen des ErbStRG – Gelingt eine einheitliche Bewertung mit dem gemeinen Wert?, Ubg 2008, 408; *Stahl,* Bewertung nach dem Erbschaft- und Schenkungsteuerrecht-Reform-Entwurf 2008, KÖSDI 2008, 16069;

Stahl/Fuhrmann, Der Regierungsentwurf eines Gesetzes zur Reform des Erbschaftsteuer- und Bewertungsrechts, DStZ 2008, 13; *Stalleiken/Theissen*, Erbschaftsteuer-Bewertungserlass, Teil B: Das vereinfachte Ertragswertverfahren, DStR 2010, 21; *Stamm/Blum*, Die Bewertung von Betriebsvermögen nach dem neuen Erbschaftsteuerrecht, StuB 2009, 763; *Stamm/Blum*, Erbschaftsteuerliche Bewertung von Betriebsvermögen: Vereinfachtes Ertragswertverfahren und Paketzuschlag, StuB 2009, 806; *Stanglmayr*, Erbschaftsteuer – Niedriger Vermögenswert in strukturschwachen Märkten!, StB 2011, 401; *Stollenwerk*, Schenkung-/Erbschaftsteuer bei Nießbrauch an GmbH-Anteilen, GmbH-StB 2001, 198; *Szymborski*, Die Bewertung des Grundvermögens nach der Erbschaftsteuerreform 2008, Stbg 2008, 239; *Tremel*, Die zukünftige Grundstücksbewertung nach dem „ErbStRG" und der „GrBewV", DStR 2008, 753; *Viskorf, H.-U.*, Das Rechtsstaatsprinzip und der Wettstreit um den „richtigen" gemeinen Wert beim Betriebsvermögen, ZEV 2009, 591; *Vargas/Zöllner*, Erbschaftsteuer – Wie „gemein" ist das vereinfachte Ertragswertverfahren?, Bewertungspaktiker 4/2010, 2; *Wiegand*, Die Neuregelung des erbschaftsteuerlichen Bewertungsrechts auf der Grundlage der künftigen Bewertungsverordnungen, ZEV 2008, 129; *Welling/Wünnemann*, Das Erbschaftsteuerreformgesetz 2009: Bewertung von Anteilen an Kapitalgesellschaften und Bewertung des Betriebsvermögens, Beilage zu FR 11/2009, 2; *Wüstemann*, Basiszinssatz und Risikozuschlag in der Unternehmensbewertung: Aktuelle Rechtsprechungsentwicklungen, BB 2007, 2223.

1 Allgemeines

1.1 Zweck der Bewertung

§ 12 ErbStG regelt die Bewertung des erbschaftsteuerpflichtigen Erwerbs weitestgehend durch eine Verweisung auf die Vorschriften des BewG. Lediglich die Bewertung nicht zum Betriebsvermögen gehörender Bodenschätze wird in Abs. 4 durch eine Bezugnahme auf die ertragsteuerlichen Vorschriften geregelt.

Die Bewertung bildet den ersten Schritt der Wertermittlung, d.h. der Ermittlung des steuerpflichtigen Erwerbs (§ 10 ErbStG). Zweck der Bewertung ist, alle im Rahmen der Wertermittlung zu berücksichtigenden Aktiv- und Passivposten in Geldbeträge umzurechnen, um die Bereicherung des Erwerbers bestimmen zu können (*Jülicher*, in T/G/J, ErbStG, § 12 Rz. 1). Gegenstand der Bewertung ist der erbschaftsteuerpflichtige Erwerb: Der Vermögensanfall nach § 10 Abs. 1 S. 2 ErbStG abzüglich der gemäß § 10 Abs. 3 bis 9 ErbStG abzugsfähigen Nachlassverbindlichkeiten. Beides ist gemäß § 12 ErbStG zu bewerten (BFH v. 15.10.1997, II R 68/95, BStBl II 1997, 820).

In Einzelfällen sind die Bewertungsvorschriften des § 12 ErbStG auch für die Feststellung maßgeblich, ob überhaupt ein steuerbarer Erwerb vorliegt (§ 3 Abs. 1 Nr. 2 ErbStG, § 7 Abs. 7 ErbStG) bzw. was Gegenstand des Vermögensanfalls ist (§ 10 Abs. 10 ErbStG).

§ 12 Bewertung

1.2 Bewertungsziel und Bewertungsverfahren

2 Nach dem Beschluss des BVerfG v. 7.11.2006 (1 BvL 10/02, BFH/NV 2007, Beilage 4, 237, BStBl II 2007, 192) muss die Bewertung des anfallenden Vermögens bei der Ermittlung der erbschaftsteuerlichen Bemessungsgrundlage wegen der dem geltenden Erbschaftsteuerrecht zugrunde liegenden Belastungsentscheidung des Gesetzgebers, den durch Erbfall oder Schenkung anfallenden Vermögenszuwachs zu besteuern, einheitlich am **gemeinen Wert** als dem maßgeblichen Bewertungsziel ausgerichtet sein. Unter dem gemeinen Wert versteht das BVerfG im Einklang mit der einfachgesetzlichen Definition des § 9 Abs. 2 und 3 BewG den bei einer Veräußerung unter objektivierten Bedingungen erzielbaren Preis. Zugleich hat das BVerfG allerdings auch betont, dass der Gesetzgeber in der Wahl der Wertermittlungsmethode, der er sich zur Bestimmung des gemeinen Werts bedient, grundsätzlich frei ist, solange diese gewährleistet, dass alle Vermögensgegenstände in einem Annäherungswert an den gemeinen Wert erfasst werden.

Dementsprechend ist die in § 9 BewG aufgestellte Regel – die Ableitung des gemeinen Werts aus dem objektivierten Verkaufspreis – auch in dem ab 1.1.2009 geltenden Bewertungsrecht die Ausnahme. Sie greift nur ein, soweit das BewG nicht für bestimmte Vermögensgegenstände besondere, aus den Bewertungsgrundsätzen des § 9 BewG ableitbare Bewertungsgrundsätze festlegt oder für bestimmte Vermögensarten spezielle Methoden zur Ermittlung des gemeinen Werts vorschreibt.

3 **Besondere Bewertungsgrundsätze** ergeben sich aus den Allgemeinen Bewertungsvorschriften des Ersten Teils des BewG für folgende Fälle:
1. Kurswert für börsennotierte Wertpapiere und Schuldbuchforderungen (§ 11 Abs. 1 BewG)
2. Rücknahmepreis für Anteile an Investmentfonds (§ 11 Abs. 4 BewG)
3. Nennwert für Kapitalforderungen und Schulden (§ 12 Abs. 1 BewG)
4. Rückkaufswert für noch nicht fällige Ansprüche aus Lebens-, Kapital- oder Rentenversicherungen (§ 12 Abs. 4 BewG)
5. Kapitalwert für wiederkehrende, jedoch zeitlich beschränkte Nutzungen und Leistungen (§ 13 Abs. 1 BewG)
6. Kapitalwert für wiederkehrende immerwährende Nutzungen oder Leistungen (§ 13 Abs. 2 erste Variante BewG)
7. Kapitalwert für wiederkehrende Nutzungen oder Leistungen von unbestimmter Dauer (§ 13 Abs. 2 zweite Variante BewG)
8. Kapitalwert für wiederkehrende lebenslängliche Nutzungen und Leistungen (§ 14 Abs. 1 BewG)

4 **Besondere Wertermittlungsmethoden** ergeben sich aus dem Sechsten Abschnitt des Zweiten Teils für
1. die Grundbesitzwerte für das land- und forstwirtschaftlichem Vermögen (§ 157 Abs. 2, §§ 158 bis 175 BewG),
2. die Grundbesitzwerte für das Grundvermögen (§§ 157 Abs. 3, 159, 176 bis 198 BewG),
3. die Anteilswerte für nicht börsennotierte Anteile an Kapitalgesellschaften (§ 157 Abs. 4, § 11 Abs. 2 BewG) und

Bewertung § 12

4. die Betriebsvermögenswerte für Betriebsvermögen i.S.d. §§ 95 bis 97 BewG (§ 157 Abs. 5, § 109 Abs. 1 und 2, § 11 Abs. 2 BewG).

Eine Verknüpfung mit der allgemeinen Bewertungsvorschrift des § 9 BewG ergibt sich daraus, dass die Geltung der besonderen Bewertungsvorschriften zum Teil davon abhängig gemacht wird, dass kein höherer oder niedrigerer gemeiner Wert festgestellt bzw. nachgewiesen wird (§ 11 Abs. 2 S. 3, Abs. 3, § 12 Abs. 1 S. 1, zweiter Satzteil, § 13 Abs. 3, § 14 Abs. 4, § 167 Abs. 4, § 198 S. 1 BewG).

1.3 Regelungstechnik des § 12 ErbStG

Durch die Verweisung auf die Vorschriften des BewG soll das Erbschaft- und Schenkungssteuergesetz von Einzelregelungen zur Bewertung entlastet werden (Begründung des Regierungsentwurfs des ErbStRG, BT-Drs. 16/7918, 32). Diese Entlastung wird allerdings – wegen der zum Teil sehr langen Verweisungsketten und wegen der im Zug der Ausschussberatungen in das Gesetz hineingeratenen Inkonsequenzen in der Verweisungstechnik – durch eine gewisse Unübersichtlichkeit der Regelung erkauft.

5

Lediglich die Absätze 1 und 7 verweisen unmittelbar auf materielle Bewertungsregeln des BewG. Verweisungsgegenstand sind in beiden Fällen die Vorschriften des Ersten Teils des BewG. Die Generalverweisung in § 12 Abs. 1 ErbStG nimmt unmittelbar, die für ausländischen Grundbesitz und ausländisches Grundvermögen geltende Spezialverweisung des § 12 Abs. 7 ErbStG über den Zwischenschritt des § 31 BewG auf diese Vorschriften Bezug.

6

§ 12 Abs. 2, 3, 5 und 6 erklären für nicht notierte Anteile an Kapitalgesellschaften, für Grundbesitz, inländisches Betriebsvermögen sowie Wirtschaftsgüter und Schulden von vermögensverwaltenden Personengesellschaften und Gemeinschaften die nach § 151 Abs. 1 S. 1 Nrn. 1 bis 4 BewG auf den Bewertungsstichtag (§ 11 ErbStG) festgestellten Werte für maßgeblich. Wie diese Werte zu ermitteln sind, ergibt sich erst aus den in dieser Vorschrift enthaltenen Weiterverweisungen:

7

1. § 151 Abs. 1 S. 1 Nr. 1 BewG ordnet die **gesonderte Feststellung von Grundbesitzwerten** an und nimmt durch einen Klammerzusatz auf die §§ 138 und 157 BewG Bezug. Erst aus den Überschriften des Vierten bzw. Sechsten Abschnitts, an deren Beginn diese Vorschriften stehen, ergibt sich, dass für Zwecke der Erbschaftsteuer der nach § 157 BewG festzustellende Grundbesitzwert maßgeblich ist, während der nach § 138 BewG festzustellende Grundbesitzwert ausschließlich für **Zwecke der Grunderwerbsteuer** gilt.
2. § 151 Abs. 1 S. 1 Nr. 2 BewG ordnet die **gesonderte Feststellung des Werts des Betriebsvermögens** oder des Anteils am Betriebsvermögen an. Die im Klammerzusatz aufgeführten §§ 95, 96 und 97 BewG bestimmen aber lediglich den Umfang des Betriebsvermögens. Die maßgeblichen Bewertungsregeln ergeben sich aus § 157 Abs. 5 BewG, der den Wert des Betriebsvermögens oder des Anteils am Betriebsvermögen als Betriebsvermögenswert definiert.
3. § 151 Abs. 1 S. 1 Nr. 3 BewG ordnet die **gesonderte Feststellung des Werts von Anteilen an Kapitalgesellschaften** i.S.d. § 11 Abs. 2 BewG an. Obwohl sich aus der Bezugnahme auf § 11 Abs. 2 BewG nicht nur der Bewertungsgegenstand,

sondern auch die Bewertungsregeln ergeben, wird deren Maßgeblichkeit in § 157 Abs. 4 S. 2 BewG nochmals angeordnet. Zugleich definiert § 157 Abs. 4 S. 1 BewG den Wert von Anteilen an Kapitalgesellschaften i.S.d. § 11 Abs. 2 BewG als Anteilswert.
4. § 151 Abs. 1 S. 1 Nr. 4 BewG ordnet die gesonderte Feststellung des Anteils am Wert von anderen als den in den Nrn. 1 bis 3 genannten Vermögensgegenständen und von Schulden an, die mehreren Personen zustehen. Da es sich hierbei um Wirtschaftsgüter handelt, für die sich im Sechsten Anschnitt des Zweiten Teils keine besonderen Bewertungsvorschriften finden, richtet sich die Bewertung nach den Allgemeinen Bewertungsvorschriften des Ersten Teils des BewG.

1.4 Materielle Bewertungsregeln

8 Hiernach ergibt sich für die erbschaftsteuerliche Bewertung folgende Rechtslage:
- Die Generalverweisung des § 12 Abs. 1 ErbStG auf den Ersten Teil des BewG gilt grundsätzlich für alle Vermögensarten. Allerdings steht sie unter dem Vorbehalt, dass sich aus den Vorschriften des Sechsten Abschnitts des Zweiten Teils des BewG keine abweichenden Regelungen für den Ansatz oder die Wertermittlung von Wirtschaftsgütern ergeben.
- Nicht notierte Anteile an Kapitalgesellschaften sind mit dem nach § 11 Abs. 2 BewG ermittelten gemeinen Wert anzusetzen.
- Land- und forstwirtschaftliches Vermögen und Betriebsgrundstücke i.S.d. § 99 Abs. 1 Nr. 2 BewG sind mit den unter Anwendung der §§ 158 bis 175 BewG ermittelten Grundbesitzwerten anzusetzen.
- Grundvermögen und Betriebsgrundstücke i.S.d. § 99 Abs. 1 Nr. 2 BewG sind mit den unter Anwendung der §§ 159 BewG und 176 bis 198 BewG ermittelten Grundbesitzwerten anzusetzen.
- Ansatz und Bewertung von Bodenschätzen, die nicht zu einem Betriebsvermögen gehören, richten sich nach den ertragsteuerlichen Vorschriften (§ 12 Abs. 2 ErbStG).
- Inländisches Betriebsvermögen, d.h. gewerblich oder freiberuflich tätige Einzelunternehmen und Anteile an entsprechenden Personengesellschaften, sind mit den nach § 11 Abs. 2 BewG ermittelten gemeinen Werten anzusetzen.
- Ausländischer Grundbesitz und ausländisches Betriebsvermögen sind nach den Vorschriften des Ersten Teils des BewG, insbesondere § 9 BewG, zu bewerten.

9 einstweilen frei

2 Allgemeine Bewertungsvorschriften (§ 12 Abs. 1 ErbStG)

2.1 Überblick

10 Nach § 12 Abs. 1 ErbStG richtet sich die Bewertung, soweit nicht in den Vorschriften der Absätze 2 bis 7 etwas anderes bestimmt ist, nach den Vorschriften des Ersten Teils des BewG (Allgemeine Bewertungsvorschriften). Diese Vorschriften regeln nicht nur die Bewertung des angefallenen Vermögens und der abzugsfähigen Nach-

lassverbindlichkeiten, sondern auch die Feststellung des Umfangs des Erwerbs sowie die Frage, was im Einzelnen Gegenstand der Bewertung ist (*Kapp/Ebeling*, ErbStG, § 12 Rz. 6).

Im Einzelnen lassen sich im Rahmen der allgemeinen Bewertungsvorschriften folgende Regelungskomplexe unterscheiden: 11

- § 1 BewG bestimmt den Geltungsbereich des BewG und ordnet den Nachrang der allgemeinen Bewertungsvorschriften gegenüber den im Zweiten Teil des Gesetzes oder in anderen Steuergesetzen enthaltenen besonderen Bewertungsvorschriften an.
- § 2 BewG bestimmt, dass Gegenstand der Bewertung die jeweilige wirtschaftliche Einheit ist und regelt deren Abgrenzung.
- § 3 BewG regelt die Wertermittlung bei mehreren Beteiligten.
- §§ 4 bis 8 BewG regeln die Berücksichtigung aufschiebend oder auflösend bedingter bzw. auf einen unbestimmten Zeitpunkt befristeter Erwerbe und Lasten.
- § 9 BewG stellt den Bewertungsgrundsatz des **gemeinen Werts** auf und definiert diesen in verschiedenen Richtungen.
- § 10 BewG ordnet die Bewertung der einem Unternehmen dienenden Wirtschaftsgüter mit dem **Teilwert** an und definiert diesen; für die Bewertung des Betriebsvermögens hat die Vorschrift aber keine Bedeutung mehr, weil sich insoweit aus § 157 Abs. 4 und 5 BewG abweichende Bewertungsvorschriften ergeben.
- § 11 BewG regelt die Bewertung von Wertpapieren und Anteilen. Über die Verweisung in § 157 Abs. 4 und 5 BewG bzw. § 109 BewG gelten die Vorschriften des § 11 Abs. 2 BewG auch für die Bewertung von Betriebsvermögen bzw. Anteilen am Betriebsvermögen.
- § 12 BewG regelt die Bewertung von Kapitalforderungen und Schulden.
- §§ 13 und 14 BewG bestimmen im Zusammenhang mit den entsprechenden Anlagen zum BewG, wie der Kapitalwert von wiederkehrenden bzw. lebenslänglichen Nutzungen und Leistungen zu bestimmen ist.
- §§ 15 und 16 BewG regeln die Ermittlung des Jahreswerts von Nutzungen und Leistungen.

Die Vorschriften der §§ 2–16 BewG sind grundsätzlich für alle Vermögensarten von Bedeutung. Allerdings werden sie für die Bewertung land- und forstwirtschaftlichen Vermögens, die Bewertung von nicht notierten Anteilen an Kapitalgesellschaften und von (Anteilen an) Betriebsvermögen von den dafür geltenden **Spezialregelungen überlagert**, die nicht nur spezielle Verfahren zur Ableitung des gemeinen Werts vorsehen, sondern wegen des Prinzips der Gesamtbewertung auch die allgemeinen Zurechnungsgrundsätze verdrängen. 12

2.2 Wirtschaftliche Einheit (§ 2 BewG)

Gegenstand der Bewertung ist die wirtschaftliche Einheit. Daraus folgt zum einen, dass jede wirtschaftliche Einheit für sich zu bewerten ist (§ 2 Abs. 1 S. 1 BewG), zum anderen, dass ihr Wert im Ganzen festzustellen ist (§ 2 Abs. 1 S. 2 BewG). Eine 13 wirtschaftliche Einheit kann entweder aus einem einzelnen Wirtschaftsgut bestehen, das im Wirtschaftsleben ein Eigendasein führt, oder aus der Verbindung mehrerer Wirtschaftsgüter zu einer Sachgesamtheit, die regelmäßig einem gemeinsamen wirtschaftlichen Zweck dient (*Esskandari*, in Gürsching/Stenger, BewG, § 2 Rz. 57 m. w. N.). Was als wirtschaftliche Einheit zu gelten hat, richtet sich gemäß § 2 Abs. 1 S. 3 und 4 BewG nach der Verkehrsanschauung unter Berücksichtigung örtlicher Gewohnheit, tatsächlicher Übung, Zweckbestimmung und wirtschaftlicher Zusammengehörigkeit der einzelnen Wirtschaftsgüter (vgl. zu den einzelnen Merkmalen: *Esskandari*, in Gürsching/Stenger, BewG, § 2 Rz. 60 bis 73).

14 Die Abgrenzung der wirtschaftlichen Einheit als Bewertungsgegenstand ist für die Erbschaftsteuer insofern bedeutsam, als für die verschiedenen Vermögensarten unterschiedliche Bewertungsregeln gelten. Insbesondere beim Betriebs- sowie dem land- und forstwirtschaftlichen Vermögen gilt der **Grundsatz der Gesamtbewertung**, sodass der sich für die jeweilige wirtschaftliche Einheit als Ganzes ergebende Wert nicht mit der Summe der Werte übereinstimmen muss, die sich bei einer Einzelbewertung der zugehörigen Wirtschaftsgüter ergeben würden.

15 Rechtliche Voraussetzung für die Zugehörigkeit verschiedener Wirtschaftsgüter zu einer wirtschaftlichen Einheit ist nach § 2 Abs. 2 BewG, dass sie **demselben Eigentümer** gehören. Für Zwecke der Erbschaftsteuer richtet sich die Bestimmung des Eigentümers grundsätzlich nach den zivilrechtlichen Verhältnissen (*Jülicher*, in T/G/J, ErbStG, § 12 Rz. 14). Ausnahmen können sich im Fall des Betriebsvermögens daraus ergeben, dass § 95 BewG die wirtschaftliche Einheit des Betriebsvermögens durch eine Verweisung auf die ertragsteuerlichen Vorschriften abgrenzt (*Jülicher*, in T/G/J, ErbStG, § 12 Rz. 14; *Gebel*, BB 2000, 537). Die für die Einheitsbewertung geltende Regelung des § 26 BewG, wonach die Zurechnung mehrerer Wirtschaftsgüter zu einer wirtschaftlichen Einheit beim Grundbesitz i. S. d. §§ 33 bis 94, 99 und 125 bis 133 BewG nicht dadurch ausgeschlossen ist, dass die Wirtschaftsgüter zum Teil dem einen, zum Teil dem anderen Ehegatten gehören, ist bei der Erbschaft- und Schenkungsteuer **nicht** anwendbar (R 117 Abs. 2 S. 3 ErbStR 2003; *Moench/Weinmann*, ErbStG, § 12 Rz. 13). Das Verbot der Zusammenfassung mehrerer, verschiedenen Eigentümern gehörender Wirtschaftsgüter zu einer wirtschaftlichen Einheit greift nicht ein, wenn die verschiedenen Wirtschaftsgüter im gemeinschaftlichen Eigentum mehrerer Personen stehen und sie an allen Wirtschaftsgütern – nicht notwendigerweise im gleichen Verhältnis – beteiligt sind (*Esskandari*, in Gürsching/Stenger, BewG, § 2 Rz. 80, § 3 Rz. 8; *Jülicher*, in T/G/J, ErbStG, § 2 Rz. 15).

16 In einer Reihe von Fällen bestimmt das BewG durch besondere Vorschriften, welche Wirtschaftsgüter zu einer wirtschaftlichen Einheit gehören bzw. nicht gehören (*Esskandari*, in Gürsching/Stenger, BewG, § 2 Rz. 91). Für die Erbschaftsteuer bedeutsam sind folgende Vorschriften:

- § 31 Abs. 2 BewG bestimmt, dass zu **ausländischem Grundbesitz** auch die Bestandteile und das Zubehör, nicht aber Zahlungsmittel, Geldforderungen, Wertpapiere und Geldschulden gehören;
- 158 Abs. 4 BewG schließt Geschäftsguthaben, Wertpapiere und Beteiligungen, Zahlungsmittel und Geldforderungen, den Überbestand an umlaufenden Be-

triebsmitteln sowie Tierbestände und Zweige des Tierbestandes, die den Rahmen des § 169 BewG übersteigen, aus dem **land- und forstwirtschaftlichen Vermögen** aus;
- § 160 Abs. 7 BewG qualifiziert **Stückländereien**, die als gesonderte wirtschaftliche Einheit zu bewerten sind und am Bewertungsstichtag für mindestens 15 Jahre einem anderen Betrieb der Land- und Forstwirtschaft zu dienen bestimmt sind, als selbstständige Betriebe der Land- und Forstwirtschaft;
- §§ 176, 159 BewG regeln den Umfang des **Grundvermögens** (z. B. den Ausschluss von Betriebsvorrichtungen und Bodenschätzen) und die Abgrenzung des Grundvermögens vom land- und forstwirtschaftlichen Vermögen;
- § 180 Abs. 2 BewG qualifiziert **Gebäude**, die auf fremdem Grund und Boden errichtet oder in sonstigen Fällen einem anderen als dem Eigentümer des Grund und Bodens zuzurechnen sind, als selbstständige wirtschaftliche Einheiten des Grundvermögens;
- § 192 BewG bestimmt, dass das **Erbbaurecht** und das mit dem Recht belastete Grundstück je für sich eine wirtschaftliche Einheit des Grundvermögens bilden;
- § 197 BewG bestimmt, dass Gebäude und Gebäudeteile, die dem **Bevölkerungsschutz** dienen, bei der Ermittlung des Grundbesitzwerts außer Betracht bleiben;
- §§ 93, 176 Abs. 1 Nr. 3 BewG regeln die Abgrenzung der wirtschaftlichen Einheit bei **Wohnungs- und Teileigentum**;
- §§ 95 bis 97 BewG regeln die Abgrenzung der wirtschaftlichen Einheiten des **Betriebsvermögens**.

Die Bewertung nach wirtschaftlichen Einheiten gilt nicht nur für die Vermögensarten, deren Wert für erbschaftsteuerliche Zwecke gesondert festzustellen ist (Grundvermögen, land- und forstwirtschaftliches Vermögen, Betriebsvermögen, nicht notierte Anteile an Kapitalgesellschaften), sondern auch für das sonstige Vermögen. Bei diesem bildet i.d.R. allerdings das einzelne Wirtschaftsgut eine wirtschaftliche Einheit. Ausnahmen, in denen beim sonstigen Vermögen Sachgesamtheiten wirtschaftliche Einheiten bilden, sind z.B. Kunstsammlungen, Münz- und Briefmarkensammlungen, der Überbestand an laufenden Betriebsmitteln eines Betriebs der Land- und Forstwirtschaft sowie Renn- und Zuchtställe mit einer größeren Zahl von Pferden (*Esskandari*, in Gürsching/Stenger, BewG, § 2 Rz. 128; *Jülicher*, in T/G/J, ErbStG, § 12 Rz. 11, jeweils m.w.N.).

17

2.3 Wertermittlung bei mehreren Beteiligten (§ 3 BewG)

Der Wert eines Wirtschaftsguts, das mehreren Personen zusteht, ist im Ganzen zu ermitteln (§ 3 S. 1 BewG) und sodann nach dem Verhältnis ihrer Anteile auf die einzelnen Beteiligten zu verteilen, soweit nicht die Gemeinschaft nach dem maßgeblichen Steuergesetz selbstständig steuerpflichtig ist (§ 3 S. 2 BewG). Die Regelung gilt nicht nur für die Bewertung von Wirtschaftsgütern, die je für sich eine wirtschaftliche Einheit i.S.d. § 2 BewG bilden, sondern auch in dem Fall, dass mehrere Wirtschaftsgüter eine wirtschaftliche Einheit bilden (*Esskandari*, in Gürsching/Stenger, BewG, § 3 Rz. 7).

18

Gemeinsames Eigentum i.S.d. § 3 BewG kann sowohl als Miteigentum nach **Bruchteilen** als auch **als Eigentum zur gesamten Hand** bestehen (*Esskandari*, in Gür-

19

sching/Stenger, BewG, § 3 Rz. 9; *Kapp/Ebeling,* ErbStG, § 12 Rz. 19). Der zivilrechtliche Unterschied, dass nur bei der Bruchteilsgemeinschaft eine quotale Mitberechtigung an den einzelnen Gegenständen besteht, während sich die Mitberechtigung bei Gesamthandsgemeinschaften (z. B. der Gesellschaft bürgerlichen Rechts, den Personengesellschaften des Handelsrechts, der ehelichen Gütergemeinschaft oder der Erbengemeinschaft) auf das Vermögen als Ganzes erstreckt und sich Höhe und Wert der einzelnen Anteile i. d. R. erst bei Aufteilung der Gemeinschaft ergeben, ist für die steuerliche Bewertung nicht ohne Weiteres bindend. Nach § 39 Abs. 2 Nr. 2 AO wird Gesamthandsvermögen – soweit für steuerliche Zwecke eine getrennte Zurechnung erforderlich ist – den Beteiligten so zugerechnet, als wären sie nach Bruchteilen beteiligt. Auf diese Weise wird das zivilrechtliche Institut der Gesamthand, das keine rechnerischen Quoten der einzelnen Beteiligten am Gesamthandsvermögen kennt, in einer Weise wirtschaftlich ausgedeutet, die eine Zuordnung von rechnerischen Anteilen am Gesamthandsvermögen auf die einzelnen Berechtigten ermöglicht (BFH v. 11.3.1992, II R 157/87, BStBl II 1992, 543).

20 Für die Erbschaft- und Schenkungsteuer bestimmt § 10 Abs. 1 S. 3 ErbStG allerdings, dass der unmittelbare oder mittelbare Erwerb einer Beteiligung an einer Personengesellschaft oder einer anderen Gesamthandsgemeinschaft – nur dann – als Erwerb der anteiligen Wirtschaftsgüter gilt, wenn diese nicht unter § 97 Abs. 1 S. 1 Nr. 5 BewG fällt. Der Grundsatz der anteiligen Zurechnung gilt daher **nicht** für gewerblich oder freiberuflich tätige Gesellschaften.

21 Die Regelung des § 3 BewG hat zur Folge, dass der Wert eines Wirtschaftsguts bzw. einer wirtschaftlichen Einheit so ermittelt wird, als wenn das Wirtschaftsgut nur einer Person zuzurechnen wäre. Dementsprechend wird bei der Bewertung eines im gemeinsamen Eigentum mehrerer Personen stehenden Grundstücks nicht berücksichtigt, dass sich Bruchteile an einem Grundstück im Allgemeinen schwerer verwerten lassen als ein Grundstück im Ganzen (*Esskandari,* in Gürsching/Stenger, BewG, § 3 Rz. 11).

22 Nach § 3 S. 2 BewG ist der einheitlich ermittelte Wert auf die Beteiligten aufzuteilen, soweit nicht die Gemeinschaft als solche steuerpflichtig ist. Ob eine Aufteilung erforderlich ist, beurteilt sich nach dem jeweiligen Steuergesetz. Bei der Erbschaft- und Schenkungsteuer ist dies regelmäßig auch dann der Fall, wenn Personengesellschaften Schenker oder Erwerber sind. Die im Urteil vom 7.12.1989 (BFH v. 7.12.1989, II R 150/85, BStBl II 1989, 237) vertretene Ansicht, dass Personengesellschaften als Personenvereinigungen i. S. d. § 2 Abs. 1 Nr. 1 Buchst. d ErbStG selbst Schenker oder Bedachter sein könnten, hat der BFH später wieder aufgegeben (BFH v. 14.9.1994, II R 95/92, BStBl II 1995, 81, und v. 15.7.1998, II R 82/96, BStBl II 1998, 630). Hiernach gelten bei Schenkungen einer Gesellschaft oder Gemeinschaft die einzelnen Gesellschafter oder die Gemeinschaft als Schenker wie umgekehrt bei Zuwendungen an eine Gesellschaft oder Gemeinschaft die einzelnen Gesellschafter oder Gemeinschafter als Erwerber betrachtet werden (*Esskandari,* in Gürsching/ Stenger, BewG, § 3 Rz. 19; *Jülicher,* in T/G/J, ErbStG, § 12 Rz. 18; *Kapp/Ebeling,* ErbStG, § 12 Rz. 20).

Bewertung § 12

Der Maßstab für die nach § 3 S. 2 BewG erforderliche Aufteilung ergibt sich aus den Vorschriften des bürgerlichen Rechts (*Esskandari*, in Gürsching/Stenger, BewG, § 3 Rz. 23).

einstweilen frei 23–24

2.4 Bedingung und Befristung (§§ 4 bis 8 BewG)

2.4.1 Überblick

Die §§ 4 bis 8 BewG regeln die verschiedenen Fälle bedingter und befristeter Erwerbe und Lasten. Sie beruhen auf dem Grundsatz, dass der am Bewertungsstichtag bestehende Zustand maßgebend sein soll und später möglicherweise eintretende Umstände zunächst nicht berücksichtigt werden (*Götz*, in Gürsching/Stenger, BenG, Vorbemerkungen zu §§ 4 bis 8 Rz. 24). 25

Die Regelung des § 98a S. 2 BewG, wonach bei der Bewertung des **Betriebsvermögens** die §§ 4 bis 8 BewG nicht anzuwenden waren, ist durch das Erbschaftsteuerreformgesetz zum 1.1.2009 gestrichen worden. Sie war darauf zurückzuführen, dass die zu einem Gewerbebetrieb gehörenden aktiven und passiven Wirtschaftsgüter nach § 109 Abs. 1 BewG mit den Steuerbilanzwerten anzusetzen waren. Allerdings entfalten die §§ 4–8 BewG für die Bewertung des Betriebsvermögens auch nach neuem Recht nur insofern Wirkung, als diese ausnahmsweise von der Bewertung der einzelnen Wirtschaftsgüter abhängt (§ 11 Abs. 2 S. 3 BewG). Auf den Regelfall der Gesamtbewertung des Unternehmens wirken sie sich hingegen nicht unmittelbar aus.

Die bewertungsrechtliche Behandlung knüpft uneingeschränkt an die zivilrechtliche Beurteilung der entsprechenden Vorgänge an. Das Maß der Aussichten, die am Bewertungsstichtag für den Eintritt oder Nichteintritt einer Bedingung bestehen, wird nicht berücksichtigt (*Götz*, in Gürsching/Stenger, BewG, Vorbemerkungen zu §§ 4–8 Rz. 24; *Jülicher*, in T/G/J, ErbStG, § 12 Rz. 28). Dies gilt auch für den Fall, dass ein aufschiebend bedingter Anspruch ein Anwartschaftsrecht begründet (*Jülicher*, in T/G/J, ErbStG, § 12 Rz. 28). 26

Nach bürgerlichem Recht können Rechtsgeschäfte unter einer **Bedingung** vorgenommen werden. Unter einer Bedingung ist ein zukünftiges ungewisses Ereignis zu verstehen, wobei der Zeitpunkt des Eintritts oder Nichteintritts entweder gewiss oder ungewiss sein kann. 27

Beispiel:
Werden die Wirkungen eines Rechtsgeschäfts von der Eheschließung des A abhängig gemacht, ist nicht nur ungewiss, ob das Rechtsgeschäft wirksam wird, sondern auch wann. Geht A keine Ehe ein, steht erst mit seinem Tod fest, dass die Wirkungen des Rechtsgeschäfts ausbleiben. Werden die Wirkungen des Rechtsgeschäfts demgegenüber davon abhängig gemacht, dass A bis zu einem bestimmten Zeitpunkt (z.B. seinem 30. Geburtstag) heiratet, steht spätestens zu diesem Termin fest, ob das Rechtsgeschäft wirksam wird oder nicht.

§ 12 Bewertung

28 Bei einer **aufschiebenden** Bedingung tritt die von der Bedingung abhängig gemachte Wirkung erst mit dem Eintritt der Bedingung ein (§ 158 Abs. 1 BGB). Bei einer **auflösenden** Bedingung endigt mit dem Eintritt der Bedingung die Wirkung des Rechtsgeschäfts; mit diesem Zeitpunkt tritt der frühere Zustand wieder ein (§ 158 Abs. 2 BGB).

Für die Abgrenzung von auflösenden und aufschiebenden Bedingungen kommt es auf den durch Auslegung zu ermittelnden Willen der Beteiligten an. Sollen die Rechtswirkungen sofort eintreten und später ggf. wieder wegfallen, liegt eine auflösende Bedingung vor; sollen die Rechtswirkungen nicht sofort, sondern erst zu einem späteren Zeitpunkt eintreten, handelt es sich um eine aufschiebende Bedingung. Ein Recht, dessen Erwerb davon abhängt, dass ein bestimmtes Ereignis nicht eintritt, ist regelmäßig nicht aufschiebend, sondern **auflösend** bedingt (BFH v. 25.2.1972, III R 16/71, BStBl II 1972, 664; v. 30.4.1971, III R 89/70, BStBl II 1971, 670). Die Wahrscheinlichkeit des Bedingungseintritts ist für die Abgrenzung ohne Bedeutung (BFH v. 14.7.1967, III R 74/76, BStBl III 1967, 770; R B 4 Abs. 2 S. 4 und 5 ErbStR 2011); insoweit wird durch § 6 BewG die wirtschaftliche Betrachtungsweise ausdrücklich ausgeschlossen (R B 4 Abs. 2 S. 6 ErbStR 2011).

29 Das künftige Ereignis, von dessen Eintritt die (weitere) Wirksamkeit des Rechtsgeschäfts abhängt, kann in einer von dem Willen eines an dem Rechtsgeschäft Beteiligten abhängigen **Handlung oder Unterlassung** (Potestativbedingung) bestehen oder vom **Verhalten eines Dritten** bzw. einem **zufälligen Geschehen** abhängen. Möglich ist auch eine Kombination der verschiedenen Arten von Ereignissen (*Götz*, in Gürsching/Stenger, BewG, Vorbemerkungen zu §§ 4–8 Rz. 5 m.w.N.).

Als Potestativbedingung kommen z.B. die Ausübung eines Options- oder eines Rücktrittsrechts im Rahmen eines bestehenden Rechtsverhältnisses (zum Optionsrecht: BFH v. 5.3.1986, II R 239/83, BFH/NV 1987, 424; v. 23.9.1992, II R 57/88, DStR 1993, 287; zum Rücktrittsrecht: BFH v. 27.10.1967, III R 43/67, BStBl II 1968, 116) oder die Beschlussfassung über den Jahresabschluss als Voraussetzung für die Entstehung eines gewinnabhängigen Tantiemeanspruchs (BFH v. 26.6.1970, III R 98/69, BStBl II 1970, 735) in Betracht. Ein vertraglich vereinbartes Rücktrittsrecht wird bewertungsrechtlich wie eine auflösende Bedingung, ein vertraglich vereinbartes Erwerbsrecht oder eine vertraglich vereinbarte Erwerbspflicht wie eine aufschiebende Bedingung behandelt (R B 4 Abs. 1 S. 5 ErbStR 2011). Um eine Bedingung im Rechtssinn handelt es sich bei einer willensabhängigen Bedingung allerdings nur dann, wenn nicht die Entstehung des Rechtsgeschäfts, sondern nur der Eintritt der mit ihm bezweckten Rechtswirkungen von einer noch **ungewissen Entschließung** eines Beteiligten abhängt. Ist das Wirksamwerden des Rechtsgeschäfts selbst noch in das freie Belieben eines Beteiligten gestellt (sog. Wollensbedingung), liegt hingegen noch gar kein bindendes Rechtsgeschäft vor (*Götz*, in Gürsching/Stenger, BewG, Vorbemerkungen zu §§ 4–8 Rz. 6 m.w.N.).

30 **Keine Bedingungen** i.S.d. § 158 BGB sind sog. uneigentliche Bedingungen, z.B.:
- die Vergangenheits- oder Gegenwartsbedingung, bei der die Rechtswirkungen von einem objektiv bereits feststehenden und lediglich den Beteiligten selbst unbekannten Ereignis abhängig gemacht werden. Im Steuerrecht kann einer

solchen subjektiven Ungewissheit durch eine vorläufige Steuerfestsetzung nach § 165 AO Rechnung getragen werden;
- die Rechtsbedingung, die ein schon von Gesetzes wegen bestehendes Wirksamkeitserfordernis (z.B. die Einhaltung einer bestimmten Form oder die Zustimmung oder Mitwirkung eines Dritten) wiederholt. Das unter einer Rechtsbedingung geschlossene Rechtsgeschäft ist wie ein unbedingtes zu behandeln. Hängt seine Wirksamkeit von der Erteilung einer Genehmigung ab, ist der danach bestehende Schwebezustand nicht nach den §§ 158ff. BGB, sondern nach den §§ 182ff. BGB zu beurteilen. Im Unterschied zum Bedingungseintritt wirkt die Erteilung der Genehmigung auf den Zeitpunkt des Abschlusses des Rechtsgeschäfts zurück (*Götz*, in Gürsching/Stenger, BewG, Vorbemerkungen zu §§ 4 bis 8 Rz. 10 m.w.N.; *Kapp/Ebeling*, ErbStG, § 12 Rz. 34; *Jülicher*, in T/G/J, ErbStG, § 12 Rz. 32; BFH v. 17.1.1964, III 343/61, HFR 1965, 146; v. 30.4.1971, III R 89/70, BStBl II 1971, 670);
- die Auflage, (z.B. nach §§ 535, 1940, 2192 BGB) die den Rechtserwerb nicht hinausschiebt, sondern im Zusammenhang mit dem Rechtserwerb die Leistungspflicht eines Dritten begründet (*Götz*, in Gürsching/Stenger, BewG, Vorbemerkungen zu §§ 4 bis 8 Rz. 13 m.w.N.).

Das unter einer Bedingung vorgenommene Rechtsgeschäft selbst ist nach allgemeinen Regeln bindend. Nur Eintritt bzw. Bestand der von der Bedingung abhängig gemachten Rechtswirkungen sind ungewiss. Die Vereinbarung der Bedingung führt daher zu einem Schwebezustand, der erst mit deren Eintritt bzw. Ausfall – d.h. endgültigem Nichteintritt – endet.

Schon während des Schwebezustands ergeben sich aus dem bedingten Rechtsgeschäft verschiedene Rechtswirkungen (§§ 160 bis 162 BGB). Das bedingte Recht ist grundsätzlich übertragbar und vererblich und kann durch Vormerkung, Bürgschaft oder (Grund-)Pfandrecht gesichert werden (*Götz*, in Gürsching/Stenger, BewG, Vorbemerkungen zu §§ 4–8 Rz. 8 m.w.N.).

Nach § 163 BGB können Rechtsgeschäfte unter einer **Zeitbestimmung (Befristung)** vorgenommen werden. Je nachdem, ob ein Anfangs- oder Endtermin bestimmt worden ist, finden entweder die für die aufschiebende Bedingung oder die für die auflösende Bedingung geltenden Vorschriften entsprechende Anwendung. Voraussetzung ist allerdings, dass durch die Zeitbestimmung die Wirkung des Rechtsgeschäfts beeinflusst, d.h. Beginn oder Beendigung der Wirkung vom Eintritt eines bestimmten Zeitpunkts abhängig gemacht wird (R B 4 Abs. 1 S. 3 ErbStR 2011). Keine Befristung ist die bloße Betagung, bei der die Rechtswirkungen des Rechtsgeschäfts sofort eintreten und nur die Fälligkeit der Leistung hinausgeschoben ist (*Götz*, in Gürsching/Stenger, BewG, Vorbemerkungen zu §§ 4–8 Rz. 22 m.w.N.; *Kapp/Ebeling*, ErbStG, § 12 Rz. 24).

Bedingung und Zeitbestimmung unterscheiden sich dadurch, dass bei der Bedingung der Eintritt des Ereignisses selbst objektiv ungewiss ist, während dieser bei der Zeitbestimmung gewiss ist, mag auch der Zeitpunkt selbst ungewiss sein.

Beispiel:

Hängt der Erwerb eines Rechts durch B vom Tod des A ab, liegt eine Zeitbestimmung vor. Denn der Tod des A als solcher ist gewiss, nur der Zeitpunkt ist ungewiss. Wäre B zu diesem Zeitpunkt bereits verstorben, träte der Rechtserwerb in der Person seiner Rechtsnachfolger ein. Ist der Erwerb hingegen davon abhängig, dass B den A überlebt, liegt eine Bedingung vor, weil ungewiss ist, wer von beiden zuerst verstirbt.

2.4.2 Aufschiebend bedingter Erwerb (§ 4 BewG)

33 Nach § 4 BewG werden Wirtschaftsgüter, deren Erwerb vom Eintritt einer aufschiebenden Bedingung abhängt, erst berücksichtigt, wenn die Bedingung eingetreten ist. Unter einer aufschiebenden Bedingung erworbene Wirtschaftsgüter gelten daher bis zum Bedingungseintritt als nicht erworben. Im Erbschaftsteuerrecht sind aber vorrangig die Vorschriften des § 9 Abs. 1 Nr. 1 Buchst. a und Nr. 2 ErbStG zu beachten.

34 Für den Fall des **Erwerbs von Todes wegen** regelt § 9 Abs. 1 Nr. 1 Buchst. a ErbStG die Entstehung der Steuer in Fällen bedingten, befristeten oder betagten Erwerbs in zwei Fallgruppen. Die erste Gruppe betrifft die Fälle, in denen der Erwerb als solcher aufschiebend bedingt, betagt oder befristet ist. Die zweite Gruppe betrifft die Fälle des (unbedingten) Erwerbs aufschiebend bedingter, betagter oder befristeter Ansprüche. Der Begriff der Betagung ist nicht im zivilrechtlichen Sinne – d.h. als hinausgeschobene Fälligkeit eines Anspruchs – zu verstehen (*Gürsching/Stenger*, BewG, § 9 Rz. 37); ein betagter Rechtserwerb liegt vielmehr nur vor, wenn dieser erst von einem in der Zukunft liegenden Zeitpunkt ab Rechtswirkungen äußert, z.B. weil die Fälligkeit einer Kapitalforderung so unbestimmt ist, dass sie rechnerisch nicht abgezinst werden kann (BFH v. 18.3.1987, II R 133/84, BFH/NV 1988, 489; v. 27.8.2003, II R 58/01, BFH/NV 2004, 138, BStBl II 2003, 921).

35 Einen aufschiebend bedingten Erwerb gibt es bei der Erbeinsetzung nur für den Nacherben (*Gürsching/Stenger*, BewG, § 9 Rz. 27; *Jülicher*, in T/G/J, ErbStG, § 12 Rz. 27); bei einem Vermächtnis (§ 2177 BGB) oder einer Schenkung auf den Todesfall (§ 2301 BGB) ist eine aufschiebende Bedingung ohne Weiteres zulässig (*Gürsching/Stenger*, BewG, § 9 Rz. 27). Der Fall des unbedingten Erwerb eines bedingten Anspruchs liegt vor, wenn der Erblasser einen Gegenstand unter einer im Zeitpunkt des Erbfalls noch nicht eingetretenen aufschiebenden Bedingung erworben hat; der unbedingte Erwerb eines betagten Anspruchs kann gegeben sein, wenn in der Person des Erblassers Steuererstattungsansprüche entstanden, im Zeitpunkt des Erbfalls aber noch keine Steuerbescheide ergangen waren, aus deren Abrechnung sich die Ansprüche ergaben (BFH v. 16.1.2008, II R 30/06, BFH/NV 2008, 875, BStBl II 2008, 626).

36 In beiden Fällen entsteht die Steuer erst mit dem Eintritt der Bedingung oder des Ereignisses. Die Rechtsfolgen sind aber insofern unterschiedlich, als der Eintritt der Bedingung oder des Ereignisses im ersten Fall zu einem selbstständigen Erwerb führt, der unter den Voraussetzungen des § 14 ErbStG mit früheren Erwerben zusammenzurechnen ist. So verhält es sich etwa, wenn ein Miterbe zusätzlich mit

einem aufschiebend bedingten Vermächtnis (§ 2177 BGB) oder eine Person mit mehreren Vermächtnissen bedacht wird, die an unterschiedliche erst nach dem Tod des Erblassers erfüllbare aufschiebende Bedingungen geknüpft sind (BFH v. 28.3.2007, II R 25/05, BFH/NV 2007, 1421, 1423). Demgegenüber sind die aufschiebend bedingten, befristeten oder betagten Ansprüche im zweiten Fall bereits mit dem Übergang auf den Erben oder den aus einem anderen Rechtsgrund Bedachten erworben. Im Fall des Eintritts der Bedingung oder des Ereignisses liegt deshalb nur ein Vorerwerb i.S.d. § 14 Abs. 1 ErbStG vor (BFH v. 16.1.2008, II R 30/06, BFH/NV 2008, 875, BStBl II 2008, 626).

Unter Anspruch i.S.d. § 9 Abs. 1 Nr. 1 Buchst. a ErbStG ist nach § 194 BGB das Recht zu verstehen, von einem anderen ein Tun oder Verlassen zu verlangen. Der aufschiebend bedingte Erwerb anderer Wirtschaftsgüter ist im ErbStG nicht ausdrücklich geregelt; aus der analogen Anwendung des § 9 Abs. 1 Nr. 1 Buchst. a ErbStG bzw. der direkten Anwendung des § 4 BewG ergibt sich aber, dass auch ein solcher Erwerb erst mit Bedingungseintritt zu berücksichtigen ist (*Gürsching/Stenger*, BewG, § 9 Rz. 30). 37

Bei **Schenkungen unter Lebenden** entsteht die Steuer gemäß § 9 Abs. 1 Nr. 2 ErbStG erst mit der Ausführung der Schenkung, d.h. im Fall einer aufschiebend bedingten Schenkung mit dem Bedingungseintritt. 38

Schließlich können Gegenstand eines aufschiebend bedingten Erwerbs von Todes wegen bzw. einer Schenkung unter Lebenden auch Gegenstände sein, die der Erblasser bzw. Schenker selbst unter einer aufschiebenden Bedingung erworben hat. In diesem Fall treffen zwei aufschiebende Bedingungen mit der Folge zusammen, dass der Erwerb durch den Bedachten bzw. Beschenkten erst bei Eintritt beider Bedingungen wirksam wird (*Gürsching/Stenger*, BewG, § 9 Rz. 28). 39

2.4.3 Auflösend bedingter Erwerb (§ 5 BewG)

Nach § 5 Abs. 1 S. 1 BewG werden Wirtschaftsgüter, die unter einer auflösenden Bedingung erworben sind, wie unbedingt erworbene behandelt. Dies gilt auch für den Fall, dass sich bei einer Erbeinsetzung die auflösende Bedingung auf den Erwerb des Nachlasses als Ganzes bezieht. Als auflösend bedingter Erwerb gilt auch die Vorerbfolge, wenn die Nacherbfolge nicht durch den Tod des Vorerben eintritt (§ 6 Abs. 3 S. 1 ErbStG). 40

Praktische Bedeutung haben im Erbrecht insbesondere Erb- oder Vermächtniseinsetzungen mit einer Straf- oder Verwirkungsklausel, z.B. für den Fall der Wiederverheiratung (*Götz*, in Gürsching/Stenger, BewG, § 5 Rz. 17).

Beispiel:

Hat der kinderlos verstorbene E seine Ehefrau F mit der Bestimmung zur Alleinerbin eingesetzt, dass diese im Fall der Wiederverheiratung nur den dem Pflichtteil entsprechenden Teil des Nachlasses (½) behalten darf und den Rest an die Kinder seines Bruders B herausgeben muss, so hat F mit dem Tod des E nur den dem Pflichtteil entsprechenden Teil des Nachlasses endgültig erworben, während der Erwerb des restlichen Nachlasses unter der auflösenden Bedingung ihrer

§ 12 Bewertung

Wiederverheiratung steht. Die Ungewissheit, in welchem Umfang F endgültig bereichert ist, bleibt so lange bestehen, bis sie entweder eine neue Ehe eingeht oder ohne erneute Eheschließung verstirbt. Dessen ungeachtet hat F zunächst den gesamten Nachlass zu versteuern.

Auflösend bedingt ist nach bürgerlichem Recht auch das Anteilsrecht eines Abkömmlings am Gesamtgut der fortgesetzten Gütergemeinschaft. Es erlischt, wenn der Abkömmling während des Bestehens der fortgesetzten Gütergemeinschaft stirbt oder auf seinen Anteil verzichtet (*Götz*, in Gürsching/Stenger, BewG, § 5 Rz. 10).

41 Der Umstand, dass der Erwerb zu einem späteren Zeitpunkt möglicherweise wieder wegfällt, wirkt sich grundsätzlich weder auf die Zurechnung noch auf die Bewertung des Vermögenserwerbs aus. Eine Ausnahme gilt nur für den Fall, dass dieser in dem Recht auf wiederkehrende Nutzungen von unbestimmter Dauer besteht. Nach § 5 Abs. 1 S. 2 BewG bleiben die für die Berechnung ihres Kapitalwerts geltenden Vorschriften des § 13 Abs. 2 und 3 BewG und der §§ 14 und 15 Abs. 3 BewG unberührt. Grundsätzlich sind diese mit dem 9,3-fachen ihres Jahreswerts anzusetzen (§ 13 Abs. 2 BewG), wenn der gemeine Wert nicht nachweislich geringer oder höher ist (§ 13 Abs. 3 S. 1 BewG). Von der Lebensdauer des Berechtigten abhängig Nutzungen sind in Abhängigkeit von dessen vollendetem Lebensalter bei Leistungsbeginn zu bewerten (§ 14 BewG). Ihrem Betrag nach ungewisse oder schwankende Nutzungen oder Leistungen sind auf der Grundlage ihres voraussichtlichen Durchschnittsbetrags zu bewerten (§ 15 Abs. 3 BewG).

42 Tritt die auflösende Bedingung ein, so ist die Festsetzung der nicht laufend veranlagten Steuern – zu denen auch die Erbschaft- und Schenkungsteuer gehört – nach § 5 Abs. 2 S. 1 BewG auf **Antrag** nach dem **tatsächlichen Wert** des Erwerbs zu berichtigen. Zum tatsächlichen Erwerb zählt alles, was der ursprünglich Berechtigte an Substanz verbraucht hat, ohne gegenüber dem endgültig Berechtigten zum Ersatz verpflichtet zu sein, sowie darüber hinaus der Wert der während der Berechtigungsdauer zugeflossenen Erträge (*Götz*, in Gürsching/Stenger, BewG, § 5 Rz. 6); im Ergebnis ist der Erwerber daher wie ein Nießbraucher zu behandeln, wie dies für die Rückgängigmachung von Schenkungen durch § 29 Abs. 2 ErbStG ausdrücklich angeordnet wird (*Jülicher*, in T/G/J, ErbStG, § 12 Rz. 39; *Moench*, in Moench/Weinmann, ErbStG, § 12 Rz. 20; *Kapp/Ebeling*, ErbStG, § 12 Rz. 43).

Beispiel:

Geht F im vorhergehenden Beispielsfall nach fünf Jahren eine neue Ehe ein und hat sie in dieser Zeit aus dem Nachlass jährliche Nutzungen von insgesamt 40.000 EUR gezogen, so hat sie den auf die herauszugebende Hälfte entfallenden Teil der Erträge zusammen mit dem ihr unbedingt verbleibenden Teil des Nachlasses zu versteuern. Der Kapitalwert dieser Nutzungen entspricht bei Anwendung der Anlage 9a zu § 13 BewG (40.000 EUR : 2 =) 20.000 EUR × 4,388 = 87.760 EUR. Hinzu käme ggf. noch der Wert der während der Dauer der Berechtigung verbrauchten und ihr endgültig verbleibenden Vermögenssubstanz.

43 **Streitig** ist, ob die Berichtigung nach § 5 Abs. 2 S. 1 BewG auch dann vorzunehmen ist, wenn der Anspruch auf wiederkehrende Bezüge wegfällt (*Kapp/Ebeling*,

ErbStG, § 12 Rz. 45) oder ob es in diesem Fall endgültig bei der in § 13 Abs. 2 BewG vorgesehenen Besteuerung mit dem 9,3-fachen des Jahresbetrags verbleibt (FG Nürnberg v. 2.3.1978, VI 199/76, EFG 1978, 446). U. E. bezieht sich die die in § 5 Abs. 1 S. 2 BewG enthaltene Verweisung auf § 13 Abs. 2 BewG auf den gesamten Inhalt des § 5 BewG, sodass § 13 Abs. 2 BewG nicht nur für die Bewertung im Entstehungszeitpunkt, sondern auch für die Bewertung nach Eintritt der auflösenden Bedingung gilt. Dafür, dass die zum Stichtag vorgenommene Bewertung auch nach Eintritt der auflösenden Bedingung maßgeblich bleibt, spricht im Übrigen auch der Umkehrschluss aus § 14 Abs. 2 BewG, der für lebenslängliche Nutzungen eine Änderung der Steuerfestsetzung in entsprechender Anwendung des § 5 Abs. 2 BewG nur für den Fall vorsieht, dass die tatsächliche Laufzeit der Nutzung wesentlich von derjenigen abweicht, die der Ermittlung des nach § 14 Abs. 1 BewG maßgeblichen Vervielfältigers zugrunde liegt.

Der für die Berichtigung der Steuerfestsetzung erforderliche Antrag ist nach § 5 Abs. 2 S. 2 BewG bis zum Ablauf des Jahres zu stellen, das auf den Eintritt der Bedingung folgt. Im Fall der schuldlosen Fristversäumung kann nach Maßgabe des § 110 AO Wiedereinsetzung in den vorigen Stand gewährt werden. Ein Fall schuldloser Fristversäumung liegt z.B. dann vor, wenn der Steuerpflichtige erst nach Fristablauf Kenntnis vom Eintritt der auflösenden Bedingung erhält.

44

Eines fristgebundenen Antrags nach § 5 Abs. 1 S. 2 BewG bedarf es nur insoweit, als die ursprüngliche Steuerfestsetzung bereits vor Eintritt der auflösenden Bedingung bestandskräftig geworden ist. Anderenfalls kann der auflösenden Bedingung bereits bei der erstmaligen Steuerfestsetzung bzw. im Rahmen eines dagegen anhängig gemachten Rechtsbehelfsverfahrens Rechnung getragen werden (*Kapp/Ebeling*, ErbStG, § 12 Rz. 48).

Da der Eintritt der auflösenden Bedingung ein rückwirkendes Ereignis i.S.d. § 175 Abs. 1 S. 1 Nr. 2 AO darstellt, beginnt die Festsetzungsfrist für die Steuer erst mit Ablauf des Kalenderjahrs, in dem die Bedingung eintritt (§ 175 Abs. 1 S. 2 AO).

2.4.4 Aufschiebend bedingte Lasten (§ 6 BewG)

Nach § 6 Abs. 1 BewG werden aufschiebend bedingte Lasten bis zum Bedingungseintritt nicht berücksichtigt. Unter Lasten fallen Verpflichtungen aller Art, also nicht bloß **Kapitalschulden**, sondern auch **wiederkehrende Leistungen** wie z.B. Rentenverpflichtungen (*Kapp/Ebeling*, ErbStG, § 12 Rz. 54; *Götz*, in Gürsching/Stenger, BewG, § 6 Rz. 1; *Jülicher*, in T/G/J, ErbStG, § 12 Rz. 46). Auch **Sach- und Dienstleistungspflichten** sind Lasten i.S.d. § 6 BewG. Von den aufschiebend bedingten Lasten sind solche zu unterscheiden, die bereits entstanden sind und bei denen lediglich die genaue Höhe noch nicht bekannt ist. Diese sind ggf. mit einem nach den Verhältnissen des Stichtags geschätzten Wert (§ 162 AO) zu berücksichtigen (*Jülicher*, in T/G/J, ErbStG, § 12 Rz. 46).

45

Die Vorschrift des § 6 Abs. 1 BewG gilt in Erb- und Schenkungsfällen unabhängig davon, ob die aufschiebend bedingte Last im Zusammenhang mit dem steuerpflichtigen Erwerb begründet wurde oder bereits in der Person des Rechtsvorgängers bestanden hatte und vom Rechtsnachfolger übernommen wurde (*Jülicher*, in T/G/J,

ErbStG, § 12 Rz. 47). In Schenkungsfällen wirkt sich § 6 Abs. 1 BewG auch auf die Beurteilung der Frage aus, ob eine reine oder eine gemischte Schenkung vorliegt.

Beispiel:
A überträgt dem B ein mit Grundpfandrechten belastetes Grundstück unter Vorbehalt des Nießbrauchs; B übernimmt die persönliche Haftung für die den Grundpfandrechten zugrunde liegenden Verbindlichkeiten, jedoch verpflichtet sich A, die Zins- und Tilgungsleistungen für die Dauer des Nießbrauchs weiter zu tragen. Da B im Verhältnis zu A für die Dauer des Nießbrauchs nicht mit den Verbindlichkeiten belastet ist, handelt es sich für ihn um eine aufschiebend bedingte Last, die im Rahmen der Schenkungsteuer zunächst nicht zu berücksichtigen ist (BFH v. 17.10.2001, II R 60/99, BFH/NV 2002, 449, BStBl II 2002, 165).

Da die aufschiebend bedingte Last zunächst nicht berücksichtigt wird, führt ein vor Bedingungseintritt erfolgender Verzicht des Berechtigten nicht zu einer Bereicherung des Verpflichteten (*Kapp/Ebeling*, ErbStG, § 12 Rz. 54).

46 **Einzelfälle** aufschiebend bedingter Lasten:
- Übernimmt der Erwerber eines Grundstücks die **Grundschulden ohne Übernahme der persönlichen Haftung** für die zugrunde liegenden Verbindlichkeiten, die bei dem Schenker verbleiben, ist die Verpflichtung aus der Grundschuld (§ 1191 BGB) aufschiebend bedingt, weil es erst dann zu einer Belastung des Erwerbers kommt, wenn der Darlehensschuldner nicht zahlt (BFH v. 6.12.2000, II B 161/99, BFH/NV 2001, 781; FG Nürnberg v. 26.4.2007, 4 K 177/2007, DStRE 2008, 102).
- Entsprechendes gilt, wenn die **Grundschuld für eine aufschiebend bedingte Forderung** bestellt ist (RFH v. 23.7.1931, III A 511/30, RStBl 1932, 11).
- Sind **unverzinsliche Hypothekenschulden** nur in Höhe des Erlöses aus dem späteren Verkauf des Grundstücks zu tilgen, sind die Hypothekenschulden aufschiebend bedingt (RFH v. 10.3.1932, III A 844/31, RStBl 1932, 397).
- Entsprechendes gilt für die Verpflichtung, im Fall der **Veräußerung eines Grundstücks** einen Teil des Erlöses an einen Dritten abzuführen (RFH v. 14.6.1933, III A 837/31, RStBl 1933, 1168).
- Im **Stiftungsgeschäft** vorgesehene Leistungen einer Stiftung an die erst in Zukunft in den Genuss des Stiftungsrechts tretenden Familienmitglieder sind dadurch aufschiebend bedingt, dass die künftigen Berechtigten den Zeitpunkt der Berufung erleben (RFH v. 5.7.1934, III A 374/33, RStBl 1934, 1024; BFH v. 18.1.1963, III 321/59, HFR 1963, 282).
- Im Zusammenhang mit einer Grundstücksschenkung oder einer Regelung zur vorweggenommenen Erbfolge übernommene Verpflichtungen zu **Pflegeleistungen** sind durch den Eintritt der Pflegebedürftigkeit aufschiebend bedingt (OFD Koblenz v. 28.2.1996, StEK, ErbStG 1974, § 12 Nr. 29; FG Niedersachsen v. 14.4.2004, 3 K 198/02, EFG 2005, 289).
- Die **Verpflichtung, dem Vermächtnisnehmer ein Grundstück zu übertragen**, falls dessen Gegenwert nicht für die Finanzierung von Krankheits-

Bewertung § 12

und Pflegekosten des Erben benötigt wird, ist aufschiebend bedingt (FG München v. 5.5.2004, 4 K 2942/02, EFG 2005, 128).

Keine aufschiebend bedingte Last ist hingegen die auf geerbten **Stückzinsen** ruhende **latente Einkommensteuerlast** des Erben (BFH v. 17.2.2010, II R 23/09, BFH/NV 2010, 1361, BStBl II 2010, 641; Verfassungsbeschwerde anhängig, Az. beim BVerfG 1 BvR 1432/10). § 6 Abs. 2 i.V.m. § 5 Abs. 2 BewG enthält keinen den § 10 Abs. 5 ErbStG ergänzenden weiteren Abzugstatbestand. Die Vorschrift betrifft überdies nur rechtsgeschäftliche Bedingungen und erfasst daher nicht Steuerschulden, die kraft Gesetzes entstehen (BFH v. 6.12.1989, II B 70/89, BFH/NV 1990, 643).

Tritt die aufschiebende Bedingung ein, ist die bisherige Steuerfestsetzung in entsprechender Anwendung des § 5 Abs. 2 BewG zu ändern (§ 6 Abs. 2 BewG). Aus der Verweisung auf § 5 Abs. 2 BewG folgt, dass der Abzug mit dem tatsächlichen Wert der Belastung zum maßgeblichen Stichtag erfolgt. Da die Last bis zum Eintritt der Bedingung regelmäßig nicht zu verzinsen ist, ist der sich auf den Zeitpunkt des Bedingungseintritts ergebende Wert nach § 12 Abs. 3 BewG **abzuzinsen** (*Götz*, in Gürsching/Stenger, BewG, § 6 Rz. 16; *Jülicher*, in T/G/J, ErbStG, § 12 Rz. 48). Mit der Abzinsung wird der Zinsvorteil abgegolten, den der Steuerpflichtige dadurch erlangt, dass er nicht bereits zum Bewertungsstichtag mit der Schuld belastet war. 47

Auch in den Fällen des § 6 Abs. 2 BewG erfolgt die Änderung der Steuerfestsetzung nur auf **Antrag**. Wegen der Einzelheiten wird auf die Ausführungen zu § 5 Abs. 2 BewG (Rz. 42 bis 44) verwiesen.

2.4.5 Auflösend bedingte Lasten (§ 7 BewG)

Lasten, deren Fortdauer auflösend bedingt ist, werden nach § 7 Abs. 1 BewG wie unbedingte abgezogen, soweit nicht ihr Kapitalwert nach §§ 13 Abs. 2 und 3, 14 und 15 Abs. 3 BewG zu berechnen ist. Auflösend bedingte Lasten, die wiederkehrende Leistungen von unbestimmter Dauer zum Gegenstand haben, sind daher mit den sich aus diesen Vorschriften ergebenden Werten anzusetzen. 48

Fällt die auflösend bedingte Last durch den Eintritt der Bedingung weg, so ist die Steuerfestsetzung nach § 7 Abs. 2 BewG entsprechend zu berichtigen. Obwohl § 7 Abs. 2 BewG nicht ausdrücklich auf § 5 Abs. 2 BewG Bezug nimmt, ist diese Vorschrift entsprechend anwendbar, so dass anstelle des ursprünglich angesetzten Betrags der tatsächlich getragene Aufwand zu berücksichtigen ist (*Götz*, in Gürsching/Stenger, BewG, § 7 Rz. 7). Da sich der Wegfall der auflösend bedingten Last zum Nachteil des Steuerpflichtigen auswirkt, ist die Änderung der Steuerfestsetzung anders als in den Fällen des § 5 Abs. 2 und 6 Abs. 2 BewG nicht von einem darauf gerichteten Antrag abhängig, sondern von Amts wegen vorzunehmen. Die Festsetzungsfrist beginnt insoweit erst mit Ablauf des Kalenderjahrs, in dem die auflösende Bedingung eingetreten ist (§ 175 Abs. 1 S. 2 AO).

2.4.6 Befristungen (§ 8 BewG)

Nach § 8 BewG gelten die §§ 4–7 BewG auch, wenn der Erwerb des Wirtschaftsguts oder die Entstehung oder der Wegfall der Last von einem Ereignis abhängt, bei dem nur der Zeitpunkt ungewiss ist. Die Vorschrift bezieht sich auf Fälle, in denen die 49

Wirksamkeit des Rechtsgeschäfts von einem zukünftigen Ereignis abhängig ist, bei dem der Eintritt als solcher gewiss und nur der Zeitpunkt des Eintritts ungewiss ist. Anders als § 163 BGB gilt § 8 BewG nicht in Fällen, in denen sowohl der Eintritt als solcher als auch der Zeitpunkt des Eintritts feststehen. Als zukünftiges Ereignis, bei dem nur der Zeitpunkt des Eintritts ungewiss ist, kommt praktisch nur der Tod einer bei Vornahme des Rechtsgeschäfts lebenden Person in Betracht (*Götz*, in Gürsching/Stenger, BewG, § 8 Rz. 2). Der ungewisse künftige Zeitpunkt kann sowohl den Anfangs- als auch den Endtermin der Wirksamkeit des Rechtsgeschäfts bestimmen.

50 Soll der Erwerb eines Wirtschaftsguts erst zu einem in der Zukunft liegenden Zeitpunkt wirksam werden, sind für erbschaftsteuerrechtliche Zwecke die Spezialvorschriften in § 9 Abs. 1 Nr. 1 Buchst. a ErbStG vorrangig. Hiernach entsteht die Steuer für die zu einem Erwerb gehörenden betagten oder befristeten Ansprüche erst mit dem Eintritt des Ereignisses, durch das die Ansprüche betagt oder befristet sind. Unter betagten Ansprüchen i.S.d. Vorschrift sind dabei nur solche zu verstehen, bei denen der Zeitpunkt des Eintritts des zur Fälligkeit führenden Ereignisses unbestimmt ist; steht der Fälligkeitszeitpunkt fest, entsteht die Steuer bereits mit dem Zeitpunkt des Todes des Erblassers und sind die Ansprüche ggf. mit ihrem nach § 12 Abs. 3 BewG abgezinsten Wert anzusetzen (BFH v. 27.8.2003, II R 58/01, BFH/NV 2004, 138, BStBl II 2003, 921).

51 Ist der Verbleib eines Wirtschaftsguts befristet, findet § 8 BewG nach seinem Wortlaut keine Anwendung. Denn die Vorschrift spricht nur von dem „Erwerb" des Wirtschaftsguts und stellt nur in Bezug auf Lasten Entstehung und Wegfall gleichstellt. Dennoch ist davon auszugehen, dass § 8 BewG auch in Fällen gilt, in denen beim Erwerb bereits feststeht, dass das Wirtschaftsgut zu einem noch ungewissen Zeitpunkt wieder herauszugeben ist (*Götz*, in Gürsching/Stenger, BewG, § 8 Rz. 9); dieser Fall ist in seiner Bewertung dem Erwerb unter einer auflösenden Bedingung gleichzustellen. Daraus folgt, dass die Erbschaft- oder Schenkungsteuer zunächst unter Einbeziehung des Erwerbs festzusetzen ist (§ 5 Abs. 1 S. 1 BewG) und nach Eintritt des Ereignisses auf Antrag des Steuerpflichtigen entsprechend dem tatsächlichen Wert des Erwerbs zu berichtigen ist (§ 5 Abs. 2 Sätze 1 und 2 BewG). In Fällen, in denen Gegenstand des Erwerbs wiederkehrende Nutzungen von unbestimmter Dauer sind, finden auch in diesem Fall vorrangig die Regelungen in § 13 Abs. 2 und 3 sowie §§ 14 und 15 Abs. 3 BewG Anwendung.

52 Hängt die Entstehung einer Last von dem Eintritt eines zukünftigen Ereignisses ab, ist die Last bei der Steuerfestsetzung zunächst nicht zu berücksichtigen (§ 6 Abs. 1 BewG). Nach Eintritt des Ereignisses ist die Last entsprechend dem tatsächlichen – ggf. auf den Bewertungsstichtag abgezinsten – Wert der Belastung abzuziehen und die Steuerfestsetzung auf Antrag entsprechend zu ändern (§ 5 Abs. 2 i.V.m. § 6 Abs. 2 BewG).

Endet die Last mit Eintritt eines in der Zukunft liegenden Ereignisses, ist sie zunächst wie eine unbefristete abzuziehen, soweit es sich nicht um wiederkehrende Leistungen von unbestimmter Dauer handelt, deren Kapitalwert nach § 13 Abs. 2 und 3, §§ 14 und 15 Abs. 3 BewG zu ermitteln ist (§ 7 Abs. 1 BewG). Mit dem Eintritt des Ereignisses ist der Abzug entsprechend der getragenen Belastung zu begrenzen und die Steuerfestsetzung entsprechend zu ändern (§ 7 Abs. 2 BewG). Da es sich um eine Höherveranlagung handelt, ist die Änderung nicht antragsgebunden, sondern von Amts wegen vorzunehmen.

einstweilen frei 53–59

2.5 Gemeiner Wert (§ 9 BewG)
2.5.1 Begriff

Nach § 9 Abs. 1 BewG ist bei Bewertungen – soweit nichts anderes vorgeschrieben ist – der gemeine Wert zugrunde zu legen. Der gemeine Wert wird nach § 9 Abs. 2 S. 1 BewG durch den Preis bestimmt, der im gewöhnlichen Geschäftsverkehr nach der Beschaffenheit des Wirtschaftsguts bei einer Veräußerung zu erzielen wäre. Dabei sind alle Umstände, die den Preis beeinflussen, zu berücksichtigen (§ 9 Abs. 2 S. 2 BewG). Ungewöhnliche oder persönliche Verhältnisse sind nicht zu berücksichtigen (§ 9 Abs. 2 S. 3 BewG). Der gemeine Wert entspricht damit dem objektiven Wert des Wirtschaftsguts, den dieses in Abhängigkeit von seiner Beschaffenheit für jeden an einem Kauf Interessierten bzw. am Kauf Beteiligten hat. Eventuell anfallende Veräußerungskosten mindern den gemeinen Wert nicht (*Knittel*, in Gürsching/Stenger, BewG, § 9 Rz. 29). 60

Gewöhnlicher Geschäftsverkehr ist der Handel, der sich nach den marktwirtschaftlichen Grundsätzen von Angebot und Nachfrage vollzieht und bei dem jeder Vertragspartner ohne Zwang und nicht aus Not, sondern freiwillig und in Wahrung seiner eigenen Interessen zu handeln in der Lage ist (BFH v. 28.11.1980, III R 86/78, BStBl II 1981, 353, 355; v. 7.12.1979, III R 45/77, BStBl II 1980, 234; v. 14.2.1969, III 88/65, BStBl II 1969, 395). **Nicht** im gewöhnlichen Geschäftsverkehr zustande gekommen ist daher ein Preis, der bei einem sofort erforderlichen Verkauf zu erzielen wäre (BFH v. 29.4.1987, X R 2/80, BStBl II 1987, 769). Auch Erwerbe im Wege einer Zwangsversteigerung bzw. aus der Insolvenzmasse erfolgen i.d.R. nicht im Rahmen des gewöhnlichen Geschäftsverkehrs (BFH v. 25.6.1965, III 384/60, HFR 1966, 1, 2 m.w.N.). 61

Andererseits verlangt das Merkmal des gewöhnlichen Geschäftsverkehrs nicht, dass es sich um ein alltägliches Marktgeschehen handelt. Es ist nicht erforderlich, dass eine unbestimmte Vielzahl von Interessenten vorhanden ist. Eine Veräußerung im gewöhnlichen Geschäftsverkehr kann auch dann vorliegen, wenn nur wenige Personen oder gar eine einzige als Kaufinteressent in Betracht kommen. Die bestehende Marktstruktur (z.B. das Vorhandensein von Monopolen, Oligopolen oder Polypolen) ist ohne Bedeutung. Auch eine vollständige Transparenz des Marktgeschehens ist nicht erforderlich (*Knittel*, in Gürsching/Stenger, BewG, § 9 Rz. 67).

Maßgebend für die Beurteilung des gewöhnlichen Geschäftsverkehrs ist das Marktgeschehen an dem Ort, an dem eine Veräußerung des zu bewertenden Wirtschaftsguts wahrscheinlich ist. Befindet sich das zu bewertende Wirtschaftsgut an einem ausländischen Ort, wird der gemeine Wert grundsätzlich durch den Preis bestimmt, der an diesem Ort im gewöhnlichen Geschäftsverkehr zu erzielen wäre (*Knittel*, in Gürsching/Stenger, BewG, § 9 Rz. 67). Da der Preis für ein Wirtschaftsgut auf den 62 verschiedenen Absatzstufen unterschiedlich hoch ist, hängt die Höhe des im gewöhnlichen Geschäftsverkehrs erzielbaren Preises auch davon ab, auf welcher dieser Stufen die Veräußerung des zu bewertenden Wirtschaftsguts erfolgen könnte (*Knittel,* in Gürsching/Stenger, BewG, § 9 Rz. 68).

63 Bei dem in Betracht zu ziehenden Geschäftsverkehr kann es sich um ein tatsächliches oder ein fiktives Marktgeschehen handeln. Auf ein tatsächliches Marktgeschehen wird bei Anwendung der Vergleichswertmethode, auf ein gedachtes Marktgeschehen bei Anwendung anderer Wertermittlungsmethoden abgestellt. Beim Fehlen eines tatsächlichen Marktgeschehens ist der gemeine Wert mithilfe adäquater Hypothesen über den für das Wirtschaftsgut erzielbaren Preis auf einem funktionierenden Markt zu ermitteln. Dabei ist von einem potenziellen Käufer auszugehen, der an dem Erwerb des Wirtschaftsguts in seiner konkreten Beschaffenheit und der sich daraus ergebenden Verwendungsmöglichkeit interessiert und bereit ist, einen angemessenen, dem inneren Wert des Wirtschaftsguts entsprechenden Preis zu zahlen (*Knittel,* in Gürsching/Stenger, BewG, § 9 Rz. 66; BFH v. 29.4.1987, X R 2/80, BStBl II 1987, 769, 771).

64 Der **Beschaffenheit des Wirtschaftsguts** kommt nach § 9 Abs. 2 S. 1 BewG für die Bestimmung des gemeinen Werts besondere Bedeutung zu. Darunter sind alle, aber auch nur die tatsächlichen oder rechtlichen Verhältnisse zu verstehen, die dem zu bewertenden Wirtschaftsgut arteigen sind (BFH v. 17.1.1975, III R 68/73, BStBl II 1975, 377). Im Einzelnen handelt es sich dabei um Alter, Zustand, Nutzungsdauer. Bei Grundstücken wird die Beschaffenheit wesentlich durch Lage, Fläche, Bau- und Erschließungszustand, Grundstücksform, Oberflächen- bzw. Bodenbeschaffenheit sowie tatsächliche Bebauungsmöglichkeit bestimmt (*Knittel,* in Gürsching/Stenger, BewG, § 9 Rz. 77; *Jülicher,* in T/G/J, ErbStG, § 12 Rz. 60).

Als **sonstige wertbeeinflussende Umstände,** die nach § 9 Abs. 2 S. 2 BewG zu berücksichtigen sind, kommen Umstände wirtschaftlicher, rechtlicher oder tatsächlicher Art in Betracht.

Zu den Umständen wirtschaftlicher Art gehören insbesondere die Nachfrage nach einem Wirtschaftsgut sowie die wirtschaftliche Nutzbarkeit. Ausnahmsweise kann auch ein über das Wirtschaftsgut abgeschlossener Vertrag ein berücksichtigungsfähiger Umstand sein (BFH v. 14.8.1953, III 33/53 U, BStBl II 1953, 279, 280 betr. einen langfristigen Miet- oder Pachtvertrag, der die Verwertung eines Grundstücks als Bauland ausschloss; anders zum Nachweis des niedrigeren gemeinen Werts nach § 146 Abs. 7 BewG a.F.: BFH v. 8.10.2003, II R 27/02, BFH/NV 2004, 240, BStBl II 2004, 179 mit der Begründung, dass diesem Umstand auch bei der Regelbewertung des Grundstücks nicht Rechnung zu tragen wäre).

Zu den Umständen rechtlicher Art gehören die dinglichen Beschränkungen des Eigentums an dem Wirtschaftsgut. Bei der Bewertung des Grundbesitzes sind Lasten abzuziehen, die dem Grundstück ohne zeitliche Beschränkung anhaften und auf jeden Erwerber übergehen. Dies ist der Fall, wenn die Last auf die besondere natürliche Eigenart des Grundstücks zurückzuführen ist (RFH v. 15.2.1940, III 311/38, RStBl 1940, 362). Davon kann bei Grunddienstbarkeiten (§ 1018 BGB),

Bewertung § 12

Reallasten (§ 1105 BGB) und Beschränkungen durch Überbau oder Notwegerechte ausgegangen werden (*Knittel,* in Gürsching/Stenger, BewG, § 9 Rz. 83), nicht hingegen bei dinglichen Vorkaufsrechten (BFH v. 18.8.2004, II R 17/02, BFH/NV 2005, 505).

Als Umstände tatsächlicher Art kommen insbesondere bei Grundstücken Umwelteinflüsse wie Lärm, Geruch oder Erschütterungen in Betracht (*Knittel,* in Gürsching/Stenger, BewG, § 9 Rz. 84).

Ungewöhnliche oder persönliche Verhältnisse sind nach § 9 Abs. 2 S. 3 bei der Ermittlung des gemeinen Werts nicht zu berücksichtigen. Darunter sind solche Umstände zu verstehen, mit denen der Verkehr bei Abschätzung des Werts eines Wirtschaftsguts nicht zu rechnen pflegt und die lediglich in einem Ausnahmefall die Preisbildung beeinflusst haben; persönliche Verhältnisse weisen darüber hinaus die Besonderheit auf, dass sie in der Person des Käufers oder des Verkäufers liegen (BFH v. 19.12.2007, II R 22/06, BFH/NV 2008, 962; v. 26.2.2007, II R 73/05, BFH/NV 2007, 1277, m.w.N.). 65

Der Grundsatz des § 9 Abs. 2 S. 3 BewG gilt nicht nur im Rahmen der Bewertung nach § 9 Abs. 1 BewG, sondern auch bei Anwendung besonderer Verfahren zur Ermittlung des gemeinen Werts (BFH v. 26.2.1997, X R 31/95, BStBl II 1997, 561 betr. die Frage, ob sich der gemeine Wert von GmbH-Anteilen gemäß § 11 Abs. 2 S. 2 BewG aus einem kurz zuvor vereinbarten Kaufpreis ableiten lässt).

Auf ungewöhnlichen Verhältnissen beruhen z.B. Vorzugspreise, die eine Gemeinde beim Verkauf von Grundstücken aus ansiedlungspolitischen Gründen gewährt (BFH v. 21.7.1993, II R 13/91, BFH/NV 1994, 610, 612). Solche Preise decken sich nur dann mit den im gewöhnlichen Geschäftsverkehr erzielbaren Preisen, wenn die Gemeinde mit ihren Vorzugspreisen den Grundstücksmarkt zum Bewertungsstichtag so stark bestimmt, dass auch andere Eigentümer ihre Grundstücke nicht zu abweichenden Preisen verkaufen können (*Knittel,* in Gürsching/Stenger, BewG, § 9 Rz. 90). Dagegen beruht der beim Verkauf von Geschäftsanteilen an einer GmbH erzielte Preis nicht deshalb auf ungewöhnlichen Verhältnissen, weil ein branchenfremdes Unternehmen durch den Erwerb in die Branche der GmbH einzudringen versucht (BFH v. 23.2.1979, III R 44/77, BStBl II 1979, 618). 66

Persönliche Verhältnisse können insbesondere bei Verkäufen zwischen Verwandten zu von dem gemeinen Wert abweichenden Preisvereinbarungen führen, (*Knittel,* in Gürsching/Stenger, BewG, § 9 Rz. 97) kommen aber auch außerhalb persönlicher Näheverhältnisse der Beteiligten in Betracht. Auf persönlichen Verhältnissen beruhen z.B. der auf dringendem Liquiditätsbedarf des Verkäufers beruhende Verkauf zu einem besonders niedrigen Preis wie umgekehrt der Kauf zu einem unüblich hohen Preis aufgrund besonderer Interessen des Erwerbers, die für andere Marktteilnehmer bedeutungslos wären, z.B. der Kauf eines zur Vervollständigung einer Sammlung fehlenden Kunstgegenstands oder der Erwerb eines Grundstücks zur Arrondierung vorhandenen Grundbesitzes oder zur Verhinderung von Nachbarbauten (*Knittel,* in Gürsching/Stenger, BewG, § 9 Rz. 97). Auch die Veräußerung von Geschäftsanteilen an leitende Angestellte eines Unternehmens zu dem Zweck, diese fester an das Unternehmen zu binden, 67

Horn 517

ist durch persönliche Verhältnisse beeinflusst (BFH v. 19.12.2007, II R 22/06, BFH/NV 2008, 962). Demgegenüber ist der Erwerb eines GmbH-Anteils, der an die Vereinbarung geknüpft ist, dass der Veräußerer seine Funktion als Geschäftsführer für eine bestimmte Zeit weiter ausübt, nicht durch persönliche Verhältnisse beeinflusst, weil die Bewertung eines Unternehmens maßgebend von der Qualität des Managements und die sich daran knüpfenden Ertragserwartungen abhängt (BFH v. 26.2.1997, X R 31/95, BStBl II 1997, 561, 564).

68 Zu den persönlichen Verhältnissen gehören nach § 9 Abs. 3 S. 1 BewG auch **Verfügungsbeschränkungen**, die in der Person des Steuerpflichtigen oder eines Rechtsvorgängers begründet sind. Wie die nur beispielhafte Hervorhebung letztwillig angeordneter Verfügungsbeschränkungen in § 9 Abs. 3 S. 2 BewG zeigt, bezieht sich § 9 Abs. 3 BewG auf alle Verfügungsbeschränkungen unabhängig davon, ob sie auf Gesetz oder Rechtsgeschäft beruhen und ob sie absoluter oder relativer Art sind (BFH v. 17.9.1997, II R 8/96, BFH/NV 1998, 587; *Knittel*, in Gürsching/Stenger, BewG, § 9 Rz. 104). Absolute Verfügungsbeschränkungen sind solche, die gegenüber allen anderen Personen wirken, relative Verfügungsbeschränkungen sind solche, die nur zugunsten bestimmter Personen gelten.

Auf Gesetz beruhende Verfügungsbeschränkungen sind z.B. Beschränkungen des Erben in Bezug auf der Testamentsvollstreckung unterliegende Vermögensgegenstände (§ 2211 BGB), Beschränkungen durch Anordnung der Nachlassverwaltung (§ 1984) oder die Nachlassverwaltung durch einen Testamentsvollstrecker gem. § 2205 BGB), Beschränkungen aufgrund der Anordnung der Zwangsversteigerung oder Zwangsverwaltung bei einem Grundstück (§§ 20, 23 ZVG), Beschränkungen aufgrund der Eröffnung des Insolvenzverfahrens, Beschränkungen des Vorerben (§ 2113 BGB). Rechtsgeschäftliche Verfügungsbeschränkungen können sich z.B. aus vertraglichen Veräußerungsverboten, Verkaufs- oder Nutzungsbeschränkungen ergeben (*Knittel*, in Gürsching/Stenger, BewG, § 9 Rz. 104).

68a Als nach § 9 Abs. 3 S. 1 BewG unbeachtliche Verfügungsbeschränkungen werden in der Rspr. des BFH seit jeher auch gesellschaftsvertragliche Regelungen angesehen, die – unabhängig von der Person des einzelnen Gesellschafters – die Übertragung von Gesellschaftsanteilen einschränken oder Kündigungs-, Abfindungs- und Ausschüttungsbeschränkungen vorsehen (BFH v. 11.7.1967, III R 21/64, BStBl III 1967, 666; BFH v. 30.3.1994, II R 101/90, BStBl II 1994, 503; BFH v. 17.6.1998, II R 46/96, BFH/NV 1999, 17; BFH v. 12.7.2005, II R 8/04, BStBl II 2005, 845). Insbesondere bei Familiengesellschaften dienen solche Regelungen dazu, die Familienangehörigen auf Dauer an das Unternehmen zu binden, das Eindringen familienfremder Personen in den Gesellschafterkreis zu verhindern und durch die Thesaurierung von Gewinnen die Eigenkapitalbasis des Unternehmens unabhängig von den individuellen Wünschen der Gesellschafter langfristig zu sichern (*Krumm*, FR 2015, 481, 484 f.; *Wachter*, Beihefter zu DStR Heft 35/2014, 90, 98; *Eisele*, NWB 2015, 170, 180; *Geck*, ZEV 2015, 129, 133). Nach dem Urteil des BVerfG vom 17.12.2014 (1 BvL 21/12, BStBl II 2015, 50), mit dem die für das Betriebsvermögen geltenden Verschonungsregelungen in ihrer bisherigen Form für verfassungswidrig erklärt wurden, riss die Kritik an der Außerachtlassung solcher Klauseln bei der Ermittlung des gemeinen Werts von Gesellschaftsanteilen nicht mehr ab. Zum einen wurde eingewandt, dass ihre Subsumtion unter § 9 Abs. 3 S. 1 BewG auf einer unzutreffenden Auslegung des Gesetzes beruhe, weil Verfügungsbeschränkungen, die für alle Gesellschafter gälten, nicht in der Person des einzelnen Gesellschafters begründet seien, sondern den Inhalt und sachlichen Umfang des Gesellschaftsrechts selbst beträfen (*Wachter*, Beihefter zu DStR Heft 35/2014, 90, 98; *Seer*, GmbHR 2015, 113, 119; *Welling/Krambeck*, DB 2014, 2731, 2732 f.; wohl auch *Krumm*, FR 2015, 481, 485). Zum anderen wurde geltend gemacht, dass das Außerachtlassen derartiger Verfügungsbeschränkungen zu einer – auch verfassungsrechtlich bedenklichen – Überbewertung führe, weil sich der dem Gesellschaftsanteil beigelegte Wert im gewöhnlichen Geschäftsverkehr (§ 9 Abs. 2 S. 1 BewG) gerade nicht realisieren lasse (*Wachter*, Beihefter zu DStR Heft 35/2014, 90, 98; *Seer*, GmbHR 2015, 113, 120; *Krumm*, FR 2015, 481, 485; *Steger/Königer*, BB 2015, 157, 164 f.; früher bereits *Piltz*, FR 2013, 115, 116 f.).

Die daraus zum Teil abgeleitete Forderung nach einer ersatzlosen Abschaffung des § 9 Abs. 3 BewG (*Wachter*, Beihefter zu DStR Heft 35/2014, 90, 98; *Steger/Königer*, BB 2015, 157, 165) hat der Gesetzgeber zwar nicht aufgegriffen. § 13a Abs. 9 ErbStG i.d.F. des Gesetzes zur Anpassung des Erbschaftsteuer- und Schenkungsteuergesetzes an die Rechtsprechung des Bundesverfassungsgerichts (BGBl I 2016, 2464) vom 4.11.2016 sieht allerdings für begünstigtes Vermögen i.S.d. § 13b Abs. 2 ErbStG einen Wertabschlag vor, wenn die in der Vorschrift genannten Entnahme-, Verfügungs- und Abfindungsbeschränkungen erfüllt sind. Gesetzessystematisch handelt es sich dabei aber nicht um eine Bewertungsregel, sondern um eine sachliche Steuerbefreiung (*Hannes*, ZEV 2016, 554, 557).

2.5.2 Verfahren zur Ermittlung des gemeinen Werts

Da eine tatsächliche Veräußerung des zu bewertenden Wirtschaftsguts im gewöhnlichen Geschäftsverkehr am Bewertungsstichtag in aller Regel nicht stattgefunden hat, ist ein solcher Verkauf zur Ermittlung des gemeinen Werts zu fingieren (BFH v. 6.6.2001, II R 7/98, BFH/NV 2002, 28, 30). Die in § 9 Abs. 2 und 3 BewG genannten Merkmale geben an, welche Kriterien in die Ermittlung des mutmaßlichen Preises in dem gedachten Veräußerungsfall einzubeziehen sind. Sie sind zum einen für die Beurteilung der Frage von Bedeutung, ob Preise, die für das zu bewertende Wirtschaftsgut selbst oder vergleichbare Wirtschaftsgüter tatsächlich gezahlt worden sind, den gemeinen Wert widerspiegeln, zum anderen geben sie an, welche Gesichtspunkte bei der Schätzung des mutmaßlichen Preises in einem gedachten Verkaufsfall zu berücksichtigen sind.

69

Je nach Marktverhältnissen und Art des zu bewertenden Wirtschaftsguts kommen für die Schätzung des gemeinen Werts die Vergleichswertmethode, die Ertragswertmethode und die Sachwertmethode in Betracht. Während bei der Vergleichswertmethode der gemeine Wert auf direktem Wege aus tatsächlich erzielten Verkaufspreisen abgeleitet wird, erfolgt die Wertermittlung bei der Ertragswert- und der Sachwertmethode auf indirektem Wege, indem der gemeine Wert unter Berücksichtigung der Gesichtspunkte geschätzt wird, nach denen ein potentieller Erwerber in einem gedachten Verkaufsfall den Preis bemessen würde. Welche Gesichtspunkte dies sind, hängt vor allem von der Art des Wirtschaftsguts ab.

70 Unter der Voraussetzung eines funktionierenden Absatzmarkts lässt sich der gemeine Wert am zuverlässigsten aus einer Vielzahl tatsächlicher Verkäufe gleicher oder vergleichbarer Wirtschaftsgüter herleiten (**Vergleichswertmethode**). Finden solche Verkäufe in großer Zahl statt, so bietet dies die Gewähr, dass die dabei erzielten tatsächlichen Verkaufserlöse auch für das zu bewertende Wirtschaftsgut als Verkaufspreis zu erzielen wären. Diese Annahme setzt indes voraus, dass Verkaufsfälle in ausreichender Zahl stattgefunden haben (BFH v. 26.9.1980, III R 21/78, BStBl II 1981, 153) und die verkauften Wirtschaftsgüter dem zu bewertenden Wirtschaftsgut gleich oder doch wenigstens vergleichbar sind (BFH v. 12.6.1974, III R 49/73, BStBl II 1974, 602, zur Unvergleichbarkeit bebauter Grundstücke). Vergleichbar sind nicht nur vertretbare Sachen, sondern auch andere Gegenstände, die an einem – wenn auch engen Markt – nach übereinstimmenden Merkmalen gehandelt werden. Weitere Voraussetzung für die Ableitung des gemeinen Werts aus tatsächlich erfolgten Verkäufen ist, dass diese in zeitlicher Nähe zum Bewertungsstichtag stattgefunden haben (BFH v. 20.9.1980, III R 21/78, BStBl II 1981, 153). Von besonderer Bedeutung ist ein in zeitlicher Nähe zum Bewertungsstichtag vereinbarter Kaufpreis für das zu bewertende Wirtschaftsgut selbst, den entweder der Rechtsvorgänger des Erwerbers für dieses gezahlt oder der Erwerber für dieses erzielt hat (*Jülicher,* in T/G/J, ErbStG, § 12 Rz. 60).

71 Die **Ertragswertmethode** kommt zur Ermittlung des gemeinen Werts solcher Wirtschaftsgüter in Betracht, die dazu bestimmt sind, künftige Erträge zu generieren. Bei der Bewertung solcher Wirtschaftsgüter orientiert sich ein verständiger Marktteilnehmer am Ertragspotential des Wirtschaftsguts, d.h. an den in der Zukunft zu erwartenden Erträgen, die unter Zugrundelegung eines risikoangepassten Zinsfußes auf den Bewertungsstichtag diskontiert werden. Für die Ermittlung des Zukunftserfolgs sind lediglich die am Bewertungsstichtag bekannten Umstände einschließlich der zu diesem Zeitpunkt absehbaren Zukunftsentwicklung zu berücksichtigen (*Knittel,* in Gürsching/Stenger, BewG, § 9 Rz. 52). Spezialgesetzlich vorgeschrieben ist die Ertragswertmethode für die **Bewertung von Mehrfamilienhäusern sowie von Geschäfts- und gemischt genutzten Grundstücken,** für die sich eine ortsübliche Miete feststellen lässt (§ 182 Abs. 3 BewG). Auch bei der **Unternehmensbewertung** sieht sie das Gesetz als regelmäßig in Betracht kommende Bewertungsmethode an, wenn der gemeine Wert nicht aus weniger als einem Jahr zurückliegenden Verkäufen abgeleitet werden kann.

72 Außerhalb dieser gesetzlich geregelten Fälle hat der BFH das Ertragswertverfahren als geeignetes Verfahren zur Bestimmung des gemeinen Werts **lizenzierter Erfindungen** anerkannt (BFH v. 20.2.1970, III R 75/66, BStBl II 1970, 484). Der Kapitalisierung sollen nach dieser Entscheidung regelmäßig die durchschnittlichen Erträge der letzten drei Jahre vor dem Bewertungsstichtag zugrunde gelegt werden, wobei außerordentliche Ertragseinflüsse ggf. zu eliminieren sind. Je nachdem, welcher Teil der Nutzungsdauer der Erfindung bereits abgelaufen ist, soll einer steigenden oder fallenden Tendenz der Erträge durch einen Zuschlag zum oder einen Abschlag von

den durchschnittlichen Verhältnissen dieses Dreijahreszeitraums Rechnung getragen werden. Unabhängig von der gesetzlichen Schutzdauer des Patents von seinerzeit 18 Jahren (heute nach § 16 PatG 20 Jahre) soll eine durchschnittliche Nutzungsdauer von acht Jahren zugrunde zu legen sein. Der für die Ermittlung des Barwerts maßgebliche Vervielfacher soll unter der Annahme einer jährlich nachschüssigen Zahlungsweise auf der Grundlage eines Zinssatzes von 12,5 % bestimmt werden. Bei Wirtschaftsgütern, deren wirtschaftliche Nutzungsdauer in der Zukunft sowohl für den Inhaber des Wirtschaftsguts als auch für den Nutzungsberechtigten schwer zu überschauen ist, geht der BFH von einer Nutzungsdauer von drei Jahren und einem Kapitalisierungszinssatz von 33 % aus (BFH v. 13.2.1970, III 156/75, BStBl II 1970, 369, 373).

Die FinVerw. hat sich diese Grundsätze in R B 9.2 ErbStR 2011 bei der Bewertung von Erfindungen und Urheberrechten im Privatvermögen weitgehend zu eigen gemacht. Sind diese in Lizenz vergeben oder in sonstiger Weise gegen Entgelt einem Dritten zur Ausnutzung überlassen, ist der gemeine Wert – soweit keine anderen geeigneten Unterlagen zur Verfügung stehen – durch Kapitalisierung des Anspruchs auf die in wiederkehrenden Zahlungen bestehende Gegenleistung zu ermitteln (R B 9.2 S. 1 ErbStR 2011). Hierfür sind die vertraglichen Vereinbarungen mit dem Lizenznehmer maßgeblich (R B 9.2 S. 2 ErbStR 2011). Ist keine feste Lizenzgebühr vereinbart und die Vertragsdauer unbestimmt, kann auf die letzte vor dem Besteuerungszeitpunkt gezahlte Lizenzgebühr und eine Laufzeit von acht Jahren abgestellt werden (R B 9.2 S. 3 ErbStR 2011). Der Kapitalisierung ist der marktübliche Zinssatz zugrunde zu legen (R B 9.2 S. 4 ErbStR 2011). Es ist nicht zu beanstanden, wenn der jeweils maßgebende Kapitalisierungszinssatz nach § 203 Abs. 1 BewG angewendet wird (R B 9.2 S. 5 ErbStR 2011). 73

Ist das Patent zum Bewertungsstichtag durch Nichtigkeitsklage angefochten, muss das Prozessrisiko bei einer Bewertung im Ertragswertverfahren durch einen Abschlag berücksichtigt werden, soweit die Anfechtung nicht bereits zu einem Rückgang der Lizenzeinnahmen geführt hat (BFH v. 20.3.1970, III R 61/68, BStBl II 1970, 636). Bei der Bewertung im Ertragswertverfahren ist nur derjenige Teil der Lizenzeinnahmen zu berücksichtigen, der für den Bestand an übermitteltem Spezialwissen gezahlt wird und nicht auf Dienstleistungen zur Vermittlung des körperlich darstellbaren Spezialwissens entfällt (BFH v. 23.11.1988, II R 209/82, BStBl II 1989, 82). 74

Die **Sachwertmethode** ist für die Ermittlung des gemeinen Werts in den Fällen heranzuziehen, in denen weder die Vergleichswertmethode noch die Ertragswertmethode anwendbar sind (FG Sachsen v. 28.8.2002, 2 K 1844/99, EFG 2003, 25). In diesem Fall verbleibt nur die Ableitung aus den **Herstellungskosten des Wirtschaftsguts**. Die Ableitung des gemeinen Werts im Sachwertverfahren beruht auf der Überlegung, dass sich ein am Erwerb des Wirtschaftsguts interessierter Marktteilnehmer bei der Bemessung des Kaufpreises an den Kosten orientieren würde, die er selbst für die Herstellung eines vergleichbaren Wirtschaftsguts aufzuwenden hätte. Dem Umstand, dass es sich bei dem zu bewertenden Wirtschaftsgut nicht um neu hergestelltes handelt, ist durch einen von der Nutzungsdauer abhängigen Altersabschlag Rechnung zu tragen. 75

Die Anwendung der Sachwertmethode kommt insbesondere bei sonderangefertigten Wirtschaftsgütern (wie z.B. Maschinen oder Schiffen) in Betracht (*Knittel,* in Gürsching/Stenger, BewG, § 9 Rz. 58; BFH v. 29.4.1987, X R 2/80, BStBl II 1987, 769, 771; v. 21.3.2002, II R 68/00, BFH/NV 2002, 1281). Bei der Bewertung bebauter Grundstücke ist sie spezialgesetzlich für **Ein- und Zweifamilienhäuser** vorgesehen, für die sich kein Vergleichswert feststellen lässt, sowie für **Geschäfts- und gemischt genutzte Grundstücke**, für die sich keine ortsübliche Miete feststellen lässt (§ 182 Abs. 4 BewG).

76 Da gedanklicher Ausgangspunkt der Sachwertmethode die Kosten sind, die ein gedachter Erwerber für die Herstellung eines gleichartigen Wirtschaftsguts aufwenden müsste, hat die Bewertung nicht an Hand historischen Herstellungskosten des zu bewertenden Wirtschaftsguts, sondern auf der Grundlage der **Normalherstellungskosten** eines vergleichbaren Wirtschaftsguts zu erfolgen (BFH v. 28.10.1998, II R 37/97, BFH/NV 1999, 384, BStBl II 1999, 51). Diese Normalherstellungskosten sind nach den Verhältnissen des Bewertungsstichtags ohne Berücksichtigung ungewöhnlicher und persönlicher Verhältnisse typisierend aus den Herstellungskosten vergleichbarer Wirtschaftsgüter abzuleiten. Handelt es sich um ein Wirtschaftsgut, das der gedachte Erwerber nicht im Rahmen seines eigenen Betriebs herstellen würde, sind der Wertermittlung die gedachten Ausgaben an Dritte zugrunde zu legen; anderenfalls sind die Herstellungskosten auf der Grundlage der durchschnittlichen Selbstkosten (Material-, Fertigungs- sowie Verwaltungskosten) zu bestimmen (BFH v. 19.5.1972, III R 21/71, BStBl II 1972, 748, 750).

77–79 einstweilen frei

2.6 Börsennotierte Wertpapiere und Schuldbuchforderungen (§ 11 Abs. 1 BewG)

80 Nach § 11 Abs. 1 S. 1 BewG werden Wertpapiere und Schuldbuchforderungen, die am Stichtag an einer deutschen Börse zum **Handel im regulierten Markt** zugelassen sind, mit dem niedrigsten am Stichtag für sie notierten Kurs angesetzt. Entsprechend sind nach § 11 Abs. 1 S. 3 BewG die Wertpapiere zu bewerten, die in den **Freiverkehr** einbezogen sind.

81 **Wertpapier** ist eine Urkunde, in der ein privates Recht in der Weise verbrieft ist, dass zur Geltendmachung des Rechts die Innehabung der Urkunde erforderlich ist (*Hueck/Canaris,* Recht der Wertpapiere, § 1 I). Nach der Art des verbrieften Rechts lassen sich vor allem schuldrechtliche, sachenrechtliche und mitgliedschaftsrechtliche Papiere unterscheiden, nach der Art der Bestimmung des Berechtigten Rekta-, Order- und Inhaberpapiere (*Hueck/Canaris,* Recht der Wertpapiere, § 2 II, III). Rektapapiere werden ebenso wie nicht verbriefte Forderungen durch Abtretungsvertrag, (§ 398 BGB) Orderpapiere durch Übergabe und einen auf das Papier gesetzten Vermerk (das sog. Indossament), Inhaberpapiere wie bewegliche Sachen nach Maßgabe der §§ 929ff. BGB übertragen. Durch das sog. Blankoindossament kann das Orderpapier dem Inhaberpapier angenähert werden (*Hueck/Canaris,* Recht der Wertpapiere, § 10 VI). Für die Anwendung des § 11 Abs. 1 S. 1 BewG

Bewertung § 12

kommt es nicht auf die Art des Wertpapiers, sondern allein darauf an, dass es an einer deutschen Börse gehandelt werden (*Jülicher*, in T/G/J, ErbStG, § 12 Rz. 266). Den Wertpapieren stellt § 11 Abs. 1 BewG **Schuldbuchforderungen** gleich. Dabei handelt es sich um Forderungen gegen den Bund oder ein Land, die nicht durch Einzelurkunden, sondern nur durch Eintragung in das Staatsschuldbuch verbrieft werden. Rechtsgrundlage bildet im Fall des Bundes das Gesetz zur Neuordnung des Schuldbuchrechts des Bundes und der Rechtsgrundlagen der Bundesschuldenverwaltung v. 11.12.2001, BGBl I 2001, 3519.

Börsen sind Handelssysteme, in denen Angebot und Nachfrage in börsenmäßig handelbaren Wirtschaftsgütern mit dem Ziel zusammengeführt werden, Vertragsabschlüsse unter mehreren Marktteilnehmern zu ermöglichen (*Mannek*, in Gürsching/Stenger, BewG, § 11 Rz. 41). Der Betrieb und die Organisation von Börsen, die Zulassung von Handelsteilnehmern und Finanzinstrumenten, Rechten und Wirtschaftsgütern zum Börsenhandel und die Ermittlung von Börsenpreisen sind im Börsengesetz geregelt. Die Errichtung einer Börse bedarf nach § 4 BörsG der Erlaubnis durch die zuständige oberste Landesbehörde (Börsenaufsichtsbehörde). 82

Wertpapiere, die im **regulierten Markt** an einer Börse gehandelt werden sollen, bedürfen nach § 32 BörsG der Zulassung durch die Geschäftsführung. Wertpapiere, die bereits an einer anderen Börse zugelassen sind, können in den regulierten Markt einbezogen werden. Staatliche Schuldverschreibungen sind nach § 37 BörsG an jeder inländischen Börse zum Handel im regulierten Markt zugelassen.

Zum Börsenhandel gehört auch der 1997 eingeführte vollelektronische Xetra-Wertpapierhandel, der parallel zum klassischen Parketthandel stattfindet.

Für Wertpapiere, die weder zum Handel im regulierten Markt zugelassen noch zum Handel in den regulierten Markt einbezogen sind, kann die Börse den Betrieb eines **Freiverkehrs** durch den Börsenträger zulassen (§ 48 Abs. 1 BörsG). Auch der Freiverkehr bedarf der Erlaubnis durch die Börsenaufsichtsbehörde und muss bestimmte Bedingungen erfüllen.

Vom geregelten Markt und dem Freiverkehr ist der Telefonverkehr zu unterscheiden, der als ungeregelter Freiverkehr zwischen den Banken stattfindet. Im Telefonverkehr zustande gekommene Kurse fallen nicht unter § 11 Abs. 1 BewG (*Mannek*, in Gürsching/Stenger, BewG, § 11 Rz. 46).

Kurse i.S.d. § 11 Abs. 1 BewG sind die Börsenpreise i.S.d. § 24 Abs. 1 BörsG, die während der Börsenzeit an einer Börse festgestellt werden. Börsenpreise müssen nach § 24 Abs. 2 BörsG ordnungsgemäß zustande kommen und der wirklichen Marktlage des Börsenhandels entsprechen. 83

Im regulierten Markt erfolgt die Ermittlung der Börsenpreise entweder im vollelektronischen Handel oder durch sog. Skontroführer. Dies sind nach § 27 Abs. 1 BörsG zur Teilnahme am Börsenhandel zugelassene Unternehmen, die von der Geschäftsführung einer Wertpapierbörse mit der Feststellung von Börsenpreisen betraut sind. Die Skontroführer haben auf einen geordneten Marktverlauf hinzuwirken (§ 28 Abs. 1 S. 1 BörsG), insbesondere alle zum Zeitpunkt der Preisfeststellung vorliegenden Aufträge bei ihrer Ausführung gleich zu behandeln (§ 28 Abs. 2 S. 1 BörsG). Je nachdem, wie groß die Umsätze in einem bestimmten Wertpapier sind,

Horn 523

wird entweder nur einmal am Tag ein sog. Einheitskurs festgestellt, oder es werden neben dem Einheitskurs fortlaufend Kurse im variablen Handel ermittelt (*Mannek*, in Gürsching/Stenger, BewG, § 11 Rz. 52).

Im Freiverkehr werden die Preise durch freie Makler unter Überwachung durch den an jeder Börse bestehenden Ausschuss für Geschäfte in amtlich nicht notierten Werten ermittelt (*Mannek*, in Gürsching/Stenger, BewG, § 11 Rz. 54).

84 Üblicherweise liegen den Kursfeststellungen zu dem jeweiligen Preis tatsächlich **zustande gekommene Geschäfte** zugrunde. In diesem Fall erfolgt die Notierung entweder ohne Zusatz oder mit dem Zusatz „b" (für „bezahlt"). Der Zusatz „G" für „Geld" bringt zum Ausdruck, dass zu diesem Preis nur Nachfrage, aber kein Angebot bestand, der Zusatz „B" (für „Brief"), dass zu diesem Preis nur Angebot, aber keine Nachfrage bestand. Die Zusätze können auch kombiniert auftreten: „bG" („bezahlt Geld") bedeutet, dass zu diesem Preis Umsätze zustande gekommen sind, aber die Nachfrage nicht vollständig befriedigt werden konnte; „bB" („bezahlt Brief") bringt zum Ausdruck, dass Umsätze zustande gekommen sind, aber das Angebot nicht vollständig untergebracht werden konnte. Der Zusatz „T" (für „Taxe") bedeutet, dass überhaupt kein Kurs festgestellt wurde, sondern der mutmaßliche Kurs von dem Makler entsprechend der Marktlage geschätzt wurde (*Mannek*, in Gürsching/Stenger, BewG, § 11 Rz. 63).

Als Kurs i.S.d. § 11 Abs. 1 BewG kommt auch der im Kursblatt einer Börse angegebene Geldkurs in Betracht, weil diese Notierung zeigt, dass das Wertpapier zu diesem Kurs gesucht war und damit an der Börse zu verkaufen gewesen wäre. Etwas anderes gilt nur dann, wenn es sich um einen im Freiverkehr zustande gekommenen Kurs handelt und erwiesen ist, dass ihm innerhalb der Dreißig-Tage-Frist des § 11 Abs. 2 S. 2 BewG kein Kaufangebot zugrunde liegt (BFH v. 21.2.1990, II R 78/86, BStBl II 1990, 490; H 95 ErbStH 2003). Demgegenüber können Brief- und Taxkurse nicht als maßgeblich angesehen werden, weil ein Verkauf zu diesen Kursen an der Börse nicht möglich gewesen wäre (*Mannek*, in Gürsching/Stenger, BewG, § 11 Rz. 63; a. A.).

85 **Bewertungsmaßstab** ist nach § 11 Abs. 1 Sätze 1 und 3 BewG der **niedrigste am Stichtag notierte Kurs**. Unterschiedliche Kurse können sich sowohl dadurch ergeben, dass ein Wertpapier an mehreren Börsen gehandelt wird, als auch dadurch, dass an ein und derselben Börse im variablen Handel mehrere Kurse festgestellt werden. Für den ersten Fall ist unstreitig, dass die Börse maßgeblich ist, an der sich der niedrigste Kurs ergeben hat. Demgegenüber hat die FinVerw. für den zweiten Fall wiederholt die Auffassung vertreten, dass ausschließlich auf die jeweiligen Einheitskurse abzustellen sei (BMF v. 15.2.1965, S 3259 A – 3/64, DStZ/E 1965, 138; FinMin Bayern v. 7.8.1991, 34 S 3102 S – 11 551, StEK BewG 1965, § 11 Nr. 71, StED 1991, 311; zustimmend *Mannek*, in Gürsching/Stenger, BewG, § 11 Rz. 62). Zur Begründung wurde angeführt, dass die variablen Notierungen regelmäßig auf größeren Umsätzen beruhten, bei denen die Kursbildung durch Umstände beeinflusst sein könne, die sich auf den Einheitskurs und damit auf den Verkauf einer geringeren Menge nicht auswirkten. Dieser Auffassung ist nicht zu folgen. Sie steht in Widerspruch zum Gesetzeswortlaut und den tatsächlichen Gegebenheiten des heutigen Börsenhandels (*Jülicher*, in T/G/J, ErbStG, § 12 Rz. 267).

Bewertung	§ 12

Für den Fall, dass am Stichtag kein Börsenpreis festgestellt wurde – sei es, dass die Börse an diesem Tag nicht geöffnet war, sei es, dass in dem betreffenden Wertpapier keine Umsätze zustande gekommen sind –, ist auf den letzten innerhalb von 30 Kalendertagen vor dem Stichtag notierten Kurs abzustellen (§ 11 Abs. 2 S. 2 BewG).

Der im regulierten Markt bzw. im Freiverkehr notierte Kurs der Wertpapiere ist als deren gemeiner Wert anzusehen. Es handelt sich um eine verfassungsrechtlich unbedenkliche Typisierung bei der Wertfindung, die dem steuerlichen Massenverfahren Rechnung tragen und der gleichmäßigen Steuerfestsetzung dienen soll.

Abweichungen vom Kurswert sind deshalb nur dann zuzulassen, wenn der festgestellte Kurs nicht der wirklichen Geschäftslage des Verkehrs an der Börse entspricht, d. h. eine Streichung des festgestellten Kurses hätte erreicht werden können (BFH v. 1.10.2001, II B 109/00, BFH/NV 2002, 319; v. 23.2.1977, II R 63/70, BStBl II 1977, 427; v. 26.7.1974, III R 16/73, BStBl II 1974, 656). Nicht die Geschäftslage betreffende Einwendungen sind ausgeschlossen. Insbesondere kann grundsätzlich nicht eingewandt werden, dass der Börsenpreis nicht dem „inneren" Wert der Aktien entspreche (*Mannek*, in Gürsching/Stenger, BewG, § 11 Rz. 70; *Weinmann*, in Moench/Weinmann, ErbStG, § 12 Teil 4 Rz. 38). Der Kurs am Stichtag ist auch dann maßgebend, wenn ihm nur geringe Umsätze zugrunde liegen (BFH v. 6.5.1977, III R 17/75, BStBl II 1977, 626) oder wenn kurze Zeit danach eine Wertminderung aufgrund von Kursrückgängen eintritt (BFH v. 22.9.1999, II B 130/97, BFH/NV 2000, 320). 86

Aus den extremen Kursschwankungen, die sich im Zusammenhang mit der von der Porsche AG beabsichtigen Übernahme von VW bei deren Stammaktien ergeben haben (niedrigster Börsenkurs am 28.10.2008: deutlich über 1.000 EUR; niedrigster Börsenkurs am 31.10.2008: unter 200 EUR), hat *Möllmann* (BB 2010, 407, 409) den Schluss gezogen, dass in bestimmten Fällen eine Korrektur des sich aus § 11 Abs. 1 BewG ergebenden Werts verfassungsrechtlich geboten sei. U. E. handelt es sich dabei aber nicht um ein Bewertungsproblem, sondern um eine sich aus dem Stichtagsprinzip ergebende Härte. Im Einzelfall können allenfalls Billigkeitsmaßnahmen in Betracht gezogen werden (*Weinmann*, in Moench/Weinmann, ErbStG, § 12 Teil 4 Rz. 38).

Vertragliche Verfügungsbeschränkungen (wie eine für Belegschaftsaktien geltende Sperrfrist für Verkäufe) rechtfertigen im Hinblick auf § 9 Abs. 2 und 3 BewG keine vom Kurswert nach § 11 Abs. 1 BewG abweichende Bewertung (FG Düsseldorf v. 15.6.1961, III 4/60, EFG 1961, 482). Belegschaftsaktien, die als Namensaktien mit gleichen Rechten wie börsennotierte Inhaberaktien ausgestattet sind und daher mit diesen eine Gattung i. S. d. § 11 AktG bilden, sind trotz der nach § 68 AktG geltenden Erschwerung der Übertragung mit dem Börsenkurs der Inhaberaktien zu bewerten (FG Münster v. 4.10.1994, 1 K 7906/89 E, EFG 1995, 320). 87

Der nach § 29 Abs. 3 BörsG amtlich festgesetzter Börsenpreis bezieht sich grundsätzlich nur auf ein **Wertpapier mit einer bestimmten Ausstattung**. Sind unterschiedliche **Aktiengattungen** (z. B. Stamm- und Vorzugsaktien) vorhanden und ist nur eine an der Börse notiert, kann die nicht an der Börse 88 gehandelte Gattung nicht nach § 11 Abs. 1 BewG bewertet werden. Der gemeine Wert der nicht an der Börse notierten Gattung kann aber grundsätzlich nach § 11 Abs. 2 S. 2 BewG vom Börsenkurs der börsenfähigen Aktien desselben Unternehmens abgeleitet werden (BFH v. 28.10.2008, IX R 96/07, BFH/NV 2009, 69; v. 9.3.1994, II R 39/90, BStBl II 1994, 394, und v. 21.4.1999, II R 87/97, BStBl II 1999, 810; v. 25.8.1972, III R 33/71, BStBl II 1973, 46). Dies gilt auch für junge Aktien, die für das laufende Geschäftsjahr noch nicht voll dividendenberechtigt und noch nicht börsennotiert sind (R B 11.1 Abs. 4 ErbStR 2011).

Pfandbriefe mit persönlicher Sonderausstattung ohne Kurswert sind gemäß § 12 BewG in Anlehnung an die Kursnotierungen vergleichbarer Pfandbriefe zu bewerten (BFH v. 28.9.1982, III R 29/77, BStBl II 1983, 166; R B 11.1 Abs. 2 Nr. 2 S. 3 ErbStR 2011). Werden börsennotierte **Inhaberschuldverschreibungen** gemäß § 806 BGB in Namensschuldverschreibungen umgeschrieben, sind sie nicht mehr mit dem Börsenkurs der nicht umgeschriebenen Stücke, sondern als verbriefte Kapitalforderungen nach § 12 BewG zu bewerten (BFH v. 1.2.1989, II R 128/85, BStBl II 1989, 348).

89 Für **Bezugsrechte**, die am Stichtag bereits selbstständig gehandelt werden, ist der für sie notierte Wert maßgeblich (*Jülicher*, in T/G/J, ErbStG, § 12 Rz. 280).

Ausländische Wertpapiere, die im Inland nicht notiert sind und für die auch kein Kurs im inländischen Telefonverkehr vorliegt, sind mit dem Kurs des Emissionslandes anzusetzen (R B 11.1 Abs. 3 ErbStR 2011). Der Kurs ist ggf. nach dem des Stichtagsdevisenbriefkurses umzurechnen.

Bei **festverzinslichen Wertpapieren** sind die noch nicht fälligen Zinsansprüche, die auf den laufenden Zinszahlungszeitraum entfallen (Stückzinsen), normalerweise nicht im Kurswert enthalten, sondern werden dem Erwerber im Veräußerungsfall zusätzlich in Rechnung gestellt. Sie sind daher nicht durch den Ansatz nach § 11 Abs. 1 BewG abgegolten, sondern zusätzlich als Kapitalforderung i. S. d. § 12 BewG zu erfassen (BFH v. 3.10.1984, II R 194/72, BStBl II 1985, 73).

2.7 Paketzuschlag (§ 11 Abs. 3 BewG)

90 Ist der gemeine Wert einer Anzahl von Anteilen an einer Kapitalgesellschaft, die einer Person gehören, infolge besonderer Umstände höher als der Wert, der sich aufgrund der Kurswerte (§ 11 Abs. 1 BewG) bzw. der gemeinen Werte (§ 11 Abs. 2 BewG) für die einzelnen Anteile insgesamt ergibt, so ist nach § 11 Abs. 3 BewG der gemeine Wert der Beteiligung maßgeblich. Dies kommt nach dem Gesetz insbesondere dann in Betracht, wenn die Höhe der Beteiligung die **Beherrschung der Kapitalgesellschaft** ermöglicht. Das Gesetz unterstellt dabei, dass der gemeine Wert einer (aus einer Mehrheit von Anteilen bestehenden) Beteiligung wegen der Möglichkeit, Einfluss auf die Geschäftsführung zu nehmen, höher ist als die Summe der Kurswerte bzw. der Kaufpreise für den einzelnen Anteil aus stichtagsnahen Verkäufen. Dies gilt nur dann nicht, wenn sich im Kurswert bzw. im Verkaufspreis der einzelnen Aktie bereits der Beteiligungscharakter widerspiegelt (BFH v.1.3.2000, II B 70/90, BFH/NV 2000, 1077).

Dementsprechend kommt der Paketzuschlag nach § 11 Abs. 3 BewG in erster Linie in den Fällen des § 11 Abs. 1 BewG in Betracht kommt, wenn der Börsenkurs den **Beteiligungscharakter** der zu bewertenden Anteile **nicht berücksichtigt**. Ein Paketzuschlag nach § 11 Abs. 3 BewG scheidet demgegenüber in Fällen aus, in denen der gemeine Wert aus Verkäufen abgeleitet wurde, bei denen der Beteiligungscharakter den Preis beeinflusst hat (BFH v. 14.11.1980, III R 81/79, BStBl II 1981, 351; *Mannek*, in Gürsching/Stenger, BewG, § 11 Rz. 415; *Jülicher*, in T/G/J, ErbStG, § 12 Rz. 483). Gleiches galt bei einer Anteilsbewertung nach dem bis zum 31. Dezember 2008 geltenden Stuttgarter Verfahren (BFH v. 1.3.2000, II B 70/90, BFH/NV 2000, 1077). Denn dieses sah für Anteile, die keinen Einfluss auf die Geschäftsführung gewähren, eine Kürzung des im Rahmen der Regelbewertung ermittelten gemeinen Werts um einen Abschlag von 10 % vor.

Nach R B 11.6 Abs. 2 S. 1 ErbStR 2011 kommt ein Paketzuschlag außer beim Ansatz von Kurswerten auch bei der Ableitung des gemeinen Werts aus stichtagsnahen Verkäufen in Betracht. Wird der gemeine Wert in einem Ertragswertverfahren oder nach einer anderen im gewöhnlichen Geschäftsverkehr für nichtsteuerliche Zwecke üblichen Methode ermittelt, ist der Paketzuschlag – unter den Voraussetzungen des § 11 Abs. 3 BewG – vorzunehmen, wenn die in § 11 Abs. 3 BewG genannten Umstände bei der Wertermittlung nicht berücksichtigt werden (R B 11.6 Abs. 2 S. 2 ErbStR 2011). U. E. ist eine solche Berücksichtigung überhaupt nicht möglich, da die Bewertungskonzeption des ErbStRG nicht auf die unmittelbare Ermittlung des Anteilswerts zielt, sondern diesen nach Maßgabe des § 97 Abs. 1b BewG aus dem für das Unternehmen als Ganzes ermittelten Wert ableitet (vgl. auch Rz. 283 f.). Der Gesamtwert des Unternehmens kann selbst aber keinen Paketzuschlag enthalten. Vor diesem Hintergrund erscheint es auch unverständlich, dass bei Anwendung des vereinfachten Ertragswertverfahrens (§§ 199 bis 203 BewG) i. d. R. kein Zuschlag vorzunehmen sein soll (R B 11.6 Abs. 2 S. 3 ErbStR 2011). Denn das vereinfachte Ertragswertverfahren ist lediglich eine schematisierte und standardisierte Variante des allgemeinen Ertragswertverfahrens (*Piltz*, DStR 2009, 1829, 1833; krit. auch *Hannes/Onderka*, StuB 2009, 421, 424).

Einen Abschlag von dem quotalen Unternehmenswert für Anteile ohne Einfluss auf die Geschäftsführung schließt R B 11.6 Abs. 2 S. 4 ErbStR 2011 zwar nur bei Anwendung des vereinfachten Ertragswertverfahrens ausdrücklich aus. Doch bietet das Gesetz dafür auch in anderen Fällen keine Grundlage. Die Vornahme eines Paketzuschlags für einzelne Anteile hat daher zur Folge, dass die Summe der Anteilswerte höher als der Gesamtwert des Unternehmens ist (unter Hinweis auf die Marktpreisbildung zustimmend *Piltz*, DStR 2009, 1829, 1832 f.; generell skeptisch gegenüber Paketzuschlägen für Anteile an nicht börsennotierten Unternehmen demgegenüber *Stamm/Blum*, StuB 2009, 806, 811).

Bei der Bewertung mit dem Substanzwert soll kein Paketzuschlag vorgenommen werden (R B 11.6 Abs. 2 S. 5 ErbStR 2011). Eine sachliche Rechtfertigung für diese Ausnahme ist nicht ersichtlich. Das Substanzwertverfahren kommt für Unternehmen zur Geltung, die im Verhältnis zum Vermögenswert geringe Erträge abwerfen.

§ 12 Bewertung

Weshalb die durch die Beteiligungshöhe vermittelte Möglichkeit, z. B. mit dem Ziel der Substanzverwertung auf die Geschäftsführung Einfluss zu nehmen, in diesen Fällen keine überquotale Bewertung des Anteils rechtfertigen können soll, ist nicht ersichtlich (ebenso *Piltz*, DStR 2009, 1829, 1833).

92 Ein Paketzuschlag ist nach R B 11.6 Abs. 3 ErbStR 2011 vorzunehmen, wenn ein Gesellschafter mehr als 25 % der Anteile auf einen oder mehrere Erwerber überträgt. Dieses Größenmerkmal stellt eine Vereinfachungsregelung dar, die der bereits früher von der Rspr (BFH v. 15.2.1974, III R 22/73, BStBl II 1974, 443; v. 2.10.1981, III R 27/77, BStBl II 1982, 8; v. 1.3.2000, II B 70/99, BFH/NV 2000, 1077). gezogenen Grenze entspricht. Allerdings hängt es von den Umständen des Einzelfalls ab, ab welcher Beteiligungsquote der Anteilsinhaber Einfluss auf die Geschäftsführung nehmen kann. Bei einer Publikumsgesellschaft mit einem hohen Streubesitzanteil ist diese Grenze wesentlich niedriger als bei einer – u. U. nur aus zwei Gesellschaftern bestehenden – GmbH (*Mannek*, in Gürsching/Stenger, BewG, § 11 Rz. 424 f.). Dem Stpfl. muss daher der Nachweis offenstehen, dass trotz Überschreitung der Beteiligungsgrenze von 25 % kein Paketzuschlag gerechtfertigt ist (*Piltz*, DStR 2009, 1829, 1833).

Hält die Kapitalgesellschaft, an der die Beteiligung besteht, eigene Anteile, ist für die Entscheidung, ob die für den Paketzuschlag maßgebliche Beteiligungsgrenze überschritten ist, von einem um die eigenen Anteile der Kapitalgesellschaft verminderten Nennkapital auszugehen.

93 **Änderungen der Beteiligungsquote durch den Erb- oder Schenkungsfall** haben nach der Verwaltungsauffassung folgende Konsequenzen:

- Gehen Anteile an einer Kapitalgesellschaft von mehr als 25 % von einem Erblasser auf **mehrere Erben** über, soll ein Paketzuschlag auch dann vorzunehmen sein, wenn die anschließende (quotale) Aufteilung unter den Erben dazu führt, dass jeder der Erben nur eine Beteiligung von weniger als 25 % erhält (R B 11.6 Abs. 4 S. 1 ErbStR 2011; ebenso BFH v. 5.6.1991, II R 80/88, BStBl II 1991, 725). Dies soll nicht nur bei einer unter den Miterben frei vereinbarten Auseinandersetzung, sondern auch dann gelten, wenn die Auseinandersetzung nach Maßgabe einer von dem Erblasser getroffenen Teilungsanordnung erfolgt (R B 11.6 Abs. 4 S. 2 ErbStR 2011; BFH v. 10.11.1982, II R 86/78, BStBl II 1983, 329).
- Wenn neben den Erben ein **Vermächtnisnehmer** einen schuldrechtlichen Anspruch auf Anteile erlangt, bei dessen Erfüllung die den Erben verbleibende Beteiligung weniger als 25 % beträgt, kann der Verlust dieses Einflusses – bezogen auf den Bewertungsstichtag – eine wirtschaftliche Änderung sein, die einen Paketzuschlag für die von den Erben erworbene Beteiligung nicht mehr rechtfertigt (R B 11.6 Abs. 5 S. 1 ErbStR 2011). Der Anspruch des Vermächtnisnehmers ist danach zu bewerten, ob die ihm vermachten Anteile mehr als 25 % betragen (R B 11. 6 Abs. 5 S. 2 ErbStR 2011). Ein Vorausvermächtnis zugunsten eines Miterben ist dagegen nicht als wirtschaftliche Änderung anzusehen, die die Erbengemeinschaft in der Ausübung ihrer Mitgliedschaftsrechte – bezogen auf den Bewertungsstichtag – beschränkt,

Bewertung § 12

und berührt damit den Paketzuschlag für die von den Erben erworbene Beteiligung nicht (R B 11.6 Abs. 5 S. 3 ErbStR 2011).

- Bei **Schenkungen** unter Lebenden sind die auf den Erwerber übergehenden Anteile Besteuerungsgrundlage. Die Bewertung der zugewendeten Anteile richtet sich grundsätzlich danach, ob diese mehr als 25 % betragen (R B 11.6 Abs. 6 ErbStR 2011).

- Führt die **Vereinigung von zugewendeten Anteilen** mit bereits vorhandenen **eigenen Anteilen** des Erwerbers dazu, dass er mehr als 25 % hält, ist dies für die Bewertung der zugewendeten Anteile grundsätzlich unbeachtlich. Entsprechendes gilt auch, wenn einem Erwerber gleichzeitig von mehreren Personen Anteile zugewendet werden (R B 11.6 Abs. 7 ErbStR 2011).

- Werden jedoch **nacheinander von derselben Person mehrere Anteile** zugewendet, die unter den Voraussetzungen des § 14 ErbStG zusammengerechnet dem Erwerber eine Beteiligung von mehr als 25 % verschaffen, ist bei den zugewendeten Anteilen, die dem Erwerber erstmals eine Beteiligung von mehr als 25 % verschaffen, und allen weiteren zugewendeten Anteilen ein Paketzuschlag vorzunehmen (R B 11.6 Abs. 8 ErbStR 2011).

Die Auffassung, dass die Verteilung einer vom Erblasser gehaltenen, Einfluss auf die Geschäftsführung vermittelnden Beteiligung auf mehrere Erben stets unbeachtlich sein soll, ist in der Lit. auf Widerspruch gestoßen. Es wird – u. E. zu Recht – der Einwand erhoben, dass die Erbschaftsteuer auf die durch Erbanfall eintretende Bereicherung des Erben abstelle und sich die Bewertung des Erwerbs deshalb danach zu richten habe, ob die Beteiligung in der Hand des Erben Einfluss auf die Geschäftsführung vermittle. Eine Mehrzahl von Erben könne – auch in ungeteilter Erbengemeinschaft, die regelmäßig auf baldige Auseinandersetzung gerichtet sei – nicht als Einheit mit gleichgerichteten Interessen angesehen werden (*Jülicher*, in T/G/J, ErbStG, § 12 Rz. 489; *Kapp/Ebeling*, ErbStG, § 12 Rz. 142.1). Selbst wenn man der Auffassung von der grundsätzlichen Unbeachtlichkeit der Erbauseinandersetzung für die Bewertung teilt, leuchtet die unterschiedliche Behandlung von Vermächtnissen an Nichterben und Vorausvermächtnissen an Miterben nicht ein. Denn in seiner Eigenschaft als Vermächtnisnehmer steht der Miterbe der Erbengemeinschaft nicht anders als ein Nichterbe gegenüber.

94

Die **Höhe des Paketzuschlags** richtet sich nach dem Umfang der zu bewertenden Beteiligung und kann im Allgemeinen bis zu 25 % betragen; höhere Zuschläge sind im Einzelfall möglich (R B 11.6 Abs. 9 S. 1 und 2 ErbStR 2011). In der Bewertungspraxis ist anerkannt, dass ein Zuschlag von 25 % erst ab einer Beteiligungsquote von 75 % in Betracht kommt; bei Beteiligungen zwischen 25 % und 50 % wird ein Zuschlag von 5 % bis 10 %, bei Beteiligungen von mehr als 50 % bis unter 75 % ein Zuschlag von 15 % bis 20 % für angemessen gehalten (*Mannek*, in Gürsching/Stenger, BewG, § 11 Rz. 4, 34; *Jülicher*, in T/G/J, ErbStG, § 12 Rz. 486; BFH v. 23.2.1979, III R 44/77, BStBl II 1979, 618).

95

Die Möglichkeit eines Paketabschlags als Gegenstück zum Paketzuschlag sieht § 11 Abs. 3 BewG nicht vor (*Mannek*, in Gürsching/Stenger, BewG, § 11

96

Rz. 436; *Jülicher*, in T/G/J, ErbStG, § 12 Rz. 482; BFH v. 28.3.1990, II R 108/85, BStBl II 1990, 493; krit. *Piltz*, DStR 2009, 1829, 1833).

Auch ein Funktionszuschlag auf eine Beteiligung mit Rücksicht darauf, dass der Anteilseigner in Geschäftsbeziehungen zu der Gesellschaft steht, kommt nicht in Betracht, weil es sich hierbei um einen persönlichen Umstand handelt, der nach § 9 Abs. 2 S. 2 BewG den gemeinen Wert nicht beeinflussen darf (*Mannek*, in Gürsching/Stenger, BewG, § 11 Rz. 426).

2.8 Investmentzertifikate (§ 11 Abs. 4 BewG)

97 Wertpapiere, die Rechte der Einleger (Anteilinhaber) gegen eine Kapitalanlagegesellschaft oder einen sonstigen Fonds verbriefen (Anteilscheine), sind gemäß § 11 Abs. 4 BewG mit dem **Rücknahmepreis** anzusetzen. Kapitalanlagegesellschaften sind nach § 1 KAGG in der Rechtsform einer AG oder GmbH geführte Unternehmen, deren Geschäftsbetrieb darauf gerichtet ist, das bei ihnen eingelegte Geld im eigenen Namen für gemeinschaftliche Rechnung der Einleger gesondert von dem eigenen Vermögen anzulegen. Gegenstand der Anlage können sowohl Wertpapiere als auch Immobilien sein. Bei den sonstigen Fonds handelt es sich um ausländische Unternehmen dieser Art, die nicht den Vorschriften des KAGG unterliegen. Rücknahmepreis ist der Betrag, den die Kapitalanlagegesellschaft bzw. der Fonds dem Anleger bei Rückgabe der Anteile nach den Vertragsbedingungen zu zahlen hat. Diese Werte werden i. d. R. börsentäglich veröffentlicht. Erforderlichenfalls kann der Rücknahmepreis auch durch einen Abschlag vom Ausgabepreis ermittelt werden (*Jülicher*, in T/G/J, ErbStG, § 12 Rz. 498; *Mannek*, in Gürsching/Stenger, BewG, § 11 Rz. 114).

Die Bewertung der Anteile mit dem Rücknahmepreis trägt dem Umstand Rechnung, dass früher kein Börsenhandel in Investmentzertifikaten stattfand, sodass diese nur durch Rückgabe an die ausgebende Gesellschaft wieder zu Geld gemacht werden konnten. Außerdem entspricht der Rücknahmepreis normalerweise dem anteiligen Inventarwert.

98–99 einstweilen frei

2.9 Kapitalforderungen und Schulden (§ 12 BewG)

100 Nach § 12 Abs. 1 S. 1 BewG sind Kapitalforderungen, die nicht unter § 11 Abs. 1 BewG fallen, und Schulden mit dem Nennwert anzusetzen, wenn nicht besondere Umstände einen höheren oder niedrigeren Wert begründen.

Unter **Kapitalforderungen** sind Forderungen zu verstehen, die auf einen Geldbetrag gerichtet sind, z. B. Darlehensforderungen, Forderungen aus Bankguthaben, Lohn- und Gehaltsforderungen, Geldforderungen aus Lieferungen und Leistungen, aus Geldvermächtnissen, Pflichtteilsansprüchen oder Versicherungsverträgen, wenn der Versicherungsfall eingetreten ist. Zu den Geldforderungen gehören auch Ansprüche auf Zinsen, wenn der Anspruch entstanden ist. Eine Kapitalforderung i. S. d. § 12 BewG ist auch die Kapitaleinlage des **typisch stillen Gesellschafters** nach § 232 HGB (BFH v. 7.5.1971, III R 7/69, BStBl II 1971, 642). Um Kapitalforderungen handelt es sich auch bei solchen auf Geld gerichteten Forderungen, deren endgültige Höhe von dem künftigen Preis oder Wert einer Ware abhängig ist (*Gürsching/Stenger*, BewG, § 12 Rz. 12).

Keine Kapitalforderungen sind Ansprüche auf Sachleistungen einschließlich Sachleistungsvermächtnissen (*Gürsching/Stenger*, BewG, § 12 Rz. 16 bis 16.11). Ebenfalls nicht unter § 12 BewG fallen Ansprüche auf wiederkehrende Geldleistungen von unbestimmter Dauer; deren Bewertung erfolgt nach den §§ 13ff. BewG. Unter **Schulden** sind – spiegelbildlich zu den Forderungen – nur Geldschulden zu verstehen. Sachleistungsverpflichtungen sind mit dem gemeinen Wert i.S.d. § 9 BewG zu bewerten. Verpflichtungen zur Erbringung wiederkehrender Geldleistungen von unbestimmter Dauer fallen ebenfalls nicht unter § 12 BewG, sondern sind nach §§ 13ff. BewG zu bewerten.

2.9.1 Bewertungsgrundsatz: Ansatz mit dem Nennwert

Sowohl Kapitalforderungen als auch Kapitalschulden sind grundsätzlich mit dem Nennwert anzusetzen. Dies rechtfertigt sich daraus, dass Kapitalforderungen regelmäßig nicht zur Veräußerung, sondern zur Einziehung bestimmt sind, sodass eine Bewertung nach § 9 BewG nicht sachgerecht wäre (BFH v. 5.4.1968, III 235/64, BStBl III 1968, 768). Kapitalschulden sind von dem Schuldner ohnehin durch Zahlung des dem Gläubiger geschuldeten Geldbetrags zu berichtigen. 101

Nennwert ist der Betrag, den der Gläubiger nach dem Inhalt des Schuldverhältnisses fordern kann und den der Schuldner zu entrichten hat. Ist eine Darlehnsschuld mit einem Aufgeld (Agio) auf den Auszahlungsbetrag zu tilgen, ist der um das Agio erhöhte Rückzahlungsanspruch als Nennbetrag anzusetzen, soweit dieses nicht als selbstständige Forderung bewertet wird (*Haas*, in Gürsching/Stenger, BewG, § 12 Rz. 20; RFH v. 24.6.1943, III 41/43, RStBl 1943, 622). Die Einbehaltung eines Abgelds (Disagios) bei Auszahlung des Darlehens berührt zwar nicht den Nennwert, kann mit Rücksicht auf den Charakter als Zinsvorauszahlung aber die Bewertung der Forderung mit einem niedrigeren als dem Nennbetrag rechtfertigen (*Gürsching/ Stenger*, BewG, § 12 Rz. 90).

Kapitalforderungen bzw. -schulden, die auf eine ausländische Währung lauten, sind nach dem Umrechnungskurs im Besteuerungszeitpunkt umzurechnen (BFH v. 19.3.1991, II R 134/88, BStBl II 1991, 521; R B 12.1 Abs. 5 ErbStR 2011).

2.9.2 Vom Nennwert abweichender Ansatz wegen besonderer Umstände

Bei den Umständen, die einen vom Nennwert abweichenden Ansatz der Kapitalforderung oder Schuld rechtfertigen, kann es sich nur um solche handeln, die der Forderung bzw. der Schuld selbst immanent sind (BFH v. 15.12.1967, III 225/64, BStBl II 1968, 340). Maßgeblich für die Bewertung von Geldforderungen und -schulden ist daher deren Ausstattung z.B. hinsichtlich der Verzinsung, Rückzahlung und Kündbarkeit sowie bei Forderungen die Frage der Durchsetzbarkeit. Auf welchen Umständen die Ausstattung beruht, ist für die Bewertung bedeutungslos. Es spielt daher keine Rolle, ob diese durch persönliche oder andere ungewöhnliche Umstände – wie z.B. ein Verwandtschaftsverhältnis – 102 beeinflusst wurde (*Haas*, in Gürsching/Stenger, BewG, § 12 Rz. 26; BFH v. 3.3.1972, III R 30/71, BStBl II 1972, 516).

Kein besonderer Umstand ist – jedenfalls vor Einführung der Abgeltungsteuer ab dem Jahr 2009 – die von einem Zinsanspruch einzubehaltende Kapitalertragsteuer (BFH v. 17.2.2010, II R 23/09, BFH/NV 2010, 1361, BStBl II 2010, 641).

Maßgebend dafür, ob besondere Umstände eine vom Nennwert abweichende Bewertung rechtfertigen, sind die **Verhältnisse am Bewertungsstichtag**. Für den Bestand und die Bewertung einer Kapitalforderung bedeutsame Umstände, die am Stichtag bereits vorgelegen haben, aber erst nach dem Stichtag bekannt geworden sind, sind zu berücksichtigen, wenn sie durch eine Prüfung der in Betracht kommenden Verhältnisse am Stichtag hätten festgestellt werden können (RFH v. 10.2.1938, III 215/37, RStBl 1938, 537; BFH v. 12.3.1997, II R 52/94, BFH/NV 1997, 550).

Besondere Umstände, die eine Bewertung abweichend vom Nennwert rechtfertigen, liegen insbesondere vor, wenn

1. die Kapitalforderungen oder Kapitalschulden **unverzinslich** sind und ihre Laufzeit am Bewertungsstichtag mehr als ein Jahr beträgt (§ 12 Abs. 3 BewG);
2. die Kapitalforderungen oder Kapitalschulden entweder **besonders niedrig** oder **besonders hoch verzinst** sind und die Kündbarkeit für längere Zeit ausgeschlossen ist;
3. die Kapitalforderung entweder **uneinbringlich** (§ 12 Abs. 2 BewG) oder **zweifelhaft** ist, ob sie in vollem Umfang durchsetzbar ist.

2.9.3 Unverzinsliche Kapitalforderungen oder Kapitalschulden (§ 12 Abs. 3 BewG)

103 Der Wert unverzinslicher Kapitalforderungen und Schulden, deren Laufzeit mehr als ein Jahr beträgt und die zu einem bestimmten Zeitpunkt fällig sind, ist nach § 12 Abs. 3 S. 1 BewG der Betrag, der vom Nennwert nach Abzug von Zwischenzinsen unter Berücksichtigung von Zinseszinsen verbleibt. Dabei ist nach § 12 Abs. 3 S. 2 BewG von einem Zinssatz von 5,5 % auszugehen.

Maßgebend für die Beurteilung der **Laufzeit** sind die Verhältnisse des Bewertungsstichtags, d.h. die zu diesem Zeitpunkt verbleibende Restlaufzeit (*Haas*, in Gürsching/Stenger, BewG, § 12 Rz. 44.1). Die Möglichkeit einer Kündigung steht der Anwendung des § 12 Abs. 3 BewG nicht entgegen, wenn die Kündigung am Bewertungsstichtag noch nicht erfolgt ist. Eine andere Beurteilung ergibt sich nur für den Fall, dass der Gläubiger die Kündigung ohne Einhaltung einer Frist die Kündigung aussprechen und damit die Fälligkeit jederzeit herbeiführen kann (*Haas*, in Gürsching/Stenger, BewG, § 12 Rz. 45). Die Abzinsung nach § 12 Abs. 3 BewG ist nur vorzunehmen, wenn ein bestimmter Fälligkeitszeitpunkt feststeht oder zumindest eindeutig bestimmbar ist (BFH v. 22.2.1974, III 5/73, BStBl II 1974, 330). Deshalb scheidet eine Abzinsung von Einkommensteuerschulden aus (BFH v. 4.7.2012, II R 15/11, BFH/NV 2012, 1738, BStBl I 2012, 790, unter II. 3, m.w.N.). Fehlt es an einem feststehenden Fälligkeitszeitpunkt, ist der Langfristigkeit ggf. nach § 12 Abs. 1 BewG Rechnung zu tragen (*Gürsching/Stenger*, BewG, § 12 Rz. 34.1).

Das Merkmal der **Unverzinslichkeit** ist erfüllt, wenn für die Überlassung des Kapitals weder Zinsen gezahlt noch andere Vorteile gewährt werden, die nach dem Inhalt des Vertrages oder nach den Vorstellungen beider Vertragsteile eine Gegenleistung für die Gewährung des Darlehens darstellen (*Haas*, in Gürsching/Stenger, BewG, § 12 Rz. 44.3 und 66; BFH v. 9.7.1969, I R 38/66, BStBl II 1969, 744; v. 9.7.1982, III R 15/79, BStBl II 1982, 639).

Die Ermittlung der sich durch Abzinsung nach § 12 Abs. 3 BewG ergebenden **Barwerte** hängt davon ab, ob die unverzinsliche Kapitalforderung in einem Betrag oder in Raten getilgt wird. 104

Für den ersten Fall können die maßgeblichen Barwerte der Tabelle 1 der gleich lautenden Ländererlasse v. 10.10.2010 (Gleich lautende Ländererlasse v. 10.10.2010, BStBl I 2010, 810) entnommen werden.

Im zweiten Fall ist vom Mittelwert zwischen einer jährlich vorschüssigen und einer jährlich nachschüssigen Zahlungsweise auszugehen (§ 12 Abs. 1 S. 2 BewG), d.h. die im Laufe eines Jahres geleisteten Zahlungen sind unabhängig von den genauen Zeitpunkten stets in der Jahresmitte abzusetzen und unterjährig ist eine lineare Abzinsung zu berücksichtigen. Die sich bei einer Tilgung in gleichen Jahresraten ergebenden Werte können der Tabelle 2 der gleich lautenden Ländererlasse vom 10.10.2010 (Gleich lautende Ländererlasse v. 10.10.2010, BStBl I 2010, 810) entnommen werden.

Ist die Laufzeit einer unverzinslichen Kapitalforderung oder Kapitalschuld vom Leben einer oder mehrerer Personen abhängig, ist zur Berechnung der Laufzeit von der mittleren Lebenserwertung auszugehen, die sich nach der „Sterbetafel für die Bundesrepublik Deutschland" ergibt. Die aktuellen Werte werden vom BMF regelmäßig bekannt gemacht (vgl. Rz. 142).

Anschließend ist der Gegenwartswert wie bei Kapitalforderungen und Kapitalschulden zu bestimmen, deren Laufzeit nach dem Datum bestimmt ist (Gleich lautende Ländererlasse v. 10.10.2010, BStBl I 2010, 810, Abschn. II Tz. 2.1.3).

2.9.4 Niedrig oder hoch verzinsliche Kapitalforderungen oder Kapitalschulden

Die Bewertung einer Kapitalforderung über dem Nennwert ist geboten, wenn die Kapitalforderung über eine längere Zeit eine Verzinsung verspricht, die erheblich über der normalen Verzinsung vergleichbarer Kapitalanlagen liegt und der hohen Verzinsung keine anderen wirtschaftlichen Nachteile gegenüberstehen. Darüber hinaus ist die **Bonität des Schuldners** zu berücksichtigen (BFH v. 10.2.1982, II R 3/80, BStBl II 1982, 351). 105

Nach R B 12.1 Abs. 2 S. 3 ErbStR 2011 kann eine besonders hohe Verzinsung im Allgemeinen dann angenommen werden, wenn die **Verzinsung über 9 %** liegt. Bei Kapitalforderungen, die nicht nach einem festen Zinssatz, sondern z.B. in Abhängigkeit von der Gewinnlage eines Gewerbebetriebs verzinst werden, muss die maßgebliche Verzinsung in entsprechender Anwendung des § 15 Abs. 3 BewG bestimmt werden. Ausschlaggebend ist danach, mit welchem Ertrag nach den Verhältnissen des Bewertungsstichtags im Durchschnitt der Jahre voraussichtlich gerechnet werden kann (BFH v. 3.3.1972, III 30/71, BStBl II 1972, 516).

106 Auch bei einer außergewöhnlich hohen Verzinsung ist die Bewertung über dem Nennwert nur dann gerechtfertigt, wenn der Inhaber der Forderung **über einen längeren Zeitraum** mit ihr rechnen kann. Dies ist nach R B12.1 Abs. 2 S. 3 ErbStR 2011 bzw. Abschn. II Tz. 1.2 Nr. 2 der Gleich lautenden Ländererlasse v. 10.10.2010 (BStBl I 2010, 810) der Fall, wenn die Kündbarkeit am Bewertungsstichtag noch für mindestens vier Jahre ausgeschlossen ist (ebenso schon BFH v. 7.5.1971, III R 7/69, BStBl II 1971, 642). Ist vertraglich keine bestimmte Laufzeit der Schuld vereinbart, ist bei der Beurteilung dieser Frage nicht auf die formale Kündigungsmöglichkeit nach § 609 BGB, sondern darauf abzustellen, welche Laufzeit des Darlehens sich nach den Umständen des Falls ergibt (BFH v. 22.2.1974, III R 5/73, BStBl II 1974, 330; v. 10.2.1982, II R 3/80, BStBl II 1982, 351). Verwandtschaftliche Beziehungen allein rechtfertigen nicht den Schluss auf eine Vertragsbindung von längerer Dauer (BFH v. 10.3.1970, II 83/62, BStBl II 1970, 562); der langfristige Charakter der Schuld kann sich aber (z. B. bei Kapitalplandarlehen eines Gesellschafters) aus den betrieblichen Verhältnissen ergeben (BFH v. 22.4.1974, III R 5/73, BStBl II 1974, 330).

107 Bei einer hoch verzinslichen Kapitalforderung von bestimmter Dauer, die im Besteuerungszeitpunkt noch mindestens vier Jahre läuft, ist der Nennwert um den Kapitalwert des jährlichen Zinsgewinns zu erhöhen. Für die Berechnung des jährlichen Zinsgewinnes ist die Zinsdifferenz zwischen dem tatsächlichen Zinssatz und dem Grenzzinssatz von 9 % maßgebend. Bei der Berechnung des Kapitalswerts der jährlichen Zinsdifferenz ist vom Mittelwert zwischen einer jährlich vorschüssigen und jährliche nachschüssigen Zahlungsweise auszugehen (§ 12 Abs. 1 S. 2 BewG). Die sich daraus ergebenden Vervielfältiger hängen ebenso wie die Ermittlung der maßgeblichen Restlaufzeit davon ab, ob die Kapitalforderung oder Kapitalschuld in einem Betrag, in gleich bleibenden Raten oder in Annuitäten getilgt wird. Bei einer Tilgung in Raten oder in gleich bleibenden Annuitäten ist ferner von Bedeutung, ob die Tilgung zum Bewertungsstichtag bereits läuft oder erst nach einer Aufschubzeit beginnt. Wegen der Einzelheiten wird auf Abschn. II Tz. 2 und 3 der gleich lautenden Ländererlasse v. 10.10.2010 (Gleich lautende Ländererlasse v. 10.10.2010, BStBl I 2010, 810) verwiesen.

108 Für die Bewertung **hoch verzinslicher Kapitalschulden** gelten die für die Bewertung hoch verzinslicher Kapitalforderungen geltenden Grundsätze entsprechend. Der Umstand, dass die hohe Verzinsung die geringe Bonität des Schuldners widerspiegelt, rechtfertigt auf der Schuldnerseite keine Heraufsetzung des Grenzzinssatzes, weil die schlechte finanzielle Verfassung des Schuldners zwar den Wert der Forderung für den Gläubiger beeinträchtigt, die damit verbundene Belastung für den Schuldner aber nicht verringert.

109 Eine **niedrig verzinsliche Kapitalforderung**, die unter dem Nennwert anzusetzen ist, kann angenommen werden, wenn die Verzinsung unter 3 % liegt und die Kündbarkeit am Bewertungsstichtag für mindestens vier Jahre eingeschränkt oder ausgeschlossen ist (R B 12.1 Abs. 2 S. 1 ErbStR 2011). Stehen einer niedrig verzinslichen Kapitalforderung neben den Zinsen andere wirtschaftliche Vorteile gegenüber, sind diese bei der Bewertung zu berücksichtigen. Die Regelung in R B 12.1 Abs. 2 S. 2

Bewertung § 12

ErbStR 2011, dass eine Bewertung unter dem Nennwert in diesen Fällen nicht in Betracht kommt, ist u. E. zu rigide. Entscheidend ist, ob bei einer Gesamtbetrachtung von Zinsen und anderen Vorteilen die Grenze von 3 % überschritten wird oder nicht. Zur Bewertung einer niedrig verzinslichen Kapitalforderung ist der Nennwert um den Kapitalwert des jährlichen Zinsverlusts zu kürzen. Für die Berechnung des jährlichen Zinsverlusts ist die Zinsdifferenz zwischen dem Grenzzinssatz von 3 % und dem tatsächlichen Zinssatz maßgebend (Gleich lautende Ländererlasse v. 10.10.2010, BStBl I 2010, 810, Tz. 1.2.2 S. 2). Ebenso wie bei hochverzinslichen Forderungen ist der Kapitalwert der jährlichen Zinsdifferenz – ausgehend von einer mittelschüssigen Zahlungsweise – in Abhängigkeit von der jeweiligen Tilgungsart mithilfe der Tabellen 2–5 der gleich lautenden Ländererlasse v. 10.10.2010 (Gleich lautende Ländererlasse v. 10.10.2010, BStBl I 2010, 810) zu ermitteln.

Für die Bewertung **niedrig verzinslicher Kapitalschulden** gelten die für die Bewertung hoch verzinslicher Kapitalforderungen geltenden Grundsätze entsprechend. Auch insoweit sind zu den Zinsen hinzutretende andere wirtschaftliche Nachteile zu berücksichtigen (R B 12.1 Abs. 2 S. 2, 2. Halbs. ErbStR 2011).

2.9.5 Besonderheiten bei stiller Einlage

Auch die Einlage eines stillen Gesellschafters ist eine Kapitalforderung, die grundsätzlich mit dem Nennwert anzusetzen ist (BFH v. 7.5.1971, III R 7/69, BStBl II 1971, 642). Der Ansatz eines vom Nennwert abweichenden Werts setzt auch bei ihr voraus, dass die Kündbarkeit für längere Zeit ausgeschlossen ist. Dies ist der Fall, wenn das Gesellschaftsverhältnis im Besteuerungszeitpunkt noch mehr als fünf Jahre währen wird (R B12.4 S. 6 ErbStR 2011). Diese Frage ist auch bei der stillen Einlage nicht nach der gesetzlichen Kündigungsfrist gemäß §§ 234, 132 HGB zu beurteilen, nach der jeder Beteiligte die stille Gesellschaft mit sechsmonatiger Frist zum Schluss eines Geschäftsjahres kündigen kann, sondern danach, ob die Umstände des Bewertungsstichtages erwarten lassen, dass die stille Einlage noch für längere Zeit stehen bleiben wird (*Gürsching/Stenger*, BewG, § 12 Rz. 28.1).

110

Da die stille Einlage nach § 232 HGB regelmäßig eine Beteiligung am Gewinn und Verlust des Geschäftsinhabers vermittelt, ist die Höhe der „Verzinsung" nach dem in der Zukunft im Durchschnitt der Jahre voraussichtlich zu erwartenden Jahresertrag zu beurteilen (§ 15 Abs. 3 BewG). Nach R B 12.4 S. 4 ErbStR 2011 ist der Durchschnittsertrag möglichst aus den Gewinnanteilen der letzten drei Wirtschaftsjahre vor dem Besteuerungszeitpunkt endenden herzuleiten. Ein Abschlag wegen Unwägbarkeiten soll dabei nicht in Betracht kommen (R B 12.4 S. 5 ErbStR 2011). Die Anknüpfung an den Durchschnitt der Ergebnisse der letzten drei abgeschlossenen Wirtschaftsjahre entspricht den Grundsätzen, die im Rahmen des vereinfachten Ertragswertverfahrens für die Unternehmensbewertung gelten. Es stellt sich allerdings die Frage, ob die Gewinnanteile nicht ebenso wie im Rahmen der Unternehmensbewertung um Einflüsse aus einmaligen oder ungewöhnlichen Geschäftsvorfällen und ggf. auch aus der Inanspruchnahme steuerlicher Gestaltungsrechte zu bereinigen sind, soweit sich die letzteren auf die Bemessung des dem stillen Gesellschafters zustehenden Gewinnanteils ausgewirkt haben.

111

§ 12 Bewertung

Die für die Annahme eines überdurchschnittlich hohen oder niedrigen Ertrags maßgebenden Grenzzinssätze legt R B 12.4 S. 2 und 3 ErbStR 2011 auch im Fall der stillen Einlage auf 9 % bzw. 3 % fest. Auch insoweit wird den besonderen Risiken, die sich im Vergleich zu anderen Kapitalforderungen aus der Gewinnabhängigkeit der „Verzinsung" und der regelmäßig vorgesehenen Verlustbeteiligung ergeben, nicht Rechnung getragen.

Hat die stille Einlage langfristigen Charakter und beträgt der Durchschnittsertrag mehr als 9 % oder weniger als 3 %, ist der Nennwert um den fünffachen Unterschiedsbetrag zwischen dem Durchschnittsertrag und der Verzinsung um 9 % bzw. 3 % zu erhöhen bzw. zu vermindern (R B 12.4 S. 2 und 3 ErbStR 2011).

Beispiel: (nach HB 12.4 ErbStH 2011):

Nennwert der Einlage	40.000 EUR
Durchschnittsertrag	7.000 EUR
„Verzinsung" der Einlage (7.000 EUR/40.000 EUR) =	17,5 %

Wert der stillen Einlage:

im Verhältnis zum Nennwert: 100 % + 5 × (17,5 % − 9) =	142,5 %
bezogen auf den Nennwert:	57.000 EUR

Ist die Vermögenseinlage des typisch stillen Gesellschafters durch Verluste, unter den Nennwert gemindert, ist die geminderte Einlage maßgeblich (*Jülicher*, in T/G/J, ErbStG, § 12 Rz. 112).

112 Zur Bewertung der Schuldverpflichtung des Geschäftsinhabers im Rahmen der Einheitsbewertung des Betriebsvermögens hatte der BFH (v. 2.2.1973, III 134/70, BStBl II 1973, 472) die Ansicht vertreten, dass es sich um einen besonders gearteten Schuld handle, die mit dem Teilwert anzusetzen sei. Dieser entspreche grundsätzlich dem Nennwert der Kapitaleinlage. Diese Entscheidung hat nach neuem Recht keine Bedeutung mehr. Für den Regelfall, dass das Unternehmen als Ganzes bewertet wird, kommt es auf den Wert des einzelnen Schuldpostens nicht an. Und für die Ermittlung des Substanzwerts ist nach § 11 Abs. 2 S. 2 BewG auf den gemeinen Wert der Wirtschaftsgüter und Schulden abzustellen. Dieser ist im Fall einer Kapitalschuld nach § 12 Abs. 1 BewG zu ermitteln, sodass die Schuldverpflichtung des Geschäftsinhabers nach denselben Grundsätzen wie die Einlage des stillen Gesellschafters zu bewerten ist.

2.9.6 Uneinbringliche Forderungen (§ 12 Abs. 2 BewG)

113 Nach § 12 Abs. 2 BewG bleiben Forderungen, die uneinbringlich sind, außer Ansatz. Uneinbringlich ist eine Forderung, wenn mit ihrem Eingang nicht mehr gerechnet werden kann.

Dies kann zum einen an der Vermögenslage des Schuldners liegen. Uneinbringlichkeit ist unter diesem Gesichtspunkt insbesondere dann anzunehmen, wenn ein

Bewertung § 12

Insolvenzverfahren über das Vermögen des Schuldners entweder mangels Masse nicht eröffnet oder eingestellt worden ist oder wenn der Schuldner die **Eidesstattliche Versicherung** nach § 899 ZPO abgegeben hat und nach dem Inhalt des Vermögensverzeichnisses kein vollstreckbares Vermögen vorhanden ist.
Zum anderen kann die Uneinbringlichkeit auf **rechtlichen Gründen** beruhen. So verhält es sich etwa dann, wenn der Schuldner nicht freiwillig leistet und der Vollstreckungszugriff auf vorhandenes Vermögen daran scheitert, dass sich dieses im Ausland befindet und der ausländische Staat keine Vollstreckungshilfe leistet. Auch die **Verjährung** der Forderung kann zur Uneinbringlichkeit führen. Sie lässt den rechtlichen Bestand der Forderung zwar unberührt, gibt dem Schuldner aber das Recht, die Leistung zu verweigern. Eine verjährte Forderung ist deshalb als uneinbringlich anzusehen, wenn der Schuldner die Verjährungseinrede bereits erhoben und der Gläubiger keine Möglichkeit hat, sich z.b. durch Aufrechnung oder Verwertung eines Pfandrechts oder einer anderen Sicherheit zu befriedigen. Anders verhält es sich nur, wenn der Eintritt der Verjährung zweifelhaft ist und/oder die Erhebung der Verjährungseinrede aus besonderen Gründen gegen Treu und Glauben verstoßen und als unzulässige Rechtsausübung angesehen werden könnte (BFH v. 2.3.1971, II 64/65, BStBl II 1971, 533).
§ 12 Abs. 2 BewG bezieht sich nach seinem Wortlaut auf „Forderungen" schlechthin. Ungeachtet dessen, dass in der Überschrift über § 12 BewG nur von „Kapitalforderungen" die Rede ist, wird daraus der Schluss gezogen, dass Abs. 2 auch für andere als Kapitalforderungen gilt (*Gürsching/Stenger*, BewG, § 12 Rz. 32). Praktische Bedeutung hat diese Frage nicht, weil eine uneinbringliche Forderung auch nach dem allgemeinen Bewertungsmaßstab des § 9 BewG wertlos ist.

2.9.7 Zweifelhafte Forderungen

Zweifelhaft sind Forderungen, deren vollständige Befriedigung aus tatsächlichen oder rechtlichen Gründen ungewiss erscheint, ohne dass der vollständige Ausfall bereits feststeht. Solche Forderungen sind je nach dem Grad der Zweifelhaftigkeit mit einem niedrigeren Schätzwert anzusetzen (R B 12.1 Abs. 3 S. 1 ErbStR 2011). 114

Aus **tatsächlichen Gründen** zweifelhaft sind Forderungen insbesondere dann, wenn die Vermögensverhältnisse des Schuldners Anlass zu Zweifeln an der Durchsetzbarkeit der Ansprüche geben. Ob eine Forderung wegen der Vermögensverhältnisse des Schuldners zweifelhaft ist, ist unter Würdigung aller Umstände des Einzelfalls zu beurteilen (BFH v. 1.10.2009, II B 52/09, BFH/NV 2010, 62 m.w.N.). Nach dem Bewertungsstichtag eintretende, nicht zu erwartende Änderungen der wirtschaftlichen Verhältnisse bleiben unberücksichtigt (BFH v. 26.2.2008, II R 82/05, BFH/NV 2008, 1051, BStBl II 2008, 629; BFH v. 22.9.2010, II R 62/08, BFH/NV 2011, 7). 115

Zweifelhaft ist eine Forderung insbesondere dann, wenn ein Antrag auf Eröffnung des Insolvenzverwahrens über das Vermögen gestellt oder die Eröffnung bereits erfolgt ist (*Gürsching/Stenger*, BewG, § 12 Rz. 69). Zweifel an der Durchsetzbarkeit der Forderung können sich aber schon daraus ergeben, dass der Schuldner seinen fälligen Verpflichtungen nicht pünktlich nachkommt und/oder Maßnahmen der Einzelzwangsvollstreckung nicht zu einer sofortigen oder vollständigen Befriedigung geführt haben. Demgegenüber soll der Umstand, dass Schuldnerin einer Darlehensforderung eine GmbH & Co. KG mit negativem Eigenkapital und ohne stille Reserven ist, für sich allein keine Bewertung unter dem Nennwert rechtfertigen, wenn die Schuldnerin die fälligen Zinszahlungen leistet und die Fortführung des Betriebs unter Beibehaltung des Kredits außer Frage steht (BFH v. 11.3.1992, II R 149/87, BFH/NV 1993, 354).

Soweit der Gläubiger die Möglichkeit hat, sich durch Verwertung von Sicherheiten, Inanspruchnahme von Bürgen oder auf dem Wege der Aufrechnung zu befriedigen, ist die Bewertung der Forderung unter dem Nennwert nicht gerechtfertigt (*Gürsching/Stenger*, BewG, § 12 Rz. 70 ff.). Aus demselben Grund ist die Forderung gegen eine OHG oder gegen eine KG nicht wertgemindert, solange zahlungskräftige Gesellschafter vorhanden sind, die für die Schulden der Gesellschaft unbeschränkt haften (*Gürsching/Stenger*, BewG, § 12 Rz. 87).

116 Aus **rechtlichen Gründen** zweifelhaft kann eine Forderung dann sein, wenn sie am Bewertungsstichtag verjährt, aber zweifelhaft ist, ob sich der Schuldner auf die Einrede der Verjährung berufen wird (*Gürsching/Stenger*, BewG, § 12 Rz. 33; R B 12.1 Abs. 3 S. 2 ErbStR 2011). Schwierigkeiten in der Beurteilung der Rechtslage sind für sich allein kein besonderer Umstand, der einen Abschlag rechtfertigt (BFH v. 1.9.1961, 15/60 U, BStBl III 1961, 493; R B 12.3 Abs. 3 S. 3 ErbStR 2011).

Zweifelhaft kann eine Forderung aber dann sein, wenn ihr rechtlicher Bestand nach Grund oder Höhe vom Schuldner bestritten wird oder über sie bereits ein Rechtsstreit anhängig ist (*Gürsching/Stenger*, BewG, § 12 Rz. 79). Ist die Zivilrechtslage ungewiss und wird sie auch nicht durch ein rechtskräftiges Urteil geklärt, ist der am Stichtag vorhandenen rechtlichen Unsicherheit durch Ansatz eines niedrigeren Wertes Rechnung zu tragen. Der Wert ist dann nach dem Grad der Wahrscheinlichkeit anzusetzen, mit der sich die Forderung aus der Sicht vom Stichtag durchsetzen lassen wird; dabei ist das Prozessrisiko ein maßgeblicher Anhaltspunkt (BFH v. 26.2.2008, II R 82/05, BFH/NV 2008, 1051, BStBl II 2008, 629). Sind die am Stichtag vorhandenen Zweifel an Bestand und Höhe der Forderung hingegen durch ein bei Durchführung der Veranlagung bereits ergangenes Urteil ausgeräumt worden, ist dieses der Bewertung zugrunde zu legen. Darin liegt kein Verstoß gegen das Stichtagsprinzip, weil gerichtliche Urteile das Ergebnis einer Prüfung von Verhältnissen sind, die bereits am Stichtag vorgelegen haben (BFH v. 12.3.1997, II R 52/94, BFH/NV 1997, 550). Liegt bei Durchführung der Veranlagung noch kein rechtskräftiges Urteil vor, kann diese nach § 165 AO vorläufig erfolgen. Eine Bewertung unter Außerachtlassung des Ausgangs des gerichtlichen Verfahrens kommt nur in besonders gelagerten Ausnahmefällen in Betracht. Ein solcher Ausnahmefall kann insbesondere bei umstrittenen Schadensersatzforderungen vorliegen, wenn nach der Besonderheit der tatsächlichen Vorgänge, auf die sich die Forderung gründet, und nach der am Bewertungsstichtag bestehenden Prozesslage ein erhebliches Prozessrisiko besteht. Liegt ein solcher Ausnahmefall vor, dann kann die Schadensersatzforderung nur mit einem Wert angesetzt werden, der nach dem Grad der Wahrscheinlichkeit ihrer Durchsetzbarkeit nach den Verhältnissen vom Bewertungsstichtag zu schätzen ist (BFH v. 5.4.1968, III 235/64, BStBl II 1968, 768).

2.9.8 Abweichende Bewertung von Kapitalschulden

Schulden sind unabhängig davon abzuziehen, dass sie uneinbringlichen und damit nach § 12 Abs. 2 BewG nicht anzusetzenden Forderungen der Gläubiger entsprechen; § 12 Abs. 2 BewG gilt ausdrücklich nur für Forderungen, nicht jedoch für die entsprechenden Schulden (BFH v. 26.2.2003, II R 19/01, BFH/NV 2003, 966, BStBl II 2003, 561). Ebenso wenig rechtfertigt es der Umstand, dass die Durchsetzung der Forderung aus Sicht des Gläubigers zweifelhaft ist, die Schuld aufseiten des Schuldners unter dem Nennwert anzusetzen (*Gürsching/Stenger*, BewG, § 12 Rz. 99).

117

Der **Ansatz** rechtlich bestehender Verbindlichkeiten hat nur dann zu **unterbleiben**, wenn sie nach den Verhältnissen des Bewertungsstichtages keine wirtschaftliche Belastung darstellen, weil bei objektiver Würdigung der Verhältnisse angenommen werden kann, dass der Gläubiger seine Forderung nicht geltend machen wird (BFH v. 7.5.1971, III R 53/70, BStBl II 1971, 681; v. 12.12.1975, III R 32/74, BStBl II 1976, 209). Dies kann bei rechtlich entstandenen, aber nicht festgesetzten Steuerschulden des Erblassers der Fall sein, wenn dieser steuerlich nicht erfasst und sein Vermögen im Ausland angelegt war, sodass die Anzeigepflichten der §§ 33, 34 ErbStG ins Leere gingen (BFH v. 24.3.1999, II R 34/97, BFH/NV 1999, 1339).

Im Fall einer Gesamtschuld ist die Schuld bei jedem Gesamtgläubiger ohne Rücksicht auf eine bereits erfolgte Inanspruchnahme in Abzug zu bringen, jedoch nur insoweit, als sie nicht durch Rückgriffsrechte gegen die übrigen Gesamtschuldner gedeckt erscheint (*Gürsching/Stenger*, BewG, § 12 Rz. 101). Ist der Eigentümer eines mit einem Grundpfandrecht belasteten Grundstücks nicht der persönliche Schuldner der dadurch gesicherten Forderung, kommt ein Ansatz der Schuld nur in Betracht, wenn er zum Bewertungsstichtag mit der Vollstreckung in das Grundstück rechnen muss und die Geltendmachung eines Rückgriffsanspruchs gegen den persönlichen Schuldner keinen Erfolg verspricht (*Gürsching/Stenger*, BewG, § 12 Rz. 102). Entsprechendes muss für die Verpflichtung eines Bürgen gelten.

Kosten, die im Fall einer vorzeitigen Kreditablösung durch den Schuldner entstehen würden, rechtfertigen keinen Ansatz über dem Nennwert, wenn die Kündigung zum Stichtag noch nicht erfolgt ist (BFH v. 28.11.1990, II B 90/90, BStBl II 1991, 170 m. w. N.).

2.9.9 Noch nicht fällige Ansprüche aus Lebens-, Kapital- oder Rentenversicherungen (§ 12 Abs. 4 BewG)

§ 12 Abs. 4 BewG regelt die Bewertung noch nicht fälliger Ansprüche aus Lebens-, Kapital- oder Rentenversicherungen. Nicht fällig sind Ansprüche aus Lebensversicherungen, solange die versicherte Person noch nicht verstorben ist, und Ansprüche aus Rentenversicherungen, solange die Rentenzahlung noch nicht aufgenommen worden ist. Anderenfalls sind die Ansprüche nach allgemeinen Grundsätzen zu bewerten. Eine durch den Tod des Erblassers fällig gewordene Versicherungsleistung ist als Kapitalforderung nach § 12 Abs. 1 BewG mit dem Nennwert anzusetzen (*Gürsching/Stenger*, BewG, § 12 Rz. 123). Ansprüche aus Rentenversicherungen – z.B. nach dem Tod des Rentenberechtigten für die Dauer der vereinbarten Garan-

118

tiezeit vereinbarte Zahlungen – sind mit dem Gegenwartswert anzusetzen. Steht die verbleibende Rentenlaufzeit fest, ist dieser nach § 13 Abs. 1 BewG zu ermitteln. Ist die verbleibende Rentenlaufzeit ungewiss, weil sie von der Lebensdauer einer oder mehrerer Personen abhängt, richtet sich die Bewertung nach § 14 BewG. **Praktische Bedeutung** hat die Regelung des § 12 Abs. 4 BewG daher bei Erwerben von Todes wegen nur in den Fällen, in denen der Erblasser Versicherungsnehmer, nicht aber zugleich versicherte Person ist, sowie bei lebzeitigen Übertragungen der Ansprüche aus dem Versicherungsvertrag.

119 Noch nicht fällige Ansprüche aus Lebens-, Kapital- oder Rentenversicherungen werden nach § 12 Abs. 4 S. 1 BewG mit dem **Rückkaufswert** bewertet. Die bis zum 31.12.2008 geltende Bewertung mit zwei Dritteln der eingezahlten Prämien oder Kapitalbeiträge ist entfallen, weil sie bei Versicherungen, die zum Bewertungsstichtag bereits längere Zeit liefen, regelmäßig zum Ansatz zu niedriger Werte führte. Rückkaufswert ist nach § 12 Abs. 4 S. 2 BewG der Betrag, den das Versicherungsunternehmen dem Versicherungsnehmer im Fall der vorzeitigen Aufhebung des Vertragsverhältnisses zu erstatten hat. Dessen Höhe richtet sich nach § 169 VVG. Ein Rückkaufswert entsteht danach nur bei Versicherungen, die Versicherungsschutz für ein Risiko bieten, bei dem der Eintritt der Verpflichtung des Versicherers gewiss ist. Diese Voraussetzung ist bei Risikolebensversicherungen, bei denen die Leistungspflicht davon abhängt, dass die versicherte Person vor einem bestimmten Stichtag verstirbt, nicht erfüllt. Nach § 169 Abs. 3 S. 1 VVG ist der Rückkaufswert das nach anerkannten Regeln der Versicherungsmathematik zum Schluss der laufenden Versicherungsperiode berechnete Deckungskapital der Versicherung, bei einer Kündigung des Versicherungsvertrags jedoch mindestens der Betrag des Deckungskapitals, das sich bei gleichmäßiger Verteilung der angesetzten Abschluss- und Vertriebskosten auf die ersten fünf Vertragsjahre ergibt. Bei fondsgebundenen Versicherungen und anderen Versicherungen, die Leistungen der in § 54b VAG bezeichneten Art vorsehen (Leistungen in Abhängigkeit von Aktienindizes oder anderen Bezugsgrößen), ist der Rückkaufswert nach anerkannten Regeln der Versicherungsmathematik als Zeitwert der Versicherung zu errechnen, soweit nicht der Versicherer eine bestimmte Leistung garantiert (§ 169 Abs. 4 S. 1 VVG). Nach § 169 Abs. 5 VVG ist der Versicherer bei einer entsprechenden Vereinbarung zu einem angemessenen Abzug von dem nach § 169 Abs. 3 und 4 VVG ermittelten Rückkaufswert berechtigt. Außerdem ist der Versicherer nach § 169 Abs. 6 VVG berechtigt, den nach § 169 Abs. 3 VVG ermittelten Rückkaufswert – befristet auf ein Jahr – angemessen herabzusetzen, um eine Gefährdung der Belange der Versicherungsnehmer insbesondere durch eine Gefährdung der dauernden Erfüllbarkeit der sich aus den Versicherungsverträgen ergebenden Verpflichtungen auszuschließen.

120 Ansprüche des Versicherungsnehmers auf **Beteiligung an dem Überschuss** an den Bewertungsreserven (Überschussbeteiligung) gemäß § 153 VVG, die nicht bereits in dem Betrag nach § 169 Abs. 3 bis 6 BewG enthalten sind, sowie der nach den jeweiligen Allgemeinen Versicherungsbedingungen für den Fall der Kündigung vorgesehene Schlussüberschussanteil sind nach § 169 Abs. 7 VVG zusätzlich zum Rückkaufswert zu zahlen. Die Bewertung dieser Ansprüche richtet sich **nicht** nach § 12 Abs. 4 BewG, sondern nach den allgemeinen Vorschriften für die Bewertung

von Kapitalforderungen (*Gürsching/Stenger*, BewG, § 12 Rz. 121). Da die Ansprüche noch nicht fällig sind, sind sie nach § 12 Abs. 3 BewG **abzuzinsen**, soweit es sich nicht um gutgeschriebene laufende Überschussanteile handelt, die nach den Versicherungsbedingungen verzinslich angesammelt werden.

2.10 Sachleistungsansprüche und Sachleistungsverbindlichkeiten

Die Frage, wie Sachleistungsansprüche und -verbindlichkeiten zu bewerten sind, hatte in der Vergangenheit vor allem für den Fall Bedeutung, dass diese die Übertragung von Grundstücken zum Gegenstand hatten. 121

Die Rspr. des BFH zu dieser Frage hat geschwankt. Nachdem er zunächst die Auffassung vertreten hatte, dass die kaufvertragliche Verpflichtung zur Grundstücksübereignung wie das Grundstück – seinerzeit mit 140 % des Einheitswerts – zu bewerten seien (BFH v. 30.3.1977, II R 143/66, BStBl II 1977, 556; v. 25.7.1984, II R 81/82, BStBl II 1984, 771; v. 18.3.1987, II R 133/84, BFH/NV 1988, 489), entschied der BFH in seinem Urteil v. 6.12.1989 (BFH v. 6.12.1989, II R 103/86, BStBl II 1990, 434) für den Fall, dass der Erblasser einen Kaufvertrag über ein ihm gehörendes Grundstück abgeschlossen hatte, der zu seinen Lebzeiten von keiner Seite erfüllt worden war, dass für die Wertermittlung des steuerpflichtigen Erwerbs beim Erben die Verpflichtung zur Grundstücksübereignung in gleicher Höhe wie der Anspruch auf den Kaufpreis zu bewerten sei. Dadurch kam der steuerliche Vorteil aus der Bewertung des noch dem Erblasser zuzurechnenden Grundstücks mit seinerzeit 140 % des Einheitswerts noch dessen Erben zugute. Für die Fälle, in denen der Erwerber seiner Zahlungsverpflichtung bereits nachgekommen war, ließ es das Urteil dahingestellt, ob die Sachleistungsverpflichtung nach wie vor mit dem für das Grundstück geltenden Wert zu bewerten sei.

In seinem Urteil v. 15.10.1997 (II R 68/95, BFH/NV 1998, 274, BStBl II 1997, 820) entschied der BFH demgegenüber, dass die auf die **Übertragung von Grundbesitz** gerichtete, vertraglich vereinbarte Sachleistungsverpflichtung oder ein entsprechender Sachleistungsanspruch bei der Ermittlung des der Erbschaftsteuer unterliegenden Erwerbs mit dem gemeinen Wert und nicht mit dem für den Grundbesitz maßgebenden Steuerwert anzusetzen sei (ebenso R B 9.1 Abs. 1 S. 1 und 2 ErbStR 2011). Dies gelte auch dann, wenn der zugrunde liegende Veräußerungsvertrag von Seiten des Erwerbers bereits erfüllt sei (ebenso R B 9.1 Abs. 1 S. 3 ErbStR 2011). 122

Zugleich brachte der BFH in der Entscheidung jedoch zum Ausdruck, dass dies nicht bei einseitigen Sachleistungsverpflichtungen gelte, die zu keiner Zeit Teil eines Gegenseitigkeitsverhältnisses gewesen seien. Ansprüche aus Sachvermächtnissen seien daher nicht mit dem gemeinen Wert zu bewerten, sondern mit dem Steuerwert der Sache, auf die die vermächtnisweise erworbenen Ansprüche gerichtet seien (ebenso bereits BFH v. 25.10.1995, II R 5/92, BStBl II 1996, 97; ferner BFH v. 15.3.2000, II R 15/98, BFH/NV 2000, 1165, BStBl II 2000, 588). Daran hat er mit Urteil v. 9.4.2008 (II R 24/06, BFH/NV 2008, 1379, BStBl II 2008, 951) für die Dauer der durch den Beschluss des BVerfG v. 7.11.2006 (1 BvL 10/02, BFH/NV 2007, Beilage 4, 237, BStBl II 2007, 192) zugelassenen Fortgeltung des Erbschaftsteuer- und Schenkungsteuergesetzes aus Gründen des Vertrauensschut-

§ 12 Bewertung

zes festgehalten. Eine Ausdehnung der bisherigen Beurteilung auf Forderungen aus Übernahme- oder Kaufrechtsvermächtnissen lehnte der BFH hingegen mit der Begründung ab, dass für diese – aus anderen Gründen – niemals eine entsprechende Beurteilung gegolten habe. Die Forderung aus Übernahme- oder Kaufrechtsvermächtnissen sei daher nicht mit dem Steuerwert des vermachten Gegenstands zu bewerten, sondern mit dem gemeinen Wert (BFH v. 13.8.2008, II R 7/07, BFH/NV 2008, 1760, BStBl II 2008, 982).

123 Die FinVerw. hält auch unter der Geltung des ErbStRG daran fest, dass Sachvermächtnisse mit dem Steuerwert des Vermächtnisgegenstands zu bewerten sind (R B 9.1 Abs. 2 S. 1 ErbStR 2011). Für andere auf einer einseitigen Sachleistungsverpflichtung beruhende Erwerbe, z.b. einem Erwerb aufgrund eines von dem Erblasser geschlossenen Vertrags mit einem Dritten (§ 3 Abs. 1 Nr. 4 ErbStG), soll dies sinngemäß gelten (R B 9.1 Abs. 2 S. 2 ErbStR 2011). Da das ab 1.1.2009 geltende Bewertungsrecht grundsätzlich bei allen Vermögensarten auf den Ansatz des gemeinen Werts zielt, hat die Unterscheidung zwischen gemeinem Wert und Steuerwert allerdings nicht mehr dieselbe Bedeutung wie nach früherem Recht. Nur bei der Bewertung des Wirtschaftsteils des land- und forstwirtschaftlichen Vermögens können sich auch in Zukunft erhebliche Abweichungen zwischen dem für erbschaftsteuerliche Zwecke ermittelten Fortführungswert (§ 162 Abs. 1 S. 2 BewG) und dem fiktiven Veräußerungswert i.S.d. § 9 BewG ergeben.

124–129 einstweilen frei

2.11 Wiederkehrende Nutzungen und Leistungen (§§ 13–16 BewG)

2.11.1 Allgemeines

130 Die §§ 13 bis 16 BewG regeln die Bewertung von wiederkehrenden Nutzungen und Leistungen sowohl für den Berechtigten als auch für den Verpflichteten (*Esskandari*, in Gürsching/Stenger, BewG, Vorbemerkungen zu den §§ 13 bis 16 Rz. 6; *Jülicher*, in T/G/J, ErbStG, § 12 Rz. 140). Sie sind grundsätzlich bei allen Vermögensarten anzuwenden, soweit die Berechtigungen bzw. Verpflichtungen nicht Teile wirtschaftlicher Einheiten sind, die als Ganzes zu bewerten sind. Beim Betriebsvermögen kommen die §§ 13 bis 16 BewG daher nur bei der Ermittlung des Substanzwerts in Betracht.

131 **Wiederkehrende Nutzungen** sind Vorteile, die der Berechtigte kraft eines dinglichen oder obligatorischen Rechts aus einem nicht in seinem Eigentum stehenden Wirtschaftsgut zieht (*Jülicher*, in T/G/J, ErbStG, § 12 Rz. 141; *Esskandari*, in Gürsching/Stenger, BewG, Vorbemerkungen zu den §§ 13 bis 16 Rz. 12ff.). Von besonderer Bedeutung sind der **Nießbrauch** (§§ 1030ff. BGB), also das Recht die Nutzungen (§ 100 BGB) aus einer Sache oder einem Recht zu ziehen, sowie dingliche oder obligatorische **Wohnungsrechte** (*Jülicher*, in T/G/J, ErbStG, § 12 Rz. 141 und 146). Nutzungen aus eigenem Recht sind nicht nach §§ 13ff. BewG zu bewerten, weil das Eigentum an einem Wirtschaftsgut das Recht der Nutzung in sich trägt und die künftigen Erträge daher durch den Ansatz des Vermögens abgegolten sind (*Jülicher*, in T/G/J, ErbStG, § 12 Rz. 144).

Bewertung § 12

Wiederkehrende Leistungen sind laufende Bezüge, die von den Früchten eines 132
Wirtschaftsguts unabhängig sind und auf die der Berechtigte für einen bestimmten
Zeitraum einen schuldrechtlichen Anspruch hat (*Jülicher*, in T/G/J, ErbStG, § 12
Rz. 141; *Esskandari*, in Gürsching/Stenger, BewG, Vorbemerkungen zu den §§ 13
bis 16 Rz. 15). Hierzu gehören insbesondere **Renten.** Darunter sind laufende
Bezüge in Geld oder Geldeswert zu verstehen, auf die der Berechtigte aufgrund
eines Stammrechts für eine gewisse Zeit einen Anspruch hat, sodass die periodisch
wiederkehrenden Bezüge auf einem einheitlichen Stammrecht (Rentenrecht) beruhen und dessen Erträge darstellen (BFH v. 27.9.1973, VIII R 77/69, BStBl II 1974,
103). Ein bewertungsfähiges Rentenrecht ist auch vorhanden, wenn der Empfänger
zwar keinen einklagbaren Anspruch auf die Leistungen hat, aber mit Sicherheit mit
dem fortlaufenden Bezug der Leistungen rechnen kann (BFH v. 9.9.1960, III 277/57
U, BStBl III 1961, 18). Renten können entweder als Leibrenten gezahlt werden,
deren Laufzeit von der Lebensdauer einer bestimmten Person abhängt, oder als
Zeitrenten; keine Renten sind bloße Kaufpreisraten (*Jülicher*, in T/G/J, ErbStG,
§ 12 Rz. 144; *Esskandari*, in Gürsching/Stenger, BewG, Vorbemerkungen zu den §§ 13
bis 16, Rz. 20).

Für die Zwecke der Bewertung ergeben sich folgende Unterscheidungen: 133

- Nutzungen oder Leistungen, die auf bestimmte Zeit beschränkt sind (§ 13 Abs. 1 BewG)
- immerwährende Nutzungen (§ 13 Abs. 2 1. Halbs. BewG)
- Nutzungen oder Leistungen von unbestimmter Dauer ohne den Sonderfall der lebenslänglichen Nutzungen oder Leistungen (§ 13 Abs. 2 2. Halbs. BewG)
- lebenslängliche Nutzungen oder Leistungen (§ 14 BewG)
- Jahreswert von Nutzungen und Leistungen (§ 15 BewG)
- Begrenzung des Jahreswerts von Nutzungen und Leistungen (§ 16 BewG)

Wiederkehrende Nutzungen und Leistungen werden mit ihrem **Kapitalwert zum** 134
Stichtag angesetzt. Der Kapitalwert entspricht der Summe der in der Zukunft zu
erwartenden, auf den Stichtag abgezinsten Nutzungen oder Leistungen. Die in den
§§ 13 bis 16 BewG zur Ermittlung des Kapitalwerts vorgesehenen Zinssätze und
Vervielfältiger beruhen auf langjährigen Durchschnittswerten.

2.11.2 Nutzungen oder Leistungen, die auf bestimmte Zeit beschränkt sind

Auf bestimmte Zeit beschränkte Nutzungen oder Leistungen liegen vor, wenn der 135
Endzeitpunkt kalendermäßig bestimmt ist oder von einem sicher eintretenden
Ereignis abhängt, dessen Zeitpunkt sich am Bewertungsstichtag bestimmen lässt
(*Esskandari*, in Gürsching/Stenger, BewG, § 13 Rz. 21). Nach § 13 Abs. 1 S. 1 BewG
ist der Kapitalwert mit dem aus Anlage 9a zum BewG zu entnehmenden Vervielfältiger des Jahreswerts anzusetzen. Die sich daraus ergebenden Kapitalwerte sind
unter Berücksichtigung von Zwischenzinsen und Zinseszinsen mit 5,5 % errechnet
worden und bilden den Mittelwert zwischen dem Kapitalwert für jährlich vorschüssige und jährlich nachschüssige Zahlungsweise. Höchstens ist ein Vervielfältiger von
18,6 anzuwenden, der unter Zugrundelegung eines Zinssatzes von 5,5 % und bei
Annahme mittelschüssiger Zahlungsweise für immerwährende Leistungen gilt.

Bei einer **aufgeschobenen Zeitrente** ist der Kapitalwert auf den Beginn des ersten Zahlungszeitraums zu ermitteln und wie eine unverzinsliche Kapitalforderung auf den Stichtag abzuzinsen. Dies gilt auch dann, wenn der Aufschubzeitraum weniger als ein Jahr beträgt (*Jülicher*, in T/G/J, ErbStG, § 12 Rz. 150). Steht der Zeitpunkt des Beginns der Rentenzahlung noch gar nicht fest, weil er von einem Ereignis abhängt, dessen Eintritt ungewiss ist, handelt es sich um eine aufschiebend bedingte Rente, die nach § 4 BewG erst bei Bedingungseintritt zu berücksichtigen ist.

136 Ist die Dauer des auf bestimmte Zeit befristeten Rechts außerdem durch das Leben einer oder mehrerer Personen bedingt, darf der nach § 14 BewG ermittelte Kapitalwert nicht überschritten werden (§ 13 Abs. 1 S. 2 BewG). Es ist also diejenige Berechnungsweise anzuwenden, die zu dem niedrigeren Kapitalwert führt. Die Begrenzung durch den nach § 14 BewG ermittelten Kapitalwert kommt dann zur Geltung, wenn die dabei zugrunde gelegte Lebenserwartung der Person, von deren Leben die Dauer des Rechts abhängt, kürzer ist als die kalendermäßig bestimmte Frist.

Beispiel: Beispiele:
Einem 67 Jahre alten Mann steht für die Dauer von 15 Jahren eine Rente in Höhe von 500 EUR zu, die jedoch längstens bis zu seinem Tod zu zahlen ist. Nach der für die Berechnung des Kapitalwerts nach § 14 BewG maßgeblichen Tabelle für Bewertungsstichtage ab 1.1.2009 (BMF v. 20.1.2009, IV C 2 – S 3104/09/10001, BStBl I 2009, 270) beträgt der Vervielfacher für einen 67 Jahre alten Mann 10,526, so dass sich ein Kapitalwert von (10,526 × 12 × 500 EUR =) 63.156 EUR ergibt. Nach der Tabelle in Anlage 9a ergibt sich aus der kalendermäßigen Befristung ein Kapitalwert von (10,314 × 12 × 500 EUR =) 61.884 EUR. Dieser Wert ist daher für die Bewertung maßgeblich.

Wäre die Rente an seine überlebende, zum Stichtag 62 Jahre alte Ehefrau weiterzuzahlen, wäre der Berechnung des Kapitalwerts nach § 14 BewG der für sie geltende Vervielfältiger von 13,194 zugrunde zu legen, sodass sich ein Betrag von 79.164 EUR ergäbe. Da dieser Wert höher als der nach § 13 Abs. 1 S. 1 BewG ermittelte Kapitalwert ist, kommt letzterer zur Anwendung.

137 Eine auflösende Bedingung, deren Eintritt die Zeitrente aus einem anderen Grund vorzeitig zum Erlöschen bringt, ist im Hinblick auf § 5 Abs. 1 S. 2 BewG zunächst unbeachtlich (*Jülicher*, in T/G/J, ErbStG, § 12 Rz. 152).

Bei feststehenden künftigen Veränderungen einer Zeitrente sind ein Zwischenwert für die Zeitrente bis zu der Veränderung und ein weiterer für den Zeitraum danach zu bilden. Letzterer ist wie eine unverzinsliche Kapitalforderung auf den Bewertungsstichtag abzuzinsen. Sodann sind beide Werte zu addieren (*Jülicher*, in T/G/J, ErbStG, § 12 Rz. 149).

2.11.3 Immerwährende Nutzungen und Leistungen

138 Immerwährende Nutzungen oder Leistungen sind solche, bei denen ein Ende entweder überhaupt nicht absehbar ist oder von Ereignissen abhängt, deren Eintritt ungewiss ist (BFH v. 28.11.1969, III R 61/66, BStBl II 1970, 171; v. 24.4.1970, III R

36/67, BStBl II 1970, 591). Eine immerwährende Leistung liegt z.B. – ungeachtet der Möglichkeit einer Ablösung – bei der Belastung eines Grundstücks mit einer Rentenschuld (§§ 1199ff. BGB) vor.

Die Rechtsnatur einer Nutzung oder Leistung kann sich im Zeitverlauf ändern. Maßgeblich für den immerwährenden Charakter einer Nutzung oder Leistung ist, ob das Ende aus der Sicht des Bewertungsstichtags absehbar ist (*Jülicher*, in T/G/J, ErbStG, § 12 Rz. 159; *Esskandari*, in Gürsching/Stenger, BewG, § 13 Rz. 39). Immerwährende Nutzungen und Leistungen sind mit dem 18,6-fachen ihres Jahreswerts anzusetzen (§ 13 Abs. 2 erster Halbs. BewG). Damit wird der Berechtigte so behandelt wie der Inhaber eines Rentenkapitals, das bei einer Verzinsung von 5,5 % und mittelschüssiger Zahlungsweise einen Zinsertrag in Höhe des Jahreswerts der Nutzung oder Leistung abwirft (*Esskandari*, in Gürsching/Stenger, BewG, § 13 Rz. 40).

2.11.4 Nutzungen oder Leistungen von unbestimmter Dauer

Nutzungen oder Leistungen von unbestimmter Dauer sind solche, bei denen das Ende in absehbarer Zeit sicher und nur der Zeitpunkt des Wegfalls unsicher ist. So verhält es sich z.B. bei der Nutzung eines zinslosen Darlehens, das für unbestimmte Zeit gewährt wurde (BFH v. 29.6.2005, II R 52/03, BFH/NV 2005, 2123, BStBl II 2005, 800). Nutzungen oder Leistungen von unbestimmter Dauer liegen auch vor, wenn das Recht auflösend bedingt ist (*Esskandari*, in Gürsching/Stenger, BewG, Vorbemerkungen zu §§ 13 bis 16, Rz. 27).

Nach § 13 Abs. 2 2. Halbs. BewG sind Nutzungen oder Leistungen von unbestimmter Dauer mit dem 9,3-fachen des Jahreswerts anzusetzen. Dies entspricht etwa der Bewertung einer zeitlich beschränkten Nutzung oder Leistung von 13 Jahren. Nach BFH v. 12.7.1979, II R 26/78 (BStBl II 1979, 631) stellt die Kündigung eines auf unbestimmte Dauer gewährten zinslosen Darlehens ein Ereignis mit steuerlicher Rückwirkung dar, das eine Änderung der Steuerfestsetzung nach § 175 Abs. 1 S. 1 Nr. 2 AO entsprechend der tatsächlichen Laufzeit der Nutzung ermöglicht. Demgegenüber wird die Änderungsmöglichkeit von Jülicher (*Jülicher*, in T/G/J, ErbStG, § 12 Rz. 162) unter Hinweis darauf verneint, dass die Möglichkeit des späteren Wegfalls bei der Qualifikation als Nutzung oder Leistung von unbestimmter Dauer bereits berücksichtigt worden sei. Dem ist u.E. zu folgen.

Die Bewertung mit dem 9,3-fachen gilt allerdings vorbehaltlich des § 14 BewG. Ist die Dauer der Nutzung oder Leistung sowohl durch ein zeitlich ungewisses Ereignis allgemeiner Art als auch durch die Lebensdauer einer oder mehrerer Personen begrenzt, muss die Bewertung nach § 13 Abs. 2 zweiter Halbs. BewG gegenüber der Bewertung nach § 14 BewG zurücktreten. Dies gilt auch dann, wenn sich dadurch ein höherer Kapitalwert ergibt (BFH v. 28.11.1969, III R 61/66, BStBl II 1970, 171).

2.11.5 Begrenzung des Kapitalwerts durch den gemeinen Wert der Nutzungen oder Leistungen (§ 13 Abs. 3 BewG)

140 Ist der gemeine Wert eines Rechts auf Renten oder andere wiederkehrende Nutzungen und Leistungen nachweislich geringer oder höher als der Kapitalwert, so ist der **nachgewiesene gemeine Wert** zugrunde zu legen (§ 13 Abs. 3 S. 1 BewG). Die Worte „nachweislich" und „nachgewiesen" regeln nicht das Verfahrensrecht bei der Sachverhaltsermittlung, sondern sind Tatbestandsmerkmale des sachlichen Rechts. Die Abweichung vom Kapitalwert ist nur dann nachgewiesen, wenn sie bei dem im Einzelfall festgestellten Sachverhalt aufgrund von Erfahrungssätzen oder nach den Denkgesetzen zwingend ist (BFH v. 24.4.1970, III R 54/67, BStBl II 1970, 715).

Eine Abweichung des gemeinen Werts von dem Kapitalwert kann nach § 13 Abs. 3 S. 2 BewG nicht mit einer anderen als der mittelschüssigen Zahlungsweise oder einem vom Regelzinssatz von 5,5 % abweichenden Zinssatz begründet werden. Dies gilt unabhängig davon, ob der marktübliche Zins nachweislich geringer ist (FG Münster v. 29.3.2012, 3 K 3819/10 Erb, EFG 2012, 1950 (Revision anhängig; AZ beim BFH II R 25/12)). Auch persönliche Verhältnisse dürfen nach § 9 Abs. 2 S. 3 BewG nicht berücksichtigt werden. Die Tatsache, dass ein Vorerbe wegen seines hohen Alters den Ablauf eines auf bestimmte Zeit begrenzten Rechts mit Sicherheit nicht erleben wird, rechtfertigt daher keine von dem Kapitalwert abweichende Bewertung (BFH v. 17.9.1997, II R 8/96, BFH/NV 1998, 587).

Demgegenüber können Zweifel an der **Zahlungsfähigkeit** des Verpflichteten aufseiten des Berechtigten einen Abschlag vom Kapitalwert notwendig machen (*Jülicher*, in T/G/J, ErbStG, § 12 Rz. 167).

2.11.6 Lebenslängliche Nutzungen und Leistungen (§ 14 BewG)

2.11.6.1 Regelbewertung

141 § 14 Abs. 1 BewG regelt die Bewertung von Nutzungen und Leistungen, die von der Lebensdauer einer oder mehrerer Personen abhängen, und stellt eine Spezialvorschrift zu § 13 BewG dar. Obwohl die Lebensdauer einer Person bis zu ihrem Tod objektiv ungewiss ist, behandelt § 14 Abs. 1 BewG die lebenszeitabhängigen Nutzungen und Leistungen wie solche von bestimmter Dauer (*Esskandari*, in Gürsching/Stenger, BewG, § 14 Rz. 26), indem er der Bewertung die **durchschnittliche Restlebenserwartung** zugrunde legt, die sich zum Bewertungsstichtag nach den maßgeblichen Sterbetafeln in Abhängigkeit von Geschlecht und erreichtem Lebensalter ergibt.

142 Bis zum 31.12.2008 ergaben sich die maßgeblichen Vervielfältiger aus der Anlage 9 zu § 14 BewG. Die ihnen zugrunde gelegten Lebenserwartungen ergaben sich aus der Sterbetafel 1986/88 nach dem Gebietsstand vom 3.10.1990 und waren insbesondere für höhere Lebensalter nicht mehr realitätsgerecht. So war im Vergleich der Abgekürzten Sterbetafeln (früheres Bundesgebiet) des Statistischen Bundesamts 1986/88 und 2005/07 die durchschnittliche Lebenserwartung 65-jähriger Männer von 14,05 auf 16,93 Jahre und die 65-jähriger Frauen von 17,82 auf 20, 31 Jahre gestiegen. Die sich aus der Anlage 9 ergebenden Vervielfältiger waren also

Bewertung § 12

zu niedrig. Für die Berechtigten ergaben sich daher zu geringe, für die Verpflichteten wegen der zu niedrigen Abzüge zu hohe Steuerbelastungen. Mit dem Inkrafttreten des ErbStRG zum 1.1.2009 ist die Anlage 9 aufgehoben worden. Die Vervielfältiger sind nunmehr nach der **Sterbetafel des Statistischen Bundesamtes** zu ermitteln und ab dem 1. Januar des auf die Veröffentlichung der Sterbetafel durch das Statistische Bundesamt folgenden Kalenderjahres anzuwenden (§ 14 Abs. 1 S. 2 BewG). Der Kapitalwert ist unter Berücksichtigung von Zwischenzinsen und Zinseszinsen mit einem Zinssatz von 5,5 % als Mittelwert zwischen dem Kapitalwert für jährlich vorschüssige und jährlich nachschüssige Zahlungsweise zu berechnen (§ 14 Abs. 1 S. 3 BewG). Das BMF stellt die sich danach in Abhängigkeit von dem Geschlecht und dem Lebensalter ergebenden Vervielfältiger in einer Tabelle zusammen und veröffentlicht dies zusammen mit dem Datum der Veröffentlichung der Sterbetafel im Bundessteuerblatt (§ 14 Abs. 1 S. 4 BewG). Da Art. 3 ErbStRG für Erwerbe von Todes wegen die Möglichkeit vorsieht, die seit dem 1.1.2009 geltenden erbschaftsteuer- und bewertungsrechtlichen Vorschriften rückwirkend auf die Jahre 2007 und 2008 anzuwenden, hat das BMF bereits für diese Jahre Vervielfältiger bekannt gegeben. Im Einzelnen sind folgende Bekanntmachungen zu beachten:

Bewertungsstichtage	Zugrunde liegende Sterbetafel	Bekanntmachung vom	Fundstelle
1.1.2007 – 31.12.2007	2003/2005	17.3.2009	BStBl I 2009, 474
1.1.2008 – 31.12.2008	2004/2006	17.3.2009	BStBl I 2009, 474
1.1.2009 – 31.12.2009	2005/2007	20.1.2009	BStBl I 2009, 270
1.1.2010 – 31.12.2010	2006/2008	1.10.2009	BStBl I 2009, 1168
1.1.2011 – 31.12.2011	2007/2009	8.11.2010	BStBl I 2010, 1288
1.1.2012 – 31.12.2012	2008/2010	26.9.2011	BStBl I 2011, 834
1.1.2013 – 31.12.2013	2009/2011	26.10.2012	BStBl I 2012, 950
1.1.2014 – 31.12.2014	2009/2011	13.12.2013	BStBl I 2013, 1609
1.1.2015 – 31.12.2015	2009/2011	21.11.2014	BStBl I 2014, 1576
1.1.2016 – 31.12.2016	2010/2012	2.12.2015	BStBl I 2015, 954
Ab 1.1.2017	2013/2015	4.11.2016	BStBl I 2016, 1166

Da das Statistische Bundesamt in den Jahren 2013 und 2014 keine aktuelle Sterbetafel veröffentlicht hat, bleiben die nach der Sterbetafel 2009/2011 ermittelten Vervielfältiger auch für Bewertungsstichtage vom 1.1.2014 bis 31.12.2015 anwendbar (BMF v. 13.12.2013, IV D 4 – S 3104/09/10001, BStBl I 2013, 1609; BMF v. 21.11.2014, IV D 4 – S 3104/09/10001, BStBl I 2014, 1576). Für Bewertungsstichtage ab dem 1.1.2016 sind die Vervielfältiger nach der vom Statistischen Bundesamt im April 2015 veröffentlichten Allgemeinen Sterbetafel 2010/2012 zu bestimmen, deren Werte allerdings nur geringfügig von denen der Sterbetafel 2009/2011 abweichen.

§ 12 Bewertung

Für die Feststellung, welcher Vervielfältiger maßgeblich ist, kommt es darauf an, welches Lebensalter die Person, von deren Lebensdauer die Laufzeit abhängt, vollendet hat. Der Tag der Geburt zählt bei der Berechnung des Lebensalters als voller Tag mit (§ 187 Abs. 2 S. 2 BGB i.V.m. § 108 Abs. 1 AO). Durch die Berücksichtigung von Zwischenzinsen und Zinseszinsen sind die Vervielfältiger nach Anlage 9 zu § 14 BewG niedriger als die Zahl der zu erwartenden Lebensjahre. Der Abzinsung liegt auch in diesem Fall ein Zinssatz von 5,5 % und die Annahme mittelschüssiger Zahlungsweise zugrunde.

143 Bei einer **aufgeschobenen Leibrente**, die nicht sofort, sondern erst von einem bestimmten oder unbestimmten Zeitpunkt in der Zukunft an gezahlt werden soll, handelt es sich um einen aufschiebend bedingten Anspruch, der erst bei Eintritt der Bedingung mit dem sich zu diesem Zeitpunkt ergebenden Wert anzusetzen ist (*Jülicher*, in T/G/J, ErbStG, § 12 Rz. 175).

Abgekürzte Leibrenten, die unabhängig vom Tod der maßgebenden Person auf eine bestimmte Höchstlaufzeit begrenzt sind, sind als Leistungen von bestimmter Dauer nach § 13 Abs. 1 BewG zu bewerten, wobei der sich nach § 14 Abs. 1 BewG ergebende Wert nicht überschritten werden darf (§ 13 Abs. 1 S. 2 BewG).

Verlängerte Leibrenten, die unabhängig von der Lebensdauer der maßgebenden Person für eine bestimmte Mindestlaufzeit gewährt werden, sind als Leistungen von bestimmter Dauer nach § 13 Abs. 1 BewG zu bewerten, wenn der sich danach ergebende Vervielfältiger höher als der sich nach § 14 Abs. 1 BewG ergebende ist (BFH v. 2.10.1981, III R 19/78, BStBl II 1982, 11).

Ist die Laufzeit einer Leibrente zusätzlich auf den Zeitraum bis zum Eintritt eines ungewissen Ereignisses begrenzt, bleibt dieses bis zu seinem Eintritt als auflösende Bedingung unberücksichtigt (§ 5 Abs. 1 BewG).

2.11.6.2 Nachträgliche Berichtigung (§ 14 Abs. 2 BewG)

144 Die sich aus der maßgebenden Sterbetafel ergebenden Vervielfältiger sind auch dann anzuwenden, wenn im Hinblick auf den Gesundheitszustand der maßgebenden Person bereits zum Bewertungsstichtag absehbar ist, dass die Nutzungen oder Leistungen nicht für die Dauer der statistischen Lebenserwartung gewährt werden, oder wenn dies bei Durchführung der Veranlagung bereits feststeht, weil die maßgebende Person zu diesem Zeitpunkt bereits verstorben ist. Nur für Fälle besonders krasser Abweichungen der tatsächlichen von der statistisch zu erwartenden Lebenserwartung sieht § 14 Abs. 2 S. 1 BewG **für nicht laufend veranlagte Steuern**, zu denen die Erbschaftsteuer gehört, eine Berichtigung der Festsetzung nach der wirklichen Dauer der Nutzung oder Leistung vor.

145 Die Berichtigungsmöglichkeit knüpft an das **Lebensalter des Berechtigten und die tatsächliche Laufzeit der Nutzungen und Leistungen** an. Bei der Festlegung der Berichtigungsvoraussetzungen nimmt das Gesetz eine sehr grobe Typisierung vor – es werden Lebensaltersspannen von bis zu 30 Jahren zusammengefasst –, sodass die für die Berichtigung erforderlichen Abweichungen zwischen tatsächlicher und statistisch zu erwarten gewesener Laufzeit sehr unterschiedlich ist. Die Berichtigung erfolgt nach der tatsächlichen Laufzeit der Nutzungen und Leistungen. Soweit die

Berichtigung die Festsetzung gegenüber dem Berechtigten betrifft, ist sie antragsgebunden; der Antrag ist innerhalb eines Jahres zu stellen (§ 5 Abs. 2 S. 2 i.V.m. § 14 Abs. 2 S. 2 BewG). Ist eine Last weggefallen, bedarf die Berichtigung keines Antrags (§ 14 Abs. 2 S. 3 BewG).

Beruht der Wegfall der Nutzung oder Leistung auf anderen Gründen als dem vorzeitigen Tod der Person der maßgebenden Person, ist eine Berichtigung nach § 14 Abs. 2 BewG ausgeschlossen. U. U. kommt aber eine Berichtigung nach anderen Vorschriften – z.b. wegen Eintritts einer auflösenden Bedingung nach § 5 Abs. 2 BewG – in Betracht. 146

2.11.6.3 Abhängigkeit der Nutzungen und Leistungen von der Lebensdauer mehrerer Personen (§ 14 Abs. 3 BewG)

Hängt die Laufzeit der Nutzung oder Leistung von der Lebensdauer mehrerer Personen ab, hängt die Bewertung nach § 14 Abs. 3 BewG davon ab, ob diese mit dem Tod der zuletzt sterbenden oder der zuerst sterbenden Person erlischt. Im ersten Fall ist das Lebensalter und das Geschlecht der Person maßgebend, für die sich der höchste Vervielfältiger ergibt; im zweiten Fall ist das Lebensalter und das Geschlecht der Person maßgebend, für die sich der niedrigste Vervielfältiger ergibt. 147

Beispiel:
Ein Ehepaar (Ehemann 65 Jahre, Ehefrau 63 Jahre) hat bis zum Tod des Längstlebenden Anspruch auf eine Rente von monatlich 1.000 EUR. Das den Eheleuten als Gesamtberechtigten zustehende Recht wird unter Anwendung des für die Ehefrau für Bewertungsstichtage ab 1.1.2009 geltenden Vervielfältigers von 12,935 bewertet, so dass sich ein Kapitalwert von 155.220 EUR ergibt. Würde die Rente bereits mit dem Tod des Erstversterbenden enden, wäre der sich für den Ehemann ergebende Vervielfältiger von 11,135 anzuwenden, sodass sich ein Kapitalwert von 133.620 EUR ergäbe.

Verringert sich die Leistung nach dem Tod des Erstversterbenden, wird auf den ursprünglichen Betrag der niedrigere Vervielfältiger angewendet; auf den verbleibenden Betrag wird die Differenz zwischen dem höheren und dem niedrigeren Vervielfältiger angewendet (Gleich lautende Ländererlasse v. 10.10.2010, BStBl I 2010, 810, Abschn. III Tz. 1.2.6 S. 4). 147a

Beispiel:
Das Ehepaar hat bis zum Tod des zuerst Sterbenden Anspruch auf eine Rente von 1.000 EUR; danach steht dem Überlebenden noch eine Rente von 750 EUR zu. Der ursprüngliche Jahresbetrag von 12.000 EUR ist mit dem für den Ehemann geltenden Vervielfältiger von 11,135, der verbleibende Jahresbetrag von 9.000 EUR mit der Differenz zwischen den für die Eheleute geltenden Vervielfältigern (12,935 ./. 11,135 = 1,800) zu multiplizieren. Hiernach ergibt sich ein Wert von (133.620 EUR + 16.200 EUR =) 149.820 EUR.

Für die Berichtigung nach § 14 Abs. 2 BewG ist nach Ansicht von *Jülicher* (in T/G/J, ErbStG, § 12 Rz. 197) allein auf den Tod des Jüngeren abzustellen; der Tod des 148

Älteren soll unerheblich sein. Falls der Jüngere innerhalb der Frist des § 14 Abs. 2 BewG verstirbt, soll keine vollständige Berichtigung vorzunehmen sein, sondern statt dessen der Kapitalwert der Rente nach dem Lebensalter des Älteren vor dem Zeitpunkt anzusetzen sein, auf den die ursprüngliche Wertermittlung durchgeführt wurde. U. E. ist wie folgt zu verfahren: Das für die Anwendung des § 14 Abs. 2 BewG maßgebliche Lebensalter ist das derjenigen Person, nach deren Alter und Geschlecht der für die Bewertung maßgebliche Vervielfältiger bestimmt wird. Erlischt die Rente vor der für dieses Lebensalter maßgeblichen Zahl von Jahren, ist die Berichtigung nach der tatsächlichen Laufzeit durchzuführen. Anderenfalls hat sie zu unterbleiben.

149 Die Bewertung nach § 14 Abs. 3 BewG gilt nur für den Fall, dass es sich bei dem von der Lebensdauer mehrerer Personen abhängigen Recht um ein **einheitliches**, ggf. mehreren Personen gemeinsam zustehendes, **Recht** handelt (*Esskandari*, in Gürsching/Stenger, BewG, § 14 Rz. 63; *Jülicher*, in T/G/J, ErbStG, § 12 Rz. 205). Kein Fall des § 14 Abs. 3 BewG liegt vor, wenn die von der Lebenszeit mehrerer Personen abhängigen Rechte aufeinander folgen, d. h. das Recht der einen erst mit dem Tod einer anderen entsteht (*Esskandari*, in Gürsching/Stenger, BewG, § 14 Rz. 71; *Jülicher*, in T/G/J, ErbStg, § 12 Rz. 207).

Beispiel:
Der Ehemann (65 Jahre) hat bis zu seinem Tod Anspruch auf eine Rente von 1.000 EUR und die Ehefrau (60 Jahre), wenn sie ihn überlebt, Anspruch auf eine Rente 600 EUR. In diesem Fall ist der Rentenanspruch der Ehefrau durch den Tod des Ehemanns aufschiebend bedingt und daher nach § 4 BewG zunächst nicht zu berücksichtigen. Der Rentenanspruch des Ehemanns hat einen Kapitalwert von (11,135 × 12.000 EUR =) 133.620 EUR. Verstirbt der Ehemann mit 75 Jahren und wird er von seiner Ehefrau überlebt, ergibt sich ausgehend von ihrem dann erreichten Lebensalter von 70 Jahren für deren Rentenanspruch ein Kapitalwert von (10,813 × 7.200 EUR =) 77.853,60 EUR. Eine Berichtigung der für den Ehemann durchgeführten Rentenbewertung nach § 14 Abs. 2 BewG ist nicht vorzunehmen, weil dessen Rente eine Laufzeit von mehr als sechs Jahren hatte.

Ob mehrere Berechtigte nebeneinander oder nacheinander berechtigt sind, ist der Rechtsgrundlage des Rentenrechts zu entnehmen (*Esskandari*, in Gürsching/Stenger, BewG, § 14 Rz. 74). Zu den für die Auslegung maßgeblichen Gesichtspunkten vgl. Jülicher (*Jülicher*, in T/G/J, ErbStG, § 12 Rz. 205 f. m. w. N.).

2.11.6.4 Ansatz des gemeinen Werts (§ 14 Abs. 4 BewG)

150 Ist der gemeine Wert nachweislich geringer oder höher als der Wert, der sich nach § 14 Abs. 1 BewG ergibt, ist der nachgewiesene gemeine Wert zugrunde zu legen (§ 14 Abs. 4 S. 1 BewG). Als der sich nach § 14 Abs. 1 BewG ergebende Wert ist auch ein nach § 14 Abs. 3 BewG ermittelter Wert anzusehen. Denn diese Vorschrift enthält keine eigenständige Bewertungsregelung, sondern bestimmt lediglich den Vervielfältiger, der der Bewertung nach § 14 Abs. 1 BewG zugrunde zu legen ist,

Bewertung § 12

wenn die Dauer der Nutzung oder Leistung von der Lebenszeit mehrerer Personen abhängt. Unter welchen Voraussetzungen der gemeine Wert „nachweislich" geringer ist, beurteilt sich nach denselben Maßstäben wie im Fall des § 13 Abs. 3 BewG. Nach § 14 Abs. 4 S. 2 BewG kann der Ansatz eines geringeren oder höheren Werts jedoch nicht darauf gestützt werden, dass mit einer kürzeren oder längeren Lebensdauer, mit einem anderen Zinssatz als 5,5 % oder mit einer anderen als mittelschüssigen Zahlungsweise zu rechnen ist. Dies gilt auch dann, wenn die gesundheitliche Verfassung der Person, nach deren Lebensdauer die Laufzeit des Rechts bemessen ist, im Besteuerungszeitpunkt eindeutig zu der Annahme berechtigt, dass die Laufzeit kürzer sein wird, als sie der allgemeinen Lebenserwartung entspricht; das BewG wollte mit dieser starren Regelung eine Diskussion über die voraussichtliche Lebensdauer der maßgebenden Person ausschließen (BFH v. 31.10.1969, III R 45/66, BStBl II 1970, 196).

Als Grund für den Ansatz eines niedrigeren gemeinen Werts kommen danach in erster Linie Zweifel an der **Zahlungsfähigkeit** des Verpflichteten in Betracht (*Esskandari*, in Gürsching/Stenger, BewG, § 14 Rz. 82; *Jülicher*, in T/G/J, ErbStG, § 12 Rz. 210). Der Ansatz eines niedrigeren gemeinen Werts wird darüber hinaus für den Fall von **Verbindungsrenten** in Betracht gezogen. Zur Begründung wird angeführt, dass die Kapitalisierung mit dem nach § 14 Abs. 3 BewG maßgebenden Faktor für die einzelne berechtigte Person die Möglichkeit außer Acht lasse, dass die Person mit dem höheren Faktor noch vor der Person mit dem niedrigeren Faktor versterbe; wenn die Rente mit dem Tod des zuerst Sterbenden ende, erscheine es daher angemessen, das Alter der Person, für die sich der niedrigste Faktor ergebe, um vier Jahre zu erhöhen; wenn die Rente mit dem Tod des zuletzt Versterbenden erlösche, sei es angebracht, das Alter der Person, für die sich der höchste Faktor ergebe, um vier Jahre zu vermindern (*Jülicher*, in T/G/J, ErbStG, § 12 Rz. 212). U. E. ist dem **nicht** zu folgen, weil es sich um ein Risiko handelt, das Verbindungsrenten immanent ist, nach der gesetzlichen Bewertungsregel des § 14 Abs. 3 BewG aber außer Betracht bleiben soll. Letztlich würde damit ein pauschaler Abschlag auf die der Tabelle 9 zu § 14 BewG zugrunde liegenden Lebenserwartung vorgenommen, der durch § 14 Abs. 4 S. 2 BewG ausgeschlossen ist.

151

2.11.7 Jahreswert von Nutzungen und Leistungen (§ 15 BewG)

Nach § 15 Abs. 1 BewG ist der einjährige Betrag der **Nutzung einer Geldsumme** mit 5,5 % anzusetzen, wenn kein anderer Betrag feststeht. Geldsumme in diesem Sinne ist eine Kapitalforderung, Nutzungen sind die Zinsen. Der Zinssatz von 5,5 % entspricht dem für Bewertungszwecke allgemein zugrunde gelegten (*Jülicher*, in T/G/J, ErbStG, § 12 Rz. 217). Er ist u.a. für die Bewertung der Bereicherung aus der Gewährung eines unverzinslichen oder niedrigverzinslichen Darlehens maßgebend (BFH v. 12.7.1979, II R 26/78, BStBl II 1979, 631; v. 15.3.2001, II B 171/99, BFH/NV 2001, 1121; v. 4.12.2002, II R 75/00, BFH/NV 2003, 563, BStBl II 2003, 273). Ein anderer Betrag steht fest, wenn dem Berechtigten die Nutzungen aus einer konkreten Kapitalforderung zustehen, die einen höheren oder niedrigeren Ertrag abwirft.

152

153 **Nicht in Geld bestehende Nutzungen oder Leistungen** (Wohnung, Kost, Waren und sonstige Sachbezüge) sind nach § 15 Abs. 2 BewG mit den üblichen Mittelpreisen des Verbrauchsorts anzusetzen. Mittelpreis ist der Betrag, den ein Fremder unter gewöhnlichen Umständen für ein Wirtschaftsgut gleicher Art und Güte im freien Verkehr zum Stichtag hätte aufwenden müssen (BFH v. 18.10.1974, VI R 249/71, BStBl II 1975, 182; v. 27.3.1981, VI R 132/78, BStBl II 1981, 577, jeweils zu § 8 EStG). Verbrauchsort ist der Ort, an dem die Nutzung und Leistung dem Empfänger zufließt. Bei der Bewertung kann z.b. von den Sätzen ausgegangen werden, die zum Besteuerungszeitpunkt beim Steuerabzug vom Arbeitslohn und bei der Sozialversicherung gelten.

Bei der Bewertung eines **Altenteils** sind die geschuldeten Leistungen je für sich zu bewerten (*Jülicher*, in T/G/J, ErbStG, § 12 Rz. 223). Bei nichtbuchführenden Land- und Forstwirten können Pauschsätze für Altenteilsleistungen, die von den Finanzbehörden aufgestellt worden sind, übernommen werden (Gleich lautende Ländererlasse v. 7.12.2001, BStBl I 2001, 1041, ber. BStBl I 2002, 112, Abschn. III Rz. 1.1.2).

Pflegesachleistungen können nach Eintritt einer Pflegebedürftigkeit i.S.d. § 15 SGB XI mit dem Zwölffachen der in der gesetzlichen Pflegeversicherung vorgesehenen Pauschalvergütung bei Inanspruchnahme von Pflegesachleistungen (§ 36 Abs. 3 SGB XI) angesetzt werden (OFD Erfurt v. 9.7.2002, S 3806 A – 12 – L 215, DStR 2002, 1305 sowie § 10 ErbStG Rz. 70). Diese beträgt:

bei	bis 31.12.2009	1.1.2010 bis 31.12.2011	ab 1.1.2012
Pflegestufe I	420 EUR	440 EUR	450 EUR
Pflegestufe II	980 EUR	1.040 EUR	1.100 EUR
Pflegestufe III	1.470 EUR	1.510 EUR	1.550 EUR

In besonders gelagerten Einzelfällen i.S.d. § 36 Abs. 4 SGB XI (Schwerstpflegebedürftigen) ist in Pflegestufe III ab 1.1.2012 ein Betrag von 1.918 EUR abziehbar.

154 Der Ermittlung des Jahreswerts sind die **Nettobezüge** zugrunde zu legen; laufende Aufwendungen, die dem Berechtigten im Zusammenhang mit der Nutzung oder Leistung erwachsen, sind abzusetzen (*Jülicher*, in T/G/J, ErbStG, § 12 Rz. 220); dazu gehören auch Zinsen für die auf dem Vermögensgegenstand lastenden Verbindlichkeiten, die der Nutzungsberechtigte zu tragen hat (FinMin Saarland v. 8.12.2004, B/3-2-29/2004 – S 3810, ZErb 2005, 243). Steuern, die in der Person des Nutzungsberechtigten entstehen, sind bei der Ermittlung des Jahreswerts nicht zu berücksichtigen (BFH v. 26.11.1986 II R 190/81, BStBl II 1987, 175). Dies gilt auch für Steuerabzugsbeträge (z.B. Kapitalertragsteuer), die von einem Dritten auf Rechnung des Nutzungsberechtigten einbehalten werden (BFH v. 8.6.1977, II R 79/69, BStBl II 1979, 562).

155 Bei der Ermittlung des Jahreswerts des **Nießbrauchs an einem Vermögen** sind ungeachtet der bürgerlich-rechtlichen Konstruktion dieses Nießbrauchs als einer Summe von Nießbrauchsrechten an den einzelnen Nachlassgegenständen von den Einnahmen der ertragbringenden Vermögensgegenstände grundsätzlich die Aufwendungen für die ertraglosen Vermögensgegenstände abzuziehen (BFH v.

21.11.1969, III R 14-15/66, BStBl II 1970, 398; Gleich lautende Ländererlasse v. 10.10.2010, BStBl I 2010, 810, Abschn. III Tz. 1.1.4 Abs. 2 S. 2).

Der **Nießbrauch an der Beteiligung an einer Personengesellschaft** ist regelmäßig als Nießbrauch am Gewinnstammrecht zu verstehen; der Bemessung des Jahreswerts ist der ausschüttungsfähige Reinertragsanteil zugrunde zu legen, der dem Gesellschafter zusteht, an dessen Beteiligung der Nießbrauch besteht; dies ist nur derjenige Teil des Gewinns, der nicht dazu benötigt wird, um Abgang und Verschleiß zu ersetzen und den Betrieb in seinem wirtschaftlichen Bestand zu erhalten (*Esskandari*, in Gürsching/Stenger, BewG, § 15 Rz. 48).

Bei Nutzungen oder Leistungen, die in ihrem Betrag **ungewiss sind oder schwanken**, ist nach § 15 Abs. 3 BewG der Betrag als Jahreswert zugrunde zu legen, der in Zukunft im Durchschnitt der Jahre voraussichtlich erzielt wird. Dies erfordert eine aus Sicht des Bewertungsstichtags anzustellende Prognose. Später eintretende Umstände, die sich auf den Jahreswert auswirken können, sind grundsätzlich unbeachtlich (BFH v. 14.11.1967, II 166/73, BStBl II 1968, 43; v. 14.11.1967, II R 27/67, BStBl II 1968, 45). Ihr Eintritt stellt auch kein rückwirkendes Ereignis i. S. d. § 175 Abs. 1 S. 1 Nr. 2 AO dar (*Jülicher*, in T/G/J, ErbStG, § 12 Rz. 226). Ausnahmsweise können auch nach dem Bewertungsstichtag eintretende Umstände Berücksichtigung finden, wenn sie nicht allzu lange nach dem Stichtag eingetreten sind (BFH v. 13.1.1956, III 200/55 S, BStBl III 1956, 62; RB 13 S. 4 ErbStR 2011).

156

Bei **gewinnabhängigen Nutzungen** darf die Bewertung aber nicht auf der Grundlage nach dem Bewertungsstichtag liegender Wirtschaftsjahre erfolgen. Vielmehr sind die bekannten Ergebnisse – regelmäßig der letzten drei Jahre (BFH v. 5.6.1970, III R 82/67, BStBl II 1970, 594; v. 11.2.1972, III R 329/70, BStBl II 1972, 448), in Einzelfällen der letzten fünf Jahre (FG Baden-Württemberg v. 7.11.1987, EFG 1987, 395) – ggf. unter Berücksichtigung eines Tendenzzuschlags zugrunde zu legen (BFH v. 27.1.1961, III 452/58U, BStBl III 1961, 150). Aufwendungen, die entweder einmalig sind oder sich in längeren Abständen als dem zugrunde gelegten Referenzzeitraum wiederholen, dürfen entweder gar nicht oder nur mit dem Anteil einbezogen werden, der dem betreffenden Zeitraum zugeordnet werden können (*Esskandari*, in Gürsching/Stenger, BewG, § 15 Rz. 52). Entsprechendes muss auch für außerordentliche Erträge gelten.

157

Bei einem **Nießbrauch an Aktien** sind der Ermittlung des Jahreswerts nur die in der Vergangenheit tatsächlich ausgeschütteten Gewinnanteile zugrunde zu legen, da der einzelne Aktionär jedenfalls im Rahmen einer Publikumsgesellschaft regelmäßig keinen Einfluss auf die Ausschüttungspolitik hat. Beim **Nießbrauch an einem GmbH-Anteil** soll hingegen der bei der Bewertung des Anteils zugrunde zu legende Ertrag maßgeblich sein, weil der GmbH-Gesellschafter, insbesondere bei leitender Position in der Geschäftsführung, die Ausschüttungspolitik beeinflussen kann und die Thesaurierung des Gewinns nicht zum Ansatz eines möglichst geringen Jahreswerts soll nutzen können (*Jülicher*, in T/G/J, ErbStG, § 12 Rz. 233; *Stollenwerk*, GmbH-StB 2001, 198; *v. Oertzen/Helios*, ZEV 2004, 484).

Keine Anwendung findet § 15 Abs. 3 BewG auf Renten, deren Jahreswert sich zu einem am Stichtag bereits feststehenden oder bestimmbaren Zeitpunkt verändern wird. In diesem Fall ist der Jahreswert der geringeren Leistung mit dem der Gesamt-

158

laufzeit entsprechenden Vervielfältiger und der Unterschied zwischen dem geringeren und höheren Jahreswert mit dem Vervielfacher für die Laufzeit zu kapitalisieren, für die der Unterschiedsbetrag zu erbringen ist (BFH v. 21.4.1972, III R 100/71, BStBl II 1972, 665). Berücksichtigt werden können in diesem Zusammenhang allerdings nur Änderungen, die mit an Sicherheit grenzender Wahrscheinlichkeit eintreten werden (*Jülicher*, in T/G/J, ErbStG, § 12 Rz. 228). Die Vereinbarung einer Wertsicherungsklausel reicht nicht aus, sie lässt nicht den Schluss auf künftige regelmäßige Anpassungen der Rentenzahlungen zu (BFH v. 14.11.1967, II 166/63, BStBl II 1968, 493).

2.11.8 Höchstbetrag des Jahreswerts von Nutzungen (§ 16 BewG)

159 Nach § 16 BewG kann bei der Ermittlung des Kapitalwerts der Nutzungen eines Wirtschaftsguts der Jahreswert dieser Nutzungen höchstens den Wert betragen, der sich ergibt, wenn der für das genutzte Wirtschaftsgut nach den Vorschriften des Bewertungsgesetzes anzusetzende Wert durch 18,6 geteilt wird. Diese Höchstbetragsregelung trägt dem Umstand Rechnung, dass das Nutzungsrecht an einem Wirtschaftsgut keinen höheren Wert als dieses selbst haben kann, weil das Vollrecht sämtliche Nutzungen und Vorteile umfasst (BFH v. 28.8.1954, III 181/53 U, BStBl III 1954, 330; v. 6.5.1955, III 108/54 U, BStBl III 1955, 199). Ausgehend von den für die Kapitalisierung nach dem BewG maßgeblichen Annahmen – einem Zinssatz von 5,5 % und einer mittelschüssigen Zahlungsweise – entspricht der Kapitalwert zeitlich unbegrenzter Nutzungen aber dem 18,6-fachen des Jahresbetrags.

Die Begrenzung gilt – mit entgegen gesetzten Wirkungen – sowohl für den Berechtigten als auch für den Belasteten (BFH v. 20.1.1978, III R 120/75, BStBl II 1978, 257; v. 19.6.1980, III R 41/76, BStBl II 1980, 631). Da Wirtschaftsgüter für Zwecke der Erbschaftsteuer seit 1.1.2009 generell mit dem gemeinen Wert anzusetzen sind, dürfte sich die praktische Bedeutung der Höchstbetragsregelung stark vermindert haben.

Die Begrenzung des Jahreswerts von Nutzungen nach § 16 BewG ist auch nach dem Inkrafttreten des ErbStRG anwendbar, wenn der Nutzungswert bei der Festsetzung der Erbschaft- oder Schenkungsteuer vom gesondert festgestellten Grundbesitzwert abgezogen wird (BFH v. 9.4.2014, II R 48/12, BStBl II 2014, 554). Zwar sind nunmehr – abweichend von der früheren Rechtslage (BFH v.11. 6.2008 II R 71/05, BStBl II 2009, 132) – im Rahmen des Nachweises eines niedrigeren gemeinen Werts des Grundstücks nach § 198 BewG auf dem Objekt lastende Nutzungsrechte bei der Wertermittlung zu berücksichtigen, wobei § 16 BewG als bewertungsrechtliche Sonderregelung nach § 2 S. 1, § 4 Abs. 2 und § 6 Abs. 2 ImmoWertV nicht anwendbar ist. Aus dieser geänderten Rechtslage kann aber nicht abgeleitet werden, dass in Fällen, in denen der gesondert festgestellte Grundbesitzwert nach §§ 179, 182 bis 196 BewG bestimmt wurde, bei der Festsetzung der Erbschaft- oder Schenkungsteuer ebenfalls der nach § 2 S. 1, § 4 Abs. 2 und § 6 Abs. 2 ImmoWertV ermittelte Wert des Nutzungsrechts abzuziehen ist. Beim Nachweis eines niedrigeren gemeinen Werts handelt es sich um ein eigenständiges Verfahren, dessen einzelne Elemente nicht mit der Wertermittlung nach

§§ 179, 182 bis 196 BewG kombiniert werden können. Eine solche Kombination würde zu nicht zu rechtfertigenden Ergebnissen führen, weil der nach §§ 179, 182 bis 196 BewG ermittelte Grundbesitzwert vom gemeinen Wert (Verkehrswert) des Grundstücks abweichen, insbesondere niedriger als dieser sein kann. Würde man dennoch den gemeinen Wert des Nutzungsrechts von dem nach §§ 179, 182 bis 196 BewG ermittelten Grundbesitzwert abziehen, entspräche der bei der Festsetzung der Steuer zu berücksichtigende Wert des Grundstücks nicht dem Wert, der sich bei einem im Feststellungsverfahren erfolgten Nachweis des niedrigeren gemeinen Werts des Grundstücks unter Berücksichtigung des Nutzungsrechts ergeben hätte. Die Kombination von Elementen der Wertermittlung nach §§ 179, 182 bis 196 BewG und des Nachweises des niedrigeren gemeinen Grundstückswerts kann daher nicht mit den Anforderungen des allgemeinen Gleichheitssatzes (Art. 3 Abs. 1 GG) begründet werden (Entgegen Nds. FG v. 19.9.2012, 3 K 194/12, EFG 2012, 2305). Die verfassungsmäßigen Rechte des Steuerpflichtigen werden vielmehr dadurch in vollem Umfang gewahrt, dass er im Rahmen der gesonderten Feststellung des Grundbesitzwerts (§ 12 Abs. 3 ErbStG i.V.m. § 151 Abs. 1 S. 1 Nr. 1 BewG) nach § 198 BewG einen niedrigeren gemeinen Wert des Grundstücks unter Berücksichtigung der auf dem Objekt lastenden Nutzungsrechte nachweisen kann. Macht er von dieser Möglichkeit keinen Gebrauch, muss er es hinnehmen, dass der Jahreswert des auf dem Grundstück lastenden Nutzungsrechts bei der Festsetzung der Erbschaft- oder Schenkungsteuer höchstens mit dem in § 16 BewG bestimmten Wert vom gesondert festgestellten Grundbesitzwert abgezogen wird.

Für **obligatorische Nutzungsrechte** gilt sie aber nur, wenn der Anspruch auf die Nutzung des Wirtschaftsguts beschränkt ist, es sich also um eine sachbezogene Nutzung des Wirtschaftsguts handelt und darüber hinausgehende Ansprüche gegen den Nutzungsverpflichteten ausgeschlossen sind (BFH v. 24.4.1970, III R 35/67, BStBl II 1970, 591; v. 4.6.1980, II R 22/78, BStBl II 1980, 608). Der Anspruch muss sich auf die Erträge des Wirtschaftsguts beschränken (BFH v. 2.12.1971, II 82/65, BStBl II 1972, 473; v. 27.7.1983, II R 221/81, BStBl II 1983, 740). Das ist nicht der Fall, wenn der Anspruch unabhängig davon besteht, ob das Wirtschaftsgut den erwarteten oder keinen Nutzen erbringt (BFH v. 7.9.1994, II R 127/91, BFH/NV 1995, 342). 160

Maßgebender Wert für die Anwendung des § 16 BewG ist der für das betreffende Wirtschaftgut nach den Vorschriften des BewG zu ermittelnde Wert ohne Berücksichtigung von Belastungen (BFH v. 23.7.1980, II R 62/77, BStBl II 1980, 748). 161

Bei einer **Sachgesamtheit**, z.B. einem Nachlass, ist für die Begrenzung des Jahreswerts auf die Summe der Steuerwerte aller dazugehörenden Wirtschaftsgüter abzustellen (*Jülicher,* in T/G/J, ErbStG, § 12 Rz. 247).

Ist die Nutzung auf einen Teil der Gesamtnutzung beschränkt, ist der Höchstbetrag des Jahreswerts nur zu einem entsprechenden Teil anzusetzen. Ist das Nutzungsrecht hingegen auf einen gegenständlich abgrenzbaren Teil des Wirtschaftsguts beschränkt, ist bei der Ermittlung des Höchstbetrags darauf abzustellen, welcher Anteil des Steuerwerts des ganzen Wirtschaftsguts auf den Teil entfällt, auf den sich das Nutzungsrecht bezieht (Gleich lautende Ländererlasse v. 10.10.2010, BStBl I 2010, 810, Abschn. III Tz. 1.1.4 Abs. 2 S. 3 und 4).

162–199 einstweilen frei

3 Gesonderte Feststellungen (§§ 151ff. BewG)

3.1 Überblick

200 § 151 BewG regelt in den Absätzen 1–4 die gesonderte Feststellung von Besteuerungsgrundlagen für die Erbschaft- und Schenkungsteuer. Durch die seit dem 1.1.2007 geltenden Regelungen wird die Ermittlung der Besteuerungsgrundlagen von der Steuerfestsetzung getrennt. Die Bescheide über die gesonderte Feststellung der Besteuerungsgrundlagen stellen Grundlagenbescheide (§ 171 Abs. 10 AO) für die Festsetzung der Erbschaft- und Schenkungsteuer dar. Solange keine Feststellungsbescheide ergangen sind, können die Erbschaft- und Schenkungsteuerfinanzämter die Besteuerungsgrundlagen im Interesse einer zügigen Steuerfestsetzung schätzen (§ 155 Abs. 2 i.V.m. § 162 Abs. 5 AO).

§ 151 Abs. 1 BewG bestimmt, in welchen Fällen und unter welchen Voraussetzungen Besteuerungsgrundlagen für die Erbschaft- und Schenkungsteuer gesondert festzustellen sind. § 151 Abs. 2 BewG trifft nähere Regelungen zum Umfang der gesonderten Feststellungen. § 151 Abs. 3 BewG bestimmt, unter welchen Voraussetzungen ein für dieselbe wirtschaftliche Einheit festgestellter Wert einer späteren Bewertung unverändert zugrunde gelegt werden kann. § 151 Abs. 4 BewG schließt ausländisches Vermögen von der gesonderten Feststellung aus.

§ 152 BewG regelt die örtliche Zuständigkeit für die gesonderten Feststellungen. § 153 BewG trifft Regelungen über die erklärungspflichtigen Personen, das Verfahren für die gesonderte Feststellung und die Feststellungsfrist. § 154 BewG bestimmt den Kreis der am Feststellungsverfahren Beteiligten. § 155 BewG regelt die Rechtsbehelfsbefugnis, und § 156 BewG erklärt die Durchführung einer Außenprüfung zur Ermittlung der Besteuerungsgrundlagen bei jedem Feststellungsbeteiligten für zulässig.

3.2 Gegenstand und Voraussetzungen der gesonderten Feststellung (§ 151 BewG)

201 Der Gegenstand der gesonderten Feststellungen i.S.d. § 179 AO ergibt sich aus § 151 Abs. 1 S. 1 BewG. Gesondert festzustellen sind danach:
1. **Grundbesitzwerte** (§§ 138, 157 BewG)
2. der Wert des **Betriebsvermögens** oder eines Anteils am Betriebsvermögen (§§ 95, 96, 97 BewG)
3. der Wert von Anteilen an **Kapitalgesellschaften** i.S.d. § 11 Abs. 2 BewG
4. der Anteil am Wert von anderen als den in Nrn. 1–3 genannten Vermögensgegenständen und von Schulden, die mehreren Personen zustehen (§ 3 BewG),

wenn die Werte entweder für die Festsetzung der Erbschaft- oder Schenkungsteuer oder für eine andere Feststellung von Bedeutung sind. Die Entscheidung über die Bedeutung für die Besteuerung trifft das für die Festsetzung der Erbschaftsteuer

Bewertung § 12

zuständige, die Entscheidung über die Bedeutung für eine andere Feststellung das die Feststellung anfordernde FA (R B 151.1 Abs. 1 S. 3 und 4 ErbStR 2011).

Die **Notwendigkeit**, gesonderte Wertfeststellungen zu treffen, kann sowohl in Fällen bestehen, in denen die festgestellten Werte unmittelbar als Besteuerungsgrundlage der Festsetzung der Erbschaft- oder Schenkungsteuer zugrunde gelegt werden, als auch in Fällen, in denen sie sich nur mittelbar auf die Festsetzung der Erbschaft- oder Schenkungsteuer auswirken (*Christoffel*, in Gürsching/Stenger, BewG, § 151 Rz. 14).

202

Ein mittelbarer Einfluss besteht zu einen dann, wenn die festgestellten Werte für die Feststellung davon abhängiger anderer Werte von Bedeutung sind. Hier nach sind z. B.

- **Grundbesitzwerte für Betriebsgrundstücke** festzustellen, wenn
  - bei der Feststellung des Betriebsvermögenswerts der Substanzwert (§ 11 Abs. 2 S. 3 BewG) zu ermitteln ist,
  - die Wertermittlung im vereinfachten Ertragswertverfahren erfolgt und die Grundstücke zum nicht betriebsnotwendigen Vermögen gehören (§ 200 Abs. 2 BewG) oder
  - der Anteil eines Gesellschafters am Betriebsvermögen zu ermitteln ist und die Grundstücke zu dessen Sonderbetriebsvermögen gehören (§ 97 Abs. 1a Nr. 2 BewG);
- **Anteil- oder Betriebsvermögenswerte** festzustellen, wenn Anteile an einer Kapitalgesellschaft oder an einem Betriebsvermögen zu einem Betriebsvermögen oder dem Vermögen einer Kapitalgesellschaft gehören, für das der Substanzwert (§ 11 Abs. 2 S. 3 BewG) zu ermitteln oder das im vereinfachten Ertragswertverfahren zu bewerten ist (§ 200 Abs. 2 und 3 BewG).

Ein mittelbarer Einfluss besteht aber auch dann, wenn im Rahmen der Erbschaft- oder Schenkungsteuerfestsetzung der festgestellte Wert für die Bewertung eines anderen Wirtschaftsguts von Bedeutung ist. So kann es sich verhalten, wenn

203

- in Fällen der **mittelbaren Grundstücksschenkung** der Ermittlung der Bereicherung nicht der für den Erwerb des Grundstücks hingegebene Geldbetrag, sondern der Wert des Grundstücks zugrunde gelegt wird, oder
- bei der Bewertung von Nutzungen aus einem Grundstück, deren **Jahreswert** nach § 16 BewG auf den 18,6ten Teil des Grundstückswerts begrenzt ist.

Im Einvernehmen der Verfahrensbeteiligten kann auf die Durchführung eines Feststellungsverfahrens **verzichtet** werden, wenn es sich um einen **Fall von geringer Bedeutung** handelt (R B 151. 1 Abs. 3 S. 1 ErbStR 2011). Ein Fall von geringer Bedeutung liegt insbesondere vor, wenn der Verwaltungsaufwand der Beteiligten außer Verhältnis zur steuerlichen Auswirkung steht und der festzustellende Wert unbestritten ist (R B 151.1 Abs. 3 S. 2 ErbStR 2011).

204

Bei einer Grundstücksschenkung kann auf eine **Feststellung des Grundbesitzwerts zunächst verzichtet** werden, wenn absehbar ist, dass der Steuerwert der freigebigen **Zuwendung unter dem persönlichen Freibetrag** des Erwerbers liegt und auch eine Zusammenrechnung mit früheren Erwerben (§ 14 ErbStG) nicht zu einer Steuerfestsetzung führt (R B 151.2 Abs. 4 S. 1 ErbStR 2011).

Gleiches gilt bei einem Grundstückserwerb von Todes wegen nach § 13 Abs. 1 Nr. 4b oder 4c ErbStG – Familienheim – (R B 151.2 Abs. 5 S. 1 ErbStR 2011). Auf die Anforderung der Feststellung eines Grundbesitzwerts, der nach § 13 Abs. 1 Nr. 4c ErbStG wegen Überschreitens der Wohnungsgrößengrenze nur teilweise steuerfrei ist, kann zunächst verzichtet werden, wenn der steuerpflichtige Anteil zusammen mit etwaigen anderen Zuwendungen vom Erblasser – auch unter Berücksichtigung etwaiger Vorerwerbe – den persönlichen Freibetrag des Erben nicht überschreitet (R B 151.2 Abs. 5 S. 2 ErbStR 2011). Das **Betriebsfinanzamt** verzichtet zunächst auf die Anforderung eines Grundbesitzwerts gem. § 151 Abs. 1 S. 1 Nr. 1 BewG, wenn der Substanzwert (§ 11 Abs. 2 BewG) offensichtlich nicht zum Ansatz kommt, es sich bei dem Grundstück um betriebsnotwendiges Vermögen handelt (kein Vermögen i.S.d. § 200 Abs. 2 BewG), es sich nicht um Verwaltungsvermögen handelt (§ 13b Abs. 2 ErbStG) und kein junges Betriebsvermögen i.S.d. § 200 Abs. 4 BewG vorliegt (R B 151.2 Abs. 6 ErbStR 2011).

Zunächst unterbliebene Feststellungen können im Bedarfsfall nachgeholt werden (R B 151. 2 Abs. 4 S. 2, Abs. 5 S. 3, Abs. 6 S. 2 ErbStR 2011).

205 Die Entscheidung über eine Bedeutung für die Besteuerung und damit über die Durchführung der gesonderten Feststellung trifft das für die Festsetzung der Erbschaftsteuer oder das für die Feststellung nach § 151 Abs. 1 S. 1 Nr. 2 bis 4 BewG zuständige Finanzamt (§ 151 Abs. 1 S. 2 BewG). Mit dem für die Feststellung nach § 151 Abs. 1 S. 1 Nr. 2 bis 4 BewG zuständigen Finanzamt ist dasjenige gemeint, das seinerseits ein von der gesonderten Feststellung abhängiges Feststellungsverfahren durchzuführen hat.

Beispiel:

Der im Bezirk des Finanzamts X ansässige A erbt die Beteiligung an einer Personengesellschaft, die ihre Geschäftsleitung im Bezirk des Finanzamts Y hat. Zu dem Vermögen der Personengesellschaft gehört die Beteiligung an einer Kapitalgesellschaft, die ihre Geschäftsleitung im Bezirk des Finanzamts Z hat. Der Wert des Anteils am Betriebsvermögen der Personengesellschaft ist auf Ersuchen des Finanzamts X von dem Finanzamt Y gesondert festzustellen (§ 151 Abs. 1 S. 1 Nr. 2, § 152 Abs. 1 Nr. 2 BewG). Erfolgt die Bewertung durch das Finanzamt Y im vereinfachten Ertragswertverfahren, ist die Beteiligung an der Kapitalgesellschaft neben dem Ertragswert mit dem eigenständig zu ermittelnden gemeinen Wert anzusetzen (§ 200 Abs. 2 oder 3 BewG). Die Ermittlung des gemeinen Werts der Beteiligung hat das Finanzamt Z durchzuführen (§§ 151 Abs. 1 S. 1 Nr. 3, 152 Nr. 3 BewG), wenn das Finanzamt Y ein entsprechendes Ersuchen stellt.

3.2.1 Feststellung von Grundbesitzwerten (§ 151 Abs. 1 S. 1 Nr. 1 BewG)

206 Die Feststellung von Grundbesitzwerten erfolgt nach § 157 Abs. 1 bis 3 BewG für die wirtschaftlichen Einheiten des land- und forstwirtschaftlichen Vermögens, des Grundvermögens und für Betriebsgrundstücke (§ 99 BewG). Für die wirtschaftli-

chen Einheiten des land- und forstwirtschaftlichen Vermögens und für Betriebsgrundstücke i.S.d. § 99 Abs. 1 Nr. 2 BewG erfolgt die Ermittlung unter Anwendung der §§ 158 bis 175 BewG (§ 157 Abs. 2 BewG), für die wirtschaftlichen Einheiten des Grundvermögens und für Betriebsgrundstücke i.S.d. § 99 Abs. 1 Nr. 1 BewG erfolgt die Ermittlung nach den §§ 159 und 176–198 BewG. In beiden Fällen werden die Grundbesitzwerte unter Berücksichtigung der tatsächlichen Verhältnisse und der Wertverhältnisse zum Bewertungsstichtag festgestellt (§ 11 ErbStG).

3.2.2 Feststellung von Betriebsvermögenswerten (§ 151 Abs. 1 S. 1 Nr. 2 BewG)

Die Feststellungen nach § 151 Abs. 1 S. 1 Nr. 2 BewG betreffen, wie sich aus der Bezugnahme auf die §§ 95 bis 97 BewG im Klammerzusatz zu dieser Vorschrift ergibt, den Wert des einem Gewerbebetrieb oder der Ausübung eines freien Berufs dienenden Betriebsvermögens bzw. des Anteils am Betriebsvermögen von Gesellschaften i.S.d. § 15 Abs. 1 Nr. 2 und 3 oder i.S.d. § 18 Abs. 4 S. 2 EStG. Nähere Vorschriften über die Ermittlung der nach § 151 Abs. 1 S. 1 Nr. 2 BewG festzustellenden Werte enthält § 157 Abs. 5 BewG. S. 1 dieser Vorschrift bestimmt, dass die dort als „Betriebsvermögenswert" bezeichneten Werte unter Berücksichtigung der tatsächlichen Verhältnisse und der Wertverhältnisse zum Bewertungsstichtag (§ 11 ErbStG) festgestellt werden. Nach S. 2 der Vorschrift ist der Betriebsvermögenswert unter Anwendung der §§ 109 Abs. 1 und 2 i.V.m. § 11 Abs. 2 BewG zu ermitteln.

207

3.2.3 Feststellung von Anteilswerten (§ 151 Abs. 1 S. 1 Nr. 3 BewG)

§ 151 Abs. 1 S. 1 Nr. 3 BewG betrifft die Feststellung des Werts von Anteilen an Kapitalgesellschaften i.S.d. § 11 Abs. 2 BewG, d.h. solchen Anteilen, die am Stichtag nicht an einer deutschen Börse zum Handel im regulierten Markt zugelassen oder in den Freiverkehr einbezogen waren oder für die innerhalb von 30 Tagen vor dem Stichtag kein Kurs notiert wurde (§ 11 Abs. 2 S. 1 i.V.m. Abs. 1 BewG). Nähere Vorschriften über die Ermittlung der nach § 151 Abs. 1 S. 1 Nr. 3 BewG festzustellenden Werte enthält § 157 Abs. 4 BewG. S. 1 dieser Vorschrift bestimmt, dass die dort als „Anteilswert" bezeichneten Werte unter Berücksichtigung der tatsächlichen Verhältnisse und der Wertverhältnisse zum Bewertungsstichtag (§ 11 ErbStG) festgestellt werden. Nach S. 2 der Vorschrift ist der Anteilswert unter Anwendung des § 11 Abs. 2 BewG zu ermitteln.

208

3.2.4 Feststellung des Anteils am Wert von Wirtschaftsgütern und Schulden in anderen Fällen (§ 151 Abs. 1 S. 1 Nr. 4 BewG)

§ 151 Abs. 1 S. 1 Nr. 4 BewG betrifft die gesonderte Feststellung in Fällen, in denen Wirtschaftsgüter, die nicht unter die Nummern 1 bis 3 fallen, oder Schulden **mehreren Personen** zustehen (§ 3 BewG). Die gemeinsame Rechtszuständigkeit kann sowohl in Form einer Gesamthandsgemeinschaft als auch in Form einer Buchteilsgemeinschaft bestehen. Obwohl sich der auf die Nummern 1 bis 3 bezogene Vorbehalt seinem Wortlaut nach nur auf (aktive) Wirtschaftsgüter bezieht, kommt auch die gesonderte Feststellung von Schulden nur insoweit in Betracht, als

209

§ 12 Bewertung

diese nicht bei der Feststellung eines Grundbesitzwerts für das land- und forstwirtschaftliche Vermögen bzw. eines Betriebsvermögenswerts zu berücksichtigen sind. Gegenstand der gesonderten Feststellung ist nach der Änderung des § 151 Abs. 1 S. 1 Nr. 4 BewG durch Art. 13 Nr. 3 des JStG 2010 v. 8.12.2010 (BGBl I 2010, 1768) der Anteil am Wert der Wirtschaftsgüter oder Schulden, der für das Wirtschaftsgut bzw. die Schuld im Ganzen zu ermitteln (§ 3 S. 1 BewG) und nach dem Verhältnis ihrer Anteile auf die Beteiligten zu verteilen ist (§ 3 S. 2 BewG). Die ursprüngliche Gesetzesfassung, nach der sich die Wertfeststellung auf den Wert der Wirtschaftsgüter und Schulden als Ganzes bezog, stand in Widerspruch dazu, dass für die Erbschaftsteuer oder eine andere Feststellung nur von Bedeutung sein kann, was Gegenstand des Erwerbs von Todes wegen bzw. einer Schenkung unter Lebenden ist (Begründung des Regierungsentwurfs des Jahressteuergesetzes 2010, BT-Drs. 17/2249, 155). Dies ist in den Fällen des § 151 Abs. 1 S. 1 Nr. 4 BewG aber nur der dem Erwerber zuzurechnende Anteil. Die Neufassung ist rückwirkend auf Bewertungsstichtage ab 1.1.2009 anwendbar (§ 205 BewG).

Auch soweit es sich um Wirtschaftsgüter oder Schulden handelt, die zu einer Gesamthandsgemeinschaft gehören, bezieht sich die Feststellung nicht auf den Anteil an dem Vermögen als Ganzem, sondern auf die Anteile an den einzelnen, den Beteiligten nach Maßgabe des § 39 Abs. 2 Nr. 2 AO zuzurechnenden aktiven und passiven Wirtschaftsgüter.

Spezielle Regelungen zu den anzuwendenden Bewertungsverfahren trifft das Gesetz nicht. Diese ergeben sich je nach der Art der zu bewertenden Wirtschaftsgüter und Schulden aus den nach § 12 Abs. 1 ErbStG anwendbaren allgemeinen Vorschriften des BewG.

3.3 Umfang der zu treffenden Feststellungen (§ 151 Abs. 2 BewG)

210 Nach § 151 Abs. 2 Nr. 1 BewG sind in dem Feststellungsbescheid für Grundbesitzwerte auch Feststellungen über die **Art** der wirtschaftlichen Einheit zu treffen. Dabei ist darüber zu entscheiden, ob es sich um ein unbebautes oder ein bebautes Grundstück oder um ein Grundstück im Zustand der Bebauung handelt. Bei bebauten Grundstücken ist zwischen den in § 181 Abs. 1 Nr. 1–6 BewG genannten Grundstücksarten zu unterscheiden. Darüber hinaus können bei bebauten Grundstücken auch Aussagen darüber getroffen werden, ob es sich um ein erbbaurechtsverpflichtetes Grundstück, um ein Erbbaurecht oder um ein Gebäude auf fremdem Grund und Boden handelt (*Christoffel*, in Gürsching/Stenger, BewG, § 151 Rz. 20).

Nach § 151 Abs. 2 Nr. 2 S. 1 BewG sind in dem Feststellungsbescheid für Grundbesitzwerte auch Feststellungen über die **Zurechnung** der wirtschaftlichen Einheit und bei mehreren Beteiligten über die **Höhe** des Anteils zu treffen, der für die Besteuerung oder eine andere Feststellung von Bedeutung ist; beim Erwerb durch eine Erbengemeinschaft erfolgt die Zurechnung in Vertretung der Miterben auf die Erbengemeinschaft.

211 Hinsichtlich der Zurechnung sind nach R B 151.2 Abs. 2 Nrn. 1–5 ErbStR 2011 folgende Konstellationen zu unterscheiden:

Bewertung § 12

- War der **Erblasser Alleineigentümer** einer wirtschaftlichen Einheit des Grundbesitzes und geht das Eigentum daran im Weg des Erwerbs durch Erbanfall nur auf **einen Erben** als Gesamtrechtsnachfolger über, ist der gesamte Wert der wirtschaftlichen Einheit gesondert festzustellen und dem Erwerber allein zuzurechnen.
- War der **Erblasser Alleineigentümer** einer wirtschaftlichen Einheit des Grundbesitzes und geht das Eigentum daran im Weg des Erwerbs durch Erbanfall auf **mehrere Erben** als Gesamtrechtsnachfolger über, ist der Wert der wirtschaftlichen Einheit der Erbengemeinschaft gegenüber gesondert und einheitlich festzustellen und der Erbengemeinschaft (in Vertretung der Miterben) zuzurechnen. Die Feststellung ist erforderlich, wenn sich bei mindestens einem Miterben eine „materielle" Steuerpflicht ergibt. Die Ermittlung der Erbquote obliegt dem Erbschaftsteuerfinanzamt.
- War der **Erblasser Miteigentümer** einer wirtschaftlichen Einheit des Grundbesitzes und geht sein Miteigentumsanteil daran im Weg des Erwerbs durch Erbanfall nur auf **einen Erben oder auf mehrere Erben** als Gesamtrechtsnachfolger über, ist der Wert des vererbten Miteigentumsanteils nach Nr. 1 oder 2 festzustellen und dem Erben oder der Erbengemeinschaft (in Vertretung der Miterben) zuzurechnen. Die übrigen Miteigentümer sind nicht am Verfahren zu beteiligen.
- Wird eine wirtschaftliche Einheit des Grundbesitzes oder ein Miteigentumsanteil daran durch **Vermächtnis** zugewandt, ist der Wert der wirtschaftlichen Einheit oder des Miteigentumsanteils gesondert festzustellen und dem Erben oder der Erbengemeinschaft (in Vertretung der Miterben) zuzurechnen. Eine eigenständige gesonderte Feststellung erfolgt auch gegenüber dem **Vermächtnisnehmer**.
- Geht eine wirtschaftliche Einheit des Grundbesitzes oder ein Miteigentumsanteil daran im Weg der **Schenkung unter Lebenden** über, ist für jeden Erwerber der Wert des von ihm erworbenen (Mit-)Eigentumsanteils am Grundbesitz gesondert festzustellen. Die Feststellung ist gegenüber dem Erwerber und dem Schenker einheitlich zu treffen.

Nach § 151 Abs. 2 Nr. 2 S. 2 BewG gelten die Vorschriften des Satzes 1 für die Feststellungen nach § 157 Abs. 1 S. 1 Nr. 2 bis 4 BewG (Betriebsvermögenswerte, Anteilswerte sowie Werte von sonstigen Vermögensgegenständen und Schulden, die mehreren Personen zustehen) entsprechend.

Dabei ist allerdings zu berücksichtigen, dass sich in Fällen, in denen Anteile am Betriebsvermögen oder Anteile an einer Kapitalgesellschaft den Erwerbsgegenstand bilden, die Wertfeststellung von vornherein auf die Anteile bezieht.

Beispiel:

E war als Gesellschafter an einer GmbH beteiligt und wird von A, B und C beerbt. Sein Anteil geht auf die Miterben über. Gegenstand der gesonderten Feststellung nach § 151 Abs. 1 S. 1 Nr. 3 BewG ist der Anteil an der GmbH, dessen Wert in der Weise zu bestimmen ist, dass zunächst der gemeine Wert des Betriebsvermögens der GmbH im Ganzen ermittelt und der Wert des Anteils nach dem Maßstab des § 97 Abs. 1b BewG aus dem Wert des gesamten Unternehmens abgeleitet wird. Dieser Wert ist der Erbengemeinschaft in Vertretung der Miterben zuzurechnen. Die Entscheidung über die Erbquote der einzelnen Miterben erfolgt nicht im Feststellungsverfahren, sondern im Rahmen der Erbschaftsteuerfestsetzung.

Anders verhält es sich, wenn ein einheitlicher Gewerbebetrieb auf mehrere Erben übergeht. In diesem Fall bezieht sich die gesonderte Feststellung nach § 151 Abs. 1 Nr. 2 BewG auf den gemeinen Wert des Unternehmens als Ganzes, der der Erbengemeinschaft in Vertretung der Miterben zuzurechnen und im Rahmen der Erbschaftsteuerfestsetzung entsprechend den jeweiligen Erbquoten aufzuteilen ist.

3.4 Basiswert (§ 151 Abs. 3 BewG)

3.4.1 Anwendungsbereich

213 Nach § 151 Abs. 3 S. 1 BewG sind gesondert festgestellte Werte i.S.d. § 151 Abs. 1 S. 1 Nr. 1 bis 4 BewG einer innerhalb Jahresfrist erfolgenden Feststellung für dieselbe wirtschaftliche Einheit unverändert zugrunde zu legen, wenn sich die für die erste Bewertung maßgeblichen Stichtagsverhältnisse nicht wesentlich geändert haben. Die Vorschrift betrifft den Fall, dass ein und dieselbe wirtschaftliche Einheit innerhalb eines Jahres mehrfach Gegenstand eines erbschaftsteuerpflichtigen Erwerbs ist.

3.4.2 Keine wesentliche Änderung der für die erste Bewertung maßgeblichen Stichtagsverhältnisse (§ 151 Abs. 3 S. 1, letzter Satzteil BewG)

214 Die Frage, ob sich die für die erste Bewertung maßgeblichen Stichtagsverhältnisse nicht wesentlich geändert haben, ist von dem nach § 151 Abs. 1 S. 2 BewG zuständigen FA zu beurteilen. Denn dieses hat darüber zu entscheiden, ob die Durchführung eines (neuen) Feststellungsverfahrens erforderlich ist.

Gegenstand einer Änderung können sowohl die **tatsächlichen Verhältnisse** als auch die **Wertverhältnisse** sein. Eine tatsächliche Änderung kann sich bei Grundbesitz z.B. dadurch ergeben, dass ein zum letzten Bewertungsstichtag noch unbebautes Grundstück inzwischen bebaut worden ist oder ein auf einem bebauten Grundstück vorhanden gewesenes Gebäude erweitert oder durchgreifend verbessert wurde. Änderungen der Wertverhältnisse können sich im Fall von Grundbesitzwerten z.B. aus einer deutlichen Veränderung des allgemeinen Grundstückspreisniveaus ergeben. Bei Betriebsvermögens- und Anteilswerten, die im vereinfachten Ertragswertverfahren ermittelt wurden, kann eine wesentliche Änderung vorliegen, wenn sich der Durchschnitt der Betriebsergebnisse, die der Ermittlung des Jahresertrags zugrunde zu legen sind (§ 201 BewG), oder der maßgebliche Kapitalisierungsfaktor (§ 203 BewG) deutlich geändert haben, es sei denn, die Wirkungen dieser Änderungen würden sich gegenseitig aufzuheben. Wurde der zuletzt festgestellte Betriebsvermögens- oder Anteilswert aus stichtagsnahen Verkäufen abgeleitet (§ 11 Abs. 2 S. 2, 1. Fall BewG), dürfte die Anwendung der Basiswertregelung nicht mehr in Betracht kommen, wenn diese zum neuen Bewertungsstichtag mehr als ein Jahr zurückliegen. Anderenfalls würde die gesetzliche Wertung missachtet, dass nur

Verkaufsfälle, die nicht mehr als ein Jahr zurückliegen, Grundlage für die Ableitung des gemeinen Werts sein können.
Keine wesentliche Änderung i. S. d. § 151 Abs. 3 S. 1, letzter Satzteil BewG liegt vor, wenn der nach den Verhältnissen des neuen Bewertungsstichtags festzustellende Wert nur deshalb wesentlich von dem zuletzt festgestellten Wert abweicht, weil diese Feststellung fehlerhaft war.

3.4.3 Abweichende Feststellung auf Antrag des Erklärungspflichtigen (§ 151 Abs. 3 S. 2 BewG)

Nach § 151 Abs. 3 S. 2 BewG kann der Erklärungspflichtige (§ 153 BewG) eine von dem zuletzt festgestellten Wert abweichende Feststellung nach den Verhältnissen am Bewertungsstichtag durch Abgabe einer Feststellungserklärung beantragen. Obwohl das Gesetz diese Rechtsfolge nicht ausdrücklich anordnet, ist das nach § 151 Abs. 1 S. 2 BewG zuständige Finanzamt in diesem Fall verpflichtet, ein entsprechendes Feststellungsverfahren durchzuführen bzw. durchführen zu lassen.

Der Antrag kann bis zum Ablauf der Feststellungsfrist gestellt werden. **Nicht geregelt** ist die Frage, ob und ggf. innerhalb welcher Frist der Erklärungspflichtige einen einmal gestellten Antrag wieder zurücknehmen kann mit der Folge, dass eine Neufeststellung nur unter der Voraussetzung einer wesentlichen Änderung der Verhältnisse zulässig ist. Da der Gesetzgeber in anderen Fällen, in denen er den Steuerpflichtigen an einem einmal gestellten Antrag festhalten will, ausdrücklich dessen Unwiderruflichkeit anordnet bzw. angeordnet hat, ist u. E. davon auszugehen, dass der Antrag bis zur Bestandskraft des auf seiner Grundlage erteilten Feststellungsbescheids zurückgenommen werden kann.

3.5 Keine gesonderten Feststellungen bei Auslandsvermögen (§ 151 Abs. 4 BewG)

Nach § 151 Abs. 4 BewG wird der Wert von ausländischem Vermögen nicht gesondert festgestellt. Der Wert ausländischer Vermögensgegenstände ist daher als unselbstständige Besteuerungsgrundlage im Erbschaft- bzw. Schenkungsteuerveranlagungsverfahren zu ermitteln (R B 152 S. 1 ErbStR 2011). Gehören ausländische Vermögensteile jedoch zu einem inländischen Betriebsvermögen oder einer Kapitalgesellschaft mit Sitz oder Geschäftsleitung im Inland, sind sie in die Feststellung des Werts des Betriebsvermögens oder des Anteilswerts einzubeziehen (R B 152 S. 2 ErbStR 2011; *Höne/Krause*, ZEV 2010, 179, 180). Entsprechendes soll für ausländisches Vermögen gelten, das einer vermögensverwaltenden Gemeinschaft oder Gesellschaft (§ 151 Abs. 1 Nr. 4, § 152 Nr. 4 BewG) gehört (R B 152 S. 3 ErbStR 2011).

Der Verzicht auf die Durchführung eines gesonderten Feststellungsverfahrens für ausländisches Vermögen rechtfertigt sich daraus, dass die dafür geltenden Vorschriften auf ausländisches Vermögen nicht oder nur eingeschränkt passen. So knüpft die örtliche Zuständigkeit in den Fällen des § 152 Nrn. 1–4 AO an Inlandssachverhalte an. Und § 153 Abs. 3 BewG statuiert für die Feststellung von Anteilswerten eine

§ 12 Bewertung

Erklärungspflicht der Kapitalgesellschaft, die gegenüber Gesellschaften, die Geschäftsleitung und Sitz im Ausland haben, nicht durchsetzbar wäre.

3.6 Örtliche Zuständigkeit (§ 152 BewG)

217 Die Prüfung der örtlichen Zuständigkeit obliegt in erster Linie dem nach § 151 Abs. 1 S. 2 BewG zuständigen Finanzamt. Zwar ist dessen Beurteilung für das um die Durchführung der gesonderten Feststellung ersuchte FA nicht bindend, sondern von diesem ggf. in eigener Verantwortung zu überprüfen. Doch dürfte eine Verletzung der Vorschriften über die örtliche Zuständigkeit für sich allein die Aufhebung eines Feststellungsbescheides nicht rechtfertigen (§ 127 AO). Auch wenn es den „objektiv richtigen Wert" nicht geben mag, handelt es sich bei den gesonderten Feststellungen nach § 151 Abs. 1 S. 1 Nr. 1–4 BewG nicht um Ermessens-, sondern um gesetzlich gebundene Entscheidungen (a. A. *Hartmann*, in Gürsching/Stenger, BewG, § 152 Rz. 4; die für seine gegenteilige Auffassung zitierten BFH-Entscheidungen und Verwaltungsanweisungen beziehen sich auf den Fall gesonderter Feststellungen nach § 180 Abs. 1 Nr. 2 Buchst. b AO, bei denen die örtliche Zuständigkeit zugleich über die sachliche Zuständigkeit bestimmt).

218 Die **Grundbesitzwerte** werden nach § 152 Nr. 1 BewG von dem FA festgestellt, in dessen Bezirk sich das Grundstück, das Betriebsgrundstück oder der Betrieb der Land- und Forstwirtschaft befindet (**Lagefinanzamt**). Erstreckt sich der Grundbesitz auf mehrere Finanzamtsbezirke, kommt es darauf an, in wessen Bezirk sich der wertvollste Teil befindet; dies lässt sich u. U. erst auf der Grundlage der zu treffenden Feststellungen beurteilen.

Die **Betriebsvermögenswerte** werden nach § 152 Nr. 2 BewG bei Gewerbebetrieben von den Finanzamt festgestellt, in dessen Bezirk sich die Geschäftsleitung (§ 10 AO), bei Betrieben ohne inländischen Geschäftsleitungsort eine bzw. die wirtschaftlich bedeutendste Betriebsstätte (§ 12 AO) befindet, bei freiberuflicher Tätigkeit von dem Finanzamt, von dessen Bezirk aus die Berufstätigkeit vorwiegend ausgeübt wird (**Betriebsfinanzamt**). Soweit die Zuständigkeit an den Ort der Geschäftsleitung bzw. der Berufsausübung anknüpft, sind im Hinblick auf § 26 S. 2 AO regelmäßig die Verhältnisse in der Person des Erblassers bzw. Schenkers maßgeblich (*Hartmann*, in Gürsching/Stenger, BewG, § 152 Rz. 12).

Die **Anteilswerte** werden nach § 152 Nr. 3 BewG von dem Finanzamt festgestellt, in dessen Bezirk sich die Geschäftsleitung der Kapitalgesellschaft (**Geschäftsleitungsfinanzamt**) befindet; bei Gesellschaften ohne inländischen Geschäftsleitungsort ist der statutarische Sitz der Gesellschaft maßgebend.

Die Werte **sonstiger Vermögensgegenstände und Schulden**, die mehreren Personen zustehen, werden nach § 152 Nr. 4 BewG von dem Finanzamt festgestellt, von dessen Bezirk die Verwaltung des Vermögens ausgeht (Verwaltungsfinanzamt), oder wenn diese im Inland nicht feststellbar ist, von dem Finanzamt, in dessen Bezirk sich der wertvollste Teil des Vermögens befindet.

3.7 Erklärungspflicht, Verfahrensvorschriften für die gesonderte Feststellung, Feststellungsfrist (§ 153 BewG)

3.7.1 Erklärungspflicht (§ 153 Abs. 1 bis 4 BewG)

§ 153 BewG begründet keine unmittelbaren Erklärungspflichten, sondern steckt den Kreis der potenziell Erklärungspflichtigen ab, d. h. derjenigen Personen, von denen das Feststellungsfinanzamt die Abgabe einer Feststellungserklärung verlangen kann. Dies sind:

- alle Personen, für deren Besteuerung eine gesonderte Feststellung von Bedeutung ist (§ 153 Abs. 1 S. 1 BewG). Dies sind die **Steuerschuldner**, bei der Erbschaftsteuer also die Erwerber, bei der Schenkungsteuer sowohl die Erwerber als auch die Schenker (§ 20 Abs. 1 ErbStG). Die Steuerschuldner können außer in den Fällen des § 151 Abs. 1 S. 1 Nr. 3 BewG stets zur Abgabe einer Feststellungserklärung aufgefordert werden. In den Fällen der Begrenzung des Jahreswerts von Nutzungen können sowohl der Erwerber als auch der Eigentümer zur Abgabe einer Feststellungserklärung aufgefordert werden (R B 153 Abs. 3 ErbStR 2011).
- **Gemeinschaften oder Gesellschaften**, wenn der Gegenstand der Feststellung mehreren Personen zuzurechnen ist (§ 153 Abs. 2 S. 1, 1. Variante BewG). Ein solcher Fall liegt vor, wenn der Feststellungsgegenstand von einer Miterbengemeinschaft erworben wird. Nach § 151 Abs. 2 Nr. 2 S. 1, letzter Satzteil und S. 2 BewG erfolgt in diesem Fall die Zurechnung in Vertretung der Miterben auf die Erbengemeinschaft. Allerdings ist die Erbengemeinschaft ihrerseits nach § 2038 Abs. 1 BGB nur durch die Miterben gemeinschaftlich handlungsfähig, sodass die Aufforderung mindestens einem von ihnen bekannt gegeben werden muss (*Hartmann*, in Gürsching/Stenger, BewG, § 153 Rz. 28). Ferner kommt der Fall des Erwerbs durch eine (fortgesetzte) eheliche Gütergemeinschaft in Betracht (§§ 1416 Abs. 1 S. 2 BGB, 1485 Abs. 1 BGB), wenn der Erblasser oder Schenker nicht durch letztwillige Verfügung oder bei der Zuwendung bestimmt hat, dass der Erwerb Vorbehaltsgut sein soll (§ 1418 Abs. 2 Nr. 2 BewG).
- **Personen- und Kapitalgesellschaften**, wenn sie Eigentümer des Gegenstands der Feststellung sind (§ 153 Abs. 2 S. 1, 2. und 3. Variante BewG). In Betracht kommt der Fall, dass Gegenstand des Erwerbs der Anteil an einer vermögensverwaltenden Personengesellschaft ist und eine Feststellung nach § 151 Abs. 1 S. 1 Nr. 4 BewG zu erfolgen hat. Ferner ist an den Fall zu denken, dass zur Ermittlung der nach § 16 BewG maßgeblichen Obergrenze des Jahreswerts der Nutzungen eines der Personen- oder Kapitalgesellschaft gehörenden Wirtschaftsguts dessen Wert gesondert festzustellen ist oder die unentgeltliche Zuwendung eines Vermögensgegenstands an eine Kapitalgesellschaft die Werterhöhung der Gesellschaftsanteile bezweckt und deshalb als Zuwendung an einzelne oder alle Gesellschafter gewertet wird**Personengesellschaften i. S. d.** § 15 Abs. 1 Nr. 2, Abs. 3 und § 18 Abs. 4 EStG, wenn Gegenstand der Feststellung ein Anteil am Betriebsvermögen ist (§ 153 Abs. 2 S. 2 BewG). Die Erklärungspflicht der Personengesellschaft bezieht sich nicht nur auf das Gesamthandsvermögen, sondern auch auf die in die gesonderte Feststellung

einzubeziehenden Gegenstände des Sonderbetriebsvermögens (*Hartmann*, in Gürsching/Stenger, BewG, § 153 Rz. 57).
- in den Fällen des § 151 Abs. 1 S. 1 Nr. 3 BewG, d.h. bei der Feststellung von **Anteilswerten**, ausschließlich die Kapitalgesellschaft (§ 153 Abs. 3 BewG).

Die ausschließliche Erklärungspflicht der Kapitalgesellschaft hat zur Folge, dass der Steuerschuldner als solcher keinen Einfluss auf den Inhalt der Feststellungserklärung nehmen kann. Je nachdem, welche Stellung er in der Kapitalgesellschaft innehat (Geschäftsführer, Vorstand, beherrschender Gesellschafter), kann er aber u.U. auf das Erklärungsverhalten der Gesellschaft einwirken (*Hartmann*, in Gürsching/Stenger, BewG, § 153 Rz. 76). Unabhängig davon kann er nach § 155 S. 1 i.V.m. § 154 Abs. 1 Nr. 1 BewG jedenfalls im Rechtsbehelfsverfahren auf das Ergebnis des Feststellungsverfahrens Einfluss nehmen.

Nach § 153 Abs. 2 S. 2 BewG i.d.F. des StVereinfG 2011 (BGBl I 2011, 2131) kann das FA in Erbbaurechtsfällen die Abgabe einer Feststellungserklärung vom Erbbauberechtigten und vom Erbbauverpflichteten verlangen. Damit wird dem Umstand Rechnung getragen werden, dass bei der Ermittlung des Gebäudewertanteils des Erbbaugrundstücks auf Unterlagen zurückgegriffen werden muss, die i.d.R. nur dem Inhaber des Erbbaurechts, nicht aber dem Erbbaurechtsverpflichteten zur Verfügung stehen (z.B. Nutzungsentgelte, Bruttogrundfläche, Nutzung und Ausstattung des Gebäudes). Entsprechendes gilt, wenn im Rahmen der Bewertung des Erbbaurechts vom Erbbauverpflichteten Angaben benötigt werden (Begründung zu Art. 7 Nr. 2, BR-Drs. 54/11, 81). Da in diesen Fällen stets beide Beteiligte nebeneinander zur Abgabe der Feststellungserklärung verpflichtet sein sollen, ist die Anwendung des § 153 Abs. 4 S. 2 BewG ausgeschlossen (§ 153 Abs. 2 S. 4 BewG i.d.F. des StVereinfG 2011).

Gestaltungshinweis:
Der Erbbauberechtigte bzw. -verpflichtete wird also nicht dadurch von der Erklärungspflicht befreit, dass der jeweils andere eine Erklärung zur gesonderten Feststellung abgegeben hat.

220 Die Aufforderung zur Abgabe der Feststellungserklärung begründet eine entsprechende Erklärungspflicht (§ 149 Abs. 1 S. 2 i.V.m. § 181 Abs. 1 S. 1 AO) und stellt einen selbstständig anfechtbaren Verwaltungsakt dar. Der zur Abgabe der Feststellungserklärung Aufgeforderte wird gem. § 154 Abs. 1 Nr. 2 BewG automatisch Beteiligter des Feststellungsverfahrens (vgl. im Einzelnen Rz. 224f.).

Die Auswahl zwischen mehreren potenziell Erklärungspflichtigen liegt im **pflichtgemäßen Ermessen** des Feststellungsfinanzamts. Grundsätzlich ist die kumulative Inanspruchnahme aller in Betracht kommenden Personen zulässig (R B 153 Abs. 1 S. 1 ErbStR 2011). Nimmt die Finanzbehörde von mehreren in Betracht kommenden Steuerschuldnern nur einen oder einzelne in Anspruch, hat sie die Ausübung des Auswahlermessens zu begründen (§ 121 Abs. 1 AO); die Begründung kann ggf. im Einspruchsverfahren nachgeholt werden (§ 126 Abs. 1 Nr. 2 AO). In den Fällen, in denen der Gegenstand der Feststellung einer Personengemeinschaft oder Personengesellschaft zuzurechnen ist, ist die Feststellungserklärung vorrangig von der Gemeinschaft bzw. Gesellschaft anzufordern (R B 153 Abs. 1 S. 3 und 4 ErbStR 2011).

Bewertung § 12

Es handelt sich dabei um eine ermessenslenkende Verwaltungsvorschrift, auf die sich der Steuerschuldner grundsätzlich auch vor dem FG berufen kann (*Hartmann*, in Gürsching/Stenger, BewG, § 153 Rz. 18). Auch bei der Bewertung von Anteilen am Betriebsvermögen empfiehlt es sich regelmäßig, die Personengesellschaft als solche zur Abgabe der Erklärung aufzufordern, weil diese – unter Umständen anders als die Gesellschafter – über alle feststellungsrelevanten Daten verfügt. In besonderem Maße gilt dies für die Bewertung von Unterbeteiligungen (*Höne/Krause*, ZEV 2010, 179, 181). Da in Schenkungsfällen der Schenker die Steuer neben dem Beschenkten schuldet (§ 10 Abs. 1 S. 1 ErbStG), kann auch er als Erklärungspflichtiger in Anspruch genommen werden. Abgesehen von Fällen, in denen der Schenker die Steuer nach § 10 Abs. 2 ErbStG übernommen hat, dürfte aber der Beschenkte vorrangig in Anspruch zu nehmen sein (*Höne/Krause*, ZEV 2010, 179, 181).

Nach § 153 Abs. 4 S. 1 BewG hat der Erklärungspflichtige die Erklärung **eigenhändig zu unterschreiben**. Für Kapitalgesellschaften oder Personengesellschaften handeln deren Organe. Im Übrigen ist eine Unterzeichnung durch Bevollmächtigte nur unter den Voraussetzungen des § 150 Abs. 3 S. 1 i.V.m. § 181 Abs. 1 S. 1 AO möglich. Bei der Abgabe der Erklärung hat sich der Erklärungspflichtige der amtlich vorgeschriebenen Vordrucke zu bedienen (§ 150 Abs. 1 S. 1 i.V.m. § 181 Abs. 1 S. 1 AO), sobald diese vorliegen. Hat ein Erklärungspflichtiger eine Feststellungserklärung abgegeben, sind andere Beteiligte insoweit von ihrer Erklärungspflicht befreit (§ 153 Abs. 4 S. 2 BewG).

3.7.2 Feststellungsfrist (§ 153 Abs. 5 BewG)

Gemäß § 153 Abs. 5 BewG ist § 181 Abs. 1 und 5 AO auf die gesonderte Feststellung der Bedarfswerte entsprechend anzuwenden. 221

Die gesonderte Feststellung ist daher nur bis zum Eintritt der Feststellungsverjährung zulässig (§ 169 Abs. 1 S. 1 i.V.m. § 181 Abs. 1 S. 1 AO). Die Feststellungsfrist beträgt grundsätzlich vier Jahre (§ 169 Abs. 2 S. 1 Nr. 2 AO) und beginnt mit Ablauf des Kalenderjahres, in dem die Steuer gemäß § 9 ErbStG entstanden ist (§ 170 Abs. 1 AO). Da die Pflicht zur Abgabe einer Feststellungserklärung ein entsprechendes Verlangen des Feststellungsfinanzamts voraussetzt, kommt eine Anlaufhemmung nach § 170 Abs. 2 S. 1 Nr. 1 i.V.m. § 181 Abs. 1 S. 2 AO erst dann in Betracht, wenn ein darauf gerichteter Verwaltungsakt vor Ablauf der Feststellungsfrist nach § 170 Abs. 1 AO gegenüber einer der in Betracht kommenden Personen wirksam geworden ist (*Hartmann*, in Gürsching/Stenger, BewG, § 153 Rz. 109). In diesem Fall beginnt die Feststellungsfrist erst mit Ablauf des Jahres, in dem die Feststellungserklärung abgegeben wird, spätestens mit Ablauf des dritten auf die Entstehung der Steuer folgenden Jahres.

Nach Ansicht von *Hartmann* (in Gürsching/Stenger, BewG, § 153 Rz. 114) wirkt 221a die Anlaufhemmung mangels originärer Erklärungspflichten nur gegenüber dem oder den Inhaltsadressaten der Aufforderung. Dem ist u. E. nicht zu folgen. Wie sich aus der Ausnahmeregelung des § 181 Abs. 5 AO ergibt, läuft die Feststellungsfrist grundsätzlich gegenüber allen von der Feststellung Betroffenen einheitlich ab. Das Fehlen originärer Erklärungspflichten kann daran nichts ändern. Denn der nach

§ 181 Abs. 1 Sätze 1 und 2 AO entsprechend anwendbare § 170 Abs. 2 S. 1 Nr. 1 AO setzt nach seinem Wortlaut lediglich voraus, dass eine Steuer- bzw. Feststellungserklärung „einzureichen ist". Diese Voraussetzung ist erfüllt, sobald auch nur eine der in Betracht kommenden Personen hierzu aufgefordert worden ist. Die von *Hartmann* für seine gegenteilige Auffassung zitierten Entscheidungen des BFH v. 5.5.1999, II R 96/97 (BFH/NV 1999, 1341) und v. 26.10.2006, II R 16/05 (BFH/NV 2007, 852) betreffen die Reichweite der Steuerfestsetzungsverjährung, wenn nur einer von mehreren Erwerbern oder Gesamtschuldner nach § 31 ErbStG zur Abgabe einer Erbschaftsteuererklärung aufgefordert wurde.

222 Gemäß § 181 Abs. 5 S. 1 AO i.V.m. § 153 Abs. 5 BewG kann eine gesonderte Feststellung auch nach Ablauf der für sie geltenden Feststellungsfrist insoweit erfolgen, als die gesonderte Feststellung für eine Steuerfestsetzung von Bedeutung ist, für die die Festsetzungsfrist im Zeitpunkt der gesonderten Feststellung noch nicht abgelaufen ist. Da die Festsetzungsfrist gegenüber jedem Erben bzw. Gesamtschuldner selbstständig läuft, kann dies dazu führen, dass sich die nach § 151 BewG festgestellten Werte gegenüber einzelnen noch auswirken und gegenüber anderen nicht. Auf diese eingeschränkte Wirkung ist in dem Feststellungsbescheid hinzuweisen (§ 181 Abs. 5 S. 2 AO i.V.m. § 153 Abs. 5 BewG).

Beispiel:

E war Eigentümer eines Grundstücks und wird im Jahr 01 von A und B beerbt. Eine Erklärung zur Feststellung des Grundbesitzwerts wird nicht angefordert. A wird im Jahr 04 zur Abgabe einer Erbschaftsteuererklärung aufgefordert. Gegenüber B unterbleibt auch eine solche Aufforderung. Die Feststellungsfrist läuft mit Ablauf des Jahres 05 ab. Zu diesem Zeitpunkt läuft auch die Festsetzungsfrist gegenüber B ab. Demgegenüber kann die Festsetzungsfrist gegenüber A nicht vor Ablauf des Jahres 08 enden. Zumindest bis zu diesem Zeitpunkt kann daher auch noch ein in seiner Wirkung auf A beschränkter Grundbesitzwert festgestellt werden.

§ 181 Abs. 5 AO gilt über seinen Wortlaut hinaus auch, wenn die gesonderte Feststellung zwar nicht für eine Steuerfestsetzung, aber für eine weitere Feststellung von Bedeutung ist (BFH v. 10.12.1992, IV R 118/90, BStBl II 1994, 381; v. 31.10.2000, VIII R 14/00, BStBl II 2001, 156; v. 6.7.2005, XI R 27/04, BFH/NV 2006, 16). Dieser Fall kann z.B. dann auftreten, wenn die Feststellung des Betriebsvermögenswerts für einen Anteil am Betriebsvermögen (§ 151 Abs. 1 S. 1 Nr. 2 BewG) von der Feststellung des Grundbesitzwerts (§ 151 Abs. 1 S. 1 Nr. 1 BewG) für ein zum Sonderbetriebsvermögen gehörendes Grundstück abhängt (§ 97 Abs. 1a Nr. 2 BewG).

223 Soweit eine nach § 151 Abs. 1 S. 1 BewG erforderliche Bedarfsfeststellung wegen Ablaufs der Feststellungsfrist nicht mehr erfolgen kann, können die gesondert zu bewertenden Vermögensgegenstände im Rahmen davon abhängiger Erbschaft- oder Schenkungsteuerfestsetzungen nicht mehr erfasst werden (*Hartmann*, in Gürsching/Stenger, BewG, § 153 Rz. 113). Hatte das Erbschaftsteuerfinanzamt bereits einen Steuerbescheid erteilt, in dem es die gesondert festzustellenden Besteuerungsgrundlagen geschätzt hatte (§ 155 Abs. 2 AO), ist dieser Bescheid zu ändern, wenn sich der vorläufige Charakter der insoweit getroffenen Regelung aus ihm ergibt (BFH v.

19.4.1989, X R 19/88, BFH/NV 1990, 73, m.w.N.). Ist eine solche Kennzeichnung unterblieben, kommt eine Änderung nur dann in Betracht, wenn dieser noch nicht in Bestandskraft erwachsen ist.

3.8 Beteiligte am Feststellungsverfahren und Bekanntgabe des Feststellungsbescheids (§ 154 BewG)

3.8.1 Beteiligteneigenschaft

§ 154 grenzt den Kreis der am Feststellungsverfahren Beteiligten ab. An die Beteiligteneigenschaft knüpfen sich sowohl Pflichten als auch Rechte. Die Beteiligten sind zur Mitwirkung verpflichtet (§ 90 AO), sie trifft die vorrangige Pflicht zur Erteilung von Auskünften (§ 91 AO) und zur Vorlage von Unterlagen (§ 97 AO). Darüber hinaus ist nach § 156 BewG bei jedem Beteiligten eine Außenprüfung zur Durchführung der Besteuerungsgrundlagen zulässig. Auf der anderen Seite haben sie nach § 91 Abs. 1 AO einen Anspruch auf Anhörung.

224

Nach § 154 Abs. 1 Nr. 1 BewG sind diejenigen am Feststellungsverfahren beteiligt, denen der **Gegenstand** der Feststellung **zuzurechnen** ist. Die Regelung erstreckt den Kreis der Feststellungsbeteiligten auf die Eigentümer bzw. Inhaber von Vermögenswerten, an denen der bzw. die Erwerber beteiligt sind. Damit wird sichergestellt, dass auch Personen zur Ermittlung der Besteuerungsgrundlagen herangezogen werden können, die selbst nicht an dem steuerpflichtigen Erwerb beteiligt sind (*Eisele*, NWB 2015, 3751, 3752). Die Beteiligtenstellung nach § 154 Abs. 1 Nr. 1 BewG ist nach den Grundsätzen des § 179 Abs. 2 S. 1 AO zu bestimmen. Entscheidend ist daher, wem der Gegenstand bei der Besteuerung zuzurechnen ist (R B 154 Abs. 1 S. 2 ErbStR 2011; *Höne/Krause*, ZEV 2010, 298, 299). Maßgebend sind insoweit nicht die Verhältnisse im Erwerbszeitpunkt, sondern bei Durchführung des Feststellungsverfahrens. Daher wirkt sich jeder Rechtsträgerwechsel hinsichtlich des Feststellungsgegenstands auf die Beteiligteneigenschaft nach dieser Vorschrift aus (*Hartmann*, in Gürsching/Stenger, BewG, § 154 Rz. 10).

Nach § 154 Abs. 1 Nr. 2 BewG sind ferner diejenigen am Feststellungsverfahren beteiligt, die das **FA zur Abgabe einer Feststellungserklärung aufgefordert** hat. Die hierdurch begründete Beteiligtenstellung knüpft ausschließlich an die Tatsache der Aufforderung an. Auf die Rechtmäßigkeit dieser Aufforderung kommt es nicht an. Auch eine rechtswidrige Aufforderung macht den Inhaltsadressaten, solange sie wirksam ist, zum Beteiligten des Feststellungsverfahrens. Die Beteiligtenstellung endet aber, wenn die Aufforderung nach § 130 AO zurückgenommen oder nach § 131 AO widerrufen wird (a. A. *Hartmann*, in Gürsching/Stenger, BewG, § 154 Rz. 16).

Mit dem durch das StVereinfG 2011 (BGBl I 2011, 2131) eingefügten § 154 Abs. 1 Nr. 3 BewG ist der Kreis der Beteiligten auf diejenigen erweitert worden, die eine **Steuer schulden**, für deren Festsetzung die Feststellung von Bedeutung ist. Dadurch soll sichergestellt werden, dass der Schuldner der Erbschaft- oder Schenkungsteuer immer an der Feststellung der Besteuerungsgrundlagen beteiligt wird, die unmittelbar oder mittelbar im Rahmen seiner Steuerfestsetzung berücksichtigt werden (Begründung zu Art. 7 Nr. 3 des Regierungsentwurfs des StVereinfG 2011, BR-Drs. 54/11, 81).

In Fällen einer **Schenkung unter Lebenden** sind der Erwerber und der Schenker nach § 20 Abs. 1 ErbStG Gesamtschuldner der Schenkungsteuer. Nach dem bis 31.12.2015 geltenden Recht (§ 154 Abs. 1 Nr. 3 S. 2 und 3 BewG a.f.) wurde der Erwerber aber nicht Beteiligter am Feststellungsverfahren, wenn der Schenker die Schenkungsteuer übernommen hatte (§ 10 Abs. 2 ErbStG), bzw. verlor die Beteiligtenstellung, wenn der Schenker nachträglich für die Steuer in Anspruch genommen werden sollte, weil der Erwerber diese nicht gezahlt hatte. Dies konnte zu erheblichen Schwierigkeiten bei der Feststellung führen, weil je nach Ablauf des Besteuerungsverfahrens unterschiedliche Beteiligte vorhanden sein konnten und unterschiedliche Wertfeststellungen verfahrensrechtlich nicht ausgeschlossen waren. Durch das Steueränderungsgesetz 2015 (BGBl I 2015, 1834) ist § 154 Abs. 1 Nr. 3 BewG deshalb für Bewertungsstichtage nach dem 31.12.2015 (§ 205 Abs. 9 BewG) neugefasst worden. Nach der Neufassung sind am Feststellungsverfahren beteiligt „diejenigen, die eine Steuer als Schuldner oder Gesamtschuldner schulden und für deren Festsetzung die Feststellung von Bedeutung ist". Die Neufassung ist sprachlich verunglückt. Der zweite Teil des Relativsatzes („für deren Festsetzung die Feststellung von Bedeutung ist") bezieht sich inhaltlich natürlich nicht auf diejenigen, die eine Steuer als Schuldner oder Gesamtschuldner schulden, sondern auf die von diesen geschuldete Steuer. Richtigerweise hätte er daher nicht durch „und" mit dem ersten Teil des Relativsatzes verbunden werden dürfen, sondern durch ein Komma von diesem abgetrennt und als untergeordneter Nebensatz an diesen angeschlossen werden müssen. Da die Wertfeststellung in der Praxis nur für einen der beiden Beteiligten von Bedeutung ist (bei der Schenkung im Allgemeinen für den Beschenkten), kann die Bekanntgabe der Feststellung zunächst auf diesen beschränkt und im Bedarfsfall gegenüber dem anderen Beteiligten nachgeholt werden (Begründung zu Art. 7 Nr. 2 Buchst. b des Regierungsentwurfs des Steueränderungsgesetzes 2015, BT-Drs. 18/4902, 54 f.).

Unabhängig von den Voraussetzungen des § 154 Abs. 1 BewG ist nach § 78 Nr. 2 AO auch derjenige am Feststellungsverfahren beteiligt, an den das FA den Verwaltungsakt richten will oder gerichtet hat. Spätestens mit der Bekanntgabe des Feststellungsbescheids wird dessen Inhaltsadressat daher zum Verfahrensbeteiligten (*Hartmann*, in Gürsching/Stenger, BewG, § 154 Rz. 10).

3.8.2 Gesonderte und einheitliche Feststellung bei mehreren Feststellungsbeteiligten

225 Nach dem durch das Steueränderungsgesetz 2015 (BGBl I 2015, 1834) eingefügten § 154 Abs. 1 S. 2 BewG erfolgt gegenüber mehreren Beteiligten nach Satz 1 eine gesonderte und einheitliche Feststellung (§ 179 Abs. 2 S. 2 AO). Nach bisherigem Recht erfolgte gegenüber jedem Beteiligten ein eigenständiges und von den Verfahren der übrigen Beteiligten unabhängiges Feststellungsverfahren. Damit war die Gefahr verbunden, dass gegenüber den verschiedenen Beteiligten für ein und denselben Vermögensgegenstand unterschiedliche Werte festgestellt und den von den

Feststellungen abhängigen Steuerfestsetzungen zugrunde gelegt wurden. Durch die Neuregelung, die nach § 205 Abs. 9 BewG auf Bewertungsstichtage nach dem 31.12.2015 anzuwenden ist, wird sichergestellt, dass für alle Beteiligten ein und derselbe Wert maßgebend ist.

3.8.3 Bekanntgabe des Feststellungsbescheids (§ 154 Abs. 2 und 3 BewG)

Nach § 122 Abs. 1 S. 1 AO ist der Feststellungsbescheid den Beteiligten bekannt zu geben, für die er bestimmt ist oder die von ihm betroffen werden. Dies sind in erster Linie diejenigen Personen, für deren Besteuerung die getroffenen Feststellungen von Bedeutung sind oder die Beteiligte eines Feststellungsverfahrens sind, für das die getroffenen Feststellungen vorgreiflich sind (R B 154 Abs. 1 S. 3 und 4 ErbStR 2011; *Hartmann*, in Gürsching/Stenger, BewG, § 154 Rz. 29, 31).

226

Nach § 154 Abs. 2 BewG ist in den Fällen des § 151 Abs. 1 S. 1 Nr. 3 BewG der Feststellungsbescheid auch der Kapitalgesellschaft bekannt zu geben. Die Regelung knüpft daran an, dass in diesen Fällen ausschließlich die Kapitalgesellschaft erklärungspflichtig und auch am ehesten dazu in der Lage ist, die inhaltliche Richtigkeit der getroffenen Feststellung zu kontrollieren (*Hartmann*, in Gürsching/Stenger, BewG, § 154 Rz. 29). Der Umstand, dass der Gesetzgeber die Bekanntgabe gegenüber dem Erklärungspflichtigen nur für den Fall des § 151 Abs. 1 S. 1 Nr. 3 BewG angeordnet hat, spricht allerdings dafür, dass eine Bekanntgabe gegenüber den Erklärungspflichtigen als solchen in anderen Fällen nicht zwingend ist (a. A. wohl *Hartmann*, in Gürsching/Stenger, BewG, § 154 Rz. 31).

Nach § 154 Abs. 3 S. 1 BewG ist § 183 AO entsprechend anzuwenden, soweit der Gegenstand der Feststellung einer **Erbengemeinschaft** in Vertretung der Miterben zuzurechnen ist. Dies bedeutet, dass die Erbengemeinschaft einen gemeinsamen **Empfangsbevollmächtigten** bestellen soll, der ermächtigt ist, für sie alle Verwaltungsakte in Empfang zu nehmen (§ 183 Abs. 1 S. 1 AO). Ist ein gemeinsamer Empfangsbevollmächtigter nicht vorhanden, gilt ein zur Vertretung der Gesellschaft oder der Feststellungsbeteiligten Berechtigter nach § 183 Abs. 1 S. 2 AO als Empfangsbevollmächtigter. Hinsichtlich der **GbR** hat der BFH entschieden (BFH v. 23.6.1988, IV R 33/86, BStBl II 1988, 979), dass die für einen Gesellschafter nach §§ 709, 714 BGB bestehende Gesamtvertretungsbefugnis für die Anwendung des § 183 Abs. 1 S. 2 AO ausreiche. Da auch bei der Erbengemeinschaft nach § 2038 BGB alle Miterben gemeinschaftlich zur Geschäftsführung und Vertretung berechtigt sind, wäre auch in ihrem Fall die Bekanntgabe gegenüber jedem Miterben zulässig, wenn ein Empfangsbevollmächtigter nach § 183 Abs. 1 S. 1 AO nicht benannt worden ist (FG Baden-Württemberg v. 1.12.1999, 9 K 360/99, EFG 2000, 1084).

227

Allerdings schließt § 183 Abs. 2 S. 1 AO die Anwendung des § 183 Abs. 1 AO insoweit aus, als der Finanzbehörde bekannt ist, dass die Gesellschaft oder Gemeinschaft nicht mehr besteht, dass ein Beteiligter aus der Gesellschaft oder Gemeinschaft ausgeschieden ist oder dass zwischen den Beteiligten ernstliche Meinungsverschiedenheiten bestehen.

Nach § 154 Abs. 3 S. 2 BewG ist bei der Bekanntgabe gegenüber der Erbengemeinschaft darauf hinzuweisen, dass die Bekanntgabe mit Wirkung für und gegen alle Miterben erfolgt.

3.8.4 Rechtsbehelfsbefugnis (§ 155 BewG)

228 Nach § 155 S. 1 BewG sind zur Einlegung von Rechtsbehelfen gegen einen Feststellungsbescheid **die Beteiligten** i. S. d. **§ 154 Abs.** 1 BewG befugt, für deren Besteuerung nach dem Grunderwerbsteuergesetz der Feststellungsbescheid von Bedeutung ist. Im Fall von Bedarfsbewertungsbescheiden für die Erbschaft- und Schenkungsteuer beschränkt sich der Kreis der Anfechtungsbefugten damit auf die Feststellungsbeteiligten (R B 155 S. 1 ErbStR 2011). Soweit der Gegenstand der Feststellung einer Erbengemeinschaft in Vertretung der Miterben zuzurechnen ist, sind § 352 AO und § 48 FGO entsprechend anzuwenden. Damit sind grundsätzlich nur zur Vertretung befugte Personen oder der gemeinsame Empfangsbevollmächtigte einspruchs- und klagebefugt (R B 155 S. 2 ErbStR 2011; a. A. jedoch *Höne/Krause*, ZEV 2010, 298, 300, die aus der Bezugnahme auf § 352 AO und § 48 FGO den Schluss ziehen, dass grundsätzlich jeder einzelne Erbe rechtsbehelfsbefugt sei).

229 § 155 BewG enthält eine abstrakte Abgrenzung der Rechtsbehelfsbefugnis in dem Sinne, dass nur die in der Vorschrift bezeichneten Personen zur Anfechtung von Feststellungsbescheiden befugt sein können. Die allgemeinen Voraussetzungen, unter denen die Einlegung von Rechtsbehelfen zulässig ist, werden hierdurch nicht berührt. Zur Einlegung des Einspruchs und zur Erhebung der Klage ist daher nur befugt, wer geltend macht, durch den angefochtenen Verwaltungsakt **beschwert** zu sein (§ 350 AO; § 44 FGO). Insoweit gilt nichts anderes als in den Fällen des § 352 AO oder § 48 FGO, in denen die Einspruchs- und Klagebefugnis der danach anfechtungsbefugten Personen ebenfalls voraussetzt, dass sie durch den angefochtenen Feststellungsbescheid beschwert sind (*Brandis*, in Tipke/Kruse, AO/FGO, § 48 FGO Rz. 18). Praktisch werden daher nur diejenigen Personen – als Miterben vertreten durch die Erbengemeinschaft – Rechtsbehelfe gegen Feststellungsbescheide einlegen können, für deren Besteuerung diese von Bedeutung sind, bzw. die Beteiligte eines Feststellungsverfahrens sind, für das die getroffenen Feststellungen vorgreiflich sind.

3.9 Außenprüfung zur Ermittlung der Besteuerungsgrundlagen (§ 156 BewG)

230 Nach § 156 BewG ist bei jedem an dem Feststellungsverfahren Beteiligten (§ 154 Abs. 1 BewG) eine Außenprüfung zur Ermittlung der Besteuerungsgrundlagen zulässig. Die durch das Jahressteuergesetz 2007 in das Gesetz aufgenommene Vorschrift erweitert die Zulässigkeit einer Außenprüfung über § 193 AO hinaus. Sie trägt dem Umstand Rechnung, dass die zu bewertenden wirtschaftlichen Einheiten zum Teil nicht der Herrschaftsmacht des Steuerpflichtigen unterliegen, für dessen Veranlagung die Werte benötigt werden (*Halaczinsky*, in Rössler/Troll, BewG, § 156 Rz. 2). Sind z. B. Anteile an einer GmbH im vereinfachten Ertragswertverfahren zu bewerten, ist der Erwerber als solcher nicht im Besitz

Bewertung § 12

der Buchführungsunterlagen, an Hand deren die maßgeblichen Betriebsergebnisse ermittelt werden können.

Mit den Besteuerungsgrundlagen, zu deren Ermittlung die Außenprüfung zulässig ist, sind die tatsächlichen und rechtlichen Verhältnisse gemeint, die für die gemäß § 151 Abs. 1 S. 1 Nr. 1 bis 4 BewG festzustellenden Bedarfswerte von Bedeutung sind (§ 199 Abs. 1 AO). Obwohl die Bedarfswertfeststellungen stichtagsbezogen (§ 11 ErbStG) erfolgen, kann es – z. B. bei der Ermittlung des Anteils- oder Betriebsvermögenswerts im vereinfachten Ertragswertverfahren – erforderlich sein, die Verhältnisse eines mehrere Jahre in die Vergangenheit oder – in den Fällen des § 201 Abs. 2 S. 2 BewG – auch eines in die Zukunft reichenden Zeitraums zu ermitteln.

Die Durchführung der Außenprüfung bedarf einer darauf gerichteten **schriftlichen Prüfungsanordnung**, die den Umfang der Außenprüfung bestimmt (§ 196 AO). Da es sich dabei um eine Ermessensentscheidung handelt, ist die Ausübung des Ermessens gem. § 121 Abs. 1 AO zu begründen. Da § 156 BewG die Zulässigkeit einer Außenprüfung ebenso wie § 193 Abs. 1 AO von keinen weiteren Voraussetzungen abhängig macht, dürften allerdings keine hohen Anforderungen an den Begründungsaufwand zu stellen sein (zu § 193 Abs. 1 AO: BFH v. 26.6.2007, V B 97/06, BFH/NV 2007, 1805, m. w. N.). Im Übrigen kann die Begründung im Einspruchsverfahren nachgeholt werden (§ 126 Abs. Abs. 1 Nr. 2 AO).

231

Anordnung und Durchführung der Außenprüfung obliegen dem für die gesonderte Feststellung zuständigen Finanzamt (§ 195 S. 1 i. V. m. § 181 Abs. 1 S. 1 AO). Dieses kann eine andere Finanzbehörde mit der Durchführung beauftragen (§ 195 S. 2 i. V. m. § 181 Abs. 1 S. 1 AO).

Wird vor Ablauf der Feststellungsfrist mit der Durchführung einer Außenprüfung begonnen oder deren Beginn auf Antrag des Steuerpflichtigen hinausgeschoben, so läuft die Feststellungsfrist nicht ab, bevor die aufgrund der Außenprüfung zu erlassenden Feststellungsbescheide unanfechtbar geworden sind oder nach Bekanntgabe einer Mitteilung nach § 202 Abs. 1 S. 3 AO drei Monate verstrichen sind (§ 171 Abs. 4 S. 1 i. V. m. § 181 Abs. 1 S. 1 AO und § 153 Abs. 5 BewG). Die Hemmung der Feststellungsfrist wirkt sich mittelbar auch auf die Festsetzungsfrist für die von der Bedarfswertfeststellung abhängigen Erbschaft- bzw. Schenkungsteuerfestsetzungen aus (§ 171 Abs. 10 AO).

232

einstweilen frei

233–249

4 Unternehmensbewertung

4.1 Überblick

Durch das ErbStRG ist die Bewertung von nicht börsennotierten Unternehmen grundsätzlich **rechtsformunabhängig** auf der Grundlage des § 11 Abs. 2 BewG geregelt worden. Unternehmen i. d. S. sind:

250

- gewerbliche **Einzelunternehmen** (§ 95 BewG),
- gewerblich tätige **Personengesellschaften** (§ 97 Abs. 1 Nr. 5 BewG),

§ 12 Bewertung

- **freiberuflich** tätige Einzelunternehmen und Personengesellschaften (§§ 95, 97 Abs. 1 Nr. 5 i.V.m. § 96 BewG) sowie
- **Kapitalgesellschaften** (§ 97 Abs. 1 Nr. 1 BewG), deren Anteile nicht an einer deutschen Börse zum Handel im regulierten Markt zugelassen oder in den Freiverkehr einbezogen sind oder für die sich innerhalb des Dreißig-Tage-Zeitraum des § 11 Abs. 1 S. 2 BewG kein Kurs feststellen lässt (*Mannek*, in Gürsching/Stenger, BewG, § 11 Rz. 60, 121). Dazu gehören in erster Linie Gesellschaften mit beschränkter Haftung sowie nicht börsennotierte Aktiengesellschaften. Die Bewertung nach § 11 Abs. 2 BewG hat aber auch dann zu erfolgen, wenn bei einer Aktiengesellschaft unterschiedliche Gattungen von Aktien vorhanden sind und die zu bewertenden Anteile zu einer Gattung gehören, die nicht börsennotiert ist.

Für nicht börsennotierte Anteile an Kapitalgesellschaften gelten die Bewertungsvorschriften des § 11 Abs. 2 BewG unmittelbar, für Einzelunternehmen und Personengesellschaften über die Verweisungen in § 157 Abs. 4 und 5 und § 109 Abs. 1 und 2 BewG.

4.2 Abgrenzung der wirtschaftlichen Einheit

251 Obwohl die Bewertung als solche für alle nicht börsennotierten Unternehmen einheitlich geregelt ist, gibt es weiterhin **rechtsformabhängige Unterschiede in Bezug auf die Abgrenzung der wirtschaftlichen Einheiten**. Die Abgrenzung der wirtschaftlichen Einheit ist im Hinblick auf die Abgeltungswirkung des für sie festzustellenden Werts von Bedeutung. Aktive und passive Wirtschaftsgüter, die in den Wert der wirtschaftlichen Einheit einzubeziehen sind, sind als solche nicht mehr anzusetzen. Nicht darunter fallende Wirtschaftsgüter sind hingegen selbstständig zu erfassen und zu bewerten.

4.2.1 Aktivseite

4.2.1.1 Einzelunternehmen

252 Für Einzelunternehmen verweist § 95 Abs. 1 BewG auf die **ertragsteuerliche** Beurteilung. Das Betriebsvermögen umfasst danach alle Teile eines Gewerbebetriebs i.S.d. § 15 Abs. 1 und 2 EStG, die bei der steuerlichen Gewinnermittlung zum Betriebsvermögen gehören. Dies sind die Wirtschaftsgüter des notwendigen und des gewillkürten Betriebsvermögens. Wirtschaftsgüter des notwendigen Privatvermögens können nicht in die Bewertungseinheit des Gewerbebetriebs einbezogen werden. Die Zugehörigkeit der Wirtschaftsgüter zu den in Betracht kommenden Vermögensarten ist im Rahmen der Bewertung ohne Bindung an die in der Person des Rechtsvorgängers erfolgte ertragsteuerliche Beurteilung zu prüfen. Die Zuordnung von Wirtschaftsgütern zum gewillkürten Betriebsvermögen setzt allerdings einen entsprechenden Widmungsakt des Rechtsvorgängers voraus (*Frotscher*, EStG, § 4 Rz. 36 bis 91). Gemischt genutzte Wirtschaftsgüter gehören je nach dem Maß ihrer betrieblichen Nutzung und ihrer ertragsteuerlichen Zuordnung durch den Rechtsvorgänger entweder in vollem Umfang zum Betriebsvermögen oder zum Privatvermögen.

Bewertung § 12

Bei **bilanzierenden Gewerbetreibenden** und **freiberuflich Tätigen** (§ 4 Abs. 1 oder § 5 EStG) führt die Anknüpfung an die Grundsätze der steuerlichen Gewinnermittlung regelmäßig zu einer Identität zwischen der Steuerbilanz auf den Bewertungsstichtag oder den Schluss des letzten davor endenden Wirtschaftsjahrs und dem bewertungsrechtlichen Betriebsvermögen (R B 95 Abs. 2 S. 1 ErbStR 2011). Durchbrochen wird diese Identität bei selbst geschaffenen immateriellen Wirtschaftsgütern des Anlagevermögens, für die ertragsteuerrechtlich (§ 5 Abs. 2 EStG) ein Aktivierungsverbot gilt; nach der Verwaltungsauffassung gehören dazu auch geschäftswert-, firmenwert- oder praxiswertbildende Faktoren (z. B. Kundenstamm oder Knowhow), denen ein eigenständiger Wert zugewiesen werden kann (R B 95 Abs. 2 S. 2 Nr. 4 ErbStR 2011, vgl. dazu Rz. 302).

Die Bezugnahme auf die Vorschriften über die steuerliche Gewinnermittlung hat auch zur Folge, dass in die wirtschaftliche Einheit alle Wirtschaftsgüter einzubeziehen sind, die nach steuerbilanziellen Regeln zum Betriebsvermögen gehören. Dies können auch Wirtschaftsgüter sein, die nicht im zivilrechtlichen Eigentum des Betriebsinhabers stehen. Ungeachtet der grundsätzlichen Akzessorietät des Erbschaftsteuerrechts zum Zivilrecht kann dies in Einzelfällen zur Folge haben, dass auch Wirtschaftsgüter, die nur im wirtschaftlichen Eigentum des Erblassers oder Schenkers standen, zum erb- bzw. schenkungsteuerrechtlichen Erwerb gerechnet werden (*Hübner*, Ubg 2009, 1, 7).

Bei **nicht bilanzierenden Gewerbetreibenden** und **freiberuflich Tätigen** gehören alle Wirtschaftsgüter, die ausschließlich und unmittelbar für eigenbetriebliche Zwecke genutzt werden, zum notwendigen Betriebsvermögen. Bewegliche Wirtschaftsgüter, die zu mehr als 50 % eigenbetrieblich genutzt werden, sind in vollem Umfang notwendiges Betriebsvermögen. Gemischt genutzte Grundstücke sind nach ertragsteuerlichen Grundsätzen aufzuteilen. Gewillkürtes Betriebsvermögen ist zu berücksichtigen, wenn die Bildung ertragsteuerlich zulässig und die Zuordnung zum Betriebsvermögen tatsächlich erfolgt ist (R B 95 Abs. 3 S. 1–4 ErbStR 2011; zu weiteren Einzelfragen vgl. R B 95 Abs. 3 S. 5–8 ErbStR 2011).

4.2.1.2 Kapitalgesellschaften und Personengesellschaften

Bei Kapitalgesellschaften (Aktiengesellschaften, Kommanditgesellschaften auf Aktien, Gesellschaften mit beschränkter Haftung, Europäischen Gesellschaften) sowie bei Personengesellschaften i. S. d. § 15 Abs. 1 Nr. 2 und Abs. 3 oder § 18 Abs. 4 S. 2 EStG gehören alle Wirtschaftsgüter, die diesen Gesellschaften gehören, zum Betriebsvermögen (§ 97 Abs. 1 S. 1 Nrn. 1 und 5 BewG). Diese Gesellschaften haben also nach dem Gesetzeswortlaut **kein aktives Privatvermögen**, selbst wenn bestimmte Wirtschaftsgüter nicht betrieblichen, sondern privaten Zwecken dienen und damit im Zusammenhang stehende Aufwendungen und Erträge die Höhe des Einkommens bzw. des Gewinns nicht beeinflussen dürfen (*Hübner*, DStR 2009, 2577, 2579).

Beispiel:
Eine Personengesellschaft ist Eigentümerin eines mit einem Einfamilienhaus bebauten Grundstücks, das sie einem Gesellschafter unentgeltlich zu Wohnzwe-

cken überlässt. Obwohl es sich bei dem Grundstück und dem Gebäude ertragsteuerlich um notwendiges Privatvermögen handelt und die mit dem Objekt in Zusammenhang stehenden Aufwendungen dem Gewinn als Entnahmen hinzuzurechnen sind, gehört das Objekt bewertungsrechtlich zum Betriebsvermögen der Personengesellschaft.

Demgegenüber geht R B 97.1 Abs. 1 ErbStR 2011 auch für das **Gesamthandsvermögen von Personengesellschaften** von einer Bestandsidentität zwischen dem Betriebsvermögen im ertragsteuerrechtlichen und dem Betriebsvermögen im bewertungsrechtlichen Sinne aus. Hiernach wäre das privat genutzte Grundstück im Beispielsfall nicht in die wirtschaftliche Einheit des Betriebsvermögens einzubeziehen, sondern dem Grundvermögen zuzurechnen. Auch Forderungen der Personengesellschaften gegen ihre Gesellschafter sind nach der Verwaltungsauffassung nur insoweit in die Bewertung des Unternehmens einzubeziehen, als sie bei der steuerlichen Gewinnermittlung zum Betriebsvermögen gehören (R B 97.1 Abs. 2 S. 1 ErbStR 2011). Bei Darlehensforderungen setzt dies voraus, dass das Darlehen entweder zu fremdüblichen Konditionen (Zins, Laufzeit, Sicherheit) gewährt wird oder ein betriebliches Interesse an der Gewährung besteht. Soweit Darlehensforderungen hiernach nicht zum Betriebsvermögen der Personengesellschaft gehören, sind sie nach der Verwaltungsauffassung als gesamthänderisch gehaltene Forderungen im Privatvermögen aller Gesellschafter zu behandeln (R B 97.1 Abs. 2 S. 3 ErbStR 2011). Die Verwaltungsauffassung vermeidet zwar bei Personengesellschaften eine unterschiedliche Behandlung von Gesamthands- und Sonderbetriebsvermögen einerseits (vgl. Rz. 254) und aktiven und passiven Wirtschaftsgütern des Gesamthandsvermögens andererseits (vgl. Rz. 258), lässt sich mit dem Gesetzeswortlaut aber nicht in Einklang bringen; denn § 97 Abs. 1 S. 1 Nr. 5 S. 1 BewG enthält im Verhältnis zu § 95 Abs. 1 BewG eine Spezialregelung (*Hübner*, DStR 2009, 2577, 2579; *Pauli*, ZEV 2011, 277, 278 f.; gl. A. wie die Verwaltung hingegen *Stamm/Blum*, StuB 2008, 763, 767 f.).

254 Auch nach dem Gesetzeswortlaut gehören bei Personengesellschaften Wirtschaftsgüter, die im Eigentum eines, mehrerer oder aller Gesellschafter stehen, nur insoweit zum Betriebsvermögen, als sie bei der steuerlichen Gewinnermittlung zum Betriebsvermögen gehören (§ 97 Abs. 1 S. 1 Nr. 5 S. 2 BewG). Zu diesem sog. Sonderbetriebsvermögen gehören zum einen Wirtschaftsgüter einschließlich Darlehen, die Gesellschafter der Gesellschaft zur Nutzung überlassen haben, zum anderen Wirtschaftsgüter, die die Beteiligung des Gesellschafters an der Gesellschaft zu fördern geeignet sind. Auch im Rahmen des Sonderbetriebsvermögens kann in gewissem Umfang gewillkürtes Betriebsvermögen gebildet werden (*Frotscher*, EStG, § 15 Rz. 254 bis 258). Die Zurechnung zum Sonderbetriebsvermögen geht anderen Zurechnungen vor (§ 97 Abs. 1 S. 1 Nr. 5 S. 2, letzter Satzteil BewG). Diese Regelung ist für den Fall von Bedeutung, dass der Gesellschafter neben dem Anteil an der Personengesellschaft noch einen eigenen Gewerbebetrieb, freiberuflichen Betrieb oder land- und forstwirtschaftlichen Betrieb unterhält. Entsprechend der ertragsteuerlichen Beurteilung sind der Gesellschaft zur Nutzung überlassene Wirtschaftsgüter daher auch dann als Sonderbetriebsvermögen zu erfassen, wenn sie anderenfalls Betriebsvermögen des eigenen Gewerbebetriebs, freiberuflichen Betriebs oder land-

und forstwirtschaftlichen Betriebs des Gesellschafters wären (BFH v. 24.2.2005, IV R 12/03, BFH/NV 2005, 1431, BStBl II 2006, 361, m. w. N.).
Keinen Gewerbebetrieb bildet nach § 97 Abs. 1 S. 2 BewG die gemeinschaftliche Tierhaltung von Gesellschaften i. S. d. § 97 Abs. 1 S. 1 Nr. 5 BewG unter den Voraussetzungen des § 51a BewG. Diese stellt nach § 34 Abs. 6a BewG vielmehr einen Betrieb der Land- und Forstwirtschaft dar. 255

4.2.1.3 Besonderheiten bei Betriebsgrundstücken

Nach der bis zum 31.12.2008 geltenden Fassung des § 99 Abs. 2 BewG gehörten Betriebsgrundstücke je nach dem Maß ihrer betrieblichen oder nichtbetrieblichen Nutzung entweder in vollem Umfang zum Betriebsvermögen oder zum Grundvermögen bzw. land- und forstwirtschaftlichen Vermögen. Durch Art. 2 Nr. 7 ErbStRG wurde diese Regelung ersatzlos gestrichen; nach der Begründung des Regierungsentwurfs hatte sie für die neu geregelte Bewertung des Betriebsvermögens keine Bedeutung mehr. 256

Grundstücke, die zum Vermögen einer Kapitalgesellschaft bzw. zum Gesamthandsvermögen einer Personengesellschaft gehören, gehören damit in vollem Umfang zu deren Betriebsvermögen (zur abweichenden Verwaltungsauffassung in Bezug auf Wirtschaftsgüter von Personengesellschaften vgl. jedoch Rz. 253). Dagegen richtet sich die Zuordnung von Grundstücken, die zu einem Einzelunternehmen und zum Sonderbetriebsvermögen einer Personengesellschaft gehören, nach den ertragsteuerlichen Vorschriften. Danach bilden die in verschiedenen Funktionszusammenhängen stehenden Teile eines Gebäudes selbstständige Wirtschaftsgüter, die teilweise notwendiges oder gewillkürtes Betriebsvermögen (Nutzung zu eigenbetrieblichen Zwecken, zu fremdbetrieblichen oder fremden Wohnzwecken) und teilweise notwendiges Privatvermögen (Nutzung zu eigenen Wohnzwecken des Steuerpflichtigen oder eines Gesellschafters einer Personengesellschaft) sind (R 4.2 Abs. 3–5 EStR 2007).

Die Anknüpfung an die ertragsteuerliche „Atomisierung" kann Probleme aufwerfen, soweit es auf die Einzelbewertung der Wirtschaftsgüter ankommt. Bei der Bewertung der nicht zum Betriebsvermögen sowie der zum Sonderbetriebsvermögen gehörenden Grundstücksteile ist dies stets, bei der Bewertung der zum Betriebsvermögen gehörenden Teile insoweit der Fall, als diese nicht in die Ermittlung des gemeinen Werts des Betriebsvermögens eingehen (Substanzwertverfahren, Ansatz als Sonderbetriebsvermögen oder junges Betriebsvermögen). Da die Bewertungsvorschriften der §§ 176ff. BewG Grundstücke als verkehrsfähige Einheiten voraussetzen, die in der Steuerbilanz als selbstständige Gebäudeteile behandelten Grundstücksteile mangels rechtlicher Selbstständigkeit aber nicht verkehrsfähig sind, sieht H B 99 S. 1 ErbStH 2011 „Grundbesitzwert bei Betriebsgrundstücken" die Feststellung eines Grundbesitzwerts für das gesamte Grundstück nach § 151 Abs. 1 Nr. 1 BewG vor. Dieser ist nach ertragsteuerrechtlichen Grundsätzen vom Betriebsfinanzamt (§ 152 Nr. 2 BewG) aufzuteilen (H B 99 S. 2 ErbStH 2011). Damit dürfte gemeint sein, dass die Aufteilung nach dem Verhältnis erfolgen soll, nach dem das Ertragsteuerrecht die Anschaffungskosten aufteilen würde, wenn zum 257

Bewertungsstichtag eine Anschaffung zu dem für das Gesamtgrundstück ermittelten gemeinen Wert erfolgt wäre (*Hübner*, DStR 2009, 2577, 2580).

4.2.2 Passivseite

258 Schulden und sonstigen Abzüge werden bei der Ermittlung des Werts der wirtschaftlichen Einheit berücksichtigt, soweit sie mit der Gesamtheit oder einzelnen Teilen des Betriebsvermögens in wirtschaftlichem Zusammenhang stehen und nach § 95 Abs. 1 BewG zum Betriebsvermögen gehören (§ 103 Abs. 1 BewG).

Damit besteht bei **bilanzierenden Gewerbebetreibenden** und **freiberuflich Tätigen** auch auf der Passivseite grundsätzlich Identität zwischen Steuerbilanz und bewertungsrechtlichem Betriebsvermögen. Durchbrochen wird die Bestandsidentität bei Gewinnansprüchen gegen eine beherrschte Gesellschaft (§ 103 Abs. 2 BewG), Rücklagen (§ 103 Abs. 3 BewG), Bilanzposten i.S.d. § 137 BewG und Drohverlustrückstellungen, für die ertragsteuerrechtlich (§ 5 Abs. 4a EStG) ein Passivierungsverbot gilt (R B 95 Abs. 2 S. 2 Nr. 5 i.V.m. R B 11 Abs. 3 S. 3 ErbStR 2011).

Bei **nicht bilanzierenden Gewerbebetreibenden** ist ein wirtschaftlicher Zusammenhang mit der Gesamtheit oder mit einzelnen Teilen des Betriebsvermögens anzunehmen, wenn die Entstehung der Schuld, ursächlich und unmittelbar auf Vorgängen beruht, die das Betriebsvermögen betreffen (R B 103.2 Abs. 1 S. 2 ErbStR 2011). Zu den insoweit bestehenden Einzelfragen vgl. R B 103.2 Abs. 1 S. 3–7 und Abs. 2–6 ErbStR 2011.

Für Einzelunternehmen, Kapitalgesellschaften und das Sonderbetriebsvermögen von Personengesellschaften bestimmt sich der Umfang des Aktiv- und des Passivvermögens damit nach den gleichen Maßstäben.

Demgegenüber fällt die Zuordnung von Wirtschaftsgütern und Schulden bei dem Gesamthandsvermögen von Personengesellschaften nach dem Gesetzeswortlaut auseinander. Während die ihr gehörenden Wirtschaftsgüter nach § 97 Abs. 1 S. 1 Nr. 5 BewG stets zum Betriebsvermögen gehören (vgl. Rz. 253), gilt dies für die damit in Zusammenhang stehenden Schulden nur insoweit, als sie auch bei der steuerlichen Gewinnermittlung zum Betriebsvermögen gehören. Maßgeblich ist insoweit, ob die Passivposten auf der ersten Stufe der Gewinnermittlung, d.h. auf der Ebene der Gesamthand, abgezogen werden können. Diese Voraussetzung ist z.B. bei einer Pensionsverpflichtung gegenüber einem Gesellschafter erfüllt, auch wenn diese sich im Ergebnis nicht auf die Höhe des Gesamtgewinns auswirkt, weil nach dem Prinzip der korrespondierenden Bilanzierung auf der zweiten Stufe der Gewinnermittlung bei dem Gesellschafter ein Aktivposten in gleicher Höhe anzusetzen ist (*Frotscher/Kauffmann*, EStG, § 15 Rz. 285b). Demgegenüber können Verbindlichkeiten, die mit Gegenständen zusammenhängen, die dem notwendigen Privatvermögen zuzurechnen sind, nicht abgezogen werden.

Beispiel:

Eine Personengesellschaft ist Eigentümerin eines mit einem Einfamilienhaus bebauten Grundstücks, dessen Anschaffung sie durch Aufnahme eines Bankkredits finanziert hat und das von einem ihrer Gesellschafter unentgeltlich zu

Bewertung § 12

eigenen Wohnzwecken genutzt wird. Ertragsteuerlich gehören weder das Grundstück und das Gebäude noch der Kredit zum Betriebsvermögen. Bewertungsrechtlich gehört zwar das Grundstück, nicht aber der Kredit zum Betriebsvermögen der Personengesellschaft. Er ist daher bei der Ermittlung des Betriebsvermögenswerts nicht zu berücksichtigen, sondern in Höhe des dem Erwerber nach 39 Abs. 2 Nr. 2 AO zuzurechnenden Teilbetrags als Nachlassverbindlichkeit i.S.d. § 10 Abs. 5 Nr. 1 ErbStG abzuziehen. Dabei ist die Schuldenkürzung nach § 10 Abs. 6 S. 4 ErbStG zu berücksichtigen (*Hübner*, Ubg 2009, 1, 4).

Rücklagen sind nach § 103 Abs. 3 BewG nur insoweit zu berücksichtigen, als ihr Abzug bei der Bewertung des Betriebsvermögens für Zwecke der Erbschaftsteuer durch Gesetz ausdrücklich zugelassen ist. Rücklagen in diesem Sinne sind alle Passivposten neben dem Eigen- bzw. Nennkapital, die ganz oder teilweise Eigenkapitalcharakter haben. Dazu gehören neben den Gewinnrücklagen im gesellschaftsrechtlichen Sinne auch Sonderposten mit Rücklageanteil, insbesondere Reinvestitionsrücklagen nach § 6b EStG oder Rücklagen für Ersatzbeschaffung nach R 6.6 EStR 2007 (BFH v. 17.3.2004, II R 64/01, BFH/NV 2004, 1327, BStBl II 2004, 766). Soweit ersichtlich, gibt es derzeit keine Regelung, die ausnahmsweise die Berücksichtigung von Rücklagen für Zwecke der erbschaftsteuerlichen Bewertung vorsieht. § 7 Abs. 2 EntwLStG, der den Abzug der für ertragsteuerliche Zwecke gebildeten Rücklagen nach §§ 1 und 2 EntwLStG für die Ermittlung des Einheitswerts des Gewerbebetriebs anordnete, ist bisher nicht an die geltende Gesetzeslage angepasst worden.

259

einstweilen frei

260–269

4.3 Überblick über die Bewertungsmethoden

Aus § 11 Abs. 2 BewG ergibt sich folgende Bewertungsreihenfolge:

270

1. Ableitung des Unternehmenswerts aus **Verkäufen unter fremden Dritten** weniger als ein Jahr vor dem Bewertungsstichtag
2. Ermittlung des gemeinen Werts unter Berücksichtigung
   a) der **Ertragsaussichten** oder einer
   b) anderen **anerkannten** im gewöhnlichen Geschäftsverkehr auch für nichtsteuerliche Zwecke üblichen Methode, wobei dasjenige Verfahren maßgeblich ist, das ein Erwerber der Bemessung des Kaufpreises zugrunde legen würde. Falls die Bewertung unter Berücksichtigung der Ertragsaussichten vorzunehmen ist, kann die Bewertung nach dem vereinfachten Ertragswertverfahren erfolgen, wenn dieses nicht zu offensichtlich unzutreffenden Ergebnissen führt.
3. Ggf. Ermittlung des **Substanzwerts** als Bewertungsuntergrenze.

Eine Besonderheit gilt für die Bewertung von Wirtschaftsgütern und Schulden des **Sonderbetriebsvermögens** von Personengesellschaften. Für diese ist nach § 97 Abs. 1a Nr. 2 S. 1 BewG der gemeine Wert zu ermitteln.

Obwohl bei Anteilen an Personen- und Kapitalgesellschaften Gegenstand der gesonderten Feststellung nach § 151 Abs. 1 Nr. 2, zweiter Fall und Nr. 3 BewG der Wert des Anteils bzw. der Anteile ist, ist Gegenstand der Bewertung das Unternehmen der Gesellschaft als Ganzes. Dieser Wert ist sodann nach den Maßstäben des § 97 Abs. 1a und 1b BewG auf den oder die Anteil(e) aufzuteilen.

4.4 Ableitung des gemeinen Werts aus Verkäufen (§ 11 Abs. 2 S. 2 BewG)

271 Aus der Fassung des § 11 Abs. 2 S. 2 BewG ergibt sich, dass die Ermittlung des gemeinen Werts aus Verkäufen den Vorrang vor den anderen in der Vorschrift genannten Methoden hat (ständige Rspr. BFH v. 5.2.1992, II R 185/87, BStBl II 1993, 266; v. 5.3.1986, II R 232/82, BStBl II 1986, 591, m.w.N.). Da es bei Einzelunternehmen keine Anteile gibt, die Gegenstand von Verkäufen sein könnten, kommt die Ableitung des gemeinen Werts aus Verkaufspreisen bei ihnen nur für den Fall in Betracht, dass das zu bewertende Unternehmen innerhalb der Jahresfrist als Ganzes von dem Rechtsvorgänger des Erwerbers entgeltlich erworben wurde.

4.4.1 Verkäufe

272 § 11 Abs. 2 BewG spricht von „Verkäufen", also einer Mehrzahl von Veräußerungsvorgängen. Daraus hatte der BFH zunächst den Schluss gezogen, dass die Ableitung des gemeinen Werts aus einem einzigen Verkauf nicht möglich sei (BFH v. 14.10.1966, III 281/63, BStBl III 1967, 82; v. 7.12.1979, III R 45/77, BStBl II 1980, 234). In seinem Urteil vom 5.3.1986 hat er diese Auffassung jedoch aufgegeben (BFH v. 5.3.1986, II R 232/82, BStBl II 1986, 591). Hiernach kann auch **ein einziger Verkauf** die Grundlage für die Ermittlung des gemeinen Werts bilden, wenn sich der erzielte Preis im gewöhnlichen Geschäftsverkehr durch den Ausgleich widerstreitender Interessen von Verkäufer und Käufer gebildet hat und wenn es sich nicht nur um den Verkauf eines **Zwerganteils** handelt (ebenso BFH v. 5.2.1992, II R 185/87, BStBl II 1993, 266).

Eine allgemeingültige Grenze, bis zu der ein Zwerganteil vorliegt, lässt sich nicht bestimmen. In der Literatur wird zwar befürwortet, den Zwerganteil nach festen prozentualen Grenzen zwischen 1% und 10% zu bestimmen (*Christoffel*, NWB, Fach 9, 2633; *Geck*, in Kapp/Ebeling, § 12 ErbStG Rz. 124; *Kirnberger*, ErbStB 2006, 323). Eine solche Grenzziehung lehnt der BFH jedoch unter Hinweis darauf ab, dass der bei einem Anteilsverkauf vereinbarte Kaufpreis regelmäßig von mehreren Faktoren (z.B. Ertragsaussichten und Vermögen des Unternehmens, Anzahl der Kaufinteressenten, Beteiligungsverhältnisse bei der Kapitalgesellschaft, Interessen der Vertragsbeteiligten) und nicht nur von der prozentualen Höhe des verkauften Anteils abhänge. Bei Gesellschaften mit großem Kapital könne auch der Verkauf eines prozentual kleinen Anteils allein wegen seines absoluten Umfangs aussagekräftig sein. Verkaufe ein Gesellschafter nicht seine gesamte Beteiligung, sondern nur Anteile daran, die im Verhältnis zum gesamten Stammkapital geringfügig seien, könne der Verkauf dennoch zur Ableitung des gemeinen Werts der restlichen Anteile geeignet sein (BFH

v. 16.5.2013, II R 4/11, BFH/NV 2013, 1223, unter II. 1. d. aa). Auch die Höhe der Anteile, die nach dem Gesellschaftsrecht einen Minderheitenschutz genießen (nach § 50 Abs. 1 GmbHG 10% des Stammkapitals), kann nach Ansicht des BFH nicht als Anhalt für das Vorliegen eines Zwerganteils dienen, weil der Minderheitsgesellschafter – insbesondere beim Verkauf an einen anderen Gesellschafter – dennoch einen Preis erzielen könne, der den gemeinen Wert der übrigen Geschäftsanteile widerspiegele (BFH v. 16.5.2013, II R 4/11, BFH/NV 2013, 1223, unter II. 1. d. bb). Hiernach lässt sich die Frage, ob der Verkauf eines Zwerganteils vorliegt, nur aufgrund einer Gesamtabwägung beantworten. Dabei kann auch der Umstand eine Rolle spielen, dass der verkaufende Gesellschafter zugleich Gesellschafter der GmbH ist, weil die Stellung als Geschäftsführer die Stellung des Gesellschafters verstärkt und deshalb davon ausgegangen werden kann, dass ein Gesellschafter-Geschäftsführer seine Geschäftsanteile üblicherweise nicht unter Wert verkauft (BFH v. 16.5.2013, II R 4/11, BFH/NV 2013, 1223, unter II. 1. d. cc).

Beim Verkauf von **Beteiligungen,** die die Grenze des Zwerganteils nicht übersteigen, kann der gemeine Wert nur aus einer Mehrzahl von Verkäufen abgeleitet werden. Mehrere Verkäufe reichen aber auch dann aus, wenn sie insgesamt nur einen kleinen Teil des Stamm- bzw. Grundkapitals betreffen (BFH v. 6.5.1977, II R 17/75, BStBl II 1997, 626).

Obwohl der Wortlaut des § 11 Abs. 2 BewG an Rechtsvorgänge i. S. d. § 433 Abs. 1 S. 2 BGB anknüpft und den meisten Fällen des entgeltlichen Anteilserwerbs ein Rechtskauf zugrunde liegt, kommt es nicht auf die Rechtsform des Erwerbs an. Soweit das Geschäft unter den Bedingungen des gewöhnlichen Geschäftsverkehrs zustande gekommen sind, kann auch ein nicht in die Form des Rechtskaufs gekleideter Erwerbsvorgang zur Ableitung des gemeinen Werts der Anteile herangezogen werden. Darum handelt es sich, wenn im Zuge einer Kapitalerhöhung ein in die Gesellschaft eintretender Dritter neue Anteile an einer GmbH übernimmt (BFH v. 5.2.1992, II R 185/87, BStBl II 1993, 266) oder wenn die Gesellschafter einer Personengesellschaft einen neuen Gesellschafter gegen Leistung einer Bareinlage in die Gesellschaft aufnehmen. Entsprechendes gilt, wenn Gesellschafter gegen Abfindung aus der Gesellschaft ausscheiden (*Jülicher,* in T/G/J, ErbStG, § 12 Rz. 287a). 273

Obwohl § 11 Abs. 2 BewG die Bewertung nicht börsennotierter Anteile regelt, kommen als Bewertungsgrundlage auch **Verkäufe an der Börse** in Betracht. Zu denken ist zum einen an Anteile, die weder zum Handel im regulierten Markt zugelassen noch in den Freiverkehr einbezogen waren, sondern im Telefonverkehr oder an einer ausländischen Börse gehandelt wurden; zum anderen kommen Anteile in Betracht, die zwar die Voraussetzungen des § 11 Abs. 1 S. 1 und 3 BewG erfüllen, für die aber innerhalb der Dreißig-Tagefrist des § 11 Abs. 1 S. 2 keine Kursfeststellung erfolgte. Schließlich kommt eine Ableitung aus dem Börsenkurs bei unterschiedlichen Aktiengattungen in Betracht, von denen nur eine an der Börse gehandelt wird. 274

§ 12 Bewertung

4.4.2 Verkäufe unter fremden Dritten

275 In der Rspr. des BFH wurde von jeher angenommen, dass eine Ableitung des gemeinen Werts nur aus solchen Verkäufen möglich ist, die im gewöhnlichen Geschäftsverkehr zustande gekommen sind (BFH v. 14.10.1967, III 281/63, BStBl III 1967, 82; v. 14.2.1969, III 88/65, BStBl II 1969, 395; v. 6.5.1977, III R 17/75, BStBl II 1977, 626; v. 28.11.1980, III R 86/78, BStBl II 1981, 353). Dies schließt insbesondere die Berücksichtigung solcher Verkäufe aus, deren Bedingungen durch persönliche Verhältnisse beeinflusst waren (§ 9 Abs. 2 S. 3 BewG). Eine solche Beeinflussung liegt bei Geschäften unter (nahen) Angehörigen häufig, aber nicht zwangsläufig vor.

Mit dem Erbschaftsteuerreformgesetz wurde die Ableitung des gemeinen Werts jedoch ausdrücklich auf Verkäufe beschränkt, die „unter fremden Dritten" erfolgen. Eine gesetzliche Definition des Begriffs findet sich weder im BewG noch an anderer Stelle. Auch die Gleich lautenden Ländererlasse AntBV (v. 25.6.2009, BStBl I 2009, 698) enthalten sich jeder Stellungnahme dazu, wer als „fremder Dritter" anzusehen ist.

Terminologisch knüpft der Begriff des „fremden Dritten" an den im Rahmen des **ertragsteuerlichen Fremdvergleichs** maßgebenden Vergleichsmaßstab für die Anerkennung von Verträgen unter (nahen) Angehörigen an (R 4.8 EStR 2005 sowie H 4.8 EStH 2007). Die Rspr. zum ertragsteuerlichen Fremdvergleich beruht auf der Überlegung, dass es unter nahen Angehörigen an einem natürlichen Interessengegensatz wie zwischen Fremden fehlt und die Ausgestaltung der zwischen ihnen bestehenden Rechtsbeziehungen daher durch Gesichtspunkte privater Art, wie solche der familien- und erbrechtlich begründeten Versorgung, Abfindung und Auseinandersetzung, beeinflusst sein kann. Der Begriff des Angehörigen im Rahmen des ertragsteuerlichen Fremdvergleichs kann dabei nicht ohne Weiteres mit dem des Angehörigen i.S.d. § 15 AO gleichgesetzt werden (BFH v. 14.4.1988, IV R 225/85, BStBl II 1988, 670: keine Anwendung der für Ehegatten geltenden Maßstäbe auf Verlobte). Vielmehr sind Gegenstand des ertragsteuerlichen Fremdvergleichs in erster Linie **Rechtsbeziehungen zwischen Ehegatten und solche zwischen Eltern und Kindern**, bei denen gleichgerichtete wirtschaftliche Interessen besonders nahe liegend erscheinen.

276 Auch bei Anwendung des § 11 Abs. 2 S. 2 BewG können nicht alle Angehörigen i.S.d. § 15 AO aus dem Begriff der „fremden Dritten" ausgeschlossen werden. Anderenfalls wäre die Ableitung des gemeinen Werts aus stichtagsnahen Verkäufen bei Familiengesellschaften generell ausgeschlossen, obwohl insbesondere bei weit verzweigten Verwandtschaftsbeziehungen und einer Vielzahl von Gesellschaftern, die verschiedenen Familienstämmen angehören, Kaufpreisvereinbarungen durchaus auf dem Ausgleich widerstreitender Interessen beruhen und damit als Grundlage für die Ermittlung des gemeinen Werts dienen können (*Ellesser/Lahme*, BB 2002, 2201, 2202).

Andererseits kann die Auslegung des Merkmals „unter fremden Dritten" auch nicht vom Ergebnis einer auf den Einzelfall bezogenen Analyse der Interessenlage abhängig gemacht werden. Denn mit der Aufnahme dieses zusätzlichen Merkmals wollte

Bewertung § 12

der Gesetzgeber die Prüfung, ob ein Verkauf durch persönliche Umstände beeinflusst und daher nicht im gewöhnlichen Geschäftsverkehr zustande gekommen ist, für einen bestimmten Kreis von Nähebeziehungen in typisierender Form überflüssig machen. Die Möglichkeit einer solchen Beeinflussung ist jedenfalls dann zu unterstellen, wenn nach den Verhältnissen im Zeitpunkt des Vertragsabschlusses der eine **Beteiligte als gesetzlicher Erbe** des anderen in Betracht kommt. In diesem Fall besteht die nahe liegende Möglichkeit, dass die Vertragsbedingungen durch den ohnehin zu erwartenden Vermögensübergang im Rahmen der bevorstehenden Erbfolge beeinflusst sind. Ist dies nicht der Fall, sind auch Verkäufe unter Angehörigen als solche unter fremden Dritten anzusehen (ebenso *Piltz*, DStR 2009, 1829, 1830f. a. A. *Möllmann*, BB 2010, 407, 410). Die Prüfung, ob die Verkaufsbedingungen im Einzelfall durch persönliche Umstände beeinflusst wurden, wird hierdurch weder ausgeschlossen noch überflüssig gemacht.

Beispiel:
Der im Zeitpunkt des Vertragsabschlusses 75 Jahre alte, kinderlose A verkauft seinen GmbH-Anteil an den Sohn S seiner Schwester B. Ist diese im Zeitpunkt des Vertragsabschlusses bereits verstorben, wäre S – möglicherweise neben anderen – zum gesetzlichen Erben des A berufen (§§ 1925 Abs. 1 und 3 S. 1, 1924 Abs. 3 BGB), sodass der zwischen ihm und A zustande gekommene Verkauf kein solcher unter fremden Dritten wäre. Lebt B bei Abschluss des Kaufvertrags noch, schließt sie S als gesetzlichen Erben aus (§§ 1924 Abs. 2, 1925 Abs. 3 S. 1 BGB). Der zwischen A und S abgeschlossene Kaufvertrag wäre daher ein solcher unter fremden Dritten; es wäre jedoch zu prüfen, ob die Vertragsbedingungen durch die Verwandtschaftsbeziehungen beeinflusst und daher nicht im gewöhnlichen Geschäftsverkehr zustande gekommen sind.

Verkäufe, die im Gesellschafterkreis zwischen familienfremden Personen stattfinden, sind grundsätzlich als Verkäufe unter fremden Dritten anzusehen (ebenso *Piltz*, DStR 2009, 1829, 1831; a. A. *Schiffers*, DStZ 2009, 548, 550). Der Umstand, dass R B 11.2 Abs. 1 S. 4 ErbStR 2011 ausdrücklich nur den Fall der Kapitalerhöhung mit einem „neuen Gesellschafter" erwähnt, lässt nicht auf eine gegenteilige Verwaltungsauffassung schließen, weil das Beispiel allein der Erläuterung des Verkaufsbegriffs (vgl. oben Rz. 273) dient.

4.4.3 Verkäufe im gewöhnlichen Geschäftsverkehr

Die Einschränkung, dass nur im gewöhnlichen Geschäftsverkehr zustande gekommene Verkäufe als Grundlage für die Ableitung des gemeinen Werts in Betracht kommen, bleibt durch die Änderung des § 11 Abs. 2 BewG unberührt. Denn sie folgt unmittelbar aus der gesetzlichen Begriffsbestimmung des gemeinen Werts (§ 9 Abs. 2 S. 1 BewG). Als gewöhnlicher Geschäftsverkehr ist der Handel zu verstehen, der sich nach marktwirtschaftlichen Grundsätzen von Angebot und Nachfrage unter freien Wirtschaftsteilnehmern vollzieht und bei dem jeder Vertragspartner ohne Zwang und nicht aus Not, sondern freiwillig in Wahrung seiner eigenen Interessen zu handeln in der Lage ist (BFH v. 22.8.2002, II B 170/01, BFH/NV 2003, 11, m. w. N.). Dies ist nach den Gesamtumständen des Einzelfalls unter Heranziehung

277

§ 12 Bewertung

objektivierter Maßstäbe zu entscheiden (BFH v. 28.11.1980, III R 86/78, BStBl II 1981, 353). Als solche hat der BFH in der Vergangenheit vor allem das Gesamtvermögen und die Ertragsaussichten der Gesellschaft angesehen, um deren Anteile es sich handelt (BFH v. 14.2.1969, III 88/65, BStBl II 1969, 395). Dies entsprach den nach § 11 Abs. 2 BewG a.F. und seinen Vorgängerregelungen geltenden Bewertungsmaßstäben für den Fall, dass der gemeine Wert nicht aus Verkäufen abgeleitet werden konnte. Die Entscheidung darf jedoch nicht so verstanden werden, dass die Maßgeblichkeit tatsächlich vereinbarter Kaufpreise von dem Ergebnis einer entsprechenden Vergleichsberechnung abhängt. Hierzu dürfte allenfalls dann Anlass bestehen, wenn die Abweichung des vereinbarten Kaufpreises vom „inneren" Anteilswert so eklatant und offensichtlich ist, dass sich der Schluss auf ungewöhnliche oder persönliche Gründe für die Kaufpreisbemessung aufdrängt.

Gestaltungshinweis: Gestaltungshinweis:

Wenn sich aus weniger als ein Jahr zurückliegenden Verkäufen zu hohen Preisen das Risiko einer Überbewertung ergibt, empfiehlt es sich, geplante Übertragungen unter Lebenden bis zum Ablauf der Jahresfrist zurückzustellen. Umgekehrt können vergleichsweise günstige Kaufpreise für anstehende Schenkungen genutzt werden.

278 Zu der Frage, wann Anteilsverkäufen (nicht) im gewöhnlichen Geschäftsverkehr zustande gekommen sind, hat sich eine umfangreiche Kasuistik entwickelt.

Danach liegen **keine ungewöhnlichen** Verhältnisse vor, wenn

- sich Verkäufe auf **Sperrminoritäten, Schachtel- oder Mehrheitsbeteiligungen** beziehen. Derartige Geschäfte sind nicht ungewöhnlich, sondern stellen für das Marktgeschehen typische Erscheinungen dar (BFH v. 23.2.1979, III R 44/77, BStBl II 1979, 618; v. 22.8.2002, II B 170/01, BFH/NV 2003, 11);
- der **Nennwert** der bei einer Mehrzahl von Verkäufen umgesetzten Aktien im Verhältnis zum Grundkapital **sehr gering** ist (BFH v. 6.5.1977, III R 17/75, BStBl II 1977, 626);
- der beim Verkauf von Geschäftsanteilen an einer GmbH erzielte Preis darauf beruht, dass ein **branchenfremdes** Unternehmen in die Branche der GmbH einzudringen versucht (BFH v. 23.2.1979, III R 44/77, BStBl II 1979, 618);
- Aktien mit dem Ziel der Börseneinführung an ein **Bankenkonsortium** veräußert werden (BFH v. 5.3.1986, II R 232/82, BStBl II 1986, 591);
- ein Unternehmen desselben Geschäftszweiges ein anderes Unternehmen aufkauft, um sich in einem bestimmten Gebiet einer Konkurrenz zu entledigen (BFH v. 2.11.1988, II R 52/85, BStBl II 1989, 80);
- im Rahmen eines Management Buy-Outs der Kaufpreis nicht unter dem Gesichtspunkt der Erlösmaximierung, sondern mit dem Ziel festgelegt wird, die rentable Unternehmensfortführung zu ermöglichen (BFH v. 14.7.2009, IX R 6/09, BFH/NV 2010, 397).

Verkäufe von Anteilen **innerhalb des bisherigen Gesellschafterkreises** sind ohne Hinzutreten weiterer besonderer Umstände solche im gewöhnlichen Geschäftsverkehr.

Bewertung § 12

Auch ein erheblicher **Unterschied zwischen den Verkaufskursen und dem nach dem Stuttgarter Verfahren** ermittelten Wert begründet nicht die Vermutung von Verkäufen außerhalb des gewöhnlichen Geschäftsverkehrs, wenn sich aus dem Verhältnis der Verkaufskurse zur durchschnittlichen Ausschüttung eine angemessene Rendite ergibt, die Anteile von einer Vielzahl von Gesellschaftern gehalten werden und keiner der Gesellschafter beherrschenden Einfluss hat (FG Münster v. 7.12.2000, 3 K 5548/96 F, EFG 2001, 956).

Ungewöhnliche Verhältnisse liegen hingegen vor, wenn 279

- Anteilsveräußerer und Erwerber mit dem Beteiligungswechsel in erster Linie eine Neuordnung ihrer Unternehmen mit dem Ziel einer gegenseitigen engen wirtschaftlichen und technischen Zusammenarbeit erstreben (BFH v. 28.11.1980, III R 86/78, BStBl II 1981, 353; zweifelnd *Jülicher*, in T/G/J, ErbStG, § 12 Rz. 288);
- Anteile nur mit Zustimmung eines Verwaltungsrats an einen begrenzten Personenkreis veräußert werden können und die Gepflogenheit besteht, sie innerhalb dieses Kreises zum Nennwert zu übertragen (BFH v. 15.7.1998 II R 23/97, BFH/NV 1998, 1463);
- beim Verkauf vinkulierter Namensaktien einer Zuckerfabrik, die von Zuckerrüben anbauenden Landwirten gegründet wurde, als Verkaufspreis regelmäßig der den eigenen Anschaffungskosten entsprechende Nennwert angesetzt wird (BFH v. 14.10.1966, III 281/63, BStBl III 1967, 82);
- eine Aktiengesellschaft satzungsmäßig gemeinnützige Ziele verfolgt, die Namensaktien nur mit Zustimmung der Gesellschaftsorgane übertragen werden dürfen und der Verkaufspreis nicht annähernd den inneren Wert der Aktie widerspiegelt (BFH v. 8.8.2001, II R 59/98, BFH/NV 2002, 317).

4.4.4 Stichtagsnahe Verkäufe

Berücksichtigungsfähig sind nur Verkäufe (und gleichgestellte Vorgänge), die **weniger als ein Jahr** zurückliegen. Die Jahresfrist ist – ausgehend vom Bewertungsstichtag (§ 11 ErbStG i. V. m. § 9 ErbStG) – nach § 108 Abs. 1 AO i. V. m. §§ 187 ff. BGB rückwärts zu berechnen (BFH v. 16.5.2013, II R 4/11, BFH/NV 2013, 1223). Da der Beginn der Jahresfrist an den Verkauf anknüpft, zählt der Tag des Verkaufs bei der Fristberechnung nicht mit (§ 187 Abs. 1 BGB). Die Jahresfrist endet daher mit dem Ablauf desjenigen Tages des letzten Monats, welcher durch seine Benennung oder seine Zahl dem Tag entspricht, an dem der Verkauf stattgefunden hat (§ 188 Abs. 2 BGB). Ein Verkauf, der genau ein Jahr vor dem Stichtag stattgefunden hat, liegt somit weniger als ein Jahr zurück. 280

Maßgeblich für den Fristbeginn ist der **Abschluss des Rechtsgeschäfts**, nicht dessen Vollzug. Denn die Jahresfrist soll sicherstellen, dass nur solche Verkäufe berücksichtigt werden, deren zeitliche Nähe zum Bewertungsstichtag den Schluss zulässt, dass die für die Preisbemessung maßgebenden Umstände auch noch für die Wertbestimmung am Stichtag von Bedeutung sind (BFH v. 8.5.1991, I R 53/88, BFH/NV 1991, 130). Eine Ausnahme soll nach BFH v. 16.5.2013 (II R 4/11, BFH/NV 2013, 1223) allerdings für den Fall gelten, dass der Vertragsabschluss kurze Zeit (d. h. innerhalb einer nach Wochen zu bemessenden Zeitspanne) vor dem nach § 11 Abs. 2

S. 2 BewG maßgeblichen Zeitraum stattgefunden hat, die Vertragsbeteiligten den Kaufpreis aber nach einem späteren, innerhalb des Zeitraums des § 11 Abs. 2 S. 2 BewG liegenden Zeitpunkt bemessen haben. Diese Ausnahme wird damit gerechtfertigt, dass § 11 Abs. 2 S. 2 BewG die Wertermittlung vorrangig an der Wertbestätigung am Markt ausrichtet und ein innerhalb des Jahreszeitraums vor dem Bewertungsstichtag festgelegter Kaufpreis den Wert der Anteile weit besser als alternative Bewertungsverfahren widerspiegelt. Dabei wird allerdings verdrängt, dass das Gesetz die Maßgeblichkeit des tatsächlich vereinbarten Kaufpreises für die Wertableitung auf Verkäufe innerhalb eines Jahres vor dem Bewertungsstichtag beschränkt und davor liegende Preisvereinbarungen – selbst wenn sie nach den für einen späteren Zeitpunkt erwarteten Wertverhältnissen getroffen werden – nur den Kenntnisstand bei Vertragsabschluss widerspiegeln können.

281 **Nach dem Stichtag** stattfindende Verkäufe scheiden für die Ermittlung des gemeinen Werts grundsätzlich aus. Eine Ausnahme lässt die Rspr. des BFH für den Fall zu, dass der formelle Vertragsabschluss zwar erst kurze Zeit nach dem Stichtag stattfindet, die Einigung über den Kaufpreis aber schon vor dem Stichtag erfolgt ist (BFH v. 30.1.1976, III R 74/74, BStBl II 1976, 280). Diese Voraussetzung ist bereits dann erfüllt, wenn sich die Verhandlungen vor dem Stichtag soweit verdichtet haben, dass der Kaufpreis durch den Kaufvertrag nur noch dokumentiert wird (BFH v. 2.11.1988, II R 52/85, BStBl II 1989, 80; BFH v. 23.6.1999, X B 103/98, BFH/NV 2000, 30). Die Festlegung des Zeitpunkts, zu dem ein Preis als vereinbart anzusehen ist, der dann durch den Kaufvertrag verbindlich wird, ist Tatfrage (BFH v. 2.11.1988, II R 52/85, BStBl II 1989, 80; BFH v. 23.6.1999, X B 103/98, BFH/NV 2000, 30). Wurde die Einigung über den Kaufpreis zwar erst kurz nach dem Feststellungszeitpunkt erzielt, stand zum Feststellungszeitpunkt aber bereits ein Mindestkaufpreis fest, ist dieser der Bewertung zugrunde zu legen. Dies gilt auch dann, wenn die Einigung über den Mindestkaufpreis am Stichtag noch nicht rechtsverbindlich und wegen weiterer noch offener Verhandlungspunkte offen war, ob es überhaupt zum Vertragsabschluss kommt (BFH v. 22.6.2010, II R 40/08, BFH/NV 2010, 1935, BStBl II 2010, 843). Die Ableitung des gemeinen Werts aus einer vor dem Stichtag getroffenen Preisabsprache wird nicht dadurch ausgeschlossen, dass die Verhandlungspartner aufgrund eines zwischenzeitlich eingetretenen Erbfalls nicht mit den späteren Vertragspartnern identisch sind (BFH v. 11.11.1998, II R 59/96, BFH/NV 1999, 908). Allerdings muss der formelle Vertragsabschluss „kurz" nach dem Bewertungsstichtag erfolgt sein. Darunter ist eine nach Wochen zu bemessende Zeitspanne zu verstehen (BFH v. 16.5.2003, II B 50/02, BFH/NV 2003, 1150; a. A. FG München v. 13.7.2009, 4 K 235/06, ErbStB 2011, 5, aus anderen Gründen aufgehoben durch BFH v. 28.3.2012, II R 39/10, BFH/NV 2012, 1545, BStBl II 2012, 712).

Eine nach dem Bewertungsstichtag erfolgte **Minderung des Kaufpreises** ist der Ableitung des gemeinen Werts zugrunde zu legen, wenn bereits am Bewertungsstichtag die Voraussetzungen eines Minderungsrechts objektiv vorgelegen haben und die Minderung später tatsächlich vollzogen worden ist (BFH v. 22.1.2009, II R 43/07, BStBl II 2009, 444). Demgegenüber sind Änderungen des Kaufpreises, die von nach dem Bewertungsstichtag eingetretenen Entwicklungen abhängig sind, unbeachtlich (*Möllmann*, BB 2010, 407, 413).

Bewertung § 12

4.4.5 „Ableitung" des gemeinen Werts aus stichtagsnahen Verkäufen

Aus dem Wort „ableiten" ergibt sich, dass der sich aus den Verkäufen ergebende gemeine Wert nicht mit dem oder den tatsächlich vereinbarten Preis(en) übereinstimmen muss. 282

Dies versteht sich von selbst, wenn in dem maßgebenden Zeitraum mehrere Verkäufe stattgefunden haben und dabei unterschiedliche Preise vereinbart wurden. In diesem Fall dürfte dem stichtagsnächsten Verkauf unter sonst gleichen Umständen die größte Bedeutung zukommen (*Jülicher*, in T/G/J, ErbStG, § 12 Rz. 291). Bei ausländischen Wertpapieren, die nicht die Voraussetzungen des § 11 Abs. 1 S. 1 und 3 BewG erfüllen, ist der inländische Telefonkurs maßgebend (R B 11.1 Abs. 3 S. 1 ErbStR 2011); ist die Ableitung des gemeinen Werts auf dieser Grundlage nicht möglich, ist er möglich aus den Kursen des Emissionslandes abzuleiten (R B 11.1 Abs. 3 S. 2 ErbStR 2011).

Beim Verkauf von Geschäftsanteilen an einer GmbH, die auch eigene Anteile hält, kann der gemeine Wert dieser Anteile in der Weise ermittelt werden, dass der Verkaufspreis für die im Fremdbesitz befindlichen Anteile den Fremd- und Eigenanteilen im Verhältnis der Nominalwerte zugeordnet wird (BFH v. 2.11.1988 II R 52/85, BStBl II 1989, 80).

Im Übrigen ist ein tatsächlicher Verkaufspreis für die Bewertung der nicht verkauften Anteile zu verändern, wenn besondere Umstände dies gebieten (*Jülicher*, in T/G/J, ErbStG, § 12 Rz. 293; *Mannek*, in Gürsching/Stenger, BewG, § 11 Rz. 132). Dies kann dann der Fall sein, wenn sich seit dem (letzten) Verkaufsfall die für die Preisbemessung maßgebenden Umständen – sei es durch eine Veränderung der allgemeinen Marktlage (*Jülicher*, in T/G/J, ErbStG, § 12 Rz. 293; *Meincke*, ErbStG, 2009, § 12 Rz. 40), sei es unternehmensspezifischen Gründen – grundlegend verändert haben.

Ausgeschlossen ist die Ableitung, wenn nach der Veräußerung aber noch vor dem Bewertungsstichtag weitere objektive Umstände hinzutreten, die dafür sprechen, dass der Verkaufspreis nicht mehr den gemeinen Wert der Anteile repräsentiert, und es an objektiven Maßstäben für Zu- und Abschläge fehlt, um von den festgestellten Kaufpreisen der Anteile auf deren gemeinen Wert zum Bewertungsstichtag schließen zu können (BFH v. 29.7.2010, VI R 30/07, BFH/NV 2010, 2333, BStBl II 2011, 68; BFH v. 29.7.2010, VI R 53/08, BFH/NV 2011, 18).

4.4.6 Berücksichtigung unterschiedlicher Ausstattungsmerkmale der veräußerten und der zu bewertenden Anteile

Unter dem bis zum 31.12.2008 geltenden Recht war anerkannt, dass bei der Ableitung des gemeinen Werts aus stichtagsnahen Verkaufspreisen auch unterschiedlichen Ausstattungsmerkmalen der veräußerten und der zu bewertenden Anteile Rechnung getragen werden konnte. Auf diese Weise konnte durch entsprechende Zu- oder Abschläge der gemeine Wert von Vorzugsaktien aus Verkäufen von Stammaktien abgeleitet werden und umgekehrt (BFH v. 28.5.1997, II B 105/96, BFH/NV 1997, 334; R B 11.1 Abs. 4 ErbStR 2011) oder der gemeine Wert junger, für das laufende Wirtschaftsjahr noch nicht (voll) dividendenberechtigter Aktien aus den Verkäufen 283

§ 12 Bewertung

von Altaktien (R B 11.1 Abs. 4 ErbStR 2011). Entsprechendes galt, wenn eine Minderheitsbeteiligung zu bewerten, Gegenstand des Verkaufs aber eine Mehrheitsbeteiligung war (BFH v. 23.2.1979, III R 44/77, BStBl II 1979, 618). Gleiches hätte bei einer Kommanditgesellschaft im Verhältnis zwischen einem Komplementär- und einem Kommanditanteil gelten müssen, wenn Anteile an Personengesellschaften in die Bewertung nach § 11 Abs. 2 BewG einbezogen gewesen wären.

284 Auf das neue Recht lassen sich diese Grundsätze aber **nicht** unbesehen übertragen, weil danach für Anteile an Kapitalgesellschaften und für Anteile am Betriebsvermögen keine direkte Ableitung des gemeinen Werts des zu bewertenden Anteils aus dem Verkaufspreis eines anderen Anteils (mehr) stattfindet, sondern der Wert des Anteils auf indirektem Wege bestimmt wird, indem zunächst der Gesamtwert des Unternehmens ermittelt und dieser sodann nach den in § 97 Abs. 1a und 1b BewG festgelegten Maßstäben auf die zu bewertenden Anteile verteilt wird. Bei Anteilen an Personengesellschaften erfolgt die Aufteilung des Gesamthandsvermögens nach den Kapitalkonten und dem Gewinnverteilungsschlüssel, bei Anteilen an Kapitalgesellschaften nach dem Nennkapital. Diese Aufteilungsschlüssel lassen die Berücksichtigung unterschiedlicher Herrschaftsrechte (z. B. im Verhältnis zwischen Komplementär- und Kommanditanteil, zwischen Stamm- und Vorzugsaktien und zwischen Anteilen mit und ohne Beteiligungscharakter) nicht ohne Weiteres zu. Ebenso wenig kann bei Anteilen an Kapitalgesellschaften einem eventuellen Gewinnvorzug von Vorzugsaktien oder der aufgeschobenen Dividendenberechtigung junger Aktien Rechnung getragen werden.

285 Die ErbStR 2011 setzen sich mit der Problematik der mittelbaren Ableitung des Anteilswerts nicht im Einzelnen auseinander. R B 11.2 Abs. 1 S. 7 ErbStR 2011 bestimmt lediglich, dass bei der Ableitung des Anteilswerts aus Verkäufen ein im Kaufpreis enthaltener Zuschlag für den Beteiligungscharakter herauszurechnen ist, wenn ein solcher Zuschlag für den zu bewertenden Anteil nicht anzusetzen ist. Dies ist nur im Ergebnis zutreffend, weil die Wertableitung gerade nicht mehr im unmittelbaren Vergleich des veräußerten und des zu bewertenden Anteils stattfindet. Ein im Kaufpreis enthaltener Paketzuschlag i. S. d. § 11 Abs. 3 BewG ist daher zur Ermittlung des Unternehmenswerts auf jeden Fall herauszurechnen. Hat auch der zu bewertende Anteil Beteiligungscharakter, ist der sich dafür nach dem Aufteilungsmaßstab des § 97 Abs. 1b BewG ergebende Wert wieder um einen Zuschlag nach § 11 Abs. 3 BewG zu erhöhen.

4.5 Ermittlung des Unternehmenswerts unter Berücksichtigung der Ertragsaussichten oder einer anderen anerkannten Methode (§ 11 Abs. 2 S. 2, 2. Fall BewG)

286 Lässt sich der gemeine Wert nicht aus stichtagsnahen Verkäufen ableiten, so ist er unter Berücksichtigung der Ertragsaussichten oder einer anderen anerkannten, auch im gewöhnlichen Geschäftsverkehr für nichtsteuerliche Zwecke üblichen Methode zu ermitteln; dabei ist die Methode anzuwenden, die ein Erwerber der Bemessung des Kaufpreises zugrunde legen würde. Die §§ 199 bis 203 BewG sind zu berücksichtigen (§ 11 Abs. 2 S. 4 BewG).

Obwohl das Gesetz damit keine allgemeingültige **Rangfolge** der verschiedenen Bewertungsverfahren festlegt, hat die Ermittlung unter Berücksichtigung der Ertragsaussichten insofern Vorrang vor anderen Verfahren, als ihre Anwendung nicht die Feststellung voraussetzt, dass es sich um eine anerkannte, auch im gewöhnlichen Geschäftsverkehr für nichtsteuerliche Zwecke übliche Methode handelt. Dies spiegelt die Einschätzung des Gesetzgebers wider, dass zumindest größere Unternehmen i. d. R. im Ertragswertverfahren bewertet werden, die Ertragswertmethode aber nicht für die Bewertung aller Arten von Unternehmen üblich und geeignet ist und eine auf die Ermittlung des gemeinen Werts gerichtete Bewertung die in den maßgebenden Wirtschaftskreisen gebräuchlichen Bewertungsmaßstäbe zu respektieren hat (Begründung des Regierungsentwurfs zu Art. 2 Nr. 2 ErbStRG).

Die verschiedenen Voraussetzungen, von denen das Gesetz die Anwendung anderer Methoden abhängig macht, dürften sich dabei zum Teil überschneiden. „Anerkannt" ist eine Methode immer dann sein, wenn sie „im gewöhnlichen Geschäftsverkehr üblich" ist. Und es stellt geradezu das Wesen einer im gewöhnlichen Geschäftsverkehr üblichen Methode dar, dass sie „für nichtsteuerliche Zwecke" angewandt wird. Letzten Endes hängt die Anwendbarkeit also davon ab, nach welchen Maßstäben Unternehmen oder Unternehmensanteile in der entsprechenden Branche im gewöhnlichen Geschäftsverkehr bewertet werden. 287

Mit der Feststellung, dass eine andere Bewertungsmethode als die Wertermittlung unter Berücksichtigung der Ertragsaussichten im gewöhnlichen Geschäftsverkehr üblich ist, dürfte zugleich die Entscheidung für ihre Maßgeblichkeit gefallen sein. Zwar ist nach dem letzten Satzteil des § 11 Abs. 2 S. 2 BewG die Methode anzuwenden, die ein Erwerber der Bemessung des Kaufpreises zugrunde legen würde; und nach der Begründung des Regierungsentwurfs soll das Abstellen auf die Erwerbersicht dafür Sorge tragen, dass von mehreren in Betracht kommenden Methoden diejenige der Bewertung zugrunde gelegt wird, die zu dem niedrigsten Ergebnis führt. Diese Betrachtungsweise lässt aber außer Acht, dass die Bemessung des Kaufpreises nicht in der Hand des Erwerbers liegt, sondern das Ergebnis eines Interessenausgleichs zwischen Erwerber und Veräußerer ist. Der Erwerber mag sich zwar für Verhandlungszwecke auf ein bestimmtes ihm günstiges – weil zu einer niedrigeren Bewertung führendes – Verfahren berufen. Ob er mit dieser Argumentation durchdringen kann, richtet sich jedoch danach, welche Gesichtspunkte und Maßstäbe der Preisbemessung im gewöhnlichen Geschäftsverkehr zugrunde gelegt werden. 288

Die Frage, welche Bewertungsmethode im jeweiligen Einzelfall maßgeblich ist, hat das zuständige Finanzamt – bzw. im Klageverfahren das Finanzgericht – von Amts wegen zu prüfen. Im Hinblick darauf, dass das Gesetz die Bewertung unter Berücksichtigung der Ertragsaussichten als Regelfall ansieht, trägt derjenige, der die Bewertung nach einer anderen Methode vornehmen will, allerdings die **Feststellungslast** dafür, dass es sich dabei um eine anerkannte, auch im gewöhnlichen Geschäftsverkehr für nichtsteuerliche Zwecke übliche Methode handelt, die der gedachte Erwerber der Bemessung des Kaufpreises zugrunde legen würde. Wie ein entsprechender Nachweis zu führen ist, lässt sich nicht allgemein festlegen. Zu denken ist insbesondere an Auskünfte von Berufsverbänden, Kammern, Maklern oder Banken, 289 an Datenbankrecherchen oder die Bezugnahme auf konkrete Vergleichsfälle, soweit hierdurch keine Verschwiegenheitspflichten verletzt werden.

4.5.1 Ermittlung des Unternehmenswerts unter „Berücksichtigung" der Ertragsaussichten

290 Wie sich aus der Begründung des Regierungsentwurfs zu Art. 2 Nr. 2 ErbStRG ergibt, ist die Wertermittlung „unter Berücksichtigung der Ertragsaussichten" aus Sicht des Gesetzgebers gleichbedeutend mit der Bewertung im Ertragswertverfahren. Davon gingen auch die während der Dauer des Gesetzgebungsverfahrens veröffentlichten Diskussionsbeiträge in der Lit. einhellig aus (*Mannek*, DB 2008, 423; *Hannes/Onderka*, ZEV 2008, 173; *Kußmaul/Pfirmann/Hell/Meyering*, BB 2008, 472, 473; *Kühnold/Mannweiler*, DStZ 2008, 167, 168; *Stahl/Fuhrmann*, DStZ 2008, 13, 14; *Schulte*, FR 2008, 341, 345; *Piltz*, DStR 2008, 745, 746). Dieses Textverständnis wurde dadurch unterstützt, dass der Regierungsentwurf zu § 11 Abs. 2 BewG in S. 4 die Ermächtigung zu einer Rechtsverordnung enthielt, durch die das BMF ermächtigt werden sollte, den „bei Ertragswertermittlungen" anzuwendenden Kapitalisierungssatz und Einzelheiten für „ein Ertragswertverfahren" zu regeln. Die endgültige Gesetzesfassung enthält diese Verordnungsermächtigung allerdings nicht mehr. Stattdessen ordnet § 11 Abs. 2 S. 4 BewG die Berücksichtigung der unmittelbar im Gesetz (§§ 199 bis 203 BewG) getroffenen Regelungen über ein vereinfachtes Ertragswertverfahren an.

291 Unter Hinweis auf den Gesetzestext vertreten *Hübner* und *Piltz* die Ansicht, dass die dort angeordnete „Berücksichtigung der Ertragsaussichten" nicht als Verweisung auf die betriebswirtschaftliche Ertragswertmethode verstanden werden könne (*Hübner*, Ubg 2009, 1, 4; *Piltz*, Ubg 2009, 13, 14f.). Denn nach seinem Wortsinn bedeute „berücksichtigen" nur, dass der zu berücksichtigende Umstand nicht außer Acht gelassen werden dürfe, nicht hingegen, dass er der alleinige Beurteilungsmaßstab zu sein habe. Daraus folge, dass jede Bewertungsmethode, die die Ertragsaussichten einbeziehe, eine Ermittlung „unter Berücksichtigung der Ertragsaussichten" darstelle und ohne den für andere Methoden erforderlichen Üblichkeitsnachweis der Bewertung zugrunde gelegt werden könne. Neben reinen Ertragswertmethoden könnten daher z.B. auch das Mittelwertverfahren (Mittel aus Substanzwert und Ertragswert) oder auch das Stuttgarter Verfahren (Substanzwert auf der Grundlage von Verkehrswerten zuzüglich Summe der sog. Übergewinne) zur Anwendung kommen (ebenso *Viskorf*, ZEV 2009, 591, 593).

292 Der Hinweis auf den Wortsinn des Begriffs „Berücksichtigung" trifft zwar zu. Gegen die allein daran anknüpfende Auslegung spricht jedoch, dass die „Berücksichtigung der Ertragsaussichten" an die Stelle der in der früheren Fassung vorgeschriebenen „Berücksichtigung des Vermögens und der Ertragsaussichten" getreten ist. In Bezug auf die bis zum 31.12.2008 geltende Gesetzesfassung hat der BFH aber in ständiger Rspr. entschieden, dass das zuletzt in R 97ff. ErbStR geregelte Stuttgarter Verfahren, das bei der Regelbewertung die ausschließliche Berücksichtigung des Vermögens und der Ertragsaussichten vorsah, ein geeignetes Schätzungsverfahren darstellte, von dem mit Rücksicht auf die Gleichmäßigkeit der Besteuerung nur abzuweichen war, wenn es ausnahmsweise aus besonderen Gründen des

Einzelfalls zu nicht tragbaren, d.h. offensichtlich unrichtigen Ergebnissen führte (BFH v. 17.5.1974, III R 156/72, BStBl II 1974, 626; v. 6.2.1991, II R 87/88, BStBl II 1991, 459; v. 6.3.1991, II R 18/88, BStBl II 1991, 558; v. 20.9.2000, II R 61/98, BFH/NV 2001, 462). Die Streichung der Worte „des Vermögens" muss daher zu dem Schluss führen, dass die Bewertung nach der Neufassung des Gesetzes im Regelfall allein aufgrund der Ertragsaussichten erfolgen soll. Gegen die wortlautgerechte Interpretation des Begriffs „Berücksichtigung" spricht außerdem der auf die „Berücksichtigung der Ertragsaussichten" folgende Satzbau des § 11 Abs. 2 S. 2 BewG. Da es der Gesetzgeber nicht für erforderlich gehalten hat, nach dem Verbindungswort „oder" das Verhältniswort „nach" einzufügen, bezieht sich das Wort „Berücksichtigung" auch auf die „anderen anerkannten, auch im gewöhnlichen Geschäftsverkehr für nichtsteuerliche Zwecke üblichen Methode[n]". Hiernach gäbe es überhaupt kein Verfahren, das der Bewertung insgesamt zugrunde zu legen wäre, sondern nur Methoden, die zu „berücksichtigen" sind. Dies steht aber in Widerspruch zum letzten Satzteil des § 11 Abs. 2 S. 2 BewG, der die Methode für maßgeblich erklärt, die ein Erwerber der Bemessung des Kaufpreises zugrunde legen würde, und damit die Möglichkeit einer eindeutigen Methodenwahl voraussetzt.

U. E. ist daher in Einklang mit den vom Gesetzgeber verfolgten Absichten unter der „Berücksichtigung der Ertragsaussichten" die Bewertung in einem Ertragswertverfahren zu verstehen, dessen Einzelheiten im Gesetz allerdings nicht geregelt sind. Das Gesetz verweist vielmehr damit auf außerjuristische Regeln, die in der Betriebswirtschaftslehre und der Berufspraxis der Wirtschaftsprüfer entwickelt worden sind (*Piltz*, DStR 2008, 745, 746).

Gemeinsames Merkmal der verschiedenen in der Bewertungspraxis anzutreffenden Ertragswertverfahren ist, dass der Unternehmenswert durch die Kapitalisierung der in der Zukunft zu erwartenden Erträge erfolgt. Methodisch werden Ertragswertverfahren im engeren Sinne und Discounted-Cashflow-Verfahren (DCF-Verfahren) unterschieden (vgl. die Übersichten bei *Creutzmann*, DB 2008, 2784; *Schmidt*, Wpg 2008, 239, 243). **293**

Bei den **Ertragswertverfahren im engeren Sinne** werden die dem Unternehmenseigner zukünftig zufließenden finanziellen Überschüsse aus den künftigen handelsrechtlichen Erfolgen abgeleitet. Demgegenüber bestimmen **DCF-Verfahren** den Unternehmenswert durch Diskontierung von Cashflows, d.h. zu erwartender Zahlungen an die Kapitalgeber. Rechentechnisch lässt sich der Unternehmenswert entweder direkt (einstufig) durch Nettokapitalisierung ermitteln, indem die um Fremdkapitalkosten verminderten finanziellen Überschüsse in einem Schritt diskontiert werden (Ertragswertverfahren, Equity-Ansatz als eine Variante des DCF-Verfahrens), oder indirekt (mehrstufig) durch Bruttokapitalisierung, indem einzelne Komponenten der finanziellen Überschüsse mit unterschiedlichen Zinssätzen kapitalisiert werden oder indem nur die finanziellen Überschüsse aus der Geschäftstätigkeit in einem Schritt diskontiert und anschließend um den Marktwert des Fremdkapitals gemindert werden. Diese Betrachtungsweise liegt dem Konzept des angepassten Barwerts (Adjusted Present Value, APV-Ansatz) und dem Konzept der gewogenen Kapitalkosten (Weighted Average Cost of Capital, WACC-Ansatz) zugrunde, die weitere Varianten des DCF-Verfahren darstellen. Bei gleichen Bewertungsannahmen bzw. -vereinfachungen, insbesondere hinsichtlich der Finanzierung, führen die verschiedenen Verfahren zu gleichen Unternehmenswerten.

294 Die künftig zu erwartenden Überschüsse werden auf der Basis von **Prognoserechnungen** geschätzt, die unter Verwertung unternehmens- und marktorientierter Informationen erstellt werden. Als unternehmensbezogene Informationen sind vor allem interne Planungsdaten sowie daraus entwickelte Plan-Bilanzen, Plan-Gewinn- und Verlustrechnungen sowie Plan-Kapitalflussrechnungen heranzuziehen. Als marktbezogene Daten können insbesondere Informationen über branchenspezifische Märkte und volkswirtschaftliche Zusammenhänge verwendet werden. Vergangenheits- und stichtagsbezogene Informationen sind nur insofern von Bedeutung, als sie als Grundlage für die Schätzung künftiger Entwicklungen oder für die Vornahme von Plausibilitätsbeurteilungen dienen können. Zur Beurteilung der bisherigen leistungs- und finanzwirtschaftlichen Entwicklung des zu bewertenden Unternehmens sind in aller Regel Gewinn- und Verlustrechnungen, Kapitalflussrechnungen, Bilanzen und interne Ergebnisrechnungen heranzuziehen. Um die in der Vergangenheit wirksamen Erfolgsursachen erkennbar zu machen, sind die Vergangenheitsrechnungen zu bereinigen.

Bei **personenbezogenen Unternehmen** sind in der Person des Eigentümers begründete (positive oder negative) Erfolgsbeiträge, die zukünftig nicht realisiert werden können, außer Betracht zu lassen. Soweit für die Mitarbeit des Inhabers in der bisherigen Ergebnisrechnung kein angemessener Unternehmerlohn berücksichtigt worden ist, sind die künftigen finanziellen Überschüsse entsprechend zu korrigieren.

295 Bei der Diskontierung der künftigen finanziellen Überschüsse wird grundsätzlich von einer unbegrenzten Lebensdauer des zu bewertenden Unternehmens ausgegangen. Unter dieser Voraussetzung entspricht der **Kapitalisierungsfaktor** dem Kehrwert des Kapitalisierungszinssatzes. Dieser setzt sich aus einem Basiszinssatz und einer die Übernahme unternehmerischen Risikos abgeltenden Risikoprämie zusammen. Der Basiszinssatz entspricht grundsätzlich der Rendite öffentlicher Anleihen mit langer Restlaufzeit. Die Risikoprämie ist unternehmensindividuell zu ermitteln. Dabei ist auch die Kapitalstruktur des Unternehmens zu berücksichtigen. Ein hoher Verschuldungsgrad korreliert mit einem hohen finanziellen Risiko und führt unter sonst gleichen Umständen zu einem höheren Risikozuschlag (zur Ermittlung von Basiszinssatz und Risikozuschlag in der Unternehmensbewertung durch die Zivilgerichte: *Wüstemann*, BB 2007, 2223, m.w.N.).

296 Besonderheiten gelten für die Bewertung betriebsneutralen, d.h. für den eigentlichen Unternehmenszweck nicht notwendigen, Vermögens. Dieses wird gesondert bewertet. Die Untergrenze der Bewertung bildet der Liquidationswert, der den Einzelverkaufspreisen aller Vermögensgegenstände des Unternehmens abzüglich aller Schulden und der mit der Liquidation verbundenen Kosten entspricht. Sowohl bei der Ermittlung der zukünftigen Erträge als auch bei der Ermittlung des Kapitalisierungszinssatzes sind die Wirkungen persönlicher Ertragsteuern typisierend zu berücksichtigen. Schließlich kann bei der Bewertung die im Vergleich zu kapitalmarktfähigen Anlagen geringere Fungibilität von Unternehmen oder Unternehmensanteilen zu berücksichtigen sein – entweder durch einen Zuschlag bei der

Ermittlung des Basiszinses oder durch einen Abschlag am Ende des Bewertungsvorgangs (*Barth*, DB 2003, 1181, 1186).

Gestaltungshinweis: Gestaltungshinweis:
Die Ermittlung des Ertragswerts nach betriebswirtschaftlichen Grundsätzen ist i.d.R. nicht ohne Einholung eines **Sachverständigengutachtens** möglich. Darüber hinaus setzt sie das Vorhandensein geeigneter Unterlagen für die Erstellung einer Prognoserechnung voraus, die insbesondere bei kleineren Unternehmen nicht ohne Weiteres verfügbar sind. Aus diesem Grund stellt das Gesetz in den §§ 199 bis 203 BewG ein vereinfachtes Ertragswertverfahren zur Verfügung.

4.5.2 Andere anerkannte, auch im gewöhnlichen Geschäftsverkehr für nichtsteuerliche Zwecke übliche Methode

Mit der Zulassung anderer Verfahren trägt der Gesetzgeber dem Umstand Rechnung, dass die Bewertung im Ertragswertverfahren nicht für jede Art von Unternehmen geeignet bzw. auf dem Markt üblich ist. Soweit andere Preisbildungsmechanismen bestehen, hat eine an den gemeinen Wert anknüpfende Bewertung diese zu respektieren (Begründung zu Art. 2 Nr. 2 des Regierungsentwurfs des ErbStRG).

Als alternative Bewertungsmethoden nennt die Gesetzesbegründung beispielhaft **vergleichsorientierte Methoden** und **Multiplikatorenmethoden**. Es handelt sich dabei um unterschiedliche Erscheinungsformen marktorientierter Bewertungsverfahren, die den mutmaßlich zu erzielenden Veräußerungspreis entweder aus dem direkten Vergleich mit realisierten Kaufpreisen vergleichbarer Unternehmen (sog. Comparative Company Approach), aus sog. Marktmultiplikatoren (branchentypisches Verhältnis zwischen Kaufpreis und Gewinn bzw. Cashflow) oder aus branchentypischen Kennziffern (Vergleichswertverfahren) ableiten (*Barthel*, DB 1996, 149, 154 ff.). Als Bezugsgrößen von Vergleichswertverfahren sind in manchen Branchen mengenmäßige Größen (z.B. Zahl der erteilen Taxenkonzessionen bei Taxiunternehmen) üblich; in einigen Branchen, speziell bei Großhandels- und Filialbetrieben sowie Agenturen, sind Bewertungsverfahren verbreitet, die an den Rohgewinn oder an verwaltete Budgets anknüpfen; soweit Unternehmenswerte in hohem Maß durch den Goodwill bestimmt werden, wird dessen Wert häufig in Abhängigkeit vom Umsatz bestimmt (*Barthel*, DB 1996, 149, 160 ff.).

Während die direkte Ableitung des Unternehmenswerts aus Kaufpreisen meist daran scheitert, dass geeignete Vergleichsfälle fehlen, weil es keine stichtagsnahen Verkäufe von Unternehmen gibt, die dem zu bewertenden nach Größe und Struktur hinreichend ähnlich sind, oder dass die Bedingungen solcher Verkäufe nicht transparent sind, stellen die an Marktmultiplikatoren und branchentypische Kennziffern anknüpfenden Bewertungen für die Marktteilnehmer offenbar weitverbreitete Hilfsmittel für die Preisfindung dar (*Barthel*, DB 1996, 149, 162; ders., DB 2007, 586 ff.; *Creutzmann*, DB 2008, 2784, 2788). Der Vorteil dieser Bewertungsverfahren liegt zum einen in ihrer Einfachheit, weil branchentypische Vergleichszahlen häufig nur an eine einzige Teilgröße anknüpfen, die im relevanten Teilmarkt als dominant, stabil und/oder wenig manipulierbar angesehen wird, zum anderen in ihrer konsequenten Marktorientierung; allerdings ist regel-

§ 12 Bewertung

mäßig die Ermittlung regionaler, unternehmensspezifischer und marktmäßiger Besonderheiten erforderlich (*Barthel*, DB 1996, 149, 161).

Vor allem bei freien Berufen und bei Gewerbetreibenden, bei denen die persönliche Leistungsfähigkeit des Berufsträgers bzw. Unternehmers gegenüber dem Kapital- und Personaleinsatz im Vordergrund stehen, ist der Umsatz als Referenzgröße für die Bewertung des ideellen Werts des Unternehmens allgemein anerkannt (*Barthel*, DB 1996, 149, 160 ff., m. w. N.; speziell für Arztpraxen: BGH v. 6.2.2008, XII ZR 45/06, BGHZ 175, 207, NJW 2008, 1221).

Einen Überblick über branchenspezifische Bewertungsmethoden gibt das Schreiben des Bayerischen Staatsministeriums der Finanzen v. 30.12.2009, 34-S 3715-009-36659/09.

300 **Gestaltungshinweis: Gestaltungshinweis:**

Zu beachten ist, dass Unternehmenswerte, die sich aus vergleichenden bzw. Multiplikatorenverfahren ergeben, für bewertungsrechtliche Zwecke zum Teil noch der Korrektur bedürfen. Soweit die Referenzgrößen die Kapitalstruktur des Unternehmens unberücksichtigt lassen, erlauben sie nur einen Schluss auf den Wert des Aktivvermögens, so dass die nach § 103 Abs. 1 BewG zu berücksichtigenden Schulden und sonstigen Abzüge gesondert zu erfassen sind. Bei Praxen freier Berufe lassen die Umsätze zudem nur einen Schluss auf die Höhe des Praxiswerts zu; vorhandenes Sachvermögen ist gesondert zu bewerten.

4.6 Substanzwert (§ 11 Abs. 2 S. 3 BewG)

4.6.1 Substanzwert als allgemeine Untergrenze der Bewertung

301 Nach § 11 Abs. 2 S. 3 BewG darf die Summe der gemeinen Werte der zum Betriebsvermögen gehörenden Wirtschaftsgüter und sonstigen aktiven Ansätze abzüglich der zum Betriebsvermögen gehörenden Schulden und sonstigen Abzüge (Substanzwert) nicht unterschritten werden; die §§ 99 und 103 BewG sind anzuwenden.

Nach R B 11.3 Abs. 1 ErbStR 2011 ist der Substanzwert nur dann als Mindestwert anzusetzen, wenn der gemeine Wert nach dem vereinfachten Ertragswertverfahren (§§ 199 bis 203 BewG) oder mit einem Gutachterwert (Ertragswertverfahren oder andere im gewöhnlichen Geschäftsverkehr für nichtsteuerliche Zwecke übliche Methode) ermittelt wird. Wird der gemeine Wert aus tatsächlichen Verkäufen unter fremden Dritten im gewöhnlichen Geschäftsverkehr abgeleitet, soll der Ansatz des Substanzwerts als Mindestwert ausgeschlossen sein (ebenso *Piltz*, Ubg 2009, 13, 14; *Viskorf*, ZEV 2009, 591, 593; a. A. *Hübner*, Ubg 2009, 1, 4).

U. E. ist diese Ansicht durch den Gesetzeswortlaut nicht gedeckt. § 11 Abs. 2 S. 3 BewG schließt an den vorhergehenden S. 2 an und bezieht sich damit nach seiner systematischen Stellung auf alle in dieser Vorschrift geregelten Bewertungsverfahren. Zwar wird die Ermittlung auf der Grundlage stichtagsnaher Verkäufe dort nur in einem einleitenden – und in die Form einer Negation gefassten – Nebensatz angesprochen („Lässt sich der gemeine Wert nicht aus Verkäufen unter fremden Dritten ableiten ..."), sodass man der Ansicht sein könnte, die Ableitung des gemeinen Werts aus Verkaufspreisen werde durch die Vorschrift gar nicht angeordnet, sondern als – der Begriffsbestimmung des § 9 Abs. 2 S. 1 BewG entsprechende – Bewertungsmethode vorausgesetzt. Dieser Sichtweise steht jedoch entgegen, dass der einleitende Halbs. des Satzes 2 mit der Beschränkung auf weniger als ein Jahr zurückliegende Verkaufsfälle eine konstitutive Aussage zu den Voraussetzungen für die Maßgeblichkeit stichtagsnaher Verkäufe trifft. Auch mit dem Hinweis auf die uneingeschränkte Maßgeblichkeit des Börsenpreises in den Fällen des § 11 Abs. 1 BewG lässt sich der generelle Vorrang des aus Verkaufspreisen abgeleiteten Werts nicht begründen. Denn § 11 Abs. 1 BewG stellt auf den Börsenkurs des Stichtags – hilfsweise den letzten Börsenkurs in den letzten dreißig Tagen davor – ab. Es handelt sich damit um einen der Höhe nach klar definierten und in unmittelbarer zeitlicher Nähe zum Stichtag ermittelten Wert, der den gemeinen Wert weitaus zuverlässiger abbildet, als dies bei der „Ableitung" des gemeinen Werts aus Verkäufen der Fall ist, die nahezu ein Jahr zurückliegen und zu unterschiedlichen Preisen erfolgt sein können.

Da die Stpfl. i. d. R. kein Interesse an dem Ansatz des Substanzwerts als Mindestwert haben dürften, ist allerdings davon auszugehen, dass sich die Auffassung der Fin-Verw. in der Praxis durchsetzen wird.

4.6.2 Stichtag

Bei der Ermittlung des Substanzwerts ist das Vermögen der Kapitalgesellschaft bzw. das Betriebsvermögen zum Bewertungsstichtag (§§ 9, 11 ErbStG) zugrunde zu legen (R B 11.4 Abs. 1 bzw. R B 109.2 Abs. 1 ErbStR 2011). Für den Fall, dass die Steuer zu einem Zeitpunkt entsteht, der nicht mit dem Abschlussstichtag der Gesellschaft bzw. des Betriebs übereinstimmt, und die Gesellschaft bzw. der Betrieb keinen Zwischenabschluss erstellt, lässt es die Verwaltung aus Vereinfachungsgründen zu, dass der Wert des Gesellschaftsvermögens bzw. des Betriebsvermögens aus der auf den letzten Abschlussstichtag erstellten Vermögensaufstellung abgeleitet wird, sofern dies im Einzelfall nicht zu unangemessenen Ergebnissen führt (R B 11.4 Abs. 2 S. 1 bzw. R B 109.2 Abs. 2 S. 1 ErbStR 2011).

301a

Bei Anwendung der Vereinfachungsregelung ist der sich auf den Abschlusszeitpunkt ergebende Ausgangswert unter vereinfachter Berücksichtigung der bis zum Bewertungsstichtag im Vermögen der Kapitalgesellschaft bzw. im Betriebsvermögen eingetretenen Veränderungen abzuleiten (R B 11.4 Abs. 2 S. 2 und Abs. 3 S. 1 bzw. R B 109.2 Abs. 2 S. 2 und Abs. 3 S. 1 ErbStR 2011). Als Korrekturen kommen insbesondere in Betracht:

1. **Hinzurechnung des Gewinns bzw. Abrechnung des Verlusts**, der zeitanteilig auf die Zeit zwischen Abschluss- und Bewertungsstichtag entfällt. Dabei ist der Gewinn laut Steuerbilanz um Abschreibungen oder Aufwendungen auf betrieblichen Grundbesitz zu korrigieren, die das Ergebnis gemindert haben, mit dem Wertansatz der Betriebsgrundstücke aber abgegolten sind (R B 11.4 Abs. 3 S. 2 Nr. 1 S. 1 bis 3 bzw. R B 109.2 Abs. 3 S. 2 Nr. 1 ErbStR 2011). Dazu gehören auch Erhaltungsaufwendungen für betrieblichen Grundbesitz, die den Grundbesitzwert zwar wegen der dafür geltenden Bewertungsmethoden nicht erhöhen, aber mit dem Ansatz des Grundbesitzwerts abgegolten sind (R B 11.4 Abs. 3 S. 2 Nr. 1

S. 4 ErbStR 2011). Gewinn oder Verlust und Abschreibungen oder andere Aufwendungen bis zum Bewertungsstichtag sind, soweit dies nicht im Einzelfall zu unangemessenen Ergebnissen führt, zeitanteilig aus den entsprechenden Jahresbeträgen herauszurechnen (R B 11.4 Abs. 3 S. 2 Nr. 1 S. 5 bzw. R B 109. 2 Abs. 3 S. 2 Nr. 1 S. 5 ErbStR 2011).

2. Berücksichtigung von Vermögensänderungen infolge **Veräußerung oder Erwerb von Anlagevermögen**, insbesondere von Betriebsgrundstücken, Wertpapieren, Anteilen und Genussscheinen von Kapitalgesellschaften und Beteiligungen an Personengesellschaften, soweit sich diese nicht bereits bei der Gewinnermittlung ausgewirkt haben (R B 11.4 Abs. 3 S. 2 Nr. 2 bzw. R B 109.2 Abs. 3 Nr. 2 ErbStR 2011).

3. Vermögensänderungen, die sich bei der Kapitalgesellschaft durch **Gewinnausschüttungen, Kapitalerhöhungen oder -herabsetzungen sowie verdeckte Einlagen** bzw. beim Betriebsvermögen durch **Entnahmen und Einlagen** ergeben haben (R B 11.4 Abs. 3 S. 2 Nrn. 3–5 bzw. R B 109.2 Abs. 3 Nr. 1 ErbStR 2011).

4.6.3 In die Ermittlung einzubeziehende aktive Wirtschaftsgüter

302 In die Ermittlung des Substanzwerts sind auf der Aktivseite alle Wirtschaftsgüter einzubeziehen, die nach §§ 95–97 BewG zum Betriebsvermögen gehören (vgl. dazu Rz. 252–257).

Wirtschaftsgüter sind neben körperlichen Gegenständen und Forderungen auch **immaterielle Wirtschaftsgüter**. Für die Steuerbilanz macht § 5 Abs. 2 EStG den Ansatz immaterieller Wirtschaftsgüter des Anlagevermögens zwar von der Voraussetzung ihres entgeltlichen Erwerbs abhängig. Eine vergleichbare Einschränkung kennt das Bewertungsrecht aber nicht (BFH v. 23.11.1988, II R 209/82, BStBl II 1989, 82). Zum Betriebsvermögen gehören daher sowohl selbst geschaffene als auch entgeltlich erworbene immaterielle Wirtschaftsgüter (R B 11.3 Abs. 3 S. 4 ggf. i. V. m. R B 109.1 S. 3 ErbStR 2011). Da die Bewertung mit dem gemeinen Wert stattzufinden hat, kommt allerdings nur die Berücksichtigung solcher immateriellen Wirtschaftsgüter in Betracht, die – wie z. B. Patente, Lizenzen, Warenzeichen Markenrechte, Gebrauchsmusterrechte, Konzessionen, Bierlieferrechte – einer **selbstständigen Veräußerung** zugänglich sind (vgl. zur Abgrenzung im Einzelnen *Henselmann/Kniest*, BewertungsPraktiker Nr. 3/2011, 10). Daher ist der Geschäfts- oder Firmenwert bzw. der Praxiswert bei der Ermittlung des Substanzwerts außer Betracht zu lassen, und zwar unabhängig davon, ob er selbst geschaffen oder entgeltlich erworben wurde (*Mannek*, ZEV 2012, 6, 15). Soweit ein Geschäftswert vorhanden ist, dürfte der gemeine Wert des Unternehmens als Ganzes ohnehin höher sein als die Summe der gemeinen Werte der einzelnen Wirtschaftsgüter. Demgegenüber sollen geschäftswert-, firmenwert- oder praxiswertbildende Faktoren, denen ein eigenständiger Wert zugewiesen werden kann (z. B. Kundenstamm, Know-how), nach R B 11.3 Abs. 3 S. 5 ErbStR 2011 (ggf. i. V. m. R B 109.1 S. 3 ErbStR) bei der Ermittlung des Substanzwerts berücksichtigt werden. Dem ist u. E. nicht zu folgen, weil derartige Faktoren regelmäßig (zu denkbaren Ausnahmefällen vgl. BFH v. 26.11.2009, III R 40/07, BFH/NV 2010, 721, BStBl II 2010, 609) nicht selbstständig verkehrsfähig sind (*ebenso Henselmann/Kniest*, BewertungsPraktiker Nr. 3/2011,

Bewertung § 12

10 ff.; a. A. *Mannek*, ZEV 2012, 6, 16, sowie *Eisele*, NWB 2011, 2782, 2788) und ihre Einbeziehung zu einer Vermengung von Substanz- und Ertragswertverfahren führt (*Schmidt/Schwind*, NWB 2011, 3512, 3528).

Als sonstige aktive Ansätze kommen vor allem aktive Rechnungsabgrenzungsposten in Betracht, also Ausgaben vor dem Bewertungsstichtag, soweit sie Aufwand für eine bestimmte Zeit nach dem Bewertungsstichtag darstellen (§ 5 Abs. 5 S. 1 Nr. 1 EStG).

Die Ermittlung der gemeinen Werte richtet sich nach den für die jeweilige Vermögensart geltenden Vorschriften. Grundbesitz, Betriebsvermögen und Anteile an Kapitalgesellschaften, für die ein Wert nach § 151 Abs. 1 S. 1 Nrn. 1–3 BewG festzustellen ist, sind mit den auf den Bewertungsstichtag festgestellten Werten anzusetzen (R B 11.3 Abs. 5 S. 2 ggf. i. V. m. R B 109.1 S. 3 ErbStR 2011). Der gemeine Wert **von Erfindungen oder Urheberrechten**, die in Lizenz vergeben oder in sonstiger Weise gegen Entgelt einem Dritten zur Nutzung überlassen sind, ist nach R B 11.3 Abs. 6 ErbStR 2011 (ggf. i. V. m. R B 109.1 S. 3 ErbStR 2011) durch Kapitalisierung der vertraglich geschuldeten Nutzungsentgelte zu ermitteln, soweit keine anderen Bewertungsgrundlagen vorhanden sind. Bei schwankenden Nutzungsentgelten und unbestimmter Vertragsdauer kann auf die letzte vor dem Besteuerungszeitpunkt gezahlte Lizenzgebühr und eine Laufzeit von acht Jahren abgestellt werden. Der Kapitalisierung ist der marktübliche Zins zugrunde zu legen; hierbei kann der jeweils maßgebende Kapitalisierungszinssatz nach § 203 Abs. 1 BewG angewendet werden.

Wirtschaftsgüter des beweglichen **abnutzbaren Anlagevermögens** können aus Vereinfachungsgründen mit einem angemessenen Restwert von mindestens 30 % der Anschaffungs- oder Herstellungskosten angesetzt werden, wenn dies nicht zu unzutreffenden Ergebnissen führt (R B 11.3 Abs. 7 ggf. i. V. m. R B 109.1 S. 3 ErbStR 2011). Nach Ansicht von *Mannek* (ZEV 2012, 66, 16) ist der Ansatz des Mindestwerts solange ausgeschlossen, wie die fortgeführten Anschaffungs- oder Herstellungskosten den Restwert von 30 % überschreiten.

Wirtschaftsgüter des **Umlaufvermögens** sind mit ihren Wiederbeschaffungs- oder Wiederherstellungskosten zum Bewertungsstichtag anzusetzen. Ihr Wert kann auch nach der retrograden Methode ermittelt werden. Aufgrund der Verbrauchsfolgefiktion des Lifo-Verfahrens gebildete stille Reserven sind bei der Ermittlung des Substanzwerts aufzulösen (R B 11.3 Abs. 8 S. 1–3 ggf. i. V. m. R B 109.1 S. 3 ErbStR 2011).

4.6.4 In die Ermittlung einzubeziehende Schulden

Der Kreis der in die Ermittlung des Substanzwerts einzubeziehenden Schulden und sonstigen Abzüge bestimmt sich nach § 103 BewG. Danach sind alle Passivposten zu berücksichtigen, die mit der Gesamtheit oder einzelnen Teilen des Betriebsvermögens in Zusammenhang stehen und bei der steuerlichen Gewinnermittlung zum Betriebsvermögen gehören. Diese Voraussetzung ist auch dann erfüllt, wenn für sie ein steuerliches Passivierungsverbot gilt (R B 11.3 Abs. 3 S. 2 ggf. i. V. m. R B 109.1 S. 3 ErbStR 2011). Hiernach sind insbesondere handelsrechtlich gebotene Drohverlustrückstellungen, die bei der steuerlichen Gewinnermittlung nicht berücksich-

§ 12 Bewertung

tigt werden dürfen (§ 5 Abs. 4a EStG), bei der Ermittlung des Substanzwerts anzusetzen (R B 11.3 Abs. 3 S. 3 ggf. i.V.m. R B 109.1 S. 3 ErbStR 2011). In der Steuerbilanz gewinnmindernd gebildete Rücklagen sind nach § 103 Abs. 3 BewG grundsätzlich nicht abzugsfähig. Darunter fallen z. B. Rücklagen nach § 6b EStG, R 6.5 EStR, R 6.6 EStR (R B 11.3 Abs. 4 ErbStR 2011; R B 103.1 Abs. 2 ErbStR 2011).

305 Ungeachtet der Streichung des § 98a S. 2 BewG durch das ErbStRG gelten die §§ 4–8 BewG für die Ermittlung des Substanzwerts nicht. Abzugsfähig sind daher neben den auflösend bedingten auch die aufschiebend bedingten Verbindlichkeiten sowie ungewisse Verbindlichkeiten (so ausdrücklich in Bezug auf nicht bilanzierende Gewerbetreibende und freiberuflich Tätige R B 103.2 Abs. 1 S. 3, Abs. 3 ErbStR 2011).

306 Hinsichtlich der **Bewertung** der Schulden und sonstigen Abzüge trifft § 11 Abs. 2 S. 3 BewG keine ausdrückliche Regelung. Ein gemeiner Wert i.S.d. § 9 Abs. 2 S. 1 BewG lässt sich für diese Abzugspositionen nicht ermitteln. Da der Substanzwert aber eine besondere Form der Ermittlung des gemeinen Werts des Unternehmens darstellt, kann die Bewertung nur nach den allgemeinen Vorschriften des BewG erfolgen. Schulden sind daher nach § 12 Abs. 1 BewG grundsätzlich mit dem Nennwert anzusetzen, soweit nicht im Einzelfall Gründe für einen höheren oder niedrigeren Wert vorliegen. Der Wert von **Sachleistungsansprüchen** und **Sachleistungsverpflichtungen** entspricht dem Wert des Gegenstands, auf den die Leistung gerichtet ist (R B 103.2 Abs. 5 S. 2 ErbStR 2011). Bei Geschäften, die auf die Übertragung von Grundbesitz gerichtet sind, kommt eine Bewertung der Ansprüche und Verpflichtungen mit dem Grundbesitzwert (§§ 176ff. BewG) nicht in Betracht (R B 103.2 Abs. 5 S. 3 ErbStR 2011).

4.6.5 Verhältnis zum Liquidationswert

307 Der Substanzwert i.S.v. § 11 Abs. 2 S. 3 BewG stellt nach der Bewertungskonzeption des Gesetzgebers keinen Zerschlagungs-, sondern einen Fortführungswert dar. Daraus folgt, dass die gemeinen Werte nicht um Veräußerungskosten oder sonstige Liquidationskosten (z.B. Kosten für Sozialpläne oder Abfindungen, Rekultivierungskosten, Abrisskosten) zu verringern sind. Auch der Abzug latenter Ertragsteuern, die im Veräußerungsfall entstehen würden, soweit der gemeine Wert der aktiven Wirtschaftsgüter deren Buchwert übersteigt, ist ausgeschlossen (vgl. zur Anteilsbewertung nach dem Stuttgarter Verfahren: BFH v. 20.12.1968, III R 29/66, BFHE 95, 273; BFH v. 20.10.1978, III R 31/76, BStBl II 1979, 34; BFH v. 2.10.1981, III R 27/77, BStBl II 1982, 8; BFH v. 10.2.1991, II R 153/88, BStBl II 1992, 274; BFH v. 12.2.1992, II R 113/88, BStBl II 1993, 268). Nur für Unternehmen, die sich in Liquidation befinden, lässt R B 11.3 Abs. 9 ErbStR (ggf. i.V.m. R B 109.1 S. 3 ErbStR 2011) den Ansatz des Liquidationswerts unter Berücksichtigung der Liquidationskosten (z.B. für einen Sozialplan) zu. An den Abzug latenter Ertragsteuern scheint auch in diesem Fall nicht gedacht zu sein.

Mit dem Bewertungsziel des gemeinen Werts ist das Verständnis des Substanzwerts als Fortführungswert allerdings nicht zu vereinbaren. Der Ansatz des Mindestwerts

Bewertung § 12

setzt voraus, dass der für das Unternehmen als Ganzes ermittelte Wert niedriger ist als die Summe der Werte der zu dem Unternehmen gehörenden aktiven und passiven Wirtschaftsgüter. Er gilt also nur für Unternehmen mit negativem Geschäftswert. Bei diesen dürfte die Annahme des Gesetzgebers, dass ein fortführungswilliger Erwerber bereit wäre, zumindest den gemeinen Wert des Betriebsvermögens zu bezahlen, aber gerade nicht zutreffen (*Wollny*, DStR 2012, 766, 768). Der negative Geschäftswert lässt sich nur durch eine Auflösung des Unternehmens unter Inkaufnahme der mit der Liquidation verbundenen Kosten vermeiden. Der Ansatz von Einzelveräußerungswerten unter der Annahme der Unternehmensfortführung beruht daher auf einer Kombination miteinander unvereinbarer Annahmen und führt zu einem am Markt nicht realisierbaren Wert (*Kohl/König/Möller*, BB 2013, 555, 559; *Geck*, ZEV 2015, 129, 132).

4.6.6 Notwendigkeit zur Ermittlung des Substanzwerts

Die genaue Ermittlung des Substanzwerts ist mit einem nicht unerheblichen zusätzlichen Aufwand verbunden (*Schiffers*, DStZ 2009, 548, 555). Daran war in der Lit. zunächst die Erwartung geknüpft worden, dass die FinVerw. sie nur in Fällen durchführen werde, in denen konkrete Anhaltspunkte dafür vorhanden sind, dass der Substanzwert ausnahmsweise höher als der im Rahmen einer Gesamtbewertung ermittelte Unternehmenswert ist (*Creutzmann*, DB 2008, 2784, 2791; *Seer*, GmbHR 2009, 225, 231). R B 11.4 Abs. 4 und R B 109.2 Abs. 4 ErbStR 2011 bestimmen jedoch, dass der Feststellungserklärung stets eine Vermögensaufstellung nach amtlichem Vordruck beizufügen ist, aus der sich die für die Ermittlung des Substanzwerts erforderlichen Angaben ergeben. Diese Regelung wurde offenbar vor dem Hintergrund getroffen, dass die gemeinen Werte der einzelnen Wirtschaftsgüter – unabhängig von der Ermittlung des Substanzwerts als Mindestwert – jedenfalls für die Ermittlung der Verwaltungsvermögensquote von Bedeutung sind (*Schiffers*, DStZ 2009, 548, 555). 308

einstweilen frei 309–319

4.7 Vereinfachtes Ertragswertverfahren (§§ 199 bis 203 BewG)

4.7.1 Überblick

Die §§ 199 bis 203 BewG regeln eine vom Gesetz als vereinfachtes Ertragswertverfahren bezeichnete Methode zur Ermittlung des gemeinen Werts nicht börsennotierter Anteile an Kapitalvermögen sowie von (Anteilen an) Betriebsvermögen. 320

Nach dem Regierungsentwurf des ErbStRG sollten diese Regelungen nicht unmittelbar im Gesetz, sondern durch eine Rechtsverordnung getroffen werden. Im Februar 2008 legte das BMF einen Entwurf (Diskussionsentwurf für eine Anteils- und Betriebsvermögensbewertungsverordnung – AntBVBewV –) vor, der in der Lit. Gegenstand einer lebhaften Diskussion war (*Creutzmann*, Stbg 2008, 148; *Piltz*, DStR 2008, 745; *Mannek*, DB 2008, 423; *Kußmaul/Pfirmann/Hell/Meyering*, BB 2008, 472; *Flöter/Matern*, NWB 2008, 1727; *Hannes/Onderka*, ZEV 2008, 173; *Kühnold/Mannweiler*, DStZ 2008, 167; *Rohde/Geinhardt*, StuB 2008, 338). Auf Empfehlung des Finanzausschusses (BT-Drs. 16/11075) wurden die Regelungen zum vereinfachten Ertragswertverfahren in den neu eingefügten Unterabschnitt D des Sechsten Abschnitts des BewG übernommen. Inhaltlich blieben die Vorschriften im Wesentlichen unverändert. Die Regelungen zur Bewertung eines Anteils am Betriebsvermögen einer Personengesellschaft – d.h. zur Aufteilung des für die Gesellschaft als Ganzes ermittelten Werts auf die Anteile der einzelnen Gesellschafter –, die § 6 AntBVBewV für den Anwendungsbereich des vereinfachten Ertragswertverfahrens vorsah, wurden in den für alle Wertermittlungsmethoden geltenden § 97 Abs. 1a BewG übernommen und um eine Regelung für Anteile an Kapitalgesellschaften (§ 97 Abs. 1b BewG) ergänzt.

Das vereinfachte Ertragswertverfahren dient dazu, eine einheitliche Rechtsanwendung bei gleichen Sachverhalten sicherzustellen und die Bewertung von nicht notierten Anteilen an Kapitalgesellschaften und von Betriebsvermögen zu erleichtern. Es soll die Möglichkeit bieten, ohne hohen Ermittlungsaufwand oder Kosten für einen Gutachter einen objektivierten Unternehmens- bzw. Anteilswert auf der Grundlage der Ertragsaussichten nach § 11 Abs. 2 S. 2 BewG zu ermitteln (Bericht des Finanzausschusses, BT-Drs. 16/11107, 26). Inhaltlich lehnt es sich an schon seit längerer Zeit geltende Verwaltungsregelungen zur Bewertung von (Anteilen an) Kapitalgesellschaften für ertragsteuerliche Zwecke an (OFD Rheinland v. 15.11.2007, S 2244 – 1008 – St14, GmbHR 2008, 112).

4.7.2 Voraussetzungen für die Anwendung des vereinfachten Ertragswertverfahrens (§ 199 BewG)

321 Nach § 199 Abs. 1 und 2 BewG kommt die Anwendung des vereinfachten Ertragswertverfahrens in Betracht, wenn entweder der gemeine Wert von Anteilen an einer Kapitalgesellschaft nach § 11 Abs. 2 BewG unter Berücksichtigung der Ertragsaussichten der Kapitalgesellschaft oder der gemeine Wert des Betriebsvermögens oder eines Anteils am Betriebsvermögen nach § 109 Abs. 1 und 2 i.V.m. § 11 Abs. 2 BewG unter Berücksichtigung der Ertragsaussichten des Gewerbebetriebs oder der Gesellschaft zu ermitteln ist.

Soweit es sich um die Ermittlung des gemeinen Werts von Anteilen an Kapital- oder Personengesellschaften handelt, führt seine Anwendung allerdings nicht zur Ermittlung des gemeinen Werts des Anteils, sondern des gemeinen Werts der Gesellschaft, aus dem der Wert des Anteils nach § 97 Abs. 1a und 1b BewG abgeleitet werden muss.

4.7.2.1 Ertragswertverfahren als maßgebliche Bewertungsmethode

322 Die Anwendung des vereinfachten Ertragswertverfahrens ist davon abhängig, dass der gemeine Wert unter Berücksichtigung der Ertragsaussichten zu ermitteln ist. Dies setzt voraus, dass

- zu bewertende Anteile an Aktiengesellschaften und an Kommanditgesellschaften auf Aktien nicht an einer deutschen Börse zum Handel im regulierten Markt zugelassen sind, weil sie in diesem Fall zwingend mit dem Börsenkurs zu bewerten wären (§ 11 Abs. 1 BewG),

Bewertung   § 12

- sich der gemeine Wert der Anteile bzw. des Betriebsvermögens nicht nach § 11 Abs. 2 S. 2 BewG aus Verkaufspreisen des letzten Jahres ableiten lässt,
- die Anwendung ertragswertorientierter Verfahren nicht branchentypisch ausgeschlossen ist, z.b. weil Multiplikatorenverfahren oder Substanzwertverfahren zur Anwendung kommen (R B 199.1 Abs. 1 S. 2 ErbStR 2011; *Kühnold/Mannweiler*, DStZ 2008, 167, 169; *Stamm/Blum*, StuB 2009, 806; *Hannes/Onderka*, ZEV 2009, 421, 422; *Stalleiken/Theissen*, DStR 2010, 21, 22; krit. *Kußmaul/Pfirmann/Hell/Meyering*, BB 2008, 472, 473 f., und *Rohde/Gemeinhardt*, StuB 2008, 338, 340, die eine ausdrückliche Aufnahme dieser Einschränkung in den Gesetzestext für erforderlich halten),
- der nach den Vorschriften der §§ 199 bis 203 BewG ermittelte Wert den nach § 11 Abs. 2 S. 3 BewG als Mindestwert anzusetzenden Substanzwert nicht unterschreitet.

Nach § 1 Abs. 3 AntBVBewV sollte das vereinfachte Ertragswertverfahren auf Großbetriebe keine Anwendung finden. Dies wurde damit begründet, dass diese regelmäßig über Finanzplan- oder andere Daten verfügten, die eine Unternehmensbewertung in einem anerkannten Ertragswertverfahren zuließen. § 199 BewG hat auf diese Einschränkung verzichtet. Angesichts der vorgesehenen Grenzziehung bei einem Umsatz von 32 Mio. EUR wären ohnehin bundesweit allenfalls 300 Fälle pro Jahr von dieser Ausnahme betroffen gewesen (*Kühnold/Mannweiler*, DStZ 2008, 167, 170).

4.7.2.2 Keine offensichtlich unzutreffenden Ergebnisse

Nach § 199 Abs. 1 und 2 BewG ist die Anwendung des vereinfachten Ertragswertverfahrens nur zulässig, wenn es nicht zu offensichtlich unzutreffenden Ergebnissen führt. Aus welchen Erkenntnisquellen sich der Schluss auf die Unrichtigkeit des Ergebnisses ergeben kann, lässt das Gesetz ebenso offen wie die Frage, unter welchen Voraussetzungen eine sich bei deren Ausschöpfung ergebende Unrichtigkeit offensichtlich ist.

Nach der Verwaltungsauffassung kann sich der Schluss auf eine offensichtlich unzutreffende Wertermittlung z.b. aus Verkäufen ergeben, die kurz nach dem Bewertungsstichtag oder mehr als ein Jahr davor stattgefunden haben, oder aus Erbauseinandersetzungen, bei denen die Verteilung der Erbmasse Rückschlüsse auf den gemeinen Wert zulässt (R B 199.1 Abs. 5 ErbStR 2011). Dies entspricht im Wesentlichen der Gesetzesbegründung (Bericht des Finanzausschusses, BT-Drs. 16/11108, 22), die in der Lit. weitgehend akzeptiert wurde (*Rohde/Gemeinhardt*, StuB 2008, 338, 340; *Hannes/Onderka*, ZEV 2008, 173, 174; *Kühnold/Mannweiler*, DStZ 2008, 167, 169). Diese Auffassung steht allerdings in Widerspruch dazu, dass der BFH in der Vergangenheit nicht nur die Ableitung des gemeinen Werts aus Verkäufen nach dem Stichtag ausgeschlossen, sondern auch die Verprobung eines nach dem Stuttgarter Verfahren ermittelten Werts anhand späterer Verkäufe abgelehnt hat, weil dies auf eine Ableitung des gemeinen Werts aus eben diesen Verkäufen hinausliefe (BFH v. 16.5.2003, II B 50/02, BFH/NV 2003, 1150, unter II. 1. a).

323

Doch auch wenn man die Verwaltungsauffassung akzeptiert, dürften die dort angesprochenen Referenzfälle selten sein (*Stalleiken/Theissen*, DStR 2009, 21, 23). Zudem wäre in jedem Einzelfall zu prüfen, durch welche Umstände die länger zurückliegende oder die spätere Preisfindung bestimmt wurde und ob sie auch unter deren Berücksichtigung Schlüsse auf den gemeinen Wert zum Bewertungsstichtag zulässt (*Piltz*, DStR 2008, 745, 748 f.). Soweit Referenzfälle fehlen oder keinen Schluss auf den gemeinen Wert zulassen, könnte sich ein unzutreffendes Ergebnis nur durch den Vergleich mit dem Ergebnis einer anderen Bewertungsmethode ergeben (*Piltz*, Ubg 2009, 13, 15; grundsätzlich ablehnend *Viskorf*, ZEV 2009, 591, 596). Ein solcher Vergleich stößt aber auf das Problem, dass es sich bei dem zum Vergleich herangezogenen Wert seinerseits nur um eine Schätzgröße handelt, der in gleicher Weise Ungenauigkeiten und Unschärfen anhaften (*Stalleiken/Theissen*, DStR 2009, 21, 23; *Viskorf*, ZEV 2009, 591, 596).

324 Überhaupt keine Aussage enthalten die ErbStR 2011 zu der Frage, wie groß die **Abweichung** sein muss, damit ein im vereinfachten Ertragswertverfahren ermittelter Wert als „offensichtlich" unzutreffend anzusehen ist. In der Lit. finden sich dazu die unterschiedlichsten Ansichten. Zum Teil wird eine Abweichung von mehr als 50 % für erforderlich gehalten (*Mannek*, DB 2008, 423, 428), zum Teil werden unter Berufung auf die Grundsätze, die für die Annahme offenbarer Unbilligkeit bei Schiedsgutachten gelten, bereits Abweichungen von 20 % bis 25 % für ausreichend gehalten (*Rohde/Geimeinhardt*, StuB 2008, 338, 340), zum Teil wird aus Gründen der Rechtssicherheit eine Grenzziehung durch den Gesetzgeber für erforderlich gehalten (*Hannes/Onderka*, ZEV 2008, 173, 174 f.). Bei der Diskussion um den erforderlichen Abweichungsprozentsatz wird übersehen, dass der dem Ergebnis des vereinfachten Ertragswertverfahrens gegenübergestellte Vergleichswert seinerseits nur einen Annäherungswert an den gemeinen Wert darstellen kann. Legt man für solche Annäherungswerte eine zulässige Streubreite von 20 % um „den" gemeinen Wert zugrunde (BVerfG v. 7.11.2006, 1 BvL 10/02, BFH/NV 2007, Beilage 4, 237 ff., BStBl II 2007, 192, unter C. II. 2 a, zur Streubreite der Verkaufspreise beim Grundvermögen; *Hübner*, Ubg 1, 3; für die Bewertung von Betriebsvermögen hält *Viskorf*, ZEV 2009, 591, 592, sogar eine Streubreite von bis zu 30 % für zulässig), lässt nicht einmal eine Abweichung von 50 % den sicheren Schluss darauf zu, dass einer der beiden Werte unzutreffend ist.

Beispiel:
Nach dem vereinfachten Ertragswertverfahren ergibt sich ein Unternehmenswert von 120. Eine alternative Bewertungsmethode führt zu einem Wert von 80. Obwohl der höhere Wert den niedrigeren um 50 % übersteigt, muss er nicht offensichtlich unzutreffend sein. Denn bei einem gedachten gemeinen Wert von 100 lägen beide Werte noch innerhalb der zulässigen Streubreite von 20 %.

Die Feststellung, dass das vereinfachte Ertragswertverfahren zu einem offensichtlich unzutreffenden Ergebnis führt, dürfte daher im Allgemeinen nur in Ausnahmefällen möglich sein (ebenso *Viskorf*, ZEV 2009, 591, 596).

Bewertung § 12

Für bestimmte **Fallgruppen** geht die FinVerw. allerdings **typisierend** davon aus, 324a
dass **begründete Zweifel** an der Anwendbarkeit des Ertragswertverfahrens bestehen.
Dies soll der Fall sein
- bei komplexen Strukturen von verbundenen Unternehmen (R B 199.1 Abs. 6 S. 1 Nr. 1 ErbStR 2011),
- bei neu gegründeten Unternehmen, insbesondere bei Gründungen innerhalb eines Jahres vor dem Bewertungsstichtag (R B 199.1 Abs. 6 S. 1 Nr. 2 ErbStR 2011),
- beim Branchenwechsel eines Unternehmens (R B 199.1 Abs. 6 S. 1 Nr. 3 ErbStR 2011),
- in sonstigen Fällen, in denen aufgrund der besonderen Umstände der künftige Jahresertrag nicht aus den Vergangenheitserträgen abgeleitet werden kann, z.B. bei Wachstumsunternehmen, branchenbezogenen oder allgemeinen Krisensituationen oder absehbaren Änderungen des künftigen wirtschaftlichen Umfelds (R B 199.1 Abs. 6 S. 1 Nr. 4 ErbStR 2011),
- bei grenzüberschreitenden Sachverhalten, z.B. nach § 1 AStG, § 4 Abs. 1 S. 3 EStG oder § 12 Abs. 1 KStG, sofern der jeweils andere Staat nicht die Ergebnisse des vereinfachten Ertragswertverfahrens seiner Besteuerung zugrunde legt (R B 199.1 Abs. 6 S. 1 Nr. 5 ErbStR 2011).

Im Fall **komplexer Unternehmensstrukturen** wird damit offenbar dem Umstand Rechnung getragen, dass Konzerne bei Anwendung betriebswirtschaftlicher Bewertungsverfahren Gegenstand einer Gesamtbewertung sind (*Welling/Wünnemann*, Beilage zu FR 11/2009, 2, 7) und die bei dem vereinfachten Ertragswertverfahren erforderliche Einzelbewertung von Beteiligungen insbesondere dann zu Fehlbewertungen führen kann, wenn diese nach unterschiedlichen Methoden erfolgt (*Kohl*, ZEV 2009, 554, 556). Jedenfalls dann, wenn auch die Untergesellschaften nach dem vereinfachten Ertragswertverfahren bewertet werden, muss das sich daraus ergebende Gesamtergebnis aber nicht notwendigerweise unzutreffender sein als die Einzelergebnisse (*Stalleiken/Theisen*, DStR 2010, 21, 26; gegen den generellen Ausschluss komplexer Strukturen auch *Schiffers*, DStZ 2009, 548, 552; *Hannes/Onderka*, ZEV 2009, 432, 422; *Welling/Wünnemann*, Beilage zu FR 11/2009, 2, 7). Hinzu kommt, dass die bei dem vereinfachten Ertragswertverfahren erforderliche Einzelbewertung der Beteiligungen zusätzlichen Bewertungsaufwand vermeidet, wenn der Verwaltungsvermögenstest nach § 13b Abs. 2 S. 2 Nr. 3 ErbStG durchzuführen ist. Bei einer konsolidierten Gesamtbewertung der Unternehmensgruppe müsste die hierfür erforderliche Feststellung der Einzelwerte der Beteiligungen sonst für jede Beteiligungsgesellschaft zusätzlich durchgeführt werden (*Stalleiken/Theissen*, DStR 2010, 21, 26f.).

Im Fall **neu gegründeter Unternehmen** werden die Zweifel damit begründet, dass der künftige Jahresertrag, z.B. wegen hoher Gründungs- und Ingangsetzungsaufwendungen, regelmäßig nicht aus den Vergangenheitserträgen abgeleitet werden kann. Gleiches soll für den Fall des **Branchenwechsels** gelten. In beiden Fällen lässt die FinVerw. aus Vereinfachungsgründen den Ansatz des Substanzwerts als Mindestwert zu, wenn dies nicht zu unzutreffenden Ergebnissen führt (R B 199.1 Abs. 6 S. 2 ErbStR 2011). Hinter den **sonstigen Fällen**, in denen begründete Zweifel an der

§ 12 Bewertung

Anwendbarkeit des vereinfachten Ertragswertverfahrens bestehen sollen, verbergen sich so unterschiedliche bzw. so unbestimmte Sachverhalte, dass sie eine Einzelfallbeurteilung nicht wirklich vorwegnehmen oder vorprägen können. Bei den **grenzüberschreitenden Sachverhalten** fragt es sich, wieso das Vorliegen begründeter Zweifel von dem Besteuerungsverhalten des anderen Staates abhängig sein soll und für welche steuerlichen Zwecke dieser das vereinfachte Ertragswertverfahren zugrunde legen sollen muss, damit die Zweifel ausgeräumt werden.

Mit der Annahme „begründeter Zweifel" bleiben die ErbStR 2011 hinter dem für die ersten drei Fälle in den gleich lautenden Ländererlassen AntBV v. 25.6.2009 (BStBl I 2009, 868) vorgesehenen generellen **Ausschluss des vereinfachten Ertragswertverfahrens** zurück. Die Annahme begründeter Zweifel ist dahin zu verstehen, dass die FinVerw. in den genannten Fällen von der nahe liegenden Möglichkeit eines offensichtlich unzutreffenden Ergebnisses ausgeht und die Anwendung des vereinfachten Ertragswertverfahrens für den Regelfall ausschließen will. Allerdings soll der Steuerpflichtige die Möglichkeit haben, substanziiert darzulegen, warum das vereinfachte Ertragswertverfahren nicht zu einem offensichtlich unzutreffenden Ergebnis führt (R B 199.1 Abs. 4 S. 5 ErbStR 2011). Kommt er dieser „Mitwirkungspflicht" nicht nach, soll davon ausgegangen werden können, dass die gesetzlichen Voraussetzungen für die Ausübung des Wahlrechts nicht vorliegen (R B 199.1 Abs. 4 S. 6 ErbStR 2011). In diesem Fall soll die Bewertung nach den allgemeinen Grundsätzen vorgenommen werden (R B 199.1 Abs. 4 S. 7 ErbStR 2011).

Keine Aussage treffen die ErbStR 2011 dazu, **wie sich die Bewertung nach den allgemeinen Grundsätzen praktisch vollziehen soll**. *Eisele* (NWB 2011, 2782, 2790f.) nimmt an, dass in diesem Fall der Steuerpflichtige den gemeinen Wert nach einer anderen anerkannten, auch im gewöhnlichen Geschäftsverkehr für nichtsteuerliche Zwecke üblichen Methode zu „ermitteln" habe. *Mannek* (ZEV 2012, 6, 16) vermutet, dass die FinVerw. kein Gutachten über den gemeinen Wert des Unternehmens nach einer allgemeinen Bewertungsmethode erstellen werde, „um die vom Steuerzahler nicht erfüllte Mitwirkungspflicht zu heilen", sondern zur Schätzung greifen werde. Damit wird der Umfang der dem Steuerpflichtigen nach § 90 Abs. 1 S. 1 AO obliegenden Mitwirkungspflicht u.E. überspannt. Auch wenn das vereinfachte Ertragswertverfahren keine Anwendung findet, bleibt die Wertermittlung Aufgabe der Finanzbehörde. Diese hat auf der ersten Stufe zu klären, welches Wertermittlungsverfahren für das zu bewertende Unternehmen maßgeblich ist, und auf der zweiten Stufe den sich danach ergebenden Wert zu bestimmen. Der Steuerpflichtige genügt seiner Mitwirkungspflicht dadurch, dass er die für die Wertermittlung bedeutsamen Tatsachen vollständig und wahrheitsgemäß offenlegt und ggf. die ihm bekannten Beweismittel angibt (vgl. § 90 Abs. 1 S. 2 AO). Keinesfalls kann von ihm die Vorlage eines Wertgutachtens verlangt werden.

4.7.2.3 Entscheidung über die Anwendung des vereinfachten Verfahrens

325 Aus dem in § 199 Abs. 1 und 2 BewG verwendeten Begriff „kann" wird nahezu einhellig der Schluss gezogen, dass die Anwendung des vereinfachten Ertragswertverfahrens bei Erfüllung seiner tatbestandsmäßigen Voraussetzungen **nicht zwingend** ist, sondern die Bewertung auch in einem anderen – betriebswirtschaftlichen

Grundsätzen entsprechenden – Ertragswertverfahren erfolgen kann (vgl. nur *Stalleiken/Theissen*, DStR 2010, 21, 22; *Hannes/Onderka*, ZEV 2008, 173, 174; *dies.*, ZEV 2009, 421, 423; *Piltz*, DStR 2008, 745, 748; *ders.*, Ubg 2009, 13, 16; *Schulte/Birnbaum/Hinkers*, BB 2009, 300, 301; *Schiffers*, DStZ 2009, 548, 552). Demgegenüber vertritt *Viskorf* (ZEV 2009, 591 ff.) die Ansicht, dass es sich bei dem vereinfachten Ertragswertverfahren um ein Regelbewertungsverfahren handle. Eine Gesetzesinterpretation, wonach die Bestimmung der Wertermittlungsmethode, die unmittelbar auf die Höhe der Steuerbemessungsgrundlage und damit auch die Steuerbelastung durchschlage, den Beteiligten obliege, sei mit dem Rechtsstaatsprinzip nicht vereinbar. Der in § 11 Abs. 2 S. 4 BewG getroffenen Anordnung, dass die §§ 199–203 BewG zu „berücksichtigen" seien, sei daher die verbindliche Anordnung (an das Finanzamt) zu entnehmen, das vereinfachte Ertragswertverfahren anzuwenden, soweit kein anderes Verfahren verbindlich vorgeschrieben sei und es nicht zu einem offensichtlich unzutreffenden Ergebnis führe (*Viskorf*, ZEV 2009, 595).

Die Auffassung *Viskorfs* ist u. E. mit dem Gesetzeswortlaut nicht zu vereinbaren. § 199 BewG ordnet lediglich an, dass das vereinfachte Ertragsverfahren unter den dort näher bestimmten Voraussetzungen angewendet werden „kann", nicht hingegen, dass es anzuwenden „ist". Die in § 11 Abs. 2 S. 4 BewG vorgeschriebene „Berücksichtigung" der §§ 199–203 BewG kann diesen Vorschriften keinen über ihren eigenen Wortlaut hinausgehenden Geltungsanspruch verschaffen. Der von *Viskorf* verfochtene Regelcharakter des vereinfachten Ertragswertverfahrens lässt auch den Umstand außer Betracht, dass die darin vorgesehene stark schematisierte Wertermittlung den am Markt realisierbaren Unternehmenswert nicht nur in Ausnahmefällen verfehlen wird.

Noch nicht beantwortet ist damit allerdings die Frage, nach welchen Gesichtspunkten und von wem die Entscheidung über die durch den Begriff „kann" eröffnete Möglichkeit der Anwendung des vereinfachten Ertragswertverfahrens zu treffen ist. In der Lit. wird ganz überwiegend die Ansicht vertreten, dass dem Stpfl. ein Wahl- oder Optionsrecht zustehe (*Hannes/Onderka*, ZEV 2008, 173, 174; *Piltz*, DStR 2008, 745, 748; *ders.*, Ubg 2009, 13, 16; *Seer*, GmbHR 2009, 225, 231; wohl auch *Creutzmann*, DB 2008, 2784, 2786; *Birnbaum/Hinkers*, BB 2009, 300, 301, *Stalleiken/Theissen*, DStR 2010, 21, 22). Dieser könne darüber bestimmen, ob die Bewertung nach dem vereinfachten oder nach einem betriebswirtschaftlichen Ertragswertverfahren erfolge (a. A. lediglich *Mannek*, DB 2008, 423, 428, mit der schwer verständlichen Formel, dass die FinVerw. „echte" Unternehmensbewertungen lediglich dann zu akzeptieren brauche, wenn im Einzelfall dargelegt werde, inwieweit das zu bewertende Unternehmen nicht mit anderen Unternehmen vergleichbar sei).

Dieser Auffassung hat sich nunmehr auch die FinVerw. ausdrücklich angeschlossen (R B 199.1 Abs. 4 S. 1 ErbStR 2011). Das FA soll offenbar nur dann berechtigt sein, die Anwendung des vereinfachten Ertragswertverfahrens abzulehnen, wenn es Zweifel an den gesetzlichen Anwendungsvoraussetzungen hat. In diesem Fall hat es diese substanziiert darzulegen und dem Steuerpflichtigen Gelegenheit zu geben, diese auszuräumen (R B 199.1 Abs. 4 S. 3 ErbStR 2011).

§ 12 Bewertung

326 Die Auffassung, dass der Begriff „kann" ein Wahlrecht des Steuerpflichtigen begründet, steht im Widerspruch dazu, dass Adressat des § 199 BewG der Rechtsanwender – in erster Linie also die zur Wertfeststellung berufene Finanzbehörde – ist. Hätte der Gesetzgeber ein Wahlrecht des Steuerpflichtigen begründen wollen, hätte er dies durch eine entsprechende Wortwahl („… ist auf Antrag …") zum Ausdruck bringen können und müssen.

Die Entscheidung über die Anwendung des vereinfachten Ertragswertverfahrens kann danach nur der Finanzbehörde obliegen. Entgegen dem durch die Verwendung des Begriffs „kann" nahe gelegten Schluss handelt es sich dabei aber nicht um eine Ermessensentscheidung, sondern um eine gesetzlich gebundene Entscheidung.

Die Einräumung von Ermessen im Bereich der Steuerfestsetzung bzw. der ihr vorangehenden Feststellung der Besteuerungsgrundlagen stünde in Widerspruch zu dem gesetzlichen Auftrag der Finanzbehörde, die Steuern nach Maßgabe der Gesetze gleichmäßig festzusetzen und zu erheben (§ 85 AO). Außerdem pflegen Ermessensnormen die Finanzbehörde ausdrücklich als Träger der Entscheidungskompetenz zu bezeichnen, während die unpersönliche Passivkonstruktion, als deren Bestandteil das Wort „kann" in § 199 BewG verwendet wird, die Person des Entscheidungsträgers gerade offen lässt. Schließlich spricht gegen die Annahme einer Ermessensregelung die sich daraus ergebende eingeschränkte gerichtliche Nachprüfbarkeit der von der Finanzbehörde getroffenen Entscheidung. Das Gericht könnte die Ausübung des Ermessens nur in den Grenzen des § 102 FGO überprüfen und hätte dabei die Sach- und Rechtslage im Zeitpunkt der letzten Verwaltungsentscheidung zugrunde zu legen. Erst während des gerichtlichen Verfahrens eintretende Veränderungen der für die Ermessensausübung bedeutsamen Umstände könnte es daher nicht mehr berücksichtigen.

327 Vor dem Hintergrund des mit dem vereinfachten Ertragswertverfahrens verfolgten Zwecks, den Unternehmens- bzw. Anteilswert ohne hohen Aufwand oder Kosten für einen Gutachter zu ermitteln, ist die Verwendung des Begriffs „kann" u. E. als Konkretisierung und Eingrenzung der Amtsermittlungspflicht nach § 88 Abs. 1 AO i. d. S. aufzufassen, dass das Ergebnis des vereinfachten Ertragswertverfahrens zugrunde zu legen ist, wenn keine besseren Erkenntnismöglichkeiten vorliegen. Daraus folgt:

Liegen die tatbestandsmäßigen Voraussetzungen für die Anwendung des vereinfachten Verfahrens vor und äußert kein Feststellungsbeteiligter einen abweichenden Wunsch, so hat das Finanzamt die Wertermittlung nach den §§ 199–203 BewG vorzunehmen. Wird von einem oder mehreren Feststellungsbeteiligten die Anwendung eines anderen Verfahrens begehrt, so ist das Finanzamt im Hinblick auf den mit den §§ 199–203 BewG verfolgten Vereinfachungszweck nicht gehalten, von sich aus ein anderes Verfahren anzuwenden, zumal es hierzu aufgrund eigener Sachkunde möglicherweise gar nicht in der Lage sein wird. Wird von den Feststellungsbeteiligten unter Vorlage eines Sachverständigengutachtens eine abweichende Wertfeststellung begehrt, hat das Finanzamt dessen Stichhaltigkeit zu prüfen. Kommt es dabei zu dem Ergebnis, dass der sich aus dem Gutachten ergebende Wert den gemeinen Wert zutreffender abbildet als die Anwendung des vereinfachten Verfahrens, hat es diesen der Wertfeststellung zugrunde zu legen. Mit der Beurteilung dieser

Frage wird dem Finanzamt keineswegs Unmögliches abverlangt (so aber *Viskorf,* ZEV 2009, 591, 594). Ihre Beantwortung setzt nicht die vorherige Kenntnis des im Schätzungsweg erst zu ermittelnden Werts voraus (so aber *Viskorf,* ZEV 2009, 591), sondern erfordert lediglich die Prüfung, ob der gutachtlich ermittelte Wert den individuellen Gegebenheiten – z. B. der Größe, der Branchenzugehörigkeit und der Finanzierungsstruktur – des Unternehmens besser als das vereinfachte Ertragswertverfahren Rechnung trägt, von zutreffenden tatsächlichen Annahmen ausgeht und methodisch korrekt abgeleitet wurde.

Die sich aus der gesetzlichen Zulassung des vereinfachten Ertragswertverfahrens ergebende Eingrenzung und Konkretisierung des Untersuchungsgrundsatzes wirkt u. E. auch im finanzgerichtlichen Verfahren fort. Solange kein Verfahrensbeteiligter substantiiert darlegt, dass und aus welchen Gründen eine nach betriebswirtschaftlichen Grundsätzen vorgenommene Ertragswertermittlung zu einem abweichenden Wert führt, besteht für das Finanzgericht nach § 76 FGO keine Veranlassung, von der Wertermittlung nach den §§ 199–203 BewG abzugehen.

Gestaltungshinweis: Kosten für Sachverständigengutachten abzugsfähig
Holt der Steuerpflichtige in engem zeitlichen und sachlichen Zusammenhang mit dem Erwerb von Todes wegen ein betriebswirtschaftliches Sachverständigengutachten zur Höhe des Unternehmenswerts ein, so sind die ihm dadurch entstehenden Aufwendungen u. E. als Nachlassregelungskosten i. S. d. § 10 Abs. 5 Nr. 3 S. 1 ErbStG abzugsfähig. Sie können ebenso wenig dem Abzugsverbot nach § 10 Abs. 8 ErbStG unterliegen wie Aufwendungen zum Nachweis des niedrigeren Verkehrswerts nach § 198 BewG (vgl. dazu BFH v. 19.6.2013, II R 20/12, BFH/NV 2013, 1490, BStBl II 2013, 738).

4.7.3 Struktur des vereinfachten Ertragswertverfahrens (§ 200 BewG)

4.7.3.1 Grundsatz: Kapitalisierung des nachhaltig erzielbaren Jahresertrags

Nach § 200 Abs. 1 BewG ergibt sich der Ertragswert – vorbehaltlich der Absätze 2–4 – durch Multiplikation des zukünftig nachhaltig erzielbaren Jahresertrags mit dem in § 203 BewG definierten Kapitalisierungsfaktor. Der Unternehmenswert wird damit im Wege der „ewigen" Verrentung des nachhaltig erzielbaren Ertragswerts ermittelt. Das Prinzip der unendlichen Unternehmensperiode wurde von den klassischen Gesamtbewertungsverfahren übernommen (*Kühnold/Mannweiler,* DStZ 2008, 167, 170). Dieses Verfahren ist rechtsformneutral sowohl auf Unternehmen in der Rechtsform der Kapitalgesellschaft als auch auf Einzelunternehmen und Personengesellschaften anwendbar. Von der Gesamtbewertung im Ertragswertverfahren **ausgeschlossen** sind nicht betriebsnotwendige Wirtschaftsgüter, Beteiligungen an anderen Personen- oder Kapitalgesellschaften sowie innerhalb von zwei Jahren vor dem Bewertungsstichtag eingelegte Wirtschaftsgüter.

328

Damit setzt sich der Unternehmenswert nach dem vereinfachten Ertragswertverfahren wie folgt zusammen:

§ 12 Bewertung

Ertragswert des betriebsnotwendigen Vermögens (§ 200 Abs. 1, §§ 201–203 BewG)
+ Nettowert des nicht betriebsnotwendigen Vermögens (§ 200 Abs. 2 BewG)
+ Wert der Beteiligungen an anderen Gesellschaften (§ 200 Abs. 3 BewG)
+ Nettowert des jungen Betriebsvermögens (§ 200 Abs. 4 BewG)
= Wert nach dem vereinfachten Ertragswertverfahren

4.7.3.2 Einzelbewertung betriebsneutraler Wirtschaftsgüter

329 § 200 Abs. 2 BewG durchbricht das Prinzip der Gesamtbewertung des Unternehmens für nicht betriebsnotwendiges bzw. neutrales Vermögen. Können Wirtschaftsgüter und mit diesen in wirtschaftlichem Zusammenhang stehende Schulden aus dem Unternehmen herausgelöst werden, ohne die eigentliche Unternehmenstätigkeit zu beeinträchtigen, werden diese Wirtschaftsgüter als nicht betriebsnotwendiges Vermögen **zusätzlich** zu dem Ertragswert mit dem eigenständig zu ermittelnden gemeinen Wert angesetzt. Im Gegenzug sind die mit den Wirtschaftsgütern zusammenhängende Aufwendungen und Erträge bei der Ermittlung des Jahresertrags auszuscheiden (§ 202 Abs. 1 Nr. 1 Buchst. f und Nr. 2 Buchst. f BewG).

R B 200 Abs. 2 S. 2 ErbStR 2011 rechnet zum nicht betriebsnotwendigen Vermögen diejenigen Wirtschaftsgüter, die sich ohne Einschränkung der operativen Tätigkeit aus dem Unternehmen herauslösen lassen. Dies können je nach Unternehmenszweck Grundstücke, Gebäude, Kunstgegenstände, Beteiligungen, Wertpapiere oder auch Geldbestände sein (R B 200 Abs. 2 S. 3 ErbStR 2011). Infolge der Betriebsbezogenheit liegt weder eine zwingende Deckungsgleichheit mit dem gewillkürten Betriebsvermögen im ertragsteuerrechtlichen Sinne noch mit dem Verwaltungsvermögen i. S. d. § 13b Abs. 2 ErbStG vor (R B 200 Abs. 2 S. 4 ErbStR 2011). So gehören vermietete Grundstücke und Gebäude, die nach § 13b Abs. 2 S. 2 Nr. 1 S. 1 ErbStG Verwaltungsvermögen sind, bei einem gewerblichen Wohnungsunternehmen eindeutig zum betriebsnotwendigen Vermögen (*Hannes/Onderka*, ZEV 2008, 173, 176).

U. E. sollte die Zuordnung von Wirtschaftsgütern zum nicht betriebsnotwendigen Vermögen auf Fälle beschränkt werden, in denen die fehlende Betriebsnotwendigkeit auf der Hand liegt. Dafür sprechen nicht nur der Aufwand und die Schwierigkeiten, die mit der Abgrenzung der mit diesen Wirtschaftsgütern zusammenhängenden Aufwendungen und Erträge verbunden sind, sondern auch die Überlegung, dass die Bestimmung des Betriebszwecks und der zu dessen Erreichung erforderlichen Mittel in erster Linie dem Unternehmensinhaber obliegt und dessen Entscheidung grundsätzlich zu respektieren ist (*Schiffers*, DStZ 2009, 548, 553; *Stalleiken/Theissen*, DStR 2010, 21, 25).

330 Die Ermittlung des gemeinen Werts der gesondert zu bewertenden Wirtschaftsgüter erfolgt nach den für die jeweilige Vermögensart geltenden Grundsätzen. Grundbesitz, Betriebsvermögen und Anteile, für die ein Wert nach § 151 Abs. 1 S. 1 Nr. 1–3 BewG festzustellen ist, sind mit dem auf den Bewertungsstichtag festgestellten Wert bzw. mit dem Basiswert nach § 151 Abs. 3 BewG anzusetzen (R B 200 Abs. 2 S. 5 i. V. m. R B 11.3 Abs. 5–8 ErbStR 2011). Ein Abzug der im Veräußerungsfall

anfallenden Ertragsteuern, wie er im Rahmen betriebswirtschaftlicher Ertragsverfahren üblich ist (*Piltz*, DStR 2008, 745, 749), ist im Gesetz nicht vorgesehen.

Unter Schulden, die mit den nicht betriebsnotwendigen Wirtschaftsgütern zusammenhängen, sind nur solche zu verstehen, die zur Finanzierung ihrer Anschaffungs- oder Herstellungskosten oder auf sie gemachter Aufwendungen (z. B. größere Instandhaltungsmaßnahmen) gedient haben. Schon aus Gründen der Praktikabilität kommen nur Schulden in Betracht, die gezielt für derartige Zwecke aufgenommen wurden, nicht hingegen solche Verbindlichkeiten, die durch Verwendung oder Inanspruchnahme allgemeiner Betriebsmittelkredite – z. B. über das laufende Geschäftskonto – entstanden sind. 331

4.7.3.3 Einzelbewertung von Beteiligungen

§ 200 Abs. 3 BewG schreibt auch für Beteiligungen an anderen Unternehmen, die nicht unter § 200 Abs. 2 BewG fallen, die gesonderte Bewertung vor. Unter Beteiligungen an anderen Unternehmen sind sowohl Anteile an einer Kapitalgesellschaft als auch Beteiligungen an einer Personengesellschaft zu verstehen (R B 200 Abs. 3 S. 1 ErbStR 2011). Auf eine Mindestbeteiligungsquote kommt es nicht an (R B 200 Abs. 3 S. 2 ErbStR 2011). 332

Die Vorschrift bezieht sich nur auf solche Beteiligungen, die nicht unter § 200 Abs. 2 BewG fallen, d. h. betriebsnotwendig sind. Ungeachtet der in beiden Fällen vorgeschriebenen gesonderten Bewertung ist die Unterscheidung zwischen betriebsnotwendigen und nicht betriebsnotwendigen Beteiligungen wegen der unterschiedlichen Rechtsfolgen von Bedeutung. Bei nicht betriebsnotwendigen Beteiligungen an Kapitalgesellschaften werden auch die damit zusammenhängenden Schulden separat angesetzt und bewertet, was vorteilhaft ist, wenn der Darlehenszins unter dem nach § 203 Abs. 1 BewG maßgeblichen Kapitalisierungszins liegt (*Schiffers*, DStZ 2009, 548, 553). Demgegenüber werden bei der separaten Bewertung von Beteiligungen an Kapitalgesellschaften nach § 200 Abs. 3 BewG die damit zusammenhängenden Schulden nicht gesondert berücksichtigt, weil die mit ihnen in Zusammenhang stehenden Aufwendungen den nachhaltig erzielbaren Jahresertrag mindern (R B 200 Abs. 3 S. 8 ErbStR 2011). Die Hinzurechnungsregelung des § 202 Abs. 1 S. 2 Nr. 1 Buchst. f BewG bezieht sich nur auf Aufwendungen, die mit Vermögen i. S. d. § 200 Abs. 2 und 4 BewG in Zusammenhang stehen (R B 200 Abs. 3 S. 9 ErbStR 2011). Bei einer unter § 200 Abs. 3 BewG fallenden Beteiligung an einer Personengesellschaft sind die damit zusammenhängenden Schulden bereits als negatives Sonderbetriebsvermögen im Wert der Beteiligung enthalten, sodass insoweit keine Korrektur erfolgen muss (R B 200 Abs. 3 S. 10 ErbStR 2011). Finanzierungsaufwendungen im Zusammenhang mit diesen Schulden sind zusammen mit den anderen Aufwendungen und Erträgen im Zusammenhang mit dieser Beteiligung nach § 202 Abs. 1 S. 2 BewG zu korrigieren (R B 200 Abs. 3 S. 11 ErbStR 2011).

Durch die gesonderte Bewertung der Beteiligungen sollen Verfälschungen des Ertragswerts vermieden werden, die sich – im Fall von Kapitalgesellschaften – daraus ergeben könnten, dass nur der ausgeschüttete Gewinn in die Ermittlung des der Ertragswertermittlung zugrunde zu legenden Vergangenheitsertrags einfließt (Bericht des Finanzausschusses, BT-Drs. 16/11107, 27). Dies rechtfertigt allerdings nur die gesonderte Bewertung von Beteiligungen an Kapitalgesellschaften, **nicht** aber von Beteiligungen an Personenunternehmen, bei denen die Gewinnanteile unabhängig von der Ausschüttung bei den Gesellschaftern zu erfassen sind. Mit betriebswirtschaftlichen Grundsätzen steht sie nicht in Einklang; die Betriebswirtschaft bewertet solche Unternehmensgruppen auf der Grundlage des konsolidierten Ergebnisses (*Hannes/Onderka*, ZEV 2008, 173, 176; *Piltz*, DStR 2008, 745, 752). Die gesonderte Bewertung der Beteiligung erfolgt ihrerseits nach den Grundsätzen des § 11 Abs. 2 BewG. Die Anwendung des vereinfachten Ertragswertverfahrens auf die Obergesellschaft hat nicht zur Folge, dass auch die Beteiligungen im vereinfachten Ertragswertverfahren bewertet werden müssen (R B 200 Abs. 3 S. 6 ErbStR 2011). Beteiligungen an einer Personengesellschaft oder an einer Kapitalgesellschaft, für die ein Wert nach § 151 Abs. 1 S. 1 Nr. 2 und 3 BewG festzustellen ist, sind mit dem auf den Bewertungsstichtag festgestellten Wert bzw. dem Basiswert nach § 151 Abs. 3 BewG anzusetzen (R B 200 Abs. 3 S. 3 und 4 ErbStR 2011).

332a In einem **Fall von geringer Bedeutung** will die FinVerw. im Einvernehmen mit den Beteiligten auf die gesonderte Ermittlung des gemeinen Werts der Beteiligung verzichten (R B 200 Abs. 4 S. 1 ErbStR 2011). Ein Fall geringer Bedeutung liegt nach der Verwaltungsauffassung insbesondere vor, wenn der Verwaltungsaufwand der Beteiligten außer Verhältnis zur steuerlichen Auswirkung steht und der festzustellende Wert unbestritten ist (R B 200Abs. 4 S. 2 ErbStR 2011). Die Wertermittlung soll in diesen Fällen dadurch erfolgen, dass die durchschnittliche Bruttoausschüttung der Untergesellschaft in den letzten drei Jahren mit dem Kapitalisierungsfaktor nach § 203 Abs. 3 BewG multipliziert wird; der Steuerbilanzwert darf jedoch nicht unterschritten werden (R B 200 Abs. 4 S. 3 ErbStR 2011). Im Hinblick auf § 13b Abs. 2 S. 2 Nr. 3 ErbStG bedeutsam ist, dass die FinVerw. bei Anwendung dieser Vereinfachungsregelung unterstellt, dass das Verwaltungsvermögen die Grenze von 50 % nicht übersteigt, wenn das Gegenteil nicht offenkundig ist (R B 200 Abs. 4 S. 4 ErbStR 2011).

4.7.3.4 Einzelbewertung neu eingelegter Wirtschaftsgüter

333 Nach § 200 Abs. 4 BewG werden alle innerhalb von zwei Jahren vor dem Bewertungsstichtag eingelegten Wirtschaftsgüter, die nicht unter die Abs. 2 und 3 fallen, und mit diesen in wirtschaftlichem Zusammenhang stehenden Schulden neben dem Ertragswert mit dem eigenständig zu ermittelnden gemeinen Wert angesetzt. Dafür bleiben die mit den gesondert zu bewertenden Wirtschaftsgütern und Schulden zusammenhängenden Erträge und Aufwendungen bei der Ermittlung des Jahresertrags außer Betracht (§ 202 Abs. 1 S. 2 Nr. 1 Buchst. f und Nr. 2 Buchst. f BewG).

Nach dem Bericht des Finanzausschusses dient § 200 Abs. 4 BewG der Missbrauchsbekämpfung (BT-Drs. 16/11107, 27). Die Vorschrift soll verhindern, dass durch den Ansatz des Ertragswerts auch der Wert solcher Wirtschaftsgüter abgegolten wird, die wegen ihrer kurzen Zugehörigkeit zum Betriebsvermögen noch keinen adäquaten Beitrag zu den für die Ermittlung des Ertragswerts maßgeblichen Betriebsergebnissen leisten konnten (grundsätzlich ablehnend gegenüber der gesonderten Bewertung neu eingelegter Wirtschaftsgüter *Schulte,* FR 2008, 341, 346: krit. auch *Stahl,* KÖSDI 2008, 16069, 16073; *Kohl,* ZEV 2009, 554, 557).

Ob die Vorschrift diesem Ziel gerecht wird, ist allerdings fraglich. § 200 Abs. 4 BewG gilt nur für **eingelegte** Wirtschaftsgüter. Da es an einer eigenständigen bewertungsrechtlichen Definition fehlt, ist von dem Einlagebegriff im ertragsteuerlichen Sinne (§ 4 Abs. 1 S. 1 EStG) auszugehen. Danach sind Einlagen solche Wirtschaftsgüter, die der Inhaber dem Betrieb aus seinem Privatvermögen oder dem Vermögen eines anderen Betriebs zuführt, ohne dass hierfür eine betriebliche Veranlassung vorhanden ist (*Frotscher,* EStG, § 4 Rz. 307). **Nicht** unter § 200 Abs. 4 BewG fallen angeschaffte Wirtschaftsgüter. Dies gilt u. E. auch dann, wenn die Anschaffung mit Geldmitteln erfolgt ist, die ihrerseits innerhalb des Zweijahreszeitraums in den Betrieb eingelegt wurden. Demgegenüber will die FinVerw. § 200 Abs. 4 BewG auch auf solche eingelegten Wirtschaftsgüter beziehen, die am Bewertungsstichtag nur ihrem Wert nach noch vorhanden sind (R B 200 Abs. 5 S. 1 ErbStR 2011). Befindet sich das eingelegte Wirtschaftsgut am Bewertungsstichtag nicht mehr im Betriebsvermögen, sondern ein Wirtschaftsgut, das an dessen Stelle getreten ist (Surrogat), soll das Surrogat mit dem Wert am Bewertungsstichtag angesetzt werden (R B 200 Abs. 5 S. 6 ErbStR 2011). Diese Auslegung überdehnt den Wortlaut des Gesetzes. Denn der ertragsteuerrechtliche Einlagebegriff ist wirtschaftsgut- und nicht wertbezogen (ablehnend auch *Stalleiken/Theissen,* DStR 2010, 21, 26). Soweit sich die Ertragslage des Betriebs dadurch wesentlich geändert hat, dass innerhalb von zwei Jahren vor dem Bewertungsstichtag Wirtschaftsgüter eingelegt wurden, die zum Bewertungsstichtag nicht mehr gegenständlich vorhanden sind, ist entweder eine Abkürzung des für die Ableitung des nachhaltig erzielbaren Jahresertrags maßgeblichen Dreijahreszeitraums nach § 200 Abs. 3 S. 1 BewG in Betracht zu ziehen, oder die Anwendung des vereinfachten Ertragswertverfahrens hat zu unterbleiben, weil es zu einem offensichtlich unzutreffenden Ergebnis führt.

Handelt es sich bei dem eingelegten Wirtschaftsgut um Grundbesitz, für den ein Wert nach § 151 Abs. 1 S. 1 Nr. 1 BewG festzustellen ist, ist der auf den Bewertungsstichtag festgestellte Wert maßgeblich (R B 200 Abs. 5 S. 2 ErbStR 2011). Die Basiswertregelung des § 151 Abs. 3 BewG ist hierbei zu beachten (R B 200 Abs. 5 S. 3 ErbStR 2011).

Unmittelbar mit den neu eingelegten Wirtschaftsgütern in Zusammenhang stehende Aufwendungen und Erträge sind bei der Ermittlung der Betriebsergebnisse nach § 202 BewG zu korrigieren (R B 200 Abs. 5 S. 4 ErbStR 2011).

4.7.3.5 Einzelbewertung von Wirtschaftsgütern des Sonderbetriebsvermögens

Eine weitere Ausnahme vom Grundsatz der Gesamtbewertung ergibt sich für Personengesellschaften aus § 97 Abs. 1a Nr. 2 S. 1 BewG, wonach für die Wirtschaftsgüter und Schulden des Sonderbetriebsvermögens eines Gesellschafters der gemeine Wert zu ermitteln und dem jeweiligen Gesellschafter zuzurechnen ist.

4.7.4 Ermittlung des Jahresertrags (§ 201 BewG)

334 Ebenso wie bei betriebswirtschaftlichen Ertragswertverfahren soll der Unternehmenswert auch nach dem vereinfachten Ertragswertverfahren zukunftsbezogen ermittelt werden. Grundlage der Bewertung bildet deshalb nach § 201 Abs. 1 S. 1 BewG der voraussichtlich zukünftig nachhaltig erzielbare Jahresertrag. In Ermangelung entsprechender Finanzplandaten kann dieser jedoch nur anhand des in der **Vergangenheit erzielten Durchschnittsertrags** geschätzt werden.

§ 201 Abs. 1 S. 2 BewG spricht allerdings nur davon, dass der in der Vergangenheit erzielte Durchschnittsertrag eine Beurteilungsgrundlage für die Schätzung des künftigen Jahresertrags bilde. Dies hat schon vor Inkrafttreten der ErbStRG zu der Erwägung Anlass gegeben hat, dass möglicherweise auch andere Schätzungsgrundlagen herangezogen werden könnten (*Rohde/Gemeinhardt*, StuB 2008, 338, 345). Die FinVerw. hat sich dieser Auffassung in R B 201 Abs. 5 ErbStR 2011 angeschlossen. Sofern zum Bewertungsstichtag feststehe, dass sich der künftige Jahresertrag durch bekannte objektive Umstände, z. B. wegen des Todes des Unternehmers, verändere, müsse dies bei der Ermittlung des Durchschnittsertrags entsprechend berücksichtigt werden.

In der Lit. ist daran sogleich die Frage geknüpft worden, ob auch Umstände, die nicht in dem Unternehmen, sondern in der allgemeinen Wirtschaftslage begründet sind, eine Abweichung von den Vergangenheitsergebnissen rechtfertigen könnten (*Stalleiken/Theissen*, DStR 2010, 21, 24 f.).

U. E. sind diese Überlegungen bereits im Ansatz verfehlt, weil die §§ 199–203 BewG ein anderes Schätzungsverfahren als das auf der Grundlage der Vergangenheitserträge überhaupt nicht bereitstellen. Sofern die Vergangenheitserträge aufgrund besonderer Umstände keine brauchbare Grundlage für die Schätzung des zukünftig nachhaltig erzielbaren Jahresertrags bilden, muss die Bewertung nach einem anderen als dem vereinfachten Ertragswertverfahren erfolgen.

Gestaltungshinweis: Gestaltungshinweis:

Wenn Anhaltspunkte dafür bestehen, dass die zukünftig nachhaltig erzielbaren Gewinne niedriger als die nach § 201 Abs. 1 S. 2 BewG maßgeblichen Vergangenheitswerte sind, sollte eine individuelle Unternehmensbewertung in Betracht gezogen werden. Derartige Anhaltspunkte können sich nicht nur aus im langfristigen Vergleich überdurchschnittlich hohen Erträgen (z. B. wegen einer allgemein guten Konjunkturlage), sondern auch aus unterdurchschnittlichen Aufwendungen (z. B. wegen eines Investitionsstaus) ergeben. Betriebe, die im Referenzzeitraum nicht investiert haben, weisen wegen der unterbliebenen Abschreibungen einen zu hohen Gewinn aus und werden durch das vereinfachte Ertragswertverfahren überbewertet (*Knief/Weippert*, Stbg 2010, 1, 3).

4.7.4.1 Herleitung des Jahresertrags aus dem regelmäßigen Ermittlungszeitraum

335 Der für die Schätzung des künftigen Jahresertrags maßgebliche Durchschnittsertrag ist nach § 201 Abs. 2 S. 1 BewG möglichst aus den Betriebsergebnissen der **letzten**

drei vor dem Bewertungsstichtag abgelaufenen Wirtschaftsjahre herzuleiten. Anstelle des drittletzten abgelaufenen Wirtschaftsjahres ist nach § 201 Abs. 2 S. 2 BewG das gesamte Betriebsergebnis eines am Bewertungsstichtag noch nicht abgelaufenen Wirtschaftsjahres einzubeziehen, wenn es für die Herleitung des künftig zu erzielenden Jahresertrags von Bedeutung ist. Darin liegt eine Abweichung von dem bisher aufgrund von R 99 Abs. 1 S. 3 ErbStR 2003 geltenden Rechtszustand, wonach das Betriebsergebnis des zum Bewertungsstichtag laufenden Wirtschaftsjahres bei der Ermittlung des Ertragshundertsatzes nicht einmal anteilig berücksichtigt werden konnte (BFH v. 1.2.2007, II R 19/05, BFH/NV 2007, 1029, BStBl II 2007, 635). Die Einbeziehung des gesamten Betriebsergebnisses des laufenden Wirtschaftsjahrs hat zwar zur Folge, dass auch erst nach dem Bewertungsstichtag eintretende Umstände in die Ermittlung des Durchschnittsertrags einfließen. Ein Verstoß gegen das Stichtagsprinzip des § 11 ErbStG kann darin aber nicht gesehen werden, weil die nachträglich eintretenden Umstände lediglich als Erkenntnishilfsmittel zur Bestimmung des nach den Verhältnissen des Stichtags zu erwartenden Jahresertrags dienen und dieser ohnehin eine zukunftsbezogene Größe darstellt (*Mannek*, DB 2008, 423, 426).

Nähere Hinweise dazu, unter welchen Voraussetzungen das laufende Wirtschaftsjahr für die Herleitung des künftig zu erzielenden Jahresertrags von Bedeutung ist, gibt § 201 Abs. 2 BewG nicht. In dem Bericht des Finanzausschusses (BT-Drs. 16/11107, 27) heißt es, das laufende Wirtschaftsjahr sei einzubeziehen, wenn sich nach den Umständen des Einzelfalls abzeichne, dass die Ertragsentwicklung dieses Jahres für die Prognose des Zukunftsertrags bedeutsam sei. Die – vollständige – Berücksichtigung des noch nicht abgeschlossenen Wirtschaftsjahres liegt umso näher, je größer der zum Bewertungsstichtag bereits abgelaufene Teil des Gewinnermittlungszeitraums ist (*Mannek*, DB 2008, 423, 426). Daneben kann der Umstand von Bedeutung sein, wie stark das Ergebnis des laufenden von dem des drittletzten Wirtschaftsjahres abweicht und ob diese Abweichung als Ausdruck einer den gesamten Referenzzeitraum bestimmenden Entwicklung angesehen werden kann. 336

Umfasst der dreijährige Ermittlungszeitraum bei einer Neugründung zu Beginn ein Rumpfwirtschaftsjahr, ist regelmäßig nicht das Betriebsergebnis des Rumpfwirtschaftsjahrs, sondern das volle Betriebsergebnis des letzten, noch nicht abgelaufenen Wirtschaftsjahrs einzubeziehen (R B 201 Abs. 4 S. 1 ErbStR 2011).

Nach § 201 Abs. 3 S. 2 BewG ist bei Unternehmen, die durch Umwandlung, durch Einbringung von Betrieben oder Teilbetrieben oder durch Umstrukturierungen entstanden sind, bei der Ermittlung des Durchschnittsertrags von den früheren Ergebnissen des Gewerbebetriebs oder der Gesellschaft auszugehen. Bei den Umwandlungen und Einbringungen ist an die im UmwStG angesprochenen Sachverhalte, bei Umstrukturierungen an Fälle der Begründung oder Aufhebung einer Betriebsaufspaltung oder einer Realteilung zu denken. Soweit sich die Änderung der Rechtsform auf den Jahresertrag auswirkt, sieht § 201 Abs. 3 S. 3 BewG eine entsprechende Korrektur der Ergebnisse der früheren Jahre nach Maßgabe des § 202 BewG vor. Zu denken ist etwa an den Abzug des Unternehmerlohns, wenn dieser vor der Umwandlung des Personenunternehmens in eine Kapitalgesellschaft noch nicht abgezogen werden konnte (*Piltz*, DStR 2008, 745, 750). 337

338 Zur Ermittlung des maßgeblichen Durchschnittsertrages ist die Summe der Betriebsergebnisse der maßgeblichen Wirtschaftsjahre durch drei zu teilen (§ 201 Abs. 2 S. 3 und 4 BewG). Anders als nach R 99 Abs. 3 ErbStR 2003 ist **keine Gewichtung** der Betriebsergebnisse dieser Jahre in Abhängigkeit von der seit ihrem Ablauf verstrichenen Zeit mehr vorgesehen. Offenbar geht der Gesetzgeber davon aus, dass die im bisherigen Recht vorgesehene Übergewichtung der stichtagsnäheren Betriebsergebnisse durch die Möglichkeit zur vollständigen Einbeziehung des zum Stichtag laufenden Jahres entbehrlich geworden ist. Außerdem trägt die gleichmäßige Gewichtung aller Jahre dazu bei, die Schwankungen zwischen den einzelnen Jahren auszugleichen (*Mannek*, DB 2008, 423, 426).

4.7.4.2 Verkürzung des Ermittlungszeitraums

339 § 201 Abs. 3 S. 1 BewG schreibt die Verkürzung des Dreijahreszeitraums für den Fall vor, dass sich der Charakter des Unternehmens nach dem Gesamtbild der Verhältnisse **nachhaltig verändert** hat oder das Unternehmen **neu entstanden** ist. In diesen Fällen ist von einem entsprechend verkürzten Ermittlungszeitraum auszugehen. Maßgebend ist der Beginn der nachhaltigen Veränderungen bzw. der Unternehmensgründung. Nähere Hinweise dazu, wann sich der Charakter eines bestehenden Unternehmens „nachhaltig" verändert hat, geben weder der Gesetzeswortlaut noch der Bericht des Finanzausschusses. Obwohl sich der Begriff „nachhaltig" seiner buchstäblichen Bedeutung nach nur auf die zu erwartende Dauerhaftigkeit der Veränderung bezieht, dürfte es bei Anwendung des § 201 Abs. 3 S. 1 BewG auch auf die qualitative Bedeutung der Veränderung ankommen.

Als Beispiele für eine relevante Veränderung kommen Veränderungen des Unternehmensgegenstandes durch Aufnahme oder Abgabe eines Geschäftsfelds (*Piltz*, DStR 2008, 745, 750), aber auch grundlegende Veränderungen der Finanzierungs- oder auch der Führungsstruktur (z.B. Ersetzung des Betriebsinhabers bzw. Gesellschafters durch einen Fremdgeschäftsführer oder umgekehrt) in Betracht. Stets muss es sich aber um Veränderungen handeln, die den „Charakter" des Unternehmens betreffen. Grundlegende Veränderungen der allgemeinen Marktverhältnisse oder anderer außerhalb des Unternehmens liegender Umstände fallen – unabhängig von ihrer Bedeutung für die künftigen Ertragsaussichten – nicht unter die Regelung des § 201 Abs. 3 S. 1 BewG.

340 Falls die nachhaltige Veränderung des Unternehmenscharakters **im Lauf eines Wirtschaftsjahrs** eingetreten ist, muss u.E. für die Ermittlung des Betriebsergebnisses gedanklich ein Rumpfwirtschaftsjahr gebildet werden. Für die Zeit danach können nur noch die Betriebsergebnisse voller Wirtschaftsjahre berücksichtigt werden. Dabei kann das zweite auf den Eintritt der Veränderung folgende Wirtschaftsjahr unter den Voraussetzungen des § 201 Abs. 2 S. 1 BewG voll in die Ermittlung des Durchschnittsertrags einbezogen werden. Demgegenüber will die FinVerw. offenbar nur die auf das Jahr der Veränderung folgenden vollen Wirtschaftsjahre berücksichtigen. Nach R B 201 Abs. 2 S. 3 ErbStR 2011 soll die Summe der Betriebsergebnisse in den Fällen des § 201 Abs. 3 S. 1 BewG durch zwei dividiert werden, weil der verkürzte Ermittlungszeitraum stets zwei volle Wirtschaftsjahre umfasse. Diese Auffassung lässt sich aus dem Wortlaut des § 201 Abs. 3 S. 1 BewG

Bewertung   § 12

nicht ableiten und führt zu einer unnötigen Verkürzung des für die Ermittlung des Durchschnittsertrags zur Verfügung stehenden Referenzzeitraums.

Keine Regelung trifft das Gesetz dazu, bis auf welchen Mindestzeitraum der Ermittlungszeitraum abgekürzt werden kann. Je kürzer der verbleibende Referenzzeitraum ist, desto dringlicher wird sich allerdings die Frage stellen, ob die in dieser Zeit erwirtschafteten Betriebsergebnisse noch eine aussagekräftige Grundlage für die Schätzung des voraussichtlich zukünftig nachhaltig erzielbaren Jahresertrags bilden oder zu offensichtlich unzutreffenden Ergebnissen führen. Die Verwaltung geht davon aus, dass der Referenzzeitraum mindestens zwei volle Wirtschaftsjahre umfassen muss (R B 201 Abs. 2 S. 3 ErbStR 2011).

Obwohl das Gesetz dies nicht ausdrücklich anordnet, muss bei einer Verkürzung des Ermittlungszeitraums auch der Divisor entsprechend angepasst werden.

Beispiel:

V ist Inhaber eines Einzelhandelsunternehmens. Neben dem Hauptgeschäft betreibt er eine Filiale, in der aufgrund eines starken örtlichen Wettbewerbsdrucks wachsende Verluste entstehen. Zum 1.10. des Jahres 01 schließt V die Filiale. Für die ersten drei Quartale des Jahres 01 hatte sich ein Betriebsergebnis von 150.000 EUR ergeben. Das Betriebsergebnis für das letzte Quartal des Jahres 01 beträgt 90.000 EUR, das des Jahres 02 350.000 EUR und das des Jahres 03 280.000 EUR. Zum 1.2. des Jahres 04 überträgt er sein Unternehmen unentgeltlich auf seinen Sohn. Der maßgebliche Jahresertrag ist in der Weise zu ermitteln, dass die Ergebnisse des letzten Vierteljahrs 01 und der Jahre 02 und 03 addiert und durch 2,25 geteilt werden. Damit ergibt sich ein Jahresertrag von 320.000 EUR.

4.7.5 Ermittlung des Betriebsergebnisses (§ 202 BewG)

4.7.5.1 Ausgangswert im Allgemeinen

Nach § 202 Abs. 1 S. 1 BewG ist zur Ermittlung des Betriebsergebnisses von dem Gewinn i. S. d. § 4 Abs. 1 S. 1 EStG auszugehen. Die frühere in R 99 Abs. 1 S. 4 ErbStR 2003 vorgesehene Anknüpfung an das zu versteuernde Einkommen i. S. d. §§ 7 und 8 KStG kommt nach neuem Recht nicht mehr in Betracht, weil Einzelunternehmen und Personengesellschaften anders als Kapitalgesellschaften kein zu versteuerndes Einkommen haben.

Gewinn i. S. d. § 4 Abs. 1 S. 1 EStG ist der unter Berücksichtigung der steuerlichen Ansatz- und Bewertungsvorschriften ermittelte Unterschiedsbetrag zwischen dem Betriebsvermögen am Schluss des Wirtschaftsjahres und dem Betriebsvermögen am Schluss des vorangegangenen Wirtschaftsjahres vermehrt um den Wert der Entnahmen (§ 4 Abs. 1 S. 2 bis 5 EStG) und vermindert um den Wert der Einlagen (§ 4 Abs. 1 S. 7 EStG). Die Anknüpfung an das Steuerbilanzergebnis hat zur Folge, dass außerhalb der Bilanz vorzunehmende Korrekturen – z.B. wegen der Steuerfreiheit bestimmter Einnahmen oder der nach § 4 Abs. 1 S. 8 EStG zu berücksichtigenden Einschränkungen des Betriebsausgabenabzugs (§ 4 Abs. 4a und 5 EStG) – die Ausgangsgröße nicht berühren (R B 202 Abs. 2 S. 1–3 ErbStR 2011). Unabhängig

341

342

§ 12 Bewertung

von ihrer ertragsteuerlichen Behandlung beeinflussen sie den zur Ausschüttung zur Verfügung stehenden Ertrag und müssen deshalb im Rahmen der Ertragswertermittlung erfasst werden (*Briese*, BB 2008, 1097, 1099; *Kühnold/Mannweiler*, BB 2008, 1879, 1881). Maßgeblich für die Ermittlung des Betriebsergebnisses ist die zutreffende, nicht die tatsächliche ertragsteuerrechtliche Behandlung (R B 202 Abs. 1 S. 3 ErbStR 2011).

343 Die **Maßgeblichkeit der Steuerbilanz** für die Ableitung des Jahresertrags ist in der Lit. auf Kritik gestoßen. Nach Ansicht von *Rohde/Gemeinhardt* steht sie im Widerspruch zu den anerkannten Grundsätzen der Unternehmensbewertung (*Rohde/Gemeinhardt*, StuB 2008, 338, 342). *Schulte* befürchtet, dass sich die im Ertragsteuerrecht zu beobachtende Tendenz, Aufwendungen unter Durchbrechung des objektiven Nettoprinzips in Gewinn umzuwandeln, im Erbschaftsteuerrecht vollen Umfangs fortsetzt (*Schulte*, FR 2008, 341, 345).

U. E. ist die Anknüpfung an das Steuerbilanzergebnis im Hinblick auf den mit den §§ 199 bis 203 BewG verfolgten Vereinfachungszweck vertretbar (ebenso *Spengel/Elschner*, Ubg 2008, 408, 409). Abweichungen gegenüber dem Handelsbilanzergebnis ergeben sich allein aus den steuerlichen Ansatz- und Bewertungsvorschriften, z. B. aus dem Verbot der Bildung von Drohverlustrückstellungen gem. § 5 Abs. 4a EStG oder den Vorschriften über die Bemessung von Pensionsrückstellungen gemäß § 6a EStG (*Stahl*, KÖSDI 2008, 16069, 16072). Außerhalb der Bilanz vorzunehmende Korrekturen – die Hinzurechnung nichtabziehbarer Betriebsausgaben und der Abzug steuerfreier Einnahmen – wirken sich hingegen nicht auf die in § 202 Abs. 1 S. 1 BewG genannte Ausgangsgröße aus.

4.7.5.2 Ausgangswert bei Kapitalgesellschaften

344 Der Gewinnbegriff des § 4 Abs. 1 S. 1 EStG gilt unmittelbar aber nur für Personenunternehmen. Demgegenüber geht das KStG vom – zu versteuernden – Einkommen (§ 7 Abs. 1 und 2 KStG) aus, nimmt zur Beantwortung der Frage, was als Einkommen gilt und wie das Einkommen zu ermitteln ist, allerdings auf die Vorschriften des EStG Bezug. Daraus folgt, dass auch bei Kapitalgesellschaften als Vorstufe zur Ermittlung des Einkommens ein Gewinn aus Gewerbebetrieb zu ermitteln ist. Zu diesem Zweck ist das Steuerbilanzergebnis auch bei Kapitalgesellschaften um **betriebsfremde Einflüsse** zu bereinigen. Anders als bei Personenunternehmen betreffen diese aber nicht Vermögensverschiebungen zwischen der betrieblichen und nichtbetrieblichen Sphäre des Betriebsinhabers, sondern solche zwischen der Gesellschaft und ihren Gesellschaftern (*Frotscher*, KStG, § 8 Rz. 68). Den Einlagen i. S. d. § 4 Abs. 1 S. 1 EStG entsprechen damit die offenen oder verdeckten Gesellschaftereinlagen, den Entnahmen die offenen und verdeckten Gewinnausschüttungen sowie Kapitalherabsetzungen. Obwohl § 8 Abs. 3 KStG die Unbeachtlichkeit von Gewinnausschüttungen und Einlagen auf die Höhe des Einkommens bezieht, ist anerkannt, dass es sich bei den Regelungen des § 8 Abs. 3 KStG um Gewinnermittlungsvorschriften handelt (*Roser*, in Gosch, KStG, § 8 Rz. 30; BFH v. 6.7.2000, I B 34/00, BFH/NV 2000, 1430, BStBl II 2002, 367). Deshalb ist bei Kapitalgesellschaften der Ausgangswert Steuerbilanzgewinn um Gewinnausschüttungen zu erhöhen und um Einlagen zu mindern.

4.7.5.3 Ausgangswert bei Personengesellschaften

Im Hinblick auf Personengesellschaften bestimmt § 202 Abs. 1 S. 1 2. Halbs. BewG, dass bei einem Anteil am Betriebsvermögen Ergebnisse aus den Sonderbilanzen und Ergänzungsbilanzen **unberücksichtigt** bleiben. Die Regelung steht im Zusammenhang damit, dass Wirtschaftsgüter und Schulden des Sonderbetriebsvermögens nach § 97 Abs. 1a Nr. 2 BewG dem jeweiligen Gesellschafter mit ihren gemeinen Werten zugerechnet werden. Um Doppelerfassungen zu vermeiden, müssen sie bei der Ermittlung des Ertragswerts außer Betracht bleiben.

Eine gesetzliche Definition der Begriffe „Sonderbilanzen" und „Ergänzungsbilanzen" findet sich weder in § 202 BewG noch an anderer Stelle. Das Gesetz setzt deren ertragsteuerliche Bedeutung vielmehr als bekannt voraus. Diese ergibt sich daraus, dass die Ermittlung des Gewinns bei Personengesellschaften zweistufig erfolgt. Auf der ersten Stufe wird der Gewinn der Gesellschaft als solcher ermittelt. Dabei werden Aufwendungen und Erträge aus Rechtsbeziehungen zwischen den Gesellschaftern und der Gesellschaft uneingeschränkt berücksichtigt. Auf der zweiten Stufe werden die sog. Sonderbetriebseinnahmen und Sonderbetriebsausgaben der Gesellschaft hinzugerechnet bzw. abgezogen. Hierbei handelt es sich zum einen um die in § 15 Abs. 1 Nr. 2 S. 1 EStG ausdrücklich erwähnten „Vergütungen, die der Gesellschafter von der Gesellschaft für seine Tätigkeit im Dienst der Gesellschaft oder für die Hingabe von Darlehen oder für die Überlassung von Wirtschaftsgütern bezogen hat", zum anderen um (sonstige) Erträge und Aufwendungen im Zusammenhang mit dem sog. Sonderbetriebsvermögen des Gesellschafters.

Zum **Sonderbetriebsvermögen** gehören neben den der Gesellschaft gewährten Darlehen und den ihr zur Nutzung überlassenen Wirtschaftsgütern (dem sog. Sonderbetriebsvermögen I) alle Wirtschaftsgüter, die – wie z. B. bei einer GmbH & Co. KG der Anteil eines Kommanditisten an der Komplementär-GmbH – geeignet sind, die Beteiligung des Gesellschafters an der Gesellschaft zu fördern (Sonderbetriebsvermögen II), sowie die mit diesen Wirtschaftsgütern jeweils zusammenhängenden Schulden. Soweit die Gesellschaft den Gewinn durch Betriebsvermögensvergleich nach § 4 Abs. 1 EStG ermittelt, wird auch der Gewinn aus dem Sonderbetriebsvermögen auf der Grundlage von Sonderbilanzen ermittelt (Einzelheiten bei: *Frotscher/Kauffmann*, EStG, § 15 Rz. 254 bis 258).

Der sich danach für den einzelnen Gesellschafter ergebende Gewinnanteil wird ggf. noch um die Ergebnisse der **Ergänzungsbilanzen** bereinigt. Im Unterschied zu Sonderbilanzen beziehen sich Ergänzungsbilanzen nicht auf Wirtschaftsgüter eines einzelnen Gesellschafters, sondern sie dokumentieren von der Gesellschaftsbilanz abweichende Wertansätze zu bestimmten Wirtschaftsgütern des Gesellschaftsvermögen, die z. B. notwendig werden können, wenn ein in die bestehende Gesellschaft eintretender Gesellschafter für den Erwerb des Gesellschaftsanteils mehr oder weniger aufwendet, als der Höhe des sich für ihn aus der Gesellschaftsbilanz ergebenden Kapitalanteils entspricht. In diesem Fall ist das Mehr- oder Minderkapital auf die Wirtschaftsgüter aufzuteilen, auf deren Wertansatz sich die Abweichungen beziehen Wegen der weiteren Einzelheiten wird auf die Erläuterungen bei *Frotscher/Kauffmann*, EStG, § 15 Rz. 242, Bezug genommen.

348 Positiv ausgedrückt bestimmt § 202 Abs. 1 S. 1, zweiter Satzteil BewG damit, dass Ausgangsgröße für die Ermittlung des Jahresertrags der – für die Gesellschaft als solche ermittelte – Gewinn der ersten Stufe ist. Die Regelung, dass „bei einem Anteil am Betriebsvermögen Ergebnisse aus den Sonderbilanzen und Ergänzungsregelungen unberücksichtigt" bleiben, könnte bei buchstäblicher Auslegung zwar zu dem Schluss führen, dass nur die mit dem jeweils zu bewertenden Anteil zusammenhängenden Sonderbilanzen und Ergänzungsbilanzen außer Betracht bleiben. Dies wäre indessen sachlich nicht zu rechtfertigen, weil die Ergebnisse der Sonder- und Ergänzungsbilanzen anderer Gesellschafter den zu bewertenden Anteil überhaupt nicht berühren.

Aus der Nichtberücksichtigung der Sonderbilanzen und Ergänzungsbilanzen folgt, dass die in der Person des jeweiligen Gesellschafters entstehenden Erträge und Aufwendungen außer Betracht zu bleiben haben, wohingegen im Gesellschaftsvermögen anfallende Erträge und Aufwendungen zu berücksichtigen sind.

Beispiel:
Der Gesellschafter vermietet der Personengesellschaft ein bebautes Grundstück zu einem fremdüblichen Preis. Die Mietzahlungen der Gesellschaft mindern den Gesellschaftsgewinn erster Stufe und fließen deshalb in die Ermittlung der Ausgangsgröße des Jahresertrags ein. Demgegenüber bleiben die Mieteinnahmen des Gesellschafters ebenso unberücksichtigt wie die Aufwendungen (z.B. AfA, Instandhaltungskosten, Finanzierungskosten), die ihm im Zusammenhang mit dem Grundstück erwachsen.

349 Auch die nicht auf der Überlassung von Wirtschaftsgütern des Sonderbetriebsvermögens beruhenden **Vergütungen**, die Gesellschafter für eine Tätigkeit im Dienst der Gesellschaft erhalten, mindern die Ausgangsgröße für die Ermittlung des Betriebsergebnisses. Dies muss unabhängig davon gelten, ob man derartige Zahlungen begrifflich in das Ergebnis der Sonderbilanz einbezieht, indem man gedanklich zunächst einen Anspruch auf die jeweilige Vergütung aktiviert und die zum Erlöschen des Anspruchs führende Erfüllungsleistung der Gesellschaft an den Gesellschafter als Entnahme wertet, oder nicht. Denn ohne Berücksichtigung dieser Zahlungen ergäbe sich ein höherer Gewinn, als er der objektiven Ertragskraft des Betriebs entspräche. Aus der Regelung des § 202 Abs. 1 S. 2 Nr. 2 Buchst. d BewG ergibt sich kein gegenteiliger Schluss. Sie erlaubt es nur, die Ausgangsgröße um einen angemessenen Unternehmerlohn zu mindern, soweit dieser in der bisherigen Ergebnisrechnung nicht berücksichtigt wurde. Unter den Begriff des Unternehmerlohns fällt aber nur die „gedachte" Vergütung des Geschäftsleiters, während Gesellschafter einer Personengesellschaft nicht stets geschäftsführend tätig sein müssen.

Soweit die Sondervergütungen (für Tätigkeiten im Dienst der Gesellschaft oder für die Überlassung von Wirtschaftsgütern oder die Gewährung von Darlehen) nach Grund und/oder Höhe einem **Fremdvergleich** nicht standhalten, sind sie als Entnahmen auf der Ebene der Personengesellschaft deren Gewinn wieder hinzuzurechnen.

350 Den Gewinn der ersten Stufe mindern allerdings nur Vergütungen, die auf besonderer vertraglicher Grundlage gezahlt werden, **nicht** hingegen Vorabgewinnanteile (BFH v. 25.2.1991, GrS 7/89, BStBl II 1991, 691, 698, unter C. II. 3 der Entschei-

dungsgründe). Eine solche Abrede kann entweder im Gesellschaftsvertrag oder in einer besonderen schuldrechtlichen Vereinbarung (Dienst-, Miet-, Darlehensvertrag) getroffen werden. Im Gesellschaftsvertrag vereinbarte Sondervergütungen sind allerdings nur dann als Sondervergütungen i.S.d. § 15 Abs. 1 S. 1 Nr. 2, 2. Halbs. zu qualifizieren, wenn sie nach den Bestimmungen des Gesellschaftsvertrags handelsrechtlich als Kosten behandelt werden, insbesondere im Gegensatz zu einem Gewinnvoraus auch dann zu zahlen sind, wenn kein Gewinn erwirtschaftet wird (BFH v. 13.10.1998, VIII R 4/98, BFH/NV BFH/R 1999, 549, BStBl II 1999, 284; v. 23.1.2001, VIII R 30/99, BFH/NV 2001, 621, BStBl II 2001, 621, jeweils m.w.N.).

4.7.5.4 Gründe für Korrekturen des Ausgangswerts

Nach § 202 Abs. 1 S. 2 BewG ist der nach S. 1 ermittelte Ausgangswert um die in § 202 Abs. 1 S. 2 Nrn. 1–3 BewG vorgesehenen Hinzurechnungen und Abzüge zu korrigieren.

351

Der Zweck dieser Korrekturen besteht in erster Linie darin, den Ausgangswert der einzelnen Betriebsergebnisse um solche Vermögensminderungen oder Vermögensmehrungen zu bereinigen, die entweder einmalig oder jedenfalls nicht geeignet sind, den künftig nachhaltig erzielbaren Jahresertrag zu beeinflussen (R B 202 Abs. 3 S. 1 ErbStR 2011).

Die unter diesem Gesichtspunkt vorzunehmenden Korrekturen betreffen zum einen **Verfälschungen des Periodenertrags** durch Ausübung ertragsteuerlicher Gestaltungsrechte wie Sonderabschreibungen, die in den Jahren ihrer Vornahme zu höheren, in darauf folgenden Jahren zu geringeren Aufwandsverrechnungen führen, als sie dem tatsächlichen Wertverzehr des Wirtschaftsguts entsprechen. Zum anderen beziehen sich die unter diesem Gesichtspunkt vorzunehmenden Korrekturen auf wirtschaftliche atypische Vorgänge, mit deren Wiederholung in späteren Jahren nicht zu rechnen ist (wie z.B. einmalige Veräußerungsgewinne).

Daneben sieht das Gesetz Korrekturen vor, die die **Rechtsformneutralität** des Ausgangswerts sicherstellen sollen. Hierzu gehören etwa der Abzug eines bei der Ermittlung der Ausgangsgröße nicht berücksichtigten Unternehmerlohns oder die Außerachtlassung des Ertragsteueraufwands.

In Einzelfällen sieht das Gesetz auch Korrekturen vor, um **betriebsfremde Einflüsse** auf den Ausgangswert, die nach den Grundsätzen der Gewinnermittlung nicht berücksichtigt werden können (Ersparung von Aufwendungen durch unentgeltliche Mitarbeit von Familienangehörigen), zu neutralisieren.

Schließlich sind Korrekturen unter dem Gesichtspunkt erforderlich, dass bestimmte **Wirtschaftsgüter** nach § 200 Abs. 2 bis 4 BewG **gesondert** zu bewerten sind. Die damit zusammenhängenden Erträge und Aufwendungen dürfen daher bei der Ermittlung des Betriebsergebnisses nicht berücksichtigt werden.

Die nach § 202 Abs. 1 S. 2 Nrn. 1 bis 3 BewG vorzunehmenden Korrekturen stehen – auch soweit dies in den Einzelvorschriften nicht ausdrücklich gesagt wird – unter dem Vorbehalt, dass sich die hinzuzurechnenden bzw. abzuziehenden Beträge auf die Ermittlung des Ausgangswerts ausgewirkt haben.

4.7.5.5 Einzelne Hinzurechnungen

352 Nach § 202 Abs. 1 S. 2 Nr. 1 BewG sind dem Ausgangswert hinzuzurechnen:
a) Investitionsabzugsbeträge, Sonderabschreibungen oder erhöhte Absetzungen, Bewertungsabschläge, Zuführungen zu steuerfreien Rücklagen sowie Teilwertabschreibungen

Die Hinzurechnungsregelung beruht auf der Überlegung, dass sich die Bewertung nach dem künftigen ausschüttungsfähigen Ertrag, d.h. nach dem Teil des Unternehmensgewinns richten soll, der voraussichtlich für eine Ausschüttung an die Gesellschafter bzw. für eine Entnahme durch den Betriebsinhaber zur Verfügung steht (BFH v. 22.5.1970, III R 80/67, BStBl II 1970, 610). Aus diesem Grund sollen nur die dem wirtschaftlichen Wertverzehr entsprechenden Absetzungen Berücksichtigung finden.

Investitionsabzugsbeträge sind den Gewinn mindernde Abzüge für die künftige Anschaffung oder Herstellung eines abnutzbaren beweglichen Wirtschaftsguts des Anlagevermögens, die für die nach dem 17.8.2007 endenden Wirtschaftsjahre an die Stelle der früheren Ansparabschreibungen nach § 7g Abs. 1 EStG getreten sind. Während die Ansparabschreibungen als steuerfreie Rücklagen in der Bilanz auszuweisen waren und sich damit im Ergebnis des Betriebsvermögensvergleichs niederschlugen, sind Investitionsabzugsbeträge nach allgemeiner Ansicht außerhalb der Steuerbilanz abzuziehen (Begründung des Entwurfs eines Unternehmensteuerreformgesetzes 2008, BT-Drs. 16/4841, 51; *Frotscher/Kratzsch*, EStG, § 7g Rz. 1; *Schmidt/Kulosa*, EStG, 28. Aufl., 2009, § 7g Rz. 4, m.w.N.). Ihre Bildung und Auslösung beeinflusst daher den Gewinn i.S.d. § 4 Abs. 1 EStG nicht, sodass insofern keine Korrektur vorzunehmen ist (R B 202 Abs. 2 S. 4 ErbStR 2011).

Sonderabschreibungen sind solche, die neben den normalen Absetzungen nach § 7 Abs. 1 oder 4 EStG vorzunehmen sind (§ 7a Abs. 4 EStG); demgegenüber treten erhöhte Absetzungen an die Stelle der normalen Absetzungen (§ 7a Abs. 3 EStG). Vorschriften über Sonderabschreibungen finden sich nach geltendem Recht in § 7g Abs. 5 und 6 EStG, solche über erhöhte Absetzungen in §§ 7h und 7i EStG (zu früher geltenden Vorschriften: *Herrmann/Heuer/Raupach*, EStG, § 7a Rz. 6).

Bewertungsabschläge sind gewinnwirksame Wertminderungen von Gegenständen des nichtabnutzbaren Anlage- bzw. des Umlaufvermögens (*Werndl*, in Kirchhof/Söhn, EStG, § 7 Rz. A 58). Früher fanden sich entsprechende Regelungen z.B. in § 74 EStDV (für bestimmte metallhaltige Wirtschaftsgüter des Vorratsvermögens) und § 80 EStDV (für bestimmte Wirtschaftsgüter des Umlaufvermögens ausländischer Herkunft, deren Preis auf dem Weltmarkt wesentlichen Schwankungen unterliegt). Im geltenden Recht sieht nur noch § 6 des Ernährungssicherstellungsgesetzes eine entsprechende Regelung vor, die derzeit ohne praktische Bedeutung ist.

Zuführungen zu steuerfreien Rücklagen sind Aufwendungen, die aus der Bildung von Sonderposten mit Rücklageanteil entstehen. Gesetzlich vorgesehen ist ihre Bildung in § 6b Abs. 3 EStG für die Übertragung stiller Reserven bei der Veräußerung bestimmter Anlagegüter. Auf dem Verwaltungsweg wird sie durch R 6.6 Abs. 4

EStR 2005 für die Ersatzbeschaffung von durch höhere Gewalt aus dem Betriebsvermögen ausgeschiedenen Wirtschaftsgütern zugelassen.
Teilwertabschreibungen sind nach § 6 Abs. 1 Nr. 1 S. 2 und Nr. 2 S. 2 EStG nur noch zulässig, wenn der Teilwert i.S.d. § 6 Abs. 1 Nr. 1 S. 3 EStG aufgrund einer voraussichtlich dauernden Wertminderung niedriger als der sich aus den Anschaffungs- oder Herstellungskosten ergebende Buchwert ist. Die Hinzurechnungsregelung unterscheidet nicht zwischen Teilwertabschreibungen auf Anlage- und auf Umlaufvermögen. Dies ist insofern problematisch, als Teilwertabschreibungen auf Umlaufvermögen zumeist nur Veräußerungsverluste antizipieren, die ohne die Teilwertabschreibung das laufende Betriebsergebnis eines späteren Wirtschaftsjahrs gemindert hätten.

Keine Korrektur ist für Gewinnminderungen infolge der **Sofortabschreibung geringwertiger Wirtschaftsgüter** nach § 6 Abs. 2 EStG möglich, weil es sich dabei weder um eine Sonderabschreibung noch um eine erhöhte Absetzung i.S.d. § 7a EStG handelt. Entsprechendes gilt für Gewinnminderungen durch Bildung von Sammelposten nach § 6 Abs. 2a EStG. Dies gilt auch dann, wenn sie aufgrund besonderer Umstände zu einer wesentlichen Verringerung des Gewinns führt. Die gegenteilige Beurteilung in BFH v. 12.1.2011 (II R 38/09, BFH/NV 2011, 765) betrifft einen noch nach dem Stuttgarter Verfahren (R 99 Abs. 1 Abs. 1 S. 3 ErbStR 1999 bzw. 2003) zu beurteilenden Sachverhalt und lässt sich wegen des im Unterschied zu der Richtlinienanordnung bindenden Charakters der gesetzlichen Regelung nicht auf die nunmehr geltende Rechtslage übertragen (ebenso *Crezelius*, Anm. zu BFH v. 12.1.2011, II R 38/09, ZEV 2011, 273, 276). In Betracht gezogen werden kann unter Umständen aber eine Korrektur nach R B 202 Abs. 3 S. 2 Nr. 1 Buchst. c ErbStR 2011 (vgl. Rz. 357).

§ 202 Abs. 1 S. 2 Nr. 1 Buchst. a S. 2 BewG bestimmt, dass nur die „normalen" Absetzungen für Abnutzung zu berücksichtigen sind. Hierzu zählen in erster Linie die linearen Absetzungen nach § 7 Abs. 1 S. 1 und 2 EStG, die sich bei gleichmäßiger Verteilung der Anschaffungs- oder Herstellungskosten auf die betriebsgewöhnliche Nutzungsdauer des Wirtschaftsguts ergeben, bei Gebäuden die Absetzungen nach § 7 Abs. 4 EStG. Auch die Leistungsabschreibung nach § 7 Abs. 1 S. 6 EStG und die Absetzung für Substanzverringerung nach § 7 Abs. 6 EStG sind „normale" Abschreibungen; sie tragen dem in dem jeweiligen Wirtschaftsjahr eingetretenen Wertverzehr des Wirtschaftsguts Rechnung und korrespondieren mit Erträgen, die in dem entsprechenden Zeitraum durch den Einsatz bzw. den Verbrauch des Wirtschaftsguts erzielt wurden. Darüber hinaus zählen zu den „normalen" Abschreibungen auch die dem wirtschaftlichen Wertverzehr entsprechenden degressiven Absetzungen nach § 7 Abs. 2 EStG sowie die degressiven Absetzungen für Gebäude nach § 7 Abs. 5 EStG (R B 202 Abs. 3 S. 2 Nr. 1 Buchst. a S. 2 ErbStR 2011). Allerdings sind die Vorschriften über die degressive Absetzung auslaufendes Recht: Die für bewegliche Wirtschaftsgüter des Anlagevermögens geltende Regelung (§ 7 Abs. 2 EStG) wurde zunächst im Zuge der Unternehmensteuerreform mit Ablauf des 31.12.2007 abgeschafft. Ab 2009 wurde mit dem Konjunkturprogramm 2009 auf zwei Jahre befristet eine degressive Abschreibung für bewegliche Wirtschaftsgüter des Anlagevermögens wieder eingeführt (§ 7 Abs. 2 EStG n.F.). Die Abschreibung darf höchstens das Zweieinhalbfache der linearen Abschreibung betragen und 25 % p.a. nicht übersteigen. Die Möglichkeit, die degressive Abschreibung in Anspruch zu nehmen, gilt für Anschaffungen/Herstellungen, die nach dem 31.12.2008 und vor dem 1.1.2011 getätigt wurden.

Die degressive Absetzung auf Gebäude gilt nach § 7 Abs. 5 EStG nur für Neubauten, für die der Antrag auf Baugenehmigung vor dem 1.1.2006 gestellt wurde. Keine „normalen" Absetzungen für Abnutzung sind demgegenüber die in § 7 Abs. 1 S. 7 EStG zugelassenen Absetzungen für außergewöhnliche technische oder wirtschaftliche Abnutzung. Sie tragen zwar einem tatsächlichen Wertverzehr Rechnung, fallen aber ihrer Art nach nicht periodisch an und stehen i. d. R. nicht in einem Konnexitätsverhältnis zu den in dem jeweiligen Wirtschaftsjahr erwirtschafteten Erträgen.

354 § 202 Abs. 1 S. 2 Nr. 1 Buchst. a S. 3 BewG bestimmt, dass die „normalen" Absetzungen für Abnutzung nach den Anschaffungs- oder Herstellungskosten und der gesamten betriebsgewöhnlichen Nutzungsdauer zu bemessen sind. Die Vorschrift bezieht sich auf Ausnahmefälle, in denen für ertragsteuerliche Zwecke entweder nicht die tatsächlichen Anschaffungs- oder Herstellungskosten oder nur eine bestimmte Restnutzungsdauer zugrunde gelegt werden. Im ersten Fall ist an die Übertragung stiller Reserven auf ein neu angeschafftes oder hergestelltes Wirtschaftsgut, (§ 6b Abs. 1 S. 1, Abs. 3 S. 2 EStG, R 6.6 Abs. 3, Abs. 4 S. 6 EStR 2005) im zweiten Fall an die Verteilung des Restbuchwerts nach Ablauf des Begünstigungszeitraums einer Sonderabschreibung oder einer erhöhten AfA (§ 7a Abs. 9 EStG bzw. R 7a Abs. 10 EStR 2005) zu denken.

355 § 202 Abs. 1 S. 2 Nr. 1 Buchst. a S. 4 BewG ordnet die Berücksichtigung der normalen AfA auch für den Fall an, dass für ertragsteuerliche Zwecke nur noch der nach Ablauf des Begünstigungszeitraums einer Sonderabschreibung oder erhöhten Absetzung verbliebene Restwert zu berücksichtigen ist. Dies ergibt sich eigentlich schon aus S. 3. Die ausdrückliche Regelung des S. 4 trägt dem Umstand Rechnung, dass bei der ertragsteuerlichen Verteilung des Restbuchwerts auf die Restnutzungsdauer normalerweise geringere AfA-Beträge verbleiben, als sie sich bei der Inanspruchnahme normaler Absetzungen über die Gesamtdauer des Nutzungszeitraums ergeben hätten. S. 4 stellt für diesen Fall sicher, dass der höhere tatsächliche wirtschaftliche Wertverzehr des Wirtschaftsguts berücksichtigt wird. Dies gilt auch dann, wenn die Sonderabschreibungen in vor dem Dreijahreszeitraum liegenden Wirtschaftsjahren vorgenommen wurden (unrichtig daher *Knief/Weippert*, Stbg 2010, 1, 3). Der Sache nach handelt es sich damit nicht um eine Hinzurechnungs-, sondern um eine Abzugsregelung.

356 b) Absetzungen auf den Geschäfts- oder Firmenwert oder auf firmenwertähnliche Wirtschaftsgüter

Geschäftswert ist der Mehrwert, der einem gewerblichen Unternehmen über den Substanzwert (Verkehrswert) der einzelnen materiellen und immateriellen Wirtschaftsgüter hinaus innewohnt (BFH v. 27.3.2001, I R 42/00, BFH/NV 2001, 1673, BStBl II 2001, 771; v. 27.3.1996, I R 60/95, BStBl II 1996, 596). Er ist Ausdruck der Gewinnchancen eines Unternehmens, soweit diese nicht in einzelnen Wirtschaftsgütern verkörpert sind, sondern durch den Betrieb eines lebenden Unternehmens gewährleistet erscheinen (BFH v. 14.1.1998, X R 57/93, BFH/NV 1998, 1160). Da der Geschäftswert hiernach selbst einer der Faktoren ist, die die Höhe der in der Vergangenheit erzielten Erträge beeinflusst haben, können die auf ihn als Einzelgröße vorgenommenen Absetzungen die Ergebnisse nicht nochmals beeinflussen (*Mannek*, in Gürsching/Stenger, BewG, § 11 BewG Rz. 232). Im Übrigen trägt die Neutralisierung der AfA auf den Geschäftswert dem Umstand Rechnung, dass nur ein derivativer Geschäftswert bilanzierbar und damit abschreibbar ist (§ 5 Abs. 2 EStG), die Höhe der in der Vergangenheit erzielten und in der Zukunft zu erwartenden (Über-)Gewinne aber unabhängig davon ist, ob der Geschäftswert selbst geschaffen oder entgeltlich erworben worden ist.

Geschäftswertähnliche Wirtschaftsgüter sind solche Wirtschaftsgüter, die ebenso wie der Geschäftswert mit dem Unternehmen als Ganzes verknüpft, im Gegensatz zum Geschäftswert selbst aber einzeln übertragen werden können, z. B. Konzessionen und Zulassungen (BFH v. 28.5.1998, IV R 48/97, BFH/NV 1998, 1562, BStBl II 1998, 775, m. w. N.). Nicht zu den geschäftswertähnlichen Wirtschaftsgütern gehören dagegen Vertreterrechte (BFH v. 12.7.2007, X R 5/05, BFH/NV 2007, 2185, BStBl II 2007, 959).

c) Einmalige Veräußerungsverluste sowie außerordentliche Aufwendungen 357

Einmalige Veräußerungsverluste sind solche, die sich ihrer Art nach bei einem Unternehmen der zu bewertenden Art nicht wiederholen können. Damit scheiden nicht nur Verluste aus der Veräußerung von Umlaufvermögen, sondern auch Verluste aus der Veräußerung solcher Wirtschaftsgüter des Anlagevermögens aus, die mit einer gewissen Regelmäßigkeit angeschafft und verbraucht bzw. veräußert werden. In erster Linie dürften damit Verluste aus der Veräußerung von Grund und Boden, Gebäuden, Beteiligungen oder immateriellen Wirtschaftsgütern des Anlagevermögens als „einmalig" anzusehen sein.

Während „einmalige Veräußerungsverluste" schon nach R 99 Abs. 1 S. 5 Nr. 1 Buchst. d ErbStR 2003 hinzuzurechnen waren, ist die allgemeine Hinzurechnung „außerordentlicher Aufwendungen" neu. Ungeachtet seines generalklauselartigen Charakters sollte der Begriff u. E. auf solche Aufwendungen beschränkt werden, bei denen nach Art und Höhe feststeht, dass sie allenfalls in größeren Zeitabständen wiederkehren und die Beeinflussung des Ergebnisses des Referenzzeitraums daher zufälligen Charakter hat. Die Hinzurechnung ist unabhängig davon, ob sich die Aufwendungen bereits in Ausgaben niedergeschlagen haben oder z. B. auf die Bildung von Rückstellungen entfallen. Eine Korrektur nach dieser Vorschrift ist u. E. auch dann in Betracht zu ziehen, wenn die Sofortabschreibung geringwertiger Wirtschaftsgüter im Zusammenhang mit einem einmaligen Geschäftsvorfall (vgl. BFH v. 12.1.2011, II R 38/09, BFH/NV 2011, 765) zu einer wesentlichen Gewinnminderung führt, die nicht nach Buchst. a korrigiert weden kann.

d) Im Gewinn nicht enthaltene Investitionszulagen, soweit in Zukunft mit weiteren 358
zulagebegünstigten Investitionen in gleichem Umfang gerechnet werden kann

Die Hinzurechnung von **Investitionszulagen** in dem auch künftig zu erwartenden Umfang entspricht R 99 Abs. 1 S. 5 Nr. 1 Buchst. f ErbStR 2003. Nach dem bisherigen Rechtszustand war die Hinzurechnung erforderlich, weil Investitionszulagen nach § 12 S. 1 InvZulG 2007 nicht zu den Einkünften i. S. d. EStG gehören

§ 12 Bewertung

und daher nicht das zu versteuernde Einkommen i.S.d. §§ 7 und 8 KStG erhöhten, das früher nach R 99 Abs. 1 S. 4 ErbStR 2003 Ausgangsgröße für die Ermittlung des Jahresertrags war. Demgegenüber geht § 202 Abs. 1 S. 1 BewG vom Gewinn aus, in dem die Investitionszulagen jedenfalls dann enthalten sind, wenn sie in das Betriebsvermögen geflossen sind. Das Gesetz beschränkt die Hinzurechnung deshalb ausdrücklich auf den Fall, dass die Investitionszulagen den Gewinn nicht erhöht haben.

Zur Frage, in welchem Umfang in Zukunft mit weiteren zulagebegünstigten Investitionen gerechnet werden kann, vgl. die Erl. zu § 202 Abs. 1 S. 2 Nr. 2 Buchst. c BewG (Rz. 362).

359 e) **Ertragsteueraufwand** (Körperschaftsteuer, Zuschlagsteuern und Gewerbesteuer) im Gewinnermittlungszeitraum

Die Hinzurechnung des tatsächlichen **Ertragsteueraufwands** steht im Zusammenhang damit, dass nach § 202 Abs. 3 BewG das Betriebsergebnis um einen pauschalen Ertragsteueraufwand von 30 % gemindert wird. Zugleich stellt die Regelung die Rechtsformneutralität der Jahresertragsermittlung sicher, weil die Körperschaftsteuer bei der Kapitalgesellschaft den Steuerbilanzgewinn mindert und diesem erst bei der Ermittlung des Einkommens wieder hinzuzurechnen ist (§ 10 Nr. 2 KStG), während die aus betrieblichen Mitteln gezahlte Einkommensteuer bei Personenunternehmen eine Entnahme darstellt, die dem Ergebnis des Betriebsvermögensvergleichs hinzuzurechnen ist. Entsprechendes gilt für Gewerbesteuer, die für Erhebungszeiträume nach dem 31.12.2007 keine Betriebsausgabe mehr ist (§ 4 Abs. 5b EStG).

359a f) Aufwendungen, die im Zusammenhang stehen mit Vermögen i.S.d. § 200 Abs. 2 und 4 BewG, und übernommene Verluste aus Beteiligungen i.S.d. § 200 Abs. 2–4 BewG

Aufwendungen **im Zusammenhang mit nicht zum betriebsnotwendigen Vermögen** gehörenden bzw. innerhalb von zwei Jahren vor dem Bewertungsstichtag eingelegten Wirtschaftsgütern werden dem Ausgangswert hinzugerechnet, um insoweit systemgerecht eine Doppelerfassung auszuschließen. In Betracht kommen neben Abschreibungen und Instandhaltungskosten auch Finanzierungskosten sowie – bei geleasten Wirtschaftsgütern – Leasingkosten. Wurden Wirtschaftsgüter nicht über spezielle Darlehen, sondern über Kontokorrentkredite finanziert, kann die Ermittlung der Finanzierungskosten allerdings erhebliche Schwierigkeiten bereiten (*Knief/Weippert*, Stbg 2010, 1, 3).

Bei Grundstücken sind alle damit in Zusammenhang stehenden Aufwendungen dem Betriebsergebnis hinzuzurechnen. Es kommt nicht darauf an, ob es sich um Grundstücksaufwendungen handelt, die mit dem Wert des Grundstücks abgegolten sind – wie beispielsweise Instandhaltungsaufwendungen – oder um Aufwendungen, die zu den Betriebskosten gehören (*Mannek*, DB 2008, 423, 424).

Die Hinzurechnungsregelung gilt auch für nicht betriebsnotwendige, nicht hingegen für betriebsnotwendige Beteiligungen. Bei Finanzierungsaufwendungen im Zusammenhang mit Anteilen an Kapitalgesellschaften i.S.d. § 200 Abs. 3 BewG scheidet eine Korrektur des Betriebsergebnisses aus, weil – anders als in den Fällen des § 200 Abs. 2 und 4 BewG – kein gesonderter Ansatz der mit den Wirtschaftsgütern vorgesehenen Schulden vorgesehen ist (R B 202 Abs. 3 S. 2 Nr. 1 Buchst. f S. 2 ErbStR 2011; vgl. auch Rz. 333). Beteiligungen an Personengesellschaften i. S. d. § 200 Abs. 3 BewG sind Sonderbetriebsvermögen; die damit im Zusammenhang stehenden Aufwendungen werden im Ergebnis der Personengesellschaft berücksichtigt und sind deshalb dem Betriebsergebnis nicht hinzuzurechnen. Sie werden durch die Hinzurechnung des übernommenen Verlusts aus der Beteiligung nach § 202 Abs. 1 S. 2 Nr. 1 Buchst. f 2. Halbs. BewG oder die Kürzung der Erträge aus der Beteiligung nach § 202 Abs. 1 S. 2 Nr. 2 Buchst. f BewG berücksichtigt (R B 202 Abs. 3 S. 2 Nr. 1 Buchst. f S. 3 und 4 ErbStR 2011).

4.7.5.6 Einzelne Abzüge

Nach § 202 Abs. 1 S. 2 Nr. 2 BewG sind von dem Ausgangswert abzuziehen: 360

a) Gewinnerhöhende Auflösungsbeträge steuerfreier Rücklagen sowie Gewinne aus der Anwendung des § 6 Abs. 1 Nr. 1 S. 4 und Nr. 2 S. 3 EStG

Die Abzugsregelung bildet das Gegenstück zu der Hinzurechnungsregelung von § 202 Abs. 1 S. 2 Nr. 1 Buchst. a BewG. Da gewinnmindernde Zuführungen zu steuerfreien Rücklagen und Teilwertabschreibungen das Betriebsergebnis nicht mindern, müssen auch gewinnerhöhende Auflösungen **steuerfreier Rücklagen** und **Teilwertzuschreibungen** neutralisiert werden.

b) Einmalige Veräußerungsgewinne sowie außerordentliche Erträge 361

Die Abzugsregelung korrespondiert mit der Hinzurechnungsregelung in § 202 Abs. 1 S. 2 Nr. 1 Buchst. c BewG. Die „Einmaligkeit" von **Veräußerungsgewinnen** und die „**Außerordentlichkeit" von Erträgen** beurteilt sich nach denselben Grundsätzen wie bei Veräußerungsverlusten und Aufwendungen im Sinne der Nr. 1 Buchst. c. Außerordentliche Erträge können sich z. B. aus der Auflösung von Rückstellungen für ungewisse Verbindlichkeiten ergeben, wenn eine Inanspruchnahme wegen der Schuld unterbleibt oder keinen Erfolg hat.

c) Im Gewinn enthaltene Investitionszulagen, soweit in Zukunft nicht mit weiteren 362 zulagebegünstigten Investitionen in gleichem Umfang gerechnet werden kann

Obwohl sie nach § 12 S. 1 InvZulG 2007 nicht zu den Einkünften i. S. d. EStG gehören, sind **Investitionszulagen** regelmäßig im Gewinn und damit in der Ausgangsgröße für die Ermittlung des Betriebsergebnisses enthalten. Die Abzugsregelung soll sicherstellen, dass sie den Durchschnittsertrag nur insoweit beeinflussen, als auch in Zukunft mit zulagebegünstigten Investitionen (§ 2 InvZulG 2007) gerechnet werden kann. Anhaltspunkte für die Beurteilung dieser Frage können sich daraus ergeben, mit welcher Regelmäßigkeit in der Vergangenheit Investitionszulagen in Anspruch genommen werden konnten, insbesondere in welchem Verhältnis die in dem maßgebenden Gewinnermittlungszeitraum geförderten Investitionen mit denen früherer oder bereits abgelaufener späterer Jahre stehen, ob und inwieweit die für die Inanspruchnahme der Investitionszulagen maßgeblichen Verhältnisse unverändert geblieben sind und ob und inwieweit die wirtschaftlichen und finanziellen Verhältnisse des Betriebs die Durchführung begünstigter Investitionen in der Zukunft sinnvoll bzw. möglich erscheinen lassen.

363 d) Ein angemessener Unternehmerlohn, soweit in der bisherigen Ergebnisrechnung kein solcher berücksichtigt worden ist

Der Abzug des **Unternehmerlohns** dient der Rechtsformneutralität. Unternehmerlohn ist die dem Betriebsinhaber für seine Geschäftsleitungstätigkeit zustehende Entlohnung.

Bei **Kapitalgesellschaften** mindert die Geschäftsführervergütung als Betriebsausgabe bereits den Steuerbilanzgewinn und damit die Ausgangsgröße für die Ermittlung des Betriebsergebnisses, soweit sie nicht als vGA anzusehen und dem Steuerbilanzgewinn hinzuzurechnen ist (s. Rz. 368 ff.). Damit kommt bei Kapitalgesellschaften die Kürzung der Ausgangsgröße um einen angemessenen Unternehmerlohn im Allgemeinen nicht in Betracht. Anders verhält es sich nur dann, wenn die Hinzurechnung der Geschäftsführervergütung als vGA nicht auf den nach einem Fremdvergleich unangemessenen Teilbetrag beschränkt ist, sondern aus formellen Gründen erfolgt und die Vergütung oder einzelne Vergütungsbestandteile als Ganzes betrifft. So kann es sich verhalten, wenn Leistungen an den beherrschenden Gesellschafter keine im Voraus rechtswirksam getroffene Vereinbarungen zugrunde liegen, Pensionszusagen ohne Einhaltung einer angemessenen Probe- oder Wartezeit erteilt werden, der Erdienungszeitraum zu kurz oder das Verhältnis zwischen Aktiven- und Altersbezügen unangemessen ist (Einzelheiten in H 38 KStH 2006).

Bei **Einzelunternehmen** hat die Kürzung um den angemessenen Unternehmerlohn stets zu erfolgen, wenn der Inhaber selbst oder ein unentgeltlich mitarbeitender Familienangehöriger als Geschäftsleiter tätig war. Da er sich selbst kein Gehalt zahlen kann, stellt die Verwendung betrieblicher Mittel für die eigene Lebensführung eine Entnahme dar, die dem Steuerbilanzgewinn hinzuzurechnen ist (§ 4 Abs. 1 S. 1 EStG). Hat der Inhaber die Geschäftsleitung faktisch an einen Angestellten (z. B. einen Prokuristen) delegiert, kann der Unternehmerlohn aber durch die an diesen geleisteten, ergebniswirksam gewordenen Gehaltszahlungen abgegolten sein.

Bei **Personengesellschaften** besteht kein weitergehender Korrekturbedarf, soweit die dem/den geschäftsführenden Gesellschafter/n gezahlten Tätigkeitsvergütungen als Aufwand in der Gesamthandsbilanz erfasst worden sind. Es stellt sich allenfalls die Frage, ob der Aufwand möglicherweise überhöht und deshalb nach § 202 Abs. 1 S. 2 Nr. 3 BewG zu korrigieren ist. Als Vorabanteile aus dem Gewinn gezahlte Tätigkeitsvergütungen sind als Unternehmerlohn abzuziehen, soweit sie nach einem Fremdvergleich angemessen sind (R B 202 Abs. 3 S. 2 Nr. 2 Buchst. d S. 7 ErbStR 2011).

364 Nach § 202 Abs. 1 S. 2 Nr. 2 Buchst. d S. 2 BewG wird die **Höhe des Unternehmenslohns** nach der Vergütung bestimmt, die eine nicht beteiligte Geschäftsführung erhalten würde. Damit wird derselbe Maßstab zugrunde gelegt, wie er im Rahmen der Körperschaftsteuer für die Beurteilung der Angemessenheit des Gehalts von Gesellschafter-Geschäftsführern und damit für die Abgrenzung von Betriebsausgaben und verdeckten Gewinnausschüttungen (§ 8 Abs. 3 S. 2 KStG) verwendet wird (*Hannes/Onderka*, ZEV 2008, 173, 176; *Mannek*, DB 2008, 423, 425 f.). Maßgeblich ist die Gesamtausstattung eines gedachten Fremdgeschäftsführers unter Einschluss von Boni, Tantiemen, Gratifikationen sowie Aufwendungen für die Altersversor-

gung (*Hecht/Cölln*, DB 2010, 1084, 1086). Für deren Höhe sind insbesondere Branche und Größe des Unternehmens, aber auch Alter, Erfahrung und fachliche Spezialisierung des Geschäftsleiters von Bedeutung (*Knief*, DB 2010, 289, 291). Die Berücksichtigung eines Zuschlags für Unternehmerrisiko und persönliche Haftung (*Knief*, DB 2010, 290, 294) kommt hingegen nicht in Betracht. Sie stünde im Widerspruch zum Wortlaut der gesetzlichen Regelung und zu dem mit ihr verfolgten Ziel der Rechtsformneutralität. In der Praxis wird man sich bei der Herleitung des angemessenen Unternehmerlohns an empirischen Untersuchungen wie Kienbaum-Studien orientieren oder den Unternehmerlohn aus den Gehaltstabellen für nichtselbstständig tätige Berufsangehörigen vergleichbarer Qualifikation abzuleiten versuchen (*Kühnold/Mannweiler*, DStZ 2008, 167, 171). Soweit der FinVerw. branchenspezifische Datensammlungen zu Geschäftsführergehältern in einem Fremdvergleich vorliegen, sollen diese in geeigneter Weise berücksichtigt werden können (R B 202 Abs. 3 S. 2 Nr. 2 Buchst. d S. 6 ErbStR 2011). Besondere Schwierigkeiten ergeben sich bei der Bestimmung des angemessenen Unternehmerlohns bei solchen Gewerbebetrieben (z.B. Handelsvertretungen), bei denen die persönliche Arbeitsleistung des Geschäftsführers im Vordergrund steht und der Kapitaleinsatz nur eine untergeordnete Rolle spielt, weil der gedachte Vergleichsfall des Fremdgeschäftsführers bei Betrieben dieser Art in der Lebenswirklichkeit kaum anzutreffen ist.

§ 202 Abs. 1 S. 2 Nr. 2 Buchst. d S. 3 BewG sieht die Bereinigung des Betriebsergebnisses um den fiktiven Lohnaufwand für unentgeltlich tätige **Familienangehörige** des Eigentümers vor. Unentgeltlich tätig i.d.S. ist ein Familienangehöriger, wenn er entweder überhaupt keine Vergütung für seine Tätigkeit erhält oder wenn das den Lohn- oder Gehaltszahlungen zugrunde liegende Arbeitsverhältnis steuerrechtlich nicht anzuerkennen ist (vgl. dazu R 4.8 EStR 2008 und H 4.8 [„Arbeitsverhältnisse mit Kindern" und „Arbeitsverhältnisse zwischen Ehegatten"] EStH 2009). Obwohl der Begriff „Eigentümer" nach seiner buchstäblichen Bedeutung nur den Inhaber eines Einzelunternehmens erfasst, erscheint die Korrektur auch dann geboten, wenn Angehörige eines Gesellschafters einer Personengesellschaft oder einer Kapitalgesellschaft unentgeltlich in deren Betrieb mitarbeiten. Bei der Ermittlung des fiktiven Lohnaufwands sind nicht nur die einem vergleichbaren Arbeitnehmer zustehenden Gehaltszahlungen, sondern auch die darauf entfallenden von dem Arbeitgeber zu tragenden Lohnnebenkosten (Arbeitgeberbeiträge zur Sozialversicherung, Beiträge zur Berufsgenossenschaft und ähnliches) zu berücksichtigen. Große praktische Bedeutung dürfte die Regelung des § 202 Abs. 1 S. 2 Nr. 2 Buchst. d S. 3 BewG nicht entfalten, da jedenfalls bei steuerlich beratenen Unternehmern Familienangehörige i.d.R. aufgrund von – auch steuerlich anzuerkennenden – Arbeitsverträgen tätig werden, sodass die Gehaltszahlungen bereits den steuerlichen Bilanzgewinn als Ausgangsgröße mindern. Zudem stellt sich die Frage, wie Art und Umfang der Mitarbeit außerhalb eines ertragsteuerlich anerkannten Arbeitsverhältnisses nachgewiesen werden können.

e) **Erträge aus der Erstattung von Ertragsteuern im Gewinnermittlungszeitraum** Die Vorschrift korrespondiert mit der Hinzurechnungsregelung in § 202 Abs. 1 S. 2 Nr. 1 Buchst. e BewG.

§ 12   Bewertung

367 f) Erträge im Zusammenhang mit Vermögen i. S. d. § 200 Abs. 2 bis 4 BewG

Erträge im Zusammenhang mit Vermögen nach § 200 Abs. 2 bis 4 BewG werden vom Ausgangswert abgezogen, um insoweit systemgerecht eine Doppelerfassung auszuschließen. Anders als im Fall der Hinzurechnung nach § 202 Abs. 1 S. 2 Nr. 2 Buchst. f gilt dies auch für Erträge aus Beteiligungen i. S. d. § 200 Abs. 3 BewG.

4.7.5.7 Sonstige Hinzurechnungen und Abzüge

368 Nach § 202 Abs. 1 S. 2 Nr. 3 BewG sind auch sonstige wirtschaftlich nicht begründete Vermögensminderungen oder -erhöhungen mit Einfluss auf den zukünftig nachhaltig erzielbaren Jahresertrag und gesellschaftsrechtlichem Bezug hinzuzurechnen oder abzuziehen, soweit sie nicht nach Nr. 1 und 2 berücksichtigt wurden.

Die Vorschrift soll über die in den Nrn. 1 und 2 genannten Einzelfälle hinaus Verfälschungen des Betriebsergebnisses korrigieren, die sich daraus ergeben, dass im Verhältnis zu Gesellschaftern oder diesen bzw. dem Betriebsinhaber nahe stehenden Personen Leistungen zu Bedingungen erbracht oder in Anspruch genommen werden, die **nicht dem Fremdüblichen** entsprechen. Vermögensminderungen oder -erhöhungen sind nicht nur tatsächlich erfolgte Ab- bzw. Zuflüsse, sondern spiegelbildlich auch unterbliebene Zu- bzw. Abflüsse, also verhinderte Vermögensmehrungen oder -minderungen.

Einfluss auf den zukünftig nachhaltig erzielbaren Jahresertrag haben die in § 202 Abs. 1 S. 2 Nr. 3 BewG angesprochenen Vermögensminderungen oder -erhöhungen – nur – dann, wenn sie sich auf die Ermittlung der Ausgangsgröße nach § 202 Abs. 1 S. 1 BewG ausgewirkt haben, also dem Steuerbilanzgewinn nicht als Entnahmen hinzugerechnet (zur Behandlung verdeckter Gewinnausschüttungen und Einlagen bei Kapitalgesellschaften vgl. Rz. 344).

369 *Stahl* und *Piltz* halten die Hinzurechnung in Todesfällen zwar für problematisch, soweit die überhöhten Beträge noch im sonstigen Vermögen des Erblassers vorhanden sind. Ihre Befürchtung, dass es in diesen Fällen zur doppelten Erfassung ein und desselben Erwerbs kommen kann, geht aber von falschen Voraussetzungen aus (*Stahl*, KÖSDI 2008, 166069, 16072; *Piltz*, DStR 2008, 745, 750). Die Hinzurechnung dieser Aufwendungen erfolgt zur Ermittlung der in der Zukunft nachhaltig zu erzielenden Erträge, weil diese die Grundlage für die Ermittlung des Ertragswerts bilden. Unter diesem Gesichtspunkt ist es ohne Bedeutung, ob der Steuerpflichtige die ihm in der Vergangenheit zugeflossenen Beträge verbraucht hat oder nicht. Eine Doppelerfassung ein und derselben Beträge ist ausgeschlossen, weil die Bewertung des Betriebs im Ertragswertverfahren durch die Diskontierung künftiger Erträge erfolgt, während im sonstigen Vermögen nur in der Vergangenheit erzielte Erträge vorhanden sein können.

370 Umgekehrt müssen (verdeckte) Einlagen (z. B. der Erlass einer Gesellschaftsschuld durch den Gesellschafter aus nichtbetrieblichen Gründen) von der Ausgangsgröße abgezogen werden. Gleiches gilt in Fällen, in denen Leistungen von einem Gesellschafter oder einer ihm nahe stehenden Person unentgeltlich oder gegen ein geringeres als das fremdübliche Entgelt erbracht werden. Bei Personengesellschaften gilt

Bewertung § 12

dies auch für Leistungen (Tätigkeiten im Dienste der Gesellschaft, Überlassung von Wirtschaftsgütern und Gewährung von Darlehen), die gegen eine den Steuerbilanzgewinn nicht mindernde Vorabgewinnvergütung erbracht werden. Auch Erhöhungen des Steuerbilanzgewinns, die auf der Rückgängigmachung von Betriebsvermögensminderungen beruhen, die in vorangegangenen Jahren als verdeckte Gewinnausschüttungen erfasst wurden, sind durch Abzüge auszugleichen.

Beispiel:

Eine GmbH gewährt ihrem Gesellschafter-Geschäftsführer eine durch das Gesellschaftsverhältnis veranlasste Pensionszusage und bildet dafür nach Ablauf des Geschäftsjahres 01 eine Rückstellung. Obwohl der damit verbundene Aufwand als verdeckte Gewinnausschüttung den Gewinn nicht mindern darf (§ 8 Abs. 3 KStG), ist die Rückstellung sowohl in der Handels- als auch in der Steuerbilanz zu passivieren. Die Gewinnkorrektur ist durch eine außerbilanzielle Hinzurechnung vorzunehmen (BFH v. 29.6.1994, I R 137/93, BStBl II 2002, 366). Wird die Rückstellung im Jahr 02 aufgelöst, weil der Gesellschafter-Geschäftsführer verstirbt, ist die damit verbundene Erhöhung des Betriebsvermögens durch einen Abzug zu korrigieren.

Obwohl der Gesetzeswortlaut nur Fälle mit gesellschaftsrechtlichem Bezug anspricht, kommt eine Korrektur **auch bei Einzelunternehmen** in Betracht. Zwar kann der Inhaber eines Einzelunternehmens mit sich selbst keine Verträge schließen; doch kann es zwischen ihm und nahe stehenden Personen Rechtsbeziehungen geben, die das Betriebsergebnis beeinflussen. Zu denken ist an den Fall der unentgeltlichen Überlassung eines betrieblich genutzten Grundstücks durch den Ehegatten des Betriebsinhabers.

4.7.5.8 Ermittlung des Betriebsergebnisses bei Einnahmen-Überschussrechnung (§ 202 Abs. 2 BewG)

Bei nicht bilanzierenden Gewerbetreibenden und freiberuflich Tätigen, die ihren Gewinn nach § 4 Abs. 3 EStG ermitteln, ist bei der Ermittlung des Betriebsergebnisses vom Überschuss der Betriebseinnahmen über die Betriebsausgaben auszugehen (§ 202 Abs. 2 S. 1 BewG). Damit die Ermittlung des Jahresertrags nach denselben Grundsätzen wie bei bilanzierenden Steuerpflichtigen erfolgt, müssen steuerfreie Einnahmen und beschränkt bzw. nicht abziehbare Betriebsausgaben in die Ermittlung der Ausgangsgröße einbezogen werden.
Die Hinzurechnungs- und Abzugsregelungen des § 202 Abs. 1 S. 2 Nrn. 1 bis 3 BewG gelten entsprechend (§ 202 Abs. 2 S. 2 BewG). Fraglich ist, ob sich mit Hilfe einer „entsprechenden" Anwendung dieser Vorschriften auch die **nicht periodengerechte Erfassung** von Erträgen und Aufwendungen als Folge des bei der Einnahmen-Überschussrechnung geltenden Zu- und Abflussprinzips ausgleichen lässt.

Beispiel:

Ein Gewerbetreibender mietet zum 1.12. des letzten in die Ermittlung des Jahresertrags einzubeziehenden Jahres eine Lagerhalle an und zahlt die Jahresmiete von

24.000 EUR im Voraus. Bei Gewinnermittlung durch Betriebsvermögensvergleich würde sich nur der auf den Monat Dezember entfallende Teil der Miete auf den Gewinn auswirken; für die Zeit danach wäre ein aktiver Rechnungsabgrenzungsposten zu bilden (§ 5 Abs. 5 S. 1 Nr. 1 EStG). Bei Gewinnermittlung durch Einnahmen-Überschussrechnung mindert die Mietzahlung den Gewinn des Abflussjahres hingegen in voller Höhe.

Jedenfalls dann, wenn die Mietzahlung im Verhältnis zur Ausgangsgröße ins Gewicht fällt, wäre die Hinzurechnung des auf das Folgejahr entfallenden Teils der Mietzahlungen als außerordentlicher Aufwand nach § 202 Abs. 1 S. 2 Nr. 1 Buchst. c BewG unter dem Gesichtspunkt einer zutreffenden Ermittlung der Referenzgröße sachgerecht. Dem steht jedoch entgegen, dass nicht die Mietzahlungen als solche außerordentlich sind, sondern allenfalls deren Auswirkung auf die Ermittlung des Jahresertrags. Hätte das Mietverhältnis während des gesamten Referenzzeitraums bestanden, hätten sich die Effekte der Periodenabweichungen schon bei der Ermittlung der Ausgangsgrößen gegenseitig ausgeglichen. Die Regelungen des § 202 BewG beziehen sich aber nicht auf die Ermittlung des Jahresertrags als Durchschnittsgröße (§ 201 Abs. 2 BewG), sondern auf die Ermittlung der in die Durchschnittssatzbildung eingehenden Betriebsergebnisse der einzelnen Jahre.

4.7.5.9 Abgeltung des Ertragsteueraufwands (§ 202 Abs. 3 BewG)

373 Zur Abgeltung des Ertragsteueraufwands ist ein positives Betriebsergebnis nach § 202 Abs. 1 oder 2 BewG um 30 % zu mindern (§ 202 Abs. 3 BewG). Die Regelung trägt dem Umstand Rechnung, dass das Betriebsergebnis aus Gründen der **Rechtsformneutralität** um Ertragsteuerzahlungen bzw. -erstattungen korrigiert wird. Da andererseits nach betriebswirtschaftlichen Grundsätzen nur der ausschüttungsfähige Ertrag der Kapitalisierung zugrunde gelegt werden soll, wird der Ertragsteueraufwand mit einem Pauschalsatz von 30 % des korrigierten Betriebsergebnisses berücksichtigt. Nach den Vorstellungen des Gesetzgebers entspricht dies der durchschnittlichen Unternehmensteuerlast, die nach der Unternehmensteuerreform 2008 für Kapitalgesellschaften und – bei Inanspruchnahme der Thesaurierungsbegünstigung nach § 34a EStG – Personenunternehmen zu erwarten ist (*Kühnold/Mannweiler*, DStZ 2008, 167, 172; *Hannes/Onderka*, ZEV 2008, 173, 175).

Da nur ein positives Betriebsergebnis um 30 % zu mindern ist, wirken sich Jahre mit negativem Betriebsergebnis bei der Durchschnittssatzbildung überproportional aus.

Gegen die pauschale Abgeltung der Ertragsteuerlast sind in der Lit. Einwendungen erhoben worden. *Spengel/Elschner* halten den pauschalen Steueraufwand von 30 % unter Berücksichtigung des Solidaritätszuschlages für etwas zu gering (*Spengel/Elschner*, Ubg 2008, 408, 410). *Rohde/Gemeinhardt* sind der Ansicht, dass der pauschale Abzug von 30 % zwar den Gegebenheiten der Kapitalgesellschaft gerecht werde, nicht aber denen eines Personenunternehmens (*Rohde/Gemeinhardt*, StuB 2008, 338, 343). Die Außerachtlassung der persönlichen Steuerlast im Fall einer Entnahme des Gewinns stehe in Widerspruch zu den Grundsätzen des IDW.

U. E. ist auch in diesem Fall der Vereinfachungszweck des Verfahrens zu berücksichtigen. Selbst wenn der pauschale Satz von 30 % etwas knapp bemessen sein sollte, führt er im Zusammenwirken mit der Nichtberücksichtigung der Steuerbelastung bei der Bildung des Kapitalisierungsfaktors zu tendenziell niedrigeren Unternehmenswerten, als sie sich bei einer Berücksichtigung des Steueraufwands unter Beachtung betriebswirtschaftlicher Bewertungsgrundsätze ergeben würden.

4.7.6 Kapitalisierungsfaktor (§ 203 BewG)

Der Ertragswert wird zum einen durch den nachhaltig zu erwartenden künftigen Jahresertrag und zum anderen durch die als marktgerecht angesehene Verzinsung des Kapitals (Kapitalisierungszinsfuß) bestimmt. Um den Kapitalbetrag zu ermitteln, dessen jährliche Verzinsung dem Jahresertrag entspricht, ist letzterer mit dem **Kehrwert des Kapitalisierungszinsfußes** (Kapitalisierungsfaktor) zu multiplizieren (§ 203 Abs. 3 BewG). Der sich aus einem bestimmten Jahresertrag ergebende Ertragswert ist damit umso höher, je niedriger die marktgerechte Verzinsung angesetzt wird. Welche Verzinsung ein Erwerber auf das eingesetzte Kapital erwarten – und den wievielfachen Jahresertrag er als Kaufpreis zu zahlen bereit sein – wird, hängt zum einen von der Verzinsung alternativer Geldanlagen und zum anderen davon ab, wie risikobehaftet der aus dem Unternehmen zu erwartende Ertrag im Vergleich zu diesen alternativen Geldanlagen erscheint.

374

4.7.6.1 Bewertungsstichtage bis 31.12.2015

Nach § 203 Abs. 1 BewG in der für Bewertungsstichtage vor dem 1.1.2016 geltenden Fassung (a. F.) errechnet sich der Kapitalisierungszinsfuß aus einem Basiszinssatz und einem Zuschlag von 4,5 %.

374a

4.7.6.1.1 Basiszinssatz

Der Basiszinssatz ist eine variable Größe. Er ist nach § 203 Abs. 2 S. 1 BewG a. F. aus der langfristig erzielbaren **Rendite öffentlicher Anleihen** abzuleiten. Dabei ist nach § 203 Abs. 2 S. 2 BewG a. F. auf den Zinssatz abzustellen, den die Deutsche Bundesbank anhand der Zinsstrukturdaten jeweils auf den ersten Börsentag des Jahres errechnet. Der Begriff der „langfristig erzielbaren Rendite" ist irreführend. Das Merkmal „langfristig" bezieht sich nicht auf die Erzielbarkeit der Rendite, sondern auf die (Rest-)Laufzeit der Anleihen. Da Unternehmen regelmäßig mit einer zeitlich unbegrenzten Lebensdauer bewertet werden, wäre als Basiszinssatz grundsätzlich die am Bewertungsstichtag zu erzielende Rendite einer zeitlich nicht begrenzten Anleihe der öffentlichen Hand heranzuziehen. Da es solche in Deutschland nicht gibt, sind Näherungslösungen erforderlich. Die erforderliche Extrapolation der Zinssätze kann z. B. durch die sog. Svensson-Methode erreicht werden (vgl. dazu Deutsche Bundesbank, Monatsbericht Oktober 1997, 61 ff.). Durch dieses Verfahren ist es möglich, Zinssätze für Laufzeiten zu schätzen, die über diejenige der börsengehandelten Anleihen hinausgehen. Dabei werden auf der Grundlage verfügbarer Marktparameter Zinsstrukturkurven abgeleitet. Eine Zinsstrukturkurve stellt den Zusammenhang zwischen Zinssätzen und den jeweiligen Restlaufzeiten für einen

375

bestimmten Stichtag dar. Die Form der Zinsstrukturkurve ist dabei ein Indikator für die antizipierte Veränderung der Zinssätze. Die daraus abgeleiteten laufzeitspezifischen Zinssätze können in einen einheitlichen Basiszinssatz umgerechnet werden, womit dem für die Unternehmensbewertung erforderlichen Prinzip der Laufzeitäquivalenz entsprochen wird (*Gerber/König*, BB 2010, 348). Obwohl die Bundesbank die Svensson-Methode anwendet, entspricht der vom BMF herangezogene Zinssatz keinem laufzeitadäquaten Zinssatz, weil dabei lediglich ein Punkt auf der Zinsstrukturkurve, nämlich die Rendite für Bundeswertpapiere mit einer Restlaufzeit von 15 Jahren, betrachtet wird (*Gerber/König*, BB 2010, 348). Der von dem BMF betrachtete Punkt auf der Zinsstrukturkurve gewährleistet keine zuverlässige Schätzung des Zinssatzes von Anleihen mit unendlicher Laufzeit. Die auf der Grundlage der von der Bundesbank zur Verfügung gestellten Parameter ermittelten Zinsstrukturkurven weisen zu unterschiedlichen Stichtagen unterschiedliche Verläufe und Steigungen auf (*Gerber/König*, BB 2010, 348, 350, Abbildung 2). Betrachtet man den 15-Jahreszinssatz im Verlauf der jeweiligen Zinsstrukturkurve, sind im Zeitverlauf deutliche Differenzen zu erkennen. Die Festlegung eines Punktes von 15 Jahren auf der Zinsstrukturkurve blendet demnach die Form der aktuellen Zinsstrukturkurve aus (*Gerber/König*, BB 2010, 348, 350).

Aus Vereinfachungsgründen ist der zum Jahresbeginn ermittelte Basiszinssatz für alle Wertermittlungen auf Bewertungsstichtage in dem jeweiligen Kalenderjahr anzuwenden (§ 203 Abs. 2 S. 3 BewG). Damit werden unterjährige Schwankungen des Zinssatzes ausgeblendet. Dagegen ist in der Lit. der Einwand erhoben worden, dass sich auch innerhalb eines Kalenderjahrs zum Teil erhebliche Schwankungen des Basiszinssatzes ergeben könnten, die aufgrund der Stichtagsregelung unberücksichtigt blieben (*Creutzmann*, Stbg 2008, 148, 156f.; *ders.*, DB 2008, 2784, 2789). Die tatsächliche Zinsentwicklung des Jahres 2009 bestätigt diese Einschätzung. Der für 2009 festgesetzte Basiszins von 3,61 % markiert den Tiefststand des Jahresverlaufs (*Gerber/König*, BB 2010, 348, 349, Abbildung 1). Insbesondere in den Monaten Mai und Juni, in denen der Basiszins zeitweilig die Grenze von 4,3 % überschritt, hätten sich wesentliche Konsequenzen auf die Höhe von Unternehmenswerten ergeben. In der Zeit zwischen dem 21.12.2009 und dem 4.1.2010 ergibt sich eine maximale Schwankung von 25 Basispunkten. Hätte sich die Erhöhung des Zinsniveaus nur um zwei Wochen verzögert, hätte sich für 2010 ein Basiszins von 3,74 % statt 3,98 % ergeben.

Gestaltungshinweis: Gestaltungshinweis:
Bei geplanten Betriebsübertragungen in zeitlicher Nähe zum Jahreswechsel empfiehlt es sich, die Zinsentwicklung zu verfolgen, um den Stichtag in das Jahr zu verlegen, für das sich der niedrigere Kapitalisierungsfaktor ergibt.

4.7.6.1.2 Zuschlag

376 Da der Basiszinssatz die nach den Marktverhältnissen auf risikolose und liquide Geldanlagen zu erwartende Rendite widerspiegelt, (*Spengel/Elschner*, Ubg 2008, 208, 410) wird er um einen Zuschlag von 4,5 % erhöht. Im Unterschied zum Basiszinssatz ist dieser Zuschlag **unveränderlich**. Der Zuschlag soll neben dem

Bewertung § 12

Unternehmerrisiko auch andere Korrekturposten abbilden. Der Bericht des Finanzausschusses nennt als Beispiele Fungibilitätszuschlag, Wachstumsabschlag oder inhaberabhängige Faktoren. Branchenspezifische Faktoren sollen danach durch einen Beta-Faktor von 1,0 berücksichtigt werden, weil dann die Einzelrendite wie der Markt schwankt (BT-Drs. 16/11097, 28).

Die Festlegung eines einheitlich geltenden Zuschlags ohne Berücksichtigung des branchentypischen bzw. betriebsindividuellen Risikos ist in der Lit. vielfach auf Kritik gestoßen (*Stahl*, KÖSDI 2008, 16069, 16073; *Spengel/Elschner*, Ubg 2008, 408, 410; *Gerber/König*, BB 2009, 1268, 1270 ff.). Es wird darauf hingewiesen, dass die Fundiertheit der Erträge je nach Wirtschaftszweig höchst unterschiedlich ist und die einschlägigen Datensammlungen deshalb gewöhnlich nach Branchen differenzieren (*Piltz*, DStR 2008, 745, 751; s. a. *Kußmaul/Pfirmann/Hell/Meyering*, BB 2008, 472, 477 f.; *Hannes/Onderka*, ZEV 2008, 173, 176 f.) und dass darüber hinaus auch die Finanzierungsstruktur des Unternehmens für die Bemessung des (Risiko-)Zuschlags von Bedeutung sein kann (*Flöter/Matern*, NWB 2008, 1727).

Die Bedenken gegen die Anwendung eines einheitlichen Risikozuschlags erscheinen zwar durchaus begründet. Ohne seine Festlegung würde der Zweck des vereinfachten Ertragswertverfahrens aber verfehlt. Die Berücksichtigung branchentypischer oder unternehmensspezifischer Gesichtspunkte ist nur im Rahmen einer Einzelermittlung nach betriebswirtschaftlichen Grundsätzen möglich. Auf die Festlegung des Kapitalisierungszinssatzes für alle Ertragswertverfahren, wie sie § 11 Abs. 2 S. 4 BewG i. d. F. des Regierungsentwurfs zum ErbStRG vorgesehen hatte, hat der Gesetzgeber unter dem Eindruck vielfältiger Kritik (vgl. nur Stellungnahme des Bundesrats, BR-Drucksache 4/08, 16) verzichtet.

Eine Korrektur des Kapitalisierungszinssatzes um die Ertragsteuerbelastung ist nicht vorgesehen. Der Bericht des Finanzausschusses verweist in diesem Zusammenhang darauf, dass die Berücksichtigung der Betriebssteuern bereits im Rahmen der Ermittlung des Jahresertrags erfolgt sei. Zudem werde der Basiszinssatz als Vergleichsgröße vor Berücksichtigung der persönlichen Steuerbelastung des Unternehmers/Anteilsinhabers zugrunde gelegt. Die Höhe dieser Steuerbelastung entspreche derjenigen anderer Geldanlagen, die der Abgeltungssteuer unterlägen, insbesondere öffentlichen Anleihen, aus denen auch der Basiszinssatz abgeleitet werde (BT-Drs. 16/11107, 28).

4.7.6.1.3 Für die Jahre 2007 bis 2015 anwendbare Zinssätze und Kapitalisierungsfaktoren

Da Art. 3 ErbStRG für Erwerbe von Todes wegen die Möglichkeit vorsieht, die seit dem 1.1.2009 geltenden erbschaftsteuer- und bewertungsrechtlichen Vorschriften rückwirkend auf die Jahre 2007 und 2008 anzuwenden, hat das BMF auch für diese Jahre Basiszinssätze veröffentlicht. Im Einzelnen ergeben sich danach folgende Zinssätze und Kapitalisierungsfaktoren:

376a

§ 12 Bewertung

Jahr	Bekanntmachung des BMF vom	Fundstelle	Basiszinssatz	Kapitalisierungszinssatz	Kapitalisierungsfaktor
2007	17.3.2009	BStBl I 2009, 473	4,02 %	8,52 %	11,7371
2008	17.3.2009	BStBl I 2009, 473	4,58 %	9,08 %	11,0132
2009	7.1.2009	BStBl I 2009, 14	3,61 %	8,11 %	12,3305
2010	5.1.2010	BStBl I 2010, 14	3,98 %	8,48 %	11,7925
2011	5.1.2011	BStBl I 2011, 5	3,43 %	7,93 %	12,6103
2012	2.1.2012	BStBl I 2012, 13	2,44 %	6,94 %	14,4092
2013	2.1.2013	BStBl I 2013, 19	2,04 %	6,54 %	15,2905
2014	2.1.2014	BStBl I 2014, 23	2,59 %	7,09 %	14,1043
2015	2.1.2015	BStBl I 2015, 6	0,99 %	5,49 %	18,2149

4.7.6.2 Bewertungsstichtage ab 1.1.2016

376b Durch Art. 2 Nr. 1 des Gesetzes zur Anpassung des Erbschaftsteuer- und Schenkungsteuergesetzes an die Rechtsprechung des Bundesverfassungsgerichts vom 4.11.2016 (BGBl I 2016, 2464) ist § 203 BewG neugefasst worden. Nach der Neufassung beträgt der im vereinfachten Ertragswertverfahren anzuwendende Kapitalisierungsfaktor 13,75 (§ 203 Abs. 1 BewG). Eine automatische Anpassung an die Zinsentwicklung findet künftig nicht mehr statt. Durch § 203 Abs. 2 BewG wird das BMF jedoch ermächtigt, den Kapitalisierungsfaktor durch Rechtsverordnung mit Zustimmung des Bundesrats an die Entwicklung der Zinsstrukturdaten anzupassen. Nach § 205 Abs. 11 BewG findet die Neuregelung auf Bewertungsstichtage ab dem 1.1.2016 Anwendung.

4.7.6.2.1 Gründe für die Neuregelung

376c Der in den Jahren 2007 bis 2015 eingetretene Rückgang der Kapitalmarktzinsen hatte zur Folge, dass der für das Jahr 2015 anwendbare Kapitalisierungsfaktor um mehr als 29 Prozent höher war als der Kapitalisierungsfaktor für das Jahr 2014 und sogar um mehr als 65 Prozent höher als der Kapitalisierungsfaktor für das Jahr 2007. Diese Entwicklung gab zu der Besorgnis Anlass, dass der sich aus § 203 Abs. 1 BewG a.F. ergebende Multiplikator den Bezug zu den Marktgegebenheiten verloren habe und die tatsächlich erzielbaren Unternehmenspreise bei Weitem überzeichne (*Wachter*, Beihefter zu DStR Heft 35/2014, 90, 97; *Lüdicke*, FR 2013, 107, 112).

Der Finanzausschuss des Deutschen Bundestags hat diese Bedenken aufgegriffen und in der Beschlussempfehlung zu dem Gesetz zur Anpassung des Erbschaftsteuer- und Schenkungsteuergesetzes an die Rechtsprechung des Bundesverfassungsgerichts (BT-Drs 18/8911) empfohlen, den Basiszinssatz auf mindestens 3,5 Prozent und höchstens 5,5 Prozent festzulegen. Dies hätte zur Folge gehabt, dass der Kapitalisierungsfaktor mindestens 10 und höchstens 12,5 betragen hätte. Begründet wurde dies mit der Überlegung, dass außerhalb der vorgesehenen Spanne liegende Werte den Unternehmenswert entweder nach oben oder nach unten überzeichneten. Zwar führten niedrige Zinsen tatsächlich zu höheren Unternehmenswerten, jedoch nicht in dem Maß, wie sich der Kapitalisierungsfaktor aufgrund des niedrigen Basiszinssatzes erhöhe. Da der Kapitalisierungsfaktor den Kehrwert des Kapitalisierungszinsfußes bilde, steige er umso stärker an, je mehr sich der Nenner dem Wert Null nähere. Umgekehrt könne der Anstieg des Basiszinssatzes über einen gewissen Wert zu einer Unterbewertung der Unternehmen führen. Ein solcher Anstieg könne mit einem erhöhten Risiko langfristiger öffentlicher Anleihen zusammenhängen, das die dem Bewertungsansatz des § 203 Abs. 1 BewG zugrunde liegende Annahme, die Anlage des Kapitals in einem Unternehmen erfordere wegen des damit verbundenen höheren Risikos auch eine höhere Verzinsung als die Anlage in öffentlichen Anleihen, in Frage stelle (BT-Drs 18/8911, 47).

Im Bundesrat fand der der Beschlussempfehlung des Finanzausschusses entsprechende Gesetzesbeschluss des Deutschen Bundestags jedoch keine Mehrheit. Der im Laufe des Vermittlungsverfahrens in Gestalt eines Kapitalisierungsfaktors von 13,75 erzielte Kompromiss führt, bezogen auf die Verhältnisse des Jahres 2016, zu um 10 Prozent höheren Unternehmenswerten als der Vorschlag des Finanzausschusses. Zugleich erlaubt die dem BMF eingeräumte Verordnungsermächtigung auch künftig Anpassungen an Veränderungen des Kapitalmarktzinses. Damit trägt die Gesetz gewordene Lösung Einwänden Rechnung, die aus dem Bereich der Landesfinanzverwaltungen gegen den Vorschlag des Finanzausschusses erhoben worden waren. Diese stützten sich vor allem darauf, dass der Umfang einer möglichen Überbewertung von Unternehmensanteilen bisher nicht evaluiert sei, die Begrenzung des Kapitalisierungsfaktors auf 12,5 deshalb mit der Gefahr einer Unterbewertung verbunden sei und die Festlegung eines festen Korridors ohne Marktbezug die verfassungsrechtlich gebotene Annäherung an den gemeinen Wert verhindere (*Erkis*, DStR 2016, 1441, 1447).

4.7.6.2.2 Fester Kapitalisierungsfaktor

Der Kapitalisierungsfaktor 13,75 ist deutlich niedriger als der, der sich nach § 203 BewG a. F. für Bewertungsstichtage ab dem 1.1.2016 ergeben hätte. Ausgehend von dem vom BMF mit Schreiben vom 4.1.2016 (BStBl I 2016, 5) bekannt gegebenen Basiszins von 1,1 Prozent würde dieser 17,8571 betragen. Der Kapitalisierungsfaktor 13,75 entspricht einem Kapitalisierungszinssatz von 7,2727 Prozent. Unter Zugrundelegung der Systematik des bisherigen Rechts ist der Risikozuschlag damit von 4,5 Prozent auf 6,1727 Prozent erhöht worden. Eine sachliche Begründung für diesen Zuschlagssatz ist jenseits des offenbaren Kompromisscharakters des Kapitalisierungsfaktors von 13,75 Prozent – ein Zehntel mehr als der vom Finanzausschuss des Deutschen Bundestags empfohlene maximale Kapitalisierungsfaktor von 12,5 – nicht erkennbar.

Nach § 203 Abs. 2 BewG kann das BMF den Kapitalisierungsfaktor von 13,75 durch Rechtsverordnung mit Zustimmung des Bundesrats an die Entwicklung der Zinsstrukturdaten anpassen. Auch wenn sich die Verordnungsermächtigung

376d

über die Maßstäbe ausschweigt, nach denen diese Anpassung vorzunehmen sein wird, muss im Lichte des bisher geltenden Rechts wohl davon ausgegangen werden, dass diese proportional zur Entwicklung des Basiszinssatzes zu erfolgen hätte. Steigt dieser z. B. von 1,1 Prozent auf 2,0 Prozent, müsste der Kapitalisierungsfaktor 12,08, d. h. den Kehrwert eines Kapitalisierungszinssatzes von (2,0 Prozent zuzüglich 6,1727 Prozent =) 8,1727 Prozent, herabgesetzt werden. In welchen **Zeitabständen** die **Anpassung** vorzunehmen sein wird, ist der Verordnungsermächtigung ebenfalls nicht zu entnehmen. Da sich der Gesetzgeber aber für die Festlegung eines festen Kapitalisierungsfaktor anstelle der Heraufsetzung des Risikozuschlags zum Basiszins entschieden hat, muss davon ausgegangen werden, dass anders als nach dem bisherigen Recht keine Pflicht zur regelmäßigen –etwa jährlichen – Anpassung besteht, sondern diese nur dann erfolgen muss, wenn der sich aus der Veränderung der Zinsstrukturdaten ergebende Kapitalisierungsfaktor signifikant von dem gesetzlich festgelegten bzw. zuletzt durch Rechtsverordnung angepassten Wert abweicht.

4.7.6.2.3 Rückwirkende Anwendung auf Bewertungsstichtage ab 1.1.2016

376e Nach § 205 Abs. 11 BewG ist die Neufassung des § 203 BewG rückwirkend auf alle Bewertungsstichtage ab dem 1.1.2016 anzuwenden. Ein Wahlrecht zwischen der Anwendung des alten und des neuen Rechts besteht für den Stpfl. insoweit nicht. Die rückwirkende Anwendung des neuen Rechts war schon in der Beschlussempfehlung des Finanzausschusses des Deutschen Bundestags vorgesehen und mit der Begründung, dass sie allein zugunsten des Stpfl. wirke, für verfassungsrechtlich unbedenklich erklärt worden (BT-Drs 18/8911, 47). Diese Einschätzung trifft allerdings nur mit Einschränkungen zu. Zwar ist die durch den neuen Kapitalisierungsfaktor bewirkte Reduzierung der Unternehmenswerte als solche für den Stpfl. günstig. Unter Berücksichtigung des Umstandes, dass das neue Verschonungssystem erst ab 1.7.2016 anwendbar ist, (Art. 3 des Gesetzes zur Anpassung des Erbschaftsteuer- und Schenkungsteuergesetzes an die Rechtsprechung des Bundesverfassungsgerichts vom 4.11.2016, BGBl I 2016, 2464) können sich aus dem früheren Inkrafttreten der neuen Bewertungsregeln für den Stpfl. aber auch Nachteile ergeben. Denn nach dem bisherigen – 2009 in Kraft getretenen – Verschonungssystem wurde die Verschonung nur gewährt, wenn die Verwaltungsvermögensquote bei der Regelverschonung 50 Prozent und bei der Vollverschonung 10 Prozent nicht überstieg. Da sich die Verwaltungsvermögensquote aus dem Verhältnis des Werts der Wirtschaftsgüter des Verwaltungsvermögens zum Gesamtwert des Unternehmens ergab, kann die rückwirkende Reduzierung des Unternehmenswerts dazu führen, dass die Verwaltungsvermögensquote die für die Verschonung maßgebliche Grenze übersteigt (vgl. dazu das Beispiel bei *Hannes*, ZEV 2016, 554, 555).

Gestaltungshinweis: Gestaltungshinweis:

Einen Vergleich der Bewertung im vereinfachten Ertragswertverfahren mit der Bewertung nach dem Standard S 1 des IdW erlaubt das Exceltool „Unternehmensbewertung Light" unter www.peter-knief.de.

Bewertung § 12

4.7.7 Zusammenfassendes Beispiel für eine Bewertung im vereinfachten Ertragswertverfahren

V betreibt ein Speditionsunternehmen, für das er den Gewinn nach § 5 EStG ermittelt. Das Wirtschaftsjahr entspricht dem Kalenderjahr. Die Ehefrau des V arbeitet durchschnittlich zehn Stunden pro Woche unentgeltlich als Bürokraft in dem Betrieb mit. Eine familienfremde Halbtagskraft erhält für vergleichbare Tätigkeiten ein Jahresgehalt von 15.000 EUR, das sich um Lohnnebenkosten von 20 % erhöht. Im Jahr 01 schafft V einen Lastzug für 250.000 EUR an, für den er im Jahr der Anschaffung eine Sonderabschreibung nach § 7g Abs. 5 EStG in Höhe von 10 % und in den beiden folgenden Jahren von jeweils 5 % vornimmt. Zum Betriebsvermögen des V gehört ein Mietwohngrundstück, das V unter Inanspruchnahme eines Hypothekarkredits von 400.000 EUR erworben hatte, der noch in voller Höhe valutiert. Die darauf befindlichen Wohnungen sind an betriebsfremde Mieter vermietet. Die Mieteinnahmen belaufen sich auf 24.000 EUR (01), 22.000 EUR (02) und 20.000 EUR (03). Die im Zusammenhang mit dem Mietwohngrundstück anfallenden Aufwendungen (einschließlich Schuldzinsen) belaufen sich auf 32.000 EUR (01), 34.000 EUR (02) und 32.000 (03). Außerdem hält V in seinem Betriebsvermögen eine Beteiligung von 25 % an der ebenfalls im Speditionsgewerbe tätigen X-GmbH, deren Unternehmen etwa denselben Umfang wie sein Einzelunternehmen hat. Der gesellschaftsfremde Geschäftsführer der X-GmbH erhält Bezüge von 150.000 EUR jährlich. Zum 1.7. des Jahres 03 veräußert ein Mitgesellschafter des V seinen Anteil von 15 % an der X-GmbH für 270.000 EUR an einen familienfremden Dritten. In den Jahren 01 bis 03 fließen V von der X-GmbH Gewinnausschüttungen in Höhe von jährlich 15.000 EUR zu. Die Gewinne vor Steuern für die Wirtschaftsjahre 01 bis 03 belaufen sich auf 280.000 EUR (01), 140.000 EUR (02) und 200.000 EUR (03). Zum 1.4. des Jahres 04 überträgt V seinen Betrieb unentgeltlich auf seinen Sohn S. Für das Mietwohngrundstück ergibt sich auf diesen Zeitpunkt ein Ertragswert in Höhe von 550.000 EUR. Davon ausgehend sind die Betriebsergebnisse wie folgt zu berechnen:

Jahr	1	2	3
Gewinn i.S.v. § 5 EStG	280.000	140.000	200.000
Sonderabschreibungen auf den Lastzug (§ 202 Abs. 1 S. 2 Nr. 1 Buchst. a BewG)	25.000	12.500	12.500
Aufwendungen für das Mietwohngrundstück (§ 202 Abs. 1 S. 1 Nr. 1 Buchst. f BewG)	32.000	34.000	32.000
Unternehmerlohn (§ 202 Abs. 1 Nr. 2 Buchst. d S. 1 BewG) entsprechend den Bezügen des Geschäftsführers der X-GmbH	– 150.000	– 150.000	– 150.000
Fiktiver Lohnaufwand für die Ehefrau (§ 202 Abs. 1 Nr. 2 Buchst. d S. 3 BewG) in Höhe von 50 % des Lohnaufwands für die Angestellte	– 9.000	– 9.000	– 9.000
Mieterträge	– 24.000	– 22.000	– 20.000

§ 12 Bewertung

Jahr	1	2	3
Ausschüttungen X-GmbH	−15.000	−15.000	−15.000
Betriebsergebnis i.S.v. § 202 Abs. 1 BewG	139.000	−9.500	50.500
Ertragsteueraufwand (§ 202 Abs. 3 BewG)	−41.700	0	−15.150
Betriebsergebnis	97.300	−9.500	35.350

Die Summe der Betriebsergebnisse beläuft sich auf 123.150 EUR, sodass sich ein Durchschnittsertrag i.S.v. § 201 Abs. 2 BewG in Höhe von 41.050 EUR ergibt. Ausgehend von dem Kapitalisierungsfaktor von 13,75 beträgt der Ertragswert 564.437,50 EUR.

Hinzuzurechnen sind der gemeine Wert des Mietwohngrundstücks und der GmbH-Beteiligung (§ 200 Abs. 2 und 3 BewG). Der nach § 182 Abs. 3 Nr. 1 BewG maßgebliche Ertragswert des Grundstücks beträgt 550.000 EUR. Der gemeine Wert der GmbH-Beteiligung kann aus dem unter fremden Dritten erfolgten Anteilsverkauf zum 1.7.2003 abgeleitet werden und beträgt (270.000 EUR : 15 % = 1.800.000 EUR × 25 % =) 450.000 EUR. Abzuziehen sind die mit dem Mietwohngrundstück zusammenhängenden Schulden in Höhe von 400.000 EUR.

Hiernach ergibt sich ein Unternehmenswert von:

Ertragswert nach § 200 Abs. 1 BewG	564.437,50 EUR
Gemeiner Wert Mietwohngrundstück	550.000,00 EUR
Gemeiner Wert GmbH-Anteil	450.000,00 EUR
Schulden auf Mietwohngrundstück	./. 400.000,00 EUR
Ertragswert insgesamt	1.164.437,50 EUR

4.7.8 Anwendung des vereinfachten Ertragswertverfahrens auf ausländische Kapitalgesellschaften und auf ausländisches Betriebsvermögen

378 Nach Auffassung der FinVerw. ist das vereinfachte Ertragswertverfahren grundsätzlich auch auf die Bewertung ausländischer Kapitalgesellschaften und ausländischen Betriebsvermögens anwendbar (R B 199.1 Abs. 2 und R B 199.2 ErbStR 2011). Soweit es sich um Anteile an ausländischen Kapitalgesellschaften handelt, folgt diese Auffassung unmittelbar aus dem Gesetz. Anteile an ausländischen Kapitalgesellschaften sind kein ausländisches Betriebsvermögen i.S.d. § 12 Abs. 7 ErbStG, sondern fallen unter die Bewertungsvorschrift des § 11 Abs. 2 BewG und damit in den Anwendungsbereich der §§ 199–203 BewG, auf die § 11 Abs. 2 S. 4 BewG verweist (*Gottschalk*, ZEV 2009, 157, 161). Dementsprechend war schon für das Stuttgarter Verfahren die grundsätzliche Anwendbarkeit auf Beteiligungen an ausländischen Kapitalgesellschaften anerkannt (FG Hessen v. 30.11.2006, 3 K 391/00, juris; gleich lautende Erlasse der obersten Finanzbehörden der Länder v. 9.3.1990, DB 1990, 864). Ausländische Vermögensteile einer inländischen Kapitalgesellschaft gehören ohnedies zur wirtschaftlichen Einheit i.S.d. § 97 Abs. 1 S. 1 Nr. 1 BewG (*Hübner*, DStR 2009, 2577, 2578; *Gottschalk*, ZEV 2009, 161). Für ausländisches Betriebsvermögen i.S.d. § 95 BewG ist die Geltung des § 11 Abs. 2 und der §§ 199–203 BewG gesetzessystematisch zwar nicht ohne Weiteres zu begründen, doch entspricht die zumindest entsprechende Anwendbarkeit dieser Vorschriften im Ergebnis wohl der allgemeinen Meinung (s. Rz. 625).

Allerdings sind die Vorschriften des vereinfachten Ertragswertverfahrens insofern nicht auf ausländische Kapitalgesellschaften und auf ausländisches Betriebsvermögen zugeschnitten, als sie an die Gewinnermittlung nach deutschem Einkommensteuerrecht anknüpfen. Von besonderer praktischer Bedeutung ist deshalb, dass nach R B 199.2 S. 3 ErbStR 2011 der Gewinnermittlung die im jeweiligen Land geltenden Gewinnermittlungsvorschriften zugrunde gelegt werden können, wenn sie eine dem § 202 Abs. 1 S. 2 BewG entsprechende Korrektur zulassen. Damit wird die Ermittlung des Jahresertrags erheblich erleichtert; dem Rechtsanwender bleibt eine Konvertierung der nach ausländischem Recht erstellten Jahresabschlüsse in das deutsche Steuerbilanzrecht erspart (*Stalleiken/Theissen*, DStR 2010, 21, 24). Unter den ausländischen Gewinnermittlungsvorschriften sind u.E. die für ertragsteuerliche Zwecke geltenden Regeln zu verstehen. Die FinVerw. verlangt zwar nicht, dass diese den inländischen Vorschriften entsprechen. Die in R B 199.1 Abs. 2 EStR 2011 aufgestellte Bedingung, dass die Anwendung des vereinfachten Ertragswertverfahrens auf Auslandssachverhalte nicht zu offensichtlich unzutreffenden Ergebnissen führen darf, dürfte aber nur dann erfüllt sein, wenn sich nach Durchführung der Korrekturen gem. § 202 Abs. 1 S. 2 BewG Betriebsergebnisse ergeben, die denjenigen vergleichbar sind, die sich nach deutschem Recht ergeben würden.

Die Ermittlung der Besteuerungsgrundlagen hat in der jeweiligen Landeswährung zu erfolgen; der in dieser Währung ermittelte Ertragswert ist mit dem für den Bewertungsstichtag festgestellten Devisenkurs in EUR umzurechnen (R B 199.2 S. 2 ErbStR 2011). Damit wird eine stichtagsgerechte Wertermittlung ermöglicht.

Einen speziellen Anwendungsvorbehalt stellt R B 199.2 S. 4 ErbStR 2011 auf. Danach darf die Anwendung des nach § 203 BewG maßgebenden Kapitalisierungsfaktors nicht zu offensichtlich unzutreffenden Ergebnissen führen. Diese Regelung trägt dem Umstand Rechnung, dass das Zinsniveau in dem ausländischen Sitz- bzw. Belegenheitsstaat erheblich von dem inländischen abweichen und sich daraus ein völlig anderes Bewertungsniveau ergeben kann. Fraglich ist, ob derartigen Unterschieden durch eine Anpassung des Kapitalisierungsfaktors an das Niveau des Sitz- bzw. Belegenheitsstaates Rechnung getragen werden kann. Dies ist u.E. zu verneinen, weil das vereinfachte Ertragswertverfahren keine Alternative zur Anwendung des nach § 203 BewG maßgebenden Kapitalisierungsfaktors vorsieht (*Stalleiken/Theissen*, DStR 2010, 21, 24; a.A. *Kohl*, ZEV 2009, 554, 558).

einstweilen frei

4.8 Ableitung des Werts von Anteilen an Kapitalgesellschaften und des Anteils am Betriebsvermögen aus dem Gesamtwert des Unternehmens (§ 97 Abs. 1a und 1b BewG)

4.8.1 Allgemeines

390 Die Vorschriften des § 97 Abs. 1a und 1b BewG regeln, **wie** der für das Betriebsvermögen bzw. für das Vermögen der Kapitalgesellschaft als Ganzes ermittelte gemeine Wert auf den zu bewertenden Anteil **zu verteilen** ist. Zugleich lässt sich aus dieser Regelung entnehmen, dass der Wert des Anteils (am Betriebsvermögen bzw. an der Kapitalgesellschaft) nicht auf direktem, sondern auf indirektem Weg – nämlich über die Ermittlung und anschließende Aufteilung des Gesamtwerts des Betriebsvermögens bzw. des Vermögens der Kapitalgesellschaft – zu erfolgen hat.

Die Vorschriften sind erst auf Empfehlung des Finanzausschusses in das Gesetz aufgenommen worden. Nach dem Regierungsentwurf des ErbStRG sollte der bis zum 31.12.2008 geltende § 97 Abs. 1a BewG ersatzlos gestrichen werden, weil er – wie es in der Begründung hieß – „für die neu geregelte Bewertung des Betriebsvermögens keine Bedeutung" habe. Lediglich für die Bewertung im vereinfachten Ertragswertverfahren sollte nach § 6 Abs. 1 AntBVBewV eine Regelung zur Aufteilung des Betriebsvermögens auf die daran bestehenden Anteile getroffen werden. Die Regelung des § 97 Abs. 1b BewG hat in dem bis zum 31.12.2008 geltenden Gesetz keine Entsprechung. Lediglich für den Fall, dass der Wert des Anteils gemäß § 11 Abs. 2 S. 2 BewG in der bis zum 31.12.2008 geltenden Fassung unter Berücksichtigung des Vermögens und der Ertragsaussichten der Kapitalgesellschaft geschätzt wurde, sahen die ErbStR 2003 der Sache nach ebenfalls eine zweistufige Ermittlung vor, weil sowohl die Ermittlung des Vermögenswerts (R 98 ErbStR 2003) als auch die des Ertragshundertsatzes (R 99 ErbStR 2003) auf die Verhältnisse der Kapitalgesellschaft bezogen wurden.

391 Eine Begründung, weshalb abweichend vom Regierungsentwurf des ErbStRG § 97 Abs. 1a BewG mit verändertem Inhalt beibehalten und § 97 Abs. 1b BewG neu in das Gesetz aufgenommen wurde, enthält der Bericht des Finanzausschusses nicht. Im Fall des § 97 Abs. 1a BewG drängt sich allerdings die Annahme auf, dass die Beibehaltung darauf zurückzuführen ist, dass die Vorschriften über das vereinfachte Ertragswertverfahren in das Gesetz übernommen wurden. Die gesetzliche Regelung entspricht im Wesentlichen derjenigen, die § 6 Abs. 1 AntBVBewV vorgesehen hatte. Auch die Begründung, die der Bericht des Finanzausschusses für die gesetzliche Regelung gibt (BT-Drs. 16/11107, 16), stimmt in weiten Teilen wörtlich mit derjenigen zu § 6 AntBVBewV überein.

Wohl aus diesem Grund ist dort an mehreren Stellen von der Aufteilung des „Gesamtertragswerts", der „Ertragswertermittlung" und vom „Ertragswert des Gesamthandsvermögens" die Rede. Die durch den Bericht des Finanzausschusses nahe gelegte Annahme, dass sich § 97 Abs. 1a BewG nur auf die Aufteilung eines im (vereinfachten) Ertragswertverfahren ermittelten Werts bezieht, findet allerdings weder im Wortlaut noch in der systematischen Stellung der Vorschrift eine Stütze. Diese ist weder Teil der Regelungen über das vereinfachte Ertragswertverfahren noch überhaupt der Bewertungsvorschriften, sondern bildet einen Teil der Regelung zur Abgrenzung der wirtschaftlichen Einheit des Betriebsvermögens. Gleiches gilt für § 97 Abs. 1b BewG. Im Fall dieser Vorschrift lässt auch der Bericht des Finanzausschusses keine gedanklich vorausgesetzte Beschränkung auf die Ermittlung des gemeinen Werts im Ertragswertverfahren erkennen. Vielmehr heißt es dort ohne jede Einschränkung, dass „der gemeine Wert eines Anteils an einer Kapitalgesellschaft in den Fällen des § 11 Abs. 2 Sätze 2 ff. BewG in zwei Stufen zu ermitteln" sei (BT-Drs. 16/11107, 16 f.).

Hiernach ist davon auszugehen, dass § 97 Abs. 1a und 1b BewG in allen Fällen des § 11 Abs. 2 BewG Anwendung findet, d. h. nicht nur bei der Ermittlung des gemeinen Werts „unter Berücksichtigung der Ertragsaussichten oder einer anderen anerkannten, auch im gewöhnlichen Geschäftsverkehr für nichtsteuerliche Zwecke üblichen Methode", sondern auch dann, wenn sich der gemeine Wert aus Verkäufen unter fremden Dritten ableiten lässt, die weniger als ein Jahr zurückliegen. Ob der darin liegende Bruch mit dem bis zum 31.12.2008 geltenden Bewertungsverfahren vom Gesetzgeber wirklich beabsichtigt und er sich der damit verbundenen Konsequenzen bewusst war, erscheint zwar ungewiss; Wortlaut und systematische Stellung der Vorschriften lassen aber für eine davon abweichende Auslegung keinen Raum. Die Annahme, dass die Wertermittlung bei Anteilen (an Kapitalgesellschaften bzw. am Betriebsvermögen) generell in einem zweistufigen Verfahren zu erfolgen hat, wird im Übrigen durch die Fassung des § 11 Abs. 2 S. 3 BewG unterstützt. Obwohl diese Vorschrift nach ihrem unmittelbaren Regelungsbereich die Bewertung von Anteilen an Kapitalgesellschaften betrifft, wird die Ermittlung des Substanzwerts als Bewertungsuntergrenze des gemeinen Werts dort auf das aktive und passive Betriebsvermögen der Gesellschaft als Ganzes bezogen.

Entgegen dem Wortlaut der gesetzlichen Regelung soll nach R B 97.3 Abs. 2 S. 2 ErbStR 2011 keine Aufteilung nach § 97 Abs. 1a BewG vorgenommen werden, wenn der Wert des Anteils eines Gesellschafters am Gesamthandsvermögen aus Verkäufen abgeleitet oder unter Berücksichtigung der Ertragsaussichten der Gesellschaft oder einer anderen anerkannten, auch im gewöhnlichen Geschäftsverkehr für nichtsteuerliche Zwecke üblichen Methode ermittelt wird (Gutachtenwert). In diesen Fällen soll sich der Wert des Anteils am Betriebsvermögen als Summe aus dem ermittelten Anteil am Gesamthandsvermögen und dem gemeinen Wert des Sonderbetriebsvermögens ergeben (R B 97.3 Abs. 5 und 6 ErbStR 2011). Damit wird der Anwendungsbereich des § 97 Abs. 1a BewG auf die Fälle beschränkt, dass der gemeine Wert nach dem vereinfachten Ertragswertverfahren ermittelt oder der Substanzwert als Mindestwert angesetzt wird. Eine gesetzliche Grundlage für diese Einschränkung ist allerdings nicht ersichtlich. Ungeachtet der grundsätzlichen Zweifel an der Geeignetheit des in § 97 Abs. 1a BewG vorgesehenen Aufteilungsmaßstabs (vgl. dazu eingehend *Gehlhaar/Saecker*, UVR 2011, 125 ff.) erscheint die damit vorgenommene Grenzziehung auch nicht sachgerecht. Insbesondere ist kein überzeugender Grund dafür vorhanden, nach dem vereinfachten Ertragswertverfahren ermittelte Unternehmenswerte nach anderen Maßstäben aufzuteilen als solche, die nach einem betriebswirtschaftlichen Ertragswertverfahren ermittelt wurden.

392

4.8.2 Ermittlung des gemeinen Werts eines Anteils am Betriebsvermögen (§ 97 Abs. 1a BewG)

393 Nach § 97 Abs. 1a BewG wird der gemeine Wert eines Anteils am Betriebsvermögen nicht auf direktem Wege ermittelt, sondern als Summe aus dem Anteil am gemeinen Wert des Betriebsvermögens der Personengesellschaft (Gesamthandsvermögen) und dem Wert des Sonderbetriebsvermögens abgeleitet (§ 97 Abs. 1a Nr. 3 BewG).

Dies geschieht in folgenden Schritten:
- Zur Ermittlung des Anteils am Gesamthandsvermögen
  - sind die Kapitalkonten aus der Gesamthandsbilanz dem jeweiligen Gesellschafter vorweg zuzurechnen (§ 97 Abs. 1 Nr. 1 Buchst. a BewG);
  - der verbleibende Wert ist nach dem für die Gesellschaft maßgebenden Gewinnverteilungsschlüssel auf die Gesellschafter aufzuteilen, wobei Vorabgewinnanteile nicht zu berücksichtigen sind (§ 97 Abs. 1 Nr. 1 Buchst. b BewG).
- Der Wert des Sonderbetriebsvermögens wird durch Einzelbewertung der dazu gehörenden Wirtschaftsgüter und Schulden ermittelt und dem Anteil unmittelbar zugerechnet (§ 97 Abs. 1a Nr. 2 BewG).

Für den Fall, dass der Wert des Anteils am Gesamthandsvermögen aus Verkäufen abgeleitet wird, sieht R B 97.3 Abs. 5 ErbStR 2011 demgegenüber vor, dass sich der Wert des Anteils eines Gesellschafters aus dem ermittelten Anteil am Gesamthandsvermögen und dem gemeinen Wert des Sonderbetriebsvermögens ergibt. Der Aufteilungsmaßstab des § 97 Abs. 1a BewG soll in diesem Fall also keine Anwendung finden (vgl. dazu Rz. 391). Entsprechendes soll nach R B 97.3 Abs. 6 ErbStR 2011 gelten, wenn der Wert des Anteils eines Gesellschafters am Gesamthandsvermögen unter Berücksichtigung der Ertragsaussichten der Gesellschaft oder einer anderen anerkannten, auch im gewöhnlichen Geschäftsverkehr für nichtsteuerliche Zwecke üblichen Methode ermittelt wird. In diesem Fall soll sich der Wert des Anteils eines Gesellschafters als Summe aus dem ermittelten Anteil am Gesamthandsvermögen (Gutachtenwert) und dem gemeinen Wert des Sonderbetriebsvermögens ergeben.

4.8.2.1 Vorrangige Zurechnung der Kapitalkonten (§ 97 Abs. 1a Nr. 1 Buchst. a BewG)

394 Zum Kapitalkonto i.S.d. § 97 Abs. 1a Nr. 1 Buchst. a BewG gehören neben dem **Festkapital** auch der Anteil an einer gesamthänderischen **Gewinnrücklage** und die **variablen Kapitalkonten**, soweit es sich dabei ertragsteuerrechtlich um Eigenkapital der Gesellschaft handelt (R B 97.3 Abs. 2 Nr. 1 S. 2 ErbStR 2011). Maßgeblich ist der Stand zum Bewertungsstichtag, der ausgehend von den Verhältnissen des letzten Bilanzstichtags durch Hinzurechnung des anteiligen Gewinns sowie der Entnahmen und Einlagen zu ermitteln ist (zum bisherigen Recht vgl. *Gürsching/Stenger*, BewG, 2010, § 97 BewG Rz. 767).

Im Unterschied zu § 97 Abs. 1a Nr. 2 BewG in der bis zum 31.12.2008 geltenden Fassung knüpft die Neuregelung nicht mehr an die Kapitalkonten „aus der Steuerbilanz der Gesellschaft" an. Daraus ist der Schluss zu ziehen, dass es bei Abweichungen zwischen Handels- und Steuerbilanz auf die Kapitalkonten laut Handelsbilanz ankommt, weil diese und nicht die Steuerbilanz die vermögensrechtliche Beteiligung an dem in der Bilanz ausgewiesenen Vermögen widerspiegelt und die darin enthaltenen Ansätze Grundlage für die Ermittlung und Verteilung künftig zu erzielender Gewinne oder Verluste sind. Die im bisherigen Recht vorgesehene Maßgeblichkeit der Kapitalkonten aus der Steuerbilanz war nur deshalb gerechtfertigt, weil nach § 109 Abs. 1 BewG in der bis zum 31.12.2008 geltenden Fassung für die Bewertung des Betriebsvermögens allgemein die Steuerbilanzwerte übernommen wurden (*Gürsching/Stenger*, BewG, 2010, § 97 BewG Rz. 479 und 648).

Abweichend von der in § 6 Abs. 1 AntBVBewV vorgesehenen Regelung wird das Kapital etwaiger Ergänzungsbilanzen nicht berücksichtigt. Zur Begründung heißt es in dem Bericht des Finanzausschusses (BT-Drs. 16/11107, 16), dass die Ergänzungsbilanzen weder bei der Ermittlung des Unternehmenswerts berücksichtigt würden noch zusätzliche Entnahmerechte gewährten. Damit wurde der insoweit an § 6 Abs. 1 AntBVBewV geäußerten Kritik (*Mannek*, DB 2008, 423, 427; *Rohde/Gemeinhardt*, StuB 2008, 338, 344; *Eisele*, NWB 2008, 791, 800; *Piltz* DStR 2008, 745, 752) Rechnung getragen.

Nach dem Gesetzeswortlaut erfolgt die Vorwegzurechnung des Kapitalkontos unabhängig davon, ob die Kapitalkonten positiv oder negativ sind und ob nach Vorwegzurechnung der Kapitalkonten ein positives oder negatives Restbetriebsvermögen verbleibt. Auch eine Unterscheidung zwischen persönlich haftenden Gesellschaftern und Kommanditisten ist nicht vorgesehen (vgl. zum bisherigen Recht *Gürsching/Stenger*, BewG, § 97 Rz. 699).

Hiernach wäre dem Erwerber eines Kommanditanteils mit **negativem Kapitalkonto** u. U. – wie nach bisherigem Recht (*Gürsching/Stenger*, BewG, 2010, § 97 BewG Rz. 766) – ein negativer Anteil am Betriebsvermögen der KG zuzurechnen (*Levedag*, GmbHR 2011, 1306, 1311). Demgegenüber bestimmt R B 97.3 Abs. 1 S. 3 ErbStR 2011, dass dem Kommanditisten, der seine Kommanditeinlage voll erbracht hat, kein negativer Wert als Anteil am Gesamthandsvermögen zugerechnet werden kann, soweit er nicht nachschusspflichtig ist. Damit soll dem Umstand Rechnung getragen werden, dass das negative Kapitalkonto keine Schuld gegenüber der Gesellschaft widerspiegelt, sondern lediglich einen Erinnerungsposten für die Verrechnung künftiger Gewinne darstellt (§ 169 Abs. 1 S. 2 2. Halbs. HGB). Soweit das negative Kapitalkonto des Kommanditisten bei der Zurechnung nach § 97 Abs. 1a S. 1 Nr. 1 Buchst. a BewG unberücksichtigt bleibt, müsste es allerdings bei der Aufteilung des verbleibenden Werts nach § 97 Abs. 1a S. 1 Nr. 1 Buchst. b BewG Berücksichtigung finden.

Unklar ist, wie die Ermittlung des Anteilswerts in den Fällen erfolgen soll, in denen die Personengesellschaft ihren Gewinn nicht durch Bilanzierung und Betriebsvermögensvergleich, sondern durch **Einnahmen-Überschussrechnung** nach § 4 Abs. 3 EStG ermittelt. In Betracht kommen insbesondere, aber nicht ausschließlich freiberuflich tätige Gesellschaften (§ 96 BewG). Bei der Gewinnermittlung durch Einnahmen-Überschussrechnung gibt es kein Kapitalkonto, das den Maßstab für die Zurechnung des Gesamthandsvermögens bilden könnte. Auch nach bisherigem Recht war dieser Fall nicht geregelt (*Mannek*, DB 2008, 423, 427).

Ähnliche Probleme können sich auf ertragsteuerlichem Gebiet bei der Ermittlung des Gewinns aus der **Veräußerung** eines Anteils am Betriebsvermögens (§ 16 Abs. 1 S. 1 Nr. 2, Abs. 2 S. 1 EStG) ergeben; auch in diesem Fall ist der Wert des Anteils unabhängig davon, wie die Gesellschaft den laufenden Gewinn ermittelt, nach § 4 Abs. 1 oder nach § 5 EStG zu ermitteln (§ 16 Abs. 2 S. 2 EStG). Hat die Gesellschaft den Gewinn durch Einnahmen-Überschussrechnung ermittelt, wird der Veräußerungsgewinn so ermittelt, als sei sie im Veräußerungszeitpunkt zum Bestandsvergleich übergegangen (*Frotscher*, EStG, § 16 EStG Rz. 210, m. w. N.).

Entsprechend ist bei der Aufteilung des Gesamthandsvermögens nach § 97 Abs. 1a Nr. 1 Buchst. a BewG vorzugehen. Zur Ermittlung des Gesamtkapitals der Gesellschaft sind die Wirtschaftsgüter des Gesamthandsvermögens mit den Werten anzusetzen, mit denen sie nach den Vorschriften über die Gewinnermittlung zu bewerten sind. Die Zugrundelegung davon abweichender Werte aus der Handelsbilanz kommt nicht in Betracht, weil es eine solche nicht gibt. Das auf den zu bewertenden Anteil entfallende Kapitalkonto ist der Teil des Gesamtkapitals, der der vermögensmäßigen Beteiligung des Gesellschafters entspricht. Zur deren Bestimmung kann auf den Anteil am Liquidationserlös zurückgegriffen werden.

4.8.2.2 Zurechnung des Restbetriebsvermögens nach dem Gewinnverteilungsschlüssel (§ 97 Abs. 1a Nr. 1 Buchst. b BewG)

397 Das nach der vorrangigen Zurechnung der Kapitalkonten verbleibende Restbetriebsvermögen ist gemäß § 97 Abs. 1a Nr. 1 Buchst. b BewG nach dem für die Gesellschaft maßgebenden Gewinnverteilungsschlüssel auf die Gesellschafter aufzuteilen.

Vorabgewinnanteile sind dabei nicht zu berücksichtigen. Unter Vorabgewinnanteilen sind auf gesellschaftsvertraglicher Grundlage gewährte Vergütungen für Tätigkeiten im Dienste der Gesellschaft, für die Überlassung von Wirtschaftsgütern oder die Gewährung von Darlehen zu verstehen, die aufseiten des Empfängers keine Sonderbetriebseinnahmen darstellen, weil sie nur in Abhängigkeit von dem Gewinn der Gesellschaft gezahlt werden und daher handelsrechtlich keinen Aufwand darstellen (BFH v. 13.10.1998, VIII R 4/98, BFH/NV 1999, 549, BStBl II 1999, 284; v. 23.1.2001, VIII R 30/99, BFH/NV 2001, 827, BStBl II 2001, 621). Die Nichtberücksichtigung von Vorabgewinnanteilen erscheint deshalb gerechtfertigt, weil sie keinen Bezug zu dem Gesamthandsvermögen haben. Sie werden entweder für Tätigkeiten eines Gesellschafters gewährt oder stehen mit Wirtschaftsgütern des Sonderbetriebsvermögens in Zusammenhang.

398 Probleme wirft die Aufteilung des Restbetriebsvermögens nach dem Gewinnverteilungsschlüssel auf, wenn die Verteilung des Gewinns nicht nach einem starren prozentualen Schlüssel erfolgt, sondern in Abhängigkeit von der Höhe des Jahresgewinns schwankt (z. B. § 121 HGB, der beim Fehlen einer gesellschaftsvertraglichen Regelung für die Gewinnverteilung einer OHG gilt). U. E. kann der Verteilungsschlüssel in diesem Fall nicht von der Höhe des Restbetriebsvermögens abhängig gemacht werden; dies würde nur dann zu einem zutreffenden Ergebnis führen, wenn die Differenz zwischen dem gemeinen Wert des Gesamthandsvermögens und der Summe der Kapitalkonten der Höhe eines durchschnittlichen

Jahresgewinns entspräche. Vielmehr ist die künftige Höhe der Jahresgewinne und die sich daraus ergebende prozentuale Gewinnbeteiligung – ggf. in Anlehnung an Vergangenheitswerte – zu schätzen.

Für die Verteilung des nach Abzug der Kapitalkonten verbleibenden Restbetriebsvermögens kommt es nicht darauf an, ob sich für dieses ein positiver oder ein negativer Wert ergibt. Sollte für die Verlustverteilung allerdings ein anderer Maßstab als für die Gewinnverteilung vorgesehen sein, wäre der Verlustverteilungsschlüssel maßgebend (zum bisherigen Recht *Gürsching/Stenger*, BewG, § 97 Rz. 704). 399

4.8.2.3 Zurechnung des Sonderbetriebsvermögens (§ 97 Abs. 1a Nr. 2 BewG)

Die Wirtschaftsgüter und Schulden des Sonderbetriebsvermögens eines Gesellschafters werden nach § 97 Abs. 1a Nr. 2 BewG nicht in die Ermittlung des Gesamtwerts des Gesellschaftsvermögens einbezogen, sondern gesondert erfasst und dem jeweiligen Gesellschafter zugerechnet. Die **Einzelbewertung** hat nach den für die betreffenden Wirtschaftsgüter und Schulden jeweils geltenden Bewertungsgrundsätzen zu erfolgen. 400

Als Grund für die separate Bewertung und Zurechnung des Sonderbetriebsvermögens nennt der Bericht des Finanzausschusses den damit verbundenen Vereinfachungseffekt. Dieser wird darin gesehen, dass anderenfalls das Sonderbetriebsvermögen aller Gesellschafter und nicht nur dasjenige des Gesellschafters, dessen Anteil Zuwendungsgegenstand ist, in die Bewertung einbezogen werden und bei der anschließenden Aufteilung des Gesamtwerts für alle Gesellschafter wieder herausgerechnet werden müsste (BT-Drs. 16/11107, 16). Die weitere Erwägung, dass die bei der Gewinnermittlung der Gesellschaft erfassten Aufwands- und Ertragsposten im Zusammenhang mit dem Sonderbetriebsvermögen bei der Ermittlung des Ertragswerts berücksichtigt würden, so dass es nicht zu einer doppelten Erfassung des Sonderbetriebsvermögens kommen könne, bezieht sich allerdings nur auf das vereinfachte Ertragswertverfahren, auf das die Aufteilungsregelung des § 6 Abs. 1 AntBVBewV ursprünglich beschränkt sein sollte. Bei der Bewertung nach einem anderen Verfahren, z.B. einem Multiplikatorverfahren, dürfte sich dieser Vereinfachungseffekt hingegen nicht erreichen lassen. Denn es ist nicht ersichtlich, wie bei Anwendung eines solchen Verfahrens das Sonderbetriebsvermögen der Gesellschafter bei der Ermittlung des Gesamtwerts außer Betracht gelassen werden könnte. Ggf. müsste in diesem Fall zunächst ein auf das Unternehmen als Ganzes bezogener Gesamtwert ermittelt und zur Ermittlung des nach § 97 Abs. 1a Nr. 1 BewG aufzuteilenden Gesamthandsvermögens anschließend um das Sonderbetriebsvermögen der Gesellschafter vermindert werden. Damit würde die Bewertung der Sonderbetriebsvermögen aller Gesellschafter erforderlich, die mit der separaten Bewertung der entsprechenden Wirtschaftsgüter und Schulden gerade vermieden werden sollte.

4.8.3 Ermittlung des gemeinen Werts eines Anteils an einer Kapitalgesellschaft (§ 97 Abs. 1b BewG)

4.8.3.1 Ermittlung nach dem Anteil am Nennkapital

401 Gemäß § 97 Abs. 1b S. 1 BewG bestimmt sich der gemeine Wert eines Anteils an einer in § 97 Abs. 1 Nr. 1 BewG genannten Kapitalgesellschaft nach dem Verhältnis des Anteils am Nennkapital, d. h. dem Grundkapital oder Stammkapital der Gesellschaft, zum gemeinen Wert des Betriebsvermögens der Kapitalgesellschaft zum Bewertungsstichtag. Eine sachliche Begründung für die auf seine Empfehlung in das Gesetz aufgenommene Vorschrift enthält der Bericht des Finanzausschusses nicht. Dieser beschränkt sich auf die Paraphrasierung des Gesetzeswortlauts (BT-Dr. 16/11107, 16 f.). Die zweistufige Ermittlung des Anteilswerts durch Ermittlung des gemeinen Werts des Betriebsvermögens der Gesellschaft und anschließende Aufteilung nach dem Verhältnis des übergegangenen oder übertragenen Anteils am Nennkapital der Gesellschaft hat zur Folge, dass eine Differenzierung des Anteilswerts nach unterschiedlichen Ausstattungsmerkmalen der Anteile (z. B. Stamm- und Vorzugsaktien) nicht mehr möglich ist. Ebenso wenig kommt eine Differenzierung nach unterschiedlichen Herrschaftsrechten in Betracht.

402 Nach seinem Wortlaut gilt § 97 Abs. 1b BewG auch für **Kommanditgesellschaften auf Aktien** (KGaA), da diese zu den im Klammerzusatz des § 97 Abs. 1 BewG aufgeführten Kapitalgesellschaften gehören. Gemäß § 278 Abs. 1 AktG ist die KGaA eine Gesellschaft mit eigener Rechtspersönlichkeit, bei der mindestens ein Gesellschafter den Gesellschaftsgläubigern unbeschränkt haftet (persönlich haftender Gesellschafter) und die übrigen an dem in Aktien zerlegten Grundkapital beteiligt sind, ohne persönlich für die Verbindlichkeiten der Gesellschaft zu haften (Kommanditaktionäre). Der Komplementär hält als solcher keinen Anteil am Grundkapital, kann aber in Gestalt einer nach Art und Höhe in der Satzung festgelegten Sondereinlage am Vermögen der KGaA beteiligt sein (§ 281 Abs. 2 AktG). Das Rechtsverhältnis der persönlich haftenden Gesellschafter untereinander und gegenüber der Gesamtheit der Kommanditaktionäre sowie gegenüber Dritten, namentlich die Befugnis der persönlich haftenden Gesellschafter zur Geschäftsführung und zur Vertretung der Gesellschaft, bestimmt sich nach den Vorschriften des HGB über die Kommanditgesellschaft (§ 278 Abs. 2 AktG). Dies gilt insbesondere für die Gewinnverteilung und für die Beteiligung am Liquidationserlös. Im Rahmen der früheren Einheitsbewertung des Betriebsvermögens wurde die KGaA deshalb wie eine KG behandelt, deren einziger Kommanditist die Gesamtheit der Kommanditaktionäre ist, und der für das Betriebsvermögen einer KGaA festgestellte Einheitswert auf den oder die persönlich haftenden Gesellschafter einerseits und auf die Gesamtheit der Kommanditaktionäre andererseits aufgeteilt (BFH v. 8.11.1974, III R 76/73, BStBl II 1975, 470, m. w. N.). U. E. muss dies auch für die Aufteilung des Unternehmenswerts für erbschaftsteuerliche Zwecke gelten. Zunächst ist der für das Betriebsvermögen der Gesellschaft ermittelte Wert nach den Grundsätzen des § 97 Abs. 1a BewG auf den oder die Komplementär(e) einerseits und die Kommanditaktionäre andererseits aufzuteilen. Die Aufteilung nach Kapitalkonten (§ 97 Abs. 1a Nr. 1 Buchst. a BewG) ist dabei nach dem Verhältnis der Sondereinlage(n) des oder der persönlichen Gesellschafter(s) zum Grundkapital vorzunehmen. Und

mehrere Komplementäre vorhanden, ist der auf sie entfallende Anteil nochmals nach den Grundsätzen des § 97 Abs. 1a BewG aufzuteilen. Allein der auf die Gesamtheit der Kommanditaktionäre entfallende Anteil am Betriebsvermögen der Gesellschaft ist nach den Grundsätzen des § 97 Abs. 1b BewG aufzuteilen.

Die Aufteilung des gemeinen Werts des Betriebsvermögens erfolgt auch dann nach dem Verhältnis des Anteils am Nennkapital, wenn dieses noch **nicht vollständig eingezahlt** ist (§ 97 Abs. 1b S. 2 BewG). Richtet sich jedoch die Beteiligung am Vermögen und am Gewinn der Gesellschaft aufgrund einer ausdrücklichen Vereinbarung der Gesellschafter nach der jeweiligen Höhe des eingezahlten Nennkapitals, so bezieht sich der gemeine Wert nur auf das tatsächlich eingezahlte Nennkapital (§ 97 Abs. 1b S. 3 BewG). In diesem Fall ist die Aufteilung also nach dem Verhältnis der Beträge vorzunehmen, die auf den zu bewertenden Anteil einerseits und das Nennkapital als Ganzes andererseits eingezahlt worden sind (R B 11.5 S. 5 ErbStR 2011). 403

Keine besondere Regelung trifft § 97 Abs. 1b BewG für den Fall, dass die Kapitalgesellschaft Anteile an sich selbst hält. Nach der Verwaltungsauffassung mindern sie das Nennkapital (R B 11.5 S. 1, letzter Satzteil ErbStR 2011). Damit wird dem Umstand Rechnung getragen, dass sich die Beteiligung der Gesellschafter am Vermögen und am Gewinn der Gesellschaft regelmäßig nach dem Verhältnis der Anteile am Nennkapital richtet (R B 11.5 S. 2 ErbStR 2011). Da den Gesellschaftern damit die von der Gesellschaft gehaltenen Anteile im Verhältnis ihrer Beteiligungsquoten zugerechnet werden, ist für einen separaten Ansatz der eigenen Anteile bei der Ermittlung des Unternehmenswerts – wie er beim vereinfachten Ertragswertverfahren an sich nach § 200 Abs. 2 BewG erfolgen müsste – kein Raum mehr. 404

4.8.3.2 Vom Anteil am Nennkapital abweichende Ermittlung

Nach dem durch das Steueränderungsgesetz 2015 (BGBl I 2015, 1834) an § 97 Abs. 1b BewG angefügten Satz 4 sind bei der Wertermittlung des Anteils abweichend von Satz 1 Regelungen zu berücksichtigen, die sich auf den Wert des Anteils auswirken. Diese – auf Bewertungsstichtage nach dem 31.12.2015 anwendbare (§ 205 Abs. 8 BewG) – Regelung soll dem Umstand Rechnung tragen, dass die ausschließliche Maßgeblichkeit des Verhältnisses des Anteils am Nennkapital zum gemeinen Wert des Betriebsvermögens der Kapitalgesellschaft den gemeinen Wert des Anteils nicht immer zutreffend wiedergibt (Begründung des Regierungsentwurfs zu Art. 7 Nr. 1 des Steueränderungsgesetzes 2015, BT-Drs. 18/4902, 54). 405

Als Anwendungsfall der Neuregelung nennt das Gesetz „insbesondere" den Fall einer vom Verhältnis des Anteils am Nennkapital (Grund- oder Stammkapital) abweichenden Gewinnverteilung.

Dem Fall der disquotalen Gewinnverteilung gleichzustellen wäre eine vom Anteil am Nennkapital abweichende Beteiligung am Liquidationserlös der Kapitalgesellschaft.

Weitere Anwendungsfälle für eine vom Anteil am Nennkapital abweichende Ermittlung des Anteilswerts sind allerdings kaum vorstellbar (*Eisele*, NWB 2015, 3751, 3754). Denn § 97 Abs. 1b S. 4 BewG gilt nach seinem Wortlaut nur **vorbehaltlich** des § 9 Abs. 2 und 3 BewG. Dies bedeutet, dass den Anteilwert beeinflussende Verfügungs-, Stimmrechts- oder Ausschüttungsbeschränkungen weiterhin unberücksichtigt bleiben müssen (kritisch dazu *Eisele*, NWB 2015, 3751, 3754; *Riedel*, ZErb 2015, 204, 215; vgl. in grundsätzlicher Hinsicht auch Rz. 68a).

406–419 einstweilen frei

5 Bewertung des land- und forstwirtschaftlichen Vermögens

5.1 Überblick

420 Nach § 157 Abs. 2 BewG sind die Grundbesitzwerte für die wirtschaftlichen Einheiten des land- und forstwirtschaftlichen Vermögens und für Betriebsgrundstücke, die losgelöst von ihrer Zugehörigkeit zu einem Gewerbebetrieb einen Betrieb der Land- und Forstwirtschaft bilden würden, (§ 99 Abs. 1 Nr. 2 BewG) unter Anwendung der §§ 158 bis 175 BewG zu ermitteln.

Auch für Betriebe der Land- und Forstwirtschaft muss im Erbfall der Wert des Betriebs im Ganzen ermittelt werden. Dabei sieht das Gesetz für den Wirtschaftsteil einerseits und die Betriebswohnungen und den Wohnungsteil andererseits unterschiedliche Bewertungsverfahren vor.

421 Die **Bewertung des Wirtschaftsteils** erfolgt durch ein typisiertes Ertragswertverfahren (§ 163 BewG), das die objektive Ertragsfähigkeit land- und forstwirtschaftlicher Betriebe abbilden soll. Da sich bei Anwendung dieses Verfahrens für kleine und mittlere Betriebe nur ein geringer oder gar negativer Reinertrag ergibt, sieht § 164 BewG die Ermittlung eines steuerlichen Mindestwerts vor, der die ebenfalls aufgrund typisierter Annahmen ermittelte Ertragsfähigkeit des Betriebs widerspiegeln soll. Beide Verfahren sind nicht auf die Ermittlung des im gewöhnlichen Geschäftsverkehr erzielbaren Veräußerungspreises (§ 9 Abs. 2 BewG) gerichtet, sondern sollen den gemeinen Wert unter Berücksichtigung der Betriebsfortführung bestimmen (§ 162 Abs. 1 Sätze 1 und 2 BewG). Anders als bei gewerblichen und freiberuflichen Betrieben ist der Ansatz des Substanzwerts als Mindestwert nicht vorgesehen. Nur bei tatsächlichen Veräußerungen innerhalb einer Frist von 15 Jahren seit dem Besteuerungszeitpunkt erfolgt rückwirkend der Ansatz des nach § 166 BewG ermittelten Liquidationswerts (§ 162 Abs. 3 und 4 BewG).

422 Nach der Begründung des Regierungsentwurfs zum ErbStRG (BT-Drs. 16/7918, 40) soll damit eine realitätsgerechte Bewertung des land- und forstwirtschaftlichen Vermögens ermöglicht und den Umständen Rechnung getragen werden, dass

- land- und forstwirtschaftliche Betriebe als Generationenbetriebe nur in wenigen Fällen im Ganzen veräußert werden, sodass ein Marktwert eines ganzen Betriebs nicht aus Verkaufsfällen oder Statistiken abgeleitet werden kann, und
- land- und forstwirtschaftlich genutzte Flächen typischerweise nicht verkauft, sondern überwiegend verpachtet werden, sodass die in Verkaufsfällen erzielten Preise auf seltenen Einzelvereinbarungen beruhen, die den tatsächlichen Flächenpreis nicht zuverlässig abbilden.

Ob diese Gesichtspunkte einen ausreichenden Grund dafür darstellen, bei der Bewertung des land- und forstwirtschaftlichen Vermögens vom Bewertungsziel des gemeinen Werts i.S.d. § 9 Abs. 2 BewG abzuweichen, erscheint fraglich. Die praktischen Schwierigkeiten bei der Ermittlung des hypothetischen Veräußerungspreises gelten auch im Liquidationsfall, werden vom Gesetzgeber in diesem Fall aber offenbar für überwindbar gehalten. Und dem Charakter des land- und forstwirtschaftlichen Betriebs als Generationenbetrieb kann im Rahmen der auch für landwirtschaftliche Betriebe geltenden Verschonungsregelung (§ 13a ErbStG) Rechnung getragen werden.

Der Regierungsentwurf der ErbStRG hatte vorgesehen, Einzelheiten der Wertermittlung nicht im BewG, sondern in einer Rechtsverordnung zu regeln. Am 10.6.2008 legte das BMF einen Diskussionsentwurf für eine Verordnung zur Durchführung der §§ 158 bis 175 BewG (Bewertung des land- und forstwirtschaftlichen Vermögens – LuFBewV) vor. Aufgrund der Beschlussempfehlung des Finanzausschusses (BT-Drs. 16/11075) wurden die darin vorgesehenen Regelungen jedoch in das Gesetz übernommen. Um die Anpassung an Änderungen der wirtschaftlichen Verhältnisse zu erleichtern, wurde das BMF ermächtigt, mit Zustimmung des Bundesrates die in den Anlagen 14 bis 18 zum BewG aufgeführten Reingewinne, Pachtpreise und Werte für das Besatzkapital turnusmäßig an die Ergebnisse der Erhebungen nach § 2 LwG anzupassen (§§ 163 Abs. 14, 164 Abs. 7 BewG). 423

Die **Bewertung der Betriebswohnungen und des Wohnteils** erfolgt nach den Vorschriften über die Bewertung des Grundvermögens. 424

5.2 Begriff und Umfang des land- und forstwirtschaftlichen Vermögens

5.2.1 Begriff der Land- und Forstwirtschaft

§ 158 Abs. 1 S. 1 BewG grenzt den Umfang des land- und forstwirtschaftlichen Vermögens durch eine tätigkeitsbezogene Begriffsbestimmung ab, die mit der ertragsteuerlichen Definition übereinstimmt. Unter Land- und Forstwirtschaft ist danach die planmäßige Nutzung der natürlichen Kräfte des Bodens zur Erzeugung von Pflanzen und Tieren sowie die Verwertung der dadurch selbst gewonnenen Erzeugnisse zu verstehen. Dieser Sammelbegriff umfasst neben der Land- und Forstwirtschaft auch den Weinbau, den Gartenbau und die sonstigen Betriebszweige. 425

Nach § 158 Abs. 1 S. 2 BewG werden dem land- und forstwirtschaftlichen Vermögens alle Wirtschaftsgüter zugerechnet, die nach ihrer Zweckbestimmung dauerhaft dazu bestimmt sind, einer land- und forstwirtschaftlichen Tätigkeit i.S.d. § 158 Abs. 1 S. 1 BewG zu dienen. Dies setzt eine planmäßige und ständige Bearbeitung mit dem Ziel voraus, eine angemessene Nutzung in Form eines nachhaltig erzielbaren Rohertrags zu erwirtschaften (BFH v. 26.1.1973, III R 122/71, BStBl II 1973, 282). Eine Gewinnerzielungsabsicht im ertragsteuerlichen Sinn ist hingegen nicht erforderlich (BFH v. 18.12.1985, II B 35/85, BStBl II 1986, 282).

5.2.2 Zum land- und forstwirtschaftlichen Vermögen gehörende Wirtschaftsgüter

426 § 158 Abs. 3 BewG präzisiert in positiver Hinsicht, welche Wirtschaftsgüter der wirtschaftlichen Einheit Betrieb der Land- und Forstwirtschaft zu dienen bestimmt sind. Dazu gehören insbesondere:

- der **Grund und Boden**, d. h. alle Flächen, die nicht nach § 159 BewG als Grundvermögen zu erfassen sind;
- die **Wirtschaftsgebäude**, d. h. Gebäude oder Gebäudeteile, die ausschließlich der unmittelbaren Bewirtschaftung des Betriebs und nicht Wohnzwecken dienen;
- die **stehenden Betriebsmittel**, die wie z. B. das lebende und tote Inventar einem Betrieb längerfristig dienen;
- der normale Bestand an **umlaufenden Betriebsmitteln**. Laufende Betriebsmittel sind solche, die entweder zum Verkauf oder zum Verbrauch im eigenen Betrieb bestimmt sind. Als normaler Bestand an umlaufenden Betriebsmitteln gilt nach § 158 Abs. 3 S. 2 BewG ein solcher, der zur gesicherten Fortführung des Betriebs erforderlich ist. Dieser Bestand kann je nach Art und Lage des einzelnen Betriebs sehr unterschiedlich sein (*Bruschke*, in Gürsching/Stenger, BewG, § 33 Rz. 281). Bei der landwirtschaftlichen Nutzung zählen die umlaufenden Betriebsmittel jedoch nur soweit zum normalen Bestand, als der Durchschnitt der letzten fünf Jahre nicht überschritten wird (§ 170 BewG). Inwieweit eingeschlagenes Holz bei der forstwirtschaftlichen und Weinvorräte bei der weinbaulichen Nutzung zum normalen Bestand an umlaufenden Betriebsmitteln gehören, ist in den §§ 171 und 173 BewG geregelt;
- die **immateriellen Wirtschaftsgüter**, zu denen insbesondere Lieferrechte und von staatlicher Seite gewährte Vorteile gehören, die die Voraussetzungen eines Wirtschaftsguts erfüllen (z. B. Brennrechte, Milchlieferrechte, Jagdrechte und Zuckerrübenlieferrechte);
- die **Wohngebäude** und der dazugehörende Grund und Boden.

5.2.3 Nicht zum land- und forstwirtschaftlichen Vermögen gehörende Wirtschaftsgüter

427 § 158 Abs. 4 BewG grenzt den Umfang der wirtschaftlichen Einheit zum Betriebsvermögen und zum sonstigen Vermögen hin ab. Die Abgrenzung ist im Hinblick auf das anzuwendende Bewertungsverfahren und unter Berücksichtigung der traditionellen Verkehrsanschauung für das land- und forstwirtschaftliche Vermögen geboten.

Nicht zum land- und forstwirtschaftlichen Vermögen gehören insbesondere

- Grund und Boden sowie Gebäude und Gebäudeteile, die nicht land- und forstwirtschaftlichen Zwecken dienen, d. h. weder Wirtschaftsgebäude noch Betriebswohnungen sind oder zum Wohnteil gehören. Sie gehören entweder zum Grundvermögen oder zum gewerblichen Betriebsvermögen;
- Kleingartenland und Dauerkleingartenland;
- Geschäftsguthaben, Wertpapiere und Beteiligungen; in Betracht kommen insbesondere Geschäftsguthaben an landwirtschaftlichen Genossenschaften oder

Beteiligungen an gewerblichen Unternehmen, die landwirtschaftliche Rohstoffe verarbeiten (z. B. Zuckerfabriken);
- über den normalen – d. h. zur gesicherten Fortführung des Betriebs erforderlichen – Bestand hinausgehende Bestände an umlaufenden Betriebsmitteln. Der Überbestand wird in der Weise ermittelt, dass von dem gesamten Wert aller umlaufenden Betriebsmittel der gesamte Wert des Normalbestands abgezogen wird. Über- und Unterbestände bei den einzelnen Nutzungen gleichen sich damit aus (*Bruschke*, in Gürsching/Stenger, BewG, § 33 Rz. 282);
- Tierbestände oder Zweige des Tierbestands und die hiermit zusammenhängenden Wirtschaftsgüter, wenn die Tiere weder zur landwirtschaftlichen Nutzung noch nach § 175 BewG zu den übrigen land- und forstwirtschaftlichen Nutzungen gehören.

Die Zuordnung des Tierbestands zur landwirtschaftlichen Nutzung hängt davon ab, ob und inwieweit die von dem Betriebsinhaber regelmäßig landwirtschaftlich genutzten Flächen eine ausreichende Futtergrundlage für die Tierhaltung bieten. Darauf, ob die erforderlichen Futtermittel tatsächlich selbst gewonnen werden, kommt es – abgesehen vom Ausnahmefall der Pelztiere (§ 169 Abs. 4 BewG) – nicht an. Maßgeblich sind die in § 169 Abs. 1 S. 1 BewG in Abhängigkeit von der Betriebsgröße festgelegten Verhältniswerte, für deren Anwendung die Tierbestände nach dem Futterbedarf in Vieheinheiten umzurechnen sind (§ 169 Abs. 1 S. 2 BewG). Die einzelnen Zweige des Tierbestands (§ 169 Abs. 3 BewG) können jeweils nur als Ganzes zur landwirtschaftlichen Nutzung gehören oder nicht (§ 169 Abs. 2 S. 4 BewG). Übersteigt die Anzahl der Vieheinheiten nachhaltig die in § 169 Abs. 1 BewG bezeichnete Grenze, so gehören nur die Zweige des Tierbestands zur landwirtschaftlichen Nutzung, deren Vieheinheiten zusammen diese Grenze nicht übersteigen (§ 169 Abs. 2 S. 1 BewG). Die Reihenfolge, in der die verschiedenen Zweige des Tierbestands zusammenzurechnen sind, richtet sich nach deren Flächenabhängigkeit und der Anzahl der Vieheinheiten (§ 169 Abs. 2 S. 2 und 3 BewG). Für die Umrechnung der Tierbestände in Vieheinheiten und die Bestimmung der Flächenabhängigkeit der verschiedenen Zweige des Tierbestands sind die in den Anlagen 19 und 20 zum BewG festgelegten Werte maßgebend.

Zu den übrigen land- und forstwirtschaftlichen Nutzungen gehören die im Rahmen der Teichwirtschaft, der Imkerei und der Wanderschäferei (§ 175 Abs. 2 Nrn. 2, 4 und 5 BewG) erzeugten oder gehaltenen Tiere.

Gehören Tierbestände oder Zweige des Tierbestands nicht zum land- und forstwirtschaftlichen Vermögen, gilt dies auch für die hiermit zusammenhängenden Wirtschaftsgüter (z. B. Gebäude und abgrenzbare Gebäudeteile mit den dazugehörenden Flächen, Betriebsmittel). Die Zugehörigkeit der landwirtschaftlich genutzten Flächen zum land- und forstwirtschaftlichen Vermögen wird hierdurch aber nicht berührt (§ 158 Abs. 4 Nr. 5 S. 2 BewG).

Soweit die Tierhaltung nicht zum land- und forstwirtschaftlichen Vermögen gehört, bildet sie einen Gewerbebetrieb i. S. d. § 95 BewG;
- Geldforderungen und Zahlungsmittel gehören unabhängig von ihrer Höhe nicht zum land- und forstwirtschaftlichen, sondern zum sonstigen Vermögen;

- Pensionsverpflichtungen gehören unabhängig von ihrem Zusammenhang mit dem Betrieb der Land- und Forstwirtschaft nicht zum land- und forstwirtschaftlichen Vermögen, sondern sind als Abzüge nach § 10 Abs. 5 Nr. 1 ErbStG zu berücksichtigen.

Andere Verbindlichkeiten gehören nach § 158 Abs. 5 BewG hingegen zum land- und forstwirtschaftlichen Vermögen, soweit sie nicht in unmittelbarem Zusammenhang mit den in § 158 Abs. 4 BewG genannten Wirtschaftsgütern stehen. Das heißt, dass die Verbindlichkeiten nicht gesondert zu berücksichtigen sind, sondern in die Ermittlung des Ertragswerts einfließen. § 163 Abs. 2 S. 2 BewG schreibt vor, dass die in unmittelbarem Zusammenhang mit einem Betrieb der Land- und Forstwirtschaft stehenden Verbindlichkeiten durch den Ansatz der Zinsaufwendungen abgegolten sind. Demgegenüber gehörten die Verbindlichkeiten nach bisherigem Recht (§ 140 BewG i. V. m. § 33 Abs. 3 Nr. 2 BewG) nicht zum land- und forstwirtschaftlichen Vermögen und konnten deshalb noch weitergehend angesetzt werden (*Hutmacher*, ZEV 2008, 182, 187).

5.2.4 Betriebsgrundstücke i. S. d. § 99 Abs. 1 Nr. 2 BewG

428 Betriebsgrundstücke i. S. d. § 99 Abs. 1 Nr. 2 BewG sind solche, die losgelöst von ihrer Zugehörigkeit zu einem Gewerbebetrieb einen Betrieb der Land- und Forstwirtschaft bilden würden. Solche Fälle sind verhältnismäßig selten. Land- und forstwirtschaftlich genutzte Flächen können vor allem dann Betriebsgrundstücke sein, wenn die Land- und Forstwirtschaft den Nebenbetrieb eines Gewerbes darstellt (*Gürsching/Stenger*, BewG, § 99 Rz. 40). Zu den Betriebsgrundstücken i. S. d § 99 Abs. 1 Nr. 2 BewG zählen ferner solche Betriebe der Land- und Forstwirtschaft, die einer Kapitalgesellschaft oder einer Personengesellschaft gehören, die nach § 97 Abs. 1 S. 1 Nrn. 1 und 5 S. 1 BewG nur Betriebsvermögen haben kann (BFH v. 9.11.1956, III 257/55 U, BStBl III 1957, 14).

5.3 Betrieb der Land- und Forstwirtschaft als wirtschaftliche Einheit

5.3.1 Allgemeines

429 Wirtschaftliche Einheit des land- und forstwirtschaftlichen Vermögens und damit Bewertungsgegenstand i. S. d. § 157 Abs. 2 BewG ist nach § 158 Abs. 2 S. 1 BewG der Betrieb der Land- und Forstwirtschaft.

Nach § 160 Abs. 1 BewG umfasst ein Betrieb der Land- und Forstwirtschaft

- den Wirtschaftsteil,
- die Betriebswohnungen und
- den Wohnteil.

Für die Abgrenzung der wirtschaftlichen Einheit gelten die Grundsätze des § 2 Abs. 1 Sätze 2 und 4 BewG. Ob mehrere räumlich voneinander getrennte Betriebsstätten einen einheitlichen landwirtschaftlichen und forstwirtschaftlichen Betrieb bilden, ist aufgrund einer Gesamtbetrachtung der betrieblichen Verhältnisse zu entscheiden. Dabei ist auch die Entfernung zwischen den Betriebsstätten zu berücksichtigen, ohne dass es eine feste Grenze für die höchstzulässige Entfernung gibt. Ihr kommt umso weniger Gewicht zu, je intensiver der Leistungsaustausch zwischen den Betriebsteilen und deren organisatorische und sachliche Verzahnung sind. Umgekehrt steigen mit zunehmender Entfernung die Anforderungen an die Intensität der Verknüpfung der Betriebsteile (BFH v. 10.4.1997, IV R 48/96, BFH/NV 1997, 749).

5.3.2 Personengesellschaften und Gemeinschaften

Wird ein Betrieb der Land- und Forstwirtschaft in Form einer Personengesellschaft oder Gemeinschaft geführt, ist das land- und forstwirtschaftliche Vermögen einheitlich zu ermitteln. Durch § 158 Abs. 2 S. 2 BewG werden in diese wirtschaftliche Einheit auch diejenigen Wirtschaftsgüter einbezogen, die im Allein- oder Miteigentum eines Gesellschafters oder Gemeinschafters stehen, wenn sie dem Betrieb der Land- und Forstwirtschaft auf Dauer zu dienen bestimmt sind. Hierzu gehören auch Verbindlichkeiten des jeweiligen Gesellschafters oder Gemeinschafters, die entweder mit dem Anteil als Ganzem oder den einzelnen dem Betrieb überlassenen Wirtschaftsgütern in wirtschaftlichem Zusammenhang stehen. Ausgenommen sind Verbindlichkeiten, die in unmittelbarem Zusammenhang mit Wirtschaftsgütern i. S. d. § 158 Abs. 4 BewG stehen (§ 158 Abs. 5 BewG).

430

Ob ein Betrieb der Land- und Forstwirtschaft von einer Gesellschaft oder Gemeinschaft betrieben wird, ist nach den Umständen des einzelnen Falls zu beurteilen. Im Allgemeinen wird ein Gesellschaftsverhältnis unter nahen Angehörigen bewertungsebenso wie ertragsteuerrechtlich nur dann angenommen, wenn die gesellschaftsrechtlichen Beziehungen eindeutig und rechtswirksam geregelt sind und die getroffenen Vereinbarungen tatsächlich durchgeführt werden (BFH v. 25.1.2000, VIII R 50/97, BStBl II 2000, 393, m. w. N.). Im Verhältnis zwischen **Landwirts-Ehegatten** ist jedoch auch ohne ausdrücklichen Gesellschaftsvertrag von einer Mitunternehmerschaft auszugehen, wenn der Grundbesitz den Ehegatten entweder gemeinsam oder jedem Ehegatten ein erheblicher Teil zu Allein- oder Miteigentum gehört und die Eheleute in der Landwirtschaft gemeinsam arbeiten (BFH v. 22.1.2004, IV R 44/02, BFH/NV 2004, 867, BStBl II 2004, 500; v. 7.10.1982, IV R 206/80, BStBl II 1983, 636). Landwirtsehegatten, die den Güterstand der Gütergemeinschaft vereinbart haben, bilden auch ohne ausdrücklich vereinbarten Gesellschaftsvertrag stets eine Mitunternehmerschaft (BFH v. 18.8.2005, IV R 37/04, BFH/NV 2005, 2289, BStBl II 2006, 165).

5.3.3 Stückländereien

Nach § 160 Abs. 7 S. 1 BewG bilden auch Stückländereien, die als gesonderte wirtschaftliche Einheit zu bewerten sind, einen Betrieb der Land- und Forstwirtschaft. Stückländereien sind einzelne land- und forstwirtschaftlich genutzte Flächen, bei denen die Wirtschaftsgebäude oder die Betriebsmittel oder beide Arten von Wirtschaftsgütern nicht dem Eigentümer des Grund und Bodens gehören, sondern am Bewertungsstichtag für mindestens 15 Jahre einem anderen Betrieb der Land- und Forstwirtschaft zu dienen bestimmt sind (§ 160 Abs. 7 S. 2 BewG). Die Größe der Flächen ist ohne Belang. Keine Stückländereien bilden jedoch solche Flächen, die

431

trotz ihrer land- und forstwirtschaftlichen Nutzung zum Grundvermögen gehören (*Bruschke*, in Gürsching/Stenger, BewG, § 34 Rz. 194). Bei Stückländereien kann es sich sowohl um Flächen handeln, die ein Nichtlandwirt an einen Landwirt verpachtet, als auch um solche, die ein Landwirt aus einem vollständigen Betrieb an einem anderen Landwirt zur Nutzung überlässt.

§ 160 Abs. 7 S. 2 BewG entspricht bis auf den letzten Halbs. dem für Zwecke der Einheitsbewertung geltenden § 34 Abs. 7 S. 2 BewG. Das zusätzliche Erfordernis, dass die Flächen am Bewertungsstichtag für **mindestens 15 Jahre** einem anderen Betrieb der Land- und Forstwirtschaft zu dienen bestimmt sind, wurde erst in die Beschlussempfehlung des Finanzausschusses (BT-Drs. 16/11075) in den Gesetzestext aufgenommen. Es soll sicherstellen, dass verpachtete Flächen nur dann als Stückländereien behandelt werden, wenn der wirtschaftliche Zusammenhang zwischen selbst bewirtschafteten und verpachteten Flächen aufgehoben ist oder von vornherein nicht besteht, weil es sich bei der Begründung des Pachtverhältnisses um einen Dauerzustand handelt. Hiervon ist nur auszugehen, wenn die Pachtdauer am Bewertungsstichtag noch mindestens 15 Jahre beträgt. Dies gilt unabhängig von der Art der zivilrechtlichen Vertragsgrundlage und der damit verbundenen Möglichkeit einer Vertragsverlängerung. Ist dagegen aus Sicht des Bewertungsstichtags die Wiederaufnahme des Betriebs mittelfristig innerhalb des 15-Jahreszeitraums möglich, sollen land- und forstwirtschaftlich genutzte Flächen auch dann als Betrieb der Land- und Forstwirtschaft bewertet und begünstigt sein, wenn sie verpachtet sind. Gleiches gilt in Fällen unentgeltlicher Überlassung land- und forstwirtschaftlich genutzter Flächen (Bericht des Finanzausschusses, BT-Drs. 16/11107, 17).

Die Unterscheidung zwischen Stückländereien und anderen Betrieben der Land- und Forstwirtschaft ist im Hinblick auf § 13b Abs. 1 ErbStG relevant, weil Stückländereien nicht zu dem nach dieser Vorschrift begünstigten Vermögen gehören (*Eisele*, NWB 2008, 4679, 4694).

5.4 Umfang des Wirtschaftsteils (§ 160 Abs. 2 BewG)

432 § 160 Abs. 2 BewG definiert in Übereinstimmung mit § 34 Abs. 2 BewG den Wirtschaftsteil und zählt die Nutzungen als Gesamtheit der jeweils hierzu gehörenden Wirtschaftsgüter abschließend auf. Der Wirtschaftsteil eines Betriebs der Land- und Forstwirtschaft umfasst

1. die **land- und forstwirtschaftlichen** Nutzungen:
   - die landwirtschaftliche Nutzung,
   - die forstwirtschaftliche Nutzung,
   - die weinbauliche Nutzung,
   - die gärtnerische Nutzung,
   - die übrigen land- und forstwirtschaftlichen Nutzungen,
2. die **Nebenbetriebe** und
3. die folgenden nicht zu einer Nutzung nach Nrn. 1 und 2 gehörenden Wirtschaftsgüter:
   - **Abbauland:** dazu gehören nach § 160 Abs. 4 BewG die Betriebsflächen, die durch Abbau der Bodensubstanz überwiegend für den Betrieb der Land- und

Forstwirtschaft nutzbar gemacht werden (Sand-, Kies-, Lehmgruben, Steinbrüche, Torfstiche und dergleichen);
- **Geringstland:** dazu gehören nach § 160 Abs. 5 BewG die Betriebsflächen geringster Ertragsfähigkeit, für die nach dem Bodenschätzungsgesetz keine Wertzahlen festzustellen sind;
- **Unland:** dazu gehören nach § 160 Abs. 6 BewG die Betriebsflächen, die auch bei geordneter Wirtschaftsweise keinen Ertrag abwerfen können.

Der Begriff Nutzung umfasst alle Wirtschaftsgüter, die einem entsprechenden Zweck dienen. Besteht ein Betrieb nur aus einer Nutzung, entspricht der Wert dieser Nutzung zugleich dem Wirtschaftswert.

5.4.1 Land- und forstwirtschaftliche Nutzungen

Die **landwirtschaftliche** Nutzung unterteilt sich in die Nutzungsarten (Betriebsformen) Ackerbau, Milchvieh, sonstiger Futterbau, Veredlung, Pflanzenbauverbund, Viehverbund und Pflanzen- und Viehverbund. Die Einbeziehung der Verbundbetriebe ist vor dem Hintergrund neuer Abgrenzungskriterien unter Rückgriff auf die Daten der Agrarberichterstattung zu sehen (*Eisele*, NWB 2008, 895, 897).

433

Die **forstwirtschaftliche** Nutzung umfasst alle Wirtschaftsgüter, die der Erzeugung von Rohholz dienen. Zum Grund und Boden der forstwirtschaftlichen Nutzung gehören insbesondere alle Flächen, die der Rohholzerzeugung zu dienen bestimmt sind, einschließlich der Wirtschaftswege, Schneisen, Schutzstreifen und Gräben bis zu fünf Metern sowie vorübergehend nicht bestockter Flächen (sog. Blößen). Zum Grund und Boden gehören auch die dem Transport und der Lagerung dienenden Flächen sowie Flächen der Saat- und Pflanzenkämpe, wenn sie zu mehr als zwei Dritteln der Erzeugung von Pflanzen für den eigenen Betrieb dienen. Eingeschlagenes Holz gehört zu den umlaufenden Betriebsmitteln.

Die **weinbauliche** Nutzung umfasst alle Wirtschaftsgüter, die der Erzeugung von Trauben und der Gewinnung von Wein und Saft aus diesen Trauben dienen. Zum Grund und Boden der weinbaulichen Nutzung gehören alle Ertragsrebflächen sowie weinbauwürdige, aber vorübergehend nicht bestockte Flächen. Gebäude und Gebäudeteile, die der Gewinnung, dem Ausbau und der Lagerung der weinbaulichen Erzeugnisse dienen, rechnen als Wirtschaftsgebäude zur weinbaulichen Nutzung.

Zur **gärtnerischen** Nutzung gehören alle Wirtschaftsgüter, die den Nutzungsteilen Blumen- und Zierpflanzenbau, Gemüsebau, Obstbau sowie Baumschulen dienen. Saatkämpen, Rebmuttergärten und Rebschulen werden ebenfalls dem Nutzungsteil Baumschulen zugeordnet, es sei denn, sie dienen zu mehr als zwei Dritteln dem Eigenbedarf einer im gleichen Betrieb vorhandenen forstwirtschaftlichen oder weinbaulichen Nutzung. Brach- und Gründüngungsflächen gehören nach der vorgesehenen Nutzung zum Nutzungsteil Baumschulen.

Die **übrigen** land- und forstwirtschaftlichen Nutzungen umfassen alle Wirtschaftsgüter, die den Sondernutzungen und den sonstigen land- und forstwirtschaftlichen Nutzungen dienen.

5.4.2 Nebenbetriebe

434 Nebenbetriebe sind nach § 42 Abs. 1 BewG Betriebe, die dem Hauptbetrieb zu dienen bestimmt sind und nicht einen selbstständigen gewerblichen Betrieb darstellen.

Nach R 15.5 Abs. 3 S. 1 EStR 2005 liegt ein Nebenbetrieb der Land- und Forstwirtschaft vor, wenn

- überwiegend im eigenen Hauptbetrieb erzeugte Rohstoffe be- oder verarbeitet werden und die dabei gewonnenen Erzeugnisse überwiegend für den Verkauf bestimmt sind

  oder

- ein Land- und Forstwirt Umsätze aus der Übernahme von Rohstoffen (z.B. organische Abfälle) erzielt, diese be- oder verarbeitet und die dabei gewonnenen Erzeugnisse nahezu ausschließlich im eigenen Betrieb der Land- und Forstwirtschaft verwendet

und die Erzeugnisse im Rahmen einer ersten Stufe der Be- oder Verarbeitung, die noch dem land- und forstwirtschaftlichen Bereich zuzuordnen ist, hergestellt werden.

Nach R 15.5 Abs. 3 S. 2 EStR 2005 soll dies aus Vereinfachungsgründen auch für Produkte der zweiten (gewerblichen) Verarbeitungsstufe gelten, wenn diese zur Angebotsabrundung im Rahmen der Direktvermarktung eigener land- und forstwirtschaftlicher Produkte abgegeben werden und der Umsatz daraus nicht mehr als 10.300 EUR im Wirtschaftsjahr beträgt. Demgegenüber stellt der BFH für die Abgrenzung zwischen einem selbstständigen Gewerbebetrieb und einem landwirtschaftlichen Nebenbetrieb in erster Linie auf den Umfang der Veränderung ab, den die landwirtschaftlichen Produkte im zu beurteilenden Betrieb erfahren (BFH v. 12.12.1996, IV R 78/95, BStBl II 1997, 427). Ein Nebenbetrieb liegt danach vor, wenn ein Landwirt einen Teil seiner landwirtschaftlichen Erzeugnisse in einem Ladengeschäft absetzt oder nur geringfügig bearbeitete land- und forstwirtschaftliche Urerzeugnisse vermarktet, z.B. wenn Milch haltbar gemacht, in Flaschen gefüllt und verkauft wird oder zu Butter, Quark oder Käse verarbeitet wird und erst diese Produkte verkauft werden.

Unter der Voraussetzung, dass die eingesetzte Rohstoffmenge überwiegend im eigenen Hauptbetrieb erzeugt wird und die be- oder verarbeiteten Erzeugnisse überwiegend für den Verkauf bestimmt sind, sehen die Gleich lautenden Erlasse (Entschließung) der obersten Finanzbehörden der Länder v. 16.6.1971 betr. Bewertung von Nebenbetrieben der Land- und Forstwirtschaft nach § 42 BewG 1965 (BStBl I 1971, 324) auch Korn- und Abfindungsbrennereien, Forellenräuchereien, Brütereien und Sägewerke als landwirtschaftliche Nebenbetriebe an.

Der ausschließliche Absatz von Eigenerzeugnissen in unbearbeitetem Zustand stellt hingegen keinen Nebenbetrieb, sondern einen integrierten Bestandteil der land- und forstwirtschaftlichen Nutzung dar, der die Erzeugnisse entstammen (Gürsching/Stenger, BewG, § 42 Rz. 6).

Nebenbetriebe sind ferner Substanzbetriebe, z.B. Sandgruben, Kiesgruben, Torfstiche, wenn die gewonnene Substanz überwiegend im eigenen land- und forstwirtschaftlichen Betrieb verwendet wird (R 15.5 Abs. 3 S. 4 EStR 2005).

5.5 Bewertung des Wirtschaftsteils (§ 162 BewG)

5.5.1 Überblick

Nach § 162 Abs. 1 S. 1 BewG ist bei der Bewertung des Wirtschaftsteils der gemeine Wert zugrunde zu legen. Dabei ist grundsätzlich davon auszugehen, dass der Erwerber den Betrieb der Land- und Forstwirtschaft fortführt (§ 162 Abs. 1 S. 2 BewG). 435

Für die Ermittlung des **Fortführungswerts** sind grundsätzlich zwei Verfahren vorgesehen. Als Regelfall sieht § 162 Abs. 1 S. 3 BewG die Ermittlung des Ertragswerts durch Kapitalisierung typisierter Reingewinne für die verschiedenen Nutzungen vor. Die Einzelheiten dieses Verfahrens sind in § 163 BewG geregelt. Nur für den Fall, dass der Ertragswert den nach § 164 BewG ermittelten Mindestwert unterschreitet, ist dieser anzusetzen (§ 162 Abs. 1 S. 4 BewG). Bei der Ermittlung des Mindestwerts werden der Wert des Grund und Bodens und des Besatzkapitals durch Kapitalisierung der regionalen Pachtpreise des Grund und Bodens und des (Nutzungs-)Werts der übrigen Wirtschaftsgüter ermittelt und um die damit in Zusammenhang stehenden Verbindlichkeiten vermindert. In der Bewertungspraxis dürfte sich das gesetzliche Regel-Ausnahme-Verhältnis allerdings in sein Gegenteil verkehren, weil der nach § 163 BewG ermittelte Wert allenfalls bei Großbetrieben höher als der Mindestwert sein wird.

Der Wert des Wirtschaftsteils einer Stückländerei (§ 160 Abs. 7 BewG) wird gemäß § 162 Abs. 2 BewG von vornherein nach § 164 BewG ermittelt. Eine Bewertung nach § 163 BewG scheidet aus, weil die nach dieser Vorschrift maßgeblichen Reingewinne die im Fall der Selbstbewirtschaftung erzielbaren Erträge widerspiegeln, eine Stückländerei nach § 160 Abs. 7 BewG aber nur vorliegt, wenn die Flächen für mindestens 15 Jahre einem anderen Betrieb der Land- und Forstwirtschaft zu dienen bestimmt sind.

Nur für den Fall, dass ein Betrieb der Land- und Forstwirtschaft oder ein Anteil i.S.d. § 158 Abs. 2 S. 2 BewG innerhalb eines Zeitraums von 15 Jahren veräußert wird oder wesentliche Wirtschaftsgüter i.S.d. § 158 Abs. 3 S. 1 Nr. 1 bis 3 und 5 BewG dem Betrieb innerhalb eines Zeitraums von 15 Jahren nicht mehr auf Dauer zu dienen bestimmt sind, tritt an die Stelle des nach §§ 163, 164 BewG ermittelten Ertragswerts der Liquidationswert nach § 166 BewG.

5.5.2 Bewertungsstichtage

Nach § 161 Abs. 1 BewG sind für die Größe des Betriebs, für den Umfang und den Zustand der Gebäude sowie für die stehenden Betriebsmittel die Verhältnisse am Bewertungsstichtag maßgebend. Dies entspricht dem Grundsatz des § 11 ErbStG. 436

Abweichend davon ist nach § 161 Abs. 2 BewG für die **umlaufenden Betriebsmittel** der Stand am Ende des Wirtschaftsjahres maßgebend, das dem Bewertungsstichtag vorangegangen ist. Zu diesem Zeitpunkt sind i.d.R. nur solche umlaufenden Betriebsmittel vorhanden, die zur ordnungsgemäßen Bewirtschaftung benötigt werden, was die Ermittlung der umlaufenden Betriebsmittel und die Abgrenzung der Überbestände erleichtert.

Bei der **forstwirtschaftlichen Nutzung** sind nach § 172 BewG abweichend von § 161 Abs. 1 BewG für den Umfang und den Zustand des Bestands an nicht eingeschlagenem Holz die Verhältnisse am Ende des Wirtschaftsjahres zugrunde zu legen, das dem Bewertungsstichtag vorangegangen ist. Die Vorschrift entspricht der für die Einheitsbewertung geltenden § 54 BewG. Sie trägt dem Umstand Rechnung, dass das Ende des Wirtschaftsjahres – bei forstwirtschaftlichen Betrieben zumeist der 30.9. – für die Feststellung des Umfangs und des Zustands des nicht eingeschlagenen Holzes besser geeignet ist als der Bewertungsstichtag. Die Gesamtfläche der forstwirtschaftlichen Nutzung ist hingegen nach den Verhältnissen des Bewertungsstichtags zu bestimmen.

Bei der **gärtnerischen Nutzung** sind der Bestimmung der durch Anbau von Baumschulgewächsen genutzten Betriebsfläche die zum 15.9. feststellbaren Bewirtschaftungsverhältnisse zugrunde zu legen, die dem Bewertungsstichtag vorangegangen sind (§ 174 Abs. 1 BewG), und der Bestimmung der durch Anbau von Gemüse, Blumen und Zierpflanzen genutzten Betriebsfläche die zum 30.6. feststellbaren Bewirtschaftungsverhältnisse zugrunde zu legen, die dem Bewertungsstichtag vorangegangen sind (§ 174 Abs. 2 BewG). Die Vorschriften entsprechen den für die Einheitsbewertung geltenden Vorschriften des § 59 Abs. 1 und 2 BewG. Sind die Bewirtschaftungsverhältnisse nicht feststellbar, richtet sich die Einordnung der Flächen nach der vorgesehenen Nutzung (§ 174 Abs. 3 BewG).

5.5.3 Ermittlung der Wirtschaftswerte (§ 163 BewG)

5.5.3.1 Allgemeines

437 § 163 BewG regelt die Ermittlung der Wirtschaftswerte für die einzelnen Nutzungen i.S.d. § 160 Abs. 2 BewG, die in ihrer Summe den Wert des Wirtschaftsteils ergeben. Die Wirtschaftswerte werden durch Kapitalisierung des jeweiligen Reingewinns mit dem Kapitalisierungsfaktor 18,6 ermittelt, der einem Kapitalisierungszinssatz von 5,5 % entspricht (§ 163 Abs. 11 BewG).

Der Reingewinn wird nicht betriebsindividuell ermittelt. Vielmehr schreibt § 163 Abs. 1 S. 1 BewG vor, dass bei der Ermittlung der jeweiligen Wirtschaftswerte von der nachhaltigen Ertragsfähigkeit land- und forstwirtschaftlicher Betriebe auszugehen ist. Ertragsfähigkeit ist der bei ordnungsgemäßer Bewirtschaftung gemeinhin und nachhaltig erzielbare Reingewinn (§ 163 Abs. 1 S. 2 BewG). Dies bedeutet, dass bei der Beurteilung der nachhaltigen Ertragsfähigkeit nicht auf Muster- oder Spitzenbetriebe, sondern auf die Betriebsergebnisse vergleichbarer Betriebe abzustellen ist (Begründung des Regierungsentwurfs zum ErbStRG, BT-Drs. 16/7918, 43). Dabei sind nach § 163 Abs. 1 S. 3 BewG alle Umstände zu berücksichtigen, die bei einer Selbstbewirtschaftung den Wirtschaftserfolg beeinflussen. Dies sind insbesondere die Bodengüte und die klimatischen Verhältnisse (natürliche Ertragsbedingungen), die in der Praxis durch die Ertragsmesszahlen nach dem Bodenschätzungsgesetz zum Ausdruck gebracht werden. Darüber hinaus sind auch die wirtschaftlichen Ertragsbedingungen der jeweiligen Gegend zu berücksichtigen, von denen die Verwertung der gewonnenen Erzeugnisse abhängig ist (Begründung des Regierungsentwurfs zum ErbStRG, BT-Drs. 16/7918, 43).

438 Wesentliche Grundlage für das typisierte Ertragswertverfahren sind **agrarstatistische Daten**, die der Agrarberichterstattung der Bundesregierung entnommen werden können. Nach § 2 Abs. 1 LwG stellt das BMELV jährlich für das abgelaufene landwirtschaftliche Wirtschaftsjahr den Ertrag und Aufwand landwirtschaftlicher Betriebe, gegliedert nach Betriebsgrößen, -typen, -systemen und Wirtschaftsgebieten fest. Es stellt zu diesem Zweck auf der Grundlage freiwilliger Auskünfte die Betriebsergebnisse von 6.000 bis 8.000 landwirtschaftlichen Betrieben zusammen und wertet sie aus. Dabei wird auf einen bundesweiten Durchschnitt der jeweiligen Betriebsformen zurückgegriffen. Soweit dies zur realitätsgerechten Abbildung erforderlich ist, werden durch das BMELV eine Regionalisierung der Werte und eine Abgrenzung der Betriebsgrößen vorgenommen. Die dem BewG beigefügten Anlagen beruhen daher ausschließlich auf den Werten sowie den Abgrenzungen, die aus der Testbetriebsführung des BMELV (BMELV-Testbetriebsführung) ermittelt und zur Verfügung gestellt wurden (Bericht des Finanzausschusses zu § 163 Abs. 2, BT-Drs. 16/11107, 18).

439 § 163 Abs. 2 BewG konkretisiert die Bewertungsfaktoren, die zur Ermittlung des gesetzlichen Reingewinns erforderlich sind. Dieser umfasst das ordentliche Ergebnis abzüglich eines angemessenen Lohnansatzes für die Arbeitsleistung des Betriebsinhabers und der nicht entlohnten Arbeitskräfte (§ 163 Abs. 2 S. 1 BewG). Zur Berücksichtigung der nachhaltigen Ertragsfähigkeit ist der Durchschnitt der letzten fünf abgelaufenen Wirtschaftsjahre vor dem Bewertungsstichtag zugrunde zu legen (§ 163 Abs. 2 S. 3 BewG).

Der Reingewinn ermittelt sich nach folgendem Schema (Bericht des Finanzausschusses zu § 163 Abs. 2, BT-Drs. 16/11107, 18, sowie *Hutmacher*, ZEV 2008, 182, 183; *Eisele*, NWB 2008, 895, 899):

	Umsatzerlöse aus land- und forstwirtschaftlicher Produktion
+	Sonstige Erlöse aus Zulagen und Zuschüssen
./.	Materialaufwand für die land- und forstwirtschaftliche Produktion
./.	Personalaufwand
./.	Abschreibungen
./.	Pachten
./.	Sonstige betriebliche Aufwendungen
./.	<u>Zinsaufwendungen</u>
=	Gewinn/Verlust laut Testbetriebsführung des BMELV
./.	Investitionszulagen
./.	Zeitraumfremde Erträge

+	Zeitraumfremde Aufwendungen
./.	Außerordentliche Erträge
+	Außerordentliche Aufwendungen
=	Ordentliches Ergebnis laut Testbetriebsbuchführung des BMELV
./.	Lohnansatz für nicht entlohnte Arbeitskräfte und den Betriebsinhaber
=	Reingewinn nach § 163 Abs. 1 BewG

440 Die allgemeinen Vorschriften für die Reingewinnermittlung wie auch die besonderen Vorschriften für die Ermittlung des Reingewinns der verschiedenen Nutzungen in den Abs. 3 bis 7 haben für die bei Inkrafttreten des Gesetzes geltende Gesetzesfassung keine unmittelbare Bedeutung, weil die sich aus der Anwendung dieser Vorgaben ergebenden Werte in den Anlagen 14 bis 18 zum BewG ausgewiesen sind. Sie sind aber als gesetzlicher Maßstab für die nach § 163 Abs. 14 BewG zu erlassenden Rechtsverordnungen von Bedeutung, durch die die darin ausgewiesenen Reingewinne turnusmäßig an die Ergebnisse der Erhebungen nach § 2 LwG angepasst werden sollen.

5.5.3.2 Reingewinn für die landwirtschaftliche Nutzung (§ 163 Abs. 3 BewG)

441 § 163 Abs. 3 BewG konkretisiert die Bewertungsfaktoren zur Ermittlung des Reingewinns der landwirtschaftlichen Nutzung unter Beachtung gemeinschaftsrechtlicher Vorgaben. Da die betriebswirtschaftliche Ausrichtung eines Betriebs und die Betriebsgröße relevante Merkmale für die wirtschaftliche Ertragskraft eines Betriebs der Land- und Forstwirtschaft sind, müssen diese Parameter bei der Bewertung landwirtschaftlicher Betriebe berücksichtigt werden. Gemäß § 163 Abs. 3 S. 1 BewG bestimmt sich der Reingewinn für die landwirtschaftliche Nutzung deshalb nach

- der **Region** (Bundesland, ggf. Regierungsbezirk),
- der maßgeblichen **Nutzungsart** (Betriebsform) und
- der **Betriebsgröße** nach der Europäischen Größeneinheit (EGE).

Zur Ermittlung der maßgeblichen Nutzungsart (Betriebsform) ist das gemeinschaftsrechtliche Klassifizierungssystem nach der Entscheidung 85/377/EWG der Kommission vom 7.6.1985 zur Errichtung eines gemeinschaftlichen Klassifizierungssystems der landwirtschaftlichen Betriebe (ABl. EG Nr. L 220, 1), zuletzt geändert durch Entscheidung der Kommission vom 16.5.2003 (ABl. EU Nr. L 127, 48), in der jeweils geltenden Fassung heranzuziehen (§ 163 Abs. 3 S. 2 BewG). Hierzu sind

- in einem ersten Schritt die Standarddeckungsbeiträge der selbst bewirtschafteten Flächen und der Tiereinheiten der landwirtschaftlichen Nutzung zu ermitteln und
- in einem zweiten Schritt daraus die Nutzungsart (Betriebsform) zu bestimmen (§ 163 Abs. 3 S. 3 BewG).

442 Der **Standarddeckungsbeitrag** je Flächen- oder Tiereinheit entspricht steuerlich der Differenz zwischen den Umsatzerlösen und sonstigen Erlösen und dem der Erzeugung zuzurechnenden Materialaufwand (wegen der Einzelheiten vgl. Art. 3 und Anhang 1 der Entscheidung 85/377/EWG). Die Ableitung der Daten erfolgt aus Statistiken und Buchführungsunterlagen über Preise, Erträge und Leistungen sowie durchschnittliche Kosten. Die so ermittelten Standarddeckungsbeiträge je Flächen- und Tiereinheit werden auf die betrieblichen Angaben über Art und Umfang der Bodennutzung sowie die Viehhaltung übertragen und zum gesamten Standarddeckungsbeitrag des jeweiligen Betriebs summiert (*Eisele*, NWB 2008, 895, 897). Die Betriebsform wird gemäß Art. 6 der Entscheidung 85/377/EWG durch den relativen Beitrag der verschiedenen Produktionszweige zum gesamten Standarddeckungsbeitrag dieses Betriebs bestimmt. Nach dem dort vorgesehenen Klassifizierungsschema unterscheidet die Anlage 14 zum BewG spezialisierte Betriebe (Ackerbau, Milchvieh, Sonstiger Futterbau und Veredlung) und nicht spezialisierte Betriebe (Pflanzenbauverbund, Viehverbund sowie Pflanzen- und Viehverbund). Während bei den spezialisierten Betrieben der Standarddeckungsbeitrag eines Produktionszweigs mehr als zwei Drittel des gesamten Standarddeckungsbeitrags des Betriebs ausmacht, entfallen bei Verbundbetrieben auf keinen Produktionszweig mehr als zwei Drittel des gesamten Standarddeckungsbeitrags (*Eisele*, NWB. 2008, 895, 897).

Wegen der unterschiedlichen Ertragsfähigkeit des Bodens wird der Reingewinn für die landwirtschaftliche Nutzung nach den für die folgenden 36 Regionen ermittelten Standarddeckungsbeiträgen bemessen:

Bundesland	Region
Baden-Württemberg	Freiburg, Karlsruhe, Stuttgart, Tübingen
Bayern	Oberbayern, Niederbayern, Oberfranken, Mittelfranken, Unterfranken, Oberpfalz, Schwaben
Berlin	Stadtstaaten
Brandenburg	Brandenburg
Bremen	Stadtstaaten
Hamburg	Stadtstaaten
Hessen	Darmstadt, Gießen, Kassel
Mecklenburg-Vorpommern	Mecklenburg-Vorpommern
Niedersachsen	Braunschweig, Hannover, Lüneburg, Weser-Ems
Nordrhein-Westfalen	Düsseldorf, Köln, Münster, Detmold, Arnsberg
Rheinland-Pfalz	Rheinland-Pfalz
Saarland	Saarland
Sachsen	Chemnitz, Dresden, Leipzig
Sachsen-Anhalt	Dessau, Halle, Magdeburg
Schleswig-Holstein	Schleswig-Holstein
Thüringen	Thüringen

Dabei wurde die für die Agrarstrukturerhebungen verwendete regionale Aufgliederung übernommen (*Hutmacher*, ZEV 2008, 182, 184).

444 In einem dritten Schritt ist die Summe der Standarddeckungsbeiträge durch 1.200 EUR zu teilen, so dass sich die Betriebsgröße in EGE ergibt, die nach § 163 Abs. 3 S. 4 BewG einer der folgenden Betriebsgrößenklassen zuzuordnen ist:

- Kleinbetriebe von 0 bis unter 40 EGE,
- Mittelbetriebe von 40 bis 100 EGE,
- Großbetriebe über 100 EGE.

Die maßgeblichen Standarddeckungsbeiträge werden nach § 163 Abs. 3 S. 5 BewG vom BMF im Bundessteuerblatt veröffentlicht (vgl. BMF v. 18.5.2009, IV C 2 – S 3015/0, BStBl 2009, 479, mit der die vom Bundesministerium für Ernährung, Landwirtschaft und Verbraucherschutz übermittelten Standarddeckungsbeiträge übermittelt wurden, die auf den Ermittlungen des Kuratoriums für Technik und Bauwesen in der Landwirtschaft e.V. [KTBL] für die Wirtschaftsjahre 2002/2007 beruhen).

Der entsprechende Reingewinn ergibt sich aus der Spalte 4 der Anlage 14 in EUR/ha landwirtschaftlich genutzter Fläche (§ 163 Abs. 3 S. 6 BewG). Die dort ausgewiesenen Reingewinnsätze sind für Klein- und Mittelbetriebe durchgängig negativ. Nur für Großbetriebe ergeben sich positive Werte.

5.5.3.3 Reingewinne für die übrigen Nutzungen, Nebenbetriebe und sonstigen Wirtschaftsgüter (§ 163 Abs. 4–10 BewG)

445 Da für die **forstwirtschaftliche Nutzung** nicht auf die Agrarberichterstattung (BMELV-Testbetriebsbuchführung) zurückgegriffen werden kann, wird die flächenmäßige Bindung beibehalten. Der Reingewinn für die forstwirtschaftliche Nutzung bestimmt sich nach den Flächen der jeweiligen Nutzungsart und den Ertragsklassen (§ 163 Abs. 4 S. 1 BewG). Die jeweilige Nutzungsart umfasst nach § 163 Abs. 4 S. 2 BewG die Baumartengruppen Buche, Eiche, Fichte, Kiefer sowie die übrigen Flächen der forstwirtschaftlichen Nutzung (Nichtwirtschaftswald, Nichtholzbodenflächen und Blößen). Bei den einzelnen Baumartengruppen werden jeweils drei Ertragsklassen unterschieden (§ 163 Abs. 4 S. 3 BewG). Die Ertragsklasse, die auch als Standortklasse oder Bonität bezeichnet wird, bringt die Qualität des Baumbestands zum Ausdruck. Sie wird nach Alter der Bäume und Mittelhöhe aufgrund von Ertragstafeln ermittelt und stellt einen relativen Maßstab für die Wuchsleistung eines Bestands dar (*Eisele*, NWB 2008, 895, 902). Die Ertragsklasse wird in römischen Ziffern angegeben, wobei die Ziffer I für die höchste Leistung steht. Auf eine regionale Aufgliederung wurde wegen der inhomogenen Zusammensetzung der Forstbetriebe verzichtet (*Hutmacher*, ZEV 2008, 182, 184; *Eisele*, NWB 2008, 895, 901). Die maßgeblichen Reingewinne ergeben sich aus Spalte 4 der Anlage 15 zum BewG in EUR/ha (§ 163 Abs. 4 S. 4 BewG).

446 Der Reingewinn für die **weinbauliche Nutzung** wird nach den Flächen der jeweiligen Nutzungsart bestimmt (§ 163 Abs. 5 S. 1 BewG). Unter Nutzungsart ist die Verwertungsform zu verstehen. Dabei werden Flaschenweinerzeuger, Fassweinerzeuger und Traubenvermarkter (Winzergenossenschaften) unterschieden. Auf eine regionale Aufgliederung der Reingewinnsätze wird verzichtet, weil der flächenmäßige Anbau und die betriebswirtschaftliche Ausrichtung als entscheidende Merkmale für die wirtschaftliche Ertragskraft eines Weinbaubetriebes angesehen werden (*Hutmacher*, ZEV 2008, 182, 184; Bericht des Finanzausschusses zu § 163 Abs. 5 BewG, BT-Drs. 16/11107, 18). Demgegenüber legt § 142 Nr. 3 BewG die standardisierten Ertragsfestwerte für die weinbauliche Nutzung auch in Abhängigkeit von den Anbaugebieten i.S.d. § 3 Abs. 1 des Weingesetzes fest. Die sich daraus ergebenden zum Teil sehr markanten wertmäßigen Unterschiede (z.B. zwischen den Weinbaugebieten Franken und Rheingau) treten in § 163 Abs. 5 BewG nicht mehr zutage (*Eisele*, NWB 2008, 895, 902). Der Reingewinn ergibt sich aus der Spalte 3 der Anlage 16 zum BewG in EUR/ha (§ 163 Abs. 5 S. 2 BewG).

Der Reingewinn für die **gärtnerische Nutzung** bestimmt sich nach dem maßgeblichen Nutzungsteil, der Nutzungsart und den Flächen (§ 163 Abs. 6 S. 1 BewG). Nutzungsteile sind der Gemüsebau mit den Nutzungsarten Freilandflächen und Unterglasgemüse, der Zierpflanzenbau mit den Nutzungsarten Freilandflächen und Unterglaszierpflanzenbau sowie Baumschulen und Obstbau. Auch bei der gärtnerischen Nutzung scheidet eine Abgrenzung der Nutzungsteile nach Standarddeckungsbeiträgen aus, da diese nicht ermittelt werden. Die unterschiedlichen Nutzungsarten des produzierenden Gartenbaus müssen jedoch wegen der sehr unterschiedlichen Reingewinnsätze berücksichtigt werden. Auf eine Regionalisierung der Werte ist verzichtet worden, weil für den Gartenbau keine Standarddeckungsbeiträge ermittelt werden und die betriebswirtschaftliche Ausrichtung und der flächenmäßige Anbau die entscheidenden Merkmale für die Ertragskraft eines Gartenbaubetriebs sind (Bericht des Finanzausschusses zu § 163 Abs. 6 BewG, BT-Drs. 16/11107, S. 18; *Hutmacher*, ZEV 2008, 182, 184f.; *Eisele*, NWB 2008, 895, 903). Die Reingewinne für die unterschiedlichen Nutzungsteile und Nutzungsarten ergeben sich aus Anlage 17 zum BewG in EUR/ha. **447**

Die Reingewinne für die **Sondernutzungen Hopfen, Spargel, Tabak** ergeben sich in EUR/ha aus der der Anlage 18 zum BewG (§ 163 Abs. 7 BewG). Da sich die Reingewinne bereits an typischen Anbaugebieten orientieren, war eine Regionalisierung der Werte nicht erforderlich (Bericht des Finanzausschusses zu § 163 Abs. 7 BewG, BT-Drs. 16/11107, 18). Der Tabakanbau wird in Deutschland ohnehin nur in geringem Umfang (ca. 11.000 t/Jahr) betrieben. Die Anbaugebiete befinden sich in den Bundesländern Baden-Württemberg und Rheinland-Pfalz (*Eisele*, NWB 2008, 895, 904). **447a**

Für das **Geringstland** ist kein von der nachhaltigen Ertragsfähigkeit ausgehender Reingewinn normiert. Stattdessen legt § 163 Abs. 9 BewG den Reingewinn pauschal mit 5,40 EUR/ha fest. Eine regelmäßige Anpassung des pauschalen Reingewinns durch Rechtsverordnung ist nicht vorgesehen und mangels entsprechender gesetzlicher Vorgaben für den Verordnungsgeber auch nicht möglich. Zum Geringstland gehören Betriebsflächen geringster Ertragsfähigkeit, für die nach dem Bodenschätzungsgesetz keine Wertzahlen festzustellen sind (§ 160 Abs. 5 BewG). Betriebsflächen geringster Ertragsfähigkeit sind unkultivierte, jedoch kulturfähige Flächen, deren Ertragsfähigkeit so gering ist, dass sie in ihrem derzeitigen Zustand nicht regelmäßig land- und forstwirtschaftlich genutzt werden können. Dazu gehören **448** insbesondere unkultivierte Moor- und Heideflächen sowie die ehemals begünstigten Flächen und die ehemaligen Weinbauflächen, deren Nutzungsart sich durch Verlust des Kulturzustands verändert hat. Der Verlust des Kulturzustands ist dann gegeben, wenn der kalkulierte Aufwand zur Wiederherstellung des Kulturzustands in einem Missverhältnis zu der nach der Rekultivierung zu erwartenden Ertragsfähigkeit steht. Dies ist regelmäßig dann der Fall, wenn der Aufwand den einer Neukultivierung übersteigen würde (*Eisele*, NWB 2008, 895, 904).

449 Für das **Unland** legt § 163 Abs. 10 BewG den Reingewinn auf 0 EUR fest. Zum Unland gehören nach § 160 Abs. 6 BewG die Betriebsflächen, die auch bei geordneter Wirtschaftsweise keinen Ertrag abwerfen können, also im Unterschied zum Geringstland nicht kulturfähig sind. Dazu gehören insbesondere ertraglose Böschungen, Felsköpfe, ausgebeutete Kiesgruben oder stillgelegte Steinbrüche. Haben sich Kiesgruben allerdings infolge der Kiesausbeute mit Grundwasser gefüllt und werden für Zwecke der Fischerei genutzt, scheidet eine Einstufung als Unland aus (*Eisele*, NWB 2008, 895, 904f.). In diesem Fall gehören die Flächen zu den sonstigen land- und forstwirtschaftlichen Nutzungen i.S.d. § 175 Abs. 2 Nr. 3 BewG.

450 Soweit für **sonstige land- und forstwirtschaftliche Nutzungen, Nebenbetriebe und Abbauland** nicht auf einen für die jeweilige Region durch statistische Erhebungen ermittelten pauschalierten Reingewinn zurückgegriffen werden kann, ist dieser nach § 163 Abs. 8 S. 1 BewG im Einzelertragswertverfahren zu ermitteln. Zu diesem Zweck ist das betriebsindividuelle Ergebnis mit dem Kapitalisierungszinssatz nach § 163 Abs. 11 BewG zu kapitalisieren (§ 163 Abs. 8 S. 2 BewG). Nähere Regelungen dazu, wie das betriebsindividuelle Ergebnis zu ermitteln ist, ergeben sich aus der Vorschrift nicht. U. E. ist nach den Grundsätzen zu verfahren, die sich aus § 163 Abs. 1 und 2 BewG ergeben und die für die Ermittlung der aufgrund agrarstatistischer Daten ermittelten Reingewinne gelten. Es ist daher von dem – erforderlichenfalls durch Schätzung ermittelten – Gewinn im einkommensteuerrechtlichen Sinn auszugehen, der auf diese Nutzungen entfällt. Dieser Betrag ist um evtl. darin enthaltene Investitionszulagen zu kürzen, um außerordentliche und zeitraumfremde Erträge und Aufwendungen zu bereinigen und durch einen Lohnansatz für nicht entlohnte Arbeitskräfte und den Betriebsinhaber (§ 162 Abs. 2 S. 1 BewG) zu modifizieren. Zur Berücksichtigung der nachhaltigen Ertragsfähigkeit ist der Durchschnitt der letzten fünf abgelaufenen Wirtschaftsjahre vor dem Bewertungsstichtag zugrunde zu legen (§ 163 Abs. 2 S. 3 BewG).

5.5.3.4 Kapitalisierungsfaktor für die Ermittlung des Wirtschaftswerts (§ 163 Abs. 11 BewG)

451 Den Kapitalisierungszinssatz legt das Gesetz auf 5,5 % fest, den sich daraus als Kehrwert ergebenden Kapitalisierungsfaktor näherungsweise auf 18,6. Nach dem Bericht des Finanzausschusses zu § 163. Abs. 11 BewG (BT-Drs. 16/11107) setzt sich der Kapitalisierungszinssatz aus einem Basiszinssatz von 4,5 % und einem Zuschlag von 1 % zusammen. Der Basiszinssatz – so heißt es dort – beruht auf der langfristig erzielbaren Rendite öffentlicher Anleihen, die die Deutsche Bundesbank an Hand der Zinsstrukturdaten jeweils zum ersten Werktag des Jahres ermittelt. Im Unterschied zu dem Basiszinssatz nach § 203 Abs. 2 BewG ist für den Kapitalisie-

rungszinssatz nach § 163 Abs. 11 BewG aber keine jährliche Anpassung vorgesehen. Das Gesetz geht insoweit offenbar davon aus, dass der der Bemessung des Kapitalisierungszinssatzes zugrunde gelegte Basiszinssatz von 4,5 % der langfristig zu erwartenden Durchschnittsrendite öffentlicher Anleihen entspricht. Der offenbar als Ausgleich des unternehmerischen Risikos vorgesehene Zuschlag von 1 % ist wesentlich geringer als der in § 203 Abs. 1 BewG für die Bewertung gewerblicher Betriebe vorgesehene Zuschlag von 4,5 %. Offenbar geht der Gesetzgeber davon aus, dass bei den – abgesehen von den Nutzungen nach § 163 Abs. 8 BewG – nicht nach betriebsindividuellen Ergebnissen, sondern nach agrarstatistischen Daten und unter Bildung eines Durchschnitts von fünf Jahren ermittelten Reingewinnen mit keinen wesentlichen Schwankungen des Reingewinns zu rechnen ist.

5.5.4 Mindestwert (§ 164 BewG)

Da kleine und mittlere Betriebe im Durchschnitt nur einen geringen oder gar negativen Reinertrag erwirtschaften, aber dennoch regelmäßig werthaltig sind, stellt der nach § 163 BewG ermittelte Fortführungswert bei ihnen keine plausible und sachlich zu rechtfertigende Bewertungsgrundlage dar (Begründung des Regierungsentwurfs zum ErbStRG, BT-Drs. 16/7918, 43). § 165 Abs. 2 BewG schreibt daher für steuerliche Zwecke den Ansatz eines Mindestwerts vor. Bei Stückländereien i.S.d. § 160 Abs. 7 BewG wird der Wert des Wirtschaftsteils von vornherein auf der Grundlage des Mindestwerts ermittelt (§ 162 Abs. 2 BewG).

Der Mindestwert nach § 164 BewG setzt sich aus dem Wert für den Grund und Boden sowie dem Wert der übrigen Wirtschaftsgüter zusammen (§ 164 Abs. 1 BewG). § 164 Abs. 1 BewG i.d.F. des Regierungsentwurfs hatte noch davon gesprochen, dass der Mindestwert ausschließlich die Ertragsfähigkeit der Wirtschaftsgüter berücksichtige. Die Gesetz gewordene Regelung stellt dieses Prinzip nicht mehr ausdrücklich heraus, stimmt im Übrigen aber sachlich mit dem Regierungsentwurf und dem auf seiner Grundlage erstellten § 4 des Diskussionsentwurfs LuFBewV überein (*Eisele*, NWB 2008, 4679, 4695).

452

Die Bewertung des **Grund und Bodens** erfolgt auf der Grundlage des Pachtpreises pro Hektar (ha). Dieser bestimmt sich nach § 164 Abs. 2 S. 1 BewG nach der Nutzung, dem Nutzungsteil und der Nutzungsart des Grund und Bodens. Bei der landwirtschaftlichen Nutzung ist dabei die Betriebsgröße in EGE nach § 163 Abs. 3 S. 4 Nr. 1 bis 3 BewG zu berücksichtigen (§ 164 Abs. 2 S. 2 BewG). Der danach maßgebliche Pachtpreis ergibt sich für die landwirtschaftliche, forstwirtschaftliche und gärtnerische Nutzung aus der Spalte 5 der Anlagen 14, 15 und 17 zum BewG und für die weinbauliche Nutzung sowie die Sondernutzungen Hopfen, Spargel und Tabak aus der Spalte 4 der Anlagen 16 und 18 und ist mit den Eigentumsflächen zu vervielfältigen (§ 164 Abs. 2 S. 3 BewG). Die Pachtpreise wurden aus dem Agrarbericht abgeleitet, die Regionalisierung für die landwirtschaftliche Nutzung unter Berücksichtigung der Standarddeckungsbeiträge vorgenommen. Um die in der Landwirtschaft üblichen Einkommensschwankungen zwischen mehreren Wirtschaftsjahren auszugleichen, wurden die Pachtpreise aus einem fünfjährigen Durchschnitt gebildet. Diese Vorgehensweise wird in dem Bericht des Finanzausschusses damit gerechtfertigt, dass es auf dem Grundstücksmarkt keinen innerlandwirtschaft-

453

lichen Verkehrswert gebe und für die Bewertung von verpachteten Flächen die gleichen Grundsätze gälten. Da die Pachthöhe je nach Region und Nutzungsmöglichkeit unterschiedlich sei, seien für die verpachteten Flächen die Verhältnisse der jeweiligen wirtschaftlichen Einheit zugrunde zu legen (BT-Drs. 16/11107, 19).

453a Der Wert für die übrigen Wirtschaftsgüter i.S.d. § 158 Abs. 3 S. 1 Nrn. 2–5 BewG, die das Gesetz unter der Bezeichnung **Besatzkapital** zusammenfasst, bestimmt sich ebenfalls nach der Nutzung, dem Nutzungsteil und der Nutzungsart des Grund und Bodens. Bei der landwirtschaftlichen Nutzung sind wiederum die Betriebsgröße und die regionale Differenzierung zu beachten. Die Werte wurden aus dem Bilanzvermögen laut Agrarberichterstattung (BMELV-Testbetriebsbuchführung) abgeleitet. Damit sind auch die immateriellen Wirtschaftsgüter eines Betriebs der Land- und Forstwirtschaft erfasst. Dadurch wird sichergestellt, dass das Besatzkapital jeweils in dem Betrieb der Land- und Forstwirtschaft berücksichtigt wird, der die Flächen bewirtschaftet (Bericht des Finanzausschusses, BT-Drs. 16/11107, 19). Gegenüber der Fassung der Anlage 1 zum Diskussionsentwurf LuFBewV wurden die Werte für das Besatzkapital um die Position Finanzumlaufvermögen (Forderungen gegenüber Geschäftspartnern, Guthaben auf laufenden Konten aller Geldinstitute, Bargeld sowie Wertpapiere und Anteile) vermindert, da die jeweiligen Wirtschaftsgüter nach § 158 Abs. 4 Nr. 3 BewG zum übrigen Vermögen gehören und sich ohne die Korrektur eine Doppelerfassung ergeben hätte (*Eisele*, NWB 2008, 4679, 4681). Der Wert des Besatzkapitals ist mit den jeweils selbst bewirtschafteten Flächen des Betriebs am Bewertungsstichtag zu multiplizieren. Im Fall der eisernen Verpachtung i.S.d. §§ 582aff. BGB treten an die Stelle der selbst bewirtschafteten Flächen die bewirtschafteten Flächen, soweit sie im Eigentum des Schenkers oder Erblassers stehen (R B 164 Abs. 6 S. 6 ErbStR 2011).

454 Für den Bereich der Forstwirtschaft wurden die Mindestwerte für das Besatzkapital aus dem Gutachten des Instituts für Forstökonomie der Universität Göttingen für ein typisierendes Verfahren zur Bewertung forstwirtschaftlicher Betriebe für Zwecke der Erbschaft- und Schenkungssteuer vom 25.6.2007 abgeleitet (Bericht des Finanzausschusses zu § 164 Abs. 4 BewG, BT-Drs. 16/11107, 19).

455 Der danach maßgebliche Wert für das Besatzkapital ergibt sich für die landwirtschaftliche, forstwirtschaftliche und gärtnerische Nutzung aus der Spalte 6 der Anlagen 14, 15, 15a und 17 zum BewG und für die weinbauliche Nutzung sowie die Sondernutzungen Hopfen, Spargel und Tabak aus der Spalte 5 der Anlagen 16 und 18 und ist mit den Eigentumsflächen zu vervielfältigen (§ 164 Abs. 3 S. 1-3 BewG). § 164 Abs. 7 BewG ermächtigt das BMF, die in den Anlagen 14 bis 18 zum BewG ausgewiesenen Werte dadurch zu ändern, dass es die darin aufgeführten Pachtpreise und Werte für das Besatzkapital turnusmäßig an die Ergebnisse der Erhebungen nach § 2 LwG anpasst.

455a Bei **Stückländereien**, die nach § 162 Abs. 2 BewG ausschließlich im Mindestwertverfahren zu bewerten sind, sind zur Ermittlung des zutreffenden Pachtpreises die ertragswertbildenden Faktoren einer Nutzungsart, insbesondere die nach § 163 Abs. 3 S. 3 BewG erforderlichen Daten, von dem Steuerpflichtigen zu erklären (R B 164 Abs. 9 S. 2 ErbStR 2011). Soweit es dem Steuerpflichtigen nicht möglich ist, die Daten zu beschaffen, sind zur Ermittlung des Werts für den Grund und Boden die in

R B 164 Abs. 9 S. 3 ErbStR 2011 genannten Pachtpreise heranzuziehen. Zur Einstufung der Pachtpreise für die landwirtschaftliche Nutzung ist der durchschnittliche Standarddeckungsbeitrag einer Region heranzuziehen und mit der Eigentumsfläche der landwirtschaftlichen Nutzung zu multiplizieren (R B 164 Abs. 9 S. 4 ErbStR 2011). Der sich hiernach ergebende Wert ist zur Ermittlung der Betriebsgröße durch 1.200 EUR zu dividieren; für die Einstufung der Betriebsgröße gilt § 163 Abs. 3 S. 4 BewG (R B 164 Abs. 9 S. 5 und 6 ErbStR 2011). Diese Grundsätze gelten auch für den Fall, dass bei einer Betriebsverpachtung im Ganzen die ertragswertbildenden Faktoren nicht ermittelt werden können (R B 164 Abs. 9 S. 7 ErbStR 2011).

Da es sich sowohl bei den Pachtpreisen als auch bei den Werten für das Besatzkapital um Jahresertragswerte handelt, sind sie unter Anwendung eines Kapitalisierungszinssatzes von 5,5 % und eines Kapitalisierungsfaktors von 18,6 zu kapitalisieren (§ 164 Abs. 3 und 5 BewG). **456**

Das Besatzkapital für die sonstigen land- und forstwirtschaftlichen Nutzungen ist mit dem gemeinen Wert der einzelnen Wirtschaftsgüter zu bewerten (R B 164 Abs. 7 ErbStR 2011).

Nach § 164 Abs. 6 S. 1 BewG sind der kapitalisierte Wert für den Grund und Boden und der kapitalisierte Wert für die übrigen Wirtschaftsgüter um die damit in wirtschaftlichem Zusammenhang stehenden Verbindlichkeiten zu mindern. Der sich danach ergebende Mindestwert darf nach § 164 Abs. 6 S. 2 BewG allerdings nicht weniger als 0 EUR betragen.

Hiernach stellt sich das Mindestwertverfahren im Überblick wie folgt dar: **457**

- Grund und Boden: Regional üblicher Netto-Pachtpreis je Hektar × Eigentumsfläche
+ Besatzkapital: betriebsformabhängiger prozentualer Anteil vom landesspezifischen Netto-Pachtpreis je Hektar (Ermittlungsbasis: länderspezifische Hektarwerte der Agrarstatistik) × bewirtschaftete Fläche
= Jahresertragswert
× Kapitalisierungsfaktor 18,6
= Mindestwert (nach Abzug von Verbindlichkeiten nicht weniger als 0 EUR)

Wird der zu bewertende Betrieb von einer Personengesellschaft oder Gemeinschaft i.S.d. § 158 Abs. 2 S. 2 BewG geführt, gehören zu den in die Ermittlung des Mindestwerts einzubeziehenden Wirtschaftsgütern auch die dem Betrieb der Land- und Forstwirtschaft dienenden Wirtschaftsgüter, die einem oder mehreren Beteiligten gehören. Das Gleiche gilt für die damit zusammenhängenden Verbindlichkeiten.

5.5.5 Beispiel für die Bewertung des Wirtschaftsteils eines Betriebs der Land- und Forstwirtschaft

Ein im Regierungsbezirk Köln wirtschaftender Landwirt überträgt seinen viehlosen Ackerbaubetrieb auf den Sohn. Zu dem Betrieb gehören selbst bewirtschaftete Eigentumsflächen zur Größe von 120 ha mit einer Ertragsmesszahl von 80. Sie **458**

§ 12   Bewertung

werden zu jeweils einem Viertel (30 ha) zum Anbau von Zuckerrüben, Hartweizen, Gerste und Kartoffeln verwendet. Der Betrieb hat keine Sondernutzungen. Die Bestände an umlaufenden Betriebsmitteln übersteigen nicht den normalen Bestand. Die zum land- und forstwirtschaftlichen Vermögen gehörenden Verbindlichkeiten belaufen sich auf 250.000 EUR.

Nach den Ergebnissen der Agrarstrukturerhebung 2005 ergeben sich folgende Nutzungsverhältnisse:

Fläche in ha	Anbau	Standard-deckungsbeiträge in EUR/ha	Summe in EUR
30,0000	Zuckerrüben	2.267	68.010
30,0000	Hartweizen	775	23.250
30,0000	Gerste	800	24.000
30,0000	Kartoffeln	2.618	78.540
			193.800

Der landwirtschaftliche Betrieb ist als Ackerbaubetrieb einzustufen, weil mehr als zwei Drittel der Summe seiner Standarddeckungsbeiträge auf die Erzeugung von Pflanzen entfallen. Die Summe der Standarddeckungsbeiträge (193.800 EUR) geteilt durch 1.200 EUR beträgt 161,50, sodass der Betrieb als Großbetrieb einzustufen ist.

Wertermittlung nach § 163 BewG: Nach Spalte 4 der Anlage 14 zum BewG beträgt der Reingewinn für den Betrieb 127 EUR/ha landwirtschaftlich genutzte Fläche. Hiernach ergibt der gemeine Wert wie folgt:

	Reingewinn (120 ha × 127 EUR/ha)	=	15.240 EUR
×	Kapitalisierungsfaktor 18,6	=	283.464 EUR

Wertermittlung nach § 164 BewG: Der Pachtpreis beträgt nach Spalte 4 der Anlage 14 zum BewG 348 EUR/ha, der Wert für das Besatzkapital 80 EUR/ha. Hiernach ergibt der gemeine Wert wie folgt:

	Grund und Boden (120 ha × 348 EUR/ha)	=	41.760 EUR
+	Besatzkapital (120 ha × 80 EUR/ha)	=	9.600 EUR
=	Zwischensumme		51.360 EUR
×	Kapitalisierungsfaktor 18,6	=	955.296 EUR
–	Verbindlichkeiten		250.000 EUR
=	Mindestwert		705.296 EUR

Hiernach ist der Mindestwert anzusetzen. Dieser wird beim weitaus überwiegenden Teil der land- und forstwirtschaftlichen Betriebe zum Tragen kommen. Nur bei Großbetrieben und hohen Verbindlichkeiten können die Mindestwerte die nach § 163 BewG ermittelten Werte unterschreiten (*Hutmacher*, ZEV 2008, 182, 186). Das nach der gesetzlichen Regelung als Ausnahmefall (Auffangtatbestand) konzipierte Mindestbewertungsverfahren wird damit in der Bewertungspraxis den Regelfall darstellen (*Eisele*, NWB 2008, 895, 907). Dies wirft die Frage nach der Realitätsgerechtigkeit der pauschal ermittelten Werte insgesamt auf. Es leuchtet nicht ein, dass die sich für den gedachten Fall der Verpachtung ergebenden Werte durchweg wesentlich höher sind als die für den Fall der Selbstbewirtschaftung ermittelten.

Wegen weiterer Beispielsrechnungen wird auf H B 165 ErbStH 2011 verwiesen.

5.5.6 Nachweis des geringeren gemeinen Werts (§ 165 BewG)

Bei der Bewertung nach § 163 BewG wird der Wert des Wirtschaftsteils aus der Summe der für die einzelnen Nutzungen ermittelten Wirtschaftswerte gebildet (§ 163 Abs. 1 BewG). § 165 Abs. 2 BewG bestimmt, dass der für den Wirtschaftsteil anzusetzende Wert nicht niedriger als der nach § 164 BewG ermittelte Mindestwert sein darf.

459

Nach § 165 Abs. 3 BewG kann der Steuerpflichtige nachweisen, dass der gemeine Wert des Wirtschaftsteils niedriger als der nach den Absätzen 1 und 2 ermittelte Wert ist. Dieser Nachweis kann **nur für den Wirtschaftsteil als Ganzes**, nicht für einzelne nach § 163 BewG ermittelten Wirtschaftswerte geführt werden.

Nach dem letzten Satzteil des § 165 Abs. 3 BewG, der erst auf die Beschlussempfehlung des Finanzausschusses in den Gesetzestext aufgenommen wurde, ist § 166 BewG bei der Ermittlung des gemeinen Werts zu beachten. Dies soll gewährleisten, dass der gemeine Wert „zur Gleichbehandlung mit dem Betriebsvermögen im Liquidationswert seine unterste Grenze findet" (Bericht des Finanzausschusses, BT-Drs. 16/11107, 20). Aus der Verweisung auf § 166 BewG folgt zugleich, dass der Nachweis eines niedrigeren gemeinen Werts nicht durch ein Einzelertragswertverfahren für den Wirtschaftsteil erbracht werden kann, da dies den Grundsätzen für die Ermittlung des Liquidationswerts widerspräche (R B 165 Abs. 3 S. 2 ErbStR 2011).

Den Steuerpflichtigen trifft nach § 165 Abs. 3 BewG keine bloße Darlegungs-, sondern eine Nachweislast. Nach R B 165 Abs. 4 S. 2 ErbStR 2011 ist dieser Nachweis regelmäßig durch ein Gutachten eines Sachverständigen für Bewertungen in der Landwirtschaft zu führen. Wird dieses Gutachten – z.B. wegen methodischer Mängel oder unzutreffender Wertansätze – vom FA nicht anerkannt, kann es ohne Einholung eines Gegengutachtens zurückgewiesen werden (R B 165 Abs. 4 S. 3 und 4 ErbStR 2011).

Gestaltungshinweis: Kosten eines Sachverständigengutachtens als Nachlassverbindlichkeit abzugsfähig

Die Aufwendungen für die Erstellung eines Sachverständigengutachtens zum Nachweis des niedrigeren gemeinen Werts eines zum Nachlass gehörenden Grundstücks nach § 198 BewG sind als Nachlassverbindlichkeit abzugsfähig, wenn sie in engem zeitlichen und sachlichen Zusammenhang mit dem Erwerb von Todes wegen anfallen (BFH v. 19.6.2013, II R 20/12, BFH/NV 2013, 1930, BStBl II 2013, 738). Für Aufwendungen zum Nachweis des niedrigeren Verkehrswerts nach § 165 BewG muss das Gleiche gelten. Entgegen der Auffassung der Finanzverwaltung (H E 10.7 "Steuerberatungskosten und Rechtsberatungskosten im Rahmen des Besteuerungs- und Wertfeststellungsverfahrens" ErbH) handelt es sich auch bei ihnen nicht um Rechtsverfolgungskosten zur Abwehr der von dem Erwerber zu entrichtenden Erbschaftsteuer, die dem Abzugsverbot nach § 10 Abs. 8 ErbStG unterliegen.

Da von dem Verkehrswert der aktiven Wirtschaftsgüter die damit in unmittelbarem wirtschaftlichen Zusammenhang stehenden Verbindlichkeiten abzuziehen sind, kann ggf. ein **negativer** Wert des Wirtschaftsteils in den Grundbesitzwert einfließen (R B 165 Abs. 4 S. 5 ErbStR 2011). Aus der Funktion als unterster Grenze folgt, dass der gemeine Wert nicht mit dem Liquidationswert gleichgesetzt werden kann. Bei einer Ableitung des gemeinen Werts aus der Summe der Werte der einzelnen Wirtschaftsgüter kommt ein Liquidationskostenabschlag daher nur dann in Betracht, wenn der Betrieb nicht fortgeführt werden soll.

5.5.7 Bewertung des Wirtschaftsteils mit dem Liquidationswert (§ 162 Abs. 3 und 4, § 166 BewG)

5.5.7.1 Allgemeines

460 Nach § 162 Abs. 3 S. 1 und Abs. 4 S. 1 BewG tritt an die Stelle des nach den §§ 163, 164 BewG ermittelten Fortführungswerts **rückwirkend** der Liquidationswert i.S.d. § 166 BewG, wenn innerhalb von 15 Jahren entweder der Betrieb oder ein Anteil am Betrieb veräußert wird oder wesentliche Wirtschaftsgüter veräußert werden oder dem Betrieb der Land- und Forstwirtschaft nicht mehr auf Dauer zu dienen bestimmt sind. Diese Regelungen tragen dem Umstand Rechnung, dass der mit dem Ansatz eines besonderen Fortführungswerts verbundene Verzicht auf die volle Erfassung des bei einer Veräußerung zu erzielenden Substanzwerts nur dann gerechtfertigt ist, wenn der Betrieb von dem Erwerber tatsächlich über einen der Vorstellung vom Generationenbetrieb entsprechenden Zeitraum fortgeführt wird. Der Regierungsentwurf des ErbStRG hatte noch einen Nachbewertungszeitraum von 20 Jahren vorgesehen. Die aufgrund der Beschlussempfehlung des Finanzausschusses vorgenommene Verkürzung auf 15 Jahre passt den Nachbewertungszeitraum an die – für die Abfindung von Miterben zum Veräußerungswert geltende – Frist des § 17 des Grundstückverkehrsgesetzes an (Bericht des Finanzausschusses, BT-Drs. 16/11107, 17).

Die Regelungen des § 162 Abs. 3 und 4 BewG wurden erst auf die Beschlussempfehlung des Finanzausschusses (BT-Drs. 16/11075) in zwei selbstständige Absätze

Bewertung § 12

aufgelöst. Die vom Finanzausschuss vorgenommene Änderung hat nicht nur redaktionelle, sondern auch sachliche Bedeutung, weil der Umfang der Nachbewertung für die Fälle des § 162 Abs. 3 und 4 BewG unterschiedlich geregelt wurde.

Der rückwirkende Ansatz des Liquidationswerts unterbleibt, wenn der Veräußerungserlös innerhalb von sechs Monaten zum Erwerb eines **Ersatzobjekts bzw. im betrieblichen Interesse** verwendet wird (§ 162 Abs. 3 S. 2, Abs. 4 S. 2 BewG). Auch diese Vorschriften wurden erst aufgrund der Beschlussempfehlung des Finanzausschusses in den Gesetzestext aufgenommen. In dessen Bericht zu § 162 Abs. 3 BewG heißt es, die in S. 2 verankerte Reinvestitionsklausel umfasse die Fälle, in denen die Struktur des übernommenen Betriebs in der Weise verändert werde, dass der nämliche Betrieb aufgrund tatsächlicher Hindernisse oder wirtschaftlicher Umstrukturierungen nicht mehr fortbestehen könne (BT-Drs. 16/11107, 17). Im Gesetzestext hat diese Zweckbestimmung allerdings keinen Niederschlag gefunden.

5.5.7.2 Ansatz des Liquidationswerts bei Veräußerung des Betriebs oder eines Anteils am Betrieb innerhalb von 15 Jahren (§ 162 Abs. 3 BewG)

§ 162 Abs. 3 BewG regelt den Fall, dass der Betrieb oder ein Anteil i. S. d. § 158 Abs. 2 S. 2 BewG innerhalb eines Zeitraums von 15 Jahren nach dem Bewertungsstichtag veräußert wird. Die Betriebsaufgabe steht der Betriebsveräußerung nicht gleich, sondern fällt unter § 162 Abs. 4 BewG. Der Nachbewertungsvorbehalt des § 162 Abs. 3 BewG bezieht sich auf die wirtschaftliche Einheit, also den gesamten Betrieb bzw. den Anteil am Betrieb. **461**

Die Voraussetzungen, unter denen ein Betrieb der Land- und Forstwirtschaft veräußert wird, entsprechen denen der Veräußerung des ganzen Betriebs nach § 14 S. 1 EStG. Unter einer Veräußerung ist danach die entgeltliche Übertragung der wesentlichen Betriebsgrundlagen in einem einheitlichen Akt auf einen Erwerber zu verstehen (*Frotscher/Schild*, EStG, § 14 Rz. 17; *Kulosa*, in Schmidt, EStG, 2009, § 14 Rz. 2). In welcher zivilrechtlichen Form dies geschieht, ist unerheblich. Neben einem Kauf kommt daher auch ein Tausch in Betracht. Eine Veräußerung liegt auch bei Einbringung des Betriebs in eine Personengesellschaft gegen Gewährung von Gesellschaftsrechten vor (*Frotscher/Kauffmann*, EStG, § 16 Rz. 58). Die unentgeltliche Übertragung des Betriebs auf einen Dritten stellt demgegenüber keine Veräußerung dar. Die Veräußerung muss sich auf den **ganzen Betrieb** beziehen. Die Veräußerung eines Teilbetriebs oder von Teilen des Betriebs fällt – abweichend von der im Regierungsentwurf vorgesehenen Regelung – nicht unter § 162 Abs. 3 BewG (§ 162 Abs. 4 BewG). Die Zurückbehaltung unwesentlicher Betriebsgrundlagen steht der Annahme einer Betriebsveräußerung jedoch nicht entgegen. Maßgeblicher Veräußerungszeitpunkt ist der Übergang des wirtschaftlichen Eigentums an dem Betrieb oder dem Anteil i. S. d. § 158 Abs. 2 S. 2 BewG. **462**

Mit einem Anteil i. S. d. § 158 Abs. 2 S. 2 BewG ist offenbar der **Anteil an einer** einen Betrieb der Land- und Forstwirtschaft führenden **Personengesellschaft oder Gemeinschaft** gemeint. Die Begriffsbildung des § 163 Abs. 3 S. 1 BewG ist insofern unglücklich, als der Begriff des Anteils in der in Bezug genommenen Vorschrift überhaupt nicht auftaucht. Die Veräußerung eines Anteils liegt vor, wenn dieser **463** gegen Entgelt auf einen Dritten übertragen wird. Dritter i.d.S. kann nicht nur eine außenstehende Person, sondern auch ein bisheriger Mitgesellschafter oder -gemeinschafter sein. Eine Anteilsveräußerung liegt auch vor, wenn der Anteil an einer zweigliedrigen Gesellschaft oder Gemeinschaft auf den anderen Gesellschafter oder Gemeinschafter übertragen wird und dieser den Betrieb der Land- und Forstwirtschaft allein weiterführt (*Frotscher/Kauffmann*, EStG, § 16 Rz. 128; *Wacker* in Schmidt, EStG, 2009, § 16 Rz. 412 m.w.N).

464 Fraglich ist, ob nur die Veräußerung des gesamten Anteils den Tatbestand erfüllt oder auch die Veräußerung eines Teilanteils ausreicht. Für die erste Auslegungsmöglichkeit spricht, dass das Gesetz – anders als noch der Regierungsentwurf – nur den Anteil als solchen, nicht aber einen Anteil daran erwähnt. Allerdings hat der Regierungsentwurf den Anteil noch unter Bezugnahme auf die ertragsteuerlichen Vorschriften des § 13 Abs. 7 i.V.m. § 15 Abs. 1 S. 1 Nr. 2 EStG definiert, die sich auf die konkrete Gestalt des bestehenden Anteils beziehen. Demgegenüber spricht die Gesetz gewordene Fassung der Vorschrift unter Verwendung des unbestimmten Artikels von einem Anteil. U.E. spricht der Zweck der gesetzlichen Regelung deshalb dafür, auch die Veräußerung nur eines Teilanteils unter § 162 Abs. 3 S. 1 BewG zu subsumieren, da die 15-Jahres-Frist für den Erwerber anderenfalls leicht zu umgehen wäre. Denn die Veräußerung eines Teilanteils würde auch nicht den Tatbestand des § 163 Abs. 4 BewG erfüllen, weil die Veräußerung eines Teilanteils an dem gemeinschaftlichen Vermögens die Nutzung der zu dem Betrieb der Land- und Forstwirtschaft gehörenden Wirtschaftsgüter unberührt lässt. Veräußert der Gesellschafter lediglich ihm persönlich gehörende Wirtschaftsgüter, ohne dass sich seine Beteiligung an dem gemeinschaftlichen Vermögen der Personengesellschaft oder Gemeinschaft ändert, liegt hingegen keine Anteilsveräußerung i.S.d. § 162 Abs. 3 BewG vor. In Betracht kommt in diesen Fällen jedoch die Anwendung des § 162 Abs. 4 BewG.

5.5.7.3 Beibehaltung des Fortführungswerts für den (Anteil am) Betrieb bei rechtzeitiger Reinvestition (§ 162 Abs. 3 S. 2 BewG)

465 Nach § 162 Abs. 3 S. 2 BewG entfällt der rückwirkende Ansatz des Liquidationswerts, wenn der Veräußerungserlös innerhalb von sechs Monaten ausschließlich zum Erwerb eines anderen Betriebs der Land- und Forstwirtschaft oder eines Anteils i.S.d. § 158 Abs. 2 S. 2 BewG verwendet wird. Bei dem Ersatzobjekt kann es sich sowohl um einen Betrieb der Land- und Forstwirtschaft als auch um einen Anteil i.S.d. § 158 Abs. 2 S. 2 BewG handeln. Dies gilt unabhängig davon, welcher der beiden Kategorien das veräußerte Objekt zuzurechnen war. Der Veräußerer eines ganzen Betriebs kann daher an dessen Stelle einen Anteil erwerben wie umgekehrt der Veräußerer eines Anteils einen ganzen Betrieb. Auch die Verteilung des Veräußerungserlöses auf mehrere Ersatzobjekte ist möglich. Die Einbringung eines Betriebs in eine Personengesellschaft gegen Gewährung von Gesellschaftsrechten kann ebenfalls einen begünstigten Ersatzerwerb darstellen, wenn der Einbringende weder ganz noch teilweise durch Geld abgefunden wird.

466 Veräußerungserlös ist alles, was der Veräußerer als Gegenleistung für die Übertragung des Betriebs oder des Anteils erhalten hat. Eine Minderung des Veräußerungserunserlöses um eventuell angefallene **Veräußerungskosten** ist nach dem Wortlaut des Gesetzes nicht vorgesehen. Sie kann dem Begriff des Veräußerungserlöses auch nicht im Wege der Auslegung entnommen werden, da der Gesetzgeber in anderen Fällen die Minderung des Veräußerungserlöses um die Veräußerungskosten ausdrücklich angeordnet hat (§ 16 Abs. 2 S. 1 EStG). Für einen Erwerb verwendet ist der Veräußerungserlös, wenn er zur Bezahlung der Anschaffungskosten einschließlich aller Anschaffungsnebenkosten des Ersatzobjekts eingesetzt wird. Eine ausschließliche Verwendung des Veräußerungserlöses in diesem Sinne liegt nur vor, wenn dieser in voller Höhe für den begünstigten Zweck eingesetzt wird. Der Einsatz weiterer Mittel für den Erwerb des Ersatzobjekts ist unschädlich. Wird der Veräußerungserlös **nur teilweise** für den begünstigten Zweck verwendet, ist die Reinvestitionsbegünstigung in voller Höhe ausgeschlossen.

Fraglich ist, wie der **Sechsmonatszeitraum** zwischen Veräußerung und Verwendung für den Ersatzerwerb zu verstehen ist. Nach allgemeinen Grundsätzen beginnt er mit dem Zeitpunkt, zu dem das wirtschaftliche Eigentum an dem veräußerten Betrieb oder Anteil auf den Erwerber übergegangen ist (ebenso R B 162 Abs. 3 S. 4 ErbStR 2011). Allerdings hat der BFH bei Anwendung des früheren § 14a Abs. 4 EStG (Verwendung eines Veräußerungs- oder Entnahmegewinns zur Abfindung weichender Erben) die in dieser Vorschrift vorgesehene Zwölfmonatsfrist erst mit der Umschreibung im Grundbuch beginnen lassen; ausschlaggebend dafür war die – in dieser Allgemeinheit wohl unzutreffende – Erwägung, dass der Anspruch auf Zahlung des Veräußerungspreises regelmäßig erst zu diesem Zeitpunkt fällig werde (BFH v. 24.7.1980, IV R 65/77, BStBl II 1981, 124).

467

Für den Ersatzerwerb „verwendet" ist der Veräußerungserlös spätestens dann, wenn er zur Begleichung der Anschaffungskosten des anderen Betriebs oder Anteils bei dem Steuerpflichtigen abgeflossen ist. Für die Bestimmung des Abflusses kann auf zu § 11 Abs. 2 EStG entwickelten Grundsätze zurückgegriffen werden. Danach ist maßgeblich, wann der Steuerpflichtige die wirtschaftliche Verfügungsmacht über den Veräußerungserlös verloren hat (im Einzelnen *Frotscher/Dürr*, EStG, § 11 Rz. 27; *Heinicke*, in Schmidt, EStG, 2010, EStG, § 11 Rz. 12 m. w. N.). Das Abstellen auf den Abflusszeitpunkt entspräche den Grundsätzen, die auch für die Anwendung des früheren § 14a Abs. 4 EStG galten. Der Umstand, dass die Sechsmonatsfrist des § 162 Abs. 3 S. 2 BewG für den Ersatzerwerb knapp bemessen erscheint, könnte allerdings dafür sprechen, eine Verwendung zu dem begünstigten Zweck schon zu dem Zeitpunkt anzunehmen, da sich der Steuerpflichtige zum Erwerb des Ersatzobjekts verpflichtet, also einen rechtswirksamen Kaufvertrag darüber abschließt und sich damit auf eine entsprechende Verwendung des Veräußerungserlöses festlegt.

468

Hinsichtlich des früheren § 14a Abs. 4 EStG hat der BFH entschieden, dass die in S. 2 Nr. 1 dieser Vorschrift geregelte Verwendungsfrist auch dann eingehalten ist, wenn die Abfindung der weichenden Erben bereits vor der Veräußerung oder Entnahme erfolgt ist (BFH v. 13.7.2006, IV R 51/05, BFH/NV 2006, 2064). U. E. bestehen keine Bedenken, dieser Beurteilung auch für die Verwendungsfrist des § 162 Abs. 3 S. 2 BewG zu folgen. Damit von einer Verwendung des Veräußerungserlöses gesprochen werden kann, ist allerdings erforderlich, dass zumindest der obligatorische Vertrag über die Veräußerung des Betriebs oder Anteils im Zeitpunkt

469

des Ersatzerwerbs bereits rechtswirksam abgeschlossen war (so auch der BFH v. 13.7.2006, IV R 51/05, BFH/NV 2006, 2064, zugrunde liegende Sachverhalt). Darauf, dass der vereinbarte Veräußerungserlös bereits ausgezahlt war, kommt es nicht an, weil § 162 Abs. 3 S. 2 BewG nur eine betragsmäßige und keine gegenständliche Entsprechung zwischen dem Veräußerungserlös und den für den Ersatzerwerb verwendeten Mitteln voraussetzt.

5.5.7.4 Ansatz des Liquidationswerts bei Herauslösung wesentlicher Wirtschaftsgüter aus dem betrieblichen Nutzungszusammenhang (§ 162 Abs. 4 BewG)

470 § 162 Abs. 4 BewG schreibt den nachträglichen Ansatz des Liquidationswerts für den Fall vor, dass – ohne Veräußerung des Betriebs oder eines Anteils i. S. d. § 158 Abs. 2 S. 2 BewG – wesentliche Wirtschaftsgüter dem Betrieb der Land- und Forstwirtschaft innerhalb eines Zeitraums von 15 Jahren nicht mehr auf Dauer zu dienen bestimmt sind. Wesentliche Wirtschaftsgüter sind nach der Klammerdefinition des § 162 Abs. 4 S. 1 BewG solche i. S. d. § 158 Abs. 3 S. 1 Nr. 1 bis 3 und 5 BewG, d. h. der Grund und Boden, die Wirtschaftsgebäude, die stehenden Betriebsmittel und die immateriellen Wirtschaftsgüter. Nach R B 162 Abs. 4 S. 3 ErbStR 2011 sind wesentliche Wirtschaftsgüter bei stehenden Betriebsmitteln nur dann anzunehmen, wenn der gemeine Wert des einzelnen Wirtschaftsguts oder einer Sachgesamtheit von Wirtschaftsgütern (z. B. Tierbestände, Feldinventar, Büroausstattung, Werkzeug) am Bewertungsstichtag mindestens 50.000 EUR beträgt. Im Unterschied zu den Fällen des § 162 Abs. 3 BewG beschränkt sich die Nachbewertung in den Fällen des § 162 Abs. 4 S. 1 BewG auf die veräußerten oder dem Betrieb aus anderen Gründen nicht mehr dienenden Wirtschaftsgüter. Denn das Gesetz spricht ausdrücklich von der Bewertung „der Wirtschaftsgüter ... mit dem jeweiligen Liquidationswert".

471 Im Unterschied zu § 162 Abs. 3 BewG setzt die Vorschrift **nicht die Veräußerung** der betreffenden Wirtschaftsgüter voraus; es reicht aus, dass diese auf Dauer nicht mehr dem Betrieb der Land- und Forstwirtschaft zu dienen bestimmt sind. Damit erfüllt sowohl die Aufgabe des ganzen Betriebs oder eines Teilbetriebs als auch die Veräußerung oder Entnahme einzelner Wirtschaftsgüter den Tatbestand des § 162 Abs. 4 S. 1 BewG. Die Verpachtung von Flächen erfüllt den Nachbewertungstatbestand nur insoweit, als es sich um eine langfristige Verpachtung handelt, durch die die Pachtflächen eine wirtschaftliche Verselbstständigung erfahren (§ 160 Abs. 7 BewG).

472 Wird ein Betrieb der Land- und Forstwirtschaft in Form einer Personengesellschaft oder Gemeinschaft geführt, gilt § 162 Abs. 4 S. 1 BewG auch für solche Wirtschaftsgüter, die einem oder mehreren Beteiligten gehören und dem Betrieb der Land- und Forstwirtschaft auf Dauer zu dienen bestimmt waren. Eine Nachbewertung ist in diesen Fällen allerdings nur dann vorzunehmen, wenn die betreffenden Wirtschaftsgüter aus diesem Funktionszusammenhang herausgelöst werden, also nicht mehr dem von der Personengesellschaft oder Gemeinschaft geführten Betrieb der Land- und Forstwirtschaft zuzurechnen sind. Dies kann dadurch geschehen, dass der bisherige Eigentümer anderweitig verwendet oder sie auf einen Dritten überträgt. Demgegenüber fällt die Übertragung auf einen anderen Gesellschafter oder Betei-

ligt, nicht unter § 162 Abs. 4 S. 1 BewG, wenn dieser sie der Personengesellschaft oder Gemeinschaft weiter zu dem bisherigen Zweck überlässt.

5.5.7.5 Beibehaltung des Fortführungswerts der Wirtschaftsgüter bei rechtzeitiger Verwendung des Veräußerungserlöses im betrieblichen Interesse (§ 162 Abs. 4 S. 2 BewG)

Nach § 162 Abs. 4 S. 2 BewG unterbleibt der nachträgliche Ansatz des Liquidationswerts, wenn der Veräußerungserlös innerhalb von sechs Monaten ausschließlich im betrieblichen Interesse verwendet wird. Die Vorschrift kommt nur in Fällen der Veräußerung zum Tragen, nicht hingegen, wenn Wirtschaftsgüter durch Entnahme aus ihrem Funktionszusammenhang mit dem Betrieb der Land- und Forstwirtschaft herausgelöst wurden. Unter welchen Voraussetzungen eine Verwendung des Veräußerungserlöses im betrieblichen Interesse anzunehmen ist, sagt das Gesetz nicht. Aus dem Begriff der „Verwendung" folgt allerdings, dass die bloße Vereinnahmung zugunsten des Betriebs nicht ausreicht, zumal § 158 Abs. 4 Nr. 6 BewG Geldforderungen und Zahlungsmittel ausdrücklich von der Zugehörigkeit zum land- und forstwirtschaftlichen Vermögens ausschließt. Der Begriff des „betrieblichen Interesses" spricht überdies dafür, dass die bloße Verwendung für betriebliche Zwecke – z.B. zur Bezahlung laufender Betriebsausgaben – nicht ausreicht. Andererseits lässt sich dem Gesetzeswortlaut kein Hinweis darauf entnehmen, dass nur bestimmte Investitionen, z.B. die Anschaffung anderer wesentlicher Wirtschaftsgüter, begünstigt sein soll. Dies spricht dafür, eine Verwendung im betrieblichen Interesse stets, aber auch nur dann anzunehmen, wenn der Veräußerungserlös in einer Weise verwendet ist, die geeignet ist, die Ertragsfähigkeit des Betriebs auf Dauer zu erhalten oder zu verbessern. Nach Ansicht der FinVerw. liegt eine Verwendung im betrieblichen Interesse vor, wenn anstelle des veräußerten (wesentlichen) Wirtschaftsguts eine Reinvestition in die Wirtschaftsgüter Grund und Boden, Wirtschaftsgebäude, stehende Betriebsmittel oder immaterielle Wirtschaftsgüter erfolgt (R E 162 Abs. 5 S. 2 ErbStR 2011) oder wenn der Veräußerungserlös zur Tilgung betrieblicher Verbindlichkeiten i.S.d. § 158 Abs. 5 BewG verwendet wird (R E 162 Abs. 5 S. 5 ErbStR 2011). Der Anschaffung neuer begünstigter Wirtschaftsgüter ist es u.E. gleichzustellen, wenn vorhandene Wirtschaftsgüter über den regelmäßig wiederkehrenden Umfang hinaus verbessert werden.

473

5.5.7.6 Rückwirkende Ersetzung des Fortführungswerts durch den Liquidationswert (§ 166 BewG)

Nach § 166 Abs. 1 BewG tritt in den Fällen des § 162 Abs. 3 oder Abs. 4 BewG der Liquidationswert mit Wirkung für die Vergangenheit an die Stelle des bisherigen Wertansatzes. Aus der durch § 166 Abs. 1 BewG vorgesehenen Rückbeziehung folgt, dass sich die Nachbewertung nach den tatsächlichen Verhältnissen und den Wertverhältnissen des Bewertungsstichtags richtet.

474

Die Verwirklichung des Nachbewertungstatbestands stellt ein rückwirkendes Ereignis i.S.d. § 175 Abs. 1 S. 1 Nr. 2 AO dar, das die Änderung des ursprünglichen

Feststellungsbescheids und in der Folge des Erbschaftsteuerbescheids nach § 175 Abs. 1 S. 1 Nr. 1 AO rechtfertigt. Die Feststellungsfrist beginnt nach § 175 Abs. 1 S. 2 AO mit Ablauf des Jahres, in dem die Veräußerung erfolgt ist.

475 Die Ersetzung des ursprünglich nach § 163 bzw. § 164 BewG ermittelten Fortführungswerts durch den Liquidationswert bereitet in den Fällen des § 162 Abs. 3 BewG keine Probleme, weil die wirtschaftliche Einheit insgesamt neu zu bewerten ist. Der Wert des Wirtschaftsteils wird in diesem Fall vollständig durch den Liquidationswert ersetzt (R B 166 Abs. 2 S. 3 ErbStR 2011).

Demgegenüber sind in den Fällen des § 162 Abs. 4 BewG nur die dem Betrieb nicht mehr dienenden Wirtschaftsgüter nachzubewerten. Eine Ersetzung der für sie bisher angesetzten Werte durch die Liquidationswerte wäre an sich nur insoweit möglich, als sich das Vorhandensein dieser Wirtschaftsgüter in der Ermittlung des Fortführungswerts niedergeschlagen hat. Da sowohl die für die Ermittlung des Ertragswerts nach § 163 BewG maßgeblichen Reingewinne als auch die für die Ermittlung des Mindestwerts nach § 164 BewG maßgeblichen Pachtpreise und Werte für das Besatzkapital flächenabhängig sind, käme eine Minderung des Fortführungswerts nur in Betracht, soweit sich der Nachbewertungstatbestand auf Grund und Boden bezieht. Soweit der Nachbewertungstatbestand Wirtschaftsgüter i.S.d. § 158 Abs. 3 Nr. 2, 3 und 5 (Wirtschaftsgebäude, stehende Betriebsmittel und immaterielle Wirtschaftsgüter) betrifft, wäre eine Minderung des Fortführungswerts nicht möglich, weil sich der betriebsindividuelle Bestand dieser Wirtschaftsgüter auf dessen Ermittlung nicht ausgewirkt hat. Nach R B 166 Abs. 4 S. 1 ErbStR 2011 ist der bisherige Wert des Wirtschaftsteils allerdings in allen Fällen um den anteiligen Wert des ausscheidenden Wirtschaftsguts zu mindern. Hierzu ist

- beim Grund und Boden die ausscheidende Fläche und der bei der Wertermittlung zugrunde gelegte Pachtpreis sowie der Kapitalisierungsfaktor von 18,6 heranzuziehen (R B 166 Abs. 4 S. 2 Nr. 1 ErbStR 2011). Unklar ist, ob dies auch für den Fall gelten soll, dass der Fortführungswert ausnahmsweise nicht nach § 164 BewG, sondern nach § 163 BewG ermittelt wurde.
- bei den übrigen Wirtschaftsgütern die selbst bewirtschaftete Fläche, der der Wertermittlung zugrunde gelegte Wert für das Besatzkapital, der Kapitalisierungsfaktor von 18,6 und der prozentuale Wert des Wirtschaftsguts am Besatzkapital heranzuziehen (R B 166 Abs. 4 S. 2 Nr. 2 S. 1 ErbStR 2011). Zur Ermittlung des prozentualen Anteils des Wirtschaftsguts am Besatzkapital sind die Buchwerte der einzelnen Wirtschaftsgüter ohne Grund und Boden am Bewertungsstichtag zu ermitteln und zueinander ins Verhältnis zu setzen (R B 166 Abs. 4 S. 2 Nr. 2 S. 2 und 3 ErbStR 2011).

476 Die Wertmaßstäbe für die Nachbewertung ergeben sich aus § 166 Abs. 2 Nr. 1 und 2 BewG:

- Der Grund und Boden i.S.d. § 158 Abs. 3 S. 1 Nr. 1 BewG ist mit den zuletzt vor dem Bewertungsstichtag ermittelten Bodenrichtwerten und
- die übrigen Wirtschaftsgüter i.S.d. § 158 Abs. 3 S. 1 Nr. 2 bis 5 BewG sind mit ihrem gemeinen Wert

zu bewerten.

In beiden Fällen sind die ermittelten Werte zur Berücksichtigung der Liquidationskosten um 10 % zu mindern.

Nähere Bestimmungen darüber, wie der gemeine Wert der übrigen Wirtschaftsgüter zu ermitteln ist, trifft das Gesetz nicht. Es sind daher die nach der Art des jeweiligen Wirtschaftsguts in Betracht kommenden Verfahren anzuwenden. Für die Bewertung der Wirtschaftsgebäude gelten grundsätzlich die aufgrund des § 199 Abs. 1 BauGB erlassenen Vorschriften (R B 166 Abs. 1 S. 3 ErbStR 2011). Der gemeine Wert der übrigen Wirtschaftsgüter bestimmt sich nach dem jeweiligen Einzelveräußerungspreis des Wirtschaftsguts am Bewertungsstichtag (R B 166 Abs. 1 S. 2 ErbStR 2011).

Keine Aussage trifft § 166 BewG über die Berücksichtigung der zu dem Betrieb gehörenden bzw. mit den Wirtschaftsgütern in Zusammenhang stehenden **Schulden**. Jedenfalls in den Fällen des § 162 Abs. 3 BewG liegt es aber auf der Hand, dass diese von dem Wert der aktiven Wirtschaftsgüter abzuziehen sind, weil sie Bestandteil der zu bewertenden wirtschaftlichen Einheit sind. Auch beim Ausscheiden einzelner Wirtschaftsgüter aus dem betrieblichen Nutzungszusammenhang ist nach R B 166 Abs. 3 S. 2 ErbStR 2011 der Liquidationswert um die damit im unmittelbaren wirtschaftlichen Zusammenhang stehenden Verbindlichkeiten zu mindern.

477

5.6 Bewertung der Betriebswohnungen und des Wohnungsteils (§ 167 BewG)

Der Wohnteil eines Betriebs der Land- und Forstwirtschaft umfasst die Gebäude und Gebäudeteile, die dem Inhaber des Betriebs, den zu seinem Haushalt gehörenden Familienangehörigen und den Altenteilern zu Wohnzwecken dienen (§ 160 Abs. 9 BewG).

478

Betriebswohnungen sind Wohnungen, die einem Betrieb der Land- und Forstwirtschaft zu dienen bestimmt, aber nicht dem Wohnteil zuzurechnen sind (§ 160 Abs. 8 BewG). Zu denken ist an Wohnungen, die von im Betrieb angestellten, nicht zur Familie des Betriebsinhabers gehörenden Arbeitskräften genutzt werden.

Nach der Begründung des Regierungsentwurfs zum ErbStRG ist die Zuordnung des Wohnteils zum land- und forstwirtschaftlichen Vermögen aufgrund örtlicher und tatsächlicher Besonderheiten bei der Ermittlung des gemeinen Werts weiterhin erforderlich. Trotz geänderter Rahmenbedingungen bei der Bewirtschaftung von Betrieben befänden sich Wohngebäude eines Land- und Forstwirts regelmäßig im Außenbereich oder seien eng mit den Wirtschaftsgebäuden verzahnt. Da für diesen Bereich regelmäßig keine geeigneten Bodenrichtwerte zur Verfügung stünden, sei es auch künftig geboten, die Bewertung des Wohnteils im Rahmen des land- und forstwirtschaftlichen Vermögens vorzunehmen (BT-Drs. 16/7918, 42).

Nach § 167 Abs. 1 BewG erfolgt die Bewertung der Betriebswohnungen und des Wohnteils nach den Vorschriften, die für die Bewertung von Wohngrundstücken im Grundvermögen gelten. Da § 182 BewG das jeweils anzuwendende Bewertungsverfahren in Abhängigkeit von der Grundstückart bestimmt, ist zunächst zu klären, welcher Grundstückart die zu bewertenden Objekte bei einer Bewertung im Grundvermögen zuzurechnen wären.

479

Im Fall des Wohnteils wird es sich regelmäßig um ein **Ein- oder Zweifamilienhaus** handeln, sodass nach § 182 Abs. 2 BewG vorrangig das Vergleichswertverfahren anzuwenden wäre. Wegen der Besonderheiten, die sich aus der räumlichen und funktionalen Verbindung zwischen Wohn- und Wirtschaftsteil ergeben, dürfte es in der Bewertungspraxis aber kaum möglich sein, Kaufpreise von Grundstücken zu ermitteln, die hinsichtlich der ihren Wert beeinflussenden Merkmale mit dem zu bewertenden Grundstück hinreichend übereinstimmen (§ 183 Abs. 1 S. 1 BewG). Auch für geeignete Bezugseinheiten ermittelte und mitgeteilte Vergleichsfaktoren werden i. d. R. fehlen, sodass die Bewertung regelmäßig nach § 189 BewG im Sachwertverfahren wird erfolgen müssen.

Im Fall von Betriebswohnungen kann es sich außer um Ein- oder Zweifamilienhäuser auch um Mietwohngrundstücke oder um gemischt genutzte Grundstücke handeln. Für **Mietwohngrundstücke** ist nach § 182 Abs. 3 Nr. 1 BewG die Bewertung im Ertragswertverfahren zwingend vorgeschrieben. Soweit die Wohnungen den Nutzern (voll-)entgeltlich überlassen sind, ist der Ermittlung des Rohertrags die am Bewertungsstichtag vereinbarte Jahresmiete zugrunde zu legen (§ 186 Abs. 1 BewG). Soweit die Nutzungsüberlassung unentgeltlich oder zu einem um mehr als 20 % verbilligten Entgelt erfolgt, ist die übliche Miete anzusetzen (§ 186 Abs. 2 S. 1 BewG). Bei der nach § 186 Abs. 2 S. 2 BewG gebotenen Schätzung in Anlehnung an die für Räume gleicher und ähnlicher Art, Lage und Ausstattung gezahlte Miete (§ 186 Abs. 2 S. 2 BewG) dürfen Besonderheiten, die sich im Fall einer engen räumlichen Verbindung von Wohnraum mit dem Betrieb ergeben, u. E. nicht berücksichtigt werden, weil diesen bereits durch den pauschalen Abschlag nach § 167 Abs. 3 BewG Rechnung getragen wird. Bei **gemischt genutzten Grundstücken** ist die Bewertung im Ertragswertverfahren davon abhängig, dass sich auf dem örtlichen Grundstücksmarkt eine übliche Miete ermitteln lässt (§ 182 Abs. 3 Nr. 2 BewG). Anderenfalls hat die Bewertung im Sachwertverfahren (§ 189 BewG) zu erfolgen.

480 Für die Abgrenzung der Betriebswohnungen und des Wohnteils vom Wirtschaftswert ist nach § 167 Abs. 2 BewG höchstens das Fünffache der jeweils bebauten Fläche zugrunde zu legen. Nach der Begründung des Regierungsentwurfs zum ErbStRG (BT-Drs. 16/7918, 44) soll diese Regelung die Ermittlung des Bodenwerts vereinfachen. Damit ist offenbar gemeint, dass Probleme bei der Abgrenzung der dem Wohnteil bzw. den Betriebswohnungen zuzurechnenden Flächen vermieden werden sollen. Aus der Sicht der Steuerpflichtigen dürfte regelmäßig ein Interesse daran bestehen, diese Fläche so gering wie möglich anzusetzen, weil der Grund und Boden sowohl bei Anwendung des Ertragswertverfahrens als auch des Sachwertverfahrens selbstständig mit dem nach § 179 BewG maßgeblichen Wert anzusetzen ist (§ 184, 189 BewG). Dieser aus dem Bodenrichtwert abgeleitete Wert dürfte in aller Regel höher als der Wert sein, der sich bei Einbeziehung der Flächen in die Ermittlung des Wirtschaftswerts ergibt. Unter Berücksichtigung der im ländlichen Raum üblichen Größe von Wohngrundstücken erscheint die in § 167 Abs. 2 BewG festgelegte Höchstgrenze so niedrig, dass sie zugleich die Untergrenze für die dem Wohnteil bzw. den Betriebswohnungen zuzurechnenden Grund und Boden darstellen dürfte.

481 Nach dem im Gesetzgebungsverfahren neu eingefügten § 167 Abs. 3 BewG ist der nach § 167 Abs. 1 und 2 BewG ermittelte Wert des Wohnteils und der Betriebswohnungen zur Berücksichtigung von Besonderheiten, die sich im Fall einer engen räumlichen Verbindung von Wohnraum mit dem Betrieb ergeben, um 15 % zu ermäßigen.

Nach § 167 Abs. 4 S. 1 BewG steht dem Steuerpflichtigen auch bei der Bewertung des Wohnteils und der Betriebswohnungen der Nachweis offen, dass der **gemeine Wert** niedriger ist als der sich nach § 167 Abs. 1 bis 3 BewG ergebende Wert. Für den Nachweis des niedrigeren gemeinen Werts gelten die aufgrund des § 199 Abs. 1 des Baugesetzbuchs (BauGB) erlassenen Vorschriften, d.h. in erster Linie die Wertermittlungsverordnung und ergänzend die Wertermittlungsrichtlinien. Der Nachweis des niedrigeren gemeinen Werts kann für den gesamten Wohnteil oder die Betriebswohnungen getrennt erfolgen. Ein Nachweis nur für einzelne Betriebswohnungen – unter Beibehaltung des Wertansatzes nach § 167 Abs. 1 bis 3 BewG für die andere(n) – ist nach dem Gesetzeswortlaut hingegen nicht möglich. Dieses bezieht den Nachweis auf „die" Betriebswohnungen, die zudem nach § 160 Abs. 2 BewG einen einheitlichen Teil des Betriebs der Land- und Forstwirtschaft bilden.

482

5.7 Grundbesitzwert des Betriebs der Land- und Forstwirtschaft (§ 168 Abs. 1 und 2 BewG)

Nach § 168 Abs. 1 BewG besteht der Grundbesitzwert eines Betriebs der Land- und Forstwirtschaft aus dem Wert des Wirtschaftsteils (§ 160 Abs. 2) und dem Wert der Betriebswohnungen (§ 160 Abs. 8 BewG) sowie des Wohnteils (§ 160 Abs. 9 BewG).

482a

Für den Wert des Wirtschaftsteils ist ein gesonderter Schuldenabzug nicht vorgesehen. Wird der Wert des Wirtschaftsteils nach § 163 BewG ermittelt, sind die in unmittelbarem Zusammenhang mit einem Betrieb der Land- und Forstwirtschaft stehenden Aufwendungen durch den Ansatz der Zinsaufwendungen abgegolten (§ 163 Abs. 2 S. 2 BewG). Wird der Mindestwert nach § 164 BewG angesetzt, wurden die mit dem Grund und Boden und den übrigen Wirtschaftsgütern in wirtschaftlichem Zusammenhang stehenden Verbindlichkeiten bereits bis zur Höhe des für sie angesetzten Werts abgezogen (§ 164 Abs. 6 S. 1 BewG). Einen darüber hinausgehenden Abzug schließt das Gesetz aus (§ 164 Abs. 6 S. 2 BewG).

Demgegenüber sind der Wert der Betriebswohnungen und des Wohnteils noch um die damit in unmittelbarem wirtschaftlichem Zusammenhang stehenden Verbindlichkeiten zu kürzen (§ 168 Abs. 1 Nrn. 2 und 3 BewG). Das sind solche Verbindlichkeiten, deren Gegenwert gegenständlich entweder zur Finanzierung der Herstellungskosten oder auf den Wohnteil und die Betriebswohnungen gemachter Aufwendungen (z.B. Erhaltungsaufwendungen) eingesetzt wurde. Der Abzug dieser Verbindlichkeiten trägt dem Umstand Rechnung, dass es sich bei dem Wert eines Betriebs der Land- und Forstwirtschaft im Gegensatz zur bisherigen Bewertung um einen Nettowert handelt.

Der Grundbesitzwert für Stückländereien als Betrieb der Land- und Forstwirtschaft besteht nach § 168 Abs. 2 BewG nur aus dem Wert des Wirtschaftsteils, weil ein dem Betrieb zuzurechnender Wohnteil bzw. ihm zuzurechnende Betriebswohnungen per definitionem nicht vorhanden sein können.

5.8 Ermittlung des Werts eines Anteils am Betrieb der Land- und Forstwirtschaft (§ 168 Abs. 4 bis 6 BewG)

483 Ist Gegenstand des Erwerbs ein Anteil an einer Personengesellschaft oder Gemeinschaft, die einen Betrieb der Land- und Forstwirtschaft führt, bezieht sich der nach § 157 Abs. 3 BewG festzustellende Grundbesitzwert nicht auf den Anteil als solchen, sondern auf den Betrieb als wirtschaftliche Einheit, in die nach § 158 Abs. 1 u. 2 BewG ggf. auch die Wirtschaftsgüter einzubeziehen sind, die einem oder mehreren Beteiligten gehören, wenn sie dem Betrieb der Land- und Forstwirtschaft zu dienen bestimmt sind. Die Frage, in welcher Höhe der festgestellte Grundbesitzwert auf den erworbenen Anteil entfällt, ist nach den in § 168 Abs. 4 bis 6 BewG aufgestellten Maßstäben zu beurteilen (§ 168 Abs. 3 BewG).

Die Aufteilung des Wirtschaftswerts richtet sich gemäß § 168 Abs. 4 S. 1 BewG nach den beim Mindestwert (§ 164 BewG) zugrunde gelegten Verhältnissen. Dies gilt auch für den Fall, dass der in die Feststellung des Grundbesitzwerts eingeflossene Wirtschaftswert ausnahmsweise (vgl. Rz. 435) nicht nach § 164 BewG, sondern nach § 163 BewG ermittelt wurde. Soweit die Ermittlung des Wirtschaftswerts nach § 163 BewG erfolgt ist, erfolgt die Aufteilung daher nach einem anderen Bewertungsmaßstab als die Wertermittlung selbst. Die Bezugnahme auf den Maßstab des § 164 BewG soll offenbar Schwierigkeiten vermeiden, die sich daraus ergeben, dass sich bei der Ermittlung der Wirtschaftswerte nach § 163 BewG häufig negative Werte ergeben können.

484 Für Wirtschaftsgüter, die einem oder mehreren Beteiligten gehören und dem von der Personengesellschaft oder Gemeinschaft geführten Betrieb dienen, unterscheidet § 168 Abs. 4 S. 2 Nrn. 1 und 2 BewG zwischen dem Wert des Grund und Bodens sowie dem der Wirtschaftsgebäude (d. h. der Wirtschaftsgüter i. S. d. § 158 Abs. 3 S. 1 Nrn. 1 und 2 BewG) einerseits und dem Wert der übrigen Wirtschaftsgüter i.d. § 158 Abs. 3 S. 1 Nrn. 3 bis 5 BewG andererseits: Der Wert des Grund und Bodens und der Wirtschaftsgebäude ist dem jeweiligen Eigentümer zuzurechnen, der Wert der übrigen Wirtschaftsgüter nach dem Wertverhältnis der dem Betrieb zur Verfügung gestellten Wirtschaftsgüter aufzuteilen. Im ersten Fall soll also eine absolute Wertgröße, im zweiten Fall eine relative Wertgröße gelten.

485 Im Fall des **Grund und Bodens** bereitet die Anwendung des im Gesetz vorgesehenen Aufteilungsmaßstabs keine Probleme, da der Wert des Grund und Bodens nach dem in Abhängigkeit von Nutzung, Nutzungsteil und Nutzungsart festgelegten Pachtpreis ermittelt wird und sich die dem einzelnen Eigentümer gehörenden Flächen nach diesen Merkmalen bewerten lassen.

Beispiel:

A ist als Gesellschafter einer Personengesellschaft, deren Betrieb im Regierungsbezirk Detmold liegt, als Ackerbaubetrieb zu klassifizieren und als Großbetrieb einzustufen ist. Der im Rahmen der landwirtschaftlichen Nutzung bewirtschaftete Grund und Boden weist eine Fläche von 120 ha auf, von dem 20 ha dem A gehören. Überträgt A seinen Anteil schenkungsweise auf seinen Sohn B, so ist der dem Erwerb des B vorab zuzurechnende Wert nach einem Pachtpreis von 321 EUR/ha (Spalte 4 der Anlage 14 zum BewG) zu bemessen. Für die Gesamtfläche ergibt sich somit ein Pachtwert von 6.420 ha, der nach Multiplikation mit dem Kapitalisierungsfaktor 18,6 einen Wert von 119.412 EUR ergibt.

Bei den anderen Wirtschaftsgütern erscheint die im Gesetz vorgesehene Wertermittlung aber gar nicht durchführbar. Bei der Wertermittlung nach § 164 Abs. 4 BewG wird der Wert für das Besatzkapital, d.h. die übrigen Wirtschaftsgüter i.S.d. § 158 Abs. 3 S. 1 Nrn. 2–5 BewG, nicht individuell, sondern nach agrarstatistischen Werten flächenabhängig ermittelt. Es ist daher weder möglich, den absoluten Wert bestimmter Wirtschaftsgebäude zu bestimmen, wie es in § 168 Abs. 4 S. 2 Nr. 1 BewG für die Wirtschaftsgebäude (Wirtschaftsgüter i.S.d. § 158 Abs. 3 S. 1 Nr. 2 BewG) vorgesehen ist, noch ist es möglich, den Wert der dem einzelnen Gesellschafter gehörenden Wirtschaftsgüter i.S.d. § 158 Abs. 3 S. 1 Nrn. 3–5 BewG zu dem Wert ins Verhältnis zu setzen, den die dem Betrieb zur Verfügung gestellten Wirtschaftsgüter dieser Art insgesamt haben. Nach R B 168 Abs. 5 ErbStR 2011 soll es „aus Vereinfachungsgründen" nicht zu beanstanden sein, wenn der Wert des Besatzkapitals nach dem Verhältnis der Buchwerte der einzelnen Wirtschaftsgüter aufgeteilt wird, die dem Betrieb am Bewertungsstichtag zu dienen bestimmt sind. 486

Der Wert der im Gesamthandseigentum der Personengesellschaft oder Gemeinschaft stehenden Wirtschaftsgüter i.S.d. § 158 Abs. 3 S. 1 Nrn. 1 und 2 und Nrn. 3 bis 5 BewG ist nach der Höhe der gesellschaftsrechtlichen Beteiligung aufzuteilen (§ 168 Abs. 4 S. 2 Nr. 1 S. 2 und Nr. 2 S. 2 BewG); § 168 Abs. 4 S. 2 Nr. 1 S. 2 erwähnt im Gegensatz zu dem vorhergehenden S. 1 zwar nur den Grund und Boden und nicht die Wirtschaftsgebäude, dabei dürfte es sich aber um ein Redaktionsversehen handeln. 487

Der Wert der zu berücksichtigenden Verbindlichkeiten ist nach § 168 Abs. 4 S. 1 Nr. 3 S. 1 BewG dem jeweiligen Schuldner zuzurechnen. Im Fall des Gesamthandseigentums ist der Wert der zu berücksichtigenden Verbindlichkeiten gemäß § 168 Abs. 4 S. 2 Nr. 3 S. 2 BewG nach der Höhe der gesellschaftsrechtlichen Beteiligung aufzuteilen. Die Regelung des Satzes 1 bezieht sich auf persönliche Verbindlichkeiten eines Gesellschafters, die des Satzes 2 – da es Gesamthandseigentum an Verbindlichkeiten nicht gibt – auf die Schulden der Gesellschaft als solcher, d.h. die Gesamthandsverbindlichkeiten.

In beiden Fällen ist nur der Wert der zu berücksichtigenden Verbindlichkeiten (§ 164 Abs. 4 BewG) in die Aufteilung einzubeziehen. Die Bezeichnung der im Klammerzusatz genannten Vorschrift beruht allem Anschein nach auf einem Redaktionsversehen. Welche Verbindlichkeiten bei der Ermittlung des Mindestwerts zu berücksichtigen sind, ergibt sich aus § 164 Abs. 6 BewG. Nach dem Regierungsentwurf sollte die entsprechende Regelung allerdings in der in dem Klammerzusatz genannten Vorschrift (§ 164 Abs. 4 BewG) enthalten sein. 488

Die Beschränkung auf die zu berücksichtigenden Verbindlichkeiten bringt zum einen zum Ausdruck, dass nur solche Schulden in die Aufteilung einbezogen werden dürfen, die mit dem Grund und Boden und den übrigen aktiven Wirtschaftsgütern in wirtschaftlichem Zusammenhang stehen (§ 164 Abs. 6 S. 1 BewG); dazu gehören auch Verbindlichkeiten, die ein Gesellschafter zum Erwerb seines Anteils eingegangen ist. Zum anderen beschränkt sie die Höhe der in die Aufteilung einzubeziehenden Verbindlichkeiten auf die Summe der Werte der aktiven Wirtschaftsgüter, weil der Mindestwert nach § 164 Abs. 6 S. 2 BewG nicht weniger als 0 EUR betragen darf. Die Höchstgrenze kann nur einheitlich auf der Ebene der Gesellschaft bestimmt werden. Eine auf den einzelnen Gesellschafter bezogene Ermittlung des Höchstbetrags scheidet aus. Übersteigen die Verbindlichkeiten den zu berücksichtigenden Höchstbetrag, sind darin enthaltene Gesamthandsverbindlichkeiten und persönliche Verbindlichkeiten einzelner Gesellschafter daher in demselben Verhältnis zu kürzen.

489 Der Wert der **Betriebswohnungen** und des **Wohnteils** ist nach § 168 Abs. 5 und 6 BewG dem jeweiligen Eigentümer zuzurechnen; im Fall des Gesamthandseigentums richtet sich die Aufteilung nach der Höhe der gesellschaftsrechtlichen Beteiligung. Entsprechendes muss für die damit in unmittelbarem wirtschaftlichen Zusammenhang stehenden Verbindlichkeiten (§ 168 Abs. 1 Nrn. 2 und 3 BewG) gelten.

490–499 einstweilen frei

6 Bewertung von Grundvermögen und Betriebsgrundstücken i. S. d. § 99 Abs. 1 Nr. 1 BewG

6.1 Überblick

500 Nach § 157 Abs. 3 BewG sind die Grundbesitzwerte für die wirtschaftlichen Einheiten des Grundvermögens und für Betriebsgrundstücke i. S. d. § 99 Abs. 1 Nr. 1 BewG unter Anwendung der §§ 159 und 176 bis 198 BewG zu ermitteln.

Der Umfang des Grundvermögens wird durch § 176 BewG bestimmt. Die Abgrenzung gegenüber dem land- und forstwirtschaftlichen Vermögen ergibt sich aus §§ 158 und 159 BewG. Wirtschaftliche Einheiten des Grundvermögens sind die Grundstücke (§ 70 i. V. m. § 157 Abs. 3 BewG).

Nach § 177 BewG ist den Bewertungen nach den §§ 179 und 182 bis 196 BewG der gemeine Wert i. S. d. § 9 BewG zugrunde zu legen. Aus diesem Grund wird kein Nettowert ermittelt, sondern auf den in § 194 BauGB definierten Verkehrswert (Marktwert) abgestellt. Auf dem Grundbesitz lastende Verbindlichkeiten sind gesondert zu bewerten und zur Ermittlung der objektiven Bereicherung nach § 10 Abs. 5 ErbStG abzuziehen. Hinsichtlich des anzuwendenden Bewertungsverfahrens unterscheidet das Gesetz zwischen unbebauten und bebauten Grundstücken; bei letzteren differenziert es weiter nach der Grundstücksart.

Für Betriebsgrundstücke i. S. d. § 99 Abs. 1 Nr. 1 BewG ist der Grundbesitzwert nur in den Fällen maßgeblich, in denen der Grundstückswert nicht in die für den Betrieb als Ganzes durchzuführende Gesamtbewertung einzubeziehen ist. Dies gilt für die Ermittlung des Substanzwerts als Mindestwert (§ 11 Abs. 2 S. 3 letzter Satzteil BewG), für die Bewertung von Sonderbetriebsvermögen (§ 97 Abs. 1a Nr. 2 BewG) und bei Anwendung des vereinfachten Ertragswertverfahrens in den Fällen des § 200 Abs. 2 und 4 BewG.

6.2 Grundvermögen

Der Begriff des Grundvermögens wird durch § 176 BewG inhaltlich übereinstimmend mit § 68 BewG geregelt.

Nach § 176 Abs. 1 S. 1 BewG gehören zum Grundvermögen
- der Grund und Boden, die Gebäude, die sonstigen Bestandteile und das Zubehör,
- das Erbbaurecht,
- das Wohnungs- und Teileigentum sowie das Wohnungs- und Teilerbbaurecht nach dem Wohnungseigentumsgesetz,

soweit es sich nicht um land- und forstwirtschaftliches Vermögen (§ 158 BewG) oder um Betriebsgrundstücke (§ 99 BewG) handelt.

Nicht zum Grundvermögen gehören die in § 176 Abs. 2 S. 1 BewG aufgeführten Wirtschaftsgüter (Bodenschätze, Maschinen und Betriebsvorrichtungen).

einstweilen frei

6.2.1 Grund und Boden, Gebäude, sonstige Bestandteile und Zubehör (§ 176 Abs. 1 Nr. 1 BewG)

Zum Grundvermögen gehört in erster Linie der Grund und Boden, entweder allein, wenn es sich um unbebaute Grundstücke handelt, oder zusammen mit den darauf errichteten Gebäuden, wenn es sich um bebaute Grundstücke handelt. Daneben gehören zum Grundvermögen die sonstigen Bestandteile und das Zubehör.

6.2.1.1 Bestandteile des Grundstücks

Den Begriff „Bestandteile" hat das BewG dem bürgerlichen Recht entnommen (BFH v. 18.5.1971, III R 10/69, BStBl II 1971, 618; v. 25.5.1984, III R 103/81, BStBl II 1985, 617; v. 9.4.1997, II R 95/94, BStBl II 1997, 452). Bestandteile sind die körperlich zusammenhängenden Teile einer einheitlichen Sache, wobei das BGB zwischen wesentlichen Bestandteilen (§§ 93, 94 BGB) und unwesentlichen Bestandteilen unterscheidet.

Zu den **wesentlichen Bestandteilen** des Grund und Bodens gehören die Gebäude (§ 94 Abs. 1 S. 1 BGB). Unter einem Gebäude ist ein Bauwerk zu verstehen, das Menschen oder Sachen durch räumliche Umschließung Schutz gegen Witterungseinflüsse gewährt, den Aufenthalt von Menschen gestattet, fest mit dem Grund und Boden verbunden, von einiger Beständigkeit und ausreichend standfest ist (BFH v. 28.5.2003, II R 41/01, BFH/NV 2003, 1251, BStBl II 2003, 693). Zu den wesentlichen Bestandteilen eines Gebäudes gehören die zu seiner Herstellung eingefügten Sachen (§ 94 Abs. 2 BGB). Zur Herstellung eingefügt ist eine Sache, wenn sie zwischen Teile eines Gebäudes gebracht, durch Einpassen an eine für sie bestimmte Stelle mit den sie umschließenden Teilen vereinigt und damit ihrer Zweckbestimmung zugeführt wird (BFH v. 4.5.1962, III 348/60 U, BStBl III 1962, 333). Eine feste Verbindung ist nicht erforderlich; eine technische Verbindung wie bei eingehängten Türen und Fenstern reicht aus (*Mannek*, in Gürsching/Stenger, BewG, § 68 Rz. 8). In diesem Sinne eingefügt sein können auch Einbauküchen (BFH v. 4.5.1962, III 348/60 U, BStBl III 1962, 333) und Einbauschränke (BFH v. 31.7.1997, III R 247/94, BFH/NV 1998, 215).

§ 12

506 Als weitere Bestandteile des Grund und Bodens kommen die **Außenanlagen** in Betracht. Dazu gehören vor allem die Einfriedungen, Wege- und Platzbefestigungen, Beleuchtungs- und Gartenanlagen sowie Anlagen, die der Versorgung und Kanalisation dienen (*Mannek*, in Gürsching/Stenger, BewG, § 68 Rz. 10).

Zum Grundvermögen gehören auch **subjektiv-dingliche Rechte**, die mit dem Eigentum an einem Grundstück verbunden sind und dem jeweiligen Eigentümer zustehen (§ 96 BGB); dazu gehören Überbaurechte (§ 912 BGB), Grunddienstbarkeiten (§ 1018 BGB) wie z.B. Wegerechte, das dingliche Vorkaufsrecht (§ 1094 Abs. 2 BGB) und das Recht auf die Reallast (§ 1105 Abs. 2 BGB).

6.2.1.2 Nicht zum Grundstück gehörende Scheinbestandteile

507 Nicht zu den Bestandteilen des Grundstücks gehören hingegen solche Sachen, die nur zu einem vorübergehenden Zweck oder in Ausübung eines Rechts mit dem Grund und Boden verbunden (§ 95 Abs. 1 S. 1 BGB) oder in das Gebäude eingefügt (§ 95 Abs. 2 BGB) worden sind.

508 Ob eine Sache zu einem **vorübergehenden Zweck** mit einem Grundstück verbunden ist, beurteilt sich zivilrechtlich in erster Linie nach dem Willen des Herstellers, sofern dieser mit dem nach außen in Erscheinung tretenden Sachverhalt in Einklang zu bringen ist (BGH v. 4.7.1984, VIII ZR 270/83, BGHZ 92, 70, 73, m.w.N.) Verbindet ein Mieter, Pächter oder in ähnlicher Weise schuldrechtlich Berechtigter Sachen mit dem Grund und Boden, so spricht nach feststehender Rspr. des BGH regelmäßig eine Vermutung dafür, dass dies mangels besonderer Vereinbarung nur in seinem Interesse für die Dauer des Vertragsverhältnisses und damit zu einem vorübergehenden Zweck geschieht (z.B. BGH v. 31.10.1952, V ZR 36/51, BGHZ 8, 1, 5). Diese Vermutung wird nicht schon durch eine massive Bauart des Bauwerks oder eine lange Dauer des Vertrags entkräftet (BGH v. 22.12.1995, V ZR 3/94, NJW 1996, 916, 917, m.w.N.). Ein vom Mieter oder Pächter eines Grundstücks errichtetes massives Gebäude fällt nicht in das Eigentum des Grundstückseigentümers, wenn der Miet- oder Pachtvertrag bestimmt, dass der Mieter oder Pächter die von ihm errichteten Gebäude nach Beendigung des Miet- oder Pachtverhältnisses zu entfernen und den früheren Zustand wieder herzustellen hat (BGH v. 31.10.1952, V ZR 36/51, BGHZ 8, 1, 6) und der tatsächliche Vollzug einer solchen vertraglichen Verpflichtung von den Beteiligten von Anfang an ernstlich gewollt ist. Haben Grundeigentümer und Mieter bzw. Pächter jedoch vereinbart, dass die vom Mieter bzw. Pächter vorgenommenen Um- oder Einbauten dem Grundstückseigentümer nach Ablauf des Mietverhältnisses belassen werden, gehen sie in die wirtschaftliche Einheit des Grundvermögens ein und können u.U. zu einer Erhöhung des Grundstückswerts führen (BFH v. 9.4.1997, II R 95/94, BStBl II 1997, 452).

509 Nach § 95 Abs. 1 S. 2 BGB gehören Gebäude oder andere Werke, die in **Ausübung eines Rechtes** an einem fremden Grundstück von dem Berechtigten mit dem Grundstück verbunden worden sind, nicht zu den Bestandteilen eines Grundstückes. Gleiches gilt für die Verbindung mit einem auf dem Grundstück befindlichen Gebäude. Zu den in § 95 Abs. 1 S. 2 BGB genannten Rechten an einem fremden Grundstück gehören nur dingliche Rechte wie Erbbaurecht, Grundstücksnießbrauch, Grunddienstbarkeit. Die Rechtsfolge des § 95 Abs. 1 S. 2 BGB tritt auch

dann ein, wenn das Recht erst nach Errichtung des Gebäudes entstanden ist (OLG Schleswig v. 26.8.2005, 14 U 9/05, WM 2005, 1909). Entsprechend anwendbar ist die Vorschrift auf den rechtmäßigen bzw. entschuldigten Überbau (BGH v. 30.4.1958, V ZR 178/56, BGHZ 27, 197; v. 26.2.1964, V ZR 59/61, BGHZ 41, 177).

6.2.1 Zubehör

Auch der Begriff „Zubehör" entstammt dem bürgerlichen Recht (BFH v. 9.4.1997, II R 95/94, BStBl II 1997, 452). Nach § 97 BGB sind Zubehör bewegliche Sachen, die ohne Bestandteil der Hauptsache zu sein, dem wirtschaftlichen Zweck der Hauptsache zu dienen bestimmt sind, und zu ihr in einem entsprechenden räumlichen Verhältnis stehen. Zubehör können hiernach z.B. vom Grundstückseigentümer mitvermietete oder den Mietern zur Verfügung gestellte Waschmaschinen, Herde oder andere Einrichtungsgegenstände sein. Auch Brennstoffvorräte können zum Zubehör gehören (*Mannek*, in Gürsching/Stenger, BewG, § 68 Rz. 12). 510

6.2.2 Erbbaurecht (§ 176 Abs. 1 Nr. 2 BewG)

Erbbaurecht ist das veräußerliche und vererbliche Recht, auf oder unter der Oberfläche des belasten Grundstücks ein Bauwerk zu haben (§ 1 ErbbauRG). Auf das Erbbaurecht finden die Vorschriften des bürgerlichen Rechts weitgehend Anwendung (§ 11 ErbbauRG). Da das mit dem Erbbaurecht belastete Grundstück im Eigentum des Erbbaurechtsverpflichteten verbleibt, entstehen mit der Belastung zwei selbstständige wirtschaftliche Einheiten des Grundvermögens, nämlich diejenige des mit dem Erbbaurecht belasteten Grundstücks sowie das Erbbaurecht einschließlich des auf seiner Grundlage errichteten Gebäudes. 511

6.2.3 Wohnungs- und Teileigentum (§ 176 Abs. 1 Nr. 3 BewG)

Wohnungs- und Teileigentum sind die grundstücksgleichen Rechte nach dem WEG. 512

Wohnungseigentum ist das Sondereigentum an einer Wohnung i.V.m. dem Miteigentumsanteil an dem gemeinschaftlichen Eigentum, zu dem es gehört (§ 1 Abs. 2 WEG). Gegenstand des Sondereigentums sind eine bestimmte Wohnung und die zu dieser Wohnung gehörenden Bestandteile des Gebäudes, die verändert, beseitigt oder eingefügt werden können, ohne dass dadurch das gemeinschaftliche Eigentum oder ein auf Sondereigentum beruhendes Recht eines anderen Wohnungseigentümers über das nach § 14 WEG zulässige Maß hinaus beeinträchtigt oder die äußere Gestaltung des Gebäudes verändert wird (§ 5 Abs. 1 WEG). Außer der Wohnung selbst können zum Sondereigentum auch Nebenräume wie Keller- und Bodenräume sowie Garagen gehören. Das gemeinschaftliche Eigentum umfasst alles, was nicht im Sondereigentum oder im Eigentum Dritter steht. Dazu gehören neben dem Grund und Boden die Teile, Anlagen und Einrichtungen des Gebäudes, die nicht im Sondereigentum oder im Eigentum Dritter stehen (§ 1 Abs. 5 WEG).

Teileigentum ist das Sondereigentum an nicht zu Wohnzwecken dienenden Räumen eines Gebäudes i.V.m. dem Miteigentumsanteil an dem gemeinschaftlichen

Eigentum, zu dem es gehört (§ 3 WEG). Für das Teileigentum gelten die Vorschriften des Wohnungseigentums entsprechend (§ 1 Abs. 6 WEG).

Mit Urteil vom 9.10.1991 hat der BFH entschieden, dass das gleichzeitig mit einer Eigentumswohnung erworbene Guthaben aus einer Instandhaltungsrücklage nicht in die grunderwerbsteuerliche Gegenleistung einzubeziehen sei,سondern eine mit einer Geldforderung vergleichbare Vermögensposition darstelle, die nicht unter den Grundstücksbegriff des Grunderwerbsteuergesetzes falle (BFH v. 9.10.1991, II R 20/89, BStBl II 1992, 152). Diese Grundsätze sind nach Auffassung der FinVerw. auch auf die Erbschaft-/Schenkungsteuer zu übertragen. Die Instandhaltungsrücklage ist demnach neben dem Wohnungs- bzw. Teileigentum als gesonderte Kapitalforderung zu erfassen und nach § 12 BewG zu bewerten. Sofern diese Rücklage mehreren Personen zusteht, ist gemäß § 151 Abs. 1 Nr. 4 BewG eine gesonderte Feststellung durchzuführen (OFD Hannover v. 26.8.2008, S 3800 – 83 – StO 261, ErbSt-Kartei ND § 12 ErbStG Karte).

Wohnungs- und Teileigentum entstehen als selbstständige wirtschaftliche Einheiten erst mit der Eintragung in das Wohnungsgrundbuch (BFH v. 24.7.1991, II R 132/88, BStBl II 1993, 87).

6.2.4 Abgrenzung des Grundvermögens gegenüber dem land- und forstwirtschaftlichen Vermögen und dem Betriebsvermögen

513 Zum Grundvermögen gehört der Grundbesitz nur, soweit es sich nicht um land- und forstwirtschaftliches Vermögen (§§ 158, 159 BewG) oder um Betriebsgrundstücke (§ 99 BewG) handelt.

Die Abgrenzung des Grundvermögens gegenüber dem land- und forstwirtschaftlichen Vermögen richtet sich vorrangig nach § 158 BewG. Diese Vorschrift regelt positiv, welcher Grundbesitz zum land- und forstwirtschaftlichen Vermögen gehört und deshalb kein Grundvermögen sein kann.

§ 159 BewG enthält Sondervorschriften darüber, unter welchen Voraussetzungen Flächen, die noch land- und forstwirtschaftlich genutzt werden, Grundvermögen darstellen. Hiernach sind Flächen stets dem Grundvermögen zuzurechnen, wenn sie in einem Bebauungsplan als Bauland festgesetzt sind, ihre sofortige Bebauung möglich ist und die Bebauung innerhalb des Plangebiets in benachbarten Bereichen begonnen hat oder schon durchgeführt ist (§ 157 Abs. 1 S. 1 BewG). Ausgenommen sind lediglich Hofstellen und mit diesen in unmittelbarem Zusammenhang stehende Flächen bis zu 1 ha (§ 157 Abs. 3 S. 2 BewG). Im Übrigen sind land- und forstwirtschaftlich genutzte Flächen dem Grundvermögen zuzurechnen, wenn nach ihrer Lage, den im Besteuerungszeitpunkt bestehenden Verwertungsmöglichkeiten oder den sonstigen Umständen anzunehmen ist, dass sie in absehbarer Zeit anderen als land- und forstwirtschaftlichen Zwecken, insbesondere als Bauland, Industrieland oder Land für Verkehrszwecke dienen werden (§ 159 Abs. 1 BewG). Bildet ein Betrieb der Land- und Forstwirtschaft die Existenzgrundlage des Betriebsinhabers, gilt dies für dem Betriebsinhaber gehörende Flächen, die von einer Stelle aus ordnungsgemäß nachhaltig bewirtschaftet werden, nur dann, wenn mit großer Wahrscheinlichkeit

anzunehmen ist, dass sie spätestens nach zwei Jahren anderen als land- und forstwirtschaftlichen Zwecken dienen werden (§ 159 Abs. 2 BewG).
Ehemals landwirtschaftlich genutzte unbebaute Grundstücke, die nicht mehr i.S.d. § 158 Abs. 1 BewG dauernd dazu bestimmt sind, einem Betrieb der Land- und Forstwirtschaft zu dienen, sind nach § 176 Abs. 1 BewG dem Grundvermögen zuzurechnen und nach § 179 BewG zu bewerten. Das gilt beispielsweise für einen früher zum land- und forstwirtschaftlichen Vermögen gehörenden Golfplatz (zur Einheitsbewertung BFH v. 20.10.2004, II R 34/02, BFH/NV 2005, 411, BStBl 2005, 256).

6.2.5 Nicht zum Grundvermögen gehörende Wirtschaftsgüter (§ 176 Abs. 2 BewG)

Nach § 176 Abs. 2 BewG sind in das Grundvermögen nicht einzubeziehen

- Bodenschätze,
- die Maschinen und sonstigen Vorrichtungen aller Art, die zu einer Betriebsanlage gehören (Betriebsvorrichtungen), auch wenn sie wesentliche Bestandteile sind.

Bodenschätze, die sich zu einem selbstständigen Wirtschaftsgut konkretisiert haben, sind je nachdem, ob sie zum Betriebs- oder Privatvermögen gehören, bei der Ermittlung des gemeinen Werts des Betriebsvermögens zu erfassen oder nach § 12 Abs. 4 ErbStG zu bewerten.

Betriebsvorrichtungen gehören selbst dann nicht zum Grundvermögen, wenn sie wesentliche Bestandteile des Grundstücks oder eines darauf befindlichen Gebäudes sind. Unter Betriebsvorrichtungen sind Maschinen und sonstige Vorrichtungen aller Art zu verstehen, die zu einer Betriebsanlage gehören. Zu den sonstigen Vorrichtungen gehören alle Gegenstände, mit denen in gleicher Weise wie mit Maschinen ein Gewerbe unmittelbar betrieben wird (BFH v. 5.3.1971, III R 90/69, BStBl II 1971, 455; v. 2.6.1971, III R 18/70, BStBl II 1971, 673; v. 11.2.1991, II R 14/89, BStBl II 1992, 278). Bauwerke, die die Merkmale eines Gebäudes erfüllen, sind jedoch niemals Betriebsvorrichtungen (BFH v. 15.6.2005, II R 67/04, BFH/NV 2005, 1668, BStBl II 2005, 688). Wegen der Einzelheiten wird auf die Gleich lautenden Ländererlasse zur Abgrenzung des Grundvermögens von den Betriebsvorrichtungen v. 15.3.2006 (BStBl I 2006, 314) verwiesen.

6.3 Betriebsgrundstücke i.S.d. § 99 Abs. 1 Nr. 1 BewG

Betriebsgrundstück i.S.d. § 99 Abs. 1 Nr. 1 BewG ist der zu einem Gewerbebetrieb gehörige Grundbesitz, soweit er losgelöst von seiner Zugehörigkeit zu dem Gewerbebetrieb zum Grundvermögen gehören würde. Dem Gewerbebetrieb steht die Ausübung eines freien Berufs i.S.d. § 18 Abs. 1 Nr. 1 EStG gleich (§ 96 BewG).

Die Voraussetzungen, unter denen Grundbesitz zu einer wirtschaftlichen Einheit des Betriebsvermögens gehört, bestimmen sich nach den §§ 95 bis 97 BewG. Bei gewerblichen Einzelbetrieben ist dies insoweit der Fall, als der Grundbesitz bei der steuerlichen Gewinnermittlung zum Betriebsvermögen gehört (§ 95 BewG).

Da für ertragsteuerliche Zwecke jeder in einem besonderen Nutzungszusammenhang stehende Teil eines Grundstücks ein selbstständiges Wirtschaftsgut bildet (R 4.2 Abs. 3 bis 5 EStR 2005), kann ein Grundstück zum Teil zum Grundvermögen i. S. d. § 176 Abs. 1 BewG gehören und zum Teil Betriebsgrundstück i. S. d. § 99 BewG sein. Entsprechendes gilt für Grundstücke, die dem Betrieb einer Personengesellschaft i. S. d. § 15 Abs. 1 Nr. 2 und Abs. 3 EStG oder § 18 Abs. 4 S. 2 EStG dienen, jedoch nicht im Eigentum der Gesellschaft, sondern in dem eines Gesellschafters oder mehrerer bzw. aller Gesellschafter stehen (§ 97 Abs. 1 Nr. 5 S. 2 BewG). Grundstücke, die im Eigentum einer Kapitalgesellschaft oder einer Gesellschaft i. S. d. § 15 Abs. 1 Nr. 2 und Abs. 3 EStG oder § 18 Abs. 4 S. 2 EStG stehen, gehören hingegen stets in vollem Umfang zum Betriebsvermögen (§ 97 Abs. 1 S. 1 Nr. 1 und Nr. 5 S. 2 BewG).

Ob ein Betriebsgrundstück losgelöst von seiner Zugehörigkeit zu einem Gewerbebetrieb zum Grundvermögen gehören würde, richtet sich nach § 176 Abs. 1 BewG. Die in den Nrn. 1 bis 3 dieser Vorschrift bezeichneten wirtschaftlichen Einheiten gehören danach zum Grundvermögen, soweit es sich nicht um land- und forstwirtschaftliches Vermögen (§§ 158, 159 BewG) handelt.

6.4 Abgrenzung der wirtschaftlichen Einheit

516 Nach § 157 Abs. 3 S. 1 BewG sind die Grundbesitzwerte für die wirtschaftlichen Einheiten des Grundvermögens und für Betriebsgrundstücke festzustellen. Für die Abgrenzung der wirtschaftlichen Einheit verweist § 157 Abs. 3 S. 2 BewG grundsätzlich auf § 70 BewG.

Nach § 70 Abs. 1 BewG ist wirtschaftliche Einheit des Grundvermögens das Grundstück. Der bewertungsrechtliche Grundstücksbegriff deckt sich weder mit dem grundbuchrechtlichen Grundstücksbegriff noch mit dem katasterrechtlichen Flurstücksbegriff. Für die Abgrenzung der wirtschaftlichen Einheit gelten vielmehr die Grundsätze des § 2 Abs. 1 S. 1 BewG. Ein Grundstück im bewertungsrechtlichen Sinne kann hiernach sowohl mehrere Grundstücke im bürgerlich-rechtlichen Sinne umfassen als auch nur ein Teil eines solchen Grundstücks sein (BFH v. 26.2.1987 II R 236/83, BFH/NV 1987, 366). Entsprechendes gilt im Verhältnis zu Flurstücken im katasterrechtlichen Sinn.

Eine wirtschaftliche Einheit können **nur räumlich zusammenhängende** Grundstücksflächen bilden. An diesem Zusammenhang fehlt es, wenn die ein und demselben Eigentümer gehörenden Parzellen entweder durch fremden Grundbesitz oder durch öffentliche Straßen voneinander getrennt sind. Eine Trennung durch dem Eigentümer gehörende Privatwege steht der Zusammenfassung zu einer wirtschaftlichen Einheit hingegen nicht entgegen (*Esskandari*, in Gürsching/Stenger, BewG, 2010, § 70 BewG Rz. 19, 20).

517 Bei **bebauten Grundstücken** hängt es insbesondere von der Zweckbestimmung und der Verkehrsanschauung ab, ob jedes Gebäude mit dem dazu gehörenden Grund und Boden eine selbstständige wirtschaftliche Einheit bildet oder ob mehrere Gebäude zu einer wirtschaftlichen Einheit zusammengefasst werden können. Nebengebäude, die in räumlichem Zusammenhang mit dem Hauptgebäude stehen, sind grundsätzlich in die wirtschaftliche Einheit des bebauten Grundstücks mit einzubeziehen (*Esskandari*, in Gürsching/Stenger, BewG, 2010, § 70 BewG Rz. 21). Entsprechendes gilt für freiberuflich oder gewerblich genutzte Anbauten an Wohngebäude (BFH v. 23.9.1977, III R 18/77, BStBl II 1978, 188). Auch Vorder- und Hinterhäuser, die nur durch einen gemeinsam genutzten Hof getrennt sind, bilden i. d. R. eine einzige wirtschaftliche Einheit (*Esskandari*, in Gürsching/Stenger, BewG, 2010, § 70 BewG Rz. 21). Demgegenüber bilden Reiheneinfamilienhäuser sowie mehrere Wohngrundstücke desselben Eigentümers jedes für sich eine selbstständige wirtschaftliche Einheit, wenn sie nach ihrer baulichen Gestaltung und Einrichtung unabhängig voneinander veräußert werden können (BFH v. 2.10.1970, III R 163/66, BStBl II 1970, 822; v. 7.2.1964, III 230/61 U, BStBl III 1964, 180).

Ob bei bebauten Grundstücken, zu denen eine größere Grundstücksfläche gehört, Teilflächen als selbstständige unbebaute Grundstücke auszuscheiden sind, hängt sowohl von der Zweckbestimmung als auch von den örtlichen Gegebenheiten ab. In einem Villengebiet bildet die von dem Hauseigentümer als einheitliche Park- oder Gartenanlage genutzte Fläche unabhängig von ihrer Größe mit dem darauf befindlichen Gebäude eine wirtschaftliche Einheit (RFH v. 6.2.1930, III A 129/29, RStBl 1930, 247). In Geschäfts- und Wohngegenden mit geschlossener Bauweise können größere unbebaute Flächen hingegen selbst dann ein selbstständiges unbebautes Grundstück bilden, wenn sie tatsächlich als Hausgarten genutzt werden (*Esskandari*, in Gürsching/Stenger, BewG, 2010, § 70 BewG Rz. 41).

Abweichend von dem Grundsatz des § 2 Abs. 2 BewG, dass mehrere Wirtschaftsgüter als wirtschaftliche Einheit nur insoweit in Betracht kommen, als sie demselben Eigentümer gehören, lässt es § 70 Abs. 2 S. 1 BewG zu, das im Alleineigentum stehende Grundstück mit dem Miteigentumsanteil an einer Gemeinschaftseinrichtung zu einer wirtschaftlichen Einheit des Grundvermögens und damit zu einem einzigen Grundstück im bewertungsrechtlichen Sinne zusammenzufassen. Die Vorschrift trägt dem Umstand Rechnung, dass bei der Anlage von Siedlungen zur besseren Nutzung des Grund und Bodens vielfach Gemeinschaftseinrichtungen wie gemeinsame Hofflächen oder Garagen geschaffen werden, die im Miteigentum der (Allein-)Eigentümer der angrenzenden Grundstücke oder Eigentumswohnungen stehen. Während die Einbeziehung des Miteigentumsanteils nach § 70 Abs. 2 BewG aber nur dann möglich ist, wenn alle Anteile an dem gemeinschaftlichen Grundvermögen Eigentümern von Grundstücken gehören, die ihren Anteil jeweils zusammen mit ihrem Grundstück nutzen, lässt es § 157 Abs. 3 S. 2 BewG genügen, dass der Anteil zusammen mit dem Grundstück genutzt wird. Auch in diesem Fall ist die Einbeziehung aber ausgeschlossen, wenn das im Miteigentum stehende Gemeinschaftsgrundstück nach der Verkehrsanschauung als selbstständige wirtschaftliche Einheit anzusehen ist (§ 70 Abs. 2 S. 2 BewG). So kann es sich bei Garagengrundstücken verhalten, die sich in größerer Entfernung von den Hausgrundstücken befinden (*Esskandari*, in Gürsching/Stenger, BewG, 2010, § 70 BewG Rz. 65).

518

Nach § 70 Abs. 3 BewG stellt ein Gebäude auf fremden Grund und Boden eine selbstständige wirtschaftliche Einheit des Grundvermögens und damit ein Grundstück im bewertungsrechtlichen Sinne dar. Teile eines Gebäudes, die im wirtschaftlichen Eigentum eines anderen als des Grundstückseigentümers stehen, bilden

519

hingegen keine selbstständige wirtschaftliche Einheit des Grundvermögens (Bhandari, in Gürsching/Stenger, BewG, 2010, § 70 BewG Rz. 55).

6.5 Bewertung unbebauter Grundstücke

520　Unbebaute Grundstücke sind nach § 178 Abs. 1 S. 1 BewG solche, auf denen sich keine benutzbaren Gebäude befinden. Die Benutzbarkeit beginnt im Zeitpunkt der Bezugsfertigkeit (§ 178 Abs. 1 S. 2 BewG). Gebäude sind – unabhängig von der Abnahme durch die Bauaufsichtsbehörde – als bezugsfertig anzusehen, wenn den zukünftigen Bewohnern oder sonstigen Benutzern zugemutet werden kann, sie zu benutzen (§ 178 Abs. 1 S. 3 BewG). Am Bewertungsstichtag müssen alle wesentlichen Bauarbeiten abgeschlossen sein. Geringfügige Restarbeiten, die üblicherweise vor dem tatsächlichen Bezug durchgeführt werden (z.B. Malerarbeiten, Verlegen des Bodenbelags), schließen die Bezugsfertigkeit nicht aus (R B 178 Abs. 2 S. 3 und 4 ErbStR 2011). Auf die tatsächliche Benutzung kommt es nicht an. Als unbebaut gelten auch Grundstücke, auf denen sich Gebäude befinden, die auf Dauer keiner Nutzung zugeführt werden können (§ 178 Abs. 2 S. 1 BewG) oder auf denen infolge der Zerstörung oder des Verfalls der Gebäude auf Dauer benutzbarer Raum nicht mehr vorhanden ist (§ 178 Abs. 2 S. 2 BewG). Grundstücke mit benutzbaren Gebäuden gelten hingegen stets als bebaute Grundstücke. Die Ausnahmeregelung für Grundstücke mit Gebäuden, die nur einer unbedeutenden Nutzung zugeführt werden können (§ 145 Abs. 2 BewG), ist von § 178 BewG nicht übernommen worden.

> **Gestaltungshinweis: Gestaltungshinweis:**
>
> Da Grundstücke mit nicht mehr benutzbaren Gebäuden wie unbebaute Grundstücke zu bewerten sind, ist im steuerlichen Bewertungsverfahren kein Raum für die Berücksichtigung der Abbruchkosten. Demgegenüber ist der Bodenwert nach § 16 Abs. 3 S. 1 ImmoWertV um die üblichen Freilegungskosten zu mindern, wenn alsbald mit dem Abriss der baulichen Anlagen zu rechnen ist. Davon ist bei nicht mehr nutzbaren baulichen Anlagen auszugehen (§ 16 Abs. 3 S. 2 Nr. 1 ImmoWertV). Bei ins Gewicht fallenden Abbruchkosten empfiehlt sich daher ein Verkehrswertnachweis nach § 198 BewG.

521　Nach § 179 S. 1 BewG bestimmt sich der gemeine Wert unbebauter Grundstücke nach ihrer Fläche und den Bodenrichtwerten (§ 196 BauGB).

Grundlage für die Bodenrichtwerte sind die Regelungen des Baugesetzbuchs. Nach § 196 Abs. 1 S. 1 BauGB sind auf Grund der Kaufpreissammlung (§ 195 BauGB) flächendeckend durchschnittliche Lagewerte für den Boden unter Berücksichtigung des jeweiligen Entwicklungsstands zu ermitteln (Bodenrichtwerte). Hierdurch soll sichergestellt werden, dass für alle Arten von Grundstücken, insbesondere für baureifes Land, Bauerwartungsland, Rohbauland und land- und forstwirtschaftlich genutzte Flächen, Bodenrichtwerte verfügbar sind (Begründung zu Art. 4 Nr. 2 des Entwurfs des ErbStRG). In bebauten Gebieten sind die Bodenrichtwerte mit dem Wert zu ermitteln, der sich ergeben würde, wenn der Boden unbebaut wäre (§ 196 Abs. 1 S. 2 BauGB). Die Bodenrichtwerte sind –

soweit nichts anderes bestimmt ist – jeweils zum Ende eines Kalenderjahrs zu ermitteln (§ 196 Abs. 1 S. 5 BauGB). Landesrecht sieht teilweise die Ermittlung in Zweijahresabständen vor. Für die Ermittlung der Bodenrichtwerte sind nach § 196 Abs. 1 S. 3 BauGB Richtwertzonen zu bilden, die Gebiete umfassen, die nach Art und Maß der baulichen Nutzung weitgehend übereinstimmen. Die FinVerw. kann für Zwecke der steuerlichen Bewertung des Grundbesitzes ergänzende Vorgaben machen (§ 196 Abs. 1 S. 6 BauGB).

Nach § 179 S. 2 BewG sind die Bodenrichtwerte von den Gutachterausschüssen nach dem Baugesetzbuch zu ermitteln und den Finanzämtern mitzuteilen. Nach § 179 S. 3 BewG ist bei der Wertermittlung stets der Bodenrichtwert anzusetzen, der vom Gutachterausschuss zuletzt zu ermitteln war. Wird von den Gutachterausschüssen kein Bodenrichtwert ermittelt, ist der Bodenwert nach § 179 S. 4 BewG aus dem Wert vergleichbarer Flächen abzuleiten. Nach der auf Bewertungsstichtage nach dem 13.12.2011 anwendbaren (§ 205 Abs. 3 BewG) Neufassung der Vorschrift durch das BeitrRLUmsG v. 7.12.2011 (BGBl I 2011, 2592) hängt die Ableitungsbefugnis der Finanzbehörden nicht mehr davon ab, aus welchen Gründen die Ermittlung des Bodenrichtwerts durch die Gutachterausschüsse unterblieben ist (*Drosdzol*, ZEV 2012, ZEV 2012, 17, 18). Nach der auf Bewertungsstichtage vor dem 14.12.2011 anwendbaren Gesetzesfassung waren die Finanzbehörden hingegen nur dann berechtigt, den Bodenwert aus den Werten vergleichbarer Flächen abzuleiten, wenn sich von den Gutachterausschüssen kein Bodenrichtwert ermitteln ließ, die Ermittlung also aus besonderen Gründen nicht möglich war. Anpassungen des Bodenrichtwerts können insbesondere erforderlich sein, wenn sich das zu bewertende Grundstück vom Bodenrichtwertgrundstück hinsichtlich der Geschossflächenzahl, der Grundstücksgröße oder der Grundstückstiefe unterscheidet (R B 179.2 Abs. 2–4 ErbStR 2011). Wenn für **Bauerwartungsland** und **Rohbauland** keine Angaben der Gutachterausschüsse vorliegen, gelten aus Vereinfachungsgründen für Bauerwartungsland 25 %, für Bruttorohbauland 50 % und für Nettorohbauland 75 % des Bodenrichtwerts für vergleichbares erschließungsbeitragsfreies Bauland (H B 179.3 Abs. 2 ErbStH 2011 „Kein Bodenrichtwert").

Wertbeeinflussende Merkmale wie z. B. Ecklage, Zuschnitt, Oberflächenbeschaffenheit und Beschaffenheit des Baugrunds, Lärm-, Staub- oder Geruchsbelästigungen, Altlasten sowie Außenanlagen bleiben außer Ansatz (R B 179.2 Abs. 8 ErbStR 2011). Im Rahmen eines **Verkehrswertnachweises** nach § 198 BewG sind derartige Merkmale hingegen uneingeschränkt zu berücksichtigen (§ 8 Abs. 2 Nr. 2 i. V. m. § 6 Abs. 3 und 4 ImmoWertV), sodass sich niedrigere Werte ergeben können (*Cölln/Behrens*, BB 2010, 1444, 1447; *Eisele/Schmitt*, NWB 2010, 2232, 2235).

Im Unterschied zu § 145 Abs. 3 BewG sieht § 179 BewG keinen pauschalen Abschlag von 20 % auf den aus Fläche und Bodenrichtwert abgeleiteten Verkehrswert mehr vor. Da die Gutachterausschüsse vor allem in kleineren Gemeinden mangels einer hinreichend großen Zahl von Verkaufsfällen keine straßenbezogenen, sondern zonen- oder gebietsbezogene Bodenrichtwerte aufstellen, die für den gesamten Ort einheitlich sind, ist damit zu rechnen, dass der steuerliche Wert den tatsächlichen Verkehrswert künftig in einer relevanten Zahl von Fällen überschreiten wird (*Tremel*, DStR 2008, 753, 755).

522

Beispiel: Beispiel (nach Tremel, DStR 2008, 753, 755):
Für ein unbebautes Grundstück (600 m²) in einer gut erschlossenen Gemeinde nahe einer größeren Stadt ergibt sich ausgehend von dem vom Gutachterausschuss ermittelten Bodenrichtwert von 180 EUR/m² ein Wert von 108.000 EUR. Da das Grundstück jedoch eingebaut in einer Häuserzeile liegt und vom Lärm der Durchgangsstraße belastet wird, rechtfertigen die Lagenachteile einen Abschlag um bis zu 20 %, sodass sich ein Verkehrswert von nur 86.400 EUR ergibt.

Umgekehrt wirkt sich die mangelnde Berücksichtigung von Abweichungen und Besonderheiten für den Steuerpflichtigen günstig aus, wenn sich das zu bewertende Grundstück durch besondere Lagevorteile auszeichnet:

Beispiel: Beispiel (nach Tremel, DStR 2008, 753, 755):
Das im vorherigen Beispiel beschriebene Grundstück liegt ausgesprochen ruhig und in Südlage. Wegen dieser äußerst guten Lage ist ein Zuschlag auf den Bodenrichtwert von 20 % gerechtfertigt, so dass sich ein Verkehrswert von 129.600 EUR ergibt.

Weist der Steuerpflichtige nach, dass der gemeine Wert der wirtschaftlichen Einheit im Besteuerungszeitpunkt niedriger als der nach § 179 BewG ermittelte Wert ist, ist nach § 198 BewG dieser Wert anzusetzen. Eine besondere Form des Nachweises ist nicht vorgeschrieben. Abweichungen vom Richtwert sind i. d. R. bei abweichender Geschossflächenzahl, abweichender Grundstücksgröße oder -tiefe, abweichendem erschließungsbeitragsrechtlichen Zustand vorzunehmen (*Stahl*, KÖSDI 2008, 16069, 16074).

6.6 Bewertung bebauter Grundstücke

6.6.1 Begriff und Arten der bebauten Grundstücke

523   Nach dem mit § 74 BewG übereinstimmenden § 180 Abs. 1 BewG sind bebaute Grundstücke solche, auf denen sich benutzbare Gebäude befinden. Wird ein Gebäude in Bauabschnitten errichtet, so ist der fertig gestellte und bezugsfertige Teil als benutzbares Gebäude anzusehen.

Als bebautes Grundstück gilt nach § 180 Abs. 2 BewG auch ein Gebäude, das auf fremdem Grund und Boden errichtet oder in sonstigen Fällen einem anderen als dem Eigentümer des Grund und Bodens zuzurechnen ist, selbst wenn es wesentlicher Bestandteil des Grund und Bodens geworden ist. In diesem Fall wird das Gebäude als solches als bebautes Grundstück behandelt und bewertet.

524   § 181 Abs. 1 BewG unterscheidet für die Zwecke der Bewertung folgende Arten von bebauten Grundstücken:

- Ein- und Zweifamilienhäuser
- Mietwohngrundstücke
- Wohnungs- und Teileigentum
- Geschäftsgrundstücke

- gemischt genutzte Grundstücke
- sonstige bebaute Grundstücke

Von der Zuordnung zu diesen Grundstücksarten hängt die Bestimmung des Bewertungsverfahrens ab. Bei der Festlegung der Grundstücksart ist stets die gesamte wirtschaftliche Einheit zu betrachten. Dies gilt auch dann, wenn sich auf einem Grundstück mehrere Gebäude oder Gebäudeteile unterschiedlicher Bauart oder Nutzung befinden (R B 181.1 Abs. 2 ErbStR 2011). Befinden sich auf einem Grundstück nicht nur Gebäude oder Gebäudeteile, und lässt sich für mindestens eines dieser Gebäude oder Gebäudeteile keine übliche Miete ermitteln, erfolgt die Wertermittlung für die gesamte wirtschaftliche Einheit einheitlich im Sachwertverfahren (R B 182 Abs. 5 ErbStR 2011).

Ein- und Zweifamilienhäuser sind nach § 181 Abs. 2 BewG Wohngrundstücke mit bis zu zwei Wohnungen. Eine Mitbenutzung für betriebliche oder öffentliche Zwecke ist unschädlich, wenn diese berechnet nach der Wohn- oder Nutzfläche weniger als 50 % beträgt und die Eigenart des Gebäudes als Ein- oder Zweifamilienhaus nicht beeinträchtigt. 525

In Abgrenzung zu den Ein- und Zweifamilienhäusern sind **Mietwohngrundstücke** nach § 181 Abs. 3 BewG Grundstücke, die mehr als zwei Wohnungen enthalten. Außerdem müssen Mietwohngrundstücke berechnet nach der Wohn- oder Nutzfläche zu mehr als 80 % Wohnzwecken dienen.

Die Definition des **Wohnungseigentums und Teileigentums** in § 181 Abs. 4 und 5 BewG folgt dem Wohnungseigentumsgesetz (§ 1 Abs. 2 sowie Abs. 3 WEG).

Geschäftsgrundstücke werden in § 181 Abs. 6 BewG als Grundstücke definiert, die berechnet nach der Wohn- oder Nutzfläche zu mehr als 80 % eigenen oder fremden betrieblichen oder öffentlichen Zwecken dienen.

Gemischt genutzte Grundstücke sind nach § 181 Abs. 7 BewG Grundstücke, die neben Wohnzwecken auch eigenen oder fremden betrieblichen oder öffentlichen Zwecken dienen und nicht Ein- und Zweifamilienhäuser, Mietwohngrundstücke, Wohnungs- oder Teileigentum oder Geschäftsgrundstücke sind. Zu den gemischt genutzten Grundstücken zählt beispielsweise ein Grundstück, das eine Wohnung enthält und zu mindestens 50 % der Wohn- oder Nutzfläche für gewerbliche oder öffentliche Zwecke mitbenutzt wird, oder ein Mehrfamilienhaus, das Läden- und Gewerberäume enthält und zu 20 % der Wohn- oder Nutzfläche gewerblichen oder öffentlichen Zwecken dient.

Sonstige bebaute Grundstücke sind nach § 181 Abs. 8 BewG alle übrigen, in den Abs. 2–6 nicht genannten Grundstücke.

§ 181 Abs. 9 BewG enthält erstmals eine gesetzliche Definition des **Wohnungsbegriffs**, die für die Anwendung der Abs. 2–4 von Bedeutung ist. Sie übernimmt die Grundsätze der Rspr. des BFH und entspricht inhaltlich der Definition in R 175 Abs. 2 ErbStR 2003. Danach ist unter einer Wohnung die Zusammenfassung einer Mehrheit von Räumen zu verstehen, die in ihrer Gesamtheit so beschaffen sein müssen, dass die Führung eines selbstständigen Haushalts möglich ist. Sie muss eine baulich getrennte, in sich abgeschlossene Wohneinheit bilden und einen selbstständigen Zugang haben. Außerdem müssen die für die Führung eines selbstständigen Haushalts notwendigen Nebenräume (Küche, Bad oder Dusche, Toilette) vorhanden sein. Die Wohnfläche muss mindestens 23 m² betragen.

6.6.2 Überblick über die Bewertungsverfahren

526 § 182 Abs. 1 S. 1 BewG schreibt vor, dass der Wert der bebauten Grundstücke in Abhängigkeit von der Grundstücksart nach dem Vergleichswertverfahren, dem Ertragswertverfahren oder dem Sachwertverfahren zu ermitteln ist. Für welche Grundstücksart welches Bewertungsverfahren zur Anwendung kommt, ergibt sich aus § 182 Abs. 2–4 BewG. Die unterschiedlichen Bewertungsverfahren tragen dem Umstand Rechnung, dass es ein für alle Grundstücksarten gleichermaßen geeignetes Bewertungsverfahren nicht gibt. Nach der Gesetzesbegründung orientieren sich an den im gewöhnlichen Geschäftsverkehr bestehenden Gepflogenheiten.

Nach dem Regierungsentwurf des ErbStRG sollten die Einzelheiten der Bewertung bebauter Grundstücke nicht im BewG selbst, sondern durch eine Rechtsverordnung geregelt werden. Hierfür legte das BMF am 8.2.2008 einen Diskussionsentwurf vor. Auf die Beschlussempfehlung des Finanzausschusses (BT-Drs. 16/11075) wurden die darin vorgesehenen Regelungen jedoch in die §§ 182–191 BewG übernommen. Inhaltlich lehnen sie sich an die aufgrund des § 199 Abs. 1 BauGB erlassenen Vorschriften an. Dies waren bei Inkrafttreten des Gesetzes die WertV v. 6.12.1988 (BGBl I 1988, 2209), zuletzt geändert durch Art. 3 des BauROG v. 18.8.1997 (BGBl I 1997, 2081, 2210), ergänzt durch die – WertR (Bundesanzeiger Nr. 108 v. 10.6.2006). Ab 1.7.2010 wurde die WertV durch die ImmoWertV v. 19.5.2010 (BGBl I 2010, 639) ersetzt.

Hiernach lassen sich die für die Bewertung bebauter Grundstücke geltenden Bewertungsverfahren und Rechtsgrundlagen wie folgt systematisieren:

Grundstücksart	Bewertungs-verfahren	Rechtsgrundlage
Wohnungseigentum, Teileigentum, Ein- und Zweifamilienhäuser	Vergleichswert-verfahren	§§ 182 Abs. 2, 183 BewG
Mietwohngrundstücke, Geschäftsgrundstücke und gemischt genutzte Grundstücke, für die sich auf den örtlichen Grundstücksmarkt eine übliche Miete ermitteln lässt.	Ertragswert-verfahren	§§ 182 Abs. 3, 184–188 BewG
Wohnungseigentum, Teileigentum, Ein- und Zweifamilienhäuser, soweit ein Vergleichswert **nicht** vorliegt; Geschäftsgrundstücke, für die sich auf dem örtlichen Grundstücksmarkt keine übliche Miete ermitteln lässt; sonstige bebaute Grundstücke	Sachwertverfahren	§§ 182 Abs. 4, 189–191 BewG

Befinden sich auf einem Grundstück nicht nur Gebäude oder Gebäudeteile, die im Ertragswertverfahren zu bewerten sind, sieht R B 182 Abs. 5 ErbStR 2011 vor, dass die Wertermittlung für die gesamte wirtschaftliche Einheit einheitlich nach dem Sachwertverfahren erfolgt.

6.6.2 Vergleichswertverfahren (§ 182 Abs. 2 BewG, § 183 BewG)

Nach dem Vergleichswertverfahren werden grundsätzlich Wohnungs- und Teileigentum sowie Ein- und Zweifamilienhäuser bewertet. Eine Anwendung auf andere Grundstücksarten ist ausgeschlossen. 527

Beim Vergleichswertverfahren wird der Marktpreis i. d. R. aus tatsächlich realisierten Kaufpreisen anderer Grundstücke abgeleitet. Zur Ermittlung des gemeinen Werts kommt es daher nur bei Grundstücken in Betracht, die mit weitgehend gleichartigen Gebäuden bebaut sind und bei denen sich der Grundstücksmarkt an Vergleichswerten orientiert. Diese Voraussetzung hält der Gesetzgeber bei Wohnungs- und Teileigentum sowie Ein- und Zweifamilienhäusern regelmäßig für erfüllt (Begründung zu § 182 Abs. 2 BewG auf S. 33; krit. gegenüber dieser Annahme *Stahl,* KÖSDI 2008, 16069, 16075; *Tremel,* DStR 2008, 753, 756; *Broeckelschen/Maiterth,* FR 2008, 698, 700 m. w. N.).

Voraussetzung für die Anwendung des Vergleichswertverfahrens ist eine ausreichende Anzahl geeigneter Vergleichspreise; ausnahmsweise kann auch ein Vergleichspreis genügen (H B 183 Abs. 2 ErbStH 2011 „Anzahl der Vergleichspreise"). Als ein Vergleichspreis kann nach H B 183 Abs. 2 ErbStH 2011 „Kaufpreis für das zu bewertende Grundstück als Vergleichspreis" auch der für die zu bewertende wirtschaftliche Einheit tatsächlich innerhalb eines Jahres vor dem Bewertungsstichtag unter fremden Dritten erzielte Kaufpreis gelten, sofern zwischenzeitig keine Änderungen der Wertverhältnisse eingetreten sind und dem Verkauf keine ungewöhnlicher oder persönlichen Verhältnisse zugrunde gelegen haben.

Unter dieser Voraussetzung kann der für das Bewertungsobjekt erzielte Kaufpreis nicht nur zum Nachweis des niedrigeren gemeinen Werts nach § 198 BewG herangezogen, sondern unmittelbar zur Grundlage des Bewertungsverfahrens gemacht werden. Dies bedeutet, dass er nicht nur dann zu berücksichtigen ist, wenn er niedriger, sondern auch dann, wenn er höher ist als der sich ansonsten ergebende Wert (*Mannek,* ZEV 2012, 6, 16).

Nach § 183 Abs. 2 S. 1 BewG sind bei Anwendung des Vergleichswertverfahrens Kaufpreise von Grundstücken heranzuziehen, die hinsichtlich der ihren Wert beeinflussenden Merkmale mit dem zu bewertenden Grundstück hinreichend übereinstimmen (**Vergleichsgrundstücke**). Die Vorschrift entspricht im Wesentlichen der Regelung des § 15 Abs. 1 ImmoWertV. Als Wert beeinflussende Merkmale kommen bei bebauten Grundstücken neben der Beschaffenheit des Grundstücks (z. B. Grundstücksgröße und -gestalt) und dessen Lagemerkmalen (Verkehrsanbindung, Nachbarschaft, Wohn- und Geschäftslage, Umwelteinflüsse) vor allem auch der Zustand der baulichen Anlagen (Gebäudeart, Baujahr, Bauweise und Baugestaltung, Größe und Ausstattung, baulicher Zustand und Erträge) in Betracht (vgl. § 8 Abs. 3 ImmoWertV). Das Erfordernis hinreichender

– nicht absoluter Übereinstimmung – der Vergleichsgrundstücke soll nicht nur der Verwaltungsvereinfachung, sondern auch dazu dienen, den Kreis der Vergleichsgrundstücke nicht über Gebühr einzuengen. Weichen die wertbeeinflussenden Merkmale der Vergleichsgrundstücke bzw. der Grundstücke, für die Vergleichsfaktoren bebauter Grundstücke abgeleitet worden sind, vom Zustand des zu bewertenden Grundstücks ab, so sind diese Abweichungen durch Zu- oder Abschläge nach Vorgabe des örtlichen Gutachterausschusses für Grundstückswerte zu berücksichtigen (R B 183 Abs. 4 S. 1 ErbStR 2011). Stehen vom örtlichen Gutachterausschuss zur Berücksichtigung dieser Abweichungen keine Anpassungsfaktoren (z.B. Indexreihen oder Umrechnungskoeffizienten) zur Verfügung, kann eine hinreichende Übereinstimmung noch unterstellt werden, wenn die wertbeeinflussenden Merkmale des zu bewertenden Grundstücks (wie z.B. die Wohn-/Nutzfläche des Gebäudes, die Grundstücksgröße oder das Alter des Gebäudes) jeweils um höchstens 20 % vom Vergleichsgrundstück abweichen (H B 183 Abs. 4 ErbStH „Vergleichsfaktoren [Abweichungen]"). Soweit von den Gutachterausschüssen keine Vergleichspreise vorliegen, kann das zuständige FA geeignete Vergleichspreise aus anderen Kaufpreissammlungen als nach § 195 BauGB berücksichtigen (R B 183 Abs. 2 S. 7 ErbStR 2011).

528 Grundlage der Wertermittlung sind nach § 183 Abs. 1 S. 2 BewG vorrangig die von den Gutachterausschüssen mitgeteilten Vergleichspreise, deren Basis die gemäß § 195 BauGB geführte **Kaufpreissammlung** ist. Nachrangig kann auf die der FinVerw. vorliegenden Unterlagen zu vergleichbaren Kauffällen zurückgegriffen werden. Die unterschiedliche Ausstattung der Objekte, die bei Eigentumswohnungen sowie Ein- und Zweifamilienhäusern den erzielbaren Kaufpreis maßgeblich bestimmt, wird in den Kaufpreissammlungen der Gutachterausschüsse allerdings nur unvollständig berücksichtigt. Bei Eigentumswohnungen werden nur wesentliche Merkmale wie Lage im Gebäude, Größe der Wohnanlage, Vorhandensein von Balkon/Garten oder Tiefgaragenstellplatz erfasst. Bloße Auszüge aus der Kaufpreissammlung und deren schematische Mittelwertbildung stellen keine geeigneten Vergleichspreise dar (H B 183 Abs. 2 ErbStH 2011 „Auszüge aus der Kaufpreissammlung"). Bei individuell gebauten und ausgestatteten Ein- und Zweifamilienhäusern fehlt es von vornherein an der Vergleichbarkeit (*Tremel*, DStR 2008, 753, 756; *Stahl*, KÖSDI 2008, 16069, 16075). Die WertR schränken die Anwendung des Vergleichswertverfahrens deshalb dahingehend ein, dass die zu bewertenden Grundstücke mit gleichartigen Gebäuden bebaut sein sollten, und nennt insbesondere Wohngebäude wie Reihenhäuser oder Eigentumswohnungen (*Broekelschen/Maiterth*, FR 2008, 698, 700). Liegt insoweit taugliches Vergleichsmaterial vor, ist die Wertermittlung auf dessen Grundlage vorzunehmen.

529 Anstelle von Preisen für Vergleichsgrundstücke können nach § 183 Abs. 2 BewG auch **Vergleichsfaktoren** herangezogen werden, die von den Gutachterausschüssen für geeignete Bezugseinheiten, insbesondere Flächeneinheiten des Gebäudes, ermittelt und mitgeteilt werden. Vergleichsfaktoren (§ 193 Abs. 5 S. 2 Nr. 4 BauBG) sollen der Ermittlung von Vergleichswerten für bebaute Grundstücke dienen (§ 13 S. 1 ImmoWertV). Sie sind auf den marktüblich erzielbaren jährlichen Ertrag (Ertragsfaktor) oder auf eine sonst geeignete Bezugseinheit, insbesondere auf eine Flächen- oder Raumeinheit der baulichen Anlage (Gebäudefaktor), zu beziehen (§ 13 S. 2 ImmoWertV). Im Ergebnis bedeutet die Verwendung von Vergleichsfaktoren die Bewertung im Ertragswertverfahren – bei Verwendung des Ertragsfaktors – oder die Bewertung an Hand eines Sachwertverfahrens – bei Verwendung des Gebäudefaktors (*Broekelschen/Maiterth*, FR 2008, 698, 700). Als geeignete Bezugseinheiten stellt § 183 Abs. 2 S. 1 BewG Flächeneinheiten des Gebäudes besonders heraus. Dies läuft auf die vorrangige Berücksichtigung von Kaufpreisen/m² hinaus.

> **Beispiel: Beispiel (nach *Drosdzol*, ZEV 2008, 177, 178):**
> X erbt 2009 eine Eigentumswohnung in der Stadt S. Die Wohnung wurde im Jahr 1965 fertig gestellt und hat eine Größe von 90 m². Der Gutachterausschuss teilt für Wohnungen der Baujahre 1960 bis 1965 mit einer Größe zwischen 40 und 90 m² in dem entsprechenden Stadtteil einen mittleren Kaufpreis von 1.400 EUR/m² mit. Der Grundstückswert beträgt 90 × 1.400 EUR = 126.000 EUR.

Nach Ansicht der FinVerw. sollten bei Vergleichsfaktoren für Wohneigentum regelmäßig mindestens folgende Klassifizierungsmerkmale vorliegen: Baujahrsklasse, Wohnungsgröße der Vergleichswohnung oder eine Wohnungsgrößenspanne und die Wohnlage (H B 183 Abs. 3 ErbStH 2011 „Vergleichsfaktoren"). Hat der Gutachterausschuss nur einen Vergleichsfaktor für ein Reihenhaus ermittelt, kann dieser nur dann als Vergleichsfaktor für ein freistehendes Einfamilienhaus benutzt werden, wenn vom Gutachterausschuss zusätzlich entsprechende Korrekturfaktoren vorliegen (H B 183 Abs. 3 ErbStH 2011 „Vergleichsfaktoren").

Hat der örtliche Gutachterausschuss Vergleichsfaktoren in Spannen veröffentlicht und dabei Differenzierungsmerkmale ausgewiesen, ist der entsprechend differenzierte Wert aus der Spanne zugrunde zu legen. Anderenfalls ist regelmäßig nicht der Mittelwert, sondern der unterste Wert der Spanne anzusetzen (H B 183 Abs. 3 ErbStG 2011 „Vergleichsfaktoren" [„Vergleichsfaktoren in Spannen"]). Kein Vergleichsfaktor in Spannen liegt vor, wenn der Gutachterausschuss den Vergleichswert als festen Wert vorgibt und zusätzlich nach oben und unten eine Standardabweichung benennt. In diesem Fall ist als Vergleichsfaktor der vorgegebene Wert anzusetzen (H B 183 Abs. 3 ErbStH 2011 „Vergleichsfaktoren" [„Vergleichsfaktoren in Spannen"]).

Besonderheiten, insbesondere die den Wert beeinflussenden Belastungen privatrechtlicher und öffentlich-rechtlicher Art, werden nach § 183 Abs. 3 BewG nicht berücksichtigt. Damit sind Zu- und Abschläge wegen Abweichungen des Bewertungsobjekts von den wertbeeinflussenden Merkmalen der Vergleichsgrundstücke ausgeschlossen. Hierdurch sollen insbesondere in Fällen mit Nutzungs- und Duldungsrechten (Nießbrauch, Wohnungsrecht) komplizierte Berechnungen vermieden werden (*Drosdzol*, ZEV 2008, 177, 178). Dem Steuerpflichtigen bleibt in diesen Fällen lediglich die Möglichkeit, den Nachweis des niedrigeren **gemeinen Werts** gemäß § 198 BewG zu führen.

530

531 Bei Vergleichsfaktoren, die sich nur auf das Gebäude beziehen, ist nach § 183 Abs. 2 S. 2 BewG der Bodenwert (§ 179 BewG) gesondert zu berücksichtigen. Diese Regelung spielt bei Eigentumswohnungen und Einfamilienhäusern in den meisten Fällen keine Rolle, weil die von den Gutachterausschüssen mitgeteilten Vergleichsfaktoren regelmäßig ein durchschnittliches Grundstück bzw. einen durchschnittlichen Grundstücksanteil mitberücksichtigen (*Drosdzol*, ZEV 08, 177, 178).

532 Welche praktische Bedeutung die Bewertung auf der Grundlage von Vergleichsfaktoren erlangen wird, bleibt abzuwarten. In der Lit. wird darauf hingewiesen, dass die in § 183 Abs. 2 BewG genannten Vergleichsfaktoren vielfach gar nicht vorliegen und die Erhebung derartiger Daten in einem systematisierten Verfahren vermutlich gar nicht möglich sein wird, weil die einzelnen Objekte nicht vergleichbar sind und die Erhebung der Daten die personelle Kapazität der Gutachterausschüsse übersteigt (*Tremel*, DStR 2008, 753, 756; *Broekelschen/Maiterth*, FR 2008, 698, 708, Fn. 76).

6.6.4 Ertragswertverfahren (§ 182 Abs. 3 BewG, §§ 184 bis 188 BewG)

533 Beim Ertragswertverfahren wird der Wert von bebauten Grundstücken auf der Grundlage des für diese Grundstücke nachhaltig erzielbaren Ertrags ermittelt. Es bietet sich deshalb bei typischen Renditeobjekten an, bei denen der nachhaltig erzielbare Ertrag für die Werteinschätzung am Grundstücksmarkt im Vordergrund steht. Das Ertragswertverfahren ist daher regelmäßig auf Mietwohngrundstücke sowie auf Geschäftsgrundstücke und gemischt genutzte Grundstücke anzuwenden. Im Fall von Mietwohngrundstücken sieht § 182 Abs. 3 Nr. 1 BewG das Ertragswertverfahren als einziges Bewertungsverfahren vor; im Fall von Geschäftsgrundstücken und gemischt genutzten Grundstücken macht § 182 Abs. 3 Nr. 2 BewG seine Anwendung davon abhängig, dass sich für sie auf dem örtlichen Grundstücksmarkt eine übliche Miete ermitteln lässt. Ist dies nicht möglich, findet das Sachwertverfahren Anwendung.

Das Ertragswertverfahren entspricht im Wesentlichen dem allgemeinen Ertragswertverfahren nach § 17 Abs. 2 S. 1 Nr. 1 ImmoWertV. Dabei ist der Wert der baulichen Anlagen getrennt vom Bodenwert auf der Grundlage des Ertrags zu ermitteln (§ 184 Abs. 1 BewG). Der Bodenwert ist wie der Wert des unbebauten Grundstücks nach § 179 BewG zu ermitteln (§ 184 Abs. 2 BewG). Vereinfachend sieht das Gesetz vor, dass als bauliche Anlage im Regelfall nur das Gebäude zu bewerten ist. Sonstige bauliche Anlagen, insbesondere Außenanlagen, sind regelmäßig mit dem Ertragswert des Gebäudes erfasst und werden nicht berücksichtigt (§ 184 Abs. 3 S. 3 BewG). Der Bodenwert und der Gebäudeertragswert ergeben den Ertragswert des Grundstücks (§ 184 Abs. 3 S. 1 BewG). Als Mindestwert ist der Bodenwert anzusetzen (§ 184 Abs. 3 S. 2 BewG).

In einem Überblick lässt sich die Ermittlung des Ertragswerts wie folgt darstellen: 534

```
Bodenwert (§ 179 BewG)              Gebäudeertragswert (§ 185 BewG)

                                    Rohertrag (Jahresmiete bzw. übliche Miete)
                                                    ./.
                                         Bewirtschaftungskosten
                                                    =
                                         Reinertrag des Grundstücks
                                                    ./.
                                            Bodenwertverzinsung
                                                    =
     Bodenrichtwert                       Gebäudereinertrag
           ×                                        ×
    Grundstücksfläche                         Vervielfältiger
           =                                        =
       Bodenwert              +       Gebäudeertragswert (mindestens 0)

                    = Ertragswert (Grundbesitzwert)
```

6.6.4. Ermittlung des Gebäudeertragswerts

6.6.4.1.1 Ermittlung des Reinertrags des Grundstücks

Nach § 185 Abs. 1 BewG ist bei der Ermittlung des Gebäudeertragswerts von dem 535
Reinertrag des Grundstücks auszugehen, der sich aus dem Rohertrag des Grundstücks (§ 186 BewG) abzüglich der Bewirtschaftungskosten (§ 187 BewG) ergibt.

Rohertrag ist nach § 186 Abs. 1 BewG das Entgelt, das für die Benutzung des bebauten Grundstücks nach den im Bewertungsstichtag geltenden vertraglichen Vereinbarungen für den Zeitraum von zwölf Monaten zu zahlen ist. Umlagen, die zur Deckung der Betriebskosten gezahlt werden, sind nicht anzusetzen. Da es sich bei dem Entgelt i.S.d. § 186 Abs. 1 S. 1 BewG um eine Sollmiete handelt, kommt es nicht darauf an, ob und inwieweit diese tatsächlich gezahlt wurde. Auch bei Mietausfall ist daher eine Bewertung aufgrund der vereinbarten Miete vorzunehmen (R B 186.1 Abs. 1 S. 7 ErbStR 2011).

> **Gestaltungshinweis: Gestaltungshinweis:**
>
> Abweichend von § 186 Abs. 1 S. 1 BewG wird der Ertragswert im marktgängigen Ertragswertverfahren auf der Grundlage marktüblich erzielbarer Erträge ermittelt (§ 17 Abs. 1 S. 1 ImmoWertV). Sind diese geringer als die mit dem Mietobjekt tatsächlich erzielten Mieten, besteht Wertminderungspotenzial, das durch einen Verkehrswertnachweis gemäß § 198 BewG genutzt werden kann (*Eisele/Schmitt*, NWB 2010, 2232, 2239).

Für Grundstücke oder Grundstücksteile, die eigengenutzt, ungenutzt, zu vorübergehendem Gebrauch oder unentgeltlich überlassen sind oder die der Eigentümer dem Mieter zu einer um mehr als 20 % von der üblichen Miete abweichenden tatsächlichen Miete überlassen hat, ist die übliche Miete anzusetzen (§ 186 Abs. 2 S. 1 Nrn. 1 und 2 BewG). Anders als nach dem früheren § 146 Abs. 3 S. 1

BewG schließt die Überlassung an Angehörige (§ 15 AO) oder Arbeitnehmer des Eigentümers der tatsächlichen Miete nicht per se aus.

Die übliche Miete ist in Anlehnung an die Miete zu schätzen, die für Räume gleicher oder ähnlicher Art, Lage und Ausstattung regelmäßig gezahlt wird (§ 186 Abs. 2 S. 2 BewG). Betriebskosten sind auch in diesem Fall nicht einzubeziehen (§ 186 Abs. 2 S. 3 BewG). Die **übliche Miete** kann aus Vergleichsmieten oder aus Mietspiegeln abgeleitet, mithilfe einer Mietdatenbank (§ 558e BGB) geschätzt oder durch ein Mietgutachten ermittelt werden (R B 186.5 Abs. 1 S. 1 ErbStR 2011). Die Ableitung der üblichen Miete aus **Vergleichsmieten** kommt insbesondere in Betracht, wenn sich unter § 186 Abs. 2 S. 1 BewG fallende und vermietete Räumlichkeiten in einem Objekt befinden, der Steuerpflichtige Eigentümer mehrerer Objekte ist, die in unmittelbarer Nachbarschaft zu dem eigengenutzten Objekt belegen sind oder dem FA Vergleichsmieten z. B. aus ertragsteuerlichen Unterlagen vorliegen (R B 186.5 Abs. 2 S. 1 Nrn. 1–3 ErbStR 2011).

Liegt ein nach dem Gesetz zur Regelung der Miethöhe bzw. nach den §§ 558, 558d BGB erstellter **Mietspiegel** vor, kann auf diesen zurückgegriffen werden, wenn dieser für den Bewertungsstichtag gilt (R B 186.5 Abs. 3 S. 1 ErbStR 2011). Werden darin **Mietspannen** angegeben, ist grundsätzlich der im Mietspiegel ausgewiesene gewichtete Mittelwert anzusetzen. Nur bei ausreichenden Anhaltspunkten für einen konkreten niedrigeren oder höheren Wert ist dieser anzusetzen (H B 186.5 ErbStH 2011 „Mietspiegel"). Für die Überprüfung der Ortsüblichkeit von tatsächlich erzielten Mieten ist auf den jeweils unteren oder oberen Wert der Spanne abzustellen, sodass eine Miete, die den unteren Wert um mehr als 20 % unterschreitet oder den oberen Wert um mehr als 20 % überschreitet, nicht mehr ortsüblich ist (H B 186.5 ErbStH 2011 „Mietspiegel").

Bei einer **Mietdatenbank** handelt es sich nach § 558e BGB um eine zur Ermittlung der ortsüblichen Vergleichsmiete fortlaufend geführte Sammlung von Mieten, die von der Gemeinde oder von Interessenvertretern der Vermieter und Mieter gemeinsam geführt oder anerkannt wird und aus der Auskünfte gegeben werden, die für einzelne Wohnungen einen Schluss auf die ortsübliche Vergleichsmiete zulassen. Der Steuerpflichtige kann die übliche Miete durch ein von einem Sachverständigen oder dem örtlichen Gutachterausschuss zu erstellendes **Mietgutachten** nachweisen (R B 186.5 Abs. 5 ErbStR 2011).

Befinden sich in einem Mietwohngrundstück **Ferienwohnungen**, ist die übliche Miete insoweit nach der saisonabhängigen Miete unter Berücksichtigung der üblichen Auslastung zu ermitteln; dabei sind Zeiten der Selbstnutzung in die durchschnittliche Auslastung des Objekts einzubeziehen und Leerstandszeiten im zeitlichen Verhältnis der tatsächlichen Selbstnutzung zur tatsächlichen Vermietung aufzuteilen (R B 186.5 Abs. 6 S. 1–3 ErbStR 2011).

536 **Bewirtschaftungskosten** sind nach § 187 Abs. 1 BewG die bei gewöhnlicher Bewirtschaftung nachhaltig entstehenden Verwaltungskosten, Betriebskosten, Instandhaltungskosten und das Mietausfallwagnis; durch Umlagen gedeckte Betriebskosten bleiben – wie bei der Ermittlung des Rohertrags – unberücksichtigt. Zinsen für Hypothekendarlehen und Grundschulden oder sonstige Zahlungen für auf dem Grundstück lastende privatrechtliche Verpflichtungen bleiben ebenfalls außer An-

satz (R B 187 Abs. 1 S. 2 ErbStR 2011). Nach § 187 Abs. 2 S. 1 BewG sind die Bewirtschaftungskosten jedoch nicht mit den bei dem zu bewertenden Objekt tatsächlich anfallenden Beträgen, sondern nach **Erfahrungssätzen** anzusetzen. Vorrangig sollen diese Erfahrungssätze nach § 187 Abs. 2 S. 2 BewG von den Gutachterausschüssen zur Verfügung gestellt werden. Ob diese über entsprechende Datensammlungen verfügen, ist allerdings ungewiss (*Tremel*, DStR 2008, 753, 756f.). Falls die Gutachterausschüsse keine Erfahrungssätze zur Verfügung stellen können, ist von den pauschalierten Bewirtschaftungskosten nach Anlage 23 zum BewG auszugehen. Diese betragen je nach Gebäudeart und Restnutzungsdauer des Gebäudes zwischen 18 und 29 % der Jahresmiete bzw. üblichen Miete (ohne Betriebskosten). Das Gesetz geht von der wohl zutreffenden Annahme aus, dass die Bewirtschaftungskosten mit zunehmendem Gebäudealter steigen und bei zu Wohnzwecken dienenden Gebäuden höher als bei gewerblich genutzten Gebäuden sind.

Die in der Anlage 23 zum BewG festgelegten Kosten entsprechen den durchschnittlichen Bewirtschaftungskosten der jeweiligen Grundstücksart. Die Berücksichtigung von Besonderheiten des zu bewertenden Objekts lassen sie nicht zu. Nachteilig auswirken kann sich dies z.B. bei denkmalgeschützten Objekten, bei denen die Bewirtschaftungskosten durchaus bis zu 50 % des Rohertrags ausmachen können (*Tremel*, DStR 2008, 753, 757). Auch örtliche Besonderheiten bleiben außer Betracht, obwohl die Annahme nahe liegt, dass die relative Höhe der Bewirtschaftungskosten umso höher ist, je geringer die Marktmiete ist.

> **Gestaltungshinweis: Gestaltungshinweis:**
>
> Im Gegensatz zum steuerlichen Bewertungsverfahren ist bei der marktgängigen Verkehrswertermittlung nur insoweit von Erfahrungssätzen auszugehen, als sich die tatsächlichen Bewirtschaftungskosten nicht ermitteln lassen (§ 19 Abs. 2 S. 2 ImmoWertV). Liegen diese über den pauschalierten Bewirtschaftungskosten, ist ein Verkehrswertnachweis gemäß § 198 BewG in Betracht zu ziehen. Insbesondere bei denkmalgeschützten Gebäuden sind die Bewirtschaftungskosten i.d.R. so hoch, dass sie von den Erfahrungssätzen bzw. den pauschalierten Bewirtschaftungskosten der Anlage 23 zum BewG nicht abgedeckt werden (*Eisele/Schmitt*, NWB 2010, 2232, 2239).

6.6.-.1.2 Abzug der Bodenwertverzinsung

Nach § 185 Abs. 2 S. 1 BewG ist der Reinertrag des Grundstücks um den Betrag zu verringern, der sich durch eine angemessene Verzinsung des Bodenwerts ergibt; dies ergibt den Gebäudereinertrag. Der Abzug der Bodenwertverzinsung trägt dem Umstand Rechnung, dass die vertraglich vereinbarte bzw. die übliche Jahresmiete des Grundstücks nicht nur den Ertrag des Gebäudes darstellt, sondern auch den des Grund und Bodens umfasst; um eine doppelte Erfassung des Grundstückswerts infolge der getrennten Ermittlung des Gebäude- und des Bodenwerts zu verhindern, muss der Gesamtertrag daher um die darin enthaltene Bodenrente vermindert werden (*Stahl*, KÖSDI 2008, 16069, 16076f.).

537

538 Nach § 185 Abs. 2 S. 2 BewG ist der Verzinsung des Bodenwerts (§ 179 BewG) der **Liegenschaftszinssatz** zugrunde zu legen. Dies ist nach der mit § 14 Abs. 3 ImmoWertV übereinstimmenden Definition des § 188 Abs. 1 BewG der Zinssatz, mit dem der Verkehrswert von Grundstücken im Durchschnitt marktüblich verzinst wird.

Nach § 188 Abs. 2 S. 1 BewG sind vorrangig die von den Gutachterausschüssen ermittelten örtlichen Liegenschaftszinssätze anzuwenden. Nach § 14 Abs. 3 S. 2 ImmoWertV ist der Liegenschaftszinssatz auf der Grundlage geeigneter Kaufpreise und der ihnen entsprechenden Reinerträge für gleichartig bebaute und genutzte Grundstücke unter Berücksichtigung der Restnutzungsdauer der Gebäude nach den Grundsätzen des Ertragswertverfahrens (§§ 17–20 ImmoWertV) zu ermitteln. § 14 Abs. 3 S. 2 ImmoWertV trägt dem Umstand Rechnung, dass sich der Ertragswert des Grundstücks aus der Summe der auf den Wertermittlungszeitpunkt diskontierten zukünftigen Erträge des Gebäudes und des Grund und Bodens ergibt, die Nutzung des Gebäudes im Unterschied zu derjenigen des Grund und Bodens aber zeitlich begrenzt ist (zur rechnerischen Ableitung des Liegenschaftszinssatzes: *Broekelschen/Maiterth*, FR 2008, 698, 701). Die zu verwendenden Liegenschaftszinssätze unterscheiden sich nach Region und Gebäudeart und werden von den Gutachterausschüssen in den jährlichen Grundstücksmarktberichten veröffentlicht. Der Differenzierungsgrad ist von der Zahl der in den Kaufpreissammlungen erfassten Verkaufsfälle abhängig. Während es für Großstädte möglich ist, den Liegenschaftszinssatz in Abhängigkeit vom Baujahr, vom Stadtteil und der stadträumlichen Wohnlage zu ermitteln, muss in ländlichen Regionen häufig mit Durchschnittswerten gerechnet werden (*Broekelschen/Maiterth*, FR 2008, 698, 701).

Zum Teil geben die Gutachterausschüsse die Liegenschaftszinssätze auch nicht mit einer einfachen Zahl, sondern mit einer gewissen Bandbreite an (*Tremel*, DStR 2008, 753, 757). Sind von den Gutachterausschüssen Liegenschaftszinssätze in Wertspannen veröffentlicht worden, kann aus Vereinfachungsgründen der gesetzliche Liegenschaftszinssatz zugrunde gelegt werden, wenn dieser innerhalb der vom Gutachterausschuss angegebenen Spanne liegt. Liegt der gesetzliche Zinssatz außerhalb der Spanne, ist der Liegenschaftszinssatz innerhalb der Spanne zu wählen, der dem gesetzlichen Liegenschaftszinssatz am nächsten liegt. Dies ist der obere oder untere Grenzwert der Spanne (H B 188 Abs. 2 ErbStH 2011 „Liegenschaftszinssatz in Spannen"). Benennt der Gutachterausschuss dagegen einen Liegenschaftszinssatz als festen Wert und zusätzlich nach oben und nach unten eine Standardabweichung, hat das FA den vom Gutachterausschuss benannten Liegenschaftszinssatz anzusetzen, weil keine Angabe in Wertspannen vorliegt.

Sofern der Gutachterausschuss bei der Veröffentlichung der Liegenschaftszinssätze eine von den Grundstücksarten des BewG abweichende Unterteilung der Grundstückstypen vornimmt, ist zu prüfen, ob und wie eine ggf. abweichende Unterteilung der Grundstückstypen des Gutachterausschusses bei der Bestimmung des zutreffenden Liegenschaftszinssatzes berücksichtigt werden kann (H B 188 Abs. 2 ErbStH 2011 „Liegenschaftszinssatz [maßgebende Grundstücksart]"). Wurde z. B. der Liegenschaftszinssatz für ein bewertungsrechtliches „Mietwohngrundstück" nach der Terminologie des Gutachterausschusses dem Grundstückstyp „gemischt genutztes

Grundstück" zugeordnet, wäre bei der Bewertung des Mietwohngrundstücks der vom Gutachterausschuss für das gemischt genutzte Grundstück benannte Liegenschaftszinssatz maßgebend (*Mannek*, ZEV 2012, 6, 17). Ist eine Zuordnung der vom Gutachterausschuss ermittelten Liegenschaftszinssätze zu den bewertungsrechtlich maßgebenden Grundstücksarten nicht möglich, sind die Liegenschaftszinssätze des § 188 Abs. 2 S. 2 BewG maßgebend (H B 188 Abs. 2 ErbStH 2011 „Liegenschaftszinssatz [maßgebende Grundstücksart]").

Soweit von den Gutachterausschüssen für das zu bewertende Grundstück keine geeigneten Liegenschaftszinssätze zur Verfügung gestellt werden, gelten nach § 188 Abs. 2 S. 2 BewG die folgenden Zinssätze:

- 5 % für Mietwohngrundstücke,
- 5,5 % für gemischt genutzte Grundstücke mit einem gewerblichen Anteil von bis zu 50 % berechnet nach der Wohn- und Nutzfläche,
- 6 % für gemischt genutzte Grundstücke mit einem gewerblichen Anteil von mehr als 50 %, berechnet nach der Wohn- und Nutzfläche,
- 6,5 % für Geschäftsgrundstücke.

Die Herleitung dieser Zinssätze wird in dem Bericht des Finanzausschusses (BT-Drs. 16/11107, 22) nicht näher erläutert. Die mit dem Anteil der gewerblichen Nutzung steigenden Sätze dürften jedoch dem Umstand Rechnung tragen, dass die Nutzungsdauer gewerblich genutzter Gebäude im Allgemeinen kürzer als die von Wohngebäuden ist, so dass auch der auf die Gebäudenutzung entfallende Teil der künftigen Erträge bei ihnen geringer als bei Wohngebäuden ist.

Grundsätzlich ist die Verzinsung des Bodenwerts auf die Gesamtfläche des Grundstücks zu beziehen. Eine Ausnahme macht § 185 Abs. 2 S. 3 BewG jedoch für den Fall, dass das **Grundstück wesentlich größer** ist, als es einer den Gebäuden angemessenen Nutzung entspricht, und eine zusätzliche Nutzung oder Verwertung einer Teilfläche zulässig und möglich ist. In diesem Fall ist der Bodenwert der einer selbstständigen Nutzung oder Verwertung zugänglichen Teilfläche bei der Berechnung des Verzinsungsbetrags nicht zu berücksichtigen. Diese Regelung trägt dem Umstand Rechnung, dass sich in diesen Fällen im Rohertrag nicht der Bodenwert des gesamten Grundstücks niedergeschlagen hat. Es drängt sich daher auf, die selbstständig nutz- oder verwertbare Teilfläche wie ein unbebautes Grundstück zu bewerten (Drosdzol, ZEV 2008, 177, 179). Die Beurteilung der Frage, wann das Grundstück wesentlich größer ist, als es einer den Gebäuden angemessenen Nutzung entspricht, hängt vom Einzelfall ab. Allerdings dürfte eine wesentliche Überschreitung i.d.R. nur anzunehmen sein, wenn die selbstständig nutz- oder verwertbare Teilfläche einen erheblichen Teil der Gesamtfläche des Grundstücks (20 % oder mehr) ausmacht.

6.6.4.2 Vervielfältiger

Nach § 185 Abs. 3 S. 1 BewG ist der Gebäudereinertrag mit dem sich aus der Anlage 21 zum BewG ergebenden Vervielfältiger zu kapitalisieren. Die Vervielfältiger wurden aus der Anlage zu § 16 Abs. 3 WertV (vgl. nunmehr Anlage 1 zu § 20 ImmoWertV) übernommen. Maßgebend für den Vervielfältiger sind der Liegenschaftszinssatz (§ 188 BewG) und die Restnutzungsdauer des Gebäudes (§ 185 Abs. 3 S. 2 BewG). Der Vervielfältiger ist umso größer, je höher die Restnutzungsdauer und je geringer der Liegenschaftszinssatz ist.

542 Die **Restnutzungsdauer** wird im Allgemeinen nach der wirtschaftlichen Gesamtnutzungsdauer und dem Alter des Gebäudes zum Bewertungsstichtag ermittelt (§ 185 Abs. 3 S. 2 BewG). Die maßgebliche Gesamtnutzungsdauer wird in Anlage 22 zum BewG in Abhängigkeit von der jeweiligen Nutzung typisierend festgelegt. Sie reicht von 40 Jahren (z.B. bei Einkaufsmärkten, Großmärkten und Läden) bis zu 80 Jahren (z.B. bei Mietwohngrundstücken). Sind nach Bezugsfertigkeit des Gebäudes Veränderungen eingetreten, die die wirtschaftliche Gesamtnutzungsdauer des Gebäudes verlängert oder verkürzt haben, ist von der Verlängerung oder Verkürzung entsprechenden Restnutzungsdauer auszugehen (§ 185 Abs. 3 S. 4 BewG). Eine **Verlängerung** der Restnutzungsdauer kann sich insbesondere aus durchgreifenden Instandsetzungs- oder Modernisierungsmaßnahmen ergeben. Nach R B 185.3 Abs. 4 ErbStR 2011 ist eine Verlängerung der Restnutzungsdauer nur anzunehmen, wenn in den letzten zehn Jahren durchgreifende Modernisierungsmaßnahmen durchgeführt wurden, die nach einem Punktesystem (Tabelle 1) eine überwiegende oder umfassende Modernisierung ergeben. Die sich daraus ergebende Verlängerung der Restnutzungsdauer ist von dem Modernisierungsgrad, der Gesamtnutzungsdauer und dem Alter des Gebäudes abhängig (vgl. R B 185.3 Abs. 4 Tabellen 2–6 ErbStR 2011). Eine **Verkürzung** der Restnutzungsdauer kommt nur in besonders gelagerten Einzelfällen in Betracht, wie z.B. bei bestehender Abbruchverpflichtung für das Gebäude. Baumängel und Bauschäden oder wirtschaftliche Gegebenheiten können hingegen im typisierenden Bewertungsverfahren zu keiner Verkürzung der Restnutzungsdauer führen (R B 185.3 Abs. 5 EStR 2011). Besteht eine wirtschaftliche Einheit aus mehreren Gebäuden oder Gebäudeteilen mit einer gewissen Selbstständigkeit, die eine verschiedene Bauart aufweisen, unterschiedlich genutzt werden oder die in verschiedenen Jahren bezugsfertig geworden sind, können sich unterschiedliche Restnutzungsdauern ergeben (z.B. Gebäudemix aus einer Fertigungshalle mit 50 Jahren und einem Verwaltungsgebäude mit 60 Jahren typisierter wirtschaftlicher Gesamtnutzungsdauer); in diesen Fällen ist eine gewogene Restnutzungsdauer unter Berücksichtigung der jeweiligen Roherträge zu ermitteln (R B 185.4 Abs. 3 ErbStR 2011). Können die Roherträge nur mit einem unverhältnismäßig hohen Aufwand den einzelnen Gebäuden bzw. Gebäudeteilen zugeordnet werden (z.B. bei Vermietung sämtlicher Gebäude zu einem Gesamtentgelt), kann von einer nach Wohn- bzw. Nutzflächen gewichteten Restnutzungsdauer ausgegangen werden (R B 185.4 Abs. 4 ErbStR 2011).

543 Nach § 185 Abs. 3 S. 5 BewG beträgt die Restnutzungsdauer eines noch genutzten Gebäudes mindestens 30 % der wirtschaftlichen Gesamtnutzungsdauer. Die **Mindestrestnutzungsdauer** soll dem Umstand Rechnung tragen, dass auch ein älteres Gebäude, das laufend instand gehalten wird, nicht wertlos ist (Bericht des Finanzausschusses, BT-Drs. 16/11107, 22). Zugleich soll sie in vielen Fällen – gerade bei älteren Gebäuden – die Prüfung entbehrlich machen, ob die restliche Lebensdauer durch bauliche Maßnahmen verlängert wurde (*Drosdzol*, ZEV 2008, 177, 179). Die

Annahme einer Mindestrestnutzungsdauer dürfte bei Mietwohngrundstücken im Allgemeinen den tatsächlichen und wirtschaftlichen Gegebenheiten entsprechen. Bei Geschäftsgrundstücken kann sie hingegen zu Überbewertungen führen, weil die an diese gestellten Anforderungen einem größeren Wandel unterliegen und bei diesen schon die in der Anlage 22 zum BewG zugrunde gelegten Gesamtnutzungsdauern zum Teil sehr großzügig bemessen sind.

Gestaltungshinweis: Gestaltungshinweis:
Beim Ansatz der Mindestrestnutzungsdauer ist regelmäßig ein Verkehrswertnachweis nach § 198 BewG in Betracht zu ziehen (*Eisele/Schmitt*, NWB 2010, 2232, 2240f.).

6.6.4.2 Bodenwert als Mindestwert

Als Mindestwert ist der Bodenwert anzusetzen (§ 184 Abs. 3 S. 2 BewG). Zum Ansatz des Mindestwerts kommt es dann, wenn der Gebäudeertragswert gleich Null oder gar negativ ist, weil das Grundstück nachhaltig keinen Ertrag abwirft. Mit der Mindestwertregelung sollen in solchen Fällen komplizierte Wertberechnungen vermieden werden (Bericht des Finanzausschusses, BT-Drs. 16/11107, 21). Die Regelung ist nachteilig für Grundstückseigentümer, deren Grundstück mit einem unwirtschaftlichen Gebäude bebaut ist. Um den vollen Bodenwert zu erhalten und das Grundstück neu bebauen zu können, müssen u. U. vorhandene Gebäude abgerissen werden (*Tremel*, DStR 2008, 753, 756).

544

Gestaltungshinweis: Gestaltungshinweis:
In Fällen, in denen der Bodenwert als Mindestwert angesetzt wird, dürfte sich aus Sicht des Steuerpflichtigen daher i.d.R. die Einholung eines Verkehrswertgutachtens zum Nachweis des geringeren Verkehrswerts (§ 198 BewG) aufdrängen (*Tremel*, DStR 2008, 752, 756; *Eisele/Schmitt*, NWB 2010, 2232, 2238; *Cölln/Behrendt*, BB 2010, 1444, 1448f.). Nach § 16 Abs. 3 S. 1 ImmoWertV ist der Bodenwert um die üblichen Freilegungskosten zu mindern, wenn alsbald mit dem Abriss von baulichen Anlagen zu rechnen ist. Dies ist nicht nur dann der Fall, wenn diese nicht mehr nutzbar sind (§ 16 Abs. 3 S. 2 Nr. 1 ImmoWertV), sondern auch dann, wenn der nicht abgezinste Bodenwert ohne Berücksichtigung der Freilegungskosten den im Ertragswertverfahren (§§ 17 bis 20 ImmoWertV) ermittelten Ertragswert erreicht oder übersteigt (§ 16 Abs. 3 S. 2 Nr. 2 ImmoWertV). Ist eine Freilegung nicht sofort möglich, sind bei der Verkehrswertermittlung nicht nur die Freilegungskosten, sondern auch die barwertigen Reinerträge und der über die Restnutzungsdauer der abgängigen Bodensubstanz diskontierte Bodenwert einzubeziehen (vgl. Nr. 3.1.4.2 WertR 2006; *Cölln/Behrendt*, BB 2010, 1444, 1449).

6.6.5 Sachwertverfahren (§ 182 Abs. 4 BewG, §§ 189 bis 191 BewG)

Das Sachwertverfahren kommt nach § 182 Abs. 4 BewG immer dann zur Anwendung, wenn bei Wohnungs- und Teileigentum sowie Ein- und Zweifamilienhäusern

545

geeignete Vergleichswerte fehlen (Nr. 1) und wenn sich bei Geschäftsgrundstücken und gemischt genutzten Grundstücken auf dem örtlichen Grundstücksmarkt keine übliche Miete ermitteln lässt (Nr. 2); darüber hinaus ist es allgemein auf die Bewertung sonstiger bebauter Grundstücke anzuwenden (Nr. 3).

Bei Anwendung des Sachwertverfahrens sind der Wert der baulichen Anlagen und der Wert der sonstigen Anlagen getrennt vom Bodenwert nach Herstellungskosten zu ermitteln (§ 189 Abs. 1 S. 1 BewG). Vereinfachend sieht § 189 Abs. 1 S. 2 BewG vor, dass der Wert der sonstigen baulichen Anlagen (insbesondere Außenanlagen) regelmäßig mit dem Gebäude- und dem Bodenwert abgegolten ist. Nur für besonders werthaltige Außenanlagen und sonstige Anlagen sind besondere Wertansätze erforderlich. Als besonders werthaltig gelten Außenanlagen, wenn die in der Tabelle zu R B 190.5 ErbStR 2011 dargestellten Größenmerkmale erreicht werden. Von besonders werthaltigen Außenanlagen ist auch auszugehen, wenn die Summe der Sachwerte (Regelherstellungskosten 2007 für Außenanlagen nach Alterswertminderung) 10 % des Gebäudewerts übersteigt (R B 190.5 S. 4 ErbStR 2011).

Der Bodenwert ist wie der Wert des unbebauten Grundstücks nach § 179 BewG zu ermitteln (§ 189 Abs. 2 BewG). Ebenso wie beim Ertragswertverfahren bleibt dabei außer Acht, dass ein bebautes Grundstück deshalb nicht mit einem unbebauten Grundstück zu vergleichen ist, weil der Erwerber in seiner baulichen Nutzung nicht mehr frei ist. Falls er es einer abweichenden Nutzung zuführen wollte, müsste er zusätzlich zu dem Kaufpreis Abriss- und Freilegungskosten aufwenden. Dies dämpft nach gängiger Meinung den Bodenwert (*Tremel*, DStR 2008, 753, 757). Ein Abschlag vom Bodenwert nach § 179 BewG kommt nur in Betracht, wenn die tatsächliche Bebauung hinter der zulässigen zurückbleibt und keine Möglichkeit besteht, das Maß der zulässigen baulichen Nutzung auszuschöpfen (*Pauli*, Beilage zu FR 11/2009, 2, 13).

546 Nach den §§ 189–191 BewG vollzieht sich die Bewertung im Sachwertverfahren nach folgendem Schema:

Bodenwert (§ 179 BewG)	Gebäudesachwert (§ 190 BewG)
	Flächenpreis (Regelherstellungskosten)
	×
Bodenrichtwert	Bruttogrundfläche
×	Gebäuderegelherstellungswert
Grundstücksfläche	./.
	Alterswertminderung
=	=
Bodenwert	Gebäudesachwert

+
= Vorläufiger Sachwert
×
Wertzahl
=
Grundbesitzwert

6.6.5.1 Gebäuderegelherstellungskosten

Nach § 190 Abs. 1 S. 1 BewG ist bei der Ermittlung des Gebäudesachwerts von den Regelherstellungskosten des Gebäudes auszugehen. Dies sind die gewöhnlichen Herstellungskosten (= Normalherstellungskosten) je Flächeneinheit (§ 190 Abs. 1 S. 2 BewG). Dass die Ermittlung des Gebäudesachwerts nicht auf der Grundlage tatsächlicher, sondern gewöhnlicher Herstellungskosten erfolgt, trägt dem Umstand Rechnung, dass ein Erwerber den Wert des Gebäudes nicht nach den historischen Herstellungskosten, sondern nach den Kosten bemessen wird, die er unter gewöhnlichen Umständen für die Herstellung eines entsprechenden Gebäudes aufwenden müsste. Auch § 22 Abs. 1 ImmoWertV geht bei der Ermittlung der Herstellungskosten von sog. Normalherstellungskosten aus. **547**

Die Gebäuderegelherstellungskosten sind in Anlage 24 zum BewG enthalten. Die Flächenpreise, die in der mit dem ErbStRG in Kraft getretenen Fassung ausgewiesen waren, beruhen auf den Normalherstellungskosten 2000 und wurden anhand des vom Statistischen Bundesamt ermittelten Baukostenindexes zum 1.1.2007 angepasst. Soweit lediglich Raummeterpreise vorlagen, wurden die Werte in Flächenpreise umgerechnet. Die Regelherstellungskosten für Wohnungseigentum wurden aus den Normalherstellungskosten des Geschosswohnungsbaus abgeleitet. Für Zwecke der typisierenden steuerlichen Bewertung wurden die Normalherstellungskosten nicht unverändert übernommen; vielmehr wurden Gebäudetypen zusammengefasst, Baunebenkosten einbezogen und auf eine Regionalisierung verzichtet (Bericht des Finanzausschusses, BT-Drs. 16/11107, 23). **548**

Die durch das BeitrRLUmsG v. 7.12.2011 (BGBl I 2011, 2592) vorgenommene Neufassung der Anlage 24 berücksichtigt den Preisstand des IV. Quartals 2010 (*Droszol*, ZEV 2011, 17, 18). Außerdem wurden darin aufgrund erster praktischer Erfahrungen Präzisierungen bei den Gebäudeklassen vorgenommen (*Droszol*, ZEV 2011, 17, 18). Die Neufassung der Anlage 24 ist auf Bewertungsstichtage nach dem 31.12.2011 anwendbar (§ 205 Abs. 4 BewG).

Durch das Steueränderungsgesetz 2015 (BGBl I 2015, 1834) wurde die Anlage 24 zur Anpassung an die Sachwertrichtlinie vom 5.9.2012 (BAnz AT 18.10.2012 B1) völlig neu gefasst. Die Neufassung gilt nach § 205 Abs. 10 BewG für alle Bewertungsstichtage nach dem 31.12.2015.

Nach der Neufassung des § 190 BewG durch das Steueränderungsgesetz 2015 (BGBl I 2015, 1834) werden die Regelherstellungskosten jährlich angepasst (§ 190 Abs. 1 S. 2 BewG). Die Anpassung erfolgt an Hand der vom Statistischen Bundesamt veröffentlichten Baupreisindizes (§ 190 Abs. 2 S. 1 BewG). Dabei ist auf die Preisindizes abzustellen, die das Statistische Bundesamt für den Neubau in konventioneller Bauart von Wohn- und Nichtwohngebäuden jeweils als Jahresdurchschnitt ermittelt (§ 190 Abs. 2 S. 2 BewG). Diese Preisindizes sind für alle Bewertungsstichtage des folgenden Kalenderjahres anzuwenden (§ 190 Abs. 2 S. 3 BewG). Das BMF veröffentlicht die maßgebenden Baupreisindizes im Bundessteuerblatt (§ 190 Abs. 2 S. 4 BewG).

Darüber hinaus wird das BMF durch § 190 Abs. 3 BewG ermächtigt, durch Rechtsverordnung mit Zustimmung des Bundesrates die Anlage 24 dadurch zu ändern, dass es die darin aufgeführten Regelherstellungskosten nach Maßgabe marktüblicher gewöhnlicher Herstellungskosten aktualisiert, soweit dies zur Ermittlung des gemeinen Werts erforderlich ist.

Bezugsgröße der **Regelherstellungskosten** ist ebenso wie bei den Normalherstellungskosten die **Brutto-Grundfläche** des Gebäudes. Maßgeblich sind die äußeren Maße der Bauteile einschließlich Bekleidung (z. B. Putz und Außenschalen mehrschaliger Wandkonstruktionen) in Höhe der Bodenbelagsoberkante.

549 Das auf Bewertungsstichtage vor dem 1.1.2016 anwendbare Tabellenwerk der Anlage 24 zum BewG gliedert die Regelherstellungskosten nach Gebäudeklassen, Baujahr und Ausstattungsstandard. Das für Bewertungsstichtage nach dem 31.12.2015 maßgebliche Tabellenwerk unterscheidet nach Gebäudeklassen und Standardstufen. Bei der Zuordnung zu den Gebäudeklassen wird nach dem Haustyp, bei Ein- und Zweifamilienhäusern zusätzlich danach unterschieden, ob sie mit oder ohne Keller sind, ob das Dachgeschoss ausgebaut oder nicht ausgebaut ist oder ob sie mit einem Flachdach versehen sind. Fraglich ist, ob bei der Bemessung der Regelherstellungskosten berücksichtigt werden soll, dass ein Gebäude teilweise unterkellert bzw. das Dach teilweise ausgebaut ist. Bei Ableitung der gewöhnlichen Herstellungskosten aus den Normalherstellungskosten im Rahmen der ImmoWertV wird dies berücksichtigt. So ist ein Gebäude, dessen einziges Vollgeschoss eine Brutto-Grundfläche von 300 m² aufweist, die aber nur zu 100 m² unterkellert ist, zu 2/3 dem nicht unterkellerten Gebäudetyp und zu 1/3 dem unterkellerten Gebäudetyp zuzurechnen (*Broekelschen/Maiterth*, FR 2008, 698, 706, m.w.N.).

Die verschiedenen Ausstattungsstandards bzw. Standardstufen werden nach Abschn. III der Anlage 24 zum BewG anhand von Ausstattungsmerkmalen (z.B. Fassade, Fenster, Dächer, Sanitärinstallation, Wandbekleidung der Nassräume, Bodenbeläge, Innentüren, Heizung und Elektroinstallation) definiert. Die endgültige Zuordnung zu einem der Ausstattungsstandards ergibt sich aus der Gewichtung verschiedener Ausstattungsmerkmale (*Broekelschen/Maiterth*, FR 2008, 698, 706).

550 Um Gebäudeart und Ausstattungsstandard bzw. Standardstufe richtig bestimmen zu können, sind entweder Pläne bzw. ins Einzelne gehende tatsächliche Angaben des Steuerpflichtigen erforderlich; vielfach werden sowohl der Finanzbeamte als auch der steuerliche Berater erst aufgrund einer Ortsbesichtigung zu einer zutreffenden Einordnung des Bewertungsobjekts in der Lage sein (*Tremel*, DStR 2008, 755, 757).

6.6.5.2 Alterswertminderung

551 Da Gebäude mit fortschreitendem Alter einer Wertminderung unterliegen, sieht § 190 Abs. 4 S. 1 BewG ebenso wie § 23 ImmoWertV den Abzug einer Alterswertminderung vom Gebäuderegelherstellungswert vor. Diese wird regelmäßig nach dem Alter des Gebäudes am Bewertungsstichtag im Verhältnis zur wirtschaftlichen Gesamtnutzungsdauer nach Anlage 22 zum BewG bestimmt. Die Anlage 22 wurde durch das Steueränderungsgesetz 2015 (BGBl I 2015, 1834) für Bewertungsstichtage nach dem 31.12.2015 (§ 205 Abs. 10 BewG) neugefasst. Dabei wurde z.B. die wirtschaftliche Gesamtnutzungsdauer bei Ein- und Zweifamilienhäusern, Mietwohn-

grundstücken sowie Wohnungseigentum von 80 auf 70 Jahre, bei Hotelgrundstücken von 60 auf 40 Jahre verkürzt.

§ 190 Abs. 4 S. 2 BewG geht von einer gleichmäßigen jährlichen Wertminderung aus. In der Praxis der Grundstücksbewertung existiert zwar keine einheitliche Auffassung darüber, welchen mathematisch-funktionalen Verlauf die altersbedingte Wertminderung hat. Der Vergleich mit anderen Wertminderungsmodellen zeigt jedoch, dass ein linearer Verlauf in der ersten Hälfte der Gesamtlebensdauer eine stärkere Wertminderung annehmen lässt als die Mehrzahl der übrigen Modelle (*Szymborski*, Stbg 2008, 239, 247, m. w. N.). Daher dürften aus der Sicht des Steuerpflichtigen gegen das im Gesetz vorgesehene Verteilungsmodell keine Einwände zu erheben sein.

Sind nach Bezugsfertigkeit des Gebäudes Veränderungen eingetreten, die die wirtschaftliche Gesamtnutzungsdauer des Gebäudes verlängert oder verkürzt haben, ist von einer entsprechenden Verlängerung oder Verkürzung der Gesamtnutzungsdauer auszugehen (§ 190 Abs. 4 S. 3 BewG). Nach R B 190.7 Abs. 3 ErbStR 2011 ist ein fiktiv späteres Baujahr zur Bestimmung der Alterswertminderung nur anzunehmen, wenn in den letzten zehn Jahren durchgreifende Modernisierungsmaßnahmen vorgenommen wurden, die nach dem Punktesystem der Anlage 1 eine überwiegende oder umfassende Modernisierung ergeben. Nach dem durch das Steueränderungsgesetz 2015 (BGBl 2015, 1834) neu eingefügten § 190 Abs. 4 S. 4 BewG ist bei bestehender Abbruchverpflichtung für das Gebäude bei der Ermittlung der Alterswertminderung von der tatsächlichen Gesamtnutzungsdauer des Gebäudes auszugehen.

Nach § 190 Abs. 4 S. 5 BewG in der für Bewertungsstichtage nach dem 31.12.2015 geltenden (§ 205 Abs. 10 BewG) Fassung des Steueränderungsgesetzes 2015 (BGBl I 2015, 1834) ist der nach Abzug der Alterswertminderung verbleibende Gebäudewert regelmäßig mit mindestens 30 % des Gebäuderegelherstellungswerts anzusetzen. Demgegenüber sieht die für Bewertungsstichtage vor dem 1.1.2016 geltende Regelung des § 190 Abs. 2 S. 4 BewG einen Mindestwert von 40 % des Gebäuderegelherstellungswerts vor. Der Mindestwert wird damit gerechtfertigt, dass auch ein älteres Gebäude noch einen Wert besitzt (vgl. Bericht des Finanzausschusses zum ErbStRG, BT-Drs. 16/11107, 23). Dabei wird unterstellt, dass das Gebäude laufend instand gehalten wurde. Ist dies jedoch nicht geschehen, kann sich durch den Ansatz des Mindestwerts ein zu hoher Steuerwert ergeben (*Szymborski*, Stbg, 2008, 239, 247; *Brockelschen/Maiterth*, FR 2008, 608, 707; *Tremel*, DStR 2008, 753, 757).

552

> **Gestaltungshinweis: Gestaltungshinweis:**
>
> Bei Bauschäden, unterlassenen Instandhaltungsmaßnahmen und Reparaturstaus ist daher ein Verkehrswertnachweis nach § 198 BewG in Betracht zu ziehen. Nach § 23 S. 2 ImmoWertV ist bei der Alterswertminderung regelmäßig eine lineare Abschreibung zugrunde zu legen. Gesamtnutzungsdauer (§ 23 S. 3 ImmoWertV) und Restnutzungsdauer (§ 6 Abs. 6 S. 1 ImmoWertV) sind danach zu bestimmen, wie lange die baulichen Anlagen bei ordnungsgemäßer Bewirtschaftung üblicherweise bzw. voraussichtlich noch wirtschaftlich genutzt werden können. Der Ansatz eines Mindestrestwerts ist nicht vorgesehen.

Gestaltungshinweis: Gestaltungshinweis:
Beim Ansatz des Mindestrestwerts besteht für den Steuerpflichtigen und seinen Berater stets Anlass zu der Prüfung, ob nach § 198 BewG ein niedrigerer Verkehrswert nachgewiesen werden kann. Hierzu wird es nicht stets eines Verkehrswertgutachtens bedürfen. Der niedrigere Verkehrswert kann ggf. auch durch einen vorhandenen Reparaturstau, Bauschäden oder sonstige Mängel der Bausubstanz nachgewiesen werden.

6.6.5.3 Wertzahl

553 Der Bodenwert und der – ausgehend von den Regelherstellungskosten unter Ansatz einer Alterswertminderung ermittelte – Gebäudesachwert ergeben nach § 189 Abs. 3 S. 1 BewG den vorläufigen Sachwert des Grundstücks. Dieser ist zur Anpassung an den gemeinen Wert mit einer Wertzahl nach § 191 BewG zu multiplizieren.

Die Regelung trägt dem Umstand Rechnung, dass sich in dem vorläufigen Sachwert das Geschehen auf dem Grundstücksmarkt noch nicht abgebildet hat. Die allgemeinen Wertverhältnisse auf dem Grundstücksmarkt bestimmen sich nach der Gesamtheit der am Wertermittlungsstichtag für die Preisbildung von Grundstücken im gewöhnlichen Geschäftsverkehr für Angebot und Nachfrage maßgebenden Umstände, zu denen die allgemeine Wirtschaftssituation, der Kapitalmarkt und die Entwicklungen am Ort gehören (§ 3 Abs. 3 S. 1 WertV). Der Wert einer Sache am Markt entspricht daher niemals den Kosten, die für sie aufgewendet wurden (*Broekelschen/Maiterth*, FR 2008, 698, 703). Um den vom Geschäftsverkehr noch völlig unbeeinflussten vorläufigen Sachwert in einen Verkehrswert zu transformieren, bedarf es Anpassungsfaktoren, die die **Lage auf dem Grundstücksmarkt** berücksichtigen (*Szymborski*, Stbg 2008, 239, 247).

554 Nach § 191 Abs. 1 BewG sind als Wertzahlen i.S.d. § 189 Abs. 3 BewG die Sachwertfaktoren anzusetzen, die von den **Gutachterausschüssen** i.S.d. §§ 192 ff. BauGB für das Sachwertverfahren bei der Verkehrswertermittlung abgeleitet werden. Diese Sachwertfaktoren geben die Beziehung zwischen Verkehrswert und Sachwert wieder und werden von den Gutachterausschüssen für den jeweiligen örtlichen Grundstücksmarkt in unterschiedlich feiner Untergliederung nach Gebäudearten und in Abhängigkeit vom vorläufigen Sachwert und Bodenrichtwert ermittelt; außerdem kann noch eine Korrektur je nach Gebäudealter und Ausstattungsstandard stattfinden (*Broekelschen/Maiterth*, FR 2008, 698, 703). Die vorrangige Bezugnahme auf die von den Gutachterausschüssen ermittelten Sachwertfaktoren soll offensichtlich dazu dienen, die Anpassung an den Marktwert unter Berücksichtigung der jeweiligen Gegebenheiten des örtlichen Grundstücksmarkts zu ermöglichen. Allerdings wird in der Lit. zu Recht darauf hingewiesen, dass die Verlässlichkeit der Marktanpassungsfaktoren davon abhängt, dass die Ermittlung des (vorläufigen) Sachwerts nach demselben Bewertungsmodell erfolgt ist, das der Ableitung der Marktanpassungsfaktoren zugrunde liegt (*Broekelschen/Maiterth*, FR 2008, 698, 703; *Szymborski*, Stbg 2008, 239, 247f.). Diese Voraussetzung ist im Verhältnis zwischen den Regelherstellungskosten und den Sachwertfaktoren nur bedingt erfüllt. So sind die Regelherstellungskosten z.B. ohne Berücksichtigung regionaler Unterschiede ermittelt, während diese in die Ermittlung der Sachwertfaktoren einfließen. R B 191 Abs. 2 ErbStR 2011 bestimmt daher, dass Sachwertfaktoren (nur) als geeignet anzusehen sind, wenn deren Ableitung weitgehend in denselben Modellen erfolgt ist wie die Bewertung.

Soweit von den Gutachterausschüssen **keine** geeigneten Sachwertfaktoren zur Verfügung stehen, sind die in der Anlage 25 zum BewG bestimmten Wertzahlen zu verwenden (§ 191 Abs. 2 BewG). Wann diese Anwendungsvoraussetzung erfüllt ist, ist dem Gesetz nicht zu entnehmen. U. E. kann nur dann vom Fehlen geeigneter Sachwertfaktoren ausgegangen werden, wenn sich aus der Datensammlung der Gutachterausschusses für das zu bewertende Objekt keine Vergleichsfälle ergeben, die dem zu bewertenden Objekt so nahe kommen wie die Aufschlüsselung der Wertzahlen in Anlage 25 zum BewG.

555

Die in dieser Anlage geregelten Wertzahlen unterscheiden zwischen Ein- und Zweifamilienhäusern sowie Wohneigentum i. S. d. § 181 Abs. 1 Nrn. 1 und 3 BewG einerseits und Teileigentum, Geschäftsgrundstücken, gemischt genutzten Grundstücken und sonstigen bebauten Grundstücken i. S. d. § 181 Abs. 1 Nrn. 3 bis 6 BewG andererseits.

556

Die pauschalen Wertzahlen für Wohnungsgrundstücke sind nach der Höhe des vorläufigen Sachwerts und dem Bodenpreisniveau gestaffelt, während die pauschalen Wertzahlen für Teileigentum, Geschäftsgrundstücke, gemischt genutzte Grundstücker und sonstige bebaute Grundstücke allein von der Höhe des vorläufigen Sachwerts abhängig sind.

Für Bewertungsstichtage nach dem 31.12.2015 (§ 205 Abs. 10 BewG) ist die Anlage 25 durch das Steueränderungsgesetz 2015 (BGBl I 2015, 1834) neu gefasst worden. Damit soll sichergestellt werden, dass die von den Gutachterausschüssen für Grundstückswerte auf der Grundlage der Sachwertrichtlinie (BAnz AT 18.10.2012 B1) abgeleiteten Sachwertfaktoren weiterhin als Wertzahlen i. S. d. § 191 Abs. 1 BewG angewendet werden können (Begründung zu Art. 7 Nr. 3 des Regierungsentwurfs des Steueränderungsgesetzes 2015, BT-Drs. 18/4902, 55).

Auch nach der Aktualisierung des Wertzahlenkatalogs kann es im Übergangsbereich der Wertzahlenstufen zu sachlich nicht gerechtfertigten Verzerrungen kommen:

Beispiel: Beispiel (nach *Eisele*, NWB 2015, 3751, 3759):

Der vorläufige Sachwert eines Einfamilienhauses beläuft sich bei einem Bodenrichtwert von 400 EUR/m² auf	500.000 EUR
und ist mit der Wertzahl	1,0
zu multiplizieren, sodass sich ein endgültiger Sachwert in Höhe von	500.000 EUR
ergibt.	
Ein – beispielsweise wegen einer größeren Bruttogrundfläche – geringfügig höherer vorläufiger Sachwert von	501.000 EUR

ist hingegen mit der Wertzahl 0,9
zu multiplizieren, wodurch sich ein endgültiger Sachwert
in Höhe von 459.000 EUR
ergibt (also 41.000 EUR oder mehr als 8 % weniger).

Gestaltungshinweis: Gestaltungshinweis:
Da weder das Gesetz noch die ErbStR 2011 für diese Fälle einen Härteausgleich vorsehen, ist bei vorläufigen Sachwerten in der Nähe eines mit einer Änderung der Wertzahl verbundenen Tabellensprungs zu prüfen, ob der Nachweis eines geringeren Verkehrswerts nach § 198 BewG in Betracht kommt.

6.6.6 Erbbaurechtsfälle (§§ 192ff. BewG)

557 Ist das Grundstück mit einem Erbbaurecht belastet, sind nach § 192 S. 1 BewG die Werte für die wirtschaftliche Einheit Erbbaurecht (§ 193 BewG) und für die wirtschaftliche Einheit des belasteten Grundstücks (§ 194 BewG) gesondert zu ermitteln. Die gesonderte Wertermittlung ist erforderlich, um die beiden wirtschaftlichen Einheiten in ihrem Wertverhältnis zu anderen Vermögensgegenständen möglichst realitätsgerecht abzubilden. Die getrennte Wertermittlung trägt außerdem der Tatsache Rechnung, dass Erbbaurecht und Eigentum am Grundstück typischerweise auseinander fallen.

Der durch das BeitrRLUmsG v. 7.12.2011 (BGBl I 2011, 2592) eingefügte und auf Bewertungsstichtage nach dem 31.12.2011 anwendbare § 192 S. 2 BewG stellt klar, dass mit der Bewertung des Erbbaurechts (§ 193 BewG) die Verpflichtung zur Zahlung des Erbbauzinses und mit der Bewertung des Erbbaurechtsgrundstücks (§ 194 BewG) das Recht auf den Erbbauzins abgegolten ist; die hiernach ermittelten Grundbesitzwerte dürfen nicht weniger als 0 EUR betragen.

6.6.6.1 Bewertung des Erbbaurechts (§ 193 BewG)

558 Nach § 193 Abs. 1 BewG ist der Wert des Erbbaurechts vorrangig im **Vergleichswertverfahren** zu ermitteln. Dessen Anwendung kommt allerdings nur in Betracht, wenn für das Erbbaurecht Vergleichskaufpreise oder aus Kaufpreisen abgeleitete Vergleichsfaktoren vorliegen. Vergleichskaufpreise sind möglichst

- innerhalb der gleichen Grundstücksart,
- mit annähernd gleich hohen Erbbauzinsen,
- in Gebieten mit annähernd gleichem Bodenwertniveau,
- mit annähernd gleicher Restlaufzeit,
- und annähernd gleichen Möglichkeiten der Anpassung der Erbbauzinsen

zu wählen (Bericht des Finanzausschusses, BT-Drs. 16/11107, 24). Da Erbbaurechte nur einen relativ geringen Teil der Verkaufsfälle ausmachen und die Bedingungen der Erbbaurechte individuell sehr unterschiedlich ausgestaltet sind, werden sich geeignete Vergleichsfälle nur in Ausnahmefällen ermitteln lassen. In der Praxis wird das

Vergleichswertverfahren bei der Bewertung von Erbbaurechten deshalb eher **geringe Bedeutung** haben (*Drosdzol*, ZEV 2008, 177, 180).

Ist die Wertermittlung im Vergleichswertverfahren nicht möglich, setzt sich der Wert des Erbbaurechts nach § 193 Abs. 2 BewG zusammen aus einem Bodenwertanteil nach § 193 Abs. 3 BewG und einem Gebäudewertanteil nach § 193 Abs. 5 BewG. Das Verfahren ist der finanzmethodischen Methode der Rz. 4.3.2 WertR 2006 nachgebildet. Aus Vereinfachungsgründen wird auf die Anwendung von Marktanpassungsfaktoren verzichtet (Bericht des Finanzausschusses, BT-Drs. 16/11107, 24; *Pauli*, Beilage zu FR 11/2009, 2, 17).   559

Im Überblick stellt sich das Verfahren wie folgt dar:

Bodenwertanteil (§ 193 Abs. 3 BewG)	Gebäudewertanteil (§ 193 Abs. 5 BewG)
angemessener Verzinsungsbetrag des Bodenwerts des unbelasteten Grundstücks (§ 193 Abs. 4 BewG)	
./. vertraglich vereinbarter jährlicher Erbbauzins	
=	
Unterschiedsbetrag	Gebäudeertrags- oder Gebäudesachwert
×	./. (ggf.)
Vervielfältiger	Gebäudewertanteil des Erbbaugrundstücks
=	
Bodenwertanteil	+ Gebäudewertanteil

= Grundbesitzwert

6.6.6.1.1 Bodenwertanteil

Der Bodenwertanteil des Erbbaurechts entspricht dem wirtschaftlichen Vorteil, der sich daraus ergibt, dass der Erbbauberechtigte über die Restlaufzeit des Erbbaurechts nicht den vollen Bodenwertverzinsungsbetrag leisten muss. Der Bodenwertanteil kann auch negativ sein, wenn der vereinbarte Erbbauzins (z.B. infolge stark gefallener Bodenpreise) höher ist als der bei Neuabschluss zum Bewertungsstichtag übliche Erbbauzins (*Drosdzol*, ZEV 2008, 177, 181; *Pauli*, Beilage zu FR 11/2009, 2, 18).   560

Der angemessene Verzinsungsbetrag des Bodenwerts des unbelasteten Grundstücks ergibt sich durch Anwendung des **Liegenschaftszinssatzes**, der von den Gutachterausschüssen i.S.d. § 192ff. BauGB ermittelt wurde, auf den Bodenwert nach § 179 BewG (§ 193 Abs. 4 S. 1 BewG).

Soweit von den Gutachterausschüssen **keine** geeigneten Liegenschaftszinssätze zur Verfügung stehen, gelten nach § 193 Abs. 4 S. 2 BewG die folgenden Zinssätze: 561

1. 3 % für Ein- und Zweifamilienhäuser und Wohnungseigentum, das wie Ein- und Zweifamilienhäuser gestaltet ist,
2. 5 % für Mietwohnungsgrundstücke und Wohnungseigentum, das nicht unter Nr. 1 fällt,

3. 5,5 % für gemischt genutzte Grundstücke mit einem gewerblichen Anteil von bis zu 50 %, berechnet nach der Wohn- und Nutzfläche, sowie sonstige bebaute Grundstücke,
4. 6 % für gemischt genutzte Grundstücke mit einem gewerblichen Anteil von **mehr** als 50 %, berechnet nach der Wohn- und Nutzfläche, und
5. 6,5 % für Geschäftsgrundstücke und Teileigentum.

In den Fällen der Nrn. 2 – 4 entsprechen die Liegenschaftszinssätze denen, die nach § 188 Abs. 2 S. 2 Nrn. 2 bis 4 BewG bei der Anwendung des Ertragswertverfahrens gelten.

Der deutlich geringere Satz für Ein- und Zweifamilienhäuser und entsprechendes Wohneigentum dürfte den Umstand widerspiegeln, dass es sich dabei um Objekte handelt, die typischerweise selbstgenutzt werden und bei denen Erwerber höhere Grundstückspreise als bei typischen Renditeobjekten zu zahlen bereit sind. Die von den Gutachterausschüssen ermittelten Liegenschaftszinssätze bewegen sich für diese Grundstücksarten je nach Lage zwischen 0,7 % und 4,9 %, sodass der Ansatz von 3 % für viele Gegenden nachteilig sein kann (*Tremel*, DStR 2008, 753, 758).

Maßgebender Erbbauzins ist nach § 193 Abs. 3 S. 1 Nr. 2 BewG der am Bewertungsstichtag vertraglich vereinbarte jährliche Erbbauzins. Dabei ist stets auf die vertraglichen Vereinbarungen abzustellen; auf den tatsächlich gezahlten Erbbauzins kommt es nicht an (R B 193 Abs. 5 S. 2 ErbStR 2011). Sind Erbbauzinsen während der Laufzeit des Erbbaurechts in unterschiedlicher Höhe vereinbart (z. B. bei Sonderzahlungen oder gestaffeltem Erbbauzins), lässt es die FinVerw. aus Vereinfachungsgründen zu, dass ein durchschnittlicher Jahresbetrag aus den insgesamt nach dem Bewertungsstichtag zu leistenden Erbbauzinsen in Abhängigkeit von der Restlaufzeit gebildet wird (R B 193 Abs. 5 S. 3 ErbStR 2011). Künftige Anpassungen aufgrund von Wertsicherungsklauseln (z. B. Anknüpfung der Erbbauzinsen an den Lebenshaltungskostenindex) sind nicht zu berücksichtigen (R B 193 Abs. 5 S. 4 ErbStR 2011).

562 Der Unterschiedsbetrag zwischen dem angemessenen Verzinsungsbetrag des belasteten Grundstücks und dem vertraglich vereinbarten jährlichen Erbbauzins ist über die Restlaufzeit des Erbbaurechts mit dem Vervielfältiger nach Anlage 21 zum BewG zu kapitalisieren. Maßgeblich für die Höhe des Vervielfältigers sind der jeweilige – ggf. pauschal ermittelte – Liegenschaftszinssatz und die Restlaufzeit des Erbbaurechts. Problematisch erscheint, dass die Möglichkeiten zur Anpassung des Erbbauzinses an veränderte wirtschaftliche Gegebenheiten (z. B. durch eine Wertsicherungsklausel) bei der Ermittlung des Unterschiedsbetrags keine Berücksichtigung finden.

6.6.6.1.2 Gebäudewertanteil

563 Der Gebäudewertanteil ist nach § 193 Abs. 5 S. 1 BewG ist bei der Bewertung des bebauten Grundstücks im Ertragswertverfahren der Gebäudeertragswert nach § 185 BewG, bei der Bewertung im Sachwertverfahren der Gebäudesachwert nach § 190 BewG. Die Anwendung des Vergleichswertverfahrens (§ 183 BewG) ist nicht vorgesehen, weil dieses keine getrennte Bewertung des Gebäudes und des Grundstücks vorsieht. Das jeweils anwendbare Bewertungsverfahren richtet sich danach, wie das bebaute Grundstück nach den allgemeinen Vorschriften zu bewerten wäre. Das **Ertragswertverfahren** gilt danach für Mietwohngrundstücke allgemein (§ 182 Abs 3 Nr. 1 BewG), für Geschäftsgrundstücke und gemischt genutzte Grundstücke unter der Voraussetzung, dass sich für sie auf dem örtlichen Grundstücksmarkt eine übliche Miete ermitteln lässt (§ 182 Abs. 3 Nr. 2 BewG). Anderenfalls sind sie – ebenso wie Wohnungseigentum, Teileigentum sowie Ein- und Zweifamilienhäuser und sonstige bebaute Grundstücke – im **Sachwertverfahren** zu bewerten.

Ist der bei Ablauf des Erbbaurechts verbleibende Gebäudewert **nicht oder nur teilweise zu entschädigen**, ist der Gebäudewertanteil des Erbbaurechts um den Gebäudewertanteil des Erbbaugrundstücks nach § 194 Abs. 4 BewG zu mindern (§ 193 Abs. 5 S. 2 BewG). Die Regelung trägt dem Umstand Rechnung, dass der volle Ansatz des Gebäudewerts nur dann gerechtfertigt ist, wenn dieser dem Erbbauberechtigten im Verhältnis zum Grundstückseigentümer zusteht.

6.6.6.2 Bewertung des Erbbaugrundstücks (§ 194 BewG)

Nach § 194 Abs. 1 BewG ist auch der Wert des Erbbaugrundstücks vorrangig im Vergleichswertverfahren nach § 183 BewG zu bewerten. Dessen Anwendung kommt jedoch nur in Betracht, wenn für das Erbbaugrundstück **Vergleichskaufpreise** vorliegen. Vergleichskaufpreise sind möglichst

- innerhalb der gleichen Grundstücksart,
- mit annähernd gleich hohen Erbbauzinsen,
- in Gebieten mit annähernd gleichem Bodenwertniveau,
- mit annähernd gleicher Restlaufzeit,
- und annähernd gleichen Möglichkeiten der Anpassung der Erbbauzinsen

564

zu wählen (Bericht des Finanzausschusses, BT-Drs. 16/11107, 24f.).

Da mit einem Erbbaurecht belastete Grundstücke nur einen sehr geringen Teil der Verkaufsfälle ausmachen dürften und die Bedingungen der Erbbaurechte individuell sehr unterschiedlich ausgestaltet sind, werden sich geeignete Vergleichsfälle **nur** in Ausnahmefällen ermitteln lassen. Allenfalls kann der Wert des Erbbaugrundstücks durch Anwendung eines Vergleichsfaktors auf den Bodenwert des unbelasteten Grundstücks ermittelt werden (Bericht des Finanzausschusses, BT-Drs. 16/11107, S. 25). In der Praxis wird das Vergleichswertverfahren bei der Bewertung von Erbbaugrundstücken deshalb eher **geringe Bedeutung** haben (*Drosdzol*, ZEV 2008, 177, 181).

Liegen die Voraussetzungen für die Anwendung des Vergleichswertverfahrens nicht vor, ist der Wert des Erbbaugrundstücks nach § 194 Abs. 2 BewG in einem **finanzmathematischen Verfahren** zu ermitteln, das im Wesentlichen Rz. 4.3.3.2 WertR 2006 entspricht und sich im Überblick wir folgt darstellt:

565

Bodenwertanteil (§ 194 Abs. 3 BewG)	Gebäudewertanteil (§ 194 Abs. 4 BewG)
Abgezinster Bodenwert des unbelasteten Grundstücks + über die Restlaufzeit kapitalisierte vereinbarte Erbbauzinsen =	
Bodenwertanteil +	ggf. abgezinster Gebäudewertanteil (abhängig von der Restnutzungsdauer des Gebäudes, der Restlaufzeit des Erbbaurechts und der Höhe der Gebäudeentschädigung)
=	
Grundbesitzwert	

Nach § 194 Abs. 2 S. 1 BewG entspricht der Wert der Erbbaugrundstücks grundsätzlich dem nach § 194 Abs. 3 BewG ermittelten Bodenwertanteil. Dieser ist nach § 194 Abs. 2 S. 2 BewG um einen nach § 194 Abs. 4 BewG ermittelten Gebäudewertanteil zu erhöhen, wenn der Wert des Gebäudes vom Eigentümer des Erbbaugrundstücks **nicht oder nur teilweise zu entschädigen** ist.

566 Der **Bodenwertanteil** ist nach § 194 Abs. 3 S. 1 BewG die Summe des über die Restlaufzeit des Erbbaurechts abgezinsten Bodenwerts (§ 179 BewG) und der über diesen Zeitraum kapitalisierten Erbbauzinsen. Im Gegensatz zum Bodenwertanteil des Erbbaurechts kann der Bodenwertanteil des Erbbaugrundstücks keinen negativen Wert annehmen (*Pauli*, Beilage zu FR 11/2009, 2, 18). Auf einen Marktanpassungsfaktor wird auch im Rahmen der Bewertung von Erbbaurechtsgrundstücken aus Vereinfachungsgründen verzichtet (*Wiegand*, ZEV 2009, 129, 130; *Pauli*, Beilage zu FR 11/2009, 2, 18). Der Abzinsungsfaktor für den Bodenwert wird in Abhängigkeit vom Zinssatz nach § 193 Abs. 4 BewG und der Restlaufzeit des Erbbaurechts ermittelt; er ist der Anlage 26 zum BewG zu entnehmen. Der maßgebliche Zinssatz ergibt sich danach vorrangig aus dem von den Gutachterausschüssen im Sinne der §§ 192ff. BauGB ermittelten Liegenschaftszinssätzen (§ 193 Abs. 4 S. 1 BewG). Nur soweit von den Gutachterausschüssen keine geeigneten Liegenschaftszinssätze zur Verfügung stehen, gelten die pauschalen Zinssätze nach § 193 Abs. 4 S. 2 Nr. 1–5 BewG. Als Erbbauzinsen werden nach § 194 Abs. 3 S. 3 BewG die am Bewertungsstichtag vereinbarten Erbbauzinsen angesetzt (zu den Einzelheiten vgl. R 194 Abs. 4 S. 2–5 ErbStR 2011 und oben Rz. 561); sie sind mit dem Vervielfältiger nach Anlage 21 zum BewG zu kapitalisieren. Entsprechen die vereinbarten Erbbauzinsen der angemessenen Bodenwertverzinsung, deckt sich der Wert des Erbbaugrundstücks mit dem Wert des unbebauten Grundstücks. Liegen sie darüber, ergibt sich ein höherer, liegen sie darunter, ergibt sich ein geringerer Wert.

567 Der ggf. zusätzlich anzusetzende **Gebäudewertanteil** des Erbbaugrundstücks entspricht nach § 194 Abs. 4 BewG dem Gebäudewert oder dem anteiligen Gebäudewert, der dem Eigentümer des Erbbaugrundstücks bei Beendigung des Erbbaurechts entschädigungslos zufällt; er ist nach Maßgabe der Anlage 26 zum BewG auf den Bewertungsstichtag abzuzinsen. Der Gebäudewert entspricht entweder dem Gebäuerlichertragswert (§ 185 BewG) oder dem Gebäudesachwert (§ 190 BewG); der Abzinsungsfaktor ergibt sich aus der Anlage 26 zum BewG (*Stahl*, KÖSDI 2008, 16062, 16078). Die Belastung aus einer möglicherweise zu hohen Heimfallentschädigung wird nicht berücksichtigt (*Tremel*, DStR 2008, 753, 758).

Beispiel: Beispiel (nach *Drosdzol*, ZEV 2008, 177, 181):

Das Erbbaugrundstück ist mit einem Einfamilienhaus bebaut und 400 m² groß. Der Bodenrichtwert beträgt 215 EUR/m², die Restlaufzeit des Erbbaurechts 59 Jahre und der jährliche Erbbauzins 1.500 EUR. Bei Ablauf des Erbbaurechts steht dem Berechtigten die volle Gebäudeentschädigung zu. Der Grundstückswert ist wie folgt zu ermitteln:

Bodenrichtwert (215 EUR/m²) × Grundstücksfläche (400 m²)	= 86.000 EUR	
Abzinsungsfaktor (Liegenschaftszins 3 %, 59 Jahre Restlaufzeit)	= 0,1748	
Abgezinster Bodenwert zum Bewertungsstichtag (86.000 EUR × 0,1748)	=	15.033 EUR
Vertraglich vereinbarte jährliche Erbbauzinsen	= 1.500 EUR	
Vervielfältiger (Liegenschaftszins 3 %; 59 Jahre Restlaufzeit)	= 27,51	
Barwert des vertraglich vereinbarten Erbbauzinses		41.265 EUR
Bodenwertanteil des Erbbaurechts = Grundstückswert	=	56.298 EUR

Gestaltungshinweis: Gestaltungshinweis:

Nach dem BewG kommt die Anwendung von Marktanpassungsfaktoren im Rahmen der finanzmathematischen Bewertungsmethode nicht in Betracht. Demgegenüber sieht § 14 Abs. 2 Nr. 2 ImmoWertV Faktoren zur Anpassung finanzmathematisch errechneter Werte von Erbbaurechten oder Erbbaugrundstücken vor, die aus dem Verhältnis geeigneter Kaufpreise zu den finanzmathematisch errechneten Werten von entsprechenden Erbbaurechten oder Erbbaugrundstücken abgeleitet werden (Erbbaurechts- oder Erbbaugrundstücksfaktoren). Soweit entsprechende Daten verfügbar sind, empfiehlt es sich, unter diesem Gesichtspunkt die Zweckmäßigkeit eines Verkehrswertnachweises nach § 198 BewG zu prüfen. Auch die Berücksichtigung weiterer wertbeeinflussender Umstände – beispielsweise vom Üblichen abweichende Auswirkungen vertraglicher Vereinbarungen, insbesondere die Berücksichtigung von fehlenden Wertsicherungsklauseln oder der Ausschluss einer Anpassung des Erbbaurechtsvertrags – ist in diesem Rahmen möglich (Nr. 4.3.2.2 WertR 2006).

6.6.7 Bewertung in Fällen mit Gebäuden auf fremdem Grund und Boden (§ 195 BewG)

568 Ein Gebäude auf fremdem Grund und Boden liegt vor, wenn ein anderer als der Eigentümer des Grund und Bodens darauf ein Gebäude errichtet hat und ihm das Gebäude zuzurechnen ist. Dies ist der Fall, wenn es sich um einen sog. Scheinbestandteil des Grund und Bodens i.S.d. § 95 BGB handelt (Rz. 507 ff.) oder wenn dem Nutzungsberechtigten für den Fall der Nutzungsbeendigung gegenüber dem Eigentümer ein **Anspruch auf Ersatz des Verkehrswerts** des Gäudes zusteht. Ein solcher Anspruch kann sich aus einer vertraglichen Vereinbarung oder dem Gesetz (§ 951 BGB) ergeben. Ein Gebäude auf fremden Grund und Boden liegt vor, wenn das Gebäude einem anderen als demjenigen zuzurechnen ist, dem der Grund und Boden gehört. Die abweichende Zurechnung kann schon aus den Vorschriften des bürgerlichen Rechts folgen, wenn ein anderer als der Grundstückseigentümer das Gebäude zu einem vorübergehenden Zweck oder in Ausübung eines dinglichen Rechts (z.B. eines Nießbrauchs) an dem Grundstück errichtet hat (§ 95 BGB). Sie kann sich aber auch aus den Regeln über das wirtschaftliche Eigentum (§ 39 Abs. 2 Nr. 1 AO) ergeben. Bei der Errichtung eines Gebäudes auf einem fremden Grundstück kann wirtschaftliches Eigentum des Herstellers angenommen werden, wenn dieser für den Fall der Nutzungsbeendigung einen zivilrechtlichen Ausgleichsanspruch gegen den zivilrechtlichen Eigentümer in Höhe des Verkehrswerts des Gebäudes geltend machen kann (BFH v. 18.7.2001, X R 23/99, BFH/NV 2002, 100, BStBl II 2002, 281, und v. 18.7.2001, X R 15/01, BFH/NV 2002, 95, BStBl II 2002, 278; v. 14.5.2002, VIII R 30/98, BFH/NV 2002, 1365, BStBl II 2002, 741).

569 § 195 BewG regelt die Bewertung in einem stark typisierenden Verfahren, das nicht auf Vorschriften der Verkehrswertermittlung zurückgegriffen werden kann. In dem Bericht des Finanzausschusses (BT-Drs. 16/11107, 25) wird ausdrücklich darauf hingewiesen, dass nicht auszuschließen sei, dass der nach dieser Vorschrift ermittelte Wert den gemeinen Wert übersteigt, und dem Steuerpflichtigen der Nachweis des niedrigeren **gemeinen Werts** (§ 198 BewG) offen stehe.

Ebenso wie in Erbbaurechtsfällen sind die Werte für die wirtschaftliche Einheit des Gebäudes auf fremdem Grund und Boden und die wirtschaftliche Einheit des belasteten Grundstücks gesondert zu ermitteln (§ 195 Abs. 1 BewG).

570 Nach § 195 Abs. 2 S. 1 BewG ist der **Wert des Gebäudes** entweder im Ertragswertverfahren nach § 185 BewG oder im Sachwertverfahren nach § 190 BewG zu bewerten. Eine Bewertung im Vergleichswertverfahren kommt nicht in Betracht, weil dieses keine getrennte Wertermittlung für das Gebäude und das Grundstück vorsieht. Ob das Ertragswert- oder das Sachwertverfahren anzuwenden ist, richtet sich nach § 182 Abs. 3 und 4 BewG.

Ist der Nutzer verpflichtet, das Gebäude bei Ablauf des Nutzungsrechts zu beseitigen, ist bei der Ermittlung des Gebäudeertragswerts der Vervielfältiger nach Anlage 21 zum BewG anzuwenden, der sich für die am Bewertungsstichtag verbleibende Nutzungsdauer ergibt (§ 195 Abs. 2 S. 2 BewG). Die Regelung des § 185 Abs. 5 BewG über die Mindestrestnutzungsdauer eines noch nutzbaren Gebäudes ist nicht anzuwenden (§ 195 Abs. 2 S. 3 BewG). Im Hinblick auf die zeitliche Begrenzung des

Nutzungsrechts und die bei seinem Ablauf bestehende Beseitigungspflicht sagt die technische Nutzbarkeit des Gebäudes nichts über die Dauer der dem Nutzenden noch verbleibenden Nutzungsmöglichkeit aus.

Ist der Gebäudewert im Sachwertverfahren ermittelt worden, wird einer bestehenden Beseitigungspflicht dadurch Rechnung getragen, dass sich die Alterswertminderung i.S.d. § 190 Abs. 2 Sätze 1 bis 3 BewG nach dem Alter des Gebäudes und der tatsächlichen Gesamtnutzungsdauer (§ 195 Abs. 2 S. 4 BewG) bemisst, wobei die Regelung des § 190 Abs. 2 S. 4 BewG über den Mindestrestwert nicht anzuwenden ist (§ 195 Abs. 2 S. 5 BewG). Diese Vorschriften tragen der Wertbeeinträchtigung, die sich aus der bei Ablauf des Nutzungsrechts bestehenden Abrissverpflichtung ergibt, nur in stark vergröbernder Weise Rechnung, weil sie nicht auf die absolute Höhe der Restnutzungsdauer, sondern nur auf deren Verhältnis zur tatsächlichen Gesamtnutzungsdauer abstellen. Ist diese geringer als die übliche technische Gesamtnutzungsdauer, führt die Bewertung nach § 195 Abs. 2 S. 4 und 5 BewG zu einer deutlichen Überbewertung.

571

Der Ansatz eines Bodenwerts ist für Gebäude auf fremdem Grund und Boden nicht vorgesehen. Der Gesetzgeber geht im Rahmen einer typisierenden Betrachtung davon aus, dass der Verpflichtung zur Zahlung des Nutzungsentgelts bei typisierender Betrachtung in wirtschaftlich gleicher Höhe ein Nutzungsvorteil gegenübersteht (Bericht des Finanzausschusses, BT-Drs. 16/11107, 25).

572

Der **Wert des belasteten Grundstücks** ist nach § 195 Abs. 3 S. 1 BewG der auf den Bewertungsstichtag abgezinste Bodenwert nach § 179 BewG zuzüglich des über die Restlaufzeit des Nutzungsrechts kapitalisierten Entgelts. Der Abzinsungsfaktor für den Bodenwert wird in Abhängigkeit vom Zinssatz nach § 193 Abs. 4 BewG und der Restlaufzeit des Nutzungsrechts ermittelt; er ist der Anlage 26 zum BewG zu entnehmen (§ 195 Abs. 3 S. 2 BewG). Das über die Restlaufzeit des Nutzungsrechts kapitalisierte Entgelt ergibt sich durch Anwendung des Vervielfältigers nach Anlage 21 zum BewG auf das zum Bewertungsstichtag vereinbarte jährliche Entgelt (§ 195 Abs. 3 S. 3 BewG). Dies entspricht der Bewertung des Bodenwertanteils eines Erbbaugrundstücks. Der Ansatz eines eventuellen Gebäudewertanteils ist nicht vorgesehen.

573

6.6.8 Grundstücke im Zustand der Bebauung (§ 196 BewG)

Die Umschreibung des Begriffs „Grundstücke im Zustand der Bebauung" entspricht § 149 Abs. 1 BewG. Ein Grundstück im Zustand der Bebauung liegt danach vor, wenn mit den Bauarbeiten begonnen wurde und Gebäude und Gebäudeteile noch nicht bezugsfertig sind (§ 196 Abs. 1 S. 1 BewG). Der Zustand der Bebauung beginnt mit den Abgrabungen oder der Einbringung von Baustoffen, die zur planmäßigen Errichtung des Gebäudes führen (§ 196 Abs. 1 S. 2 BewG). Bei dem Grundstück kann es sich sowohl um ein bislang unbebautes als auch um ein bereits bebautes Grundstück handeln.

574

Die Gebäude oder Gebäudeteile im Zustand der Bebauung sind mit den am Bewertungsstichtag entstandenen Herstellungskosten dem Wert des bislang unbebauten oder bereits bebauten Grundstücks hinzuzurechnen.

6.6.9 Gebäude und Gebäudeteile für den Zivilschutz (§ 197 BewG)

575 Gebäude, Teile von Gebäuden und Anlagen, die wegen der in § 1 ZSG bezeichneten Zwecke geschaffen worden sind und im Frieden nicht oder nur gelegentlich oder geringfügig für andere Zwecke benutzt werden, bleiben bei der Ermittlung des Grundbesitzwerts außer Betracht. Die Regelung entspricht § 150 BewG. Ist ein Grundstück nur mit Gebäuden bebaut, die die Befreiungsvoraussetzung erfüllen, ist es demnach wie ein unbebautes Grundstück zu bewerten. Anderenfalls werden die unter die Befreiung fallenden Gebäude, Gebäudeteile oder Anlagen weder bei der Zuordnung des Grundstücks zu einer bestimmten Grundstücksart berücksichtigt noch in die hiernach maßgebliche Wertermittlung einbezogen.

> **Gestaltungshinweis: Gestaltungshinweis:**
> Da die bloße Außerachtlassung der dem Zivilschutz dienenden Gebäude, Gebäudeteile und Anlagen die mit ihrem Vorhandensein möglicherweise verbundene Wertminderung des Grundstücke nicht berücksichtigt, ist in diesen Fällen der Nachweis des niedrigeren Verkehrswerts nach § 198 BewG in Betracht zu ziehen.

6.7 Nachweis des niedrigeren Verkehrswerts (§ 198 BewG)

576 Im Vergleich zu der Bedarfsbewertung nach dem bis zum 31.12.2008 geltenden Recht führen die neuen Bewertungsverfahren im Durchschnitt zu deutlich höheren Werten. Eine unter Auswertung der Kaufpreissammlungen des Oberen Gutachterausschusses für Grundstückswerte Niedersachsen für die Jahre 1996 bis 2006 durchgeführte Untersuchung, bei der der durch Mikrosimulation ermittelte Steuerwert zu dem in den Kaufpreissammlungen angegebenen Kaufpreis ins Verhältnis gesetzt wurde, hat ergeben, dass die Verkehrswerte bei Ein- und Zweifamilienhäusern sowie bei Mietwohngrundstücken im Durchschnitt sogar überschritten werden. Der sog. Variationskoeffizient, der die mittlere Abweichung der Steuer-/Verkehrswertrelation von dem durchschnittlichen Steuer-/Verkehrswertverhältnis angibt, geht im Vergleich zu dem bisher geltenden Recht zwar etwas zurück, bleibt aber nach wie vor erheblich. Im Einzelnen ergeben sich folgende Relationen:

	Bisheriges Recht		Neues Recht	
	Mittelwert	Variationskoeffizient	Mittelwert	Variationskoeffizient
Ein- und Zweifamilienhäuser	68 %	45 %	104 %	33
Mietwohngrundstücke	87 %	38 %	109 %	37

Quelle: *Broekelschen/Maiterth*, FR 2008, 698, 708, Tabelle 1

In weniger als 60 % aller untersuchten Fälle hielten sich die nach den neuen Bewertungsverfahren ermittelten Werte in einer Bandbreite von +/- 20 % an den Verkehrswert (*Broekelschen/Maiterth*, FR 2008, 698, 709, Abbildung 3).

Damit sich die vereinfachte Grundstücksbewertung für den Steuerpflichtigen nicht nachteilig auswirkt, hat dieser nach § 198 S. 1 BewG die Möglichkeit nachzuweisen, dass der gemeine Wert der wirtschaftlichen Einheit am Bewertungsstichtag niedriger als der nach den §§ 179, 182 bis 196 BewG ermittelte Wert ist.

Nach § 198 S. 2 BewG gelten für den Nachweis des niedrigeren gemeinen Werts grundsätzlich die aufgrund des § 199 Abs. 1 BauGB erlassenen Vorschriften. Dies waren bis zum 30.6.2010 die WertV und die WertR 2006. Mit Wirkung vom 1.7.2010 ist an die Stelle der WertV die ImmoWertV getreten. **577**

Folgende Abweichungen von den Vorschriften des BewG sind hervorzuheben.

- Die ImmoWertV sieht für die Bewertung bebauter Grundstücke grundsätzlich zwar die gleichen Bewertungsmethoden wie das BewG, nämlich das Vergleichswertverfahren (§ 15 ImmoWertV), das Ertragswertverfahren (§§ 17ff. ImmoWertV) und das Sachwertverfahren (§§ 21ff. ImmoWertV), vor. Anders als nach dem BewG besteht nach § 8 Abs. 1 ImmoWertV aber grundsätzlich ein Methodenwahlrecht, das unter Berücksichtigung der Art des Wertermittlungsobjekts, der im gewöhnlichen Geschäftsverkehr üblichen Gepflogenheiten und der sonstigen Umstände des Einzelfalls, insbesondere der zur Verfügung stehenden Daten, auszuüben ist. Dieser Methodenpluralismus eröffnet Spielräume, die bei der Bewertung nach dem BewG nicht bestehen, und kann Überbewertungen vermeiden, die insbesondere bei Anwendung des Vergleichswert- und des Sachwertverfahrens drohen (*Cölln/Behrendt*, BB 2010, 1444, 1446).
- Neben dem allgemeinen Ertragswertverfahren (§ 17 Abs. 2 S. 1 Nr. 1 ImmoWertV), das im Wesentlichen dem Ertragswertverfahren nach §§ 184ff. BewG entspricht, sieht die ImmoWertV ein vereinfachtes Ertragswertverfahren (§ 17 Abs. 2 S. 1 Nr. 2 ImmoWertV) und ein Ertragswertverfahren auf der Grundlage periodisch unterschiedlicher Erträge – sog. DCF-Verfahren – (§ 17 Abs. 3 ImmoWertV) vor (vgl. wegen der Einzelheiten *Eisele/Schmitt*, NWB 2010, 2232, 2242ff.).
- Nach § 2 S. 2 ImmoWertV sind künftige Entwicklungen wie beispielsweise absehbare anderweitige Nutzungen (§ 4 Abs. 3 Nr. 1 ImmoWertV) zu berücksichtigen, wenn sie mit hinreichender Sicherheit aufgrund konkreter Tatsachen zu erwarten sind. In diesen Fällen ist auch die voraussichtliche Dauer bis zum Eintritt der rechtlichen und tatsächlichen Voraussetzungen für die Realisierbarkeit einer baulichen oder sonstigen Nutzung eines Grundstücks (Wartezeit) zu berücksichtigen (§ 2 S. 3 ImmoWertV).
- Nach § 8 Abs. 2 Nr. 1 ImmoWertV sind unabhängig von der angewandten Bewertungsmethode die allgemeinen Wertverhältnisse auf dem Grundstücksmarkt zu berücksichtigen (Marktanpassung). Diese Marktanpassung erfolgt durch sog. Marktanpassungsfaktoren, mit denen die allgemeinen Wertverhältnisse auf dem Grundstücksmarkt erfasst werden, soweit diese nicht auf andere Weise zu berücksichtigen sind. Dazu gehören nach § 14 Abs. 2 Nr. 1 ImmoWertV insbesondere Sachwertfaktoren i.S.d. § 193 Abs. 5 S. 2 Nr. 2 BauGB. Diese sind (als sog. Wertzahlen) zwar auch im Rahmen des Sachwertverfahrens nach §§ 189ff. BewG anzuwenden (vgl. Rz. 553ff.). Soweit die Gutachterausschüsse keine entsprechenden Wertzahlen zur Verfügung stellen, sind aber

§ 12

zwingend die Wertzahlen nach Anlage 25 zum BewG heranzuziehen, den Verhältnissen des Einzelfalls regelmäßig nicht gerecht werden (*Cölln/Behrendt*, BB 2010, 1444, 1446).
- Nach § 8 Abs. 2 Nr. 2 i.V.m. Abs. 3 ImmoWertV sind besondere objektspezifische Grundstücksmerkmale des zu bewertenden Grundstücks wie beispielsweise eine wirtschaftliche Überalterung, ein überdurchschnittlicher Erhaltungszustand, Baumängel oder Bauschäden sowie von den marktüblich erzielbaren Erträgen erheblich abweichende Erträge durch marktgerechte Zu- oder Abschläge oder in anderer geeigneter Weise zu berücksichtigen, soweit dies dem gewöhnlichen Geschäftsverkehr entspricht.
- Die im Rahmen des Ertragswertverfahrens zum Abzug der Bodenwertverzinsung anzuwendenden Liegenschaftszinssätze (vgl. Rz. 537 ff.) werden durch § 14 Abs. 3 ImmoWertV und § 188 Abs. 1 BewG zwar übereinstimmend definiert. Im Rahmen der ImmoWertV besteht aber keine Bindung an die Typisierung des § 188 Abs. 2 S. 2 BewG.
- Bei der Bestimmung der Nutzungsdauer für die Ermittlung des Gebäudeertragsbzw. des Gebäudesachwerts verzichtet die ImmoWertV auf starre Typisierungen. Während der Anlage 22 zum BewG feste Gesamtnutzungsdauern bestimmt, ergeben sich aus Anlage 4 zu den WertR 2006 Spannen, die nach Nr. 4.6.1 WertR 2006 lediglich als Anhaltspunkte gelten. Anders als § 185 Abs. 3 S. 5 BewG sieht die ImmoWertV auch keine regelmäßige Mindestrestnutzungsdauer für benutzbare Gebäude vor.
- Während § 179 BewG für die Ermittlung des Bodenwerts von vornherein die Bewertung mit dem Bodenrichtwert vorschreibt, sieht § 16 ImmoWertV die Anwendung des Vergleichswertverfahrens (§ 15 ImmoWertV) vor. Dies erlaubt den Abzug von Freilegungskosten, wenn mit dem alsbaldigen Abriss vorhandener Gebäude zu rechnen ist (§ 16 Abs. 3 ImmoWertV), sowie die umfassende Berücksichtigung wertbeeinflussender Merkmale. Dazu gehören z.B. Ecklage, Zuschnitt, Oberflächen- und Baugrundbeschaffenheit, Lärm-, Staub- oder Geruchsbelästigungen sowie Altlasten (§ 8 Abs. 2 Nr. 2 i.V.m. Abs. 3 ImmoWertV).
- Bei der Bewertung bebauter Grundstücke im Vergleichswertverfahren sind auch die den Wert beeinflussenden Belastungen privatrechtlicher und öffentlich-rechtlicher Art (wie z.B. Grunddienstbarkeiten und persönliche Nutzungsrechte) zu berücksichtigen, die bei der Bewertung nach § 183 Abs. 3 BewG unbeachtlich sind (R B 198 Abs. 3 S. 6 ErbStR 2011). Soweit derartige Belastungen bei der Feststellung des Grundstückswerts berücksichtigt worden sind, ist ein Abzug bei der Erbschaftsteuer ausgeschlossen (§ 10 Abs. 6 S. 6 ErbStG).

Gestaltungshinweis:

Bei der Übertragung von Grundstücken unter Vorbehalt bzw. Abspaltung eines Wohn- oder Nießbrauchsrechts kann der Abzug der Belastung bei der Ermittlung des gemeinen Werts unter verschiedenen Gesichtspunkten günstiger sein als der Abzug als Nachlassverbindlichkeit. Bei der Ermittlung des gemeinen Werts die Belastung nicht mit dem sich aus § 14 Abs. 1 BewG ergebenden Wert, sondern mit dem regelmäßig höheren versicherungsmathematischen Barwert abzuziehen.

Auch die Begrenzung des Jahreswerts der Nutzungen durch § 16 BewG greift bei dem Erwerber des Grundstücks – anders als ggf. bei dem Erwerber des Wohn- oder Nießbrauchsrechts – nicht ein. Soweit der Berechtigte den Erwerb des Wohn- oder Nießbrauchsrechts zu versteuern hat, ist Berechnungsgrundlage für die Begrenzung des Jahresbetrags der Nutzungen der unter Abzug des Wohn- oder Nießbrauchsrechts festgestellte Grundstückswert. Schließlich ist zu berücksichtigen, dass der bei der Ermittlung des gemeinen Werts vorgenommene Abzug der Belastung anders als der Abzug als Nachlassverbindlichkeit nicht nach § 14 Abs. 2 BewG zu korrigieren ist, wenn der Berechtigte vor Ablauf der dort zugrunde gelegten Mindestlaufzeit der Belastung verstirbt. Im Ergebnis können sich damit aus der Erfassung der Belastung bei der Feststellung des Grundstückswerts deutliche Steuervorteile sowohl für den Wohn- oder Nießbrauchsberechtigten als auch für den Erwerber des belasteten Grundstücks ergeben, die allerdings gegen die Kosten des Gutachtens abgewogen werden müssen (vgl. dazu eingehend *Krause/Grootens*, NWB 2011, 1142 ff.).

- Im Rahmen des Ertragswertverfahrens werden nach § 17 Abs. 1 S. 1 ImmoWertV die marktüblich erzielbaren Erträge zugrunde gelegt. Soweit die Ertragsverhältnisse absehbar wesentlichen Veränderungen unterliegen oder wesentlich von den marktüblich erzielbaren Erträgen abweichen, kann der Ertragswert auch auf der Grundlage periodisch unterschiedlicher Erträge ermittelt werden (§ 17 Abs. 1 S. 2 ImmoWertV). Demgegenüber stellt das Ertragswertverfahren nach §§ 184 ff. BewG auf die im Bewertungszeitpunkt geschuldete Miete (Sollmiete) ab. Bewirtschaftungskosten sind im steuerlichen Bewertungsverfahren nach den Erfahrungssätzen der Gutachterausschüsse (§ 187 Abs. 1 S. 1 BewG) bzw. den typisierten Werten nach Anlage 23 zum BewG (§ 187 Abs. 2 S. 2 BewG) anzusetzen. Demgegenüber sieht § 19 Abs. 1 S. 1 ImmoWertV grundsätzlich den Ansatz der tatsächlichen Kosten vor. Während § 184 Abs. 3 S. 2 BewG bei negativem Gebäudeertragswert den Ansatz des Bodenwerts als Mindestwert vorschreibt, kommt nach § 16 Abs. 3 S. 1 i.V.m. S. 2 Nr. 2 ImmoWertV der Abzug von Freilegungskosten für den Abriss der Gebäude in Betracht.
- Bei der Bewertung im Sachwertverfahren sieht die ImmoWertV im Unterschied zu § 190 Abs. 2 S. 4 BewG keinen Mindestwert vor.

Für den niedrigeren gemeinen Wert trifft den Steuerpflichtigen nicht bloß die Darlegungs-, sondern die **Nachweislast** (R B 198 Abs. 1 S. 2 ErbStR 2011). Der Nachweis des niedrigeren gemeinen Werts kann für die nach §§ 179, 182-196 BewG bewerteten wirtschaftlichen Einheiten geführt werden, wobei der Nachweis jeweils die gesamte wirtschaftliche Einheit umfassen muss (R B 198 Abs. 2 S. 1 ErbStR 2011). Regelmäßig ist die **Vorlage eines Gutachtens** des örtlichen Gutachterausschusses oder eines öffentlich bestellten und vereidigten Sachverständigen erforderlich (R B 198 Abs. 3 S. 1 ErbStR 2011); das Gutachten eines Wirtschaftsprüfers reicht nicht aus (BFH v. 10.11.2004, II R 69/01, BFH/NV 2005, 414, BStBl II 2005, 259). Auszüge aus der Kaufpreissammlung können ein Gutachten nicht ersetzen (R B 198 Abs. 1 S. 3, Abs. 3 S. 8 ErbStR 2011). Das Gutachten ist für die Feststellung des Grundbesitzwerts nicht bindend, sondern unterliegt der Beweiswürdigung durch das FA bzw. FG (BFH v. 10.11.2004, II R 69/01, BFH/NV 2005, 414, BStBl II 2005,

578

259, m.w.N.; BFH v. 3.12.2008, II R 19/08, BFH/NV 2009, 811, BStBl II 2009, [...]3). Der Nachweis des niedrigeren gemeinen Werts ist erbracht, wenn dem Gut[achten] ohne Einschaltung bzw. Bestellung weiterer Sachverständiger gefolgt werden [kann]. Einem Gutachten, das bei Fehlen bewertungsrechtlicher Sonderregelunge[n den] Vorgaben der WertV bzw. der ImmoWertV entspricht und plausibel ist, wird [reg]elmäßig zu folgen sein (BFH v. 3.12.2008, II R 19/08, BFH/NV 2009, 811, B[StBl] II 2009, 403; BFH v. 5.5.2010, II R 25/09, BFH/NV 2010, 1689). Soweit ein Gut[ach]ter seine Kenntnisse und Erfahrungen zur Grundlage der Bewertung macht, m[üss]en diese mit nachprüfbaren Vergleichswerten belegt und damit für Dritte pla[usi]bel gemacht werden (FG München v. 7.3.2012, 4 K 826/09, juris). Der Nachwe[is des] niedrigeren gemeinen Werts kann auch dann erbracht sein, wenn aus mehrere[n v]on dem Stpfl. vorgelegten Gutachten diejenigen Ansätze, die gemäß der WertV bz[w.] ImmoWertV ermittelt wurden und plausibel sind, übernommen und zu [ein]em Ganzen zusammengefügt werden können (BFH v. 9.9.2009, II B 69/09, BF[H/]NV 2009, 1972).

> **Gestaltungshinweis: Kosten für Sachverständigengutachten sind als Nachlassverbindlichkeit abzugsfähig**
>
> Die Aufwendungen für die Erstellung eines Sachverständigengutachtens [zum] Nachweis des niedrigeren gemeinen Werts eines zum Nachlass gehör[end]en Grundstücks sind als Nachlassverbindlichkeit abzugsfähig, wenn sie in e[inem] zeitlichen und sachlichen Zusammenhang mit dem Erwerb von Todes [we]gen anfallen (BFH v. 19.6.2013, II R 20/12, BFH/NV 2013, 1490, BStBl II 2013, [...]8). Entgegen der Auffassung der Finanzverwaltung (H E 10.7 "Steuerbera[tun]gskosten und Rechtsberatungskosten im Rahmen des Besteuerungs- und We[rt]feststellungsverfahrens" ErbStH) handelt es sich dabei nicht um Rechtsverfolg[un]gskosten zur Abwehr der von dem Erwerber zu entrichtenden Erbschaftsteu[er, die] dem Abzugsverbot nach § 10 Abs. 8 ErbStG unterliegen.

Enthält das Gutachten Mängel (z.B. methodische Mängel oder unzutreffende [We]rtansätze), ist es zurückzuweisen; ein Gegengutachten durch das FA ist nicht [erfo]rderlich (R B 198 Abs. 3 S. 3 ErbStR 2011). Nicht ausreichend zum Nachwe[is]des niedrigeren gemeinen Werts ist ein Gutachten, das sich auf den Austausch ei[nzel]ner für die Regelbewertung maßgeblicher Parameter, z.B. der für die Sachwerte[rmit]tlung maßgeblichen Regelherstellungskosten, beschränkt (*Mannek/Jardin*, DB [20]09, 307, 308). Denn es ist in diesem Fall nicht auszuschließen, dass die sich [da]raus ergebenden Einflüsse auf das Bewertungsergebnis durch die Berücksichtigun[g an]derer, ebenfalls den tatsächlichen Verhältnissen des Einzelfalls entsprechender, B[ew]ertungsparameter ausgeglichen würden. Lediglich im Fall der üblichen Miete läs[st R] B 198 Abs. 3 S. 7 ErbStR 2011 einen Einzelnachweis zu (vgl. Rz. 533).

Außer durch Vorlage eines Gutachtens wird es wie bei der bisherigen Be[dar]fsbewertung auch in Zukunft möglich sein, einen niedrigeren gemeinen Wert [dur]ch einen im gewöhnlichen Geschäftsverkehr **innerhalb eines Jahres** vor oder nac[h d]em Bewertungsstichtag zustande gekommenen **Kaufpreis** nachzuweisen (*Manne[k/J]ardin*, DB 2009, 307, 308; R B 198 Abs. 4 S. 1 ErbStR 2011). FA und FG könne[n d]en Erkenntnissen aus einem stichtagsnahen Kaufvertrag auch Vorrang vor einer [v]on dem Stpfl. vorgelegten Verkehrswertgutachten einräumen (FG Berlin-Brandenburg v. 15.9.2010, 3 K 3232/07, EFG 2011, 407; OFD Münster v. 14.12.2011, DStR 2012, 970). Ist ein Kaufpreis **außerhalb dieses Zeitraums** im gewöhnlichen Geschäftsverkehr zustande gekommen und sind die maßgeblichen Verhältnisse hierfür gegenüber den Verhältnissen zum Bewertungsstichtag unverändert geblieben, so kann auch dieser als Nachweis des niedrigeren gemeinen Werts dienen (R B 198 Abs. 4 S. 2 ErbStR 2011; vgl. auch BFH v. 2.7.2004, II R 55/01, BStBl II 2004, 703). Wird der Kaufpreis dem FA erst nach Bestandskraft des Bescheids über die gesonderte Feststellung des Grundbesitzwerts bekannt, ist eine Änderung nur unter den Voraussetzungen des § 173 Abs. 1 Nr. 2 AO möglich (FG Berlin-Brandenburg v. 24.3.2010, 3 K 5258/06 B, EFG 2010, 1097).

einstweilen frei   579–599

7 Bewertung von nicht zum Betriebsvermögen gehörenden Bodenschätzen (§ 12 Abs. 4 ErbStG)

Nach ständiger Rspr. des BFH sind bodenschatzhaltige Schichten des Erdbodens nur dann als Wirtschaftsgut selbstständig bewertbar, wenn mit der **Aufschließung und Verwertung** des Bodenschatzes begonnen wird, zumindest aber mit dieser Verwertung unmittelbar zu rechnen ist; dies ist z.B. dann der Fall, wenn eine für den Abbau erforderliche behördliche Genehmigung beantragt ist. Vorher bilden Bodenschätze, wie z.B. Sand- und Kiesvorkommen, eine Einheit mit dem Grund und Boden, in dem sie lagern (BFH v. 14.10.1982, IV R 19/79, BStBl II 1983, 203; v. 1.7.1987, I R 197/83, BStBl II 1987, 865; v. 13.9.1988, VIII R 236/81, BStBl II 1989, 27; v. 7.12.1989, IV R 1/88, BStBl II 1990, 317; v. 15.6.2005, IV B 139/03, BFH/NV 2005, 1991; v. 13.7.2006, IV R 51/05, BFH/NV 2006, 1064). Solange sich ein Bodenschatz nicht als selbstständiges Wirtschaftsgut konkretisiert hat, geht er bewertungsrechtlich in der wirtschaftlichen Einheit des Grund und Bodens auf. Die Konkretisierung zum selbstständig bewertbaren Wirtschaftsgut kann sowohl im Privatvermögen als auch im Betriebsvermögen erfolgen. Ob das eine oder das andere der Fall ist, richtet sich nicht nach der Betriebs- oder Privatvermögenseigenschaft des Grundstücks, sondern danach, ob die Ausbeutung als solche Teil der betrieblichen Betätigung des Steuerpflichtigen ist (BFH v. 28.5.1979, I R 66/76, BStBl II 1979, 624, betr. Gewerbebetrieb). Als notwendiges Betriebsvermögen einer Land- und Forstwirtschaft kann ein Bodenschatz nur dann angesehen werden, wenn er von Anfang an für Zwecke der Landwirtschaft gewonnen wird und in ihr verwertet wird (BFH v. 14.10.1982, IV R 19/79, BStBl II 1983, 203, betr. Land- und Forstwirtschaft).   600

§ 12 Abs. 4 BewG betrifft allein die Bewertung von Bodenschätzen, die nicht zu einem Betriebsvermögen gehören. Bodenschätze, die zum **Betriebsvermögen** eines Gewerbebetriebs gehören, gehen in die Gesamtbewertung des Betriebs ein. Bei der Ermittlung des Substanzwerts sind sie mit dem gemeinen Wert anzusetzen. Die Konkretisierung im Privatvermögen kann dadurch erfolgen, dass der Eigentümer des Grund und Bodens einem Dritten den Abbau des Bodenschatzes gestattet, ohne dass die Überlassung zur Ausbeute ausnahmsweise als Veräußerungsvorgang zu werten ist (*Trotscher*, EStG, § 21 Rz. 3, m.w.N.).   601

602 Nach § 12 Abs. 4 BewG kommt der Ansatz eines Wertes für den Bodenschatz nur dann in Betracht, wenn für diesen Absetzungen für Substanzverringerung (AfS) vorgenommen werden können. Dies ist bei Bodenschätzen, die der Steuerpflichtige auf einem ihm gehörenden Grundstück entdeckt hat, nach § 11d Abs. 2 EStDV ausgeschlossen. Dies gilt auch, wenn der Bodenschatz vom Rechtsvorgänger entdeckt wurde (BFH v. 5.6.1973, VIII R 118/70, BStBl II 1973, 702; v. 14.2.1978, VIII R 176/73, BStBl II 1978, 343). Ein Ansatz kommt daher nur dann in Betracht, wenn der Rechtsvorgänger des Steuerpflichtigen seinerseits bereits Anschaffungskosten für den Bodenschatz getragen hat; dies ist der Fall, wenn der Bodenschatz im Zeitpunkt des Erwerbs bereits als selbstständiges Wirtschaftsgut entstanden war, so dass der für das bodenschatzführende Grundstück gezahlte Kaufpreis in Anschaffungskosten für den Grund und Boden und den Bodenschatz aufgeteilt werden konnte.

603 Soweit die Voraussetzungen für die Vornahme von AfS vorliegen, ist der Bodenschatz auch für erbschaft- und schenkungssteuerliche Zwecke mit dem ertragsteuerlichen Wert anzusetzen. Dieser entspricht den Anschaffungskosten vermindert um die AfS. Diese können bei Bodenschätzen im Privatvermögen grundsätzlich nur nach Maßgabe des Substanzverzehrs (§ 7 Abs. 6 2. Halbs.; i.V.m. § 9 Abs. 1 S. 7 EStG), nicht hingegen durch gleichmäßige Verteilung der Anschaffungskosten über die voraussichtliche Nutzungsdauer des Bodenschatzes (§ 7 Abs. 6 1. Halbs. EStG) vorgenommen werden (BFH v. 21.2.1967, VI R 145/66, BStBl III 1967, 460).

604–619 einstweilen frei

8 Ausländischer Grundbesitz und ausländisches Betriebsvermögen (§ 12 Abs. 7 ErbStG i. V. m. § 31 BewG)

8.1 Allgemeines

620 Gemäß § 12 Abs. 7 ErbStG werden ausländischer Grundbesitz und ausländisches Betriebsvermögen nach § 31 BewG bewertet. Die Vorschrift stimmt wörtlich mit § 12 Abs. 6 ErbStG in der bis zum 31.12.2008 geltenden Fassung überein. Allerdings hat sich die sachliche Bedeutung der Vorschrift insofern verändert, als der Bewertungsgrundsatz des gemeinen Werts, der sich aus der Weiterverweisung des § 31 Abs. 1 S. 1 BewG auf die allgemeinen Vorschriften des BewG, insbesondere § 9 BewG, ergibt, bis zum 31.12.2008 auf ausländisches Vermögen beschränkt war (*Knittel*, in Gürsching/Stenger, BewG, § 31 Rz. 6), während er seit dem 1.1.2009 prinzipiell mit den für die Bewertung entsprechenden inländischen Vermögens geltenden Regeln übereinstimmt.

Damit ist die Diskriminierung ausländischen Sachvermögens beseitigt worden, die im Verhältnis zu anderen Mitgliedstaaten der EG gemeinschaftsrechtswidrig war (EuGH v. 17.1.2008, Rs. C-256/06, ZEV 2008, 87, betr. ausländisches Grundvermögen, und EuGH v. 2.10.2008, C-360/06, BFH/NV 2009, 108, HFR 2008, 99, betr. Beteiligung an einer ausländischen Personengesellschaft) und insoweit zur Unanwendbarkeit des § 12 Abs. 6 ErbStG i.V.m. § 31 BewG führte (BFH v. 1.7.2008, II R 71/06, BFH/NV 2008, 1947, BStBl II 2008, 874).

Gewisse **Besonderheiten** für die Bewertung ausländischen Vermögens ergeben sich allerdings auch weiterhin daraus, dass die für die Ermittlung des gemeinen Werts geltenden Vorschriften zum Teil an Tatbestandsmerkmale anknüpfen, die nur bei Inlandsvermögen erfüllt sein können. Dies gilt z. B. für die Bewertung des Grund und Bodens mit den Bodenrichtwerten nach § 196 BauGB, für die Bewertung land- und forstwirtschaftlichen Vermögens mit den in den Anlagen 14 bis 18 zum BewG nur für das Inland ausgewiesenen Reingewinnen, Pachtpreisen und Werten für das Besatzkapital und für die Bewertung von Betriebsvermögen im vereinfachten Sachwertverfahren, das an die Vorschriften der steuerlichen Gewinnermittlung anknüpft. Außerdem enthält § 31 Abs. 2 BewG spezielle Vorschriften über die Abgrenzung der wirtschaftlichen Einheit.

Schließlich gilt in verfahrensrechtlicher Hinsicht die Besonderheit, dass die Bewertung ausländischen Grundbesitzes und Betriebsvermögens im Rahmen des Steuerfestsetzungsverfahrens erfolgen muss, weil ausländisches Vermögen nicht der gesonderten Feststellung unterliegt (§ 151 Abs. 4 BewG).

8.2 Begriff des ausländischen Grundbesitzes und Betriebsvermögens

Zum **Grundbesitz** i. S. d. § 12 Abs. 7 ErbStG gehört sowohl das land- und forstwirtschaftliche Vermögen i. S. d. § 158 BewG als auch das Grundvermögen i. S. d. § 176 BewG. Um ausländischen Grundbesitz handelt es sich, wenn der Betrieb der Land- und Forstwirtschaft bzw. das Grundstück im Ausland belegen ist. Der Anspruch auf Übereignung ausländischen Grundbesitzes gehört nicht zum ausländischen Grundbesitz, sondern zum sonstigen Vermögen (*Knittel*, in Gürsching/Stenger, BewG, § 31 Rz. 17). **621**

Zum **Betriebsvermögen** gehört das Vermögen i. S. d. §§ 95, 96 und 97 BewG. Um ausländisches Betriebsvermögen handelt es sich in spiegelbildlicher Anwendung des § 121 Nr. 3 BewG bei dem Vermögen, das einem im Ausland betriebenen Gewerbe dient, wenn hierfür im Ausland eine Betriebsstätte (§ 12 AO) unterhalten wird oder ein ständiger Vertreter (§ 13 AO) bestellt ist (*Knittel*, in Gürsching/Stenger, BewG, § 31 Rz. 18). Wirtschaftsgüter dienen dem Gewerbe der ausländischen Betriebsstätte, wenn sie nach ihrer Zweckbestimmung der Erreichung des Betriebszwecks dienen. Dies ist insbesondere bei solchen Vermögensgegenständen der Fall, die das wirtschaftliche Ergebnis der Betriebsstätte zwangsläufig und maßgeblich beeinflussen und ihre Erträge zu gewährleisten oder zu steigern imstande sind. Nicht ohne Weiteres entscheidend ist, ob sich die Wirtschaftsgüter im Inland oder im Ausland befinden. Ist ein eindeutiger – wirtschaftlicher – Zusammenhang der betreffenden Vermögensgegenstände weder zu der ausländischen Betriebsstätte noch zu der inländischen Zentrale oder einer anderen inländischen Betriebsstätte gegeben, hängt es häufig vom Willen der Geschäftsleitung ab, welchem Betriebsteil die Wirtschaftsgüter zuzurechnen sind. Dieser Wille kann sich insbesondere in der bilanziellen Behandlung der Wirtschaftsgüter offenbaren, wobei der buchmäßige Ausweis nur Indiz, nicht hingegen Voraussetzung für die Zuordnung ist (BFH v. 29.7.1992, II R 39/89, BStBl II 1993, 63, 65 f., m. w. N., zur Abgrenzung des inländischen Betriebsvermögens).

einstweilen frei **622**

8.3 Allgemeiner Bewertungsgrundsatz (§ 31 Abs. 1 S. 1 BewG)

623 Wirtschaftliche Einheiten des land- und forstwirtschaftlichen Vermögens, des Grundvermögens und des Betriebsvermögens, die sich nur auf das Ausland erstrecken, sind nach § 31 Abs. 1 S. 1 i.V.m. § 9 BewG mit dem gemeinen Wert zu bewerten. Für die Bestimmung des gemeinen Werts gelten die allgemeinen Grundsätze des § 9 Abs. 2 und 3 BewG. Maßgeblich ist danach der Markt- oder Verkehrswert zum Bewertungszeitpunkt.

Die Feststellung des gemeinen Werts obliegt dem für die Erbschaft- bzw. Schenkungssteuerveranlagung zuständigen Finanzamt. Da ein Sachverhalt zu ermitteln und steuerrechtlich zu beurteilen ist, der sich auf Vorgänge außerhalb des Geltungsbereichs der Abgabenordnung bezieht, haben die Beteiligten diesen Sachverhalt aufzuklären und die erforderlichen Beweismittel zu beschaffen (§ 90 Abs. 2 S. 1 AO). Sie haben dabei alle für sie bestehenden rechtlichen und tatsächlichen Möglichkeiten auszuschöpfen (§ 90 Abs. 2 S. 2 AO). Aus dieser **Mitwirkungspflicht** ergibt sich, dass die Beteiligten nicht nur die für die Wertfindung maßgebliche tatsächliche Beschaffenheit des Bewertungsgegenstandes darzulegen und nachzuweisen haben, sondern auch die weiteren Umstände (wie z.B. die allgemeinen Markt- und Preisverhältnisse), die für die Schätzung des im gewöhnlichen Geschäftsverkehr erzielbaren Veräußerungspreises maßgeblich sind.

Die Verletzung dieser Mitwirkungspflicht hat zwar nicht zur Folge, dass das Finanzamt die weitere Sachaufklärung einstellen darf (*Seer*, in Tipke/Kruse, AO, § 90 Rz. 14); ggf. hat dieses auch die Möglichkeiten der zwischenstaatlichen Amtshilfe auszuschöpfen. Bei einer dennoch erforderlichen Schätzung der Besteuerungsgrundlagen nach § 162 Abs. 1 S. 1 i.V.m. Abs. 2 S. 1 AO stellt die Verletzung der Mitwirkungspflicht aber einen Umstand dar, der bei der Ausschöpfung des Schätzungsrahmens zulasten des Steuerpflichtigen berücksichtigt werden kann.

8.3.1 Grundvermögen

624 Für die Ermittlung des gemeinen Werts ausländischen Grundvermögens können entsprechend den für die Bewertung inländischen Grundvermögens geltenden Grundsätzen (§§ 159, 176 bis 198 BewG) je nach Art des Objekts die Bewertungsverfahren Vergleichswertmethode, Ertragswertmethode und Sachwertmethode verwendet werden (*Knittel*, in Gürsching/Stenger, BewG, § 31 Rz. 37). Da sich der Belegenheitsstaat an Ausländern gehörenden Grundstücken grundsätzlich ein Besteuerungsrecht vorbehält, kann die im Ausland von Amts wegen vorzunehmende Bewertung des Grundbesitzes u.U. einen brauchbaren Anhaltspunkt für die inländische Bewertung bilden (*Kapp/Ebeling*, ErbStG, § 12 Rz. 322; *Gebel*, in T/G/J, ErbStG, § 12 Rz. 939).

8.3.2 Betriebsvermögen

625 Der Wert des Betriebsvermögens ist nicht durch Addition der Einzelwerte der zugehörigen Wirtschaftsgüter zu ermitteln (so für das bisherige Recht: *Gebel*, in T/G/J, ErbStG, § 12 Rz. 940), sondern wird durch den Preis bestimmt, der bei der Veräußerung des Betriebs im Ganzen zu erzielen wäre (*Knittel*, in Gürsching/

ger, BewG, § 31 Rz. 45; *Halaczinsky,* in Rössler/Troll, BewG, § 31 Rz. 8). Für die Ermittlung dieses Werts können die Grundsätze herangezogen werden, die auch für die Bewertung entsprechenden inländischen Vermögens gelten (*Stalleiken/Theissen,* DStR 2010, 21, 23f.; *Hübner,* DStR 2009, 2577, 2578f.; *Gottschalk,* ZEV 2009, 157, 161 ff.). § 11 Abs. 2 BewG, auf den § 31 Abs. 1 S. 1 BewG als Teil der allgemeinen Bewertungsvorschriften verweist, bezieht sich seinem unmittelbaren Regelungsgegenstand nach zwar nur auf die Bewertung von nicht notierten Anteilen an Kapitalgesellschaften, während § 109 BewG, der die entsprechende Anwendung auf die Bewertung des Betriebsvermögens bzw. eines Anteils am Betriebsvermögen anordnet, seinerseits nicht Gegenstand der Verweisung in § 31 Abs. 1 S. 1 BewG ist (a. A *Stalleiken/Theissen,* DStR 2010, 21, 24, unter Hinweis darauf, dass zu den allgemeinen Bewertungsvorschriften, auf die § 31 S. 1 BewG verweist, auch § 1 Abs. 2 BewG gehört, der den Vorrang der speziellen Bewertungsvorschriften anordnet). Nachdem sich der Gesetzgeber mit dem ErbStRG dafür entschieden hat, für alle Vermögensarten die Bewertung mit dem gemeinen Wert vorzuschreiben, ist ein Grund für die unterschiedliche Bewertung inländischer und ausländischer Einheiten nicht mehr ersichtlich. Der Gesetzgeber hat im Fall des § 12 Abs. 7 ErbStG die bisherige Gesetzeslage einfach beibehalten, ohne sich Gedanken darüber zu machen, ob die Sonderregelung noch der neuen Regelungskonzeption entspricht (*Hübner,* DStR 2009, 2577, 2579). Auch die Vorschriften des vereinfachten Ertragswertverfahrens (§§ 199–203 i.V.m. § 11 Abs. 2 S. 4 BewG) sind grundsätzlich anwendbar (s. Rz. 378f.).

8.3.3 Anteile an ausländischen Kapitalgesellschaften

Anteile an ausländischen Kapitalgesellschaften gehören nicht zum ausländischen Betriebsvermögen i.S.d. § 12 Abs. 7 ErbStG (*Gottschalk,* ZEV 2009, 157, 161). Ihre Bewertung richtet sich nach § 11 BewG. Soweit die Anteile am Stichtag an einer deutschen Börse zum Handel im regulierten Markt zugelassen oder in den Freiverkehr einbezogen waren, ist der niedrigste am Stichtag oder der letzte innerhalb von 30 Tagen davor notierte Kurs maßgeblich (§ 11 Abs. 1 BewG). Bei Anteilen, für die zum Bewertungsstichtag ein Telefonkurs im inländischen Bankenverkehr vorliegt, entspricht der gemeine Wert grundsätzlich diesem Kurs. Kann dieser (z.B. wegen zu geringer Umsatzhöhe oder Abweichung von der Börsentendenz im amtlichen Handel) nicht ohne Weiteres übernommen werden, ist der gemeine Wert unter Beachtung der Jahresfrist des § 11 Abs. 2 S. 2 BewG aus weiter zurückliegenden Kursen abzuleiten (Rz. 1.1 der gleich lautenden Ländererlasse v. 9.3.1990, DB 1990, 864). Im Übrigen folgt die Bewertung den Regeln des § 11 Abs. 2 BewG. Die Vorschriften des vereinfachten Ertragswertverfahrens (§§ 199–203 i.V.m. § 11 Abs. 2 S. 4 BewG) sind grundsätzlich anwendbar (s. Rz. 378f.).

626

8.3.4 Land- und forstwirtschaftliches Vermögen

Erheblich größere Probleme als bei den übrigen Vermögensarten wirft die Ermittlung des gemeinen Werts bei land- und forstwirtschaftlichen Vermögen auf. Bei der Bewertung entsprechenden inländischen Vermögens hat sich der Gesetzgeber dafür entschieden hat, den gemeinen Wert grundsätzlich nicht als Veräußerungs-, sondern

627

als Fortführungswert zu ermitteln. Soll die Gleichbehandlung ausländischer [Ver]mögens gewahrt werden, die im Verhältnis zu anderen Mitgliedstaaten der EG [ni]cht nur aus verfassungs-, sondern auch aus gemeinschaftsrechtlichen Gründen ge[bot]en ist, muss diese Grundentscheidung auch bei dessen Bewertung beachtet w[erd]en. Dies gilt jedenfalls insoweit, als nicht festgestellt werden kann, dass die f[ür die] Bewertung des inländischen Vermögens maßgeblichen Gesichtspunkte (Cha[rak]ter land- und forstwirtschaftlicher Betriebe als Generationenbetriebe, geringe Za[hl v]on Veräußerungsfällen) für den Belegenheitsstaat keine Geltung haben. Eine un[mitt]elbare Übertragung der Bewertungsvorschriften der §§ 158 bis 175 BewG a[uf d]ie Bewertung ausländischen Vermögens ist aber deshalb ausgeschlossen, weil s[owo]hl die für die Regelbewertung nach § 163 BewG als auch die für die Ermittl[ung d]es Mindestwerts nach § 164 BewG maßgeblichen Werte in den Anlagen 14 bis 1[8 zu]m BewG nur für das Inland ausgewiesen werden und das ihnen zugrunde lie[gen]de Datenmaterial aus der Agrarberichterstattung überhaupt nur für das Inla[nd z]ur Verfügung steht.

628 Eine Bewertung ausländischen Vermögens, die den für das inländische Verm[ög]en geltenden Grundsätzen entspricht, ist daher nur im Rahmen einer **Schät[zu]ng** möglich. Für die Regelbewertung nach § 163 BewG muss dazu das durchschni[ttlic]he Ertragsniveau inländischer land- und forstwirtschaftlicher Betriebe zu de[n d]er Betriebe des ausländischen Staates in Beziehung gesetzt werden. Zusätzlich [ist zu] berücksichtigen, dass nach § 31 Abs. 2 S. 2 BewG Geldschulden nicht zum a[uslä]ndischen Grundvermögen gehören, während die in unmittelbarem wirtschaftl[iche]m Zusammenhang mit dem Betrieb stehenden Verbindlichkeiten bei der Bewe[rtun]g inländischen Vermögens durch den Absatz der Zinsaufwendungen abgegolte[n si]nd (§ 163 Abs. 2 S. 2 BewG). Für die Ermittlung des Mindestwerts nach § 164 B[ew]G muss das am Belegenheitsort herrschende Pachtpreisniveau ermittelt werde[n. Der] Wert des Besatzkapitals dürfte sich nur dadurch ermitteln lassen, dass die f[ür d]ie Wertansätze maßgeblichen inländischen Verhältnisse zu denen des Belegen[heit]sstaats in Beziehung gesetzt werden. Zur Gewinnung der hierfür Daten si[nd d]ie Möglichkeiten der zwischenstaatlichen Amtshilfe auszuschöpfen; soweit es si[ch u]m die Bewertung von Vermögen in anderen EG-Mitgliedstaaten handelt, kann [mög]licherweise auch auf Datenmaterial der für die Landwirtschaft zuständigen D[iens]tstellen der Kommission zurückgegriffen werden.

8.4 Bewertung ausländischer Teile einer wirtschaftlichen Einheit (§ 31 Abs. 1 S. 2 BewG)

629 Erstreckt sich eine wirtschaftliche Einheit des Grund- oder des Betriebsverm[öge]ns sowohl auf das Inland als auch auf das Ausland, so sind nach § 31 Abs. 1 [S. 2 B]ewG nur deren ausländische Teile nach den Grundsätzen des § 31 Abs. 1 S. 1 Bew[G z]u bewerten. In verfahrensrechtlicher Hinsicht ergibt sich daraus, dass nur die in[länd]ischen Teile der wirtschaftlichen Einheit in eine nach § 151 Abs. 1 S. 1 Nrn. 1 [bis] 4 BewG durchzuführende gesonderte Feststellung einzubeziehen sind.

Beim **Grundvermögen** und beim **land- und forstwirtschaftlichen Vermög[en i]st** die Aufteilung grundsätzlich flächenbezogen nach den im In- und Ausland be[lege]nen Teilen der wirtschaftlichen Einheit vorzunehmen. Bei **Betriebsvermögen** die Aufteilung entweder nach der direkten oder nach der indirekten Methode erfolgen. Bei der direkten Methode wird die ausländische Betriebsstätte so behandelt, als handele es sich dabei um einen wirtschaftlich selbstständigen Gewerbebetrieb (*Knittel*, in Gürsching/Stenger, BewG, § 31 Rz. 99). Bei der indirekten Methode wird das Betriebsvermögen der ausländischen Betriebsstätte in der Weise ermittelt, dass das gesamte Betriebsvermögen nach einem bestimmten wirtschaftlichen Maßstab – z.B. dem Verhältnis der Umsätze – auf den inländischen und ausländischen Teil aufgeteilt wird (*Knittel*, in Gürsching/Stenger, BewG, § 31 Rz. 100). Wegen der damit verbundenen Ungenauigkeiten ist die direkte Methode grundsätzlich vorzuziehen (BFH v. 12.1.1994, II R 95/89, BFH/NV 1990, 690).

8.5 Umfang der wirtschaftlichen Einheit (§ 31 Abs. 2 BewG)

Nach § 31 Abs. 2 S. 1 BewG sind bei der Bewertung von ausländischem Grundbesitz Bestandteile und Zubehör zu berücksichtigen. Dies entspricht grundsätzlich den für die Bewertung inländischen Grundvermögens geltenden Grundsätzen (§ 176 Abs. 1 Nr. 1 BewG). Anders als bei inländischem Grundbesitz (§ 176 Abs. 2 Nr. 2 BewG) werden **Betriebsvorrichtungen** nicht aus dem Zubehör ausgeschlossen. Sie sind deshalb bei der Bewertung des ausländischen Grundbesitzes zu berücksichtigen (*Knittel*, in Gürsching/Stenger, BewG, § 31 Rz. 113; *Halaczinsky*, in Rössler/Troll, BewG, § 31 Rz. 13).

Nicht einzubeziehen sind nach § 31 Abs. 2 S. 2 BewG Zahlungsmittel, Geldforderungen, Wertpapiere und Geldschulden. Dies hat zur Folge, dass die entsprechenden Vermögensgegenstände nicht zu dem nach § 12 Abs. 7 ErbStG zu bewertenden Grundvermögen, sondern zum sonstigen Vermögen gehören (*Knittel*, in Gürsching/Stenger, BewG, § 31 Rz. 121; *Halaczinsky*, in Rössler/Troll, BewG, § 31 Rz. 16). Die Vorschrift bezieht sich in erster Linie auf land- und forstwirtschaftliche Betriebe. Bis auf die Behandlung der Geldschulden entspricht sie der sich für inländische Betriebe aus § 158 Abs. 4 Nrn. 3 und 6 BewG ergebenden Rechtslage. Nicht unter § 31 Abs. 2 S. 2 BewG fallen Forderungen und Verbindlichkeiten, die andere Leistungen als Geld zum Gegenstand haben, z.B. Sachleistungsansprüche und -verbindlichkeiten (*Knittel*, in Gürsching/Stenger, BewG, § 31 Rz. 121).

630

§ 13 Steuerbefreiungen

(1) Steuerfrei bleiben
1. a) Hausrat einschließlich Wäsche und Kleidungsstücke beim Erwerb durch Personen der Steuerklasse I, soweit der Wert insgesamt 41 000 Euro nicht übersteigt,
   b) andere bewegliche körperliche Gegenstände, die nicht nach Nummer 2 befreit sind, beim Erwerb durch Personen der Steuerklasse I, soweit der Wert insgesamt 12 000 Euro nicht übersteigt,
   c) Hausrat einschließlich Wäsche und Kleidungsstücke und andere bewegliche körperliche Gegenstände, die nicht nach Nummer 2 befreit sind, beim Erwerb durch Personen der Steuerklassen II und III, soweit der Wert insgesamt 12 000 Euro nicht übersteigt.
   ²Die Befreiung gilt nicht für Gegenstände, die zum land- und forstwirtschaftlichen Vermögen, zum Grundvermögen oder zum Betriebsvermögen gehören, für Zahlungsmittel, Wertpapiere, Münzen, Edelmetalle, Edelsteine und Perlen;
2. Grundbesitz und Teile von Grundbesitz, Kunstgegenstände, Kunstsammlungen, wissenschaftliche Sammlungen, Bibliotheken und Archive
   a) mit 60 Prozent ihres Werts, jedoch Grundbesitz und Teile von Grundbesitz mit 85 Prozent ihres Werts, wenn die Erhaltung dieser Gegenstände wegen ihrer Bedeutung für Kunst, Geschichte oder Wissenschaft im öffentlichen Interesse liegt, die jährlichen Kosten in der Regel die erzielten Einnahmen übersteigen und die Gegenstände in einem den Verhältnissen entsprechenden Umfang den Zwecken der Forschung oder der Volksbildung nutzbar gemacht sind oder werden,
   b) in vollem Umfang, wenn die Voraussetzungen des Buchstabens a erfüllt sind und ferner
   aa) der Steuerpflichtige bereit ist, die Gegenstände den geltenden Bestimmungen der Denkmalspflege zu unterstellen,
   bb) die Gegenstände sich seit mindestens 20 Jahren im Besitz der Familie befinden oder in ein Verzeichnis national wertvollen Kulturgutes nach § 7 Abs. 1 des Kulturschutzgesetzes vom 31. Juli 2016 (BGBl I S. 1914) in der jeweils geltenden Fassung eingetragen sind.
   ²Die Steuerbefreiung fällt mit Wirkung für die Vergangenheit weg, wenn die Gegenstände innerhalb von zehn Jahren nach dem Erwerb veräußert werden oder die Voraussetzungen für die Steuerbefreiung innerhalb dieses Zeitraums entfallen;
3. Grundbesitz oder Teile von Grundbesitz, der für Zwecke der Volkswohlfahrt der Allgemeinheit ohne gesetzliche Verpflichtung zur Benutzung zugänglich gemacht ist und dessen Erhaltung im öffentlichen Interesse liegt, wenn die jährlichen Kosten in der Regel die erzielten Einnahmen übersteigen. ²Die Steuerbefreiung fällt mit Wirkung für die Vergangenheit weg, wenn der Grundbesitz oder Teile des Grundbesitzes innerhalb von zehn Jahren nach dem Erwerb veräußert werden oder die Voraussetzungen für die Steuerbefreiung innerhalb dieses Zeitraums entfallen;

4. ein Erwerb nach § 1969 des Bürgerlichen Gesetzbuchs;
4a. Zuwendungen unter Lebenden, mit denen ein Ehegatte dem anderen Ehegatten Eigentum oder Miteigentum an einem im Inland oder in einem Mitgliedstaat der Europäischen Union oder einem Staat des Europäischen Wirtschaftsraums belegenen bebauten Grundstück im Sinne des § 181 Abs. 1 Nr. 1 bis 5 des Bewertungsgesetzes verschafft, soweit darin eine Wohnung zu eigenen Wohnzwecken genutzt wird (Familienheim), oder den anderen Ehegatten von eingegangenen Verpflichtungen im Zusammenhang mit der Anschaffung oder der Herstellung des Familienheims freistellt. ²Entsprechendes gilt, wenn ein Ehegatte nachträglichen Herstellungs- oder Erhaltungsaufwand für ein Familienheim trägt, das im gemeinsamen Eigentum der Ehegatten oder im Eigentum des anderen Ehegatten steht. ³Die Sätze 1 und 2 gelten für Zuwendungen zwischen Lebenspartnern entsprechend;
4b. der Erwerb von Todes wegen des Eigentums oder Miteigentums an einem im Inland oder in einem Mitgliedstaat der Europäischen Union oder einem Staat des Europäischen Wirtschaftsraums belegenen bebauten Grundstück im Sinne des § 181 Abs. 1 Nr. 1 bis 5 des Bewertungsgesetzes durch den überlebenden Ehegatten oder den überlebenden Lebenspartner, soweit der Erblasser darin bis zum Erbfall eine Wohnung zu eigenen Wohnzwecken genutzt hat oder bei der er aus zwingenden Gründen an einer Selbstnutzung zu eigenen Wohnzwecken gehindert war und die beim Erwerber unverzüglich zur Selbstnutzung zu eigenen Wohnzwecken bestimmt ist (Familienheim). ²Ein Erwerber kann die Steuerbefreiung nicht in Anspruch nehmen, soweit er das begünstigte Vermögen auf Grund einer letztwilligen Verfügung des Erblassers oder einer rechtgeschäftlichen Verfügung des Erblassers auf einen Dritten übertragen muss. ³Gleiches gilt, wenn ein Erbe im Rahmen der Teilung des Nachlasses begünstigtes Vermögen auf einen Miterben überträgt. ⁴Überträgt ein Erbe erworbenes begünstigtes Vermögen im Rahmen der Teilung des Nachlasses auf einen Dritten und gibt der Dritte dabei diesem Erwerber nicht begünstigtes Vermögen hin, das er vom Erblasser erworben hat, erhöht sich insoweit der Wert des begünstigten Vermögens des Dritten um den Wert des hingegebenen Vermögens, höchstens jedoch um den Wert des übertragenen Vermögens. ⁵Die Steuerbefreiung fällt mit Wirkung für die Vergangenheit weg, wenn der Erwerber das Familienheim innerhalb von zehn Jahren nach dem Erwerb nicht mehr zu Wohnzwecken selbst nutzt, es sei denn, er ist aus zwingenden Gründen an einer Selbstnutzung zu eigenen Wohnzwecken gehindert;
4c. der Erwerb von Todes wegen des Eigentums oder Miteigentums an einem im Inland oder in einem Mitgliedstaat der Europäischen Union oder einem Staat des Europäischen Wirtschaftsraums belegenen bebauten Grundstück im Sinne des § 181 Abs. 1 Nr. 1 bis 5 des Bewertungsgesetzes durch Kinder im Sinne der Steuerklasse I Nr. 2 und der Kinder verstorbener Kinder im Sinne der Steuerklasse I Nr. 2, soweit der Erblasser darin bis zum Erbfall eine Wohnung zu eigenen Wohnzwecken genutzt hat oder bei der er aus zwingenden Gründen an einer Selbstnutzung zu eigenen Wohnzwecken gehindert war, die beim Erwerber unverzüglich zur Selbstnutzung zu eigenen

Wohnzwecken bestimmt ist (Familienheim) und soweit die Wohnfläche der Wohnung 200 Quadratmeter nicht übersteigt. ²Ein Erwerber kann die Steuerbefreiung nicht in Anspruch nehmen, soweit er das begünstigte Vermögen auf Grund einer letztwilligen Verfügung des Erblassers oder einer rechtsgeschäftlichen Verfügung des Erblassers auf einen Dritten übertragen muss. ³Gleiches gilt, wenn ein Erbe im Rahmen der Teilung des Nachlasses begünstigtes Vermögen auf einen Miterben überträgt. ⁴Überträgt ein Erbe erworbenes begünstigtes Vermögen im Rahmen der Teilung des Nachlasses auf einen Dritten und gibt der Dritte dabei diesem Erwerber nicht begünstigtes Vermögen hin, das er vom Erblasser erworben hat, erhöht sich insoweit der Wert des begünstigten Vermögens des Dritten um den Wert des hingegebenen Vermögens, höchstens jedoch um den Wert des übertragenen Vermögens. ⁵Die Steuerbefreiung fällt mit Wirkung für die Vergangenheit weg, wenn der Erwerber das Familienheim innerhalb von zehn Jahren nach dem Erwerb nicht mehr zu Wohnzwecken selbst nutzt, es sei denn, er ist aus zwingenden Gründen an einer Selbstnutzung zu eigenen Wohnzwecken gehindert;

5. die Befreiung von einer Schuld gegenüber dem Erblasser, sofern die Schuld durch Gewährung von Mitteln zum Zweck des angemessenen Unterhalts oder zur Ausbildung des Bedachten begründet worden ist oder der Erblasser die Befreiung mit Rücksicht auf die Notlage des Schuldners angeordnet hat und diese auch durch die Zuwendung nicht beseitigt wird. ²Die Steuerbefreiung entfällt, soweit die Steuer aus der Hälfte einer neben der erlassenen Schuld dem Bedachten anfallenden Zuwendung gedeckt werden kann;

6. ein Erwerb, der Eltern, Adoptiveltern, Stiefeltern oder Großeltern des Erblassers anfällt, sofern der Erwerb zusammen mit dem übrigen Vermögen des Erwerbers 41 000 Euro nicht übersteigt und der Erwerber infolge körperlicher oder geistiger Gebrechen und unter Berücksichtigung seiner bisherigen Lebensstellung als erwerbsunfähig anzusehen ist oder durch die Führung eines gemeinsamen Hausstands mit erwerbsunfähigen oder in der Ausbildung befindlichen Abkömmlingen an der Ausübung einer Erwerbstätigkeit gehindert ist. ²Übersteigt der Wert des Erwerbs zusammen mit dem übrigen Vermögen des Erwerbers den Betrag von 41 000 Euro, wird die Steuer nur insoweit erhoben, als sie aus der Hälfte des die Wertgrenze übersteigenden Betrags gedeckt werden kann;

7. Ansprüche nach den folgenden Gesetzen in der jeweils geltenden Fassung:
   a) Lastenausgleichsgesetz,
   b) Flüchtlingshilfegesetz in der Fassung der Bekanntmachung vom 15. Mai 1971 (BGBl. I S. 681), zuletzt geändert durch Artikel 6a des Gesetzes vom 21. Juli 2004 (BGBl. I S. 1742),
   c) Allgemeines Kriegsfolgengesetz in der im Bundesgesetzblatt Teil III, Gliederungsnummer 653-1, veröffentlichten bereinigten Fassung, zuletzt geändert durch Artikel 127 der Verordnung vom 31. Oktober 2006 (BGBl. I S. 2407),
   d) Gesetz zur Regelung der Verbindlichkeiten nationalsozialistischer Einrichtungen und der Rechtsverhältnisse an deren Vermögen vom 17. März

1965 (BGBl. I S. 79), zuletzt geändert durch Artikel 2 Abs. 17 des Gesetzes vom 12. August 2005 (BGBl. I S. 2354),
- e) Häftlingshilfegesetz, Strafrechtliches Rehabilitierungsgesetz sowie Bundesvertriebenengesetz,
- f) Vertriebenenzuwendungsgesetz vom 27. September 1994 (BGBl. I S. 2624, 2635), zuletzt geändert durch Artikel 4 Abs. 43 des Gesetzes vom 22. September 2005 (BGBl. I S. 2809),
- g) Verwaltungsrechtliches Rehabilitierungsgesetz in der Fassung der Bekanntmachung vom 1. Juli 1997 (BGBl. I S. 1620), zuletzt geändert durch Artikel 2 des Gesetzes vom 21. August 2007 (BGBl. I S. 2118), und
- h) Berufliches Rehabilitierungsgesetz in der Fassung der Bekanntmachung vom 1. Juli 1997 (BGBl. I S. 1625), zuletzt geändert durch Artikel 3 des Gesetzes vom 21. August 2007 (BGBl. I S. 2118);
8. Ansprüche auf Entschädigungsleistungen nach den folgenden Gesetzen in der jeweils geltenden Fassung:
   - a) Bundesentschädigungsgesetz in der im Bundesgesetzblatt Teil III, Gliederungsnummer 251-1, veröffentlichten bereinigten Fassung, zuletzt geändert durch Artikel 7 Abs. 4 des Gesetzes vom 26. März 2007 (BGBl. I S. 358), sowie
   - b) Gesetz über Entschädigungen für Opfer des Nationalsozialismus im Beitrittsgebiet vom 22. April 1992 (BGBl. I S. 906);
9. ein steuerpflichtiger Erwerb bis zu 20 000 Euro, der Personen anfällt, die dem Erblasser unentgeltlich oder gegen unzureichendes Entgelt Pflege oder Unterhalt gewährt haben, soweit das Zugewendete als angemessenes Entgelt anzusehen ist;
9a. Geldzuwendungen unter Lebenden, die eine Pflegeperson für Leistungen zur Grundpflege oder hauswirtschaftlichen Versorgung vom Pflegebedürftigen erhält, bis zur Höhe des nach § 37 des Elften Buches Sozialgesetzbuch gewährten Pflegegeldes oder eines entsprechenden Pflegegeldes aus privaten Versicherungsverträgen nach den Vorgaben des Elften Buches Sozialgesetzbuch (private Pflegepflichtversicherung) oder einer Pauschalbeihilfe nach den Beihilfevorschriften für häusliche Pflege;
10. Vermögensgegenstände, die Eltern oder Voreltern ihren Abkömmlingen durch Schenkung oder Übergabevertrag zugewandt hatten und die an diese Personen von Todes wegen zurückfallen;
11. der Verzicht auf die Geltendmachung des Pflichtteilsanspruchs oder des Erbersatzanspruchs;
12. Zuwendungen unter Lebenden zum Zwecke des angemessenen Unterhalts oder zur Ausbildung des Bedachten;
13. Zuwendungen an Pensions- und Unterstützungskassen im Sinne des § 5 Abs. 1 Nr. 3 des Körperschaftsteuergesetzes, wenn sie die für eine Befreiung von der Körperschaftsteuer erforderlichen Voraussetzungen erfüllen. [2]Ist eine Kasse nach § 6 des Körperschaftsteuergesetzes teilweise steuerpflichtig, ist auch die Zuwendung im gleichen Verhältnis steuerpflichtig. [3]Die Befreiung fällt mit Wirkung für die Vergangenheit weg, wenn die Voraussetzun-

gen des § 5 Abs. 1 Nr. 3 des Körperschaftsteuergesetzes innerhalb von zehn Jahren nach der Zuwendung entfallen;
14. die üblichen Gelegenheitsgeschenke;
15. Anfälle an den Bund, ein Land oder eine inländische Gemeinde (Gemeindeverband) sowie solche Anfälle, die ausschließlich Zwecken des Bundes, eines Landes oder einer inländischen Gemeinde (Gemeindeverband) dienen;
16. Zuwendungen
    a) an inländische Religionsgesellschaften des öffentlichen Rechts oder an inländische jüdische Kultusgemeinden,
    b) an inländische Körperschaften, Personenvereinigungen und Vermögensmassen, die nach der Satzung, dem Stiftungsgeschäft oder der sonstigen Verfassung und nach ihrer tatsächlichen Geschäftsführung ausschließlich und unmittelbar kirchlichen, gemeinnützigen oder mildtätigen Zwecken im Sinne der §§ 52 bis 54 der Abgabenordnung dienen. ²Die Befreiung fällt mit Wirkung für die Vergangenheit weg, wenn die Voraussetzungen für die Anerkennung der Körperschaft, Personenvereinigung oder Vermögensmasse als kirchliche, gemeinnützige oder mildtätige Institution innerhalb von zehn Jahren nach der Zuwendung entfallen und das Vermögen nicht begünstigten Zwecken zugeführt wird,
    c) an ausländische Religionsgesellschaften, Körperschaften, Personenvereinigungen und Vermögensmassen der in den Buchstaben a und b bezeichneten Art, die nach § 5 Abs. 1 Nr. 9 des Körperschaftsteuergesetzes in Verbindung mit § 5 Abs. 2 Nr. 2 2. Halbs. des Körperschaftsteuergesetzes steuerbefreit wären, wenn sie inländische Einkünfte erzielen würden, und wenn durch die Staaten, in denen die Zuwendungsempfänger belegen sind, Amtshilfe und Unterstützung bei der Beitreibung geleistet werden. ²Amtshilfe ist der Auskunftsaustausch im Sinne oder entsprechend der Amtshilferichtlinie gemäß § 2 Abs. 2 des EU-Amtshilfegesetzes. ³Beitreibung ist die gegenseitige Unterstützung bei der Beitreibung von Forderungen im Sinne oder entsprechend der Beitreibungsrichtlinie einschließlich der in diesem Zusammenhang anzuwendenden Durchführungsbestimmungen in den für den jeweiligen Stichtag der Steuerentstehung geltenden Fassungen oder eines entsprechenden Nachfolgerechtsaktes. ⁴Werden die steuerbegünstigten Zwecke des Zuwendungsempfängers im Sinne des Satzes 1 nur im Ausland verwirklicht, ist für die Steuerbefreiung Voraussetzung, dass natürliche Personen, die ihren Wohnsitz oder ihren gewöhnlichen Aufenthalt im Geltungsbereich dieses Gesetzes haben, gefördert werden oder dass die Tätigkeit dieses Zuwendungsempfängers neben der Verwirklichung der steuerbegünstigten Zwecke auch zum Ansehen der Bundesrepublik Deutschland beitragen kann. ⁵Buchstabe b Satz 2 gilt entsprechend;
17. Zuwendungen, die ausschließlich kirchlichen, gemeinnützigen oder mildtätigen Zwecken gewidmet sind, sofern die Verwendung zu dem bestimmten Zweck gesichert ist;
18. Zuwendungen an
    a) politische Parteien im Sinne des § 2 des Parteiengesetzes,

b) Vereine ohne Parteicharakter, wenn
aa) der Zweck des Vereins ausschließlich darauf gerichtet ist, durch Teilnahme mit eigenen Wahlvorschlägen an Wahlen auf Bundes-, Landes- oder Kommunalebene bei der politischen Willensbildung mitzuwirken, und
bb) der Verein auf Bundes-, Landes- oder Kommunalebene bei der jeweils letzten Wahl wenigstens ein Mandat errungen oder der zuständigen Wahlbehörde oder dem zuständigen Wahlorgan angezeigt hat, dass er mit eigenen Wahlvorschlägen auf Bundes-, Landes- oder Kommunalebene an der jeweils nächsten Wahl teilnehmen will.

²Die Steuerbefreiung fällt mit Wirkung für die Vergangenheit weg, wenn der Verein an der jeweils nächsten Wahl nach der Zuwendung nicht teilnimmt, es sei denn, dass der Verein sich ernsthaft um eine Teilnahme bemüht hat.

(2) ¹Angemessen im Sinne des Absatzes 1 Nr. 5 und 12 ist eine Zuwendung, die den Vermögensverhältnissen und der Lebensstellung des Bedachten entspricht. ²Eine dieses Maß übersteigende Zuwendung ist in vollem Umfang steuerpflichtig.

(3) ¹Jede Befreiungsvorschrift ist für sich anzuwenden. ²In den Fällen des Absatzes 1 Nr. 2 und 3 kann der Erwerber der Finanzbehörde bis zur Unanfechtbarkeit der Steuerfestsetzung erklären, dass er auf die Steuerbefreiung verzichtet.

Inhalt		**Rz.**
1	Allgemeines	1–4
2	Steuerbefreiungen nach § 13 Abs. 1 ErbStG	5–94
2.1	Hausrat und andere bewegliche körperliche Gegenstände (§ 13 Abs. 1 Nr. 1 ErbStG)	5–9
2.2	Kulturgüter (§ 13 Abs. 1 Nr. 2 ErbStG)	10–18
2.3	Grundbesitz für Zwecke der Volkswohlfahrt (§ 13 Abs. 1 Nr. 3 ErbStG)	19–22
2.4	Dreißigster gem. § 1969 BGB (§ 13 Abs. 1 Nr. 4 ErbStG)	23–24
2.5	Zuwendung des Familienheims (§ 13 Abs. 1 Nr. 4a bis 4c ErbStG)	25–44
2.5.1	Zuwendung des Familienheims unter Lebenden an Ehegatten (§ 13 Abs. 1 Nr. 4a ErbStG)	29–35
2.5.2	Zuwendung des Familienheims von Todes wegen an Ehegatten (§ 13 Abs. 1 Nr. 4b ErbStG)	36–39
2.5.3	Zuwendung des Familienheims von Todes wegen an Kinder und Enkelkinder (§ 13 Abs. 1 Nr. 4c ErbStG)	40–44
2.6	Schuldbefreiung (§ 13 Abs. 1 Nr. 5 ErbStG)	45–48
2.7	Zuwendungen an erwerbsunfähige Eltern oder Großeltern (§ 13 Abs. 1 Nr. 6 ErbStG)	49–52
2.8	Ansprüche nach dem Lastenausgleichsgesetz und anderen Gesetzen (§ 13 Abs. 1 Nr. 7 ErbStG)	53

2.9	Ansprüche nach dem Bundesentschädigungsgesetz (§ 13 Abs. 1 Nr. 8 ErbStG)	54
2.10	Angemessenes Entgelt für Pflege- und Unterhaltsleistungen (§ 13 Abs. 1 Nr. 9 ErbStG)	55–61
2.11	Zuwendung von Pflegegeld (§ 13 Abs. 1 Nr. 9a ErbStG)	62–64
2.12	Vermögensrückfall an Eltern und Voreltern (§ 13 Abs. 1 Nr. 10 ErbStG)	65–67
2.13	Verzicht auf einen Pflichtteils- oder Erbersatzanspruch (§ 13 Abs. 1 Nr. 11 ErbStG)	68–70
2.14	Zuwendungen für angemessenen Unterhalt und Ausbildung (§ 13 Abs. 1 Nr. 12 ErbStG)	71–73
2.15	Zuwendungen an Pensions- und Unterstützungskassen (§ 13 Abs. 1 Nr. 13 ErbStG)	74–76
2.16	Übliche Gelegenheitsgeschenke (§ 13 Abs. 1 Nr. 14 ErbStG) ...	77–79
2.17	Zuwendungen an Gebietskörperschaften (§ 13 Abs. 1 Nr. 15 ErbStG)	80
2.18	Zuwendungen an Religionsgesellschaften und steuerbegünstigte Körperschaften (§ 13 Abs. 1 Nr. 16 ErbStG)	81–89
2.18.1	Zuwendungen an inländische Kirchen (§ 13 Abs. 1 Nr. 16 Buchst. a ErbStG)	82–83
2.18.2	Zuwendungen an inländische begünstigte Körperschaften (§ 13 Abs. 1 Nr. 16 Buchst. b ErbStG)	84–87
2.18.3	Zuwendungen an ausländische begünstigte Körperschaften (§ 13 Abs. 1 Nr. 16 Buchst. c ErbStG)	88–89
2.19	Zuwendungen für steuerbegünstigte Zwecke (§ 13 Abs. 1 Nr. 17 ErbStG)	90–92
2.20	Zuwendungen an politische Organisationen (§ 13 Abs. 1 Nr. 18 ErbStG)	93–94
3	Angemessenheit von Zuwendungen zum Unterhalt (§ 13 Abs. 2 ErbStG)	95
4	Verzicht auf die Steuerbefreiung (§ 13 Abs. 3 ErbStG)	96

Schrifttum

Behrens/Halaczinsky, Steueränderungsgesetz 2015: Änderungen bei der GrESt, der ErbSt sowie bei der Bewertung, UVR 2015, 371; *Boll*, Die Kunst als Instrument schenkungsteuerrechtlicher Gestaltung, DStR 2016, 1137; *Brey/Merz/Neufang*, Können Immobilien steuerfrei übertragen werden?, BB 2009, 132; *Busch*, Deutsches Erbschaftsteuerrecht im Lichte der europäischen Grundfreiheiten – Teil I, IStR 2002, 448; *Crezelius*, Kunst im Nachlass – Ertrag- und erbschaftsteuerrechtliche Probleme, ZEV 2014, 637; *Erle*, Der Pkw als Hausrat, ZEV 2016, 240; *Felix*, Was sind schenkungsteuerfreie Gelegenheitsgeschenke?, KÖSDI 1988, 7066; *ders.*, Die Notwendigkeit der Vereinbarung von Rückfallklauseln bei Verträgen über vorweggenommene Erbfolge in Grundstücke, NJW 1994, 2334; *Fischl/Roth*, Die Reform des Erbschaftsteuer- und Bewertungsrechts zum 1.1.2009, NJW 2009, 177; *Franckenstein/v. Oertzen*, Voraussetzungen der Erbschaftsteuerfreiheit von Kulturdenkmälern, ZEV 1997, 321; *Geck*, Die Neuregelung des § 13 Abs. 1 Nr. 4a ErbStG –

offene Fragen in der Praxis, ZEV 1996, 107; *ders.*, Die Erbschaftsteuerreform kurz vor dem Ziel, ZEV 2008, 557; *Graf/Medloff*, Die Besteuerung des Grundvermögens, insbesondere des Familienwohnheims, bei Erbschaft und Schenkung, BB 1997, 1765; *Haar*, Steuerbefreiungen bei Erwerb von Todes wegen bei bisher selbstgenutztem Wohnraum, SteuK 2010, 162; *Halaczinsky*, Erbschaftsteuer und Spenden, UVR 2010, 85; *ders.*, Pflege aus erbschaftsteuerlicher Sicht, UVR 2012, 206; *ders.*, Die Steuerbefreiungen nach § 13 ErbStG – Aktuelle Entwicklungen, UVR 2013, 265; *ders.*, Steuerbefreiungen bei Zuwendungen an steuerbegünstigte Körperschaften, ErbStB 2014, 170; *ders.*, Das Familienheim im Erbfall: Steuerbefreiung bei Erwerb durch Kinder, UVR 2016, 216; *ders.*, Steuersparen mit Kunstwerken bei der Erbschaft- und Schenkungsteuer, UVR 2016, 309; *Handzik*, Die schenkweise Übertragung des Familienwohnheims an den anderen Ehegatten (§ 13 Abs. 1 Nr. 4a ErbStG), DStZ 1999, 416; *Hardt*, Ungelöste Probleme bei der Zuwendung des Familienwohnheims, ZEV 2004, 408; *Heuer/v. Cube*, Denkmalschutz ultra legem: Die Zukunft der Steuerbefreiung für Kulturgüter gemäß § 13 Abs. 1 Nr. 2 ErbStG, ZEV 2008, 565; *dies.*, Schenkungsteuerfreiheit einer Kunstsammlung – Zugleich Anmerkung zu FG Münster vom 24.9.2014 – 3 K 2906/12 Erb, DStR 2015, 682; *Hoheisel/Nesselrode*, Kunst im Betriebsvermögen und Erbschaftsteuer, DStR 2011, 441; *Hübner*, Erbschaftsteuerreform, 2009; *Jülicher*, Probleme der Erbschaftsteuerbefreiung beim Vermögensrückfall an Eltern oder Voreltern – § 13 Abs. 1 Nr. 10, ZEV 1995, 212, 244; *ders.*, Eine kleine, aber feine Steuerbefreiung im ErbStG: § 13 Abs. 1 Nr. 1, Hausrat und sonstige bewegliche körperliche Gegenstände, ZEV 2000, 94; *Kamps/Zapf*, Die Steuerfreistellung von Familienheimen nach § 13 Abs. 1 Nr. 4b ErbStG beim Erwerb eines Anwartschaftsrechts, FR 2016, 939; *Kosner/Willmann*, Kunstgegenstände als Steuerobjekt in der Substanzsteuer, BB 2013, 1309; *Lüdicke/Fürwentsches*, Das neue Erbschaftsteuerrecht, DB 2009, 12; *Mayer*, Die Pflicht zur Pflege, ZEV 1995, 269; *ders.*, Neuregelung der Steuerbefreiung für das Familienheim durch die Erbschaftsteuerreform – Auswirkungen auf die Vertragsgestaltung, ZEV 2009, 439; *Merker*, Erbschaftsteuerreform verabschiedet, StuB 2009, 20; *Meßbacher-Hönsch*, Die Steuerbefreiung für Familienheime nach § 13 Abs. 1 Nr. 4a bis 4c ErbStG: Ein großzügiges Geschenk des Gesetzgebers, ZEV 2015, 382; *Michel*, Nochmals: Zur Schenkungsteuerpflicht von Unterhaltsleistungen an vermögende Kinder, DStR 1977, 88; *ders.*, Änderungen bei den Steuerklassen der Erbschaft-/Schenkungsteuer, DStR 1981, 218; *Milatz/Bockhoff*, Erbschaftsteuerlicher Schuldenabzug bei begünstigtem Vermögen: Risiken und Gestaltungsmöglichkeiten, ZEV 2011, 410; *Noll*, Aktuelles Beratungs-Know-how Erbschaftsteuerrecht, DStR 2002, 842; *v. Oertzen*, Vorbereitungen für den großen Ersatzerbschaftsteuertermin zum 1. Januar 2014, Beihefter zu DStR Heft 11/2012, 37; *ders.*, Aktuelle Gestaltungsfragen bei der Erbschaftsteuerplanung für Kunstsammler, ZEV 2016, 561; *v. Oertzen/Reich*, Erbschaftsteuerbefreiung für Kunstsammlungen – Einzelne Aspekte und ausgewählte Streitfragen, DB 2015, 2353; *dies.*, Neues Risiko für die Kunstsammlung des Unternehmers durch die Unternehmenserbschaftsteuerreform, BB 2016, 356; *Pauli*, Steuerrechtliche Auswirkungen auf Stifterebene bei Errichtung einer Stiftung, FR 2011, 600; *Ramb*, Die Verschonungsregelungen nach dem ErbStG für bebaute Grundstücke, NWB 2011, 2071, 2145; *Rastätter*, Vertragliche Pflegeleistungen im Kontext der Pflegeversicherung und des Sozialhilferechts – Gestaltungsvorschläge,

ZEV 1996, 281; *Reich*, Die Erbschaft- und Schenkungsteuerbefreiung für Kunstsammlungen nach dem BFH-Urteil vom 12.5.2016, BB 2016, 2908; *Reimann*, Das Familienheim nach der Erbschaftsteuerreform – Rechtsfragen und erste Änderungen in der Gestaltungspraxis, FamRZ 2009, 1785; *ders.*, 15 Ratschläge zum Umgang mit dem Familienheim, ZEV 2010, 174; *Rhode/Gemeinhardt*, Reform des Erbschaftsteuer- und Bewertungsrechts, StuB 2008, 918; *Sasse*, Unbenannte Zuwendungen und die Änderung des ErbStG durch das JStG 1996, BB 1995, 1613; *Schauhoff*, Zur Erbschaftsteuerfreiheit von Zuwendungen an gemeinnützige Einrichtungen, ZEV 1995, 439; *Schumann*, Erbschaftsteuerbefreiung für Familienheime nach der Erbschaftsteuerreform, DStR 2009, 197; *Siegmund/Ungemach*, Die steuerbegünstigte Übertragung von Immobilienvermögen – gewährte Begünstigungen und Gestaltungsmöglichkeiten, DStZ 2009, 602; *Sosnitza*, Gedanken zu einer Reform des Erbschaftsteuer- und Schenkungsteuergesetzes, UVR 1992, 342; *Stein/Tack*, Die (mittelbare) Hausratsschenkung als Gestaltungsmittel, ZEV 2013, 180; *Stöckel*, Steuerbegünstigungen für Baudenkmale, NWB 2009, 306; *ders.*, Steuerbefreiung des Familienheims, NWB 2010, 216; *ders.*, Schwimmende Bauwerke sind keine Gebäude, NWB 2012, 2770; *Teß*, Steuerbereinigungsgesetz 1986: Bewertungs- und vermögensteuerrechtlich bedeutsame Regelungen, DStR 1986, 214; *Tiedtke/Wälzholz*, Zuwendung eines Familienwohnheims i.S. des § 13 Abs. 1 Nr. 4a ErbStG bei teilweiser Fremdvermietung, ZEV 2000, 19; *Tiedtke/Schmitt*, Die Zuwendung des Familienheims nach der Erbschaftsteuerreform 2008/2009, NJW 2009, 2632; *Viskorf*, Kunstgegenstände und Sammlungen im Erbschaft- und Schenkungsteuerrecht, DStZ 2002, 881; *Weinmann*, Änderungen des Erbschaftsteuergesetzes im Jahressteuergesetz 1996, ZEV 1995, 321; *Wienbracke*, Überblick über das Erbschaftsteuer- und Schenkungsteuergesetz i.d.F. des ErbStRG v. 24.12.2008, FR 2009, 197; *Wolf*, Die Steuerfreiheit bei Rückfall geschenkter Beteiligungen an Eltern oder Voreltern gemäß § 13 Abs. 1 Nr. 10 ErbStG, DStR 1988, 563.

1 Allgemeines

§ 13 ErbStG besitzt teilweise erhebliche Praxisrelevanz und normiert in § 13 Abs. 1 ErbStG für bestimmte steuerpflichtige Vorgänge i.S.d. § 1 ErbStG einen umfassenden Katalog zumeist **sachlicher Steuerbefreiungen** (Rz. 5ff), der bezüglich der Steuerbefreiungen nach § 13 Abs. 1 Nr. 5 und 12 ErbStG in § 13 Abs. 2 ErbStG um eine **Definition** des Begriffs der Angemessenheit einer Zuwendung ergänzt wird (Rz. 95). § 13 Abs. 3 ErbStG regelt das Verhältnis der einzelnen Steuerbefreiungen untereinander dahingehend, dass jede Vorschrift für sich anzuwenden ist (§ 13 Abs. 3 S. 1 ErbStG) – die Anwendung einer weiterreichenden anderen Steuerbefreiung ist nicht ausgeschlossen (R E 13.1 Abs. 2 ErbStR 2011). Nach § 13 Abs. 3 S. 2 ErbStG kann der Stpfl. bis zur Unanfechtbarkeit der Steuerfestsetzung auf die Steuerbefreiung in den Fällen des § 13 Abs. 1 Nr. 2 und 3 ErbStG **verzichten** (Rz. 96).

Die einzelnen Steuerbefreiungen sind nicht von einem Antrag des Stpfl. abhängig, sondern werden vom FA **von Amts wegen** geprüft (BFH v. 9.12.1969, II B 39/69, BStBl II 1970, 97 zur Grunderwerbsteuer; *Viskorf*, in V/K/S/W, ErbStG, 2012, § 13 ErbStG Rz. 7). Sie finden auch bei einer beschränkten Steuerpflicht Anwendung (R E 2.2 Abs. 1 S. 2 ErbStR 2011) und werden unabhängig von den persönlichen

Freibeträgen nach §§ 16, 17 ErbStG gewährt. Ein nach § 13 ErbStG steuerbefreiter Erwerb fließt nach § 10 Abs. 1 S. 1 ErbStG nicht in die Bereicherung des Erwerbers zur Ermittlung des ansonsten steuerpflichtigen Erwerbs ein (FG München v. 5.2.1987, X 165/81 Erb, EFG 1987, 410, rkr.; § 10 ErbStG Rz. 1). Nach § 10 Abs. 6 S. 1 ErbStG ist der Abzug von Schulden und Lasten ausgeschlossen, die mit nach § 13 ErbStG steuerbefreiten Vermögensgegenständen in einem wirtschaftlichen Zusammenhang stehen (§ 10 ErbStG Rz. 259). Da sich dieser Ausschluss bei einem **Schuldenüberhang** erheblich zulasten des Stpfl. auswirken kann, besteht in den Fällen des § 13 Abs. 1 Nr. 2 und 3 ErbStG die Möglichkeit, nach § 13 Abs. 3 ErbStG auf die jeweilige Steuerbefreiung zu **verzichten** (Rz. 96).

3 Die Voraussetzungen für die jeweilige Steuerbefreiung müssen bereits im Zeitpunkt der **Steuerentstehung** i. S. d. § 9 ErbStG vorliegen (R E 13.1 Abs. 1 ErbStR 2011; § 9 ErbStG Rz. 20 ff). Die Steuerbefreiungen nach § 13 Abs. 1 Nr. 2 Buchst. a, Nr. 3, 4b, 4c, 13, 16 Buchst. b und c und Nr. 18 ErbStG enthalten einen sog. **Nachversteuerungsvorbehalt**, wonach die Steuerbefreiung unter bestimmten Voraussetzungen nachträglich entfällt und die ursprüngliche Steuerfestsetzung aufgrund eines rückwirkenden Ereignisses i. S. d. § 175 Abs. 1 S. 1 Nr. 2 AO nachträglich geändert werden kann (*Viskorf*, in V/K/S/W, ErbStG, 2012, § 13 ErbStG Rz. 5).

4 Im Zuge der **Reform** des ErbStG durch das Gesetz vom 24.12.2008 (BGBl I 2008, 3018) mit Wirkung zum 1.1.2009 wurden gegenüber der bisher geltenden Rechtslage zum einen die **Freibeträge** gem. § 13 Abs. 1 Nr. 1 Buchst. b und c und Nr. 9 ErbStG erhöht. Zum anderen erfolgten eine weitgehende Gleichstellung der **Lebenspartner** Eingetragener Lebenspartnerschaften mit Ehegatten als Erwerber der Steuerklasse I (§ 13 Abs. 1 Nr. 1 S. 1, Nr. 4a S. 3, Nr. 4b S. 1 ErbStG) und **redaktionelle Anpassungen** an zwischenzeitlich vorgenommene Gesetzesänderungen innerhalb der Gesetzesverweise in § 13 Abs. 1 Nr. 2 Buchst. b bzw. Nr. 7 und 8 ErbStG. Eine umfassende Neuregelung erfuhren schließlich die Steuerbefreiungen für den Erwerb des sog. **Familienheims** nach § 13 Abs. 1 Nr. 4a bis 4c ErbStG (Rz. 25 ff) und die Steuerbefreiung für **Zuwendungen an politische Organisationen** gem. § 13 Abs. 1 Nr. 18 ErbStG, die gegenüber der bisherigen Rechtslage über Parteien i. S. d. § 2 PartG auch auf entsprechende Vereine ohne Parteicharakter – z. B. Wählervereinigungen etc. – ausgedehnt wurde (Rz. 93 f). Mit dem JStG 2010 (BGBl I 2010, 1768) wurden **Lebenspartner** Eingetragener Lebenspartnerschaften entsprechend den Vorgaben des BVerfG mit Wirkung zum 1.1.2011 vollständig Ehegatten gleichgestellt und in diesem Zusammenhang § 13 Abs. 1 Nr. 1 S. 2 ErbStG a. F. aufgehoben (BVerfG v. 21.7.2010, 1 BvR 611/07, 1 BvR 2464/07, BFH/NV 2010, 1985; *Wachter*, DB 2010, 2691). Durch das StÄndG 2015 (BGBl I 2015, 1834) erfolgte eine **klarstellende Ergänzung** des § 13 Abs. 1 Nr. 16 Buchst. b ErbStG (Rz. 84) mit Wirkung vom 2.11.2015 und eine Anpassung des § 13 Abs. 1 Nr. 16 Buchst. c ErbStG an **europarechtliche Vorgaben** (Rz. 89).

2 Steuerbefreiungen nach § 13 Abs. 1 ErbStG

2.1 Hausrat und andere bewegliche körperliche Gegenstände (§ 13 Abs. 1 Nr. 1 ErbStG)

§ 13 Abs. 1 Nr. 1 ErbStG normiert bestimmte Freibeträge für **Hausrat** einschließlich Wäsche und Kleidungsstücke sowie andere bewegliche körperliche Gegenstände, die nach ihrer Höhe von der jeweiligen Steuerklasse des Erwerbers abhängig sind. Personen der Steuerklasse I – d. h. insbes. Ehegatten, Kinder und Enkelkinder – können nach § 13 Abs. 1 Nr. 1 Buchst. a ErbStG Hausrat bis zu einem Betrag i. H. v. 41.000 EUR steuerfrei erwerben. Nach § 13 Abs. 1 Nr. 1 Buchst. b ErbStG a. F. galt für andere bewegliche körperliche Gegenstände bis zum 31.12.2008 ein Freibetrag i. H. v. 10.300 EUR, der im Zuge der **Reform** des ErbStG durch das Gesetz vom 24.12.2008 (BGBl I 2008, 3018) mit Wirkung ab dem 1.1.2009 auf 12.000 EUR erhöht wurde. Gleiches gilt für den Erwerb von Hausrat einschließlich Wäsche und Kleidungsstücke sowie anderer beweglicher körperlicher Gegenstände durch Personen der Steuerklassen II und III, der nach § 13 Abs. 1 Nr. 1 Buchst. c ErbStG a. F. bis zum 31.12.2008 bis zu einem Betrag i. H. v. 10.300 EUR steuerfrei blieb und ab dem 1.1.2009 i. H. v. 12.000 EUR von der Steuer freigestellt ist.

Unter den Begriff **Hausrat** fallen alle beweglichen Sachen, die aus funktionaler Sicht für die Wohnung, die Hauswirtschaft und das Zusammenleben der Familie bestimmt sind, insbes. die Wohnungseinrichtung, Wäsche, Kleidungsstücke, Geschirr etc. (*Viskorf*, in V/K/S/W, ErbStG, 2012, § 13 ErbStG Rz. 9; *Erle*, ZEV 2016, 240, 241; *Boll*, DStR 2016, 1137) Auch **Luxusgegenstände** können zum Hausrat zählen, sofern sie ihrer Art nach als Haushaltsgegenstände geeignet sind und nach dem Lebenszuschnitt der Haushaltsgemeinschaft als solche dienen (BGH v. 14.3.1984, IVb ARZ 59/83, NJW 1984, 1758; BFH v. 17.5.1990, II R 181/87, BStBl II 1990, 710). Gegenstände, die nicht zwingend im Haushalt Verwendung finden, fallen zwar nicht unter den Begriff Hausrat, sind jedoch als andere bewegliche Gegenstände ggf. ebenfalls steuerbefreit (FG München v. 5.2.1987, X 165/81 Erb, EFG 1987, 410, rkr.).

Andere bewegliche körperliche Gegenstände sind sämtliche persönliche Gegenstände, die nicht zum Hausrat zählen, wie z. B. Schmuck, Sportgeräte, Kraftfahrzeuge etc. Hierzu zählen auch Kunstgegenstände als Werke der bildenden Kunst und Sammlungen, die nicht bereits nach § 13 Abs. 1 Nr. 2 ErbStG steuerbefreit sind (Rz. 10 ff.; *Viskorf*, DStZ 2002, 881). Eine **Sammlung** i. S. d. Vorschrift besteht aus Werken der Kunst oder anderen Sachen, wobei ein besonderer Wert erst durch die Zusammenfassung mehrerer Einzelgegenstände entsteht (z. B. Briefmarkensammlung etc.). Der überwiegend von der Familie **privat genutzte Pkw** stellt ebenfalls einen anderen beweglichen körperlichen Gegenstand i. S. d. § 13 Abs. 1 Nr. 1 Buchst. b ErbStG dar, da er der Hauswirtschaft bzw. dem Zusammenleben der Familie dient (gl. A. *Kien-Hümbert*, in Moench/Weinmann, ErbStG, § 13 Rz. 11; *Erle*, ZEV 2016, 240; a. A. *Jülicher*, in T/G/J, ErbStG, § 13 Rz. 8: Hausrat).

Die Befreiung erfasst sowohl Erwerbe von Todes wegen als auch Schenkungen unter Lebenden und gilt zudem für den Fall der sog. **mittelbaren Schenkung** (§ 7 ErbStG Rz. 55 ff.; *Geck*, in Kapp/Ebeling, ErbStG, § 13 Rz. 6; *Viskorf*, in V/K/S/W, ErbStG, 2012, § 13 ErbStG Rz. 18; *Stein/Tack*, ZEV 2013, 180 zu Gestaltungsmöglichkeiten).

Keine Anwendung findet § 13 Abs. 1 Nr. 1 ErbStG wegen des eindeutigen Wortlauts („Gegenstände") auf die Einräumung eines **Nießbrauchsrechts** (a. A. *Jülicher*, ZEV 2000, 94, 95; krit. auch *Meincke*, ErbStG, 2012, § 13 Rz. 7). Für Gegenstände, die im Wege eines **Sachvermächtnisses** vom Erben übertragen werden, kann nur der Vermächtnisnehmer die Befreiung in Anspruch nehmen (BFH v. 10.10.1958, III 332/57 U, BStBl III 1958, 477; FG München v. 5.2.1987, X 165/81 Erb, EFG 1987, 410, rkr.). Der Freibetrag steht **jedem Erwerber** begünstigter Gegenstände i. S. d. § 13 Abs. 1 Nr. 1 ErbStG jeweils in voller Höhe zu und kann im Rahmen des § 14 ErbStG **alle 10 Jahre** in Anspruch genommen werden (§ 14 ErbStG Rz. 3). Die Freibeträge nach § 13 Abs. 1 Nr. 1 ErbStG werden nicht auf den persönlichen Freibetrag nach § 16 ErbStG angerechnet. Da § 13 Abs. 1 Nr. 1 ErbStG lediglich aus Gründen der **vereinfachten Wertermittlung** einen pauschalen Freibetrag normiert, ist bei den betreffenden Gegenständen ein **Schuldenabzug** nach § 10 Abs. 6 ErbStG nicht ausgeschlossen (§ 10 ErbStG Rz. 260; R E 10.10 Abs. 3 S. 2 ErbStR 2011; *Kien-Hümbert*, in Moench/Weinmann, ErbStG, § 13 ErbStG Rz. 2).

9 Seit der **Reform** des ErbStG durch das Gesetz vom 24.12.2008 (BGBl I 2008, 3018) war ab dem 1.1.2009 nach § 13 Abs. 1 Nr. 1 S. 2 ErbStG a. F. beim Erwerb von Gegenständen i. S. d. § 13 Abs. 1 Nr. 1 Buchst. c ErbStG durch **Lebenspartner** einer Eingetragenen Lebenspartnerschaft anstelle der Befreiung nach § 13 Abs. 1 Nr. 1 Buchst. c ErbStG die Befreiung nach § 13 Abs. 1 Nr. 1 Buchst. a und b ErbStG anzuwenden, womit die Lebenspartner insoweit ausdrücklich Ehepartnern als Personen der Steuerklasse I gleichgestellt sind (BT-Drs. 16/7918). Mit dem JStG 2010 (BGBl I 2010, 1768) wurden **Lebenspartner** Eingetragener Lebenspartnerschaften entsprechend den Vorgaben des BVerfG mit Wirkung zum 1.1.2011 vollständig Ehegatten gleichgestellt und in diesem Zusammenhang § 13 Abs. 1 Nr. 1 S. 2 ErbStG a. F. aufgehoben (BVerfG v. 21.7.2010, 1 BvR 611/07, 1 BvR 2464/07, BFH/NV 2010, 1985; *Wachter*, DB 2010, 2691). Nach § 13 Abs. 1 Nr. 1 S. 2 ErbStG n. F. (= § 13 Abs. 1 Nr. 1 S. 3 ErbStG a. F.) greifen die Freibeträge nicht für Gegenstände, die zum land- und forstwirtschaftlichen Vermögen, zum Grundvermögen oder zum Betriebsvermögen gehören, für Zahlungsmittel, Wertpapiere, Münzen (insbes. auch Münzsammlungen), Edelmetalle (BFH v. 4.5.1962, II 258/60 U, BStBl III 1962, 312), Edelsteine und Perlen.

2.2 Kulturgüter (§ 13 Abs. 1 Nr. 2 ErbStG)

10 Der Erwerb bestimmter **Kulturgüter**, deren **Erhaltung im öffentlichen Interesse** liegt, wird durch § 13 Abs. 1 Nr. 2 ErbStG teilweise (Buchst. a) oder unter bestimmten Voraussetzungen vollständig steuerfrei gestellt (Buchst. b). Hintergrund der Steuerbefreiung ist die regelmäßig eingeschränkte Ertragskraft der entsprechenden Vermögensgegenstände einerseits und das öffentliche Interesse an deren Erhaltung andererseits (*Heuer/v. Cube*, ZEV 2008, 565; *Viskorf*, in V/K/S/W, ErbStG, 2012, § 13 ErbStG Rz. 19; *Boll*, DStR 2016, 1137 ff.). Betroffen sind sowohl Erwerbe von Todes wegen als auch Zuwendungen unter Lebenden; die Steuerbefreiung gilt zudem im Rahmen der Ersatzerbschaftsteuer nach § 1 Abs. 1 Nr. 4 ErbStG (BFH v. 10.12.1997, II R 25/94, BStBl II 1998, 114; *v. Oertzen*, Beihefter zu DStR Heft 11/2012, 37, 47). Die teilweise oder vollständige Steuerbefreiung entsprechender

Erwerbsgegenstände kann von jedem Erwerber bezogen auf seinen jeweiligen Erwerb und unabhängig von der Steuerklasse in Anspruch genommen werden. Die Steuerbefreiung gilt nach umstrittener Ansicht der FinVerw. nur für Gegenstände, die sich im **Inland** oder einem Mitgliedstaat der **Europäischen Union** oder in einem Staat des **Europäischen Wirtschaftsraums** befinden und für **mindestens zehn Jahre dort verbleiben** (R E 13.2 Abs. 1 S. 1 ErbStR 2011; *Geck*, in Kapp/Ebeling, ErbStG § 13 Rz. 21) – werden Kunstgegenstände lediglich vorübergehend im Ausland ausgestellt, hat dies keinen Einfluss auf die Steuerbefreiung nach § 13 Abs. 1 Nr. 2 ErbStG (H E 13.2 ErbStH „Ausstellung in einem Land außerhalb der EU oder des EWR"; krit. *v. Oertzen/Reich*, DB 2015, 2353, 2354). Der **Wert** der Gegenstände spielt keine Rolle, was u. U. zu einer erheblichen steuerlichen Entlastung führen kann. Die Voraussetzungen der Steuerbefreiung sind **von Amts wegen** zu prüfen.

Begünstigt sind neben **Grundbesitz** (Schlösser, Industriedenkmale etc.) oder **Teilen von Grundbesitz** auch Kunstgegenstände, Kunstsammlungen, wissenschaftliche Sammlungen, Bibliotheken und Archive. Zum Grundbesitz zählen sämtliche wirtschaftliche Einheiten des land- und forstwirtschaftlichen Vermögens bzw. des Grundvermögens sowie die Betriebsgrundstücke (R E 13.2 Abs. 1 S. 3 ErbStR 2011; *Jülicher*, in T/G/J, ErbStG, § 13 Rz. 26 m. w. N.). Unklar ist der Begriff „Teile von Grundbesitz". Zwar fallen hierunter nach dem Wortlaut auch einzelne Gebäudeteile, im Hinblick auf die erforderliche Rentabilitätsprüfung (Rz. 13) muss es sich hierbei jedoch um räumlich abgrenzbare Gebäudeteile handeln (z. B. einzelne Räume, Fassaden, Treppenhäuser etc.; R E 13.2 Abs. 1 S. 4 ErbStR 2011).**Kunstgegenstände** sind Werke der bildenden Kunst. Eine **Sammlung** erlangt ihren besonderen Wert erst durch die Zusammenfassung mehrerer Einzelgegenstände nach bestimmten Kriterien (BFH v. 17.5.1990, II R 181/87, BStBl II 1990, 710). Ob diese Voraussetzungen vorliegen, bemisst sich für jede einzelne Zuwendung nach den Eigentumsverhältnissen des Zuwenders (BFH v. 14.11.1980, III R 9/79, BStBl II 1981, 251). 11

Die **Erhaltung** der in § 13 Abs. 1 Nr. 2 ErbStG genannten Gegenstände muss wegen ihrer Bedeutung für die Kunst, Geschichte oder Wissenschaft im öffentlichen Interesse liegen, d. h. die entsprechende **Nutzungsbeschränkung** übersteigt das gemeinhin zumutbare Maß (BVerwG v. 21.9.1984, 8 C 62.82, BStBl II 1984, 870). Der **Nachweis** des besonderen öffentlichen Interesses kann z. B. durch eine Bescheinigung der für Denkmalspflege zuständigen Behörden erbracht werden (R E 13.2 Abs. 3 ErbStR 2011). 12

Weitere kumulative Voraussetzung der Steuerbefreiung von Kulturgütern ist, dass die jährlichen Kosten i. d. R. die erzielten Einnahmen übersteigen. Eine entsprechende **dauerhafte Unrentabilität** muss sich durch eine **Prognose** feststellen lassen (BVerwG v. 8.7.1998, 8 C 23.97, BStBl II 1998, 590), wobei eine kurzzeitige und vorübergehende Gewinnerzielung unschädlich ist (z. B. FG Baden-Württemberg v. 29.10.1957, III 518/57, EFG 1958, 155, rkr.; *Seitrich*, BB 1985, 1326; *Jülicher*, in T/G/J, ErbStG, § 13 Rz. 32). Zur Ermittlung sind die Kosten (z. B. Instandhaltungsaufwand, Versicherungsprämien etc.) den Einnahmen (z. B. Eintrittsgelder, Mieten etc.) gegenüberzustellen. Nach Ansicht der FinVerw. zählt zu den Kosten auch der Mietwert der eigenen Wohnung; die Absetzung für Abnutzung ist hingegen Teil der jährlichen Kosten, bei denen die Verzinsung des Eigenkapitals nicht berücksichtigt 13 wird (R E 13.2 Abs. 5 ErbStR 2011). Bei Grundstücken genügt der Bescheid über einen **Grundsteuererlass** nach § 32 GrStG (*Jülicher,* in T/G/J, ErbStG, § 13 Rz. 26).

14 Die Steuerbefreiung setzt zudem voraus, dass die Gegenstände in einem den Verhältnissen entsprechenden Umfang den Zwecken der **Forschung** oder der **Volksbildung** nutzbar gemacht sind oder gemacht werden. Die betreffenden Kulturgüter müssen nach dem Wortlaut der Vorschrift nicht bereits durch den Zuwender der Forschung oder Volksbildung zugänglich gemacht worden sein; es reicht aus, wenn dies erst durch den Erwerber geschieht. Die betreffenden Gegenstände müssen zudem nicht tatsächlich für Forschung und Volksbildung genutzt werden (z.B. Ausstellung in einem Museum) (*v. Oertzen/Reich,* DB 2015, 2353, 2355 ff.), es genügt, wenn sie für die entsprechenden Zwecke einem **interessierten Personenkreis** zur Verfügung stehen. Ein entsprechender **Nachweis** kann durch eine Bescheinigung bzw. ein Gutachten der für Denkmalspflege zuständigen Behörden erbracht werden (R E 13.2 Abs. 3 und 4 ErbStR 2011).

15 Unter den vorstehend genannten Voraussetzungen greift nach § 13 Abs. 1 Nr. 2 Buchst. a ErbStG eine **partielle Steuerbefreiung** in Höhe von 60 % des steuerlichen Werts des betreffenden Gegenstands (BFH v. 6.6.2001, II R 7/98, BFH/NV 2002, 28; FG Köln v. 24.8.2000, 7 K 2853/94, EFG 2000, 1247, rkr.; *Viskorf,* DStZ 2002, 881). Seit der **Reform** des ErbStG durch das Gesetz vom 24.12.2008 (BGBl I 2008, 3018) gilt ab dem 1.1.2009 für Grundbesitz und Teile von Grundbesitz eine partielle Steuerbefreiung i.H.v. 85 % (BT-Drs. 16/11107 zum Hintergrund der Neuregelung; *Stöckel,* NWB 2009, 306). Eine **vollständige Steuerbefreiung** wird nach § 13 Abs. 1 Nr. 2 Buchst. b ErbStG unter zwei alternativen weiteren Voraussetzungen gewährt: Der Stpfl. ist bereit, die betreffenden Gegenstände den geltenden Bestimmungen der Denkmalspflege zu unterstellen (BFH v. 12.5.2016, II R 56/14, BFH/NV 2016, 2765; *Franckenstein/v. Oertzen,* ZEV 1997, 321, 322 ff.; *Halaczinsky,* UVR 2013, 265, 268 f.), und die Gegenstände haben sich entweder seit mindestens 20 Jahren im Familienbesitz befunden (BFH v. 14.11.1980, III R 9/79, BStBl II 1981, 251; *v. Oertzen/Reich,* DB 2015, 2353, 2357 f.) oder sind ohne entsprechende Vorbesitzzeit im Verzeichnis national wertvollen Kulturgutes oder national wertvoller Archive nach den einschlägigen gesetzlichen Bestimmungen eingetragen (R E 13.2 Abs. 2 ErbStR 2011). Erforderlich ist nicht die tatsächliche denkmalrechtliche Unterstellung mittels förmlichen Entscheids einer Denkmalbehörde; es genügt eine **Erklärung** gegenüber der zuständigen Denkmalbehörde oder der Abschluss eines **Leih- und Kooperationsvertrags** mit einem fachlich einschlägigen Museum (BFH v. 12.5.2016, II R 56/14, BFH/NV 2016, 2765; *v. Oertzen,* ZEV 2016, 561, 563 f.; *Reich,* BB 2016, 2908 ff.). Die Vorbesitzzeit gilt für jeden einzelnen Gegenstand. Der Erwerb einer **Kunstsammlung** ist nur insoweit in vollem Umfang steuerbefreit, als sich die **einzelnen** zur Kunstsammlung gehörenden **Gegenstände** zum Zeitpunkt des Erwerbs bereits mindestens 20 Jahre im Familienbesitz befunden haben (BFH v. 12.5.2016, II R 56/14, BFH/NV 2016, 2765). Wird ein einzelner Gegenstand aus einer 20 Jahre im Familienbesitz befindlichen Sammlung übertragen, muss der betreffende Gegenstand die Vorbesitzzeit erfüllt haben (BFH v. 6.6.2001, II R 7/98, BFH/NV 2002, 28).

16 § 13 Abs. 1 Nr. 2 ErbStG kommt unabhängig davon zur Anwendung, ob sich die zugewendeten Kulturgüter im Privatvermögen, im Betriebsvermögen oder im land-

und forstwirtschaftlichen Vermögen des Zuwenders befunden haben (*Hoheisel/ Nesselrode*, DStR 2011, 441 zum Betriebsvermögen; hierzu auch *Kosner/Willmann*, BB 2013, 1309, 1311 f.). Die Steuerbefreiung nach § 13 Abs. 1 Nr. 2 ErbStG ist vorrangig vor der steuerlichen Privilegierung des Betriebsvermögens nach §§ 13a, 13b ErbStG zu gewähren.

Nach § 13 Abs. 1 Nr. 2 S. 2 ErbStG entfällt die Steuerbefreiung mit Wirkung für die Vergangenheit, wenn die ursprünglich begünstigt erworbenen Gegenstände **innerhalb von zehn Jahren** nach dem Erwerb ganz oder teilweise **veräußert** werden oder die Voraussetzungen für die Steuerbefreiung innerhalb dieses Zeitraums entfallen (BFH v. 23.3.1966, II 19/63, BStBl III 1966, 314; *v. Oertzen/Reich*, DB 2015, 2353, 2355); die ursprüngliche Steuerfestsetzung ist gem. § 175 Abs. 1 S. 1 Nr. 2 AO nachträglich zu ändern. Schuldet ein Stpfl. Erbschaftsteuer, kann nach § 224a Abs. 1 S. 1 AO durch öffentlich-rechtlichen Vertrag zugelassen werden, dass an Zahlungs statt das Eigentum an Kunstgegenständen, Kunstsammlungen, wissenschaftlichen Sammlungen, Bibliotheken, Handschriften und Archiven dem Bundesland, dem das Steueraufkommen zusteht, übertragen wird, wenn an deren Erwerb wegen ihrer Bedeutung für Kunst, Geschichte oder Wissenschaft ein öffentliches Interesse besteht. Nach § 224a Abs. 1 S. 2 AO gilt eine derartige Übertragung ausdrücklich nicht als Veräußerung i.S.d. § 13 Abs. 1 Nr. 2 ErbStG (*Meincke*, ErbStG, 2012, § 13 Rz. 14; *Schwarz*, in Schwarz/Pahlke, AO/FGO, § 224a AO Rz. 3 ff). Die **unentgeltliche Übertragung** stellt ebenfalls keine steuerschädliche Veräußerung nach § 13 Abs. 1 Nr. 2 ErbStG dar; Gleiches gilt für den **Tausch** jeweils begünstigter Gegenstände (gl.A. *Jülicher*, in T/G/J, ErbStG, § 13 Rz. 45).§ 224a AO gilt auch im Rahmen der Ersatzerbschaftsteuer nach § 1 Abs. 1 Nr. 4 ErbStG (gl.A. *v. Oertzen*, Beihefter zu DStR Heft 11/2012, 37, 50).

17

Schulden und Lasten, die mit einem steuerbefreiten Vermögensgegenstand in wirtschaftlichem Zusammenhang stehen, sind gem. § 10 Abs. 6 ErbStG im Rahmen der Ermittlung des Werts des steuerpflichtigen Erwerbs nicht abzugsfähig (§ 10 ErbStG Rz. 259). Nach § 13 Abs. 3 S. 2 ErbStG besteht jedoch die Möglichkeit des **Verzichts** auf die Steuerbefreiung gem. § 13 Abs. 1 Nr. 2 ErbStG (Rz. 96; *Viskorf*, in V/K/S/W, ErbStG, 2012, § 13 ErbStG Rz. 31), um in den Genuss des unbeschränkten Abzugs der Schulden und Lasten zu gelangen; ein entsprechender Verzicht bietet sich insbes. im Fall der **Überschuldung** an (FG Niedersachsen v. 18.1.1977, III 134/72, EFG 1977, 549, rkr.; *Kien-Hümbert*, in Moench/Weinmann, ErbStG, § 13 Rz. 22; *Teß*, DStR 1986, 214, 223).

18

2.3 Grundbesitz für Zwecke der Volkswohlfahrt (§ 13 Abs. 1 Nr. 3 ErbStG)

§ 13 Abs. 1 Nr. 3 ErbStG enthält eine Steuerbefreiung für Grundbesitz oder Teile von Grundbesitz, der für Zwecke der **Volkswohlfahrt** oder der Allgemeinheit ohne gesetzliche Verpflichtung zur **Benutzung zugänglich** gemacht ist und dessen **Erhaltung im öffentlichen Interesse** liegt (RFH v. 17.12.1931, III A 200/31, RStBl 1932, 329). Voraussetzung ist, dass die jährlichen Kosten i.d.R. die erzielten Einnahmen übersteigen. Der Steuerbefreiung unterliegen damit insbes. Park- und Gartenanlagen bzw. Spiel- und Sportstätten; entsprechende Anhaltspunkte gibt die Entscheidung über einen Grundsteuererlass gem. § 32 Abs. 1 Nr. 2 GrStG (gl.A.

19

Kien-Hümbert, in Moench/Weinmann, ErbStG, § 13 Rz. 23). Grundbesitz, der wie beispielsweise sog. **Erholungswald** i.S.d. § 13 BWaldG bereits durch Gesetz der Allgemeinheit zugänglich ist, ist von der Vorschrift ausgenommen.

20 **Parkanlagen** von geschichtlichem Wert können sowohl unter § 13 Abs. 1 Nr. 2 Buchst. a ErbStG, als auch § 13 Abs. 1 Nr. 3 ErbStG fallen (gl. A. *Jülicher*, in T/G/J, ErbStG, § 13 Rz. 50). Entscheidend ist das zeitliche Ausmaß der Verschaffung des Zugangs. Ein Ausschluss an bestimmten Tagen oder zu bestimmten Tageszeiten über das übliche Maß hinaus (z.B. bloße Nachtschließung) führt regelmäßig zur beschränkten Steuerbefreiung nach § 13 Abs. 1 Nr. 2 Buchst. a ErbStG (Rz. 10ff).

21 Nach § 13 Abs. 1 Nr. 3 S. 2 ErbStG entfällt die Steuerbefreiung mit Wirkung für die Vergangenheit, wenn der ursprünglich begünstigt erworbene Grundbesitz **innerhalb von zehn Jahren** nach dem Erwerb ganz oder teilweise **veräußert** wird oder die Voraussetzungen für die Steuerbefreiung innerhalb dieses Zeitraums entfallen (FG Münster v. 2.8.1962, III b 4/62, EFG 1963, 67, rkr.). Die ursprüngliche Steuerfestsetzung ist nach § 175 Abs. 1 S. 1 Nr. 2 AO nachträglich zu ändern. Eine **unentgeltliche Übertragung** stellt keine steuerschädliche Veräußerung nach § 13 Abs. 1 Nr. 3 ErbStG dar.

22 **Schulden und Lasten**, die mit einem steuerbefreiten Vermögensgegenstand in wirtschaftlichem Zusammenhang stehen, sind gem. § 10 Abs. 6 ErbStG im Rahmen der Ermittlung des Werts des steuerpflichtigen Erwerbs nicht abzugsfähig (§ 10 ErbStG Rz. 259f). Nach § 13 Abs. 3 S. 2 ErbStG besteht jedoch die Möglichkeit des **Verzichts** auf die Steuerbefreiung gem. § 13 Abs. 1 Nr. 3 ErbStG (Rz. 96), um in den Genuss des unbeschränkten Abzugs der Schulden und Lasten zu gelangen; ein entsprechender Verzicht bietet sich insbes. im Fall der **Überschuldung** an (*Geck*, in Kapp/Ebeling, ErbStG, § 13 Rz. 34; *Teß*, DStR 1986, 214, 223).

2.4 Dreißigster gem. § 1969 BGB (§ 13 Abs. 1 Nr. 4 ErbStG)

23 Nach § 1969 Abs. 1 S. 1 BGB ist der Erbe verpflichtet, Familienangehörigen, die zur Zeit des Todes des Erblassers zu dessen Hausstand gehörten und von ihm Unterhalt bezogen haben, in den ersten 30 Tagen nach dem Eintritt des Erbfalls in demselben Umfang Unterhalt und die Benutzung der Wohnung und der Haushaltsgegenstände zu gewähren, wie dies der Erblasser getan hat (sog. Dreißigster). Nach § 1969 Abs. 1 S. 2 BGB kann der Erblasser durch letztwillige Verfügung eine abweichende Anordnung treffen. Gem. § 1969 Abs. 2 BGB finden für den Erwerb des **Dreißigsten** die Vorschriften über Vermächtnisse entsprechende Anwendung. Der Erblasser kann den Anspruch i.S.d. § 1969 BGB testamentarisch auch über den gesetzlich vorgesehenen Dreißigsten hinaus erweitern oder auch gänzlich entziehen. Zum **anspruchsberechtigten Personenkreis** zählen als Familienangehörige insbes. auch die Partner einer nichtehelichen Lebensgemeinschaft, eingetragene Lebenspartner (§ 11 Abs. 1 LPartG) und Pflegekinder. Der oder die Erben scheiden als Anspruchsberechtigte in jedem Fall aus; Gleiches gilt für bloße Haushaltsangehörige (*Weidlich*, in Palandt, BGB, 2016, § 1969 Rz. 1 f).

24 Ohne die ausdrückliche Steuerbefreiung des Dreißigsten als gesetzliches Vermächtnis nach § 13 Abs. 1 Nr. 4 ErbStG wäre der Erwerb beim Anspruchsberechtigten nach

§ 3 Abs. 1 Nr. 3 ErbStG steuerpflichtig (§ 3 ErbStG Rz. 436f). Hat der Erblasser den Anspruch nach § 1969 BGB über das gesetzlich vorgesehene Maß hinaus erweitert, unterliegt der übersteigende Betrag als **reguläres Vermächtnis** i.S.d. § 2147 BGB nicht der Steuerbefreiung nach § 13 Abs. 1 Nr. 4 ErbStG (*Jülicher*, in T/G/J, ErbStG, § 13 Rz. 54). Für den mit dem Vermächtnis belasteten Erben gilt zwar nicht die Steuerbefreiung nach § 13 Abs. 1 Nr. 4 ErbStG, die Verpflichtung zur Gewährung des Dreißigsten ist jedoch als **Nachlassverbindlichkeit** gem. § 10 Abs. 5 ErbStG abziehbar (§ 10 ErbStG Rz. 110ff.; *Geck*, in Kapp/Ebeling, ErbStG, § 13 Rz. 37).

2.5 Zuwendung des Familienheims (§ 13 Abs. 1 Nr. 4a bis 4c ErbStG)

Gegenüber der bisher geltenden Rechtslage nach § 13 Abs. 1 Nr. 4a ErbStG a.F. (Rz. 26 ff) hat der Gesetzgeber im Zuge der **Reform** des ErbStG durch das Gesetz vom 24.12.2008 (BGBl I 2008, 3018) und der Neuregelung des § 13 Abs. 1 Nr. 4a bis 4c ErbStG mit Wirkung zum 1.1.2009 die Möglichkeiten der **steuerfreien Zuwendung** des zu Wohnzwecken genutzten **Familienheims** unter Familienangehörigen erheblich ausgeweitet (*Geck*, ZEV 2008, 557, 558 f.; *Merker*, StuB 2009, 20 f.; *Fischl/Roth*, NJW 2009, 177, 181; *Brey/Merz/Neufang*, BB 2009, 132; *Hölzerkopf/Bauer*, BB 2009, 20, 24; *Schumann*, DStR 2009, 197; *Tiedtke/Schmitt*, NJW 2009, 2632; *Mayer*, ZEV 2009, 439; *Reimann*, FamRZ 2009, 1785; *Siegmund/Ungemach*, DStZ 2009, 602; krit. *Meincke*, ErbStG, 2012, § 13 Rz. 18). Die **sachliche Steuerbefreiung** für die Zuwendung des selbst genutzten Familienheims ist nicht mehr auf (ehebedingte) Zuwendungen unter Lebenden zwischen Ehegatten beschränkt (§ 13 Abs. 1 Nr. 4a ErbStG n.F.; Rz. 29 ff), sondern gilt auch für entsprechende Zuwendungen von Todes wegen zwischen Ehegatten (§ 13 Abs. 1 Nr. 4b ErbStG; Rz. 36 ff) bzw. an Kinder und Enkelkinder (§ 13 Abs. 1 Nr. 4c ErbStG; Rz. 40 ff). Neben einer **terminologischen Neufestlegung** des Begriffs des Familienheims gegenüber dem bisherigen Begriff des Familienwohnheims wurde darüber hinaus der Anwendungsbereich der Verschonungsvorschrift in sachlicher Hinsicht über die im Inland belegenen Familienheime auf solche in einem **Mitgliedstaat der EU** oder einem **Staat des EWR** belegenen Wohnobjekte hinaus erweitert und in personeller Hinsicht auf **Lebenspartner** Eingetragener Lebenspartnerschaften erstreckt (BT-Drs. 16/7918, 16/11107; R E 13.3 ErbStR 2011). Die sachliche Steuerbefreiung gem. § 13 Abs. 1 Nr. 4a bis 4c ErbStG geht der im Zuge der **Reform** des ErbStG durch das Gesetz vom 24.12.2008 (BGBl I 2008, 3018) mit Wirkung zum 1.1.2009 eingeführten Möglichkeit der **Steuerstundung** gem. § 28 Abs. 3 S. 2 ErbStG vor (§ 28 ErbStG Rz. 14; *Geck*, ZEV 2008, 557, 560). Im Hinblick auf die persönlichen Freibeträge nach § 16 ErbStG, mit denen das „Familiengebrauchsvermögen" bereits weitgehend steuerfrei gestellt werden soll, bestehen gegen die (zusätzliche) Begünstigung nach § 13 Abs. 1 Nr. 4a bis 4c ErbStG unter dem Gesichtspunkt einer ungerechtfertigten Doppelbegünstigung erhebliche **verfassungsrechtliche Bedenken**, womit die Vorschrift insgesamt eng auszulegen ist (BFH v. 18.7.2013, II R 35/11, BStBl II 2013, 1051; BFH v. 3.6.2014, II R 45/12, BStBl II 2014, 806; BFH v. 23.6.2015, II R 39/13, BStBl II 2016, 223, 224 f.; BFH v. 23.6.2015, II R 13/13, BStBl II 2016, 225, 227; *Geck*, in Kapp/Ebeling, ErbStG, § 13 Rz. 38; *Jochum*, in Wilms/Jochum, ErbStG, § 13 Rz. 27; *Meßbacher-Hönsch*, ZEV 2015, 382).

26 Die durch das Jahressteuergesetz 1996 vom 11.10.1995 (BGBl I 1995, 1250) eingeführte Vorschrift des § 13 Abs. 1 Nr. 4a ErbStG a. F. stellte **Zuwendungen unter Lebenden** steuerfrei, mit denen ein **Ehegatte** dem anderen Ehegatten Eigentum oder Miteigentum an einem im Inland belegenen, zu eigenen Wohnzwecken genutzten Haus oder einer im Inland belegenen, zu eigenen Wohnzwecken genutzten Eigentumswohnung als sog. **Familienwohnheim** verschaffte oder den anderen Ehegatten von eingegangenen Verpflichtungen im Zusammenhang mit der Anschaffung oder der Herstellung des Familienwohnheims freistellte. Nach § 13 Abs. 1 Nr. 4a S. 2 ErbStG a. F. galt dies entsprechend, wenn ein Ehegatte nachträglichen Herstellungs- oder Erhaltungsaufwand für ein Familienwohnheim getragen hat, das im gemeinsamen Eigentum der Ehegatten oder im Eigentum des anderen Ehegatten stand (*Geck*, ZEV 1996, 107; *Graf/Medloff*, BB 1997, 1765; *Handzik*, DStZ 1999, 416; *Hardt*, ZEV 2004, 408). Die seinerzeitige Einführung des § 13 Abs. 1 Nr. 4a ErbStG a. F. ging zurück auf die Rechtsprechung des BGH zur sog. **unbenannten Zuwendung**, die Ehegatten gegenseitig in der Erwartung des Fortbestands der Ehe erbringen (z. B. BGH v. 7.1.1972, IV ZR 231/69, NJW 1972, 580; v. 26.11.1981, IX ZR 91/80, NJW 1982, 1093; v. 27.11.1991, IV ZR 164/90, NJW 1992, 564; *Jülicher*, in T/G/J, ErbStG, § 13 Rz. 55; *Kien-Hümbert*, in Moench/Weinmann, ErbStG, § 13 Rz. 25f). Der BFH schloss sich der jeweiligen Entwicklung der Rechtsprechung des BGH an und sah ab dem Jahr 1994 in unbenannten Zuwendungen, durch die beide Ehegatten in angemessener Weise an den Früchten des ehelichen Zusammenlebens beteiligt werden, grds. **schenkungsteuerpflichtige Zuwendungen unter Lebenden** i. S. d. § 7 Abs. 1 Nr. 1 ErbStG (z. B. BFH v. 2.3.1994, II R 59/92, BStBl II 1994, 366; v. 2.3.1994, II R 47/92, BFH/NV 1994, 907).

27 § 13 Abs. 1 Nr. 4a ErbStG a. f. galt ausschließlich für **steuerbare Erwerbe unter Lebenden** i. S. d. § 7 Abs. 1 ErbStG zwischen Ehegatten (BFH v. 27.10.2010, II R 37/09, BStBl II 2011, 134) und erfasste als sachliche Steuerbefreiung in gegenständlicher Hinsicht das im Inland belegene Familienwohnheim. Nach der **Definition** des § 13 Abs. 1 Nr. 4a S. 1 ErbStG a. F. handelte es sich bei einem entsprechenden Familienwohnheim um ein zu eigenen Wohnzwecken genutztes Haus oder eine zu eigenen Wohnzwecken genutzte Eigentumswohnung (*Noll*, DStR 2002, 842, 843 f.; FG München v. 16.3.1999, 4 V 3512/98, EFG 2000, 230, rkr.). Diese gesetzliche Definition hatte die FinVerw. dahingehend konkretisiert, dass das Familienwohnheim nur dann steuerbefreit war, wenn sich in dem Haus oder der Eigentumswohnung insgesamt der **Mittelpunkt des familiären Lebens** befand (R 43 Abs. 1 S. 1 ErbStR 2003; *Meßbacher-Hönsch*, ZEV 2015, 382, 383). Zweitwohnungen oder Ferienwohnungen waren daher nicht nach § 13 Abs. 1 Nr. 4a ErbStG a. F. begünstigt (BFH v. 18.7.2013, II R 35/11, BStBl II 2013, 1051). § 13 Abs. 1 Nr. 4a ErbStG a. F. setzte des Weiteren voraus, dass die betreffende Haus bzw. die betreffende Eigentumswohnung von den Ehegatten ggf. mit den zur Familie gehörenden Kindern und Enkelkindern oder einer Hausgehilfin tatsächlich im **Besteuerungszeitpunkt** zu **eigenen Wohnzwecken** genutzt wurde (R 43 Abs. 1 S. 3 ErbStR 2003; FG München v. 16.3.1999, 4 V 3512/98, EFG 2000, 230, rkr.). Die Beschränkung des Begriffs des Familienwohnheims auf im **Inland** belegene Häuser bzw. Eigentumswohnungen wurde vereinzelt als europarechtlich bedenklich angesehen (z. B. *Busch*, IStR 2002, 448, 452 f.; Rz. 33).

Steuerbefreiungen § 13

Die Steuerbefreiung nach § 13 Abs. 1 Nr. 4a ErbStG a.F. wurde unabhängig vom jeweiligen **Güterstand** der Ehegatten und ohne **wertmäßige Beschränkung** bzw. **Angemessenheitsprüfung** gewährt (R 43 Abs. 2 S. 2–4 ErbStR 2003). Die Steuerbefreiung unterlag zudem keinem **Objektverbrauch**, d.h. während des Bestehens einer Ehe konnten sich die Ehegatten nacheinander mehrfach ein Familienwohnheim zuwenden, solange dies nicht dazu führte, dass der beschenkte Ehegatte gleichzeitig Eigentümer oder Miteigentümer mehrerer Familienwohnheime wurde (R 43 Abs. 2 S. 5 und 6 ErbStR 2003). Schließlich war die begünstigte Übertragung des Familienwohnheims an keine **Behaltenspflicht** gebunden, womit es in den Grenzen des Gestaltungsmissbrauchs gem. § 42 AO nach der steuerfreien Zuwendung steuerunschädlich an einen Dritten veräußert oder einer anderen Nutzung als zu Wohnzwecken zugeführt werden konnte (R 43 Abs. 2 S. 7 und 8 ErbStR 2003). 28

2.5.1 Zuwendung des Familienheims unter Lebenden an Ehegatten (§ 13 Abs. 1 Nr. 4a ErbStG)

Die Neuregelung der Steuerfreiheit der Zuwendung des Familienheims unter Lebenden nach § 13 Abs. 1 Nr. 4a ErbStG n.F. im Zuge der **Reform** des ErbStG durch das Gesetz vom 24.12.2008 (BGBl I 2008, 3018) mit Wirkung zum 1.1.2009 knüpft weitgehend an die Vorgängerregelung des § 13 Abs. 1 Nr. 4a ErbStG a.F. zur Steuerbefreiung einer **ehebedingten Zuwendung** des Familienwohnheims als grds. steuerbare Zuwendung unter Lebenden zwischen Ehegatten i.S.d. § 7 Abs. 1 Nr. 1 ErbStG an. Da der Gesetzgeber mit der Neufassung des § 13 Abs. 1 Nr. 4a ErbStG die grundlegende Regelungssystematik der bisherigen Rechtslage erkennbar beibehalten wollte (BT-Drs. 16/7918), finden die zur Vorgängerregelung von der Rechtsprechung aufgestellten Grundsätze weitgehend nach wie vor Anwendung (gl.A. *Schumann*, DStR 2009, 197, 198; Rz. 26 ff). 29

Nach der gesetzlichen **Definition** des § 13 Abs. 1 Nr. 4a ErbStG n.F. ist unter einem **Familienheim** ein bebautes Grundstück i.S.d. § 181 Abs. 1 Nr. 1 bis 5 BewG zu verstehen, soweit darin eine **Wohnung** (§ 181 Abs. 9 BewG) des Zuwenders und seines Ehegatten zu eigenen Wohnzwecken genutzt wird (Rz. 27; *Jülicher*, in T/G/J, ErbStG, § 13 Rz. 57; *Jochum*, in Wilms/Jochum, ErbStG, § 13 Rz. 68 ff); ein Schwimmhaus oder Hausboot fällt mangels bewertungsrechtlicher Gebäudeeigenschaft nicht unter den Begriff des Familienheims (*Stöckel*, NWB 2012, 2770; BFH v. 26.10.2011, II R 27/10, BStBl II 2012, 274). Diese gesetzliche Definition hat die FinVerw. dahingehend konkretisiert, dass das Familienheim insgesamt den **Mittelpunkt des familiären Lebens** darstellen muss (R E 13.3 Abs. 2 S. 4 ErbStR 2011; hierzu *Viskorf*, in V/K/S/W, ErbStG, 2012, § 13 ErbStG Rz. 39) – auch ein Haus mit drei Wohnungen kann als Familienheim gelten, sofern die Wohnungen von der Familie genutzt werden (FG München v. 11.4.2005, 4 K 4452/04, EFG 2005, 1727, rkr.).§ 181 Abs. 1 BewG unterscheidet in diesem Zusammenhang zwischen Ein- und Zweifamilienhäusern (Nr. 1), Mietwohngrundstücken (Nr. 2), Wohnungs- und Teileigentum (Nr. 3), Geschäftsgrundstücken (Nr. 4) und gemischt genutzten Grundstücken (Nr. 5). Die Steuerbefreiung bezieht sich auch auf Garagen und sonstige Nebengebäude, die sich auf dem jeweiligen Grundstück befinden (*Hardt*, ZEV 2004, 408, 411; *Schumann*, DStR 2009, 197, 198). Die Steuerbefreiung nach § 13 30

Abs. 1 Nr. 4a ErbStG n. F. setzt nicht voraus, dass die Ehe bereits bei der Anschaffung oder Herstellung des betreffenden Objekts bestanden hat. Entscheidend ist, dass im Zeitpunkt der Entstehung der Steuer mit Ausführung der freigebigen Zuwendung eine Ehe bestanden hat, wobei eine spätere Eheschließung kein rückwirkendes Ereignis gem. § 175 Abs. 1 S. 1 Nr. 1 AO darstellt (BFH v. 27.10.2010, II R 37/09, BStBl II 2011, 134).

31 Das Familienheim muss von den Ehegatten und den ggf. zur Familie gehörenden Kindern und Enkelkindern oder einer Hausgehilfin tatsächlich im **Besteuerungszeitpunkt** zu **eigenen Wohnzwecken** genutzt werden (R E 13.3 Abs. 2 S. 3-5 ErbStR 2011; *Jülicher*, in T/G/J, ErbStG, § 13 Rz. 63; *Viskorf*, in V/K/S/W, ErbStG, 2012, § 13 ErbStG Rz. 38; FG München v. 16.3.1999, 4 V 3512/98, EFG 2000, 230, rkr.). Im Fall des Getrenntlebens ist eine Nutzung durch den beschenkten Ehegatten allein zusammen mit einem gemeinsamen Kind ausreichend (FG Berlin v. 28.1.2003, 5 K 5267/01, ZEV 2006, 235, rkr.; *Schumann*, DStR 2009, 197, 198 f.; *Meincke*, ErbStG, 2012, § 13 Rz. 20a). Die Steuerbefreiung scheidet mangels Nutzung zu eigenen Wohnzwecken aus, wenn das Heim lediglich als **Ferien- oder Wochenenddomizil** genutzt (BFH v. 18.7.2013, II R 35/11, BStBl II 2013, 1051) oder auch nur teilweise an Dritte **vermietet** wird bzw. für einen Berufspendler nur die Zweitwohnung darstellt (R E 13.3 Abs. 2 S. 5 ErbStR 2011; FG Rheinland-Pfalz v. 18.2.1999, 4 K 2180/98, EFG 1999, 619, rkr.; FG München v. 11.4.2005, 4 V 4452/04, EFG 2005, 1727, rkr.; *Tiedke/Wälzholz*, ZEV 2000, 19; *Schumann*, DStR 2009, 197, 198); die **unentgeltliche Überlassung** einzelner Wohnräume an weitere Verwandte ist hingegen unschädlich. Wird das Familienheim auch zu anderen Zwecken als zu Wohnzwecken genutzt – z.B. als Arbeitszimmer –, ist dies unschädlich; eine **gewerbliche oder berufliche Mitbenutzung** – z.B. als Arbeitszimmer oder Arztpraxis – ist unschädlich, solange die Wohnnutzung insgesamt überwiegt und die Wohnräume die Voraussetzungen einer Wohnung im Übrigen erfüllen (R E 13.3 Abs. 2 S. 9 ErbStR 2011; *Kien-Hümbert*, in Moench/Weinmann, ErbStG, § 13 Rz. 30). Die Befreiung nach § 13 Abs. 1 Nr. 4a ErbStG n.F. ist **flächenmäßig** auf die selbst genutzte Wohnung **begrenzt**, womit bei einer gewerblichen oder beruflichen Mitbenutzung der Wohnung die Befreiung auf den zu eigenen Wohnzwecken dienenden Teil der Wohnung begrenzt ist; eine berufliche Nutzung des Grundstücks außerhalb der Wohnung, eine Fremdvermietung oder die unentgeltliche Überlassung weiterer auf dem Grundstück vorhandener Wohnungen an Kinder oder Eltern ist nicht begünstigt (R E 13.3 Abs. 2 S. 13 ErbStR 2011; *Kien-Hümbert*, in Moench/Weinmann, ErbStG, § 13 Rz. 30). Bei einer gemischten Nutzung des Grundstücks ist eine Aufteilung nach der jeweiligen Nutzung durch das Lagefinanzamt vorzunehmen und bei der Feststellung des Grundbesitzwerts im Wege der Amtshilfe nachrichtlich mitzuteilen (R E 13.3 Abs. 2 S. 15 ErbStR 2011). Der Erwerber hat m. E. keinen Anspruch auf eine isolierte Bekanntgabe der vom Lagefinanzamt mitgeteilten Angaben (a. A. *Haar*, SteuK 2010, 162).

32 Die nach § 13 Abs. 1 Nr. 4a ErbStG n. F. steuerbefreite Zuwendung eines Familienheims unter Lebenden ist unabhängig vom **Güterstand** der Ehegatten und setzt nach der nunmehr ausdrücklichen gesetzlichen Regelung des § 13 Abs. 1 Nr. 4a ErbStG n. F. voraus, dass der eine Ehegatte dem anderen Ehegatten im Rahmen einer steuer-

baren Zuwendung unter Lebenden i.S.d. § 7 Abs. 1 ErbStG Eigentum oder Miteigentum an dem Familienheim verschafft oder den anderen Ehegatten von eingegangenen Verpflichtungen im Zusammenhang mit der Anschaffung oder der Herstellung des Familienheims freistellt (*Viskorf*, in V/K/S/W, ErbStG, 2012, § 13 ErbStG Rz. 42; *Meincke*, ErbStG, 2012, § 13 Rz. 19; BFH v. 27.10.2011, II R 37/09, BStBl II 2011, 134 zur Abfindung für einen Erbverzicht). Nach § 13 Abs. 1 Nr. 4a S. 2 ErbStG n.F. gilt dies entsprechend, wenn ein Ehegatte **nachträglichen Herstellungs- oder Erhaltungsaufwand** für ein Familienheim trägt, das im gemeinsamen Eigentum der Ehegatten oder im Alleineigentum des anderen Ehegatten steht. Entsprechend der bisher zu § 13 Abs. 1 Nr. 4a ErbStG a.F. vertretenen Interpretation der FinVerw. in R 43 Abs. 2 S. 1 ErbStR 2003 sind nach § 13 Abs. 1 Nr. 4a ErbStG n.F. auch Zuwendungen in Form des Kaufs oder der Herstellung eines Familienheims aus den **Mitteln eines Ehegatten** unter Einräumung einer Miteigentümerstellung des anderen Ehegatten und die Anschaffung oder (ganz oder teilweise) Herstellung des Familienheims durch einen Ehegatten im Wege der **mittelbaren Grundstücksschenkung** aus den Mitteln, die allein oder überwiegend vom anderen – d.h. zuwendenden – Ehegatten stammen, weiterhin als steuerfrei anzusehen (R E 13.3 Abs. 4 ErbStR 2011; *Jülicher*, in T/G/J, ErbStG, § 13 Rz. 65 f.; *Meincke*, ErbStG, 2012, § 13 Rz. 21).

Eine wesentliche Neuerung des § 13 Abs. 1 Nr. 4a ErbStG n.F. besteht darin, dass 33
die Steuerfreiheit für die Zuwendung nicht mehr auf ein im Inland belegenes Familienheim beschränkt ist, sondern gegenüber § 13 Abs. 1 Nr. 4a ErbStG a.F. nunmehr auch entsprechende in einem **Mitgliedstaat der EU** oder einem **Staat des EWR** belegene Wohnobjekte erfasst. Diese sachliche Ausweitung der Begünstigungsregelung trägt zwar den in der Vergangenheit geäußerten Bedenken an der **Europarechtskonformität** der bisherigen Belegenheitsbeschränkung auf das Inland Rechnung (z.B. *Busch*, IStR 2002, 448, 452f.). Die Neuregelung hat in der Praxis jedoch im Hinblick auf die Grundsätze der **unbeschränkten Steuerpflicht** bei Auslandssachverhalten gem. § 2 Abs. 1 Nr. 1 ErbStG nur eine untergeordnete Bedeutung, da ein entsprechendes Familienheim i.S.d. § 13 Abs. 1 Nr. 4a ErbStG n.F. den Mittelpunkt des familiären Lebens der Ehegatten bilden muss. Liegt dieser Mittelpunkt im Ausland, werden die Ehegatten regelmäßig auch ihren Wohnsitz (§ 8 AO) bzw. den gewöhnlichen Aufenthalt (§ 9 AO) im Ausland unterhalten, womit die Steuerfreiheit für das im Ausland befindliche Familienheim als Auslandsvermögen (vgl. § 121 BewG) lediglich in den Fällen der **erweiterten unbeschränkten Steuerpflicht** nach § 2 Abs. 1 Nr. 1 Buchst. b ErbStG eine Rolle spielt (gl.A. *Geck*, ZEV 2008, 557, 558; § 2 ErbStG Rz. 34ff).

Wie bereits im Rahmen der Vorgängerregelung des § 13 Abs. 1 Nr. 4a ErbStG a.F. 34
ist auch die Steuerfreiheit der Zuwendung eines Familienheims unter Lebenden zwischen den Ehegatten nach der Neuregelung des § 13 Abs. 1 Nr. 4a ErbStG n.F. **wertmäßig** nicht beschränkt. Die begünstigte Übertragung des Familienheims ist im Gegensatz zu entsprechenden Zuwendungen unter Lebenden nach § 13 Abs. 1 Nr. 4b ErbStG (Rz. 39) nicht an eine **Behaltepflicht** bzw. eine bestimmte **Behaltefrist** gebunden (*Reimann*, FamRZ 2009, 90, 93; *Brey/Merz/Neufang*, BB 2009, 132, 133), womit es in den Grenzen des Gestaltungsmissbrauchs gem. § 42 AO nach der

steuerfreien Zuwendung steuerunschädlich an einen Dritten veräußert oder einer anderen Nutzung als zu Wohnzwecken zugeführt werden kann (R E 13.3 Abs. 5 S. 5 und 6 ErbStR 2011; *Geck*, in Kapp/Ebeling, ErbStG, § 13 Rz. 38.7 f.; *Jochum*, in Wilms/Jochum, ErbStG, § 13 Rz. 79). Die Steuerbefreiung unterliegt schließlich keinem **Objektverbrauch**, d. h. während des Bestehens einer Ehe können sich die Ehegatten nacheinander mehrfach ein Familienheim zuwenden, solange dies nicht dazu führt, dass der beschenkte Ehegatte gleichzeitig Eigentümer oder Miteigentümer mehrerer Familienheime wird (R E 13.3 Abs. 2 S. 4 ErbStR 2011; *Schumann*, DStR 2009, 197, 198; *Viskorf*, in V/K/S/W, ErbStG, 2012, § 13 ErbStG Rz. 43).

35 Nach § 13 Abs. 1 Nr. 4a S. 3 ErbStG n. F. gelten die vorstehenden Grundsätze ausdrücklich auch für entsprechende Zuwendungen zwischen **Lebenspartnern** einer Eingetragenen Lebenspartnerschaft. Hintergrund dieser tatbestandlichen Erweiterung der Steuerbefreiung in personeller Hinsicht ist, dass Lebenspartner ebenfalls einander zur gemeinsamen Lebensgestaltung verpflichtet sind, was sich üblicherweise in einer gemeinschaftlichen Wohnung konkretisiert. Aus Gründen der **Gleichbehandlung** war daher eine entsprechende gesetzliche Neuregelung angezeigt (BT-Drs. 16/7918; *Wiegand*, Beihefter zu DStR Heft 51-52/2008, 94, 99). Die Regelung kann jedoch über ihren Wortlaut hinaus nicht auf Geschwister ausgedehnt werden, die ihr Leben lang in einer Haushalts-, Wirtschafts- und Versorgungsgemeinschaft zusammengelebt haben (BFH v. 24.4.2013, II R 65/11, BStBl II 2013, 633).

2.5.2 Zuwendung des Familienheims von Todes wegen an Ehegatten (§ 13 Abs. 1 Nr. 4b ErbStG)

36 § 13 Abs. 1 Nr. 4b ErbStG erweitert die Steuerfreiheit für die Zuwendung des Familienheims gegenüber der bis zum 31.12.2008 geltenden Rechtslage nach § 13 Abs. 1 Nr. 4a ErbStG a. F. (Rz. 26 ff.; zum Hintergrund der Neuregelung *Viskorf*, in V/K/S/W, ErbStG, 2012, § 13 ErbStG Rz. 49) auf entsprechende **Zuwendungen von Todes wegen** i. S. d. § 3 ErbStG zwischen **Ehegatten** bzw. **Lebenspartnern** einer Eingetragenen Lebenspartnerschaft – es ist ausreichend, wenn dem überlebenden Ehegatten bzw. Lebenspartner das Familienheim z. B. vermächtnisweise zugewendet wird (gl. A. *Geck*, ZEV 2008, 557, 558). Die Regelung kann jedoch über ihren Wortlaut hinaus nicht auf Geschwister ausgedehnt werden, die ihr Leben lang in einer Haushalts-, Wirtschafts- und Versorgungsgemeinschaft zusammengelebt haben (BFH v. 24.4.2013, II R 65/11, BStBl II 2013, 633). Voraussetzung für die Steuerfreiheit ist, dass durch den Erwerb von Todes wegen das Eigentum oder Miteigentum an einem im **Inland** oder in einem **Mitgliedstaat der EU** oder einem **Staat des EWR** belegenen **Familienheim** (zu diesem Begriff Rz. 30 f) auf den überlebenden Ehegatten bzw. Lebenspartner übertragen wird. Der Erwerb von Todes wegen eines bloßen Wohnrechts oder sonstigen Nutzungsrechts fällt angesichts des eindeutigen Wortlauts der Vorschrift nicht unter die Steuerbefreiung nach § 13 Abs. 1 Nr. 4b ErbStG (BFH v. 3.6.2014, II R 45/12, BStBl II 2014, 806). Gleiches gilt für den Erwerb eines **Anwartschaftsrechts** bzw. des bloßen **wirtschaftlichen Eigentums** (FG München v. 6.4.2016, 4 K 1868/15, EFG 2016, 1015, Rev. eingelegt, Az. beim BFH II R 14/16; hierzu *Kamps/Zapf*, FR 2016, 939). Die Neuregelung **bezweckt** aus Sicht des Gesetzgebers neben dem Schutz des gemeinsamen familiären Lebensraums die Lenkung in

Grundvermögen schon zu Lebzeiten des Erblassers und die krisenfeste Erhaltung des besonders geschützten Familiengebrauchsvermögens in Gestalt des Familienheims von Ehegatten und Lebenspartnern (BT-Drs. 16/11107). Im Fall einer Erbengemeinschaft aus dem überlebenden Ehegatten und gemeinsamen Kindern kommen die Steuerbefreiungen nach § 13 Abs. 1 Nr. 4b und 4c ErbStG nebeneinander zur Anwendung (*Haar*, SteuK 2010, 162, 164).

§ 13 Abs. 1 Nr. 4b ErbStG enthält zwar keine **wert- oder größenmäßige Beschränkung** (*Merker*, StuB 2009, 20, 20 f.; *Brey/Merz/Neufang*, BB 2009, 132, 133 f.), erforderlich ist jedoch, dass der Erblasser das Familienheim zum Zeitpunkt des Erbfalls zu **eigenen Wohnzwecken** genutzt hat oder aus zwingenden Gründen an einer Selbstnutzung zu eigenen Wohnzwecken gehindert war und das Familienheim durch den Erwerber unverzüglich – d. h. ohne schuldhaftes Zögern (vgl. § 121 Abs. 1 S. 1 BGB) – zur **Selbstnutzung** zu eigenen Wohnzwecken bestimmt ist (Rz. 39; *Schumann*, DStR 2009, 197, 199; *Meincke*, ErbStG, 2012, § 13 Rz. 20a zum Getrenntleben der Eheleute). Als **zwingende Gründe**, die vom Gebot der Selbstnutzung durch den Erblasser befreien, sind medizinische bzw. gesundheitliche Gründe anzuerkennen, soweit sie von solchem Gewicht sind, dass sie den Erblasser zu einem Lebensmittelpunkt außerhalb des Familienheims genötigt haben (z. B. Pflegebedürftigkeit; FG München v. 22.10.2014, 4 K 2517/12, EFG 2015, 238, rkr.; v. 24.2.2016, 4 K 2885/14, EFG 2016, 731, rkr.; Hessisches FG v. 10.5.2016, 1 K 877/15, ZEV 2016, 535, rkr.; *Meßbacher-Hönsch*, ZEV 2015, 382, 384 f.), nicht jedoch berufliche Gründe (z. B. Versetzung; R E 13.4 Abs. 2 S. 3 ErbStR 2011; *Geck*, ZEV 2008, 557, 558 f.; *Viskorf*, in V/K/S/W, ErbStG, 2012, § 13 ErbStG Rz. 53). Im Hinblick auf das **Gebot der Selbstnutzung** des Familienheims durch den Erwerber ist die Steuerbefreiung nach § 13 Abs. 1 Nr. 4b S. 2 ErbStG von vornherein ausgeschlossen, sofern der Erwerber dieses aufgrund einer letztwilligen Verfügung – z. B. als Vermächtnis – oder durch eine rechtsgeschäftliche Verfügung des Erblassers – z. B. einen Erbvertrag – auf einen **Dritten übertragen** muss (R E 13.4 Abs. 5 ErbStR 2011; *Brey/Merz/ Neufang*, BB 2009, 132, 133 f.). Gleiches gilt nach § 13 Abs. 1 Nr. 4b S. 3 ErbStG, wenn der Erbe das erworbene Familienheim im Rahmen der **Teilung des Nachlasses** auf einen Miterben überträgt. Das erworbene Familienheim ist vom Erwerber unverzüglich zur Selbstnutzung bestimmt, wenn zumindest der **Entschluss** zur Nutzung zu eigenen Wohnzwecken als subjektives Merkmal gefasst und durch nach außen hin erkennbare (objektive) Umstände **in die Tat umgesetzt** wird (z. B. Kündigung der bisherigen Mietwohnung; *Viskorf*, in V/K/S/W, ErbStG, 2012, § 13 Rz. 54, 73; *Geck*, in Kapp/Ebeling, ErbStG, § 13 Rz. 39.6). Die tatsächliche Aufnahme der Selbstnutzung durch Einzug muss dann zwar nicht unverzüglich, jedoch i. d. R. innerhalb von sechs Monaten, spätestens binnen Jahresfrist seit dem Erwerb erfolgen, da andernfalls sehr gewichtige Gründe vorliegen müssen, die der alsbaldigen tatsächlichen Selbstnutzung entgegenstehen (z. B. längerer Krankenhausaufenthalt; BFH v. 23.6.2015, II R 39/13, BStBl II 2016, 225, 226 f.; hierzu auch *Meincke*, ErbStG, 2012, § 13 Rz. 28; *Meßbacher-Hönsch*, ZEV 2015, 382, 385; OFD Rheinland v. 4.7.2012, DStR 2012, 2082). Unschädlich ist, wenn der Erwerber zunächst eine (umfassende) **Sanierung** bzw. **Renovierung** des Gebäudes vornimmt und sich der Beginn der Selbstnutzung hierdurch verzögert. Eine begünstigte Selbstnutzung des Familienheims scheidet jedoch aus, wenn der Erwerber das erworbene Familienheim abreißt und einen

Neubau zum Zweck der Selbstnutzung erstellt, wobei es keine Rolle spielt, ob der Abriss des bisherigen Gebäudes aus bautechnischen, ökonomischen, ökologischen oder sonstigen wichtigen Gründen für den Erwerber unvermeidbar gewesen ist (FG München v. 22.10.2014, 4 K 847/13, EFG 2015, 236, rkr.).

38 Der Regelung des § 13 Abs. 1 Nr. 4b S. 2 und 3 ErbStG lässt sich nicht nur ein zwingender **Ausschluss der Steuerfreiheit** auf Seiten des überlebenden und zum Erben eingesetzten Ehegatten in den Fällen der Abwicklung des Nachlasses bzw. der Nachlassteilung entnehmen, bei denen der überlebende Ehegatte wegen der Weitergabe des Familienheims an Dritte das Gebot der Selbstnutzung in eigener Person von vornherein nicht erfüllen kann (Rz. 37). Aus einer **Kombination** von § 13 Abs. 1 Nr. 4b S. 2 bis 4 mit § 13 Abs. 1 Nr. 4c ErbStG erschließt sich ein weiterer Regelungsgehalt der Vorschriften in Form eines **Begünstigungstransfers** (Rz. 43; BFH v. 23.6.2015, II R 39/13, BStBl II 2016, 225, 226 f.; R E 13.4 Abs. 5 ErbStR 2011; *Brey/Merz/Neufang*, BB 2009, 132, 134 f.; *Viskorf*, in V/K/S/W, ErbStG, 2012, § 13 ErbStG Rz. 55; *Jochum*, in Wilms/Jochum, ErbStG, § 13 Rz. 84 ff.). Überträgt der zum Erben eingesetzte Ehegatte das begünstigt erworbene Familienheim im Rahmen der Teilung des Nachlasses auf einen Dritten und gibt der Dritte dabei dem Erwerber nicht begünstigtes Vermögen hin, das er vom Erblasser erhalten hat, erhöht sich nach § 13 Abs. 1 Nr. 4b S. 4 ErbStG insoweit der Wert des begünstigten Vermögens des Dritten um den Wert des hingegebenen Vermögens, höchstens jedoch um den Wert des übertragenen Vermögens (R E 13.4 Abs. 5 S. 4 ff. ErbStR 2011). Nach der Gesetzesbegründung soll der Dritte, der für den Erwerb des Familienheims anderes aus dem Nachlass stammendes Vermögen hingibt, mit dieser Regelung so gestellt werden, als habe er von Anfang an begünstigtes Vermögen erhalten, wobei dies entsprechend auch in den Fällen gilt, in denen ein Erbe im Rahmen der Teilung des Nachlasses seinen erworbenen Anteil am begünstigten Vermögen auf einen Miterben überträgt (BT-Drs. 16/11107, hierzu auch *Ramb*, NWB 2011, 2071, 2079). Gibt der Erwerber des Familienheims eigenes Vermögen hin, das er nicht vom Erblasser erworben hat, greift die Befreiung lediglich in Höhe der eigenen Erbquote (*Ramb*, NWB 2011, 2071, 2079). Da § 13 Abs. 1 Nr. 4b ErbStG lediglich eine Steuerbefreiung für den Erwerb des Familienheims von Todes wegen unter Ehegatten bzw. Lebenspartnern normiert und der verstorbene Erblasser nach der Rechtsordnung nur einen (überlebenden) Ehegatten bzw. Lebenspartner i. S. d. Vorschrift gehabt haben kann, kommen als vom Begünstigungstransfer **betroffener Personenkreis** nur die nach § 13 Abs. 1 Nr. 4c ErbStG (Rz. 40 ff) ebenfalls im Rahmen einer Übertragung des Familienheims von Todes wegen begünstigten **Kinder** bzw. **Kinder verstorbener Kinder** i. S. d. Steuerklasse I Nr. 2 in Betracht (gl. A. *Viskorf*, in V/K/S/W, ErbStG, 2012, § 13 ErbStG Rz. 55; R E 13.4 Abs. 5 S. 5 ErbStR 2011, hierzu auch *Jochum*, in Wilms/Jochum, ErbStG, § 13 Rz. 84 ff.; *Kien-Hümbert*, in Moench/Weinmann, ErbStG, § 13 Rz. 37). Eine andere Interpretation des Begriffs des Dritten i. S. d. § 13 Abs. 1 Nr. 4b S. 2 bis 4 ErbStG als die Beschränkung auf den ebenfalls nach § 13 Abs. 1 Nr. 4c ErbStG begünstigten Personenkreis würde dem Zweck der Norm als Schutzvorschrift für das besonders geschützte **Familiengebrauchsvermögen** nicht gerecht werden. Weitere Voraussetzung für einen wirksamen Begünstigungstransfer durch die kombinierte Anwendung von § 13 Abs. 1 Nr. 4b und 4c ErbStG ist nach dem eindeutigen **Wortlaut** der

Vorschrift, dass der Erwerber des Familienheims dieses unter Erfüllung **sämtlicher sonstiger Voraussetzungen** der Steuerbefreiungsvorschriften in eigener Person innerhalb der Behaltefrist zu eigenen Wohnzwecken nutzt (Rz. 39, 42). Damit sind z. B. Fallgestaltungen nicht begünstigt, in denen der überlebende Ehegatte das von ihm von Todes wegen erworbene Familienheim auf die Kinder überträgt und diese das Familienheim nicht selber nutzen, sondern dem überlebenden Elternteil – z. B. im Rahmen eines Nießbrauchs oder Wohnrechts – zur (weiteren) Nutzung zu eigenen Wohnzwecken überlassen (gl. A. *Brey/Merz/Neufang*, BB 2009, 132, 134 f.; a. A. *Hübner/Tremel*, in Hübner, Erbschaftsteuerreform 2009, 460 f.).

Die Steuerbefreiung steht gem. § 13 Abs. 1 Nr. 4b S. 5 ErbStG unter einem **Nachversteuerungsvorbehalt**, der das Gebot der Selbstnutzung des übertragenen Familienheims auf Seiten des Erwerbers an eine **Selbstnutzungsfrist von zehn Jahren** knüpft. Hintergrund dieser Regelung ist nach der Begründung des Gesetzgebers der Schutz des gemeinsamen familiären Lebensraums, der keine Steuerbefreiung des Familienwohnheims mehr gebiete, sofern die Nutzung dessen zu eigenen Wohnzwecken innerhalb der Behaltefrist nicht mehr gewährleistet sei (BT-Drs. 16/11107; *Geck*, ZEV 2008, 557, 558 f. zum verfassungsrechtlichen Gebot der Gleichbehandlung nach Art. 3 Abs. 1 GG). Sofern der Erwerber das Familienheim innerhalb von zehn Jahren nach dem Erwerb nicht mehr selbst nutzt, entfällt die Steuerbefreiung mit Wirkung für die Vergangenheit, es sei denn, der Erwerber war aus **zwingenden Gründen** an einer Selbstnutzung zu eigenen Wohnzwecken gehindert. Schädlich ist in diesem Zusammenhang ein Verkauf, eine Nutzung als Zweitwohnsitz, eine Vermietung oder ein längerer Leerstand des Familienheims (R E 13.4. Abs. 6 ErbStR 2011). **Unschädlich** ist hingegen z. B. die berufliche Tätigkeit des Erwerbers als Berufspendler, der mehrere Wohnsitze hat, sofern das begünstigt erworbene Familienheim seinen Lebensmittelpunkt bildet (BT-Drs. 16/11107; *Schumann*, DStR 2009, 197, 199 zur Zwischenvermietung bei beruflich bedingtem Auslandsaufenthalt). Neben dem **Tod** des Erwerbers ist ein zwingender Grund, der von der geforderten Selbstnutzung befreit, insbes. gegeben, wenn das selbstständige Führen eines Hausstands in dem erworbenen Familienheim aus **gesundheitlichen Gründen** (z. B. Pflegebedürftigkeit) unmöglich ist (z. B. *Geck*, ZEV 2008, 557, 558 f.; *Wiegand*, Beihefter zu DStR Heft 51-52/2008, 94, 100; *Brey/Merz/Neufang*, BB 2009, 132, 133 f.; *Fischl/Roth*, NJW 2009, 177, 181). Bei einem Verstoß des Erwerbers gegen das Gebot der Selbstnutzung innerhalb der Frist von zehn Jahren ist die ursprüngliche Steuerfestsetzung aufgrund eines **rückwirkenden Ereignisses** i. S. d. § 175 Abs. 1 S. 1 Nr. 2 AO nachträglich entsprechend zu korrigieren (*Schumann*, DStR 2009, 197, 199; *Viskorf*, in V/K/S/W, ErbStG, 2012, § 13 ErbStG Rz. 57). Der Erwerber ist verpflichtet, den Wegfall der Befreiungsvoraussetzungen dem FA anzuzeigen (R E 13.4 Abs. 6 S. 4 ff. ErbStR 2011).

2.5.3 Zuwendung des Familienheims von Todes wegen an Kinder und Enkelkinder (§ 13 Abs. 1 Nr. 4c ErbStG)

§ 13 Abs. 1 Nr. 4c ErbStG befreit gegenüber der bis zum 31.12.2008 geltenden Rechtslage nach § 13 Abs. 1 Nr. 4a ErbStG a. F. (Rz. 26 ff) den Erwerb des Familienheims von Todes wegen durch **Kinder** und **Kinder verstorbener Kinder** i. S. d.

Steuerklasse I Nr. 2 – der Erwerb des Familienheims durch eine Zuwendung unter Lebenden ist angesichts des eindeutigen Wortlauts der Vorschrift nicht begünstigt. Voraussetzung für die Steuerfreiheit ist, dass durch den Erwerb von Todes wegen das Eigentum oder Miteigentum an einem im Inland oder in einem Mitgliedstaat der EU oder einem Staat des EWR belegenen Familienheim (Rz. 30 f) auf die entsprechenden Abkömmlinge des Erblassers übergeht. Eine Steuerbefreiung nach § 13 Abs. 1 Nr. 4c ErbStG für ein Familienheim scheidet aus, wenn der Erblasser niemals selbst in dem vererbten Haus gelebt hat, da sich in diesem Fall in dem Haus niemals der Mittelpunkt des familiären Lebens befunden haben kann (FG Köln v. 27.1.2016, 7 K 247/14, EFG 2016, 584, rkr.). Der Erwerb von Todes wegen eines bloßen Wohnrechts oder sonstigen Nutzungsrechts fällt angesichts des eindeutigen Wortlauts der Vorschrift nicht unter die Steuerbefreiung nach § 13 Abs. 1 Nr. 4c ErbStG (BFH v. 3.6.2014, II R 45/12, BStBl II 2014, 806). Die Neuregelung **bezweckt** aus Sicht des Gesetzgebers neben dem Schutz des gemeinsamen familiären Lebensraums die Lenkung in Grundvermögen schon zu Lebzeiten des Erblassers und die krisenfeste Erhaltung des besonders geschützten Familiengebrauchsvermögens, das in Gestalt des Familienheims auch bei in Hausgemeinschaft mit den Eltern lebenden Kindern oder Kindern anzunehmen ist, die unverzüglich – d.h. ohne schuldhaftes Zögern – nach dem Erwerb das Familienheim selbst zu Wohnzwecken nutzen (BT-Drs. 16/11107). Im Gegensatz zur Steuerbefreiung für die Vererbung des Familienheims zwischen Ehegatten bzw. Lebenspartnern nach § 13 Abs. 1 Nr. 4b ErbStG (Rz. 36 ff) ist der Erwerb des Familienheims durch Abkömmlinge des Erblassers nach § 13 Abs. 1 Nr. 4c ErbStG größenmäßig auf eine **Wohnfläche von 200 qm** begrenzt. Diese nur begrenzte Freistellung trägt nach dem Willen des Gesetzgebers der grds. eingeschränkten Bindung erwachsener Kinder an ihre Eltern Rechnung (BT-Drs. 16/11107). Im Fall einer Erbengemeinschaft aus dem überlebenden Ehegatten und gemeinsamen Kindern kommen die Steuerbefreiungen nach § 13 Abs. 1 Nr. 4b und 4c ErbStG nebeneinander zur Anwendung (*Haar*, SteuK 2010, 162, 164).

41   Die Steuerbefreiung nach § 13 Abs. 1 Nr. 4c ErbStG unterliegt abgesehen von der größenmäßigen Beschränkung auf eine Wohnfläche von 200 qm keiner **wertmäßigen Beschränkung** (*Merker*, StuB 2009, 20, 21; *Brey/Merz/Neufang*, BB 2009, 132, 134; *Halaczinsky*, UVR 2016, 216). Übersteigt die Zuwendung eine Wohnfläche von 200 qm, entfällt die Steuerfreiheit nicht in vollem Umfang, sondern führt lediglich zur **anteiligen Steuerpflicht** („soweit") im Hinblick auf die jeweils übersteigende Fläche (*Geck*, ZEV 2008, 557, 559; *Merker*, StuB 2009, 20, 21; *Schumann*, DStR 2009, 179, 200). Mit der nur begrenzten Steuerbefreiung soll sichergestellt werden, dass Wohneigentum bis zu einer Größenordnung von jeweils 200 qm an die Abkömmlinge vererbt werden kann, ohne dass der Erwerber zu einer Veräußerung des Familienheims gezwungen ist, um die mit dem Erwerb verbundene Erbschaftsteuer zahlen zu können. Mit der Grenze von 200 qm hat der Gesetzgeber seiner Ansicht nach regional bestehenden Unterschieden der Grundstückswerte Rechnung getragen und im Rahmen seiner Typisierungskompetenz der Steuerbefreiung eine noch angemessene Größenordnung zugrunde gelegt (BT-Drs. 16/11107; krit. *Rohde/Gemeinhardt*, StuB 2008, 918). Die Beschränkung auf eine Wohnfläche von 200 qm bezieht sich auf das Familienheim insgesamt und gilt nicht personenbezogen für

jeden einzelnen Erwerber (gl. A. z. B. *Viskorf*, in V/K/S/W, ErbStG, 2012, § 13 ErbStG Rz. 67; *Meincke*, ErbStG, 2012, § 13 Rz. 29).

§ 13 Abs. 1 Nr. 4c ErbStG stellt – entsprechend der Regelung des § 13 Abs. 1 Nr. 4b ErbStG (Rz. 37) – die weitere Voraussetzung auf, dass der Erblasser das Familienheim zum Zeitpunkt des Erbfalls zu **eigenen Wohnzwecken** genutzt hat oder aus zwingenden Gründen an einer Selbstnutzung zu eigenen Wohnzwecken gehindert war (FG Köln v. 27.1.2016, 7 K 247/14, EFG 2016, 584, rkr.) und das Familienheim durch den **Erwerber** unverzüglich – d. h. ohne schuldhaftes Zögern (vgl. § 121 Abs. 1 S. 1 BGB) – zur **Selbstnutzung** zu eigenen Wohnzwecken bestimmt ist (R E 13.4 Abs. 7 S. 4 ErbStR 2011; Hessisches FG v. 24.3.2015, 1 K 118/15, EFG 2015, 1286, Rev. eingelegt, AZ beim BFH II R 32/15; Hessisches FG v. 20.7.2015, 1 K 392/15, ZEV 2016, 55, rkr.). Eine umfangreiche Renovierung bzw. Sanierung des Familienheims durch das erwerbende Kind vor dem Einzug steht der Annahme einer unverzüglichen Selbstnutzung nicht entgegen (FG München v. 22.10.2014, 4 K 847/13, EFG 2015, 236, rkr.; *Haar*, SteuK 2010, 162, 163). Als **zwingende Gründe**, die vom Gebot der Selbstnutzung durch den Erblasser befreien, sind medizinische bzw. gesundheitliche Gründe anzuerkennen, soweit sie von solchem Gewicht sind, dass sie den Erblasser zu einem Lebensmittelpunkt außerhalb des Familienheims genötigt haben (FG München v. 22.10.2014, 4 K 2517/12, EFG 2015, 238, rkr.; R E 13.4 Abs. 7 S. 4 und 5 ErbStR 2011; *Geck*, ZEV 2008, 557, 559; *Viskorf*, in V/K/S/W, ErbStG, 2012, § 13 ErbStG Rz. 72; *Meßbacher-Hönsch*, ZEV 2015, 382, 384 f.). Auf Seiten des Erwerbers ist die Bestimmung des Familienheims zur Selbstnutzung nach dem Wortlaut des § 13 Abs. 1 Nr. 4c ErbStG grds. ohne Ausnahme vorgeschrieben. Als zwingende Gründe, die einer Selbstnutzung durch den Erwerber entgegenstehen, können lediglich solche Umstände in Betracht kommen, die die Führung eines eigenen Hausstands im Familienheim nicht (mehr) zulassen. Dies gilt z. B., wenn das Kind wegen Minderjährigkeit rechtlich gehindert ist, einen Hausstand selbstständig zu führen (R E 13.4 Abs. 7 S. 5 ErbStR 2011), oder bei einer Pflegebedürftigkeit, die die Führung eines eigenen Hausstands im Familienheim tatsächlich nicht (mehr) zulässt; berufliche Gründe (z. B. Residenzpflicht) fallen nicht darunter. Im Hinblick auf das **Gebot der Selbstnutzung** des Familienheims durch den **Erwerber** ist die Steuerbefreiung nach § 13 Abs. 1 Nr. 4c S. 2 ErbStG von vornherein ausgeschlossen, sofern er dieses aufgrund einer letztwilligen Verfügung – z. B. als Vermächtnis – oder durch eine rechtsgeschäftliche Verfügung – z. B. einen Erbvertrag – des Erblassers auf einen **Dritten übertragen** muss (*Brey/Merz/Neufang*, BB 2009, 132, 134). Gleiches gilt nach § 13 Abs. 1 Nr. 4c S. 3 ErbStG, wenn der Erbe das erworbene Familienheim im Rahmen der **Teilung des Nachlasses** auf einen Miterben überträgt. Das erworbene Familienheim ist vom Erwerber unverzüglich zur Selbstnutzung bestimmt, wenn zumindest der **Entschluss** zur Nutzung zu eigenen Wohnzwecken als subjektives Merkmal gefasst und durch nach außen hin erkennbare (objektive) Umstände **in die Tat umgesetzt** wird (z. B. Kündigung der bisherigen Mietwohnung; *Viskorf*, in V/K/S/W, ErbStG, 2012, § 13 Rz. 54, 73; *Geck*, in Kapp/Ebeling, ErbStG, § 13 Rz. 39.6). Die tatsächliche Aufnahme der Selbstnutzung durch Einzug muss dann zwar nicht unverzüglich, jedoch i. d. R. innerhalb von sechs Monaten, spätestens binnen Jahresfrist seit dem Erwerb erfolgen, da andernfalls sehr gewichtige Gründe vorliegen müssen, die der alsbaldigen tatsächlichen

Selbstnutzung entgegenstehen (z. B. längerer Krankenhausaufenthalt, langwierige Erbauseinandersetzung; BFH v. 23.6.2015, II R 39/13, BStBl II 2016, 225, 226 f.; hierzu auch *Meincke*, ErbStG, 2012, § 13 Rz. 28; *Meßbacher-Hönsch*, ZEV 2015, 382, 385; OFD Rheinland v. 4.7.2012, DStR 2012, 2082). Eine begünstigte Selbstnutzung des Familienheims scheidet jedoch aus, wenn der Erwerber das erworbene Familienheim abreißt und einen Neubau zum Zweck der Selbstnutzung erstellt, wobei es keine Rolle spielt, ob der Abriss des bisherigen Gebäudes aus bautechnischen, ökonomischen, ökologischen oder sonstigen wichtigen Gründen für den Erwerber unvermeidbar gewesen ist (FG München v. 22.10.2014, 4 K 847/13, EFG 2015, 236, rkr.). Die Steuerbefreiung nach § 13 Abs. 1 Nr. 4c ErbStG scheidet aus, wenn der Erwerber von vornherein gehindert ist, die Wohnung in einem von Todes wegen erworbenen Objekt für eigene Wohnzwecke zu nutzen und deshalb auch tatsächlich nicht einzieht (BFH v. 23.6.2015, II R 13/13, BStBl II 2016, 223, 224 f.).

43 Wie § 13 Abs. 1 Nr. 4b S. 2 bis 4 ErbStG enthält auch § 13 Abs. 1 Nr. 4c S. 2 bis 4 ErbStG die Möglichkeit eines **Begünstigungstransfers**, sofern der Erbe i. S. d. Vorschrift das erworbene Familienheim im Rahmen der Abwicklung des Nachlasses bzw. der Nachlassteilung auf einen Dritten überträgt und es sich bei dem Erwerber um eine Person des gem. § 13 Abs. 1 Nr. 4b oder 4c ErbStG begünstigten Personenkreises handelt (Rz. 38; BFH v. 23.6.2015, II R 39/13, BStBl II 2016, 225, 226 f.; *Brey/Merz/Neufang*, BB 2009, 132, 134 f.; *Viskorf*, in V/K/S/W, ErbStG, 2012, § 13 ErbStG Rz. 79; *Schumann*, DStR 2009, 179, 200). Als Gründe für eine (begünstigte) Übertragung auf einen Dritten kommen neben Vermächtnissen und Vorausvermächtnissen insbes. auch Schenkungen auf den Todesfall und Auflagen in Betracht (BT-Drs. 16/11107). Auf Seiten des mit der **Weitergabeverpflichtung** belasteten Erben wird diese Verpflichtung z. B. als Nachlassverbindlichkeit gem. § 10 Abs. 5 Nr. 2 ErbStG bereicherungsmindernd berücksichtigt; der Erwerber kann korrespondierend hierzu – u. U. nach Anwendung des § 13 Abs. 1 Nr. 4c S. 4 ErbStG (Rz. 38) – die **Steuerbefreiung** für den Erwerb des Familienheims in Anspruch nehmen (BT-Drs. 16/11107). Voraussetzung für einen wirksamen Begünstigungstransfer ist, dass **sämtliche sonstigen Voraussetzungen** der evtl. mit § 13 Abs. 1 Nr. 4b ErbStG kombinierten Begünstigungsvorschrift des § 13 Abs. 1 Nr. 4c ErbStG in der Person des Erwerbers erfüllt werden, d. h. insbes. das **Gebot der Selbstnutzung** (Rz. 37, 39, 42, 44) und die **größenmäßige Beschränkung** auf eine Wohnfläche von 200 qm (Rz. 41; *Brey/Merz/Neufang*, BB 2009, 132, 134 f.; *Viskorf*, in V/K/S/W, ErbStG, 2012, § 13 ErbStG Rz. 79).

44 Die Steuerbefreiung steht nach § 13 Abs. 1 Nr. 4c S. 5 ErbStG unter einem **Nachversteuerungsvorbehalt**, der das Gebot der Selbstnutzung des übertragenen Familienheims auf Seiten des Erwerbers an eine **Selbstnutzungsfrist von zehn Jahren** knüpft (Rz. 39 zur entsprechenden Regelung des § 13 Abs. 1 Nr. 4b S. 5 ErbStG). Hintergrund dieser Regelung ist nach der Begründung des Gesetzgebers der Schutz des gemeinsamen familiären Lebensraums, der keine Steuerbefreiung des Familienwohnheims mehr gebiete, sofern die Nutzung dessen zu eigenen Wohnzwecken innerhalb der Behaltefrist nicht mehr gewährleistet sei (BT-Drs. 16/11107). Sofern der Erwerber das Familienheim innerhalb von zehn Jahren nach dem Erwerb nicht mehr selbst nutzt, entfällt die Steuerbefreiung mit Wirkung für die Vergangenheit, es

sei denn, der Erwerber war aus **zwingenden Gründen** an einer Selbstnutzung zu eigenen Wohnzwecken gehindert. **Schädlich** ist in diesem Zusammenhang ein Verkauf, eine Nutzung als Zweitwohnsitz, eine Vermietung oder ein längerer Leerstand des Familienheims. Gleiches gilt, wenn der Erwerber innerhalb von zehn Jahren nach dem Erwerb das Eigentum auf seine Kinder überträgt und das Familienheim lediglich aufgrund eines **vorbehaltenen Dauerwohnrechts** bzw. eines **vorbehaltenen Nießbrauchsrechts** weiterhin nutzt (Hessisches FG v. 15.2.2016, 1 K 2275/15, EFG 2016, 734, rkr.).**Unschädlich** ist hingegen z.B. die berufliche Tätigkeit des Erwerbers als Berufspendler, der mehrere Wohnsitze hat, sofern das begünstigt erworbene Familienheim seinen Lebensmittelpunkt bildet (BT-Drs. 16/11107). Neben dem **Tod** des Erwerbers ist ein zwingender Grund, der von der geforderten Selbstnutzung befreit, gegeben, wenn das selbstständige Führen eines Hausstands in dem erworbenen Familienheim aus **gesundheitlichen Gründen** (z.B. Pflegebedürftigkeit) unmöglich ist (z.B. *Geck*, ZEV 2008, 557, 559; *Wiegand*, Beihefter zu DStR Heft 51-52/2008, 94, 100; *Brey/Merz/Neufang*, BB 2009, 132, 134; *Fischl/Roth*, NJW 2009, 177, 181). Bei einem Verstoß des Erwerbers gegen das Gebot der Selbstnutzung innerhalb der Frist von zehn Jahren ist die ursprüngliche Steuerfestsetzung aufgrund eines **rückwirkenden Ereignisses** i.S.d. § 175 Abs. 1 S. 1 Nr. 2 AO nachträglich entsprechend zu korrigieren (*Viskorf*, in V/K/S/W, ErbStG, 2012, § 13 ErbStG Rz. 74).

2.6 Schuldbefreiung (§ 13 Abs. 1 Nr. 5 ErbStG)

Die infolge eines Anfalls durch Vereinigung von Recht und Verbindlichkeit oder von Recht und Belastung erloschenen Rechtsverhältnisse gelten nach § 10 Abs. 3 ErbStG als nicht erloschen (§ 10 ErbStG Rz. 79ff). Wird der Erbe durch den Erbfall gegenüber dem Erblasser von einer Schuld befreit, führt diese **Schuldbefreiung** zu einem steuerbaren Erwerb von Todes wegen i.S.d. § 3 Abs. 1 Nr. 1 ErbStG, der unter den alternativen Voraussetzungen des § 13 Abs. 1 Nr. 5 ErbStG steuerbefreit ist: Die Schuld ist durch eine Gewährung von Mitteln zum Zweck des **angemessenen Unterhalts** oder zur **Ausbildung** des Bedachten begründet worden oder der Erblasser hat die Befreiung mit Rücksicht auf die **Notlage** des Schuldners angeordnet, wobei diese durch die Zuwendung nicht beseitigt wird. Nach § 13 Abs. 1 Nr. 5 S. 2 ErbStG entfällt die Steuerbefreiung, soweit die Steuer aus der Hälfte einer neben der erlassenen Schuld dem Bedachten anfallenden Zuwendung gedeckt werden kann.

45

Die Steuerbefreiung greift nicht nur für den Fall eines Erwerbs von Todes wegen, sondern findet nach § 1 Abs. 2 ErbStG auch bei einer vergleichbaren Befreiung von einer Schuld im Wege einer Zuwendung unter Lebenden i.S.d. § 7 ErbStG Anwendung (§ 1 ErbStG Rz. 150 ff). Die Steuerklasse des Erwerbers spielt keine Rolle. Werden die entsprechenden Mittel zum angemessenen Unterhalt bzw. zur Ausbildung unmittelbar zugewendet, gilt § 13 Abs. 1 Nr. 12 ErbStG (Rz. 71 ff.; *Viskorf*, in V/K/S/W, ErbStG, 2012, § 13 ErbStG Rz. 92). Die **Angemessenheit** des Unterhalts richtet sich gem. § 13 Abs. 2 ErbStG nach den Vermögensverhältnissen und der Lebensstellung des Bedachten (Rz. 95). Die Zuwendung von Mitteln zur Ausbildung unterliegt keiner Angemessenheitsprüfung.

46

Eine Schuldbefreiung wegen der **Notlage des Schuldners** ist lediglich unter der Voraussetzung nach § 13 Abs. 1 Nr. 5 ErbStG steuerfrei, dass der Gläubiger die

47

Notlage kannte und der Erlass gerade im Hinblick auf die wirtschaftliche oder finanzielle Situation des Schuldners angeordnet wurde. Eine entsprechende Zwangslage liegt vor, wenn sie nicht nur vorübergehender Natur ist und nur durch die Inanspruchnahme der finanziellen Hilfe Dritter beseitigt werden kann, wobei sie nach der gem. § 13 Abs. 1 Nr. 5 ErbStG steuerbefreiten Zuwendung fortbesteht – der Gläubiger verzichtet insoweit lediglich auf eine **wertlose Forderung**, was auf Seiten des Schuldners zu einer Bereicherung führt (RFH v. 27.7.1931, I e A 61/31, RStBl 1931, 677; v. 8.9.1931, I e A 487/30, RStBl 1931, 852; v. 23.6.1938, III e 81/37, RStBl 1938, 749). Unter diesen Voraussetzungen kommt ein nach § 13 Abs. 1 Nr. 5 ErbStG steuerbefreiter Schuldenerlass auch zum Zwecke der **Sanierung eines Unternehmens** in Betracht (BFH v. 14.3.1990, I R 129/85, BStBl II 1990, 955; FG Rheinland-Pfalz v. 15.9.2005, 4 K 2436/02, EFG 2005, 1890, rkr.; *Meincke*, ErbStG, 2012, § 13 Rz. 35).

48 Werden neben dem Schuldenerlass **weitere Zuwendungen** getätigt, entfällt nach § 13 Abs. 1 Nr. 5 S. 2 ErbStG die Steuerbefreiung, soweit die Steuer auf den Gesamterwerb aus der Hälfte des zusätzlichen Erwerbs gezahlt werden kann. Diese vollständige oder teilweise Reduzierung der Steuerbefreiung lässt sich vermeiden, indem die weiteren Zuwendungen den persönlichen Freibetrag nach § 16 ErbStG nicht übersteigen oder getrennt und in zeitlichem Abstand zum steuerbefreiten Schuldenerlass vorgenommen werden (*Jülicher*, in T/G/J, ErbStG, § 13 Rz. 83).

Beispiel:

Ein Erblasser verfügt gegenüber einem Erwerber der Steuerklasse III mit Rücksicht auf dessen Notlage den Erlass einer Darlehensschuld i. H. v. 30.000 EUR und vermacht ihm zudem ein Sparguthaben i. H. v. 10.000 EUR. Bei einem Gesamterwerb von 40.000 EUR abzüglich des Freibetrags nach § 16 Abs. 1 Nr. 7 ErbStG i. H. v. 20.000 EUR ergibt sich eine Bemessungsgrundlage von 20.000 EUR. Aufgrund des Steuersatzes von 30 % beträgt die Steuer auf den Gesamterwerb 6.000 EUR, die jedoch nach § 13 Abs. 1 Nr. 5 S. 2 ErbStG lediglich in Höhe der Hälfte des nicht begünstigten Erwerbs des Vermächtnisses erhoben wird. Die Steuer beläuft sich letztlich auf 5.000 EUR (= 10.000 EUR × 50 %).

2.7 Zuwendungen an erwerbsunfähige Eltern oder Großeltern (§ 13 Abs. 1 Nr. 6 ErbStG)

49 Nach § 13 Abs. 1 Nr. 6 ErbStG sind die Erwerbe von Eltern, Adoptiveltern, Stiefeltern und Großeltern steuerbefreit, sofern diese Personen **erwerbsunfähig** oder durch die Führung eines gemeinsamen Hausstands mit erwerbsunfähigen oder in Ausbildung befindlichen Abkömmlingen an der Ausübung einer Erwerbstätigkeit gehindert sind und der Erwerb zusammen mit dem übrigen Vermögen des Erwerbers den Betrag i. H. v. 41.000 EUR nicht übersteigt. Ist dieser Betrag überschritten, wird nach § 13 Abs. 1 Nr. 6 S. 2 ErbStG die Steuer lediglich insoweit erhoben, als sie aus der Hälfte des die Wertgrenze übersteigenden Betrags gezahlt werden kann. Die Vorschrift gilt für Erwerbe von Todes wegen i. S. d. § 3 ErbStG und Zuwendungen unter Lebenden i. S. d. § 7 ErbStG (*Michel*, DStR 1981, 218, 221).

Die Voraussetzung der **Erwerbsunfähigkeit** bzw. der verhinderten Erwerbstätigkeit und die **Freigrenze** i. H. v. 41.000 EUR sind für **jeden Erwerber** gesondert zu prüfen. Die erforderliche Erwerbsunfähigkeit muss auf **dauerhafte körperliche** oder **geistige Gebrechen** zurückzuführen sein, worunter auch eine **fortgesetzte Altersschwäche** fällt (BFH v. 11.7.1967, III 130/64, BStBl III 1967, 551; *Jülicher*, in T/G/J, ErbStG, § 13 Rz. 88; *Viskorf*, in V/K/S/W, ErbStG, 2012, § 13 ErbStG Rz. 98). 50

Ein entsprechender Erwerb ist steuerfrei, wenn der Erwerb zusammen mit dem weiteren Vermögen des Erwerbers den Betrag i. H. v. 41.000 EUR nicht übersteigt. Ist diese **Freigrenze** auf der Basis der jeweiligen Steuerwerte gem. § 12 ErbStG und unter Außerachtlassung des persönlichen Freibetrags nach § 16 ErbStG überschritten (Hessisches FG v. 19.8.1975, III 12–14/75, EFG 1976, 239, rkr.), entfällt die Steuerbefreiung insgesamt. Zu dem **übrigen Vermögen** zählen nicht der Hausrat i. S. d. § 13 Abs. 1 Nr. 1 ErbStG (Rz. 5 ff) und andere bewegliche Gegenstände i. S. d. § 111 Nr. 10 BewG a. F. Um die mit dem vollständigen Wegfall der Steuerbefreiung verbundenen Härten abzumildern, wird bei einem Übersteigen der Freigrenze nach § 13 Abs. 1 Nr. 6 S. 2 ErbStG die Steuer auf den Erwerb nur insoweit erhoben, als sie aus der Hälfte des die Wertgrenze übersteigenden Betrags gezahlt werden kann. 51

Beispiel:
Der Erwerb der Eltern i. S. d. § 13 Abs. 1 Nr. 6 ErbStG von ihrem Sohn beträgt 30.000 EUR, das übrige Vermögen der Eltern hat einen Wert von 15.000 EUR. Die reguläre Steuer auf den Erwerb beläuft sich aufgrund der Steuerklasse II bei Anwendung eines Freibetrags gem. § 16 Abs. 1 Nr. 5 ErbStG i. H. v. 20.000 EUR und einem Steuersatz von 30 % auf 3.000 EUR (= 30.000 EUR ./. 20.000 EUR = 10.000 EUR × 30 %). Die Steuer auf den Erwerb wird jedoch gem. § 13 Abs. 1 Nr. 6 S. 2 ErbStG lediglich in Höhe der Hälfte des die Wertgrenze von 41.000 EUR übersteigenden Betrags erhoben. Bei einer Summe von Erwerb und übrigem Vermögen i. H. v. 45.000 EUR (= 30.000 EUR + 15.000 EUR) beträgt die Steuer lediglich 2.000 EUR als die Hälfte des 41.000 EUR übersteigenden Betrags (= 45.000 EUR ./. 41.000 EUR = 4.000 EUR × 50 %).

Die **Relevanz** der Vorschrift ist mit Blick auf die persönlichen Freibeträge nach § 16 Abs. 1 Nr. 4 ErbStG in der Praxis eingeschränkt. Eltern, Adoptiveltern und Großeltern steht seit der **Reform** des ErbStG durch das Gesetz vom 24.12.2008 (BGBl I 2008, 3018) mit Wirkung zum 1.1.2009 bei einem **Erweb von Todes** wegen bereits ein persönlicher Freibetrag i. H. v. 100.000 EUR (vormals 51.200 EUR) zu. 52

Gestaltungshinweis:
Maßgebliche Anwendungsbereiche des § 13 Abs. 1 Nr. 6 ErbStG sind **Zuwendungen unter Lebenden** an Eltern, Adoptiveltern und Großeltern, da hierfür lediglich ein persönlicher Freibetrag nach § 16 Abs. 1 Nr. 5 ErbStG i. H. v. 20.000 EUR (vormals 10.300 EUR) gilt, und **Erwerbe von Todes wegen** durch Stiefeltern, die einem Freibetrag in gleicher Höhe unterliegen (*Michel*, DStR 1981, 218, 221; *Jochum*, in Wilms/Jochum, ErbStG, § 13 Rz. 98). Es empfiehlt sich daher, im Hinblick auf die Steuerbefreiung nach § 13 Abs. 1 Nr. 12 ErbStG eine

Unterstützung der Eltern zur Sicherung des Unterhalts in Form laufender Zahlungen vorzunehmen (Rz. 71 ff.; *Meincke,* ErbStG, 2012, § 13 Rz. 36).

2.8 Ansprüche nach dem Lastenausgleichsgesetz und anderen Gesetzen (§ 13 Abs. 1 Nr. 7 ErbStG)

53 § 13 Abs. 1 Nr. 7 ErbStG regelt die Steuerbefreiung von **Ansprüchen** nach dem Lastenausgleichsgesetz und weiteren, in der Praxis jedoch z.T. nur eingeschränkt relevanten Gesetzen, wie z.b. dem Allgemeinen Kriegsfolgengesetz (§ 13 Abs. 1 Nr. 7 Buchst. c ErbStG) und dem Vertriebenenzuwendungsgesetz (§ 13 Abs. 1 Nr. 7 Buchst. f ErbStG). Die Vorschrift befreit nach ihrem eindeutigen **Wortlaut** lediglich den Erwerb eines entsprechenden **Anspruchs** nach dem jeweiligen Gesetz (gl. A. z.B. *Jülicher,* in T/G/J, ErbStG, § 13 Rz. 91; *Viskorf,* in V/K/S/W, ErbStG, 2012, § 13 ErbStG Rz. 100). Leistungen und Beträge, die bereits vor dem unentgeltlichen Erwerb von Todes wegen oder unter Lebenden an den Gläubiger erbracht bzw. ausbezahlt worden sind, fallen nach zutreffender Ansicht des BFH nicht unter § 13 Abs. 1 Nr. 7 ErbStG – der Erwerb einer entsprechenden Entschädigungssumme ist in vollem Umfang steuerpflichtig (BFH v. 1.12.1982, II R 139/75, BStBl II 1983, 118; a. A. noch FG Bremen v. 13.12.1968, II 2076/67, EFG 1969, 408, rkr.; Rz. 54).

2.9 Ansprüche nach dem Bundesentschädigungsgesetz (§ 13 Abs. 1 Nr. 8 ErbStG)

54 § 13 Abs. 1 Nr. 8 ErbStG enthält eine Steuerbefreiung für **Ansprüche** auf Entschädigungsleistungen der Opfer nationalsozialistischer Verfolgung, wobei der Anwendungsbereich der Vorschrift nicht auf einen entsprechenden Erwerb von Todes wegen oder unter Lebenden durch Verwandte des Opfers beschränkt ist (BFH v. 12.3.1968, II R 110/66, BStBl II 1968, 495). Nach früherer Ansicht des BFH erfasste die Vorschrift über seinen **Wortlaut** hinaus neben dem Erwerb des reinen Entschädigungsanspruchs auch den Erwerb bereits an den Gläubiger ausbezahlter Entschädigungssummen, sofern die Beträge z.B. angelegt auf einem Sparkonto noch abgrenzbar im Nachlass vorhanden waren (z.B. BFH v. 4.3.1964, II R 41/60 U, BStBl II 1964, 246; v. 12.3.1968, II R 110/66, BStBl II 1968, 495). Mit Blick auf den Wortlaut des § 13 Abs. 1 Nr. 8 ErbStG hat der BFH seine Rechtsprechung mittlerweile aufgegeben und beschränkt die Steuerbefreiung lediglich auf den Erwerb entsprechender Ansprüche nach dem Bundesentschädigungsgesetz (BFH v. 17.4.1996, II R 31/94, BStBl II 1996, 456; krit. *Meincke,* ZEV 1996, 316; Rz. 53).

2.10 Angemessenes Entgelt für Pflege- und Unterhaltsleistungen (§ 13 Abs. 1 Nr. 9 ErbStG)

55 § 13 Abs. 1 Nr. 9 ErbStG stellte bis zum 31.12.2008 den steuerpflichtigen Erwerb bis zu einer Höhe von 5.200 EUR steuerfrei, sofern er einer Person anfiel, die dem Erblasser **unentgeltlich** oder gegen **unzureichendes Entgelt Pflege** oder **Unterhalt** gewährt hatte, und das Zugewendete als angemessenes Entgelt anzusehen war – im Zuge der **Reform** des ErbStG durch das Gesetz vom 24.12.2008 (BGBl I 2008, 3018) wurde der Freibetrag mit Wirkung zum 1.1.2009 auf 20.000 EUR erhöht (BT-Drs.

16/7918). Nach der ursprünglichen Regelung des § 18 Abs. 1 Nr. 11 ErbStG 1959 galt bis zum 31.12.1973 eine der Höhe nach unbegrenzte Steuerbefreiung für den Erwerb einer Person, die dem Erblasser in Erwartung einer letztwilligen Zuwendung unentgeltlich oder gegen ein unzureichendes Entgelt Pflege oder Unterhalt gewährt hatte und soweit das Zugewendete als angemessenes Entgelt anzusehen war. Da die subjektive Tatbestandsvoraussetzung in Form der Erwartungshaltung des Erwerbers in der Praxis nur sehr schwer feststellbar war, wurde im Rahmen einer Gesetzesänderung ab dem 1.1.1974 zum einen auf des Erfordernis der Erwartung einer letztwilligen Verfügung verzichtet und zum anderen die Steuerbefreiung auf 2.000 DM begrenzt.

Die Steuerbefreiung nach § 13 Abs. 1 Nr. 9 ErbStG gilt vor dem Hintergrund des § 1 Abs. 2 ErbStG sowohl für Erwerbe von Todes wegen als auch für Zuwendungen unter Lebenden (RFH v. 23.5.1935, III e A 76/34, RStBl 1935, 1000; R E 13.5 Abs. 1 S. 1 ErbStR 2011) und begünstigt **natürliche und juristische Personen**, wobei es keine Rolle spielt, ob diese unbeschränkt oder beschränkt steuerpflichtig sind (BFH v. 27.9.1957, III 298/56 U, BStBl III 1957, 427; *Jülicher*, in T/G/J, ErbStG, § 13 Rz. 102). Da weitere Voraussetzung für die Gewährung des Freibetrags i.H. v. 20.000 EUR ist, dass die Pflege- oder Unterhaltsleistungen unentgeltlich oder gegen ein zu geringes Entgelt im persönlichen oder privaten Bereich erbracht wurden, findet § 13 Abs. 1 Nr. 9 ErbStG von vornherein keine Anwendung, wenn der Erwerber bereits aufgrund **gesetzlicher Vorschriften** zur Pflege oder zum Unterhalt verpflichtet ist. Beispielsweise sind Ehegatten nach § 1360 BGB und Verwandte in gerader Linie nach § 1601 BGB gegenseitig zum Unterhalt verpflichtet, womit diesen Personen wegen ihrer gesetzlichen Unterhaltspflicht üblicherweise auch kein Anspruch auf ein angemessenes Entgelt zustehen kann (R E 13.5 Abs. 1 S. 2 ErbStR 2011; BFH v. 27.9.1957, III 298/56 U, BStBl III 1957, 427; RFH v. 7.7.1931, I e A 56/31, RStBl 1931, 675; *Halaczinsky*, UVR 2012, 206, 207; a.A. FG Niedersachsen v. 20.4.1012, 3 K 229/11, EFG 2012, 1952, rkr.; FG Niedersachsen v. 21.3.2015, 3 K 35/15, ZEV 2015, 723, Rev. eingelegt, Az. beim BFH II R 37/15). 56

Pflege und Unterhalt i.S.d. § 13 Abs. 1 Nr. 9 ErbStG müssen mit einer gewissen **Nachhaltigkeit**, über eine längere **Dauer** und mit einer gewissen **Regelmäßigkeit** gewährt worden sein (gl. A. *Jülicher*, in T/G/J, ErbStG, § 13 Rz. 103; *Kien-Hümbert*, in Moench/Weinmann, ErbStG, § 13 Rz. 62). Für das erforderliche Ausmaß haben weder Rechtsprechung noch FinVerw. feste Maßstäbe entwickelt, womit letztlich auf den konkreten Einzelfall und die tatsächliche Bedürftigkeit des Empfängers abgestellt werden muss. Der Begriff der **Pflege** umfasst die Sorge um das körperliche und geistige Wohl einer infolge Krankheit, Behinderung, Alter oder aus einem sonstigen Grund hilfsbedürftigen Person (BFH v. 11.9.2013, II R 37/12, ZEV 2013, 690). Der Begriff des **Unterhalts** bedeutet die Gewährung von Nahrung, Kleidung und Unterkunft (*Kien-Hümbert*, in Moench/Weinmann, ErbStG, § 13 Rz. 62), wobei die Leistungen in natura oder in bar erbracht werden können (*Meincke*, ErbStG, 2012, § 13 Rz. 40). 57

Die Steuerbefreiung des § 13 Abs. 1 Nr. 9 ErbStG setzt zudem voraus, dass der Erwerb als ein **angemessenes Entgelt** für die an sich unentgeltlich oder gegen ein zu geringes Entgelt gewährte Pflege bzw. den gewährten Unterhalt anzusehen ist; es 58 kommt in diesem Zusammenhang lediglich auf das tatsächlich geleistete und nicht auf das zwischen Leistungsempfänger und Erwerber evtl. vereinbarte Entgelt an (gl. A. *Jülicher*, in T/G/J, ErbStG, § 13 Rz. 103). Der Wert der geleisteten Pflege bzw. des Unterhalts, der sich am **Wertansatz** nach den Vorschriften des Sozialgesetzbuchs orientiert (OFD Erfurt v. 9.7.2002, S 3806 A – 12 – L 215, DStR 2002, 1305; BFH v. 11.9.2013, II R 37/12, ZEV 2013, 690: übliche Vergütungssätze entsprechender Berufsgruppen für vergleichbare Leistungen; FG Niedersachsen v. 20.4.1012, 3 K 229/11, EFG 2012, 1952, rkr.), muss in etwa dem Wert des Erwerbs im **Zeitpunkt** der Gewährung der Pflege- oder Unterhaltsleistung entsprechen (BFH v. 10.12.1980, II R 101/78, BStBl II 1981, 270); die Vorstellungen bzw. die subjektive Erwartungshaltung des Erwerbers spielen keine Rolle (a. A. noch BFH v. 30.1.1968, II 113/65, BStBl II 1968, 210). Beim Erwerb in Form einer Rente bestimmt sich deren Angemessenheit nach Ansicht des BFH nach der Höhe der jeweiligen Rentenzahlung und nicht nach dem Kapitalwert der Rente insgesamt (BFH v. 30.1.1968, II 113/65, BStBl II 1968, 210).

59   Der Freibetrag nach § 13 Abs. 1 Nr. 9 ErbStG wird weder im Rahmen eines Erwerbs von Todes wegen, noch einer Zuwendung unter Lebenden gewährt, sofern die Pflege bzw. der Unterhalt aufgrund eines nachgewiesenen und mit Rechtsbindungswillen abgeschlossenen **entgeltlichen Dienstverhältnisses** i. S. d. § 611 BGB geleistet wird (R E 13.5 Abs. 1 S. 3, Abs. 2 und 4 ErbStR 2011; *Viskorf*, in V/K/S/W, ErbStG, 2012, § 13 ErbStG Rz. 103). Ist der Erblasser zu Lebzeiten dem Erwerber die entsprechende Vergütung schuldig geblieben, handelt es sich insoweit bereits um eine bereicherungsmindernde Nachlassverbindlichkeit in Form einer Erblasserschuld gem. § 10 Abs. 5 Nr. 1 ErbStG (BFH v. 9.11.1994, II R 110/91, BStBl II 1995, 62; v. 28.6.1995, II R 80/94, BStBl II 1995, 784; *Albrecht*, ZEV 1995, 118; § 10 ErbStG Rz. 130 ff). Diese Grundsätze gelten entsprechend für **Zuwendungen unter Lebenden**, wobei das Entgelt für die als Pflege bzw. Unterhalt vereinbarte Dienstleistung eine bereicherungsmindernde **Gegenleistung** für den ansonsten steuerpflichtigen Erwerb darstellt (R E 13.5 Abs. 2 ErbStR 2011). An den **Nachweis** eines entsprechenden entgeltlichen Dienstverhältnisses werden hohe Anforderungen gestellt (z. B. BFH v. 9.11.1994, II R 110/91, BStBl II 1995, 62; FG München v. 15.2.1995, 4 K 415/92, EFG 1995, 752, rkr.; § 10 ErbStG Rz. 147 ff).

60   Entgegen dem **Wortlaut** des § 13 Abs. 1 Nr. 9 ErbStG handelt es sich nach h. M. nicht um eine Freigrenze, sondern um einen **Freibetrag** i. H. v. 20.000 EUR (BFH v. 28.6.1995, II R 80/94, BStBl II 1995, 784; *Meincke*, ErbStG, 2012, § 13 Rz. 39). Dieser Freibetrag wird entsprechend reduziert, sofern die Pflegeleistungen bzw. der Unterhalt im Einzelfall unter dem Wert von 20.000 EUR bleiben (BFH v. 10.12.1980, II R 101/78, BStBl II 1981, 270 zum Auseinanderfallen von Verkehrswert und Steuerwert des Erwerbs). **Auslagen** des Erwerbers im Zusammenhang mit Pflege- oder Unterhaltsleistungen sind mit dem Freibetrag nach § 13 Abs. 1 Nr. 9 ErbStG abgegolten, sofern diese nicht aufgrund eines nachgewiesenen entgeltlichen Geschäftsbesorgungsvertrags i. S. d. § 675 BGB getätigt wurden, da nach § 670 BGB ein Anspruch auf Ersatz besteht, der als Nachlassverbindlichkeit in Form einer Erblasserschuld gem. § 10 Abs. 5 Nr. 1 ErbStG zu berücksichtigen ist (R E 13.5 Abs. 2 ErbStR 2011). Entsprechendes gilt für den Fall einer Zuwendung unter

Lebenden, wobei der Auslagenersatz eine bereicherungsmindernde Gegenleistung darstellt (R E 13.5 Abs. 6 ErbStR 2011; *Jülicher,* in T/G/J, ErbStG, § 13 Rz. 107). Vereinbaren der Leistungsempfänger und der Erwerber, dass die Verpflichtung zur Gewährung von Pflege oder Unterhalt erst künftig mit dem Eintritt einer **aufschiebenden Bedingung** (z.B. dem Eintritt der Pflegebedürftigkeit) entstehen soll, kann zunächst kein Freibetrag gewährt werden. Tritt später die Bedingung tatsächlich ein, wird der Schenkungsteuerbescheid unter Anwendung des § 13 Abs. 1 Nr. 9 ErbStG nachträglich gem. § 175 Abs. 1 S. 1 Nr. 2 AO geändert (R E 13.5 Abs. 4 ErbStR 2011; BFH v. 28.6.1995, II R 80/94, BStBl II 1995, 784).

§ 13 Abs. 1 Nr. 9 ErbStG steht in teilweiser **Gesetzeskonkurrenz** zur Befreiungsvorschrift des § 13 Abs. 1 Nr. 9a ErbStG, der eine Steuerbefreiung für Geldzuwendungen unter Lebenden bis zur Höhe des **Pflegegelds** nach sozialrechtlichen Vorschriften enthält, die eine Pflegeperson für Leistungen zur Grundpflege oder hauswirtschaftlichen Versorgung erhält (Rz. 62 ff). In diesen Fällen tritt § 13 Abs. 1 Nr. 9 ErbStG gegenüber § 13 Abs. 1 Nr. 9a ErbStG als **subsidiär** zurück (gl. A. *Jülicher,* in T/G/J, ErbStG, § 13 Rz. 97). 61

2.11 Zuwendung von Pflegegeld (§ 13 Abs. 1 Nr. 9a ErbStG)

Im Zuge der Einführung der gesetzlichen Pflegeversicherung mit dem Gesetz vom 26.5.1994 (BGBl I 1994, 1014, 2797) wurden die Befreiungsvorschriften des § 13 ErbStG durch das Gesetz vom 11.10.1995 (BGBl I 1995, 1250) mit Wirkung zum 1.4.1995 um die Steuerbefreiung für die Weitergabe des **gesetzlichen Pflegegelds** gem. § 13 Abs. 1 Nr. 9a ErbStG ergänzt. Nach § 28 Abs. 1 Nr. 2, § 37 Abs. 1 SGB XI können pflegebedürftige Personen anstelle der häuslichen Pflege ein Pflegegeld beantragen, sofern der Pflegebedürftige mit dem Pflegegeld dessen Umfang entsprechend die erforderliche Grundpflege und hauswirtschaftliche Versorgung durch eine Pflegeperson in geeigneter Weise sicherstellt. 62

Die Steuerfreiheit für die Weitergabe des Pflegegelds i.S.d. § 37 SGB XI und ähnlicher Leistungen setzt in tatbestandlicher Hinsicht voraus, dass eine Pflegeperson von einer pflegebedürftigen Person Geldzuwendungen in Höhe des gesetzlichen Pflegegelds für Leistungen zur Grundpflege oder hauswirtschaftlichen Versorgung erhält. **Pflegebedürftig** ist gem. § 14 Abs. 1 SGB XI eine Person, wenn sie wegen einer körperlichen, geistigen oder seelischen Krankheit bzw. Behinderung für die gewöhnlichen und regelmäßig wiederkehrenden Verrichtungen im Ablauf des täglichen Lebens auf Dauer – voraussichtlich jedoch für mindestens sechs Monate – in erheblichem oder höherem Maße der Hilfe bedarf. Eine **Pflegeperson** ist nach § 19 SGB XI eine Person, die nicht erwerbsmäßig einen Pflegebedürftigen i.S.d. § 14 Abs. 1 SGB XI mindestens 14 Stunden wöchentlich in seiner häuslichen Umgebung pflegt. § 13 Abs. 1 Nr. 9a ErbStG gewährt eine der Höhe nach unbegrenzte Steuerbefreiung, wenn das vom Pflegebedürftigen gem. § 37 Abs. 1 SGB XI beantragte und an diese Person ausbezahlte Pflegegeld in Form einer Zuwendung unter Lebenden i.S.d. § 7 Abs. 1 Nr. 1 ErbStG an die Pflegeperson weitergeleitet wird (z.B. BFH v. 9.11.1994, II R 110/91, BStBl II 1995, 62). Der Annahme einer grds. steuerbaren freigebigen Zuwendung unter Lebenden steht nach § 7 Abs. 4 ErbStG nicht entgegen, wenn der Erwerber das Erworbene – hier das weitergeleitete Pflegegeld – als 63 sog. **Belohnung** für die geleisteten Pflegedienste erhält (§ 7 ErbStG Rz. 500 ff. zur Abgrenzung der Belohnung von einer Entlohnung). Für die Steuerbefreiung nach § 13 Abs. 1 Nr. 9a ErbStG spielt es hingegen keine Rolle, ob die entsprechenden Geldzuwendungen in laufenden monatlichen Zahlungen oder in mehreren zusammengefassten Raten an die Pflegeperson weitergeleitet werden (gl. A. z. B. *Jülicher*, in T/G/J, ErbStG, § 13 Rz. 112). Für Leistungen aus einer **privaten Pflegeversicherung** gelten die vorstehenden Grundsätze entsprechend (*Jülicher*, in T/G/J, ErbStG, § 13 Rz. 113; *Viskorf*, in V/K/S/W, ErbStG, 2012, § 13 ErbStG Rz. 110).

64 § 13 Abs. 1 Nr. 9a ErbStG gilt ausschließlich für Zuwendungen unter Lebenden i. S. d. § 7 Abs. 1 Nr. 1 ErbStG und stellt die Zuwendung des Pflegegelds schenkungsteuerfrei, sofern die Pflegeperson gegenüber dem Pflegebedürftigen nicht bereits aufgrund eines **entgeltlichen Leistungsverhältnisses** Pflegeleistungen erbringt (BFH v. 9.11.1994, II R 110/91, BStBl II 1995, 62; *Meincke*, ErbStG, 2012, § 13 Rz. 41; OFD Erfurt v. 9.7.2002, S 3806 A – 12 – L 215, DStR 2002, 1305 zur Kürzung des Kapitalwerts einer Verpflichtung zur Erbringung von Pflegeleistungen); die Vereinbarung einer Gegenleistung steht in diesen Fällen bereits dem Grunde nach einem schenkungsteuerpflichtigen Vorgang der unentgeltlichen Bereicherung der Pflegeperson entgegen (zu Einzelheiten der Vertragsgestaltung *Rastätter*, ZEV 1996, 281; *Mayer*, ZEV 1995, 269). Sind die tatbestandlichen Voraussetzungen des § 13 Abs. 1 Nr. 9a ErbStG nicht erfüllt, greift u. U. die subsidiäre Steuerbefreiung gem. § 13 Abs. 1 Nr. 9 ErbStG (Rz. 55 ff). Nach dieser Vorschrift kommt ein Freibetrag i. H. v. 20.000 EUR zum einen in Betracht, wenn die Pflegeperson gegenüber einer pflegebedürftigen Person unentgeltlich oder gegen ein unzureichendes Entgelt Pflegeleistungen erbringt, soweit das Zugewendete als angemessenes Entgelt anzusehen ist. Zum anderen greift § 13 Abs. 1 Nr. 9 ErbStG in den Fällen, in denen die Geldzuwendungen an die Pflegeperson die Höhe des gesetzlichen Pflegegelds übersteigen (gl. A. *Geck*, in Kapp/Ebeling, ErbStG, § 13 Rz. 70).

2.12 Vermögensrückfall an Eltern und Voreltern (§ 13 Abs. 1 Nr. 10 ErbStG)

65 § 13 Abs. 1 Nr. 10 ErbStG stellt die **Vermögensgegenstände** steuerfrei, die Eltern oder Voreltern ihren Abkömmlingen in der Vergangenheit im Wege einer – nicht notwendigerweise steuerpflichtigen – Schenkung bzw. durch einen Übergabevertrag zugewendet hatten und die nunmehr an diese Personen von Todes wegen zurückfallen. Nach dem eindeutigen **Wortlaut** der Vorschrift ist die Steuerfreiheit auf den Rückfall der entsprechenden Vermögensgegenstände im Wege eines **Erwerbs von Todes wegen** – auch z. B. mittelbar aufgrund einer Nacherbfolge – beschränkt und kann nicht auf Fälle des Vermögensanfalls durch eine unentgeltliche Zuwendung unter Lebenden ausgedehnt werden (BFH v. 16.4.1986, II R 135/83, BStBl II 1986, 622; v. 16.7.1997, II B 99/96, BStBl II 1997, 625; R E 13.6 Abs. 1 ErbStR 2011; *Geck*, in Kapp/Ebeling, ErbStG, § 13 Rz. 79.1; krit. *Meincke*, ErbStG, 2012, § 13 Rz. 42).

Gestaltungshinweis:

Eine doppelte Steuerpflicht bei einem Vermögensrückfall unter Lebenden lässt sich in der Praxis durch entsprechend ausgestaltete **Widerrufsrechte** und **Rück-**

fallklauseln in den jeweiligen Übergabeverträgen erreichen (*Felix,* NJW 1994, 2334; *ders.,* BB 1994, 1694).

Die Steuerbefreiung nach § 13 Abs. 1 Nr. 10 ErbStG setzt zum einen in **personeller** **Hinsicht** eine **Identität** des an der vorgelagerten Zuwendung unter Lebenden und dem späteren Vermögensrückfall von Todes wegen beteiligten Personenkreises voraus, wobei sich die Vermögensverschiebungen jeweils zwischen Eltern bzw. Voreltern und ihren Abkömmlingen vollzogen haben müssen (R E 13.6 Abs. 1 S. 1 ErbStR 2011). Unter den Begriff der Eltern fallen auch Adoptiv- und Stiefeltern, nicht jedoch Pflegeeltern (gl. A. *Jülicher,* in T/G/J, ErbStG, § 13 Rz. 121). Zum anderen ist in **sachlicher Hinsicht** eine **Identität** zwischen den ursprünglich zugewendeten und später zurückgefallenen Vermögensgegenständen erforderlich. Nach Ansicht des BFH ist in diesem Zusammenhang eine lediglich wirtschaftliche Identität nicht ausreichend, gefordert ist vielmehr eine **gegenständliche Identität** (BFH v. 22.6.1994, II R 1/92, BStBl II 1994, 656; dazu auch *Viskorf,* in V/K/S/W, ErbStG, 2012, § 13 ErbStG Rz. 114; *Meincke,* ZEV 1994, 322; *Felix,* NJW 1994, 2334; a.A. noch BFH v. 25.3.1974, II R 40/68, BStBl II 1974, 658). Dies bedeutet, dass die Steuerbefreiung bei einem Rückfall von Vermögensgegenständen ausgeschlossen ist, die z.B. im Austausch der zugewendeten Gegenstände in das Vermögen des beschenkten Abkömmlings gelangt waren (R E 13.6 Abs. 2 S. 1 und 2 ErbStR 2011). Ausreichend ist hingegen, wenn zwischen dem zugewendeten und dem zurückgefallenen Vermögensgegenstand bei objektiver Betrachtung eine **Art- und Funktionsgleichheit** besteht (krit. *Jülicher,* in T/G/J, ErbStG, § 13 Rz. 124 f.; *ders.,* ZEV 1995, 212, 213 ff.).

Nach h.M. haben darüber hinaus **Wertsteigerungen** des ursprünglich geschenkten und später zurückgefallenen Vermögens keine Auswirkungen auf die Steuerbefreiung und sind für sich genommen nicht erbschaftsteuerpflichtig, soweit sie ausschließlich auf der wirtschaftlichen Entwicklung beruhen und nicht auf einen Einsatz von Kapital oder Arbeit zurückzuführen sind; im letzten Fall unterliegt der insoweit geschaffene Mehrwert der Erbschaftsteuer (R E 13.6 Abs. 2 S. 4 und 5 ErbStR 2011; BFH v. 22.6.1994, II R 1/90, BStBl II 1994, 656; *Spitzbart,* ZEV 1998, 35; *Jülicher,* ZEV 1995, 244; *Wolf,* DStR 1988, 563 zum Rückfall geschenkter Gesellschaftsanteile). Gleiches gilt für die aus den zugewendeten Vermögensgegenständen gezogenen **Früchte** sowie die aus diesen Früchten erworbenen Gegenstände, die bei einem Rückfall ebenfalls nicht von der Steuerbefreiung des § 13 Abs. 1 Nr. 10 ErbStG erfasst sind (R E 13.6 S. 6 ErbStR 2011; *Jülicher,* in T/G/J, ErbStG, § 13 Rz. 130 m.w.N. zu vertraglichen Rückforderungsrechten hinsichtlich gezogener Früchte).

2.13 Verzicht auf einen Pflichtteils- oder Erbersatzanspruch (§ 13 Abs. 1 Nr. 11 ErbStG)

§ 13 Abs. 1 Nr. 11 ErbStG stellt den **Verzicht** auf die Geltendmachung eines **Pflichtteilsanspruchs** oder eines **Erbersatzanspruchs** steuerfrei. Zwar entsteht ein Pflichtteilsanspruch zivilrechtlich nach § 2317 Abs. 1 BGB bereits mit dem Tod des Erblassers, der Erbschaftsteuerpflicht unterliegt jedoch erst der geltend gemachte

§ 13 Steuerbefreiungen

Pflichtteilsanspruch als Erwerb von Todes wegen i.S.d. § 3 Abs. 1 Nr. 1 ErbStG (§ 3 ErbStG Rz. 400 ff.) – bis zu dieser Geltendmachung ist auf Seiten des Pflichtteilsberechtigten noch keine Steuer gem. § 9 Abs. 1 Nr. 1 Buchst. b ErbStG entstanden. Korrespondierend hierzu kann auf Seiten des Erben mangels wirtschaftlicher Belastung in diesem Zeitraum bis zur Geltendmachung des Pflichtteils- oder Erbersatzanspruchs auch keine entsprechende Nachlassverbindlichkeit i.S.d. § 10 Abs. 5 Nr. 2 ErbStG geltend gemacht werden (§ 9 ErbStG Rz. 40 ff.; § 10 ErbStG Rz. 183 ff.; *Viskorf*, in V/K/S/W, ErbStG, 2012, § 13 ErbStG Rz. 117 f.).

69 Verzichtet der **Pflichtteilsberechtigte** ausdrücklich gegenüber dem Erben auf den Pflichtteil, begünstigt dies zwar letztlich den Erben. Da dessen Belastung mit dem Pflichtteilsanspruch sich jedoch (bislang) nicht als abzugsfähige Nachlassverbindlichkeit i.S.d. § 10 Abs. 5 Nr. 2 ErbStG ausgewirkt hat, stellt § 13 Abs. 1 Nr. 11 ErbStG konsequenterweise einen entsprechenden Erwerb des Erben infolge eines Verzichts steuerfrei. Etwas anderes gilt hingegen, wenn der Pflichtteilsberechtigte zunächst seinen Pflichtteilsanspruch geltend macht, nach Geltendmachung jedoch auf die Erfüllung des Anspruchs verzichtet (FG München v. 24.8.2005, 4 K 4361/03, EFG 2005, 1887, rkr.). Ein solcher **unentgeltlicher Verzicht nach Geltendmachung** stellt eine eigenständige freigebige Zuwendung unter Lebenden des Pflichtteilsberechtigten gegenüber dem Erben i.S.d. § 7 Abs. 1 Nr. 1 ErbStG dar (§ 7 ErbStG Rz. 30 ff). Der Pflichtteilsanspruch muss zuvor nicht ausdrücklich geltend gemacht worden sein, es genügt, wenn ein entsprechendes Erbieten des Verpflichteten angenommen (RFH v. 19.4.1929, V e A 908/28, RStBl 1929, 515; v. 5.11.1936, III e A 63/36, RStBl 1936, 1131) oder eine Stufenklage i.S.d. § 254 ZPO mit einem der Höhe nach noch nicht bezifferten Leistungsbegehren erhoben wurde (FG Rheinland-Pfalz v. 10.12.2001, 4 K 2203/00, DStRE 2002, 459, rkr.). Ein **entgeltlicher Verzicht** auf den geltend gemachten Pflichtteilsanspruch führt auf Seiten des Pflichtteilsberechtigten zu einem steuerpflichtigen Erwerb von Todes wegen nach § 3 Abs. 2 Nr. 4 ErbStG (§ 3 ErbStG Rz. 543 ff.; *Viskorf*, in V/K/S/W, ErbStG, 2012, § 13 ErbStG Rz. 122). Ein Verzicht gegen Abfindung bereits vor dem Erbfall unterliegt nach § 7 Abs. 1 Nr. 5 ErbStG der Schenkungsteuer (§ 7 ErbStG Rz. 420 ff.). Die zinslose Stundung eines nicht geltend gemachten Pflichtteilsanspruchs stellt keine der Schenkungsteuer unterliegende freigebige Zuwendung dar (BFH v. 31.3.2010, II R 22/09, BFH/NV 2010, 1564).

70 Die gleichen Grundsätze galten für den **Erbersatzanspruch** eines nichtehelichen Kinds, der mit Gesetz vom 16.12.1997 (BGBl I 1997, 2968) abgeschafft wurde. Ein solcher Erbersatzanspruch wurde ebenfalls erst mit seiner Geltendmachung als Erwerb von Todes wegen nach § 3 Abs. 1 Nr. 1 i.V.m. § 9 Abs. 1 Nr. 1 Buchst. b ErbStG besteuert (§ 3 ErbStG Rz. 100ff). Wurde auf den Erbersatzanspruch **verzichtet** oder dieser Anspruch **ausgeschlagen**, war auch der entsprechende Vermögensanfall beim Erben nach § 13 Abs. 1 Nr. 11 ErbStG steuerfrei. Erfolgte der Verzicht zeitlich nach der Geltendmachung, führte dies zu einer steuerpflichtigen freigebigen Zuwendung unter Lebenden des Anspruchsberechtigten gegenüber dem Erben. Wurde ein solcher zeitlich nachgelagerter Verzicht gegen Entgelt oder Abfindung vorgenommen, galt § 3 Abs. 2 Nr. 4 ErbStG (§ 3 ErbStG Rz. 543ff).

2.14 Zuwendungen für angemessenen Unterhalt und Ausbildung (§ 13 Abs. 1 Nr. 12 ErbStG)

Die Steuerbefreiung nach § 13 Abs. 1 Nr. 12 ErbStG für Zuwendungen zum Zwecke des **angemessenen Unterhalts** oder zur **Ausbildung** des Bedachten ist auf Zuwendungen unter Lebenden beschränkt und kann nicht über den eindeutigen Wortlaut der Vorschrift hinaus auf entsprechende Erwerbe von Todes wegen ausgedehnt werden (RFH v. 28.4.1938, III e 21/38, RStBl 1938, 571). Nach h.M. sind zudem lediglich **laufende Zuwendungen** an den Bedachten vom Anwendungsbereich der Vorschrift erfasst; die Einmalzahlung eines Kapitalbetrags oder eines Rentenstammrechts zu Unterhalts- bzw. Ausbildungszwecken ist grds. nicht gem. § 13 Abs. 1 Nr. 12 ErbStG steuerbefreit (BFH v. 13.2.1985, II R 227/81, BStBl II 1985, 333; dazu auch BFH v. 13.8.1954, III 87/54 U, BStBl III 1954, 283; FG Rheinland-Pfalz v. 3.7.1997, 4 K 1966/96, DStRE 1997, 769, rkr.; *Jülicher*, in T/G/J, ErbStG, § 13 Rz. 136; *Viskorf*, in V/K/S/W, ErbStG, 2012, § 13 ErbStG Rz. 128). Eine **Ausnahme** gilt lediglich in den Fällen, in denen der Bedachte z.B. alters- oder gesundheitsbedingt nicht (mehr) in der Lage ist, zukünftig seinen Unterhalt aus eigener Kraft bzw. mit eigenen Mitteln zu bestreiten (BFH v. 13.8.1954, III 87/54 U, BStBl III 1954, 282; FG München v. 21.9.1993, 4 V 2208/93, UVR 1994, 21, rkr.). Der Stpfl. trägt die **Feststellungslast** für den Zweck der Zuwendung i.S.d. § 13 Abs. 1 Nr. 12 ErbStG (FG Baden-Württemberg v. 22.1.1988, IX K 534/83, EFG 1988, 240, rkr.; *Geck*, in Kapp/Ebeling, ErbStG, § 13 Rz. 109).

Zuwendungen zum Zwecke des **Unterhalts** sind ausschließlich gem. § 13 Abs. 1 Nr. 12 ErbStG steuerbefreit, sofern der Zuwender nicht aufgrund **gesetzlicher Vorschriften** zum Unterhalt verpflichtet ist, da in diesen Fällen mangels Freigebigkeit bereits kein steuerpflichtiger Zuwendungsvorgang vorliegt (z.B. gesetzliche Unterhaltspflicht unter Ehegatten gem. § 1353 BGB; dazu auch BFH v. 1.7.1964, II 180/62, HFR 1965, 164 zu Zuwendungen innerhalb einer nichtehelichen Lebensgemeinschaft). Des Weiteren muss der Bedachte **unterhaltsbedürftig** sein, d.h. nach seinen eigenen wirtschaftlichen und finanziellen Verhältnissen unter Einschluss realisierbarer Unterhaltsansprüche gegenüber Dritten ist es ihm nicht möglich, sich selbst angemessen zu unterhalten. Zur Abwendung einer derartigen Unterhaltsbedürftigkeit ist der Bedachte verpflichtet, vorrangig sein gesamtes Vermögen – insbes. auch unter Verwertung der Substanz – einzusetzen (BFH v. 26.10.1969, II 261/58, StRK § 18 Abs. 1 ErbStG R. 1; *Michel*, DStR 1977, 88; *Jülicher*, in T/G/J, ErbStG, § 13 Rz. 138 m.w.N.). Die Zuwendungen i.S.d. § 13 Abs. 1 Nr. 12 ErbStG müssen zudem in Form laufender Zuwendungen zum Zweck des Unterhalts erfolgen; (mittelbare) Zuwendungen zum Zweck des Erwerbs von Einrichtungsgegenständen bzw. einer Eigentumswohnung sind nicht steuerbefreit (RFH v. 5.10.1929, V e A 221/29, RStBl 1929, 601; FG München v. 4.11.1971, IV 75/71, EFG 1972, 78, rkr.). Die Zuwendungen dürfen schließlich nicht die Grenze der **Angemessenheit** des Unterhalts i.S.d. § 13 Abs. 2 S. 1 ErbStG übersteigen (Rz. 95; BFH v. 28.11.1967, II 72/63, BStBl II 1968, 239; RFH v. 8.7.1932, V e A 991/31, RStBl 1932, 1147; *Viskorf*, in V/K/S/W, ErbStG, 2012, § 13 ErbStG Rz. 130). Überschreitet die Zuwendung zum Zweck des Unterhalts das Maß der Angemessenheit nach den konkreten Vermögensverhältnissen und der Lebensstellung des Bedachten, ist die Zuwendung gem. § 13 Abs. 2 S. 2 ErbStG in vollem Umfang steuerpflichtig.

73 Laufende Zuwendungen zum Zweck der **Ausbildung** des Bedachten sind gem. § 13 Abs. 1 Nr. 12 ErbStG steuerfrei, sofern sie dem Erlernen einer später gegen Entgelt auszuübenden Tätigkeit dienen (FG Rheinland-Pfalz v. 3.7.1997, 4 K 1966/96, DStRE 1997, 769, rkr. zu Zuwendungen zur Rückzahlung eines zu Ausbildungszwecken aufgenommenen Darlehens). Der Begriff der Ausbildung i.S.d. § 13 Abs. 1 Nr. 12 ErbStG ist weit auszulegen und umfasst den Besuch jeglicher Form von Schule bzw. Hochschule im In- und Ausland unter Einschluss einer Promotion oder eines Praktikums (*Meincke*, ErbStG, 2012, § 13 Rz. 51). Die Steuerfreiheit für Zuwendungen zum Zweck der Ausbildung setzt ebenfalls voraus, dass der Bedachte **bedürftig** ist, d.h. die Kosten seiner Ausbildung nicht aus eigenen Mitteln bestreiten kann (gl.A. *Jülicher*, in T/G/J, ErbStG § 13 Rz. 145). Die Angemessenheitsgrenze des § 13 Abs. 2 ErbStG gilt angesichts des eindeutigen Wortlauts des § 13 Abs. 1 Nr. 12 ErbStG nur für Zuwendungen zum Zweck des Unterhalts und kann nicht auf Zuwendungen zum Zweck der Ausbildung ausgedehnt werden. Bei **gemischten Zuwendungen** gilt die Beschränkung auf die Angemessenheit lediglich für den Teil der Zuwendung, der auf den Unterhalt des Bedachten entfällt (RFH v. 23.6.1933, V e A 525/32, RStBl 1933, 1089; *Geck*, in Kapp/Ebeling, ErbStG, § 13 Rz. 128).

2.15 Zuwendungen an Pensions- und Unterstützungskassen (§ 13 Abs. 1 Nr. 13 ErbStG)

74 § 13 Abs. 1 Nr. 13 ErbStG stellt Zuwendungen an **inländische Pensions- und Unterstützungskassen** i.S.d. § 5 Abs. 1 Nr. 3 KStG steuerfrei, sofern diese die für die Befreiung von der Körperschaftsteuer erforderlichen Voraussetzungen erfüllen (*Frotscher*, in Frotscher/Maas, KStG/GewStG/UmwStG, § 5 KStG Rz. 6). Ist die entsprechende Kasse aufgrund einer sog. **Überdotierung** nach § 6 KStG **teilweise steuerpflichtig**, unterliegt die Zuwendung gem. § 13 Abs. 1 Nr. 13 S. 2 ErbStG im gleichen Verhältnis der Steuerpflicht (Rz. 76). Entfallen innerhalb von zehn Jahren nach der Zuwendung die Voraussetzungen nach § 5 Abs. 1 Nr. 3 KStG, entfällt zugleich die Steuerfreiheit gem. § 13 Abs. 1 Nr. 13 S. 3 ErbStG mit Wirkung für die Vergangenheit; die ursprüngliche Steuerfestsetzung ist aufgrund eines rückwirkenden Ereignisses i.S.d. § 175 Abs. 1 S. 1 Nr. 2 AO entsprechend zu korrigieren.

75 Zuwendungen des **Trägerunternehmens** an die Pensions- oder Unterstützungskasse, die als **Betriebsausgaben** i.S.d. § 4 Abs. 4 EStG abzugsfähig sind, stellen keine Schenkungen unter Lebenden i.S.d. § 7 Abs. 1 ErbStG dar und sind als solche nicht steuerbar (R E 13.7 Abs. 1 ErbStR 2011). § 13 Abs. 1 Nr. 13 ErbStG erlangt lediglich in den Fällen der Zuwendung an eine Pensions- oder Unterstützungskasse Bedeutung, die vom Unternehmer von Todes wegen oder von dritter Seite unter Lebenden oder von Todes wegen gemacht wird (R E 13.7 Abs. 2 ErbStR 2011).

76 Liegt auf Seiten der Pensions- oder Unterstützungskasse am Schluss des Wirtschaftsjahrs eine **Überdotierung** ihres Kassenvermögens vor, entfallen insoweit die Voraussetzungen für die Befreiung von der Körperschaftsteuer gem. § 5 Abs. 1 Nr. 3 KStG, was eine partielle Körperschaftsteuerpflicht gem. § 6 KStG zur Folge

hat (*Frotscher*, in Frotscher/Maas, KStG/GewStG/UmwStG, § 6 KStG Rz. 6). Dies hat gem. § 13 Abs. 1 Nr. 13 S. 2 ErbStG zur Konsequenz, dass auch die in diesem Wirtschaftsjahr erhaltenen Zuwendungen im gleichen Verhältnis steuerpflichtig sind, wobei es keine Rolle spielt, ob die Überdotierung gerade durch die Zuwendung oder aus anderen Gründen ausgelöst wurde (R E 13.7 Abs. 2 S. 2 ErbStR 2011). Wird eine einmal eingetretene Überdotierung der Pensions- oder Unterstützungskasse bis zum Ende des Veranlagungszeitraums zurückgeführt, hat dies nach Ansicht des BFH im Hinblick auf das Stichtagsprinzip des § 11 ErbStG keine rückwirkenden Auswirkungen auf die (partielle) Besteuerung nach § 13 Abs. 1 Nr. 13 ErbStG (BFH v. 11.9.1996, II R 15/93, BStBl II 1997, 70; krit. *Jülicher*, in T/G/J, ErbStG, § 13 Rz. 155 m. w. N.).

2.16 Übliche Gelegenheitsgeschenke (§ 13 Abs. 1 Nr. 14 ErbStG)

Die Steuerbefreiung für **übliche Gelegenheitsgeschenke** nach § 13 Abs. 1 Nr. 14 ErbStG besitzt erhebliche Praxisrelevanz und führt zu einer Entlastung des Stpfl. und der FinVerw. Entgegen § 30 Abs. 1 ErbStG wird man derartige Zuwendungen von der Anzeigepflicht ausnehmen (BFH v. 11.6.1958, II 56/57 U, BStBl III 1958, 339) und auf eine Zusammenrechnung mit früheren Erwerben gem. § 14 ErbStG verzichten können. Übliche Gelegenheitsgeschenke sind Zuwendungen, die nach Anlass, Art und Wert der **allgemeinen Verkehrsanschauung** entsprechen und in weiten Kreisen der Bevölkerung üblich sind. Dies gilt insbes. für Geschenke zu Geburtstagen, Hochzeiten, Festtagen und Jubiläen (BFH v. 1.7.1964, II 180/62, HFR 1965, 164).

77

Problematisch ist weniger Anlass und Art der Zuwendung als vielmehr der **übliche Wert** eines Gelegenheitsgeschenks. Starre Wertgrenzen existieren nicht, sondern müssen in relativer Betrachtungsweise in jedem Einzelfall im Wege einer Gesamtbetrachtung der Umstände ermittelt werden. Entscheidende Bedeutung kommt dabei der **verwandtschaftlichen oder persönlichen Beziehung** zwischen Schenker und Beschenktem, den **wirtschaftlichen Verhältnissen** der beteiligten Personen und dem **konkreten Anlass** zu (FG Hamburg v. 31.10.1966, II 150/65, EFG 1967, 131, rkr.; Hessisches FG v. 24.2.2005, 1 K 3480/03, EFG 2005, 1146, rkr.; *Viskorf*, in V/K/S/W, ErbStG, 2012, § 13 ErbStG Rz. 145 ff). Keinen tauglichen Anhaltspunkt für eine Obergrenze bieten die Freibeträge nach § 13 Abs. 1 Nr. 1 ErbStG (a. A. *Felix*, KÖSDI 1988, 7066). Überschreitet ein Gelegenheitsgeschenk den Rahmen des Üblichen, entfällt in vollem Umfang die Steuerbefreiung nach § 13 Abs. 1 Nr. 14 ErbStG (FG Köln v. 8.5.2001, 9 K 4175/99, EFG 2001, 1154, rkr.).

78

Beispiel:

Schenkt der Onkel seinem Neffen zu dessen Einschulung eine Eigentumswohnung im Wert von 100.000 EUR, kann ein übliches Gelegenheitsgeschenk i. S. d. § 13 Abs. 4 Nr. 14 ErbStG nach der allgemeinen Verkehrsanschauung zwar nach seinem Anlass, nicht jedoch nach seiner Art (Schenkungsgegenstand) und seinem Wert angenommen werden. Die Steuerbefreiung nach § 13 Abs. 1 Nr. 14 ErbStG scheidet in vollem Umfang aus und kann nicht zumindest im Umfang eines wertmäßig üblichen Gelegenheitsgeschenks eines Onkels an seinen Neffen anlässlich dessen ersten Schultags gewährt werden.

79 Unentgeltliche Zuwendungen des Arbeitgebers an einen Arbeitnehmer stellen regelmäßig **lohnsteuerpflichtigen Arbeitslohn** dar, was einer Schenkungsteuerpflicht entgegensteht (BFH v. 22.3.1985, VI R 26/82, BStBl II 1985, 641). Ausnahmen gelten für **Jubiläumsgeschenke** (BFH v. 25.11.1983, VI R 58/80, BStBl II 1984, 269; dazu auch *Herrmann*, in Frotscher, EStG, § 19 Rz. 18; *Viskorf*, in V/K/S/W, ErbStG, 2012, § 13 ErbStG Rz. 149).

2.17 Zuwendungen an Gebietskörperschaften (§ 13 Abs. 1 Nr. 15 ErbStG)

80 § 13 Abs. 1 Nr. 15 ErbStG enthält für Zuwendungen an den **Bund**, ein **Bundesland**, eine inländische **Gemeinde** oder einen inländischen **Gemeindeverband** (z.B. Bezirk) unabhängig vom Zweck bzw. der Art und Höhe der Zuwendung eine persönliche Steuerbefreiung. Erfasst sind Zuwendungen unter Lebenden und Erwerbe von Todes wegen, also insbes. auch Erwerbe des Fiskus als gesetzlichem Erben gem. § 1936 BGB und sog. Zweckzuwendungen i.S.d. § 8 ErbStG (§ 8 ErbStG Rz. 3ff). Kommunale Zweckverbände, die wirtschaftliche Zwecke verfolgen, sind von der Vorschrift jedoch ebenso ausgeschlossen, wie sonstige Körperschaften des öffentlichen Rechts (z.B. Handwerkskammern; BFH v. 1.12.2004, II R 46/02, BStBl II 2005, 311; FG Sachsen-Anhalt v. 27.5.1999, II 12/97, EFG 2002, 24, rkr.).

2.18 Zuwendungen an Religionsgesellschaften und steuerbegünstigte Körperschaften (§ 13 Abs. 1 Nr. 16 ErbStG)

81 Die Steuerbefreiung des § 13 Abs. 1 Nr. 16 ErbStG gilt für Zuwendungen unter Lebenden und von Todes wegen an **inländische Religionsgesellschaften** des öffentlichen Rechts bzw. inländische jüdische Kultusgemeinden (Buchst. a), an inländische steuerbegünstigte **Institutionen** (Buchst. b) und **ausländische Kirchen** oder sonstige begünstigte **Körperschaften**, sofern der jeweilige ausländische Staat eine **Gegenseitigkeit** gewährt (Buchst. c).

2.18.1 Zuwendungen an inländische Kirchen (§ 13 Abs. 1 Nr. 16 Buchst. a ErbStG)

82 Zuwendungen an **inländische Religionsgesellschaften** des öffentlichen Rechts oder **inländische jüdische Kultusgemeinden** sind nach § 13 Abs. 1 Nr. 16 Buchst. a ErbStG ohne weitere Einschränkung steuerfrei. Als inländische Körperschaften des öffentlichen Rechts gelten

- die Evangelische Kirche in Deutschland, die Vereinigte Evangelisch-Lutherische Kirche Deutschlands, die Evangelische Kirche der Union, die evangelischen Landeskirchen mit ihren Gemeinden, Gemeindeverbänden und Kirchenkreisen (Dekanaten, Probsteien etc.) sowie einzelne evangelische Gemeinden mit besonderer bekenntnismäßiger Ausprägung, soweit sie der Evangelischen Kirche in Deutschland angeschlossen sind,
- die römisch-katholischen Kirchengemeinden, Kirchengemeindeverbände und Diözesanverbände, die Bischöflichen Stühle, Bistümer und Kapitel.

Steuerbefreiungen § 13

Die **inländischen jüdischen Kultusgemeinden** sind zwar keine Körperschaften des 83
öffentlichen Rechts, entsprechende Zuwendungen sind jedoch ebenfalls gem. § 13
Abs. 1 Nr. 16 Buchst. a ErbStG steuerfrei. **Sonstige Religionsgesellschaften** müssen
sich durch eine Verleihungsurkunde als Körperschaft des öffentlichen Rechts aus-
weisen. Die Befreiung von Zuwendungen an Religionsgesellschaften umfasst auch
deren **Organe** und **Einrichtungen**, soweit sie notwendige Bestandteile der Religionsgesellschaft und zugleich selbstständige Träger des den Zwecken der Religionsgesellschaft dienenden Vermögens sind. Dies gilt nicht für geistliche Gesellschaften,
Vereinigungen oder Anstalten, die – wie z. B. Orden oder Klöster – der Religions-
ausübung und damit lediglich mit der jeweiligen Kirche zusammenhängenden Zwecken dienen (*Jülicher,* in T/G/J, ErbStG, § 13 Rz. 185; *Geck*, in Kapp/Ebeling,
ErbStG, § 13 Rz. 148 f) – u. U. kommt in diesen Fällen eine Steuerbefreiung nach
§ 13 Abs. 1 Nr. 16 Buchst. b ErbStG in Betracht (Rz. 84 ff). Nicht unter die
Steuerbefreiung des § 13 Abs. 1 Nr. 16 Buchst. a ErbStG fallen Zuwendungen an
ein **einzelnes Ordensmitglied** (FG München v. 25.4.1968, IV 88/67, EFG 1968, 525,
rkr.; *Viskorf*, in V/K/S/W, ErbStG, 2012, § 13 ErbStG Rz. 161) bzw. an eine
Religionsgesellschaft des Privatrechts (BFH v. 6.6.1951, III 69/51 U, BStBl III 1951,
148; v. 6.6.1951, III 140/50 S, BStBl III 1951, 142).

**2.18.2 Zuwendungen an inländische begünstigte Körperschaften
(§ 13 Abs. 1 Nr. 16 Buchst. b ErbStG)**

§ 13 Abs. 1 Nr. 16 Buchst. b ErbStG befreit **Zuwendungen** an inländische Körper- 84
schaften, Personenvereinigungen und Vermögensmassen, die nach der Satzung, dem
Stiftungsgeschäft oder der sonstigen Verfassung und nach ihrer tatsächlichen Geschäftsführung **ausschließlich** und **unmittelbar** kirchlichen, gemeinnützigen oder
mildtätigen Zwecken i. S. d. §§ 51ff. AO dienen, soweit die Zuwendungen freigebig
sind und ihnen **keinerlei Gegenleistung** gegenübersteht (BFH v. 15.3.2007, II R 5/04,
BStBl II 2007, 472; *Krüger*, in Schwarz/Pahlke, AO/FGO, § 51 AO Rz. 1 ff.;
Schauhoff, ZEV 1995, 439; *Pauli*, FR 2011, 600, 606; R E 13.8 Abs. 1 ErbStR 2011).
Der lediglich **klarstellende Verweis** auf §§ 52 bis 54 AO wurde durch das StÄndG
2015 (BGBl I 2015, 1834) mit Wirkung vom 2.11.2015 in die Regelung aufgenommen
(BT-Drs. 18/6094; *Behrens/Halaczinsky*, UVR 2015, 371, 376). Nach § 13 Abs. 1
Nr. 16 Buchst. b S. 2 ErbStG entfällt die Befreiung mit Wirkung für die Vergangenheit, wenn die betreffende Körperschaft, Personenvereinigung oder Vermögensmasse
innerhalb von zehn Jahren nach der Zuwendung ihren **begünstigten Status** verliert
und das Vermögen nicht begünstigten Zwecken zugeführt wird. Unter die Vorschrift
fallen u. U. auch entsprechende freigebige Zuwendungen durch die öffentliche Hand
(BFH v. 26.8.2004, II B 104/03, BFH/NV 2005, 57; v. 1.12.2004, II R 46/02, BStBl II
2005, 311; *Jülicher*, in T/G/J, ErbStG, § 13 Rz. 188; *Halaczinsky*, UVR 2010, 90).

Nach dem Wortlaut gilt § 13 Abs. 1 Nr. 16 Buchst. b ErbStG lediglich für **inländi-** 85
sche gemeinnützige Institutionen, wobei der Ausschluss entsprechender ausländischer Einrichtungen nach Ansicht des BFH weder gegen das Gleichheitsgebot
gem. Art. 3 Abs. 1 GG (BFH v. 18.4.1975, III B 24/74, BStBl II 1975, 595) noch
gegen ein evtl. Diskriminierungsverbot nach den Regeln einschlägiger DBA verstößt
(BFH v. 3.8.1983, II R 20/80, BStBl II 1984, 9; *Jülicher*, in T/G/J, ErbStG, § 13

Rz. 187a) – entsprechende Zuwendungen sind u.U. gem. § 13 Abs. 1 Nr. 16 Buchst. c ErbStG steuerbefreit (Rz. 88f). Ob die jeweilige inländische Körperschaft, Personenvereinigung oder Vermögensmasse im **Besteuerungszeitpunkt** steuerbegünstigten – d.h. gemeinnützigen, mildtätigen oder kirchlichen – Zwecken dient, bestimmt sich nach §§ 51ff. AO, wobei eine Entscheidung des zuständigen FA über die Befreiung der Körperschaft von der Körperschaftsteuer für Zwecke der Erbschaftsbesteuerung grds. zu übernehmen ist (R E 13.8 Abs. 1 S. 2 und 3 ErbStR 2011; BFH v. 21.1.1998, II R 16/95, BStBl II 1998, 758; *Schauhoff*, ZEV 1995, 439).

86   Für die Steuerbefreiung nach § 13 Abs. 1 Nr. 16 Buchst. b ErbStG ist es unschädlich, wenn die begünstigte Körperschaft einen **Zweckbetrieb** i.S.d. § 65 AO unterhält und die freigebige Zuwendung zur Verwendung in dem Zweckbetrieb bestimmt ist (R E 13.8 Abs. 2 S. 1 und 2 ErbStR 2011; *Viskorf*, in V/K/S/W, ErbStG, 2012, § 13 ErbStG Rz. 168; *Uterhark*, in Schwarz/Pahlke, AO/FGO, § 65 AO Rz. 2 ff). Problematisch sind hingegen die Fälle, in denen die Körperschaft einen steuerpflichtigen **wirtschaftlichen Geschäftsbetrieb** i.S.d. § 64 AO unterhält (BFH v. 10.4.1991, II R 77/87, BStBl II 1992, 41; *Uterhark*, in Schwarz/Pahlke, AO/FGO, § 64 AO Rz. 5 ff). Dies ist im Hinblick auf die Steuerbefreiung nach § 13 Abs. 1 Nr. 16 Buchst. b ErbStG unschädlich, solange die Körperschaft nicht in erster Linie eigenwirtschaftliche Zwecke verfolgt (R E 13.8 Abs. 2 S. 3 ErbStR 2011). Unabhängig von der Frage, ob der Gedanke der **Wettbewerbsneutralität** zwischen steuerbefreiten und steuerpflichtigen Unternehmen als Gesetzeszweck des § 64 AO im Rahmen des ErbStG zur Anwendung kommt (FG Nürnberg v. 30.9.1997, IV 4/95, EFG 1998, 121, rkr.; *Kien-Hümbert*, in Moench/Weinmann, ErbStG, § 13 Rz. 97), geht die FinVerw. davon aus, dass bei Zuwendungen, die einem steuerpflichtigen wirtschaftlichen Geschäftsbetrieb der Körperschaft zugutekommen, die Steuerbefreiung stets ausgeschlossen ist (R E 13.8 Abs. 2 S. 4 ErbStR 2011).Unschädlich hingegen, wenn einer begünstigten Körperschaft ein wirtschaftlicher Geschäftsbetrieb als solcher zugewendet wird; wird der Geschäftsbetrieb fortgeführt, hängt die Steuerbefreiung gem. § 13 Abs. 1 Nr. 16 Buchst. b ErbStG davon ab, dass der wirtschaftliche Geschäftsbetrieb verpflichtet ist, seine Überschüsse an den ideellen Bereich der Körperschaft abzugeben und diese Verpflichtung auch tatsächlich eingehalten wird (R E 13.8 Abs. 2 S. 5 und 6 ErbStR 2011).

87   Nach § 13 Abs. 1 Nr. 16 Buchst. b S. 2 ErbStG **entfällt** die Steuerbefreiung mit Wirkung für die Vergangenheit, sofern die Voraussetzungen für die Anerkennung der Körperschaft, Personenvereinigung oder Vermögensmasse als kirchliche, gemeinnützige oder mildtätige Institution innerhalb von zehn Jahren nach der Zuwendung entfallen und das Vermögen nicht begünstigten Zwecken zugeführt wird (BFH v. 25.11.1992, II R 77/90, BStBl II 1993, 238; *Viskorf*, in V/K/S/W, ErbStG, 2012, § 13 ErbStG Rz. 173). Die Aberkennung der Gemeinnützigkeit im Rahmen der Körperschaftsteuerfestsetzung ist kein Grundlagenbescheid für die Entscheidung über die Steuerfreiheit nach § 13 Abs. 1 Nr. 16 Buchst. b ErbStG (FG Münster v. 11.12.2014, 3 K 323/12 Erb, EFG 2015, 739, rkr.). Die ursprüngliche Steuerfestsetzung ist aufgrund eines rückwirkenden Ereignisses gem. § 175 Abs. 1 S. 1 Nr. 2 AO nachträglich zu ändern. Die **Rückübertragung** des ursprünglich begünstigt übertragenen Vermögens stellt einen grds. schenkungsteuerpflichtigen Vorgang dar,

der nach der Steuerklasse III besteuert wird (BFH v. 25.11.1992, II R 77/90, BStBl II 1993, 238). Wurde zwischenzeitlich steuerfrei zugewendetes Vermögen nachweislich für steuerlich begünstigte Zweck verwendet, steht insoweit die Steuerbefreiung nach § 13 Abs. 1 Nr. 17 ErbStG einer Nachversteuerung entgegen (Rz. 90 ff).

2.18.3 Zuwendungen an ausländische begünstigte Körperschaften (§ 13 Abs. 1 Nr. 16 Buchst. c ErbStG)

Mit Einführung des § 13 Abs. 1 Nr. 16 Buchst. c ErbStG a.F. durch das Steueränderungsgesetz 1992 vom 25.2.1992 (BGBl I 1992, 297) wurden in die Steuerbefreiung auch Zuwendungen an **ausländische** Religionsgesellschaften, Körperschaften, Personenvereinigungen und Vermögensmassen i.S.d. § 13 Abs. 1 Nr. 16 Buchst. a und b ErbStG einbezogen. Zusätzliche Voraussetzung war jedoch, dass der ausländische Staat für entsprechende Zuwendungen an deutsche Rechtsträger der in den Buchst. a und b bezeichneten Art ebenfalls eine Steuerbefreiung gewährte und das BMF dies durch den förmlichen Austausch entsprechender Erklärungen mit dem ausländischen Staat feststellte (sog. Gegenseitigkeitserklärung). Eine derartige **Gegenseitigkeit** lag vor, wenn der ausländische Staat zum einen selber eine Erbschaft- bzw. Schenkungsteuer erhob und zum anderen seinerseits eine der deutschen Steuerbefreiung entsprechende Befreiung für Zuwendungen an deutsche steuerbegünstigte Körperschaften gewährte (R E 13.9 ErbStR 2011). Wegen des Verweises von § 13 Abs. 1 Nr. 16 Buchst. c ErbStG a.F. auf § 13 Abs. 1 Nr. 16 Buchst. b ErbStG galt für Zuwendungen an ausländische steuerbegünstigte Einrichtungen ebenfalls die **Nachversteuerungsregelung** des § 13 Abs. 1 Nr. 16 Buchst. b S. 2 ErbStG. **Gegenseitigkeitserklärungen** i.S.d. § 13 Abs. 1 Nr. 16 Buchst. c ErbStG a.F. bestanden mit Dänemark, Italien, Niederlande und den Schweizer Kantonen Appenzell-Ausserrhoden, Appenzell-Innerrhoden, Basel-Stadt, Graubünden, Luzern, St. Gallen, Solothurn, Thurgau, Uri, Waadt und Zug (H 48 ErbStH 2003). Im **Einzelfall** kam bei Gegenseitigkeit eine Steuerbefreiung auch im Verhältnis zu den Kantonen Bern und Zürich in Betracht (*Jülicher*, in T/G/J, ErbStG, § 13 Rz. 212). Darüber hinaus existierten in folgenden **DBA** besondere Regelungen zur Befreiung von Zuwendungen an kirchliche, gemeinnützige oder mildtätige Einrichtungen: Art. 10 Abs. 2 DBA-USA vom 3.12.1980 i.d.F. der Bekanntmachung vom 21.12.2000 (BStBl I 2001, 114), Art. 6 des Zusatzabkommens zur Änderung des DBA-Frankreich vom 28.9.1989 (BStBl I 1990, 413) und Art. 28 DBA-Schweden vom 14.7.1992 (BStBl I 1994, 422), wobei Schweden seit dem 1.1.2005 keine Erbschaft- und Schenkungsteuer mehr erhoben hat. Mit dem StÄndG 2015 (BGBl I 2015, 1834) wurde die Vorschrift des § 13 Abs. 1 Nr. 16 Buchst. c ErbStG a.F. mit Wirkung vom 2.11.2015 an **europarechtliche Vorgaben** angepasst, nachdem die Europäische Kommission in einem gegen die Bundesrepublik Deutschland gerichteten Vertragsverletzungsverfahren (Nr. 2012/2159) der Ansicht war, dass die Gegenseitigkeit als Voraussetzung für die Steuerbefreiung gegen die **Kapitalverkehrsfreiheit** nach Art. 63 AEUV, Art. 40 EWR-Abkommen verstößt (BT-Drs. 18/6094; *Merker*, StBW 2015, 872, 874; *Kien/Hümbert*, in Moench/Weinmann, ErbStG, § 13 Rz. 104; *Behrens/Halaczinsky*, UVR 2015, 375 f.).

88

89 Mit der Änderung des § 13 Abs. 1 Nr. 16 Buchst. c ErbStG werden Zuwendungen an Religionsgesellschaften oder an Zuwendungsempfänger, die steuerbegünstigte Zwecke i.S.d. §§ 52 bis 54 AO verfolgen, nunmehr unter bestimmten Voraussetzungen steuerbefreit. Voraussetzung ist, dass sie an einen im **Inland nicht unbeschränkt oder beschränkt körperschaftsteuerpflichtigen** Zuwendungsempfänger geleistet werden, der in einem anderen Mitgliedstaat der EU, in einem Staat des EWR oder einem Drittstaat **ansässig** ist und der nach § 5 Abs. 1 Nr. 9 i.V.m. Abs. 2 Nr. 2 2. Halbs. KStG von der Körperschaftsteuer befreit wäre, wenn er inländische Einkünfte erzielten würde (§ 13 Abs. 1 Nr. 16 Buchst. c S. 1 ErbStG). Dies ist der Fall, wenn der ausländische Zuwendungsempfänger ungeachtet der im Ansässigkeitsstaat zuerkannten Steuerbegünstigung nach seiner Satzung, dem Stiftungsgeschäft oder der sonstigen Verfassung und nach seiner tatsächlichen Geschäftsführung **ausschließlich und unmittelbar gemeinnützige, mildtätige oder kirchliche Zwecke** i.S.d. §§ 51 bis 68 AO verfolgt (BT-Drs. 18/6094; *Jülicher*, in T/G/J, ErbStG, § 13 Rz. 213; *Geck*, in Kapp/Ebeling, ErbStG, § 13 Rz. 164.3; *Merker*, StBW 2015, 872, 874). Damit gelten dieselben Voraussetzungen für die Steuerbefreiung von Zuwendungen an in- und ausländische Zuwendungsempfänger. Die Bindung der Steuerbefreiung an das Erfordernis der **Amtshilfe** und **Unterstützung bei der Beitreibung** nach § 13 Abs. 1 Nr. 16 Buchst. c S. 2 und 3 ErbStG soll sicherstellen, dass die deutschen Finanzbehörden im Bedarfsfall Auskünfte von ausländischen Behörden hinsichtlich der dort ansässigen Zuwendungsempfänger erhalten (BT-Drs. 18/6094; *Merker*, StBW 2015, 872, 874). Werden die steuerbegünstigten Zwecke des Zuwendungsempfängers i.S.d. § 13 Abs. 1 Nr. 16 Buchst. c S. 1 ErbStG **nur im Ausland verwirklicht**, ist für die Steuerbefreiung Voraussetzung, dass natürliche Personen, die ihren Wohnsitz oder ihren gewöhnlichen Aufenthalt im Geltungsbereich dieses Gesetzes haben, gefördert werden oder dass die Tätigkeit dieses Zuwendungsempfängers neben der Verwirklichung der steuerbegünstigten Zwecke auch zum Ansehen der Bundesrepublik Deutschland beitragen kann. Wie bei Zuwendungen an inländische Zuwendungsempfänger **entfällt rückwirkend** die Steuerbefreiung nach dem Verweis des § 13 Abs. 1 Nr. 16 Buchst. c S. 5 ErbStG auf § 13 Abs. 1 Nr. 16 Buchst. b S. 2 ErbStG (Rz. 87; *Jülicher*, in T/G/J, ErbStG, § 13 Rz. 213), wenn die Voraussetzungen für die Anerkennung des ausländischen Zuwendungsempfängers, steuerbegünstigte Zwecke zu verfolgen, innerhalb von zehn Jahren nach der Zuwendung entfallen und das Vermögen nicht steuerbegünstigten Zwecken zugeführt wird. Ist dies der Fall, ist wegen des rückwirkenden Wegfalls der Steuerbefreiung nachträglich eine Steuer gegen den Steuerpflichtigen festzusetzen (BT-Drs. 18/6094; *Merker*, StBW 2015, 872, 874; *Kien-Hümbert*, in Moench/Weinmann, ErbStG, § 13 Rz. 105).

2.19 Zuwendungen für steuerbegünstigte Zwecke (§ 13 Abs. 1 Nr. 17 ErbStG)

90 § 13 Abs. 1 Nr. 17 ErbStG befreit als **Auffangvorschrift** zu § 13 Abs. 1 Nr. 16 ErbStG Zuwendungen, die ausschließlich kirchlichen, gemeinnützigen oder mildtätigen Zwecken gewidmet sind, sofern die Verwendung zu einem dieser bestimmten Zwecke gesichert ist (*Schauhoff*, ZEV 1995, 439, 443; z.B. Zuwendung an eine Universität). Die Vorschrift begünstigt nicht einen bestimmten Empfängerkreis, sondern die Verfolgung eines bestimmten **steuerbegünstigten Zwecks** i.S.d. §§ 51ff.

AO (*Krüger*, in Schwarz/Pahlke, AO/FGO, § 51 AO Rz. 1 ff). Die Person des Empfängers muss keine spezifischen Voraussetzungen erfüllen, in den Anwendungsbereich fallen auch **ausländische Institutionen** und die Verfolgung der jeweils begünstigten Zwecke im Ausland (R E 13.10 Abs. 1 S. 4, Abs. 3 ErbStR 2011; BFH v. 16.1.2002, II R 82/99, BStBl II 2002, 303; *Viskorf*, in V/K/S/W, ErbStG, 2012, § 13 ErbStG Rz. 181). Für die Steuerbefreiung ist neben einer bestimmten Zweckbestimmung auch eine Zwecksicherung erforderlich (BFH v. 24.11.1976, II R 99/67, BStBl II 1977, 213; R E 13.10 Abs. 1 S. 3 ErbStR 2011). Hauptanwendungsfälle des § 13 Abs. 1 Nr. 17 ErbStG sind die **Zweckzuwendungen** i.S.d. § 8 ErbStG (BFH v. 4.9.1996, II R 21/95, BFH/NV 1997, 231; § 8 ErbStG Rz. 3 ff.).

Der Zuwender muss die **Zweckbestimmung** seiner Zuwendung hinreichend bestimmt getroffen haben. Hierzu ist z.B. neben dem Wortlaut eines Testaments zu Auslegungszwecken auch auf Umstände außerhalb einer letztwilligen Verfügung von Todes wegen zurückzugreifen (BFH v. 3.8.1983, II R 20/80, BStBl II 1984, 9; FG München v. 13.3.2002, 4 K 2570/99, EFG 2002, 852, rkr.; *Viskorf*, in V/K/S/W, ErbStG, 2012, § 13 ErbStG Rz. 179). Zuwendungen an einen ausländischen Staat ohne nähere Bestimmung des Verwendungszwecks genügen diesen Anforderungen nicht (FG München v. 5.11.1997, 4 K 527/94, EFG 1998, 492, rkr.; v. 13.3.2002, 4 K 2570/99, EFG 2002, 852, rkr.; R E 13.10 Abs. 2 ErbStR 2011). **91**

An die **Zwecksicherung** sind keine allzu hohen Anforderungen zu stellen (BFH v. 4.9.1996, II R 21/95, BFH/NV 1997, 231). Es ist ausreichend, wenn die zweckgebundene Verwendung der Zuwendung z.B. durch eine Behörde, Religionsgemeinschaft etc. überwacht wird. Eine gemeinnützige Körperschaft unterliegt i.d.R. bereits über ihre Satzung einer entsprechenden zweckgebundenen Mittelverwendung. **92**

2.20 Zuwendungen an politische Organisationen (§ 13 Abs. 1 Nr. 18 ErbStG)

Zuwendungen von Todes wegen und unter Lebenden an **politische Parteien** i.S.d. § 2 PartG und ihre **Gebietsverbände** sind nach § 13 Abs. 1 Nr. 18 Buchst. a ErbStG steuerfrei, soweit sie deren freien und satzungsgemäßen Verwendung dienen. Verwendungswünsche des Spenders sind unschädlich, sofern sie unverbindlich sind und keine Zweckzuwendung i.S.d. § 8 ErbStG darstellen (§ 8 ErbStG Rz. 3 ff). Begünstigt sind lediglich unmittelbare Zuwendungen an eine Partei (FG Berlin v. 10.1.1989, V 191/87, EFG 1989, 415, rkr.; zu Einzelheiten FinMin Nordrhein-Westfalen v. 14.11.1985, S 3812 – 18 – V A 2, DB 1986, 621). Freigebige Zuwendungen an ein einzelnes Parteimitglied – z.B. **Wahlkampfspenden** – unterliegen als freigebige Zuwendung unter Lebenden i.S.d. § 7 Abs. 1 Nr. 1 ErbStG der Schenkungsteuerpflicht. Gleiches gilt für Zuwendungen an ein Parteimitglied, die nach § 7 Abs. 1 Nr. 2 ErbStG mit der Auflage verbunden sind, die Spende an die Partei weiterzuleiten (a. A. *Viskorf*, in V/K/S/W, ErbStG, 2012, § 13 ErbStG Rz. 183). **Mitgliedsbeiträge** an politische Parteien sind in den Grenzen des § 18 ErbStG steuerfrei (§ 18 ErbStG Rz. 1 ff). **93**

§ 13 Abs. 1 Nr. 18 ErbStG a.F. erfasste bis zur **Reform** des ErbStG durch das Gesetz vom 24.12.2008 (BGBl I 2008, 3018) mit Wirkung zum 1.1.2009 ausschließlich Zuwendungen an politische Parteien und begünstigte damit nicht allgemein politi- **94** sche Zwecke. Aus diesem Grund waren Zuwendungen an politische Vereinigungen außerhalb des PartG (Wählervereinigungen etc.) nicht steuerbefreit (a. A. Hessisches FG v. 6.12.2004, 1 K 140/02, EFG 2005, 797, rkr.). Diese Beschränkung der Steuerfreiheit für Zuwendungen an politische Parteien i. S. d. § 2 PartG stellte einen Verstoß gegen das Recht auf Chancengleichheit dar (BVerfG v. 17.4.2008, 2 BvL 4/05, HFR 2008, 854) und ist mittlerweile beseitigt, da nach § 13 Abs. 1 Nr. 18 Buchst. b ErbStG n. F. auch **politische Vereine** erfasst werden, sofern deren **Zweck** darauf gerichtet ist, durch Teilnahme mit eigenen Wahlvorschlägen an Wahlen auf Bundes-, Landes- oder Kommunalebene bei der politischen Willensbildung mitzuwirken (Buchst. aa). Zusätzliche – d. h. kumulative – Voraussetzung ist, dass der Verein auf Bundes-, Landes- oder Kommunalebene bei der jeweils letzten Wahl wenigstens ein Mandat errungen oder der zuständigen Wahlbehörde oder dem zuständigen Wahlorgan angezeigt hat, dass er mit eigenen Wahlvorschlägen auf Bundes-, Landes- oder Kommunalebene an der jeweils nächsten Wahl teilnehmen will (Buchst. bb). Nach § 13 Abs. 1 Nr. 18 Buchst. b S. 2 ErbStG **entfällt die Steuerbefreiung** mit Wirkung für die Vergangenheit, wenn der Verein an der jeweils nächsten Wahl nach der Zuwendung nicht teilnimmt, es sei denn, dass der Verein sich ernsthaft um eine Teilnahme bemüht hat – z. B. wenn die für die Einreichung eines Wahlvorschlags benötigte Zahl der Unterschriften nicht erreicht werden konnte (BT-Drs. 16/11107). Entfällt unter diesen Voraussetzungen die Steuerbefreiung mit Wirkung für die Vergangenheit, ist der ursprüngliche Steuerbescheid gem. § 175 Abs. 1 S. 1 Nr. 2 AO nachträglich zu ändern.

3 Angemessenheit von Zuwendungen zum Unterhalt (§ 13 Abs. 2 ErbStG)

95 § 13 Abs. 2 ErbStG enthält eine **Definition** des Begriffs des **angemessenen Unterhalts** i. S. d. § 13 Abs. 1 Nr. 5 und 12 ErbStG (Rz. 45 ff., 71 ff.). Als angemessen gilt nach § 13 Abs. 2 S. 1 ErbStG eine Zuwendung, die den **Vermögensverhältnissen** und der **Lebensstellung des Bedachten** entspricht, wobei nach § 13 Abs. 2 S. 2 ErbStG eine dieses Maß übersteigende Zuwendung zum Ausschluss der entsprechenden Steuerbefreiung führt und somit in vollem Umfang steuerpflichtig ist (BFH v. 28.11.1967, II 72/63, BStBl II 1968, 239). Diese wenig hilfreiche gesetzliche Klarstellung ist dahingehend zu interpretieren, dass ein Unterhalt in Höhe des Mindestbedarfs nach den jeweiligen sozial(hilfe)rechtlichen Grundsätzen in jedem Fall steuerfrei ist (*Viskorf*, in V/K/S/W, ErbStG, 2012, § 13 ErbStG Rz. 186: Untergrenze); die gesetzlichen Unterhaltsvorschriften der §§ 1601ff. BGB haben lediglich indizielle Bedeutung. Die kritische Grenze ist überschritten, wenn die Zuwendung unabhängig vom bisher praktizierten Lebensstil des Bedachten nach allgemeinem Empfinden schlechthin übermäßig ist (RFH v. 8.7.1932, V e A 991/31, RStBl 1932, 1147).

4 Verzicht auf die Steuerbefreiung (§ 13 Abs. 3 ErbStG)

96 Nach § 13 Abs. 3 S. 1 ErbStG ist jede Befreiungsvorschrift für sich anzuwenden (R E 13.1 Abs. 2 ErbStR 2011). Nach § 13 Abs. 3 S. 2 ErbStG kann der Erwerber in den Fällen des § 13 Abs. 1 Nr. 2 und 3 ErbStG (Rz. 10 ff., 19 ff.) gegenüber der FinBeh. bis zur Unanfechtbarkeit der Steuerfestsetzung einen **(gegenstandsbezoge-**

nen) **Verzicht** auf die Steuerbefreiung erklären (R E 13.11 ErbStR 2011; *Milatz/ Bockhoff*, ZEV 2011, 410; *Viskorf*, in V/K/S/W, ErbStG, 2012, § 13 ErbStG Rz. 190). Die Vorschrift korrespondiert mit § 10 Abs. 6 ErbStG, wonach Schulden und Lasten, die in wirtschaftlichem Zusammenhang mit steuerbefreiten Vermögensgegenständen stehen, vom Abzug ausgeschlossen sind (§ 10 ErbStG Rz. 250 ff). Hintergrund dieses Abzugsverbots ist die Vermeidung einer doppelten Begünstigung durch Schuldenabzug und Steuerbefreiung.

Gestaltungshinweis:
Im Fall eines **Schuldenüberhangs,** bei dem die Schulden und Lasten höher sind, als der Steuerwert des nach § 13 Abs. 1 Nr. 2 und 3 ErbStG steuerbefreiten Vermögensgegenstands, ist ein Verzicht auf die Steuerbefreiung jedoch u. U. sinnvoll: Über den vollen Schuldenabzug entsteht eine negative Bereicherung, die im Rahmen eines einheitlichen Erwerbs eine positive Bereicherung aus anderen übertragenen Vermögensgegenständen steuerlich mindert. Diese Gestaltungsmöglichkeit besteht in zeitlicher Hinsicht bis zur **Unanfechtbarkeit der Steuerfestsetzung.**

§ 13a Steuerbefreiung für Betriebsvermögen, Betriebe der Land- und Forstwirtschaft und Anteile an Kapitalgesellschaften

(1) ¹Begünstigtes Vermögen im Sinne des § 13b Absatz 2 bleibt vorbehaltlich der folgenden Absätze zu 85 Prozent steuerfrei (Verschonungsabschlag), wenn der Erwerb begünstigten Vermögens im Sinne des § 13b Absatz 2 zuzüglich der Erwerbe im Sinne des Satzes 2 insgesamt 26 Millionen Euro nicht übersteigt. ²Bei mehreren Erwerben begünstigten Vermögens im Sinne des § 13b Absatz 2 von derselben Person innerhalb von zehn Jahren werden bei der Anwendung des Satzes 1 die früheren Erwerbe nach ihrem früheren Wert dem letzten Erwerb hinzugerechnet. ³Wird die Grenze von 26 Millionen Euro durch mehrere innerhalb von zehn Jahren von derselben Person anfallende Erwerbe überschritten, entfällt die Steuerbefreiung für die bis dahin nach Satz 1 oder Absatz 10 als steuerfrei behandelten früheren Erwerbe mit Wirkung für die Vergangenheit. ⁴Die Festsetzungsfrist für die Steuer der früheren Erwerbe endet nicht vor dem Ablauf des vierten Jahres, nachdem das für die Erbschaftsteuer zuständige Finanzamt von dem letzten Erwerb Kenntnis erlangt.

(2) ¹Der nach Anwendung des Absatzes 1 verbleibende Teil des begünstigten Vermögens bleibt außer Ansatz, soweit der Wert dieses Vermögens insgesamt 150 000 Euro nicht übersteigt (Abzugsbetrag). ²Der Abzugsbetrag von 150 000 Euro verringert sich, soweit der Wert dieses Vermögens insgesamt die Wertgrenze von 150 000 Euro übersteigt, um 50 Prozent des diese Wertgrenze übersteigenden Betrags. ³Der Abzugsbetrag kann innerhalb von zehn Jahren für von derselben Person anfallende Erwerbe begünstigten Vermögens nur einmal berücksichtigt werden.

(3) ¹Voraussetzung für die Gewährung des Verschonungsabschlags nach Absatz 1 ist, dass die Summe der maßgebenden jährlichen Lohnsummen (Sätze 6 bis 13) des Betriebs, bei Beteiligungen an einer Personengesellschaft oder Anteilen an einer Kapitalgesellschaft des Betriebs der jeweiligen Gesellschaft innerhalb von fünf Jahren nach dem Erwerb (Lohnsummenfrist) insgesamt 400 Prozent der Ausgangslohnsumme nicht unterschreitet (Mindestlohnsumme). ²Ausgangslohnsumme ist die durchschnittliche Lohnsumme der letzten fünf vor dem Zeitpunkt der Entstehung der Steuer (§ 9) endenden Wirtschaftsjahre. ³Satz 1 ist nicht anzuwenden, wenn

1. die Ausgangslohnsumme 0 Euro beträgt oder
2. der Betrieb unter Einbeziehung der in den Sätzen 11 bis 13 genannten Beteiligungen und Gesellschaften sowie der nach Maßgabe dieser Bestimmung anteilig einzubeziehenden Beschäftigten nicht mehr als fünf Beschäftigte hat.

⁴An die Stelle der Mindestlohnsumme von 400 Prozent tritt bei
1. mehr als fünf, aber nicht mehr als zehn Beschäftigten eine Mindestlohnsumme von 250 Prozent,
2. mehr als zehn, aber nicht mehr als 15 Beschäftigten eine Mindestlohnsumme von 300 Prozent.

⁵Unterschreitet die Summe der maßgebenden jährlichen Lohnsummen die Mindestlohnsumme, vermindert sich der nach Absatz 1 zu gewährende Verschonungsabschlag mit Wirkung für die Vergangenheit in demselben prozentualen Umfang, wie die Mindestlohnsumme unterschritten wird. ⁶Die Lohnsumme umfasst alle Vergütungen (Löhne und Gehälter und andere Bezüge und Vorteile), die im maßgebenden Wirtschaftsjahr an die auf den Lohn- und Gehaltslisten erfassten Beschäftigten gezahlt werden. ⁷Außer Ansatz bleiben Vergütungen an solche Beschäftigte,

1. die sich im Mutterschutz im Sinne des Mutterschutzgesetzes in der Fassung der Bekanntmachung vom 20. Juni 2002 (BGBl. I S. 2318), das zuletzt durch Artikel 6 des Gesetzes vom 23. Oktober 2012 (BGBl. I S. 2246) geändert worden ist, befinden oder
2. die sich in einem Ausbildungsverhältnis befinden oder
3. die Krankengeld im Sinne des § 44 des Fünften Buches Sozialgesetzbuch– Gesetzliche Krankenversicherung– (Artikel 1 des Gesetzes vom 20. Dezember 1988, BGBl. I S. 2477, 2482), das zuletzt durch Artikel 3 des Gesetzes vom 30. Mai 2016 (BGBl. I S. 1254) geändert worden ist, beziehen oder
4. die Elterngeld im Sinne des Bundeselterngeld- und Elternzeitgesetzes in der Fassung der Bekanntmachung vom 27. Januar 2015 (BGBl. I S. 33) beziehen oder
5. die nicht ausschließlich oder überwiegend in dem Betrieb tätig sind (Saisonarbeiter);

diese im Zeitpunkt der Entstehung der Steuer (§ 9) einem Betrieb zuzurechnenden Beschäftigten bleiben bei der Anzahl der Beschäftigten des Betriebs im Sinne der Sätze 3 und 4 unberücksichtigt. ⁸Zu den Vergütungen zählen alle Geld- oder Sachleistungen für die von den Beschäftigten erbrachte Arbeit, unabhängig davon, wie diese Leistungen bezeichnet werden und ob es sich um regelmäßige oder unregelmäßige Zahlungen handelt. ⁹Zu den Löhnen und Gehältern gehören alle von den Beschäftigten zu entrichtenden Sozialbeiträge, Einkommensteuern und Zuschlagsteuern auch dann, wenn sie vom Arbeitgeber einbehalten und von ihm im Namen des Beschäftigten direkt an den Sozialversicherungsträger und die Steuerbehörde abgeführt werden. ¹⁰Zu den Löhnen und Gehältern zählen alle von den Beschäftigten empfangenen Sondervergütungen, Prämien, Gratifikationen, Abfindungen, Zuschüsse zu Lebenshaltungskosten, Familienzulagen, Provisionen, Teilnehmergebühren und vergleichbare Vergütungen. ¹¹Gehören zum Betriebsvermögen des Betriebs, bei Beteiligungen an einer Personengesellschaft und Anteilen an einer Kapitalgesellschaft des Betriebs der jeweiligen Gesellschaft, unmittelbar oder mittelbar Beteiligungen an Personengesellschaften, die ihren Sitz oder ihre Geschäftsleitung im Inland, in einem Mitgliedstaat der Europäischen Union oder in einem Staat des Europäischen Wirtschaftsraums haben, sind die Lohnsummen und die Anzahl der Beschäftigten dieser Gesellschaften einzubeziehen zu dem Anteil, zu dem die unmittelbare oder mittelbare Beteiligung besteht. ¹²Satz 11 gilt für Anteile an Kapitalgesellschaften entsprechend, wenn die unmittelbare oder mittelbare Beteiligung mehr als 25 Prozent beträgt. Im Fall einer Betriebsaufspaltung sind die

Lohnsummen und die Anzahl der Beschäftigten der Besitzgesellschaft und der Betriebsgesellschaft zusammenzuzählen.

(4) ¹Das für die Bewertung der wirtschaftlichen Einheit örtlich zuständige Finanzamt im Sinne des § 152 Nummer 1 bis 3 des Bewertungsgesetzes stellt die Ausgangslohnsumme, die Anzahl der Beschäftigten und die Summe der maßgebenden jährlichen Lohnsummen gesondert fest, wenn diese Angaben für die Erbschaftsteuer oder eine andere Feststellung im Sinne dieser Vorschrift von Bedeutung sind. ²Bei Anteilen an Kapitalgesellschaften, die nach § 11 Absatz 1 des Bewertungsgesetzes zu bewerten sind, trifft die Feststellungen des Satzes 1 das örtlich zuständige Finanzamt entsprechend § 152 Nummer 3 des Bewertungsgesetzes. ³Die Entscheidung über die Bedeutung trifft das Finanzamt, das für die Festsetzung der Erbschaftsteuer oder die Feststellung nach § 151 Absatz 1 Satz 1 Nummer 1 bis 3 des Bewertungsgesetzes zuständig ist. ⁴§ 151 Absatz 3 und die §§ 152 bis 156 des Bewertungsgesetzes sind auf die Sätze 1 bis 3 entsprechend anzuwenden.

(5) ¹Ein Erwerber kann den Verschonungsabschlag (Absatz 1) und den Abzugsbetrag (Absatz 2) nicht in Anspruch nehmen, soweit er begünstigtes Vermögen im Sinne des § 13b Absatz 2 auf Grund einer letztwilligen Verfügung des Erblassers oder einer rechtsgeschäftlichen Verfügung des Erblassers oder Schenkers auf einen Dritten übertragen muss. ²Gleiches gilt, wenn ein Erbe im Rahmen der Teilung des Nachlasses begünstigtes Vermögen im Sinne des § 13b Absatz 2 auf einen Miterben überträgt. ³Überträgt ein Erbe erworbenes begünstigtes Vermögen im Sinne des § 13b Absatz 2 im Rahmen der Teilung des Nachlasses auf einen Dritten und gibt der Dritte dabei diesem Erwerber nicht begünstigtes Vermögen hin, das er vom Erblasser erworben hat, erhöht sich insoweit der Wert des begünstigten Vermögens des Dritten um den Wert des hingegebenen Vermögens, höchstens jedoch um den Wert des übertragenen Vermögens.

(6) ¹Der Verschonungsabschlag (Absatz 1) und der Abzugsbetrag (Absatz 2) fallen nach Maßgabe des Satzes 2 mit Wirkung für die Vergangenheit weg, soweit der Erwerber innerhalb von fünf Jahren (Behaltensfrist)
1. einen Gewerbebetrieb oder einen Teilbetrieb, eine Beteiligung an einer Gesellschaft im Sinne des § 15 Absatz 1 Satz 1 Nummer 2 und Absatz 3 oder § 18 Absatz 4 Satz 2 des Einkommensteuergesetzes, einen Anteil eines persönlich haftenden Gesellschafters einer Kommanditgesellschaft auf Aktien oder einen Anteil daran veräußert; als Veräußerung gilt auch die Aufgabe des Gewerbebetriebs. ²Gleiches gilt, wenn wesentliche Betriebsgrundlagen eines Gewerbebetriebs veräußert oder in das Privatvermögen überführt oder anderen betriebsfremden Zwecken zugeführt werden oder wenn Anteile an einer Kapitalgesellschaft veräußert werden, die der Veräußerer durch eine Sacheinlage (§ 20 Absatz 1 des Umwandlungssteuergesetzes vom 7. Dezember 2006 (BGBl. I S. 2782, 2791), zuletzt geändert durch Artikel 6 des Gesetzes vom 2. November 2015 (BGBl. I S. 1834), in der jeweils geltenden Fassung) aus dem Betriebsvermögen im Sinne des § 13b erworben hat oder wenn eine Beteiligung an einer Gesellschaft im Sinne des § 15 Absatz 1 Satz 1 Nummer 2 und Absatz 3 oder § 18 Absatz 4 Satz 2 des Einkommensteuergesetzes oder

ein Anteil daran veräußert wird, den der Veräußerer durch eine Einbringung des Betriebsvermögens im Sinne des § 13b in eine Personengesellschaft (§ 24 Absatz 1 des Umwandlungssteuergesetzes) erworben hat;
2. das land- und forstwirtschaftliche Vermögen im Sinne des § 168 Absatz 1 Nummer 1 des Bewertungsgesetzes und selbst bewirtschaftete Grundstücke im Sinne des § 159 des Bewertungsgesetzes veräußert. ²Gleiches gilt, wenn das land- und forstwirtschaftliche Vermögen einem Betrieb der Land- und Forstwirtschaft nicht mehr dauernd zu dienen bestimmt ist oder wenn der bisherige Betrieb innerhalb der Behaltensfrist als Stückländerei zu qualifizieren wäre oder Grundstücke im Sinne des § 159 des Bewertungsgesetzes nicht mehr selbst bewirtschaftet werden;
3. als Inhaber eines Gewerbebetriebs, als Gesellschafter einer Gesellschaft im Sinne des § 15 Absatz 1 Satz 1 Nummer 2 und Absatz 3 oder § 18 Absatz 4 Satz 2 des Einkommensteuergesetzes oder als persönlich haftender Gesellschafter einer Kommanditgesellschaft auf Aktien bis zum Ende des letzten in die Fünfjahresfrist fallenden Wirtschaftsjahres Entnahmen tätigt, die die Summe seiner Einlagen und der ihm zuzurechnenden Gewinne oder Gewinnanteile seit dem Erwerb um mehr als 150 000 Euro übersteigen; Verluste bleiben unberücksichtigt. ²Gleiches gilt für Inhaber eines begünstigten Betriebs der Land- und Forstwirtschaft oder eines Teilbetriebs oder eines Anteils an einem Betrieb der Land- und Forstwirtschaft. Bei Ausschüttungen an Gesellschafter einer Kapitalgesellschaft ist sinngemäß zu verfahren;
4. Anteile an Kapitalgesellschaften im Sinne des § 13b Absatz 1 Nummer 3 ganz oder teilweise veräußert; eine verdeckte Einlage der Anteile in eine Kapitalgesellschaft steht der Veräußerung der Anteile gleich. ²Gleiches gilt, wenn die Kapitalgesellschaft innerhalb der Frist aufgelöst oder ihr Nennkapital herabgesetzt wird, wenn diese wesentliche Betriebsgrundlagen veräußert und das Vermögen an die Gesellschafter verteilt wird; Satz 1 Nummer 1 Satz 2 gilt entsprechend;
5. im Fall des § 13b Absatz 1 Nummer 3 Satz 2 die Verfügungsbeschränkung oder die Stimmrechtsbündelung aufgehoben wird.

²Der rückwirkende Wegfall des Verschonungsabschlags beschränkt sich in den Fällen des Satzes 1 Nummer 1, 2, 4 und 5 auf den Teil, der dem Verhältnis der im Zeitpunkt der schädlichen Verfügung verbleibenden Behaltensfrist einschließlich des Jahres, in dem die Verfügung erfolgt, zur gesamten Behaltensfrist entspricht. ³In den Fällen des Satzes 1 Nummer 1, 2 und 4 ist von einer rückwirkenden Besteuerung abzusehen, wenn der Veräußerungserlös innerhalb der jeweils nach § 13b Absatz 1 begünstigungsfähigen Vermögensart verbleibt. ⁴Hiervon ist auszugehen, wenn der Veräußerungserlös innerhalb von sechs Monaten in entsprechendes Vermögen investiert wird, das zum begünstigten Vermögen im Sinne des § 13b Absatz 2 gehört.

(7) ¹Der Erwerber ist verpflichtet, dem für die Erbschaftsteuer zuständigen Finanzamt innerhalb einer Frist von sechs Monaten nach Ablauf der Lohnsummenfrist das Unterschreiten der Mindestlohnsumme (Absatz 3 Satz 1) an-

zuzeigen. ²In den Fällen des Absatzes 6 ist der Erwerber verpflichtet, dem für die Erbschaftsteuer zuständigen Finanzamt den entsprechenden Sachverhalt innerhalb einer Frist von einem Monat, nachdem der jeweilige Tatbestand verwirklicht wurde, anzuzeigen. ³Die Festsetzungsfrist für die Steuer endet nicht vor dem Ablauf des vierten Jahres, nachdem das für die Erbschaftsteuer zuständige Finanzamt von dem Unterschreiten der Mindestlohnsumme (Absatz 3 Satz 1) oder dem Verstoß gegen die Behaltensregelungen (Absatz 6) Kenntnis erlangt. ⁴Die Anzeige ist eine Steuererklärung im Sinne der Abgabenordnung. ⁵Sie ist schriftlich abzugeben. ⁶Die Anzeige hat auch dann zu erfolgen, wenn der Vorgang zu keiner Besteuerung führt.

(8) Soweit nicht inländisches Vermögen zum begünstigten Vermögen im Sinne des § 13b Absatz 2 gehört, hat der Steuerpflichtige nachzuweisen, dass die Voraussetzungen für eine Steuerbefreiung im Zeitpunkt der Entstehung der Steuer (§ 9) und während der gesamten in den Absätzen 3 und 6 genannten Zeiträume bestehen.

(9) ¹Für begünstigtes Vermögen im Sinne des § 13b Absatz 2 wird vor Anwendung des Absatzes 1 ein Abschlag gewährt, wenn der Gesellschaftsvertrag oder die Satzung Bestimmungen enthält, die

1. die Entnahme oder Ausschüttung auf höchstens 37,5 Prozent des um die auf den Gewinnanteil oder die Ausschüttungen aus der Gesellschaft entfallenden Steuern vom Einkommen gekürzten Betrages des steuerrechtlichen Gewinns beschränken; Entnahmen zur Begleichung der auf den Gewinnanteil oder die Ausschüttungen aus der Gesellschaft entfallenden Steuern vom Einkommen bleiben von der Beschränkung der Entnahme oder Ausschüttung unberücksichtigt und
2. die Verfügung über die Beteiligung an der Personengesellschaft oder den Anteil an der Kapitalgesellschaft auf Mitgesellschafter, auf Angehörige im Sinne des § 15 der Abgabenordnung oder auf eine Familienstiftung (§ 1 Absatz 1 Nummer 4) beschränken und
3. für den Fall des Ausscheidens aus der Gesellschaft eine Abfindung vorsehen, die unter dem gemeinen Wert der Beteiligung an der Personengesellschaft oder des Anteils an der Kapitalgesellschaft liegt,

und die Bestimmungen den tatsächlichen Verhältnissen entsprechen. ²Gelten die in Satz 1 genannten Bestimmungen nur für einen Teil des begünstigten Vermögens im Sinne des § 13b Absatz 2, ist der Abschlag nur für diesen Teil des begünstigten Vermögens zu gewähren. ³Die Höhe des Abschlags entspricht der im Gesellschaftsvertrag oder in der Satzung vorgesehenen prozentualen Minderung der Abfindung gegenüber dem gemeinen Wert (Satz 1 Nummer 3) und darf 30 Prozent nicht übersteigen. ⁴Die Voraussetzungen des Satzes 1 müssen zwei Jahre vor dem Zeitpunkt der Entstehung der Steuer (§ 9) vorliegen. ⁵Die Steuerbefreiung entfällt mit Wirkung für die Vergangenheit, wenn die Voraussetzungen des Satzes 1 nicht über einen Zeitraum von 20 Jahren nach dem Zeitpunkt der Entstehung der Steuer (§ 9) eingehalten werden; die §§ 13c und 28a bleiben unberührt. ⁶In den Fällen des Satzes 1

1. ist der Erwerber verpflichtet, dem für die Erbschaftsteuer zuständigen Finanzamt die Änderungen der genannten Bestimmungen oder der tatsächlichen Verhältnisse innerhalb einer Frist von einem Monat anzuzeigen,
2. endet die Festsetzungsfrist für die Steuer nicht vor dem Ablauf des vierten Jahres, nachdem das für die Erbschaftsteuer zuständige Finanzamt von der Änderung einer der in Satz 1 genannten Bestimmungen oder der tatsächlichen Verhältnisse Kenntnis erlangt.

(10) ¹Der Erwerber kann unwiderruflich erklären, dass die Steuerbefreiung nach den Absätzen 1 bis 9 in Verbindung mit § 13b nach folgender Maßgabe gewährt wird:
1. In Absatz 1 Satz 1 tritt an die Stelle des Verschonungsabschlags von 85 Prozent ein Verschonungsabschlag von 100 Prozent;
2. in Absatz 3 Satz 1 tritt an die Stelle der Lohnsummenfrist von fünf Jahren eine Lohnsummenfrist von sieben Jahren;
3. in Absatz 3 Satz 1 und 4 tritt an die Stelle der Mindestlohnsumme von 400 Prozent eine Mindestlohnsumme von 700 Prozent;
4. in Absatz 3 Satz 4 Nummer 1 tritt an die Stelle der Mindestlohnsumme von 250 Prozent eine Mindestlohnsumme von 500 Prozent;
5. in Absatz 3 Satz 4 Nummer 2 tritt an die Stelle der Mindestlohnsumme von 300 Prozent eine Mindestlohnsumme von 565 Prozent;
6. in Absatz 6 tritt an die Stelle der Behaltensfrist von fünf Jahren eine Behaltensfrist von sieben Jahren.

²Voraussetzung für die Gewährung der Steuerbefreiung nach Satz 1 ist, dass das begünstigungsfähige Vermögen nach § 13b Absatz 1 nicht zu mehr als 20 Prozent aus Verwaltungsvermögen nach § 13b Absatz 3 und 4 besteht.³ Der Anteil des Verwaltungsvermögens am gemeinen Wert des Betriebs bestimmt sich nach dem Verhältnis der Summe der gemeinen Werte der Einzelwirtschaftsgüter des Verwaltungsvermögens nach § 13b Absatz 3 und 4 zum gemeinen Wert des Betriebs.

(11) Die Absätze 1 bis 10 gelten in den Fällen des § 1 Absatz 1 Nummer 4 entsprechend.

Inhalt		Rz.
1	Einführung	1–75
1.1	Überblick	2–20
1.2	Entstehungsgeschichte	21–40
1.3	Verfassungsrecht	41–75
1.3.1	Überblick	42–46
1.3.2	Allgemeine Fragen des Verfassungsrechts	47–53
1.3.3	Einzelne Fragen des Verfassungsrechts	54–75
2	Anwendungsbereich	76–115
2.1	Zeitlicher Anwendungsbereich	76–100
2.1.1	Überblick	77
2.1.2	Steuerentstehung bis zum 30.6.2016	78

2.1.3	Steuerentstehung nach dem 30.6.2016	79–82
2.1.4	Rückwirkung	83–88
2.1.5	Europäisches Beihilferecht	89–100
2.2	Sachlicher Anwendungsbereich	101–104
2.3	Persönlicher Anwendungsbereich	105–108
2.4	Internationaler Anwendungsbereich	109–115
3	Verhältnis zu anderen Verschonungsregelungen	116–144
3.1	Vorab-Abschlag für Familiengesellschaften (§ 13a Abs. 9 ErbStG)	116–122
3.2	Abschmelzungsmodell (§ 13c ErbStG)	123–130
3.3	Tarifbegrenzung (§ 19a ErbStG)	131–133
3.4	Steuerstundung (§ 28 Abs. 1 ErbStG)	134–136
3.5	Steuererlass aufgrund Verschonungsbedarfsprüfung (§ 28a ErbStG)	137–144
4	Verschonungsabschlag von 85 % (§ 13a Abs. 1 ErbStG)	145–200
4.1	Überblick	145–152
4.2	Regelverschonung: Verschonungsabschlag von 85 % (§ 13a Abs. 1 S. 1 ErbStG)	153–162
4.3	Grenze von 26 Mio. EUR (§ 13a Abs. 1 S. 1 ErbStG)	163–200
4.3.1	Überblick	163–168
4.3.2	Berechnung der Grenze von 26 Mio. EUR (§ 13a Abs. 1 S. 1 ErbStG)	169–173
4.3.3	Zusammenrechnung mehrerer Erwerbe innerhalb von 10 Jahren (§ 13a Abs. 1 S. 2 ErbStG)	174–195
4.3.3.1	Grundlagen der Zusammenrechnung	174–177
4.3.3.2	Zusammenrechnung mehrerer Erwerbe von derselben Person (§ 13a Abs. 1 S. 2 ErbStG)	178–184
4.3.3.3	Zeitlicher Anwendungsbereich der Zusammenrechnung (§ 13a Abs. 1 S. 2 ErbStG und § 37 Abs. 12 S. 2 ErbStG)	185–195
4.3.4	Rechtsfolgen des Überschreitens der Grenze von 26 Mio. EUR (§ 13a Abs. 1 S. 3 und 4 ErbStG)	196–200
5	Abzugsbetrag von bis zu 150.000 EUR (§ 13a Abs. 2 ErbStG)	201–230
5.1	Überblick	201–205
5.2	Entstehungsgeschichte	206–215
5.3	Abzugsbetrag	216–230
6	Lohnsummenkontrolle (§ 13a Abs. 3 ErbStG)	231–380
6.1	Überblick	232–237
6.2	Entstehungsgeschichte	238–270
6.3	Anwendungsbereich der Lohnsummenregelung (§ 13a Abs. 3 S. 3 ErbStG)	271–303
6.3.1	Ausgangslohnsumme von Null Euro (§ 13a Abs. 3 S. 3 Nr. 1 ErbStG)	271–275
6.3.2	Betrieb mit nicht mehr als 5 Beschäftigen (§ 13a Abs. 3 S. 3 Nr. 2 ErbStG)	276–303
6.3.2.1	Überblick	276–278
6.3.2.2	Begriff der Beschäftigten (§ 13a Abs. 3 S. 7 ErbStG)	279–288

6.3.2.3	Beschäftigte in Tochtergesellschaften (§ 13a Abs. 3 S. 11 und 12 ErbStG)	289–295
6.3.2.4	Beschäftigte bei Betriebsaufspaltungen (§ 13a Abs. 3 S. 13 ErbStG)	296–303
6.4	Begriff der Lohnsumme (§ 13a Abs. 3 S. 6 ff. ErbStG)	304–325
6.5	Lohnsumme bei Beteiligungen an anderen Unternehmen (§ 13a Abs. 3 S. 11 ff. ErbStG)	326–335
6.6	Ausgangslohnsumme (§ 13a Abs. 3 S. 2 ErbStG)	336–355
6.7	Mindestlohnsumme (§ 13a Abs. 3 S. 1 ErbStG)	356–370
6.8	Unterschreiten der Mindestlohnsumme (§ 13a Abs. 3 S. 5 ErbStG)	371–380
7	Verfahrensvorschriften zur Lohnsummenkontrolle (§ 13a Abs. 4 ErbStG)	381–390
8	Weiterübertragung von begünstigtem Vermögen (§ 13a Abs. 5 ErbStG)	391–405
9	Behaltensregelungen (§ 13a Abs. 6 ErbStG)	406–520
9.1	Überblick	407–415
9.2	Nachsteuertatbestände (§ 13a Abs. 6 S. 1 Nr. 1 bis 5 ErbStG) ...	416–483
9.2.1	Überblick	417–433
9.2.2	Veräußerung eines Gewerbebetriebs oder eines Anteils an einer Personengesellschaft (§ 13a Abs. 6 S. 1 Nr. 1 ErbStG)	434–441
9.2.3	Veräußerung von land- und forstwirtschaftlichem Vermögen (§ 13a Abs. 6 S. 1 Nr. 2 ErbStG)	442–443
9.2.4	Überentnahmen oder Überausschüttungen (§ 13a Abs. 6 S. 1 Nr. 3 ErbStG)	444–456
9.2.5	Veräußerung von Anteilen an einer Kapitalgesellschaft (§ 13a Abs. 6 S. 1 Nr. 4 ErbStG)	457–462
9.2.6	Aufhebung einer Verfügungsbeschränkung oder Stimm- rechtsbündelung (§ 13a Abs. 6 S. 1 Nr. 5 ErbStG)	463–483
9.3	Rechtsfolgen (§ 13a Abs. 6 S. 1 ErbStG)	484–500
9.4	Reinvestitionsklausel (§ 13a Abs. 6 Sätze 3 und 4 ErbStG)	501–520
10	Anzeigepflichten des Erwerbers (§ 13a Abs. 7 ErbStG)	521–550
11	Nachweispflichten bei ausländischem Vermögen (§ 13 Abs. 8 ErbStG)	551–560
12	Vorab-Abschlag für qualifizierte Familienunternehmen (§ 13a Abs. 9 ErbStG)	561–730
12.1	Einführung	562–620
12.1.1	Überblick	562–563
12.1.2	Entstehungsgeschichte	564–576
12.1.3	Verfassungsrecht	577–600
12.1.3.1	Verhältnis zur Unternehmensbewertung	577–581
12.1.3.2	Allgemeine Fragen des Verfassungsrechts	582–585
12.1.3.3	Einzelne Fragen des Verfassungsrechts	586–600
12.1.4	Anwendungsbereich	601–610
12.1.4.1	Zeitlicher Anwendungsbereich	601–602
12.1.4.2	Sachlicher Anwendungsbereich	603–608
12.1.4.3	Persönlicher Anwendungsbereich	609
12.1.4.4	Internationaler Anwendungsbereich	610

12.1.5	Verhältnis zu anderen Verschonungsregelungen	611–620
12.1.5.1	Verschonungsabschlag (§ 13a ErbStG)	611
12.1.5.2	Abschmelzungsmodell (§ 13c ErbStG)	612–613
12.1.5.3	Tarifbegrenzung (§ 19a ErbStG)	614
12.1.5.4	Steuerstundung (§ 28 ErbStG)	615
12.1.5.5	Steuererlass aufgrund Verschonungsbedarfsprüfung (§ 28a ErbStG)	616–620
12.2	Voraussetzungen des Vorab-Abschlags (§ 13a Abs. 9 ErbStG)	621–690
12.2.1	Rechtliche Beschränkungen im Gesellschaftsvertrag (§ 13a Abs. 9 S. 1 ErbStG) '	621–676
12.2.1.1	Entnahme- oder Ausschüttungsbeschränkung (§ 13a Abs. 9 S. 1 Nr. 1 ErbStG)	621–641
12.2.1.2	Verfügungsbeschränkung (§ 13a Abs. 9 S. 1 Nr. 2 ErbStG)	642–676
12.2.2	Tatsächliche Einhaltung der Beschränkungen (§ 13a Abs. 9 S. 1 ErbStG)	677–678
12.2.3	Beschränkungen nur für Teile des begünstigten Vermögens (§ 13a Abs. 9 S. 2 ErbStG)	679–690
12.3	Fristen (§ 13a Abs. 9 S. 4 bis 6 ErbStG)	691–700
12.4	Rechtsfolgen des Vorab-Abschlags (§ 13a Abs. 9 ErbStG)	701–715
12.5	Gestaltung von Gesellschaftsverträgen von Familienunternehmen (§ 13a Abs. 9 ErbStG)	716–730
12.5.1	Regelungsort	716
12.5.2	Zeitpunkt der Regelung	717–720
12.5.3	Wirksamkeit der Regelung	721–724
12.5.4	Inhalt der Regelung	725–730
13	Optionsverschonung von 10 % (§ 13a Abs. 10 ErbStG)	731–772
13.1	Überblick	732–734
13.2	Verfassungsrecht	735–740
13.3	Antrag des Erwerbers	741–760
13.4	Grenze von 20 % (§ 13a Abs. 10 S. 2 und S. 3 ErbStG)	761–772
14	Erbersatzsteuer bei Familienstiftungen (§ 13a Abs. 11 ErbStG)	773–794
14.1	Überblick	773–790
14.2	Verschonungsabschlag	791–794

1 Einführung

Ausgewählte Hinweise auf weiterführende Literatur:

(1) Zu dem Gesetz zur Anpassung des ErbStG an die Rechtsprechung des BVerfG vom 04.11.2016: Beznoska/Hentze, Die Auswirkungen der ErbSt-Reform auf die Unternehmensnachfolge aus ökonomischer Sicht, DB 2016, 2433; Burwitz/Wobst, Neue Entwicklungen im Steuerrecht. Das neue Erbschaftsteuerrecht, NZG 2016, 1176; Crezelius, Erbschaftsteuerreform 2016: Ein rechtssystematischer Überblick, ZEV 2016, 541; Eisele, Erbschaftsteuerreform 2016, 2016; Geck, Erbschaftsteuerreform 2016: Die neuen Voraussetzungen der Verschonung von Unternehmensvermögen unter Einschluss der Nachsteuertatbestände, ZEV 2016, 546; Halaczinsky, Die Neuregelungen des Erbschaft- und Schenkungsteuergesetzes

2016 – ein Überblick, UVR 2016, 364; Hannes, Erbschaftsteuerreform 2016: Neuregelungen zur Bewertung und zum Umfang der Verschonung, ZEV 2016, 554; Herbst, Das neue Erbschaftsteuerrecht, ErbStB 2016, 347; Holtz, Erbschaftsteuerreform 2016 – Das neue Verschonungssystem für Unternehmensvermögen, NJW 2016, 3750; Höreth/Stelzner, Erbschaftsteuerreform – Unternehmensnachfolge nach den neuen Regeln, DStZ 2016, 901; Kaminski, Neuregelungen für Betriebsvermögen bei der Erbschaft- und Schenkungsteuer, Stbg. 2016, 441; Korezkij, Neuer Verwaltungsvermögenstest im Konzern aus der Sicht eines Rechtsanwenders – Der Weg vom begünstigungsfähigen zum begünstigten Vermögen nach § 13b Abs. 2-10 ErbStG, DStR 2016, 2434; Kotzenberg/Jülicher, Erbschaftsteuerreform: Die gesetzlichen Neuregelungen für die Unternehmensnachfolge, GmbHR 2016, 1135; Landsittel, Die Erbschaftsteuerreform 2016 im praxisorientierten Überblick, ZErb 2016, 383; Reich, Das neue Unternehmenserbschaftsteuerrecht, BB 2016, 2647; Reich, Gestaltungen im neuen Unternehmenserbschaftsteuerrecht, DStR 2016, 2447; Riedel, „Verschonungskonzepte" für Unternehmensvermögen nach dem ErbStG 2016, ZErb 2016, 371; Riegel/Heynen, Erbschaftsteuerreform 2016 – das vorläufige Ende einer Hängepartie, BB 2017, 23; Söffing, M., Das ErbStG 2016, ErbStB 2016, 339; Stalleiken, Unternehmenserbschaftsteuerreform 2016, DB 2016, 439; Stalleiken, Erbschaftsteuerreform 2016, Ubg 2016, 569; Thouet, Reform der Erbschaftsteuer, 2016; Thouet, Die Erbschaft- und Schenkungsteuer nach der Reform, ZNotP 2016, 334; Viskorf/Löcherbach/Jehle, Die Erbschaftsteuerreform 2016 – Ein erster Überblick, DStR 2016, 2425.

(2) Zu den Gesetzesentwürfen: *Bäuml/Hiedewohl*, Das neue Erbschaftsteuerrecht rückt näher – eine Analyse aus Sicht der Praxis, BB 2016, 535; *Behling*, Die ErbSt auf Firmenvermögen nach dem RefE und dem Bundesratsbeschluss im Vergleich, DB 2015, 2461; *Birnbaum/Escher*, Der Regierungsentwurf zum neuen Erbschaftsteuergesetz, StB 2015, 258; *Erkis*, Die Neuregelung des Verschonungssystems für Betriebsvermögen im ErbStG – Vorgaben des BVerfG-Urteils v. 17.12.2014 umgesetzt?, DStR 2016, 1441; *Erkis*, Der Entwurf zur Anpassung des ErbStG an das BVerfG-Urteil v. 17.12.2014 – „minimalinvasiv" oder „maximaladministrativ"?, DStR 2015, 1409; *Hannes*, Der Regierungsentwurf zur Reform der Unternehmenserbschaftsteuer, ZEV 2015, 371; *Herbst*, „Never ending story"? Der neue Bundestages-Entwurf zur Erbschaftsteuer und die Kritikpunkte des Bundesrats, ErbStB 2016, 250; *Herbst*, Der neue Regierungsentwurf zum ErbStG, ErbStB 2015, 263; *Herbst*, Neues zur Erbschaftsteuerreform. Stellungnahme des Bundesrats zum Regierungsentwurf des ErbStAnpG, ErbStb 2015, 326; *Heurung/Schmidt/Kollmann*, Kritische Aspekte zur geplanten Erbschaftsteuerreform bei begünstigten Betriebsvermögensübergängen, StB 2016, 253; *Jorde/Immes/Götz*, Regierungsentwurf zur Erbschaftsteuer vom 08.07.2015 – was ändert sich für wen und ab wann?, Ubg. 2015, 393; *Kaminski*, Update: Kabinettsbeschluss zur Erbschaftsteuer, Stbg. 2015, 343; *Kischisch/Maiterth*, Die Wiedergeburt der Cash-GmbH – Wie der Gesetzgeber erneut am Erbschaftsteuerrecht zu scheitern droht, DStR 2015, 2111; *Kischisch/Maiterth*, Einladung zur Steuergestaltung durch den Gesetzentwurf zum ErbStG vom 06.07.2015, DB 2015, 2033; *Königer*, Entwurf des ErbStAnpG: Die geplanten Begünstigungen für Unternehmensvermögen aus steuerplanerischer Sicht, ErbStB 2015, 256; *Königer/Mack*, Erbschaftsteuer 3.0 – Eine Analyse der Steuerwirkungen des derzeitigen und geplanten Rechts auf Grundlage eines Entscheidungsmodells, BB 2015, 2647; *Korezkij*, Erbschaftsteuerreform: Änderungen durch den Regierungsentwurf vom 8.7.2015, DStR 2015, 1649; *Korezkij*, Erbschaftsteuerreform: Erste Überlegungen zum Referentenentwurf, DStR 2015, 1337; *Landsittel*, Anmerkungen zum Referentenentwurf vom 1. Juni 2015, ZErb 2015, 224; *Lüdicke*, Verfassungskonformes ErbSt-Recht, DB 2015, 1491; *von Oertzen/Reich*, Neues Risiko für die Kunstsammlung des Unternehmers durch die Unternehmenserbschaftsteuerreform, BB 2016, 356; *von Oertzen/Reich*, Die unternehmensverbundene Familienstiftung – „Gewinnerin" der Erbschaftsteuerreform?, Ubg. 2015, 629; *von Oertzen/Reich*, Reform der Unternehmenserbschaftsteuer – Überblick über den aktuellen Stand des Gesetzgebungsverfahrens, BB 2015, 2591; *von Oertzen/Reich*, Reform der Unternehmenserbschaftsteuer – Referentenentwurf des BMF vom 1.6.2015, BB 2015, 1559; *Ortheil*, Gesetzentwurf zur Anpassung des ErbStG: Zu erwartende Schwierigkeiten in der steuerlichen Praxis bei der stichtagsbezogenen Ermittlung des Betriebsvermögens, BB 2015, 2263; *Reich*, Unternehmenserbschaftsteuerreform – Das BVerfG erhöht den Druck auf den Gesetzgeber, BB 2016, 1879; *Reich*, Keine Übergangszeit in der Erbschaftsteuer – Erste Überlegungen für die Erbschaftsteuernotfallplanung des „Großunternehmers" im neuen Recht, DStR 2016, 1459; *Reich*, Reform der Unternehmenserbschaftsteuer – Verfassungsmäßigkeit der Basisverschonung, DStR 2015, 2750; *Schmitz*, Kernpunkte der Erbschaftsteuerreform 2016, RNotZ 2016, 502 und 649; *Söffing, M.*, Das Erbschaftsteuerreformgesetz 2016, ErbStB 2016, 235; *Söffing, M./Krogoll, K.*, Referentenentwurf zum ErbStRefG 2015, ErbStB 2015, 194; *Stalleiken*, Länderentwurf zur Neuregelung des ErbStG, DB 2015, 2296; *Stalleiken*, Große Koalition verabschiedet RegE zum ErbStG, DB 2015, 1628; *Stalleiken/Kotzenberg*, Der Referentenentwurf zur Änderung des ErbStG – Inhalt und kritische Analyse, GmbHR 2015, 673; *Steger/Königer*, Erbschaftsteuer 3.0 – Wird mit dem Referentenentwurf des Bundesministeriums der Finanzen vom 1.6.2015 nun alles gut? – Eine kritische Analyse, BB 2015, 1623; *Thonemann-Micker*, ErbSt-Reform: Das Ergebnis des Vermittlungsausschusses, DB 2016, 2312; *Thonemann-Micker/Kanders*, Neues Erbschaftsteuerrecht – Ein Überblick und erste Anmerkungen zum Referentenentwurf aus Praktikersicht, DStZ 2015, 510; *Thonemann-Micker/Krogoll*, Der Hauptzweck gem. § 13b Abs. 3 ErbStG i.d.F. des RegE vom 8.7.2015, ErbStB 2015, 273; *Zipfel*, Referentenentwurf zur ErbSt-Reform 2015: Überblick und erste Analysen, DStZ 2015, 521; *Zipfel/Lahme*, Neun Vorschläge zur Änderung des Regierungsentwurfs zum Erbschaftsteuerreformgesetz 2015, DStR 2015, 2041.

1.1 Überblick

Seit über zwei Jahrzehnten gibt es im deutschen Erbschaft- und Schenkungsteuerrecht besondere Regelungen für den Erwerb von unternehmerischem Vermögen. Ziel ist die **Erleichterung der Unternehmensnachfolge**.

Der Gesetzgeber hat diese Zielsetzung in einem Gesetzesentwurf aus dem Jahr 2006 wie folgt zum Ausdruck gebracht (BR-Drk. 778/06, S. 1, 13 f. und 22 ff.):

„Ziel des Gesetzes ist die Erhaltung und Sicherung von Unternehmen als Garanten von Arbeitsplätzen, als Stätten des produktiven Wachstums und in ihrer gesellschaft-

lichen Funktion als Ort beruflicher und sozialer Qualifikation. Die Generationenfolge in Unternehmen soll deshalb von der Erbschaft- und Schenkungsteuer entlastet werden unter der Voraussetzung, dass von Todes wegen oder zu Lebzeiten übergehende Unternehmen von den Nachfolgern fortgeführt werden. Die vorgeschlagenen Regelungen gehen in ihrer Entlastungswirkung über das bisherige Recht (Freibetrag, Bewertungsabschlag und Tarifbegrenzung für unternehmerisches Vermögen) hinaus. Sie sollen jedoch zielgenauer wirken und missbräuchliche Gestaltungen und Mitnahmeeffekte verhindern. Wesentliches Merkmal der Neuregelung ist, dass die Entlastungen mit der Voraussetzung der Betriebsfortführung, die nach dem Gesamtbild der Verhältnisse vergleichbar sein muss, auch an den Erhalt von Arbeitsplätzen gekoppelt werden."

4 Diese **Zielsetzung** ist auch 20 Jahre später immer noch aktuell. Im Rahmen der Erbschaftsteuerreform 2016 hat die Bundesregierung ihren Gesetzesentwurf wie folgt begründet (BT-Drk. 18/5923, S. 16 ff.):

„Ziel des Gesetzes ist, eine verfassungskonforme Verschonung betrieblichen Vermögens bei der Übertragung durch Erbschaft oder Schenkung umzusetzen. (...). Die Verschonung betrieblichen Vermögens hat das Bundesverfassungsgericht (....) für geeignet, erforderlich und grundsätzlich angemessen angesehen. Zur Herstellung eines verfassungskonformen Zustands bedarf es der Änderung der einzelnen vom Bundesverfassungsgericht beanstandeten Regelungen. Mit der Verschonung betrieblichen Vermögens von der Erbschaft- und Schenkungsteuer soll die im Betrieb angelegte Beschäftigung stabilisiert werden. Eine stabile Beschäftigung bildet die Basis für den Wohlstand breiter Bevölkerungsschichten. In diesem Zusammenhang sind nicht nur bestimmte Unternehmensstrukturen schützenswert, sondern die gesamte ausgewogene Unternehmenslandschaft in Deutschland, die sich vor allem in Krisenzeiten als Garant für den Erhalt der Beschäftigung und damit für den Wohlstand der Gesellschaft erwiesen hat. Dies gilt auf für die ca. 1,6 Millionen Gewerbetreibenden und selbstständig Tätigen ohne einen Beschäftigten, deren Tätigkeit im Falle der Fortführung des Betriebs durch einen Nachfolger nicht minder schützenswert ist. Es betrifft genauso Großaktionäre großer Betriebe, da nur diese für eine fortdauernde Tätigkeit des Betriebs von Deutschland aus und somit für Beschäftigung in Deutschland Sorge tragen können. Im besonderen Maße gilt dies aber für den breiten Mittelstand und die vielen inhaber- oder familiengeführten Betriebe, welche als Motor der deutschen Wirtschaft dienen. Sie sind teils in dünn besiedelten Regionen gewachsen, stärken dort die Wirtschaft und wirken der Abwanderung aus ländlichen Gebieten entgegen. Traditionelle Unternehmen werden vielfach seit Generationen fortgeführt und sichern über Jahrzehnte zahlreiche Arbeitsplätze. Durch ihr Engagement auch im sozialen und kulturellen Bereich sorgen sie für einen gesellschaftlichen Zusammenhalt in der jeweiligen Region. Die Sicherung der in den übergehenden Unternehmen vorhandenen Beschäftigung und die Bewahrung der typischen deutschen Unternehmenslandschaft machen es erforderlich, die Unternehmensnachfolge in Erb- und Schenkungsfällen in den vom Bundesverfassungsgericht (...) aufgezeigten Grenzen zu erleichtern. (...)"

Über die Zielsetzung der Erleichterung der Unternehmensnachfolge besteht seit Langem Einigkeit. Dagegen wird über Art und Umfang der steuerlichen Begünstigung der Erwerber immer wieder kontrovers diskutiert.

Seit dem 1.7.2016 gilt (stark vereinfacht) folgendes **Verschonungskonzept.**

Das **begünstigte Vermögen** besteht grundsätzlich aus dem begünstigungsfähigen Vermögen abzüglich des (Netto-)Werts des Verwaltungsvermögens (§ 13b Abs. 2 ErbStG).

Zum **begünstigungsfähigen Vermögen** gehört das land- und forstwirtschaftliche Vermögen, das Betriebsvermögen und Anteile an Kapitalgesellschaften von mehr als 25 % (alleine oder gepoolt mit anderen Gesellschaftern) (§ 13b Abs. 1 ErbStG).

Nicht begünstigt ist das **Verwaltungsvermögen.** Das Verwaltungsvermögen besteht im Wesentlichen aus Dritten zur Nutzung überlassenen Grundstücken, Anteilen an Kapitalgesellschaften von 25 % oder weniger, Kunstgegenständen und Oldtimern, Wertpapieren und Finanzmitteln (§ 13b Abs. 4 ErbStG).

Die anteiligen Schulden sind von dem Verwaltungsvermögen abzuziehen (§ 13b Abs. 6 ErbStG).

Das Verwaltungsvermögen unterliegt seit dem 1.7.2016 grundsätzlich der vollen Besteuerung. Die frühere Verwaltungsvermögensquote von 50 % bzw. 10 % ist entfallen. Das „Alles-oder-Nichts-Prinzip" gilt nicht mehr.

Der Erwerb des begünstigten Vermögens ist in Höhe von 85 % (Regelverschonung) bzw. 100 % (Optionsverschonung) steuerfrei (**Verschonungsabschlag**) (§ 13a Abs. 1 und 10 ErbStG). Dies gilt allerdings nur dann, wenn der Erwerb 26 Mio. EUR nicht übersteigt.

Beim Erwerb von kleinen Betrieben wird zusätzlich ein gleitender **Abzugsbetrag** von bis zu 150.000 EUR gewährt (§ 13a Abs. 2 ErbStG).

Voraussetzung für die Gewährung des Verschonungsabschlags ist, dass der Erwerber die bisherige Lohnsumme (**Ausgangslohnsumme**) in den 5 bzw. 7 Jahren nach dem Erwerb weitgehend erreicht und die gesetzlich vorgegebene Mindestlohnsumme nicht unterschreitet (§ 13a Abs. 3 ErbStG). Die **Lohnsummenkontrolle** findet keine Anwendung auf Betriebe mit nicht mehr als 5 Beschäftigten.

Der Verschonungsabschlag und der Abzugsbetrag entfallen rückwirkend, wenn der Erwerber den Betrieb nicht mindestens 5 Jahre (Regelverschonung) bzw. 7 Jahre (Optionsverschonung) weitgehend unverändert fortführt (**Behaltensregelungen**) (§ 13a Abs. 6 ErbStG).

Für den Erwerb von Anteilen an bestimmten Familiengesellschaften wird ein **Vorab-Abschlag** von bis zu 30 % gewährt, wenn der Gesellschaftsvertrag bestimmte Entnahme-, Verfügungs- und Abfindungsbeschränkungen enthält (§ 13a Abs. 9 ErbStG).

Schon dieser kurze Überblick zeigt, dass die Verschonungsregelungen **kompliziert und streitanfällig** sind.

Für die Unternehmensnachfolge beinhalten die steuerlichen Verschonungsregelungen erhebliche **Chancen und Risiken.** Der Erwerb von begünstigtem Vermögen kann im Einzelfall vollständig (und der Höhe nach unbegrenzt) steuerfrei sein. Umgekehrt unterliegt der Erwerb von nicht begünstigtem Vermögen der vollen Besteuerung (mit Steuersätzen von bis zu 50 %).

15 Im Erbfall hat jeder Erwerber begünstigten Vermögens einen Anspruch auf eine **Stundung** der Steuer für bis zu 7 Jahren (§ 28 Abs. 1 ErbStG).

16 Bei **Großerwerben** von mehr als 26 Mio. EUR kann der Erwerber zwischen einem reduzierten Verschonungsabschlag (§ 13c ErbStG) und einem Steuererlass aufgrund einer individuellen Verschonungsbedarfsprüfung (§ 28a ErbStG) wählen. Ab einem Erwerb von begünstigtem Vermögen von 90 Mio. EUR wird der Verschonungsabschlag nicht mehr gewährt. Der Steuererlass gilt dagegen unabhängig von der Höhe des begünstigten Vermögens.

17-20 einstweilen frei

1.2 Entstehungsgeschichte

21 Die steuerliche Förderung der Unternehmensnachfolge hat in Deutschland eine lange Tradition.

Die Verschoung erfolgte viele Jahrzehnte vor allem (mittelbar) durch eine niedrige **Bewertung**. Das BVerfG hat die niedrige Bewertung im Jahr 2006 allerdings für verfassungswidrig erklärt (BVerfG v. 7.11.2006, 1 BvL 10/02, BVerfGE 117, 1 = BStBl II 2007, 192 = DStR 2007, 235). Die Bewertung muss sich für alle Vermögenswerte einheitlich am gemeinen Wert orientieren. Bewertung und Verschonung sind klar voneinander zu trennen.

22 Seit 1996 wurde den Erwerbern von unternehmerischem Vermögen ein Bewertungsabschlag von zunächst 40 % (später 35 %) und ein Betriebsvermögensfreibetrag von zunächst 256.000 EUR (später 225.000 EUR) gewährt. Für Erwerber der Steuerklasse II und III wurde der Steuertarif darüber hinaus auf die günstige Steuerklasse I begrenzt.

23 Für den Erwerb von begünstigtem Vermögen wurde damals ein Verschonungsabschlag von 85 % (Regelverschonung) bzw. von 100 % (Optionsverschonung) eingeführt. Zum begünstigten Vermögen gehörte land- und forstwirtschaftliches Vermögen, Betriebsvermögen und Anteile an Kapitalgesellschaften. Für das Erreichen der Mindestbeteiligung von 25 % bei Kapitalgesellschaften wurden die Anteile mehrerer Gesellschafter zusammengerechnet, wenn diese eine Poolvereinbarung abgeschlossen hatten.

24 Neu eingeführt wurde im Jahr 2009 ein Verwaltungsvermögenstest. Der Erwerb war demnach nur noch dann begünstigt, wenn das begünstigte Vermögen zu nicht mehr als 50 % (Regelverschonung) bzw. 10 % (Optionsverschonung) aus Verwaltungsvermögen bestand. Das (schädliche) Verwaltungsvermögen („unproduktives Vermögen") wurde im Gesetz näher umschrieben.

25 Für den Erwerb von kleineren Unternehmen wurde ein Abzugsbetrag von maximal 150.000 EUR gewährt.

Die steuerliche Begünstigung war davon abhängig, dass der Erwerber den Betrieb mindestens 7 bzw. 10 Jahre lang (später rückwirkend verkürzt auf 5 bzw. 7 Jahre) weitgehend unverändert fortführt.

Darüber hinaus wurde im Jahr 2009 erstmals eine Lohnsummenkontrolle eingeführt. Die steuerliche Verschonung setzte voraus, dass der Erwerber die Lohnsumme (und damit die Arbeitsplätze) in dem Betrieb weitgehend erhält. 26

In den folgenden Jahren wurden immer wieder zahlreiche Details der Verschonungsregelungen geändert. 27

Mit dem **Wachstumsbeschleunigungsgesetz 2010 (BGBl I 2009, 3950 = BStBl I 2010, 2)** sollten die Folgen der Finanz- und Wirtschaftskrise überwunden werden. Dabei wurden u. a. die Behaltefristen auf 5 bzw. 7 Jahre verkürzt, die Lohnsummenkontrolle gelockert und die Steuersätze in Steuerklasse II und III gesenkt. 28

Das **Jahressteuergesetz 2010 (BGBl I 2010, 1768 = BStBl I 2010, 1394)** hat die Lebenspartner den Ehegatten steuerlich gleichgestellt und die Ermittlung des Verwaltungsvermögens neu geregelt. 29

Mit dem **Steuervereinfachungsgesetzes 2011 (BGBl I 2011, 2131 = BStBl I 2011, 986)** wurden neue Verfahrensvorschriften eingeführt. 30

Das **Amtshilferichtlinienumsetzungsgesetz 2013 (BGBl 2013, 1809 = BStBl I 2013, 802)** hat das Gestaltungsmodell der Cash-GmbH beendet. Darüber hinaus sind Änderungen bei der Lohnsummenkontrolle (Holdinggesellschaften) und dem (jungen) Verwaltungsvermögen erfolgt. 31

Mit dem **Erbschaftsteuerreformgesetz 2016 (BGBl I 2016, 2464 = BStBl I 2016, 1202)** wurde das ErbStG an die Rechtsprechung des BVerfG angepasst. Der Gesetzgeber hat dabei von einer grundlegenden Neuregelung abgesehen und an dem früheren Verschonungsmodell weitgehend festgehalten. 32

Für den Erwerb von begünstigtem Vermögen wird demnach ein Verschonungsabschlag von 85 % bzw. 100 % gewährt. Voraussetzung ist weiterhin die Fortführung des Betriebs sowie die Beibehaltung der Lohnsumme für die Dauer von 5 bzw. 7 Jahren. Kleinunternehmen sind von der Lohnsummenregelung nur noch dann befreit, wenn sie nicht mehr als 5 Beschäftigte (zuvor 20) haben. Der Verwaltungsvermögenstest wurde grundsätzlich beibehalten, allerdings in zahlreichen Punkten verschärft. Die typisierende Grenze von 50 % ist entfallen. Das Verwaltungsvermögen unterliegt grundsätzlich der vollen Besteuerung. 33

Deutlich strengere Regelungen gelten für Großerwerbe im Wert von mehr als 26 Mio. EUR. In diesen Fällen kann der Erwerber zwischen einem reduzierten Verschonungsabschlag (§ 13c ErbStG) oder einem Steuererlass aufgrund einer Bedürfnisprüfung (§ 28a ErbStG) wählen. 34

Im Erbfall hat jeder Erwerber zusätzlich einen Anspruch auf eine siebenjährige Stundung (§ 28 Abs. 1 ErbStG). 35

Die Unternehmensbewertung nach dem vereinfachten Ertragswertverfahren wurde aufgrund der anhaltenden Niedrigzinsphase neu geregelt. Der Kapitalisierungsfaktor beträgt (rückwirkend zum 1.1.2016) einheitlich 13,75 (§ 203 Abs. 1 BewG).

einstweilen frei 36-40

1.3 Verfassungsrecht

41 **Ausgewählte Hinweise auf weiterführende Literatur:**
Bäuml, Eckpunkte für eine verfassungskonforme Ausgestaltung des Erbschaftsteuerrechts im bestehenden System, FR 2015, 73; *Bäuml/Vogl*, Die erbschaftsteuerliche Bedürfnisprüfung im Kontext des Verfassungsrechts und des EU-Beihilferechts, BB 2015, 736; *Blumers*, Familienunternehmen und Bedürfnisprüfung, DStR 2015, 1286; *Bockhoff/Christopeit*, Die erwartete Umsetzung des BVerfG-Urteils zur ErbSt, DB 2015, 393; *Buchner*, Die Verfassungsmäßigkeit des ErbStG: eine unendliche Geschichte? Ein Beitrag zur Diskussion der Verschonungsregeln für Betriebsvermögen, FR 2014, 784; *Crezelius*, Die Erbschaftsteuerentscheidung des BVerfG – erste steuersystematische Überlegungen, ZEV 2015, 1; *Daragan*, Verfassungskonforme Verschonung des Erwerbs von Unternehmen und Unternehmensbeteiligungen durch Erbfolge oder Schenkung, ZErb 2014, 248; *Drüen*, Wegfall oder Fortgeltung des verfassungswidrigen Erbschaftsteuergesetzes nach dem 30.06.2016?, DStR 2016, 643; *Drüen*, Zur Reform der Erbschaftsteuer – Ein Zwischenruf, DB 2015, 1073; *Englisch*, Das Eckwertepapier des BMF zur Erbschaftsteuerreform im Lichte der Vorgaben des BVerfG, DB 2015, 637; *Geck*, Überlegungen zur Neuregelung des ErbStG aus Sicht der Beratungspraxis, ZEV 2015, 129; *Haarmann*, Das Urteil des BVerfG zur Erbschaftsteuer – eine erste Einschätzung, BB 2015, 32; *Halaczinsky*, Die Entscheidung des Bundesverfassungsgerichts zum Gleichheitsverstoß bei der Privilegierung des Betriebsvermögens im Erbschaftsteuerrecht, UVR 2015, 53; *Hamdan/Hamdan*, Erneute Verfassungswidrigkeit der ErbSt, ZErb 2015, 78; *Hannes*, Die Erbschaftsteuerentscheidung des BVerfG – Auswirkungen auf die Praxis der Unternehmensnachfolge, ZEV 2015, 7; *Hey/Birk/Prinz/von Woltersdorff/Piltz*, Institut Finanzen und Steuern, Zukunft der Erbschaftsteuer, Wege aus dem Reformdilemma aus verfassungsrechtlicher, ökonomischer und rechtspraktischer Sicht, ifst Schrift Nr. 506, 2015; *Holler*, Die Entscheidung des Bundesverfassungsgerichts zur Erbschaftsteuer (Urt. v. 17.12.2014 – 1 BvL 21/12) – eine erste Analyse, ErbR 2015, 75; *Institut Finanzen und Steuern (Hrsg.)*, Gesammelte Positionen zu den Eckwerten der Erbschaftsteuerreform 2015, Stellungnahmen 1/2015, 2015; *Kahle/Hiller/Eichholz*, Anmerkungen zum Urteil des Bundesverfassungsgerichts zur Erbschaft- und Schenkungsteuer, DStR 2015, 183; *Kirchdörfer/Layer*, Überlegungen zur Neuregelung des Erbschaft- und Schenkungsteuerrechts aus Sicht der Familienunternehmen, DB 2015, 451; *Kirchhof, G.*, Verfassungsrechtliche Grenzen der Erbschaftsteuerreform und eine auf die Leistungsfähigkeit ausgerichtete „Bedürfnisprüfung", DStR 2015, 1473; *Königer/Mühlhaus*, Nach der Entscheidung des BVerfG vom 17.12.2014, ErbStB 2015, 100; *Königer/Mühlhaus*, Nach der Entscheidung des BVerfG vom 17.12.2014, ErbStB 2015, 71; *Korn*, Alternative zur bestehenden Systematik erbschaftsteuerlicher Verschonung gebundenen Vermögens, DStR 2016, 1337; *Krumm*, Bewertung und Verschonung von sog. großen (Familien-)Unternehmen nach der Entscheidung des BVerfG vom 17.12.2014 zur Erbschaftsteuer, FR 2015, 481; *Landsittel*, Das Urteil des BVerfG zum ErbStG vom 17. Dezember 2014 und seine Folgen, ZErb 2015, Sonderbeilage 1/2015; *Loose*, Stand der Reformüberlegungen zur Erbschaftsteuer, ErbStB 2015, 208; *Maiterth*, Empirische Erkenntnisse zur Unternehmensgefährdung durch die ErbSt, Anmerkungen im Zusammenhang mit dem

anstehenden Beschluss zur ErbSt, DB 2014, 2297;*Meister*, Die Eckwerte des Bundesministeriums der Finanzen zur Änderung des Erbschaft- und Schenkungsteuergesetzes nach dem Urteil des BVerfG v. 17.12.2014, FR 2015, 504; *Pahlke*, Reform der Erbschaftsteuer durch Abbau von Verschonungsregelungen?, ZEV 2015, 377; *Pauli*, Familienunternehmen im Spannungsfeld zwischen schenkungsteuerlicher Verschonung und verfassungsrechtlichem Anspruch, DB 2014, 1393; *Piltz*, Das Erbschaftsteuerurteil des BVerfG – Steine oder Brot?, DStR 2015, 97; *Reich*, Das Urteil des Bundesverfassungsgerichts vom 17.12.2014 zur Unternehmens-erbschaftsteuer und seine Konsequenzen für die Beratungspraxis, BB 2015, 148; *Reimann*, Nach dem Urteil des BVerfG zur Erbschaftsteuer: Familiengesellschaften im Focus, FamRZ 2015, 185; *Seer*, Die erbschaftsteuerliche Behandlung des Unternehmensvermögens, in: Festschrift für Jens-Peter Meincke, 2015, S. 347 ff.; *Seer*, Überprivilegierung des Unternehmensvermögens durch §§ 13a, 13b ErbStG, GmbHR 2015, 113; *Söffing, A.*, Anforderungen an das ErbStG 2015/2016 aus der Sicht der Beratungspraxis, ErbStB 2015, 106; *Söffing M./Thonemann-Micker S.*, Das BVerfG zur Erbschaftsteuer: Same Procedure as Every Time, ErbStB 2015, 40; *Spiegelberger*, Die Zukunft der Erbschaftsteuer nach dem ErbSt-Urteil des Bundesverfassungsgerichts vom 17.12.2014, ZErb 2015, 229; *Stalleiken*, Entscheidung des BVerfG zur Erbschaftsteuer – Auswirkungen auf die Unternehmensnachfolge, Ubg. 2015, 49; *Stalleiken*, Entscheidung des BVerfG zur ErbSt, Inhalt des Urteils und Folgen für die Unternehmensnachfolgepraxis, DB 2015, 18; *Steger/Königer*, Erbschaftsteuer „3.0" – erneuter Reparaturauftrag an den Gesetzgeber, BB 2015, 157; *Steiner*, Nach dem Erbschaftsteuer-Urteil des BVerfG vom 17.12.2014, ZErb 2015, 113; *Viskorf/Philipp*, Ermittlungen des betriebsnotwendigen Vermögens als Grundlage der Bedürfnisprüfung, ZEV 2015, 133; *Weber-Grellet*, Kritische Anmerkungen zum Erbschaftsteuer-Urteil des Bundesverfassungsgerichts vom 17.12.2014 – 1 BvL 21/12, BB 2015, 1367; *Welling/Kambeck*, Erbschaftsteuerliche Herausforderungen an mittelständische Unternehmen unabhängig von der möglichen Tenorierung des BVerfG, DB 2014, 2731; *Zipfel/Lahme*, BVerfG zum Dritten: Zur Verfassungswidrigkeit der Erbschaftsteuer, DStZ 2015, 64; *Zipfel/Regierer/Vosseler*, Ist das Erbschaftsteuergesetz noch zu retten? DStR 2014, Beihefter zu Heft 35, S. 83*; *Zipfel/Regierer/Vosseler*, Kann das Bundesverfassungsgericht die Anwendung der erbschaftsteuerlichen Begünstigungen für Unternehmensvermögen rückwirkend versagen?, DStR 2014, 1089.

1.3.1 Überblick

Das **BVerfG** musste sich in der Vergangenheit bereits drei Mal mit der Verfassungsmäßigkeit des Erbschaft- und Schenkungsteuergesetzes befassen. Die angegriffenen Regelungen wurden dabei jeweils für verfassungswidrig erklärt (allerdings immer nur mit Wirkung für die Zukunft). 42

In der ersten Entscheidung aus dem Jahr **1995 (BVerfG v. 22.6.1995, 2 BvR 552/91, BVerfGE 93, 165 = BStBl II 1995, 671 = DStR 1995, 1348)** ging es vor allem um die ungleiche Bewertung von Grundvermögen (Einheitsbewertung) und Kapitalvermögen. Die Besteuerung von unternehmerischem Vermögen war unmittelbar nicht Gegenstand der Entscheidung. Das BVerfG hat aber bereits damals darauf hinge- 43 wiesen, dass (mittelständische) Betriebe in besonderer Weise gemeinwohlgebunden und gemeinwohlverpflichtet sind.

44 In der zweiten Entscheidung aus dem Jahr 2006 (BVerfG v. 7.11.2006, 1 BvL 10/02, BVerfGE 117, 1 = BStBl II 2007, 192 = DStR 2007, 235) hat das BVerfG verlangt, dass alle Vermögenswerte einheitlich mit dem gemeinen Wert bewertet werden. Die (damalige) Bewertung von unternehmerischem Vermögen mit den (niedrigen) Steuerwerten war nicht verfassungsgemäß. Eine steuerliche Verschonung des Erwerbs von unternehmerischem Vermögen sei verfassungsrechtlich grundsätzlich zulässig. Allerdings müsse klar zwischen Bewertung und Verschonung getrennt werden. Die Verschonung muss zielgenau und transparent erfolgen.

45 In seiner dritten Entscheidung aus dem Jahr 2014 (BVerfG v. 17.12.2014, 1 BvL 21/12, BVerfGE 138, 136 = BStBl II 2015, 50 = DStR 2015, 31) hat das BVerfG die grundsätzliche Zulässigkeit einer steuerlichen Verschonung des Erwerbs von unternehmerischen Vermögen anerkannt, die konkrete Ausgestaltung aber als unverhältnismäßig und übermäßig kritisiert.

46 Mit dem *„Gesetz zur Anpassung des Erbschaft- und Schenkungsteuergesetzes an die Rechtsprechung des Bundesverfassungsgerichts vom 4.11.2016"* (BGBl I 2016, 2464 = BStBl I 2016, 1202) hat der Gesetzgeber erneut versucht, ein verfassungskonformes ErbStG zu schaffen.

1.3.2 Allgemeine Fragen des Verfassungsrechts

47 Die Verfassungsmäßigkeit des neuen ErbStG erscheint in mehrfacher Hinsicht zweifelhaft. Dies gilt nicht nur für zahlreiche Einzelfragen, sondern auch für die gesetzliche Regelung insgesamt.

48 **Klarheit und Verständlichkeit:**

Das BVerfG hat in seiner Rechtsprechung (in unterschiedlichstem Zusammenhang) immer wieder betont, dass Steuergesetze klar und verständlich sein müssen. Die Steuerpflichtigen sollen in der Lage sein, die Rechtslage anhand der gesetzlichen Regelung zu erkennen und ihr Verhalten danach auszurichten. Das neue ErbStG ist alles andere als klar verständlich. Die Regelungen sind oft schon sprachlich kaum zu verstehen (siehe z. B. § 13b Abs. 2 Satz 2 oder § 13b Abs. 4 Nr. 5 S. 4 und 5 ErbStG). Der Aufbau der Vorschriften ist wenig übersichtlich. Die Berechnung der Steuer lässt sich dem Gesetz allenfalls ansatzweise entnehmen. Im Fachschrifttum werden (von ausgewiesenen Experten) völlig unterschiedliche Rechenmodelle diskutiert (die naturgemäß auch zu ganz unterschiedlichen Ergebnissen führen). Es fehlt an einer eindeutigen und bestimmten Anordnung der Besteuerung. Insgesamt sind die neuen Regelungen in weiten Teilen unklar, unübersichtlich und unverständlich. Dies entspricht nicht den verfassungsrechtlichen Anforderungen an die Normenklarheit und Transparenz.

49 Steuern und Strafrecht:

Steuerhinterziehung ist strafbar. Dies gilt auch für die Erbschaft- und Schenkungsteuer. Der Gesetzgeber muss die steuerlichen Pflichten daher von vornherein klar und bestimmt regeln. Die Regelung muss im Gesetz selbst erfolgen (und nicht nur in Verordnungen, Richtlinien oder Erlassen).

Gemeinwohl und Eigeninteressen: 50

Eine erfolgreiche Regelung der Unternehmensnachfolge ist auch im Interesse der Allgemeinheit. Die generelle Begünstigung des Erwerbs von (allen) Betrieben ist daher sachgerecht und legitim. Allerdings hat der Gesetzgeber zahlreiche Sonderregelungen für einzelne Branchen und Unternehmen geschaffen. Solche Regelungen finden sich beispielsweise für Brauereien, Mineralölunternehmen, Saisonbetriebe, Wohnungsunternehmen, Autoleasingfirmen, Kunsthändler, Privatbanken und -versicherungen. Dies ist zwar kein unzulässiges Einzelfallgesetz. Gleichwohl ist eine derartige Fülle an Einzelfallregelungen bedenklich. Verfassungsrechtlich könnte dies die Gleichmäßigkeit der Besteuerung in Frage stellen. Europarechtlich führt die (selektive) Begünstigung einzelner Unternehmen möglicherweise zum Vorliegen einer unzulässigen Beihilfe.

Transparenz und Offenheit: 51

Das Grundgesetz enthält klare Regeln für die Gesetzgebung. Die Mitwirkung von Verbänden ist dort nicht vorgesehen, in einer parlamentarischen Demokratie aber gleichwohl üblich und sinnvoll. Die Neuregelung des ErbStG wurde offensichtlich von einer besonders intensiven Lobbyarbeit begleitet. Eine derartige Einflussnahme auf Gesetze ist mit dem Rechtsstaatsprinzip und dem Transparenzgebot kaum zu vereinbaren.

Erhebung und Vollzug: 52

Die Erbschaft- und Schenkungsteuer muss gleichmäßig erhoben und vollzogen werden. Die Angaben der Steuerpflichtigen müssen jeweils auf ihre Richtigkeit und Vollständigkeit überprüft werden. Zumindest bei größeren (international tätigen) Unternehmen dürfte eine tatsächliche Überprüfung der zahlreichen Angaben, Wertermittlungen und Berechnungen kaum möglich sein. Erhebungs- und Vollzugsdefizite sind unvermeidlich.

Effektivität und Verhältnismäßigkeit: 53

Beim Vollzug der Steuergesetze sind auch die Grundsätze der *„Wirtschaftlichkeit und Zweckmäßigkeit"* zu berücksichtigen sind (§ 88 Abs. 3 S. 2 AO). Die neuen Verschonungsregelungen führen bei der Finanzverwaltung zu einem enormen (finanziellen und personellen) Aufwand, aber nur zu einem vergleichsweise geringen Ertrag. Wirtschaftlichkeit und Zweckmäßigkeit sprechen gegen die Anwendung solcher Steuergesetze.

1.3.3 Einzelne Fragen des Verfassungsrechts

Das neue Unternehmenserbschaftsteuerrecht enthält eine ganze Fülle von Regelungen, deren konkrete Ausgestaltung kritikwürdig erscheint. Nicht jeder Verstoß gegen die Grundsätze der Systematik oder der Folgerichtigkeit hat dabei gleich einen Verfassungsverstoß zur Folge. Die Vielzahl der Verstöße ist aber doch bedenklich (Deutlich *Crezelius*, ZEV 2016, 541, 546). 54

Beispiele dafür sind u. a.: 55

Fristen: Der Gesetzgeber macht die steuerliche Begünstigung von zahlreichen Behaltefristen abhängig. Dabei gibt es Fristen von 2, 5, 7, 10 und 20 Jahren. Eine 56

Systematik ist nicht erkennbar. Teilweise wird auf Kalenderjahre, teilweise auf Wirtschaftsjahre und teilweise auf Zeitjahre abgestellt. Die Berechnung erfolgt nicht einheitlich. Die meisten Fristen laufen nach der Steuerentstehung; es gibt aber auch Fristen vor der Steuerentstehung.

57 **Einzelunternehmen:** Einzelunternehmen werden gegenüber Gesellschaften vielfach benachteiligt. Der Erwerb eines Wohnungsunternehmens ist nur begünstigt, wenn es sich um eine Personen- oder Kapitalgesellschaft handelt. Der Vorweg-Abschlag von bis zu 30 % wird nur bei Familiengesellschaften, nicht auch bei Einzelunternehmen gewährt. Der Einzelunternehmer, die mit seinem gesamten Vermögen haftet („der ehrbare Kaufmann"), müsste steuerlich mindestens genauso behandelt werden wie die Gesellschafter (jedenfalls nicht schlechter).

58 **Rechtsformneutralität:** Das Erbschaft- und Schenkungsteuerrecht ist auch sonst nicht rechtsformneutral. Die bereits früher bestehenden Rechtsformunterschiede zwischen Personen- und Kapitalgesellschaften wurden beibehalten (z.B. Mindestbeteiligung, Gesellschaftsdarlehen, Auslandsgesellschaften). Bei dem Vorweg-Abschlag wird zwischen steuerbegünstigten Stiftungen und Familienstiftungen differenziert. Inländische Familienstiftungen werden anders behandelt als ausländische Familienstiftungen.

59 **Wohnungsunternehmen:** Der Erwerb von Wohnungsunternehmen war und ist steuerlich begünstigt. Für ein Wohungsunternehmen bedarf es einer bestimmten Anzahl von Wohnungen. Der Erwerber eines (großen) Unternehmens mit mehr als 300 Wohnungen ist steuerlich begünstigt. Für den Erwerber eines (kleineren) Unternehmens mit weniger als 300 Wohnungen ist dagegen keine Verschonung vorgesehen; er muss die vollen Steuern bezahlen (und zwar auf Grundlage des gemeinen Werts). Mit dem Bereicherungsgedanken und dem Leistungsfähigkeitsprinzip ist die steuerliche Begünstigung von großen Wohnungsunternehmen nicht zu vereinbaren.

60 **Grundstücke:** Der Erwerb von (privaten und betrieblichen) Grundstücken wird steuerlich höchst unterschiedlich behandelt. Das selbstgenutzte Familienheim ist in bestimmten Fällen sachlich von der Steuer befreit. Bei vermieteten Wohngrundstücken wird ein Wertabschlag von 10 % gewährt. Betriebliche Grundstücke gehören grundsätzlich nur dann zum begünstigten Vermögen, wenn sie selbst gewerblich genutzt werden. Allerdings gibt es von diesem Grundsatz zahlreiche Ausnahmen, beispielsweise für Betriebsaufspaltungen, Sonderbetriebsvermögen und Konzernsachverhalte. Der Erwerb von gewerblichen Wohnungsunternehmen kann in Höhe von 85 % bzw. 100 % steuerbefreit sein. Voraussetzungen und Rechtsfolgen der einzenen Verschonungsregelungen unterscheiden sich ganz erheblich. Ein schlüssiges Gesamtkonzept für die Besteuerung des Erwerbs von Grundstücken ist nicht ersichtlich.

61 **Quote des Verwaltungsvermögens:** Der Gesetzgeber stellt in verschiedenem Zusammenhang auf eine bestimmte Quote des Verwaltungsvermögens ab. Dabei gibt es Quoten von 10 %, 15 %, 20 % und 90 %. Die einzelnen Quoten werden nicht nach einheitlichen Vorgaben ermittelt. Vielmehr kommen in jedem Einzelfall unterschiedliche Berechnungsmethoden zur Anwendung. Mehrfach werden Brutto- und Nettogrößen miteinander verglichen. Bei der Berechnung können sich Quoten von

mehr als 100 % ergeben. Die einzelnen Quoten sind weder vergleichbar noch vorhersehbar. Zufällige (willkürliche) Ergebnisse sind keineswegs ausgeschlossen.

Verfügungsbeschränkungen: Die Gesellschafter von Familienunternehmen können über ihre Anteile regelmäßig nicht frei verfügen. Diese Verfügungsbeschränkungen haben steuerlich unterschiedliche Folgen. Bei der Ermittlung des gemeinen Werts werden die Verfügungbeschränkungen nicht berücksichtigt. Bei Kapitalgesellschaften können Verfügungsbeschränkungen die Grundlage für die Zusammenrechnung mehrerer Anteile bilden. Bei Familiengesellschaften sind Verfügungsbeschränkungen im Gesellschaftsvertrag Voraussetzung für die Gewährung eines Vorab-Abschlags. Bei der Ermittlung des verfügbaren Vermögens von Erwerbern sind Verfügungsbeschränkungen wiederum ohne Bedeutung. 62

Kunstgegenstände: Der Erwerb von Kunstgegenständen und -sammlungen ist aus Gründen des Gemeinwohls ganz oder teilweise von der Steuer befreit. Gleichwohl gehört Kunst nicht zum begünstigten Vermögen eines Unternehmens, sondern zum (schädlichen) Verwaltungsvermögen. Bei einem Erwerber, der einen Steuererlass aufgrund einer Verschonungsbedarfsprüfung in Anspruch genommen hat, gehört die Kunst (mit dem vollen gemeinen Wert) zum verfügbaren Vermögen. 63

Minderheits- und Mehrheitsgesellschafter: Die unterschiedliche gesellschaftsrechtliche Situation von Minderheits- und Mehrheitsgesellschaftern wird im ErbStG nicht immer angemessen berücksichtigt. Minderheitsgesellschafter werden oftmals mit steuerlichen Erklärungs-, Anzeige- und Meldepflichten belastet, obwohl ihnen die entsprechenden Informationen gar nicht vorliegen und sie diese auch nicht beschaffen können. Der Steuergesetzgeber stellt nicht darauf ab, ob im Einzelfall gesetzliche oder vertragliche Auskunfts- und Einsichtsrechte bestehen. Die Informationsbeschaffung ist zudem oftmals mit einem nicht unerheblichen Zeit- und Kostenaufwand verbunden; die Tragung der Kosten ist vielfach ungeklärt und immer wieder Anlass für Streitigkeiten. 64

Besteuerung von Drittverhalten: Die steuerlichen Behaltensregelungen führen nicht selten dazu, dass ein Steuerpflichtiger für das Verhalten eines anderen Beteiligten (Dritten) steuerlich haften muss. Dies gilt grundsätzlich auch dann, wenn der Steuerpflichtige, das (rechtliche oder tatsächliche) Verhalten des Dritten nicht beeinflussen kann. Solche Regelungen schaffen ein nicht erhebliches Konfliktpotential unter Gesellschaftern. 65

Lohnsummenkontrolle: Mit der Lohnsummenkontrolle will der Gesetzgeber unverändert die „*Beschäftigung in Deutschland*" sicherstellen, obwohl Beschäftigte in allen EU-/EWR-Mitgliedstaaten bereits seit 2009 gleich behandelt werden. Der bloße Erhalt bestehender Arbeitsplätze wird steuerlich begünstigt, obwohl die Schaffung neuer Arbeitsplätze mehr Förderung verdient hätte. Die Lohnsummenregelung findet keine Anwendung auf Betriebe mit nicht mehr als 5 Beschäftigten. Die große Mehrheit aller Betriebe in Deutschland unterliegt somit überhaupt keiner Lohnsummenkontrolle. Die Einhaltung der Lohnsumme ist nur Voraussetzung für den Verschonungsabschlag. Zahlreiche andere Begünstigungen, wie der Abzugsbetrag, die Tarifbegrenzung oder der Vorab-Abschlag bei Familiengesellschaften werden dagegen auch dann gewährt, wenn die Lohnsumme nicht eingehalten wird. 66

67 **Großerwerbe:** Für Großerwerbe von mehr als 26 Mio. EUR gelten besondere Regelungen für die steuerliche Begünstigung. Dies betrifft weniger als 1 % aller Fälle. Der Verschonungsabschlag gilt nur bis zu einem Erwerb von begünstigtem Vermögen von 90 Mio. EUR. Der Steuererlass gilt dagegen auch bei größeren Erwerben. Eine betragsmäßige Höchstgrenze ist insoweit nicht vorgesehen.

68 **Gesellschaftsrecht und Steuerrecht:** Der Steuergesetzgeber nimmt immer größeren Einfluss auf das Gesellschaftsrecht. Die Gesellschaftsverträge von Familiengesellschaften müssen Entnahme-, Verfügungs- und Abfindungsbeschränkungen enthalten, damit Erwerbern ein Vorab-Abschlag gewährt wird. Die Vorgaben des Steuerrechts weichen dabei von der gesellschaftsrechtlichen Praxis nicht unerheblich ab. Beispielsweise regelt der Gesellschaftsvertrag (bislang) sinnvollerweise den handelsrechtlichen Gewinn und nicht auch den steuerlichen Gewinn. Änderungen des Gesellschaftsvertrages sind für mindestens 20 Jahre nur noch unter Beachtung der steuerrechtlichen Vorgaben möglich. Bei Kapitalgesellschafen fordert der Steuergesetzgeber den Abschluss von Poolvereinbarungen, um die Mindestbeteiligung von mehr als 25 % zu erreichen. Die steuerlichen Poolvereinbarungen entsprechen aber nicht dem Inhalt sonstiger Gesellschaftervereinbarungen. Die Auswirkungen der notwendigen Beschränkungen sind vielfach kaum absehbar.

69 **Erleichterung der Unternehmensnachfolge:** Der Gesetzgeber möchte mit den steuerlichen Begünstigungen die Unternehmensnachfolge erleichtern. Gleichzeitig beschränkt er die unternehmerische Tätigkeit aber durch zahlreiche Auflagen, Behaltensregelungen und Fortführungsverpflichtungen für viele Jahre. Dies beeinträchtigt die unternehmerische Freiheit ganz erheblich. Notwendige Anpassungen an veränderte Marktverhältnisse werden dadurch unter Umständen verhindert oder zumindest verzögert. Die (einmalige) Erleichterung der Unternehmensnachfolge darf nicht dazu führen, dass die unternehmerische Tätigkeit (dauerhaft) erschwert wird.

70-75 einstweilen frei

2 Anwendungsbereich

2.1 Zeitlicher Anwendungsbereich

76 **Ausgewählte Hinweise auf weiterführende Literatur:**

Crezelius, ErbStG nach dem 30.06.2016 – Steuerpause?, ZEV 2016, 367; *Drüen*, Verfassungswidrige Erbschaftsteuer – weiter so!?, NJW-aktuell 19/2016, 15; *Drüen*, Wegfall oder Fortgeltung des verfassungswidrigen Erbschaftsteuergesetzes nach dem 30.06.2016?, DStR 2016, 643; *Guerra/Mühlhaus*, Ist die geplante Rückwirkung des neuen Erbschaftsteuergesetzes auf den 1.7.2016 verfassungswidrig?, ErbStB 2016, 230; *Guerra/Mühlhaus*, Frist zur Neuregelung der Erbschaftsteuer, ErbStB 2016, 146; *Hüttemann*, Reform der Erbschaftsteuer – Wer hat Angst vor dem Verfassungsgericht?, DB 2016, Heft 30, M5; *Koblenzer/Günther*, Besteuerung von Erwerben in der Zeit nach dem 30.06.2016, DB 2016, 2016; *Oppel*, Erbschaftsteuer – Welche Konsequenzen hat die bis zum 30.6. unterbliebene Neuregelung?, SteuK 2016, 377; *Seer*, Tritt das Erbschaft- und Schenkungsteuergesetz zum 1.7.2016 wegen Untätigkeit des Gesetzgebers außer Vollzug?, GmbHR 2016, 673; *Zipfel/Lahme*, Anwendungsregelungen des neuen

Erbschaftsteuergesetzes und Einbeziehung vor dem 1.7.2016 erfolgter Übertragungen in die Großunternehmensregelungen, DStZ 2016, 566.

2.1.1 Überblick

Mit Wirkung vom 1.7.2016 ist das "*Gesetz zur Anpassung des Erbschaft- und Schenkungsteuergesetzes an die Rechtsprechung des Bundesverfassungsgerichts vom 04.11.2016*" *(BGBl I 2016, 2464 = BStBl I 2016, 1202)* in Kraft getreten (Art. 3 des Gesetzes). 77
Die §§ 13a, 13b ErbStG in der Fassung dieses Gesetzes finden auf alle Erwerbe Anwendung, für die die Steuer nach dem 30.6.2016 entsteht (§ 37 Abs. 12 Satz 1 ErbStG).

2.1.2 Steuerentstehung bis zum 30.6.2016

Für alle Erwerbe, für die Steuer bis zum 30.6.2016 entstanden ist (§ 9 ErbStG) gelten die früheren Verschonungsregelungen für begünstigtes Vermögen (§§ 13a, 13b ErbStG a. F. und § 37 Abs. 12 S. 1 ErbStG). 78
Der Verschonungsabschlag von 85 % bzw. 100 % galt danach unabhängig von der Höhe des Erwerbs (§§ 13a, 13b ErbStG a.F.). Die neuen Regelungen für Großerwerbe von mehr als 26 Mio. EUR waren noch nicht anwendbar (§§ 13c und 28a ErbStG n. F.). Für den Erwerb von Anteilen an Familiengesellschaften wurde kein Abschlag gewährt (§ 13a Abs. 9 ErbStG n. F.). Das begünstigte Vermögen wurde auf der Grundlage des früheren Verwaltungsvermögenstests (Quote von 50 % bzw. 10 %) ermittelt.

2.1.3 Steuerentstehung nach dem 30.6.2016

Für alle Erwerbe, für die Steuer nach dem 30.6.2016 entstanden ist (§ 9 ErbStG) gelten die neuen Verschonungsregelungen für begünstigtes Vermögen (§ 37 Abs. 12 Satz 1 ErbStG). Dazu gehören insbesondere auch die Vorschriften der §§ 13a, 13b, 13c, 19a, 28 und 28a ErbStG. 79
Der Verschonungsabschlag von 85 % bzw. 100 % gilt demnach nur noch für Erwerbe bis zu 26 Mio. EUR (§ 13a Abs. 1 ErbStG). Für den Erwerb von Anteilen an bestimmten Familiengesellschaften wird ein Vorab-Abschlag von bis zu 30 % gewährt (§ 13a Abs. 9 ErbStG). Die Optionsverschonung von 100 % gilt nur noch bei einer Verwaltungsvermögensquote von nicht mehr als 20 % (§ 13a Abs. 10 S. 2 f. ErbStG). 80
Das "*begünstigte Vermögen*" wird auf der Grundlage eines neuen Verwaltungsvermögenstests bestimmt (§ 13b Abs. 2 bis 10 ErbStG). Bei einer (nach einer speziellen Regelung ermittelten) Verwaltungsvermögensquote von 90 % oder mehr ist jegliche Begünstigung ausgeschlossen (§ 13b Abs. 2 S. 2 ErbStG) 81
Bei Großerwerben von mehr als 26 Mio. EUR kann der Erwerber zwischen einem reduzierten Verschonungsabschlag (§ 13c ErbStG) und einem Steuererlass aufgrund einer Verschonungsbedarfsprüfug (§ 28a ErbStG) wählen. 82

In allen Erbfällen kann der Erwerber begünstigten Vermögens eine Steuerstundung für bis zu sieben Jahre beantragen (§ 28 Abs. 1 ErbStG).

2.1.4 Rückwirkung

83 Das „*Gesetz zur Anpassung des Erbschaft- und Schenkungsteuergesetzes an die Rechtsprechung des Bundesverfassungsgerichts vom 4. November 2016*" ist mit Wirkung zum 1.7.2016 in Kraft getreten, wurde aber erst im Bundesgesetzblatt vom 9.11.2016 verkündet (BGBl I 2016, 2464 = BStBl I 2016, 1202). Das neue Gesetz ist damit rückwirkend in Kraft getreten.

84 Im Schrifttum wird kontrovers darüber diskutiert, ob eine solche (echte) Rückwirkung zulässig ist (grundlegend dazu *Crezelius*, ZEV 2016, 367 und 541; *Drüen*, DStR 2016, 343; *Seer*, GmbHR 2016, 673).

85 Richtigerweise ist eine solche Rückwirkung im stichtagsbezogenen ErbStG als unzulässig anzusehen. Das BVerfG und die Finanzverwaltung haben immer wieder öffentlich betont, dass das bisherige Recht bis zu einer gesetzlichen Neuregelung fort gilt (und zwar auch über den 30.6.2016 hinaus). Das dadurch begründete Vertrauen der Steuerpflichtigen in den Fortbestand des früheren Rechts war und ist schutzwürdig. Ein sachlicher Grund für einen rückwirkenden Eingriff in diese Rechtsposition bestand nicht. Aufgrund der Weitergeltung des früheren Rechts waren auch keine Steuerausfälle zu befürchten.

86 Die Finanzverwaltung hat zu der Problematik bislang nicht ausdrücklich Stellung genommen, geht aber von der Zulässigkeit der Rückwirkung aus. Die Neuregelungen sind auf alle Erwerbe anzuwenden, für die die Steuer nach dem 30.6.2016 entsteht (oberste Finanzbehörden der Länder, Gleich lautende Erlasse vom 8.12.2016, BStBl I 2016, 1434, und gleichlautende Erlasse vom 21.6.2016, BStBl I 2016, 646 = DStR 2016, 1816). Die Steuer wird nicht (mehr) vorläufig festgesetzt, da das Gesetz rückwirkend zum 1.7.2016 in Kraft getreten ist (oberste Finanzbehörden der Länder, gleichlautende Erlasse vom 16.1.2017, BStBl I 2017, 24 = DStR 2017, 159).

87 Die Rückwirkung ist nur deshalb notwendig geworden, weil der Gesetzgeber seiner verfassungsrechtlichen Verpflichtung sonst nicht (rechtzeitig) nachgekommen wäre (BVerfG v. 17.12.2014, 1 BvL 21/12, BVerfGE 138, 136 = BStBl.II 2015, 50 = DStR 2015, 31). Das BVerfG hat mit Urteil vom 17.12.2014 das damals geltende ErbStG für verfassungswidrig erklärt und den Gesetzgeber aufgefordert, bis spätestens zum 30.6.2016 eine verfassungskonforme Neuregelung zu schaffen. Die Frist von über eineinhalb Jahren war an sich großzügig bemessen. Gleichwohl ist es nicht gelungen, dass neue Gesetz vor Fristende im Bundesgesetzblatt zu verkünden. Das Gesetzgebungsverfahren hat sich aufgrund von (politischen) Streitigkeiten immer wieder verzögert. Eine Einigung ist erst im Vermittlungsausschuss am 21./22.9.2016 erzielt worden. Der Deutsche Bundestag hat die endgültige Gesetzesfassung am 29.9.2016 beschlossen. Der Bundesrat hat am 14.10.2016 zugestimmt.

88 Ein **Wahlrecht** hat der Gesetzgeber (anders in Art. 3 ErbStRG 2009) nicht in das Gesetz aufgenommen. Der Steuerpflichtige kann somit (auch in der Übergangszeit vom 1.7.2016 bis zum 9.11.2016) nicht zwischen dem alten und neuen Recht wählen. Möglicherweise kann ein solches Wahlrecht im Wege der verfassungskonformen

Auslegung geschaffen werden (dafür *Crezelius*, ZEV 2016, 541, 543). Denkbar wäre auch eine entsprechende Billigkeitsregelung der Finanzverwaltung.

2.1.5 Europäisches Beihilferecht

Der deutsche Gesetzgeber war offensichtlich der Auffassung, dass es sich bei den Verschonungsregelungen um keine europarechtliche Beihilfe handelt (Art. 107 ff. AEUV). Andernfalls hätte das Gesetz erst dann in Kraft treten dürfen, nachdem die Europäische Kommission die beihilferechtliche Genehmigung erteilt hat (Art. 108 Abs. 3 AEUV). 89

Im Referentenentwurf des Bundesministeriums der Finanzen (Stand: 1.6.2015, Abschnitt VI., S. 18) wurde zur Vereinbarkeit mit dem Recht der Europäischen Union noch Folgendes ausgeführt: 90

„*Der Verzicht auf eine Bedürfnisprüfung bei Erwerb von begünstigtem Vermögen bis 20 Millionen Euro und die Regelung des Verschonungsabschlags können keine staatliche Beihilfe begründen, da nur die Erben und Beschenkten und nicht die Unternehmen als solche begünstigt werden. Die Änderungen folgen dem Leitprinzip der steuerlichen Progression und dem inneren Aufbau des Erbschaftsteuersystems und sind damit gerechtfertigt.*"

In dem späteren Regierungsentwurf ist dieser Abschnitt dann nicht mehr enthalten. Eine Begründung dafür findet sich nicht. In den sonstigen Gesetzesmaterialien findet sich (soweit ersichtlich) gleichfalls keinerlei Hinweis auf die Vereinbarkeit der neuen Verschonungsregelungen mit europäischem Recht. 91

Die kurzen Ausführungen in dem Referentenentwurf werden der komplexen Beihilfeproblematik kaum gerecht. Im **Schrifttum** wird die Frage kontrovers diskutiert (U.a. *Reimer*, NJW 2016, Heft 30, NJW-aktuell 3; *Seer*, GmbHR 2016, 673, 677; *de Weerth*, DB 2016, 2692). Der Europäische Gerichtshof hat über diese Frage bislang noch nicht entschieden. 92

Der Hinweis darauf, dass die neuen Verschonungsregeln die Erwerber (und nicht die Unternehmen) begünstigen ist zutreffend. Allerdings kann dieses Argument schon deshalb nicht überzeugen, weil der deutsche Gesetzgeber in seiner eigenen Gesetzesbegründung immer wieder die Bedeutung der Neuregelungen für die „*Betriebe*", die „*deutsche Unternehmenslandschaft*", die „*Unternehmenskultur*", die „*deutschen Unternehmensstrukturen*", „*die mittelständischen und inhabergeführten Unternehmen*" und die „*deutsche Wirtschaft*" hervorhebt (siehe BT-Drs. 18/5923, S. 1 f., S. 16 ff. und S. 21 ff.). Das BVerfG hat in seiner Entscheidung zum ErbStG gleichfalls mehrfach betont, dass die Regelungen dem Schutz der Unternehmen und Betriebe dienen. Die Begünstigungen sollen nach Auffassung des BVerfG verhindern, dass „*Betriebe*" (aufgrund der Steuerbelastung) „*in Liquiditätsschwierigkeiten*" kommen (BVerfG v. 17.12.2014, 1 BvL 21/12, Leitsatz Nr. 4a und Rz. 127, 133, 136, 152, 172, BVerfGE 138, 136 = BStBl II 2015, 50 = DStR 2015, 31). 93

Vielfach wird auch darauf hingewiesen, dass die Erbschaftsteuergesetze in anderen EU-/EWR-Mitgliedstaaten für Betriebe gleichfalls gewisse Vergünstigungen vorsehen, ohne dass diese als Beihilfen qualifiziert werden. Dies trifft zu. Die ausländischen Regelungen sind aber bei weitem nicht so komplex und weitreichend wie in 94

Deutschland. Europarechtlich ist weniger die Begünstigung als solche problematisch, als vielmehr deren konkrete Ausgestaltung mit ihren zahlreichen Ausnahmen, Rückausnahmen und Unterausnahmen. Die Regelungen sind zudem in mehrfacher Hinsicht nicht rechtsformneutral, ohne dass dafür immer sachliche Gründe ersichtlich sind. Insgesamt sind die Verschonungsregelungen von vielen Einzelfallregelungen geprägt. Dies deutet auf eine selektive Begünstigung hin.

Es bleibt abzuwarten, ob die Europäische Kommission das zum 1.7.2016 in Kraft getretene Gesetz einer beihilferechtlichen Prüfung unterziehen wird.

95-100 einstweilen frei

2.2 Sachlicher Anwendungsbereich

101 Der Verschonungsabschlag von 85 % (§ 13a Abs. 1 S. 1 ErbStG) bzw. 100 % (§ 13a Abs. 10 S. 1 ErbStG) gilt für alle steuerpflichtigen Erwerbe von Todes wegen (§§ 1 Abs. 1 Nr. 1, 3 ErbStG) und Schenkungen unter Lebenden (§§ 1 Abs. 1 Nr. 2, 7 ErbStG). Ferner sind auch Zweckzuwendungen erfasst (§§ 1 Abs. 1 Nr. 3, 8 ErbStG).

Auf die Erbersatzsteuer von Familienstiftungen (§ 1 Abs. 1 Nr. 4 ErbStG) findet der Verschonungsabschlag gleichfalls Anwendung; der Gesetzgeber hat dies (in § 13a Abs. 11 ErbStG) ausdrücklich klargestellt.

102-104 einstweilen frei

2.3 Persönlicher Anwendungsbereich

105 Der Verschonungsabschlag von 85 % (§ 13a Abs. 1 S. 1 ErbStG) bzw. 100 % (§ 13a Abs. 10 S. 1 ErbStG) gilt gleichermaßen für alle Erwerber.

Die steuerliche Begünstigung gilt demnach u. a. für volljährigen und minderjährigen Erwerber, natürliche und juristische Personen, in- und ausländische Personen- und Kapitalgesellschaften, unbeschränkt und beschränkt Steuerpflichtige, in- und ausländische Erwerber sowie für Stiftungen, Vereine und Vermögensmassen in- und ausländischen Rechts.

106-108 einstweilen frei

2.4 Internationaler Anwendungsbereich

109 **Ausgewählte Hinweise auf weiterführende Literatur:**

Baßler, Beschränkte Erbschaftsteuerpflicht beim Erwerb von Anteilen an inländischen Kapitalgesellschaften, ZEV 2014, 469; *Bron*, Der Brexit in der Nachfolgeplanung, ErbStB 2016, 177; *Corsten/Führich*, Europarechtliche Aspekte der Erbschaftsteuerreform, ZEV 2009, 481; *Gottschalk*, Internationale Unternehmensnachfolge: Ausgewählte Probleme der Steuerbefreiung des Produktivvermögens bei Auslandsberührung, ZEV 2010, 493; *Gottschalk*, Internationale Unternehmensnachfolge: Qualifikation ausländischer Erwerbe und Bewertungen von Produktivvermögen mit Auslandsberührung, ZEV 2009, 157; *Hecht/von Cölln*, Auswirkungen des Erbschaftsteuerreformgesetzes auf die Bewertung von ausländischem Grundbesitz,

BB 2009, 1212; Hey, Erbschaftsteuer: Europa und der Rest der Welt, DStR 2011, 1149; *Jülicher*, Praxisprobleme im internationalen Erbschaftsteuerrecht, BB 2014, 1367; *Kaminski*, Ausgewählte Gestaltungsüberlegungen zur Begrenzung der Belastung mit ausländischer Erbschaftsteuer, Stbg. 2013, 216; *Ley*, Das Erbschaftsteuerrecht in der EU, FamRZ 2014, 345; *von Oertzen/Stein*, Die Sicherung erbschaftsteuerlicher Vergünstigungen für Drittstaaten-Personengesellschaften durch Organschaften, Ubg. 2011, 353; *Peter*, Einbeziehung ausländischer Kapitalgesellschaftsanteile in die beschränkte deutsche Erbschaftsteuerpflicht unter besonderer Berücksichtigung des US-Nachlasssteuerrechts, ZEV 2014, 475; *Regierer/Vosseler*, Brexit – Konsequenzen für unentgeltliche Vermögensübertragungen, ZEV 2016, 473; *Siemers*, Die internationale Unternehmerfamilie – Herausforderungen aus steuerlicher Sicht, IStR 2015, 598; *Schmidt/Siegmund*, Erbschaftsteuerliche Begünstigung für Unternehmensvermögen im Drittland?, DStZ 2012, 427; *Wernsmann*, Internationale Doppelbesteuerung als unionsrechtliches Problem, zum Beispiel grenzüberschreitender Erbschaften und Schenkungen, in: Festschrift für Manfred Bengel und Wolfgang Reimann, 2012, S. 371 ff.; *Wulf*, Begünstigte Übertragung von Anteilen an Drittlands-Kapitalgesellschaften nach dem ErbStG?, AG 2012, 710; *Wrede*, Europarecht und Erbschaftsteuer. Zur Frage der Vereinbarkeit des deutschen Erbschaftsteuerrechts mit dem Recht der Europäischen Union, 2014; *Wünsche*, Die Abgrenzung der Grundfreiheiten bei der Vererbung von Drittstaatenvermögen – Die Entscheidung Scheunemann im Kontext der bisherigen Rechtsprechung, IStR 2012, 785.

Der Verschonungsabschlag von 85 % (§ 13a Abs. 1 S. 1 ErbStG) bzw. 100 % (§ 13a Abs. 10 S. 1 ErbStG) gilt in allen Fällen unbeschränkter (§ 2 Abs. 1 Nr. 1 und Nr. 2 ErbStG) und beschränkter Steuerpflicht (§ 2 Abs. 1 Nr. 3 und Abs. 3 ErbStG und § 4 AStG). Bei beschränkter Steuerpflicht erfolgt keine Kürzung des Verschonungsabschlags. 110

Der Wohnsitz von Erblasser (Schenker) und Erwerber ist somit insoweit ohne Bedeutung. 111

Der Verschonungsabschlag wird aber immer nur für begünstigtes Vermögen (§ 13b Abs. 2 ErbStG) gewährt. Zum begünstigten Vermögen gehört grundsätzlich Vermögen in den EU-/EWR-Mitgliedstaaten, nicht aber Vermögen in Drittstaaten (siehe § 13b Abs. 1 ErbStG und H E 13b.5 und 13b.6 ErbStR 2011).

einstweilen frei 112-115

3 Verhältnis zu anderen Verschonungsregelungen

3.1 Vorab-Abschlag für Familiengesellschaften (§ 13a Abs. 9 ErbStG)

Der Verschonungsabschlag von 85 % (§ 13a Abs. 1 S. 1 ErbStG) bzw. 100 % (§ 13a Abs. 10 S. 1 ErbStG) wird grundsätzlich immer dann gewährt, wenn der Erwerb begünstigten Vermöges die Grenze von 26 Mio. EUR nicht übersteigt (§ 13a Abs. 1 S. 2 ff. ErbStG). 116

Beim Erwerb von Anteilen an bestimmten Familiengesellschaften kann sich die Grenze von 26 Mio. EUR auf bis zu ca. 37 Mio. EUR erhöhen (§ 13a Abs. 9 117

ErbStG). Der Abschlag von bis zu 30 % wird „*vor*" Anwendung des Verschonungsabschlags gewährt (§ 13a Abs. 9 ErbStG).

118 Der allgemeine Verschonungsabschlag (§ 13a Abs. 1 ErbStG) und der besondere Vorab-Abschlag schließen sich somit nicht aus, sondern ergänzen sich. Dies zeigt auch die systematische Stellung des Vorab-Abschlags als Absatz 9 in der Steuerbefreiungsvorschrift des § 13a ErbStG.

119-122 einstweilen frei

3.2 Abschmelzungsmodell (§ 13c ErbStG)

123 Eine Reduzierung des Verschonungsabschlags von 85 % bzw. 100 % kommt nur bei einem Großerwerb von mehr als 26 Mio. EUR in Betracht (§ 13c ErbStG).

124 Bei einem Erwerb von begünstigten Vermögen von mehr als 26 Mio. EUR kann der Erwerber zwischen zwei möglichen Anträgen wählen:

- Der Erwerber kann (unwiderruflich) beantragen, dass der Verschonungsabschlag in Höhe von 85 % bzw. 100 % für den die Grenze von 26 Mio. EUR überschreitenden Erwerb entsprechend reduziert wird (§ 13c Abs. 1 ErbStG). Dieser Antrag schließt einen Antrag auf einen Steuererlass aufgrund einer Verschonungsbedarfsprüfung aus (§ 13c Abs. 2 S. 6 ErbStG).

- Der Erwerber kann (widerruflich) einen Steuererlass aufgrund einer Verschonungsbedarfsprüfung beantragen (§ 28a ErbStG). Dies ist allerdings dann nicht mehr möglich, wenn der Erwerber zuvor einen Antrag auf einen reduzierten Verschonungsabschlag gestellt hat (§ 28a Abs. 8 ErbStG).

125 Bei mehreren Erwerbern steht das Antragsrecht jedem Erwerber einzeln zu. Mehrere Erwerber können den Antrag auch getrennt voneinander und unterschiedlich stellen.

126-130 einstweilen frei

3.3 Tarifbegrenzung (§ 19a ErbStG)

131 Erwerber der Steuerklasse II oder III können die Tarifbegrenzung (§ 19a ErbStG) neben dem Verschonungsabschlag von 85 % bzw. 100 % in Anspruch nehmen (§§ 13a, 13b ErbStG).

132-133 einstweilen frei

3.4 Steuerstundung (§ 28 Abs. 1 ErbStG)

134 Der Verschonungsabschlag von 85 % bzw. 100 % (§§ 13a, 13b ErbStG) und die Steuerstundung für begünstigtes Vermögen (§ 28 Abs. 1 ErbStG) schließen sich nicht aus, sondern können nebeneinander in Anspruch genommen werden. Darüber hinaus besteht die allgemeine Möglichkeit der Steuerstundung (§ 222 AO).

135-136 einstweilen frei

3.5 Steuererlass aufgrund Verschonungsbedarfsprüfung (§ 28a ErbStG)

Ein Antrag auf Steuererlass aufgrund einer Verschonungsbedarfsprüfung kommt nur bei einem Großerwerb von mehr als 26 Mio. EUR in Betracht (§ 28a ErbStG).

Bei einem Erwerb von begünstigten Vermögen von mehr als 26 Mio. EUR kann der Erwerber zwischen zwei möglichen Anträgen wählen:

- Der Erwerber kann (widerruflich) einen Steuererlass aufgrund einer Verschonungsbedarfsprüfung beantragen (§ 28a ErbStG). Dies ist allerdings dann nicht mehr möglich, wenn der Erwerber zuvor einen Antrag auf einen reduzierten Verschonungsabschlag gestellt hat (§ 28a Abs. 8 ErbStG).
- Der Erwerber kann (unwiderruflich) beantragen, dass der Verschonungsabschlag in Höhe von 85 % bzw. 100 % für den die Grenze von 26 Mio. EUR überschreitenden Erwerb entsprechend reduziert wird (§ 13c Abs. 1 ErbStG). Dieser Antrag schließt einen Antrag auf einen Steuererlass aufgrund einer Verschonungsbedarfsprüfung aus (§ 13c Abs. 2 S. 6 ErbStG).

Bei mehreren Erwerbern steht das Antragsrecht jedem Erwerber einzeln zu. Mehrere Erwerber können den Antrag auch getrennt voneinander und unterschiedlich stellen.

Davon unberührt bleibt die Möglichkeit eines Steuererlasses nach den allgemeinen Vorschriften der Abgabenordnung (§ 227 AO).

einstweilen frei

4 Verschonungsabschlag von 85 % (§ 13a Abs. 1 ErbStG)

4.1 Überblick

Begünstigtes Vermögen (§ 13b Abs. 2 ErbStG) bleibt grundsätzlich zu 85 % (**Verschonungsabschlag**) steuerfrei (Regelverschonung, § 13a Abs. 1 S. 1 ErbStG). Auf (unwiderruflichen) Antrag des Erwerbers wird (an Stelle des Verschonungsabschlags von 85 %) ein Verschonungsabschlag von 100 % gewährt (Optionsverschonung, § 13a Abs. 10 S. 1 Nr. 1 ErbStG).

Seit dem 1.7.2016 wird der Verschonungsabschlag allerdings nur noch dann in voller Höhe gewährt, wenn der Erwerb begünstigten Vermögens (§ 13b Abs. 2 ErbStG) eine Grenze von 26 Mio. EUR nicht übersteigt (§ 13a Abs. 1 S. 1 ErbStG und § 37 Abs. 12 S. 1 ErbStG). Dabei werden Erwerbe begünstigten Vermögens innerhalb der letzten 10 Jahre von derselben Person zusammengerechnet (§ 13a Abs. 1 S. 1 und 2 ErbStG).

Bei einem Erwerb begünstigten Vermögens, der die **Grenze von 26 Mio. EUR** überschreitet (sogenannter **Großerwerb**), kann der Erwerber zwischen zwei Verschonungsmodellen wählen:

- Bei dem Abschmelzungsmodell wird der Verschonungsabschlag von grundsätzlich 85 % bzw. 100 % mit zunehmender Höhe des Erwerbs immer weiter reduziert (§ 13c ErbStG). Die Abschmelzung beträgt dabei jeweils einen Prozentpunkt für jede vollen 750.000 EUR. Der Verschonungsabschlag wird dabei bis auf Null abgeschmolzen. Eine Sockelverschonung ist nicht vorgesehen. Ab einem Erwerb von rund 90 Mio. EUR wird keinerlei Verschonung mehr gewährt.

	• Bei dem Erlassmodell wird die Steuer ganz oder teilweise erlassen, wenn der Erwerber nachweist, dass er nicht in der Lage ist, die Steuer aus seinem verfügbaren Vermögen zu begleichen (§ 28a ErbStG). Der Steuererlass ist auch bei einem Erwerb von mehr als 90 Mio. EUR möglich.
148	Die beiden Verschonungsmodelle können nicht miteinander kombiniert werden, sondern schließen sich gegenseitig aus (§§ 13c Abs. 2 S. 6, 28a Abs. 8 ErbStG). In allen Fällen kann beim Erwerb von Todes wegen zusätzlich eine Steuerstundung beantragt werden (§ 28 Abs. 1 ErbStG).
149-152	einstweilen frei

4.2 Regelverschonung: Verschonungsabschlag von 85 % (§ 13a Abs. 1 S. 1 ErbStG)

153 Begünstigtes Vermögen (§ 13b Abs. 2 ErbStG) bleibt grundsätzlich zu 85 % (Regelverschonung) bzw. 100 % (Optionsverschonung) steuerfrei (§ 13a Abs. 1 S. 1 und Abs. 10 S. 1 Nr. 1 ErbStG).

154 Der Verschonungsabschlag wurde in seiner jetzigen Form bereits durch das Erbschaftsteuerreformgesetz 2009 eingeführt (BGBl I 2008, 3018 = BStBl I 2009, 140). Gleichwohl hat der Gesetzgeber im Rahmen der Erbschaftsteuerreform 2016 (BGBl I 2016, 2464 = BStBl I 2016, 1202) die Notwendigkeit der Verschonung nochmals ausführlich begründet.

155 In dem Gesetzesentwurf der Bundesregierung vom September 2015 wird dazu folgendes ausgeführt (BT-Drs. 18/5923, 21 ff.):

„Die im Wesentlichen durch kleine und mittelständische Betriebe geprägte Unternehmenslandschaft mit ihrer familienbezogenen Unternehmensstruktur ist für die deutsche Wirtschaft charakteristisch und hat sich im internationalen Wettbewerb bewährt. Regional vernetzte Betriebe bilden eine wichtige Voraussetzung für wirtschaftliches Wachstum in Deutschland und damit für nachhaltige Beschäftigung in Arbeits- und Ausbildungsplätzen. Sie stehen für offene Märkte und hohe Wettbewerbsintensität.

Aufgrund des föderalen Aufbaus und der sozialen Marktwirtschaft hat sich deshalb in Deutschland eine einzigartige Unternehmensstruktur gebildet, die auch die Vorteile des Familienbetriebs mit den Vorteilen eines Großunternehmens kombiniert. Diese Unternehmensstruktur generiert ein volkswirtschaftliches Wachstum und wirkt in ökonomischen Krisen stabilisierend. Betriebliches Vermögen bildet damit eine Basis für eine regional ausgewogene Wertschöpfung und ein stabiles Wachstum mit hohem Beschäftigungsstand in Deutschland. Diese gemeinwohlorientierten Besonderheiten gegenüber anderen Vermögensarten erfordern eine differenzierte Behandlung im Rahmen der Erbschaft- und Schenkungsteuer.

Jährlich werden etwa 27.000 Unternehmen übertragen, in denen rund 400.000 Arbeitnehmer beschäftigt sind. Da in vielen Betrieben beträchtliches Kapital für Produktionszwecke gebunden ist, kann die im Erb- oder Schenkungsfall anfallende Steuer oft nicht aus liquidem Vermögen oder aus laufenden Erträgen beglichen werden. Liquiditätsreserven und Investitionsfähigkeit sollen durch staatliche Ansprü-

che nicht erschöpft werden. Aber gerade Zeiten des Betriebsübergangs brauchen stabile Rahmenbedingungen, weil sie oft Umstrukturierungen und Neuinvestitionen erforderlich machen. Deshalb wird Erwerbern betrieblichen Vermögens eine Verschonung ermöglicht, die die Liquidität schützt, Investitionen nicht verhindert, das Unternehmen nicht gefährdet und so letztlich die Beschäftigung in den Betrieben sichert. Damit wird auch gesamtwirtschaftlich ein Betrag dazu geleistet, die wirtschaftliche Stärke und damit die Beschäftigung in Deutschland zu erhalten.

Das Bundesverfassungsgericht hat mit seinem Urteil vom 17. Dezember 2014 – 1 BvL 21/12 – die gesetzgeberische Konzeption und die vorstehend dargelegten Gründe für die Verschonung von betrieblichem Vermögen bei der Erbschaft- und Schenkungsteuer grundsätzlich anerkannt. Insbesondere die zentralen Voraussetzungen des § 13 a ErbStG zur Inanspruchnahme der Verschonung, die Behaltensfristen und die Lohnsummenregelung, hat es dem Grunde nach nicht beanstandet. Der Gesetzgeber kann somit innerhalb der bestehenden Systematik den Übergang kleiner und mittlerer Betriebe im Wesentlichen wie bisher steuerlich begünstigen, um die dort vorhandene Beschäftigung zu erhalten und zu sichern. Lediglich die Ausnahme von der Lohnsummenregelung für Betriebe mit maximal 20 Beschäftigten, die Steuerbefreiung von nicht verschonungswürdigem Vermögen bis zu 50 Prozent und die ohne Bedürfnisprüfung gewährte Verschonung bei der Übertragung von Großunternehmen bzw. großen Erwerben betrieblichen Vermögens hat das Bundesverfassungsgericht als unverhältnismäßig eingestuft.

Das in § 13 b ErbStG näher umschriebene begünstigte Vermögen wird vermindert um einen Verschonungsabschlag von 85 Prozent. Das bedeutet, dass 15 Prozent des begünstigten Vermögens bei der Regelverschonung sofort besteuert werden. Die weiteren Voraussetzungen und Bedingungen für die Gewährung der Verschonung sind in den Absätzen 3, 5, 6 und 9 geregelt."

Mehrere wirtschaftliche Einheiten (einer oder mehrerer Arten begünstigungsfähigen Vermögens) sind vor der Anwendung des Verschonungsabschlags zusammenzurechen (R E 13a.1 Abs. 2 S. 3 ErbStR 2011). Der Verschonungsabschlag kann nur von einem insgesamt positiven Steuerwert des gesamten begünstigten Vermögens abgezogen werden (R E 13a.1 Abs. 2 S. 4 ErbStR 2011). 156

Der Verschonungsabschlag kann beim Erwerb von begünstigten Vermögen **mehrfach** genutzt werden. Eine mehrfache Inanspruchnahme des Verschonungsabschlags ist selbst beim mehrfachen Erwerb begünstigten Vermögens innerhalb von 10 Jahren von derselben Person möglich (Umkehrschluss zu § 13a Abs. 2 Satz 3 ErbStG). 157

Der Verschonungsabschlag wird allerdings nur dann gewährt, wenn der Erwerb begünstigten Vermögens (§ 13b Abs. 2 ErbStG) insgesamt eine Grenze von 26 Mio. EUR nicht übersteigt (§ 13a Abs. 1 Satz 1 ErbStG). Dabei handelt es sich um eine **Freigrenze**, nicht um einen Freibetrag. 158

einstweilen frei 159-162

4.3 Grenze von 26 Mio. EUR (§ 13a Abs. 1 S. 1 ErbStG)

4.3.1 Überblick

163 Für den Erwerb begünstigten Vermögens **bis zum 30.6.2016** (§ 37 Abs. 12 S. 1 ErbStG) wurde der Verschonungsabschlag von 85 % bzw. 100 % unabhängig von der Höhe des Erwerbs gewährt.

164 Für alle Erwerbe begünstigten Vermögens, für die die Steuer **nach dem 30.6.2016** entsteht ist der Erwerb grundsätzlich nur noch dann in Höhe von 85 % bzw. 100 % steuerfrei, wenn der Erwerb begünstigten Vermögens die Grenze von 26 Mio. EUR insgesamt nicht übersteigt.

165 Das **BVerfG** hat dem Gesetzgeber die Grenze von 26 Mio. EUR in seiner Entscheidung zum ErbStG nicht ausdrücklich vorgegeben (BVerfG v. 17.12.2014, 1 BvL 21/12, BVerfGE 138, 136 = BStBl II 2015, 50 = DStR 2015, 31). Allerdings hat das BVerfG deutlich gemacht, dass eine steuerliche Verschonung nur bei kleinen und mittleren Erwerben ohne eine individuelle Bedrüfnisprüfung zulässig ist. Bei größeren Erwerben sei eine steuerliche Verschonung nur dann möglich, wenn die Bedürftigkeit des Erwerbers konkret festgestellt worden ist. Diese Grenze hat der Gesetzgeber nunmehr bei 26 Mio. EUR gezogen.

166 Die Bundesregierung hat die Grenze von 26 Mio. EUR in ihrem ursprünglichen Gesetzesentwurf als *„Prüfschwelle"* bezeichnet und diese u.a. wie folgt **begründet** (BT-Drs. 18/5923, S. 23 ff.):

„Die bestehenden Verschonungsregelungen nach §§ 13a, 13b ErbStG sind nach dem Urteil des Bundesverfassungsgerichts vom 17. Dezember 2014 – 1 BvL 21/12 – unverhältnismäßig, soweit bei der Übertragung großer betrieblicher Vermögen die Verschonung eintritt, ohne dass der Erwerber nachgewiesen hat, ob er überhaupt einer Verschonung bedarf.

Nach dieser Maßgabe bestimmt die Vorschrift grundsätzlich eine Prüfschwelle von 26 Millionen Euro für die Verschonung des insgesamt erworbenen begünstigten Vermögens im Sinne des § 13 b ErbStG. Bei der Prüfung, ob die Schwelle überschritten ist, sind von derselben Person anfallende Erwerbe begünstigten Vermögens innerhalb von zehn Jahren einzubeziehen (vergleichbar mit der Frist in § 14 ErbStG). Durch das Zusammenrechnen von Erwerben innerhalb von zehn Jahren sollen Gestaltungen durch gestaffelte Übertragungen vermieden werden. Dabei werden frühere Erwerbe nur mit ihrem früheren Wert angesetzt. Damit eine nachträgliche Änderungsfestsetzung möglich bleibt, wird das Ende der Festsetzungsfrist hinausgeschoben. Liegt der Erwerb unterhalb der Prüfschwelle, erhält der Erwerber, wie im bisherigen Recht, im Rahmen der Regelverschonung einen Verschonungsabschlag in Höhe von 85 Prozent und bei der Optionsverschonung nach Absatz 10 in Höhe von 100 Prozent, soweit die weiteren Voraussetzungen (Einhalten der Behaltens- und der Lohnsummenregelungen) hierfür vorliegen. Übersteigt der Wert des erworbenen begünstigten Vermögens die Prüfschwelle, erfolgt zunächst keine Verschonung, sondern auf Antrag ein verminderter Verschonungsabschlag nach § 13 c ErbStG (…) oder eine individuelle Verschonungsbedarfsprüfung beim Erwerber nach dem neu eingefügten § 28 a ErbStG (…).

Das Bundesverfassungsgericht hat die Bedürfnisprüfung für den Erwerb von größeren Unternehmen vorgegeben, da die Ungleichbehandlung bei diesen Erwerben schon wegen der Größe der steuerbefreiten Beträge ein Ausmaß annimmt, das ohne konkrete Feststellung der Verschonungsbedürftigkeit des erworbenen Unternehmens – eigentlich des Erwerbs – nicht mehr hingenommen werden kann (Urteil des Bundesverfassungsgerichts vom 17. Dezember 2014 – 1 BvL 21/12 –, Rz. 172 f.). Bei der Ausgestaltung der Bedürfnisprüfung hat das Bundesverfassungsgericht dem Gesetzgeber einen Gestaltungsspielraum zugestanden. Die erwerbsbezogene Prüfschwelle orientiert sich an dem Maß der Ungleichbehandlung und knüpft entsprechend der Erbschaftsteuersystematik an den Wert des konkreten Erwerbs an (erwerbsbezogene Betrachtung). Eine erwerbsbezogene Prüfschwelle grenzt daher größere Erwerbe von kleinen und mittleren Erwerben ab. Bei Erwerben bis zu einem Wert von 26 Millionen Euro geht der Gesetzgeber typisierend von einer unwiderleglichen Gefährdungsvermutung für die in den Betrieben angelegte Beschäftigung aus. Der Prüfschwellenwert ist von der Steuertarifnorm abgeleitet. Der Gesetzgeber hat im Rahmen des Steuertarifs die größeren Erwerbe, auf die der höchste Steuersatz angewendet wird, mit einem Wert von über 26 Millionen Euro bestimmt (vgl. § 19 Absatz 1 ErbStG). Diesem Grenzwert sollte die Prüfschwelle nicht widersprechen. Bei der Höhe der Prüfschwelle ist zu beachten, dass die Prüfung nicht strukturell leer laufen darf und eine gewisse Anzahl von Erwerben erfasst. Nach der Erbschaft- und Schenkungsteuerstatistik 2012 und 2013 lagen rund 1,5 bis 1,7 Prozent der Erwerbe mit begünstigtem Vermögen nach §§ 13a, 13b ErbStG in der in diesen Jahren geltenden Fassung oberhalb eines Werts von 20 Millionen Euro. Der Gesetzgeber geht davon aus, dass etwa 1 Prozent der Erwerbe begünstigten Vermögens im Sinne des Gesetzesentwurfs oberhalb von 26 Millionen Euro liegen."

Der Gesetzgeber hat sich bei der Grenze an der höchsten Tarifstufe des geltenden Steuertarifs orientiert (§ 19 Abs. 1 ErbStG). Bei einem steuerpflichtigen Erwerb von über 26 Mio. EUR kommt der höchste Steuersatz zur Anwendung; insoweit kann allgemein von einem großen Erwerb gesprochen werden. Die Grenzziehung erscheint gleichwohl einigermaßen willkürlich. Ein sachlicher Zusammenhang zwischen dem allgemeinen Steuertarif und der konkreten Bedürfnisprüfung für den Erwerb von begünstigtem Vermögen besteht jedenfalls nicht.

Nach der amtlichen Gesetzesbegründung soll *„etwa 1 Prozent der Erwerbe begünstigten Vermögens (...) oberhalb von 26 Mio. Euro liegen"* (BT-Drs. 18/5923, S. 24). Unter Berücksichtigung des neuen Kapitalisierungsfaktors für das vereinfachte Ertragswertverfahren (§§ 203, 205 Abs. 11 BewG) dürfte der Anteil noch deutlich niedriger liegen. Dies bedeutet, dass in mehr als 99 % aller Fälle eine konkrete Verschonungsprüfung (weiterhin) nicht stattfindet. Die mit dem Abschmelzungs- bzw. Erlassmodell verbundenen Auflagen greifen somit nur in weniger als 1 % aller Fälle tatsächlich ein. Dies ist **verfassungsrechtlich** nicht unbedenklich. Das BVerfG hat in seiner Entscheidung zum ErbStG (in Zusammenhang mit der Lohnsummenregelung) ausgeführt, dass eine Regelung, die bei über 90 % der übertragenen Betriebe keine Anwendung findet, zur Rechtfertigung der steuerlichen Verschonung grundsätzlich nicht geeignet ist (BVerfG v. 17.12.2014, 1 BvL 21/12, Rz. 219 ff., BVerfGE 138, 136 = BStBl II 2015, 50). Der Verschonungsabschlag kann somit *„fast* *flächendeckend"* ohne eine konkrete Bedürfnisprüfung in Anspruch genommen werden. Die Verschonung auf der Grundlage von typisierten und pauschalierten Annahmen des Gesetzgebers ist damit die Regel; eine konkrete Prüfung des Verschonungsbedürfnisses ist (und bleibt) die Ausnahme.

4.3.2 Berechnung der Grenze von 26 Mio. EUR (§ 13a Abs. 1 S. 1 ErbStG)

169 Die Grenze von 26 Mio. Euro gilt **einheitlich** für die Fälle der Regel- und der Optionsverschonung.

Für den Erwerb von Anteilen an bestimmten **Familiengesellschaften** wird ein Abschlag von bis zu 30 % gewährt (§ 13a Abs. 9 ErbStG). Der Abschlag wird *„vor"* Anwendung des Verschonungsabschlags gewährt, so dass sich die maßgebliche Grenze in diesen Fällen von 26 Mio. EUR auf bis zu ca. 37 Mio. EUR erhöht.

170 Nicht abschließend geklärt ist bislang, ob bei der Ermittlung der Grenze von 26 Mio. EUR etwaige **Schulden und Lasten** (z.B. ein Vorbehaltsnießbrauch des Schenkers oder Pflichtteilsansprüche) abgezogen werden können. Dies ist zu verneinen, da es nach dem Gesetzeswortlaut auf das *„begünstigte Vermögen im Sinne des § 13b Abs. 2"* ankommt und nicht auf den *„steuerpflichtigen Erwerb"* (im Sinne von § 10 ErbStG) (im Ergebnis ebenso *Thouet*, Reform der Erbschaftsteuer, 2016, § 2 Rz. 6. – Anders wohl *Kaminski*, Stbg 2016, 441, 449).

171 Die Berechnung der Grenze von 26 Mio. EUR ist in der Praxis mit erheblichen Risiken verbunden. Ein Euro mehr oder weniger entscheidet über das Vorliegen eines Großerwerbs.

172 In der Praxis kann sich ein Schenker ein (vertragliches) **Rückforderungsrecht** für den Fall vorbehalten, dass das begünstigte Vermögen die Grenze von 26 Mio. EUR überschreitet (§ 29 Abs. 1 Nr. 1 ErbStG i.V.m. §§ 346 ff. BGB; siehe *von Oertzen/Reich*, Ubg. 2015, 629, 631). Damit ist sichergestellt, dass die Zuwendung kein steuerlicher Großerwerb ist bzw. das zu viel übertragene Vermögen steuerneutral wieder zurückübertragen werden kann. Die Zehnjahresfrist würde in diesem Fall gleichwohl in Gang gesetzt. Das Vermögen, das dann gegebenenfalls wieder zurückübertragen wird, kann dann auf einen anderen Erwerber oder nach Ablauf von zehn Jahren erneut übertragen werden. Bei Erwerben von Todes wegen könnte der Erbe (an Stelle eines Rückforderungsrechts) mit einem entsprechenden Vermächtnis oder einer Auflage belastet werden.

173 Bei (ungewolltem) Überschreiten der Grenze von 26 Mio. EUR kann auch die Errichtung einer steuerbegünstigten **Stiftung** durch den Erwerber in Betracht kommen. Nach allgemeinen Regeln erlischt die Erbschaft- und Schenkungsteuer mit Wirkung für die Vergangenheit, soweit der Erwerber die erworbenen Vermögensgegenstände innerhalb von 24 Monaten einer (inländischen) steuerbegünstigten Stiftung zuwendet (§ 29 Abs. 1 Nr. 4 ErbStG; siehe *von Oertzen/Reich*, BB 2015, 356, 359). Bei einem Erwerb von begünstigtem Vermögen von mehr als 26 Mio. EUR könnte der Erwerber Vermögenswerte in Höhe des überschießenden Erwerbs auf eine steuerbegünstigte Stiftung übertragen und damit unter der Grenze von 26 Mio. EUR bleiben. Die Steuer erlischt dann insoweit rückwirkend. Diese gesetzlich angeordnete Rückwirkung gilt trotz des strengen Stichtagsprin-

zips auch für die Ermittlung des begünstigten Vermögens (im Sinne von §§ 13a Abs. 1 Satz 2, 13b Abs. 2 ErbStG).

4.3.3 Zusammenrechnung mehrerer Erwerbe innerhalb von 10 Jahren (§ 13a Abs. 1 S. 2 ErbStG)

4.3.3.1 Grundlagen der Zusammenrechnung

Bei der Ermittlung der Grenze von 26 Mio. EUR werden (ähnlich wie bei § 14 ErbStG) mehrere (innerhalb von 10 Jahren von derselben Person anfallende) Erwerbe begünstigten Vermögens **zusammengerechnet** (§ 13a Abs. 1 S. 2 ff. ErbStG). Der Gesetzgeber wollte damit etwaige Umgehungen (durch die Aufspaltung größerer Erwerbe auf mehrere Teilübertragungen) von vornherein verhindern. 174

Die **Frist von 10 Jahren** entspricht zwar der allgemeinen Regelung des § 14 ErbStG für die Zusammenrechnung mehrerer Erwerbe, lässt sich mit den besonderen Behaltefristen für unternehmerisches Vermögen von 5 bzw. 7 Jahren systematisch gleichwohl nur schwer vereinbaren. Eine Zusammenrechnung erfolgt insbesondere auch dann, wenn der spätere Erwerb nach Ablauf der Behalte- und Lohnsummenfrist von 5 bzw. 7 Jahren erfolgt. 175

Die vorweggenommene Unternehmensnachfolge wird künftig noch mehr an Bedeutung gewinnen. Nur wer frühzeitig mit der Vermögensübertragung beginnt, kann die Zehnjahresfrist bewusst mehrfach nutzen. Dies ist kein Gestaltungsmissbrauch und kein Gesamtplan, sondern eine sinnvolle Gestaltung der vorweggenommenen Unternehmensnachfolge. Das Unternehmen (und die damit verbundene Verantwortung) soll sinnvollerweise nach und nach in mehreren geplanten Teilschritten (und nicht überraschend und auf einen Schlag, etwa mit dem Tod) übertragen werden. 176

Die Zehnjahresfrist **beginnt** auch dann sofort zu laufen, wenn sich der Schenker bei der Vermögensübertragung einen Vorbehaltsnießbrauch oder Rückforderungsrechte vorbehalten hat. Im Unterschied zum Pflichtteilsrecht (§ 2325 Abs. 3 BGB) ist der Fristbeginn im Schenkungsteuerrecht nicht von einer wirtschaftlichen Ausgliederung des Vermögens abhängig. Die steuerliche Zehnjahresfrist beginnt selbst bei einem freien Rückforderungsrecht des Schenkers zu laufen. 177

4.3.3.2 Zusammenrechnung mehrerer Erwerbe von derselben Person (§ 13a Abs. 1 S. 2 ErbStG)

Die gesetzliche Regelung sieht eine Zusammenrechnung des begünstigten Vermögens nur vor beim **Erwerb** *„von derselben Person"* (§ 13a Abs. 1 S. 2 ErbStG). Eine Zusammenrechnung erfolgt dagegen nicht, wenn auf der Seite des Erblassers bzw. Schenkers und/oder auf der Seite des Erwerbers keine Personenidentität vorliegt. 178

Auf der **Seite des Erblassers bzw. Schenkers** lässt sich die Personenidentität nicht ohne weiteres vermeiden, da dieser Inhaber des begünstigten Vermögens sein muss. In Einzelfällen kann über das Instrument der Kettenschenkung (z.B. die Zwischenschaltung eines Ehegatten) ein weiterer Schenker „geschaffen" werden (dazu *Halaczinsky,* UVR 2016, 364, 373). 179

180 Bei privatem Vermögen ist die Kettenschenkung eine anerkannte Gestaltung zur Vervielfältigung der persönlichen Freibeträge und zur Nutzung der günstigen Steuerklasse I unter Ehegatten und deren Kindern (BFH v. 18.7.2013, II R 37/11, BStBl II 2013, 934 = DStR 2013, 2103; BFH v. 10.3.2005, II R 54/03, BStBl II 2005, 412).

181 Bei unternehmerischem Vermögen kann die Kettenschenkung grundsätzlich in gleicher Weise genutzt werden, um die Grenze für Großerwerbe von 26 Mio. EUR mehrfach zu nutzen. Allerdings sind auch Zuwendungen unter Ehegatten grundsätzlich steuerpflichtig, sofern sie den Freibetrag (§ 16 Abs. 1 Nr. 1 ErbStG) übersteigen und kein steuerfreier Zugewinn (§ 5 ErbStG) sind. Für jeden Erwerb sind zudem die jeweiligen steuerlichen Behaltefristen zu beachten. Zivilrechtlich können in den Gesellschaftsverträgen für die Übertragung auf Ehegatten Beschränkungen vorgesehen sein. Insgesamt werden Kettenschenkungen von unternehmerischem Vermögen in der Praxis (aus wirtschaftlichen, steuerlichen oder familiären Gründen) oftmals nicht in Betracht kommen.

182 Im Erbfall lässt sich die Personenidentität durch die Anordnung der Vor- und Nacherbfolge vermeiden (§§ 2100 f. BGB und § 6 ErbStG; siehe *von Oertzen/Reich*, BB 2015, 356, 358; *Thonemann-Micker*, DB 2016, 2312, 2321. Allgemein zur Vor- und Nacherbfolge *Kamps*, FR 2014, 361). Der Vorerbe ist Erbe des Erblassers (§ 6 Abs. 1 ErbStG). Der Nacherbe ist steuerlich (insoweit abweichend vom Zivilrecht) nicht Erbe des Erblassers, sondern Erbe des Vorerben (§ 6 Abs. 2 S. 1 ErbStG). Damit liegt kein Erwerb von derselben Person vor. An diesem Ergebnis ändert sich selbst dann Nichts, wenn der Nacherbe beantragt, der Versteuerung das Verhältnis des Nacherben zum Erblasser (und nicht zum Vorerben) zugrunde zu legen (§ 6 Abs. 2 S. 2 ErbStG). Das Antragsrecht gilt nur für die Steuerklasse und wirkt sich nur für die Steuerberechnung aus (BFH v. 3.11.2010, II R 65/09, BStBl II 2011, 123 = DStR 2010, 2567). Im Übrigen bleibt es bei einem (steuerlichen) Erwerb des Nacherben vom Vorerben. Vorerbe und Nacherbe können auch (in- und ausländische) gemeinnützige und/oder privatnützige Stiftungen sein.

183 Auf der **Seite des Erwerbers** lässt sich die Grenze von 26 Mio. EUR dadurch vervielfältigen, dass das begünstigte Vermögen auf mehrere Kinder und Enkel übertragen wird. Allerdings kommen meist nicht alle Kinder und Enkel in gleicher Weise als Unternehmensnachfolger in Betracht (z.B. aufgrund Alter, Qualifikation, Ausbildung, Ansässigkeit im In- oder Ausland, eigener beruflicher Tätigkeit, familiärem Umfeld). Die meisten Gesellschaftsverträge sehen zudem entsprechende Beschränkungen vor. Eine Zersplitterung der Unternehmensbeteiligung ist regelmäßig auch betriebswirtschaftlich wenig sinnvoll. In der Praxis lässt sich die Zahl der Erwerber somit wohl keineswegs so leicht vervielfältigen wie dies theoretisch möglich erscheint.

184 Aufgrund dieser Ausgangssituation wird die Schaffung von (maßgeschneiderten) „künstlichen" Erwerbern in Zukunft an Bedeutung gewinnen. Die Grenze von 26 Mio. EUR gilt für jeden Erwerb einer in- oder ausländischen, natürlichen oder juristischen Person und damit auch für alle Gesellschaften und Stiftungen. Für den Erwerb jeder (in- oder ausländischen) Gesellschaft bzw. Stiftung kann somit stets die Grenze von 26 Mio. EUR neu genutzt werden. In der Praxis lässt sich die Grenze von 26 Mio. Euro durch die Übertragung auf mehrere Gesellschaften bzw. Stiftungen mehrfach nutzen.

4.3.3.3 Zeitlicher Anwendungsbereich der Zusammenrechnung (§ 13a Abs. 1 S. 2 ErbStG und § 37 Abs. 12 S. 2 ErbStG)

Bei der Zusammenrechnung mehrerer Erwerbe begünstigten Vermögens können grundsätzlich nur solche Erwerbe berücksichtigt werden, für die Steuer **nach dem 30.6.2016** entstanden ist (§ 13a Abs. 1 S. 2, § 37 Abs. 12 S. 1 ErbStG). 185

Umstritten ist dagegen, ob und inwieweit auch Erwerbe begünstigten Vermögens, für die die Steuer **vor dem 1.7.2016** entstanden ist, mit einzubeziehen sind. Ursache des Streits ist eine besondere Regelung über den zeitlichen Anwendungsbereich der neuen Vorschrift (§ 37 Abs. 12 S. 2 ErbStG). Diese lautet auszugsweise wie folgt: „*§ 13a Abs. 1 Satz 3 und 4 ErbStG n. F. findet auf frühere Erwerbe Anwendung, für die die Steuer nach dem 30.06.2016 entsteht.*" 186

Dies wird teilweise so verstanden, dass alle Erwerbe vor dem 30.6.2016 und nach dem 30.6.2016 (innerhalb von zehn Jahren) zusammenzurechnen sind.

Im Schrifttum (*Hannes*, ZEV 2016, 554, 560; *Thonemann-Micker*, DB 2016, 2312, 2322; *Söffing, M.*, ErbStB 2016, 339, 346; *Zipfel/Lahme*, DStZ 2016, 566) überwiegt derzeit die Auffassung, dass alle Erwerbe vor und nach dem 30.6.2016 (innerhalb von 10 Jahren) zusammenzurechnen sind. Die Zusammenrechnung soll allerdings nicht dazu führen, dass die Besteuerung für die früheren Erwerbe vor dem 30.6.2016 nachträglich nochmals geändert wird. Diese Besteuerung (einschließlich der gewährten Steuerbegünstigung) soll vielmehr unverändert bestehen bleiben, und zwar auch dann, wenn die Steuer für die früheren Erwerbe noch nicht bestandskräftig festgesetzt worden ist. Dagegen soll die Steuer für die neuen Erwerbe seit dem 30.6.2016 auf der Grundlage der zusammengerechneten Erwerbe ermittelt werden. Im Ergebnis sollen die früheren Erwerbe somit mit in die Zusammenrechnung einbezogen werden, die sich daraus ergebenden nachteiligen Folgen aber auf die Zeit nach dem 30.6.2016 beschränkt werden. 187

Richtigerweise (so wohl auch *Korezkij*, DStR 2017, 189 (192); *Reich*, BB 2016, 2647, 2649; *Viskorf/Löcherbach/Jehle*, DStR 2016, 2425, 2431) sind bei der Zusammenrechnung nur solche (früheren und späteren) Erwerbe von „*begünstigtem Vermögen*" (§ 13b Abs. 2 ErbStG n.F.) einzubeziehen, für die die Steuer nach dem 30.6.2016 entstanden sind. Alle Erwerbe, für die die Steuer vor dem 30.6.2016 entstanden ist, dürfen dagegen nicht mit einbezogen werden. 188

Für diese Auslegung spricht zunächst der Gesetzeswortlaut. Eine Zusammenrechnung ist nur für Erwerbe „*begünstigten Vermögens im Sinne des § 13b Absatz 2*" vorgesehen (§ 13a Abs. 1 S. 2 ErbStG). Begünstigtes Vermögen in diesem Sinne gibt es aber frühestens seit dem 1.7.2016. Die neue Bestimmung des begünstigten Vermögens gab es vorher überhaupt nicht. Das begünstigte Vermögen nach neuem Recht (im Sinne von § 13b Abs. 2 ErbStG n.F.) ist auch nicht etwa identisch mit dem begünstigten Vermögen nach altem Recht (§ 13b Abs. 1 ErbStG a.F.). Vielmehr hat der Gesetzgeber den Begriff des begünstigten Vermögen völlig neu (und anderes als bisher) bestimmt. Erwerbe vor dem 30.6.2016 können demnach bei der Zusammenrechnung nicht berücksichtigt werden. 189

190 Die Beschränkung der Zusammenrechnung auf Erwerbe seit dem 1.7.2016 vermeidet zudem eine unzulässige Rückwirkung und entspricht somit dem Grundsatz der verfassungskonformen Auslegung.

191-195 einstweilen frei

4.3.4 Rechtsfolgen des Überschreitens der Grenze von 26 Mio. EUR (§ 13a Abs. 1 S. 3 und 4 ErbStG)

196 Die Steuerbefreiung in Höhe von 85 % bzw. 100 % entfällt mit Wirkung für die Vergangenheit, wenn die Grenze von 26 Mio. EUR durch mehrere Erwerbe innerhalb von 10 Jahren von derselben Person überschritten wird (§ 13a Abs. 1 S. 3 ErbStG).

197 Die Festsetzungsfrist für die Steuer des früheren Erwerbs endet nicht vor Ablauf des vierten Jahres, nachdem das für die Erbschaftsteuer zuständige Finanzamt von dem letzten Erwerb Kenntnis erlangt (§ 13a Abs. 1 S. 4 ErbStG).

198-200 einstweilen frei

5 Abzugsbetrag von bis zu 150.000 EUR (§ 13a Abs. 2 ErbStG)

5.1 Überblick

201 Der nach Anwendung des Verschonungsabschlags von 85 % (§ 13a Abs. 1 ErbStG) verbleibende Teil des begünstigten Vermögens (§ 13b Abs. 2 ErbStG) bleibt außer Ansatz, soweit der Wert dieses Vermögens insgesamt 150.000 EUR nicht übersteigt (**Abzugsbetrag**; § 13a Abs. 2 ErbStG). Der Abzugsbetrag von 150.000 EUR verringert sich, soweit der Wert dieses Vermögens insgesamt die Wertgrenze von 150.000 EUR übersteigt, um 50 % des die Wertgrenze übersteigenden Betrags.

202 Der Abzugsbetrag kann innerhalb von 10 Jahren für von derselben Person anfallende Erwerbe begünstigten Vermögens (§ 13b Abs. 2 ErbStG) nur einmal berücksichtigt werden (§ 13a Abs. 2 S. 3 ErbStG).

203-205 einstweilen frei

5.2 Entstehungsgeschichte

206 Der Abzugsbetrag wurde erstmals im Rahmen des Erbschaftsteuerreformgesetzes 2009 (BGBl I 2008, 3018 = BStBl I 2009, 140) in das Gesetz eingeführt.

207 Der Gesetzgeber hat den Abzugsbetrag damals wie folgt **begründet** (BR-Drs. 4/08, S. 53 = BT-Drs. 16/7918, S. 33) :

„*Der Abzugsbetrag von 150.000 Euro soll eine Wertermittlung und aufwändige Überwachung von Klein- und Kleinstfällen (z. B. Kleinhandel, kleinere Handwerker oder auch Betriebe der Land- und Forstwirtschaft) unterhalb des Grenzwerts ersparen. Bei größeren Betrieben tritt dieser Vereinfachungseffekt in den Hintergrund. Es ist deshalb angemessen, den Abzugsbetrag abzuschmelzen. Ab einem gemeinen Wert des Betriebsvermögens von 450.000 Euro beträgt der Abzugsbetrag 0 Euro.*"

Steuerbefreiung BV, LuF, Anteile § 13a

Das **BVerfG** hat sich in seiner (dritten) Entscheidung zum ErbStG (BVerfG v. 17.12.2014, 1 BvL 21/12, Rz. 136 und 165, BVerfGE 138, 136 = BStBl II 2015, 50 = DStR 2015, 31) vergleichsweise ausführlich mit dem Abzugsbetrag auseinandergesetzt. Dies ist wohl darauf zurückzuführen, dass der Abzugsbetrag die einzige Regelung war, in der das gesetzgeberische Ziel der steuerlichen Förderung von (kleinen und mittelständischen) Familienunternehmen sich im Gesetz unmittelbar niedergeschlagen hat. Das BVerfG hat daher in dem Abzugsbetrag eine Grundlage für die sachliche Rechtfertigung der steuerlichen Förderung der Unternehmensnachfolge gesehen. 208

Der Gesetzgeber hat daher im Rahmen der Erbschaftsteuerreform 2016 (BGBl I 2016, 2464 = BStBl I 2016, 1202) an dem gleitenden Abzugsbetrag als *„Element der gezielten Förderung kleiner Betriebe"* weitgehend unverändert festgehalten (BT-Drs. 18/5923, S. 21). 209

einstweilen frei 210-215

5.3 Abzugsbetrag

Der Abzugsbetrag wird nur für den Erwerb von **begünstigtem Vermögen** gewährt (§ 13a Abs. S. 1 ErbStG i.V.m. § 13b Abs. 2 ErbStG). Nicht begünstigtes Vermögen wird somit auch durch den Abzugsbetrag nicht begünstigt. 216

Das begünstigte Vermögen (§ 13b Abs. 2 ErbStG) ist aufgrund des Verschonungsabschlags in Höhe von 85 % steuerfrei (§ 13a Abs. 1 S. 1 ErbStG; siehe dazu R E 13a.2. Abs. 1 ErbStR 2011). Von dem verbleibenden Teil des begünstigten Vermögens bleiben maximal 150.000 EUR außer Ansatz (§ 13a Abs. 2 S. 1 ErbStG; siehe das Rechenbeispiel in H E 13a.2 ErbStR 2011). 217

Im Fall der **Optionsverschonung** in Höhe von 100 % (§ 13a Abs. 10 S. 1 Nr. 1 ErbStG) ist der Abzugsbetrag ohne Bedeutung (R E 13a.2 Abs. 1 S. 3 ErbStR 2011).

Bei einem begünstigten Vermögens von 1,0 Mio. EUR (Regelverschonung von 85 % = 850.000 EUR) kann der volle Abzugsbetrag von 150.000 EUR in Anspruch genommen werden. Übersteigt das (restliche) begünstigte Vermögens die Grenze von 150.000 EUR, verringert sich der Abzugsbetrag um 50 % des diese Wertgrenze übersteigenden Betrags. Bei einem begünstigten Vermögen von 3,0 Mio. EUR (und mehr) beträgt der Abzugsbetrag somit 0 EUR. 218

Abzugsbetrag nach § 13a Abs. 2 ErbStG	
Begünstigtes Vermögen	Höhe des Abzugsbetrags
1,0 Mio. EUR	150.000 EUR
1,5 Mio. EUR	112.500 EUR
2,0 Mio. EUR	75.000 EUR
2,5 Mio. EUR	37.500 EUR
3,0 Mio. EUR (und mehr)	0 EUR

219 Bei Erwerben begünstigten Vermögens von 3,0 Mio. EUR oder mehr entfällt der Abzugsbetrag ersatzlos. In der Praxis sollte bei Erwerben begünstigten Vermögens von 3,0 Mio. EUR und mehr daher stets geprüft werden, ob die Vermögensübertragung nicht in mehrere (rechtlich und tatsächlich selbständige) Zuwendungen aufgespalten werden kann. Beispielsweise könnte ein Teil des begünstigten Vermögens von 1,0 Mio. EUR vorab übertragen werden; dafür könnte dann der Abzugsbetrag von 150.000 EUR in Anspruch genommen werden. Für die (spätere) Zuwendung des restlichen begünstigten Vermögens steht dann (in den nächsten 10 Jahren) kein Abzugsbetrag mehr zur Verfügung. Entsprechende Gestaltungen sind kein Gestaltungsmissbrauch (§ 42 AO). Die Grundsätze der Gesamtplanrechtsprechung sind allerdings zu beachten.

220 Der Abzugsbetrag kann innerhalb von 10 Jahren für von derselben Person anfallende Erwerbe nur einmal berücksichtigt werden (§ 13a Abs. 2 S. 3 ErbStG; ähnlich § 14 ErbStG; siehe dazu R E 13a.2. ErbStR 2011). Der Gesetzgeber will dadurch verhindern, dass der Abzugsbetrag auch bei größeren Zuwendungen durch die Aufspaltung einer größeren Zuwendung in Anspruch genommen werden kann. Für die Berechnung der Zehnjahresfrist ist jeweils derZeitpunkt der Entstehung der Erbschaft- bzw. Schenkungsteuer maßgebend (§ 9 ErbStG).

221 Die Finanzverwaltung wird wohl auch Erwerbe aus der Zeit vor dem Inkrafttreten des Erbschaftsteuerreformgesetzes 2016 (BGBl I 2016, 2464 = BStBl I 2016, 1202) am 1.7.2016 in die Zehnjahresfrist mit einbeziehen. Dies ist aber nicht zutreffend. Die jetzige Regelung des Abzugsbetrags (§ 13a Abs. 2 ErbStG) gilt für alle Erwerbe, für die die Steuer nach dem 30.6.2016 entstanden ist (§ 37 Abs. 12 S. 1 ErbStG). Die Zehn-Jahres-Frist beginnt somit am 1.7.2016 neu zu laufen. Der Gesetzgeber hat insoweit auch keine Rückwirkung für frühere Erwerbe vor dem 30.6.2016 angeordnet (Umkehrschluss zu § 37 Abs. 12 S. 2 und 3 ErbStG). Die Inanspruchnahme des Abzugsbetrags für einen Erwerb vor dem 1.7.2016 steht einer erneuten Nutzung des Abzugsbetrags für einen Erwerb nach dem 30.6.2016 somit nicht entgegen. Dies gilt auch dann, wenn beide Erwerbe innerhalb von 10 Jahren erfolgt sind.

222 Der Abzugsbetrag (§ 13a Abs. 2 ErbStG) ist unabhängig von den persönlichen Freibeträgen (§ 16 ErbStG) und dem früheren Freibetrag für Betriebsvermögen. Demnach kann der Abzugsbetrag auch dann noch in Anspruch genommenwerden, wenn die anderen Freibeträge bereits ganz oder teilweise verbraucht sind (siehe R E 13a.2 Abs. 2 S. 4 ErbStR 2011).

223 In den Fällen, in denen der Abzugsbetrag von 150.000 EUR beim Erwerb von begünstigtem Vermögen nicht in voller Höhe genutzt werden kann (z.B. einem Erwerb begünstigten Vermögens von 900.000 EUR), stellt sich die Frage, ob der verbleibende Abzugsbetrag innerhalb der nächsten 10 Jahre noch für weitere Erwerbe zur Verfügung steht. Der Normzweck besteht darin, gerade kleinen Unternehmen eine zusätzliche Verschonung zu gewähren. Dies spricht dafür, dass ein nicht verbrauchter Teil des Abzugsbetrags auch noch für spätere Erwerbe genutzt werden kann. Allerdings handelt es sich nicht um einen festen Abzugsbetrag, sondern lediglich um einen Höchstbetrag. Die Konzeption eines gleitenden Abzugsbetrags, der je nach Einzelfall zwischen 0 und 150.000 EUR beträgt, deutet darauf hin, dass der Abzugsbetrag durch jede Inanspruchnahme vollständig verbraucht ist.

Im Ergebnis ist daher davon auszugehen, dass der Abzugsbetrag auch dann auf die Dauer von 10 Jahren nicht mehr genutzt werden kann, wenn er bei einem früheren Erwerb nur teilweise genutzt worden ist (so auch die Finanzverwaltung in R E 13a.2 Abs. 2 S. 3 ErbStR 2011).

Der Abzugsbetrag steht **jedem Erwerber** zu. Mehrere Erwerber können den Abzugsbetrag getrennt und unabhängig voneinander nutzen. 224

Ein Erwerber, der das begünstigte Vermögen (aufgrund einer letztwilligen oder rechtsgeschäftlichen Verfügung des Erblassers oder Schenkers) auf einen Dritten **weiterüberträgt**, kann den Abzugsbetrag nicht (mehr) in Anspruch nehmen. Der Abzugsbetrag steht dann dem tatsächlichen Empfänger des begünstigten Vermögens zu (siehe § 13a Abs. 5 ErbStG).

Der Abzugsbetrag wird kraft Gesetzes gewährt. Ein Antrag des Erwerbers ist nicht erforderlich. 225

Der Abzugsbetrag ist von der Einhaltung der allgemeien **Behaltensregelung** von 5 Jahren abhängig (§ 13a Abs. 6 S. 2 ErbStG). Dagegen ist der Abzugsbetrag unabhängig von der Lohnsummenregelung (§ 13a Abs. 3 ErbStG).

Im Fall eines Verstoßes gegen die Behaltensregelung entfällt sowohl der Verschonungsabschlag von 85 % als auch der Abzugsbetrag von bis zu 150.000 EUR. Der Abzugsbetrag entfällt dabei (im Unterschied zum Verschonungsabschlag, § 13a Abs. 6 S. 2 ErbStG) stets in voller Höhe (und nicht etwa nur anteilig). Der rückwirkende Wegfall des Abzugsbetrags führt aber auch dazu, dass der Abzugsbetrag noch nicht verbraucht ist und für neue Erwerbe sofort wieder zur Verfügung steht (siehe R 67 Abs. 3 Satz 4 ErbStR 2003 zu dem Betriebsvermögensfreibetrag nach § 13a Abs. 1 Satz 1 Nr. 2 ErbStG a. F.). 226

einstweilen frei 227-230

6 Lohnsummenkontrolle (§ 13a Abs. 3 ErbStG)

Ausgewählte Hinweise auf weiterführende Literatur: 231

Bron, Ermittlung der Lohnsummen und der Anzahl der Beschäftigten bei Beteiligungsstrukturen, ErbStB 2013, 84; *Dillberger/Fest*, Der Verschonungsabschlag nach § 13a ErbStG n. F. als Motiv für einen Personalabbau bei Betriebsübergaben, DStR 2009, 671; *Esskandari*, Lohnsummenregelung des § 13a Abs. 4 ErbStG, ErbStB 2011, 194; *Hannes/Stalleiken*, Neue Erlasse der Finanzverwaltung zu Lohnsummenkontrolle und Behaltensfristverstößen in Umstrukturierungsfällen, DB 2014, 259; *Hannes/Stalleiken*, Technik der Lohnsummenkontrolle in mehrstufigen Beteiligungsstrukturen, DB 2013, 364; *Hannes/Steger/Stalleiken*, Lohnsummenkontrolle im Familienkonzern, BB 2011, 2455; *Immes*, Die Lohnsumme im ErbStG – Stolperfalle für den Mittelstand?, Ubg. 2011, 855; *Jorde/Schmelzer*, Ermittlung der Beschäftigtenzahl von Holdinggesellschaften zwecks Anwendung der Lohnsummenregelung, DStR 2015, 2366; *Koblenzer*, Die Berechnung der Lohnsumme bei der Gewährung von Kurzarbeitergeld, ErbStB 2010, 43; *Korezkij*, Lohnsummenregelung im Konzern: Klarstellungen und Neuerungen durch die Ländererlasse vom 5.1.2012, DStR 2013, 346; *Reich*, Erbschaftsteuerliche Behaltefrist für Kapitalgesellschaftsbeteiligungen und Betriebsvermögen (§ 13a Abs. 5 ErbStG) sowie Lohnsummenermittlung in Einbringungs- und Umwandlungsfällen, ZEV 2014, 81; *Rödder/ Dietrich,* Erbschaftsteuerliche Begünstigung und Umstrukturierungen – ausgewählte Punkte der "November-Erlasse" aus Sicht der Beratungspraxis, Ubg. 2014, 90; *Scholten/Korezkij,* Begünstigungen für Betriebsvermögen nach der Erbschaftsteuerreform – Lohnsummenprüfung, DStR 2009, 253; *Steger/Königer,* Der Lohnsummenerlass der Finanzverwaltung in Umwandlungsfällen, BB 2014, 2007; *Stein,* Insolvenzen von Tochtergesellschaften in der Lohnsummenprüfung, ZEV 2016, 180; *Weber/Schwind,* Ermittlung der Lohnsummen und der Anzahl der Beschäftigten bei Beteiligungsstrukturen nach den Ländererlassen vom 5. Dezember 2012, ZEV 2013, 70; *Weber/Schwind,* Gestaltungsüberlegungen zur Beeinflussung der Mindestlohnsumme bei Konzernstrukturen, ZEV 2010, 351; *Zipfel,* Der neue Lohnsummenerlass der Finanzverwaltung, BB 2013, 535.

6.1 Überblick

232 Der Verschonungsabschlag von 85 % wird grundsätzlich nur dann gewährt, wenn die Summe der jährlichen Lohnsummen innerhalb von 5 Jahren nach dem Erwerb (Lohnsummenfrist) insgesamt 400 % der Ausgangslohnsumme nicht unterschreitet (Mindestlohnsumme) (§ 13a Abs. 3 S. 1 ErbStG; zuvor § 13a Abs. 1 S. 2 ErbStG a. F.). Ausgangslohnsumme ist die durchschnittliche Lohnsumme der letzten 5, vor dem Zeitpunkt der Entstehung der Steuer endenden Wirtschaftsjahre (§ 13a Abs. 3 S. 2 ErbStG; zuvor § 13a Abs. 1 S. 3 ErbStG a. F.). Die Mindestlohnsumme muss nicht eingehalten werden, wenn der Betrieb nicht mehr als 5 Beschäftigte (bis zum 30.6.2016: 20 Beschäftigte) hat oder die Ausgangslohnsumme 0 beträgt (§ 13a Abs. 3 S. 3 ErbStG; zuvor § 13a Abs. 1 S. 4 ErbStG a. F.). Bei Betrieben mit mehr als 5 und nicht mehr als 15 Beschäftigten gilt seit dem 30.6.2016 eine Mindestlohnsumme von 250 % bzw. 300 % (§ 13a Abs. 3 S. 4 ErbStG). Der Verschonungsabschlag vermindert sich mit Wirkung für die Vergangenheit anteilig, wenn und soweit die Mindestlohnsumme nach Ablauf der Lohnsummenfrist von 5 Jahren nicht erreicht wird (§ 13a Abs. 3 S. 5 ErbStG; zuvor § 13a Abs. 1 S. 5 ErbStG a. F.).

233 Im Falle der Optionsverschonung beträgt die Lohnsummenfrist 7 Jahre (an Stelle von 5 Jahren) und die Mindestlohnsumme 700 % (und nicht 400 %) der Ausgangslohnsumme (§ 13a Abs. 10 S. 1 Nr. 2 und 3 ErbStG; zuvor § 13a Abs. 8 Nr. 1 ErbStG a. F.). Bei Betrieben mit mehr als 5 und nicht mehr als 15 Beschäftigten gilt eine Mindestlohnsumme von 500 % (an Stelle von 250 %) bzw. 565 % (an Stelle von 300 %) (§ 13a Abs. 10 S. 1 Nr. 4 und 5 ErbStG).

234-237 einstweilen frei

6.2 Entstehungsgeschichte

238 Die Lohnsummenregelung hat eine lange und wechselvolle **Geschichte**. In den vergangenen Jahren war die Lohnsummenregelung immer wieder Gegenstand kontroverser politischer Diskussionen.

239 Die Lohnsummenregelung hat ihren Ursprung in der sogenannten Betriebsfortführungsklausel des **Entwurfs eines Gesetzes zur Erleichterung der Unternehmens-**

nachfolge aus dem Jahr 2006 (§ 28 Abs. 2 ErbStG-E). Danach wäre die Erbschaft- bzw. Schenkungsteuer nur dann erloschen, wenn der Betrieb „in einem nach dem Gesamtbild der wirtschaftlichen Verhältnisse vergleichbaren Umfang fortgeführt" worden wäre. „Voraussetzung hierfür (sollte sein), dass der Betrieb insbesondere nach dem Umsatz, dem Auftragsvolumen, dem Betriebsvermögen und der Anzahl der Arbeitnehmer vergleichbar ist". Andernfalls wäre die gestundete Steuer sofort zur Zahlung fällig gewesen. Die Bundesregierung hatte sich damit zunächst gegen eine sogenannte Arbeitsplatzklausel entschieden, wonach die Stundung allein von der Beibehaltung der bisherigen Anzahl sozialversicherungspflichtiger Arbeitsverhältnisse abhängig sein sollte (BR-Drs. 778/06).

In dem späteren **Entwurf eines Gesetzes zur Reform des Erbschaftsteuer- und Bewertungsrechts (Erbschaftsteuerreformgesetz)** (BT-Drs. 16/7918 = BR-Drs. 4/08) war dann vorgesehen, dass die Verschonung nur dann gewährt wird, wenn die Lohnsumme in den 10 Jahren nach dem Erwerb 70 % der Ausgangslohnsumme nicht unterschreitet. Andernfalls sollte der Verschonungsabschlag für jedes Jahr der Unterschreitung um 10 % verringert werden. 240

Die jetzige Gesetzesfassung geht im Wesentlichen zurück auf die Anregung des Finanzausschusses des Deutschen Bundestages vom November 2008 (BT-Drs. 16/11107, S. 12). Im Unterschied zu den früheren Gesetzentwürfen wird die Lohnsumme jetzt nicht mehr jährlich, sondern nur noch einmal nach Ablauf der Lohnsummenfrist überprüft. Die Mindestlohnsumme muss nach 5 Jahren mindestens 400 % der Ausgangslohnsumme erreichen, was einer durchschnittlichen jährlichen Lohnsumme von 80 % entspricht. Das maßgebliche Lohnsummenniveau wurde somit von 70 % auf 80 % erhöht. Gleichzeitig wurde auf eine Indexierung der Ausgangslohnsumme verzichtet. Die Lohnsummenfrist beträgt im Fall der Regelverschonung jetzt 5 Jahre (und nicht wie ursprünglich geplant 10 bzw. 15 Jahre). 241

Die neue Lohnsummenregelung dient aus Sicht des Gesetzgebers vor allem als Rechtfertigung für die weitgehende steuerliche Verschonung des Erwerbs von unternehmerischem Vermögen. 242

In dem Bericht des Finanzausschusses (BT-Drs. 16/11107, S. 12) wurde dazu Folgendes ausgeführt: 243

„Die Arbeitsplatzwirkung dient als Begründung der erbschaftsteuerrechtlichen Verschonungsmaßnahmen, wobei ein Abstellen auf die Lohnsumme bereits flexibler ist als eine reine Arbeitsplatzklausel. Eine zusätzliche Vereinfachung wird erreicht, indem auf die jährliche Dynamisierung der Ausgangslohnsumme verzichtet wird. Bei einem Unterschreiten der Mindestlohnsumme soll die Verschonung nur in demselben prozentualen Verhältnis entfallen, zu dem die Mindestlohnsumme tatsächlich unterschritten wird."

In dem Entwurf des **Erbschaftsteuerreformgesetzes 2009** wurde die Lohnsummenregelung wie folgt begründet (BT-Drs. 16/7918, S. 33 = BR-Drs. 4/08, S. 53): 244

„Bedingung für diese weitgehende Verschonung ist, dass der Erwerber das Unternehmen fortführt. Ein geeigneter Indikator für die Unternehmensfortführung und insbesondere die Erhaltung der Arbeitsplätze in einem erworbenen Unternehmen ist die jeweilige Lohnsumme, also die Summe der im Unternehmen gezahlten Löhne

und Gehälter in Form eines Durchschnittsbetrages über die dem Unternehmensübergang vorangegangenen 5 Jahre. Angesichts des genannten Zeitraums von 10 Jahren wird eine Fortschreibung des Indikators Lohnsumme auf der Grundlage der durchschnittlichen Lohn- und Gehaltsentwicklung vorgesehen. Dadurch würde bei positiver gesamtwirtschaftlicher Lohnentwicklung das Kriterium nicht entwertet, bei allgemein sinkenden Löhnen blieben Anpassungsreaktionen möglich. In den folgenden 10 Jahren müssen in jedem Jahr 70 Prozent der Ausgangslohnsumme erreicht werden, um die Begünstigung in vollem Umfang zu erhalten. Für jedes Jahr, in dem dieser Mindestwert unterschritten wird, verringert sich der Verschonungsabschlag um 10 Prozent. Mit diesem Indikator bleibt den Unternehmen ein hohes Maß an Flexibilität erhalten. So wäre bei fortschreitendem technologischem Fortschritt auch ein Abbau niedrig entlohnter Tätigkeit ohne Auswirkung auf die Begünstigungsregelung möglich, wenn zugleich produktivere, besser bezahlte Arbeitsplätze geschaffen würden. Bei Unternehmen, die keine Arbeitnehmer beschäftigen oder unter § 23 Abs. 1 S. 3 KSchG fallen (Betrieb mit höchstens 10 Arbeitnehmern), wird auf die Lohnsumme als Prüfungsmaßstab verzichtet."

245 Gestaltungshinweis:

Mit der Verschonung von unternehmerischem Vermögen will der Gesetzgeber die Unternehmensnachfolge erleichtern und den Erhalt der Arbeitsplätze sicherstellen. Allerdings erscheint durchaus zweifelhaft, ob dieses Ziel mit der Lohnsummenregelung tatsächlich erreicht werden kann. Denn mit der Lohnsummenregelung wird zunächst einmal ein Anreiz geschaffen, die Ausgangslohnsumme zu reduzieren und damit u.a. auch Arbeitsplätze abzubauen. Dies widerspricht der gesetzgeberischen Zielsetzung aber ganz offensichtlich. Die Bezugnahme auf die durchschnittliche Lohnsumme der letzten 5 Jahre vor der Übertragung führt zudem zu erheblichen Verzerrungen bei den Auflagen, die die Erwerber begünstigten Vermögens im Einzelfall tatsächlich erfüllen müssen. So erhalten manche Erwerber die Verschonung nur dann, wenn sie die im Zeitpunkt der Übertragung bestehende Lohnsumme deutlich erhöhen, während andere Erwerber selbst dann noch verschont werden, wenn sie die im Zeitpunkt der Übertragung bestehende Lohnsumme reduzieren. Bei einer gleichheitsgerechten Ausgestaltung der Verschonungsregelung dürften solche Wertungswidersprüche nicht bestehen.

246 Nach der Übertragung des unternehmerischen Vermögens wird der Erwerber dazu angehalten, die Lohnsumme möglichst beizubehalten oder besser noch zu erhöhen. Es ist indes in keiner Weise nachgewiesen, dass eine Beibehaltung bzw. Erhöhung der Lohnsumme tatsächlich dazu geeignet ist, den Erhalt des Unternehmens sicherzustellen. Die gesetzliche Lohnsummenregelung könnte im Gegenteil dazu beitragen, dass notwendige Modernisierungs- und Rationalisierungsprozesse unterbleiben und der Fortbestand des Unternehmens damit gerade gefährdet wird. Darüber hinaus ist mit der Beibehaltung der Lohnsumme keineswegs eine Sicherung der bestehenden Arbeitsplätze verbunden. Die Lohnsumme kann vielmehr auch dann beibehalten (oder sogar erhöht werden), wenn die Anzahl der Arbeitsplätze reduziert wird. Angesichts des weiten Begriffs der Lohnsumme kann beispielsweise durch die Zahlung von Sondervergütungen, Tantiemen und Prämien an einige

wenige Beschäftigte die Entlassung von vielen anderen Beschäftigten in vollem Umfang ausgeglichen werden.

Problematisch ist zudem, dass die steuerliche Verschonung von einem Kriterium abhängig gemacht wird, das viele Erwerber (wie etwa Minderheitsgesellschafter oder Kommanditisten) in keiner Weise steuern oder beeinflussen können. Der Erwerber, der durch die steuerliche Verschonungsregel begünstigt wird, ist somit in vielen Fällen für das Nichterreichen des gesetzgeberischen Lenkungsziels in keiner Weise verantwortlich. Die Besteuerung ist vom Verhalten von Personen abhängig, die an dem Erbfall bzw. der Schenkung überhaupt nicht beteiligt sind. Insgesamt erscheint die Lohnsummenregelung daher nichtgeeignet, die steuerliche Verschonung von unternehmerischem Vermögen zu legitimieren.

Schließlich führt die Lohnsummenregelung für alle Beteiligten (Unternehmen, Steuerpflichtige und Finanzverwaltung) zu einem erheblichen Ermittlungs- und Kontrollaufwand. Eine Vielzahl von Rechtsstreitigkeiten über die Auslegung der komplexen Regelungen ist bereits heute zu erwarten. Ein Beitrag für ein einfaches, verständliches und transparentes Steuerrecht ist die neue Lohnsummenregelung damit nicht.

Der Gesetzgeber hat diese Bedenken nicht aufgegriffen, sondern an dem Konzept der Lohnsummenkontrolle grundsätzlich festgehalten. In den letzten Jahren sind allerdings immer wieder verschiedene Änderungen erfolgt.

Mit dem am 1.1.2010 in Kraft getretenen **Gesetz zur Beschleunigung des Wirtschaftswachstums** (BGBl I 2009, 3950 = BStBl I 2010, 2) hat der Gesetzgeber versucht, die Folgen der Finanz- und Wirtschaftskrise zu überwinden. Dabei wurde u. a. auch das erst ein Jahr zuvor in Kraft getretene Erbschaftsteuerreformgesetz (rückwirkend zum 1.1.2009) wieder geändert. Die Bedingungen für die Unternehmensnachfolgesollten auf diese Weise „krisenfest, planungssicherer und mittelstands-freundlicher" gestaltet werden (siehe etwa BT-Drs. 17/15, S. 18 und S. 33). Die Voraussetzungen für den Verschonungsabschlag von 85 % bzw. 100 % wurden dabei gelockert.

Im Fall der Regelverschonung (von 85 %) war der Verschonungsabschlag ursprünglich davon abhängig, dass die Lohnsumme innerhalb von 7 Jahren nach dem Erwerb 650 % der Ausgangslohnsumme nicht unterschreitet. Die Lohnsummenfrist wurde von 7 auf 5 Jahre reduziert. Die Mindestlohnsumme wurde auf 400 % gesenkt. Die Ausgangslohnsumme muss somit im Durchschnitt pro Jahr nur noch eine Höhe von 80 % (400/500) (und nicht mehr in Höhe von ca. 93 % = 650/700) erreichen.

Bei der Optionsverschonung (von 100 %) musste ursprünglich nach 10 Jahren eine Lohnsumme von 1.000 % erreicht werden. Seit dem 1.1.2009 gilt (rückwirkend) eine Lohnsummenfrist von 7 Jahren und eine Mindestlohnsumme von 700 %. Die jährliche Lohnsumme muss somit durchschnittlich unverändert 100 % betragen, allerdings nur noch 7 (und nicht mehr 10) Jahre lang.

Betriebe mit nicht mehr als 10 Beschäftigten waren bereits in der Vergangenheit von der Verpflichtung zur Einhaltung der Lohnsumme ausgenommen. Diese Grenze wurde durch das Wachstumsbeschleunigungsgesetz auf 20 Beschäftigteerhöht.

§ 13a　　　　　　　　　　　　　　　　　　　　　　Steuerbefreiung BV, LuF, Anteile

254 Die Änderungen bei der Lohnsummenkontrolle fanden (zugunsten der Steuerpflichtigen) rückwirkend für alle Erwerbsvorgänge Anwendung, bei denen die Steuer nach dem 31.12.2008 entstanden ist (§ 37 Abs. 3 ErbStG).

255 Mit dem **Steuervereinfachungsgesetz 2011** (BGBl I 2011, 2131 = BStBl I 2011, 986) sind neue Verfahrensvorschriften zur Lohnsummenkontrolle in das ErbStG eingeführt worden (§ 13a Abs. 1a ErbStG a.F. und § 37 Abs. 6 ErbStG; heute § 13a Abs. 4 ErbStG).

256 Das **Amtshilferichtlinienumsetzungsgesetz 2013** (BGBl 2013, 1809 = BStBl I 2013, 802) hat die Lohnsummenregelung erneut geändert (§ 13a Abs. 1 S. 4 ErbStG a.F. und § 37 Abs. 8 ErbStG; heute § 13a Abs. 3 S. 3 Nr. 2 und S. 11 und 12 ErbStG). Die Lohnsummenregelung gilt danach nicht für Betriebe mit nicht mehr als 20 Beschäftigten. Mit der Neuregelung hat der Gesetzgeber „*klargestellt*", dass dabei auch Beschäftigte in Tochtergesellschaften anteilig mit zu berücksichtigen sind. Diese Regelung hatte nicht nur deklaratorische, sodern konstitutive Bedeutung (so FG Köln v. 10.6.2015, 9 K 2384/09, Az. BFH II R 34/15, ErbStB 2015, 291 mit Anm. *Esskandari/Bick* = ZEV 2015, 602 = DStRE 2015, 1245; siehe dazu *Jorde/Schmelzer*, DStR 2015, 2366 und OFD NRW, Kurzinfo v. 25.11.2015, DStR 2016, 918 =ZEV 2016, 116; und FG Düsseldorf v. 28.10.2015, 4 K 269/15, Az. BFH II R 57/15, ZEV 2016, 114 = DStRE 2016, 1248 = EFG 2016, 125 mit Anm. *Neu* = ErbStB 2016, 41 mit Anm. *Heinrichshofen*).

257 Der BFH hatte in seinem Vorlagebeschluss aus dem Jahr 2012 die Auffassung vertreten, dass die Lohnsummenregelung nicht dazu geeignet sei, die weitgehende Verschonung des Erwerbs von unternehmerischem Vermögen zu rechtfertigen (BFH v. 27.9.2012, II R 9/11, Rz. 48, 83, 91 und 143 ff., BStBl II 2012, 899). Dem ist das **BVerfG** so nicht gefolgt. Das BVerfG hat vielmehr betont, dass die Lohnsummenregelung im Grundsatz verfassungsgemäß ist und lediglich zwei Detailregelungen beanstandet (BVerfG v. 17.12.2014, 1 BvL 21/12, Leitsatz Nr. 4c und Rz. 201 ff., BVerfGE 138, 136 = BStBl II 2015, 50 = DStR 2015, 31). Die Befreiung aller Betriebe mit nicht mehr als 20 Beschäftigten von der Lohnsummenkontrolle sei zu großzügig und führe dazu, dass diese weitgehend leer laufe. Zudem könne die Lohnsummenkontrolle aufgrund der fehlenden Zusammenrechnung der Beschäftigten bei Betriebsaufspaltungen zu leicht umgangen werden.

258 Der Gesetzgeber hat die Lohnsummenregelung im Rahmen der **Erbschaftsteuerreform 2016** (BGBl I 2016, 2464 = BStBl I 2016, 1202) daher weitgehend beibehalten und sich auf eine Korrektur der beiden monierten Punkte beschränkt. Die Lohnsummenkontrolle findet seit dem 30.6.2016 (§ 37 Abs. 12 S. 1 ErbStG) nur noch dann keine Anwendung, wenn der Betrieb nicht mehr als 5 Beschäftigte hat (§ 13a Abs. 3 S. 3 Nr. 2 ErbStG). Für Betriebe mit mehr als 5 und nicht mehr als 15 Beschäftigten gilt eine abgeschwächte Lohnsummenkontrolle (§ 13a Abs. 3 S. 4 ErbStG). Für Betriebe mit mehr als 15 Beschäftigten gilt die volle Lohnsummenkontrolle. Bei der Anzahl der Beschäftigten sind die Beschäftigten in Tochtergesellschaften anteilig mit zu berücksichtigen (§ 13a Abs. 3 S. 3 Nr. 3 und S. 11 und 12 ErbStG). Im Fall einer Betriebsaufspaltung sind die Lohnsummen und die Anzahl der Beschäftigten der Besitzgesellschaft und der Betriebsgesellschaft zusammenzuzählen (§ 13a Abs. 3 S. 13 ErbStG). In redaktioneller Hinsicht wurden die bisher

verstreuten Regelungen zur Lohnsummenkontrolle (§ 13a Abs. 1 S. 2 ff. und Abs. 4 ErbStG a. F.) in einem Absatz zusammengefasst (§ 13a Abs. 3 ErbStG).
Im Gesetzesentwurf der Bundesregierung wurden die Änderungen bei der Lohnsummenkontrolle wie folgt **begründet** (BT-Drs. 18/5923, S. 21 ff.).

259

„Die Vorschrift bündelt weitgehend inhaltsgleich die bisherige Lohnsummenregelung in § 13 a Absatz 1 Sätze 2 bis 5 und Absatz 4 ErbStG.

Die bisherige Lohnsummenregelung ist nach dem Urteil des Bundesverfassungsgerichts vom 17. Dezember 2014 – 1 BvL 21/12 – im Grundsatz geeignet und erforderlich, den Erhalt des übertragenen Betriebs in der Hand des Erwerbers und den Bestand an Beschäftigung zu gewährleisten. Sie ist jedoch unverhältnismäßig, soweit alle Betriebe mit bis zu 20 Beschäftigten von der Lohnsummenregelung ausgenommen sind.

Die Freistellung von der Einhaltung der Mindestlohnsumme kann nach der Entscheidung des Bundesverfassungsgerichts gerechtfertigt sein, „soweit sie auf eine relativ kleine Gruppe von Betriebsübergängen begrenzt und diese Gruppe zudem so umschrieben wird, dass das Bedürfnis für eine solche Freistellung ein besonderes Gewicht besitzt" (BVerfG, aaO, Rz. 229). Angeführt werden vom Bundesverfassungsgericht insbesondere Betriebe, die über eine so geringe Zahl an Beschäftigten verfügen, dass schon einzelne unkalkulierbare Wechsel in der Belegschaft – die sich über einen so langen Zeitraum, wie ihn die Lohnsummenfrist vorsieht, kaum völlig vermeiden lassen – die Einhaltung der Mindestlohnsumme ausschließen oder weitgehend unmöglich machen. Die Freistellung von der Lohnsummenpflicht sei mithin „auf Betriebe mit einigen wenigen Beschäftigten" zu begrenzen (BVerfG, aaO, Rz. 229).

Nach diesen Maßgaben wird die Aufgriffgrenze für die Freistellung von der Lohnsummenregelung im Rahmen der Einschätzungsprärogative des Gesetzgebers auf Betriebe mit nicht mehr als drei Beschäftigten festgelegt. Bei einer weiteren Absenkung der Beschäftigtenanzahl würden die vom Bundesverfassungsgericht angesprochenen unkalkulierbaren Wechsel in der Belegschaft über die langen Lohnsummenfristen die Einhaltung der Mindestlohnsumme regelmäßig ausschließen oder weitgehend unmöglich machen.

Die Zahlen des Statistischen Bundesamtes, die auch der Entscheidung des Bundesverfassungsgerichts zu Grunde liegen, ist zwar zu entnehmen, dass bei einem Abstellen auf drei Beschäftigte noch immer 79,04 Prozent der Betriebe von der Lohnsummenregelung ausgenommen wären. In dieser Statistik sind jedoch zum großen Teil (51,85 Prozent) Betriebe enthalten, die keine Beschäftigten haben. Da bei diesen Betrieben die Ausgangslohnsumme 0 Euro beträgt, hat das Einhalten einer Mindestlohnsumme keinen Sinn, so dass sie aus dieser Gesamtzahl herauszurechnen sind. Werden Betriebe ohne Beschäftigte von einem Nachfolger weitergeführt, ist die Tätigkeit desjenigen, der den Betrieb fortführt, für sich genommen nicht minder schützenswert. Die Fortführung des Betriebs wird bereits durch die Behaltensregelungen gewährleistet. Rechnet man die Betriebe ohne Beschäftigte aus der Gesamtzahl der Betriebe heraus, verringert sich der Anteil der Betriebe, die von der Lohnsummenregelung ausgenommen werden, bei drei Beschäftigten auf 56,47 Prozent. Zu berücksichtigen ist weiterhin, dass ein erheblicher Teil der Kleinstbetriebe, *die in dieser Statistik mit aufgeführt sind, nicht weitergeführt wird oder wegen ihres geringen Werts der steuerpflichtige Erwerb die persönlichen Freibeträge (§ 16 ErbStG) nicht übersteigt, so dass von vornherein die Lohnsummenregelung nicht anzuwenden ist. Damit dürfte sich der Anteil der Betriebe, die ausdrücklich von der Lohnsummenregelung ausgenommen werden, auf unter 50 Prozent belaufen. Bei bis zu drei Beschäftigten ist das Bedürfnis einer Freistellung von der Lohnsummenregelung zudem besonders groß. Bereits der nur schwer kalkulierbare Wegfall nur eines Beschäftigten macht die Einhaltung der Mindestlohnsumme nahezu unmöglich. Außerdem hat wegen der geringen Bezugsgröße ein Unterschreiten der Mindestlohnsumme wesentlich größere steuerrechtliche Auswirkung als bei Betrieben mit einer größeren Zahl von Beschäftigten. Je geringer die Anzahl der Beschäftigten ist, desto mehr gerät auch die Tätigkeit des Unternehmers selbst in den Vordergrund, die dann durch eine Nachbesteuerung wegen Nichteinhaltung der Lohnsummenregel neben den verbleibenden Arbeitsplätzen gefährdet werden könnte.*

Dem Bedürfnis, in Betrieben mit bis zu 15 Beschäftigten den Folgen unkalkulierbarer Wechsel in der Belegschaft entgegenzuwirken und der daraus resultierenden Schwierigkeit, die Lohnsummenregelung einzuhalten, wird mit einer nach Beschäftigungszahl gestaffelten und verringerten Mindestlohnsumme Rechnung getragen. Schon der Wegfall nur eines Beschäftigten kann bei Betrieben mit bis zu 15 Beschäftigten zu einem Wegfall eines hohen Anteils der Lohnsumme führen. Mit zunehmender Anzahl der Beschäftigten wirkt sich in der Regel der Wegfall eines Beschäftigten verhältnismäßig geringer auf die Lohnsumme aus. Betriebe mit mehr als drei, aber nicht mehr als zehn Beschäftigten müssen eine Mindestlohnsumme von 250 Prozent bei einer Lohnsummenfrist von fünf Jahren oder im Fall der Optionsverschonung zu 100 Prozent eine Mindestlohnsumme von 500 Prozent bei einer Lohnsummenfrist von sieben Jahren einhalten. Betriebe mit mehr als zehn, aber nicht mehr als 15 Beschäftigten müssen eine Mindestlohnsumme von 300 Prozent beziehungsweise von 565 Prozent einhalten. Bei einer Lohnsummenfrist von sieben Jahren ist dem Betrieb jeweils eine im Verhältnis höhere Mindestlohnsumme zuzumuten, da die längere Lohnsummenfrist eine längerfristige Planung der Beschäftigungssituation ermöglicht. Die Kombination der Beschäftigtenzahl mit der Staffelung der Mindestlohnsumme erhöht die Flexibilität der Regelung.

Beschäftigte, die sich im Mutterschutz im Sinne des Mutterschutzgesetzes oder in einem Ausbildungsverhältnis befinden oder die Krankengeld im Sinne des § 44 SGB V oder Elterngeld im Sinne des Bundeselterngeld- und Elternzeitgesetzes beziehen, bleiben sowohl bei der Anzahl der Beschäftigten eines Betriebs sowie bei der Ermittlung der Lohnsummen unberücksichtigt.

Damit Fälle der Betriebsaufspaltung sich nicht auf die Lohnsummen auswirken, werden die Lohnsummen und die Anzahl der Beschäftigten zusammengerechnet. Die Zusammenrechnung führt dazu, dass die Rechtsfolgen bei einem Verstoß gegen die Lohnsummenregelung sowohl auf die Besitz- als auch auf die Betriebsgesellschaft angewendet werden."

260 Im **Bericht des Finanzausschusses** wurde zur neuen Lohnsummenkontrolle folgendes ausgeführt (BT-Drs. 18/8911, S. 37):

„Nach § 13a Absatz 3 Satz 3 Nummer 2 erfolgt abweichend vom Regierungsentwurf die Freistellung von der Einhaltung der Mindestlohnsumme bei Betrieben mit nicht mehr als fünf statt drei Beschäftigten. Dabei wird berücksichtigt, dass bei bis zu fünf Beschäftigten das Bedürfnis einer Freistellung von der Lohnsummenregelung besonders groß ist. Bereits der nur schwer kalkulierbare Wegfall eines Beschäftigten führt bei gleichen Lohnverhältnissen zum Wegfall eines Fünftels der Lohnsumme und macht die Einhaltung der Mindestlohnsumme nahezu unmöglich. Außerdem hat wegen der geringen Bezugsgröße ein Unterschreiten der Mindestlohnsumme wesentlich größere steuerrechtliche Auswirkungen als bei Betrieben mit einer größeren Zahl von Beschäftigten. Je geringer die Anzahl der Beschäftigten ist, desto mehr gerät auch die Tätigkeit des Unternehmers selbst in den Vordergrund, die dann durch eine Nachbesteuerung wegen Nichteinhaltung der Lohnsummenregel neben den verbleibenden Arbeitsplätzen gefährdet werden könnte.

Wie der Regierungsentwurf selbst annimmt, wird ein Großteil der kleineren Betriebe nicht übertragen, die in der Statistik des Statistischen Bundesamts, die auch der Entscheidung des Bundesverfassungsgerichts zugrunde liegt, aufgeführt werden. Dieser Anteil liegt nach Einschätzung des Gesetzgebers wesentlich höher als vom Regierungsentwurf angenommen, sodass sich die Freistellung von Betrieben mit bis zu fünf Beschäftigten von dem Erfordernis der Einhaltung der Mindestlohnsumme auf eine relativ geringe Anzahl an Betriebsübergängen beschränkt.

Die Änderung in § 13a Absatz 3 Satz 4 Nummer 1 ist eine Folgeänderung, die sich aus der Änderung des § 13a Absatz 3 Satz 3 Nummer 2 ergibt.

Aus Gründen einer besseren Übersicht wird Satz 7 redaktionell neu gefasst. Dabei entsprechen die Nummern 1 bis 4 inhaltlich der bisherigen Regelung. Nummer 5 ergänzt die Lohnsummenregelung um eine Ausnahme für Saisonarbeiter. Sie bleiben wie nach bisherigem Recht sowohl bei der Anzahl der Beschäftigten eines Betriebs sowie bei der Ermittlung der Lohnsummen unberücksichtigt."

Gestaltungshinweis:

Das neue Stufenmodell für Betriebe mit wenigen Beschäftigten erscheint durchaus als ein tragfähiger Kompromiss. Die Neuregelung führt gleichwohl dazu, dass Erwerber kleiner Betriebe deutlich häufiger mit der Lohnsummenkontrolle belastet werden. Dies erschwert die ohnehin schwierige Nachfolge bei kleinen Handwerks- und Gewerbebetrieben und widerspricht dem allgemeinen Ziel des Bürokratieabbaus.

Das BVerfG hat die frühere Lohnsummenkontrolle u. a. deshalb beanstandet, weil über 90 % aller Betriebe weniger als 20 Beschäftigte haben und die Regelung somit weitgehend leerlaufe. Die Lohnsummenkontrolle sei danach der Ausnahmefall (und nicht der Regelfall). Der Gesetzgeber geht selbst davon aus, dass die Neuregelung – nach dieser Argumentation des BVerfG – wohl immer noch nicht verfassungsfest ist. Bei der jetzt beschlossenen Grenze von 5 Beschäftigten sind immer noch rund 80 % aller Betriebe von der Lohnsummenkontrolle ausgenommen. Danach erfolgt im Regelfall weiterhin keine Lohnsummenkontrolle. An der (verfassungsrechtlich unzulässigen) Umkehr von Regel-Ausnahme-Verhältnis hat sich insoweit nichts geändert (kritisch auch *Erkis*, DStR 2016, 1441, 1442). Darin zeigt sich allerdings auch, dass die Argumentation des BVerfG zur Lohnsummenkontrolle zu weitgehend war (worauf auch die jetzige Gesetzesbegründung hinweist). Richtigerweise ist nicht auf die Anzahl aller Betrieb in Deutschland abzustellen, sondern nur auf die Betriebe, die tatsächlich (von Todes wegen oder unter Lebenden) übertragen werden und deren Wert die allgemeinen Freibeträge übersteigt. Danach bestehen an der Verfassungsmäßigkeit der Neuregelung keine Bedenken.

263-270 einstweilen frei

6.3 Anwendungsbereich der Lohnsummenregelung (§ 13a Abs. 3 S. 3 ErbStG)

6.3.1 Ausgangslohnsumme von Null Euro (§ 13a Abs. 3 S. 3 Nr. 1 ErbStG)

271 Die Lohnsummenregelung findet keine Anwendung, wenn "die Ausgangslohnsumme 0 Euro beträgt oder der Betrieb (...) nicht mehr als 5 Beschäftigte hat."(§ 13a Abs. 3 S. 3 ErbStG; zuvor § 13a Abs. 1 S. 4 ErbStG a. F.).

272 Nach dem Gesetzeswortlaut handelt es sich um zwei selbständige Ausnahmetatbestände, die unabhängig voneinander zur Anwendung kommen. Indes dürfte die erste Ausnahme (Ausgangslohnsumme von Null EUR) kaum eine eigenständige Bedeutung erlangen. Denn bei einer Ausgangslohnsumme von Null EUR wird der Betrieb im Allgemeinen auch keine Beschäftigten haben, sodass zugleich auch die zweite Ausnahme (nicht mehr als 5 Beschäftigte) erfüllt ist. Ausnahmen sind allenfalls bei Geschäftsführern ohne Gehalt vorstellbar.

273-275 einstweilen frei

6.3.2 Betrieb mit nicht mehr als 5 Beschäftigen (§ 13a Abs. 3 S. 3 Nr. 2 ErbStG)

6.3.2.1 Überblick

276 Betriebe mit nicht mehr als 5 Beschäftigten sind von der Lohnsummenregelung generell befreit (§ 13a Abs. 3 S. 3 Nr. 2 ErbStG).

Die Befreiung von (kleinen) Betrieben mit nur wenigen Beschäftigten gehört zu den umstrittensten Regelungen der gesamten Lohnsummenregelung.

277 Der Gesetzgeber hatte im Jahr 2009 zunächst eine Grenze von 10 Beschäftigten vorgesehen. Aufgrund der Wirtschafts- und Finanzkrise im Jahr 2008 wurde die Grenze sodann auf 20 Beschäftigteerhöht. Nach der Kritik des BVerfG hat der Gesetzgeber sich nunmehr dafür entschieden, die Ausnahme auf Betriebe mit nicht mehr als 5 Beschäftigten zu begrenzen. Eine noch weitere Beschränkung (z.B. Betriebe mit nur 3 Beschäftigten) wurde im Rahmen des Gesetzgebungsverfahrens zwar intensiv diskutiert, hat aber keine Mehrheit gefunden. Für Betriebe mit mehr als 5 und nicht mehr als 15 Beschäftigten hat der Gesetzgeber im Jahr 2016 erstmals eine gestufte Lohnsummenkontrolle eingeführt, umdie kleinen und mittleren Betriebe nicht übermäßig zu belasten.

Übersicht zur Lohnsummenregelung
(§ 13a Abs. 3 S. 3 und 4 ErbStG)

Anzahl der Beschäftigten	Regelverschonung (85 %)	Optionsverschonung (100 %)
Nicht mehr als 5	keine Lohnsummenprüfung	keine Lohnsummenprüfung
Mehr als 5 Nicht mehr als 10	Lohnsumme mindestens 250 %	Lohnsumme mindestens 500 %
Mehr als 10 Nicht mehr als 15	Lohnsumme mindestens 300 %	Lohnsumme mindestens 565 %
Mehr als 15	Lohnsumme mindestens 400 %	Lohnsumme mindestens 700 %

6.3.2.2 Begriff der Beschäftigten (§ 13a Abs. 3 S. 7 ErbStG)

Das Gesetz stellt für die Lohnsummenkontrolle auf die Anzahl der **Beschäftigten** (und nicht etwa auf die Anzahl der Arbeitnehmer; siehe § 7 SGB IV) ab (§ 13a Abs. 3 S. 3 und 4 ErbStG). Der Begriff der Beschäftigten war bislang im Gesetz nicht näher geregelt.

Im Rahmen der **Erbschaftsteuerreform 2016** (BGBl I 2016, 2464 = BStBl I 2016, 1202) hat der Gesetzgeber nunmehr erstmals geregelt, dass bei der Anzahl der Beschäftigten bestimmte Personen aus arbeits- und sozialpolitischen Gründen nicht zu berücksichtigen sind (§ 13a Abs. 3 S. 7 Halbs. 2 ErbStG).

Dies sind (§ 13a Abs. 3 S. 7 Halbs. 1 Nr. 1 bis 5 ErbStG):
- Beschäftigte in Mutterschutz (Nr. 1); (anders bislang H E 13a.4 (2) ErbStR 2011),
- Auszubildende (Nr. 2; siehe §§ 1 ff. BBiG), (anders bislang H E 13a.4 (2) ErbStR 2011),
- Langzeitkranke (Nr. 3), (anders bislang H E 13a.4 (2) ErbStR 2011),
- Beschäftigte in Elternzeit (Nr. 4), (anders bislang H E 13a.4 (2) ErbStR 2011),
- Saisonarbeiter (Nr. 5) (so bislang schon R E 13a.4 Abs. 2 S. 2 ErbStR 2011, und § 13a Abs. 4 S. 1 Halbs. 2 ErbStG a.F.).

Die Ausnahme für "*Saisonarbeiter*" (Nr. 5) ist nicht auf **Saisonarbeiter** (z.B. Erntehelfer) beschränkt, sondern erwähnt diese in dem Klammerzusatz lediglich beispielhaft. Die frühere Regelung galt gleichfalls für alle Beschäftigten, die "*nicht ausschließlich oder überwiegend in dem Betrieb tätg sind*" (siehe § 13a Abs. 4 S. 1 Halbs. 2 ErbStG a.F, dazu R E 13a.4 Abs. 3 ErbStR 2011). Der Gesetzgeber wollte diese Ausnahme nicht etwa einschränken, sondern vielmehr erweitern (u.a. durch die Ergänzung der Nr. 1 bis 5). Bei der Anzahl der Beschäftigten nicht mitzuzählen sind demnach u.a. Praktikanten und Aushilfskräfte. Dagegen fallen Teilzeitbeschäftigte (siehe § 23 Abs. 1 S. 4 KSchG) nicht unter die Regelung, da diese generell eine reduzierte Arbeitszeit haben.

283 **Leiharbeiter** (und Leiharbeitnehmer) werden in der Aufzählung (anders als Saisonarbeiter, Nr. 5) nicht ausdrücklich erwähnt. Gleichwohl sind Leiharbeiter (und Leiharbeitnehmer) (wie bisher) nicht mitzuzählen (R E 13a.4 Abs. 2 S. 2 ErbStR 2011; siehe auch die amtliche Gesetzesbegündung in BT-Drs. 16/7918, S. 34 = BR-Drs. 4/08, S. 54). Leiharbeitnehmer sind Arbeitnehmer des Verleihers und nicht des Entleihers (siehe §§ 1 ff. AÜG).

284 **Freie Mitarbeiter** sind keine Beschäftigten und daher bei der Lohnsumme nicht zu berücksichtigen.

285 Im Übrigen ist die gesetzliche Aufzählung der bei der Lohnsumme nicht mitzuzählenden Beschäftigten (in § 13a Abs. 3 S. 7 ErbStG) **abschließend**. Bei der Anzahl der Beschäftigten sind somit u. a. auch geringfügige Beschäftigte (so bislang auch H E 13a.4 (2) ErbStR) und im Betrieb beschäftigte Angehörige mit zu berücksichtigen.

286 Maßgebend ist jeweils die **tatsächliche** Beschäftigung. Auf das Vorliegen eines wirksamen Arbeitsverhältnisses kommt es insoweit nicht an (siehe § 41 AO). Ohne Bedeutung ist auch die Sozialversicherungspflicht des Beschäftigten.

287 Bei der Anzahl der Beschäftigten wird weiterhin allein auf die „Köpfe" abgestellt (siehe auch R E 13a.4 Abs. 2 S. 4 ErbStR 2011). Eine Umrechnung bei **Teilzeitbeschäftigten** erfolgt (anders als beispielsweise bei § 23 Abs. 1 S. 4 KSchG) nicht (siehe dazu auch die Prüfbitte des Bundesrats, BR-Drs. 4/08, Nr. 2). Betriebe mit Teilzeitbeschäftigten werden damit (entgegen den gesetzlichen Vorgaben in § 1 Teilzeit- und Befristungsgesetz) benachteiligt. Dies erscheint verfassungsrechtlich auch deshalb bedenklich, weil nach wie vor überwiegend Frauen in Teilzeit tätig sind (kritisch auch *Kaminski*, Stbg. 2016, 441, 444).

288 Für die Anzahl der Beschäftigten ist allein der Zeitpunkt der Entstehung der Steuer maßgebend (§ 9 ErbStG). Der Gesetzgeber hat hier (anders als bei der Ausgangslohnsumme, § 13a Abs. 3 S. 2 ErbStG) nicht auf die durchschnittliche Anzahl der Beschäftigten in den letzten 5 Jahren abgestellt. Änderungen bei der Anzahl der Beschäftigten vor und nach dem Tag der Entstehung der Steuer sind demnach ohne Bedeutung. Die Finanzverwaltung will gleichwohl eine Ausnahme vom Stichtagsprinzip machen, wenn im Hinblick auf die Unternehmensübertragung „*kurzfristig*" eine Minderung der Anzahl der Beschäftigten erfolgt ist (R E 13a.4 Abs. 2 S. 3 ErbStR 2011). Dies ist abzulehnen. Ein Gestaltungmissbrauch ist schon aufgrund der strengen Reglementierung durch das deutsche Arbeitsrecht ausgeschlossen.

6.3.2.3 Beschäftigte in Tochtergesellschaften (§ 13a Abs. 3 S. 11 und 12 ErbStG)

289 Nach der Regelung des Erbschaftsteuerreformgesetzes 2009 galt die Grenze von zunächst 10 und später 20 Beschäftigten für den „*Betrieb*". Der **Begriff des Betriebes** war im Gesetz nicht näher erörtert. Von Anfang an war daher umstritten, wie die Anzahl der Beschäftigten bei Konzern- und Holdinggesellschaften zu ermitteln sind. Dabei ging es vor allem um die Frage, ob die Beschäftigten in Tochtergesellschaften mit zu zählen sind oder nicht.

290 Die **Finanzverwaltung** ging schon immer davon aus, dass bei der Ermittlung der Anzahl der Beschäftigten auch die Arbeitnehmer nachgeordneter Gesellschaften

mit einzubeziehen sind (R E 13a.4 Abs. 2 S. 9 ErbStR 2011 unter Hinweis auf § 13a Abs. 4 S. 5 ErbStG a. F., der insoweit sinngemäß gelten sollte).

Im **Schrifttum** wurde dagegen zu Recht ganz überwiegend die Gegenauffassung vertreten (siehe statt vieler *Crezelius*, ZEV 2009, 1, 4). Richtigerweise ergibt sich im Umkehrschluss zur Regelung über die Ermittlung der Lohnsumme (in § 13a Abs. 4 S. 5 ErbStG a. F.), dass bei der Ausnahme für Kleinbetriebe nur auf die Beschäftigten des jeweiligen Betriebes (und nicht auch auf die Arbeitnehmer von etwaigen Tochtergesellschaften) abzustellen ist. Mehrere Finanzgerichte haben sich zwischenzeitlich dieser Auffassung angeschlossen; der Ausgang der Revisionsverfahren bleibt aber abzuwarten (FG Köln v. 10.6.2015, 9 K 2384/09, Az. BFH II R 34/15, ErbStB 2015, 291 mit Anm. *Esskandari/Bick* = ZEV 2015, 602 = DStRE 2015, 1245; siehe dazu *Jorde/Schmelzer*, DStR 2015, 2366 und OFD NRW, Kurzinfo vom 25.11.2015,DStR 2016, 918 =ZEV 2016, 116; und FG Düsseldorf v. 28.10.2015, 4 K 269/15, Az. BFH II R 57/15, ZEV 2016, 114 = DStRE 2016, 1248 = EFG 2016, 125 mit Anm. *Neu* = ErbStB 2016, 41 mit Anm. *Heinrichshofen*). 291

Der Gesetzgeber hat sich im Rahmen des **Amtshilferichtlinienumsetzungs-gesetzes 2013 (BGBl 2013, 1809 = BStBl I. 2013, 802)** der Auffassung der Finanzverwaltung angeschlossen (§ 13a Abs. 1 S. 4 ErbStG a. F. und § 37 Abs. 8 ErbStG; heute § 13a Abs. 3 S. 3 Nr. 2 und S. 11 und 12 ErbStG). 292

Die Lohnsummenregelung gilt demnach nicht, wenn der Betrieb *„unter Einbeziehung der in Absatz 4 Satz 5 (jetzt: § 13a Abs. 3 Sätze 11 bis 13 ErbStG) genannten Beteiligungen und dernach Maßgabe dieser Bestimmunganteilig einzubeziehenden Beschäftigten nicht mehr als 20 Beschäftigte (jetzt: 5 Beschäftigte) hat."* 293

Danach sind bei(unmittelbaren oder mittelbaren) Beteiligungen an Personengesellschaften (unabhängig von der Beteiligungshöhe)oder an Kapitalgesellschaften (von mehr als 25 %) in EU-/EWR-Mitgliedstaaten die dort Beschäftigten anteilig mit einzubeziehen (§ 13a Abs. 3 S. 11 und 12 ErbStG; zuvor § 13a Abs. 4 S. 5 ErbStG a. F.; siehe dazu R E 13a.4 Abs. 2 S. 6 und 7 ErbStR 2011). Die Neuregelungfindet auf alle Erbschaften und Schenkungen Anwendung, für die die Steuer nach dem 6.6.2013 entstanden ist (§ 37 Abs. 8 ErbStG). Die Gesetzesänderung zeigt, dass für Altfälle, in denen die Steuer bis zum 6.6.2013 entstanden ist, die Auffassung der Finanzverwaltung mangels Rechtsgrundlage unzutreffend ist. Die Neuregelung war somit nicht nur klarstellender, sondern hatte **konstitutive** Bedeutung. 294

Die zum 1.7.2016 in Kraft getretene Neuregelung ist insoweit unverändert (§§ 13a Abs. 3 S. 3 Nr. 2 und Sätze 11 und 12, § 37 Abs. 12 S. 1 ErbStG).Die Beschäftigten in Tochtergesellschaften sind bei der Anzahl der Beschäftigten somit anteilig zu berücksichtigen. 295

6.3.2.4 Beschäftigte bei Betriebsaufspaltungen (§ 13a Abs. 3 S. 13 ErbStG)

In den Fällen der Betriebsaufspaltung sind bei der Anzahl der Beschäftigten erstmals die Beschäftigten der Besitz- und der Betriebsgesellschaft zusammenzuzählen (§ 13a Abs. 3 S. 3 Nr. 2 und Satz 13 ErbStG). Diese Regelung hat konstitutive Bedeutung und gilt für alle Erwerbe, für die die Steuer nach dem 30.6.2016 entstanden ist. Der 296

Gesetzgeber will damit – dem Auftrag des BVerfG folgendend – einen (vermeintlichen) Gestaltungsmissbrauch vermeiden.

297 Der **Begriff der Betriebsaufspaltung** wird im Gesetz (entgegen der Anregung des Bundesrats, BR-Drs. 353/15, S. 4) nicht definiert. Damit bleibt unklar, welcher Begriff der Betriebsaufspaltung hier gelten soll (siehe § 13b Abs. 4 Nr. 1 S. 2 Buchst. a ErbStG, § 50i Abs. 1 S. 4 EStG). Mangels konkreter Rechtsgrundlage muss im Zweifel die für den Steuerpflichtigen günstigste Auslegung zur Anwendung kommen.

298-303 einsteilen frei

6.4 Begriff der Lohnsumme (§ 13a Abs. 3 S. 6 ff. ErbStG)

304 Die Lohnsumme ist das entscheidende Kriterium dafür, ob die vom Gesetzgeber mit den Verschonungsregelungen beabsichtigte „Arbeitsplatzwirkung" erreicht wird. Dabei wurde nicht an eine (aus dem Arbeits-, Bilanz- oder Steuerrecht) bereits bekannte Größe angeknüpft (siehe etwa § 2 Abs. 2 LStDV, § 19 EStG oder § 275 Abs. 2 Nr. 6 HGB), sondern nur für Zwecke der Erbschaft- und Schenkungsteuer ein eigener Begriff der Lohnsumme geschaffen.

305 Der **Begriff der Lohnsumme** ist im Gesetz (sehr ausführlich und detailliert) wie folgt geregelt (§ 13a Abs. 3 S. 6 ff. ErbStG, zuvor § 13a Abs. 4 ErbStG a. F.):

„Die Lohnsumme umfasst alle Vergütungen (Löhne und Gehälter und andere Bezüge und Vorteile), die im maßgebenden Wirtschaftsjahr an die auf den Lohn- und Gehaltslisten erfassten Beschäftigten gezahlt werden. Außer Ansatz bleiben Vergütungen an solche Beschäftigte, (Nr. 1) die sich im Mutterschutz (…) befinden oder (Nr. 2) die sich in einem Ausbildungsverhältnis befinden oder (Nr. 3) die Krankengeld (…) beziehen oder (Nr. 4) die Elterngeld (…) beziehen, oder (Nr. 5) die nicht ausschließlich oder überwiegend in dem Betrieb tätig sind (Saisonarbeiter); (…). Zu den Vergütungen zählen alle Geld- oder Sachleistungen für die von den Beschäftigten erbrachte Arbeit, unabhängig davon, wie diese Leistungen bezeichnet werden und ob es sich um regelmäßige oder unregelmäßige Zahlungen handelt. Zu den Löhnen und Gehältern gehören auch alle von den Beschäftigten zu entrichtenden Sozialbeiträge, Einkommensteuern und Zuschlagsteuern auch dann, wenn sie vom Arbeitgeber einbehalten und von ihm im Namen der Beschäftigten direkt an den Sozialversicherungsträger und die Steuerbehörde abgeführt werden. Zu den Löhnen und Gehältern zählen alle vom Beschäftigten empfangenen Sondervergütungen, Prämien, Gratifikationen, Abfindungen, Zuschüsse zu Lebenshaltungskosten, Familienzulagen, Provisionen, Teilnehmergebühren und vergleichbare Vergütungen."

306 Diese Definition der Lohnsumme ist ein besonders abschreckendes Beispiel moderner Steuergesetzgebung. Die amtliche Gesetzesbegründung geht gleichwohl davon aus, dass die Lohnsumme im Allgemeinen „ohne großen Aufwand" zu ermitteln sei (BT-Drs. 16/7918, 34 = BR-Drs. 4/08, 54). Nach Auffassung der Finanzverwaltung ist es grundsätzlich nicht zu beanstanden, wenn bei inländischen Geschäftsbetrieben von dem in der Gewinn- und Verlustrechnung ausgewiesenen Aufwand für Löhne und Gehälter (§ 275 Abs. 2 Nr. 6 HGB) ausgegangen wird (siehe R E 13a.4 Abs. 4

Satz 2 und Abs. 9 ErbStR 2011). Der Arbeitgeberanteil zu den Sozialabgaben ist dabei nicht zu berücksichtigen (R E 13a.4 Abs. 4 S. 3 ErbStR 2011).

Eine Systematisierung des Begriffs der Lohnsumme erscheint kaum möglich, da sich die Legaldefinition auf eine nahezu endlose und sich noch dazu teilweise wiederholende Aufzählung von unterschiedlichsten Lohn- und Vergütungsbestandteilen beschränkt. Darüber hinaus finden sich verschiedene „All-Klauseln" (z. B. „alle Vergütungen") und Auffangregelungen (z. B. „vergleichbare Vergütungen"), sodass es wohl kaum Lohnbestandteile geben dürfte, die nicht erfasst sind. Trinkgelder sind in der jetzigen Gesetzesfassung (anders als in früheren Entwürfen) nicht mehr ausdrücklich erwähnt, dürften aber unter den Tatbestand der *„vergleichbaren Vergütung"* fallen. 307

Von dem Begriff der Lohnsumme sind u. a. umfasst: 308

- alle Vergütungen, und zwar
  a) Geld- oder Sachleistungen,
  b) regelmäßige oder unregelmäßige Leistungen,
- alle Löhne und Gehälter,
- alle sonstigen Bezüge und Vorteile,
- Einkommensteuern, Sozialbeiträge und Abgaben, die vom Beschäftigten zu entrichten sind (auch dann, wenn sie vom Arbeitgeber abgeführt werden).

Neben den Löhnen- und Gehältern dürften insbesondere auch **Lohnersatzleistungen** (z. B. im Fall von Krankheit oder Schwangerschaft, Urlaubsabgeltung) erfasst sein. Nach Auffassung der Finanzverwaltung sind u. a. auch Leistungen zur Altersvorsorge, die durch Entgeltumwandlung vom Arbeitnehmer getragen wird, zu berücksichtigen (R E 13a.4 Abs. 4 S. 3 ErbStR 2011). 309

Das vom Arbeitgeber von der Bundesanstalt für Arbeit ausgezahlte **Kurzarbeitergeld** ist von dem in der Gewinn- und Verlustrechnung ausgewiesenen Aufwand für Löhne und Gehälter nicht abzuziehen (R E 13a.4 Abs. 4 S. 4 ErbStR 2011, und zuvor FinMin Baden-Württemberg v. 24.9.2009, DStR 2009, 2255 = ZEV 2009, 584; ausführlich dazu *Koblenzer*, ErbStB 2010, 43; *Stiller*, ZErb 2010, 133). 310

Von dem Begriff der Lohnsumme **nicht** umfasst sind dagegen: 311

- Vergütungen an Beschäftigte in Mutterschutz (Nr. 1),
- Vergütungen an Auszubildende (Nr. 2; siehe §§ 1 ff. BBiG),
- Vergütungen an Langzeitkranke (Nr. 3),
- Vergütungen an Beschäftigte in Elternzeit (Nr. 4),
- Vergütungen an Saisonarbeiter (Nr. 5),
- Einkommensteuern, Sozialbeiträge und Abgaben, die vom Arbeitgeber zu entrichten sind (R E 13a.4 Abs. 4 S. 3 ErbStR 2011).

Die Ausnahme für *„Saisonarbeiter"* (Nr. 5) gilt nicht nur für die beispielhaft erwähnten **Saisonarbeiter**, sondern auch für Beschäftigte, die *„nicht ausschließlich oder überwiegend in dem betrieb tätig sind"* (siehe § 13a Abs. 4 S. 1 Halbs. 2 ErbStG a. F., dazu R E 13a.4 Abs. 3 ErnStR 2011). 312

Von dem Begriff der Lohnsumme nicht umfasst sind ferner Vergütungen für **Leiharbeitnehmer** (so bereits R E 13a.4 Abs. 2 S. 2 ErbStR 2011 und die amtliche 313

Gesetzesbegründung in BT-Drs. 16/7918, 34 = BR-Drs. 4/08, 54). Leiharbeitnehmer sind Arbeitnehmer des Verleihers und nicht des Entleihers (§§ 1 ff. AÜG). Der Entleiher zahlt an den Verleiher eine Vergütung für die Überlassung der Leiharbeiter. Das an den Verleiher zu zahlende Entgelt gehört nicht zu den Löhnen und Gehältern und ist daher bei der Lohnsumme nicht zu berücksichtigen. Dafür spricht auch, dass die Leiharbeiter nicht auf den „Lohn- und Gehaltslisten" (§ 13a Abs. 3 S. 6 ErbStG) des entleihenden Betriebs erfasst sind. Die Lohnsumme kann somit durch einen Wechsel zwischen Arbeitnehmern und Leiharbeitnehmern beeinflusst werden. Dies ist kein Gestaltungmissbrauch (ausführlich dazu *Dillberger/Fest*, DStR 2009, 671).

314 Angesichts der politischen Diskussion um eine Beschränkung von **Managergehältern** überrascht es, dass die Lohnsumme auch *„Sondervergütungen, Prämien, Gratifikationen und Abfindungen"* umfasst. Eine (betragsmäßige) Beschränkung ist im Gesetz nicht vorgesehen. Die Vergütungen von Vorständen (börsennotierter) Aktiengesellschaften sind nicht ausgenommen. Mit dem gesetzgeberischen Ziel, der Sicherung von Arbeitsplätzen und der Erleichterung der Unternehmensnachfolge, ist dies allerdings kaum vereinbar.

315 Der Begriff der Lohnsumme umfasst grundsätzlich auch Vergütungen, die an den **Schenker** und/oder den **Erwerber** (und/oder an deren Angehörige) bezahlt werden. Ein Antrag des Bundesrats, aus Gründen der Objektivierung bei der Lohnsumme zumindest die Vergütungen an den Schenker und den Erwerber auszunehmen, wurde vom Gesetzgeber ausdrücklich nicht aufgegriffen (Änderungsvorschlag in BR-Drs. 4/08 (Beschluss), Nr. 3b). Nach Auffassung der Finanzverwaltung soll allerdings der **Unternehmerlohn** (im Sinne von § 202 Abs. 1 S. 2 Nr. 2 Buchst. d BewG) bei der Ermittlung der Lohnsumme nicht berücksichtigt werden (R E 13a.4 Abs. 10 ErbStR 2011).

316 Bei **Kapitalgesellschaften** gehört die Vergütung des Gesellschafter-Geschäftsführers in vollem Umfang zur Lohnsumme (so auch H E 13a.4 Abs. 2 ErbStR 2011). Eine Reduzierung der Lohnsumme bei Arbeitern und Angestellten kann daher beispielsweise durch eine Erhöhung des Gehalts des Gesellschafter-Geschäftsführers ausgeglichen werden. Nach Auffassung der Finanzverwaltung gilt dies allerdings nur, soweit keine verdeckte Gewinnausschüttung vorliegt (H E 13a.4 (4) ErbStR 2011).

317 Bei **Personengesellschaften** gehört die Vergütung des Gesellschafter-Geschäftsführers dagegen zu den Einkünften aus Gewerbebetrieb (Sondervergütung, § 15 Abs. 1 S. 1 Nr. 2 EStG) und ist daher bei der Lohnsumme nicht zu berücksichtigen (so auch H E 13a.4 Abs. 2 ErbStR 2011).

318 Zahlungen an Mitglieder eines **Beirats** sind bei der Lohnsumme im Allgemeinen nicht zu berücksichtigen, weil diese nicht zu den Beschäftigten des Betriebs gehören.

Für die Lohnsumme sind stets die **tatsächlich gezahlten Vergütungen** maßgebend. Bloße Ansprüche auf eine Vergütung sind nicht zu berücksichtigen.

319 Für die Vergütung gilt kein Fremdvergleich (BFH v. 25.10.1995, II R 45/92, BStBl II 1996, 11). Auf die **Angemessenheit** der Vergütung kommt es grundsätzlich nicht an (einschränkend die FinVerw für Fälle einer verdeckten Gewinnausschüttung, H E 13a.4 (4) ErbStR).

Die Lohnsumme ist für jeden **Betrieb** gesondert zu ermitteln (R E 13a.4 Abs. 3 ErbStR 2011). 320

einstweilen frei 321-325

6.5 Lohnsumme bei Beteiligungen an anderen Unternehmen (§ 13a Abs. 3 S. 11 ff. ErbStG)

Bei (unmittelbaren oder mittelbaren) **Beteiligungen** an Personengesellschaften (unabhängig von der Beteiligungshöhe) oder an Kapitalgesellschaften (von mehr als 25 %) in EU-/EWR-Mitgliedstaaten sind die Lohnsummen der dort Beschäftigten anteilig mit einzubeziehen (§ 13a Abs. 3 S. 11 und 12 ErbStG; zuvor § 13a Abs. 4 S. 5 ErbStG a.F.; siehe dazu R E 13a.4 Abs. 3 S. 4, Abs. 6, Abs. 7 und Abs. 9 ErbStR 2011 und die amtliche Gesetzesbegründung in BT-Drs. 16/7918, S. 34 und BR-Drs. 4/08, S. 54). 326

Die Zurechnung der Lohnsumme von anderen Unternehmen setzt bei **Kapitalgesellschaften** eine (unmittelbare oder mittelbare) Beteiligung von mehr als 25 % voraus (§ 13a Abs. 3 S. 12 ErbStG, zuvor § 13a Abs. 4 S. 5 ErbStG a.F.). Bei **Personengesellschaften** erfolgt die Zurechnung der Lohnsumme dagegen unabhängig von der Beteiligungshöhe (§ 13a Abs. 3 S. 11 ErbStG). Der frühere Gesetzeswortlaut war insoweit missverständlich; der Gesetzgeber hat im Rahmen der Erbschaftsteuerreform 2016 (BGBl I 2016, 2464 = BStBl I 2016, 1202) klargestellt, dass die Mindestbeteiligung von 25 % nur für Anteile an Kapitalgesellschaften (und nicht auch für Personengesellschaften) gilt (so bereits zuvor die Finanzverwaltung in R E 13a.4 Abs. 6 und Abs. 7 ErbStR 2011). 327

Im Zusammenhang mit der Lohnsumme werden **alle (unmittelbaren und mittelbaren) Beteiligungen** erfasst. Steuersystematisch erscheint dies nicht überzeugend. Bei Beteiligungen an Kapitalgesellschaften verlangt das Gesetz sonst stets eine "*unmittelbare*" Beteiligung (§§ 13b Abs. 1 Nr. 3, 13b Abs. 4 Nr. 2 ErbStG); mittelbare Beteiligungen sind nicht begünstigt. 328

Nach dem Gesetzeswortlaut werden alle Lohnsummen von Gesellschaften einbezogen, die ihren **Sitz oder ihre Geschäftsleitung im Inland oder in einem EU-/EWR-Mitgliedstaat** haben (§ 13a Abs. 3 S. 11 ErbStG). Die Lohnsummen von Gesellschaften in Drittstaaten werden nicht berücksichtigt. Für die Abgrenzung kommt es allein auf den Sitz oder die Geschäftsleitung an. Der Tätigkeitsort der Beschäftigten ist dagegen ohne Bedeutung. Auf die Belegenheit der Betriebsstätte soll es gleichfalls nicht ankommen. Dies gilt gleichermaßen für Kapital- und Personengesellschaften. 329

Im Falle einer **Betriebsaufspaltung** sind die Lohnsummen der Beschäftigten der Besitz- und der Betriebsgesellschaft zusammenzuzählen (§ 13a Abs. 3 S. 13 ErbStG). 330

Die sachgerechte Ermittlung der Lohnsumme in **Konzern- und Umwandlungsfällen** ist umstritten. Die Finanzverwaltung hat ihre Auffassung in mehreren Erlassen anhand von Beispielen dargestellt. Die skizzierten Fälle sind allerdings recht kompliziert und die Lösungen nur schwer nachvollziehbar. Eine gesetzliche Grundlage für die jeweilige Ermittlung der Lohnsumme ist zudem kaum erkennbar (dazu 1. Oberste Finanzbehörden der Länder, gleichlautende Erlasse vom 5.12.2012 (Ermittlung der Lohnsummen und der Anzahl der Beschäftigten bei Beteiligungs- 331 strukturen), BStBl I 2012, 1250 = DStR 2013, 93. Ausführlich dazu *Bron*, ErbStB 2013, 84; *Hannes/Stalleiken*, DB 2013, 364; *Korezkij*, DStR 2013, 346; *Weber/Schwind*, ZEV 2013, 70; *Zipfel*, BB 2013, 535, und 2. Oberste Finanzbehörden der Länder, gleichlautende Erlasse v. 21.11.2013 (Ermittlung der Lohnsummen in Umwandlungsfällen), BStBl I 2013, 1510 = DStR 2014, 38. Ausführlich dazu *Hannes/Stalleiken*, DB 2014, 259; *Reich*, ZEV 2014, 81; *Rödder/Dietrich*, Ubg. 2014, 90; *Steger/Königer*, BB 2014, 2007; *Viskorf/Haag*, DStR 2014, 360).

332-335 einstweilen frei

6.6 Ausgangslohnsumme (§ 13a Abs. 3 S. 2 ErbStG)

336 Eckpunkte der gesetzlichen Lohnsummenkontrolle sind einerseits die Ausgangslohnsumme und andererseits die Mindestlohnsumme. Die Ausgangslohnsumme ist die durchschnittliche Lohnsumme der letzten 5 abgeschlossenen (Wirtschafts-)Jahre vor der Entstehung der Steuer (§ 13a Abs. 3 S. 2 ErbStG, zuvor § 13a Abs. 1 S. 3 ErbStG a.F.). Für die Zielerreichung kommt es auf das Erreichen einer Mindestlohnsumme an (§ 13a Abs. 3 S. 1 ErbStG, zuvor § 13a Abs. 1 S. 2 ErbStG a.F.). Mindestlohnsumme ist die Summe der jährlichen Lohnsummen des Betriebs (bzw. bei Beteiligungen an Gesellschaften des Betriebs der jeweiligen Gesellschaft) innerhalb von 5 (Zeit-)Jahren nach dem Erwerb (Lohnsummenfrist). Voraussetzung für die Gewährung des Verschonungsabschlags ist, dass die Summe der jährlichen Lohnsummen 400 % der Ausgangslohnsumme nicht unterschreitet (Mindestlohnsumme).

337 Ausgangspunkt der Lohnsummenkontrolle ist die **Ausgangslohnsumme.** Dabei wird unter der Ausgangslohnsumme "*die durchschnittliche Lohnsumme der letzten fünf vor dem Zeitpunkt der Entstehung der Steuer endenden Wirtschaftsjahre*" verstanden (§ 13a Abs. 3 S. 2 ErbStG, zuvor § 13a Abs. 1 S. 3 ErbStG a.F.; siehe dazu auch R E 13a.4 Abs. 5 bis 11 ErbStR 2011 und die zahlreichen Beispiele und Übersichten in H E 13a.4 Abs. 5 bis 11 ErbStR 2011)

338 Die Lohnsumme im Zeitpunkt der Entstehung der Erbschaft- und Schenkungsteuer (§ 9 ErbStG) ist somit allenfalls mittelbar von Bedeutung. Entscheidend ist vielmehr der Durchschnitt der letzten 5 Wirtschaftsjahre vor der Entstehung der Erbschaft- und Schenkungsteuer. Aufgrund der Durchschnittsbetrachtung verlieren Gestaltungen, mit denen die Lohnsumme kurz vor der Übertragung reduziert werden soll, weitgehend an Attraktivität. Der Gesetzgeber will die steuerliche Verschonung somit von einer nachhaltigen Sicherung der Beschäftigungssituation abhängig machen.

339 Die Lohnsummen der letzten 5 Wirtschaftsjahre werden alle gleich gewichtet. Die Lohnsumme der einzelnen Jahre werden addiert und durch 5 dividiert. Dem letzten Wirtschaftsjahr vor der Übertragung kommt somit keine größere Bedeutung zu als den bereits länger zurückliegenden Wirtschaftsjahren.

340 Die Betrachtung der durchschnittlichen Lohnsumme führt zu mancherlei Verzerrungen. Dies gilt insbesondere bei Betrieben, in denen die Lohnsumme in den letzten 5 Jahren kontinuierlich angestiegen oder gefallen ist.

Beispiel: 341

Bei einem Betrieb, der in den letzten 5 Wirtschaftsjahren Lohnsummen von 200, 400, 600, 800 und 1.000 hatte, ergibt sich eine durchschnittliche Lohnsumme von 600. Die Mindestlohnsumme nach Ablauf von 5 Jahren beträgt 3.000. Der Erwerber muss rechnerisch eine Lohnsumme von "*nur*" 600 einhalten, obwohl die Lohnsumme im letzten Wirtschaftsjahr vor dem Zeitpunkt der Entstehung der Steuer bereits 1.000 betragen hatte.

Bei einem Betrieb, bei dem sich die Lohnsumme in der umgekehrten Richtung entwickelt hat (d. h. 1.000, 800, 600, 400 und 200) beträgt die durchschnittliche Lohnsumme ebenfalls 600. Der Erwerber muss gleichfalls eine rechnerische Lohnsumme von jährlich 600 einhalten. Dies bedeutet aber, dass er die Lohnsumme von zuletzt 200 auf mindestens 600 erhöhen muss. Die bloße Beibehaltung der Lohnsumme genügt somit nicht. Die Verpflichtung des Erwerbers erscheint in diesem Fall übermäßig und unverhältnismäßig. Im Übrigen fehlt es an einer gleichheitsgerechten Umsetzung der Verschonung, wenn bei gleicher Ausgangslohnsumme (hier 600) einerseits eine Reduzierung der Lohnsumme zulässig ist (hier von 1.000 auf 600) und andererseits eine Erhöhung der Lohnsumme verlangt wird (hier von 200 auf 600). 342

Nach dem Gesetzeswortlaut kommt es auf die Lohnsumme in den letzten 5 vor dem Zeitpunkt der Entstehung der Steuer endenden Wirtschaftsjahren an. Maßgebend sind insoweit somit die Wirtschaftsjahre (§ 4a EStG) und nicht etwa die Kalenderjahre. Dies erscheint insoweit konsequent, als die Lohnsumme typischerweise für Wirtschaftsjahre ermittelt wird. Allerdings passt dazu nicht, dass für die Lohnsummenfrist nach Entstehung der Steuer auf einen Zeitraum von 5 Zeitjahren abgestellt wird. 343

Nicht ganz eindeutig erscheint, ob bei der Ausgangslohnsumme nur solche Wirtschaftsjahre berücksichtigt werden dürfen, die im Zeitpunkt der Entstehung der Steuer bereits beendet oder auch noch nicht ganz abgelaufene Wirtschaftsjahre zu berücksichtigen sind. Das Gesetz spricht nicht von „*beendeten*" oder „*abgelaufenen*" Wirtschaftsjahren (§ 201 Abs. 2 S. 1 BewG). Allerdings ist die Formulierung „*endenden Wirtschaftsjahre*" wohl so zu verstehen, dass damit nur die Lohnsumme von solchen Wirtschaftsjahren gemeint ist, die vor dem Stichtag geendet haben. Gleichwohl sollte auch die Lohnsumme von noch nicht abgelaufenen Wirtschaftsjahren berücksichtigt werden, wenn sie für die Bestimmung der nachhaltigen Lohnsumme von Bedeutung sind (Rechtsgedanke von § 201 Abs. 2 S. 2 BewG). Dafür spricht auch eine am Normzweck der Arbeitsplatzerhaltung orientierte Gesetzesauslegung. Bei der Berücksichtigung von noch nicht abgelaufenen Wirtschaftsjahren ist die anteilige Lohnsumme allerdings stets auf einen Zeitraum von 12 Monaten hochzurechnen. Gleiches gilt im Fall der Umstellung des Wirtschaftsjahres (siehe R E 13a.4 Abs. 5 S. 4 ErbStR 2011). 344

Nicht abschließend geklärt ist bislang, wie die Lohnsummen von **Beteiligungsunternehmen** bei der Ermittlung der Ausgangslohnsumme zu berücksichtigen sind (E 13a.4 Abs. 6 und Abs. 7 ErbStR 2011). Grundsätzlich kommt es dabei auf die Verhältnisse im Zeitpunkt der Entstehung der Steuer an (§ 9 ErbStG). 345

346 Die Lohnsummen der zu diesem Zeitpunkt zum Betrieb gehörenden (unmittelbaren oder mittelbaren) Beteiligungen an Personen- und Kapitalgesellschaften in EU-/EWR-Mitgliedstaaten sind in die Ausgangslohnsumme anteilig mit einzubeziehen. Bei Personengesellschaften gilt dies unabhängig von der Beteiligungshöhe; bei Kapitalgesellschaften gilt dies dagegen nur für Beteiligungen von mehr als 25 %.

347 Bei Beteiligungen, die nicht innerhalb des gesamten Zeitraums von 5 Jahren vor der Steuerentstehung zum Betrieb gehören, kommt nur eine zeitanteilige Berücksichtigung der Lohnsummen in Betracht. Entsprechendes gilt in den Fällen, in denen sich die Höhe der Beteiligung ändert. Die **Finanzverwaltung** hat zur Ermittlung der Lohnsumme bei Zu- und Verkäufen von Unternehmens-beteiligungen ausführliche Stellungnahmen veröffentlicht (oberste Finanzbehörden der Länder, gleichlautende Erlasse vom 5.12.2012, BStBl I 2012, 1250 = DStR 2013, 93. Ausführlich dazu *Bron*, ErbStB 2013, 84; *Hannes/Stalleiken*, DB 2013, 364; *Korezkij*, DStR 2013, 346; *Weber/Schwind*, ZEV 2013, 70; *Zipfel*, BB 2013, 535).

348 Im Vorfeld einer Unternehmensübertragung besteht das Ziel oftmals darin, die Ausgangslohnsumme nach Möglichkeit zu reduzieren. Dies kann u. a. erfolgen durch eine Reduzierung der Zahl der Beschäftigten, eine Reduzierung von Löhnen und Gehältern, die Streichung bzw. Reduzierung von Sonderzahlungen, Tantiemen, Gratifikationen und Abfindungen, die Ersetzung von fest angestellten Beschäftigten durch Leiharbeitnehmer, die Ausgliederung von Beschäftigten auf selbständige Beschäftigungsgesellschaften oder die Verlagerung von Arbeitsplätzen in Drittstaaten.

349 In der Praxis sind solche Pläne aber meist nicht ohne weiteres umzusetzen (jedenfalls nicht allein aus Gründen der Erbschaft- und Schenkungsteuer). Vielfach bestehen zwischen den Beteiligten (z. B. mehreren Gesellschaftern oder Gesellschaftern und Geschäftsführern) auch Interessengegensätze. Beispielsweise hat ein Erwerber vor der geplanten Übertragung ein Interesse an einer Reduzierung der Lohnsumme; dagegen ist ein Erwerber nach der erfolgten Übertragung an einer Erhöhung der Lohnsumme interessiert. Bei der Umsetzung derartiger Maßnahmen sind zudem immer auch die Vorschriften des deutschen Arbeits- und Mitbestimmungsrechts zu berücksichtigen.

350-355 einstweilen frei

6.7 Mindestlohnsumme (§ 13a Abs. 3 S. 1 ErbStG)

356 Die Gewährung des Verschonungsabschlags ist davon abhängig, dass die maßgebliche Lohnsumme des Betriebs (bzw. bei Beteiligungen an Gesellschaften des Betriebs der jeweiligen Gesellschaft) innerhalb von 5 Jahren nach dem Erwerb (Lohnsummenfrist) *„insgesamt 400 % der Ausgangslohnsumme nicht unterschreitet (Mindestlohnsumme)"* (§ 13a Abs. 3 S. 1 ErbStG, zuvor § 13a Abs. 1 S. 2 ErbStG a. F., siehe dazu R E 13a.4 Abs. 8 ErbStR 2011).

357 Die Ausgangslohnsumme muss somit nicht unverändert beibehalten werden. Vielmehr ist es ausreichend, wenn die Lohnsumme nach 5 Jahren 400 % der Ausgangslohnsumme erreicht. Damit soll ein *„Maximum* an unternehmerischer Disponibilität" eingeräumt und eine wirtschaftliche Planung *„über den Konjunkturzyklus*

hinweg" ermöglicht werden (so eine amtliche Pressemitteilung des BFM v. 4.7.2008). Rechnerisch muss die jährliche Lohnsumme im Durchschnitt mindestens 80 % (= 400/500) der Ausgangslohnsumme erreichen.

Für das Erreichen der Mindestlohnsumme ist die Entwicklung der Lohnsumme in den einzelnen Jahren nach dem Erwerb (anders als dies noch in den früheren Gesetzentwürfen vorgesehen war) grundsätzlich ohne Bedeutung. Entscheidend ist allein die kumulierte Lohnsumme nach Ablauf der fünfjährigen Lohnsummenfrist. Reduzierungen der Lohnsumme in einzelnen Jahren können daher ohne Weiteres durch Erhöhungen der Lohnsumme ausgeglichen werden. Solche Verrechnungen sind in beliebiger Weise möglich und unterliegen keinerlei Beschränkungen. 358

In der Praxis dürfte es daher vor allem darauf ankommen, rechtzeitig vor Ablauf der Lohnsummenfrist zu prüfen, ob die Mindestlohnsumme voraussichtlich erreicht werden kann. Unter Umständen kann durch eine kurzfristige Erhöhung der Lohnsumme vor Ablauf der Lohnsummenfrist (z.B. Zahlung von Sondervergütungen) das Erreichen der Mindestlohnsumme noch gewährleistet werden. Derartige Maßnahmen sind kein Gestaltungsmissbrauch (§ 42 AO). Es ist in jedem Einzelfall sorgfältig zu prüfen, ob solche Maßnahmen insgesamt vorteilhaft sind, wobei sich die Vor- und Nachteile regelmäßig bei unterschiedlichen Personen auswirken werden. 359

Eine Indexierung der Ausgangslohnsumme ist (aus Vereinfachungsgründen) nicht (mehr) vorgesehen (BT-Drs. 16/11107, S. 12). Allgemeine Lohnerhöhungen (z.B. zum Inflationsausgleich) wirken sich daher zugunsten des Erwerbers aus. Umgekehrt gehen allgemeine Lohnsenkungen zu Lasten des Erwerbers. 360

Maßgebend für das Erreichen der Mindestlohnsumme ist der Zeitraum von *„fünf Jahren nach dem Erwerb (Lohnsummenfrist)"*. Hier kommt es somit (anders als bei der Ausgangslohnsumme) auf 5 Zeitjahre (und nicht etwa auf Wirtschaftsjahre) an. Nachdem die Lohnsumme regelmäßig für Wirtschaftsjahre (und nicht für Kalenderjahre) ermittelt wird, dürfte im Allgemeinen eine entsprechende Umrechnung erforderlich sein. 361

Die Frist von 5 Jahren **beginnt** mit dem *„Erwerb"*. Maßgebend ist insoweit die Entstehung der Erbschaft- und Schenkungsteuer (§ 9 ErbStG). Die Frist **endet** nach Ablauf von 5 vollen Zeitjahren. 362

Nach der erfolgten Unternehmensübertragung ist der Erwerber am Erreichen der Mindestlohnsumme interessiert. Dafür ist eine bloße Beibehaltung der bestehenden Lohnsumme keineswegs immer ausreichend. In Einzelfällen kann das Erreichen der Mindestlohnsumme auch eine Erhöhung der Lohnsumme erforderlich machen. Die Maßnahmen zur Erhöhung der Lohnsumme entsprechen spiegelbildlich denjenigen, die vor der Übertragung zur Reduzierung der Lohnsumme ergriffen werden können. Denkbar sind somit u.a. eine Erhöhung der Zahl der Beschäftigten, eine Erhöhung von Löhnen und Gehältern, die Einführung bzw. Erhöhung von Sonderzahlungen, Tantiemen, Gratifikationen und Abfindungen, die Ersetzung von Leiharbeitnehmern durch fest angestellte Beschäftigte, die Eingliederung von Beschäftigten aus bislang selbständigen Beschäftigungsgesellschaften oder die Verlagerung von Arbeitsplätzen aus Drittstaaten in die EU-/EWR-Mitgliedstaaten. 363

| § 13a | Steuerbefreiung BV, LuF, Anteile |

364 Nicht geeignet erscheint demgegenüber der **Zukauf** neuer Betriebe, da die Lohnsumme stets betriebsbezogen ermittelt wird. Möglich ist aber die Erweiterung bestehender Betriebe oder Zukauf neuer Beteiligungen. Die **Finanzverwaltung** hat zur Ermittlung der Lohnsumme bei Zu- und Verkäufen von Unternehmensbeteiligungen ausführliche Stellungnahmen veröffentlicht (oberste Finanzbehörden der Länder, gleichlautende Erlasse v. 5.12.2012, BStBl I 2012, 1250 = DStR 2013, 93. Ausführlich dazu *Bron*, ErbStB 2013, 84; *Hannes/Stalleiken*, DB 2013, 364; *Korezkij*, DStR 2013, 346; *Weber/Schwind*, ZEV 2013, 70; *Zipfel*, BB 2013, 535).

365 Für die Lohnsummenkontrolle kommt es allein darauf an, ob die Mindestlohnsumme nach Ablauf der Lohnsummenfrist erreicht wird oder nicht. Die Gründe für das Erreichen oder Nichterreichen der Mindestlohnsumme sind ohne Bedeutung. Es macht beispielsweise keinen Unterschied, ob ein Arbeitsverhältnis vom Arbeitgeber oder vom Arbeitnehmer gekündigt wird. Auf die konkrete Zusammensetzung der Lohnsumme kommt es nicht an. Die Mindestlohnsumme kann auch im Einzelfall auch dadurch erreicht werden, dass Arbeitsplätze in Deutschland abgebaut und neue Arbeitsplätze in anderen EU-/EWR-Mitgliedstaaten geschaffen werden. Entgegen der amtlichen Gesetzesbegründung ist es für das Erreichen der Lohnsumme somit keineswegs immer erforderlich, die bestehenden Arbeitsplätze tatsächlich zu sichern. Bei einem Lohngefälle zwischen In- und Ausland können sich solche Arbeitsplatzverlagerungen im Ergebnis (bei gleicher Anzahl von Beschäftigten) aber gleichwohl zu Lasten der Lohnsumme auswirken. Schließlich kommt es nach dem Gesetzeswortlaut überhaupt nicht darauf an, ob der Erwerber auf die Entwicklung der Lohnsumme Einfluss genommen hat bzw. dies konnte. Eine Nachversteuerung erfolgt beispielsweise auch dann, wenn der Erwerber als Minderheitsgesellschafter oder als Kommanditist die Lohnsumme in keiner Weise steuern konnte.

366-370 einstweilen frei

6.8 Unterschreiten der Mindestlohnsumme (§ 13a Abs. 3 S. 5 ErbStG)

371 Unterschreitet die Summe der maßgebenden jährlichen Lohnsummen die Mindestlohnsumme, vermindert sich der Verschonungsabschlag (§ 13a Abs. 3 S. 5 ErbStG, zuvor § 13a Abs. 1 Satz 5 ErbStG a.F.). Der Verschonungsabschlag fällt somit nicht vollständig weg, sondern vermindert sich nur anteilig. Dabei vermindert sich der Verschonungsabschlag in demselben prozentualen Umfang, wie die Mindestlohnsumme unterschritten wird. Der Steuerbescheid ist dann rückwirkend zu ändern (§ 175 Abs. 1 S. 1 Nr. 2 AO). Die nach zu erhebende Steuer ist nicht zu verzinsen.

372 Das Unterschreiten der Mindestlohnsumme führt (nur) zur Minderung des **Verschonungsabschlags** (§ 13a Abs. 1 ErbStG).

373 Dagegen hat das Unterschreiten der Mindestlohnsumme **keine Folgen** für den gleitenden Abzugsbetrag (§ 13a Abs. 2 ErbStG), den Vorab-Abschlag für Familiengesellschaften (§ 13a Abs. 9 ErbStG) und die Tarifbegrenzung (§ 19a ErbStG). Diese bleiben grundsätzlich unberührt. Der Gesetzgeber hat somit nur einen Teil der steuerlichen Verschonungsregelungen von der Einhaltung der Lohnsumme abhängig gemacht. Verfassungsrechtlich ist dies nicht unbedenklich.

Jeder Erwerber ist verpflichtet, dem für die Erbschaftsteuer zuständigen Finanzamt das Unterschreiten der Mindestlohnsumme schriftlich anzuzeigen (§ 13a Abs. 7 S. 1 ErbStG). Die Anzeige muss spätestens 6 Monate nach Ablauf der Lohnsummenfrist erfolgen. 374

einstweilen frei 375-380

7 Verfahrensvorschriften zur Lohnsummenkontrolle (§ 13a Abs. 4 ErbStG)

Ausgewählte Hinweise auf weiterführende Literatur: 381

Halaczinsky, Änderung des ErbStG und des BewG durch das Steuervereinfachungsgesetz 2011, UVR 2011, 342; *Krause/Grootens*, Feststellungsverfahren unter Beteiligung von Gesellschaften, NWB-EV 10/2012, 325; *Krause/Grootens*, Neuregelung des Feststellungsverfahrens, NWB-EV 1/2012, 27; *Volquardsen*, Das erbschaftsteuerliche Feststellungsverfahren – geplante Änderungen durch das Steuervereinfachungsgesetz 2011, ZErb 2011, 295.

Das für die Bewertung der wirtschaftlichen Einheit zuständige Finanzamt (§ 152 Nr. 1 bis 3 BewG) stellt in der Regel (auch) die Ausgangslohnsumme, die Anzahl der Beschäftigten und die Summe der maßgebenden jährlichen Lohnsummen gesondert fest (§ 13a Abs. 4 S. 1 bis 3 ErbStG, und zuvor § 13a Abs. 1a S. 1 und 2 ErbStG a. F.). Die Vorschriften des Bewertungsgesetzes über die gesonderte Feststellung sind insoweit entsprechend anzuwenden (§ 13a Abs. 4 S. 4 ErbStG i. V. m. §§ 151 Abs. 3, 152 bis 156 BewG. Zu Feststellungen nach § 13a Abs. 1a ErbStG a.F. im Falle einer Erbengemeinschaft siehe die gleichlautenden Erlasse der obersten Finanzbehörden der Länder v. 15.6.2016, BStBl I 2016, 758 = DStR 2016, 2111. Zur Anwendung von § 154 Abs. 1 BewG i.d.F. des Steueränderungsgesetzes 2015 siehe die gleichlautenden Erlasse der obersten Finanzbehörden der Länder v. 14.3.2016, BStBl I 2016, 249 = DStR 2016, 1543). 382

Die Vorschriften über die gesonderte Feststellung wurden erstmals durch das Steuervereinfachungsgesetz 2011 (BGBl I 2011, 2131 = BStBl I. 2011, 986) in das ErbStG eingefügt (§ 37 Abs. 6 ErbStG). 383

Im Rahmen der Erbschaftschaftsteuerreform 2016 (BGBl I 2016, 2464 = BStBl I 2016, 1202) wurde vor allem ergänzt, dass die entsprechenden Feststellungen bei Anteilen an Kapitalgesellschaften (im Sinne von § 11 Abs. 1 BewG) von dem Finanzamt getroffen werden, in dessen Bezirk sich die Geschäftsleitung der Kapitalgesellschaft befindet (§ 13a Abs. 4 S. 2 ErbStG, § 152 Nr. 3 BewG). 384

einstweilen frei 385-390

8 Weiterübertragung von begünstigtem Vermögen (§ 13a Abs. 5 ErbStG)

Ausgewählte Hinweise auf weiterführende Literatur: 391

Halaczinsky, Erweiterte Familienheim-Steuerbefreiung durch Hingabe nicht begünstigten ererbten Vermögens, ErbStB 2016, 240; *Jülicher*, „Begünstigungstransfer" im ErbStG – Systematik und Vergleich der Vorschriften, ZErb 2017, 5; *Koblenzer*, Begünstigungstransfer, ErbStB 2011, 227; *Söffing, M.*, Weiterübertragungsverpflichtung und personengesellschaftsrechtliche Nachfolgeklauseln im Lichte des § 13a Abs. 3 ErbStG 2009, in: Festschrift für Michael Streck, 2011, S. 217 ff.; *Söffing, M.*, Nachfolgeklauseln und Weiterübertragungsverpflichtungen i.S.d. § 13a Abs. 3 ErbStG, ErbStB 2009, 271; *Wälzholz*, Erbauseinandersetzung und Teilungsanordnung nach der Erbschaftsteuerreform, ZEV 2009, 113.

392 Ein Erwerber kann den Verschonungsabschlag (§ 13a Abs. 1 ErbStG) und den Abzugsbetrag (§ 13a Abs. 2 ErbStG) nicht in Anspruch nehmen, soweit er begünstigtes Vermögen (§ 13b Abs. 2 ErbStG) aufgrund einer letztwilligen Verfügung des Erblassers oder einer rechtsgeschäftlichen Verfügung des Erblassersoder Schenkers auf einen Dritten übertragen muss (§ 13a Abs. 5 S. 1 ErbStG, und zuvor § 13a Abs. 3 S. 1 ErbStG a.F.).

393 Gleiches gilt, wenn ein Erbe im Rahmen der Teilung des Nachlasses begünstigtes Vermögen (§ 13b Abs. 2 ErbStG) auf einen Miterben überträgt (§ 13a Abs. 5 S. 2 ErbStG, und zuvor § 13a Abs. 3 S. 2 ErbStG a.F. Siehe zum GanzenR E 13a.3 ErbStR 2011 und die Beispiele in H E 13a.3 ErbStR 2011).

394 Überträgt ein Erbe erworbenes begünstigtes Vermögen (§ 13b Abs. 2 ErbStG) im Rahmen der Teilung des Nachlasses auf einen Dritten und gibt der Dritte dabei diesem Erwerber nicht begünstigtes Vermögen hin, das er vom Erblasser erworben hat, erhöht sich insoweit der Wert des begünstigten Vermögens des Dritten um den Wert des hingegebenen Vermögens, höchstens jedoch um den Wert des übertragenen Vermögens (§ 13a Abs. 5 S. 3 ErbStG; neu eingefügt mit Wirkung zum 30.6.2016, siehe bereits zuvor R E 13a.3 Abs. 3 ErbStR 2011).

395 Der Gesetzgeber hat die Regelungen wie folgt **begründet**: (BT-Drs. 16/7918, 34 = BR-Drs. 4/08, 54; siehe auch BT-Drs. 16/7918, 36 = BR-Drs. 4/08, 57)

„Die Vorschrift entspricht dem bisherigen § 13a Abs. 3 ErbStG. Voraussetzung für die Inanspruchnahme der Verschonung ist, dass der Erwerber das erworbene Vermögen nicht auf Grund letztwilliger Verfügung des Erblassers oder rechtsgeschäftlicher Verfügung des Erblassers oder Schenkers auf einen Dritten übertragen muss oder im Rahmen der Erbauseinandersetzung auf einen Miterben überträgt. Gründe für eine solche Übertragungspflicht sind insbesondere Vermächtnisse (auch Vorausvermächtnisse), Schenkungen auf den Todesfall und Auflagen. Dazu zählt jedoch auch, wenn die Übertragung aufgrund einer qualifizierten Nachfolgeklausel im Gesellschaftsvertrag oder einer landwirtschaftlichen Sondererbfolgeregelung, z. B. nach der Höfeordnung, erfolgen muss oder wenn sich die Erben aufgrund einer vom Erblasser verfügten Teilungsanordnung in (ent)sprechender Weise auseinandersetzen. Die Vorschrift reicht deshalb weiter als die bisherige Regelung und trägt dem Umstand Rechnung, dass derjenige, der die Unternehmensfortführung tatsächlich gewährleistet und nicht derjenige, der aufgrund zivilrechtlicher Universalsukzession zunächst (Mit-)Eigentümer geworden war, entlastet werden soll. Dem durch die Weitergabeverpflichtung belasteten Erwerber entsteht dadurch kein Nachteil. Er kann die daraus resultierende Last bereicherungsmindernd berücksichtigen. Der nachfolgende Erwerber kann seinerseits die Verschonung in Anspruch nehmen."

396 Ziel der Regelung ist es, dass die steuerliche Verschonung demjenigen Erwerber gewährt wird, der den Betrieb auch tatsächlich fortführt. Dies wurde in allen

steuerlichen Verschonungsvorschriften für begünstigtes Vermögen geregelt (siehe §§ 13 Abs. 1 Nr. 4b S. 2 bis 4, 13 Abs. 1 Nr. 4c S. 2 bis 4, 13a Abs. 5, 13d Abs. 2, 19a Abs. 2 S. 2 und 3, 28a Abs. 1 S. 2 ErbStG).

Der mit der Weitergabeverpflichtung belastete (Zwischen-)Erwerber kann die Belastung steuermindernd abziehen und der begünstigte (End-)Erwerber kann die steuerliche Verschonung in Anspruch nehmen. Der (End-)Erwerber hat dementsprechend auch die mit der Verschonung verbundenen Auflagen (u.a. Behaltensregelung und Lohnsumme) einzuhalten. 397

Die Verpflichtung zur Weiterübertragung des begünstigt erworbenen Vermögens muss auf einer Verfügung des Erblassers oder Schenkers beruhen (siehe R E 13a.3 Abs. 1 S. 2 und 3 ErbStR 2011). 398

Letztwillige Verfügungen des Erblassers sind sämtliche Verfügungen von Todes wegen (Testamente und Erbverträge). Bei letztwilligen Verfügungen beruht die Verpflichtung zur Weiterübertragung in der Regel auf Vermächtnissen (einschließlich Vorausvermächtnissen), Auflagen oder Teilungsordnungen. Dazu gehört insbesondere auch die qualifizierte Nachfolgeklausel bei Personengesellschaften. 399

Rechtsgeschäftliche Verfügungen sind Vereinbarungen in Schenkungs-, Überlassungs- und Gesellschaftsverträgen. Bei rechtsgeschäftlichen Verfügungen ist die Verpflichtung zur Weiterübertragung meist in vertraglichen Auflagen, gesellschaftsrechtlichen Regelungen oder Schenkungen auf den Todesfall begründet. 400

einstweilen frei 401-405

9 Behaltensregelungen (§ 13a Abs. 6 ErbStG)

Ausgewählte Hinweise auf weiterführende Literatur: 406

Carlé, Insolvenz einer übertragenen Beteiligung als Rücktritts- oder Widerrufgrund?, ErbStB 2010, 21; *Crezelius*, UmwStG und ErbStG, DStZ 2015, 399; *Crezelius*, Nachsteuertatbestände und Umwandlungssteuerrecht, FR 2011, 401; *Dorn*, Offene Fragen zur Anwendung der Behaltensregelung und Reinvestitionsklausel des § 13a Abs. 5 ErbStG bei Asset Deals und Share Deals in mehrstufigen Beteiligungsstrukturen, ZEV 2015, 690; *Götz/Immes*, Gemischte Schenkung versus Schenkung unter Auflage im ErbStG, Ubg. 2015, 14; *Hannes/Stalleiken*, Neue Erlasse der Finanzverwaltung zu Lohnsummenkontrolle und Behaltensfristverstößen in Umstrukturierungsfällen, DB 2014, 259; *Kalbfleisch*, Der qualifizierte Tausch von Kapitalgesellschaftsanteilen nach einem Erbfall, UVR 2014, 373; *Korezkij*, Überlegungen zur Reinvestitionsklausel nach § 13a Abs. 5 ErbStG, DStR 2009, 2412; *Milatz/Kämper*, Nachbesteuerung bei „Überausschüttungen" im Rahmen der Erbschafts- und Schenkungsbesteuerung, GmbHR 2009, 762; *Müller/Dorn*, Schenkung- und erbschaftsteuerliche Fallstricke der Buchwertübertragung von Einzelwirtschaftsgütern nach § 6 Abs. 5 Satz 3 EStG mit Rechtsträgerwechsel, DStR 2016, 1063; *Nachtsheim/Ferdinand*, Umwandlungsvorgänge während der erbschaft-/schenkungsteuerlichen Behaltensfristen des § 13a Abs. 5 ErbStG, StuB 5/2014, 171; *Pohl*, Die Veräußerung von wesentlichen Betriebsgrundlagen und die Reinvestitionsklausel des § 13a Abs. 5 Satz 3 ErbStG, Auswirkungen des AmtshilfeRLUmsG,

ErbStB 2014, 197; *Purrucker*, Die Haftung des Testamentsvollstreckers für die sog. Nachsteuer, ZErb 2011, 265; *Reich*, (Erbschaft-)Steuerfinanzierung für Gesellschafter von Familienunternehmen, DStR 2015, 2353; *Reich*, Erbschaftsteuerliche Behaltefrist für Kapitalgesellschaftsbeteiligungen und Betriebsvermögen (§ 13a Abs. 5 ErbStG) sowie Lohnsummenermittlung in Einbringungs- und Umwandlungsfällen, ZEV 2014, 81; *Rödder/Dietrich*, Erbschaftsteuerliche Begünstigung und Umstrukturierungen – ausgewählte Punkte der „November-Erlasse" aus Sicht der Beratungspraxis, Ubg. 2014, 90; *Scholten/Korezkij*, Nachversteuerung nach §§ 13a und 19a ErbStG als Risiko- und Entscheidungsfaktor, DStR 2009, 991; *Scholten/Korezkij*, Begünstigungen für Betriebsvermögen nach der Erbschaftsteuerreform – Behaltensregelung und Nachversteuerung, DStR 2009, 304; *Schütte*, Nachversteuerung bei „Überentnahmen" nach § 13a Abs. 5 Nr. 3 ErbStG, DStR 2009, 2356; *Seifried*, Bindungsfristen nach dem neuen Erbschaftsteuerrecht: Herausforderung für Rechnungswesen und Controlling in Familienunternehmen, ZEV 2009, 614; *Söffing, A./Bron*, Ausschüttungen aus dem steuerlichen Einlagekonto innerhalb der erbschaft- und schenkungsteuerlichen Behaltensfrist, DStR 2016, 1913; *Stalleiken/Steger*, Umstrukturierungen im Konzern nach Erbfall/Schenkung – Wann kommt es auf die Reinvestitionsklausel an?, DStR 2011, 1353; *Steger/Königer*, Behaltensregelungen nach § 13a Abs. 5 ErbStG bei Einbringungs- und Umwandlungsfällen – Eine kritische Analyse der gleich lautenden Erlasse vom 20.11.2013, BB 2014, 2711; *Stein*, Insolvenzen von Tochtergesellschaften in der Lohnsummenprüfung, ZEV 2016, 180; *Urbach*, Behaltensfristen des § 13a ErbStG: Hinweise zur Vermeidung steuerschädlicher Handlungen, kösdi 2014, 19136; *Viskorf, H.-U.*, Erbschaft- und schenkungsteuerliche Risiken in Umwandlungsfällen, ZEV 2014, 633; *Weber/Schwind*, Betriebsvermögensbegünstigungen gem. §§ 13a, 13b ErbStG als Umstrukturierungshindernis, ZEV 2014, 408; *Werner*, Die Haftung des Testamentsvollstreckers für die Nachsteuer – Möglichkeiten der Haftungsbeschränkung, NWB-EV 1/2017, 30.

9.1 Überblick

407 Der Verschonungsabschlag (§ 13a Abs. 1 ErbStG) und der Abzugsbetrag (§ 13a Abs. 2 ErbStG) fallen mit Wirkung für die Vergangenheit weg, soweit der Erwerber innerhalb der Behaltefrist gegen die gesetzlichen Behaltensregelungen verstößt (§ 13a Abs. 6 S. 1 ErbStG). Die Behaltefrist beträgt im Fall der Regelverschonung 5 Jahre und im Fall der Optionsverschonung 7 Jahre (§ 13a Abs. 10 S. 1 Nr. 6 ErbStG). Die Behaltensregelungen gelten seit dem 1.1.2009 inhaltlich unverändert (siehe § 13a Abs. 5 ErbStG a. F., dazu R E 13a.5 bis R E 13a.12 ErbStR 2011); im Rahmen der Erbschaftsteuerreform 2016 (BGBl I 2016, 2464 = BStBl I 2016, 1202) hat sich lediglich die Absatznummerierung geändert (seit dem 1.7.2016: § 13a Abs. 6 ErbStG; bis zum 30.6.2016: § 13a Abs. 5 ErbStG a. F.).

408 Mit der Behaltensregelung will der Gesetzgeber sicherstellen, dass der Erwerber das Unternehmen für eine gewisse Zeit weitgehend unverändert fortführt. Die steuerliche Verschonung wird u. a. damit begründet, dass das begünstigte Vermögen in dem Unternehmen gebunden ist und somit nicht zur Begleichung der Steuer zur Verfügung steht. Dieser Rechtfertigungsgrund entfällt, wenn der Erwerber das Unter-

nehmen veräußert („Kasse macht"). Der Erwerber hat die steuerliche Verschonung dann nicht mehr verdient. Von diesem ursprünglichen Grundgedanken hat sich die heutige Behaltensregelung mit ihren zahlreichen (Ersatz-)Tatbeständen allerdings weit entfernt. Für einen Verstoß gegen die Behaltensregelung kommt es zudem nicht auf ein „Verschulden" des Erwerbers an. Der zwangsweise Notverkauf in der Unternehmenskrise ist genauso steuerschädlich wie jeder andere Verkauf. Selbst für die Insolvenz ist (trotz wiederholter Anregungen) bis heute keine Ausnahme vorgesehen.

Die Dauer der Behaltefrist war immer wieder Gegenstand von politischen Diskussionen und wurde in den letzten Jahren mehrfach geändert. Ursprünglich war eine Behaltefrist von 15 Jahren geplant. Im Vorfeld des Erbschaftsteuerreformgesetzes 2009 (BGBl I 2008, 3018 = BStBl I 2009, 140) hat der Gesetzgeber dies wie folgt begründet (BT-Drs. 16/7918, 34 = BR-Drs. 4/08, 54 f.): 409

„Entzieht der Erwerber das begünstigte Vermögen oder Teile hiervon der Zweckbindung in seiner Hand durch dessen Veräußerung oder Aufgabe innerhalb von 15 Jahren nach dem Erwerb, ist es angemessen, dass der Erwerber für dieses Vermögen die Verschonung verliert und die darauf entfallende Erbschaftsteuer zahlen muss, zumal hierbei in der Regel auch die Mittel zur Begleichung der Erbschaftsteuer frei werden. Die einzelnen Voraussetzungen für den Wegfall der Begünstigung entsprechen den Regelungen in § 13a Abs. 5 ErbStG. Soweit der Erlös aus der Veräußerung von Teilbetrieben oder wesentlichen Betriebsgrundlagen im betrieblichen Interesse verwendet und damit die Zweckbindung beibehalten wird, ist von einer Nachversteuerung abzusehen. Wegen des verdreifachten Behaltenszeitraums von 15 Jahren wird der Betrag der unschädlichen Überentnahmen auf 150.000 Euro verdreifacht. Bei begünstigten Anteilen an Kapitalgesellschaften soll auch der Wegfall bestehender Verfügungsbeschränkungen oder Stimmrechtsbündelungen, die Voraussetzungen dafür waren, dass ein Anteil unterhalb der Mindestbeteiligung begünstigt werden konnte, zum Wegfall der Verschonung führen."

Auf Anregung des Finanzausschusses des Deutschen Bundestages wurde im Erbschaftsteuerreformgesetz 2009 (BGBl I 2008, 3018 = BStBl I 2009, 140) dann eine Behaltefrist von 7 Jahren (bzw. 10 Jahren) vorgesehen (BT-Drs. 16/11107, S. 12). Diese Behaltefrist wurde im Hinblick auf das *„schnelllebige Wirtschaftssystem"* zu Recht als ausreichend angesehen. 410

Im Rahmen des **Wachstumsbeschleunigungsgesetzes 2010 (BGBl I 2009, 3950 = BStBl I 2010, 2)** hat der Gesetzgeber die Behaltefrist dann auf die heute geltende Dauer von 5 Jahren (im Falle der Regelverschonung) und 7 Jahre (im Falle der Optionsverschonung) verkürzt. Diese Behaltefristen gelten (rückwirkend) seit dem 1.1.2009 (§ 37 Abs. 3 ErbStG). 411

Der BFH hat in seinem Vorlagebeschluss aus dem Jahr 2012 die Auffassung vertreten, dass die Behaltefristen von 5 bzw. 7 Jahren *„unverhältnismäßig kurz"* sind und daher die steuerliche Verschonung nicht rechtfertigen können. Das **BVerfG** ist dieser Kritik zu Recht nicht gefolgt (BVerfG v. 17.12.2014, 1 BvL 21/12, BVerfGE 138, 136 = BStBl II 2015, 50 = DStR 2015, 31). Die Behaltefristen bewegen sich im Rahmen des Gestaltungsspielraums des Gesetzgebers. Demnach bestand keinerlei Notwendigkeit für eine Änderung der Behaltefristen. 412

413-415 einstweilen frei

9.2 Nachsteuertatbestände (§ 13a Abs. 6 S. 1 Nr. 1 bis 5 ErbStG)

416 Der **Verschonungsabschlag** fällt bei einem Verstoß gegen die Behaltensregelung in der Regel nicht vollständig weg (kein „*Fallbeileffekt*", siehe dazu BT-Drs. 16/11107, S. 12). Vielmehr kommt es (seit dem Jahr 2009) grundsätzlich nur noch zu einem **zeitanteiligen** Wegfall des Verschonungsabschlags. Dies ist sachgerecht und angemessen. Der rückwirkende Wegfall des Verschonungsabschlags beschränkt sich dabei (mit Ausnahme des Falls der Überentnahmen) auf den Teil, der dem Verhältnis der im Zeitpunkt der schädlichen Verfügung verbleibenden Behaltefrist (einschließlich des Jahres, in dem die Verfügung erfolgt) zur gesamten Behaltefrist entspricht (§ 13a Abs. 6 Satz 2 ErbStG).Entscheidend ist somit, wie viele volle Jahre das Unternehmen vom Erwerber fortgeführt worden ist.

9.2.1 Überblick

417 Die einzelnen Nachsteuertatbestände sind im Gesetz **abschließend** aufgeführt (§ 13a Abs. 6 S. 1 Nr. 1 bis 5 ErbStG).

418 Dabei handelt es sich vereinfacht um folgende Fälle:

Nr. 1: Veräußerung eines Gewerbebetriebs oder eines Anteils an einer Personengesellschaft,

Nr. 2: Veräußerung von land- und forstwirtschaftlichem Vermögen,

Nr. 3: Überentnahmen oder Überausschüttungen,

Nr. 4: Veräußerung von Anteilen an Kapitalgesellschaften,

Nr. 5: Aufhebung einer Verfügungsbeschränkung oder Stimmrechtsbündelung.

419 Eine steuerschädliche Veräußerung liegt immer **auch** dann vor, wenn das begünstigte Vermögen als Abfindung für einen Erb- oder Pflichtteilsverzicht (§ 3 Abs. 2 Nr. 4 ErbStG) oder zur Erfüllung von schuldrechtlichen Ansprüchen (z.B. von Pflichtteilsansprüchen, Geldvermächtnissen oder Zugewinnausgleichsansprüchen) übertragen wird (so R E 13a.5 Abs. 3 ErbStR 2011 und die Rechtsprechung: zur Übertragung von Kommanditanteilen zur Erfüllung von Pflichtteilsansprüchen BFH v. 26.2.2014, II R 36/12, BStBl II 2014, 581 = DStR 2014, 847 mit Anm. *Schm* = DB 2014, 999 = ZEV 2014, 322, zur Übertragung von Gesellschaftsanteilen an einen Pflichtteilsberechtigten zum Ausgleich des Zugewinnanspruchs FG Hessen v. 19.11.2013, 1 K 3364/10, ZEV 2014, 566).

420 Der Erwerber verstößt dagegen **nicht** gegen die Behaltensregelungen, wenn er das begünstigte Vermögen von Todes wegen oder durch Schenkung unter Lebenden weiter überträgt (R E 13a.5 Abs. 2 ErbStR 2011). Steuerunschädlich ist allerdings nur die voll unentgeltliche Weiterübertragung. Bei einer nicht voll unentgeltlichen Weiterübertragung liegt in Höhe des entgeltlichen Teils eine schädliche Veräußerung vor. Der (unentgeltliche) Rechtsnachfolger tritt dann aber in die Behaltensverpflichtung seines Rechtsvorgängers (des ursprünglichen Erwerbers) ein und muss diese (an dessen Stelle) beachten (und zusätzlich seine eigene Behaltefrist, die daneben parallel

läuft) (zur Nachsteuer bei Veräußerung von geerbten Anteilen an einer Kapitalgesellschaft durch die Rechtsnachfolger des verstorbenen Erben siehe FG Münster v. 12.6.2013, 3 K 204/11 Erb, EFG 2013, 1781 = ZEV 2014, 51 = DStRE 2014, 674).

Die Weiterübertragung des begünstigten Vermögens unter **Vorbehaltsnießbrauch** ist teilweise unentgeltlich und (in Höhe des kapitalisierten Werts des Nießbrauchs) teilweise entgeltlich. Der entgeltliche Teil der Weiterübertragung ist demnach nachsteuerschädlich (Bayerisches Landesamt für Steuern v. 1.6.2016, DStR 2016, 1322 = DB 2016, 1408 = ZEV 2016, 412. Kritisch dazu *Götz/Immes*, Ubg. 2015, 14). Die Einräumung eines **Zuwendungsnießbrauchs** an dem begünstigten Vermögen ist demgegenüber mangels Übertragung der Vermögenssubstanz unschädlich (H E 13a.5 ErbStR 2011). 421

Für den Verwaltungsvermögenstest sind grundsätzlich allein die Verhältnisse im Zeitpunkt der Entstehung der Steuer (§ 9 ErbStG) maßgeblich. Eine eigene Behaltensregelung für Änderungen im Verwaltungsvermögen besteht nicht. Die nachträgliche Umwandlung von begünstigtem Vermögen in Verwaltungsvermögen (z.B. ein bislang für den eigenen Betrieb genutztes Grundstück wird künftig an einen Dritten überlassen) ist für sich genommen kein Verstoß gegen die Behaltensregelungen. Etwas anderes gilt nur dann, wenn die Veränderung Im Bereich des Verwaltungsvermögens zugleich gegen einen der allgemeinen Nachsteuertatbestände verstößt (z.B. Betriebsaufgabe). 422

Die Behaltensregelung werden für jeden Erwerber einzeln geprüft (R E 13a.5 Abs. 1 Satz 2 ErbStR 2011). 423

Die **Gründe für den Verstoß** gegen die Behaltensregelung sind unbeachtlich (R E 13a.5 Abs. 1 S. 2 ErbStR 2011). Nachsteuerschädlich sind freiwillige und unfreiwillige Veräußerungen. Grund, Anlass oder Beweggrund für die Veräußerung sind insoweit ohne Bedeutung (BFH v. 22.7.2015, **II R 12/14**, BStBl II 2015, 501 = DStR 2015, 2015 = DB 2015, 2247 = ZEV 2015, 355; BFH v. 26.2.2014, **II R 36/12**, BStBl II 2014, 581 = DStR 2014, 847 mit Anm. *Schm* = DB 2014, 999 = ZEV 2014, 32). Ein Verstoß gegen die Behaltensregelungen soll selbst bei einer erzwungenen Veräußerung aufgrund einer gesetzlichen oder behördlichen Anordnung vorliegen (BFH v. 17.3.2010, II R 3/09, BStBl II 2010, 749 = DStR 2010, 1276 = DB 2010, 1382 = ZEV 2010, 380 = BB 2010, 1965 mit Anm. *Felten*). 424

Eine Veräußerung durch (verfügungsberechtigte) Dritte muss sich der Erwerber zurechnen lassen (zur Schädlichkeit der Veräußerung von Anteilen an einer GmbH & Co. KG durch einen Nachlasspfleger siehe FG Hessen v. 24.5.2011, 1 K 3157/09, ErbStB 2011, 274 mit Anm. *Bönig* = GmbHR 2011, 1118). 425

Die Insolvenz des erworbenen Unternehmens wird von Rechtsprechung und Finanzverwaltung – trotz berechtigter und jahrelanger Kritik des Schrifttums – als Verstoß gegen die Behaltensregelung angesehen. Eine Billigkeitsregelung wird gleichfalls abgelehnt (R E 13a.6 Abs. 1 Satz 2 ErbStR 2011 und BFH v. 4.2.2010,II R 25/08, BStBl II 2010, 663 = DStR 2010, 805 = DB 2010, 880; BFH v. 16.2.2005; BFH v. 16.2.2005, II R 39/03, BStBl II 2005, 571 = DStR 2005, 1136 = DB 2005, 1499 = ZEV 2005, 351 mit Anm. *Schmid* = NJW 2005, 1022; BFH v. 21.3.2007, II R 19/06, DStRE 2007, 761 = ZEV 2008, 50). Bei Vermögensübertragungen zu Lebzeiten sollte 426 daher durch entsprechende Rückforderungsrechte (§ 29 Abs. 1 Nr. 1 ErbStG) kautelarjuristische Vorsorge getroffen werden (dazu *Carle*, ErbStB 2010, 21; *Wälzholz*, ZEV 2010, 623).

427 Jeder Erwerber ist verpflichtet, dem zuständigen Finanzamt etwaige Verstöße gegen die Behaltensregelungen innerhalb von einem Monat schriftlich anzuzeigen (§ 13a Abs. 7 S. 2 ff. ErbStG, § 153 Abs. 2 AO und R E 13a.5 Abs. 1 S. 5 ErbStR 2011). Die Anzeige hat auch dann zu erfolgen, wenn der entsprechende Vorgang zu keiner Besteuerung erfolgt (§ 13a Abs. 7 S. 6 ErbStG).

428 Rechts- und Steuerberater sollten die Einhaltung der Behaltensregelungen stets sorgfältig überwachen (zur Haftung einesSteuerberaters wegen unterbliebener Belehrung des Mandanten bezüglich der Behaltefrist siehe OLG Karlsruhe v. 6.5.2014, 19 U 112/12, DStRE 2015, 445 = ZEV 2015, 424).

429-433 einstweilen frei

9.2.2 Veräußerung eines Gewerbebetriebs oder eines Anteils an einer Personengesellschaft (§ 13a Abs. 6 S. 1 Nr. 1 ErbStG)

434 Der Nachsteuertatbestand in Nr. 1 bezieht sich auf begünstigt erworbenes Betriebsvermögen (§ 13b Abs. 1 Nr. 2 ErbStG).

435 Zu einer Nachversteuerung kommt es danach in folgenden Fällen (§ 13a Abs. 6 S. 1 Nr. 1 ErbStG, siehe dazu R E 13a.6 ErbStR 2011):

- vollständige oder teilweise Veräußerung eines Gewerbebetriebs oder eines Teilbetriebs (einschließlich einer freiberuflichen Praxis),
- Aufgabe eines Gewerbebetriebs oder Teilbetriebs (einschließlich der Insolvenz),
- vollständige oder teilweise Veräußerung des Anteils an einer Personengesellschaft,
- Aufgabe eines Mitunternehmeranteils,
- vollständige oder teilweise Veräußerung des Anteils eines persönlich haftenden Gesellschafters einer Kommanditgesellschaft auf Aktien,
- Veräußerung von wesentlichen Betriebsgrundlagen eines Gewerbebetriebs (siehe dazu R E 13a.6 Abs. 2 ErbStR 2011),
- Überführung von wesentlichen Betriebsgrundlagen eines Gewerbebetriebs in das Privatvermögen oder Zuführung zu anderen betriebsfremden Zwecken,
- vollständige oder teilweise Veräußerung von Anteilen an einer Kapitalgesellschaft, die im Zusammenhang mit der Einbringung von Unternehmensteilen in einer Kapitalgesellschaft erworben worden sind (§ 20 UmwStG; R E 13a.6 Abs. 3 ErbStR 2011),
- vollständige oder teilweise Veräußerung von Anteilen an einer Personengesellschaft, die im Zusammenhang mit der Einbringung von Betriebsvermögen in eine Personengesellschaft erworben worden sind (§ 24 UmwStG; R E 13a.6 Abs. 3 ErbStR 2011).

436 Maßgebend sind insoweit jeweils die Grundsätze des **Ertragsteuerrechts**.

Bei Erwerbern, die bereits vor dem begünstigten Erwerb an der Gesellschaft beteiligt waren, kann bei einer teilweisen Veräußerung davon ausgegangen werden, dass zunächst die früher erworbenen Anteile veräußert werden (R E 13a.6 Abs. 1 S. 4 ErbStR 2011, und BFH v. 26.2.2014, II R 36/12, BStBl II 2014, 581 = DStR 2014, 847 mit Anm. *Schm* = DB 2014, 999 = ZEV 2014, 322).

Einbringungen und Umwandlungen (nach Maßgebe der §§ 20, 24 UmwStG) sind (noch) nicht nachsteuerschädlich (siehe R E 13a.6 Abs. 3 ErbStR 2011). Dies gilt auch bei mehreren Umwandlungsvorgängen (dazu BFH v. 16.2.2011, II R 60/09, BStBl II 2011, 454 = DStR 2011, 620 = DB 2011, 747 = ZErb 2011, 193 mit Anm. *Riedel*). Steuerschädlich ist erst die nachfolgende Veräußerung der Anteile, die der Erwerber im Zusammenhang mit der Umwandlung erworben hat. 437

Die **Finanzverwaltung** hat in mehreren Erlassen zu den Behaltensregelungen bei Einbringungs- und Umwandlungsfällen ausführlich Stellung genommen (dazu Oberste Finanzbehörden der Länder, gleichlautende Erlasse v. 20.11.2013, BStBl I 2013, 1508 = DStR 2014, 103. Ausführlich dazu *Hannes/Stalleiken*, DB 2014, 259; *Reich*, ZEV 2014, 81; *Viskorf/Haag*, DStR 2014, 360; Bayerisches Landesamt für Steuern v. 11.5.2012, DStR 2012, 1033 = ZEV 2012, 343 = DB 2012, 1180, und FinMin Baden-Württemberg v. 20.7.2012, DB 2012, 1780). 438

Die Veräußerung oder Aufgabe einer **freiberuflichen** Praxis ist nachsteuerschädlich (§ 13a Abs. 6 S. 1 Nr. 1 S. 1 ErbStG, dazu R E 13a.6 Abs. 1 S. 3 ErbStR 2011). Dies gilt auch dann, wenn der Erwerber die Praxis nur deshalb veräußern musste, weil er selbst nicht über die für eine Fortführung erforderliche persönliche Qualifikation verfügt (BFH v. 17.3.2010, II R 3/09, BStBl II 2010, 749 = DStR 2010, 1276 = DB 2010, 1382 = ZEV 2010, 380 = BB 2010, 1965 mit Anm. *Felten*; FG Köln v. 18.12.2008, 9 K 2414, EFG 2009, 422 mit Anm. *Fumi*). 439

Die Finanzverwaltung war schon bislang der Auffassung, dass die Veräußerung von **jungem Verwaltungsvermögen** nicht gegen die Behaltensregelung verstößt (R E 13a.6 Abs. 2 S. 3 ErbStR 2011). Dies gilt in gleicher Weise für junges Finanzvermögen. 440

Darüber hinaus sollte (seit dem 1.7.2016) auch die Veräußerung von jeglichem (auch altem) **Verwaltungsvermögen** nachsteuerunschädlich sein, das nicht zum begünstigtem Vermögen (§ 13b Abs. 2 ErbStG) gezählt hat. Der Erwerb von Verwaltungsvermögen ist (vorbehaltlich § 13b Abs. 6 und 7 ErbStG) steuerlich nicht begünstigt, so dass die Veräußerung auch nicht nachsteuerschädlich sein kann (ähnlich *Thouet*, Reform der Erbschaftsteuer, 2016, § 2 Rz. 46). Der Gesetzeswortlaut geht gleichwohl davon aus, dass die Veräußerung von wesentlichen Betriebsgrundlagen immer gegen die Behaltensregelung verstößt (§ 13a Abs. 6 S. 1 Nr. 1 Satz 2 ErbStG, dazu R E 13a.6 Abs. 2 S. 2 ErbStR 2011). Dieser Gesetzeswortlaut ist (seit dem 1.7.2016) aber überschießend und wurde nicht an den neuen Verwaltungsvermögenstest angepasst. Die Veräußerung von wesentlichen Betriebsgrundlagen kann nur dann nachsteuerschädlich sein, wenn diese auch zum begünstigten Vermögen (§ 13b Abs. 2 ErbStG) gehören. Vermögen, dessen Erwerb nicht begünstigt ist, kann auch keiner Nachsteuerbindung unterliegen. Der Gesetzeswortlaut ist insoweit teleologisch zu reduzieren. 441

9.2.3 Veräußerung von land- und forstwirtschaftlichem Vermögen (§ 13a Abs. 6 S. 1 Nr. 2 ErbStG)

442 Der Nachsteuertatbestand in Nr. 2 bezieht sich auf begünstigt erworbenes land- und forstwirtschaftliches Vermögen (§ 13b Abs. 1 Nr. 1 ErbStG).

443 Zu einer Nachversteuerung kommt es danach in folgenden Fällen (§ 13a Abs. 6 S. 1 Nr. 2 ErbStG, siehe dazu R E 13a.7 ErbStR 2011):

- Veräußerung des land- und forstwirtschaftlichen Vermögens,
- Veräußerung der selbst bewirtschafteten Grundstücke,
- Beendigung der Zweckbestimmung des land- und forstwirtschaftlichen Vermögens für einen Betrieb der Land- und Forstwirtschaft,
- Umqualifizierung des Betriebs der Land- und Forstwirtschaft in Stückländerei,
- Aufgabe der Selbstbewirtschaftung von Grundstücken.

Maßgebend sind insoweit jeweils die Grundsätze des **Bewertungs- und Ertragsteuerrechts**.

9.2.4 Überentnahmen oder Überausschüttungen (§ 13a Abs. 6 S. 1 Nr. 3 ErbStG)

444 **Ausgewählte Hinweise auf weiterführende Literatur:**

Milatz/Kämper, Nachbesteuerung bei „Überausschüttungen" im Rahmen der Erbschafts- und Schenkungsbesteuerung, GmbHR 2009, 762; *Reich*, (Erbschaft-)Steuerfinanzierung für Gesellschafter von Familienunternehmen, DStR 2015, 2353; *Schütte*, Nachversteuerung bei „Überentnahmen" nach § 13a Abs. 5 Nr. 3 ErbStG, DStR 2009, 2356; *Söffing, A./Bron*, Ausschüttungen aus dem steuerlichen Einlagekonto innerhalb der erbschaft- und schenkungsteuerlichen Behaltensfrist, DStR 2016, 1913.

445 Der Nachsteuertatbestand in Nr. 3 betrifft Überentnahmen und Überausschüttungen (§ 13a Abs. 6 S. 1 Nr. 3 ErbStG, siehe dazu R E 13a.8 ErbStR 2011). Die Regelung gilt bei jedem Erwerb von begünstigungsfähigem Vermögen und umfasst somit land- und forstwirtschaftliches Vermögen, Betriebsvermögen und Anteile an Kapitalgesellschaften.

446 Zu einer Nachversteuerung kommt es dann, wenn der Betriebsinhaber oder Gesellschafter bis zum Ende des letzten in die fünfjährige Behaltefrist fallenden Wirtschaftsjahres Entnahmen tätigt, die die Summe seiner Einlagen und der ihm zuzurechnenden Gewinne oder Gewinnanteile seit dem Erwerb um mehr als 150.000 EUR übersteigen (§ 13a Abs. 6 S. 1 Nr. 3 S. 1 Halbs. 1 ErbStG). Verluste bleiben dabei unberücksichtigt (§ 13 a Abs. 6 S. 1 Nr. 3 S. 1 Halbs. 2 ErbStG).

447 Die Grenze für die zulässigen Überentnahmen von 150.000 EUR gilt sowohl im Fall der Regelverschonung als auch im Fall der Optionsverschonung (§ 13a Abs. 10 ErbStG). Bei der Optionsverschonung gilt allerdings an Stelle der Behaltefrist von 5 Jahren eine Behaltefrist von 7 Jahren (§ 13a Abs. 10 S. 1 Nr. 6 ErbStG).

Für die **Berechnung der Überentnahmen** sind die Grundsätze des Ertragsteuerrechts maßgebend (R E 13a.8 Abs. 1 ErbStR 2011 und H E 13a.8 ErbStR mit Beispielen; siehe auch FG Münster v. 4.6.2009, 3 K 4490/06 Erb, EFG 2009, 1661).	448
Die Entnahmebegrenzung ist **für jeden Betrieb** gesondert zu prüfen (R E 13a.8 Abs. 1 S. 7 ErbStR 2011). Die betriebsbezogene Betrachtungsweise verhindert, dass Einlagen und Entnahmen zwischen verschiedenen Betrieben saldiert werden können.	449
Nach dem Gesetzeswortlaut werden bei den Überentnahmen **alle** dem Erwerber zuzurechnenden **Gewinne** berücksichtigt. Steuersystematisch dürften aber nur solche Gewinne zu einer Überentnahme führen, die auch mit dem begünstigten Vermögen (§ 13b Abs. 2 ErbStG) erwirtschaftet worden sind. Gewinne aus dem nicht begünstigten Vermögen sollten dagegen ohne Begrenzung entnommen werden können. Ohne steuerliche Begünstigung ist eine Entnahmebegrenzung sachlich nicht gerechtfertigt (ähnlich *Thouet*, Reform der Erbschaftsteuer, 2016, § 2 Rz. 46).	450
Die **Gründe für einen Verstoß** gegen die Behaltensregelung sind generell unbeachtlich (R E 13a.5 Abs. 1 S. 2 ErbStR 2011). Dementsprechend kommt der Nachsteuertatbestand der Überentnahmen unabhängig davon zur Anwendung, aus welchem Grund die Entnahmen erfolgt sind. Eine Ausnahme wird nicht einmal für Entnahmen gemacht, die zur Bezahlung der Erbschaft- und Schenkungsteuer erfolgt sind (R E 13a.8 Abs. 1 S. 2 ErbStR 2011, und BFH v. 11.11.2009, II R 63/08, BStBl II 2010, 305 = DStR 2010, 273 = DB 2010, 316 = ZEV 2010, 156 mit Anm. *Schütte* = BB 2010, 875 mit Anm. *Lühn*).	451
Die Behaltefrist beträgt grundsätzlich **5 Jahre** (§ 13a Abs. 6 S. 1 Halbs. 1 ErbStG). Für die Berechnung der Überentnahmen kommt es dagegen auf den Zeitraum von der Entstehung der Steuer (§ 9 ErbStG) „*bis zum Ende des letzten in die Fünfjahresfrist fallenden Wirtschaftsjahres*" an (§ 13a Abs. 6 S. 1 Nr. 3 ErbStG, R E 13a.8 Abs. 1 S. 1 ErbStR 2001; zur Berechnung der Frist für die Überentnahmen siehe FG Münster v. 4.6.2009, 3 K 4490/06 Erb, EFG 2009, 1661).	452
Die Entnahmegrenze muss nicht während jedes einzelnen Jahres der fünfjährigen Behaltefrist eingehalten werden. Vielmehr kommt es ausschließlich darauf an, ob die Entnahmen nach Ablauf des gesamten Zeitraums die gesetzlichen Höchstgrenzen überschritten haben.	453
In der Beratungspraxis gilt es daher, rechtzeitig vor Ablauf des maßgeblichen Fünfjahreszeitraums die Höhe der voraussichtlichen Überentnahmen zu überprüfen (zur Haftung eines Steuerberaters wegen mangelnder Beratung bezüglich der Entnahmeregelung siehe LG Braunschweig v. 23.5.2012, 5 O 1332/11 (96), ZEV 2013, 278).	454
Der Erwerber hat die Möglichkeit, etwaige Überentnahmen vor Fristende durch Einlagen **auszugleichen**. Die Finanzverwaltung sieht darin zu Recht keinen Gestaltungsmissbrauch (R E 13a. 8 Abs. 4 S. 1 ErbStR 2011).	455
Der Nachsteuertatbestand gilt auch beim Erwerb von Anteilen an Kapitalgesellschaften (§ 13a Abs. 6 S. 1 Nr. 3 Satz 3 ErbStG, dazu § 13a.8 Abs. 6 und 7 ErbStR 2011). Für Ausschüttungen an die Gesellschafter einer Kapitalgesellschaft gilt die Regelung zu den Überentnahmen entsprechend. Die Regelung erfasst offene und verdeckte Ausschüttungen. Es kommt nicht darauf an, ob diese unmittelbar oder mittelbar erfolgen.	456

9.2.5 Veräußerung von Anteilen an einer Kapitalgesellschaft (§ 13a Abs. 6 S. 1 Nr. 4 ErbStG)

457 **Ausgewählte Hinweise auf weiterführende Literatur:**
Cornelius/Wagenknecht, Die Cash-Gesellschaft in der Anlageentscheidung nach der Schenkung, ZErb 2013, 172; *Erkis/Mannek/van Lishaut*, Die „Cash-GmbH" und die Zukunft der Erbschaftsteuer, FR 2013, 245; *Felten*, Umschichtung von Vermögen beim Einsatz von Cash-Gesellschaften, ErbStB 2013, 181; *Maack/Römer*, Einmal Cash-GmbH, immer Cash-GmbH?, DStR 2013, 80; *von Oertzen/Reich*, Das Leben in der realisierten Cash-GmbH, BB 2013, 1559; *Jorde/Pittelkow*, Umschichtungen in Cash-GmbHs – Wirkung auch für Altfälle?, DB 2013, 1932.

458 Der Nachsteuertatbestand in Nr. 4 bezieht sich auf begünstigt erworbene Anteile an Kapitalgesellschaften (§ 13b Abs. 1 Nr. 3 ErbStG).

459 Zu einer Nachversteuerung kommt es danach in folgenden Fällen (§ 13a Abs. 6 S. 1 Nr. 4 ErbStG, siehe dazu R E 13a.9 ErbStR 2011):

- vollständige oder teilweise Veräußerung von Anteilen an der Kapitalgesellschaft,
- verdeckte Einlage der Anteile in eine andere Kapitalgesellschaft,
- Auflösung der Kapitalgesellschaft und Verteilung des Vermögens an die Gesellschafter,
- Herabsetzung des Nennkapitals der Kapitalgesellschaft und Verteilung des Vermögens an die Gesellschafter (siehe dazu R E 13a. 9 Abs. 2 ErbStR 2011),
- Veräußerung von wesentlichen Betriebsgrundlagen durch die Kapitalgesellschaft und Verteilung des Vermögens an die Gesellschafter,
- Überführung von wesentlichen Betriebsgrundlagen in das Privatvermögen oder Zuführung zu anderen betriebsfremden Zwecken,
- Veräußerung von Anteilen an einer Kapitalgesellschaft, die im Zusammenhang mit der Einbringung von Unternehmensteilen in einer Kapitalgesellschaft erworben worden sind (§ 20 UmwStG).

460 **Einbringungen und Umwandlungen** (nach Maßgabe der §§ 20, 24 UmwStG) sind (noch) nicht nachsteuerschädlich (siehe R E 13a.9 Abs. 3 ErbStR 2011, und BT-Drs. 16/11107, S. 12). Dies gilt auch bei mehreren Umwandlungsvorgängen (dazu BFH v. 16.2.2011, II R 60/09, BStBl II 2011, 454 = DStR 2011, 620 = DB 2011, 747 = ZErb 2011, 193 mit Anm. *Riedel*). Steuerschädlich ist erst die nachfolgende Veräußerung der Anteile, die der Erwerber im Zusammenhang mit der Umwandlung erworben hat.

461 Die **Finanzverwaltung** hat in mehreren Erlassen zu den Behaltensregelungen bei Einbringungs- und Umwandlungsfällen ausführlich Stellung genommen (dazu oberste Finanzbehörden der Länder, gleichlautende Erlasse v. 20.11.2013, BStBl 2013, 1508 = DStR 2014, 103. Ausführlich dazu *Hannes/Stalleiken*, DB 2014, 259; Reich, ZEV 2014, 81; *Viskorf/Haag*, DStR 2014, 360; Bayerisches Landesamt für Steuern v. 11.5.2012, DStR 2012, 1033 = ZEV 2012, 343 = DB 2012, 1180, und FinMin Baden-Württemberg v. 20.7.2012, DB 2012, 1780).

Für den Nachsteuertatbestand kommt es entscheidend darauf an, welche Anteile an der Kapitalgesellschaft der Erwerber veräußert. Anteile, die dem Erwerber bereits früher (vor dem Erbfall bzw. der Schenkung) gehört haben, unterliegen keiner Behaltensregelung, so dass die Veräußerung auch keine Nachsteuer auslöst. Nachsteuerschädlich ist nur die Veräußerung von Anteilen, die der Erwerber durch Erbfall oder Schenkung erworben hat. Bei einer Veräußerung von Anteilen an einer Kapitalgesellschaft sind die vertragsgegenständlichen Anteile daher stets genau zu bezeichnen (z. B. bei GmbH-Geschäftsanteilen mit laufender Nummer gemäß Gesellschafterliste und Nennbetrag); es gilt insoweit der sachenrechtliche **Bestimmtheitsgrundsatz**. Grundsätzlich ist die vertragliche Bezeichnung maßgeblich. Nur hilfsweise gilt die Billigkeitsregelung, wonach im Zweifel davon auszugehen ist, dass der Erwerber die ihm bereits früher gehörenden Anteile veräußert hat (R E 13a.9 Abs. 1 S. 2 ErbStR 2011, und BFH v. 22.7.2015, II R 12/14, BStBl II 2015, 501 = DStR 2015, 2015 = DB 2015, 2247 = ZEV 2015, 355).

9.2.6 Aufhebung einer Verfügungsbeschränkung oder Stimmrechtsbündelung (§ 13a Abs. 6 S. 1 Nr. 5 ErbStG)

Der Nachsteuertatbestand in Nr. 5 wurde erstmals 2009 in das Gesetz eingeführt und betrifft den begünstigten Erwerb von gepoolten Anteilen an Kapitalgesellschaften (§ 13b Abs. 1 Nr. 3 S. 2 ErbStG). Die Aufhebung der Poolung (Verfügungsbeschränkung oder Stimmrechtsbündelung) führt dementsprechend zu einer Nachversteuerung (§ 13a Abs. 6 S. 1 Nr. 5 ErbStG, siehe dazu R E 13a.10 ErbStR 2011).

Anteile an Kapitalgesellschaften, die aufgrund einer Poolvereinbarung gebunden sind (§ 13b Abs. 1 Nr. 3 S. 2 ErbStG) unterliegen damit zwei Nachsteuertatbeständen: dem allgemeinen Nachsteuertatbestand für Anteile an Kapitalgesellschaften (gemäß Nr. 4) und dem besonderen Nachsteuertatbestand für Poolvereinbarungen (gemäß Nr. 5).

Ein Verstoß gegen die Behaltensregelung liegt immer dann vor, wenn *„die Verfügungsbeschränkung oder die Stimmrechtsbündelung aufgehoben wird"* (§ 13a Abs. 6 S. 1 Nr. 5 ErbStG).

Die Anteile an einer Kapitalgesellschaft werden für Zwecke der Mindestbeteiligung von mehr als 25 % nur dann zusammengerechnet, wenn eine entsprechende Verfügungsbeschränkung und zusätzlich auch eine Stimmrechtsbindung besteht (§ 13b Abs. 1 Nr. 3 S. 2 ErbStG). Die bloße Verfügungsbeschränkung (ohne Stimmrechtsbindung) oder die Stimmrechtsbindung (ohne Verfügungsbeschränkung) führen nicht zu einer Zusammenrechnung. Dementsprechend kommt es immer dann zu einer Nachversteuerung, wenn entweder die Verfügungsbeschränkung **oder** die Stimmrechtsbindung aufgehoben wird.

Die Nachversteuerung knüpft an die Aufhebung der Verfügungsbeschränkung oder der Stimmrechtsbindung an. Der Gesetzeswortlaut (*„aufgehoben"*) deutet auf eine Beendigung aufgrund übereinstimmender rechtsgeschäftlicher Willenserklärungen der Poolgesellschafter hin. Demgegenüber geht die amtliche Gesetzesbegründung davon aus, dass jeder *„Wegfall"* der Verfügungsbeschränkung bzw. Stimmrechtsbindung nachsteuerschädlich ist (BT-Drs. 16/7918, 34 = BR-Drs. 4/08, 54 f.). Bloße

Änderungen und Ergänzungen einer Poolvereinbarung stellen jedenfalls keine schädliche Aufhebung dar, sofern die Verfügungsbeschränkung und Stimmrechtsbindung als solche bestehen bleiben. Entsprechendes gilt auch im Fall einer teilweisen Aufhebung der Poolvereinbarung. Eine Nachversteuerung erfolgt nicht, solange die Verfügungsbeschränkung und Stimmrechtsbindung bestehen bleibt und nicht wegfällt.

468 Die (einseitige) Kündigung der Vereinbarungen durch einen Poolgesellschafter führt bei einer Gesellschaft des bürgerlichen Rechts (§§ 705 ff. BGB) nach dem gesetzlichen Regelstatut (§ 736 Abs. 1 BGB) zu deren Auflösung und Beendigung. Damit kommt es bei dem kündigenden Gesellschafter zu einer Nachversteuerung. Darüber hinaus muss aber auch bei den anderen (nicht kündigenden) Gesellschaftern eine Nachversteuerung erfolgen, da die Poolgesellschaft auch zwischen diesen nicht mehr fortbesteht und damit auch die Bindung entfällt.

469 In der Praxis wird für den Fall der Kündigung der Gesellschaft durch einen Gesellschafter regelmäßig die Fortsetzung der Gesellschaft mit den übrigen Gesellschaftern vereinbart. In diesem Fall scheidet nur der kündigende Gesellschafter aus der Gesellschaft aus (§ 736 Abs. 1 BGB). Unter den übrigen Gesellschaftern wird die Gesellschaft fortgesetzt. Bei dem Gesellschafter, der kündigt, kommt es auch in diesem Fall zu einer Nachversteuerung. Der kündigende Gesellschafter unterliegt den vertraglichen Beschränkungen und Bindungen nicht mehr, sodass die Poolvereinbarung insoweit aufgehoben ist. Bei den übrigen Gesellschaftern, die die Gesellschaft fortsetzen, dürfte es dagegen zu keiner Nachversteuerung kommen. Denn diese setzen die Gesellschaft gerade fort und unterliegen unverändert den vertraglichen Beschränkungen und Bindungen.

470 Dabei kommt es auch nicht darauf an, ob die verbleibenden Gesellschafter zusammen die Mindestbeteiligung von mehr als 25 % noch erfüllen (anders aber die Finanzverwaltung in R E 13a.10 Abs. 2 Nr. 3 ErbStR 2011). Denn Grundlage der Nachversteuerung ist die Aufhebung der Poolvereinbarung und nicht etwa das Herabsenken der Beteiligungshöhe auf 25 % oder weniger. Die Beteiligung der Poolgesellschafter kann auch auf andere Weise verwässert werden (z.B. durch eine Kapitalerhöhung, an der sie sich nicht beteiligen), ohne dass dies nachsteuerschädlich wäre (anders auch insoweit die Finanzverwaltung in R E 13a.10 Abs. 2 Nr. 3 ErbStR 2011). Ferner erfolgt auch bei einem Gesellschafter, der alleine die Mindestbeteiligung erreicht, keine Nachversteuerung, wenn sein Anteil während der Behaltefrist auf 25 % oder weniger sinkt. Das Erbschaft- und Schenkungsteuerrecht stellt stets auf die Beteiligung des Erblassers bzw. Schenkers ab, sodass die Höhe der Beteiligung des Erwerbers ohne Bedeutung ist. Veränderungen der Beteiligungshöhe beim Erwerber können daher auch keine Nachsteuer auslösen.

471 Bei der Gestaltung von Poolvereinbarungen sollte für den Fall der Kündigung eines Gesellschafters (ebenso wie für den Fall des Todes oder der Eröffnung der Insolvenz über das Vermögen eines Gesellschafters) eine Fortsetzungsklausel vereinbart werden. Darüber hinaus sollte geprüft werden, ob das Recht zur ordentlichen Kündigung nicht zumindest solange ausgeschlossen wird, wie bei einem Gesellschafter noch eine erbschaftsteuerliche Behaltefrist läuft.

Eine Aufhebung liegt nicht schon dann vor, wenn gegen die vertraglichen Verfügungsbeschränkungen oder die Stimmrechtsbindung verstoßen wird. Die vertragswidrige Verfügung oder Stimmrechtsausübung mag Schadensersatzansprüche auslösen, Vertragsstrafen begründen oder unter Umständen zur Unwirksamkeit der Handlung führen; sie führt aber nicht zu einer Aufhebung der vertraglichen Poolvereinbarung. Die bloße Verletzung der Poolvereinbarung lässt diese vielmehr unberührt. Etwas anderes könnte allenfalls dann gelten, wenn die Poolgesellschafter wiederholt und bewusst gegen die vertraglichen Beschränkungen und Bindungen verstoßen und dies ohne jede Sanktion bleibt. Bei systematischen Verletzungen einer Poolvereinbarung kann (selbst bei einer Schriftformklausel) eine stillschweigende Aufhebung in Betracht kommen. 472

Noch nicht abschließend geklärt ist die Frage, ob auch die Beendigung einer Poolvereinbarung kraft Gesetzes eine Aufhebung darstellt. Von praktischer Bedeutung erscheint insbes. der Fall der Zweipersonen-Poolvereinbarung, bei dem ein Poolgesellschafter von dem anderen alleine beerbt wird und damit die vertraglichen Vereinbarungen aufgrund Konfusion erlöschen. Der Gesetzeswortlaut deutet darauf hin, dass auch die Konfusion als Aufhebung anzusehen ist. Nach dem Normzweck erscheint dies allerdings nicht sachgerecht. Ein schädliches Verhalten des Erwerbers liegt in diesem Fall nicht vor (so auch die Finanzverwaltung in R E 13a.10 Abs. 1 Nr. 3 ErbStR 2011). Die vertraglichen Beschränkungen und Bindungen enden aufgrund einer zwingenden gesetzlichen Regelung (und nicht aufgrund einer Handlung der Gesellschafter). Der Tod gilt im Übrigen auch sonst nicht als steuerschädlich. Gleiches muss auch dann gelten, wenn sich die Anteile aller Poolmitglieder aufgrund einer rechtsgeschäftlichen Übertragung in einer Hand vereinigen (siehe auch den Rechtsgedanken von § 10 Abs. 3 ErbStG). 473

Die Veräußerung der Anteile an der Kapitalgesellschaft führt zu einer Nachversteuerung (und zwar nach § 13a Abs. 6 S. 1 Nr. 4, nicht Nr. 5 ErbStG). Davon zu unterscheiden ist die Veräußerung der Anteile an der Poolgesellschaft, die mittelbar auch zu einer Übertragung der Anteile an der Kapitalgesellschaft führt. Die Veräußerung der Anteile an der Poolgesellschaft ist keine Veräußerung von Anteilen an einer Kapitalgesellschaft (§ 13a Abs. 6 S. 1 Nr. 4 ErbStG) und damit insoweit nicht nachsteuerschädlich. Die Anteilsveräußerung führt auch nicht zu einer Aufhebung der bestehenden Poolvereinbarung (§ 13a Abs. 6 S. 1 Satz 1 Nr. 5 ErbStG). Der Veräußerer unterliegt nicht mehr den Beschränkungen und Bindungen der Poolvereinbarung. Dies dürfte zumindest dann unschädlich sein, wenn der Erwerber der bestehenden Poolvereinbarung beitritt (oder dieser bereits angehört). Lediglich dann, wenn der Erwerber der Poolvereinbarung nicht unterliegt, könnte es zu einer Nachversteuerung beim Veräußerer (nicht aber auch bei den anderen Poolgesellschaftern) kommen (weitergehend aber wohl die Finanzverwaltung, R E 13a.10 Abs. 2 Nr. 1 ErbStR 2011). 474

einstweilen frei 475-483

9.3 Rechtsfolgen (§ 13a Abs. 6 S. 1 ErbStG)

Bei einem Verstoß gegen die gesetzliche Behaltensregelung fallen der Verschonungsabschlag (§ 13a Abs. 1 ErbStG) und der Abzugsbetrag (§ 13a Abs. 2 ErbStG) mit 484

Wirkung für die Vergangenheit weg (§ 13a Abs. 6 S. 1 HS 1 ErbStG, § 175 Abs. 1 S. 1 Nr. 2 AO; siehe dazu R E 13a.12 ErbStR 2011). Der Vorab-Abschlag für Familiengesellschaften (§ 13a Abs. 9 ErbStG) bleibt dagegen unberührt.

485 Der Behaltensregelung fällt bei einem Verstoß gegen die Behaltensregelung in der Regel nicht vollständig weg (kein „*Fallbeileffekt*", siehe dazu BT-Drs. 16/11107, 12). Vielmehr kommt es (seit dem Jahr 2009) grundsätzlich nur noch zu einem **zeitanteiligen** Wegfall des Verschonungsabschlags. Dies ist sachgerecht und angemessen. Der rückwirkende Wegfall des Verschonungsabschlags beschränkt sich dabei (mit Ausnahme des Falls der Überentnahmen) auf den Teil, der dem Verhältnis der im Zeitpunkt der schädlichen Verfügung verbleibenden Behaltefrist (einschließlich des Jahres, in dem die Verfügung erfolgt) zur gesamten Behaltefrist entspricht (§ 13a Abs. 6 S. 2 ErbStG). Entscheidend ist somit, wie viele volle Jahre das Unternehmen vom Erwerber fortgeführt worden ist.

486 Im Fall von Überentnahmen (§ 13a Abs. 6 S. 1 Nr. 3 ErbStG) entfällt der Verschonungsabschlag stets vollständig (§ 13a Abs. 6 S. 2 ErbStG, der nur Nr. 1, 2, 4 und 5, nicht aber Nr. 3 erwähnt). Die Nachversteuerung ist allerdings auf den Wert der Überentnahme beschränkt.

Der Abzugsbetrag entfällt bei jedem Verstoß gegen die Behaltensreglung vollständig.

487 Bei Verstoß gegen mehrere Behaltensregelungen gilt grundsätzlich das Prioritätsprinzip. Maßgebend ist der Verstoß, der in zeitlicher Hinsicht als erster verwirklicht wird. Damit ist der Tatbestand der Überentnahmen, dessen Vorliegen erst nach Ablauf des maßgeblichen Zeitraums festgestellt werden kann, gegenüber den anderen Nachsteuerfällen subsidiär.

488 Ungeklärt ist, welche Sanktion eingreift, wenn der Erwerber sowohl gegen die Behaltensregelung als auch gegen die Lohnsummenregelung verstößt. Eine gesetzliche Regelung für solche Doppelverstöße fehlt (siehe dazu R E 13a.12 Abs. 3 ErbStR 2011). In den Gesetzesmaterialien finden sich keine Anhaltspunkte dazu, wie sich die einzelnen Sanktionsmechanismen untereinander verhalten. Die kumulative Anwendung beider Nachsteuerregelungen hätte eine übermäßige Besteuerung zur Folge und erscheint daher nicht sachgerecht. Nach dem Prioritätsprinzip hätte die Lohnsummenregelung neben der Behaltefrist keine eigenständige Bedeutung. Das Erreichen der Mindestlohnsumme kann stets erst nach Beendigung der fünfjährigen Lohnsummenfrist festgestellt werden, wohingegen etwaige Verstöße gegen die Behaltefrist nur zu einem früheren Zeitpunkt möglich sind. Allerdings hat sich der Gesetzgeber (anders als dies etwa noch im Regierungsentwurf vorgesehen war) bewusst gegen eine jährliche Kontrolle der Lohnsumme entschieden. Wird das Unternehmen nicht bis zum Ende der Lohnsummenfrist fortgeführt, kann insoweit auch keine Kontrolle mehr erfolgen. Bei einem Verstoß gegen die Behaltefrist hat der Erwerber im Übrigen auch keine Möglichkeit, ein etwaiges Unterschreiten der Mindestlohnsumme durch gezielte Maßnahmen kurz vor Ende der Lohnsummenfrist auszugleichen. Gleichwohl erscheint eine uneingeschränkte Anwendung des Prioritätsprinzips nicht überzeugend. Nach dem gesetzlichen Regelungsmodell stehen die beiden Auflagen (Behaltensregelung und Lohnsummenkontrolle) gleichberechtigt und gleichwertig nebeneinander. Der eigenständigen Bedeutung der Lohnsummenregelung würde es nicht gerecht werden, wenn bei einem (zeitlich

früheren) Verstoß gegen die Behaltefrist, die Lohnsummenregelung stets unbeachtet bleiben würde. Schließlich wäre eine solche Auslegung auch besonders anfällig für missbräuchliche Gestaltungen. Bei einem absehbaren Verstoß gegen die Lohnsummenregelung könnte der Erwerber möglicherweise bewusst gegen die Behaltensregelung verstoßen und damit die schärfere Sanktion der Lohnsummenregelung vermeiden. Richtigerweise müssen bei einem doppelten Verstoß der gesetzlichen Auflagen auch beide Sanktionsmechanismen eingreifen. Allerdings muss die jeweilige Nachsteuer angepasst werden, um eine übermäßige Besteuerung zu vermeiden. Anstelle einer komplizierten Anrechnung erscheint es sachgerecht, die Verschonung nach der Vorschrift zu reduzieren, aus der sich im Einzelfall der höhere Kürzungsbetrag ergibt (so wohl auch die Finanzverwaltung in R E 13a.12 Abs. 3 ErbStR 2011).

Mehrere Erwerber haben die Behaltensregelung jeweils getrennt und unabhängig voneinander einzuhalten. Verstößt nur einer von mehreren Erwerbern gegen die Behaltensregelungen, kommt es nur bei diesem (und nicht bei allen Erwerbern) zu einer Nachversteuerung (R E 13a.12 Abs. 4 ErbStR 2011). Die anderen Erwerber haften auch nicht für eine etwaige Nachsteuer. 489

Für die Nachsteuer haftet neben dem Erwerber grundsätzlich auch der **Schenker** (§ 20 Abs. 1 S. 1 ErbStG, § 44 AO; dazu BFH v. 29.2.2012, II R 19/10, BStBl II 2012, 489 = DB 2012, 1188 = DStRE 2012, 963; BFH v. 1.7.2008, II R 2/07, BStBl II 2008, 897 = DB 2008, 2342 = ZEV 2008, 554; FG Münster v. 26.2.2015, 3 K 823/13 Erb (Az. BFH II R 31/15), EFG 2015, 1287 mit Anm. *Deimel*. – Allgemein zur Haftung des Schenkers für die Schenkungsteuer *Bruschke*, ErbStB 2011, 257)) Dies ist allerdings im Regelfall nicht interessengerecht. Eine Einschränkung der Steuerhaftung des Schenkers wurde im Gesetzgebungsverfahren zwar diskutiert, schließlich aber doch nicht ins Gesetz aufgenommen. Im Bericht des Finanzausschusses des BT findet sich dazu immerhin folgender Hinweis (BT-Drs. 16/11107, 7 f.): 490

„Die Koalitionsfraktionen hielten im Ausschuss zur Frage der Steuerschuldnerschaft des Schenkers bei Verstoß gegen die Behaltensregelungen durch den Beschenkten folgendes fest: Nach § 20 Abs. 1 S. 1 ErbStG sei bei einer Schenkung neben dem Erwerber (Beschenkten) auch der Schenker Schuldner der Schenkungsteuer. Die Inanspruchnahme des Schenkers durch einen eigenen Steuerbescheid sei möglich, wenn der Schenker ausdrücklich erklärt habe, die Schenkungsteuer übernehmen zu wollen, oder beim Beschenkten nicht erhoben werden kann, z.B. wegen fehlender Zahlungsmöglichkeit oder Wegzug ins Ausland. Auf eine gesetzliche Ausnahme von der Gesamtschuldnerschaft für Fälle, in denen der Erwerber von nach § 13a ErbStG begünstigtem Vermögen gegen die Behaltensregelung verstoße, werde verzichtet. Die Inanspruchnahme des Schenkers sei eine Ermessensentscheidung. Nach ständiger BFH-Rechtsprechung (Urteile v. 29.11.1961, BStBl III 1961, 323, und v. 26.10.2006, BFH/NV 2007, 852) habe die Finanzbehörde kein freies Ermessen, sondern müsse sich zunächst an den Beschenkten halten. Im Fall einer Inanspruchnahme des Schenkers müsse das Finanzamt das Ermessen stets folgerichtig ausüben und im Steuerbescheid erläutern. Dabei sei zu berücksichtigen, dass es nicht ermessensgerecht sein könne, wenn die Finanzbehörde, die für den Erwerb des Beschenkten zunächst die Verschonung gewährt habe, den Schenker – auch nach mehreren Jahren – überraschend in Anspruch nehme. Es könne nicht ermessensgerecht sein, dem Schenker das

Risiko des – nicht in seinem Interesse, sondern im Interesse des Beschenkten und des förderungswilligen Staates – steuerrechtlich zunächst begünstigten Erwerbs tragen zu lassen, insbesondere, den Schenker für eine vom Erwerber zu vertretende Nichterfüllung von Behaltensvoraussetzungen für begünstigtes Vermögen in Anspruch zu nehmen."

491 Die **Finanzverwaltung** hat sich verpflichtet, den Schenker für die Steuer nur dann in Anspruch zu nehmen, wenn er diese ausdrücklich übernommen hat (R E 13a. 1 Abs. 3 ErbStR 2011).

492 In der **Kautelarpraxis** sollte sich der Schenker gleichwohl frühzeitig gegen etwaige Haftungsrisiken absichern (z.B. durch die Gewährung von Sicherheiten für die Steuerschulden oder vertragliche Rückforderungsrechte für den Fall der Inanspruchnahme. Eine Übernahme der Schenkungsteuer durch den Schenker (§ 10 Abs. 2 ErbStG) sollte zudem nur in begründeten Ausnahmefällen erfolgen.

493 Im Falle der Testamentsvollstreckung (§§ 2197 ff. BGB) kann unter Umständen auch der Testamentsvollstrecker für eine Nachsteuer haften (§ 32 Abs. 1 Satz 2 ErbStG, §§ 34 Abs. 3, 69 AO). Eine Haftung kommt aber allenfalls dann in Betracht, wenn der Testamentsvollstrecker den gesamten Nachlass schuldhaft an die Erben verteilt hat ohne eine Sicherheit für etwaige Steuern einzubehalten (dazu auch Bayerisches Landesamt für Steuern, Verfügung vom 4.2.2016, ZEV 2016, 231. – Ausführlich zum Ganzen *Purrucker*, ZErb 2011, 265; *Weidmann*, ZEV 2014, 404; *Werner*, NWB-EV 1/2017, 30; *Worgulla/Eismann*, DStR 2016, 2084))

494-500 einstweilen frei

9.4 Reinvestitionsklausel (§ 13a Abs. 6 Sätze 3 und 4 ErbStG)

501 Ausgewählte Hinweise auf weiterführende Literatur:

Dorn,Offene Fragen zur Anwendung der Behaltensregelung und Reinvestitionsklausel des § 13a Abs. 5 ErbStG bei Asset Deals und Share Deals in mehrstufigen Beteiligungsstrukturen, ZEV 2015, 690; *Korezkij*, Überlegungen zur Reinvestitionsklausel nach § 13a Abs. 5 ErbStG, DStR 2009, 2412; *Pohl*, Die Veräußerung von wesentlichen Betriebsgrundlagen und die Reinvestitionsklausel des § 13a Abs. 5 Satz 3 ErbStG, Auswirkungen des AmtshilfeRLUmsG, ErbStB 2014, 197.

502 Seit dem Jahr 2009 findet sich im Gesetz eine Reinvestitionsklausel (§ 13a Abs. 6 S. 3 und 4 ErbStG, zuvor § 13a Abs. 5 S. 3 und 4 ErbStG a.F., dazu R E 13a.11 ErbStR 2011). Die Regelung wurde im Rahmen der Erbschaftsteuerreform 2016 (BGBl I 2016, 2464 = BStBl I 2016, 1202) lediglich redaktionell angepasst.

503 Bei einem Verstoß gegen die Behaltensregelungen ist danach von einer rückwirkenden Nachversteuerung abzusehen, wenn der Veräußerungserlös innerhalb der (jeweils nach § 13b Abs. 1 ErbStG) begünstigungsfähigen Vermögensart verbleibt (§ 13a Abs. 6 S. 3 ErbStG). Davon ist auszugehen, wenn der Veräußerungserlös innerhalb von 6 Monaten in entsprechendes Vermögen investiert wird, das zum begünstigten Vermögen (§ 13b Abs. 2 ErbStG) gehört (§ 13b Abs. 6 S. 4 ErbStG). Eine Investition in Verwaltungsvermögen ist nicht ausreichend.

In dem Bericht des Finanzausschusses des Deutschen Bundestages wurde die 504
Reinvestitionsklausel wie folgt begründet (BT-Drs. 16/11107, 12):

„*Die erweiterte Reinvestitionsklausel schafft eine größere Flexibilität für Unternehmen. Hierunter fällt neben der Anschaffung von neuen Betrieben, Betriebsteilen oder Anlagegütern, die das veräußerte Vermögen im Hinblick auf den ursprünglichen oder einen neuen Betriebszweck ersetzen, auch beispielsweise die Tilgung betrieblicher Schulden oder die Erhöhung der Liquiditätsreserven. Die Reinvestition muss dabei stets innerhalb derselben Vermögensart erfolgen.*"

Die **Reinvestionsklausel** bei Verstößen gegen die Behaltensregelung (§ 13a Abs. 6 505
S. 3 und 4 ErbStG) ist von der **Investitionsklausel** für Verwaltungsvermögen (§ 13b
Abs. 5 ErbStG) zu unterscheiden. Beide Regelungen sind voneinander unabhängig
und nebeneinander anwendbar.

Die Reinvestitionsklausel (§ 13a Abs. 6 S. 3 und 4 ErbStG) ist nur dann **anwendbar**, 506
wenn innerhalb der Behaltefrist eine Veräußerung erfolgt und der Veräußerungserlös
reinvestiert wird. Dementsprechend greift die Regelung in den Fällen der Überentnahme (§ 13a Abs. 6 S. 1 Nr. 3 ErbStG) und der Aufhebung einer Poolvereinbarung
(§ 13a Abs. 6 S. 1 Nr. 5 ErbStG) nicht ein. In diesen Fällen kann die Besteuerung
mangels Veräußerungserlös nicht durch eine Reinvestition vermieden werden.

Der Veräußerungserlös muss „*innerhalb der nach § 13b Abs. 1 ErbStG begüns-* 507
tigungsfähigen Vermögensart" verbleiben (§ 13a Abs. 6 S. 3 ErbStG). Zum begünstigungsfähigen Vermögen gehört grundsätzlich das land- und forstwirtschaftliche
Vermögen, das Betriebsvermögen sowie bestimmte Anteile an Kapitalgesellschaften
(§ 13b Abs. 1 Nr. 1 bis Nr. 3 ErbStG). Maßgebend ist die Reinvestition in eine
begünstigte Vermögensart. Auf den einzelnen Betrieb kommt es dagegen nicht an.
Der Erlös aus der Veräußerung eines Betriebsvermögens kann daher für eine Reinvestition in ein anderes Betriebsvermögen desselben Steuerpflichtigen verwendet
werden (zur Reinvestition bei land- und forstwirtschaftlichen Betrieben siehe Bayerisches Landesamt für Steuern, Verf. v. 13.11.2015, DStR 2016, 414 = ZEV 2016, 56)).

Darüber hinaus dürfte es aber auch ausreichen, wenn der Veräußerungserlös in eine 508
andere Art von begünstigungsfähigem Vermögen investiert wird (restriktiver aber
wohl die Finanzverwaltung in R E 13a.11 Satz 1 ErbStR 2011). Alle Arten des
begünstigungsfähigen Vermögens sind gleichwertig. Eine Reinvestition in genau
derselben Vermögensart erscheint nicht zwingend. Nach dem Normzweck ist es
nicht geboten, den Veräußerungserlös in einer Vermögensart "*einzuschließen*". Der
Gesetzgeber geht auch sonst davon aus, dass ein Wechsel zwischen den einzelnen
Vermögensarten steuerunschädlich ist (z.B. beim Formwechsel zwischen Kapital-
und Personengesellschaft). Entscheidend für die Auslegung der Nachsteuerregelung
muss der Gedanke der Unternehmensfortführung sein. Eine Fortführung liegt bei
einer Reinvestition in begünstigungsfähiges Vermögen stets vor, ohne dass es auf die
Art des Vermögens ankommt.

Der Veräußerungserlös darf nicht (auch nicht vorübergehend) in Verwaltungsver- 509
mögen investiert werden (R E 13a.11 S. 1 HS 2 ErbStR 2011). Die Investition des
Veräußerungserlöses muss vielmehr stets **in begünstigtes Vermögen** (§ 13b Abs. 2
ErbStG) erfolgen (§ 13a Abs. 6 S. 4 ErbStG).

510 Der Veräußerungserlös kann auch zur Tilgung von betrieblichen Schulden verwendet werden (so R E 13a.11 S. 3 ErbStR 2011). Die Erhöhung der Liquiditätsreserven ist dagegen (anders als früher) nicht mehr ausreichend (siehe § 13b Abs. 4 Nr. 5 ErbStG), soweit es sich dabei um Verwaltungsvermögen handelt. Nicht begünstigt ist die Verwendung des Veräußerungserlöses zur Zahlung von (privaten) Steuern oder erbrechtlichen Ausgleichs- und Abfindungsansprüchen.

511 Die Reinvestition muss innerhalb eines Zeitraums von sechs Monaten erfolgen (§ 13a Abs. 6 S. 4 ErbStG, R E 13a.11 S. 4 ErbStR 2011). Nach dem Gesetzeswortlaut ("*ist auszugehen*") handelt es sich dabei um keine feste zeitliche Grenze (anders aber wohl R E 13a.11 S. 4 ErbStR 2011). Bei einer Reinvestition innerhalb von sechs Monaten spricht vielmehr eine unwiderlegliche Vermutung für den erforderlichen Zusammenhang zwischen Veräußerung und Investition. Spätere Reinvestitionen sind dadurch nicht ausgeschlossen. Allerdings muss dann der Erwerber den sachlichen Zusammenhang mit der Veräußerung darlegen.

512 Im Fall einer Reinvestition ist zwingend von einer Nachversteuerung abzusehen. Der Finanzverwaltung steht insoweit kein Ermessen zu.

513-520 einstweilen frei

10 Anzeigepflichten des Erwerbers (§ 13a Abs. 7 ErbStG)

521 Ausgewählte Hinweise auf weiterführende Literatur:
Bruschke, Die besondere Anzeigepflicht nach § 30 ErbStG, ErbStB 2017, 16; *Gohlisch*, Erbschaftsteuerliche und schenkungsteuerliche Anzeige- und Erklärungspflichten und die sich darauf ergebenden Folgen für den Eintritt der Festsetzungverjährungsfrist, ZErb 2011, 102 und 133; *Mannek/Höne*, Anzeigepflichten und Anzeigefristen für Erwerber nach der Erbschaftsteuerreform, ZEV 2009, 329; *Müller, Th.*, Anzeigepflichten für Berufsträger in Erbfällen und Schenkungen, ErbStB 2011, 29.

522 Jeden Erwerber von begünstigtem Vermögen treffen besondere **Anzeigepflichten** (§ 13a Abs. 7 ErbStG; zuvor § 13a Abs. 6 ErbStG).

523 Die sonstigen Anzeige-, Erklärungs- und Mitwirkungspflichten (z.B. nach § 13a Abs. 9 S. 6, § 28a Abs. 5, §§ 30 ff. ErbStG und §§ 90 ff. AO) bleiben davon **unberührt**. Dies gilt insbesondere auch für die allgemeine Pflicht zur Berichtigung von unrichtig gewordenen Steuererklärungen (§ 153 Abs. 2 AO).

524 Die besonderen Anzeigepflichten des Erwerbers knüpfen an einen (möglichen) Verstoß gegen die Lohnsummen- oder Behaltensregelung an. Danach ist der Erwerber zu folgenden Anzeigen verpflichtet:

- Unterschreiten der Mindestlohnsumme (§ 13a Abs. 3 S. 1 und Abs. 7 S. 1 ErbStG),
- Verstöße gegen die Behaltensregelung (§ 13a Abs. 6 und Abs. 7 S. 1 2 ErbStG).

525 **Zweck** der Anzeige ist es, dem zuständlichen Finanzamt die Prüfung zu ermöglichen, ob die Bedingungen für die Gewährung des Verschonungsabschlags eingehalten worden sind. Die Anzeige hat demnach unabhängig davon zu erfolgen, ob

tatsächlich gegen die Lohnsummen- oder Behaltensregelung verstoßen worden ist. Die Anzeige hat auch dann zu erfolgen, wenn der Vorgang zu keiner Besteuerung führt (§ 13a Abs. 7 S. 6 ErbStG). Eine Veräußerung muss beispielsweise selbst dann angezeigt werden, wenn eine Reinvestition des Veräußerungserlöses erfolgt ist (siehe § 13a Abs. 6 S. 3 und 4 ErbStG). Nur dann kann das Finanzamt prüfen, ob die Reinvestition tatsächlich nachsteuerunschädlich ist.

Die bloße Anzeige ist ausreichend. Der Steuerpflichtige ist (andersals dies noch in früheren Gesetzesentwürfen vorgesehen war) nicht verpflichtet, eine etwaige Nachsteuer selbst zu berechnen (BT-Drs. 16/11107, 12 f.). 526

Die Anzeige hat jeweils gegenüber dem für die Erbschaftsteuer zuständigen Finanzamt (§ 35 ErbStG) zu erfolgen. 527

Die Anzeige ist eine **Steuererklärung** im Sinne der Abgabenordnung (§ 13a Abs. 7 S. 4 ErbStG i. V. m. §§ 149 ff. AO).

Die Anzeige muss grundsätzlich **schriftlich** erfolgen (§ 13a Abs. 7 S. 5 ErbStG). Eine Übermittlung in elektronischer Form ist aber gleichfalls zulässig (auch wenn in § 13a Abs. 7 S. 5 ErbStG – anders als in § 19 Abs. 5 Satz 3 GrEStG – nicht ausdrücklich auf § 87a AO verwiesen wird). 528

Die **Anzeigefristen** sind für die einzelnen Fälle unterschiedlich geregelt (ebenso wie bei den Anzeigepflichten im Zusammenhang mit einem Steuererlass aufgrund einer Verschonungsbedarfsprüfung, § 28a Abs. 5 ErbStG). Das Unterschreiten der Lohnsumme ist innerhalb einer Frist von 6 Monaten nach Ablauf der Lohnsummenfrist anzuzeigen (§ 13a Abs. 7 S. 1 ErbStG; siehe auch § 28a Abs. 5 S. 1 ErbStG). Etwaige Verstöße gegen die Behaltefrist sind dagegen innerhalb von 1 Monat nach Verwirklichung des entsprechenden Tatbestands anzuzeigen (§ 13a Abs. 7 S. 2 ErbStG; siehe auch § 28a Abs. 5 S. 2 ErbStG). Die Frist von 1 Monat ist unverhältnismäßig kurz und entspricht nicht der allgemeinen Anzeigefrist von 3 Monaten (§ 30 Abs. 1 ErbStG). 529

Nach dem Gesetzeswortlaut beginnt die Anzeigefrist jeweils mit der Verwirklichung des jeweiligen Tatbestandes. Richtigerweise kann die Anzeigefrist aber erst dann beginnen, wenn der Erwerber von diesem Tatbestand auch positive Kenntnis hat (Rechtsgedanke des § 30 Abs. 1 ErbStG). Eine Anzeigeverpflichtung ohne Kenntnis ist nicht möglich und wäre unverhältnismäßig. 530

Das Gesetz sieht keinerlei Ausnahmen von der Anzeigepflicht vor. In Bagatellfällen erscheint eine förmliche Anzeigepflicht übermäßig und kann entfallen (siehe auch die Ausnahmen in §§ 1 ff. ErbStDV). Eine Anzeigepflicht des Erwerbers ist auch dann entbehrlich, wenn der Vorgang dem Finanzamt bereits von einem anderen Erwerber oder von einem Dritten (z. B. einem Notar, § 34 ErbStG) angezeigt worden ist. Eine einmalige Anzeige ist ausreichend. 531

Der **Inhalt der Anzeige** ist gesetzlich nicht vorgeschrieben. Es muss allerdings ersichtlich sein, dass es sich um eine Anzeige im Zusammenhang mit dem Verschonungsabschlag handelt. Dabei sollte nach Möglichkeit auf den Steuerbescheid Bezug genommen werden. Die Anzeige muss in jedem Fall vollständig und richtig sein. 532

Die Anzeigepflicht obliegt **jedem Erwerber**, dem der Verschongsabschlag gewährt worden ist. Bei mehreren Erwerbern hat jeder Erwerber die Anzeigepflichten für 533 sich selbst zu erfüllen. Die Anzeige durch einen Erwerber führt grundsätzlich nicht dazu, dass die Anzeigepflicht eines anderen Erwerbers entfällt. Im Einzelfall kann aufgrund des Normzwecks allerdings eine Einschränkung der Anzeigepflichten in Betracht kommen, wenn dem Finanzamt aufgrund der erfolgten Anzeige bereits eine Prüfung des Sachverhalts möglich ist.

534 Die Anzeigepflicht trifft stets den **Erwerber** und nicht auch den Schenker (siehe Wortlaut "*Erwerber*" in § 13a Abs. 7 ErbStG und Umkehrschluss zu § 30 Abs. 2 ErbStG, wonach auch der Schenker zur Anzeige verpflichtet ist).

535 Bei einem Erwerb durch eine Gesellschaft oder Stiftung obliegt die Anzeigepflicht den vertretungsberechtigten Organmitgliedern (§ 34 AO).

536 **Testamentsvollstrecker**, Nachlassverwalter und Nachlasspfleger trifft keine Anzeigepflicht. Sie sind nur zur Abgabe der Steuererklärung verpflichtet (§ 31 Abs. 5 und 6 ErbStG).

537 Die Festsetzungsfrist für die Erbschaft- und Schenkungsteuer endet nicht vor dem Ablauf des 4. Jahres, nachdem das Finanzamt von dem Unterschreiten der Mindestlohnsumme (§ 13a Abs. 3 S. 1 ErbStG) oder dem Verstoß gegen die Behaltensregelungen (§ 13a Abs. 6 ErbStG) Kenntnis erlangt hat (§ 13a Abs. 7 S. 3 ErbStG und §§ 169 ff. AO).

538 **Verstöße** gegen die gesetzlichen Anzeigepflichten können im Einzelfall auch strafrechtliche Sanktionen zur Folge haben (§§ 370 ff. AO; zu den strafrechtlichen Risiken bei unrichtigen Erbschaftsteuererklärungen siehe BGH v. 10.2.2015, 1 StR 405/14, DStR 2015, 1867= ZEV 2015, 420 = NJW 2015, 2354 mit Anm. *Ruhmannseder*. Ausführlich dazu *Beyer*, BB 2015, 3040; *Esskandari/Bick*, ErbStB 2015, 299, und FG Nürnberg v. 16.6.2016, 4 K 1902/15, ZEV 2016, 668).

539-550 einstweilen frei

11 Nachweispflichten bei ausländischem Vermögen (§ 13 Abs. 8 ErbStG)

551 Bei Auslandssachverhalten treffen den Steuerpflichtigen allgemein erhöhte Mitwirkungspflichten (§ 90 Abs. 2 und 3 AO).

Für Zwecke der Erbschaft- und Schenkungsteuer hat der Gesetzgeber zusätzlich weitergehende Mitwirkungspflichten vorgesehen (§ 13a Abs. 8 ErbStG; zuvor § 13a Abs. 7 ErbStG a.F.; siehe dazu die amtliche Gesetzesbegründung in BT-Drs. 16/7918, 34 f. = BR-Drs. 4/08, 55).

552 Danach treffen den Steuerpflichtigen besondere **Nachweispflichten**, soweit zum begünstigten Vermögen (§ 13b Abs. 2 ErbStG) „*nicht inländisches Vermögen*" gehört (§ 13a Abs. 8 HS 1 ErbStG). Die Nachweispflichten bestehen auch dann, wenn es sich bei dem ausländischen Vermögen um Vermögen in EU-/EWR-Mitgliedstaaten handelt. Bei der Erfüllung der Nachweispflichten sind allerdings die Auswirkungen der europäischen Kapital- und Niederlassungsfreiheiten zu berücksichtigen.

553 Der Steuerpflichtige muss dem Finanzamt nachweisen, dass die Voraussetzungen für eine Steuerbefreiung im Zeitpunkt der Entstehung der Steuer (§ 9 ErbStG) und während der gesamten Lohnsummen- und Behaltefrist von 5 bzw. 7 Jahren (§ 13a Abs. 3 und Abs. 6 ErbStG) bestehen.

einstweilen frei 554-560

12 Vorab-Abschlag für qualifizierte Familienunternehmen (§ 13a Abs. 9 ErbStG)

Ausgewählte Hinweise auf weiterführende Literatur: 561
Bockhoff/Eick, Analyse des RegE zur Anpassung des ErbStG und SchStG für ausgesuchte Familienunternehmen, DB 2015, 1685; *Hannes*, Erbschaftsteuerreform 2016: Neuregelungen zur Bewertung und zum Umfang der Verschonung, ZEV 2016, 554; *Steger/Königer*, Der Wertabschlag für Familienunternehmen nach § 13a Abs. 9 ErbStG – Papiertiger oder notwendiges Gestaltungsmittel?, BB 2016, 3099; *Uhl-Ludäscher*, Vorababschlag für qualifizierte Familienunternehmen nach dem neuen ErbStG, ErbStB 2017, 42; *Wälzholz*, Der Abschlag für Familienunternehmen nach § 13a Abs. 9 ErbStG, GmbH-StB 2017, 54; *Weber*, Der Vorab-Abschlag für Familienunternehmen nach dem ErbStRefG 2016 – eine Regelung mit Tücken, DStZ 2017, 13; *Weber/Schwind*, Vorababschlag für Familienunternehmen gem. § 13a Abs. 9 ErbStG: Vorschläge für eine gesellschaftsvertragliche Umsetzung, ZEV 2016, 688.

12.1 Einführung

12.1.1 Überblick

Im Rahmen der Erbschaftsteuerreform 2016 (BGBl I 2016, 2464 = BStBl I 2016, 1202) wurde erstmals ein „Vorab-Abschlag" für qualifizierte Familienunternehmen in das ErbStG eingefügt (§ 13a Abs. 9 ErbStG). 562

Danach wird für den Erwerb von begünstigtem Vermögen (§ 13b Abs. 2 ErbStG) ein Abschlag von bis zu 30 % gewährt, wenn der Gesellschaftsvertrag bestimmte Beschränkungen enthält. Der Abschlag erfolgt vor Anwendung des Verschonungsabschlags von 85 % bzw. 100 % und wird daher vielfach als „Vorab-Abschlag" bezeichnet. Voraussetzung für die Gewährung des Abschlags ist, dass der Gesellschaftsvertrag (kumulativ) die Entnahme- bzw. Ausschüttungen von Gewinnen, die Verfügung über die Gesellschaftsanteile und die Abfindung von ausscheidenden Gesellschaftern beschränkt. Diese Beschränkungen müssen rechtlich wirksam vereinbart werden und den tatsächlichen Verhältnissen entsprechen. Die Beschränkungen müssen mindestens 2 Jahre vor der Entstehung der Steuer und 20 Jahre danach bestehen. Für die Höhe des Abschlags kommt es allein auf die Beschränkung der Abfindung des ausscheidenden Gesellschafters im Verhältnis zum gemeinen Wert des Anteils an. Der Abschlag ist auf höchstens 30 % beschränkt. 563

12.1.2 Entstehungsgeschichte

Bis zum 30.6.2016 bestanden keine besonderen Bewertungs- und/oder Verschonungsvorschriften für Familienunternehmen. Das BVerfG (BVerfG v. 17.12.2014, 1 BvL 21/12, BVerfGE 138, 136 = BStBl II 2015, 50 = DStR 2015, 31) hat die Einführung solcher Regelungen nicht verlangt. 564

Die allgemeine Bestimmung des Bewertungsgesetzes, wonach Verfügungsbeschränkungen bei der Ermittlung des gemeinen Werts nicht zu berücksichtigen sind (§ 9 565

Abs. 2 S. 3 und Abs. 3 BewG), erweist sich gerade bei Familienunternehmen als problematisch. In den Gesellschaftsverträgen vieler Familienunternehmen wird die Möglichkeit der freien Verfügung über die Gesellschaftsanteile regelmäßig (mehr oder weniger stark) eingeschränkt. Der einzelne Gesellschafter kann somit den Wert seines Anteils durch einen Verkauf nicht bzw. nur sehr eingeschränkt realisieren (BVerfG v. 7.11.2006, 1 BvL 10/02, Rz. 104, BVerfGE 117, 1 = BStBl II 2007, 192 = DStR 2007, 235). Diese verminderte finanzielle Leistungsfähigkeit wird bei der Bewertung aber nicht berücksichtigt.

566 Der Regierungsentwurf vom September 2015 (BT-Drs. 18/5923) sah keine Änderung der allgemeinen Bewertungsvorschriften vor (insbesondere nicht von § 9 BewG). Gleichwohl hat die **Bundesregierung** versucht, den Anliegen der Familienunternehmen in gewisser Weise Rechnung zu tragen. Die Bundesregierung hat vorgeschlagen, die allgemeine Grenze für Großerwerbe („*Prüfschwelle*") von 26 Mio. EUR auf 52 Mio. EUR zu verdoppeln, wenn der Gesellschaftsvertrag bestimmte Entnahme-, Verfügungs- und Abfindungsbeschränkungen enthält. Diese Zielsetzung wurde grundsätzlich begrüßt, nicht aber die geplante Umsetzung. Die vorgeschlagene Regelung wurde allgemein als zu unbestimmt, nicht praktikabel und nicht verfassungsgemäß kritisiert. Die Voraussetzungen waren zudem in der Praxis kaum zu erfüllen. Die Verdopplung der Prüfschwelle sollte zudem davon abhängig sein, dass die Beschränkungen bereits 10 Jahre vor und 30 Jahre nach der Entstehung der Steuer gelten.

567 Die Neuregelung wurde in dem Regierungsentwurf u.a. wie folgt begründet (BT-Drs. 18/5923, S. 24):

„Familiengeführte Unternehmen weisen innerhalb der deutschen Unternehmensstruktur regelmäßig die Besonderheit auf, dass eine vergleichsweise starke Kapitalbindung der Gesellschafter in den Unternehmen erfolgt. Dies führt auch zu einer stärkeren Unabhängigkeit der Unternehmen vom Kapitalmarkt. Insgesamt ist die Eigenkapitalquote von Familienunternehmen tendenziell höher, was zu einer größeren Stabilität dieser Unternehmen in Krisenzeiten beiträgt. Bei eigentümergeführten Unternehmen hat der Gesellschafterkreis somit typischerweise eine wichtige Funktion als Kapitalgeber im Rahmen der Innenfinanzierung und ist wirtschaftlicher Ankerpunkt für die nachhaltige Unternehmensfortführung und zu Sicherung von Beschäftigung. Dies ist aus internationaler Sicht für größeres Unternehmen unüblich und zeichnet die deutsche Unternehmenskultur aus.

Die Unternehmensführung bei solchen Unternehmen ist typischerweise auf die langfristige Sicherung und Fortführung des Unternehmens ausgerichtet. Dies schließt häufig einen freien Handel der Gesellschaftsanteile aus. Vor allem in großen familiengeführten Unternehmen sind gesellschaftsvertragliche Bestimmungen vorzufinden, wie Entnahme-, Verfügungs- und Abfindungsbeschränkungen. Durch die gesellschaftvertraglichen Beschränkungen erhöht sich das Verschonungsbedürfnis der Erwerber begünstigungsfähigen Vermögens, dem durch eine pauschal höhere Prüfschwelle von 52 Millionen Euro Rechnung getragen wird. Die pauschale Erhöhung bei kumulativem Vorliegen von Entnahme-, Abfindungs- und Verfügungsbeschränkungen soll dem erhöhten Bedürfnis für eine Verschonung unbürokratisch nachkommen. Um einen bürokratischen Ermittlungsaufwand in jedem Einzelfall und damit verbundene Rechtsunsicherheiten zu vermeiden, erfolgt im Wege der Typisierung eine Erhöhung der Prüfschwelle um 100 Prozent.

Zur Vermeidung missbräuchlicher Gestaltungen müssen die gesellschaftsvertraglichen Beschränkungen den tatsächlichen Verhältnissen entsprechen sowie zehn Jahre vor und 30 Jahre nach dem Zeitpunkt der Steuerentstehung (§ 9 ErbStG) vorliegen. Nur wenn solche gesellschaftsvertraglichen Beschränkungen über einen längeren Zeitraum bestehen, ist ein erhöhtes Verschonungsbedürfnis anzuerkennen. Wie auch bei der Ersatzerbschaftsteuer für Familienstiftungen (§ 1 Absatz 1 Nummer 4 ErbStG) soll die Frist von 30 Jahren einer durchschnittlichen Generationenfolge entsprechen. Dabei wird typisierend unterstellt, dass diese gesellschaftsvertraglichen Beschränkungen nicht auf dem Willensentschluss der am Übertragungsvorgang beteiligten Personen gründen.

Satz 8 sieht dazu eine besondere Anzeigepflicht des Erwerbers sowie eine besondere Ablaufhemmung der Festsetzungsfrist vor."

Der **Bundesrat** hat sich in seiner Stellungnahme vom September 2015 (BT-Drs. 18/6279) zu der geplanten Neuregelung nicht Näher geäußert und auch die Empfehlung seiner Ausschüsse für eine Verkürzung der Bindungsfrist von 40 Jahren (BR-Drs. 353/1/15, S. 4) nicht aufgegriffen.

Gleichwohl wurde die angedachte Neuregelung für „familiengeführte Unternehmen" im weiteren Gesetzgebungsverfahren nochmals wesentlich geändert.

In der vom Deutschen **Bundestag** im Juni 2016 beschlossenen Gesetzesfassung war die ursprünglich vorgesehene Verdopplung der Prüfschwelle von 26 Mio. EUR auf 52 Mio. EUR nicht mehr enthalten. Stattdessen wurde für den Erwerb von Anteilen an bestimmten Familienunternehmen nunmehr ein Vorab-Abschlag von maximal 30 % vorgesehen (BR-Drs. 344/16). Danach war die Gewährung des Abschlags davon abhängig, dass der Gesellschaftsvertrag entsprechende Entnahme-, Verfügungs- und Abfindungsbeschränkungen enthält und diese von den Gesellschaftern auch tatsächlich beachtet werden. Die Beschränkungen müssen mindestens 2 Jahre vor und 20 Jahre nach der Entstehung der Steuer bestehen.

In dem Bericht des Finanzausschusses wurde dazu folgendes ausgeführt (BT-Drs. 18/8911, S. 38):

„Die bisher im Regierungsentwurf vorgesehene erhöhte Prüfschwelle von 52 Millionen Euro wird durch eine besondere Steuerbefreiung ersetzt, wenn gesellschaftsvertragliche oder satzungsmäßige Ausschüttungs- und Entnahme-restriktionen, Verfügungsbeschränkungen und Abfindungsregelungen bestehen. Solche Verfügungsbeschränkungen können sich nach § 9 Absatz 3 des Bewertungsgesetzes als in der Person des Steuerpflichtigen oder eines Rechtsvorgängers begründete persönliche Verhältnisse nicht auf den gemeinen Wert auswirken. Sie sollen im Rahmen einer besonderen Steuerbefreiung auf der Ebene der Steuerfestsetzung berücksichtigt werden.

Die Unternehmensführung bei familiengeführten Unternehmen ist typischerweise auf die langfristige Sicherung und Fortführung des Unternehmens ausgerichtet. Dies schließt häufig einen freien Handel der Gesellschaftsanteile aus. Vor allem bei großen familiengeführten Unternehmen sind gesellschaftsvertragliche Entnahme-,

Verfügungs- und Abfindungsbeschränkungen vorzufinden. Durch die gesellschaftsvertraglichen Beschränkungen erhöht sich das Verschonungsbedürfnis der Erwerber begünstigungsfähigen Vermögens, dem durch eine besondere Steuerbefreiung Rechnung getragen wird. Die langfristig bestehenden gesellschaftsvertraglichen Beschränkungen führen dazu, dass der objektive gemeine Wert der erworbenen Gesellschaftsanteile aus subjektiver Sicht des Erwerbers wirtschaftlich nicht verfügbar ist. Die Steuerbefreiung soll bei kumulativem Vorliegen von Entnahme-, Abfindungs- und Verfügungsbeschränkungen dem erhöhten Bedürfnis für eine Verschonung unbürokratisch nachkommen. Dabei müssen kumulativ folgende Beschränkungen vorliegen:

Die Entnahme oder Ausschüttung des Gewinns ist begrenzt.

Verfügungen über die Beteiligung an einer Personengesellschaft oder den Anteil an einer Kapitalgesellschaft sind nur zugunsten von Mitgesellschaftern, von Angehörigen im Sinne des § 15 der Abgabenordnung oder von einer Familienstiftung zulässig.

Für den Fall des Ausscheidens aus der Gesellschaft ist eine Abfindung vorgesehen, die unter dem gemeinen Wert der Beteiligung an der Personengesellschaft oder des Anteils an der Kapitalgesellschaft liegt.

Die Höhe des Abschlags entspricht der im Gesellschaftsvertrag oder in der Satzung tatsächlich bestimmten prozentualen Minderung der Abfindung gegenüber dem gemeinen Wert und darf 30 Prozent nicht übersteigen. Im Hinblick auf die Rechtsprechung des Bundesgerichtshofs zur Wirksamkeit der Höhe einer Abfindung unter dem gemeinen Wert ist der Abschlag auf höchstens 30 Prozent des gemeinen Werts zu begrenzen. Der Erwerber trägt die objektive Feststellungslast hinsichtlich des Umfangs, in dem die gesellschaftsvertraglich oder satzungsmäßig festgelegte Abfindung den gemeinen Wert der Beteiligung oder des Anteils unterschreitet.

Nur wenn solche gesellschaftsvertraglichen oder satzungsmäßigen Beschränkungen über einen längeren Zeitraum bestehen, ist ein Bedürfnis für eine Steuerbefreiung anzuerkennen. Um Gestaltungen zu vermeiden, müssen auch im Fall einer Steuerbefreiung die gesellschaftsvertraglichen oder satzungsmäßigen Beschränkungen den tatsächlichen Verhältnissen entsprechen und sowohl einige Zeit vor als auch nach der Übertragung ununterbrochen vorliegen. Hierfür wird ein Zeitraum von zwei Jahren vor und 20 Jahren nach dem Zeitpunkt der Steuerentstehung (§ 9 ErbStG) als ausreichend angesehen. Nur so kann sichergestellt werden, dass der objektive gemeine Wert des begünstigten Vermögens tatsächlich nicht vom Erwerber wirtschaftlich verwirklicht werden kann.

Die Steuerbefreiung ist stets vor der Anwendung des zur Wahl stehenden Verschonungsregimes nach § 13a Absatz 1 oder Absatz 10, § 13c und § 28a in Ansatz bringen."

572 Der **Bundesrat** hatte allerdings Bedenken, ob eine besondere Begünstigung für bestimmte Familienunternehmen tatsächlich notwendig ist und hat u. a. aus diesem Grund um Juli 2016 den Vermittlungsausschuss angerufen (BR-Drs. 344/1/16, Ziffer 2).

573 Dem Vernehmen nach war die Diskussion um den Vorab-Abschlag für Familienunternehmen einer der Hauptstreitpunkte im **Vermittlungsverfahren**. Tatsächlich

hat der Vermittlungsausschuss dann aber nur zwei kleinere Änderungen empfohlen (BT-Drs. 18/9690):

Zum einen muss die Entnahme- oder Ausschüttungsbeschränkung auf höchstens 37,5 % des steuerlichen Gewinns beschränkt sein, wobei Entnahmen bzw. Ausschüttungen zur Begleichung der auf den Gewinnanteil entfallenden Steuern vom Einkommen unberücksichtigt bleiben (§ 13a Abs. 9 S. 1 Nr. 1 ErbStG). 574

Zum anderen wird der Abschlag nur für den Teil des begünstigten Vermögens gewährt, für den die gesellschaftsvertraglichen Beschränkungen gelten (§ 13a Abs. 9 S. 2 ErbStG). 575

Die weiteren Forderungen einzelner Bundesländer, wie etwa die vollständige Streichung des Vorab-Abschlags, dessen Begrenzung auf höchstens 15 % (anstelle von 30 %) oder die Verschärfung der Voraussetzungen (u. a. Streichung der Mitgesellschafter aus den privilegierten Übertragungen, Einfügung einer Behaltens- und Lohnsummenregelung oder Entnahme- und Ausschüttungsbeschränkung von mindestens 50 %) haben im Gesetzgebungsverfahren keine Mehrheit gefunden. 576

12.1.3 Verfassungsrecht

12.1.3.1 Verhältnis zur Unternehmensbewertung

Die Neuregelung für qualifizierte Familienunternehmen wurde als notwendig angesehen, da die Verfügungsbeschränkungen im Rahmen der Unternehmensbewertung nicht berücksichtigt werden (§ 9 Abs. 2 S. 3 und Abs. 3 BewG, und dazu u. a. BFH v. 2.3.2011, II R 5/09, BFH/NV 2011, 1147; BFH v. 12.7.2005, II R 8/04, BStBl II 2005, 845; BFH v. 17.6.1998, II R 46/96, BFH/NV 1999, 17). Eine Änderung der allgemeinen Bewertungsvorschrift (des § 9 BewG) wäre möglich gewesen, war aber politisch nicht gewollt. 577

Bei der Ermittlung des gemeinen Werts sind grundsätzlich *„alle Umstände"*, die den Preis beeinflussen, zu berücksichtigen (§ 9 BewG). Dies gilt allerdings nicht für *„ungewöhnliche oder persönliche Verhältnisse"* (§ 9 Abs. 2 S. 3 BewG). *„Als persönliche Verhältnisse sind auch Verfügungsbeschränkungen anzusehen, die in der Person des Steuerpflichtigen begründet sind"* (§ 9 Abs. 3 S. 1 BewG). Aufgrund dieser gesetzlichen Vorgaben soll es nicht möglich sein, die in Gesellschaftsverträgen enthaltenen Entnahme-, Verfügungs- und Abfindungsbeschränkungen bei der Unternehmensbewertung wertmindernd zu berücksichtigen. Dieser Ausgangspunkt ist in mehrfacher Hinsicht kritisch zu hinterfragen. 578

Der Gesetzeswortlaut des § 9 Abs. 3 BewG bezieht sich ausdrücklich nur auf *„Verfügungsbeschränkungen"*. Etwaige Entnahme-, Ausschüttungs- und Abfindungsbeschränkungen werden dagegen nicht erwähnt. Diese müssten somit (sofern man sie nicht auch als *„persönliche Verhältnisse"* qualifizieren will) nach allgemeinen Grundsätzen (§ 9 Abs. 2 S. 2 BewG: *„alle Umstände"*) bei der Ermittlung des gemeinen Werts berücksichtigt werden. 579

Das Bewertungsgesetz bezieht sich zudem nur auf solche Verfügungsbeschränkungen, die *„in der Person des Steuerpflichtigen oder eines Rechtsvorgängers"* begründet sind (§ 9 Abs. 3 S. 1 BewG). Im vorliegenden Zusammenhang geht es um Ver- 580 fügungsbeschränkungen, die im Gesellschaftsvertrag verankert sind. Es handelt sich dabei um eine inhaltliche Ausgestaltung der Mitgliedschaftsrechte aller Gesellschafter. Bei Verfügungsbeschränkungen im Gesellschaftsvertrag handelt es sich um die sachlichen Verhältnisse des Gesellschaftsanteils (und nicht etwa um die persönlichen Verhältnisse des Steuerpflichtigen). Die Verfügungsbeschränkung ist auch nicht in der Person des Erblassers oder Schenkers begründet (so § 9 Abs. 3 S. 1 BewG), sondern alleine in dem Gesellschaftsvertrag. Die Verfügungsbeschränkung besteht gerade unabhängig von der Person des einzelnen Gesellschafters. Jeder Erwerber eines Gesellschaftsanteils muss die im Gesellschaftsvertrag verankerte („verdinglichte") Verfügungsbeschränkung auch dann gegen sich gelten lassen, wenn er sie nicht ausdrücklich übernommen hat. Der Erwerber kann die Beschränkungen auch nicht einfach aufheben oder ändern, da dafür ein Beschluss aller Gesellschafter mit qualifizierter Mehrheit erforderlich ist.

581 Steuersystematisch wäre es überzeugender gewesen, wenn der Gesetzgeber im Rahmen der allgemeinen Vorschrift (des § 9 BewG) einen Bewertungsabschlag von bis zu 30 % vorgesehen hätte, wenn im Gesellschaftsvertrag entsprechende Beschränkungen enthalten sind. Dann wäre ein Vorab-Abschlag im Rahmen der Verschonung entbehrlich gewesen. Im Ergebnis hat der Gesetzgeber Bewertung und Verschonung miteinander vermengt (kritisch zum Ganzen auch *Erkis*, DStR 2016, 1441, 1446; *Hannes*, ZEV 2016, 554).

12.1.3.2 Allgemeine Fragen des Verfassungsrechts

582 Mit dem „Vorab-Abschlag" für den Erwerb von Anteilen an bestimmten Familienunternehmen hat der Gesetzgeber Neuland betreten. Steuersystematisch müssten die Verfügungsbeschränkungen auf der Ebene der Bewertung (und nicht erst bei der Verschonung) berücksichtigt werden. Dies wollte der Gesetzgeber offenbar vermeiden. Eine Änderung der allgemeinen Bewertungsvorschrift, wonach Verfügungsbeschränkungen unbeachtlich sind (siehe § 9 Abs. 3 BewG), sollte (aus nicht näher genannten Gründen) nicht erfolgen. Dementsprechend wurde eine besondere Regelung nur für Zwecke des ErbStG geschaffen (ohne Auswirkungen auf andere Bereiche des Steuerrechts). Danach sind Verfügungsbeschränkungen zwar nicht bei der Bewertung, aber bei der Verschonung zu beachten.

583 Im Ergebnis handelt es sich bei der jetzigen Regelung um eine Art „Zwitter" zwischen **Bewertung und Verschonung.** Den verfassungsrechtlichen Vorgaben, wonach zwischen Bewertung und Verschonung klar zu trennen ist, dürfte die Regelung **nicht** genügen (BVerfG v. 7.11.2006, 1 BvL 10/02, BVerfGE 117, 1 = BStBl II 2007, 192 = DStR 2007, 235).

584 Die neue Vorschrift regelt das Verhältnis des „Vorab-Abschlags" zur Bewertung in keiner Weise. Nach dem Gesetzeswortlaut könnte der Vorab-Abschlag auch dann in Anspruch genommen werden, wenn die Verfügungsbeschränkungen (ausnahmsweise) bereits bei der Bewertung berücksichtigt worden sind (z.B. im Rahmen einer individuellen Unternehmensbewertung nach IdW S1). Eine doppelte Berücksichtigung sollte aber an sich ausgeschlossen sein.

Der Bundesrat hatte die Sorge, dass es aufgrund des neuen Vorab-Abschlags zu einer 585
Überpriveligierung der Unternehmenserben kommen könnte (siehe BR-Drs.
344/1/16, S. 3 f.). Anlass dafür war der Umstand, dass der Erwerber den Vorab-
Abschlag neben den sonstigen Verschonungsregelungen in Anspruch nehmen kann.
Die kumulierte Gewährung mehrerer steuerlicher Verschonungen könnte sich
tatsächlich als übermäßig erweisen. Dabei ist auch zu berücksichtigen, dass das
BVerfG in seiner (dritten) Entscheidung zum ErbStG die (zusätzliche) Einführung
eines „Vorab-Abschlag" (oder einer vergleichbaren Regelung) überhaupt nicht
verlangt hat (BVerfG v. 17.12.2014, 1 BvL 21/12, BVerfGE 138, 136 = BStBl II 2015,
50 = DStR 2015, 31). Der Gesetzgeber hat das ErbStG insoweit – entgegen der
amtlichen Gesetzesbezeichnung – auch nicht an die Rechtsprechung des Bundesverfassungsgerichts angepasst, sondern ist mit dem Vorab-Abschlag darüber hinaus-
gegangen (BGBl I 2016, 2464 = BStBl I 2016, 1202).

12.1.3.3 Einzelne Fragen des Verfassungsrechts

Neben diesen grundsätzlichen Bedenken stellt sich aber auch die Frage, ob die 586
konkrete Ausgestaltung des neuen Vorab-Abschlags wirklich verfassungskonform
ist. Dies erscheint in mehrfacher Hinsicht zweifelhaft.

Die Regelung ist nicht rechtsformneutral, ohne dass dafür ein sachlicher Grund 587
ersichtlich ist. Beim Erwerb von Einzelunternehmen wird der Vorab-Abschlag nicht
gewährt. Die unentgeltliche Aufnahme eines Gesellschafters in ein Einzelunternehmen ist gleichfalls nicht begünstigt, da die gesellschaftsvertraglichen Bindungen noch
keine zwei Jahre bestanden. Dagegen ist der Erwerb von Anteilen an Einpersonen-
GmbH's und -GmbH & Co. KG's begünstigt, obwohl der Gesellschaftsvertrag bei
einem alleinigen Gesellschafter keine zusätzliche Beschränkung bewirkt. Dem Leitbild einer rechtsformneutralen Besteuerung entspricht dies nicht. Der Einzelunternehmer, der mit seinem persönlichen Vermögen unbeschränkt haftet, kann nicht
schlechter gestellt werden, wie der nur beschränkt haftende Erwerber eines Gesellschaftsanteils.

Tatbestand und Rechtsfolge des Vorab-Abschlags passen nicht zusammen, so dass es 588
an einer folgerichtigen Umsetzung fehlt. Der Tatbestand knüpft kumulativ an das
Vorliegen von drei Beschränkungen an (Entnahme- bzw. Ausschüttungsbeschränkung, Verfügungsbeschränkung und Abfindungsbeschränkung). Für die Rechtsfolge
ist allerdings nur eine dieser drei Beschränkungen (die Abfindung des ausscheidenden Gesellschafters) maßgebend. Die Entnahme- und Verfügungsbeschränkungen
sind dagegen ohne Bedeutung.

Der steuerliche Vorab-Abschlag bezieht sich auf den Wert des begünstigten Ver- 589
mögens (ohne das Verwaltungsvermögen). Dagegen betrifft der Abfindungsanspruch den gesamten Wert des Anteils des ausscheidenden Gesellschafters (einschließlich auch des nicht begünstigten Verwaltungsvermögens). Die Verknüpfung
der beiden Rechengrößen erscheint sachfremd und willkürlich.

Der Gesetzgeber verhält sich widersprüchlich, wenn er die Beschränkung der 590
Abfindung einerseits zur Voraussetzung für eine Steuerbefreiung macht (§ 13a
Abs. 9 S. 1 Nr. 3 ErbStG) und diese andererseits zur Grundlage für eine fiktive

Besteuerung nutzt (§ 7 Abs. 7 ErbStG). Im Bürgerlichen Recht sind Willenserklärungen im Falle von „Perplexität" nichtig (siehe §§ 116 ff. BGB). Für Normbefehle des Gesetzgebers kann an sich Nichts anderes gelten.

591 Der Steuergesetzgeber macht Änderungen von Gesellschaftsverträgen faktisch für die Dauer von (mindestens) 22 Jahren unmöglich. Dies verhindert notwendige Anpassungen in den Unternehmen und widerspricht der Zielsetzung, die Unternehmensfortführung zu erleichtern, (ähnlich *Crezelius*, ZEV 2016, 541, 544) wonach die Regelung „*Verkustungen*" Vorschub leistet). Bei mehreren Gesellschaftern überlagern sich die einzelnen Fristen, so dass im Ergebnis eine Bindung von weit mehr als 22 Jahren erfolgt. Eine derart lange Bindung ist weder sachlich noch gerechtfertigt noch verhältnismäßig. Eine Überwachung dieser Bindungsfristen dürfte zudem weder Steuerpflichtigen noch Finanzverwaltung möglich sein, so dass auch nicht unerhebliche Vollzugsfedifizite drohen.

592 Die Regelung führt erneut dazu, dass einzelne Gesellschafter steuerlich für das Verhalten von Mitgesellschaftern verantwortlich gemacht werden. Beim Erwerber kommt es zu einer Nachversteuerung, wenn die anderen Gesellschafter den Gesellschaftsvertrag (oder die tatsächlichen Verhältnisse) ändern. Dies gilt selbst dann, wenn der Erwerber auf diese Änderungen keinerlei Einfluss hat oder sich sogar dagegen ausgeprochen hat oder zwischenzeitlich aus der Gesellschaft ausgeschieden ist. Diese Form der Besteuerung greift unzulässig in die persönlichen Rechte der Steuerpflichtigen ein. In der Praxis kann für solche Fälle (theoretisch) ein Ausgleichsanspruch (z. B. in Form einer Vertragsstrafe) vereinbart werden. Gerade Minderheitgesellschafter werden solche Regelungen aber nur selten durchsetzen können.

593 Die steuerlichen Anzeige- und Zahlungspflichten enden nicht einmal dann, wenn ein Gesellschafter aus der Gesellschaft ausscheidet. Dies ist übermäßig und widerspricht den gesellschaftsrechtlichen Grundsätzen der Nachhaftung (siehe § 159 HGB). Ein ausgeschiedener Gesellschafter hat keine Informationen mehr über die Gesellschaft und kann den Anzeigepflichten daher ohnehin nicht nachkommen.

594 Bei Änderungen der (rechtlichen oder tatsächlichen) Beschränkungen kommt es rückwirkend zu einer Nachversteuerung (§ 13a Abs. 9 S. 5 ErbStG). bei Verstößen entfällt der Vorab-Abschlag **vollständig** und nicht nur zeitanteilig. Dies weicht von den sonstigen Behaltensregelungen ab (siehe § 13a Abs. 6 S. 2 ErStG), ohne dass dafür ein sachlicher Grund ersichtlich wäre. Der Vorab-Abschlag fällt unabhängig davon weg, in welchem Umfang gegen die Beschränkungen verstoßen worden ist. Ein geringfügiger (versehentlicher) Verstoß gegen die Entnahmebeschränkung kurz vor Ende der Frist von 20 Jahren kann nicht genauso besteuert werden wie eine erhebliche (bewusste) Missachtung der Beschränkungen gleich nach dem Erwerb. Die Sanktion ist vielen Fällen nicht angemessen (ausführlich zur Haftung bei etwaigen Verstößen *Thonemann-Micker/Krogoll*, NWB-EV 11/2016, 378).

595 Umgekehrt hat der Gesetzgeber darauf verzichtet, etwaige Verstöße gegen die allgemeine Behaltensregelungen (§ 13a Abs. 6 ErbStG) oder die Lohnsummenregelung (§ 13a Abs. 3 ErbStG) auch durch einen Wegfall des Vorab-Abschlags zu sanktionieren (kritisch insoweit *Erkis*, DStR 2016, 1441, 1446).

596-600 einstweilen frei

12.1.4 Anwendungsbereich

12.1.4.1 Zeitlicher Anwendungsbereich

Der Vorab-Abschlag gilt für alle Erwerbe, für die die Steuer nach dem 30.06.2016 entstanden ist (§ 37 Abs. 12 S. 1 ErbStG).

Faktisch wird die Regelung in den meisten Fällen aber erst für Erwerbe nach dem 1.7.2018 zur Anwendung kommen. Die Entnahme-, Verfügungs- und Abfindungsbeschränkungen müssen im Zeitpunkt der Entstehung der Steuer bereits 2 Jahre rechtlich bestanden haben und tatsächlich beachtet worden sein. Vor dem .07.2016 dürfte dies bei kaum einer Gesellschaft der Fall gewesen sein.

12.1.4.2 Sachlicher Anwendungsbereich

Der Vor-Abschlag wird beim Erwerb von Anteilen an bestimmten Gesellschaften gewährt. Meist werden diese Gesellschaften kurz als Familienunternehmen bezeichnet. Die gesetzliche Regelung ist jedoch in keiner Weise auf **Familienunternehmen** beschränkt, sondern gilt für alle Personen- und Kapitalgesellschaften. In der Gesetzesbegründung wird aber mehrfach darauf hingewiesen, dass sich entsprechende Entnahme-, Verfügungs- und Abfindungsbeschränkungen vor allem in den Gesellschaftsverträgen von „*(großen) familiengeführten Unternehmen*" finden. Die gesetzgeberische Zielsetzung kommt auch darin zum Ausdruck, dass Anteilsübertragungen auf (Familien-)Angehörige und Familienstiftungen privilegiert sind.

Der Gesetzeswortlaut definiert den Kreis der begünstigten Unternehmen nicht ausdrücklich. Der Anwendungsbereich ergibt sich lediglich mittelbar durch die Bezugnahme auf Personen- und Kapitalgesellschaften (§ 13a Abs. 9 S. 1 Nr. 2 und 3 ErbStG) und die Notwendigkeit eines Gesellschaftsvertrages bzw. einer Satzung (§ 13a Abs. 9 Halbs. 1 ErbStG).

Den Erwerbern von **Einzelunternehmen** (Gewerbebetrieben) wird der Vorab-Abschlag nicht gewährt (H.M., siehe nur *Landsittel*, ZErb 2016, 383, 387. A.A. aber *Bäuml*, NWB 47/2016, 3516, 3519). Der Gesetzgeber hat (trotz wiederholter Kritik) an dieser Benachteiligung von Einzelunternehmen festgehalten. In der Praxis sollten Einzelunternehmen daher rechtzeitig einen Rechtsformwechsel in eine Einpersonen-GmbH oder -GmbH & Co. KG in Betracht ziehen (z.B. nach §§ 20, 24 UmwStG). Der Rechtsformwechsel muss mindestens 2 Jahre vor der Übertragung der Gesellschaftsanteile vollzogen worden sein. Die Rückwirkung des Umwandlungsteuergesetzes (bei der Einbringung) gilt nicht für das ErbStG.

Der Begriff der **Personengesellschaft** umfasst neben OHG und KG (einschließlich auch GmbH & Co. KG) insbesondere die Gesellschaften bürgerlichen Rechts. Der Gesetzgeber hat hier den zivilrechtlichen Begriff der Personengesellschaft verwendet und nicht wie sonst auf den steuerrechtlichen Mitunternehmerbegriff abgestellt (etwa beim begünstigungsfähigen Vermögen in § 13b Abs. 1 Nr. 2 ErbStG). Die Verfügungsbeschränkung im Gesellschaftsvertrag muss sich dementsprechend auch nur auf die (zivilrechtliche) „*Beteiligung an der Personengesellschaft*" und nicht auch auf das steuerrechtliche Sonderbetriebsvermögen beziehen.

607 Der Begriff der Kapitalgesellschaft umfasst insbesondere AG's, GmbH's (einschließlich UG's (haftungsbeschränkt), § 5a GmbHG), Europäische Gesellschaften (SE) und KGaA (siehe § 1 Abs. 1 Nr. 1 KStG).

608 Der Vorab-Abschlag gilt gleichermaßen für in- und ausländische Gesellschaften, deren Anteile unmittelbar übertragen wurde. Auf den Sitz oder den Ort der Geschäftsleitung kommt es nicht an (vorbehaltlich § 13b Abs. 1 Nr. 2 und Nr. 3 ErbStG). Die Regelung gilt ferner unabhängig von Art, Größe und Branche des Unternehmens. Grundsätzlich werden auch börsennotierte und kapitalmarktorientierte Unternehmen erfasst.

12.1.4.3 Persönlicher Anwendungsbereich

609 Der Vorab-Abschlag gilt für alle Erwerber. Bei der Ersatzerbsteuer von Familienstiftungen wird der Vorab-Abschlag gleichfalls gewährt (§ 13a Abs. 11 ErbStG).

12.1.4.4 Internationaler Anwendungsbereich

610 Der Vorab-Abschlag gilt sowohl bei unbeschränkter als auch bei beschränkter Steuerpflicht (§ 2 ErbStG). Allerdings wird der Abschlag immer nur für den Erwerb von begünstigtem Vermögen (§ 13b Abs. 2 ErbStG) gewährt.

12.1.5 Verhältnis zu anderen Verschonungsregelungen

12.1.5.1 Verschonungsabschlag (§ 13a ErbStG)

611 Der Vorab-Abschlag wird zusätzlich zu dem Verschonungsabschlag von 85 % (§ 13a Abs. 1 Satz 1 ErbStG) bzw. 100 % (§ 13a Abs. 10 S. 1 ErbStG) gewährt.

12.1.5.2 Abschmelzungsmodell (§ 13c ErbStG)

612 Der Vorweg-Abschlag (§ 13a Abs. 9 ErbStG) und der (reduzierte) Verschonungsabschlag (§ 13c ErbStG) ergänzen sich und können nebeneinander angewendet werden (siehe auch § 13c Abs. 2 S. 1 ErbStG, wonach u.a. § 13a Abs. 9 entsprechende Anwendung findet und § 13a Abs. 9 S. 5 Halbs. 2 ErbStG, wonach u.a. § 13c ErbStG unberührt bleibt). Die systematische Stellung der Regelung (innerhalb von § 13a ErbStG) steht dem nicht entgegen.

613 Eine Reduzierung des Verschonungsabschlags erfolgt nur beim Erwerb von begünstigtem Vermögens von mehr als 26 Mio. EUR. Beim Erwerb von Anteilen an bestimmten Familiengesellschaften kann sich die Grenze von 26 Mio. EUR auf bis zu ca. 37 Mio. EUR erhöhen. Der Abschlag von bis zu 30 % wird „vor" Anwendung des Verschonungsabschlags gewährt (§ 13a Abs. 9 ErbStG). Für das nach Anwendung des Verschonungsabschlags verbleibende begünstigte Vermögen kann der Erwerber dann den reduzierten Verschonungsabschlag (nach § 13c ErbStG) beantragen.

Steuerbefreiung BV, LuF, Anteile § 13a

12.1.5.3 Tarifbegrenzung (§ 19a ErbStG)

Bei Erwerbern der Steuerklasse II und III wird der Vorab-Abschlag zusätzlich zu der Tarifbegrenzung gewährt (§ 19a ErbStG). 614

12.1.5.4 Steuerstundung (§ 28 ErbStG)

Vorab-Abschlag (§ 13a Abs. 9 ErbStG) und Steuerstundung (§ 28 ErbStG und § 222 AO) können gleichzeitig genutzt werden. 615

12.1.5.5 Steuererlass aufgrund Verschonungsbedarfsprüfung (§ 28a ErbStG)

Der Vorweg-Abschlag (§ 13a Abs. 9 ErbStG) und der Steuererlass aufgrund einer Verschonungsbedarfsprüfung (§ 28a ErbStG) ergänzen sich und kommen nebeneinander zur Anwendung. Dem steht nicht entgegen, dass der Gesetzgeber bei der Verschonungsbedarfsprüfung (§ 28a ErbStG) nicht ausdrücklich auf den Vorweg-Abschlag verwiesen hat (kritisch insoweit aber *Höne*, NWB-EV 11/2016, 370). Die amtliche Gesetzesbegründung geht als selbstverständlich davon aus, dass der Vorab-Abschlag für Familienunternehmen in Verbindung mit jedem Begünstigungsregime zu gewähren ist (BT-Drks. 18/5923, S. 32 ff.). Zudem hat der Gesetzgeber bei dem Vorab-Abschlag (in § 13a Abs. 9 S. 5 Halbs. 2 ErbStG) ausdrücklich klargestellt, dass „ *§§ 13c und 28a*" unberührt bleiben. 616

Ein Steuererlass aufgrund einer Verschonungsbedarfsprüfung kommt nur beim Erwerb von begünstigtem Vermögen von mehr als 26 Mio. EUR in Betracht. Beim Erwerb von Anteilen an bestimmten Familiengesellschaften kann sich die Grenze von 26 Mio. EUR auf bis zu ca. 37 Mio. EUR erhöhen. Der Abschlag von bis zu 30 % wird „ *vor*" Anwendung des Verschonungsabschlags gewährt (§ 13a Abs. 9 ErbStG). Für das nach Anwendung des Verschonungsabschlags verbleibende begünstigte Vermögen kann der Erwerber dann den Steuererlass aufgrund einer Verschonungsbedarfsprüfung (nach § 28a ErbStG) beantragen. 617

einstweilen frei 618-620

12.2 Voraussetzungen des Vorab-Abschlags (§ 13a Abs. 9 ErbStG)

12.2.1 Rechtliche Beschränkungen im Gesellschaftsvertrag (§ 13a Abs. 9 S. 1 ErbStG)

12.2.1.1 Entnahme- oder Ausschüttungsbeschränkung (§ 13a Abs. 9 S. 1 Nr. 1 ErbStG)

Der Gesellschaftsvertrag muss „ *die Entnahme oder Ausschüttung auf höchstens 37,5 Prozent des um die auf den Gewinnanteil oder die Ausschüttungen aus der Gesellschaft entfallenden Steuern vom Einkommen gekürzten Betrags des steuerrechtlichen Gewinns beschränken*" (§ 13a Abs. 9 Satz 1 Nr. 1 Halbs. 1 ErbStG). Dabei bleiben „ *Entnahmen zur Begleichung der auf den Gewinnanteil oder die Ausschüttungen aus der Gesellschaft entfallenden Steuern vom Einkommen*" „ *von der Beschränkung der Entnahme oder Ausschüttung unberücksichtigt*" (§ 13a Abs. 9 Satz 1 Nr. 1 Halbs. 2 ErbStG). 621

622 Eine betragsmäßige Höchstgrenze für die Entnahmen bzw. Ausschüttungen ist (anders als bei § 13a Abs. 6 S. 1 Nr. 3 ErbStG) gibt es nicht.

623 Die Regelung zur Beschränkung der Entnahmen bzw. Ausschüttungen wurde im Rahmen des Gesetzgebungsverfahrens mehrfach geändert. Der Gesetzesentwurf der Bundesregierung vom September 2015 (BT-Drs. 18/5923, S. 10 und S. 23) sah noch vor, dass die Entnahmen bzw. Ausschüttungen *„nahezu vollständig"* beschränkt werden müssen. Dies wurde allgemein als zu unbestimmt kritisiert. In der vom Bundestag im Juni 2016 beschlossenen Gesetzesfassung wurde diese Formulierung dann ersatzlos gestrichen. Danach wäre jegliche Beschränkung ausreichend gewesen, und zwar gleich welcher Art und Höhe. Dagegen hat der Bundesrat im Juli 2016 sein Veto eingelegt und eine *„Mindestquote von z. B. 50 %"* gefordert (BR-Drs. 344/1/16, S. 3 f.). Im Vermittlungsverfahren kam es dann zu der jetzigen Grenze von 37,5 %. Die Höchstgrenze von 37,5 % erscheint einigermaßen willkürlich und ist sachlich kaum zu begründen.

624 Die Regelung bezieht sich auf den *„steuerrechtlichen"* **Gewinn** (siehe § 4 Abs. 1, 5 Abs. 1 EStG). Der Gewinn laut Handelsbilanz ist insoweit nicht maßgebend (für eine teleologische Reduktion auf den Handelsbilanzgewinn *Weber*, DStZ 2017, 13, 15). In Gesellschaftsverträgen wird allerdings (wenn überhaupt) meist die Entnahme bzw. Ausschüttung des handelsrechtlichen (und nicht des steuerrechtlichen) Gewinns geregelt. In der Praxis sollten Gesellschaftsverträge vorsorglich entsprechend angepasst werden.

625 Maßgebend ist der steuerliche Gewinn des jeweiligen **Kalenderjahres** (Veranlagungszeitraums). Ein Ausgleich der Entnahmen bzw. Ausschüttungen zwischen einzelnen Jahren ist nicht möglich. Im Unterschied zu der Regelung zu dem Nachsteuertatbestand der Überentnahmen (nach § 13a Abs. 6 S. 1 Nr. 3 ErbStG) müssen die Entnahmebeschränkungen jedes Jahr (erneut) eingehalten werden. Für eine Betrachtung der Entnahmen über einen längeren Zeitraum (z. B. 5 oder 20 Jahre) fehlt es an einer gesetzlichen Grundlage.

626 Bei der Bestimmung der Grenze von 37,5 % bleiben Entnahmen und Ausschüttungen zur Begleichung der auf den Gewinnanteil entfallenden Steuern unberücksichtigt. Dies gilt aber nur für die *„Steuern vom Einkommen"*. Etwaige Entnahmen zur Begleichung der Erbschaft- und Schenkungsteuer werden – systemwidrig – von der Ausnahme nicht erfasst (siehe demgegenüber § 34a Abs. 4 Satz 3 EStG).

627 Die im Gesetz genannte **Grenze von 37,5 %** ist nicht fest, sondern variabel. Die Steuerbelastung der einzelnen Gesellschafter ist in der Regel unterschiedlich und verändert sich von Jahr zu Jahr. Der Gesellschaftsvertrag muss den Betrag der zulässigen Entnahmen bzw. Ausschüttungen aber von vornherein bestimmt und für jedermann erkennbar festlegen. In der Praxis erfolgt aus Vereinfachungsgründen regelmäßig eine Orientierung am Höchststeuersatz ohne Berücksichtigung persönlicher Besteuerungsmerkmale. Solche Regelungen sind allgemein üblich und sollten auch im Zusammenhang mit dem Vorab-Abschlag anerkannt werden (so im Ergebnis auch *Viskorf/Köcherbach/Jehle*, DStR 2016, 2425, 2430).

628 Die genaue **Berechnung** des Gewinnanteils, der zulässiger Weise entnommen bzw. ausgeschüttet werden kann, ist aufgrund des unklaren Gesetzeswortlauts nur schwer

zu ermitteln und derzeit umstritten (dazu insbesondere *Thonemann-Micker*, DB 2016, 2312, 2313 ff.; *Viskorf/Köcherbach/Jehle*, DStR 2016, 2425, 2430; *Weber*, DStZ 2017, 13, 14 ff.; *Weber/Schwind*, ZEV 2016, 688, 690 ff.).

Die gesetzliche Regelung unterscheidet zudem nicht hinreichend zwischen Personen- und Kapitalgesellschaften, obwohl für beide völlig verschiedene, gesellschafts- und steuerrechtliche Vorschriften gelten. 629

Bei **Personengesellschaften** besteht kraft Gesetzes kein Steuerentnahmerecht der Gesellschafter (§§ 122, 161 Abs. 2 HGB. Grundlegend BGH v. 29.3.1996, II ZR 263/94, BGHZ 132, 263 = NJW 1996, 1678, und jüngst BGH v. 5.4.2016, II ZR 62/15, DStR 2016, 1273. Ausführlich *Kruth*, DStR 2016, 1871). In der Praxis wird das Recht der Steuerentnahme aber meist im Gesellschaftsvertrag geregelt (umfassend zum Ganzen *Fischer, M.*, DB 2015, Beilage Nr. 4). Danach sind die Gesellschafter grundsätzlich berechtigt, die Personensteuern (ESt, KiSt und SoliZ) zu entnehmen. Dabei wird meist auch die maßgeblich Bemessungsgrundlage (z. B. Berücksichtigung von Sonderbetriebseinnahmen), das Verhältnis des Steuerernahmerechts zum Gewinnentnahmerecht (z. B. Gewinnentnahme brutto oder netto ??) und der Steuersatz (z. B. Berücksichtigung von anderen Einkünften des Gesellschafters) geregelt. In der Praxis erfolgen (aus Vereinfachungsgründen) vielfach pauschale Regelungen, wonach die Gesellschafter alle auf ihren Gesellschaftsanteil (und Tätigkeitsvergütungen, Mieten und Zinsen) entfallenden persönlichen Steuern mit dem Höchststeuersatz (ohne Berücksichtigung persönlicher Besteuerungsmerkmale zum jeweiligen Fälligkeitszeitpunkt) entnehmen dürfen. Solche Regelungen sind allgemein üblich und auch im Zusammenhang mit dem Vorab-Abschlag anzuerkennen. 630

Nicht geklärt ist bislang, ob und inwieweit bei der Ermittlung des steuerlichen Gewinns von Personengesellschaften auch **Sonder- und Ergänzungsbilanzen** einzelner Mitunternehmer zu berücksichtigen sind (siehe dazu auch *Weber*, DStZ 2017, 13, 15). Die Bezugnahme auf den steuerrechtlichen Gewinn würde an sich dafür sprechen, auf den Gewinn der gesamten Mitunternehmerschaft abzustellen. Dagegen spricht allerdings, dass es für den Vorab-Abschlag auf das Recht zur Gewinnentnahme nach dem Gesellschaftsvertrag ankommt. Im Gesellschaftsvertrag wird aber nur der Gewinn der Gesamthand geregelt. Die steuerlichen Besonderheiten bei einzelnen Gesellschaftern (wie Sonder- und Ergänzungsbilanzen) bleiben dabei regelmäßig unberücksichtigt. Diese beruhen vielmehr auf den zwingenden Vorgaben des Steuerrechts. Der Gesellschaftsvertrag betrifft somit das gesamthänderisch gebundene Vermögen. Demnach kann die Entnahmebeschränkung sich auch nur auf den Gewinn der Gesamthand beziehen. Ergebnisse aus Sonder- und Ergänzungsbilanzen werden dabei nicht erfasst. 631

Der Gewinn einer Personengesellschaft wird in der Praxis nach Maßgabe des Gesellschaftsvertrages den verschiedenen **Konten** der einzelnen Gesellschafter zugeschrieben. Nach ertragsteuerrechtlichen Grundsätzen ist die Gutschrift der Gewinne auf einem Privat- oder Darlehenskonto eines Gesellschafters grundsätzlich als Entnahme anzusehen. Für Zwecke der Erbschaft- und Schenkungsteuer ist ein solcher Entnahmebegriff zu weitgehend. Nach dem Normzweck muss es darauf ankommen, inwieweit die Gewinne in der Gesellschaft verbleiben. Eine schädliche Entnahme (im 632

Sinne von § 13a Abs. 9 S. 1 Nr. 1 ErbStG) sollte erst bei tatsächlicher Auszahlung an den Gesellschafter vorliegen.

633 Bei der Gutschrift der Gewinne auf einem (Eigen-)Kapitalkonto des Gesellschafters oder einem gesamthänderisch gebundenen Rücklagenkonto liegt (wohl unstreitig) keine Entnahme vor.

634 Bei **Kapitalgesellschaften** besteht kein Anspruch der Gesellschafter auf Ausschüttungen zur Begleichung der persönlichen Steuern (siehe § 29 GmbHG und § 60 AktG). Gleichwohl können solche Ausschüttungen an die Gesellschafter in der Satzung vereinbart werden (vorbehaltlich § 30 GmbHG). In der Praxis ist dies bislang aber wohl kaum jemals der Fall.

635 Bei der Ermittlung der zulässigen Ausschüttungen an die Gesellschafter einer Kapitalgesellschaft sind alle offenen und verdeckten Ausschüttungen zu berücksichtigen. Der Umstand, dass die verdeckten Gewinnausschüttungen ertragsteuerrechtlich durch eine Hinzurechnung wieder korrigiert werden ändert daran nichts (siehe § 8 Abs. 3 S. 2 KStG). **Satzungsklauseln**, wonach verdeckte Gewinnausschüttungen von dem Gesellschafter zurückzuzahlen sind, werden ertragsteuerrechtlich nicht anerkannt. Dies dürfte auch für Zwecke der Erbschaft- und Schenkungsteuer gelten (anders aber wohl *Kotzenberg/Jülicher*, GmbHR 2016, 1135, 1141; *Steger/Königer*, BB 2016, 3099, 3103; *Viskorf/Löcherbach/Jehle*, DStR 2016, 2425, 2431). Die Rückzahlung ändert an der einmal erfolgten Ausschüttung nichts. Der Gesetzgeber stellt bei dem Vorab-Abschlag zudem ausdrücklich nicht nur auf die rechtlichen, sondern auch auf die tatsächlichen Verhältnisse ab.

636 Der Gesellschaftsvertrag muss alle Entnahmen und Ausschüttungen beschränken. Dies gilt unabhängig davon, wie diese im Einzelfall bezeichnet werden, von welchem Konto diese gebucht werden und zu welchem Zeitpunkt diese erfolgen. Nicht erfasst sind sonstige Entnahmen oder Ausschüttungen (z.B. aufgrund der Auflösung von Rücklagen oder im Rahmen der Liquidation).

637 Eine Saldierung der Entnahmen bzw. Ausschüttungen mit den Einlagen ist hier (anders als bei dem Nachsteuertatbestand der Überentnahmen nach § 13a Abs. 6 S. 1 Nr. 3 ErbStG) nicht vorgesehen. Eine spätere Erstattung erfolgter Entnahmen bzw. Ausschüttungen lässt diese somit grundsätzlich nicht entfallen. Die Erstattung ist kein rückwirkendes Ereignis.

638 Eine Erstattung sollte aber zumindest aus Billigkeitsgründen steuerlich anerkannt werden, wenn die überhöhten Entnahmen bzw. Ausschüttungen auf behördliche oder gerichtliche Entscheidungen (z.B. eine steuerliche Außenprüfung) zurückzuführen sind.

639 Die Entnahme- bzw. Ausschüttungsbeschränkung muss gleichermaßen für alle Gesellschafter gelten. Eine Regelung, die nur Entnahmen bzw. Ausschüttungen an einzelne Gesellschafter beschränkt, ist für die Inanspruchnahme des Vorab-Abschlags nicht ausreichend.

640 Die Beschränkung muss sich auf den Gewinn der Gesellschaft beziehen, deren Anteile übertragen werden (Muttergesellschaft). Auf die Ausschüttung bzw. Thesaurierung der Gewinne in Tochter- bzw. Enkelgesellschaft kommt es nicht an; eine konsolidierte Betrachtung erfolgt hier (anders als beim Verwaltungsvermögen, siehe

§ 13b Abs. 9 ErbStG) nicht (nach *Viskorf/Köcherbach/Jehle*, DStR 2016, 2425 (2430) soll insoweit aber eine ergänzende gesetzliche Regelung geplant sein).

Bestehende Gesellschaftsverträge sollten darauf hin überprüft werden, ob die Regelung zu den Entnahmen bzw. Ausschüttungen den gesetzlichen Anforderungen genügen.

12.2.1.2 Verfügungsbeschränkung (§ 13a Abs. 9 S. 1 Nr. 2 ErbStG)

12.2.1.2.1 Überblick

Der Gesellschaftsvertrag muss die *„Verfügung über die Beteiligung an der Personengesellschaft oder den Anteil an der Kapitalgesellschaft auf Mitgesellschafter, auf Angehörige im Sinne des § 15 AO oder auf eine Familienstiftung (§ 1 Abs. 1 Nr. 4 ErbStG) beschränken"* (§ 13a Abs. 9 S. 1 Nr. 2 ErbStG).

Im Gesetzesentwurf der Bundesregierung vom September 2015 (BT-Drs. 18/5923, S. 10 und 23) war der Kreis der begünstigten Personen noch auf Angehörige (im Sinne von § 15 Abs. 1 AO) beschränkt. Dies wurde vielfach als zu eng kritisiert. In der vom Bundestag im Juni 2016 beschlossenen Gesetzesfassung (BR-Drs. 344/16) ist die jetzige Erweiterung auf Mitgesellschafter, Angehörige (i.S.v. § 15 Abs. 1 und 2 AO) und Familienstiftungen (§ 1 Abs. 1 Nr. 4 ErbStG) erfolgt. Der Bundesrat hat die Aufnahme der Mitgesellschafter kritisiert, da auf diese Weise *„mit einer kurzen Wartezeit (in der ein neuer Mitgesellschafter hereingeholt werden kann) auch fremde Dritte einbezogen werden können"* (BR-Drs. 344/1/16, S. 3 f.). Diese Bedenken haben sich jedoch nicht durchgesetzt; sie waren im Ergebnis auch unberechtigt. Die *„kurze Wartezeit"* lässt zudem die gesetzliche Frist von 2 Jahren (§ 13a Abs. 9 S. 4 ErbStG) unberücksichtigt.

12.2.1.2.2 Mitgesellschafter, Angehörige und Familienstiftungen

Die Verfügung über die Gesellschaftsanteile muss auf Mitgesellschafter, Angehörige und Familienstiftungen beschränkt werden.

Der Begriff der **Angehörigen** bestimmt sich nach der allgemeinen Regelung der Abgabenordnung (§ 15 AO) und umfasst alle (auch frühere) Angehörigen (z.B. geschiedene Ehegatten, § 15 Abs. 2 AO). Vergleichbare Formen familiären oder partnerschaftlichen Beziehungen nach ausländischem Recht sind gleichfalls anzuerkennen. Nicht umfasst sind dagegen familienfremde Mitarbeiter, was sich in der Praxis insbesondere bei Mitarbeiterbeteiligungsmodellen als nachteilig erweisen kann.

Der Gesetzgeber hat (**vermögensverwaltende**) **Familien-Gesellschaften** (trotz entsprechender Anregungen) den Mitgesellschaftern und Angehörigen nicht gleichgestellt. Dies ist zumindest bei (vermögensverwaltenden) Personengesellschaften steuersystematisch nicht überzeugend. Solche Beteiligungen werden für Zwecke des ErbStG als transparent angesehen (§ 10 Abs. 1 S. 4 ErbStG und § 39 AO), so dass es keinen Unterschied machen kann, ob die Verfügung über einen Gesellschaftsanteil zu Gunsten eines Mitgesellschafters bzw. Angehörigen oder dessen vermögensverwaltender Gesellschaft erfolgt. Der Gesetzeswortlaut sieht hier (anders als z. B. bei § 13b Abs. 1 Nr. 3 S. 1 ErbStG) auch kein Erfordernis einer „*unmittelbaren*" Beteiligung vor.

647 Der Kreis der begünstigten Verfügungsbegünstigten umfasst auch „*Familienstiftungen (§ 1 Abs. 1 Nr. 4 ErbStG)*". Dies erscheint sachgerecht, da Anteile an Familienunternehmen oftmals auch von Familienstiftungen gehalten werden. Der Steuergesetzgeber verwendet damit erstmals den Begriff der Familienstiftung im ErbStG, der sonst immer nur abstrakt umschrieben worden ist (§ 1 Abs. 1 Nr. 4 ErbStG: Stiftung, die wesentlich im Interesse einer oder bestimmter Familien errichtet worden ist). Mit dem Begriff der Familienstiftung sind nur rechtsfähige Stiftungen (§§ 80 ff. BGB) gemeint, nicht auch unselbständige Stiftungen oder bloße Treuhandverhältnisse.

648 Der Gesetzeswortlaut „*eine*" Familienstiftung ist nicht als eine zahlenmäßige Beschränkung zu verstehen. Vielmehr sind auch mehrere (und unterschiedliche) Familienstiftungen (eines oder mehrerer Gesellschafters) umfasst (ebenso wie mehrere Mitgesellschafter und mehrere Angehörige).

649 Bei der Familienstiftung muss es sich nicht zwingend um eine Stiftung von Gesellschaftern oder Angehörigen handeln. Erfasst sind alle Familienstiftungen. Die Stiftung kann somit auch den Zweck haben, Familienmitglieder zu unterstützen, bei denen es sich nicht um Mitgesellschafter und/oder Angehörige handelt.

650 Private Stiftungen, die nicht den Interessen einer Familie, sondern beispielsweise den Mitarbeitern eines Unternehmens dienen, fallen nicht unter die Regelung. Nach der gesetzgeberischen Zielsetzung müssten aber auch solche Mitarbeiterstiftungen erfasst werden, um beispielsweise die Nachfolge bei kinderlosen Gesellschaftern zu gewährleisten.

651 **Familienvereine** sind nach dem klaren Gesetzeswortlaut nicht erfasst, obwohl das Vermögen von Familienstiftungen und -vereinen in gleicher Weise der Erbersatzsteuer (nach § 1 Abs. 1 Nr. 4 ErbStG) unterliegt (für deren Einbeziehung aber *Eisele*, NWB 40/2016, 3002, 3003).

652 **Steuerbegünstigte (gemeinnützige) Stiftungen** (§§ 51 ff. AO) werden durch die Regelung nicht begünstigt (siehe § 52 Abs. 1 S. 2 AO). Der Umstand, dass gemeinnützige Stiftungen schlechter behandelt werden als private Familienstiftungen, ist weder steuersystematisch noch rechtspolitisch nachvollziehbar (siehe § 13 Abs. 1 Nr. 16 Buchst. b ErbStG). Mit dem verfassungsrechtlichen Gleichheitsgrundsatz lässt sich diese Unterscheidung nicht vereinbaren.

653 Die Familienstiftung muss ihren Satzungssitz oder ihre Geschäftsleitung im **Inland** haben (siehe § 2 Abs. 1 Nr. 2 ErbStG). Familienstiftungen, die Sitz und Geschäftsleitung im Ausland haben, sind somit nicht umfasst (Weitergehend *Reich*, BB 2016, 2647, 2651). Dies gilt auch für Familienstiftungen aus dem EU- und EWR-Ausland. Die damit verbundene Benachteiligung von ausländischen Familienstiftungen dürfte mit der europäischen Kapitalverkehrsfreiheit nicht vereinbar sein (so auch *Oppel*, StuK 2016, 469, 475). Der Umstand, dass ausländische Familienstiftungen in Deutschland keiner Erbersatzsteuer unterliegen (§§ 1 Abs. 1 Nr. 4, 2 Abs. 1 Nr. 2 ErbStG) kann die Ungleichbehandlung nicht rechtfertigen (siehe § 15 Abs. 6 AStG). Der Vorab-Abschlag gilt gleichermaßen für in- und

ausländische Unternehmen und findet sowohl bei unbeschränkter als auch bei beschränkter Steuerpflicht Anwendung.

Die Verfügung über die Gesellschaftsanteile muss auf Mitgesellschafter beschränkt sein. Die Gesellschaft selbst ist nicht erfasst. Der Erwerb eigener Anteile durch Kapitalgesellschaften (siehe § 33 GmbHG) ist danach nicht möglich. Dagegen dürfte bei der Anwachsung von Anteilen einer Personengesellschaft (§ 738 BGB) eine zulässige Verfügung auf Mitgesellschafter vorliegen. 654

12.2.1.2.3 Verfügungsbeschränkung

Der Vorab-Abschlag erfordert eine Beschränkung der Verfügung über die Gesellschaftsanteile auf bestimmte Personen. Eine Beschränkung des Stimmrechts wird dagegen (anders als bei Poolvereinbarungen, siehe § 13b Abs. 1 Nr. 3 S. 2 ErbStG) nicht verlangt. 655

Nach dem Gesetzeswortlaut muss die „*Verfügung*" über die Anteile beschränkt werden. Dies ist in mehrfacher Hinsicht zu weitgehend. 656

Die Verfügung der Gesellschafter **von Todes wegen** kann nach deutschem Recht nicht wirksam beschränkt werden (§ 2302 BGB). Eine unzulässige Beschränkung der Testierfreiheit kann auch vom Gesetzgeber nicht verlangt werden. 657

Der Begriff der „Verfügung" kann sich daher von vornherein nur auf Verfügungen **zu Lebzeiten** beziehen. Nach dem Normzweck soll mit der Verfügungsbeschränkung die Übertragung der Anteile auf familienfremde Gesellschafter verhindert werden. Dagegen sollen andere Formen der Verfügung (wie etwa die Verpfändung der Anteile, die Bestellung eines Nießbrauchs oder die Einräumung einer Unterbeteiligung) nicht erfasst werden (siehe § 185 BGB). Ein Gesellschafter muss auch künftig die Möglichkeit haben, seine Gesellschaftsanteile als Kreditsicherheit an seine Bank zu verpfänden, ohne gegen die steuerlichen Verschonungsregelungen zu verstoßen. Richtigerweise ist der Begriff der Verfügung daher teleologisch dahingehend zu reduzieren, dass er nur Anteilsübertragungen zu Lebzeiten umfasst. 658

Bei deutschen **Aktiengesellschaften** können die Aktien grundsätzlich auf den Namen oder auf den Inhaber lauten (§ 10 AktG). Bei Namenaktien ist eine Vinkulierung möglich (§ 68 Abs. 2 AktG), nicht aber auch bei Inhaberaktien. Die Erwerber von Inhaberaktien können den Vorab-Abschlag somit niemals in Anspruch nehmen, da eine Verfügungsbeschränkung zivilrechtlich unzulässig ist. In der Praxis ist eine Umstellung von Inhaber- auf Namensaktien in Betracht zu ziehen; dafür bedarf es einer Satzungsänderung (§§ 23 Abs. 3 Nr. 5, 179 ff. AktG). 659

Die Verfügungsbeschränkung muss sich nur auf den Gesellschaftsanteil beziehen. Bei Personengesellschaften ist dies die „*Beteiligung an der Personengesellschaft*" (siehe §§ 717, 719 BGB). Dies erfasst nur den zivilrechtlichen Anteil an der Personengesellschaft, nicht aber den steuerlichen Mitunternehmeranteil. Die Verfügungsbeschränkung muss sich somit nicht auf etwaiges **Sonderbetriebsvermögen** erstrecken. Die Verfügung über etwaige schuldrechtliche Ansprüche des Gesellschafters gegen die Gesellschaft (z. B. aus Darlehen) muss gleichfalls nicht beschränkt werden. 660

661 In der Praxis wird die Verfügung über Gesellschaftsanteile vielfach von der Zustimmung der Gesellschafterversammlung oder der anderen Gesellschafter abhängig gemacht. Mit solchen **Vinkulierungsklauseln** ist die Verfügungsbefugnis zwar wirksam beschränkt, allerdings bleibt offen, unter welchen Umständen eine Zustimmung erteilt werden kann bzw. muss. Aus steuerrechtlichen Gründen sollte der Gesellschaftsvertrag daher (vorsorglich) zusätzlich festlegen, dass die Zustimmung nur dann erteilt werden darf, wenn die Verfügung zu Gunsten von Mitgesellschaftern, Angehörigen oder Familienstiftungen erfolgt.

662 Die (vor allem bei GmbH's) weit verbreiteten Vorkaufsrechte, Ankaufsrechte, Mitverkaufsrechte und -pflichten sind für sich genommen keine ausreichende Verfügungsbeschränkung im Sinne der Vorab-Abschlags-Regelung.

663 Nach dem Gesetzeswortlaut muss die Verfügung über die *„Beteiligung"* (an der Personengesellschaft) oder den *„Anteil"* (an der Kapitalgesellschaft) beschränkt sein (§ 13a Abs. 9 S. 1 Nr. 2 ErbStG). Die Verfügung über die Gesellschaft selbst muss dagegen nicht beschränkt werden. Maßgebend sind allein die Anteile der Gesellschafter. **Umwandlungen** der Gesellschaft (Verschmelzung, Spaltung, Formwechsel) werden somit nicht beschränkt. Entsprechendes gilt auch für Kapitalmaßnahmen der Gesellschaft.

664-670 einstweilen frei

12.2.1.2.4 Abfindungsbeschränkung (§ 13a Abs. 9 S. 1 Nr. 3 ErbStG)

671
Der Gesellschaftsvertrag muss *„für den Fall des Ausscheidens aus der Gesellschaft eine Abfindung vorsehen, die unter dem gemeinen Wert der Beteiligung an der Personengesellschaft oder des Anteils an der Kapitalgesellschaft liegt"* (§ 13a Abs. 9 S. 1 Nr. 3 ErbStG).

672 Nach dem gesetzlichen Regelungsmodell hat ein ausscheidender Gesellschafter einen Abfindungsanspruch in Höhe des Verkehrswerts seines Anteils (siehe § 738 BGB). Der Gesellschaftsvertrag muss diesen Abfindungsanspruch beschränken. Eine *„erhebliche"* Beschränkung ist (anders als noch im Regierungsentwurf vorgesehen) nicht mehr erforderlich. Die Höhe der Beschränkung ist allerdings maßgeblich für den steuerlichen Verschonungsabschlag (siehe § 13a Abs. 9 S. 2 ErbStG). Für den maximalen Vorab-Abschlag von 30 % muss die Abfindung somit um 30 % (gegenüber dem gemeinen Wert) beschränkt werden.

673 Das Gesetz spricht vom *„Ausscheiden"* eines Gesellschafters. Bei den Personengesellschaften sind die Fälle des Ausscheidens eines Gesellschafters gesetzlich geregelt (siehe § 131 Abs. 3 HGB), bei den Kapitalgesellschaften fehlt es an einer gesetzlichen Regelung (siehe nur § 34 GmbHG und §§ 237 ff. AktG über die Einziehung der Anteile). Ausschluss und Kündigung sind aber auch bei Kapitalgesellschaften (zumindest bei Vorliegen eines wichtigen Grundes) möglich. Die Regelung erfasst alle Fälle des (freiwilligen oder zwangsweisen) Ausscheidens eines Gesellschafters. Auf Art, Anlass oder Grund des Ausscheidens kommt es nicht an. Kündigung und Ausschluss sind gleichermaßen erfasst. Dabei ist es ohne Bedeutung, ob der Gesellschaftsanteil des ausscheidenden Gesellschafters auf eine andere Person (die Gesell-

schaft, einen Mitgesellschafter oder einen Dritten) übergeht oder untergeht (Umkehrschluss zu §§ 3 Abs. 2 Nr. 2, 7 Abs. 7 ErbStG).

Entscheidend ist in allen Fällen, dass dem ausscheidenden Gesellschafter ein Abfindungsanspruch gegen die Gesellschaft (§ 738 BGB) zusteht. Nicht erfasst sind daher die Fälle, in denen der ausscheidende Gesellschafter einen Kaufpreisanspruch gegen den Erwerber hat (z.B. beim Erwerb eigener Anteile durch die GmbH nach § 33 GmbHG). 674

Der Steuergesetzgeber geht offenbar davon aus, dass die Höhe der Abfindung in den Gesellschaftsverträgen derart geregelt ist, dass sie sich nach einem prozentualen Abschlag auf den gemeinen Wert bestimmt. Dies ist aber regelmäßig nicht der Fall, so dass künftig mindestens zwei Werte (und zwar genau) ermittelt werden müssen: der gemeine Wert des Anteils und die Abfindung nach dem Gesellschaftsvertrag. Dies ist gleichermaßen aufwändig und streitanfällig. 675

Im Zusammenhang mit der Abfindungsbeschränkung schafft der Gesetzgeber widersprüchliche Anreize. Einerseits ist die Beschränkung der Abfindung Voraussetzung für die Gewährung eines Vorab-Abschlags. Andererseits löst die Abfindungsbeschränkung aufgrund einer bloßen Fiktion Steuern aus (§§ 3 Abs. 2 Nr. 2, 7 Abs. 7 ErbStG). Die Zielrichtung beider Regelungen ist kaum miteinander in Einklang zu bringen, so dass von einer folgerichtigen Umsetzung der einmal getroffenen Belastungsentscheidung nicht die Rede sein kann. 676

12.2.2 Tatsächliche Einhaltung der Beschränkungen (§ 13a Abs. 9 S. 1 ErbStG)

677

Der Gesellschaftsvertrag muss kumulativ Entnahme-, Verfügungs- und Abfindungsbeschränkungen vorsehen (§ 13a Abs. 9 S. 1 Halbs. 1 ErbStG). Darüber hinaus müssen die Bestimmungen aber auch den *„tatsächlichen Verhältnissen"* entsprechen (§ 13a Abs. 9 S. 1 Halbs. 2 ErbStG). Die Beschränkungen müssen von den Gesellschaftern somit nicht nur rechtlich wirksam vereinbart werden, sondern auch tatsächlich beachtet und „gelebt" werden. Beides zusammen ist für den Vorab-Abschlag erforderlich; eines allein genügt nicht; § 41 AO wird insoweit verdrängt.

In der Praxis ist dies vor allem deshalb problematisch, weil der einzelne Gesellschafter auf das tatsächliche Verhalten der anderen Gesellschafter oftmals gar keinen Einfluss hat (z.B. bei Entnahmen oder Ausschüttungen). Minderheitsgesellschafter sind darüber hinaus auch rechtlich gar nicht in der Lage, die Einhaltung der Beschränkungen sicherzustellen. 678

12.2.3 Beschränkungen nur für Teile des begünstigten Vermögens (§ 13a Abs. 9 S. 2 ErbStG)

679

Im Rahmen des Vermittlungsverfahrens wurde die Regelung über den Vorab-Abschlag noch um folgenden S. 2 ergänzt: *„Gelten die in Satz 1 genannten Bestimmungen nur für einen Teil des begünstigten Vermögens (...), ist der Abschlag nur für diesen Teil des begünstigten Vermögens zu gewähren."* Diese Regelung ist nicht leicht zu verstehen, da sich Beschränkungen im Gesellschaftsvertrag an sich immer auf das gesamte Vermögen der Gesellschaft beziehen. Eine Begründung zu den Beschlussempfehlungen des Vermittlungsausschusses gibt es nicht.

680 Die Regelung soll sich wohl auf das Sonderbetriebsvermögen beziehen (siehe *Eisele*, NWB 40/1016, 3002, 3003 f.). Das begünstigte Vermögen (§ 13b Abs. 1 Nr. 2 ErbStG) umfasst bei Personengesellschaften den gesamten Mitunternehmeranteil einschließlich des Sonderbetriebsvermögens. Dagegen können sich die Beschränkungen im Gesellschaftsvertrag immer nur auf den (zivilrechtlichen) Gesellschaftsanteil beziehen, nicht auch auf etwaiges Sonderbetriebsvermögen. Allerdings bemisst sich auch der (für den Vorab-Abschlag maßgebliche) Abfindungsanspruch nur nach dem (zivilrechtlichen) Gesellschaftsanteil (nach § 738 BGB) und umfasst nicht auch etwaiges Sonderbetriebsvermögen. Das Sonderbetriebsvermögen (z. B. ein Grundstück) steht typischerweise im (zivilrechtlichen) Eigentum des Gesellschafters, so dass eine Abfindung insoweit gar nicht in Betracht kommt.

681 Nach dem Gesetzeswortlaut könnte die Vorschrift aber auch nur den Fall regeln, dass ein Erwerb mehrere Einheiten begünstigten Vermögens (z. B. einen GmbH-Geschäftsanteil und einen Kommanditanteil) umfasst (*Hannes*, ZEV 2016, 554, 558). Der Vorab-Abschlag gilt dann nur für den Teil des begünstigten Vermögens, bei dem der Gesellschaftsvertrag entsprechende Entnahme-, Verfügungs- und Abfindungsbeschränkungen vorsieht.

682-690 einstweilen frei

12.3 Fristen (§ 13a Abs. 9 S. 4 bis 6 ErbStG)

691 Sämtliche Entnahme-, Verfügungs- und Abfindungsbeschränkungen müssen mindestens 2 Jahre vor und 20 Jahre nach der Entstehung der Steuer vorliegen (§ 13a Abs. 9 S. 4 bis 6 ErbStG). Im Vergleich zu dem ursprünglichen Regierungsentwurf vom September (BT-Drs. 18/5923, S. 10 u. 23) wurde die vorlaufende Frist damit von 10 auf 2 Jahre und die nachlaufende Frist von 30 auf 20 Jahre verkürzt. Gleichwohl ist steuerliche Bindung über mindestens 22 Jahre übermäßig und unverhältnismäßig (zu Recht kritisch *Söffing, M.*, ErbStB 2016, 235, 238).

692 Die Vorlauffrist von 2 Jahren gilt nach dem Wortlaut auch bei neu gegründeten Gesellschaften. Dies ist aber zumindest bei echten **Neugründungen** von Gesellschaften unverhältnismäßig; in solchen Fällen sollte es für den Vorab-Abschlag genügen, wenn die Beschränkungen seit Gründung bestanden haben. Bei Gesellschaften, die aufgrund einer Umwandlung oder Einbringung entstanden sind, ist eine Verkürzung der Frist nicht möglich. In die Frist von 2 Jahren ist allerdings die Zeit einzurechnen, bei bereits der Vorgängergesellschaft entsprechende Beschränkungen galten.

693 Nach dem Gesetzeswortlaut kommt es bei jedem (auch nur einmaligem) Verstoß gegen die (rechtlichen und tatsächlichen) Entnahme-, Verfügungs- oder Abfindungsbeschränkungen zu einer Nachversteuerung. Auf Art und Umfang des Verstoßes kommt es nicht an. Ein „Verschulden" ist nicht erforderlich. Der Vorab-Abschlag fällt stets in voller Höhe weg. Ein zeitanteiliger Wegfall ist (anders als bei Verstößen gegen die Behaltensregelungen, § 13a Abs. 6 S. 2 ErbStG) nicht vorgesehen. Dies

erscheint übermäßig. Im Einzelfall ist der Gesetzeswortlaut daher (unter Berücksichtung von Schwere und Zeitpunkt des Verstoßes) teleologisch zu reduzieren (ähnlich auch *Viskorf/Löcherbach/Jehle*, DStR 2016, 2425, 2431): einchränkende Auslegung bei Verstößen nach Ablauf der Behaltefrist).

Die Bindungsfrist von insgesamt 22 Jahren ist zudem in keiner Weise mit den anderen Fristen im ErbStG abgestimmt (siehe §§ 1 Abs. 1 Nr. 4, 2 Abs. 3, 13 Abs. 1 Nr. 4b und 4c, 13 Abs. 1 Nr. 16, 14, 27, 29 Abs. 1 Nr. 4 ErbStG). 694

Die Bindungsfrist widerspricht auch den steuerlichen Behaltefristen für den Erwerb von unternehmerischem Vermögen von 5 bzw. 7 Jahren. Es ist in keiner Weise nachvollziehbar, warum der Erwerber noch nach Ablauf der Behaltefrist von 5 bzw. 7 Jahren für den Fortbestand der Beschränkungen im Gesellschaftsvertrag verantwortlich sein soll. Vielfach wird dies dem Erwerber auch gar nicht mehr möglich sein (z. B. weil er nach Ablauf der Behaltefrist aus dem Unternehmen ausgeschieden ist). Mangels Kenntnis des Erwerbers dürfte in diesen Fällen die Erfüllung der Anzeigepflichten unmöglich sein. 695

Verfügungsbeschränkungen finden sich beispielsweise auch in Poolvereinbarungen (§ 13b Abs. 1 Nr. 3 S. 2 ErbStG). Solche Poolvereinbarungen müssen gleichfalls nur im Zeitpunkt der Entstehung der Steuer (nicht schon davor) bestehen und dürfen dann während der Behaltefrist von 5 bzw. 7 Jahren nicht aufgehoben werden (§ 13a Abs. 6 S. 1 Nr. 5 ErbStG). Steuersystematisch ist es nicht zu rechtfertigen, dass für Beschränkungen in Gesellschaftsverträgen eine deutlich längere Bindung als für Poolverträge verlangt wird. 696

Bei (Familien-)Gesellschaften werden typischerweise (zu unterschiedlichen Zeitpunkten) immer wieder einzelne Anteile im Wege der (vorweggenommenen) Erbfolge übertragen. Dies führt dazu, dass jedes Mal wieder eine neue Frist zu laufen beginnt. Die einzelnen Fristen überschneiden sich und führen faktisch dazu, dass die Beschränkungen im Gesellschaftsvertrag für immer (und nicht nur für 22 Jahre) bestehen bleiben müssen. Derartige Bindungen wären im Zivilrecht sittenwidrig und nichtig (siehe § 138 BGB). Im Steuerrecht sind solche Bindungen unverhältnismäßig und verfassungswidrig. 697

einstweilen frei 698-700

12.4 Rechtsfolgen des Vorab-Abschlags (§ 13a Abs. 9 ErbStG)

Für begünstigtes Vermögen wird „*vor*" Anwendung des Verschonungsabschlags von 85 % bzw. 100 % ein (zusätzlicher) „*Abschlag*" gewährt (§ 13a Abs. 9 S. 1 ErbStG). 701

Der Vorab-Abschlag wird nur für das „*begünstigte Vermögen*" (§ 13b Abs. 2 ErbStG) gewährt, nicht auch für das Verwaltungsvermögen. Der Vorab-Abschlag erfolgt zusätzlich zu der Verschonung in Höhe von 85 % bzw. 100 %. 702

Der Abschlag erfolgt nach dem Gesetzeswortlaut von Amts wegen. Ein Antrag ist an sich nicht erforderlich, in der Praxis aber gleichwohl empfehlenswert. 703

Die Rechtsnatur des Vorab-Abschlags ist nicht ganz eindeutig. Gesetzeswortlaut und Regelungsort deuten darauf hin, dass es sich bei dem „Vorab-Abschlag" um eine 704

Verschonung handelt. In den Gesetzesmaterialien wird der Abschlag allerdings als eine „*besondere Steuerbefreiung*" bezeichnet (BT-Drs. 18/8911, S. 41).

705 Nach der Zielsetzung des Gesetzgebers soll der Vorab-Abschlag keine Bewertungsvorschrift sein. Die allgemeinen Vorschriften über die Bewertung (§ 9 BewG) bleiben unberührt. Missverständlich waren insoweit die Ausführungen in einer Presseerklärung vom Juni 2016. Dort war noch davon die Rede, dass die Steuerbefreiung für Familienunternehmen von maximal 30 % „*bei der Bestimmung des Unternehmenswerts*" berücksichtigt wird. In der parlamentarischen Debatte wurde teilweise ebenfalls von einem „*Abschlag von bis zu 30 Prozent bei der Bewertung*" gesprochen (Bundesrat, Plenarprotokoll 947, Sitzung v. 8.7.2016, 271; *Heike Taubert*, Thüringen: „*Geschenk von einem Drittel der Bemessungsgrundlage*").

706 Der Vorab-Abschlag gilt für den Erwerb von allen Anteilen an Familienunternehmen, bei denen die Rechte der Gesellschafter entsprechend beschränkt sind. Auf die Bedürftigkeit des Erwerbers kommt es insoweit nicht an. Der Vorab-Abschlag wird unabhängig von dem Wert des Erwerbs gewährt und gilt auch bei großen Erwerben von über 26 Mio. Euro und von über 90 Mio. EUR.

707 Die **Höhe des Abschlags** beträgt nicht stets 30 %, sondern richtet sich nach den Umständen des jeweiligen Einzelfalls. Maßgebend ist die Differenz zwischen dem gemeinen Wert des Anteils und der (fiktiven) Höhe des Anspruchs eines ausscheidenden Gesellschafters gemäß dem Gesellschaftsvertrag. Beide Werte müssen getrennt voneinander ermittelt werden. Der Gesellschaftsvertrag bestimmt den Abfindungsbetrag meist nach eigenen Formeln (und nicht etwa gemeiner Wert abzüglich eines prozentualen Abschlags). Die Ermittlung dieser Werte dürfte in der Praxis sehr aufwändig und streitanfällig sein.

708 Die Berechnung ist vor allem dann schwierig, wenn die Höhe der Abfindung im Gesellschaftsvertrag für einzelne Gesellschafter und/oder bestimmte Fälle des Ausscheidens unterschiedlich geregelt ist (z.B. good leaver und bad leaver-Klauseln). Ein Durchschnittswert lässt sich kaum bilden. Bei der Erbschaftsteuer wäre es naheliegend, auf die Abfindung im Fall des Todes abzustellen. Bei der Schenkungsteuer muss die Unklarheit zu Lasten des Gesetzgebers gehen, so dass die niedrigste Abfindung maßgebend ist. Im Schrifttum wird teilweise auch vorgeschlagen, dass die Abfindung für den Regelfall der ordentlichen Kündigung eines Gesellschafters maßgebend sein soll (so wohl *Hannes*, ZEV 2016, 554, 557; *Weber/Schwind*, ZEV 2016, 688, 692).

709 Die Höhe des Vorab-Abschlags soll stets auf maximal 30 % beschränkt sein. Dies soll auch dann gelten, wenn der Abfindungsanspruch des ausscheidenden Gesellschafters ausnahmsweise in größerem Umfang beschränkt oder ganz ausgeschlossen ist.

710 Für den Vorab-Abschlag kommt es auf die Abweichung der tatsächlichen Abfindung vom „*gemeinen Wert*" der Beteiligung an (§ 13a Abs. 9 S. 1 Nr. 3 ErbStG und §§ 11 Abs. 2, 9 BewG). Zivilrechtlich richtet sich die Abfindung allerdings nach dem Verkehrswert des Anteils (§ 738 BGB), sofern der Gesellschaftsvertrag nichts anders regelt. Verkehrswert und gemeiner Wert müssen keineswegs immer identisch sein (dazu *Hannes* ZEV 2016, 554, 557; *Kotzenberg/Jülicher*, GmbHR 2016, 1135, 1140).

711 Die Höhe des Vorab-Abschlags richtet sich alleine nach der Beschränkung der Abfindung. Die sonstigen Beschränkungen sind insoweit ohne jede Bedeutung.

Entnahme- und Verfügungsbeschränkungen gehören somit nur zu den tatbestandlichen Voraussetzungen des Vorab-Abschlags, nicht aber auch zu den Rechtsfolgen. Die Anknüpfung des Vorab-Abschlags an die Beschränkung der Abfindung kann inhaltlich nicht überzeugen. (Steuerliche) Verschonung und (zivilrechtliche) Abfindungsbeschränkung haben nichts miteinander zu tun. Der Gesetzgeber stellt insoweit einen sachwidrigen Zusammenhang her, der sich in keiner Weise rechtfertigen lässt. Der Vorab-Abschlag bezieht sich zudem auf das begünstigte Vermögen (ohne das Verwaltungsvermögen). Die Abfindung betrifft dagegen den gesamten Gesellschaftsanteil (mit dem Verwaltungsvermögen).

einstweilen frei

12.5 Gestaltung von Gesellschaftsverträgen von Familienunternehmen (§ 13a Abs. 9 ErbStG)

12.5.1 Regelungsort

Die Entnahme-, Verfügungs- und Abfindungsbeschränkungen müssen unmittelbar im Gesellschaftsvertrag oder in der Satzung geregelt werden (§ 13a Abs. 9 S. 1 Halbs. 1 ErbStG). Eine Regelung in einer sonstigen (schuldrechtlichen) Gesellschaftervereinbarung oder in einem (einfachen) Gesellschafterbeschluss ist insoweit nicht ausreichend (Weitergehend *Reich*, BB 2016, 1879, 1882, wonach auch die Regelung in einem Poolvertrag genügen soll; dagegen aber *Riedel*, ZErb 2016, 371, 373; *Stalleiken*, Der Konzern 2016, 439, 443). Die Beschränkungen wirken damit für und gegen alle Gesellschafter und gehen automatisch auch auf etwaige Rechtsnachfolger der Gesellschafter über. Eine rechtsgeschäftliche Weiterübertragungsklausel (sowie entsprechende Sanktionen für den Fall der Nichtbeachtung sind damit entbehrlich).

12.5.2 Zeitpunkt der Regelung

Die Vereinbarungen im Gesellschaftsvertrag müssen im Zeitpunkt der Entstehung der Erbschaft- oder Schenkungsteuer (§ 9 Abs. 1 ErbStG) seit mindestens 2 Jahren vereinbart worden sein. Bei Kapitalgesellschaften werden Änderungen des Gesellschaftsvertrags erst mit Eintragung im Handelsregister wirksam (§ 54 GmbHG, § 181 AktG). Bei Personengesellschaften ist grundsätzlich der Zeitpunkt der Beschlussfassung maßgebend. Eine rückwirkende Änderung des Gesellschaftsvertrages ist nicht möglich.

Die Beschränkungen im Gesellschaftsvertrag müssen nach dem Zeitpunkt der Steuerentstehung noch mindestens 20 Jahre (weitgehend) unverändert bestehen bleiben. Änderungen sind dem Finanzamt innerhalb eines Monats anzuzeigen und können rückwirkend zu einer Nachversteuerung führen.

In vielen Fällen wird der Erwerber, dem ein Vorab-Abschlag gewährt worden ist, die Einhaltung dieser Beschränkungen nicht (mehr) überwachen und kontrollieren können (z.B. ein Erwerber, der nach Ablauf der 7-jährigen Behaltefrist seinen Gesellschaftsanteil an einen Mitgesellschafter verkauft und aus der Gesellschaft ausscheidet). Gesellschaftsrechtlich dürfte es auch kaum möglich sein, etwaige Änderungen des Gesellschaftsvertrages von der Zustimmung von Personen abhängig zu machen, die nicht mehr Gesellschafter sind. In solchen Fällen sollten aber zumindest außerhalb des Gesellschaftsvertrages entsprechende vertragliche Vereinbarungen getroffen werden.

720 Die Vereinbarungen sollten darüber hinaus durch Vertragsstrafen angemessen sanktioniert werden. Etwaige Schäden werden oftmals schwer zu ermitteln bzw. zu beweisen sein.

12.5.3 Wirksamkeit der Regelung

721 Bei Gründung neuer Gesellschaften kann der Gesellschaftsvertrag von vornherein unter Berücksichtigung der steuerrechtlichen Vorgaben abgefasst werden. Dabei kann die (steuerliche) Motivation (z.B. in einer Präambel) durchaus auch deutlich zum Ausdruck gebracht werden (z.B. langfristige Sicherung des Fortbestands als Familienunternehmen); rechtlich notwendig ist dies aber nicht.

722 Bestehende Gesellschaftsverträge sollten in jedem Fall daraufhin überprüft werden, ob sie den spezifischen Anforderungen des neuen Erbschaft- und Schenkungsteuerrechts genügen. Vielfach wird dies nur im Grundsatz, nicht aber auch in allen Details der Fall sein. Etwaige Änderungen werden oftmals nicht ohne weiteres möglich sein. Rechtlich ist für solche Änderungen des Gesellschaftsvertrages grundsätzlich Einstimmigkeit erforderlich (siehe § 53 Abs. 3 GmbHG und § 180 AktG).

723 Eine rückwirkende Änderung von Gesellschaftsverträgen ist nicht möglich. Bei Satzungen von Kapitalgesellschaften ist die Eintragung im Handelsregister konstitutiv (§ 54 Abs. 3 GmbHG und § 181 Abs. 3 AktG).

724 Die weitgehenden Beschränkungen, die der Steuergesetzgeber jetzt vorgegeben hat, werden zudem keineswegs von allen Gesellschaftern immer gewollt sein. Jeder Gesellschafter muss dann im Einzelfall zwischen gesellschaftsrechtlichen Beschränkungen und steuerlichen Vorteilen abwägen.

12.5.4 Inhalt der Regelung

725 Bei der Gestaltung von Gesellschaftsverträgen für Zwecke des Vorab-Abschlags besteht auf absehbare Zeit keine Rechtssicherheit. In der Praxis empfiehlt sich daher (vorsorglich) eine enge Orientierung am Gesetzeswortlaut (Großzügiger *Hannes*, ZEV 2016, 554, 557 f. Formulierungsvorschläge finden sich u.a. bei *Thonemann-Micker/Krogoll*, NWB-EV 11/2016, 378, 382; *Weber/Schwind*, ZEV 2016, 688, 691 ff.).

726-730 einstweilen frei

13 Optionsverschonung von 10 % (§ 13a Abs. 10 ErbStG)

731 **Ausgewählte Hinweise auf weiterführende Literatur:**
*Höne,*Die Optionsverschonung, NWB-EV 7/2014, 248; *Reich*, Die sog. „Optionsfalle" der Finanzverwaltung im Rahmen der Begünstigung für unternehmerisches Vermögen i.S. der §§ 13a und 13b ErbStG – eine Systemfrage, DStR 2014, 1424.

13.1 Überblick

Der Verschonungsabschlag beträgt grundsätzlich 85 % (Regelverschonung, § 13a Abs. 1 S. 1 ErbStG). Der Erwerber kann aber einen Verschonungsabschlag von 100 % beantragen (**Optionsverschonung**, § 13a Abs. 10 S. 1 ErbStG; zuvor § 13a Abs. 8 ErbStG, siehe dazu R E 13a.13 ErbStR 2011).

Die vollständige Steuerbefreiung ist von strengeren Auflagen abhängig. Die Behalte- und Lohnsummenfrist beträgt dann jeweils 7 Jahre (an Stelle von 5 Jahren) und die Mindestlohnsumme darf (bei mehr als 15 Beschäftigten) 700 % der Ausgangslohnsumme (an Stelle von 400 %) nicht unterschreiten. Bei 6 bis 10 Beschäftigten gilt eine Mindestlohnsumme von 500 % (an Stelle von 250 %) und bei 11 bis 15 Beschäftigten eine Mindestlohnsumme von 565 % (an Stelle von 300 %).

Regel- und Optionsverschonung		
	Regelverschonung (§ 13a Abs. 1 ErbStG)	Optionsverschonung (§ 13a Abs. 10 ErbStG)
Behaltefrist	5 Jahre	7 Jahre
Lohnsummenfrist	5 Jahre	7 Jahre
Mindestlohnsumme Mehr als 5 bis 10 Beschäftigte Mehr als 10 bis 15 Beschäftigte Mehr als 15 Beschäftigte	250 % 300 % 400 %	500 % 565 % 700 %

13.2 Verfassungsrecht

Das BVerfG hat die Möglichkeit der Optionsverschonung nicht beanstandet (BVerfG v. 17.12.2014, 1 BvL 21/12, BVerfGE 138, 136 = BStBl II 2015, 50 = DStR 2015, 31).

Nach Auffassung des BVerfG kann der Gesetzgeber den Erwerb von unternehmerischem Vermögen nicht nur weitgehend, sondern auch vollständig von der Erbschaft- und Schenkungsteuer freistellen. Damit ist auch die Vollverschonung in Höhe von 100 % verfassungsrechtlich zulässig. Die Möglichkeit der Vollverschonung muss dabei nicht auf kleine und mittlere Unternehmen beschränkt werden. Vielmehr ist auch beim Erwerb von großen Unternehmen eine vollständige Steuerbefreiung grundsätzlich möglich (vorbehaltlich einer Bedürfnisprüfung im Einzelfall).

Im Rahmen der **Erbschaftsteuerreform 2016** (BGBl I 2016, 2464 = BStBl I 2016, 1202) hat der Gesetzgeber demnach von einer Streichung der Optionsverschonung oder eine Reduzierung des Verschonungsabschlags abgesehen.

einstweilen frei

13.3 Antrag des Erwerbers

741 Der Erwerber muss die Optionsverschonung beantragen (§ 13a Abs. 10 S. 1 ErbStG: *„unwiderruflich erklären"*).

742 Der Antrag muss bei dem für die Erbschaft- und Schenkungsteuer zuständigen Finanzamt **schriftlich** oder zur Niederschrift gestellt werden (so R E 13a.13 Abs. 2 S. 1 ErbStR 2011). Eine Begründung des Antrags ist nicht erforderlich.

743 Eine **Frist** für den Antrag ist gesetzlich nicht vorgesehen. Der Antrag muss nicht in oder zusammen mit der Steuererklärung gestellt werden. Der Antrag kann allerdings nur bis zum Eintritt der materiellen Bestandskraft der Steuerfestsetzung gestellt werden (so R E 13a.13 Abs. 2 S. 2 ErbStR 2011. Siehe dazu auch Bayerisches Landesamt für Steuern v. 7.7.2016, DStR 2016, 1931 = ZEV 2016, 536; Bayerisches Landesamt für Steuern, Verfügung v. 19.5.2015, DStR 2015, 1386 = ZEV 2015, 436, und FG Münster v. 9.12.2013, 3 K 3969/11 Erb, ErbStB 2014, 91 = BB 2014, 1251 mit Anm. *Königer* = ZEV 2014, 325 mit Anm. *Althof*)).

744 Der Antrag auf Optionsverschonung ist *„unwiderruflich"* (§ 13a Abs. 10 S. 1 ErbStG). Nach dem Zugang des Antrags (§ 130 Abs. 3 BGB) beim zuständigen Finanzamt für die Erbschaft- und Schenkungsteuer ist ein Widerruf nicht mehr möglich (R E 13a.13 Abs. 2 S. 3 ErbStR 2011). Dies gilt auch dann, wenn der Erwerber gegen die Behaltens- oder Lohnsummenregelung verstoßen hat (R E 13a.13 Abs. 2 S. 4 ErbStR 2011).

745 Das Antragsrecht steht dem **Erwerber** auch dann zu, wenn die Steuer von einem anderen zu tragen oder übernommen worden ist (siehe § 10 Abs. 2 ErbStG).

746 Bei **mehreren Erwerbern** steht das Antragsrecht jedem Erwerber alleine zu. Mehrere Erwerber können den Antrag auch getrennt voneinander und unterschiedlich stellen. Dies gilt auch dann, wenn sich mehrere Erben noch nicht auseinandergesetzt haben (z. B. im Falle einer ungeteilten Erbengemeinschaft, §§ 2032 ff. BGB).

747 Bei minderjährigen Erwerbern ist der Antrag von dem Inhaber der Vermögenssorge zu stellen (§§ 1626 ff. BGB). Eine gerichtliche Genehmigung ist für den Antrag nicht erforderlich (§§ 1643, 1821 ff. BGB).

748 **Testamentsvollstrecker,** Nachlassverwalter und Nachlasspfleger sind zwar zur Abgabe der Steuererklärung verpflichtet (§ 31 Abs. 5 und 6 ErbStG). Ein Recht, den Antrag auf Optionsverschonung zu stellen, steht ihnen im Regelfall aber nicht zu. Es besteht auch keine Pflicht, auf einen solchen Antrag hinzuwirken.

749 Beim Erwerb durch eine juristische Person muss der Antrag von den vertretungsberechtigten Organmitgliedern gestellt werden (z. B. dem Stiftungsvorstand, §§ 86, 26 BGB).

750 Die Finanzverwaltung ist der Auffassung, dass der Antrag auf Optionsverschonung im Erbfall insgesamt nur **einheitlich** für alle Arten des erworbenen begünstigten Vermögens gestellt werden kann (R E 13a.13 Abs. 1 S. 1 ErbStR 2011). Bei Schenkungen kann der Antrag dagegen für jeden Erwerb begünstigten Vermögens getrennt gestellt werden, sofern kein *„einheitlicher Schenkungswille"* vorliegt (so R E 13a.13 Abs. 1 S. 2 ErbStR 2011).

Bei **Großerwerben** von mehr als 26 Mio. EUR ist der Antrag auf Optionsverscho- 751
nung (§ 13a Abs. 10 S. 1 ErbStG) unabhängig von dem Antrag auf einen verminderten Verschonungsabschlag (§ 13c ErbStG) und dem Antrag auf einen Steuererlass
aufgrund einer Verschonungsbedarfsprüfung (§ 28a ErbStG). In entsprechenden
Fällen muss der Erwerber daher gegebenenfalls mehrere Anträge stellen.

einstweilen frei 752–760

13.4 Grenze von 20 % (§ 13a Abs. 10 S. 2 und S. 3 ErbStG)

Bis zum 30.6.2016 war die Optionsverschonung davon abhängig, dass das begüns- 761
tigte Vermögen nicht zu mehr als 10 % aus Verwaltungsvermögen besteht (§ 13a
Abs. 8 Nr. 3 ErbStG a. F., siehe dazu R E 13a.13 Abs. 3 ErbStR 2011). Die Quote des
unschädlichen Verwaltungsvermögens wurde demnach von 50 % (im Fall der Regelverschonung) auf 10 % (im Falle der Optionsverschonung) reduziert.

Das **BVerfG** hat in seiner Entscheidung zum ErbStG zwar die Quote von 50 % als 762
zu hoch angesehen, nicht aber auch die Quote von 10 % (BVerfG v. 17.12.2014, 1
BvL 21/12, BVerfGE 138, 136 = BStBl II 2015, 50 = DStR 2015, 31).

Im Rahmen der **Erbschaftsteuerreform 2016** (BGBl I 2016, 2464 = BStBl I 2016, 763
1202) war zunächst vorgesehen, dass die Quote von 10 % ersatzlos entfällt. Das
Verwaltungsvermögen sollte generell nicht mehr begünstigt sein (vorbehaltlich § 13b
Abs. 6 und 7 ErbStG), so dass es auf die Quote des Verwaltungsvermögens nicht
mehr angekommen wäre (und zwar weder bei der Regel- noch bei der Optionsverschonung).

Der Bundesrat war damit aber nicht einverstanden. Zur Vermeidung einer "*Über-* 764
privilegierung" hat der Bundesrat die Beibehaltung der bisherigen Grenze von 10 %
gefordert (BR-Drs. 344/1/16, Ziffer 3). Im Vermittlungsverfahren hat man sich dann
auf die jetzige **Grenze von 20 %** verständigt (BT-Drs. 18/9690). Die neue Grenze
von 20 % wird allerdings anders berechnet als die bisherige Grenze von 10 %. Eine
Begründung dafür findet sich weder in den Gesetzesmaterialien und ist auch sonst
nicht ersichtlich.

Die Optionsverschonung setzt nach dem Gesetzeswortlaut voraus, dass das begüns- 765
tigungsfähige Vermögen (§ 13b Abs. 1 ErbStG) nicht zu mehr als 20 % aus Verwaltungsvermögen (aber nur nach § 13b Abs. 3 und 4 ErbStG, nicht auch nach § 13b
Abs. 5, 6 oder 7 ErbStG) besteht (§ 13a Abs. 10 S. 2 ErbStG).

Schulden sind demnach nur im Zusammenhang mit dem Altersversorgungsver- 766
mögen (§ 13b Abs. 3 ErbStG) und den Finanzmitteln (§ 13b Abs. 4 Nr. 5 ErbStG)
abzuziehen. Ein genereller Abzug der anteiligen Schulden ist dagegen (mangels
Verweis auf § 13b Abs. 6 ErbStG) nicht möglich.

Bei der Berechnung der 20 % Grenze erfolgt darüber hinaus auch kein Abzug des 767
unschädlichen Verwaltungsvermögens (§ 13b Abs. 7 ErbStG).

Der Anteil des Verwaltungsvermögens am gemeinen Wert des Betriebs bestimmt 768
sich nach dem Verhältnis der Summe der gemeinen Werte der Einzelwirtschaftsgüter
des Verwaltungsvermögens (nach § 13b Abs. 3 und 4 ErbStG) zum gemeinen Wert

des Betriebs (§ 13a Abs. 10 S. 3 ErbStG. Siehe bis zum 30.6.2016 auch § 13b Abs. 2 S. 4 ErbStG a. F. und R E 13b.20 ErbStR 2011).

769 Für die Berechnung der Grenze von 20 % wird somit ein **Bruttowert** (Verwaltungsvermögen) zu einem **Nettowert** (Unternehmenswert) ins Verhältnis gesetzt. Ein solcher Vergleich entbehrt jeder Systematik und ist sachlich nicht zu begründen. Verfassungsrechtlich ist die mangelnde Folgerichtigkeit der Vorschrift mehr als bedenklich.

770 Der Vergleich eines Bruttowerts mit einem Nettowert führt zwangsläufig zu unbilligen Ergebnissen. Dies zeigt sich besonders deutlich bei Unternehmen mit einem hohen Anteil an Fremdkapital, bei denen das Verwaltungsvermögen aber gleichwohl nur einen geringen Anteil der Aktiva ausmacht.

771-772 einstweilen frei

14 Erbersatzsteuer bei Familienstiftungen (§ 13a Abs. 11 ErbStG)

14.1 Überblick

Ausgewählte Hinweise auf weiterführende Literatur:

Blumers, Familienunternehmen und Bedürfnisprüfung, DStR 2015, 1286; Blumers, Die Familienstiftung als Instrument der Nachfolgeplanung, DStR 2012, 1; Daragan, Die Stiftung und die Familienstiftung des Erbschaftsteuergesetzes, ZErb 2017, 1; Feldner/Stoklassa, Die Familienstiftung als Instrument der Unternehmensnachfolge, ErbStB 2014, 201 (Teil I) und ErbStB 2014, 227 (Teil II); Hennerkes/Kögel, Familienstiftung – Ein Instrument zur Sicherung des Familienerbes, in: Festschrift für Bernd Rödl, Internationale Familienunternehmen, 2008, S. 281 ff.; Hoffmann-Becking, Unternehmensverbundene Stiftung zur Sicherung des Unternehmens, ZHR 178 (2014) 491; Heuser/Frye, Die deutsche Familienstiftung – steuerrechtliche Gestaltungsmöglichkeiten für Familienvermögen, BB 2011, 983; Höne, „Alle 30 Jahre wieder": Erbersatzsteuer bei Familienstiftungen und Familienvereinen, NWB-EV 8/2013, 267; Königer, Nutzung der erbschaftsteuerlichen Begünstigungen der §§ 13a, 13b ErbStG durch Familienstiftungen, ZEV 2013, 433; Kraft, Grundprobleme der steuerlichen Behandlung unbeschränkt steuerpflichtiger privatnütziger Familienstiftungen, DStR 2016, 2825; Kraft, Grundstrukturen, Zweifelsfragen und offene Problembereiche des Besteuerungsverfahrens und der Einkünfteermittlung bei ausländischen Familienstiftungen, Ubg. 2016, 613; Niemann, Erbersatzsteuer bei unselbständigen Familienstiftungen?; DStR 2016, 2888; von Oertzen, Vorbereitungen auf den großen Ersatzerbschaftsteuertermin zum 1. Januar 2014, DStR 2012, Beihefter zu Heft 11/2012, S. 37 ff.; von Oertzen/Reich, Die unternehmensverbundene Familienstiftung – „Gewinnerin" der Erbschaftsteuerreform?, Ubg. 2015, 629; Oppel, Unterliegen unselbständige Stiftungen der Erbersatzsteuer?, ZEV 2017, 22; Pauli, Die Familienstiftung, FamRZ 2012, 344; van Randenborgh, Unterliegt eine nicht-rechtsfähige Familienstiftung der Erbersatzsteuer?, BB 2013, 2780; Reimann, Die rechtsfähigen Stiftungen in der Kautelarpraxis, DNotZ 2012, 250; Schauhoff, Stiftungen in der Unternehmensnachfolge, Ubg. 2008, 309; Scherer/Bregulla-Weber, Liechtensteinische Familienstiftungen im Lichte des deutschen Pflichtteilsrechts, NJW 2016, 382; Theuffel-Werhahn, Familienstiftungen als Königsinstrument für die Nachfolgeplanung aufgrund der Erbschaftsteuerreform, ZEV 2017, 17; Theuffel-Werhahn, Fallstricke bei der Gestaltung einer Doppelstiftung, ZStV 2015, 201; Theuffel-Werhahn, „Renaissance" der Doppelstiftung durch die Erbschaftsteuerreform, ZStV 2015, 169;, Theuffel-Werhahn, Unterliegen unselbständige Familienstiftungen der Ersatzsteuerpflicht? – Zugleich eine Betrachtung des Begriffs „Stiftung" im Steuerrecht, ZEV 2014, 14; Wassermeyer, W., Die Besteuerung ausländischer Familienstiftungen und Trusts aus deutscher Sicht, FR 2015, 149; Werder/Wystrcil, Familienstiftungen in der Unternehmensnachfolge, BB 2016, 1558; Werner, Die Doppelstiftung, ZEV 2012, 244; Zensus/Schmitz, Die Familienstiftung als Gestaltungsinstrument zur Vermögensübertragung und -sicherung, NJW 2012, 1323.

Das Vermögen von inländischen Familienstiftungen (und Familienvereinen) unterliegt in Deutschland alle 30 Jahre einer Erbersatzsteuer (§ 1 Abs. 1 Nr. 4 ErbStG). Dabei handelt es sich faktisch um eine Vermögensteuer für Familienstiftungen. Grundlage der Besteuerung ist das Vermögen der Familienstiftung und keine Vermögensübertragung. Die Erbersatzsteuer ist somit ein Fremdkörper im Erbschaft- und Schenkungsteuerrecht. Die Regelung ist nach Auffassung des BVerfG aber verfassungsgemäß (BVerfG v. 22.8.2011, 1 BvR 2570/10, ZEV 2012, 51; BVerfG v. 8.3.1983, 2 BvL 27/81, BVerfGE 63, 312 = BStBl II 1983, 779 = NJW 1983, 1841). 773

Der Erbersatzsteuer unterliegen nur Familienstiftungen, die ihren Sitz und/oder ihre Geschäftsleitung im Inland haben (§ 2 Abs. 1 Nr. 2 ErbStG). Ausländische Familienstiftungen, die sowohl ihren Satzungssitz als auch ihre Geschäftsleitung im Ausland haben, unterliegen demnach in Deutschland nicht der Erbersatzsteuer. Dies gilt auch dann, wenn der ausländischen Familienstiftung im Inland belegenes Vermögen gehört. Eine beschränkte Erbersatzsteuerpflicht gibt es nicht. 774

Der genaue Zeitpunkt des Anfalls der Erbersatzsteuer richtet sich danach, wann erstmals Vermögen auf die Familienstiftung übertragen worden ist (§ 9 Abs. 1 Nr. 4 ErbStG). Für alle Stiftungen, die bereits vor dem 1.1.1954 errichtet worden sind, ist (nach 1984 und 2014) der 1.1.2044 der nächste große Steuertermin. Für die später errichteten Familienstiftungen gelten dagegen individuelle Steuertermine im Abstand von 30 Jahren. 775

Der Erbersatzsteuer unterliegt das gesamte Vermögen der Familienstiftung (siehe § 10 Abs. 1 S. 7 ErbStG). Auf die Struktur, Belegenheit und Ertragskraft des Vermögens kommt es nicht an. Der Besteuerung unterliegt das gesamte in- und ausländische Vermögen der Familienstiftung. Ohne Bedeutung ist auch, ob das Vermögen der Stiftung tatsächlich den Interessen der Familie dient. 776

Bei der Ermittlung des steuerpflichtigen Vermögens können Leistungen der Familienstiftung an die Begünstigten nicht steuermindernd abgezogen werden (§ 10 Abs. 7 ErbStG). Die Erbersatzsteuer ist bei Ermittlung des steuerpflichtigen Vermögens gleichfalls nicht abzugsfähig (§ 10 Abs. 8 ErbStG). 777

Für die Ermittlung des steuerpflichtigen Vermögens gelten die allgemeinen Vorschriften. Die Steuerbefreiungen gelten auch für die Erbersatzsteuer (z.B. für Kunstgegenstände nach § 13 Abs. 1 Nr. 2 ErbStG; siehe BFH v. 10.12.1997, II R 25/94, BStBl II 1998, 114 = DStR 1998, 331). 778

779 Dies ist keineswegs selbstverständlich, da sich im Zusammenhang mit der allgemeinen Steuerbefreiung (§ 13 ErbStG) keine Regelung findet, wonach diese auch für die Erbersatzsteuer gilt. Dabei handelt es sich aber wohl um ein Redaktionsversehen des Gesetzgebers. Aufgrund einer Gesamtanalogie zu den sonstigen Verschonungsvorschriften (siehe §§ 13a Abs. 11, 13c Abs. 3, 13d Abs. 4, 28 Abs. 2, 28a Abs. 7 ErbStG) ist davon auszugehen, dass alle Steuerbefreiungen und -begünstigungen uneingeschränkt auch für die Erbersatzsteuer gelten.

780 Die zu Wohnzwecken vermieteten Wohnimmobilien sind auch bei der Erbersatzsteuer nur mit 90 % anzusetzen (§ 13d Abs. 4 ErbStG).

781 Bei der Berechnung der Erbersatzsteuer wird unterstellt, dass das Vermögen der Familienstiftung auf 2 Kinder übergeht. Dementsprechend kommt ein doppelter Kinderfreibetrag zum Abzug (derzeit zweimal 400.000 EUR) und die Steuer wird nach dem Steuersatz der Steuerklasse I berechnet, der für die Hälfte des steuerpflichtigen Vermögens gelten würde (§ 15 Abs. 2 S. 3 ErbStG). Die Steuerklasse I gilt dabei unabhängig von dem Kreis der tatsächlich Begünstigten. Demnach bleibt es auch dann bei der Steuerklasse I, wenn zu den Begünstigten einer Familienstiftung überhaupt keine (oder weniger als zwei) Kinder gehören.

Auf Antrag kann die Erbersatzsteuer anstelle einer Einmalzahlung in 30 gleichen Jahresraten entrichtet werden (§ 24 ErbStG).

782-790 einstweilen frei

14.2 Verschonungsabschlag

791 Alle Verschonungsregelungen für begünstigtes Vermögen gelten auch für die Erbersatzsteuer von Familienstiftungen (siehe §§ 13a Abs. 11, 13c Abs. 3, 13d Abs. 4, 28 Abs. 2, 28a Abs. 7 ErbStG).

792 Bei der Erbersatzsteuer bleibt somit begünstigtes Vermögen in Höhe von 85 % (Regelverschonung) bzw. 100 % (Optionsverschonung) steuerfrei.

Dies gilt allerdings nur, soweit das vorhandene begünstigte Vermögen die Grenze von 26 Mio. EUR nicht übersteigt.

793 Für die Ermittlung der Grenze von 26 Mio. EUR werden grundsätzlich alle Erwerbe innerhalb von 10 Jahren zusammengerechnet (§ 13a Abs. 1 S. 2 ff. ErbStG). Bei der Erbersatzsteuer scheidet eine solche Zusammenrechnung aus. Die Erbersatzsteuer wird nur alle 30 Jahre erhoben. Bemessungsgrundlage der Erbersatzsteuer ist das Vermögen der Familienstiftung im Zeitpunkt der Steuerentstehung.

794 Bei Familienstiftungen, deren Vermögen die Grenze von 26 Mio. EUR überschreitet kann ein Antrag auf einen verminderten Verschonungsabschlag (§ 13c ErbStG) oder einen Steuererlass aufgrund einer Verschonungsbedarfsprüfung (§ 28a ErbStG) gestellt werden.

§ 13b Begünstigtes Vermögen

(1) Zum begünstigungsfähigen Vermögen gehören
1. der inländische Wirtschaftsteil des land- und forstwirtschaftlichen Vermögens (§ 168 Absatz 1 Nummer 1 des Bewertungsgesetzes) mit Ausnahme der Stückländereien (§ 160 Absatz 7 des Bewertungsgesetzes) und selbst bewirtschaftete Grundstücke im Sinne des § 159 des Bewertungsgesetzes sowie entsprechendes land- und forstwirtschaftliches Vermögen, das einer Betriebsstätte in einem Mitgliedstaat der Europäischen Union oder in einem Staat des Europäischen Wirtschaftsraums dient;
2. inländisches Betriebsvermögen (§§ 95 bis 97 Absatz 1 Satz 1 des Bewertungsgesetzes) beim Erwerb eines ganzen Gewerbebetriebs oder Teilbetriebs, einer Beteiligung an einer Gesellschaft im Sinne des § 15 Absatz 1 Satz 1 Nummer 2 und Absatz 3 oder § 18 Absatz 4 Satz 2 des Einkommensteuergesetzes, eines Anteils eines persönlich haftenden Gesellschafters einer Kommanditgesellschaft auf Aktien oder Anteils daran und entsprechendes Betriebsvermögen, das einer Betriebsstätte in einem Mitgliedstaat der Europäischen Union oder in einem Staat des Europäischen Wirtschaftsraums dient;
3. Anteile an einer Kapitalgesellschaft, wenn die Kapitalgesellschaft im Zeitpunkt der Entstehung der Steuer (§ 9) Sitz oder Geschäftsleitung im Inland oder in einem Mitgliedstaat der Europäischen Union oder in einem Staat des Europäischen Wirtschaftsraums hat und der Erblasser oder Schenker am Nennkapital dieser Gesellschaft unmittelbar zu mehr als 25 Prozent beteiligt war (Mindestbeteiligung). [2]Ob der Erblasser oder Schenker die Mindestbeteiligung erfüllt, ist nach der Summe der dem Erblasser oder Schenker unmittelbar zuzurechnenden Anteile und der Anteile weiterer Gesellschafter zu bestimmen, wenn der Erblasser oder Schenker und die weiteren Gesellschafter untereinander verpflichtet sind, über die Anteile nur einheitlich zu verfügen oder ausschließlich auf andere derselben Verpflichtung unterliegende Anteilseigner zu übertragen und das Stimmrecht gegenüber nichtgebundenen Gesellschaftern einheitlich auszuüben.

(2) [1]Das begünstigungsfähige Vermögen ist begünstigt, soweit sein gemeiner Wert den um das unschädliche Verwaltungsvermögen im Sinne des Absatzes 7 gekürzten Nettowert des Verwaltungsvermögens im Sinne des Absatzes 6 übersteigt (begünstigtes Vermögen). [2]Abweichend von Satz 1 ist der Wert des begünstigungsfähigen Vermögens vollständig nicht begünstigt, wenn das Verwaltungsvermögen nach Absatz 4 vor der Anwendung des Absatzes 3 Satz 1, soweit das Verwaltungsvermögen nicht ausschließlich und dauerhaft der Erfüllung von Schulden aus durch Treuhandverhältnisse abgesicherten Altersversorgungsverpflichtungen dient und dem Zugriff aller übrigen nicht aus diesen Altersversorgungsverpflichtungen unmittelbar berechtigten Gläubiger entzogen ist, sowie der Schuldenverrechnung und des Freibetrags nach Absatz 4 Nummer 5 sowie der Absätze 6 und 7 mindestens 90 Prozent des gemeinen Werts des begünstigungsfähigen Vermögens beträgt.

§ 13b Begünstigtes Vermögen

(3) ¹Teile des begünstigungsfähigen Vermögens, die ausschließlich und dauerhaft der Erfüllung von Schulden aus Altersversorgungsverpflichtungen dienen und dem Zugriff aller übrigen nicht aus den Altersversorgungsverpflichtungen unmittelbar berechtigten Gläubiger entzogen sind, gehören bis zur Höhe des gemeinen Werts der Schulden aus Altersversorgungsverpflichtungen nicht zum Verwaltungsvermögen im Sinne des Absatzes 4 Nummer 1 bis 5. ²Soweit Finanzmittel und Schulden bei Anwendung von Satz 1 berücksichtigt wurden, bleiben sie bei der Anwendung des Absatzes 4 Nummer 5 und des Absatzes 6 außer Betracht.

(4) Zum Verwaltungsvermögen gehören

1. Dritten zur Nutzung überlassene Grundstücke, Grundstücksteile, grundstücksgleiche Rechte und Bauten. ²Eine Nutzungsüberlassung an Dritte ist nicht anzunehmen, wenn

   a) der Erblasser oder Schenker sowohl im überlassenden Betrieb als auch im nutzenden Betrieb allein oder zusammen mit anderen Gesellschaftern einen einheitlichen geschäftlichen Betätigungswillen durchsetzen konnte oder als Gesellschafter einer Gesellschaft im Sinne des § 15 Absatz 1 Satz 1 Nummer 2 und Absatz 3 oder § 18 Absatz 4 des Einkommensteuergesetzes den Vermögensgegenstand der Gesellschaft zur Nutzung überlassen hatte, und diese Rechtsstellung auf den Erwerber übergegangen ist, soweit keine Nutzungsüberlassung an einen weiteren Dritten erfolgt;

   b) die Nutzungsüberlassung im Rahmen der Verpachtung eines ganzen Betriebs erfolgt, welche beim Verpächter zu Einkünften nach § 2 Absatz 1 Satz 1 Nummer 2 und 3 des Einkommensteuergesetzes führt und

      aa) der Verpächter des Betriebs im Zusammenhang mit einer unbefristeten Verpachtung den Pächter durch eine letztwillige Verfügung oder eine rechtsgeschäftliche Verfügung als Erben eingesetzt hat oder

      bb) die Verpachtung an einen Dritten erfolgt, weil der Beschenkte im Zeitpunkt der Entstehung der Steuer (§ 9) den Betrieb noch nicht führen kann, und die Verpachtung auf höchstens zehn Jahre befristet ist; hat der Beschenkte das 18. Lebensjahr noch nicht vollendet, beginnt die Frist mit der Vollendung des 18. Lebensjahres.

   ²Dies gilt nicht für verpachtete Betriebe, soweit sie vor ihrer Verpachtung die Voraussetzungen als begünstigtes Vermögen nach Absatz 2 nicht erfüllt haben und für verpachtete Betriebe, deren Hauptzweck in der Überlassung von Grundstücken, Grundstücksteilen, grundstücksgleichen Rechten und Bauten an Dritte zur Nutzung besteht, die nicht unter Buchstabe d fallen;

   c) sowohl der überlassende Betrieb als auch der nutzende Betrieb zu einem Konzern im Sinne des § 4h des Einkommensteuergesetzes gehören, soweit keine Nutzungsüberlassung an einen weiteren Dritten erfolgt;

   d) die überlassenen Grundstücke, Grundstücksteile, grundstücksgleichen Rechte und Bauten zum Betriebsvermögen, zum gesamthänderisch gebundenen Betriebsvermögen einer Personengesellschaft oder zum Ver-

mögen einer Kapitalgesellschaft gehören und der Hauptzweck des Betriebs in der Vermietung von Wohnungen im Sinne des § 181 Absatz 9 des Bewertungsgesetzes besteht, dessen Erfüllung einen wirtschaftlichen Geschäftsbetrieb (§ 14 der Abgabenordnung) erfordert;
 e) die Grundstücke, Grundstücksteile, grundstücksgleichen Rechte und Bauten vorrangig überlassen werden, um im Rahmen von Lieferungsverträgen dem Absatz von eigenen Erzeugnissen und Produkten zu dienen;
 f) die Grundstücke, Grundstücksteile, grundstücksgleichen Rechte und Bauten an Dritte zur land- und forstwirtschaftlichen Nutzung überlassen werden;
2. Anteile an Kapitalgesellschaften, wenn die unmittelbare Beteiligung am Nennkapital dieser Gesellschaften 25 Prozent oder weniger beträgt und sie nicht dem Hauptzweck des Gewerbebetriebs eines Kreditinstitutes oder eines Finanzdienstleistungsinstitutes im Sinne des § 1 Absatz 1 und 1a des Kreditwesengesetzes in der Fassung der Bekanntmachung vom 9. September 1998 (BGBl. I S. 2776), das zuletzt durch Artikel 14 des Gesetzes vom 10. Mai 2016 (BGBl. I S. 1142) geändert worden ist, oder eines Versicherungsunternehmens, das der Aufsicht nach § 1 Absatz 1 Nummer 1 des Versicherungsaufsichtsgesetzes in der Fassung der Bekanntmachung vom 1. April 2015 (BGBl. I S. 434), das zuletzt durch Artikel 13 des Gesetzes vom 10. Mai 2016 (BGBl. I S. 1142) geändert worden ist, unterliegt, zuzurechnen sind. ²Ob diese Grenze unterschritten wird, ist nach der Summe der dem Betrieb unmittelbar zuzurechnenden Anteile und der Anteile weiterer Gesellschafter zu bestimmen, wenn die Gesellschafter untereinander verpflichtet sind, über die Anteile nur einheitlich zu verfügen oder sie ausschließlich auf andere derselben Verpflichtung unterliegende Anteilseigner zu übertragen und das Stimmrecht gegenüber nichtgebundenen Gesellschaftern nur einheitlich auszuüben;
3. Kunstgegenstände, Kunstsammlungen, wissenschaftliche Sammlungen, Bibliotheken und Archive, Münzen, Edelmetalle und Edelsteine, Briefmarkensammlungen, Oldtimer, Yachten, Segelflugzeuge sowie sonstige typischerweise der privaten Lebensführung dienende Gegenstände, wenn der Handel mit diesen Gegenständen, deren Herstellung oder Verarbeitung oder die entgeltliche Nutzungsüberlassung an Dritte nicht der Hauptzweck des Betriebs ist;
4. Wertpapiere sowie vergleichbare Forderungen, wenn sie nicht dem Hauptzweck des Gewerbebetriebs eines Kreditinstitutes oder eines Finanzdienstleistungsinstitutes im Sinne des § 1 Absatz 1 und 1a des Kreditwesengesetzes in der Fassung der Bekanntmachung vom 9. September 1998 (BGBl. I S. 2776), das zuletzt durch Artikel 14 des Gesetzes vom 10. Mai 2016 (BGBl. I S. 1142) geändert worden ist, oder eines Versicherungsunternehmens, das der Aufsicht nach § 1 Absatz 1 Nummer 1 des Versicherungsaufsichtsgesetzes in der Fassung der Bekanntmachung vom 1. April 2015 (BGBl. I S. 434), das zuletzt durch Artikel 13 des Gesetzes vom 10. Mai 2016 (BGBl. I S. 1142) geändert worden ist, unterliegt, zuzurechnen sind;

5. der gemeine Wert des nach Abzug des gemeinen Werts der Schulden verbleibenden Bestands an Zahlungsmitteln, Geschäftsguthaben, Geldforderungen und anderen Forderungen (Finanzmittel), soweit er 15 Prozent des anzusetzenden Werts des Betriebsvermögens des Betriebs oder der Gesellschaft übersteigt. ²Der gemeine Wert der Finanzmittel ist um den positiven Saldo der eingelegten und der entnommenen Finanzmittel zu verringern, welche dem Betrieb im Zeitpunkt der Entstehung der Steuer (§ 9) weniger als zwei Jahre zuzurechnen waren (junge Finanzmittel); junge Finanzmittel sind Verwaltungsvermögen. ³Satz 1 gilt nicht, wenn die genannten Wirtschaftsgüter dem Hauptzweck des Gewerbebetriebs eines Kreditinstitutes oder eines Finanzdienstleistungsinstitutes im Sinne des § 1 Absatz 1 und 1a des Kreditwesengesetzes in der Fassung der Bekanntmachung vom 9. September 1998 (BGBl. I S. 2776), das zuletzt durch Artikel 14 des Gesetzes vom 10. Mai 2016 (BGBl. I S. 1142) geändert worden ist, oder eines Versicherungsunternehmens, das der Aufsicht nach § 1 Absatz 1 Nummer 1 des Versicherungsaufsichtsgesetzes in der Fassung der Bekanntmachung vom 1. April 2015 (BGBl. I S. 434), das zuletzt durch Artikel 13 des Gesetzes vom 10. Mai 2016 (BGBl. I S. 1142) geändert worden ist, unterliegt, zuzurechnen sind. ⁴Voraussetzung für die Anwendung des Prozentsatzes von 15 Prozent des Satzes 1 ist, dass das nach Absatz 1 begünstigungsfähige Vermögen des Betriebs oder der nachgeordneten Gesellschaften nach seinem Hauptzweck einer Tätigkeit im Sinne des § 13 Absatz 1, des § 15 Absatz 1 Satz 1 Nummer 1, des § 18 Absatz 1 Nummer 1 und 2 des Einkommensteuergesetzes dient. ⁵Die Voraussetzungen des Satzes 4 sind auch erfüllt, wenn die Tätigkeit durch Gesellschaften im Sinne des § 13 Absatz 7, des § 15 Absatz 1 Satz 1 Nummer 2 oder des § 18 Absatz 4 Satz 2 des Einkommensteuergesetzes ausgeübt wird.

(5) ¹Beim Erwerb von Todes wegen entfällt die Zurechnung von Vermögensgegenständen zum Verwaltungsvermögen im Sinne des Absatzes 4 Nummer 1 bis 5 rückwirkend zum Zeitpunkt der Entstehung der Steuer (§ 9), wenn der Erwerber innerhalb von zwei Jahren ab dem Zeitpunkt der Entstehung der Steuer (§ 9) diese Vermögensgegenstände in Vermögensgegenstände innerhalb des vom Erblasser erworbenen, begünstigungsfähigen Vermögens im Sinne des Absatzes 1 investiert hat, die unmittelbar einer Tätigkeit im Sinne von § 13 Absatz 1, § 15 Absatz 1 Satz 1 Nummer 1 oder § 18 Absatz 1 Nummer 1 und 2 des Einkommensteuergesetzes dienen und kein Verwaltungsvermögen sind. ²Voraussetzung hierfür ist, dass die Investition auf Grund eines im Zeitpunkt der Entstehung der Steuer (§ 9) vorgefassten Plans des Erblassers erfolgt und keine anderweitige Ersatzbeschaffung von Verwaltungsvermögen vorgenommen wird oder wurde. ³Beim Erwerb von Todes wegen entfällt die Zurechnung von Finanzmitteln zum Verwaltungsvermögen im Sinne des Absatzes 4 Nummer 5 Satz 1 rückwirkend zum Zeitpunkt der Entstehung der Steuer (§ 9), soweit der Erwerber diese Finanzmittel innerhalb von zwei Jahren ab dem Zeitpunkt der Entstehung der Steuer (§ 9) verwendet, um bei auf Grund wiederkehrender saisonaler Schwankungen fehlenden Einnahmen die Vergütungen im Sinne des § 13a Absatz 3 Satz 6 bis 10 zu zahlen.⁴ Satz 2 gilt entsprechend. ⁵Der Erwerber hat das Vorliegen der Voraussetzungen der Sätze 1 bis 4 nachzuweisen.

(6) ¹Der Nettowert des Verwaltungsvermögens ergibt sich durch Kürzung des gemeinen Werts des Verwaltungsvermögens um den nach Anwendung der Absätze 3 und 4 verbleibenden anteiligen gemeinen Wert der Schulden. ²Die anteiligen Schulden nach Satz 1 bestimmen sich nach dem Verhältnis des gemeinen Werts des Verwaltungsvermögens zum gemeinen Wert des Betriebsvermögens des Betriebs oder der Gesellschaft zuzüglich der nach Anwendung der Absätze 3 und 4 verbleibenden Schulden.

(7) ¹Der Nettowert des Verwaltungsvermögens wird vorbehaltlich des Satzes 2 wie begünstigtes Vermögen behandelt, soweit er 10 Prozent des um den Nettowert des Verwaltungsvermögens gekürzten gemeinen Werts des Betriebsvermögens nicht übersteigt (unschädliches Verwaltungsvermögen). ²Verwaltungsvermögen, das dem Betrieb im Zeitpunkt der Entstehung der Steuer (§ 9) weniger als zwei Jahre zuzurechnen war (junges Verwaltungsvermögen), und junge Finanzmittel im Sinne des Absatzes 4 Nummer 5 Satz 2 sind kein unschädliches Verwaltungsvermögen.

(8) ¹Eine Saldierung mit Schulden nach Absatz 6 findet für junge Finanzmittel im Sinne des Absatzes 4 Nummer 5 Satz 2 und junges Verwaltungsvermögen im Sinne des Absatzes 7 Satz 2 nicht statt. ²Eine Verrechnung von Schulden mit Verwaltungsvermögen ist bei wirtschaftlich nicht belastenden Schulden und darüber hinaus ausgeschlossen, soweit die Summe der Schulden den durchschnittlichen Schuldenstand der letzten drei Jahre vor dem Zeitpunkt der Entstehung der Steuer (§ 9) übersteigt; dies gilt nicht, soweit die Erhöhung des Schuldenstands durch die Betriebstätigkeit veranlasst ist. ³Als Nettowert des Verwaltungsvermögens ist mindestens der gemeine Wert des jungen Verwaltungsvermögens und der jungen Finanzmittel anzusetzen.

(9) ¹Gehören zum begünstigungsfähigen Vermögen im Sinne des Absatzes 1 Nummer 2 und 3 unmittelbar oder mittelbar Beteiligungen an Personengesellschaften oder Beteiligungen an entsprechenden Gesellschaften mit Sitz oder Geschäftsleitung im Ausland oder unmittelbar oder mittelbar Anteile an Kapitalgesellschaften oder Anteile an entsprechenden Kapitalgesellschaften mit Sitz oder Geschäftsleitung im Ausland, sind bei der Anwendung der Absätze 2 bis 8 anstelle der Beteiligungen oder Anteile die gemeinen Werte der diesen Gesellschaften zuzurechnenden Vermögensgegenstände nach Maßgabe der Sätze 2 bis 5 mit dem Anteil einzubeziehen, zu dem die unmittelbare oder mittelbare Beteiligung besteht. ²Die unmittelbar oder mittelbar gehaltenen Finanzmittel, die Vermögensgegenstände des Verwaltungsvermögens im Sinne des Absatzes 4 Nummer 1 bis 4 sowie die Schulden sind jeweils zusammenzufassen (Verbundvermögensaufstellung); junge Finanzmittel und junges Verwaltungsvermögen sind gesondert aufzuführen. ³Soweit sich in der Verbundvermögensaufstellung Forderungen und Verbindlichkeiten zwischen den Gesellschaften untereinander oder im Verhältnis zu dem übertragenen Betrieb oder der übertragenen Gesellschaft gegenüberstehen, sind diese nicht anzusetzen.⁴ Absatz 4 Nummer 5 und die Absätze 6 bis 8 sind auf die Werte in der Verbundvermögensaufstellung anzuwenden. ⁵Die Sätze 1 bis 4 sind auf Anteile im Sinne von Absatz 4 Num-

§ 13b   Begünstigtes Vermögen

mer 2 sowie auf wirtschaftlich nicht belastende Schulden nicht anzuwenden; diese Anteile sind als Verwaltungsvermögen anzusetzen.

(10) ¹Das für die Bewertung der wirtschaftlichen Einheit örtlich zuständige Finanzamt im Sinne des § 152 Nummer 1 bis 3 des Bewertungsgesetzes stellt die Summen der gemeinen Werte der Finanzmittel im Sinne des Absatzes 4 Nummer 5 Satz 1, der jungen Finanzmittel im Sinne des Absatzes 4 Nummer 5 Satz 2, der Vermögensgegenstände des Verwaltungsvermögens im Sinne des Absatzes 4 Nummer 1 bis 4, der Schulden und des jungen Verwaltungsvermögens im Sinne des Absatzes 7 Satz 2 gesondert fest, wenn und soweit diese Werte für die Erbschaftsteuer oder eine andere Feststellung im Sinne dieser Vorschrift von Bedeutung sind. ²Dies gilt entsprechend, wenn nur ein Anteil am Betriebsvermögen im Sinne des Absatzes 1 Nummer 2 übertragen wird.³ Die Entscheidung, ob die Werte von Bedeutung sind, trifft das für die Festsetzung der Erbschaftsteuer oder für die Feststellung nach § 151 Absatz 1 Satz 1 Nummer 1 bis 3 des Bewertungsgesetzes zuständige Finanzamt. ⁴Bei Anteilen an Kapitalgesellschaften, die nach § 11 Absatz 1 des Bewertungsgesetzes zu bewerten sind, trifft die Feststellungen des Satzes 1 das örtlich zuständige Finanzamt entsprechend § 152 Nummer 3 des Bewertungsgesetzes. ⁵§ 151 Absatz 3 und die §§ 152 bis 156 des Bewertungsgesetzes sind auf die Sätze 1 bis 4 entsprechend anzuwenden.

Inhalt Rz.

1	Einführung	1–31
1.1	Überblick	6–20
1.2	Entstehungsgeschichte	21–26
1.3	Verfassungsrecht	27–36
2	Anwendungsbereich	37–43
2.1	Zeitlicher Anwendungsbereich	37–39
2.2	Sachlicher Anwendungsbereich	40–41
2.3	Persönlicher Anwendungsbereich	42
2.4	Internationaler Anwendungsbereich	43
3	Verhältnis zu anderen Verschonungsregelungen	44–50
4	Begünstigungsfähiges Vermögen (§ 13b Abs. 1 ErbStG)	51–250
4.1	Überblick	52–57
4.2	Land- und forstwirtschaftliches Vermögen (§ 13b Abs. 1 Nr. 1 ErbStG)	58–70
4.3	Betriebsvermögen (§ 13b Abs. 1 Nr. 2 ErbStG)	71–100
4.3.1	Überblick	72–82
4.3.2	Nießbrauchsgestaltungen bei Betriebsvermögen	83–91
4.3.3	Betriebsvermögen im Ausland	92–100
4.4	Anteile an Kapitalgesellschaften (§ 13b Abs. 1 Nr. 3 ErbStG)	101–250
4.4.1	Überblick	102–110
4.4.2	Nießbrauchsgestaltungen bei Anteilen an Kapitalgesellschaften	111–115
4.4.3	Kapitalgesellschaften im Ausland	116–120
4.4.4	Mindestbeteiligung von mehr als 25 % (§ 13b Abs. 1 Nr. 3 S. 1 ErbStG)	121–135

4.4.5	Poolvereinbarungen (§ 13b Abs. 1 Nr. 3 S. 2 ErbStG)	136–250
4.4.5.1	Einführung	138–156
4.4.5.2	Anwendungsbereich für Poolvereinbarungen	157–163
4.4.5.3	Voraussetzungen der Poolvereinbarung	164–168
4.4.5.4	Verfügungsbeschränkung	169–197
4.4.5.5	Stimmrechtsbindung	198–205
4.4.5.6	Grundlage der Verfügungsbeschränkung und Stimmbindung ...	206–208
4.4.5.7	Form der Poolvereinbarung	209–214
4.4.5.8	Maßgebender Zeitpunkt für das Vorliegen der Poolvereinbarung	215–218
4.4.5.9	Rechtsfolgen der Poolvereinbarung	219–236
4.4.5.10	Überlegungen zur Gestaltung von Poolvereinbarungen	240–250
5	Begünstigtes Vermögen (§ 13b Abs. 2 ErbStG)	251–300
5.1	Einführung	252–262
5.1.1	Aufgabe des früheren „Alles-oder-Nichts-Prinzips""	254–258
5.1.2	Beibehaltung des Verwaltungsvermögenstests	259–262
5.2	Begriff des begünstigten Vermögens (§ 13b Abs. 2 S. 1 ErbStG) .	263–269
5.3	Grenze von 90 % (§ 13b Abs. 2 S. 2 ErbStG)	270–300
5.3.1	Überblick	271–276
5.3.2	Entstehungsgeschichte	277–278
5.3.3	Voraussetzungen der 90 %-Grenze	279–294
5.3.4	Rechtsfolgen bei Überschreiten der 90 %-Grenze	295–300
6	Vermögen für Altersversorgungsverpflichtungen (§ 13b Abs. 3 ErbStG)	301–329
6.1	Überblick	302–304
6.2	Entstehungsgeschichte	305–309
6.3	Altersversorgungsvermögen	310–329
7	Verwaltungsvermögen (§ 13b Abs. 4 ErbStG)	330–604
7.1	Entstehungsgeschichte und Übersicht	331–346
7.2	Begriff des Verwaltungsvermögens (§ 13b Abs. 4 ErbStG)	347–604
7.2.1	Dritten zur Nutzung überlassene Grundstücke (§ 13b Abs. 4 Nr. 1 ErbStG)	348–479
7.2.1.1	Grundsatz (§ 13b Abs. 4 Nr. 1 S. 1 ErbStG)	349–359
7.2.1.2	Ausnahmen (§ 13b Abs. 4 Nr. 1 S. 2 ErbStG)	360–382
7.2.1.3	Betriebsverpachtungen (§ 13b Abs. 4 Nr. 1 S. 2 Buchst. b) ErbStG)	383–405
7.2.1.4	Nutzungsüberlassung im Konzern (§ 13b Abs. 4 Nr. 1 S. 2 Buchst. c) ErbStG)	406–420
7.2.1.5	Wohnungsunternehmen (§ 13b Abs. 4 Nr. 1 S. 2 Buchst. d) ErbStG)	421–451
7.2.1.6	Grundstücksüberlassung im Rahmen von Lieferungsverträgen (§ 13b Abs. 4 Nr. 1 S. 2 Buchstabe e) ErbStG)	452–465
7.2.1.7	Nutzungsüberlassung zur land- und forstwirtschaftlichen Nutzung (§ 13b Abs. 4 S. 2 Nr. 1 Buchstabe f) ErbStG)	466–479
7.2.2	Anteile an Kapitalgesellschaften (§ 13b Abs. 4 Nr. 2 ErbStG) ...	480–499
7.2.3	Kunstgegenstände und Oldtimer (§ 13b Abs. 4 Nr. 3 ErbStG) ..	500–515

7.2.4	Wertpapiere und vergleichbare Forderungen (§ 13b Abs. 4 Nr. 4 ErbStG)	516–530
7.2.5	Finanzmittel (§ 13b Abs. 4 Nr. 5 ErbStG)	531–604
7.2.5.1	Überblick	532–545
7.2.5.2	Begriff der Finanzmittel	546–569
7.2.5.3	Schulden	570–580
7.2.5.4	Wert des Betriebs bzw. des Anteils	581–585
7.2.5.5	Finanzmitteltest	586–590
7.2.5.6	Gewerblicher Hauptzweck	591–604
8	Investitionsklausel für Verwaltungsvermögen (§ 13b Abs. 5 ErbStG)	605–640
8.1	Überblick	606–615
8.2	Allgemeine Investitionsklausel für Verwaltungsvermögen	616–634
8.3	Besondere Investitionsklausel für Finanzmittel	635–640
9	Nettowert des Verwaltungsvermögens (§ 13b Abs. 6 ErbStG)	641–659
10	Unschädliches Verwaltungsvermögen (§ 13b Abs. 7 ErbStG)	660–690
10.1	Überblick	661–669
10.2	Unschädliches Verwaltungsvermögen	670–680
10.3	Junges Verwaltungsvermögen	681–690
11	Saldierung von Schulden (§ 13b Abs. 8 ErbStG)	691–705
12	Verbundvermögensaufstellung (§ 13b Abs. 9 ErbStG)	706–729
13	Verfahrensregelungen zum Verwaltungsvermögentest (§ 13b Abs. 10 ErbStG)	730–734

Schrifttum

Ausgewählte Hinweise auf weiterführende Literatur: *Betz/Zillmer*, Das Verwaltungsvermögen im neuen Erbschaftsteuerrecht – Neuregelung relevant für alle Unternehmen, NWB-EV 1/2017, 9; *Korezkij*, Neuer Verwaltungsvermögenstest im Konzern aus der Sicht eines Rechtsanwenders – Der Weg vom begünstigungsfähigen zum begünstigten Vermögen nach § 13b Abs. 2-10 ErbStG, DStR 2016, 2434.

1 Einführung

1–5 einstweilen frei

1.1 Überblick

6 § 13b ErbStG bestimmt das *„begünstigte Vermögen"* (so auch die amtliche Gesetzesüberschrift und die Legaldefinition in § 13b Abs. 2 Satz 1 ErbStG).

Die Vorschrift enthält keine eigenständige Begünstigung für den Erwerb von unternehmerischem Vermögen. Vielmehr handelt es sich um eine Art **Grundlagennorm** für alle anderen Verschonungsregelungen, in denen jeweils auf das *„begünstigte Vermögen"* (i. S. v. § 13b Abs. 2 ErbStG) Bezug genommen wird (§§ 13a, 13c, 19a, 28 und 28a ErbStG). Die Abgrenzung zwischen dem *„begünstigten Vermögen"* und dem nicht begünstigten Vermögen ist somit von zentraler Bedeutung für das gesamte Unternehmenserbschaftsteuerrecht.

Begünstigtes Vermögen § 13b

Die Regelung ist **sehr kompliziert** und unübersichtlich. 7

Der **Inhalt der Regelung** lässt sich vereinfacht wie folgt skizzieren: 8

Das „*begünstigte Vermögen*" wird in § 13b Abs. 2 Satz 1 ErbStG definiert. Bei dem begünstigten Vermögen handelt es sich (vereinfacht) um das „*begünstigungsfähige Vermögen*" abzüglich des (schädlichen) (Netto-)Verwaltungsvermögens. 9

Das „*begünstigungsfähige Vermögen*" wird in § 13b Abs. 1 ErbStG bestimmt und umfasst das land- und forstwirtschaftliche Vermögen, das Betriebsvermögen und bestimmte Anteile an Kapitalgesellschaften. Dieser (seit dem 01.07.2016 geltende) Begriff des „*begünstigungsfähigen Vermögens*" stimmt inhaltlich mit dem bis zum 30.06.2016 geltenden Begriff des „*begünstigten Vermögens*" (i. S. v. § 13b Abs. 1 ErbStG a. F.) überein. 10

Von dem so ermittelten „*begünstigungsfähigen Vermögen*" ist sodann der Wert des **(Netto-)Verwaltungsvermögens** abzuziehen.

Der Begriff des (schädlichen) **Verwaltungsvermögens** ist in § 13b Abs. 4 ErbStG abschließend definiert. Das Verwaltungsvermögen umfasst im Wesentlichen Dritten zur Nutzung überlassene Grundstücke, Anteile an Kapitalgesellschaften von 25 % oder weniger, Kunstgegenstände und Oldtimer, Wertpapiere und Finanzmittel (nach Abzug der Schulden). Das Verwaltungsvermögen ist (seit dem 1.7.2016) grundsätzlich voll zu versteuern. 11

Von dem Verwaltungsvermögen sind die **Schulden** anteilig abzuziehen (§ 13b Abs. 6 ErbStG). 12

Die Vorschrift enthält darüber hinaus zahlreiche **Sonderregelungen**.

Besondere Regelungen gelten u. a. für **junges Verwaltungsvermögen** (§ 13b Abs. 7 Satz 2 ErbStG) und **junge Finanzmittel** (§ 13b Abs. 4 Nr. 5 Satz 2 ErbStG). Ein Schuldenabzug ist insoweit ausgeschlossen (§ 13b Abs. 8 Satz 3 ErbStG). Junges Verwaltungsvermögen und junge Finanzmittel unterliegen (seit dem 1.7.2016) stets in vollem Umfang der Besteuerung; insoweit kommt es auf jeden Euro an. 13

Sonderregelungen bestehen auch für Vermögen zur Sicherung von **Altersversorgungsverpflichtungen** (§ 13b Abs. 3 ErbStG). Dieses gehört grundsätzlich nicht zum (schädlichen) Verwaltungsvermögen. 14

Das (schädliche) Verwaltungsvermögen wird (aus Vereinfachungsgründen) ausnahmsweise als „*unschädlich*" angesehen, wenn es einen Anteil von **10 %** nicht übersteigt. Das **unschädliche Verwaltungsvermögen** dient als eine Art Kulanzpuffer.

Eine Begünstigung ist vollständig ausgeschlossen, wenn das (schädliche) Verwaltungsvermögen 90 % oder mehr des Werts des begünstigungsfähigen Vermögens beträgt (§ 13b Abs. 2 Satz 2 ErbStG). Die Grenze von 90 % war vom Gesetzgeber als eine Art allgemeine Missbrauchsregelung gedacht, hat aber aufgrund der konkreten Ausgestaltung eine weit überschießende Tendenz. 15

Bei Konzernen erfolgt seit dem 1.7.2016 erstmals eine konsolidierte Ermittlung des begünstigten Vermögens im Rahmen einer **Verbundvermögensaufstellung** (§ 13b Abs. 9 ErbStG). 16

Für (vermögensverwaltende) **Finanzierungsgesellschaften** sind zahlreiche Ausnahmeregelungen vorgesehen, mit denen etwaige Gestaltungsmissbräuche verhindert werden sollen (§ 13b Abs. 3 Satz 2, § 13b Abs. 4 Nr. 5 Sätze 4 und 5, § 13b Abs. 5 ErbStG).

17 Für die Ermittlung des begünstigten Vermögens sind die Verhältnisse im Zeitpunkt der Entstehung der Steuer maßgebend (§ 9 ErbStG). Von dem strengen **Stichtagsprinzip** sind für Erwerbe von Todes wegen aber gewisse Ausnahmen vorgesehen (§ 13b Abs. 5 ErbStG). Unter bestimmten Voraussetzungen kann (schädliches) Verwaltungsvermögen rückwirkend in begünstigtes Vermögen umqualifiziert werden.

18–20 einstweilen frei

1.2 Entstehungsgeschichte

21 Die Regelung zum begünstigten Vermögen wurde in ihrer jetzigen Form erstmals durch das **Erbschaftsteuerreformgesetz 2009** (BGBl I 2008, 3018 = BStBl I 2009, 140) eingeführt. Neu war damals vor allem das Konzept des Verwaltungsvermögenstests (§ 13b Abs. 2 ErbStG a. F.).

22 Der Gesetzgeber hat für die Abgrenzung zwischen begünstigtem und nicht begünstigtem Vermögen eine eigene Regelung für Zwecke des ErbStG geschaffen. Ziel war es, dass *„Vermögen, das in erster Linie der weitgehenden risikolosen Renditeerzielung dient und in der Regel weder die Schaffung von Arbeitsplätzen noch zusätzliche volkswirtschaftliche Leistungen bewirkt"* von der steuerlichen Begünstigung auszunehmen.

23 Das begünstigte Vermögen wurde dabei nicht positiv bestimmt. Vielmehr wurde das Vermögen (negativ) bestimmt, das nicht begünstigt werden sollte und aus dem begünstigten Vermögen ausgeklammert. Das schädliche (nicht produktive) Vermögen, das der Gesetzgeber nicht begünstigen wollte, wurde dabei unter der neuen Bezeichnung des **Verwaltungsvermögens** zusammengefasst. Das Verwaltungsvermögen wurde im Gesetz abschließend definiert. Aus Praktikabilitätsgründen hat der Gesetzgeber (bis zum 30.6.2016) vorgesehen, dass das begünstigte Vermögen immer dann insgesamt begünstigt ist, wenn das Verwaltungsvermögen eine Quote von 50 % bei der Regelverschonung (und 10 % bei der Optionsverschonung) nicht übersteigt.

24 Die Regelung hat ihr Ziel nicht erreicht, da u. a. auch der Erwerb reiner Cash-Gesellschaften steuerlich begünstigt war.

Im Rahmen des **Amtshilferichtlinienumsetzungsgesetzes 2013** (BGBl I 2013, 1809 = BStBl I 2013, 802) hat der Gesetzgeber auf diese Gestaltungen reagiert und den Begriff des Verwaltungsvermögens um Finanzmittel (§ 13b Abs. 2 Satz 2 Nr. 4a ErbStG a. F.) erweitert. Die Neuregelung ist auf alle Erwerbe seit dem 7.6.2013 anwendbar (§ 37 Abs. 8 ErbStG).

25 Das **BVerfG** hat in seiner (dritten) Entscheidung zum ErbStG dieses Konzept eines Verwaltungsvermögenstests als grundsätzlich verfassungsgemäß angesehen (BVerfG, Urt. v. 17.12.2014, 1 BvL 21/12, BVerfGE 138, 136 = BStBl II 2015, 50). Das BVerfG

hat aber die Verwaltungsvermögensquote von 50 % als unverhältnismäßig beanstandet. Für eine „*derart großzügige Einbeziehung*" von nicht begünstigungswürdigen Vermögen seien keine sachlichen Gründe erkennbar. Darüber hinaus hat das BVerfG kritisiert, dass es in Konzernen durch die Verlagerung von Verwaltungsvermögen in Tochter- und Enkelgesellschaften zu unbilligen Kaskadeneffekten kommen kann.

Der Gesetzgeber hat im Rahmen der **Erbschaftsteuerreform 2016** (BGBl I 2016, 2464 = BStBl I 2016, 1202) an dem Konzept des Verwaltungsvermögenstests grundsätzlich festgehalten. Die Neuregelung beschränkt sich allerdings nicht lediglich auf eine Reduzierung der Quote des Verwaltungsvermögens von 50 %. Vielmehr hat der Gesetzgeber das damit verbundene Alles-oder-Nichts-Prinzip vollständig aufgegeben. Das Verwaltungsvermögen wird seit dem 1.7.2016 grundsätzlich nicht mehr steuerlich begünstigt. Vielmehr ist das Verwaltungsvermögen (wie privates Vermögen) vollständig zu versteuern. Der Ermittlung und Bewertung des Verwaltungsvermögens kommt daher seit dem 1.7.2016 eine erheblich größere praktische Bedeutung zu. 26

1.3 Verfassungsrecht

Mit der Neuregelung des begünstigten Vermögens in § 13b ErbStG hat der Gesetzgeber der Kritik des BVerfG am früheren Verwaltungsvermögenstest Rechnung getragen. Die mehrstufigen Berechnungen und die zahlreichen Mißbrauchsvorschriften schließen sachlich nicht gerechtfertigte Begünstigungen aus. 27

Allerdings entspricht die jetzige Regelung nicht den Ansprüchen an eine klare und verständliche Regelung. Das BVerfG hat das Erfordernis der **Normenklarheit** allgemein wie folgt umschrieben: (siehe z.B.BVerfG, Urt. v. 25.6.2005, 1 BvR 782/94, Rz. 184, BVerfGE 114,1 = NJW 2005, 2363). 28

„*Das Gebot der Normenbestimmtheit und der Normenklarheit (...) soll die Betroffenen befähigen, die Rechtslage anhand der gesetzlichen Regelung zu erkennen, damit sie ihr Verhalten danach ausrichten können. Die Bestimmtheitsanforderungen dienen auch dazu, die Verwaltung zu binden und ihr Verhalten nach Inhalt, Zweck und Ausmaß zu begrenzen sowie, soweit sie zum Schutz anderer tätig wird, den Schutzauftrag näher zu konkretisieren.*"

Diesen Anforderungen genügt die jetzige Regelung des § 13b ErbStG zum begünstigten Vermögen nicht. Selbst nach mehrfacher Lektüre der Vorschrift des § 13b ErbStG (die allein im Bundesgesetzblatt drei Seiten umfasst) ist die Rechtslage nicht klar zu erkennen (und zwar weder für den Steuerpflichtigen noch für die Finanzverwaltung). Aufbau, Systematik und Sprache sind in weiten Teilen unklar und widersprüchlich. 29

Hinzu kommt Folgendes: Der Gesetzgeber stellt in unterschiedlichen Zusammenhang auf bestimmte Quoten des Verwaltungsvermögen am gesamten Vermögen ab (U.a. § 13b Abs. 2 Satz 2 ErbStG: 90 %, § 13b Abs. 4 Nr. 5 ErbStG: 15 %, § 13b Abs. 7 Satz 1 ErbStG: 10 % und in § 13a Abs. 19 Satz 2 ErbStG: 20 %). Diese Berechnungen erfolgen aber nicht etwa nach einem einheitlichen Verfahren. Vielmehr wird bei jeder dieser Berechnungen von völlig unterschiedlichen Zahlen 30 ausgegangen, ohne dass dies inhaltlich nachvollziehbar oder sachlich begründet ist. Dieses Regelungskonzept ist unverständlich, unsystematisch und unbillig.

31-36 einstweilen frei

2 Anwendungsbereich

2.1 Zeitlicher Anwendungsbereich

37 Der neue Begriff des begünstigten Vermögens (in § 13b ErbStG) findet auf alle Erwerbe Anwendung, für die die Steuer nach dem 30.6.2016 entstanden ist (§ 37 Abs. 12 S. 1 ErbStG und § 9 ErbStG).

38 Für die Erwerbe, für die die Steuer bis zum 30.6.2016 entstanden ist, gilt der frühere Begriff des begünstigten Vermögens (§ 13b Abs. 1 ErbStG a.F.).

39 Der frühere Begriff des begünstigten Vermögens und der heutige Begriff des begünstigten Vermögens sind inhaltlich nicht identisch. Vielmehr entspricht der frühere Begriff des *„begünstigten Vermögens"* (§ 13b Abs. 1 ErbStG a.F.) dem heutigen Begriff des *„begünstigungsfähigen Vermögens"* (§ 13b Abs. 1 ErbStG n.F).

2.2 Sachlicher Anwendungsbereich

40 Die Regelung des § 13b ErbStG ist keine eigenständige Verschonungsregelung. Vielmehr bestimmt sie den Begriff des *„begünstigten Vermögens"* als Grundlage für alle anderen Verschonungenregelungen (§§ 13a, 13c, 19a, 28 und 28a ErbStG). Dementsprechend richtet sich der sachliche Anwendungsbereich im Ergebnis nach der im jeweiligen Einzelfall zur Anwendung kommenden Verschonungsregelung.

41 einstweilen frei

2.3 Persönlicher Anwendungsbereich

42 Die Vorschrift (§ 13b ErbStG) hat keinen eigenen persönlichen Anwendungsbereich. Dieser bestimmt sich nach der jeweiligen Verschonungsregelung, bei der auf den Begriff des begünstigten Vermögens Bezug genommen wird (§§ 13a, 13c, 19a, 28 und 28a ErbStG).

2.4 Internationaler Anwendungsbereich

43 Die Verschonungsregelungen, bei denen es auf das *„begünstigte Vermögen"* ankommt gelten bei unbeschränkter und beschränkter Steuerpflicht.

Zum begünstigten Vermögen gehört grundsätzlich nur das Vermögen in den EU-/EWR-Mitgliedsstaaten, nicht aber Vermögen in Drittstaaten (siehe § 13b Abs. 1 ErbStG und H E 13b.5 und 13b.6 ErbStR 2011).

3 Verhältnis zu anderen Verschonungsregelungen

44 Die Vorschrift des § 13b ErbStG ist keine eigene Verschonungsregelung, sondern die Grundlage für alle anderen Verschonungsregelungen.

In allen Verschonungsvorschriften wird jeweils auf den Begriff des „*begünstigten* 45 *Vermögens*" (i. S. v. § 13b Abs. 2 ErbStG) abgestellt (§§ 13a, 13c, 19a, 28 und 28a ErbStG). Dieser ist somit Ausgangspunkt für jegliche steuerliche Verschonung von unternehmerischem Vermögen.

einstweilen frei 46–50

4 Begünstigungsfähiges Vermögen (§ 13b Abs. 1 ErbStG)

einstweilen frei 51

4.1 Überblick

Das „*begünstigungsfähige Vermögen*" umfasst das land- und forstwirtschaftliche 52 Vermögen, das Betriebsvermögen und bestimmte Anteile an Kapitalgesellschaften (§ 13b Abs. 1 ErbStG).

Die Regelung entspricht **inhaltlich** weitgehend dem bereits seit 2009 geltenden Recht (§ 13b Abs. 1 ErbStG a. F.; siehe dazu R E 13b.3 ff. ErbStR 2011 und BT-Drks. 16/7918, S. 35 und BR-Drks. 4/08, 55).

Terminologisch besteht seit dem 1.7.2016 allerdings ein wesentlicher Unterschied: 53 Das land- und forstwirtschaftliche Vermögen, das Betriebsvermögen und die Anteile an Kapitalgesellschaften werden seit dem 1.7.2016 als „*begünstigungsfähiges Vermögen*" bezeichnet (§ 13b Abs. 1 ErbStG). Bis zum 30.6.2016 hat der Gesetzgeber diese drei Vermögensarten noch als begünstigtes Vermögen angesehen (§ 13b Abs. 1 ErbStG a. F.: „*Zum begünstigten Vermögen gehören vorbehaltlich Absatz 2 (...)*").

Seit dem 1.7.2016 ist das land- und forstwirtschaftliche Vermögen, das Betriebs- 54 vermögen und die Anteile an Kapitalgesellschaften (nur noch) das „*begünstigungsfähige Vermögen*" (§ 13b Abs. 1 ErbStG) Das „*begünstigte Vermögen*" wird seit dem 1.7.2016 völlig neu definiert. Das „*begünstigte Vermögen*" ist (vereinfacht) das begünstigungsfähige Vermögen abzüglich des (Netto-)Verwaltungsvermögens (§ 13b Abs. 2 ErbStG).

Das **BVerfG** hat in seiner Entscheidung die Abgrenzung zwischen begünstigtem 55 Vermögen (i. S. v. § 13b Abs. 1 ErbStG a. F.) und nicht nicht begünstigten Vermögen nicht beanstandet (BVerfG, Urt. v. 17.12.2014, 1 BvL 21/12, Rz. 177 ff., BVerfGE 138, 136 = BStBl II 2015, 50) Für den Gesetzgeber bestand somit kein zwingender Handlungsbedarf.

Das **BVerfG** hat in seiner Entscheidung die Abgrenzung zwischen begünstigtem 56 Vermögen (i. S. v. § 13b Abs. 1 ErbStG a. F.) und nicht nicht begünstigten Vermögen nicht beanstandet (BVerfG, Urt. v.17.12.2014, 1 BvL 21/12, Rz. 177 ff., BVerfGE 138, 136 = BStBl II 2015, 50). Für den Gesetzgeber bestand somit kein zwingender Handlungsbedarf.

Die urspünglichen Überlegungen der Bundesregierung, Anteile an gewerblich ge- 57 prägten Personengesellschaften und bestimmten Holdinggesellschaften aus dem begünstigungsfähigen Vermögen auszuklammern haben sich nicht durchgesetzt (siehe BT-Drs. 18/5923, S. 26 und BR-Drss. 353/15, 14).

4.2 Land- und forstwirtschaftliches Vermögen (§ 13b Abs. 1 Nr. 1 ErbStG)

58 Ausgewählte Hinweise auf weiterführende Literatur:
Bruschke, Der Liquidationswert bei der Bewertung land- und forstwirtschaftlichen Vermögens, ErbStB 2011, 317; *Bruschke*, Die Bewertung des LuF-Vermögens für die Erbschaft- und Schenkungsteuer, ErbStB 2009, 320; *von Cölln*, Bewertung des forstwirtschaftlichen Vermögens für Zwecke der Erbschaft- und Schenkungsteuer, ZEV 2011, 182; *Eisele*, ErbStRG: Bewertung des land- und forstwirtschaftlichen Vermögens, NWB 51/2009, S. 3997; *Halaczinsky*, Bewertung land- und forstwirtschaftlicher Betriebe, ErbStB 2009, 130; *Hutmacher*, Bedarfsbewertung des land- und forstwirtschaftlichen Vermögens bei der Übertragung einer verpachteten landwirtschaftlichen Einheit, ZNotP 2014, 380; *Hutmacher*, Das land- und forstwirtschaftliche Vermögen bei der Erbschaft- und Schenkungsteuer, ZNotP 2014, 176; *Hutmacher*, Die Übertragung des landwirtschaftlichen Betriebs, ZNotP 2011, 211; *Hutmacher*, Die Bewertung und Besteuerung von land- und forstwirtschaftlichem Vermögen, ZEV 2009, 22; *Krause*, Grundbesitzbewertung von Betrieben der Land- und Forstwirtschaft – der Wirtschaftsteil, NWB 5/2014, 271; *Jäckel*, Bewertung und Besteuerung des land- und forstwirtschaftlichen Vermögens, FR 2009, Beilage zu Heft 11, S. 33; *Krause*, Grundbesitzbewertung von Betrieben der Land- und Forstwirtschaft – der Wirtschaftsteil, NWB 3/2014, 110.

59 Zum begünstigungsfähigen Vermögen gehört der "*inländische* Wirtschaftsteil des land- und forstwirtschaftlichen Vermögens (§ 168 Abs. 1 Nr. 1 BewG)"(§ 13b Abs. 1 Nr. 1 ErbStG, und zuvor § 13b Abs. 1 Nr. 1 ErbStG, dazu R E 13b.4 ErbStR 2011). Die Vorschrift ist seit dem 1.1.2009 inhaltlich weitgehend unverändert.

60 Der Wirtschaftsteil des land- und forstwirtschaftlichen Betriebs umfasst die land- und forstwirtschaftlichen Nutzungen (§§ 160 Abs. 2 Nr. 1, 169 ff. BewG), die Nebenbetriebe (§§ 160 Abs. 2 Nr. 2, 160 Abs. 3 BewG) sowie das Abbauland, das Geringland und das Unland (§§ 160 Abs. 2 Nr. 3, 160 Abs. 4, 160 Abs. 5 und 160 Abs. 6 BewG). – Siehe dazu etwa FG Düsseldorf v.24.7.2014, 11 K 4587/12 BG: Keine land- und forstwirtschaftliche Nutzung bei Haltung von Pferden zu Hobbyzwecken und Erzeugung von Futter für diese Pferde).

61 Betriebswohnungen (§§ 168 Abs. 1 Nr. 2, 160 Abs. 1 Nr. 2, 160 Abs. 8 BewG) und der Wohnteil des Betriebs (§§ 168 Abs. 1 Nr. 3, 160 Abs. 1 Nr. 3, 160 Abs. 9 BewG) gehören nicht zum begünstigungsfähigen Vermögen (R E 13b.4 Abs. 3 ErbStR 2011).

62 Nicht begünstigt sind **Stückländereien** (§ 13b Abs. 1 Nr. 1 ErbStG, §§ 168 Abs. 2, 160 Abs. 7 BewG; siehe dazu BT-Drs. 16/11107, 13). Stückländereien sind „*einzelne land- und forstwirtschaftlich genutzte Flächen, bei denen die Wirtschaftsgebäude oder die Betriebsmittel oder beide Arten von Wirtschaftsgütern nicht dem Eigentümer des Grund und Bodens gehören, sondern am Bewertungsstichtag für mindestens 15 Jahre einem anderen Betrieb der Land- und Forstwirtschaft zu dienen bestimmt sind*" (§ 160 Abs. 7 Satz 2 BewG; siehe R E 13b.4 Abs. 3 S. 2 ErbStR 2011 und OFD Karlsruhe v. 24.1.2013, ZEV 2013, 412; OFD Frankfurt am Main v. 2.11.2012, DStR 2013, 470).

63 Zum begünstigungsfähigen Vermögen gehören neben dem Wirtschaftsteil auch „selbst bewirtschaftete Grundstücke" (§ 159 BewG) (§ 13b Abs. 1 Nr. 1 BewG;

siehe dazu Bayerisches Landesamt für Steuern v. 13.11.2015, DStR 2016, 414 = ZEV 2016, 56). Grundstücke, die bewertungsrechtlich dem Grundvermögen zuzurechnen sind (z. B. Bauland), sind somit nur noch dann begünstigungsfähig, wenn sie selbst bewirtschaftet werden. Im Fall der Vermietung oder Verpachtung ist eine Begünstigung generell ausgeschlossen. Die Selbstbewirtschaftung muss im Zeitpunkt der Entstehung der Steuer (§ 9 ErbStG) erfolgen und vom Erwerber auch fortgeführt werden. Die spätere Aufgabe der Selbstnutzung stellt einen Nachsteuertatbestand dar (§ 13a Abs. 6 Satz 1 Nr. 2 S. 2 ErbStG, zuvor § 13 Abs. 5 S. 1 Nr. 2 S. 2 ErbStG a. F.).

Auf die ertragsteuerrechtliche Beurteilung als land- und forstwirtschaftliches Betriebsvermögen kommt es nicht an (R E 13b.4 Abs. 1 S. 2 und Abs. 4 S. 3 ErbStR 2011). Maßgebend sind die Kriterien des **Bewertungsgesetzes** (§§ 158 ff. BewG). Die Begünstigung ist (seit dem 1.1.2009) somit unabhängig davon möglich, ob das Vermögen ertragsteuerrechtlichlich zum Betrieb einer Land- und Forstwirtschaft gehört. 64

Nach dem Gesetzeswortlaut ist es nicht notwendig, dass das land- und forstwirtschaftliche Vermögen im Zusammenhang mit dem Erwerb eines ganzen Betriebs, eines Teilbetriebs oder einer Beteiligung an einer land- und forstwirtschaftlich tätigen Gesellschaft auf den Erwerber übergeht (Umkehrschluss zu § 13b Abs. 1 Nr. 2 ErbStG und zu § 13a Abs. 4 Nr. 2 ErbStG a.F.). Die Finanzverwaltung ist gleichwohl der Auffassung, dass der Erwerb des Wirtschaftsteils eines land- und forstwirtschaftlchen Vermögens nur bei Erwerb eines **Betriebes** begünstigungsfähig ist (R E 13b Abs. 4 Satz 1 ErbStR 2011). Die Übertragung von Teilbetrieben oder einzelnen Wirtschaftsgütern ist nicht begünstigungsfähig (R E 13b.4 Abs. 4 Satz 2 ErbStR 2011). 65

Das land- und forstwirtschaftliche Vermögen muss vom Erblasser bzw. Schenker auf den Erwerber übergehen und in der Hand des Erwerbers auch land- und forstwirtschaftliches Vermögenbleiben. Der Erwerber muss den Betrieb **fortführen**. 66

Land- und forstwirtschaftliches Vermögen ist auch dann begünstigungsfähig, wenn es einer Betriebsstätte in einem **EU-/EWR-Mitgliedsstaat** dient (§ 13b Abs. 1 Nr. 1 aE ErbStG, zuvor § 13b Abs. 1 Nr. 1 aE ErbStG a.F., dazu R E 13b.4 Abs. 2 ErbStR 2011). Die Gleichbehandlung ist europarechtlich geboten (EuGH, v. 17.1.2008, Rs.-C 256/06 (*Theodor Jäger gegen Finanzamt Kusel-Landstuhl*), IStR 2008, 144 = ZEV 2008, 87 mit Anm. Gottschalk = DStRE 2008, 174). Den Steuerpflichtigen treffen in diesen Fällen allerdings erhöhte Nachweispflichten (§ 13a Abs. 8 ErbStG). 67

einstweilen frei 68–70

4.3 Betriebsvermögen (§ 13b Abs. 1 Nr. 2 ErbStG)
Ausgewählte Hinweise auf weiterführende Literatur: 71

Dorn, Erbschaftsteuerliche Begünstigung der Übertragung einer Beteiligung an einer Zebragesellschaft?, ZEV 2013, 372; *Dorn*, Beteiligungen an anderen Unternehmen – erbschaftsteuerliche Begünstigung von Betriebsvermögen, BB 2013, 993; *Esskandari*, Zum Betriebsvermögen i.S.v. § 13b Abs. 1 Nr. 2 ErbStG, ErbStB 2012, 306; *Geck*, Die unentgeltliche lebzeitige Übertragung von Anteilen an gewerblich geprägten Personengesellschaften nach der Erbschaftsteuerreform, ZEV 2009, 601; *Götz*, Schenkungsteuerliche Risiken im Hinblick auf den Quotennießbrauch bei Mitunternehmeranteilen?, ZEV 2013, 430; *Levedag*, Anwendung der Bewertungs- und Verschonungsregelungen des BewG und des ErbStG auf inländische gewerbliche Personengesellschaften, GmbHR 2011, 1306; *Levedag*, Vorweggenommene Erbfolge in Personengesellschaften am Beispiel der GmbH & Co. KG, GmbHR 2010, 855; *Noll*, Schenkungsteuerliche Fragen bei der Übertragung von Anteilen an Personengesellschaften im Lichte aktueller Entwicklungen, in: Festschrift für Harald Schaumburg, 2009, S. 1025 ff.; *Piltz/Stalleiken*, Gesellschafterfremdfinanzierung in der Erbschaftsteuer: Gravierende Rechtsformunterschiede zwischen GmbH und KG/OHG, ZEV 2011, 67; *Wälzholz*, Steuerliche Folgen der Vererbung von Anteilen an Personengesellschaften, mit Hinweisen für die notarielle Gestaltungspraxis, notar 2015, 39.

4.3.1 Überblick

72 Zum begünstigungsfähigen Vermögen gehört das "*inländische Betriebsvermögen*" (*§§ 95 bis 97 Abs. 1 Satz 1 BewG*). (§ 13b Abs. 1 Nr. 2 ErbStG, und zuvor § 13b Abs. 1 Nr. 2 ErbStG a.F., dazu R E 13b.5 ErbStR 2011) Die Vorschrift ist seit dem 1.1.2009 inhaltlich weitgehend unverändert.

73 Das **Betriebsvermögen** in diesem Sinne umfasst alle Teile eines Gewerbebetriebs (§ 95 BewG, § 15 Abs. 1 und 2 EStG), die freien Berufe (§ 96 BewG, § 18 Abs. 1 Nr. 1 EStG) und Anteile an Personengesellschaften (§ 97 Abs. 1 S. 1 Nr. 5 BewG) (zur Begünstigung des Erwerbs von einem künstlerischen Vermögen siehe BFH v.27.5.2009, II R 53/07, DStR 2009, 2046).

74 Im Rahmen der Erbschaftsteuerreform 2016 (BGBl I 2016, 2464 = BStBl I 2016, 1202) war ursprünglich vorgesehen, die Begünstigung des Erwerbs von Anteilen an **gewerblich geprägten Personengesellschaften** und Holdinggesellschaften einzuschränken (siehe BT-Drs. 18/5923, 26 und BR-Drs. 353/15, 14). Diese Vorschläge sind allerdings nicht Gesetz geworden. Demnach gehören Anteile an gewerblich geprägten Personengesellschaften (§ 15 Abs. 3 Nr. 2 EStG, § 97 Abs. 1 S. 1 Nr. 5 BewG) unverändert zum begünstigungsfähigen Vermögen (R E 13b.5 Abs. 1 S. 3 ErbStR 2011;Siehe aber die Einschränkungen für gewerblich geprägte Personengesellschaften in anderem Zusammenhang, z.B. bei § 13b Abs. 4 Nr. 5 S. 4 und 5 und § 13b Abs. 5 ErbStG)). In der Praxis ist darauf zu achten, dass die gewerbliche Prägung erst mit der Eintragung der Personengesellschaft in das Handelsregister beginnt (BFH v. 4.5.2016, II R 18/15, BFH/NV 2016, 1565 = GmbHR 2016, 1174 = BB 2016, 2662 mit Anm. *Heinmüller* = ErbStB 2016, 327 mit Anm. *Heinrichshofen*).

75 Betriebsvermögen ist unverändert nur begünstigungsfähig beim Erwerb eines **ganzen Gewerbebetriebs**, eines Teilbetriebs, eines Anteils an einer Personengesellschaft, eines Anteils eines persönlich haftenden Gesellschafters einer Kommanditgesellschaft auf Aktien oder eine Anteils daran (§ 13b Abs. 1 Nr. 2 ErbStG, zuvor § 13b Abs. 1 Nr. 2 ErbStG a.F., dazu R E 13b.5 Abs. 1 ErbStR 2011).

76 Maßgebend sind insoweit die Grundsätze des **Ertragsteuerrechts**.

Begünstigtes Vermögen § 13b

Das Betriebsvermögen muss beim Erblasser bzw. Schenker bestehen, als solches auf den Erwerber übergehen und beim Erwerber Betriebsvermögen bleiben (R E 13b.5 Abs. 1 Satz 1 ErbStR 2011). Die Eigenschaft als Betriebsvermögen muss somit durchgängig und ununterbrochen bestehen. Der Erwerber muss das Betriebsvermögen **fortführen**.

Die **mittelbare Schenkung** von Betriebsvermögen ist grundsätzlich begünstigt (R E 13b.2 Abs. 2 Satz 1 ErbStR 2011). Dies gilt allerdings nur, wenn der Schenker dem Beschenkten einen Geldbetrag mit der Auflage zuwendet, sich damit am begünstigten Vermögen des Schenkers zu beteiligen. Nicht begünstigt ist dagegen die Beteiligung am Vermögen eines Dritten (R E 13b.2 Abs. 2 S. 2 ErbStR 2011, und FG Hessen, v. 22.3.2016, 1 K 2014/14, Az. BFH II R 18/16, EFG 2016, 1277 mit Anm. *Neu*). 77

Grundstücke gehören zum begünstigungsfähigen Vermögen, wenn sie ertragsteuerrechtlich zum Betriebsvermögen gehören (R E 13b.5 Abs. 2 ErbStR 2011). Die Finanzverwaltung geht allerdings davon aus, dass Grundstücke, die (fast) ausschließlich der privaten Lebensführung dienen, niemals begünstigt sind. Das selbstgenutzte Familienwohnheim wird als notwendiges Privatvermögen angesehen und gehört nicht zum begünstigungsfähigen Betriebsvermögen. 78

Nach dem Gesetzeswortlaut kommt es beim Erwerb von Betriebsvermögen (anders als bei Anteilen an Kapitalgesellschaften, § 13b Abs. 1 Nr. 3 ErbStG) nicht darauf an, ob der Erblasser bzw. Schenker an dem Betrieb bzw. der Gesellschaft unmittelbar (oder nur mittelbar) beteiligt ist. Gleichwohl hat die Finanzverwaltung in der Vergangenheit die Begünstigung von Betriebsvermögen in Fällen einer nur mittelbaren Beteiligung immer wieder abgelehnt. Diese Auffassung war unzutreffend und wurde zwischenzeitlich aufgegeben (zur Übertragung treuhänderisch gehaltener Vermögensgegenstände siehe Bayerisches Landesamt für Steuern, Verfügung vom 14.1.2013, DStR 2013, 708 =DB 2013, 206, und zur Übertragung von atypischen Unterbeteiligungen und atypisch stillen Beteiligungen siehe Bayerisches Landesamt für Steuern, Verfügung vom 14.1.2013, DStR 2013, 363 = DB 2013, 261; FinMin Bayern v. 21.3.2012, DStR 2012, 1033. – Ausführlich zum Ganzen u. a. Richter/Fürwentsches, DStR 2010, 2070; Riedel, ZErb 2011, 208). 79

Zum begünstigungsfähigen Betriebsvermögen gehören sowohl unmittelbare als auch mittelbare Beteiligungen. Begünstigt ist damit grundsätzlich auch der Erwerb von **treuhänderisch** gehaltenen Beteiligungen, **atypisch stillen Beteiligungen** und **atypischen Unterbeteiligungen**. In allen Fällen kommt es alleine darauf an, ob ertragsteuerrechtlich Betriebsvermögen vorliegt und dieses als solches auf den Erwerber übergeht. 80

Zum begünstigungsfähigen Betriebsvermögen gehört auch **Sonderbetriebsvermögen**. Die Begünstigung setzt voraus, das Sonderbetriebsvermögen zusammen mit dem Anteil an der Personengesellschaft (wenngleich nicht notwendigerweise in gleichem Umfang) übertragen wird (im Einzelnen R E 13b.5 Abs. 3 S. 5 ff. ErbStR 2011). Maßgebend sind auch insoweit die ertragsteuerrechtlichen Grundsätze zur Buchwertfortführung bei der Übertragung von Mitunternehmeranteilen (§ 6 Abs. 3 EStG). 81

82 **Nicht begünstigt** ist dagegen die isolierte Übertragung von Sonderbetriebsvermögen (R E 13b.5 Abs. 3 S. 9 ErbStR 2011, und FG Münster v. 22.10.2015, 3 K 1776/12, ZEV 2016, 114 = EFG 2016, 215 mit Anm. *Deimel* = ErbStB 2016, 42 mit Anm. *Kirchstein* = GmbHR 2016, 326 mit Anm. *Briese*; FG München v. 30.5.2012, 4 K 2398/09, DStRE 2013, 668; dazu auch OFD Frankfurt am Main v. 14.11.2011, DStR 2012, 1088 = ZEV 2012, 287).

4.3.2 Nießbrauchsgestaltungen bei Betriebsvermögen

83 **Ausgewählte Hinweise auf weiterführende Literatur:**

Altendorf/Köcher, Nießbrauch an (mitunternehmerischem) Personengesellschaftsanteil, GmbH-StB 2013, 13; *Baßler*, Nießbrauchsbelastete Anteile in der Umstrukturierung von Familiengesellschaften, Ubg. 2011, 863; *Escher*, Schenkung unter Vorbehalt – einkommen- und erbschaftsteuerliche Konsequenzen, FR 2008, 985; *Fleischer*, Nochmals: Schenkung einer mitunternehmerischen Beteiligung unter Vorbehalt eines Nießbrauchs, DStR 2013, 902; *Fleischer*, Aktuelle Entwicklungen zum Stimmrecht des Nießbrauchers am Anteil einer Personengesellschaft im Zivil-, Ertrag- und Erbschaftsteuerrecht, ZEV 2012, 466; *Geck*, Die steuerlichen Rahmenbedingungen der vorweggenommenen Erbfolge 2003 bis 2013 – ein Rückblick auf ereignisreiche Jahre, ZEV 2013, 169; *Geck*, Die Übertragung unter Nießbrauchsvorbehalt nach Aufhebung des § 25 ErbStG durch das ErbStRG, DStR 2009, 1005; *Götz*, Schenkungsteuerliche Risiken im Hinblick auf den Quotennießbrauch bei Mitunternehmeranteilen?, ZEV 2013, 430; *Götz*, Zivilrechtliche und steuerliche Sonderzuordnung des Gesellschaftsanteils bei Bestellung eines Quotennießbrauchs am Anteil einer Personengesellschaft?, ZEV 2014, 241; *Götz/Hülsmann*, Surrogation beim Vorbehaltsnießbrauch: Zivilrechtliche und schenkungsteuerliche Aspekte, DStR 2010, 2377; *Götz/Hülsmann*, Surrogation beim Vorbehaltsnießbrauch: Ertragsteuerliche Aspekte, DStR 2010, 2432; *Götz/Jorde*, Nießbrauch an Personengesellschaftsanteilen – Praxisprobleme, FR 2003, 998; *Götz/Jorde*, Nießbrauch an Personengesellschaftsanteilen – Vertragsklauseln und ihre Tücken, ZErb 2011, 365; *Ivens*, Ertrags- und Verwaltungsvorbehalte bei vorweggenommener Erbfolge in Personengesellschaftsanteile, ZErb 2011, 76; *Jülicher*, Nießbrauch ist nicht gleich Nießbrauch – Vorbehaltsnießbrauch und Erbschaftsteuerplanung, DStR 2001, 1200; *Kleinert/Geuß*, Schenkung einer mitunternehmerischen Beteiligung unter Vorbehalt oder Zuwendung eines (Quoten-)Nießbrauchs, DStR 2013, 288; *Klümpen-Neusel/Kaiser*, Die Stellung als Mitunternehmer bei Vorbehaltsnießbrauch, ErbStB 2014, 14; *Krauß/Meichelbeck*, Unternehmensnachfolge bei minderjährigen Kindern, Schenkung einer atypischen Unterbeteiligung mit (abschmelzendem) Nießbrauchsvorbehalt, DB 2015, 2114; *Küspert*, Der Nießbrauch am Personengesellschaftsanteil, FR 2014, 397; *Mielke*, Steuerliche Folgen des Todes des Nießbrauchs-Mitunternehmers, DStR 2014, 18; *Milatz/Bockhoff*, Gestaltungen bei bestehendem Vorbehaltsnießbrauch, ErbStB 2013, 384; *Neufang/Merz*, Einkommen- und erbschaft- bzw. schenkungsteuerliche Folgen bei Wegfall des Nießbrauchs, DStR 2012, 939; *von Oertzen/Stein*, Vorbehaltsnießbrauch an mitunternehmerischen Personengesellschaftsanteilen – Probleme in der laufenden steuerlichen Behandlung, Ubg. 2012, 285; *Seifried*,

Neue BFH-Rechtsprechung zum Anteilsbegriff im Sinne der §§ 13a, 13b ErbStG, DStR 2012, 274; *Stalleiken/Hennig*, Der „weitergeleitete" Nießbrauch an den überlebenden Ehegatten in der vorweggenommenen Erbfolge, FR 2015, 389; *Wälzholz*, Aktuelle steuerliche Gestaltungsprobleme des mitunternehmerischen Nießbrauchs am Anteil einer Personengesellschaft, DStR 2010, 1930; *Wälzholz*, Aktuelle Gestaltungsprobleme des Nießbrauchs am Anteil an einer Personengesellschaft, DStR 2010, 1786.

Die Übertragung von Betriebsvermögen unter Nießbrauchsvorbehalt ist grundsätzlich begünstigt, wenn der Erblasser bzw. Schenker Mitunternehmer war **und** der Erwerber Mitunternehmer wird. Dies gilt auch in den Fällen eines Quotennießbrauchs. Der Erwerber muss die Mitunternehmerstellung gerade aufgrund des erworbenen Gesellschaftsanteils erlangen (und nicht auf sonstige Weise, z. B. aufgrund eines ihm bereits zuvor gehörenden Gesellschaftsanteils). Die Einheitlichkeit der Mitunternehmerstellung ändert daran Nichts. 84

Die Mitunternehmerstellung richtet sich dabei nach allgemeinen Grundsätzen des **Ertragsteuerrechts**. 85

Die Rechtsprechung musste in zahlreichen Entscheidungen zur steuerlichen Begünstigung des Erwerbs von Mitunternehmeranteilen unter **Vorbehaltsnießbrauch** Stellung nehmen. 86

Bei einem **(typischen)** Vorbehaltsnießbrauch, der dem gesetzlichen Regelungsmodell entspricht (§§ 1068 ff., 1030 ff. BGB) wird der Erwerber Mitunternehmer, so dass begünstigungsfähiges Betriebsvermögen vorliegt.

Bei einem **(atypischen)** Vorbehaltsnießbrauch, der von dem gesetzlichen Regelungsmodell (zu Gunsten des Schenkers und zu Lasten des Erwerbers) abweicht, kommt es vor allem darauf an, ob der Erwerber tatsächlich Mitunternehmer wird (R 15.8 EStR und grundlegend BFH v. 1.3.1994, VIII R 35/92, BStBl II 1995, 241).

Die Mitunternehmerstellung des Erwerbers scheitert in diesen Fällen oftmals an der fehlenden Mitunternehmerinitiative, weil faktisch „alles beim Alten" bleibt. Maßgebend ist dabei stets eine Gesamtbetrachtung aller Umstände des jeweiligen Einzelfalls. Neben der inhaltlichen Ausgestaltung des Vorbehaltsnießbrauchs ist vor allem auch von Bedeutung, welche sonstige Rechte sich der Schenker vertraglich vorbehalten hat (z. B. Rückforderungsrechte, Vetorechte, Mehrfachstimmrechte)." 87

In der Praxis erteilen die Erwerber dem Schenker vielfach eine **Stimmrechtsvollmacht**. Dies wird regelmäßig als ein entscheidendes Indiz gegen die Mitunternehmerstellung des Erwerbers gewertet. Der Umstand, dass die Vollmacht keine verdrängende Wirkung hat und (zumindest aus wichtigem Grund) jederzeit widerruflich ist, soll daran nichts ändern (FG Düsseldorf v.24.8.2016, 4 K 3250/15 Erb, Az. BFH II R 34/16, ErbStB 2016, 329 mit Anm. *Grootens* = ZEV 2016, 663 mit Anm. *Beck/Philipp*). 88

Die grundlegenden **Entscheidungen des BFH** zur steuerlichen Begünstigung des Erwerbs von Mitunternehmeranteilen unter Vorbehaltsnießbrauch sind nachfolgend aufgeführt: 89

§ 13b   Begünstigtes Vermögen

- BFH v. 6.5.2015, II R 34/13, BStBl II 2015, 821 = DStR 2015, 1799 = DB 2015, 1817 = ZEV 2015, 543 = GmbHR 2015, 1001 = BB 2015, 2470 mit Anm. *Kotzenberg* = MittBayNot 2016, 188 mit Anm. *Ihle* (keine Steuerbegünstigung bei Übertragung eines Kommanditanteils unter Nießbrauchsvorbehalt, wenn sich der Schenker die Ausübung der Stimmrechte auch in Grundlagengeschäften vorbehält).
- BFH v. 6.5.2015, II R 35/13, BFH/NV 2015, 1412 (keine Steuerbegünstigung bei Übertragung eines Kommanditanteils unter Nießbrauchsvorbehalt, wenn sich der Schenker die Ausübung der Stimmrechte auch in Grundlagengeschäften vorbehält).
- BFH v. 6.5.2015, II R 36/13, BFH/NV 2015, 1414 (keine Steuerbegünstigung bei Übertragung eines Kommanditanteils unter Nießbrauchsvorbehalt, wenn sich der Schenker die Ausübung der Stimmrechte auch in Grundlagengeschäften vorbehält).
- BFH v.4.5.2016,II R 18/15, ZEV 2016, 603 = GmbHR 2016, 1174 = BFH/NV 2016, 1565 = BB 2016, 2662 mit Anm. *Heinmüller* = ErbStB 2016, 327 mit Anm. *Heinrichshofen* (keine Steuerbegünstigung bei Übertragung eines Anteils an einer vermögensverwaltenden, gewerblich geprägten Personengesellschaft unter Nießbrauchsvorbehalt).
- BFH v. 1.10.2014, II R 40/12, BFH/NV 2015, 500 (keine Steuerbegünstigung bei Übertragung eines Kommanditanteils unter Nießbrauchsvorbehalt, wenn aufgrund des Nießbrauchs die Stimm- und Mitverwaltungsrechte dem Beschenkten zustehen).
- BFH v. 1.10.2014, II R 43/14, BFH/NV 2015, 502 (keine Steuerbegünstigung bei Übertragung eines Kommanditanteils unter Nießbrauchsvorbehalt, wenn aufgrund des Nießbrauchs die Stimm- und Mitverwaltungsrechte dem Beschenkten zustehen).
- BFH v. 18.9.2013, II R 63/11, BFH/NV 2014, 349 = GmbHR 2014, 270 mit Anm. *Milatz* (Keine Verschonung beiSchenkung eines Anteils an einer vermögensverwaltenden Gesellschaft des bürgerlichen rechts unter Nießbrauchsvorbehalt).
- BFH v. 16.5.2013, II R 5/12, BStBl II 2013, 635 = DStR 2013, 1380 = ZEV 2013, 409 = BFH/NV 2013, 1323 = GmbHR 2013, 839 = DB 2013, 1825 = MittBayNot 2013, 509 mit Anm. *Viskorf/Jehle* = ZErb 2013, 276 mit Anm. *Jülicher* = BB 2013, 2022 mit Anm. *Gemeinhardt* (Übertragung von Mitunternehmeranteilen unter Vorbehalt eines Quotennießbrauchs). – Ausführlich dazu Götz, ZEV 2014, 241; *Götz*, ZEV 2013, 430; *Klümpen-Neusel/Kaiser*, ErbStB 2014, 14.
- BFH v.23.2.2010, II R 42/08, BStBl II 2010, 555 = DB 2010, 932 = DStR 2010, 868 = BB 2010, 1260 mit Anm. *Seifried* = ZEV 2010, 320 (Verschonung bei Übertragung eines Mitunternehmeranteils unter Vorbehaltsnießbrauch). Ausführlich dazu *Hochheim/Wagenmann*, DStR 2010, 1707.
- BFH v. 10.12.2008, II R 34/07, BStBl II 2009, 312 = DStR 2009, 321 = DB 2009, 380 = ZEV 2009, 149 mit Anm. *Götz* = GmbHR 2009, 386 = ZErb 2009, 125 mit Anm. *Jülicher* = NZG 2009, 398 = FamRZ 2009, 696 (keineVerschonung mangels

Mitunternehmerinitiative der beschenkten Kinder, wenn die Nießbraucher die Gesellschafterrechte der Kinder wahrnehmen und die Kinder den Eltern vorsorglich eine Stimmrechtsvollmacht erteilen).
- BFH v. 8.10.2008, II B 107/08, ZEV 2008, 611 (zum Grundsatz der Einheitlichkeit der Mitunternehmerstellung bei Erwerb eines weiteren Kommanditanteils unter Vorbehaltsnießbrauch).
- BFH v. 14.02.2007, II R 69/05, BStBl II 2007, 443 = DStR 2007, 669 = DB 2007, 1007 = ZEV 2007, 292 mit Anm. *Meincke* = MittBayNot 2007, 524 mit Anm. *Wälzholz* = NZG 2007, 956 (Steuerliche Verschonung nur dann, wenn es sich sowohl beim Schenker als auch beim Erwerber um begünstigtes Vermögen handelt).

Bei der Einräumung eines **Zuwendungsnießbrauchs** an Betriebsvermögen richtet sich die steuerliche Begünstigung gleichfalls nach ertragsteuer-rechtlichen Grundsätzen. Der Erwerb ist demnach dann begünstigt, wenn der Erwerber Mitunternehmer wird. Mitunternehmer kann auch sein, wenn nur Nießbraucher (und nicht auch Gesellschafter) ist (BFH v. 1.9.2011, II R 67/09, BStBl II 2013, 210 = BFH/NV 2011, 2066 = GmbHR 2011, 1331 = DStRE 2012, 38 = DB 2013, 328 – Zustimmend die FinVerw, Gleich lautende Erlasse der obersten Finanzbehörden der Länder v. 2.11.2012, BStBl I 2012, 1101 – Ausführlich dazu *Eisele*, NWB 51/2012, S. 4151; *Viskorf/Haag*, ZEV 2012, 24; *Seifried*, DStR 2012, 274; *Stein*, DStR 2013, 567).

Gestaltungshinweis:

In der **Praxis** sollte gleichwohl geprüft werden, ob dem Zuwendungsnießbraucher nicht (vorsorglich) auch ein Zwerganteil an der Gesellschaft eingeräumt werden kann. Dann ist der Nießbraucher nicht nur Mitunternehmer (i. S. d. Steuerrechts) Ertragsteuerrechts, sondern auch Gesellschafter (im Sinne des Zivilrechts), so dass der Erwerb zweifelsfrei begünstigt ist.

4.3.3 Betriebsvermögen im Ausland

Ausgewählte Hinweise auf weiterführende Literatur:

Baßler, Beschränkte Erbschaftsteuerpflicht beim Erwerb von Anteilen an inländischen Kapitalgesellschaften, ZEV 2014, 469; *Bron*, Der Brexit in der Nachfolgeplanung, ErbStB 2016, 177; *Corsten/Führich*, Europarechtliche Aspekte der Erbschaftsteuerreform, ZEV 2009, 481; *Gottschalk*, Internationale Unternehmensnachfolge: Ausgewählte Probleme der Steuerbefreiung des Produktivvermögens bei Auslandsberührung, ZEV 2010, 493; *Gottschalk*, Internationale Unternehmensnachfolge: Qualifikation ausländischer Erwerbe und Bewertungen von Produktivvermögen mit Auslandsberührung, ZEV 2009, 157; *Hecht/von Cölln*, Auswirkungen des Erbschaftsteuerreformgesetzes auf die Bewertung von ausländischem Grundbesitz, BB 2009, 1212; Hey, Erbschaftsteuer: Europa und der Rest der Welt, DStR 2011, 1149; *Jülicher*, Praxisprobleme im internationalen Erbschaftsteuerrecht, BB 2014, 1367; *Kaminski*, Ausgewählte Gestaltungsüberlegungen zur Begrenzung der Belastung mit ausländischer Erbschaftsteuer, Stbg. 2013, 216; *Ley*, Das Erbschaftsteuerrecht in der EU, FamRZ 2014, 345; *von Oertzen/Stein*, Die Sicherung erbschaftsteuerlicher

Vergünstigungen für Drittstaaten-Personengesellschaften durch Organschaften, Ubg. 2011, 353; *Peter,* Einbeziehung ausländischer Kapitalgesellschaftsanteile in die beschränkte deutsche Erbschaftsteuerpflicht unter besonderer Berücksichtigung des US-Nachlasssteuerrechts, ZEV 2014, 475; *Regierer/Vosseler,* Brexit – Konsequenzen für unentgeltliche Vermögensübertragungen, ZEV 2016, 473; *Siemers,* Die internationale Unternehmerfamilie – Herausforderungen aus steuerlicher Sicht, IStR 2015, 598; *Schmidt/Siegmund,* Erbschaftsteuerliche Begünstigung für Unternehmensvermögen im Drittland?, DStZ 2012, 427; *Wernsmann,* Internationale Doppelbesteuerung als unionsrechtliches Problem, zum Beispiel grenzüberschreitender Erbschaften und Schenkungen, in: Festschrift für Manfred Bengel und Wolfgang Reimann, 2012, S. 371 ff.; *Wulf,* Begünstigte Übertragung von Anteilen an Drittlands-Kapitalgesellschaften nach dem ErbStG?, AG 2012, 710; *Wrede,* Europarecht und Erbschaftsteuer. Zur Frage der Vereinbarkeit des deutschen Erbschaftsteuerrechts mit dem Recht der Europäischen Union, 2014; *Wünsche,* Die Abgrenzung der Grundfreiheiten bei der Vererbung von Drittstaatenvermögen – Die Entscheidung Scheunemann im Kontext der bisherigen Rechtsprechung, IStR 2012, 785.

93 Betriebsvermögen ist auch dann begünstigungsfähig, wenn es einer Betriebsstätte in einem **EU-/EWR-Mitgliedsstaat** dient (§ 13b Abs. 1 Nr. 2 aE ErbStG, zuvor § 13b Abs. 1 Nr. 2 aE ErbStG a.F., dazu R E 13b.4 Abs. 4 ErbStR 2011 und die tabellarische Übersicht in H E 13b.5 ErbStR 2011). Die Gleichbehandlung ist europarechtlich geboten. Den Steuerpflichtigen treffen in diesen Fällen allerdings erhöhte Nachweispflichten (§ 13a Abs. 8 ErbStG).

94 Die Regelung wurde im Rahmen der **Erbschaftsteuerreform 2016** (BGBl I 2016, 2464 = BStBl I 2016, 1202) nicht geändert. Gleichwohl wurde die Begünstigung in dem Bericht des Finanzausschusses nochmals wie folgt begründet (BT-Drs. 18/8911, 40):

„Neben inländischem Betriebsvermögen ist auch entsprechendes Betriebsvermögen begünstigungsfähig, das einer Betriebstätte in einem Mitgliedstaat der Europäischen Union oder in einem Staat des Europäischen Wirtschaftsraums dient. Nicht begünstigungsfähig ist der Erwerb ausländischen Betriebsvermögens in Drittstaaten. Hierzu gehört auch das Betriebsvermögen von Gewerbebetrieben, deren wirtschaftliche Einheit sich ausschließlich auf Drittstaaten erstreckt und das Vermögen einer in einem Drittstaat belegenen Betriebsstätte eines inländischen Gewerbebetriebs, eines Betriebs in einem Mitgliedstaat der Europäischen Union oder in einem Staat des Europäischen Wirtschaftsraums. Begünstigungsfähig ist dagegen ausländisches Betriebsvermögen in Drittstaaten, wenn es als Beteiligung an einer Personengesellschaft oder Anteile an einer Kapitalgesellschaft Teil einer wirtschaftlichen Einheit des Betriebsvermögens im Inland oder in einem Mitgliedstaat der Europäischen Union oder in einem Staat des Europäischen Wirtschaftsraums ist."

95 Danach ist Betriebsvermögen begünstigungsfähig, wenn es einer Betriebsstätte in einem **EU-/EWR-Mitgliedsstaat** dient (§ 13b Abs. 1 Nr. 2 aE ErbStG).

96 Betriebsvermögen in **Drittstaaten** (z.B. USA, Schweiz, Japan) ist grundsätzlich nicht begünstigungsfähig. Etwas anderes gilt aber dann, wenn das Betriebsvermögen in dem Drittstaat über eine Personen- oder Kapitalgesellschaft gehalten wird, die zum begünstigungsfähigen Betriebsvermögen in einem EU-/EWR-Mitgliedsstaat gehört.

Für die Begünstigung kommt es darauf an, dass das Betriebsvermögen einer **Betriebsstätte** (§ 12 AO) in einem EU-/EWR-Mitgliedsstaat dient. Ohne Bedeutung ist dagegen, wo sich der Gewerbebetrieb befindet. Unerheblich ist auch, wo die Gesellschaft ihren Sitz bzw. ihre Geschäftsleitung hat (demgegenüber § 13b Abs. 1 Nr. 3 ErbStG).

einstweilen frei 97-100

4.4 Anteile an Kapitalgesellschaften (§ 13b Abs. 1 Nr. 3 ErbStG)

Ausgewählte Hinweise auf weiterführende Literatur: 101

Daragan, Vermögensverwaltende Personengesellschaft und unmittelbare Beteiligung am Gesellschaftsvermögen, ZErb 2013, 319; *Felten*, Transparenz der vermögensverwaltenden Personengesellschaft im Erbschaftsteuerrecht, DStR 2012, 1218; *Geck*, Betriebsvermögensverschonung bei unmittelbarer Beteiligung an Kapitalgesellschaften, ZEV 2013, 601; *Hübner*, Erbschaftsteuerliche Transparenz der Personengesellschaft: unmittelbare Beteiligung an einer Kapitalgesellschaft nur bei zivilrechtlicher Gesellschafterstellung?, DStR 2013, 2257; *Kalbfleisch*, Simultanschenkung von GmbH-Anteilen – Gestaltungsmöglichkeiten zur Sicherung der Verschonungsoption, UVR 2013, 218; *Kamps*, Begünstigung der atypischen KGaA im neuen Verschonungssystem des ErbStG, AG 2009, 692; *Kamps*, KGaA – erb- und schenkungsteuerliche Behandlung, ErbStB 2009, 248; *Milatz/Wegmann*, Zum Unmittelbarkeitserfordernis bei Übertragung von Beteiligungen an Kapitalgesellschaften, DB 2012, 1640; *Mohr*, Der GmbH-Geschäftsanteil im Erbfall, GmbH-StB 2016, 370; *Piltz/Stalleiken*, Gesellschafterfremdfinanzierung in der Erbschaftsteuer: Gravierende Rechtsformunterschiede zwischen GmbH und KG/OHG, ZEV 2011, 67; *Riedel*, Stimmrechtslose Kapitalgesellschaftsanteile in der Erbschaft- und Schenkungsbesteuerung, ZErb 2013, 145.

4.4.1 Überblick

Zum begünstigungsfähigen Vermögen gehören **Anteile an Kapitalgesellschaften**, wenn „*der Erblasser oder Schenker am Nennkapital dieser Gesellschaft zu mehr als 25 % unmittelbar beteiligt war (Mindestbeteiligung)*" (§ 13b Abs. 1 Nr. 3 S. 1 ErbStG, und zuvor § 13b Abs. 1 Nr. 3 ErbStG a.F., dazu R E 13b.6 ErbStR 2011) Die Vorschrift ist seit dem 01.01.2009 inhaltlich weitgehend unverändert. 102

Die Regelung betrifft Anteile an Kapitalgesellschaften, die im **Privatvermögen** gehalten werden. Anteile an Kapitalgesellschaften, die zum Betriebsvermögen (einschließlich des Sonderbetriebsvermögens) gehören, sind als Betriebsvermögen (§ 13b Abs. 1 Nr. 2 ErbStG) begünstigt (Und zwar unabhängig von einer Mindestbeteiligung von mehr als 25 %). 103

Im Rahmen der Erbschaftsteuerreform 2016 (BGBl I 2016, 2464 = BStBl I 2016, 1202)) war ursprünglich vorgesehen, die Begünstigung des Erwerbs von Anteilen an **Holdinggesellschaften** einzuschränken (BT-Drs. 18/5923, 26 und BR-Drs. 353/15) Diese Vorschläge sind allerdings nicht Gesetz geworden. Demnach gehören Anteile an Holdinggesellschaften unverändert zum begünstigungsfähigen Vermögen. 104

§ 13b Begünstigtes Vermögen

105 Der **Begriff der „Kapitalgesellschaft"** (§ 1 Abs. 1 Nr. 1 KStG) umfasst u. a. die GmbH (einschließlich der Unternehmergesellschaft (haftungsbeschränkt), § 5a GmbHG), die AG und KGaA sowie die Europäische Aktiengesellschaft (SE). Auf die Anzahl der Gesellschafter kommt es nicht an. Die Vorschrift gilt sowohl für Einpersonen- als auch Mehrpersonen-Kapitalgesellschaften. Begünstigungsfähig sind auch Vorgesellschaften (z. B. eine GmbH in Gründung), nicht aber bloße Vorgründungsgesellschaften (strenger dagegen BFH v.18.5.2011, II R 10/11, BFH/NV 2011, 2063 = GmbHR 2011, 1286, wonach es für die Begünstigung darauf ankommen soll, ob die Gesellschafter der GmbH ihre Einlagen bereits erbracht haben)

106 Der Erblasser bzw. Schenker muss nach dem Gesetzeswortlaut „*unmittelbar*" an der Kapitalgesellschaft beteiligt sein (§ 13b Abs. 1 Nr. 3 Satz 1 ErbStG). Eine mittelbare Beteiligung gehört in keinem Fall zum begünstigungsfähigen Vermögen.

107 **Mittelbare Beteiligungen** sind (trotz § 10 Abs. 1 S. 4 ErbStG) auch dann nicht begünstigungsfähig, wenn sie über eine vermögensverwaltende (nicht gewerbliche) Gesellschaft gehalten werden. Maßgebend ist ausschließlich die zivilrechtliche Gesellschafterstellung. Eine Transparenzbetrachtung wird für Zwecke des Erbschaft- und Schenkungsteuergesetzes abgelehnt (BFH v. 11.6.2013, II R 4/12, BStBl II 2013, 742 = DStR 2013, 1536= DB 2013, 1766 = GmbHR 2013, 940 mit Anm. Milatz/ Müller = BB 2013, 2533 mit Anm. Zipfel = ZErb 2013, 333, und die FinVerw in R E 13b.6 Abs. 2 S. 3 ErbStR 2011. – Ausführlich Daragan, ZErb 2013, 319; Geck, ZEV 2013, 601; Hübner, DStR 2013, 2257).

108 Der Erwerb einer Beteiligung im Rahmen einer **Kapitalerhöhung** kann im Einzelfall begünstigt sein (BFH v. 27.8.2014, II R 43/12, DStR 2014, 2282 = DB 2014, 2753 = BFH/NV 2015, 106 = MittBayNot 2015, 523 mit Anm. *Haag* = GmbHR 2014, 1334 mit Anm. *Rodewald*. – Ausführlich dazu *Herbst*, DNotZ 2015, 324; *Viskorf, H.-U.*, ZEV 2014, 633).

109-110 einstweilen frei

4.4.2 Nießbrauchsgestaltungen bei Anteilen an Kapitalgesellschaften

111 **Ausgewählte Hinweise auf weiterführende Literatur:**

Barry, Nießbrauch an GmbH-Geschäftsanteilen, RNotZ 2014, 401; *Blusz*, Kapitalmarktrechtliche Besonderheiten bei börsennotierten Aktiengesellschaften in der Nachfolgeplanung, ZEV 2014, 339; *Brandi/Mühlmeier*, Übertragung von Gesellschaftsanteilen im Wege vorweggenommener Erbfolgen und Vorbehaltsnießbrauch, GmbHR 1997, 734; *Frank*, Der Nießbrauch an Gesellschaftsanteilen, MittBayNot 2010, 96; *Fricke,*Der Nießbrauch an einem GmbH-Geschäftsanteil – Zivil- und Steuerrecht, GmbHR 1998, 739; *Geck*, Die steuerlichen Rahmenbedingungen der vorweggenommenen Erbfolge 2003 bis 2013 – ein Rückblick auf ereignisreiche Jahre, ZEV 2013, 169; *Geck*, Die Übertragung unter Nießbrauchsvorbehalt nach Aufhebung des § 25 ErbStG durch das ErbStRG, DStR 2009, 1005; *Götz*, Schenkungsteuerliche Risiken beim Vorbehaltsnießbrauch an GmbH-Anteilen?, DStR 2013, 448; *Mohr*, Der GmbH-Geschäftsanteil im Erbfall, GmbH-StB 2016, 370; *Petzoldt*, Nießbrauch an Kommanditanteilen und GmbH-Geschäftsanteilen – Zivil- und

Steuerrecht, GmbHR 1987, 381 (Teil I) und GmbHR 1987, 433 (Teil II); *Reichert/ Schlitt*, Nießbrauch an GmbH-Geschäftsanteilen, in: Festschrift für Hans Flick, 1997, S. 217 ff.; *Reichert/Schlitt/Düll*, Die gesellschafts- und steuerrechtliche Gestaltung des Nießbrauchs an GmbH-Anteilen, GmbHR 1998, 565; *Wedemann*, Ist der Nießbraucher eines Gesellschaftsanteils wie ein Gesellschafter zu behandeln?, ZGR 2016, 798; *Wedemann*, Das Stimmrecht beim Anteilsnießbrauch im Spiegel von Rechtsvergleichung und Rechtssetzungslehre, NZG 2013, 1281; *Werner*, Der Nießbrauch an einem GmbH-Geschäftsanteil als Instrument der Unternehmensnachfolge, ZErb 2015, 38.

Die Übertragung von Anteilen an Kapitalgesellschaften unter Vorbehaltsnießbrauch ist (anders als die Übertragung von Betriebsvermögen nach § 13b Abs. 1 Nr. 2 ErbStG) stets begünstigt. Dies gilt unabhängig davon, wie der Nießbrauch inhaltlich ausgestaltet ist (ausführlich *Götz*, DStR 2013, 448). Der Erwerber muss nicht „Mitunternehmer werden. Begünstigungsfähig ist der (formale) Erwerb eines Anteils an einer Kapitalgesellschaft; dabei mmt es nicht darauf an, mit welchen Rechten dieser Anteil (inhaltlich) ausgestaltet ist." 112

Nicht begünstigt ist dagegen die Einräumung eines Zuwendungsnießbrauchs, da in diesem Fall keine Anteile an Kapitalgesellschaften übertragen werden. 113

einstweilen frei 114-115

4.4.3 Kapitalgesellschaften im Ausland

Ausgewählte Hinweise auf weiterführende Literatur: 116

Baßler, Beschränkte Erbschaftsteuerpflicht beim Erwerb von Anteilen an inländischen Kapitalgesellschaften, ZEV 2014, 469; *Bron*, Der Brexit in der Nachfolgeplanung, ErbStB 2016, 177; *Corsten/Führich*, Europarechtliche Aspekte der Erbschaftsteuerreform, ZEV 2009, 481; *Gottschalk*, Internationale Unternehmensnachfolge: Ausgewählte Probleme der Steuerbefreiung des Produktivvermögens bei Auslandsberührung, ZEV 2010, 493; *Gottschalk*, Internationale Unternehmensnachfolge: Qualifikation ausländischer Erwerbe und Bewertungen von Produktivvermögen mit Auslandsberührung, ZEV 2009, 157; *Hecht/von Cölln*, Auswirkungen des Erbschaftsteuerreformgesetzes auf die Bewertung von ausländischem Grundbesitz, BB 2009, 1212; *Hey*, Erbschaftsteuer: Europa und der Rest der Welt, DStR 2011, 1149; *Jülicher*, Praxisprobleme im internationalen Erbschaftsteuerrecht, BB 2014, 1367; *Kaminski*, Ausgewählte Gestaltungsüberlegungen zur Begrenzung der Belastung mit ausländischer Erbschaftsteuer, Stbg. 2013, 216; *Ley*, Das Erbschaftsteuerrecht in der EU, FamRZ 2014, 345; *von Oertzen/Stein*, Die Sicherung erbschaftsteuerlicher Vergünstigungen für Drittstaaten-Personengesellschaften durch Organschaften, Ubg. 2011, 353; *Peter*, Einbeziehung ausländischer Kapitalgesellschaftsanteile in die beschränkte deutsche Erbschaftsteuerpflicht unter besonderer Berücksichtigung des US-Nachlasssteuerrechts, ZEV 2014, 475; *Regierer/Vosseler*, Brexit – Konsequenzen für unentgeltliche Vermögensübertragungen, ZEV 2016, 473; *Siemers*, Die internationale Unternehmerfamilie – Herausforderungen aus steuerlicher Sicht, IStR 2015, 598; *Schmidt/Siegmund*, Erbschaftsteuerliche Begünstigung für Unternehmensvermögen im Drittland?, DStZ 2012, 427; *Wernsmann*,

Internationale Doppelbesteuerung als unionsrechtliches Problem, zum Beispiel grenzüberschreitender Erbschaften und Schenkungen, in: Festschrift für Manfred Bengel und Wolfgang Reimann, 2012, S. 371 ff.; *Wulf*, Begünstigte Übertragung von Anteilen an Drittlands-Kapitalgesellschaften nach dem ErbStG?, AG 2012, 710; *Wrede*, Europarecht und Erbschaftsteuer. Zur Frage der Vereinbarkeit des deutschen Erbschaftsteuerrechts mit dem Recht der Europäischen Union, 2014; *Wünsche*, Die Abgrenzung der Grundfreiheiten bei der Vererbung von Drittstaatenvermögen – Die Entscheidung Scheunemann im Kontext der bisherigen Rechtsprechung, IStR 2012, 785.

117 Die Kapitalgesellschaft muss ihrenSitz (§ 11 AO) oder ihre Geschäftsleitung (§ 10 AO) im Inland oder in einem **EU-/EWR-Mitgliedsstaat** haben (§ 13b Abs. 1 Nr. 3 ErbStG; dazu die tabellarische Übersicht in H E 13b.6 ErbStR 2011). Dabei ist es ausreichend, wenn entweder der Satzungssitz oder der Ort der Geschäftsleitung innerhalb der EU/EWR liegen. Ohne Bedeutung ist demgegenüber, wo das Vermögen der Gesellschaft belegen ist und welcher Betriebsstätte es dient (anders insoweit § 13b Abs. 1 Nr. 2 ErbStG).

118 Anteile an Kapitalgesellschaften in **Drittstaaten** sind nur dann begünstigt, wenn sie zum Vermögen einer Kapitalgesellschaft mit Sitz oder Geschäftsleitung in einem EU-/EWR-Mitgliedstaat gehören oder dem Betriebsvermögen einer Betriebsstätte in einem EU-/EWR-Mitgliedstaat dienen.

119-120 einstweilen frei

4.4.4 Mindestbeteiligung von mehr als 25 % (§ 13b Abs. 1 Nr. 3 S. 1 ErbStG)

121 Der Erwerb von Anteilen an Kapitalgesellschaften gehört nur dann zum begünstigungsfähigen Vermögen, wenn der Erblasser bzw. Schenker zur Zeit der Entstehung der Steuer (§ 9 ErbStG) unmittelbar zu **mehr als 25 %** an der Gesellschaft beteiligt war (§ 13b Abs. 1 Nr. 3 S. 1 ErbStG, dazu R E 13b.6 Abs. 1 ErbStR 2011).

122 Der Gesetzgeber hat (trotz wiederholter Kritik im Schrifttum) davon abgesehen, die Mindestbeteiligung ganz aufzuheben oder deutlich abzusenken (17 Abs. 1, 32d Abs. 2 Nr. 3 EStG). Das BVerfG hat die Mindestbeteiligung von mehr als 25 % als „nicht unplausibel" angesehen, so dass der Gesetzgeber verfassungsrechtlich zu keiner Änderung gezwungen war (BVerfG v. 7.11.2006, 1 BvL 10/02, Rz. 186, BStBl II 2007, 192).

123 Die steuerliche Verschonung ist ausschließlich von der Höhe der Beteiligung des Erblassers bzw. Schenkers abhängig. Dagegen kommt es nicht darauf an, in welcher Höhe Anteile tatsächlich auf den Erwerber übertragen werden. Die Übertragung eines Anteils von 1 % ist somit begünstigt, wenn der Erblasser bzw. Schenker mit mehr als 25 % am Nennkapital der Gesellschaft beteiligt war. Dagegen ist die Übertragung eines Anteils von 25 % nicht begünstigt, wenn dies die gesamte Beteiligung des Erblassers bzw. Schenkers darstellt. Mit dem der Erbschaft- und Schenkungsteuer zugrunde liegenden Bereicherungsprinzip ist dieses Verschonungskonzept nicht vereinbar. Das BVerfG hat die Regelung gleichwohl als zulässig angesehen (BVerfG v. 7.11.2006, 1 BvL 10/02, Rz. 187, BStBl II 2007, 192).

| Begünstigtes Vermögen | § 13b |

Der Erblasser bzw. Schenker muss zu mehr als 25 % am **Nennkapital** der Kapitalgesellschaft beteiligt sein. Nennkapital meint bei einer GmbH das Stammkapital und bei einer AG das Grundkapital (R E 13b.6 Abs. 2 Satz 1 ErbStR 2011). Ein genehmigtes Kapital zählt nicht mit. 124

Eigene Anteile der Gesellschaft (§ 33 GmbHG) mindern das Nennkapital der Gesellschaft und erhöhen die Beteiligungsquote des Gesellschafters (R E 13b.6 Abs. 2 Satz 2 ErbStR 2011). 125

Für die Mindestbeteiligung des Erblassers bzw. Schenkers werden **alle** (unmittelbar) gehaltenen Anteile zusammengerechnet. Dabei kommt es nicht darauf an, ob die Anteile gepoolt sind oder nicht. 126

Maßgebend ist die Höhe der Beteiligung „zur Zeit der Entstehung der Steuer (§ 9 ErbStG)" (§ 13b Abs. 1 Nr. 3 S. 1 ErbStG). Es gilt insoweit ein strenges Stichtagsprinzip. Eine bestimmte Vorbesitzzeit ist nicht erforderlich. Es genügt somit, wenn der Erblasser bzw. Schenker seine Beteiligung erst kurz vor der Schenkung auf die erforderliche Mindestbeteiligung von mehr als 25 % aufgestockt hat (z.B. durch einen Kauf oder im Rahmen einer Kapitalerhöhung). Die allgemeinen Grenzen des Gestaltungsmissbrauchs (§ 42 AO) und der Gesamtplanrechtsprechung stehen dem nicht entgegen. 127

Seit dem 1.1.2009 ist die Begünstigung nicht mehr zwingend davon abhängig, dass der Erblasser bzw. Schenker alleine mit mehr als 25 % an der Kapitalgesellschaft beteiligt ist. Bei Bestehen einer **Poolvereinbarung** (§ 13b Abs. 1 Nr. 3 S. 2 ErbStG) kann die Mindestbeteiligung auch dadurch erreicht werden, dass der Erblasser oder Schenker zusammen mit anderen Gesellschaftern unmittelbar mehr als 25 % der Anteile hält. Poolvereinbarungen werfen jedoch zahlreiche Probleme auf, die bislang nur wenig geklärt sind. 128

In der Praxis sollten (an Stelle einer Poolvereinbarung) daher stets auch andere Gestaltungsalternativen geprüft werden. Neben einer Aufstockung der (eigenen) Beteiligung auf mehr als 25 % ist dabei insbesondere ein Rechtsformwechsel in eine Personengesellschaft in Betracht zu ziehen. Dagegen ist die Einbringung der im Privatvermögen gehaltenen Anteile an einer Kapitalgesellschaft in ein steuerliches Betriebsvermögen nicht (mehr) zielführend. Anteile an der Kapitalgesellschaft von 25 % oder weniger gehören zum Verwaltungsvermögen; (§ 13b Abs. 4 Nr. 2 ErbStG) in den ersten zwei Jahren handelt es sich sogar um junges Verwaltungsvermögen (§ 13b Abs. 7 Satz 2 ErbStG). 129

Das ErbStG sieht somit weiterhin **keine rechtsformneutrale Besteuerung** vor. 130

Bei Anteilen an **Personengesellschaften** ist keinerlei Mindestbeteiligung vorgesehen, so dass jeder (Mitunternehmer-)Anteil (gleich welcher Höhe) zum begünstigungsfähigen Vermögen gehört (§ 13b Abs. 1 Nr. 2 ErbStG). Eine Poolvereinbarung ist von vornherein nicht erforderlich. Neben unmittelbaren Beteiligungen gehören auch mittelbare Beteiligungen zum begünstigungsfähigen Vermögen. Gesellschafterdarlehen gehören i.d.R. zum Sonderbetriebsvermögen und sind damit Teil des begünstigungsfähigen Vermögens. 131

Bei **Kapitalgesellschaften** ist eine Mindestbeteiligung von mehr als 25 % notwendig. Bei geringeren Beteiligungen ist der Abschluss einer Poolvereinbarung möglich, aber 132

Wachter 923

vielfach (aus unternehmerischen, familiären oder persönlichen Gründen) nicht gewollt bzw. nicht möglich. Für Poolvereinbarungen bestehen zudem eigene Behaltensregelungen (§ 13a Abs. 6 Satz 1 Nr. 5 ErbStG). Mittelbare Beteiligungen an Kapitalgesellschaften gehören nie zum begünstigungsfähigen Vermögen. Für Gesellschafterdarlehen ist bei Kapitalgesellschaften keine Verschonung möglich.

133-135 einstweilen frei

4.4.5 Poolvereinbarungen (§ 13b Abs. 1 Nr. 3 S. 2 ErbStG)

136 **Ausgewählte Hinweise auf weiterführende Literatur:**

Balmes/Felten, Erbschaftsteuer: Gestaltungsmöglichkeiten für Familienkapitalgesellschaften nur für gleichgepo(o)lte Gesellschafter?, FR 2009, 1077; *Bauer/Garbe*, Stimmenpools im Spannungsfeld von Erbschaftsteuerrecht und § 136 Abs. 2 AktG, ZEV 2014, 61; *Dutta*, Das Pooling von Kapitalgesellschaftsanteilen im inhabergeführten Unternehmen, ZGR 2016, 581; *Elicker/Zillmer*, Böses Erwachen beim Körperschaftsteuerbescheid – Was tun, wenn Poolverträge vermeintlich Verlust- und Zinsvorträge zerstört haben?, BB 2009, 2620; *Feick/Nordmeier*, Der Abschluss von Poolvereinbarungen nach dem neuen Erbschaftsteuerrecht – Empfehlungen und erste Erfahrungen aus der Praxis, DStR 2009, 893; *Felten*, Neue „Poolerlasse": Sind alle Zweifelsfragen zur Poolvereinbarung nach § 13b Abs. 1 Nr. 3 Satz 2 ErbStG geklärt?, ZEV 2010, 627; *Felten*, Erbschaft- und schenkungsteuerliche motivierte Poolverträge als Verlustfalle?, DStR 2010, 1261; *Gelhaar/Saecker,*Stimmrechtslose Anteile an Kapitalgesellschaften bei der Erbschaft- und Schenkungsteuer, ZEV 2012, 358; *Groß*, Gesellschaftervereinbarungen als Gestaltungsinstrument, ErbStB 2014, 284 (Teil I) und ErbStB 2014, 305 (Teil II); *Groß*, Die vertragliche Ausgestaltung von Poolvereinbarungen, ErbStB 2009, 396 (Teil I) und ErbStB 2010, 24 (Teil II); *Kalbfleisch*, Poolvereinbarungen – notwendige Schutzmaßnahme oder überflüssiger Ballast?, UVR 2010, 94; *Kramer*, Erb- und gesellschaftsrechtliche Aspekte bei der Gestaltung von Poolverträgen, GmbHR 2010, 1023; *Kreklau*, Die Poolvereinbarung im Lichte des neuen Erbschaftsteuergesetzes, BB 2009, 748; *Lahme/Zikesch*, Erbschaftsteuerliche Begünstigung von Kapitalgesellschaftsanteilen mittels Poolvereinbarungen, DB 2009, 527; *Langenfeld*, Der Pool – ein Vertragstyp der Vergemeinschaftung, ZEV 2010, 17; *Langenfeld*, Gestaltungen zur Vermeidung des Entfallens einer Poolvereinbarung nach § 13b Abs. 1 ErbStG, ZEV 2009, 596; *Leitzen*, Teilnichtigkeit von Poolvereinbarungen bei Beschränkung der Testierfreiheit, ZEV 2010, 401; *Lohr*, Poolvereinbarung i. S. d. § 13b Abs. 1 Nr. 3 S. 2 ErbStG, GmbH-StB 2014, 301; *van de Loo*, Gestaltungen von Poolvereinbarungen im Hinblick auf die Erbschaftsteuer-Richtlinien 2012, GWR 2012, 407; *von Oertzen*, Der erbschaftsteuerliche Poolvertrag gem. § 13b Abs. 1 Nr. 3 ErbStG – Ein Beispiel interdisziplinärer Beratung, in: Festschrift für Harald Schaumburg, 2009, S. 1045 ff.; *Onderka/Lasa*, Neue Gestaltungsmöglichkeiten bei der Übertragung von Kleinanteilen an Familienkapitalgesellschaften nach dem neuen Erbschaftsteuergesetz, Die Poolklausel des § 13b Abs. 1 Nr. 3 Satz 2 ErbStG, Ubg. 2009, 309; *Richter/Escher*, Stimmrechtsvereinbarungen im Rahmen von Poolverträgen und § 8c KStG, FR 2011, 760; *Scherer*, Familienunternehmen: Zivil- und steuerrechtliche Besonderheiten bei der

Gestaltung des Gesellschaftsvertrags, BB 2010, 323; *Schulz/Lehmann*, Erbschaftsteuerliche Begünstigung von Stimmbindungsverträgen, ZIP 2009, 2230; *Schulze zur Wiesche*, Schenkung und Vererbung von GmbH-Anteilen, UVR 2011, 25; *Wälzholz*, Die Poolabrede im Sinne des § 13b Abs. 1 Nr. 3 Satz 2 und Abs. 2 Satz 2 Nr. 2 Satz 2 ErbStG in der notariellen Praxis, MittBayNot 2013, 281; *Weber/Schwind*, Die neuen Erlasse der Länder zu Poolvereinbarungen über Anteile an Kapitalgesellschaften, DStR 2011, 13; *Weber/Schwind*, Vertragliche Ausgestaltung von Poolvereinbarungen unter Berücksichtigung des neuen Erbschaftsteuerrechts, ZEV 2009, 16; *Wunsch*, Börsennotierte Aktien als Gegenstand erbschaftsteuerrechtlich veranlasster Poolvereinbarungen, BB 2011, 2315; *Zipfel/Lahme*, Poolvereinbarungen als Mittel für die erbschaftsteuerliche Begünstigung von Kapitalgesellschaftsanteilen, DStZ 2009, 615; *Wehage*, Familien-Kapitalgesellschaften und Poolverträge, ErbStB 2009, 148."

einstweilen frei 137

4.4.5.1 Einführung

4.4.5.1.1 Überblick

Der Gesetzgeber hat an der Mindestbeteiligung von 25 % bei Kapitalgesellschaften grundsätzlich festgehalten (§ 13b Abs. 1 Nr. 3 Satz 1 ErbStG). Gleichwohl wollte er der Kritik an der Regelung in gewisser Weise Rechnung tragen. 138

Seit dem 1.1.2009 werden die (unmittelbar gehaltenen) Anteile des Erblassers bzw. Schenkers und weiterer Gesellschafter für Zwecke der Mindestbeteiligung zusammengerechnet, wenn diese *„untereinander verpflichtet sind, über die Anteile nur einheitlich zu verfügen oder ausschließlich auf andere derselben Verpflichtung unterliegende Anteilseigner zu übertragen und das Stimmrecht gegenüber nicht gebundenen Gesellschaftern einheitlich auszuüben"* (§ 13b Abs. 1 Nr. 3 S. 2 ErbStG; siehe dazu R E 13b.6 Abs. 3 bis 6 ErbStR 2011).

4.4.5.1.2 Entstehungsgeschichte

Diese Regelung fand sich erstmals in dem Entwurf eines Gesetzes zur Erleichterung der Unternehmensnachfolge aus dem Jahr 2006 (Dort § 28a Abs. 1 Nr. 3 S. 2 ErbStG-E; BR-Drs. 778/06). Der einzige Unterschied zwischen dem damaligen Entwurf und der jetzigen Gesetzesfassung besteht darin, dass die Verpflichtung der Gesellschafter zur einheitlichen Verfügung nicht mehr *„unwiderruflich"* sein muss. Eine solche Vereinbarung wäre rechtlich ohnehin unwirksam gewesen (§ 723 Abs. 3 BGB) und ist daher zu Recht gestrichen worden. 139

Der (ursprüngliche) Gesetzentwurf wurde im Jahr 2008 wie folgt begründet (BT-Drs. 16/7918, 35 = BR-Drs. 4/08, 56, und gleichlautend zuvor BR-Drs. 778/06, 24 f.):

„Als Mindestbeteiligung an einer Kapitalgesellschaft, für die die Vergünstigung gewährt wird, gilt wie nach den bisherigen §§ 13a, 19a ErbStG eine Beteiligung von mehr als 25 % am Nennkapital der Gesellschaft seitens des Erblassers oder Schenkers zum Zeitpunkt der Übertragung. Die Beteiligungsgrenze von 25 % wird als Indiz dafür angesehen, dass der Anteilseigner unternehmerisch in die

Gesellschaft eingebunden ist und nicht nur als Kapitalanleger auftritt. Angesichts der Tatsache, dass der Fortbestand einer Kapitalgesellschaft und der mit ihrer Tätigkeit verbundenen Arbeitsplätze ohnehin weitgehend unabhängig vom Gesellschafterbestand ist, gäbe es hierfür keine Rechtfertigung. Zwar ist anzuerkennen, dass auch in einer Familientradition befindliche Unternehmen mit Gesellschaftern, die diese Mindestquote nicht erreichen, zum Erhalt von Arbeitsplätzen beitragen. Die erforderlichen Feststellungen belasten jedoch nicht nur die Finanzämter, sondern auch die Gesellschaften. Bei Einbeziehen von Streubesitzbeteiligungen steigt der Aufwand überproportional für die Feststellungen, inwieweit das Vermögen der Gesellschaft zum begünstigten Vermögen gehört. Die Gesellschaft muss bei ihren Dispositionen stets auch mögliche steuerschädliche Folgen für ihre Gesellschafter berücksichtigen. Es erscheint daher sinnvoll, eine Mindestbeteiligungsquote einzuführen, die Nutzen und Aufwand in einem vernünftigen Maß hält. In sog. Familien-Kapitalgesellschaften, deren Anteile über mehrere Generationen hinweg weitergegeben wurden, erreichen die Anteile der einzelnen Familiengesellschafter häufig nicht mehr die Mindestbeteiligungsquote. Die Unternehmensgründer oder die Nachfolger haben aber häufig dafür gesorgt, dass die Anteile nicht beliebig veräußert werden können und der bestimmende Einfluss der Familie erhalten bleibt. Deren Unternehmensgrundsätze und unternehmerische Praxis bilden ein deutliches Gegengewicht zu Publikumsgesellschaften und erzielen weit mehr Beschäftigungswirkung. Daher erscheint es angebracht, solche Anteile in die Stundungsregelung einzubeziehen.

Eine einheitliche Stimmrechtsausübung bedeutet, dass die Einflussnahme einzelner Anteilseigner zum Zwecke einer einheitlichen Willensbildung zurücktreten muss. Dies ist in unterschiedlicher Weise geregelt. Neben der Möglichkeit zur gemeinsamen Bestimmung eines Sprechers oder eines Aufsichts- oder Leitungsgremiums kann die einheitliche Stimmrechtsausübung auch dadurch erreicht werden, dass einzelne Anteilseigner auf ihr Stimmrecht verzichten oder die Anteile von vornherein stimmrechtslos sind. Voraussetzung für die Einbeziehung der Anteile in die Entlastung ist daher nicht, dass der konkrete Anteil ein Stimmrecht einräumt. Ferner ist nicht erforderlich, dass die Einflussnahme auf die Geschicke der Gesellschaft ausschließlich durch Anteilseigner (Familienmitglieder) erfolgt. Aufgrund früherer Verfügungen werden häufig andere Personen mit unternehmerischem Sachverstand und Vertreter der Arbeitnehmer einbezogen."

Mit dieser Regelung hat der Gesetzgeber völliges Neuland betreten. Auf Vorbilder in anderen (Steuer-)Gesetzen konnte er nicht zurückgreifen. Die amtliche Gesetzesbegründung ist vergleichsweise kurz und beschränkt sich zudem auf einzelne Teile der Regelung. Das zentrale Tatbestandsmerkmal der Verfügungsbeschränkung wird in den Gesetzesmaterialien überhaupt nicht angesprochen.

Im Rahmen der **Erbschaftsteuerreform 2016** (BGBl I 2016, 2464 = BStBl I 2016, 1202) ist die Regelung unverändert geblieben.

140 Die FinVerw hat zu der Neuregelung wiederholt (und vergleichsweise ausführlich) Stellung genommen (zuletzt in R E 13b.6 Abs. 3 bis ErbStR 2011 und R E 13a.10 ErbStR 2011). Allerdings sind die Stellungnahmen der Finanzverwaltung für die

Gestaltungspraxis nur von begrenztem Nutzen, da diese zum Teil ihrerseits unklar bzw. widersprüchlich sind. Zudem sind die Gerichte an diese Ausführungen nicht gebunden.

Belastbare Rechtsprechung zu den Poolvereinbarungen liegt bislang noch nicht vor (allenfalls FG Münster v. 9.6.2016, 3 K 3171/14 Erb, Az. BFH II R 25/16, EFG 2016, 1530 mit Anm. *Beidenhauser*, wonach gesellschaftsvertragliche Regelungen zu Beschlussmehrheiten und eine Stimmrechtshäufung bei einem Gesellschafter für eine Poolvereinbarung nicht ausreichen, und FG Münster v. 9.12.2013, 3 K 3969/11 Erb, ErbStB 2014, 91 = BB 2014, 1251 mit Anm. *Königer* = ZEV 2014, 325 mit Anm. *Althof*, wonach eine Vinkulierungsklausel in der Satzung einer GmbH keine Poolvereinbarung im Sinne des Erbschaftsteuergesetzes ist). 141

Die Rechtslage war und ist daher unsicher. Darauf muss sich die Gestaltungspraxis einstellen. 142

einstweilen frei 143-144

4.4.5.1.3 Auslegung von Poolvereinbarungen

Angesichts der Entstehungsgeschichte der Neuregelung und der damit verbundenen gesetzgeberischen Zielsetzung sollte bei der Auslegung der Vorschrift insbesondere von folgenden drei Grundsätzen ausgegangen werden: 145

Gleichbehandlung der Erblasser bzw. Schenker: 146

Begünstigt ist grundsätzlich nur der Erwerb von Anteilen an Kapitalgesellschaften, wenn der Erblasser bzw. Schenker daran zu mehr als 25 % unmittelbar beteiligt war. Erreicht der Erblasser bzw. Schenker die Mindestbeteiligung nicht, ist der Erwerb ausnahmsweise gleichwohl begünstigt, wenn eine entsprechende Poolvereinbarung besteht. Die Mitglieder der Poolvereinbarung stehen damit genau so, wie ein Gesellschafter der von vornherein über eine Beteiligung von mehr als 25 % verfügt. Aufgrund der Poolvereinbarung kommt es zu einer Gleichbehandlung aller betroffenen Gesellschafter. Für die über eine Poolvereinbarung gebundenen Gesellschafter gelten somit weder strengere noch großzügigere Anforderungen in Bezug auf die steuerliche Verschonung des Erwerbs.

Praxis in Familienunternehmen: 147

Der Gesetzgeber knüpft mit der Regelung an die bisherige Praxis in Familienunternehmen an. Nach der Gesetzesbegründung sind *„deren Unternehmensgrundsätze und unternehmerische Praxis"* ein entscheidendes Motiv für die Ausnahme von dem sonst geltenden Erfordernis einer Mindestbeteiligung. Die Auslegung der Neuregelung muss sich daher auch an der bisher geübten Praxis in Familienunternehmen orientieren. Das Erbschaft- und Schenkungsteuergesetz darf deswegen nur solche Anforderungen an Poolvereinbarungen stellen, die von der überwiegenden Mehrheit von Familienunternehmen auch tatsächlich erfüllt werden können. Erklärtes Ziel der Neuregelung ist es, die Nachfolge in Familienunternehmen zu erleichtern (und nicht etwa zu erschweren).

148 **Beseitigung von Rechtsformunterschieden:**
Mit der Reform des Erbschaft- und Schenkungsteuergesetzes sollten die bestehenden Rechtsformunterschiede zwischen Personen- und Kapitalgesellschaften beseitigt werden. Dieses Ziel ist auf der Ebene der Bewertung weitgehend erreicht worden, nicht jedoch auf der Ebene der Verschonung. Gerade das Erfordernis einer Mindestbeteiligung stellt einen erheblichen Nachteil der Kapitalgesellschaft im Vergleich zur Personengesellschaft dar. Bei Personengesellschaften ist der Erwerb von jedem (noch so kleinen) Anteil begünstigt, und zwar unabhängig von dem damit im Einzelfall tatsächlich verbundenen unternehmerischen Einfluss. Die Neuregelung zu den Poolvereinbarungen stellt somit auch einen Beitrag zur gleichheitsgerechten Ausgestaltung der Verschonungsregelung dar. Dem sollte auch bei der Gesetzesauslegung in angemessener Weise Rechnung getragen werden.

4.4.5.1.4 Poolvereinbarungen und Familiengesellschaften

149 Poolvereinbarungen zwischen den Gesellschaftern von Kapitalgesellschaften (§ 13b Abs. 1 Nr. 3 S. 2 ErbStG) sind von den Gesellschaftsverträgen von qualifizierten Familiengesellschaften (§ 13a Abs. 9 ErbStG). zu **unterscheiden**.

150 In beiden Fällen geht es um eine gewisse Bindung des unternehmerischen Vermögens, die u. a. durch eine Beschränkung der Verfügungsmöglichkeiten über die Anteile an der Gesellschaft erreicht werden soll. Gleichwohl sind Inhalt und Zielsetzung völlig verschieden.

151 **Poolvereinbarungen** betreffen nur Kapitalgesellschaften, nicht auch Personengesellschaften. Poolvereinbarungen werden in der Regel nicht von allen, sondern nur von einzelnen Gesellschaftern abgeschlossen. Die Poolvereinbarung ist meist nicht Teil des Gesellschaftsvertrages, sondern erfolgt gesondert und außerhalb des Gesellschaftsvertrages. Die Poolvereinbarung setzt sowohl eine Verfügungsbeschränkung als auch eine Stimmrechtsbindung voraus. Rechtsfolge der Poolvereinbarung ist die Zusammenrechnung der Anteile für Zwecke der Erbschaftsteuer, um die Mindestbeteiligung von mehr als 25 % zu erreichen.

152 Der neue **Vorab-Abschlag** von bis zu 30 % für den Erwerb von Anteilen an qualifizierten Familiengesellschaften erfordert gewisse Entnahme-, Verfügungs- und Abfindungsbeschränkungen im Gesellschaftsvertrag. Der Vorab-Abschlag gilt für alle Gesellschaften und ist nicht auf Kapitalgesellschaften beschränkt. Die Entnahme-, Verfügungs- und Abfindungsbeschränkungen müssen im Gesellschaftsvertrag selbst vereinbart sein; eine Regelung außerhalb des Gesellschaftsvertrages (z.B. in einer Poolvereinbarung) genügt nicht. Poolvereinbarung und Gesellschaftsvertrag sind somit regelmäßig verschiedene Dokumente. Für den Vorab-Abschlag ist im Unterschied zur Poolvereinbarung keine Beschränkung der Stimmrechte erforderlich. Umgekehrt verlangt der Vorab-Abschlag neben der Verfügungsbeschränkung auch Beschränkungen der Gewinnentnahmen sowie der Abfindung ausscheidender Gesellschafter; für eine Poolvereinbarung ist beides dagegen ohne Bedeutung.

153 Interessant ist, dass sich auch die erforderliche **Verfügungsbeschränkung** in beiden Fällen unterscheidet: Bei der Poolvereinbarung kommmt es vor allem auf die

Einheitlichkeit der Verfügung an; bei dem Vorab-Abschlag muss die Verfügung auf Mitgesellschafter, Angehörige oder Familienstiftungen beschränkt sein.

Erhebliche Unterschiede zwischen beiden Verschonungsregelungen bestehen auch bei den **Fristen**.

Bei der Poolvereinbarung besteht keinerlei Vorlauffrist; die Poolvereinbarung ist mit ihrem Abschluss sofort wirksam und steuerlich anzuerkennen. Dagegen gilt für den Vorab-Abschlag eine Vorlauffrist von 2 Jahren. Die Beschränkungen müssen mindestens 2 Jahre vor der Entstehung der Steuer bestanden haben, bevor sie zu einem steuerlichen Abschlag führen. Für die Poolvereinbarung gilt die allgemeine Behaltefrist von 5 bzw. 7 Jahren (§ 13a Abs. 6 S. 1 Nr. 5 und Abs. 10 S. 1 Nr. 6 ErbStG)). Bei Verstößen kommt es zu einer zeitanteilen Nachversteuerung (§ 13a Abs. 6 S. 2 ErbStG). Für den Vorab-Abschlag gilt dagegen stets eine Nachsteuerfrist von 20 Jahren. Verstöße führen immer zum vollständigen (nicht nur anteiligen) Wegfall des Vorab-Abschlags.   154

Beide Verschonungsmodelle betreffen vor allem **Familienunternehmen**, beruhen aber nicht auf einer gemeinsamen Grundkonzeption. Eine Begründung für die inhaltlichen Unterschiede findet sich in den Gesetzesmaterialien nicht. Auffällig ist vor allem die unterschiedliche Behandlung von Verfügungsbeschränkungen: bei der Bewertung werden die Verfügungsbeschränkungen nicht berücksichtigt, (§ 9 Abs. 3 BewG) bei der Bestimmung des begünstigungsfähigen Vermögens haben sie bei Kapitalgesellschaften eine rechnerische Zusammenrechnung der Anteile zur Folge, (§ 13b Abs. 1 Nr. 3 Satz 2 ErbStG) bei der Verschonung sind sie Voraussetzung für die Gewährung eines besonderen Abschlags (§ 13a Abs. 9 ErbStG).   155

einstweilen frei   156

4.4.5.2 Anwendungsbereich für Poolvereinbarungen

4.4.5.2.1 Kapitalgesellschaft

Nach der Gesetzesbegründung soll mit der Neuregelung den Besonderheiten bei Familienkapitalgesellschaften Rechnung getragen werden. Im Gesetz findet sich indes keinerlei Hinweis auf Familiengesellschaften. Die Regelung gilt vielmehr gleichermaßen für alle Kapitalgesellschaften, unabhängig davon, ob es sich um Familien- oder Publikumsgesellschaften handelt.   157

Zwischen dem Erblasser bzw. Schenker und den weiteren Gesellschaftern müssen zudem auch keinerlei familiäre oder verwandtschaftliche Beziehungen bestehen. Die Möglichkeit der Zusammenrechnung aufgrund einer Poolvereinbarung besteht grundsätzlich auch bei börsennotierten Kapitalgesellschaften.

einstweilen frei   158-159

4.4.5.2.2 Gesellschafter

Die Regelung gilt für alle Gesellschafter einer Kapitalgesellschaft. Der Anwendungsbereich der Poolregelung ist insbesondere nicht auf natürliche Personen beschränkt, die miteinander familiär verbunden sind. Vielmehr werden die Anteile von allen Gesellschaftern zusammengerechnet, die durch eine entsprechende Poolverein-   160 barung gebunden sind. Dies gilt auch für Anteile, die von (in- oder ausländischen) Gesellschaften (gleich welcher Rechtsform), Stiftungen oder sonstigen juristischen Personen (des privaten oder öffentlichen Rechts) gehalten werden.Ferner kommt es nicht darauf an, ob die Anteile steuerlich dem Privatvermögen oder dem Betriebsvermögendes Gesellschafters zuzurechnen sind. Anteile, die zum Betriebsvermögen gehören, sind zwar ohnehin (und unabhängig von der Beteiligungshöhe) begünstigt, können aber gleichwohl in eine Poolvereinbarung einbezogen sein.

161-163 einstweilen frei

4.4.5.3 Voraussetzungen der Poolvereinbarung

164 Die Anteile verschiedener Gesellschafter einer Kapitalgesellschaft können zur Erreichung der erforderlichen Mindestbeteiligung nur dann zusammengerechnet werden, wenn sieuntereinander verpflichtet sind, über die Anteile nur einheitlich zu verfügen, oder ausschließlich auf andere derselben Verpflichtung unterliegende Anteilseigner zu übertragen (**Verfügungsbeschränkung**) unddas Stimmrecht gegenüber nicht gebundenen Gesellschaftern einheitlich auszuüben (**Stimmrechtsbindung**).

165 Der Gesetzgeber spricht im Zusammenhang mit dem Nachsteuertatbestand (§ 13a Abs. 6 S. 1 Nr. 5 ErbStG). statt Stimmrechtsbindung von einer „*Stimmrechtsbündelung*". Ein inhaltlicher Unterschied dürfte damit nicht verbunden sein.

166-168 einstweilen frei

4.4.5.4 Verfügungsbeschränkung

169 Verfügungsbeschränkung und Stimmrechtsbindung müssen nach dem Gesetzeswortlaut beide gemeinsam vorliegen. Die bloße Verfügungsbeschränkung (ohne Stimmrechtsbindung) oder die bloße Stimmrechtsbindung (ohne Verfügungsbeschränkung) sind somit nicht ausreichend.

170 Die Verfügungsbeschränkung kann dabei auf zwei unterschiedliche Arten erreicht werden

171 • Die **erste Möglichkeit** der Verfügungsbeschränkung besteht darin, dass die Gesellschafter untereinander verpflichtet sind, über die Anteile nur einheitlich zu verfügen (§ 13b Abs. 1 Nr. 3 S. 2 Fall 1 ErbStG).
• Die **zweite Möglichkeit** der Verfügungsbeschränkung besteht darin, dass die Gesellschafter untereinander verpflichtet sind, die Anteile ausschließlich auf andere derselben Verpflichtung unterliegende Anteilseigner zu übertragen (§ 13b Abs. 1 Nr. 3 S. 2 Fall 2 ErbStG).

Für die Zusammenrechnung der Anteile ist es ausreichend, wenn **eine** von beiden Fällen der Verfügungsbeschränkung vorliegt.

4.4.5.4.1 Verpflichtung zur einheitlichen Verfügung (§ 13b Abs. 1 Nr. 3 S. 2 Fall 1 ErbStG)

172 Die Zusammenrechnung der Gesellschaftsanteile setzt voraus, dass der Erblasser bzw. Schenker und die weiteren Gesellschafter verpflichtet sind, über die Anteile nur

„*einheitlich zu verfügen*". Aus den Gesetzesmaterialien ergibt sich nicht, was der Gesetzgeber in diesem Zusammenhang mit dem Begriff des „*Verfügens*" gemeint hat.

Da das Erbschaft- und Schenkungsteuerrecht zivilrechtlich geprägt ist, liegt es nahe, den Begriff des „*Verfügens*" hier ebenso zu verstehen wie im Bürgerlichen Recht (siehe u. a. §§ 137, 185 BGB). Dort werden mit Verfügungen Rechtsgeschäfte bezeichnet, die unmittelbar darauf gerichtet sind, auf ein bestehendes Recht einzuwirken, sei es durch Übertragung, Aufhebung, Belastung oder inhaltliche Änderung. Dies würde nicht nur sämtliche Formen der (entgeltlichen und unentgeltlichen) Übertragung der Anteile, sondern auch andere Verfügungsformen (wie etwa die Bestellung eines Nießbrauchs oder die Verpfändung) umfassen. Dies erscheint jedoch aus folgenden Gründen zu weitgehend (so auch R E 13a.10 Abs. 1 Nr. 2 ErbStR 2011 und R E 13b.6 Abs. 4 S. 1 ErbStR 2011). 173

Der Gesetzgeber verwendet in den beiden Fällen der Verfügungsbeschränkungen selbst unterschiedliche Formulierungen: Zum einen spricht er davon, dass die Gesellschafter verpflichtet sein müssen, über die Anteile nur einheitlich „*zu verfügen*", zum anderen fordert er, dass die Gesellschafter verpflichtet sind, die Anteile nur auf Gesellschafter, die derselben Verpflichtung unterliegen, „*zu übertragen*". Dies zeigt, dass der Gesetzgeber mit dem Begriff der Verfügung den Fall der Übertragung (nicht aber auch die zahlreichen anderen Fälle von Verfügungen) gemeint hat. Ein sachlicher Grund, die Reichweite des Verfügungsverbots in beiden Fällen unterschiedlich weit auszugestalten ist nicht ersichtlich. 174

Darüber hinaus deutet auch die Gesetzesbegründung darauf hin, dass der Gesetzgeber mit der Verfügungsbeschränkung vor allem die freie Übertragbarkeit von Geschäftsanteilen einschränken wollte. Der Gesetzgeber wollte sicherstellen, dass „*die Anteile nicht beliebig veräußert werden können*". Veräußerung ist das schuldrechtliche Rechtsgeschäft, das einer Übertragung regelmäßig zugrunde liegt. Bei anderen Formen der Verfügung (z. B. der Belastung oder Aufhebung eines Rechts) fehlt es dagegen an einer solchen Veräußerung. 175

Schließlich spricht auch die bestehende Praxis bei vielen Familienunternehmen gegen eine umfassende Verfügungsbeschränkung. Der Gesetzgeber wollte mit der Neuregelung der „*unternehmerische(n) Praxis*" bei Familienunternehmen (auch und gerade im Unterschied zu börsennotierten Publikumsgesellschaften) in angemessener Weise Rechnung tragen. Dieser Zielsetzung genügt eine Beschränkung der freien Übertragbarkeit, wie sie bereits bislang bei vielen Familienunternehmen üblich ist. Weitergehende Verfügungsbeschränkungen würden die erforderliche Flexibilität von Familienunternehmen dagegen in unangemessener Weise einschränken. 176

Insgesamt ist somit davon auszugehen, dass mit der Verfügungsbeschränkung die Beschränkung der freien Übertragbarkeit der Gesellschaftsanteile gemeint ist. Eine Verpflichtung, die Anteile nur einheitlich zu übertragen, ist ausreichend (aber auch notwendig). Die Vorschrift ist nach ihrem Normzweck daher insoweit einschränkend auszulegen. 177

Die Verpfändung eines Geschäftsanteils ist somit (noch) keine Verfügung i. S. d. Erbschaftsteuergesetzes (so auch R E 13a.10 Abs. 1 Nr. 2 ErbStR 2011). Der Verpfänder bleibt unverändert Gesellschafter der Gesellschaft. Eine Übertragung des 178

Geschäftsanteils erfolgt nicht. Erst nach Eintritt der Pfandreife kommt es zu einer Veräußerung des Gesellschaftsanteils und damit auch zu einer steuerschädlichen Verfügung.

179 Bei der Bestellung eines Nießbrauchs an Gesellschaftsanteilen ist zwischen den einzelnen Nießbrauchsarten zu unterscheiden (R E 13a.10 Abs. 1 Nr. 1 ErbStR 2011. – Ausführlich zum Ganzen auch Feick/Nordmeier, DStR 2009, 893; Schulz/Lehmann, ZIP 2009, 2230).

180 Beim Zuwendungsnießbrauch verbleibt die Vermögenssubstanz beim bisherigen Eigentümer, während das Nutzungsrecht auf den Nießbraucher übertragen wird. Mangels Übertragung der Gesellschafterstellung ist daher in der Bestellung eines Zuwendungsnießbrauchs keine Verfügung im Sinne des ErbStG zu sehen.

181 Beim Vorbehaltsnießbrauch wird demgegenüber die Vermögenssubstanz auf eine andere Person übertragen und das Nutzungsrecht vom bisherigen Eigentümer zurückbehalten. Die mit der Bestellung eines Vorbehaltsnießbrauchs verbundene Übertragung eines Gesellschaftsanteils stellt grundsätzlich eine Verfügung dar. Bei wirtschaftlicher Betrachtung bleibt regelmäßig aber alles beim Alten. Nach dem Normzweck erscheint es daher geboten, die Vermögensübertragung unter Nießbrauchsvorbehalt (mangels Übertragung des vollen und unbeschränkten Eigentums) nicht als eine Verfügung i. S. d. ErbStG anzusehen. Vermögensübertragungen unter Nießbrauchsvorbehalt erfolgen typischerweise im engsten Familienkreis und dienen gerade der Sicherstellung des vom Gesetzgeber beabsichtigten Einflusses der Familie.

182 Darüber hinaus entspricht die sukzessive Vermögensübertragung einer anerkannten und allgemein üblichen Praxis in deutschen Familienunternehmen. Die freie Veräußerbarkeit wird gleichfalls eingeschränkt, da bei Bestehen eines Vorbehaltsnießbrauchs weder der Gesellschafter noch der Nießbraucher ohne Zustimmung des anderen über den Gesellschaftsanteil sinnvoll verfügen können.

183 Der Vermächtnisnießbrauch stellt eine Art Kombination von Vorbehalts- und Zuwendungsnießbrauch dar. Der Gesellschafter überträgt die Vermögenssubstanz auf eine Person und wendet das Nutzungsrecht gleichzeitig einer anderen Person zu. Da das Eigentum in diesem Fall nicht vollständig und vorbehaltlos übertragen wird, sollte das Vorliegen einer Verfügung im Sinne des ErbStG gleichfalls verneint werden.

184 In der Praxis ist allerdings stets zu berücksichtigen, dass bislang noch völlig unklar ist, ob sich Finanzgerichte und Finanzverwaltung einer einschränkenden Auslegung des vom Gesetzgeber verwendeten Begriffs des Verfügens anschließen werden.Im Zusammenhang mit Verfügungen von Todes wegen stellt sich umgekehrt die Frage, ob insoweit nicht eine erweiternde Auslegung geboten ist. Testamente und Erbverträge sind zwar Verfügungen, wirken aber nicht unmittelbar auf ein Recht ein (siehe §§ 1937 ff. BGB). Die Rechtsänderung tritt erst mit dem Tod ein und nicht schon mit der Errichtung einer entsprechenden Verfügung von Todes wegen. Nach der amtlichen Gesetzesbegründung sollen die Anteile *„nicht beliebig veräußert werden können"*. Dies spricht gegen eine Einbeziehung der Verfügung von Todes wegen. Nach dem Normzweck müssen allerdings

Übertragungen zu Lebzeiten und von Todes wegen in gleicher Weise erfasst sein. Andernfalls kann der „bestimmende Einfluss der Familie" in der Gesellschaft nicht gesichert werden. Dies entspricht im Übrigen auch der allgemeinen Praxis in Familiengesellschaften, bei denen auch die Erbfolge in die Gesellschaftsanteile beschränkt und damit zugleich gezielt gesteuert wird.

Die Verfügung der Gesellschafter von Todes wegen kann nach deutschem Recht nicht wirksam beschränkt werden (§ 2302 BGB). Eine unzulässige Beschränkung der Testierfreiheit kann auch vom Gesetzgeber nicht verlangt werden. Noch nicht abschließend geklärt ist auch, was die Verpflichtung zur einheitlichen Verfügung bedeutet (dazu R E 13b.6 Abs. 4 S. 2 ff. ErbStR 2011). 185

„Einheitlich" bedeutet nicht unbedingt gleichzeitig (R E 13b.6 Abs. 4 Satz 2 und 4 ErbStR 2011). Dies ergibt sich schon aus dem Wortsinn. Mit der Verpflichtung zur einheitlichen Verfügung wird somit nicht auf den Zeitpunkt der Verfügung (oder von deren Wirksamwerden) abgestellt. Eine gleichzeitige Verfügung muss umgekehrt auch keineswegs stets einheitlich erfolgen. 186

Die Verpflichtung zur Einheitlichkeit bedeutet auch nicht, dass alle Gesellschafter ihre Anteile auf ein und denselben Erwerber übertragen müssen. Eine solche Verpflichtung hätte gerade nicht zur Folge, dass die Anteile in der Hand der einzelnen Familiengesellschafter erhalten blieben, sondern würde zu einer Konzentration aller Gesellschaftsanteile bei einem Gesellschafter führen. Im Übrigen sieht auch der Gesetzeswortlaut in Bezug auf die Person des potenziellen Erwerbers der Anteile keinerlei Einschränkungen vor. 187

Entscheidend dürfte vielmehr sein, dass die einzelnen Übertragungsvorgänge „einheitlich" erfolgen. Die Anteile der einzelnen Poolgesellschafter müssen jeweils „einheitlich" übertragen werden. 188

Auf den Umfang der übertragenen Anteile kann es dabei nicht ankommen. Denn die einzelnen Poolgesellschafter sind typischerweise in ganz unterschiedlicher Höhe an der Kapitalgesellschaft beteiligt. Der Gesetzgeber fordert im Übrigen nur eine Verpflichtung zur einheitlichen Übertragung, nicht aber etwa eine Verpflichtung zur Übertragung in vollem Umfang oder in gleichem Umfang. Eine einheitliche Übertragung liegt deswegen auch dann vor, wenn die einzelnen Gesellschafter ihre Anteile in unterschiedlichem Umfang übertragen. 189

Für die Einheitlichkeit der dinglichen Übertragung kann es ferner nicht auf das jeweils zugrunde liegende Rechtsgeschäft ankommen. Es ist somit ohne Bedeutung, ob das schuldrechtliche Rechtsgeschäft entgeltlich, unentgeltlich oder teilentgeltlich erfolgt. 190

Vielmehr muss der Vorgang der Übertragung „einheitlich" erfolgen. Für die Übertragung der Gesellschaftsanteile müssen einheitliche Grundsätze gelten. Die Gesellschafter müssen sich untereinander verpflichten, die Anteile nur nach bestimmten Regeln zu übertragen, die für alle Gesellschafter in gleicher Weise gelten (so auch R E 13b.6 Abs. 4 S. 4 ErbStR 2011) Die für die Übertragung geltenden Grundsätze können die Gesellschafter untereinander privatautonom bestimmen. Die Gesellschafter könnten sich beispielsweise zu folgenden Beschränkungen bei der Übertragung ihrer Gesellschaftsanteile verpflichten: Übertragung der Gesellschaftsanteile 191 nur auf bestimmte Familienangehörige (nicht notwendigerweise nur Abkömmlinge), Übertragung der Gesellschaftsanteile nur dann, wenn der Erwerber zugleich auch bestimmten schuldrechtlichen Vereinbarungen (z. B. bestehenden Gesellschaftervereinbarungen) beitritt, oder Übertragung der Gesellschaftsanteile nur auf solche Personen, die auch in Gesellschaft tätig sind (bzw. dies gerade nicht sind) (ähnlich auch die FinVerw in R E 13b.6 Abs. 4 S. 3 ErbStR 2011:). Übertragung der Anteile nur auf einen bestimmten Personenkreis oder Übertragung der Anteile nur mit Zustimmung der Mehrheit der Poolmitglieder.

192 Die Anforderungen an die Einheitlichkeit der Verfügung können dabei unterschiedlich streng sein. Entscheidend sind insoweit die Vereinbarungen der Gesellschafter untereinander. Der Gesetzgeber hat kein Mindestmaß an Einheitlichkeit vorgesehen. Entscheidend ist auch in diesem Zusammenhang die bestehende Praxis der Familienunternehmen, die traditionell entsprechende Beschränkungen vorsehen.

193 Die in vielen Gesellschaftsverträgen ohnehin enthaltenen Vorkaufs-, Vorerwerbs- bzw. Übernahmerechtes sind dagegen für Zwecke des Erbschaft- und Schenkungsteuerrechts nicht ausreichend. Denn diese gelten typischerweise nur für entgeltliche Übertragungen. Unentgeltliche Übertragungen (zu Lebzeiten oder von Todes wegen) können somit völlig unbeschränkt erfolgen. Es ist somit nicht gewährleistet, dass alle Übertragungen nach einheitlichen Grundsätzen erfolgen.

194 Allgemeine Vinkulierungsklauseln oder Zustimmungsvorbehalte für die Übertragung von Gesellschaftsanteilen genügen im Regelfall gleichfalls nicht der Verpflichtung zur einheitlichen Verfügung (FG Münster v.9.6.2016, 3 K 3171/14 Erb, Az. BFH II R 25/16, EFG 2016, 1530 mit Anm. *Beidenhauser*; FG Münster v. 9.12.2013, 3 K 3969/11 Erb, ErbStB 2014, 91 = BB 2014, 1251 mit Anm. *Königer* = ZEV 2014, 325 mit Anm. *Althof*). Aus diesen Klauseln ergibt sich in der Regel nicht, ob und vor allem unter welchen Voraussetzungen die Zustimmung zu einer Übertragung erteilt wird. Die Erteilung der Zustimmung steht vielmehr im freien Ermessen der anderen Gesellschafter bzw. der Gesellschaft. Die Einheitlichkeit der Übertragung ist damit nicht sichergestellt. Eine freie und unbeschränkte Übertragung der Anteile ist zudem zumindest dann möglich, wenn die erforderliche Zustimmung erteilt wird. Schließlich gelten entsprechende Beschränkungen auch nicht für die Übertragung von Todes wegen, sodass es auch insoweit an der Einheitlichkeit fehlt.

4.4.5.4.2 Verpflichtung zur Übertragung auf gebundene Anteilseigner (§ 13b Abs. 1 Nr. 3 S. 2 Fall 2 ErbStG)

195 Die für die Zusammenrechnung erforderliche Verfügungsbeschränkung liegt auch dann vor, wenn der Erblasser bzw. Schenker und die weiteren Gesellschafter verpflichtet sind, die Anteile *„ausschließlich auf andere derselben Verpflichtung unterliegende Anteilseigner zu übertragen"* (§ 13b Abs. 1 Nr. 3 S. 2 Fall 2 ErbStG).

196 Nach dem Gesetzeswortlaut muss der Erwerber im Zeitpunkt der Anteilsübertragung bereits Gesellschafter sein und auch der Verpflichtung zur einheitlichen Verfügung unterliegen. Damit wäre nur eine Übertragung auf andere Poolgesellschafter möglich. Dagegen wäre eine Übertragung auf Personen, die bislang noch nicht Gesellschafter waren, grundsätzlich ausgeschlossen. Eine solche Auslegung

erscheint mit dem Normzweck (die Nachfolge in Familienunternehmen zu erleichtern) indes nicht vereinbar. Denn im Rahmen der Unternehmensnachfolge werden die Gesellschaftsanteile gerade auch auf Personen übertragen, die dadurch neu in die Gesellschaft eintreten. Es muss daher auch ausreichend sein, wenn der Erwerber erst durch die Übertragung Gesellschafter wird und gleichzeitig auch den schuldrechtlichen Vereinbarungen der Poolvereinbarung beitritt (so auch R E 13b.6 Abs. 4 S. 5 ErbStR 2011).

Bis zu einer abschließenden Klärung der Rechtsfrage könnte in der Praxis eine stufenweise Übertragung als sichere Alternative in Betracht gezogen werden: Zunächst wird ein (wertloser) Mini-Anteil auf den Erwerber übertragen, der damit zum Gesellschafter wird. Sodann wird der (werthaltige) Gesellschaftsanteil übertragen, wobei der Erwerber jetzt schon (gebundener) Gesellschafter ist. Zusätzliche Probleme bestehen im Erbfall, wenn der Erwerber des Gesellschaftsanteils bislang noch nicht Gesellschafter war und die Nachfolge nicht auch den Eintritt in die Poolvereinbarung umfasst. In diesem Fall muss es ausreichend sein, wenn der Erbe, Vermächtnisnehmer oder Auflagenbegünstigte der Poolvereinbarung nach einer Übergangsfrist von längstens sechs Monaten beitritt. 197

4.4.5.5 Stimmrechtsbindung

Neben der Verfügungsbeschränkung müssen der Erblasser bzw. Schenker und die weiteren Gesellschafter untereinander verpflichtet sein, *„das Stimmrecht gegenüber nicht gebundenen Gesellschaftern einheitlich auszuüben"* (§ 13b Abs. 1 Nr. 3 S. 2 ErbStG, siehe dazu R E 13b.6 Abs. 4 ErbStR 2011). 198

Weitere Vorgaben zur Stimmrechtsbindung werden nicht gemacht. Möglich ist daher beispielsweise die Übertragung der Stimmrechte auf die Poolgesellschaft, die Bestellung eines gemeinsamen Vertreters oder eine vertragliche Verpflichtung zur einheitlichen Stimmrechtsausübung. Eine Sicherung der Stimmrechtsbindung (z. B. durch die Vereinbarung einer angemessenen Vertragsstrafe) ist (steuerrechtlich) nicht erforderlich (aber zivilrechtlich sinnvoll). 199

Mit einer Stimmbindungsvereinbarung übernehmen die Gesellschafter die Verpflichtung, ihr Stimmrecht in der Gesellschafterversammlung der Kapitalgesellschaft in bestimmter Weise auszuüben. Der Abschluss von Stimmbindungsverträgen ist gesellschaftsrechtlich zulässig. Dabei wird u. a. zwischen harten und weichen Stimmrechtsbindungen unterschieden. Bei einer harten Stimmrechtsbindung ist die Stimmbindung eine mit Erfüllungszwang ausgestattete Primärpflicht, deren Verletzung Schadensersatzansprüche begründen kann. Demgegenüber besteht bei einer weichen Stimmbindung kein Erfüllungszwang. Das ErbStG stellt an die Art der Stimmbindung keine besonderen Anforderungen. Aus den Gesetzesmaterialien ergeben sich diesbezüglich gleichfalls keinerlei Einschränkungen. Es ist daher davon auszugehen, dass für Zwecke des Erbschaft- und Schenkungsteuergesetzes jede Art der Stimmbindung ausreichend ist. 200

Tipp: 201
In der Praxis empfiehlt es sich in jedem Fall, auf eine Einhaltung der Stimmrechtsbindung zu achten und diese auch durch geeignete Vereinbarungen zu sanktio-

nieren. Systematische Verstöße gegen die Stimmrechtbindung könnten unter Umständen als eine konkludente Aufhebung gewertet werden (§ 13a Abs. 6 Satz 1 Nr. 5 ErbStG).

Die Stimmrechtsbindung muss alle Beschlussgegenstände umfassen. Dies gilt unabhängig von Art, Inhalt und Bedeutung des jeweiligen Beschlusses. Eine Beschränkung auf einzelne Beschlüsse ist nicht ausreichend.

202 Die einheitliche Anordnung der **Testamentsvollstreckung** (§§ 2197 ff. BGB) genügt schon deshalb nicht, weil das Stimmrecht in bestimmten Kernbereichen der Mitgliedschaft beim Gesellschafter verbleibt. Bei der einseitigen Anordnung der Testamentsvollstreckung durch den Erblasser fehlt es zudem an einer Verpflichtung der Gesellschafter „*untereinander*" (zur Testamentsvollstreckung über gepoolte GmbH-Anteile siehe *Reimann*, ZEV 2014, 521, 525).

Die Vereinbarung zur einheitlichen Stimmrechtsausübung muss zwischen den Gesellschaftern vertraglich vereinbart werden. Die Vereinbarung muss zivilrechtlich wirksam sein und darf insbesondere nicht gegen gesetzliche Verbote verstoßen (§§ 134, 138 BGB und § 136 AktG) Die bloß tatsächliche Beachtung einer unwirksamen Stimmrechtsbindung dürfte (Trotz § 41 Abs. 1 AO) nicht ausreichend sein, da diese nicht unmittelbar Gegenstand der Besteuerung ist. Der Besteuerung unterliegt allein der Erwerb der Anteile an einer Kapitalgesellschaft. Die wirksame Poolvereinbarung ist lediglich Voraussetzung für das Erreichen der Mindestbeteiligung und die Schaffung von begüstigungsfähigem Vermögen.

203 Bei Poolvereinbarungen von Aktionären einer **Aktiengesellschaft** sind insbesondere die zwingenden Stimmrechtsverbote des Aktiengesetzes zu beachten (§ 136 Abs. 2 AktG; dazu OLG Oldenburg v. 16.3.2006, 1 U 12/05, RNotZ 2006, 479 mit Anm. *Oppermann* = ZEV 2007, 35 mit Anm. Reimann; OLG Stuttgart v. 28.10.1985, 5 U 202/84, JZ 1987, 570 mit Anm. *Flume*, aus anderen Gründen aufgehoben durch BGH v. 25.9.1986, II ZR 272/85, NJW 1987, 890 = ZIP 1987, 103. – Ausführlich zum Ganzen Bauer/Garbe, ZEV 2014, 61).

204 Umstritten ist die Frage, ob auch **stimmrechtslose Anteile** Gegenstand einer Poolvereinbarung sein können. Die Finanzverwaltung lehnt dies ab (R E 13b.6 Abs. 5 S. 1 HS 2 ErbStR 2011). Dafür könnte sprechen, dass bei stimmrechtslosen Anteilen eine einheitliche Ausübung des Stimmrechts ausscheidet und die Poolvereinbarung insoweit leer läuft. Gleichwohl ist die einschränkende Auffassung abzulehnen (Gelhaar/Saecker, ZEV 2012, 358; Riedel, ZErb 2013, 145). Nach dem Gesetzeswortlaut kommt es allein auf die Poolung der Anteile an, unabhängig davon mit welchen Rechten diese im Einzelnen ausgestattet sind. Stimmrechtslose Anteile können somit ebenso wie alle anderen Anteile (z.B. Anteile mit einem mehrfachen Stimmrecht oder einem Vetorecht) in eine Poolvereinbarung einbezogen werden. Die Finanzverwaltung geht im Übrigen selbst davon aus, dass die tatsächliche Stimmrechtsausübung keine Voraussetzung für die Einbeziehung der Anteile in eine Poolvereinbarung ist (R E 13b.6 Abs. 5 S. 4 ErbStR 2011). Eine einheitliche Stimmrechtsausübung soll vielmehr auch dann anzunehmen sein, wenn die Gesellschafter auf ihr Stimmrecht verzichten (R E 13b.6 Abs. 5 S. 3 ErbStR 2011). Bei einem stimmrechtslosen Anteil hat der Gesellschafter von

vornherein und allgemein auf sein Stimmrecht verzichtet. Eine unterschiedliche Behandlung beider Fälle erscheint somit nicht sachgerecht.

Die Poolgesellschafter müssen sich gegenüber den „*nichtgebundenen Gesellschafter(n)*" zur einheitlichen Stimmabgabe verpflichten. Gehören (ausnahmsweise) alle Gesellschafter einer Kapitalgesellschaft dem Pool an, gibt es keine nicht gebundenen Gesellschafter. Die bestehende Stimmrechtsbindung ist gleichwohl ausreichend und rechtfertigt eine Zusammenrechnung der Anteile für Zwecke der Erbschaft- und Schenkungsteuer erst recht (so auch R E 13b.6 Abs. 5 S. 8 und 9 ErbStR 2011). 205

4.4.5.6 Grundlage der Verfügungsbeschränkung und Stimmbindung

Aus dem Gesetz ergibt sich nicht, woraus sich die Verfügungsbeschränkung und Stimmbindung der Gesellschafter ergeben muss. Demnach ist jede (wirksame) Vereinbarung unter den Gesellschaftern ausreichend (Umkehrschluss zu § 13a Abs. 9 Satz 1 ErbStG). 206

Eine entsprechende Poolvereinbarung kann entweder unmittelbar Bestandteil des Gesellschaftsvertrags sein oder auch gesondert unter den Gesellschaftern abgeschlossen werden (R E 13b.6 Abs. 6 ErbStR 2011). 207

Eine Regelung im Gesellschaftsvertrag hat den Vorteil, dass die Vereinbarung für und gegen alle Gesellschafter wirkt und damit automatisch auch auf etwaige Rechtsnachfolger der Gesellschafter übergeht. Eine rechtsgeschäftliche Weiterübertragungsklausel (sowie entsprechende Sanktionen für den Fall der Nichtbeachtung sind damit entbehrlich). Die Aufnahme der Poolvereinbarung in den Gesellschaftsvertrag hat allerdings den Nachteil, dass sie dann auch an der Publizität des Handelsregisters wahrnimmt und damit für jedermann (auch ohne berechtigtes Interesse) einsehbar ist. Dies wird in der Praxis vielfach nicht gewünscht, sodass entsprechende Poolvereinbarungen meist Gegenstand gesonderter Verträge unter den Gesellschaftern sind. Verfügungsbeschränkung und Stimmrechtsbindung müssen sich nicht zwingend in einem einheitlichen Vertragswerk befinden (auch wenn dies vielfach üblich ist). Eine getrennte Regelung in verschiedenen Dokumenten ist ausreichend (z.B. die Verfügungsbeschränkung im Gesellschaftsvertrag und die Stimmrechtsbindung in einem entsprechenden Poolvertrag). 208

4.4.5.7 Form der Poolvereinbarung

Für die Poolvereinbarung ist grundsätzlich keine besondere Form vorgesehen. Aus Gründen der Nachweisbarkeit (insbesondere gegenüber der Finanzverwaltung) dürfte die Einhaltung der Schriftform jedoch faktisch zwingend sein (R E 13b.6 Abs. 6 ErbStR 2011). Darüber hinaus dient eine schriftliche Vereinbarung auch der Streitvermeidung zwischen den Gesellschaftern und der Gesellschaft. 209

Weitergehende Formvorschriften sind bei Poolvereinbarungen zu beachten, die sich auf Geschäftsanteile an einer **GmbH** beziehen. Die Poolvereinbarung muss für Zwecke der Erbschaft- und Schenkungsteuer u. a. die **Verpflichtung** der Gesellschafter enthalten, „*über die Anteile nur einheitlich zu verfügen oder ausschließlich auf andere derselben Verpflichtung unterliegende Anteilseigner zu übertragen*". Eine Vereinbarung, durch „*welche die Verpflichtung eines Gesellschafters zur* 210

Abtretung eines Geschäftsanteils begründet wird", bedarf zu ihrer Wirksamkeit der notariellen Beurkundung (§ 15 Abs. 4 Satz 1 GmbHG). Eine Poolvereinbarung über Geschäftsanteile an einer GmbH muss somit regelmäßig notariell beurkundet werden. Eine nicht beurkundete Poolvereinbarung ist formunwirksam und damit nichtig (§ 125 BGB).

211 Eine formunwirksame Verpflichtung zur Anteilsübertragung kann grundsätzlich durch eine notariell beurkundete Anteilsübertragung geheilt werden (§ 15 Abs. 4 Satz 2 GmbHG). Die Heilung tritt aber frühestens mit Beurkundung der dinglichen Übertragung ein. Im maßgebenden Zeitpunkt der Entstehung der Steuer fehlt es somit an einer wirksamen Verpflichtung der Gesellschafter zur einheitlichen Verfügung über die Anteile.

212 Die nicht beurkundete Poolvereinbarung könnte allenfalls dann anerkannt werden, wenn sie die Beteiligten gleichwohl vollziehen. Nach der Abgabenordnung ist die Unwirksamkeit eines Rechtsgeschäfts für die Besteuerung unerheblich, soweit die Beteiligten das wirtschaftliche Ergebnis dieses Rechtsgeschäfts gleichwohl eintreten und bestehen lassen (§ 41 Abs. 1 Satz 1 AO). Diese Regelung ist Ausdruck der im Steuerrecht geltenden wirtschaftlichen Betrachtungsweise, sodass schon fraglich ist, inwieweit sie in dem vom Zivilrecht geprägten Erbschaft- und Schenkungsteuerrecht überhaupt anwendbar ist. Im vorliegenden Zusammenhang geht es indes nicht um die Besteuerung der (unwirksamen) Poolvereinbarung, sondern des Erwerbs von Anteilen an Kapitalgesellschaften. Die Wirksamkeit der Poolvereinbarung ist lediglich für die Verschonung der erworbenen Gesellschaftsanteile von Bedeutung. Es handelt sich mithin um eine bloße Vorfrage der Besteuerung. Der tatsächliche Vollzug der formunwirksamen Poolvereinbarung führt daher nicht dazu, dass bei der Besteuerung des Erwerbs der Gesellschaftsanteile die Anteile der einzelnen Gesellschafter zum Zweck des Erreichens der Mindestbeteiligung zusammengerechnet werden können. Es erscheint im Übrigen auch nicht sachgerecht, Gesellschaftern, die die zivilrechtliche Unwirksamkeit ihrer Poolvereinbarung in Kauf nehmen, in den Genuss einer steuerlichen Verschonung kommen zu lassen.

213 Bei Poolvereinbarungen wird es sich zudem oftmals auch um Verträge unter nahen Angehörigen handeln. Diese werden steuerlich nur dann anerkannt, wenn sie auch zivilrechtlich wirksam sind. Der tatsächliche Vollzug der Vereinbarung ist für die Anerkennung zusätzlich erforderlich, genügt aber für sich alleine nicht.

214 Als Ergebnis lässt sich festhalten, dass es bei einer nur privatschriftlichen Poolvereinbarung über GmbH-Geschäftsanteile (entgegen der Auffassung der Finanzverwaltung, R R 13b.6 Abs. 6 ErbStR 2011) an einer wirksamen Verfügungsbeschränkung fehlt. Eine Zusammenrechnung der Anteile zum Erreichen der Mindestbeteiligung ist damit nicht möglich. Die Verschonung kann demnach schon aus diesem Grund nicht gewährt werden.

4.4.5.8 Maßgebender Zeitpunkt für das Vorliegen der Poolvereinbarung

215 Die Poolvereinbarung muss im Zeitpunkt der Entstehung der Erbschaft- oder Schenkungsteuer wirksam vorliegen (R E 13b.6 Abs. 6 ErbStR 2011). In der Praxis

sollte stets gewährleistet sein, dass eine wirksame Poolvereinbarung vorliegt, um insbesondere für den unerwarteten Erbfall vorbereitet zu sein.

Es ist nicht notwendig, dass die Poolvereinbarung zum Zeitpunkt der Entstehung der Steuer (§ 9 ErbStG) bereits eine bestimmte Zeitdauer bestanden hat (Umkehrschluss zu § 13a Abs. 9 Satz 4 ErbStG, wo eine Vorlaufzeit von 2 Jahren verlangt wird). 216

Eine Mindestlaufzeit für die Poolvereinbarung ist unmittelbar nicht vorgesehen. Mittelbar ergibt sich die Mindestlaufzeit von 5 bzw. 7 Jahren aber aus den allgemeinen Behaltensregelungen. Die Aufhebung der Verfügungsbeschränkung oder der Stimmrechtsbündelung innerhalb der Behaltefrist stellt einen Nachsteuertatbestand dar (§ 13a Abs. 6 Satz 1 Nr. 5 ErbStG). 217

einstweilen frei 218

4.4.5.9 Rechtsfolgen der Poolvereinbarung

einstweilen frei 219-220

4.4.5.9.1 Rechtsfolgen für Zwecke des ErbStG

Bei Vorliegen einer einer wirksamen Poolvereinbarung werden die dem Erblasser bzw. Schenker *„unmittelbar zuzurechnenden Anteile"* und die Anteile der weiteren (gebundenen) Gesellschafter zusammengerechnet (R E 13b.6 Abs. 3 Satz 2 ErbStR 2011). Maßgebend ist, ob die Summe dieser Anteile die Mindestbeteiligung von mehr als 25 % erreicht. 221

Bei Vorliegen einer einer wirksamen Poolvereinbarung werden die dem Erblasser bzw. Schenker *„unmittelbar zuzurechnenden Anteile"* und die Anteile der weiteren (gebundenen) Gesellschafter zusammengerechnet (R E 13b.6 Abs. 3 Satz 2 ErbStR 2011). Maßgebend ist, ob die Summe dieser Anteile die Mindestbeteiligung von mehr als 25 % erreicht. 222

Nach dem Gesetzeswortlaut sind nur unmittelbare Beteiligungen an Kapitalgesellschaften von mehr als 25 % begünstigt. Dementsprechend werden bei der Zusammenrechnung aufgrund einer Poolvereinbarung auch nur solche Anteile berücksichtigt, die dem Erblasser oder Schenker „unmittelbar" zuzurechnen sind. Bloß mittelbare Beteiligungen sind nicht begünstigt und zählen auch bei den Poolanteilen nicht mit. Dies gilt trotz § 10 Abs. 1 Satz 4 ErbStG auch für Anteile, die über eine ausschließlich vermögensverwaltende Personengesellschaft gehalten werden. 223

> **Gestaltungshinweis:** 224
>
> Bei den Poolvereinbarungen handelt es sich regelmäßig um Gesellschaften bürgerlichen Rechts. In der Praxis sollte ausdrücklich klargestellt werden, dass die Anteile an der Kapitalgesellschaft den einzelnen Poolmitgliedern weiterhin unmittelbar selbst zustehen und insoweit kein Gesamthandseigentum gebildet wird. Die Bildung von Gesamthandseigentum könnte steuerschädlich sein, weil dann nur noch eine mittelbare Beteiligung an der Kapitalgesellschaft besteht.

225 Zusammengerechnet werden alle von den Poolmitgliedern unmittelbar gehaltenen Anteile der Kapitalgesellschaft. Es kommt nicht darauf an, ob die Anteile bei den Gesellschaftern zum Privat- oder Betriebsvermögen gehören. Anteile an einer Kapitalgesellschaft, die zu einem Betriebsvermögen gehören, sind zwar ohnehin begünstigt. Die Zusammenrechnung kann allerdings dazu führen, dass die Mindestbeteiligung von mehr als 25 % erreicht wird und damit auch die im Privatvermögen gehaltenen Anteile an der Kapitalgesellschaft begünstigt sind.

226 Bei Gesellschaftern, die mehrere Gesellschaftsanteile an einer Kapitalgesellschaft unmittelbar halten, stellt sich die Frage, ob nur die gepoolten oder auch die nicht gepoolten Anteile zusammenzurechnen sind. Für eine Berücksichtigung sämtlicher Gesellschaftsanteile scheint zunächst der Gesetzeswortlaut zu sprechen. Dieser sieht eine Zusammenrechnung aller dem Erblasser bzw. Schenker zuzurechnenden Anteile vor, *„wenn"* (und nicht soweit) eine entsprechende Poolvereinbarung vorliegt. Dagegen spricht allerdings die zivilrechtliche Selbständigkeit der einzelnen Gesellschaftsanteile, über die getrennt voneinander verfügt werden kann und die jeweils mit einem selbstständigen Stimmrecht ausgestattet sind. Nach dem Normzweck können nur solche Anteile bei der Zusammenrechnung berücksichtigt werden, bei denen die Gesellschafterrechte auch entsprechenden Beschränkungen und Bindungen unterliegen.

227 Die Zusammenrechnung der Anteile aufgrund einer bestehenden Poolvereinbarung erfolgt ausschließlich für Zwecke der Erbschaft- und Schenkungsteuer. Im Übrigen hat eine Poolvereinbarung nicht zur Folge, dass es sich bei den Gesellschaftern um Personen mit gleichgerichteten wirtschaftlichen Interessen oder um sonst nahestehende Personen handelt (z.B. § 121 Nr. 4 BewG oder § 1 Abs. 2 AStG).

228 **Beispiel:**

Bei Steuerausländern unterliegt in Deutschland nur der Erwerb von Inlandsvermögen der (beschränkten) Steuerpflicht (§ 2 Abs. 1 Nr. 3 ErbStG i.V.m. § 121 Nr. 4 BewG) Zum Inlandsvermögen gehören u.a. Anteile an Kapitalgesellschaften, wenn der Erblasser bzw. Schenker mit mindestens 10 % beteiligt war. Bei der Ermittlung der Beteiligungshöhe eines beschränkt Steuerpflichtigen ist eine Poolvereinbarung nicht zu berücksichtigen. Dafür fehlt es an Rechtsgrundlage. Die Vorschriften über die beschränkte Steuerpflicht (§ 2 Abs. 1 Nr. 3 ErbStG i.V.m. § 121 Nr. 4 BewG). verweisen gerade nicht auf die Regelung über die Poolvereinbarung in § 13b Abs. 1 Nr. 3 S. 2 ErbStG. Die Zusammenrechnung erfolgt zudem nur für Zwecke der Mindestbeteiligung im Rahmen der Verschonung nach § 13b Abs. 1 Nr. 3 S. 1 ErbStG, nicht dagegen auch für andere steuerliche Zwecke.

4.4.5.9.2 Sonstige Rechtsfolgen von Poolvereinbarungen im Steuerrecht

229 Die vertragliche Stimmrechtsbindung kann bei Kapitalgesellschaften unter Umständen den Untergang von **Verlusten** (§ 8c KStG) zur Folge haben (BMF v. 4.7.2008, Tz. 7, BStBl I 2008, 736. – Zu Recht kritisch dazu Bron, FR 2010, 208; Felten, DStR 2010, 1261; Hannes/Freeden, Ubg. 2008, 624; Richter/Escher, FR 2011, 760). Im

Einzelfall kann es dabei zu einem Zielkonflikt zwischen Erbschaftsteuerrecht und Ertragsteuerrecht kommen.

einstweilen frei 230-233

4.4.5.9.3 Mögliche Rechtsfolgen von Poolvereinbarungen außerhalb des Steuerrechts

Poolvereinbarungen haben regelmäßig zur Folge, dass die Anteile der einzelnen Poolmitglieder zusammengerechnet und faktisch als Einheit angesehen werden. Dies kann in Einzelfällen erwünscht (zum Beispiel bei erbschaftsteuerrechtlichen Poolverträgen), unter Umständen aber auch unerwünscht sein. Die Rechtsfolgen von Poolvereinbarungen sind daher in allen betroffenen Rechtsgebieten jeweils sorgfältig zu bedenken. **Beispiele** dafür sind etwa: 234

- **Aktien- und Konzernrecht** (§§ 15 ff., 20 ff. und §§ 291 ff. AktG): Begründung von (konzernrechtlichen) Abhängigkeiten, Melde- und Anzeigepflichten, Beherrschung und Entherrschung.
- **Kapitalmarktrecht** (§§ 21 ff. WpHG, §§ 29 ff. WpÜG und www.bafin.de): Mitteilungspflichten und/oder Pflicht zur Abgabe eines Übernahmeangebots bei Überschreiten bestimmter Beteiligungsschwellen (siehe dazu VG Frankfurt am Main v. 4.11.2015, 7 K 7403/15.F, ZIP 2016, 165 = AG 2016, 336 = NZG 2016, 913. – Ausführlich dazu *Dietrich*, WM 2016, 1577; *Hippeli/Schmiady*, ZIP 2015, 705; *Rück/Heusel*, NZG 2016, 897)
- **Sozialversicherungsrecht** (siehe § 7 SGB IV): Selbständigkeit von GmbH-Geschäftsführern (grundlegend BSG v. 11.11.2015, B 12 KR 10/14 R, B 12 KK 13/14 R und B 12 R 2/14 R, GmbHR 2016, 528 mit Anm. *Brötzmann* = DStR 2016, 1275. – Ausführlich zum Ganzen *Bosse*, NWB 5/2016, 352; *Heckschen*, NotBZ 2016, 121; *Kalbfleisch*, UVR 2016, 115; *von Medem*, DStR 2014, 2027; *Thees*, DB 2016, 352)
- **Kartellrecht** (§ 37 GWB und www.bundeskartellamt.de; siehe dazu z. B. LG Offenburg v. 8.11.1988, 2 O 220/88 (*Burda/Springer*)) zu kartellrechtlichen Folgen einer Beteiligungsvereinbarung, in denen sich die Gesellschafter einer Unternehmensgruppe wechselseitig Vorkaufsrechte an vinkulierten Aktien einräumen.

4.4.5.9.4 Aufhebung einer Poolvereinbarung

Für Poolvereinbarungen besteht ein eigener Nachsteuertatbestand (§ 13a Abs. 6 S. 1 Nr. 5 ErbStG und R E 13a.10 Abs. 2 Nr. 2 ErbStR 2011) Danach führt die Aufhebung einer Poolvereinbarung innerhalb der Behaltefrist von 5 bzw. 7 Jahren zu einer Nachversteuerung. 235

einstweilen frei 236-239

4.4.5.10 Überlegungen zur Gestaltung von Poolvereinbarungen

240 Bei der Gestaltung von Poolvereinbarungen für Zwecke des Erbschaft- und Schenkungsteuerrechts besteht bislang (auch mangels Rechtsprechung des Bundesfinanzhofs) noch keine Rechtssicherheit.

In der Praxis empfiehlt sich (zumindest vorsorglich) eine enge Orientierung am Gesetzeswortlaut und eine frühzeitige Abstimmung mit der Finanzverwaltung (Formulierungsvorschläge finden sich u.a. bei *Fuhrmann*, in: Fuhrmann/Wälzholz, Formularbuch Gesellschaftsrecht, 2. Auflage 2015, Kapitel 4, M 4.15, S. 538 ff.; *Lasa*, in: Hannes, Formularbuch Vermögens- und Unternehmensnachfolge, 2011, Abschnitt C. 2, S. 1001 ff.; *Lorz*, in: Beck'sches Formularbuch GmbH-Recht, 2010, Abschnitt C. III. 1., S. 191 ff.).

Gestaltungshinweis:
Bestehende Poolvereinbarungen sollten in jedem Fall daraufhin überprüft werden, ob sie den spezifischen Anforderungen des neuen Erbschaft- und Schenkungsteuerrechts genügen.

241 Eine Bezeichnung als Poolvereinbarung ist dabei weder erforderlich noch ausreichend. Die in der Praxis bislang bestehenden Pool-, Konsortial- oder Stimmrechtsbindungsvereinbarungen wurden im Allgemeinen nicht aus erbschaftsteuerrechtlichen, sondern aus gesellschaftsrechtlichen, unternehmerischen oder sonstigen Gründen abgeschlossen. Diese Vereinbarungen sind demnach auch nicht ohne weiteres geeignet, eine Zusammenrechnung der Anteile für Zwecke des Erbschaft- und Schenkungsteuerrechts zu begründen.

242 Bei neuen Poolvereinbarungen, die (auch) aus erbschaftsteuerlichen Gründen abgeschlossen (oder geändert) werden, sollte diese Motivation möglichst deutlich gemacht werden (und nicht etwa „verheimlicht" werden). In einer Präambel könnte beispielsweise der Hintergrund, die Interessenlage und die Zielsetzung der Beteiligten dargelegt werden. Dabei könnten auch die Gedanken aus der amtlichen Gesetzesbegründung aufgegriffen werden, wie etwa der Erhaltung des Einflusses der Familie, die Beschränkung der beliebigen Veräußerbarkeit der Anteile, die Sicherung des Charakters als Familiengesellschaft und der damit verbundenen Arbeitsplätze.

243 Bei Poolvereinbarungen handelt es sich rechtlich im Allgemeinen um eine Gesellschaft bürgerlichen Rechts (§§ 705 ff. BGB). Es sollte klargestellt werden, dass die Gesellschaftsanteile an der Kapitalgesellschaft im Vermögen der Gesellschafter verbleiben und insoweit kein Gesamthandvermögen oder Miteigentum gebildet wird. Die einzelnen Poolgesellschafter müssen an der Kapitalgesellschaft "*unmittelbar*" beteiligt sein.

244 Bei Bildung von Gesamthandsvermögen liegt (trotz steuerrechtlicher Transparenz der Gesellschaft) keine unmittelbare, sondern nur noch eine mittelbare Beteiligung vor. Steuerlich begünstigt ist aber nur der Erwerb von „*unmittelbaren*" Beteiligungen an einer Kapitalgesellschaft. Bei einer bloß mittelbaren Beteiligung erfolgt (auch bei Bestehen einer Poolvereinbarung) keinerlei steuerliche Verschonung (BFH v. 11.6.2013, II R 4/12, BStBl II 2013, 742 = DStR 2013, 1536 = GmbHR 2013, 940 mit

Anm. *Milatz/Müller* = BB 2013, 2533 mit Anm. *Zipfel.* – Ausführlich dazu u. a. *Daragan*, ZErb 2013, 319; *Geck*, ZEV 2013, 601; *Hübner*, DStR 2013, 2257)

Ferner sollte ausgeschlossen werden, dass die Gesellschaft durch die Kündigung eines Gesellschafters, den Tod eines Gesellschafters oder die Eröffnung der Insolvenz über das Vermögen eines Gesellschafters aufgelöst wird (§ 736 Abs. 1 BGB). Die Vereinbarung einer entsprechendenFortsetzungsklausel ggf. ergänzt um eine Regelung der Abfindung (§ 738 BGB). erscheint daher unbedingt empfehlenswert. 245

Die Poolvereinbarung sollte aus Gründen der Beweisbarkeit zumindestschriftlich abgeschlossen werden. Bei GmbH's kann im Einzelfall eine Beurkundung erforderlich sein (§ 15 Abs. 4 GmbHG). Darüber sollte für Änderungen und Ergänzungen eine qualifizierte Schriftformklausel aufgenommen werden. Dieses bietet unter Umständen auch einen gewissen Schutz vor der Annahme einer stillschweigenden Aufhebung der Poolvereinbarung. 246

Die Poolvereinbarung muss zivilrechtlichwirksam sein (§§ 134, 138 BGB). Die Stimmrechtsausübung darf daher nicht unzulässig beschränkt werden (§ 136 AktG). Die Verfügungsbefugis zu Lebzeiten kann vertraglich beschränkt werden; die Testierfreiheit muss aber gewahrt bleiben (§ 2302 BGB). 247

Vor Abschluss einer (erbschaftsteuerlichen) Poolvereinbarung sind stets auch die Auswirkungen auf das Gesellschaftsrecht und das Ertragsteuerrecht zu berücksichtigen (insbesondere § 8c KStG). 248

Etwaige Verletzungen der Poolvereinbarungen sollten durch die Vereinbarung einerVertragsstrafe angemessen sanktioniert werden, da ein Schaden oftmals schwer nachzuweisen ist. Die Vereinbarung einer Vertragsstrafe unterstreicht zudem die Ernsthaftigkeit und Fremdüblichkeit der Poolvereinbarung. Dies erleichtert die steuerliche (und sonstige) Anerkennung der Poolvereinbarung.

Das Erbschaft- und Schenkungsteuerrecht verlangt eine vergleichsweise weitgehende Verfügungsbeschränkung und Stimmrechtsbindung. Diese darf während der Behaltefrist von 5 bzw. 7 Jahren zudemnicht aufgehoben werden. 249

Jeder Gesellschafter muss im Einzelfall abwägen, ob ihm die erbschaftsteuerlichen Vorteile die Beschränkungen der Gesellschafterrechte Wert sind. 250

5 Begünstigtes Vermögen (§ 13b Abs. 2 ErbStG)

Ausgewählte Hinweise auf weiterführende Literatur: 251

Korezkij, Neuer Verwaltungsvermögenstest im Konzern aus der Sicht eines Rechtsanwenders – Der Weg vom begünstigungsfähigen zum begünstigten Vermögen nach § 13b Abs. 2-10 ErbStG, DStR 2016, 2434.

5.1 Einführung

Das begünstigungsfähige Vermögen (§ 13b Abs. 1 ErbStG) ist grundsätzlich begünstigt, soweit sein gemeiner Wert den um das unschädliche Verwaltungsvermögen gekürzten Nettowert (§ 13b Abs. 7 ErbStG) des Verwaltungsvermögens (§ 13b Abs. 6 ErbStG) übersteigt (**Begünstigtes Vermögen**, § 13b Abs. 2 S. 1 ErbStG). 252

253 Der Wert des begünstigungsfähigen Vermögens ist ausnahmsweise vollständig **nicht** begünstigt, wenn das (näher bezeichnete) Verwaltungsvermögen mindestens 90 % des gemeinen Werts des begünstigungsfähigen Vermögens beträgt (§ 13b Abs. 2 Satz 2 ErbStG).

5.1.1 Aufgabe des früheren „Alles-oder-Nichts-Prinzips"

254 Im Rahmen der Erbschaftsteuerreform 2016 (BGBl I 2016, 2464 = BStBl I 2016, 1202) wurde der Begriff des begünstigten Vermögens völlig neu definiert.

255 **Bis zum 30.6.2016** bestand das begünstigte Vermögen aus land- und forstwirtschaftlichem Vermögen, Betriebsvermögen und Anteilen an Kapitalgesellschaften, soweit es zu nicht mehr als 50 % bzw. 10 % aus Verwaltungsvermögen bestand (§ 13b Abs. 1 ErbStG a.F.). Das Vermögen (einschließlich des Verwaltungsvermögens) war insgesamt begünstigt, solange die maßgebende Quote im Zeitpunkt der Entstehung der Steuer nicht überschritten worden ist. Dagegen war das Vermögen (einschließlich des an sich begünstigungsfähigen Vermögens) nicht begünstigt, wenn die Quote überschitten worden ist. Dieses „Alles-oder-Nichts-Prinzip" hat das BVerfG nicht als verfassungsgemäß angesehen (BVerfG v. 17.12.2014, 1 BvL 21/12, BVerfGE 138, 136 = BStBl II 2015, 50).

256 **Seit dem 1.7.2016** besteht das begünstigte Vermögen aus land- und forstwirtschaftlichem Vermögen, Betriebsvermögen und Anteilen an Kapitalgesellschaften, soweit es das (Netto-)Verwaltungsvermögen übersteigt (§ 13b Abs. 2 ErbStG n.F). Auf eine bestimmte Quote des Verwaltungsvermögens kommt es dabei nicht an (abgesehen von dem unschädlichen Verwaltungsvermögen von höchstens 10 %, § 13b Abs. 7 Satz 1 ErbStG). Das frühere „Alles-oder-Nichts-Prinzip" wurde aufgegeben.

257 Die Steuerbefreiung gilt nur noch für das begünstigte Vermögen. Das Verwaltungsvermögen unterliegt grundsätzlich der vollen Besteuerung (abzüglich der anteiligen Schulden und des Kulanzpuffers von 10 %, § 13b Abs. 6 und 7 ErbStG). Junges Verwaltungsvermögen und junge Finanzmittel unterliegen immer der vollen Besteuerung (und zwar ohne Schuldenabzug und ohne Kulanzpuffer von 10 %).

258 Das im Zeitpunkt der Steuerentstehung (§ 9 ErbStG) vorhandene Verwaltungsvermögen muss dafür einzeln ermittelt und bewertet werden. Eine (wertmäßige) Quote gibt es nicht (mehr); maßgebend ist vielmehr eine (gegenständliche) Betrachtung des Verwaltungsvermögens.

5.1.2 Beibehaltung des Verwaltungsvermögenstests

259 Das seit 2009 bestehende Konzept eines **Verwaltungsvermögenstests** wurde allerdings beibehalten. Das begünstigte Vermögen wird daher weiterhin nicht positiv, sondern **negativ** bestimmt. Begünstigtes Vermögen ist das land- und forstwirtschaftliche Vermögen, das Betriebsvermögen und Anteile an Kapitalgesellschaften, jedoch mit Ausnahme des schädlichen Verwaltungsvermögens.

260 Die Bundesregierung hatte in ihrem Gesetzesentwurf vom September 2015 (BT-Drs. 18/5923, 26 ff.) zunächst vorgeschlagen, den bisherigen Verwaltungsvermögenstest vollständig aufzugeben. Das begünstigte Vermögen sollte positiv bestimmt werden.

Danach sollten zum begünstigten Vermögen nur noch die Vermögensteile gehören, die überwiegend einer originär gewerblichen Tätigkeit dienen. Dabei sollte der *„Hauptzweck"* des Vermögens maßgebend sein. Als Indiz sollte eine Nutzung im Betrieb zu mehr als 50 % dienen. Nicht begünstigt sein sollten dagegen diejenigen Teile des begünstigungsfähigen Vermögens, die ohne die eigentliche betriebliche Tätigkeit zu beeinträchtigen aus dem Betriebsvermögen herausgelöst werden können. Der Bundesrat hat diesen Vorschlag (zu Recht) *„mit Nachdruck"* abgelehnt (BR-Drs. 353/15, 17 ff.). In seiner Stellungnahme hat der Bundesrat u. a. darauf hingewiesen, dass der Hauptzweckansatz verfassungsrechtlich bedenklich sei, die Rechts- und Planungssicherheit gefährdet und zu unnötigem Bürokratieaufwand führt. Der Bundesrat hat sich stattdessen für eine verfassungskonforme Fortentwicklung des Verwaltungsvermögenstests ausgesprochen. Die Kritik des Bundesrats hatte weitgehend Erfolg. Der im Regierungsentwurf vorgesehene Hauptzwecktest wurde verworfen (BT-Drs. 18/8911, 39 ff.). Das jetzt vom Deutschen Bundestag beschlossene Gesetz geht im Grundsatz weiterhin von einem Verwaltungsvermögenstest aus, sieht aber gleichwohl wesentliche Änderungen gegenüber der früheren Gesetzesfassung vor.

261

In dem Bericht des Finanzausschusses wurde dies u. a. wie folgt begründet: (BT-Drs. 18/8911, 39 ff.)

262

„Nach § 13b Absatz 3 des Regierungsentwurfs eines Gesetzes zur Anpassung des Erbschaftsteuer- und Schenkungsteuergesetzes an die Rechtsprechung des Bundesverfassungsgerichts (ErbStG-E; Bundesratsdrucksache 353/15) gehören zum begünstigten Vermögen alle Teile des begünstigungsfähigen Vermögens eines Betriebs, die im Zeitpunkt der Entstehung der Steuer jeweils überwiegend einer Tätigkeit im Sinne des § 13 Absatz 1 i. V. m. Absatz 2 Nummer 1, § 15 Absatz 1 Satz 1 Nummer 1 i. V. m. Absatz 2 oder § 18 Absatz 1 Nummer 1 und 2 des Einkommensteuergesetzes (EStG) nach ihrem Hauptzweck dienen. Nicht dem Hauptzweck dienen diejenigen Teile des begünstigungsfähigen Vermögens, die aus dem Betriebsvermögen herausgelöst werden können, ohne die eigentliche betriebliche Tätigkeit zu beeinträchtigen. Der Hauptzweckansatz lehnt sich an das betriebswirtschaftliche Bewertungskonzept im Sinne des § 200 Absatz 2 des Bewertungsgesetzes an, wonach betriebsnotwendiges Vermögen bereits auf Ebene der Bewertung abzugrenzen ist.

Die Länder haben sich im Bundesrat mehrheitlich dafür ausgesprochen, die Abgrenzung des begünstigten vom nicht begünstigten Vermögen wie im geltenden Recht über einen Verwaltungsvermögenskatalog vorzunehmen (vgl. Nummer 5 der Bundesratsdrucksache 353/15). Dem Anliegen der Länder soll entsprochen werden. Die Abgrenzung des begünstigten vom nicht begünstigten Vermögen soll weiterhin anhand eines Verwaltungsvermögenskatalogs wie im geltenden Recht vorgenommen werden. Das Verwaltungsvermögenskonzept ist als solches vom Bundesverfassungsgericht nicht beanstandet worden. Verfassungsrechtliche Bedenken bestehen gegen eine Abgrenzung anhand eines enumerativen Verwaltungsvermögenskatalog daher nicht. Dem Gesetzesentwurf werden deshalb im weiteren Verfahren der Vorschlag des Bundesrats (Nummer 5 der Bundesratsdrucksache 353/15) und folgende Erwägungen zu Grunde gelegt:

Die verfassungsrechtlich beanstandete Verwaltungsvermögensquote von 50 Prozent bei der Regelverschonung (sog. Alles-oder-Nichts-Prinzip) wird ersatzlos gestrichen. Nunmehr wird der nach anteiligem Abzug von Schulden und pauschalem Abzug von unschädlichem Verwaltungsvermögen verbleibende Nettowert des Verwaltungsvermögens (Nettoverwaltungsvermögen) besteuert. Bei der Zuordnung von Schulden werden allerdings – weitgehender als im Entwurf der Bundesregierung – Missbrauchsgestaltungen z. B. über kurzfristige Einlagen jungen Verwaltungsvermögens und nicht betrieblich bedingte Schuldenaufnahmen eingedämmt. (…)

Das begünstigte Vermögen wird in mehrstufigen Gesellschaftsstrukturen über eine konsolidierte Verbundbetrachtung ermittelt. Damit sind die vom Bundesverfassungsgericht gerügten Gestaltungen durch sog. Kaskadeneffekte zukünftig ausgeschlossen. Im Vergleich zum Entwurf der Bundesregierung werden wirtschaftlich nicht belastende Schulden von der Konsolidierung und der Verrechnung mit Verwaltungsvermögen ausgenommen. (…)

Der Katalog des Verwaltungsvermögens wird in einigen Bereichen aktualisiert und eine weitere Rückausnahme bei der Überlassung von Grundstücken an Dritte aufgenommen. Für im Besteuerungszeitpunkt vorliegendes Verwaltungsvermögen wird eine Investitionsklausel eingeführt. Wie im Entwurf der Bundesregierung wird zur Kapitalstärkung ein Teil des originär nicht begünstigten Vermögens (wertmäßig in Höhe von 10 Prozent des begünstigten Nettovermögens) wie begünstigtes Vermögen behandelt. Die Regelung wird dem Verwaltungsvermögenskonzept angepasst. (…)

Den Vorgaben des Bundesverfassungsgerichts folgend wird die typisierende Verwaltungsvermögensgrenze von 50 Prozent in Satz 1 des § 13b Absatz 2 des Erbschaftsteuer- und Schenkungsteuergesetzes bisheriger Fassung (ErbStG) aufgehoben. Damit wird zugleich die Möglichkeit sog. Kaskadengestaltungen beseitigt, die bisher eine mehrfache Ausnutzung der Wertgrenze von 50 Prozent möglich machte. Stattdessen wird zur Bestimmung des Anteils des nicht begünstigten Vermögens auf den um das unschädliche Verwaltungsvermögen (§ 13b Absatz 7) gekürzten Nettowert des Verwaltungsvermögens abgestellt. Schulden werden wie im bisherigen Recht im Rahmen des Finanzmitteltests (§ 13b Absatz 4 Nummer 5) in vollem Umfang saldiert und darüber hinaus quotal berücksichtigt (§ 13b Absatz 6). Die Form der Schuldenberücksichtigung entspricht grundsätzlich der des Regierungsentwurfs."

5.2 Begriff des begünstigten Vermögens (§ 13b Abs. 2 S. 1 ErbStG)

263 Das begünstigungsfähige Vermögen (§ 13b Abs. 1 ErbStG) ist begünstigt, soweit sein gemeiner Wert den um das unschädliche Verwaltungsvermögen gekürzten Nettowert (§ 13b Abs. 7 ErbStG) des Verwaltungsvermögens (§ 13b Abs. 6 ErbStG) übersteigt. (Begünstigtes Vermögen, § 13b Abs. 2 Satz 1 ErbStG)

264 Diese Regelung zum begünstigten Vermögen ist die Grundlage des sogenannten **Verwaltungsvermögenstests**. Ziel des Verwaltungsvermögenstests ist es, dass grundsätzlich begünstigungsfähige Vermögen (§ 13b Abs. 1 ErbStG) in begünstigtes und nicht begünstigtes Vermögen aufzuteilen.

265 Die Ermittlung des begünstigten Vermögens erfolgt **in mehreren Rechenschritten,** deren Inhalt und Reihenfolge sich nicht immer zweifelsfrei aus dem Gesetz entneh-

men lässt. Viele Einzelfragen sind derzeit noch unklar und umstritten, (grundlegend zum Ganzen *Korezkij*, DStR 2016, 2434, 2444 ff.) der für den Weg vom begünstigungsfähigen zum begünstigten Vermögen eine nützliche Arbeitshilfe mit insgesamt 22 Prüfungsschritten entwickelt hat.

einstweilen frei 266-269

5.3 Grenze von 90 % (§ 13b Abs. 2 S. 2 ErbStG)

Ausgewählte HInweise auf weiterführende Literatur: 270

Brabender/Winter, Vorsicht vor der 90 %-Grenze nach § 13b Abs. 2 S. 2 ErbStG oder ist Verwaltungsvermögen gleich Verwaltungsvermögen?, ZEV 2017, 81.

5.3.1 Überblick

Der Wert des begünstigungsfähigen Vermögens ist ausnahmsweise **vollständig nicht begünstigt**, wenn das (näher bezeichnete) Verwaltungsvermögen mindestens 90 % des gemeinen Werts des begünstigungsfähigen Vermögens beträgt (§ 13b Abs. 2 Satz 2 ErbStG). 271

Im Zusammenhang mit dieser 90 %-Grenze ist ein (modifizierter) Begriff des Verwaltungsvermögens maßgebend. 272

Die **gesetzliche Regelung** in § 13b Abs. 2 Satz 2 ErbStG ist sprachlich nur schwer verständlich und soll eine Art Brutto-Verwaltungsvermögen umschreiben. Die Regelung lautet auszugsweise wie folgt: 273

„(…) das Verwaltungsvermögen nach Absatz 4 vor der Anwendung des Absatzes 3 Satz 1, soweit das Verwaltungsvermögen nicht ausschließlich und dauerhaft der Erfüllung von Schulden aus durch Treuhandverhältnisse abgesicherte Altersversorgungsverpflichtungen dient und dem Zugriff aller übrigen nicht aus diesen Altersversorgungsverpflichtungen unmittelbar berechtigten Gläubiger entzogen ist, sowie der Schuldenverrechnung und des Freibetrags nach Absatz 4 Nummer 5 sowie der Absätze 6 und 7 (…)". 274

Ausgangspunkt ist die allgemeine Definition des Verwaltungsvermögens, (i. S. v. § 13b Abs. 4 Nr. 1 bis 5 ErbStG) allerdings *„vor der Anwendung des Absatzes 3 Satz 1"* sowie der Schuldenverrechnung und des Freibetrags von 15 % für Finanzmittel (§ 13b Abs. 4 Nr. 5 ErbStG) sowie der *„Absätze 6 und 7"*. 275

Nach *„Absatz 3 Satz 1"* gehören die *„Teile des begünstigungsfähigen Vermögens"*, die der Erfüllung von Schulden aus Altersversorgungsverpflichtungen dienen, nicht zum Verwaltungsvermögen (§ 13b Abs. 3 Satz 1 ErbStG). Der Gesetzgeber verweist aber nicht nur auf *„Absatz 3 Satz 1"*, sondern greift die Regelung auch inhaltlich nochmals auf. Der Wortlaut beider Regelungen stimmt nicht überein. Die Einschränkung auf *„durch Treuhandverhältnisse abgesicherte"* Altersversorgungsverpflichtungen findet sich nur in § 13b Abs. 2 Satz 2 ErbStG (Und nicht auch in § 13b Abs. 3 Satz 1 ErbStG). Ein sachlicher Grund für die unterschiedliche Regelung ist nicht ersichtlich. 276

5.3.2 Entstehungsgeschichte

277 In dem Bericht des Finanzausschusses wurde die neue 90 %-Grenze wie folgt begründet: (BT-Drs. 18/8911, 40).

"Satz 2 nimmt solches begünstigungsfähiges Vermögen von der Verschonung aus, das nahezu ausschließlich aus Verwaltungsvermögen besteht. Besteht betriebliches Vermögen oder das Vermögen einer Gesellschaft zu mindestens 90 Prozent aus Verwaltungsvermögen ist davon auszugehen, dass das gesamte betriebliche Vermögen nicht schutzwürdig ist. Mit der Ausnahme solcher Gesellschaften von der Verschonung werden Gestaltungsmöglichkeiten ausgeräumt, die nach dem Urteil des Bundesverfassungsgerichts vom 17. Dezember 2014 – 1 BvL 21/12 – verfassungswidrig sein können.

Wären Gesellschaften mit einem ganz überwiegenden Teil an Verwaltungsvermögen begünstigt, könnten mittels einer geringfügigen land- und forstwirtschaftlichen, originär gewerblichen oder freiberuflichen Tätigkeit, große Werte an Verwaltungsvermögen übertragen werden, für die gegebenenfalls eine Teilverschonung wie bei den Finanzmitteln in Höhe von 15 Prozent des gemeinen Werts des Betriebs beansprucht werden kann. Um diese Gestaltungsmöglichkeit auszuschließen wird dem Grunde nach begünstigungsfähiges Vermögen, das zu mindestens 90 Prozent aus Verwaltungsvermögen besteht wieder aus der Verschonung ausgenommen. Hierbei wird der Wert des Verwaltungsvermögens zugrunde gelegt, welcher sich vor der Anwendung des Absatzes 3 Satz 1 ergibt, soweit das Verwaltungsvermögen nicht ausschließlich und dauerhaft der Erfüllung von Schulden aus Altersversorgungsverpflichtungen dient und dem Zugriff aller übrigen nicht aus den Altersversorgungsverpflichtungen unmittelbar berechtigten Gläubiger entzogen ist. Dabei sind nur solche Altersversorgungsverpflichtungen ausgenommen, die durch Treuhandverhältnisse abgesichert sind. Des Weiteren ist das Verwaltungsvermögen vor der Verrechnung der Finanzmittel mit den Schulden und der Kürzung um den Freibetrag nach Absatz 4 Nummer 5, vor der quotalen Schuldenverrechnung mit dem Verwaltungsvermögen nach Absatz 6 und vor dem Ansatz von unschädlichem Verwaltungsvermögen von zehn Prozent nach Absatz 7 zugrunde zu legen".

278 Der **Gesetzgeber** sieht darin eine besondere **Missbrauchsvorschrift**. Eine steuerliche Begünstigung soll vollständig ausgeschlossen sein, wenn das Vermögen eines Betriebes oder einer Gesellschaft zu mindestens 90 % aus Verwaltungsvermögen besteht. Dieser Grundgedanke ist an sich nachvollziehbar, (*Erkis*, DStR 2016, 1441, 1444) die von einer „*Anti-Missbrauchregelung*" spricht, die als eine „*Art Vorabfilter extreme Ausnahmefälle von missbräuchlichen Gestaltungen (z. B. Cash-Gesellschaften) von der Begünstigung ausnehmen soll*".

5.3.3 Voraussetzungen der 90 %-Grenze

279 Für die Ermittlung der 90 %-Grenze ist der gemeine Wert des Verwaltungsvermögens (I S. v. § 13b Abs. 2 Satz 2 ErbStG). ins **Verhältnis** zu setzen zum gemeinen Wert des begünstigungsfähigen Vermögens (§ 13b Abs. 1 ErbStG).

Beträgt die Quote 90 % oder mehr, ist der Erwerb insgesamt nicht begünstigt. Bei einer Quote von weniger als 90 % kommt der (normale) Verwaltungsvermögenstest nach § 13b Abs. 2 Satz 1 ErbStG zur Anwendung.

Der **gemeine Wert des Verwaltungsvermögens** wird im vorliegenden Zusammenhang wie folgt ermittelt.

Ausgangspunkt ist die Summe der gemeinen Werte des Verwaltungsvermögens (§ 13b Abs. 4 Nr. 1 bis 5 ErbStG).

Das Vermögen, das der Sicherung von Schulden aus Altersversorgungsverpflichtungen dient, wird grundsätzlich hinzugerechnet (§ 13b Abs. 3 ErbStG). Allerdings können die Schulden hier (anders als bei § 13b Abs. 3 ErbStG) nur insoweit abgezogen werden, als die Verpflichtungen durch Treuhandverhältnisse abgesichert sind (§ 13b Abs. 2 Satz 2 ErbStG).

Bei den Finanzmitteln (§ 13b Abs. 4 Nr. 5 ErbStG) erfolgt (anders als sonst) keine Schuldenverrechnung. Ein Freibetrag in Höhe von 15 % des gemeinen Werts des Betriebs bzw. der Gesellschaft wird hier gleichfalls nicht gewährt.

Ein anteiliger Abzug der Schulden (§ 13b Abs. 6 ErbStG). erfolgt (anders als sonst) nicht.

Die allgemeine Regelung, wonach 10 % des Verwaltungsvermögens als unschädlich anzusehen sind (§ 13b Abs. 7 ErbStG) kommt nicht zur Anwendung.

Im **Ergebnis** handelt es sich bei dem (spezifischen) Verwaltungsvermögen (i. S. d. § 13b Abs. 2 Satz 2 ErbStG). somit um einen Bruttowert ohne Schuldenabzug und ohne Freibetrag.

Für die Ermittlung der Grenze von 90 % wird somit ein **Bruttowert** (Verwaltungsvermögen) zu einem **Nettowert** (Unternehmenswert) ins Verhältnis gesetzt. Ein solcher Vergleich entbehrt jeder Systematik und ist sachlich nicht zu begründen. Verfassungsrechtlich ist die mangelnde Folgerichtigkeit der Vorschrift mehr als bedenklich.

Im Schrifttum werden unterschiedliche Vorschläge diskutiert, wie der Anwendungsbereich der Vorschrift sachgerecht eingeschränkt werden kann. Vielfach wird vorgeschlagen, zumindest bei den Finanzmitteln den Abzug der Schulden zuzulassen (und auch den Freibetrag von 15 % zu gewähren) (mit Unterschieden im Detail *Geck*, ZEV 2016, 546 (548); *Hannes*, ZEV 2016, 554, 556; *Landsittel*, ZErb 2016, 383, 385; *Stalleiken*, Ubg. 2016, 569, 573). Nach anderer Auffassung soll die Regelung von vornherein nur auf vermögensverwaltende Gesellschaften und nicht auf auf originär gewerblich tätige Unternehmen anwendbar sein

Der Vergleich eines Bruttowerts mit einem Nettowert führt zwangsläufig zu unbilligen Ergebnissen. Dies zeigt sich besonders deutlich bei Unternehmen mit einem hohen Anteil mit Fremdkapital, bei denen das Verwaltungsvermögen aber gleichwohl nur einen geringen Anteil der Aktiva ausmacht (wie dies etwa bei Handelsunternehmen häufig der Fall ist; siehe dazu die Beispiele bei *Korezkij*, DStR 2016, 2434, 2442; *Stalleiken*, Der Konzern 2016, 439, 442 f.).

(*Reich*, BB 2016, 2647, 2650) Diese Vorschläge überzeugen inhaltlich, sind aber mit dem Gesetzeswortlaut nicht ohne weiteres in Einklang zu bringen.

289 Richtigerweise sollte die Vorschrift auf echte **Missbrauchsfälle** reduziert werden. Nach Normzweck und Entstehungsgeschichte soll die 90 %-Grenze nur bei missbräuchlichen Gestaltungen zur Anwendung kommen. Der Gesetzgeber wollte vor allem verhindern, dass die steuerlichen Verschonungen mit Finanzierungsgesellschaften (ähnlich wie früher bei den Cash-Gesellschaften) missbraucht werden können. Dieser Missbrauchsgedanke hat im Gesetzestext zwar keinen unmittelbaren Niederschlag gefunden, ist bei der Gesetzesauslegung aber gleichwohl zu berücksichtigen. Bei (gewerblich tätigen) Unternehmen, bei denen keinerlei steuerliche Gestaltung erfolgt ist und bei denen es sich auch nicht um reine Finanzierungsgesellschaften handelt, besteht für ein Eingreifen der Regelung kein sachlicher Grund. Der Anwendungsbereich der Vorschrift ist insoweit teleologisch zu reduzieren.

290-294 einstweilen frei

5.3.4 Rechtsfolgen bei Überschreiten der 90 %-Grenze

295 Bei einer Quote von 90 % oder mehr ist der Wert des begünstigungsfähigen Vermögens *„vollständig nicht begünstigt"* (§ 13b Abs. 2 S. 2 ErbStG). Damit entfallen sämtliche Verschonungsregelungen, da diese alle vom Vorliegen *„begünstigten Vermögens"* (im S. v. § 13b Abs. 2 S. 1 und 2 ErbStG) abhängig sind.

296 **Keine Anwendung** findet somit der Verschonungsabschlag von 85 % bzw. 100 %, (§ 13a Abs. 1 und 10 ErbStG), der Vorab-Abschlag von bis zu 30 % bei Familiengesellschaften, (§ 13a Abs. 9 ErbStG), der reduzierte Verschonungsabschlag, (§ 13c ErbStG) die Tarifbegrenzung, (§ 19a ErbStG) die Steuerstundung (§ 28 ErbStG). und der Steuererlass aufgrund einer Verschonungsbedarfsprüfung (§ 28a ErbStG).

297 Demgegenüber bleiben die allgemeinen Erlass-, Stundungs- und Billigkeitsvorschriften der Abgabenordnung weiterhin anwendbar.

298-300 einstweilen frei

6 Vermögen für Altersversorgungsverpflichtungen (§ 13b Abs. 3 ErbStG)

301 **Ausgewählte Hinweise auf weiterführende Literatur:**

Landsittel, Die Erbschaftsteuerreform 2016 im praxisorientierten Überblick, ZErb 2016, 383; *von Oertzen/Reich*, Erbschaftsteueroptimierung bei Plan- bzw. Deckungsvermögen für Altersversorgungsverpflichtungen, Ubg. 2017, 1.

6.1 Überblick

302 Seit langem wurde darüber diskutiert, wie unternehmerisches Vermögen, das der betrieblichen Altersvorsorge von Arbeitnehmern dient aus dem Begriff des schädlichen Verwaltungsvermögens ausgeklammert werden kann.

303 **Bis zum 30.6.2016** gehörten Wertpapiere stets zum (schädlichen) Verwaltungsvermögen. Dies galt auch dann, wenn die Wertpapiere zur Rückdeckung von betrieblichen Pensionsverpflichtungen dienten. Die Qualifizierung als Verwaltungsvermögen war in diesen Fällen aber sachlich unzutreffend. Die damit ver-

bundenen Steuerfolgen waren allenfalls aufgrund der Verwaltungsvermögensquote von 50 % bzw. 10 % noch akzeptabel.

Seit dem 1.7.2016 gehören die *„Teile des begünstigungsfähigen Vermögens, die ausschließlich und dauerhaft der Erfüllung von Schulden aus Altersversorgungsverpflichtungen dienen und dem Zugriff aller übrigen nicht aus den Altersversorgungsverpflichtungen unmittelbar berechtigten Gläubiger entzogen sind"* (bis zur Höhe des gemeinen Werts der Schulden aus Altersversorgungsverpflichtungen) nicht zum Verwaltungsvermögen (§ 13b Abs. 3 Satz 1 ErbStG). Diese Neuregelung ist grundsätzlich zu begrüßen. Die Änderung war vor allem deshalb notwendig, weil das Verwaltungsvermögen seit dem 1.7.2016 grundsätzlich in voller Höhe der Besteuerung unterliegt (Vorbehaltlich § 13b Abs. 6 und 7 ErbStG). 304

6.2 Entstehungsgeschichte

Im Rahmen der Erbschaftsteuerreform 2016 (BGBl I 2016, 2464 = BStBl I 2016, 1202) hatte der Bundesrat zunächst vorgeschlagen, *„Wertpapiere, die ausschließlich zur Rückdeckung von betrieblichen Pensionsverpflichtungen angelegt"* sind als Finanzmittel einzuordnen und in Höhe von bis zur 20 % des Unternehmenswerts vom Verwaltungsvermögen auszunehmen (BR-Drs. 353/15, 15). 305

Die vom Deutschen Bundestag im Juni 2016 beschlossene Regelung hat diesen Gedanken aufgegriffen, ging aber noch darüber hinaus (BR-Drs. 344/16 und zuvor der Bericht des Finanzausschusses, BT-Drs. 18/8911). Danach sollten die Teile des begünstigungsfähigen Vermögens, die *„ausschließlich und dauerhaft der Erfüllung von Schulden aus Altersversorgungsverpflichtungen dienen und dem Zugriff aller übrigen (...) Gläubiger entzogen sind"* nicht zum Verwaltungsvermögen gehören. Der Wert dieser Vermögensgegenstände sollte mit den Schulden aus den Altersversorgungsverpflichtungen verrechnet werden können.Im Bericht des Finanzausschusses wurde die Neuregelung wie folgt begründet: (BT-Drs. 18/8911, 40 f.) 306

„Die Regelung in Absatz 3 berücksichtigt Altersversorgungsverpflichtungen und zur Erfüllung dieser angeschafften Vermögensgegenstände entsprechend ihres vorgegebenen Verwendungszwecks und nimmt insbesondere die Vermögensgegenstände aus dem Verwaltungsvermögenskatalog aus. Nach Absatz 3 Satz 1 gehören Teile des begünstigungsfähigen Vermögens, die ausschließlich und dauerhaft der Erfüllung von Schulden aus Altersversorgungsverpflichtungen dienen und dem Zugriff aller übrigen nicht aus den Altersversorgungsverpflichtungen unmittelbar berechtigten Gläubiger entzogen sind, nicht zum Verwaltungsvermögen im Sinne des Absatzes 4 Nummer 1 bis 5. Die Regelung lehnt sich an § 246 Absatz 2 Satz 2 des Handelsgesetzbuchs an. Damit sollen insbesondere CTA-Strukturen (Contractual Trust Arrangement) von der Besteuerung ausgenommen werden. Bei den CTA-Strukturen handelt es sich um ein Modell der betrieblichen Altersvorsorge, bei dem das Unternehmen die Pensionszahlungen und Pensionsforderungen aus der eigenen Bilanz wirtschaftlich ausgliedern, indem es diese auf eine Treuhandgesellschaft überträgt. Das für die Altersversorgungsverpflichtungen vorgesehene Vermögen ist dem Zugriff des Erwerbers und anderer Gläubiger entzogen. Es ist daher gerechtfertigt dieses Vermögen aus der Besteuerung vollständig auszunehmen. Die für die Altersversor- 307

gungsverpflichtungen vorgesehenen Vermögensgegenstände sind hierzu, wie es auch in einer Handelsbilanz geschieht, mit den Schulden aus Altersversorgungsverpflichtungen zu verrechnen. Um eine doppelte Berücksichtigung der für die Altersversorgung vorgehaltenen Finanzmittel und der verrechneten Schulden auszuschließen, bleiben diese beim Finanzmitteltest und bei der quotalen Schuldenverrechnung unberücksichtigt. Besteht ein Überhang an Schulden aus Altersversorgungsverpflichtungen werden diese beim Finanzmitteltest und der quotalen Schuldenverrechnung berücksichtigt".

308 Dem Bundesrat war die vorgeschlagene Regelung allerdings zu weitgehend (BR-Drs. 344/16 und BT-Drs. 18/9155). In seiner Stellungnahme hat der Bundesrat u. a. eine *„Überdotierung des Altersvorsorgevermögens"* befürchtet, die sich zu einer *„Steuer-Spardose"* für im Betrieb tätige Familienmitglieder entwickeln könnte (BR-Drs. 344/1/16, Ziffer 5). Dabei wurde vor allem kritisiert, dass das begünstigungsfähige Vermögen nicht auf die tatsächliche Höhe der Schulden aus Altersvorsorgungsverpflichtungen beschränkt ist (*„keine Deckelung"*).

309 Die Beschlussempfehlung des Vermittlungsausschusses vom September 2016 (BT-Drs. 18/8960) hat diesen Bedenken Rechnung getragen. Die Vermögenswerte, die der Erfüllung von Schulden aus Altersversorgungsverpflichtungen dienen, gehören jetzt nur noch *„bis zur Höhe des gemeinen Werts der Schulden aus Altersversorgungsverpflichtungen"* nicht zum Verwaltungsvermögen (§ 13b Abs. 3 Satz 1 ErbStG). Finanzmittel und Schulden, die in diesem Zusammenhang bereits berücksichtigt worden sind, bleiben beim Finanzmitteltest (§ 13b Abs. 4 Nr. 5 ErbStG). und der Ermittlung des Nettowerts des Verwaltungsvermögens (§ 13b Abs. 6 ErbStG) außer Betracht (§ 13b Abs. 3 Satz 2 ErbStG).

6.3 Altersversorgungsvermögen

310 Das Altersversorgungsvermögen wird im Gesetz umschrieben als die *„Teile des begünstigungsfähigen Vermögens, die ausschließlich und dauerhaft der Erfüllung von Schulden aus Altersversorgungsverpflichtungen dienen und dem Zugriff aller übrigen nicht aus den Altersversorgungsverpflichtungen unmittelbar berechtigten Gläubiger entzogen sind"* (§ 13b Abs. 3 Satz 1 ErbStG; siehe auch § 246 Abs. 2 Satz 2 HGB, dessen Wortlaut allerdings in mehreren Punkten abweicht).

311 Der Begriff des Altersversorgungsvermögens ist nicht auf **Wertpapiere** beschränkt, sondern umfasst alle (deckungsfähigen) Finanz- und Sachwerte (einschließlich Grundstücke und Beteiligungen an Unternehmen).

312 Mit den *„Altersversorgungsverpflichtungen"* sind die Leistungen der Alters-, Invaliditäts- und Hinterbliebenenversorgung gemeint, die aus Anlass eines Arbeitsverhältnisses bestehen (I S. v. § 1 BetrAVG). Nicht erfasst sind dagegen *„vergleichbare langfristige Verpflichtungen"* (Umkehrschluss zu § 246 Abs. 2 Satz 2 HGB). Im Schrifttum wird die Einbeziehung von vergleichbaren langfristigen Verpflichtungen (z. B. aufgrund von Altersteilzeit oder Lebensarbeitszeitmodellen) unter Hinweis auf den Normzweck befürwortet (siehe *Korekzij*, DStR 2016, 2434, 2441; *von Oertzen/Reich*, Ubg. 2017, 1, 3).

Gläubiger des Anspruchs muss nicht zwingend ein Arbeitnehmer im arbeitsrechtlichen Sinne sein. Die Regelung gilt für Verpflichtungen gegenüber allen Mitarbeitern (einschließlich freien Mitarbeitern), Organmitgliedern der Gesellschaft, Aufsichtsräten und Beiräten. Einschränkungen für Familienangehörige oder Gesellschafter sind nicht vorgesehen.

Die Ausklammerung aus dem Verwaltungsvermögen setzt keine Absicherung durch ein **Treuhandverhältnis** voraus (§ 13 Abs. 3 Satz 1 ErbStG). Eine solche Form der Absicherung ist zwar möglich, aber nicht zwingend erforderlich (anders als bei § 13b Abs. 2 Satz 2 ErbStG: *„durch Treuhandverhältnisse abgesicherte Altersversorgungsverpflichtungen"*). 313

Das Altersversorgungsvermögen ist mit dem gemeinen Wert zu **bewerten** (Und nicht nach § 6a EStG; dafür aber wohl *Kaminski*, Stbg. 2016, 441 (446); *Kotzenberg/Jülicher*, GmbHR 2016, 1135 (1138)). Der gemeine Wert am Stichtag der Steuerentstehung ist grundsätzlich nach versicherungsmathematischen Grundsätzen zu ermitteln. Die Erstellung eines Sachverständigengutachtens ist aber nicht in allen Fällen zwingend erforderlich. Aus Vereinfachungsgründen dürfte in der Praxis auch eine Orientierung an den Wertansätzen der Handelsbilanz (§ 253 HGB) (nicht der Steuerbilanz) zulässig sein (ausführlich *von Oertzen/Reich*, Ubg. 2017, 1, 4 ff.). 314

Das begünstigungsfähige Vermögen gehört nur *„bis zur Höhe des gemeinen Werts der Schulden aus Altersversorgungsverpflichtungen"* nicht zum Verwaltungsvermögen (§ 13b Abs. 3 S. 1 ErbStG). Falls das Altersvorsorgevermögen **niedriger** ist als die entsprechenden Verpflichtungen, ist das Verwaltungsvermögen mit Null anzusetzen. Die überschießenden Verbindlichkeiten können mit den Finanzmitteln (§ 13b Abs. 4 Nr. 5 ErbStG) und dem sonstigen Verwaltungsvermögen (§ 13b Abs. 6 ErbStG) verrechnet werden. 315

Falls das Altersvorsorgevermögen (ausnahmsweise) **höher** ist als die entsprechenden Verpflichtungen, gehört die Differenz zum (normalen) Verwaltungsvermögen. 316

Nach dem Gesetzeswortlaut ist dies aber keineswegs eindeutig (§ 13b Abs. 3 S. 1 ErbStG). Danach gehört das Altersversorgungsvermögen nur bis zur Höhe der Schulden *„nicht zum Verwaltungsvermögen"*. Dies könnte im Umkehrschluss darauf hindeuten, dass das darüber hinaus gehende Vermögen von vornherein kein Verwaltungsvermögen (auch kein junges Verwaltungsvermögen) ist. Diese Auslegung wird der Zielsetzung und Entstehungsgeschichte aber nicht gerecht. Der Gesetzgeber wollte einen Teil des Altersversorgungsvermögens aus dem (schädlichen) Verwaltungsvermögen ausklammern, nicht aber eine generelle Ausnahme vom Verwaltungsvermögen schaffen. 317

Nicht gesetzlich geregelt ist die Verteilung des überdotierten Altersversorgungsvermögens auf die einzelnen Vermögensarten (z. B. junges oder normales Verwaltungsvermögen, Finanzmittel oder Wertpapiere, begünstigtes Vermögen oder Verwaltungsvermögen). Dabei kann sich beispielsweise die Frage stellen, bei welchem Altersversorgungsvermögen die Verbindlichkeiten abgezogen werden können. Bei Finanzmitteln können die Verbindlichkeiten vollständig, (§§ 13b Abs. 3 Satz 2, 13b Abs. 4 Nr. 5 ErbStG) bei Wertpapieren (§ 13b Abs. 6 ErbStG) dagegen nur anteilig abgezogen werden. Eine gesetzliche Regelung fehlt. Mangels Rechtsgrundlage kann 318 der Steuerpflichtige in allen diesen Fällen die für ihn im Einzelfall jeweils günstigste Variante wählen (im Ergebnis auch *von Oertzen/Reich*, Ubg. 2017, 1, 5).

319 Die Finanzmittel und Schulden, die in diesem Zusammenhang bereits berücksichtigt worden sind, dürfen beim Finanzmitteltest (§ 13b Abs. 4 Nr. 5 ErbStG). und der Ermittlung des Nettowerts des Verwaltungsvermögens (§ 13b Abs. 6 ErbStG) nicht nochmals berücksichtigt werden (§ 13b Abs. 3 Satz 2 ErbStG).

320-329 einstweilen frei

7 Verwaltungsvermögen (§ 13b Abs. 4 ErbStG)

330 **Ausgewählte Hinweise auf weiterführende Literatur:**
Betz/Zillmer, Das Verwaltungsvermögen im neuen Erbschaftsteuerrecht – Neuregelung relevant für alle Unternehmen, NWB-EV 1/2017, 9.; *Korezkij*, Neuer Verwaltungsvermögenstest im Konzern aus der Sicht eines Rechtsanwenders – Der Weg vom begünstigungsfähigen zum begünstigten Vermögen nach § 13b Abs. 2-10 ErbStG, DStR 2016, 2434.

7.1 Entstehungsgeschichte und Übersicht

331 Der Gesetzgeber steht seit langem vor der Aufgabe, das begünstigungswürdige (unternehmerische) Vermögen von dem sonstigen Vermögen abzugrenzen. Die Abgrenzung muss dabei nicht nur klar und eindeutig, sondern vor allem auch zielgenau sein. Private vermögensverwaltende Gesellschaften sollen grundsätzlich nicht begünstigt sein.

332 **Bis zum Jahr 2008** hat sich der Gesetzgeber für die erbschaftsteuerliche Verschonung des Erwerbs im Wesentlichen an der ertragsteuerrechtlichen Abgrenzung zwischen Privat- und Betriebsvermögen orientiert. Diese Regelung hat allerdings dazu geführt, dass oftmals Vermögensgegenstände des Privatvermögens (insbesondere Grundstücke und Wertpapiere) in vermögensverwaltende Gesellschaften eingebracht wurden, die lediglich aufgrund ihrer Rechtsform als steuerliches Betriebsvermögen behandelt worden sind. Der unentgeltliche Erwerb der Gesellschaftanteile war dann steuerlich begünstigt, da es sich formal um unternehmerisches Vermögen gehandelt hat. Diese Gestaltungspraxis wurde u.a. vom Bundesfinanzhof kritisiert und darauf hingewiesen, dass der Erwerb von Anteilen an lediglichgewerblich geprägten Personengesellschaften (§ 15 Abs. 3 Nr. 2 EStG). steuerlich nicht „begünstigungswürdig" sei (BFH v. 22.5.2002, II R 61/99, BStBl II 2002, 598, 611 ff.).

333 **Im Jahr 2009** hat der Gesetzgeber daher erstmals einen Verwaltungsvermögenstest eingeführt (BGBl I 2008, 3018 = BStBl I 2009, 140).

334 Mit der Ausklammerung des sogenannten Verwaltungsvermögens aus dem begünstigten Vermögen wollte der Gesetzgeber insbesondere sicherstellen, dass der Erwerb von Anteilen an vermögensverwaltenden Gesellschaften steuerlich nicht mehr begünstigt wird. „Vermögen, das in erster Linie der weitgehend risikolosen Renditeerzielung dient und in der Regel weder die Schaffung von Arbeitsplätzen noch zusätzliche volkswirtschaftliche Leistungen bewirkt" sollte demnach nicht mehr zum begünstigten Vermögen gehören (BT-Drs.16/7918, 35 f = BR-Drs. 4/08, 57).

Der neue Verwaltungsvermögenstest hat dieses Ziel aber nicht vollständig erreicht. Dabei erwies sich insbesondere der Katalog des Verwaltungsvermögens als lückenhaft, da Geld (und andere Finanzmittel) zum begünstigten Vermögen gehörten. Demnach war es möglich, Geld in eine Gesellschaft einzubringen und die Anteile an der Gesellschaft anschließend steuerfrei zu übertragen. Rechtsprechung und Finanzverwaltung haben in diesen Cash-Gesellschaften keinen steuerlichen Gestaltungsmissbrauch gesehen. Erst im Rahmen des Amtshilferichtlinienumsetzungsgesetzes 2013 (BGBl 2013, 1809 = BStBl I 2013, 802) hat der Gesetzgeber diese Lücke mit Wirkung zum 7.6.2013 geschlossen (§ 37 Abs. 8 ErbStG). Andere Lücken blieben allerdings (bis zum 30.06.2016) weiterhin bestehen. Beispielsweise konnten Oldtimer nach Einbringung in eine Gesellschaft steuerfrei übertragen werden, da sie nicht zum schädlichen Verwaltungsvermögen gehörten (Heute: § 13b Abs. 4 Nr. 3 ErbStG). 335

Das **BVerfG** hat in seiner Entscheidung vom 17.12.2014 vor allem die Verwaltungsvermögensquote von 50 % beanstandet (BVerfG v. 17.12.2014, 1 BvL 21/12, BVerfGE 138, 136 = BStBl II 2015, 50). Danach war das begünstigte Vermögen steuerlich insgesamt begünstigt, wenn das begünstigte Vermögen zu nicht mehr als 50 % aus Verwaltungsvermögen bestand. Die Quote war aus Sicht des BVerfG zu hoch und die Regelung zu pauschal. Bei Konzernen führte die Verlagerung von Verwaltungsvermögen in Tochter- und Enkelgesellschaften zudem zu sachwidrigen Kaskadeneffekten. 336

Der Gesetzgeber musste den früheren Verwaltungsvermögenstest daher ändern. Ein grundsätzlicher Systemwechsel (Aufgabe des verwaltungsvermögenstests und Einführung eines Hauptzwecktests) wurde von der Bundesregierung erwogen, (BT-Drs. 18/5923, 23 ff.), vom Gesetzgeber aber zu Recht verworfen (BR-Drs. 353/15, 17 ff.) 337

Der Gesetzgeber hat sich im Rahmen der **Erbschaftsteuerreform 2016** (BGBl I 2016, 2464 = BStBl I 2016, 1202) vielmehr für eine verfassungskonforme Fortentwicklung des Verwaltungsvermögenstests entschlossen. Dazu gehören (vereinfacht) vor allem die folgenden Änderungen: 338

- Die Steuerbefreiung gilt nur noch für das begünstigte Vermögen (§ 13b Abs. 2 ErbStG). 339
- Das Verwaltungsvermögen unterliegt grundsätzlich der vollen Besteuerung (abzüglich der anteiligen Schulden und des Kulanzpuffers von 10 %, § 13b Abs. 6 und 7 ErbStG).
- Der Begriff des Verwaltungsvermögens wurde neu definiert (§ 13b Abs. 4 ErbStG). Danach gehört u. a. auch Cash zum Verwaltungsvermögen.
- Die Verwaltungsvermögensquote von 50 % und das „Alles-oder-Nichts-Prinzip" wurden ersatzlos abgeschafft. Das begünstigungsfähige Vermögen ist grundsätzlich nur noch begünstigt, soweit es das (Netto-)Verwaltungsvermögen übersteigt (§ 13b Abs. 2 ErbStG)."
- Junges Verwaltungsvermögen und junge Finanzmittel unterliegen stets (und ohne jede Ausnahme) der vollen Besteuerung (§ 13b Abs. 7 und 8 ErbStG).

§ 13b Begünstigtes Vermögen

- In Konzernen wird das Verwaltungsvermögen im Rahmen einer Verbundvermögensaufstellung ermittelt, so dass Kaskadeneffekte ausgeschlossen sind (§ 13b Abs. 9 ErbStG).
- Mit zahlreichen Missbrauchsregelungen soll eine steuerliche Verschonung von Cash- und Finanzierungsgesellschaften verhindert werden (§§ 13b Abs. 2 Satz 2, 13b Abs. 4 Nr. 5 S. 4 und 5, 13b Abs. 5 S. 1 aE ErbStG).

340 Der Verwaltungsvermögenstest gilt für **alle Unternehmen**, gleich welcher Rechtsform, Größe oder Branche. Für den Verwaltungsvermögenstest sind die Verhältnisse im **Zeitpunkt** der Entstehung der Steuer (§ 9 ErbStG) maßgebend.

341 Den Begriff des Verwaltungsvermögens gibt es nur im ErbStG, nicht auch im sonstigen Steuerrecht. Das Verwaltungsvermögen ist weder identisch mit dem nicht betriebsnotwendigen Vermögen noch mit dem gewillkürten Betriebsvermögen (auch wenn es im Einzelfall zu Überschneidungen kommen mag). Bei dem Verwaltungsvermögen handelt es sich vielmehr um eine eigene Kategorie von Vermögen, die der Gesetzgeber nur für Zwecke des ErbStG geschaffen hat. Das Verwaltungsvermögen wird vom Gesetzgeber als *„nicht produktives"* Vermögen angesehen, dass keine steuerliche Verschonung verdient. Der Erwerb von schädlichen Verwaltungsvermögen soll steuerlich nicht begünstigt sein. Der Begriff des Verwaltungsvermögens ist seit 2009 im ErbStG definiert (jetzt § 13b Abs. 4 ErbStG, zuvor § 13b Abs. 2 Satz 2 ErbStG a. F.). Die gesetzliche Definition war und ist abschließend.

342 Der **Begriff des Verwaltungsvermögens** umfasst heute: (§ 13b Abs. 4 Nr. 1 bis 5 ErbStG)

343
- Dritten zur Nutzung überlassene Grundstücke (Nr. 1),
- Anteile an Kapitalgesellschaften von 25 % oder weniger (Nr. 2),
- Kunstgegenstände und Oldtimer (Nr. 3),
- Wertpapiere und vergleichbare Forderungen (Nr. 4),
- Finanzmittel (Nr. 5).

344 Der Gesetzgeber macht von dem so definierten Verwaltungsvermögen dann allerdings zahlreiche **Ausnahmen**. Die meisten dieser Ausnahmen betreffen Grundstücke, die Dritten zur Nutzung überlassen worden sind. Eine (steuerschädliche) Nutzungsüberlassung an Dritte liegt danach ausnahmsweise nicht vor bei: (§ 13b Abs. 4 Nr. 1 Buchst. a) bis f) ErbStG)

345
- Betriebsaufspaltungen (Buchstabe a)),
- Sonderbetriebsvermögen (Buchstabe a)),
- Betriebsverpachtungen (Buchstabe b)),
- Konzerne (Buchstabe c)),
- Gewerbliche Wohnungsunternehmen (Buchstabe d)),
- Lieferungsverträgen (Buchstabe e)),
- Land- und forstwirtschaftliche Zwecke (Buchstabe f)).

Die einzelnen Ausnahmetatbestände schließen sich untereinander nicht aus, sondern können auch miteinander kombiniert werden.

Der Katalog des Verwaltungsvermögens wurde seit 2009 immer wieder geändert und ist stark von Einzelfällen geprägt. Eine Systematik lässt sich nur schwer erkennen. Allgemeine Grundsätze für die Auslegung des Verwaltungsvermögens gibt es nicht.

Seit dem 1.7.2016 unterliegt das Verwaltungsvermögen grundsätzlich der **vollen** 346
Besteuerung (Abzüglich der anteiligen Schulden und des Kulanzpuffers von 10 %,
§ 13b Abs. 6 und 7 ErbStG). Das Verwaltungsvermögen ist stichtagsbezogen zu
ermitteln und zu bewerten. Sonderreglungen bestehen für **junges Verwaltungsvermögen** (§ 13b Abs. 7 Satz 2 ErbStG, zuvor § 13b Abs. 2 Satz 3 ErbStG a.F.) und
junge Finanzmittel (§ 13b Abs. 4 Nr. 5 Satz 2 und Abs. 7 Satz 2). Der Gesetzgeber
versteht darunter Vermögen, dass dem Betrieb im Zeitpunkt der Entstehung der
Steuer noch keine 2 Jahre zuzurechnen war. Junges Verwaltungsvermögen und junge
Finanzmittel unterliegen stets der vollen Besteuerung (ohne Schuldenabzug und
ohne einen Kulanzpuffer von 10 %, § 13b Abs. 7 und 8 ErbStG).

7.2 Begriff des Verwaltungsvermögens (§ 13b Abs. 4 ErbStG)

einstweilen frei 347

7.2.1 Dritten zur Nutzung überlassene Grundstücke (§ 13b Abs. 4 Nr. 1 ErbStG)

einstweilen frei 348

7.2.1.1 Grundsatz (§ 13b Abs. 4 Nr. 1 S. 1 ErbStG)

Zum Verwaltungsvermögen gehören „Dritten zur Nutzung überlassene Grund- 349
stücke, Grundstücksteile, grundstücksgleiche Rechte und Bauten" (§ 13b Abs. 4
Nr. 1 S. 1 ErbStG; zuvor § 13b Abs. 2 S. 2 Nr. 1 ErbStG a.F., siehe dazu R E 13b.9
ErbStR 2011). Die Regelung gilt seit dem 1.1.2009 unverändert.

Bei der Formulierung *„Grundstücke, Grundstücksteile, grundstücksgleichen Rechte* 350
und Bauten" hat sich der Gesetzesgeber am Bilanzrecht orientiert, (§ 266 Abs. 2 A.
II. 1 HGB) so dass auf die dortige Auslegung zurückgegriffen werden kann.

Die Begriffe „Grundstücke" und „grundstücksgleiche Rechte" sind anhand der 351
zivilrechtlichen Vorgaben des Sachenrechts zu bestimmen (§ 3 GBO). Neben ganzen
Grundstücken sind insbesondere auch Grundstücksteilflächen, ideelle Miteigentumsanteile an Grundstücken, (§§ 1008 ff. BGB). Erbbaurechte (§§ 1 ff. ErbbauRG).
sowie Wohnungs- und Teileigentumseinheiten (§§ 1 ff. WEG) erfasst.

Im Unterschied zu früheren Gesetzentwürfen (§ 28a Abs. 1 Nr. 2 Buchst. a) 352
ErbStG-E, BR-Drs. 778/06) sind Dritten zur Nutzung überlassene Seeschiffe,
Flugzeuge, Konzessionen, gewerbliche Schutzrechte und ähnliche Rechte und Werte
sowie Lizenzen an solchen Rechten und Werten nicht mehr erfasst. Steuerunschädlich ist ganz allgemein die Nutzungsüberlassung von beweglichen Gegenständen
aller Art (z. B. Fahrzeuge, Maschinen).

Das Grundstück muss einem Dritten zur Nutzung überlassen werden. Auf den 353
Rechtsgrund der Nutzungsüberlassung kommt es nicht an. Die zivilrechtliche Wirksamkeit der Nutzungsüberlassung ist ohne Bedeutung (§ 41 AO). Entgeltliche,
teilentgeltliche und unentgeltliche Nutzungsüberlassungen sind in gleicher Weise
erfasst (R E 13b.9 S. 2 ErbStR 2011). Die Dauer der Nutzungsüberlassung ist nicht
entscheidend; eine Einschränkung für kurzfristige Überlassungen ist dem Gesetzeswortlaut nicht zu entnehmen.

354 Die Regelung gilt für Miet-, Pacht-, und Leasingverträge über Grundstücke aller Art. Nicht zum Verwaltungsvermögen gehören damit nur solche Grundstücke, die selbst genutzt (z. B. eigene Betriebsstätten) oder nicht genutzt werden (z. B. leer stehende Gebäude).

355 Die Nutzungsüberlassung muss ein wesentlicher Gegenstand der vertraglichen Vereinbarung mit dem Dritten (und nicht eine bloße Nebenleistung) sein. Bei der Miete eines Hotelzimmers geht es beispielsweise vorrangig um die Inanspruchnahme von verschiedenen Dienstleistungen eines Hotels und weniger um die Nutzung eines Grundstücksteils (so im Ergebnis auch die amtliche Gesetzesbegründung in BT-Drs. 16/11107, 13). Die Finanzverwaltung geht zu Recht davon aus, dass kein Verwaltungsvermögen vorliegt, wenn neben der Überlassung von Grundstücksteilen weitere gewerbliche Leistungen einheitlich angeboten und in Anspruch genommen werden, so dass die Tätigkeit nach ertragsteuerlichen Grundsätzen insgesamt als originär gewerbliche Tätigkeit anzusehen ist (z. B. bei **Beherbergungsbetrieben** wie Hotels, Pensionen oder Campingplätzen, siehe R E 13b.9 Satz 3 ErbStR 2011 mit Verweis auf R 15.7 Abs. 2 EStR). Diese Voraussetzungen sind regelmäßig auch bei Ferienwohnungen, Sporthallen und Parkplätzen (z. B. Bewachung, Reinigung) gegeben (siehe auch die Beispiele in H 15.7 Abs. 2 EStH).

356 Eine begünstigte Grundstücksüberlassung kann auch bei **Logistikunternehmen** vorliegen (siehe Bayerisches Landesamt für Steuern v. 11.8.2010, DStR 2010, 2084) – Zu **Einkaufszentren** und gewerblich vermieteten Gebäudekomplexen siehe von Oertzen/Reich, (DStR 2011, 391, und BFH v. 14.7.2016, IV R 34/13, BStBl II 2017, 175 = DStR 2016, 2697) wonach die Vermietung eines Einkaufszentrums nicht als Gewerbebetrieb anzusehen ist.

357 Für Grundstücke von **Brauereien** und **Mineralölunternehmen** gilt seit dem 1.7.2016 eine besondere Ausnahme vom Verwaltungsvermögen, sofern diese im Rahmen von Lieferungsverträgen an Dritte überlassen werden (§ 13b Abs. 4 Nr. 1 Buchstabe e) ErbStG; siehe zuvor bereits OFD Koblenz v. 9.5.2012, ErbStB 2012, 264; Bayerisches Landesamt für Steuern v. 11.8.2000, DStR 2000, 2084).

358 Die Nutzungsüberlassung muss an einen "Dritten" erfolgen. Der Kreis der Dritten ist in keiner Weise eingeschränkt. Dritter kann somit (mit Ausnahme des Erblassers bzw. Schenkers) Jeder sein. Dritter sind insbesondere auch Angehörige, nahe stehende Personen oder von dem Erblasser bzw. Schenker beherrschte Gesellschaften. Dritter sind auch Konzernunternehmen jeglicher Art (z. B. Schwester- oder Tochterunternehmen) oder anderweitig verbundene Unternehmen. In diesen Fällen wird allerdings oftmals die Rückausnahme für Nutzungsüberlassungen im Konzern (§ 13b Abs. 4 Nr. 1 Buchstabe c) ErbStG) oder für Betriebsaufspaltungen (§ 13b Abs. 4 Nr. 1 Buchstabe a) ErbStG) Anwendung finden.

359 Für die Nutzungsüberlassung an einen Dritten kommt es auf die Verhältnisse im Zeitpunkt der Entstehung der Steuer an (R E 13b.8 Abs. 2 S. 1 ErbStR und § 9 ErbStG). Eine Nutzungsüberlassung an Dritte vor oder nach dem Zeitpunkt der Steuerentstehung ist grundsätzlich ohne Bedeutung.

Begünstigtes Vermögen § 13b

7.2.1.2 Ausnahmen (§ 13b Abs. 4 Nr. 1 S. 2 ErbStG)
einstweilen frei 360

7.2.1.2.1 Betriebsaufspaltungen (§ 13b Abs. 4 Nr. 1 S. 2 Buchst. a) Fall 1 ErbStG)
Ausgewählte Hinweise auf weiterführende Literatur: 361
Braun, Betriebsaufspaltung im neuen Erbschaftsteuerrecht – Problemhinweise und erste Gestaltungsempfehlungen auf der Praxis, Ubg. 2009, 647; *Hennig*, Die Betriebsaufspaltung in der Nachfolgeplanung – Grundlagen, Risiken und Gestaltungsmöglichkeiten, RNotZ 2015, 127; *Kramer*, Erbschaftsteuerliche Behandlung vermieteter Grundstücke bei Betriebsaufspaltung und Konzernsachverhalten, DStR 2011, 1113; *von Oertzen/Reich*, Einkaufszentren und gewerblich vermietete Gebäudekomplexe als erbschaft- und schenkungsteuerlich begünstigungsfähiges Vermögens, DStR 2011, 391; *Söffing, M.*, Betriebsaufspaltung und Nachfolgeplanung, ErbStB 2014, 253; *Zantopp*, Die Betriebsverpachtung, NWB-EV 2/2014, 47.

Eine schädliche Nutzungsüberlassung an Dritte liegt nicht vor, wenn „der Erblasser 362
oder Schenker sowohl im überlassenden Betrieb als auch im nutzenden Betrieb allein oder zusammen mit anderen Gesellschaftern einen einheitlichen geschäftlichen Betätigungswillen durchsetzen konnte (...) und diese Rechtsstellung auf den Erwerber übergegangen ist, soweit keine Nutzungsüberlassung an einen weiteren Dritten erfolgt" (§ 13b Abs. 4 Nr. 1 Satz 2 Buchstabe a) Fall 1 ErbStG, zuvor § 13b Abs. 2 Satz 2 Nr. 1 Buchstabe a) Fall 1 ErbStG a.F., siehe dazu R E 13b.10 ErbStR 2011). Die Regelung gilt seit dem 1.1.2009 unverändert.

Mit dieser Formulierung will der Gesetzgeber insbesondere die Fälle der Nutzungs- 363
überlassung im Rahmen einerBetriebsaufspaltung aus dem Verwaltungsvermögen ausnehmen. Allerdings hat der Gesetzgeber den Begriff derBetriebsaufspaltung dabei nicht verwendet, sondern lediglich umschrieben (siehe dazu auch die Gesetzesmaterialien, BR-Drs. 778/06, S. 23, BR-Drs. 4/08, 57, BT-Drs. 16/7918, 36 und BT-Drs. 16/11107, 13). Im Zusammenhang mit der Lohnsummenkontrolle (§ 13a Abs. 3 Satz 13 ErbStG) spricht der Gesetzgeber von einer „*Betriebsaufspaltung*", definiert diese aber nicht (zum ertragsteuerrechtlichen Begriff der Betriebsaufspaltung siehe R 15.7 Abs. 4 ff. EStR und OFD Frankfurt v. 10.5.2012, FR 2012, 976). Eine Ausnahme für Betriebsaufspaltungen war bereits in den ersten Gesetzentwürfen vorgesehen, da andernfalls alle Fälle einer Betriebsaufspaltung ausdem Kreis des begünstigten Vermögens herausgefallen wären. Nach den Gesetzentwürfen sollte es noch darauf ankommen, dass der „Erblasser oder Schenker" in beiden Betrieben allein einen einheitlichen geschäftlichen Betätigungswillen durchsetzen konnte (so § 28a Abs. 1 Nr. 2 Buchst. a ErbStG-E, BR-Drs. 778/06)."

Diese Beschränkung ist dann aber entfallen. Nach dem jetzigen Gesetzeswortlaut ist 364
es ausreichend, dass der Erblasser bzw. Schenker „allein oder zusammen mit anderen Gesellschaftern" in beiden Betrieben einen einheitlichen geschäftlichen Betätigungswillen durchsetzen konnte (BT-Drs. 16/11107, 13 unter Bezugnahme auf die sogenannte Personengruppentheorie; R E 13b.10 Abs. 1 S. 3 und 4 ErbStR 2011)."

Dies entspricht den Anforderungen des Ertragsteuerrechts an das Vorliegen einer 365
personellen Verflechtung zwischen Besitz- und Betriebsunternehmen. Für Familien-

angehörige gelten insoweit keine Besonderheiten (siehe auch BT-Drs. 16/11107, 13). Eine Zusammenrechnung der Anteile von Eltern und Kinder ist auch in Fällen der vorweggenommenen Erbfolge nicht möglich.

366 Die Finanzverwaltung verlangt einen „*unmittelbaren*" geschäftlichen Beteiligungswillen (R E 13b.10 Abs. 1 S. 7 und 8 ErbStR 2011). Das Unmittelbarkeitserfordernis hat allerdings im Gesetz keine Grundlage und ist daher abzulehnen.

367 Eine sachliche Verflechtung zwischen Besitz- und Betriebsunternehmen ist nach dem Gesetzeswortlaut für Zwecke des Erbschaft- und Schenkungsteuerrechts nicht erforderlich. Von einem Redaktionsversehen kann insoweit kaum ausgegangen werden, da das Gesetz trotz zahlreicher Änderungen in diesem Punkt seit dem 1.1.2009 nicht geändert worden ist. Das der Betriebsgesellschaft zur Nutzung überlassene Grundstück muss somit keine wesentliche Betriebsgrundlage sein. Abweichungen zwischen der Betriebsaufspaltung im Sinne des Ertragsteuerrechts und der Nutzungsüberlassung (i. S. v. § 13b Abs. 4 Nr. 1 S. 2 Buchstabe a) Fall 1 ErbStG) sind daher durchaus möglich. In der Praxis dürften solche Fälle allerdings eher selten sein, weil überlassene Grundstücke fast immer als wesentliche Betriebsgrundlage angesehen werden und damit die Voraussetzungen der sachlichen Verflechtung ohnehin vorliegen.

368 Dementsprechend geht auch die Finanzverwaltung davon aus, dass grundsätzlich vom Vorliegen einer sachlichen Verflechtung auszugehen ist (R E 13b.10 Abs. 1 S. 5 ErbStR 2011).

Die Nutzungsüberlassung im Rahmen einer Betriebsaufspaltung ist für Zwecke der Erbschaft- und Schenkungsteuer nur dann begünstigt, wenn die Betriebsgesellschaft das Grundstück selbst nutzt (Und nicht an weitere Dritte zur Nutzung überlässt; R E 13b.10 Abs. 1 S. 2 ErbStR 2011).

369 Nach dem Gesetzeswortlaut muss die „Rechtsstellung" des Erblassers oder Schenkers auf den Erwerber **übergehen** (R E 13b.10 Abs. 3 ErbStR 2011). Es ist demnach nicht ausreichend, dass der Erblasser oder Schenker in beiden Unternehmen seinen Willen durchsetzen konnte. Vielmehr muss auch der Erwerber diese Möglichkeit haben. Andernfalls fehlt es an der erforderlichen Kontinuität der Rechtsübertragung. Die Betriebsaufspaltung muss somit durchgehend beim Erblasser bzw. Schenker und beim Erwerber bestanden haben, (siehe auch R E 13b.10 Abs. 1 S. 9 ErbStR 2011). wonach kein begünstigtes Verwaltungsvermögen vorliegt, wenn die Betriebsaufspaltung erst durch die Übertragung des Betriebs an den Erwerber begründet wird).

370 Für die zahlreichen Sonderformen der Betriebsaufspaltung gelten erbschaftsteuerrechtlich keine Besonderheiten. Für die erbschaftsteuerliche Verschonung ist nicht das Vorliegen einer ertragsteuerrechtlichen Betriebsaufspaltung entscheidend, sondern die Möglichkeit der Durchsetzung eines einheitlichen geschäftlichen Betätigungswillens.

371 Begünstigt sind danach u. a. auch die Fälle der Einheitsbetriebsaufspaltung und der mitunternehmerischen Betriebsaufspaltung. Dagegen soll die Überlassung von Grundstücken im Rahmen einer kapitalistischen Betriebsaufspaltung nach Auffassung der Finanzverwaltung nicht begünstigt sein; (R E 13b.10 Abs. 1 S. 6 ErbStR 2011); eine Begründung dafür ist allerdings nicht ersichtlich.

Anteile an der Betriebskapitalgesellschaft, die zum Privatvermögen gehören, sind grundsätzlich nur dann begünstigt, wenn der Gesellschafter mit mehr als 25 % am Nennkapital beteiligt ist (§ 13b Abs. 1 Nr. 3 ErbStG) Bei Beteiligungen von 25 % und weniger kommt die Begründung einer Einheitsbetriebsaufspaltung in Betracht, bei der die Besitzgesellschaft unmittelbar an der Betriebsgesellschaft beteiligt ist. Damit wird eine erbschaftsteuerliche Verschonung erreicht, ohne dass der Abschluss einer Poolvereinbarung notwendig ist. 372

einstweilen frei 373-375

7.2.1.2.2 Sonderbetriebsvermögen (§ 13b Abs. 4 Nr. 1 S. 2 Buchst. a) Fall 2 ErbStG)

Ausgewählte Hinweise auf weiterführende Literatur: 376

*Höne/Werthschulte,*Verwaltungsvermögen in Unterbeteiligungen und im Sonderbetriebsvermögen, NWB-EV 3/2016, 88; *Wälzholz,* Gestaltungen zur Sicherung des Sonderbetriebsvermögens, NWB 43/2014, 3266.

Eine schädliche Nutzungsüberlassung an Dritte liegt auch dann nicht vor, wenn „der Erblasser oder Schenker (…) als Gesellschafter einer Gesellschaft im Sinne des § 15 Abs. 1 S. 1 Nr. 2 und Abs. 3 oder § 18 Abs. 4 EStG den Vermögensgegenstand der Gesellschaft zur Nutzung überlassen hatte, und diese Rechtsstellung auf den Erwerber übergegangen ist, soweit keine Nutzungsüberlassung an einen weiteren Dritten erfolgt." (§ 13b Abs. 4 Nr. 1 S. 2 Buchst. a) Fall 2 ErbStG, zuvor § 13b Abs. 2 S. 2 Nr. 1 Buchst. a) Fall 2 ErbStG a. F., dazu R E 13b.10 ErbStR 2011). Die Regelung gilt seit dem 1.1.2009 unverändert. 377

Mit dieser Regelung sollen Grundstücke, die zum Sonderbetriebsvermögen eines Gesellschafters einer Personengesellschaft gehören, vom schädlichen Verwaltungsvermögen ausgenommen werden (BT-Drs. 16/7918, 36 = BR-Drs. 4/08, 57). Die Regelung gilt für Sonderbetriebsvermögen von Personengesellschaften, die gewerblich oder freiberuflich tätig sind. Für Personengesellschaften, die land- und forstwirtschaftlich tätig sind, (§ 13 Abs. 7 EStG), besteht eine gesonderte Regelung in § 13b Abs. 4 Nr. 1 S. 2 Buchst. f) ErbStG. Nach dem Gesetzeswortlaut gilt die Ausnahme für alle „*Vermögensgegenstände*", die der Gesellschaft zur Nutzung überlassen sind. Aufgrund der systematischen Stellung unter Nr. 1 und des Zusammenhangs mit dem vorhergehenden Satz erscheint dies allerdings zu weitgehend. Die Regelung gilt vielmehr nur für „Grundstücke, Grundstücksteile, grundstücksgleiche Rechte und Bauten", die zum Sonderbetriebsvermögen eines Gesellschafters gehören. Andere Vermögensgegenstände, wie etwa Wertpapiere, Gesellschaftsbeteiligungen oder bewegliche Gegenstände werden von dieser Vorschrift nicht erfasst. Dies gilt insbesondere auch für die Anteile an einer Betriebskapitalgesellschaft, die ertragsteuerrechtlich zum Sonderbetriebsvermögen gehören. 378

Die Nutzungsüberlassung als Sonderbetriebsvermögen ist nur dann begünstigt, wenn die Personengesellschaft das Grundstück selbst nutzt und nicht an weitere Dritte zur Nutzung überlässt (R E 13b.10 Abs. 2 S. 2 ErbStR 2011). 379

Die Nutzungsüberlassung wird im Allgemeinen unmittelbar zwischen dem Gesellschafter und der Gesellschaft erfolgen. Rechtlich notwendig ist dies allerdings nicht. 380

§ 13b Begünstigtes Vermögen

Eine mittelbare Nutzungsüberlassung (z. B. bei Zwischenschaltung einer anderen Person oder Gesellschaft) erscheint ausreichend, solange die Gesellschaft das Grundstück ihrerseits nicht an Dritte weiterüberlässt, sondern selbst nutzt.

381 Eine begünstigte Nutzungsüberlassung liegt nicht nur dann vor, wenn der Gesellschafter an der das Grundstück nutzenden Gesellschaft unmittelbar beteiligt ist. Eine mittelbare Beteiligung ist ausreichend (so wohl auch die Finanzverwaltung in R E 13b.10 Abs. 2 ErbStR 2011). Eine Begünstigung ist somit auch beidoppelstöckigen Personengesellschaften möglich (siehe die Bezugnahme von § 13b Abs. 4 Nr. 1 Buchst. a) ErbStG auf § 15 Abs. 1 Nr. 2 S. 2 EStG).

382 Die „Rechtsstellung" des Erblassers oder Schenkers muss auf den Erwerber übergehen (R E 13b.10 Abs. 3 ErbStR 2011). Das Grundstück muss daher nicht nur beim Erblasser bzw. Schenker, sondern auch beim Erwerber Sonderbetriebsvermögen der Gesellschaft sein (und bleiben).

7.2.1.3 Betriebsverpachtungen (§ 13b Abs. 4 Nr. 1 S. 2 Buchst. b) ErbStG)

383 **Ausgewählte Hinweise auf weiterführende Literatur:**
Zantopp, Die Betriebsverpachtung, NWB-EV 2/2014, 47.

384 Eine schädliche Nutzungsüberlassung an Dritte soll ferner bei bestimmten Fällen der Betriebsverpachtung nicht vorliegen (§ 13b Abs. 4 Nr. 1 S. 2 Buchst.b) ErbStG, zuvor § 13b Abs. 2 S. 2 Nr. 1 Buchst. b) ErbStG a. F., siehe dazu R E 13b.11 ErbStR 2011). Die Regelung gilt seit dem 1.1.2009 unverändert.

385 Die gesetzliche Regelung ist schwer verständlich und wird im Schrifttum allgemein als misslungen angesehen.Nach dem Gesetzeswortlaut ist die Rückausnahme für **Betriebsverpachtungen** von folgenden fünf Voraussetzungen abhängig:

- Die Nutzungsüberlassung erfolgt im Rahmen der Verpachtung eines ganzen Betriebs.
- Der Verpächter erzielt Einkünfte aus Gewerbebetrieb oder aus selbstständiger Tätigkeit, d. h. es ist keine Betriebsaufgabe erfolgt.
- Der Verpächter hat den Pächter im Zusammenhang mit einer unbefristeten Verpachtung als Erben eingesetzt,oder der Verpächter hat den Betrieb befristet an einen Dritten verpachtet, weil der Beschenkte den Betrieb noch nicht fortführen kann.
- Der Betrieb war vor seiner Verpachtung grundsätzlich begünstigungsfähig.
- Der Betrieb ist kein Wohnungsunternehmen, das nicht als solches begünstigt ist.

386 Die Rückausnahme für Betriebsverpachtungen war in den ursprünglichen Gesetzentwürfen noch nicht enthalten und ist erst auf Anregung des Bundesrats in das Gesetz aufgenommen worden (BR-Drs. 4/08, Nr. 13). Danach sollte eine Nutzungsüberlassung generell steuerunschädlich sein, die im Rahmen der Verpachtung eines ganzen Betriebs erfolgt, für den nicht die Betriebsaufgabe erklärt wurde.

387 In den Gesetzesmaterialien wurde die Ausnahme für Betriebsverpachtungsfälle wie folgt begründet: (BT-Drs. 16/11107, 13 f.)

„Die erbschaftsteuerrechtliche Behandlung der Betriebsverpachtung im Ganzen orientiert sich einerseits auch künftig eng an der ertragsteuerlichen Regelung. Liegen

bei der Betriebsverpachtung ertragsteuerliche Gewinneinkünfte nach § 2 Abs. 2 Nr. 2 bis 3 i. V. m. Abs. 2 Nr. 1 EStG vor, handelt es sich auch erbschaftsteuerrechtlich dem Grunde nach um begünstigungsfähiges Betriebsvermögen oder land- und forstwirtschaftliches Vermögen im Sinne des § 13b Abs. 1 Nr. 1 bis 3 ErbStG. Insoweit wird auch bei der Prüfung der Verwaltungsvermögensgrenze nach § 13b Abs. 2 ErbStG der ertragsteuerlichen Behandlung der Betriebsverpachtung gefolgt. Andererseits soll – dem Gesetzesziel einer Verschonung der eigentlichen Unternehmensnachfolge entsprechend – die Betriebsverpachtung im Ganzen bei der Prüfung der Verwaltungsvermögensgrenze nur dann als unschädlich behandelt werden, wenn der Erbe, auf den der Betrieb beim Tod des Verpächters übergeht, bereits Pächter des Betriebs gewesen ist, oder bei einer Schenkung der Beschenkte zunächst den Betrieb noch nicht selbst führen kann, weil ihm z. B. die dazu erforderliche Qualifikation zunächst noch fehlt und der Schenker im Hinblick darauf den verschenkten Betrieb zunächst für eine Übergangszeit von maximal zehn Jahren an einen Dritten verpachtet hat. Die Verpachtung darf nicht über den Zeitpunkt hinausgehen, in dem der Beschenkte das 28. Lebensjahr vollendet, wenn die Schenkung an ein minderjähriges Kind erfolgt ist. Voraussetzung ist stets, dass der Verpächter Gewinneinkünfte nach § 2 Abs. 1 Nr. 2 bis 3 i. V. m. Abs. 2 Nr. 1 EStG erzielt. Die Nutzungsüberlassung von Grundstücken im Rahmen der Verpachtung eines Betriebs im Ganzen gehört jedoch immer dann zum schädlichen Verwaltungsvermögen, wenn der verpachtete Betrieb bereits in der Zeit vor der Verpachtung nicht die Voraussetzungen für die erbschaftsteuerliche Begünstigung erfüllt hat. Hierdurch wird vermieden, dass ein in der aktiven Zeit nicht begünstigtes Unternehmen (z. B. Grundstücksvermietung) über den Weg der Betriebsverpachtung in begünstigtes Vermögen umqualifiziert werden kann."

Bei der **Auslegung** der Rückausnahme für Betriebsverpachtungen erscheint nach der Entstehungsgeschichte und dem Normzweck eine Orientierung an den ertragsteuerrechtlichen Grundsätzen sinnvoll und geboten (so auch R E 13b.11 Abs. 2 S. 1 ErbStR 2011). Darüber hinaus ist bei der Auslegung zu berücksichtigen, dass im Bereich der Land- und Forstwirtschaft alle Verpachtungsfälle ohne Weiteres begünstigt sind (§ 13b Abs. 4 Nr. 1 Buchst. f) ErbStG). Die Verschonung von Betriebsverpachtungen bei gewerblicher oder selbständiger Tätigkeit darf daher auch aufgrund des Gedankens einer gleichheitsgerechten Besteuerung nicht übermäßig beschränkt werden. 388

Die Nutzungsüberlassung muss im Rahmen der Verpachtung eines „ganzen Betriebs" erfolgen (§ 13b Abs. 4 Nr. 1 Buchstabe b) ErbStG). 389

Mit der Regelung knüpft der Gesetzgeber an das Verpächterwahlrecht im **Einkommensteuerrecht** an, so dass die Verpachtung eines Teilbetriebs der Verpachtung des ganzen Betriebs gleichsteht (siehe R 16 Abs. 5 EStR). 390

Der Verpächter muss laufende Einkünfte aus Gewerbebetrieb oder aus selbständiger Tätigkeit erzielen, d. h. er darf keine Betriebsaufgabe erklärt haben. 391

Beim Erwerb von Todes wegen ist die Nutzungsüberlassung im Rahmen einer Betriebsverpachtung nur dann steuerunschädlich, wenn „der Verpächter des Betriebs im Zusammenhang mit einer unbefristeten Verpachtung den Pächter durch eine letztwillige Verfügung oder eine rechtsgeschäftliche Verfügung als Erben eingesetzt hat" (§ 13b Abs. 4 Nr. 1 S. 2 Buchst. b) aa) ErbStG). 392

393 Nach dem Gesetzeswortlaut muss der Verpächter den Pächter zum Erben eingesetzt haben. Dies darf aber nicht so verstanden werden, dass es nur auf die Erbeinsetzung als solche ankommt. Entscheidend ist vielmehr, dass der Pächter auch tatsächlich Erbe wird. Darauf deutet auch die Gesetzesbegründung hin, in der betont wird, dass der Erbe bereits Pächter des Betriebs gewesen sein muss.

394 Der Erbe muss durch „letztwillige Verfügung" oder eine „rechtsgeschäftliche Verfügung" eingesetzt werden. Der Begriff der letztwilligen Verfügung umfasst das (einseitige) Testament des Erblassers (§ 1937 BGB). Mit rechtsgeschäftlichen Verfügungen ist die (vertragliche) Erbeinsetzung durch einen Erbvertrag (§ 1941 BGB). gemeint. Dies gilt unabhängig davon, ob die Erbeinsetzung in dem Erbvertrag vertraglich bindend oder in einseitig änderbarer Form erfolgt (§ 2278 Abs. 2 BGB). Als rechtsgeschäftliche Verfügung ist aber auch ein Schenkungsversprechen anzusehen, welches unter der Bedingung erteilt wird, dass der Beschenkte den Schenker überlebt, erfasst sein (§ 2301 Abs. 1 Satz 1 BGB). Das Schenkungsversprechen ist ein einseitiges Rechtsgeschäft, das im Erbfall als Erbeinsetzung zu behandeln ist, wenn es sich auf das gesamte Vermögen oder einen Bruchteil bezieht. Schließlich kann eine Erbeinsetzung durch rechtsgeschäftliche Verfügung auch durch einen Vertrag zugunsten Dritter auf den Todesfall erfolgen (§§ 328, 331 BGB).

395 Der Erbe muss aufgrund einer Verfügung des Erblassers eingesetzt worden sein. Der Erwerb aufgrund gesetzlicher Erbfolge wäre demnach nicht ausreichend. Es besteht allerdings kein Grund, insoweit zwischen gesetzlicher und gewillkürter Erbfolge zu unterscheiden. Das erworbene Vermögen ist in beiden Fällen in gleicher Weise begünstigungswürdig.

396 Die Zuwendung eines Vermögensgegenstands aufgrund eines Vermächtnisses (§§ 1939, 2147 ff. BGB) ist nach dem Gesetzeswortlaut („Erben") nicht erfasst. Der zivilrechtliche Unterschied in den Erwerbsmodalitäten (Einzelrechtsnachfolge beim Vermächtnisnehmer und Gesamtrechtsrechtsnachfolge beim Erben) rechtfertigt keine unterschiedliche Behandlung. Der Erwerb durch Erben und Vermächtnisnehmer wird im Erbschaftsteuerrecht auch sonst gleich behandelt (siehe nur § 3 Abs. 1 Nr. 1 ErbStG). Entscheidend ist in allen Fällen die kontinuierliche Betriebsfortführung durch den früheren Pächter, gleich ob diese als Erbe oder Vermächtnisnehmer erfolgt. Im Ergebnis ist daher davon auszugehen, dass der Steuergesetzgeber den Begriff *„Erben"* untechnisch (und nicht im zivilrechtlichen Sinne des BGB) verwendet hat. Neben Erben sind daher auch Vermächtnisnehmer und Auflagenbegünstigte (§§ 1940, 2192 ff. BGB) erfasst.

397 Der Betrieb muss zu Lebzeiten des Erblassers „unbefristet" an den Erben verpachtet gewesen sein. Diese Voraussetzung dürfte bei befristeten Pachtverhältnissen zumindest dann erfüllt sein, wenn der Pächter den Gebrauch der Sache nach Ablauf der Pachtzeit fortsetzt (§ 545 BGB). Eine Anrechnung der bisherigen Pachtzeit auf die spätere Betriebsfortführung (§ 13a Abs. 6 S. 1 ErbStG) ist nicht möglich.

398 Die Betriebsverpachtung an den späteren Erwerber ist nach Gesetzeswortlaut und -begründung wohl nur dann begünstigt, wenn dieser den Betrieb als Erbe von Todes wegen erwirbt. Nicht erfasst erscheint dagegen der Fall, dass dem Pächter der Betrieb bereits zu Lebzeiten übertragen wird. Für die Besteuerung kann es jedoch keinen Unterschied machen, ob der Pächter als Erbe eingesetzt worden ist oder den Betrieb

bereits zu Lebzeiten erworben hat (und die Erbeinsetzung damit gegenstandslos geworden ist). Ein sachlicher Grund, die Übertragung von Todes wegen und die Übertragung zu Lebzeiten im Zusammenhang mit der Betriebsverpachtung unterschiedlich zu behandeln, ist nicht ersichtlich. Eine gleichheitsgerechte Ausgestaltung der Verschonungsregelung gebietet es vielmehr, beide Fälle steuerlich in gleicher Weise zu verschonen. Der Gesetzgeber macht im Übrigen auch sonst keinen Unterschied zwischen Erbschaft- und Schenkungsteuer (§ 1 Abs. 2 ErbStG). Entscheidend ist allein, dass der Pächter den Betrieb erwirbt und tatsächlich fortführt.

Beim **Erwerb zu Lebzeiten** ist die Nutzungsüberlassung im Rahmen einer Betriebsverpachtung nur dann steuerunschädlich, wenn „die Verpachtung an einen Dritten erfolgt, weil der Beschenkte im Zeitpunkt der Steuerentstehung den Betrieb noch nicht fortführen kann, und die Verpachtung auf höchstens zehn Jahre befristet ist" (§ 13b Abs. 4 Nr. 1 S. 2 Buchst. b) bb) ErbStG). 399

In diesem Fall setzt die Begünstigung offenbar voraus, dass die Verpachtung an einenDritten, d.h. nicht an den Beschenkten erfolgt ist. Je nachdem, ob der Erwerb von Todes wegen oder zu Lebzeiten erfolgt, soll die Verschonung im Fall einer Betriebsverpachtung demnach von unterschiedlichen Voraussetzungen abhängig sein: Beim Erwerb von Todes wegen muss der spätere Erbe zugleich auch der Pächter sein. Beim Erwerb unter Lebenden darf der Beschenkte gerade nicht der Pächter sein. Die gleitende Unternehmensnachfolge (zunächst Verpachtung an den Nachfolger und sodann die Betriebsübertragung zu Lebzeiten auf den Pächter, der sich in der Vergangenheit bewährt hat) wird damit unmöglich gemacht. Nach dem Normzweck muss die Rückausnahme aber erst recht gelten, wenn die Verpachtung an den späteren Unternehmensnachfolger erfolgt. Der Dritte (Pächter) kann daher auch der Beschenkte sein. 400

Die Verpachtung muss an einen **Dritten** erfolgen, „weil der Beschenkte im Zeitpunkt der Steuerentstehung den Betrieb noch nicht führen kann". Die Gesetzesbegründung nennt als Beispiel den Fall, dass dem Erwerber die erforderliche Qualifikation noch fehlt. Dieses Tatbestandsmerkmal erscheint allerdings jenseits formaler Mindestanforderungen für die Führung eines Betriebs (wie etwa Alter, Berufsabschluss oder Vorstrafen) kaum justiziabel (z.B. persönliche Reife, zeitliche Verfügbarkeit, gesundheitliche Belastbarkeit). Darüber hinaus dürfte der vom Gesetzeswortlaut verlangte Kausalzusammenhang („weil") zwischen der Verpachtung an den Dritten und der mangelnden Qualifikation des Beschenkten zur Betriebsfortführung nur schwer darzulegen und zu beweisen sein. Im Ergebnis kann es daher nur auf die Entscheidung des Schenkers ankommen. Verpachtet er den Betrieb an einen Dritten, spricht eine widerlegbare Vermutung dafür, dass er dies nur deshalb getan hat, weil der Beschenkte den Betrieb noch nicht fortführen kann. 401

Die Verpachtung an den Dritten darf höchstens auf zehn Jahre befristet sein. Hat der Beschenkte das 18. Lebensjahr noch nicht vollendet, beginnt die Frist mit Vollendung des 18. Lebensjahres (§ 13b Abs. 4 Nr. 1 S. 2 Buchst. b) bb) HS 2 ErbStG). 402

Für Pachtverträge, die in der Vergangenheit abgeschlossen worden sind, ist keine Übergangsregelung vorgesehen. Pachtverträge mit längerer Laufzeit sollten daher entsprechend angepasst werden. 403

Der verpachtete Betrieb muss vor der Verpachtung grundsätzlich zum begünstigungsfähigen Vermögen (§ 13b Abs. 2 ErbStG) gehört haben (§ 13b Abs. 4 Nr. 1 S. 2 Buchst. b) bb) Satz 3 Fall 1 ErbStG; R E 13b.11 Abs. 1 S. 2 ff. ErbStRE 2011).

404 Mit dieser Regelung soll verhindert werden, dass Vermögen allein aufgrund der Verpachtung zum begünstigten Vermögen wird. Allerdings dürfte diese Frage in der Praxis nur schwer zu beurteilen sein, nachdem zwischen dem Beginn der Verpachtung und dem Zeitpunkt der Steuerentstehung oftmals viele Jahre liegen werden. Idealerweise sollte der Steuerpflichtige bereits vor der Verpachtung das Vorliegen der Begünstigung feststellen und prüfen lassen.Schließlich darf der Hauptzweck des verpachteten Betriebs nicht in der Überlassung von Grundstücken an Dritte bestehen, „die nicht unter Buchstabe d) fallen" (§ 13b Abs. 4 Nr. 1 Satz 2 Buchstabe b) bb) Satz 3 Fall 2 ErbStG)."

405 Nach Buchstaben d) gehören bestimmte Wohnungsunternehmen nicht zum schädlichen Verwaltungsvermögen. Unternehmen, die diese Voraussetzungen nicht erfüllen, sollen auch nicht aufgrund einer Betriebsverpachtung begünstigt sein.

7.2.1.4 Nutzungsüberlassung im Konzern (§ 13b Abs. 4 Nr. 1 S. 2 Buchst. c) ErbStG)

406 Steuerunschädlich ist die Nutzungsüberlassung von Grundstücken auch dann, wenn *„sowohl der überlassende Betrieb als auch der nutzende Betrieb zu einem Konzern i.S d. § 4h EStG gehören, sofern keine Nutzungsüberlassung an einen weiteren Dritten erfolgt"* (§ 13b Abs. 4 Nr. 1 S. 2 Buchst. c) ErbStG, zuvor § 13b Abs. 2 S. 2 Nr. 1 Buchstabe c) ErbStG a. F., siehe dazu R E 13b.12 ErbStR 2011). Die Regelung gilt seit dem 1.1.2009 unverändert.

407 Der Begriff des „Dritten" ist vom Gesetzgeber nicht weiter eingeschränkt worden, so dass die Überlassung von Grundstücken an ein Konzernunternehmen grundsätzlich zur Qualifikation als Verwaltungsvermögen führt. Dieser überschießenden Tendenz in dem Begriff des Verwaltungsvermögens soll mit der Rückausnahme für Konzerne Rechnung getragen werden. Diese Regelung ist erst in den abschließenden Beratungen im Bundestag in das Gesetz aufgenommen worden und war in den früheren Entwürfen noch nicht enthalten.

408 In der amtlichen Gesetzesbegründung wurde die Rückausnahme wie folgt begründet (BT-Drs. 16/11107, 14):

„Eine Nutzungsüberlassung von Grundstücken, Grundstücksteilen, grundstücksgleichen Rechten und Bauten innerhalb eines Konzerns im Sinne des § 4h EStG soll nicht zum Ausschluss der Verschonungsregelung führen. Wegen der Prüfung der 50 %-Grenze für Verwaltungsvermögen auf jeder einzelnen Beteiligungsebene im Konzern kann durch eine ungünstige Verteilung, z.B. Bündelung der konzerneigenen Grundstücke in einer Gesellschaft, die diese an andere Konzerngesellschaften zur Nutzung überlässt, wünschenswert zu begünstigendes Vermögen aus der Verschonungsregelung herausfallen, obwohl die Widmung für betriebliche „produktive" Zwecke des Unternehmens unzweifelhaft ist. Die Überlassung von Wirtschaftsgütern im Konzern ist als solche nicht geeignet, diese Wirtschaftsgüter generell als (unproduktives) Verwaltungsvermögen einzustufen. Die Einordnung von konzern-

intern überlassenen Grundstücken usw. als produktives, d. h. begünstigungswertes Vermögen ist folgerichtig, da die überlassenen Wirtschaftsgüter auch bei dieser Sachverhaltskonstellation produktiv genutzt werden und nicht der reinen Kapitalanlage dienen. Gerade große Familienunternehmen sind aus betriebswirtschaftlichen Gründen häufig in verzweigten (oftmals historisch gewachsenen) Betriebsstrukturen organisiert. Aus dieser Organisationsstruktur kann nicht von vornherein gefolgert werden, dass die gegenseitige Überlassung von Wirtschaftsgütern innerhalb dieses Rahmens zu steuerschädlichem Verwaltungsvermögen führt."

Die Regelung gilt für Unternehmen jeglicher Rechtsform und Größe. Nach dem Gesetzeswortlaut ist die Ausnahme insbesondere nicht auf Familienunternehmen beschränkt. 409

Der überlassende Betrieb und der nutzende Betrieb müssen einem **Konzern** angehören. Der Gesetzgeber stellt dabei auf den Konzernbegriff im Sinne der Zinsschranke (§ 4h EStG) ab, ohne dass insoweit ein sachlicher Zusammenhang bestehen würde. Andere Konzernbegriffe (beispielsweise des Aktienrechts, § 18 AktG, des Handelsrechts, §§ 290 ff. HGB oder des Mitbestimmungsrechts, § 5 MitbestG) sind demnach insoweit ohne Bedeutung. Nachdem der Gesetzgeber im Rahmen der Erbschaftsteuerreform 2016 (BGBl I 2016, 2464 = BStBl I 2016, 1202) für die Ermittlung des Verwaltungsvermögens in Konzernen eine Verbundvermögensaufstellung (§ 13b Abs. 9 ErbStG) eingeführt hat, hätte es nahegelegen, insoweit von einem einheitlichen Konzernbegriff auszugehen. 410

Das Einkommensteuerrecht definiert den Konzern für Zwecke der Zinsschranke wie folgt: (§ 4h Abs. 3 S. 5 und 6 EStG; siehe BMF v. 4.7.2008, BStBl I 2008, 718, Tz. 59 ff.) *„Ein Betrieb gehört zu einem Konzern, wenn er nach dem für die Anwendung des Abs. 2 S. 1 Buchstabe c zugrunde gelegten Rechnungslegungsstandard mit einem oder mehreren anderen Betrieben konsolidiert wird oder werden könnte. Ein Betrieb gehört für Zwecke des Absatzes 2 auch zu einem Konzern, wenn seine Finanz- und Geschäftspolitik mit einem oder anderen Betrieben einheitlich bestimmt werden könnte."*. 411

Der Regelung liegt ein weiter Konzernbegriff zugrunde. Danach sind drei Fälle der Konzernzugehörigkeit möglich: 412

- Ein Betrieb wird nach den maßgeblichen Rechnungslegungsstandards in den handelsrechtlichen Abschluss eines Konzerns einbezogen (Konsolidierung) (vorrangig IFRS, subsidiär HGB eines EU-Mitgliedstaats oder US-GAAP, § 4h Abs. 2 S. 1 Buchst. c) S. 8 und 9 EStG).
- Ein Betrieb könnte nach den maßgeblichen Rechnungslegungsstandards in den handelsrechtlichen Abschluss eines Konzerns einbezogen werden (mögliche Konsolidierung).
- Die Finanz- und Geschäftspolitik eines Betriebs kann zusammen mit anderen Betrieben einheitlich bestimmt werden (Beherrschungsverhältnis).

Die im Rahmen der Zinsschranke umstrittenen Fragen, ob auch im Fall einer Betriebsaufspaltung oder einer GmbH & Co. KG ein Konzern vorliegt, dürfte aufgrund der vorrangigen Ausnahmeregelungen für Betriebsaufspaltungen und Sonderbetriebsvermögen bei der Erbschaft- und Schenkungsteuer eine geringere Rolle spielen. 413

414 Die Konzernzugehörigkeit der beiden Betriebe muss nicht nur beim Erblasser bzw. Schenker bestehen, sondern auch beim Erwerber **fortbestehen**.

415 Maßgebend für das Vorliegen des Konzerns ist derZeitpunkt der Entstehung der Erbschaft- und Schenkungsteuer (§ 9 ErbStG).

416 Die Nutzungsüberlassung im Rahmen eines Konzerns ist nur dann begünstigt, wenn der nutzende Betrieb dasGrundstück selbst nutzt (und keine Nutzungsüberlassung an einen weiteren Dritten erfolgt). Gerade bei mehrstufigen Konzernen ist daher vorsorglich darauf zu achten, dass die Nutzungsüberlassung (unmittelbar) an den das Grundstück tatsächlich nutzenden Betrieb erfolgt. Nach dem Normzweck sollte allerdings eine Weiterüberlassung an ein anderes Konzernunternehmen unschädlich sein. In diesem Fall liegt dann eine mittelbare Nutzungsüberlassung vor.

417-420 einstweilen frei

7.2.1.5 Wohnungsunternehmen (§ 13b Abs. 4 Nr. 1 S. 2 Buchst. d) ErbStG)

421 **Ausgewählte Hinweise auf weiterführende Literatur:**

von Cölln, ErbStR 2011: Die Behandlung von Immobilienunternehmen, ZEV 2012, 133; *Ivens*, Wohnungsunternehmen als begünstigtes Vermögen nach § 13b ErbStG, DStR 2010, 2168; *Klose*, Grundstücksüberlassung im Rahmen eines Wohnungsunternehmens, NWB 44/2011, 3682; *Königer*, Die steuerliche Vorteilhaftigkeit von Wohnungsunternehmen i.S des § 13b Abs. 2 S. 2 Nr. 1 Buchst. d ErbStG – eine quantitative Betrachtung, BB 2014, 601; *Königer/Ziegler*, Die steueroptimale Umstrukturierung von vermögensverwaltenden Personengesellschaften für Zwecke der Erbschaftsteuer, ZEV 2011, 618; *Kroh/Weber*, Erbschaft- und einkommensteuerliche Optimierung der Nutzungsentscheidung von Immobilienvermögen im Erbfall, DStR 2014, 1459; *Lang*, Gleichheitswidrigkeit und gleichheitsrechtliche Ausgestaltung der erbschaftsteuerlichen Verschonung, FR 2010, 49; *Möhrle/Gerber*, Wohnungsunternehmen im ErbStG, DB 2011, 903; *Müller, Th./Fröhlich*, Erbschaftsteuerliche Nachfolgeplanung für Immobilienunternehmen, ErbStB 2010, 14; *von Oertzen/Reich*, Einkaufszentren und gewerblich vermietete Gebäudekomplexe als erbschaft- und schenkungsteuerlich begünstigungsfähiges Vermögens, DStR 2011, 391; *Ostermayer/Riedel*, Das „Wohnungsunternehmen" als neues erbschaftsteuerliches Gestaltungsmittel?, BB 2009, 1395; *Pauli*, Ausnahmen zum Verwaltungsvermögen – Chancen und Risiken der Immobilienwirtschaft, DB 2009, 641; *Sauerland*, Wohnungsunternehmen als begünstigtes Vermögen nach § 13b ErbStG, DStR 2011, 845; *Warlich/Kühne*, Steuerliche Begünstigung von Wohnungsunternehmen, DB 2009, 2062.

422 Eine Nutzungsüberlassung an Dritte ist steuerunschädlich, wenn „*die überlassenen Grundstücke, Grundstücksteile, grundstücksgleichen Rechte und Bauten zum Betriebsvermögen, zum gesamthänderisch gebundenen Betriebsvermögen einer Personengesellschaft oder zum Vermögen einer Kapitalgesellschaft gehören und der Hauptzweck des Betriebs in der Vermietung von Wohnungen im Sinne des § 181 Abs. 9 des Bewertungsgesetzes besteht, dessen Erfüllung einen wirtschaftlichen Geschäftsbetrieb (§ 14 der Abgabenordnung) erfordert*" (§ 13b Abs. 4 Nr. 1 S. 2 Buchstabe d) ErbStG, zuvor § 13b Abs. 2 S. 2 Nr. 1 Buchstabe d) ErbStG a. F.,

siehe dazu R E 13b.13 ErbStR 2011 und FinMin Bayern v. 12.7.2010, DStR 2010, 1891 = ZEV 2010, 432 = DB 2010, 1969).

Die Regelung gilt seit dem 1.1.2009 unverändert.

Diese Rückausnahme für Wohnungsunternehmen war in den ursprünglichen Gesetzesentwürfen noch nicht vorgesehen, sondern ist erst in den abschließenden Beratungen im Deutschen Bundestag in das Gesetz aufgenommen worden (siehe dazu auch die verfassungsrechtlichen Erwägungen vonLang, StuW 2008, 189, 199 ff.).

Der Gesetzgeber hat die Regelung ursprünglich wie folgt begründet (BT-Drs. 16/11107, 14): 423

„Nummer 1 Buchstabe d) nimmt Wohnimmobilien dann aus dem Verwaltungsvermögen aus, wenn deren Überlassung im Rahmen eines in kaufmännischer Weise eingerichteten, d. h. wirtschaftlichen Geschäftsbetriebs erfolgt. Damit wird insbesondere erreicht, dass Wohnungsunternehmen die erbschaftsteuerrechtlichen Vergünstigungen nicht von vornherein versagt bleiben. Da auch diese Unternehmen in nicht unerheblichem Umfang Arbeitsplätze zur Verfügung stellen, ist die Einbeziehung in die Verschonungsregelungen gerechtfertigt. Der Hauptzweck des Betriebs muss in der Vermietung von Wohnungen bestehen. Das gilt auch dann, wenn Grundstücke oder Grundstücksteile vermietet werden, die nicht zu Wohnzwecken, sondern z. B. zu gewerblichen, freiberuflichen oder öffentlichen Zwecken genutzt werden. Maßstab ist die Summe der zu Wohnzwecken vermieteten Grundstücke oder Grundstücksteile im Verhältnis der Summe der Grundbesitzwerte aller vermieteten Grundstücke."

Im Rahmen der **Erbschaftsteuerreform 2016** (BGBl I 2016, 2464 = BStBl I 2016, 1202) wurde die Rückausnahme für Wohnungsunternehmen nicht geändert. In der Gesetzesbegründung wird die Regelung gleichwohl nochmals ausführlich begründet und darauf hingewiesen, dass der Erhalt von bezahlbarem Wohnraum ein besonderer Gemeinwohlgrund sei.In dem Bericht des Finanzausschusses heißt es dazu (BT-Drs. 18/8911, 41): 424

„Nummer 1 der bisherigen Gesetzesfassung wird weitgehend übernommen, insbesondere bleibt die Rückausnahme für an Dritte überlassene Grundstücke, Grundstücksteile, grundstücksgleiche Recht und Bauten bestehen, wenn der Hauptzweck des überlassenen Betriebs in der Vermietung von Wohnungen besteht, dessen Erfüllung einen wirtschaftlichen Geschäftsbetrieb erfordert. Liegt ein wirtschaftlicher Geschäftsbetrieb vor, geht die Vermietung von Wohnungen über eine reine Vermögensverwaltung hinaus. In diesen Fällen ist davon auszugehen, dass damit eine originär gewerbliche Tätigkeit ausgeübt wird. Durch die Ausnahme großer Wohnungsvermietungsunternehmen von der Besteuerung mit Erbschaft- und Schenkungsteuer soll eine Veräußerung dieser Unternehmen zur Zahlung der Erbschaft- und Schenkungsteuer vermieden werden. Eine Veräußerung großer Bestände von Wohnungen könnte den angespannten Wohnungsmarkt weiter negativ beeinflussen und zu Mietsteigerungen bei den veräußerten Wohnungen führen. Der Erhalt von bezahlbarem Wohnraum rechtfertigt als besonderer Gemeinwohlgrund eine Rückausnahme für Wohnungsvermietungsunternehmen, deren Hauptzweck in der Vermietung von Wohnungen besteht und dessen Erfüllung einen wirtschaftlichen Geschäftsbetrieb erfordert." 425

Gestaltungshinweis:
Diese Ausführungen sind zweifellos zutreffend. Für den (wohnungssuchenden) Mieter macht es aber keinen Unterschied, ob er seine Wohnung von einem (großen oder kleinen) Unternehmen oder einem (privaten oder gewerblichen) Vermieter anmietet. Gleichwohl will der Gesetzgeber nur „*große Wohnungsvermietungsunternehmen*" von der Besteuerung ausnehmen. Aus den Entscheidungen des BVerfG zum Erbschaftsteuerrecht dürfte sich allerdings gerade das Gegenteil ergeben. Danach dürfen große Unternehmen nicht mehr, sondern eher weniger gefördert werden dürfen als kleine und mittlere Unternehmen.

426 Mit dem Grundsatz der Besteuerung nach der Leistungsfähigkeit ist es nicht zu vereinbaren, wenn der Erwerber eines großen Wohnungsunternehmens weniger Steuern bezahlen muss als der Erwerber eines kleinen Wohnungsunternehmens.

427 Mit der Formulierung „Grundstücke, Grundstücksteile, grundstücksgleichen Rechte und Bauten" hat der Gesetzgeber an den einleitenden Satz der Vorschrift angeknüpft, (§ 13b Abs. 4 Nr. 1 S. 1 ErbStG) wonach die Überlassung dieser Vermögensgegenstände an Dritte grundsätzlich zu schädlichem Verwaltungsvermögen führt.

428 Die Grundstücke müssen zum Vermögen einer Gesellschaft „**gehören**". Maßgebend ist insoweit das zivilrechtliche Eigentum. Das wirtschaftliche Eigentum (§ 39 AO) ist im zivilechtlich geprägten Erbschaft- und Schenkungsteuergesetz nicht ausreichend. Bei Personengesellschaften genügt die Zugehörigkeit zum Sonderbetriebsvermögen nicht, da das Grundstück zum „*gesamthänderisch gebundenen Betriebsvermögen*" gehören muss. Gesamthänderisch gebundenen ist aber nur das Vermögen der Personengesellschaft (§§ 718 ff. BGB), nicht auch das Sonderbetriebsvermögen der Gesellschafter.

429 Zu den "*Personengesellschaften*" gehören die Personenhandelsgesellschaften (wie OHG, KG, GmbH & Co. KG) sowie die Gesellschaft bürgerlichen Rechts. In diesem Zusammenhang kommt es nicht darauf an, ob die Gesellschaft gewerblich tätig oder gewerblich gepägt ist (§ 15 Abs. 3 Nr. 2 EStG). Darüber hinaus ist auch die Europäische Wirtschaftliche Interessenvereinigung erfasst, die als Handelsgesellschaft behandelt wird. Nicht erfasst sind dagegen Partnerschaftgesellschaften, (nicht rechtsfähige) Vereine und Stiftungen.

430 Zu den „*Kapitalgesellschaften*" (siehe § 1 Abs. 1 Nr. 1 KStG) gehört neben der GmbH (einschließlich der Unternehmergesellschaft (haftungsbeschränkt), § 5a GmbHG), der AG und der KGaA auch die Europäische Aktiengesellschaft (SE). Auf die Anzahl der Gesellschafter kommt es nicht an, so dass auch Einpersonen-Kapitalgesellschaften erfasst sind. Ausländische Kapitalgesellschaften sind gleichfalls umfasst, sofern sie mit den deutschen Kapitalgesellschaften vergleichbar sind. Bei Kapitalgesellschaften aus den EU-/EWR-Mitgliedstaaten ist aufgrund der europäischen Niederlassungsfreiheit generell (und ohne Typenvergleich im Einzelfall) von einer Vergleichbarkeit auszugehen.

431 Nach dem Normzweck müsste auch der gewerbliche Grundstückshandel (durch eine natürliche Person) begünstigt sein. Allerdings fehlt es in diesen Fällen am Vorliegen einer Gesellschaft, zu deren Vermögen die Grundstücke gehören. Ein

Einzelunternehmen ist nach dem Gesetzeswortlaut nicht ausreichend. Die Regelung ist demnach nicht rechtsformneutral. Die grundlose Benachteiligung von gewerblichen Einzelunternehmen ist verfassungsrechtlich bedenklich (ebenso wie bei § 13a Abs. 9 ErbStG).

Der „*Hauptzweck*" des Betriebs (muss) in der Vermietung von Wohnungen bestehen (§ 13b Abs. 4 Nr. 1 Satz 2 Buchstabe d) ErbStG; siehe dazu R E 13b.13 Abs. 2 ErbStR 2011). 432

Im Gesellschaftsvertrag wird im Allgemeinen nur der Gegenstand des Unternehmens bestimmt (§ 3 Abs. 1 Nr. 2 GmbHG), nicht aber auch der Zweck. Zweck und Gegenstand sind in vielen Fällen weitgehend identisch. Der Zweck wird im Gesellschaftsvertrag in der Regel nur bei steuerbegünstigten Körperschaften gesondert angegeben (§§ 51 ff., 60 AO). Der Zweck eines Wirtschaftsunternehmens besteht regelmäßig in der Gewinnerzielung. In der Praxis kann es sich gleichwohl empfehlen, in dem Gesellschaftsvertrag (vorsorglich) klarzustellen, dass der Gegenstand und Zweck des Unternehmens in der Vermietung von Wohnungen besteht. Die Eintragung des Unternehmensgegenstands im Handelsregister dürfte im Steuerrecht zumindest eine gewisse Indizwirkung haben. Ergänzend kann der Zweck der Gesellschaft auch in der Firma nach außen zum Ausdruck gebracht werden, indem die Gesellschaft ausdrücklich als (gewerbliches) Wohnungsunternehmen bezeichnet wird. 433

Die Vermietung von Wohnungen als Hauptzweck des Unternehmens bedeutet zunächst, dass die Vermietung von Wohnungen (im Verhältnis zur Vermietung von sonstigen Grundstücken, z. B. Gewerbeimmobilien) der Schwerpunkt der unternehmerischen Tätigkeit sein muss. Nach der Gesetzesbegründung ist insoweit das Verhältnis der Steuerwerte der zu Wohnzwecken vermieteten Grundstücke zu den sonstigen Grundstücken maßgebend (BT-Drs. 16/11107, 14). Auf die Anzahl der Objekte, den Umsatz oder den Ertrag kommt es dagegen nicht an. Der Hauptzweck dürfte immer dann in der Vermietung von Wohnungen bestehen, wenn deren Wert mehr als 50 % des Gesamtwerts aller vermieteten Grundstücke ausmacht. Die Finanzverwaltung verlangt, dass die Vermietung von Wohnungen den „*überwiegenden Teil der betrieblichen Tätigkeit*" ausmachen muss (R E 13b.13 Abs. 2 S. 1 ErbStR 2011). Ein genauer Grenzwert wird allerdings nicht angegeben. In der Praxis sind zudem Unsicherheiten bei der Bewertung zu berücksichtigen. 434

Die Vermietung von Wohnungen muss darüber hinaus aber auch im Verhältnis zu einer sonstigen unternehmerischen Tätigkeit den Hauptzweck darstellen. Eine Abgrenzung anhand von Grundstückswerten, Wohn- oder Nutzflächen, Mieteinnahmen oder der Anzahl der Objekte scheidet insoweit aus. In diesen Fällen erscheint eine Gesamtbetrachtung notwendig, bei der alle Umstände des jeweiligen Einzelfalls zu berücksichtigen sind. Entscheidend wird sein, welche Tätigkeit das Unternehmen aus Sicht der beteiligten Verkehrsteilnehmer prägt. 435

Für den Begriff der „*Wohnungen*" gilt die Legaldefinition im Bewertungsgesetz (§ 181 Abs. 9 BewG). Eine Wohnung muss danach insbesondere eine Wohnfläche von mindestens 23qm haben. Dies kann in der Praxis vor allem bei Studentenwohnheim oder Flüchtlingsunterkünften problematisch sein. Nicht maßgebend ist, ob die 436

Wohnung zivilrechtlich eine eigene Wohnungseigentumseinheit ist oder das Grundstück in Wohnungseigentum aufgeteilt worden ist.

437 Garagen, Stellplätze und Keller gehören im Allgemeinen zu einer Wohung, sind aber nicht als eigene „*Wohnungen*" anzusehen. Die Finanzverwaltung verlangt in der Regel mehr als 300 Wohnungen (R E13b.13 Abs. 3 S. 2 ErbStR 2011). Die Erfüllung des Unternehmenszwecks muss schließlich einen **„wirtschaftlichen Geschäftsbetrieb (§ 14 AO)"** erfordern (siehe dazu R E 13b.13 Abs. 1, Abs. 3 und Abs. 4 ErbStR 2011).

438 § 14 AO lautet wie folgt: „*Ein wirtschaftlicher Geschäftsbetrieb ist eine selbstständige nachhaltige Tätigkeit, durch die Einnahmen oder andere wirtschaftliche Vorteile erzielt werden und die über den Rahmen einer Vermögensverwaltung hinausgeht. Die Absicht, Gewinn zu erzielen, ist nicht erforderlich. Eine Vermögensverwaltung liegt in der Regel vor, wenn Vermögen genutzt, zum Beispiel Kapitalvermögen verzinslich angelegt oder unbewegliches Vermögen vermietet oder verpachtet wird.*"

439 Das Gesetz enthält somit eine Regelvermutung dafür, dass die Vermietung von Wohnungen, die notwendigerweiseder Hauptzweck des Unternehmens ist, eine bloße Vermögensverwaltung darstellt (§ 14 S. 3 AO). Damit liegt in der Regel kein wirtschaftlicher Geschäftsbetrieb vor. Etwas anderes gilt nur dann, wenn die unternehmerische Tätigkeit über die bloße Vermögensverwaltung hinausgeht. Dies kann dann aber auch Auswirkungen auf die Gewerbesteuerbelastung haben (siehe § 9 Nr. 1 S. 2 GewStG).

440 Die Vermietung von Wohnungen muss allerdings stets der Hauptzweck des Unternehmens bleiben. Mögliche Abgrenzungskriterien in diesem Zusammenhang sind Nebenleistungen des Vermieters (z.B. Hausmeisterdienste, Objektschutz, Beratungsleistungen, Betreutes Wohnen, Erbringung von sonstigen Dienstleistungen, Anzahl der Wohnungen und Häufigkeit von Mieterwechseln. Maßgeblich ist immer das Gesamtbild der Verhältnisse und die jeweilige Verkehrsanschauung.

441 Dagegen kommt es für das Vorliegen eines wirtschaftlichen Geschäftsbetriebs auf die Größe des verwalteten Vermögens und den von der Größe des Vermögens abhängigen Umfang der Verwaltungstätigkeit nicht an.

In derPraxis wird die Frage in vielen Fällen indes kaum rechtssicher und zweifelsfrei zu beantworten sein.

442 Die Rechtsunsicherheit wird noch dadurch vergrößert, dass die amtliche Gesetzesbegründung vom Gesetzestext nicht unerheblich abweicht. Danach werden Wohnimmobilien aus dem Verwaltungsvermögen ausgenommen, „wenn deren Überlassung im Rahmen eines in kaufmännischer Weise eingerichteten, d. h. wirtschaftlichen Geschäftsbetriebs erfolgt" (BT-Drs. 16/11107, 14). Die Notwendigkeit eines in kaufmännischer Weise eingerichteten Gewerbebetriebs fehlt im Gesetzestext. Wirtschaftlicher Geschäftsbetrieb (§ 14 AO) und kaufmännischer Gewerbebetrieb (§ 1 Abs. 2 HGB) können sich decken, müssen dies aber keineswegs tun. Für die Erforderlichkeit kaufmännischer Einrichtungen (wie etwa Buchführung und Bilanzierung, Firma, Vertretung, etc.) kommt es u.a. auf die Art der Geschäftstätigkeit (z.B. Organisation des Betriebs, Marktauftritt des Unternehmens, Vielfalt der Geschäftsbeziehungen, Erteilen handelsrechtlicher Vollmachten, Inanspruchnahme

von Krediten) und den Umfang der Geschäftstätigkeit (z.B. Umsatz, Bilanzsumme, Größe, Finanzierung, Bankverbindungen) an. Maßgebend ist auch hier stets das Gesamtbild der Verhältnisse.

Die Finanzverwaltung hat eine Liste von Indizien aufgestellt, die im Einzelfall für das Vorliegen eines wirtschaftlichen Geschäftsbetriebs sprechen (R E 13b.13 Abs. 3 S. 1 ErbStR 2011). Dazu gehören der Umfang der Geschäfte, das Unterhalten eines Büros, die Buchführung zur Gewinnermittlung, die (umfangreiche) Organisationsstruktur zur Durchführung der Geschäfte, die Bewerbung der Tätigkeit und das Anbieten der Dienstleistung bzw. der Produkte gegenüber einer breiten Öffentlichkeit. 443

Das Vorliegen eines wirtschaftlichen Geschäftsbetriebs soll dabei regelmäßig dann anzunehmen sein, wenn das Unternehmen mehr als 300 eigene Wohnungen hält (R E13b.13 Abs. 3 S. 2 ErbStR 2011) Die Vermietung und die Verwaltung der Wohnungen muss nicht von dem übertragenen Unternehmen selbst vorgenommen werden, sondern kann auch auf ein anderes Unternehmen (z.B. auf ein Betriebsunternehmen im Rahmen einer Betriebsaufspaltung, eine Tochtergesellschaft oder ein externes Dienstleistungsunternehmen) übertragen werden (so auch R E 13b.13 Abs. 4 ErbStR 2011). 444

Die unterschiedlichen Anforderungen an das Vorliegen eines Geschäftsbetriebs in Gesetzestext und Gesetzesbegründung dürften auch Rückwirkungen auf die Gewerbesteuerhaben. Nach dem Gesetzeswortlaut muss ein wirtschaftlicher Geschäftsbetrieb (§ 14 AO) vorliegen, so dass die unternehmerische Tätigkeit über die bloße Vermietung von Wohnungen hinausgehen muss. Beschränkt sich die Tätigkeit indes nicht auf die Vermietung von Wohnungen, dürfte die erweiterte gewerbesteuerliche Kürzung bei der Gewerbesteuer ausscheiden (§ 9 Nr. 1 S. 2 GewStG). Nach der Gesetzesbegründung muss dagegen ein in kaufmännischer Weise eingerichteter Geschäftsbetrieb vorliegen, d.h. es müssen nach Art und Umfang der Geschäftstätigkeit kaufmännische Einrichtungen erforderlich sein. Dies kann aber auch dann der Fall sein, wenn sich die Tätigkeit auf die Vermietung von Wohnungen beschränkt. Danach wäre die erweiterte gewerbesteuerliche Kürzung für Wohnungsunternehmen auch dann zu gewähren, wenn deren Erwerb erbschaftsteuerlich begünstigt ist. Die Tatbestandsvoraussetzungen im Erbschaftsteuerrecht und im Gewerbesteuerrecht sind im Übrigen keineswegs deckungsgleich. Der Gesetzgeber hat gerade keinen (ausdrücklichen) Zusammenhang zwischen beiden Vorschriften hergestellt. 445

Nach der amtlichen Gesetzesbegründung ist davon auszugehen, dass Rechtsprechung und Finanzverwaltung maßgeblich darauf abstellen werden, ob in dem UnternehmenArbeitnehmer beschäftigt werden. Die Begünstigung vonWohnungsunternehmen wird vor allem damit begründet, dass diese *„Unternehmen in nicht unerheblichem Umfang Arbeitsplätze zur Verfügung stellen"* (BT-Drs. 16/11107, 14). Allerdings ist die Beschäftigung von Arbeitnehmern weder für das Vorliegen eines wirtschaftlichen Geschäftsbetriebs noch für einen in kaufmännischer Weise eingerichteten Gewerbebetrieb notwendig. Der Gesetzgeber hat die Ausklammerung von Wohnungsunternehmen aus dem Verwaltungsvermögen auch sonst nicht vom Bestehen von Arbeitsverhältnissen abhängig gemacht (z.B. Gesellschaften, 446 deren Hauptzweck in der Vermietung von Wohnungen besteht und die mindestens zehn Beschäftigte haben). Die Beschäftigung von Arbeitnehmern kann daher allenfalls im Rahmen einer Gesamtbetrachtung berücksichtigt werden, ist aber nicht das entscheidende Kriterium. Vielmehr können auch solche Wohnungsunternehmen zum begünstigten Vermögen gehören, die überhaupt keine Arbeitnehmer beschäftigen (siehe auch § 13a Abs. 3 S. 3 ErbStG).

447 Die Finanzverwaltung hat in ihrem Indizienkatalog (R E 13b.13 Abs. 3 S. 1 ErbStR 2011) nicht ausdrücklich auf die Beschäftigung von Arbeitnehmern abgestellt. Im Rahmen des Gesetzgebungsverfahrens ist u. a. überlegt worden, die Rückausnahme von einer bestimmten **Anzahl von Wohnungen** abhängig zu machen. Danach sollte ein begünstigungswürdiges Wohnungsunternehmen im Allgemeinen dann vorliegen, wenn zu dem Vermögen mehr als 20 Wohnungen gehören. Diese Regelung hat aber keinen Eingang in das Gesetz gefunden. In der amtlichen Gesetzesbegründung findet sich für eine solche zahlenmäßige Begrenzung gleichfalls keinerlei Anhaltspunkt. Die Rechtsprechung zum gewerblichen Grundstückshandel zeigt gerade, dass schon beim Verkauf von mehr als drei Objekten der Bereich der privaten Vermögensverwaltung überschritten sein kann.

448 Die Finanzverwaltung will im vorliegenden Zusammenhang (§ 13b Abs. 4 Nr. 1 S. 2 Buchst. d) ErbStG) einen wirtschaftlichen Geschäftsbetrieb im Allgemeinen nur dann annehmen, wenn das Unternehmen mehr als **300 eigene Wohnungen** hat (R E 13b.13 Abs. 3 Satz 2 ErbStR 2011). Diese Grenze ist völlig willkürlich und entbehrt jeder gesetzlichen Grundlage (in anderem Zusammenhang auch OLG Schleswig v. 18.4.2012, 2 W 28/12, NZG 2013, 145 = Rpfleger 2012, 693, wonach ein Verein, mit dem Zweck 27 Wohnungen zu erwerben und ohne Gewinnerzielungsabsicht an Mitglieder zu vermieten, auf einen wirtschaftlichen Geschäftsbetrieb im Sinne von § 21 BGB gerichtet ist).

449 Erste Entscheidungen der Finanzgerichte zum Wohnunternehmen (im Sinne des § 13b Abs. 4 Nr. 1 Satz 2 Buchstabe d) ErbStG) bestätigen im Ergebnis die strenge Auslegung der Finanzverwaltung. Das FG München hat bei einer Gesellschaft des bürgerlichen Rechts, die Einkünfte aus Gewerbebetrieb versteuert hat das Vorliegen eines Wohnungsunternehmens bei 45 Wohnungen und 37 Garagen verneint (FG München v. 8.7.2015, 4 K 360/12, ErbStB 2015, 319 mit Anm. *Kirschstein* = ZEV 2015, 671 = DStRE 2016, 1508). Das FG Düsseldorf hat ein Wohnungsunternehmen bei einer Gesellschaft mit 37 Wohnungen abgelehnt, obwohl 3 Teizeitkräfte beschäftigt waren (FG Düsseldorf v. 24.6.2015, 4 K 2086/14 Erb, Az. BFH II R 44/15, ErbStB 2015, 290 mit Anm. *Heinrichshofen* = ZEV 2015, 602).

450 Der wirtschaftliche Geschäftsbetrieb muss im Zeitpunkt der Entstehung der Erbschaft- und Schenkungsteuer (§ 9 ErbStG) vorliegen. Es ist nicht erforderlich, dass der wirtschaftliche Geschäftsbetrieb noch nach der Übertragung des Wohnungsunternehmens fortbesteht. Der Wegfall des wirtschaftlichen Geschäftsbetriebs stellt für sich genommen auch keinen Nachsteuertatbestand dar (sofern nicht eine andere schädliche Verfügung, wie etwa eine Betriebsaufgabe, vorliegt).

Gestaltungshinweis:

In der Praxis stellt sich vor allem die Frage, ob Anteile an einem **Familienpool** in der Rechtsform der (gewerblich geprägten) GmbH & Co. KG als Wohnungsunternehmen begünstigt übertragen werden können. Die gewerbliche Prägung allein ist dabei nicht ausreichend. Die Tätigkeit der Gesellschaft muss vielmehr über die bloße Vermietung von Wohnungen hinausgehen. Kaufmännische Einrichtungen müssen (zumindest in gewissem Umfang) vorhanden sein. In der Praxis kommt vor allem der Anzahl der Wohnungen, der Beschäftigung von Arbeitnehmern und der Qualifikation der Einkünfte bei der Einkommens- und Gewerbesteuer eine maßgebliche Bedeutung zu. Im Allgemeinen ist die steuerliche Verschonung umso leichter zu erreichen, je größer das Immobilienvermögen ist (vor allem bei mehr als 300 Wohnungen). Diese Verschonungsregelung widerspricht dem Bereicherungsprinzip und der Besteuerung nach der Leistungsfähigkeit. Ein Erwerber der 1.000 Wohnungen erwirbt ist leistungsfähiger als ein Erwerber einiger weniger Wohnungen, wird steuerlich aber gleichwohl mehr begünstigt. **Verfassungsrechtlich** ist diese Ungleichbehandlung nicht zu rechtfertigen. Das BVerfG hat diese Problematik in seinen Entscheidungen zum Erbschaftsteuerrecht bislang nicht angesprochen.

7.2.1.6 Grundstücksüberlassung im Rahmen von Lieferungsverträgen (§ 13b Abs. 4 Nr. 1 S. 2 Buchstabe e) ErbStG)

Eine Nutzungsüberlassung an Dritte führt nicht zur Begründung von Verwaltungsvermögen, wenn „*die Grundstücke, Grundstücksteile, grundstücksgleichen Rechte und Bauten vorrangig überlassen werden, um im Rahmen von Lieferungsverträgen dem Absatz von eigenen Erzeugnissen und Produkten zu dienen*" (§ 13b Abs. 4 Nr. 1 Satz 2 Buchstabe e) ErbStG). Die Regelung wurde erstmals durch die Erbschaftsteuerreform 2016 (BGBl I 2016, 2464 = BStBl I 2016, 1202) eingeführt und findet auf alle Erwerbe Anwendung, für die die Steuer nach dem 3.6.2016 entstanden ist (§ 37 Abs. 12 Satz 1 ErbStG).

In dem Bericht des Finanzausschusses wurde die Einführung der neuen Rückausnahme wie folgt begründet (BT-Drs. 18/8911, 41):

„*In Buchstabe e wird eine neue Rückausnahme für die Überlassung von Grundstücken, Grundstücksteilen, grundstücksgleichen Rechten und Bauten an Dritten eingeführt. Sind diese Grundstücke zu dem Zweck überlassen worden, damit eigene Erzeugnisse des erworbenen Betriebs dort abgesetzt werden, stellt die Überlassung keine typische Vermögensverwaltung dar. Ein Beispiel hierfür sind Brauereigaststätten, die an Dritte bei gleichzeitigem Abschluss eines Bierlieferungsvertrags verpachtet werden und in denen vorrangig das von der Brauerei hergestellte Bier ausgeschenkt wird. Viele Brauereien setzen einen großen Teil ihrer Produkte über die verpachteten Gaststätten ab. Die Erzielung der Pachteinnahmen steht somit nicht im Vordergrund des Vertragswerks. Die Verpachtung ist Bestandteil der insgesamt originär gewerblichen Tätigkeit der Brauerei. Das Gleiche gilt für die Verpachtung von Tankstellen durch Mineralölunternehmen. In den genannten Fällen ist es sachge-*

recht, den Dritten zur Nutzung überlassene Grundstücke, Grundstücksteile, grundstücksgleiche Rechte und Bauten nicht dem Verwaltungsvermögen zuzuordnen."

454 Die Rückausnahme gilt somit vor allem für **Brauereien** und **Mineralölunternehmen**, auch wenn diese im Gesetzestext nicht ausdrücklich erwähnt werden. Die Überlassung der Grundstücke an Gaststätten bzw. Tankstellen dient typischerweise nicht der Verwaltung eigenen Vermögens, sondern der gewerblichen Tätigkeit der Brauereien und Mineralölunternehmen.

455 Die Finanzverwaltung ging bereits bislang davon aus, dass die Überlassung von Grundstücksteilen nach ertragsteuerlichen Gesichtspunkten insgesamt als originär gewerbliche Tätigkeit einzustufen ist (R E 13b.9 Satz 3 ErbStR 2011). Als Beispiele wurden dabei Beherbergungsbetriebe wie Hotels, Pensionen und Campingplätze genannt. Nicht abschließend geklärt war bislang allerdings, ob auch die Überlassung von Grundstücken durch Brauereien und Mineralölunternehmen unter diese Ausnahme fällt. Der Gesetzgeber hat diese Rechtsunsicherheit nunmehr beendet. Die Klarstellung hat allerdings nur deklartorische Bedeutung, da gewerbliche Tätigkeiten nie unter den Begriff des Verwaltungsvermögens fallen sollten.

456 Die neue Rückausnahme vom Verwaltungsvermögen ist nicht auf Brauereien und Mineralölunternehmen beschränkt, sondern gilt grundsätzlich für alle Unternehmen. Im Unterschied zu früheren Gesetzesentwürfen ist die *„Logistikbranche"* jetzt allerdings nicht mehr erwähnt. Die Rückausnahme ist nur dann anwendbar, wenn die Grundstücksüberlassung *„im Rahmen von Lieferungsverträgen"* erfolgt und vorrangig dem *„Absatz von eigenen Erzeugnissen und Produkten"* dient. In vielen Fällen wird es an der spezifischen Verknüpfung zwischen Grundstücksüberlassung und dem **Absatz eigener Waren** fehlen (z.B. bei Factory-Outlet Center oder im Lebensmitteleinzelhandel). Nicht erfasst sind u.a. Dienstleistungs- und Speditionsunternehmen.

457 Rechtspolitisch ist erstaunlich, dass der Steuergesetzgeber diese Vertriebsform nunmehr besonders begünstigt hat. Entsprechende Lieferungsverträge (auch bei Brauereien und Mineralölunternehmen) sind nicht selten Anlass für Rechtsstreitigkeiten (z.B. wegen unzulässiger Knebelung oder Verstößen gegen das Kartell- und Wettbewerbsrecht). Die zivilrechtliche Wirksamkeit des Lieferungsvertrages ist gleichwohl keine Voraussetzung für die steuerliche Begünstigung (§ 41 AO).

458-459 einstweilen frei

460 Der deutsche Gesetzgeber geht davon aus, dass es sich bei den Verschonungsregelungen für begünstigtes Vermögen nicht um eine europarechtliche **Beihilfe** handelt (Art. 107 ff. AEUV). Eine Genehmigung der Europäischen Kommission ist jedenfalls nicht erfolgt (Art. 108 Abs. 3 AEUV). Im deutschen Schrifttum wird die Frage des Beihilfecharakters kontrovers diskutiert (einerseits *Seer*, GmbHR 2016, 673, 677 und andererseits *de Weerth*, DB 2016, 2692). Der Europäische Gerichtshof hat über diese Frage bislang noch nicht entschieden. Für das Vorliegen einer Beihilfe kommt es maßgeblich auf die Selektivität der Regelung an. Die neue Rückausnahme für die Nutzungsüberlassung von Grundstücken im Rahmen von (Bier- und Öl-) Lieferungsverträgen ist eine Regelung für wenige Einzelfälle und damit ein deutliches Indiz für die Selektivität der Verschonungsregelungen. Die steuerlichen Ver-

schonungsregelungen für das begünstigte Vermögen sind auch sonst von zahlreichen Ausnahmen, Rückausnahmen und Unterausnahmen geprägt, ohne dass dabei immer ein schlüssiges Gesamtkonzept erkennbar wäre.

einstweilen frei 461-465

7.2.1.7 Nutzungsüberlassung zur land- und forstwirtschaftlichen Nutzung (§ 13b Abs. 4 S. 2 Nr. 1 Buchstabe f) ErbStG)

Eine Nutzungsüberlassung an Dritte ist steuerunschädlich, wenn „die Grundstücke, Grundstücksteile, grundstücksgleichen Rechte und Bauten an Dritte zur land- und forstwirtschaftlichen Nutzung überlassen werden" (§ 13b Abs. 4 Nr. 1 Satz 2 Buchstabe f) ErbStG, zuvor § 13b Abs. 2 Satz 2 Nr. 1 Buchstabe e) ErbStG a. F., siehe dazu R E 13b.14 ErbStR 2011). Die Regelung gilt seit dem 1.1.2009 inhaltlich unverändert. 466

Im Rahmen der **Erbschaftsteuerreform 2016** (BGBl I 2016, 2464 = BStBl I 2016, 1202) hat sich lediglich die Paragraphenbezeichnung (seit 1.7.2016 Buchstabe f), zuvor Buchstabe e)) geändert. 467

Die Rückausnahme für land- und forstwirtschaftliche Nutzungsüberlassungen war in dieser Form in den früheren Gesetzentwürfen nicht vorgesehen. Ursprünglich sollten Nutzungsüberlassungen (ebenso wie bei gewerblichen und freiberuflich tätigen Unternehmen) nur in den Fällen der Betriebsaufspaltung und von Sonderbetriebsvermögen ausgenommen werden (§ 28a Abs. 1 Nr. 1 S. 2 ErbStG-E, BR-Drs. 778/06). Der Bundesrat hatte dann darauf gedrängt, die Verpachtung von land- und forstwirtschaftlichen Grundstücken generell aus dem schädlichen Verwaltungsvermögen auszunehmen (BR-Drs. 4/08, Nr. 10 und Nr. 11; siehe auch BR-Drs. 4/1/08, Nr. 56 und BR-Drs. 4/4/08, Antrag des Freistaats Bayern). Der Gesetzgeber ist dieser Anregung mit der jetzigen Rückausnahme schließlich nachgekommen. 468

Die amtliche Gesesetzbegründung ist wenig aussagekräftig. 469

Dort wird lediglich folgendes ausgeführt (BT-Drs. 16/11107, 14):

„*Verpachtete land- und forstwirtschaftlich genutzte Grundstücke werden infolge der Besonderheiten des Bewertungsverfahrens (§ 160 Abs. 7 BewG) vom Verwaltungsvermögen ausgenommen.*"

Dabei bleibt unklar, auf welche Besonderheiten des Bewertungsverfahrens der Gesetzgeber Bezug nimmt. Nachdem das BVerfG dem Gesetzgeber auferlegt hat, die Fragen der Bewertung von den Fragen der Verschonung klar voneinander zu trennen, erscheint eine solche Verknüpfung auch verfassungsrechtlich fragwürdig. Die Vorschrift des § 160 Abs. 7 BewG betrifft im Übrigen Besonderheiten bei Stückländereien und nicht allgemeine Fragen der Bewertung von land- und forstwirtschaftlichem Vermögen. 470

Die Rückausnahme für Grundstücksüberlassungen zur land- und forstwirtschaftlichen Nutzung ist zudem in verschiedener Hinsicht deutlich weitergehend als die vergleichbare Regelung für die Betriebsverpachtung (§ 13b Abs. 4 Nr. 1 S. 2 Buchstabe b) ErbStG). Im Bereich der Land- und Forstwirtschaft ist jede Verpachtung begünstigt, wohingegen im gewerblichen und freiberuflichen Bereich Betriebsver- 471

§ 13b　　　　　　　　　　　　　　　　　　　　　　　　　Begünstigtes Vermögen

pachtungen nur unter strengen Voraussetzungen begünstigt sind. Die Privilegierung von Verpachtungen im Bereich der Land- und Forstwirtschaft mag verfassungsrechtlich noch zulässig sein, erscheint rechtspolitisch gleichwohl zweifelhaft.

472　Nach dem Gesetzeswortlaut führt jede Nutzungsüberlassung zur land- und forstwirtschaftlichen Nutzung dazu, dass kein schädliches Verwaltungsvermögen vorliegt. Der Begriff des „*Dritten*" ist auch hier in keiner Weise eingeschränkt (ebenso wie in § 13b Abs. 4 Nr. 1 S. 2 ErbStG), so dass auch Nutzungsüberlassungen an Angehörige und nahe stehende Personen ausreichend sind. Noch nicht abschließend geklärt ist die Frage, ob auch die Nutzungsüberlassung an den Erwerber ausreichend ist. In diesem Fall erlischt das Nutzungsverhältnis zivilrechtlich grundsätzlich aufgrund von Konfusion (§ 362 BGB). Steuerrechtlich gilt das Nutzungsverhältnis allerdings als nicht erloschen (§ 10 Abs. 3 ErbStG). Nach dem Gesetzeswortlaut ist es nicht erforderlich, dass die Rechtsstellung des Verpächters auf den Erwerber übergeht. Im Unterschied zu den Fällen der gewerblichen Betriebsverpachtung (§ 13b Abs. 4 Nr. 1 S. 2 Buchstabe b) ErbStG) ist der Kreis der potenziellen Erwerber hier in keiner Weise eingeschränkt. Erwerber kann daher auch der Pächter sein.

473　Der Begriff der Nutzungsüberlassung umfasst nicht nur den im Bereich der Land- und Forstwirtschaft häufig vorkommenden Fall der Verpachtung, sondern auch alle anderen Formen der kurz- oder längerfristigen Nutzungsüberlassung.

474　Eine Grundstücksüberlassung zur „land- und forstwirtschaftlichen Nutzung" liegt immer dann vor, wenn auf den Grundstücken tatsächlich Land- und Forstwirtschaft (§ 158 BewG) betrieben wird.

475-479　einstweilen frei

7.2.2 Anteile an Kapitalgesellschaften (§ 13b Abs. 4 Nr. 2 ErbStG)

480　Zum Verwaltungsvermögen gehören ferner „*Anteile an Kapitalgesellschaften, wenn die unmittelbare Beteiligung am Nennkapital dieser Gesellschaften 25 % oder weniger beträgt*" (§ 13b Abs. 4 Nr. 2 ErbStG, zuvor § 13b Abs. 2 S. 2 Nr. 2 ErbStG a. F., siehe dazu R E 13b.15 ErbStR 2011). Die Regelung gilt seit dem 1.1.2009 inhaltlich unverändert.

481　Diese Regelung war bereits in den ursprünglichen Gesetzentwürfen vorgesehen (§ 28a Abs. 1 Nr. 2 Satz 2 Buchstabe b) ErbStG-E, BR-Drs. 778/06). Der Gesetzgeber sieht in solchen Anteilen an Kapitalgesellschaften eine lediglich kapitalmäßige Beteiligung, die nicht begünstigungswürdig ist. Dies gilt unabhängig davon, welche Bedeutung die Beteiligung im jeweiligen Einzelfall für das Unternehmen tatsächlich hat.

482　Die Vorschrift entspricht spiegelbildlich der Regelung zum begünstigungsfähigen Vermögen (§ 13b Abs. 1 Nr. 3 ErbStG). Unmittelbare Beteiligungen von mehr als 25 % an einer Kapitalgesellschaft (Mindestbeteiligung) gehören grundsätzlich zum begünstigungsfähigen Vermögen (§ 13b Abs. 1 Nr. 3 S. 1 ErbStG). Umgekehrt gehören unmittelbare Beteiligungen an einer Kapitalgesellschaft von 25 % oder weniger zum schädlichen Verwaltungsvermögen (§ 13b Abs. 4 Nr. 2 Satz 1 ErbStG).

Die Regelung gilt für Anteile an (in- und ausländischen) Kapitalgesellschaften (§ 1 Abs. 1 Nr. 1 KStG). Es kommt nicht darauf an, wo die Gesellschaft ihren Sitz oder ihre Geschäftsleitung hat (anders als bei § 13b Abs. 1 Nr. 3 S. 1 ErbStG). Der Anteil des Verwaltungsvermögens am Vermögen der Kapitalgesellschaft ist gleichfalls ohne Bedeutung. Eine Beteiligung von 25 % oder weniger an einer Kapitalgesellschaft gehört somit selbst dann schädliches Verwaltungsvermögen, wenn die Kapitalgesellschaft selbst über kein Verwaltungsvermögen verfügt. 483

Als Verwaltungsvermögen gelten nur „**unmittelbare**" Beteiligungen an Kapitalgesellschaften. Mittelbare Beteiligungen sind nicht erfasst. 484

Für die Qualifikation als Verwaltungsvermögen kommt es allein auf die formale Höhe der Beteiligung am Nennkapitalder Kapitalgesellschaft an. Ohne Bedeutung ist dagegen, welche Gesellschafterrechte mit der Beteiligung im Einzelfall tatsächlich verbunden sind. Die gesetzliche Vermutung, dass es sich bei einer Beteiligung in Höhe von 25 % oder weniger um keine unternehmerische Beteiligung handelt, ist zwingend und kann nicht widerlegt werden.Maßgebend ist immer die Beteiligungsquote der jeweiligen Gesellschaft und nicht etwa die durchgerechnete Beteiligungsquote des Gesellschafters (R E 13b.15 Abs. 4 ErbStR 2011). 485

Bei Beteiligungen an einer Kapitalgesellschaft, die zum **Sonderbetriebsvermögen** eines Gesellschafters gehören hat grundsätzlich eine Zusammenrechnung zu erfolgen. Der Mitunternehmeranteil besteht aus dem Anteil an dem Gesamthandsvermögen und dem Sonderbetriebsvermögen. Dementsprechend müssen die Anteile im Sonderbetriebsvermögen und die Anteile im Gesamthandsvermögen zusammengerechnet werden (siehe R E13b.15 Abs. 2 ErbStR 2011). 486

Für das Erreichen der Mindestbeteiligung von 25 % werden die Anteile von mehreren Gesellschaftern zusammengerechnet, wenn eine entsprechende **Poolvereinbarung** (mit Verfügungsbeschränkung und Stimmrechtsbindung) vorliegt (§ 13b Abs. 4 Nr. 2 S. 2 ErbStG, siehe dazuR E 13b.15 Abs. 1 S. 2 ErbStR 2011. – Siehe dazu auch die parallele Regelung in § 13b Abs. 1 Nr. 3 S. 2 ErbStG). Für den Verwaltungsvermögenstest kommt es allein darauf an, ob im Zeitpunkt der Steuerentstehung (§ 9 ErbStG) eine wirksame Poolvereinbarung besteht. Die spätere Aufhebung der Verfügungsbeschränkung oder Stimmrechtsbindung ist insoweit unschädlich (§ 13a Abs. 6 S. 1 Nr. 5 ErbStG, der nur auf § 13b Abs. 1 Nr. 3 S. 2 ErbStG Bezug nimmt, nicht aber auch auf § 13b Abs. 4 Nr. 2 ErbStG). 487

Die Finanzverwaltung geht davon aus, dass bei Gesellschaften, die in einem **Konzern** unter einheitlicher Leitung stehen, eine gesonderte Poolvereinbarung grundsätzlich nicht erforderlich ist (R E 13b.15 Abs. 1 Satz 2 ErbStR 2011). Eine Rechtsgrundlage dafür besteht allerdings nicht. 488

Für Beteiligungen von Banken und Versicherungen ist jeweils eine Rückausnahme vorgesehen (§ 13b Abs. 4 Nr. 2 S. 1 HS 2 ErbStG). Danach sind Beteiligungen an Kapitalgesellschaften von 25 % oder weniger kein Verwaltungsvermögen, wenn sie dem Hauptzweck des Gewerbebetriebes eines Kreditinstituts oder Finanzdienstleistungsinstituts (§ 1 Abs. 1 und 1a KWG) oder eines Versicherungsunternehmens (§ 1 Abs. 1 Nr. 1 VAG) dienen (dazu R E 13b.15 Abs. 5 ErbStR 2011). Für andere Finanzunternehmen oder Beteiligungsgesellschaften gilt die Rückausnahme nicht. 489

Der Regelung lässt sich auch kein allgemeiner Rechtsgedanke entnehmen, dass alle Unternehmen, deren Hauptzweck in dem Halten von Beteiligungen an Kapitalgesellschaften besteht, über kein Verwaltungsvermögen verfügen.

490 Die Vorschrift (des § 13b Abs. 4 Nr. 2 ErbStG) gilt nur für Anteile an „Kapitalgesellschaften". Beteiligungen an **Personengesellschaften** sind nicht erfasst.

491 Bis zum 30.6.2016 gehörten auch Beteiligungen an **Tochtergesellschaften** (gleich welcher Rechtsform), bei denen das Verwaltungsvermögen mehr als 50 % betrug, zum Verwaltungsvermögen (§ 13b Abs. 2 S. 2 Nr. 3 ErbStG a. F.). Diese Regelung ist seit dem 1.7.2016 vollständig entfallen. Eine inhaltliche Änderung ist damit aber nicht verbunden (BT-Drs. 18/8911, 44) Der Wegfall der Regelung ist vielmehr dem neuen Verwaltungsvermögenstest und der Streichung der 50 % Quote geschuldet. Bei Beteiligungen an Tochtergesellschaften erfolgt seit dem 1.7.2016 eine konsolidierte Ermittlung des Verwaltungsvermögens (§ 13b Abs. 9 ErbStG).

492-499 einstweilen frei

7.2.3 Kunstgegenstände und Oldtimer (§ 13b Abs. 4 Nr. 3 ErbStG)

500 **Ausgewählte Hinweise auf weiterführende Literatur:**
Boll, Die Kunst als Instrument schenkungsteuerrechtlicher Gestaltung, DStR 2016, 1137; *Crezelius*, Kunst im Nachlass – Ertrag- und erbschaftsteuerrechtliche Probleme, ZEV 2014, 637; *Elmenhorst/Wargalla*, Die Kunst des Nachlasses – Aspekte der Nachlassgestaltung von Vermögen mit großem Grundbesitz, ErbR 2016, 430; *Halaczinsky*, Steuersparen mit Kunstwerken bei der Erbschaft- und Schenkungsteuer, UVR 2016, 309; *Heuer/von Cube*, Die steuerliche Behandlung von Kunstsammlungen im Licht der jüngsten BFH-Rechtsprechung, DStR 2017, 129; *Heuer/von Cube*, Schenkungsteuerfreiheit einer Kunstsammlung, DStR 2015, 682; Hoheisel/Graf Nesselrode, Kunst im Betriebsvermögen und Erbschaftsteuer, DStR 2011, 441; *Kraft/Schaz*, Liebhaberei bei vermögenden Privatpersonen – ein Rechtsprechungskompendium, DStR 2016, 2936; *Kugelmüller-Pugh*, Erbschaftsteuerliche Befreiung einer Kunstsammlung, ErbR 2017, 15; *von Oertzen*, Aktuelle Gestaltungsfragen bei der Erbschaftsteuerplanung für Kunstsammler, ZEV 2016, 561; *von Oertzen/Reich*, Neues Risiko für die Kunstsammlung des Unternehmers durch die Unternehmenserbschaftsteuerreform, BB 2016, 356; *von Oertzen/Reich*, Erbschaftsteuerbefreiung für Kunstsammlungen, DB 2015, 2353; *Reich*, Die Erbschaft- und Schenkungsteuerbefreiung für Kunstsammlungen nach dem BFH-Urteil vom 12.5.2016, BB 2016, 2908; *Werner*, Kunstgegenstände und Kunstsammlungen im Erbschaft- und Schenkungsteuerrecht, ErbR 2016, 438.

501 Zum Verwaltungsvermögen gehören auch „*Kunstgegenstände, Kunstsammlungen, wissenschaftliche Sammlungen, Bibliotheken und Archive, Münzen, Edelmetalle und Edelsteine, Briefmarkensammlungen, Oldtimer, Yachten, Segelflugzeuge sowie sonstige typischerweise der privaten Lebensführung dienende Gegenstände, wenn der Handel mit diesen Gegenständen, deren Herstellung oder Verarbeitung oder die eigentliche Nutzungsüberlassung an Dritte nicht der Hauptzweck des Betriebs ist*" (§ 13b Abs. 4 Nr. 3 ErbStG).

Begünstigtes Vermögen § 13b

Die Regelung geht zurück auf das **Erbschaftsteuerreformgesetz 2009** (BGBl I 2008, 3018 = BStBl I 2009, 140). war aber ursprünglich auf *„Kunstgegenstände, Kunstsammlungen, wissenschaftliche Sammlungen, Bibliotheken und Archive, Münzen, Edelmetalle und Edelsteine"* beschränkt (§ 13b Abs. 2 S. 2 Nr. 5 ErbStG a.F., siehe dazuR E 13b.18 ErbStR 2011). Der Gesetzgeber wollte auf diese Weise vor allem verhindern, dass der *„Picasso im Vorstandsbüro"* von den Begünstigungen für unternehmerisches Vermögen profitiert (so der damalige BMF, *Peer Steinbrück* (SPD) in der abschließenden Debatte im Deutschen Bundestag am 27.11.2008, Volltext des Plenarprotokolls unter www.bundestag.de) Eine Ausnahme war zunächst nur für Gewerbebetriebe vorgesehen, deren Hauptzweck der Handel dieser Gegenstände oder deren Verarbeitung ist (nicht auch deren Herstellung). 502

Im Rahmen der **Erbschaftsteuerreform 2016** (BGBl I 2016, 2464 = BStBl I 2016, 1202) wurde der Begriff des Verwaltungsvermögens dahingehend erweitert, dass dieser auch *„Briefmarkensammlungen, Oldtimer, Yachten, Segelflugzeuge sowie sonstige typischerweise der privaten Lebensführung dienende Gegenstände"* umfasst (§ 13b Abs. 4 Nr. 3 ErbStG). Ausgenommen sind Betriebe, deren Hauptzweck der Handel mit diesen Gegenständen, deren Herstellung oder Verarbeitung oder die entgeltliche Nutzungsüberlassung an Dritte ist (§ 13b Abs. 4 Nr. 3 HS 2 ErbStG). 503

Die Neuregelung gilt erstmals für alle Erwerbe, für die Steuer nach dem 30.6.2016 entstanden ist (§ 37 Abs. 12 S. 1 ErbStG). 504

einstweilen frei 505

Die Erweiterung des Begriffs des Verwaltungsvermögens war in dem ursprünglichen Gesetzesentwurf der Bundesregierung (BT-Drs. 18/5923) noch nicht enthalten. Der Bundesrat hatte in seiner Stellungnahme vom September 2015 erstmals angeregt, den bisherigen Katalog des schädlichen Verwaltungsvermögens um solche Wirtschaftsgüter zu erweitern, für deren Aufwendungen ertragsteuerrechtlich ein Abzugsverbot gilt (§ 4 Abs. 5 Satz 1 Nr. 4 oder 7 EStG; BR-Drs. 353/15, 15). Dieser Vorschlag wurde allerdings nicht in den vom Deutschen Bundestag im Juni 2016 beschlossen Gesetzestext aufgenommen (BR-Drs. 344/16 und Bericht des Finanzausschusses, BT-Drs. 18/8911). Der Bundesrat hat u.a. auch deswegen den Vermittlungsauschuss angerufen (BR-Drs. 344/1/16, Ziffer 4) Die jetzige Gesetzesfassung geht zurück auf die Beschlussempfehlung des Vermittlungsausschusses (BT-Drs. 18/8960) und wurden vom Bundestag dann im September 2016 entsprechend beschlossen (BR-Drs. 555/16). 506

Bei der Aufzählung des nicht begünstigten Verwaltungsvermögens hat sich der Gesetzgeber offensichtlich an den allgemeinen Steuerbefreiungen orientiert (§ 13 Abs. 1 Nr. 2 ErbStG). Danach sind u.a. *„Kunstgegenstände, Kunstsammlungen, wissenschaftliche Sammlungen, Bibliotheken und Archive"* unter bestimmten Voraussetzungen ganz oder teilweise von der Steuer befreit. Steuersystematisch ist es wenig überzeugend, Kunstgegenstände einerseits von der Steuer zu befreien (§ 13 Abs. 1 Nr. 2 ErbStG) und andererseits von einer anderen Steuerbefreiung auszuschließen (§ 13b Abs. 4 Nr. 3 ErbStG). 507

Zum Verwaltungsvermögen gehören auch *„Münzen, **Edelmetalle** und Edelsteine"* (§ 13b Abs. 4 Nr. 3 ErbStG). Dies umfasst u.a. (Gold- und Silber-)Münzen und 508

§ 13b Begünstigtes Vermögen

Medaillen. Nicht erfasst sind dagegen Perlen (Umkehrschluss zu § 13 Abs. 1 Nr. 1 S. 3 ErbStG) und Rohstoffe. Zahlungsmittel gehören zu den Finanzmitteln (§ 13b Abs. 4 Nr. 5 ErbStG).

Seit dem 1.7.2016 umfasst der Begriff des Verwaltungsvermögens darüber hinaus auch *"Briefmarkensammlungen, Oldtimer, Yachten, Segelflugzeuge sowie sonstige typischerweise der privaten Lebensführung dienende Gegenstände"* (§ 13b Abs. 4 Nr. 3 ErbStG).

509 Für das Vorliegen eines **Oldtimers** kann die Fahrzeugzulassungsverordnung (§ 2 Nr. 22 Fahrzeugzulassungsverordnung; siehe auch § 23 Straßenverkehrszulassungsverordnung) als Orientierung dienen (sogenanntes „H-Kennzeichen"). Danach handelt es sich bei Oldtimern um Fahrzeuge, die vor mindestens 30 Jahren erstmals in Verkehr gekommen sind, weitgehend dem Originalzustand entsprechen, in einem guten Erhaltungszustand sind und zur Pflege des kraftfahrzeugtechnischen Kulturguts dienen.

510 Mit dem Begriff der **Yacht** hat der Gesetzgeber nicht an die Begifflichkeiten der Schiffsregisterordnung angeknüpft, sondern sich an einer umgangssprachlichen Bezeichnung orientiert. Yachten sind Motor- und Segelyachten einer gewissen Größe und Schnelligkeit.

511 **Segelflugzeuge** sind für den Segelflug konstruierte Luftfahrzeuge (§ 1 Abs. 2 Nr. 4 Luftverkehrsgesetz). Nicht erfasst sind Motorsegler und andere Luftfahrzeuge. Nach der gesetzlichen Regelung gehören auch alle *"sonstigen typischerweise der privaten Lebensführung dienende Gegenstände"* zum Verwaltungsvermögen (siehe auch § 4 Abs. 5 Nr. 7 EStG). Damit dürften vor allem andere (*"sonstige"*) Fahrzeuge, Schiffe und Flugzeuge gemeint sein. Mit der Regelung wollte der Gesetzgeber missbräuchliche Gestaltungen (ähnlich der früheren Cash-GmbH) vermeiden, so dass die Vorschrift auf extreme Ausnahmefälle beschränkt werden sollte. Im Schrifttum wird insoweit vielfach von *"Luxusgegenständen"* gesprochen (*Eisele*, NWB 40/2016, 3002, 3005; *Geck*, ZEV 2016, 546, 548; *Holtz*, NJW 2016, 3750, 3751).

512 Eine Ausnahme besteht für Betriebe, deren *"Hauptzweck"* in dem Handel mit solchen Gegenständen, deren Herstellung oder Verarbeitung oder der entgeltlichen Nutzungsüberlassung an Dritte besteht (§ 13b Abs. 4 Nr. 3 ErbStG). Damit soll vor allem der Erwerb von Betrieben aus dem Kunst- und Kulturbereich (z.B. Künsthändler und Galeristen) und Leasingunternehmern (z.B. Vermietung von Fahrzeugen, Schiffen oder Flugzeugen) begünstigt werden. Der *"Hauptzweck"* eines Betriebs richtet sich nach den tatsächlichen Gesamtumständen des jeweiligen Einzelfalls. Maßgeblich ist dabei vor allem die Verteilung von Umsatz, Gewinn und Beschäftigten.

513-515 einstweilen frei

7.2.4 Wertpapiere und vergleichbare Forderungen (§ 13b Abs. 4 Nr. 4 ErbStG)

516 **Ausgewählte Hinweise auf weiterführende Literatur:**

Mewes/Bockhoff, Was sind Kredit- bzw. Finanzdienstleistungsinstitute i.S. des § 13b ErbStG? – Zum Zusammenspiel von Erbschaftsteuerrecht und Kreditwesengesetz, ZEV 2014, 532.

Zum Verwaltungsvermögen gehören auch „Wertpapiere sowie vergleichbare Forderungen" (§ 13b Abs. 4 Nr. 4 ErbStG, zuvor § 13b Abs. 2 S. 2 Nr. 4 ErbStG a.F., dazu R E 13b.17 ErbStR 2011). Die Regelung gilt seit dem 1.1.2009 inhaltlich weitgehend unverändert. Die Regelung wurde im Rahmen des mehrjährigen Gesetzgebungsverfahrens wiederholt geändert. Nach den ersten Entwürfen sollten „Geldbestände, Geldforderungen gegenüber Kreditinstituten sowie vergleichbare Forderungen und Wertpapiere" zum schädlichen Verwaltungsvermögen gehören (§ 28a Abs. 1 Nr. 2 Buchstabe d) ErbStG-E, BR-Drs. 778/06). Ein späterer Gesetzentwurf klammerte nur noch „Wertpapiere und vergleichbare Forderungen" aus dem Kreis des begünstigten Vermögens aus und sah darüber hinaus eine Ausnahme für die von Banken gehaltenen Vermögenswerte vor. Eine besondere Gesetzesbegründung zu dieser Bestimmung findet sich in den umfangreichen Materialien nicht. Es wird lediglich allgemein darauf hingewiesen, dass „Vermögen, das in erster Linie der weitgehend risikolosen Renditeerzielung dient und in der Regel weder die Schaffung von Arbeitsplätzen noch zusätzliche volkswirtschaftliche Leistungen bewirkt" nach der Zielrichtung des Gesetzes nicht begünstigt sein soll (BT-Drs. 16/7918, 35 f. = BR-Drs. 4/08, 57). 517

Wertpapiere sind nach allgemeiner Meinung Urkunden, ohne deren Innehabung ein darin verbrieftes privates Recht nicht geltend gemacht werden kann. Zu den Wertpapieren gehören demnach u. a. Aktien, Schuldverschreibungen, Pfandbriefe (§§ 1 ff. PfandBG), Wechsel (Art. 1 ff. WG) und Schecks (Art. 1 ff. ScheckG), Anteilsscheine (siehe § 11 Abs. 4 BewG) sowie Grundschuld- und Hypothekenbriefe.Aus der Entstehungsgeschichte lässt sich entnehmen, dass der Gesetzgeber auf den im Bilanzrecht gebräuchlichen Wertpapierbegriff (§ 266 Abs. 2 A. III. Nr. 5 und B. III. HGB) Bezug nehmen wollte (BR-Drks. 778/06, S. 23). 518

Die Finanzverwaltung sieht demgegenüber den Wertpapierbegriff des Kapitalmarktrechts (§ 2 Abs. 1 WPHG) als maßgeblich an (R E 13b.17 Abs. 1 S. 2 ErbStR 2011). Danach sind Wertpapiere ausschließlich auf dem Markt gehandelte Wertpapiere. Keine Wertpapiere in diesem Sinne sind kaufmännische Orderpapiere (§§ 363 bis 365 HGB, Wechsel, Schecks) sowie andere auf Order lautende Anweisungen und Rektapapiere (und zwar auch dann nicht, wenn sie zivilrechtlich dem Wertpapierbegriff zugeordnet werden). 519

In Bezug auf Aktien stellt sich die Frage nach dem Verhältnis zu den Regelungen für Beteiligungen an Kapitalgesellschaften (§ 13b Abs. 4 Nr. 3 ErbStG). Nach dem Gesetzesaufbau sind die Vorschriften für „Anteile an Kapitalgesellschaften" (Nr. 2) gegenüber der Regelung für „Wertpapiere" (Nr. 4) vorrangig sein (so auch R E 13b.17 Abs. 1 Satz 5 ErbStR 2011). 520

Dies entspricht auch der Bilanzgliederung, bei der Beteiligungen ebenfalls vor Wertpapieren genannt werden (§ 266 Abs. 2 HGB). 521

Das Gesetz sieht keine Ausnahme für Wertpapiere vor, die für unternehmerische Zwecke bestimmt sind. Seit dem 01.07.2016 ist allerdings Vermögen, dass der Erfüllung von Schulden aus Altersversorgungsverpflichtungen dient aus dem Verwaltungsvermögen ausgenommen (§ 13b Abs. 3 ErbStG). Dies umfasst auch Wertpapiere.Noch weitgehend ungeklärt ist der Begriff der **vergleichbaren Forderung** (§ 13b Abs. 4 Nr. 4 ErbStG; siehe zur früheren Rechtslage H E 13b.17 ErbStR 2011). 522

Forderung meint im Allgemeinen das Recht, von einem anderen, ein Tun, Dulden oder Unterlassen zu verlangen.

523 Zum nicht begünstigten Verwaltungsvermögen gehören aber nur solche Forderungen, die mit Wertpapieren vergleichbar sind. Ein Vergleichsmaßstab ergibt sich aus dem Gesetz jedoch nicht. Wertpapiere sind vor allem dadurch gekennzeichnet sind, dass sie ein Recht verbriefen. Demnach dürften nur verbriefte Forderungen als vergleichbar anzusehen sein. Nicht maßgebend dürfte dagegen der Gegenstand der Forderung (z. B. Geld- oder Sachforderung), die Person des Schuldners, die Laufzeit der Forderung oder die Höhe der Forderung sein. Ein andererVergleichsmaßstab ergibt sich auch nicht aus dem Bilanzrecht. In der Bilanzgliederung werden Forderungen (§ 266 Abs. 2 B. II. HGB) und Wertpapiere (§ 266 Abs. 2 B. III. HGB) streng voneinander getrennt.

524 Nach Auffassung der Finanzverwaltung sind vergleichbare Forderungen solche Forderungen, über die keine Urkunden ausgegeben wurden, die nach dem Wertpapierhandelsgesetz aber als Wertpapiere gelten (R E 13b.17 Abs. 1 S. 3 ErbStR 2011).

525 Durch das **Amtshilferichtlinienumsetzungsgesetz 2013** (BGBl 2013, 1809 = BStBl I 2013, 802) wurde der Begriff des Verwaltungsvermögens u.a. um Finanzmittel (Nr. 5) erweitert. Zu den Finanzmitteln gehören u.a. auch *„andere Forderungen"* (§ 13b Abs. 5 Nr. 1 S. 1 ErbStG).

526 Die Unterscheidung zwischen Wertpapieren (Nr. 4) und Finanzmitteln (Nr. 5) ist in mehrfacher Hinsicht von praktischer Bedeutung. Der Abzug von Schulden ist bei Wertpapieren (§ 13b Abs. 6 ErbStG) und Finanzmitteln (§ 13b Abs. 4 Nr. 5 ErbStG) in unterschiedlichem Umfang möglich. Zudem gelten für junge Finanzmittel (§ 13b Abs. 4 Nr. 5 Satz 2 ErbStG) andere Regelungen als für junges Verwaltungsvermögen (§ 13 Abs. 7 Satz 2 ErbStG).

527 Eine Ausnahme besteht für **Banken und Versicherungen** (§ 13b Abs. 4 Nr. 4 aE ErbStG). Wertpapiere und vergleichbare Forderungen, die dem Hauptzweck des Gewerbebetriebs eines Kredit- oder Finanzdienstleistungsinstuts (§ 1 Abs. 1 und 1a KWG) oder eines Versicherungsunternehmens (§ 1 Abs. 1 Nr. 1 VAG) dienen gehören nicht zum Verwaltungsvermögen. Diese Ausnahme gilt nicht für andere Finanzunternehmen oder Investmentgesellschaften.

528-530 einstweilen frei

7.2.5 Finanzmittel (§ 13b Abs. 4 Nr. 5 ErbStG)

531 **Ausgewählte Hinweise auf weiterführende Literatur:**

Erkis/Mannek/van Lishaut, Die „Cash-GmbH" und die Zukunft der Erbschaftsteuer, FR 2013, 245; *Felten*, Umschichtung von Vermögen beim Einsatz von Cash-Gesellschaften, ErbStB 2013, 181; *Maack/Römer*, Einmal Cash-GmbH, immer Cash-GmbH?, DStR 2013, 80; *Milatz/Herbst*, Neues zur „Cash"-GmbH, GmbHR 2014, 18; *von Oertzen/Reich*, Das Leben in der realisierten Cash-GmbH, BB 2013, 1559; *Jorde/Pittelkow*, Umschichtungen in Cash-GmbHs – Wirkung auch für Altfälle?, DB 2013, 1932; *Steger/Zöller*,Finanzmittel als Verwaltungsvermögen, BB

2013, 3095; *Viskorf/Haag*, Abschaffung der Cash-GmbH und weitere Verschärfungen der Verschonungsregelungen für Unternehmensvermögen, ZEV 2014, 21.

7.2.5.1 Überblick

Im Rahmen des **Amtshilferichtlinienumsetzungsgesetzes 2013** (BGBl I 2013, 1809 = BStBl I 2013, 802) wurde der Begriff des Verwaltungsvermögens u. a. um Finanzmittel (§ 13b Abs. 2 Satz 2 Nr. 4a ErbStG) erweitert. Der Gesetzgeber hat damit vor allem auf das weit verbreitete Gestaltungsmodell der **Cash-GmbH** reagiert. 532

Nach der damaligen Neuregelung gehörte zum Verwaltungsvermögen auch *„der gemeine Wert des nach Abzug des gemeinen Werts der Schulden verbleibenden Bestands an Zahlungsmitteln, Geschäftsguthaben, Geldforderungen und anderen Forderungen, soweit er 20 Prozent des anzusetzenden Werts des Betriebsvermögens des Betriebs oder der Gesellschaft übersteigt. Satz 1 gilt nicht, wenn die genannten Wirtschaftsgüter dem Hauptzweck des Gewerbebetriebs eines Kreditinstituts oder eines Finanzdienstleistungsinstituts (…) oder eines Versicherungsunternehmens (…) zuzurechnen sind. 3Satz 1 gilt ferner nicht für Gesellschaften, deren Hauptzweck in der Finanzierung einer Tätigkeit im Sinne des § 15 Abs. 1 Nr. 1 EStG von verbundenen Unternehmen (§ 15 AktG) besteht."* 533

Die Neuregelung fand auf alle Erbschaften und Schenkungen Anwendung, für die die Steuer nach dem 6.6.2013 entstanden ist (§ 37 Abs. 8 ErbStG). 534

Die FinVerw hat zu der Neuregelung eine ausführliche Stellungnahme veröffentlicht (Gleich lautende Erlasse der obersten Finanzbehörden der Länder vom 10.10.2013, BStBl I 2013, 1272. Ausführlich dazu u. a. Kaminski, Stbg. 2014, 6; Korezkij, DStR 2013, 2550; Mannek, ErbStB 2013, 343; Milatz/Herbst, GmbHR 2014, 18; Stalleiken, DB 2013, 2586; Steger/Zöller, BB 2013, 3095; Viskorf/Haag, ZEV 2014, 21). 535

Im Rahmen der **Erbschaftsteuerreform 2016** (BGBl I 2016, 2464 = BStBl I 2016, 1202) wurde die Regel für Finanzmittel erneut geändert (§ 13b Abs. 4 Nr. 5 ErbStG). Zum Verwaltungsvermögen gehört jetzt *„der gemeine Wert des nach Abzug des gemeinen Werts der Schulden verbleibenden Bestands an Zahlungsmitteln, Geschäftsguthaben, Geldforderungen und anderen Forderungen (Finanzmittel), soweit er 15 Prozent des anzusetzenden Werts des Betriebsvermögens des Betriebs oder der Gesellschaft"* (§ 13b Abs. 4 Nr. 5 S. 1 ErbStG; zuvor § 13b Abs. 2 S. 2 Nr. 4a Satz 1 ErbStG a. F.) Der Grenze der unschädlichen Finanzmittel wurde somit (mit Wirkung zum 1.7.2016) von 20 % auf 15 % reduziert (§ 37 Abs. 12 Satz 1 ErbStG). 536

In den Gesetzesmaterialien wird dies nicht näher begründet. Im Bericht des Finanzausschusses (BT-Drs. 18/8911, 42) wird dazu lediglich folgendes ausgeführt: 537

„Die mit dem AmtshilfeRLUmsG vom 26. Juni 2013 (BGBl. I S. 1809) eingeführte Regelung zur Eindämmung der sogenannten Cash-Gesellschaften in § 13b Absatz 2 Satz 2 Nummer 4a ErbStG wird mit redaktionellen Änderungen und Aktualisierung der Verweise auf andere Gesetze in der neuen Nummer 5 übernommen. Für Finanzmittel wird wie bisher ein voller Schuldenabzug zugelassen. Als begünstigtes Vermögen sind Finanzmittel anzunehmen, die 15 Prozent des anzusetzenden Werts des Betriebsvermögens des Betriebs oder der Gesellschaft nicht übersteigt. Junge Finanz-

§ 13b   Begünstigtes Vermögen

mittel werden vom Finanzmitteltest ausgenommen. Diese sind Verwaltungsvermögen und unterliegen stets der Besteuerung (vgl. § 13b Absatz 8)."

538   Für die Anwendung des Prozentsatzes von 15 % ist seit dem 1.7.2016 zusätzlich Voraussetzung, dass das begünstigungsfähige Vermögen (§ 13b Abs. 1 ErbStG) des Betriebes oder der nachgeordneten Gesellschaft *„nach seinem Hauptzweck"* einer originär gewerblichen, freiberuflichen oder land- und forstwirtschaftschaftlichen Tätigkeit dient (§ 13b Abs. 4 Nr. 5 S. 4 ErbStG). Die gewerbliche, freiberufliche oder land- und forstwirtschaftschaftliche Tätigkeit kann von einem Betrieb oder einer Gesellschaft ausgeübt werden (§ 13b Abs. 4 Nr. 5 S. 5 ErbStG).

539   Die Regelung für **junge Finanzmittel** wurde im Rahmen der Erbschaftsteuerreform 2016 (BGBl I 2016, 2464 = BStBl I 2016, 1202) weitgehend unverändert übernommen (§ 13b Abs. 4 Nr. 5 S. 2 ErbStG; zuvor § 13b Abs. 2 S. 3 HS 2 ErbStG a. F.). Danach ist der gemeine Wert der Finanzmittel *„um den positiven Saldo der eingelegten und der entnommenen Finanzmittel zu verringern, welche dem Betrieb im Zeitpunkt der Entstehung der Steuer (§ 9) weniger als zwei Jahre zuzurechnen waren (junge Finanzmittel)"* (§ 13b Abs. 4 Nr. 5 S. 2 HS 1 ErbStG). Junge Finanzmittel sind Verwaltungsvermögen (§ 13b Abs. 4 Nr. 5 S. 2 HS 2 ErbStG).

540   Die Regelung für Finanzmittel gilt grundsätzlich für alle Unternehmen, unabhängig von Rechtsform und Tätigkeit. Eine Ausnahme besteht lediglich für **Banken und Versicherungen** (§ 13b Abs. 4 Nr. 5 S. 3 ErbStG). Finanzmittel, die dem Hauptzweck des Gewerbebetriebs eines Kredit- oder Finanzdienstleistungsinstituts (§ 1 Abs. 1 und 1a KWG) oder eines Versicherungsunternehmens (§ 1 Abs. 1 Nr. 1 VAG) dienen gehören nicht zum Verwaltungsvermögen. Diese Ausnahme gilt nicht für andere Finanzunternehmen oder Investmentgesellschaften.

541   Die bisherige Ausnahme für Finanzierungsgesellschaften in **Konzernen** (§ 13b Abs. 2 S. 2 Nr. 4a S. 3 ErbStG a. F.) ist mit Wirkung zum 1.7.2016 ersatzlos entfallen.

542-545   einstweilen frei

7.2.5.2 Begriff der Finanzmittel

546   einstweilen frei

7.2.5.2.1 Normale (alte) Finanzmittel

547   Bei jedem Unternehmen muss neben (und vor dem) Vermögensverwaltungstest ein **Finanzmitteltest** durchgeführt werden. Dabei muss zunächst der Bestand und der gemeine Wert der Finanzmittel festgestellt werden.

548   Zu den **Finanzmitteln** gehören nach der gesetzlichen Begriffsbestimmung *„Zahlungsmittel, Geschäftsguthaben, Geldforderungen und andere Forderungen"* (§ 13b Abs. 4 Nr. 5 S. 1 ErbStG).

549   Zahlungsmittel sind insbesondere Bargeld, Kassenguthaben und Schecks. Geschäftsguthaben sind die Guthaben auf den Geschäftskonten bei Kreditinstituten (§ 266 Abs. 2, B. IV. HGB).

Geldforderungen sind Forderungen, die auf die Zahlung von Geld gerichtet sind.

Andere Forderungen sind alle anderen Forderungen, und zwar unabhängig vom dem Gegenstand, auf den sie gerichtet sind und unabhängig von der Person des Gläubigers und des Schuldners. 550

Umstritten ist insbesondere, ob zu den anderen Forderungen nur **Geldforderungen** oder auch Sachforderungen gehören. Im Schrifttum wird aufgrund des Gesetzeswortlauts *„Geldforderungen und andere Forderungen"* ganz überwiegend davon ausgegangen, dass nur sonstige, auf Geld gerichtete Forderungen (und keine Sachforderungen) umfasst sind. Dies ist wohl auch die Auffassung der Finanzverwaltung. 551

Forderungen aus Lieferungen und Leistungen (§ 266 Abs. 2 B. II. Nr. 1 HGB) gehören auch dann zu den Finanzmitteln, wenn sie auf der allgemeinen unternehmerischen Tätigkeit des Unternehmens beruhen. 552

Der Begriff der Finanzmittel umfasst darüber hinaus auch **Forderungen gegen verbundene Unternehmen** oder Unternehmen, mit denen ein Beteiligungsverhältnis besteht (§ 266 Abs. 2 B. II. 2 und 3. HGB). 553

Der Gesetzeswortlaut sieht keine Einschränkung für Geldforderungen eines Gesellschafters gegen seine Gesellschaft vor, so dass auch **Gesellschafterdarlehen** erfasst sind. Das Gesellschafterdarlehen ist dem jeweiligen Gesellschafter alleine zuzurechnen. 554

Forderungen sind grundsätzlich mit dem Nennwert zu **bewerten**. In Einzelfällen (z. B. bei unverzinslichen oder niedrig verzinslichen Forderungen, uneinbringlichen Forderungen) sind entsprechende Wertberichtigungen vorzunehmen. 555

einstweilen frei 556-560

7.2.5.2.2 Junge Finanzmittel

Der gemeine Wert der Finanzmittel ist schließlich *„um den positiven Saldo der eingelegten und der entnommenen Finanzmittel zu verringern, welche dem Betrieb im Zeitpunkt der Entstehung der Steuer (§ 9) weniger als zwei Jahre zuzurechnen waren (junge Finanzmittel)"* (§ 13b Abs. 4 Nr. 5 S. 2 HS 1 ErbStG). 561

Junge Finanzmittel sind stets und in vollem Umfang Verwaltungsvermögen (§ 13b Abs. 4 Nr. 5 S. 2, Abs. 7 S. 2 und Abs. 8 S. 1 und S. 3 ErbStG).

Dies kann allerdings nur für solche Finanzmittel gelten, die am Tag der Entstehung der Steuer im Betrieb tatsächlich noch vorhanden sind (siehe § 9 ErbStG). Rechnerisch kann der Betrag der jungen Finanzmittel größer sein als der Betrag der Finanzmittel. Nach dem Normzweck sind die jungen Finanzmittel aber auf den Betrag der Finanzmittel begrenzt. 562

einstweilen frei 563-569

7.2.5.3 Schulden

Von den Finanzmitteln ist sodann der gemeine Wert der Schulden abzuziehen (§ 13b Abs. 4 Nr. 5 Satz 1 ErbStG). Schulden sind die Verbindlichkeiten (§ 103 BewG und § 266 Abs. 3, C. Nr. 1 bis 8 HGB). Zu den Schulden rechnen auch die Rückstellungen. Dies gilt auch dann, wenn für die Rückstellungen ein Passivierungsverbot besteht. 570

571 Rücklagen sind dagegen nicht abzugsfähig.

572 Von den Finanzmitteln sind **alle** Schulden abzuziehen.

573 Es kommt nicht darauf an, ob die Schulden in einem rechtlichen oder wirtschaftlichen Zusammenhang mit den Finanzmitteln stehen.Unklar ist, ob die allgemeine Begrenzung des Schuldenabzugs bei „*Verwaltungsvermögen*" (§ 13b Abs. 8 S. 2 ErbStG) auch für den Schuldenabzug bei Finanzmitteln gilt. Dafür könnte sprechen, dass es sich bei der Regelung in § 13b Abs. 8 ErbStG um eine allgemeine Regelung handelt, die auf alle Bereiche des Verwaltungsvermögenstests anwendbar ist. Dagegen spricht aber, dass der Schuldenabzug für Finanzmittel in § 13b Abs. 4 Nr. 5 ErbStG besonders geregelt wurde. Diese Regelung ist abschließend. Der Gesetzgeber hat in § 13b Abs. 4 Nr. 5 ErbStG auch nicht auf § 13b Abs. 8 ErbStG verwiesen.

574-580 einstweilen frei

7.2.5.4 Wert des Betriebs bzw. des Anteils

581 Für die Durchführung des Finanzmitteltests ist der gemeine Wert des Betriebs oder der Gesellschaft zu ermitteln (§ 12 ErbStG i.V.m. §§ 199 ff. BewG). Bei der Übertragung von Anteilen an einer Gesellschaft kommt es dabei auf den Wert des vertragsgegenständlichen Gesellschaftsanteils an (und nicht auf den Wert der Gesellschaft insgesamt).

582-585 einstweilen frei

7.2.5.5 Finanzmitteltest

586 Für den Finanzmitteltest ist das Verhältnis zwischen den Finanzmitteln (abzüglich der Schulden) und dem „*anzusetzenden Wert*" des Betriebs bzw. der Gesellschaft maßgebend (§ 13b Abs. 4 Nr. 5 S. 1 ErbStG).

- Beträgt der Nettowert der (schädlichen) Finanzmittel **15%** oder weniger als der maßgebende Unternehmenswert, bleiben diese unberücksichtigt (und gehören nicht zum Verwaltungsvermögen).
- Beträgt der Nettowert der (schädlichen) Finanzmittel dagegenmehr als 15 % des maßgebenden Unternehmenswerts, gehören diese zum Verwaltungsvermögen. Der übersteigende Teil an Finanzmitteln ist nach Auffassung des Gesetzgebers nicht betriebsnotwendig und daher nicht begünstigungswürdig.

Der Freibetrag von 15 % gilt nur für den Finanzmitteltest (nach Nr. 5) und nicht auch für das sonstige Verwaltungsvermögen.

587-590 einstweilen frei

7.2.5.6 Gewerblicher Hauptzweck

591 Der Freibetrag von 15 % ist seit dem 01.07.2016 nur noch anwendbar, wenn das begünstigungsfähige Vermögen (§ 13b Abs. 1 ErbStG) „*des Betriebes oder der nachgeordneten Gesellschaften nach seinem Hauptzweck*" einer „*Tätigkeit im Sinne des (…) § 15 Abs. 1 S. 1 Nr. 1 EStG (…) dient*" (§ 13b Abs. 4 Nr. 5 S. 4 ErbStG).

Diese Voraussetzung ist aber auch dann erfüllt, wenn die Tätigkeit durch „*Gesellschaften im Sinne des (...) § 15 Abs. 1 Satz 1 Nr. 2 (...) EStG*" ausgeübt wird (§ 13b Abs. 4 Nr. 5 S. 5 ErbStG).
Die schwer verständliche Regelung wurde erst im Vermittlungsverfahren in das Gesetz eingefügt. Eine amtliche Gesetzesbegründung dazu gibt es somit nicht.

Im Schrifttum werden unterschiedliche Vorschläge diskutiert, nach welchen Kriterien der Hauptzweck ermittelt werden soll und wie der Anwendungsbereich der Vorschrift sachgerecht beschränkt werden kann (*Viskorf/Löcherbach/Jehle*, DStR 2016, 2425, 2427). 592

Richtigerweise sollte die Vorschrift unter Berücksichtigung ihrer Entstehungsgeschichte auf **Missbrauchsfälle** von Finanzierungsgesellschaften beschränkt werden. 593

Die Regelung erinnert mit ihrem Abstellen auf den „*Hauptzweck*" an den ursprünglichen Gesetzesentwurf der Bundesregierung vom September 2015 (BT-Drs. 18/5923, 26 ff.). Danach sollte der Verwaltungsvermögenstest vollständig aufgegeben werden und durch einen neuen Hauptzwecktest ersetzt werden. Das begünstigte Vermögen sollte positiv bestimmt werden. Zum begünstigten Vermögen sollten nur noch die Teile des begünstigungsfähigen Vermögens gehören, die jeweils „*überwiegend*" einer originär gewerblichen Tätigkeit „*nach ihrem Hauptzweck*" dienen. Dieser Hauptzwecktest wurde vom Bundesrat abgelehnt (BR-Drs. 353/15, 17 ff.) und vom Gesetzgeber schließlich verworfen. Die jetzige Regelung (§ 13b Abs. 4 Nr. 5 S. 4 ErbStG) wirkt wie ein „Überbleibsel" aus dem früheren Gesetzesentwurf. Der Hauptzweckansatz passt jedenfalls nicht zu dem Verwaltungsvermögenstest. Die Kritik an dem früheren Hauptzweckansatz an der Bundesregierung gilt auch für die jetzige Regelung bei den Finanzmitteln. Der Hauptzweckansatz gefährdet die Rechts- und Planungssicherheit, führt zu unnötigem Bürokratieaufwand und ist verfassungsrechtlich bedenklich. 594

Die neue Regelung will die Anwendung des Freibetrags von 15 % offensichtlich auf Gesellschaften beschränken, die originär gewerblich tätig sind (siehe die Bezugnahme auf § 15 Abs. 1 Nr. 1 und Nr. 2 EStG, und nicht auch auf § 15 Abs. 3 EStG). Damit könnten wiederum frühere Vorschläge aus dem Gesetzesentwurf der Bundesregierung aufgegriffen worden sein. Der Gesetzesentwurf der Bundesregierung vom September 2015 hat ursprünglich vorgesehen, Anteile an gewerblich geprägten Personengesellschaften und bestimmten Holdinggesellschaften ganz aus dem begünstigungsfähigen Vermögen auszuklammern (siehe BT-Drs. 18/5923, 26 und BR-Drs. 353/15, 14). Diese Pläne haben sich nicht durchgesetzt, könnten die jetzige Regelung für Finanzmittel aber beeinflusst haben. Der Bunderat hat die Anrufung des Vermittlungsausschusses auch damit begründet, dass eine Wiederbelebung der Cash-GmbH verhindert werden muss (BR-Drs. 344/1/16, Ziffer 6; *Eisele*, NWB 40/2016, 3002, 3005 f.). 595

Dieser Entstehungsprozess ist auch bei der Auslegung der neuen Regelung für Finanzmittel (§ 13b Abs. 4 Nr. 5 S. 4 und 5 ErbStG) nützlich. Dem Gesetzgeber kam es (nach den früheren Erfahrungen mit den Cash-GmbH's und der Entscheidung des BVerfG) offensichtlich darauf an, missbräuchliche Gestaltungen mittels bloßen Finanzierungsgesellschaften zu verhindern. Die Freigrenze sollte daher auf 596

Gesellschaften beschränkt werden, die originär gewerblich tätig sind. Vermögensverwaltende Gesellschaften sollten davon ausgeschlossen sein. Cash-Gesellschaften jeglicher Art und Rechtsform sollten nicht mehr begünstigt werden.

Dagegen sind Leasingunternehmen (§ 13b Abs. 4 Nr. 3 aE ErbStG) und Wohnungsunternehmern (§ 13b Abs. 4 S. 1 Nr. 1 S. 2 Buchstabe d) ErbStG) nicht schon deshalb von der Regelung ausgenommen, weil bei ihnen auch auf den Hauptzweck der Tätigkeit abgestellt wird (kritisch aber *Höne*, NWB-EV 12/2016, 411 (417)). Vielmehr können auch diese Unternehmen originär gewerblich tätig sein, so dass auch der Freibetrag von 15 % für Finanzmittel zur Anwendung kommt.

597 Die Vorschrift des § 13b Abs. 4 Nr. 5 S. 4 und 5 ErbStG sollte daher auf **Missbrauchsfälle** von Finanzierungsgesellschaften beschränkt werden. Dabei sollten alle Umstände des jeweiligen Einzelfalls berücksichtigt werden, insbesondere der Zweck und der Gegenstand des Unternehmens, die Tätigkeit des Betriebs bzw. der Gesellschaft und die Werte der einzelnen Betriebe bzw. Gesellschaften. Bei gewerblich tätigen Unternehmen, bei denen keine steuerliche Gestaltung erfolgt ist und bei denen es sich nicht um reine Finanzierungsgesellschaften handelt, besteht für ein Eingreifen der Regelung keinerlei Grund. Der Missbrauchsgedanke hat im Gesetzestext zwar keinen unmittelbaren Niederschlag gefunden, ist bei der Gesetzesauslegung aber gleichwohl zu berücksichtigen. Der Anwendungsbereich der Vorschrift ist daher teleologisch entsprechend zu reduzieren.

598-604 einstweilen frei

8 Investitionsklausel für Verwaltungsvermögen (§ 13b Abs. 5 ErbStG)

605 Ausgewählte Hinweise auf weiterführende Literatur:

Kowanda, Das neue Erbschaftsteuerrecht in der Praxis: (Re)Investitionsklausel für Finanzmittel zur Lohnzahlung bei saisonalen Schwankungen, ErbStB 2017, 48.

8.1 Überblick

606 Für die Zurechnung von Vermögensgegenständen zum Verwaltungsvermögen sind grundsätzlich die Verhältnisse im Zeitpunkt der Entstehung der Steuer maßgebend (§ 9 ErbStG). Die strenge **Stichtagbetrachtung** kann insbesondere bei Erwerben von Todes wegen zu unbilligen Ergebnissen führen. Vor diesem Hintergrund wurde im Rahmen der **Erbschaftsteuerreform 2016** (BGBl I 2016, 2464 = BStBl I 2016, 1202) erstmals eine Investitionsklausel für Verwaltungsvermögen in das Gesetz aufgenommen (§ 13b Abs. 5 ErbStG).

607 Danach entfällt die Zurechnung von Vermögensgegenständen zum **Verwaltungsvermögen** rückwirkend, wenn der Erwerber diese Vermögensgegenstände innerhalb von 2 Jahren nach der Entstehung der Erbschaftsteuer in das vom Erblasser erworbene, begünstigungsfähige Vermögen investiert hat, das unmittelbar einer originär gewerblichen Tätigkeit dient und kein Verwaltungsvermögen ist (§ 13b Abs. 5 S. 1 ErbStG).

608 In gleicher Weise entfällt die Zurechnung von **Finanzmitteln** zum Verwaltungsvermögen, soweit der Erwerber diese Finanzmittel innerhalb von 2 Jahren nach der

Entstehung der Erbschaftsteuer verwendet, um bei (auf Grund wiederkehrender saisonaler Schwankungen) fehlenden Einnahmen die Vergütung für Löhne und Gehälter zu zahlen (§ 13b Abs. 5 S. 3 ErbStG).

Diese Neuregelung wurde im Bericht des Finanzausschusses wie folgt begründet (BT-Drs. 18/8911, 42 f.): 609

„In Absatz 5 wird eine Investitionsklausel für das nicht begünstigte Verwaltungsvermögen bei Erwerben von Todes wegen eingeführt, um Härtefälle im Zusammenhang mit der Stichtagsbesteuerung abzumildern. Die Erbschaftsteuer ist eine im Zusammenhang mit dem Erbfall stehende Stichtagsteuer. Für die Steuerfestsetzung maßgeblich ist deshalb die Zusammensetzung und der Wert des übertragenen Vermögens in dem Zeitpunkt der Entstehung der Steuer (Besteuerungszeitpunkt; §§ 9, 11 ErbStG). Dieses Vermögen unterliegt mit diesem Wert der Besteuerung. Verfügungen des Erwerbers über das erworbene Vermögen nach dem Besteuerungszeitpunkt beeinflussen die Höhe der entstandenen Erbschaft- oder Schenkungsteuer nicht. Sie vollziehen sich im eigenen Vermögen des Erwerbers. Das gilt unabhängig davon, ob sich der Bestand des Vermögens oder seine Zusammensetzung oder lediglich wertbestimmende Faktoren, z. B. die Verzinsung von Kapitalanlagen, ändern. Diese Grundsätze haben der Bundesfinanzhof in ständiger Rechtsprechung (z. B. Urteil vom 27. November 1991 II R 12/89, BStBl 1992 II S. 298, und vom 2. März 2006 II R 57/04, BFH/NV S. 1480) und das Bundesverfassungsgericht (Beschluss vom 22. Juni 1995 2 BvR 552/91, BStBl II S. 671) bestätigt. Die Einführung einer Investitionsklausel führt zu einer Ungleichbehandlung mit der Besteuerung sonstigen Vermögens, bei dem eine solche Investitionsmöglichkeit in begünstigtes Vermögen nicht möglich ist. Diese Ungleichbehandlung bedarf daher einer tragfähigen verfassungsrechtlichen Rechtfertigung.

Aufgrund des Stichtagsprinzips muss im Zeitpunkt der Besteuerung das die Beschäftigung erhaltende und deshalb verschonungswürdige betriebliche Vermögen vom verschonungsunwürdigen Vermögen abgegrenzt werden. Diese Abgrenzung kann in einer abstrakt-generellen Regelung vor allem in einem Verwaltungsvermögenskatalog nur mehr oder minder schematisch erfolgen. Diese schematische Abgrenzung führt dazu, dass Vermögen, das zwar formal dem Verwaltungsvermögen zugeordnet wird, dennoch bereits im Zeitpunkt der Besteuerung die im Betrieb angelegte Beschäftigung mit erhält, weil dieses Vermögen für eine zeitnahe Investition in begünstigtes Vermögen vorgesehen ist.

Der Rückschluss von der Investition auf den Erhalt der bestehenden Beschäftigung im Besteuerungszeitpunkt ist jedoch nur möglich, wenn die Investition relativ kurze Zeit nach dem Besteuerungszeitpunkt erfolgt. Eine rückwirkende Zuordnung des zunächst schematisch ermittelten Verwaltungsvermögens zum begünstigten Vermögen ist ausnahmsweise nur dann zu rechtfertigen, wenn zwischen dem Zeitpunkt der Entstehung der Steuer und der Investition nicht mehr als 2 Jahre liegen. Die Investition muss darüber hinaus im Zeitpunkt der Entstehung der Steuer vom Erblasser als vorgefasster Entschluss bereits geplant gewesen sein und vom Erwerber lediglich noch vollzogen werden. Erfolgt die Investition zeitlich später oder war sie im Besteuerungszeitpunkt noch nicht geplant, kann nicht mehr drauf geschlossen werden, dass das Vermögen bereits im Besteuerungszeitpunkt arbeitsplatzerhaltend war.

Das Vermögen würde sich nicht von dem privaten Vermögen unterscheiden, das irgendwann nach dem Besteuerungszeitpunkt in Vermögen investiert wird, das einer Beschäftigung zugute kommt. Finanzmittel, insbesondere Bankguthaben, werden nicht nur zur Anschaffung neuer Vermögensgegenstände benötigt, sondern auch zur Zahlung der Löhne der Beschäftigten. Wird ein aufgrund wiederkehrender saisonaler Schwankungen erhöhter Bestand an Finanzmitteln dazu verwendet die laufenden Löhne in Phasen geringer Einnahmen zu zahlen, werden diese Finanzmittel rückwirkend nicht dem Verwaltungsvermögen zugeordnet. Diese Ausgaben und damit die zunächst dem Verwaltungsvermögen zugeordneten Finanzmittel sichern die bestehende Beschäftigung und sind daher begünstigungswürdig. Bei Schenkungen unter Lebenden sind Härtefälle aufgrund des Stichtagsprinzips bei der Erbschaft- und Schenkungsteuer ausgeschlossen, da Schenkungen und deren Vollzug planbar sind. Die Investitionsklausel findet daher nur bei Erwerben von Todes wegen Anwendung."

610 einstweilen frei

611 Die neue Investitionsklausel für die Umqualifizierung von Verwaltungsvermögen beim Erwerb von Todes wegen ist zu **unterscheiden** von der bereits länger bestehenden Re-Investitionsklausel bei Verstößen gegen die fünf- bzw. siebenjährige Behaltefrist (§ 13a Abs. 6 S. 3 und 4 ErbStG).

612-615 einstweilen frei

8.2 Allgemeine Investitionsklausel für Verwaltungsvermögen

616 Die schädliche Qualifizierung von Verwaltungsvermögen entfällt rückwirkend, wenn der Erwerber das vom Erblasser erworbene Verwaltungsvermögen innerhalb von zwei Jahren nach dem Zeitpunkt der Entstehung der Steuer in begünstigungsfähiges Vermögen des Erblassers investiert (§ 13b Abs. 5 S. 1 ErbStG).

Die (allgemeine) Investitionsklausel gilt für **alle Unternehmen**, unabhängig von Rechtsform, Branche und Größe. Eine Umqualifizierung des Verwaltungsvermögens ist allerdings nur unter strengen Voraussetzungen möglich, die der Erwerber nachweisen muss (§ 13b Abs. 5 S. 5 ErbStG).

617 Das Verwaltungsvermögen muss stets in **begünstigungsfähiges Vermögen** (§ 13b Abs. 1 ErbStG) investiert werden, dass der Erwerber vom Erblasser erworben hat. Eine Investition in sonstiges begünstigtes Vermögen des früheren Erblassers oder Erwerbers genügt somit nicht.

618 Die Investition muss zwingend in Vermögensgegenstände erfolgen, die unmittelbar (und nicht nur mittelbar) einer originär **gewerblichen**, freiberuflichen oder land- und forstwirtschaftschaftlichen Tätigkeit dienen und kein Verwaltungsvermögen sind (§ 13b Abs. 5 S. 1 ErbStG). Die bloße Einlage von Verwaltungsvermögen in eine gewerblich geprägte GmbH & Co. KG genügt demnach nicht.

619 Die Tilgung von betrieblichen Schulden sollte allerdings auch hier genügen (R E 13a.11 Satz 3 ErbStR 2011).

620 Das Verwaltungsvermögen muss (anders als bei der Reinvestitionsklausel, § 13a Abs. 6 S. 3 ErbStG) nicht unbedingt in die gleiche Vermögensart investiert werden.

Die Umqualifizierung setzt ferner voraus, dass die Investition des Erben aufgrund eines *„vorgefassten* **Plan des Erblassers** *beruht"* und *„keine anderweitige Ersatzbeschaffung von Verwaltungsvermögen vorgenommen wird oder wurde"* (§ 13b Abs. 5 S. 2 ErbStG). 621

Aus den Gesetzesmaterialien ergibt sich nicht, welche formalen oder inhaltlichlichen Anforderungen an einen solchen Plan zu stellen sind. Nach dem Normzweck (Erleichterung der Unternehmensnachfolge) dürfen an einen solchen Plan keine überzogenen Anforderungen gestellt werden. Formvorschriften für den Plan bestehen nicht, so dass auch ein mündlich geäußerter Plan des Erblassers ausreichend ist. Der Plan muss nicht in einer Verfügung von Todes wegen enthalten sein. Ein allgemein gehaltener Plan des Erblassers genügt. Der Plan muss im Zeitpunkt der Entstehung der Steuer nicht (mehr) aktuell sein. Aus dem Plan des Erblassers muss sich nicht ergeben, welcher Erwerber, wann, welches Verwaltungsvermögen in welches begünstigungsfähiges Vermögen investiert. In der Praxis kann aus der tatsächlich erfolgten Investition von Verwaltungsvermögen regelmäßig auf das Vorliegen eines entsprechenden Plans geschlossen werden. Der Rückschluss von der Investition auf den Plan ist möglich und zulässig. Eine planlose Investition ist selten. 622

Das in der Regelung zum Ausdruck kommende Misstrauen des Gesetzgebers ist übertrieben. Die Investitionsklausel soll gerade unbillige Ergebnisse bei Erbfällen verhindern. Dieser Normzweck spricht für eine großzügige Auslegung der Investitionsklausel. 623

Die Investitionsklausel wurde offensichtlich für **Einzelunternehmen** konzipiert. Denn nur bei einem Einzelunternehmen trifft der Erblasser die Investitionsentscheidungen selbst.

Bei **Personen- und Kapitalgesellschaften** werden die Investitionsentscheidungen dagegen in aller Regel von den Geschäftsführern und (nicht von den Gesellschaftern) getroffen. Bei größeren Unternehmen wird der Erblasser auf die Investitionsentscheidungen vielfach keinen (unmittelbaren) Einfluss haben. Gleichwohl sind dem Erblasser die Planungen des Unternehmens zuzurechnen. Der Erblasser ist als Gesellschafter auch zu seinen Lebzeiten an diese Investitionsentscheidungen gebunden. Die Zurechnung für steuerliche Zwecke ist dabei unabhängig von Größe, Rechtsform und Branche des Unternehmens. Gesellschaftsrechtliche Besonderheiten (z.B. die eigenverantwortliche Leitung einer Aktiengesellschaft durch den Vorstand, § 76 AktG) stehen einer solchen Zurechnung nicht entgegen. Die Investitionsentscheidungen der Gesellschaft gelten als solche des Erblassers. Dies gilt nicht nur für Mehrheitsgesellschafter, sondern auch für Minderheitsgesellschafter. Auf die Höhe der Stimmrechte des Erblassers, die konkrete Ausgestaltung seiner Beteiligung und die Vorgaben des Gesellschaftsvertrages (z.B. Zustimmungsvorbehalte für bestimmte Investitionsentscheidungen) kann es (auch aus Gründen der Praktikabilität) nicht ankommen. Im Interesse einer rechtsformneutralen Auslegung der Investitionsklausel sind Einzelunternehmen und Gesellschaften vielmehr nach Möglichkeit gleich zu behandeln. 624

Der Begriff der Investition findet sich zwar auch bei der Re-Investitionsklausel bei Verstößen gegen die Behaltefrist, ist aber gleichwohl vergleichsweise unbestimmt. Der Gesetzgeber hat nicht deutlich gemacht, ob es für die Investition auf den 625

Vertragsabschluss, die Bezahlung, den Erwerb des (rechtlichen oder wirtschaftlichen) Eigentums oder die buchungsmäßige Erfassung ankommen soll. Grundsätzlich muss es genügen, wenn der Erwerber mit der Umsetzung des Plans des Erblassers innerhalb von **2 Jahren** nach der Entstehung der Erbschaftsteuer begonnen hat. Die Investition muss lediglich erfolgt sein. Eine vollständige Durchführung der Investition wird nicht verlangt.

626 Der Erwerber wird im Rahmen der Investition vielfach neue Wirtschaftsgüter erwerben (z. B. Waren und Vorräte), die kein Verwaltungsvermögen sein dürfen. Für diese (Re-)Investitionsgüter gelten dann keine besonderen Behaltefristen mehr. Steuerlich ist es daher unschädlich, wenn der Erwerber (aufgrund eines Planes des Erblassers) mit den erworbenen Barmitteln, Waren erwirbt, diese weiter verarbeitet und dann verkauft. Dies ist auch keine *„anderweitige Ersatzbeschaffung von Verwaltungsvermögen"* (§ 13b Abs. 5 S. 2 ErbStG).

627 Die Investitionsklausel gilt nur beim **Erwerb von Todes wegen** (§ 13b Abs. 5 S. 1 ErbStG). Eine Ausdehnung auf Schenkungen zu Lebzeiten wurde im Rahmen des Gesetzgebungsverfahrens diskutiert, fand aber keine Mehrheit. Der Gesetzgeber hat dies damit begründet, dass Schenkungen *„planbar"* sind und kein Bedürfnis für eine Ausnahme vom Stichtagsprinzip bestehe (siehe BT-Drs. 18/8911, 46). Dies kann allerdings nicht überzeugen. Richtig ist, dass die Beteiligten die Vornahme einer Schenkung planen können. Nicht planbar ist aber vielfach der maßgebliche Zeitpunkt der Ausführung der Schenkung (§ 9 Abs. 1 Nr. 2 ErbStG). Schenkungen an Minderjährige werden beispielsweise oft erst mit Genehmigung des Familiengerichts wirksam; diese Genehmigung wird zu einem von den Beteiligten nicht planbaren (ungewissen) Zeitpunkt erteilt und wirkt grundsätzlich auch nicht auf den Tag der Vornahme des Rechtsgeschäfts zurück. In solchen Fällen sollte eine entsprechende Anwendung der Investitionsklausel auf Schenkungen zu Lebzeiten möglich sein (siehe auch § 1 Abs. 2 ErbStG).

628 **Rechtsfolge** der erfolgten Investition ist, dass die Qualifikation als Verwaltungsvermögen rückwirkend entfällt (§ 175 Abs. 1 S. 1 Nr. 2 AO). Dies führt zu entsprechenden Folgeänderungen bei allen anderen Verschonungsregelungen (z. B. nachträgliches Überschreiten der Grenze von 26 Mio. Euro begünstigten Vermögens, Reduzierung des verfügbaren Vermögens des Erwerbers (zu möglichen „Kettenreaktionen" der Investitionsklausel *Höne*, NWB-EV 12/2016, 411, 414).

629-634 einstweilen frei

8.3 Besondere Investitionsklausel für Finanzmittel

635 Für Finanzmittel besteht eine zusätzliche Investitionsklausel (§ 13b Abs. 5 S. 3 ff. ErbStG).

Die Zurechnung von **Finanzmitteln** (§ 13b Abs. 4 Nr. 5 S. 1 ErbStG) zum Verwaltungsvermögen entfällt auch dann rückwirkend, wenn der Erwerber die Finanzmittel innerhalb von zwei Jahren seit Entstehung der Steuer zur Zahlung von Vergütungen (Löhne und Gehälter) verwendet (§ 13b Abs. 5 Satz 3 ErbStG). Dies gilt allerdings nur dann, wenn der Erwerber damit *„fehlende Einnahmen" „aufgrund* *wiederkehrender saisonaler Schwankungen"* ausgleicht. Der Erblasser muss dies alles noch zu seinen Lebzeiten geplant haben (§ 13b Abs. 5 S. 4 ErbStG).

Mit der Regelung sollen unbillige Steuerbelastungen beim Erwerb von **Saisonbetrieben** abgemildert werden. Dieses Ziel ist zu begrüßen. Die Voraussetzungen für die Umqualifizierung von schädlichen Finanzmitteln in begünstigungsfähiges Vermögen sind allerdings unbestimmt und unverhältnismäßig. An den Nachweis (§ 13b Abs. 5 S. 5 ErbStG) dürfen daher keine strengen Anforderungen gestellt werden. Die tatsächliche Zahlung von Löhnen und Gehältern mit erworbenen Finanzmitteln sollte in der Praxis ausreichen. 636

Die besondere Investitionsklausel für Finanzmittel gilt nur beim **Erwerb von Todes wegen** (§ 13b Abs. 5 S. 3 ErbStG) und nicht auch bei Schenkungen unter Lebenden. 637

einstweilen frei 638-640

9 Nettowert des Verwaltungsvermögens (§ 13b Abs. 6 ErbStG)

Das begünstigungsfähige Vermögen (§ 13b Abs. 1 ErbStG) ist begünstigt, soweit sein gemeiner Wert den (um das unschädliche Verwaltungsvermögen, § 13b Abs. 7 ErbStG) gekürzten Nettowert des Verwaltungsvermögens (§ 13b Abs. 6 ErbStG) übersteigt (begünstigtes Vermögen, § 13b Abs. 2 S. 1 ErbStG). 641

Der **Nettowert des Verwaltungsvermögens** ergibt sich durch Kürzung des gemeinen Werts des Verwaltungsvermögens um den (nach Anwendung von § 13b Abs. 3 und 4 ErbStG) verbleibenden anteiligen gemeinen Wert der Schulden (§ 13b Abs. 6 S. 1 ErbStG). 642

Die **anteiligen Schulden** bestimmen sich dabei nach dem Verhältnis des gemeinen Werts des Verwaltungsvermögens zum gemeinen Wert des Betriebsvermögens des Betriebs oder der Gesellschaft (zuzüglich der nach Anwendung von § 13b Abs. 3 und 4 ErbStG verbleibenden Schulden). Die Aufteilung der Schulden erfolgt somit unabhängig von dem konkreten rechtlichen oder wirtschaftlichen Zusammenhang. 643

Im Bericht des Finanzausschusses wurde die Neuregelung wie folgt begründet (BT-Drs. 18/8911, 43): 644

„Soweit die zum Betrieb gehörenden Schulden nicht bereits mit den zur Erfüllung von Altersversorgungsverpflichtungen dienenden Vermögensgegenstände verrechnet wurden (§ 13b Absatz 3) oder bei der Ermittlung der begünstigten Finanzmittel (§ 13b Absatz 4 Nummer 5) berücksichtigt worden sind, sieht Absatz 6 einen anteiligen Schuldenabzug vor. Hierbei sind die verbleibenden Schulden anteilig vom gemeinen Wert des nicht begünstigten Vermögens abzuziehen (Nettowert des Verwaltungsvermögens). Für Zwecke der anteiligen Schuldenermittlung ist ein Zuordnungsschlüssel maßgebend, der sich aus einer Berechnung auf Grundlage des gemeinen Werts des erworbenen betrieblichen Vermögens ergibt.

Die quotale Zuordnung entspricht vom Grundgedanken her dem Entwurf der Bundesregierung. Sie erlaubt es, das vom Bundesverfassungsgericht gerügte Alles-oder-Nichts-Prinzip mit der starren 50 Prozent-Grenze abzuschaffen. Anders als im Entwurf der Bundesregierung wird die quotale Zuordnung allerdings nicht auf der Grundlage einer Einzelbewertung auch des produktiven begünstigten Vermögens, sondern über eine Berechnung auf Grundlage des gemeinen Werts des erworbenen betrieblichen Vermögens gewonnen. Hierzu wird dem gemeinen Wert des Betriebs der gemeine Wert der nach Anwendung des Absatzes 3 und Absatzes 4 Nummer 5 (Finanzmitteltest) verbleibenden Schulden hinzugerechnet. Der sich so ergebende Wert wird ins Verhältnis zum gemeinen Wert des Verwaltungsvermögens gesetzt. Diese Quote wird dann auf die nach Anwendung des Absatzes 3 und des Absatzes 4 Nummer 5 (Finanzmitteltest) verbleibenden Schulden angewendet und mit dem gemeinen Wert des Verwaltungsvermögens verrechnet. Dies ergibt den Wert des Nettoverwaltungsvermögens. Der abweichende Berechnungsweg dient der Vereinfachung für Steuerpflichtige und Finanzverwaltung."

645 einstweilen frei

646 Bei der Ermittlung des Nettowerts des (allgemeinen) Verwaltungsvermögens können die Schulden somit nicht vollständig (wie bei den Finanzmitteln, § 13b Abs. 4 Nr. 5 S. 1 ErbStG), sondern nur anteilig abgezogen werden (dazu die Rechenbeispiele bei *Herbst*, ErbStB 2016, 347, 349 ff.).

647 Der Abzug von Schulden bei Altersversorgungsverpflichtungen (§ 13b Abs. 3 S. 2 ErbStG) und Finanzmitteln (§ 13b Abs. 4 Nr. 5 ErbStG) ist vorrangig. Ein doppelter Abzug der Schulden ist somit ausgeschlossen.

648 Für bestimmte Fälle hat der Gesetzgeber eine Saldierung bzw. Verrechnung mit Schulden ausgeschlossen, um mögliche Missbräuche zu verhindern (§ 13b Abs. 8 S. 1 und 2 ErbStG). Als Nettowert des Verwaltungsvermögens ist mindestens der gemeine Wert des jungen Verwaltungsvermögens (§ 13b Abs. 7 S. 2 ErbStG) und der jungen Finanzmittel (§ 13b Abs. 4 Nr. 5 ErbStG) anzusetzen (§ 13b Abs. 8 S. 3 ErbStG).

649-659 einstweilen frei

10 Unschädliches Verwaltungsvermögen (§ 13b Abs. 7 ErbStG)

660 einstweilen frei

10.1 Überblick

661 Der Nettowert des Verwaltungsvermögens wird (vorbehaltlich des jungen Verwaltungsvermögens und der jungen Finanzmittel, § 13b Abs. 7 Satz 2 ErbStG) wie begünstigtes Vermögen behandelt, soweit er 10 % des (um den Nettowert des Verwaltungsvermögens, § 13b Abs. 6 ErbStG, gekürzten) gemeinen Werts des Betriebsvermögens nicht übersteigt (**unschädliches Verwaltungsvermögen**, § 13b Abs. 7 Satz 1 ErbStG).Im Bericht des Finanzausschusses wurde die Regelung wie folgt begründet (BT-Drs. 18/8911, 43):

„Wie im Regierungsentwurf wird ein Teil des nicht begünstigten Vermögens (Verwaltungsvermögen) wie begünstigtes Vermögen behandelt. Nahezu jeder Betrieb benötigt zur Gewährleistung seiner unternehmerischen Unabhängigkeit und seines wirtschaftlichen Geschäftsbetriebs einen gewissen Umfang an Vermögen, das nicht unmittelbar der originären Betriebstätigkeit dient. Dieses Vermögen wird zur Kapitalstärkung und Sicherung der operativen Zwecke benötigt, insbesondere um eine

Finanzierungspuffer im Betrieb vorzuhalten und flexibel in das Unternehmen investieren zu können. Aus diesem Grund soll typisierend und pauschalierend ein Teil des Nettowerts des Verwaltungsvermögens wie begünstigtes Vermögen behandelt und auch verschont werden (unschädliches Verwaltungsvermögen). Die Wertgrenze wird auf 10 Prozent des um den Nettowert des Verwaltungsvermögens gekürzten gemeinen Werts des Betriebsvermögens festgelegt. Diese Wertgrenze (10 Prozent-Quote) hat das Bundesverfassungsgericht in seinem Urteil vom 17.12.2014 – 1 BvL 21/12 – nicht beanstandet. Bemessungsgrundlage für das unschädliche Verwaltungsvermögen ist folgerichtig der gemeine Wert des Betriebs abzüglich des Nettoverwaltungsvermögens, weil das für unschädlich gehaltene Verwaltungsvermögen dem originär der betrieblichen Tätigkeit dienenden Vermögen und nicht dem Verwaltungsvermögen zur Absicherung dient. Durch eine Anknüpfung an den gemeinen Wert des Betriebs abzüglich des Nettoverwaltungsvermögens werden auch Gestaltungen durch Einlage von Verwaltungsvermögen vermieden. Eine Anknüpfung an den gemeinen Wert des Betriebs ohne Abzug des Nettoverwaltungsvermögens würde es ermöglichen, durch Einlage von Verwaltungsvermögen den gemeinen Wert des Betriebs insgesamt zu erhöhen und damit einen höheren absoluten Anteil an Verwaltungsvermögen verschont zu erhalten. Bei der Berechnung des unschädlichen Verwaltungsvermögens bleiben junge Finanzmittel und solches Verwaltungsvermögen unberücksichtigt, das dem Betrieb im Zeitpunkt der Entstehung der Steuer weniger als zwei Jahre zuzurechnen war (junges Verwaltungsvermögen)."

Der Vorschlag des Bundesrats, diesen Kulanzpuffer ganz zu streichen (siehe BR-Drks. 353/15, S. 14) wurde zu Recht nicht umgesetzt. Jedes Unternehmen verfügt über einen gewissen Anteil an Verwaltungsvermögen (§ 13b Abs. 4 Nr. 1 bis 5 ErbStG). Es erscheint daher aus Gründen der Praktikabilität geboten, einen gewissen Anteil des an sich schädlichen Verwaltungsvermögens generell als unschädlich anzusehen. Verfassungsrechtlich erscheint eine solche pauschale Regelung angesichts der Grenze von 10 % unbedenklich (kritisch *Erkis*, DStR 2016, 1441, 1444).

einstweilen frei

10.2 Unschädliches Verwaltungsvermögen

Als unschädliches Verwaltungsvermögen gelten höchstens 10 % des (um den Nettowert des Verwaltungsvermögens, § 13b Abs. 6 ErbStG, gekürzten) gemeinen Werts des Betriebsvermögens (§ 13b Abs. 7 S. 1 ErbStG).

Nicht als unschädliches Verwaltungsvermögen anzusehen ist allerdings junges Verwaltungsvermögen und junge Finanzmittel (§ 13b Abs. 7 S. 2 ErbStG). Dies unterliegt stets in vollem Umfang der Besteuerung.

Die genaue **Berechnung** des unschädlichen Verwaltungsvermögens ist derzeit noch ungeklärt und umstritten (Beispiele bei *Herbst*, ErbStB 2016, 347, 351; *Riedel*, ZErb 2016, 371, 377; *Söffing, M.*, ErbStB 2016, 235, 246).

Richtigerweise ist davon auszugehen, dass sich die 10 % nicht auf den Nettowert des Verwaltungsvermögens, sondern auf den (um den Nettowert des Verwaltungsvermögens gekürzten) Wert des Betriebsvermögens (nicht den Wert des

Unternehmens) beziehen. Das unschädliche Verwaltungsvermögen ist dann wie begünstigtes Vermögen zu behandeln.

671-680 einstweilen frei

10.3 Junges Verwaltungsvermögen

681 Junges Verwaltungsvermögen ist Verwaltungsvermögen, das dem Betrieb im Zeitpunkt der Entstehung der Steuer (§ 9 ErbStG) weniger als 2 Jahre zuzurechnen war (§ 13b Abs. 7 Satz 2 ErbStG).

682 Die Zweijahresfrist gilt nicht nur bei der Einlage von Verwaltungsvermögen, sondern auch bei der Umschichtung von unternehmerischem Vermögen in Verwaltungsvermögen. Die Anschaffung oder Herstellung von Verwaltungsvermögen aus betrieblichen Mitteln begründet für die Dauer von 2 Jahren junges Verwaltungsvermögen (so die Finanzverwaltung in R E 13b.19 Abs. 1 ErbStR 2011). Für diese Auffassung spricht, dass der Gesetzeswortlaut ausdrücklich auf die **Zurechunung** abstellt. Ein Antrag des Bundesrats, an Stelle der Zurechung auf die Einlage abzustellen, wurde abgelehnt (BR-Drs. 318/10, 84 und BT-Drs. 17/2823, 40).

683 einstweilen frei

684 Für die Umschichtung von Verwaltungsvermögen in **Konzernen** ist keine Ausnahme vorgesehen. Mit dem Gedanken einer (konsolidierten) Verbundvermögensaufstellung ist dies allerdings nicht zu vereinbaren (§ 13b Abs. 9 S. 2 HS 2 ErbStG). Richtigerweise sollten daher Umschichtungen innerhalb der Gesellschaften, die in die Verbundvermögensaufstellung einbezogen sind, kein junges Verwaltungsvermögen begründen.

685-690 einstweilen frei

11 Saldierung von Schulden (§ 13b Abs. 8 ErbStG)

691 Der Nettowert des Verwaltungsvermögens ergibt sich durch Kürzung des gemeinen Werts des Verwaltungsvermögens um den (nach Anwendung von § 13b Abs. 3 und 4 ErbStG) verbleibenden anteiligen gemeinen Wert der Schulden (§ 13b Abs. 6 S. 1 ErbStG).

692 Für mehrere Fälle hat der Gesetzgeber (aus Sorge vor missbräuchlichen Gestaltungen) einen Schuldenabzug allerdings ausgeschlossen.

693 Der Gesetzgeber hat diese Regelung wie folgt begründet (BT-Drs. 18/8911, 44): *„Zur Vermeidung von Gestaltungen regelt § 13b Absatz 8, dass von der quotalen Schuldensaldierung junges Verwaltungsvermögen sowie junge Finanzmittel ausgenommen sind. Die Einschränkung beim Schuldenabzug zielt auf die Vermeidung einer missbräuchlichen Einlage von Privatvermögen kurz vor dem Übertragungsvorgang ab, um vorhandene Schulden zur Verrechnung zu nutzen und so Privatvermögen erbschaft- und schenkungsteuerfrei zu übertragen. Umgekehrt könnten Gestaltungen darauf abzielen, vorhandenes Verwaltungsvermögen durch die kurzfristige Generierung nicht betrieblich veranlasster oder wirtschaftlich nicht belastender Schulden zu neutralisieren (vgl. auch Begründung zu Absatz 9). Ihnen*

wird durch die Regelung in Absatz 8 Satz 2 entgegengewirkt. Um die Missbrauchsklausel zielgerichtet zu gestalten, wird dem Steuerpflichtigen die Möglichkeit des Gegenbeweises einer nicht steuerinduzierten, sondern betrieblichen Veranlassung eingeräumt."

Für junge Finanzmittel (§ 13b Abs. 4 Nr. 5 S. 2 ErbStG) und junges Verwaltungsvrmögen (§ 13b Abs. 7 S. 2 ErbStG) findet eine Saldierung mit Schulden **nicht** statt (§ 13b Abs. 8 S. 1 ErbStG). 694

Bei *„wirtschaftlich nicht belastenden Schulden"* ist eine Verrechnung der Schulden mit Verwaltungsvermögen generell ausgeschlossen (§ 13b Abs. 8 Satz 2 HS 1, 1. Alt. ErbStG; siehe dazu auch § 13b Abs. 9 S. 5 ErbStG). Ein Abzug von Schulden ist somit nur dann möglich, wenn die Schulden den Erwerber sowohl rechtlich als auch wirtschaftlich belasten. 695

Ferner ist eine Verrechnung von Schulden mit Verwaltungsvermögen auch dann ausgeschlossen, wenn die Schulden im Zeitpunkt der Steuerentstehung ungewöhnlich hoch sind (§ 13b Abs. 8 S. 2 HS 1, 2. Alt. und HS 2 ErbStG). Dies soll immer dann anzunehmen sein, wenn *„die Summe der Schulden den **durchschnittlichen Schuldenstand** der letzten drei Jahre"* vor der Entstehung der Steuer übersteigt. Eine Rückausnahme gilt aber dann, wenn der erhöhte Schuldenstand *„durch die Betriebstätigkeit"* veranlasst ist. Mit *„Betriebstätigkeit"* ist die gewerbliche Tätigkeit des Unternehmens gemeint.Der nach (zulässigem) Abzug der Schulden verbleibende Nettowert des Verwaltungsvermögens ist mindestens der gemeine Wert aus jungem Verwaltungsvermögen und jungen Finanzmitteln (§ 13b Abs. 8 S. 3 ErbStG). 696

einstweilen frei 697-705

12 Verbundvermögensaufstellung (§ 13b Abs. 9 ErbStG)

Ausgewählte Hinweise auf weiterführende Literatur: 706

Korezkij, Neuer Verwaltungsvermögenstest im Konzern aus der Sicht eines Rechtsanwenders – Der Weg vom begünstigungsfähigen zum begünstigten Vermögen nach § 13b Abs. 2-10 ErbStG, DStR 2016, 2434.

Auf der Grundlage des Erbschaftsteuerreformgesetzes 2009 (BGBl I 2008, 3018 = BStBl I 2009, 140) wurde der Verwaltungsvermögenstest grundsätzlich für jede (Beteiligungs-)Gesellschaft gesondert durchgeführt. Dies konnte bei Konzernen sowohl positive als auch negative **Kaskadeneffekte** zur Folge haben. Die damit verbundenen Gestaltungsmöglichkeiten hat das BVerfG in seiner Entscheidung zum ErbStG beanstandet (BVerfG v. 17.12.2014, 1 BvL 21/12, BVerfGE 138, 136 = BStBl II 2015, 50). 707

Vor diesem Hintergrund hat sich der Gesetzgeber im Rahmen der **Erbschaftsteuerreform 2016** (BGBl I 2016, 2464 = BStBl I 2016 1202) dafür entschieden, dass Verwaltungsvermögen in Konzernen konsolidiert zu ermitteln und in einer Verbundvermögensaufstellung zusammenzufassen (§ 13b Abs. 9 ErbStG). 708

Der Finanzausschuss hat zu der Regelung in seinem Bericht folgendes ausgeführt (BT-Drs. 18/8911, 44): 709

§ 13b   Begünstigtes Vermögen

„§ 13b Absatz 9 setzt die auch im Entwurf der Bundesregierung enthaltenen Regelung zur Konsolidierung im Konzept des Verwaltungsvermögens um, enthält aber darüber hinausgehende Regelungen: Nach Absatz 9 Satz 3 werden Forderungen und Verbindlichkeiten verrechnet, soweit zwischen Gläubiger- und Schuldnerunternehmen Beteiligungsidentität besteht. Dabei könnte die Forderung unter Umständen auf einen geringeren Wert abgeschrieben sein, die zugehörige Verbindlichkeit wäre aber gleichwohl mit dem vollen Wert anzusetzen. Obwohl sich Forderung und Verbindlichkeit im Umfang der Beteiligungsidentität aufheben, ergäbe sich ohne die vorgesehene Sicherung unberechtigt eine rein rechnerische Wertminderung."

710   Verbindlichkeiten werden nicht in die Konsolidierung einbezogen, soweit sie keine wirtschaftliche Belastung darstellen. Dies ist z.B. der Fall, wenn eine bilanziell überschuldete Gesellschaft nur deshalb nicht Insolvenz beantragen muss, weil der Gläubiger den Rangrücktritt erklärt hat. Aus parallelen Fragestellungen der Ertragsteuer sind Gestaltungen bekannt geworden, bei denen die überschuldete Gesellschaft durch die Unternehmensgruppe und die Forderung durch eine nahestehende Person erworben wird. Solchen Gestaltungen muss auch bei der Erbschaft- und Schenkungsteuer entgegengewirkt werden, indem solche wirtschaftlich nicht belasteten Schulden von der Konsolidierung ausgenommen werden.

711   Die Neuregelung kommt immer dann zur **Anwendung**, wenn zum begünstigungsfähigen Vermögen (§ 13b Abs. 1 Nr. 2 oder 3 ErbStG) Anteile an Personen- oder Kapitalgesellschaften mit Sitz oder Geschäftsleitung im In- oder Ausland gehören. Dabei werden sowohl unmittelbare als auch mittelbare Beteiligungen erfasst. Auf die Höhe der Beteiligung kommt es grundsätzlich nicht an. Eine Ausnahme gilt nur für Anteile an Kapitalgesellschaften von 25 % oder weniger (§ 13b Abs. 9 S. 5 ErbStG); diese sind Verwaltungsvermögen (§ 13b Abs. 4 Nr. 2 ErbStG). Schwestergesellschaften werden von der Verbundvermögensaufstellung nicht erfasst.

712   Bei Bestehen solcher Beteiligungen werden die gemeinen Werte der diesen Gesellschaften zuzurechnenden Vermögensgegenstände bei der Ermittlung des begünstigten Vermögens (nach § 13b Abs. 2 bis 8 ErbStG) unmittelbar einbezogen (§ 13b Abs. 9 Satz 1 ErbStG). Die Einbeziehung hat dabei mit dem Anteil zu erfolgen, zu dem die (unmittelbare oder mittelbare) Beteiligung besteht. Die (unmittelbar oder mittelbar) gehaltenen Finanzmittel (§ 13b Abs. 4 Nr. 5 ErbStG), die Vermögensgegenstände des Verwaltungsvermögens (§ 13b Abs. 4 Nr. 1 bis 4 ErbStG) sowie die Schulden sind dabei jeweils zusammenzufassen (§ 13b Abs. 9 Satz 2 HS 1 ErbStG). Das Ergebnis dieser Zusammenfassung ist die **Verbundvermögensaufstellung** (ausführliche Rechenbeispiele dazu finden sich u.a. bei *Herbst*, ErbStB 2016, 347, 352 ff.; *Stalleiken*, Ubg. 2016, 569, 571 ff.; *Thonemann-Micker/Krogoll*, NWB-EV 11/2016, 378, 382 ff.).

713   Junge Finanzmittel (§ 13b Abs. 4 Nr. 5 S. 2 ErbStG) und junges Verwaltungsvermögen (§ 13b Abs. 7 S. 2 ErbStG) sind dabei jeweils gesondert (und nicht konsolidiert) aufzuführen (§ 13b Abs. 9 S. 2 HS 2 ErbStG).

714   Damit soll möglicherweise sichergestellt werden, dass auch bei konzerninternen Vermögensumschichtungen jeweils junges Verwaltungsvermögen bzw. junge Finanzmittel begründet wird. Mit einer konsolidierten Betrachtungsweise ist dies aber nicht zu vereinbaren. Umschichtungen innerhalb von Gesellschaften, die in die

Verbundvermögensaufstellung einbezogen sind, sollten kein junges Verwaltungsvermögen und keine jungen Finanzmittel begründen.

Forderungen und Verbindlichkeiten zwischen den Gesellschaften untereinander oder im Verhältnis zu dem übertragenenen Betrieb oder der übertragenen Gesellschaft sind in der Verbundvermögensaufstellung nicht anzusetzen (§ 13b Abs. 9 S. 3 ErbStG). 715

Wirtschaftlich nicht belastende Schulden sind in die Verbundvermögensaufstellung nicht einzubeziehen (§ 13b Abs. 9 Satz 5 ErbStG). Die Gesetzesbegründung nennt als Beispiel eine bilanziell überschuldete Gesellschaft, die nur aufgrund eines Rangrücktritts des Gläubigers keine Insolvenz beantragen muss (BT-Drs. 18/8911, 47). 716

Auf die Werte in der Verbundvermögensaufstellung finden die allgemeinen Vorschriften zum Verwaltungsvermögen Anwendung (§ 13b Abs. 9 Satz 4 EbStG). 717

Die Verbundvermögensaufstellung erfolgt nur für Zwecke des Verwaltungsvermögenstest (nach § 13b Abs. 2 bis 8 ErbStG) und nicht auch die Ermittlung des begünstigungsfähigen Vermögens (§ 13b Abs. 1 ErbStG) und dessen Bewertung.

einstweilen frei 718-729

13 Verfahrensregelungen zum Verwaltungsvermögentest (§ 13b Abs. 10 ErbStG)

Ausgewählte Hinweise auf weiterführende Literatur: 730

Halaczinsky, Änderung des ErbStG und des BewG durch das Steuervereinfachungsgesetz 2011, UVR 2011, 342; *Krause/Grootens*, Feststellungsverfahren unter Beteiligung von Gesellschaften, NWB-EV 10/2012, 325; *Krause/Grootens*, Neuregelung des Feststellungsverfahrens, NWB-EV 1/2012, 27; *Volquardsen*, Das erbschaftsteuerliche Feststellungsverfahren – geplante Änderungen durch das Steuervereinfachungsgesetz 2011, ZErb 2011, 295.

Das für die Bewertung der wirtschaftlichen Einheit zuständige Finanzamt (§ 152 Nr. 1 bis 3 BewG) stellt in der Regel (auch) die Summen der gemeinen Werte der Finanzmittel (§ 13b Abs. 4 Nr. 5 S. 1 ErbStG), der jungen Finanzmittel (§ 13b Abs. 4 Nr. 5 Satz 2 ErbStG), der Vermögensgegenstände des Verwaltungsvermögens (§ 13b Abs. 4 Nr. 1 bis 4 ErbStG), der Schulden und des jungen Verwaltungsvermögens (§ 13b Abs. 7 S. 2 ErbStG) gesondert fest (§ 13b Abs. 10 S. 1 bis 4 ErbStG, und zuvor § 13b Abs. 2a S. 1 bis 3 ErbStG a. F.). 731

Die Vorschriften des Bewertungsgesetzes über die gesonderte Feststellung sind insoweit entsprechend anzuwenden (§ 13b Abs. 10 S. 5 ErbStG i. V. m. §§ 151 Abs. 3, 152 bis 156 BewG (zu Feststellungen nach § 13b Abs. 2a ErbStG a. F. im Falle einer Erbengemeinschaft siehe die gleich lautenden Erlasse der obersten Finanzbehörden der Länder v. 15.6.2016, BStBl I 2016, 758; zur Anwendung von § 154 Abs. 1 BewG i. d. F. des Steueränderungsgesetzes 2015 siehe die gleich lautenden Erlasse der obersten Finanzbehörden der Länder v. 14.3.2016, BStBl I 2016, 249). 732

Die Vorschriften über die gesonderte Feststellung wurden erstmals durch das Steuervereinfachungsgesetz 2011 (BGBl I 2011, 2131 = BStBl I 2011, 986) in das ErbStG eingefügt (§ 37 Abs. 6 ErbStG). 733

734 Im Rahmen der Erbschaftschaftsteuerreform 2016 wurde vor allem ergänzt, dass die entsprechenden Feststellungen bei Anteilen an Kapitalgesellschaften (im Sinne von § 11 Abs. 1 BewG) von dem Finanzamt getroffen werden, in dessen Bezirk sich die Geschäftsleitung der Kapitalgesellschaft befindet (§ 13b Abs. 10 S. 4 ErbStG, § 152 Nr. 3 BewG).

§ 13c Verschonungsabschlag bei Großerwerben von begünstigtem Vermögen

(1) ¹Überschreitet der Erwerb von begünstigtem Vermögen im Sinne des § 13b Absatz 2 die Grenze des § 13a Absatz 1 Satz 1 von 26 Millionen Euro, verringert sich auf Antrag des Erwerbers der Verschonungsabschlag nach § 13a Absatz 1 oder Absatz 10 um jeweils einen Prozentpunkt für jede vollen 750 000 Euro, die der Wert des begünstigten Vermögens im Sinne des § 13b Absatz 2 den Betrag von 26 Millionen Euro übersteigt. ²Im Fall des § 13a Absatz 10 wird ab einem Erwerb von begünstigtem Vermögen im Sinne des § 13b Absatz 2 in Höhe von 90 Millionen Euro ein Verschonungsabschlag nicht mehr gewährt.

(2) ¹§ 13a Absatz 3 bis 9 findet auf Absatz 1 entsprechende Anwendung. ²Bei mehreren Erwerben begünstigten Vermögens im Sinne des § 13b Absatz 2 von derselben Person innerhalb von zehn Jahren werden für die Bestimmung des Verschonungsabschlags für den letzten Erwerb nach Absatz 1 die früheren Erwerbe nach ihrem früheren Wert dem letzten Erwerb hinzugerechnet. ³Der nach Satz 2 ermittelte Verschonungsabschlag für den letzten Erwerb findet auf die früheren Erwerbe Anwendung, wenn die Steuerbefreiung für den früheren Erwerb nach § 13a Absatz 1 Satz 3 wegfällt oder dies bei dem jeweiligen Erwerb zu einem geringeren Verschonungsabschlag führt, es sei denn, für den früheren Erwerb wurde ein Antrag nach § 28a Absatz 1 gestellt. ⁴Die bis dahin für frühere Erwerbe gewährte Steuerbefreiung entfällt insoweit mit Wirkung für die Vergangenheit. ⁵§ 13a Absatz 1 Satz 4 findet Anwendung. ⁶Der Antrag nach Absatz 1 ist unwiderruflich und schließt einen Antrag nach § 28a Absatz 1 für denselben Erwerb aus.

(3) Die Absätze 1 und 2 gelten in den Fällen des § 1 Absatz 1 Nummer 4 entsprechend.

Inhalt		Rz.
1	Einführung	1–16
1.1	Überblick	1–6
1.2	Entstehungsgeschichte	7–14
1.3	Verfassungsrecht	15–16
2	Anwendungsbereich	17–30
2.1	Zeitlicher Anwendungsbereich	17–22
2.2	Sachlicher Anwendungsbereich	23–27
2.3	Persönlicher Anwendungsbereich	28
2.4	Internationaler Anwendungsbereich	29–30
3	Verhältnis zu anderen Verschonungsregelungen	31–38
3.1	Vorab-Abschlag für Familiengesellschaften (§ 13a Abs. 9 ErbStG)	31–32
3.2	Tarifbegrenzung (§ 19a ErbStG)	33
3.3	Steuerstundung (§ 28 ErbStG)	34–35
3.4	Steuererlass aufgrund Verschonungsbedarfsprüfung (§ 28a ErbStG)	36–38

4	Abschmelzung des Verschonungsabschlags (§ 13c Abs. 1 ErbStG)	39–66
4.1	Abschmelzungsmodell	39–43
4.2	Stufen von 750.000 Euro	44–47
4.3	Höchstbetrag des Erwerbs von 90 Mio. EUR	48–52
4.4	Antrag des Erwerbers	53–66
5	Abschmelzung (§ 13c Abs. 2 ErbStG)	67–77
6	Erbersatzsteuer für Familienstiftungen (§ 13c Abs. 3 ErbStG)	78–92
6.1	Überblick	79–87
6.2	Reduzierter Verschonungsabschlag (§ 13c Abs. 3 ErbStG)	88–92

Schrifttum

Korezkij, Erbschaftsteuerreform: Finger weg vom Abschmelzungsmodell bei Erwerben begünstigten Vermögens ab 51 Mio. Euro!, DStR 2017, 189.

1 Einführung

1.1 Überblick

1   Der (reduzierte) Verschonungsabschlag bei Großerwerben von begünstigtem Vermögen (§ 13c ErbStG) wurde erstmals **mit Wirkung zum 1.7.2016** in das deutsche ErbStG eingeführt (§ 37 Abs. 12 Sätze 1 und 3 ErbStG).

2   Bei einem Erwerb begünstigten Vermögens **von mehr als 26 Mio. EUR** (Großerwerb) verringert sich der Verschonungsabschlag von 85 % bzw. 100 % um jeweils einen Prozentpunkt für jede volle 750.000 Euro, die der Wert des begünstigten Vermögens den Betrag von 26 Mio. EUR übersteigt (**Abschmelzungsmodell**). Ab einem Erwerb **von 90 Mio. EUR** ist der Verschonungsabschlag vollständig abgeschmolzen, so dass keinerlei Verschonung mehr erfolgt. Eine Sockel- oder Mindestverschonung gibt es nicht.

3   **Bis zum 30.6.2016** wurde der Verschonungsabschlag in Höhe von 85 % bzw. 100 % dagegen unabhängig von der Höhe des erworbenen Vermögens (und auch unabhängig von der Größe des Unternehmens) gewährt. Das Gesetz hat (früher) keinerlei Begrenzung des Verschonungsabschlags vorgesehen.

4   Die Neuregelung für Großerwerbe beruht (zumindest mittelbar) auf der Entscheidung des BVerfG zum ErbStG (BVerfG v. 17.12.2014, 1 BvL 21/12, BVerfGE 138, 136 = BStBl. II 2015, 50).

5   Das BVerfG hat die Höhe des Verschonungsabschlags von 85 % bzw. 100 % nicht beanstandet. Vielmehr hat das BVerfG betont, dass der Gesetzgeber den Erwerb von unternehmerischem Vermögen nicht nur weitgehend, sonder auch vollständig von der Besteuerung freistellen kann. Die Möglichkeit der Vollverschonung muss dabei auch nicht auf kleine und mittlere Unternehmen beschränkt werden. Eine vollständige Steuerbefreiung sei (vorbehaltlich einer Bedürfnisprüfung im Einzelfall) auch beim Erwerb von großen Unternehmen möglich.

Allerdings hat das BVerfG auch deutlich gemacht, dass die verfassungsrechtlichen Anforderungen an die Rechtfertigung einer steuerlichen Verschonung mit deren

Umfang und Ausmaß steigen. Bei einem geringeren Verschonungsabschlag sei die Verfassungsmäßigkeit leichter zu legitimieren.

Das BVerfG hat zudem darauf hingewiesen, dass die Neuregelung gewährleisten müsse, dass „*Betriebe mit Unternehmenswerten von mehreren Hundertmillionen oder auch mehreren Milliarden Euro*" künftig nicht mehr ohne weiteres steuerfrei übertragen werden können. In anderem Zusammenhang hat das BVerfG die Möglichkeit einer „*absoluten Obergrenze*" der steuerlichen Verschonung erwähnt und dabei auf frühere Gesetzesentwürfe verwiesen, in denen eine solche Grenze bei 100 Mio. EUR angedacht war.

Mit dem (reduzierten) Verschonungsabschlag bei Großerwerben von begünstigten Vermögen (von mehr als 26 Mio. EUR und höchstens 90 Mio. EUR) von begünstigtem Vermögen (§ 13c ErbStG) hat der Gesetzgeber versucht, diesen verfassungsrechtlichen Vorgaben Rechnung zu tragen.

1.2 Entstehungsgeschichte

Die Neuregelung zum (reduzierten) Verschonungsabschlag (§ 13c ErbStG) war sehr umstritten und wurde im Laufe des Gesetzgebungsverfahrens mehrfach geändert.

Nach dem ursprünglichen Gesetzesentwurf der Bundesregierung vom September 2015 (BT-Drs. 18/5923, S. 31) sollte sich der Verschonungsabschlag von 85 % bzw. 100 % jeweils um einen Prozentpunkt für jede vollen 1,5 Mio. EUR, die der Wert des begünstigten Vermögens den Betrag von 26 Mio. EUR übersteigt, verringern. Ein Mindest-Verschonungsabschlag von 20 % bzw. 35 % sollte dabei in keinem Fall unterschritten werden. Dieser Sockelbetrag sollte bei einem Erwerb von 116 Mio. EUR bzw. 142 Mio. EUR erreicht werden.

Die Neuregelung wurde wie folgt begründet:

„*§ 13c ErbStG regelt, dass der Erwerber anstelle einer Verschonungsbedarfsprüfung nach § 28a ErbStG einen Verschonungsabschlag in Anspruch nehmen kann. Mit steigendem Wert des erworbenen begünstigten Vermögens über 26 Millionen Euro (...) verringert sich der Verschonungsabschlag bis zu einer gewissen Grenze stetig. Ab dieser Grenze gilt ein einheitlicher Verschonungsabschlag. Das Bundesverfassungsgericht hat entscheidend darauf abgestellt, dass der Grad der Ungleichbehandlung mit Erwerbern von nicht begünstigtem Vermögen (Vergleichsgruppe), insbesondere bei einer Vollverschonung, ein Ausmaß annimmt, das mit einer gleichheitsgerechten Besteuerung nicht mehr in Einklang zu bringen ist. Je umfangreicher die Steuerverschonung und je größer deshalb das Maß der Ungleichbehandlung desto anspruchsvoller wird die Rechtfertigungslast. Indem bei Erwerben von begünstigtem Vermögen über 26 Millionen Euro (...) der Verschonungsabschlag auf bis zu 20 Prozent bei der Regelverschonung (§ 13a Absatz 1 ErbStG) beziehungsweise bis auf 35 Prozent bei der Optionsverschonung (§ 13a Absatz 10 ErbStG) verringert wird, nimmt das Maß der Ungleichbehandlung und damit die Rechtfertigungslast ab. Mit steigendem Wert des begünstigten Vermögens steigt auch die Steuerbelastung sukzessive an.*

§ 13c	Verschonungsabschlag bei Großerwerben von begünstigtem Vermögen

Absatz 1 sieht ein Wahlrecht für einen verminderten Verschonungsabschlag bei Großerwerben von begünstigtem Vermögen zwischen 26 und 116 Millionen Euro vor. Der Verschonungsabschlag sinkt um einen Prozentpunkt je 1,5 Millionen Euro, die der Wert des begünstigten Vermögens die Wertgrenze von 26 Millionen Euro übersteigt. Bei Vorliegen der Voraussetzungen des § 13a Absatz 9 Satz 5 und 6 schmilzt der Verschonungsabschlag in gleicher Weise in einem Korridor zwischen 52 Millionen Euro und 142 Millionen Euro ab.

10 *Ab einem Wert von 116 Millionen Euro beziehungsweise 142 Millionen Euro begünstigten Vermögens gilt ein konstanter Verschonungsabschlag bei der Regelverschonung (§ 13a Absatz 1 ErbStG) von 20 Prozent und bei der Optionsverschonung (§ 13a Absatz 10 ErbStG) von 35 Prozent.*

Der verringerte Verschonungsabschlag wird unter der Voraussetzung gewährt, dass die jeweiligen Lohnsummen- und Behaltensregelungen eingehalten werden. Um Gestaltungen durch mehrere aufeinanderfolgende Erwerbe zu verhindern, werden für die Bestimmung des Verschonungsabschlags für den letzten Erwerb die früheren Erwerbe mit ihrem früheren Wert dem letzten Erwerb hinzugerechnet. Der so ermittelte Verschonungsabschlag für den letzten Erwerb findet auf die früheren Erwerbe Anwendung, wenn dies bei dem jeweiligen Erwerb zu einem geringeren Verschonungsabschlag führt. Damit eine nachträgliche Änderungsfestsetzung möglich bleibt, wird das Ende der Festsetzungsfrist hinausgeschoben.

Der unwiderrufliche Antrag nach den Absätzen 1 bis 3 schließt den Antrag auf eine Verschonungsbedarfsprüfung nach § 28a ErbStG aus."

11 Der Bundesrat hat sich in seiner Stellungnahme vom September 2015 (auch aus verfassungsrechtlichen Gründen) sehr kritisch zu dem Abschmelzungsmodell geäußert (BR-Drs. 353/15, S. 22 ff.). Dabei hat der Bundesrat insbesondere eine deutlich niedrigere Höchstgrenze für die Abschmelzung vorgeschlagen (34 Mio. EUR bzw. 60 Mio. EUR anstelle von 116 Mio. EUR bzw. 142 Mio. EUR). Eine Mindestverschonung wurde generell abgelehnt.

12 Die im Juni 2016 vom Deutschen Bundestag beschlossene Gesetzesfassung (BR-Drs. 344/16 und BT-Drs. 18/8911) sah dann vor, dass der Verschonungsabschlag von 85 % bzw. 100 % jeweils um einen Prozentpunkt für jede vollen 750.000 EUR reduziert wird, für die der Wert des begünstigten Vermögens den Wert von 26 Mio. EUR überschreitet. Die Abschmelzung sollte bis auf Null erfolgen. Ein Mindestverschonungsabschlag war nicht mehr vorgesehen.

13 Der Bundesrat war allerdings auch mit dem neuen Entwurf des Abschmelzungsmodells nicht einverstanden und hat u.a. deshalb im Juli 2016 den Vermittlungsausschuss angerufen (BR-Drs. 344/16 und BT-Drs. 18/9155). In seiner Stellungnahme hat sich der Bundesrat für einen „*deutlich geringeren*" Höchstbetrag als die vorgesehenen 90 Mio. EUR ausgesprochen. Zudem hat der Bundesrat eine stufenlose Ausgestaltung des Abschmelzungsmodells verlangt, um unbillige Härten bei der Besteuerung zu vermeiden.

14 Im Vermittlungsverfahren kam es gleichwohl zu keinen Änderungen beim Abschmelzungsmodell mehr (BT-Drs. 18/8960). Es blieb vielmehr bei der vom Deutschen Bundestag im Juni 2016 beschlossenen Gesetzesfassung.

Der Deutsche Bundestag hat das Abschmelzungsmodell schließlich im September 2016 beschlossen. Die Zustimmung des Bundesrats ist im Oktober 2016 erfolgt (BR-Drs. 555/16).

1.3 Verfassungsrecht

Mit dem Abschmelzungsmodell hat der Gesetzgeber versucht, die verfassungsrechtlichen Vorgaben für Großerwerbe umzusetzen. Die Erwerber großen Vermögens sind steuerlich leistungsfähiger und haben demnach eine geringere Verschonung verdient. Dem entspricht die stufenweise Reduzierung des Verschonugsabschlags mit zunehmender Höhe des Erwerbs begünstigten Vermögens. 15

Die konkrete Ausgestaltung des Abschmelzungsmodells ist rechtspolitisch kritikwürdig, aber nicht verfassungswidrig. Die untere Grenze von 26 Mio. EUR, die obere Grenze von 90 Mio. EUR und die Stufen von jeweils 750.000 EUR sind sachlich nur schwer zu begründen. In der Sache handelt es sich schlicht um das Ergebnis eines politischen Kompromisses. Das Ergebnis bewegt sich innerhalb des (weiten) Gestaltungsspielraums des Gesetzgebers, der verfassungsrechtlich hinzunehmen ist. 16

2 Anwendungsbereich

2.1 Zeitlicher Anwendungsbereich

Der reduzierte Verschonungsabschlag (§ 13c ErbStG) findet auf **alle Erwerbe** Anwendung, für die die Steuer **nach dem 30.6.2016** entstanden ist (§ 37 Abs. 12 S. 1 ErbStG). Die Steuer entsteht bei Erwerben von Todes wegen grundsätzlich mit dem Tod des Erblassers und bei Schenkungen unter Lebenden mit dem Zeitpunkt der Ausführung der Zuwendung (§ 9 ErbStG; siehe R E 9.1 bis 9.3 ErbStR 2011). 17

Bei der Prüfung, ob die Grenze von 26 Mio. EUR überschritten ist, sind **mehrere Erwerbe** von derselben Person **innerhalb von 10 Jahren** zusammenzurechnen (§ 13c Abs. 2 Sätze 2 bis 5 ErbStG). 18

Gestaltungshinweis: 19

Umstritten ist, ob bei der Zusammenrechnung auch Erwerbe begünstigten Vermögens, für die die Steuer bereits vor dem 30.6.2016 entstanden ist (§ 9 ErbStG), mit einzubeziehen sind (§ 37 Abs. 12 S. 3 ErbStG). Die maßgebliche Anwendungsregelung lautet auszugsweise wie folgt: *„§ 13c Abs. 2 S. 3 bis 5 ErbStG n.F. findet auf frühere Erwerbe Anwendung, für die die Steuer nach dem 30.6.2016 entsteht".*

Dies wird teilweise so verstanden, dass alle Erwerbe vor dem 30.6.2016 und nach dem 30.6.2016 (innerhalb von zehn Jahren) zusammenzurechnen sind. Richtigerweise sind bei der Zusammenrechnung nur solche (früheren und späteren) Erwerbe von „begünstigtem Vermögen" (§ 13b Abs. 2 ErbStG) einzubeziehen, für die die Steuer nach dem 30.6.2016 entstanden sind. Alle Erwerbe, für die die Steuer vor dem 30.6.2016 entstanden ist, dürfen dagegen nicht mit einbezogen werden. 20

§ 13c   Verschonungsabschlag bei Großerwerben von begünstigtem Vermögen

21 Für diese Auslegung spricht bereits der Gesetzeswortlaut, der eine Zusammenrechnung nur für den Erwerb „*begünstigten Vermögens im Sinne des § 13b Absatz 2*" vorsieht (§ 13c Abs. 2 S. 2 ErbStG). Begünstigtes Vermögen in diesem Sinne gibt es aber überhaupt erst seit dem 1.7.2016. Die Legaldefinition des begünstigten Vermögens (§ 13b Abs. 2 ErbStG) ist ihrerseits erst zum 1.7.2016 in Kraft getreten (§ 37 Abs. 12 S. 1 ErbStG). Das begünstigte Vermögen wurde mit Wirkung zum 1.7.2016 völlig neu geregelt. Das seit dem 1.7.2016 maßgebende „*begünstigte Vermögen*" (§ 13b Abs. 2 ErbStG) ist aufgrund der weitreichenden Gesetzesänderungen (u. a. Aufgabe des Alles-oder-Nichts-Prinzips, Neuregelungen beim Verwaltungsvermögen, Vorweg-Abschlag für Familienunternehmen) in keiner Weise mit dem bis zum 30.6.2016 begünstigten Vermögen vergleichbar. Eine Zusammenrechnung scheidet somit aus.

22 Die Beschränkung der Zusammenrechnung auf Erwerbe seit dem 1.7.2016 vermeidet zudem eine unzulässige Rückwirkung und entspricht somit dem Grundsatz der verfassungskonformen Auslegung.

2.2 Sachlicher Anwendungsbereich

23 Der reduzierte Verschonungsabschlag gilt nur **für den Erwerb von begünstigtem Vermögen** (§ 13c ErbStG). Nicht begünstigtes Vermögen ist von dem Erlass ausgenommen.

24 Der reduzierte Verschonungsabschlag gilt **für alle steuerpflichtigen Erwerbe** von Todes wegen (§§ 1 Abs. 1 Nr. 1, 3 ErbStG) und Schenkungen unter Lebenden (§§ 1 Abs. 1 Nr. 2, 7 ErbStG). Ferner sind auch Zweckzuwendungen erfasst (§ 1 Abs. 1 Nr. 3, 8 ErbStG). Auf die Erbersatzsteuer von Familienstiftungen (§ 1 Abs. 1 Nr. 4 ErbStG) findet der reduzierte Verschonungsabschlag gleichfalls Anwendung; der Gesetzgeber hat dies (§ 13c Abs. 3 ErbStG) ausdrücklich klargestellt.

25 Der reduzierte Verschonungsabschlag gilt für alle Erwerbe von begünstigtem Vermögen von mehr als 26 Mio. EUR (§ 13c Abs. 1 S. 1 ErbStG). Ab einem Erwerb von begünstigten Vermögen von 90 Mio. EUR wird kein Verschonungsabschlag mehr gewährt (§ 13c Abs. 1 S. 2 ErbStG).

26 Die Grenze von 90 Mio. EUR gilt nicht (auch nicht entsprechend) für den **Steuererlass aufgrund** einer **Verschonungsbedarfsprüfung** (§ 28a ErbStG). Der Steuererlass ist nicht auf einen bestimmten Höchstbetrag an begünstigtem Vermögen beschränkt.

27 Die Möglichkeit der **Steuerstundung** (§ 28 ErbStG) ist gleichfalls unabhängig davon möglich, ob der Erwerb begünstigten Vermögens die Grenze von 90 Mio. EUR übersteigt.

2.3 Persönlicher Anwendungsbereich

28 Der (reduzierte) Verschonungsabschlag (§ 13c ErbStG) gilt für alle Erwerber.

2.4 Internationaler Anwendungsbereich

Der (reduzierte) Verschonungsabschlag (§ 13c ErbStG) gilt sowohl bei unbeschränkter (§ 2 Abs. 1 Nr. 1 und Nr. 2 ErbStG) als auch bei beschränkter (§ 2 Abs. 1 Nr. 3 und Abs. 3 ErbStG und § 4 AStG) Steuerpflicht. Bei beschränkter Steuerpflicht erfolgt keine (weitere) Kürzung des Verschonungsabschlags.

Der Verschonungsabschlag wird aber immer nur für begünstigtes Vermögen (§ 13b Abs. 2 ErbStG) gewährt. Zum begünstigten Vermögen gehört grundsätzlich Vermögen in den EU-/EWR-Mitgliedsstaaten, nicht aber Vermögen in Drittstaaten (§ 13b Abs. 1 ErbStG und H E 13b.5 und 13b.6 ErbStR 2011).

3 Verhältnis zu anderen Verschonungsregelungen

3.1 Vorab-Abschlag für Familiengesellschaften (§ 13a Abs. 9 ErbStG)

Der Vorweg-Abschlag für Familiengesellschaften (§ 13a Abs. 9 ErbStG) und der (reduzierte) Verschonungsabschlag (§ 13c ErbStG) ergänzen sich und können nebeneinander angewendet werden (siehe auch § 13c Abs. 2 S. 1 ErbStG, wonach u.a. § 13a Abs. 9 ErbStG entsprechende Anwendung findet und § 13a Abs. 9 S. 5 Halbs. 2 ErbStG, wonach u.a. § 13c ErbStG unberührt bleibt).

Eine Reduzierung des Verschonungsabschlags erfolgt nur beim Erwerb von begünstigem Vermögen von mehr als 26 Mio. EUR. Beim Erwerb von **Anteilen an bestimmten Familiengesellschaften** kann sich die Grenze von 26 Mio. EUR auf bis zu ca. 37 Mio. EUR erhöhen. Der Abschlag von bis zu 30 % wird „*vor*" Anwendung des Verschonungsabschlags gewährt (§ 13a Abs. 9 ErbStG). Für das nach Anwendung des Verschonungsabschlags verbleibende begünstigte Vermögen kann der Erwerber dann den reduzierten Verschonungsabschlag (nach § 13c ErbStG) beantragen.

3.2 Tarifbegrenzung (§ 19a ErbStG)

Bei Erwerbern der Steuerklasse II oder III können der (reduzierte) Verschonungsabschlag (§ 13c ErbStG) und die Tarifbegrenzung (§ 19a ErbStG) nebeneinander in Anspruch genommen werden.

3.3 Steuerstundung (§ 28 ErbStG)

Der reduzierte Verschonungsabschlag (§ 13c ErbStG) und die Steuerstundung (§ 28 ErbStG und § 222 AO) schließen sich untereinander nicht aus, sondern können nebeneinander in Anspruch genommen werden. Eine Steuerstundung kommt insbesondere für den Teil der Steuer in Betracht, der nach Anwendung des (reduzierten) Verschonungsabschlags verbleibt.

Der Umstand, dass der Gesetzgeber weder bei dem reduzierten Verschonungsabschlag (§ 13c ErbStG) noch bei der Steuerstundung (§ 28 ErbStG) auf die jeweils andere Regelung verwiesen hat, steht einer kumulativen Inanspruchnahme nicht entgegen. Die Gesetzessystematik geht als selbstverständlich von einem Nebeneinander der beiden Verschonungsregelungen aus.

§ 13c   Verschonungsabschlag bei Großerwerben von begünstigtem Vermögen

3.4 Steuererlass aufgrund Verschonungsbedarfsprüfung (§ 28a ErbStG)

36   Abschmelzungsmodell (§ 13c ErbStG) und Erlassmodell (§ 28a ErbStG) schließen sich gegenseitig aus. Der Erwerber kann die eine oder die andere Verschonung beantragen, nicht aber beide. Die beiden Verschonungsmodelle können auch nicht miteinander kombiniert werden.

37   Bei einem Erwerb von begünstigten Vermögen von mehr als 26 Mio. EUR kann der Erwerber zwischen zwei Anträgen wählen:

- Der Erwerber kann (unwiderruflich) beantragen, dass der **Verschonungsabschlag** in Höhe von 85 % bzw. 100 % für den die Grenze von 26 Mio. EUR überschreitenden Erwerb entsprechend reduziert wird (§ 13c Abs. 1 ErbStG). Dieser Antrag schließt einen Antrag auf einen **Steuererlass aufgrund** einer **Verschonungsbedarfsprüfung** (§ 28a ErbStG) aus (§ 13c Abs. 2 S. 6 ErbStG).

- Der Erwerber kann (widerruflich) einen Steuererlass aufgrund einer Verschonungsbedarfsprüfung beantragen (§ 28a ErbStG). Dies ist allerdings dann nicht mehr möglich, wenn der Erwerber zuvor einen Antrag auf einen reduzierten Verschonungsabschlag gestellt hat (§ 28a Abs. 8 ErbStG).

38   Bei mehreren Erwerbern steht das Antragsrecht jedem Erwerber einzeln zu. Mehrere Erwerber können den Antrag auch getrennt voneinander und unterschiedlich stellen.

4 Abschmelzung des Verschonungsabschlags (§ 13c Abs. 1 ErbStG)

4.1 Abschmelzungsmodell

39   Beim Erwerb begünstigten Vermögens (§ 13b Abs. 2 ErbStG) wird grundsätzlich ein Verschonungsabschlag von 85 % (**Regelverschonung**) (§ 13a Abs. 1 S. 1 ErbStG) bzw. 100 % (**Optionsverschonung**) (§ 13a Abs. 10 S. 1 Nr. 1 ErbStG) gewährt.

40   Überschreitet der Erwerb von begünstigtem Vermögen (§ 13b Abs. 2 ErbStG) allerdings die Grenze von 26 Mio. EUR (sogenannter **Großerwerb**) (§ 13a Abs. 1 S. 1 ErbStG) verringert sich der Verschonungsabschlag von 85 % bzw. 100 % auf Antrag des Erwerbers um jeweils einen Prozentpunkt für jede vollen 750.000 EUR, die der Wert des begünstigten Vermögens (§ 13b Abs. 2 ErbStG) den Betrag von 26 Mio. EUR übersteigt (§ 13c Abs. 1 S. 1 ErbStG). Ab einem Erwerb von 90 Mio. EUR wird kein Verschonungsabschlag mehr gewährt (§ 13c Abs. 1 S. 2 ErbStG).

41   **Beispiel:**

Beim Erwerb von begünstigten Vermögen von 50 Mio. EUR wird die Grenze von 26 Mio. EUR um 24 Mio. EUR überschritten. Der Verschonungsabschlag von 85 % wird daher um 32 Prozentpunkte (= 24 Mio. EUR : 750.000 EUR) reduziert und beträgt somit noch 53 %. Im Falle der Optionsverschonung wird der Verschonungsabschlag von 100 % um 32 Prozentpunkte reduziert.

42   Eine Verringerung des Verschonungabschlags von grundsätzlich 85 % bzw. 100 % kommt nur bei Großerwerben von mehr als 26 Mio. EUR in Betracht. Maßgebend ist dabei allein der Wert des *„begünstigten Vermögens"* (§ 13b Abs. 2 ErbStG). Auf

den Wert des *„steuerpflichtigen Erwerbs"* (im Sinne von § 10 ErbStG) kommt es insoweit nicht an. Etwaige **Schulden und Lasten** (z. B. ein Vorbehaltsnießbrauch des Schenkers oder Nachlassverbindlichkeiten) **haben** somit **keinen Einfluss** für das Überschreiten der Grenze von 26 Mio. EUR.

Die Höhe des (reduzierten) Verschonungsabschlags ergibt sich beispielhaft aus der nachfolgenden Tabelle: 43

Höhe des Verschonungsabschlags bei Großerwerben von begünstigtem Vermögen (§ 13c ErbStG)		
Wert des begünstigten Vermögens (§ 13b Abs. 2 ErbStG)	Regelverschonung (§ 13a Abs. 1 ErbStG)	Optionsverschonung (13a Abs. 10 ErbStG)
26 Mio. Euro	85 %	100 %
ab 26.750.000 Euro	84 %	99 %
30 Mio. Euro	80 %	95 %
40 Mio Euro	67 %	82 %
50 Mio. Euro	53 %	68 %
60 Mio. Euro	40 %	55 %
70 Mio. Euro	27 %	42 %
80 Mio. Euro	13 %	28 %
89.750.000 Euro	0	15 %
ab 89.751.000 Euro	0	0
90 Mio. Euro	0	0

4.2 Stufen von 750.000 Euro

Das Abschmelzen des Verschonungsabschlags erfolgt (ohne jeden sachlichen Grund) nicht stufenlos, sondern in Stufen von vollen 750.000 EUR. Dies führt zu Sprüngen beim Verschonungsabschlag und unbilligen Härten in der Besteuerung. Ein Härteausgleich (wie etwa beim Steuertarif) (§ 19 Abs. 3 ErbStG) ist nicht vorgesehen. 44

> **Beispiel:** 45
> Beim Erwerb von begünstigten Vermögen von 50 Mio. EUR (siehe das Beispiel oben) beträgt der Verschonungsabschlag bei der Regelverschonung 53 % (= 26,5 Mio. EUR) und bei der Optionsverschonung 68 % (= 34 Mio. EUR).
> Bei einem Erwerb von begünstigten Vermögen von 49.999.999 EUR (= ein Euro weniger als im Ausgangsfall) beträgt der Verschonungsbschlag bei der Regel-

verschonung 54 % (= 27 Mio. EUR) und bei der Optionsverschonung 69 % (= 34,5 Mio. EUR).

46 Im Ergebnis führt der Mehrerwerb von einem Euro somit zu einer Minderung des Verschonungsabschlags von 500.000 EUR (und einer entsprechenden Steuermehrbelastung). Diese Sprünge wären ohne weiteres vermeidbar gewesen und führen zu einer übermäßigen (Grenz-)Steuerbelastung.

47 Die Ausgestaltung des Abschmelzungsmodells wurde im Rahmen des Gesetzgebungsverfahrens ausführlich diskutiert. Allerdings findet sich in den gesamten Gesetzesmaterialien keinerlei sachliche Begründung für die beschlossene Abschmelzung. Dies gilt sowohl für die Abschmelzung um jeweils einen Prozentpunkt für jede vollen 750.000 EUR als auch für die Grenze von 90 Mio. EUR.

4.3 Höchstbetrag des Erwerbs von 90 Mio. EUR

48 Bei der **Regelverschonung** (§ 13a Abs. 1 S. 1 ErbStG) beträgt der Verschonungsabschlag bei einem Erwerb von 89,75 Mio. EUR genau Null. Die Regelung, wonach ab einem Erwerb von 90 Mio. EUR kein Verschonungsabschlag mehr gewährt wird, konnte demnach auf die Fälle der Optionsverschonung beschränkt werden (§ 13c Abs. 1 S. 2 ErbStG)

49 Im Falle der **Optionsverschonung** (§ 13a Abs. 10 ErbStG) beträgt der Verschonungsabschlag bei einem Erwerb von 89,75 Mio. EUR (rechnerisch) noch 15 %. Die gesetzliche Regelung sieht aber zwingend vor, dass ab einem Erwerb von 90 Mio. EUR kein Verschonungsabschlag mehr gewährt wird (§ 13c Abs. 1 S. 2 ErbStG). Mit Überschreiten der 90 Mio. EUR Grenze sinkt der Verschonungsabschlag somit von 15 % mit einem Schlag auf Null. Eine Härtefallregelung (etwa analog § 19 Abs. 3 ErbStG) ist nicht vorgesehen. Ein Euro zusätzlicher Erwerb führt somit damit zu einer erheblichen Steuermehrbelastung. Dies ist unverhältnismäßig und verfassungsrechtlich bedenklich.

50 Ab einem **Erwerb von 90 Mio. EUR** kann der Erwerber nur noch einen **Steuererlass** aufgrund der Verschonungsbedarfsprüfung (§ 28a ErbStG) und/oder eine Steuerstundung (§ 28 ErbStG) beantragen.

51 Das Abschmelzungsmodell ist allerdings schon beim Erwerb von begünstigten Vermögen von **deutlich unter 90 Mio. EUR** meist nur wenig attraktiv (ausführlich *Korezkij*, DStR 2017, 189, wonach das Abschmelzungsmodell in Steuerklasse I bereits ab einem Erwerb begünstigten Vermögens von rund 45 Mio. EUR bei der Regelverschonung und von rund 51 Mio. EUR bei der Optionsverschonung steuerlich nachteilig ist).

52 Beim Erwerb von Anteilen an bestimmten Familiengesellschaften wird ein Vorweg-Abschlag von bis zu 30 % gewährt (§ 13a Abs. 9 ErbStG) In diesem Fall kann sich die Grenze von 90 Mio. auf bis zu rund 128 Mio. EUR erhöhen.

4.4 Antrag des Erwerbers

Der reduzierte Verschonungsabschlag wird nicht von Amts wegen gewährt, sondern nur auf Antrag des Erwerbers (§ 13c Abs. 1 S. 1 ErbStG). Eine Begründung des Antrags ist nicht erforderlich. 53

Der Antrag ist **unwiderruflich** (§ 13c Abs. 2 S. 6 ErbStG). 54

Gestaltungshinweis: 55

Der Antrag nach § 13c ErbStG schließt einen Antrag auf Steuererlass aufgrund einer Verschonungsbedarfsprüfung aus (§ 13c Abs. 2 Satz 6 ErbStG). In der Praxis sollte der (unwiderrufliche) Antrag auf einen (reduzierten) Verschonungsabschlag daher nur nach eingehender Prüfung gestellt werden.

Der Antrag auf einen Steuererlass aufgrund einer Verschonunsbedarfsprüfung ist allerdings **nur** „*für denselben Erwerb*" ausgeschlossen (§ 13c Abs. 2 S. 6 ErbStG). Bei unterschiedlichen Erwerben können beide Anträge dagegen miteinander kombiniert werden. Derselbe Erwerb liegt nicht vor, wenn der Erwerb von verschiedenen Personen (und nicht „*von derselben Person*") (siehe § 13c Abs. 2 S. 2 ErbStG) erfolgt. Beim Erwerb von derselben Person liegen unterschiedliche Erwerbsvorgänge insbesondere dann vor, wenn die Steuer für die einzelnen Erwerbe zu unterschiedlichen Zeitpunkten entsteht (§ 9 ErbStG) oder die einzelnen Schenkungen sonst sachlich oder zeitlich voneinander getrennt sind. Bei der Schenkung von begünstigtem Vermögen sollte daher stets sorgfältig geprüft werden, ob diese in einem einheitlichen oder in mehreren getrennten Vorgängen erfolgt. Bei der Antragstellung ist jeweils deutlich zu machen, für welchen Erwerb welcher Antrag gestellt wird. 56

Aus dem Gesetz ergibt sich nicht eindeutig, ob jeder **Antrag auf** einen reduzierten **Verschonungsabschlag** (§ 13c Abs. 2 ErbStG) einen späteren **Antrag auf** einen **Steuererlass** aufgrund einer Verschonungsbedarfsprüfung (§ 28a ErbStG) ausschließt. Richtigerweise kann nur einem erfolgreichen Antrag nach § 13c ErbStG eine solche Ausschlusswirkung zukommen. Ein erfolgloser Antrag (beispielsweise beim Erwerb von begünstigten Vermögen von mehr als 90 Mio. EUR) steht einem Steuererlass nach § 28a ErbStG nicht entgegen. Nach Normzweck und Gesetzessystematik soll ein Steuererlass nur dann nicht mehr möglich sein, wenn dem Erwerber tatsächlich ein (reduzierter) Verschonungsabschlag gewährt worden ist. Wurde kein Verschonungsabschlag gewährt (oder ist dieser nachträglich weggefallen), muss ein Steuererlass noch möglich sein. 57

Eine bestimmte Form ist für den Antrag im Gesetz nicht vorgesehen. **Schriftform** ist zweckmäßig, aber nicht zwingend (Umkehrschluss zum Schriftformerfordernis für die Anzeigen in § 28a Abs. 5 S. 4 ErbStG). 58

Eine **Frist** für die Antragstellung ist gesetzlich nicht vorgesehen. Der Antrag muss nicht in oder zusammen mit der Steuererklärung gestellt werden. Der Antrag muss aber spätestens bis zum nach Eintritt der materiellen Bestandskraft der Steuerfestsetzung gestellt werden. 59

§ 13c Verschonungsabschlag bei Großerwerben von begünstigtem Vermögen

60 Das Antragsrecht steht allein dem **Erwerber** (und nicht auch dem Schenker) zu. Dies gilt auch dann, wenn wenn die Steuer ausnahmsweise nicht vom Erwerber, sondern von einem anderen getragen oder übernommen wird (siehe § 10 Abs. 2 ErbStG).

61 Bei **mehreren Erwerbern** steht das Antragsrecht jedem Erwerber alleine zu. Mehrere Erwerber können den Antrag auch getrennt voneinander und unterschiedlich stellen. Dies gilt auch dann, wenn sich mehrere Erben noch nicht auseinandergesetzt haben (z.B. im Falle einer ungeteilten Erbengemeinschaft nach §§ 2032 ff. BGB).

62 Bei **minderjährigen Erwerbern** ist der Antrag von dem Inhaber der Vermögenssorge zu stellen (§§ 1626 ff. BGB). Eine gerichtliche Genehmigung ist für den Antrag nicht erforderlich (§§ 1643, 1821 ff. BGB).

63 **Testamentsvollstrecker**, Nachlassverwalter und Nachlasspfleger sind zwar zur Abgabe der Steuererklärung verpflichtet (§ 31 Abs. 5 und 6 ErbStG), ein Recht auf Antragstellung steht ihnen im Regelfall aber nicht zu.

64 Beim **Erwerb durch eine juristische Person** muss der Antrag von den vertretungsberechtigten Organmitgliedern gestellt werden (z.B. dem Stiftungsvorstand) (§§ 86, 26 BGB).

65 Die Finanzverwaltung wird wohl davon ausgehen, dass der Antrag im Erbfall insgesamt nur **einheitlich** für alle Arten des erworbenen begünstigten Vermögens gestellt werden kann (siehe R E 13a.13 Abs. 1 S. 1 ErbStR 2011). Bei Schenkungen kann der Antrag dagegen für jeden Erwerb begünstigten Vermögens getrennt gestellt werden (einschränkend R E 13a.13 Abs. 1 S. 2 ErbStR 2011 bei Vorliegen eines einheitlichen Schenkungswillens).

66 Im Falle der **Optionsverschonung** (§ 13a Abs. 10 ErbStG) muss der Erwerber (genau genommen) zwei Anträge stellen: einen Antrag auf den Verschonungsabschlag von grundsätzlich 100 % (§ 13a Abs. 10 ErbStG) und einen Antrag auf den reduzierten Verschonungsabschlag für einen Großerwerb (§ 13c Abs. 1 ErbStG). Beide Anträge können (und sollten) miteinander verbunden werden.

5 Abschmelzung (§ 13c Abs. 2 ErbStG)

67 Die allgemeinen Vorschriften über die Steuerbefreiung für den Erwerb von begünstigten Vermögens gelten bei Beantragung des Abschmelzungsmodells weitestgehend entsprechend (§ 13c Abs. 1 S. 1 ErbStG).

68 Im Einzelnen ist die entsprechende Anwendung folgender Vorschriften vorgesehen:
- Lohnsummenregelung, (§ 13a Abs. 3 und 4 ErbStG)
- Verschonungsabschlag bei Weiterübertragung auf Dritte, (§ 13a Abs. 5 ErbStG)
- Behaltensregelung, (§ 13a Abs. 6 ErbStG)
- Anzeige- und Nachweispflichten, (§ 13a Abs. 7 und 8 ErbStG)
- Vorab-Abschlag für Familienunternehmen, (§ 13a Abs. 9 ErbStG)

Bei etwaigen Verstößen gegen die Lohnsummen- bzw. Behaltensregelungen innerhalb der Frist von 5 bzw. 7 Jahren (Regel- bzw. Optionsverschonung) kommt es (nach den allgemeinen Regeln) zum (anteiligen) Wegfall des (reduzierten) Verschonungsabschlags.

Der Abzugsbetrag von bis zu 150.000 EUR (§ 13a Abs. 2 ErbStG) ist bei Großerwerben von mehr als 26 Mio. EUR gegenstandslos und demnach nicht entsprechend anwendbar.

Für die Prüfung, ob die Grenze von 26 Mio. EUR überschritten ist, werden mehrere Erwerbe begünstigten Vermögens (von derselben Person innerhalb von 10 Jahren) zusammengerechnet (ähnlich wie bei § 13a Abs. 1 Sätze 2 ff. ErbStG sowie bei § 13a Abs. 2 S. 3 und § 14 ErbStG). Durch die Zusammenrechnung soll verhindert werden, dass die Sonderreglungen für Großerwerbe durch eine Aufteilung auf mehrere Erwerbe unterlaufen werden.

Gestaltungshinweis:

Umstritten ist, ob bei der Zusammenrechnung auch Erwerbe begünstigten Vermögens, für die die Steuer bereits vor dem 30.6.2016 entstanden ist (§ 9 ErbStG) , mit einzubeziehen sind (§ 37 Abs. 12 S. 3 ErbStG). Richtigerweise ist dies zu verneinen.

Bei mehreren Erwerben begünstigten Vermögens (§ 13b Abs. 2 ErbStG) von derselben Person innerhalb von 10 Jahren werden für die Bestimmung des Verschonungsabschlags für den letzten Erwerb nach § 13c Abs. 1 ErbStG die früheren Erwerbe nach ihrem früheren Erwerb **dem letzten Erwerb hinzugerechnet** (§ 13c Abs. 2 S. 2 ErbStG).

Der auf diese Weise ermittelte Verschonungsabschlag für den letzten Erwerb findet auf die früheren Erwerbe Anwendung, wenn die Steuerbefreiung für den früheren Erwerb wegfällt (§ 13a Abs. 1 S. 3 ErbStG) oder dies bei dem jeweiligen Erwerb zu einem geringeren Verschonungsabschlag führt (§ 13c Abs. 2 S. 3 HS 1 ErbStG). Dies gilt jedoch nicht, sofern für den früheren Erwerb bereits ein Antrag auf Steuererlass aufgrund einer Verschonungsbedarfsprüfung (§ 28a Abs. 1 ErbStG) gestellt worden ist (§ 13c Abs. 2 S. 3 HS 2 ErbStG).

Die bis dahin für die früheren Erwerbe gewährte Steuerbefreiung entfällt insoweit mit Wirkung für die Vergangenheit (§ 13c Abs. 2 S. 4 ErbStG i.V.m. § 175 Abs. 1 S. 1 Nr. 2 AO).

Die **Festsetzungsfrist** für die Steuer der früheren Erwerbe endet nicht vor dem Ablauf des vierten Jahres, nachdem das für die Erbschaftsteuer zuständige Finanzamt von dem letzten Erwerb Kenntnis erlangt (§§ 13c Abs. 2 S. 5, 13a Abs. 1 S. 4 ErbStG).

Der Antrag auf den reduzierten Verschonungsabschlag (§ 13c ErbStG) ist unwiderruflich und schließt einen Antrag auf Steuerlass aufgrund einer Verschonungsbedarfsprüfung (§ 28a ErbStG) für denselben Erwerb aus (§ 13c Abs. 2 S. 6 ErbStG).

§ 13c Verschonungsabschlag bei Großerwerben von begünstigtem Vermögen

6 Erbersatzsteuer für Familienstiftungen (§ 13c Abs. 3 ErbStG)

78 **Erbersatzsteuer für Familienstiftungen (§ 13c Abs. 3 ErbStG)**
Ausgewählte Hinweise auf weiterführende Literatur: *Blumers*, Familienunternehmen und Bedürfnisprüfung, DStR 2015, 1286; *Blumers*, Die Familienstiftung als Instrument der Nachfolgeplanung, DStR 2012, 1; *Daragan*, Die Stiftung und die Familienstiftung des Erbschaftsteuergesetzes, ZErb 2017, 1; *Feldner/Stoklassa*, Die Familienstiftung als Instrument der Unternehmensnachfolge, ErbStB 2014, 201 (Teil I) und ErbStB 2014, 227 (Teil II); *Hennerkes/Kögel*, Familienstiftung – Ein Instrument zur Sicherung des Familienerbes, in: Festschrift für Bernd Rödl, Internationale Familienunternehmen, 2008, S. 281 ff.; *Hoffmann-Becking*, Unternehmensverbundene Stiftung zur Sicherung des Unternehmens, ZHR 178 (2014) 491; *Heuser/Frye*, Die deutsche Familienstiftung – steuerrechtliche Gestaltungsmöglichkeiten für Familienvermögen, BB 2011, 983; *Höne*, „Alle 30 Jahre wieder": Erbersatzsteuer bei Familienstiftungen und Familienvereinen, NWB-EV 8/2013, 267; *Königer*, Nutzung der erbschaftsteuerlichen Begünstigungen der §§ 13a, 13b ErbStG durch Familienstiftungen, ZEV 2013, 433;*Kraft*, Grundprobleme der steuerlichen Behandlung unbeschränkt steuerpflichtiger privatnütziger Familienstiftungen, DStR 2016, 2825; *Kraft*, Grundstrukturen, Zweifelsfragen und offene Problembereiche des Besteuerungsverfahrens und der Einkünfteermittlung bei ausländischen Familienstiftungen, Ubg. 2016, 613; *Niemann*, Erbersatzsteuer bei unselbständigen Familienstiftungen?; DStR 2016, 2888; *von Oertzen*, Vorbereitungen auf den großen Ersatzerbschaftsteuertermin zum 1. Januar 2014, DStR 2012, Beihefter zu Heft 11/2012, S. 37 ff.; *von Oertzen/Reich*, Die unternehmensverbundene Familienstiftung – "Gewinnerin" der Erbschaftsteuerreform?, Ubg. 2015, 629; *Oppel*, Unterliegen unselbständige Stiftungen der Erbersatzsteuer?, ZEV 2017, 22;*Pauli*, Die Familienstiftung, FamRZ 2012, 344; *van Randenborgh*, Unterliegt eine nicht-rechtsfähige Familienstiftung der Erbersatzsteuer?, BB 2013, 2780; *Reimann*, Die rechtsfähigen Stiftungen in der Kautelarpraxis, DNotZ 2012, 250; *Schauhoff*, Stiftungen in der Unternehmensnachfolge, Ubg. 2008, 309; *Scherer/Bregula-Weber*, Liechtensteinische Familienstiftungen im Lichte des deutschen Pflichtteilsrechts, NJW 2016, 382; *Theuffel-Werhahn*, Familienstiftungen als Königsinstrument für die Nachfolgeplanung aufgrund der Erbschaftsteuerreform, ZEV 2017, 17; *Theuffel-Werhahn*, Fallstricke bei der Gestaltung einer Doppelstiftung, ZStV 2015, 201; *Theuffel-Werhahn*, „Renaissance" der Doppelstiftung durch die Erbschaftsteuerreform, ZStV 2015, 169, *Theuffel-Werhahn*, Unterliegen unselbständige Familienstiftungen der Erbersatzsteuerpflicht? – Zugleich eine Betrachtung des Begriffs „Stiftung" im Steuerrecht, ZEV 2014, 14; *Wassermeyer, W.*, Die Besteuerung ausländischer Familienstiftungen und Trusts aus deutscher Sicht, FR 2015, 149; *Werder/Wystrcil*, Familienstiftungen in der Unternehmensnachfolge, BB 2016, 1558; *Werner*, Die Doppelstiftung, ZEV 2012, 244; *Zensus/Schmitz*, Die Familienstiftung als Gestaltungsinstrument zur Vermögensübertragung und -sicherung, NJW 2012, 1323.

6.1 Überblick

79 Das Vermögen von inländischen Familienstiftungen (und Familienvereinen) unterliegt in Deutschland alle 30 Jahre einer Erbersatzsteuer (§ 1 Abs. 1 Nr. 4 ErbStG).

Dabei handelt es sich faktisch um eine Vermögensteuer für Familienstiftungen. Grundlage der Besteuerung ist das Vermögen der Familienstiftung und keine Vermögensübertragung. Die Erbersatzsteuer ist somit ein Fremdkörper im Erbschaft- und Schenkungsteuerrecht. Die Regelung ist nach Auffassung des BVerfG aber verfassungsgemäß (BVerfG v. 22.8.2011, 1 BvR 2570/10, ZEV 2012, 51; BVerfG v. 8.3.1983, 2 BvL 27/81, BVerfGE 63, 312 = BStBl. II 1983, 779).

Der Erbersatzsteuer unterliegen nur Familienstiftungen, die ihren Sitz und/oder ihre Geschäftsleitung im Inland haben (§ 2 Abs. 1 Nr. 2 ErbStG). Ausländische Familienstiftungen, die sowohl ihren Satzungssitz als auch ihre Geschäftsleitung im Ausland haben, unterliegen demnach in Deutschland nicht der Erbersatzsteuer. Dies gilt auch dann, wenn der ausländischen Familienstiftung im Inland belegenes Vermögen gehört. Eine beschränkte Erbersatzsteuerpflicht gibt es nicht. 80

Der genaue Zeitpunkt des Anfalls der Erbersatzsteuer richtet sich danach, wann erstmals Vermögen auf die Familienstiftung übertragen worden ist (§ 9 Abs. 1 Nr. 4 ErbStG) Für alle Stiftungen, die bereits vor dem 1.1.1954 errichtet worden sind, ist (nach 1984 und 2014) der 1.1.2044 der nächste große Steuertermin. Für die später errichteten Familienstiftungen gelten dagegen individuelle Steuertermine im Abstand von 30 Jahren. 81

Der Erbersatzsteuer unterliegt das gesamte Vermögen der Familienstiftung (siehe § 10 Abs. 1 S. 7 ErbStG). Auf die Struktur, Belegenheit und Ertragskraft des Vermögens kommt es nicht an. Der Besteuerung unterliegt das gesamte in- und ausländische Vermögen der Familienstiftung. Ohne Bedeutung ist auch, ob das Vermögen der Stiftung tatsächlich den Interessen der Familie dient. 82

Bei der Ermittlung des steuerpflichtigen Vermögens können Leistungen der Familienstiftung an die Begünstigten nicht steuermindernd abgezogen werden (§ 10 Abs. 7 ErbStG). Die Erbersatzsteuer ist bei Ermittlung des steuerpflichtigen Vermögens gleichfalls nicht abzugsfähig (§ 10 Abs. 8 ErbStG). 83

Für die Ermittlung des steuerpflichtigen Vermögens gelten die allgemeinen Vorschriften. Die Steuerbefreiungen gelten auch für die Erbersatzsteuer (z.B. für Kunstgegenstände nach § 13 Abs. 1 Nr. 2 ErbStG) (siehe BFH v. 10.12.1997, II R 25/94, BStBl. II 1998, 114). Dies ist keineswegs selbstverständlich, da sich im Zusammenhang mit der allgemeinen Steuerbefreiung (§ 13 ErbStG) keine Regelung findet, wonach diese auch für die Erbersatzsteuer gilt. Dabei handelt es sich aber wohl um ein Redaktionsversehen des Gesetzgebers. Aufgrund einer Gesamtanalogie zu den sonstigen Verschonungsvorschriften (§§ 13a Abs. 11, 13c Abs. 3, 13d Abs. 4, 28 Abs. 2, 28a Abs. 7 ErbStG) ist davon auszugehen, dass alle Steuerbefreiungen und -begünstigungen uneingeschränkt auch für die Erbersatzsteuer gelten. 84

Die zu Wohnzwecken vermieteten Wohnimmobilien sind auch bei der Erbersatzsteuer nur mit 90 % anzusetzen (§ 13d Abs. 4 ErbStG). 85

Bei der Berechnung der Erbersatzsteuer wird unterstellt, dass das Vermögen der Familienstiftung auf zwei Kinder übergeht. Dementsprechend kommt ein doppelter Kinderfreibetrag zum Abzug (derzeit zweimal 400.000 EUR) und die Steuer wird nach dem Steuersatz der Steuerklasse I berechnet, der für die Hälfte des steuerpflichtigen Vermögens gelten würde (§ 15 Abs. 2 S. 3 ErbStG). Die Steuerklasse I gilt 86

§ 13c Verschonungsabschlag bei Großerwerben von begünstigtem Vermögen

dabei unabhängig von dem Kreis der tatsächlich Begünstigten. Demnach bleibt es auch dann bei der Steuerklasse I, wenn zu den Begünstigten einer Familienstiftung überhaupt keine (oder weniger als zwei) Kinder gehören.

87 Auf Antrag kann die Erbersatzsteuer anstelle einer Einmalzahlung in 30 gleichen Jahresraten entrichtet werden (§ 24 ErbStG).

6.2 Reduzierter Verschonungsabschlag (§ 13c Abs. 3 ErbStG)

88 Alle Verschonungsregelungen für begünstigtes Vermögen gelten auch für die Erbersatzsteuer von Familienstiftungen (§§ 13a Abs. 11, 13c Abs. 3, 13d Abs. 4, 28 Abs. 2, 28a Abs. 7 ErbStG).

89 Bemessungsgrundlage für die Erbersatzsteuer ist das Vermögen der Familienstiftung. Das im Zeitpunkt der Steuerentstehung vorhandene Stiftungsvermögen tritt bei der (fiktiven) Erbersatzsteuer an die Stelle des sonst maßgeblichen Vermögensanfalls des Erwerbers (§ 10 Abs. 1 S. 7 ErbStG).

90 Bei Familienstiftungen mit begünstigtem Vermögen (§ 13b Abs. 2 ErbStG) kommt es somit darauf an, ob dieses am maßgeblichen Stichtag (§ 9 Abs. 1 Nr. 4 ErbStG) die Grenze von 26 Mio. Euro überschreitet.

91 Danach kann eine Familienstiftung mit einem Vermögen von mehr als 26 Mio. EUR bei der Erbersatzsteuer zwischen einem reduzierten Verschonungsabschlag aufgrund des Abschmelzungsmodells (§ 13c Abs. 3 ErbStG) und einem Steuererlass aufgrund einer Verschonungsbedarfsprüfung (§ 28a Abs. 7 ErbStG) wählen. Zusätzlich kann die Familienstiftung auch eine Stundung der Erbersatzsteuer beantragen (§ 28 Abs. 2 ErbStG).

92 Der (reduzierte) Verschonungsabschlag ist in vielen Fällen wenig attraktiv und mit nicht unerheblichen Risiken verbunden, so dass der Vorstand einer Familienstiftung einen entsprechenden Antrag nur nach eingehender Prüfung stellen sollte.

§ 13d Steuerbefreiung für zu Wohnzwecken vermietete Grundstücke

(1) Grundstücke im Sinne des Absatzes 3 sind mit 90 Prozent ihres Werts anzusetzen.

(2) ¹Ein Erwerber kann den verminderten Wertansatz nicht in Anspruch nehmen, soweit er erworbene Grundstücke auf Grund einer letztwilligen Verfügung des Erblassers oder einer rechtsgeschäftlichen Verfügung des Erblassers oder Schenkers auf einen Dritten übertragen muss. ²Gleiches gilt, wenn ein Erbe im Rahmen der Teilung des Nachlasses Vermögen im Sinne des Absatzes 3 auf einen Miterben überträgt. ³Überträgt ein Erbe erworbenes begünstigtes Vermögen im Rahmen der Teilung des Nachlasses auf einen Dritten und gibt der Dritte dabei diesem Erwerber nicht begünstigtes Vermögen hin, das er vom Erblasser erworben hat, erhöht sich insoweit der Wert des begünstigten Vermögens des Dritten um den Wert des hingegebenen Vermögens, höchstens jedoch um den Wert des übertragenen Vermögens.

(3) Der verminderte Wertansatz gilt für bebaute Grundstücke oder Grundstücksteile, die
1. zu Wohnzwecken vermietet werden,
2. im Inland, in einem Mitgliedstaat der Europäischen Union oder in einem Staat des Europäischen Wirtschaftsraums belegen sind,
3. nicht zum begünstigten Betriebsvermögen oder begünstigten Vermögen eines Betriebs der Land- und Forstwirtschaft im Sinne des § 13a gehören.

(4) Die Absätze 1 bis 3 gelten in den Fällen des § 1 Abs. 1 Nr. 4 entsprechend.

Inhalt		Rz.
1	Überblick	1–14
2	Anwendungsbereich	15–29
2.1	Zeitlicher Anwendungsbereich	15
2.2	Sachlicher Anwendungsbereich	16–19
2.3	Persönlicher Anwendungsbereich	20
2.4	Internationaler Anwendungsbereich	21–29
3	Verhältnis zu anderen Verschonungsregelungen	30–50
3.1	Selbstgenutztes Familienheim (§ 13 Abs. 1 Nr. 4a, 4b, 4c ErbStG)	30–32
3.2	Verschonungsabschlag (§ 13a ErbStG)	33–34
3.3	Steuerstundung (§ 28 ErbStG)	35–50
4	Voraussetzungen der Verschonung (§ 13d Abs. 3 ErbStG)	51–99
4.1	Bebaute Grundstücke (§ 13d Abs. 3 HS 1 ErbStG)	51–58
4.2	Vermietung zu Wohnzwecken (§ 13d Abs. 3 Halbs. 2 Nr. 1 ErbStG)	59–74
4.3	Grundstück in EU-/EWR (§ 13d Abs. 3 HS 2 Nr. 2 ErbStG)	75–77
4.4	Keine Doppelbegünstigung (§ 13d Abs. 3 HS 2 Nr. 3 ErbStG)	78–82
4.5	Weiterübertragung auf Dritte (§ 13d Abs. 2 ErbStG)	83–99

5	Rechtsfolgen der Steuerbefreiung (§ 13d Abs. 1 ErbStG)	100–120
6	Erbersatzsteuer für Familienstiftungen (§ 13d Abs. 4 ErbStG)	121

Schrifttum

Billig, Die neuere Rechtsprechung zum steuerbegünstigten Erwerb von zu Wohnzwecken vermieteten Grundstücken, UVR 2014, 208; *Halaczinsky*, Die Steuerbegünstigung für vermietete Immobilien des Privatvermögens gemäß § 13c ErbStG, ErbStB 2015, 365; *Höne*, Erbschaftsteuerreform 2016: Aus § 13c ErbStG wird § 13d ErbStG – Sonst ändert sich nichts. Oder doch?, NWB-EV 1/2017, 14; *Höne*, Steuerbefreiung für zu Wohnzwecken vermietete Grundstücke, NWB-EV 9/2014, 319; *Hutmacher*, Die Erbschaftsteuerbefreiung vermieteter Wohnimmobilien, ZNotP 2015, 131; *Kroh/Weber*, Erbschaft- und einkommensteuerliche Optimierung der Nutzungsentscheidung von Immobilien im Erbfall, DStR 2014, 1459; *Loose*, Verminderter Wertansatz nach § 13c ErbStG, ErbR 2015, 304; *Mensch*, Steuerliche Auswirkungen der Erbauseinandersetzung bei Vorliegen eines Familienheims oder eines zu Wohnzwecken vermieteten Grundstücks, ZEV 2016, 75; *Pauli*, Die Verschonung von vermieteten Wohnungen nach § 13c ErbStG unter Berücksichtigung der aktuellen BFH-Rechtsprechung, SteuK 2016, 267; *Regierer/Vosseler*, Steuerbefreiung für Wohnimmobilien gemäß § 13c ErbStG, DStR 2015, 1351.

1 Überblick

1 Grundstücke, die zu Wohnzwecken vermietet sind, werden für Zwecke der Erbschaft- und Schenkungsteuer nur mit 90 % ihres Werts angesetzt (§ 13d Abs. 1 ErbStG, zuvor § 13c Abs. 1 ErbStG, siehe dazu R E 13c ErbStR 2011). Es wird somit eine Verschonung in Höhe von 10 % gewährt.

2 Die „*Steuerbefreiung für zu Wohnzwecken vermietete Grundstücke*" wurde erstmals durch das Erbschaftsteuerreformgesetz 2009 (BGBl I 2008, 3018 = BStBl I 2009, 140) in das ErbStG eingefügt und besteht seitdem unverändert.

3 Im Rahmen der **Erbschaftsteuerreform 2016** (BGBl I 2016, 2464 = BStBl I 2016, 1202) wurde lediglich die Paragraphennummerierung geändert (jetzt § 13d ErbStG, zuvor § 13 ErbStG). Inhaltlich sind jedoch keine Änderungen erfolgt (siehe aber *Höne*, NWB-EV 1/2017, 14).

4 Die Regelung geht vermutlich auf die Ausführungen des BVerfG zurück, wonach die „Zurverfügungstellung ausreichenden Wohnraums" ein „überragender Gemeinwohlbelang" ist, der eine steuerliche Verschonung rechtfertigt (BVerfG, Beschluss v. 7.11.2006, 1 BvL 10/02, Rz. 158, BVerfGE 117, 1 = BStBl II 2007, 192 = DStR 2007, 235).

5 In der amtlichen **Gesetzesmaterialien** (BT-Drs. 16/7918, S. 36 = BR-Drs. 4/08, S. 57 f.) wurde die Regelung wie folgt begründet:

„Im Immobiliensektor können auch vergleichsweise kleine Vermögen mit geringem Risiko angelegt werden. So können viele Menschen „Unternehmer" werden, ohne einen Betrieb leiten zu müssen. Diese Art der Beteiligung breiter Bevölkerungsschichten am Produktionskapital ist sinnvoll. Gerade das Angebot einer Vielzahl von

Mietwohnungen durch Private wie auch durch Personenunternehmen ist als Gegenpol gegen die Marktmacht großer institutioneller Anbieter wichtig für funktionierende Märkte. Das breite Angebot und der stärkere Wettbewerb garantieren moderate Mieten sowie gleichzeitig eine angemessene Wohnraumversorgung der Bevölkerung auch in der Zukunft. Die Vererbung von privaten Bestandsimmobilien trägt damit dazu bei, dass ein Marktungleichgewicht, z.B. in Form einer Marktkonzentration bei institutionellen Anbietern verhindert wird. Deshalb ist es gerechtfertigt, im Rahmen des Erbschaftsteuerrechts für Grundvermögen einen Abschlag von der Bemessungsgrundlage vorzusehen. Durch diese Regelung wird der Wettbewerbsnachteil gegenüber der institutionellen Konkurrenz verringert, die anders als private Immobilienbesitzer oder Personenunternehmen nicht durch Erbschaftsteuer belastet ist. Zugleich wird die Investitionsfähigkeit der privaten Eigentümer durch diese Entlastung erhöht und es wird verhindert, dass allein aufgrund der Erbschaftsteuerbelastung in einem langfristig orientierten Markt kurzfristig Entscheidungen getroffen werden müssen."

Kritik: Diese Ausführungen sind vergleichsweise allgemein und beziehen sich nur am Rande auf die konkrete Steuerbefreiung für zu Wohnzwecken vermietete Grundstücke. Die vom Gesetzgeber beabsichtigten Ziele dürften durch den Verschonungsabschlag von 10 % kaum zu erreichen sein. Private Investitionen in Immobilien werden sicherlich nicht zunehmen, weil der Erwerber im Fall einer (meist viele Jahre) späteren Vermögensübertragung mit einem Verschonungsabschlag von 10 % belohnt wird. Auf die Wettbewerbssituation auf den Miet- und Immobilienmärkten dürfte sich die Erbschaft- und Schenkungsteuer kaum auswirken. Es erscheint zudem widersprüchlich, wenn der Gesetzgeber für die Erwerber von (großen) Wohnungsunternehmen eine Verschonung von 85 % (oder sogar 100 %) vorsieht (siehe § 13b Abs. 4 Nr. 1 Buchst. d) ErbStG), dagegen für Erwerber von (kleinen) Mietwohnimmobilien einen Abschlag von lediglich 10 % gewährt. Die Marktmacht großer Wohnungsunternehmen wird durch eine solche Regelung möglicherweise sogar noch verstärkt. Das erklärte Ziel, vor allem "kleine Immobilienunternehmer" zu begünstigen, wird damit verfehlt. Es fehlt somit an einer folgerichtigen Umsetzung der gesetzgeberischen Ziele. Zudem erscheint es zweifelhaft, bei der steuerlichen Verschonung zwischen den einzelnen Formen unternehmerischer Tätigkeit derart stark zu differenzieren. Gerade dann, wenn man auch Eigentümer vermieteter Wohnimmobilien als „Unternehmer" ansieht (wie das der Gesetzgeber tut), ist eine Unterscheidung zwischen einerseits 10 % und andererseits 85 % bzw. 100 % Verschonung mehr als fragwürdig.

Insgesamt ist die Regelung wohl eher ein „Feigenblatt der Politik" als eine echte Verschonung. Bei der Bewertung von (unbebauten) Grundstücken wurde bereits früher ein pauschaler Abschlag in Höhe von 20 % gemacht, um Unsicherheiten bei der Bewertung aufzufangen (bis zum 31.12.2008: § 145 Abs. 3 S. 1 BewG a.F.). Dieser Abschlag wurde ersatzlos abgeschafft, obwohl gerade die Ermittlung des gemeinen Werts mit erheblichen Schwierigkeiten behaftet ist. Stattdessen hat der Gesetzgeber eine Verschonung in halber Höhe eingeführt, die noch nicht einmal für alle Grundstücke gewährt wird. Die Verschonung wird vielmehr von einer Vielzahl von Voraussetzungen abhängig gemacht, die ihrerseits allesamt kompliziert und streitanfällig sind.

7-14 einstweilen frei

2 Anwendungsbereich

2.1 Zeitlicher Anwendungsbereich

15 Die Steuerbefreiung für zu Wohnzwecke vermietete Grundstücke findet auf alle Erwerbe Anwendung, für die die Steuer **nach dem 1.1.2009** entstanden ist. Die neue Anwendungsvorschrift in (§ 37 Abs. 12 S. 1 ErbStG), wonach § 13d ErbStG erst für Erwerbe nach dem 30.6.2016 anwendbar ist, steht dem nicht entgegen. Die Steuerbefreiung bestand (in Form von § 13c ErbStG) bereits vor dem 30.6.2016. Der jetzige § 13d ErbStG ist mit dem früheren § 13c ErbStG inhaltlich identisch.

2.2 Sachlicher Anwendungsbereich

16 Die Steuerbefreiung gilt für alle Erwerbe von Todes wegen (§§ 1 Abs. 1 Nr. 1, 3 ErbStG) und Schenkungen unter Lebenden (§§ 1 Abs. 1 Nr. 2, 7 ErbStG). Ferner sind auch Zweckzuwendungen erfasst (§ 1 Abs. 1 Nr. 3, 8 ErbStG). Auf die Erbersatzsteuer von Familienstiftungen (§ 1 Abs. 1 Nr. 4 ErbStG) findet die Steuerbefreiung gleichfalls Anwendung (§ 13d Abs. 4 ErbStG).

17 Die Steuerbefreiung ist **unabhängig vom Wert des Grundstücks** möglich. Das Gesetz sieht keinerlei Beschränkung vor. Die Steuerbefreiung gilt somit auch für (wertvolle) Grundstücke, bei denen die ortsübliche Miete ganz erheblich überschritten wird.

18 Die Steuerbefreiung erfolgt bei Schenkung unter Lebenden unabhängig davon, ob und welche Rechte sich der Schenker vorbehält (allerdings immer nur für den unentgeltlichen Teil des Erwerbs). Der Erwerb eines Grundstücks zu Lebzeiten ist in Höhe von 10 % steuerbefreit, wenn dem Schenker ein (lebenslanges) Nießbrauchrecht (**Vorbehaltsnießbrauch**) an dem Grundstück eingeräumt wird (so auch R E 13c Abs. 6 ErbStR 2011). Dagegen soll ein **Zuwendungsnießbrauch** nach Auffassung der Finanzverwaltung nicht steuerbefreit sein, weil „*kein begünstigtes Vermögen in seiner Substanz übertragen wird*" (R E 13c Abs. 6 S. 5 ErbStR 2011). Nach dem Gesetzeswortlaut kommt es darauf aber nicht an. Die Steuerbefreiung gilt für das Grundstück und ist nicht von dessen Übertragung abhängig.

19 Die Grundsätze der **mittelbaren Grundstücksschenkung** (siehe R 16 ErbStR 2003) sind im Zusammenhang mit der Steuerbefreiung für zu Wohnzwecke vermietete Grundstücke anwendbar. Die Steuerbefreiung von 10 % kann daher nicht nur dann genutzt werden, wenn der Erwerber ein zu Wohnzwecken vermietetes Grundstück geschenkt bekommt, sondern auch dann, wenn er dieses mit Mitteln des Schenkers selbst erwirbt (zur AfA-Berechtigung bei mittelbarer Grundstücksschenkung siehe BFH v. 4.10.2016, IX R 26/15, DStR 2017, 445 = DB 2017, 406).

2.3 Persönlicher Anwendungsbereich
Die Steuerbefreiung gilt für alle Erwerber. 20

2.4 Internationaler Anwendungsbereich
Die Steuerbefreiung gilt sowohl bei unbeschränkter (§ 2 Abs. 1 Nr. 1 und Nr. 2 ErbStG) als auch bei beschränkter (§ 2 Abs. 1 Nr. 3 und Abs. 3 ErbStG und § 4 AStG) Steuerpflicht. Bei beschränkter Steuerpflicht erfolgt keine Kürzung der Steuerbefreiung von 10 %. 21

Die Steuerbefreiung gilt aber immer nur für Grundstücke, die im Inland oder einem EU-/EWR-Mitgliedstaat belegen sind (§ 13d Abs. 3 Nr. 2 ErbStG). Grundstücke in Drittstaaten sind nicht begünstigt. 22

einstweilen frei 23-29

3 Verhältnis zu anderen Verschonungsregelungen

3.1 Selbstgenutztes Familienheim (§ 13 Abs. 1 Nr. 4a, 4b, 4c ErbStG)
Der Erwerb des selbstgenutzten Familienheims ist in bestimmten Fällen sachlich (vollständig) von der Steuer befreit, wenn es vom Ehegatten, Lebenspartner oder Kindern erworben wird und (beim Erwerb von Todes wegen) eine zehnjährige Behaltefristen eingehalten wird (§ 13 Abs. 1 Nr. 4a, 4b und 4c ErbStG). 30

Die Steuerbefreiung von 10 % gilt dagegen nur für zu Wohnzwecken vermietete Grundstücke (§ 13d Abs. 3 Nr. 1 ErbStG). 31

Die sachliche Steuerbefreiung (nach § 13 Abs. 1 Nr. 4a, 4b und 4c ErbStG) und die teilweise Steuerbefreiung (nach § 13d ErbStG) schließen sich somit untereinander aus. Bei Grundstücken, die teilweise selbst genutzt und teilweise vermietet werden, können beide Regelungen aber gleichzeitig genutzt werden (siehe auch R E 13c Abs. 2 S. 3 und Abs. 3 Sätze 5 ff. ErbStR 2011). 32

3.2 Verschonungsabschlag (§ 13a ErbStG)
Vermietete Grundstücke sind grundsätzlich Verwaltungsvermögen (§ 13b Abs. 4 Nr. 1 Halbs. 1 ErbStG) und gehören somit nicht zum begünstigten Vermögen (§ 13b Abs. 2 ErbStG). 33

In bestimmten Ausnahmefällen können allerdings auch vermietete Grundstücke zum begünstigten Vermögen gehören (§ 13b Abs. 4 Nr. 1 Halbs. 2 Nr. 1 Buchst. a) bis f) ErbStG). Dies ist z. B. der Fall, wenn die Grundstücke zu einem **(gewerblichen) Wohnungsunternehmen** gehören (§ 13b Abs. 4 Nr. 1 d) ErbStG). Eine doppelte Begünstigung ist aber ausgeschlossen. Die Steuerbefreiung von 10 % gilt nicht für Grundstücke, die zu einem begünstigten Betriebsvermögen gehören (§ 13d Abs. 3 Nr. 3 ErbStG). 34

3.3 Steuerstundung (§ 28 ErbStG)

35 Die Erbschaftsteuer ist auf Antrag des Erwerbers auf die Dauer **von bis zu 10 Jahren** zu stunden, sofern zum Erwerb ein zu Wohnzwecken vermietetes Grundstück gehört (§ 13d Abs. 3 ErbStG) und der Erwerber die Steuer nur durch Veräußerung des Vermögens aufbringen kann (§ 28 Abs. 3 S. 1 ErbStG). Die Stundung ist **auch bei Schenkungen** unter Lebenden möglich, da § 28 Abs. 3 S. 1 ErbStG (anders als § 28 Abs. 1 S. 1 ErbStG) alle Erwerbe (und nicht nur Erwerbe von Todes wegen) erfasst (siehe auch § 1 Abs. 2 ErbStG; so auch die Finanzverwaltung in R E 28 Abs. 2 S. 2 ErbStR 2011). Die Stundung endet, wenn der Erwerber das Grundstück weiterüberträgt (§ 28 Abs. 3 S. 4 ErbStG).

36 **Bis zum 30.6.2016** erfolgte die Stundung der Steuer bei Erbfällen zinslos; bei Schenkungen wurden Zinsen von 0,5 % pro Monat erhoben (§ 28 Abs. 3 S. 5 ErbStG; siehe R E 28 Abs. 6 ErbStR 2011). Im Rahmen der Erbschaftsteuerreform 2016 (BGBl I 2016, 2464 = BStBl I 2016, 1202) wurde die Verweisung (in § 28a Abs. 3 S. 5 ErbStG auf § 28 Abs. 1 S. 2 und 3 ErbStG a. F.) allerdings nicht angepasst. Die Rechtsgrundlage für die zinslose Stundung im Erbfall ist entfallen. **Seit dem 1.7.2016** fallen somit wohl (bei Erbfällen und Schenkungen) Zinsen von 0,5 % pro Monat an, allerdings erst ab dem 2. Jahr.

37–50 einstweilen frei

4 Voraussetzungen der Verschonung (§ 13d Abs. 3 ErbStG)

4.1 Bebaute Grundstücke (§ 13d Abs. 3 HS 1 ErbStG)

51 Die Steuerbefreiung gilt für „bebaute Grundstücke oder Grundstücksteile" (§ 13d Abs. 3 ErbStG; siehe dazu R E 13c Abs. 3 ErbStR 2011).

52 Dies umfasst alle bebauten Grundstücke i. S. d. Bewertungsgesetzes (§ 180 BewG). Für den Erwerb unbebauter Grundstücke (§ 178 BewG) ist eine Steuerbefreiung dagegen stets ausgeschlossen.

53 „**Bebaute Grundstücke**" sind Grundstücke, auf denen sich benutzbare Gebäude befinden (§ 180 Abs. 1 S. 1 BewG und R B 180 Abs. 1 ErbStR 2011). Die Benutzbarkeit beginnt dabei im Zeitpunkt der Bezugsfertigkeit (§ 178 Abs. 1 S. 2 und 3 BewG und R B 178 Abs. 2 und 3 ErbStR 2011). Die Steuerbefreiung setzt somit voraus, dass das Gebäude im Zeitpunkt der Entstehung der Steuer (§ 9 ErbStG) bezugsfertig war. Eine Steuerbefreiung ist selbst dann ausgeschlossen, wenn das Gebäude zeitnah nach Eintritt des Erbfalls fertiggestellt und vermietet wird (BFH v. 11.12.2014, II R 30/14, BStBl II 2015, 344 = DStR 2015, 294 = DB 2015, 1023 = ZEV 2015, 298).

54 **Gestaltungshinweis:**
In der Praxis sollte bei Schenkungen zu Lebzeiten darauf geachtet werden, dass das Gebäude im Zeitpunkt der Ausführung der Zuwendung (§ 9 Abs. 1 Nr. 1 ErbStG) bereits **bezugsfertig** ist. Die Abnahme durch die Bauaufsichtsbehörde ist dabei rechtlich zwar nicht maßgebend, (§ 178 Abs. 1 S. 3 Halbs. 2 BewG und R B 178 Abs. 2 S. 5 ErbStR 2011) kann aber doch ein wichtiges Indiz darstellen.

Nach Möglichkeit sollte die Schenkung daher erst nach tatsächlichem erfolgtem Einzug (und entsprechender Ummeldung) erfolgen.

Die Steuerbefreiung gilt grundsätzlich (über den Gesetzeswortlaut hinaus) auch für **Erbbaurechte** (siehe §§ 1 ff. ErbbauRG und §§ 192 ff. BewG). Dabei ist zwischen dem Grundstück und dem Erbbaurecht zu unterscheiden. 55

Das Grundstück ist mit dem Erbbaurecht belastet. Der Grundstückseigentümer schließt mit dem Erbbauberechtigten einen Erbbaurechtsvertrag, so dass der Erbbauberechtigte Eigentümer des Gebäudes ist (§ 95 Abs. 1 S. 2 BGB). Der Mietvertrag über die Wohnung wird dann i. d. R. **vom Erbbauberechtigten** (und nicht vom Grundstückseigentümer) abgeschlossen. Dem Erwerber des (mit dem Erbbaurecht belasteten) Grundstücks steht somit die Steuerbefreiung von 10 % nicht zu (so auch BFH v. 11.12.2014, II R 25/14, BStBl II 2015, 343 = DStR 2015, 419 = ZEV 2015, 297). Nach dem Normzweck kann die Verschonung nur demjenigen gewährt werden, der selbst Wohnraum schafft und diesen der Bevölkerung zur Verfügung stellt. Der Erblasser bzw. Schenker muss somit selbst Vermieter sein. Im Ergebnis kann ein Erwerber eines mit einem Erbbaurecht belasteten Grundstücks die Steuerbefreiung (nach § 13d ErbStG) somit nicht nutzen. 56

Anders ist die Situation dagegen beim **Erwerb des Erbbaurechts**. Das Erbbaurecht ist ein veräußerliches und vererbliches Recht an einem Grundstück (§ 1 Abs. 1 ErbbauRG). Das Erbbaurecht kann zu Lebzeiten oder von Todes wegen übertragen werden. Dem Erwerber des Erbbaurechts steht die Steuerbefreiung von 10 % zu, wenn der Erbbauberechtigte das Gebäude zu Wohnzwecken vermietet hat. Auf den Inhalt des Erbbaurechts kommt es insoweit nicht an. 57

Im Ergebnis kann die Steuerbefreiung nur beim Erwerb des Erbbaurechts (und nicht beim Erwerb des mit dem Erbbaurecht belasteten Grundstücks) genutzt werden. 58

4.2 Vermietung zu Wohnzwecken (§ 13d Abs. 3 Halbs. 2 Nr. 1 ErbStG)

Die Grundstücke müssen zu Wohnzwecken vermietet werden (§ 13d Abs. 3 Nr. 1 ErbStG). Für selbst genutzte Grundstücke gilt die Steuerbefreiung nicht. 59

Eine Vermietung „**zu Wohnzwecken**" liegt dann vor, wenn die überlassenen Räume als Wohnung genutzt werden können. Der Begriff der Wohnung richtet sich grundsätzlich nach den Vorgaben des Bewertungsgesetzes (§ 181 Abs. 9 BewG). Eine Vermietung zu Wohnzwecken dürfte aber auch dann anzunehmen sein, wenn Räume zum Zweck eines **betreuten Wohnens** vermietet werden, bei denen nicht jede Wohneinheit über eine eigene Küche etc. verfügt. Eine Vermietung zu Wohnzwecken ist ferner zu bejahen, bei **Ferien- und Wochenendwohnungen,** die nur vorübergehend bzw. von wechselnden Personen bewohnt werden. 60

Eine Nutzung zu Wohnzwecken ist nicht gegeben, wenn die Räume (ausschließlich oder überwiegend) zu beruflichen oder gewerblichen Zwecke genutzt werden. Eine untergeordnete Mitbenutzung (z. B. **Arbeitszimmer** in einer Wohnung) ist dagegen unschädlich (R E 13c Abs. 4 ErbStR 2011). 61

Bei **gemischt genutzten Grundstücken** (z. B. Wohn- und Gewerbegrundstücken) entfällt die Steuerbefreiung nicht vollständig (so auch R E 13c Abs. 3 S. 5 ff. 62

ErbStR 2011). Der Wertabschlag von 10 % wird dann nur insoweit gewährt, als tatsächlich eine Vermietung zu Wohnzwecken erfolgt. Für eine anteilige Verschonung spricht nicht nur der Gesetzeswortlaut („Grundstücksteile"), sondern auch die amtliche Gesetzesbegründung (BT-Drs. 16/7918, S. 36 = BR-Drs. 4/08, S. 58). Die Aufteilung erfolgt entsprechend dem Verhältnis der Wohn- und Nutzflächen (Rechtsgedanke § 181 Abs. 2 bis 6 BewG) und nicht etwa nach dem Verhältnis der Mieteinnahmen (siehe auch H E 13c ErbStR 2011 mit einem Rechenbeispiel).

63 Für die Vermietung zu Wohnzwecken ist ein wirksamer **Mietvertrag** (§§ 535 ff., §§ 549 ff. BGB) ausreichend, aber nicht unbedingt notwendig. Die Steuerbefreiung ist vielmehr auch dann zu gewähren, wenn der Mietvertrag zivilrechtlich unwirksam ist (z.B. wegen Verstoß gegen Mieterschutzbestimmungen), tatsächlich aber vollzogen wird (§ 41 Abs. 1 AO).

64 Der Mietvertrag muss nicht dem entsprechen, was zwischen fremden Dritten üblich ist. Die ertragsteuerliche Anerkennung des Mietverhältnisses ist insoweit nicht von Bedeutung (siehe § 21 Abs. 2 EStG). Im Erbschaft- und Schenkungsteuerrecht ist ein Fremdvergleich generell nicht entscheidend (siehe zuletzt im Zusammenhang mit § 13 Abs. 1 Nr. 4a ErbStG a.F. BFH v. 26.2.2009, II R 69/06, DStR 2009, 575 = DB 2009, 827 = ZEV 2009, 257 mit Anm.Schlünder/Geißler = BB 2009, 1113 mit Anm.Hölzerkopf/Bauer. – Grundlegend BFH v. 25.10.1995, II R 45/92, BStBl II 1996, 11).

65 Darüber hinaus sollte darauf geachtet werden, dass zwischen dem Erblasser bzw. Schenker und dem Mieter ein unmittelbares Vertragsverhältnis besteht. Bei einer bloß mittelbaren Vermietung (z.B. Zwischenschaltung einer Gesellschaft) könnte die Steuerbefreiung unter Umständen versagt werden.

66 Auf die Höhe der vereinbarten bzw. bezahlten Miete kommt es für die Steuerbefreiung nicht an. Entscheidend ist allerdings, dass tatsächlich eine Miete bezahlt wird (§ 535 Abs. 2 BGB; R E 13c Abs. 3 Sätze 2 und 3 ErbStR 2011). Bei der unentgeltlichen Überlassung von Wohnräumen handelt es sich zivilrechtlich um eine Leihe (§§ 598 ff. BGB) und nicht mehr um eine Miete (§§ 535 ff. BGB).

67 Mieter kann jede natürliche oder juristische Person sein. Eine **Vermietung an Angehörige** oder nahe stehenden Personen (oder Gesellschaften) genügt. Grundsätzlich kann demnach auch der Erwerber Mieter sein. In diesem Fall erlischt das Mietverhältnis mit dem Erwerb allerdings durch Konfusion. Dies ist aber unschädlich, da das Rechtsverhältnis steuerlich als fortbestehend gilt (§ 10 Abs. 3 ErbStG). Das Grundstück muss zudem nur im Zeitpunkt der Steuerentstehung vermietet sein, nicht aber auch darüber hinaus vermietet bleiben.

68 Nach dem im Erbschaft- und Schenkungsteuerrecht geltenden Stichtagsprinzip muss das Mietverhältnis **im Zeitpunkt der Entstehung der Steuer** bestehen (§ 9 ErbStG). Das Gesetz verlangt nicht, dass das Mietverhältnis bereits vor dem Erwerb (länger) bestanden hat oder danach noch (länger) fortgesetzt wird (anders als etwa bei § 13a Abs. 9 S. 4 und 5 ErbStG: Vorlauffrist von 2 Jahren und Nachlauffrist von 20 Jahren). Es ist demnach unschädlich, wenn das Mietverhältnis erst kurz vor dem Erwerb begründet worden ist oder kurz nach dem Erwerb beendet wird. Ein steuerlicher

Gestaltungsmissbrauch ist darin schon deshalb nicht zu sehen, weil Mietverhältnisse über Wohnraum zivilrechtlich streng reglementiert sind.

Die **Finanzverwaltung** ist bislang der Auffassung, dass die Steuerbefreiung nur 69 dann in Anspruch genommen werden kann, wenn das Grundstück im Zeitpunkt der Steuerentstehung tatsächlich vermietet ist (R E 13c Abs. 3 S. 4 ErbStR 2011). Bei einem **(vorübergehenden) Leerstand** (z. B. aufgrund eines Mieterwechsels oder von Renovierungsarbeiten) soll dem Erwerber der Wertabschlag dagegen nicht zustehen.

Die **Rechtsprechung** lässt es dagegen ausreichen, wenn das Grundstück im Zeit- 70 punkt der Steuerentstehung entweder bereits zu Wohnzwecken vermietet ist oder zu einer solchen Vermietung bestimmt ist (BFH v. 11.12.2014, II R 24/14, BFH v. 11.12.2014, II R 24/14, BStBl II 2015, 340 = DStRE 2015, 341 = ZEV 2015, 295). Dies überzeugt. Bereits der Gesetzeswortlaut (§ 13d Abs. 3 Nr. 1 ErbStG: „*vermietet werden*") deutet darauf hin, dass der Erwerb nicht nur dann begünstigt ist, wenn das Grundstück bereits vermietet ist, sondern auch dann, wenn das Grundstück vermietet wird. Normzweck und Gesetzesbegründung (BT-Drks. 16/7918, S. 36 = BR-Drks. 4/08, S. 41 und S. 57 f.) sprechen gleichfalls für die Einbeziehung von noch nicht vermieteten, aber zur Vermietung bestimmten Grundstücken.

Das Bestimmen zum Vermieten erfordert allerdings eine konkrete Vermietungs- 71 absicht des Erblassers bzw. Schenkers, mit deren Umsetzung bereits begonnen worden ist. Die Vermietungsabsicht und deren Umsetzung müssen zudem anhand objektiv nachprüfbarer Tatsachen erkennbar geworden sein. Die Feststellungslast trägt insoweit der Steuerschuldner.

Der BFH stellt für die Vermietungsabsicht allein auf die Vorstellungen des Erblassers 72 bzw. Schenkers ab. Dies erscheint zu streng. Für die Inanspruchnahme der Steuerbefreiung sollte es auch genügen, wenn erst der Erwerber das Grundstück zur Vermietung bestimmt. Dies würde dem Bereicherungsprinzip eher entsprechen.

Gestaltungshinweis: 73

In der Praxis sollte eine geplante Vermietung frühzeitig und **nachweisbar dokumentiert** werden. In Betracht kommt dabei beispielsweise die Veröffentlichung entsprechender Anzeigen in Zeitungen und Internetportalen, die Beauftragung von Maklern, die Abstimmung des Mietvertrages mit Rechtsanwälten und Steuerberatern oder die Aufnahme von Gesprächen und Verhandlungen mit potentiellen Mietern. Darüber hinaus sollte möglichst auch auf einen engen zeitlichen Zusammenhang zwischen der Steuerentstehung und der Vermietung geachtet werden.

Abweichend von der Auffassung der Finanzverwaltung (siehe R E 13c Abs. 3 S. 4 74 ErbStR 2011) macht es aus Sicht des BFH keinen Unterschied, ob das Grundstück vor dem Leerstand bereits vermietet war oder nicht. Die frühere Vermietung kann allenfalls ein Indiz dafür sein, dass das Grundstück weiterhin zur Vermietung bestimmt ist; zwingend ist dies aber nicht. Die Steuerbefreiung ist aber auch dann nicht ausgeschlossen, wenn das Grundstück im Zeitpunkt der Steuerentstehung leer stand und zuvor noch nie vermietet war.

4.3 Grundstück in EU-/EWR (§ 13d Abs. 3 HS 2 Nr. 2 ErbStG)

75 Das Grundstück muss im Inland oder in einem EU-/EWR-Mitgliedsstaat belegen sein (§ 13d Abs. 3 Nr. 2 ErbStG). Für Grundstücke in Drittstaaten (z.B. der Schweiz) wird keine Steuerbefreiung gewährt.

76 Nach dem Gesetzeswortlaut bestehen keine besonderen Nachweispflichten (Umkehrschluss zu § 13a Abs. 8 ErbStG). Die erhöhten Mitwirkungspflichten bei Auslandssachverhalten (§ 90 Abs. 2 und 3 AO) bestehen allerdings auch in diesem Fall.

77 Der Erwerb von Grundstücken in EU-/EWR-Mitgliedsstaaten unterliegt im ausländischen Belegenheitsstaat in aller Regel der beschränkten Steuerpflicht.

4.4 Keine Doppelbegünstigung (§ 13d Abs. 3 HS 2 Nr. 3 ErbStG)

78 Die Steuerbefreiung wird nur dann gewährt, wenn die Grundstücke „nicht zum begünstigten Betriebsvermögen oder begünstigten Vermögen eines Betriebs der Land- und Forstwirtschaft i.S.d. § 13a gehören" (§ 13d Abs. 3 Nr. 3 ErbStG).

79 Mit dieser Regelung soll eine doppelte Begünstigung (einerseits für unternehmerisches Vermögen, andererseits für vermietete Wohnimmobilien) verhindert werden (siehe dazu R E 13c Abs. 2 Sätze 4 ff. ErbStR 2011).

80 Nach dem Gesetzeswortlaut ist ein Grundstück bereits dann von der Steuerbefreiung ausgeschlossen, wenn es zu einem begünstigten Vermögen „*gehört*". Nach dem Normzweck muss es aber darauf ankommen, ob der Erwerb des Grundstücks tatsächlich steuerlich begünstigt ist. Der Erwerb eines Grundstücks, das zu einem begünstigten Betriebsvermögen gehört, aber tatsächlich nicht begünstigt wird (z.B. als Verwaltungsvermögen), muss daher begünstigt werden (so auch R E 13c Abs. 2 S. 5 ErbStR 2011).

81 **Betriebswohnungen** (§ 160 Abs. 1 Nr. 2 und Abs. 8 BewG) gehören nicht zum begünstigten land- und forstwirtschaftlichen Vermögen (§ 13b Abs. 1 Nr. 1 ErbStG, § 168 Abs. 1 Nr. 1 BewG; R E 13c Abs. 2 S. 7 ErbStR 2011) und können daher als vermietete Wohnimmobilien begünstigt sein.

82 Die Steuerbefreiung für vermietete Wohnimmobilien gilt nur für Grundstücke und nicht für **Anteile an Grundstücksgesellschaften.** Für den Erwerb von Anteilen an Kapital- oder Personengesellschaften ist eine Steuerbefreiung somit auch dann ausgeschlossen, wenn zu deren Vermögen vermietete Grundstücke gehören (siehe auch R E 13c Abs. 2 S. 8 ErbStR 2011). Eine Ausnahme gilt aber für Anteile an **vermögensverwaltenden Personengesellschaften.** Diese sind steuerlich transparent, (§ 10 Abs. 1 S. 4 ErbStG) so dass die zum Vermögen der Gesellschaften gehörenden Grundstücke als Gegenstand des Erwerbs anzusehen sind. Eine vorrangige Begünstigung als Betriebsvermögen (§ 13d Abs. 3 Nr. 3 ErbStG) erfolgt nicht.

4.5 Weiterübertragung auf Dritte (§ 13d Abs. 2 ErbStG)

83 Ein Erwerber kann den verminderten Wertansatz (nach § 13d Abs. 1 ErbStG) nicht in Anspruch nehmen, soweit er erworbene Grundstücke (aufgrund einer letztwilligen Verfügung des Erblassers oder einer rechtsgeschäftlichen Verfügung des Erb-

lassers oder Schenkers) auf einen Dritten übertragen muss (§ 13d Abs. 2 S. 1 ErbStG; siehe dazu R E 13c Abs. 5 ErbStR 2011).

Entsprechendes gilt auch dann, wenn ein Erbe im Rahmen der **Teilung des Nachlasses** ein vermietetes Grundstück (§ 13d Abs. 3 ErbStG) auf einen Miterben überträgt (§ 13d Abs. 2 S. 2 ErbStG). Die Erbauseinandersetzung muss dabei (Entgegen der Auffassung der Finanzverwaltung in R E 13c Abs. 5 S. 10 ErbStR 2011) nicht unbedingt zeitnah zum Erbfall erfolgen (BFH v. 23.6.2015, II R 39/13, BStBl II 2016, 225 = DStR 2015, 2066 = ZEV 2015, 658 = ZErb 2015, 379 mit Anm. *Riedel*. Ausführlich dazu *Mensch*, ZEV 2016, 75. – Siehe dazu auch die gleich lautenden Erlasse der obersten Finanzbehörden der Länder v 3.3.2016, BStBl. I 2016, 280 = DStR 2016, 814). 84

Überträgt ein Erbe erworbenes begünstigtes Vermögen im Rahmen der Teilung des Nachlasses auf einen Dritten und gibt der Dritte dabei diesem Erwerber nicht begünstigtes Vermögen hin, das er vom Erblasser erworben hat, erhöht sich insoweit der Wert des begünstigten Vermögens des Dritten um den Wert des hingegebenen Vermögens, höchstens jedoch um den Wert des übertragenen Vermögens (§ 13d Abs. 2 S. 3 ErbStG). 85

Ziel der Regelung ist es, dass die steuerliche Verschonung demjenigen Erwerber gewährt wird, der das vermietete Grundstück tatsächlich erwirbt. Entsprechende Regelungen finden sich in allen steuerlichen Verschonungsvorschriften für begünstigtes Vermögen (siehe §§ 13 Abs. 1 Nr. 4b S. 2 bis 4, 13 Abs. 1 Nr. 4c S. 2 bis 4, 13a Abs. 5, 13d Abs. 2, 19a Abs. 2 S. 2 und 3, 28, 28a Abs. 1 S. 2 bis 4 ErbStG). 86

einstweilen frei 87-99

5 Rechtsfolgen der Steuerbefreiung (§ 13d Abs. 1 ErbStG)

Für den Erwerb der zu Wohnzwecken vermieteten Grundstücke wird eine teilweise Steuerbefreiung von 10 % gewährt (§ 13d Abs. 1 ErbStG). In der amtlichen Gesetzesüberschrift ist von einer „*Steuerbefreiung*", im Gesetzestext von einem „*verminderten Wertansatz*" die Rede. Die Finanzverwaltung spricht sowohl von einer Steuerbefreiung für Wohngrundstücke als auch von einem „*Bewertungsabschlag von 10 Prozent*" (R E 13c Abs. 1 S. 1 ErbStR 2011). 100

Die Steuerbefreiung erfolgt unabhängig davon, nach welchem Verfahren der Wert des Grundstücks ermittelt worden ist. 101

Die Steuerbefreiung ist **zwingend**. Ein Antrag des Steuerpflichtigen ist nicht erforderlich. 102

Die Steuerbefreiung ist von **keinerlei Auflagen** oder Bedingungen abhängig (anders als etwa § 13 Abs. 1 Nr. 4b und 4c, § 13a Abs. 6 ErbStG). Die Steuerbefreiung entfällt demnach auch dann nicht, wenn der Erwerber das vermietete Grundstück nach dem Erwerb verkauft oder das Mietverhältnis beendet (siehe R E 13c Abs. 2 S. 2 ErbStR 2011). Der Erwerber kann über das Grundstück somit frei verfügen. 103

Schulden und Lasten, die mit dem vermieteten Grundstück in wirtschaftlichem Zusammenhang stehen, sind nur anteilig (d. h. in Höhe von 90 %) abzugsfähig (§ 10 Abs. 6 S. 5 ErbStG; siehe R E 13c Abs. 7 ErbStR 2011). Der **Pflegefreibetrag** (§ 13 104

Abs. 1 Nr. 9 ErbStG) wird dagegen nicht gekürzt (BFHv. 11.09.2013, II R 37/12, BStBl II 2014, 114 = ZEV 2013, 690 = NJW 2014, 110).

105 Neben der Steuerbefreiung von 10 % erfolgt keine weitere Verschonung, auch keine Tarifbegrenzung (nach § 19a ErbStG).

106-120 Einstweilen frei

6 Erbersatzsteuer für Familienstiftungen (§ 13d Abs. 4 ErbStG)

121 Das Vermögen von inländischen Familienstiftungen unterliegt alle dreißig Jahre einer Erbersatzsteuer (§ 1 Abs. 1 Nr. 4 ErbStG). Bei Familienstiftungen, zu deren Vermögen zu Wohnzwecken vermietete Grundstücke gehören, gilt der Wertabschlag in Höhe von 10 % auch bei der Erbersatzsteuer (§ 13d Abs. 4 ErbStG).

DRITTER TEIL: Berechnung der Steuer (§§ 14–19a)

§ 14 Berücksichtigung früherer Erwerbe

(1) [1]Mehrere innerhalb von zehn Jahren von derselben Person anfallende Vermögensvorteile werden in der Weise zusammengerechnet, daß dem letzten Erwerb die früheren Erwerbe nach ihrem früheren Wert zugerechnet werden. [2]Von der Steuer für den Gesamtbetrag wird die Steuer abgezogen, die für die früheren Erwerbe nach den persönlichen Verhältnissen des Erwerbers und auf der Grundlage der geltenden Vorschriften zur Zeit des letzten Erwerbs zu erheben gewesen wäre. [3]Anstelle der Steuer nach Satz 2 ist die tatsächlich für die in die Zusammenrechnung einbezogenen früheren Erwerbe zu entrichtende Steuer abzuziehen, wenn diese höher ist. [4]Die Steuer, die sich für den letzten Erwerb ohne Zusammenrechnung mit früheren Erwerben ergibt, darf durch den Abzug der Steuer nach Satz 2 oder Satz 3 nicht unterschritten werden. [5]Erwerbe, für die sich nach den steuerlichen Bewertungsgrundsätzen kein positiver Wert ergeben hat, bleiben unberücksichtigt.

(2) [1]Führt der Eintritt eines Ereignisses mit Wirkung für die Vergangenheit zu einer Veränderung des Werts eines früheren, in die Zusammenrechnung einzubeziehenden Erwerbs, endet die Festsetzungsfrist für die Änderung des Bescheids über die Steuerfestsetzung für den späteren Erwerb nach § 175 Abs. 1 Satz 1 Nr. 2 der Abgabenordnung nicht vor dem Ende der für eine Änderung des Bescheids für den früheren Erwerb maßgebenden Festsetzungsfrist. [2]Dasselbe gilt für den Eintritt eines Ereignisses mit Wirkung für die Vergangenheit, soweit es lediglich zu einer Änderung der anrechenbaren Steuer führt.

(3) Die durch jeden weiteren Erwerb veranlaßte Steuer darf nicht mehr betragen als 50 Prozent dieses Erwerbs.

Inhalt		Rz.
1	Allgemeines (Sinn und Zweck)	1–9
2	Voraussetzungen der Zusammenrechnung (§ 14 Abs. 1 Sätze 1 bis 4 ErbStG)	10–50
2.1	Erwerb von derselben Person	10–12
2.2	Mehrere Erwerbe innerhalb von 10 Jahren	13–17
2.2.1	Berechnung der Zehnjahresfrist	13–15
2.2.2	Vorerwerbe mit negativem Steuerwert	16–17
2.3	Durchführung der Zusammenrechnung (§ 14 Abs. 1 Sätze 1 bis 3 ErbStG)	18–29
2.3.1	Maßgebende Steuer für den Gesamtbetrag der Erwerbe	22
2.3.2	Ansatz des Vorerwerbs mit früherem Wert (§ 14 Abs. 1 S. 2 ErbStG)	23
2.3.3	Bedeutung von Gesetzesänderungen für die Zusammenrechnung	24
2.3.4	Fehlerhafte Steuerfestsetzung für den Vorerwerb	25–29

2.4	Ermittlung der fiktiven Abzugssteuer (§ 14 Abs. 1 S. 2 ErbStG)	30–32
2.5	Berücksichtigung der tatsächlich bezahlten höheren Steuer (§ 14 Abs. 1 S. 3 ErbStG)	33–40
2.6	Mindeststeuerbetrag (§ 14 Abs. 1 S. 4 ErbStG)	41–45
2.7	Negative Vorerwerbe (§ 14 Abs. 1 S. 5 ErbStG)	46–48
2.8	Besonderheiten bei einheitlichen Zuwendungen	49–50
3	Einzelfragen der Zusammenrechnung	51–82a
3.1	Übernahme der Schenkungsteuer	52–54
3.2	Zusammenrechnung im Nacherbfall	55–56
3.3	Zusammenrechnung von Erwerben mit Nutzungs- und Rentenlasten	57–58a
3.4	Zusammenrechnung bei Einräumung eines Nutzungsrechts und nachfolgender Substanzschenkung	59–60
3.5	Zusammenrechnung bei Erwerben, die nach §§ 13 a, 19a ErbStG a. F. begünstigt waren	61
3.6	Zusammenrechnung bei überlappenden Zehnjahreszeiträumen	62–69
3.6.1	Der wiederauflebende Freibetrag	65
3.6.2	Anhebung des Steuersatzes	66–69
3.7	Ermittlung der Jahressteuer nach § 23 ErbStG bei Zusammenrechnung mit Vorerwerben	70–76
3.8	Zusammenrechnung bei Auslandsbezug	77–82a
3.8.1	DBA mit Freistellungsmethode	78–80
3.8.2	Zusammenrechnung bei Anrechnung ausländischer Steuer nach § 21 ErbStG	81–82
3.8.3	Zusammenrechnung bei Antragstellung und Option zur unbeschränkten Steuerpflicht, § 2 Abs. 3 ErbStG	82a
4	Zusammenrechnung mehrerer Erwerbe bei gemischter Schenkung und Schenkung unter Auflage	82b–82e
5	Besondere Festsetzungsfrist (§ 14 Abs. 2 ErbStG)	83–85
6	Höchstbetrag (§ 14 Abs. 3 ErbStG)	86–88

Schrifttum

Beyer, Falsche Angaben zu Vorschenkungen – Mehrfache Steuerhinterziehung und Verwertungsverbot, BB 2015, 3040; *Brüggemann*, Vor- und Nacherbschaft: Wie und wann sind Vorerwerbe innerhalb von 10 Jahren zu erfassen, ErbBstg 2010, 272; *ders.*, Nochmals: Wie und wann Vorerwerbe innerhalb von 10 Jahren zu erfassen sind, ErbBstg 2011, 44; *Esskandari/Bick*, BGH v. 10.2.2015 – 1 StR 405/15: Steuerhinterziehung und § 14 ErbStG, ErbStB 2015, 299; *Fiedler*, Entwurf eines Steueränderungsgesetzes 2001: Wegfall des 2/3-Wertes und verbleibende erbschaftsteuerliche Besonderheiten bei der Bewertung von Lebensversicherungen, DStR 2001, 1648; *Gebel*, Zusammenfassung mehrerer Zuwendungen bei der Steuerberechnung und der Steuerfestsetzung, ZEV 2001, 213; *Geck/Messmer*, ZEV-Report Steuerrecht, ZEV 2000, 271; *Götz*, Besonderheiten bei der Zusammenrechnung mehrerer Schenkungen nach § 14 ErbStG, ZEV 2001, 9; *ders.*, Praxisfragen zur Behandlung von Vorerwerben bei § 14 ErbStG, ZEV 2008, 29; *ders.*, Kann vor dem 01.01.1994 unentgeltlich erworbenes Betriebsvermögen wegen § 14 ErbStG rückwirkend nach § 13 a ErbStG begünstigt werden?, BB 2006, 1080; ders., Die Ermittlung der Jahressteuer nach § 23 ErbStG bei Zusammenrechnung mit Vorerwerben, ZEV 2006, 260; *ders.*, Schenkungsteuerliche Folgen eines Verzichts auf ein vorbehaltenes Nießbrauchsrecht, ZEV 2009, 609; *ders.*, Schenkungen im Zehnjahrestakt, Erbrecht effektiv 2011, 30; *Halaczinski*, Berücksichtigung früherer Erwerbe gemäß § 14 ErbStG, ErbStB 2006, 187; *Hellwege*, Nichtanrechnung spanischer ErbSt auf Kapitalforderungen, ErbStB 2009, 252; *Höhne*, Zusammenrechnung mehrerer Erwerbe nach § 14 ErbStG, NWB-EV 2012, 54; *Jülicher*, Ungelöste Probleme im Labyrinth des § 14 ErbStG, ZEV 1997, 275; *ders.*, Vorzeitiger Verzicht auf einen Nießbrauchsvorbehalt, ZErb 2004, 198; *Loy*, Fehlerhaft besteuerte/nicht festgesetzte Vorerwerbe, ErbStB 2007, 176; *Meincke*, Zusammenrechnung mehrerer Erwerbe im Erbschaft- und Schenkungsteuerrecht, DStR 2007, 273; *Moench/Stempel*, Vermögensübertragungen vor und nach der Erbschaftsteuerreform, DStR 2008, 170; Ramb, Gemischte Schenkung und Schenkung unter Auflage, NWB 2012, 138-149; *Rose*, Vorteilhafte Zusammenrechnung mehrerer Erwerbe im neuen Erbschaftsteuerrecht, DB 1997, 1485; *Spiegelberger* in Festschrift für Spindler, 2011, Rechtsmissbräuchlicher Gesamtplan bei Kettenschenkung, S. 808-819; *Wenhardt*, Kettenschenkungen in der Gestaltungspraxis, ErbStB 2007, 40; *ders.*, In welchen Fällen lohnt sich eine Option zur unbeschränkten ErbSt-Pflicht?, GStB 2013, 19; *Werz/Sager*, Die Zusammenrechnung nach § 14 ErbStG bei Auslandssachverhalten, ErbStB 2010, 304; *Winter*, § 14 ErbStG: Zusammenrechnung von Erwerben vor und nach Inkrafttreten des ErbStRG, ErbBstg 2010, 283.

1   Allgemeines (Sinn und Zweck)

Die Vorschrift steht zu Beginn des Dritten Abschnittes „Berechnung der Steuer" und regelt die Zusammenrechnung mehrerer Erwerbe, die von derselben Person innerhalb von 10 Jahren anfallen.

1

Zweck der Vorschrift ist es, Vorteile auszuschließen, die durch die Aufteilung einer beabsichtigten Zuwendung in mehrere zeitlich aufeinander folgende Teilübertragungen eintreten könnten. Ohne die gesetzlich angeordnete Zusammenrechnung der Erwerbe im Zehnjahreszeitraum könnte die Steuerbelastung reduziert werden, weil die Freibeträge (§ 16 ErbStG) bei jedem Einzelerwerb abgezogen würden und zudem niedrigere Steuersätze erreichbar wären (*Knobel*, in V/K/S/W, ErbStG, 2012, § 14 Rz. 2).

2

Die gesetzlich angeordnete Zusammenrechnung bewirkt, dass die Freibeträge (insbesondere die persönlichen nach § 16 ErbStG) innerhalb des Zehnjahreszeitraums nur einmal abgezogen werden können und sich beim Steuersatz kein Progressionsvorteil ergibt.

3

Die Zusammenrechnung erweist sich jedoch nicht in jedem Fall als nachteilig für den Steuerpflichtigen. Insbesondere dann, wenn infolge einer Gesetzesänderung höhere persönliche Freibeträge (so z.B. mit Wirkung ab dem 1.1.1996 und seit 1.1.2009) gewährt werden, können sich nach dem Inkrafttreten der Neuregelung „Steuerüberhänge" ergeben, die eine sog. steuerfreie Nachschenkung (*Götz*, ZEV 2001, 9) erlauben.

4

5 Um dieses nach der letzten Erbschaftsteuerreform ab 1.1.1996 häufig genutzte Gestaltungsmittel zu unterbinden, ist in dem seit 1.1.2009 geltenden Erbschaftsteuerrecht der Abzug der Steuer, die **auf dem Vorerwerb** lastet, begrenzt worden (§ 14 Abs. 1 Satz 4 ErbStG). Die Steuer, die sich nach den geltenden Vorschriften für den Letzterwerb (ohne Zusammenrechnung mit dem Vorerwerb) ergibt, bildet die Untergrenze der für diesen Erwerb festzusetzenden Steuer. Damit hat die steuerfreie Nachschenkung seit 1.1.2009 an Bedeutung verloren.

6 Die differenzierte Regelung zur Entstehung der Steuer bei Erwerben von Todes wegen (§ 9 Abs. 1 Nr. 1 ErbStG) kann dazu führen, dass es nach dem Tod des Erblassers zu mehreren zeitlich einander folgenden Erwerben von Todes wegen kommt. Dies ist z. B. der Fall, wenn ein einzelner Vermögensgegenstand unter einer aufschiebenden Bedingung erworben wird. Mit dem Eintritt der Bedingung kommt es zu einem eigenen Steuerfall (*Gebel*, in T/G/J, ErbStG, § 9 Tz. 35). Liegt der Zeitpunkt der Steuerentstehung außerhalb des Zehnjahreszeitraums nach dem Erbfall, ist eine Zusammenfassung mit dem ursprünglichen Erwerb von Todes wegen nicht mehr möglich und die persönlichen Freibeträge (im Verhältnis zum Erblasser) können erneut genutzt werden (*Weinmann*, in Moench/Weinmann, ErbStG, § 14 Rz. 1b). Die auch als sog „postmortaler Dekadensprung" oder „postmortaler Freibetrag" (Fiedler, DStR 2001, 1648, 1651) bezeichnete Rechtsfolge erlaubt eine legale Steuervermeidung durch entsprechende testamentarische Anordnungen.

Beispiel:
Die verwitwete M hat ihrer einzigen Tochter T im Januar 2007 205.000 EUR geschenkt. M verstirbt im August 2016; sie hat ihren Lebensgefährten L als Alleinerben eingesetzt. Der Pflichtteilsanspruch der T beträgt unstrittig 700.000 EUR.

Lösung:

Macht T den Pflichtteil in 2016 geltend, versteuert sie wie folgt:

Vorschenkung	205.000 EUR
Pflichtteil	700.000 EUR
Erwerb	905.000 EUR
Freibetrag § 16 Abs. 1 Nr. 2 ErbStG	- 400.000 EUR
Steuerpflichtiger Erwerb	505.000 EUR
Steuersatz in St.Kl. I: 15 %	
Festgesetzte Steuer 2016:	75.750 EUR

Hinweis: Die tatsächliche und fiktive Steuer auf den Vorerwerb gem. § 14 Abs. 1 S. 2 und 3 ErbStG ist je 0 EUR.

Abwandlung:
Macht T hingegen den Pflichtteil erst im Februar 2017 geltend, versteuert sie wie folgt:

Vorschenkung (Januar 2007)	0 EUR
Pflichtteil	700.000 EUR
Erwerb	700.000 EUR
Freibetrag § 16 Abs. 1 Nr. 2 ErbStG	- 400.000 EUR
Steuerpflichtiger Erwerb	300.000 EUR
Steuersatz in St.Kl. I: 11 %	
Festgesetzte Steuer 2017:	33.000 EUR

Hinweis: Die Ersparnis von 42.750 EUR ergibt sich dadurch, dass eine Zusammenrechnung nach § 14 ErbStG vermieden wird, da „nur" und erst der geltend gemachte Pflichtteil die Steuerpflicht auslöst. Der Pflichtteilsberechtigte kann u. U. die Steuerlast durch bloßes Zuwarten hinsichtlich der Geltendmachung seines Anspruchs senken (Es ist die allgemeine dreijährige Verjährung des Pflichtteilsanspruchs zu beachten; vgl. *Müller*, in Burandt/Rojahn, Erbrecht, § 2317 Rz. 24).

Verfahrenstechnisch wird die Zusammenrechnung dadurch vollzogen, dass alle Erwerbe, die einer Person innerhalb des festgelegten Zeitraums von zehn Jahren anfallen, zusammengerechnet werden und vom „Gesamterwerb" eine „einzige" Steuer berechnet wird. Zwar bezeichnet das Gesetz in § 14 Abs. 1 S. 2 ErbStG als „Gesamtbetrag" die Summe aus Vorerwerb und Nacherwerb; nachfolgend wird stattdessen der Begriff des „Gesamterwerbs" hierfür verwandt, da er treffender die Zusammenrechnungskonstellation (nämlich das Ergebnis einer Addition mehrerer Erwerbe) wiedergibt. Die einzelnen Erwerbe behalten ungeachtet dieser gesetzlich angeordneten Zusammenrechnung ihren Charakter als selbstständige steuerpflichtige Vorgänge (BFH v. 17.4.1991, II R 121/88, BStBl II 1991, 522; v. 7.10.1998, II R 64/96, BStBl II 1999, 25; v. 17.10.2001, II R 17/00, BStBl II 2000, 52; R E 14.1 Abs. 1 S. 2 ErbStR 2011).

Folge der Selbstständigkeit jedes einzelnen steuerpflichtigen Erwerbs ist weiter, dass in einem Erbschaftsteuerbescheid, der für einen Letzterwerb von Todes wegen ergeht, oder einem Schenkungsteuerbescheid, der für einen Letzterwerb in Form einer Schenkung ergeht, eine zusammenfassende Steuerfestsetzung für weitere Erwerbe (Vorschenkungen) nicht zulässig ist (BFH v. 6.6.2007, II R 17/06, DStR 2007, 2060; v. 24.8.2005, II R 16/02, BStBl II 2006, 36). Soweit eine Steuerfestsetzung auf der Zusammenrechnung eines aktuellen Erwerbs mit einem früheren Erwerb (Vorschenkung) beruht, ohne einen Steuerabzug für die Vorschenkung vorzunehmen, ist sie wegen Verstoßes gegen § 14 Abs. 1 ErbStG rechtswidrig (*Weinmann*, in Moench/Weinmann, ErbStG, § 14 Rz. 2).

Die Anwendung der Vorschrift bereitet nur Probleme, wenn sich zwischen den Vorerwerben und dem Nacherwerb die Besteuerungsregeln oder die persönlichen Verhältnisse der Beteiligten ändern. Bei unveränderten Verhältnissen verursacht die Zusammenrechnung in der Regel hingegen keine Schwierigkeiten (ebenso *Weinmann*, in Moench/Weinmann, ErbStG, § 14 Rz. 3).

2 Voraussetzungen der Zusammenrechnung (§ 14 Abs. 1 Sätze 1 bis 4 ErbStG)

2.1 Erwerb von derselben Person

10 Eine Zusammenrechnung erfolgt nur, wenn die mindestens **zwei Erwerbe von derselben Person** stammen. Es müssen Zuwendender und Empfänger je ein und dieselbe Person sein. Die Abfindung, die ein künftiger gesetzlicher Erbe an einen anderen Erben für den Verzicht auf einen künftigen Pflichtteilsanspruch zahlt, ist eine freigebige Zuwendung des künftigen gesetzlichen Erben an den anderen. Dennoch richtet sich (nur) die Steuerklasse nicht nach dem Verhältnis des Zuwendungsempfängers (Verzichtenden) zum Zahlenden, sondern zum künftigen Erblasser (BFH v. 16.5.2013, II R 21/11, BStBl II 2013, 922). Das FG Münster geht davon aus, dass in diesen Fällen für Zwecke der Besteuerung Vorschenkungen des künftigen Erblassers an den Verzichtenden nicht zu berücksichtigen sind (FG Münster v. 26.2.2015, 3 K 3065/14 Erb, EFG 2015, 1108 (nrk., Az. BFH: II R 25/15)) (*Knobel*, in V/K/S/W, ErbStG, 2012, § 14 Rz. 5).

11 Bei Zuwendungen von Eltern an Kinder kann dies zu Unklarheiten führen, wenn nicht eindeutig klar ist, ob nur ein Elternteil zugewendet hat, oder ob beide je hälftig als Schenker anzusehen sind.

12 Da die Zwischenschaltung von Personen auf der Schenkerseite (sog. Kettenschenkung) zu günstigeren Ergebnissen führt, sind derartige Gestaltungen immer wieder Gegenstand von Diskussionen mit der FinVerw. und beschäftigten auch wiederholt die Finanzgerichte (BFH v. 6.5.2015, II R 35/13, BFH/NV 2015, 1412; BFH v. 18.7.2013, II R 37/11, BStBl II 2013, 934; BFH v. 30.11.2011, II B 60/11, BFH/NV 2012, 580; BFH v. 10.3.2005, II R 54/03, BStBl II 2005, 412; BFH v. 22.12.2004, II R 166/03, BFH/NV 2005, 705; *Spiegelberger*, in FS für Spindler, 2011, 809). Insbesondere im Fall der Einschaltung des anderen Ehegatten bei Zuwendungen an gemeinsame Kinder ist Vorsicht geboten (FG Niedersachsen v. 16.6.2011, 3 K 136/11, UVR 2011, 331, rkr. vgl. BFH v. 28.3.2012, II R 43/11, BStBl II 2012, 599; *Knobel*, in V/K/S/W, ErbStG, 2012, § 14 Rz. 7).

2.2 Mehrere Erwerbe innerhalb von 10 Jahren

2.2.1 Berechnung der Zehnjahresfrist

13 Die Berechnung der Zehnjahresfrist bereitet in der Praxis selten Probleme. Abzustellen ist auf den Zeitpunkt der Entstehung der Steuer für den jeweiligen Erwerb. Im Erbfall ist dies regelmäßig der Todestag (§ 9 Abs. 1 ErbStG), bei Schenkungen der Tag der Ausführung.

14 **Unsicherheiten** bestanden bisher im Fall der Notwendigkeit einer taggenauen Berechnung. Denn die Anwendbarkeit von § 187 BGB war unklar. Der BFH hat diese Unklarheiten beseitigt und die Frage im Sinne der herrschenden Literaturmeinung beantwortet. Bei der Rückwärtsberechnung des Zehnjahreszeitraums ist demnach der Tag des letzten Erwerbs mitzuzählen und § 108 Abs. 3 AO ist nicht anwendbar (BFH v. 28.3.2012, II R 43/11, BStBl II 2012, 599; *Knobel*, in V/K/S/W, ErbStG, 2012, § 14 Rz. 10). Bei einer Schenkung am 31.12.2012 würde der Rückrechnungszeitraum mit dem Letzterwerb am 31.12.2012 um 24 Uhr beginnen und

Berücksichtigung früherer Erwerbe § 14

am 1.1.2003, 0:00 Uhr, enden. Eine Zuwendung, die am 31.12.2002 erfolgt war, wäre bereits nicht mehr einzubeziehen. Damit sind z.B. Zuwendungen an Kinder jeweils zum 10. Geburtstag, zum 20. Geburtstag usw., nunmehr unproblematisch möglich.

Nach zutreffender Ansicht ist es möglich, z.B. an ein Kind alle 10 Jahre anlässlich des Geburtstags außerhalb des Anwendungsbereichs des § 14 ErbStG zu schenken. Wird etwa an ein Kind eine Schenkung anlässlich seines 10. Geburtstags am 25.11.2006 in Höhe der persönlichen Freibeträge getätigt und erfolgt die weitere Schenkung zum 20. Geburtstag am 25.11.2016, dann erlaubt dies die erneute Ausnutzung der persönlichen Freibeträge (*Jülicher*, in T/G/J, ErbStG, § 14 Rz. 7; *Meincke*, ErbStG, 2012, § 14 Rz. 8; kritisch *Weinmann*, in Moench/Weinmann, ErbStG, § 14 Rz. 6). Mit der Zuwendung müsste im Beispiel also nicht bis zum 26.11.2016 gewartet werden. **15**

2.2.2 Vorerwerbe mit negativem Steuerwert

Die Zusammenrechnung unterbleibt, wenn der Vorerwerb negativ war. Diese in § 14 Abs. 1 S. 5 ErbStG (bis 31.12.2008: S. 4) angeordnete Regelung ist an sich nicht weiter überraschend, denn für einen Erwerb mit einem Steuerwert von Null oder Minus wird keine Steuer festgesetzt. **16**

Die Bedeutung der Vorschrift kommt indes dann zum Tragen, wenn mehrere Schenkungen in kurzen Abständen erfolgen und zu diskutieren ist, ob es eine **einheitliche Zuwendung** war, oder ob tatsächlich eigenständige Einzel(vor)erwerbe gegeben sind (vgl. hierzu Rz. 49 f.). **17**

2.3 Durchführung der Zusammenrechnung (§ 14 Abs. 1 Sätze 1 bis 3 ErbStG)

Die Zusammenrechnung hat für alle Erwerbe zu erfolgen, die – berechnet vom letzten Erwerb an – nicht mehr als 10 Jahre zurückliegen. Die Addition der einzelnen Erwerbe hat dergestalt zu erfolgen, dass der bei den früheren Zuwendungen (Vorerwerbe) berücksichtigte persönliche Freibetrag nach § 16 ErbStG zunächst unbeachtet bleibt. Die Vorerwerbe werden also mit ihrem damaligen steuerlichen Wert dem Letzterwerb hinzugerechnet und erst von der Summe der „Bruttoerwerbe" wird der im Zeitpunkt des Letzterwerbs gültige Freibetrag nach § 16 ErbStG einmal abgezogen. **18**

Beispiel: Zusammenrechnung von Erwerben nach § 14 ErbStG
Erwerb vom Ehegatten: nur begünstigtes Betriebsvermögen

1. Steuer auf den Vorerwerb		
Schenkung 2008		
Betriebsvermögen		10.000.000 EUR
BV Freibetrag		- 225.000 EUR
		9.775.000 EUR
Abschlag 35 %		- 3421.250 EUR

Götz 1037

Steuerpflichtiges Betriebsvermögen	6.353.750 EUR	
Persönlicher Freibetrag StKl I	- 307.000 EUR	
Steuerpflichtiger Erwerb	6.046.750 EUR	
Abgerundet	6.046.700 EUR	
Steuer 2008 nach StKl. I	1.390.741 EUR	
2. Steuer auf Gesamterwerb		
Schenkung 2015		
Betriebsvermögen	10.000.000 EUR	
Regelverschonung 85 %	- 8.500.000 EUR	
	1.500.000 EUR	
steuerpflichtiges Betriebsvermögen 2015	1.500.000 EUR	
steuerpflichtiges Betriebsvermögen 2008	6.353.750 EUR	
Gesamterwerb	7.853.750 EUR	
Persönlicher Freibetrag StKl. I	- 500.000 EUR	
steuerpflichtiger Gesamterwerb 2015	7.353.750 EUR	
Abgerundet	7.353.700 EUR	
Steuer nach StKl. I (23 %)		1.691.351 EUR
3. Berechnung Anrechnungsbetrag		
a) fiktive Steuer 2015 auf Vorerwerb		
Betriebsvermögen 2008	10.000.000 EUR	
Freibetrag Betriebsvermögen	- 225.000 EUR	
	9.775.000 EUR	
Abschlag 35 %	- 3.421.250 EUR	
steuerpflichtiges Betriebsvermögen	6.353.750 EUR	
Persönlicher Freibetrag StKl. I	- 500.000 EUR	

Berücksichtigung früherer Erwerbe § 14

steuerpflichtiger Erwerb	5.853.750 EUR	
Abgerundet	5.853.700 EUR	
fiktive Steuer 2015 (19 %)	1.112.203 EUR	
b) tatsächliche Steuer auf Vorerwerb) (vgl. 1.)	1.390.741 EUR	
Anzurechnen ist die höhere tatsächliche Steuer 2004		- 1.390.741 EUR
4. Festzusetzende Steuer 2015 (die Mindeststeuer nach § 14 Abs. 1 S. 4 ErbStG beträgt: Erwerb 2015 von 1.500.000 Mio. EUR ./. Freibetrag 500.000 EUR = 1.000.000 Mio. EUR. Bei einem Steuersatz von 19 % beträgt die Mindeststeuer 190.000 EUR)		300.610 EUR

Weitere Folge der eingeschränkten Wirkung der Zusammenrechnung ist, dass es auf die Bestandskraft vorangegangener Steuerbescheide nicht ankommt. Losgelöst von allen Fragen der Festsetzungsverjährung ist die Zusammenrechnung im Zehnjahreszeitraum durchzuführen. Ist z.B. eine Festsetzung für den Vorerwerb unterblieben, weil das Finanzamt etwa auf die Anzeige des Steuerpflichtigen nach § 30 ErbStG bzw. die des Notars nach § 34 ErbStG nicht reagiert hat, mag zwar die eingetretene Festsetzungsverjährung einer nachträglichen Steuerfestsetzung für den Vorerwerb entgegenstehen. Die Berücksichtigung des Vorerwerbs bei der Ermittlung der Steuer auf den Gesamterwerb bleibt nach einhelliger Ansicht dennoch möglich (*Jülicher*, in T/G/J, ErbStG, § 14 Rz. 29; *Loy*, ErbStB 2007, 176). Denn die in § 14 Abs. 1 S. 1 ErbStG angeordnete Zusammenrechnung eines Nacherwerbs mit einem Vorerwerb durchbricht nicht die in § 169 AO geregelte Festsetzungsverjährung. Sie erlaubt vielmehr „nur" die Einbeziehung des Vorerwerbs als „Rechnungsgröße" in die Ermittlung des Gesamterwerbs ungeachtet verfahrensrechtlicher Vorfragen. 19

War der Ersterwerb aufgrund einer **qualitativen Steuerbefreiung** (z.B. §§ 13, 13a ErbStG) nicht steuerpflichtig, scheidet ebenfalls eine Berücksichtigung als Vorerwerb aus (*Meincke*, ErbStG, 2012, § 14 Rz. 5; *Weinmann*, in Moench/Weinmann, ErbStG, § 14 Rz. 12). 20

Im Hinblick auf die mit Wirkung ab dem 1.1.2009 neu gefassten Missbrauchsvorschriften in § 13a Abs. 5 (ab 1.7.2016: Abs. 6) sowie § 19a Abs. 5 ErbStG, die zu einer 21 rückwirkenden Anpassung der Steuerfestsetzung für den Vorerwerb führen, hat der Gesetzgeber auch § 14 ErbStG angepasst und einen neuen Absatz 2 eingefügt (im Einzelnen vgl. Rz. 83). Die gesetzliche Regelung war aber nur deshalb erforderlich, weil es nach § 13a Abs. 5 (ab 1.7.2016: Abs. 6) ErbStG sowie § 19a Abs. 5 ErbStG zu einer **rückwirkenden** Korrektur eines Vorerwerbs kommen kann, wenn bestimmte Voraussetzungen (z.B. Lohnsummenverstoß) eingetreten sind. Die (ausnahmsweise) rückwirkende Korrektur eines Steuerbescheids ist auf die Fälle beschränkt, in denen das Gesetz ausdrücklich eine Rückwirkung (wie z.B. in § 13a Abs. 5 (ab 1.7.2016: Abs. 6) ErbStG sowie § 19a Abs. 5 ErbStG) vorsieht. Insoweit beschränkt sich der Anwendungsbereich der Neuregelung auf diese gesondert angeordneten Fälle.

2.3.1 Maßgebende Steuer für den Gesamtbetrag der Erwerbe

22 Nach § 14 Abs. 1 S. 1 ErbStG werden Vor- und Nacherwerbe dergestalt verknüpft, dass sämtliche zusammengerechneten Erwerbe unter Berücksichtigung der gesetzlichen und persönlichen Verhältnisse im Zeitpunkt des Letzterwerbs zusammengefasst werden (sog. Letzterwerbsbetrachtung). Die Steuer auf den „Gesamtbetrag" wird dann unter Heranziehung der zu diesem Zeitpunkt gültigen Freibeträge und Steuersätze ermittelt.

2.3.2 Ansatz des Vorerwerbs mit früherem Wert (§ 14 Abs. 1 S. 2 ErbStG)

23 Ungeachtet der Zusammenrechnungsbestimmung behalten die einzelnen Erwerbe ihre Selbstständigkeit. Dies wird insbesondere daran deutlich, dass die Vorerwerbe mit dem früheren Wert (zum Zeitpunkt der Schenkung) anzusetzen sind. Wertänderungen in der Zwischenzeit, auch solche, die auf veränderte Bewertungsregelungen im BewG zurückzuführen sind, bleiben unbeachtlich. Zu der Folge von Gesetzesänderungen vgl. nachfolgende Rz. 24.

2.3.3 Bedeutung von Gesetzesänderungen für die Zusammenrechnung

24 Gesetzesänderungen sind für die Zusammenrechnung ebenfalls ohne Relevanz. Waren z.B. vor 1996 für die Grundstücksbewertung die Einheitswerte maßgeblich, so waren im Zusammenrechnungsfall für Letzterwerbe bis 31.12.2005 diese niedrigen Werte in die Zusammenrechnung dergestalt einzubeziehen, dass der Grundstücks-Vorerwerb mit dem Einheitswert hinzuzurechnen war. Die Tatsache, dass Grundstücke nach dem 31.12.1995 nicht mehr mit dem Einheitswert zu bewerten waren, spielte keine Rolle. Entsprechendes gilt für Erwerbe von Grundvermögen, für die noch die bis 31.12.2008 relevanten Grundbesitzwerte anzusetzen waren. Auch diese im Verhältnis zum Verkehrswert regelmäßig niedrigen Werte sind in Zusammenrechnungsfällen mit Erwerben nach dem 1.1.2009 weiterhin maßgebend (R E 14.1 Abs. 2 S. 2 ErbStR 2011).

2.3.4 Fehlerhafte Steuerfestsetzung für den Vorerwerb

25 In der Praxis anzutreffen sind Fälle, bei denen die im Steuerbescheid für den Vorerwerb ausgewiesene schenkungsteuerliche Bemessungsgrundlage unrichtig war.

Berücksichtigung früherer Erwerbe § 14

Dies können Konstellationen sein, bei denen z. B. ein Grundbesitzwert, der Wert des Betriebsvermögens oder ein Stuttgarter Verfahrenswert materiell-rechtlich unzutreffend ermittelt wurden. In diesen Fällen stellt sich die Frage, ob die bei der Festsetzung des Vorerwerbs unterlaufenen Fehler berichtigt werden können oder gleichsam unkorrigiert in die Zusammenrechnung gem. § 14 Abs. 1 ErbStG eingehen müssen.

Es besteht weitgehend Einigkeit, dass Vorerwerbe in die Zusammenrechnung stets mit dem **materiell-rechtlich zutreffenden** Wert einzubeziehen sind. Die Bestandskraft des Bescheids über den Vorerwerb ist hinsichtlich der dort getroffenen Feststellungen bedeutungslos, weil dessen Wertansätze bei der Berechnung der Steuer für den Gesamterwerb nicht 1 : 1 zu übernehmen sind. Denn der Vorerwerbs-Steuerbescheid erzeugt **keine Bindungswirkung** i.S. eines Grundlagenbescheids (FG Hessen v. 22.3.2016, 1 K 2014/16, EFG 2016, 1277, nrk., Az. BFH: II R 18/16; FG Nürnberg v. 25.6.2015, 4 K 114/14, EFG 2015, 2038, nrk., Az. BFH: II R 45/15; *Weinmann*, in Moench/Weinmann, ErbStG, § 14 Rz. 34; BFH v. 17.4.1991, II R 121/88, BStBl II 1991, 522; *Loy*, ErbStB 2007, 176). 26

Die einzelnen Erwerbe unterliegen als selbstständige steuerpflichtige Vorgänge (§ 1 Abs. 1 ErbStG) jeweils für sich der Steuer; denn die Steuer entsteht für jeden einheitlichen Rechtsübergang jeweils mit der Verwirklichung des gesetzlichen Tatbestands. Auch § 14 Abs. 1 S. 1 ErbStG ändert nach Ansicht des BFH hieran nichts; durch diese Vorschrift würden weder die früheren Steuerfestsetzungen mit der Steuerfestsetzung für den letzten Erwerb zusammengefasst noch würden die einzelnen Erwerbe innerhalb eines Zehnjahreszeitraums zu einem einheitlichen Erwerb verbunden. Die Vorschrift treffe lediglich eine besondere Anordnung für die Berechnung der Steuer, die für den (jeweils) letzten Erwerb innerhalb des Zehnjahreszeitraums festzusetzen sei (BFH v. 17.4.1991, II R 121/88, BStBl II 1991, 522). 27

Ganz überwiegend wird diese Entscheidung dahin verstanden, dass eine Fehlerkorrektur – bezogen auf den Vorerwerb – im Rahmen des § 14 ErbStG grundsätzlich möglich ist (*Knobel*, in V/K/S/W, 2012, ErbStG, § 14 Rz. 18; *Götz*, ZEV 2008, 29). 28

Beratungshinweis: 29

Für den steuerlichen Berater bedeutet dies, dass er z.B. gegen den Wertansatz des Vorerwerbs bislang nicht vorgebrachte Bedenken nunmehr äußern muss, um so eine Korrektur des in die Zusammenrechnung einfließenden Wertansatzes zu erreichen. Ein Schenkungsteuerbescheid, der die **rückgängig gemachte Schenkung** eines mit einem Nießbrauchsrecht zugunsten Dritter belasteten Grundstücks als Vorerwerb berücksichtigt, ist nach Aufhebung des Schenkungsteuerbescheids bezüglich der Grundstücksschenkung gem. § 29 Abs. 2 ErbStG i.V.m. § 175 Abs. 1 S. 1 Nr. 2 AO zu ändern (FG Schleswig-Holstein v. 9.10.2008, 3 K 111/06 (rkr.), EFG 2009, 40).

2.4 Ermittlung der fiktiven Abzugssteuer (§ 14 Abs. 1 S. 2 ErbStG)

Nach dem Gesetzeswortlaut wird von der Steuer für den Gesamterwerb die Steuer abgezogen, die „für die früheren Erwerbe nach den persönlichen Verhältnissen des Erwerbers und auf der Grundlage der geltenden Vorschriften zur Zeit des letzten Erwerbs zu erheben gewesen wäre". Haben sich die persönlichen Verhältnisse des 30

§ 14   Berücksichtigung früherer Erwerbe

Erwerbers oder die anwendbaren Gesetzesregeln geändert, wirkt sich diese Veränderung insoweit aus, als die Steuer auf den Vorerwerb so ermittelt wird, als habe bereits zum Zeitpunkt des Vorerwerbs die z. B. günstigere Steuerklasse oder der höhere Freibetrag gegolten. Hat es hingegen keine Veränderung der persönlichen Verhältnisse und Besteuerungsregeln gegeben, ist die berechnete fiktive Steuer im Regelfall mit der tatsächlich zu entrichtenden Steuer identisch.

31 Unklar ist, wie und ob überhaupt die fiktive Steuer zu ermitteln ist, wenn der Vorerwerb nicht besteuert worden war. Die fiktive Steuer, die auf dem Vorerwerb lastet, ist nach dem Gesetzeswortlaut von der Steuer auf den Gesamterwerb in Abzug zu bringen. Es kommt danach also nicht darauf an, dass der Vorerwerb in einer Schenkungsteuerfestsetzung enthalten ist. Im Ergebnis geht die überwiegende Auffassung zu Recht davon aus, dass die Nichtbesteuerung des Vorerwerbs für die Ermittlung der fiktiven Steuer ohne Konsequenzen bleibt (*Götz*, ZEV 2008, 29, 30). Da bei dieser Fallgruppe mangels durchgeführter Festsetzung eine tatsächlich bezahlte Steuer (§ 14 Abs. 1 S. 3 ErbStG) nicht vorkommen kann, kommt es bei diesen Zusammenrechnungsfällen „nur" zu einer Anrechnung der auf dem Vorerwerb lastenden fiktiven Steuer nach § 14 Abs. 1 S. 2 ErbStG. Die Günstigerprüfung nach S. 3 entfällt hier.

32 Nach vorherrschender Ansicht ist es für die Ermittlung der fiktiven Steuer unbeachtlich, ob der Vorerwerb im damaligen Schenkungsteuerbescheid wertmäßig zutreffend angesetzt worden war oder nicht. Ist z. B. ein Grundstück wertmäßig mit 400.000 EUR in den Steuerbescheid für den Vorerwerb im Jahr 2000 eingegangen und stellt sich bei der Ermittlung des Gesamterwerbs heraus, dass dieses Grundstück im Zeitpunkt der Zuwendung in 2000 nur einen Grundbesitzwert von 380.000 EUR hatte, ist die fiktive Steuer auf Basis eines Vorerwerbs von 380.000 EUR zu ermitteln. Nur diese so ermittelte materiell-rechtlich zutreffende Schenkungsteuer ist dann als Steuer i. S. d. § 14 Abs. 1 S. 2 ErbStG – vorbehaltlich der Anwendung von § 14 Abs. 1 S. 3 ErbStG – von der Steuer des Gesamterwerbs abzuziehen (*Halaczinski*, ErbStB 2006, 187, 189).

2.5 Berücksichtigung der tatsächlich bezahlten höheren Steuer (§ 14 Abs. 1 S. 3 ErbStG)

33 Zum Vorteil der Steuerpflichtigen lässt § 14 Abs. 1 S. 3 ErbStG zu, dass eine die fiktive Steuer nach S. 2 übersteigende, für den Vorerwerb „zu entrichtende" Steuer, abzugsfähig ist. Demnach verlangt § 14 Abs. 1 S. 3 ErbStG stets zwei – von Amts wegen durchzuführende – Steuerberechnungen, wobei der höhere Steuerbetrag anzurechnen ist.

34 **Beispiel 1: Zusammenrechnung von Erwerben nach § 14 ErbStG**
Steuerklassenwechsel zwischen Schenkungen: III -> I
Erwerb: ohne begünstigtes Betriebsvermögen
H schenkt seiner Freundin F in 2004 10.000.000 EUR. In 2006 heiraten sie. In 2008 erhält F von H weitere 10.000.000 EUR.

Berücksichtigung früherer Erwerbe § 14

1. Steuer auf Vorerwerb 2004		
Schenkung 2004		
Erwerb	10.000.000 EUR	
Persönlicher Freibetrag StKl III	- 5.200 EUR	
steuerpflichtiger Erwerb	9.994.800 EUR	
Steuersatz StKl III	41 %	
Steuer 2004 nach StKl. III	4.097.868 EUR	

2. Steuer auf Gesamterwerb 2008		
Schenkung 2008		
Erwerb 2004	10.000.000 EUR	
Erwerb 2008	10.000.000 EUR	
Gesamterwerb	20.000.000 EUR	
Persönlicher Freibetrag StKl I	- 307.000 EUR	
steuerpflichtiger Gesamterwerb	19.693.000 EUR	
Steuer nach StKl. I		5.317.110 EUR

3. Berechnung Anrechnungsbetrag		
a) fiktive Steuer 2004 auf Vorerwerb		
Erwerb 2004	10.000.000 EUR	
Persönlicher Freibetrag StKl I; an sich 307.000 EUR, aber max. in Anspruch genommener persönlicher Freibetrag (StKl III) von 5.200 EUR	- 5.200 EUR	
steuerpflichtiger Erwerb	9.994.800 EUR	
Steuersatz StKl. I	23 %	
fiktive Schenkungsteuer	2.298.804 EUR	

Götz 1043

b) tatsächliche Schenkungsteuer, die für den Vorerwerb 2004 bezahlt wurde (vgl. 1.)	4.097.868 EUR	
Anzurechnen ist die (höhere) tatsächlich für den Erwerb aus 2004 bezahlte Schenkungsteuer		- 4.097.868 EUR
4. Festzusetzende Schenkungsteuer 2008		1.219.242 EUR

Beispiel 2: Zusammenrechnung von Erwerben nach § 14 ErbStG
Steuerklassenwechsel zwischen Schenkungen: III -> I
Erwerb: ohne begünstigtes Betriebsvermögen
A schenkt F, mit der er nicht verheiratet ist, im Jahr 2000 102.350 EUR. Vorschenkungen liegen nicht vor. Im Jahr 2001 heiraten A und F. Im Jahr 2002 schenkt A an F weitere 266.800 EUR. Weitere Schenkungen an F erfolgen in den Jahren 2003 (300.000 EUR) und 2009 (431.000 EUR).

Schenkung 2000	102.350 EUR
Vorschenkung	0 EUR
Freibetrag § 16 Abs. 1 Nr. 5 ErbStG	- 5.200 EUR
steuerpflichtiger Erwerb	97.150 EUR
gerundet	97.100 EUR
Steuersatz in StKl. III	23 %
Schenkungsteuer 2000	22.333 EUR
Festzusetzende Schenkungsteuer 2000:	22.333 EUR

Schenkung 2002	266.800 EUR
Vorschenkung 2000:	+ 102.350 EUR
Gesamt-Erwerb 2002:	369.150 EUR
Freibetrag § 16 Abs. 1 Nr. 1 ErbStG	- 307.000 EUR
steuerpflichtiger Erwerb	62.150 EUR
gerundet	62.100 EUR

Berücksichtigung früherer Erwerbe § 14

Steuersatz StKl. I	11 %	
Schenkungsteuer 2002	6.831 EUR	6.831 EUR

Berechnung der anrechenbaren Steuer für Erwerb 2000:
Ermittlung **fiktive** Steuer auf Vorerwerb 2000 (§ 14 Abs. 1 S. 2 ErbStG):

Schenkung	102.350 EUR	
Freibetrag § 16 Abs. 1 Nr. 1 ErbStG		
an sich 307.000 EUR, aber max. in Anspruch genommener Teil	- 5.200 EUR	
steuerpflichtiger Erwerb	97.150 EUR	
gerundet	97.100 EUR	
Steuersatz in StKl. I	11 %	
fiktive Schenkungsteuer	10.681 EUR	

tatsächliche Steuer 2000 übersteigt die fiktive Schenkungsteuer, daher

Abzug der tatsächlich festgesetzten (höheren) Schenkungsteuer		- 22.333 EUR
Festzusetzende Schenkungsteuer 2002		0,00 EUR

Schenkung 2003	300.000 EUR
Vorschenkung 2002	266.800 EUR
Vorschenkung 2000	+ 102.350 EUR
Gesamt-Erwerb 2003	669.150 EUR

Freibetrag § 16 Abs. 1 Nr. 1 ErbStG	- 307.000 EUR
steuerpflichtiger Erwerb	362.150 EUR
gerundet	362.100 EUR
Steuersatz StKl. I	15 %
Schenkungsteuer 2003	54.315 EUR

anrechenbare Steuer in 2003

Götz

§ 14 Berücksichtigung früherer Erwerbe

Ermittlung fiktive Steuer auf Vorerwerb 2000 und 2002 (§ 14 Abs. 1 S. 2 ErbStG):

Gesamterwerb	369.150 EUR	
Freibetrag § 16 Abs. 1 Nr. 1 ErbStG	- 307.000 EUR	
steuerpflichtiger Erwerb	62.150 EUR	
gerundet	62.100 EUR	
Steuersatz in StKl. I	11 %	
fiktive Schenkungsteuer	6.831 EUR	

tatsächliche Steuer 2000 übersteigt die fiktive Schenkungsteuer, daher Abzug der höheren für das Jahr

2000 tatsächlich festgesetzten Schenkungsteuer (ebenso *Knobel*, in V/K/S/W, ErbStG, 2012, § 14 Rz 33)		- 22.333 EUR
Festzusetzende Schenkungsteuer 2003:		31.982 EUR

Schenkung 2009	431.000 EUR	
Vorschenkung 2003	300.000 EUR	
Vorschenkung 2002	266.800 EUR	
Vorschenkung 2000	+ 102.350 EUR	
Gesamterwerb 2009	1.100.150 EUR	
Freibetrag § 16 Abs. 1 Nr. 1 ErbStG	- 500.000 EUR	
steuerpflichtiger Erwerb	600.150 EUR	
gerundet	600.100 EUR	
Steuersatz StKl I	19 %	
aber: § 19 Abs. 3 ErbStG (Härteausgleich)		
(90.000 EUR + 50 EUR) =	90.050 EUR	
Schenkungsteuer 2009	90.050 EUR	90.050 EUR

Mindeststeuer nach § 14 Abs. 1 S. 4 ErbStG nicht anwendbar (Erwerb 2009 von 431.000 EUR ./. Freibetrag 500.000 EUR = 0 EUR)

Ermittlung fiktive Steuer auf Vorerwerb 2000, 2002 und 2008 (§ 14 Abs. 1 S. 2 ErbStG):

Berücksichtigung früherer Erwerbe § 14

Gesamterwerb Vorjahre	669.150 EUR	
Freibetrag § 16 Abs. 1 Nr. 1 ErbStG	- 307.000 EUR	
steuerpflichtiger Erwerb	362.150 EUR	
gerundet	362.100 EUR	
Steuersatz in StKl I	15 %	
fiktive Schenkungsteuer	54.315 EUR	
tatsächliche Steuer für Vorerwerbe 2000, 2002, 2003		
entspricht der fiktiven Schenkungsteuer		- 54.315 EUR
Festzusetzende Schenkungsteuer 2009		35.735 EUR

Zusammenfassung der zu zahlenden Steuerbeträge
An das Finanzamt sind zu zahlen

für 2000	22.333 EUR	
für 2003	+ 31.982 EUR	
für 2009	+ 35.735 EUR	
Gesamtzahlung:	90.050 EUR	

Für die Besteuerungspraxis relevant ist die Frage, ob eine für den Vorerwerb tatsächlich festgesetzte, die fiktive Steuer nach S. 2 übersteigende Steuer, in allen Fällen anrechenbar ist. In der Literatur wurde dies bis zur Entscheidung des BFH vom 9.7.2009 (BFH v. 9.7.2009, II R 55/08, BStBl II 2009, 969; FG Münster v. 23.10.2014, 3 K 265/12 Erb, EFG 2015, 240) jedenfalls für den Fall kontrovers diskutiert, dass für den Vorerwerb eine materiell-rechtlich unzutreffende (**zu hohe**) **Steuer** festgesetzt und bezahlt wurde. War die Steuer für den Vorerwerb hingegen zu niedrig bemessen, wird die fiktive Steuer nach S. 2 regelmäßig höher sein als diejenige nach S. 3. Dies dürfte der Grund dafür sein, dass nur die Fälle eines zu hoch besteuerten Vorerwerbs hinsichtlich ihrer Behandlung im Rahmen des § 14 ErbStG streitig waren. 35

Der BFH hat in der – da im BStBl veröffentlicht auch von der FinVerw. gebilligten – Entscheidung in 2009 ausgeführt, dass nur diejenige Schenkungsteuer, die bei zutreffender Beurteilung der Sach- und Rechtslage für den Vorerwerb festzusetzen gewesen wäre, abgezogen werden darf (vgl. hierzu FG Münster v. 13.3.2008, 3 K 1919/05 Erb, EFG 2008, 1309 (rkr., vgl. BFH Beschluss v. 9.12.2009, II R 24/08, n.V.; ferner FG Düsseldorf v. 17.10.2007, 2493/06 Erb, EFG 2008, 147 bestätigt durch BFH v. 14.1.2009, II R 48/07, BStBl II 2009, 538). 36

37 Die Entscheidung ist für den Steuerpflichtigen immer dann nachteilig, wenn der Erwerber für seinen Vorerwerb materiell-rechtlich eine zu hohe Schenkungsteuer bezahlt hat.

38 Bedauerlicherweise setzte sich der BFH nicht mit den kritischen Literaturstimmen auseinander, die in der Schenkungsteuerzahlung für den Vorerwerb gleichsam eine „Vorauszahlung" sehen, die bei der Ermittlung der Zahllast für den Gesamterwerb nicht verloren gehen darf (*Rose*, DB 1997, 1485, 1487). Wenig überzeugend ist die These des BFH, § 14 Abs. 1 S. 3 ErbStG verfolge nicht das Ziel, eine Korrekturmöglichkeit für Fehler zu eröffnen, die bei der Steuerfestsetzung für die Vorerwerbe zugunsten oder zulasten des Steuerpflichtigen unterlaufen seien. Denn es geht im Rahmen der Anrechnung der „tatsächlichen" Steuer der Sache nach nicht um eine Korrektur einer früheren Steuerfestsetzung, sondern um die Berücksichtigung bereits geleisteter Steuerzahlungen. Der Fiskus soll nicht dadurch unrechtmäßig bereichert werden, dass er die für einen Vorerwerb bereits bezahlte Schenkungsteuer nur teilweise anrechnet und damit im Ergebnis doppelt erhebt (*Meincke*, ErbStG, 2012, § 14 Rz. 11; *Meincke*, DStR 2007, 273, 276).

39 Für die Praxis stellt die Entscheidung dennoch eine abschließende Klärung der bisherigen Streitfrage dar. Für den Berater bedeutet dies in jedem Fall, dass er noch sorgfältiger Schenkungsteuerfestsetzungen zu überprüfen hat, weil ein hohes Risiko besteht, dass eine auf einem Vorerwerb lastende „Überzahlung" im Falle der Zusammenrechnung mit einem Nacherwerb nicht genutzt werden kann.

40 Die Zusammenrechnung der Erwerbe innerhalb von 10 Jahren mit Anrechnungsmöglichkeit der früher bezahlten Steuer kann rechnerisch eine Überzahlung von Schenkungsteuer ergeben, die von der FinVerw. nicht rückerstattet wird (R E 14.1 Abs. 3 S 8 ErbStR 2011; bestätigt durch BFH v. 17.10.2001, II R 17/00, BStBl II 2002, 52).

2.6 Mindeststeuerbetrag (§ 14 Abs. 1 S. 4 ErbStG)

41 Ausweislich der Gesetzesbegründung (BT-Drs. 16/7918) soll die ab 1.1.2009 geltende Ergänzung nicht gerechtfertigte Steuervorteile, die sich im Zusammenhang mit der Berücksichtigung früherer Erwerbe bei der Steuerfestsetzung für einen späteren Erwerb ergeben, verhindern. Wenn die früher für einen Vorerwerb tatsächlich zu entrichtende Steuer höher sei als die fiktiv dafür zu ermittelnde Steuer zur Zeit des Letzterwerbs, könne es dazu kommen, dass die für den Letzterwerb festzusetzende Steuer nur null Euro beträgt, obwohl bei diesem Letzterwerb selbst erhebliche Vermögenswerte übertragen wurden. Der Abzug der Steuer auf den Vorerwerb soll deshalb begrenzt werden.

42 Die Steuer, die sich nach den geltenden Vorschriften für den Letzterwerb ohne Zusammenrechnung ergibt, bildet die Untergrenze der für diesen Erwerb festzusetzenden Steuer (R E 14.3 Abs. 1 ErbStR 2011 und Bsp. in H E 14.3 ErbStH 2011 „Mindeststeuer"; *Moench/Stempel*, DStR 2008, 170, 172).

43 **Beispiel Zusammenrechnung von Erwerben nach § 14 ErbStG**
Steuerklassenwechsel zwischen Schenkungen: von StKl. III zu StKl. I
Erwerb: ohne begünstigtes Betriebsvermögen

Berücksichtigung früherer Erwerbe § 14

1. Steuer auf Vorerwerb			
Schenkung 2004			
Erwerb	10.000.000 EUR		
Persönlicher Freibetrag StKl. III	- 5.200 EUR		
steuerpflichtiger Erwerb	9.994.800 EUR		
Schenkungsteuer 2004 nach StKl. III			4.097.868 EUR

2. Steuer auf Gesamterwerb			
Schenkung 2011			
Erwerb 2004	10.000.000 EUR		
Erwerb 2011	10.000.000 EUR		
Gesamterwerb	20.000.000 EUR		
Persönlicher Freibetrag StKl. I	- 500.000 EUR		
steuerpfichtiger Gesamterwerb	19.500.000 EUR		
Steuer nach StKl. I (27 %)		5.265.000 EUR	

3. Berechnung Anrechnungsbetrag			
a) fiktive Steuer 2011 auf Vorerwerb			
Erwerb 2004	10.000.000 EUR		
Persönlicher Freibetrag StKl. I § 16 Abs. 1 Nr. 1 ErbStG, 500.000 EUR, aber			
höchstens beim Erwerb 2004 verbrauchter Freibetrag der StKl. III	- 5.200 EUR		
steuerpflichtiger Erwerb	9.994.800 EUR		

§ 14   Berücksichtigung früherer Erwerbe

fiktive Steuer 2011 (23 %)	2.298.804 EUR		
b) tatsächliche Steuer auf Vorerwerb (vgl. 1.)	4.097.868 EUR		
Anzurechnen ist die (höhere) tatsächliche Steuer 2004		- 4.097.868 EUR	
4. Verbleibende Steuer 2011		1.167.132 EUR	
5. Mindeststeuer 2011 (§ 14 Abs. 1 S. 4 ErbStG)			
Erwerb 2011	10.000.000 EUR		
Persönlicher Freibetrag, § 16 Abs. 1 Nr. 1 ErbStG	- 500.000 EUR		
steuerpflichtiger Erwerb	9.500.000 EUR		
Mindeststeuer		2.185.000 EUR	
6. Festzusetzende Steuer 2011			2.185.000 EUR

44 In der Praxis zeigt sich, dass der Anwendungsbereich der „Missbrauchsvorschrift" gering ist. Lediglich in den Fällen, in denen der Vorerwerber im Zeitpunkt des Vorerwerbs der Steuerklasse III angehört hat und zur Zeit des Letzterwerbs in die Steuerklasse I aufgerückt ist (Heirat, Adoption, Abschluss Lebenspartnerschaftsvertrag), kommt sie zum Tragen. Die Mindeststeuer hat allerdings auch bei einem Aufrücken in die Steuerklasse I nur dann praktische Relevanz, wenn die letzte Zuwendung den persönlichen Freibetrag nach Steuerklasse I (§ 16 Abs. 1 Nr. 1 ErbStG) übersteigt.

Beispiel: Keine Mindeststeuer
M schenkt in 2009 seiner Freundin 1,0 Mio. EUR. Nach der Hochzeit in 2011 schenkt er ihr Anfang 2012 weitere 500.000 EUR.

Berücksichtigung früherer Erwerbe § 14

Steuerwert der Zuwendung 2009:	1.000.000 EUR
abzügl. persönl. Freibetrag § 16 Abs. 1 Nr. 7 ErbStG	- 20.000 EUR
steuerpflichtiger Erwerb	980.000 EUR

Steuerklasse III
Steuersatz 30 %

Schenkungsteuer:	294.000 EUR
Steuerwert der Zuwendung 2012:	500.000 EUR
Vorerwerb 2009:	1.000.000 EUR
Bereicherung	1.500.000 EUR
abzügl. persönl. Freibetrag § 16 Abs. 1 Nr. 1 ErbStG	- 500.000 EUR
steuerpflichtiger Erwerb	1.000.000 EUR

Steuerklasse I
Steuersatz 19 %

Schenkungsteuer:	190.000 EUR
anrechenbare Schenkungsteuer 2009:	- 294.000 EUR
Nachzahlung 2012 (vorl.):	0 EUR

Berechnung der Mindeststeuer:

Steuerwert der Zuwendung 2012:	500.000 EUR
abzügl. persönl. Freibetrag § 16 Abs. 1 Nr. 1 ErbStG	- 500.000 EUR
steuerpflichtiger Erwerb	0 EUR

Hinweis: Die Mindeststeuer kommt nicht zum Tragen. In 2012 ist keine Schenkungsteuer zu bezahlen. Es besteht weiterhin ein Steuerüberhang, der für eine steuerfreie Nachschenkung genutzt werden kann.

Beispiel: Mindeststeuer fällt an

M schenkt in 2009 seiner Freundin 0,5 Mio. EUR. Nach der Hochzeit in 2011 schenkt er ihr Anfang 2012 weitere 600.000 EUR.

Steuerwert der Zuwendung 2009:	500.000 EUR
abzügl. persönl. Freibetrag § 16 Abs. 1 Nr. 7 ErbStG	- 20.000 EUR
steuerpflichtiger Erwerb	480.000 EUR

Steuerklasse III
Steuersatz 30 %

Schenkungsteuer:	144.000 EUR

Götz

§ 14   Berücksichtigung früherer Erwerbe

Steuerwert der Zuwendung 2012:	600.000 EUR
Vorerwerb 2009:	500.000 EUR
Bereicherung	1.100.000 EUR
abzügl. persönl. Freibetrag § 16 Abs. 1 Nr. 1 ErbStG	- 500.000 EUR
steuerpflichtiger Erwerb	600.000 EUR
Steuerklasse I	
Steuersatz 15 %	
Schenkungsteuer:	90.000 EUR
anrechenbare Schenkungsteuer 2009:	- 144.000 EUR
Nachzahlung 2012 (vorl.):	0 EUR
Berechnung der Mindeststeuer:	
Steuerwert der Zuwendung 2012:	600.000 EUR
abzügl. persönl. Freibetrag § 16 Abs. 1 Nr. 1 ErbStG	- 500.000 EUR
steuerpflichtiger Erwerb	100.000 EUR
Steuerklasse I	
Steuersatz 11 %	
Schenkungsteuer:	11.000 EUR

Hinweis: Die Mindeststeuer kommt hier deshalb zum Tragen, da die Zuwendung den persönlichen Freibetrag übersteigt. Dies erweist sich nachteilig für den Betroffenen, da an sich ein Steuerüberhang von 54.000 EUR (144.000 EUR - 90.000 EUR) besteht.

Es ist in 2012 an das FA wegen der Mindeststeuer ein Betrag von 11.000 EUR zu bezahlen.

44a   In bestimmten Fallkonstellationen kann die Mindeststeuer aber dadurch vermieden werden, dass die einheitliche Zuwendung in zwei Einzelzuwendungen aufgespalten wird.

Beispiel:
M schenkt in 2009 seiner Freundin 660.000 EUR. Nach der Hochzeit in 2011 schenkt er ihr Anfang 2012 weitere 1 Mio EUR.

Steuerwert der Zuwendung 2009:	660.000 EUR
abzügl. persönl. Freibetrag § 16 Abs. 1 Nr. 7 ErbStG	- 20.000 EUR
steuerpflichtiger Erwerb	640.000 EUR
Steuerklasse III	
Steuersatz 30 %	
Schenkungsteuer:	192.000 EUR

Berücksichtigung früherer Erwerbe § 14

Steuerwert der Zuwendung 2012:	1.000.000 EUR
Vorerwerb 2009:	660.000 EUR
Bereicherung	1.660.000 EUR
abzügl. persönl. Freibetrag § 16 Abs. 1 Nr. 1 ErbStG	- 500.000 EUR
steuerpflichtiger Erwerb	1.160.000 EUR
Steuerklasse I	
Steuersatz 19 %	
Schenkungsteuer:	220.400 EUR
anrechenbare Schenkungsteuer 2009:	- 192.000 EUR
Nachzahlung 2012 (vorl.):	27.600 EUR
Berechnung der Mindeststeuer:	
Steuerwert der Zuwendung 2012:	1.000.000 EUR
abzügl. persönl. Freibetrag § 16 Abs. 1 Nr. 1 ErbStG	- 500.000 EUR
steuerpflichtiger Erwerb	500.000 EUR
Steuerklasse I	
Steuersatz 15 %	
Schenkungsteuer:	75.000 EUR

Hinweis: Die Mindeststeuer kommt zum Tragen, d.h. es ist in 2012 eine Schenkungsteuerzahlung von 75.000 EUR zu leisten, obwohl an sich rechnerisch nur eine Steuer von 27.600 EUR gerechtfertigt wäre.

Beispiel:
M schenkt in 2009 seiner Freundin F 660.000 EUR. Nach der Hochzeit in 2011 schenkt M – insoweit in Abwandlung zum vorangehenden Beispiel – seiner Ehefrau F nicht 1 Mio. EUR in einem Betrag, sondern im Januar 2012 500.000 EUR und im Mai 2012 weitere 500.000 EUR.

Steuerwert der Zuwendung 2009:	660.000 EUR
abzügl. persönl. Freibetrag § 16 Abs. 1 Nr. 7 ErbStG	- 20.000 EUR
steuerpflichtiger Erwerb	640.000 EUR
Steuerklasse III	
Steuersatz 30 %	
Schenkungsteuer:	192.000 EUR
Steuerwert der Zuwendung Januar 2012:	500.000 EUR
Vorerwerb 2009:	660.000 EUR
Bereicherung	1.160.000 EUR
abzügl. persönl. Freibetrag § 16 Abs. 1 Nr. 1 ErbStG	- 500.000 EUR
steuerpflichtiger Erwerb	660.000 EUR

Steuerklasse I
Steuersatz 19 %

Schenkungsteuer:	125.400 EUR
anrechenbare Schenkungsteuer 2009:	- 192.000 EUR
Nachzahlung 2012 (vorl.):	0 EUR
Berechnung der Mindeststeuer:	
Steuerwert der Zuwendung 2012:	500.000 EUR
abzügl. persönl. Freibetrag § 16 Abs. 1 Nr. 1 ErbStG	- 500.000 EUR
steuerpflichtiger Erwerb	0 EUR

Hinweis: Die Mindeststeuer kommt nicht zum Tragen und es ist im Januar 2012 keine Schenkungsteuer zu bezahlen.

Steuerwert der Zuwendung Mai 2012:	500.000 EUR
Vorerwerb Januar 2012:	500.000 EUR
Vorerwerb 2009:	660.000 EUR
Bereicherung	1.660.000 EUR
abzügl. persönl. Freibetrag § 16 Abs. 1 Nr. 1 ErbStG	- 500.000 EUR
steuerpflichtiger Erwerb	1.160.000 EUR

Steuerklasse I
Steuersatz 19 %

Schenkungsteuer:	220.400 EUR
anrechenbare Schenkungsteuer Januar 2012:	0 EUR
anrechenbare Schenkungsteuer 2009:	- 192.000 EUR
Nachzahlung 2012 (vorl.):	27.600 EUR
Berechnung der Mindeststeuer:	
Steuerwert der Zuwendung Mai 2012:	500.000 EUR
abzügl. persönl. Freibetrag § 16 Abs. 1 Nr. 1 ErbStG	- 500.000 EUR
steuerpflichtiger Erwerb	0 EUR

Hinweis:
Die Mindeststeuer kommt in diesem Fall nicht zum Tragen.
Für die Zuwendung vom Mai 2012 ist eine Schenkungsteuer von 27.600 EUR zu bezahlen. Damit ist durch die Aufteilung der Zuwendung in zwei Einzelzuwendungen im Vergleich vorangehenden Beispiel eine **Steuerersparnis** von (75.000 EUR – 27.600 EUR) 47.400 EUR eingetreten.

45 In allen anderen Fällen, bei denen der Erwerber im Verhältnis zum Zuwendenden keinen Steuerklassenwechsel vollzogen hat, sind Anrechnungsüberhänge denkbar und können für steuerfreie Nachschenkungen genutzt werden. In diesen Fällen kann

Berücksichtigung früherer Erwerbe § 14

es rechnerisch nicht dazu kommen, dass die Steuer für den Letzterwerb ohne Zusammenrechnung niedriger ist als die Steuer für den Gesamterwerb.

2.7 Negative Vorerwerbe (§ 14 Abs. 1 S. 5 ErbStG)

Die Vorschrift gilt **nur für zeitlich getrennt ausgeführte Schenkungen**. Davon ist auszugehen, wenn unterschiedliche Zuwendungszeitpunkte vorliegen und keine Verknüpfung zwischen beiden Zuwendungen im Sinne einer einheitlichen Schenkung vorliegen (Rz. 49 f). 46

Das Verbot der Verrechnung eines negativen Erwerbs (hier stellt sich allerdings die Frage, ob von einer unentgeltlichen Zuwendung an den Schenker überhaupt gesprochen werden kann) mit einem positiven gilt nicht nur, wenn der erste Erwerb negativ war, sondern auch, wenn der erste zwar positiv, der zweite aber negativ ist. 47

Werden jedoch durch einen „einheitlichen Schenkungsvertrag" Vermögenswerte mit positivem und negativem Wert zugewendet, so sind die Werte intern zu saldieren und im Ergebnis ausgleichsfähig (*Knobel*, in V/K/S/W, ErbStG, 2012, § 14 Rz. 46 f). 48

2.8 Besonderheiten bei einheitlichen Zuwendungen

Von einer einheitlichen Zuwendung wird gesprochen, wenn in einem **einheitlichen Schenkungsversprechen** mehrere Vermögensgegenstände mit einem übereinstimmenden Steuerentstehungszeitpunkt zugewendet werden (FG Hamburg v. 7.4.2009, 3 K 218/07, ErbStB 2010, 6; BFH v. 18.3.1981, II R 11/79, BStBl II 1981, 532; *Gebel*, ZEV 2001, 213, 214; *Weinmann*, in Moench/Weinmann, ErbStG, § 14 Rz. 33). Diese Fälle sind kein Anwendungsfall des § 14 ErbStG, sondern in diesen Fällen werden die mehreren Zuwendungen mit ihren steuerlichen Werten addiert. Ist ein einzelner negativer Erwerb vorhanden, kann dieser von den weiteren positiven Erwerben abgezogen werden. Ist das FA bei der Festsetzung der Schenkungsteuer für mehrere freigebige Zuwendungen erkennbar (aber **rechtsirrtümlich**) davon ausgegangen, es liege eine einheitliche Zuwendung vor, führt dies **nicht** zur Nichtigkeit des Schenkungsteuerbescheids (BFH v. 20.1.2010, II R 54/07, BStBl II 2010, 463). Die Rechtsprechung des BFH (v. 15.3.2007, II R 5/04, BStBl II 2007, 472 und 6.6.2007, II R 17/06, BStBl II 2008, 46), nach der die unaufgegliederte Zusammenfassung mehrerer Steuerfälle in einem Bescheid zur Unbestimmtheit (§ 119 Abs. 1 AO) und Nichtigkeit eines Steuerbescheids führen kann, ist nicht anwendbar, wenn sich dem Steuerbescheid entnehmen lässt, dass das FA – wenn auch rechtsirrtümlich – bei der Steuerfestsetzung vom Vorliegen eines einheitlichen Erwerbsvorgangs ausgegangen ist. In einem solchen Fall ist der Steuerbescheid inhaltlich hinreichend bestimmt i.S.d. § 119 Abs. 1 AO. Die Rechtsprechung zur Nichtigkeit der unaufgegliederten Zusammenfassung mehrerer Steuerfälle in einem Bescheid hingegen betrifft Fälle, in denen aus dem Steuerbescheid hervorgeht, dass das FA trotz Annahme mehrerer Steuerfälle die Steuer unaufgegliedert festgesetzt hat, und auf die gesonderte Ermittlung der Steuer für die einzelnen Steuerfälle nicht ausnahmsweise verzichtet werden kann. Den maßgeblichen Unterschied sieht der BFH also darin, dass sich in diesen Fällen aus der unaufgegliederten Steuerfestsetzung nämlich nicht ersehen lässt, welche Steuerbeträge für die einzelnen Steuerfälle festgesetzt sein sollen. 49

50 Das Erfordernis des einheitlichen Schenkungsversprechens wird in der Praxis dadurch erreicht, dass im Schenkungsvertrag (= **einheitliches Schenkungsversprechen**) ein einheitlicher Stichtag, zu dem das wirtschaftliche Eigentum übergehen soll, festgelegt wird (zur Relevanz des einheitlichen Schenkungsversprechens vgl. BFH v. 10.2.1982, II R 3/80, BStBl II 1982, 351). Auf den Übergang des zivilrechtlichen Eigentums, der je nach Vermögensart unterschiedlich sein kann, so etwa bei Grundstücken oder Personen- bzw. Kapitalgesellschaftsanteilen, kommt es dann nicht mehr an. Bei der Zuwendung eines Kommanditanteils unter der aufschiebenden Bedingung der Eintragung des Kommanditisten im Handelsregister ist im Hinblick auf die Entscheidung des BFH (v. 30.11.2009, II R 70/06, BFH/NV 2010, 900) Vorsicht geboten (vgl. hierzu § 9 ErbStG Rz. 89) (*Weinmann*, in Moench/Weinmann, ErbStG, § 14 Rz. 33; *Gebel*, ZEV 2001, 213; *Weinmann*, in Moench/Weinmann, ErbStG, § 9 Rz. 23 ("Schenkung einer bestehenden Beteiligung an einer Personengesellschaft") und § 9 Rz. 25; zum einheitlichen Stichtag bei Umwandlungen: s. a. *Patt*, in Dötsch/Pung/Möhlenbrock, Kommentar zum KStG, § 20 UmwStG Rz. 124 und Rz. 140; *Menner*, in Haritz/Menner, UmwStG, 4. Aufl. 2015, § 20 Rz. 163 und *Bilitewski*, in Haritz/Menner, UmwStG, 4. Aufl. 2015, § 25 Rz. 33). Hinzuweisen ist, dass im Zweifel der Steuerpflichtige die Beweislast für das Vorliegen einer einheitlichen Schenkung trägt.

3 Einzelfragen der Zusammenrechnung

51 In der Praxis hat sich gezeigt, dass die auf den ersten Blick eindeutige Vorschrift bei bestimmten Konstellationen nicht leicht anzuwenden ist.

3.1 Übernahme der Schenkungsteuer

52 Hat der Schenker für eine oder alle Zuwendungen selbst die Zahlung der Steuer übernommen, wird der Erwerb mit dem Betrag angesetzt, der sich ergibt, wenn die für den Nettowert ermittelte Steuer diesem Wert hinzugerechnet wird. Der Erwerb wird mit dem Betrag angesetzt, der sich als Bruttowert aus der Summe der direkten Zuwendung und der berechneten Steuer ergibt.

53 **Beispiel:**

Im Jahr 2014 hat die Großmutter G der Enkelin E 250.000 EUR geschenkt. In 2016 wendet sie E erneut 250.000 EUR zu, wobei G jeweils die Schenkungsteuer übernommen hat.

Erwerb 2014:

Zuwendung	250.000 EUR
abzügl. pers. Freibetrag, § 16 Abs. 1 Nr. 3 ErbStG	- 200.000 EUR
	50.000 EUR
7 % Steuer = 3.500 EUR	+ 3.500 EUR
Bemessungsgrundlage (gerundet)	53.500 EUR
Schenkungsteuer 2014 (7 %)	3.745 EUR

Berücksichtigung früherer Erwerbe § 14

Erwerb 2016:

Zuwendung 2016	250.000 EUR
zuzügl. Zuwendung 2014	250.000 EUR
zuzügl. Steuer 2014	3.745 EUR
abzügl. pers. Freibetrag	- 200.000 EUR
	303.745 EUR
Schenkungsteuer gem. § 19 Abs. 3 ErbStG (11 % × 300.000 EUR =) 33.000 EUR + (½ × 3.700 EUR =) 1.850 EUR =	34.850 EUR
abzügl. bezahlte Schenkungsteuer für den Erwerb 2014:	- 3.745 EUR
	31.105 EUR + 31.105 EUR
steuerpflichtiger Gesamterwerb 2014 und 2016:	334.850 EUR
11 % x 300.000 EUR =) 33.000 + (1/2 x 34.850 =) 17.425 =	50.425 EUR
abzügl. bereits bezahlte Steuer 20014	- 3.745 EUR
Zahllast 2016:	46.680 EUR

Der BFH (v. 17.11.1977, II R 66/68, BStBl II 1978, 220) hat entschieden, dass eine Zuwendung, bei der der Schenker die Schenkungsteuer übernommen hat, so mit einer späteren Zuwendung zu verrechnen ist, dass als „früherer Wert" des Vorerwerbs sein Wert zuzüglich der auf diesen Betrag zu errechnenden Steuer gilt (*Weinmann*, in Moench/Weinmann, ErbStG, § 14 Rz. 13; für den Fall der Steuerübernahme beim Letzterwerb: BFH v. 2.3.2005, II R 43/03, ZEV 2005, 405). 54

3.2 Zusammenrechnung im Nacherbfall

Beim Eintritt der Nacherbfolge hat der Nacherbe den Erwerb – abweichend von § 2100 BGB – als vom Vorerben stammend zu versteuern (§ 6 Abs. 2 ErbStG). Der Erwerb des Nacherben ist nur mit früheren Zuwendungen, die er **vom Vorerben** erhalten hat, zusammenzurechnen (vgl. Bsp. H E 14.1 Abs. 1 ErbStH 2011; *Weinmann*, in Moench/Weinmann, ErbStG, § 14 Rz. 36; BFH v. 3.11.2010, II R 65/09, DStR 2010, 2567). 55

Nicht einzubeziehen sind also Erwerbe des Nacherben, die er früher unmittelbar vom Erblasser erlangt hat (*Knobel*, in V/K/S/W, ErbStG, 2012, § 14 Rz. 48 f.; *Weinmann*, in Moench/Weinmann, ErbStG, § 14 Rz. 36; a.A. Jülicher, in T/G/J, ErbStG, § 14 Rz. 35; *Geck*, in Kapp/Ebeling, § 14 Rz. 43). Das gilt auch dann, wenn nach § 6 Abs. 2 S. 2 ErbStG der Antrag auf Versteuerung nach dem Verhältnis zum Erblasser gestellt ist, denn dieser Antrag ändert nichts daran, dass der Erwerb vom Vorerben stammt (BFH v. 3.11.2010, II R 65/09, DStR 2010, 2567). 56

Götz

3.3 Zusammenrechnung von Erwerben mit Nutzungs- und Rentenlasten

57 Nach § 25 Abs. 1 S. 1 ErbStG a. F. wurde der Erwerb von Vermögen, dessen Nutzungen dem Schenker oder dem Ehegatten des Schenkers oder Erblassers zustehen, ohne Berücksichtigung dieser Belastungen besteuert. Die Belastung wurde in der Weise berücksichtigt, dass der Teil der Steuer, der auf den Kapitalwert der Belastung entfällt, zinslos gestundet war. Das Abzugsverbot nach § 25 Abs. 1 ErbStG a. F. war nur im Rahmen der Ermittlung der steuerrechtlichen Bereicherung nach § 10 ErbStG a. F. bei dem Erwerb zu berücksichtigen, der mit einer Nutzungs- oder Rentenlast belastet war (BFH v. 17.3.2004, II R 3/01, BStBl II 2004, 429).

57a Ist ein Erwerb nach § 14 Abs. 1 S. 1 ErbStG mit einem früheren Erwerb zusammenzurechnen, der mit einer nach § 25 Abs. 1 S. 1 ErbStG nicht abziehbaren Belastung beschwert ist, ist nach Ansicht des BFH der Vorerwerb mit dem Bruttowert, d. h. ohne Berücksichtigung der Belastung, anzusetzen (BFH v. 19.11.2008, II R 22/07, BFH/NV 2009, 587).

Beispiel:

Der Vater V wendete 2004 seinem Sohn S ein Grundstück zu und behielt sich den Nießbrauch vor. Der Grundbesitzwert des Grundstücks beträgt 1.200.000 EUR (Verkehrswert 1.800.000 EUR). V ist 65 Jahre alt. Der jährliche Mietertrag des Grundstücks (§ 15 III BewG) beträgt 64.500 EUR. Es findet die Steuerklasse I Anwendung.

Der nach dem Alter des Vaters bemessene Vervielfältiger beträgt 9,019 (Anlage 9 zum BewG a. F.). Daraus ergibt sich ein Kapitalwert des Nießbrauchs von (64.500 EUR × 9,019 =) 581.725 EUR.

(a) Steuerpflichtiger Erwerb des S 2004:

Steuerwert des Grundstücks 2004	1.200.000 EUR
abzüglich Freibetrag § 16 Abs. 1 Nr. 2 ErbStG a. F.:	./. 205.000 EUR
Bemessungsgrundlage (für Schenkungsteuer)	995.000 EUR
Schenkungsteuer Steuerklasse I (19 % von 995.000 EUR =)	189.050 EUR

(b) Berechnung der gem. § 25 I ErbStG zu stundenden Steuer

Grundbesitzwert des Grundstücks	1.200.000 EUR
abzügl. Kapitalwert des Nießbrauchs	./. 581.725 EUR
abzügl. persönlicher Freibetrag	./. 205.000 EUR
Erwerb (unter Berücksichtigung der Belastung)	413.275 EUR
Bemessungsgrundlage (abgerundet):	413.200 EUR
Von S **sofort** zu zahlende **Steuer** (15 % von 413.200 EUR =)	61.980 EUR

Zinslos zu stundende Steuer 2004 (gem. § 25 I ErbStG):

189.050 EUR ./. 61.980 EUR =	127.070 EUR

Berücksichtigung früherer Erwerbe § 14

S bezahlt bei sofortiger Ablösung in 2004:

127.070 EUR × 0,423 (Vervielfältiger bei einem 65-jährigen
Mann nach Sterbetafel 2001/2003 gem. Erlass vom 9.6.2008,
BStBl I 2008, 646, Anlage 11)= 53.750 EUR

Insgesamt bezahlt S also im Falle der sofortigen Ablösung der gestundeten Schenkungsteuer in 2004 (61.980 EUR + 53.750 EUR =) 115.730 EUR.

Beispiel: Abwandlung des Beispiels:

In 2009 verzichtet V, nun 70 Jahre alt, gegenüber S auf die Ausübung des Nießbrauchsrechts unentgeltlich. Der Jahreswert des Nießbrauchsrechts beträgt weiterhin 64.500 EUR. Obwohl der Grundbesitzwert auf 1.900.000 EUR gestiegen ist, geht die Begrenzung des § 16 BewG (§ 16 BewG regelt die Obergrenze des Jahreswerts einer Nutzung. Hier wäre dies (1.900.000 EUR × 1/18,6 =) 102.150 EUR. Ist die tatsächliche Nutzung jedoch niedriger (wie hier), ist diese anzusetzen) in diesem Fall ins Leere, weil der tatsächliche Jahreswert der Nutzung niedriger ist.

Der Vervielfältiger beträgt nun 9,555 (Vervielfältiger bei einem 70-jährigen Mann nach Sterbetafel 2005/2007, BMF-Schreiben v. 20.1.2009, BStBl I 2009, 270, Anlage zu § 14 Abs. 1 BewG). Daraus ergibt sich ein Kapitalwert des Nießbrauchsrechts zur Zeit des Verzichts von (64.500 EUR × 9,555 =) 616.297 EUR.

Erwerb 2009:

Kapitalwert des Nießbrauchs 2009	616.297 EUR
Kapitalwert des Nießbrauchs 2004	- 581.725 EUR
Bereicherung durch den **Verzicht** im Jahr 2009:	34.572 EUR

Es zeigt sich, dass die seit 1.1.2009 anzuwendenden, auf der aktuellen Sterbetafel basierenden Vervielfältiger zu einem höheren Kapitalwert des Nießbrauchsrechts führen, obwohl der Verzichtende älter geworden ist, der Jahreswert vorgabegemäß konstant blieb und es nach bisheriger Rechtslage in dieser Konstellation infolge des Sinkens des Vervielfältigers zu keiner steuerpflichtigen Bereicherung gekommen wäre.

Für S ergibt sich **infolge des Verzichts** folgende Steuerbelastung in 2009:

Erwerb aufgrund Nießbrauchsverzicht 2009	34.572 EUR
Vorerwerb (Steuerwert des Grundstücks 2004) (Ansatz mit dem Bruttowert vgl. BFH v. 19.11.2008, II R 22/07, BFH/NV 2009, 587; vgl. auch H 85 Abs. 4 (Beispiel 2) ErbStH 2003; a. A. *Jülicher*, ZErb 2004, 198, 200)	1.200.000 EUR
Gesamterwerb	1.234.572 EUR
Persönlicher Freibetrag, § 16 Abs. 1 Nr. 2 ErbStG n. F.	- 400.000 EUR
Steuerpflichtiger Gesamterwerb	834.572 EUR
abgerundet	834.500 EUR
Steuer auf den Gesamterwerb (19 %)	158.555 EUR

Fraglich war, ob S die tatsächlich in 2004 entrichtete Steuer von 115.730 EUR (Sofortsteuer zuzüglich Ablösungsbetrag) oder die festgesetzte Steuer von 189.050 EUR abziehen kann. Die FinVerw. hat ihre bisherige Ansicht (H 85 Abs. 3 (3. Beispiel) und H 85 Abs. 4 (Beispiel 2) ErbStH 2003) aufgegeben und ist im Erlass vom 3.6.2010 (FinMin Baden-Württemberg v. 3.5.2010, 3 – S 3820/9, ErbSt-Kartei BW § 14 ErbStG Karte 8, H E 14.1 Abs. 3 Bsp. 2 ErbStH 2011) der Ansicht des BFH (BFH v. 19.11.2008, II R 22/07, BFH/NV 2009, 587) gefolgt, wonach die festgesetzte (höhere) Steuer abzuziehen ist.

Steuer auf den Gesamterwerb (19 %)	158.555 EUR
Abzuziehende Steuer auf Vorerwerb:	– 189.050 EUR
Festzusetzende Schenkungsteuer 2009:	0 EUR (Es ist kein Fall des § 14 Abs. 1 S 4 ErbStG gegeben, da die Steuer auf den Letzterwerb (34.572 EUR – Freibetrag 400.000 EUR) ebenfalls 0 EUR ist)

S hat nach der Rechtsprechung des BFH trotz des Nießbrauchsverzichts in 2009 keine Schenkungsteuer zu bezahlen. Nach der früheren, abzulehnenden Verwaltungsauffassung käme es infolge des Verzichts zu einer Nachzahlung von (158.555 EUR – 115.730 EUR =) 42.825 EUR.

58 Durch den Wegfall von § 25 ErbStG mit Wirkung ab dem 1.1.2009 findet auf die Belastung „nur noch" § 10 Abs. 6 ErbStG Anwendung, sodass ein Abzug der Nießbrauchslast mit dem unter Beachtung von § 16 BewG ermittelten Kapitalwert möglich ist. Damit ist auch die Relevanz der bislang diskutierten Fallvarianten (*Weinmann*, in Moench/Weinmann, ErbStG, § 14 Rz. 37) entfallen. Der mit einem Nießbrauch oder einer sonstigen Nutzungs- oder Rentenlast belastete **Vorerwerb** ist mit dem **Nettobetrag** in die Zusammenrechnung einzubeziehen (Gleich lautende Ländererlasse v. 20.5.2011, BStBl I 2011, 562).

58a In der Praxis treten vermehrt Fälle auf, bei denen die Übertrager von Vermögen unter Nießbrauchsvorbehalt feststellen, dass sie die zurückbehaltenen Erträge doch nicht benötigen. Wollen sie diese den Beschenkten vorzeitig, d.h. bereits zu ihren Lebzeiten, zukommen lassen, wird häufig ein **Verzicht** auf das vorbehaltene Recht erwogen. Die schenkungsteuerlichen Folgen eines Verzichts auf einen vorbehaltenen Nießbrauch müssen seit 1.1.2009 in jedem konkreten Einzelfall sorgfältig geprüft werden, da andernfalls unerwartet hohe Steuernachzahlungen ausgelöst werden können. Durch die Neufassung des ErbStG und die damit verbundene Streichung des § 25 ErbStG a. F. haben sich die schenkungsteuerlichen Folgen eines derartigen Verzichts grundlegend geändert (*Götz*, ZEV 2009, 609). Zu bedenken ist, dass es in diesen Verzichtsfällen **häufig** zu einer **Zusammenrechnung** der früheren Schenkung (Vorerwerb) mit der Zuwendung aufgrund eines (innerhalb von 10 Jahren nach der Zuwendung ausgesprochenen) Verzichts gem. § 14 Abs. 1 ErbStG kommt.

Berücksichtigung früherer Erwerbe § 14

3.4 Zusammenrechnung bei Einräumung eines Nutzungsrechts und nachfolgender Substanzschenkung

Zu einer Zusammenrechnung von Erwerben kann es auch dann kommen, wenn durch eine freigebige Zuwendung zuerst „nur" ein Nutzungsrecht eingeräumt wurde und später dann der genutzte Gegenstand übertragen wird. Hat z.B. der Schenker dem Beschenkten zunächst ein zinsloses Darlehen gewährt und vor Ablauf von zehn Jahren auf die Darlehensforderung verzichtet, liegt im Verzicht eine Geldschenkung begründet. Der BFH hat in seiner Entscheidung vom 7.10.1998 (II R 64/96, BStBl II 1999, 25) seine frühere Rechtsprechung aufgegeben, nach der die Zusammenrechnung von Erwerben keinen Gesamtbetrag ergeben dürfe, der höher als der Wert des Gegenstands ist (BFH v. 12.7.1979, II R 26/78, BStBl II 1979, 740). 59

Der Vermögensvorteil durch den Erwerb des Rechts auf unentgeltliche Nutzung und den nachfolgenden Erwerb des der Nutzung unterliegenden Gegenstands ist nach der neuen Entscheidung auch dann mit dem jeweils zutreffenden Wert anzusetzen, wenn die Summe der Werte höher als der Wert des Gegenstands ist (*Weinmann*, in Moench/Weinmann, ErbStG, § 14 Rz. 38). 60

3.5 Zusammenrechnung bei Erwerben, die nach §§ 13 a, 19 a ErbStG a. F. begünstigt waren

Im Zusammenhang mit der Entlastung von Betriebsvermögen nach § 13 a, § 13 b ErbStG stellt sich die Frage, ob alle Vorschriften zur Zeit des Letzterwerbs bei der Berechnung der fiktiven Abzugsteuer heranzuziehen sind und beispielsweise Übertragungen von Betriebsvermögen aus der Zeit vor dem 1.1.2009 „rückwirkend" nach § 13 a, § 13 b ErbStG begünstigt werden können. Die FinVerw. hat die Frage in R E 14.2 Abs. 2 S. 1 und 4 ErbStR 2011 verneint. Die Anwendung der **Befreiungsvorschriften** gem. § 13 a oder § 13 c ErbStG führt in Zusammenrechnungsfällen dazu, dass das begünstigte Vermögen nur in Höhe des die Befreiung übersteigenden Betrags in die Zusammenrechnung einbezogen werden kann. Für die Tarifbegrenzung nach § 19 a ErbStG ist zu beachten, dass diese sich nur auswirkt, soweit zum Letzterwerb tarifbegünstigtes Vermögen gehört (R E 14.2 Abs. 3 S. 2 ErbStR 2011 und Bsp. in H E 14.2 Abs. 3 ErbStH 2011). 61

3.6 Zusammenrechnung bei überlappenden Zehnjahreszeiträumen

Finden mehrere Zuwendungen zwischen denselben zwei Beteiligten nicht nur innerhalb eines Zehnjahreszeitraums statt, sondern verteilen sie sich auf mehrere aufeinander folgende Zehnjahresperioden, können einzelne Schenkungen wegen der rückwärtsgerichteten Zusammenrechnung unverhältnismäßig hoch besteuert werden (*Meincke*, ErbStG, 2012, § 14 Rz. 16; *Jülicher*, ZEV 97, 275, 278; *Weinmann*, in Moench/Weinmann, ErbStG, § 14 Rz. 11 b; *Geck*, in Kapp/Ebeling, ErbStG, § 14 Rz. 12). 62

Um dieses unbillige Ergebnis zu beseitigen, hat der BFH bereits in einer Entscheidung aus dem Jahr 1978 (BFH v. 17.11.1977, II R 66/68, BStBl II 1978, 220) diese sog. Überprogression durch zwei Korrekturen gemildert (vgl. auch BFH v. 14.1.2009, II R 48/07, BFH/NV 2009, 1204). Zum einen hat er den sog. wiederauflebenden 63

Freibetrag kreiert und zum anderen ließ er die Anhebung des Steuersatzes für die Vorerwerbe auf den Steuersatz des Gesamtbetrags der Zuwendung zu.

64 Der BFH konstatiert, dass § 14 Abs. 1 ErbStG bei „buchstäblicher Anwendung" nur einen Fall erfasse, „dass sämtliche Zuwendungen innerhalb eines einzigen Zehnjahreszeitraums liegen". Von Rechts wegen und nicht nur aus Gründen der Billigkeit sei daher eine Korrektur für Fälle überschneidender Zehnjahreszeiträume geboten. Es handele sich prinzipiell um zwei Fehlerquellen, die, so der BFH wörtlich, „auszumerzen" seien.

3.6.1 Der wiederauflebende Freibetrag

65 Die erneute Berücksichtigung des Freibetrags eines früheren in dem unmittelbar folgenden Zehnjahreszeitraum hat nach Ansicht des BFH nicht dadurch zu geschehen, dass bei der Berechnungsgrundlage der Steuer auf den Gesamterwerb ein zweiter Freibetrag angesetzt wird. Vielmehr muss bei der Berechnung der Steuer für die **erste** Schenkung nach Ablauf eines Zehnjahreszeitraums zu der Berechnungsgrundlage der Steuer, „die für die früheren Erwerbe nach den persönlichen Verhältnissen des Erwerbers und auf Grundlage der geltenden Vorschriften zur Zeit des letzten Erwerbs zu erheben gewesen wäre" (§ 14 Abs. 1 S. 2 ErbStG) der Freibetrag maximal in der Höhe des neuen Erwerbs, im Übrigen aber in der Höhe zugerechnet werden, in der er durch eine jetzt nicht mehr innerhalb des Zehnjahreszeitraums liegende Schenkung verbraucht worden war. Sofern der Freibetrag nicht voll ausgeschöpft wird, lebt der Rest bei der folgenden Schenkung unter den gleichen Voraussetzungen auf (vgl. H E 14.1 Abs. 4 ErbStH 2011; *Meincke*, DStR 2007, 273, 279).

3.6.2 Anhebung des Steuersatzes

66 Bei einer Kette von Schenkungen, die über einen Zehnjahreszeitraum hinausreichen, lassen sich allein durch das Institut des „Wiederauflebens des Freibetrags" nicht alle durch § 14 ErbStG hervorgerufene Fälle einer Überprogression ausgleichen. Derartige Fehler können vielmehr auch aus anderen Gründen eintreten. So liegt ein weiterer im System von § 14 Abs. 1 ErbStG angelegter Fehler darin begründet, dass bei den mittleren Schenkungen im Überschneidungszeitraum beider Zehnjahreszeiträume unter Umständen der Steuersatz infolge von Vorschenkungen, die nunmehr außerhalb des Zehnjahreszeitraums liegen, über den Steuersatz hinaus angehoben war, mit dem bei „buchstäblicher" Anwendung von § 14 Abs. 1 ErbStG die Vorschenkungen nunmehr als Abzugsposten anzuwenden wären.

67 Ist bei der Versteuerung der jeweils letzten Zuwendung der Steuersatz aus dem Gesamtbetrag höher als der Steuersatz, der bei „buchstäblicher" Anwendung von § 14 Abs. 1 S. 2 ErbStG bei der Ermittlung der Steuer auf den Vorerwerb anzuwenden wäre, würden die Mittelglieder überprogressiv besteuert. Dieser Fehler ist nach Ansicht des BFH (BFH v. 17.11.1977, II R 66/68, BStBl II 78, 220, 222 unter II. 3) dadurch zu vermeiden, dass der bei der Ermittlung der Steuer auf den Vorerwerb anzuwendende Steuersatz auf den Hundertsatz gehoben wird, mit dem die Vorschenkungen bei der vorangegangenen Berechnung anzusetzen waren,

höchstens aber auf den Hundertsatz, der für die Versteuerung der **letzten** Schenkung maßgeblich ist.

	Variante 1	Variante 2
Steuersatz letzte Schenkung des **vorangehenden** Zehnjahreszeitraums	15 %	17 %
Steuersatz zum Zeitpunkt der letzten Schenkung (**neuer** Zehnjahreszeitraum)	19 %	15 %
anzusetzender Steuersatz nach BFH	19 %	15 %

Der BFH hat seine Rechtsprechung später (BFH v. 30.1.2002, II R 78/99, BStBl II 2002, 316) dahin präzisiert, dass die Korrektur der Überprogression nicht auf die Höhe des auf die jeweils letzte Zuwendung anzuwendenden Steuersatzes beschränkt sei (vgl. hierzu auch *Meincke*, DStR 2007, 273, 280). Durch Entscheidung des BFH vom 14.1.2009 ist nunmehr klargestellt, dass dieses Korrekturinstrument letztmals für „Letzterwerbe bis 31.12.1996" angewandt werden kann (BFH v. 14.1.2009, II R 48/07, BStBl II 2009, 538). 68

Ferner hat der BFH (v. 2.3.2005, II R 43/03, BStBl II 2005, 728) bei einer Schenkungskette, die mit einer Erhöhung des persönlichen Freibetrags zusammentrifft, entschieden, dass dem Steuerpflichtigen die Differenz zwischen altem und neuem Freibetrag erhalten bleiben müsse (mit Zahlenbeispiel: FinMin Schleswig-Holstein, v. 12.6.2008, IV 353-S 3820-009, DStR 2008, 1691 mit Fehlerkorrektur DStR 2008, 2018). 69

3.7 Ermittlung der Jahressteuer nach § 23 ErbStG bei Zusammenrechnung mit Vorerwerben

Hat der unentgeltliche Erwerber eines Rentenstammrechts die Jahresversteuerung nach § 23 ErbStG gewählt und muss für Zwecke der Besteuerung eine frühere Zuwendung als sog. Vorerwerb im Rahmen des § 14 ErbStG berücksichtigt werden, wirft die Berechnung der Jahressteuer praktische Probleme auf. Der für die Jahressteuer anzusetzende Steuersatz (§ 19 ErbStG) soll in diesem Fall nicht dadurch ermittelt werden können, dass der für den Gesamterwerb maßgebliche Steuersatz herangezogen wird. Der Steuersatz ist nach umstrittener Ansicht vielmehr durch eine **Verhältnisrechnung** zu berechnen. 70

Die Vorschrift des § 23 ErbStG gewährt dem Erwerber für die Versteuerung von Renten und wiederkehrenden Nutzungen und Leistungen ein Wahlrecht. Der Steuerpflichtige kann frei entscheiden, ob er die Erbschaft-/Schenkungsteuer – ermittelt auf Basis des Kapitalwerts der zugewandten Rente, Nutzung oder Leistung – durch Einmalzahlung sofort entrichtet, oder ob er die Steuer jährlich – ausgehend vom Jahreswert dieser Rechte – bezahlt. Trifft er in seiner Erbschaft-/Schenkungsteuererklärung keine Wahl hinsichtlich der Besteuerung, geht das Finanzamt von der Regelbesteuerung aus. Es wird dann die Erbschaft-/Schenkungsteuer ausgehend vom Kapitalwert der zugewandten Rente, Nutzung oder Leistung bemessen und der Steuerpflichtige hat die Steuer in voller Höhe zu bezahlen. 71

72 Für die nachfolgende Betrachtung unproblematisch sind die Fälle, in denen der Vorerwerb aus Vermögen bestand, für das die Wahlmöglichkeit nach § 23 ErbStG eröffnet war. Denn in die Zusammenrechnung mit dem Nacherwerb geht der Vorerwerb mit dem Kapitalwert (z. B. dem der zugewandten Rente) ein. § 23 ErbStG regelt nämlich nur die Erhebung der Erbschaft-/Schenkungsteuer für diesen früheren Erwerb. Für Zwecke der Zusammenrechnung mit dem Nacherwerb ist es hingegen irrelevant, ob der Steuerpflichtige seinerzeit die Jahresversteuerung gewählt hat.

73 Wird jedoch bei einem Nacherwerb, der aus Renten, Nutzungen oder Leistungen besteht, die Jahresversteuerung gewählt, stellt sich die Frage, wie in diesem Fall der Vorerwerb die Bemessungsgrundlage für die Ermittlung des relevanten Steuersatzes beeinflusst.

74 **Beispiel:**

Der Erblasser E hat seiner Lebenspartnerin L im Jahr 1999 100.000 DM (= 51.129 EUR) geschenkt. Die in Steuerklasse III festgesetzte Steuer betrug bei einem Steuersatz von 17 % 15.300 DM (= 7.823 EUR). Beim Tod des E im Jahr 2005 erhält L, 60 Jahre alt, im Weg eines Vermächtnisses eine Leibrente mit einem Jahreswert von 6.000 EUR.

Bei Wahl der Sofortversteuerung ergibt sich folgende Erbschaftsteuer:

Wert des Rentenerwerbs 2005:

6.000 EUR × 12,034 =	72.204 EUR
Geldschenkung 1999	+ 51.129 EUR
Gesamterwerb	123.333 EUR
Persönlicher Freibetrag	- 5.200 EUR
steuerpflichtiger Erwerb	118.133 EUR
abgerundet	118.100 EUR
Steuersatz 23 %	
Steuer auf Gesamterwerb	27.163 EUR
Anzurechnende Steuer aus Vorerwerb 1999	- 7.823 EUR
Erbschaftsteuer 2005	19.340 EUR

Wird die Jahresversteuerung gewählt, ergibt sich Folgendes:

Die Steuer von 19.340 EUR entspricht – bezogen auf den Kapitalwert des Rentenstammrechts von 72.204 EUR – einem Steuersatz von 26,78 %.

Die Jahressteuer ermittelt sich dann wie folgt:

6.000 EUR Jahreswert × 26,78 % = 1.606 EUR

Soweit also L die Jahresversteuerung wählt, hat sie nicht – wie bei Sofortversteuerung – 19.340 EUR, sondern bis zu ihrem Tod jährlich 1.606 EUR zu bezahlen.

75 Das vorstehende Beispiel verdeutlicht, dass die FinVerw. die Jahressteuer nicht nach dem Steuersatz für den Gesamterwerb, also von 23 %, sondern unter Heran-

Berücksichtigung früherer Erwerbe § 14

ziehung eines höheren Steuersatzes ermittelt. Teilweise wird diese Vorgehensweise als „steuerliches Kuriosum" bezeichnet (*Geck/Messmer*, ZEV 2000, 271), weil es nicht sein könne, dass der Steuersatz für die Jahressteuer höher sei als der für den Gesamterwerb.

In der Literatur wurde nachgewiesen, dass das sog. Kombinationsmodell (*Götz*, 76
ZEV 2006, 260) im Vergleich zu der Berechnungsmethode der FinVerw. nicht stets zu günstigeren Ergebnissen führt. Insoweit gilt es im Einzelfall zu prüfen, welche Variante günstiger ist.

3.8 Zusammenrechnung bei Auslandsbezug

Zusammenrechnungsfälle können dadurch verkompliziert werden, dass in die 77
Zusammenrechnung auch ausländisches Vermögen einbezogen wird (Weltvermögensprinzip, *Eisele*, in Kapp/Ebeling, ErbStG, § 2 Rz. 2), für dessen Erwerb im Ausland ebenfalls eine Steuer entrichtet werden muss bzw. – bei einem Vorerwerb – entrichtet wurde.

weggefallen 77a

3.8.1 DBA mit Freistellungsmethode

Soweit ein DBA mit Freistellungsmethode vorhanden ist, wie z.B. mit der Schweiz 78
(bis 1.1.2008 auch mit Österreich), ist die Steuer dennoch nach dem Steuersatz zu erheben, der für den um das befreite Vermögen erhöhte Gesamterwerb gelten würde (Progressionsvorbehalt, *Knobel*, in V/K/S/W, ErbStG, 2012, § 19 Rz. 11). Auf das Berechnungsbeispiel der FinVerw. (OFD Frankfurt v. 9.1.1976, S 3820), nachfolgend wiedergegeben, sei verwiesen.

Beispiel: Beispiel: 79

Der Inländer E hatte 1998 seiner damaligen Lebenspartnerin L 1,0 Mio. DM geschenkt, das entspricht 511.291 EUR. Er verstirbt in 2003. Erben sind seine Kinder. L erhält vermächtnisweise ein Grundstück in Spanien, das einen gemeinen Wert von 150.000 EUR hat. L bezahlt dafür in Spanien 23.000 EUR Erbschaftsteuer.

Erwerb 1998

Barvermögen	1.000.000 DM
Persönlicher Freibetrag Steuerklasse III	./. 10.000 DM
Steuerpflichtiger Erwerb	990.000 DM
Steuersatz 29 %	
Steuer 1998	287.100 DM
das entspricht	146.792 EUR

Erwerb 2003

Barvermögen 2003	150.000 EUR
Barvermögen 1998	+ 511.291 EUR

Gesamterwerb		661.291 EUR
Persönlicher Freibetrag Steuerklasse III		./. 5.200 EUR
Steuerpflichtiger Erwerb		656.091 EUR
abgerundet		656.000 EUR
Steuersatz 35 %		
Steuer auf Gesamterwerb		229.600 EUR
Fiktive Steuer 2003 auf Vorerwerb 1998		
Barvermögen 1998	511.291 EUR	
Persönlicher Freibetrag 2003	./. 5.200 EUR	
Steuerpflichtiger Erwerb	506.091 EUR	
abgerundet	506.000 EUR	
Steuersatz 2003 29 %		
Fiktive Steuer 2003	146.740 EUR	
Anzurechnen ist die höhere tatsächliche Steuer 1998		./. 146.792 EUR
Festzusetzende Steuer 2003		82.808 EUR
abzugsfähige ausländische Steuer:		- 23.000 EUR
Festzusetzende Steuer		59.808 EUR

80 Für die Zusammenrechnung als solche ergeben sich in diesen Fällen keine Besonderheiten, da der Progressionsvorbehalt auch im Rahmen der Zusammenrechnung zu beachten ist (*Hülsmann*, in Wilms/Jochum, ErbStG, § 14 Rz. 92).

3.8.2 Zusammenrechnung bei Anrechnung ausländischer Steuer nach § 21 ErbStG

81 Sieht das DBA die **Anrechnung** vor, findet gem. § 21 Abs. 4 ErbStG ebenso wie bei Fehlen eines DBA unter nachfolgend dargestellten Voraussetzungen eine Anrechnung der ausländischen Steuer statt. Sind für die Besteuerung des Letzterwerbs mehrere Erwerbe von Auslandsvermögen nach § 14 Abs. 1 ErbStG zusammenzurechnen, ist (nur) die **ausländische** Schenkungsteuer **anzurechnen**, die für den **Letzterwerb** gezahlt wurde. Dies ergibt sich aus § 14 Abs. 1 ErbStG, der die Steuerberechnung für den Letzterwerb regelt. Diese Vorschrift kann zwar wegen der Einbeziehung der früheren Erwerbe zur Anwendung eines höheren Steuersatzes bei der Besteuerung des Letzterwerbs führen. Die durch § 14 Abs. 1 ErbStG ausgelöste höhere Besteuerung des Letzterwerbs rechtfertigt aber nach Ansicht des BFH **nicht** die Anrechnung der für die Vorerwerbe gezahlten ausländischen Steuer. Denn besteuert wird trotz der Zusammenrechnung nur der Letzterwerb und nicht ein Gesamterwerb in Form der zusammengerechneten Erwerbe. Deshalb ist **nur** die **auf den Letzterwerb entfallende** ausländische Schenkungsteuer **anrechenbar**. Dies gilt

auch dann, wenn die ausländische Schenkungsteuer für die Vorerwerbe bei der Festsetzung der inländischen Schenkungsteuer für die Vorerwerbe nicht oder nur zum Teil angerechnet werden konnte, weil für den jeweiligen Vorerwerb entweder keine deutsche Schenkungsteuer festzusetzen oder die deutsche Schenkungsteuer niedriger als die ausländische Schenkungsteuer war. Eine Anrechnung **nicht ausgenutzter** ausländischer Schenkungsteuer kann insoweit **nicht** bei der Besteuerung von Nacherwerben nachgeholt werden (BFH v. 7.9.2011, II R 58/09, BFH/NV 2011, 2170; Vorinstanz: FG Köln v. 23.4.2009, 9 K 47/07, StE 2010, 74). Für die Betroffenen hat diese Beurteilung des BFH zur Folge, dass die Gefahr besteht, dass es bei Schenkungen von Auslandsvermögen zu einer **Doppelbelastung** mit in- und ausländischer Schenkungsteuer kommt. Der EuGH hat diese Doppelbelastung in der Rechtssache „Block" (EuGH v. 12.2.2009, Rs. C-67/08, ZEV 2009, 203; *Hellwege*, ErbStB 2009, 252) bestätigt und eine Verletzung der Kapitalverkehrsfreiheit verneint.

Für die Zusammenrechnung **als solche** ergeben sich **keine** Auswirkungen, da die Anrechnung nach § 21 Abs. 1 bis 3 ErbStG die Steuererhebung betrifft, die durch § 14 ErbStG nicht beeinflusst wird (*Hülsmann*, in Wilms/Jochum, ErbStG, § 14 Rz. 96). 82

3.8.3 Zusammenrechnung bei Antragstellung und Option zur unbeschränkten Steuerpflicht, § 2 Abs. 3 ErbStG

§ 2 Abs. 3 ErbStG räumt dem Erwerber eines an sich nur beschränkt steuerpflichtigen Vermögensanfalls (§ 2 Abs. 1 Nr. 3 ErbStG) ein Antragsrecht ein. Voraussetzung ist, dass der Erblasser zur Zeit seines Todes, der Schenker zur Zeit der Ausführung der Schenkung oder der Erwerber zur Zeit der Entstehung der Steuer (§ 9 ErbStG) seinen Wohnsitz (§ 8 AO) in einem Mitgliedstaat der Europäischen Union oder einem Staat hat, auf den das Abkommen über den Europäischen Wirtschaftsraum anwendbar ist. Die Vorschrift ist vom EuGH als unionsrechtswidrig eingestuft worden (EuGH v. 8.6.2016, C 479/14, DStR 2016, 1360). Es bleibt abzuwarten, wie der Gesetzgeber hierauf reagiert. 82a

(Gleich lautende Ländererlasse v. 15.3.2012, BStBl I 2012, 328)

Für die Zusammenrechnung nach § 14 ErbStG ergeben sich aus einer Antragstellung nach § 2 Abs. 3 ErbStG folgende Konsequenzen.

(1) Frühere Erwerbe innerhalb des Zehnjahreszeitraums sind mit dem gegenwärtigen Erwerb nach Maßgabe des § 14 ErbStG zusammenzurechnen.

Beispiel: Zusammenrechnung früherer Erwerbe (Gleich lautende Ländererlasse v. 15.3.2012, BStBl I 2012, 328, Bsp. in Tz. 4a)

Ein Erwerber hat für einen Erwerb im Jahr 2012 einen Antrag nach § 2 Abs. 3 ErbStG gestellt. Im Jahr 2005 hat er bereits von demselben Schenker eine Schenkung erhalten.

Die beiden Erwerbe sind als unbeschränkt steuerpflichtig zu behandeln und bei der Besteuerung des Erwerbs 2012 nach § 14 ErbStG zusammenzurechnen.

§ 14   Berücksichtigung früherer Erwerbe

(2) Zukünftige Erwerbe innerhalb der Zehnjahresfrist nach dem gegenwärtigen Erwerb unterliegen ebenfalls der unbeschränkten Steuerpflicht. Diese sind mit dem gegenwärtigen und früheren Erwerben nach Maßgabe des § 14 ErbStG zusammenzurechnen, sofern sie innerhalb der Frist von zehn Jahren angefallen sind.

Beispiel: Zusammenrechnung mit zukünftigen Erwerben (vgl. Gleich lautende Erlasse vom 15.3.2012, BStBl I 2012, 328, Bsp. in Tz. 4b)
Ein Erwerber hat für einen Erwerb im Jahr 2012 einen Antrag nach § 2 Abs. 3 ErbStG gestellt. In den Jahren 2003 und 2005 hat er bereits von demselben Schenker eine Schenkung erhalten. Im Jahr 2014 erhält er von demselben Schenker eine weitere Schenkung, zu der auch Inlandsvermögen i. S. d. § 121 BewG gehört.

Bei der Besteuerung des Erwerbs im Jahr 2012 sind die Erwerbe der Jahre 2003, 2005 und 2012 als unbeschränkt steuerpflichtig zu behandeln und nach § 14 ErbStG zusammenzurechnen. Auch der Erwerb im Jahr 2014 ist als unbeschränkt steuerpflichtig zu behandeln. Er ist mit den Erwerben 2005 und 2012 zusammenzurechnen. Bezogen auf den Erwerb 2014 liegt der Erwerb 2003 außerhalb des Zehnjahreszeitraums nach § 14 ErbStG.

4   Zusammenrechnung mehrerer Erwerbe bei gemischter Schenkung und Schenkung unter Auflage

82b   Bei Erwerben durch gemischte Schenkung und Schenkung unter Auflage, für die die Steuer nach dem 31.12.2008 entstanden ist, ist die Ermittlung der Bereicherung gegenüber der vor dem 1.1.2009 geltenden Rechtslage (*Ramb*, NWB 2012, 138, 139) erheblich einfacher geworden. Die FinVerw. hat sich hierzu in einem Erlass ausführlich geäußert (Gleich lautende Ländererlasse v. 20.5.2011, BStBl I 2011, 562, H E 14.1 Abs. 3 ErbStH 2011 „Zusammenrechnung in Fällen der gemischten Schenkung"). Entfallen sind damit auch die bisher relevanten Unterscheidungen nach Duldungs-/Leistungs- und Nutzungsauflage (R E 7.4 Abs. 1 S. 3 und 4 ErbStR 2011). Die **neue Verwaltungspraxis** führt zu einer einfacheren Steuerberechnung und in Einzelfällen zu günstigeren Ergebnissen für den Steuerpflichtigen.

82c   Die Ansicht der FinVerw. ist im Anwendungsbereich des § 14 ErbStG unproblematisch, soweit sämtliche Erwerbe der Erwerbskette **nach** dem 1.1.2009 erfolgt sind und die geänderte Rechtsauffassung einheitlich bei sämtlichen Erwerben angewandt werden kann, weil die Veranlagungen noch nicht bestandskräftig sind (Gleich lautende Ländererlasse v. 19.8.2011, BStBl I 2011, 860, unter 1).

82d   Anders ist dies, soweit Erwerbe betroffen sind, bei denen die Steuer zwar **nach** dem 1.1.2009 entstanden ist, die geänderte Rechtsansicht aber für den Vorerwerb (und ggf. Nacherwerb) noch nicht berücksichtigt wurde und die Steuerbescheide bereits **bestandskräftig** sind (Gleich lautende Ländererlasse v. 19.8.2011, BStBl I 2011, 860, unter 2). Für diese Fälle vertritt die FinVerw. die Ansicht, dass auch hier **insgesamt** von der neuen Rechtsauffassung auszugehen sei. Dies führt dazu, dass die Ermittlung des Werts des Vorerwerbs und die Berechnung der fiktiven Steuer auf den Vorerwerb jeweils nach den neuen Grundsätzen vorgenommen wird. Diese Vorgehensweise mag auf den ersten Blick schlüssig sein, allerdings kann dem Steuerpflichtigen nicht verwehrt sein, die **tatsächlich bezahlte** (ggf. höhere) Steuer nach § 14 Abs. 1 S. 3 ErbStG zum Abzug zu bringen, wenn dies für ihn vorteilhaft ist. Konsequenterweise wird er dann aber auch nicht verlangen können, dass die damalige Vorschenkung nach den neuen Grundsätzen ermittelt wird; hierfür müssten dann die „alten" Grundsätze weitergelten.

Für Vorschenkungen, für die die Steuer vor dem 1.1.2009 entstanden ist, soll sich nach Ansicht der FinVerw. nichts ändern. Diese Vorerwerbe sind mit dem damaligen – nach früherer Rechtslage – ermittelten Wert in die Zusammenrechnung einzubeziehen. 82e

5 Besondere Festsetzungsfrist (§ 14 Abs. 2 ErbStG)

Mit Wirkung ab dem 1.1.2009 hat der Gesetzgeber einen neuen Abs. 2 eingefügt. Der bisherige Abs. 2 wurde dadurch zu Abs. 3. 83

Abs. 2 enthält eine besondere Regelung der Festsetzungsverjährung, um die in § 13a Abs. 5 und § 19a Abs. 5 ErbStG neu eingefügten rückwirkenden Korrekturmöglichkeiten auch für Zwecke der Zusammenrechnung wirksam werden zu lassen (vgl. Gleich lautende Ländererlasse v. 25.6.2009, BStBl I 2009, 713, 741). Betroffen sind Fälle, bei denen sich der für den Vorerwerb angesetzte Wert rückwirkend ändert. Die Festsetzungsfrist für den Gesamterwerb endet nicht vor Ablauf der Festsetzungsfrist für den früheren Erwerb (R E 14.3 Abs. 2 S. 1 und 3 ErbStR 2011). 84

Ausweislich der Gesetzesbegründung (BT-Drs. 16/11107, 14 f.) soll die Zusammenrechnung mehrerer Erwerbe nach § 14 S. 1 ErbStG verhindern, dass mehrere Teilerwerbe gegenüber einem einheitlichen Erwerb steuerlich nicht nur durch mehrfache Ausnutzung des persönlichen Freibetrages des Erwerbers, sondern auch durch Progressionsvorteile begünstigt werden. Das Ziel der Gleichstellung der mehreren Erwerbe im Zehnjahreszeitraum mit einem einheitlichen Erwerb kann jedoch dann nicht erreicht werden, wenn der Änderung des Steuerbescheids für den jeweilig letzten Erwerb wegen des Eintritts eines Ereignisses mit Wirkung für die Vergangenheit für einen früheren Erwerb der Ablauf der Festsetzungsfrist für diesen entgegenstehen würde. Für dessen Änderung nach § 175 Abs. 1 S. 1 Nr. 2 AO würde nach § 175 Abs. 1 S. 2 AO die Festsetzungsfrist mit Ablauf desjenigen Kalenderjahrs beginnen, in dem das zur Änderung führende Ereignis eintritt und mit Ablauf des vierten darauf folgenden Kalenderjahrs enden. Dagegen ist durch § 13a Abs. 5 und 6 ErbStG der Ablauf der Festsetzungsfrist für die Änderung oder auch den erstmaligen Erlass eines Bescheids wegen Verstoßes gegen die Lohnsummenvoraussetzungen sowie gegen die Behaltensfristen auf den Ablauf des vierten Jahres, nachdem die Finanzbehörde vom teilweisen bzw. völligen Wegfall der Befreiungsvoraussetzungen Kenntnis erlangt, hinausgeschoben. In diesem Zeitpunkt kann die durch § 175 Abs. 1 S. 2 AO eröffnete vierjährige Festsetzungsfrist schon abgelaufen sein. Es ist deshalb geboten, den Ablauf der Festsetzungsfrist auch für Änderungen des Bescheides oder der Bescheide für nachfolgende Erwerbe ebenfalls hinauszuschieben. Da die Zusammenrechnung mehrerer Erwerbe im Sieben-/Fünfjahreszeitraum aber auch nicht dazu führen soll, dass mehrere Teilerwerbe im Verhältnis zu einem 85 einheitlichen Erwerb höher belastet werden, sieht § 14 Abs. 1 S. 2 und 3 ErbStG den Abzug der fiktiven Steuer auf den Vorerwerb bzw. den Abzug der tatsächlich dafür entrichteten Steuer vor. Nach § 19a Abs. 6 ErbStG fällt der Entlastungsbetrag, der nach § 19a Abs. 1 bis 4 ErbStG zu gewähren ist, mit Wirkung für die Vergangenheit weg, soweit der Erwerber innerhalb der maßgebenden Frist gegen die Behaltensregelung des § 13a ErbStG verstößt. Da auch insoweit das Gesetz einen besonderen Ablauf der Festsetzungsfrist vorsieht, ist aus den nämlichen Erwägungen auch für die Änderung des Bescheids bzw. der Bescheide für nachfolgende Erwerbe der Ablauf der Festsetzungsfrist in gleicher Weise zu erstrecken.

Ist die Steuer für den Letzterwerb vor dem 1.1.2009 entstanden und wird der Schenkungsteuerbescheid für einen Vorerwerb nach § 175 Abs. 1 S. 1 Nr. 2 AO geändert, ist der Steuerbescheid für den Letzterwerb ebenfalls nach dieser Vorschrift zu ändern. Die Aufhebung oder Änderung des Schenkungsteuerbescheides für den Vorerwerb stellt für die Besteuerung des Letzterwerbs ein Ereignis mit steuerlicher Wirkung für die Vergangenheit dar (FinMin Baden-Württemberg v. 22.12.2009, 3 – S 3840/13, DB 2010, 85).

6 Höchstbetrag (§ 14 Abs. 3 ErbStG)

86 Die Steuer für den Nacherwerb wird gem. § 14 Abs. 3 ErbStG (§ 14 Abs. 2 ErbStG a.F.) in der Weise begrenzt, dass die Steuer 50 % des Nacherwerbs nicht übersteigen darf.

87 Die Vorschrift wird nur selten Anwendung finden, da § 19 Abs. 3 ErbStG allfällige Härten bei den Tarifsprüngen ausgleicht und bei Berücksichtigung der Steuer für den Vorerwerb nach § 14 Abs. 1 S. 2 und 3 ErbStG eine Art Meistbegünstigungsregelung gilt (*Weinmann*, in Moench/Weinmann, ErbStG, § 14 Rz. 35; *Götz*, ZEV 2001, 9, 10).

88 Die Begrenzung nach § 14 Abs. 2 ErbStG greift vor allem dann ein, wenn auf einen Vorerwerb, der nach einem Steuersatz von mehr als 30 % besteuert worden ist, ein vergleichsweise geringer Nacherwerb folgt (*Knobel*, in V/K/S/W, ErbStG, 2012, § 14 Rz. 80 f.; *Hülsmann*, in Wilms/Jochum, ErbStG, § 14 Rz. 74).

§ 15 Steuerklassen

(1) Nach dem persönlichen Verhältnis des Erwerbers zum Erblasser oder Schenker werden die folgenden drei Steuerklassen unterschieden:

Steuerklasse I:
1. der Ehegatte und der Lebenspartner,
2. die Kinder und Stiefkinder,
3. die Abkömmlinge der in Nummer 2 genannten Kinder und Stiefkinder,
4. die Eltern und Voreltern bei Erwerben von Todes wegen;

Steuerklasse II:
1. die Eltern und Voreltern, soweit sie nicht zur Steuerklasse I gehören,
2. die Geschwister,
3. die Abkömmlinge ersten Grades von Geschwistern,
4. die Stiefeltern,
5. die Schwiegerkinder,
6. die Schwiegereltern,
7. der geschiedene Ehegatte und der Lebenspartner einer aufgehobenen Lebenspartnerschaft;

Steuerklasse III:

alle übrigen Erwerber und die Zweckzuwendungen.

(1a) Die Steuerklassen I und II Nr. 1 bis 3 gelten auch dann, wenn die Verwandtschaft durch Annahme als Kind bürgerlich-rechtlich erloschen ist.

(2) [1]In den Fällen des § 3 Abs. 2 Nr. 1 und § 7 Abs. 1 Nr. 8 ist der Besteuerung das Verwandtschaftsverhältnis des nach der Stiftungsurkunde entferntest Berechtigten zu dem Erblasser oder Schenker zugrunde zu legen, sofern die Stiftung wesentlich im Interesse einer Familie oder bestimmter Familien im Inland errichtet ist. [2]In den Fällen des § 7 Abs. 1 Nr. 9 Satz 1 gilt als Schenker der Stifter oder derjenige, der das Vermögen auf den Verein übertragen hat, und in den Fällen des § 7 Abs. 1 Nr. 9 Satz 2 derjenige, der die Vermögensmasse im Sinne des § 3 Abs. 2 Nr. 1 Satz 2 oder § 7 Abs. 1 Nr. 8 Satz 2 gebildet oder ausgestattet hat. [3]In den Fällen des § 1 Abs. 1 Nr. 4 wird der doppelte Freibetrag nach § 16 Abs. 1 Nr. 2 gewährt; die Steuer ist nach dem Prozentsatz der Steuerklasse I zu berechnen, der für die Hälfte des steuerpflichtigen Vermögens gelten würde.

(3) [1]Im Falle des § 2269 des Bürgerlichen Gesetzbuchs und soweit der überlebende Ehegatte oder der überlebende Lebenspartner an die Verfügung gebunden ist, ist auf Antrag der Versteuerung das Verhältnis des Schlusserben oder Vermächtnisnehmers zum zuerst verstorbenen Ehegatten oder dem zuerst verstorbenen Lebenspartner zugrunde zu legen, soweit sein Vermögen beim Tod des überlebenden Ehegatten oder des überlebenden Lebenspartners noch vorhanden ist. [2]§ 6 Abs. 2 Satz 3 bis 5 gilt entsprechend.

(4) [1]Bei einer Schenkung durch eine Kapitalgesellschaft oder Genossenschaft ist der Besteuerung das persönliche Verhältnis des Erwerbers zu derjenigen unmittelbar oder mittelbar beteiligten natürlichen Person oder Stiftung zugrunde zu

legen, durch die sie veranlasst ist. ²In diesem Fall gilt die Schenkung bei der Zusammenrechnung früherer Erwerbe (§ 14) als Vermögensvorteil, der dem Bedachten von dieser Person anfällt.

Inhalt		Rz.
1	Allgemeines	1–8b
1.1	Wirkung der Steuerklassenzuordnung	1
1.2	Stichtagsprinzip	2
1.3	Bedeutung des Verhältnisses des Erwerbers zum Erblasser oder Schenker	3
1.4	Die gesetzlichen Leitideen und deren verfassungsrechtlicher Rahmen	4–5
1.5	Die neuere Rechtsentwicklung	6–8b
1.5.1	Begünstigung eingetragener Lebenspartner	6
1.5.2	Die Fortentwicklung der Rechtsprechung zur eingetragenen Lebenspartnerschaft	7
1.5.3	Begünstigung eingetragener Lebenspartner durch das Jahressteuergesetz 2010	7a
1.5.4	Anwendungswahlrecht in § 15 Abs. 3 ErbStG	8
1.5.5	Steuerklassenprivileg bei Schenkungen durch Kapitalgesellschaften – § 15 Abs. 4 ErbStG – unklarer Anwendungsbereich	8a–8b
2	Steuerklassen I bis III (§ 15 Abs. 1 ErbStG)	9–44
2.1	Zuordnung zur Steuerklasse I	9–34
2.1.1	Ehegatte/eingetragene Lebenspartner (Lebenspartner)	9–12
2.1.2	Kinder und Stiefkinder	13–20
2.1.3	Abkömmlinge der in § 15 Abs. 1 I Nr. 2 ErbStG genannten Kinder und Stiefkinder	21–22
2.1.4	Eltern und Voreltern bei Erwerben von Todes wegen	23–34
2.2	Zuordnung zur Steuerklasse II	35–43
2.2.1	Eltern und Voreltern, soweit sie nicht zur Steuerklasse I gehören	35
2.2.2	Geschwister	36–38a
2.2.3	Abkömmlinge ersten Grades von Geschwistern	39
2.2.4	Stiefeltern	40
2.2.5	Schwiegerkinder	41
2.2.6	Schwiegereltern	42
2.2.7	Geschiedener Ehegatte/Partner einer aufgehobenen Lebenspartnerschaft	43
2.3	Zuordnung zur Steuerklasse III	44
3	Durch Annahme als Kind zivilrechtlich erloschene Verwandtschaft (§ 15 Abs. 1a ErbStG)	45–49
3.1	Zivilrechtliche Ausgangslage	45
3.2	Steuerrechtliche Regelung	46–49
4	Familienstiftung (§ 15 Abs. 2 ErbStG)	50–69
4.1	Errichtung einer Familienstiftung (§ 15 Abs. 2 S. 1 ErbStG)	50–59

4.2	Aufhebung einer Stiftung oder Auflösung eines Vereins (§ 15 Abs. 2 S. 2 ErbStG)	60–64
4.3	Ersatzerbschaftsteuer (§ 15 Abs. 2 S. 3 ErbStG)	65–69
5	Besteuerung der Fälle der Voll- und Schlusserbfolge (§ 15 Abs. 3 ErbStG)	70–81
5.1	Erläuterung des zivilrechtlichen Umfeldes	70–71
5.1.1	Berliner Testament	70
5.1.2	Eingetragene Lebenspartnerschaft	71
5.2	Die steuerrechtliche Anknüpfung an das Zivilrecht	72–73
5.3	Die steuerrechtliche Regelung	74–79a
5.4	Antragserfordernis	80
5.5	Einbeziehung eingetragener Lebenspartnerschaften in den Anwendungsbereich des § 15 Abs. 3 ErbStG	81
6	Rechtsfolgen bei Schenkungen durch Kapitalgesellschaften – § 15 Abs. 4 ErbStG	82–87
6.1	Erläuterung des rechtlichen Umfeldes	82–83
6.1.1	Verdeckte Gewinnausschüttung an nahe Angehörige	82
6.1.2	Verdeckte Gewinnausschüttung an Gesellschafter	83
6.2	Regelungsinhalt des § 15 Abs. 4 ErbStG	84–87
6.2.1	Regelungszweck	84
6.2.2	Regelungsinhalt	85
6.2.3	§ 15 Abs. 4 ErbStG ist keine Tatbestandsregelung	86
6.2.4	Anwendungsbereich der Neuregelung/Erneute Unsicherheit	86a–86b
6.2.5	Anwendungszeitpunkt für die Neuregelung	87

Schrifttum

Binz/Sorg, Erbschaftsteuerprobleme der Familienstiftung, DB 1988, 1822; *Jülicher,* Brennpunkte der Besteuerung der inländischen Familienstiftung im ErbStG, StuW 1999, 363; *Korezkij,* Familienstiftungen im neuen Erbschaftsteuerrecht, ZEV 1999, 132; *Thömmes/Stockmann,* Familienstiftung und Gemeinschaftsrecht: Verstößt § 15 Abs. 2 Satz 1 ErbStG gegen Diskriminierungsverbote des EGV?, IStR 1999, 261; *Werder/Wystrcil,* Familienstiftungen in der Unternehmensnachfolge, BB 2016, 1558.

1 Allgemeines

1.1 Wirkung der Steuerklassenzuordnung

Das Familien- und Verwandtschaftsprinzip ist im ErbStG ein entscheidendes Kriterium bei der Besteuerung von Erbschaften und Schenkungen.

§ 15 ErbStG ist dabei die zentrale „Schlüsselnorm" zur Umsetzung dieses Prinzips mittels Zuordnung von Steuerklassen. Andere Vorschriften des ErbStG greifen nämlich die in § 15 ErbStG anhand „verwandtschaftlicher Beziehungen" vorgenommenen Zuordnungen als Tatbestandsmerkmal für die dortigen Belastungsentscheidungen auf.

In den nachfolgenden Normen wird die Qualifikation des § 15 ErbStG herangezogen bzw. darauf Bezug genommen:

§ 15 Steuerklassen

- **Vor- und Nacherbschaft** (§ 6 ErbStG): Der Besteuerung des Nacherben ist auf Antrag das Verhältnis (damit insbesondere auch die Steuerklassenzuordnung) des Nacherben zum Erblasser statt zum Vorerben zugrunde zu legen.
- (Sachliche) **Steuerbefreiungen** (§ 13 ErbStG): Nach § 13 Abs. 1 Nr. 1 ErbStG ist die Steuerklasse Anknüpfungspunkt für die Höhe der Freistellung von Hausrat und anderen beweglichen Gegenständen.
- Persönliche **Freibeträge** (§ 16 Abs. 1 Nrn. 2–5 ErbStG): Die Steuerklasse dient der Bestimmung der Freibetragshöhe.
- Besonderer **Versorgungsfreibetrag** (§ 17 Abs. 2 ErbStG): Die Konkretisierung der begünstigten Kinder erfolgt mithilfe der Steuerklassenzuordnung.
- **Steuersätze** (§ 19 Abs. 1 ErbStG): Die Steuerklasse ist ein wesentliches Kriterium zur Bestimmung des Steuersatzes.
- Tarifbegrenzung beim Erwerb von **Betriebsvermögen**, etc. (§ 19a Abs. 1 und 4 ErbStG): Personen der Steuerklassen II und III wird beim Erwerb von begünstigtem Betriebsvermögen eine Tarifbegrenzung nach Steuerklasse I gewährt.
- **Mehrfacher Erwerb** desselben Vermögens (§ 27 ErbStG): Personen der Steuerklasse I wird bei Erwerben von Todes wegen für Vermögen, das in den letzten zehn Jahren vor dem Erwerb bereits von Personen dieser Steuerklasse erworben worden ist und für das nach dem ErbStG eine Steuer zu erheben war, eine Ermäßigung der Steuer gewährt.
- **Sondervorschriften aus Anlass der Herstellung der Einheit Deutschlands** (§ 37a Abs. 5 ErbStG): Hier ist eine Gleichstellung der Erbschaftsteuer der Deutschen Demokratischen Republik für die Anwendung des § 27 ErbStG angeordnet.

1.2 Stichtagsprinzip

2 Für die Berechnung der Steuer, und damit auch für die Bestimmung der Steuerklasse, ist nicht ausdrücklich festgelegt, auf welchen Zeitpunkt abzustellen ist. § 11 ErbStG greift dem Wortlaut nach nur für die Wertermittlung.

Für die Berechnung der Steuer kann jedoch nichts anderes gelten; wie für die Wertermittlung ist auf den Zeitpunkt der Entstehung der Steuer abzustellen. Dieser Zeitpunkt bestimmt sich nach § 9 ErbStG. Auch für die Zuordnung zu einer Steuerklasse geht es damit um eine **Momentaufnahme**. Das verwandtschaftliche Verhältnis muss bei Steuerentstehung, also grundsätzlich im Zeitpunkt des Todes des Erblassers bzw. bei Schenkungen im Zeitpunkt der Ausführung bestanden haben.

Dieses Stichtagsprinzip ist hinsichtlich der persönlichen Verhältnisse für die Zusammenfassung mehrerer Erwerbe in § 14 Abs. 1 Satz 2 ErbStG ausdrücklich angeordnet und von der Rspr. auch für andere Konstellationen als zutreffend gebilligt worden (z.B. BFH v. 28.10.1992, II R 21/92, BStBl II 1993, 158).

> **Beispiel: Beispiel (nach dieser Entscheidung):**
> Erblasser E hatte einen Vorerben V und einen Nacherben N bestimmt. Nach dem Erbgang auf den Vorerben V tritt der Nacherbe N sein Nacherbenanwartschafts-

recht unentgeltlich an einen Dritten D ab. Später verstirbt auch Vorerbe V, damit tritt der Nacherbfall ein; Begünstigter ist aufgrund der Abtretung D. Der Erwerb des Dritten D unterliegt der Erbschaftsteuer mit der Steuerklasse, dem Steuersatz und dem Freibetrag nach dem Verhältnis des D zum Vorerben V (§ 6 Abs. 2 S. 1 ErbStG) bzw. zum Erblasser E (§ 6 Abs. 2 S. 2 ErbStG); aufgrund des Stichtagprinzips ist das Verhältnis des Nacherben N zu den Personen V und E ohne Bedeutung.

1.3 Bedeutung des Verhältnisses des Erwerbers zum Erblasser oder Schenker

§ 15 Abs. 1 ErbStG stellt auf das **Verhältnis des Erwerbers** zum Erblasser oder Schenker ab.

3

Auch bei Aufhebung einer Stiftung (§ 7 Abs. 1 Nr. 9 ErbStG) ist Zuwendender die Stiftung; ausnahmsweise ist aber nach § 15 Abs. 2 ErbStG für Familienstiftungen abweichend vom grundsätzlich maßgebenden Zuwendungsverhältnis für die Bestimmung der Steuerklasse und damit für die Berechnung der Schenkungsteuer nicht das Verhältnis des Erwerbers (des Anfallberechtigten) zum Zuwendenden (zur Stiftung), sondern dasjenige zum Stifter anzuwenden (BFH v. 25.11.1992, II R 77/90, BStBl II 1993, 238; Rz. 59). Weitere Sonderregelungen finden sich in § 6 Abs. 2 ErbStG für den Fall der Vor- und Nacherbschaft, in § 15 Abs. 3 ErbStG für Fälle des Berliner Testaments (Rz. 70–81) und in § 15 Abs. 4 ErbStG für Schenkungen durch Kapitalgesellschaften (Rz. 84–87).

1.4 Die gesetzlichen Leitideen und deren verfassungsrechtlicher Rahmen

Der Gesetzgeber verfolgt mit der Erbschaftsteuer in ihrer derzeitigen Ausgestaltung das Ziel, den durch den Erbfall anfallenden Vermögenszuwachs jeweils gem. seinem Wert ("*Bereicherung*" nach § 10 Abs. 1 ErbStG) – aber mit unterschiedlichen Steuersätzen nach Maßgabe des Verwandtschaftsgrads und der Höhe des Erbes (§ 19 ErbStG i. V. m. § 15 ErbStG) – zu belasten.

4

Im dem der Erbschaftsteuerreform 2008 zugrunde liegenden Beschluss hat das BVerfG die tragenden Prinzipien des Erbschaftsteuergesetzes nicht kritisiert, sondern eine folgerichtige Umsetzung eingefordert: „Im Bereich des Steuerrechts hat der Gesetzgeber danach einen weit reichenden Entscheidungsspielraum sowohl bei der Auswahl des Steuergegenstandes als auch bei der Bestimmung des Steuersatzes." Das BVerfG bestätigte erneut die „grundsätzliche Freiheit des Gesetzgebers, diejenigen Sachverhalte tatbestandlich zu bestimmen, an die das Gesetz dieselben Rechtsfolgen knüpft und die es so als rechtlich gleich qualifiziert" (BVerfG v. 7.11.2006, 1 BvL 10/02, BStBl II 2007, 192).

So wird die in § 15 Abs. 1 ErbStG angelegte Privilegierung der Familie von der Rechtspr. des BVerfG nicht nur anerkannt, sondern für die Kernfamilie sogar gefordert. Das BVerfG hat schon mehrfach ausgeführt, dass der Gesetzgeber die familiären Bezüge der nächsten Familienangehörigen zum Nachlass erbschaftsteuerrechtlich berücksichtigen muss. Ganz deutlich hat es dies in seinem Beschluss vom 22.6.1995 klargestellt:

5

"„Neben den verfassungsrechtlichen Schutz der Testierfreiheit tritt der Schutz von Ehe und Familie (Art. 6 Abs. 1 GG).Deshalb sieht das bestehende Erbschaftsteuerrecht auch das Familienprinzip als weitere Grenze für das Maß der Steuerbelastung vor. ... Der erbschaftsteuerliche Zugriff bei Familienangehörigen i. S. d. Steuerklasse I (§ 15 Abs. 1 ErbStG)ist derart zu mäßigen, dass jedem dieser Steuerpflichtigen der jeweils auf ihn überkommene Nachlass – je nach dessen Größe – zumindest zum deutlich überwiegenden Teil oder, bei kleineren Vermögen, völlig steuerfrei zugute kommt. Im geltenden Steuerrecht wird dies – bei den gegenwärtigen Steuersätzen – in typisierender Weise durch die Freibeträge des § 16 ErbStG für Ehegatten und Kinder erreicht, ..." (BVerfG v. 22.6.1995, 2 BvR 552/91, BStBl II 1995, 671)"

Für den besonders begünstigten Erwerb der Ehegatten und neuerdings auch der Lebenspartner wird angeführt, dass deren Leistungsfähigkeit durch den Erwerb nicht in gleichem Maße gesteigert wird, wie durch den Erwerb von einem Dritten, weil der erwerbende Ehegatte über die bestehende Lebensgemeinschaft schon bisher am Vermögen des Zuwendenden partizipiert hat (Ausführlicher zum Leistungsfähigkeitsprinzip in diesem Zusammenhang: *Meincke*, ErbStG, 2012, § 16 Rz. 1).

1.5 Die neuere Rechtsentwicklung

1.5.1 Begünstigung eingetragener Lebenspartner

6 § 15 ErbStG wurde durch das ErbStRG in seinem Abs. 3 geändert. Dort wurden die eingetragenen (gleichgeschlechtlichen) Lebenspartner in diese begünstigenden Regelungen aufgenommen und den Ehegatten gleichgestellt (zur Definition der Lebenspartnerschaft s. Rz. 71). Für diese Lebenspartnerschaften wurde u. a. auch in den §§ 16, 17 ErbStG eine Gleichstellung zur Ehe vorgenommen.

Mit der Aufnahme auch in § 15 Abs. 1 ErbStG und damit der Teilhabe an den günstigeren Steuersätzen des § 19 ErbStG hätte eine vollständige Gleichstellung verwirklicht werden können. Dies hat der Gesetzgeber im ErbStRG zunächst bewusst unterlassen, mit dem Jahressteuergesetz 2010 (v. 13.12.2010, BGBl I 2010, 1768) auf Druck der Rechtsprechung des BVerfG aber nunmehr sogar mit Rückwirkung nachgeholt (s. u. Rz. 7 u. 7a).

1.5.2 Die Fortentwicklung der Rechtsprechung zur eingetragenen Lebenspartnerschaft

7 Eine vollständige Gleichstellung der eingetragenen Lebenspartnerschaft war nach der Rechtspr. des BFH bislang nicht verfassungsrechtlich geboten (BFH v. 20.6.2007, II R 56/05, BStBl II 2007, 649). Dieser Auffassung hat der Erste Senat des BVerfG mit dem Beschluss v. 21.7.2010 (BVerfG Beschluss v. 21.7.2010, 1 BvR 611/07, 1 BvR 2464/07, BFH/NV 2010, 1985) nunmehr sehr eindeutig widersprochen:

§ 16 Abs. 1, § 17, § 15 Abs. 1 und § 19 ErbStG in der Fassung der Bekanntmachung vom 27.2.1997 (BGBl I 1997, 378) waren nach Auffassung des BVerfG vom Inkrafttreten des Gesetzes zur Beendigung der Diskriminierung gleichgeschlechtlicher Gemeinschaften: Lebenspartnerschaften v. 16.2.2001 (BGBl I 2001, 266) bis zum Inkrafttreten des Gesetzes zur Reform des Erbschaftsteuer- und Bewertungsrechts v.

Steuerklassen § 15

24.12.2008 (BGBl I 2008, 3018) mit Art. 3 Abs. 1 GG unvereinbar, soweit eingetragene Lebenspartner gegenüber Ehepartnern benachteiligt wurden.
Der Gesetzgeber musste nach dem Beschluss des BVerfG bis zum 31.12.2010 eine Neuregelung für die vom Erbschaftsteuer- und Schenkungsteuergesetz in der Fassung der Bekanntmachung v. 27.2.1997 betroffenen o.g. Altfälle treffen, die diese Gleichheitsverstöße im genannten Zeitraum beseitigt. Das BVerfG hat mit ausführlicher Begründung eine Übergangsfrist zur Nachbesserung abgelehnt. Damit musste für Altfälle zwingend eine vollständige Gleichstellung für den Anwendungsbereich des Erbschaftsteuergesetzes geschaffen werden.

Das BVerfG konnte mangels Einschlägigkeit auf die konkret zu entscheidenden Fälle nicht zur Rechtmäßigkeit des ab 1.1.2009 gültigen Rechts, insbesondere zur verbliebenen Differenzierung in den Steuersätzen, Stellung nehmen. Dennoch blieb dem Gesetzgeber nichts anderes übrig, als die ohnehin geplante Gleichstellung auch insoweit rückwirkend zu gewähren und diese Rückwirkung in die Anwendungsvorschriften zum JStG aufzunehmen. Dies ergibt sich aus den Gründen der Entscheidung des BVerfG: *„Die Staffelung der Steuerklassen und Steuersätze dient dem Zweck, die Erbschaftsteuer nach Ehe und Verwandtschaftsnähe auf der einen und nach dem Nachlassvolumen auf der anderen Seite abzuschichten. Diese Regelung trägt dem erbrechtlichen Familienprinzip und dem steuerrechtlichen Grundsatz der Leistungsfähigkeit Rechnung". „Weder der Grundsatz der Besteuerung nach der Leistungsfähigkeit noch allein die Berufung auf Art. 6 Abs. 1 GG und auch nicht das Familienprinzip vermögen die Unterschiede zwischen Ehegatten und Lebenspartner in den Steuersätzen zu rechtfertigen".*

1.5.3 Begünstigung eingetragener Lebenspartner durch das Jahressteuergesetz 2010

Seit Inkrafttreten des JStG 2010 (v. 13.12.2010, BGBl I 2010, 1768) zum 8.12.2010 ist nunmehr die vollständige Gleichstellung von eingetragenen Lebenspartnern mit Ehegatten im Erbschaft- und Schenkungsteuerrecht verwirklicht. Im ErbStG betreffen die Änderungen die §§ 15-17 ErbStG, wobei die inhaltliche Auswirkung beim Tarif nach § 19 ErbStG eintritt. Die Freibeträge waren schon mit dem ErbStR angeglichen worden, weshalb die Änderungen bei den §§ 16 und 17 ErbStG rein redaktionellen Charakter haben.

In § 15 ErbStG wurde in Abs. 1 die Ziff. 1 bei Steuerklasse I und die Ziff. 7 bei Steuerklasse II um die eingetragenen Lebenspartner erweitert (s. Rz. 9 ff.). Ferner ist mit dem JStG 2010 insoweit eine vollständige Rückwirkung auf Erwerbe, für die die Steuer nach dem 31.7.2001 entstanden ist, umgesetzt worden. In § 37 Abs. 5 ErbStG wurde angeordnet, die ohnehin ab dem 8.12.2010 vorgesehene vollständige Gleichstellung für alle noch nicht bestandskräftigen Steuerbescheide mit Steuerentstehung ab dem 1.8.2001 zu gewähren. Damit sind Lebenspartner ab dem 1.8.2001 den Ehegatten hinsichtlich der Steuerklassenzuordnung und damit auch hinsichtlich des Steuertarifs gleichgestellt, soweit nicht Bestandskraft nach altem Recht eingetreten ist (§ 37 Abs. 5 Nr. 1 ErbStG).

7a

1.5.4 Anwendungswahlrecht in § 15 Abs. 3 ErbStG

8 Mit dem ErbStRG wurde in die seither verbindlich vorgeschriebene Sonderregelung des § 15 Abs. 3 ErbStG ein Anwendungswahlrecht (Antrag) integriert, um ggf. denkbare nachteilige Wirkungen der Anwendung vermeiden zu können (Rz. 80).

1.5.5 Steuerklassenprivileg bei Schenkungen durch Kapitalgesellschaften – § 15 Abs. 4 ErbStG – unklarer Anwendungsbereich

8a Die Vorschrift des § 15 Abs. 4 S. 1 ErbStG soll Härten ausräumen, die sich aus einer möglichen Einordnung bestimmter verdeckter Gewinnausschüttungen als freigebige Zuwendung der Kapitalgesellschaft an Gesellschafter bzw. nahe stehende Person im Hinblick auf Steuersatz und Freibetrag ergeben (vgl. Rz. 82, 83). Die Norm gewährt insoweit eine Privilegierung, als eine Schenkung einer Kapitalgesellschaft für die Zuordnung hinsichtlich Steuerklasse, Freibetrag und Vorschenkungen dem veranlassenden Gesellschafter als Rechtsfolgeabweichung zugeordnet werden kann. Damit kann häufig eine Besteuerung nach Steuerklasse III vermieden werden, die ansonsten grundsätzlich bei Schenkungen durch Kapitalgesellschaften zur Anwendung käme. Die Inanspruchnahme der Privilegierung ist nicht dispositiv. Zu den Einzelheiten vgl. Rz. 84–87.

§ 15 Abs. 4 ErbStG wurde angefügt durch das BeitrRLUmsG vom 7.12.2011 (BGBl I 2011, 2614). Die Norm ist anzuwenden auf Erwerbe, für die die Steuer nach dem 13.12.2011 entsteht.

8b Die Einordnung von verdeckten Gewinnausschüttungen als freigebige Zuwendung der Kapitalgesellschaft an Gesellschafter bzw. nahestehende Person wird vom BFH in einem neueren Urteil nunmehr jedoch wieder grundsätzlich in Frage gestellt (BFH v. 30.1.2013, II R 6/12, BFH/NV 2013, 846). Diese vom BFH nur spärlich begründete Kehrtwende zu seiner Rechtsprechung aus dem Jahr 2007 (BFH v. 7.11.2007, II R 28/06, BStBl II 2008, 258) ist nunmehr von der Verwaltung mit einem Nichtanwendungserlass belegt worden (Gleichlautende Ländererlasse v. 21.11.2013, BStBl I 2013, 1465).

In der Folge wird die – umstrittene – Verwaltungsauffassung (Gleichlautende Ländererlasse v. 14.3.2012, BStBl I 2012, 331, Abschnitt 2.6.2) , wonach disquotale verdeckte Gewinnausschüttungen zu Schenkungen führen können, zunächst aufrecht erhalten – vgl. dazu unten Rz. 82, 83.

Der BFH hat jedoch zuletzt mit – nicht veröffentlichtem – Urteil v. 2.9.2015 (BFH/NV 2015, 1586), erneut der Verwaltungsauffassung widersprochen. Im Verhältnis einer Kapitalgesellschaft zu ihren Gesellschaftern oder zu den Gesellschaftern einer an ihr beteiligten Kapitalgesellschaft gäbe es neben betrieblich veranlassten Rechtsbeziehungen lediglich offene und verdeckte Gewinnausschüttungen sowie Kapitalrückzahlungen, aber keine freigebigen Zuwendungen (Bestätigung der Rechtsprechung gegen den Nichtanwendungserlass). Vermögensvorteile, die ein Steuerpflichtiger durch eine auf Einkünfteerzielung am Markt, also auf einen Hinzuerwerb von Einkommen gerichtete Erwerbshandlung erziele und die deshalb bei ihm der Einkommensteuer unterliegen, würden von § 7 ErbStG **nicht erfasst**. Es fehle in einem solchen Fall an der **Freigebigkeit**.

Die Verwaltung und der Gesetzgeber haben auf diese erneute Rechtsprechung bislang nicht reagiert. Weder wurde der Nichtanwendungserlass aufgehoben, noch wurde die Verwaltungsauffassung durch den Gesetzgeber weiter unterlegt.

Dies führte mittlerweile zu weiteren FG-Entscheidungen auf der Linie des BFH und weiteren beim BFH anhängigen Verfahren. Dabei ging es um folgende Konstellationen:

Kann eine verdeckte Gewinnausschüttung durch überhöhte Leistungen an eine einem Gesellschafter der Kapitalgesellschaft nahestehende Person eine freigebige Zuwendung sein (Anh. Rev. Az. BFH II R 32/16, Vorinstanz FG Niedersachsen, Urt. v. 8.6.2015, EFG 2016, 1818. Hier ging es um überhöhte Mietzahlungen der GmbH an eine zu den Gesellschaftern nahestehende Person)?

Ein weiteres Revisionserfahren in Bezug auf die vGA-Thematik ist bereits unter dem Az. BFH II R 54/15 (Vorinstanz FG Münster, Entscheidung vom 22.10.2015, EFG 2016, 232), anhängig. Dort ging es um verdeckte Gewinnausschüttungen an die Gesellschafterin einer GmbH durch überhöhte Gehaltszahlungen an deren Ehemann, der eine Geschäftsführer- aber nicht Gesellschafterfunktion innehatte.

Diese Konstellationen entsprechen weitgehend der Ausgangskonstellation aus dem Jahr 2007, d.h. dem die Einführung des § 15 Abs. 4 ErbStG auslösenden „obiter dictum" des BFH.

Damit herrscht bei Vermögensverschiebungen mittels Kapitalgesellschaften derzeit wieder Unsicherheit. Auch der Anwendungsbereich von § 15 Abs. 4 ErbStG ist damit wieder unklar geworden. Der BFH hat mit seiner Entscheidung dem vom Gesetzgeber vorgesehenen Anwendungsbereich jedenfalls weitgehend den Boden entzogen (zu weiteren Einzelheiten vgl. Rz. 86b).

Gestaltungshinweis:

Entsprechende Fälle von vGA sollten aufgrund der neu anhängigen Revisionsverfahren offengehalten werden. Möglicherweise kommt der BFH für das ErbStG weiterhin zur grundsätzlichen Nichtsteuerbarkeit entsprechender Vorgänge, so dass § 15 Abs. 4 ErbStG gar nicht mehr zur Anwendung kommen würde.

Aus Gründen der Systemgerechtigkeit dürfte es jedoch auch nicht verfassungskonform sein, wenn freigebige Zuwendungen durch Einschaltung von Kapitalgesellschaften einer geringeren Besteuerung unterliegen als Vermögensverschiebungen, die ohne Einbindung einer Kapitalgesellschaft erfolgen. Die auf BFH-Rechtsprechung beruhende Herangehensweise der Verwaltung hat der BFH nunmehr erneut verworfen, ohne eine eigene zielführende Rechtssystematik aufzuzeigen. Falls der BFH auch in weiteren Entscheidungen den Weg der Verwaltung verwirft, obwohl selbst der Gesetzgeber diesen Weg als Basis für die Einführung des § 15 Abs. 4 ErbStG berücksichtigt hat, dürfte erneut der Gesetzgeber aufgerufen sein, endlich Klarheit zu schaffen. Es bleibt zu hoffen, dass vorab der BFH in weiteren Entscheidungen eine Rechtsdogmatik erkennen lässt, auf der der Gesetzgeber eine tragfähige Lösung aufsetzen kann.

§ 15 Steuerklassen

2 Steuerklassen I bis III (§ 15 Abs. 1 ErbStG)
2.1 Zuordnung zur Steuerklasse I
2.1.1 Ehegatte/eingetragene Lebenspartner (Lebenspartner)

9   Für die Zuordnung zur Steuerklasse I geht es um eine **Momentaufnahme** (Rz. 2). Die Ehe/Lebenspartnerschaft muss daher bei Steuerentstehung (§ 9 ErbStG), also grundsätzlich im Zeitpunkt des Todes des Erblassers bzw. bei Schenkungen im Zeitpunkt der Ausführung **rechtlich wirksam** gewesen sein. Partner einer nichtigen oder aufhebbaren Ehe/Lebenspartnerschaft fallen unter die Steuerklasse I, solange die Ehe nicht für nichtig erklärt oder aufgehoben ist. Der Zustand der Ehe/Lebenspartnerschaft, wie etwa ein Getrenntleben, beeinträchtigt die Begünstigung – anders wie im Einkommensteuerrecht – nicht.

Es verstößt nicht gegen Art. 3 Abs. 1 GG, dass die Partner einer – ggf. auch langjährigen – nichtehelichen Lebensgemeinschaft bei der Einteilung der Steuerklassen nicht den Ehegatten/Lebenspartnern gleichgestellt werden (BVerfG v. 15.11.1989, 1 BvR 171/89, BStBl II 1990, 103).

10 Nach der Rechtspr. des BFH führt die gesetzlich vorgeschriebene Anwendung der ungünstigsten Steuerklasse (Steuerklasse III) bei **Verlobten** zu **keiner unbilligen sachlichen Härte**, selbst falls der Erbfall nach Bestellung des Aufgebots eingetreten ist (BFH v. 23.3.1998, II R 41/96, BStBl II 1998, 396; H E 15.1 ErbStH 2011).

11 Gestaltungshinweis: Gestaltungshinweis:

Größere **Geschenke vor der Ehe/Lebenspartnerschaft** sollten unter erbschaftsteuerlichen Gesichtspunkten hinsichtlich der Wirksamkeit nachweisbar unter die **aufschiebende Bedingung** der vollzogenen Eheschließung/Eingehung der Lebenspartnerschaft gestellt werden (*Weinmann*, in Moench/Weinmann, ErbStG, § 15 Rz. 12). Der Erwerb ist dann als während der Ehe/Lebenspartnerschaft eingetreten anzusehen. Der Zeitpunkt des Erwerbs bestimmt sich nämlich nach § 9 Abs. 1 Nr. 1a ErbStG nach dem Eintritt der Bedingung. Der erwerbende Ehegatte/Lebenspartner kann deshalb für einen solchen Erwerb die günstigste Steuerklasse I in Anspruch nehmen.

Gegebenenfalls kann auch bei Vorliegen eindeutiger Indizien ein aufschiebend bedingter Erwerb auf den Zeitpunkt des Eintritts der Eheschließung unterstellt werden. Ein Indiz für eine aufschiebende Bedingung kann es sein, wenn der begünstigte angehende Ehepartner/Lebenspartner vorab einen Erbverzichtsvertrag unterzeichnet hat und in der Zuwendung eine Entschädigung hierfür gesehen werden kann (RFH v. 25.4.1940, IIIe 3/40, RStBl 1940, 615). Eine solche Gestaltung sollte jedoch mit einer verbindlichen Auskunft abgesichert werden.

Ist eine aufschiebende Bedingung nicht nachweisbar oder klar indiziert und käme damit nach dem Todesfall des Verlobten/der Verlobten grundsätzlich Steuerklasse III zur Anwendung, kann allenfalls aufgrund einer **persönlichen** Unbilligkeit ein Antrag auf niedrigere Festsetzung beim Finanzamt gestellt werden (*Kapp/Ebeling*, ErbStG, § 15 Rz. 6). Die Aussichten eines solchen Antrags dürften m. E. aufgrund der tatsächlich vorhandenen Bereicherung in der Regel nicht gut sein.

Nach der **Scheidung/Aufhebung der Lebenspartnerschaft** bleibt immerhin eine Privilegierung nach Steuerklasse II (dort Nr. 7) erhalten. Obwohl nicht gesetzlich geregelt, gilt dies nach der Rechtspr. des BFH auch für die nichtig erklärte Ehe/ Lebenspartnerschaft (Rz. 43). 12

2.1.2 Kinder und Stiefkinder

Der **zivilrechtliche Kindesbegriff** ist die Basis zur Bestimmung des erbschaftsteuerlichen Kindesbegriffs. So werden zivil- wie erbschaftsteuerrechtlich Kinde r, die im Zeitpunkt des Erbfalls gezeugt, aber noch nicht geboren waren, als schon geboren behandelt. Der Kindesbegriff des Erbschaftsteuerrechts geht jedoch mit der gleichberechtigten Aufnahme der Stiefkinder (§ 15 Abs. 1 I Nr. 2 ErbStG) über die Regelungen des Zivilrechts hinaus. 13

Das Alter des Kindes spielt keine Rolle, auch im Seniorenalter bleibt man gegenüber seinen Eltern Kind i. S. d. § 15 ErbStG. 14

Ebenso wenig spielt das emotionale Verhältnis eine Rolle, weshalb auch das nur pflichtteilsberechtigte Kind im Hinblick auf § 15 ErbStG gleichberechtigt ist.

Kinder i. S. d. Vorschrift sind zunächst die **ehelichen** Kinder. Eheliche Kinder sind solche, die während einer Ehe geboren werden (§ 1592 Nr. 1 BGB). Dies gilt entsprechend, wenn die Ehe durch Tod aufgelöst wurde und innerhalb von 300 Tagen nach der Auflösung ein Kind geboren wird. Steht fest, dass das Kind mehr als 300 Tage vor seiner Geburt empfangen wurde, so ist dieser Zeitraum maßgebend (§ 1593 Sätze 1 und 2 BGB). Wird von einer Frau, die eine weitere Ehe geschlossen hat, ein Kind geboren, das sowohl Kind des früheren Ehemanns als auch nach § 1592 Nr. 1 BGB Kind des neuen Ehemanns sein kann, so ist es als Kind des neuen Ehemanns anzusehen. Wird die Vaterschaft angefochten und rechtskräftig festgestellt, dass der neue Ehemann nicht Vater des Kindes ist, so ist es Kind des früheren Ehemanns. 15

Kinder sind auch **die nichtehelichen Kinder**, zunächst im Verhältnis zur leiblichen Mutter (§ 1591 BGB), aber auch zum Vater, der die Vaterschaft anerkannt hat oder dessen Vaterschaft nach § 1600d BGB oder § 640h Abs. 2 ZPO gerichtlich festgestellt ist (§ 1592 Nr. 2 und 3 BGB). 16

Dabei kann die Anerkenntnis auch noch im Testament erfolgen. Ein Anerkenntnis allein kann nur genügen, wenn und solange nicht die Ehelichkeit zum Ehegatten der Mutter zum Zeitpunkt der Geburt nach § 1592 Nr. 1 und Nr. 3 i. V. m. § 1593 BGB zu unterstellen ist (FG München v. 9.10.1986, X 79/85 Erb, EFG 1987, 255).

Zivilrechtlich gelten unterschiedliche Regelungen:
- für nichteheliche Kinder, die vor Juli 1949 geboren sind und deshalb kein Erbrecht gegenüber dem Vater haben
- für nichteheliche Kinder, die aufgrund der Geburt nach diesem Zeitpunkt einen Erbersatzanspruch haben
- für nichteheliche Kinder, die nach dem Erbrechtsgleichstellungsgesetz vom 16.12.1997 den ehelichen Kindern gleichgestellt sind.

Für die Anwendung des § 15 ErbStG ist diese Differenzierung ohne Bedeutung; ist nämlich die Kindschaft zivilrechtlich anerkannt oder festgestellt, ist der Kindschaftstatbestand des Erbschaftsteuergesetzes erfüllt.

Ist ein Elternteil eines unehelichen Kindes verheiratet, wird das Kind für dessen Ehepartner zum Stiefkind.

17 Die **Adoptivkinder** sind ebenfalls Kinder i.S.d. § 15 ErbStG, und zwar unabhängig vom angewendeten Adoptionsrecht. Einen guten Überblick zum Adoptionszivilrecht bietet Kapp (*Kapp/Ebeling*, ErbStG, § 15 Rz. 15ff). So wie im neuen Adoptionszivilrecht sind die adoptierten Kinder auch erbschaftsteuerlich gleichgestellt, d.h. auch alle anderen verwandtschaftlichen Einstufungen i.S.d. § 15 ErbStG sind wie bei leiblichen Kindern vorzunehmen.

Ist das Kind von (beiden) Eheleuten angenommen worden, wird es zu beiden Partnern zum ehelichen Kind; ist es nur von einem Partner angenommen worden, ist es für den anderen Partner Stiefkind, was aber für die Steuerklasse nach § 15 ErbStG ohne Bedeutung ist.

Die Freigabe zur Adoption beendet das Eltern-Kind-Verhältnis zwar zivilrechtlich, aber nicht steuerrechtlich, (§ 15 Abs. 1a ErbStG) was zur Doppelung der Elternrelation führt.

Sofern der Annehmende den Antrag beim Vormundschaftsgericht eingereicht oder bei oder nach der notariellen Beurkundung des Antrags den Notar damit betraut hat, den entsprechenden Antrag einzureichen (§ 1753 Abs. 2 BGB), ist eine Annahme sogar noch nach dem Tod des Erblassers zulässig. Wird die Annahme nach § 1753 Abs. 3 BGB zivilrechtlich wirksam, ist diese auch steuerlich nachzuvollziehen (FG München v. 3.5.2006, 4 K 1808/04, EFG 2006, 1337).

> **Gestaltungshinweis: Gestaltungshinweis:**
> Der Anreiz für eine steuermotivierte Adoptionsgestaltung zur Privilegierung einer Unternehmensnachfolge ist seit der Ausdehnung der Begünstigung des **Betriebsvermögen** (§§ 13a, 19a ErbStG) auf alle Steuerklassen nicht mehr vorhanden; für **Immobilien- und Kapitalvermögensübertragungen** ist die Adoptionsgestaltung mit dem ErbStRG aufgrund der Höherbewertung des Grundvermögens und der noch weitergehenden Privilegierung der Steuerklasse I hinsichtlich der Freibeträge (§ 16 ErbStG) unter gleichzeitiger Schlechterstellung der Steuerklassen II und III hinsichtlich des Tarifs (§ 15 i.V.m. § 19 ErbStG) interessanter geworden. Auch die Begünstigung des Familienwohnheims (§ 13 Abs. 1 Nr. 4c) kann über eine Adoption nutzbar gemacht werden. Eine Adoption wird in der Praxis nicht als missbräuchliche Gestaltung (§ 42 AO) beurteilt werden können, da nach § 1745 BGB vermögensrechtliche Interessen bei der Adoption nicht ausschlaggebend sein sollen; was vom Vormundschaftsgericht im Adoptionsverfahren zu prüfen ist und von der Steuerverwaltung grundsätzlich als vom Gericht geprüft unterstellt werden wird.

18 **Stiefkinder** sind erbschaftsteuerlich den leiblichen Kindern gleichgestellt. Der Begriff „Stiefkind" wird nicht im BGB, sondern nur in einigen Steuergesetzen verwendet, ohne dass dort eine Definition zu finden ist. Der Begriff ist demnach

entsprechend dem Sinn und Zweck des jeweiligen Gesetzes auszulegen. Stiefkind ist deshalb auch das anerkannte nichteheliche Kind des Ehemannes im Verhältnis zur Ehefrau, genauso wie das nur vom Ehepartner angenommene Kind (BFH v. 31.1.1973, II 30/65, BStBl II 1973, 453). Die Stiefkindschaft besteht auch fort, wenn die die Stiefkindschaft begründende Ehe erloschen ist (zu einem grunderwerbsteuerlichen Sachverhalt: BFH v. 19.4.1989, II R 27/86, BStBl II 1989, 627).

Nach dieser Entscheidung hat die Begünstigung der Stiefkindschaft ihren Grund darin, dass ein Ehepartner auch zu solchen Kindern, die nur von dem anderen Teil abstammen und keine gemeinsamen Kinder sind, tatsächliche (persönliche) Bindungen haben kann; diese Beziehungen sollen in gleicher Weise wie diejenigen zwischen Eltern und ihren leiblichen Kindern begünstigt werden. Deshalb ist es unerheblich, ob die Ehe zur Zeit des Erwerbsvorgangs noch besteht oder infolge Tod oder Scheidung beendet ist. Denn vom Fortbestand der Ehe sind die Beziehungen, welche der Gesetzgeber als begünstigenswert ansieht, nicht abhängig.

Auch für Stiefkinder sind alle anderen verwandtschaftlichen Einstufungen i. S. d. § 15 ErbStG wie bei leiblichen Kindern vorzunehmen (BFH v. 6.9.1989, II R 87/87, BStBl II 1989, 898; H E 15.1 ErbStH 2011). Der BFH hat in dieser Entscheidung die Schwiegerkindeigenschaft des Ehepartners eines Stiefkindes bejaht.

Pflegekinder dagegen unterfallen **nicht** der Steuerklasse I, weil § 15 ErbStG das nach bürgerlichem Recht bestehende Abstammungs-, Verwandtschafts- und Schwägerschaftsverhältnis zum Erblasser oder Schenker zugrunde liegt, bei der persönlichen Vertrautheit, gemeinsames Zusammenleben oder langjährige Fürsorge keine Rolle spielen (BFH v. 24.11.2005, II B 27/05, BFH/NV 2006, 743 m.w.N.). Diese formale Argumentation steht zwar in gewissem Widerspruch zu den Ausführungen des BFH in Sachen fortbestehender Stiefkindschaft (Rz. 18), ist aber rechtlich wohl nicht angreifbar. Für Pflegekinder wird häufig versucht im Wege der Adoption die Steuerklasse I mit der entsprechenden Privilegierung zu erlangen.

Kinder des anderen Lebenspartners einer eingetragenen Lebenspartnerschaft gehören ebenfalls zur Steuerklasse I (Stiefkinder). Dies gilt auch für von diesem adoptierte Kinder (§ 9 Abs. 7 LPartG). Im Erlass des FinMin Baden-Württemberg finden sich Details zur Lebenspartnerschaft (FinMin Baden-Württemberg v. 15.9.2005, 3 – S 3800/16, DB 2005, 2052, Rz. 5). Die Zusammenstellung ist aufgrund des ErbStRG und des JStG 2010 allerdings in Teilen nicht mehr aktuell, dem privilegierenden Inhalt nach aber umso mehr zutreffend.

2.1.3 Abkömmlinge der in § 15 Abs. 1 I Nr. 2 ErbStG genannten Kinder und Stiefkinder

Bei Übertragung von Vermögen auf Abkömmlinge der Kinder und Stiefkinder des Erblassers oder Schenkers – i. d. R. die Enkel – im Rahmen einer Erbschaft oder durch Schenkung kommt ebenfalls die Steuerklasse I zur Anwendung. Ein Vorversterben der Kinder ist – seit dem ErbStG 1996 entgegen einer früheren Rechtslage – für die Einstufung in die günstigste Steuerklasse nicht mehr erforderlich.

Damit unterfallen sämtliche Enkelgenerationen der Steuerklasse I. Hinsichtlich der verbliebenen Differenzierung bei den Freibeträgen (§ 16 ErbStG) hat sich auch mit der Reform des Jahres 2008 nichts geändert (§ 16 ErbStG Rz. 12), ja die Begünstigungsdifferenz zwischen Schenkungen und Erbschaften an die Enkel ist sogar noch größer geworden.

Abkömmlinge i. S. d. Zivilrechts sind Kinder und Kindeskinder, die vom Erblasser abstammen und mit ihm in gerader Linie verwandt sind (§ 1924 BGB). Als Abkömmlinge i. S. d. § 15 ErbStG (Steuerklasse I Nr. 3 und Steuerklasse II Nr. 3) sind auch Adoptivkinder und Stiefkinder der Kinder und Stiefkinder anzusehen (BFH v. 6.9.1989, II R 87/87, BStBl II 1989, 898: H E 15.1 ErbStH 2011).

22 Abkömmlinge von Kindern (Stiefkindern) und Adoptivkindern des Lebenspartners einer eingetragenen Lebenspartnerschaft gehören ebenfalls zur Steuerklasse I (FinMin Baden-Württemberg v. 15.9.2005, 3 – S 3800/16, DB 2005, 2052, Rz. 5).

2.1.4 Eltern und Voreltern bei Erwerben von Todes wegen

23 Eltern bzw. Voreltern sind:

- die leiblichen Eltern und damit auch der Vater des nichtehelichen Kindes
- die leiblichen Voreltern – i. d. R. die Großeltern – und damit auch Väter nichtehelich geborener Eltern
- die Adoptiveltern
- die Adoptivvoreltern

Der Begriff der Voreltern erfasst auch die Urgroßelterngenerationen.

Die Stiefeltern dagegen haben eine eigene Ziffer unter Zuordnung zur Steuerklasse II erhalten (Rz. 40), mit der Konsequenz, dass auch die über die Stiefeltern vermittelte Vorelterngeneration nicht zur Steuerklasse I Nr. 4 gehört.

24 Eltern und Voreltern fallen **bei Erwerben von Todes wegen** ebenfalls in die günstigste Steuerklasse I, während bei **Schenkungen** an Eltern und Voreltern nur die Steuerklasse II gewährt wird. Zu den Erwerben von Todes wegen zählen auch **Schenkungen auf den Todesfall** (§ 3 Abs. 1 Nr. 2 ErbStG).

Mit der Differenzierung soll unterbunden werden, die besondere Begünstigung der Verwandten in gerader Linie dazu zu nutzen, um Übertragungen auf die Geschwister über den „Umweg Eltern" doch noch in die Meistbegünstigung der Steuerklasse I zu bringen (so auch *Kapp/Ebeling*, ErbStG, § 15 Rz. 36.1 m. w. N.). Diese im Bereich der Grunderwerbsteuer häufig bemühte Gestaltung wird von Verwaltung und Rechtspr. als missbräuchliche Gestaltung bewertet. Für die Erbschaftsteuer hat hier der Gesetzgeber schon vorab Klarheit geschaffen. Zur Kettenschenkung als Gestaltungsinstrument vgl. § 16 Rz. 20.

25 Die höhere Belastung bei Schenkungen an die Eltern ist im ErbStG dadurch abgemildert, dass Unterhaltsleistungen an die Eltern nach § 13 Abs. 1 Nr. 12 ErbStG steuerfrei bleiben.

26 Ergänzend zur Steuerklassenprivilegierung bleiben Vermögensgegenstände, die Eltern oder Voreltern ihren Abkömmlingen durch Schenkung oder Übergabevertrag

Steuerklassen § 15

zugewandt hatten und die an diese Personen **von Todes wegen** zurückfallen, nach § 13 Abs. 1 Nr. 10 ErbStG sachlich steuerfrei. Zu Einschränkungen vgl. R E 13.6 ErbStR 2011.

Gestaltungshinweis: Gestaltungshinweis:
Um diese Befreiung (§ 13 Abs. 1 Nr. 10 ErbStG) auch für eingetretene Vermögensmehrungen (z.B. Wertsteigerungen) zu nutzen, empfiehlt Weinmann Schenkungen an Kinder unter die auflösende Bedingung zu stellen, dass die Schenkung beim Vorversterben des Kindes hinfällig wird (*Weinmann*, in Moench/Weinmann, ErbStG, § 15 Rz. 31).

einstweilen frei 27–34

2.2 Zuordnung zur Steuerklasse II

2.2.1 Eltern und Voreltern, soweit sie nicht zur Steuerklasse I gehören

Für **Schenkungen** an Eltern und Voreltern (i.d.R. Großeltern) sieht das Gesetz (§ 15 Abs. 1 II Nr. 1) die Steuerklasse II vor: "*soweit sie nicht zur Steuerklasse I gehören*". Bei **Unterhaltszahlungen** greift die sachliche Steuerbefreiung des § 13 Abs. 1 Nr. 12 ErbStG ein (s.o. Rz. 25). Die Begünstigung nach § 13 Abs. 1 Nr. 10 ErbStG für **Rückübertragungen** an die Eltern und Voreltern ist dagegen auf Erwerbe von Todes wegen beschränkt und greift bei den unter Steuerklasse II Nr. 1 einschlägigen Schenkungen nicht. 35

Zum begünstigten Personenkreis vgl. Rz. 23.

2.2.2 Geschwister

Der Geschwisterbegriff ist erfüllt, wenn die Begünstigten zumindest ein **gemeinsames Elternteil** (halbbürtig) haben. Dies gilt für eheliche und nichteheliche Kinder. Auch die Kombinationen leibliches und adoptiertes Kind bzw. adoptiertes Kind und adoptiertes Kind erfüllen trotz fehlender Verwandtschaft untereinander den Geschwisterbegriff (*Weinmann*, in Moench/Weinmann, ErbStG, § 15 Rz. 34). 36

Bringen jedoch Vater und Mutter jeweils ihre eigenen Kinder in eine neue Ehe ein, ohne dass die Kinder zueinander halb- oder vollbürtig verwandt bzw. auch nicht vom anderen Elternteil adoptiert sind (Stiefgeschwister), kommt der Geschwisterbegriff nach Auffassung der Verwaltung nicht zum Tragen (*Weinmann*, in Moench/ Weinmann, ErbStG, § 15 Rz. 34 i.V.m. Rz. 26). Hierzu krit. *Jülicher* (in T/G/J, ErbStG, § 15 Rz. 70), der eine Parallele zu Geschwistern auf Basis einer Adoption zieht, die auch nicht blutsverwandt sind. Der FinVerw. dürften aber insoweit die Hände gebunden sein, da sich für sog. „Stiefgeschwister" weder zivilrechtlich noch erbschaftsteuerlich eine entsprechende gesetzlich fundierte Anknüpfung finden lässt. Dies ist im Fall der Adoption nach § 1754 Abs. 1 BGB anders, weil dort ein zivilrechtliches Geschwisterverhältnis neu geschaffen wird (so ausdrücklich *Diedrichsen*, in Palandt, 2009, BGB, § 1754 Rz. 1). Aufgrund der großen Bedeutung der (neudeutsch) **Patchwork-Familien** und den hierbei entstehenden persönlichen Bindungen zwischen den Stiefkindern, könnte der Gesetzgeber hier gefordert sein,

§ 15 Steuerklassen

Abhilfe zu schaffen und allein die Bindung der Eltern in Form einer Ehe bzw. eingetragenen Lebenspartnerschaft für den steuerlichen Geschwisterbegriff genügen zu lassen. Der Verweis auf die mögliche Adoption als Gestaltungsinstrument dürfte – aufgrund der jeweils vorhandenen weiteren persönlichen Bindungen zum anderen leiblichen Elternteil – nicht immer zielführend sein.

37 **Zuwendungen unter Geschwistern** können ggf. auch als Zuwendungen der Eltern an die Kinder anzusehen sein, so dass Steuerklasse I zur Anwendung kommt. Dies ist entschieden hinsichtlich der Abfindungen für einen **Erbverzicht** (*Kapp/Ebeling*, ErbStG, § 15 Rz. 46 unter Verweis auf BFH v. 25.5.1977, II R 136/73, BStBl II 1977, 733). Der Erbverzicht ist nach dieser Rechtspr. ein Vertrag zwischen dem (künftigen) Erblasser und dem Verzichtenden (§§ 2346, 2352 BGB). Der Verzicht bewirkt den Wegfall des gesetzlichen Erbrechts dessen, der den Verzicht erklärt, und gibt dem künftigen Erblasser die entsprechende Testier- und Schenkungsfreiheit. Vertragspartner des Erbverzichts sind insoweit nur der künftige Erblasser und der Verzichtende. Nach diesem Verhältnis ist damit auch die Steuerklasse zu bestimmen, wenn auf dieser Basis Leistungen zwischen Geschwistern erfolgen.

38 Gleiches gilt, wenn künftige gesetzliche Erben einen Vertrag gem. § 2346 Abs. 2 BGB schließen, wonach der eine auf seine künftigen **Pflichtteils(ergänzungs)ansprüche** gegen Zahlung eines Geldbetrags verzichtet. Auch im Fall des § 2346 Abs. 2 BGB handelt es sich zwingend um einen Vertrag mit dem Erblasser. Die Steuerklasse richtet sich auch hier nach dem Verhältnis des Zuwendungsempfängers (Verzichtenden) zum künftigen Erblasser. Nach Eintritt des Erbfalls wird der Verzicht auf Pflichtteilsansprüche gegen Abfindung nämlich generell nach der Steuerklasse bestimmt, die im Verhältnis zum Erblasser gilt.

38a Schließen künftige gesetzliche Erben einen Erbschaftsvertrag nach § 311b Abs. 5 BGB (§ 312 Abs. 2 BGB a.F.), an dem der potenzielle Erblasser nicht beteiligt ist, und verzichtet einer der Erben auf die Geltendmachung seines Pflichtteilsanspruchs einschließlich etwaiger Pflichtteilsergänzungsansprüche gegen Abfindung durch die übrigen Erben, stellt die Abfindung eine freigebige Zuwendung i.S.d. § 7 Abs. 1 Nr. 1 ErbStG zwischen den Vertragspartnern dar (BFH v. 25.1.2001, II R 22/98, BStBl II 2001, 456; H E 15.1 ErbStH 2011 „Steuerklasse beim Erwerb aufgrund eines sog. Erbschaftsvertrags gem. § 331b Absatz 4 BGB"). Die Abfindung, die ein künftiger gesetzlicher Erbe an einen anderen Erben für den Verzicht auf einen künftigen Pflichtteilsanspruch zahlt, ist eine freigebige Zuwendung des künftigen gesetzlichen Erben an den anderen und kann nicht als fiktive freigebige Zuwendung des künftigen Erblassers an diesen besteuert werden (BFH v.16.5.2013, II R 21/11, BStBl II 2013, 922, Vorinstanz: FG Münster v. 17.2.2011, 3 K 4815/08, EFG 2011, 20). Wird der Zuwendungsempfänger nicht aus dem Vermögen des potenziellen Erblassers bereichert, scheidet die Annahme einer fiktiven Schenkung des potenziellen Erblassers aus. Die Steuerklasse richtet sich indes nicht nach dem Verhältnis des Zuwendungsempfängers (Verzichtenden) zum Zahlenden, sondern zum künftigen Erblasser (BFH v. 16.5.2013, II R 21/11, BStBl II 2013, 922). Der Verzicht auf Pflichtteils(ergänzungs)ansprüche gegenüber einem anderen gesetzlichen Erben (z.B. Geschwister) zu Lebzeiten des Erblassers kann – schon nach bisheriger Rechtsprechung des BFH (BFH v. 25.1.2001, II R 22/98, BStBl II 2001, 456, H E 15.1

1086 *Längle*

Steuerklassen § 15

ErbStH 2011 „Steuerklasse beim Erwerb aufgrund eines sog. Erbschaftsvertrags gem. § 331 b Abs. 4 BGB") – hinsichtlich der Steuerklasse nicht anders behandelt werden als nach Eintritt des Erbfalls, also im Verhältnis zum Erblasser. Beide Male geht es um die wertmäßige Teilhabe des Verzichtenden am Vermögen des Erblassers. Der nunmehr vom BFH entschiedene Fall des FG Münster (FG Münster v. 17.2.2011, 3 K 4815/08, EFG 2011, 20) macht auch deutlich, wie schwierig diese dem Grunde nach nachvollziehbare Erweiterung des Begünstigtenkreises ist, weil diese Konstellation geeignet ist, die vom Gesetzgeber getroffene Zuordnung der Geschwisterfälle in Steuerklasse II mit den entsprechenden Folgerungen in Sachen Steuersatz und Freibetrag vollständig zu unterlaufen. Welche Folge soll z.B. eintreten, wenn der Verzichtende vom Erblasser gar nicht vom Erbe ausgeschlossen wird oder die Abfindung höher ist als der erwartete bzw. tatsächliche Pflichtteil? Wie diese Fragen zu beantworten sind, konnte allerdings im entschiedenen Einzelfall aus verfahrensrechtlichen Gründen dahinstehen. Klarheit kann insoweit erst die weitere Rspr. oder besser der Gesetzgeber schaffen.

2.2.3 Abkömmlinge ersten Grades von Geschwistern

Als Abkömmlinge i.S.d. § 15 Abs. 1 II Nr. 3 ErbStG (Neffen und Nichten) sind auch Adoptivkinder und Stiefkinder anzusehen. Der Begriff „Kind" wird im ErbStG als eigenständiger Begriff verwendet. Er setzt, wie die Einbeziehung der mit dem Stiefelternteil nur verschwägerten Stiefkinder in die Steuerklasse I Nr. 2 zeigt, das Bestehen verwandtschaftlicher Verhältnisse im zivilrechtlichen Sinne nicht zwingend voraus (H E 15.1 ErbStH 2011). 39

Begünstigt ist damit auch das Kind, Stiefkind oder Adoptivkind eines Adoptivbruders bzw. einer Adoptivschwester. Die Ausdehnung auf Kinder von nicht verwandten Stiefgeschwistern ist m.E. aber nicht möglich. Die Wertung des Geschwisterbegriffs muss in den Nrn. 2 und 3 gleichlaufend erfolgen (a.A. *Weinmann*, in Moench/Weinmann, ErbStG, § 15 Rz. 36, der hier offensichtlich auf die großzügige Auslegung des Kindesbegriffs abstellt, die erforderliche restriktive Auslegung des Geschwisterbegriffs (Rz. 36) an dieser Stelle jedoch unberücksichtigt lässt).

Die Begrenzung auf Abkömmlinge ersten Grades schließt die Enkelgenerationen der Geschwister aus (§ 1589 Abs. 1 S. 3 BGB); diese unterliegen damit Steuerklasse III.

2.2.4 Stiefeltern

Stiefeltern sind die Ehegatten eines leiblichen Elternteils bzw. eines Adoptivelternteils bzw. des nichtehelichen Vaters, die selbst nicht leibliche Eltern oder Adoptiveltern des Begünstigten sind. 40

Die Stiefeltern haben – ohne Erwähnung der Voreltern – eine eigene Nr. unter Zuordnung zur Steuerklasse II erhalten, mit der Konsequenz, dass die über die Stiefeltern vermittelte Vorelterngeneration der Steuerklasse III unterfällt.

2.2.5 Schwiegerkinder

41 Schwiegerkindschaft bezeichnet das Verhältnis von Erwerbern zu den Eltern des Ehepartners und zwar auch zu dessen Adoptiveltern und zum Vater des nichtehelich geborenen Ehepartners.

Zu den Schwiegerkindern i. S. d. § 15 Abs. 1 II Nr. 5 ErbStG sind auch die Ehegatten von Stiefkindern (Stiefschwiegerkinder) zu rechnen (BFH v. 6.9.1989, II R 87/87, BStBl II 1989, 898; H E 15.1 ErbStH 2011).

Die Schwiegerkindschaft wird nicht durch Scheidung der vermittelnden Ehe beendet und auch bei Tod dieses Ehegatten endet die Begünstigung nicht, da sich das ErbStG bei der Zuordnung der Steuerklassen an den bürgerlich-rechtlichen Vorschriften orientiert hat und danach die Schwägerschaft fortbesteht, auch wenn die vermittelnde Ehe aufgelöst ist (§ 1590 Abs. 2 i. V. m. § 1482 BGB; FG Berlin v. 12.12.1995, V 348/95, EFG 1996, 480).

2.2.6 Schwiegereltern

42 Schwiegerelternschaft meint das Verhältnis von Begünstigten zum Ehegatten des leiblichen Kindes, des Adoptivkindes und des Stiefkindes.

Auch die Schwiegerelternschaft wird nicht durch Scheidung der vermittelnden Ehe beendet (Rz. 41).

2.2.7 Geschiedener Ehegatte/Partner einer aufgehobenen Lebenspartnerschaft

43 Nach der **Scheidung/ Aufhebung der Lebenspartnerschaft** bleibt für Leistungen zwischen den ehemals gesetzlich verbundenen Partnern immerhin die Privilegierung nach Steuerklasse II erhalten. Zur Aufhebung der Lebenspartnerschaft vgl. § 15 LPartG (Gesetz über die Eingetragene Lebenspartnerschaft v. 16.2.2001, BGBl I 2001, 266).

Da aufgrund der zivilrechtlichen Orientierung des ErbStG die Schwiegerkindschaft auch nach der Scheidung/**Aufhebung der Lebenspartnerschaft** – entsprechend der zivilrechtlichen Vorgabe – hinsichtlich der Steuerklasse privilegiert bleibt (Rz. 41), wäre es ein ungewöhnliches Ergebnis, wenn Erwerbe vom geschiedenen Ehegatten/Lebenspartner einer schlechteren Steuerklasse zu unterwerfen wären. Es wäre nicht sachgerecht, die Beziehung zu den Eltern des geschiedenen Ehegatten/Lebenspartners in Steuerklasse II und den geschiedenen Ehegatten/Lebenspartner selbst dagegen in Steuerklasse III einzuordnen (FG Berlin v. 12.12.1995, V 348/95, EFG 1996, 480).

Obwohl dies gesetzlich nicht geregelt ist, gilt die Steuerklassenbestimmung II Nr. 7 nach der Rspr. des BFH auch für die **nichtig erklärte Ehe/Lebenspartnerschaft**. Dieser Fall ist bei Zugrundelegung des erkennbaren Zwecks der Vorschrift dem geregelten Fall der geschiedenen Ehe/Lebenspartnerschaft rechtsähnlich, sodass die Vorschrift entsprechend anzuwenden ist (BFH v. 22.10.1986, II R 113/84 BStBl II 1987, 174).

Steuerklassen § 15

Auch **wieder versöhnte** und zusammen in einem Haushalt lebende geschiedene Ehegatten/Lebenspartner unterfallen lediglich der Steuerklasse II (FG Münster v. 30.8.1990, III 3832/90 Erb, EFG 1991, 199, 200).

2.3 Zuordnung zur Steuerklasse III

Die Steuerklasse III ist der Basistatbestand, der immer dann greift, wenn eine privilegierte Erwähnung in den Tatbeständen I und II nicht gegeben ist. Neben Onkeln, Tanten, Großneffen und Großnichten u.a. unterfallen dieser Steuerklasse auch **Pflegekinder** (BFH v. 24.11.2005, II B 27/05, BFH/NV 2006, 743 m.w.N.).   44

Damit sind neben den nicht in den Steuerklassen I und II erwähnten natürlichen Personen zunächst die **juristischen Personen** als Erwerber angesprochen, d.h. die GmbH, die AG, der Verein und die Stiftung, wobei für Familienstiftungen und Familienvereine Sondertatbestände eingreifen (Rz. 50 ff.).

Ein weiterer Anwendungsfall sind – ausdrücklich erwähnt – die **Zweckzuwendungen**.

Fällt dagegen einer **Gesamthandsgemeinschaft** durch Erbanfall oder Schenkung Vermögen zu, sind unabhängig von der Frage, ob zivilrechtlich ggf. die Gesamthand Erbin oder Beschenkte ist, für die Erbschaft- und Schenkungsteuer die Gesamthänder als vermögensmäßig bereichert anzusehen. Erwerber und damit Steuerschuldner sind in einem solchen Fall nicht die Gesamthand, sondern die Gesamthänder (BFH v. 14.9.1994, II R 95/92, BStBl II 1995, 81 unter ausdrücklicher Aufgabe von BFH v. 7.12.1988, II R 150/85, BStBl II 1989, 237). Diese sind nach ihrem persönlichen Verhältnis zum Erblasser/Schenker zu besteuern.

3 Durch Annahme als Kind zivilrechtlich erloschene Verwandtschaft (§ 15 Abs. 1a ErbStG)

3.1 Zivilrechtliche Ausgangslage

Nach neuem Adoptionszivilrecht (gültig ab 1.1.1977) erlöschen bei (Voll-) Adoption die seitherigen Verwandtschaftsverhältnisse des Adoptierten und seiner Abkömmlinge (§ 1755 BGB). Bei Volljährigen ist eine Volladoption nur eingeschränkt möglich (§ 1772 BGB) und daher seltener. I.d.R. bleiben bei Volljährigen die bisherigen Verwandtschaftsverhältnisse bestehen. Die Kinder des Angenommenen werden jedoch auch bei der Erwachsenenadoption zu Enkeln des Annehmenden (*Diederichsen*, in Palandt, 2009, BGB, § 1770 BGB, Rz. 1).   45

3.2 Steuerrechtliche Regelung

Dem Gesetzgeber erschien es für die Erbschaftsteuer – im Übrigen auch allgemein nach § 15 Abs. 2 Nr. 2 AO – angemessen, im Zivilrecht vorgesehene Schnitte des Zivilrechts gegenüber den seitherigen Verwandten nicht nachzuvollziehen. Damit sind auch über § 15 Abs. 1a ErbStG die zivilrechtlichen Adoptionsformen erbschaftsteuerlich gleichgestellt. Unabhängig vom Zivilrecht bleiben damit die seither vor der Adoption unter Steuerklasse I und II Nrn. 1 bis 3 erwähnten Verwandtschaftsver-   46 hältnisse generell steuerlich erhalten, und zwar unter zusätzlicher Begünstigung der neu durch Adoption erworbenen Verwandtschaften. Dies führt zu einer **Doppelung** der Begünstigungsbeziehungen.

Der Gesetzeswortlaut spricht für den Bereich der Steuerklasse II nur von den Nrn. 1 bis 3. Die Beziehungen der Steuerklasse II Nrn. 4 bis 7 betreffen nicht verwandte Personen, sodass bei diesen die Verwandtschaft durch Annahme als Kind bürgerlichrechtlich nicht erlöschen kann. Ob für diese Personen aber mittelbar die Bestimmung der als fortbestehend fingierten Verwandtschaft ebenfalls begünstigend wirken kann, stellt das Gesetz nicht klar.

Beispiel:
Die leibliche Mutter beschenkt den Ehegatten des zur Adoption fortgegebenen Kindes. Da die Mutterbeziehung nach § 15 Abs. 1a ErbStG als fortbestehend gilt, könnte auch die Schwiegerkindbeziehung für die Begünstigung analog als fortbestehend gelten (*Meincke*, ErbStG, 2012, § 15, Rz. 17). Eine entsprechende Auslegung ist m. E. vertretbar; wird mit § 15 Abs. 1a ErbStG die Brücke „Verwandtschaft" gesetzlich erhalten, müssen die daran anknüpfenden weiteren gesetzlich fixierten Nähebeziehungen nicht außen vor bleiben.

47 Die Steuerklassen I und II Nr. 1-3 gelten nicht, wenn die Verwandtschaft eines Adoptivkindes zum Erblasser bereits vor dem Erbfall durch Aufhebung des Annahmeverhältnisses erloschen ist, d. h. die Regel des § 15 Abs. 1a ErbStG ist nicht analog anwendbar bei **aufgehobener Adoption** zu den seitherigen Adoptiveltern. Hier greift also nur Steuerklasse III.

Nach Auffassung des BFH (v. 17.3.2010, II R 46/08, BStBl II 2010, 554 vorgehend Schleswig-Holsteinisches FG v. 4.7.2008, 3 K 114/06, EFG 2008, 1647, H E 15.1 ErbStH 2011) hat der Gesetzgeber die Vorschrift § 15 Abs. 1a ErbStG als Folge des neuen Adoptionsrechts geschaffen und damit dessen nachteilige Auswirkungen (Erlöschen der seitherigen Verwandtschaftsverhältnisse) auf die Steuerklassen im Erbschaftsteuerrecht verhindern wollen. Für eine in diesem Zusammenhang vom Gesetzgeber beabsichtigte Begünstigung ehemaliger Adoptionsverhältnisse sind keinerlei Anhaltspunkte ersichtlich. Der BFH sieht auch keinen sachlichen Grund, die durch Aufhebung der Adoption erloschenen Verwandtschaftsverhältnisse hinsichtlich der Steuerklasse ebenso zu behandeln wie Verwandtschaftsbeziehungen zu den leiblichen Verwandten, die seit der Neuregelung des Adoptionsrechts gemäß § 1755 Abs. 1 BGB durch die Annahme als Kind erlöschen. Allein ein möglicherweise weiter bestehendes persönliches Verhältnis des ehemaligen Adoptivkindes zu seinen früheren Adoptiveltern reicht nach Auffassung des BFH hierfür nicht aus.

Beispiel:
K wurde von der Erblasserin und ihrem Ehemann adoptiert.
Die (ehemaligen) Adoptiveltern setzten sich gegenseitig als Erben ein und bestimmten, dass K Erbe des zuletzt Versterbenden werden soll. Später wurde der Adoptionsvertrag nicht aber das Testament wieder aufgehoben. K begehrt später, nach Eintritt des Schlusserbfalls, die Anwendung des § 15 Abs. 1 I Nr. 2 ErbStG

mit der Begründung, dass § 15 Abs. 1a ErbStG auch anzuwenden sei, wenn das Kindschaftsverhältnis gegenüber den Adoptiveltern erloschen ist. Diesem Begehren kann nach der Entscheidung des BFH (v. 17.3.2010, II R 46/08, BStBl II 2010, 554) nicht entsprochen werden.

einstweilen frei   48–49

4 Familienstiftung (§ 15 Abs. 2 ErbStG)
4.1 Errichtung einer Familienstiftung (§ 15 Abs. 2 S. 1 ErbStG)

50

§ 15 Abs. 2 S. 1 ErbStG begünstigt die **Errichtung einer Familienstiftung**, sofern die Stiftung wesentlich im Interesse einer Familie oder bestimmter Familien im Inland errichtet ist; die Errichtung der Stiftung im Interesse nur eines einzelnen Familienmitglieds genügt (RFH v. 30.11.1933, Ve 17/33, RStBl 1934, 75; *Geck*, in Kapp/Ebeling, ErbStG, § 15 Rz. 58). Eine Stiftung dient dann wesentlich dem Interesse einer Familie oder bestimmter Familien, wenn nach der Satzung und ggf. dem Stiftungsgeschäft ihr Wesen darin besteht, es den Familien zu ermöglichen, das Stiftungsvermögen, soweit es einer Nutzung zu privaten Zwecken zugänglich ist, zu nutzen und die Stiftungserträge an sich zu ziehen (§ 1 ErbStG Rz. 60; BFH v. 10.12.1997, II R 25/94, BStBl II 1998, 114; v. 18.11.2009, II R 46/07, BFH/NV 2010, 898; FG Köln v. 25.5.2016, 7 K 291/16, EFG 2016, 1447, Rev. eingelegt, AZ beim BFH II R 26/16; *Knobel*, in V/K/S/W, ErbStG, 2012, § 15 Rz. 44; *Meincke*, ErbStG, 2012, § 15 Rz. 19). Erfasst sind von § 15 Abs. 2 S. 1 ErbStG ausschließlich die **Stiftungsgeschäfte** des Übergangs von Vermögen auf eine vom Erblasser angeordnete Stiftung nach § 3 Abs. 2 Nr. 1 ErbStG (§ 3 ErbStG Rz. 528) bzw. des Übergangs von Vermögen auf Grund eines Stiftungsgeschäfts unter Lebenden nach § 7 Abs. 1 Nr. 8 ErbStG (§ 7 ErbStG Rz. 440).

§ 15 Abs. 2 S. 1 ErbStG begünstigt diese Stiftungsgeschäfte, in dem nicht die für juristische Personen als Erwerber geltende Steuerklasse III zur Anwendung kommt, sondern die **Steuerklasse nach dem Verwandtschaftsverhältnis** des nach der Stiftungsurkunde entferntest Berechtigten zum Erblasser oder Schenker (BFH v. 25.11.1992, II R 77/90, BStBl II 1993, 238; *Geck*, in Kapp/Ebeling, ErbStG, § 15 Rz. 58 f). Unter dem Begriff des **Berechtigten** ist jeder Bezugs- und Anfallsberechtigte zu verstehen, der – ohne einen klagbaren Anspruch haben zu müssen – nach der Satzung Vermögensvorteile aus der Stiftung erlangen kann (*Jülicher*, in T/G/J, ErbStG, § 15 Rz. 102; *Geck*, in Kapp/Ebeling, ErbStG, § 15 Rz. 60). Nach Ansicht der **FinVerw**. ist bei der Bestimmung der Steuerklasse auf den nach der Satzung möglichen entferntest Berechtigten abzustellen, auch wenn dieser im Zeitpunkt der Errichtung der Familienstiftung noch nicht unmittelbar bezugsberechtigt ist, sondern erst in der Generationenfolge wird (R E 15.2 Abs. 1 S. 2 ErbStR 2011). Die Steuerklasse des entferntest Berechtigten entscheidet auch über den **Freibetrag** nach § 16 ErbStG (*Knobel*, in V/K/S/W, ErbStG, 2012, § 15 Rz. 48). **Ausländische Familienstiftungen** unterliegen nicht der Regelung des § 15 Abs. 2 S. 1 ErbStG, womit stets die Steuerklasse III zur Anwendung kommt (*Jülicher*, in T/G/J, ErbStG, § 15

51

Rz. 110). Der Ausschluss ausländischer Familienstiftungen mit Sitz in der EU ist europarechtlichen Zweifeln ausgesetzt (gl. A. *Götz*, in: Wilms/Jochum, ErbStG, § 15 Rz. 108 ff.; *Thömmes/Stockmann*, IStR 1999, 261, 265).

52 § 15 Abs. 2 S. 1 ErbStG gilt nach seinem eindeutigen Wortlaut nur für den Übergang von Vermögen auf eine vom Erblasser angeordnete **Stiftung** nach § 3 Abs. 2 Nr. 1 ErbStG bzw. den Übergang von Vermögen auf Grund eines Stiftungsgeschäfts unter Lebenden nach § 7 Abs. 1 Nr. 8 ErbStG. Spätere Zuwendungen von Seiten des Stifters oder dritter Personen als sog. **Zustiftungen** fallen nicht darunter und sind als freigebige Zuwendungen unter Lebenden i. S. d. § 7 Abs. 1 Nr. 1 ErbStG (§ 7 ErbStG Rz. 440) damit jeweils nach der Steuerklasse III zu versteuern (BFH v. 9.12.2009, II R 22/08, BStBl II 2010, 363; *Jülicher*, in T/G/J, ErbStG, § 15 Rz. 112; krit. *Geck*, in Kapp/Ebeling, ErbStG, § 15 Rz. 63).§ 15 Abs. 2 S. 1 ErbStG greift lediglich ausnahmsweise, wenn sich der Stifter im Stiftungsgeschäft bereits verbindlich zu einer bestimmten späteren Zuwendung verpflichtet hat (*Jülicher*, in T/G/J, ErbStG, § 15 Rz. 112; *Geck*, in Kapp/Ebeling, ErbStG, § 15 Rz. 63; *Binz/Sorg*, DB 1988, 1822, 1825; *Korezkij*, ZEV 1999, 132, 134).

53 Die Errichtung eines **Familienvereins** fällt wegen des eindeutigen Bezugs auf die lediglich für die Errichtung von Stiftungen geltenden Vorschriften der § 3 Abs. 2 Nr. 1 bzw. § 7 Abs. 1 Nr. 8 ErbStG nicht in den Anwendungsbereich des § 15 Abs. 2 S. 1 ErbStG, womit stets die Steuerklasse III gilt (*Jülicher*, in T/G/J, ErbStG, § 15 Rz. 111; *Geck*, in Kapp/Ebeling, ErbStG, § 15 Rz. 64). Demgegenüber gelten die Regelungen des § 15 Abs. 2 S. 2-3 ErbStG auch für Familienvereine, obwohl für diese Differenzierung durch den Gesetzgeber kein rechtfertigender Grund ersichtlich ist (krit. ebenfalls *Jülicher*, in T/G/J, ErbStG, § 15 Rz. 111; *Knobel*, in V/K/S/W, ErbStG, 2012, § 15 Rz. 46).

54-59 einstweilen frei

4.2 Aufhebung einer Stiftung oder Auflösung eines Vereins (§ 15 Abs. 2 S. 2 ErbStG)

60 Nach § 15 Abs. 2 S. 2 ErbStG gilt bei der **Aufhebung einer Stiftung** oder der **Auflösung eines Vereins** i. S. d. § 7 Abs. 1 Nr. 9 S. 1 ErbStG (§ 7 ErbStG Rz. 460) als Schenker der Stifter oder derjenige, der das Vermögen auf den Verein übertragen hat. Entsprechendes gilt bei der **Auflösung einer ausländischen Vermögensmasse** i. S. d. § 7 Abs. 1 Nr. 9 S. 2 ErbStG (§ 7 ErbStG Rz. 470) für denjenigen, der die Vermögensmasse i. S. d. § 3 Abs. 2 Nr. 1 S. 2 oder § 7 Abs. 1 Nr. 8 S. 2 ErbStG gebildet oder ausgestattet hat. Die Vorschrift erfasst nur **in- und ausländische Familienstiftungen** und Familienvereine (*Jülicher*, in T/G/J, ErbStG, § 15 Rz. 117).§ 15 Abs. 2 S. 2 ErbStG hat zur Folge, dass sich die Steuerklasse des Erwerbers nach dem **persönlichen Verhältnis** zu der Person richtet, die die Vermögensmasse errichtet hat, und nicht nach dem Verhältnis zur Vermögensmasse selbst, womit ansonsten stets die Steuerklasse III zur Anwendung käme (*Geck*, in Kapp/Ebeling, ErbStG, § 15 Rz. 65).

61 Der Anwendungsbereich der Fiktion des § 15 Abs. 2 S. 2 ErbStG beschränkt sich auf die Ermittlung der **Steuerklasse** und des **Freibetrags** (BFH v. 25.11.1992, II R 77/90,

Steuerklassen § 15

BStBl II 1993, 238; v. 25.11.1992, II R 78/90, BFH/NV 1993, 438; v. 30.11.2009, II R 6/07, BStBl II 2010, 237; *Jülicher*, in T/G/J, ErbStG, § 15 Rz. 118 f.; *Götz*, in Wilms/Jochum, ErbStG, § 15 Rz. 119). Bei Auflösung einer von **mehreren Stiftern** errichteten Stiftung ist bei der Steuerberechnung für die Bestimmung der Steuerklasse auf das jeweilige Verhältnis des Anfallsberechtigten zu den Stiftern abzustellen (BFH v. 30.11.2009, II R 6/07, BStBl II 2010, 237; H E 15.2 ErbStH 2011; *Knobel*, in V/K/S/W, ErbStG, 2012, § 15 Rz. 54; *Geck*, in Kapp/Ebeling, ErbStG, § 15 Rz. 65.1). Beim **Rückfall von Vermögen** an den Stifter zu dessen Lebzeiten kommt nach § 7 Abs. 1 Nr. 9 i.V.m. § 15 Abs. 1 ErbStG Steuerklasse III zur Anwendung (BFH v. 25.11.1992, II R 77/09, BStBl II 1993, 238; v. 25.11.1992, II R 78/90, BFH/NV 1993, 438; krit. *Jülicher*, in: T/G/J, ErbStG, § 15 Rz. 120; *Knobel*, in V/K/S/W, ErbStG, 2012, § 15 Rz. 58 ff.; *Geck*, in Kapp/Ebeling, ErbStG, § 15 Rz. 66 ff.; *Meincke*, ErbStG, 2012, § 15 Rz. 24).

einstweilen frei 62-64

4.3 Ersatzerbschaftsteuer (§ 15 Abs. 2 S. 3 ErbStG)

Beim Anfall der **Ersatzerbschaftsteuer** nach § 1 Abs. 1 Nr. 4 ErbStG (§ 1 ErbStG Rz. 50) wird der doppelte **Freibetrag** für Kinder nach § 16 Abs. 1 Nr. 2 ErbStG gewährt (= 2 x 400.000 Euro). Die Steuer bemisst sich nach dem Prozentsatz der **Steuerklasse I** gem. § 19 ErbStG, der für die Hälfte des steuerpflichtigen Vermögens gelten würde; nach § 10 Abs. 1 S. 7 ErbStG tritt für Zwecke der **Wertermittlung** an die Stelle des Vermögensanfalls das Vermögen der Stiftung oder des Vereins (§ 10 ErbStG Rz. 58). Im Ergebnis entspricht die im Turnus von 30 Jahren vorgenommene Ersatzerbschaftsbesteuerung jeweils einem Vermögensübergang auf zwei Kinder eines Erblassers (BFH v. 8.4.1981, II R 47/79, BStBl II 1981, 581; v. 10.12.1997, II R 25/94, BStBl II 1998, 114). 65

Den Zeitpunkt der **Entstehung** der Ersatzerbschaftsteuer regelt § 9 Abs. 1 Nr. 4 ErbStG (§ 9 ErbStG Rz. 128). Die Steuer kann nach § 24 ErbStG **verrentet** in 30 gleichen jährlichen Teilbeträgen (Jahresbeträgen) entrichtet werden. Nach § 20 Abs. 1 S. 1 ErbStG ist **Steuerschuldner** in den Fällen des § 1 Abs. 1 Nr. 4 ErbStG die Stiftung oder der Verein (§ 20 ErbStG Rz. 15). Nach § 26 ErbStG ist in den Fällen des § 7 Abs. 1 Nr. 9 ErbStG (Aufhebung einer Stiftung oder Auflösung eines Vereins) auf die nach § 15 Abs. 2 S. 2 ErbStG zu ermittelnde Steuer (Rz. 59) die nach § 15 Abs. 2 S. 3 ErbStG festgesetzte Steuer **anteilsmäßig anzurechnen** (§ 26 ErbStG Rz. 4). 66

einstweilen frei 67-69

5 Besteuerung der Fälle der Voll- und Schlusserbfolge (§ 15 Abs. 3 ErbStG)

5.1 Erläuterung des zivilrechtlichen Umfeldes

5.1.1 Berliner Testament

Ehegatten setzen sich häufig zur gegenseitigen Absicherung als Alleinerben ein. Meist treffen sie dann ergänzend noch eine Regelung, mit der Sie einen Erben nach dem Überlebenden einsetzen, meist die gemeinsamen Abkömmlinge. Durch solche 70 gemeinsamen Verfügungen, die auch dem eingetragenen Lebenspartner (Rz. 71) offenstehen, wollen sie sicherstellen, dass nach dem Tod des ersten von ihnen das gemeinsame Vermögen zunächst dem Überlebenden verbleibt und dann nach dessen Ableben auf den gemeinsam bestimmten Dritten übergeht.

Grundsätzlich bestehen drei Gestaltungsmöglichkeiten:

- **Vor- und Nacherbfolge** (sog. Trennlösung): Hier hält der Vorerbe nach dem Erbfall zwei getrennte Vermögensmassen, nämlich sein Eigenvermögen und den Nachlass des Verstorbenen.
- **Voll- und Schlusserbfolge** (sog. Einheitslösung): Hier wird der Ersterbende Vollerbe, was zu einer Vereinigung seines Vermögens mit dem Nachlass des Erstverstorbenen zu einem einheitlichen Vermögen führt.
- **Vollerbfolge und Nießbrauchsvermächtnis**: Hier erbt sofort ein Dritter und der überlebende Ehegatte erhält ein Nießbrauchsvermächtnis.

Obwohl zunächst die Trennlösung als Berliner Testament bezeichnet wurde, wird der Begriff heute für die ersten beiden Varianten oder sogar – entgegen dem historischen Hintergrund – insbesondere für Fälle der Einheitslösung verwendet; und zwar gerade auch, wenn auf § 15 Abs. 3 ErbStG Bezug genommen wird.

Welche dieser Gestaltungsmöglichkeiten gewollt ist, ist durch Auslegung zu ermitteln. Erst wenn danach nicht zu behebende Zweifel bestehen, kommt § 2269 Abs. 1 BGB zur Anwendung, wonach ein Fall der Einheitslösung anzunehmen ist (*Edenhofer*, in Palandt, 2014, BGB, § 2269, Rz. 1 bis 5 m.w.N. und Erläuterungen). Die Voll- und Schlusserbfolge liegt also vor, wenn diese ausdrücklich angeordnet oder wegen nicht zu beseitigender Zweifel anzunehmen ist.

5.1.2 Eingetragene Lebenspartnerschaft

71 Das LPartG ermöglicht zwei Menschen gleichen Geschlechts die Begründung einer Lebenspartnerschaft. Aufgrund des Erfordernisses der Gleichgeschlechtlichkeit, wird zur Vermeidung von Missverständnissen häufig die Begrifflichkeit (eingetragene) gleichgeschlechtliche Lebenspartnerschaft verwendet.

Diese Lebenspartnerschaft eröffnet – außerhalb der Verwandtschaft, neben Adoption und Ehe – eine Möglichkeit, in einem vorgegebenen gesetzlichen Rahmen eine grundlegende Bindung einzugehen. Die Rechtsfolgen dieses Rechtsinstituts der Lebenspartnerschaft sind den Rechtsfolgen der Ehe in bürgerlich-rechtlichen Angelegenheiten angenähert.

Eingetragene Lebenspartner können ein gemeinschaftliches Testament errichten. Die §§ 2266 – 2273 BGB gelten entsprechend (§ 10 Abs. 4 LPartG).

5.2 Die steuerrechtliche Anknüpfung an das Zivilrecht

72 § 15 Abs. 3 ErbStG gilt für Fälle, in denen der Ersterbende Vollerbe (Einheitslösung, Rz. 70) wird: Dies führt zu einer Vereinigung seines Vermögens mit dem Nachlass des Erstverstorbenen zu einem einheitlichen Vermögen. Konkret knüpft § 15 Abs. 3 ErbStG zunächst an die Norm § 2269 Abs. 1 BGB hinsichtlich der Art der Verfügung an. §§ 2269 Abs. 1 BGB enthält zwar nur eine Vermutungsregel

zugunsten der Einheitslösung; da die Trennlösung anderweitig in § 6 ErbStG geregelt ist, ergibt sich aber, dass konkret an die Einheitslösung angeknüpft werden soll. Die Voll- und Schlusserbfolge als Anwendungsfall des § 15 Abs. 3 ErbStG liegt vor, wenn diese ausdrücklich angeordnet oder wegen nicht zu beseitigender Zweifel anzunehmen ist.

§ 15 Abs. 3 ErbStG sieht bei der Einheitslösung eine begünstigende steuerliche Sonderregelung hinsichtlich der anzuwendenden Steuerklasse vor: Sie soll mittels einer Steuerklassenbegünstigung und einer Freibetragsverbesserung die **Härte mildern**, die dadurch entsteht, dass der Nachlass des Erstversterbenden häufig innerhalb kurzer Zeit zwei steuerbare Erbvorgänge durchläuft und beim Schlusserben als vereinigte steuerbare Einheit ankommt.

Diese Härte wird aber nicht vollständig beseitigt, da beim Schlusserwerb der vereinigten Vermögen des Erst- und Zweitversterbenden weiterhin **nur ein Freibetrag** nach § 16 ErbStG zur Anwendung kommt und zur Ermittlung der Steuerstufe des § 19 ErbStG weiterhin der Gesamterwerb der Besteuerung zugrunde gelegt wird. Auch der Härteausgleich nach § 19 Abs. 3 ErbStG ist damit nur zu gewähren, soweit der Wert des gesamten Erwerbs eine der in § 19 Abs. 1 ErbStG bestimmten Wertgrenzen überschreitet und in einen Bereich fällt, in dem der Wertausgleich vorzunehmen ist (BFH v. 9.7.2009, II R 42/07, BFH/NV 2009, 1994).

Gestaltungshinweis:

Trotz der auf diesem Umstand basierenden Schmähung des Berliner Testaments als Erbschaftsteuerfalle sollte nicht übersehen werden, dass diese Gestaltung für die zivilrechtliche Absicherung des Zweitversterbenden eine nicht leicht ersetzbare Schutzfunktion hat, auf die nicht ohne wohl überlegte Absicherungsalternativen verzichtet werden sollte.

Der Anwendungsbereich des § 15 Abs. 3 ErbStG ergibt sich weiterhin aus der Regelung: *„Im Fall des § 2269 des Bürgerlichen Gesetzbuchs und soweit der überlebende Ehegatte oder der überlebende Lebenspartner an die Verfügung gebunden ist ....".* Über die Anforderung, nach der der Überlebende an die Verfügung gebunden sein muss, wird an die Normen §§ 2270, 2271 BGB angeknüpft, die dem Erstversterbenden eine gewisse Sicherheit gewähren, dass das Vermögen beim vorgesehenen Schlusserben auch ankommt. § 15 Abs. 3 ErbStG kann aber auch dann noch eingreifen, wenn dem überlebenden Ehegatten noch eine gewisse Dispositionsfreiheit belassen wurde (s. u. Rz. 78), der Schlusserbenerwerb aber dennoch auf der Verfügung des Erstversterbenden beruht.

72a

§§ 2269ff. lauten:

§ 2269 Gegenseitige Einsetzung

(1) Haben die Ehegatten in einem gemeinschaftlichen Testament, durch das sie sich gegenseitig als Erben einsetzen, bestimmt, dass nach dem Tode des Überlebenden der beiderseitige Nachlass an einen Dritten fallen soll, so ist im Zweifel anzunehmen, dass der Dritte für den gesamten Nachlass als Erbe des zuletzt versterbenden Ehegatten eingesetzt ist.

73

(2) Haben die Ehegatten in einem solchen Testament ein Vermächtnis angeordnet, das nach dem Tode des Überlebenden erfüllt werden soll, so ist im Zweifel anzunehmen, dass das Vermächtnis dem Bedachten erst mit dem Tode des Überlebenden anfallen soll.

§ 2270 Wechselbezügliche Verfügungen
(1) Haben die Ehegatten in einem gemeinschaftlichen Testament Verfügungen getroffen, von denen anzunehmen ist, dass die Verfügung des einen nicht ohne die Verfügung des anderen getroffen sein würde, so hat die Nichtigkeit oder der Widerruf der einen Verfügung die Unwirksamkeit der anderen zur Folge.

(2) Ein solches Verhältnis der Verfügungen zueinander ist im Zweifel anzunehmen, wenn sich die Ehegatten gegenseitig bedenken oder wenn dem einen Ehegatten von dem anderen eine Zuwendung gemacht und für den Fall des Überlebens des Bedachten eine Verfügung zugunsten einer Person getroffen wird, die mit dem anderen Ehegatten verwandt ist oder ihm sonst nahe steht.

(3) Auf andere Verfügungen als Erbeinsetzungen, Vermächtnisse oder Auflagen findet die Vorschrift des Absatzes 1 keine Anwendung.

§ 2271 Widerruf wechselbezüglicher Verfügungen
(1) Der Widerruf einer Verfügung, die mit einer Verfügung des anderen Ehegatten in dem in § 2270 bezeichneten Verhältnis steht, erfolgt bei Lebzeiten der Ehegatten nach der für den Rücktritt von einem Erbvertrag geltenden Vorschrift des § 2296. Durch eine neue Verfügung von Todes wegen kann ein Ehegatte bei Lebzeiten des anderen seine Verfügung nicht einseitig aufheben.

(2) Das Recht zum Widerruf erlischt mit dem Tode des anderen Ehegatten; der Überlebende kann jedoch seine Verfügung aufheben, wenn er das ihm Zugewendete ausschlägt. Auch nach der Annahme der Zuwendung ist der Überlebende zur Aufhebung nach Maßgabe des § 2294 und des § 2336 berechtigt.

(3) Ist ein pflichtteilsberechtigter Abkömmling der Ehegatten oder eines der Ehegatten bedacht, so findet die Vorschrift des § 2289 Abs. 2 entsprechende Anwendung.

5.3 Die steuerrechtliche Regelung

74 § 15 Abs. 3 ErbStG mildert die Besteuerung des Schlusserbenerwerbs, mit der Anweisung, dass „*auf Antrag der Versteuerung das Verhältnis des Schlusserben oder Vermächtnisnehmers zum zuerst verstorbenen Ehegatten oder dem zuerst verstorbenen Lebenspartner zugrunde zu legen (ist), soweit sein Vermögen beim Tod des überlebenden Ehegatten oder des überlebenden Lebenspartners noch vorhanden ist. § 6 Abs. 2 Satz 3 bis 5 gilt entsprechend*".

Durch die Neufassung im Rahmen der Erbschaftsteuerreform 2008 wurde klar gestellt, dass im Fall des gemeinschaftlichen Testaments von Ehegatten der Schlusserbe oder Vermächtnisnehmer nicht im Rechtssinn als Erbe des erstverstorbenen Ehegatten anzusehen ist, selbst wenn von diesem stammendes Vermögen beim Tod des letztversterbenden Ehegatten auf ihn übergeht. Auch insoweit liegt nur ein einheitlicher Erwerb von Todes wegen vom letztversterbenden Ehegatten vor.

Der Schlusserbe kann also auch in Zukunft nur *einen* Freibetrag auf den vereinigten Erwerb beanspruchen.

Weiterhin ist auch der Wert des Erwerbs für die zutreffende Ermittlung des Steuersatzes nach § 19 Abs. 1 ErbStG und des Härteausgleichs nach § 19 Abs. 3 ErbStG wie bisher nach dem Gesamterwerb vorzunehmen (§ 6 Abs. 2 S. 5 i. V. m. § 15 Abs. 3 ErbStG). Dadurch bleibt es dem Schlusserben versagt, durch Aufteilung in zwei Erwerbe nach dem Erst- bzw. Letztversterbenden zusätzlich eine günstigere Progression zu erlangen (vgl. Rz. 72).

Unverändert soll jedoch der Erwerb des vom erstverstorbenen Ehegatten stammenden Vermögens nach der im Verhältnis zu diesem Ehegatten geltenden **Steuerklasse** versteuert werden können, sofern der Schlusserbe zu dem Erstverstorbenen in einem günstigeren erbschaftsteuerlichen Verhältnis wie zum Zweitverstorbenen gestanden hat. Die Besteuerung selbst richtet sich in diesen Fällen weiterhin nach den für Fälle der Vor- und Nacherbschaft getroffenen Regelungen (§ 6 Abs. 2 ErbStG Rz. 25 ff.).

Beispiel:

Das kinderlose Ehepaar A (Ehemann, 70 Jahre) und B (Ehefrau, 35 Jahre, schwerkrank) setzt als Schlusserbin die Mutter der Ehefrau (C, 55 Jahre), als Erbin ein. Die Ehefrau B stirbt zuerst. Der Schlusserwerb der Mutter C von Ehemann A würde – obwohl ursprünglich (teilweise) auch von der eigenen Tochter stammend – grundsätzlich der Steuerklasse II unterfallen. § 15 Abs. 3 ErbStG will die daraus resultierende Härte mildern, indem der Erwerb der Mutter, soweit er von der Tochter stammt, auf Antrag nach Steuerklasse I besteuert werden kann.

Bei einem Erwerb der C in Höhe von 400.000 EUR (jeweils 200.000 EUR von A bzw. B) wird für den Erwerb, der fiktiv von B stammt, ein Freibetrag von 100.000 EUR nach §§ 16 Abs. 1 Nr. 4 i. V. m. 15 Abs. 1 I Nr. 4 (statt 20.000 EUR nach §§ 16 Abs. 1 Nr. 5 i. V. m. § 15 Abs. 1 II Nr. 6 ErbStG) abgezogen. Der Steuersatz liegt bei 11 % nach Steuerklasse I (statt 20 % nach Steuerklasse II), während für den Erwerb, der von A stammt, zwingend ein Steuersatz von 20 % anzusetzen ist (§ 19 ErbStG). Die Steuersatzermittlung erfolgt jeweils aus dem Gesamterwerb nach Abzug des im jeweiligen Verhältnis einschlägigen Freibetrags, vorliegend also aus 300.000 EUR. Insgesamt kann wie bisher nur ein Freibetrag, und zwar der höhere Freibetrag, also 100.000 EUR abgezogen werden.

Dies ergibt folgende Berechnung:

Erwerb fiktiv von B:	200.000 EUR
Freibetrag (§ 16 Abs. 1 Nr. 4 ErbStG):	100.000 EUR
Stpfl. Erwerb	100.000 EUR
Steuer mit Steuersatz: 11 %	
(Steuersatz aus Gesamterwerb von 300.000 EUR)	11.000 EUR
Erwerb von A:	200.000 EUR
Freibetrag	0 EUR

§ 15 Steuerklassen

Stpfl. Erwerb	200.000 EUR
Steuer mit Steuersatz: 20 %	
(Steuersatz aus Gesamterwerb von 300.000 EUR)	40.000 EUR
Gesamtsteuer	51.000 EUR

Ohne Anwendung von § 15 Abs. 3 ErbStG hätte die Steuer 95.000 EUR betragen, nämlich 25 % aus 380.000 EUR (Erwerb 400.000 EUR – Freibetrag 20.000 EUR nach § 16 Abs. 1 Nr. 5 ErbStG).

75 § 15 Abs. 3 ErbStG hatte durch die Erbschaftsteuerreform 2008 hinsichtlich der möglichen Anwendungsfälle deutlich an Bedeutung verloren.

Die Norm kam vor Geltung des ErbStRG häufig in den Fällen zur Anwendung, in denen Geschwister, Neffen oder Nichten als Schlusserben des Erstversterbenden eingesetzt waren; also Personen, für deren Verhältnis zum Erstversterbenden in § 15 Abs. 1 ErbStG die Steuerklasse II vorgesehen ist, wogegen zum Zweitversterbenden grundsätzlich Steuerklasse III zur Anwendung kommen müsste.

Nach bisherigem Recht bestanden zwischen Steuerklasse II und Steuerklasse III relevante Belastungsunterschiede hinsichtlich Freibetrag (§ 16 ErbStG) und Steuersatz (§ 19 ErbStG).

Diese Unterschiede wurden mit dem Erbschaftsteuerreformgesetz vollständig beseitigt, weshalb § 15 Abs. 3 ErbStG in diesen Fällen nicht mehr privilegierend wirken konnte.

Beispiel:

Das Ehepaar A (Ehemann) und B (Ehefrau) setzt als Schlusserben C, die jüngere Schwester der Ehefrau als Erbin ein. Die Ehefrau B stirbt zuerst. Der Schlusserwerb der C von Ehemann A würde grundsätzlich der ungünstigsten Steuerklasse III unterfallen. § 15 Abs. 3 ErbStG will die daraus resultierende Härte mildern, indem der Erwerb der Schwester, soweit er von der Schwester stammt, nach Steuerklasse II zu besteuern ist.

§ 15 Abs. 3 ErbStG hat durch die Erbschaftsteuerreform 2008 für diesen Fall an Bedeutung verloren. Bei dem Erwerb der C in Höhe von 400.000 EUR, der jeweils in Höhe von 200.000 EUR von A und B stammt, beträgt die Steuer nunmehr mit und ohne § 15 Abs. 3 ErbStG 114.000 EUR (30 % aus 380.000 {400.000 EUR – 20.000 EUR]). Nach altem Recht wäre statt einem Freibetrag von 5.200 EUR ein solcher von 10.300 EUR zum Ansatz gekommen und für den Erwerb der von B stammt die Steuerberechnung mit einem Steuersatz von 22 % statt mit einem Steuersatz von 29 % durchgeführt worden. Die Steuer hätte nach altem Recht 99.734 EUR (41.743 EUR für den Erwerb von B und 58.000 EUR für den Erwerb von A) betragen.

Während des langwierigen Reformprozesses war man bis zum Schluss davon ausgegangen, dass es noch zu einer Differenzierung der Steuerklassen II und III kommen würde. Dies ist aus Aufkommensgründen gescheitert, da der immer weitergehenden Verschonung des Betriebsvermögens und des eigengenutzten Grundvermögens Vorrang eingeräumt wurde.

Diese Rechtslage hat jedoch nur für Erwerbe, die im Jahr 2009 erfolgt sind, Gültigkeit. Der Gesetzgeber hat nämlich mit dem **WachstBeschlG** (v. 22.12.2009, BGBl I 2009, 3950) der Kritik an der Gleichstellung der Steuerklassen II und III nachgegeben; aber nur für Erwerbe ab dem Jahre 2010 und nur für den Tarif, also nicht für die Freibeträge. Eine Rückwirkung auf das Jahr 2009, wie sie für Erleichterungen bei der Verschonung des Betriebsvermögens gilt, wurde nicht vorgesehen. So bleibt es für die Steuerklassen II und III für das Jahr 2009 bei nur zwei Steuersätzen – jeweils 30 % und 50 % –, während für die Steuerklasse II ab dem Jahr 2010 wieder 7 Stufen gelten, die von 15 % bis 43 % in Schritten von 5 % bzw. in der letzten Stufe um 3 % ansteigen (vgl. § 19 Abs. 1 ErbStG).

75a

Das FG Düsseldorf hatte mit Urteil v. 12.1.2011 (4 K 2574/10 Erb, DStRE 2011, 1321) entschieden, dass die fehlende Differenzierung der Steuersätze in den Steuerklassen II und III für das Streitjahr 2009 nicht gegen Art. 6 Abs. 1 GG verstößt. Dieser Einschätzung ist der BFH in seinem Vorlagebeschluss an das BVerfG gefolgt (BFH v. 27.9.2012, II R 9/11, BStBl II 2012, 899).

Nach Ansicht des BFH ist die Gleichstellung von Personen der Steuerklasse II und III im Jahr 2009 verfassungsrechtlich hinzunehmen. Der Gesetzgeber sei von Verfassungs wegen nicht verpflichtet, Erwerber der Steuerklasse II besser zu stellen als Erwerber der Steuerklasse III.

Aus verfassungsrechtlicher Sicht sei auch nicht zu beanstanden, dass die Erwerber der Steuerklasse II nur für das Jahr 2009 den Erwerbern der Steuerklasse III völlig gleichgestellt wurden, während sie für die Jahre zuvor und danach besser als diese behandelt wurden bzw. werden. Der Gesetzgeber war danach nicht von Verfassungs wegen verpflichtet, die Änderung des § 19 Abs. 1 ErbStG zugunsten der Erwerber der Steuerklasse II durch das WachstBeschlG rückwirkend auf Erwerbe vorzunehmen, für die die Steuer nach dem 31.12.2008 entstanden ist. Ferner seien wiederholte Gesetzesänderungen innerhalb eines kürzeren Zeitraums nach der ständigen Rechtsprechung des BFH als solche nicht verfassungswidrig (BFH v. 9.3.2010, VIII R 109/03, BFH/NV 2010, 1266, und BFH v. 15.9.2010, X R 55/03, BFH/NV 2011, 231).

Damit ist nach Auffassung des BFH die fehlende Differenzierung der Steuersätze zwischen den Steuerklassen II und III genauso verfassungsgemäß wie der Umstand, dass nur im Jahr 2009 die Unterscheidung zwischen Steuerklasse II und III völlig gefehlt hat (Problem der Gleichheit in der Zeit).

Das unter Rz. 75 genannte Praxisbeispiel für Erwerbe ab dem Jahr 2010 ist wie folgt zu lösen:

Beispiel: Lösung des Praxis-Beispiels für den Erwerb im Jahr 2010
Bei dem Erwerb der C in Höhe von 400.000 EUR, der jeweils in Höhe von 200.000 EUR von A und B stammt, berechnet sich die Steuer nunmehr wie folgt:

§ 15   Steuerklassen

Erwerb fiktiv von B:	200.000 EUR
Freibetrag (§ 16 Abs. 1 Nr. 5 ErbStG):	20.000 EUR
Stpfl. Erwerb	180.000 EUR
Steuer mit Steuersatz: 25 %	
(Steuersatz aus Gesamterwerb von 380.000 EUR)	45.000 EUR
Erwerb von A:	200.000 EUR
Freibetrag	0 EUR
Stpfl. Erwerb	200.000 EUR
Steuer mit Steuersatz: 30 %	
(Steuersatz aus Gesamterwerb von 380.000 EUR)	60.000 EUR
Gesamtsteuer	105.000 EUR

76 In den Geschwister- bzw. Neffen- oder Nichtenfällen ist die Ausübung des Wahlrechts auch bei Erwerben im Jahr 2009 sinnvoll, wenn die Freibeträge des § 16 ErbStG zum Letztversterbenden durch Vorerwerbe schon ausgeschöpft sind (§ 14 ErbStG), dies im Verhältnis zum Erstversterbenden dagegen nicht der Fall ist.

77 § 15 Abs. 3 ErbStG kommt nur insoweit zur Anwendung, wie das **Vermögen des Erstversterbenden noch vorhanden** ist. Der Nachlass des Zweitverstorbenen muss also nach Herkunft dem Erst- und Zweitverstorbenen zugeordnet werden, um auf den jeweiligen Anteil die richtigen steuerlichen Regelungen zur Anwendung bringen zu können. Der Wortlaut stellt dabei auf das noch vorhandene Vermögen, nicht wie in § 13 Abs. 1 Nr. 10 ErbStG auf noch vorhandene Vermögensgegenstände ab.

Der Umfang des begünstigten Vermögens wurde von der Verwaltung (R E 15.3 ErbStR 2011; BFH v. 27.8.2008, II R 23/06, BStBl II 2009, 47; H E 15.3 ErbStH 2011) wie folgt klargestellt:

- Wertsteigerungen und reine Vermögensumschichtungen des noch vorhandenen Vermögens zwischen dem Todestag des Erstversterbenden und dem des Letztversterbenden sind aufgrund des Surrogationsprinzips wie bei § 6 Abs. 2 ErbStG auch bei § 15 Abs. 3 ErbStG begünstigt. Es ist deshalb auf den Wert dieses Vermögens am Todestag des Letztversterbenden abzustellen.
- Erträge des Vermögens zwischen dem Todestag des Erstversterbenden und dem des Letztversterbenden sind erst in der Person des Letztversterbenden entstanden und deshalb, soweit sie nicht verbraucht wurden, nicht im begünstigten Vermögen zu berücksichtigen.

78 Zu beachten ist für die Anwendung von § 15 Abs. 3 ErbStG die weitere Einschränkung, dass der Erwerb auf einer Bindung des überlebenden Ehegatten an die Verfügung des Erstversterbenden im gemeinsamen Testament beruhen muss, d.h. der Erwerb des Schlusserben muss auf dem **Willen des Erstversterbenden** beruhen.

Über die Anforderung, dass der Überlebende an die Verfügung gebunden sein muss, wird an die §§ 2270, 2271 BGB angeknüpft, die dem Erstversterbenden eine gewisse Sicherheit gewähren, dass das Vermögen beim vorgesehenen Schlusserben auch ankommt. § 15 Abs. 3 ErbStG kann aber auch dann noch eingreifen, wenn dem überlebenden Ehegatten noch eine gewisse Dispositionsfreiheit belassen wurde, der Schlusserbenerwerb aber dennoch auf der Verfügung des Erstversterbenden beruht. Auch bei einem wechselbezüglichen Testament ist es nämlich möglich, vorzusehen, dass der überlebende Ehegatte noch abweichende Verfügungen treffen dar. Damit kann der überlebende Ehegatte insbesondere auf nicht vorher absehbare Ereignisse und Situationen reagieren.

Nach dem Urteil des BFH vom 16.6.1999 kann eine spätere Verfügung des überlebenden Ehegatten unschädlich sein, soweit die Erbquote des Schlusserben unverändert belassen wurde (BFH v. 16.6.1999, II R 57/96, BStBl II 1999, 789; H E 15.1 ErbStH 2011). Ein über die Erbquote hinaus ausgesetztes Vorausvermächtnis ist danach schädlich, wogegen eine Teilungsanordnung innerhalb der Quoten weiterhin die Anwendung des § 15 Abs. 3 ErbStG ermöglicht (*Kapp/Ebeling*, ErbStG, § 15 Rz. 84.3). Ein überschießender Erwerb eines Schlusserben über die Quote ist nach dem Verhältnis zum überlebenden Ehegatten zu beurteilen. Der geminderte Erwerb eines Schlusserben ist nach dem günstigeren Verhältnis zu beurteilen.

Nicht anwendbar ist § 15 Abs. 3 ErbStG, wenn der überlebende Ehegatte ein **neues Testament** errichtet hat oder insoweit wie Teile des Schlusserbenerwerbs durch freigebige Verfügung vorgezogen werden (*Kapp/Ebeling*, ErbStG, § 15 Rz. 85 m.w.N. zur ständigen Rspr. und Literatur).

Eine weitere Zweifelsfrage bestand in Fällen, in denen **als Schlusserben Verwandte beider Ehepartner** eingesetzt sind. Hier war fraglich, wie die Vermögenszurechnung erfolgen muss: Kann der Anfall soweit wie möglich als vom verwandten Ehegatten herrührend angesehen werden (wie im Fall der Vor- und Nacherbschaft) oder muss anteilig auch ein Erwerb vom nicht verwandten Ehegattenteil angenommen werden? 79

Diese Frage wurde nun vom BFH geklärt: Haben sich Ehegatten durch gemeinschaftliches Testament oder Erbvertrag gegenseitig als Erben und Verwandte als Schlusserben eingesetzt, ist das beim Tod des länger lebenden Ehegatten dem Wert nach noch vorhandenes Vermögen des zuerst verstorbenen Ehegatten i.R. d. Bindungswirkung der getroffenen Verfügungen erbschaftsteuerrechtlich nach § 15 Abs. 3 ErbStG vorrangig und ohne weitere Quotelung den mit dem Erstverstorbenen näher verwandten Schlusserben zuzuordnen. Auch vom vorgehenden FG Köln wurde eine Quotelung abgelehnt (FG Köln v. 28.2.2006, 9 K 3338/05, EFG 2006, 830 und nun BFH v. 27.8.2008, II R 23/06, BStBl II 2009, 47 und erneut BFH v. 9.7.2009, II R 42/07, BFH/NV 2009,1994;, H E 15.3 ErbStH 2011).

Schlusserbe i.S.d. Gesetzes ist auch der Schlussvermächtnisnehmer (*Graf*, in Firsching/Graf, Nachlassrecht, Rz. 1.277). 79a

5.4 Antragserfordernis

Die Steuerklassenzuordnung des § 15 Abs. 3 ErbStG wurde bisher ohne Antrag, und damit ggf. auch gegen den Willen des Begünstigten vorgenommen. Beim Verweis auf § 6 ErbStG handelt es sich um einen Rechtsfolgenverweis. Das dortige Antragserfordernis war deshalb auf die Norm § 15 Abs. 3 ErbStG nicht übertragbar. Ggf. 80

konnten im Rahmen der Zusammenrechnung nach § 14 ErbStG damit auch Nachteile verbunden sein, wenn vom Erstverstorbenen schon vorab umfangreiche Erwerbe erfolgt sind und die Freibeträge des § 16 ErbStG insoweit eine Freistellung nicht mehr gewährleisten konnten.

Die Neufassung des § 15 Abs. 3 ErbStG sieht deshalb ein eigenständiges Antragswahlrecht vor, womit die Vorschrift, wenn sie keine Vorteile bringt, wenigstens nicht nachteilig wirken muss. In Fällen in denen die Freibeträge zu den Erstversterbenden weitgehend oder gar vollständig ausgeschöpft sind, kann die Anwendung durch Unterlassen des Antrags vermieden werden. Wird ein Antrag nicht gestellt, sind jedoch aufgrund von § 14 ErbStG Schenkungen des Vollerben an den Schlusserben zwingend mit dem Schlusserwerb des Schlusserben zusammenzurechnen.

Gestaltungshinweis: Gestaltungshinweis:

Über Antragstellung nach § 15 Abs. 3 ErbStG oder Antragsverzicht kann der Schlusserbe steuern, mit welchem Erblasser – dem Erst- oder Letztversterbenden – eine Zusammenrechnung nach § 14 ErbStG erfolgen soll.

5.5 Einbeziehung eingetragener Lebenspartnerschaften in den Anwendungsbereich des § 15 Abs. 3 ErbStG

81 Neu ist auch die Einbeziehung des Ersterwerbs durch einen eingetragenen Lebenspartner mit anschließendem Schlusserwerb. Auch eingetragene Lebenspartner können nach § 10 Abs. 4 LPartG ein gemeinschaftliches Testament errichten (Rz. 71). In diesem Fall sollen auch die mit dem verstorbenen Lebenspartner näher verwandten Erben und Vermächtnisnehmer in gleicher Weise wie bei einem verstorbenen Ehegatten die Möglichkeit erhalten, nach dem günstigeren verwandtschaftlichen Verhältnis zu dem erstverstorbenen Lebenspartner versteuert zu werden.

6 Rechtsfolgen bei Schenkungen durch Kapitalgesellschaften – § 15 Abs. 4 ErbStG

6.1 Erläuterung des rechtlichen Umfeldes

6.1.1 Verdeckte Gewinnausschüttung an nahe Angehörige

82 § 15 Abs. 4 ErbStG (neu) steht im Kontext mit dem BFH-Urteil (v. 7.11.2007, II R 28/06, BStBl II 2008, 258), dem unter anderem auf dieser Entscheidung beruhenden gleichlautenden Ländererlass v. 20.10.2010 (BStBl I 2010, 1207) und den **gleichlautenden Nachfolgeerlassen der obersten Finanzbehörden der Länder vom 14.3.2012 (BStBl I 2012, 331).** In diesen Ländererlassen werden unter anderem die Auswirkungen von verdeckten Gewinnausschüttungen im Anwendungsbereich des ErbStG aus Sicht der Verwaltung klargestellt.

In der Entscheidung aus dem Jahr 2007 hatte der BFH klargestellt, dass überhöhte Vergütungen an die Ehefrau eines Gesellschafters, die eine GmbH auf Veranlassung eines Gesellschafters bezahlt, regelmäßig keine freigebige Zuwendungen des Gesellschafters an die nahe stehende Person gem. § 7 Abs. 1 Nr. 1 ErbStG darstellen. Es fehle an einer zivilrechtlichen Vermögensverschiebung zwischen dem Gesellschafter

Steuerklassen § 15

einerseits und dem Angehörigen andererseits; die nach Auffassung des BFH erforderliche Vermögensverschiebung sieht der BFH nur zwischen GmbH und dem Angehörigen.

In den Ländererlassen hat die Verwaltung nicht nur dieses Ergebnis, sondern auch das ausführliche obiter dictum des BFH aufgegriffen:

Nach diesem obiter dictum können die überhöhten Vergütungen an die Angehörigen nämlich eine gemischte freigebige Zuwendung im Verhältnis der GmbH zur nahe stehenden Person sein. Subjektiv lässt der BFH das Bewusstsein des einseitig benachteiligten Vertragspartners – vorliegend wohl der Organe der GmbH – über den Mehrwert seiner Leistung ausreichen.

Der aktuelle Erlass vom 14.3.2012 (BStBl I 2012, 331) enthält unter Ziffer 2.6.1 weiterhin zu den Fällen der verdeckten Gewinnausschüttung an nahe Angehörige folgendes Rechtsverständnis:

- Erbringt eine Kapitalgesellschaft auf Veranlassung eines Gesellschafters einer diesem nahe stehenden Person, die **nicht Gesellschafter** ist, überhöhte Vergütungen oder sonstige unangemessene Leistungen liegt regelmäßig keine freigebige Zuwendung des Gesellschafters an die nahe stehende Person vor (Urteilsinhalt).
- Es kann vielmehr eine gemischte freigebige Zuwendung (§ 7 Abs. 1 Nr. 1 ErbStG) im Verhältnis der Kapitalgesellschaft zur nahe stehenden Person vorliegen (Urteilsinhalt).
- Hinsichtlich des subjektiven Tatbestands der freigebigen Zuwendung reicht bei Unausgewogenheit gegenseitiger Verträge regelmäßig das Bewusstsein des einseitig benachteiligten Vertragspartners über den Mehrwert seiner Leistung aus; auf die Kenntnis des genauen Ausmaßes des Wertunterschieds kommt es nicht an (Urteilsinhalt).
- Dabei kommt es auf das Bewusstsein der für die Kapitalgesellschaft handelnden Organe an (Erlassaussage).
- Etwaige Ersatzansprüche der Gesellschaft gegen die handelnden Organe oder den veranlassenden Gesellschafter schließen eine Freigebigkeit nicht aus (Erlassaussage).
- Entsprechendes gilt z.B., wenn eine Kapitalgesellschaft auf eine Forderung gegenüber einer einem Gesellschafter nahe stehenden Person verzichtet (Erlassaussage).

Nach Auffassung der Verwaltung hat der Gesetzgeber diese Einschätzung der Rechtslage durch Aufnahme der Regelung des § 15 Abs. 4 ErbStG nachvollzogen. Siehe unten Rz. 86.

6.1.2 Verdeckte Gewinnausschüttung an Gesellschafter

Der aktuelle Erlass vom **14.3.2012** (BStBl I 2012, 331) enthält unter Ziffer 2.6.2 zu den Fällen der verdeckten Gewinnausschüttung an Gesellschafter folgendes Rechtsverständnis:

- Erbringt eine Kapitalgesellschaft an einen Gesellschafter überhöhte Vergütungen oder sonstige unangemessene Leistungen, führt das über die gesellschaftsrecht-

liche Beteiligungsquote hinaus Verteilte zu einer Bereicherung des Gesellschafters auf Kosten der Gesellschaft.
- Es liegt damit eine **gemischte freigebige Zuwendung** (§ 7 Abs. 1 Nr. 1 ErbStG) **im Verhältnis der Kapitalgesellschaft zum Gesellschafter** vor. Die Leistung erfolgt nicht in Erfüllung eines Gesellschaftszwecks.
- Verdeckte Gewinnausschüttungen sind nur dann Schenkungen, wenn sie disquotal, d. h. nicht im sachlichen und zeitlichen Zusammenhang entlang der Beteiligungsverhältnisse erfolgen. Damit sind verdeckte Gewinnausschüttungen an Alleingesellschafter niemals Schenkungen.
- Verdeckte Gewinnausschüttungen sind nur insoweit Schenkungen, als sie nicht den eigenen Beteiligungswert schmälern. Die Minderung des Beteiligungswerts mindert die Bereicherung.
- Entsprechendes gilt z. B., wenn eine Kapitalgesellschaft auf eine Forderung gegenüber einem Gesellschafter verzichtet.
- Hinsichtlich des subjektiven Tatbestands wird auf die Ausführungen zu den verdeckten Gewinnausschüttungen an nahe Angehörige (Abschnitt 2.6.1.des Erlasses) verwiesen. Vgl. hierzu Rz. 82.

Nach Auffassung der Verwaltung hat der Gesetzgeber diese Einschätzung der Rechtslage durch Aufnahme der Regelung des § 15 Abs. 4 ErbStG nachvollzogen (siehe unten Rz. 86).

Zur anderslautenden Rechtsprechung und den Folgerungen vgl. Rz. 8b und 86b.

6.2 Regelungsinhalt des § 15 Abs. 4 ErbStG

6.2.1 Regelungszweck

84 Die Vorschrift des § 15 Abs. 4 S. 1 ErbStG soll Härten ausräumen, die sich aus der möglichen Einordnung der verdeckten Gewinnausschüttung als freigebige Zuwendung der Kapitalgesellschaft an Gesellschafter bzw. nahe stehende Person (§ 7 Abs. 1 Nr. 1 ErbStG ggf. auch § 7 Abs. 8 ErbStG) im Hinblick auf Steuersatz und Freibetrag ergeben. § 15 Abs. 4 ErbStG wurde angefügt durch das BeitrRLUmsG v. 7.12.2011 (BGBl I 2011, 2614). Der aktuelle Erlass **vom 14.3.2012** (BStBl I 2012, 331) enthält hierzu Regelungen unter Tz. 6.

6.2.2 Regelungsinhalt

85 In den unter Rz. 82 und 83 genannten Fälle der verdeckten Gewinnausschüttung, bei denen eine Schenkung durch eine Kapitalgesellschaft oder Genossenschaft an Mitgesellschafter oder Genossen bzw. an diesen nahe stehende Personen anzunehmen ist, ist der Besteuerung das persönliche Verhältnis des Erwerbers zu derjenigen unmittelbar oder mittelbar beteiligten natürlichen Person oder Stiftung zugrunde zu legen, durch die sie veranlasst ist, also das Verhältnis zum veranlassenden (Mit-)Gesellschafter/Genossen.

Kommen mehrere Gesellschafter als Veranlassende in Betracht (z. B. Vater und Onkel des Begünstigten), kann eine quotale Mitveranlassung aller Beteiligten angenommen werden.

Steuerklassen § 15

Beispiel:
Quotale Mitveranlassung bei mehreren Gesellschaftern/Genossen
Die VO-GmbH zahlt dem S auf Veranlassung der beiden Gesellschafter ein um 1.000.000 EUR überhöhtes Gehalt. V ist der Vater und an der VO-GmbH mit 60 % beteiligt, O ist der Onkel des S und an der VO-GmbH mit 40 % beteiligt. S legt keine andere Veranlassung dar. Nach § 15 Abs. 4 ErbStG ist die auf die Zuwendung der VO-GmbH entfallende Steuer auf die Summe der Steuerbeträge begrenzt, die sich bei einer Schenkung des V in Höhe von 600.000 EUR und einer Schenkung des O in Höhe von 400.000 EUR ergeben hätte.

Es kann jedoch konkret dargelegt werden, welche Person die Zuwendung veranlasst hat. Wer veranlassender Gesellschafter ist, muss vom Steuerpflichtigen dann schlüssig dargelegt werden.

Im o. g. Beispielsfall kann daher die Zuwendung bei entsprechender Dokumentation auch alleine dem V mit der Folge Steuerklasse I zugeordnet werden.

Daher empfiehlt es sich, in Bezug auf § 15 Abs. 4 ErbStG günstige Veranlassungszusammenhänge (z. B. Stimmverhalten in der Gesellschafterversammlung) entsprechend zu dokumentieren.

Der Gesetzesbegründung ist folgendes weitere Beispiel zur Erläuterung entnommen:

Beispiel:
Günstigere Steuerklasse bei einer verdeckte Gewinnausschüttung an Angehörige
Vater V ist Hauptgesellschafter und Geschäftsführer der V-GmbH, bei der seine Tochter T als Arbeitnehmerin tätig ist. V veranlasst die GmbH aus Gründen privater Fürsorge, der T ein überhöhtes Gehalt zu zahlen.

Lösung vor der Gesetzesänderung:
Die Leistung ist nach den Rechtsprechungsgrundsätzen als Zuwendung der GmbH an die T zu behandeln (BFH v. 7.11.2007, II R 28/06, BStBl II 2008, 258) und unterliegt daher der ungünstigen Steuerklasse III, während eine Direktzuwendung von V an T der Steuerklasse I unterlegen hätte.

Lösung nach der gesetzlichen Neuregelung:
Nunmehr ist der Vorgang hinsichtlich der Berechnung der Steuer wie eine Direktzuwendung von V an T zu behandeln, sodass die günstige Steuerklasse I und der höhere persönliche Freibetrag angewendet werden kann. Dies gilt auch dann, wenn die T an der V-GmbH als Gesellschafterin beteiligt sein sollte.

Für den Rechtsfolgenbereich wollte der Gesetzgeber die Zuordnung der Schenkung entsprechend dem Veranlassungszusammenhang konsequent umsetzen. § 15 Abs. 4 S. 2 ErbStG bestimmt deshalb, dass die Schenkung bei der Zusammenrechnung früherer Erwerbe (§ 14 ErbStG) als Vermögensvorteil gilt, der dem Bedachten vom veranlassenden (Mit-)Gesellschafter anfällt. Damit sollen Meistbegünstigungen bzw. unerwünschte Gestaltungen unterbunden werden.

§ 15 Steuerklassen

Die Anwendung der Norm ist nicht von einem Antrag abhängig und kann wegen der gesetzlichen Bezugnahme auf § 14 ErbStG auch nicht zur Disposition gestellt werden. § 15 Abs. 4 ErbStG kann bei erheblichen Vorschenkungen nach § 14 ErbStG und damit erfolgter Ausschöpfung der Freibeträge auch nachteilig sein. Auch insoweit zeigt sich die Bedeutung einer sachdienlichen Veranlassung und deren rechtzeitige und gründliche Dokumentation.

Gestaltungshinweis:

Die kursierende Gestaltungsempfehlung – nach Ausschöpfen der persönlichen Freibeträge zu nahe stehenden Personen –, an diese nahe stehenden Personen unter Einbindung von Kapitalgesellschaften weitere Schenkungen im Rahmen der Freibeträge nach § 16 Abs. 1 Nr. 7 ErbStG vorzunehmen, hat daher nicht weiter Bestand, denn hinsichtlich der Anwendung des § 15 Abs. 4 ErbStG besteht kein Wahlrecht.

6.2.3 § 15 Abs. 4 ErbStG ist keine Tatbestandsregelung

86 § 15 Abs. 4 ErbStG selbst regelt lediglich die Rechtsfolgen der Schenkung durch Kapitalgesellschaften.

Die Gesetzesbegründung hält ausdrücklich fest: „Die Kapitalgesellschaft bleibt Schenker nach § 7 ErbStG, sodass sich hinsichtlich der Steuerpflicht (§ 2 ErbStG) und der Steuerschuldnerschaft (§ 20 ErbStG) keine Veränderungen ergeben."

Diese Gesetzesbegründung, insbesondere aber der Umstand, dass der Gesetzgeber die Regelung des § 15 Abs. 4 ErbStG überhaupt aufgenommen hat, spricht dafür, dass der Gesetzgeber auch die grundsätzlich Einschätzung von Rechtsprechung und Verwaltung zur erbschaftsteuerlichen Behandlung der verdeckten Gewinnausschüttung mitträgt. § 15 Abs. 4 ErbStG ist damit zwar keine Tatbestandsregelung, bei der Auslegung des Gesetzes hinsichtlich der Tatbestandserfüllung kann die Norm und deren Begründung aber kaum unbeachtet bleiben. Der Gesetzgeber hat die Einschätzung übernommen, dass verdeckte Gewinnausschüttungen den Tatbestand des § 7 Abs. 1 ErbStG erfüllen können (so auch *Korezkij*, DStR 2012, 170 a. E.).

6.2.4 Anwendungsbereich der Neuregelung/Erneute Unsicherheit

86a § 15 Abs. 4 ErbStG ist sowohl in Fällen des § 7 Abs. 1 Nr. 1 ErbStG als auch in Fällen des § 7 Abs. 8 ErbStG anwendbar (Gleichlautende Ländererlasse v. 12.3.2012, BStBl I 2012, 331, Tz. 6.6).

Beispiel:
Kombination § 15 Abs. 4 mit § 7 Abs. 8 ErbStG

Die vom Vater beherrschte Kapitalgesellschaft A leistet an die vom Sohn beherrschte Kapitalgesellschaft B. § 7 Abs. 8 S. 1 ErbStG fingiert eine Leistung der Kapitalgesellschaft A an den Sohn. § 15 Abs. 4 ErbStG ordnet diese für Steuerklasse und Freibetrag dem V als Veranlasser zu.

Die Einordnung von verdeckten Gewinnausschüttungen als freigebige Zuwendung der Kapitalgesellschaft an Gesellschafter bzw. nahestehende Person wird vom BFH in einem neueren Urteil nunmehr wieder grundsätzlich in Frage gestellt (BFH v. 30.1.2013, II R 6/12, BFH/NV 2013, 846). Obwohl der zugrunde liegende Sachverhalt nur das Verhältnis zwischen Gesellschaft und Gesellschafter betrifft, zeigt die Urteilsbegründung, dass der BFH vermutlich auch die Steuerpflicht der vGA an eine nahestehende Person ablehnt. Eine solche vGA ist gleichfalls durch das Gesellschaftsverhältnis veranlasst.

86b

Diese Rechtsprechung ist von der Verwaltung mit einem Nichtanwendungserlass belegt worden (Gleichlautende Ländererlasse v. 21.11.2013, BStBl I 2013, 1465).

Auf entsprechende Folgerechtsprechung der Finanzgerichte und des BFH hat bislang weder die Verwaltung noch der Gesetzgeber reagiert. Damit herrscht bei Vermögensverschiebungen mittels Kapitalgesellschaften derzeit wieder völlige Unsicherheit. Auch der Anwendungsbereich von § 15 Abs. 4 ErbStG ist damit wieder unklar geworden (vgl. zu den Details oben Rz. 8b).

6.2.5 Anwendungszeitpunkt für die Neuregelung

Die Norm ist anzuwenden auf Erwerbe, für die die Steuer nach dem 13.12.2011 entsteht (§ 37 Abs. 7 ErbStG), also ab 14.12.2011. Eine zunächst vorgesehene rückwirkende Anwendung auf Steuerbescheide, die noch nicht bestandskräftig sind, wurde nicht in die Endfassung des Gesetzes übernommen. Als Schenkung zu qualifizierende **verdeckte Gewinnausschüttungen bis zum 13.12.2011** unterfallen daher weiterhin der ungünstigen Steuersatz- und Freibetragsregelung nach Steuerklasse III.

87

§ 16 Freibeträge

(1) Steuerfrei bleibt in den Fällen der unbeschränkten Steuerpflicht (§ 2 Absatz 1 Nummer 1 und Absatz 3) der Erwerb
1. des Ehegatten und des Lebenspartners in Höhe von 500.000 Euro;
2. der Kinder im Sinne der Steuerklasse I Nr. 2 und der Kinder verstorbener Kinder im Sinne der Steuerklasse I Nr. 2 in Höhe von 400.000 Euro;
3. der Kinder der Kinder im Sinne der Steuerklasse I Nr. 2 in Höhe von 200.000 Euro;
4. der übrigen Personen der Steuerklasse I in Höhe von 100.000 Euro;
5. der Personen der Steuerklasse II in Höhe von 20.000 Euro;
6. (aufgehoben)
7. der übrigen Personen der Steuerklasse III in Höhe von 20.000 Euro.

(2) An die Stelle des Freibetrags nach Absatz 1 tritt in den Fällen der beschränkten Steuerpflicht (§ 2 Absatz 1 Nummer 3) ein Freibetrag von 2.000 Euro.

Inhalt		Rz.
1	Allgemeines	1–7b
1.1	Regelungsinhalt	1
1.2	Personenbezogenheit	2–3
1.3	Erwerbsbezogenheit	4
1.4	Erhöhung der Freibeträge durch das Erbschaftsteuerreformgesetz/Jahressteuergesetz 2010	5–7b
2	Freibeträge im Einzelnen	8–14a
2.1	Beschränkte bzw. unbeschränkte Steuerpflicht (§ 2 ErbStG) als Tatbestandsmerkmal	8–8d
2.2	Freibeträge nach § 16 Abs. 1 ErbStG	9–14
2.3	Freibetrag nach § 16 Abs. 2 ErbStG	14a
3	Weitere persönliche Steuerbefreiungen	14b
4	Gestaltungsmöglichkeiten	15–23

1 Allgemeines

1.1 Regelungsinhalt

§ 16 ErbStG gewährt erwerberspezifische Freibeträge (Abzugsbeträge) in unterschiedlicher Höhe, die bei Ermittlung des steuerpflichtigen Erwerbs berücksichtigt werden müssen. Anders als Freigrenzen (z.B. § 22 ErbStG), die eine (teilweise) Nichtbesteuerung nur gewähren, wenn die Freigrenze nicht überschritten wird, mindern Freibeträge den steuerpflichtigen Erwerb ohne einschränkende Bedingung. Nach Abzug der Freibeträge vom steuerpflichtigen Erwerb nach § 10 ErbStG ist die Bemessungsgrundlage gefunden, auf die die Steuersätze des § 19 ErbStG Anwendung finden.

Eine Differenzierung der Freibetragshöhe nach Schenkung oder Erbschaft erfolgt grundsätzlich nicht (Ausnahme: Eltern- und Voreltererwerb (Rz. 7, 13)). Eine

§ 16　　　　　　　　　　　　　　　　　　　　　　　　　　　Freibeträge

wesentliche Differenzierung ist die Unterscheidung von beschränkter und unbeschränkter Steuerpflicht (Rz. 8).

1.2 Personenbezogenheit

2 Die Freibeträge des § 16 ErbStG sind Freibeträge, die **sich an der Person des Erwerbers orientieren**, d.h. es handelt sich um persönliche Freibeträge. Anders wie bei den sachlichen Freibeträgen, (§ 13 ErbStG) die an die Art des zugewendeten Gegenstandes (z.B. Hausrat) oder an den Zweck einer Zuwendung (z.B. Gemeinnützigkeit) anknüpfen, orientiert § 16 ErbStG die Höhe des Freibetrags nach persönlichen Eigenschaften. Diese sind:

- Die persönliche Steuerpflicht (§ 2 ErbStG), und zwar die unbeschränkte Steuerpflicht für die Anwendung des § 16 Abs. 1 ErbStG und die beschränkte Steuerpflicht als Tatbestandsmerkmal des § 16 Abs. 2 ErbStG
- Die Ehegatteneigenschaft bzw. seit Inkrafttreten des JStG 2010 (v. 13.12.2010, BGBl I 2010, 1768) zum 8.12.2010 auch die Lebenspartnereigenschaft für die Anwendung des § 16 Abs. 1 Nr. 1 ErbStG
- Die Kindeseigenschaft entsprechend der Legaldefinition des § 15 Abs. 1 I Nr. 2 ErbStG (vgl. § 15 ErbStG Rz. 13 ff.) für die Anwendung des § 16 Abs. 1 Nr. 2 und 3 ErbStG
- Die Enkeleigenschaft nach Vorversterben der Kinder für die Anwendung des § 16 Abs. 1 Nr. 2 ErbStG, bzw. ohne Vorversterben der Kinder für die Anwendung des § 16 Abs. 1 Nr. 3 ErbStG
- die Lebenspartnereigenschaft für die Anwendung des § 16 Abs. 1 Nr. 6 ErbStG bis zum Inkrafttreten des JStG 2010 (s. Rz. 7)
- Die persönliche Steuerklasse, entsprechend der Legalzuordnung des § 15 Abs. 1 II ErbStG, für die verbleibenden Stufen der Nrn. 4, 5 und 7

3 In § 16 ErbStG wird damit dem Angehörigenverhältnis, also einem formal persönlichen Verhältnis, hohe Bedeutung zuerkannt. Die Familienprivilegierung wird von der Rspr. des BVerfG nicht nur anerkannt, sondern für die Kernfamilie sogar gefordert. Das BVerfG hat schon mehrfach ausgeführt, dass der Gesetzgeber, die familiären Bezüge der nächsten Familienangehörigen zum Nachlass erbschaftsteuerrechtlich berücksichtigen muss. Ganz deutlich hat er dies in seinem Beschluss vom 22.6.1995 klargestellt:

„Neben den verfassungsrechtlichen Schutz der Testierfreiheit tritt der Schutz von Ehe und Familie (Art. 6 Abs. 1 GG).Deshalb sieht das bestehende Erbschaftsteuerrecht auch das Familienprinzip als weitere Grenze für das Maß der Steuerbelastung vor. ... Der erbschaftsteuerliche Zugriff bei Familienangehörigen i.S.d. Steuerklasse I (§ 15 Abs. 1 ErbStG)ist derart zu mäßigen, dass jedem dieser Steuerpflichtigen der jeweils auf ihn überkommene Nachlass – je nach dessen Größe – zumindest zum deutlich überwiegenden Teil oder, bei kleineren Vermögen, völlig steuerfrei zugute kommt. Im geltenden Steuerrecht wird dies – bei den gegenwärtigen Steuersätzen – in typisierender Weise durch die Freibeträge des § 16 ErbStG für Ehegatten und Kinder erreicht, ..." (BVerfG v. 22.6.1995, 2 BvR 552/91, BStBl II 1995, 671).

Freibeträge § 16

Für den besonders begünstigten Erwerb der Ehegatten und neuerdings auch der Lebenspartner wird angeführt, dass deren **Leistungsfähigkeit** durch den Erwerb nicht in gleichem Maße gesteigert wird, wie durch den Erwerb von einem Dritten, weil der erwerbende Ehegatte über die bestehende Lebensgemeinschaft schon bisher am Vermögen des Zuwendenden partizipiert hat (*Meincke*, ErbStG, 2009, § 16 Rz. 1).

In dem der Erbschaftsteuerreform 2008 zugrunde liegenden Beschluss v. 7.11.2006 (1 BvL 10/02, BStBl II 2007, 192) hat das BVerfG die tragenden Prinzipien des Erbschaftsteuergesetzes bestätigt (BVerfG v. 7.11.2006, 1 BvL 10/02, BStBl II 2007, 192).

Wer zur selben Zeit von mehreren Personen erwirbt, erhält in Bezug auf jede Person den entsprechenden Freibetrag (Argument: es liegen mehrere Erwerbe vor).

Beispiel:
Eltern schenken ihrer Tochter 840.000 EUR. Die Tochter kann aus zwei Erwerben – einen vom Vater, einen von der Mutter – in Höhe von 420.000 EUR jeweils einen Freibetrag von jeweils 400.000 abziehen. Es verbleibt ein steuerpflichtiger Erwerb von 40.000 EUR, je 20.000 EUR vom Vater und 20.000 EUR von der Mutter.

1.3 Erwerbsbezogenheit

§ 16 ErbStG knüpft an den **konkreten steuerpflichtigen Erwerb** der jeweiligen Person an. Von diesem sind die persönlichen Freibeträge abzusetzen, um den letztendlich zu versteuernden Erwerb zu definieren. Gegenüber jeder Person und **gegenüber jedem Erwerb** einer Person wird ein Freibetrag gewährt. 4

Der Erwerbsbegriff des ErbStG ist ein eigenständiger und definiert sich gegenstandsbezogen und zeitbezogen. Der Gesetzgeber hält den Erwerb mit diesen Komponenten für ausreichend definiert.

Die **Gegenstandskomponente** ist in den §§ 10 bis 12 ErbStG (unter Verweis auf andere Normen) hinsichtlich Art und Bewertung des Erwerbs festgelegt.

Die **Zeitkomponente** ergibt sich aus § 14 ErbStG, der anordnet, dass mehrere Erwerbe zusammenzurechnen sind. § 14 ErbStG ist damit für eine korrekte Anwendung der Freibeträge des § 16 ErbStG unbedingt zu berücksichtigen, da diese Norm gemeinsam mit § 9 ErbStG die Zeitkomponente des Erwerbs definiert. § 9 ErbStG definiert den jeweiligen Erwerbszeitpunkt hinsichtlich der einzelnen Erwerbsgegenstände. § 14 ErbStG definiert den Erwerbszeitraum hinsichtlich der Zusammenfassung einzelner Zuwendungen.

Durch die Berücksichtigung der Freibeträge werden diese nach der gesetzlichen Terminologie (§ 6 Abs. 2 Satz 4 ErbStG) verbraucht. Für spätere Erwerbe, sofern sie im Zehnjahreszeitraum (§ 14 ErbStG) zusammengerechnet werden müssen, steht dann nur noch der nicht verbrauchte Teil des Freibetrags zur Verfügung. Dies ist solange möglich, bis der Freibetrag in der gesetzlich vorgesehenen Maximalhöhe vollständig aufgezehrt ist. Aus dem Umstand, dass mehrere Erwerbe maximal in einem Zehnjahreszeitraum zusammengerechnet werden, (§ 14 ErbStG) ergibt sich, dass die Freibeträge nach zehn Jahren in der jeweils persönlichen Relation erneut zur Verfügung stehen. Nach Ablauf des Zehnjahreszeitraums sind gesetzlich ein „neuer Erwerb" und damit auch ein neuer Freibetrag angeordnet.

Zum Wiederaufleben der Freibeträge bei einer Kette von Schenkungen über den Zehnjahreszeitraum hinaus ist die zutreffende Vorgehensweise im BFH-Urteil vom 17.11.1977 ausführlich dargestellt (BFH v. 17.11.1977, II R 66/68, BStBl II 1978, 220).

1.4 Erhöhung der Freibeträge durch das Erbschaftsteuerreformgesetz/Jahressteuergesetz 2010

5 Die persönlichen Freibeträge wurden mit der Erbschaftsteuerreform 2008 durchweg erhöht. Sie sollen – entsprechend der bisherigen Rechtslage – kleinere Vermögenserwerbe völlig von der Steuer freistellen. Die Anhebung der nach Steuerklassen gegliederten Freibeträge dient gleichzeitig der Verwaltungsökonomie, da sich die FinVerw. nicht mit einer Vielzahl unbedeutenderer Erwerbsfälle befassen muss.

Gegenüber der bisherigen Regelung des geltenden Rechts ist der Freibetrag für den Ehegatten von 307.000 EUR auf 500.000 EUR erhöht worden. Für jedes Kind und für Kinder eines bereits verstorbenen Kindes werden statt bisher 205.000 EUR künftig 400.000 EUR gewährt. Für andere Enkelkinder wurde der Freibetrag von 51.200 EUR auf 200.000 EUR angehoben. Die Anhebung der Freibeträge für diese Personen erfolgt im Hinblick auf die verfassungsrechtlich gebotene Freistellung des Familiengebrauchsvermögens (Rz. 6).

6 Die **Freistellung des Familiengebrauchsvermögens** orientiert sich am Wert durchschnittlicher Einfamilienhäuser („Omas klein Häuschen"). Grundeigentümer und Inhaber anderer Vermögenswerte sind allerdings mit einem gleichen Individualbedarf steuerlich freizustellen. Deshalb ist eine Regionalisierung dieses persönlichen Freibetrags, um dem unterschiedlichen Immobilienpreisniveau in verschiedenen Regionen für dieses „Häuschen" Rechnung zu tragen, nicht möglich. Die Gesamtentlastung für den Ehegatten und die Kinder wurde jedoch so bemessen, dass ein übliches Einfamilienhaus auch in teureren Ballungsgebieten ohne Steuerbelastung übergehen kann.

Für **selbst genutztes Wohneigentum** wird diese Freistellung durch § 13 Abs. 1 Nrn. 4a bis 4c ErbStG noch weitergehend abgesichert und damit doch eine regional unterschiedlich wirkende Verschonung gewährt – allerdings als sachbezogene Verschonung und nur unter engen gesetzlichen Voraussetzungen (§ 13 ErbStG Rz. 25ff.). Diese Begünstigung wurde in letzter Minute noch in das Gesetz hineingenommen. Nur so konnte die vollständige Verschonung der exemplarisch genannten „selbst genutzten Villa der Millionärswitwe am Starnberger See" gewährleistet werden.

6a Eingetragene Partnerschaften sind mit dem ErbStRG im Hinblick auf die Freibetragsregelung den Ehegatten mit einem Freibetrag von ebenfalls 500.000 EUR gleichgestellt worden. Bis zum Inkrafttreten des JStG 2010 (v. 13.12.2010, BGBl I 2010, 1768) geschah dies in einer eigenen Ziff. 6 in § 16 Abs. 1 ErbStG; die eigene Ziffer wurde mit dem JStG 2010 durch die Integration der eingetragenen Lebens-

Freibeträge § 16

partner in § 16 Abs. 1 Nr. 1 ErbStG entbehrlich und wurde daher vom Gesetzgeber aufgehoben.

Ferner ist mit dem JStG 2010 auch im Hinblick auf § 16 ErbStG eine vollständige Rückwirkung der Gleichstellung eingetragener Lebenspartner auf Erwerbe, für die die Steuer nach dem 31.7.2001 entstanden ist, umgesetzt worden. In § 37 Abs. 5 ErbStG wurde angeordnet, die vollständige Gleichstellung für alle noch nicht bestandskräftigen Steuerbescheide mit Steuerentstehung ab dem 1.8.2001 zu gewähren. Die Freibeträge orientieren sich somit in der Zeit vom 1.8.2001 bis zum 31.12.2008 an der Höhe der im Besteuerungszeitpunkt gültigen Freibeträge für Ehegatten. Danach sind für die eingetragenen Lebenspartner als persönlicher Freibetrag bis zum 31.12.2001 600.000 DM und in den Jahren 2002–2008 307.000 EUR anzusetzen (§ 37 Abs. 5 Nrn. 2 und 3 ErbStG). Die **Rückwirkung** musste der Gesetzgeber auf Anordnung des BVerfG gewähren (BVerfG v. 21.7.2010, 1 BvR 611/07, 1 BvR 2464/07, BFH/NV 2010, 1985).

Für die übrigen Personen der Steuerklasse I, im Wesentlichen die Urenkel und diesen nachfolgende Abkömmlinge des Erblassers oder Schenkers sowie die Eltern und Voreltern des Erblassers (Nicht des Schenkers, § 15 Abs. 1 I Nr. 4 ErbStG), wird künftig anstelle eines Freibetrags von 51.200 EUR ein Freibetrag von 100.000 EUR gewährt.

Erwerber der Steuerklasse II erhalten anstelle des Freibetrags von 10.300 EUR einen Freibetrag von 20.000 EUR, Erwerber der Steuerklasse III anstelle eines Freibetrags von 5.200 EUR ebenfalls einen Freibetrag von 20.000 EUR.

Der Freibetrag für beschränkt Steuerpflichtige wurde von 1.100 EUR auf 2.000 EUR erhöht.

Die Freibeträge im Überblick:

Erwerbende Person	Altes Recht	Neues Recht
Ehegatte	307.000 EUR	500.000 EUR
Lebenspartner	5.200 EUR	500.000 EUR
Kinder/Stiefkinder und Kinder verstorbener Kinder	205.000 EUR	400.000 EUR
sonstige Enkel	51.200 EUR	200.000 EUR
übrige Erwerber in Steuerklasse I; Urenkel, Eltern und Großeltern bei Erbschaft	51.200 EUR	100.000 EUR
Erwerber in Steuerklasse II	10.300 EUR	20.000 EUR
Erwerber in Steuerklasse III	5.200 EUR	20.000 EUR
Beschränkt Steuerpflichtige	1.100 EUR	2.000 EUR

Die bisherigen Werte galten etwa seit dem Jahr 1996. Damals wurden erhebliche Erhöhungen der Freibeträge vorgenommen, da auch 1996 die Bewertung insbesondere für das Grundvermögen aus Gründen der Verfassungsmäßigkeit angehoben worden ist.

§ 16 Freibeträge

Die Bedeutung der persönlichen Verhältnisse für das Freibetragsgefüge hat sich mit der Reform 2008 erkennbar verstärkt; Ehegatten und Kindern werden auf schon seither hohem Niveau noch weiter stark erhöhte Freibeträge zugestanden. Zwar sind auch die Freibeträge für die anderen Personengruppen erhöht worden; diese Anhebungen vermögen für die Betroffenen aber nicht zu überzeugen. Insbesondere können diese Freibetragserhöhungen die mit der Reform bei Grund- und Betriebsvermögen bewirkte Veränderung der Wertansätze nicht kompensieren. Weiterhin wurden diese Personengruppen auch nicht in die Verschonung des selbst genutzten Wohneigentums nach § 13 Abs. 1 Nrn. 4a-4c ErbStG einbezogen. Schließlich werden für die Steuerklassen II und III in der Regel deutlich erhöhte Steuertarife (§ 19 ErbStG) angeordnet. Diese Personengruppen sind damit die Verlierer der Reform.

Der immer wieder diskutierte Ansatz niedriger Steuersätze bei dafür nur wenigen Steuerfreistellungen, wie er z. B. bei der Grunderwerbsteuer verwirklicht ist und von vielen auch als gerechter empfunden wird (*Weinmann*, in Moench/Weinmann, ErbStG, § 16 Rz. 3), konnte sich auch in der jüngsten Reform nicht durchsetzen. Unter der Prämisse eines Aufkommensziels von 4 Mrd. EUR hat der Gesetzgeber stattdessen auf erweiterte Freistellungen für Betriebs- und Grundvermögen und hohe Freibeträge für bestimmte Personengruppen gesetzt (weitere Ausführungen: *Weinmann*, in Moench/Weinmann, ErbStG, § 16 Rz. 3–7).

7a   Im Rahmen der neueren Gesetzgebungstätigkeit (**Wachstumsbeschleunigungsgesetz** (v. 22.12.2009, BGBl I 2009, 3950)**und JStG 2010**) wurden die Freibeträge unverändert belassen, obwohl die Gleichstellung der Steuerklassen II und III im Schrifttum heftig kritisiert wurde. Immerhin wurde mit dem Wachstumsbeschleunigungsgesetz im Erbschaftsteuertarif (§ 19 Abs. 1 ErbStG) wieder eine Privilegierung für die Steuerklasse II eingearbeitet.

7b   Das FG Düsseldorf hat mit Urteil v. 12.1.2011, 4 K 2574/10 Erb entschieden, dass die fehlende Differenzierung der Steuersätze in den Steuerklassen II und III für das Streitjahr 2009 nicht gegen Art. 6 Abs. 1 GG verstößt. Dieser Einschätzung ist der BFH in seinem Vorlagebeschluss an das BVerfG gefolgt (BFH v. 27.9.2012, II R 9/11, BStBl II 2012, 899).

Nach Ansicht des BFH ist die Gleichstellung von Personen der Steuerklasse II und III im Jahr 2009 verfassungsrechtlich hinzunehmen. Der Gesetzgeber sei von Verfassungs wegen nicht verpflichtet, Erwerber der Steuerklasse II besser zu stellen als Erwerber der Steuerklasse III.

Aus verfassungsrechtlicher Sicht sei auch nicht zu beanstanden, dass die Erwerber der Steuerklasse II **nur für das Jahr 2009** den Erwerbern der Steuerklasse III völlig gleichgestellt wurden, während sie für die Jahre zuvor und danach besser als diese behandelt wurden bzw. werden. Der Gesetzgeber war danach nicht von Verfassungs wegen verpflichtet, die Änderung des § 19 Abs. 1 ErbStG zugunsten der Erwerber der Steuerklasse II durch das WachstBeschlG rückwirkend auf Erwerbe vorzunehmen, für die die Steuer nach dem 31.12.2008 entstanden ist. Ferner seien wiederholte Gesetzesänderungen innerhalb eines kürzeren Zeitraums nach der ständigen Recht sprechung des BFH als solche nicht verfassungswidrig (BFH v. 9.3.2010, VIII R 109/03, BFH/NV 2010, 1266, und v. 15.9.2010, X R 55/03, BFH/NV 2011, 231; vgl. auch § 19 Rz. 8a).

2 Freibeträge im Einzelnen

2.1 Beschränkte bzw. unbeschränkte Steuerpflicht (§ 2 ErbStG) als Tatbestandsmerkmal

§ 16 Abs. 1 ErbStG knüpft an die unbeschränkte Steuerpflicht (nach § 2 Abs. 1 Nr. 1 ErbStG) und § 16 Abs. 2 ErbStG knüpft an die beschränkte Steuerpflicht nach (§ 2 Abs. 1 Nr. 3 ErbStG) an.

8

Die Tatbestandsanknüpfung mit der daraus resultierenden drastischen Differenzierung der Freibeträge wird in der Literatur kritisiert (*Meincke*, ErbStG, 2009, § 16 Rz. 2; *Weinmann*, in Moench/Weinmann, ErbStG, § 16 Rz. 12). Sie sei für den einzig denkbaren Anwendungsfall – nämlich bei Steuerausländern mit Inlandsvermögen – ungerechtfertigt. Die Anrechnung der deutschen Steuer auf die ausländische Erbschaftsteuer kann sich in vielen Fällen nicht positiv auswirken, da häufig im Ausland keine (z. B. seit 2008 auch in Österreich) oder eine nur sehr geringe Erbschaftsteuer erhoben wird. Faktisch führt dies zu einer Diskriminierung von Ausländern.

Die vorgenommene Differenzierung ist nach nationalem Recht verfassungsgemäß; ob sie europarechtskonform ist, war bei Bürgern der europäischen Mitgliedstaaten aufgrund des Vorrangs europäischen Gemeinschaftsrechts schon seither zweifelhaft. Es sprach schon nach Auffassung des BFH (v. 21.9.2005, II R 56/03, BStBl II 2005, 875) und dort aufgezeigten Stimmen der Literatur vieles dafür, dass auch für die Erbschaftsteuer der Rspr. des EuGH zur Kapitalverkehrsfreiheit gefolgt werden muss (vgl. grundlegend EuGH v. 11.12.2003, C-364/01 (Erben von Barbier), BFH/NV, Beilage 2004, 105, DStRE, 2004, 93) mit der Konsequenz einer Anwendung der Freibeträge des § 16 Abs. 1 ErbStG für EU-Bürger (a. A. FG Freiburg v. 29.10.2008, 2 K 1986/07, ZEV 2009, 208). Das ErbStRG hat diese Entwicklungen und Einschätzungen nicht aufgenommen; im Gegenteil, beschränkt Steuerpflichtige können die Bewertungssteigerungen bei Grund- und Betriebsvermögen nach der Gesetzeslage nahezu überhaupt nicht kompensieren. Gerechtfertigt wurde dies damit, dass ein Steuerpflichtiger, der in Deutschland nur der beschränkten Steuerpflicht bezüglich einzelner Vermögensgegenstände unterliegt, die dort belegen sind, sich nicht mit solchen Steuerpflichtigen vergleichen kann, die in Deutschland für den Anfall des gesamten (Welt-)Vermögens der Erbschaft- und Schenkungsteuer unterliegen.

Die europarechtliche Zweifelsfrage wurde nunmehr durch den EuGH auf eine Vorlage des FG Düsseldorf geklärt (EuGH v. 22.4.2010, Rs. C-510/08 (Mattner), ErbBstg 2010, 174).

Danach ist Art. 56 EG-Vertrag in Verbindung mit Art. 58 EG-Vertrag dahin auszulegen, dass dieser Artikel der deutschen Norm des § 16 Abs. 2 ErbStG entgegensteht. Diese Regelung, wonach der Freibetrag auf die Steuerbemessungsgrundlage im Fall der Schenkung eines im Inland belegenen Grundstücks dann, wenn Schenker und Schenkungsempfänger zur Zeit der Ausführung der Schenkung ihren Wohnsitz in einem anderen Mitgliedstaat hatten, niedriger ist als der Freibetrag, der zur

Anwendung gekommen wäre, wenn zumindest einer von ihnen zu diesem Zeitpunkt seinen Wohnsitz im erstgenannten Mitgliedstaat gehabt hätte, widerspricht dem EG-Vertrag. Damit ist die Europarechtswidrigkeit der in § 16 Abs. 2 ErbStG getroffenen Wohnsitzanknüpfung für die drastische Freibetragsdifferenzierung im Verhältnis zu den Freibeträgen des § 16 Abs. 1 ErbStG nunmehr mit unmittelbarer Wirkung festgestellt.

8a Der Gesetzgeber hat nunmehr im BeitrRLUmsG (BGBl I 2011, 2614) reagiert. Zur Anpassung des ErbStG an die EuGH-Entscheidung „Mattner" wird dem Erwerber eines an sich nur beschränkt steuerpflichtigen Vermögensanfalls in § 2 Abs. 3 ErbStG (neu) ein **Antragsrecht** eingeräumt, wenn einer der Zuwendungsbeteiligten oder beide Zuwendungsbeteiligte in einem EU- oder EWR-Mitgliedstaat ansässig sind. Mit dem Antrag unterwirft der Erwerber seinen Erwerb den Regelungen der unbeschränkten Steuerpflicht. Dadurch kann er den höheren Freibetrag nach § 16 Abs. 1 ErbStG in Anspruch nehmen. Allerdings muss er sich konsequenterweise den vollständigen Regelungen der unbeschränkten Steuerpflicht unterwerfen.

Gestaltungshinweis:
Ob das Wahlrecht nach § 2 Abs. 3 ErbStG ausgeübt werden soll, ist **individuell zu prüfen.** Dabei ist zu berücksichtigen, dass bei einer Entscheidung für die unbeschränkte inländische Erbschaftsteuerpflicht auch Schenkungen/Erbfälle innerhalb von 10 Jahren vor und nach der Wahlentscheidung im Inland erbschaftsteuerpflichtig werden. Auch die Auswirkungen der Steueranrechnungsregelungen – in Deutschland § 21 ErbStG – und DBA sind bei den Überlegungen zur Ausübung des Wahlrechts mit zu beachten.

§ 2 Abs. 3 ErbStG n. F. findet auf Erwerbe Anwendung, für die die Steuer nach dem Tag der Verkündung des BeitrRLUmsG entsteht, also **für Erwerbe ab dem 14.12.2011.** Soweit **Steuerbescheide noch nicht bestandskräftig** sind, findet die Neuregelung auf Antrag auch auf frühere Erwerbe Anwendung.

Die ebenfalls in § 2 ErbStG eingeführten Legaldefinitionen zur unbeschränkten bzw. beschränkten Steuerpflicht wurden mit der gesetzlichen Neuregelung konsequent auch auf § 16 ErbStG übertragen. § 16 Abs. 1 ErbStG unterfallen damit jedenfalls die Fälle der originären und der optierten unbeschränkten Steuerpflicht.

8b Ungeklärt war bislang die Frage, ob Art. 56 EG-Vertrag in Verbindung mit Art. 58 EG-Vertrag auch Zuwendungsbeteiligte schützt, die nicht in einem EU- oder EWR-Mitgliedstaat ansässig sind (Drittstaatenfälle). Der Gesetzgeber hat diese Fälle bislang nicht in die Neuregelung nach § 2 Abs. 3 ErbStG einbezogen. Der EuGH hat nunmehr (EuGH vom 17.10.2013, Rs C-181/12 (Welte), DStR 2013, 2269) in der Rechtssache „Welte" entschieden, das Art. 56 und 58 EG-Vertrag für Drittstaatenfälle in gleicher Weise wie im Fall „Mattner" (vgl. Rz. 8a) einschlägig sind. Danach haben auch Erwerber in Drittstaaten (z.B. wie im Entscheidungsfall in der Schweiz) Anspruch auf denselben Freibetrag wie ein Erbe, der in Deutschland wohnt und deshalb unbeschränkt steuerpflichtig ist.

8c Das Erbschaftsteuer- und Schenkungsteuergesetz das zuletzt durch Artikel 1 des Gesetzes vom 4. November 2016 (BGBl. I S. 2464) aufgrund verfassungsrechtlicher

Freibeträge § 16

Vorgaben im betrieblichen Verschonungsbereich geändert worden ist, muss aufgrund europarechtlicher Vorgaben nunmehr zwingend hinsichtlich der Freibeträge für beschränkt Steuerpflichtige erneut geändert werden.

Hintergrund der Neuregelung ist neben der Entscheidung „Welte" insbesondere das EuGH-Urteil vom 08.06.2016, BFH/NV 2016, 1244, Rechtssache C-479/14 („Hünnebeck").

Der Europäische Gerichtshof hat dort entschieden, dass die Gewährung eines niedrigeren Freibetrages bei Schenkungen unter Gebietsfremden (Fälle der beschränkten Steuerpflicht) auch dann gegen Art. 63 AEUV und 65 AEUV verstößt, wenn dem Erwerber die Möglichkeit der Besteuerung als unbeschränkt steuerpflichtiger Erwerb eingeräumt wird, er den entsprechenden Antrag aber nicht stellt. Besonders kritisch ist es nach der EuGH- Entscheidung, wenn die Antragstellung bewirkt, dass für die Berechnung der Steuer auf die betreffende Schenkung alle Schenkungen, die dieser Schenkungsempfänger in den zehn Jahren vor und den zehn Jahren nach der Schenkung von derselben Person erhalten hat, zusammengerechnet werden. Die damit möglicherweise verbundene Minderung des Wertes von betroffenem Inlandsvermögen des beschränkt Steuerpflichtigen muss nicht hingenommen werden.

Zusammenfassend kann nach Auffassung des EuGH ein benachteiligender Verstoß gegen die Grundfreiheiten (hier der Kapitalverkehrsfreiheit), vorliegend die benachteiligende Freibetragshöhe des § 16 Abs. 2 ErbStG, nicht mit einer Optionsregelung (§ 2 Abs. 3 ErbStG) geheilt werden und zwar schon gar nicht, wenn auch die Option mit Risiken und Nachteilen behaftet ist.

Der EuGH akzeptiert auch nicht die von deutscher Seite vorgebrachte Rechtfertigung, wonach die hohen Freibeträge des § 16 Abs. 1 ErbStG nur dann systemkonform sind, wenn der gesamte Erwerb und nicht nur der Inlandserwerbs in Deutschland steuerpflichtig ist.

Mit dem **Entwurf** eines Gesetzes zur Bekämpfung der Steuerumgehung und zur Änderung weiterer steuerlicher Vorschriften (**Steuerumgehungsbekämpfungsgesetz – StUmgBG**) greift der Gesetzgeber nunmehr die Judikate des EuGH auf. Die europarechtswidrige Optionsregelung des *§ 2 Abs. 3 ErbStG*, die erst 2011 als Folge der EuGH Entscheidung Mattner eingefügt wurde, soll nach dem Entwurf vollständig zurückgenommen werden. Diese Rückabwicklung wird redaktionell in § 16 ErbStG nachvollzogen.

Stattdessen wird in § 16 Abs. 2 ErbStG ein neues Verfahren eingeführt, das von der Verwaltung bisher schon als Billigkeitslösung praktiziert wird. Diese Regelung sieht eine proportionale Aufteilung des (inländischen) persönlichen Freibetrags im Verhältnis „Besteuertes Inlands- zu nicht besteuertem Auslandsvermögen" vor.

Die Neuregelung betrifft alle Fälle der beschränkten Steuerpflicht, also Fälle innerhalb der EU als auch Fälle in denen die beteiligten Parteien in Drittstaaten ansässig sind. Damit ist dem Richterspruch aus dem Verfahren Welte (vgl. Rz. 8b) genüge getan.

Im Fall der beschränkten Steuerpflicht soll der Erwerber nach der Neuregelung zwar grundsätzlich den Freibetrag erhalten, der ihm bei unbeschränkter Steuerpflicht nach

Längle 1117

§ 16 Absatz 1 ErbStG zustehen würde. Es wäre nach Auffassung des Gesetzgebers aber inkonsequent und gleichheitswidrig, wenn auch in den Fällen, in denen lediglich eine beschränkte Steuerpflicht besteht und in denen nur der Erwerb einzelner Vermögensgegenstände der Besteuerung unterliegt, bei der Einräumung von Freibeträgen so verfahren würde, als ginge es um die Besteuerung des gesamten Vermögensanfalls. Deshalb sieht es der Gesetzgeber als gerechtfertigt an, den höheren persönlichen Freibetrag zu kürzen, wenn nicht der gesamte Vermögensanfall, sondern nur das darin enthaltene Inlandsvermögen besteuert werden kann. In dem Fall soll der Freibetrag nur anteilig gewährt werden, soweit er auf das Inlandsvermögen entfällt (sog. Inländerdiskriminierung soll vermieden werden).

Um zugleich sicherzustellen, dass die Besteuerung unter Abzug eines nur anteiligen Freibetrags nicht durch in mehrere Teile aufgespaltene zeitlich gestaffelte Zuwendungen zwischen denselben Personen umgangen werden kann, sollen auch frühere, innerhalb von zehn Jahren von derselben Person angefallene in- und ausländische Erwerbe in die „Proportionalberechnung" des Freibetrags einbezogen werden.

Im Ergebnis verbleibt damit dennoch eine Schlechterstellung des beschränkt Steuerpflichtigen im Hinblick auf die nationalen Freibeträge des § 16 ErbStG. Diesem droht eine Kürzung des Freibetrages, wenn er zusätzlich einen entsprechenden Erwerb im Ausland erhalten hat.

Als Rechtfertigung bleibt es bei der seitherigen Argumentation: Die Regelung ist erforderlich zur Verhinderung einer Schlechterstellung von unbeschränkt Steuerpflichtigen aufgrund des größeren Besteuerungsumfangs. Dieses Argument hat aber schon bisher nicht beim EuGH verfangen. Ob es dies bei der Neuregelung tut, wird abzuwarten sein.

Wie die Vermeidung einer Privilegierung der beschränkt Steuerpflichtigen (vgl. Rz. 8a) gesichert europarechtskonform umgesetzt werden kann, ist auch nach der EuGH-Entscheidung nicht ersichtlich.

Gestaltungshinweis:
Auch hinsichtlich der Neuregelung dürfte das Offenhalten der Fälle zu empfehlen sein. Aus der seitherigen Argumentation des EuGH – insbesondere im Verfahren Hünnebeck – zur Kapitalverkehrsfreiheit und möglicher Rechtfertigungsansätze zur Einschränkung derselben, spricht einiges dafür, dass auch die Neuregelung europarechtlich nicht halten wird. Konsequenz einer verwerfenden Entscheidung dürfte wieder die Gewährung der vollen Freibeträge sein.

8d   Eine Rückwirkung der Neuregelung in § 16 Abs. 2 ErbStG vor den Zeitpunkt der Verkündigung des Gesetzes ist nicht vorgesehen. Dies ist zunächst nachvollziehbar, da die Neuregelung nicht zwangsläufig begünstigend wirkt und deshalb im Hinblick auf das Rückwirkungsverbot nicht möglich ist. Die Rückwirkung müsste vom Gesetzgeber jedoch auf Antrag zugelassen werden, da die Neuregelung überfällig war. Eine entsprechende Forderung wird auch seitens des Bundesrates erhoben.

Allerdings wurde die Proportionallösung durch die Verwaltung schon seither im Billigkeitswege angewendet. Dieser Weg wurde von der finanzgerichtlichen Rechtsprechung allerdings seither nicht unterstützt.

Freibeträge § 16

Das FG Baden-Württemberg hat mit Urteil v. 28.7.2014, BB 2014, 2457, eine proportionale Aufteilung des persönlichen Freibetrags in Fällen der beschränkten Steuerpflicht bei Nicht-EU-Angehörigen verworfen (Rev. Az. BFH II R 53/14). Mit Urteil v. 18.12.2015, EFG 2016, 301 hat zwischenzeitlich im Fall eines Schweizer Erben auch das FG Düsseldorf dieser Lösung widersprochen. Die Revision ist unter dem Az. II R 2/16 beim BFH anhängig.

Zu dieser Rechtsfrage sind damit zwei Revisionsverfahren beim BFH anhängig, denen das BMF beigetreten ist und deren Ausgang abgewartet werden muss. Bestätigt der BFH die Vorgehensweise der Finanzverwaltung, wäre eine Rückwirkung evtl. entbehrlich. Es besteht jedoch durchaus die Möglichkeit, dass der BFH die Proportionallösung als reine Verwaltungsregelung ohne gesetzliche Absicherung ablehnen wird (Prinzip der Gesetzmäßigkeit der Verwaltung). Im Ergebnis hätte dies wohl wieder eine volle Freibetragsgewährung zur Folge.

Gestaltungshinweis:

Jedenfalls vor Inkrafttreten der Neuregelung verwirklichte Sachverhalte nach § 16 Abs. 2 ErbStG sollten – mit dem Begehren des vollen Freibetrags nach § 16 Abs. 1 ErbStG – offen gehalten werden.

2.2 Freibeträge nach § 16 Abs. 1 ErbStG

Zunächst ist in den Fällen unbeschränkter Steuerpflicht für Ehegatten und für Partner von eingetragenen Lebenspartnerschaften nach § 16 Abs. 1 Nr. 1 ErbStG ein Freibetrag von 500.000 EUR vorgesehen, ergänzt um einen Versorgungsfreibetrag von 256.000 EUR nach § 17 ErbStG. 9

Zur rückwirkenden Anwendbarkeit der erhöhten Freibeträge für eingetragene Lebenspartner vgl. oben Rz. 6a. Gerechtfertigt wird die Höhe dieser Freistellung mit der angezeigten Verschonung des **Gebrauchsvermögens**, dem Umstand, dass es sich häufig nur um einen **Zwischenerwerb** handelt und schließlich **verwaltungstechnischen Schwierigkeiten** bei der Ermittlung des Erwerbs.

Der Freibetrag wird gewährt, wenn die **Ehe** oder die **Lebenspartnerschaft** im Zeitpunkt des Erwerbs besteht. Wie bei § 15 ErbStG (§ 15 ErbStG Rz. 9) kann es sich auch um eine nichtige oder aufhebbare Ehe/Lebenspartnerschaft handeln, sofern und solange die Nichtigerklärung oder Aufhebung noch nicht erfolgt ist. Auch die zivilrechtlichen Einschränkungen der Erbberechtigung von Ehegatten/Lebenspartnern im Hinblick auf Scheidungs-, Aufhebungs-, Auflösungs- bzw. Nichtigkeitsgründe hinsichtlich der Ehe (§§ 1933, 2077 BGB) sind für die Anwendung des § 16 ErbStG ohne Bedeutung, solange die Ehe/Lebenspartnerschaft formal (noch) fortbesteht bzw. bis zum Tod des Ehegatten/Lebenspartners fortbestanden hat. Allerdings können diese Einschränkungen selbstverständlich zivilrechtlich und damit auch steuerlich zu einer Minderung des Erwerbs führen. 10

Demgegenüber reicht auch eine noch so beständige nichteheliche Partnerschaft für eine Freibetragsgewährung genauso wenig aus (BVerfG v. 15.11.1989, 1 BvR 171/89, BStBl II 1990, 103) wie die Rückkehr des geschiedenen Partners in eine Haushalts-

§ 16 Freibeträge

gemeinschaft ohne erneute formelle Bindung (FG Münster v. 30.8.1990, III 3832/90 Erb, EFG 1991, 200).

11 Der **Zeitpunkt des Erwerbs** bestimmt sich nach § 9 ErbStG. Deshalb kann bei Zuwendungen zeitlich vor einer Eheschließung bzw. vor Eingehen einer eingetragenen Lebenspartnerschaft, bei konkretem Nachweis aber auch bei Vorliegen eindeutiger Indizien, ein aufschiebend bedingter Erwerb auf den Zeitpunkt des Eintritts der Eheschließung bzw. der Eintragung der Lebenspartnerschaft unterstellt werden (RFH v. 25.4.1940, IIIe 3/40, RStBl 1940, 615). Der Erwerb ist dann als während der Ehe/Lebenspartnerschaft eingetreten anzusehen. Der erwerbende Partner kann somit die Freibeträge nach § 16 Abs. 1 Nr. 1 ErbStG und § 17 Abs. 1 ErbStG geltend machen.

12 **Kinder**, gemeint sind – obwohl in § 16 ErbStG im Gegensatz zu § 15 ErbStG nicht ausdrücklich erwähnt – auch Stief- und Adoptivkinder, erhalten einen Freibetrag in Höhe von 400.000 EUR. Mit diesem Freibetrag und gestaffelt niedrigeren Versorgungsfreibeträgen sind Kinder den Ehegatten nach wie vor nicht gleichgestellt. Dies wurde vom BVerfG schon nach altem Recht – in dem die Benachteiligung relativ noch größer war – grundsätzlich gebilligt (BVerfG v. 4.8.1988, 1 BvR 328/88, 1 BvR 333/88, 1 BvR 335/88, HFR 1989, 566).

Die in § 15 ErbStG vorgenommene Gleichstellung aller **Enkelkinder** bewirkt hinsichtlich der Anwendung des Steuersatzes (§ 19 ErbStG) deren Gleichberechtigung. Diese Gleichstellung wurde mit der andersartigen Regelung in § 16 ErbStG aber nicht für den Freibetrag übernommen. Bei Schenkungen von Großeltern zur Lebzeit ihrer Kinder an die Enkel oder beim Erbgang von Großeltern auf ihre Enkel zur Lebzeit der Kinder, z. B. bei Ausschlagung der Erbschaft durch die Kinder, greift nur ein Freibetrag von 200.000 EUR (§ 16 Abs. 1 Nr. 3 ErbStG) und nicht der Freibetrag von 400.000 EUR, wie er bei Enkeln nach Vorversterben des Kindes nach § 16 Abs. 1 Nr. 2 ErbStG zum Tragen kommt.

Gestaltungshinweis:

Eine Ausschlagung der Erbschaft durch die Kinder zugunsten der Enkel kann im Hinblick auf die Freibeträge dennoch sinnvoll sein, wenn die Freibeträge in der Relation Großeltern-Kinder schon verbraucht sind.

13 Für die **übrigen Personen der Steuerklasse I** – im Wesentlichen die Urenkel und weiteren Abkömmlinge des Erblassers oder Schenkers sowie die Eltern und Großeltern des Erblassers – wird ein Freibetrag von 100.000 EUR gewährt (§ 16 Abs. 1 Nr. 4 ErbStG).

14 **Erwerber der Steuerklassen II und III** sind seit der Erbschaftsteuerreform vollständig gleichgestellt und erhalten künftig einheitlich einen Freibetrag von 20.000 EUR (§ 16 Abs. 1 Nrn. 5 und 7 ErbStG). Die Gleichstellung völlig fremder Erwerber mit Geschwistern, Neffen und Nichten, die häufig mit dem Erblasser/Schenker eine Lebensgemeinschaft bildeten/bilden, stößt schon jetzt in der Praxis auf großes Unverständnis dieser Gruppen, zumal diese schon vor der Reform erheblich mit Erbschaftsteuer belastet worden sind. Vgl. auch Rz. 7a und 7b.

2.3 Freibetrag nach § 16 Abs. 2 ErbStG

Der Freibetrag für beschränkt Steuerpflichtige bewegt sich mit einer Erhöhung um 1.000 EUR auf 2.000 EUR nach wie vor im unmaßgeblichen Bereich. Die Norm hat insbesondere für die Pensionäre und Rentner mit Inlandsvermögen, die ihren Ruhestand dauerhaft im Ausland verbringen, praktische Bedeutung. Betroffene EU-Inländer, die grds. der beschränkten Steuerpflicht unterliegen, haben nunmehr ein Wahlrecht zur unbeschränkten Steuerpflicht und damit zu den höheren Freibeträgen nach § 16 Abs. 1 ErbStG. § 16 Abs. 2 ErbStG ist weiterhin auf die Erwerbe anzuwenden, für die eine Option nicht möglich (Drittlandsfälle) oder – im Bereich der EU – nicht gewollt ist (zur Rspr. des EuGH und der erneut anstehenden gesetzlichen Neuregelung für beschränkt Steuerpflichtige vgl. Rz. 8 bis 8d).

14a

3 Weitere persönliche Steuerbefreiungen

Weitere personenbezogene Freibeträge sind geregelt

14b

- in § 15 Abs. 2 Satz 3 ErbStG für die Ermittlung der Erbersatzsteuer bei Familienstiftungen nach § 1 Abs. 1 Nr. 4 ErbStG,
- in § 13 Abs. 1 Nrn. 15, 16a und 18 ErbStG; hier ist für Erwerbe bestimmter Rechtssubjekte allein aufgrund persönlicher Spezifika eine unbegrenzte Freistellung vorgesehen und
- in § 17 ErbStG in Form einer ergänzenden Freistellung für Ehegatten und Kinder.

4 Gestaltungsmöglichkeiten

Zur Erlangung günstigerer Freibeträge mittels **Adoption**, vgl. die Ausführungen zu § 15 ErbStG Rz. 17, 19 und 45 ff.

15

Da die Freibeträge erwerbsbezogen sind, bietet es sich an, möglichst mehrere Erwerbsvorgänge zu generieren.

16

Deshalb kann durch eine **rechtzeitige Schenkung** an bestimmte Personen in Zehnjahreszeiträumen immer wieder ein neuer Freibetrag genutzt werden.

Ferner kann es sich aus Gründen der Personenbezogenheit der Freibeträge anbieten, die Übertragung des Vermögens auf **mehrere Personen** (Kinder, Schwiegerkinder, Enkelkinder) vorzunehmen, was ebenfalls zu einer Vervielfältigung der Freibeträge führen kann.

17

> **Beispiel: Beispiel (Abwandlung des Beispiels aus Rz. 3):**
> Eltern schenken ihrer Tochter 800.000 EUR und dem Schwiegersohn 40.000 EUR. Tochter und Schwiegersohn können aus je zwei Erwerben – einen vom Vater, einen von der Mutter – in Höhe von 400.000 bzw. 20.000 EUR jeweils einen Freibetrag von jeweils 400.000 EUR bzw. 20.000 EUR abziehen. Es verbleibt damit kein steuerpflichtiger Erwerb.

Insbesondere bei Erwerben von Todes wegen, die von Geschwistern herrühren, kann es sich aufgrund der starken steuerlichen Belastung anbieten, die Erbschaft zu

Gunsten der eigenen Kinder **auszuschlagen**. Dadurch **vervielfacht sich der Freibetrag** um die Zahl der eigenen Kinder. Die Vervielfachung der Freibeträge kann zur Erlangung einer mäßigeren Progression hinsichtlich des Steuersatzes nach § 19 ErbStG oder gar zu einer vollständigen Freistellung des Erwerbs genutzt werden.

18 In den Fällen der §§ 6 und 15 ErbStG (**Vor- und Nacherbschaft bzw. Berliner Testament**), bei denen zwei weitgehend identische Erwerbe in einer Kette aufeinander folgen, die im Blick auf die Erbschaftsteuer günstiger anders gestaltet werden könnten, kann es sinnvoll sein, auch im Nachhinein als Erbe bzw. Nichterbe noch aktiv zu werden. Die Vergünstigungen der §§ 15 und 6 ErbStG können im Einzelfall die steuerlichen Nachteile der Gestaltung nur mindern aber nicht beseitigen. Deshalb kann es sich anbieten, dass der Ersterwerbende (der Ehegatte) zugunsten der Zweiterwerbenden (meist den Kindern) die Erbschaft ausschlägt und sich eine Abfindung gewähren lässt, die den Kindern einen Erwerb in Höhe ihrer Freibeträge belässt. Auch die Kinder können aktiv werden, indem Sie – günstigenfalls im Einvernehmen mit dem Ersterwerbenden – den Pflichtteil in Höhe ihrer Freibeträge geltend machen.

19 Auch über die Berücksichtigung der **Abrundung** der steuerpflichtigen Erwerbe auf volle 100 EUR (§ 10 Abs. 1 S. 6 ErbStG) und der **Kleinbetragsgrenze** von 50 EUR (§ 22 ErbStG) bei der Zuwendungsbemessung kann die Nutzung der Erbschaftsteuerfreibeträge optimiert werden (*Weinmann*, in Moench/Weinmann, ErbStG, § 16 Rz. 18 m. w. N.).

20 Eine beliebte Gestaltung ist auch die **Kettenschenkung**. Ziel der Kettenschenkung ist es i. d. R., persönliche Freibeträge und Steuerklassenvorteile optimal zu nutzen.

Beispiel:

Die Mutter (M) hat ihrer Tochter (T) vorab den persönlichen Freibetrag übersteigendes Vermögen zugewendet. Deshalb wird ein der M gehörender Anteil an einem Grundstück zunächst auf den Ehemann/Vater (V) und von diesem anschließend gemeinsam mit dem ihm bereits gehörenden Grundstücksanteil an T übertragen, weil hinsichtlich V die Freibeträge noch nicht ausgeschöpft sind.

Lösung: Die Anerkennung der Kettenschenkung richtet sich nach den nachstehenden Ausführungen.

Bei Übertragungen auf nahe Angehörige zur erweiterten Nutzung der Freibeträge mit dem Ziel einer finalen Übertragung auf andere Personen, ist die Rspr. zur Kettenschenkung zu beachten. Der BFH hat seine Auffassung in einem Urteil (BFH v. 18.7.2013, II R 37/11, BStBl II 2013, 934) noch einmal zusammengefasst:

- Erhält jemand als Durchgangs- oder Mittelsperson eine Zuwendung, die er entsprechend einer **bestehenden Verpflichtung** in vollem Umfang an einen Dritten weitergibt, liegt schenkungsteuerrechtlich nur eine Zuwendung aus dem Vermögen des Zuwendenden an den Dritten vor. Wegen der Verpflichtung zur Weitergabe besteht keine Bereicherung der Mittelsperson aus dem Vermögen des Zuwendenden; eine Schenkung der Mittelsperson an den Dritten kommt nicht in Betracht (BFH v. 13.10.1993, II R 92/91, BStBl II 1994, 128).

- Wendet der Bedachte den ihm zugewendeten Gegenstand **ohne Veranlassung des Zuwendenden** und **ohne rechtliche Verpflichtung** freigebig einem Dritten zu, scheidet die Annahme einer Schenkung des Zuwendenden an den Dritten aus. Dies gilt auch dann, wenn der Zuwendende weiß oder damit einverstanden ist, dass der Bedachte den zugewendeten Gegenstand unmittelbar im Anschluss an die Schenkung an einen Dritten weiterschenkt (BFH v. 14.3.1962, II 218/59 U, BStBl III 1962, 206).
- In **Schwiegerkindfällen**, d.h. in der Schenkungskette Eltern-Kind-Schwiegerkind, kann, wenn das Kind vertraglich nicht zur Weiterschenkung verpflichtet ist und die Eltern die Weitergabe nicht veranlasst haben, schenkungsteuerrechtlich regelmäßig nicht von einer Zuwendung der Eltern an das Schwiegerkind ausgegangen werden.
BFH-Zitat: „Eltern haben regelmäßig kein Interesse daran, ihre Grundstücke im Wege der vorweggenommenen Erbfolge nicht auf ihre Kinder, sondern unmittelbar auf Schwiegerkinder zu übertragen" (BFH v. 30.11.2011, II B 60/11, BFH/NV 2012, 580).
Die Kettenschenkung wird von der FinVerw. danach akzeptiert werden müssen, wenn die Übertragung ohne Auflage zur Weiterübertragung erfolgt, also zur freien Verfügung (so auch *Kapp/Ebeling*, ErbStG, § 16 Rz. 24). Wichtige Indizien für eine freie Übertragbarkeit sind danach gegeben, wenn

- die Weiterübertragung mit größerem zeitlichen Abstand erfolgt,
- die Verträge inhaltlich streng getrennt abgewickelt werden, d.h. keine gegenseitigen Bezüge auf Inhalte und Personen haben,
- die Zuwendungen mit getrennten Urkunden erfolgen,
- außersteuerliche Aspekte – ggf. in den Urkunden – dokumentiert werden.

Ist eine zivilrechtliche Weitergabeverpflichtung nicht erkennbar, sieht der BFH (BFH v. 18.7.2013, II R 37/11, BStBl II 2013, 934) keinen steuerlich relevanten Ansatz für Gesamtplanüberlegungen bzw. unter Verweis auf ältere Rechtsprechung (BFH v. 16.1.1992, V R 1/91, BStBl II 1992, 541) auch keine Anknüpfungspunkte für missbräuchliche Gestaltungen i.S.v. § 42 AO.

Gestaltungen zur Gewinnung *„postmortaler Freibeträge"* über **Lebensversicherungsverträge**, die erst zehn Jahre nach dem Tod fällig werden und damit nach § 3 Abs. 1 Nr. 1 ErbStG i.V.m. § 9 Abs. 1 Nr. 1a ErbStG erst dann zu relevanten Erwerben führen sollen (*Fiedler*, DStR 2001, 1684, 1651), sind nach der **neueren Rspr. des BFH** nur noch eingeschränkt zielführend (BFH v. 7.10.2009, II R 27/07, BFH/NV 2010, 891 m.w.N.). Zu klären hatte der BFH die Rechtsfrage, ob die Erbschaftsteuer für den Erwerb aller Rechte aus einer kapitalbildenden Lebensversicherung (betagte Forderung im zivilrechtlichen Sinne) bereits mit dem Tod des Erblassers entsteht oder diese erst zum Zeitpunkt, zu dem die Leistung aus der Lebensversicherung fällig wird, zu erfassen ist.

21

Nach der nunmehr getroffenen Entscheidung liegt zwar zivilrechtlich eine **Betagung** vor, wenn eine Forderung bereits entstanden und lediglich ihre Fälligkeit hinausgeschoben ist. Nach der Rspr. des BFH betrifft die Regelung in § 9 Abs. 1 Nr. 1 Buchst. a ErbStG jedoch nicht alle Ansprüche, die zivilrechtlich als betagt anzusehen sind. Vielmehr folge aus der bewertungsrechtlichen (§ 12 Abs. 1 ErbStG

22

§ 16 Freibeträge

i.V.m. § 12 Abs. 3 BewG) Behandlung noch nicht fälliger Forderungen, dass die Erbschaftsteuer für solche Ansprüche, die **zu einem bestimmten (feststehenden) Zeitpunkt** fällig werden, dem Regelfall des § 9 Abs. 1 Nr. 1 ErbStG entsprechend bereits im Zeitpunkt des Todes des Erblassers entsteht. In diesen Fällen sei ein Bereicherungszustand bereits im Zeitpunkt des Erwerbs eingetreten; dessen Wert sei auf den Stichtag – ggf. unter Abzinsung – festzustellen.

23 **Anders** seien jedoch diejenigen betagten Ansprüche zu behandeln, bei denen der **Zeitpunkt des Eintritts** des zur Fälligkeit führenden Ereignisses **unbestimmt** ist. In diesen Fällen entstehe die Steuer gem. § 9 Abs. 1 Nr. 1 Buchst. a ErbStG (ebenso wie bei einer aufschiebend bedingten oder befristeten Forderung) erst mit dem Eintritt des Ereignisses, welches zur Fälligkeit des Anspruchs führt. Dieses Verständnis der Betagung rechtfertige sich aus der § 9 Abs. 1 Nr. 1 Buchst. a ErbStG zugrunde liegenden Erwägung, dass in diesen Fällen eine wirtschaftliche Bereicherung um das von Todes wegen Erworbene noch nicht im Zeitpunkt des Todes des Erblassers eintritt.

Gestaltungshinweis: Gestaltungshinweis:

Gestaltungen, bei denen der Zeitpunkt des Eintritts des zur Fälligkeit führenden Ereignisses unbestimmt ist und zehn Jahre nach dem Todesstichtag liegt, können steuerlich damit weiter interessant sein; wirtschaftliche und zivilrechtliche Risiken müssen aber in die Gesamtbetrachtung einbezogen werden.

§ 17 Besonderer Versorgungsfreibetrag

(1) ¹Neben dem Freibetrag nach § 16 Abs. 1 Nr. 1 wird dem überlebenden Ehegatten und dem überlebenden Lebenspartner ein besonderer Versorgungsfreibetrag von 256.000 Euro gewährt. ²Der Freibetrag wird bei Ehegatten oder bei Lebenspartnern, denen aus Anlass des Todes des Erblassers nicht der Erbschaftsteuer unterliegende Versorgungsbezüge zustehen, um den nach § 14 des Bewertungsgesetzes zu ermittelnden Kapitalwert dieser Versorgungsbezüge gekürzt.

(2) ¹Neben dem Freibetrag nach § 16 Abs. 1 Nr. 2 wird Kindern im Sinne der Steuerklasse I Nr. 2 (§ 15 Abs. 1) für Erwerbe von Todes wegen ein besonderer Versorgungsfreibetrag in folgender Höhe gewährt:
1. bei einem Alter bis zu 5 Jahren in Höhe von 52.000 Euro;
2. bei einem Alter von mehr als 5 bis zu 10 Jahren in Höhe von 41.000 Euro;
3. bei einem Alter von mehr als 10 bis zu 15 Jahren in Höhe von 30.700 Euro;
4. bei einem Alter von mehr als 15 bis zu 20 Jahren in Höhe von 20.500 Euro;
5. bei einem Alter von mehr als 20 Jahren bis zur Vollendung des 27. Lebensjahres in Höhe von 10.300 Euro.

²Stehen dem Kind aus Anlass des Todes des Erblassers nicht der Erbschaftsteuer unterliegende Versorgungsbezüge zu, wird der Freibetrag um den nach § 13 Abs. 1 des Bewertungsgesetzes zu ermittelnden Kapitalwert dieser Versorgungsbezüge gekürzt. ³Bei der Berechnung des Kapitalwerts ist von der nach den Verhältnissen am Stichtag (§ 11) voraussichtlichen Dauer der Bezüge auszugehen.

Inhalt		Rz.
1	Allgemeines und ausstehende Europarechtskonformität	1–3
1.1	Der Normhintergrund	2
1.2	Anwendungsbereich	3
2	Eingetragene Lebenspartner	4–4a
3	Anrechnungspflichtige Versorgungsbezüge	5–6
4	Ehegattenfreibetrag / Freibetrag für eingetragene Lebenspartner (§ 17 Abs. 1 ErbStG)	7–13
4.1	Voraussetzung: Ehe bzw. Lebenspartnerschaft muss Bestand haben	7
4.2	Anrechnung von Versorgungsbezügen	8–12
4.3	Berichtigung bei späterer Änderung von Versorgungsbezügen	13
5	Kinderfreibetrag (§ 17 Abs. 2 ErbStG)	14–16
5.1	Der Begriff des Kindes/Freibetrag	14
5.2	Anrechnung von Versorgungsbezügen	15
5.3	Berichtigung bei späterer Änderung von Versorgungsbezügen	16

§ 17 Besonderer Versorgungsfreibetrag

1 Allgemeines und ausstehende Europarechtskonformität

1 § 17 ErbStG regelt ergänzende Freibeträge für Ehegatten, Lebenspartner und Kinder und gewährleistet damit eine noch weitergehende Verschonung der Kernfamilie. Die Norm greift jedoch nur in den Fällen der unbeschränkten Steuerpflicht, da die Freibeträge des § 17 ErbStG nur neben dem Freibetrag nach § 16 Abs. 1 Nr. 1 ErbStG und neben dem Freibetrag nach § 16 Abs. 1 Nr. 2 ErbStG und gerade nicht neben dem Freibetrag des § 16 Abs. 2 ErbStG gewährt werden. § 17 ErbStG kommt jedoch auch in Fällen optierter unbeschränkter Steuerpflicht nach § 2 Abs. 3 ErbStG zur Anwendung.

1a Die Europäische Kommission hat Deutschland trotz der Einführung des § 2 Abs. 3 ErbStG beim Europäischen Gerichtshof wegen Verstoßes gegen die Kapitalverkehrsfreiheit verklagt (EuGH, Verfahren C-211/13, Haufe-Index 4274038). Nach Ansicht der Kommission wird die Vertragsverletzung durch die Optionsmöglichkeit zur unbeschränkten Steuerpflicht nicht behoben. Die Gleichstellung der EU-Bürger hinsichtlich der persönlichen Freibeträge müsse ohne Antrag des Steuerpflichtigen gewährleistet werden. Die deutsche Regelung sei danach mit Art. 63 AEUV nicht vereinbar. Der EuGH hat ferner in der Rechtssache „Welte" entschieden (EuGH v. 17.10.2013, Rs. C-181/12 (Welte), DStR 2013, 2269), dass Art. 56 und 58 EG-Vertrag für Drittstaatenfälle in gleicher Weise wie im Fall Mattner einschlägig ist. Danach haben auch Erwerber in Drittstaaten (z.B. wie im Entscheidungsfall in der Schweiz) Anspruch auf denselben Freibetrag wie ein Erbe, der in Deutschland wohnt und deshalb unbeschränkt steuerpflichtig ist.

Ferner hat die Europäische Kommission Deutschland – trotz Einführung des § 2 Abs. 3 ErbStG – aufgefordert, seine Erbschaftsteuervorschriften über Versorgungsfreibeträge nach § 17 ErbStG mit dem EU-Recht in Einklang zu bringen. Die Aufforderung der Kommission erging am 19.11.2015 in Form einer mit Gründen versehenen Stellungnahme gemäß Art. 258 AEUV (vgl. Vertragsverletzungsverfahren Nr. 2012/2158). Nach Auffassung der Kommission handelt es sich bei den Regelungen des § 17 ErbStG um eine ungerechtfertigte Einschränkung des freien Kapitalverkehrs (Artikel 63 Absatz 1 AEUV).

1b Das Erbschaftsteuer- und Schenkungsteuergesetz, das zuletzt durch Artikel 1 des Gesetzes vom 4. November 2016 (BGBl I S. 2464) im Betriebsvermögensverschonungsbereich grundlegend geändert worden ist, soll aufgrund der genannten europarechtlichen Vorgaben mit dem Entwurf eines Gesetzes zur Bekämpfung der Steuerumgehung und zur Änderung weiterer steuerlicher Vorschriften (Steuerumgehungsbekämpfungsgesetz – StUmgBG) nunmehr erneut angepasst werden.

Betroffen ist – neben den Regelungen zur beschränkten bzw. unbeschränkten Steuerpflicht (§ 2 ErbStG), zum Freibetrag nach § 16 ErbStG – insbesondere der Anwendungsbereich des Versorgungsfreibetrags nach § 17 ErbStG. Das Gesetzgebungsverfahren soll in der ersten Jahreshälfte 2017, also noch vor der Bundestagswahl 2017, abgeschlossen werden.

Mit Änderung des § 17 soll dem überlebenden Ehegatten oder Lebenspartner bzw. dem Kind des Erblassers der besondere Versorgungsfreibetrag auch in den Fällen der

Besonderer Versorgungsfreibetrag § 17

beschränkten Steuerpflicht gewährt werden. Gesetzestechnisch wird dies dadurch umgesetzt, dass jegliche Freibetragsgewährung nach § 16 ErbStG auch den Zugang zu § 17 ErbStG eröffnet.

Allerdings sollen folgerichtig ausländische Versorgungsbezüge für Ehegatten und Kinder nach denselben Kriterien wie inländische Versorgungsbezüge auf den besonderen Versorgungsfreibetrag angerechnet werden.

In den Fällen der beschränkten Steuerpflicht müssen künftig ergänzend die Voraussetzungen des neuen § 17 Absatz 3 ErbStG erfüllt sein. Die dortige Verknüpfung der Steuerbefreiung mit dem Erfordernis der Amtshilfe soll sicherstellen, dass die deutschen Finanzbehörden im Bedarfsfall Auskünfte von ausländischen Behörden hinsichtlich der dort vom Erwerber bezogenen, nicht der Erbschaftsteuer unterliegenden Versorgungsbezüge erhalten können. Allerdings bleibt zunächst in erster Linie der Erwerber verpflichtet, die für die Prüfung der Steuerbefreiung notwendigen Angaben zu machen und zu belegen (§ 90 Absatz 2 AO). 1c

Das Erfordernis eines Informationsaustausches durch Amtshilfe ist insbesondere in Fällen bedeutsam, in denen Anzeichen bestehen, dass der Erwerber unvollständige Angaben gemacht hat.

Vorgesehen ist (§ 37 Absatz 13 ErbStG-E), dass die Änderung des § 17 ErbStG grundsätzlich auf Erwerbe anzuwenden ist, für die die Steuer nach dem Tag der Verkündung des vorliegenden Änderungsgesetzes entstanden ist. Um die Unvereinbarkeit mit Europarecht jedoch so frühzeitig wie möglich zu beseitigen, soll die für betroffene beschränkt steuerpflichtige Erwerber ausschließlich vorteilhafte Änderung des § 17 ErbStG auch für alle noch nicht bestandskräftigen Veranlagungen gelten.

Gestaltungshinweis:
In Fällen, in denen die Anwendung von § 2 Abs. 3 ErbStG im Hinblick auf die persönlichen Freibeträge (§§ 16 und 17 ErbStG) zu unbefriedigenden Ergebnissen führt, sollte Einspruch eingelegt und unter Hinweis auf die Rechtsprechung des EuGH und die anstehende Gesetzgebung Ruhen des Verfahrens beantragt werden. Die Fälle sollten offen gehalten werden, um von der vorgesehenen begünstigenden Rückwirkung der Gesetzesänderung zu profitieren.

Die konkrete Versorgungssituation ist – trotz der Begrifflichkeit Versorgungsfreibetrag – tatbestandsmäßig für die Gewährung ohne Bedeutung. Versorgungsbezüge spielen lediglich für die Kürzung der Freibeträge eine Rolle. Der Freibetrag ist nämlich um den Kapitalwert bestimmter, nicht der Erbschaftsteuer unterliegender Versorgungsbezüge **zu kürzen**. 1d

1.1 Der Normhintergrund

Hintergrund der Freibetragskürzung und damit der Norm insgesamt ist die **Abmilderung der Ungleichbehandlung** insbesondere gesetzlicher Versorgungsbezüge Hinterbliebener einerseits und privater Versorgungsformen andererseits. 2

Längle 1127

Gesetzliche Versorgungsbezüge sind, weil nicht vom Erblasser, sondern von Gesetzes wegen und damit auch nicht freigebig erworben, von vornherein nicht steuerbar. Dagegen sind **private Versorgungsleistungen**, vom Erblasser herkommend, als steuerbar anzusehen. Die damit verbundene Ungleichbehandlung wird über § 17 ErbStG dadurch vermindert, dass bei Empfängern nicht steuerbarer Versorgungsbezüge der Freibetrag um den Kapitalwert dieser Erwerbe gekürzt wird. Damit wird der Freibetrag insoweit nicht gewährt, wie die Versorgung durch nicht steuerbare Versorgungsbezüge schon gewährleistet ist. Bei Empfängern von nur privaten und damit steuerbaren Versorgungsbezügen kommt der Freibetrag dagegen genauso ungekürzt zum Abzug, wie bei Erwerbern, die gar keine Versorgungsbezüge erhalten, also Angehörigen bei denen die Versorgung in Form anderer Anlagen (Immobilien, Wertpapiere, etc.) gesichert wurde.

Eine Vollgleichstellung der Versorgungsarten gelingt aber nur, wenn der Kapitalwert der steuerfreien Versorgungsbezüge die gewährten Freibeträge nicht übersteigt; geht der Kapitalwert darüber hinaus, bleibt die Privilegierung insoweit gegenüber anderen Versorgungsformen erhalten.

Weinmann hat für die Altersklassen 40 bis 70 Jahre dargestellt, bis zu welcher Höhe der Versorgungsbezüge bei **Ehegatten und Lebenspartnern** die Gleichstellung gewährleistet ist (*Weinmann*, in Moench/Weinmann, ErbStG, § 17 Rz. 3). Die dort errechnete Spanne reicht von monatlichen Versorgungsbezügen in Höhe von 1.266 EUR für eine 40-jährige Witwe bis zu 2.204 EUR für einen 70-jährigen Witwer. Die erhebliche Spreizung beruht auf der bei der Kapitalisierung der Versorgungsbezüge zu berücksichtigenden Lebenserwartung, die z. B. bei einer jungen Witwe besonders hoch ist. Obwohl es in der Gesellschaft hinsichtlich bestehender Versorgungsanwartschaften eine hohe Schwankungsbreite gibt, dürfte die Freibetragsbemessung unter Betrachtung des von *Weinmann* errechneten Rahmens vertretbar und damit aufgrund des Pauschalierungsrechts des Gesetzgebers verfassungsgemäß erfolgt sein (so auch BFH v. 14.7.1982, II R 16/81, BStBl II 1983, 19). Der weitergehende Hinweis des Gerichts in dieser Entscheidung, dass es i.S.d. Gleichbehandlung verfassungsrechtlich zwar nicht zwingend geboten aber rechtspolitisch sachgerecht sei, den Versorgungsfreibetrag auch bei Ehepartnern nach der prognostizierten restlichen Lebenserwartung abzustufen, (Anlog der Regelung in § 17 Abs. 2 ErbStG) ist auch mit den jüngsten Reformen nicht aufgegriffen worden. Der feststehende Freibetrag wirkt nämlich in verschiedenen Altersstufen unterschiedlich, da der Wert der Versorgungsbezüge mit fortschreitendem Alter abnimmt und damit die Kürzung der Freibeträge bei älteren Personen geringer ausfällt.

Zur Höhe der Versorgungsfreibeträge der **Kinder** äußerte der BFH – anhand konkreter Berechnungen zu den damaligen Freibeträgen – erhebliche Zweifel, ob der Gesetzgeber sein Ziel erreicht hat, die unterschiedliche erbschaftsteuerliche Behandlung der auf Gesetz beruhenden Waisengelder einerseits und der auf einem privatrechtlichen Anstellungsvertrag beruhenden Waisengelder andererseits im Grundsatz zu beseitigen und gleichzeitig auch denjenigen Hinterbliebenen einen angemessenen Ausgleich zu gewähren, denen aus Anlass des Todes des Erblassers keine oder nur geringe Versorgungsbezüge zustehen. Aus diesem Grund stellte er die **Verfassungswidrigkeit** der Norm nach Art. 3, 6, 20 Abs. 1 (Sozialstaatsprinzip) in

Besonderer Versorgungsfreibetrag § 17

den Raum (BFH v. 31.1.1979, II B 30/76, BStBl II 1979, 244). Eine verbindliche abschließende höchstrichterliche Entscheidung ist zu dieser Frage bisher nicht vorhanden.

1.2 Anwendungsbereich

Die Versorgungsfreibeträge werden **nur bei Erwerben von Todes wegen** gewährt. 3
Dies folgt aus dem Wortlaut des Gesetzes („Dem überlebenden Ehegatten/Lebenspartner" in § 17 Abs. 1 ErbStG und „für Erwerbe von Todes wegen" in § 17 Abs. 2 ErbStG). Der Erwerb muss aber nicht ausdrücklich auf einem gesetzlichen (§ 1933 BGB) oder testamentarischen (§ 2077 Abs. 1 BGB) Erbrecht beruhen.

Nach ihrem Sinn unterfällt der Norm auch ein **Leibrentenstammrecht, das als Abfindung für einen Erbverzicht** gewährt wird (Steuerbar nach § 7 Abs. 1 Nr. 5 ErbStG), wenn dieses bis zum Tod des anderen Ehegatten aufschiebend bedingt ist (R E 1.1 S. 3 Nr. 6 S. 2 ErbStR 2011). Faktisch handelt es sich dabei im Wege einer aufschiebenden Bedingung auch um einen „Erwerb von Todes wegen".

Der Versorgungsfreibetrag gilt erst Recht für **Schenkungen auf den Todesfall**, die per gesetzlicher Anordnung im ErbStG unter § 3 Abs. 1 Nr. 2 ErbStG als Erwerb von Todes wegen qualifiziert werden.

Bei Schenkungen unter Lebenden und bei Aufhebung von Familienstiftungen (BFH v. 25.11.1992, II R 77/90, BStBl II 1993, 238) findet § 17 ErbStG dagegen **keine** Anwendung.

2 Eingetragene Lebenspartner

Die Begünstigung nach § 17 ErbStG wurde den eingetragenen Lebenspartnern bis 4
zum 31.12.2008 nicht gewährt (FinMin Baden-Württemberg v. 15.9.2005, 3 - S 3800/16, DB 2005, 2052 Rz. 5); was auch von der Rspr. gebilligt wurde (BFH v. 20.6.2007, II R 56/05, BStBl II 2007, 649). Zum vorgenannten Urteil war jedoch mittlerweile ein Verfahren beim BVerfG erfolgreich (BVerfG v. 21.7.2010, 1 BvR 611/07, 1 BvR 2464/07, BFH/NV 2010, 1985), das den Gesetzgeber zu einer vollständigen rückwirkenden Gleichstellung gezwungen hat (s. Rz. 4a).

Zwischen eingetragenen Lebenspartnern bestehen in gleicher Weise Unterhaltsverpflichtungen wie unter Ehegatten. Aus diesem Grund wird eingetragenen Lebenspartnern – entsprechend den überlebenden Ehegatten – schon seit 1.1.2009 gesetzlich ein besonderer Versorgungsfreibetrag in Höhe von 256.000 EUR gewährt (§ 17 Abs. 1 S. 1 ErbStG). Auch die Kürzungsregelung ist anzuwenden. Ohne gesetzliche Anordnung konnten Verwaltung und Rspr. die Begünstigung nach § 17 seither nicht gewähren.

Nunmehr ist mit dem JStG 2010 (v. 13.12.2010, BGBl I 2010, 1768) im Hinblick auf 4a
§ 17 ErbStG auf Basis der Entscheidung des BVerfG (v. 21.7.2010, 1 BvR 611/07, 1 BvR 2464/07, BFH/NV 2010, 1985) eine vollständige Rückwirkung der Gleichstellung eingetragener Lebenspartner auf Erwerbe, für die die Steuer nach dem 31.7.2001 entstanden ist, umgesetzt worden. In § 37 Abs. 5 ErbStG wurde angeord-

§ 17 Besonderer Versorgungsfreibetrag

net, die vollständige Gleichstellung für alle noch nicht bestandskräftigen Steuerbescheide mit Steuerentstehung ab dem 1.8.2001 zu gewähren. Damit ist in der Zeit vom 1.8.2001 bis zum 31.12.2008 eine Freistellung zu gewähren, die sich an der Höhe der im Besteuerungszeitpunkt gültigen Regelung für Ehegatten orientiert: bis zum 31.12.2001 500.000 DM und danach 256.000 EUR (§ 37 Abs. 5 Nrn. 4 und 5 ErbStG). In § 17 ErbStG selbst wurde lediglich ein Halbs. aus redaktionellen Gründen entbehrlich, nachdem in § 16 Abs. 1 ErbStG Ehegatten und Lebenspartner nunmehr in derselben Ziff. des Abs. 1 begünstigt werden.

3 Anrechnungspflichtige Versorgungsbezüge

5 Der besondere Versorgungsfreibetrag für den überlebenden Ehegatten/Lebenspartner und für Kinder ist um den Kapitalwert der nicht der Erbschaftsteuer unterliegenden Versorgungsbezüge zu **kürzen** (§ 17 Abs. 1 S. 2 und Abs. 2 S. 2 ErbStG). Zu den nicht der Erbschaftsteuer unterliegenden Bezügen gehören nach R E 17 Abs. 1 ErbStR 2011 (unter Bezugnahme auf die etwas ausführlichere Vorschrift R E 3.5 ErbStR 2011) insbesondere

- Versorgungsbezüge der Hinterbliebenen von **Beamten** aufgrund der Beamtengesetze des Bundes und der Länder,
- Versorgungsbezüge, die den Hinterbliebenen von **Angestellten und Arbeitern** aus der gesetzlichen Rentenversicherung zustehen, auch bei freiwilliger Weiter- und Höherversicherung,
- Versorgungsbezüge, die den Hinterbliebenen von Angehörigen der **freien Berufe** aus einer berufsständischen Pflichtversicherung zustehen, auch bei freiwilliger Weiter- und Höherversicherung,
- Versorgungsbezüge, die den Hinterbliebenen von **Abgeordneten** aufgrund der Diätengesetze des Bundes und der Länder zustehen,
- Hinterbliebenenbezüge, die auf **Tarifvertrag, Betriebsordnung, Betriebsvereinbarung, betrieblicher Übung** oder dem Gleichbehandlungsgrundsatz beruhen und
- Hinterbliebenenbezüge aufgrund eines zwischen dem Erblasser und seinem Arbeitgeber geschlossenen Einzelvertrags, **soweit diese angemessen sind.** Als angemessen gilt, wenn die Bezüge 45 % des Brutto-Arbeitslohns des verstorbenen Arbeitnehmers nicht übersteigen (vgl. auch R E 3.5 Abs. 3 ErbStR 2011).

Bei einem persönlich haftenden **Gesellschafter einer Personengesellschaft** unterliegen die Hinterbliebenenbezüge entsprechend § 3 Abs. 1 Nr. 4 ErbStG (= Vertrag zugunsten Dritter) der Erbschaftsteuer (ausgenommen, der Erblasser war im Innenverhältnis gegenüber den die Gesellschaft beherrschenden anderen Gesellschaftern wie ein Angestellter gebunden). Eine Kürzung der Freibeträge des § 17 ErbStG erfolgt hier daher i.d.R. nicht (vgl. auch R E 3.5 Abs. 4 ErbStR 2011 und H E 3.5 ErbStH 2011).

Nicht steuerbar und damit nach § 17 ErbStG zu kürzen sind dagegen Hinterbliebenenbezüge, die ein **Gesellschafter-Geschäftsführer** mit seiner GmbH vereinbart hat. Voraussetzung ist jedoch, dass der Erblasser wie bei einem Nichtgesellschafter

Besonderer Versorgungsfreibetrag § 17

als abhängiger Geschäftsführer anzusehen war und die Hinterbliebenenbezüge angemessen sind (vgl. auch R E 3.5 Abs. 3 ErbStR 2011 und H E 3.5 ErbStH 2011).

Bei der Kürzung des Versorgungsfreibetrags sind **alle** von der Erbschaftsteuer nicht erfassten Versorgungsleistungen zu berücksichtigen und zwar unabhängig davon, ob es sich bei den Versorgungsleistungen um lebenslängliche Leistungen, um Leistungen auf eine bestimmte Zeit oder um Leistungen in einem Einmalbetrag handelt (R E 17 Abs. 2 ErbStR 2011).   6

4 Ehegattenfreibetrag / Freibetrag für eingetragene Lebenspartner (§ 17 Abs. 1 ErbStG)

4.1 Voraussetzung: Ehe bzw. Lebenspartnerschaft muss Bestand haben

Überlebenden eingetragenen Lebenspartnern und überlebenden Ehegatten wird ein besonderer Versorgungsfreibetrag in **Höhe von 256.000 EUR** gewährt (zur rückwirkenden Gleichstellung der eingetragenen Lebenspartner vgl. Rz. 4a).   7

Die Ehe oder Lebenspartnerschaft muss im Zeitpunkt des Todes des Erblassers bestehen. Es kann sich auch um eine nichtige oder aufhebbare Ehe handeln, sofern und solange die Nichtigerklärung oder Aufhebung noch nicht erfolgt ist. Demgegenüber kann auch eine noch so beständige nichteheliche Partnerschaft für eine Freibetragsgewährung genauso wenig ausreichen (BVerfG v. 15.11.1989, 1 BvR 171/89, BStBl II 1990, 103) wie die Rückkehr des geschiedenen Partners in eine Haushaltsgemeinschaft ohne erneute formelle Bindung (FG Münster v. 30.8.1990, III 3832/90 Erb, EFG 1991, 200).

4.2 Anrechnung von Versorgungsbezügen

Bei der Kürzung des Versorgungsfreibetrags sind alle von der Erbschaftsteuer nicht erfassten Versorgungsleistungen zu berücksichtigen (Rz. 6).   8

Bei den Ehegatten und eingetragenen Lebenspartnern wird es sich häufig um lebenslängliche Bezüge handeln. Dies ist aber trotz des Wortlauts des § 17 Abs. 1 ErbStG, der mit dem Verweis auf § 14 BewG nur die lebenslänglichen Bezüge anspricht, für die Kürzung keine Bedingung, d.h. sie muss auch bei nicht lebenslänglichen Bezügen mit dem zutreffenden Kapitalwert abgezogen werden (so auch BFH v. 2.7.1997, II R 43/94, BStBl II 1997, 623).

§ 14 Abs. 1 BewG ist mit dem ErbStRG ebenfalls neu gefasst worden. Zur Berechnung des Kapitalwerts lebenslänglicher Nutzungen oder Leistungen hat das BMF mit Schreiben vom 20.1.2009 die Vervielfältiger, die nach der am 22.8.2008 veröffentlichten Sterbetafel 2005/2007 des Statistischen Bundesamtes ermittelt wurden, als Anlage zu § 14 Abs. 1 S. 4 BewG bekannt gegeben (BMF v. 20.1.2009, IV C 2 – S 3104/09/10001, BStBl I 2009, 270). Diese Vervielfältiger sind für Bewertungsstichtage ab dem 1.1.2009 anzuwenden: 9

- Für das Jahr 2010 gilt das BMF-Schreiben v. 1.10.2009 (IV C 2 – S 3104/09/1001, BStBl I 2009, 1168).
- Für das Jahr 2011 gilt das BMF-Schreiben v. 8.1.2010 (IV D 4 – S 3104/09/1001, BStBl I 2010, 1288).

§ 17 Besonderer Versorgungsfreibetrag

- Für das Jahr 2012 gilt das BMF-Schreiben v. 26.9.2011 (IV D 4 – S 3104/09/10001 BStBl I 2011, 834).
- Für das Jahr 2013 gilt das BMF-Schreiben v. 26.10.2012 (IV D 4 – S 3104/09/10001 BStBl I 2012, 950).
- Für das Jahr 2014 gilt das BMF-Schreiben v. 13.12.2013 (IV D 4 – S 3104/09/10001 DStR 2013, 2763; danach gelten die Werte aus 2013 weiter)
- Auch für die Jahre 2015 und 2016 gelten die Werte aus 2013 weiter (Vgl. BMF-Schreiben v. 21.11.2014 (BStBl I 2014, 1576) bzw. BMF-Schreiben v. 2.12.2015 (BStBl I 2015, 954)
- Ab dem Jahr 2017 gelten angepasste Vervielfältiger (vgl. BMF-Schreiben v. 4.11.2016) (IV C 7 – S 3104/09/10001).

Für Altfälle bleiben die seitherigen Vervielfältiger nach Anlage 9 zum BewG anwendbar. Wird für Altfälle ab 2007 nach Art. 3 des ErbStRG die Anwendung neuen Rechts gewählt, sind gesondert vom BMF herausgegebene Vervielfältiger, ermittelt nach älteren Sterbetafeln, anzuwenden (Gleich lautender Ländererlass v. 23.2.2009, IV C 2 – S 3715/09/10002, BStBl I 2009, 446; BMF v. 17.3.2009, IV C 2 – S 3104/09/1001, BStBl I 2009, 474).

10 Bei der Berechnung des Kapitalwerts der Versorgungsbezüge ist nach R E 17 Abs. 3 ErbStR 2011 von der Höhe der **jährlichen Bruttobezüge** auszugehen, die dem Hinterbliebenen gezahlt werden. Deshalb dürfen insbesondere die Beiträge an die gesetzliche Krankenversicherung bei den Sozialversicherungsrenten nicht abgezogen werden. Der Umstand, dass die Versorgungsbezüge beim Hinterbliebenen dem Lohnsteuerabzug oder der Einkommensteuer unterliegen, bleibt bei der Ermittlung der jährlichen Bruttobezüge unberücksichtigt.

Handelt es sich um eine Rente aus der gesetzlichen Rentenversicherung ist grundsätzlich auf den Rentenbetrag abzustellen, der dem Berechtigten nach Ablauf des Sterbevierteljahrs zusteht. Dieser kann den Rentenberechnungen der Rentenversicherungsträger entnommen werden. Zusätzliche Leistungen (z.B. 13. Monatsgehalt) sind zu berücksichtigen.

Anzurechnen sind auch **Einmalbeträge** (z.B. Sterbegelder oder die Summe der Zahlungen für das Sterbevierteljahr), Kapitalabfindungen sowie Leistungen nach § 107 SGB VI (Abfindung bei Wiederverheiratung) und § 210 SGB VI (Beitragserstattung bei nicht erfüllter Wartezeit). Die Berücksichtigung dieser Sonderkonstellationen erfolgt i.S.d. Norm und ist von der Rspr. des BFH gedeckt (BFH v. 2.7.1997, II R 43/94, BStBl II 1997, 623).

Spätere Änderungen in der Höhe der steuerfreien Versorgungbezüge sind bei der Berechnung der Kürzung nur zu berücksichtigen, wenn sie schon zur Zeit des Todes des Erblassers mit Sicherheit vorauszusehen sind (FinMin Niedersachsen v. 16.6.1989, S 3823 – 3 – 34, UVR 1989, 254). Zu nicht absehbaren nachträglichen Änderungen, siehe Rz. 13.

Soweit auf die Versorgungsbezüge des Hinterbliebenen eigenes Einkommen anzurechnen ist, ruhen für einen ungewissen Zeitraum die Bezüge in Höhe des angerechneten Einkommens. Dies führt zu einem niedrigeren steuerfreien Versorgungsbezug, damit zu einem niedrigeren Kapitalwert und damit zu eine geringeren

Besonderer Versorgungsfreibetrag § 17

Kürzung des Freibetrags. Als jährliche Bruttobezüge sind die entsprechend geminderten Bezüge anzusetzen, die dem Hinterbliebenen unmittelbar nach dem Tod des Erblassers bzw. nach Ablauf des Sterbevierteljahrs zustehen (FinMin Niedersachsen v. 16.6.1989, S 3823 -3 -34, UVR 1989, 254).

Nicht anzurechnen sind Bezüge, die zwar an sich Erwerbe von Todes wegen sind, (§ 3 Abs. 1 ErbStG) aber durch eine sonstige Befreiungsvorschrift des ErbStG ganz oder teilweise von der Steuer freigestellt werden. Der Versorgungsfreibetrag ist deshalb auch nicht um den Teil der Versorgungsbezüge zu kürzen, der als Zugewinnausgleich nach § 5 ErbStG freigestellt wird (H E 17 ErbStH 2011 „Zugewinnausgleich" und H E 5.1 Abs. 4 ErbStH 2011 „Auswirkung auf den Versorgungsfreibetrag").   11

Versorgungsbezüge, für die der überlebende Ehegatte/eingetragene Lebenspartner selbst die Versicherungsprämien bezahlt hat, werden ebenfalls nicht angerechnet. Diese würden auch als klassische vertraglich gewährte Bezüge nicht der Erbschaftsteuer unterfallen (*Meincke*, ErbStG, 2009, § 17 Rz. 6).

Die Hinterbliebenen müssen die Höhe der ihnen zustehenden nicht erbschaftsteuerbaren Versorgungsbezüge auf Verlangen des Finanzamtes nach §§ 97 Abs. 1, 90 AO nachweisen. Entsprechende Unterlagen und Bescheide werden von den Besoldungsstellen, Sozialversicherungsträgern etc. grundsätzlich ohnehin erstellt und den Betroffenen zugestellt. Gegebenenfalls kann/wird sich die FinVerw. auch selbst an die leistende Stelle wenden (§ 93 AO).   12

4.3 Berichtigung bei späterer Änderung von Versorgungsbezügen

Nach § 14 Abs. 2 BewG kann bei lebenslänglichen Nutzungen und Leistungen, die entgegen den statistischen Lebenserwartungen **nur sehr kurz genutzt oder bezogen** wurden, weil der Berechtigte früh verstorben ist, die Festsetzung von nicht laufend veranlagten Steuern auf Antrag nach der wirklich bezogenen Nutzung oder Leistung erfolgen bzw. berichtigt werden.   13

Die Erbschaftsteuer ist eine nicht laufend veranlagte Steuer und § 17 ErbStG verweist ohne Einschränkungen auf § 14 BewG, weshalb nach Auffassung der Kommentarliteratur – unter Hinweis auf § 14 Abs. 2 BewG und auf Sinn und Zweck von § 17 – eine Reduzierung der Kürzung der Versorgungsfreibeträge unter Ansatz des tatsächlich erhaltenen Kapitalwerts möglich ist. In diesem Fall muss auch die im Nachhinein zu viel bezahlte Erbschaftsteuer erstattet werden (*Meincke*, ErbStG, 2009, § 17 Rz. 9; *Weinmann*, in Moench/Weinmann, ErbStG, § 17 Rz. 15).

Beispiel:
Die Ehefrau F (70 Jahre) ist Alleinerbin nach ihrem im Januar 2009 verstorbenen Ehemann M. Die Bereicherung beläuft sich auf 1 Mio. EUR. Die Ehegatten hatten Gütertrennung vereinbart. Daneben erhält sie nicht der Erbschaftsteuer unterliegende Versorgungsbezüge mit einem Jahresbetrag von 20.000 EUR.

Steuerbare Bereicherung der Witwe:	1.000.000 EUR
Freibetrag nach § 16 ErbStG:	– 500.000 EUR

Freibetrag nach § 17 ErbStG:	256.000 EUR
abzüglich	216.260 EUR
	(Kürzung: 20.000 × 10,813 Vervielfältiger nach Anlage zu § 14 Abs. 1 BewG)
ergibt	39.740 EUR −39.740 EUR

Ergibt einen steuerpflichtigen Erwerb nach § 10 Abs. 1 ErbStG von **460.260 EUR**.

Stirbt die Ehefrau bereits nach fünf Jahren, kann auf Antrag ihrer Erben wie folgt gerechnet werden:

Steuerbare Bereicherung der Witwe:	1.000.000 EUR
Freibetrag nach § 16 ErbStG:	−500.000 EUR
Freibetrag nach § 17 ErbStG:	256.000 EUR
abzüglich	87.600 EUR
	(Kürzung: 20.000 × 4,388 Vervielfältiger nach Anlage 9a zum BewG)
ergibt	168.240 EUR −168.240 EUR

ergibt einen steuerpflichtigen Erwerb nach § 10 Abs. 1 ErbStG von **331.700 EUR**. Die Mindersteuer muss das Finanzamt erstatten.

Nach § 5 Abs. 2 BewG kann in Fällen auflösend bedingter Erwerbe bei Bedingungseintritt die Festsetzung von nicht laufend veranlagten Steuern auf Antrag nach dem tatsächlichen Wert des Erwerbs berichtigt werden. Der Antrag ist bis zum Ablauf des Jahres zu stellen, das auf den Eintritt der Bedingung folgt. Diese Norm ermöglicht i. V. m. § 175 Abs. 1 Satz 1 Nr. 2 AO eine Reduzierung der Kürzung der Versorgungsbezüge auf den tatsächlich erhaltenen Kapitalwert, wenn eine auflösende Bedingung im Nachhinein eintritt, wie z. B., wenn eine Versorgungsrente unter der auflösenden Bedingung der Wiederverheiratung gewährt wurde und dann die Wiederverheiratung erfolgt (*Weinmann*, in Moench/Weinmann, ErbStG, § 17 Rz. 16).

Der Wert **aufschiebend bedingter Einmalbeträge**, die den Charakter der oben beschriebenen nicht steuerbaren Versorgungsbezüge haben, sind nachträglich zum steuerlichen Nachteil des Empfängers noch als Minderung des Freibetrags zu berücksichtigen (§ 4 BewG). Dazu zählen auch wiederauflebende Bezüge (*Meincke*, ErbStG, 2009, § 17 Rz. 9).

5 Kinderfreibetrag (§ 17 Abs. 2 ErbStG)
5.1 Der Begriff des Kindes/Freibetrag

14 Für Kinder i. S. d. Steuerklasse I Nr. 2 des § 15 Abs. 1 ErbStG ist der Freibetrag nach § 17 Abs. 2 ErbStG zu gewähren. Der Kindesbegriff des § 17 Abs. 2 ErbStG ent-

spricht dem des § 15 ErbStG (§ 15 ErbStG Rz. 13 ff.). Damit sind insbesondere Enkel nicht vom Tatbestand umfasst, da diese zur Steuerklasse I Nr. 3 des § 15 Abs. 1 ErbStG gehören. § 15 Abs. 1a ErbStG ist als Tatbestandserweiterung des § 15 Abs. 1 I Nr. 2 ErbStG allerdings anwendbar, soweit es um Erwerbe des Adoptivkindes von den natürlichen Eltern geht (*Meincke*, ErbStG, 2009, § 17 Rz. 10).

Der Kinderfreibetrag kommt nach dem Wortlaut des § 17 Abs. 2 ErbStG nur für Kinder bis zur Vollendung des 27. Lebensjahres in Betracht. Der Versorgungsfreibetrag für Kinder ist nach zunehmendem Alter und sich dabei verringernden Freibeträgen gestaffelt. Zur Altersbestimmung ist auf den Steuerentstehungszeitpunkt abzustellen (§ 9 ErbStG). Die Spanne des Freibetrags reicht von 52.000 EUR (für Kinder im Alter bis 5 Jahre) bis zu 10.300 EUR (für Kinder vom 20. bis zum 27. Lebensjahr).

Zur Einschätzung des BFH hinsichtlich der Verfassungsmäßigkeit der Versorgungsfreibeträge der Kinder vgl. Rz. 2.

5.2 Anrechnung von Versorgungsbezügen

Für die Kürzung der Versorgungsfreibeträge gilt grundsätzlich das oben unter Rz. 8 ff. zur Anrechnung bei den Ehegatten gesagte. Die Anrechnungsregelungen greifen hinsichtlich der Freibeträge der Kinder nur, soweit den Kindern die Versorgungsbezüge selbst zustehen.

15

Bei den Versorgungsbezügen der Kinder handelt es sich meist um zeitlich begrenzte und nicht um lebenslängliche Leistungen. Nach § 17 Abs. 2 Satz 2 ErbStG wird der Freibetrag der Kinder daher um den nach § 13 Abs. 1 BewG zu ermittelnden Kapitalwert der nicht erbschaftsteuerbaren Versorgungsbezüge gekürzt. Bei dessen Berechnung ist von der nach den Verhältnissen am Stichtag (§ 11 ErbStG) zu erwartenden Dauer der Bezüge auszugehen. Diese ist im Einzelfall, meist anhand der einschlägigen versorgungsgesetzlichen Bestimmungen, zu ermitteln. Typische Anknüpfungen sind ein bestimmtes Lebensalter oder das Ende einer Schul- oder Berufsausbildung. Die voraussichtliche Dauer bleibt auch dann maßgeblich, wenn die Laufzeit tatsächlich kürzer ist, z. B. weil ein Schulabschluss unerwartet früh erreicht wird.

Mit dem konkreten Verweis auf § 13 Abs. 1 BewG und der Erläuterung in § 17 Abs. 2 Satz 3 ErbStG wird erreicht, dass auch dann, wenn die Laufzeit nicht eindeutig bestimmt werden kann, die Anwendung des § 13 Abs. 2 BewG vermieden wird, wonach die Bezüge mit dem 9,3-fachen des Jahreswertes – also relativ hoch – zu bestimmen wären.

5.3 Berichtigung bei späterer Änderung von Versorgungsbezügen

Nach § 5 Abs. 2 BewG kann in Fällen auflösend bedingter Erwerbe bei Bedingungseintritt die Festsetzung von nicht laufend veranlagten Steuern auf Antrag nach dem tatsächlichen Wert des Erwerbs berichtigt werden. Der Antrag ist bis zum Ablauf des Jahres zu stellen, das auf den Eintritt der Bedingung folgt. Diese Norm ermöglicht i.V.m. § 175 Abs. 1 Satz 1 Nr. 2 AO auch für Kinder eine Reduzierung der

16

Kürzung der Versorgungsbezüge auf den tatsächlich erhaltenen Kapitalwert, wenn eine auflösende Bedingung entgegen den zunächst berücksichtigten Erwartungen früher eintritt.
Zu aufschiebend bedingten Erwerben und damit zur Anwendung von § 4 BewG vgl. Rz. 13.

§ 18 Mitgliederbeiträge

¹Beiträge an Personenvereinigungen, die nicht lediglich die Förderung ihrer Mitglieder zum Zweck haben, sind steuerfrei, soweit die von einem Mitglied im Kalenderjahr der Vereinigung geleisteten Beiträge 300 Euro nicht übersteigen. ²§ 13 Abs. 1 Nr. 16 und 18 bleibt unberührt.

Inhalt		Rz.
1	Allgemeines	1
2	Begünstigter Personenkreis	2–3
2.1	Personenvereinigungen	2
2.2	Vereinigung, die nicht lediglich die Förderung ihrer Mitglieder zum Zweck hat	3
3	Beiträge	4
4	Höhe der Begünstigung	5
5	Prüfungsreihenfolge	6

1 Allgemeines

§ 18 ErbStG befreit Beiträge an Personenvereinigungen, deren Zweck sich nicht in der Förderung ihrer Mitglieder erschöpft. 1

Andererseits greift die Norm nur, wenn die Zuwendung nicht schon nach § 13 Abs. 1 Nrn. 16 und 18 ErbStG begünstigt ist. Die Norm kam deshalb bislang insbesondere politischen Vereinen zu Gute. Das BVerfG hat am 17.4.2008 entschieden, dass es das Recht auf Chancengleichheit verletzt, wenn Zuwendungen an politische Parteien i.S.d. § 2 des Parteiengesetzes (PartG) steuerfrei gestellt sind, Zuwendungen an kommunale Wählervereinigungen und ihre Dachverbände dagegen nicht (BVerfG v. 17.4.2008, 2 BvL 4/05, UVR 2008, 233). Mit der Änderung des § 13 Abs. 1 Nr. 18 ErbStG werden nunmehr auch Zuwendungen an Wählervereinigungen von der Erbschaft- und Schenkungsteuer befreit, allerdings mit klaren gesetzlichen Vorgaben (§ 13 ErbStG, Rz. 93f.). Damit ist der eh schon geringe Anwendungsbereich der Norm noch weiter geschwunden.

2 Begünstigter Personenkreis

2.1 Personenvereinigungen

Personenvereinigungen i.S.d. Vorschrift sind insbesondere **Vereine**. In Betracht kommen hauptsächlich rechtsfähige Vereine (Eingetragene Vereine, § 21 BGB). Bei nichtrechtsfähigen Vereinen – auf die nach § 54 BGB das Recht für Gesellschaften anwendbar ist – gehört das Vermögen – wie bei Gesellschaften – den Mitgliedern. Daher stellen deren Mitgliederbeiträge, jedenfalls sofern diese gleichmäßig erhoben werden, in der Regel nur eine Vermögensumschichtung des Zuwendenden dar. Werden bei nichtrechtsfähigen Vereinen Beiträge ungleich und freigebig 2 höher (disquotal) bezahlt, kann die Vorschrift allerdings auch auf nichtrechtsfähige Vereine Anwendung finden.

2.2 Vereinigung, die nicht lediglich die Förderung ihrer Mitglieder zum Zweck hat

3   Dieses Tatbestandsmerkmal hat folgenden klarstellenden Hintergrund:

Bei Personenvereinigungen, die nur die Förderung Ihrer Mitglieder zum Zweck haben, werden die Beiträge i. d. R. als Entgelt anzusehen sein, so dass solche Beiträge gar nicht unter einen Tatbestand und folglich auch nicht unter eine Freistellung des ErbStG fallen können. Das für eine Schenkung gemäß § 7 Abs. 1 Nr. 1 ErbStG erforderliche Merkmal der Freigebigkeit ist bei Beitragszahlungen an Vereine, die allein die Interessen ihrer Mitglieder fördern, nicht erfüllt. Damit ist eine Befreiungsvorschrift für diese Beiträge im ErbStG nicht erforderlich. Deshalb sind auch Beiträge an Berufsverbände, die die wirtschaftlichen Interessen ihrer Mitglieder durch Zuwendungen an politische Parteien fördern, als nicht freigebig und damit auch nicht als steuerbar anzusehen (FG Köln v. 30.05.2000, 9 K 1766/91, UVR 2001, 80, m. w. N. insbesondere auf das insoweit grundlegende Urteil des RFH v. 14.2.1923 (VI A 11/23, RStBl 1923, 400)).

3   Beiträge

4   Nicht jeder Beitrag an die Vereinigungen i. S. d. § 18 ErbStG ist steuerbar und damit tatbestandsmäßig.

So sind Beiträge an Personenvereinigungen, die nur teilweise die Förderung Ihrer Mitglieder zum Zweck haben, nicht zwangsläufig vollumfänglich freigebige Zuwendungen und damit steuerbar nach dem ErbStG. Soweit diese die Förderung Ihrer Mitglieder zum Zweck haben, ist auch für diese von einer Entgeltlichkeit und damit Nichtsteuerbarkeit auszugehen (hierzu noch anders RFH v. 14.2.1923, VI A 11/23, RStBl 1923, 400).

Auch aus dem Umstand, dass unterschiedliche, umsatzbezogene Mitgliedsbeiträge erhoben werden, kann nicht per se auf teilweise Unentgeltlichkeit geschlossen werden. So kann z. B. eine Gemeinschaftswerbung einer Unternehmervereinigung den größeren Unternehmen mehr zu Gute kommen als den kleinen Unternehmen, so dass sich Beitrag und Vorteil auch bei disquotalen Beiträgen entsprechen können und damit Entgeltlichkeit angenommen werden kann (*Kapp/Ebeling*, ErbStG, § 18 Rz. 2).

Nach Auffassung von *Meincke* wird § 18 ErbStG nur dort relevant, wo freigebige Zuwendungen in das Gewand eines Beitrages gekleidet werden (Anwendung des § 7 Abs. 4 ErbStG; *Meincke*, 2004, ErbStG, § 18 Rz. 1; so auch: *Moench*, ErbStG, § 18 Rz. 3).

Der BFH stellt in seiner Entscheidung vom 15.3.2007 klar, dass der Beitragsbegriff i. S. d. § 18 ErbStG nicht zu eng gefasst werden darf, da ansonsten der Anwendungsbereich des § 18 ErbStG zu sehr eingeengt würde (BFH v. 15.3.2007, II R 5/04, BStBl II 2007, 472). Werden daher bei nichtrechtsfähigen und rechtsfähigen Ver

Mitgliederbeiträge § 18

einen Beiträge außerordentlich und freiwillig geleistet, kann die Vorschrift Anwendung finden (*Kapp/Ebeling*, ErbStG, § 18 Rz. 3 unter Verweis auf BFH v. 15.3.2007, II R 5/04, BStBl II 2007, 472). Die Entscheidung beinhaltet insgesamt einen sehr anschaulichen Fall für den Anwendungsbereich von § 18 ErbStG.

M.E ist damit klargestellt,
- dass die mit dem Vereinsbeitritt verbundene Eingehung einer Selbstverpflichtung die Freigebigkeit nicht per se aufhebt,
- dass, sofern und soweit Beiträge oder Beitragsteile klar abgrenzbar Entgeltcharakter haben, die Steuerbarkeit dieser Beiträge/Beitragsteile für die Erbschaftsteuer abzulehnen ist und
- dass gegebenenfalls Beiträge in Entgelt und unentgeltliche Zuwendung aufzuteilen sind. Nur für letztere kommt der Freibetrag des § 18 ErbStG zur Anwendung.

4 Höhe der Begünstigung

Bei Vereinen, die nicht nur die Förderung ihrer Mitglieder zum Zweck haben, ist bis zu eine Beitragshöhe von 300 EUR Erbschaftsteuer (zur durchschnittlichen Erweiterung auf bis zu 2.300 EUR, vgl. Rz. 6) nicht zu erheben. Dies dient auch der Verwaltungsökonomie.

Den begünstigten Personenvereinigungen steht der Freibetrag in Höhe von bis zu 300 EUR **je Mitglied und Kalenderjahr** zu.

5 Prüfungsreihenfolge

- Vorrangig sind die Befreiungsvorschriften des § 13 Abs. 1 Nr. 16 und 18 ErbStG zu prüfen. Diese befreien Zuwendungen an Kirchen, gemeinnützige, mildtätige oder kirchliche Institutionen bzw. an politische Parteien vollständig von der Schenkungssteuer. Dabei handelt es sich um einen gesetzlichen Anwendungsvorrang.
- § 18 ErbStG hat dagegen als lex specialis Anwendungsvorrang vor § 16 ErbStG.
- § 16 ErbStG ist aber immer in die Prüfung, ob es zum Anfall von Erbschaftsteuer kommt, einzubeziehen:
- Bei Leistungen an einen Verein kommt zwingend die Steuerklasse III zur Anwendung, d.h. es kommen im Zehnjahreszeitraum noch insgesamt 20.000 EUR Freibetrag (p.a. 2.000 EUR) dazu. Mithin können durchschnittlich 2.300 EUR p.a. steuerfrei an Beiträgen an eine begünstigte Personenvereinigung geleistet werden. Erst wenn nach Anwendung der Freibeträge des § 18 ErbStG, die Beitragszahlungen einen Betrag von insgesamt 20.000 EUR innerhalb eines Zehnjahreszeitraums überschreiten, kommt es zur Besteuerung.

Längle

§ 19 Steuersätze

(1) Die Erbschaftsteuer wird nach folgenden Prozentsätzen erhoben:

Wert des steuerpflichtigen Erwerbs (§ 10) bis einschließlich ... Euro	Prozentsatz in der Steuerklasse		
	I	II	III
75.000	7	15	30
300.000	11	20	30
600.000	15	25	30
6.000.000	19	30	30
13.000.000	23	35	50
26.000.000	27	40	50
über 26.000.000	30	43	50

Für 2009:
(1) Die Erbschaftsteuer wird nach folgenden Prozentsätzen erhoben:

Wert des steuerpflichtigen Erwerbs (§ 10) bis einschließlich ... Euro	Prozentsatz in der Steuerklasse		
	I	II	III
75.000	7	30	30
300.000	11	30	30
600.000	15	30	30
6.000.000	19	30	30
13.000.000	23	50	50
26.000.000	27	50	50
über 26.000.000	30	50	50

(2) Ist im Fall des § 2 Absatz 1 Nummer 1 und Absatz 3 ein Teil des Vermögens der inländischen Besteuerung auf Grund eines Abkommens zur Vermeidung der Doppelbesteuerung entzogen, ist die Steuer nach dem Steuersatz zu erheben, der für den ganzen Erwerb gelten würde.

(3) Der Unterschied zwischen der Steuer, die sich bei Anwendung des Absatzes 1 ergibt, und der Steuer, die sich berechnen würde, wenn der Erwerb die letztvorhergehende Wertgrenze nicht überstiegen hätte, wird nur insoweit erhoben, als er
a) bei einem Steuersatz bis zu 30 Prozent aus der Hälfte,
b) bei einem Steuersatz über 30 Prozent aus drei Vierteln,
des die Wertgrenze übersteigenden Betrages gedeckt werden kann.

§ 19 Steuersätze

Inhalt	Rz.
1 Allgemeines	1–6
2 Die zentrale Tarifvorschrift des ErbStG (§ 19 Abs. 1 EStG)	7–9a
2.1 Anwendung der Vorschrift	7
2.2 Der Tarif in der Ausprägung nach dem ErbStRG und der Modifikation nach dem Wachstumsbeschleunigungsgesetz	8–9
2.3 Die Verfassungsmäßigkeit des Tarifs nach dem ErbStRG	9a
3 Freistellungsfälle aufgrund von Doppelbesteuerungsabkommen (§ 19 Abs. 2 ErbStG)	10–12
4 Härteausgleich (§ 19 Abs. 3 ErbStG)	13–16

1 Allgemeines

1 § 19 Abs. 1 ErbStG bestimmt die auf den jeweiligen Erwerb anzuwendenden Steuersätze und ist damit die zentrale Tarifnorm des ErbStG. Es handelt sich um einen einheitlichen Steuertarif, d.h. er gilt

- über alle Vermögensarten,
- für Fälle der beschränkten und der unbeschränkten Steuerpflicht
- und für Schenkungen, genauso wie für Erwerbe von Todes wegen.

§ 19 ErbStG stellt somit eine „Klammernorm" dar. Die Belastungswirkung der Erbschaft- und Schenkungsteuer erschließt sich erst aus dem Zusammenwirken des Steuertarifs mit den ausdifferenzierten Vorschriften über die Bestimmung des steuerpflichtigen Erwerbs einschließlich der Regelungen über Steuerbefreiungen (BFH v. 27.9.2012, II R 9/11, BStBl II 2012, 899 unter Bezugnahme auf BVerfG v. 7.11.2006, 1 BvL 10/02, BVerfGE 117, 1, unter B.I.2).

2 Es handelt sich um einen **Stufentarif**. Der Steuersatz ist einer Tabelle zu entnehmen, deren Stufen am Wert des steuerpflichtigen Erwerbs (§ 10 ErbStG) und deren Spalten nach den in § 15 ErbStG definierten Steuerklassen ausgerichtet sind. Der danach ermittelte Steuersatz ist auf den konkreten steuerpflichtigen Erwerb anzuwenden.

Der Vorteil des Stufentarifs, nämlich die einfache Ablesbarkeit, korrespondiert unmittelbar mit dem Nachteil der **Stufenungerechtigkeit**: Bei geringfügigem Übersteigen des steuerpflichtigen Erwerbs über eine Wertgrenzenstufe kann es zu einer Erhöhung der Steuerbelastung kommen, die erheblich höher ist, als die der Wertstufe übersteigende Betrag. Daher sieht der Gesetzgeber zur Abmilderung in § 19 Abs. 3 ErbStG einen **Härteausgleich** (Rz. 13 ff.) vor.

3 Zu Bedarf und Möglichkeit, den Tarif anders zu gestalten, z.B. durch Anwendung eines Formeltarifs oder einer progressiven Besteuerung vgl. *Weinmann*, in Moench/Weinmann, ErbStG, § 19 Rz. 5 und 6. Allerdings haben diese Überlegungen in der letzten Reformdiskussion keine Rolle gespielt. Zunächst war im Rahmen der letzten Reform angedacht worden, die mit dem Ansatz des gemeinen Werts über alle Vermögensarten erfolgende Verbreiterung der Bemessungsgrundlage zu einer allgemeinen Verringerung der Steuersätze zu nutzen. Diese Überlegungen wurden jedoch – zugunsten einer weitgehenden Verschonung des Betriebsvermögens und anderen spezifischen Vergünstigungen – wieder aufgegeben. Tatsächlich neu eingeführt ist jedoch, dass die **Doppelbelastung** mit Ertragsteuer und Erbschaftsteuer – allerdings nur in Erbfällen – auf Antrag über eine Minderung der Einkommensteuer nach § 35 b EStG gemildert werden kann.

Wesentliches Ziel der Differenzierung in § 19 Abs. 1 ErbStG ist es, den **erbschaft-** 4 **steuerlichen Zugriff bei Ehegatten und Kindern so zu mäßigen,** dass jedem dieser Erwerber der jeweils auf ihn überkommene Nachlass – je nach dessen Größe – zumindest zum deutlich überwiegenden Teil oder, bei kleineren Vermögen, völlig steuerfrei zugutekommt. Das BVerfG hat schon mehrfach ausgeführt (ganz deutlich: BVerfG v. 22.6.1995, 2 BvR 552/91, BStBl II 1995, 671), dass der Gesetzgeber, die familiären Bezüge der nächsten Familienangehörigen zum Nachlass erbschaftsteuerrechtlich berücksichtigen muss. Neben den sachlichen und persönlichen Befreiungen wird dabei dem im Einzelfall anzuwendenden Steuertarif entscheidende Bedeutung beigemessen. Dieser Gedanke ist nach der Rspr. des BVerfG (Beschluss v. 21.7.2010, 1 BvR 611/07, 1 BvR 2464/07, BFH/NV 2010, 1985) in gleicher Weise auf den **eingetragenen Lebenspartner** zu übertragen. Dem hat der Gesetzgeber mit dem JStG 2010 (v. 13.12.2010, BGBl I 2010, 1768) auch für den Tarif des § 19 Abs. 1 ErbStG Rechnung getragen, indem die eingetragenen Lebenspartner in Ziff. 1 der Steuerklasse I in § 15 Abs. 1 ErbStG aufgenommen wurden, mithin vom günstigsten Steuertarif profitieren. Mit dem JStG 2010 ist insoweit sogar eine vollständige **Rückwirkung** auf Erwerbe, für die die Steuer nach dem 31.7.2001 entstanden ist, umgesetzt worden. In § 37 Abs. 5 ErbStG wurde angeordnet, die ohnehin ab dem 8.12.2010 vorgesehene vollständige Gleichstellung für alle noch nicht bestandskräftigen Steuerbescheide mit Steuerentstehung ab dem 1.8.2001 zu gewähren. Damit sind Lebenspartner ab dem 1.8.2001 den Ehegatten hinsichtlich der Steuerklassenzuordnung und damit auch hinsichtlich des Steuertarifs gleichgestellt, soweit nicht Bestandskraft nach altem Recht eingetreten ist (§ 37 Abs. 5 Nr. 1 ErbStG).

Das ansteigende Wertstufensystem zur Bestimmung des Steuersatzes dient einem 5 weiteren Prinzip des ErbStG, nämlich dem **Leistungsfähigkeitsprinzip** (BVerfG v. 22.6.1995, 2 BvR 552/91, BStBl II 1995, 671, 674). Hinsichtlich der Leistungsfähigkeit wird allerdings nicht auf die umfassende Leistungsfähigkeit des Begünstigten, sondern nur auf die Bereicherung aus dem konkreten Erwerb abgestellt. Dies wird in der Besteuerungspraxis häufig nicht als gerecht empfunden.

In § 19 Abs. 2 ErbStG wird für Freistellungsfälle nach Doppelbesteuerungsabkom- 6 men ein **Progressionsvorbehalt** angeordnet. In § 19 a ErbStG wird ergänzend eine Steuersatzermäßigung für Betriebsvermögen als Verschonungstatbestand gewährt.

2 Die zentrale Tarifvorschrift des ErbStG (§ 19 Abs. 1 EStG)

2.1 Anwendung der Vorschrift

Wie *Weinmann* treffend formuliert, ist § 19 Abs. 1 ErbStG im Grundfall, was die 7 Anwendung im einzelnen Steuerfall angeht, eine der einfacheren Vorschriften des ErbStG (*Weinmann*, in Moench/Weinmann, ErbStG, § 19 Rz. 1). Ist nämlich die Bemessungsgrundlage nach § 10 ErbStG, abgerundet auf volle Hundert (§ 10 Abs. 1 Satz 5 ErbStG), definiert, muss nur noch der richtige Steuersatz der Tabelle durch Zuordnung einer Besteuerungsstufe entnommen und auf die Bemessungsgrundlage angewendet werden.

2.2 Der Tarif in der Ausprägung nach dem ErbStRG und der Modifikation nach dem Wachstumsbeschleunigungsgesetz

8 § 19 Abs. 1 ErbStG stellt nach wie vor – basierend auf § 15 Abs. 1 ErbStG – auf **drei Steuerklassen** ab. Die Vorschrift enthält auch nach der Reform **21 Steuersätze**. Der bisherige Steuertarif der Steuerklasse I bleibt nach der Reform von den anzuwendenden Steuersätzen her unverändert; angeordnet ist dort wie bisher ein Anstieg in Stufen von 4 %. Allerdings wurden die jeweiligen Tarifstufen, bis zu denen der jeweilige Steuersatz anzuwenden ist, erheblich aufgerundet. Dieser Tarif gilt insbesondere für **Ehegatten, Kinder** und nunmehr auch für **eingetragene Lebenspartner** (vgl. § 15 Abs. 1 ErbStG). Für Erwerber der Steuerklassen II und III wurde mit dem ErbStRG ein einheitlicher Tarif mit nur noch zwei unterschiedlichen Steuersätzen – jeweils 30 % und 50 % – eingeführt, wobei der Steuersatz von 50 % für steuerpflichtige Erwerbe über 6.000.000 EUR gilt. Deswegen gab es nach dem ErbStRG faktisch nur noch 9 unterschiedliche Tarife. Während des langwierigen Reformprozesses war man bis zum Schluss davon ausgegangen, dass es noch zu einer Differenzierung der Steuerklassen II und III kommen würde. Diese Differenzierung wurde aus Aufkommensgründen dann doch nicht mehr vorgenommen, da der immer weitergehenden Verschonung des Betriebsvermögens und anderen Sonderregeln Vorrang eingeräumt wurde.

8a Die Gleichbehandlung der in Steuerklasse II einzuordnenden näheren Verwandten (u. a. Geschwister, Neffen und Nichten) mit den in die Steuerklasse III fallenden übrigen Erwerbern stieß bei betroffenen Bürgern und auch in der Literatur auf nachhaltige Kritik. Geltend gemacht wurde ein Widerspruch zu dem sich aus Art. 6 Abs. 1 GG ergebenden Familienprinzip; die Regelung trage dem verfassungsrechtlich garantierten Schutz von Ehe und Familie nicht Rechnung.

M. E. dürfte das ErbStRG – jedenfalls unter diesem Aspekt – verfassungsrechtlich aus folgenden Überlegungen nicht erfolgreich angegriffen werden können:

Im dem der Erbschaftsteuerreform 2008 zugrunde liegenden Beschluss hat das BVerfG die tragenden Prinzipien des ErbStG nicht kritisiert, sondern eine folgerichtige Umsetzung eingefordert: *„Im Bereich des Steuerrechts hat der Gesetzgeber danach einen weit reichenden Entscheidungsspielraum sowohl bei der Auswahl des Steuergegenstands als auch bei der Bestimmung des Steuersatzes."* Das BVerfG bestätigte erneut die „grundsätzliche Freiheit des Gesetzgebers, diejenigen Sachverhalte tatbestandlich zu bestimmen, an die das Gesetz dieselben Rechtsfolgen knüpft und die es so als rechtlich gleich qualifiziert" (BVerfG v. 7.11.2006, 1 BvL 10/02, BStBl II 2007, 192). Mit der Differenzierung nach Steuerklasse I und den übrigen Steuerklassen II und III hat der Gesetzgeber von dieser Freiheit in zulässiger Weise Gebrauch gemacht. Auch der grundlegende Beschluss des BVerfG vom 22.6.1995 fordert nur eine Privilegierung für Steuerklasse I:

„Neben den verfassungsrechtlichen Schutz der Testierfreiheit tritt der Schutz von Ehe und Familie (Art. 6 Abs. 1 GG).. Deshalb sieht das bestehende Erbschaftsteuerrecht

Steuersätze § 19

*auch das Familienprinzip als weitere Grenze für das Maß der Steuerbelastung vor. ...
Der erbschaftsteuerliche Zugriff bei Familienangehörigen i. S. d. Steuerklasse I (§ 15
Abs. 1 ErbStG)ist derart zu mäßigen, dass jedem dieser Steuerpflichtigen der jeweils
auf ihn überkommene Nachlass – je nach dessen Größe – zumindest zum deutlich
überwiegenden Teil oder, bei kleineren Vermögen, völlig steuerfrei zugutekommt.
Im geltenden Steuerrecht wird dies – bei den gegenwärtigen Steuersätzen – in
typisierender Weise durch die Freibeträge des § 16 ErbStG für Ehegatten und Kinder
erreicht, ..."* (BVerfG v. 22.6.1995, 2 BvR 552/91, BStBl II 1995, 671).

Der Gesetzgeber hat mit dem WachstBeschlG (v. 22.12.2009, BGBl I 2009, 3950) der 8b
Kritik an der Gleichstellung der Steuerklassen II und III aus politischen Erwägungen
nachgegeben, aber nur für Erwerbe ab dem Jahre 2010 und nur für den Tarif, d. h.
nicht für die Freibeträge. Eine Rückwirkung auf das Jahr 2009, wie sie für Erleichterungen bei der Verschonung des Betriebsvermögens gilt, wurde im Hinblick auf
schon bestandskräftige Fälle und die fortbestehende Einschätzung zum insoweit
nicht vorhandenen verfassungsrechtlichen Privilegierungsgebot nicht für erforderlich erachtet. So verbleibt es für die Steuerklassen II und III für das Jahr 2009 bei nur
zwei Steuersätzen – jeweils 30 % und 50 % –, während für die Steuerklasse II ab dem
Jahr 2010 wieder 7 Stufen gelten, die von 15 % bis 43 % in Schritten von 5 % bzw. in
der letzten Stufe um 3 % ansteigen.

Die alten und neuen Steuersätze mit den neuen Tarifstufen **im Überblick:** 9

Die Erbschaftsteuer wird **für Erwerbe ab dem Jahr 2010** nach folgenden Prozentsätzen erhoben:

Wert des steuerpflichtigen Erwerbs (§ 10) bis einschließlich ... Euro	Prozentsatz in der Steuerklasse		
	I	II	III
75.000	7	15	30
300.000	11	20	30
600.000	15	25	30
6.000.000	19	30	30
13.000.000	23	35	50
26.000.000	27	40	50
über 26.000.000	30	43	50

Die Erbschaftsteuer wird **für Erwerbe im Jahr 2009** nach folgenden Prozentsätzen
erhoben:

Wert des steuerpflichtigen Erwerbs (§ 10) bis einschließlich ... Euro	Prozentsatz in der Steuerklasse		
	I	II	III
75.000	7	30	30
300.000	11	30	30

Längle 1145

Wert des steuerpflichtigen Erwerbs (§ 10) bis einschließlich ... Euro	Prozentsatz in der Steuerklasse		
	I	II	III
600.000	15	30	30
6.000.000	19	30	30
13.000.000	23	50	50
26.000.000	27	50	50
über 26.000.000	30	50	50

Die Erbschaftsteuer wird **für Erwerbe in den Jahren 2002 bis 2008** nach folgenden Prozentsätzen erhoben:

Wert des steuerpflichtigen Erwerbs (§ 10) bis einschließlich ... Euro	Vomhundertsatz in der Steuerklasse		
	I	II	III
52.000	7	12	17
256.000	11	17	23
512.000	15	22	29
5.113.000	19	27	35
12.783.000	23	32	41
25.565.000	27	37	47
über 25.565.000	30	40	50

2.3 Die Verfassungsmäßigkeit des Tarifs nach dem ErbStRG

9a Das FG Düsseldorf hatte mit Urteil v. 12.1.2011 (4 K 2574/10 Erb) entschieden, dass die fehlende Differenzierung der Steuersätze in den Steuerklassen II und III für das Streitjahr 2009 nicht gegen Art. 6 Abs. 1 GG verstößt. Dieser Einschätzung ist der BFH in seinem Vorlagebeschluss an das BVerfG gefolgt (BFH v. 27.9.2012, II R 9/11, BStBl II 2012, 899).

Nach Ansicht des BFH ist die Gleichstellung von Personen der Steuerklasse II und III im Jahr 2009 verfassungsrechtlich hinzunehmen. Der Gesetzgeber sei von Verfassungs wegen nicht verpflichtet, Erwerber der Steuerklasse II besser zu stellen als Erwerber der Steuerklasse III.

Aus verfassungsrechtlicher Sicht sei auch nicht zu beanstanden, dass die Erwerber der Steuerklasse II nur für das Jahr 2009 den Erwerbern der Steuerklasse III völlig gleichgestellt wurden, während sie für die Jahre zuvor und danach besser als diese behandelt wurden bzw. werden. Der Gesetzgeber war danach nicht von Verfassungs wegen verpflichtet, die Änderung des § 19 Abs. 1 ErbStG zugunsten der Erwerber der Steuerklasse II durch das WachstBeschlG rückwirkend auf Erwerbe vorzunehmen, für die die Steuer nach dem 31.12.2008 entstanden ist. Ferner seien wiederholte

Steuersätze   § 19

Gesetzesänderungen innerhalb eines kürzeren Zeitraums nach der ständigen Rechtsprechung des BFH als solche nicht verfassungswidrig (BFH v. 9.3.2010, VIII R 109/03, BFH/NV 2010, 1266 und BFH v. 15.9.2010, X R 55/03, BFH/NV 2011, 231). Damit ist nach Auffassung des BFH die fehlende Differenzierung der Steuersätze zwischen den Steuerklassen II und III genauso verfassungsgemäß wie der Umstand, dass nur im Jahr 2009 die Unterscheidung zwischen Steuerklasse II und III völlig gefehlt hat (Problem der Gleichheit in der Zeit).

Das BVerfG hat in seiner Entscheidung vom 17.12. 2014, (Az. beim BVerfG: 1 BvL 21/12) zwar § 19 ErbStG als Schlüsselnorm zur Verfassungswidrigkeit der seitherigen Verschonung bewertet. Die Norm selbst musste jedoch nicht angepasst werden; lediglich die Regelungen zur Betriebsvermögensverschonung waren zu überarbeiten. Durch das entsprechende Gesetz vom 4.11.2016 (BGBl I 2016, 2464) kam es daher auch zu keiner Änderung der Norm.

3 Freistellungsfälle aufgrund von Doppelbesteuerungsabkommen (§ 19 Abs. 2 ErbStG)

In § 19 Abs. 2 ErbStG wird ein **Progressionsvorbehalt** angeordnet. Damit muss für 10
die Steuersatzermittlung neben dem steuerpflichtigen Erwerb auch ein steuerfreier Erwerb einbezogen werden. Eine Steuerfreistellung bewirkt somit nicht gleichzeitig eine Tarifverbesserung für den nicht begünstigten Erwerb.

Der BFH hat in einer Entscheidung zur Einkommensteuer vom 4.8.1976 den Progressionsvorbehalt mit dem Gleichheitsgrundsatz der Verfassung als vereinbar beurteilt (BFH v. 4.8.1976, I R 152–153/74, BStBl II 1976, 662).

Die Regelung des § 19 Abs. 2 ErbStG greift nur in Fällen **unbeschränkter Steuerpflicht**. Dabei ist es unerheblich, ob diese unbeschränkte Steuerpflicht aus der Inländereigenschaft des Erblassers/Schenkers oder des Erwerbers herrührt. Sie greift auch in den Fällen der unbeschränkten Steuerpflicht durch Option gem. § 2 Abs. 3 ErbStG. Dies wurde mit dem BeitrRLUmsG v. 7.12.2011 (BGBl I 2011, 2614) durch Aufnahme eines Bezugs auf „§ 2 Abs. 1 Nr. 1 **und** Abs. 3" klargestellt. Die Norm § 2 Abs. 3 ErbStG soll allerdings nach dem Entwurf eines Gesetzes zur Bekämpfung der Steuerumgehung und zur Änderung weiterer steuerlicher Vorschriften (Steuerumgehungsbekämpfungsgesetz – StUmgBG) noch im Jahr 2017 wieder abgeschafft werden. Vgl. hierzu die Ausführungen zu § 16 ErbStG, Rz. 8b ff. Die Norm beschränkt sich dann wieder auf die klassischen Fälle der unbeschränkten Steuerpflicht.

Ferner muss ein Teil des Vermögens der inländischen Besteuerung aufgrund eines Abkommens zur Vermeidung der Doppelbesteuerung entzogen sein. Mit dieser Formulierung wird klargestellt, dass der Progressionsvorbehalt nur für Fälle greift, in denen ein DBA die Freistellungsmethode vorsieht. Seit 1978 ist in DBA allerdings nur noch die Anrechnungsmethode zur Anwendung gekommen.

Längle   1147

§ 19　　　　　　　　　　　　　　　　　　　　　　　　　　　　　　Steuersätze

Es muss der Progressionsvorbehalt i.S.d. § 19 Abs. 2 ErbStG im DBA selbst vorgesehen sein (BFH v. 9.11.1966, I R 29/65, BStBl III 1967, 88). Das ist gegenwärtig nur noch in Art. 10 Abs. 1 DBA Schweiz der Fall (H E 19 ErbStH 2011 „Doppelbesteuerungsabkommen mit Progressionsvorbehalt"). Das in H 75 ErbStH 2003 noch erwähnte DBA mit Österreich wurde nach Auslaufen der Erbschaftsteuer in Österreich durch Deutschland gekündigt.

In den Schweizer DBA-Fällen sind **nur Erbfälle** betroffen, und zwar bei einem Erwerb eines in Deutschland lebenden Schweizers hinsichtlich in der Schweiz befindlichen Vermögens. Nur für diese Fälle ist die Freistellungsmethode mit Progressionsvorbehalt vorgesehen. Damit ist die Bedeutung des § 19 Abs. 2 ErbStG gering geworden.

11　Für die Steuersatzermittlung im Rahmen des Progressionsvorbehalts muss nach Sinn und Zweck der Norm und den allgemeinen Ausführungen in H E 19 ErbStH 2011 „Härteausgleich" auch der Härteausgleich nach § 19 Abs. 3 ErbStG berücksichtigt werden.

Beispiel:
Erhält ein in Deutschland lebender Schweizer (Erwerber der Steuerklasse II) neben inländischem Vermögen (steuerpflichtiger Erwerb 6.000.000 EUR) einen nach DBA Schweiz freizustellenden Erwerb von 100.000 EUR, muss die Steuersatzermittlung aufgrund des Progressionsvorbehalt aus einem Betrag von 6,1 Mio. EUR und unter Einbeziehung des Härteausgleichs nach § 19 Abs. 3 ErbStG erfolgen (zur konkreten Ermittlung vgl. Rz. 13 ff.).

Der danach ermittelte Steuersatz (vorliegend 30,74 %) muss dann auf den steuerpflichtigen Erwerb von 6.000.000 EUR angewendet werden

12　Auch § 14 ErbStG ist zu beachten, indem steuerpflichtige und nach DBA freigestellte **Vorerwerbe** in den letzten zehn Jahren bei der Steuersatzermittlung berücksichtigt werden müssen.

4　Härteausgleich (§ 19 Abs. 3 ErbStG)

13　Das geringfügige Übersteigen des steuerpflichtigen Erwerbs über eine Wertgrenze führt beim Stufentarif systemimmanent zu einer Erhöhung der Steuerbelastung, die zunächst sogar erheblich höher ist, als der die Wertstufe übersteigende Betrag. Dieses Problem stellt sich nach der Reform am deutlichsten für die Steuerklassen II (nach dem WachstBeschlG (v. 22.12.2009, BGBl I 2009, 3950) nicht mehr für Erwerbe ab dem Jahr 2010, vgl. Rz. 8a) und III, da dort bei einem steuerpflichtigen Erwerb über 6.000.000 EUR ein Tarifsprung von 20 % vorgesehen ist.

Beispiel:
Bei einem steuerpflichtigen Erwerb von 6.000.000 EUR in der Steuerklasse II oder III ergibt sich aus der Tabelle ein Steuersatz von 30 %, mithin eine Steuer von 1.800.000 EUR. Beträgt der steuerpflichtige Erwerb z.B. nur 100.000 EUR mehr, also insgesamt 6.100.000 EUR, kommt nach der Tabelle ein Steuersatz von 50 %

Steuersätze § 19

zum Tragen. Dies würde eine Steuer von 3.050.000 EUR auslösen. Ein Mehrerwerb von knapp 1,7 % würde damit die Steuerbelastung auf 169 % der Steuer vor dem Stufensprung erhöhen. Die Mehrsteuer in Höhe von 1.250.000 EUR würde den Mehrerwerb von 100.000 EUR um mehr als das Zwölffache übersteigen.

Solche gravierenden Tarifsprünge sind nicht folgerichtig und damit auch nicht von der Verfassung gedeckt (BVerfG v. 7.11.2006, 1 BvL 10/02, BStBl II 2007, 192). Dies hat der Gesetzgeber erkannt und deshalb zur Abmilderung in § 19 Abs. 3 ErbStG einen Härteausgleich geschaffen. Danach soll in der derzeitigen Gesetzesfassung die Mehrsteuer aus dem Erwerb, der eine Stufe übersteigt,

- nur **bis zur Hälfte** des Mehrerwerbs erhoben werden, wenn der Steuersatz bis zu 30 % beträgt,
- nur zu ¾ erhoben werden, wenn der Steuersatz mehr als 30 % beträgt.

Die Gesamtsteuerbelastung wird damit auf den Betrag begrenzt, der sich ergibt,

- wenn der Erwerb unterhalb der Stufe weiterhin zunächst mit dem seitherigen Steuersatz,
- und der Mehrerwerb mit maximal 50 % bzw. 75 % besteuert wird.

Für die Steuerklassen II (nach dem Wachstumsbeschleunigungsgesetz (v. 22.12.2009, BGBl I 2009, 3950) nicht mehr für Erwerbe ab dem Jahr 2010, vgl. Rz. 8a) und III gibt es nur noch einen Tarifsprung (von 30 % auf 50 %). Deswegen kommt für diese am stärksten betroffene Gruppe nur die 75-%-Regelung zum Tragen; ein weiterer Umstand, der die Personen dieser Steuerklassen als Verlierer der Reform erscheinen lässt.

14

In der Fortsetzung des Beispiels wirkt sich die Anwendung des Härteausgleichs wie folgt aus:

Beispiel: Fortsetzung Beispiel aus Rz. 13:
Der steuerpflichtige Erwerb von 6.100.000 EUR würde nach § 19 Abs. 1 ErbStG eine Steuer von 3.050.000 EUR auslösen.

Für den steuerpflichtigen Erwerb von 6.000.000 EUR (also den Erwerb auf der letztvorhergehenden Wertgrenze) ergäbe sich aus der Tabelle ein Steuersatz von 30 %, mithin eine Steuer von 1.800.000 EUR. Die Differenz aus diesen Steuerbeträgen beträgt 1.250.000 EUR. Der Erwerb über der Wertgrenze beträgt nur 100.000 EUR. Davon dürfen maximal 75 % also 75.000 EUR erhoben werden.

Maximal festgesetzt werden darf die Summe aus der Steuer auf einen Erwerb der letztvorhergehenden Wertgrenze, also 1.800.000 EUR und 75 % des Mehrerwerbs, hier 75.000 EUR, also insgesamt 1.875.000 EUR.

Der Mehrerwerb von knapp 1,7 % erhöht damit die Gesamtsteuerbelastung auf 104 % der Steuer vor dem Stufensprung und den **Steuersatz damit insgesamt auf 30,74 %**. Vom Mehrerwerb bleiben dem Erwerber dennoch nur 25 % erhalten. Dies kann durchaus als weiterhin verbleibende Härte begriffen werden.

15 Überschreitet der Mehrerwerb einen bestimmten Umfang, spielt die Tarifbegrenzung irgendwann keine Rolle mehr, weil der Mehrerwerb ausreicht, um für den Gesamterwerb den erhöhten Steuersatz unter Beachtung der Tarifbegrenzung zu decken. Bis dieser Betrag erreicht ist, spricht man von der sog. Härteausgleichszone. Um nicht in jedem Fall durchrechnen zu müssen, ob die Härtefallregelung zum Tragen kommt, stellt die Verwaltung eine Tabelle der Härteausgleichszonen zur Verfügung. Die für ab dem Jahr 2009 gültigen Tabellen ergeben folgendes Bild:

15a Für Erwerbe, bei denen die Steuer nach dem 31. Dezember 2008 und vor dem 1. Januar 2010 entstanden ist und für die Fälle des Art. 3 ErbStRG gilt die folgende Grenzwerttabelle (Gleich lautende Ländererlasse v. 25.6.2009, BStBl I 2009, 713, H 38).

Wertgrenze gemäß § 19 Abs. 3 ErbStG	Härteausgleich gemäß § 19 Abs. 3 ErbStG bei Überschreiten der letztvorhergehenden Wertgrenze bis einschließlich ... EUR in Steuerklasse		
EUR	I	II	III
75.000	–	–	–
300.000	82.600	–	–
600.000	334.200	–	–
6.000.000	677.400	–	–
13.000.000	6.888.800	10.799.900	10.799.900
26.000.000	15.260.800	–	–
über 26.000.000	29.899.900	–	–

Für die Steuerklassen II und III gibt es danach jeweils nur noch *eine* Härteausgleichszone. Wie gravierend die Steuersatzstufe in diesen Steuerklassen wirkt, zeigt sich auch daran, dass diese Härteausgleichszone bis zu einem Mehrerwerb von 4.799.900 EUR Ermäßigung vom regulären Tarif verschaffen muss.

15b Für Erwerbe, bei denen die **Steuer nach dem 31. Dezember 2009 entsteht oder entstanden ist**, gilt die folgende Grenzwerttabelle (H E 19 ErbStH 2011 „Tabelle der maßgebenden Grenzwerte für die Anwendung des Härteausgleichs"):

Wertgrenze gemäß § 19 Abs. 3 ErbStG	Härteausgleich gemäß § 19 Abs. 3 ErbStG bei Überschreiten der letztvorhergehenden Wertgrenze bis einschließlich ... EUR in Steuerklasse		
EUR	I	II	III
75.000	–	–	–
300.000	82.600	87.400	–
600.000	334.200	359.900	–

Steuersätze § 19

Wertgrenze gemäß § 19 Abs. 3 ErbStG	Härteausgleich gemäß § 19 Abs. 3 ErbStG bei Überschreiten der letztvorhergehenden Wertgrenze bis einschließlich ... EUR in Steuerklasse		
EUR	I	II	III
6.000.000	677.400	749.900	–
13.000.000	6.888.800	6.749.900	10.799.900
26.000.000	15.260.800	14.857.100	–
über 26.000.000	29.899.900	28.437.400	–

Gestaltungshinweis: Gestaltungshinweise (*Weinmann*, in Moench/Weinmann, ErbStG, § 19 Rz. 15): 16
- Schenkungen innerhalb der Härteausgleichszone sollten **vermieden** werden, da dort eine zwar mit zunehmendem Erwerb abschmelzende aber doch stets vorhandene überproportionale Mehrbelastung verbleibt. Das Problem besteht jedoch darin, die zutreffenden Werte für den Vermögensübergang, insbesondere für das Betriebsvermögen, schon im Vorhinein zutreffend zu bestimmen.
- Eine weitere Möglichkeit besteht in der **nachträglichen Abtretung** des Erwerbs in der Härtezone an Empfänger i. S. d. § 29 Abs. 1 Nr. 4 ErbStG (insbesondere gemeinnützige Stiftungen).

Andererseits weist *Kapp* zu Recht darauf hin, dass es wichtig ist, § 19 Abs. 3 ErbStG gerade im neuen Recht als bedeutende Begünstigung in die Rechtsanwendung einzubeziehen (*Kapp/Ebeling*, ErbStG, § 19 Rz. 12). Ist die Härteausgleichszone überschritten, wird die Höherbelastung der einschlägigen Stufe über den gesamten Erwerb definitiv.

Liegt der konkrete Fall nicht innerhalb der Härteausgleichszonen, genügt die einfache Multiplikation des Steuersatzes mit der Bemessungsgrundlage.

Die Einbeziehung des Härteausgleichs ist immer erforderlich, wenn eine Berechnung der Erbschaftsteuer erfolgen muss, d. h. u. a. bei Vor- und Nacherbschaft (§ 6 Abs. 2 ErbStG), bei Schlusserbschaft (§ 15 Abs. 3 ErbStG; BFH v. 9.7.2009, II R 42/07, BFH/NV 2009, 1994) und bei § 14 ErbStG, d. h. der Zusammenrechnung über den Zehnjahreszeitraum (vgl. *Kapp/Ebeling*, ErbStG, § 19 Rz. 13 mit weiteren Anwendungsfällen).

§ 19a Tarifbegrenzung beim Erwerb von Betriebsvermögen, von Betrieben der Land- und Forstwirtschaft und von Anteilen an Kapitalgesellschaften

(1) Sind in dem steuerpflichtigen Erwerb einer natürlichen Person der Steuerklasse II oder III Betriebsvermögen, land- und forstwirtschaftliches Vermögen oder Anteile an Kapitalgesellschaften im Sinne des Absatzes 2 enthalten, ist von der tariflichen Erbschaftsteuer ein Entlastungsbetrag nach Absatz 4 abzuziehen.

(2) ¹Der Entlastungsbetrag gilt für den nicht unter § 13a Absatz 1 oder § 13c fallenden Teil des Vermögens im Sinne des § 13b Absatz 2. ²Ein Erwerber kann den Entlastungsbetrag nicht in Anspruch nehmen, soweit er Vermögen im Sinne des Satzes 1 auf Grund einer letztwilligen Verfügung des Erblassers oder einer rechtsgeschäftlichen Verfügung des Erblassers oder Schenkers auf einen Dritten übertragen muss. ³Gleiches gilt, wenn ein Erbe im Rahmen der Teilung des Nachlasses Vermögen im Sinne des Satzes 1 auf einen Miterben überträgt.

(3) Der auf das Vermögen im Sinne des Absatzes 2 entfallende Anteil an der tariflichen Erbschaftsteuer bemisst sich nach dem Verhältnis des Werts dieses Vermögens nach Anwendung des § 13a oder § 13c und nach Abzug der mit diesem Vermögen in wirtschaftlichem Zusammenhang stehenden abzugsfähigen Schulden und Lasten (§ 10 Absatz 5 und 6) zum Wert des gesamten Vermögensanfalls im Sinne des § 10 Absatz 1 Satz 1 und 2 nach Abzug der mit diesem Vermögen in wirtschaftlichem Zusammenhang stehenden abzugsfähigen Schulden und Lasten (§ 10 Absatz 5 und 6).

(4) ¹Zur Ermittlung des Entlastungsbetrags ist für den steuerpflichtigen Erwerb zunächst die Steuer nach der tatsächlichen Steuerklasse des Erwerbers zu berechnen und nach Maßgabe des Absatzes 3 aufzuteilen. ²Für den steuerpflichtigen Erwerb ist dann die Steuer nach Steuerklasse I zu berechnen und nach Maßgabe des Absatzes 3 aufzuteilen. ³Der Entlastungsbetrag ergibt sich als Unterschiedsbetrag zwischen der auf Vermögen im Sinne des Absatzes 2 entfallenden Steuer nach den Sätzen 1 und 2.

(5) ¹Der Entlastungsbetrag fällt mit Wirkung für die Vergangenheit weg, soweit der Erwerber innerhalb von fünf Jahren gegen die Behaltensregelungen des § 13a verstößt. ²In den Fällen des § 13a Absatz 10 tritt an die Stelle der Frist nach Satz 1 eine Frist von sieben Jahren. ³Die Festsetzungsfrist für die Steuer endet nicht vor dem Ablauf des vierten Jahres, nachdem die Finanzbehörde von dem Verstoß gegen die Behaltensregelungen Kenntnis erlangt. ⁴§ 13a Absatz 7 Satz 4 bis 6 gilt entsprechend.

§ 19a　　　　　　　　　　Tarifbegrenzung beim Erwerb von BV, LuF u.a.

Inhalt　　　　　　　　　　　　　　　　　　　　　　　　　　Rz.

1	Überblick	1–8
2	Anwendungsbereich	9–30
2.1	Zeitlicher Anwendungsbereich	10–11
2.2	Sachlicher Anwendungsbereich	12
2.3	Persönlicher Anwendungsbereich	13–25
2.4	Internationaler Anwendungsbereich	26–30
3	Verhältnis zu anderen Verschonungsregelungen	31–32
4	Tarifbegrenzung (§ 19a Abs. 1 ErbStG)	33–40
5	Entlastungsbetrag	41–65
5.1	Überblick (§ 19a Abs. 2 ErbStG)	42–50
5.2	Weiterübertragung auf Dritte (§ 19a Abs. 2 ErbStG)	51–55
5.3	Berechnung des Entlastungsbetrags (§ 19a Abs. 3 und 4 ErbStG)	56–65
6	Behaltensregelungen (§ 19a Abs. 5 ErbStG)	66–70

1 Überblick

1 Mit der Tarifbegrenzung (§ 19a ErbStG) soll die Unternehmensnachfolge steuerlich in den Fällen zusätzlich entlastet werden, in denen der Erblasser oder Schenker keine Nachfolger in der **Steuerklasse I** (z. B. Kinder) hat.

Für den Erwerb von begünstigtem (unternehmerischem) Vermögen soll im Ergebnis immer die günstige Steuerklasse I gelten (§ 19a ErbStG). Erwerber, die an sich zur Steuerklasse II oder III gehören (§ 15 Abs. 1 ErbStG) sollen auf diese Weise begünstigt werden.

2 Für den Erwerb von begünstigtem (unternehmerischem) Vermögen soll im Ergebnis immer die günstige Steuerklasse I gelten (§ 19a ErbStG). Erwerber, die an sich zur Steuerklasse II oder III gehören (§ 15 Abs. 1 ErbStG) sollen auf diese Weise begünstigt werden.

3 Die Tarifbegrenzung geht zurück auf die (erste) Entscheidung des **BVerfG** zum ErbStG aus dem Jahr 1995 (BVerfG, Beschluss v. 22.6.1995, 2 BvR 552/91, BVerfGE 93, 165 = BStBl II 1995, 671 = DStR 1995, 1348). Das BVerfG hat dem Gesetzgeber seinerzeit aufgegeben, die verminderte finanzielle Leistungsfähigkeit von Erben, die einen Betrieb weiterführen erbschaftsteuerlich zu berücksichtigen. Dabei hat das BVerfG betont, dass diese Verpflichtung „*unabhängig von der verwandtschaftlichen Nähe zwischen Erblasser und Erben*" bestehe.

4 Die Tarifbegrenzung wurde erstmals zum 01.01.1996 eingeführt (Jahressteuergesetz 1997 vom 20.12.1996, BGBl. I 1996, 2049). Im Rahmen des Haushaltsbegleitgesetzes 2004 (BGBl. I 2003, 3076) wurde der Entlastungsbetrag (aus allgemeinen Gründen des Subventionsabbaus) auf 88 % begrenzt. Die heutige Fassung der Vorschrift beruht im Wesentlichen auf dem zum 01.01.2009 in Kraft getretenen Erbschaftsteuerreformgesetz 2009 (BGBl.I 2008, 3018 = BStBl. I 2009, 140). Durch das Wachstumsbeschleunigungsgesetz (BGBl. I 2009, 3950 = BStBl. I 2010, 2) wurde rückwirkend zum 01.01.2009 u. a. die Behaltefristen auf 5 Jahre (Regelverschonung) bzw. 7 Jahre (Optionsverschonung) verkürzt.

Das BVerfG hat die Tarifbegrenzung (nach § 19a ErbStG) in seiner (dritten) Entscheidung zum ErbStG nicht näher erörtert (BVerfG, Urteil vom 17.12.2014, 1 BvL 21/12, BVerfGE 138, 136 = BStBl. II 2015, 50 = DStR 2015, 31). Der Gesetzgeber hat dementsprechend an der Regelung festgehalten. 5

Die Erbschaftsteuerrefom 2016 (BGBl. I 2016, 2464 = BStBl I 2016, 1202) hat lediglich zu (redaktionellen) Anpassungen bei den Verweisungen geführt.

einstweilen frei 6-8

2 Anwendungsbereich

einstweilen frei 9

2.1 Zeitlicher Anwendungsbereich

Die Tarifbegrenzung in ihrer jetzigen Fassung (§ 19a ErbStG) findet auf alle Erwerbe Anwendung, für die die Steuer nach dem 30.06.2016 entstanden ist (§ 37 Abs. 12 Satz 1 ErbStG). Die Tarifbegrenzung ist aber bereits seit 01.01.2009 anwendbar. 10

Die Tarifbegrenzung kann nicht nur einmal, sondern auch mehrfach in Anspruch genommen werden. Dies gilt auch bei mehreren Erwerben von derselben Person innerhalb von 10 Jahren (Umkehrschluss zu § 13a Abs. 2 Satz 3 ErbStG). 11

2.2 Sachlicher Anwendungsbereich

Die Tarifbegrenzung gilt nur für den Erwerb von begünstigtem Vermögen (§§ 19a Abs. 1 und 2, 13b Abs. 2 ErbStG). Für nicht begünstigtes Vermögen gilt demnach der normale Steuertarif (ohne Entlastungsbetrag). 12

Die Tarifbegrenzung gilt für alle steuerpflichtigen Erwerbe von Todes wegen (§§ 1 Abs. 1 Nr. 1, 3 ErbStG) und Schenkungen unter Lebenden (§§ 1 Abs. 1 Nr. 2, 7 ErbStG). Bei der Erbersatzsteuer von Familienstiftungen (§ 1 Abs. 1 Nr. 4 ErbStG) kommt ohnehin immer die Steuerklasse I zur Anwendung (§ 15 Abs. 2 Satz 3 HS 2 ErbStG), so dass es einer Tarifbegrenzung nicht bedarf.

Die Tarifbegrenzung gilt für alle Erwerbe von begünstigtem Vermögen und ist nicht auf einem bestimmten Höchstbetrag beschränkt. Die Grenze von 90 Mio. Euro (§ 13c Abs. 1 Satz 2 ErbStG) gilt hier weder unmittelbar noch entsprechend.

2.3 Persönlicher Anwendungsbereich

Die Tarifbegrenzung gilt aufgrund des Gesetzeswortlauts nur für den Erwerb von einer *„natürlichen Person"* (§ 19a Abs. 1 ErbStG; R E 19a.1 ErbStR 2011). Die Person des Schenkers ist dagegen nicht auf natürliche Person beschränkt; Schenker kann somit jeder sein. 13

Der Begriff der natürlichen Person umfasst – im Unterschied zu den juristischen Personen – alle Menschen (einschließlich des *nasciturus*, § 1923 Abs. 2 BGB), unabhängig von Alter, Ausbildung, Wohnsitz, Vermögen oder Staatsangehörigkeit. 14

| 15 | Beim Erwerb durch juristische Personen (z.B. Stiftungen, Vereine oder Gesellschaften) erfolgt dagegen keine Tarifbegrenzung.

| 16 | Eine Tarifbegrenzung ist darüber hinaus auch beim Erwerb durch Personengesellschaften, Gesellschaften des bürgerlichen Rechts und Vermögensmassen in- oder ausländischen Rechts ausgeschlossen. Eine Ausnahme sollte aber bei (vermögensverwaltenden) Personengesellschaften gelten. Diese sind steuerrechtlich transparent (§ 10 Abs. 1 Satz 4 ErbStG), so dass es auf den Erwerb der Gesellschafter (und nicht der Gesellschaft) ankommen muss. Die Tarifbegrenzung gilt somit, soweit es sich bei den Gesellschaftern um „*natürliche Personen*" handelt.

Die Beschränkung der Tarifbegrenzung auf den Erwerb natürlicher Personen ist steuersystematisch und verfassungsrechtlich nicht unproblematisch.

| 17 | Die Regelung ist ein Fremdkörper im deutschen ErbStG. In keiner anderen Vorschrift wird (abgesehen allenfalls von § 27 ErbStG) eine Steuerbefreiung oder Begünstigung von der Person des Erwerbers abhängig gemacht. Die Verschonungsregelungen für unternehmerisches Vermögen (§§ 13a, 13b, 13c und 28a ErbStG) gelten gleichfalls einheitlich für alle Erwerber. Die Tarifbegrenzung (des § 19a ErbStG) ist somit die einzige Vorschrift, die den Erwerb durch andere als natürliche Personen benachteiligt. Ein sachlicher Grund dafür ist nicht ersichtlich.

| 18 | Der Hinweis auf eine „fiktive Adoption" ändert daran nichts. Eine echte Adoption (§§ 1741 ff., 1767 ff. BGB) betrifft immer die gesamte Beziehung zwischen den Beteiligten und nicht nur das begünstigte (unternehmerische) Vermögen (so aber § 19a ErbStG). Eine Adoption hat zudem weitreichende, vielfach zwingende Folgen in unterschiedlichsten Lebensbereichen, etwa im Namensrecht (§ 1757 BGB), im Unterhaltsrecht (§§ 1601 ff. BGB) und im Pflichtteilsrecht (§§ 2303 ff. BGB). Eine bloße Tarifbegrenzung ist damit in keiner Weise vergleichbar. Im Übrigen enthält das ErbStG selbst Sonderregelungen für die echte Adoption (§ 15 Abs. 1a ErbStG).

| 19 | Der Gesetzgeber benachteiligt die Unternehmensnachfolge durch (in- und ausländische) juristische Personen, wenn er es bei deren Erwerb bei der ungünstigen Steuerklasse II bzw. III belässt. Die Erwerber werden dadurch in ihren Grundrechten verletzt (siehe Art. 19 Abs. 3 GG i.V.m. Art. 2 und 14 GG).

| 20-25 | einstweilen frei

2.4 Internationaler Anwendungsbereich

| 26 | Die Tarifbegrenzung gilt in allen Fällen unbeschränkter (§ 2 Abs. 1 Nr. 1 und Nr. 2 ErbStG) und beschränkter (§ 2 Abs. 1 Nr. 3 und Abs. 3 ErbStG und § 4 AStG) Steuerpflicht.

Allerdings wird die Taifbegrenzung immer nur für begünstigtes Vermögen (§ 13b Abs. 2 ErbStG) gewährt. Zum begünstigten Vermögen gehört grundsätzlich Vermögen in den EU-/EWR-Mitgliedsstaaten, nicht aber Vermögen in Drittstaaten (siehe § 13b Abs. 1 ErbStG und H E 13b.5 und 13b.6 ErbStR 2011).

| 27-30 | einstweilen frei

3 Verhältnis zu anderen Verschonungsregelungen

Erwerber der Steuerklasse II oder III können die Tarifbegrenzung (§ 19a ErbStG) neben allen anderen Verschonungsregelungen in Anspruch nehmen. Dies umfasst den Verschonungsabschlag von 85 % bzw. 100 % (§§ 13a, 13b ErbStG), den Vorab-Abschlag bei bestimmten Familiengesellschaften (§ 13a Abs. 9 ErbStG) und die Steuerstundung (§ 28 ErbStG). 31

Bei Großerwerben von mehr als 26 Mio. Euro wird die Tarifbegrenzung auch im Zusammenhang mit dem reduzierten Verschonungsabschlag (§ 13c ErbStG) oder dem Steuererlass aufgrund einer Verschonungsbedarfsprüfung (§ 28a ErbStG) gewährt. 32

4 Tarifbegrenzung (§ 19a Abs. 1 ErbStG)

Beim steuerpflichtigen Erwerb von Betriebsvermögen, land- und forstwirtschaftlichen Vermögen oder Anteilen an einer Kapitalgesellschaft durch eine natürliche Person wird die Steuer zunächst nach der tatsächlichen Steuerklasse des Erwerbers berechnet. Bei Erwerbern der Steuerklasse II oder III (§ 15 Abs. 1 ErbStG) ist von der tariflichen Steuer dann aber ein sogenannter Entlastungsbetrag abzuziehen (§ 19a Abs. 1 ErbStG). 33

einstweilen frei 34-40

5 Entlastungsbetrag

einstweilen frei 41

5.1 Überblick (§ 19a Abs. 2 ErbStG)

Der Entlastungsbetrag gilt nur den Teil des begünstigten Vermögens (§ 13b Abs. 2 ErbStG), der nicht bereits aufgrund des Verschonungsabschlags steuerbefreit ist (§ 19a Abs. 2 Satz 1 ErbStG). Bei der Regelverschonung sind dies 15 % (§ 13a Abs. 1 ErbStG) und bei der Optionsverschonung (§ 13a Abs. 10 ErbStG) 0 % des begünstigten Vermögens. 42

Bei Großerwerben von mehr als 26 Mio. Euro steigt das tarifbegünstigte Vermögen entsprechend an, wenn der Erwerber den (reduzierten) Verschonungsabschlag beantragt (§ 13c ErbStG). 43

einstweilen frei 44-50

5.2 Weiterübertragung auf Dritte (§ 19a Abs. 2 ErbStG)

Ein Erwerber kann den Entlastungsbetrag (nach § 19a Abs. 1 ErbStG) nicht in Anspruch nehmen, soweit er tarifbegünstigtes Vermögen (§ 19a Abs. 2 Satz 1 ErbStG) (aufgrund einer letztwilligen Verfügung des Erblassers oder einer rechtsgeschäftlichen Verfügung des Erblassers oder Schenkers) auf einen Dritten übertragen muss (§ 19a Abs. 2 Satz 2 ErbStG; siehe dazu R E 19a.1 Abs. 3 ErbStR 2011). 51

52 Entsprechendes gilt auch dann, wenn ein Erbe im Rahmen der Teilung des Nachlasses tarifbegünstigtes Vermögen (§ 19a Abs. 2 Satz 1 ErbStG) auf einen Miterben überträgt (§ 19a Abs. 2 Satz 2 ErbStG; ausführlich zum Ganzen u. a. *Jülicher*, ZErb 2017, 5; *Koblenzer*, ErbStB 2011, 227; *Söffing, M.*, ErbStB 2009, 271; *Wälzholz*, ZEV 2009, 113).

53-55 einstweilen frei

5.3 Berechnung des Entlastungsbetrags (§ 19a Abs. 3 und 4 ErbStG)

56 Die Tarifbegrenzung erfolgt durch den Abzug eines Entlastungsbetrags von der Steuer nach dem allgemeinen Steuertarif in Steuerklasse II oder III. Die Berechnung erfolgt dabei vereinfacht wie folgt (siehe im Einzelnen R E 19a.2 ErbStR 2011 mit einem Rechenbeispiel in H E 19a.2 ErbStR 2011).

In einem **ersten Schritt** ist die Steuer nach der tatsächlichen Steuerklasse II oder III des Erwerbers zu berechnen (§ 19a Abs. 1 und Abs. 4 Satz 1 ErbStG).

57 Die so berechnete Steuer ist sodann auf das **tarifbegünstigte Vermögen** (§ 19a Abs. 2 Satz 1 ErbStG) und das sonstige Vermögen aufzuteilen (§ 19a Abs. 4 Satz 1 ErbStG). Der auf das tarifbegünstigte Vermögen entfallende Teil der tariflichen Steuer ergibt sich aus dem Verhältnis des Werts des tarifbegünstigten Vermögens (nach Anwendung von §§ 13a, 13b ErbStG und nach Abzug der mit diesem Vermögen in wirtschaftlichem Zusammenhang stehenden abzugsfähigen Schulden, § 10 Abs. 5 und 6 ErbStG) zum Wert des gesamten Vermögensanfalls (im Sinne von § 10 Abs. 1 ErbStG nach Abzug der mit diesem Vermögen in wirtschaftlichem Zusammenhang stehenden abzugsfähigen Schulden, § 10 Abs. 5 und 6 ErbStG) (§ 19a Abs. 3 ErbStG).

58 Der Steuerwert des gesamten übertragenen Vermögens ist dabei (nach Anwendung der Steuerbefreiungen nach §§ 13, 13a und 13d ErbStG) um die Nachlassverbindlichkeiten sowie die abzugsfähigen Schulden und Lasten zu kürzen, die im wirtschaftlichen Zusammenhang mit einzelnen Vermögensgegenständen stehen (Nettoprinzip). Die persönlichen Freibeträge sind nicht abzuziehen. In einem **zweiten Schritt** ist die Steuer nach der fiktiven Steuerklasse I zu berechnen (§ 19a Abs. 1 und Abs. 4 Satz 2 ErbStG). Die so berechnete Steuer ist wiederum auf das tarifbegünstigte Vermögen (§ 19a Abs. 2 Satz 1 ErbStG) und das sonstige Vermögen aufzuteilen (§ 19a Abs. 4 Satz 1 ErbStG).

59 Der **Entlastungsbetrag** ergibt sich schließlich aus dem (vollen) Unterschiedsbetrag zwischen der auf das tarifbegünstigte Vermögen (§ 19a Abs. 2 Satz 1 ErbStG) entfallenden Steuer nach dem tatsächlichen Steuertarif in Steuerklasse II oder III (= erster Schritt) und dem fiktiven Steuertarif in Steuerklasse I (= zweiter Schritt).

60 Der persönliche Freibetrag des Erwerbers (§ 16 ErbStG) richtet sich auch im Falle der Tarifbegrenzung nach der tatsächlichen Steuerklasse des Erwerbers.

61-65 einstweilen frei

6 Behaltensregelungen (§ 19a Abs. 5 ErbStG)

Der Entlastungsbetrag fällt mit Wirkung für die Vergangenheit weg, soweit der Erwerber innerhalb der Behaltefrist von 5 Jahren (Regelverschonung) bzw. 7 Jahren (Optionsverschoung) gegen die Behaltensregelungen verstößt (§ 19a Abs. 5 Sätze 1 und 2 ErbStG; siehe R E 19a.3 ErbStR 2011). 66

Nach dem Gesetzeswortlaut kommt es bei etwaigen Verstößen gegen die Behaltensregelungen grundsätzlich zum **vollständigen** Wegfall des Entlastungsbetrags. Dies ist unverhältnismäßig. Normzweck und Gesetzessystematik gebieten es, die Regelung über den zeitanteiligen Wegfall des Verschonungsabschlags (§ 13a Abs. 6 Satz 2 ErbStG) hier entsprechend anzuwenden. 67

Der Erwerber hat (mögliche) Verstöße dem Finanzamt schriftlich **anzuzeigen** (§ 19a Abs. 5 Satz 4 i. V. m. § 13a Abs. 7 Sätze 4 bis 6 ErbStG). 68

Die **Festsetzungsfrist** für die Steuer (§§ 169 ff. AO) endet nicht vor dem Ablauf des 4. Jahres, nachdem die Finanzbehörde von dem Verstoß gegen die Behaltensregelungen Kenntnis erlangt hat (§ 19a Abs. 5 Satz 3 ErbStG). 69

Für die Tarifbegrenzung (§ 19a ErbStG) sind nur Verstöße gegen die Behaltensregelungen (§ 13a Abs. 6 ErbStG) schädlich, nicht auch Verstöße gegen die **Lohnsummenregelung** (§ 13a Abs. 3 ErbStG). Das Unterschreiten der Mindestlohnsumme (§ 13a Abs. 3 ErbStG) führt somit nicht zum Wegfall der Tarifbegrenzung (R E 19a.3 Abs. 1 Satz 2 ErbStR 2011). 70

VIERTER TEIL: Steuerfestsetzung und Erhebung (§§ 20–35)

§ 20 Steuerschuldner

(1) ¹Steuerschuldner ist der Erwerber, bei einer Schenkung auch der Schenker, bei einer Zweckzuwendung der mit der Ausführung der Zuwendung Beschwerte und in den Fällen des § 1 Abs. 1 Nr. 4 die Stiftung oder der Verein. ²In den Fällen des § 3 Abs. 2 Nr. 1 Satz 2 und § 7 Abs. 1 Nr. 8 Satz 2 ist die Vermögensmasse Erwerber und Steuerschuldner, in den Fällen des § 7 Abs. 1 Nr. 8 Satz 2 ist Steuerschuldner auch derjenige, der die Vermögensmasse gebildet oder ausgestattet hat.

(2) Im Fall des § 4 sind die Abkömmlinge im Verhältnis der auf sie entfallenden Anteile, der überlebende Ehegatte oder der überlebende Lebenspartner für den gesamten Steuerbetrag Steuerschuldner.

(3) Der Nachlass haftet bis zur Auseinandersetzung (§ 2042 des Bürgerlichen Gesetzbuchs) für die Steuer der am Erbfall Beteiligten.

(4) Der Vorerbe hat die durch die Vorerbschaft veranlasste Steuer aus den Mitteln der Vorerbschaft zu entrichten.

(5) Hat der Steuerschuldner den Erwerb oder Teile desselben vor Entrichtung der Erbschaftsteuer einem anderen unentgeltlich zugewendet, so haftet der andere in Höhe des Werts der Zuwendung persönlich für die Steuer.

(6) ¹Versicherungsunternehmen, die vor Entrichtung oder Sicherstellung der Steuer die von ihnen zu zahlende Versicherungssumme oder Leibrente in ein Gebiet außerhalb des Geltungsbereichs dieses Gesetzes zahlen oder außerhalb des Geltungsbereichs dieses Gesetzes wohnhaften Berechtigten zur Verfügung stellen, haften in Höhe des ausgezahlten Betrags für die Steuer. ²Das gleiche gilt für Personen, in deren Gewahrsam sich Vermögen des Erblassers befindet, soweit sie das Vermögen vorsätzlich oder fahrlässig vor Entrichtung oder Sicherstellung der Steuer in ein Gebiet außerhalb des Geltungsbereichs dieses Gesetzes bringen oder außerhalb des Geltungsbereichs dieses Gesetzes wohnhaften Berechtigten zur Verfügung stellen.

(7) Die Haftung nach Absatz 6 ist nicht geltend zu machen, wenn der in einem Steuerfall in ein Gebiet außerhalb des Geltungsbereichs dieses Gesetzes gezahlte oder außerhalb des Geltungsbereichs dieses Gesetzes wohnhaften Berechtigten zur Verfügung gestellte Betrag 600 Euro nicht übersteigt.

Inhalt		Rz.
1	Allgemeines	1
2	Steuerschuldner (§ 20 Abs. 1 und 2 ErbStG)	2–29
2.1	Steuerschuldner bei Erwerben von Todes wegen	2–3
2.2	Steuerschuldner bei Schenkungen	4–14
2.2.1	Allgemeines	4

2.2.2	Gesamtschuldner und Auswahlentscheidung	5–8
2.2.3	Gesamtschuldnerschaft und Folgen	9–14
2.3	Steuerschuldner bei Zweckzuwendungen	14a
2.4	Steuerschuldner bei Ersatzerbschaftsteuer	15–16
2.5	Steuerschuldner bei Übergang des Vermögens auf eine ausländische Vermögensmasse (§ 20 Abs. 1 Satz 2 ErbStG)	17
2.6	Steuerschuldner bei fortgesetzter Gütergemeinschaft (§ 20 Abs. 2 ErbStG)	18–29
3	Haftung des Nachlasses (§ 20 Abs. 3 ErbStG)	30–39
4	Steuerschuldner bei Vorerbschaft (§ 20 Abs. 4 ErbStG)	40–59
5	Haftung bei unentgeltlicher Weiterübertragung des Erwerbs (§ 20 Abs. Abs. 5 ErbStG)	60–69
6	Haftung der Versicherungsunternehmen und Vermögensverwahrer (§ 20 Abs. 6 und 7 ErbStG)	70–109
6.1	Allgemeines	70–73
6.2	Haftung der Versicherungsunternehmen	74–76
6.3	Haftung der Vermögensverwahrer	77–88
6.3.1	Allgemeines	77
6.3.2	Unbedenklichkeitsbescheinigung	78
6.3.3	Gewahrsam	79–83
6.3.4	Vermögen des Erblassers	84–87
6.3.5	Verschulden	88
6.4	Haftungsmindestgrenze (§ 20 Abs. 7 ErbStG)	89–109
7	Sonstige Haftungsfälle	110

1 Allgemeines

1 Der IV. Abschnitt des ErbStG regelt in den §§ 20 bis 29 ErbStG die Steuerfestsetzung, in den §§ 30 bis 35 die Steuererhebung. § 20 ErbStG betrifft Fragen der Steuer- und Haftungsschuld und gehört somit systematisch in den Abschnitt I des Gesetzes (ein enger Sachzusammenhang besteht zu § 9 ErbStG, vgl. *Meincke*, ErbStG, 2012, § 20 Rz. 1; Richter, in V/K/S/W, § 20 Rz. 1). § 20 Abs. 1 und 2 ErbStG treffen – als von § 43 AO vorausgesetzte einzelsteuergesetzliche Bestimmungen – nähere Regelungen über den Steuerschuldner. Steuerschuldner ist, wer eine durch die Verwirklichung eines Steuertatbestandes entstandene Steuer schuldet. § 20 Abs. 4 ErbStG regelt dagegen das Innenverhältnis zwischen Vorerben und Nacherben. Sofern mehrere Personen nebeneinander dieselbe Leistung aus dem Steuerverhältnis schulden – so gem. § 20 Abs. 1 ErbStG der Beschenkte als Erwerber und der Schenker –, sind sie Gesamtschuldner (§ 44 Abs. 1 Satz 2 AO). Der im Vergleich zum Begriff des Steuerschuldners weitere Begriff des Steuerpflichtigen umfasst nach der Definition des § 33 AO u. a. auch den für eine Steuer Haftenden. Zur Steuerhaftung treffen § 20 Abs. 5–7 ErbStG besondere Bestimmungen. Daneben kann sich eine Haftung auch nach den allgemeinen Haftungstatbeständen der AO ergeben, namentlich aus § 69 AO. § 20 Abs. 3 ErbStG ordnet eine Nachlasshaftung für die Erbschaftsteuerschuld an.

2 Steuerschuldner (§ 20 Abs. 1 und 2 ErbStG)

2.1 Steuerschuldner bei Erwerben von Todes wegen

Bei Erwerben von Todes wegen ist Steuerschuldner gem. § 20 Abs. 1 ErbStG der Erwerber. Dies können der Erbe (Alleinerbe, Miterbe), der Vermächtnisnehmer oder der durch eine Auflage Begünstigte (§ 3 Abs. 2 Nr. 2 ErbStG; vgl. § 3 ErbStG Rz. 536 ff) sein.

Bei einem **Vorerbfall** ist nur der Vorerbe Erwerber des Vermögens des Erblassers. Der Nacherbe ist – weil nicht Erwerber nach dem Erblasser – nicht Steuerschuldner für die durch Vorerbfall entstandene Erbschaftsteuer.

Erwerber i.S.d. § 20 Abs. 1 ErbStG und damit Steuerschuldner ist auch ein **Pflichtteilsberechtigter**, der seinen Pflichtteilsanspruch geltend gemacht hat.

Der Erwerber bleibt auch dann Steuerschuldner, wenn ein Dritter durch Rechtsgeschäft unter Lebenden in dessen Stellung einrückt (*Meincke*, ErbStG, 2012, § 20 Rz. 3, dort auch zu der hiervon abweichenden Sonderregelung des § 3 Abs. 2 Nr. 6 ErbStG). Dieser Grundsatz gilt selbst dann, wenn ein Pflichtteilsberechtigter seinen Pflichtteilsanspruch vor der Geltendmachung i.S.d. § 9 Abs. 1 Nr. 1 Buchst. b ErbStG abgetreten hat und erst der neue Gläubiger den Anspruch gegen den Erben geltend macht (FG Hessen v. 7.3.1990, 10 K 389/83, EFG 1990, 587).

Neben natürlichen Personen können auch juristische Personen als Erwerber steuerpflichtig sein (dazu zählen auch ausländische Staaten, BFH v. 24.11.1976, II R 99/67, BStBl II 1977, 213).

Die **Erbengemeinschaft** kann selbst nicht Steuerschuldnerin sein (BFH v. 11.3.2011, II B 152/10, BFH/NV 2011, 1008. Zivilrechtlich kommt der Erbengemeinschaft keine Teilrechtsfähigkeit zu, vgl. BGH v. 17.10.2006, VIII B 94/05, DStR 2007, 167). Das folgt schon aus der Ausgestaltung der Erbschaftsteuer als Erbanfallsteuer. Danach kann die Erbengemeinschaft in Bezug auf das Vermögen, dessen Übergang erst ihre Entstehung kraft Gesetzes begründet, nicht selbst Erwerberin i.S.d. § 20 Abs. 1 ErbStG sein. Gleiches gilt für **Gütergemeinschaften**. Auch **Personengesellschaften** sind bezüglich des ihnen durch Erbanfall zufallenden Vermögens nicht Steuerschuldner (BFH v. 14.9.1994, II R 95/92, BStBl II 1995, 81, unter Aufgabe von BFH v. 7.12.1988, II R 150/85, BStBl II 1989, 237; wie heute schon BFH v. 22.6.1960, II 256/57 U, BStBl III 1960, 358; krit. *Hartmann*, ErbStB 2011, 341). Erwerber und damit Steuerschuldner sind in diesen Fällen vielmehr ausschließlich die einzelnen Gesamthänder, weil sie Träger der gesamthänderischen Rechte und Pflichten sind (vgl. ausführlich und vertiefend § 7 ErbStG Rz. 130). Daran ändert auch die moderne Gesamthandstheorie nichts, nach der die Gesamthand der Vermögensträger ist (BGH v. 29.1.2001, II ZR 331/00, BGHZ 146, 131; hierzu *Hartmann*, ErbStB 2011, 341; *Gebel*, in T/G/J, ErbStG, § 20 Rz. 32. *Geck/Messner*, ZEV 2007, 373, 377, weisen zu Recht darauf hin, dass der BFH diese neue zivilrechtliche Sichtweise zum Anlass für eine Neubestimmung seiner eigenen Rechtsprechung nehmen könnte.). Dass die Gesamthänder Erwerber sind, folgt aus § 20 Abs. 1 ErbStG. Dies führt zu einem „Erwerbssplitting" und wird sich wegen des progressiv gestaffelten Tarifs und der individuellen Freibeträge häufig als günstig erweisen. Entsprechendes gilt für

§ 20 Steuerschuldner

nichtrechtsfähige Vereine; das Vereinsvermögen steht den einzelnen Vereinsmitgliedern gem. § 54 BGB i. V. m. § 718 BGB zur gesamten Hand zu (*Gebel*, in T/G/J, ErbStG, § 7 Rz. 342; a. A. mit beachtlichen Gründen FG Münster v. 18.1.2007, 3 K 2592/05 Erb, EFG 2007, 1037). Nur ausnahmsweise können Gebilde, die – wie Nachlasstrusts oder Inter-vivos-Trusts nach Bürgerlichem Recht (unter Einschluss des Internationalen Privatrechts) nicht rechtsfähig sind, Steuerschuldner i. S. d. § 20 Abs. 1 Satz 2 ErbStG sein. Die gilt für die in § 2 Abs. 1 Nr. 1 Buchst. d ErbStG genannten Personenvereinigungen und Vermögensmassen, jedenfalls soweit sie die Tatbestände des § 3 Abs. 1 Nr. 2 Satz 3 ErbStG und des § 7 Abs. 1 Nr. 8 Satz 2 ErbStG verwirklichen (vgl. *Gebel*, in T/G/J, ErbStG, § 20 Rz. 6; zu den daraus sich ergebenden Folgeproblemen vgl. *Gebel*, ZEV 1999, 249 (253 f.)).

2.2 Steuerschuldner bei Schenkungen

2.2.1 Allgemeines

4   Bei einer Schenkung sind Steuerschuldner gem. § 20 Abs. 1 ErbStG nebeneinander der Erwerber und **auch der Schenker.** Beide sind Gesamtschuldner (§ 44 AO); jeder von ihnen schuldet die gesamte Leistung (§ 44 Abs. 1 S. 2 AO). Wer Schenker und Beschenkter ist, bestimmt sich nach Bürgerlichem Recht (BFH v. 18.7.2013, II R 37/11, BStBl II 2013, 934; BFH v. 27.8.2014, II R 43/12, BStBl II 2015, 241. Dies gilt auch in den Fällen des § 7 Abs. 7 Satz 1 ErbStG, BFH v. 4.3.2015, II R 51/13, BStBl II 2015, 672). Die Inanspruchnahme des Schenkers als Steuerschuldner soll im Widerspruch zum Prinzip der Erbanfallsteuer bzw. Bereicherungssteuer stehen und daher das Leistungsfähigkeitsprinzip verletzen (vgl. *Crezelius*, ZEV 2009, 1, 4; *Schuhmann*, ErbR 2014, 156, sowie BVerfG v. 18.12.2012, 1 BvR 1509/10, BFH/NV 2013, 492). Dabei wird jedoch außer Acht gelassen, dass es ein berechtigtes fiskalisches Interesse gibt, auch dann die Besteuerung sicherzustellen, wenn die Schenkung dem Beschenkten – wie im Falle des schenkweisen Erlasses von Schulden – keine liquiden Mittel zuführt (ähnlich *Meincke*, ErbStG, 2012, § 20 Rz. 6, der dies jedoch nicht als „inneren Grund" genügen lässt).

Personengesellschaften sind als Erwerber (BFH v. 14.9.1994, II R 95/92, BStBl II 1995, 81) und als Zuwendende nicht Schuldner i. S. d. § 20 ErbStG. Zuwendende und damit – neben dem Bedachten – Steuerschuldner i. S. von § 20 ErbStG sind in diesen Fällen die durch die Zuwendung allein vermögensmäßig entreicherten Gesamthänder (BFH v. 15.3.1998, II R 82/96, BStBl II 1998, 630, BFH/NV 1998, 1572).

2.2.2 Gesamtschuldner und Auswahlentscheidung

5   Die Entscheidung, welcher von mehreren Gesamtschuldnern aus demselben Rechtsgrund in Anspruch genommen werden soll, steht nicht im freien Belieben, sondern im **pflichtgemäßen Auswahlermessen** der Behörde, für das die allgemeinen Grundsätze des § 5 AO gelten. Der einzelne Abgabenschuldner kann daher nur aufgrund einer Ermessensentscheidung unter Beachtung des Grundsatzes der Verhältnismäßigkeit und der wirtschaftlichen Bedeutung der jeweiligen Tatbestandsverwirklichung in Anspruch genommen werden (BFH v. 20.7.2004, VII R 20/02, BFH/NV 2005, 318). In einer Kammerentscheidung deutet das BVerfG die Regelung des § 20

Abs. 1 S. 1 ErbStG zur Steuerschuldnerschaft des Schenkers im Ergebnis in einen Haftungstatbestand um: Es bedürfe eines hinreichenden Sachgrundes für das Einstehenmüssen des Schenkers für die Steuerschuld des Beschenkten. Hierzu zählt das BVerfG u. a. die Tatsache, dass der Schenker die Entrichtung der geschuldeten Steuer vertraglich übernommen hat, oder das kollusive Zusammenwirken von Schenker und Beschenktem (BVerfG v. 18.12.2012, 1 BvR 1509/10, BVerfGK 20, 171). Die Ermessensentscheidung bedarf nach Maßgabe des § 121 Abs. 1 AO einer Begründung, soweit diese zum Verständnis des Steuerbescheids erforderlich und die Begründung nicht nach § 121 Abs. 2 AO entbehrlich ist. Setzt das FA die Schenkungsteuer gegen den Bedachten fest, braucht es dies im Regelfall **nicht zu begründen**, weil eine Begründung zum Verständnis des Steuerbescheids nicht erforderlich ist. Dem Wortlaut des § 20 Abs. 1 S. 1 ErbStG und dem Charakter der Schenkungsteuer als einer Bereicherungssteuer entsprechend ist das FA nämlich grundsätzlich gehalten, sich bei der Anforderung der Steuer an den Bedachten zu halten (BVerfG v. 18.12.2012, 1 BvR 1509/10, BFH/NV 2013, 492; BFH v. 1.7.2008, II R 2/07, BFH/NV 2008, 1950; *Kien-Hümbert*, in Moench, ErbStG, § 20 Rz. 7).

Hingegen hat sich das FA in erster Linie an den Schenker zu halten, wenn er dies 6
beantragt, die Schenkungsteuer gem. § 10 Abs. 2 ErbStG übernommen hat oder wenn die Inanspruchnahme des Erwerbers erfolglos bleiben oder zumindest erhebliche Schwierigkeiten bereiten wird (FG Köln v. 8.5.2001, 9 K 4175/99, EFG 2001, 1154, mit Anm. *Fumi*, EFG 2001, 1156). Der Beschenkte soll sich nur dann auf die Übernahme der Schenkungsteuer berufen können, wenn dies dem FA zu Lebzeiten des Schenkers angezeigt oder notariell beurkundet oder tatsächlich bewirkt worden ist (*Richter*, in V/K/S/W, § 20 Rz. 7, unter Bezugnahme auf FG Düsseldorf v. 20.2.2008, 4 K 1840/07 Erb, EFG 2008, 961).

Hat der **Schenker** im Verhältnis zum Beschenkten die geschuldete **Steuer selbst** 7
übernommen und war dies dem FA bei Erlass des Schenkungsteuerbescheids bekannt, ändert dies zwar nichts daran, dass auch der Bedachte Steuerschuldner ist (*Gebel*, in T/G/J, ErbStG, § 20 Rz 20); denn die an einer Schenkung Beteiligten können nicht durch privatrechtliche Vereinbarung über die gesetzlich geregelte Steuerschuldnerschaft disponieren (BFH v. 1.7.2008, II R 2/07, BStBl II 2008, 897, BFH/NV 2008, 1950). Doch erfordert die Inanspruchnahme des Bedachten eine Begründung der getroffenen Auswahlentscheidung, es sei denn, die Gründe sind dem Bedachten bekannt oder für ihn ohne Weiteres erkennbar. Fehlt die erforderliche Begründung und wird sie auch nicht in zulässiger Form nachgeholt, ist der gegen den Bedachten ergangene Steuerbescheid bereits aus diesem Grund rechtswidrig und aufzuheben (BFH v. 1.7.2008, II R 2/07, BStBl II 2008, 897, BFH/NV 2008, 1950; hierzu *Konrad*, HFR 2008, 1264).

Der Schenker soll auch in sogenannten **Nachversteuerungsfällen nach § 13a Abs. 5** 8
ErbStG in Anspruch genommen werden können (FG Münster v. 19.6.2008, 3 K 3145/06 Erb, EFG 2008, 1649; s.a. *Jülicher*, ZErb 2008, 346; *Richter*, in V/K/S/W, § 20 Rz. 9, auch m.w.N. zur abweichenden Rechtsprechung des BFH bei der Grunderwerbsteuer, vgl. BFH v. 12.5.1976, II R 187/72, BStBl II 1976, 579). Dem kann nicht entgegengehalten werden, dass der Schenker regelmäßig keinen Einfluss auf die Einhaltung der Behaltensvoraussetzungen nehmen könne. Die Verschonung

§ 20 Steuerschuldner

gem. § 13a ErbStG, § 13b ErbStG wird vom Gesetzgeber nicht als Belohnung für Wohlverhalten des Erwerbers verstanden, sondern für dessen tatsächlichen Erfolg bei der Erhaltung von Arbeitsplätzen. Gleichwohl soll eine Inanspruchnahme des Schenkers für die Schenkungsteuer nach § 20 Abs. 1 S. 1 ErbStG bei einem Verstoß eines Erwerbers gegen die Behaltensregelungen oder die Lohnsummenregelung für begünstigtes Vermögen nicht erfolgen, es sei denn, der Schenker hat die Steuer nach § 10 Abs. 2 ErbStG selbst übernommen (vgl. ebenso für Erwerbe ab 2009: R E 13a.1 Abs. 3 ErbStR 2011) oder hat kollusiv mit dem Beschenkten zusammengewirkt.

2.2.3 Gesamtschuldnerschaft und Folgen

9 Die Gesamtschuldnerschaft hat zur Folge, dass die Erfüllung des Steueranspruchs auch für die übrigen Steuerschuldner wirkt (§ 44 Abs. 2 Satz 1 AO). Eine Aufrechnung sowie eine geleistete Sicherheit wirkt ebenfalls für die übrigen Gesamtschuldner (§ 44 Abs. 2 Satz 2 AO). Alle anderen Tatsachen (Stundung, Erlass, Aussetzung der Vollziehung) wirken hingegen nur für und gegen den Gesamtschuldner, in dessen Person sie eintreten (§ 44 Abs. 2 Satz 3 AO); insoweit sind die Steuerfestsetzungen gegen mehrere Gesamtschuldner voneinander unabhängig. Die Gesamtschuldnerschaft begründet kein Verhältnis gegenseitiger Abhängigkeit; die Entscheidung gegenüber den Gesamtschuldnern muss nicht einheitlich ergehen (BFH v. 26.4.2010, II B 131/08, BFH/NV 2010, 1854; BFH v. 18.5.2006, II B 28/04, BFH/NV 2006, 1849). Die Gesamtschuld begründet kein Verhältnis gegenseitiger Abhängigkeit. Abweichungen in der Bestands- und Rechtskraft können zu unterschiedlichen Steuerfestsetzungen führen und sind hinzunehmen (BFH v. 26.4.2010, II B 131/08, BFH/NV 2010, 1854. Die dagegen eingelegte Verfassungsbeschwerde ist nicht zur Entscheidung angenommen worden) (BVerfG v. 18.12.2012, 1 BvR 1509/10, BVerfGK 20, 171).

10 Es ist möglich, nach Festsetzung der Schenkungsteuer gegen einen Gesamtschuldner (z.B. gegen den Beschenkten) später auch den anderen Gesamtschuldner (Schenker) heranzuziehen. Diese **nachträgliche Heranziehung anderer Gesamtschuldner** ist naturgemäß besonders streitanfällig. Jedoch muss jeder Gesamtschuldner bis zum Eintritt der Verjährung mit seiner Inanspruchnahme rechnen (vgl. – zum GrEStG – BFH v. 2.12.1987, II R 172/84, BFH/NV 1989, 455). Das FA kann gegenüber einem Gesamtschuldner (z.B. Schenker) die Schenkungsteuer selbst dann höher festsetzen, wenn der bestandskräftige Bescheid gegen den vorher in Anspruch genommenen Gesamtschuldner bereits bestandskräftig ist und nicht mehr nach §§ 172ff. AO geändert werden kann (BFH v. 13.5.1987, II R 189/83, BStBl II 1988, 188). Die Inanspruchnahme des anderen Gesamtschuldners muss allerdings ermessensfehlerfrei (§ 5 AO) sein und vom FA entsprechend begründet werden.

Der Schenker kann nach Auffassung des FG Köln auch dann noch nach § 20 Abs. 1 S. 1 ErbStG als Gesamtschuldner in Anspruch genommen werden, wenn nach einer zwischenzeitlichen Herabsetzung und Erstattung einer ursprünglich festgesetzten und gezahlten Schenkungsteuer nach § 29 ErbStG anschließend eine erneute Festsetzung auf den ursprünglichen Steuerbetrag erfolgt (FG Köln v. 10.3.2010, 9 K 1550/09, EFG 2010, 1434). Der BFH hat demgegenüber entschieden, dass die durch Zahlung erloschene Steuerschuld nicht wieder auflebt (BFH v. 29.2.2012, II R 19/10,

BStBl II 2012, 489, BFH/NV 2012, 1255; vgl. auch *Meincke*, ErbStG, § 20, 6ff.; zu Erstattungsansprüchen bei vorherigen Leistungen der Gesamtschuldner vgl. BFH v. 25.6.2014, VII B 210/13, BFH/NV 2014, 1714).

Der nachträglich in Anspruch genommene Gesamtschuldner kann alle **Einwendungen** gegen Grund und Höhe des geltend gemachten Steueranspruchs erheben (zur Frage, ob die Mitteilung der Besteuerungsgrundlagen wegen § 30 AO abzulehnen ist, vgl. FG München v. 16.11.2005, 4 K 5085/03, EFG 2006, 386). Die bloße Tatsache eines steuerrechtlichen Gesamtschuldverhältnisses beeinträchtigt das Recht auf Wahrung des Steuergeheimnisses nicht und begründet kein gewichtiges rechtliches Interesse eines Gesamtschuldners, die Akten des von einem anderen der Gesamtschuldner geführten Finanzrechtsstreits einzusehen (BFH v. 12.2.2001, II B 59/00, BFH/NV 2001, 1271). Der Schenker, der nachträglich zur Schenkungsteuer herangezogen wird, soll den gegen den Beschenkten ergangenenen Bescheid über die gesonderte Feststellung des Bedarfswerts eines Grundstücks anfechten können, obwohl dieser Bescheid gegenüber dem Schenker als Nichtadressaten keine rechtliche Wirkung entfaltet (BFH v. 6.7.2011, II R 44/10, BStBl II 2012, 5). Soweit der Beschenkte Zahlungen auf die gegen ihn festgesetzte Erbschaftsteuer geleistet hat, kann nur noch für den Differenzbetrag Erbschaftsteuer gegen den Schenker festgesetzt werden; eine Berücksichtigung der schon geleisteten Zahlungen im Abrechnungsteil des Steuerbescheids ist hierfür kein Ersatz, sondern führt zur Rechtswidrigkeit des Bescheids (FG Münster v. 26.2.2015, 3 K 823/13 Erb, EFG 2015, 1287, Rev. II R 31/15).

11

In besonderen Ausnahmefällen kann die spätere Inanspruchnahme des anderen Gesamtschuldners (z. B. des Schenkers) wegen **Verwirkung des Steueranspruchs** unzulässig sein. Dafür reicht allerdings der bloße Zeitablauf noch nicht aus. Verwirkung ist jedoch in Betracht zu ziehen, wenn der Steuerpflichtige bei objektiver Beurteilung annehmen durfte, das FA werde den Anspruch nicht oder nicht mehr geltend machen (BFH v. 13.5.1987, II R 189/83, BStBl II 1988, 188; BFH v. 17.5.1990, II B 8/90, BFH/NV 1991, 481. S.a. *Richter*, in V/K/S/W, § 20 Rz. 10) und er sich hierauf eingerichtet hat.

12

Wird der **Schenker** – weil die Inanspruchnahme des Beschenkten erfolglos blieb – **nachträglich** für die von ihm nicht übernommene (§ 10 Abs. 2 ErbStG) Schenkungsteuer als Gesamtschuldner **in Anspruch genommen**, so wird der Beschenkte im Ergebnis um die Schenkungsteuer bereichert. Allerdings wird es dem Schenker i. d. R. an einem entsprechenden Bereicherungswillen fehlen (*Richter*, in V/K/S/W, § 20 Rz. 12). Deshalb wird die Erhöhung des steuerpflichtigen Erwerbs gem. § 10 Abs. 2 ErbStG nur in Betracht kommen, wenn der Schenker auf den ihm an sich zustehenden Ausgleichsanspruch gegen den Beschenkten ausdrücklich verzichtet. Der Schenker ist im Übrigen dem Risiko ausgesetzt, dass das FA gegen ihn eine zutreffende höhere Steuer trotz Bestandskraft der gegen den Beschenkten festgesetzten niedrigeren Steuer festsetzt (*Meincke*, ErbStG, 2012, § 20 Rz. 6a).

13

Wird der **Beschenkte** trotz übernommener Schenkungsteuer durch den Schenker **nachträglich** als Gesamtschuldner **in Anspruch genommen**, weil die Beitreibung der Steuer beim Schenker erfolglos blieb, soll sich die Bereicherung des Beschenkten mindern, sofern die Steuer zuvor beim Schenker gem. § 10 Abs. 2 ErbStG berück-

14

sichtigt worden war. In diesem Fall kommt eine Änderung der Steuerfestsetzung gem. § 175 Abs. 1 Nr. 2 AO in Betracht (*Meincke*, ErbStG, 2012, § 20 Rz. 7, geht davon aus, dass die volle Steuerberechnung unter Einschluss des § 10 Abs. 2 ErbStG wieder auflebt, wenn es dem Beschenkten gelingt, die Steuerzahlung vertragsgemäß auf den Schenker abzuwälzen).

2.3 Steuerschuldner bei Zweckzuwendungen

14a Bei einer Zweckzuwendung (§ 8 ErbStG) bestimmt § 20 Abs. 1 ErbStG den mit der Ausführung Beschwerten als Steuerschuldner. Der Vorschrift liegt die Vorstellung zugrunde, dass der Beschwerte die Zuwendung um den auf die Steuer entfallenden Betrag kürzen wird (vgl. *Gebel*, in T/G/J, ErbStG, § 20 Rz. 38; *Meincke*, ErbStG, 2012, § 20 Rz. 8; *Richter*, in V/K/S/W, § 20 Rz. 13).

2.4 Steuerschuldner bei Ersatzerbschaftsteuer

15 Bei der Ersatzerbschaftsteuer nach § 1 Abs. 1 Nr. 4 ErbStG sind Steuerschuldner die **Stiftung oder der Verein**, nicht die Destinatäre. Die Vorstände oder Geschäftsführer haften ggf. nach § 69 AO i. V. m. § 34 AO.

16 Sofern die **Steuerschuld** gem. § 24 ErbStG **verrentet** wird und die Stiftung oder der Verein vor Ablauf der 30 Jahre aufgehoben oder aufgelöst wird, können die Destinatäre der Stiftung oder die Vereinsmitglieder bezüglich des von ihnen erworbenen Vermögens nach § 20 Abs. 1 ErbStG Steuerschuldner sein (*Meincke*, ErbStG, 2012, § 20 Rz. 8).

2.5 Steuerschuldner bei Übergang des Vermögens auf eine ausländische Vermögensmasse (§ 20 Abs. 1 Satz 2 ErbStG)

17 § 20 Abs. 1 Satz 2 ErbStG regelt die Steuerschuldnerschaft in den Fällen der § 3 Abs. 2 Nr. 1 Satz 2 und § 7 Abs. 1 Nr. 8 Satz 2 ErbStG. Diese Sondertatbestände erfassen die Bildung und Ausstattung von **Vermögensmassen ausländischen Rechts** (vgl. dazu *Gebel*, ZEV 1999, 249; *Schindhelm/Stein*, FR 1999, 880), zu denen vor allem die nach angelsächsischem Recht errichteten Nachlass- und Inter-Vivos-Trusts gehören (Einen Überblick gibt *Wienbracke*, Trusts, Haufe-Index 1778530. Zu einem Grantor's Trust, bei dem der Errichter des Trusts der einzige Begünstigte ist und bei dem die Trustverwalter über das Trustvermögen nicht frei verfügen können, s. FG Baden-Württemberg v. 15.7.2010, 7 K 38/07, EFG 2011, 164). Problem dieser Trusts ist eine Spaltung der Rechtsinhaberschaft, die das deutsche Recht in dieser Form nicht kennt. Die genannten Regelungen fingieren den Vermögensübergang auf die Vermögensmasse. § 20 Abs. 1 Satz 2 ErbStG folgt dem und macht die Vermögensmasse als Erwerber zum Steuerschuldner (zur Kritik *Gebel*, in T/G/J, ErbStG, § 20, Rz. 43). Zusätzlich wird in den Fällen des § 7 Abs. 1 Nr. 8 Satz 2 ErbStG dem Errichter des Trustsals Schuldner (§ 20 Abs. 1 Satz 2 2. Halbsatz ErbStG) die Rolle zugeschrieben, die bei Schenkungen auch der Schenker hat (§ 20 Abs. 1 Satz 1 ErbStG).

2.6 Steuerschuldner bei fortgesetzter Gütergemeinschaft (§ 20 Abs. 2 ErbStG)

§ 20 Abs. 2 ErbStG regelt die Steuerschuldnerschaft für die Fälle, in denen die Gütergemeinschaft zwischen dem überlebenden Ehegatten oder dem Lebenspartner und den Kindern fortgesetzt wird (§§ 1483 ff. BGB). Hier bestimmt § 4 Abs. 1 ErbStG, dass der Erwerb der Abkömmlinge beim Tode des erstversterbenden Ehegatten (Lebenspartners) für die Zwecke der Besteuerung zum Erwerb von Todes wegen zählt (Einzelheiten dazu § 4 ErbStG Rz. 1 ff.).

Nach § 20 Abs. 2 ErbStG ist jeder Abkömmling entsprechend seinem Anteil an der fortgesetzten Gütergemeinschaft Steuerschuldner. Obwohl bei dem überlebenden Ehegatten nur ausnahmsweise ein Erwerb anfällt, ist er gem. § 20 Abs. 2 ErbStG für den gesamten Betrag Steuerschuldner. Diese Regelung dient der Sicherung des Steueranspruchs (BT-Drs. VI/3418, 72 f.) und rechtfertigt sich aus der starken Rechtsstellung, die dem überlebenden Ehegatten (Lebenspartner) kraft des ihm allein zustehenden Verwaltungsrechts (§§ 1487, 1422 ff. BGB) eingeräumt ist. Im Ergebnis hat damit der überlebende Ehegatte (Lebenspartner) mit seinem ganzen Vermögen für die Steuerschuld einzustehen. Der überlebende Ehegatte (Lebenspartner) ist auch im Fall des § 4 Abs. 2 ErbStG, d.h. beim Tod eines anteilsberechtigten Abkömmlings, Steuerschuldner. Das FA ist gem. § 31 Abs. 3 ErbStG berechtigt, die Steuererklärung allein vom überlebenden Ehegatten (Lebenspartner) anzufordern. Der überlebende Ehegatte (Lebenspartner) kann jedoch aus § 20 Abs. 2 ErbStG nicht für Erwerbe in Anspruch genommen werden, die nicht zum Gesamtgut zu zählen sind (*Meincke*, ErbStG, 2012, § 20 Rz. 10).

einstweilen frei

3 Haftung des Nachlasses (§ 20 Abs. 3 ErbStG)

Gem. § 20 Abs. 3 ErbStG haftet der Nachlass bis zur Auseinandersetzung (§ 2042 BGB) für die Steuer der am Erbfall Beteiligten. Die Nachlasshaftung ist auf den **ungeteilten Nachlass beschränkt**, weil jeder Miterbe nach der Auseinandersetzung frei über das ihm angefallene Vermögen verfügen kann. Ein Miterbe soll nicht deshalb mit seinem Vermögensanfall dafür haften müssen, dass ein anderer Miterbe seinen Anteil aus der Auseinandersetzung noch vor der Bezahlung der Erbschaftsteuer verbraucht hat (BT-Drs. VI/3418, 73; anders noch § 15 ErbStG 1959; s.a. Richter, in V/K/S/W, § 20 Rz. 21.)

§ 20 Abs. 3 ErbStG regelt eine **Sachhaftung** des ungeteilten Nachlasses, die die persönliche Erbschaftsteuerschuld der Beteiligten, die hierfür grundsätzlich auch mit ihrem Privatvermögen einstehen müssen, unberührt lässt. Die Erbschaftsteuer des einzelnen Erben ist eine Erbfallschuld i.S.d. § 1967 Abs. 2 BGB (BFH v. 20.1.2016, II R 34/14, BStBl II 2016, 482; a.A. *Meincke*, ErbStG, 2012, § 20 Rz. 12, 15), für die der Erbe seine Haftung in der Vollstreckung oder gem. § 325 InsO im Nachlassinsolvenzverfahren auf seinen Erwerb beschränken kann (im letztgenannten Fall mit der Folge, dass das FA die Erbschaftsteuer als Insolvenzforderung im Nachlassinsolvenzverfahren anzumelden hat und diese nicht mehr gegen den Erben persönlich geltend machen bzw. in sein Privatvermögen vollstrecken kann, vgl. *Loose*, DB 2016, 1343).Betragsmäßig erstreckt sich die Nachlasshaftung auch auf die erhöhte Erbschaftsteuer, die sich aufgrund der Zusammenrechnung mit Vorerwerben gem. § 14 ErbStG ergibt; auch diese ist "Steuer" i. S. d. § 20 Abs. 3 ErbStG.

31 Bei einer **Teilauseinandersetzung** durch Ausscheiden einzelner Nachlassgegenstände soll sich die Nachlasshaftung auf den verbleibenden ungeteilten Nachlass beschränken. Bei der persönlichen Teilauseinandersetzung durch vollständiges Ausscheiden einzelner Miterben entfällt die Nachlasshaftung für die Erbschaftsteuer des ausgeschiedenen Miterben (vgl. *Gebel*, in T/G/J, § 20 Rz. 53; *Meincke*, ErbStG, 2012, § 20 Rz. 13. Gegen diese Auffassung ließe sich jedoch einwenden, dass die verbleibenden Miterben dem scheidenden Miterben mit der Teilauseinandersetzung die Möglichkeit eröffnet haben, seinen Erwerb noch vor der Steuerzahlung zu verbrauchen).

32 § 20 Abs. 3 ErbStG **beschränkt die Nachlasshaftung auf** die am Erbfall Beteiligten. Dies sind zunächst die Erben. Zweifelhaft ist hingegen, ob auch eine Nachlasshaftung für die Steuer der Vermächtnisnehmer, Erbersatzanspruchsberechtigten und Pflichtteilsgläubiger besteht. *Meincke* (*Meincke*, ErbStG, 2012, § 20 Rz. 11; ebenso *Mösbauer*, UVR 1998, 340, 341 f) verneint dies unter Hinweis auf die Gesetzesbegründung (BT-Drs. VI/3418, 73. Die Gesetzesbegründung ist jedoch nicht in sich stimmig, da zum einen nur von den Erben, zum anderen von allen am Erbfall Beteiligten die Rede ist) und die dadurch ausgelöste Komplizierung der Nachlassteilung. Der Wortlaut des § 20 Abs. 3 ErbStG spricht jedoch gegen eine solche Beschränkung der Nachlasshaftung (ebenso *Gebel*, in T/G/J, ErbStG, § 20 ErbStG Rz. 52; *Kien-Hümbert*, in Moench, § 20 Rz. 14).

33 Bei Erwerben gem. § 3 Abs. 1 Nr. 4 ErbStG kommt eine Haftung gem. § 20 Abs. 3 ErbStG nicht in Betracht, da der Begünstigte hier nicht von Todes wegen, sondern aufgrund eines Vertrags unter Lebenden erwirbt (*Meincke*, ErbStG, 2012, § 20 Rz. 11).

34 Verfahrensrechtlich kann die Nachlasshaftung gem. §§ 77, 191 AO durch Erlass eines Duldungsbescheids gegenüber denjenigen durchgesetzt werden, die (z. B. als Miterben oder Testamentsvollstrecker) den Nachlass in Besitz haben (zur Haftung des Testamentsvollstreckers oder Nachlassverwalters vgl. auch § 32 ErbStG Rz. 11).

35-39 einstweilen frei

4 Steuerschuldner bei Vorerbschaft (§ 20 Abs. 4 ErbStG)

40 Der Vorerbe wird gem. § 6 Abs. 1 ErbStG als **Vollerbe** behandelt und ist als solcher nach § 20 Abs. 1 ErbStG Steuerschuldner. Hierzu ordnet § 20 Abs. 4 ErbStG ergänzend an, dass der Vorerbe die durch die Vorerbschaft veranlasste Steuer (zu der auch die erhöhte Steuer aufgrund von Vorerwerben gem. § 14 ErbStG zählt) **aus den Mitteln der Vorerbschaft** zu entrichten hat und mithin dem Vorerbschaftsvermögen entnehmen darf (BT-Drs. VI/3418, 73). Die Besteuerung der Vorerben ohne Berücksichtigung der Beschränkungen durch das Nacherbenrecht ist verfassungsgemäß (BFH v. 6.11.2006, II B 37/06, BFH/NV 2007, 242).

41 Die Aussage des § 20 Abs. 4 ErbStG ist, obwohl im ErbStG enthalten, letztlich nicht steuerrechtlicher Natur. Vielmehr stuft § 20 Abs. 4 ErbStG die persönliche Steuer

des Vorerben als eine **auf der Vorerbschaft ruhende außerordentliche Last** ein (*Richter*, in V/K/S/W, § 20 Rz. 18). Damit ist auch mit Wirkung für das Bürgerliche Recht klargestellt, dass der Vorerbe die Steuer gem. § 2126 Satz 1 BGB aus dem Nachlass entnehmen darf und der Erbe des Vorerben bei Inanspruchnahme nach Eintritt des Nacherbfalls vom Nacherben Freistellung verlangen kann (S.a. OLG Frankfurt am Main v. 25.6.2016, 16 U 193/14, ZEV 2016, 271). Im Ergebnis hat der Nacherbe im Innenverhältnis gem. § 20 Abs. 4 ErbStG die durch den Vorerbfall veranlasste Erbschaftsteuer zu tragen (BFH v. 13.4.2016, II R 55/14, BStBl II 2016, 746; BFH v. 12.5.1970, II 52/64, BStBl II 1972, 462 (zum gleichlautenden § 15 Abs. 4 ErbStG 1925)).

Eine Übertragung dieser Grundsätze auf die Beziehung von Erbe und Erbschaftsnießbraucher kommt angesichts des eindeutigen Gesetzeswortlauts und der nicht vergleichbaren Sachverhaltskonstellation nicht in Betracht (ebenso *Meincke*, ErbStG, 2012, § 20 Rz. 15).

Bewirkt der Vorerbe die **Steuer** gleichwohl **aus seinem Vermögen**, so ist ein Nacherbe bei Eintritt der Nacherbfolge dem Vorerben (oder dessen Erben) gem. § 2124 Abs. 2 BGB zum Ersatz verpflichtet. Unterbleibt diese Erstattung, so kann in der Entrichtung der Steuer durch den Vorerben aus seinem eigenen Vermögen ggf. eine eigenständige freigebige Zuwendung an den Nacherben liegen. 42

Nach dem Eintritt des Nacherbfalls haften der Nacherbe und der Erbe des Vorerben für die durch den Vorerbfall ausgelöste Erbschaftsteuer als Gesamtschuldner (§ 44 Abs. 1 Satz 1 AO). Da der Nacherbe gem. § 20 Abs. 4 ErbStG die Erbschaftsteuerschuld des Vorerben zu tragen hat, ist die Steuer bei pflichtgemäßer Ermessensausübung grundsätzlich gegen den Nacherben festzusetzen. Ausnahmsweise ist die Steuer gegen den Erben des Vorerben festzusetzen, wenn dies zwischen diesem und Nacherben vereinbart worden ist oder der Erbe des Vorerben bei der Herausgabe der Vorerbschaft an den Nacherben die zur Entrichtung der Erbschaftsteuer erforderlichen Mittel zurückbehalten hat (§ 2130 Abs. 1 BGB) oder die Steuerfestsetzung gegen den Nacherben aus rechtlichen oder wirtschaftlichen Gründen keine Aussicht auf Erfolg verspricht (BFH v. 13.4.2016, II R 55/14, BStBl II 2016, 746 (auch zu den Begründungsanforderungen gem. § 121 AO); s.a. *Jandl/Kraus*, DStR 2016, 2265, m.w.N. zur früheren abweichenden h.M. in Rechtsprechung und Schrifttum). 43

Dieses für den Nacherben ungünstige Ergebnis wird noch dadurch verschärft, dass er keine eigenständige Einspruchsbefugnis gegen die Steuerfestsetzung gegenüber dem Vorerben hat (vgl. FG Hamburg v. 18.1.1968, II 180/65, EFG 1968, 362; s.a. *Gebel*, in T/G/J, ErbStG, § 20 Rz. 56). Verzichtet der Vorerbe auf die Einlegung eines Einspruchs gegen den Erbschaftsteuerbescheid für den Vorerbfall, obwohl dies den Grundsätzen ordnungsgemäßer Verwaltung entsprochen hätte, könnte der Nacherbe zwar Schadensersatz verlangen (§ 2134 Satz 2 BGB). Dieser zivilrechtliche Anspruch, der überdies auch noch ein Verschulden des Vorerben voraussetzt, bietet jedoch nur einen unvollkommenen Ausgleich für die Anfechtung des Erbschaftsteuerbescheids im Rahmen eines Einspruchsverfahrens, weshalb de lege ferenda eine Ergänzung der Regelung der Einspruchsbefugnis (§ 350 AO) erwogen werden sollte. 44

einstweilen frei 45-59

5 Haftung bei unentgeltlicher Weiterübertragung des Erwerbs (§ 20 Abs. Abs. 5 ErbStG)

60 § 20 Abs. 5 ErbStG ordnet eine Haftung desjenigen Dritten an, dem seitens des Ersterwerbers (z.b. Erben oder Beschenkten) vor Entrichtung der Erbschaftsteuer sein Erwerb oder Teile davon objektiv unentgeltlich zugewendet werden (An der objektiven Unentgeltlichkeit fehlt es, wenn der Ersterwerber aufgrund einer Verwendungsauflage oder einer sonstigen rechtlichen Verpflichtung zur Weitergabe verpflichtet war, vgl. *Gebel*, in T/G/J, § 20 Rz. 58). Die Vorschrift betrifft ausschließlich die persönliche **Haftung des Zweiterwerbers** für die von dem Ersterwerber geschuldete Steuer. Der Zweiterwerber selbst ist daneben selbstverständlich auch Steuerschuldner für seinen eigenen Erwerb.

61 § 20 Abs. 5 ErbStG kann auch eine Haftung des Beschenkten begründen, dem mit einer Nutzungs- und Rentenlast belastetes Vermögen geschenkt wird. War dem Schenker bereits dieses belastete Vermögen geschenkt und diesem die Steuer zinslos gestundet worden (§ 25 Abs. 1 Sätze 1 und 2 ErbStG a.F.), so löst die Weiterschenkung des belasteten Vermögens nicht die Fälligkeit der zinslos gestundeten Steuer aus. Der weiter übertragende Schenker bleibt vielmehr weiterhin Steuerschuldner bezüglich der zinslos gestundeten Steuer. In diesem Fall kann der Beschenkte ggf. nach § 20 Abs. 5 ErbStG als Haftender in Anspruch genommen werden.

62 Der Dritte haftet gem. § 20 Abs. 5 ErbStG nur in Höhe des Werts der Zuwendung. Der Dritte kann sich der Haftung nicht dadurch entziehen, dass er das belastete Vermögen verbraucht, veräußert oder anderweitig darüber verfügt (eine Ausnahme soll für den Fall gelten, dass die Weitergabe des Vermögens an den Zweiterwerber unter den Voraussetzungen des § 29 Abs. 1 Nr. 4 ErbStG, also unter den Voraussetzungen der steuerlichen Gemeinnützigkeit erfolgte, vgl. *Richter*, in V/K/S/W, § 20 Rz. 23; *Halaczinsky*, ErbStB 2007, 208, 209). Auch entfällt die Haftung nicht allein schon durch Zeitablauf, sondern allenfalls durch Verwirkung, was zusätzlich ein Verhalten des Finanzamts erfordert, aufgrund dessen der Dritte davon ausgehen konnte, dass er nicht mehr in Haftung genommen werden würde (im Ergebnis ebenso *Gebel*, in: T/G/J, ErbStG, § 20 Rz. 59).

63–69 einstweilen frei

6 Haftung der Versicherungsunternehmen und Vermögensverwahrer (§ 20 Abs. 6 und 7 ErbStG)

6.1 Allgemeines

70 § 20 Abs. 6 ErbStG regelt die Haftung der Versicherungsunternehmen und Vermögensverwahrer – insbesondere der **Banken** – bei Zahlung der Versicherungssumme bzw. Verbringung von Nachlassvermögen ins Ausland oder Zurverfügungstellung an ausländische Berechtigte vor Entrichtung der Steuer. Die Vorschrift soll verhindern, dass die Besteuerung durch **Verbringen von Vermögen ins Ausland** erschwert oder unmöglich gemacht wird.

71 Die Haftungstatbestände des § 20 Abs. 6 ErbStG verlangen die näher bezeichnete Verbringung von Vermögen in Gebiete außerhalb des Geltungsbereichs des ErbStG.

Bei außerhalb des Geltungsbereichs des ErbStG wohnhaften Berechtigten handelt es sich um solche, die in Deutschland weder ihren Wohnsitz noch ihren gewöhnlichen Aufenthalt (dazu §§ 8, 9 AO. Maßgeblicher Zeitpunkt ist hierfür der Zeitpunkt der Bewirkung der Leistung, vgl. *Richter*, in V/K/S/W, § 20 Rz. 24) hatten; hierfür trifft das FA die Nachweispflicht (FG München v. 26.4.1989, X 46/84, EFG 1989, 465, m. w. N.).

Eine Haftung nach § 20 Abs. 6 ErbStG besteht „für die Steuer". Die Vorschrift bildet deshalb – anders als z. B. § 69 AO – **keine Haftungsgrundlage für steuerliche Nebenleistungen** i. S. d. § 3 Abs. 3 AO, d. h. Verspätungs- und Säumniszuschläge, Zinsen, Zwangsgeld und Kosten (FG Münster v. 13.12.1990, 3 K 2585/88 Erb, EFG 1991, 547). 72

Die Haftung erstreckt sich ihrem Umfang nach auf die **gesamte** aus dem jeweiligen Erbfall **geschuldete Steuer**. Sie ist also nicht auf die anteilige Steuer für die sich beim Gewahrsamsinhaber befindlichen Vermögenswerte beschränkt. Eine derartige umfassende Haftung entspricht dem Sinn und Zweck der Vorschrift, die eine Vereitelung des zunächst durchsetzbaren Steueranspruchs vermeiden soll (BFH v. 12.3.2009, II R 51/07, BStBl II 2009, 783).

Die Inanspruchnahme eines Haftungsschuldners erfolgt durch **Haftungsbescheid** (§ 191 Abs. 1 Satz 1 AO). Sein Erlass steht im pflichtgemäßen Entschließungs- und Auswahlermessen des FA (BFH v. 5.3.1981, II R 80/77, BStBl II 1981, 471; BFH v. 2.2.1994, II R 7/91, BStBl II 1995, 300 (zur GrEStG)). Ein Haftungsbescheid ist ermessensfehlerhaft, wenn der ausgezahlte bzw. zur Verfügung gestellte Betrag zur Begleichung von Steuerschulden des Erblassers verwendet wurde (FG München v. 21.12.1994, 4 K 1296/93, UVR 1995, 153). 73

6.2 Haftung der Versicherungsunternehmen

§ 20 Abs. 6 Satz 1 ErbStG betrifft die Haftung der Versicherungsunternehmen. Für die Anwendung dieser Vorschrift kommt es – anders als bei § 20 Abs. 6 Satz 2 ErbStG beim Vermögensverwahrer – nicht darauf an, ob diesem ein **Verschulden** zur Last fällt oder ob ihm die Ausländereigenschaft des Berechtigten bekannt ist (BFH v. 5.3.1981, II R 80/77, BStBl II 1981, 471. Diese Umstände können aber im Rahmen der Ermessensentscheidung gem. § 5 AO Bedeutung erlangen). Mithin löst bereits die bloße Tatsache der Zahlung oder Zurverfügungstellung die Haftung aus. 74

Ein Zurverfügungstellen i. S. d. § 20 Abs. 6 ErbStG liegt selbstverständlich dann vor, wenn eine Überweisung ins Ausland erfolgt. Sie ist jedoch auch dann gegeben, wenn auf Anweisung des ausländischen Berechtigten eine Überweisung auf eine inländische Bank (FG München v. 21.12.1994, 4 K 1296/93, UVR 1995, 153) oder eine Auszahlung an dessen inländischen Bevollmächtigten erfolgt (vgl. *Gebel*, in: T/G/J, ErbStG, § 20 Rz. 61). 75

Die Auszahlung von Ansprüchen aus Lebensversicherungen an im Ausland ansässige institutionelle Aufkäufer löst keine Haftung nach § 20 Abs. 6 S. 1 ErbStG aus, ebenso wenig wie Zahlungen an den Versicherungsnehmer selbst (LfSt Bayern, 14.1.2013, S 3830.1.1 – 2/St 34, HI3647225). Auf den ausländischen Aufkäufer geht zunächst gegen Entgelt entweder die Versicherungsnehmereigenschaft über oder der

Versicherungsnehmer tritt gegen Entgelt alle Rechte aus dem Versicherungsvertrag an den ausländischen Aufkäufer ab. Im Anschluss kündigt der ausländische Käufer den Versicherungsvertrag und verlangt die Auszahlung des Rückkaufswerts. Aufgrund der Entgeltlichkeit unterliegt der Erwerb der Ansprüche durch den Käufer nicht der Schenkungsteuer, sodass die Auszahlung an den Aufkäufer keine Haftung des Versicherungsunternehmens begründet (Gleich lautende Ländererlasse v. 4.3.2011, 34-S 3830-007-51 971/10, juris).

76 Die Inanspruchnahme als Haftungsschuldner setzt nicht voraus, dass die Steuer gegen den Steuerschuldner bereits festgesetzt ist, sofern die Inanspruchnahme des Steuerschuldners selbst noch möglich ist. Auch ist es für die Inanspruchnahme als Haftungsschuldner gem. § 20 Abs. 6 ErbStG zunächst unerheblich, dass beim Leistungsgebot die Subsidiarität des Haftungsanspruchs gem. § 219 AO zu beachten sein wird (BFH v. 18.3.1987, II R 35/86, BStBl II 1987, 419).

Die Haftung der Versicherungsunternehmen besteht „in Höhe des ausgezahlten Betrags für die Steuer". Mithin unterliegt der Auszahlungsbetrag für die aus dem gesamten Vermögensanfall geschuldete Steuer – und nicht nur die auf den Auszahlungsbetrag entfallende Steuer – der Haftung.

6.3 Haftung der Vermögensverwahrer

6.3.1 Allgemeines

77 § 20 Abs. 6 Satz 2 ErbStG ordnet eine entsprechende Haftung für Vermögensverwahrer (Gewahrsamsinhaber) an. Dies sind insbesondere **Geldinstitute** und ebenso Rechtsanwälte, Steuerberater und Notare, aber auch Testamentsvollstrecker, Nachlassverwalter oder Nachlasspfleger (bei denen auch eine Haftung gem. §§ 34, 35 AO i.V.m. § 69 AO in Betracht kommt). Im Gegensatz zur Haftung nach § 20 Abs. 6 Satz 1 ErbStG verlangt § 20 Abs. 6 Satz 2 ErbStG ausdrücklich ein **Verschulden**. Außerdem ist die Haftung auf Vermögen eines Erblassers, also **auf die Erbschaftsteuer beschränkt,** mithin auf die Schenkungsteuer nicht anwendbar. Erfasst sind aber Schenkungen auf den Todesfall (§ 3 Abs. 1 Nr. 2 ErbStG, § 2301 BGB) und Verträge zugunsten Dritter (§ 3 Abs. 1 Nr. 4 ErbStG) auf den Todesfall (BFH v. 12.3.2009, II R 51/07, BStBl II 2009, 783; a. A. *Werkmüller*, ZEV 2008, 97, 98).

§ 20 Abs. 6 Satz 2 ErbStG erlegt dem Gewahrsamsinhaber eine Garantenstellung. Er hat dafür Sorge zu tragen, dass der Steueranspruch nicht dadurch vereitelt wird, indem im Inland verwahrtes Vermögen ins Ausland verbracht wird (Richter, in V/K/S/W, § 20 Rz. 27). Der Gewahrsamsinhaber ist zur Vermeidung der Haftungsfolge gehalten, vor Aushändigung der Vermögensgegenstände an den Erben (bzw. vor Verbringung ins Ausland) die Voraussetzungen des § 20 Abs. 6 Satz 2 ErbStG zu prüfen (BFH v. 18.7.2007, II R 18/06, BFH/NV 2007, 2016; krit. *Werkmüller*, ZEV 2008, 97).

6.3.2 Unbedenklichkeitsbescheinigung

78 Für Vermögensverwahrer wird es sich daher häufig empfehlen, vor Transaktionen ins Ausland auf der Vorlage einer Unbedenklichkeitsbescheinigung seitens des FA

über die Entrichtung oder Sicherstellung der Erbschaftsteuer zu bestehen. Eine Unbedenklichkeitsbescheinigung ist erforderlich unabhängig von der Höhe einer ggf. gegebenen Anzeigepflicht.

Macht der Verwahrer von einer solchen Unbedenklichkeitsbescheinigung Gebrauch, handelt er regelmäßig nicht schuldhaft i.S.d. § 20 Abs. 6 Satz 2 ErbStG (BFH v. 18.7.2007, II R 18/06, BFH/NV 2007, 2016, dort auch zur Besonderheit, wenn nach dem Tod des Rentenberechtigten noch Rentenzahlungen auf das Konto erfolgen). Der **Kursverfall vermachter Aktien** nach dem Todestag des Erblassers rechtfertigt wegen des Stichtagsprinzips keinen Erlass deswegen, weil der Vermächtnisnehmer wegen einer wegen § 20 Abs. 6 Satz 2 ErbStG erforderlichen Unbedenklichkeitsbescheinigung erst später über die Aktien verfügen konnte (FG München v. 24.7.2002, 4 K 558/02, EFG 2002, 1493; zu Verfügungen über Nachlasskonten in der Bankpraxis vgl. *Burghardt*, ZEV 1996, 136).

6.3.3 Gewahrsam

Gewahrsam am „Vermögen des Erblassers" i.S.d. § 20 Abs. 6 Satz 2 ErbStG ist ein eigenständiger steuerrechtlicher Begriff. Er meint einen Zustand **unmittelbarer tatsächlicher Einwirkungsmöglichkeit**. Der Gewahrsam ist nicht mit dem zivilrechtlichen Besitz an Sachen gleichzustellen und verlangt jedenfalls keine rechtliche Verwertungsbefugnis (BFH v. 12.8.1964, II 125/62 U, BStBl III 1964, 647). Kreditinstitute sind bezüglich der **Bankguthaben** ihrer Kunden Gewahrsamsinhaber; dies gilt auch für **Anderkonten** (BFH v. 12.8.1964, II 125/62 U, BStBl III 1964, 647; a.A. *Schmidt*, ZEV 2003, 129, 134). Ein Gewahrsam Dritter kann nicht mehr entstehen, wenn ein Erbe oder ein Dritter im Auftrag des Erben Verfügungsmacht über das Vermögen des Erblassers erlangt hat (BFH v. 11.8.1993, II R 14/90, BStBl II 1994, 116). Der Gewahrsam eines Kreditinstituts erstreckt sich auch auf Vermögen, das bei einer unselbständigen Zweigniederlassung im Ausland verwahrt wird (BFH v. 31.5.2006, II R 66/04, BStBl II 2007, 49). 79

Die Haftung für Bankkonten besteht **ohne Rücksicht auf Verfügungsrechte Dritter**. Sie erstreckt sich deshalb auch auf die Freigabe von Oder-Konten bzw. Oder-Depots (z.B. von Eheleuten), bei denen der überlebende Berechtigte ein unbeschränktes Verfügungsrecht hat. 80

Ebenso besteht ein haftungsbegründender (Mit-)Gewahrsam der Geldinstitute an **Schließfächern** des Erblassers. Das Geldinstitut haftet nach § 20 Abs. 6 Satz 2 ErbStG, wenn es – ohne sich der Entrichtung oder Sicherstellung der Erbschaftsteuer zu vergewissern – dem Berechtigten die Entnahme des Erblasser-Vermögens gestattet. Die nach § 1 Abs. 3 ErbStDV auf das Vorhandensein eines Schließfachs beschränkte Anzeigepflicht der Geldinstitute steht ihrer Haftung insoweit nicht entgegen. 81

Die **Banken** können ihr **Haftungsrisiko** in der Weise **ausschließen**, dass sie dem Erben eine Bestätigung über den Inhalt des Schließfachs erteilen. Diese Bestätigung legen die Erben dem FA vor, das diesen sodann eine Bestätigung über die Entrichtung oder Sicherstellung der Erbschaftsteuer erteilt. Auch kann das FA die zur Freigabe des Schließfachinhalts berechtigende **Unbedenklichkeitsbescheinigung** 82 erteilen, wenn dem FA mit der Erbschaftsteuererklärung eine Bestätigung des Geldinstituts über den Schließfachinhalt bei erstmaliger Öffnung nach dem Tod des Erblassers vorgelegt wird (FinMin Bayern v. 20.8.1990, 34-S 3830-1/37-80550, DB 1990, 1843). Möglich ist auch, einen vom FA beauftragten Beamten zur erstmaligen Öffnung des Erblasser-Schließfachs hinzuzuziehen.

83 Bei Verfügungen – auch solchen, die im Ausland vorgenommen werden – eines inländischen **Testamentsvollstreckers** (nicht hingegen auch eines inländischen Bevollmächtigten) ist dieser selbst Gewahrsamsinhaber i.S.d. § 20 Abs. 6 Satz 2 ErbStG, so dass dieser selbst haftet und insoweit eine Haftung des Geldinstituts ausscheidet.

6.3.4 Vermögen des Erblassers

84 Gegenstand des Gewahrsams muss das Vermögen des Erblassers sein. Das Gesetz beschränkt die Haftung ausdrücklich nicht auf das Nachlassvermögen. Gegenstand kann also auch sein, was aufgrund eines Vertrags zugunsten Dritter auf den Todesfall erworben wird (nach Verwaltungsauffassung gilt dies auch für Erwerber, die nicht Erben sind, sondern Vermögen ausschließlich aufgrund eines Vertrags zugunsten Dritter auf den Todesfall erworben haben. Das für die Haftung in diesen Fällen erforderliche Verschulden ist aber nur anzunehmen, wenn das Kreditinstitut dem Berechtigten das Vermögen nach Veröffentlichung des BFH-Urteils v. 12.3.2009 (II R 51/07, BStBl II 2009, 783) am 15.7.2009 zur Verfügung stellt, OFD Karlsruhe v. 29.7.2009, S 3830/8 – St 341, HaufeIndex 2214738). Keine Rolle spielt dabei, dass Verträge zugunsten Dritter auf den Todesfall zivilrechtlich nicht dem Erbrecht, sondern dem Schuldrecht zugeordnet werden (BGH v. 26.11.2003, IV ZR 438/02, BGHZ 157, 79). Entscheidend ist vielmehr die erbschaftsteuerrechtliche Beurteilung (BFH v. 12.3.2009, II R 51/07, BStBl II 2009, 783).

Zum Haftungsvermögen gehört neben dem Erblasservermögen, das sich in den Schließfächern von Banken befindet, auch das Guthaben bei einem Kreditinstitut (BFH v. 18.7.2007, II R 18/06, BStBl II 2007, 788). Das Kreditinstitut verwahrt in einem solchen Fall den Gegenwert des Guthabens (BFH v. 12.8.1964, II 125/62 U, BStBl III 1964, 647). Bei einem **Gemeinschaftskonto** von Ehegatten ist die Haftung auf den Anteil des Erblassers am Guthaben beschränkt, so dass der andere Ehegatte grundsätzlich frei über seinen Anteil verfügen könnte (vgl. *Burghardt*, ZEV 1996, 136, 139; *Schmidt*, ZEV 2003, 129, 133; *Werkmüller*, ZEV 2001, 480, 481). Gleichwohl wird die Bank nicht wissen, wie hoch der Anteil des Erblassers am Guthaben ist. Daher kann die Bank ihre Haftung gem. § 20 Abs. 6 Satz 2 ErbStG nur ausschließen, indem sie die Auszahlung von der Vorlage einer Unbedenklichkeitsbescheinigung abhängig macht (A.A. *Gebel*, in: T/G/J, § 20 Rz. 76, der mit der Vermutung einer je hälftigen Berechtigung beider Ehegatten arbeiten möchte).

Das Haftungsvermögen nach § 20 Abs. 6 Satz 2 ErbStG erstreckt sich auch auf **postmortale Gutschriften** aufgrund Einzahlungen Dritter auf ein Konto des Erblassers (BFH v. 11.8.1993, II R 14/90, BStBl II 1994, 116), jedenfalls dann, wenn die Veranlassung, Gelder nach seinem Tod auf ein bestimmtes Konto einzuzahlen, noch auf den Erblasser zurückgeht (*Schmidt*, ZEV 2003, 129) und die Gutschriften daher bei einer am Normzweck ausgerichteten Auslegung noch zum Erblasservermögen gehören, also noch nicht in die alleinige Verfügungsmacht des Erben gelangt sind (BFH v. 11.8.1993, II R 14/90, BStBl II 1994, 116).

Der Erlös aus der Veräußerung des Erbteils gehört nicht zum Vermögen des Erblassers (BFH v. 11.12.1991, II B 47/91, BStBl II 1992, 348; *Meincke*, ErbStG, 2012, § 20 Rz. 20. Aufgrund der nicht grundlegend verschiedenen Interessenlage spricht vieles dafür, diese Rechtsprechung auf andere Vermögenssurrogate zu übertragen, selbst wenn dem Haftenden der Surrogatscharakter bekannt sein sollte). 85

Die haftungsbegründende Stellung des Gewahrsamsinhabers endet, wenn das Erblasservermögen in die (alleinige) **Verfügungsmacht des Erben** gelangt. Dies gilt auch, wenn inländischen Miterben einer aus erbschaftsteuerrechtlichen Inländern und erbschaftsteuerrechtlichen Ausländern bestehenden Miterbengemeinschaft die ihren Erbquoten entsprechenden Anteile des im Gewahrsam, etwa einer Bank, befindlichen Nachlassvermögens zur Verfügung gestellt werden. Fallen dagegen bei der Auseinandersetzung einer solchen Erbengemeinschaft Vermögensgegenstände abweichend von den Erbquoten nur den inländischen Miterben zu, so haftet die Bank in Höhe des Betrags, der den Erbquoten der ausländischen Miterben entspricht. 86

Ein **Dritter** (z. B. Bevollmächtigter), dem seitens des Erben Gewahrsam am Vermögen des Erblassers eingeräumt wird, unterliegt nicht der Haftung aus § 20 Abs. 6 Satz 2 ErbStG (BFH v. 11.8.1993, II R 14/90, BStBl II 1994, 116). Bei Bankkonten entfällt nach den vorstehenden Grundsätzen mithin die entsprechende Haftung der Bank, wenn das Vermögen des Erblassers auf ein vom Erblasser (oder seinem Bevollmächtigten) eingerichtetes inländisches Konto übertragen wird; in diesem Fall hat die Bank lediglich das Vermögen des Erben in Gewahrsam (BFH v. 11.8.1993, II R 14/90, BStBl II 1994, 116). 87

Dieses Ergebnis gilt auch bei einer direkten Auszahlung der Bank an einen **im Ausland wohnhaften Vermächtnisnehmer** auf Anweisung des inländischen Erben. Der Vermächtnisnehmer hat nur einen Anspruch gegen den Erben, nicht gegen die Bank. Die Bank stellt mit der Auszahlung an den Vermächtnisnehmer also nicht diesem, sondern dem Erben das Guthaben zur Verfügung. Einer Unbedenklichkeitsbescheinigung bedarf es also in diesem Fall nicht.

Allgemein gilt, dass eine Bank kein Erblasservermögen in ein Gebiet außerhalb des Geltungsbereichs des ErbStG verbringt, also nicht haftet, wenn sie auf Anweisung des inländischen Alleinerben Guthaben des Erblassers ins Ausland überweist (FG Rheinland-Pfalz v. 7.10.2010, 4 K 1663/07, EFG 2011, 814). Das ist zwar unbefriedigend, weil sich die Haftung des Gewahrsamsinhabers – für den Gesetzgeber erkennbar – damit dann als lückenhaft erweist, wenn der im Inland wohnhafte Erbe über das Vermögen des Erblassers durch Sich-Auszahlen-Lassen, durch Überweisung oder durch sonstige rechtsgeschäftliche Handlungen verfügt. Doch liegt keine planwidrige Regelungslücke vor, die im Wege der Analogie unter Heranziehung des Gesetzeszweckes geschlossen werden könnte (FG Rheinland-Pfalz v. 7.10.2010, 4 K 1663/07, EFG 2011, 814).

6.3.5 Verschulden

88 Die Haftung nach § 20 Abs. 6 Satz 2 ErbStG verlangt ein **Verschulden (Vorsatz oder Fahrlässigkeit)** des Gewahrsamsinhabers. Leichte Fahrlässigkeit genügt (BFH v. 12.8.1964, II 125/62 U, BStBl III 1964, 647) (). Ein Verschulden setzt in jedem Fall voraus, dass es sich um Vermögen eines Erblassers handelt. Dem Geldinstitut muss daher der Tod des Kontoinhabers bekannt sein. Ist dies der Fall, so kann ein Verschulden in fehlenden oder völlig unzureichenden organisatorischen Vorkehrungen liegen, die eine Auszahlung des Bankguthabens an Personen mit Wohnsitz außerhalb des Bundesgebiets nicht verhindern. Eine Bank kann sich nicht auf die Erkenntnismöglichkeiten und -fähigkeiten des einzelnen kontoführenden Angestellten berufen. Sie muss vielmehr sicherstellen, dass die Prüfung, ob eine Haftung nach § 20 Abs. 6 ErbStG in Betracht kommt, **von ausreichend qualifiziertem Personal** vorgenommen wird (BFH v. 18.7.2007, II R 18/06, BStBl II 2007, 788). Im Zweifel empfiehlt es sich daher, beim Erbschaftsteuerfinanzamt nachzufragen, ob die Aushändigung oder Auszahlung des verwahrten Vermögens unbedenklich ist (zur Bedeutung der Unbedenklichkeitsbescheinigung vgl. Rz. 78). Kein Verschulden liegt vor, wenn der Gewahrsamsinhaber auf unverjährte rechtskräftig festgestellte Erblasserschulden zahlt. Demgegenüber kann der Gewahrsamsinhaber nicht haftungsbefreiend auf eine unbestrittene Erblasserforderung zahlen, da der Rechtsnachfolger nicht gehindert ist, diese Forderung streitig zu stellen (A.A. *Gebel*, in: T/G/J, ErbStG, § 20 Rz. 66). Ebenso wenig kann die Bank vor Erteilung einer Unbedenklichkeitsbescheinigung zweckgebundene Verfügungen über das Guthaben des Erblassers zugunsten der Erben zulassen, die im Zusammenhang mit dem Tod des Erblassers angefallen sind (insbesondere Arzt- und Krankenhauskosten, Beerdigungskosten einschließlich der Kosten für Todesanzeigen und die Trauerfeier, Wohnungsmiete samt Nebenkosten, Kosten für die Grabanlage und die Dauergrabpflege sowie für die Auszahlung von Pflichtteilen, vgl. LfSt Bayern, 7.1.2015, S 3830.2.1 – 1/11 St 34).

6.4 Haftungsmindestgrenze (§ 20 Abs. 7 ErbStG)

89 Eine Haftung nach § 20 Abs. 6 ErbStG entfällt, wenn der „in einem Steuerfall" mit Auslandsbezug gezahlte bzw. zur Verfügung gestellte Betrag 600 EUR nicht übersteigt. Der Wortlaut der Vorschrift legt nahe, als Steuerfall den Erbfall in seiner Gesamtheit anzusehen. Demgemäß träte die Haftung ein, wenn zwar jedem ausländischen Berechtigten weniger, allen zusammen aber mehr als 600 EUR ausgezahlt werden (*Burghardt*, ZEV 1996, 136). Die **FinVerw.** versteht § 20 Abs. 7 ErbStG hingegen personenbezogen und stellt auf den Vermögensanfall beim einzelnen Erwerber ab (LfSt Bayern, 14.1.2013, S 3830. 1.1 – 3/St 34, HI3647225). Maßgebend ist der Betrag im Zeitpunkt der Überweisung oder Zurverfügungstellung. § 20 Abs. 7 ErbStG gilt nach seinem eindeutigen Wortlaut nur für die Haftung gem. § 20 Abs. 6 ErbStG, nicht für eine im Einzelfall daneben gegebene Haftung aus §§ 34, 35 i. V.m. § 69 AO (*Meincke*, ErbStG, 2012, § 20 Rz. 22).

90-109 einstweilen frei

7 Sonstige Haftungsfälle

Über § 20 ErbStG hinaus kommt eine steuerrechtliche Haftung **nach der AO** in Betracht (§§ 69-76 AO). Möglich ist darüber hinaus auch eine Haftung aufgrund **privatrechtlicher Haftungsvorschriften**, die auch eine öffentlich-rechtliche Haftung für Steuerschulden begründen (§ 191 Abs. 4 AO). Soweit Schulden des Erblassers aus dem Steuerschuldverhältnis auf den **Erben** übergehen, ist dieser selbst Steuerschuldner und nicht Haftungsschuldner (§ 45 Abs. 1 Satz 1 AO. Zur Haftungsbeschränkung des Erben in einem solchen Fall vgl. § 45 Abs. 2 Satz 1 AO).

§ 21 Anrechnung ausländischer Erbschaftsteuer

(1) ¹Bei Erwerbern, die in einem ausländischen Staat mit ihrem Auslandsvermögen zu einer der deutschen Erbschaftsteuer entsprechenden Steuer – ausländische Steuer – herangezogen werden, ist in den Fällen des § 2 Abs. 1 Nr. 1 und Absatz 3, sofern nicht die Vorschriften eines Abkommens zur Vermeidung der Doppelbesteuerung anzuwenden sind, auf Antrag die festgesetzte, auf den Erwerber entfallende, gezahlte und keinem Ermäßigungsanspruch unterliegende ausländische Steuer insoweit auf die deutsche Erbschaftsteuer anzurechnen, als das Auslandsvermögen auch der deutschen Erbschaftsteuer unterliegt. ²Besteht der Erwerb nur zum Teil aus Auslandsvermögen, ist der darauf entfallende Teilbetrag der deutschen Erbschaftsteuer in der Weise zu ermitteln, daß die für das steuerpflichtige Gesamtvermögen einschließlich des steuerpflichtigen Auslandsvermögens sich ergebende Erbschaftsteuer im Verhältnis des steuerpflichtigen Auslandsvermögens zum steuerpflichtigen Gesamtvermögen aufgeteilt wird. ³Ist das Auslandsvermögen in verschiedenen ausländischen Staaten belegen, ist dieser Teil für jeden einzelnen ausländischen Staat gesondert zu berechnen. ⁴Die ausländische Steuer ist nur anrechenbar, wenn die deutsche Erbschaftsteuer für das Auslandsvermögen innerhalb von fünf Jahren seit dem Zeitpunkt der Entstehung der ausländischen Erbschaftsteuer entstanden ist.

(2) Als Auslandsvermögen im Sinne des Absatzes 1 gelten,

1. wenn der Erblasser zur Zeit seines Todes Inländer war: alle Vermögensgegenstände der in § 121 des Bewertungsgesetzes genannten Art, die auf einen ausländischen Staat entfallen, sowie alle Nutzungsrechte an diesen Vermögensgegenständen;

2. wenn der Erblasser zur Zeit seines Todes kein Inländer war: alle Vermögensgegenstände mit Ausnahme des Inlandsvermögens im Sinne des § 121 des Bewertungsgesetzes sowie alle Nutzungsrechte an diesen Vermögensgegenständen.

(3) ¹Der Erwerber hat den Nachweis über die Höhe des Auslandsvermögens und über die Festsetzung und Zahlung der ausländischen Steuer durch Vorlage entsprechender Urkunden zu führen. ²Sind diese Urkunden in einer fremden Sprache abgefasst, kann eine beglaubigte Übersetzung in die deutsche Sprache verlangt werden.

(4) Ist nach einem Abkommen zur Vermeidung der Doppelbesteuerung die in einem ausländischen Staat erhobene Steuer auf die Erbschaftsteuer anzurechnen, so sind die Absätze 1 bis 3 entsprechend anzuwenden.

Inhalt

		Rz.
1	Allgemeines	1–29
1.1	Einseitige Vermeidung der Doppelbesteuerung	2–4a
1.2	Anrechnung und Kapitalverkehrsfreiheit	5–8
1.3	Kein Abzug von der Bemessungsgrundlage	9–29

2	Grundsätzliche Voraussetzungen und Durchführung der Anrechnung (§ 21 Abs. 1 ErbStG)	30–109
2.1	Allgemeine Anrechnungsvoraussetzungen (§ 21 Abs. 1 Satz 1 ErbStG)	31–79
2.1.1	Persönliche Voraussetzungen	31–32
2.1.2	Antrag	33–34
2.1.3	Subsidiarität der Anrechnung	35
2.1.4	Ausländische Steuer; Entsprechensklausel	35a–42
2.1.5	Auf den Erwerber entfallende Steuer	43–49
2.1.6	Zahlung der ausländischen Steuer	50–54
2.1.7	Ermittlung der anrechenbaren Steuer und Durchführung der Anrechnung	55–79
2.2	Erwerb mit teilweisem Auslandsvermögen (§ 21 Abs. 1 Satz 2 ErbStG)	80–84
2.3	Auslandsvermögen in mehreren Staaten (§ 21 Abs. 1 S. 3 ErbStG)	85–86
2.4	Fünfjahreszeitraum (§ 21 Abs. 1 S. 4 ErbStG)	87–109
3	Auslandsvermögen (§ 21 Abs. 2 ErbStG)	110–119
3.1	Enger Auslandsvermögensbegriff	111–113
3.2	Weiter Auslandsvermögensbegriff	114–119
4	Nachweis von Anrechnungsvoraussetzungen (§ 21 Abs. 3 ErbStG)	120–139
5	Anrechnung aufgrund eines DBA (§ 21 Abs. 4 ErbStG)	140–141

1 Allgemeines

1   § 21 ErbStG regelt die Anrechnung ausländischer Erbschaftsteuer in Fällen, in denen Erwerber für Auslandsvermögen (§ 21 Abs. 2 ErbStG) zu einer ausländischen Steuer herangezogen werden. Die Vorschrift ist gem. § 1 Abs. 2 ErbStG ebenso auf die Schenkungsteuer anzuwenden. § 21 ErbStG steht im systematischen Zusammenhang mit § 2 ErbStG. Die Anknüpfung der unbeschränkten Steuerpflicht an den „Weltvermögensanfall" führt zwangsläufig zu Doppelbesteuerungen insbes. mit den Staaten, die den Teil des „Weltvermögens", der auf ihrem Gebiet belegen ist, als ihr Inlandsvermögen der Besteuerung unterwerfen (*Jülicher*, in T/G/J, § 21 Rz. 1, charakterisiert § 21 ErbStG daher als „Inversivtatbestand" zu § 2 ErbStG).

1a   § 21 ErbStG erfasst nicht die Fälle, in denen nur Inlandsvermögen erworben wird, das von einem ausländischen Staat der Besteuerung unterworfen wird. Insoweit gibt es keine Rechtfertigung für einen auch nur teilweisen Verzicht des inländischen Fiskus auf seinen Steueranspruch (kritisch *Meincke*, ErbStG, 2012, § 21 Rz. 3; zum Sonderfall doppelt besteuerten „neutralen" Vermögens s. a. das Vorabentscheidungsersuchen des BFH v. 16.1.2008, II R 45/05, BStBl II 2008, 623).

1b   § 21 Abs. 1-3 ErbStG regeln umfassend die Anrechnung der ausländischen Steuer in den Fällen, in denen kein DBA eingreift. Demgegenüber verweist § 21 Abs. 4 ErbStG in DBA-Fällen für das „Wie" der Anrechnung auf die Regelungen der Abs. 1-3, da das „Ob" einer Anrechnung (bzw. einer Freistellung) bereits im DBA selbst geregelt ist (*Meincke*, ErbStG, 2012, § 21 Rz. 4).

1.1 Einseitige Vermeidung der Doppelbesteuerung

Zielsetzung des § 21 ErbStG ist es, die doppelte steuerliche Belastung von Erwerben mit inländischer und ausländischer Steuer einseitig zu beseitigen bzw. zu mildern, die denselben Steuerfall betreffen (*Jülicher*, in T/G/J, ErbStG, § 21 Rz. 36). Die Anrechnung der ausländischen Steuer ist der Sache nach eine einseitige Maßnahme eines Staats – im Gegensatz zum Abschluss eines DBA –, die **häufig nicht zur vollständigen Vermeidung der Doppelbesteuerung** führt. Die Gründe hierfür können z.B. in der unterschiedlichen Struktur der verschiedenen Erbschaftsteuer-Systeme der verschiedenen Staaten, der begrenzten Berücksichtigungsfähigkeit der ausländischen Steuer oder der von verschiedenen Staaten für denselben Vermögensgegenstand angenommenen Zuordnung zum Inlandsvermögen liegen.

2

Die Anrechnung nach § 21 ErbStG stellt keinen vollwertigen Ersatz für den Abschluss von Doppelbesteuerungsabkommen dar (Beispielsweise *Rödl/Rödl*, FS für Michael Streck zum 70. Geb. 2011, 171 ff.).

Die durch § 21 ErbStG angeordnete Anrechnung der ausländischen Steuer löst insbesondere die Gefahr von **Anrechnungsüberhängen** aus. Zu diesen kommt es bei der Anwendung des § 21 ErbStG z.B. dann, wenn die ausländische Steuer die geschuldete deutsche Steuer übersteigt. Die durch § 21 ErbStG angeordneten Anrechnungsbeschränkungen (z.b. bezüglich des Umfangs des zu berücksichtigenden Auslandsvermögens, der Behandlung von Erwerben mit teilweisem Auslandsvermögen sowie der per-country-limitation) können diesen Effekt noch verstärken.

3

Ist das ausländische Steuerniveau niedriger, wird es im Ergebnis auf das deutsche Steuerniveau angehoben.

4

Angerechnet wird nur die ausländische (Schenkung-)Steuer insoweit, als sie auf den Letzterwerb entfällt. Werden also Vorerwerbe gemäß § 14 ErbStG berücksichtigt, die ebenfalls mit ausländischer Schenkung(-)Steuer belastet sind, führt dies nicht zu einer Anrechnung der auf die Vorerwerbe entfallenden ausländischen Steuer (BFH v. 7.9.2011, II R 58/09, BStBl II 2012, 40, m.w.N. zu der im Schrifttum umstrittenen Frage). Nach Auffassung des BFH ändert § 14 ErbStG nichts daran, dass die einzelnen Erwerbe als selbstständige steuerpflichtige Vorgänge jeweils für sich der Steuer unterliegen; die Vorschrift enthält lediglich eine besondere Anordnung für die Berechnung der Steuer, die für den letzten Erwerb innerhalb des Zehnjahreszeitraums festzusetzen ist (BFH v. 7.9.2011, II R 58/09, BStBl II 2012, 40). Besteuert wird trotz der Zusammenrechnung nur der Letzterwerb und nicht ein Gesamterwerb in Form der zusammengerechneten Erwerbe (BFH v. 7.9.2011, II R 58/09, BStBl II 2012, 40).

4a

1.2 Anrechnung und Kapitalverkehrsfreiheit

Gehören **Bankguthaben** eines Inländers bei einem Kreditinstitut im Ausland nach § 21 Abs. 2 Nr. 1 ErbStG nicht zum Auslandsvermögen, scheidet eine Anrechnung der im Ausland auf diese gezahlten Erbschaft- oder Schenkungsteuer aus (BFH v. 19.6.2013, II R 10/12, BStBl II 2013, 746; s.a. Vorabentscheidungsersuchen des BFH v. 16.1.2008, II R 45/05, BStBl II 2008, 623. Auch ein Verstoß gegen Art. 17 Abs. 1 EUGrdRCh kommt nicht in Betracht, vgl. BFH v. 19.6.2013, II R 10/12, BStBl II 2013, 746).

5

§ 21 Anrechnung ausländischer Erbschaftsteuer

6 Die fehlende Anrechnungsmöglichkeit verstößt nicht gegen die **Kapitalverkehrsfreiheit** (Art. 65 AEUV; so nun auch BFH v. 19.6.2013, II R 10/12, BFH/NV 2013, 1491; a. A. etwa *Hamdam*, ZEV 2007, 401). Zwar handelt es sich bei einer Erbschaft um „Kapitalverkehr mit persönlichem Charakter" (Rubrik XI des Anhangs I der Richtlinie 88/361/EWG v. 24.6.1988, ABlEG 1988, L 178 S. 5. Die Richtlinie ist durch die Regelungen der Art. 63 ff. AEUV mittlerweile obsolet geworden); auch kann eine, ggf. erst zukünftige, Erbschaft- oder Schenkungsteuerbelastung die Freiheit des Kapitalverkehrs (Art. 65 AEUV) berühren, weil diese einen Inländer von der Kapitalanlage in einem anderen Mitgliedstaat abhalten könnte (EuGH v. 11.12.2003, C-364/01 (Barbier), BFH/NV Beilage 2004, 105). Das EU-Rechtschreibt aber bei seinem gegenwärtigen Entwicklungsstand in Bezug auf die Beseitigung der Doppelbesteuerung innerhalb der EUkeine allgemeinen Kriterien für die Kompetenzverteilung zwischen den Mitgliedstaaten vor. Daraus folgt, dass die **Mitgliedstaaten** beim gegenwärtigen Entwicklungsstand des EU-Rechtsvorbehaltlich dessen Beachtung über eine **gewisse Autonomie** in diesem Bereich verfügen und deshalb nicht verpflichtet sind, ihr eigenes Steuersystem den verschiedenen Steuersystemen der anderen Mitgliedstaaten anzupassen, um namentlich die sich aus der parallelen Ausübung ihrer Besteuerungsbefugnisse ergebende Doppelbesteuerung zu beseitigen und so die Anrechnung der Erbschaftsteuer zu ermöglichen, die in einem anderen Mitgliedstaat als dem Wohnsitzstaat des Erben entrichtet wurde (EuGH v. 12.2.2009, Rs. C-67/08 (Margarete Block), DStR 2009, 373, auf Vorabentscheidungsersuchen des BFH v. 16.1.2008, II R 45/05, BStBl II 2008, 623; zustimmend *Billig*, FR 2009, 298).

7 Ganz allgemein gilt: Sind die Anknüpfungspunkte für die Entstehung einer Erbschaftsteuer in den Mitgliedstaaten **nicht harmonisiert**, kann nach den jeweiligen nationalen Vorschriften in mehreren Mitgliedstaaten eine Erbschaftsteuer entstehen. Demgegenüber ging es in der Entscheidung des EuGH in der causa Theodor Jäger (EuGH v. 17.1.2008, Rs. C-256/06, BFH/NV Beilage 2008, 120, auf Vorabentscheidungsersuchen des BFH v. 11.4.2006, II R 35/05, BFH/NV 2006, 1402) um die deutsche Regelung, also eine mitgliedstaatliche Regelung, die für die Berechnung der Steuer auf einen Nachlass, der aus in diesem Staat belegenem Vermögen und einem in einem anderen Mitgliedstaat belegenen land- und forstwirtschaftlichen Vermögensgegenstand besteht, unterschiedliche Bewertungen vorsieht: Der in diesem anderen Mitgliedstaat belegene Vermögensgegenstand wird mit seinem gemeinen Wert angesetzt, während für einen gleichartigen inländischen Vermögensgegenstand ein besonderes, günstigeres Bewertungsverfahren gilt.

8 Die Steuerverwaltung hat die Grundsätze der Entscheidung des EuGH auch auf in anderen Mitgliedstaaten belegenes Betriebsvermögen und Grundvermögen, sowie auf Anteile an nicht börsennotierten Kapitalgesellschaften mit Sitz in anderen Mitgliedstaaten angewendet (Koordinierter Ländererlass, OFD Karlsruhe, v. 16.7.2008, 3 – S 3831/4, HaufeIndex 2026311); ab 1.1.2009 ist diese unterschiedliche Bewertung durch das Erbschaftsteuerreformgesetz v. 24.12.2008 (BGBl I 2008, 3018) im Grundsatz beseitigt worden (§ 12 ErbStG Rz. 620).

1.3 Kein Abzug von der Bemessungsgrundlage

Nach seinem eindeutigen Wortlaut lässt § 21 ErbStG einen Abzug der ausländischen Steuer von der Bemessungsgrundlage der deutschen ErbSt als Nachlassverbindlichkeit gem. § 10 Abs. 5 ErbStG nicht zu, es sei denn, es handelt sich um eine noch in der Person des Erblassers entstandene Erblasserschuld (BFH v. 26.4.1995, II R 13/92, BStBl II 1995, 540 zur kanadischen „capital gains tax", die eine fiktive Veräußerung des Vermögens durch den Erblasser unmittelbar vor seinem Tod unterstellt; s.a. *Jülicher*, in T/G/J, § 21 Rz. 7, sowie unten im Text Rz. 41). Dies folgt aus dem Abzugsverbot des § 10 Abs. 8 ErbStG (BFH v. 19.6.2013, II R 10/12, BStBl II 2013, 746; BFH v. 28.2.1979, II R 165/74, BStBl II 1979, 438; a. A. *Meincke*, ErbStG, 2012, § 21 Rz. 2 und Rz. 18; FG München v. 15.6.2005, 4 V 4779/04, EFG 2005, 155). Zwar schließt § 10 Abs. 8 ErbStG nicht ausdrücklich aus, dass ausländische Erbschaftsteuer von der inländischen Bemessungsgrundlage abgezogen werden könnte. Gleichwohl lässt der abschließende Regelungscharakter von § 21 ErbStG keine Auslegung zugunsten der Abzugsfähigkeit der ausländischen Steuer zu (ebenso *Billig*, FR 2009, 298, und *Jülicher*, in T/G/J, § 21 Rz. 5 im Hinblick auf das abschließende „Regelungsgefüge" des § 21). Hierfür hätte der Gesetzgeber eine klare und eindeutige Regelung wie in § 34c Abs. 2 EStG vorsehen müssen. Auch für Billigkeitsmaßnahmen besteht grundsätzlich kein Raum (ebenfalls zurückhaltend *Jülicher*, in T/G/J, § 21 Rz. 6, unter Bezugnahme auf EuGH v. 12.2.2009, C-67/08 (Margarete Block), DStR 2009, 373).

9

einstweilen frei 10–29

2 Grundsätzliche Voraussetzungen und Durchführung der Anrechnung (§ 21 Abs. 1 ErbStG)

§ 21 Abs. 1 ErbStG regelt in seinem Satz 1 die wesentlichen Voraussetzungen einer Anrechnung ausländischer Erbschaft- bzw. Schenkungsteuer auf die deutsche Erbschaft-/Schenkungsteuer. § 21 Abs. 1 S. 2 ErbStG betrifft die Anrechnung bei Erwerben, die nur zum Teil aus Auslandsvermögen bestehen. Bei einem in mehreren ausländischen Staaten belegenen Auslandsvermögen trifft § 21 Abs. 1 S. 3 ErbStG eine nähere Regelung. § 21 Abs. 1 S. 4 ErbStG setzt eine zeitliche Grenze für die Anrechnung.

30

2.1 Allgemeine Anrechnungsvoraussetzungen (§ 21 Abs. 1 Satz 1 ErbStG)

2.1.1 Persönliche Voraussetzungen

Die Anrechnung ausländischer Steuern kommt gem. § 21 Abs. 1 S. 1 ErbStG nur bei „Erwerbern ... in den Fällen des § 2 Abs. 1 Nr. 1 und Abs. 3", d. h. nur bei Erbfällen und Schenkungen mit **unbeschränkter** (einschließlich erweitert unbeschränkter) **Steuerpflicht** (dazu § 2 ErbStG Rz. 20 ff) und nach Maßgabe des § 2 Abs. 3 ErbStG auf Antrag (vgl. hierzu und zum zeitlichen Anwendungsbereich § 2 ErbStG Rz. 151 ff) in Betracht. Erwerber können auch ausländische Körperschaften usw. i.S.d. § 2 Abs. 1 Nr. 1 Buchst. d ErbStG sein. In den Fällen der Ersatzerbschaftsteuer (§ 2 Abs. 1 Nr. 2 ErbStG), bei beschränkter Steuerpflicht (§ 2 Abs. 1 Nr. 3 ErbStG)

31

sowie bei erweitert beschränkter Steuerpflicht (§ 4 AStG) kommt dagegen eine Anrechnung nicht in Betracht (*Meincke*, ErbStG, 2012, § 21 Rz. 8).

32 **Anrechnungsberechtigte Erwerber** i. S. d. § 21 Abs. 1 S. 1 ErbStG sind diejenigen, die durch die Vermögensübertragung begünstigt sind. Es ist hingegen für die Anrechnung unerheblich, wer die ausländische Steuer tatsächlich gezahlt hat (BFH v. 26.6.1963, II 196/61 U, BStBl III 1963, 402). Andernfalls ginge die Anrechnungsvorschrift für die Steuererhebung durch solche ausländischen Staaten, in denen die Erbschaftsteuer als Nachlasssteuer erhoben wird, ins Leere. Entscheidend ist daher nicht, dass derselbe Erwerber, sondern nur, dass **derselbe Erwerb** mit in- und ausländischer Steuer belastet ist (BFH v. 15.5.1964, II 177/61 U, BStBl III 1964, 408. Zu den sich daraus ergebenden Folgerungen bezüglich des anrechenbaren Steuerbetrags vgl. nachfolgend Rz. 55 ff. Zu der insoweit – nur – geforderten wirtschaftlichen Belastung des Erwerbers vgl. Rz. 43 ff).

2.1.2 Antrag

33 Die Anrechnung der ausländischen Steuer erfolgt **nur auf Antrag** (§ 21 Abs. 1 S. 1 ErbStG). Wird er gestellt und sind die Anrechnungsvoraussetzungen erfüllt, so besteht ein **Rechtsanspruch** auf Anrechnung; das Finanzamt hat insoweit keinen Ermessensspielraum (BFH v. 26.6.1963, II 196/61 U, BStBl III 1963, 402). Der Antrag ist nicht an eine bestimmte Form gebunden und kann, da eine besondere Frist für die Antragstellung nicht vorgesehen ist, bis zur Bestandskraft des inländischen Steuerbescheids gestellt werden. Die Zahlung der ausländischen Steuer nach Eintritt der Bestandskraft stellt ein rückwirkendes Ereignis i. S. d. § 175 Abs. 1 Satz 1 Nr. 2 AO dar (BFH v. 22.9.2010, II R 54/09, BStBl II 2011, 247).

34 Neben dem Steuerschuldner sind auch die gem. § 31 Abs. 5 und 6 ErbStG zur Abgabe der Steuererklärung verpflichteten Personen (**Testamentsvollstrecker, Nachlassverwalter, Nachlasspfleger**) antragsberechtigt (*Meincke*, ErbStG, 2012, § 21 Rz. 7).

2.1.3 Subsidiarität der Anrechnung

35 Die Anrechnung der ausländischen Steuer ist ausgeschlossen, „sofern" – d. h. wenn und soweit – die Vorschriften eines DBA anzuwenden sind (§ 21 Abs. 1 S. 1 ErbStG). Die Anrechnung ist nur in dem Umfang ausgeschlossen, in dem die Doppelbesteuerung durch ein DBA tatsächlich beseitigt wird. Soweit z. B. ein DBA nur das bewegliche Nachlassvermögen erfasst – so etwa das DBA Griechenland –, bleibt eine Anrechnung bezüglich der unbeweglichen Nachlassgegenstände möglich. Regelt ein DBA nur die Erwerbe von Todes wegen, so ist § 21 ErbStG bei Schenkungen unter Lebenden anwendbar.

Während auf dem Gebiet der Ertragsteuern fast flächendeckend Doppelbesteuerungsabkommen vorliegen, bestehen derzeit nur sechs Doppelbesteuerungsabkommen für Zwecke der Erbschaft- und Schenkungsteuer (H E 2.1 ErbStH 2011, es bestehen DBA mit Dänemark, Frankreich, Griechenland, Schweden – hier wird aber keine ErbSt mehr erhoben –, Schweiz und den Vereinigten Staaten, vgl. zum Stand

Anrechnung ausländischer Erbschaftsteuer § 21

der DBA am 1.1.2017 BMF v. 18.1.2017, IV B 2 – S 1301/07/10017-08; zum Ganzen vgl. DBA-Erb Rz. 22 ff).

2.1.4 Ausländische Steuer; Entsprechensklausel

Anrechenbar ist nach § 21 Abs. 1 S. 1 ErbStG nur eine ausländische Steuer, die der deutschen Erbschaftsteuer entspricht. Gegenstand dieser ausländischen Steuer muss das Auslandsvermögen (§ 21 Abs. 2 ErbStG, vgl. Rz. 110 ff) sein. Die Höhe des Auslandsvermögens ist vom Erwerber nachzuweisen (§ 21 Abs. 3 ErbStG). 35a

Die von § 21 Abs. 1 S. 1 ErbStG vorausgesetzte Heranziehung des Erwerbers „in einem ausländischen Staat" lässt erkennen, dass Steuergläubiger nicht zwingend der ausländische Staat in seiner Gesamtheit sein muss. Auch die von **einzelnen Gebietskörperschaften** des ausländischen Staats (z. B. Bundesstaaten der USA oder Schweizer Kantone bzw. Gemeinden) erhobenen Steuern sind grundsätzlich anrechenbar (BFH v. 15.5.1964, II R 177/61 U, BStBl III 1964, 408). Ebenso ist es für die Anrechenbarkeit unerheblich, ob die ausländische Steuer als landeseinheitliche Steuer für das gesamte ausländische Staatsgebiet oder lediglich für einen Teil dieses Gebiets erhoben wird. 36

Die Anrechnung greift nach dem Wortlaut auch dann, wenn das **in einem ausländischen Staat belegene Vermögen in einem anderen Staat der Steuerpflicht** unterliegt. Die Vorschrift verlangt nämlich nicht, dass die im ausländischen Staat erhobene Steuer auf in diesem Staat belegenes Vermögen erhoben werden muss. Wenn ein ausländischer Staat auf reines Inlandsvermögen Steuern erhebt, greift die Anrechnungsvorschrift dagegen nicht. 37

Anrechenbar ist nur eine ausländische Steuer, die der deutschen Erbschaft-/Schenkungsteuer entspricht. Voraussetzung ist die **Vergleichbarkeit** mit der deutschen Erbschaft-/Schenkungsteuer; auf die Bezeichnung der ausländischen Steuer kommt es nicht an. Die Entsprechensvoraussetzungen sind zunächst ohne Weiteres für solche ausländischen Staaten zu bejahen, die – wie z. B. Frankreich – ebenso wie die deutsche Erbschaftsteuer eine Erbanfallsteuer erheben. Die Ausgestaltung der ausländischen Steuer ist – soweit sie nur mit der deutschen Erbschaftsteuer vergleichbar ist – jedoch letztlich unerheblich. Deshalb sind nach der ständigen BFH-Rechtsprechung (z. B. BFH v. 6.3.1990, II R 32/86, BStBl II 1990, 786, m. w. N.; BFH v. 26.4.1995, II R 13/92, BStBl II 1995, 540) auch ausländische **Nachlasssteuern** (z. B. die in den USA erhobene federal estate tax) anrechenbar, weil sie an den Tod des Erblassers anknüpfen und auf den Übergang des Vermögens des Erblassers angelegt sind. 38

Eine der deutschen Schenkungsteuer entsprechende ausländische Steuer ist gegeben, wenn die Steuer für einen Vermögensübergang unter Lebenden deshalb erhoben wird, weil dieser unentgeltlich und freigebig ist. Auch insoweit kommt es auf die Bezeichnung und Ausgestaltung der ausländischen Steuer im Einzelnen grundsätzlich nicht an. 39

Die Feststellung, ob die ausländische Steuer der deutschen Schenkungsteuer entspricht, bereitet in der Praxis allerdings erhebliche Probleme. Das gilt vor allem für die Frage, unter welchen Voraussetzungen eine steuersystematisch als Einkommen- 40 steuer erhobene ausländische Steuer der deutschen Erbschaft-/Schenkungsteuer vergleichbar ist. Hier bedarf es im Einzelfall einer genauen Untersuchung der sachlichen Qualität der ausländischen Steuer nach ihren maßgeblichen Besteuerungsmerkmalen sowie ihrer Erhebungsform – **funktionale Qualifikation** anhand der wesentlichen Merkmale (*Jülicher*, in T/G/J, ErbStG, § 21 Rz. 21). Für die (frühere) portugiesische Ersatzerbschaftsteuer verneinte die FinVerw. die Anrechnung, weil es sich hierbei um eine der deutschen Einkommensteuer entsprechende Steuer handeln soll (H 82 ErbStH 2003 (nicht in ErbStH 2011 übernommen)).

41 Für sog. **ausländische Wertzuwachssteuern** (z. B. die kanadische capital gains tax, „plus valia" nach spanischem Recht), die in Erbfällen nur die Wertsteigerung der Vermögenssubstanz besteuert, ist die Anrechenbarkeit i. S. d. § 21 Abs. 1 S. 1 ErbStG mangels Ausgestaltung als Nachlasssteuer oder Erbanfallsteuer zu verneinen. So hat die Rspr (BFH v. 26.4.1995, II R 13/92, BStBl II 1995, 540; a. A. *Helmer*, DStR 1989, 488; *Jülicher*, ZEV 1996, 295). die Anrechenbarkeit der anlässlich des Todes eines Erblassers erhobenen kanadischen capital gains tax verneint, weil diese eine fiktive Veräußerung von Vermögensgegenständen durch den Erblasser unterstellt und einen angenommenen Veräußerungsgewinn des Erblassers bei diesem der Einkommensteuer unterwirft (vgl. auch *Jülicher*, in T/G/J, ErbStG, § 21 Rz. 7, 19). Dies gilt auch für entsprechende Steuern in anderen Staaten (H E 21 ErbStH 2011 „capital gains tax"). Die kanadische capital gains tax ist allerdings als Nachlassverbindlichkeit gem. § 10 Abs. 1 S. 2 i. V. m. Abs. 5 Nr. 1 ErbStG zu berücksichtigen; hierbei ist die Umrechnung auf Euro nach dem Todestag des Erblassers und nicht nach dem Zahlungstermin für die Steuer vorzunehmen (vgl. Rz. 9; zu ähnlichen Fragen bezüglich der spanischen Wertzuwachssteuer auf Immobilien (plus valia) vgl. *Jülicher*, in T/G/J, ErbStG, § 21 Rz. 23).

42 Sog. **Registergebühren**, die einzelne Länder nach Abschaffung der Erbschaft- und Schenkungsteuer eingeführt haben (etwa Portugal; in Italien auch nach Wiedereinführung der ErbSt beibehalten; vgl. allgemein zu erbschaftsteuerlich relevanten Ertrag- und Verkehrsteuern neueren Typs *Kau*, UVR 2005, 327), sind nach Verwaltungsauffassung nicht anrechenbar (für die italienische Registergebühr BayFinMin, v. 1.6.2007, 34 – S 3812 – 040 – 21 727/07, DStR 2007, 1165, und H E 21 ErbSt 2011 „Italienische Erbschaftsteuer"). Es wird allerdings auf die Ausgestaltung der Gebühr ankommen, ob sie anrechenbar ist (*Jülicher*, in T/G/J, ErbStG, § 21 Rz. 25, unter Verweis auf die Höhe der Steuersätze und deren Differenzierung nach dem Verwandtschaftsverhältnis; *Wachter*, ErbStB 2004, 88; FG München v. 14.11.2001, 4 K 2407/98, EFG 2002, 482). Auch die frühere österreichische Kapitalertragsteuer mit Abgeltungscharakter für die Erbschaftsteuer ist nach Verwaltungsauffassung im Hinblick auf ihre Erhebungsform eine Steuer auf das Einkommen und keine Erbschaftsteuer (H E 21 ErbSt H 2011 „Österreichische Kapitalertragsteuer"). Entsprechendes gilt für die vom Erwerber in den USA auf eine Versicherungsleistung gezahlte Quellensteuer (federal income tax withheld) (BFH v. 15.6.2016, II R 51/14, BFH/NV 2016, 1837 (auch zum DBA-USA); vgl. dazu *Fumi*, BFH/PR 2017, 32; *Esskandari*, ErbStB 2016, 358).

2.1.5 Auf den Erwerber entfallende Steuer

Anrechenbar ist nur die „auf den Erwerber entfallende" ausländische Steuer, § 21 Abs. 1 S. 1 ErbStG. Damit ist in jedem Falle die ausländische Steuer anrechenbar, die der Erwerber als Steuerschuldner zu zahlen hat. Steuersubjektidentität im inländischen und ausländischen Recht ist jedoch nicht erforderlich. Die Zahlung durch den Erwerber ist letztlich nicht das für die Anrechnung der ausländischen Steuer entscheidende Kriterium (Rz. 32). Vielmehr ist der die Anrechnung tragende Grund die mit der ausländischen Steuer verbundene wirtschaftliche Belastung (BFH v. 6.3.1990, II R 32/86, BStBl II 1990, 786). 43

Im Ergebnis hat ein Erwerber wirtschaftlich betrachtet die ausländische Steuer dann nicht zu tragen, wenn er diese (ggf. teilweise) auf Gesamtschuldner abwälzen kann. 44

Umgekehrt kann eine ausländische Steuer auch dann den Erwerber wirtschaftlich belasten, wenn er selbst nicht Steuerschuldner ist. Das betrifft insbesondere Erwerber in anglo-amerikanischen Ländern, in denen eine Nachlasssteuer aus dem ungeteilten Nachlass vor Freigabe an die Erben zu entrichten ist. Diese Nachlasssteuer schmälert den ungeteilten Nachlass und damit zugleich den nachfolgenden Vermögensanfall des Erwerbers. Deshalb ist die ausländische Nachlasssteuer anrechenbar (vgl. auch R E 21 Abs. 1 ErbStR 2011). Es ist insoweit unschädlich, dass Steuerschuldner ein Dritter (z.B. nach US-Recht ein executor oder trustee) und nicht der Erwerber selbst ist (BFH v. 21.4.1982, II R 148/79, BStBl II 1982, 597; BFH v. 6.3.1990, II R 32/86, BStBl II 1990, 786 m.w.N.). Dies gilt auch bei sog. „hybriden" Trusts, die kraft Qualifikation nur im Ausland als Trust gelten, im Inland aber deutschen Rechtsfiguren entsprechen (vgl. *Jülicher*, in T/G/J, ErbStG, § 2 Rz. 118, 127a). 45

Nach den vorstehenden Grundsätzen ist auch eine ausländische Nachlasssteuer anrechenbar, die bei einem – aufgrund entsprechender Anordnung des Erblassers – nicht um die ausländische Steuer gekürzten Erwerb eines **Vermächtnisses** anfällt. Die hier aus dem Nachlass zu entrichtende Steuer wird nicht vom Erwerber getragen. Der BFH (BFH v. 6.3.1990, II R 32/86, BStBl II 1990, 786) hat die Anrechnung ausländischer Steuern in dem Fall der Übernahme der Steuer durch einen anderen zugelassen. Dem hat sich die FinVerw (R E 21 Abs. 1 S. 4 ErbStR 2011). angeschlossen. Diese Grundsätze gelten auch dann, wenn ein Pflichtteil von dem um die ausländische Nachlasssteuer verminderten Nachlasswert berechnet worden ist (*Meincke*, ErbStG, 2012, § 21 Rz. 14). 46

Die in den vorstehenden Fällen mögliche Anrechenbarkeit der ausländischen Nachlasssteuer für den **Vermächtnisnehmer bzw. Pflichtteilsberechtigten** hat allerdings zur Folge, dass bei deren Erwerb die entsprechende ausländische Steuer gem. § 10 Abs. 2 ErbStG dem Erwerb hinzuzurechnen ist (BFH v. 6.3.1990, II R 32/86, BStBl II 1990, 786; R E 21 Abs. 1 S. 5 ErbStR 2011). Der mit der Anwendung des § 10 Abs. 2 ErbStG ermöglichte Steuerspareffekt der Übernahme der Steuer durch einen anderen (§ 10 ErbStG Rz. 66f) kann mithin auch bei der Zuwendung von Auslandsvermögen erreicht werden. 47

Die wirtschaftliche Belastung muss **denselben Steuerfall** betreffen (*Jülicher*, in T/G/J, ErbStG, § 21 Rz. 36ff). Beim Eintritt des Nacherbfalls durch Tod des 48

Vorerben können deshalb nur ausländische Steuern angerechnet werden, die den Nacherbfall betreffen, da der Erwerb als vom Vorerben stammend zu versteuern ist (§ 6 Abs. 2 S. 1 ErbStG; a. A. *Jülicher*, in T/G/J, ErbStG, § 21 Rz. 36 f., der auf einen aus seiner Sicht bestehenden Wertungswiderspruch zwischen der Besteuerung von Vor- und Nacherbschaft einerseits und der Besteuerung bei Weiterleitungsklauseln in Schenkungsverträgen sowie auf die Rechtsprechung des Schweizer Bundesgerichts zur Verfassungswidrigkeit der doppelten Besteuerung von Vor- und Nacherbschaft hinweist. § 21 ErbStG kann sich jedoch nicht über die klare und eindeutige Entscheidung des Gesetzgebers in § 6 Abs. 1, 2 ErbStG hinwegsetzen, sondern ist im Lichte dieser Weichenstellung folgerichtig auszulegen). Dies gilt auch, soweit bei der Steuerberechnung das Verhältnis zum Vorerben zugrunde zu legen ist (§ 6 Abs. 2 S. 2 ff. ErbStG). Tritt die Nacherbfolge nicht durch Tod ein, gilt die Vorerbfolge als auflösend bedingter, die Nacherbfolge als aufschiebend bedingter Anfall (§ 6 Abs. 3 S. 1 ErbStG; ebenso *Jülicher*, in T/G/J, ErbStG, § 21 Rz. 38) mit der Folge, dass ein Steuerfall mit zwei Erwerbern vorliegt. Auch ausländische Steuer für den Vorerbfall kann daher angerechnet werden. Den Nacherbschaften stehen Nachvermächtnisse, beim Tod des Beschwerten fällige Vermächtnisse oder Auflagen gleich (§ 6 Abs. 4 ErbStG).

48a   Die auf den Übergang von Vermögen auf einen Nachlasstrust entfallende ausländische Steuer kann dementsprechend nur auf die Steuer für den Erwerb gem. § 3 Abs. 2 Nr. 1 S. 2, § 7 Abs. 1 Nr. 8 S. 2 ErbStG angerechnet werden, nicht auf die Steuer für den Erwerb des Endberechtigten gem. § 7 Abs. 1 Nr. 9 S. 2 ErbStG (A. A. *Meincke*, ErbStG, 2012, § 21 Rz. 11a).

49   Hat der Erwerber eines **Renten- oder Nutzungsrechts** die Entrichtung der Steuer jährlich im Voraus von dem Jahreswert gewählt (§ 23 Abs. 1 ErbStG), ist eine ausländische Steuer auf die deutsche Steuer nach dem Kapitalwert, nicht aber auf die Steuer vom Jahreswert unmittelbar anzurechnen (*Jülicher*, in T/G/J, ErbStG, § 21 Rz. 47).

2.1.6 Zahlung der ausländischen Steuer

50   Anrechenbar ist nur die festgesetzte, auf den Erwerber entfallende, gezahlte und keinem Ermäßigungsanspruch unterliegende ausländische Steuer (§ 21 Abs. 1 S. 1 ErbStG). Die Abhängigkeit der Anrechnung der ausländischen Steuer von ihrer Zahlung soll Missbräuchen der Anrechnungsvorschrift vorbeugen (BT-Drs. VI/3418, 73). Die Festsetzung und Zahlung hat der Erwerber durch **Vorlage entsprechender Urkunden** nachzuweisen (§ 21 Abs. 3 ErbStG).

51   Ob die ausländische Steuer einem **Ermäßigungsanspruch** unterliegt, kann u. U. – für den Steuerpflichtigen ebenso wie für die deutsche FinVerw. – nur mit großen Schwierigkeiten festgestellt werden. Ein besonderer Nachweis hierfür wird dem Erwerber durch § 21 Abs. 3 ErbStG nicht abverlangt. Von einer Ermäßigungsmöglichkeit wird man in der Praxis jedenfalls dann nicht mehr ausgehen können, soweit der ausländische Steuerbescheid – nach den Maßstäben des jeweiligen ausländischen Rechts – bestandskräftig ist (so auch FG Köln v. 29.6.2011, 9 K 2690/09, EFG 2012, 152). Die Ermäßigung der ausländischen Steuer hat im Übrigen notwen-

dig zur Folge, dass sich der nach § 21 ErbStG maßgebliche Anrechnungsbetrag entsprechend verringert und mithin im Ergebnis zu einer Erhöhung der deutschen Steuer führt.

Eine **Änderung der ausländischen Steuer**, die nach bestandskräftiger Festsetzung der deutschen Erbschaftsteuer eintritt oder bekannt wird, ist Tatsache i.S.d. § 173 Abs. 1 AO (BFH v. 13.1.2005, II R 48/02, BStBl II 2005, 451 (zur Korrektur der Vermögensteuer nach Änderung des Einkommensteuerbescheids); s.a. *Jülicher*, in T/G/J, § 21 Rz. 50; *Meincke*, ErbStG, 2012, § 21 Rz. 7). Zugleich stellt die erstmalige Festsetzung oder spätere Änderung der ausländischen Steuer regelmäßig ein rückwirkendes Ereignis i.S.d. § 175 Abs. 1 S. 1 Nr. 2 AO dar (BFH v. 22.9.2010, II R 54/09, BStBl II 2011, 247; ebenso *Billig*, UVR 2010, 48; *Jülicher*, ZEV 2011, 151; vgl. nun auch R E 21 Abs. 3 ErbStR 2011). Ob ein Ereignis steuerrechtlich in die Vergangenheit zurückwirkt, beurteilt sich nämlich allein nach den Normen des jeweils einschlägigen materiellen Steuerrechts (BFH v. 14.4.2004, II R 35/03, BFH/NV 2005, 1093). Einen solchen Normzweck wird man der Vorschrift des § 21 ErbStG schon deswegen entnehmen können, weil es um die Anrechnung der tatsächlich gezahlten ausländischen Steuer geht (ebenso *Jülicher*, in T/G/J, ErbStG, § 21 Rz. 50). Da eine ausländische Steuer denklogisch erst nach dem Tod des Erblassers festgesetzt und gezahlt worden sein kann, muss die Festsetzung und Zahlung der ausländischen Steuer auf den Zeitpunkt der Entstehung der ErbSt im Moment des Todes des Erblassers zurückwirken. Für die Schenkungsteuer kann hinsichtlich der Anwendbarkeit des § 175 Abs. 1 S. 1 Nr. 2 AO nichts anderes gelten (BFH v. 22.9.2010, II R 54/09, BStBl II 2011, 247).

Die Abhängigkeit der Anrechnung ausländischer Steuer von ihrer endgültigen Festsetzung und Zahlung kann sich im praktischen Ergebnis für den Erwerber wegen der zunächst festzusetzenden höheren deutschen Steuer nachteilig auswirken. Wird die ausländische Steuer z.B. gestundet oder in Raten entrichtet, kann die Anrechnung u.U. erst nach langer Zeit erfolgen. In derartigen Fällen kommt ggf. eine gem. § 165 AO vorläufige Festsetzung der deutschen Steuer unter Berücksichtigung der voraussichtlich zu zahlenden ausländischen Steuer in Betracht.

Zur Durchführung der Anrechnung bedarf es der Umrechnung der gezahlten ausländischen Steuer auf EUR. Sie ist, ebenso wie der Wert des steuerpflichtigen Erwerbs, nach dem Devisenkurs (sofern ermittelt, dem Briefkurs) umzurechnen, der auf den Zeitpunkt der Entstehung der deutschen Steuer für diesen Zeitpunkt amtlich festgesetzt und im Bundesanzeiger veröffentlicht wird (R E 21 Abs. 2 ErbStR 2011) (BFH v. 19.3.1991, II R 134/88, BStBl II 1991, 521, ebenso R E 21 Abs. 2 ErbStR 2011; a.A. *Jülicher*, in T/G/J, § 21 Rz. 54).

2.1.7 Ermittlung der anrechenbaren Steuer und Durchführung der Anrechnung

Die anrechenbare ausländische Steuer führt zur Kürzung der deutschen Erbschaftsteuer, wobei sich die **Anrechnung betragsmäßig auf die deutsche Steuer beschränkt**. Eine Erstattung der ausländischen Steuer findet also nicht statt. Die deutsche Steuer ist hierbei zunächst so zu berechnen, dass der Auslandserwerb in den steuerpflichtigen Erwerb eingestellt wird.

56 Ist eine anrechenbare **ausländische Steuer aus dem Nachlass** entrichtet worden (z.B. eine nach US-Recht erhobene Nachlasssteuer), so ist diese schon wegen des sich aus § 10 Abs. 8 ErbStG ergebenden Abzugsverbots dem steuerpflichtigen Erwerb hinzuzurechnen (BFH v. 28.2.1979, II R 16/74, BStBl II 1979, 438; zum Ausschluss der Abzugsmöglichkeit der ausländischen Steuer von der Bemessungsgrundlage nach § 10 Abs. 5 ErbStG vgl. Rz. 9). Andernfalls würde die nach § 21 ErbStG anrechenbare ausländische Steuer letztlich doppelt – einmal durch Verminderung des steuerpflichtigen Auslandsvermögens und zum anderen durch Anrechnung nach § 21 ErbStG – berücksichtigt. Von der nach dem Vorstehenden ermittelten deutschen Steuer ist sodann die berücksichtigungsfähige ausländische Steuer abzusetzen.

57 Bezüglich der anrechenbaren Steuer müssen die schon im Einzelnen behandelten Anrechnungsvoraussetzungen gegeben sein. Für die Anrechnung der ausländischen Steuer ist entscheidend, dass derselbe Erwerb mit in- und ausländischer Steuer belastet ist (Rz. 48).

58 Wegen der mit § 21 ErbStG bezweckten Milderung der Doppelbelastung mit in- und ausländischer Steuer ist es erforderlich, dass insoweit jeweils dasselbe Auslandsvermögen im In- und Ausland der Steuer i.S.d. § 21 Abs. 1 S. 1 ErbStG „unterliegt". Nur unter dieser Voraussetzung kann eine Anrechnung der ausländischen Steuer erfolgen.

59 Ausländische und deutsche Steuer müssen sich also auf **dasselbe Vermögen** beziehen. Wie sich aus dem Begriff „unterliegt" ergibt, wird insoweit zunächst nur gefordert, dass es sich um auch im Inland steuerbares, d.h. i.S.d. ErbSt-Rechts um nicht steuerbefreites Auslandsvermögen handeln muss; allerdings ohne Rücksicht auf dessen innerdeutsche Behandlung in bezug auf Freibeträge, Freigrenzen oder Tarifermäßigungen (*Jülicher*, in T/G/J, § 21 Rz. 29) (). Es kommt also nur darauf an, dass das Auslandsvermögen in Deutschland überhaupt steuerbar und **nicht in vollem Umfang steuerfrei** ist (ebenso *Jülicher*, in T/G/J, § 21 Rz. 30). Teilbefreiungen bzw. ein Wertansatz unterhalb des Verkehrswerts (BFH v. 10.7.1963, II 115/62, HFR 1964, 12) oder ein höherer Schuldenabzug (BFH v. 6.6.1963, II 196/61 U, BStBl III 1963, 02) sind insoweit ohne Bedeutung.

60 Soweit das nach § 13a ErbStG i.V.m. § 13b ErbStG **begünstigte Betriebsvermögen**, Vermögen eines Betriebs der Land- und Forstwirtschaft sowie Anteile an Kapitalgesellschaften entsprechend der Mindestbeteiligungsquote von mehr als 25 % Inlandsvermögen i.S.d. § 121 BewG ist, scheidet eine Anrechnung ausländischer Steuer von vornherein aus, weil kein Auslandsvermögen (Rz. 110) vorliegt. Ist das begünstigte Vermögen in einem Mitgliedstaat der EU oder in einem Staat des Europäischen Wirtschaftsraums belegen, scheidet eine Anrechnung aus, sofern die Option gem. § 13a Abs. 8 ErbStG ausgeübt wird; entfällt sie rückwirkend, wird die Anrechnung möglich.

Das gilt selbstverständlich auch für den umgekehrten Fall, in dem die ausländische Steuer nicht ein der deutschen Erbschaftsteuer unterliegendes Auslandsvermögen erfasst.

Besteht der Erwerb nur zum Teil aus Auslandsvermögen, ist § 21 Abs. 1 S. 2 ErbStG zu beachten.

einstweilen frei 61–79

2.2 Erwerb mit teilweisem Auslandsvermögen (§ 21 Abs. 1 Satz 2 ErbStG)

Besteht der Erwerb nur zum Teil aus Auslandsvermögen – d.h. daneben auch zum Teil aus Inlandsvermögen –, so bedarf es zur Durchführung der Anrechnung einer Aufteilung der deutschen Erbschaftsteuer im Verhältnis des steuerpflichtigen Auslandsvermögens zum steuerlichen Gesamtvermögen (BFH v. 11.4.2006, II R 35/05, BStBl II 2006, 627). Dieses **Aufteilungsgebot** ergibt sich aus § 21 Abs. 1 S. 2 ErbStG. Die Anrechenbarkeit der ausländischen Steuer beschränkt sich mithin auf den Teil der inländischen Steuer, der auf das Auslandsvermögen entfällt. Daraus ergibt sich im Ergebnis ein Höchstbetrag der inländischen Steuer, bis zu dem eine Anrechnung der ausländischen Steuer nur möglich ist (dies wird als EU-rechtlich unbedenklich angesehen, vgl. FG Rheinland-Pfalz v. 6.6.2002, 4 K 2643/00, EFG 2002, 1242; FG Rheinland-Pfalz v. 16.6.2005, 4 K 1951/04, EFG 2005, 1446). Übersteigt die auf das entsprechende Auslandsvermögen entfallende ausländische Steuer diesen Höchstbetrag, so mindert der überschießende Betrag die sonstige inländische Steuer nicht. Die höhere Besteuerung eines Nachlassgegenstands im Ausland wirkt sich mithin bezüglich der sonstigen inländischen Steuer nicht mehr zugunsten des Erwerbers aus (BFH v. 11.4.2006, II R 35/05, BStBl II 2006, 627). Dies gilt auch dann, wenn ein und dasselbe Auslandsvermögen als in zwei Staaten belegen gilt und die gezahlten Steuern beider Staaten anzurechnen sind. 80

Bei der Ermittlung des Teilbetrags der deutschen Erbschaftsteuer ist nach dem Wortlaut des § 21 Abs. 1 S. 2 ErbStG auf das **Verhältnis des steuerpflichtigen Auslandsvermögens zum steuerpflichtigen Gesamtvermögen** (genauer Gesamterwerb) abzustellen. Bei der Berechnung des steuerpflichtigen Auslandsvermögens sind **Schulden und Nachlassverbindlichkeiten** abzuziehen, die mit diesem im wirtschaftlichen Zusammenhang stehen. Betreffen die Schulden und Nachlassverbindlichkeiten sowohl das steuerpflichtige Auslandsvermögen als auch das Inlandsvermögen, so bedarf es einer entsprechenden Aufteilung. 81

Die auf das Auslandsvermögen entfallende ausländische Erbschaftsteuer ist auch dann in voller Höhe auf die deutsche Erbschaftsteuer anzurechnen, wenn der Erwerb aus einem ausländischen Nachlass im Inland wegen Abzugs von Nachlassverbindlichkeiten, die im Ausland nicht abgezogen werden können, mit einem niedrigeren Wert als im Ausland zur Erbschaftsteuer herangezogen wird (BFH v. 26.6.1963, II 196/61 U, BStBl III 1963, 402). Das Auslandsvermögen ist mit den Werten anzusetzen, die für die inländische Besteuerung maßgebend sind; **Bewertungsvorschriften des ausländischen Rechts** sind insoweit ohne Bedeutung. Bei dem steuerpflichtigen Gesamtvermögen bleiben steuerfreie Vermögensposten unberücksichtigt. Schulden und Nachlassverbindlichkeiten sind abzuziehen. Die Freibeträge nach § 16 ErbStG und § 17 ErbStG bleiben hingegen außer Betracht (BFH v. 10.7.1963, II 115/62, HFR 1964, 12). 82

83 Bei der nach den vorstehenden Grundsätzen zu ermittelnden Verhältniszahl von steuerpflichtigem Auslandsvermögen zu steuerpflichtigem Gesamtvermögen wird unterstellt, dass alle Teile des Erwerbs von der Erbschaftsteuer gleichmäßig betroffen werden. Der hiernach anzurechnende Höchstbetrag der deutschen Erbschaftsteuer ergibt sich aus der Formel

$$H\ddot{o}chstbetrag = deutsche\ Erbschaftsteuer \times \frac{steuerpfl.\ Auslandsverm\ddot{o}gen}{steuerpfl.\ Gesamtverm\ddot{o}gen}$$

Beispiel:
Der im Inland wohnhafte A ist von seiner Tochter beerbt worden. Das steuerpflichtige Gesamtvermögen beträgt 1,5 Mio. EUR. Hiervon entfallen 500.000 EUR auf steuerpflichtiges Auslandsvermögen, für das eine ausländische Erbschaftsteuer von umgerechnet 100.000 EUR festgesetzt und gezahlt wurde. Die inländische Erbschaftsteuer beträgt unter Berücksichtigung des Freibetrags von 400.000 EUR in der Steuerklasse I 165.000 EUR. Es ergibt sich nach der vorstehenden Formel ein Höchstbetrag (165.000 EUR × 500.000 EUR : 1.500.000 EUR) von 55.000 EUR, der auf die inländische Steuer angerechnet werden kann.

84 Die Berechnung kann dazu führen, dass der persönliche Freibetrag gemäß § 16 ErbStG zwar zutreffend das steuerpflichtige Gesamtvermögen mindert, nach dem die verhältnismäßig aufzuteilende deutsche Erbschaftsteuer berechnet wird, aber dabei durch den Erwerb des ausländischen Vermögens anteilig aufgezehrt wird. Als Folge davon unterliegt das Inlandsvermögen ggf. einer höheren Erbschaftsteuer, als sie ohne die Zugehörigkeit des Auslandsvermögens zum Nachlass angefallen wäre. Dann hätte nämlich der gesamte Freibetrag für das Inlandsvermögen zur Verfügung gestanden (BFH v. 11.4.2006, II R 35/05, BStBl II 2006, 627; zur Europarechtswidrigkeit insoweit Rz. 7).

2.3 Auslandsvermögen in mehreren Staaten (§ 21 Abs. 1 S. 3 ErbStG)

85 Sofern sich das Auslandsvermögen in verschiedenen ausländischen Staaten befindet, ist der darauf jeweils entfallende Teil der deutschen Erbschaftsteuer gem. § 21 Abs. 1 Satz 3 ErbStG für jeden Staat **gesondert zu berechnen**. Die Ermittlung des Höchstbetrags hat mithin für jeden einzelnen Staat gesondert zu erfolgen (sog. per-country limitation).

86 Diese differenzierte Höchstbetragsregelung verhindert, dass eine hohe Steuer in einem ausländischen Staat durch eine niedrigere Steuer in einem anderen Staat ausgeglichen werden kann. § 21 Abs. 1 Satz 3 ErbStG ist rein **fiskalisch motiviert** und verlangt im Einzelfall u.U. sehr komplizierte Einzelberechnungen (krit. *Meincke*, ErbStG, 2012, § 21 Rz. 24). In Ausnahmefällen kann sich die per-country-limitation aber auch zugunsten des Steuerpflichtigen auswirken, wenn nämlich das in einem Auslandsstaat belegene Vermögen nach inländischem Recht einen negativen Steuerwert hat. Dann bewirkt nur die per-country-limitation, dass nicht auch

Anrechnungspotenzial des in einem anderen Staat belegenen Auslandsvermögens verloren geht (*Jülicher*, in T/G/J, ErbStG, § 21 Rz. 62).

Beispiel: Beispiel (*Meincke*, ErbStG, 2012, § 21 Rz. 64):
Die Inlandssteuer für das Auslandsvermögen in den Staaten A, B und C beträgt je 20.000 EUR. Demgegenüber wird an Auslandssteuer gezahlt
1. im Staat A: 30.000 EUR
2. im Staat B: 25.000 EUR
3. im Staat C: 10.000 EUR

Würde das Auslandsvermögen zusammengefasst berücksichtigt, wäre die Auslandssteuer von insgesamt 65.000 EUR bis zu einem Höchstbetrag von 60.000 EUR anrechenbar. Da der Höchstbetrag aber nach Einzelstaaten berechnet werden muss, ist für die Staaten A und B nur je 20.000 EUR, für Staat C nur 10.000 EUR anrechenbar. Der Höchstbetrag vermindert auf diese Weise von 60.000 EUR auf 50.000 EUR.

2.4 Fünfjahreszeitraum (§ 21 Abs. 1 S. 4 ErbStG)

Die ausländische Steuer ist gem. § 21 Abs. 1 S. 4 ErbStG nur anrechenbar, wenn die deutsche Erbschaftsteuer für das Auslandsvermögen innerhalb von fünf Jahren seit dem Zeitpunkt der Entstehung der ausländischen Erbschaftsteuer entstanden ist. Wird der Fünfjahreszeitraum überschritten, ist nach dem Gesetz davon auszugehen, dass es sich **nicht mehr um dasselbe Vermögen** handelt, welche mit der ausländischen und inländischen Steuer belastet ist (*Weinmann*, in Moench/Weinmann, ErbStG, § 21 Rz. 31).

Die Entstehung der deutschen Steuer bestimmt sich nach der Regelung des § 9 ErbStG; der Zeitpunkt der Entstehung der ausländischen Steuer ist nach dem jeweiligen ausländischen Recht zu beurteilen.

§ 21 Abs. 1 S. 4 ErbStG sollte vornehmlich die Anrechnung der ausländischen Erbschaftsteuer, die beim Übergang des Nachlasses auf einen **Trust nach angelsächsischem Recht** entsteht, einer zeitlichen Grenze unterwerfen (BT-Drs. VI/3418, 73), da die ausländische Steuer mit dem Übergang des Nachlassvermögens auf den Trust anfiel, die deutsche Steuer erst bei Beendigung der Tustverwaltung. Mit der Einfügung des § 3 Abs. 2 Nr. 1 S. 2 ErbStG hat die Anrechnungsregel des § 21 Abs. 1 S. 4 ErbStG erheblich an Bedeutung verloren.

§ 21 Abs. 1 S. 4 ErbStG dürfte im Übrigen dahin zu verstehen sein, dass die Anrechnung der ausländischen Steuer nicht nur bei ihrem vor Entstehen der deutschen Steuer liegenden Entstehungszeitpunkt, sondern auch bei ihrem **zeitgleichen Entstehen** mit der deutschen Erbschaftsteuer möglich ist (*Meincke*, ErbStG, 2012, § 21 Rz. 26).

§ 21 Abs. 1 S. 4 ErbStG enthält keine Regelung für den Fall, dass die ausländische Steuer erst **nach** der deutschen Erbschaftsteuer entsteht. Insoweit liegt eine Gesetzeslücke vor, die durch die entsprechende Anwendung des § 21 Abs. 1 S. 4 ErbStG geschlossen werden sollte. Die ausländische Steuer sollte mithin angerechnet werden, wenn die ausländische Steuer innerhalb von fünf Jahren nach der Entstehung der deutschen Steuer entsteht (*Jülicher*, in T/G/J, ErbStG, § 21 Rz. 58; *Schaumburg*, RIW 2001, 161, 168; ebenso FG Köln v. 29.6.2011, 9 K 2690/09, EFG 2012, 152; BayLfSt v. 16.1.2012, S 3831.1.1-1 St 34). Die Änderung eines schon bestandskräftigen Steuerbescheids kann insoweit gem. § 175 Abs. 1 Nr. 2 AO erfolgen (BFH v. 22.9.2010, II R 54/09, BStBl II 2011, 247).

92–109 einstweilen frei

3 Auslandsvermögen (§ 21 Abs. 2 ErbStG)

110 Bezüglich des bei der Anrechnung der ausländischen Steuer maßgebenden Auslandsvermögens differenziert § 21 Abs. 2 ErbStG danach, ob der Erblasser zur Zeit seines Todes Inländer (§ 21 Abs. 2 Nr. 1 ErbStG) oder nicht Inländer (§ 21 Abs. 2 Nr. 2 ErbStG) war (zur Rechtfertigung der Unterscheidung *Meincke*, ErbStG, 2012, § 21 Rz. 27). Der Umfang des Auslandsvermögens ist in beiden Fallvarianten unterschiedlich. Die in der Vorschrift vorausgesetzte Eigenschaft des Inländers bestimmt sich nach § 2 Abs. 1 Nr. 1 S. 2 ErbStG (§ 2 ErbStG Rz. 27).

3.1 Enger Auslandsvermögensbegriff

111 War der Erblasser zur Zeit seines Todes **Inländer** (§ 21 Abs. 2 Nr. 1 ErbStG), so gehören zum Auslandsvermögen alle **Vermögensgegenstände der in § 121 BewG** genannten Art, die auf einen ausländischen Staat entfallen.

112 In der Praxis kann es wegen der durch die Verweisung auf § 121 BewG hervorgerufenen Beschränkung des Auslandsvermögens zur **Doppelbesteuerung** kommen, sofern ein ausländischer Staat andere als die in § 121 BewG bezeichneten Vermögensgegenstände der ausländischen Besteuerung unterwirft. So gehören im Privatvermögen gehaltene Forderungen von Inländern gegen ausländische Schuldner nur dann zum Auslandsvermögen, wenn die Voraussetzungen des § 121 Nr. 7 oder 8 BewG sinngemäß erfüllt sind, wenn also beispielsweise die Forderung durch ausländischen Grundbesitz unmittelbar oder mittelbar gesichert ist. Private Guthaben von Inländern bei ausländischen Banken rechnen danach nicht zum Auslandsvermögen (BFH v. 19.6.2013, II R 10/12, BStBl II 2013, 746; BFH v. 16.1.2008, II R 45/05, BStBl II 2008, 623). Ebenso tritt die Doppelbesteuerung z.B. dann ein, wenn zum steuerpflichtigen Erwerb ein Anteil an einer ausländischen Kapitalgesellschaft, der weniger als ein Zehntel des Grund- oder Stammkapitals der Gesellschaft umfasst (§ 121 Nr. 4 BewG), gehört. Zu einer doppelten Besteuerung einzelner Vermögensgegenstände kommt es schließlich auch dann, wenn ein Erwerber nach einem Wegzug ins Ausland sowohl dort als auch im Inland (gem. § 2 Abs. 1 Nr. 1 Satz 2 Buchst. b ErbStG und § 4 AStG) unbeschränkt steuerpflichtig ist.

113 Die vorgenannten Fallkonstellationen zeigen, dass das einseitige Anrechnungsverfahren – wie in § 21 ErbStG normiert – in **nur begrenztem Umfang zur Vermeidung der internationalen Doppelbesteuerung** führt (krit. daher *Dautzenberg/Brüggemann*, BB 1997, 123, 131 f.). In solchen Fällen kommt aus verfassungsrechtlichen Gründen ein Erlass aus Billigkeitsgründen gem. §§ 163, 227

AO in Betracht (BFH v. 19.6.2012, II R 10/12, BStBl II 2013, 746, unter Bezugnahme auf BVerfG v. 10.11.1998, 2 BvL 42/93, BVerfGE 99, 246).

3.2 Weiter Auslandsvermögensbegriff

War der Erblasser zur Zeit seines Todes **kein Inländer**, so ist der maßgebliche Umfang des Auslandsvermögens durch § 21 Abs. 2 Nr. 2 ErbStG erheblich erweitert. Hiernach gehören zum Auslandsvermögen alle Vermögensposten, die **nicht Inlandsvermögen** i. S. d. § 121 BewG sind. Mit § 21 Abs. 2 Nr. 2 ErbStG wird mithin – anders als mit § 21 Abs. 2 Nr. 1 ErbStG – das maßgebliche Auslandsvermögen negativ in der Weise abgegrenzt, dass alle nicht in § 121 BewG genannten Vermögensposten als Auslandsvermögen gelten. Damit wird im Ergebnis eine sehr **weitgehende Anrechnungsmöglichkeit** der ausländischen Steuer eröffnet. Dem liegt die Erwägung zugrunde, dass die unbeschränkte Steuerpflicht nach deutschem Recht allein aus der Inländereigenschaft des Erwerbers abzuleiten ist und der Erwerb bereits im Wohnsitzstaat des Erblassers/Schenkers in seiner Gesamtheit besteuert worden ist. Die Anrechnung wird aufgrund § 21 Abs. 2 Nr. 2 ErbStG im Ergebnis z. B. auch dann zugelassen, wenn eine inländische Beteiligung an einer Kapitalgesellschaft unterhalb der Beteiligungsgrenze von 10 % bleibt (§ 121 Nr. 4 BewG). Wegen der damit eröffneten Anrechnungsmöglichkeit ausländischer Steuern auf an sich dem Inland zuzuordnende Vermögensposten ist§ 21 Abs. 2 Nr. 2 ErbStG konzeptionell als verfehlt anzusehen (*Meincke*, ErbStG, 2012, § 21 Rz. 32). 114

einstweilen frei 115–119

4 Nachweis von Anrechnungsvoraussetzungen (§ 21 Abs. 3 ErbStG)

§ 21 Abs. 3 S. 1 ErbStG konkretisiert die wegen des Auslandsbezugs der Anrechnung bestehende erhöhte Mitwirkungspflicht nach § 90 Abs. 2 AO. Die Vorschrift verpflichtet den Erwerber, über die Höhe des Auslandsvermögens und über die Festsetzung und Zahlung der ausländischen Steuer einen Nachweis durch **Vorlage entsprechender Urkunden** zu führen. Bezüglich der Höhe des Auslandsvermögens besteht die Nachweispflicht nur für solches Auslandsvermögen, das für die Anrechnung der ausländischen Steuer bedeutsam ist. Die Nachweispflicht **entfällt für steuerfreies Auslandsvermögen** (*Meincke*, ErbStG, 2012, § 21, Rz. 33). Bezüglich der nachzuweisenden Höhe des Auslandsvermögens bedarf es ggf. auch Angaben über seine Bewertung. Der Erwerber genügt seiner Nachweispflicht hinsichtlich der Festsetzung und Zahlung der ausländischen Steuer in jedem Fall dann, wenn er den **Steuerbescheid** der ausländischen Stelle und den Zahlungsbeleg vorlegt. 120

Häufig können Erwerber diese Unterlagen jedoch nicht erbringen. Dies ist z. B. dann der Fall, wenn einem Dritten gegenüber (z. B. Testamentsvollstrecker oder Geldinstitut) die Steuerfestsetzung erfolgte und dieser auch die ausländische Steuer entrichtet hat. Hier genügt es regelmäßig, wenn der Erwerber die entsprechenden **Abrechnungsunterlagen des Dritten** vorlegt (ebenso *Jülicher*, in T/G/J, § 21 Rz. 81; Meincke, ErbStG, 2012, § 21 Rz. 34). 121

Sofern Urkunden in einer **fremden Sprache** abgefasst sind, hat der Erwerber auf Verlangen eine beglaubigte Übersetzung in deutscher Sprache vorzulegen (§ 21 122

	Abs. 3 S. 2 ErbStG). Die Kosten hierfür gehören zu den Nachlassverbindlichkeiten (§ 10 Abs. 5 Nr. 3 ErbStG).
123–139	einstweilen frei

5 Anrechnung aufgrund eines DBA (§ 21 Abs. 4 ErbStG)

140 § 21 Abs. 4 ErbStG bestimmt, dass eine in einem DBA vereinbarte Steueranrechnung nach den Grundsätzen des § 21 Abs. 1 – 3 ErbStG vorzunehmen ist. Die Vorschrift regelt lediglich die technischen Anwendungsmodalitäten der Anrechnung ausländischer Steuern, sofern in einem DBA die **Anrechnungsmethode** (vgl. etwa Art. 11 Abs. 2a, 3a, DBA-Erb USA; Art. 10 Abs. 1 Buchst. b DBA-Erb Schweiz; Art. 26 DBA Dänemark sowie Art. 9B OECD-Musterabkommen) vereinbart ist und das DBA für die Anrechnung selbst keine näheren Regelungen enthält.

141 Ist hingegen eine Doppelbesteuerung aufgrund der **Freistellungsmethode** (vgl. etwa Art. 10 Abs. 1 Buchst. a DBA-Erb Schweiz sowie Art. 9A OECD-Musterabkommen) unmittelbar durch ein DBA beseitigt, ist für eine Anrechnung der ausländischen Steuer kein Raum.

§ 22 Kleinbetragsgrenze

Von der Festsetzung der Erbschaftsteuer ist abzusehen, wenn die Steuer, die für den einzelnen Steuerfall festzusetzen ist, den Betrag von 50 EUR nicht übersteigt.

Inhalt

		Rz.
1	Allgemeines	1–4a
2	Praktische Auswirkungen	5
3	Kleinbetragsverordnung	–9
4	Kleinbetragsregelungen im Erhebungsverfahren	10

1 Allgemeines

Die in dieser Vorschrift bestimmte Kleinbetragsgrenze dient der **Verwaltungsvereinfachung** (BT-Drs. VI/3418, 73). Die Kleinbetragsgrenze gilt sowohl bei Erwerben von Todes wegen als auch bei Schenkungen unter Lebenden. § 22 ErbStG begründet einen Rechtsanspruch darauf, dass das Finanzamt von der Festsetzung einer Steuer von nicht mehr als 50 EUR absieht. Ein Ermessen steht dem Finanzamt insoweit nicht zu. 1

Die Kleinbetragsgrenze gilt nach dem Wortlaut des § 22 ErbStG „für den einzelnen Steuerfall". Bei einem **Erbfall mit mehreren Beteiligten** ist deshalb nicht auf die Gesamtheit der Erwerbe, sondern auf den einzelnen Vermögensfall bei jedem einzelnen Erwerber abzustellen (H E 22 ErbStH 2011 „Anwendung der Kleinbetragsgrenze nach § 22 ErbStG in Erbfällen"). 2

Die Kleinbetragsgrenze ist eine Freigrenze. Wird diese Grenze von 50 EUR überschritten, ist die Steuer in voller Höhe (d. h. ohne Abzug von 50 EUR) festzusetzen. 3

Bei der jährlichen Besteuerung nach § 23 ErbStG gilt die Kleinbetragsgrenze für den Gesamtbetrag der Jahressteuerbeträge und nicht für den einzelnen Jahressteuerbetrag. 4

Die sachliche Rechtfertigung der Regelung ist zweifelhaft, da sich die Verwaltungstätigkeit dadurch nur wenig vereinfacht. § 22 ErbStG enthebt nämlich die Verwaltung nicht der Verpfichtung, den steuerpflichtigen Erwerb zu ermitteln und zu bewerten (S.a. *Jülicher*, in T/G/J, ErbStG § 22 Rz. 1; *Richter*, in V/K/S/W, ErbStG § 22 Rz. 1), sondern ermächtigt sie lediglich dazu, von der Festsetzung der Steuer abzusehen. Die eigentliche Herausforderung der Verwaltung besteht jedoch darin, dass aus der Vielzahl der Anzeigen diejenige Fälle herausgefiltert werden müssen, denen fiskalische Relevanz zukommt. Dabei ist der Grundsatz der Wirtschaftlichkeit des Verwaltungshandelns zu beachten, dem durch die Neufassung des § 88 AO (geändert durch Art. 1 Nr. 12 Gesetz zur Modernisierung des Besteuerungsverfahrens v. 18.7.2016, BGBl I 2016, 1679; zum Inkrafttreten vgl. Art. 97 § 1 EGAO) mittlerweile Gesetzesrang zukommt. Im Vergleich hierzu sind die Einsparpotentiale aufgrund des § 22 ErbStG von vernachlässigbarem Gewicht. 4a

2 Praktische Auswirkungen

5 Aufgrund der Kleinbetragsgrenze bleiben Erwerbe – ohne Berücksichtigung der Freibeträge nach § 16 ErbStG – in folgender Höhe steuerfrei:

Steuerklasse I: 799,99 EUR (Abrundung auf 700 EUR gem. § 10 Abs. 1 S. 6 ErbStG, also bei Steuersatz 7 % = Steuer 49 EUR)

Steuerklasse II: 399,99 EUR (Abrundung auf 300 EUR gem. § 10 Abs. 1 S. 6 ErbStG, also bei Steuersatz 15 % = Steuer 45 EUR)

Steuerklasse III: 199,99 EUR (Abrundung auf 100 EUR gem. § 10 Abs. 1 S. 6 ErbStG, also bei Steuersatz 30 % = Steuer 30 EUR)

Unter Berücksichtigung des Freibetrags nach § 16 ErbStG ist z. B. der Erwerb eines Kindes in der Steuerklasse I Nr. 2 bis 400.799,99 EUR steuerfrei.

3 Kleinbetragsverordnung

Auf die Festsetzung von Erbschaft- und Schenkungsteuer findet gem. § 1 Abs. 1 Nr. 4 KBV die Kleinbetragsverordnung (Erlassen als Art. 26 Gesetz zur Umrechnung und Glättung steuerlicher Euro-Beträge (Steuer-Euroglättungsgesetz – StEuglG) v. 19.12.2000, BGBl I 2000, 1790, 1805, geändert durch Art. 3 Gesetz zur Modernisierung des Besteuerungsverfahrens v. 18.7.2016, BGBl I 2016, 1679) Anwendung. Die aktuelle Fassung der Kleinbetragsverordnung ist anwendbar auf Steuern, die nach dem 31.12.2016 entstanden sind (Art. 97 § 9a Abs. 3 S. 1 EGAO).

7 Nach der Kleinbetragsverordnung unterbleiben Änderungen der Steuerfestsetzung, wenn bestimmte betragsmäßige Grenzen nicht überschritten sind. **Nicht erfasst** werden erstmalige Festsetzungen (insoweit geht § 22 ErbStG vor), sondern nur die Änderung (z. B. nach §§ 172 ff. AO) und Berichtigung (§ 129 AO). Die Kleinbetragsverordnung gilt auch für das Rechtsbehelfsverfahren und Steuerfestsetzungen nach §§ 164, 165 AO. Auch die Änderung eines Freistellungsbescheides oder einer Ablehnung eines Antrags auf Steuerfestsetzung fällt unter die Kleinbetragsregelung, nicht jedoch eine abweichende Entscheidung nach einer NV-Verfügung (*Frotscher*, in Schwarz, AO Kommentar, § 156 AO Rz. 3 ff).

8 § 1 Abs. 1 Nr. 1 KBV sieht vor, dass Festsetzungen der Einkommensteuer nur geändert oder berichtigt werden, wenn die Abweichung von der bisherigen Festsetzung bei einer Änderung oder Berichtigung zugunsten des Steuerpflichtigen mindestens 10 EUR und bei einer Änderung oder Berichtigung zuungunsten des Steuerpflichtigen mindestens 25 EUR beträgt (für Steuern, die vor dem 1.1.2017 entstanden sind, galt auch für Änderungen zuungunsten des Steuerpflichtigen eine Grenze von 10 EUR, vgl. Art. 97 § 9a Abs. 3 S. 2 EGAO; s. a. BFH v. 16.2.2011, X R 21/10, BStBl II 2011, 671).

9 Wird die Berichtigung in einem Fall erforderlich, in dem die Steuer zunächst wegen Nichtüberschreitens der Kleinbetragsgrenze nicht erhoben worden ist, so ist für die Anwendung des § 1 Abs. 1 KBV von der Steuer auszugehen, die sich ohne § 22 ErbStG ergeben hätte. Zu einer erstmaligen Steuerfestsetzung kommt es aber nur dann, wenn sowohl die Voraussetzungen des § 22 ErbStG als auch die des § 1 Abs. 1

Kleinbetragsgrenze § 22

KBV erfüllt sind. Zum Zusammenwirken von § 22 ErbStG und § 1 Abs. 1 KBV das nachfolgende Beispiel (*Jülicher*, in T/G/J, ErbStG, § 22 Rz. 5; Beispiel ebenda):

Bisherige Steuer (EUR)	Neue Steuer (EUR)	Differenzbetrag (EUR)	Neue Steuerfestsetzung (EUR)
100	150	50	150
100	118	18	§ 1 KBV: unterbleibt
0 (materiell 20)	45	25	§ 22 ErbStG: unterbleibt
0 (materiell 45)	50	5	§ 1 KBV: unterbleibt
0 (materiell 45)	70	25	70

4 Kleinbetragsregelungen im Erhebungsverfahren

Die Kleinbetragsverordnung **gilt nur für das Steuerfestsetzungsverfahren**. Für das Erhebungsverfahren hat die Steuerverwaltung im Verwaltungswege eine Kleinbetragsregelung getroffen (BMF v. 22.3.2001, IV A 4 – S 0512 – 2/01, BStBl I 2001, 242 (gilt fort, vgl. BMF v. 23.4.2010, IV A 6 – O 1000/09/10095)). Danach gilt folgende Regelung (*Frotscher*, in Schwarz, AO Kommentar, § 156 AO Rz. 10): 10

- Beträge von **weniger als 3 EUR** braucht der Steuerpflichtige erst dann zu zahlen, wenn unter derselben Steuernummer Beträge von insgesamt mindestens 3 EUR fällig werden. Die unter derselben Steuernummer fällig werdenden Kleinbeträge werden also gesammelt und brauchen erst dann entrichtet zu werden, wenn ihre Summe insgesamt 3 EUR erreicht.
- Ist eine **Einzugsermächtigung** erteilt, werden Beträge von weniger als 3 EUR nicht zum Fälligkeitstag, sondern zusammen mit dem nächsten fälligen Betrag abgebucht.
- **Säumniszuschläge** von insgesamt weniger als 5 EUR unter derselben Steuernummer werden nicht gesondert angefordert, können aber zusammen mit anderen Beträgen angefordert werden.
- **Rückständige Beträge** von weniger als 3 EUR werden nicht angemahnt. Beträge zwischen 3 und 9,99 EUR werden nach Ablauf des Jahrs angemahnt. Die Beträge beziehen sich auf die Summe der unter einer Steuernummer rückständigen Beträge einschließlich Nebenleistungen.
- In allen Fällen betrifft die Regelung nicht **Aufrechnung und Umbuchung**. Auch Kleinbeträge können daher durch Aufrechnung getilgt werden.
- **Kleinstbeträge** von weniger als 1 EUR werden weder erhoben noch erstattet. Diese Grenze gilt für alle in einem Bescheid abgerechneten Beträge.

§ 23 Besteuerung von Renten, Nutzungen und Leistungen

(1) ¹Steuern, die von dem Kapitalwert von Renten oder anderen wiederkehrenden Nutzungen oder Leistungen zu entrichten sind, können nach Wahl des Erwerbers statt vom Kapitalwert jährlich im voraus von dem Jahreswert entrichtet werden. ²Die Steuer wird in diesem Fall nach dem Steuersatz erhoben, der sich nach § 19 für den gesamten Erwerb einschließlich des Kapitalwerts der Renten oder anderen wiederkehrenden Nutzungen oder Leistungen ergibt.

(2) ¹Der Erwerber hat das Recht, die Jahressteuer zum jeweils nächsten Fälligkeitstermin mit ihrem Kapitalwert abzulösen. ²Für die Ermittlung des Kapitalwerts im Ablösungszeitpunkt sind die Vorschriften der §§ 13 und 14 des Bewertungsgesetzes anzuwenden. ³Der Antrag auf Ablösung der Jahressteuer ist spätestens bis zum Beginn des Monats zu stellen, der dem Monat vorausgeht, in dem die nächste Jahressteuer fällig wird.

Inhalt		Rz.
1	Allgemeines	1–19
2	Wahlrecht der Steuerentrichtung (§ 23 Abs. 1 ErbStG)	20–69
2.1	Wiederkehrende Leistungen	20–24
2.2	Jahresversteuerung	25–47
2.2.1	Jahreswert	31–33
2.2.2	Berechnung der Jahressteuer	34–42
2.2.3	Dauer und Berichtigung der Jahresbesteuerung	43–47
2.3	Wahlrecht; Antragserfordernis	48–69
3	Ablösung der Jahressteuer (§ 23 Abs. 2 ErbStG)	70–89
4	Entscheidungskriterien zur Wahl der Jahresversteuerung	90–96

1 Allgemeines

Besteht der Erwerb in einer Rente oder anderen wiederkehrenden Nutzungen und Leistungen (z.B. Nießbrauch), so gewährt § 23 Abs. 1 ErbStG dem Erwerber ein **Wahlrecht** hinsichtlich der Steuerentrichtung: Der Erwerber kann die nach dem Kapitalwert dieser Erwerbe (§ 12 Abs. 1 ErbStG i.V.m. §§ 12 bis 16 BewG) zu berechnende Steuer entweder **sofort** entrichten. Er kann aber auch eine **jährliche Versteuerung** wählen. Letztere mildert die finanziellen Auswirkungen der sofortigen Steuerentrichtung. Diese kann für den Erwerber dann zu einer Härte führen, wenn sich unter Berücksichtigung des Kapitalwerts eine hohe Steuer ergibt, für deren sofortige Begleichung die liquiden Mittel fehlen. Mit der jährlich im Voraus zu zahlenden Steuer nach dem Jahreswert kann der Erwerber die Steuer in gleichen Schritten den vereinnahmten wiederkehrenden Jahresleistungen entnehmen. In der Sache bedeutet die Versteuerung nach dem Jahreswert eine **besondere Art der Stundung**. (*Jülicher*, in T/G/J, ErbStG, § 23 Rz. 2, versteht dies als neue Modalität der Steuerberechnung; s.a. *Meincke*, ErbStG, 2012, § 23 Rz. 2; FG Hamburg v. 12.8.1986, II 261/84, EFG 1987, 130).

1

2	§ 23 Abs. 2 ErbStG räumt dem Erwerber das Recht ein, die Jahressteuer jederzeit zum nächsten Fälligkeitstermin **mit ihrem Kapitalwert abzulösen**.
3	§ 23 ErbStG findet sowohl auf **Erwerbe von Todes wegen als auch auf Schenkungen** unter Lebenden Anwendung. Die Vorschrift setzt einen steuerpflichtigen Erwerb i.S.d. § 10 ErbStG voraus. Eine dem § 23 ErbStG ähnliche Regelung enthält § 24 ErbStG bezüglich der Ersatzerbschaftsteuer für Familienstiftungen und -vereine. Während § 24 ErbStG letztlich nur die Verteilung eines Steuerbetrags bezweckt, zieht § 23 ErbStG die Folgerung daraus, dass es sich beim Erwerb einer Rente oder anderer wiederkehrender Nutzungen und Leistungen wirtschaftlich um einen sukzessiven Erwerb handelt.
4	§ 25 ErbStG a.F. betraf demgegenüber die steuerliche Behandlung des Nutzungsbelasteten. § 23 ErbStG und § 25 ErbStG a.F. kamen nebeneinander zur Anwendung (zur Berechnung des Stundungsbetrags nach § 25 Abs. 1 S. 2 ErbStG a.F. in diesen Fällen vgl. eingehend *Martin*, Inf 1981, 157). § 25 ErbStG wurde mit Wirkung vom 1.1.2009 aufgehoben.
5–19	einstweilen frei

2 Wahlrecht der Steuerentrichtung (§ 23 Abs. 1 ErbStG)

2.1 Wiederkehrende Leistungen

20	§ 23 ErbStG ist nur auf Steuern anwendbar, die von dem Kapitalwert von Renten oder anderen wiederkehrenden Nutzungen oder Leistungen zu entrichten sind. **Renten** sind nach der an das bürgerliche Recht anknüpfenden Definition fortlaufend wiederkehrende, gleichmäßige bzw. bei rentenähnlichen wiederkehrenden Leistungen in veränderlicher Höhe anfallende, zahlen- oder wertmäßige festgelegte Leistungen in Geld oder Geldeswert aufgrund eines Stammrechts, auf die der Empfänger für eine gewisse Zeitdauer einen Anspruch hat. **Nutzungen** sind Früchte oder Gebrauchsvorteile eines Sache oder eines Rechts (§ 100 BGB). Zu den wiederkehrenden Nutzungen oder Leistungen gehören Renten- und Nutzungsrechte aller Art. Hauptsächliche Anwendungsfälle des § 23 ErbStG sind der **Nießbrauch** und das **Rentenvermächtnis**. Die Berechnung des Kapitalwerts der Renten usw. erfolgt nach § 12 Abs. 1 ErbStG i.V.m. §§ 13 bis 16 BewG.
21	Auf den Erwerb einer unverzinslichen, über einen längeren Zeitraum **in Raten zu tilgenden Kapitalforderung** ist § 23 ErbStG seinem Wortlaut nach nicht anwendbar. Die Rechtsprechung (FG Hamburg v. 27.9.1977, V 18/77, EFG 1978, 25; im Ergebnis bestätigt durch BFH v. 9.12.1981, II R 143/77, Haufe-Index 1179009; anders aber für Pflichtteilsanspruch BFH v. 11.2.2010, II B 123/09, BFH/NV 2010, 902; s.a. *Jülicher*, in T/G/J, ErbStG § 23 Rz. 3) hat gleichwohl die entsprechende Anwendung des § 23 ErbStG im Fall der Restlaufzeit einer Kapitalforderung von sieben Jahren bejaht und sich zur Begründung auf den Gesetzeszweck des § 23 ErbStG sowie auf die Einkommensbesteuerung der Tilgungsflüsse berufen. Diese Rechtsauffassung erscheint angesichts des auf den „Kapitalwert" abstellenden Wortlauts des § 23 ErbStG nicht zutreffend (ebenso BFH v. 23.2.1994, X R 123/92, BStBl II 1994, 690), zumal einer im Einzelfall unbilligen Härte durch Stundung (§ 222 AO) begegnet werden kann (krit.

unter Hinweis auf den fehlenden Rechtsanspruch und die hohe Verzinsung *Jülicher*, in T/G/J, ErbStG § 23 Rz. 4).

§ 23 ErbStG ist nicht auf Erbbauzinsen anwendbar. Der Anspruch des Eigentümers eines erbbaurechtsbelasteten Grundstücks auf den Erbbauzins stellt zwar ein Recht auf wiederkehrende Leistungen dar. Seit der Neuregelung des Erbschaft- und Schenkungsteuerrechts durch das JStG 1997 war gemäß § 148 Abs. 1 S. 3 BewG a. F. das Recht auf den Erbbauzins aber nicht mehr neben dem erbbaurechtsbelasteten Grundstück selbstständiger Erwerbsgegenstand (BFH v. 29.8.2003, II B 70/03, BStBl II 2003, 944, BFH/NV 2003, 1660). Bei der Ermittlung des Verkehrswerts der wirtschaftlichen Einheiten des Erbbaurechts und des Erbbaugrundstücks geht der Erbbauzins in die Bewertung mit ein (§ 193 Abs. 3 S. 1 Nr. 2 BewG bzw. § 194 Abs. 3 BewG, vgl. hierzu die Kommentierung zu § 12 Rz. 557 ff.; anders für die alte Rechtslage vor dem 1.1.1996, § 92 Abs. 5 BewG; s. a. FG München v. 18.7.2000, 4 V 4808/09, EFG 2000, 1265). Das Recht auf ihn kann daher nicht weiterer selbstständiger Erwerbsgegenstand sein.

22

Bei Erwerben vor dem 1.1.1996 war der Erbbauzinsanspruch dagegen gem. § 12 Abs. 2 ErbStG a. F. i. V. m. § 92 Abs. 5 BewG nicht als Bestandteil des Grundstücks anzusehen und damit als weiterer Erwerbsgegenstand zu berücksichtigen.

§ 23 ErbStG ist nicht auf freigebige Zuwendungen **erbbaurechtsbelasteter Grundstücke** anwendbar (BFH v. 29.8.2003, II B 70/03, BFH/NV 2003, 944, BFH/NV 2003, 1660). Das Besteuerungswahlrecht des § 23 ErbStG folgt auch nicht daraus, dass gemäß § 194 Abs. 3 S. 1 BewG der Erbbauzins zu kapitalisieren ist und in die Bewertung des Erbbaugrundstücks einfließt. Insoweit ist die Kapitalisierung lediglich Bewertungsmethode; § 23 ErbStG setzt aber einen mit dem Kapitalwert zu bewertenden Erwerbsgegenstand voraus. Alleiniger Erwerbsgegenstand ist das erbbaurechtsbelastete Grundstück.

23

Der **Verzicht auf** einen **Vorbehaltsnießbrauch** eröffnet nicht das Wahlrecht, selbst wenn man hierin die Zuwendung eines Nutzungsrechts sehen wollte (§ 7 Abs. 1 Nr. 1 ErbStG). Die Steuer wird nicht „von dem Kapitalwert von Renten oder anderen wiederkehrenden Nutzungen oder Leistungen" entrichtet, sondern aus dem nun unbelastet zur Verfügung stehenden Vermögensgegenstand. Ausnahmsweise ist jedoch § 23 ErbStG anwendbar, wenn der Verzicht nicht dem Eigentümer, sondern einem Dritten zugute kommt, insbesondere einem sukzessiv berufenen Nießbrauchsberechtigten (ebenso *Jülicher*, in T/G/J, ErbStG, § 23 Rz. 5).

24

2.2 Jahresversteuerung

Wird die Jahresversteuerung gewählt, so ist Ausgangswert der jährlich im Voraus zu entrichtenden Steuer der anstelle des Kapitalwerts anzusetzende **Jahreswert**. Dieser ist nach der Konzeption des Gesetzes der **auf das Einzeljahr bezogene Teilbetrag des Kapitalwerts**; der Wert aller Jahresbeträge entspricht in der Summe dem Kapitalwert. Die Jahresversteuerung verfolgt allerdings lediglich den Zweck, dem Berechtigten wegen des Hinausschiebens der Fälligkeit der einzelnen Jahresbeträge eine andere Art der Steuerentrichtung zu gestatten.

25

26 Der Umfang der Steuerpflicht bleibt unberührt. Die Steuer vom Jahreswert der Rente ist keine gesonderte, neben der Steuer vom Kapitalwert festzusetzende Schenkungsteuer; deswegen ist gemäß § 21 ErbStG eine ausländische Steuer auf die deutsche Steuer nach dem Kapitalwert, nicht aber auf die Steuer vom Jahreswert unmittelbar anzurechnen (ebenso *Jülicher*, in T/G/J, ErbStG, § 21 Rz. 47).

27 Die Steuer **entsteht** auch im Fall der Jahresversteuerung bereits in dem sich aus § 9 ErbStG ergebenden Zeitpunkt, der auch für die Versteuerung nach dem Kapitalwert maßgebend ist (BFH v. 8.6.1977, II R 79/69, BStBl II 1979, 562; zur Berichtigungsmöglichkeit der festgesetzten Jahressteuer vgl. Rz. 43 ff).

28 Die Wahl der Jahresversteuerung lässt auch die **Besteuerungsgrundlagen** selbst unberührt. Eine Veränderung der Jahressteuer wird deshalb nicht durch solche Ereignisse herbeigeführt, die nicht zu den rechtlichen Grundlagen des Anfalls der wiederkehrenden Nutzungen oder Leistungen gehören, vielmehr zwischen dem Berechtigten und dem Verpflichteten erst nach Entstehung des Anspruches vereinbart werden. Auch spätere gesetzliche Änderungen des Steuertarifs haben daher keinen Einfluss auf die Höhe der Jahressteuer.

29 Bei der Jahresversteuerung ergeht nur *ein* Steuerbescheid, mit dem die künftig zu zahlenden Jahressteuerbeträge für die gesamte Laufzeit festgesetzt werden. Spätere Gesetzesänderungen lassen die Höhe der Jahressteuer unberührt (FG Münster v. 18.9.2001, 3 K 99/98, EFG 2003, 1029; *Jülicher*, in T/G/J, ErbStG § 23 Rz. 11).

30 Bezüglich des **Erwerbs weiteren Vermögens**, das neben dem Rentenrecht usw. erworben wurde, verbleibt es bei der Sofortbesteuerung. In diesem Fall setzt das Finanzamt zusammen mit der Sofortsteuer auch die erste Jahressteuer fest.

2.2.1 Jahreswert

31 Der Ausgangswert der jährlich im Voraus zu entrichtenden Steuer ist der anstelle des Kapitalwerts anzusetzende Jahreswert. Seine Ermittlung ist nach § 15 BewG, § 16 BewG vorzunehmen, wobei die Wertverhältnisse im Zeitpunkt der Entstehung der Steuerschuld (§ 9 ErbStG) maßgebend sind. Der Jahreswert ist nicht um die Einkommensteuer zu kürzen, die bei dem Anfall der jeweiligen Nutzung entsteht (BFH v. 8.6.1977, II R 79/69, BStBl II 1979, 562).

32 Ist die Höhe der Jahresnutzung in ihrem Betrag ungewiss oder schwankend, so ist in Anwendung des § 15 Abs. 3 BewG ein Durchschnittsbetrag und dementsprechend die Jahressteuer festzusetzen (BFH v. 8.6.1977, II R 79/69, BStBl II 1979, 562). § 23 ErbStG lässt es nicht zu, die Laufzeit der Rente in einzelne Abschnitte aufzuspalten und jeweils für diese Abschnitte einzelne Steuerbescheide zu erlassen (BFH v. 11.10.1957, III 139/56 U, BStBl III 1957, 447; BFH v. 8.6.1977, II R 76/69, BStBl II 1979, 562).

33 Der Jahreswert bleibt grundsätzlich für die gesamte Laufzeit der Jahressteuer maßgebend. **Nachträgliche Änderungen** im tatsächlichen Ertrag der Rente usw., d. h. in der Höhe der jährlichen Jahresleistungen, sind grundsätzlich unbeachtlich (BFH v. 8.6.1977, II R 79/69, BStBl II 1979, 562). Bei Ausbleiben der Rentenzahlungen wegen Insolvenz des Verpflichteten kommt jedoch zumindest dann ein Billigkeitserlass (§ 163 AO) in Betracht, wenn der Erwerber den Antrag auf Ablösung erst lange Zeit

nach Beginn des Zahlungsausfalls stellt und nicht damit zu rechnen ist, dass er weitere Rentenzahlungen erhalten wird (BFH v. 22.10.2014, II R 4/14, BStBl II 2015, 237; s. dazu *Pahlke*, BFH/PR 2015, 63; *Meßbacher-Hönsch*, HFR 2015, 262. Zu den Berichtigungsmöglichkeiten bei der Jahresbesteuerung s. a. Rz. 43 ff).

2.2.2 Berechnung der Jahressteuer

Maßgebend für die zu erhebende Jahressteuer ist gem. § 23 Abs. 1 S. 2 ErbStG der **Steuersatz, der sich für den gesamten Erwerb** – d. h. den Kapitalwert der Rente usw. zuzüglich des sonstigen Erwerbs – ergibt. Damit soll sichergestellt werden, dass die Gesamtbereicherung des Erwerbers erfasst wird (so bereits RFH v. 13.10.1933, V eA 1061/31, RStBl 1934, 149). Ebenso sind die nach Maßgabe des § 14 ErbStG zu berücksichtigenden **Vorerwerbe** einzubeziehen (BFH v. 8.6.1977, II R 79/69, BStBl II 1979, 562). Für den – nach Abzug von Freibeträgen – verbleibenden Betrag ist der maßgebende Steuersatz nach § 19 ErbStG zu ermitteln. Hierbei ist auch die Tarifvorschrift des § 19 Abs. 3 ErbStG (Härteausgleich) zu berücksichtigen (BFH v. 23.9.1955, III 90/53 U, BStBl 1955 III, 321). Die Tarifbegrenzung gemäß § 19a ErbStG ist dagegen nicht zu berücksichtigen, da ansonsten auch nicht begünstigtes Vermögen entlastet würde (*Stempel*, UVR 2000, 390).

34

Bei der Ermittlung des steuerpflichtigen Erwerbs ist dieser gem. § 10 Abs. 1 S. 6 ErbStG **auf volle 100 EUR abzurunden.** Eine weitere Abrundung des Jahreswerts der Rente usw. findet nicht statt, insbes. ist auch nicht der einzelne Jahreswert abzurunden, da er lediglich Teil des steuerpflichtigen Erwerbs insgesamt ist (BayLfSt v. 14.1.2013, S 3810.1.1-6/St 34, juris).

35

Bei der Berechnung der Jahressteuer sind, obgleich der Wortlaut des § 23 Abs. 1 ErbStG dies nicht ausdrücklich erwähnt, auch die **Freibeträge** nach §§ 16, 17 ErbStG zu berücksichtigen. Dies ist freilich nur dann möglich, wenn die Freibeträge nicht bereits bei der Sofortbesteuerung des zusätzlich erworbenen, nicht § 23 ErbStG unterfallenden Vermögens ihrem Betrag nach vollständig verbraucht wurden. Da sich die Freibeträge nach §§ 16, 17 ErbStG auf den steuerpflichtigen Erwerb insgesamt beziehen, könnten sie anteilig und gleichmäßig allen steuerpflichtigen Teilen des Erwerbs verhältnismäßig zugeordnet werden (d. h. sowohl dem steuerpflichtigen Erwerb der Rente usw. als auch den sofort zu versteuernden sonstigen Erwerbsteilen) (FG Hamburg v. 12.8.1986, II 261/84, EFG 1987, 130). Vorteilhafter ist es jedoch, die Freibeträge vorrangig dem Vermögen zuzuordnen, das der Sofortbesteuerung unterliegt (H E 23 ErbStH; zustimmend Jülicher, in T/G/J, ErbStG § 23 Rz. 17). Entsprechendes gilt für die steuerfreie Zugewinnforderung (BayLfSt v. 14.1.2013, S 3804.1.1-3/St 34, juris).

36

Im Rahmen der Berechnung der Steuer ist auch der Härteausgleich gem. § 19 Abs. 3 ErbStG zu berücksichtigen (BFH v. 23.9.1955, III 90/53 U, BStBl III 1955, 321 (zu § 33 ErbStG a. F.).

37

Bei der Berücksichtigung der Freibeträge – einschl. der Berücksichtigung einer fiktiven Zugewinnausgleichsforderung – folgt die FinVerw. im Regelfall der sog. **Aufzehrungsmethode** (H E 23 ErbStH 2011 „Abzug persönlicher Freibeträge").

38

Dies bedeutet: Die Jahressteuer bleibt so lange unerhoben, bis der Erwerber Bezüge in Höhe des (restlichen) Freibetrags erhalten hat.

39 Dieses Vorgehen ist für den Steuerpflichtigen wegen einer per Saldo höheren steuerlichen Belastung dann **nachteilig**, wenn die Jahressteuer tatsächlich für einen längeren Zeitraum zu entrichten ist als er der Vervielfältigung der Jahreswerte zum Kapitalwert zugrunde liegt. Die Aufzehrmethode hingegen ist rechnerisch im Ergebnis **vorteilhaft**, wenn die Jahressteuer nur für einen kürzeren Zeitraum zu entrichten ist. So ist z.B. überhaupt keine Steuer zu entrichten, wenn der Steuerpflichtige bereits vor dem Verbrauch der Bezüge in Höhe des Freibetrags verstirbt.

Beispiel: Beispiel (H E 23 ErbStH 2011 „Abzug persönlicher Freibeträge"):
Nach dem Tod des Ehemanns in 2011 erhält seine Witwe (vollendetes Lebensalter 63 Jahre) eine steuerpflichtige Leibrente mit einem Jahreswert von 60.000 EUR und Barvermögen mit einem Wert von 456.000 EUR. Es bestand Gütertrennung. Hinsichtlich der Rente beantragt sie die Jahresversteuerung.

Kapitalwert der Rente (§ 14 BewG):

60.000 EUR × 12,997	779.820 EUR

(BMF v. 8.11.2010, IV D 4 – S 3104/09/10001, BStBl I 2010, 1288; aktuell für Bewertungsstichtag ab dem 1.1.2017 BMF v. 4.11.2016, IV C 7 – S 3104/09/10001, BStBl I 2016, 1166)

Barvermögen	+	456.000 EUR
– Wert des Erwerbs		1.235.820 EUR
– Freibetrag § 16 ErbStG	./.	500.000 EUR
Freibetrag § 17 ErbStG	./.	256.000 EUR
Steuerpflichtiger Erwerb		479.820 EUR
Steuersatz 11 %		
Sofortsteuer		
– Barvermögen		+ 456.000 EUR
– Freibeträge §§ 16, 17 ErbStG		./. 756.000 EUR
– „Restfreibetrag"		– 300.000 EUR
– sofort fällige Steuer		0 EUR
Jahressteuer		
15 % von 60.000 EUR		9.000 EUR

Für die ersten 5 Jahre (5 × 60.000 EUR) ist die Jahressteuer mit Rücksicht auf den „Restfreibetrag" von 300.000 EUR nicht, ab dem sechsten Jahr in voller Höhe zu erheben.

Stattdessen kann die Jahressteuer auf Antrag des Steuerpflichtigen (H E 23 ErbStH 2011) auch nach der sog. **Kürzungsmethode** berechnet werden, bei der der (restliche) Freibetrag Jahr für Jahr zu einer Kürzung des Jahreswerts – entsprechend der Minderung des Kapitalwerts durch den Freibetrag – führt (BFH v. 17.9.1997, II R 8/96, BFH/NV 1998, 587). Bei dieser Methode setzt zwar die Steuerzahlung vom – gekürzten – Jahreswert sofort ein. Diese gekürzte Jahressteuer würde sich jedoch im Laufe der Jahre mehr und mehr zugunsten des Steuerpflichtigen auswirken. 40

Die Kürzungsmethode wird überwiegend als vorteilhaft eingestuft, da sich dort Freibeträge wie bei der Sofortbesteuerung sofort auswirken, während diese bei der Jahresbesteuerung nach der Aufzehrmethode nur verzögert greifen, so dass ein Zinsnachteil entsteht (vgl. dazu eingehend *Moench*, DStR 1985, 259; *Moench*, ZEV 2001, 303; *Korezkij*, ZEV 2001, 305; *Jülicher*, in T/G/J, ErbStG § 23 Rz. 15). Unbefriedigend sind die steuerlichen Belastungsunterschiede der beiden Methoden bei einem Zusammentreffen eines Renten- oder Nutzungsrechts mit einem Vermögensanfall, für den sich nach steuerlichen Bewertungsgrundsätzen ein negativer Wert ergibt (*Jülicher*, in T/G/J, ErbStG, § 23 Rz. 16); ein solcher Wert ist auch bei Anwendung der neuen Bewertungsvorschriften möglich. 41

Wird ein Rentenerwerb mit einem **Vorerwerb** nach § 14 ErbStG zusammengerechnet, wirkt sich der Vorerwerb auch auf die Höhe des Steuersatzes für die Berechnung der Jahressteuer nach § 23 Abs. 1 S. 2 ErbStG aus. Der anzuwendende Steuersatz kann nicht unmittelbar für den Gesamterwerb aus der Tabelle in § 19 ErbStG entnommen werden, sondern ergibt sich aus dem Verhältnis der auf den Rentenerwerb entfallenden Steuer zum Kapitalwert des Rentenerwerbs. Eine Steuerfestsetzung erfolgt nur auf den Rentenerwerb als Nacherwerb (H E 23 ErbStH 2011). 42

Beispiel: Beispiel (gekürzt nach H E 23 ErbStH 2011 „Jahressteuer und Zusammenrechnung mit Vorerwerben"):

Ein Erblasser schenkt 2006 seiner Lebensgefährtin 51.129 EUR. Die dafür festgesetzte Steuer beträgt (Stkl. III, 17 % von 45.900 EUR =) 7.803 EUR. Mit seinem Tod im Jahr 2011 erhält sie (vollendetes Lebensalter 60 Jahre) vermächtnisweise eine Leibrente mit einem Jahreswert von 6.000 EUR.

Wert des Rentenerwerbs 2011

6.000 EUR × 13,733 (BMF v. 8.11.2010, IV D 4 – S 3104/09/10001, BStBl I 2010, 1288; aktuell für Bewertungsstichtag ab 1.1.2017 BMF v. 4.11.2016, IV C 7 – S 3104/09/10001, BStBl I 2016, 1166)	82.398 EUR
Barvermögen 2006	+ 51.129 EUR
Gesamterwerb	133.527 EUR
Freibetrag § 16 ErbStG ./.	20.000 EUR
steuerpflichtiger Erwerb	113.527 EUR
Steuersatz 30 %	
Steuer auf Gesamterwerb	34.050 EUR

Anzurechnende fiktive/tatsächliche Steuer auf Vorerwerb	./. 13.770 EUR
Steuer 2011	20.280 EUR

Die Steuer von 20.280 EUR entspricht – bezogen auf den Kapitalwert des Rentenerwerbs von 82.398 EUR – einem Steuersatz von 24,61 %. Als Jahressteuer sind daher festzusetzen: 6.000 EUR × 24,61 % = 1.476 EUR.

Zur Berechnung der Jahressteuer bei **Anrechnung ausländischer Erbschaftsteuer** nach § 21 ErbStG und bei **Übernahme der Schenkungsteuer** durch den Schenker vgl. die Beispiele in H E 23 ErbStH 2011 „Jahressteuer und Anrechnung ausländischer Erbschaftsteuer nach § 21 ErbStG" und „Jahressteuer und Übernahme der Schenkungsteuer durch Schenker".

2.2.3 Dauer und Berichtigung der Jahresbesteuerung

43 Die Jahressteuer ist für das erste Jahr bei Festsetzung der Steuer und dann jährlich im Voraus zu entrichten. Der Zahlungstermin ist regelmäßig vom Zeitpunkt der Entstehung des materiellen Steueranspruchs an zu berechnen, auch wenn die Steuer etwa wegen späterer Fälligkeit gemäß § 9 Abs. 1 Buchst. a ErbStG erst später entsteht. Wann oder in welchen Raten die Rente tatsächlich gezahlt wird, ist unerheblich (*Jülicher*, in T/G/J, ErbStG § 23 Rz. 8; differenzierend *Stempel*, UVR 2003, 229, 230).

44 Die Entrichtung der Jahressteuer entfällt mit dem Tode des Berechtigten.

Bei einer **stark verkürzten Lebenszeit** des Berechtigten ist unter den Voraussetzungen des § 14 Abs. 2 BewG eine **Berichtigung** der Jahresversteuerung durchzuführen. Denn bei der Jahresversteuerung kann insoweit nichts Anderes als bei der Sofortbesteuerung nach dem Kapitalwert gelten, bei der die Anwendung des § 14 Abs. 2 BewG selbstverständlich ist (*Moench*, UVR 1991, 196; a. A. RFH v. 9.12.1930, I eA 375/30, RStBl 1931, 141). Allerdings lässt § 14 Abs. 2 BewG auch erkennen, dass der Gesetzgeber nur in den ausdrücklich genannten Ausnahmefällen die Berichtigung zulassen will. Die Einschränkung wäre unverständlich, wenn § 14 Abs. 2 BewG nur der Ausdruck des allgemeinen Grundsatzes sein sollte, dass jede Bewertung eines Nutzungsrechtes nachträglich berichtigt werden kann.

45 Bei dem Berechtigten ist daher **auf Antrag** – den dessen Erben zu stellen haben – die Steuer nach der wirklichen Dauer der Rente usw. zu berichtigen. Das führt zu einer Erstattung der zu viel entrichteten Jahressteuer. Andererseits ist gem. § 14 Abs. 2 S. 3 BewG auch eine Berichtigung bei dem Belasteten vorzunehmen, woraus sich für ihn wegen des Abzugs des Kapitalwerts der nur kurzzeitigen Rente usw. eine höhere Steuer ergibt. § 14 Abs. 2 BewG führt ggf. auch zur Berichtigung des Bescheids über die Festsetzung des Ablösungsbetrags nach § 23 Abs. 2 ErbStG.

46 Beruht das vorzeitige Ende der Laufzeit einer Rente usw. auf einem **Verzicht des Berechtigten**, so ist eine Berichtigung der Festsetzung der Jahressteuer mangels Anwendbarkeit des § 14 Abs. 2 BewG nicht möglich (BFH v. 28.6.1989, II R 14/86, BStBl II 1989, 696).

Bei **Änderungen im tatsächlichen Ertrag der Rente** usw., etwa durch Zahlungsunfähigkeit des Verpflichteten, scheidet eine Berichtigung der Steuer grundsätzlich aus (etwa BFH v. 5.3.1997, II B 124/96, BFH/NV 1997, 764; FG Münster v. 29.5.2008, 3 K 1892/07 Erb, EFG 2008, 1813). Soweit das Stichtagsprinzip hier mit dem Bereicherungsprinzip kollidiert, ist ggf. durch **Billigkeitserlass** zu helfen (ablehnend FG Münster v. 29.5.2008, 3 K 1892/07 Erb, EFG 2008, 1813). *Jülicher* (in T/G/J, ErbStG, § 23 Rz. 23) empfiehlt, die Insolvenz des Verpflichteten zur auflösenden Bedingung zu machen, die dann gemäß § 12 Abs. 1 ErbStG i.V.m. §§ 4ff. BewG zu berücksichtigen ist. Einen Grenzfall betrifft die Entscheidung des FG München v. 25.10.1999 (4 K 2834/96, EFG 2000, 388), wonach ein Erlass der Jahressteuer auch dann nicht in Frage kommen soll, wenn sich herausstellt, dass die der Jahresbesteuerung unterworfene Witwenrente gar nicht steuerpflichtig war. 47

2.3 Wahlrecht; Antragserfordernis

Die „statt" der Sofortbesteuerung mögliche Jahresversteuerung erfolgt „nach Wahl" des Steuerpflichtigen und ist mithin von einem entsprechenden **Antrag** abhängig. Dieser kann noch bis zur Bestandskraft des auf der Grundlage des Kapitalwerts ergangenen Steuerbescheids – ggf. auch noch in einem soweit anhängigen Klage- oder Revisionsverfahren – gestellt werden (BFH v. 30.1.1968, II 113/65, BStBl II 1968, 210; BFH v. 24.4.1997, X B 234/96, BFH/NV 1997, 657) und auch zurückgenommen werden (FG Nürnberg v. 6.2.2003, IV 397/01, EFG 2003, 873; *Jülicher*, ZErb 2003, 284; *Jülicher*, in T/G/J, ErbStG § 23 Rz. 6; *Meincke*, ErbStG, 2012, § 23 Rz. 6; a.A. FG Münster v. 15.6.1966, III b 67/65, EFG 1967, 74). Beantragt der Steuerpflichtige dagegen die Sofortbesteuerung, kann er nicht mehr auf die Jahressteuer wechseln. Unterbleibt jedweder Antrag, so hat das Finanzamt vom Regelfall der Sofortbesteuerung nach Maßgabe des Kapitalwerts auszugehen. 48

Antragsberechtigt ist grundsätzlich nur der Erwerber. Dem Schenker steht nur dann ein Wahlrecht zu, wenn er gem. § 10 Abs. 2 ErbStG die Steuer spätestens bis zur Ausführung der Schenkung vertraglich übernommen hat, nicht aber bei Inanspruchnahme als Gesamtschuldner, weil der Beschenkte als Steuerschuldner ausgefallen ist (H E 23 ErbStH 2011; *Jülicher*, in T/G/J, ErbStG, § 23 Rz. 7; *Meincke*, 2012, ErbStG, § 23 Rz. 6). Steht eine Rente usw. **mehreren Erwerbern** zu, so ist jeder für den Erwerb seines Anteils antragsberechtigt. 49

einstweilen frei 50–69

3 Ablösung der Jahressteuer (§ 23 Abs. 2 ErbStG)

§ 23 Abs. 2 ErbStG gibt dem Erwerber das jederzeitige Recht, die Jahressteuer zum jeweils nächsten Fälligkeitstermin mit ihrem Kapitalwert abzulösen. Der hierfür erforderliche Antrag ist spätestens bis zum Beginn des Monats zu stellen, der dem Monat vorausgeht, in dem die nächste Jahressteuer fällig wird (§ 23 Abs. 2 S. 2 ErbStG). Wird die Jahressteuer also jeweils am 1. Mai eines jeden Jahres fällig, ist der Antrag bis spätestens zum 1. April zu stellen. 70

Die **Berechnung des Kapitalwerts** der Steuer hat nach §§ 13, 14 BewG zu erfolgen (§ 23 Abs. 2 S. 2 ErbStG). Bei zeitlich begrenzten wiederkehrenden Nutzungen und 71

§ 23　　　　　　　　　Besteuerung von Renten, Nutzungen und Leistungen

Leistungen (z.B. Zeitrenten) bedeutet die Anwendung des § 13 Abs. 1 BewG: Der Kapitalwert bestimmt sich nach dem Jahreswert, der mit dem Vervielfältiger (Anlage 9a zu § 13 Abs. 1 BewG) für die verbleibende Laufzeit (diese berechnet sich nach dem Zeitpunkt der Ablösung bis zum Ende der Zeitrente) anzusetzen ist. Bei lebenslänglichen Nutzungen und Leistungen (z.B. Leibrente) ist das Alter des Berechtigten im Ablösungszeitpunkt maßgebend (§ 14 Abs. 1 BewG); hierbei ist zu beachten, dass der Anwendung des § 14 Abs. 1 BewG nun die Vervielfältiger nach den jeweils **aktuellen Sterbetafeln** des Statistischen Bundesamts zugrunde zu legen sind; das BMF veröffentlicht diese im Bundessteuerblatt (zuletzt BMF v. 4.11.2016, IV C 7 – S 3104/09/10001, BStBl I 2016, 1166).

72　Die Festsetzung des Ablösungsbetrags erfordert einen **gesonderten Bescheid**, auf den die für die Steuerfestsetzung geltenden Vorschriften anzuwenden sind (*Jülicher*, in T/G/J, ErbStG, § 23 Rz. 32); § 10 Abs. 1 S. 6 ErbStG (Abrundung des steuer pflichtigen Erwerbs auf volle 100 EUR) greift nicht. Dieser Bescheid ist unter den Voraussetzungen des § 14 Abs. 2 BewG bei einer stark verkürzten Lebenszeit des Berechtigten zu berichtigen. Dies gilt in jedem Fall dann, wenn der Berechtigte bereits kurze Zeit nach dem Erwerb der Rechte auf eine Rente usw. verstirbt. Ab dem Ablösungszeitpunkt beginnt die Frist i.S.d. § 14 Abs. 2 BewG nicht erneut zu laufen (*Jülicher*, in T/G/J, ErbStG, § 23 Rz. 32). Denn die „wirkliche Dauer der Nutzung oder Leistung" (§ 14 Abs. 2 S. 1 BewG) ist in ihrem Anfangstermin auf den Erwerb des Rechts und nicht auf den Ablösungszeitpunkt festzulegen.

73　Für die Jahresversteuerung, die unter der Geltung des § 33 ErbStG-DDR beantragt worden war, hat § 37a Abs. 7 ErbStG das – nach dem Recht des ErbStG-DDR seinerzeit nicht eingeräumte – Recht zur Ablösung der Jahressteuer eröffnet. Auch in diesen Fällen erfolgte die Ermittlung des Kapitalwerts der Steuer nach § 13 BewG, § 14 BewG.

74–89　einstweilen frei

4　Entscheidungskriterien zur Wahl der Jahresversteuerung

90　Allgemeingültige Aussagen darüber, ob die Jahresversteuerung im Vergleich zur Sofortbesteuerung günstiger ist, lassen sich nicht treffen. In der gegenwärtigen NIedrigzinsphase sprechen derzeit die deutlich besseren Gründe für eine Sofortbesteuerung. Angesichts des fest vorgegebenen Zinssatzes von 5,5 % für die Entrichtung der Jahressteuer ist es derzeit nahezu ausgeschlossen, dass mit den aufgeschobenen Steuerbeträgen bei einer risikoarmen Anlage am Kapitalmarkt eine vergleichbare Rendite erzielt werden könnte.

91　Für die Jahresversteuerung spricht vor allem die Schonung der liquiden Mittel. Unsicherheit besteht dagegen in Bezug auf die **einkommensteuerliche Behandlung**: Derzeit ist nicht abschließend geklärt, ob die jährlichen Erbschaftsteuerzahlungen bei der Einkommensteuer als **Sonderausgaben** gem. § 10 Abs. 1 Nr. 1a EStG abgezogen werden können (die Frage, ob Erbschaftsteuerzahlungen als „auf besonderen Verpflichtungsgründen beruhende dauernde Lasten" eingestuft werden können, ist heftig umstritten. Bejahend *Loschelder*, in Schmidt, EStG, § 12 Rz. 47; *Thürmer*, in Blümich, EStG, § 12 Rz. 197; *Schallmoser*, in Blümich, EStG, § 35b Rz. 43; verneinend *Kratzsch*, in Frotscher/Geurts, EStG, § 12 Rz. 120; *Günther*, in Frotscher/Geurts, EStG, § 35b Rz. 20; *Kulosa*, in Herrmann/Heuer/Raupach, EStG, § 10 Rz. 104; *Fissenevert*, in Herrmann/Heuer/Raupach, EStG, § 12 Rz. 128; *Levedag*, in Herrmann/Heuer/Raupach, EStG, § 35b Rz. 37). Jedenfalls darf die Jahressteuer selbst dann nur insoweit als Sonderausgabe abgezogen werden, als Erbschaftsteuer und Einkommensteuer tatsächlich zu einer **Doppelbelastung** führen. Eine Ermäßigung der Einkommensteuer gem. § 35b Sätze 1 und 2 EStG kommt neben dem Abzug als Sonderausgabe nicht in Betracht.

Bei Zuwendungen unter Lebenden sowie hinsichtlich des nach § 23 Abs. 2 ErbStG gezahlten Ablösungsbetrags ist ein Abzug als Sonderausgabe nach allgemeiner Auffassung ausgeschlossen. 92

Soweit unter Berücksichtigung der einkommensteuerlichen Grundsätze ein Sonderausgabenabzug in Betracht kommt – und sich bei dem Steuerpflichtigen tatsächlich einkommensteuerlich auswirkt –, kann die Wahl der Jahresversteuerung eine steuergünstige Gestaltung (zur Abwägung der Vor- und Nachteile *Moench*, ZEV 2001, 303, und *Korezkij*, ZEV 2001, 305) darstellen: 93

- Die Jahressteuer ist bei der Aufzehrmethode erst zu zahlen, wenn die Freibeträge aufgebraucht sind;
- keine endgültige Entscheidung, da die Option der Ablösung bleibt;
- unter Berücksichtigung der Geldentwertung verringert sich die Belastung.

Kommen für die Jahressteuer **mehrere Personen** in Betracht, so sollte sie von demjenigen gezahlt werden, bei der sich der Abzug als Sonderausgabe nach der jeweiligen Progressionsstufe am stärksten auswirkt.

Bei einer **Berichtigung des Erbschaftsteuerbescheids** erfolgt keine Berichtigung der Einkommensteuerveranlagung für die Jahre, für die Jahressteuer gezahlt und bei der Einkommensteuer als Sonderausgabe abgezogen worden ist. Die rückzuerstattenden Beträge werden vielmehr mit gleichartigen Sonderausgaben des Rückerstattungsjahrs verrechnet (vgl. näher *Lindberg*, in Frotscher, EStG, § 10 EStG Rz. 8, 9). 94

Bei der Wahl der Jahresbesteuerung darf freilich bei lebenslänglichen Renten usw. das etwaige **wirtschaftliche Risiko** nicht außer Betracht gelassen werden, dass die tatsächliche Lebensdauer des Berechtigten die mittlere Lebenserwartung übersteigt. Dieses Risiko kann ggf. durch die Vereinbarung einer abgekürzten Leibrente vermieden werden. Im Übrigen muss dieses Risiko jeweils im Einzelfall gegen die Minderung der Einkommensteuerbelastung und den etwaigen Zinsvorteil der Jahresversteuerung abgewogen werden. 95

Bei allen diesen Überlegungen ist zu beachten, dass ein **Wechsel** von der Sofortversteuerung zur späteren Jahresversteuerung nicht möglich ist. § 23 ErbStG Abs. 2 erlaubt nur die Ablösung der Jahressteuer, sodass sich bei Unentschlossenheit zunächst die Wahl der Jahresversteuerung empfehlen kann. 96

§ 24 Verrentung der Steuerschuld in den Fällen des § 1 Abs. 1 Nr. 4

¹In den Fällen des § 1 Abs. 1 Nr. 4 kann der Steuerpflichtige verlangen, dass die Steuer in 30 gleichen jährlichen Teilbeträgen (Jahresbeträgen) zu entrichten ist. ²Die Summe der Jahresbeträge umfasst die Tilgung und die Verzinsung der Steuer; dabei ist von einem Zinssatz von 5,5 Prozent auszugehen.

Inhalt	Rz.
1 Verrentung	1–4
2 Fälligkeit	5–9
3 Aufhebung der Stiftung bzw. Auflösung des Vereins vor Ablauf des 30-Jahreszeitraums	10

Schrifttum

Korezkij, Familienstiftungen im neuen Erbschaftsteuerrecht, ZEV 1999, 132; *v. Oertzen*, Vorbereitungen für den großen Ersatzerbschaftsteuertermin zum 1. Januar 2014, Beihefter zu DStR Heft 11/2012, 37; *Schwarz*, Die Stiftung als Instrument für die mittelständische Unternehmensnachfolge, BB 2001, 2381; *Werder/Wystrcil*, Familienstiftungen in der Unternehmensnachfolge, BB 2016, 1558; .

1 Verrentung

§ 24 ErbStG gilt für **Familienstiftungen** und **Familienvereine** und gewährt für die Zahlung der Ersatzerbschaftsteuer mit der Möglichkeit der **Verrentung** eine Zahlungserleichterung. Die nach § 9 Abs. 1 Nr. 4 ErbStG (§ 9 ErbStG Rz. 128) im Turnus von 30 Jahren anfallende Ersatzerbschaftsteuer i.S.d. § 1 Abs. 1 Nr. 4 ErbStG (§ 1 ErbStG Rz. 50) kann nach § 24 S. 1 ErbStG auf **Antrag** des Steuerpflichtigen in 30 gleichen jährlichen Teilbeträgen (Jahresbeträgen) entrichtet werden. Der Steuerpflichtige hat einen **Anspruch** auf Verrentung. Nach § 24 S. 2 ErbStG umfasst die Summe der Jahresbeträge **Tilgung und Verzinsung** der Steuer, wobei von einem **Zinssatz** von 5,5 % auszugehen ist. Damit beträgt die jeweilige Jahresleistung bei vorschüssiger Zahlung 6,52 % und bei nachschüssiger Zahlung 6,88 % der Steuerschuld (*Jülicher*, in T/G/J, ErbStG, § 24 Rz. 3; *Schuck*, in V/K/S/W, ErbStG, 2012, § 24 Rz. 3).

Nach Ansicht der **FinVerw.** kann auch nur ein **Teilbetrag** der Steuerschuld verrentet oder der **Rentenzeitraum verkürzt** werden.

(FinMin. Niedersachsen v. 14.3.1984, S 3836 – 1 – 34, DB 1984, 751; *Schuck*, in V/K/S/W, ErbStG, 2012, § 24 Rz. 2) Zusammen mit der Verrentung der Ersatzerbschaftsteuer nach § 24 ErbStG kann auch von der **Stundung** nach § 28 ErbStG Gebrauch gemacht werden (§ 28 ErbStG Rz. 1; *Jülicher*, in T/G/J, ErbStG, § 24

§ 24 Verrentung der Steuerschuld in den Fällen des 1 Abs. 1 Nr. 4

Rz. 2; *Eisele*, in Kapp/Ebeling, ErbStG, § 24 Rz. 4.1). Die Ersatzerbschaftsteuer nach § 1 Abs. 1 Nr. 4 ErbStG stellt wie die nach § 24 ErbStG in gleichen Jahresbeträgen erhobene Ersatzerbschaftsteuer eine **sonstige Personensteuer** i.S.d. § 10 Nr. 2 KStG dar (BFH v. 14.9.1994, I R 78/94, BStBl II 1995, 207; *Eisele*, in Kapp/Ebeling, ErbStG, § 24 Rz. 8 ff).

3-4 einstweilen frei

2 Fälligkeit

5

Da § 24 ErbStG keine Regelung zur **Fälligkeit** der einzelnen Jahresbeträge enthält, gelten die allgemeinen Grundsätze nach § 220 AO: Die erste Jahresleistung wird unter Beachtung des § 220 Abs. 2 AO mit Entstehung der Steuerschuld fällig, die folgenden Jahresleistungen jeweils am 1. Januar eines Jahres (*Jülicher*, in T/G/J, ErbStG, § 24 Rz. 3; *Eisele*, in Kapp/Ebeling, ErbStG, § 24 Rz. 5).

6-9 einstweilen frei

3 Aufhebung der Stiftung bzw. Auflösung des Vereins vor Ablauf des 30-Jahreszeitraums

10 Wird im Fall der Verrentung der Ersatzerbschaftsteuer nach § 24 ErbStG **vor Ablauf des 30-Jahreszeitraums** die Familienstiftung aufgehoben oder der Familienverein aufgelöst, beeinflusst dies nicht die Höhe der Ersatzerbschaftsteuer. Der offene Restbetrag muss in einer Einmalzahlung abgelöst werden, wenn im Zeitpunkt der Festsetzung der Ersatzerbschaftsteuer die Aufhebung bzw. Auflösung vor Ablauf der 30 Jahre **nicht absehbar** war. War die Aufhebung bzw. Auflösung hingegen **absehbar**, ist der Jahresbetrag i.S.d. § 24 ErbStG nach der kürzeren Laufzeit zu ermitteln (*Jülicher*, in T/G/J, ErbStG, § 24 Rz. 5; *Eisele*, in Kapp/Ebeling, ErbStG, § 24 Rz. 12; *Weinmann*, in Moench/Weinmann, ErbStG, § 24 Rz. 6).

§ 25 Besteuerung bei Nutzungs- und Rentenlast (aufgehoben)

(1) ¹Der Erwerb von Vermögen, dessen Nutzungen dem Schenker oder dem Ehegatten des Erblassers (Schenkers) zustehen oder das mit einer Rentenverpflichtung oder mit der Verpflichtung zu sonstigen wiederkehrenden Leistungen zugunsten dieser Personen belastet ist, wird ohne Berücksichtigung dieser Belastungen besteuert. ²Die Steuer, die auf den Kapitalwert dieser Belastungen entfällt, ist jedoch bis zu deren Erlöschen zinslos zu stunden. ³Die gestundete Steuer kann auf Antrag des Erwerbers jederzeit mit ihrem Barwert nach § 12 Abs. 3 des Bewertungsgesetzes abgelöst werden.

(2) Veräußert der Erwerber das belastete Vermögen vor dem Erlöschen der Belastung ganz oder teilweise, endet insoweit die Stundung mit dem Zeitpunkt der Veräußerung.

Inhalt	Rz.
1 Allgemeines	1–4
2 Rechtswirkungen bleiben bestehen	5
3 Wesentliche Änderungen ab 1.1.2009	6–9

1 Allgemeines

§ 25 ErbStG wurde mit Wirkung vom 1.1.2009 aufgehoben. 1

§ 25 ErbStG betraf den Erwerb von Vermögen, dessen Nutzungen dem Schenker oder dem Ehegatten des Schenkers bzw. Erblassers zustehen oder das mit einer Rentenverpflichtung bzw. der Verpflichtung zu sonstigen wiederkehrenden Leistungen zugunsten dieser Personen belastet war. § 25 ErbStG ordnete unter näheren Voraussetzungen ein **Abzugsverbot** der genannten Belastungen an, das freilich in seinen Auswirkungen durch die gleichzeitig angeordnete **zinslose Stundung** gemildert war. 2

Die Vorschrift sollte nach ihrem Sinn und Zweck ungerechtfertigte Steuervorteile ausschließen. Diese Vorteile ergaben sich nach Ansicht des Gesetzgebers (BT-Drs. 6/3418, 117, zu der Vorgängervorschrift des § 25 ErbStG a. F.) aus der häufig eintretenden völligen Steuerfreiheit, die ein Erwerber wegen der Abzugsfähigkeit des Kapitalwerts des Nutzungs- oder Rentenrechts und der damit eintretenden Kürzung des Steuerwerts des Erwerbs erlangte. 3

Mit dem Ansatz des gemeinen Werts für alle Vermögensgegenstände im neuen ErbStG ist die **Rechtfertigung für die Regelung entfallen** (BT-Drs. 16/7918, 37). Da die praktische Anwendung der Vorschrift das Besteuerungsverfahren erheblich komplizierte, führt deren Wegfall zu einer deutlichen Vereinfachung. 4

2 Rechtswirkungen bleiben bestehen

Für Erwerbe, für die die Steuer vor dem 1.1.2009 entstanden ist, bleiben gem. § 37 Abs. 2 S. 2 ErbStG die Regelungen des § 25 Abs. 1 S. 3 und Abs. 2 ErbStG zur 5

§ 25　　　　　Besteuerung bei Nutzungs- und Rentenlast (aufgehoben)

zinslosen Stundung, deren Ablösung und Fälligkeit weiterhin anwendbar, es sei denn, der Erwerber hat einen Antrag auf rückwirkende Anwendung des ab 1.1.2009 geltenden Erbschaftsteuer- und Bewertungsrechts nach Art. 3 ErbStRG gestellt (§ 37 Abs. 2 S. 2 ErbStG; vgl. Abschn. 42 Abs. 1 gleichlautende Ländererlasse v. 25.6.2009, BStBl I 2009, 713).

Ist das ausgelaufene Recht weiter anzuwenden, ist im Steuerbescheid neben der Gesamtsteuer auch der zinslos zu stundende Betrag auszuweisen (zur Berechnung des Ablösungsbetrags vgl. gleichlautende Ländererlasse v. 18.11.2016, BStBl I 2016, 1246). Ist die Ablösung des zinslos zu stundenden Steuerbetrags beantragt, muss der Ablösungsbetrag dem Steuerschuldner in einem förmlichen Bescheid bekannt gegeben werden. Hat der Steuerschuldner noch vor Erteilung des Steuerbescheids die Ablösung beantragt, kann der Ablösungsbescheid mit dem Steuerbescheid zusammengefasst werden (Ziff. 2.2 Allgemeine Verwaltungsanweisung für die Erbschaft- und Schenkungsteuer (ErbStVA) v. 21.6.2012, BStBl I 2012, 712, geändert durch gleichlautende Ländererlasse v. 3.7.2015, BStBl I 2015, 546).

3　Wesentliche Änderungen ab 1.1.2009

6　Ist ein Erwerb mit einer Nutzungs-, Rentenlast oder mit der Verpflichtung zu sonstigen wiederkehrenden Leistungen belastet, ist der **Kapitalwert der Belastung nun bei der Berechnung des steuerpflichtigen Erwerbs abzuziehen**, unabhängig davon, zu wessen Gunsten die Last zu erbringen ist (R E 25 Abs. 2 ErbStR 2011; vgl. schon Abschn. 42 Abs. 2 Gleich lautende Ländererlasse v. 25.6.2009, BStBl I 2009, 713). Der Vorbehaltsnießbrauch bietet sich nunmehr wieder als Gestaltungsinstrument bei der vorweggenommenen Erbfolge an (vgl. *Breithaupt*, ErbStG 2009, 67; *Korn/Carle*, KÖSDI 2009, 16514 ff.; *Geck*, DStR 2009, 1005; einen Überblick mit praktischen Beispielen gibt *Wenhardt*, HaufeIndex 1487767 sowie *Siebert*, ErbR 2010, 9).

> **Beispiel: Praxis-Beispiel (nach *Radeisen*, Erbschaftsteuer: Berechnung, Haufe-Index 2115219)**
> Vater V schenkt seiner Tochter T ein Mietwohnhaus. Zugunsten der Ehefrau F wird ein Nießbrauchsrecht eingeräumt. F hat zum Zeitpunkt der Schenkung das 60. Lebensjahr vollendet. Der gemeine Wert des Gebäudes nach § 176 BewG beträgt 1,5 Mio. EUR. Das Nießbrauchsrecht führt nach § 15 Abs. 2 und Abs. 3 BewG zu einem Jahreswert von 40.000 EUR.
>
> Das Vermögen wird mit Berücksichtigung der Nießbrauchsbelastung bewertet:
>
> | | |
> |---|---:|
> | Gemeiner Wert des Grundstücks | 1.500.000 EUR |
> | Ansatz mit 90 % gemäß § 13c ErbStG | 1.350.000 EUR |
>
> Der Kapitalwert der Nießbrauchsbelastung beläuft sich nach § 14 Abs. 1 BewG (aktueller Vervielfältiger) auf (40.000 EUR × 13,743 =) 549.720 EUR. Bei Berücksichtigung dieser Belastung ergibt sich folgende Steuer:
>
> | | |
> |---|---:|
> | Steuerwert Grundbesitz | 1.350.000 EUR |

Besteuerung bei Nutzungs- und Rentenlast (aufgehoben) § 25

Nießbrauchsbelastung i. H. v. 549.720 EUR kann wegen des Ansatzes des Grundstücks zu 90 % im Rahmen der gemischten Schenkung auch nur mit 90 % berücksichtigt werden (549.720 EUR × 90 % =)	./. 494.748 EUR
Bereicherung des Erwerbers	855.252 EUR
persönlicher Freibetrag (§ 16 Abs. 1 Nr. 2 ErbStG n. F.)	./. 400.000 EUR
steuerpflichtiger Erwerb	455.252 EUR
abgerundeter Erwerb nach § 10 Abs. 1 S. 6 ErbStG	455.200 EUR
Schenkungsteuer (§ 19 Abs. 1 ErbStG n. F.) 15 %	68.280 EUR

Die **grunderwerbsteuerliche** Befreiung nach § 3 Nr. 2 GrEStG ist nicht mehr anwendbar (R E 25 Abs. 3 ErbStR 2011; vgl. schon Abschn. 42 Abs. 3 Gleich lautende Ländererlasse v. 25.6.2009, BStBl I 2009, 713. Vgl. auch *Heine*, UVR 2011, 242 f.). Es ist daher nunmehr grunderwerbsteuerrechtlich nicht mehr erforderlich, bei Schenkungen unter Duldungsauflage danach zu differenzieren, ob eine Last (Auflage) nach § 25 Abs. 1 ErbStG abzugsfähig ist oder nicht. Ebenso wie bei Schenkungen unter einer Leistungsauflage gehört jetzt auch bei Schenkungen unter einer Duldungsauflage der Wert der Auflage stets zur grunderwerbsteuerrechtlichen Gegenleistung (FinMin Baden-Württemberg v. 15.4.2009, 3 – S 450.5/3, HaufeIndex 2156842). 7

Verzichtet der Gläubiger des Nießbrauchs- oder eines anderen Nutzungsrechts, liegt regelmäßig eine Schenkung i. S. d. § 7 Abs. 1 Nr. 1 ErbStG vor. Derjenige Anteil am Wert des Nießbrauchs, der bei der Festsetzung der Schenkungsteuer für den Anteilserwerb gem. § 25 Abs. 1 S. 1 ErbStG nicht von der Bemessungsgrundlage abgezogen worden war, ist dabei jedoch nicht in die Bemessungsgrundlage dieser zweiten Schenkung einzubeziehen. § 10 Abs. 1 S. 1 ErbStG fordert die Anknüpfung der Besteuerung an die (Netto-)Bereicherung des Erwerbers und schließt eine doppelte Besteuerung des Vermögenszuwachses durch den Nießbrauchsverzicht aus (BFH v. 20.5.2014, II R 7/13, BStBl II 2014, 896; s. a. *Pahlke*, BFH/PR 2014, 436; *Gebel*, in T/G/J, § 25 Rz. 49; *Schuck*, in V/K/S/W, § 25 Rz. 8)., ohne dass es eines Rückgriffs auf § 163 AO bedarf (BFH v. 17.3.2004, II R 3). 8

In Fällen des § 25 ErbStG wurde bisher die gestundete Steuer nicht gemäß § 14 Abs. 2 BewG **berichtigt**, wenn die Last durch Tod in den Grenzen des § 14 Abs. 2 BewG vorzeitig weggefallen ist, weil dies keinen Einfluss auf die Höhe der gestundeten Steuer hatte (R 85 Abs. 6 S. 8 und 9 ErbStR 2003). Diese Voraussetzungen liegen nicht mehr vor, sodass § 14 Abs. 2 BewG nunmehr in diesen Fällen zu beachten ist (R E 25 Abs. 5 ErbStR 2011; vgl. schon Abschn. 42 Abs. 5 gleichlautende Ländererlasse v. 25.6.2009, BStBl I 2009, 713; *Ebeling*, in Kapp/Ebeling, ErbStG, § 25 Rz. 1; krit. *Schuck*, in V/K/S/W, § 25 Rz. 10, mit der Erwägung, die Lebenserwartungstabelle sei nicht widerlegbar). 9

§ 26 Ermäßigung der Steuer bei Aufhebung einer Familienstiftung oder Auflösung eines Vereins

In den Fällen des § 7 Abs. 1 Nr. 9 ist auf die nach § 15 Abs. 2 Satz 2 zu ermittelnde Steuer die nach § 15 Abs. 2 Satz 3 festgesetzte Steuer anteilsmäßig anzurechnen
a) mit 50 Prozent, wenn seit der Entstehung der anrechenbaren Steuer nicht mehr als zwei Jahre,
b) mit 25 Prozent, wenn seit der Entstehung der anrechenbaren Steuer mehr als zwei Jahre, aber nicht mehr als vier Jahre vergangen sind.

Inhalt	Rz.
1 Allgemeines	1
2 Voraussetzungen	2–3
3 Anrechnung der Ersatzerbschaftsteuer	4–5
4 Trust	6

1 Allgemeines

§ 26 ErbStG gewährt unter besonderen Voraussetzungen eine **Ermäßigung der Steuer**, sofern es zu einer vorzeitigen Aufhebung einer Familienstiftung oder eines Familienvereins kommt. § 26 ErbStG ist eine dem § 27 ErbStG verwandte Ermäßigungsvorschrift. Der Steuerzugriff wird auf ein eigentumsschonendes, verhältnismäßiges Maß beschränkt (*Meincke*, ErbStG, 2012, § 26 Rz. 1; *Jülicher*, in T/G/J, ErbStG, § 26 Rz. 1). Nach der Grundkonzeption des § 1 Abs. 1 Nr. 4 ErbStG soll die Besteuerung des in der Stiftung oder dem Familienverein gebundenen Vermögens nur alle 30 Jahre erfolgen, also jeweils in einem Generationenabstand (§ 1 ErbStG Rz. 50 ff). Kommt es in einem kurzen zeitlichen Abstand nach einem solchen Besteuerungstermin zur vorzeitigen Aufhebung der Familienstiftung oder des Familienvereins, so wird der einer eigentumsschonenden Besteuerung des Stiftungs- bzw. Vereinsvermögens zugrunde gelegte Generationenabstand nicht eingehalten, das zunächst gebundene Vermögen wird erneut besteuert. Dies führt, gemessen an der Grundkonzeption des § 1 Abs. 1 Nr. 4 ErbStG, zu einer unverhältnismäßig hohen Belastung. Die Anrechnung eines Teils der Ersatzerbschaftsteuer (§ 1 Abs. 1 Nr. 4 ErbStG) verwirklicht eine **verfassungsrechtlich gebotene eigentumsschonende, verhältnismäßige Besteuerung** (gl. A. *Eisele*, in Kapp/Ebeling, ErbStG, § 26 Rz. 3; krit. *Jochum*, in Wilms/Jochum, ErbStG, § 26 Rz. 9).

1

2 Voraussetzungen

Familienstiftungen und -vereine unterliegen gem. § 1 Abs. 1 Nr. 4 ErbStG der Ersatzerbschaftsteuer; die Steuer hierfür ist nach § 15 Abs. 2 Satz 3 ErbStG zu berechnen (§ 15 ErbStG Rz. 65 f). Kommt es zur vollständigen Aufhebung der Familienstiftung oder des -vereins, so gilt dieser Erwerb als Schenkung unter

2

§ 26 Ermäßigung der Steuer bei Familienstiftung und Verein

Lebenden (§ 7 Abs. 1 Nr. 9 ErbStG). Die Steuer hierfür ist nach § 15 Abs. 2 Satz 2 ErbStG zu berechnen (§ 15 ErbStG Rz. 60 f).

3 § 26 ErbStG betrifft den Fall, dass es **innerhalb eines kurzen Zeitraums nach Entstehung der Ersatzerbschaftsteuer zur Auflösung** einer Familienstiftung oder eines -vereins kommt. Der Auflösung steht nach der gesetzlichen Fiktion in § 7 Abs. 1 Nr. 9 Satz 3 ErbStG der Formwechsel eines rechtsfähigen Familienvereins in eine Kapitalgesellschaft gleich (gegen BFH v. 14.2.2007, II R 66/05, BStBl II 2007, 621; gl. A. *Eisele*, in Kapp/Ebeling, ErbStG, § 26 Rz. 1; *Jochum*, in Wilms/Jochum, ErbStG, § 26 Rz. 7). Der Zeitraum beträgt 2 Jahre (Buchst. a) bzw. 4 Jahre (Buchst. b). Ob diese Zeiträume gemessen am Generationenabstand von 30 Jahren ausreichend sind, ist rechtspolitisch zweifelhaft. Verfassungsrechtlich sind sie wohl nicht zu beanstanden; die Zeiträume liegen im Rahmen der Einschätzungsprärogative und der Typisierungsbefugnis des Gesetzgebers. Maßgebend für die **Fristberechnung** ist der sich aus § 9 Abs. 1 Nr. 4 ErbStG (§ 9 ErbStG Rz. 128) ergebende Zeitpunkt der Entstehung der Ersatzerbschaftsteuer (*Jülicher*, in Troll/Gebel/Jülicher, ErbStG, § 26 Rz. 2).

3 Anrechnung der Ersatzerbschaftsteuer

4 Die Ersatzerbschaftsteuer wird auf die nachfolgend entstandene Schenkungsteuer (§ 7 Abs. 1 Nr. 9 ErbStG) **zur Hälfte angerechnet**, wenn seit Entstehung der Ersatzerbschaftsteuer nicht mehr als zwei Jahre vergangen sind. Sind mehr als zwei, aber nicht mehr als vier Jahre vergangen, wird die Ersatzerbschaftsteuer **zu einem Viertel angerechnet**. Angerechnet wird die festgesetzte Steuer. Darauf, welche Steuer festzusetzen gewesen wäre, kommt es nicht an.

5 Wird das Vermögen einer Familienstiftung oder eines -vereins im Fall der Auflösung auf **verschiedene Personen** verteilt, stellt jeder einzelne Erwerb aus dem Stiftungsvermögen einen eigenen Steuerfall dar. Es bedarf daher einer Aufteilung der nach § 26 ErbStG anrechenbaren Ersatzerbschaftsteuer auf die einzelnen Erwerber (*Jülicher*, in T/G/J, ErbStG, § 26 Rz. 3).§ 26 ErbStG enthält hierfür keine Regelung. Die **Aufteilung** ist im Verhältnis des Werts der einzelnen Erwerbe vor Abzug der persönlichen Freibeträge vorzunehmen. Ist einer der Erwerber steuerbefreit, entspricht es dem Sinn und Zweck der Vorschrift, das Anrechnungsvolumen auf die steuerpflichtigen Erwerber zu verteilen (ebenso *Jülicher*, in T/G/J, ErbStG, § 26 Rz. 4; *Eisele*, in Kapp/Ebeling, ErbStG, § 26 Rz. 6).

4 Trust

6 § 7 Abs. 1 Nr. 9 Satz 2 ErbStG stellt die Auflösung einer Vermögensmasse ausländischen Rechts (Trust) sowie den Erwerb durch Zwischenberechtigte während des Bestehens der Vermögensmasse der Auflösung einer Stiftung bzw. eines Vereins, dessen Zweck auf die Bindung von Vermögen gerichtet ist, gleich (§ 7 ErbStG Rz. 460). Gleichwohl ist § 26 ErbStG auf die Auflösung eines Trusts oder den Erwerb durch Zwischenberechtigte **nicht anwendbar**. Angerechnet werden kann nach dem klaren Wortlaut des Gesetzes nur die Ersatzerbschaftsteuer; § 26 ErbStG nennt ausdrücklich nur § 15 Abs. 2 Satz 3 ErbStG und verweist damit ausschließlich

auf die in § 1 Abs. 1 Nr. 4 ErbStG genannten Familienstiftungen und -vereine (*Eisele*, in Kapp/Ebeling, ErbStG, § 26 Rz. 2; krit. auch *Meincke*, ErbStG, 2012, § 26 Rz. 5).

§ 27 Mehrfacher Erwerb desselben Vermögens

(1) Fällt Personen der Steuerklasse I von Todes wegen Vermögen an, das in den letzten zehn Jahren vor dem Erwerb bereits von Personen dieser Steuerklasse erworben worden ist und für das nach diesem Gesetz eine Steuer zu erheben war, ermäßigt sich der auf dieses Vermögen entfallende Steuerbetrag vorbehaltlich des Absatzes 3 wie folgt:

um ... Prozent	wenn zwischen den beiden Zeitpunkten der Entstehung der Steuer liegen
50	nicht mehr als 1 Jahr,
45	mehr als 1 Jahr, aber nicht mehr als 2 Jahre
40	mehr als 2 Jahre, aber nicht mehr als 3 Jahre
35	mehr als 3 Jahre, aber nicht mehr als 4 Jahre
30	mehr als 4 Jahre, aber nicht mehr als 5 Jahre
25	mehr als 5 Jahre, aber nicht mehr als 6 Jahre
20	mehr als 6 Jahre, aber nicht mehr als 8 Jahre
10	mehr als 8 Jahre, aber nicht mehr als 10 Jahre

(2) Zur Ermittlung des Steuerbetrags, der auf das begünstigte Vermögen entfällt, ist die Steuer für den Gesamterwerb in dem Verhältnis aufzuteilen, in dem der Wert des begünstigten Vermögens zu dem Wert des steuerpflichtigen Gesamterwerbs ohne Abzug des dem Erwerber zustehenden Freibetrags steht.

(3) Die Ermäßigung nach Absatz 1 darf den Betrag nicht überschreiten, der sich bei Anwendung der in Absatz 1 genannten Prozentsätze auf die Steuer ergibt, die der Vorerwerber für den Erwerb desselben Vermögens entrichtet hat.

Inhalt		Rz.
1	Allgemeines	1–2a
2	Voraussetzungen der Steuerermäßigung (§ 27 Abs. 1 ErbStG) ..	3–39
2.1	Begünstigter Personenkreis	3–8
2.2	Letzterwerb von Todes wegen	9–10
2.3	Begünstigter Vermögensübergang	11–14
2.4	Zehnjahreszeitraum	15–17
2.5	Steuerfestsetzung und -entrichtung für den Vorerwerb	18–39
3	Ermittlung des Ermäßigungsbetrags (§ 27 Abs. 2 ErbStG)	40–49
4	Ermäßigungshöchstbetrag (§ 27 Abs. 3 ErbStG)	50

1 Allgemeines

Geht dasselbe Vermögen innerhalb weniger Jahre mehrfach auf nahe Angehörige über, so könnte dies zu einer übermäßigen Steuerbelastung führen. Nach dem Grundgedanken des § 27 ErbStG soll bei einem mehrfachem Übergang desselben Vermögens

1

§ 27 Mehrfacher Erwerb desselben Vermögens

innerhalb von zehn Jahren auf den begünstigten Erwerberkreis die auf dieses Vermögen entfallende Steuer, soweit das Vermögen beim Vorerwerber der Besteuerung unterlag, bis höchstens 50 % ermäßigt werden (vgl im Einzelnen die Gesetzesbegründung in BT-Drs. 13/4839, 71). Damit sichert die Vorschrift das verfassungsrechtlich fundierte Schutzziel des Familienprinzips, kleine und mittlere Vermögen als Grundlage der privaten Lebensgestaltung möglichst ungeschmälert in der Generationenfolge zu erhalten. Mit diesem Schutzziel stünde eine mehrfache Erbschaftsteuerbelastung innerhalb der Steuerklasse I bei nur kurzfristiger Erbfolge über mehrere Generationen in Widerspruch (BVerfG v. 21.7.2010, 1 BvR 611/07, BFH/NV 2010, 1985).

2 § 27 ErbStG ist **durch das JStG 1997 geändert** worden. Die Neufassung des Abs. 1 ist bezüglich der Beschränkung auf Erwerbe der Steuerklasse I eine redaktionelle Folgeänderung zu der durch das JStG 1997 vorgenommenen Zusammenfassung der bisherigen Steuerklassen I und II zur Steuerklasse I (§ 15 ErbStG). Die Berechnung der Steuerermäßigung nach Abs. 2 ist durch den Wegfall der bisherigen Sätze 2 und 3 nachhaltig vereinfacht worden. Durch das **ErbStRG** wurde in Anpassung an den modernen Sprachgebrauch der bisherige Begriff „Vomhundertsatz" durch „Prozentsatz" ersetzt.

2a Der EuGH hat auf die Vorlage des BFH (BFH v. 22.1. 2013, II R 37/13, BStBl 2013, 497) entschieden, dass Art. 63 und Art. 65 AEUV nicht der Regelung nach Art der § 27 ErbStG entgegenstehen, wonach für einen Erwerb von Todes wegen eine Ermäßung der Erbschaftsteuer dann eingreift, wenn Vermögen bereits bis zehn Jahre zuvor der Erbschaftsbesteuerung unterlegen hatte und hierfür Erbschaftsteuer in diesen Mitgliedstaat erhoben worden war (EuGH v. 30.6. 2016, – C-123/15, BFH/NV 2016, 1244).

2 Voraussetzungen der Steuerermäßigung (§ 27 Abs. 1 ErbStG)

2.1 Begünstigter Personenkreis

3 Die Steuerermäßigung aus § 27 ErbStG wird nur gewährt, wenn der frühere und der nachfolgende Erwerb bei Personen der **Steuerklasse I** anfällt. Zur Steuerklasse I gehören die Ehegatten, die Kinder und Stiefkinder, ferner deren Kinder und Stiefkinder sowie die Eltern und Voreltern bei Erwerben von Todes wegen (§ 15 Abs. 1 ErbStG). Nur diese Angehörigen zählen zu dem Personenkreis, der bei einem Zweiterwerb (oder Mehrfacherwerb) durch § 27 ErbStG begünstigt ist. Eine Ermäßigung der Steuer nach dieser Vorschrift tritt deshalb z. B. in dem häufigen Fall ein, in dem Vermögen innerhalb des Zehnjahreszeitraums von Eltern auf die Kinder und von diesen wiederum auf die Enkelkinder übergeht.

4 § 27 Abs. 1 ErbStG setzt – lediglich – den Anfall von **Vermögen bei Personen der Steuerklasse I voraus, das zuvor bereits von Personen dieser Steuerklasse I erworben** worden war. Aus dem Wortlaut dieser Vorschrift ergeben sich eindeutige tatbestandliche Grenzen:

Das **Angehörigkeitsverhältnis** ist **aus der Sicht des jeweiligen Erwerbsvorgangs** zu bestimmen. Es muss also der jeweilige Erwerb der Steuerklasse I unterfallen. Hingegen verlangt § 27 Abs. 1 ErbStG nicht, dass auch im Verhältnis des Erwerbers des letzten Steuerfalls zum Erblasser bzw. Schenker des ersten Steuerfalls die Steuerklasse I anzuwenden gewesen wäre.

Beispiel:

Der Erblasser (E) wird von seinem Sohn (S) beerbt. S wird seinerseits von seiner Ehefrau (F) beerbt.

Der Erwerb der F ist nach § 27 ErbStG – sofern die sonstigen Anwendungsvoraussetzungen dieser Vorschrift gegeben sind – wegen der beiden jeweils der Steuerklasse I unterfallenden Erwerbe begünstigt, obwohl im Verhältnis zwischen F und E die Steuerklasse II gilt. Andererseits reicht es für die Anwendung des § 27 ErbStG nicht aus, wenn die Voraussetzungen der Steuerklasse I lediglich im Verhältnis zwischen dem ursprünglichen Vermögensinhaber und dem Nacherwerbenden erfüllt sind (BFH v. 14.7.2011, II B 27/11, BFH/NV 2011, 1881).

Beispiel:

Mutter (M) wird von ihrem Sohn S1 beerbt. Das von M ererbte Vermögen des S1 geht nach dessen Tod auf S2, den weiteren Sohn der M, über.

Der Erwerb des S2 von S1 unterfällt der Steuerklasse II. Dem Umstand, dass S2 nach seinem persönlichen Verhältnis zu M die Merkmale der Steuerklasse I erfüllt, kommt keine Bedeutung zu. Eine erweiternde Auslegung des § 27 Abs. 1 ErbStG kommt weder nach dessen Gesetzeszweck noch aus verfassungsrechtlichen Gründen in Betracht (BFH v. 14.7.2011, II B 27/11, BFH/NV 2011, 1881).

§ 27 Abs. 1 ErbStG ist auch anwendbar, wenn es innerhalb des Zehnjahreszeitraums zu **mehr als zwei Vermögensübergängen** kommt. Hier ist allerdings für die Zehnjahresfrist auf die Verhältnisse zwischen dem ersten und dem letzten Steuerfall abzustellen. Soweit ein Zwischenerwerber nicht der Steuerklasse I angehört, kann gleichwohl – sofern für den Erst- und den Letzterwerb die Steuerklasse I gilt – § 27 ErbStG anwendbar sein.

Beispiel:

E schenkt seinem Sohn S ein Grundstück. S stirbt kurz danach und wird von seinem Bruder B beerbt. Sodann geht im Wege der Erbfolge nach dem Tod des B das Grundstück auf A, Sohn des S, über.

In diesem Beispielsfall steht der Steuervergünstigung aus § 27 ErbStG nicht entgegen, dass der Vermögensübergang von S an B der Steuerklasse II unterlag.

Die nähere Bestimmung der am Erwerb beteiligten Personen ist nach erbschaftsteuerlichen Grundsätzen vorzunehmen. So hat im Fall der **Nacherbschaft** der Nacherbe die Möglichkeit, der Versteuerung sein Verhältnis zum Erblasser zugrunde zu legen (§ 6 Abs. 2 Satz 2 ErbStG). Soweit damit der Erwerb des Nacherben der Steuerklasse I unterfällt, sind auch die Anwendungsvoraussetzungen des § 27 Abs. 1 ErbStG gegeben (zur Anwendbarkeit des § 27 ErbStG bei entgeltlicher Übertragung des Nacherbenanwartschaftsrechts auf den Vorerben vgl. Rz. 12). Ebenso ist bei einem **gemeinschaftlichen Ehegattentestament** (sog. Berliner Testament, § 2269 BGB) zu berücksichtigen, dass gem. § 15 Abs. 3 ErbStG die mit dem erstversterbenden Ehegatten näher verwandten Erben und Vermächtnisnehmer als seine Erben anzusehen sind, soweit sein Vermögen beim Tod des überlebenden

Ehegatten noch vorhanden ist. Der mit dem erstversterbenden Ehegatten näher verwandte Schlusserbe wird durch § 15 Abs. 3 ErbStG als Erbe des erstversterbenden Ehegatten behandelt; die Besteuerung ist wie im Falle der Nacherbschaft durchzuführen. Liegen die Voraussetzungen des § 15 Abs. 3 ErbStG vor, so kann der Schlusserbe – sofern ihm dies steuerlich günstig ist – bei der Anwendung des § 27 ErbStG als Erbe des erstverstorbenen Ehegatten angesehen werden (RFH v. 21.11.1940, III e 12/40, RStBl 1941, 45). Bei einer **Abfindung für den Erbverzicht** (§ 7 Abs. 1 Nr. 5 ErbStG) liegt ein Erwerb des Verzichtenden vom künftigen Erblasser vor; dies gilt auch dann, wenn die Abfindung von einem Dritten erbracht wird (§ 7 ErbStG Rz. 421). Diese Beurteilung ist auch für § 27 ErbStG maßgebend.

7 einstweilen frei

8 **Maßgeblicher Zeitpunkt** für die Bestimmung des für die Steuerklasse maßgeblichen Angehörigkeitsverhältnisses ist der des Erwerbs, für den die Ermäßigung in Anspruch genommen wird (BFH v. 14.7.2011, II B 27/11, BFH/NV 2011, 1881; FG Berlin v. 10.3.1992, V 11/90, EFG 1992, 470). Diese Frage hatte Bedeutung für den Fall einer gesetzlichen Änderung der Steuerklassen. Derartige Probleme können jedoch im Zusammenhang mit der Steuerklassenänderung aufgrund § 15 ErbStG i.d.F. des JStG 1997 nicht auftreten, weil insoweit lediglich die bisherigen Steuerklassen I und II zu einer einheitlichen Steuerklasse I zusammengefasst wurden. Im Übrigen ist zu beachten, dass zu einer Veränderung der Steuerklasse führende tatsächliche Änderungen in den persönlichen Verhältnissen (z.B. eine nach dem vor Erwerb eintretende Heirat oder Adoption) nicht auf den Zeitpunkt des Vorerwerbs zurückwirken.

2.2 Letzterwerb von Todes wegen

9 Nach dem Wortlaut des § 27 Abs. 1 ErbStG gilt die Vorschrift nur für Erwerbe von Todes wegen. Diese Aussage beschränkt sich eindeutig auf den Letzterwerb, während für den **Vorerwerb** eine entsprechende Einschränkung fehlt. Daher kann es sich bei dem Vorerwerb sowohl um einen Erwerb von Todes wegen als auch um eine Schenkung unter Lebenden handeln.

10 Die Beschränkung des § 27 Abs. 1 ErbStG auf solche Letzterwerbe, die von Todes wegen erfolgen, ist nach dem Wortlaut der Vorschrift eindeutig und **verstößt**, soweit damit Schenkungen unter Lebenden nicht erfasst sind, auch **nicht gegen § 1 Abs. 2 ErbStG** (BFH v. 16.7.1997, II B 99/96, BStBl II 1997, 625); insoweit ist durch § 27 Abs. 1 ErbStG bezüglich § 1 Abs. 2 ErbStG „etwas anderes bestimmt". Für diese Auslegung spricht, dass anderenfalls § 27 ErbStG – entgegen seiner Zielrichtung – gezielt zur Steuerermäßigung eingesetzt werden könnte. Hiergegen wird sich auch kaum mit Erfolg die Verpflichtung des Gesetzgebers anführen lassen, für eine angemessene Besteuerung in den Fällen zu sorgen, in denen der Steuerpflichtige durch Unterlassen der Schenkung die Besteuerung hätte vermeiden können (so *Meincke*, ErbStG, 2012, § 27 Rz. 4). Dabei ist auch zu berücksichtigen, dass bei Mehrfacherwerben in der Steuerklasse I bereits aufgrund der Freibeträge sowie der Gestaltung des Steuertarifs eine steuerliche Entlastung eintritt.

2.3 Begünstigter Vermögensübergang

§ 27 Abs. 1 ErbStG setzt den Übergang von Vermögen voraus, das seinerseits beim Ersterwerb der Besteuerung unterlegen hat. Der insoweit geforderte Übergang „desselben" Vermögens (vgl. auch BT-Drs. 13/4839, 71) bedeutet nicht, dass das vom Zweiterwerber erworbene Vermögen in seiner konkreten Form mit dem vom Ersterwerber erlangten Vermögen identisch sein muss. Gegen eine solche Auslegung spricht, dass § 27 Abs. 1 ErbStG – anders als z. B. § 13 Abs. 1 Nr. 10 ErbStG – auf das „Vermögen" und nicht auf „Vermögensgegenstände" abhebt. Durch den „Vermögensgegenstand" ist ein einzelner zum Vermögen gehörender konkreter Gegenstand bezeichnet (vgl. auch § 13 ErbStG Rz. 66). Der Begriff „Vermögen" umschreibt hingegen eine Gesamtheit geldwerter Gegenstände (BFH v. 22.6.1994, II R 1/92, BStBl II 1994, 656; v. 25.3.1974, II R 40/68, BStBl II 1974, 658). Aus diesem Grund genügt für den Übergang von Vermögen i. S. d. § 27 Abs. 1 ErbStG, dass eine **nachweisbare Kontinuität des Wertsaldos** besteht (BFH v. 25.3.1974, II R 40/68, BStBl II 1974, 658). Bei einem Austausch eines Gegenstands liegt mithin dasselbe Vermögen vor, wenn sein Wert als Gegenstand der früheren und der nunmehrigen Bereicherung erhalten bleibt. Werden also z. B. Wertpapiere verkauft und mit dem Erlös ein Grundstück angeschafft, so steht dies der Begünstigung aus § 27 ErbStG nicht entgegen (vgl. auch *Jülicher*, in T/G/J, ErbStG, § 27 Rz. 15). Eine Art- und Funktionsgleichheit des Vermögensgegenstands, wie sie von der Rspr (BFH v. 22.6.1994, II R 1/92, BStBl II 1994, 656) im Zusammenhang des § 13 Abs. 1 Nr. 10 ErbStG gefordert wird, muss insoweit nicht bestehen. 11

§ 27 ErbStG ist auch bei der **Übertragung eines Nacherbenanwartschaftsrechts** auf den Vorerben anwendbar. Durch diese Übertragung des Nacherbenanwartschaftsrechts wird der Vorerbe unbeschränkter Vollerbe. Bei dem Nacherben wird bezüglich des ihm zufließenden Entgelts durch § 3 Abs. 2 Nr. 6 ErbStG ein Erwerb vom Erblasser fingiert. Diese Fiktion ist auch bei der Anwendung des § 27 ErbStG bezüglich des vorausgesetzten Erwerbs desselben Vermögens zu beachten. Sofern mithin an den Nacherben gezahlte Entgelt aus Vermögen stammt, das der Vorerbe von Personen erhalten hat, zu denen er im Verhältnis der Steuerklasse I steht, ist § 27 ErbStG anwendbar (BFH v. 30.10.1979, II R 4/76, BStBl II 1980, 46; *Siebert*, BB 2010, 1252). 12

Ist **Vor- und Nacherbfolge** angeordnet und tritt der Nacherbfall durch den Tod des Vorerben ein, ist § 27 ErbStG unter seinen näheren Voraussetzungen anwendbar. Anderes gilt aber im Fall des nicht durch den Tod des Vorerben eintretenden (vorzeitigen) Nacherbfalls. Hierzu ordnet § 6 Abs. 3 Satz 2 ErbStG die Anrechnung der vom Vorerben entrichteten Steuer abzüglich des Steuerbetrags, der der tatsächlichen Bereicherung des Vorerben entspricht, an. Mit Rücksicht auf die Anrechnungsregelung des § 6 Abs. 3 Satz 2 ErbStG ist der Erwerb des in der Steuerklasse I besteuerten Vorerben nicht als belasteter Erwerb i. S. d. § 27 ErbStG zu berücksichtigen (R E 27 Abs. 3 ErbStR 2011). Damit unterbleibt die Anrechnung nach § 27 ErbStG allerdings auch insoweit, als der Vorerbe tatsächlich eine Bereicherung zu versteuern hatte. 13

Ob und in welchem Umfang **Wertsteigerungen des Vermögens** zwischen Erst- und Letzterwerb von der Vergünstigung des § 27 ErbStG ausgenommen sind, hat 14 wegen der Ermäßigungshöchstgrenze des § 27 Abs. 3 ErbStG nur geringe praktische Bedeutung. Denn § 27 Abs. 3 ErbStG schließt eine Entlastung insoweit aus, als die Wertsteigerung noch nicht der Besteuerung unterlegen hat und daher keine mehrfache Steuerbelastung droht (R E 27 Abs. 1 S. 2 ErbStR 2011; vgl. auch Rz. 50). Praktische Schwierigkeiten ergeben sich allerdings, wenn „dasselbe" Vermögen nur noch teilweise auf den Letzterwerber übergeht und überdies bei den einzelnen Gegenständen Wertveränderungen eingetreten sind. In derartigen Fällen wird die Ermittlung des Umfangs des begünstigten Vermögensübergangs häufig nur im Wege einer Schätzung (§ 162 AO) möglich sein (FG Berlin v. 10.3.1992, V 11/90, EFG 1992, 470). Kommt es vor dem Letzterwerb zu einer **Wertminderung** desselben Vermögens, darf nur der geminderte Wert im Zeitpunkt des Nacherwerbs in die Ermäßigung einbezogen werden (R E 27 Abs. 1 S. 3 ErbStR 2011).

2.4 Zehnjahreszeitraum

15 § 27 Abs. 1 ErbStG macht die Vergünstigung davon abhängig, dass sich der Erst- und der Letzterwerb innerhalb einer Zeitspanne von zehn Jahren vollziehen. Die Berechnung dieses Zehnjahreszeitraums richtet sich nach dem **Zeitpunkt, in dem jeweils die Steuer gem. § 9 ErbStG entstanden** ist.

16 Ist der Zeitraum im Einzelfall nicht überschritten, bestimmt sich der konkrete Prozentsatz der Steuerermäßigung nach der **Staffel** des § 27 Abs. 1 ErbStG.

17 Erfolgt für mehrere Erwerbe eine **Zusammenrechnung nach § 14 ErbStG**, so ist bei einem den mehreren zusammenzurechnenden Erwerben nachfolgendem Erwerb von Todes wegen § 27 ErbStG grundsätzlich anwendbar. Hierbei sind die zusammengerechneten Erwerbe bei der Anwendung des § 27 ErbStG als jeweils eigenständige Erwerbe zu behandeln. Für § 27 ErbStG ist hierbei der jeweilige Zeitpunkt des einzelnen Vermögensanfalls maßgebend (BFH v. 20.2.1980, II R 90/77, BStBl II 1980, 414). Zugleich ist auch die Steuervergünstigung des § 27 ErbStG für den jeweiligen einzelnen Erwerb zu bestimmen. Es bedarf mithin einer Aufteilung des auf die Mehrfacherwerbe entfallenden Steuerbetrags. Die Teilbeträge, von denen jeweils die Kürzungsquote des § 27 Abs. 1 ErbStG zu errechnen ist, sind nach dem Verhältnis der unterschiedlich begünstigten Teil-Vorerwerbe (vor Abzug des Freibetrags) zu errechnen (BFH v. 20.2.1980, II R 90/77, BStBl II 1980, 414).

2.5 Steuerfestsetzung und -entrichtung für den Vorerwerb

18 § 27 Abs. 1 ErbStG setzt voraus, dass für den Vorerwerb „nach diesem Gesetz eine Steuer zu erheben war". Die Formulierung „nach diesem Gesetz" umfasst **alle Steuerfestsetzungen unabhängig von der jeweils geltenden Fassung** des ErbStG (ebenso *Jülicher*, in T/G/J, ErbStG, § 27 Rz. 18).

19 Das Erfordernis einer zu erhebenden Steuer entspricht dem Zweck des § 27 ErbStG, Mehrfacherwerbe steuerlich zu entlasten. Deshalb muss für den Erwerb **tatsächlich eine Steuer festgesetzt** worden sein. Sofern also für den Vorerwerb wegen der Freibeträge keine Steuer festzusetzen war, kann § 27 ErbStG keine Anwendung finden. Aus § 27 Abs. 3 ErbStG folgt ferner, dass die Steuer für den Vorerwerb auch entrichtet worden sein muss. Deshalb scheidet eine Ermäßigung aus § 27 ErbStG

aus, wenn die an sich gebotene Steuererhebung, z.B. aufgrund eines Billigkeitserlasses (§ 227 AO) für den Vorerwerb unterblieben ist. Gleiches gilt, wenn die Steuerfestsetzung bezüglich des Vorerwerbs gem. § 29 ErbStG nachträglich aufgehoben wurde (ebenso *Jülicher*, in T/G/J, ErbStG, § 27 Rz. 18). Soweit hingegen die Steuer für den Vorerwerb gestundet wurde, bleibt § 27 ErbStG anwendbar.

Auch eine **ausländische Erbschaftsteuer** kann im Ergebnis bei § 27 ErbStG zu berücksichtigen sein, sofern sie nach § 21 Abs. 1 ErbStG auf die deutsche Erbschaftsteuer angerechnet – eine solche mithin festgesetzt – worden ist (*Jülicher*, in T/G/J, ErbStG, § 27 Rz. 18). Sind diese Voraussetzungen gegeben, ist auch Auslandsvermögen begünstigtes Vermögen i.S.d. § 27 Abs. 1 ErbStG. Hingegen ist eine ausländische Steuer nicht nach § 27 Abs. 1 ErbStG zu berücksichtigen, wenn das Auslandsvermögen aufgrund eines DBA oder mangels Steuerpflicht (§ 2 ErbStG) ausschließlich der ausländischen Erbschaftsteuer unterlag. Andernfalls würde das ErbStG einseitig zugunsten des Auslands auf seine Kapitalverkehrsteuerfreiheit gem. Art. 63 Abs. 1 i.V.m. Art. 65 AEUV verzichten. Diesen Standpunkt hat auch der EuGH eingenommen. 20

(Rz. 2a, vgl. EuGH v. 30.6.2016, -C- 123/15, BFH/NV 2016, 1244)

Der BFH hat daraufh in die Klage abgewiesen. Bei einem ausschließlich nach ausländischem Recht besteuerten Vermögen ist für den nachfolgenden Erwerb durch Personen der Steuerklasse I, weil keine Steuer nach diesem Gesetz zu erheben war, eine Befreiung nach § 27 ErbStG zu versagen (BFH v. 27.9.2016, II R 37/13, BFH/NV 2017, 228).

einstweilen frei 21–39

3 Ermittlung des Ermäßigungsbetrags (§ 27 Abs. 2 ErbStG)

§ 27 Abs. 2 ErbStG regelt die Ermittlung des Steuerbetrags, auf den der Prozentsatz nach § 27 Abs. 1 ErbStG zur Berechnung der Steuerermäßigung anzuwenden ist. Bei der Berechnung des Ermäßigungsbetrags ist im Einzelnen danach zu unterscheiden, ob beim Nacherwerb nur das begünstigte Vermögen oder auch noch weiteres Vermögen auf den Erwerber übergeht. 40

Sofern nur begünstigtes Vermögen übergeht, bereitet die Berechnung des Ermäßigungsbetrags keine Schwierigkeiten. In diesem Fall ist der Ermäßigungsbetrag nach dem sich aus § 27 Abs. 1 ErbStG ergebenden Prozentsatz des auf das begünstigte Vermögen beim Zweiterwerb entfallenden Steuerbetrags zu bemessen (BT-Drs. 13/4839, 71). Sofern bei dem Zweiterwerb neben dem begünstigten Vermögen noch **weiteres Vermögen** auf den Erwerber übergeht, bedarf es bezüglich der Ermittlung des Steuerbetrags, auf den der Prozentsatz nach § 27 Abs. 1 ErbStG zur Berechnung der Steuerermäßigung anzuwenden ist, gem. § 27 Abs. 2 ErbStG einer Aufteilung des Erwerbs. In diesem Fall ist der Anteil der auf das begünstigte Vermögen entfallenden Steuer in dem Verhältnis zu ermitteln, in dem der Wert des begünstigten Vermögens zu dem Wert des Gesamterwerbs steht (vgl. dazu die Berechnungsbeispiele in H E ErbStH 2011 „Berechnung des Ermäßigungsbetrags"). 41

42 Für die Anwendung der Steuerermäßigung nach § 27 ErbStG kommt es allein auf die vom Erblasser für den vorangegangenen Erwerb tatsächlich entrichtete Steuer an. Für die Anrechnung einer fiktiven Steuer, z.B. nach § 14 Abs 1 S. 2 ErbStG, ist kein Raum (FG Münster v. 9.6. 2016, 3 K 3171/14 Erb, EFG 2016, 1530, Rev. anh. Az. BFH II R 25/16).

43 Gewisse Besonderheiten der Berechnung gelten ferner, wenn das begünstigte Vermögen beim nachfolgenden Erwerb **mehreren Erwerbern** anfällt (FinMin Saarland v. 20.5.2003, B/5-2-99/2003 – S 3839, ZEV 2003, 325) und/oder mit dem mehrfach erworbenen Vermögen **Schulden und Lasten** in Zusammenhang stehen (FinMin Baden-Württemberg v. 20.1.2004, S 3839/3, DStR 2004, 357 mit eingehenden Berechnungsbeispielen). Zum Zusammentreffen von §§ 14 Abs. 3, 21 und 27 ErbStG vgl. R E 14.1 Abs. 5 ErbStR 2011.

44 § 27 ErbStG ist auch anwendbar, wenn der Erblasser die **Entrichtung der Erbschaftsteuer einem Dritten** auferlegt hat. Die von dem Dritten übernommene Steuer ist dem steuerpflichtigen Erwerb hinzuzurechnen, § 10 Abs. 2 ErbStG. Bei der Anwendung des § 27 ErbStG bedarf es entsprechend der Regelung des § 10 Abs. 2 ErbStG einer Berechnung in zwei Schritten: Zunächst ist die Steuer so zu berechnen, als ob sie vom Erwerber selbst getragen würde; bei dieser Berechnung ist die Ermäßigung aus § 27 ErbStG zu berücksichtigen. Sodann wird dieser Steuerbetrag dem Gesamterwerb hinzugerechnet und die gesamte Berechnung nochmals durchgeführt. Entstammt der zur Zahlung der Steuer verwendete Betrag dem begünstigten Vermögen, so wird er für die Aufteilung nicht nur dem Gesamterwerb, sondern auch dem begünstigten Vermögen hinzugerechnet (BFH v. 14.12.1966, II 48/64, HFR 1967 S. 179; FG Düsseldorf v. 16.7.1963, III 3/61 Erb, EFG 1964, 65; *Jülicher*, in T/G/J, ErbStG, § 27 Rz. 28).

45–49 einstweilen frei

4 Ermäßigungshöchstbetrag (§ 27 Abs. 3 ErbStG)

50 Nach § 27 Abs. 3 ErbStG ist die Ermäßigung der Steuer nach § 27 Abs. 1 ErbStG für das begünstigte Vermögen auf den Betrag begrenzt, der sich bei Anwendung der Vomhundertsätze des § 27 Abs. 1 ErbStG auf die Steuer ergibt, die der Vorerwerber für das begünstigte Vermögen tatsächlich entrichtet hat. Die vom Vorerwerber für das begünstigte Vermögen gezahlte Steuer ist mithin die höchstmögliche Ermäßigungsgrundlage. Bei der Ermittlung des Ermäßigungsbetrags nach § 27 Abs. 3 ErbStG ist auch eine nach dem StraBEG entrichtete Steuer zu berücksichtigen (FG Düsseldorf v. 13.5.2009, 4 K 155/08 Erb, EFG 2009, 1310).

§ 27 Abs. 3 ErbStG schließt im Ergebnis eine Ermäßigung dort aus, wo für den Mehrfacherwerb desselben Vermögens eine Steuer nicht mehrfach – für jeden Erwerb – angefallen ist. Das hat z.B. für solche Fälle Bedeutung, in denen das begünstigte Vermögen nach dem Vorerwerb erhebliche Wertsteigerungen erfahren hat. Hier scheidet eine Anwendung des § 27 ErbStG insoweit aus, als für den auf die Wertsteigerung entfallenden Betrag vom Vorerwerber keine Steuer zu entrichten war (vgl. auch Rz. 14).

§ 28 Stundung

(1) ¹Gehört zum Erwerb von Todes wegen begünstigtes Vermögen im Sinne des § 13b Absatz 2, ist dem Erwerber die darauf entfallende Erbschaftsteuer auf Antrag bis zu sieben Jahre zu stunden. ² Der erste Jahresbetrag ist ein Jahr nach der Festsetzung der Steuer fällig und bis dahin zinslos zu stunden. ³ Für die weiteren zu entrichtenden Jahresbeträge sind die §§ 234 und 238 der Abgabenordnung ab dem zweiten Jahr nach der Festsetzung der Steuer anzuwenden. ⁴§ 222 der Abgabenordnung bleibt unberührt. ⁵Die Stundung endet, sobald der Erwerber, ausgehend vom Zeitpunkt der Entstehung der Steuer (§ 9), den Tatbestand nach § 13a Absatz 3 nicht einhält oder einen der Tatbestände nach § 13a Absatz 6 erfüllt. ⁶Wurde ein Antrag nach § 13a Absatz 10 oder nach § 28a Absatz 1 gestellt, ist bei der Anwendung des Satzes 3 § 13a Absatz 10 entsprechend anzuwenden. ⁷Satz 1 ist nicht auf die Erbschaftsteuer anzuwenden, die der Erwerber zu entrichten hat, weil er den Tatbestand nach § 13a Absatz 3 nicht eingehalten oder einen der Tatbestände nach § 13a Absatz 6 erfüllt hat. ⁸Die Stundung endet, sobald der Erwerber den Betrieb oder den Anteil daran überträgt oder aufgibt.

(2) Absatz 1 findet in den Fällen des § 1 Abs. 1 Nr. 4 entsprechende Anwendung.

(3) ¹Gehört zum Erwerb begünstigtes Vermögen im Sinne des § 13d Absatz 3, ist dem Erwerber die darauf entfallende Erbschaftsteuer auf Antrag bis zu zehn Jahren zu stunden, soweit er die Steuer nur durch Veräußerung dieses Vermögens aufbringen kann. ²Satz 1 gilt entsprechend, wenn zum Erwerb ein Ein- oder Zweifamilienhaus oder Wohneigentum gehört, das der Erwerber nach dem Erwerb zu eigenen Wohnzwecken nutzt, längstens für die Dauer der Selbstnutzung. ³Nach Aufgabe der Selbstnutzung ist die Stundung unter den Voraussetzungen des Satzes 1 weiter zu gewähren. ⁴Die Stundung endet in den Fällen der Sätze 1 bis 3, soweit das erworbene Vermögen Gegenstand einer Schenkung im Sinne des § 7 ist. ⁵Absatz 1 Satz 2 und 3 gilt entsprechend.

Inhalt

		Rz.
1	Allgemeines	1–9
2	Erwerb von Betriebsvermögen oder land- und forstwirtschaftlichem Vermögen (§ 28 Abs. 1 ErbStG a. F.)	10–19
2.1	Stundungsvoraussetzungen	11–12
2.2	Stundungsantrag	13
2.3	Stundungsdauer und Verzinsung	14–19
3	Erwerb von begünstigtem Vermögen (§ 28 Abs. 1 ErbStG n. F.)	20–29
3.1	Stundungsvoraussetzungen	21
3.2	Stundungsantrag	22
3.3	Stundungszeitraum und Verzinsung	23–24
3.4	(Vorzeitiges) Ende der Stundung	25–29

4	Ersatzerbschaftsteuer i. S. d. § 1 Abs. 1 Nr. 4 ErbStG	
	(§ 28 Abs. 2 ErbStG)	30–34
5	Erwerb von zu Wohnzwecken genutzten Grundstücken etc.	
	(§ 28 Abs. 3 ErbStG)	35–44
5.1	Stundungsvoraussetzungen	36–39
5.2	Ende der Stundung	40–44
6	Exkurs: Stundung nach § 222 AO	45–49
7	Exkurs: Erlass aus Billigkeitsgründen nach §§ 163, 227 AO	50–51

Schrifttum

Billig, Die neuere Rechtsprechung zum steuerbegünstigten Erwerb von zu Wohnzwecken vermieteten Grundstücken, UVR 2014, 208; *Eich*, Die Stundung von Erbschaft- und Schenkungsteuer, ErbStB 2011, 114; *Flick*, Finanzierung der Erbschaft- und Schenkungsteuer, DStR 1986, 683; *Geck*, Die Erbschaftsteuerreform kurz vor dem Ziel, ZEV 2008, 557; *Höne*, Die Stundung nach § 28 ErbStG: Neuregelungen für den Erwerb von Immobilien, ZEV 2010, 565; *Höreth/Stelzer*, Erbschaftsteuerreform – Unternehmensnachfolge nach den neuen Regeln, DStZ 2016, 901; *Kapp*, Der Billigkeitserlass bei der Erbschaftsteuer, DStZ 1988, 46; *Merker*, Erbschaftsteuerreform verabschiedet, StuB 2009, 20; *Reich*, Gestaltungen im neuen Unternehmenserbschaftsteuerrecht, DStR 2016, 2447; *Siegmund/Ungemach*, Die steuerbegünstigte Übertragung von Immobilienvermögen – gewährte Begünstigungen und Gestaltungsmöglichkeiten, DStZ 2009, 602; *Sosnitza*, Gedanken zu einer Reform des Erbschaftsteuer- und Schenkungsteuergesetzes, UVR 1992, 342; *Stobbe/Brüninghaus*, Begünstigtes Betriebsvermögen im Erbschaftsteuerrecht, BB 1998, 1611; *Thonemann-Micker*, ErbSt-Reform: Das Ergebnis des Vermittlungsausschusses, DB 2016, 2312; *Viskorf/Löcherbach/Jehle*, Die Erbschaftsteuerreform 2016: Ein erster Überblick, DStR 2016, 2425; *v. Oertzen*, Vorbereitungen für den großen Ersatzerbschaftsteuertermin zum 1. Januar 2014, Beihefter zu DStR Heft 11/2012, 37; *ders./Reich*, Neues Risiko für die Kunstsammlung des Unternehmers durch die Unternehmenserbschaftsteuerreform, BB 2016, 356; *Weinmann*, Änderungen des Erbschaftsteuergesetzes im Jahressteuergesetz 1996, ZEV 1995, 321; *Wienbracke*, Überblick über das Erbschaftsteuer- und Schenkungsteuergesetz i. d. F. des ErbStRG v. 24.12.2008, FR 2009, 197.

1 Allgemeines

1 Die Stundungsvorschrift des § 28 Abs. 1 ErbStG regelt eine **Zahlungserleichterung** für bestimmte Erwerbsgegenstände. Ursprünglich gewährte § 28 Abs. 1 ErbStG a. F. für den Erwerber von Betriebsvermögen oder land- und forstwirtschaftlichem Vermögen die Möglichkeit der Steuerstundung, sofern die sofortige Fälligkeit der durch den Erwerb verwirklichten Erbschaft- oder Schenkungsteuer den Fortbestand des erworbenen Betriebs beeinträchtigt hätte: Die Steuer war auf **Antrag** bis zu **zehn Jahre** zu **stunden**, soweit dies zur Erhaltung des Betriebs notwendig war (BFH v. 11.5.1988, II B 28/88, BStBl II 1988, 730). Die Vorschrift galt für Erwerbe von Todes wegen und Zuwendungen unter Lebenden, traf jedoch insoweit eine Unterscheidung, als die Erbschaftsteuer bei einem Erwerb von Todes wegen nach zinslos

Stundung § 28

gestundet wurde. Diese Stundungsmöglichkeit findet nach § 28 Abs. 2 ErbStG auf die **Ersatzerbschaftsteuer** nach § 1 Abs. 1 Nr. 4 ErbStG (§ 1 ErbStG Rz. 50ff) entsprechende Anwendung und gilt vorrangig vor der **allgemeinen Stundungsregelung** des § 222 AO, die von § 28 Abs. 1 ErbStG unberührt bleibt. Für Stundungsanträge des Stpfl. nach § 28 ErbStG gelten in verfahrensrechtlicher Hinsicht ergänzend die allgemeinen Stundungsvorschriften der AO.

Im Zuge der **Reform** des ErbStG durch das Gesetz vom 24.12.2008 (BGBl I 2008, 3018) mit Wirkung zum 1.1.2009 wurde die Stundungsmöglichkeit durch die Regelung des § 28 Abs. 3 ErbStG ausgedehnt und gilt nunmehr auch für den Erwerb von begünstigtem Vermögen i.S.d. § 13c Abs. 3 ErbStG a.F. (bis 30.6.2016) bzw. i.S.d. § 13d Abs. 3 ErbStG (ab 1.7.2016) in Form von zu **Wohnzwecken vermieteten bebauten Grundstücken** oder **Grundstücksteilen** bzw. den Erwerb eines Ein- oder Zweifamilienhauses oder von Wohneigentum, das der Erwerber anschließend zu eigenen **Wohnzwecken** nutzt (Rz. 36ff). Hintergrund der gesetzlichen Neuregelung waren die aufgrund der Reform des ErbStG am gemeinen Wert ausgerichteten Wertansätze für Grundstücke, die nach Ansicht des Gesetzgebers erforderten, eine zwangsweise Veräußerung dieses Vermögens allein zum Zwecke der Begleichung der darauf entfallenden Erbschaft- oder Schenkungsteuer durch eine entsprechende Steuerstundung zu vermeiden (BT-Drs. 16/7918). 2

Entgegen der wiederholt an der bis zum 31.12.2008 geltenden Regelung des § 28 ErbStG a.F. geäußerten Kritik war der Erwerb von **Anteilen an (Familien-)Kapitalgesellschaften** nach der bis 30.6.2016 geltenden Rechtslage weiterhin von der Stundungsregelung des § 28 Abs. 1 ErbStG a.F. **ausgeschlossen**. Allerdings bestand beim Erwerb entsprechender Anteile in der Praxis ebenfalls die Gefahr, dass die finanziellen Mittel zur sofortigen Zahlung der durch den Erwerb verwirklichten Erbschaft- oder Schenkungsteuer nur durch eine Veräußerung der erworbenen Anteile aufgebracht werden konnte, was auch den in der Rechtsform einer Kapitalgesellschaft geführten (Familien-)Betrieb in Gefahr bringen konnte (hierzu *Jülicher*, in T/G/J, ErbStG, § 28 Rz. 4; *Kien-Hümbert*, in Moench/Weinmann, ErbStG, § 28 Rz. 6; *Knobel*, in V/K/S/W, ErbStG, 2012, § 28 Rz. 9). 3

Nach der erneuten Reform des § 28 ErbStG durch das Gesetz vom 4.11.2016 (BGBl I 2016, 2464) mit (Rück-)Wirkung vom 1.7.2016 wurde die Vorschrift des § 28 Abs. 1 ErbStG gegenüber der Vorgängerregelung teilweise erweitert, jedoch auch teilweise eingeschränkt (*Viskorf/Löcherbach/Jehle*, DStR 2016, 2425, 2433; *Reich*, DStR 2016, 2447, 2451; *Thonemann-Micker*, DB 2016, 2312, 2320). 4

In **gegenständlicher Hinsicht** kommt eine Stundungsmöglichkeit nach § 28 Abs. 1 S. 1 ErbStG n.F. nur noch für den Erwerb von Todes wegen von land- und forstwirtschaftlichem Vermögen, Betriebsvermögen und Anteilen an Kapitalgesellschaften als nach § 13b Abs. 1 ErbStG begünstigungsfähiges und nach § 13b Abs. 2 ErbStG begünstigtes Vermögen in Betracht (Rz. 21). In **zeitlicher Hinsicht** kann die Stundung nicht mehr – wie bisher – zehn Jahre, sondern lediglich sieben Jahre gewährt werden (Rz. 23). Die Stundung ist nach § 28 Abs. 1 S. 5 ErbStG n.F. zudem daran geknüpft, dass der Erwerber neben der **Lohnsummenregelung** nach § 13a Abs. 3 ErbStG auch die **Behaltensregelung** nach § 13a Abs. 6 ErbStG einhält. Bei einem Verstoß **endet** nach § 28 Abs. 1 S. 5 ErbStG n. F. die Stundung und die Steuer wird **fällig** (Rz. 25). Die Stundung erfolgt nach § 28 Abs. 1 S. 2 und 3 ErbStG n. F. im ersten Jahr **zinslos**, danach grundsätzlich mit einer **Verzinsung** von 0,5 % pro Monat (Rz. 24).

5-9 einstweilen frei

2 Erwerb von Betriebsvermögen oder land- und forstwirtschaftlichem Vermögen (§ 28 Abs. 1 ErbStG a. F.)

10 § 28 Abs. 1 S. 1 und 2 ErbStG a. F. regelt bis 30.6.2016 eine **antragsabhängige befristete Stundung** der Steuer, die auf den Erwerb von Todes wegen bzw. eine Schenkung unter Lebenden von **Betriebsvermögen** oder **land- und forstwirtschaftlichem Vermögen** entfällt, und bedient sich hierzu ergänzender Verweisungen auf die allgemeinen Stundungsvorschriften der §§ 234, 238 AO (Rz. 15). Neben der speziellen Stundungsmöglichkeit nach § 28 Abs. 1 ErbStG a. F. findet nach § 28 Abs. 1 S. 3 ErbStG a. F. die allgemeine Stundungsregelung nach § 222 AO ergänzende Anwendung (*Meincke*, ErbStG, 2012, § 28 Rz. 2).

2.1 Stundungsvoraussetzungen

11 Eine Stundung nach § 28 Abs. 1 ErbStG a. F. setzt in **sachlicher Hinsicht** den Erwerb von Betriebsvermögen oder land- und forstwirtschaftlichem Vermögen voraus, wobei der zusätzliche Erwerb „nichtbegünstigten" Vermögens (z. B. Bargeld etc.) unschädlich ist und lediglich eine entsprechende Aufteilung des Erwerbs für Zwecke der Stundung vorgenommen werden muss (*Kien-Hümbert*, in Moench/Weinmann, ErbStG, § 28 Rz. 8). Art und Umfang des **Betriebsvermögens** sind in §§ 95ff. BewG festgelegt. Es umfasst neben sämtlichen Teilen eines **Gewerbebetriebs** i. S. d. § 15 Abs. 1 und 2 EStG unter Einschluss evtl. **Sonderbetriebsvermögens** (§ 95 BewG) auch das **freiberufliche Betriebsvermögen** nach § 18 EStG (§ 96 BewG). Nach Ansicht der FinVerw. zählen zum Betriebsvermögen zudem die Anteile an einer Personengesellschaft i. S. d. § 15 Abs. 1 S. 1 Nr. 2 und Abs. 3 bzw. § 18 Abs. 4 EStG (R E 28 Abs. 1 S. 2 ErbStR 2011). Der erworbene **Nießbrauch** an einem Betriebsvermögen ist ebenso wenig vom Anwendungsbereich der Vorschrift erfasst (*Jülicher*, in T/G/J, ErbStG, § 28 Rz. 4) wie **Anteile an einer Kapitalgesellschaft**, auch wenn es sich dabei um den Erwerb von Anteilen an einer **Einmann-GmbH** handelt (R E 28 Abs. 1 S. 2 und 3 ErbStR 2011). Der Ausschluss von Anteilen an Kapitalgesellschaften entspricht zwar dem eindeutigen Wortlaut des § 28 Abs. 1 ErbStG a. F., die Interessen- und Gefährdungslage wird bei mittelständischen (Familien-)Kapitalgesellschaften jedoch weitgehend der bei (Familien-)Personengesellschaften oder Einzelunternehmen entsprechen. Im Hinblick auf die Begünstigung von Anteilen an Kapitalgesellschaften nach §§ 13a, 13b ErbStG a. F. ist nicht nachvollziehbar, warum der Gesetzgeber im Zuge der **Reform** des ErbStG durch das Gesetz vom 24.12.2008 (BGBl I 2008, 3018) mit Wirkung zum 1.1.2009 keine entsprechende Ausweitung der Stundungsmöglichkeit nach § 28 Abs. 1 ErbStG

a.F. vorgenommen hat (krit. auch *Knobel*, in V/K/S/W, ErbStG, 2012, § 28 Rz. 9; *Stobbe/Brüninghaus*, BB 1998, 1611, 1612). Immerhin hält die FinVerw. für den Erwerb von Anteilen an einer Kapitalgesellschaft eine Stundung der Steuer nach § 222 AO für möglich (R E 28 Abs. 4 S. 7 und 8 ErbStR 2011; Rz. 45 f.; *Knobel*, in V/K/S/W, ErbStG, 2012, § 28 Rz. 9). Art und Umfang des **land- und forstwirtschaftlichen Vermögens** bestimmt sich ausschließlich nach den bewertungsrechtlichen Grundsätzen der §§ 33ff. BewG (*Kien-Hümbert*, in Moench/Weinmann, ErbStG, § 28 Rz. 8). In **persönlicher Hinsicht** kann jeder Erwerber von Betriebsvermögen und land- und forstwirtschaftlichem Vermögen unabhängig von der Steuerklasse einen entsprechenden Stundungsantrag i.S.d. § 28 Abs. 1 ErbStG a.F. stellen (*Jochum*, in Wilms/Jochum, ErbStG, § 28 Rz. 16).

Die beantragte Stundung muss zudem zur **Erhaltung des erworbenen Betriebs notwendig** sein, was der Fall ist, wenn die sofortige Zahlung der Erbschaft- oder Schenkungsteuer das **Weiterbestehen des Betriebs gefährden** würde. Ein Betrieb ist in seinem Fortbestand gefährdet, wenn z.B. eine **Insolvenz**, eine wesentliche **Betriebseinschränkung** oder ein umfangreicher **Arbeitsplatzabbau** droht (*Kien-Hümbert*, in Moench/Weinmann, ErbStG, § 28 Rz. 9); die Veräußerung einzelner nicht wesentlicher Betriebsgrundlagen ist hingegen zumutbar (gl.A. *Jülicher*, in T/G/J, ErbStG, § 28 Rz. 5). Trotz Kritik im Schrifttum interpretieren FinVerw. und Rspr. die Stundungsvorschrift des § 28 Abs. 1 ErbStG a.F. äußerst **restriktiv**, da eine Stundung lediglich unter der weiteren Voraussetzung gewährt wird, dass ansonsten die Mittel des Betriebs zur Zahlung der Steuer eingesetzt werden müssten (R E 28 Abs. 4 ErbStR 2011). Eine Stundung ist demnach bereits ausgeschlossen, sofern der Erwerber die Steuer aus weiterem, neben dem Betriebsvermögen oder land- und forstwirtschaftlichen Vermögen erworbenen Vermögen begleichen kann (BFH v. 11.5.1988, II␣B 28/88, BStBl II 1988, 730; R E 28 Abs. 4 S. 1 ErbStR 2011; krit. *Jülicher*, in T/G/J, ErbStG, § 28 Rz. 5; *Jochum*, in Wilms/Jochum, ErbStG, § 28 Rz. 24 ff.; *Weinmann*, ZEV 1995, 321, 324; *Sosnitza*, UVR 1992, 342, 347 f.). Nach Ansicht der FinVerw. dürfen bei der Beurteilung einer Gefährdung des Betriebs zudem **Nachlassverbindlichkeiten** in Form von Pflichtteilen und Vermächtnissen etc. nicht berücksichtigt werden, sofern es sich dabei nicht um Betriebsschulden handelt (R E 28 Abs. 4 S. 6 ErbStR 2011); bestehen in erheblichem Umfang nichtbetriebliche Nachlassverbindlichkeiten, kommt lediglich eine Stundung nach § 222 AO in Betracht (R E 28 Abs. 4 S. 7 ErbStR 2011; Rz. 45 f.; *Eisele*, in Kapp/Ebeling, ErbStG, § 28 Rz. 6). Der Erwerber muss schließlich notfalls einen **Kredit** aufnehmen und trägt die **Beweislast** für den Umstand, dass kein eigenes Vermögen vorhanden bzw. eine Kreditaufnahme nicht möglich ist (R E 28 Abs. 4 S. 2 und 3 ErbStR 2011). Eine Stundung ist nach Ansicht der FinVerw. ausgeschlossen, sofern der Schenker zur Zahlung der Schenkungsteuer herangezogen werden kann, z.B. weil er die Schenkungsteuer i.S.d. § 10 Abs. 2 ErbStG übernommen hat (R E 28 Abs. 4 S. 4 ErbStR 2011).

2.2 Stundungsantrag

Entgegen § 222 AO, der die Entscheidung über einen Stundungsantrag des Stpfl. in das Ermessen der FinBeh. stellt, begründet § 28 ErbStG a.F. einen **Anspruch** auf

Stundung, sofern die Stundungsvoraussetzungen in sachlicher und persönlicher Hinsicht vorliegen (R E 28 Abs. 1 S. 1 ErbStR 2011). Ein entsprechender Antrag ist **nicht fristgebunden**, er sollte jedoch bereits vor Fälligkeit beim zuständigen FA gestellt werden, um evtl. Säumniszuschläge zu vermeiden. Gegen die vollständige oder teilweise Ablehnung eines Stundungsantrags i.S.d. § 28 ErbStG a.F. kann **Einspruch** eingelegt werden (Hierzu auch *Knobel*, in V/K/S/W, ErbStG, 2012, § 28 Rz. 25).

2.3 Stundungsdauer und Verzinsung

14 Sofern die **Stundungsvoraussetzungen** in sachlicher und persönlicher Hinsicht vorliegen, wird auf Antrag des Stpfl. eine Stundung der Erbschaft- oder Schenkungsteuer ab **Fälligkeit** für einen Stundungszeitraum von bis zu **zehn Jahren** gewährt. Es besteht kein Rechtsanspruch auf eine bestimmte **Stundungsdauer**, der konkrete Zeitraum steht vielmehr im Ermessen der FinBeh., wobei sich die Ermessensausübung i.S.d. § 5 AO an den konkreten Verhältnissen des betroffenen Betriebs zu orientieren hat. Die Stundung endet, soweit das erworbene Vermögen weiterverschenkt oder veräußert wird (R E 28 Abs. 5 ErbStR 2011).

15 Für die Frage, ob eine Stundung nach § 28 ErbStG a.F. gegen oder ohne **Verzinsung** gewährt wird, ist nach § 28 Abs. 1 S. 2 ErbStG a.F. zwischen den Erwerben von Todes wegen i.S.d. § 1 Abs. 1 Nr. 1 i.V.m. § 3 ErbStG und den übrigen stpfl. Erwerben i.S.d. § 1 Abs. 1 Nr. 2 und 3 ErbStG zu unterscheiden. Nach § 28 Abs. 1 S. 2 2. Halbs. ErbStG a.F. erfolgt eine Stundung der Erbschaftsteuer bei Erwerben von Todes wegen **zinslos**, in allen übrigen Fällen greift über die Verweisung von § 28 Abs. 1 S. 2 1. Halbs. ErbStG a.F. auf §§ 234, 238 AO eine entsprechende **Verzinsung**: Für die Dauer der gewährten Stundung werden Zinsen i.H.v. 0,5 % pro Monat (= 6,0 % pro Jahr) erhoben (§ 238 Abs. 1 S. 1 AO); ein teilweiser oder voller **Zinsverzicht** kommt in Betracht, wenn die Erhebung der Zinsen nach Lage des Einzelfalls unbillig wäre (§ 234 Abs. 2 AO). Um dem Gesetzeszweck des § 28 Abs. 1 ErbStG a.F. als Möglichkeit der Zahlungserleichterung zur Abwendung einer Gefährdung unentgeltlich erworbener Betriebe gerecht zu werden, erfolgt die Stundung trotz des Verweises in § 28 Abs. 1 S. 3 ErbStG a.F. auf § 222 AO regelmäßig **ohne Sicherheitsleistung** (gl. A. z.B. *Jülicher*, in T/G/J, ErbStG, § 28 Rz. 7). Ausnahmen gelten u.U. für die langfristige Stundung größerer Beträge (BFH v. 11.5.1988, II B 28/88, BStBl II 1988, 730; FG München v. 7.8.1991, 4 K 10197/86, UVR 1991, 340, rkr.; *Eisele*, in Kapp/Ebeling, ErbStG, § 28 Rz. 10 f).

16-19 einstweilen frei

3 Erwerb von begünstigtem Vermögen (§ 28 Abs. 1 ErbStG n.F.)

20 § 28 Abs. 1 ErbStG n.F. regelt ab dem 1.7.2016 eine **antragsabhängige befristete Stundung** der Steuer, die auf den Erwerb von Todes wegen von **begünstigtem Vermögen** i.S.d. § 13b Abs. 2 ErbStG entfällt, und bedient sich hierzu ergänzender Verweisungen auf die allgemeinen Stundungsvorschriften der §§ 222, 234 und 238

Stundung § 28

AO (*Thonemann-Micker*, DB 2016, 2312, 2320; *Viskorf/Löcherbach/Jehle*, DStR 2016, 2425, 2433; *Reich*, DStR 2016, 2447, 2451).

3.1 Stundungsvoraussetzungen

Eine Stundung nach § 28 Abs. 1 ErbStG n. F. ist auf die **Erwerbe von Todes wegen** i. S. d. § 3 ErbStG beschränkt (*Thonemann-Micker*, DB 2016, 2312, 2320). In **sachlicher Hinsicht** setzt eine Stundung nach § 28 Abs. 1 S. 1 ErbStG den Erwerb von begünstigtem Vermögen i. S. d. § 13 b Abs. 2 ErbStG voraus, d. h. bestimmtes inländisches land- und forstwirtschaftliches Vermögen, (§ 13 b Abs. 1 Nr. 1 ErbStG) inländisches Betriebsvermögen (§ 13 b Abs. 1 Nr. 2 ErbStG) und – entgegen der vor dem 1.7.2016 geltenden Rechtslage (Rz. 11) – nunmehr auch Anteile an einer Kapitalgesellschaft (§ 13 b Abs. 1 Nr. 3 ErbStG). 21

Welches **Verschonungsmodell** im Einzelfall zur Anwendung kommt (Regelverschonung, Abschmelzregelung, Verschonungsbedarfsprüfung), spielt für die Stundungsmöglichkeit keine Rolle (BT-Drs. 18/8911, 45; *Viskorf/Löcherbach/Jehle*, DStR 2016, 2425, 2433). Der Erwerb eines **Nießbrauchs** an begünstigtem Vermögen ist nach wie vor nicht vom Anwendungsbereich des § 28 Abs. 1 ErbStG erfasst (Rz. 11; *Jülicher*, in T/G/J, ErbStG, § 28 Rz. 4).

Die Steuerklasse des Erwerbers spielt für die Möglichkeit einer Stundung ebenfalls keine Rolle (Rz. 11; *Jochum*, in Wilms/Jochum, ErbStG, § 28 Rz. 16).

Entgegen der bis zum 30.6.2016 geltenden Rechtslage (Rz. 12) ist für die Gewährung der Stundung nicht mehr Voraussetzung, dass diese zur Erhaltung des erworbenen Betriebs notwendig ist.

3.2 Stundungsantrag

Entgegen § 222 AO, der die Entscheidung über einen Stundungsantrag des Stpfl. in das Ermessen der FinBeh. stellt, begründet § 28 ErbStG n. F. – wie bisher (Rz. 13) – einen **Anspruch** auf Stundung, sofern die Stundungsvoraussetzungen in sachlicher und persönlicher Hinsicht vorliegen (BT-Drs. 18/8911, 45). 22

Ein entsprechender Antrag ist **nicht fristgebunden**, er sollte jedoch bereits vor Fälligkeit beim zuständigen FA gestellt werden, um evtl. Säumniszuschläge zu vermeiden. Gegen die vollständige oder teilweise Ablehnung eines Stundungsantrags i. S. d. § 28 ErbStG kann **Einspruch** eingelegt werden (hierzu *Knobel*, in V/K/S/W, ErbStG, 2012, § 28 Rz. 25).

3.3 Stundungszeitraum und Verzinsung

Sofern die **Stundungsvoraussetzungen** in sachlicher und persönlicher Hinsicht vorliegen, wird auf Antrag des Steuerpflichtigen die Erbschaftsteuer nach § 28 Abs. 1 23

§ 28 Stundung

S. 1 ErbStG **ab Fälligkeit** für einen Stundungszeitraum von nunmehr **bis zu sieben Jahren** gewährt (zur alten Rechtslage Rz. 14).

Es besteht kein Rechtsanspruch auf eine bestimmte Stundungsdauer, der konkrete Zeitraum steht vielmehr im **Ermessen** der FinBeh., wobei sich die Ermessensausübung i.S.d. § 5 AO an den konkreten Verhältnissen des betroffenen Stpfl. zu orientieren hat.

24 Nach § 28 Abs. 1 S. 2 ErbStG ist der erste Jahresbetrag ein Jahr nach Festsetzung der Erbschaftsteuer **fällig** und bis dahin **zinslos** zu stunden. Für die weiteren zu entrichtenden Jahresbeträge sind nach § 28 Abs. 1 S. 3 ErbStG die §§ 234, 238 AO ab dem zweiten Jahr nach der Festsetzung der Steuer anzuwenden. Dies bedeutet, dass die Stundung für das ersten Jahr zinslos gewährt wird, für die folgenden Jahre wegen des Verweises auf §§ 234, 238 AO hingegen **verzinslich** i.H.v. 0,5 % pro Monat (= 6,0 % pro Jahr) (*Thonemann-Micker*, DB 2016, 2312, 2320; *Viskorf/Löcherbach/Jehle*, DStR 2016, 2425, 2433 f.; *Reich*, DStR 2016, 2447, 2451).

Ein teilweiser oder voller **Zinsverzicht** kommt nach dem Verweis in § 28 Abs. 1 S. 3 ErbStG auf § 234 Abs. 2 AO in Betracht, wenn die Erhebung der Zinsen nach Lage des Einzelfalls unbillig wäre (*Thonemann-Micker*, DB 2016, 2312, 2320).

Um dem Gesetzeszweck des § 28 Abs. 1 ErbStG als Möglichkeit der Zahlungserleichterung der im Erbfall ungeplant entstandenen Erbschaftsteuer gerecht zu werden, (BT-Drs. 18/8911, 45)
ist die Stundung trotz des Verweises in § 28 Abs. 1 S. 4 ErbStG auf § 222 AO regelmäßig **ohne Sicherheitsleistung** zu gewähren (gl. A. *Jülicher*, in T/G/J, ErbStG, § 28 Rz. 7).

Ausnahmen gelten u.U. für die langfristige Stundung größerer Beträge (BFH v. 11.5.1988, II B 28/88, BStBl II 1988, 730; FG München v. 7.8.1991, 4 K 10197/86, UVR 1991, 340, rkr.; *Eisele*, in Kapp/Ebeling, ErbStG, § 28 Rz. 10 f).

3.4 (Vorzeitiges) Ende der Stundung

25 Die Steuerstundung für begünstigtes Betriebsvermögen ist nach § 28 Abs. 1 S. 5 ErbStG an die **Voraussetzung** geknüpft, dass der Erwerber die **Lohnsummenregelung** nach § 13a Abs. 3 ErbStG und die **Behaltensregelung** nach § 13a Abs. 6 ErbStG einhält. Die Steuerstundung wird nicht gewährt bzw. eine gewährte Steuerstundung **endet** vorzeitig mit sofortiger Wirkung, wenn oder sobald der Erwerber ab dem Zeitpunkt der Entstehung der Steuer nach § 9 ErbStG gegen die Lohnsummen- oder Behaltensregelung verstößt. Mit einem Verstoß wird die festgesetzte Erbschaftsteuer **sofort fällig** (BT-Drs. 18/8911, 45; *Viskorf/Löcherbach/Jehle*, DStR 2016, 2425, 2433; *Thonemann-Micker*, DB 2016, 2312, 2320).

Wurde ein Antrag nach § 13a Abs. 10 ErbStG (Vollverschonung) oder nach § 28a Abs. 1 ErbStG (Verschonungsbedarfsprüfung) gestellt, gilt nach § 28 Abs. 1 S. 6 ErbStG bei der Anwendung des § 28 Abs. 1 S. 3 ErbStG die Vorschrift des § 13a Abs. 10 ErbStG entsprechend (*Thonemann-Micker*, DB 2016, 2312, 2320).

Stundung　　　　　　　　　　　　　　　　　　　　　　　　　　§ 28

Neben Verstößen gegen die Behaltensregelung endet nach § 28 Abs. 1 S. 8 ErbStG die Stundung zudem, sobald der Erwerber den Betrieb oder den Anteil daran **überträgt** oder **aufgibt**. Darunter fällt neben der Schenkung als unentgeltlichem Vorgang auch die Liquidation (*Thonemann-Micker*, DB 2016, 2312, 2320). Nach der ausdrücklichen Anordnung des § 28 Abs. 1 S. 7 ErbStG ist eine Stundung der Erbschaftsteuer nach § 28 Abs. 1 S. 1 ErbStG ausgeschlossen, die der Erwerber zu entrichten hat, weil er den Tatbestand nach § 13a Abs. 3 ErbStG nicht eingehalten oder einen der Tatbestände nach § 13a Abs. 6 ErbStG erfüllt hat (BT-Drs. 18/8911, 45).

einstweilen frei　　　　　　　　　　　　　　　　　　　　　　　　　　　　26-29

4　Ersatzerbschaftsteuer i. S. d. § 1 Abs. 1 Nr. 4 ErbStG (§ 28 Abs. 2 ErbStG)

Nach § 1 Abs. 1 Nr. 4 ErbStG unterliegen **Familienstiftungen** und **Familienvereine** in Zeitabständen von 30 Jahren seit dem Zeitpunkt des ersten Übergangs von Vermögen gem. § 9 Abs. 1 Nr. 4 ErbStG einer sog. **Ersatzerbschaftsteuer** (§ 1 ErbStG Rz. 50ff). Über die Verweisung von § 28 Abs. 2 ErbStG auf § 28 Abs. 1 ErbStG besteht unter den dort genannten Voraussetzungen ebenfalls ein Anspruch auf eine **antragsabhängige Stundung** der Ersatzerbschaftsteuer (Rz. 10ff.; 20ff), soweit nach h. M. zum Erwerb der Familienstiftung oder des Familienvereins Betriebsvermögen oder land- und forstwirtschaftliches Vermögen (§ 28 Abs. 1 ErbStG a. F.) bzw. begünstigtes Vermögen (§ 28 Abs. 1 ErbStG n. F.) gehört (Gl. A. zur alten Rechtslage z. B. *Jülicher*, in T/G/J, ErbStG, § 28 Rz. 12; *Kien-Hümbert*, in Moench/Weinmann, ErbStG, § 28 Rz. 16; a. A. *Eisele*, in Kapp/Ebeling, ErbStG, § 28 Rz. 20: der gesamte Erwerb unterliegt der Stundungsmöglichkeit). Da es sich bei der Ersatzerbschaftsteuer gem. § 1 Abs. 1 Nr. 4 ErbStG nicht um einen Erwerb von Todes wegen i. S. d. § 1 Abs. 1 Nr. 1 i. V. m. § 3 ErbStG handelt, scheidet nach der **bis zum 30.6.2016** geltenden Rechtslage eine zinslose Stundung nach § 28 Abs. 1 S. 2 2. Halbs. ErbStG a. F. aus; die Stundung erfolgt gem. § 28 Abs. 1 S. 2 1. Halbs. ErbStG a. F. i. V. m. § 238 Abs. 1 S. 1 AO zu einem **Zinssatz** i. H. v. 0,5 % pro Monat (Entspricht 6,0 % pro Jahr; Rz. 15; *Eisele*, in Kapp/Ebeling, ErbStG, § 28 Rz. 20; krit. *v. Oertzen*, Beihefter zu DStR Heft 11/2012, 37, 51). Nach der **ab 1.7.2016** geltenden Rechtslage wird die Stundung nach § 28 Abs. 3 i. V. m. § 28 Abs. 1 S. 2, 3 ErbStG n. F. **im ersten Jahr unverzinslich, an dem zweiten Jahr** nur noch **verzinslich** mit 0,5 % pro Monat gewährt (Rz. 24).

30

In den Fällen des § 1 Abs. 1 Nr. 4 ErbStG besteht auch nach § 24 ErbStG die Möglichkeit der **Verrentung der Steuerschuld** in 30 gleichen jährlichen Teilbeträgen (Jahresbeträgen) aus der Summe von Tilgung und Verzinsung der Steuer zu einem Zinssatz i. H. v. 5,5 %, was für den Stpfl. gegenüber einer Stundung nach § 28 Abs. 2 i. V. m. Abs. 1 ErbStG regelmäßig die günstigere Zahlungserleichterung sein wird (*Jülicher*, in T/G/J, ErbStG, § 28 Rz. 12).

31

einstweilen frei　　　　　　　　　　　　　　　　　　　　　　　　　　　　32-34

5 Erwerb von zu Wohnzwecken genutzten Grundstücken etc. (§ 28 Abs. 3 ErbStG)

35 Im Zuge der **Reform** des ErbStG durch das Gesetz vom 24.12.2008 (BGBl I 2008, 3018) mit Wirkung zum 1.1.2009 hat der Gesetzgeber die Stundungsmöglichkeit durch die Einführung des § 28 Abs. 3 ErbStG auf den Erwerb von zu **Wohnzwecken genutztem Grundvermögen** erweitert. Hintergrund der Neuregelung sind die nach der Reform der bewertungsrechtlichen Vorschriften am gemeinen Wert ausgerichteten Wertansätze, die nach Ansicht des Gesetzgebers zur Aufrechterhaltung eines funktionierenden Wohnungsmarktes und zur Abwendung zwangsweiser Notverkäufe entsprechend erworbenen Vermögens zur Begleichung der verwirklichten Steuer eine Zahlungserleichterung in Form einer **Steuerstundung** erfordern (BT-Drs. 16/11107; *Merker*, StuB 2009, 20, 24; *Jülicher*, in T/G/J, ErbStG, § 28 Rz. 13; *Kien-Hümbert*, in Moench/Weinmann, ErbStG, § 28 Rz. 17). Die Zahlungserleichterung ist von einem entsprechenden **Antrag** des Stpfl. abhängig (Rz. 13, 22), gilt für **Erwerbe von Todes wegen** und **Schenkungen unter Lebenden** und kann nach pflichtgemäßem **Ermessen** des FA für einen Zeitraum von bis zu **zehn Jahren** gewährt werden (Rz. 14, 23). Nach § 28 Abs. 3 S. 5 ErbStG gelten § 28 Abs. 1 S. 2 und 3 ErbStG entsprechend. Die Stundung wird nach der bis 30.6.2016 geltenden Rechtslage bei einem Erwerb von Todes wegen **zinslos**, im Rahmen der übrigen Erwerbe – d. h. einer Schenkung unter Lebenden bzw. einer Ersatzerbschaftsteuer i. S. d. § 1 Abs. 1 Nr. 4 ErbStG (Rz. 30) – gegen **Verzinsung** gem. §§ 234, 238 AO gewährt (Rz. 15; *Wienbracke*, FR 2009, 197, 206). Nach der **ab 1.7.2016** geltenden Rechtslage wird die Stundung unabhängig von der Art des Erwerbs (Erwerb von Todes wegen, Zuwendung unter Lebenden, Ersatzerbschaftsteuer) **im ersten Jahr unverzinslich, ab dem zweiten Jahr** nur noch **verzinslich** mit 0,5 % pro Monat gewährt (Rz. 24, 30). Das **Verwandtschaftsverhältnis** zwischen dem Erwerber und Erblasser bzw. Schenker spielt für eine Stundung nach § 28 Abs. 3 ErbStG keine Rolle.

5.1 Stundungsvoraussetzungen

36 § 28 Abs. 3 S. 1 ErbStG gilt in **sachlicher Hinsicht** nach der bis 30.6.2016 geltenden Rechtslage für den Erwerb begünstigten Vermögens i. S. d. § 13 c Abs. 3 ErbStG a. F. bzw. nach der ab 1.7.2016 geltenden Rechtslage für begünstigtes Vermögen i. S. d. § 13 d Abs. 3 ErbStG, d. h. für **bebaute Grundstücke** oder **Grundstücksteile**, die zu **Wohnzwecken** vermietet werden, im Inland, einem Mitgliedstaat der EU oder in einem Staat des EWR belegen sind und nicht zum begünstigten Betriebsvermögen oder begünstigten Vermögen eines Betriebs der Land- und Forstwirtschaft i. S. d. § 13 a ErbStG gehören (*Kien-Hümbert*, in Moench/Weinmann, ErbStG, § 28 Rz. 18; *Eisele*, in Kapp/Ebeling, ErbStG, § 28 Rz. 6.1 ff.; R E 28 Abs. 2 ErbStR 2011).

37 Ein Anspruch auf antragsgemäße Stundung besteht darüber hinaus nach § 28 Abs. 3 S. 2 ErbStG, wenn zum Erwerb ein **Ein- oder Zweifamilienhaus** oder **Wohneigentum** gehört, das der Erwerber nach dem Erwerb tatsächlich zu eigenen Wohnzwecken nutzt. Die Stundung kann nach dem Wortlaut der Vorschrift nur für ein Grundstück gewährt werden, das zu den genannten **Grundstücksarten** zählt, womit eine Wohnung auf einem Mietwohn-, Geschäfts- oder gemischt

genutzten Grundstück oder auf einem sonstigen bebauten Grundstück nicht begünstigt ist; der Erblasser bzw. Schenker muss das Grundstück vor der Übertragung jedoch nicht zu eigenen Wohnzwecken oder als Familienheim genutzt haben (R E 28 Abs. 3 S. 4 ErbStR 2011). Unter dem Begriff der Nutzung zu **eigenen Wohnzwecken** ist unter Rückgriff auf die Begriffsbestimmung zur steuerfreien Übertragung eines Familienheims gem. § 13 Abs. 1 Nr. 4a bis 4c ErbStG ein entsprechender **Mittelpunkt des familiären Lebens** des Erwerbers zu verstehen (§ 13 ErbStG Rz. 30f): Eine Nutzung als Ferien- oder Wochenenddomizil stellt ebenso wenig eine Nutzung zu eigenen Wohnzwecken dar, wie die vollständige oder teilweise **Vermietung** an Dritte, wobei die unentgeltliche Überlassung einzelner Wohnräume an nahe Verwandte ebenso unschädlich ist, wie die **berufliche Nutzung** einzelner Räume, solange die Wohnnutzung insgesamt überwiegt. Wegen der Beschränkung auf die Nutzung zu eigenen Wohnzwecken kann die Stundung gem. § 28 Abs. 3 S. 2 ErbStG nach dem **Wortlaut** und dem **Zweck** der Vorschrift auch nur für „ein" – d. h. das anschließend zu eigenen Wohnzwecken genutzte – Objekt in Anspruch genommen werden (gl. A. *Wienbracke*, FR 2009, 197, 206). Sind im Einzelfall die weitergehenden Regelungen der Steuerbefreiungsvorschrift des § 13 Abs. 1 Nr. 4a bis 4c ErbStG über die begünstigte Übertragung eines **Familienheims** erfüllt, gehen diese Regelungen als antragsunabhängige und von Amts wegen zu prüfende sachliche Steuerbefreiung der Stundungsregelung des § 28 Abs. 3 S. 2 ErbStG vor (§ 13 ErbStG Rz. 25; *Geck*, ZEV 2008, 557, 560).

Nach **Aufgabe der Selbstnutzung** des erworbenen Ein- oder Zweifamilienhauses bzw. Wohneigentums entfallen zwar die Voraussetzungen für eine entsprechende Stundung, womit nach § 28 Abs. 3 S. 2 ErbStG diese insoweit automatisch endet. Nach § 28 Abs. 3 S. 3 ErbStG ist jedoch eine „**Anschlussstundung**" nach § 28 Abs. 3 S. 1 ErbStG zu gewähren, wenn insoweit die Voraussetzungen vorliegen – d. h. der Erwerber das Ein- oder Zweifamilienhaus nach Aufgabe der Selbstnutzung zu Wohnzwecken vermietet (Rz. 13; *Jülicher*, in T/G/J, ErbStG, § 28 Rz. 15; R E 28 Abs. 3 S. 5 ErbStR 2011). Endet die Selbstnutzung durch eine **Veräußerung** des nach § 28 Abs. 3 S. 2 ErbStG begünstigten Vermögens, entfällt das Bedürfnis für eine weitere Stundung, da nunmehr Kapital für die Begleichung der Steuerschuld vorhanden ist (BT-Drs. 16/11107). 38

Eine Stundung nach § 28 Abs. 3 ErbStG setzt neben dem Erwerb begünstigter Wohnobjekte zudem nach § 28 Abs. 3 S. 1 ErbStG voraus, dass der Erwerber die verwirklichte Erbschaft- bzw. Schenkungsteuer lediglich durch eine **Veräußerung dieses Vermögens aufbringen** kann (*Jülicher*, in T/G/J, ErbStG, § 28 Rz. 16f). Dies ist letztlich nur der Fall, wenn der Erwerber außer dem begünstigten Vermögen kein **weiteres Vermögen** erhalten hat und die Steuer auch **nicht aus eigenem Vermögen** aufbringen kann. Zudem muss der Erwerber auch die Möglichkeit einer **Kreditaufnahme** ausschöpfen, wobei diesem auch die **Beweislast** obliegt, dass er die Steuer nur durch die Veräußerung des erworbenen Vermögens aufbringen kann (R E 28 Abs. 4 S. 3 ErbStR 2011). Eine Stundung ist nach dem Willen des Gesetzgebers ferner ausgeschlossen, wenn im Fall einer Schenkung unter Lebenden der Schenker zur Zahlung herangezogen werden kann, weil er sich entweder zur Übernahme der 39

Schenkungsteuer i.S.d. § 10 Abs. 2 ErbStG verpflichtet hat (§ 10 ErbStG Rz. 65ff) oder als Gesamtschuldner nach § 20 Abs. 1 S. 1 ErbStG in Anspruch genommen werden kann (BT-Drs. 16/11107). Diese relativ hohe Hürde des zwangsweisen Notverkaufs beschränkt in der Praxis den tatsächlichen Anwendungsbereich einer Stundung nach § 28 Abs. 3 ErbStG auf einige wenige Ausnahmefälle (krit. auch *Geck*, ZEV 2008, 557, 560). Schließlich ist dem Erwerber nach Ansicht der FinVerw. auch zuzumuten, die gestundete Steuer aus den Vermietungs- oder sonstigen Einnahmen kontinuierlich zu tilgen (R E 28 Abs. 4 S. 5 ErbStR 2011).

5.2 Ende der Stundung

40 Eine Stundung nach § 28 Abs. 3 S. 1 bis 3 ErbStG kann bis zu zehn Jahre gewährt werden. Nach § 28 Abs. 3 S. 4 ErbStG **endet** sie automatisch in dem Zeitpunkt, in dem das erworbene Vermögen durch eine **Schenkung unter Lebenden** i.S.d. § 7 ErbStG auf einen Dritten übertragen wird (*Jülicher*, in T/G/J, ErbStG, § 28 Rz. 18; R E 28 Abs. 5 ErbStR 2011). Unter den Voraussetzungen des § 28 Abs. 3 S. 1 bis 3 ErbStG hat der beschenkte Dritte ggf. in eigener Person einen Anspruch auf Stundung der durch den Erwerb verwirklichten Schenkungsteuer. Wird das begünstigte Vermögen i.S.d. § 28 Abs. 3 S. 1 oder 2 ErbStG an Dritte **veräußert**, entfällt das Erfordernis für eine Stundung. Da in diesem Fall Kapital zur Begleichung der Steuerschuld zur Verfügung steht, ist die Stundung – sofern kein entsprechender Widerrufsvorbehalt bestimmt wurde – ggf. nach § 131 Abs. 2 Nr. 3 AO wegen nachträglich eingetretener Tatsachen zu **widerrufen** (BT-Drs. 16/11107).

41-44 einstweilen frei

6 Exkurs: Stundung nach § 222 AO

45 Abgesehen von den speziellen Fällen des § 28 Abs. 1 S. 1 ErbStG kann die Erbschaft- oder Schenkungsteuer im Einzelfall auch nach der allgemeinen abgabenrechtlichen Stundungsvorschrift des § 222 AO gestundet werden, wenn die Einziehung bei Fälligkeit eine **erhebliche Härte** für den Schuldner bedeuten würde und der **Steueranspruch** durch die Stundung **nicht gefährdet** erscheint; die Stundung soll nach § 222 S. 1 und 2 AO regelmäßig nur auf **Antrag** und **gegen Sicherheitsleistung** gewährt werden. Die Entscheidung über eine Stundung nach § 222 AO steht im Ermessen der FinBeh (z.B. BFH v. 23.6.1993, X R 96/90, BFH/NV 1994, 517) und wird nach § 234 i.V.m. § 238 Abs. 1 S. 1 AO im Fall der Erbschaft- wie auch der Schenkungsteuer gegen Verzinsung i.H.v. 0,5 % pro Monat gewährt, wobei nach § 234 Abs. 2 AO auf die Zinsen ganz oder teilweise **verzichtet** werden kann, wenn ihre Erhebung nach Lage des Einzelfalls unbillig wäre.

46 **Anerkannte Fälle** einer erheblichen, über die allgemein in der Verpflichtung zur Steuerzahlung hinausgehenden Härte sind z.B. erhebliche **wirtschaftliche Schwierigkeiten** infolge einer Steuerzahlung oder besondere äußere Umstände, auf die sich der Stpfl. wegen **Unvorhersehbarkeit** nicht oder nicht rechtzeitig einstellen konnte (*Schwarz*, in Schwarz/Pahlke, AO/FGO, § 222 AO Rz. 6 ff). Letztlich werden beide im Hinblick auf einen Erbfall bzw. eine Schenkung relevanten Fallgruppen regelmäßig nur sehr selten vorliegen. Zwar ist für einen Erwerber von Todes wegen der

Stundung § 28

Zeitpunkt des Todes des Erblassers als die Erbschaftsteuer auslösender Umstand i.d.R. nicht vorhersehbar. Sowohl im Fall eines Erwerbs von Todes wegen als auch einer Schenkung unter Lebenden steht der Belastung des Erwerbers mit Erbschaft- bzw. Schenkungsteuer jedoch unentgeltlich erworbenes Vermögen gegenüber, womit die entsprechende Steuer unter Bereicherungsgesichtspunkten (Einführung Rz. 4, 7; *Viskorf*, in V/K/S/W, ErbStG, 2012, Einführung Rz. 2) nur auf das „hinzuerworbene" Vermögen entfällt und regelmäßig aus diesem – evtl. durch Verkauf – aufgebracht werden kann, ohne dass auf die Substanz des bisherigen eigenen Vermögens des Erwerbers Rückgriff genommen werden muss (gl. A. *Kien-Hümbert*, in Moench/Weinmann, ErbStG, § 28 Rz. 14). Eine Stundung von Erbschaft- oder Schenkungsteuer gem. § 222 AO kommt nach Ansicht der FinVerw. z.B. in Betracht, wenn **nichtbetriebliche Nachlassverbindlichkeiten** in Form von Pflichtteilen oder Vermächtnissen den Fortbestand eines erworbenen Betriebs gefährden, sowie im Fall des **Erwerbs von Anteilen an Kapitalgesellschaften** (R E 28 Abs. 4 S. 7 und 8 ErbStR 2011).

einstweilen frei 47-49

7 Exkurs: Erlass aus Billigkeitsgründen nach §§ 163, 227 AO

Durch § 28 ErbStG sind im Hinblick auf eine verwirklichte Erbschaft- oder Schenkungsteuer die **allgemeinen abgaberechtlichen Billigkeitsmaßnahmen** in Form einer abweichenden Festsetzung der Steuer aus Billigkeitsgründen i.S.d. § 163 AO bzw. eines Erlasses i.S.d. § 227 AO nicht ausgeschlossen (*Meincke*, ErbStG, 2012, § 28 Rz. 10; *Eisele*, in Kapp/Ebeling, ErbStG, § 28 Rz. 25.1 ff.; *Kien-Hümbert*, in Moench/Weinmann, ErbStG, § 28 Rz. 22). Nach § 163 S. 1 AO können Steuern niedriger festgesetzt werden, wenn die Erhebung der Steuer nach Lage des Einzelfalls aus sachlichen oder persönlichen Gründen unbillig wäre (*Frotscher*, in Schwarz/Pahlke, AO/FGO, § 163 AO Rz. 31 ff); Gleiches gilt nach § 227 AO für einen vollständigen oder teilweisen Erlass von Ansprüchen aus dem Steuerschuldverhältnis (z.B. BFH v. 26.5.1994, IV R 51/93, BStBl II 1994, 833; *Frotscher*, in Schwarz/Pahlke, AO/FGO § 227 AO Rz. 2 ff). In beiden Fällen liegt ein **sachlicher Billigkeitsgrund** vor, wenn nach dem Willen des Gesetzgebers angenommen werden kann, dass er die zu entscheidende Frage durch eine Billigkeitsmaßnahme entschieden hätte (z.B. BFH v. 26.10.1972, I R 125/70, BStBl II 1973, 271) oder die Einziehung der festgesetzten Steuer den Wertungen des Gesetzes zuwiderläuft (z.B. BFH v. 29.8.1991, V R 78/86, BStBl II 1991, 906). Ein **persönlicher Billigkeitsgrund** ist gegeben, wenn die Steuererhebung die wirtschaftliche oder persönliche Existenz des Stpfl. vernichten oder gefährden würde (z.B. BFH v. 26.2.1987, IV R 298/84, BStBl II 1987, 612). 50

Da das geltende System der Erbschaft- und Schenkungsteuer als Anfallsteuer nach dem **Bereicherungsprinzip** ausgestaltet ist und die Besteuerung grds. die gesteigerte Leistungsfähigkeit des Erwerbers infolge eines unentgeltlichen Hinzuerwerbs von Vermögen erfasst (Einführung Rz. 4, 7; *Viskorf*, in V/K/S/W, ErbStG, 2012, Einführung Rz. 2), sind Fälle einer **sachlichen Unbilligkeit** in der Praxis eher selten (*Kien-Hümbert*, in Moench/Weinmann, ErbStG, § 28 Rz. 22; 51

FG Nürnberg v. 24.1.1991, VI 180/87, EFG 1991, 548, rkr.). Keine sachliche Unbilligkeit begründen z.B. eine steuerlich fehlgeschlagene Nachfolgegestaltung (FG München v. 24.11.1999, 4 K 1952/96, EFG 2000, 280, rkr.), eine nicht mehr bestehende Möglichkeit der Berücksichtigung von Steuerschulden des Erblassers als Nachlassverbindlichkeiten (FG Düsseldorf v. 14.12.2005, 4 K 6714/02, AO, EFG 2006, 319, rkr.), die Versäumung der Einlegung eines Einspruchs gegen einen Erbschaft- oder Schenkungsteuerbescheid (BFH v. 5.2.2003, II R 84/00, BFH/NV 2004, 340), eine insolvenzbedingte Veräußerung des begünstigt erworbenen Betriebsvermögens innerhalb der Behaltensfrist des § 13a Abs. 5 ErbStG a.F. (BFH v. 4.2.2010, II R 25/08, BStBl II 2010, 663) und der Ansatz von Steuerbilanzwerten im Rahmen der Bewertung für Zwecke der Erbschafts- und Schenkungsbesteuerung (BFH v. 17.4.2013, II R 13/11, BFH/NV 2013, 1383 zur Rechtslage vor dem 1.1.2009). Die Anforderungen an eine **persönliche Unbilligkeit** sind ebenfalls relativ hoch. So spielen z.B. tragische Hintergründe eines Ablebens des Erblassers (plötzlicher Tod, tödliche Krankheit oder Unfall, Mord etc.) im Rahmen der Steuerfestsetzung grds. keine Rolle (z.B. BFH v. 23.3.1998, II R 41/96, BStBl II 1998, 396; FG Hessen v. 15.1.2008, 1 K 1549/02, ErbStB 2008, 167, rkr.; FG Düsseldorf v. 5.7.2000, 4 K 5245/96, AO, UVR 2000, 395, rkr.; FG München v. 17.10.1994, 4 K 3202/91, EFG 1995, 170, rkr.; *Kien-Hümbert*, in Moench/Weinmann, ErbStG, § 28 Rz. 23). Eine persönliche Unbilligkeit kann z.B. bei einem erheblichen Kursverlust vererbter Aktien nach dem Tod des Erblassers in Betracht kommen (*Eisele*, in Kapp/Ebeling, ErbStG, § 28 Rz. 29).

§ 28a Verschonungsbedarfsprüfung

(1) ¹Überschreitet der Erwerb von begünstigtem Vermögen im Sinne des § 13b Absatz 2 die Grenze des § 13a Absatz 1 Satz 1 von 26 Millionen Euro, ist die auf das begünstigte Vermögen entfallende Steuer auf Antrag des Erwerbers zu erlassen, soweit er nachweist, dass er persönlich nicht in der Lage ist, die Steuer aus seinem verfügbaren Vermögen im Sinne des Absatzes 2 zu begleichen. ²Ein Erwerber kann den Erlass nicht in Anspruch nehmen, soweit er begünstigtes Vermögen im Sinne des § 13b Absatz 2 auf Grund einer letztwilligen Verfügung des Erblassers oder einer rechtsgeschäftlichen Verfügung des Erblassers oder Schenkers auf einen Dritten übertragen muss. ³Satz 2 gilt entsprechend, wenn ein Erbe im Rahmen der Teilung des Nachlasses begünstigtes Vermögen auf einen Miterben überträgt. ⁴Überträgt ein Erbe erworbenes begünstigtes Vermögen im Sinne des § 13b Absatz 2 im Rahmen der Teilung des Nachlasses auf einen Dritten und gibt der Dritte dabei diesem Erwerber nicht begünstigtes Vermögen hin, das er vom Erblasser erworben hat, erhöht sich insoweit der Wert des begünstigten Vermögens des Dritten um den Wert des hingegebenen Vermögens, höchstens jedoch um den Wert des übertragenen Vermögens.

(2) Zu dem verfügbaren Vermögen gehören 50 Prozent der Summe der gemeinen Werte des

1. mit der Erbschaft oder Schenkung zugleich übergegangenen Vermögens, das nicht zum begünstigten Vermögen im Sinne des § 13b Absatz 2 gehört, und
2. dem Erwerber im Zeitpunkt der Entstehung der Steuer (§ 9) gehörenden Vermögens, das nicht zum begünstigten Vermögen im Sinne des § 13b Absatz 2 gehören würde.

(3) ¹Die nach Anwendung des Absatzes 1 Satz 1 verbleibende Steuer kann ganz oder teilweise bis zu sechs Monate gestundet werden, wenn die Einziehung bei Fälligkeit eine erhebliche Härte für den Erwerber bedeuten würde und der Anspruch nicht gefährdet erscheint. ²Eine erhebliche Härte liegt insbesondere vor, wenn der Erwerber einen Kredit aufnehmen oder verfügbares Vermögen im Sinne des Absatzes 2 veräußern muss, um die Steuer entrichten zu können. ³Die §§ 234 und 238 der Abgabenordnung sind anzuwenden. ⁴§ 222 der Abgabenordnung und § 28 bleiben unberührt.

(4) ¹Der Erlass der Steuer nach Absatz 1 Satz 1 steht unter der auflösenden Bedingung, dass

1. die Summe der maßgebenden jährlichen Lohnsummen des Betriebs, bei Beteiligungen an einer Personengesellschaft oder Anteilen an einer Kapitalgesellschaft des Betriebs der jeweiligen Gesellschaft, innerhalb von sieben Jahren nach dem Erwerb (Lohnsummenfrist) insgesamt die Mindestlohnsumme nach § 13a Absatz 10 Nummer 3 bis 5 unterschreitet. ²§ 13a Absatz 3 Satz 2 und 6 bis 13 gilt entsprechend. ³Unterschreitet die Summe der maßgebenden jährlichen Lohnsummen die Mindestlohnsumme, vermindert sich der nach Absatz 1 Satz 1 zu gewährende Erlass der Steuer mit Wirkung für die Vergangenheit in demselben prozentualen Umfang, wie die Mindestlohnsumme unterschritten wird;

2. der Erwerber innerhalb von sieben Jahren (Behaltensfrist) gegen die Behaltensbedingungen entsprechend § 13a Absatz 6 Satz 1 verstößt.² § 13a Absatz 6 Satz 2 bis 4 gilt entsprechend;
3. der Erwerber innerhalb von zehn Jahren nach dem Zeitpunkt der Entstehung der Steuer (§ 9) weiteres Vermögen durch Schenkung oder von Todes wegen erhält, das verfügbares Vermögen im Sinne des Absatzes 2 darstellt. ²Der Erwerber kann erneut einen Antrag nach Absatz 1 stellen. ³Das verfügbare Vermögen nach Absatz 2 ist um 50 Prozent des gemeinen Werts des weiteren erworbenen Vermögens zu erhöhen.

²Der Verwaltungsakt nach Absatz 1 Satz 1 steht unter dem Vorbehalt des Widerrufs (§ 120 Absatz 2 Nummer 3 der Abgabenordnung). ³Der Verwaltungsakt über den Erlass nach Absatz 1 Satz 1 ist bei Eintritt der auflösenden Bedingung nach Satz 1 mit Wirkung für die Vergangenheit ganz oder teilweise zu widerrufen; § 131 Absatz 4 der Abgabenordnung gilt entsprechend.

(5) ¹Der Erwerber ist verpflichtet, dem für die Erbschaftsteuer zuständigen Finanzamt innerhalb einer Frist von sechs Monaten nach Ablauf der Lohnsummenfrist das Unterschreiten der Mindestlohnsumme (Absatz 4 Satz 1 Nummer 1) anzuzeigen. ²In den Fällen des Absatzes 4 Satz 1 Nummer 2 und 3 ist der Erwerber verpflichtet, dem für die Erbschaftsteuer zuständigen Finanzamt den entsprechenden Sachverhalt innerhalb einer Frist von einem Monat, nachdem der jeweilige Tatbestand verwirklicht wurde, anzuzeigen. ³Die Anzeige ist eine Steuererklärung im Sinne der Abgabenordnung. ⁴Sie ist schriftlich abzugeben. ⁵Die Anzeige hat auch dann zu erfolgen, wenn der Vorgang nur teilweise zum Widerruf des Verwaltungsaktes nach Absatz 4 führt.

(6) Die Zahlungsverjährungsfrist für die nach Anwendung des Absatzes 1 Satz 1 verbleibende Steuer endet nicht vor dem Ablauf des fünften Jahres, nachdem das für die Erbschaftsteuer zuständige Finanzamt von dem Unterschreiten der Mindestlohnsumme (Absatz 4 Satz 1 Nummer 1) oder dem Verwirklichen eines Tatbestands nach Absatz 4 Satz 1 Nummer 2 und 3 Kenntnis erlangt.

(7) Die Absätze 1 bis 6 gelten in den Fällen des § 1 Absatz 1 Nummer 4 entsprechend.

(8) Die Absätze 1 bis 7 gelten nicht, wenn ein Antrag nach § 13c gestellt wurde.

Inhalt		Rz.
1	Einführung	1–40
1.1	Überblick	6–15
1.2	Entstehungsgeschichte	16–24
1.3	Verfassungsrecht	25–40
2	Anwendungsbereich	41–62
2.1	Zeitlicher Anwendungsbereich	41–44
2.2	Sachlicher Anwendungsbereich	45–52
2.3	Persönlicher Anwendungsbereich	53–57
2.4	Internationaler Anwendungsbereich	58–62

3	Verhältnis zu anderen Verschonungsregelungen	63–84
3.1	Vorab-Abschlag für Familiengesellschaften (§ 13a Abs. 9 ErbStG)	63–68
3.2	Abschmelzungsmodell (§ 13c ErbStG)	69–74
3.3	Tarifbegrenzung (§ 19a ErbStG)	75
3.4	Steuerstundung (§ 28 ErbStG)	76–80
3.5	Steuererlass (§ 227 AO)	81–84
4	Voraussetzungen für den Steuererlass (§ 28a Abs. 1 S. 1 ErbStG)	85–122
4.1	Begünstigtes Vermögen	85–88
4.2	Überschreiten der Grenze von 26 Mio. EUR	89–94
4.3	Antrag des Erwerbers	95–108
4.4	Nachweis des Erwerbers	109–122
5	Rechtsfolge (§ 28a Abs. 1 S. 1 ErbStG)	123–131
6	Weiterübertragung des begünstigten Vermögens auf einen Dritten (§ 28a Abs. 1 S. 2 bis 4 ErbStG)	132–143
7	Verfügbares Vermögen (§ 28a Abs. 2 ErbStG)	144–225
7.1	Überblick	144–152
7.2	Zugleich übertragenes, nicht begünstigtes Vermögen (§ 28a Abs. 2 Nr. 1 ErbStG)	153–164
7.3	Bereits vorhandenes, nicht begünstigtes Vermögen (§ 28a Abs. 2 Nr. 2 ErbStG)	165–225
7.3.1	Überblick	165–166
7.3.2	Vermögen des Erwerbers	167–184
7.3.3	Dem Erwerber gehörendes Vermögen	185–187
7.3.4	Verfügbares Vermögen	188–205
7.3.5	Vermögen im Zeitpunkt der Entstehung der Steuer	206–207
7.3.6	Vermögen des Erwerbers	208–225
8	Stundung der verbleibenden Steuer (§ 28a Abs. 3 ErbStG)	226–235
9	Bedingungen für den Steuererlass (§ 28a Abs. 4 ErbStG)	236–284
9.1	Überblick	236–242
9.2	Bedingung Lohnsummenregelung (§ 28a Abs. 4 S. 1 Nr. 1 ErbStG)	243–250
9.3	Bedingung Behaltefrist (§ 28a Abs. 4 S. 1 Nr. 2 ErbStG)	251–256
9.4	Bedingung Nacherwerb durch Schenkung oder von Todes wegen (§ 28a Abs. 4 S. 1 Nr. 3 ErbStG)	257–278
9.5	Verfahren	279–284
10	Anzeigepflichten des Erwerbers (§ 28a Abs. 5 ErbStG)	285–306
11	Verjährung (§ 28a Abs. 6 ErbStG)	307–312
12	Erbersatzsteuer bei inländischen Familienstiftungen (§ 28a Abs. 7 ErbStG)	313–345
12.1	Überblick	314–325
12.2	Familienstiftungen mit begünstigtem Vermögen	326–334
12.3	Erbersatzsteuer und Verschonungsbedarfsprüfung	335–345
13	Verhältnis zur Abschmelzung des Verschonungsabschlags (§ 28a Abs. 8 ErbStG)	346–348

§ 28a Verschonungsbedarfsprüfung

1 Einführung

1 **Ausgewählte Hinweise auf weiterführende Literatur:**
Maier, Die Verschonungsbedarfsprüfung gem. § 28a ErbStG bei Großerwerben: Tatbestand, Rechtsfolgen und Entscheidungskriterien für Gestaltungsmaßnahmen, ZEV 2017, 10; *von Oertzen/Reich*, Neues Risiko für die Kunstsammlung des Unternehmers durch die Unternehmenserbschaftsteuerreform, BB 2016, 356; *von Oertzen/Reich*, Die unternehmensverbundene Familienstiftung – "Gewinnerin" der Erbschaftsteuerreform?, Ubg. 2015, 629; *Theuffel-Werhahn*, Familienstiftungen als Königsinstrument für die Nachfolgeplanung aufgrund der Erbschaftsteuerreform, ZEV 2017, 17.

2-5 einstweilen frei

1.1 Überblick

6 Die Verschonungsbedarfsprüfung (§ 28a ErbStG) ist das Herzstück der Erbschaftsteuerreform 2016.

7 Eine Bedarfsprüfung war dem deutschen ErbStG bislang fremd (allenfalls mit Ausnahme der Stundungsregelung nach § 28 ErbStG). Die Verschonungs-bedarfsprüfung ist eine echte Innovation des deutschen Gesetzgebers.

8 Die Verschonungsbedarfsprüfung geht zurück auf die Entscheidung des BVerfG zum ErbStG (BVerfG v. 17.12.2014, 1 BvL 21/12, BVerfGE 138, 136 = BStBl II 2015, 50 = DStR 2015, 31). Nach Auffassung des BVerfG ist die steuerliche Verschonung des Erwerbs betrieblichen Vermögens nur bei kleineren und mittleren Unternehmen ohne eine Bedürfnisprüfung verhältnismäßig. Bei großen bzw. größeren Unternehmen muss der Gesetzgeber dagegen eine individuelle Befürnisprüfung vorsehen (im Einzelnen BVerfG v. 17.12.2014, 1 BvL 21/12, Rz. 151 ff. und Rz. 170 ff., BVerfGE 138, 136 = BStBl II 2015, 50).

9 Vor diesem Hintergrund hat der Gesetzgeber für den Erwerb von begünstigtem Vermögen (§ 13b Abs. 2 ErbStG) von mehr als 26 Mio. EUR eine Verschonungsbedarfsprüfung eingeführt (§ 28a ErbStG). Danach ist dem Erwerber die auf das begünstigte Vermögen entfallende Steuer auf Antrag zu erlassen, soweit er nachweist, dass er persönlich nicht in der Lage ist, die Steuer aus seinem verfügbaren Vermögen zu begleichen (§ 28a Abs. 1 S. 1 ErbStG).

10 Zu dem „*verfügbaren Vermögen*" gehört 50 % des (vom Erwerber zugleich erworbenen sowie des beim Erwerber bereits vorhandenen) nicht begünstigten Vermögens (§ 28a Abs. 2 ErbStG). Darüber hinaus wird auch das Vermögen berücksichtigt, das der Erwerber innerhalb der nächsten 10 Jahre (unabhängig von wem) von Todes wegen oder zu Lebzeiten erwirbt (§ 28a Abs. 4 S. 1 Nr. 3 ErbStG). Das verfügbare Vermögen umfasst grundsätzlich alle Vermögenswerte und ist insbesondere nicht auf liquides Vermögen beschränkt.

11 Der Steuererlass ist davon abhängig, dass der Erwerber die sonst für die Optionsverschonung (§ 13a Abs. 10 ErbStG) geltenden Bedingungen (u.a. Behaltefrist von

7 Jahren und Lohnsumme von maximal 700 %) einhält (§ 28a Abs. 4 S. 1 Nr. 1 und Nr. 2 ErbStG). Die Einhaltung der Voraussetzungen der Regelverschonung genügt insoweit nicht.

Nach Auffassung des BVerfG ist die steuerliche Verschonung des Erwerbs betrieblichen Vermögens nur bei kleineren und mittleren Unternehmen ohne eine Bedürfnisprüfung verhältnismäßig. Bei großen bzw. größeren Unternehmen muss der Gesetzgeber dagegen eine individuelle Befürfnisprüfung vorsehen (siehe im Einzelnen BVerfG v. 17.12.2014, 1 BvL 21/12, Rz. 151 ff. und Rz. 170 ff.). 12

einstweilen frei 13-15

1.2 Entstehungsgeschichte

Die Regelung der Verschonungsbedarfsprüfung (§ 28a ErbStG) beruht weitgehend auf dem ursprünglichen Gesetzesentwurf der Bundesregierung vom September 2015. 16

In dem damaligen Entwurf wurde die geplante Neuregelung wie folgt begründet (BT-Drs. 18/5923, S. 32 ff.): 17

„Die Vorschrift regelt die nach dem Urteil des Bundesverfassungsgerichts vom 17. Dezember 2014 – 1 BvL 21/12 – erforderliche Bedürfnisprüfung in Erwerbsfällen ab einer bestimmten Größenordnung. Das Bundesverfassungsgericht hat die weitgehende oder vollständige Verschonung des unentgeltlichen Erwerbs betrieblichen und land- und forstwirtschaftlichen Vermögens sowie von Anteilen an Kapitalgesellschaften als unverhältnismäßig angesehen, soweit sie ohne Bedürfnisprüfung über den Bereich kleiner und mittlerer Betriebe hinausgreift (BVerfG, aaO, Rz. 170 ff.). (...). Die Prüfung, ob ein Verschonungsbedarf besteht, kann im Ergebnis dazu führen, dass ein Erwerber ohne verfügbares Vermögen durch den vorgesehenen Erlass der Steuer im Ergebnis eine Vollverschonung für das begünstigte Vermögen erhält.

Die Prüfschwelle für die Verschonungsbedarfsprüfung stellt nicht auf die Größe des Betriebs ab, der ganz oder teilweise auf den Erwerber übergeht. Sie ist bezogen auf den Wert des zum Erwerb gehörenden begünstigten Vermögens, wie es das Bundesverfassungsgericht (BVerfG, aaO, Rz. 175 Satz 2) unter Bezugnahme auf den früheren Entwurf eines Gesetzes zur Sicherung der Unternehmensnachfolge der Bundesregierung (BT-Drucksache 15/5555) grundsätzlich als zulässig erachtet hat. Der auf den Erwerber bezogene Ansatz fügt sich in die Grundkonzeption des Erbschaftsteuer- und Schenkungsteuergesetzes ein, die eine erwerberbezogene Besteuerung des Vermögensanfalls zu Grunde legt. Dieses trägt dem Bereicherungsprinzip und dem bewirkten Zuwachs an wirtschaftlicher Leistungsfähigkeit beim Erwerber Rechnung. Der Erwerber (z. B. Erbe, Vermächtnisnehmer, Beschenkte) ist Schuldner der für seinen steuerpflichtigen Erwerb zu entrichtenden Steuer und nicht das Unternehmen, das ganz oder teilweise auf ihn übergangen ist.

§ 28a Verschonungsbedarfsprüfung

Wird die Prüfschwelle (...) von 26 Millionen Euro begünstigtes Vermögen (...) überschritten, wird die Steuer auch für das begünstigte Vermögen in vollem Umfang festgesetzt. Auf Antrag des Erwerbers wird eine Verschonungsbedarfsprüfung durchgeführt. Dem Erwerber ist im Rahmen dieser Prüfung zuzumuten, in gewissem Umfang sein verfügbares Vermögen (...) zur Steuerzahlung einzusetzen. Soweit das verfügbare Vermögen nicht oder nicht vollständig ausreicht, um die auf das begünstigte Vermögen entfallende Steuer zu tilgen, erhält der Erwerber einen nach Absatz 4 auflösend bedingten Rechtsanspruch auf Erlass dieser Steuer. Ergibt die Prüfung hingegen, dass ausreichend verfügbares Vermögen vorhanden ist und es somit einer Verschonung nicht bedarf, ist die auf das begünstigte Vermögen entfallende Steuer zu entrichten.

Die Ungleichbehandlung zwischen Erwerbern begünstigten und nicht begünstigten Vermögens ist in diesen Fällen nicht mehr zu rechtfertigen (Vergleichsgruppe). Bei fehlendem Verschonungsbedarf entfällt die Rechtfertigung für eine Verschonung ab dem ersten Euro. Dagegen ist die Ungleichbehandlung gegenüber Erwerbern von begünstigtem Vermögen bis zu 26 Millionen Euro (...) durch die unwiderlegliche Gefährdungsvermutung für die in den Betrieben angelegte Beschäftigung begründet.

Eine verfassungswidrige Ungleichbehandlung von „vermögenden" und „nicht vermögenden" Erwerbern liegt nicht vor. Denn bei einem vermögenden Erwerber ist die Fortführung des Betriebs anders als bei einem nicht vermögenden Erwerber durch die Erbschaft- und Schenkungsteuer nicht in gleichem Maße gefährdet."

18 Der Bundesrat hat sich in seiner Stellungnahme zu der Verschonungsbedarfsprüfung in keiner Weise geäußert (BT-Drs. 18/6279).

19 In der vom Deutschen Bundestag beschlossenen Gesetzesfassung kam es lediglich zu einigen kleineren (redaktionellen) Änderungen (BR-Drs. 344/16 und BT-Drs. 18/8911).

20 Im Vermittlungsausschuss gab es insoweit keine Änderungen (BT-Drs. 18/8960).

Der Deutsche Bundestag hat die Verschonungsbedarfsprüfung schließlich im September 2016 beschlossen. Die Zustimmung des Bundesrats ist im Oktober 2016 erfolgt (BR-Drs. 555/16).

21 Angesichts der zahlreichen Kontroversen um das neue ErbStG ist es mehr als bemerkenswert, dass die völlig neue geschaffene Verschonungsbedarfsprüfung das über ein Jahr dauernde Gesetzgebungsverfahren beinahe unverändert „überstanden" hat. Dies überrascht vor allem auch deshalb, weil die neue Verschonungsbedarfsprüfung sowohl rechtspolitisch als auch verfassungsrechtlich nicht unumstritten ist.

22-24 einstweilen frei

1.3 Verfassungsrecht

25 Die neue Verschonungsbedarfsprüfung wirft zahlreiche (verfassungsrechtliche) Fragen auf.

Die Verschonungsbedarfsprüfung beruht auf der (dritten) Entscheidung des BVerfG zum ErbStG (BVerfG v. 17.12.2014, 1 BvL 21/12, BVerfGE 138, 136 = BStBl II 2015,

50 = DStR 2015, 31). Eine steuerliche Verschonung bedarf in größeren Fällen einer individuellen Bedürfnisprüfung. Das BVerfG hat allerdings nicht deutlich gemacht, ob es dafür auf die Größe des Erwerbs oder auf die Größe des Unternehmens ankommen soll (BVerfG v. 17.12.2014, 1 BvL 21/12, Rz. 172, 174, 175, 178, 282). Der Gesetzgeber hat sich für den Erwerb des begünstigten Vermögens entschieden. Dies entspricht dem Bereicherungsprinzip und ist steuersystematisch überzeugend.

Die Verschonungsbedarfsprüfung erfolgt jetzt allerdings völlig unabhängig von der Größe des Unternehmens. Eine Bedarfsprüfung ist demnach auch dann erforderlich, wenn ein Erwerber begünstigtes Vermögen an einem kleinen oder mittleren Unternehmen im Wert von mehr als 26 Mio. EUR übersteigt. Dies geht möglicherweise über die Anforderungen des BVerfG hinaus und ist somit unverhältnismäßig. Umgekehrt unterbleibt eine individuelle Bedürfnisprüfung beim Erwerb von großen bzw. größeren Unternehmen, wenn der Wert des begünstigten Vermögens nicht mehr als 26 Mio. EUR beträgt. Dies wird den verfassungsrechtlichen Vorgaben möglicherweise nicht gerecht.   26

Das BVerfG hat in seiner Entscheidung selbst darauf hingewiesen, dass eine Ausdehnung der Bedürfnisprüfung auf das vorhandene Privatvermögen des Erwerbers *„in erheblichem Widerspruch zur Systematik des Erbschaftsteuerrechts"* stehen würde (BVerfG v. 17.12.2014, 1 BvL 21/12, Rz. 153). Grundlage der Erbschaft- und Schenkungsteuer ist allein die *„Bereicherung"*, die der Erwerber durch den Erbfall oder die Schenkung erlangt (§ 10 Abs. 1 Satz 1 ErbStG). Das **Bereicherungsprinzip** hat in Deutschland eine über einhundertjährige Tradition und wurde vom Gesetzgeber ohne Not durchbrochen.   27

Der Steuererlass aufgrund der Verschonungsbedarfsprüfung ist unabhängig von der **Höhe des begünstigten Vermögens** anwendbar. Im Unterschied zu dem Abschmelzungsmodell (§ 13c ErbStG) ist ein (vollständiger) Steuererlass auch bei Erwerben von mehr als 90 Mio. EUR möglich. Das BVerfG hat in seiner Entscheidung angedeutet, dass der Gesetzgeber grundsätzlich auch den Erwerb von *„Betriebe(n) mit Unternehmenswerten von mehreren Hundertmillionen oder auch mehreren Milliarden Euro"* vollständig von der Steuer freistellen kann (BVerfG v. 17.12.2014, 1 BvL 21/12, Rz. 142 ff. und 171 ff.). Allerdings bedarf es dafür besonderer Gemeinwohlgründe. Die entscheidende Frage ist somit, ob die neue Verschonungsbedarfsprüfung diesen erhöhten Anforderungen an eine gleichheitsgerechte Steuerbelastung genügt. Dies erscheint vor allem im Hinblick auf die bestehenden Gestaltungsmöglichkeiten mit „künstlichen" Erwerbern (wie etwa Stiftungen) durchaus zweifelhaft.   28

Das BVerfG hat in seiner Entscheidung die Möglichkeit einer *„Förderungshöchstgrenze von 100 Mio. Euro"* angesprochen, bei der eine Steuerverschonung enden könnte. Bei größeren Erwerben wäre nach Auffassung des BVerfG nur noch eine Stundungsregelung denkbar (BVerfG v. 17.12.2014, 1 BvL 21/12, Rz. 175). Der Gesetzgeber hat bei der neuen Verschonungsbedarfsprüfung (§ 28a ErbStG) indes keinerlei (betragsmäßige) Höchstgrenze vorgesehen. Die Verschonungsbedarfsprüfung gilt auch beim Erwerb von begünstigten Vermögen von mehr als 100 Mio. EUR. Daneben besteht in allen Fällen die zusätzliche Möglichkeit der   29

§ 28a　　　　　　　　　　　　　　　　　　　　　　　　　　Verschonungsbedarfsprüfung

Steuerstundung (§ 28 Abs. 1 ErbStG, § 222 AO und § 28a Abs. 3 ErbStG). Im Ergebnis könnte dies eine übermäßige Steuerbegünstigung sein.

30　Die neue Verschonungsbedarfsprüfung führt dazu, dass begünstigtes Vermögen vermehrt auf Erwerber ohne verfügbares Vermögen übertragen wird (z.B. minderjährige Kinder oder neu gegründete Stiftungen im In- und Ausland). Die Übertragung auf solche Erwerber könnte sich (aus unternehmerischen, wirtschaftlichen oder familären Gründen) jedoch als wenig sinnvoll erweisen. Bislang galten Minderjährige und (anonyme) Stiftungen jedenfalls nicht unbedingt als die idealen Nachfolger für inhabergeführte Familienunternehmen. Möglicherweise hat der Gesetzgeber mit seiner jetzigen Neuregelung somit die falschen **Anreize** für eine erfolgreiche Unternehmensnachfolge geschaffen. Dann wäre der generationsübergreifende Fortbestand der Unternehmen nicht gesichert, sondern vielleicht sogar gefährdet.

31　Die Regelung zum „*verfügbaren Vermögen*" führt mittelbar zu einer **Vermögensbesteuerung**, obwohl der Gesetzgeber die Wiedereinführung einer (echten) Vermögensteuer seit 1997 mehrfach ausdrücklich abgelehnt hat (kritisch daher auch *Crezelius*, ZEV 2016, 541, 545; *Englisch*, DB 2015, 636, 640; *Geck*, ZEV 2015, 129, 132). Völlig ungeklärt ist zudem, ob die neue Form einer faktischen Vermögensteuer mit den Vorgaben des BVerfG zur früheren Vermögenssteuer in Einklang steht (siehe BVerfG v. 22.6.1995, 2 BvL 37/91, BVerfGE 93, 121 = BStBl II 1995, 655).

32　Der Erwerber muss sein verfügbares Vermögen gegenüber dem Finanzamt vollständig offen legen, wenn er den Steuererlass in Anspruch nehmen möchte. Dies gilt umfassend und uneingeschränkt für alle Vermögenswerte. Nach dem Gesetzeswortlaut kommt es auf jeden EUR an. Es gibt keinerlei Freibeträge oder Freigrenzen. Dies ist ein massiver Eingriff in die Privatsphäre des Steuerpflichtigen, der durch den Steuererlass für den Erwerb unternehmerischen Vermögens nicht gerechtfertigt ist. Die Pflicht zur Offenlegung aller Vermögenswerte (einschließlich auch solcher aus dem engsten persönlichen und familären Bereich) ist unverhältnismäßig. Eine sachgerechte Kontolle der Angaben der Erwerber ist zudem mit angemessenem Aufwand nicht möglich, so dass ein gleichheitsgemäßer Gesetzesvollzug nicht sichergestellt ist.

33　Besonders bedenklich ist die Einbeziehung sämtlicher **Nacherwerbe** des Erwerbers (von Todes wegen und unter Lebenden) innerhalb der nächsten 10 Jahre (§ 28a Abs. 4 S. 3 Nr. 3 ErbStG). Dabei werden auch Erwerbe nach Ablauf der Behaltefrist von 7 Jahren (§ 28a Abs. 4 S. 3 Nr. 1 ErbStG) noch erfasst. Die mangelnde Abstimmung der verschiedenen Fristen spricht gegen eine sachgerechte Ausgestaltung der Verschonungsbedarfsprüfung.

34　Die Zusammenrechnung mehrerer Erwerbe innerhalb eines Zeitraums von 10 Jahren ist dem Erbschaftsteuerrecht zwar auch sonst nicht fremd (§§ 13a Abs. 1 S. 2 ff., 13a Abs. 2 S. 3, 14 ErbStG). Allerdings wird dabei stets auf einen Erwerb „*von derselben Person*" abgestellt. Die Nachversteuerung bei der Verschonungsbedarfsprüfung ist dagegen nicht auf Erwerbe von derselben Person beschränkt. Vielmehr werden alle Erwerbe (gleich von wem) erfasst. Der spätere Erwerb von fremden Dritten ist selbst dann nachsteuerschädlich, wenn dieser an dem früheren Erwerb (und an dem Unternehmen) in keiner Weise beteiligt war. Auf die Kenntnis des Dritten von dem früheren Erwerb kommt es nicht an. Diese Form der Besteuerung führt faktisch zu einem Erwerbsverbot für die Dauer von 10 Jahren. Die Testier- und Vertragsfreiheit wird damit in bedenklicher Weise eingeschränkt.

Die Einbeziehung der späteren Nacherwerbe in das verfügbare Vermögen führt zudem dazu, dass diese einer mehrfachen Besteuerung unterliegen (siehe dazu auch die Beispiele bei *Hannes*, ZEV 2016, 554, 560 f.; *Stalleiken*, Ubg. 2016, 569, 574 f.). Der Nacherwerb unterliegt zunächst selbst der Erbschaft- und Schenkungsteuer (bei Auslandssachverhalten möglicherweise sogar im In- und Ausland). Der Nacherwerb führt zu einer Erhöhung des verfügbaren Vermögens und damit zu einer Kürzung des ursprünglichen Steuererlasses. Bei einem Verkauf des erworbenen Vermögens fallen unter Umständen zusätzlich Ertragsteuern an. Dies kann zu Steuerbelastungen von weit über 80 % führen, ohne dass eine Anrechung vorgesehen ist (grundlegend zum Ganzen *Crezelius*, ZEV 2015, 392). 35

Die zahlreichen Behaltefristen und Nachsteuerfristen schränken die unternehmerische Freiheit für viele Jahre erheblich ein. Dies erschwert unternehmerisch notwendige Anpassungen an veränderte Marktverhältnisse. Die dadurch bewirkte „Versteinerung" dient in aller Regel nicht dem langfristigen Fortbestand der Unternehmen. 36

einstweilen frei 37-40

2 Anwendungsbereich

2.1 Zeitlicher Anwendungsbereich

Die Verschonungsbedarfsprüfung findet auf alle Erwerbe Anwendung, für die die Steuer nach dem 30.6.2016 entstanden ist (§ 37 Abs. 12 S. 1 ErbStG). Die Steuer entsteht bei Erwerben von Todes wegen grundsätzlich mit dem Tod des Erblassers und bei Schenkungen unter Lebenden mit dem Zeitpunkt der Ausführung der Zuwendung (§ 9 ErbStG; siehe R E 9.1 bis 9.3. ErbStR 2011). 41

einstweilen frei 42-44

2.2 Sachlicher Anwendungsbereich

Der Steuererlass aufgrund der Verschonungsbedarfsprüfung gilt nur für den Erwerb von begünstigtem Vermögen (§§ 28a Abs. 1 S. 1, 13b Abs. 2 ErbStG). Nicht begünstigtes Vermögen ist von dem Erlass ausgenommen. 45

Der Steuererlass gilt uneingeschränkt für alle steuerpflichtigen Erwerbe von Todes wegen (§§ 1 Abs. 1 Nr. 1, 3 ErbStG) und Schenkungen unter Lebenden (§§ 1 Abs. 1 Nr. 2, 7 ErbStG). Ferner sind auch Zweckzuwendungen erfasst (§ 1 Abs. 1 Nr. 3, 8 ErbStG). 46

Auf die Erbersatzsteuer von Familienstiftungen (§ 1 Abs. 1 Nr. 4 ErbStG) findet der Steuererlass gleichfalls Anwendung; der Gesetzgeber hat dies (in § 28a Abs. 7 ErbStG) ausdrücklich klargestellt. 47

Der Steuererlass gilt für alle Erwerbe von begünstigtem Vermögen von mehr als 26 Mio. EUR (§ 28a Abs. 1 S. 1 ErbStG). Der Steuererlass ist nicht auf einen bestimmten Höchstbetrag an begünstigtem Vermögen beschränkt. Im Unterschied 48

§ 28a Verschonungsbedarfsprüfung

zum Abschmelzungsmodell (§ 13c ErbStG) ist ein Steuererlass auch beim Erwerb begünstigten Vermögens von mehr als 90 Mio. EUR möglich.

49-52 einstweilen frei

2.3 Persönlicher Anwendungsbereich

53 Die Verschonungsbedarfsprüfung gilt für alle Erwerber. Der Gesetzgeber hat den Steuererlass insbesondere nicht von Alter, Wohnsitz, Staatsangehörigkeit oder Rechtsform des Erwerbers abhängig gemacht.

54 Der Steuererlass gilt demnach u. a. für volljährige und minderjährige Erwerber, natürliche und juristische Personen, in- und ausländische Personen- und Kapitalgesellschaften, unbeschränkt und beschränkt Steuerpflichtige, in- und ausländische Erwerber sowie für Stiftungen, Vereine und Vermögensmassen in- und ausländischen Rechts. Etwas anderes ergibt sich insbesondere auch nicht daraus, dass der Erwerber für den Steuererlass „*persönlich*" zur Begleichung der Steuer außer Lage sein muss (§ 28a Abs. 1 S. 1 ErbStG). Dies beinhaltet keinerlei Einschränkung auf (natürliche) Personen (Umkehrschluss zu § 19a Abs. 1 ErbStG). Ein Bedarf an steuerlicher Verschonung kann vielmehr bei allen Erwerbern bestehen.

55-57 einstweilen frei

2.4 Internationaler Anwendungsbereich

58 Der Steuererlass aufgrund einer Verschonungsbedarfsprüfung gilt in allen Fällen unbeschränkter (§ 2 Abs. 1 Nr. 1 und Nr. 2 ErbStG) und beschränkter (§ 2 Abs. 1 Nr. 3 und Abs. 3 ErbStG und § 4 AStG) Steuerpflicht. Bei beschränkter Steuerpflicht erfolgt keine Kürzung des Steuererlasses.

59 Der Steuererlass wird aber immer nur für begünstigtes Vermögen (§ 13b Abs. 2 ErbStG) gewährt. Zum begünstigten Vermögen gehört grundsätzlich Vermögen in den EU-/EWR-Mitgliedstaaten, nicht aber Vermögen in Drittstaaten (siehe § 13b Abs. 1 ErbStG und H E 13b.5 und 13b.6 ErbStR 2011).

60-62 einstweilen frei

3 Verhältnis zu anderen Verschonungsregelungen

3.1 Vorab-Abschlag für Familiengesellschaften (§ 13a Abs. 9 ErbStG)

63 Der Vorweg-Abschlag für Familiengesellschaften (§ 13a Abs. 9 ErbStG) und der Steuererlass aufgrund einer Verschonungsbedarfsprüfung (§ 28a ErbStG) schließen sich nicht aus, sondern ergänzen sich.

64 Der Steuererlass kommt grundsätzlich nur beim Erwerb von begünstigtem Vermögen von mehr als 26 Mio. EUR in Betracht. Beim Erwerb von Anteilen an bestimmten Familiengesellschaften kann sich die Grenze von 26 Mio. EUR auf bis zu ca. 37 Mio. EUR erhöhen. Der Abschlag von bis zu 30 % wird "*vor*" Anwendung des Verschonungsabschlags gewährt (§ 13a Abs. 9 ErbStG). Für das nach Anwendung des Verschonungsabschlags verbleibende begünstigte Vermögen kann der Erwerber dann einen Steuererlass (nach § 28a ErbStG) beantragen.

Der kumulativen Inanspruchnahme von Vorab-Abschlag (§ 13a Abs. 9 ErbStG) und 65
Steuererlass (§ 28a ErbStG) steht auch nicht entgegen, dass der Gesetzgeber bei der
Verschonungsbedarfsprüfung (§ 28a ErbStG) – anders als bei dem Abschmelzungsmodell (§ 13c Abs. 2 S. 1 ErbStG) – nicht ausdrücklich auf den Vorweg-Abschlag
verwiesen hat (kritisch insoweit aber *Höne*, NWB-EV 11/2016, 370). Die amtliche
Gesetzesbegründung geht als selbstverständlich davon aus, dass der Vorab-Abschlag
für Familienunternehmen in Verbindung mit jedem Begünstigungsregime zu gewähren ist (BT-Drs. 18/5923, S. 32 ff.). Zudem hat der Gesetzgeber bei dem Vorab-Abschlag (in § 13a Abs. 9 S. 5 Halbs. 2 ErbStG) ausdrücklich klargestellt, dass
„*§§ 13c und 28a*" unberührt bleiben.

einstweilen frei 66-68

3.2 Abschmelzungsmodell (§ 13c ErbStG)

Abschmelzungsmodell (§ 13c ErbStG) und Erlassmodell (§ 28a ErbStG) schließen 69
sich gegenseitig aus. Der Erwerber kann die eine oder die andere Verschonung
beantragen, nicht aber beide. Die beiden Verschonungsmodelle können auch nicht
miteinander kombiniert werden.

Bei einem Erwerb von begünstigten Vermögen von mehr als 26 Mio. EUR kann der 70
Erwerber zwischen 2 möglichen Anträgen wählen:

- Der Erwerber kann (unwiderruflich) beantragen, dass der Verschonungsabschlag in Höhe von 85 % bzw. 100 % für den die Grenze von 26 Mio. EUR überschreitenden Erwerb entsprechend reduziert wird (§ 13c Abs. 1 ErbStG). Dieser Antrag schließt einen Antrag auf einen Steuererlass aufgrund einer Verschonungsbedarfsprüfung aus (§ 13c Abs. 2 S. 6 ErbStG).
- Der Erwerber kann (widerruflich) einen Steuererlass aufgrund einer Verschonungsbedarfsprüfung beantragen (§ 28a ErbStG). Dies ist allerdings dann nicht mehr möglich, wenn der Erwerber zuvor einen Antrag auf einen reduzierten Verschonungsabschlag gestellt hat (§ 28a Abs. 8 ErbStG).

Bei mehreren Erwerbern steht das Antragsrecht jedem Erwerber einzeln zu. Mehrere Erwerber können den Antrag auch getrennt voneinander und unterschiedlich stellen. 71

einstweilen frei 72-74

3.3 Tarifbegrenzung (§ 19a ErbStG)

Bei Erwerbern der Steuerklasse II oder III können der Steuererlass aufgrund einer 75
Verschonungsbedarfsprüfung (§ 28a ErbStG) und die Tarifbegrenzung (§ 19a
ErbStG) nebeneinander in Anspruch genommen werden.

3.4 Steuerstundung (§ 28 ErbStG)

Steuererlass (§ 28a ErbStG) und Steuerstundung (§ 28 ErbStG und § 222 AO) 76
schließen sich untereinander nicht aus, sondern können nebeneinander in Anspruch
genommen werden (§ 28a Abs. 3 S. 4 und § 28 Abs. 1 S. 6 ErbStG).

77 Eine Steuerstundung kommt insbesondere dann in Betracht, wenn die Steuer aufgrund der Verschonungsbedarfsprüfung nicht vollständig, sondern nur teilweise erlassen wird. Ein Antrag auf Steuerstundung kann auch dann gestellt werden, wenn der Steuerlass (z. B. aufgrund eines schädlichen Nacherwerbs, § 28a Abs. 4 S. 1 Nr. 3 ErbStG) nachträglich widerrufen wird.

78-80 einweilen frei

3.5 Steuererlass (§ 227 AO)

81 In Fällen der Unbilligkeit können die Finanzbehörden Steueransprüche erlassen (§ 227 AO). Der besondere Steuererlass aufgrund einer Verschonungsbedarfsprüfung (§ 28a ErbStG) schließt einen Steuererlass nach den allgemeinen Vorschriften der Abgabenordnung nicht aus. Allerdings dürften die Voraussetzungen für einen weitergehenden Erlass in der Praxis nur selten vorliegen.

82-84 einstweilen frei

4 Voraussetzungen für den Steuererlass (§ 28a Abs. 1 S. 1 ErbStG)

4.1 Begünstigtes Vermögen

85 Der Steuererlass wird nur für den Erwerb von begünstigtem Vermögen (§ 13b Abs. 2 ErbStG) gewährt. Die Steuer für nicht begünstigtes Vermögen kann nicht erlassen werden. Dies gilt auch dann, wenn das nicht begünstigte Vermögen zusammen mit dem begünstigten Vermögen erworben wird

86-88 einstweilen frei

4.2 Überschreiten der Grenze von 26 Mio. EUR

89 Der Wert des begünstigten Vermögens muss die Grenze von 26 Mio. EUR überschreiten. Ein Überschreiten um einen EUR ist dabei grundsätzlich ausreichend (vorbehaltlich der Abrundung auf volle Hundert EUR nach unten, § 10 Abs. 1 S. 6 ErbStG).

90 Bei der Ermittlung der Grenze sind mehrere Erwerbe begünstigten Vermögens innerhalb von 10 Jahren von derselben Person zusammenzurechnen (§ 13a Abs. 1 ErbStG).

91 Beim Erwerb von Anteilen an bestimmten Familiengesellschaften kann sich die Grenze aufgrund des Vorab-Abschlags von bis zu 30 % von 26 Mio. EUR auf bis zu ca. 37 Mio. EUR erhöhen (§ 13a Abs. 9 ErbStG).

92-94 einstweilen frei

4.3 Antrag des Erwerbers

95 Der Erwerber muss den Steuererlass aufgrund der Verschonungsbedarfsprüfung beantragen (§ 28a Abs. 1 S. 1 ErbStG).

96 Das Gesetz sieht für den Antrag keine bestimmte Form vor. Schriftform ist zweckmäßig, aber nicht zwingend (Umkehrschluss zum Schriftformerfordernis

für die Anzeigen in § 28a Abs. 5 S. 4 ErbStG). In der Praxis wird eine schriftliche Antragsstellung aufgrund der Nachweispflichten des Erwerbers gleichwohl unvermeidlich sein.

Eine **Frist** für den Antrag ist gesetzlich nicht vorgesehen. Der Antrag muss nicht in oder zusammen mit der Steuererklärung gestellt werden. Der Antrag kann auch noch nach Eintritt der (formellen und/oder materiellen) Bestandskraft der Steuerfestsetzung gestellt werden. 97

Der Antrag ist **nicht mehr** möglich, wenn der Erwerber bereits einen (erfolgreichen) Antrag auf reduzierte Verschonung (nach § 13c ErbStG) gestellt hat (§ 13c Abs. 2 S. 6 ErbStG). 98

Der Antrag auf Steuererlass ist grundsätzlich jederzeit **widerruflich**. Dies ergibt sich aus einem Umkehrschluss zu dem unwiderruflichen Antrag auf Optionsverschonung (§ 13a Abs. 10 S. 1 ErbStG) und dem unwiderruflichen Antrag auf einen reduzierten Verschonungsabschlag (§ 13c Abs. 2 S. 6 ErbStG). Der Antrag kann auch mehrfach gestellt und widerrufen werden. Der Antrag kann auch dann noch widerrufen werden, wenn der Erwerber gegen die Behaltens- oder Lohnsummenregelung verstoßen hat. 99

Das Antragsrecht steht stets dem **Erwerber** (nicht auch dem Schenker) zu. Dies gilt auch dann, wenn die Steuer von einem anderen übernommen worden ist (§ 10 Abs. 2 ErbStG). 100

Bei **mehreren Erwerbern** steht das Antragsrecht jedem Erwerber alleine zu. Mehrere Erwerber können den Antrag auch getrennt voneinander und unterschiedlich stellen (und widerrufen). Dies gilt auch dann, wenn sich mehrere Erben noch nicht auseinandergesetzt haben (z.B. im Falle einer ungeteilten Erbengemeinschaft, §§ 2032 ff. BGB). 101

Bei minderjährigen Erwerbern ist der Antrag von den Inhabern der Vermögenssorge zu stellen (§§ 1626 ff. BGB). Eine gerichtliche Genehmigung ist für den Antrag nicht erforderlich (§§ 1643, 1821 ff. BGB). 102

Testamentsvollstrecker, Nachlassverwalter und Nachlasspfleger sind zwar zur Abgabe der Steuererklärung verpflichtet (§ 31 Abs. 5 und 6 ErbStG). Ein Recht, den Antrag auf Steuererlass zu stellen, steht ihnen im Regelfall aber nicht zu. Sie müssen auf einen solchen Antrag auch nicht hinwirken. 103

Beim Erwerb durch eine juristische Person muss der Antrag von den vertretungsberechtigten Organmitgliedern gestellt werden (z.B. dem Stiftungsvorstand, §§ 86, 26 BGB). 104

Die Finanzverwaltung wird wohl davon ausgehen, dass der Antrag auf Steuererlass im Erbfall insgesamt nur **einheitlich** für alle Arten des erworbenen begünstigten Vermögens gestellt werden kann (siehe R E 13a.13 Abs. 1 S. 1 ErbStR 2011). Bei Schenkungen kann der Antrag dagegen für jeden Erwerb begünstigten Vermögens getrennt gestellt werden (einschränkend R E 13a.13 Abs. 1 S. 2 ErbStR 2011 bei Vorliegen eines einheitlichen Schenkungswillens). 105

einstweilen frei 106-108

§ 28a   Verschonungsbedarfsprüfung

4.4 Nachweis des Erwerbers

109 Der Erwerber muss dem Finanzamt nachweisen, dass er persönlich nicht in der Lage ist, die Steuer aus seinem verfügbaren Vermögen zu begleichen.

110 Die **Nachweispflichten** werden im Gesetz nicht näher geregelt. In der amtlichen Gesetzesbegründung findet sich gleichfalls keinerlei Hinweis auf Art, Umfang oder Inhalt des erforderlichen Nachweises.

111 In der Regel ist die Vorlage einer **Vermögensaufstellung** des Erwerbers ausreichend. Die Aufstellung muss geordnet und übersichtlich sein.

112 Die Aufstellung muss nur das **verfügbare Vermögen** des Erwerbers enthalten, da er nur damit die Steuer begleichen muss. Das nicht verfügbare Vermögen des Erwerbers muss dagegen nicht angegeben werden. Nachdem die Abgrenzung zwischen verfügbarem und nicht verfügbarem Vermögen derzeit aber noch vielfach ungeklärt ist, kann sich in der Praxis die freiwillige Angabe auch des nicht verfügbaren Vermögens empfehlen.

113 Die Vermögensaufstellung des Erwerbers muss sich nur auf den Zeitpunkt der Entstehung der Steuer beziehen (§ 9 ErbStG). Nicht anzugeben ist insbesondere das frühere Vermögen des Erwerbers. Vermögensübertragungen auf Dritte vor dem **Stichtag** sind nicht anzugeben. Dies gilt unabhängig von Art, Umfang und Grund der Vermögensübertragung.

114 Das Finanzamt kann bei berechtigtem Interesse die Vorlage von **Belegen** und anderen Nachweisen verlangen. In Betracht kommen dabei beispielsweise Konto- und Depotauszüge, Jahresabschlüsse, Gesellschaftsverträge, Kaufverträge sowie Auszüge aus Grundbüchern und Handelsregistern. Bei dem Verlangen nach Nachweisen müssen allerdings stets auch die Interessen Dritter (z. B. Geheimhaltungsinteressen) sowie die Grenzen der Zumutbarkeit (z. B. Beschaffung von Unterlagen aus dem Ausland) beachtet werden.

115 Der **Wert** der einzelnen Vermögensgegenstände muss vom Erwerber ermittelt und angegeben werden. Dabei kommt es auf den gemeinen Wert (§ 9 BewG) im Zeitpunkt der Steuerentstehung an. Dabei sollte schon aus Gründen der Praktikabilität ein Rückgriff auf (frühere) Wertermittlungen (in anderem Zusammenhang) nicht ausgeschlossen sein. Schätzungen sollten gleichfalls möglich sein, sofern sie auf einer nachvollziehbaren Grundlage beruhen.

116 Eine eigenhändige **Unterzeichnung** der Vermögensaufstellung durch den Erwerber ist üblich, aber nicht zwingend erforderlich.

117 Die Vermögensaufstellung des Erwerbers muss vollständig und richtig sein. Die Abgabe einer **eidesstattlichen Versicherung** des Erwerbers ist gesetzlich nicht vorgesehen und kann vom Finanzamt auch nicht verlangt werden (Umkehrschluss zu §§ 260, 261 BGB, § 284 AO).

118 Die Regeln zur Vermögensauskunft im Vollstreckungsrecht (§ 284 AO) gelten weder unmittelbar noch entsprechend.

119-122 einstweilen frei

5 Rechtsfolge (§ 28a Abs. 1 S. 1 ErbStG)

Dem Erwerber steht ein **Rechtsanspruch** auf Erlass der Steuer zu, wenn er nachgewiesen hat, dass er die Steuer nicht begleichen kann (§ 28a Abs. 1 S. 1 ErbStG). Dem Finanzamt steht insoweit keinerlei Ermessen zu. 123

Die Höhe der zu erlassenden Steuer ist nicht begrenzt (auch nicht durch die Höhe des Erwerbs oder die Größe des Unternehmens). 124

Der Steuererlass führt zum Erlöschen des Steueranspruchs (siehe § 47 AO). 125

Der Steuererlass steht allerdings stets unter dem gesetzlichen Vorbehalt eines späteren Widerrufs (§ 28a Abs. 4 S. 2 ff. ErbStG i.V.m. § 120 Abs. 2 Nr. 3 AO).

einstweilen frei 126-131

6 Weiterübertragung des begünstigten Vermögens auf einen Dritten (§ 28a Abs. 1 S. 2 bis 4 ErbStG)

Ein Erwerber kann den Steuererlass (nach § 28a Abs. 1 S. 1 ErbStG) nicht in Anspruch nehmen, soweit er begünstigtes Vermögen (aufgrund einer letztwilligen Verfügung des Erblassers oder einer rechtsgeschäftlichen Verfügung des Erblassers oder Schenkers) auf einen Dritten übertragen muss (§ 28a Abs. 1 S. 2 ErbStG). 132

Entsprechendes gilt auch dann, wenn ein Erbe im Rahmen der Teilung des Nachlasses begünstigtes Vermögen auf einen Miterben überträgt (§ 28a Abs. 1 S. 3 ErbStG). 133

Überträgt ein Erbe erworbenes begünstigtes Vermögen (§ 13b Abs. 2 ErbStG) im Rahmen der Teilung des Nachlasses auf einen Dritten und gibt der Dritte dabei diesem Erwerber nicht begünstigtes Vermögen hin, das er vom Erblasser erworben hat, erhöht sich insoweit der Wert des begünstigten Vermögens des Dritten um den Wert des hingegebenen Vermögens, höchstens jedoch um den Wert des übertragenen Vermögens (§ 28a Abs. 1 S. 4 ErbStG). 134

Ziel der Regelung ist es, dass der Steuererlass demjenigen Erwerber gewährt wird, der den Betrieb auch tatsächlich fortführt. Dies wurde in allen steuerlichen Verschonungsvorschriften für begünstigtes Vermögen entsprechend geregelt (siehe §§ 13 Abs. 1 Nr. 4b S. 2 bis 4, 13 Abs. 1 Nr. 4c S. 2 bis 4, 13a Abs. 5, 13d Abs. 2, 19a Abs. 2 S. 2 und 3, 28a Abs. 1 S. 2 ErbStG). 135

Die Verpflichtung zur Weiterübertragung des begünstigt erworbenen Vermögens muss auf einer Verfügung des Erblassers oder Schenkers beruhen. 136

Letztwillige Verfügungen des Erblassers sind sämtliche Verfügungen von Todes wegen (Testamente und Erbverträge). Bei letztwilligen Verfügungen beruht die Verpflichtung zur Weiterübertragung in der Regel auf Vermächtnissen (einschließlich Vorausvermächtnissen), Auflagen oder Teilungsordnungen. Dazu gehört insbesondere auch die qualifizierte Nachfolgeklausel bei Personengesellschaften. 137

Rechtsgeschäftliche Verfügungen sind Vereinbarungen in Schenkungs-, Überlassungs- und Gesellschaftsverträgen. Bei rechtsgeschäftlichen Verfügungen ist die Verpflichtung zur Weiterübertragung meist in vertraglichen Auflagen, gesellschaftsrechtlichen Regelungen oder Schenkungen auf den Todesfall begründet. 138

139-143 einstweilen frei

7 Verfügbares Vermögen (§ 28a Abs. 2 ErbStG)
7.1 Überblick

144 Der Steuererlass hängt davon ab, ob der Erwerber die Steuer aus seinem verfügbaren Vermögen begleichen kann (§ 28a Abs. 1 S. 1 ErbStG). Der Begriff des *"verfügbaren Vermögens"* für Zwecke der Verschonungsbedarfsprüfung ist im Gesetz definiert (§ 28a Abs. 2 ErbStG). Die Definition ist **abschließend**.

145 Zu dem verfügbaren Vermögen gehören danach 50 % der Summe der Werte des
- mit der Erbschaft oder Schenkung zugleich übergegangenen Vermögens, das nicht zum begünstigten Vermögen (§ 13b Abs. 2 ErbStG) gehört (§ 28a Abs. 2 Nr. 1 ErbStG), **und**
- dem Erwerber im Zeitpunkt der Entstehung der Steuer (§ 9 ErbStG) gehörenden Vermögens, das nicht zum begünstigten Vermögen (§ 13b Abs. 2 ErbStG) gehören würde (§ 28a Abs. 2 Nr. 2 ErbStG).

146 Im Ergebnis umfasst das *„verfügbare Vermögen"* somit 50 % des gesamten, nicht begünstigten Vermögens des Erwerbers. Dies gilt unabhängig davon, ob ihm dies schon vor dem Erwerb gehört (§ 28a Abs. 2 Nr. 2 ErbStG), er dieses (zusammen mit dem begünstigten Vermögen) erworben hat (§ 28a Abs. 2 Nr. 1 ErbStG) oder er dieses in den nachfolgenden 10 Jahren erwirbt (§ 28a Abs. 4 S. 1 Nr. 3 ErbStG).

147 In den Gesetzesmaterialien wird die Heranziehung des eigenen Vermögens des Erwerbers für den Steuererlass u. a. wie folgt begründet (BT-Drs. 18/5923, 32 ff.)

„§ 28a Absatz 2 bestimmt das verfügbare Vermögen, welches in die Verschonungsbedarfsprüfung einzubeziehen ist. Einbezogen wird das mitübertragene Vermögen, das nicht zum begünstigungsfähigen land- und forstwirtschaftlichen, gewerblichen oder freiberuflichen Betriebsvermögen oder zu den nicht begünstigungsfähigen Anteilen an Kapitalgesellschaften gehört (§ 13 b Absatz 1 ErbStG im Umkehrschluss), z. B. Anteile an Kapitalgesellschaften unter der Mindestbeteiligung, nicht zum Betriebsvermögen gehörende Grundstücke oder gehörendes Kapitalvermögen, das mitübergegangene nicht begünstigte Vermögen, beispielsweise betriebliches Vermögen, das seinem Hauptzweck nach nicht dem Betrieb dient, und bereits vorhandenes Vermögen des Erwerbers, das im Falle eines Übergangs dieses Vermögens von Todes wegen oder durch Schenkung nicht begünstigt wäre.

Bei der Verschonungsbedarfsprüfung ist jeweils der Nettowert des einzubeziehenden Vermögens nach Abzug von Schulden und Lasten anzusetzen. Die Bewertung richtet sich nach dem gemeinen Wert (§ 9 BewG). Soweit für übergegangenes Vermögen ein Wert nach § 12 ErbStG festgestellt wurde, ist der festgestellte Wert zu Grunde zu legen.

Führt ein Steuergesetz zu einer steuerlichen Verschonung, die einer gleichmäßigen Belastung der jeweiligen Steuergegenstände innerhalb einer Steuerart widerspricht, so kann eine solche Steuerentlastung vor dem Gleichheitssatz dann gerechtfertigt sein, wenn der Gesetzgeber das Verhalten der Steuerpflichtigen aus Gründen des Gemein-

wohls fördern oder lenken will (Urteil des Bundesverfassungsgerichts vom 17. Dezember 2014 – 1 BvL 21/12 –, Rz. 124). Um die Verschonung von der Steuer bei größeren Erwerben begünstigten Vermögens verfassungsrechtlich zu rechtfertigen, bedarf es einer Überprüfung, ob durch die Verschonung das angestrebte Gemeinwohlziel auch erreicht wird (Verschonungsbedarfsprüfung). Die verfassungsrechtlich gebotene Verschonungsbedarfsprüfung muss daher ihrerseits zielgenau und folgerichtig ausgestaltet sein.

Die Verschonungsbedarfsprüfung ist auf der Ebene des Erwerbers durchzuführen. Es ist mithin die Frage zu beantworten, ob die Entrichtung der Steuer durch den Steuerschuldner zu einer Gefährdung des Betriebs führen würde. Dies ist dann nicht der Fall, wenn der Erwerber im Zeitpunkt der Steuerentstehung (§ 9 ErbStG) über genügend übrige Mittel verfügt, um die Steuer zu entrichten. Bei Anlegen dieses Maßstabs, bedarf es einer Rechtfertigung dafür, wenn bestimmte übrige Mittel dem Grunde oder der Höhe nach wiederum ausgenommen werden.

Absatz 2 sieht vor, dass das übrige Vermögen zu 50 % berücksichtigt wird. Einbezogen wird nicht nur das Vermögen, das der Erwerber im Rahmen seines jetzt zu besteuernden Erwerbs als nicht begünstigtes Vermögen erworben hat, sondern auch das nicht begünstigte Vermögen, das dem Erwerber bereits vor dem Erwerb gehört hat.

Ausgenommen wird damit das bereits vorhandene Vermögen, das im Falle eines Erwerbs von Todes wegen oder durch Schenkung begünstigtes Vermögen wäre. Die Ausnahme für dieses Vermögen ist folgerichtig. Der Zweck der Verschonung, die in den übergegangenen Betrieben angelegte Beschäftigung und die Betriebe selbst zu bewahren, gilt in gleichem Maße für bereits vorhandene Betriebe.

Dagegen begegnet es keinen verfassungsrechtlichen Bedenken, das nicht in gleicher Weise gemeinwohlorientierte übrige Vermögen dem Grunde nach heranzuziehen. Hierin liegt kein Systemwechsel bei der Erbschaft- und Schenkungsteuer, insbesondere wird nicht der Steuergegenstand ausgetauscht. Das bereits vorhandene Vermögen wird lediglich als Maßstab mit herangezogen, um einen Verschonungsbedarf zu ermitteln.

Das Bundesverfassungsgericht hat ausdrücklich dem Gesetzgeber zu „erwägen" gegeben, „vor dem Erwerb vorhandenes eigenes Vermögen" in eine Bedürfnisprüfung einzubeziehen (BVerfG, aaO, Rz. 175). Das bedeutet, dass die Wahl des „ob" nicht beliebig ist, sondern ihrerseits verfassungskonform sein muss. Eine Gefährdung der in den Betrieben angelegten Beschäftigung und der Betriebe selbst ist ausgeschlossen, wenn der Erwerber bereits über genügend übrige Mittel verfügt, mit denen er die Steuer entrichten kann. In diesem Fall gibt es keinen rechtfertigenden Grund, das bereits vorhandene Vermögen aus der Verschonungsbedarfsprüfung gänzlich auszuschließen. Damit wird die Verschonungsbedarfsprüfung folgerichtig und zielgenau umgesetzt.

Dem steht das Urteil des Bundesverfassungsgerichts (… Rz. 152 f.) nicht entgegen. Dort verneint das Bundesverfassungsgericht, dass die Prüfung eines Verschonungsbedarfs generell bei jedem Erwerb begünstigten Vermögens erforderlich ist, also ein milderes Mittel im Verhältnis zur Verschonung ohne eine solche Prüfung darstellt.

§ 28a   Verschonungsbedarfsprüfung

Das verneint es unter anderem mit dem Hinweis, dass bei anderen Steuerbefreiungen eine solche Prüfung unter Einbeziehung des bereits vorhandenen Vermögens nicht vorgenommen wird. Damit ist nicht die Frage beantwortet, ob eine solche Prüfung des Verschonungsbedarfs unter Einbeziehung von bereits vorhandenem Vermögen ab einer gewissen Erwerbshöhe verfassungsrechtlich notwendig ist (vgl. BVerfG, aaO, Rz. 175).

Das Erbschaft- und Schenkungsteuerrecht erkennt in § 13 ErbStG an, dass bestimmtes Vermögen für die Bestreitung des Lebensunterhalts zur Verfügung stehen sollte, z. B. Hausrat, Familienheim. Dabei ist zu berücksichtigen, dass bei einer Veräußerung von bestimmten Wirtschaftsgütern unter Umständen andere Steuern anfallen oder bei einer eventuellen Beleihung von Wirtschaftsgütern und Vermögensgegenständen eine Beleihung zu 100 % ihres Verkehrswerts in der Regel nicht zu realisieren ist. Da der zu wahrende Kernbestand des Vermögens nicht zweifelsfrei abgegrenzt werden kann, ist das übrige Vermögen typisierend mit einem Anteil von 50 % einzubeziehen.

Bestehen gesellschaftsvertragliche Beschränkungen, haben sich diese unmittelbar auf den Bestand des ggf. mitübertragenen übrigen Vermögens ausgewirkt und werden damit unmittelbar bei der Verschonungsbedarfsprüfung berücksichtigt. Die Verschonungsbedarfsprüfung setzt im Steuerentstehungszeitpunkt an und betrachtet den Bestand an Vermögen zu diesem Zeitpunkt. Künftige Entnahmen oder künftige Ausschüttungen erhöhen nicht den Wert des verfügbaren Vermögens und haben folglich für den Verschonungsbedarf im Steuerentstehungszeitpunkt keine Bedeutung. Gesellschaftsvertragliche Verfügungsbeschränkungen wirken sich insgesamt nicht negativ aus."

148-152 einstweilen frei

7.2 Zugleich übertragenes, nicht begünstigtes Vermögen (§ 28a Abs. 2 Nr. 1 ErbStG)

153 Das „*verfügbare Vermögen*" umfasst nach der gesetzlichen Legaldefinition u. a. 50 % des „*mit der Erbschaft oder Schenkung zugleich übergegangenen Vermögens, das nicht zum begünstigten Vermögen im Sinne des § 13b Abs. 2 gehört*" (§ 28a Abs. 2 Nr. 1 ErbStG).

154 Diese Regelung beruht wohl auf der Vorstellung des Gesetzgebers, dass das zusammen mit dem begünstigten Vermögen erworbene (aber nicht begünstigte) Vermögen nicht unternehmerisch gebunden (und somit nicht schutzwürdig) ist und daher auch für die Begleichung der Steuer verwendet werden kann. Dieses Konzept ist nicht überzeugend.

155 Bei dem mit erworbenen (nicht begünstigten) Vermögen handelt es sich keineswegs immer um Geld (i. S. v. § 13b Abs. 4 Nr. 5 Satz 1 ErbStG), Wertpapiere (i. S. v. § 13b Abs. 4 Nr. 4 ErbStG) oder sonstiges liquides Vermögen. Vielfach wird es sich bei dem nicht begünstigten Vermögen um im Unternehmen gebundene Vermögenswerte handeln (wie etwa nicht betriebsnotwendige Immobilien, Minderheitsbeteiligungen an Kapitalgesellschaften ohne Poolvereinbarung), die nicht zur Bezahlung der Steuer herangezogen werden können. Ein Verkauf bzw. eine Beleihung solcher

Vermögenswerte ist in der Praxis vielfach (rechtlich oder tatsächlich) nicht möglich. Der Ansatz des Gesetzgebers wirft zudem neue Gleichheitsprobleme auf. Der Erwerb von begünstigtem unternehmerischem Vermögen wird aufgrund sonst drohender Liquiditätsprobleme steuerlich verschont. Der Erwerb von anderen (gleichfalls illiquiden und gebundenen) Vermögenswerten wird steuerlich sogar mehrfach erfasst.

Das zugleich **mit übergegangene Vermögen** umfasst alle positiven und negativen Vermögenswerte. 156

Nachlassverbindlichkeiten (§ 10 Abs. 5 ErbStG) sowie **Schulden** und Lasten (im nicht begünstigten Vermögen) mindern das verfügbare Vermögen entsprechend (BT-Drs. 18/5923, 33) Dies gilt beispielsweise auch für ein Nießbrauch- oder Wohnungsrecht, dass sich der Schenker vorbehalten hat. 157

Die auf das zugleich mit übergegangene Vermögen anfallende **Erbschaft- oder Schenkungsteuer** ist dagegen nicht abzugsfähig (siehe § 10 Abs. 8 ErbStG). Entsprechendes gilt auch für die latente Einkommensteuer (*Hannes*, ZEV 2016, 554, 560). 158

Nach dem Gesetzeswortlaut muss das verfügbare Vermögen „*zugleich*" mit der Erbschaft oder Schenkung auf den Erwerber übergegangen sein (§ 28a Abs. 2 Nr. 1 ErbStG). Der Begriff „*zugleich*" ist dem ErbStG sonst fremd und wird auch in den Gesetzesmaterialien nicht näher erörtert (BT-Drs. 18/5923, 33). Der Gesetzgeber stellt insoweit nicht auf den Zeitpunkt der Entstehung der Steuer (§ 9 ErbStG) ab (so aber in § 28a Abs. 2 Nr. 2 und § 28a Abs. 4 S. 1 Nr. 3 S. 1 ErbStG). Dies deutet darauf hin, dass es hier nicht auf eine strenge Stichtagsbetrachtung ankommen soll. Sprachlich ist „*zugleich*" wohl etwas weiter als beispielsweise „zeitgleich". Im Ergebnis dürfte es somit darauf ankommen, ob der Erwerb des nicht begünstigten Vermögens in engem sachlichem und zeitlichem Zusammenhang mit der Erbschaft oder Schenkung erfolgt ist. 159

einstweilen frei 160-164

7.3 Bereits vorhandenes, nicht begünstigtes Vermögen (§ 28a Abs. 2 Nr. 2 ErbStG)

7.3.1 Überblick

Das „*verfügbare Vermögen*" umfasst ferner 50 % des „*dem Erwerber im Zeitpunkt der Entstehung der Steuer (§ 9) gehörenden Vermögens, das nicht zum begünstigten Vermögen i. S. d. § 13b Abs. 2 gehören würde*" (§ 28a Abs. 2 Nr. 2 ErbStG). 165

Danach soll der Erwerber das ihm bereits vor dem Erwerb des begünstigten unternehmerischen Vermögens gehörende „Privatvermögen" zur Hälfte zur Begleichung der Steuerschulden für das erworbene Vermögen verwenden. 166

7.3.2 Vermögen des Erwerbers

Das dem Erwerber „*gehörende Vermögen*" umfasst das **gesamte** in- und ausländische, bewegliche und unbewegliche, liquide und illiquide Vermögen (zu 50 %), soweit es nicht zum begünstigten Vermögen gehört. Das Gesetz sieht keinerlei 167

§ 28a   Verschonungsbedarfsprüfung

Einschränkungen oder Ausnahmen vor. Bagatellgrenzen, Freibeträge oder Steuerbefreiungen gibt es nicht.

168   Nach dem Gesetzeswortlaut gehört selbst das Vermögen, dass aufgrund zwingender gesetzlicher Vorschriften nicht gepfändet werden darf (§§ 850 ff. ZPO) zum verfügbaren Vermögen des Erwerbers. Dies ist offensichtlich unverhältnismäßig. **Unpfändbares Vermögen** kann nicht (auch nicht zu 50 %) als verfügbares Vermögen des Erwerbers behandelt werden, mit dem die Steuer beglichen werden kann.

169   Das verfügbare Vermögen umfasst das **weltweite** Vermögen des Erwerbers. Dies gilt nicht nur bei unbeschränkter (§ 2 Abs. 1 Nr. 1 ErbStG), sondern auch bei beschränkter Steuerpflicht (§ 2 Abs. 1 Nr. 3 ErbStG). Steuersystematisch ist dies nicht überzeugend. Bei beschränkter Steuerpflicht beschränkt sich die deutsche Besteuerung auf das Inlandsvermögen (§ 2 Abs. 1 Nr. 3 ErbStG, § 121 BewG). Dementsprechend müsste auch beim verfügbaren Vermögen nur auf das Inlandsvermögen abgestellt werden. Der Gesetzeswortlaut sieht indes keinerlei Einschränkung vor. Demnach bestimmt sich das verfügbare Vermögen auch in Fällen der beschränkten Steuerpflicht nach dem gesamten in- und ausländischen Vermögen. Den deutschen Finanzämtern dürfte es allerdings in vielen Fällen beschränkter Steuerpflicht nicht möglich sein, die Angaben der Erwerber zum verfügbaren Vermögen auf ihre Vollständigkeit und Richtigkeit zu überprüfen. Rechtsstaatlich sind solche Lücken bei der Besteuerung mehr als bedenklich.

170   Das dem Erwerber gehörende Vermögen umfasst auch alle Vermögensgegenstände, die sonst aus Gründen des Gemeinwohls ganz oder teilweise von der Erbschaft- und Schenkungsteuer **befreit** sind (z. B. Kunstsammlungen). Dieses Vermögen (§ 13 ErbStG) zählt zu 50 % zum verfügbaren Vermögen (so ausdrücklich BT-Drs. 18/5923, S. 34). Zum verfügbaren Vermögen gehört demnach beispielsweise der gesamte Hausrat (einschließlich Wäsche und Kleidungsstücke, siehe § 13 Abs. 1 Nr. 1 ErbStG), Münzen, Edelmetalle, Edelsteine, Perlen, Briefmarkensammlungen, Fahrzeuge, Schiffe, Flugzeuge, Kunstgegenstände. Erfassung und Bewertung dieses Vermögens dürften in einem rechtsstaatlichen Verfahren kaum darstellbar sein. Die Berücksichtigung von „nur" 50 % des Werts ändert nichts daran, dass alle diese Vermögenswerte jeweils einzeln ermittelt und bewertet werden müssen. Bei der Anwendung der Vorschrift wird es zwangsläufig zu erheblichen Vollzugsdefiziten kommen, die auch die Verfassungsmäßigkeit der gesamten Erlassregelung in Frage stellen.

171   **Steuersystematisch** ist es in keiner Weise überzeugend, einzelne Vermögensgegenstände aus sachlichen Gründen von der Steuer zu befreien (z. B. das selbstgenutzte Familienheim, § 13 Abs. 1 Nr. 4a, 4b und 4c ErbStG) und diese dann im gleichen Gesetz mittelbar doch wieder zu besteuern. Die Regelung zum verfügbaren Vermögen ist übermäßig und unverhältnismäßig. Vermögenswerte, deren Erwerb ganz oder teilweise von der Erbschaft- und Schenkungsteuer befreit ist (siehe u. a. §§ 5, 13, 13d 16, 17 und 18 ErbStG) können nicht (auch nicht zu 50 %) als verfügbares Vermögen qualifiziert werden.

172   Zum (nicht begünstigten) Vermögen des Erwerbers gehört ferner das **Verwaltungsvermögen** (§ 13b Abs. 4 ErbStG), das Teil des dem Erwerber bereits gehörenden unternehmerischen Vermögens ist (vorbehaltlich § 13b Abs. 6 und 7 ErbStG). Das

Verwaltungsvermögen umfasst u.a. fremdvermietete Grundstücke, Minderheitsbeteiligungen an Kapitalgesellschaften, Geld und Wertpapiere (auch Anteile an den bis zum 6.6.2013 übertragenen Cash-Gesellschaften) sowie Briefmarkensammlungen, Oldtimer, Yachten und Segelflugzeuge. Erwerber, die den Steuererlass nutzen wollen, müssen diese Vermögensgegenstände dem Finanzamt vollständig und richtig angeben.

Gestaltungshinweis: 173
Der (bis zum 6.6.2013) steuerlich begünstigte Erwerb von Anteilen an Cash-Gesellschaften hat zur Folge, dass die Erwerber heute über entsprechendes verfügbares Vermögen verfügen. Dieses Vermögen der Erwerber steht (in Höhe von 50 %) für die nächsten 10 Jahre einem Steuererlass aufgrund einer Verschonungsbedarfsprüfung entgegen. Der Umstand, dass die Vermögensübertragung bereits vor dem 1.7.2016 erfolgt ist, steht der Berücksichtigung beim verfügbaren Vermögen nicht entgegen.

Seit dem .7.2016 gehört zum (nicht begünstigten) Vermögen des Erwerbers auch 174
begünstigungsfähiges Vermögen, wenn das (Brutto-) Verwaltungsvermögen 90 % oder mehr des gemeinen Werts des begünstigungsfähigen Vermögens ausmacht (§ 13b Abs. 2 S. 2 ErbStG). Das Vermögen ist dann „*vollständig nicht begünstigt*" und somit verfügbares Vermögen des Erwerbers.

Das verfügbare Vermögen umfasst nicht nur das Eigentum des Erwerbers (§ 903 175
BGB) an Sachen und Gegenständen (siehe §§ 90 ff. BGB). Vielmehr sind auch alle sonstigen **Rechte und Forderungen** erfasst (§§ 12 ff. BewG), wie etwa Nießbrauchrechte, Wohnungsrechte oder Rentenansprüche.

Der kapitalisierte Wert des **Nießbrauchs** wird dem Erwerber somit rechnerisch 176
bereits als verfügbares Vermögen zugerechnet, obwohl ihm die Erträge bislang noch nicht bzw. nur teilweise zugeflossen sind. Dies ist vor allem deshalb problematisch, weil dem Erwerber der kapitalisierte Wert des Nießbrauchs zur Begleichung der Steuer noch gar nicht zur Verfügung steht. Zudem ist der Nießbrauch nicht übertragbar (§ 1059 BGB). In der Praxis ist dies bei der Bestellung von Nießbrauchrechten zu Gunsten von potentiellen Unternehmensnachfolgern zu berücksichtigen.

Bei **aufschiebend bedingten Rechten** handelt es sich erst nach dem Bedingungseintritt um verfügbares Vermögen (§ 4 BewG). 177

Das **Anwartschaftsrecht** eines Käufers ist grundsätzlich zum verfügbaren Vermögen zu rechnen. 178

Eine Ausnahme gilt aber für das Anwartschaftsrecht des **Nacherben** (§ 2108 Abs. 2 179
BGB). Die Anwartschaft eines Nacherben gehört nicht zu seinem Nachlass (§ 10 Abs. 4 ErbStG). Diese gesetzliche Anordnung ist vorrangig und auch beim verfügbaren Vermögen zu beachten. Danach ist das Anwartschaftsrecht des Nacherben noch kein verfügbares Vermögen, und zwar unabhängig davon, ob es übertragbar ist oder nicht.

Ansprüche von **Destinatären einer Stiftung** gehören in aller Regel nicht zum 180
verfügbaren Vermögen. Destinatäre haben nach Gesetz und Satzung meist keine (einklagbaren) Ansprüche gegen die Stiftung. In vielen Satzungen wird dies noch-

mals ausdrücklich klargestellt. Zudem wird in der Satzung und bei Ausschüttungen regelmäßig darauf hingewiesen, dass auch durch wiederholte Zuwendungen kein entsprechender Anspruch begründet wird. Meist entscheidet der Stiftungsvorstand auf der Grundlage der Satzung nach billigem Ermessen über die Verwendung der Stiftungsmittel, so dass vorher noch gar keine Ansprüche von Dritten bestehen können. Zum „*verfügbaren Vermögen*" des Erwerbers zählen daher nur die im Zeitpunkt der Steuerentstehung tatsächlich bereits erfolgten Ausschüttungen. Bloße Aussichten auf künftige Leistungen der Stiftung bleiben dabei unberücksichtigt. Künftige Ausschüttungen an die Destinatäre unterliegen bei diesen im Übrigen (nur) der Einkommensteuer (§§ 20 Abs. 1 Nr. 9, 3 Nr. 40 S. 1 Buchst. d EStG) und nicht auch der Schenkungsteuer. Eine Nachversteuerung (§ 28a Abs. 4 S. 1 Nr. 3 ErbStG) erfolgt somit auch dann nicht, wenn die Ausschüttungen in den nächsten 10 Jahren erfolgen. Etwas anderes gilt nur bei einem Erwerb aufgrund der Aufhebung einer Stiftung (§ 7 Abs. 1 Nr. 9 ErbStG).

181 **Pflichtteilsansprüche** des Erwerbers gehören erst dann zu seinem verfügbaren Vermögen, wenn der Erbfall eingetreten ist (§§ 2303 ff. BGB). Vor Eintritt des Erbfalls sind Pflichtteilsansprüche (wie auch andere erbrechtliche Ansprüche) lediglich eine unverbindliche Aussicht auf einen möglichen Erwerb. Der Verzicht auf einen künftigen Pflichtteilsanspruch führt demnach auch nicht zu einem (fiktiven) Erwerb (siehe auch die Wertung von § 13 Abs. 1 Nr. 11 ErbStG).

182 Nicht ganz eindeutig ist allerdings, wann es nach Eintritt des Erbfalls zum Erwerb von verfügbaren Vermögen (§ 28a ErbStG) kommt. Zivilrechtlich entsteht der Pflichtteilsanspruch bereits mit dem Eintritt des Erbfalls, steuerrechtlich wird der Pflichtteilsanspruch dagegen erst mit der Geltendmachung erfasst (§ 3 Abs. 1 Nr. 1 ErbStG). Im Interesse einer einheitlichen Steuersystematik sollte der Pflichtteilsanspruch erst dann zum verfügbaren Vermögen des Pflichtteilsberechtigten gehören, wenn dieser seinen Anspruch auch tatsächlich geltend gemacht hat (und nicht schon davor). Auf die Erfüllung des Pflichtteilsanspruchs kommt es dagegen nicht an. Der geltend gemachte Pflichtteilsanspruch gehört somit unabhängig davon zum verfügbaren Vermögen, wann er tatsächlich erfüllt wird.

183 Die **Ausschlagung einer Erbschaft** (§§ 1942 ff. BGB) durch den Erwerber ist zulässig und begründet kein (fiktives) verfügbares Vermögen (in Höhe der Erbschaft). Eine Ausschlagung ist auch kein steuerlicher Gestaltungsmissbrauch (§ 42 AO). Eine Teilausschlagung ist nicht möglich (§ 1950 BGB).

184 Das Vermögen des Erwerbers ist nicht nur einmal, sondern immer wieder als verfügbares Vermögen heranzuziehen. Das verfügbare Vermögen „**verbraucht sich nicht**" (so anschaulich *Hannes*, ZEV 2016, 554, 560). Dies gilt auch bei mehreren Erwerben begünstigten Vermögens innerhalb von 10 Jahren.

7.3.3 Dem Erwerber gehörendes Vermögen

185 Der Gesetzgeber stellt für das verfügbare Vermögen auf das dem Erwerber bereits „*gehörende*" Vermögen ab (§ 28a Abs. 2 Nr. 2 ErbStG). Der Begriff wird nicht näher erörtert.

Damit ist das zivilrechtliche **Eigentum** des Erwerbers gemeint (§ 903 BGB). Neben Alleineigentum ist auch Miteigentum und Gesamthandseigentum erfasst. Bloßer Besitz genügt dagegen nicht (§ 854 BGB). 186

Wirtschaftliches Eigentum (§ 39 AO) mag im Einzelfall zur Verfügung über einen Gegenstand berechtigten, nicht aber zur Begleichung der Steuern. Die bloße Verfügungsbefugnis (§ 185 BGB) ist gleichfalls nicht ausreichend. 187

7.3.4 Verfügbares Vermögen

Für den Steuererlass kommt es darauf an, ob der Erwerber die Steuer aus seinem verfügbaren Vermögen begleichen kann. 188

Der Steuergesetzgeber geht dabei von einem neuen und eigenständigen Begriff des *„verfügbaren Vermögens"* aus. Die zivilrechtliche Möglichkeit, über Vermögen verfügen zu können (§ 185 BGB) ist demnach nicht maßgeblich. 189

Der Gesetzeswortlaut deutet darauf hin, dass gesetzliche, behördliche oder vertragliche Verfügungsbeschränkungen auf das verfügbare Vermögen des Erwerbers keinen Einfluss haben. Dies wäre allerdings zu weitgehend. Vielmehr sind solche Verfügungsbeschränkungen im Rahmen der Verschonungsbedarfsprüfung zu berücksichtigen. 190

Gesetzliche und **behördliche Verfügungsbeschränkungen** (siehe §§ 135, 136 BGB) führen dazu, dass von vornherein kein *„verfügbares Vermögen"* vorliegt. 191

Rechtsgeschäftliche Verfügungsbeschränkungen (§ 137 BGB) sind bei dem verfügbaren Vermögen des Erwerbers jedenfalls dann zu berücksichtigen, wenn sie wirksam vereinbart worden sind, rechtlich bestehen und tatsächlich beachtet werden. Beispiele dafür sind etwa Verfügungsbeschränkungen bei Vor- und Nacherbfolge, aufgrund einer Testamentsvollstreckung oder in Gesellschaftsverträgen. 192

Das Vermögen eines **Vorerben**, dass der Nacherbfolge unterliegt (§§ 2100 ff. BGB) kann nur insoweit zum *„verfügbaren Vermögen"* (§ 28a Abs. 2 ErbStG) gerechnet werden, als der Vorerbe darüber wirksam verfügen kann (siehe §§ 2113 ff. BGB). Andernfalls verfügt der Vorerbe über kein Vermögen, mit dem die Erbschaft- und Schenkungsteuer beglichen werden kann. Die Regelung zur Steuerschuldnerschaft des Vorerben (§ 20 Abs. 4 ErbStG) ändert daran nichts. 193

Ein Erbe kann über den Nachlass nicht verfügen, soweit der Erblasser **Testamentsvollstreckung** angeordnet hat (§§ 2197 ff. BGB). Die Verfügungsbefugnis steht allein dem Testamentsvollstrecker zu (§ 2205 BGB). Das mit der Testamentsvollstreckung belastetete Vermögen kann der Erbe nicht zur Begleichung der Steuer verwenden. 194

Verfügungsbeschränkungen in **Gesellschaftsverträgen** können dazu führen, dass der einzelne Gesellschafter über seinen Anteil an der Gesellschaft nicht wirksam verfügen kann (§ 15 GmbHG, § 68 AktG und §§ 717 ff. BGB). Ein Minderheitsgesellschafter hat in vielen Fällen keine Möglichkeit, über seinen Anteil an der Gesellschaft wirksam zu verfügen. Als bloßer Minderheitsgesellschafter ist er regelmäßig auch nicht in der Lage, die bestehende Verfügungsbeschränkung aufzuheben oder zu ändern. Dementsprechend kann ihm der Anteil auch nicht als *„verfügbares* 195

§ 28a   Verschonungsbedarfsprüfung

Vermögen" zugerechnet werden. Anders ist dies bei Allein- oder Mehrheitsgesellschaftern, die über ihre Anteile rechtlich und tatsächlich verfügen können.

196 Lediglich formale Verfügungsbeschränkungen führen dagegen nicht dazu, dass kein *„verfügbares Vermögen"* des Erwerbers vorliegt. Dies gilt beispielweise für die Beschränkung der Verfügung über Wohnungs- und Teileigentumseinheiten (§§ 12, 35 WEG) oder Erbbaurechte (§ 5 ErbbauRG). In diesen Fällen muss die erforderliche Zustimmung im Regelfall erteilt werden (und wird auch tatsächlich meist erteilt).

197 Der Berücksichtigung von Verfügungsbeschränkungen bei dem Begriff des *„verfügbaren Vermögens"* steht nicht entgegen, dass diese bei der Ermittlung des gemeinen Werts unberücksichtigt bleiben (§ 9 Abs. 3 BewG). Die Ermittlung des verfügbaren Vermögens ist vorrangig vor dessen Bewertung. Verschonung und Bewertung sind zu trennen.

198-205 einstweilen frei

7.3.5 Vermögen im Zeitpunkt der Entstehung der Steuer

206 Für den Steuererlass kommt es auf das verfügbare Vermögen des Erwerbers im Zeitpunkt der Entstehung der Steuer (§ 9 ErbStG) an (§ 28a Abs. 2 Nr. 2 ErbStG). Es gilt ein strenges **Stichtagsprinzip**.

207 Das **frühere Vermögen** des Erwerbers (vor dem Stichtag) ist für den Steuererlass ohne Bedeutung. Dies gilt auch dann, wenn der Erwerber vor der Entstehung der Steuer Vermögen unentgeltlich auf Dritte (z.B. Familienangehörige, Stiftungen) übertragen hat. Eine Zurechnung von früheren Vermögen ist selbst dann nicht möglich, wenn die Übertragung kurze Zeit vorher auf nahestehende Personen erfolgt ist (Umkehrschluss zu §§ 129 ff. InsO, §§ 1 ff. AnfG). Der Steuergesetzgeber hat bewusst auf eine Einbeziehung des früheren Vermögens verzichtet.

7.3.6 Vermögen des Erwerbers

208 Für die Verschonungsbedarfsprüfung kommt es auf das verfügbare Vermögen des jeweiligen Erwerbers an (§ 28a Abs. 2 ErbStG).

209 Eine **Zusammenrechnung** des Vermögens von mehreren Erwerbern ist im Gesetz nicht vorgesehen. Dies gilt auch dann, wenn sich die Personen einander nahestehen (siehe § 1 Abs. 2 AStG) oder es sich um Familienangehörige (siehe § 15 AO) handelt. Eine Zusammenrechnung ist auch dann ausgeschlossen, wenn der Erwerber mit anderen Personen durch vertragliche oder gesellschaftsrechtliche Vereinbarungen (z.B. einen Gesellschaftsvertrag eines Familienunternehmens im Sinne von § 13a Abs. 9 ErbStG oder eine Pool- und Stimmrechtsvereinbarung i.S.v. § 13b Abs. 1 Nr. 3 Satz 2 ErbStG) verbunden ist. Maßgebend ist stets die steuerliche Leistungsfähigkeit des jeweiligen Erwerbers.

210 Für den Steuererlass kommt es (nach dem Gesetzeswortlaut) auch dann allein auf das verfügbare Vermögen des **Erwerbers** an, wenn er die Steuer gar nicht bezahlt, sondern diese von einem Dritten (z.B. dem Schenker) übernommen wird (§ 10 Abs. 2 ErbStG). Der Antrag auf Verschonungsbedarfsprüfung kann danach begründet sein, obwohl der Schenker (nicht aber der Erwerber) über entsprechende

Vermögen verfügt. Das verfügbare Vermögen des Schenkers kann dem Erwerber nicht zugerechnet werden.

Der neue Steuererlass schafft somit gezielt **Anreize**, Vermögen auf Erwerber ohne eigenes (verfügbares) Vermögen zu übertragen. Dies lässt die Übertragung von begünstigtem Vermögen auf minderjährige Kinder (möglicherweise sogar Neugeborene), Studenten oder „Hartz IV Empfänger" zumindest aus steuerlicher Sicht (vermeintlich) attraktiv erscheinen. In der Praxis werden solchen Unternehmensübertragungen aber oftmals familiäre, unternehmerische oder wirtschaftliche Gründe entgegenstehen. 211

Die neue Verschonungsbedarfsprüfung kann aber auch genutzt werden bei der Übertragung begünstigten Vermögens auf „künstliche" Erwerber (vor allem Gesellschaften und Stiftungen). Diese Erwerber werden neu gegründet und verfügen demnach nur über ein geringes eigenes Vermögen. Die Erwerber sind demnach steuerlich bedürftig und können somit den Steuererlass in Anspruch nehmen. Ein wesentlicher Vorteil von solchen „künstlichen" Erwerbern ist das deutlich geringere Risiko eines steuerschädlichen Nacherwerbs (§ 28 Abs. 4 S. 1 Nr. 3 ErbStG). Bei einer natürlichen Person lässt sich nie ganz ausschließen, dass diese in den nächsten 10 Jahren weiteres Vermögen von Todes wegen oder unter Lebenden erwirbt. Die Ausschlagung einer Erbschaft oder die Nichtannahme einer Schenkung ist nicht immer möglich bzw. gewollt. Bei einem „künstlichen" Erwerber ist es dagegen weitgehend ausgeschlossen, dass dieser weiteres Vermögen erbt oder geschenkt bekommt. Als „künstliche" Erwerber kommen in der Praxis vor allem GmbH's und Familienstiftungen in Betracht. 212

Beispiel: 213

Der potenzielle Erwerber errichtet eine neue (vermögensverwaltende) GmbH. Die Gesellschaft wird ordnungsgemäß errichtet und im Handelsregister eingetragen. Im Anschluss wird das unternehmerische Vermögen auf die neu gegründete GmbH (und nicht auf den an sich angedachten Erwerber persönlich) übertragen. Die GmbH verfügt (abgesehen von dem Stammkapital, sofern dieses einbezahlt und nicht schon wieder verbraucht worden ist) über kein eigenes Vermögen. Die GmbH verfügt somit über kein (nennenswertes) verfügbares Vermögen. Die Erbschaft- und Schenkungsteuer ist der GmbH auf Antrag (vollständig) zu erlassen. Das gilt unabhängig von der Höhe des Erwerbs. Das Vermögen des Gesellschafters kann der GmbH nicht als eigenes (verfügbares) Vermögen zugerechnet werden. Für eine solche Zurechnung besteht keine Rechtsgrundlage. Der GmbH kommt als juristischer Person zivil- und steuerrechtlich Abschirmwirkung zu.

Eine solche Gestaltung ist zivil- und steuerrechtlich zulässig. Gleichwohl bestehen gewisse Risiken. 214

Bei einem Erwerb zu Lebzeiten könnte neben der tatsächlichen Zuwendung des Schenkers an die GmbH (§ 7 Abs. 1 Nr. 1 ErbStG) eine weitere, fiktive Zuwendung des Schenkers an den GmbH-Gesellschafter persönlich angenommen werden (§ 7 Abs. 8 ErbStG). Rechtsgrundlage dafür könnte § 7 Abs. 8 ErbStG sein. Danach gilt als Schenkung „*auch die Werterhöhung von Anteilen an einer Kapitalgesellschaft, die* 215 *eine an der Gesellschaft (...) beteiligte natürliche Person (...) (Bedachte) durch die Leistung einer anderen Person (Zuwendender) an die Gesellschaft erlangt"* (§ 7 Abs. 8 S. 1 ErbStG). Der genaue Anwendungsbereich der im Jahr 2011 neu eingeführten Vorschrift (§ 37 Abs. 7 ErbStG) ist sehr umstritten (siehe u. a. gleichlautender Erlass der Obersten Finanzbehörden der Länder v. 14.3.2012, BStBl I 2012, 331). Nach dem Gesetzeswortlaut könnte die Vorschrift im vorliegenden Fall anwendbar sein. Richtigerweise ist dies allerdings abzulehnen. Der neue Steuertatbestand (§ 7 Abs. 8 ErbStG) soll bestehende Besteuerungslücken schließen, nicht aber zur doppelten Besteuerung bereits steuerpflichtiger Erwerbe führen. Die Übertragung des begünstigten Vermögens vom Schenker an die GmbH kann nicht gleichzeitig eine freigebige Zuwendung an die GmbH (§ 7 Abs. 1 Nr. 1 ErbStG) und eine fiktive Schenkung an den GmbH-Gesellschafter (§ 7 Abs. 8 ErbStG) sein. Die tatsächliche Schenkung ist vorrangig und verdrängt die fiktive Schenkung. Die Besteuerung der tatsächlichen Zuwendung entspricht auch der zivilrechtlichen Prägung des ErbStG. Darüber hinaus bestehen Zweifel daran, ob der Steuertatbestand des § 7 Abs. 8 ErbStG überhaupt erfüllt ist. Die Vorschrift setzt eine *„Leistung"* des Zuwendenden voraus. Der Schenker hat das begünstigte Vermögen hier freigebig auf die GmbH übertragen. Das war (zivilrechtlich und steuerlich) eine Schenkung (§ 7 Abs. 1 Nr. 1 ErbStG und §§ 516 ff. BGB). Eine Schenkung ist keine Leistung. Dies ergibt sich schon daraus, dass der Gesetzgeber selbst zwischen *„Schenkung"* und *„Leistung"* unterscheidet (und zwar nicht nur innerhalb von § 7 ErbStG, sondern sogar innerhalb von § 7 Abs. 8 S. 1 ErbStG). Der Fiktionstatbestand des § 7 Abs. 8 ErbStG gilt unstreitig nur für Zuwendungen unter Lebenden, nicht auch beim Erwerb von Todes wegen. Es wäre sachwidrig, wenn der Erwerb zu Lebzeiten ganz anders besteuert werden würde als der Erwerb von Todes wegen (siehe § 1 Abs. 2 ErbStG). Im Ergebnis verbleibt es bei einer steuerpflichtigen Zuwendung des Schenkers an die GmbH. Eine weitere Zuwendung an den GmbH-Gesellschafter liegt nicht vor. Der Gesetzgeber hat es (in Kenntnis dieser Problematik) versäumt, im Rahmen der Verschonungsbedarfsprüfung entsprechende Zurechnungstatbestände aufzunehmen; auch eine Verweisung auf § 7 Abs. 8 ErbStG ist nicht erfolgt.

216 Die Zwischenschaltung einer (neu gegründeten) GmbH ohne verfügbares Vermögen ermöglicht es, den Steuererlass aufgrund einer Verschonungsbedarfsprüfung in Anspruch zu nehmen. Der Gesetzgeber hat im Rahmen der Erbschaftsteuerreform 2016 (BGBl I 2016, 2464 = BStBl I 2016, 1202) zahlreiche besondere Missbrauchsvorschriften in das ErbStG aufgenommen, nicht aber im Zusammenhang mit der Verschonungsbedarfsprüfung. Die allgemeinen Grundsätze des steuerlichen Gestaltungsmissbrauchs (§ 42 AO) und der Gesamtplanrechtsprechung bleiben aber unberührt.

217 In ertragsteuerrechtlicher Hinsicht kann die Zuwendung des Schenkers an die GmbH eine verdeckte Einlage darstellen (§ 8 Abs. 3 S. 3 ff. KStG). Dies gilt insbesondere dann, wenn es sich bei dem Schenker und dem GmbH-Gesellschafter um nahe stehende Personen handelt. Das Verhältnis zwischen verdeckter Einlage und Schenkung ist umstritten und noch nicht abschließend geklärt (BFH v. 6.12.2016, Az. I R 50/16, DStR 2017, 319 mit Anm. *Wacker*; BFH v. 20.01.2016, Az. II R 40/14, DStR 2016, 743 = ZEV 2016, 281 mit Anm. *Crezelius* = NZG 2016,

557 mit Anm. *Geck* = GmbHR 2016, 498 mit Anm. *Rodewald/Mentzel*. Ausführlich dazu *Dräger/Dorn*, DStR 2016, 1852; *Thiele/Beckmann*, FR 2016, 656; BFH v. 27.8.2014, II R 44/13, BStBl II 2015, 249 = DStR 2014, 2239 = ZEV 2014, 685; BFH v. 30.1.2013, II R 6/12, BStBl II 2013, 930 = DStR 2013, 649 mit Anm. *Viskorf/Haag* = ZEV 2013, 283 mit Anm. *Crezelius*. Ausführlich zum Ganzen *Crezelius*, ZEV 2015, 392; *Keß*, ZEV 2015, 254; *van Lishaut*, FR 2013, 891; *Loose*, GmbHR 2013, 561; *Loose*, DB 2013, 1080).

Beispiel: 218

Ein potenzieller Erwerber begünstigten Vermögens könnte (anstelle einer vermögensverwaltenden GmbH) auch eine eigene Familienstiftung errichten. Dabei kommt sowohl eine inländische als auch eine ausländische Familienstiftung in Betracht (§§ 80 ff. BGB). Die neu gegründete Familienstiftung verfügt nur über wenig (verfügbares) Vermögen. Das sonstige Vermögen des Stifters oder der Begünstigten kann der Stiftung nicht zugerechnet werden. Die Stiftung hat rechtlich keine Mitglieder oder Gesellschafter, so dass eine Zurechnung ausgeschlossen ist. Ein Durchgriff durch die Familienstiftung als juristischer Person des Privatrechts ist somit ausgeschlossen. Der Familienstiftung ist die Steuer somit auf Antrag (vollständig) zu erlassen.

Die Problematik des Steuertatbestands (des § 7 Abs. 8 ErbStG) stellt sich bei einer 219 Familienstiftung unstreitig nicht. Die Vorschrift gilt nur für *„Kapitalgesellschaften"* und *„Genossenschaften"* (§ 7 Abs. 8 S. 1 und 3 ErbStG), nicht aber für Stiftungen. Eine analoge Anwendung scheidet schon mangels einer planwidrigen Regelungslücke aus. Stiftungen und Kapitalgesellschaften sind zudem nicht miteinander vergleichbar und werden auch sonst getrennt geregelt.Die Übertragung begünstigten Vermögens auf eine neu gegründete (in- oder ausländische) Familienstiftung ist kein steuerlicher Missbrauch (§ 42 AO). Die Unternehmensnachfolge mittels Stiftungen ist vielmehr seit vielen Jahren allgemein anerkannt und bewährt.

Bei Gründung einer Familienstiftung sind stets auch die Vorschriften des jeweiligen 220 Stiftungszivilrechts zu beachten (in Deutschland §§ 80 ff. BGB und die jeweiligen Landesstiftungsgesetze). In manchen Ländern unterliegen Stiftungen zudem einer laufenden staatlichen Rechtsaufsicht. Die Wahl der Stiftungsrechtsform (einschließlich deren Ansässigkeit im In- oder Ausland) bedarf in jedem Fall einer sorgfältigen Planung. Spätere Änderungen von Stiftungsstrukturen sind meist nur schwer möglich. Stiftungen sind insbesondere keine umwandlungsfähigen Rechtsträger.

Aus familiärer und unternehmerischer Sicht ist schließlich zu bedenken, dass die 221 Stellung als Destinatär einer Familienstiftung in keiner Weise mit der Stellung als Gesellschafter eines Familienunternehmens zu vergleichen ist (dazu *Lüdicke*, DB 2016, Nr. 51/52, M5).

Gestaltungshinweis:
Kritik: Der Gesetzgeber hat mit der neuen Verschonungsbedarfsprüfung (§ 28a ErbStG) einen erheblichen steuerlichen Anreiz geschaffen, begünstigtes Vermögen auf (in- oder ausländische) Familienstiftungen zu übertragen. Aus den amtlichen Gesetzesmaterialien ergibt sich nicht, ob und inwieweit sich der

§ 28a Verschonungsbedarfsprüfung

Gesetzgeber dieser Wirkung bewusst gewesen ist. Stiftungsmodelle sind meist wenig flexibel und kaum transparent. Mit den Zielen der Unternehmensnachfolge ist dies nicht immer zu vereinbaren.

222-225 einstweilen frei

8 Stundung der verbleibenden Steuer (§ 28a Abs. 3 ErbStG)

226 Die Steuer kann aufgrund der Verschonungsbedarfsprüfung ganz oder teilweise erlassen werden (§ 28a Abs. 1 S. 1 ErbStG). Im Falle eines nur teilweisen Steuererlasses, ist die nicht erlassene (verbleibende) Steuer zur Zahlung fällig. Die Begleichung der Steuer kann für den Erwerber insbesondere dann mit Schwierigkeiten verbunden sein, wenn das verfügbare Vermögen nicht aus liquidem Vermögen besteht (z.B. Grundstücken). Für diesen Fall sieht das Gesetz eine besondere Stundungsmöglichkeit vor (§ 28a Abs. 3 ErbStG; siehe dazu die amtliche Gesetzesbegündung in BT-Drs. 18/5923, S. 34).

227 Danach kann die (nach dem Steuererlass nach § 28a Abs. 1 S. 1 ErbStG) verbleibende Steuer (ganz oder teilweise) bis zu 6 Monate gestundet werden, wenn die Einziehung bei Fälligkeit eine erhebliche Härte für den Erwerber bedeuten würde und der Anspruch nicht gefährdet erscheint (§ 28a Abs. 3 S. 1 ErbStG). Eine erhebliche Härte liegt insbesondere dann vor, wenn der Erwerber einen Kredit aufnehmen oder verfügbares Vermögen veräußern muss, um die Steuer zu entrichten (§ 28a Abs. 3 S. 2 ErbStG). Für die Dauer der gewährten Stundung werden Zinsen erhoben (§ 28a Abs. 3 S. 3 ErbStG i.V.m. §§ 234, 238 AO).

228 Der Erwerber hat (anders als im Fall des § 28 Abs. 1 S. 1 ErbStG) keinen Rechtsanspruch auf eine Stundung der Steuer. Das Finanzamt entscheidet über die Steuerstundung nach pflichtgemäßen Ermessen (§ 28a Abs. 3 S. 1 ErbStG: "*kann*").

229 Die Steuer kann höchstens auf die Dauer von 6 Monaten gestundet werden. Eine mehrfache Stundung ist aber möglich.

230 Die Stundung kann immer nur für die Steuer erfolgen, die auf das erworbene begünstigte Vermögen entfällt. Die Steuer für den Erwerb des nicht begünstigten Vermögens kann nicht gestundet werden.

231 Die sonstigen Möglichkeiten der Steuerstundung bleiben unberührt (§ 28a Abs. 3 S. 4 ErbStG i.V.m. § 222 AO und § 28 ErbStG).

232-235 einstweilen frei

9 Bedingungen für den Steuererlass (§ 28a Abs. 4 ErbStG)

9.1 Überblick

236 Der Steuererlass aufgrund der Verschonungsbedarfsprüfung ist kraft Gesetzes zwingend an die Einhaltung von mehreren Bedingungen geknüpft (§ 28a Abs. 4 ErbStG).

237 Dabei handelt es sich um die folgenden **drei Bedingungen**

Verschonungsbedarfsprüfung § 28a

- kein Unterschreiten der Mindestlohnsumme innerhalb von 7 Jahren nach dem Erwerb (§ 28a Abs. 4 S. 1 Nr. 1 ErbStG) und
- kein Verstoß gegen die Behaltensbedingungen innerhalb der Behaltefrist von 7 Jahren (§ 28a Abs. 4 S. 1 Nr. 2 ErbStG) und
- kein Erwerb von (weiterem) verfügbarem Vermögen innerhalb von 10 Jahren nach der Entstehung der Steuer durch Schenkung oder von Todes wegen (§ 28a Abs. 4 S. 1 Nr. 3 ErbStG).

Bei Verstoß gegen eine dieser drei Bedingungen entfällt der Steuererlass rückwirkend (§ 28a Abs. 4 Sätze 2 ff. ErbStG). Die zunächst erlassene Erbschaft- oder Schenkungsteuer lebt dann (ganz oder teilweise) wieder auf.   238

Der Gesetzgeber hat das Modell des auflösend bedingten Steuerlasses u. a. wie folgt begündet: (BT-Drs. 18/5923, S. 34 f.)   239

„Wie bei der Steuerbefreiung nach § 13 a ErbStG ist es bei einem Erlass der Steuer auf begünstigtes Vermögen aufgrund der Verschonungsbedarfsprüfung angemessen, dass der Erlass rückwirkend seine Wirkung (Erlöschen der Steuerschuld nach § 47 AO) verliert, soweit der Steuerschuldner die Lohnsummenbedingung nicht einhält. Die Regelungen in § 13 a Absatz 3 Satz 5 bis 13 ErbStG zur Ermittlung der Lohnsummen sind entsprechend anzuwenden. Da der Steuerschuldner im Rahmen der Verschonungsbedarfsprüfung einen vollständigen Erlass der Steuer erreichen kann, ist es angemessen, die Mindestlohnsumme bei einer Lohnsummenfrist von sieben Jahren nach § 13 a Absatz 10 Nummer 3 bis 5 ErbStG entsprechend der Vollverschonung festzulegen.

Der Erlass verliert ebenfalls rückwirkend seine Wirkung, soweit der Steuerschuldner das begünstigte Vermögen oder Teile hiervon innerhalb von sieben Jahren nach dem Erwerb veräußert oder aufgibt. Hierbei werden in der Regel Mittel zur (zusätzlichen) Tilgung der Erbschaft- oder Schenkungsteuer frei. Die einzelnen Voraussetzungen für den Wegfall des Erlasses entsprechen denen in § 13 a Absatz 6 ErbStG.

Soweit der Steuerschuldner innerhalb von zehn Jahren nach dem jetzt zu besteuernden Erwerb von derselben oder einer anderen Person weiteres Vermögen erhält, das definitionsgemäß zum verfügbaren Vermögen zählt, verliert der Erlass ebenfalls rückwirkend seine Wirkung. Damit werden Gestaltungen durch eine zeitlich gestreckte Übertragung – erst begünstigtes Vermögen, später nicht begünstigtes Vermögen – vermieden. Die Frist von zehn Jahren orientiert sich an der Frist des § 14 ErbStG. In einem solchen Fall kann der Steuerschuldner auf erneuten Antrag einen Erlass unter Berücksichtigung des erhöhten verfügbaren Vermögens erhalten.

Der Widerrufsvorbehalt für den Verwaltungsakt (Erlass) als unselbständige Nebenbestimmung erfolgt kraft Gesetzes. Er ermöglicht es, bei einer Änderung der Steuerfestsetzung auch den Verwaltungsakt über den Erlass der Steuer entsprechend zu ändern. Tritt eine auflösende Bedingung im Sinne von Satz 1 ein, ist der Verwaltungsakt über den Erlass der Steuer kraft Gesetzes mit Wirkung für die Vergangenheit ganz oder teilweise zu widerrufen. Eines Widerrufsvorbehalts im Verwaltungsakt bedarf es hierbei nicht. Mit dem Widerruf entfällt kraft Gesetzes rückwirkend die Erlöschenswirkung des Erlasses (§ 47 der Abgabenordnung). Satz 2 verdrängt insoweit § 131 Absatz 2 der Abgabenordnung der den Widerruf eines (im Zeitpunkt

§ 28a　Verschonungsbedarfsprüfung

seines ursprünglichen Ergehens) rechtmäßigen begünstigenden Verwaltungsakts nur mit Wirkung für die Zukunft zulässt."

240-242　einstweilen frei

9.2　Bedingung Lohnsummenregelung (§ 28a Abs. 4 S. 1 Nr. 1 ErbStG)

243　Der Steuererlass (§ 28a Abs. 1 S. 1 ErbStG) steht unter der auflösenden Bedingung, dass die Summe der maßgebenden jährlichen Lohnsummen innerhalb von 7 Jahren nach dem Erwerb insgesamt die Mindestlohnsumme für den Fall der Optionsverschonung unterschreitet (§ 28a Abs. 4 S. 1 Nr. 1 S. 1 ErbStG).

244　Die maßgebliche Lohnsummenfrist beträgt hier stets 7 Jahre (und nicht 5 Jahre wie bei der Regelverschonung, § 13a Abs. 3 S. 1 ErbStG). Der Gesetzgeber hat die Lohnsummenfrist der Optionsverschonung von 7 Jahren (§ 13a Abs. 10 S. 1 Nr. 2 ErbStG) übernommen, weil auch bei der Verschonungsbedarfsprüfung ein vollständiger Steuererlass möglich ist. Die strengen Regeln der Optionsverschonung gelten auch für die Einhaltung der Mindestlohnsumme (§ 28a Abs. 4 S. 1 Nr. 1 S. 1 ErbStG).

245　Danach gilt:

- Bis zu 5 Beschäftigte: keine Lohnsummenpflicht,
- mehr als 5 Beschäftigte und nicht mehr als 10 Beschäftigte: Mindestlohnsumme von 500 %,
- mehr als 10 Beschäftigte und nicht mehr als 15 Beschäftigte: Mindestlohnsumme von 565 %,
- mehr als 15 Beschäftigte: Mindestlohnsumme von 700 %.

246　Für die Ermittlung der Lohnsumme gelten die allgemeinen Vorschriften entsprechend (§ 28a Abs. 4 Satz 1 Nr. 1 S. 2 i. V. m. § 13a Abs. 3 S. 2 und S. 6 bis 10 ErbStG).

247　Der Steuererlass vermindert sich, wenn die Summe der maßgebenden jährlichen Lohnsummen die Mindestlohnsumme unterschreitet (§ 28a Abs. 4 S. 1 Nr. 1 S. 3 ErbStG). Die Minderung des Steuererlasses erfolgt in demselben prozentualen Umfang, wie die Mindestlohnsumme unterschritten wird. Der Steuererlass wird mit Wirkung für die Vergangenheit gemindert (§ 175 Abs 1 S. 1 Nr. 2 AO).

248-250　einstweilen frei

9.3　Bedingung Behaltefrist (§ 28a Abs. 4 S. 1 Nr. 2 ErbStG)

251　Der Steuererlass (§ 28a Abs. 1 S. 1 ErbStG) steht unter der (weiteren) auflösenden Bedingung, dass der Erwerber innerhalb von 7 Jahren gegen die Behaltensbedingungen (§ 13a Abs. 6 ErbStG) verstößt (§ 28a Abs. 4 S. 1 Nr. 2 S. 1 ErbStG).

252　Die Behaltensfrist beträgt hier stets 7 Jahre (und nicht 5 Jahre wie bei der Regelverschonung, § 13a Abs. 6 S. 1 ErbStG). Der Gesetzgeber hat die Behaltensfrist der Optionsverschonung von 7 Jahren (§ 13a Abs. 10 S. 1 Nr. 6 ErbStG) übernommen.

253　Der Steuererlass vermindert sich bei einem Verstoß gegen die Behaltensbedingungen. Dabei vermindert sich der Steuererlass grundsätzlich auf den Teil, der dem Verhältnis der im Zeitpunkt der schädlichen Verfügung verbleibenden Behaltensfrist (einschließlich des Jahres, in dem die Verfügung erfolgt) zur gesamten Behaltensfrist ergibt (§ 28a Abs. 4 S. 1 Nr. 2 S. 2 i.V.m. § 13a Abs. 6 S. 2 ErbStG). Bei Überentnahmen bzw. -ausschüttungen (§ 13a Abs. 6 S. 1 Nr. 3 ErbStG) kommt es allerdings zum Wegfall des Steuererlasses.

einstweilen frei 254-256

9.4 Bedingung Nacherwerb durch Schenkung oder von Todes wegen (§ 28a Abs. 4 S. 1 Nr. 3 ErbStG)

Der Steuererlass (§ 28a Abs. 1 S. 1 ErbStG) steht schließlich unter der (weiteren) 257
auflösenden Bedingung, dass der Erwerber innerhalb von 10 Jahren nach dem Zeitpunkt der Entstehung der Steuer (§ 9 ErbStG) weiteres Vermögen durch Schenkung oder von Todes wegen erhält, das verfügbare Vermögen (§ 28a Abs. 2 ErbStG) darstellt (§ 28a Abs. 4 S. 1 Nr. 3 ErbStG). Der Erwerber kann dann erneut einen Antrag auf Steuererlass stellen (§ 28a Abs. 4 S. 1 Nr. 3 S. 2 ErbStG). Das verfügbare Vermögen ist dabei um 50 % des gemeinen Werts des weiteren, erworbenen Vermögens zu erhöhen (§ 28a Abs. 4 S. 1 Nr. 3 S. 3 ErbStG).

Der **Gesetzgeber** will mit dieser Regelung offenbar einer Aufspaltung von einheitlichen Erwerbsvorgängen entgegenwirken. Es soll verhindert werden, dass der Schenker dem Erwerber zunächst begünstigtes Vermögen überträgt und der Erwerber dafür (mangels verfügbarem Vermögen) einen Steuererlass beantragen kann. Das nicht begünstigte Vermögen könnte der Schenker dem Erwerber dann erst zu einem späteren Zeitpunkt übertragen, so dass es bei der Verschonungsbedarfsprüfung nicht zu berücksichtigen ist. Durch die Zusammenrechnung von allen Erwerben innerhalb von zehn Jahren soll eine Einflussnahme auf das verfügbare Vermögen des Erwerbers erschwert werden. Diese Zielsetzung des Gesetzgebers ist im Grundsatz durchaus anzuerkennen. Allerdings ist die Regelung viel zu weitgehend und völlig unverhältnismäßig. 258

Die Regelung des steuerschädlichen Nacherwerbs (in § 28a Abs. 4 S. 1 Nr. 3 259
ErbStG) erfasst **sämtliche** Erwerbe von Todes wegen (§ 3 ErbStG) und Schenkungen unter Lebenden (§ 7 ErbStG). Das Gesetz sieht keinerlei Ausnahmen vor. Nach dem Gesetzeswortlaut ist auch der Erwerb von Hausrat, von üblichen Gelegenheitsgeschenken oder von Unterhaltszuwendungen erfasst (trotz der allgemeinen Steuerbefreiungen nach § 13 Abs. 1 ErbStG). Ein Erwerb im Rahmen der Freibeträge (§ 16 ErbStG) ist gleichfalls in vollem Umfang zu berücksichtigen.

Handelt es sich bei dem (urspünglichen) Erwerber um eine **Stiftung**, gehören spätere 260
Zustiftungen zum steuerschädlichen Nacherwerb (§ 3 Abs. 1 Nr. 1 und Abs. 2 Nr. 1 ErbStG sowie § 7 Abs. 1 Nr. 1 und Nr. 8 ErbStG). Dabei kommt es nicht darauf an, ob die Zustiftung vom Stifter, dem Schenker oder einem Dritten stammt. Dies gilt (trotz § 13 Abs. 1 Nr. 16 Buchst. b ErbStG) auch bei steuerbegünstigten Stiftungen, die einen Steuererlass (nach § 28a ErbStG) in Anspruch genommen haben.

Der Erwerber muss dem zuständigen Finanzamt jeden Erwerb innerhalb eines 261
Monats schriftlich **anzeigen** (§ 28a Abs. 5 S. 2 ff. ErbStG) (zu den strafrechtlichen Risiken bei unrichtigen Erbschaftsteuererklärungen BGH v. 10.2.2015, 1 StR 405/14, DStR 2015, 1867= ZEV 2015, 420 = NJW 2015, 2354 mit Anm. *Ruhmannseder*).

Ausführlich dazu *Beyer*, BB 2015, 3040; *Esskandari/Bick*, ErbStB 2015, 299, und FG Nürnberg v. 16.6.2016, 4 K 1902/15, ZEV 2016, 668).

262 Steuerschädlich sind nicht nur Erwerbe von dem urspünglichen Erblasser bzw. Schenker, sondern auch **von (fremden) Dritten** (so ausdrücklich BT-Drs. 18/5923, S. 35: *"von derselben oder einer anderen Person weiteres Vermögen erhält"*). Die Regelung weicht damit von anerkannten Prinzipien des deutschen ErbStG ab, wonach für eine Zusammenrechnung mehrerer Erwerbe stets auf einen Erwerb *"von derselben Person"* abgestellt wird (§ 13a Abs. 1 S. 2, § 13a Abs. 2 S. 3 und § 14 Abs. 1 S. 1 ErbStG). Die Einbeziehung jeglichen Nacherwerbs (gleich von wem) ist steuersystematisch nicht überzeugend und auch sachlich nicht zu rechtfertigen. Einem Erwerber ist damit die Annahme von jeglichen Erbschaften und Schenkungen auf die Dauer von 10 Jahren faktisch verboten, sofern er den Steuererlass nicht nachträglich gefährden will. Dies schränkt die Testier- und Vertragfreiheit in unzulässiger Weise ein.

263 Nach dem Gesetzeswortlaut kommt es darauf an, dass der Erwerber weiteres Vermögen durch Schenkung oder von Todes wegen *"erhält"* (§ 28a Abs. 4 S. 1 Nr. 3 S. 1 ErbStG). Der sonstige Sprachgebrauch des ErbStG hätte es nahegelegt, insoweit von *"erwerben"* (siehe z.B. § 10 Abs. 1 S. 1 ErbStG: *"steuerpfichtiger Erwerb"*) und nicht von *"erhalten"* zu sprechen. Inhaltlich dürfte damit aber kein Unterschied verbunden sein. Steuerschädlich ist immer nur ein Erwerb im Sinne des ErbStG (siehe auch die Bezugnahme auf § 9 ErbStG).

264 Der Erwerb muss dazu führen, dass dem Erwerber weiteres verfügbares Vermögen gehört. Ein steuerschädlicher Nacherwerb liegt nur dann vor, wenn es bei dem Erwerber tatsächlich zu einem Vermögenszuwachs und damit zu einer Steigerung der steuerlichen Leistungsfähigkeit kommt.

265 Bei einem Nacherwerb erhöht sich das verfügbare Vermögen um 50 % des gemeinen Werts des Vermögens. Der Erwerber *"erhält"* dabei den Brutto-Wert des Vermögens. Allerdings verbleibt dem Erwerber nur der Netto-Wert des Vermögens, da für den Nacherwerb selbst Erbschaft- oder Schenkungsteuer anfällt. Damit stellt sich die Frage, ob das verfügbare Vermögen des Erwerbers um den Brutto-Wert oder nur um den Netto-Wert zu erhöhen ist. Der Gesetzeswortlaut (*"erhält"*, *"gemeinen Wert"*) spricht für den Brutto-Wert. Nach dem Normzweck muss allerdings der **Netto-Wert** maßgebend sein. Die steuerliche Leistungsfähigkeit des Erwerbers wird nur in Höhe des Netto-Werts gesteigert. Das verfügbare Vermögen des Erwerbers hat sich tatsächlich nur in Höhe des Netto-Werts erhöht. Nur insoweit ist der Erwerber jetzt nicht mehr bedürftig und in der Lage, die Steuer für den ursprünglichen Erwerb des begünstigten Vermögens zu begleichen. Das Abzugsverbot für die eigene Steuer (§ 10 Abs. 8 ErbStG) steht dem nicht entgegen. Im vorliegenden Zusammenhang geht es nicht um die Besteuerung des Nacherwerbs (insoweit greift das Abzugsverbot), sondern um die Folgen des Nacherwerbs für das verfügbare Vermögen des Erwerbers (insoweit greift das Abzugsverbot nicht). Der Gesetzgeber hat auch keine entsprechende Geltung des Abzugsverbots angeordnet (§ 28a Abs. 4 S. 1 Nr. 3 ErbStG verweist nicht auf § 10 Abs. 8 ErbStG). Im Ergebnis ist somit davon auszugehen, dass der Nacherwerb das verfügbare Vermögen des Erwerbers jeweils nur um 50 % des gemeinen Werts (nach Abzug der Erbschaft- oder Schen-

§ 28a Verschonungsbedarfsprüfung

kungsteuer) erhöht. Diese Auslegung vermeidet zugleich eine verfassungsrechtlich bedenkliche Übermaß- und Mehrfachbesteuerung.

Nicht abzugsfähig ist dagegen die **latente Einkommensteuer**, die auf dem nacherworbenen Vermögen lastet. Ein Abzug ist insoweit nur dann möglich, wenn der Erwerber das Vermögen tatsächlich zeitnah veräußert und die Einkommentsteuer anfällt. 266

Ein Erwerber „*erhält*" mit Eintritt eines Erbfalls weiteres Vermögen (§§ 1922 ff. BGB). Der Vermögensanfall erfolgt kraft Gesetzes von selbst. Allerdings entfällt der Erwerb, wenn der Erbe die angefallene Erbschaft ausschlägt (§§ 1942 ff., 2180 BGB). Dann hat er Nichts erworben. Die **Ausschlagung** wirkt auf den Erbfall zurück (§ 1953 Abs. 1 BGB). Die Ausschlagung ist allerdings immer nur insgesamt möglich; eine Teilausschlagung ist nicht möglich (§ 1950 BGB). Die Ausschlagung des Erben ist fristgebunden und grundsätzlich nur innerhalb von 6 Wochen nach Kenntnis vom Erbfall möglich (§ 1944 BGB). 267

Ein Erwerber, dem aufgrund eines Erbfalls ein **Pflichtteilsanspruch** zusteht (§§ 2303 ff. BGB) „*erhält*" weiteres Vermögen erst dann, wenn er seinen Anspruch geltend macht (siehe § 3 Abs. 1 Nr. 1 ErbStG). Macht der Erwerber nichts, hat er auch nichts erworben. Der (nicht geltend gemachte) Pflichtteilsanspruch kann dem Erwerber nicht zugerechnet werden (siehe § 13 Abs. 1 Nr. 11 ErbStG). Das Finanzamt kann den Steuererlass selbst dann nicht widerrufen, wenn der Erwerber den Pflichtteilsanspruch nur deshalb nicht geltend macht, um den gewährten Steuererlass nicht zu gefährden. In der Praxis kann der Pflichtteilsberechtigte mit dem Erben unter Umständen eine Verlängerung der Verjährung vereinbaren und den Anspruch dann nach Ablauf der Nachsteuerfrist geltend machen. 268

Der Erwerber hat auch dann nichts „*erhalten*", wenn der Erwerb wieder **rückgängig** gemacht wird (§ 29 Abs. 1 ErbStG). Dies ist beispielsweise dann der Fall, wenn der Erwerber das Geschenk aufgrund eines Rückforderungsrecht wieder herausgeben muss (§ 29 Abs. 1 Nr. 1 ErbStG) oder es in eine steuerbegünstigte Stiftung einbringt (§ 29 Abs. 1 Nr. 4 ErbStG; siehe dazu *von Oertzen/Reich*, BB 2016, 356, 359). Die Steuer erlischt in diesen Fällen rückwirkend (§ 175 Abs. 1 S. 1 Nr. 2 AO). Der Erwerb ist damit rückwirkend entfallen. Das verfügbare Vermögen des Erwerbers hat sich nicht erhöht, da dieses zurück- oder weiterübertragen worden ist. Der Erwerber ist persönlich (weiterhin) nicht in der Lage, die Steuer zu begleichen. 269

In der **Praxis** sollten Erwerber von begünstigtem Vermögen, die den Steuererlass in Anspruch genommen haben, innerhalb der folgenden 10 Jahre kein weiteres verfügbares Vermögen erwerben. Vor der Annahme von Erbschaften oder Schenkungen sind daher stets auch die möglichen Auswirkungen auf den gewährten Steuererlass zu berücksichtigen. Die Annahme oder Ablehnung von solchen Zuwendungen sollte klar dokumentiert werden. 270

Der nachträgliche Wegfall des gewährten Steuererlasses lässt sich im Einzelfall auch dadurch vermeiden, dass der Erwerb jeweils durch **verschiedene Personen** erfolgt. 271

Auf Seiten des **Erblassers** bzw. **Schenkers** macht es keinen Unterschied, ob der Erwerb von derselben oder einer anderen Person erfolgt; jeder Nacherwerb (gleich von wem) ist steuerschädlich. 272

| § 28a | Verschonungsbedarfsprüfung |

273 Dagegen muss der Erwerb auf Seiten des **Erwerbers** immer durch ein und dieselbe Person erfolgen. Die Aufteilung der Vermögensübertragung auf meherere Erwerber vermeidet somit einen steuerschädlichen Nacherwerb. Dabei können auch „künstliche" Erwerber (wie Gesellschaften oder Stiftungen) genutzt werden. Das begünstigte Vermögen kann beispielsweise von vornherein auf eine neu errichtete Familienstiftung übertragen werden. Spätere Zwendungen können dann an den Stifter persönlich (oder die Destinatäre der Stifung) erfolgen. Stiftung und Stifter (bzw. Destinatäre) sind unterschiedliche Erwerber, so dass kein steuerschädlicher Nacherwerb vorliegt.

274 Bei Erwerben von Todes wegen kann die Erwerberidentität durch die Anordnung der Vor- und Nacherbfolge durchbrochen werden. Stiftungen kommen dabei sowohl als Vor- als auch als Nacherben in Betracht.

275-278 einstweilen frei

9.5 Verfahren

279 Der Erwerber muss dem zuständigen Finanzamt für Erbschaftsteuer den Eintritt einer auflösenden Bedingung schriftlich **anzeigen** (§ 28a Abs. 5 ErbStG).

280 Der Steuererlass ist bei Eintritt einer auflösenden Bedingung ganz oder teilweise zu widerrufen (§ 28a Abs. 4 S. 2 ErbStG). Der **Widerruf** ist zwingend. Der Widerruf erfolgt mit Wirkung für die Vergangenheit (und nicht nur für die Zukunft, siehe § 131 Abs. 2 AO).

281 Nach erfolgtem Widerruf kann der Erwerber entweder einen **neuen Antrag** auf Steuererlass (§ 28a ErbStG) oder einen Antrag auf einen (reduzierten) Verschonungsabschlag (§ 13c ErbStG) stellen. Der frühere Antrag auf den Steuererlass (nach § 28a ErbStG) steht aufgrund des Widerrufs einem (neuen) Antrag auf einen (reduzierten) Verschonungsabschlag (nach § 13c ErbStG) nicht entgegen. Allerdings kann der Antrag auf einen reduzierten Verschonungsabschlag (§ 13c ErbStG) nur bis zum Eintritt der materiellen Bestandskraft des Steuerbescheids gestellt werden. Dies gilt nach dem Gesetzeswortlaut auch im Falle eines Widerrufs des Steuererlasses (§ 28a Abs. 4 ErbStG; siehe dazu *Viskorf/Löcherbach/Jehle*, DStR 2016, 2425, 2433). Steuersystematisch wäre es allerdings sachgerecht, wenn in diesem Fall auch noch ein späterer Antrag möglich wäre.

282-284 einstweilen frei

10 Anzeigepflichten des Erwerbers (§ 28a Abs. 5 ErbStG)

285 Jeden Erwerber, der einen Steuererlass aufgrund einer Verschonungsbedarfsprüfung in Anspruch genommen hat, treffen besondere Anzeigepflichten (§ 28a Abs. 5 ErbStG).

286 Die sonstigen Anzeige-, Erklärungs- und Mitwirkungspflichten (z.B. nach § 13a Abs. 7, § 13a Abs. 9 S. 6, §§ 30 ff. ErbStG und §§ 90 ff. AO) bleiben davon unberührt. Dies gilt insbesondere auch für die allgemeine Pflicht zur Berichtigung von unrichtig gewordenen Steuererklärungen (§ 153 Abs. 2 AO; siehe BT-Drs. 18/5923, 35).

Die besonderen Anzeigepflichten des Erwerbers knüpfen an die (3 auflösenden) Bedingungen an, unter denen der Steuererlass gewährt wird (§ 28a Abs. 4 S. 1 Nr. 1 bis 3 ErbStG). 287

Danach ist der Erwerber zu folgenden **Anzeigen** verpflichtet: 288
- Unterschreiten der Mindestlohnsumme (§ 28a Abs. 5 S. 1 und Abs. 4 S. 1 Nr. 1 ErbStG),
- Verstöße gegen die Behaltensfrist von 7 Jahren (§§ 28a Abs. 5 S..2 und Abs. 4 S. 1 Nr. 2 ErbStG),
- Erwerb von weiterem Vermögen durch Schenkung oder von Todes wegen innerhalb von 10 Jahren nach dem Zeitpunkt der Entstehung der Steuer (§§ 28a Abs. 5 S. 2 und Abs. 4 S. 1 Nr. 3 ErbStG).

Zweck der Anzeige ist es, dem zuständigen Finanzamt die Prüfung zu ermöglichen, ob die Voraussetzungen für den Steuererlass immer noch gegeben sind oder dieser widerrufen werden muss. Die Anzeige hat demnach unabhängig davon zu erfolgen, ob der Vorgang tatsächlich zum vollständigen oder teilweisen Widerruf des Verwaltungsakts über den Steuererlass führt (§ 28a Abs. 5 S. 5 ErbStG). 289

Die Anzeige hat jeweils gegenüber dem für die Erbschaftsteuer zuständigen Finanzamt (§ 35 ErbStG) zu erfolgen (§ 28a Abs. 5 S. 1 und 2 ErbStG). 290

Die Anzeige ist eine Steuererklärung im Sinne der Abgabenordnung (§ 28a Abs. 3 ErbStG i. V. m. §§ 149 ff. AO). 291

Die Anzeige muss grundsätzlich **schriftlich** erfolgen (§ 28a Abs. 5 S. 4 ErbStG). Eine Übermittlung in elektronischer Form ist aber gleichfalls zulässig (auch wenn in § 28a Abs. 5 S. 4 ErbStG nicht ausdrücklich auf § 87a AO verwiesen wird, siehe demgegnüber § 19 Abs. 5 S. 3 GrEStG). 292

Die Anzeigefristen sind für die einzelnen Fälle unterschiedlich geregelt (ebenso wie bei den Anzeigepflichten bei Verstößen gegen die Lohnsummen- und Behaltensregelungen, § 13a Abs. 7 ErbStG). Das Unterschreiten der Lohnsumme ist innerhalb einer Frist von 6 Monaten nach Ablauf der Lohnsummenfrist anzuzeigen (§ 28a Abs. 5 S. 1 ErbStG; siehe auch § 13a Abs. 7 S. 1 ErbStG). Verstöße gegen die Behaltefrist und etwaige Nacherwerbe sind dagegen innerhalb von 1 Monat nach Verwirklichung des entsprechenden Tatbestands anzuzeigen (§ 28a Abs. 5 S. 2 ErbStG; siehe auch § 13a Abs. 7 S. 2 ErbStG). Die Frist von 1 Monat entspricht zwar der Frist für Anzeigen bei Verstößen gegen die Behaltensregelungen (§ 13a Abs. 7 S. 2 ErbStG). Gleichwohl ist die Frist von nur 1 Monat unverhältnismäßig kurz und entspricht nicht der allgemeinen Anzeigefrist von 3 Monaten (§ 30 Abs. 1 ErbStG). 293

Nach dem Gesetzeswortlaut beginnt die Anzeigefrist jeweils mit der Verwirklichung des jeweiligen Tatbestandes. Richtigerweise kann die Anzeigefrist aber erst dann beginnen, wenn der Erwerber von diesem Tatbestand auch positive Kenntnis hat (Rechtsgedanke § 30 Abs. 1 ErbStG). Eine Anzeigeverpflichtung ohne Kenntnis ist nicht möglich und wäre unverhältnismäßig. 294

Das Gesetz sieht keinerlei **Ausnahmen** von der Anzeigepflicht vor. In Bagatellfällen erscheint eine förmliche Anzeigepflicht übermäßig und kann entfallen (siehe auch 295 die Ausnahmen in §§ 1 ff. ErbStDV). Eine Anzeigepflicht des Erwerbers ist auch dann entbehrlich, wenn der Vorgang dem Finanzamt bereits von einem anderen Erwerber oder von einem Dritten (z.B. einem Notar, § 34 ErbStG) angezeigt worden ist. Eine einmalige Anzeige ist nach dem Normzweck ausreichend.

296 Der **Inhalt der Anzeige** ist gesetzlich nicht vorgeschrieben. Es muss allerdings ersichtlich sein, dass es sich um eine Anzeige im Zusammenhang mit dem gewährten Steuererlass aufgrund einer Verschonungsbedarfsprüfung handelt. Eine Bezugnahme auf den Verwaltungsakt über den Steuererlass (§ 28a Abs. 4 S. 2 ErbStG) ist zweckmäßig. In jedem Fall muss die Anzeige vollständig und richtig sein.

297 Die Anzeigepflicht obliegt **jedem Erwerber**, der den Steuererlass in Anspruch genommen hat. Bei mehreren Erwerbern hat jeder Erwerber die Anzeigepflichten für sich selbst zu erfüllen. Die Anzeige durch einen Erwerber führt grundsätzlich nicht dazu, dass die Anzeigepflicht eines anderen Erwerbers entfällt. Im Einzelfall kann aufgrund des Normzwecks allerdings eine Einschränkung der Anzeigepflichten in Betracht kommen, wenn dem Finanzamt aufgrund der erfolgten Anzeige bereits eine Prüfung des Sachverhalts möglich ist.

298 Die Anzeigepflicht trifft stets den Erwerber und nicht auch den Schenker (siehe Wortlaut „*Erwerber*" in § 28a Abs. 5 ErbStG und Umkehrschluss zu § 30 Abs. 2 ErbStG, wonach auch der Schenker zur Anzeige verpflichtet ist).

299 Bei einem Erwerb durch eine Gesellschaft oder Stiftung obliegt die Anzeigepflicht den vertretungsberechtigten Organmitgliedern (§ 34 AO).

300 **Testamentsvollstrecker**, Nachlassverwalter und Nachlasspfleger trifft keine Anzeigepflicht. Sie sind nur zur Abgabe der Steuererklärung verpflichtet (§ 31 Abs. 5 und 6 ErbStG).

301 Verstöße gegen die gesetzlichen Anzeigepflichten können im Einzelfall auch strafrechtliche Sanktionen zur Folge haben (§§ 370 ff. AO; zu den strafrechtlichen Risiken bei unrichtigen Erbschaftsteuererklärungen siehe BGH v. 10.2.2015, 1 StR 405/14, DStR 2015, 1867= ZEV 2015, 420 = NJW 2015, 2354 mit Anm. *Ruhmannseder*. Ausführlich dazu *Beyer*, BB 2015, 3040; *Esskandari/Bick*, ErbStB 2015, 299, und FG Nürnberg v. 16.6.2016, 4 K 1902/15, ZEV 2016, 668).

302-306 einstweilen frei

11 Verjährung (§ 28a Abs. 6 ErbStG)

307 Die Zahlungsverjährung (und deren Hemmung) ist allgemein in der Abgabenordnung geregelt (§§ 228 ff., 230 AO).

308 Für die nach einem Steuererlass verbleibende Steuer sieht das Gesetz eine besondere Ablaufhemmung vor (§ 28a Abs. 6 ErbStG; siehe BT-Drs. 18/5923, S. 35).

309 Die Zahlungsverjährungsfrist für die nach einem Steuererlass (§ 28a Abs. 1 S. 1 ErbStG) verbleibende Steuer endet nicht vor dem Ablauf des 5. Jahres, nachdem das für die Erbschaftsteuer zuständige Finanzamt von dem Unterschreiten der Mindestlohnsumme, einem Verstoß gegen die Behaltefrist oder einem steuerschädlichen Nacherwerb (§ 28a Abs. 4 S. 1 Nr. 1 bis 3 ErbStG) Kenntnis erlangt (§ 28a Abs. 6 ErbStG).

einstweilen frei 310-312

12 Erbersatzsteuer bei inländischen Familienstiftungen (§ 28a Abs. 7 ErbStG)

12.1 Überblick 313

Das Vermögen von inländischen Familienstiftungen (und Familienvereinen) unter- 314
liegt in Deutschland alle 30 Jahre einer Erbersatzsteuer (§ 1 Abs. 1 Nr. 4 ErbStG).
Dabei handelt es sich faktisch um eine Vermögensteuer für Familienstiftungen.
Grundlage der Besteuerung ist das Vermögen der Familienstiftung und keine Vermögensübertragung. Die Erbersatzsteuer ist somit ein Fremdkörper im Erbschaft- und Schenkungsteuerrecht. Die Regelung ist nach Auffassung des BVerfG aber verfassungsgemäß (BVerfG v. 22.8.2011, 1 BvR 2570/10, ZEV 2012, 51; BVerfG v. 8.3.1983, 2 BvL 27/81, BVerfGE 63, 312 = BStBl II 1983, 779 = NJW 1983, 1841).

Der Erbersatzsteuer unterliegen nur Familienstiftungen, die ihren Sitz und/oder ihre 315
Geschäftsleitung im Inland haben (§ 2 Abs. 1 Nr. 2 ErbStG). Ausländische Familienstiftungen, die sowohl ihren Satzungssitz als auch ihre Geschäftsleitung im Ausland haben, unterliegen in Deutschland nicht der Erbersatzsteuer. Dies gilt auch dann, wenn der ausländischen Familienstiftung im Inland belegenes Vermögen gehört. Eine beschränkte Erbersatzsteuerpflicht gibt es nicht.

Der genaue Zeitpunkt des Anfalls der Erbersatzsteuer richtet sich danach, wann 316
erstmals Vermögen auf die Familienstiftung übertragen worden ist (§ 9 Abs. 1 Nr. 4 ErbStG). Für alle Stiftungen, die bereits vor dem 1.1.1954 errichtet worden sind, ist (nach 1984 und 2014) der 1.1.2044 der nächste große Steuertermin. Für die später errichteten Familienstiftungen gelten dagegen individuelle Steuertermine im Abstand von 30 Jahren.

Der Erbersatzsteuer unterliegt das gesamte Vermögen der Familienstiftung (§ 10 317
Abs. 1 S. 7 ErbStG). Auf die Struktur, Belegenheit und Ertragskraft des Vermögens kommt es nicht an. Der Besteuerung unterliegt das gesamte in- und ausländische Vermögen der Familienstiftung. Ohne Bedeutung ist auch, ob das Vermögen der Stiftung tatsächlich den Interessen der Familie dient.

Bei der Ermittlung des steuerpflichtigen Vermögens können Leistungen der Famili- 318
enstiftung an die Begünstigten nicht steuermindernd abgezogen werden (§ 10 Abs. 7 ErbStG). Die Erbersatzsteuer ist bei Ermittlung des steuerpflichtigen Vermögens gleichfalls nicht abzugsfähig (§ 10 Abs. 8 ErbStG).

Für die Ermittlung des steuerpflichtigen Vermögens gelten die allgemeinen Vor- 319
schriften. Die Steuerbefreiungen gelten auch für die Erbersatzsteuer (z. B. für Kunstgegenstände nach § 13 Abs. 1 Nr. 2 ErbStG; siehe BFH v. 10.12.1997, **II R 25/94**, BStBl II 1998, 114 = DStR 1998, 331). Dies ist keineswegs selbstverständlich, da sich im Zusammenhang mit der allgemeinen Steuerbefreiung (§ 13 ErbStG) keine Regelung findet, wonach diese auch für die Erbersatzsteuer gilt. Dabei handelt es sich aber wohl um ein Redaktionsversehen des Gesetzgebers. Aufgrund einer Gesamtanalogie zu den sonstigen Verschonungsvorschriften (§§ 13a Abs. 11, 13c Abs. 3, 13d Abs. 4, 28 Abs. 2, 28a Abs. 7 ErbStG) ist davon auszugehen, dass alle Steuerbefreiungen und -begünstigungen uneingeschränkt auch für die Erbersatzsteuer gelten.

§ 28a   Verschonungsbedarfsprüfung

320   Die zu Wohnzwecken vermieteten Wohnimmobilien sind auch bei der Erbersatzsteuer nur mit 90 % anzusetzen (§ 13d Abs. 4 ErbStG).

321   Bei der Berechnung der Erbersatzsteuer wird unterstellt, dass das Vermögen der Familienstiftung auf 2 Kinder übergeht. Dementsprechend kommt ein doppelter Kinderfreibetrag zum Abzug (derzeit zweimal 400.000 EUR) und die Steuer wird nach dem Steuersatz der Steuerklasse I berechnet, der für die Hälfte des steuerpflichtigen Vermögens gelten würde (§ 15 Abs. 2 S. 3 ErbStG). Die Steuerklasse I gilt dabei unabhängig von dem Kreis der tatsächlich Begünstigten. Demnach bleibt es auch dann bei der Steuerklasse I, wenn zu den Begünstigten einer Familienstiftung überhaupt keine (oder weniger als 2) Kinder gehören.

322   Auf Antrag kann die Erbersatzsteuer anstelle einer Einmalzahlung in 30 gleichen Jahresraten entrichtet werden (§ 24 ErbStG).

323-325   einstweilen frei

12.2   Familienstiftungen mit begünstigtem Vermögen

326   Alle Verschonungsregelungen für begünstigtes Vermögen gelten auch für die Erbersatzsteuer von Familienstiftungen (siehe §§ 13a Abs. 11, 13c Abs. 3, 13d Abs. 4, 28 Abs. 2, 28a Abs. 7 ErbStG).

327   Danach kann eine Familienstiftung mit einem Vermögen von mehr als 26 Mio. EUR bei der Erbersatzsteuer zwischen einem reduzierten Verschonungsabschlag aufgrund des Abschmelzungsmodells (§ 13c Abs. 3 ErbStG) und einem Steuererlass aufgrund einer Verschonungsbedarfsprüfung (§ 28a Abs. 7 ErbStG) wählen. Zusätzlich kann die Familienstiftung auch eine Stundung der Erbersatzsteuer beantragen (§ 28 Abs. 2 ErbStG).

328   Bemessungsgrundlage für die Erbersatzsteuer ist das Vermögen der Familienstiftung. Das im Zeitpunkt der Steuerentstehung vorhandene Stiftungsvermögen tritt bei der (fiktiven) Erbersatzsteuer an die Stelle des sonst maßgeblichen Vermögensanfalls des Erwerbers (§ 10 Abs. 1 S. 7 ErbStG).

329   Bei Familienstiftungen mit begünstigtem Vermögen (§ 13b Abs. 2 ErbStG) kommt es somit darauf an, ob dieses am maßgeblichen Stichtag (§ 9 Abs. 1 Nr. 4 ErbStG) die Grenze von 26 Mio. EUR überschreitet. Familienstiftungen haben bei der fiktiven Erbersatzsteuer nicht die Möglichkeit, die Grenze von 26 Mio. EUR durch die Aufteilung ihres Vermögens mehrfach in Anspruch zu nehmen. Gleichwohl hat der Gesetzgeber lediglich eine Verdopplung des persönlichen Freibetrags vorgesehen (§ 15 Abs. 2 S. 3 ErbStG), nicht aber auch der Freigrenze von 26 Mio. EUR.

330   Für die Ermittlung der Grenze von 26 Mio. EUR werden alle Erwerbe innerhalb von 10 Jahren zusammengerechnet (§ 13a Abs. 1 S. 2 ff. ErbStG). Die Erbersatzsteuer wird nur alle 30 Jahre erhoben (§ 1 Abs. 1 Nr. 4 ErbStG). Die Grenze von 26 Mio. EUR wird für Zwecke der Erbersatzsteuer aber nicht etwa verdreifacht.

331   In der Praxis sollte das Vermögen der Familienstiftung nach Möglichkeit so strukturiert werden, dass es aus begünstigtem Vermögen besteht und dieses den Wert von 26 Mio. EUR nicht überschreitet. Ausschüttungen an die Familienstiftung von Unternehmen sollten daher nach Möglichkeit erst nach dem Tag der Steuerent-

stehung beschlossen werden. Umgekehrt sollte die Familienstiftung Ausschüttungen an ihre Destinatäre möglichst noch vor dem Stichtag vornehmen. Neben Barausschüttungen sind dabei (nach Maßgabe der Stiftungssatzung) insbesondere auch Sachausschüttungen (vor allem von nicht begünstigtem Verwaltungsvermögen) in Betracht zu ziehen (*Von Oertzen/Reich*, Ubg. 2015, 629, 632). Ausschüttungen an die Destinatäre unterliegen bei diesen der Einkommensteuer (§§ 20 Abs. 1 Nr. 9, 3 Nr. 40 S. 1 Buchst. d EStG; siehe dazu BFH v. 3.11.2010, I R 98/09, BStBl II 2011, 417 = DStR 2011, 403, und BMF v. 27.6.2006, BStBl I 2006, 417 = DStR 2006, 1227).

einsteilen frei 332-334

12.3 Erbersatzsteuer und Verschonungsbedarfsprüfung

Die Familienstiftung mit begünstigtem Vermögen kann bei der Erbersatzsteuer einen Antrag auf Verschonungsbedarfsprüfung stellen (§ 28a Abs. 7 ErbStG). Die steuerliche Verschonung hängt davon ab, inwieweit der Erwerber die Steuer aus seinem verfügbaren Vermögen begleichen kann (§ 28a Abs. 1 S. 1 und Abs. 2 ErbStG). 335

Bei der Erbersatzsteuer gibt es an sich keinen Erwerb und demnach auch keinen Erwerber. Der Erwerb wird vom Gesetzgeber fingiert (§ 1 Abs. 1 Nr. 4 ErbStG). Dies gilt auch für die Person des Erwerbers. Demnach ist die Familienstiftung als Erwerber zu behandeln (siehe § 20 Abs. 1 S. 1 HS 2 ErbStG). Die Familienstiftung ist auch für Zwecke der Verschonungsbedarfsprüfung als Erwerber anzusehen, obwohl sie an sich nichts erwirbt. Der Gesetzgeber hat dementsprechend auch eine lediglich „*entsprechende*" Anwendung der Verschonungsbedarfsprüfung für die Erbersatzsteuer vorgesehen (§ 28a Abs. 7 ErbStG). 336

Für den (vollständigen oder teilweisen) Erlass der Erbersatzsteuer kommt es darauf an, ob der Familienstiftung nicht begünstigtes Vermögen gehört (§ 28a Abs. 2 Nr. 2 ErbStG). 337

In der Praxis ist das Vermögen von Familienstiftungen aufgrund der Vorgaben des Stifters in der Satzung vielfach gebunden (z.B. durch Erhaltenspflichten und Verkaufs- bzw. Belastungsverbote). Viele Familienstiftungen können demnach über das ihnen gehörende Vermögen nicht oder nur sehr eingeschränkt verfügen. Die Stiftung kann nur über die Erträge des Stiftungsvermögens verfügen, nicht aber über die Vermögenssubstanz. Diese muss meist (mehr oder weniger unberührt) erhalten bleiben. 338

Dies wirft die Frage auf, ob und inwieweit einer Familienstiftung in diesen Fällen überhaupt „*verfügbares Vermögen*" gehört. Der Begriff des „*verfügbaren Vermögens*" wurde vom Steuergesetzgeber für Zwecke der Verschonungsbedarfsprüfung gesondert und abschließend definiert (§ 28a Abs. 2 ErbStG). Auf die zivilrechtliche Verfügungsbefugnis (siehe § 185 BGB) und/oder die tatsächlichen Verfügungsmöglichkeiten kommt es insoweit nicht an. Das Bewertungsgesetz geht davon aus, dass Verfügungsbeschränkungen bei der Feststellung des gemeinen Werts unberücksichtigt bleiben (§ 9 Abs. 2 S. 3 und Abs. 3 BewG). Danach ist davon auszugehen, dass Verfügungsbeschränkungen in der Stiftungssatzung auf die Ermittlung des „*verfügbaren Vermögens*" und dessen Bewertung keinen Einfluss haben. 339

340 Gleichwohl kann im Einzelfall eine einschränkende Auslegung geboten sein. Eine Familienstiftung darf nicht dazu verpflichtet werden, Steuern mit Vermögen zu begleichen, über das sie objektiv gar nicht verfügen kann. Der Gesetzgeber geht in seiner eigenen Härtefallregelung (in § 28a Abs. 3 S. 2 ErbStG) davon aus, dass das „*verfügbare Vermögen*" zumindest beleihbar bzw. veräußerbar sein muss. Vermögen einer Familienstiftung, das aufgrund zwingender Vorgaben (z.B. in Stiftungsgesetzen, der Stiftungssatzung oder von Stiftungsaufsichtsbehörden) nicht veräußert oder belastet werden kann, kann daher auch nicht zum „*verfügbaren Vermögen*" gerechnet werden. Dies gilt jedenfalls dann, wenn diese Vorgaben zwingend sind und von der Familienstiftung auch nicht geändert werden können (z.B. durch eine Änderung der Stiftungssatzung).

341 In der Praxis sollte darauf geachtet werden, dass die Familienstiftung zum Zeitpunkt der Entstehung der Erbersatzsteuer über möglichst wenig nicht begünstigtes Vermögen verfügt. Das nicht begünstigte Vermögen kann unter Umständen vorab an die Destinatäre ausgeschüttet werden (unter Berücksichtigung der zivilrechtlichen Vorgaben der Stiftungssatzung und der steuerrechtlichen Beschränkungen für Überentnahmen, siehe §§ 28a Abs. 4 S. 1 Nr. 2, 13a Abs. 6 S. 1 Nr. 3 ErbStG).

342 Eine Abspaltung des nicht begünstigten Vermögens auf eine andere (Schwester-)Stiftung ist zivilrechtlich nur im Wege der Einzelrechtsübertragung möglich (§§ 124, 161 ff. UmwG). Bei der erwerbenden Stiftung ist dies aber ein steuerpflichtiger Erwerb (§ 7 Abs. 1 Nr. 8 ErbStG), sofern diese nicht steuerbegünstigt ist (§ 13 Abs. 1 Nr. 16 Buchst. b ErbStG; dazu den Fall des BFH v. 13.4.2011, II R 45/09, BStBl II 2011, 732).

343-345 einstweilen frei

13 Verhältnis zur Abschmelzung des Verschonungsabschlags (§ 28a Abs. 8 ErbStG)

346 Abschmelzungsmodell (§ 13c ErbStG) und Erlassmodell (§ 28a ErbStG) schließen sich gegenseitig aus.

347 Bei einem Erwerb von begünstigten Vermögen von mehr als 26 Mio. EUR kann der Erwerber (unwiderruflich) beantragen, dass der Verschonungsabschlag in Höhe von 85 % bzw. 100 % entsprechend reduziert wird (§ 13c Abs. 1 ErbStG). Dieser Antrag schließt einen Antrag auf einen Steuererlass aufgrund einer Verschonungsbedarfsprüfung aus (§ 13c Abs. 2 S. 6 ErbStG).

348 Der Gesetzgeber hat (in § 28a Abs. 8 ErbStG) nochmals klargestellt, dass die Vorschriften über den Steuererlass aufgrund einer Verschonungsbedarfsprüfung nicht (mehr) gelten, wenn der Erwerber einen Antrag auf einen reduzierten Verschonungsabschlag gestellt hat (§ 28a Abs. 8 ErbStG).

§ 29 Erlöschen der Steuer in besonderen Fällen

(1) Die Steuer erlischt mit Wirkung für die Vergangenheit,
1. soweit ein Geschenk wegen eines Rückforderungsrechts herausgegeben werden mußte;
2. soweit die Herausgabe gemäß § 528 Abs. 1 Satz 2 des Bürgerlichen Gesetzbuchs abgewendet worden ist;
3. soweit in den Fällen des § 5 Abs. 2 unentgeltliche Zuwendungen auf die Ausgleichsforderung angerechnet worden sind (§ 1380 Abs. 1 des Bürgerlichen Gesetzbuchs). ²Entsprechendes gilt, wenn unentgeltliche Zuwendungen bei der Berechnung des nach § 5 Abs. 1 steuerfreien Betrags berücksichtigt werden;
4. soweit Vermögensgegenstände, die von Todes wegen (§ 3) oder durch Schenkung unter Lebenden (§ 7) erworben worden sind, innerhalb von 24 Monaten nach dem Zeitpunkt der Entstehung der Steuer (§ 9) dem Bund, einem Land, einer inländischen Gemeinde (Gemeindeverband) oder einer inländischen Stiftung zugewendet werden, die nach der Satzung, dem Stiftungsgeschäft oder der sonstigen Verfassung und nach ihrer tatsächlichen Geschäftsführung ausschließlich und unmittelbar als gemeinnützig anzuerkennenden steuerbegünstigten Zwecken im Sinne der §§ 52 bis 54 der Abgabenordnung mit Ausnahme der Zwecke, die nach § 52 Abs. 2 Nr. 23 der Abgabenordnung gemeinnützig sind, dient. ²Dies gilt nicht, wenn die Stiftung Leistungen im Sinne des § 58 Nr. 5 der Abgabenordnung an den Erwerber oder seine nächsten Angehörigen zu erbringen hat oder soweit für die Zuwendung die Vergünstigung nach § 10b des Einkommensteuergesetzes, § 9 Abs. 1 Nr. 2 des Körperschaftsteuergesetzes oder § 9 Nr. 5 des Gewerbesteuergesetzes in Anspruch genommen wird. ³Für das Jahr der Zuwendung ist bei der Einkommensteuer oder Körperschaftsteuer und bei der Gewerbesteuer unwiderruflich zu erklären, in welcher Höhe die Zuwendung als Spende zu berücksichtigen ist. ⁴Die Erklärung ist für die Festsetzung der Erbschaftsteuer oder Schenkungsteuer bindend.

(2) Der Erwerber ist für den Zeitraum, für den ihm die Nutzungen des zugewendeten Vermögens zugestanden haben, wie ein Nießbraucher zu behandeln.

Inhalt		Rz.
1	Allgemeines	1–5
2	Erlöschen der Steuer (§ 29 Abs. 1 ErbStG)	6–99
2.1	Herausgabe eines Geschenks wegen Rückforderungsrecht (§ 29 Abs. 1 Nr. 1 ErbStG)	7–39
2.1.1	Herausgabe des Geschenks	8–9
2.1.2	Gesetzlich normierte Rückforderungs- und Herausgaberechte	10–13
2.1.3	Rückforderungsrecht kraft vertraglicher Vereinbarung (Widerrufsvorbehalt)	14–19a
2.1.4	Rückforderungsrecht aufgrund Wegfalls der Geschäftsgrundlage	20–39

§ 29   Erlöschen der Steuer in besonderen Fällen

	2.2	Abwendung der Herausgabe eines Geschenks (§ 29 Abs. 1 Nr. 2 ErbStG)	40–49
	2.3	Anrechnung unentgeltlicher Zuwendungen zwischen Ehegatten auf den Zugewinnausgleichsanspruch (§ 29 Abs. 1 Nr. 3 ErbStG)	50–59
	2.4	Zuwendungen an Gebietskörperschaften und Stiftungen (§ 29 Abs. 1 Nr. 4 ErbStG)	60–79
	2.5	Verfahrensfragen	80–99
	3	Steuerpflicht zwischenzeitlicher Nutzungen (§ 29 Abs. 2 ErbStG)	100–105

1 Allgemeines

1   § 29 Abs. 1 ErbStG ordnet unter näheren Voraussetzungen ein **Erlöschen der Steuer mit Wirkung für die Vergangenheit** an; zu den verfahrensrechtlichen Fragen vgl. Rz. 80 ff. § 29 Abs. 1 Nr. 3 ErbStG wurde durch das ErbStRG um S. 2 erweitert.

Der Anwendungsbereich des § 29 Abs. 1 Nr. 1 und 2 ErbStG beschränkt sich auf Sachverhalte, in denen der Beschenkte eine von ihm letztlich **nicht zu vertretende** – d. h. nicht auf seinem freien Willen beruhende – **Entreicherung** erfährt. Eine ähnliche Zielsetzung liegt auch § 13 Abs. 1 Nr. 10 ErbStG zugrunde.

2   Im Zusammenhang mit der Rückabwicklung einer Schenkung ist unbedingt der für das ErbStG geltende Grundsatz zu beachten, dass die für die Schenkung entstandene Steuer (zur Steuerentstehung vgl. § 9 Abs. 1 Nr. 2 ErbStG)nicht durch eine **freiwillige** Rückgängigmachung der Schenkung (Rückschenkung) oder Rückerwerb von Todes wegen entfällt (vgl. nur *Piltz*, ZEV 2009, 70). Bei der (freiwilligen) Rückabwicklung einer Schenkung bleibt es jedoch u. U. nicht nur bei der Steuerfestsetzung für die ursprüngliche Zuwendung. Zusätzlich kann – soweit nicht § 29 ErbStG eingreift – auch die etwaige **Rückschenkung** der Steuer zu unterwerfen sein (vgl. z.B. den Urteilssachverhalt FG Nürnberg v. 15.5.2014, 4 K 1403/12, DStRE 2015, 1203 (Revision eingelegt, BFH-Az. II R 42/14) m. Anm. *Heinrichshofen*, ErbStB 2014, 300). Dabei kann für die Rückschenkung u. U. eine im Vergleich zur Hinschenkung ungünstigere Steuerklasse anzuwenden sein; eine Minderung der Steuerlast ist – weil nur für Erwerbe von Todes wegen geltend – weder durch § 13 Abs. 1 Nr. 10 noch durch § 27 ErbStG möglich. Soweit hingegen der Zuwendungsgegenstand aufgrund gesetzlicher oder vertraglicher Verpflichtung herauszugeben ist, unterliegt die tatsächliche Herausgabe **mangels Freigebigkeit** nicht der Besteuerung nach § 7 Abs. 1 Nr. 1 ErbStG (*Geck*, kösdi 2014, 18275).

3   Zweifellos ist diese Rechtslage vornehmlich bei einer Rückschenkung innerhalb kurzer Frist unbefriedigend (*Weinmann*, in Moench/Weinmann, ErbStG, § 29 Rz. 2; *Sosnitza*, UVR 1992, 342, 348).

Gestaltungshinweis:

Die Vertragspraxis kann dem Risiko einer u. U. doppelten steuerlichen Belastung (durch eine steuerpflichtige Rückschenkung) z. B. durch **Vereinbarung eines vertraglichen Widerrufsvorbehalts oder Rückforderungsrechts**, ggf. sowohl für die Hin- als auch für die Rückschenkung begegnen (vgl. unten Rz. 14 ff.; vgl. auch *Wachter*, ZEV 2002, 176; *Kamps*, FR 2001, 717; *Piltz*, ZEV 2009, 70). Bei

Rückabwicklung einer Schenkung muss ferner sorgfältig geprüft werden, ob schon eine Ausführung der ersten Schenkung (§ 9 Abs. 1 Nr. 2 ErbStG) vorlag. In Betracht kommt u. U. auch ein stillschweigend vorbehaltenes und geltend gemachtes Rücktrittsrecht.

Der Gesetzgeber könnte dadurch Abhilfe schaffen, dass er in das ErbStG eine dem § 16 GrEStG entsprechende Bestimmung einfügt (so *Sosnitza*, UVR 1992, 342, 348). 4

§ 29 Abs. 2 ErbStG belässt es bei der Besteuerung des ursprünglichen Erwerbs, soweit dem Erwerber vor der Rückgabe die Nutzungen des zugewendeten Vermögens zugestanden haben. 5

2 Erlöschen der Steuer (§ 29 Abs. 1 ErbStG)

§ 29 Abs. 1 ErbStG ordnet unter seinen näheren Voraussetzungen ein Erlöschen der Steuer für die Vergangenheit an. Zu den sich daraus ergebenden verfahrensrechtlichen Folgerungen vgl. Rz. 80 ff. 6

2.1 Herausgabe eines Geschenks wegen Rückforderungsrecht (§ 29 Abs. 1 Nr. 1 ErbStG)

Nach § 29 Abs. 1 Nr. 1 ErbStG erlischt die Steuer mit Wirkung für die Vergangenheit, soweit ein Geschenk wegen eines Rückforderungsrechts herausgegeben werden musste. Die Anwendung der Vorschrift setzt voraus, dass die Schenkungsteuer für das später herauszugebende Geschenk überhaupt entstanden war (zur Steuerentstehung § 7 Abs. 1 Nr. 1 i. V. m. § 9 Abs. 1 Nr. 2 ErbStG) (*Jülicher*, in T/G/J, ErbStG § 29 Rz. 5; FG München v. 19.8.2015, 4 K 1647/13, EFG 2015, 1824 (NZB eingelegt, Az. des BFH II B 82/15)) und das Rückforderungsrecht dem Schenker zusteht. Das Rückforderungsrecht kann sich sowohl aus **Gesetz** als auch aufgrund **vertraglicher Vereinbarung** ergeben. 7

2.1.1 Herausgabe des Geschenks

Ein „Geschenk" i. S. d. Bestimmung ist jeder Vermögensgegenstand, der aufgrund einer Schenkung unter Lebenden (§ 1 Abs. 1 Nr. 2 i. V. m. § 7 ErbStG) erworben wurde; ebenfalls erfasst sind Erwerbe kraft Schenkung auf den Todesfall i. S. d. § 3 Abs. 1 Nr. 2 ErbStG (*Weinmann*, in Moench/Weinmann, ErbStG, § 29 Rz. 3). Das Geschenk muss ferner „herausgegeben" worden sein. 8

Erforderlich ist die **tatsächliche Herausgabe** des Geschenks. Der Schenker muss seine **ursprüngliche Rechtsstellung wieder erlangt** haben (*Jülicher*, in T/G/J, ErbStG § 29 Rz. 15). Die bloße Verpflichtung zur Rückgabe oder der nur formale Widerruf der Schenkung genügt nicht den gesetzlichen Anforderungen (BFH v. 23.10.1985, II S 1/85, BFH/NV 1986, 768; FG Düsseldorf v. 6.8.2008, 4 K 3936/07, EFG 2008, 1645; FG Hamburg v. 9.2.2012, 3 K 232/11, EFG 2012, 1686). Das muss auch dann gelten, wenn das Schenkungsversprechen nichtig war und auch nicht durch den Vollzug der Schenkung (vgl. § 518 Abs. 2 BGB) geheilt wurde. Dies folgt aus § 41 AO, der unwirksame Rechtsgeschäfte bis zu ihrer Rückabwicklung steuer-

§ 29   Erlöschen der Steuer in besonderen Fällen

lich als wirksam betrachtet. Scheidet im Einzelfall die körperliche Herausgabe des Geschenks aus und bedarf es entsprechender Mitwirkungshandlungen des Beschenkten zur Rückgängigmachung der Schenkung, so erlischt die Steuer bei Vornahme der Mitwirkungshandlung. Entscheidend ist, dass das Geschenk nicht beim Empfänger verbleibt (BFH v. 24.5.2000, II R 62/97, BFH/NV 2001, 39). Die Herausgabe des Geschenks muss daher nicht an den Schenker erfolgen, sodass auch die Herausgabe kraft entsprechenden (auch gesetzlichen, z.B. aus §§ 816 Abs. 1 S. 2 oder 2287 BGB) Anspruchs an einen **Dritten** (BFH v. 24.5.2000, II R 62/97, BFH/NV 2001, 39; *Weinmann*, in Moench/Weinmann, ErbStG, § 29 Rz. 3) genügt. An der Herausgabe fehlt es jedenfalls dann, wenn der Beschenkte trotz Aufhebung eines Grundstücksschenkungsvertrags weiterhin Eigentümer des Grundstücks bleibt (BFH v. 23.10.1985, II S 1/85, BFH/NV 1986, 768).

9   Die steuerliche Abwicklung nach § 29 Abs. 1 Nr. 1 ErbStG bereitet kaum Schwierigkeiten, wenn der zugewendete einzelne Vermögensgegenstand herausgegeben wird. § 29 Abs. 1 Nr. 1 ErbStG ist auch anzuwenden, wenn der herausgegebene Vermögensgegenstand nur **Teil einer größeren Schenkung** war und das Geschenk lediglich teilweise zurückgegeben wird. In diesem Fall ist der Steuerbescheid nur im Umfang des Herausgegebenen zu ändern (*Jülicher*, in T/G/J, ErbStG, § 29 Rz. 78). Hierbei muss von der Rechtslage und den Steuerwerten im Zeitpunkt der Entstehung der Steuer ausgegangen werden. Gleiches gilt dann, wenn es sich um eine gemischte Schenkung handelte (zu Einzelfragen der Erstattung bei Widerruf einer Rentenzusage vgl. *Troll*, DB 1990, 498). Wird eine Geldschenkung gem. § 29 Abs. 1 Nr. 1 ErbStG rückgängig gemacht und der vom Beschenkten mit dem geschenkten Geld erworbene Rentenversicherungsanspruch gepfändet, bestimmt sich das Maß der Entreicherung nach dem Kapitalwert der Leistungen aus der Rentenversicherung (FG Düsseldorf v. 7.1.2009, 4 K 2103/08 Erb, EFG 2009, 501).

2.1.2 Gesetzlich normierte Rückforderungs- und Herausgaberechte

10   Die Herausgabe muss nach § 29 Abs. 1 Nr. 1 ErbStG aufgrund eines **Rückforderungsrechts** erfolgt sein. Ein solches kann sich aus gesetzlichen Regelungen des BGB (insbesondere des Schenkungs- und Erbrechts) und ebenso aus Vertrag ergeben. In gleicher Weise ist § 29 Abs. 1 Nr. 1 ErbStG bei gesetzlichen Herausgabeansprüchen (z.B. § 2287 BGB) anwendbar.

11   Ein Rückforderungsrecht besteht zunächst im Fall der **Nichtigkeit** der Schenkung (§ 142 Abs. 1 BGB), z.B. aufgrund Anfechtung wegen Irrtums oder arglistiger Täuschung (§§ 119, 123 BGB). Der Beschenkte ist in diesem Fall nach den Vorschriften über die ungerechtfertigte Bereicherung (§§ 812ff. BGB) zur Herausgabe des Geschenks verpflichtet. Zu beachten sind hierbei die sich aus § 41 AO ergebenden Rechtsfolgen (Rz. 8). Zur Rückgängigmachung wegen **Wegfalls der Geschäftsgrundlage** vgl. Rz. 20ff.

12   Ein Recht zur Rückforderung von Schenkungen ergibt sich ferner aus den speziellen schenkungsrechtlichen Regelungen in §§ **527, 528, 530 BGB:**

- Nach § 527 BGB besteht ein Rückforderungsrecht des Schenkers bei einer Schenkung mit einer **Auflage**, sofern die Vollziehung der Auflage ganz oder

1290   *Pahlke*

teilweise unterblieben ist. Die Herausgabepflicht des Beschenkten beschränkt sich auf dasjenige, was zur Vollziehung der Auflage zu verwenden war.
- Nach § 528 BGB besteht ein nach § 29 Abs. 1 Nr. 1 ErbStG zu berücksichtigendes Rückforderungsrecht für den **Notbedarfsfall des Schenkers** (BFH v. 8.10.2003, II R 46/01, BStBl II 2004, 234). Der Anspruch ist gegeben, wenn der Schenker nach Vollziehung der Schenkung außerstande ist, seinen eigenen angemessenen Unterhalt oder bestimmte gesetzliche Unterhaltspflichten zu erfüllen. Seinem Umfang nach beschränkt sich das Rückforderungsrecht auf die Deckung des durch § 528 Abs. 1 S. 1 BGB geschützten Bedarfs. Ist ein unteilbarer Gegenstand zugewendet und nur ein teilweises Rückforderungsrecht begründet, so hat der Beschenkte Wertersatz zu leisten. Das Rückforderungsrecht des Schenkers kann nach einer Überleitung gem. § 93 SGB XII auch einem Sozialhilfeträger zustehen (dazu näher *Weidenkaff*, in Palandt, BGB, 74. Aufl. 2015, § 528 Rz. 4). In diesem Fall erlischt der Anspruch nicht mit dem Tode des Schenkers. Auch ein Erlöschen durch Konfusion scheidet hier aus, sofern der Beschenkte zugleich Erbe des Schenkers wird (§ 10 ErbStG Rz. 85). Der Beschenkte kann die Herausgabe durch Zahlung des für den Unterhalt erforderlichen Betrags abwenden (§ 528 Abs. 1 S. 2 BGB). Geschieht dies, so erlischt die Steuer gem. § 29 Abs. 1 Nr. 2 ErbStG.
– Der Beschenkte kann dem Rückforderungsanspruch die Einrede aus § 529 BGB entgegenhalten. Macht der Beschenkte diese Einrede nicht geltend, soll § 29 Abs. 1 Nr. 1 ErbStG wegen des hier vorausgesetzten „Herausgebenmüssens" unanwendbar sein (RFH v. 26.1.1934, V eA 1005/32, RStBl 1934, 351). Das erscheint nicht in vollem Umfang sachgerecht, weil der Beschenkte die Voraussetzungen des § 529 BGB nachzuweisen hat und weil in der zivilgerichtlichen Rechtsprechung bei etwaigen Beschränkungen des Rückforderungsrechts aus § 528 BGB häufig Billigkeitserwägungen angestellt werden.
– Bei ehebedingten (**unbenannten**) **Zuwendungen** scheidet nach der Rechtsprechung der Zivilgerichte eine Anwendung des § 530 BGB aus, weil insoweit keine Schenkungen vorliegen (zur Problematik vgl. § 7 ErbStG Rz. 11). Hier können sich allerdings unter besonderen Voraussetzungen Ansprüche wegen Wegfalls der Geschäftsgrundlage ergeben (zu Einzelheiten *Grüneberg*, in Palandt, BGB, 74. Aufl. 2015, § 313 Rz. 50 ff.; *Brudermüller*, in Palandt, BGB, 74. Aufl. 2015, § 1372 Rz. 4 m.w.N.).
- Nach **§§ 530, 531 BGB** besteht ein Rückforderungsrecht bei **grobem Undank** des Beschenkten. Hierzu bedarf es der ausdrücklichen Erklärung des Schenkungswiderrufs (§ 531 Abs. 1 BGB). Zum vertraglich vereinbarten Widerruf vgl. Rz. 14 ff.

Ein Rückforderungsrecht kann sich weiterhin aus dem Schenkungsrecht zugeordneten **Sondervorschriften** ergeben:
- § 1301 BGB erleichtert gegenüber § 530 BGB die Rückforderung von **Verlobungsgeschenken** bei Unterbleiben der Eheschließung.
- Nach § 1478 BGB haben die Ehegatten nach der Scheidung den Wert dessen zurückzuerstatten, was sie in die **Gütergemeinschaft** eingebracht haben. Inso-

weit erlischt rückwirkend eine bei Begründung der Gütergemeinschaft gem. § 7 Abs. 1 Nr. 4 ErbStG festgesetzte Schenkungsteuer.
- Aus § 2113 BGB ergibt sich ein Rückforderungsrecht des **Nacherben** bei ihn beeinträchtigenden Schenkungen des Vorerben (BFH v. 24.5.2000, II R 62/97, BFH/NV 2001, 39).
- § 2278 BGB gewährt dem **Vertragserben** einen Herausgabeanspruch gegenüber Beschenkten, denen der Erblasser in der Absicht der Benachteiligung des Vertragserben Vermögensgegenstände zugewendet hat.
- Nach § 2329 Abs. 1 BGB hat der pflichtteilsberechtigte Erbe zur **Pflichtteilsergänzung** einen Herausgabeanspruch gegenüber Beschenkten; die Erfüllung dieses Anspruchs unterfällt § 29 Abs. 1 Nr. 1 ErbStG (BFH v. 8.10.2003, II R 46/01, BStBl II 2004, 234). Sofern der Beschenkte den Zugriff in den ihm zugewendeten Vermögensgegenstand durch Zahlung des fehlenden Betrags abwehrt (§ 2329 Abs. 2 BGB), sind die Voraussetzungen des § 29 Abs. 1 Nr. 1 ErbStG hingegen nicht erfüllt (BFH v. 8.10.2003, II R 46/01, BStBl II 2004, 234; v. 11.5.2005, II R 12/02, BFH/NV 2005, 2011); die Zahlung kann jedoch gem. § 1 Abs. 2 i.V.m. § 10 Abs. 5 Nr. 2 ErbStG bereicherungsmindernd zu berücksichtigen sein (BFH v. 8.10.2003, II R 46/01, BStBl II 2004, 234; v. 11.5.2005, II R 12/02, BFH/NV 2005, 2011; *Meincke*, ErbStG, 2012, § 29 Rz. 6 und § 10 Rz. 41).
- Im **Insolvenzrecht** sind die vom **Gemeinschuldner** im letzten Jahr vor Insolvenzeröffnung vorgenommenen unentgeltlichen Verfügungen anfechtbar (§ 134 InsO). Der Anwendung des § 29 Abs. 1 Nr. 1 ErbStG steht nicht entgegen, dass der Beschenkte den erlangten Vermögensgegenstand oder ggf. den Wertersatz nicht dem Schenker zu erstatten, sondern der Insolvenzmasse zuzuführen hat (§ 143 InsO).
- Außerhalb des Insolvenzverfahrens hat der **Gläubiger** nach Maßgabe der §§ 4, 11 AnfG einen Anspruch auf Rückgewährung einer unentgeltlichen Leistung des Schuldners.

2.1.3 Rückforderungsrecht kraft vertraglicher Vereinbarung (Widerrufsvorbehalt)

14 **Zivilrechtlich** kann ein jederzeitiger Widerruf der Schenkung vorbehalten werden (vgl § 7 ErbStG Rz. 216; ferner BFH v. 13.9.1989, II R 67/86, BStBl II 1989, 1034; *Weidenkaff*, in Palandt, 74. Aufl. 2015, BGB, § 530 Rz. 1). Praktisch bedeutsam ist das freie Widerrufsrecht vor allem bei der **vorweggenommenen Erbfolge**, bei der dem Schenker in besonderer Weise an einem nicht durch §§ 527, 528, 530 BGB beschränkten Widerrufsrecht gelegen sein kann (zu Rückforderungsrechten und Weiterleitungsklauseln in einzelnen Rechtsgebieten des Zivilrechts vgl. *Jülicher*, ZEV 1998, 285; zum Widerruf der Unternehmensnachfolge mit Formulierungsvorschlägen *Schulte*, ErbR 2014, 145; *Ivens*, Zerb 2010, 286; zu Widerrufs- oder Rücktrittsklauseln für den Insolvenzfall *Carlé*, ErbStB 2010, 21; *Demuth/Schreiber*, ErbStB 2010, 77).

15 Auch für das **ErbStG** wird die Schenkung unter Widerrufsvorbehalt als **vollwertige Schenkung** unter Lebenden anerkannt; sie bringt demgemäß die Schenkungsteuer nach § 7 Abs. 1 Nr. 1 i.V.m. § 9 Abs. 1 Nr. 2 ErbStG zur Entstehung (BFH v.

13.9.1989, II R 67/86, BStBl II 1989, 1034). Kommt es nach Entstehung der Schenkungsteuer aufgrund der Ausübung des vertraglich vorbehaltenen Widerrufsrechts zur tatsächlichen Herausgabe des Geschenks (dazu Rz. 8 f), ist § 29 Abs. 1 Nr. 1 anwendbar (*Meincke*, ErbStG, 2012, § 29 Rz. 7; *Weinmann*, in Moench/Weinmann, ErbStG, § 29 Rz. 6).

Das Widerrufsrecht **muss dem Schenker eingeräumt** sein und von ihm ausgeübt werden (vgl. dazu den Formulierungsvorschlag von *Piltz*, ZEV 2009, 70 d). Ein dem Beschenkten vorbehaltenes und von diesem ausgeübtes Widerrufsrecht kann, weil stets freiwillige Rückschenkung, nicht die Folgen des § 29 Abs. 1 Nr. 1 ErbStG auslösen (*Jochum*, in Wilms/Jochum, ErbStG, § 29 Rz. 34).   16

Ein dem § 29 Abs. 1 Nr. 1 ErbStG entsprechendes Ergebnis wird auch bei einer (ggf. entsprechenden) Anwendung des **§ 5 Abs. 2 BewG** erzielt, sofern sich der Widerrufsvorbehalt als auflösende Bedingung (§ 158 Abs. 2 BGB) darstellt bzw. als solche zu qualifizieren ist (FG Düsseldorf v. 24.10.1984, IV 211/81 Erb, EFG 1985, 183; *Jülicher*, in T/G/J, ErbStG, § 29 Rz. 53; zur Abgrenzung von auflösender Bedingung, Widerrufsvorbehalt und Rücktrittsrecht vgl. *Jülicher*, ZEV 1998, 201).   17

Die Anwendung des § 29 Abs. 1 Nr. 1 ErbStG setzt in jedem Fall voraus, dass das Rückforderungsrecht des Schenkers **bereits bei Abschluss** des Schenkungsvertrags **vereinbart** war (z.B. *Meincke*, ErbStG, 2012, § 7 Rz. 7). Bei einem erst nach Ausführung der Schenkung vereinbarten Rückforderungsrecht ist § 29 Abs. 1 Nr. 1 ErbStG nicht erfüllt.   18

Ein vertragliches Rückforderungsrecht kann auch in Gestalt einer – ebenfalls bei Abschluss des Schenkungsvertrags zu vereinbarenden – sog. **Steuerklausel** begründet werden. Durch diese soll im Regelfall eine erbschaft- und schenkungsteuerlich neutrale Rückabwicklung der Vermögensübertragung für den Fall ermöglicht werden, dass sich aus einer Zuwendung unerwartet ungünstige steuerliche Folgen – insbesondere im Fall einer sich nachteilig auswirkenden Gesetzgebung – ergeben (eingehend zu Steuerklauseln – mit Formulierungsvorschlägen – vgl. *Kamps*, ErbStB 2003, 69; *Wachter*, ErbStB 2006, 312; zu Vertragsklauseln bei verdeckten Gewinnausschüttungen speziell *Wälzholz*, GmbH-StB 2013, 120; zu möglichen Haftungsrisiken des steuerlichen Beraters bei unterlassener Empfehlung einer Steuerklausel vgl. *Geuß*, BB 2013, 599). Doch kann neben dem Anfall von Erbschaft- oder Schenkungsteuer auch die **Ertragsteuerbelastung** Gegenstand einer Steuerklausel sein. Derzeit wird die Vereinbarung einer Steuerklausel insbesondere im Hinblick auf die noch nicht klar absehbaren steuergesetzlichen Folgerungen aus dem BVerfG-Urteil vom 17.12.2014 (1 BvL 21/12, BStBl II 2015, 50), insbesondere im Hinblick auf die künftige Verschonung übergehenden Betriebsvermögens, zu erwägen sein (z.B. *Wachter*, FR 2015, 193/212; *Geck*, kösdi 2014, 18725/18728).   19

Bei der Gestaltung und Ausübung des Widerrufsrechts sind stets die ertragsteuerlichen Folgerungen zu bedenken (dazu näher *Geck*, kösdi 2014, 18725/18728 ff.; *Götz*, FR 2015, 972 ff.). Ein Widerrufs- oder Rücktrittsrecht hindert die Zurechnung des wirtschaftlichen Eigentums (§ 39 Abs. 1 AO) am Schenkungsgegenstand zum Beschenkten grundsätzlich nicht (z.B. BFH v. 17.2.2004, VIII R 28/02, BStBl II 2005, 46; zur Abgrenzung näher *Fischer*, in HHSp, AO, § 39 AO Rz. 128 ff); durch eine Steuerklausel wird die Zurechnung von Einkünften nicht rückwirkend beseitigt.   19a

Gestaltungshinweis:
Besondere Vorsicht bei Verwendung einer Steuerklausel ist geboten, sofern Gegenstand der Zuwendung ein **Mitunternehmeranteil** ist. Denn nach ertragsteuerlichen Grundsätzen kann bei einer Schenkung unter freiem Widerrufsvorbehalt der Beschenkte nicht als Mitunternehmer angesehen werden (BFH v. 16.5.1989, VIII R 196/84, BStBl II 1989, 877; *Götz*, FR 2015, 972/973 ff.; vgl. auch *Kapp/Ebeling*, ErbStG, § 13b Rz. 21ff. m.w.N.).

Zu **nachteiligen Steuerfolgen** führte die Ausübung eines vertraglichen Rückforderungsrechts im Zusammenhang mit der Übergangsregelung des § 37 Abs. 3 i.V.m. § 13a ErbStG (vgl. § 37 ErbStG Rz. 15ff.).

2.1.4 Rückforderungsrecht aufgrund Wegfalls der Geschäftsgrundlage

20 Ein Rückforderungsrecht i.S.d. § 29 Abs. 1 Nr. 1 ErbStG kann sich im Einzelfall – insbesondere bei Dauerschuldverhältnissen – auch aus den Grundsätzen über den Wegfall der Geschäftsgrundlage (§ 313 BGB) ergeben (BFH v. 27.10.1972, II 87/72, BStBl II 1973, 14; v. 19.10.1977, II R 89-92/71, BStBl II 1978, 217; BFH v. 11.11.2009, II R 54/08, BFH/NV 2010, 896; *Weinmann*, in Moench/Weinmann, ErbStG, § 29 Rz. 8; *Billig*, UVR 2011, 34; *Geck*, kösdi 2014, 18725/18726 ff.). Die Rechtsprechung der Zivilgerichte bejaht die grundsätzliche Anwendbarkeit der Regeln über den Wegfall der Geschäftsgrundlage (§ 313 BGB) für Erwartungen und Vorstellungen, die außerhalb der Sondervorschriften der §§ 527ff. BGB liegen (*Grüneberg*, in Palandt, BGB, 74. Aufl. 2015, § 313 Rz. 63 m.w.N.). Die Geschäftsgrundlage wird durch die Umstände gebildet, die zur Grundlage des Vertrags geworden sind (§ 313 Abs. 1 BGB). Zur **subjektiven Geschäftsgrundlage** gehören die bei Vertragsabschluss zutage tretenden, dem Geschäftsgegner erkennbaren und von ihm nicht beanstandeten Vorstellungen des einen Vertragsteils oder die gemeinsamen Vorstellungen beider Parteien vom Vorhandensein oder vom künftigen Eintritt gewisser Umstände. Hierbei ist vorausgesetzt, dass sich der Geschäftswille auf diese Vorstellungen aufbaut.

21 Im Gegensatz zu einer Auflage, einer vertraglichen Vereinbarung eines Rückforderungsrecht oder einer auflösenden Bedingung ist die Geschäftsgrundlage **nicht Inhalt des Vertrags**, da sie die außerhalb dieses Vertrags stehende Grundlage betrifft.

22 Der Wegfall der Geschäftsgrundlage führt allerdings regelmäßig (§ 313 Abs. 3 BGB) nur zur Anpassung der Vertragsleistungen an die veränderte Sachlage (BFH v. 19.10.1977, II R 89–92/71, BStBl II 1978, 217) und keinesfalls zwingend zum Rückforderungsrecht des Schenkers. Ein nach § 29 ErbStG beachtliches Rückforderungsrecht kann daher nur angenommen werden, wenn **eine Vertragsanpassung** nach den Gegebenheiten des Einzelfalls **nicht in Betracht kommt**. Dabei kann sich auf die Anwendbarkeit des § 29 Abs. 1 Nr. 1 ErbStG begünstigend auswirken, dass § 313 Abs. 2 BGB das ursprüngliche Fehlen der subjektiven Geschäftsgrundlage als Grundlage einer Rückabwicklung ausdrücklich anerkennt. Die BGH-Rspr. bejaht nach den Grundsätzen des Wegfalls der Geschäftsgrundlage Rückforderungsansprüche der Schwiegereltern gegen das Schwiegerkind nach Scheitern der Ehe (BGH v. 3.2.2010, XII ZR 189/06, BGHZ 184, 190).

Erlöschen der Steuer in besonderen Fällen § 29

Auch bei **unerwarteten steuerlichen Folgen** einer Schenkung hat der Wegfall der 23
Geschäftsgrundlage praktische Bedeutung (zu Steuerklauseln vgl. Rz. 19). Die Vorstellungen der an der Zuwendung Beteiligten über die steuerlichen Folgen (insb. der Höhe der Schenkungsteuer) können Geschäftsgrundlage sein (BFH v. 3.8.1960, II 263/57, DB 1961, 226; v. 27.10.1972, II 87/72, BStBl II 1973, 14; v. 19.10.1977, II R 89–92/71, BStBl II 1978, 217; FG Rheinland-Pfalz v. 23.3.2001, 4 K 2805/99, DStRE 2001, 765). Dies setzt voraus, dass der konkrete Geschäftswille der Parteien auf einem gemeinsamen Irrtum über die steuerlichen Folgen der Schenkung beruht und die Aufdeckung des Irrtums die wirtschaftlichen Daten wesentlich verändert (FG Rheinland-Pfalz v. 23.3.2001, 4 K 2805/99, DStRE 2001, 765; *Weinmann*, in Moench/Weinmann, ErbStG, § 29 Rz. 9; eingehend *Wachter*, ZEV 2002, 176; *Kapp*, FR 1988 S. 352; ders., BB 1979 S. 1207; *Schuhmann*, UVR 1993, 17; *Geck*, kösdi 2014, 18725/18727). Ein Wegfall der Geschäftsgrundlage scheidet in jedem Fall dann aus, wenn sich die Parteien bei Abschluss des Schenkungsvertrags keine Gedanken über die Schenkungsteuer gemacht hatten (BFH v. 11.11.2009, II R 54/08, BFH/NV 2010, 896; FG Berlin-Brandenburg v. 22.4.2008, 14 V 14016/08, DStRE 2008, 1339; *Kamps*, FR 2001, 717). Der Umstand, dass dem Beschenkten die aus dem Geschenk gezogenen **Nutzungsvorteile** belassen werden, steht der Anwendung des § 29 Abs. 1 Nr. 1 ErbStG nicht entgegen; insoweit ergeben sich lediglich Auswirkungen gem. § 29 Abs. 2 ErbStG auf die Höhe der zu erstattenden Steuer (FG München v. 21.5.1987, X 83/81 S, EFG 1987, 571).

Die **Feststellungslast** für den Inhalt der Geschäftsgrundlage und deren behaupteten 24
Wegfall trifft den ursprünglichen Erwerber (BFH v. 5.4.1989, II R 51/86, BFH/NV 1990, 234). Der Nachweis kann leicht geführt werden, wenn ein entsprechendes zivilgerichtliches Urteil vorliegt. Zu derartigen Rechtsstreiten wird es jedoch vor allem bei Schenkungen im familiären Umfeld nicht häufig kommen, sodass sich u. a. erhebliche Beweisschwierigkeiten ergeben können.

Gestaltungshinweis:

Der Nachweis, dass im Einzelfall ein Rückforderungsrecht wegen Fehlens oder Wegfall der Geschäftsgrundlage bestand, ist mit erheblichen rechtlichen und tatsächlichen Unsicherheiten belastet. Es ist deshalb ratsam, bezüglich der jeweiligen „Geschäftsgrundlage" der Schenkung einen entsprechenden **Widerrufsvorbehalt oder eine Rücktrittsklausel entweder in den Schenkungsvertrag** aufzunehmen (Formulierungsvorschläge dazu bei *Wachter*, ZEV 2002, 176) oder die als Geschäftsgrundlage angenommenen steuerlichen Folgen jedenfalls in einem „side letter" zur Schenkungsurkunde ausdrücklich zu benennen (*Geck*, kösdi 2014, 18725/18727). Ein derartiger Rücktritts- oder Widerrufsvorbehalt vermeidet die Steuerpflicht der Rückschenkung für den Fall, dass die Finanzverwaltung einen Wegfall der Geschäftsgrundlage nicht anerkennen sollte (zutr. *Thonemann-Micker*, ErbR 2015, 590/592).

Soweit **Nießbrauchsverträge** wegen der geänderten einkommensteuerrechtlichen 25
Rechtslage durch Verzicht des Nutzungsberechtigten gegenüber dem Verpflichteten beendet werden, verneint die FinVerw (u. a. FinMin Baden-Württemberg v. 5.5.1986, S 3840-1/85, StEK ErbStG 1974, § 29 Nr. 1) einen Wegfall der Geschäftsgrundlage.

einstweilen frei 26–39

2.2 Abwendung der Herausgabe eines Geschenks (§ 29 Abs. 1 Nr. 2 ErbStG)

40 Sofern der Beschenkte im Notbedarfsfall des Schenkers gem. § 528 Abs. 1 S. 1 BGB zur Herausgabe des Geschenks verpflichtet ist, kann der Schenker nach § 528 Abs. 1 S. 2 BGB die **Herausgabe durch Zahlung** des für den Unterhalt erforderlichen Betrags abwenden (Rz. 12). Im Umfang dieser Zahlung gilt die Steuer als erloschen; die Schenkungsteuer ist unter Anwendung der Grundsätze über eine **gemischte Schenkung** (dazu § 7 Rz. 330 ff) neu zu berechnen (*Geck*, kösdi 2014, 18725/18729).

41 Gewährt der Beschenkte diese **Zahlungen durch eine Rente**, so ist für den Umfang der dadurch zum Erlöschen gebrachten Steuer der Kapitalwert der Rente maßgebend.

42 Auf Zahlungen zur Abwendung **anderer Herausgabeansprüche** (z. B. gem. § 2329 Abs. 2 BGB) ist § 29 Abs. 1 Nr. 2 ErbStG nicht – auch nicht analog – anwendbar (BFH v. 8.10.2003, II R 46/01, BStBl II 2004, 234).

43–49 einstweilen frei

2.3 Anrechnung unentgeltlicher Zuwendungen zwischen Ehegatten auf den Zugewinnausgleichsanspruch (§ 29 Abs. 1 Nr. 3 ErbStG)

50 § 29 Abs. 1 Nr. 3 ErbStG ordnet das Erlöschen festgesetzter Schenkungsteuer für frühere Zuwendungen unter Ehegatten für den Fall an, dass diese Zuwendung später auf einen Zugewinnausgleichsanspruch anzurechnen ist. Die Vorschrift steht in Zusammenhang mit § 5 ErbStG und wurde durch das ErbStRG um S. 2 erweitert. Die Wirkung des § 29 Abs. 1 Nr. 3 ErbStG erstreckt sich daher sowohl auf die Ausgleichsforderung bei **Auflösung der Zugewinngemeinschaft bei Ehescheidung** oder **Beendigung des Güterstands** (§ 5 Abs. 2 ErbStG) als auch auf die die Fälle des **fiktiven Zugewinnausgleichs** nach § 5 Abs. 1 ErbStG.

51 Nach § 1380 BGB können unentgeltliche Zuwendungen zwischen Ehegatten mit Zugewinngemeinschaft mit der Bestimmung versehen werden, dass sie **auf die Ausgleichsforderung anzurechnen** sind. Bei Ausführung dieser Zuwendungen ist Schenkungsteuer festzusetzen; denn zu diesem Zeitpunkt steht noch nicht fest, ob dem beschenkten Ehegatten bei Beendigung des Güterstands ein Ausgleichsanspruch zustehen wird. Die Steuer erlischt daher gem. § 29 Abs. 1 Nr. 3 ErbStG mit Wirkung für die Vergangenheit, soweit in den Fällen des § 5 Abs. 2 ErbStG unentgeltliche Zuwendungen auf die steuerfreie Ausgleichsforderung angerechnet worden sind.

52 Ob bei einer unentgeltlichen Zuwendung die Bestimmung einer Anrechnung gem. § 1380 Abs. 1 BGB steuerlich günstig ist, bedarf jeweils besonderer **Prüfung für den Einzelfall**. Es ist zu berücksichtigen, dass sich bei Anrechnung der Schenkung wegen § 1380 Abs. 2 BGB ein höherer Gesamtzugewinnausgleichsanspruch ergibt. Die Bestimmung der Anrechnung ist ferner im Zusammenhang mit § 14 ErbStG zu sehen: Erfolgt die unentgeltliche Zuwendung ohne Bestimmung der Anrechnung auf die Ausgleichsforderung und verstreicht der Zehn-Jahres-Zeitraum (§ 14 ErbStG), so führt dies im Ergebnis zur Verdoppelung der Freibeträge und zur Anwendung des günstigeren Tarifs. Allgemein kann daher gesagt werden, dass bei wertmäßig hohen Schenkungen und einem geringen Zeitraum zwischen Schenkung und Erbfall die Anrechnung meist günstiger ist (*Eckert*, DStR 1989, 347). Ein Ausschluss der

Erlöschen der Steuer in besonderen Fällen § 29

Anrechnung ist in jedem Fall zivilrechtlich mit dem Risiko verbunden, dass der
beschenkte Ehegatte beim Zugewinnausgleich einen – verglichen mit der Bestimmung der Anrechnung – höheren Betrag erhält.
§ 29 Abs. 1 Nr. 3 S. 2 ErbStG ordnet nunmehr ein rückwirkendes Erlöschen fest- 53
gesetzter Schenkungsteuer für unentgeltliche Zuwendungen eines Ehegatten auch
für den Fall an, dass für den überlebenden Ehegatten die fiktive **steuerfreie Ausgleichsforderung** nach § 5 Abs. 1 zu ermitteln ist. Diese Behandlung wurde schon
vor Inkrafttreten des § 29 Abs. 1 Nr. 3 S. 2 ErbStG einhellig befürwortetet.
einstweilen frei 54–59

2.4 Zuwendungen an Gebietskörperschaften und Stiftungen (§ 29 Abs. 1 Nr. 4 ErbStG)

Nach § 29 Abs. 1 Nr. 4 ErbStG erlischt die Steuer, wenn zu einem steuerpflichtigen 60
Erwerb gehörende Vermögensgegenstände **innerhalb von 24 Monaten nach dem
Zeitpunkt der Steuerentstehung** bestimmten Gebietskörperschaften (Bund, Land,
inländische Gemeinden bzw. einen Gemeindeverband) oder bestimmten Stiftungen
zugewendet werden. Die Vorschrift soll Erwerber ermutigen, die näher bezeichneten Vermögensempfänger durch Zuwendungen zu fördern (BT-Drs. 11/7833, 10).
Im Ergebnis wird durch § 29 Abs. 1 Nr. 4 ErbStG die Spende des Erwerbers der
direkten Spende des Erblassers bzw. Schenkers gleichgestellt, wobei allerdings der
Anwendungsbereich des § 29 Abs. 1 Nr. 4 ErbStG im Vergleich zu § 13 Nr. 15 bis 18
ErbStG erhebliche Unterschiede aufweist.

§ 29 Abs. 1 Nr. 4 ErbStG ist durch Gesetz vom 13.12.1990 (BGBl I 1990, 2775) 61
eingefügt worden. Die jetzt geltende Fassung des § 29 Abs. 1 Nr. 4 ErbStG beruht
auf Änderungen durch das StÄndG 1992 (BGBl I 1992, 297, 323) und das JStG 1996
(BGBl I 1995, 1250, 1404). Durch Gesetz v. 14. 7. 2000 (BGBl I 2000, 1034) wurde der
Kreis der begünstigten Zwecke rückwirkend ab 1.1.2000 erweitert. Es sind nunmehr
auch **Zuwendungen an eine inländische Stiftung** begünstigt, wenn diese ausschließlich und unmittelbar steuerbegünstigten Zwecken i.S.d. §§ 52 bis 54 AO dient.
Durch das ErbStRG wurde § 29 Abs. 1 Nr. 4 ErbStG lediglich redaktionell geändert.

Europarechtlich ist die Beschränkung des § 29 Abs. 1 Nr. 4 ErbStG auf „inländi- 62
sche" Rechtsträger unter Berücksichtigung der jüngsten EuGH-Rechtsprechung
(EuGH v. 27.1.2009, C-318/07, BFH/NV 2009, 522; dazu z.B. *Hüttemann/Helios*,
DB 2009, 701; *Förster*, BFH/NV-PR 2009, 125; zur Problematik auch *Jochum*, in
Wilms/Jochum, ErbStG, § 29 Rz. 21) nicht mit der Kapitalverkehrsteuerfreiheit
(Art. 63 AEUV) vereinbar. Eine Reaktion des Gesetzgebers steht insoweit noch
aus; zum Verhältnis von Erbschaftsteuer und europäischem Gemeinschaftsrecht vgl.
Einführung Rz. 80 ff.

Begünstigte Vermögensempfänger sind neben den genannten inländischen (dazu 63
vorstehend) Gebietskörperschaften auch die näher gekennzeichneten inländischen
Stiftungen, die steuerbegünstigten Zwecken i.S.d. §§ 52 bis 54 AO dienen. Begünstigt sind sowohl rechtsfähige als auch nichtrechtsfähige Stiftungen (*Jülicher*, in
T/G/J, ErbStG, § 29 Rz. 108; *Weinmann*, in Moench/Weinmann, ErbStG, § 29
Rz. 18; OFD München v. 7.1.2004, S 850 – 5 St 353, juris). Auch die **Verbrauchs-**

Pahlke 1297

stiftung (§ 80 Abs. 2 BGB) dürfte eine nach § 29 Abs. 1 Nr. 4 ErbStG begünstigte Empfängerin sein (*von Oertzen/Schienke-Ohletz*, ZEV 2015, 609 ff.).

64 **Ausgenommen** sind die gemeinnützigen Stiftungen des § 52 Nr. 23 AO (z.B. Tierzucht, Kleingärtnerei). Durch § 29 Abs. 1 Nr. 4 S. 2 ErbStG sind ferner Stiftungen ausgenommen, die Leistungen i.S.d. § 58 Nr. 5 AO an den Erwerber (Stifter) oder seine nächsten Angehörigen zu erbringen haben. Der Wortlaut des § 29 Abs. 1 Nr. 4 S. 2 ErbStG („wenn") lässt eindeutig erkennen, dass der Ausschluss bei Erbringung entsprechender Leistungen in vollem Umfang und nicht nur bei Überschreiten der durch § 58 Nr. 5 AO festgelegten Betragsgrenze gilt (*Weinmann*, in Moench/Weinmann, ErbStG, § 29 Rz. 20; differenzierend *Jülicher*, in T/G/J, ErbStG, § 29 Rz. 111).

Gestaltungshinweis:

Diese Ausschlusswirkung des § 29 Abs. 1 Nr. 4 S. 2 ErbStG lässt sich in jedem Fall vermeiden, wenn neben der die Zuwendung empfangenden Stiftung eine weitere Stiftung errichtet wird, die Leistungen i.S.d. § 58 Nr. 5 AO zu erbringen hat.

65 Begünstigt ist die Übertragung von **Vermögensgegenständen**, die aus dem Erwerb des Bedachten stammen. Die Art des Vermögensgegenstands ist ohne Bedeutung, so dass neben Kulturgütern (z.B. Kunstwerken) auch die Übertragung von Kapital begünstigt ist. Allerdings verlangt der Wortlaut des § 29 Abs. 1 Nr. 4 S. 1 ErbStG die Weitergabe des erworbenen Gegenstands selbst, sodass die Weitergabe von **Surrogaten** (z.B. Erlösen aus dem Verkauf erworbener Wertgegenstände) nicht begünstigt wäre. Der Sinn und Zweck des § 29 Abs. 1 Nr. 4 ErbStG dürfte allerdings insoweit eine großzügigere Auslegung gebieten (*Meincke*, ErbStG, 2012, § 29 Rz. 14; *Jochum*, in Wilms/Jochum, ErbStG, § 29 Rz. 54). Den Anforderungen dieser Vorschrift dürfte bei Kapitalvermögen die Weitergabe des auf einem Sonderkonto getrennt vom Eigenvermögen des Erwerbers gehaltenen Surrogats genügen (*Geck*, kösdi 2014, 18725/18730 f.).

66 Sofern für die Zuwendung ein **Spendenabzug** (gem. § 10b EStG, § 9 Abs. 1 Nr. 2 KStG oder § 9 Nr. 5 GewStG) in Anspruch genommen wird, schließt § 29 Abs. 1 Nr. 4 S. 2 ErbStG ein Erlöschen der Steuer für die Vergangenheit aus. Der Erwerber hat insoweit ein **Wahlrecht** zwischen der Freistellung von der Erbschaftsteuer/ Schenkungsteuer und dem Spendenabzug; § 29 Abs. 1 Nr. 4 Sätze 3 und 4 ErbStG enthalten nähere Regelungen zur Ausübung dies Wahlrechts. Um eine doppelte Begünstigung für dieselbe Zuwendung auszuschließen, hat die FinVerw (z.B. FinMin Nordrhein-Westfalen v. 28.1.1991, S 3730-18-V A2, DStR 1991, 384) gewisse verfahrensrechtliche Vorkehrungen angeordnet.

67 In der **Praxis** hat § 29 Abs. 1 Nr. 4 ErbStG bislang keine große Bedeutung erlangt (vgl. auch *Troll*, DB 1991, 672). Die einschränkenden Voraussetzungen dieser Vorschrift kommen nicht zum Tragen, wenn der Erblasser/Schenker selbst die unmittelbare Zuwendung an einen begünstigten Vermögensempfänger (§ 13 Abs. 1 Nr. 15 oder Nr. 16b ErbStG) anordnet; ggf. kann der letztwilligen Verfügung eine entsprechende verbindliche Auflage im Wege der Auslegung entnommen werden. Häufig wird der Spendenabzug (z.B. nach § 10b EStG) im Ergebnis steuerlich günstiger sein als die Inanspruchnahme der Vergünstigung aus § 29 Abs. 1 Nr. 4

Erlöschen der Steuer in besonderen Fällen § 29

ErbStG (vgl. auch *Geck*, kösdi 2014, 18725/18730). Ggf. lassen sich im Vergleich zu § 29 Abs. 1 Nr. 4 ErbStG auch günstigere steuerliche Ergebnisse durch die Hingabe von Vermögensgegenständen an Zahlungs Statt (§ 224a AO), die allerdings den Abschluss eines öffentlich-rechtlichen Vertrags erfordert, erreichen. Bei Anwendung des § 224a AO erlischt die Steuer in Höhe des Werts des Kunstgegenstands und nicht lediglich – wie im Fall des § 29 Abs. 1 Nr. 4 ErbStG – in Höhe der für den Erwerb des Vermögensgegenstands festgesetzten Steuer.

einstweilen frei 68–79

2.5 Verfahrensfragen

§ 29 Abs. 1 ErbStG ordnet das Erlöschen der Steuer mit Wirkung für die Vergangenheit an. Die Vorschrift ergänzt die in § 47 AO beispielhaft aufgezählten Erlöschensgründe, enthält jedoch selbst keine Aussage über die verfahrensrechtlichen Rechtsfolgen. Insoweit ist **§ 175 Abs. 1 S. 1 Nr. 2 AO** anzuwenden: Die entsprechende Steuerfestsetzung ist wegen des durch § 29 Abs. 1 ErbStG angeordneten Erlöschens der Steuer mit Wirkung für die Vergangenheit aufzuheben oder im Umfang der Erlöschenswirkung zu ändern (BFH v. 24.5.2000, II R 62/97, BFH/NV 2001, 39; BFH v, 11.11.2009, II R 54/08, BFH/NV 2010, 896; FG Hamburg v. 9.2.2012, 3 K 232/11, EFG 2012, 1686). Hat die Testamentsvollstreckerin nach dem Tod des Erblassers eine Schenkung nach liechtensteiner Recht rechtsirrig als schenkungssteuerbar beurteilt und gem. 3 Abs. 1 S. 1 StraBEG Schenkungssteuer nachentrichtet, soll der Vertragserbin kein Anspruch auf Rückzahlung des nach § 29 Abs. 1 ErbStG entrichteten Steuer zustehen (FG München v. 19.8. 2015, 4 K 1647/13, EFG 2015, 1824, Rev. eingelegt Az. BFH II R 8/16). 80

Ist die rückgängig gemachte Schenkung als Vorerwerb i.S.d. § 14 ErbStG in einer Steuerfestsetzung für einen nachfolgenden Erwerb berücksichtigt worden, ist nach Aufhebung bzw. Änderung des Schenkungsteuerbescheids für den Vorerwerb auch der nachfolgende Schenkungsteuerbescheid gem. § 175 Abs. 1 S. 1 Nr. 2 ErbStG zu ändern oder aufzuheben (OFD Frankfurt v. 9.11.2009, S 3840 A-7-St 119, juris).

Ein **Antrag auf Aufhebung oder Änderung** der Steuerfestsetzung ist ratsam, nicht aber gesetzlich geboten. Antrags- und erstattungsberechtigt ist der jeweilige Steuerschuldner, in den Fällen des § 10 Abs. 2 ErbStG also der Schenker. Für die Aufhebung oder Änderung beginnt die **Festsetzungsfrist** mit Ablauf des Kalenderjahrs, in dem das Ereignis eintritt (§ 175 Abs. 1 S. 2 AO). Der sich aus § 29 Abs. 1 ErbStG i.V.m. § 175 Abs. 1 S. 1 Nr. 2 AO ergebende Erstattungs- und Vergütungsanspruch kann daher nach Ablauf der Festsetzungsfrist von vier Jahren (§ 169 Abs. 2 S. 1 Nr. 2 AO) nicht mehr geltend gemacht werden (*Jochum*, in Wilms/Jochum, ErbStG, § 29 Rz. 67; *Jülicher*, in T/G/J, ErbStG, § 29 Rz. 76; a.A. *Kapp/Ebeling*, § 29 ErbStG, Rz. 68). 81

Lehnt das Finanzamt die Änderung ab, so ist hiergegen der Einspruch (§ 347 AO) und ggf. die Verpflichtungsklage gegeben. 82

Behauptet der Beschenkte eine Verpflichtung zur Rückgewähr einer Zuwendung, so hat er – soweit vom Finanzamt bestritten – die dieser Verpflichtung zugrunde liegenden Tatsachen zu beweisen. Den **Erwerber** trifft insoweit die **Feststellungs-** 83

§ 29 Erlöschen der Steuer in besonderen Fällen

last (BFH v. 5.4.1989, II R 51/86, BFH/NV 1990, 234; *Weinmann,* in Moench/ Weinmann, ErbStG, § 29 Rz. 3). Eine Verzinsung des sich aus der Verwendung des § 29 Abs. 1 ErbStG ergebenden Erstattungsanspruchs im Rahmen der sog. Vollverzinsung (§ 233a AO) erfolgt nicht, weil § 233a AO nicht für die Erbschaftsteuer gilt.

84–99 einstweilen frei

3 Steuerpflicht zwischenzeitlicher Nutzungen (§ 29 Abs. 2 ErbStG)

100 § 29 Abs. 2 ErbStG stellt klar, dass eine Erstattung insoweit nicht in Betracht kommt, als dem Erwerber (Beschenkten) die Nutzungen des zugewendeten Vermögens zugestanden haben und er somit bereichert bleibt. Diese Sachbehandlung entspricht dem Grundsatz des § 7 Abs. 1 Nr. 1 ErbStG, nach dem als Schenkung jede freigebige Zuwendung gilt, soweit der Bedachte durch sie auf Kosten des Zuwendenden bereichert wird (BR-Drs. 140/72, 75).

101 § 29 Abs. 2 ErbStG ist unter Berücksichtigung der Überschrift der Vorschrift und ihres systematischen Zusammenhangs so zu verstehen, dass die zu berücksichtigenden zwischenzeitlichen Nutzungsvorteile **keinen selbstständigen steuerpflichtigen Erwerb** darstellen. Die Vorschrift lässt vielmehr nur eine entsprechende Kürzung der zu erstattenden Steuer und nicht die Festsetzung einer eigenen Schenkungsteuer zu (*Jochum,* in Wilms/Jochum, ErbStG, § 29 Rz. 75; *Jülicher,* in T/G/J, ErbStG, § 29 Rz. 125; *Knobel,* in V/K/S/W, ErbStG, 2012, § 29 Rz. 54). Bei der Herausgabe von Vermögen, dessen Zuwendung nach § 13a und § 13b ErbStG begünstigt war, dürften auf die Nutzungsversteuerung ebenfalls die (ggf. zeitanteilige, § 13a Abs. 5 S. 2 ErbStG) Verschonungsregelungen – soweit tatbestandlich erfüllt – für unternehmerisches Vermögen anzuwenden sein (*Geck,* kösdi 2014, 18725/18732). Ferner dürfte die Nutzungsversteuerung als selbstständiger Erwerb i.S.d. § 14 ErbStG zu behandeln sein. Der steuerpflichtige Vorgang – und damit zugleich der Beginn der Zehnjahresfrist i.S.d. § 14 Abs. 1 ErbStG – liegt in der ursprünglichen Vermögensübertragung (*Meincke,* ErbStG, 2012, § 29 Rz. 3).

102 Sofern die Anwendungsvoraussetzungen des § 29 Abs. 2 ErbStG vorliegen, ist der Nutzungsvorteil mit dem **Kapitalwert der Nutzungen des Vermögens** anzusetzen und nach den Regeln der §§ 13 bis 16 BewG zu ermitteln. Zu Einzelheiten der Berechnung vgl. § 12 ErbStG Rz. 130ff.

103 § 29 Abs. 2 ErbStG setzt voraus, dass dem Erwerber die Nutzungen des zugewendeten Vermögens zugestanden haben. Er muss jedoch insoweit – wie der vorstehenden Gesetzesbegründung zu entnehmen ist – auch nach Rücknahme des Geschenks bereichert bleiben. Daran fehlt es, wenn der **Erwerber** gem. § 818 Abs. 1 BGB **auch die gezogenen Nutzungen herauszugeben** hat und diese tatsächlich herausgibt. In diesem Fall scheidet die Anwendung des § 29 Abs. 2 ErbStG aus.

104 Die Vorschrift ist ebenfalls unanwendbar, wenn dem **Erwerber** – z.B. wegen Zuwendung des geschenkten Gegenstands unter Nießbrauchsvorbehalt – **keine Nutzungen zustanden.**

Schließlich ist § 29 Abs. 2 ErbStG in den Fällen des **§ 29 Abs. 1 Nr. 3** ErbStG nicht anzuwenden, weil es hier zu keiner Rückgabe von Vermögensgegenständen kommt. Vielmehr verbleibt das unentgeltlich Zugewendete endgültig beim Erwerber und wird lediglich mit Rückwirkung in die Ermittlung des Zugewinnausgleichs einbezogen; die Nutzungen und Erträge des Zugewendeten fließen dem Ehegatten unbeschadet des § 29 Abs. 1 Nr. 3 ErbStG nach wie vor aus eigenem Recht zu. Damit entfällt die Grundlage für einen steuerpflichtigen Nutzungsvorteil des Geschenkten (*Meincke*, ErbStG, 2012, § 29 Rz. 19; *Troll*, DB 1990, 498; *Geck*, kösdi 2014, 18725/18731).

105

§ 30 Anzeige des Erwerbs

(1) Jeder der Erbschaftsteuer unterliegende Erwerb (§ 1) ist vom Erwerber, bei einer Zweckzuwendung vom Beschwerten binnen einer Frist von drei Monaten nach erlangter Kenntnis von dem Anfall oder von dem Eintritt der Verpflichtung dem für die Verwaltung der Erbschaftsteuer zuständigen Finanzamt schriftlich anzuzeigen.

(2) Erfolgt der steuerpflichtige Erwerb durch ein Rechtsgeschäft unter Lebenden, ist zur Anzeige auch derjenige verpflichtet, aus dessen Vermögen der Erwerb stammt.

(3) ¹Einer Anzeige bedarf es nicht, wenn der Erwerb auf einer von einem deutschen Gericht, einem deutschen Notar oder einem deutschen Konsul eröffneten Verfügung von Todes wegen beruht und sich aus der Verfügung das Verhältnis des Erwerbers zum Erblasser unzweifelhaft ergibt; das gilt nicht, wenn zum Erwerb Grundbesitz, Betriebsvermögen, Anteile an Kapitalgesellschaften, die nicht der Anzeigepflicht nach § 33 unterliegen, oder Auslandsvermögen gehört. ²Einer Anzeige bedarf es auch nicht, wenn eine Schenkung unter Lebenden oder eine Zweckzuwendung gerichtlich oder notariell beurkundet ist.

(4) Die Anzeige soll folgende Angaben enthalten:
1. Vorname und Familienname, Identifikationsnummer (§ 139b der Abgabenordnung), Beruf, Wohnung des Erblassers oder Schenkers und des Erwerbers;
2. Todestag und Sterbeort des Erblassers oder Zeitpunkt der Ausführung der Schenkung;
3. Gegenstand und Wert des Erwerbs;
4. Rechtsgrund des Erwerbs wie gesetzliche Erbfolge, Vermächtnis, Ausstattung;
5. persönliches Verhältnis des Erwerbers zum Erblasser oder zum Schenker wie Verwandtschaft, Schwägerschaft, Dienstverhältnis;
6. frühere Zuwendungen des Erblassers oder Schenkers an den Erwerber nach Art, Wert und Zeitpunkt der einzelnen Zuwendungen.

Inhalt

		Rz.
1	Allgemeines	1–14
1.1	Normzweck und Auslegungsgrundsätze	1–4
1.2	Berichtigungspflicht	5
1.3	Erwerb verschwiegenen Vermögens („Schwarzgeld")	6–14
2	Erläuterungen des § 30 ErbStG	15–79
2.1	Anzeigepflicht des Erwerbers bzw. Beschwerten (§ 30 Abs. 1 ErbStG)	16–39
2.2	Anzeigepflicht des Schenkers (§ 30 Abs. 2 ErbStG)	40–49
2.3	Wegfall der Anzeigepflicht (§ 30 Abs. 3 ErbStG)	50–64
2.4	Inhalt der Anzeige (§ 30 Abs. 4 ErbStG); Form	65–70
2.5	Rechtsfolgen einer Verletzung der Anzeigepflicht	71–79

3	Anhang zu § 30 ErbStG: Anzeige- bzw. Steuererklärungspflicht und Festsetzungsverjährung	80–99
3.1	Anlaufhemmung gemäß § 170 Abs. 2 S. 1 Nr. 1 AO	83–93a
3.2	Anlaufhemmung gemäß § 170 Abs. 5 AO	94–99
4	Ablaufhemmung	100

1 Allgemeines

1.1 Normzweck und Auslegungsgrundsätze

1 Das ErbStG statuiert in §§ 30, 33 und 34 ErbStG (mit ergänzenden Regelungen in §§ 1 ff. ErbStDV) zur Sicherstellung einer möglichst vollständigen Erfassung aller Erwerbe eine Reihe von Anzeigepflichten. Die Finanzämter sollen aufgrund dieser Anzeigen prüfen können, ob ein erbschaft- bzw. schenkungsteuerbarer Vorgang vorliegt und ob und wen es im Einzelfall zur Abgabe einer Steuererklärung (§ 31 ErbStG) aufzufordern hat (BFH v. 16.10.1996, II R 43/96, BStBl II 1997, 73; v. 9.6.1999, II B 101/98, BStBl II 1999, 1426; v. 31.5.2006, II R 66/04, BStBl II 2007, 49; v. 27.8.2008, II R 36/06, BStBl II 2009, 232). Neben diesen auf die (Erst-)Festsetzung von Erbschaft- und Schenkungsteuer gerichteten Anzeigepflichten besteht für Erwerber von Produktivvermögen eine selbstständige Anzeigepflicht aus § 13a Abs. 6 ErbStG (§ 13a ErbStG Rz. 300 ff.); bei Wegfall der Voraussetzungen des § 13 Abs. 1 Nrn. 4b und c ErbStG besteht eine Anzeigepflicht gemäß § 153 Abs. 2 AO (dazu *Mannek/Höne*, ZEV 2009, 329 ff.).

2 Die Anzeigepflichten sind nach der gesetzlichen Systematik strikt von der – selbstständig daneben stehenden – Steuererklärungspflicht (dazu § 31 ErbStG Rz. 1 ff.) zu trennen. Das ErbStG begründet – anders als z.B. das EStG – **keine allgemeine Steuererklärungspflicht** für den Erwerber. Die entsprechende Verpflichtung entsteht erst aufgrund Aufforderung des FA (§ 31 ErbStG Rz. 2). Der mit dieser Rechtslage für den Erwerber u.U. verbundene doppelte Aufwand (d.h. seine Verpflichtung, sowohl eine Anzeige als auch – nach Aufforderung durch das Finanzamt – ggf. eine Erbschaft- bzw. Schenkungsteuererklärung abzugeben) erscheint zwar wenig sinnvoll, ist jedoch letztlich vom ErbStG gewollt. Zudem ist der mit der Erfüllung der Anzeige verbundene Aufwand (zum Inhalt der Anzeige vgl. § 30 Abs. 4 ErbStG) verhältnismäßig gering. Ein Verstoß gegen die Anzeigepflicht hat Auswirkungen auf den Anlauf der Festsetzungsfrist (dazu Rz. 80 ff.). Außerdem kommen steuerstrafrechtliche Sanktionen in Betracht (zu Einzelheiten vgl. Rz. 71).

3 einstweilen frei

4 Die **Auslegung** der die Anzeigepflichten begründenden Vorschriften hat zu berücksichtigen, dass diese die Information der Finanzämter über Erwerbe und damit letztlich den Vollzug des materiellen Steuerrechts sicherstellen sollen. Diese Zielsetzung rechtfertigt jedoch für sich allein keine über den Wortlaut der gesetzlichen Bestimmungen hinausgehende ausdehnende Auslegung. Die Anzeigepflicht besteht aufgrund des rechtsstaatlichen **Bestimmtheitsgebots** nur in den Grenzen, in denen sie nach den gesetzlichen Bestimmungen für die Beteiligten als Handlungspflicht erkennbar wird. Es ist daher nicht zulässig, den Umfang der Anzeigepflicht des Erwerbers bei einer fehlenden gesetzlichen Regelung auszuweiten und hieraus Folgerungen zum

Anzeige des Erwerbs § 30

Nachteil des Steuerpflichtigen zu ziehen (BFH v. 16.10.1996, II R 43/96, BStBl II 1997, 73; v. 30.1.2002, II R 52/99, BFH/NV 2002, 917). Die Anzeigepflichten sind im Übrigen **objektiver Natur** und bestehen grundsätzlich unabhängig davon, ob die Verpflichteten um ihre gesetzliche Anzeigepflicht wissen (BFH v. 23.4.2008, II R 52/06, BFH/NV 2008, 1493; vgl. auch – zum GrEStG – BFH v. 25.3.1992, II R 46/89, BStBl II 1992, 680; v. 10.3.2004, II R 33/04, BFH/NV 2006, 609).

1.2 Berichtigungspflicht

Gemäß § 153 Abs. 1 S. 1 Nr. 1 AO sind Steuerpflichtige unter den näheren Voraussetzungen dieser Vorschrift verpflichtet, die Unrichtigkeit oder Unvollständigkeit einer Erklärung anzuzeigen und diese zu berichtigen. Diese Verpflichtung besteht nach wohl h. A. nicht nur für Steuererklärungen (zur Berichtigungspflicht hinsichtlich der Steuererklärung vgl. § 31 Rz. 8ff. und 42), sondern auch für Anzeigen i.S.d. § 30 ErbStG (BFH v. 30.1.2002, II R 52/99, BFH/NV 2002, 917; *Heuermann*, in HHSp, AO, § 153 Rz. 2; *Halaczinsky/Füllsack*, BB 2011, 2839, 2340; *Tipke/Kruse*, AO, § 153 Rz. 7; a.A. *Dumke*, in Schwarz, AO § 153 Rz. 9; *Coester/Koenig*, AO, § 153 Rz. 14). Nach § 153 Abs. 2 AO besteht eine Anzeigepflicht ferner auch dann, wenn die Voraussetzungen für eine Steuerbefreiung, Steuerermäßigung oder sonstige Steuervergünstigung ganz oder teilweise wegfallen (zu Einzelfragen vgl. *Halaczinsky/Füllsack*, BB 2011, 2839, 2341). Bei Verletzung der Berichtigungspflicht kann eine Steuerhinterziehung (§ 370 AO) begangen werden. Zur Ablaufhemmung nach Abgabe der Berichtigungserklärung vgl. § 171 Abs. 9 AO.

1.3 Erwerb verschwiegenen Vermögens („Schwarzgeld")

Besondere steuerliche Risiken birgt der Erwerb verschwiegenen Vermögens, dessen Existenz der Finanzbehörden nicht bekannt ist. Soweit der Erblasser bislang die Abgabe von Steuererklärungen unterlassen hatte, geht diese Verpflichtung (§ 149 AO) auf den Erben über. Daneben – unabhängig von der Berichtigungspflicht einer vom Erwerber selbst abgegebenen Steuererklärung oder Anzeige – besteht gemäß § 153 Abs. 1 S. 2 AO für Gesamtrechtsnachfolger auch eine Berichtigungspflicht nach § 153 Abs. 1 AO für unvollständige oder unrichtige Steuererklärungen des **Erblassers** (*Fromm*, DStR 2014, 1747; *Halaczinsky/Füllsack*, BB 2011, 2839, 2344 m.w.N.; *Halaczinsky*, DStR 2006, 828; *Werner*, NWB-EV 2012, 191). Die Berichtigungspflicht setzt voraus, dass der Erbe die Unrichtigkeit oder Unvollständigkeit einer vom Erblasser abgegebenen Steuererklärung positiv erkannt hat und im Hinblick auf die vom Erblasser geschuldeten Steuern noch keine Festsetzungsverjährung eingetreten ist.

Strafbares Verhalten des Erblassers (z.B. eine von ihm begangene Steuerhinterziehung) geht zwar nicht auf den Erben über. Die vorsätzliche Verletzung der Berichtigungspflicht durch den Erben kann aber als Steuerhinterziehung (§ 370 AO) geahndet werden (eingehend dazu *Durst*, PStR 2011, 257ff.: zu verschiedenen Einzelfragen des Erwerbs einer „steuerkontaminierten Erbschaft" vgl. *Stahl/Durst*, KÖSDI 2009, 16604ff.; *Schaub*, ZEV 2011, 624; *Werner*, NWB-EV 2012, 191; *Sommer/Kauffmann*, NZWiSt 2015, 63). Der Erbe kann im Fall der Selbstanzeige (§ 371

§ 30   Anzeige des Erwerbs

AO, ggf. i.V.m. § 398a AO) Straffreiheit erlangen (zu Einzelheiten vgl. *Fromm*, DStR 2014, 1747; *Schaub*, ZEV 2011, 624; *Werner*, NWB-EV 2012, 191).

7–14   einstweilen frei

2   Erläuterungen des § 30 ErbStG

15   § 30 ErbStG betrifft die Anzeigepflicht der Erwerber und Beschwerten sowie – für Rechtsgeschäfte unter Lebenden – des Schenkers. Das ErbStRG hat durch Änderung des § 30 Abs. 3 ErbStG den Umfang der **Anzeigepflichten verschärft**, indem die Erwerber nunmehr in jeden Fall den nicht der Anzeigepflicht nach § 33 ErbStG unterliegenden Erwerb von Grundbesitz, Betriebsvermögen und Anteilen an Kapitalgesellschaften selbst anzeigen müssen.

2.1   Anzeigepflicht des Erwerbers bzw. Beschwerten (§ 30 Abs. 1 ErbStG)

16   Nach § 30 Abs. 1 ErbStG ist **jeder** der Erbschaft- bzw. Schenkungsteuer unterliegende **Erwerb durch den Erwerber** anzuzeigen. „Erwerber" ist daher sowohl derjenige von Todes wegen (Erbe, Vermächtnisnehmer, Pflichtteilsberechtigter) als auch derjenige aufgrund freigebiger Zuwendung unter Lebenden. Erwerber i.S.d. § 30 Abs. 1 ErbStG ist damit jeder, der nach § 20 ErbStG als Steuerschuldner in Betracht kommt. Die Anzeigepflicht gilt für inländische und ausländische Erwerber gleichermaßen. Anzeigepflichtig sind ggf. auch die in §§ 34, 35 AO aufgeführten Personen (z.B. gesetzliche Vertreter; Verfügungsberechtigte); für Betreute sind die Betreuer anzeigepflichtig (zu Einzelheiten vgl. *Demme*, AO-StB 2010, 150ff.; Bruschke, erbstb 2017, 16ff.).

17   Bei einer **Zweckzuwendung** (§ 8 ErbStG) ist der Beschwerte anzeigepflichtig. Als steuerliche Pflicht i.S.d. §§ 34, 35 AO trifft die Anzeigepflicht ggf. auch gesetzliche **Vertreter** und Verfügungsberechtigte sowie Bevollmächtigte (§ 80 AO), sofern diese Verfügungsberechtigte i.S.d. § 35 AO sind. **Rechtsnachfolger** (z.B. Erben) haben eine Anzeigepflicht für solche anzeigepflichtigen Vorgänge, die der Rechtsvorgänger (z.B. Erblasser) pflichtwidrig nicht angezeigt hat (dazu *Halaczinsky*, DStR 2006, 828). **Vermögensverwalter** unterliegen der Anzeigepflicht gem. § 33 ErbStG. **Testamentsvollstrecker** haben zwar eine Steuererklärung abzugeben (vgl. § 31 ErbStG), sie sind jedoch nicht anzeigepflichtig. Auch bei der **Erbersatzbesteuerung** (§ 1 Abs. 1 Nr. 4 ErbStG) besteht nach dem Wortlaut des § 30 ErbStG keine Anzeigepflicht (*Ebeling*, DStR 1999, 665; *Jülicher*, in T/G/J, ErbStG, § 30 Rz. 10).

18   **Gegenstand der Anzeigepflicht** ist der der Erbschaftsteuer unterliegende Erwerb i.S.d. § 1 ErbStG; ein Nichterwerb (z.B. der Nichteintritt eines Ersatzerbfalls) bedarf keiner Anzeige (BFH v. 9.6.1999, II B 101/98, BStBl II 1999, 1426). Für das Bestehen einer Anzeigepflicht ist es unerheblich, ob der jeweilige Erwerb steuerpflichtig (§ 10 ErbStG) ist oder unterhalb eines Freibetrags bleibt.

19   Hat der Erwerber bzw. Beschwerte **Zweifel an der Steuerpflicht**, so schließt dies die Anzeigepflicht nicht aus. Allein dem Finanzamt steht die abschließende Entscheidung über die etwaige Steuerpflicht des Erwerbs zu (RFH v. 20.12.1933, IV A 310/33, RStBl 1934, 32). Erwerber haben in jedem Fall, soweit nicht eine

Anzeige des Erwerbs § 30

Anzeigepflicht nach § 33 ErbStG besteht, den Erwerb von Grundbesitz, Betriebsvermögen und Anteilen an Kapitalgesellschaften anzuzeigen (§ 30 Abs. 3 S. 1 2. Halbs. ErbStG).

Sind **mehrere** der vorgenannten **Personen** (z. B. mehrere Erwerber) anzeigepflichtig, hat jede einzelne Person den Erwerb anzuzeigen. Die dem Finanzamt aufgrund der Anzeige eines Erwerbers bekannt gewordenen Tatsachen bedürfen keiner Anzeige durch die übrigen Anzeigepflichtigen (zur Anlaufhemmung für diesen Fall vgl. Rz. 86 ff).   20

Die **Anzeigepflicht entfällt** – abgesehen von den Fällen des § 30 Abs. 3 ErbStG –, wenn das Finanzamt aus anderen Quellen über einen der Erbschaftsteuer unterliegenden Erwerb unterrichtet ist (BFH v. 30.10.1996, II R 70/94, BStBl II 1997, 11; v. 5.2.2003, II R 22/01, BFH/NV 2003, 954; v. 10.11.2004, II R 1/03, BFH/NV 2005, 405). Die gegenteilige Auffassung, wonach durch Anzeigen Dritter (z. B. nach §§ 33, 34 ErbStG) eine Anzeigepflicht nach § 30 Abs. 1 ErbStG nicht ersetzt werden kann (so z.B. noch FG Niedersachsen v. 8.5.1991, III 418–420/88, EFG 1992, 112), ist damit gegenstandslos. Die Angaben des Dritten kommen dem anzeigepflichtigen Erwerber allerdings nur dann zugute, wenn dem zuständigen Finanzamt der Erwerb anderweitig im erforderlichen Umfang – d. h. durch Mitteilung von Name und Anschrift des Schenkers, Erblassers bzw. (anzeigepflichtigen) Erwerbs sowie des Rechtsgrunds des Erwerbs – bekannt wird (BFH v. 5.2.2003, II R 22/01, BStBl II 2003, 502).   21

Ferner soll die Anzeigepflicht nach wohl einhelliger Meinung der Literatur (*Kien-Hümbert*, in Moench, ErbStG, § 30 Rz. 3; *Jülicher*, in T/G/J, ErbStG, § 30 Rz. 3; *Meincke*, ErbStG, 2012, § 30 Rz. 6; vgl. auch BVerfG v. 17.4.2008, 2 BvL 4/05, BVerfGE 121, 108) auch dann entfallen, wenn – so z.B. bei den üblichen und nach § 13 Abs. 1 Nr. 14 ErbStG steuerfreien Gelegenheitsgeschenken – das Nichtvorliegen einer Steuerpflicht **einwandfrei und klar** feststeht. Im Ergebnis ist dieser Korrektur des insoweit zu weit geratenen Wortlauts des § 30 ErbStG zuzustimmen. Zur Begründung kann freilich nicht auf die BFH-Rechtsprechung (BFH v. 11.6.1958, II 56/57 U, BStBl III 1958, 339) verwiesen werden, die eine entsprechende Aussage nur bezüglich der – von der Anzeigepflicht klar zu trennenden – Steuererklärungspflicht getroffen hat (zutr. *Bernhardt/Protzen*, ZEV 2001, 426). Gegen eine Anzeigepflicht bei einer eindeutig und klar zu verneinenden Steuerpflicht spricht jedoch das Übermaßverbot, das eine Mitwirkungspflicht bei einem offensichtlich sinnlosen Besteuerungsverfahren nicht rechtfertigen kann (ähnlich *Bernhardt/Protzen*, ZEV 2001, 426). Dabei muss aber eine Besteuerung bei objektiver Sicht eindeutig und klar ausgeschlossen sein.   22

Eine Berufung auf einen **Irrtum über die Anzeigefreiheit** kommt nicht in Betracht. Der Steuerpflichtige hat in Zweifelsfällen Erkundigungen über die etwaige Steuerpflicht einzuholen.   23

Adressat der Anzeige ist das für die Verwaltung der Erbschaftsteuer zuständige Finanzamt (dazu § 35 ErbStG). Die Anzeige muss tatsächlich an die für die Erbschaft-/Schenkungsteuer **organisatorisch zuständige Stelle** übersandt werden; die Übersendung an eine andere Dienststelle des Finanzamts genügt den Anforderungen des § 30 Abs. 1 ErbStG nicht und führt insbesondere noch nicht den Anlauf der   24

§ 30 Anzeige des Erwerbs

Festsetzungsfrist gem. § 170 Abs. 2 S. 1 Nr. 1 und Abs. 5 Nr. 2 AO herbei (BFH v. 5.2.2003, II R 22/01, BStBl II 2003, 502; BFH v. 26.8.2004, II B 149/03, BFH/NV 2004, 1526). Zum Inhalt der Anzeige vgl. § 30 Abs. 4 ErbStG.

25 Die Anzeige ist binnen einer **Frist von drei Monaten** nach Eingang der Kenntnis von dem Anfall oder dem Eintritt der Verpflichtung zu erstatten. Der Fristlauf beginnt in dem Zeitpunkt, in dem der Anzeigepflichtige von dem Erbfall zuverlässige **Kenntnis** erlangt (RFH v. 22.12.1933, VeA 1052/31, RStBl 1934, 89; BFH v. 27.4.1988, II R 253/85, BStBl II 1988, 818). Die Kenntnis von dem Anfall i.S.d. § 30 Abs. 1 ErbStG ist ebenso zu verstehen wie die Kenntniserlangung i.S.d. § 170 Abs. 5 Nr. 1 AO (BFH v. 12.5.2016, II R 56/14, BFH/NV 2016, 1385; *Kien-Hümbert*, in Moench, ErbStG, § 30 Rz. 4; *Jülicher*, in T/G/J, ErbStG, § 30 Rz. 14; *Meincke*, ErbStG, 2012, § 30 Rz. 5; FG Hamburg v. 29.4.1987, II 208/84, EFG 1987, 572 m.w.N.). Sie ist gegeben, wenn der Erwerber mit einer solchen Zuverlässigkeit und Gewissheit Kenntnis von seinem unangefochtenen Erbschaftserwerb erlangt hat, dass er in der Lage ist und ihm auch erwartet werden kann, seine Anmelde- und Anzeigepflichten zu erfüllen (BFH v. 8.3.1989, II R 63/86, BFH/NV 1990, 444).

26 Dabei wird bei einer **Verfügung von Todes wegen** im Regelfall eine sichere Kenntnis erst dann angenommen werden können, wenn das Testament eröffnet worden ist (BFH v. 27.11.1981, II R 18/80, BStBl II 1982, 276; a.A. *Tipke/Kruse*, § 170 AO Rz. 22). Unter besonderen Umständen – so bei in Betracht kommenden Gründen für eine Erbunwürdigkeit – muss zusätzlich die sichere Kenntnis des Erwerbers vorhanden sein, dass der Bestand der letztwilligen Verfügung bzw. des Erbanfalls nach den Umständen nicht ernstlich zweifelhaft ist (BFH v. 27.4.1988, II R 253/85, BStBl II 1988, 818). Bei einer gesetzlichen Erbfolge kann eine Kenntnis nur dann vorliegen, wenn der Erbe sicher weiß, dass ein Verwandter einer vorhergehenden Ordnung nicht vorhanden ist und zu welchem Anteil er am Erbe beteiligt ist (BFH v. 8.3.1989, II R 63/86, BFH/NV 1990, 444). Bei **völlig unklaren Verhältnissen** kann im Einzelfall Kenntnis erst mit der Erteilung des Erbscheins vorliegen (BFH v. 8.3.1989, II R 63/86, BFH/NV 1990, 444).

27 Bei einer **freigebigen Zuwendung** muss für den Erwerber der Charakter der Zuwendung als steuerpflichtiger Vorgang sicher erkennbar sein (zutr. *Meincke*, ErbStG, 2012, § 30 Rz. 5; *Jülicher*, in T/G/J, ErbStG, § 30 Rz. 16). Daran kann es u.U. bei gemischten freigebigen Zuwendungen fehlen, die vom Erwerber irrtümlich als entgeltliche Erwerbe betrachtet werden.

28 § 30 Abs. 1 ErbStG schreibt die **schriftliche** Form der Anzeige vor. Die Anzeige kann gem. § 87a Abs. 4 S. 1 AO auch in elektronischer Form erfolgen. Dies setzt jedoch voraus, dass das Dokument mit einer qualifizierten elektronischen Signatur nach dem SignG versehen ist (§ 87a Abs. 4 S. 2 AO).

29–39 einstweilen frei

2.2 Anzeigepflicht des Schenkers (§ 30 Abs. 2 ErbStG)

40 Wer kraft freigebiger Zuwendung unter Lebenden erwirbt, ist bereits nach § 30 Abs. 1 ErbStG anzeigepflichtig. § 30 Abs. 2 ErbStG dehnt diese Anzeigepflicht auch auf denjenigen, aus dessen Vermögen der Erwerb stammt – d.h. den Schenker – aus.

Anzeige des Erwerbs § 30

Dem Schenker wird freilich seine Anzeigepflicht nur selten bekannt sein. Deshalb wird – im Hinblick auf die steuerstrafrechtlichen Folgen einer Anzeigepflichtverletzung – nicht ganz zu Unrecht von einer hier an versteckter Stelle aufgebauten **Steuerfalle** für den Schenker gesprochen (*Meincke*, ErbStG, 2012, § 30 Rz. 7). Gleichwohl muss die Vorschrift selbstverständlich beachtet werden. Für sie spricht im Übrigen, dass der Schenker nach § 20 Abs. 1 ErbStG selbst Steuerschuldner ist.

Für den Schenker **entfällt seine Anzeigepflicht**, wenn der jeweilige Erwerb vom Beschenkten ordnungsgemäß angezeigt wird und der Schenker positive Kenntnis von dieser Anzeige hat. 41

Die Anzeigepflicht nach § 30 Abs. 2 ErbStG erfordert einen steuerpflichtigen Erwerb. Dieser setzt die Ausführung der Schenkung voraus (§ 9 Abs. 1 Nr. 2 ErbStG), so dass die Anzeigepflicht erst in diesem Zeitpunkt entsteht (RFH v. 8.2.1934, VeA 435/33, RStBl 1934, 472). Die bloße Abgabe des Schenkungsversprechens ist mithin noch nicht anzeigepflichtig. 42

Nach § 30 Abs. 2 ErbStG ist nur derjenige anzeigepflichtig, „aus dessen Vermögen" der Erwerb stammt. Wird im Falle des § 7 Abs. 1 Nr. 5 ErbStG die **Abfindungsleistung von einem Dritten** erbracht, so stammt diese – obgleich sie als Geschenk des Erblassers an den Verzichtenden behandelt wird (vgl. § 7 Rz. 420) – nicht aus dem Vermögen des Schenkers. Dieser kann mithin insoweit nicht nach § 30 Abs. 2 ErbStG anzeigepflichtig sein. 43

Stirbt der Schenker nach Ausführung der Schenkung und hat er keine Anzeige erstattet, so dürfte seitens des Erben, Testamentsvollstreckers oder Nachlassverwalters keine Verpflichtung aus § 34 AO zur Nachholung der bislang unterlassenen Anzeige bestehen. Die Problematik ist indes ohne praktische Bedeutung. Denn die genannten Personen sind jeweils selbst zur Abgabe der Erbschaftsteuererklärung verpflichtet, (§ 31 Abs. 4 u. 5 ErbStG) in der auch Angaben über Schenkungen des Erblassers zu Lebzeiten zu machen sind. Vor diesem Hintergrund stellt sich die Frage des Übergangs der Anzeigepflicht nach § 34 AO letztlich nicht. 44

einstweilen frei 45–49

2.3 Wegfall der Anzeigepflicht (§ 30 Abs. 3 ErbStG)

Unter den besonderen Voraussetzungen des § 30 Abs. 3 ErbStG ist eine Anzeige entbehrlich. Auch in diesem Fall besteht aber in jedem Fall die Pflicht zur Abgabe einer Steuererklärung gem. § 31 ErbStG (vgl. z.B. BFH v. 26.10.2006, II R 16/05, BFH/NV 2007, 852); diese Verpflichtung setzt allerdings eine an den Beteiligten ergangene entsprechende Aufforderung voraus, vgl. § 31 ErbStG Rz. 2. 50

Der Anwendungsbereich des § 30 Abs. 3 ErbStG wurde durch das ErbStRG dahin eingeschränkt, dass ein nicht der Anzeigepflicht nach § 33 ErbStG unterliegender Erwerb von **Grundbesitz, Betriebsvermögen und Anteilen an Kapitalgesellschaften** sowie der Erwerb von **Auslandsvermögen** angezeigt werden muss (§ 30 Abs. 3 S. 1 2. Halbs. ErbStG). Diese Anzeigepflicht trägt dem Umstand Rechnung, dass Nachlassgerichte und Notare vielfach keine Angaben zur Zusammensetzung und zum Wert des Nachlasses machen können (BT-Drs. 16/7918, 38). Im praktischen Ergebnis führt dies zu einer deutlich lückenloseren Erfassung von Erwerben. 51

§ 30 Anzeige des Erwerbs

52 Der Wegfall der Anzeigepflicht nach § 30 Abs. 3 S. 1 1. Halbs. ErbStG gilt im Ergebnis nur noch für den Erwerb von **Kapitalvermögen**. Der FinVerw. stehen insoweit jedoch aufgrund der Anzeigepflicht der Kreditinstitute (§ 33 ErbStG) hinreichende Informationsmöglichkeiten zur Verfügung; darüber hinaus sind den Finanzämtern die jeweiligen Erwerbe auch gem. § 34 ErbStG von den dort genannten amtlichen Stellen anzuzeigen.

53 § 30 Abs. 3 S. 1 1. Halbs. und S. 2 ErbStG setzen eine amtlich eröffnete Verfügung von Todes wegen bzw. eine gerichtliche oder notarielle Beurkundung einer Schenkung unter Lebenden oder Zweckzuwendung durch eine **deutsche Stelle** voraus. Bei einem entsprechenden Tätigwerden **ausländischer Gerichte oder ausländischer Notare** ist § 30 Abs. 3 S. 1 1. Halbs. ErbStG unanwendbar; hier verbleibt es bei den Regelungen des § 30 Abs. 1 und 2 ErbStG (R E 30 Abs. 2 ErbStR 2011; *Hartmann*, ErbStB 2011, 341).

54 Die Anzeigepflicht entfällt gem. § 30 Abs. 3 S. 1 1. Halbs. ErbStG außerdem nur dann, wenn sich aus der amtlich eröffneten Verfügung von Todes wegen – und ebenso aus der Urkunde über die Schenkung unter Lebenden bzw. Zweckzuwendung – das **Verhältnis des Erwerbers zum Erblasser bzw. Schenker „unzweifelhaft ergibt"**. Insoweit dürfen an das Entfallen der Anzeigepflicht keine übersteigerten Anforderungen gestellt werden. Das gilt besonders dann, wenn das Verwandtschaftsverhältnis zwischen dem Erwerber und dem Erblasser bzw. Schenker unzutreffend bezeichnet ist. Hier hat die Rechtsprechung der Neigung der Finanzämter, derartige unzutreffende Angaben als „Aufhänger" für eine Verlängerung der Festsetzungsverjährung zu benutzen, einen Riegel vorgeschoben: Mit dem „Verhältnis" i.S.d. § 30 Abs. 3 ErbStG ist nicht das persönliche Verhältnis (z.B. Verwandtschaftsgrad), sondern allein das erbschaft- und schenkungsteuerrechtlich relevante Verhältnis zwischen dem Erwerber und dem Erblasser/Schenker gemeint (BFH v. 16.10.1996, II R 43/96, BStBl II 1997, 73). Dies ergibt sich insbesondere aus dem Wortlaut des § 30 Abs. 3 S. 1 1. Halbs. ErbStG, der im Gegensatz zu § 30 Abs. 4 Nr. 5 ErbStG nicht von den „persönlichen Verhältnissen" des Erwerbers zum Erblasser bzw. Schenker spricht.

55 Im Übrigen entfällt die Anzeigepflicht gem. § 30 Abs. 3 1. Halbs. ErbStG bereits dann, wenn das Finanzamt der amtlich eröffneten Verfügung von Todes wegen unzweifelhaft die namentliche Bezeichnung des Erblassers sowie den Rechtsgrund für den Erwerb entnehmen kann (BFH v. 16.10.1996, II R 43/96, BStBl II 1997, 73).

56 Eine aufgrund § 30 Abs. 3 ErbStG fehlende Anzeigepflicht kann der FinVerw. besondere Überwachungsschwierigkeiten bereiten, wenn die Steuer aufgrund einer aufschiebenden **Bedingung, Befristung** oder **Betagung** gem. § 9 Abs. 1 Nr. 1 Buchst. a ErbStG erst lange Zeit – u. U. erst Jahrzehnte – später entsteht. Gleichwohl hat es die Rechtsprechung (BFH v. 16.10.1996, II R 43/96, BStBl II 1997, 73) auch für derartige Fälle zutreffend abgelehnt, die Befreiung von der Anzeigepflicht entgegen dem klaren Wortlaut des § 30 Abs. 3 ErbStG einzuschränken. Die FinVerw. muss die entsprechenden Steuerfälle daher ggf. über viele Jahre überwachen. Die Übersendung der monatlichen Totenliste (§ 4 Abs. 3 Nr. 2 und Abs. 4 ErbStDV) durch die Standesämter (zu deren Anzeigepflicht vgl. § 34 Abs. 2 Nr. 1 ErbStG) an das zuständige Erbschaftsteuer-Finanzamt lässt die Anzeigepflicht gem. § 30 Abs. 3

Anzeige des Erwerbs § 30

ErbStG nicht entfallen (*Jülicher*, in T/G/J, ErbStG, § 30 Rz. 27; anders – durch BFH v. 17.2.1993, II R 83/90, BStBl II 1993, 580 aus anderen Gründen aufgehoben – FG Hamburg v. 19.6.1990, II 141/88, EFG 1991, 131). Unabhängig davon, ob der Sollinhalt der Totenliste (dazu § 4 ErbStDV i.V.m. Muster 3) den vorstehenden Anforderungen des § 30 Abs. 3 S. 1 1. Halbs. ErbStG noch genügt, steht jedenfalls der klare Wortlaut des § 30 Abs. 3 ErbStG der Annahme entgegen, dass die Verpflichtung der Standesämter zur Übersendung der Totenliste generell von einer Anzeigepflicht nach § 30 Abs. 1 und 2 ErbStG dispensiert.

Nach § 30 Abs. 3 S. 2 ErbStG entfällt die Anzeigepflicht auch dann, wenn eine Schenkung unter Lebenden oder eine Zweckzuwendung gerichtlich oder notariell beurkundet ist. In diesem Fall ist die Ausführung der Schenkung (Rz. 42) nicht anzeigepflichtig. Aus dieser Rechtslage können sich für die FinVerw. die bereits in Rz. 56 angesprochenen Schwierigkeiten bei der Überwachung derartiger Vorgänge ergeben, sofern es erst lange Zeit nach der Beurkundung der Schenkung bzw. Zweckzuwendung zu einer Ausführung kommt. Auch hier scheidet jedoch eine einschränkende Auslegung des § 30 Abs. 3 ErbStG aus. 57

einstweilen frei 58–64

2.4 Inhalt der Anzeige (§ 30 Abs. 4 ErbStG); Form

§ 30 Abs. 4 ErbStG bestimmt den notwendigen Inhalt der Anzeige und bringt durch seine Ausgestaltung als Sollvorschrift zum Ausdruck, dass eine Anzeige nicht unbedingt alle in der Vorschrift aufgeführten Angaben enthalten muss (BFH v. 16.10.1996, II R 43/96, BStBl II 1997, 73). Durch das **StÄndG 2015** (v. 2.11.2015, BGBl I 2015, 1834) wurde § 30 Abs. 4 Nr. 1 ErbStG um die Angabe der Identifikationsnummer (§ 139b AO) ergänzt, um der Finanzverwaltung die Zuordnung der Anzeige zu den an einem Erwerb beteiligten Personen zu erleichtern (BR-Drs. 121/15, S. 64 f.). 65

Unabdingbar für das Vorliegen einer „Anzeige" ist der ihr beikommende erkennbare Erklärungswert, für Zwecke der Erbschaft- oder Schenkungsteuer abgegeben zu werden (zutr. *Jülicher*, in T/G/J, ErbStG, § 30 Rz. 9). Nur unter dieser Voraussetzung kann die Anzeige auch die von § 170 Abs. 5 Nr. 2 AO vorausgesetzte positive Kenntnis des FA von einer vollzogenen Schenkung vermitteln (BFH v. 29.11.2005, II B 151/04, BFH/NV 2006, 700).

Mit diesen Maßgaben ist der Anzeigepflicht bereits dann Genüge getan, wenn das Finanzamt aufgrund der gemachten Angaben in der Lage ist zu prüfen, ob ein steuerbarer Vorgang vorliegt und ein Besteuerungsverfahren einzuleiten ist. Hierzu reicht regelmäßig die namentliche Bezeichnung des Erblassers bzw. Schenkers und Erwerbers sowie die Mitteilung des Rechtsgrunds für den Erwerb aus (BFH v. 16.10.1996, II R 43/96, BStBl II 1997, 73; v. 31.1.2002, II R 52/99, BFH/NV 2002, 917; FG Niedersachsen v. 9.12.2003, 3 K 342/01, EFG 2003, 789). Nicht erforderlich ist die Angabe des Wohnsitz-Finanzamts des Erblassers (FG Baden-Württemberg v. 20.9.1999, 9 K 216/99, EFG 2000, 1021). 66

Der Anzeigepflicht wird jedoch nicht genügt, wenn dem Finanzamt lediglich ein Erbauseinandersetzungsvertrag bezüglich einzelner Vermögensteile des Nachlasses angezeigt wird (FG Niedersachsen v. 8.5.1991, III 418–420/88, EFG 1992, 112). 67

§ 30 Anzeige des Erwerbs

Der Anzeigepflicht kann auch dann nicht genügt sein, wenn sich die Anzeigepflicht nach § 170 Abs. 5 Nr. 2 AO nur auf die zivilrechtliche Übertragung des Zuwendungsobjekts und nicht auch auf die zeitgleiche Veräußerung des Zuwendungsobjekts und Erhalt des Veräußerungserlöses durch den Bedachten erstreckt (FG München v. 9.4.2014, 4 K 1852/11, EFG 2014, 1270, Rev. anh. Az. BFH II R 2/15).

68 Überholt ist die in § 30 Abs. 4 Nr. 4 ErbStG bezüglich des anzugebenden Rechtsgrunds der Zuwendung beispielhaft erwähnte „**Ausstattung**". Denn diese wird – anders als noch nach dem ErbStG 1959 – als freigebige Zuwendungen unter Lebenden behandelt, so dass der Angabe dieses Rechtsgrunds keine rechtliche Bedeutung mehr zukommt.

69 An die nach § 30 Abs. 4 Nr. 3 ErbStG geforderten Angaben zum **Wert** des Erwerbs dürfen keine übersteigerten Anforderungen gestellt werden (zutr. FG Baden-Württemberg v. 20.9.1999, 9 K 216/99, EFG 2000, 1021). Insoweit bedarf es seitens des Anzeigepflichtigen im Zusammenhang mit seiner Anzeige jedenfalls keiner eingehenden Ermittlungen (z.B. durch Vorlage von Wertgutachten). Zur Berichtigung einer schon erstatteten Anzeige vgl. Rz. 3.

70 Die **Kosten** für die erforderliche Anzeige können als Nachlassregelungskosten i.S.d. § 10 Abs. 5 Nr. 3 ErbStG abzugsfähig sein.

2.5 Rechtsfolgen einer Verletzung der Anzeigepflicht

71 Ein Verstoß gegen die Anzeigepflicht kann **steuerstrafrechtliche** Folgen auslösen (zu Einzelheiten vgl. *Stahl/Durst*, ZEV 2008, 467; *Sackreuther*, PSt 2011, 254; zur strafrechtlichen Verfolgungsverjährung vgl. *Korts*, Stbg 2011, 357; *Esskandari/Bick*, ErbStB 2012, 108). Zwar enthält § 30 ErbStG – anders als § 33 Abs. 4 ErbStG – keine Strafvorschrift für den Fall der Verletzung der Anzeigepflicht; eine Steuerordnungswidrigkeit (§ 377 AO) kommt daher nicht in Betracht. Es kann jedoch u.U. eine leichtfertige Steuerverkürzung (§ 378 AO) vorliegen, wenn die Finanzbehörde über steuerlich erhebliche Tatsachen in Unkenntnis gelassen wird oder ihr gegenüber unrichtige oder unvollständige Angaben gemacht werden. Bei vorsätzlicher Begehung kommt auch eine Steuerhinterziehung (§ 370 AO) in Betracht. Eine Steuerhinterziehung kann auch dadurch begangen werden, dass in einer Schenkungsteuererklärung Vorerwerbe verschwiegen werden (BGH v. 10.2.2015, 1 StR 405/14, DStR 2015, 1867).

72 Bei verspäteter Anzeige kann das Finanzamt keinen **Verspätungszuschlag** (§ 152 AO) festsetzen, da die Vorschrift die Nichtabgabe einer Steuererklärung voraussetzt und somit nicht auf die unterlassene Abgabe von Anzeigen angewendet werden kann (unzutreffend daher *Jochum*, in Wilms/Jochum, ErbStG, § 30 Rz. 24). Ein Verspätungszuschlag kann erst festgesetzt werden, wenn die Steuererklärung nach Anforderung durch das Finanzamt gem. § 31 ErbStG nicht eingereicht wird.

73–79 einstweilen frei

3 Anhang zu § 30 ErbStG: Anzeige- bzw. Steuererklärungspflicht und Festsetzungsverjährung

80 Erhebliche Bedeutung hat die Anzeigepflicht aus § 30 ErbStG sowie die Verpflichtung zur Abgabe einer Steuererklärung (§ 31 ErbStG) im Zusammenhang mit den Vorschriften über die Festsetzungsverjährung (dazu auch *Demme*, ZEV 2008, 222).

Anzeige des Erwerbs § 30

Die **Festsetzungsfrist** für die Erbschaft- und Schenkungsteuer beträgt vier Jahre 81
(§ 169 Abs. 2 S. 1 Nr. 2 AO). Die Festsetzungsfrist beträgt zehn Jahre, soweit die
Steuer hinterzogen und fünf Jahre, soweit sie leichtfertig verkürzt worden ist (§ 169
Abs. 2 S. 2 AO). Zur Wahrung der Festsetzungsfrist vgl. § 169 Abs. 1 S. 3 AO.
Der **Beginn der Festsetzungsfrist** ist durch die Grundregel des § 170 Abs. 1 AO auf 82
den Ablauf des Kalenderjahrs festgelegt, in dem die Steuer entstanden ist (zur
Steuerentstehung vgl. § 9 ErbStG). Diese Grundregel greift allerdings nur ein, wenn
nicht der Anlauf der Festsetzungsfrist gem. § 170 Abs. 2 S. 1 Nr. 1 oder § 170 Abs. 5
AO gehemmt ist (so z. B. in den Fällen von BFH v. 16.10.1996, II R 43/96, BStBl II
1997, 73; v. 26.10.2006, II R 16/05, BFH/NV 2007, 852).

3.1 Anlaufhemmung gemäß § 170 Abs. 2 S. 1 Nr. 1 AO

Für die Erbschaft- und Schenkungsteuer ist hinsichtlich des Beginns der Festset- 83
zungsfrist zum einen die **Anlaufhemmung des § 170 Abs. 2 S. 1 Nr. 1 AO** zu
beachten: Hiernach beginnt, wenn eine Anzeige zu erstatten (§ 30 ErbStG) oder
eine Steuererklärung (§ 31 ErbStG) einzureichen ist, die Festsetzungsfrist mit Ablauf
des Kalenderjahrs, in dem die Steuererklärung oder Anzeige – bei der organisatorisch
zuständigen Erbschaft- oder Schenkungsteuerstelle (vgl. Rz. 24) – eingereicht wird;
die Festsetzungsfrist beginnt jedoch spätestens mit Ablauf des dritten Kalenderjahrs,
das auf das Entstehungsjahr der Steuer folgt. § 170 Abs. 2 S. 1 Nr. 1 AO verfolgt
einen **Sicherungszweck**; die Vorschrift soll verhindern, dass durch eine späte
Einreichung der Steuererklärung oder Anzeige die der Finanzbehörde zur Verfügung stehende Bearbeitungszeit ggf. gezielt verkürzt wird (BFH v. 30.10.1996, II
R 70/94, BStBl II 1997, 11; v. 27.8.2008, II R 36/06, BStBl II 2009, 232 m. w. N.).

„**Anzeigen**" i. S. d § 170 Abs. 2 S. 1 Nr. 1 AO sind nur die vom Erwerber bzw. 84
Schenker zu erstattenden Anzeigen i. S. d. § 30 Abs. 1 und 2 ErbStG, nicht jedoch die
der in §§ 30 Abs. 3, 33 und 34 ErbStG aufgeführten Stellen (BFH v. 7.12.1999, II B
79/99, BStBl II 2000, 233 m. w. N.; *Demme*, ZEV 2008, 222, 223). Auf die Anzeigen
der letztgenannten Stellen hat der Steuerpflichtige weder Einfluss noch muss er diese
Anzeigepflichten kennen, sodass insoweit ein Hinausschieben der Verjährung aus
Gründen der Rechtssicherheit und des Rechtsfriedens nicht vertretbar ist (vgl. auch
BFH v. 16.2.1994, II R 125/90, BStBl II 1994, 866; v. 6.7.2005, II R 9/04, BStBl II
2005, 780 betr. die Anzeigepflichten nach dem GrEStG). Auch eine Berichtigungs-
anzeige i. S. d. § 153 Abs. 1 AO ist keine Anzeige i. S. d. § 170 Abs. 2 S. 1 Nr. 1 AO
und löst daher keine (zusätzliche) Anlaufhemmung aus (BFH v. 22.1.1997, II B
40/96, BStBl 1997, 266; BFH v. 28.2.2008, VI R 62/06, BStBl II 2008, 595). Etwas
anderes gilt ausnahmsweise dann, wenn die Steuererklärung derart lückenhaft ist,
dass sie praktisch auf die Nichteinreichung der Erklärung hinausläuft (BFH v.
22.1.1997, II B 40/96, BStBl II 1997, 266; *Tipke/Kruse*, AO, § 170 Rz. 14 m. w. N.).

Daraus folgt bei gegebener **Anzeigepflicht nach § 30 ErbStG**: Wird die Anzeige 85
pflichtgemäß erstattet, beginnt der Anlauf der Festsetzungsfrist gem. § 170 Abs. 2
S. 1 Nr. 1 AO in dem Jahr, in dem diese bei dem Finanzamt eingereicht wird. Mit
Rücksicht auf diese Rechtswirkung der Anzeigeerstattung kann es sich empfehlen,
hinsichtlich des Nachweises der Anzeigeerstattung entsprechende **Beweisvorsorge**
zu treffen (vgl. auch *Wefers*, ErbStB 2010, 65). Eine Anlaufhemmung nach § 170

Abs. 2 S. 1 Nr. 1 AO scheidet naturgemäß aus, wenn keine Anzeigepflicht nach § 30 ErbStG besteht (zur Anlaufhemmung nach Aufforderung zur Abgabe einer Steuererklärung vgl. Rz. 90). Zu beachten ist, dass der durch das ErbStRG eingefügte § 30 Abs. 1 S. 1 2. Halbs. ErbStG den Kreis der nicht anzeigepflichtigen Erwerbe entscheidend verringert hat.

Ebenso wird auch durch die nicht gesetzlich geforderte (**freiwillige**) Anzeigeerstattung keine Anlaufhemmung ausgelöst (zutr. *Demme*, ZEV 2008, 222/223). In jedem Fall – auch bei freiwilliger Anzeigeerstattung – kann das Finanzamt durch eine nachfolgende Aufforderung zur Abgabe einer Steuererklärung die Anlaufhemmung herbeiführen (BFH v. 27.8.2008, II R 36/06, BStBl II 2009, 232; *Demme*, ZEV 2008, 222/223; vgl. auch Rz. 90). Der Steuerpflichtige kann den Eintritt der Anlaufhemmung jedoch durch freiwillige Abgabe der Steuererklärung verhindern.

86 Wird die Anzeige **vom Steuerpflichtigen** pflichtwidrig **nicht** erstattet und vom Finanzamt auch **keine Steuererklärung** angefordert, ist der Anlauf der Festsetzungsfrist – vorbehaltlich (§ 170 Abs. 5 AO; vgl. Rz. 94 ff) – nach § 170 Abs. 2 S. 1 Nr. 1 AO längstens für drei Jahre gehemmt.

87 Allerdings kommt es dem anzeigepflichtigen Erwerber zugute, wenn dem Finanzamt z. B. aufgrund der von einem Erben abgegebenen Steuererklärung der Name des Erblassers, des anzeigepflichtigen Erwerbers sowie der Rechtsgrund für den Erwerb bekannt wird (BFH v. 30.10.1996, II R 70/94, BStBl II 1997, 11). Der Sicherungszweck des § 170 Abs. 2 S. 1 Nr. 1 AO erfordert in diesem Fall kein weiteres Hinausschieben des Beginns der Festsetzungsfrist, wenn dem Finanzamt aufgrund der Angaben der eingereichten Erbschaftsteuererklärung der Name des Erblassers und der des (anzeigepflichtigen) Erwerbers sowie der Rechtsgrund für den Erwerb bekannt werden. In diesem Fall beginnt die Festsetzungsfrist für den anzeigepflichtigen Erwerber bereits mit Eingang der vom Erben eingereichten Steuererklärung.

88 Diese Beurteilung kann jedoch nicht auf den Fall übertragen werden, dass das Finanzamt einen Erwerber zur Abgabe einer Steuererklärung auffordert (dazu Rz. 90).

89 Die **Verletzung** der einem Dritten obliegenden Anzeigeverpflichtung (z. B. gem. § 34 ErbStG) bei fehlender Anzeigepflicht des Steuerpflichtigen bewirkt bei der Erbschaftsteuer keine Anlaufhemmung nach § 170 Abs. 2 S. 1 Nr. 1 AO (*Demme*, ZEV 2008, 222, 223 f.).

90 Fordert das FA die Abgabe einer **Steuererklärung** (§ 31 ErbStG), beginnt die Festsetzungsfrist gem. § 170 Abs. 2 S. 1 Nr. 1 AO mit Ablauf des Jahrs, in dem die unterschriebene (vgl. § 31 ErbStG Rz. 4) Steuererklärung bei FA eingereicht wird (vgl. z. B. BFH v. 26.10.2006, II R 16/05, BFH/NV 2007, 852). Es kann sich ggf. empfehlen, hinsichtlich des Zeitpunkts der Einreichung der Steuererklärung entsprechende **Beweisvorsorge** zu treffen (vgl. auch *Wefers*, ErbStB 2010, 65). Bei mehreren Erben (Erwerbern) gilt die Anlaufhemmung nur gegenüber der Person, die gemäß § 31 Abs. 1 ErbStG zur Abgabe der Steuererklärung aufgefordert worden ist (BFH v. 5.5.1999, II R 96/97, BFH/NV 1999, 1341). Die Anlaufhemmung des § 170 Abs. 2 S. 1 Nr. 1 AO gilt auch bei nicht rechtzeitiger Abgabe der Erbschaftsteuererklärung durch einen **Testamentsvollstrecker** (vgl. § 31 Rz. 16); diese An-

Anzeige des Erwerbs § 30

laufhemmung wirkt auch gegenüber den Erben (*Kien-Hümbert*, in Moench, ErbStG, § 30 Rz. 14; *Jülicher*, in T/G/J, ErbStG, § 31 Rz. 30; *Halaczinsky/Füllsack*, BB 2011, 2389/2840). Gibt also ein Testamentsvollstrecker die Erbschaftsteuererklärung nicht rechtzeitig ab, hemmt dies den Ablauf der Festsetzungsfrist für die Erbschaftsteuer gegenüber dem Erben.

Eine **Frist**, innerhalb derer die Aufforderung zur Abgabe der Steuererklärung zu ergehen hat, besteht nicht; eine solche ergibt sich insbesondere nicht aus dem Dreijahreszeitraum des § 170 Abs. 2 S. 1 Nr. 1 AO (BFH v. 6.12.2000, II R 44/98, BFH/NV 2001, 574). Allerdings kann die Aufforderung zur Abgabe der Steuererklärung nur anlaufhemmende Wirkung zukommen, wenn sie innerhalb der (ungehemmten) Festsetzungsfrist ergeht (BFH v. 18.10.2000, II R 50/98, BStBl II 2001, 14; BFH v. 6.12.2000, II R 44/98, BFH/NV 2001, 574). Eine erst nach Ablauf der Festsetzungsfrist ergehende Aufforderung kann keine anlaufhemmende Wirkung entfalten. Ergeht die Aufforderung nach Ablauf der Anlaufhemmung, jedoch noch innerhalb der Festsetzungsfrist, endet daher die Festsetzungsfrist vorbehaltlich einer anderweitigen An- oder Ablaufhemmung nach sieben Jahren (BFH v. 18.10.2000, II R 50/98, BStBl II 2001, 14). 91

Die Verpflichtung zur Abgabe der Steuererklärung wird **nicht** durch die **Anzeige eines Dritten** (z.B. einer Behörde i.S.d. § 34 ErbStG) berührt; auch wenn daher z.B. das Nachlassgericht die Erteilung des Erbscheins gem. § 34 ErbStG anzeigt, bestimmt sich der Anlauf der Festsetzungsfrist wegen des geringeren Informationsgehalts der Anzeige allein nach der Aufforderung des Finanzamts zur Abgabe der Steuererklärung (BFH v. 10.11.2004, II R 1/03, BStBl II 2005, 244; *Demme*, ZEV 2008, 222, 224). 92

Eine Anlaufhemmung gem. § 170 Abs. 2 S. 1 Nr. 1 AO tritt nach der BFH-Rspr (v. 27.8.2008, II R 36/06, BStBl II 2009, 232). ferner auch dann ein, wenn das Finanzamt **nach** bereits erfolgter **Anzeige** (gem. § 30 Abs. 1 oder 2 ErbStG) die Einreichung einer **Steuererklärung anfordert** (BFH v. 27.8.2008, II R 36/06, BStBl II 2009, 232); diese Entscheidung, wonach die Rechtsprechung zum Begriff der Kenntnis i.S.d. § 170 Abs. 5 Nr. 2 AO (dazu Rz. 96) auf § 170 Abs. 2 S. 1 Nr. 1 AO keine Anwendung finden soll, kann schon wegen der in § 170 Abs. 2 S. 1 Nr. 1 AO gleichrangig angesprochenen Anzeige und Steuererklärung nicht überzeugen (zutr. *Kilches*, BFH/PR 2009, 30; vgl. auch *Demme*, ZEV 2008, 222, 225f.). Aufgrund der vorgenannten BFH-Rechtsprechung beeinflusst im Ergebnis die Anzeige nach § 30 ErbStG den Anlauf der Festsetzungsfrist nur noch dann, wenn das Finanzamt nicht innerhalb des Dreijahreszeitraums des § 170 Abs. 2 S. 1 Nr. 1 AO zur Abgabe der Anzeige auffordert. 93

Eine weitere Anlaufhemmung gem. § 170 Abs. 2 S. 1 Nr. 1 AO ergibt sich, soweit die Besteuerungsgrundlagen bei der Erbschaft- und Schenkungsteuer durch Feststellungsbescheid gesondert festgestellt werden. Grundsätzlich ist die Frist für die gesonderte Feststellung von Besteuerungsgrundlagen unabhängig von der Festsetzungsfrist für die Folgesteuern zu ermitteln. Die Feststellungsfrist kann später beginnen als die Festsetzungsfrist für die Erbschaft- und Schenkungsteuer und daher noch laufen, nachdem die reguläre Festsetzungsfrist bereits abgelaufen ist. § 171 Abs. 10 S. 1 AO sieht für diesen Fall eine Ablaufhemmung der Festsetzungsfrist für die Folgesteuern vor. 93a

Von praktischer Bedeutung ist diese Rechtslage, wenn das FA gem. § 153 Abs. 1 S. 1 BewG von einem Erklärungspflichtigen die Abgabe einer Feststellungserklärung (bezogen auf die in § 151 Abs. 1 BewG aufgeführten Feststellungsgegenstände, z. B. Grundbesitzwerte) anfordert. Für diesen Fall ordnet § 153 Abs. 5 BewG die entsprechende Anwendung von § 181 Abs. 1 und 5 AO an. Nach § 181 Abs. 1 S. 1 AO gelten für die Besteuerung die Vorschriften über die Durchführung der Besteuerung – und damit auch §§ 169 ff. AO einschließlich des § 170 Abs. 2 S. 1 Nr. 1 AO – sinngemäß. Demgemäß beginnt die Frist für die gesonderte Feststellung i. S. d. § 151 Abs. 1 BewG in sinngemäßer Anwendung des § 170 Abs. 2 S. 1 Nr. 1 AO mit Ablauf des Kalenderjahres, in dem die Feststellungserklärung eingereicht wird, spätestens jedoch mit Ablauf des dritten Kalenderjahres, das auf das Kalenderjahr folgt, in dem die Steuer entstanden ist, es sei denn, dass die Feststellungsfrist in sinngemäßer Anwendung des § 170 Abs. 1 AO später beginnt (BFH v. 17.4.2013, II R 59/11, BFH/NV 2013, 1151 zur entspr. Problematik für das GrEStG). Für die Praxis kann es sich daher empfehlen, die angeforderte Feststellungserklärung möglichst zeitnah einzureichen.

3.2 Anlaufhemmung gemäß § 170 Abs. 5 AO

94 Daneben ergibt sich aus **§ 170 Abs. 5 AO** eine spezielle Anlaufhemmung für die Erbschaft- und Schenkungsteuer. Für diese beginnt die Festsetzungsfrist nach § 170 Abs. 1 oder 2 AO

1. bei einem Erwerb von Todes wegen nicht vor Ablauf des Kalenderjahrs, in dem der Erwerber Kenntnis von dem Erwerb erlangt hat,
2. bei einer Schenkung nicht vor Ablauf des Kalenderjahrs, in dem der Schenker gestorben ist oder die Finanzbehörde von der vollzogenen Schenkung Kenntnis erlangt hat,
3. bei einer Zweckzuwendung unter Lebenden nicht vor Ablauf des Kalenderjahrs, in dem die Verpflichtung erfüllt worden ist.

95 Bei **Erwerben von Todes wegen** (§ 170 Abs. 5 Nr. 1 AO) entspricht der Begriff der Kenntnis dem Kenntnisbegriff des § 3 Abs. 1 ErbStG (vgl. Rz. 25 f.).

96 Bei **Schenkungen unter Lebenden** knüpft die Anlaufhemmung des § 170 Abs. 5 Nr. 2 AO an zwei Tatbestandsalternativen an; maßgebend für den Beginn der Festsetzungsfrist ist die Alternative, die als erste eintritt (BFH v. 5.2.2003, II R 22/01, BStBl II 2003, 502). „Kenntnis" von der vollzogenen Schenkung i. S. d. § 170 Abs. 5 Nr. 2 AO ist die **positive Kenntnis** der Finanzbehörde, die ihr die Prüfung des steuerpflichtigen Vorgangs ermöglicht (FG Köln v. 16.12.2009, 9 K 2580/07, ErbStB 2010, 65; FG München v. 9.4.2014, 4 K 1852/11, EFG 2014, 1270 (Revision anhängig, BFH-Az. II R 2/15)). Die **Feststellungslast** für die positive Kenntnis trägt der Steuerpflichtige (FG Köln v. 16.12.2009, 9 K 2580/07, ErbStB 2010, 65; *Gebel*, in T/G/J, ErbStG Anhang AO Rz. 29). Ausreichend ist eine Kenntnis des Namens des Schenkers und des Bedachten sowie des Rechtsgrunds des Erwerbs (BFH v. 5.2.2003, II R 22/01, BStBl II 2003, 502; BFH v. 6.6.2007, II R 54/05, BStBl II 2007, 954); bloßes „Kennenmüssen" reicht nicht aus (BFH v. 28.5.1998, II R 54/95, BStBl II 1998, 647; BFH v. 29.11.2005, II B 151/04,

BFH/NV 2006, 700; BFH v. 6.6.2007, II R 54/05, BStBl II 2007, 954). Maßgebend ist die Kenntnis der organisatorisch zuständigen Erbschaft- oder Schenkungsteuerstelle; die eine Schenkung betr. Angabe in einer Einkommensteuererklärung begründet daher keine positive Kenntnis des FA (FG Köln v. 16.12.2009, 9 K 2580/07, ErbStB 2010, 65; vgl. auch Rz. 24). Zur notwendigen Beweisvorsorge betr. Einreichung der Steuererklärung vgl. schon Rz. 90.

Im Hinblick auf das **Verhältnis des § 170 Abs. 5 zu § 170 Abs. 2 S. 1 Nr. 1 AO** ist zu beachten: § 170 Abs. 5 Nr. 2 AO ist ein auf die Schenkungsteuer beschränkter selbstständiger Hemmungstatbestand. Bei einer Anzeigepflicht (§ 30 ErbStG) wird durch § 170 Abs. 5 Nr. 2 (2. Alternative) AO die Anlaufhemmung des § 170 Abs. 2 S. 1 Nr. 1 AO außer Kraft gesetzt. Bei einer lediglich für Gerichte und Notare bestehenden Anzeigepflicht nach § 34 ErbStG wird der Anlauf der sonst nach § 170 Abs. 1 AO beginnenden Festsetzungsfrist gehemmt (BFH v. 5.2.2003, II R 22/01, BFHE 201, 403 = BStBl II 2003, 502; v. 6.6.2007, II R 54/05, BStBl II 2007, 954). 97

Die Wirkung des § 170 Abs. 5 Nr. 2 AO erschöpft sich in der Anordnung eines späteren Beginns der Festsetzungsfrist. Es tritt keine weitere Anlaufhemmung nach § 170 Abs. 2 S. 1 Nr. 1 AO ein, wenn ein Erwerber vom Finanzamt nach erlangter Kenntnis gem. § 31 ErbStG zur Abgabe der Steuererklärung aufgefordert wird (BFH v. 6.6.2007, II R 54/05, BStBl II 2007, 954). 98

Bei **Zweckzuwendungen** (§ 8 ErbStG) ist für den Anlauf der Festsetzungsfrist der Zeitpunkt maßgebend, in dem die Zweckzuwendung erfüllt wird. Grund für diese Regelung ist, dass erst nach Erfüllung der Verpflichtung eine Steuerpflicht der Zuwendung festgestellt werden kann. 99

4 Ablaufhemmung

Für die Erbschaft- und Schenkungsteuersteuer sind verschiedene Tatbestände der Ablaufhemmung (§ 171 AO) bedeutsam (vgl. dazu den Überblick bei *Halaczinsky*, DStR 2006, 828, 834 f.). 100

Wird durch Verletzung der Anzeige- bzw. Erklärungspflicht eine Steuerstraftat oder Steuerordnungswidrigkeit begangen, gilt gem. § 171 Abs. 7 AO eine besondere Ablaufhemmung (zu Einzelfragen vgl. *Korts*, Stbg 2011, 357, 359 ff; *Fromm*, DStR 2014, 1747/1750).

Diese Regelung wird durch § 171 Abs. 9 AO für die Fälle ergänzt, in denen eine berichtigte Steuererklärung (§ 153 AO) oder eine Selbstanzeige (§§ 371, 378 Abs. 3 AO) erfolgt (zu Einzelfragen der Festsetzungsverjährung nach Selbstanzeige vgl. *Buse*, DB 2012, 11). Besondere Aufmerksamkeit verdient ferner die besondere Ablaufhemmung des § 171 Abs. 12 AO. Hiernach endet die Festsetzungsfrist nicht vor dem Ablauf von sechs Monaten nach dem Zeitpunkt, in dem die Erbschaft von den Erben angenommen oder das Insolvenzverfahren über den Nachlass eröffnet wird oder von dem an die Steuer gegen einen Vertreter festgesetzt werden kann.

§ 31 Steuererklärung

(1) ¹Das Finanzamt kann von jedem an einem Erbfall, an einer Schenkung oder an einer Zweckzuwendung Beteiligten ohne Rücksicht darauf, ob er selbst steuerpflichtig ist, die Abgabe einer Erklärung innerhalb einer von ihm zu bestimmenden Frist verlangen. ²Die Frist muß mindestens einen Monat betragen.

(2) Die Erklärung hat ein Verzeichnis der zum Nachlaß gehörenden Gegenstände und die sonstigen für die Feststellung des Gegenstands und des Werts des Erwerbs erforderlichen Angaben zu enthalten.

(3) In den Fällen der fortgesetzten Gütergemeinschaft kann das Finanzamt die Steuererklärung allein von dem überlebenden Ehegatten oder dem überlebenden Lebenspartner verlangen.

(4) ¹Sind mehrere Erben vorhanden, sind sie berechtigt, die Steuererklärung gemeinsam abzugeben. ²In diesem Fall ist die Steuererklärung von allen Beteiligten zu unterschreiben. ³Sind an dem Erbfall außer den Erben noch weitere Personen beteiligt, können diese im Einverständnis mit den Erben in die gemeinsame Steuererklärung einbezogen werden.

(5) ¹Ist ein Testamentsvollstrecker oder Nachlaßverwalter vorhanden, so ist die Steuererklärung von diesem abzugeben. ²Das Finanzamt kann verlangen, daß die Steuererklärung auch von einem oder mehreren Erben mitunterschrieben wird.

(6) Ist ein Nachlaßpfleger bestellt, ist dieser zur Abgabe der Steuererklärung verpflichtet.

(7) ¹Das Finanzamt kann verlangen, daß eine Steuererklärung auf einem Vordruck nach amtlich bestimmtem Muster abzugeben ist, in der der Steuerschuldner die Steuer selbst zu berechnen hat. ²Der Steuerschuldner hat die selbstberechnete Steuer innerhalb eines Monats nach Abgabe der Steuererklärung zu entrichten.

Inhalt

		Rz.
1	Allgemeines	1
2	Steuererklärungspflicht der Beteiligten (§ 31 Abs. 1 ErbStG)	2–10
2.1	Anforderung durch das Finanzamt	2–4
2.2	Erklärungspflichtige	5
2.3	Erklärungsfrist; Folgen der Fristversäumnis	6–7
2.4	Überprüfung der Steuererklärung; Berichtigungspflicht	8–10
3	Inhalt der Steuererklärung (§ 31 Abs. 2 ErbStG)	11–24
4	Erklärungspflicht bei fortgesetzter Gütergemeinschaft (§ 31 Abs. 3 ErbStG)	25
5	Erklärungspflicht mehrerer Erben (§ 31 Abs. 4 ErbStG)	26–39
6	Erklärungspflicht von Testamentsvollstreckern und Nachlassverwaltern (§ 31 Abs. 5 ErbStG)	40–49

7	Erklärungspflicht von Nachlasspflegern (§ 31 Abs. 6 ErbStG) . .	50–51
8	Selbstberechnung der Steuer (§ 31 Abs. 7 ErbStG)	52

1 Allgemeines

1   Die Pflicht zur Abgabe von Steuererklärungen ist eine wesentliche Mitwirkungspflicht im Besteuerungsverfahren. Hierzu trifft § 31 ErbStG die von § 149 Abs. 1 Satz 1 AO vorausgesetzte gesetzliche Bestimmung über die Person des Steuererklärungspflichtigen (BFH v. 17.2.1993, II R 83/90, BStBl II 1993, 580). Von dieser Pflicht ist diejenige zur Anzeigeerstattung nach § 30 ErbStG zu unterscheiden: Die Anzeige nach § 30 ErbStG soll in erster Linie eine Unterrichtung des Finanzamts über alle Erwerbe sicherstellen und dem Finanzamt die Prüfung erleichtern, ob und wen es im Einzelfall zur Abgabe einer Erbschaftsteuererklärung aufzufordern hat (zu Einzelheiten vgl. § 30 ErbStG). Demgegenüber soll die Erbschaft-/Schenkungsteuererklärung, da sie die in § 31 Abs. 2 ErbStG genannten Angaben enthalten muss, die Steuerfestsetzung ermöglichen und dient daher der Ermittlung des Steuerbetrags (BFH v. 27.8.2008, II R 36/06, BStBl II 2009, 232; v. 10.11.2004, II R 1/03, BStBl II 2005, 244).

Durch das ErbStRG wurde § 31 Abs. 3 ErbStG – entsprechend den ebenfalls durch das ErbStRG geänderten §§ 4 Abs. 1 und 20 Abs. 2 ErbStG – im Hinblick auf die Fortsetzung der Gütergemeinschaft beim Tod eines Lebenspartners geändert.

2 Steuererklärungspflicht der Beteiligten (§ 31 Abs. 1 ErbStG)

2.1 Anforderung durch das Finanzamt

2   Nach § 31 Abs. 1 ErbStG besteht die Verpflichtung zur Abgabe einer Steuererklärung **nur bei** entsprechender **Aufforderung** durch das **Finanzamt** (BFH v. 5.5.1999, II R 96/97, BFH/NV 1999, 1341; BFH v. 11.6.2013, II R 10/11, BStBl II 2013, 924 m.w.N., std. Rspr.); das ErbStG enthält keine Verpflichtung des Erwerbers zur unaufgeforderten Abgabe einer Steuererklärung. Die Aufforderung setzt nicht voraus, dass beim Finanzamt bereits eine Anzeige nach § 30 ErbStG eingegangen ist. Das Finanzamt kann daher die Abgabe der Erklärung z.B. auch dann verlangen, wenn ihm aufgrund von Kontrollmitteilungen oder aus anderen Quellen ein Erwerb bekannt geworden ist. Eine Pflicht zur Abgabe der Steuererklärung aufgrund eines entsprechenden Verlangens des Finanzamts besteht insbesondere auch dann, wenn es gem. § 30 Abs. 3 ErbStG keiner Anzeige eines Erwerbs bedurfte. Die Aufforderung zur Abgabe der Steuererklärung setzt die Anlaufhemmung des § 170 Abs. 2 Satz 1 Nr. 1 AO in Gang (§ 30 ErbStG Rz. 90); eine gesetzliche Fristenregelung, innerhalb derer die Aufforderung zu ergehen hat, besteht nicht.

3   Das Verlangen des Finanzamts nach Abgabe der Steuererklärung ist eine Aufforderung i.S.d. § 149 AO, die ihrerseits ein Verwaltungsakt i.S.d. § 118 Satz 1 AO ist. Die Aufforderung kann z.B. durch Übersendung des amtlichen Erklärungsvordrucks ergehen. Gegen die Aufforderung ist der Einspruch (§ 347 AO) gegeben; vorläufiger Rechtsschutz kann durch Aussetzung der Vollziehung (§ 361 AO) gewährt werden. Das Verlangen nach Abgabe einer Steuererklärung steht

Steuererklärung § 31

gem. § 31 Abs. 1 Satz 1 ErbStG („kann") im (Auswahl-)**Ermessen** des Finanzamts. Jedoch kann das Verlangen nur unter besonderen Umständen ermessensfehlerhaft sein. Das ist etwa der Fall, wenn eine Steuerschuld mit Sicherheit nicht bestehen kann (BFH v. 11.6.1958, II 56/57 U, BStBl 1958 III, 339; v. 18.12.1974, I R 161/73, BStBl II 1975, 464). Besteht hingegen die Möglichkeit eines steuerpflichtigen Erwerbs, so wird das Verlangen des Finanzamts nach Abgabe der Steuererklärung im Regelfall ermessensgerecht sein (BFH v. 10.10.1951, IV 216/51 S, BStBl III 1951, 209). Es ist zu berücksichtigen, dass erst aufgrund der Angaben in der Steuererklärung abschließend über das Vorliegen eines steuerpflichtigen Erwerbs entschieden werden kann. Daher kann vom Finanzamt grundsätzlich nicht verlangt werden, bereits vor Eingang der Steuererklärung weitere Erwägungen zu einer etwaigen Steuerpflicht anzustellen.

Die Steuererklärung ist nach amtlich vorgeschriebenem Vordruck abzugeben (§ 150 Abs. 1 AO). Auf den amtlichen Vordrucken der Erbschaftsteuer- und Schenkungsteuererklärung ist **schriftlich** zu versichern, dass die Angaben wahrheitsgemäß nach bestem Wissen und Gewissen gemacht wurden (vgl. auch § 150 Abs. 2 AO). Eine nicht unterschriebene Steuererklärung ist unwirksam (BFH v. 10.11.2004, II R 1/03, BStBl II 2005, 244) und beendet die Anlaufhemmung des § 170 Abs. 2 Satz 1 Nr. 2 AO nicht (BFH v. 10.11.2004, II R 1/03, BStBl II 2005, 244). 4

2.2 Erklärungspflichtige

§ 31 Abs. 1 ErbStG bezeichnet die „Beteiligten" als erklärungspflichtig. Der in dieser Vorschrift enthaltene Hinweis, dass diese Erklärungspflicht ohne Rücksicht auf die eigene Steuerpflicht besteht, ist nicht mit § 33 AO abgestimmt; denn Steuerpflichtiger ist nach § 33 Abs. 1 AO auch, wer eine Steuererklärung abzugeben hat. Man wird daher § 31 Abs. 1 Satz 1 ErbStG dahingehend zu verstehen haben, dass ein Beteiligter unabhängig davon, ob er selbst die Steuer schuldet, erklärungspflichtig ist (BFH v. 17.2.1993, II R 83/90, BStBl II 1993, 580). Der Begriff des „Beteiligten" ist in § 31 ErbStG nicht näher festgelegt. Hierzu gehören in jedem Falle diejenigen Personen, die als **Steuerschuldner** (§ 20 ErbStG) in Betracht kommen. Ein Gesamtrechtsnachfolger hat die Steuererklärungspflicht zu erfüllen, die sein Rechtsvorgänger trotz Aufforderung noch nicht erfüllt hatte (*Halaczinsky*, DStR 2006, 828). Im Übrigen sind die für die Betätigung des Auswahlermessens des Finanzamts geltenden Grundsätze (Rz. 3) zu beachten. So wird z.B. eine Steuererklärungspflicht für den Erwerber einer Nacherbenanwartschaft (§ 3 Abs. 2 Nr. 6 ErbStG) oder den Schuldner eines Herausgabeanspruchs (§ 3 Abs. 2 Nr. 7 ErbStG) nicht in Betracht kommen (zutr. *Meincke*, ErbStG, 2012, § 31 Rz. 3). Freilich können diese Personen u.U. nach § 93 AO auskunftspflichtig sein (zur gemeinsamen Steuererklärung mehrerer Erben vgl. Rz. 26ff.). 5

2.3 Erklärungsfrist; Folgen der Fristversäumnis

Das Finanzamt hat für die Abgabe der angeforderten Steuererklärung eine bestimmte Frist zu setzen. Diese Frist muss **mindestens einen Monat** betragen (§ 31 Abs. 1 Satz 2 ErbStG). Die Frist kann gem. § 109 AO auf Antrag oder von Amts 6

§ 31 Steuererklärung

wegen nach pflichtgemäßem Ermessen des Finanzamts **verlängert** werden, ggf. auch rückwirkend (§ 109 Abs. 1 Satz 2 AO). Eine solche Fristverlängerung wird insbesondere bei umfangreichen Erwerben und/oder bei besonderen Ermittlungsschwierigkeiten für die Beteiligten zu gewähren sein. Das Finanzamt kann die Fristverlängerung gem. § 109 Abs. 2 AO von einer **Sicherheitsleistung** abhängig machen.

7 Wird die Steuererklärung nicht abgegeben, so kann das Finanzamt die Abgabe durch Zwangsmittel (§§ 328ff. AO; insbesondere Zwangsgeld) erzwingen. Außerdem kann es bei verspäteter Abgabe der Steuererklärung – anders als bei verspäteter Anzeige (§ 30 ErbStG Rz. 72) – einen Verspätungszuschlag (§ 152 AO) erheben. Bei Nichtabgabe der Steuererklärung können die Besteuerungsgrundlagen gem. § 162 AO geschätzt werden (zu den Bestimmtheitsanforderungen des Steuerbescheids für diesen Fall vgl. § 32 ErbStG Rz. 33f.).

2.4 Überprüfung der Steuererklärung; Berichtigungspflicht

8 Die Steuererklärungsvordrucke verlangen die Erklärung, dass die Angabe nach bestem Wissen und Gewissen gemacht wurde (§ 150 Abs. 2 AO). Nach AEAO zu § 88 Nr. 2 (m.w.N.) sind die FA nicht verpflichtet, den Sachverhalt auf alle möglichen Fallgestaltungen zu durchforschen. Für den Regelfall soll davon ausgegangen werden, dass die Angaben des Steuerpflichtigen vollständig und richtig sind. Das FA kann deshalb den Angaben des Steuerpflichtigen Glauben schenken, wenn nicht greifbare Umstände vorliegen, die darauf hindeuten, dass Angaben falsch oder unvollständig sind. Die ErbSt-Finanzämter erlangen allerdings häufig Kenntnis über u.U. steuerpflichtige Erwerbe durch die nach §§ 33, 34 ErbStG erstatteten Anzeigen sowie aufgrund von Kontrollmitteilungen (vgl. § 33 ErbStG Rz. 2) anderer FA.

9 Ist die abgegebene Steuererklärung **unrichtig oder unvollständig**, so ist dies vom Steuerpflichtigen unter den Voraussetzungen des § 153 AO anzuzeigen und die Steuererklärung (zur Berichtigung einer Anzeige vgl. § 30 ErbStG Rz. 3) zu **berichtigen** (zur Berichtigungspflicht gem. § 153 AO eingehend *Jesse*, BB 2011, 1431ff.); zur Ablaufhemmung für diesen Fall vgl. § 171 Abs. 9 AO. Die gleiche Verpflichtung trifft gem. § 153 Abs. 1 Satz 2 AO auch den Gesamtrechtsnachfolger eines Steuerpflichtigen (z.B. den Erben, der die Unrichtigkeit einer vom Erblasser abgegebenen Steuererklärung erkennt (vgl. § 30 Rz. 6)) sowie die in §§ 34, 35 AO genannten Personen (z.B. Testamentsvollstrecker, Nachlassverwalter (vgl. – auch zu den steuerstrafrechtlichen Konsequenzen bei Verletzung der Berichtigungspflicht – *Stahl/Durst*, ZEV 2008, 467; *Halaczinsky/Füllsack*, BB 2011, 2839/2341ff.). Nach § 153 Abs. 2 AO besteht eine Anzeigepflicht, sofern die Voraussetzungen einer Steuervergünstigung (z.B. einer Steuerbefreiung nach § 13 Abs. 1 Nr. 2 ErbStG) nachträglich ganz oder teilweise wegfallen. Eine Verpflichtung aus § 153 AO setzt in jedem Fall voraus, dass der Verpflichtete die Unrichtigkeit der Erklärung tatsächlich erkannt hat. Nur positives Wissen, nicht aber das bloße Erkennenmüssen oder Erkennenkönnen begründet eine Berichtigungspflicht (*Dumke*, in Schwarz, AO, § 153 Rz. 14; *Tipke/Kruse*, AO, § 153 Rz. 12; *Halaczinsky/Füllsack*, BB 2011, 2839/2341).

Besteht keine Anzeigepflicht und ist auch keine Steuererklärung angefordert worden, ist der Erwerber hinsichtlich später aufgefundener Nachlassgegenstände nicht nach § 153 AO anzeige- oder berichtigungspflichtig (BFH v. 30.1.2002, II R 52/99, BFH/NV 2002, 917). Eine Berichtigung i.S.d. § 153 Abs. 1 AO ist keine Anzeige i.S.d. § 170 Abs. 2 Satz 1 Nr. 1 AO (§ 30 ErbStG Rz. 84). 10

3 Inhalt der Steuererklärung (§ 31 Abs. 2 ErbStG)

Die Steuerklärung muss den in § 31 Abs. 2 ErbStG geforderten Inhalt haben. In den amtlichen Erklärungsvordrucken werden neben diesen gesetzlich geforderten Angaben auch weitere Angaben gefordert, die der vollständigen Erfassung des Erwerbs dienen und die Berechnung der Steuer erleichtern sollen. Gefordert werden auch Angaben zum Wert der Nachlassgegenstände bzw. des Gegenstands der Zuwendung sowie zu den übernommenen (Nachlass-)Verbindlichkeiten bzw. Auflagen oder Gegenleistungen. 11

einstweilen frei 12

Das Verlangen nach – bezifferten – Wertangaben ist vom Wortlaut des § 31 Abs. 2 ErbStG insofern nicht gedeckt, als diese Vorschrift lediglich die „für die Feststellung des ... Werts des Erwerbs erforderlichen Angaben" verlangt. Gesetzlich gefordert sind mithin nur **Angaben über die wertbildenden Faktoren**. Im Regelfall wird es dem Erklärungspflichtigen zwar keine besonderen Schwierigkeiten bereiten, die jeweiligen – in den amtlichen Vordrucken erfragten – Steuerwerte anzugeben. In Ausnahmefällen kann allerdings die konkrete Wertermittlung mit erheblichen Kosten (z.B. für Wertgutachten) verbunden sein. Derartige Aufwendungen können nach dem Wortlaut des § 31 Abs. 2 ErbStG von den Beteiligten nicht verlangt werden (ebenso *Meincke*, ErbStG, 2012, § 31 Rz. 7). Die Ermittlung des konkreten Steuerwerts fällt vielmehr gem. § 88 AO in den Aufgabenbereich der Finanzbehörden. Werden gleichwohl von den Beteiligten entsprechende Aufwendungen erbracht, so sind sie nach Maßgabe des § 10 Abs. 5 Nr. 3 ErbStG (vgl. dort Rz. 209ff.) abzugsfähig. Die Steuerberatungskosten für die Erstellung der Erbschaftsteuererklärung sind in jedem Fall nach § 10 Abs. 5 Nr. 3 ErbStG abzugsfähig (H E 10.7 ErbStH 2011 „Steuerberatungskosten und Rechtsberatungskosten im Rahmen des Besteuerungs- und Wertfeststellungsverfahrens"). 13

Mit der Steuererklärung können auch einzelne Erklärungen zur Inanspruchnahme von Vergünstigungen oder Befreiungen (z.B. gem. § 6 Abs. 2 oder § 23 ErbStG) abgegeben werden. 14

einstweilen frei 15–24

4 Erklärungspflicht bei fortgesetzter Gütergemeinschaft (§ 31 Abs. 3 ErbStG)

Nach der durch das ErbStRG geänderten Fassung des § 31 Abs. 3 ErbStG ist nunmehr – entsprechend den ebenfalls durch das ErbStRG geänderten §§ 4 Abs. 1 und 20 Abs. 2 ErbStG – der überlebende Lebenspartner i.S.d. LPartG dem überlebenden Ehegatten gleichgestellt. Bei der fortgesetzten Gütergemeinschaft (§ 4 ErbStG) sind der überlebende Ehegatte bzw. Lebenspartner gem. § 20 Abs. 2 25

§ 31   Steuererklärung

ErbStG Steuerschuldner für den gesamten Steuerbetrag. Es ist daher konsequent, wenn § 31 Abs. 3 ErbStG dem überlebenden Ehegatten bzw. Lebenspartner die Steuererklärungspflicht für den gesamten Erwerb – d.h. auch für die auf die Abkömmlinge entfallenden Anteile – auferlegt. § 31 Abs. 3 ErbStG („kann") ist allerdings eine **Ermessensvorschrift**; das Finanzamt kann daher auch Abkömmlinge – allerdings nur für ihre jeweiligen Anteile – zur Erklärung heranziehen (ebenso *Meincke*, ErbStG, 2012, § 31 Rz. 10; *Jülicher*, in T/G/J, ErbStG, § 31 Rz. 18).

5   Erklärungspflicht mehrerer Erben (§ 31 Abs. 4 ErbStG)

26   Bei mehreren Erben ist jeder nur hinsichtlich seines Erwerbs erklärungspflichtig (BFH v. 5.5.1999, II R 96/97, BFH/NV 1999, 1341). Für mehrere Erben besteht nach § 31 Abs. 4 ErbStG die Möglichkeit, eine gemeinsame Steuererklärung abzugeben (dazu auch H E 31 ErbStH 2011 „Gemeinsame Steuererklärung bei Vorhandensein mehrerer Erben und weiterer Erwerber"). In diese können auch andere am Erbfall Beteiligte (z.B. Vermächtnisnehmer) einbezogen werden (§ 31 Abs. 4 Satz 3 ErbStG). Die gemeinsame Steuererklärung ist von allen Beteiligten zu unterschreiben (§ 31 Abs. 4 Satz 2 ErbStG). Die gemeinsame Steuererklärung muss nicht durch die Gesamtheit der Erben, sondern kann auch nur von einem Teil der Miterben – ggf. von mehreren Gruppen von Miterben – abgegeben werden.

27   Geben Miterben **keine gemeinsame Steuererklärung** ab, so bleibt jeder Miterbe für sich zur Abgabe einer Einzelsteuererklärung innerhalb der Erklärungsfrist verpflichtet (H E 31 Satz 8 ErbStH 2011). Das hat letztlich zur Folge, dass auch die gemeinsame Steuererklärung innerhalb der für die Einzelsteuererklärung gesetzten Frist abzugeben ist (H E 31 Satz 9 ErbStH 2011).

28   In der Praxis kommt es immer wieder vor, dass sich einzelne Miterben ihrer Steuererklärungspflicht gänzlich entziehen, d.h. zur Abgabe weder einer gemeinsamen Steuererklärung noch einer Einzelsteuererklärung bereit sind. In derartigen Fällen ist das Finanzamt ggf. zur **Schätzung der Besteuerungsgrundlagen** (§ 162 AO) berechtigt. Häufig kann das Finanzamt allerdings aufgrund der Steuererklärung der Miterben die Besteuerungsgrundlagen zutreffend ermitteln und berechnen. Das Finanzamt ist insoweit zur Durchführung der **Steuerfestsetzung nach Aktenlage** berechtigt. Im Ergebnis führt die Nichtabgabe der Steuererklärung durch den Miterben mithin zu einer Einschränkung der Untersuchungspflicht des Finanzamts.

29–39   einstweilen frei

6   Erklärungspflicht von Testamentsvollstreckern und Nachlassverwaltern (§ 31 Abs. 5 ErbStG)

40   Nach § 31 Abs. 5 ErbStG obliegt es – abweichend von der Grundregel des § 31 Abs. 1 ErbStG – dem Testamentsvollstrecker und Nachlassverwalter, die Steuererklärung abzugeben (zu Einzelfragen vgl. auch *Tolksdorf/Simon*, ErbStB 2008, 336, 360). Die Vorschrift ist im Zusammenhang mit § 32 Abs. 1 ErbStG zu sehen, der in den Fällen des § 31 Abs. 5 ErbStG die Bekanntgabe des Steuerbescheids an den Testamentsvollstrecker oder Nachlassverwalter anordnet. Die Steuererklärungs

pflicht des Testamentsvollstreckers setzt nicht voraus, dass das Finanzamt zuvor die Erben zur Abgabe der Erbschaftsteuererklärung aufgefordert hat (BFH v. 7.12.1999, II B 79/99, BStBl II 2000, 233).

Der Testamentsvollstrecker (§§ 2197ff. BGB) hat die **Stellung eines Treuhänders** und ist Inhaber eines privaten Amtes (BFH v. 11.6.2013 II R 10/11, BStBl II 2013, 924 m.w.N.). Die umfassenden bürgerlich-rechtlichen Befugnisse und Pflichten des Testamentsvollstreckers (vgl. insbes. §§ 2205f., 2216ff. BGB) macht sich das ErbStG durch Auferlegung der Steuererklärungspflicht zunutze, weil der Testamentsvollstrecker den Nachlass in Besitz hat und deshalb primär zu den nach § 31 Abs. 2 ErbStG geforderten Angaben in der Lage ist. 40a

§ 31 Abs. 5 ErbStG ist dahin auszulegen, dass entsprechend der Grundregel des § 31 Abs. 1 ErbStG auch die Steuererklärungspflicht des Testamentsvollstreckers **nur bei entsprechender Aufforderung** des FA besteht (BFH v. 11.6.2013, II R 10/11, BStBl II 2013, 924 m.w.N.; offengelassen noch von BFH v. 7.12.1999, II B 79/99, BStBl II 2000, 233). Dies ist schon deshalb anzunehmen, weil dem insoweit unklaren Wortlaut des § 31 Abs. 5 S. 1 ErbStG nichts für eine weitergehende Handlungspflicht des Testamentsvollstreckers entnommen werden kann; zudem ist auch für eine im Vergleich zu Erben strengere Behandlung des Testamentsvollstreckers kein sachlicher Grund ersichtlich (*Kien-Hümbert*, in Moench/Weinmann, ErbStG, § 31 Rz. 12; *Jülicher*, in T/G/J, ErbStG, § 31 Rz. 28). 41

Nicht abschließend ist geklärt, ob **neben dem Testamentsvollstrecker** auch die **Erben** (gem. § 31 Abs. 1 ErbStG) zur Abgabe einer Steuererklärung aufgefordert werden dürfen. Dies wird grundsätzlich zu verneinen sein (in diese Richtung BFH v. 7.12.1999, II B 79/99, BStBl II 2000, 133; *Meincke*, ErbStG, 2012, § 31 Rz. 14; a.A. *Kien-Hümbert*, in Moench/Weinmann, ErbStG, § 31 Rz. 12). Das FA kann lediglich gem. § 31 Abs. 5 S. 2 ErbStG nach einem Ermessen verlangen, dass die Steuererklärung auch von einem oder mehreren Miterben unterschrieben wird. Erben sind jedoch gem. § 153 Abs. 1 S. 1 Nr. 1 AO verpflichtet, eine für sie erkennbar unrichtige oder unvollständige Steuererklärung des Testamentsvollstreckers zu berichtigen (BGH v. 11.9.2007, 5 StR 213/07, BFH/NV Beil. 2008, 64; *Halaczinsky/Füllsack*, BB 2011, 2839, 2342). Eine vom Testamentsvollstrecker trotz Aufforderung nicht abgegebene Steuererklärung führt zur Anlaufhemmung gegenüber den Erben (§ 30 ErbStG Rz. 90). 42

Der **Gegenstand der Steuererklärungspflicht** des Testamentsvollstreckers knüpft an seine zivilrechtliche Stellung an und beschränkt sich auf seinen durch das bürgerliche Recht vorgegebenen **Aufgabenkreis** (BFH v. 9.6.1999, II B 101/98, BStBl II 1999, 529). Demgemäß erstreckt sich die Pflicht zur Abgabe der Steuererklärung auf Erwerbe von Todes wegen der Erben und ggf. auch der Vermächtnisnehmer, wenn die Testamentsvollstreckung hinsichtlich des Nachlasses bzw. des Vermächtnisses angeordnet wurde (BFH v. 11.6.2013, II R 10/11, BStBl II 2013, 924 m.w.N.). In Bezug auf einen Vermächtnisnehmer tritt jedoch Steuererklärungspflicht nur ein, wenn der Testamentsvollstrecker über die bloße Erfüllung des Vermächtnisses hinaus auch weitere Befugnisse hinsichtlich des vermachten Gegenstands (so insbesondere bei einer für das Vermächtnis angeordneten Dauervollstreckung, §§ 2209, 2210 BGB) hat (BFH v. 11.6.2013, II R 10/11, BStBl II 2013, 924). Ist 43

§ 31 Steuererklärung

dies nicht der Fall, so besteht auch keine Verpflichtung des Testamentsvollstreckers zur Abgabe einer Steuererklärung für den Vermächtnisnehmer. Der insoweit zu weite Wortlaut des § 31 Abs. 5 ErbStG unterliegt daher notwendigen **Einschränkungen**, die vom jeweiligen Umfang der Verwaltungs- und Verfügungsbefugnisse bestimmt sind (vgl. auch *Tolksdorf/Simon*, ErbStB 2008, 336, 337 f.). Testamentsvollstrecker können – im Hinblick auf die Anwendung des § 14 ErbStG – häufig keine Angaben über frühere Zuwendungen des Erblassers an den Erben machen (zur Verfahrensweise für diesen Fall näher *Tolksdorf/Simon*, ErbStB 2008, 336, 338 f.). Für sie besteht auch keine Erklärungspflicht für sonstige infolge des Erbfalls schuldrechtlich Berechtigte, z.B. Vermächtnisnehmer, Pflichtteilsberechtigte, Ersatzanspruchsberechtigte oder Erwerber i.S.d. § 3 Abs. 1 Nr. 4 ErbStG (BFH v. 9.6.1999, II B 101/98, BStBl II 1999, 529). Etwas anderes gilt nur, wenn auch hinsichtlich eines Vermächtnisses Testamentsvollstreckung angeordnet ist (BFH v. 9.6.1999, II B 101/98, BStBl II 1999, 529).

44 **Beschränkt sich** der **Aufgabenkreis auf einzelne Nachlassgegenstände**, so beschränkt sich auch die Steuererklärungspflicht des Testamentsvollstreckers auf diese Teile (*Meincke*, ErbStG, 2012, § 32 Rz. 8; zu den Folgerungen für die Bekanntgabe des Steuerbescheids vgl. § 32 ErbStG Rz. 1). Dies begrenzt gleichzeitig die Möglichkeiten des Finanzamts, die Abgabe der Steuererklärung durch den Testamentsvollstrecker mit Zwangsmitteln (gem. §§ 328ff. AO) durchzusetzen (dazu auch BFH v. 16.4.1980, VII R 81/79, BStBl II 1980, 605; *Moench/Kien-Hümbert*, DStR 1987, 38). Zur Ausübung höchstpersönlicher Wahlrechte (z.B. nach § 6 Abs. 2 S. 2, § 23 ErbStG) ist der Testamentsvollstrecker nicht befugt. Soweit keine Zustimmung der Erben vorliegt, ist die Erklärung unwirksam (*Kapp/Ebeling*, ErbStG, § 31 Rz. 18); ein auf diese Erklärung gestützter Bescheid ist allerdings nur rechtswidrig und nicht nichtig (zutr. *Kien-Hümbert*, in Moench/Weinmann, ErbStG, § 31 Rz. 12). Zur Abzugsfähigkeit der Kosten der Testamentsvollstreckervergütung als Nachlassregelungskosten vgl. § 10 ErbStG Rz. 214.

45 Die vorstehenden Ausführungen gelten entsprechend auch für den **Nachlassverwalter** (§§ 1975ff. BGB). Er ist amtlich bestelltes Organ zur Verwaltung fremden Vermögens und nicht gesetzlicher Vertreter des Erben. Höchstpersönliche Rechte des Erben kann auch er – ebenso wie ein Testamentsvollstrecker – nicht ausüben.

46 Die nicht rechtzeitige Abgabe der Steuererklärung durch den Testamentsvollstrecker hemmt gem. § 170 Abs. 2 Satz 1 Nr. 1 AO den Anlauf der Festsetzungsfrist (BFH v. 7.12.1999, II B 79/99, BStBl II 2000, 233). Zur Bekanntgabe des Steuerbescheids vgl. § 32 ErbStG Rz. 1ff.

47–49 einstweilen frei

7 Erklärungspflicht von Nachlasspflegern (§ 31 Abs. 6 ErbStG)

50 § 31 Abs. 6 ErbStG verpflichtet den Nachlasspfleger zur Abgabe der Steuererklärung. Die Nachlasspflegschaft (§ 1960 BGB) ist eine Sicherungsmaßnahme im Interesse des Erben und als solche auf die Ermittlung der unbekannten Erben und die Sicherung und Erhaltung des Nachlasses bis zur Annahme der Erbschaft gerichtet. Der Nachlasspfleger ist – anders als der Testamentsvollstrecker und der

Steuererklärung § 31

Nachlassverwalter – **gesetzlicher Vertreter des unbekannten Erben** (BFH v. 30.3.1982, VIII R 227/80, BStBl II 1982, 687; v. 21.12.2004, II B 110/04, BFH/NV 2005, 704).

Bei den Anzeigepflichten aus § 31 Abs. 6 ErbStG ist zu beachten, dass der Nachlasspfleger naturgemäß keine Angaben zur Person des – unbekannten – Erwerbers, über dessen persönlichen Verhältnisse zum Erblasser und zu Vorschenkungen machen kann; auch eine Mitunterzeichnung der Steuererklärung durch Erben entsprechend § 31 Abs. 5 S. 2 scheidet aus. Allerdings ist der Nachlasspfleger zur Vorlage des Nachlassverzeichnisses verpflichtet. In dem gegen die unbekannten Erben ergehenden Erbschaftsteuerbescheids sind ggf. die Besteuerungsgrundlagen gem. § 162 AO zu schätzen (BFH v. 21.12.2004, II B 110/04, BFH/NV 2005, 704). Im Übrigen gelten die Ausführungen zu § 31 Abs. 5 ErbStG auch für Nachlasspfleger.

Zur Bekanntgabe des Steuerbescheids vgl. die Erläuterungen zu § 32 Abs. 2 ErbStG.

51

8 Selbstberechnung der Steuer (§ 31 Abs. 7 ErbStG)

§ 31 Abs. 7 ErbStG ermächtigt die FinVerw., vom Steuerpflichtigen eine Selbstberechnung der Steuer nach amtlich bestimmtem Muster anzufordern. Von dieser Ermächtigung ist schon wegen der Komplexität der erbschaftsteuerlichen Bemessungsgrundlage bislang kein Gebrauch gemacht worden.

52

§ 32 Bekanntgabe des Steuerbescheides an Vertreter

(1) ¹In den Fällen des § 31 Abs. 5 ist der Steuerbescheid abweichend von § 122 Abs. 1 Satz 1 der Abgabenordnung dem Testamentsvollstrecker oder Nachlaßverwalter bekanntzugeben. ²Diese Personen haben für die Bezahlung der Erbschaftsteuer zu sorgen. ³Auf Verlangen des Finanzamts ist aus dem Nachlaß Sicherheit zu leisten.

(2) ¹In den Fällen des § 31 Abs. 6 ist der Steuerbescheid dem Nachlaßpfleger bekannt zu geben. ²Absatz 1 Satz 2 und 3 ist entsprechend anzuwenden.

Inhalt		Rz.
1	Bekanntgabe an Testamentsvollstrecker oder Nachlassverwalter; Steuerzahlung und Sicherheitsleistung (§ 32 Abs. 1 ErbStG)	1–19
1.1	Bekanntgabe des Erbschaftsteuerbescheids (§ 32 Abs. 1 S. 1 ErbStG)	1–5
1.2	Rechtsbehelfe	6–8
1.3	Steuerzahlung und Sicherheitsleistung (§ 32 Abs. 1 Sätze 2 und 3 ErbStG)	9–19
2	Bekanntgabe an Nachlasspfleger; Steuerzahlung und Sicherheitsleistung (§ 32 Abs. 2 ErbStG)	20–29

1 Bekanntgabe an Testamentsvollstrecker oder Nachlassverwalter; Steuerzahlung und Sicherheitsleistung (§ 32 Abs. 1 ErbStG)

1.1 Bekanntgabe des Erbschaftsteuerbescheids (§ 32 Abs. 1 S. 1 ErbStG)

§ 32 Abs. 1 ErbStG schreibt – abweichend von § 122 Abs. 1 AO – die Bekanntgabe des Steuerbescheids an den Testamentsvollstrecker oder Nachlassverwalter „in den Fällen des § 31 Abs. 5" vor, d. h. soweit diese die Steuererklärung abgegeben haben. Testamentsvollstrecker oder Nachlassverwalter sind insoweit **Zugangsvertreter** des Erben. § 32 Abs. 1 ErbStG ist dahin zu verstehen, dass der Bekanntgabe des Steuerbescheids an den Testamentsvollstrecker oder Nachlassverwalter Wirkung gegenüber dem Steuerschuldner zukommt (BFH v. 14.11.1990, II R 255/85, BStBl II 1991, 49; v. 14.11.1990, II R 58/86, BStBl II 1991, 52; v. 21.12.2004, II B 110/04, BFH/NV 2005, 704). Der Regelungsgehalt des § 32 Abs. 1 ErbStG ist aufgrund des Verweises auf § 31 Abs. 5 ErbStG dahin zu verstehen, dass der Testamentsvollstrecker bzw. Nachlassverwalter entweder die Steuererklärung selbst abgegeben hat oder zumindest zur Abgabe verpflichtet war (FG Düsseldorf v. 26.1.2011, 4 K 1956/10 Erb, juris). 1

§ 32 Abs. 1 S. 1 ErbStG ist wegen der bürgerlich-rechtlich beschränkten Rechtsstellung des Testamentsvollstreckers (§ 31 ErbStG Rz. 43 f.) einschränkend auszulegen: Der Testamentsvollstrecker ist nur dann als Zugangsvertreter bestimmt, wenn er – nach entsprechender Aufforderung gem. § 31 Abs. 1 und 5 ErbStG – die Steuererklärung in Bezug auf diejenigen Personen abgegeben hat, die als Erben am Nachlass teilhaben. Erstreckt sich daher die Testamentsvollstreckung **nicht auf den gesamten** 2

Nachlass, so kann eine Bekanntgabe gegenüber dem Testamentsvoll strecker nur im Hinblick auf solche Erben zulässig sein, deren Erbteile der Testamentsvollstreckung unterliegen (*Jülicher*, in T/G/J, ErbStG, § 32 Rz. 12 m.w.N.). Einem Testamentsvollstrecker kann daher der Erbschaftsteuerbescheid nicht mit Wirkung für und gegen Steuerschuldner bekannt gegeben werden, die – wie z.B. Vermächtnisnehmer, Pflichtteilsberechtigte, Erbersatzanspruchsberechtigte, Erwerber infolge Vertrags zugunsten des Erwerbers (§ 3 Abs. 1 Nr. 4 ErbStG) – nicht als Erben am Nachlass teilhaben (BFH v. 14.11.1990, II R 58/86, BStBl II 1991, 52; AEAO Rz. 2.13.4.1. zu § 122). Etwas anderes gilt nur dann, wenn ausdrücklich auch für das **Vermächtnis** eine Dauervollstreckung (entspr. §§ 2209, 2210 BGB) angeordnet und der Testamentsvollstrecker zur Abgabe der Steuererklärung aufgefordert wurde (BFH v. 11.6.2013, II R 10/11, BStBl II 2013, 924; *Jülicher*, in T/G/J, ErbStG, § 32 Rz. 13). Eine Bekanntgabe des Steuerbescheids an den Testamentsvollstrecker dürfte daher auch dann unzulässig sein, wenn die Erbschaftsteuerschuld eines Vermächtnisnehmers usw. nach der Anordnung des Erblassers aus dem Nachlass zu begleichen ist (a. A. *Jülicher*, in T/G/J, ErbStG, § 32 Rz. 13; *Kien-Hümbert*, in Moench/Weinmann, ErbStG, § 32 Rz. 14).

3   Der Testamentsvollstrecker hat jedenfalls nicht gem. § 32 Abs. 1 S. 2 ErbStG für die Bezahlung der Erbschaftsteuer zu sorgen, die das FA in einem gegen den Vermächtnisnehmer bekannt gegebenen Steuerbescheid bezüglich des Erwerbs durch Vermächtnis festgesetzt hat. § 32 Abs. 1 ErbStG lässt hingegen die Bekanntgabe an den Testamentsvollstrecker mit Wirkung für und gegen den (Mit-)Erben dann zu, wenn in dem Steuerbescheid neben dem Erwerb durch Erbanfall auch weitere Erwerbe i.S.d. § 3 Abs. 1 ErbStG erfasst werden (BFH v. 14.11.1990, II R 58/86, BStBl II 1991, 52).

4   Bei einer nach den vorstehenden Grundsätzen zulässigen Bekanntgabe an den Testamentsvollstrecker muss der Steuerbescheid eindeutig erkennen lassen, dass dieser dem Testamentsvollstrecker als Zugangsvertreter bekannt gegeben wird und Inhaltsadressat die Erben als Steuerschuldner sind. Die Formulierung des Bescheids muss mithin eindeutig ausschließen, dass der Testamentsvollstrecker selbst in Anspruch genommen werde, weil er gem. § 32 Abs. 1 S. 2 ErbStG für die Zahlung der Steuer zu sorgen habe (BFH v. 18.3.1986, II R 2/84, BStBl II 1986, 524; v. 30.9.1987, II R 42/84, BStBl II 1988, 120; vgl. auch AEAO, Rz. 2.13.4.1. zu § 122).

5   Bei einer – unwirksamen – **Bekanntgabe unmittelbar an die Erben** wird der Bekanntgabemangel in dem Zeitpunkt geheilt, in dem der Testamentsvollstrecker den Bescheid nachweislich durch Weiterleitung erhalten hat (BFH v. 8.12.1988, IV R 24/87, BStBl II 1989, 346; v. 1.7.2003, VIII R 29/02, BFH/NV 2003, 1397).

1.2 Rechtsbehelfe

6   Soweit die Bekanntgabe an den Testamentsvollstrecker nach den vorstehenden Grundsätzen zulässig ist, entfaltet der Steuerbescheid Wirksamkeit gegenüber dem Erben (§ 124 Abs. 1 S. 1 AO) und setzt die Rechtsbehelfsfrist (§ 355 AO) für die Anfechtung durch den **Erben** in Lauf (AEAO, Rz. 2.13.4.2. zu § 122).

Bekanntgabe des Steuerbescheides an Vertreter § 32

Der Testamentsvollstrecker ist aufgrund § 32 Abs. 1 ErbStG verpflichtet, den Erben über die erfolgte Steuerfestsetzung zu unterrichten (BFH v. 14.11.1990, II R 58/86, BStBl II 1981, 52). Unterlässt er dies, so ist dem Erben ggf. innerhalb der Jahresfrist des § 110 Abs. 3 AO Wiedereinsetzung in den vorigen Stand zu gewähren. Die **verspätete Unterrichtung** durch den Testamentsvollstrecker ist dem Erben hierbei nicht zuzurechnen (BFH v. 14.11.1990, II R 58/86, BStBl II 1981, 52). 7

Der Testamentsvollstrecker selbst hat – weil er nicht Beteiligter des Festsetzungsverfahrens bezüglich der Erbschaftsteuer ist – **keine Rechtsbehelfsbefugnis** bezüglich des Steuerbescheids, soweit er nicht für seine eigene Person durch das Leistungsgebot in Anspruch genommen wird (BFH v. 4.11.1981, II R 144/78, BStBl II 1982, 262; *Jülicher*, in T/G/J, ErbStG, § 32 Rz. 23). Daher kann der Testamentsvollstrecker nur dann wirksam für den Erben Einspruch einlegen, wenn er hierzu vom Erben – ggf. auch durch postmortale Vollmacht des Erblassers mit Wirkung für und gegen den Erben bevollmächtigt worden ist (a. A. *Jülicher*, in T/G/J, ErbStG, § 32 Rz. 22). 8

1.3 Steuerzahlung und Sicherheitsleistung (§ 32 Abs. 1 Sätze 2 und 3 ErbStG)

Testamentsvollstrecker oder Nachlassverwalter haben für die Bezahlung der Erbschaftsteuer zu sorgen (§ 32 Abs. 1 S. 2 ErbStG). Die Vorschrift ändert zwar nichts daran, dass Schuldner der Erbschaftsteuer allein der Erwerber ist (§ 20 Abs. 1 ErbStG). § 32 Abs. 1 S. 2 ErbStG knüpft jedoch an die Verwaltungs- und Verfügungsbefugnis des Nachlassverwalters bzw. Testamentsvollstreckers (§§ 1985, 2205 BGB) an und verstärkt die diesen Personen obliegende zivilrechtliche Pflicht zur Begleichung der Nachlassverbindlichkeiten (BFH v. 18.6.1986, II R 38/84, BStBl II 1986, 704). Zu diesen Nachlassverbindlichkeiten gehört nach zivilrechtlicher Anschauung auch die von den Erben geschuldete Erbschaftsteuer (*Edenhofer*, in Palandt, 74. Aufl. 2015, BGB, § 1967 Rz. 7; BFH v. 18.6.1986, II R 38/84, BStBl II 1986, 704). Die Haftung des Testamentsvollstreckers kann aber nur bestehen, soweit auch Testamentsvollstreckung angeordnet ist (*Steiner*, ErbStB 2011, 201, 204). Bei einem Vermächtnis ist dies zumeist nicht der Fall (vgl. oben Rz. 2), so dass dem Testamentsvollstrecker gegenüber einem Vermächtnisnehmer auch kein Anspruch auf Freistellung des Nachlasses von der Erbschaftsteuer zustehen soll (OLG Karlsruhe v. 27.8.2015, 9 W 39/15, ZEV 2015, 600; zur Problematik näher *Weidmann*, ZEV 2014, 404). 9

Bei **überzahlter Erbschaftsteuer** ist grundsätzlich der Erwerber selbst erstattungsberechtigt. Das gilt auch, wenn die Erbschaftsteuer aus dem der Testamentsvollstreckung unterliegenden Nachlass gezahlt worden ist. Verfügungsberechtigt und daher empfangszuständig ist jedoch der Testamentsvollstrecker (näher *Tolksdorf/Simon*, ErbStB 2008, 360, 361; *Jülicher*, in T/G/J, ErbStG, § 32 Rz. 27). Eine auf Anweisung des Testamentsvollstreckers erfolgte Zahlung an einen Dritten führt zum Erlöschen des Erstattungsanspruchs (BFH v. 18.6.1986, II R 38/84, BStBl II 1986, 704). 10

Der Testamentsvollstrecker oder Nachlassverwalter **haftet** gem. §§ 34, 69 AO soweit er vorsätzlich oder grob fahrlässig die ihm aus § 32 Abs. 1 S. 2 ErbStG auferlegten Verpflichtungen nicht erfüllt (zu Einzelfragen vgl. *Tolksdorf/Simon*, ErbStB 2008, 360, 363; *Steiner*, ErbStB 2011, 201; *Blum/Schauer*, ZEV 2012, 92). 11

Diese Personen gehören zu den Vermögensverwaltern i.S.d. § 34 Abs. 3 AO, wobei diese Vorschrift bezüglich der dem Testamentsvollstrecker bzw. Nachlassverwalter auferlegten **Pflichten** durch § 32 Abs. 1 S. 2 ErbStG konkretisiert wird. Ist Testamentsvollstrecker ein Rechtsanwalt, Steuerberater oder sonstiger Berufsträger i.S.d. § 191 Abs. 2 AO, muss die Finanzbehörde vor Erlass des Haftungsbescheids die zuständige Berufskammer anhören (BFH v. 13.5.1998, II R 4/96, BStBl II 1998, 760); der ohne Anhörung ergehende Haftungsbescheid ist jedoch nicht nichtig (§ 125 Abs. 3 Nr. 4 AO).

12 Zu den Pflichten des Testamentsvollstreckers bzw. Nachlassverwalters gehört es, nicht bereits vor der Festsetzung der Erbschaftsteuer den gesamten Nachlass an die Erben auszukehren. Es ist der zur Bestreitung der Erbschaftsteuer erforderliche Teil des Nachlasses bis zur Begleichung der Erbschaftsteuer bzw. zur Sicherstellung der Begleichung **zurückzubehalten** (zu weiteren Einzelfragen *Tolksdorf/Simon*, ErbStB 2008, 360, 363; *Jülicher*, in T/G/J, ErbStG, § 32 Rz. 33 ff.).

12a Dem **Umfang** nach erstreckt sich die Haftung des Testamentsvollstreckers bzw. Nachlassverwalters auf die etwaige **Nachsteuer**, die sich aus den einzelnen Nachversteuertatbeständen (§ 13 Abs. 1 Nrn. 4b und 4c ErbStG (vgl. § 13 Rz. 39 und 44) und § 13a Abs. 5 ErbStG a.F. bzw. § 13 Abs. 6 ErbStG n.F. ergibt. Diese Nachsteuer beruht auf einer Korrektur der bereits ursprünglich festgesetzten Erbschaft- und Schenkungsteuer und unterfällt daher auch der Regelung des § 32 Abs. 1 S. 2 ErbStG (*Blum/Schauer*, ZEV 2012, 93 ff.; a.A. *Purrucker* Zerb 2011, 265 ff.). Muss daher nach den objektiven Umständen mit der Entstehung von Nachsteuer gerechnet werden, erstreckt sich das Zurückbehaltungsrecht des Testamentsvollstreckers bzw. Nachlassverwalters auch auf den insoweit zu erwartenden Steuerbetrag (zutr. *Blum/Schauer*, ZEV 2012, 93, 95).

Eine Haftung des Testamentsvollstreckers oder Nachlassverwalters für eine Nachsteuer gem. §§ 34, 69 AO kommt jedoch nur in Betracht, wenn dieser den Nachlass voreilig (trotz noch nicht abschließend geklärter Behaltensvoraussetzungen) verteilt (so BayLSt v. 4.2.2016, DStR 2016, 1032; abl. dazu Worgulla/Eismann, DStR 2016, 2084).

13 Testamentsvollstrecker und Nachlassverwalter haben auf Verlangen des Finanzamts aus dem Nachlass **Sicherheit zu leisten** (§ 32 Abs. 1 S. 3 ErbStG). Für die Art und das Verfahren der Sicherheitsleistung gelten §§ 241 f. AO.

14–19 einstweilen frei

2 Bekanntgabe an Nachlasspfleger; Steuerzahlung und Sicherheitsleistung (§ 32 Abs. 2 ErbStG)

20 Sofern ein Nachlasspfleger bestellt ist und dieser gem. § 31 Abs. 6 ErbStG die Steuererklärung abgegeben hat, ist diesem – als gesetzlichem Vertreter für die unbekannten Erben (BFH v. 21.12.2004, II B 110/04, BFH/NV 2005, 704) – der Steuerbescheid gem. § 32 Abs. 2 ErbStG bekannt zu geben. Die gesetzliche Vertretung des Erben **endet** erst, wenn das Nachlassgericht die **Nachlasspflegschaft aufgehoben** hat. Das FA kann die Besteuerungsgrundlagen im Hinblick auf die sich aus der Unbekanntheit der Erben ergebenden Folgen z.B. für die Steuerklasse und die Höhe

der Freibeträge **schätzen**; wegen der insoweit bestehenden Unsicherheiten wird die Erbschaftsteuer im Regelfall gem. § 165 Abs. 1 S. 1 AO festzusetzen sein (BFH v. 21.12.2004, II B 110/04, BFH/NV 2005, 704; FG Saarland v. 10.9.2013, 1 V 1229/13, EFG 2013, 1947). Vor einer solchen Schätzung muss das FA dem Nachlasspfleger eine angemessene Zeit zur Erbenermittlung und Erfüllung seiner Mitwirkungspflichten aus § 34 Abs. 1 und § 90 AO einräumen (BFH v. 21.12.2004, II B 110/04, BFH/NV 2005, 704).

Ist dies noch nicht geschehen, so hat die Bekanntgabe auch dann gegenüber dem Nachlasspfleger zu erfolgen, wenn die Erben im Zeitpunkt der Bekanntgabe des Steuerbescheids bereits bekannt sind (BFH v. 30.3.1982, VIII R 227/80, BStBl II 1982, 687). Inhaltsadressat des Erbschaftsteuerbescheids sowie Einspruchsführer und Beteiligte im Finanzrechtsstreit sind die **unbekannten Erben** (BFH v. 21.12.2004, II B 110/04, BFH/NV 2005, 704; FG Saarland v. 10.9.2013, 1 V 1229/13, EFG 2013, 1947). 21

Aufgrund § 7 Abs. 1 Nr. 5 ErbStDV (vgl. auch § 34 ErbStG Rz. 30) haben die Gerichte den zuständigen Finanzämtern nunmehr auch die Aufhebung einer Nachlasspflegschaft oder Nachlassverwaltung anzuzeigen. Damit soll den Finanzämtern die Prüfung erleichtert werden, ob eine Bekanntgabe nach § 32 ErbStG zu erfolgen hat. 22

Nach § 32 Abs. 2 S. 2 ErbStG finden bezüglich des Nachlasspflegers § 32 Abs. 1 Sätze 2 und 3 ErbStG entsprechende Anwendung. Die Ausführungen in den Rz. 9 ff. gelten daher auch für den Nachlasspfleger. 23

einstweilen frei 24–29

Anhang zu § 32

Inhalt

		Rz.
1	Verfahrensfragen des Erbschaft- oder Schenkungsteuerbescheids	1–16
1.1	Trennung zwischen Wertfeststellung und Steuerfestsetzung	2
1.2	Form und Inhalt des Steuerbescheids	3–12
1.2.1	Bestimmtheit des Steuerbescheids	4–10
1.2.2	Nebenbestimmungen	11–12
1.3	Bekanntgabe	13–15
1.4	Rechtsbehelfe	16

1 Verfahrensfragen des Erbschaft- oder Schenkungsteuerbescheids

Verfahrensrechtlich gilt für das ErbStG die AO. Für Erbschaft- und Schenkungsteuerbescheide ergeben sich allerdings Besonderheiten, die sich nicht selten als Fehlerquellen erweisen.   **1**

1.1 Trennung zwischen Wertfeststellung und Steuerfestsetzung

Zu beachten ist, dass die **Wertfeststellung** aufgrund des § 12 ErbStG i.V.m. § 151   **2**
BewG ggf. durch **gesonderten Feststellungsbescheid** erfolgt (zu Einzelheiten vgl. § 12 ErbStG Rz. 200ff). Insofern kommt es zu einer verfahrensrechtlichen Trennung zwischen Wertfeststellung und Steuerfestsetzung. Der Bescheid über die gesonderte Feststellung ist als Grundlagenbescheid (§ 171 Abs. 10 AO) für die Erbschaft- und Schenkungsteuer bindend (§ 182 Abs. 1 AO). Verfahrensrechtlich gelten für den Feststellungsbescheid gemäß § 153 Abs. 5 BewG i.V.m. § 181 Abs. 1–5 AO die Vorschriften über die Durchführung der Besteuerung (§§ 134–217 AO).

Gestaltungshinweis: Hinweis:

Einwendungen gegen die im Feststellungsbescheid getroffenen Feststellungen können nur durch Anfechtung des Feststellungsbescheids und nicht im Rechtsbehelfsverfahren gegen den Erbschaft- oder Schenkungsteuerbescheid geltend gemacht werden (vgl. § 351 Abs. 2 AO, § 42 FGO). Zur Rechtsbehelfsbefugnis im Feststellungsverfahren vgl. § 155 BewG.

1.2 Form und Inhalt des Steuerbescheids

Die **Festsetzung** der Erbschaft- bzw. Schenkungsteuer erfolgt durch schriftlichen   **3**
(§ 157 Abs. 1 Satz 1 AO; Ausnahme: § 31 Abs. 7 ErbStG) Steuerbescheid (§ 155 S. 1 AO). Dieser muss seinem Inhalt nach hinreichend bestimmt sein (§ 119 Abs. 1 AO) und ist zu begründen (§ 121 AO). Er muss die festgesetzte Steuer nach Art und Betrag bezeichnen und angeben, wer die Steuer schuldet (§ 157 Abs. 1 S. 2 AO).

Anhang zu 32

1.2.1 Bestimmtheit des Steuerbescheids

4   Überraschend häufig genügen Erbschaft- und Schenkungsteuerbescheide nicht den sich aus §§ 119 und 157 AO ergebenden Bestimmtheitsanforderungen. Gem. § 119 Abs. 1 AO müssen schriftliche Steuerbescheide inhaltlich hinreichend bestimmt sein. Die festgesetzte Steuer ist nach Art und Betrag zu bezeichnen (§ 157 Abs. 1 S. 2 AO).

Einem Bescheid muss im Hinblick auf die von § 157 Abs. 1 S. 2 AO geforderte Angabe der **Art der Steuer eindeutig** zu entnehmen sein, ob durch ihn **Erbschaft-** oder aber **Schenkungsteuer** festgesetzt wird. Wenn durch einen so bezeichneten „Erbschaftsteuerbescheid" tatsächlich Schenkungsteuer festgesetzt wird, dürfte der Bescheid rechtswidrig sein (*Halaczinsky/Volquardsen*, ErbStB 2010, 240). Auch wenn Erbschaftsteuer und Schenkungsteuer aufgrund § 1 Abs. 2 ErbStG weitgehend gleichgestellt sind, gelten für sie doch teilweise je eigenständige Regelungen (z. B. hinsichtlich der Steuerentstehung, § 9 Abs. 1 Nr. 1 und Nr. 2 ErbStG). Insoweit kann die erforderliche Festlegung der Art der Steuer nur durch die Bezeichnung im Steuerbescheid erfolgen.

Grundsätzlich **möglich ist eine zusammenfassende Festsetzung** von Erbschaft- und Schenkungsteuer in einem so bezeichneten „Erbschaft- und Schenkungsteuerbescheid". Insoweit sind allerdings an die inhaltliche Bestimmtheit des Bescheids, insbesondere die Bezeichnung und Zuordnung der erfassten Lebenssachverhalte sowie die für die erfassten Erwerbe jeweils festgesetzte Steuer strenge Anforderungen zu stellen.

5   Es ist grundsätzlich möglich, die Besteuerung **mehrerer** Erwerbe (Steuerfälle) in **einem** Bescheid zusammenzufassen. Ob und ggf. welche Erwerbe durch den Bescheid besteuert werden, ist ggf. durch **Auslegung** seines Regelungsinhalts zu ermitteln (dazu allgemein *Frotscher*, in Schwarz, AO, § 119 Rz. 10; *Pahlke* in Pahlke/Koenig, AO, § 118 Rz. 54f). So schließt ein ausdrücklich so bezeichneter Erbschaftsteuerbescheid nach seinem objektiven Erklärungsinhalt eine zusammenfassende Steuerfestsetzung für Vorschenkungen aus (BFH v. 24.8.2005, II R 16/02, BStBl II 2006, 36). Werden mehrere Lebenssachverhalte im Bescheid **nicht konkret bezeichnet** oder die auf die einzelnen Erwerbe entfallende Steuerschuld **unaufgegliedert** in einem Betrag zusammengefasst, ist der Bescheid – nach Maßgabe der folgenden Grundsätze – mangels Inhaltsbestimmtheit nichtig (BFH v. 15.3.2007, II R 5/04, BStBl II 2007, 472; v. 6.6.2007, II R 17/06, BStBl II 2008, 46; v. 20.1.2010, II R 54/07, BStBl II 2010, 463; v. 20.11.2013, II R 64/11, BFH/NV 2014, 716).

6   Zum einen ist der **besteuerte Lebenssachverhalt** (Besteuerungstatbestände und -zeiträume) **genau** zu bezeichnen. Dies ist schon eine unabdingbare Voraussetzung, um die Grenzen der Bestandskraft des Steuerbescheids sicher bestimmen zu können (BFH v. 15.3.2007, II R 5/04, BStBl II 2007, 472). Die zur Bezeichnung des besteuerten Lebenssachverhalts notwendigen Angaben müssen zwar nicht zwingend im Steuerbescheid selbst enthalten sein, sondern können sich z. B. auch aus Anlagen, Prüfungsberichten oder in den Händen des Steuerpflichtigen Unterlagen ergeben; ein pauschaler Verweis auf nicht näher bezeichnete „Unterlagen" genügt jedoch nicht (BFH v. 15.3.2007, II R 5/04, BStBl II 2007, 472 m. w. N.).

Anhang zu 32

Zum anderen muss schon wegen § 157 Abs. 1 Satz 2 AO für jeden Steuerfall eine   7
gesonderte Steuerfestsetzung erfolgen (z.B. BFH v. 9.12.1998, II R 6/97, BFH/NV
1999, 1091; v. 2.3.2006, II R 57/04, BFH/NV 2006, 1480; BFH v. 20.1.2010. II R
54/07, BStBl II 2010, 463). Erforderlich ist die Angabe der einzelnen, durch die
Verwirklichung eines bestimmten Steuertatbestands jeweils ausgelösten Steuerschuld (BFH v. 9.12.1998, II R 6/97, BFH/NV 1999, 1091). Dabei ist zu beachten,
dass jede freigebige Zuwendung (§ 7 Abs. 1 Nr. 1 ErbStG) einen eigenständigen
Steuertatbestand erfüllt (BFH v. 15.3.2007, II R 5/04, BStBl II 2007, 472). Im Bereich
des ErbStG ergibt sich die Notwendigkeit der Aufgliederung der verschiedenen
Steuerschulden auch im Hinblick auf § 14 ErbStG, wonach eine taggenaue Ermittlung des Zehn-Jahreszeitraums für jede Einzelzuwendung erforderlich ist (BFH v.
6.6.2007, II R 17/06, BStBl II 2008, 46); ferner kann das rechtliche Schicksal der
verschiedenen Steueransprüche auch nach dem Anspruchsgrund bzw. dessen Wegfall, hinsichtlich etwaiger Befreiungstatbestände sowie des Verjährungseintritts einen
unterschiedlichen Verlauf nehmen (BFH v. 22.9.2004, II R 50/03, BFH/NV 2005,
993; v. 20.11.2013, II R 64/11, BFH/NV 2014, 716).**Mehrere Einzelzuwendungen**
sind nur in den – seltenen – Fällen **ein Erwerb**, in denen Gegenstand der Zuwendungen ein Stammrecht auf wiederkehrende Leistungen ist (dazu § 7 ErbStG Rz. 45;
vgl. auch BFH v. 15.3.2007, II R 5/04, BStBl II 2007, 472 m.w.N.).

Ausnahmsweise entbehrlich ist die getrennte Festsetzung der auf die Einzelzuwen-   8
dungen entfallenden Steuer, wenn der Steuerpflichtige seine Mitwirkungspflichten
insbes. durch Nichtabgabe der Steuererklärung (§ 31 ErbStG) verletzt hat. In diesem
Fall kann sich das FA auf eine einheitliche Steuerfestsetzung nach einem einheitlichen (Schätz-)Betrag unter Angabe des mutmaßlichen Zeitraums der mehreren nach
Anzahl und Höhe unbekannten Zuwendungen beschränken (BFH v. 6.6.2007, II R
17/06, BStBl II 2008, 46). Ein Schenkungsteuerbescheid ist dann nicht nichtig, wenn
das FA für mehrere gesondert zu beurteilende Steuerfälle irrig von einer einheitlichen
Zuwendung ausgeht; in diesem Fall ist der Steuerbescheid lediglich rechtswidrig
(BFH v. 20.1.2010. II R 54/07, BStBl II 2010, 463).

Ein **zusammenfassender Steuerbescheid** unter Verzicht auf die Bezeichnung der   9
erfassten Lebenssachverhalte ist ausnahmsweise zulässig, wenn trotz unaufgegliederter Zusammenfassung mehrerer Steuerfälle eindeutig feststeht, welche Steuerfälle
von dem Bescheid erfasst werden, und auch ansonsten keine Notwendigkeit zu einer
Differenzierung besteht (BFH v. 9.12.1998, II R 6/97, BFH/NV 1999, 1091).

Ein gegen **mehrere Steuerschuldner** als Gesamtschuldner gerichteter zusammen-   10
gefasster Erbschaftsteuerbescheid i.S.d. § 155 Abs. 3 AO ist nicht zulässig; mehrere
Erwerber sind als solche Steuerschuldner für ihren je eigenen Erwerb und nicht
Gesamtschuldner (zutr. *Kien-Hümbert,* in Moench/Weinmann, ErbStG, § 32 Rz. 9
m.w.N.; *Jülicher,* in T/G/J, ErbStG, § 32 Rz. 6, 8).

1.2.2 Nebenbestimmungen

Erbschaft- bzw. Schenkungsteuerbescheide können unter dem **Vorbehalt der**   11
Nachprüfung (§ 164 AO) ergehen, solange der Steuerfall nicht abschließend geprüft
ist. Wird der Vorbehalt nicht ausdrücklich aufgehoben, entfällt er mit Ablauf der
Festsetzungsfrist (§ 164 Abs. 4 AO).

Anhang zu 32

12 Möglich ist auch eine **vorläufige Steuerfestsetzung** (§ 165 AO), soweit Ungewissheit über die Entstehung der Erbschaft- bzw. Schenkungsteuer besteht. Bedeutung kann auch § 165 Abs. 1 S. 2 Nr. 4 AO erlangen, der eine vorläufige Steuerfestsetzung auch dann zulässt, wenn die Auslegung z. B. des ErbStG Gegenstand eines Verfahrens vor dem BFH ist. Umfang und Grund der Vorläufigkeit ist in dem Bescheid anzugeben (§ 165 Abs. 1 S. 3 AO). Aufgrund des die Verfassungsmäßigkeit der §§ 13a und 13b ErbStG betreffenden Vorlagebeschlusses des BFH v. 27.9.2012 (II R 9/11, BStBl II 2012, 899) werden sämtliche Festsetzungen von Erbschaft- oder Schenkungsteuer gem. § 165 Abs. 1 Nr. 3 AO vorläufig durchgeführt (Gleich lautende Ländererlasse v. 14.11.2012, BStBl I 2012, 1082). Eine Korrektur der vorläufigen Steuerfestsetzung ist nach § 165 Abs. 2 S. 1 AO nur im Umfang der Vorläufigkeitserklärung möglich. Der vorläufige Bescheid ist aufzuheben oder zu ändern, sobald die Ungewissheit beseitigt ist (§ 165 Abs. 2 S. 2 AO).

1.3 Bekanntgabe

13 Für die Bekanntgabe des Bescheids gilt grundsätzlich § 122 AO, soweit sich nicht aus § 32 ErbStG – für die Bekanntgabe an Testamentsvollstrecker und Nachlasspfleger – Abweichendes ergibt. Danach ist der Bescheid demjenigen bekannt zu geben, für den er bestimmt ist (§ 122 Abs. 1 S. 2 AO).

14 Bei **Erwerben von Todes** wegen ist der Erbschaftsteuerbescheid dem Erwerber als Steuerschuldner bekannt zu geben. Jeder Erwerber ist Steuerschuldner nur bezüglich seines eigenen Erwerbs. Sind mehrere Erwerber vorhanden, bedarf es grundsätzlich eines eigenen Steuerbescheids für jeden Erwerber.

15 Bei **Schenkungen unter Lebenden** sind der Erwerber und der Schenker gem. § 20 Abs. 1 ErbStG Gesamtschuldner. I. d. R. ist der Steuerbescheid dem Erwerber bekannt zu geben. Abweichend davon ist der Steuerbescheid dem Schenker dann bekannt zu geben, wenn er dies beantragt, wenn er die Schenkungsteuer übernommen hat oder wenn sich die Inanspruchnahme des Erwerbers aus sonstigen Gründen als untunlich erweist.

1.4 Rechtsbehelfe

16 Gegen Erbschaft- und Schenkungsteuerbescheide ist als Rechtsbehelf der Einspruch (§ 347 S. 1 Abs. 1 Nr. 1 AO) gegeben; er ist i. d. R. **binnen einen Monats** einzulegen (§ 355 AO). Im Fall der Testamentsvollstreckung wird die Rechtsbehelfsfrist für den Erben mit der Bekanntgabe des Steuerbescheids an den Testamentsvollstrecker in Lauf gesetzt (vgl. § 32 ErbStG Rz. 6 ff.). Gegen den Einspruchsbescheid kann Klage vor dem FG erhoben werden (zur Rechtsbehelfsbefugnis von Testamentsvollstreckern und Nachlassverwaltern vgl. Rz. 6 ff.). Zur Aussetzung von Vollziehung vgl. § 361 AO und § 69 FGO.

§ 33 Anzeigepflicht der Vermögensverwahrer, Vermögensverwalter und Versicherungsunternehmen

(1) ¹Wer sich geschäftsmäßig mit der Verwahrung oder Verwaltung fremden Vermögens befaßt, hat diejenigen in seinem Gewahrsam befindlichen Vermögensgegenstände und diejenigen gegen ihn gerichteten Forderungen, die beim Tod eines Erblassers zu dessen Vermögen gehörten oder über die dem Erblasser zur Zeit seines Todes die Verfügungsmacht zustand, dem für die Verwaltung der Erbschaftsteuer zuständigen Finanzamt schriftlich anzuzeigen. ²Die Anzeige ist zu erstatten:
1. in der Regel: innerhalb eines Monats, seitdem der Todesfall dem Verwahrer oder Verwalter bekanntgeworden ist;
2. wenn der Erblasser zur Zeit seines Todes Angehöriger eines ausländischen Staats war und nach einer Vereinbarung mit diesem Staat der Nachlaß einem konsularischen Vertreter auszuhändigen ist: spätestens bei der Aushändigung des Nachlasses.

(2) Wer auf den Namen lautende Aktien oder Schuldverschreibungen ausgegeben hat, hat dem Finanzamt schriftlich von dem Antrag, solche Wertpapiere eines Verstorbenen auf den Namen anderer umzuschreiben, vor der Umschreibung Anzeige zu erstatten.

(3) Versicherungsunternehmen haben, bevor sie Versicherungssummen oder Leibrenten einem anderen als dem Versicherungsnehmer auszahlen oder zur Verfügung stellen, hiervon dem Finanzamt schriftlich Anzeige zu erstatten.

(4) Zuwiderhandlungen gegen diese Pflichten werden als Steuerordnungswidrigkeit mit Geldbuße geahndet.

Inhalt

		Rz.
1	Allgemeines	1–9
2	Anzeigepflicht der Vermögensverwahrer und -verwalter (§ 33 Abs. 1 ErbStG i.V.m. § 1 ErbStDV)	10–24
2.1	Anzeigeverpflichtete	13–15
2.2	Inhalt und Modalitäten der Anzeigepflicht	16–24
3	Anzeigepflicht der Ausgeber von Namensaktien und Namensschuldverschreibungen (§ 33 Abs. 2 ErbStG i.V.m. § 2 ErbStDV)	25–34
4	Anzeigepflicht von Versicherungsunternehmen (§ 33 Abs. 3 ErbStG i.V.m. § 3 ErbStDV)	35–44
5	Verstoß gegen die Anzeigepflicht (§ 33 Abs. 4 ErbStG)	45–46

1 Allgemeines

§ 33 ErbStG ist ein wesentlicher Bestandteil des sich zusammen mit §§ 30, 34 ErbStG ergebenden Systems der Anzeigepflichten. Auch § 34 ErbStG dient in erster Linie dazu, dem FA die Prüfung zu erleichtern, ob und wen es im Einzelfall zu Abgabe einer Erbschaftsteuererklärung aufzufordern hat (BFH v. 31.5.2006, II R 66/04,

BStBl II 2007, 49; vgl. auch § 30 ErbStG Rz. 85). Die Vorschrift hat wegen der durch sie begründeten Anzeigepflicht u.a. der Geldinstitute und Versicherungsunternehmen **große praktische Bedeutung.** Die Anzeige nach § 33 ErbStG ist keine solche i.S.d. § 170 Abs. 2 Nr. 1 AO (vgl. § 30 ErbStG Rz. 1).

1a Ein allgemeiner, auf Einsicht in die Anzeigen bzw. deren Zurverfügungstellung gerichteter Auskunftsanspruch (z.B. von Miterben) *außerhalb* eines Besteuerungsverfahrens besteht nicht (BFH v. 23.2.2010, VII R 19/09, BStBl II 2010, 729). Dies setzte das Bestehen eines allgemeinen Anspruchs auf Akteneinsicht voraus, den die AO jedoch nicht gewährt (vgl. *Schwarz,* in Schwarz/Pahlke AO § 78 Rz. 3 m.w.N).

Bei dem Begehren auf Einsicht in die Anzeigen außerhalb eines Verwaltungsverfahrens handelt es sich auch nicht um einen zum Nachlass gehörenden Anspruch i.S.d. § 2039 BGB. Damit ist Miterben die Möglichkeit versperrt, über die Einsichtnahme in die Anzeigen z.B. näheren Aufschluss über die Höhe des Nachlasses zu erlangen.

2 Von besonderer Tragweite sind die nach § 33 ErbStG zu erstattenden Anzeigen im Zusammenhang mit der **Kontrollmitteilungspraxis** der für die Erbschaftsteuer zuständigen FÄ, die ab 1.4.2015 geltender gleich lautender Erlasse (Gleich lautende Ländererlasse v. 12.3.2015, BStBl I 2015, 225; zuvor gleich lautende Erlasse v. 18.6.2003, BStBl I 2003, 392) einheitlich nach folgenden Grundsätzen verfährt: Das für die ErbSt zuständige FA hat dem Wohnsitzfinanzamt des Erblassers den ermittelten Nachlass mitzuteilen, wenn dessen Reinwert mehr als 250.000 EUR beträgt. Ferner ergehen Kontrollmitteilungen an das Wohnsitzfinanzamt des Erwerbers, wenn der erbschaftsteuerliche Bruttowert des Erwerbs mehr als 250.000 EUR beträgt. Darüber hinaus bestehen auch umfangreiche Mitteilungspflichten der FÄ (einschließlich der Prüfungsdienste und der Steuerfahndung) gegenüber den für die Erbschaft- und Schenkungsteuer zuständen FÄ (vgl. ErbStVA (Gleich lautende Ländererlasse v. 21.6.2012, BStBl I 2012, 712), geändert durch gleich lautende Erlasse v. 3.7.2015, BStBl I 2015, 546), Ziff. 1.3.1).

3 Diese Kontrollmitteilungen sind **unabhängig** davon zu erteilen, ob es zu einer **Steuerfestsetzung** gekommen ist.

4 Die Rspr (BFH v. 2.4.1992, VIII B 129/91, BStBl II 1992, 616). hat diese Kontrollmitteilungspraxis ausdrücklich gebilligt und Einschränkungen des § 33 ErbStG durch § 30a AO verneint. Die gegen die Kontrollmitteilungspraxis der Finanzämter früher geübte Kritik ist überholt (dazu eingehend *Jochum,* in Wilms/Jochum, ErbStG, § 33 Rz. 6ff. und 18; *Meincke,* ErbStG, 2012, § 33 Rz. 1). Vor dem Hintergrund des vom BVerfG (z.B. BVerfG v. 27.6.1991, 2 BvR 1493/89, BStBl II 1991, 654; BVerfG v. 9.3.2004, 2 BvL 17/02, BStBl II 2005, 56; *Schwarz,* in Schwarz/ Pahlke, AO, § 30a AO Rz. 9ff.) herausgestellten und § 30a AO einschränkenden Gebots der Steuergerechtigkeit, des aus Art. 3 Abs. 1 GG folgenden Gebots der Gleichmäßigkeit der Besteuerung sowie der durch § 93 Abs. 7 AO und § 93b AO geschaffenen Zugriffsmöglichkeiten der FinVerw. auf Kontoinformationen bestehen an der **Verfassungsmäßigkeit** des § 33 ErbStG keine durchgreifenden Zweifel (vgl. auch BFH v. 1.10.2014, II R 29/13, BStBl I 2015, 232). Es liegt auf der Hand, dass schon diese Kontrollmitteilungspraxis sowie ferner die Anzeigepflichten aus § 33 ErbStG die – späteren – Erblasser ebenso wie die Erwerber zur Steuerehrlichkeit

anhalten (umfassend zu den Entdeckungsrisiken verschwiegenen Vermögens und der Handlungsmöglichkeiten der Erben *Schwedhelm*, FR 2007, 937; *Stahl/Durst*, ZEV 2008, 467; zur Selbstanzeige vgl. *Müller/Korthals*, ErbStB 2010, 282).
einstweilen frei 5–9

2 Anzeigepflicht der Vermögensverwahrer und -verwalter (§ 33 Abs. 1 ErbStG i. V. m. § 1 ErbStDV)

Der Anzeigepflicht unterliegen zunächst gem. § 33 Abs. 1 Satz 1 ErbStG **geschäftsmäßige** Vermögensverwahrer und -verwalter. „Geschäftsmäßig" handelt der, dessen Tätigkeit typischerweise die Vermögensverwahrung oder -verwaltung ist und er daraus Geldeinkünfte bezieht. Daher sind Privatpersonen, die als Angehörige oder aus Hilfsbereitschaft fremdes Vermögen verwahren oder verwalten, nicht anzeigepflichtig (*Meincke*, ErbStG, 2012, § 33 Rz. 2). 10

Zu den nach § 33 Abs. 1 ErbStG anzeigepflichtigen Vorgängen gehören – anders als bei der Anzeigepflicht nach § 33 Abs. 3 ErbStG – nur **Erwerbe von Todes** wegen. Zum Umfang der Anzeigepflicht und zum notwendigen Inhalt der Anzeigen vgl. § 1 ErbStDV; die Bagatellgrenze beträgt 5.000 EUR (§ 1 Abs. 4 Nr. 2 ErbStDV). 11

Gegenstand der Anzeigepflicht sind Vermögensgegenstände, die sich im Gewahrsam des Vermögensverwalters oder -verwahrers befinden. Der Begriff „**Gewahrsam**" ist umfassender als der zwangsvollstreckungs- oder strafrechtliche Gewahrsamsbegriff und meint den Zustand unmittelbarer tatsächlicher Einwirkungsmöglichkeit auf Sachen oder Rechte (BFH v. 31.5.2006, II R 66/04, BStBl II 2007, 49 = BFH/NV 2007, 350). Dabei ist entscheidend, dass der Vermögensverwalter oder -verwahrer Zugriff auf das verwahrte Vermögen hat (*Kien-Hümbert*, in Moench/Weinmann, ErbStG, § 33 Rz. 6). 12

Inländische Vermögensverwalter und -verwahrer haben in die Anzeigen nach § 33 Abs. 1 ErbStG auch Vermögensgegenstände einzubeziehen die von einer **Zweigniederlassung im Ausland** verwahrt oder verwaltet werden (BFH v. 31.5.2006, II R 66/04, BStBl II 2007, 49 = BFH/NV 2007, 350; dagegen mit beachtlichen verfassungs- und europarechtlichen Erwägungen *Gärditz*, WM 2010, 437). Unionsrechtlich war allerdings die Vereinbarkeit dieser Anzeigepflicht mit der Niederlassungsfreiheit (Art. 49 EUV) für den Fall fraglich, dass für ein inländisches Kreditinstitut mit einer unselbstständigen Zweigstelle in einem anderen Mitgliedstaat nach dessen Recht ein strafbewehrtes Bankgeheimnis gilt. Diese Rechtsfrage – betr. die Anzeigepflicht nach § 33 Abs. 1 S. 1 ErbStG eines öffentlich-rechtlichen inländischen Kreditinstituts mit unselbstständiger Zweigstelle in Österreich – hat der EuGH (Urt. v.. 14.4.2016, C-522/14, IStR 2016, 503) nach einem Vorabentscheidungsersuchen des BFH (Beschl.v. 1.10.2014, II R 29/13, BStBl II 2015, 232) dahin entschieden, dass die Niederlassungsfreiheit eines inländischen Kreditinstituts nicht durch die Anzeigepflicht von Vermögensgegenständen verstorbener Stpfl. verletzt wird, die in einer rechtlich unselbstständigen Zweigstelle im Ausland verwahrt oder verwaltet werden. Dies gilt auch, wenn im zweitgenannten Mitgliedstaat keine vergleichbare Anzeigepflicht besteht und Kreditinstitute dort einem strafbewehrten Bankgeheimnis unterliegen. 12a

Über das beim BFH anhängige Revisionsverfahren (BFH, v. 1.10.2014, II R 29/13) ist noch nicht entschieden. Erben von Vermögen, das bei einer unselbstständigen Zweigstelle im EU-Ausland einer deutschen Bank oder Sparkasse verwaltet wurde, sollten sich daher auf eine Entdeckung dieses Vermögens durch die deutsche Finanzverwaltung einstellen.

2.1 Anzeigeverpflichtete

13 Zu den geschäftsmäßigen Vermögensverwahrer und -verwaltern gehören insbesondere **Kreditinstitute, Banken und Bausparkassen**. Die Anzeigepflicht der inländischen Vermögensverwalter und -verwahrer erstreckt sich auch auf Vermögensgegenstände, die von unselbstständigen Zweigniederlassungen im Ausland verwahrt und verwaltet werden (BFH v. 31.5.2006, II R 66/04, BStBl II 2007, 49; zur Vereinbarkeit dieser Rechtslage mit Unionsrecht vgl. Rz. 12a).

14 Geschäftsmäßige Verwalter fremden Vermögens sind insbesondere **Rechtsanwälte, Notare, Steuerberater und Wirtschaftsprüfer**. Diese haben daher auch Ander- oder Treuhandkonten anzuzeigen, die sie im Namen der Verstorbenen angelegt haben und verwalten. Verstirbt der geschäftsmäßige Verwalter (Rechtsanwalt usw.), so ist bezüglich eines von ihm unterhaltenen Treuhand- oder Anderkontos das kontoführende Kreditinstitut anzeigepflichtig. Für sog. **Bestattungsvorsorge-Treuhandkonten**, wie sie insbesondere mit Bestattungsunternehmen abgeschlossen werden, sind diese Unternehmen und ggf. auch die verwahrende Bank anzeigepflichtig (H E 33 ErbStH 2011 „Anzeigepflicht bei Bestattungsvorsorge-Treuhandkonten"). Sofern **Städte** als Amtsvormund oder Amtspfleger fungieren, sind sie nach § 33 ErbStG anzeigepflichtig (FinMin Baden-Württemberg v. 19.8.1991, S 3844 – 27/90, StEK ErbStG 1974, § 33 Nr. 15; *Jülicher*, in T/G/J, ErbStG, § 33 Rz. 5). Für **Grundstücksgesellschaften** besteht für Treuhänder-Kommanditisten beim Tod des Treugebers Anzeigepflicht nach § 33 ErbStG (FinMin Schleswig-Holstein v. 6.11.1998, VI 316 – S 3844-078, StED 1998, 782).

15 **Nicht anzeigepflichtig** sind Konten und Wirtschaftsgüter, über die der Erblasser nur als Vertreter, Liquidator, Verwalter, Testamentsvollstrecker oder Pfleger die Verfügungsmacht hatte. Weiterhin unterliegen Wohnstifte, die die Vermietung ihrer Wohnungen von einer Darlehensgewährung abhängig machen, keiner Anzeigepflicht (OFD Münster v. 3.1.1986, S 3844-24-St 22–35, StEK ErbStG 1974, § 33 Nr. 9).

2.2 Inhalt und Modalitäten der Anzeigepflicht

16 Die Anzeigepflicht der Geldinstitute bezieht sich auf alle Guthaben und andere Forderungen, Wertpapierdepots, Genussscheine usw. im Todeszeitpunkt des Erblassers. Die im Einzelnen anzuzeigenden Konten und Depots umfassen auch solche, bei denen der Inhaber durch einen **Vertrag zugunsten Dritter** (§§ 328, 331 BGB) mit seinem Geldinstitut vereinbart hat, dass das Guthaben bzw. der Vermögensgegenstand mit seinem Tod auf einen Dritten übergeht (BMF v. 18.8.1999, IV C 7 – S 3844, DStR 1999, 1814; *Jülicher*, in T/G/J, ErbStG, § 33 Rz. 12). Ebenso sind sog. „**Oder-Konten**" sowie solche Konten, für die der Erblasser einem Dritten eine Vollmacht über den Tod hinaus erteilt hat, anzeigepflichtig (§ 1 Abs. 2 ErbStDV).

Anzeigepflichtig sind Geldinstitute auch bezüglich solcher Gegenstände, die ihnen als **Sicherheit für einen Kredit** gewährt worden sind.
Bezüglich eines vom Erblasser gemieteten **Bankschließfachs** genügt die Mitteilung dieser Tatsache (zu Einzelfragen Delp. DB 2016, 1403) (§ 1 Abs. 3 ErbStDV). Zur Haftung des Geldinstituts bei Herausgabe des Schließfachinhalts vgl. § 20 ErbStG Rz. 81 f.

17

Anzuzeigen ist der **Kontostand zu Beginn des Todestags**. Dies ist regelmäßig der Stand beim „Buchungsschnitt" zu Beginn des Tags oder – sofern dieser Buchungsschnitt erst im Laufe des Todestags erfolgt – der Buchungsstand des Vortags (BMF v. 2.3.1989, IV C 3 – S 3844-77/88, DB 1989, 605). Wegen der bei Zinsen auftretenden Probleme ihrer Berechnung bis zum Todestag gelten insoweit gewisse Anzeigeerleichterungen (FinMin Hessen v. 9.3.2000, S 3844A-9-II B 41, DStR 2000, 928).

18

Die **Frist zur Anzeige** ergibt sich aus § 33 Abs. 1 Satz 2 ErbStG. Maßgebend ist für § 33 Abs. 1 Satz 2 Nr. 1 ErbStG der Zeitpunkt, in dem der Anzeigeverpflichtete sichere Kenntnis vom Todesfall hat. Die Anzeigepflicht der Kreditinstitute entfällt, wenn ihnen der Tod eines Kunden erst nach Ablauf von 15 Jahren seit dem Todesfall bekannt wird (FinMin Brandenburg v. 29.9.1993, 32 – S 3844-1/93, StEK 1974, § 33 ErbStG Nr. 18).

19

einstweilen frei

20–24

3 Anzeigepflicht der Ausgeber von Namensaktien und Namensschuldverschreibungen (§ 33 Abs. 2 ErbStG i. V. m. § 2 ErbStDV)

Ausgeber von auf den Namen lautenden Aktien oder Schuldverschreibungen haben dem FA gem. § 33 Abs. 2 ErbStG Anzeige zu erstatten, wenn die Umschreibung auf einen anderen Namen beantragt wird. Einzelheiten ergeben sich aus § 2 ErbStDV. Neben der Anschrift und Identifikationsnummer des Erblassers, auf dessen Namen die Wertpapiere lauten, sind auch Angaben zu der Person erforderlich, auf deren Namen die Wertpapiere umgeschrieben werden sollen (§ 2 S. 1 ErbStDV).

25

Für **Schenkungen unter Lebenden** entfällt die Anzeigepflicht aus § 33 Abs. 2 ErbStG, weil die Übertragung dieser Wertpapiere notarieller Beurkundung bedarf und insoweit eine Anzeigepflicht der Notare gem. § 34 Abs. 1 ErbStG besteht.

26

einstweilen frei

27–34

4 Anzeigepflicht von Versicherungsunternehmen (§ 33 Abs. 3 ErbStG i. V. m. § 3 ErbStDV)

Versicherungsunternehmen sind gem. § 33 Abs. 3 ErbStG anzeigepflichtig, **bevor** sie Versicherungssummen oder Leibrenten einem anderen als dem Versicherungsnehmer auszahlen oder zur Verfügung stellen. Einzelheiten ergeben sich aus § 3 ErbStDV.

35

Zu den Versicherungsunternehmen i. S. d. § 33 Abs. 3 ErbStG gehören alle Unternehmen, die das Versicherungsgeschäft auf versicherungsrechtlicher Basis ausüben. Anzeigepflichtig sind deshalb auch **Pensions- und Sterbekassen** von Berufsverbän-

36

den, Vereinen und anderen Anstalten, soweit sie die Lebens-, Sterbegeld- oder Leibrenten-Versicherung betreiben (§ 3 Abs. 1 S. 1 ErbStDV). Dies gilt z.B. auch für die Versorgungswerke der Ärztekammern (H E 33 ErbStH 2011 „Anzeigepflicht berufsständischer Versorgungswerke"); hier besteht jedoch eine Anzeigepflicht nur für vertragliche Leistungen, nicht aber für gesetzliche Leistungen aufgrund einer Zwangsmitgliedschaft des Arztes. Ebenso unterliegen **betriebliche Unterstützungskassen**, die an die Hinterbliebenen ehemaliger Werksangehöriger Unterstützungen ohne Rechtsanspruch gewähren, keiner Anzeigepflicht.

37 Der **Umfang der Anzeigepflicht** ist durch § 3 Abs. 2 ErbStDV festgelegt. Neben dem Verwandtschaftsverhältnis ist auch die Eigenschaft als Ehegatte bzw. Lebenspartner anzugeben (§ 3 Abs. 2 S. 1 ErbStDV). Bei einem Wechsel des Versicherungsnehmers vor Eintritt des Versicherungsfalls ist – der Regelung des § 12 Abs. 4 BewG Rechnung tragend – der Rückkaufswert sowie Name, Identifikationsnummer, Anschrift und Geburtsdatum des neuen Versicherungsnehmers anzuzeigen (§ 12 Abs. 2 S. 3 ErbStDV).

37a Die Anzeigepflicht besteht grundsätzlich unabhängig davon, ob die ausgezahlten bzw. zur Verfügung gestellten Beträge der Steuerpflicht unterliegen. Aus dem Wortlaut des § 33 Abs. 3 ErbStG ergibt sich, dass nur die Auszahlung oder Zurverfügungstellung an einen anderen als den Versicherungsnehmer anzeigepflichtig ist. Auszahlungen an den Versicherungsnehmer selbst unterliegen daher keiner Anzeigepflicht (vgl. auch § 3 Abs. 1 S. 2 ErbStDV). Dementsprechend ist auch die Zahlung einer Versicherungssumme an einen Arbeitgeber, der als Versicherungsnehmer eine **Gruppenunfallversicherung** für seine Arbeitnehmer abgeschlossen hat, nicht anzeigepflichtig (BFH v. 23.7.1975, II R 147/73, BStBl II 1975, 841). Gleiches gilt dann, wenn der Arbeitgeber einen **Versicherungsmakler** mit der Zahlungsabwicklung beauftragt, dieser die Versicherungssummen aufgrund der Inkassovollmacht des Arbeitgebers mit für den Versicherer schuldbefreiender Wirkung in Empfang nimmt und im Auftrag und auf Anweisung des Arbeitgebers an die Anspruchsberechtigten weiterleitet (BFH v. 23.7.1975, II R 147/73, BStBl II 1975, 841). Ebenso ist auch eine Übertragung von **Direktversicherungen** bei einem Wechsel des Versicherungsunternehmens, insbesondere bei einem Ausscheiden des Arbeitnehmers aus einem Unternehmen, nicht anzuzeigen (FinMin Saarland v. 28.10.1998 B/5-S 3844, DStR 1998, 1916).

38 Bei **verbundenen Lebensversicherungen von Eheleuten** nimmt die FinVerw. hingegen eine Anzeigepflicht der Versicherungsunternehmen an, wenn die Versicherungssumme bei Ableben des zuerst versterbenden Ehegatten an den überlebenden Ehegatten ausgezahlt wird (H E ErbStH 2011 „Anzeigepflicht der Versicherungsunternehmen bei verbundenen Lebensversicherungen"). Ebenso besteht eine Anzeigepflicht der Versicherungsunternehmen bei Fortführung eines Versicherungsvertrags nach dem Tod des Versicherungsnehmers durch eine andere Person, so etwa durch den Erben (H E ErbStH 2011 „Anzeigepflichten der Versicherungsunternehmen bei Vertragsfortführung"). Zu den anzeigepflichtigen Vorgängen gehören schließlich – anders als bei der Anzeigepflicht nach § 33 Abs. 1 ErbStG – auch **Schenkungen unter Lebenden**. Für **Kapitalversicherungen** besteht eine Anzeigepflicht nur dann, wenn der auszuzahlende Betrag 5.000 EUR übersteigt (§ 3 Abs. 3

S. 2 ErbStDV in der für Erwerbe, für die die Steuer nach dem 31.12.2010, geltenden Neufassung). Sog. **Termfix-Versicherungen** sind von den Versicherungsunternehmen auf den Todestag des Erblassers anzuzeigen (vgl. FinMin Niedersachsen v. 11.3.2010, S 3844-127-35 a, juris; vgl. auch *Günther*, ErbStG 2010, 71).
Das für die Erstattung der Anzeige **zuständige FA** ergibt sich aus § 3 Abs. 2 Satz 1 ErbStDV i. V. m. § 35 ErbStG.   39

einstweilen frei   40–44

5 Verstoß gegen die Anzeigepflicht (§ 33 Abs. 4 ErbStG)

Zuwiderhandlungen gegen die Anzeigepflichten aus § 33 ErbStG werden als Steuerordnungswidrigkeiten mit **Geldbuße** geahndet (§ 33 Abs. 4 ErbStG). Für Steuerordnungswidrigkeiten gelten gem. § 377 Abs. 2 AO die Vorschriften des Ersten Teils des OWiG, soweit die Bußgeldvorschriften der Steuergesetze nichts anderes bestimmen. Eine Geldbuße bis zur Höhe von 50.000 EUR (§ 378 Abs. 2 AO) kommt, da die nach § 33 ErbStG Anzeigeverpflichteten nicht Steuerpflichtige sind, nur in den Fällen des § 34 Abs. 3 AO (D.h. soweit die nach § 33 ErbStG Anzeigeverpflichteten zugleich Vermögensverwalter sind) in Betracht. Die Verfolgung einer Steuerordnungswidrigkeit unterliegt entgegen dem missverständlichen Wortlaut des § 33 Abs. 4 ErbStG dem für den Bereich des Ordnungswidrigkeitenrechts ganz allgemein geltenden Opportunitätsprinzip (zu Einzelheiten *App*, StvJ 1990, 101). Nicht abschließend geklärt ist, ob die Verletzung der Anzeigepflicht daneben auch als Steuerhinterziehung geahndet werden kann (bejahend *Sackreuther*, PStR 2011, 254, 256).   45

Versicherungsunternehmen unterliegen ferner der **Haftung** gem. § 20 Abs. 6 Satz 1 ErbStG. Einer entsprechenden Haftung unterliegen Banken und andere Gewahrsamsinhaber gem. § 20 Abs. 6 Satz 2 ErbStG.   46

§ 34 Anzeigepflicht der Gerichte, Behörden, Beamten und Notare

(1) Die Gerichte, Behörden, Beamten und Notare haben dem für die Verwaltung der Erbschaftsteuer zuständigen Finanzamt schriftlich Anzeige zu erstatten über diejenigen Beurkundungen, Zeugnisse und Anordnungen, die für die Festsetzung einer Erbschaftsteuer von Bedeutung sein können.
(2) Insbesondere haben anzuzeigen:
1. die Standesämter:
die Sterbefälle;
2. die Gerichte und die Notare:
die Erteilung von Erbscheinen, Europäischen Nachlasszeugnissen, Testamentsvollstreckerzeugnissen und Zeugnissen über die Fortsetzung der Gütergemeinschaft, die Beschlüsse über Todeserklärungen sowie die Anordnung von Nachlaßpflegschaften und Nachlaßverwaltungen;
3. die Gerichte, die Notare und die deutschen Konsuln:
die eröffneten Verfügungen von Todes wegen, die abgewickelten Erbauseinandersetzungen, die beurkundeten Vereinbarungen der Gütergemeinschaft und die beurkundeten Schenkungen und Zweckzuwendungen.

Inhalt		Rz.
1	Allgemeines Umfang der Anzeigepflicht	1–9
2	Anzeigepflicht der Standesämter (§ 34 Abs. 2 Nr. 1 ErbStG i. V. m. §§ 4 und 5 ErbStDV)	10–15
3	Anzeigepflichten der Gerichte, Notare und deutschen Konsuln (§ 34 Abs. 2 Nr. 2 ErbStG i. V. m. §§ 6–9 ErbStDV)	16–24
4	Anzeigepflichten von Genehmigungsbehörden (§ 10 ErbStDV) ..	25

1 Allgemeines Umfang der Anzeigepflicht

§ 34 ErbStG begründet Anzeigepflichten für die näher bezeichneten amtlichen Stellen und ergänzt damit die für andere Personen durch §§ 30, 33 ErbStG begründeten Anzeigepflichten. Entscheidend ist die Kenntnis der für die Erbschaftsteuer/Schenkungsteuer zuständigen Stelle; die Kenntnis anderer Behörden reicht nicht aus (FG Berlin-Brandenburg v. 5.11.2015, 14 K 14201/14, UVR 2016, 169; s.a. § 30 ErbStG Rz. 24). 1

Durch Gesetz vom 29.6.2015 (BGBl I 2015, 1042) wurde für Gerichte und Notare (§ 34 Abs. 2 Nr. 2 ErbStG) deren Anzeigepflicht auch für die Erteilung von Europäischen Nachlasszeugnissen begründet. § 34 ErbStG wird durch §§ 4–11 ErbStDV näher ausgefüllt.

Gegenstand der Anzeigepflicht sind gem. § 34 Abs. 1 ErbStG die **Beurkundungen, Zeugnisse und Anordnungen**, die für die Festsetzung von Erbschaft- bzw. Schenkungsteuer von Bedeutung sind. Zu den „Beurkundungen" dürften auch Unter- 2

§ 34   Anzeigepflicht der Gerichte, Behörden, Beamten und Notare

schriftsbeglaubigungen zählen (*Klöckner*, ZEV 2011, 299/300 f.; a.A. *Schuck* in V/K/S/W, ErbStG, 2012, § 34 Rz. 4). Die Anzeigen sind gem. § 34 Abs. 1 ErbStG **schriftlich** zu erstatten. Die damit gem. § 87a Abs. 3 AO an sich eröffnete Möglichkeit der elektronischen Übermittlung ist nach §§ 7 Abs. 1 Satz 2, 8 Abs. 1 Satz 2, 9 Satz 2 und 10 Satz 2 ErbStDV ausgeschlossen.

3   Zur Erfüllung der Anzeigepflicht bedarf es der **vollständigen Übermittlung** der entsprechenden Urkunden. Die bloße Weitergabe von Auszügen ist nicht ausreichend (*Kien-Hümbert*, in Moench/Weinmann, ErbStG, § 34 Rz. 2).

4   Die nach § 34 ErbStG anzeigepflichtigen Stellen haben hinsichtlich der anzuzeigenden Vorgänge grundsätzlich **keine Prüfungsbefugnis** im Hinblick auf eine etwaige Steuerpflicht. Dieser Grundsatz ist nur insoweit eingeschränkt, als über die Voraussetzungen einer Befreiung von der Anzeigepflicht gem. §§ 7 Abs. 4 Nr. 1 und 8 Abs. 3 ErbStDV zu entscheiden ist.

5–9   einstweilen frei

2   Anzeigepflicht der Standesämter (§ 34 Abs. 2 Nr. 1 ErbStG i.V.m. §§ 4 und 5 ErbStDV)

10   Einzelheiten der Anzeigepflicht der Standesämter sind in §§ 4 und 5 ErbStDV geregelt. Hiernach haben die Standesämter dem zuständigen Finanzamt (§ 4 Abs. 1 S. 1 ErbStDV) alle **Sterbefälle** zu melden. Zur Bedeutung der von den Standesämtern übersandten Totenlisten bezüglich der Anzeigepflicht aus § 30 ErbStG vgl. § 30 ErbStG Rz. 56.

11–15   einstweilen frei

3   Anzeigepflichten der Gerichte, Notare und deutschen Konsuln (§ 34 Abs. 2 Nr. 2 ErbStG i.V.m. §§ 6–9 ErbStDV)

16   Die Einzelheiten der den Gerichten, Notaren und deutschen Konsuln durch § 34 Abs. 2 Nrn. 2 und 3 ErbStG auferlegten Anzeigepflichten ergeben sich aus §§ 7–9 ErbStDV (zu den Anzeigepflichten der Notare eingehend *Klöckner*, ZEV 2011, 299). Für **Notare** enthalten § 34 Abs. 2 Nr. 2 und 3 ErbStG nach Meinung der Finanzverwaltung (Bayerisches Landesamt f. Steuern v. 18.12.2014, ErbSt-Kartei Bayern § 34 ErbStG Karte 3) eine nicht abschließende Aufzählung der anzeigepflichtigen Vorgänge, so dass bei „potentiell erbschaft- und schenkungsteuerrechtlicher Relevanz" auch die bloße **Unterschriftsbeglaubigung** der Anzeigepflicht unterworfen sein soll.

17   Nach § 6 **ErbStDV** haben die Gerichte dem zuständigen Erbschaftsteuer-Finanzamt Beschlüsse über **Todeserklärungen**, oder über Feststellungen des Todes bzw. Todeszeitpunkts zu übersenden.

18   Gemäß § 7 ErbStDV müssen Gerichte, Notare und sonstige Urkundspersonen in **Erbfällen beglaubigte Abschriften** u.a. eröffneter Testamente, Erbscheine und Europäischer Nachlasszeugnisse übersenden. Die Anzeigen sollen auch die in § 7

Abs. 2 und 3 ErbStDV aufgeführten Angaben über die persönlichen Verhältnisse des Erblassers einschließlich dessen Identifikationsnummer und ggf. Angaben u. a. über Höhe und Zusammensetzung des Nachlasses enthalten. Neben dem Verwandtschaftsverhältnis ist auch die Eigenschaft als Ehegatte bzw. Lebenspartner anzugeben ist. Die Bagatellgrenze (§ 7 Abs. 4 Nr. 1 ErbStDV) beträgt 12.000 EUR für Hausrat bzw. 20.000 EUR für sonstiges Vermögen.

Gerichte haben dem Erbschaftsteuer-Finanzamt auch die **Aufhebung einer Nachlasspflegschaft oder Nachlassverwaltung** anzuzeigen (§ 7 Abs. 1 Nr. 5 ErbStDV). Dieser Information bedarf das Finanzamt zur Prüfung, ob eine Bekanntgabe nach § 32 ErbStG erforderlich ist (BT-Drs. 13/8439, 72). Für Gerichte ergeben sich weitere Einzelheiten ihrer Anzeigepflichten aus den Anordnungen über Mitteilungen in Zivilsachen (MiZi v. 1.3.1998 i. d. F. v. 3.9.2014). 19

Bezüglich der Anzeigepflicht der **Notare** ist zu beachten, dass ihnen gegenüber bei **Nichterfüllung ihrer Anzeigepflichten** keine Zwangsmittel angewendet werden dürfen. Notare sind durch § 255 Abs. 1 AO geschützt, weil sie im Rahmen ihrer Anzeigepflichten behördliche Aufgaben wahrnehmen und damit hoheitliche Tätigkeiten ausüben (FinMin Niedersachsen v. 11.1.1990, S 3841-5, ErbSt-Kartei OFD Hannover, § 34 ErbStG Karte 2; *Jülicher*, in T/G/J, ErbStG, § 34 Rz. 13). 20

Für Notare haben die Finanzverwaltungen – untereinander nicht völlig identische – Merkblätter über die steuerlichen Beistandspflichten herausgegeben, die die notariellen Anzeigepflichten bei der Erbschaft- und Schenkungsteuer eingehend behandeln (auf dem neuesten Stand ist das Merkblatt der OFD Frankfurt am Main, Stand Mai 2014 v. 28.5.2014, S 2932 A-45-St 51, FMNR2b9310014, juris).

Bei **Schenkungen und Zweckzuwendungen unter Lebenden** haben Gerichte, Notare und sonstige Urkundspersonen gem. **§ 8 ErbStDV** den zuständigen Erbschaftsteuer-Finanzämtern **beglaubigte Abschriften über eine Schenkung oder Zweckzuwendung** zu übersenden. Neben dem Verwandtschaftsverhältnis ist auch die Eigenschaft als Ehegatte bzw. Lebenspartner anzugeben (§ 8 Abs. 1 S. 3 Nr. 1 ErbStDV). Die Bagatellgrenze (§ 8 Abs. 3 ErbStDV) beträgt 12.000 EUR für Hausrat bzw. 20.000 EUR für sonstiges Vermögen. 21

Die Anzeigepflicht der Gerichte, Notare und sonstigen Urkundspersonen erstreckt sich gem. **§ 8 Abs. 2 ErbStDV** auch auf Urkunden über Rechtsgeschäfte, die zum Teil oder der Form nach entgeltlich sind, bei denen aber Anhaltspunkte dafür vorliegen, dass eine Schenkung oder Zweckzuwendung unter Lebenden vorliegt. Die Urkundsperson hat damit – unbeschadet ihrer fehlenden Prüfungsbefugnis (Rz. 4) – jedenfalls eine überschlägige Überprüfung der steuerlichen Relevanz des Beurkundeten vorzunehmen. Bei deutlichen Anzeichen für eine steuerliche Relevanz bedarf es der Anzeige (*Klöckner*, ZEV 2011, 299; für großzügige Handhabung der notariellen Anzeigepflicht *Kapp/Ebeling* § 34 Rz. 2; *Schuck*, in V/K/S/W, ErbStG, 2012, § 34 Rz. 5). 22

§ 8 Abs. 1 S. 6 und Abs. 4 ErbStDV verpflichten Gerichte, Notare und sonstige Urkundspersonen, die Beteiligten auf eine mögliche Steuerpflicht hinzuweisen. Diese Regelungen der ErbStDV sind mangels gesetzlicher Ermächtigung nichtig (vgl. § 36 ErbStG Rz. 2). 23

§ 34 Anzeigepflicht der Gerichte, Behörden, Beamten und Notare

24 Nach § 9 ErbStDV besteht eine Anzeigepflicht **deutscher Auslandsstellen**. Anzeigepflichtig sind diplomatische Vertreter und Konsuln des Bundes für ihnen bekannt gewordene Sterbefälle von Deutschen sowie ihnen bekannt gewordene Zuwendungen ausländischer Erblasser oder Schenker an Inländer.

4 Anzeigepflichten von Genehmigungsbehörden (§ 10 ErbStDV)

25 Zu den Behörden i.S.d. § 34 Abs. 1 ErbStG gehören auch solche, die **Stiftungen oder Zuwendungen von Todes wegen und unter Lebenden an juristische Personen genehmigen**. Diese Genehmigungen sind gem. § 10 ErbStDV anzeigepflichtig. Die Anzeigepflicht der Auslandsstellen beschränkt sich auf die von ihnen beurkundeten oder ihnen bekannt gewordenen Sterbefälle oder Zuwendungen ausländischer Erblasser oder Schenker. Zu eigenen Ermittlungen sind die Auslandsstellen nicht verpflichtet. Anzugeben sind auch die Identifikationsnummern des Erblassers (Schenkers) und des Erwerbers (§ 10 S. 4 Nr. 2 ErbStDV).

§ 35 Örtliche Zuständigkeit

(1) ¹Örtlich zuständig für die Steuerfestsetzung ist in den Fällen, in denen der Erblasser zur Zeit seines Todes oder der Schenker zur Zeit der Ausführung der Zuwendung ein Inländer war, das Finanzamt, das sich bei sinngemäßer Anwendung des § 19 Abs. 1 und des § 20 der Abgabenordnung ergibt. ²Im Fall der Steuerpflicht nach § 2 Abs. 1 Nr. 1 Buchstabe b richtet sich die Zuständigkeit nach dem letzten inländischen Wohnsitz oder gewöhnlichen Aufenthalt des Erblassers oder Schenkers.

(2) Die örtliche Zuständigkeit bestimmt sich nach den Verhältnissen des Erwerbers, bei Zweckzuwendungen nach den Verhältnissen des Beschwerten, zur Zeit des Erwerbs, wenn
1. bei einer Schenkung unter Lebenden der Erwerber, bei einer Zweckzuwendung unter Lebenden der Beschwerte, eine Körperschaft, Personenvereinigung oder Vermögensmasse ist oder
2. der Erblasser zur Zeit seines Todes oder der Schenker zur Zeit der Ausführung der Zuwendung kein Inländer war. Sind an einem Erbfall mehrere inländische Erwerber mit Wohnsitz oder gewöhnlichem Aufenthalt in verschiedenen Finanzamtsbezirken beteiligt, ist das Finanzamt örtlich zuständig, das zuerst mit der Sache befaßt wird.

(3) ¹Bei Schenkungen und Zweckzuwendungen unter Lebenden von einer Erbengemeinschaft ist das Finanzamt zuständig, das für die Bearbeitung des Erbfalls zuständig ist. ²Satz 1 gilt auch, wenn eine Erbengemeinschaft aus zwei Erben besteht und der eine Miterbe bei der Auseinandersetzung eine Schenkung an den anderen Miterben ausführt.

(4) In den Fällen des § 2 Abs. 1 Nr. 3 und Absatz 3 ist das Finanzamt örtlich zuständig, das sich bei sinngemäßer Anwendung des § 19 Abs. 2 der Abgabenordnung ergibt.

Inhalt

		Rz.
1	Allgemeines	1–2
2	Zuständigkeit bei inländischem Erblasser bzw. Schenker (§ 35 Abs. 1 ErbStG)	3–9
3	Zuständigkeit bei Erwerb durch Körperschaften, Personenvereinigungen oder Vermögensmassen sowie bei ausländischem Erblasser oder Schenker (§ 35 Abs. 2 ErbStG)	10–19
4	Zuständigkeit bei Erwerb von Erbengemeinschaft (§ 35 Abs. 3 ErbStG)	20–21
5	Zuständigkeit bei beschränkter Steuerpflicht (§ 35 Abs. 4 ErbStG)	30–34
6	Verletzung der Vorschriften über die örtliche Zuständigkeit	35

§ 35 Örtliche Zuständigkeit

1 Allgemeines

1 § 35 ErbStG bestimmt die örtliche Zuständigkeit des für die Steuerfestsetzung zuständigen FA. § 35 Abs. 3 ErbStG wurde durch das ErbStRG geändert und in dessen S. 2 um eine Zuständigkeitsregelung für Schenkungen der noch ungeteilten Erbengemeinschaft ergänzt. Durch das BeitrRlUmsG wurde der Anwendungsbereich des § 35 Abs. 4 ErbStG um die Fälle des § 2 Abs. 3 ErbStG erweitert.

2 § 35 Abs. 1 ErbStG lehnt sich an die Zuständigkeitsregelungen der §§ 19, 20 AO an. Wegen der Geltung der AO auch für das ErbStG (§ 1 Abs. 1 AO) dürften im Hinblick auf spezielle Zuständigkeitsfragen ggf. auch die §§ 25ff. AO ergänzend anzuwenden sein (ebenso *Jülicher*, in T/G/J, ErbStG, § 35 Rz. 1). § 35 Abs. 2 bis 4 ErbStG enthalten ergänzende Regelungen für besondere Fallgestaltungen. Bedeutung hat die Regelung der örtlichen Zuständigkeit vor allem für die Verteilung des Steueraufkommens auf die einzelnen Bundesländer (vgl. auch *Zauner/Berg*, ZEV 2009, 63). Zu den Rechtsfolgen eines Zuständigkeitsfehlers vgl. Rz. 35.

2 Zuständigkeit bei inländischem Erblasser bzw. Schenker (§ 35 Abs. 1 ErbStG)

3 § 35 Abs. 1 Satz 1 ErbStG betrifft den am häufigsten gegebenen Fall, dass der Erblasser zur Zeit seines Todes bzw. der Schenker zur Zeit der Ausführung der Schenkung Inländer waren. Die Inländereigenschaft bestimmt sich nach der in § 2 Abs. 1 Nr. 1 Satz 2 ErbStG getroffenen Regelung. Die örtliche Zuständigkeit des Finanzamts ergibt sich aus den sinngemäß anzuwendenden §§ 19 Abs. 1 und 20 AO. Nach § 19 Abs. 1 AO ist das Finanzamt zuständig, in dessen Bezirk der **Erblasser bzw. Schenker seinen Wohnsitz** (§ 8 AO) oder in Ermangelung eines Wohnsitzes seinen **gewöhnlichen Aufenthalt** (§ 9 AO) hatte. Ist Schenker eine Körperschaft, Personenvereinigung oder Vermögensmasse, so bestimmt sich die örtliche Zuständigkeit nach § 20 AO, also in erster Linie nach dem **Sitz der Geschäftsleitung** (§ 10 AO). Bei Fehlen einer Geschäftsleitung im Inland ergibt sich aus § 20 Abs. 2 bis 4 AO eine Rangfolge von **Ersatzzuständigkeiten**.

4 § 35 Abs. 1 Satz 2 ErbStG betrifft die Fälle, in denen ein deutscher Staatsangehöriger als Erblasser bzw. Schenker trotz **Wegzugs ins Ausland** gem. § 2 Abs. 1 Nr. 1 Buchst. b ErbStG zu den Steuerinländern gehört. In diesem Fall bestimmt sich die örtliche Zuständigkeit nach dem letzten inländischen Wohnsitz oder gewöhnlichen Aufenthalt des Erblassers oder Schenkers.

5 Bei **deutschen Auslandsbediensteten** (§ 2 Abs. 1 Nr. 1 Buchst. c ErbStG) ist nach dem sinngemäß anzuwendenden § 19 Abs. 1 Satz 3 AO dasjenige Finanzamt zuständig, in dessen Bezirk sich die die Dienstbezüge zahlende öffentliche Kasse befindet (ebenso *Jülicher*, in T/G/J, ErbStG, § 35 Rz. 4).

6–9 einstweilen frei

Örtliche Zuständigkeit § 35

3 Zuständigkeit bei Erwerb durch Körperschaften, Personenvereinigungen oder Vermögensmassen sowie bei ausländischem Erblasser oder Schenker (§ 35 Abs. 2 ErbStG)

In den Fällen des § 35 Abs. 2 ErbStG bestimmt sich die **örtliche Zuständigkeit** nach den Verhältnissen des Erwerbers, bei Zweckzuwendungen (§ 8 ErbStG) nach den Verhältnissen des Beschwerten. Ist der Erwerber eine Körperschaft, Personenvereinigung oder Vermögensmasse, so ist für die örtliche Zuständigkeit in erster Linie der Sitz der Geschäftsleitung maßgebend (§ 10 AO; vgl. Rz. 3). Sofern diese Erwerber bzw. Beschwerten nur **beschränkt steuerpflichtig** sind (§ 2 Abs. 1 Nr. 3 ErbStG), ergibt sich die örtliche Zuständigkeit aus § 35 Abs. 4 ErbStG i.V.m. § 19 Abs. 2 AO.   10

War der Erblasser oder Schenker **Ausländer**, so richtet sich die örtliche Zuständigkeit nach dem Wohnsitz oder gewöhnlichen Aufenthalt des Erwerbers. Hat der Erwerber weder einen Wohnsitz noch einen gewöhnlichen Aufenthalt im Inland, so kommt nur eine beschränkte Steuerpflicht gem. § 2 Abs. 1 Nr. 3 ErbStG in Betracht; die örtliche Zuständigkeit bestimmt sich daher nach der Regelung des § 35 Abs. 4 ErbStG i.V.m. § 19 Abs. 2 AO.

Sofern **mehrere** inländische Erwerber beteiligt sind, ist nach § 35 Abs. 2 Nr. 2 Satz 2 ErbStG dasjenige Finanzamt örtlich zuständig, das zuerst mit der Sache befasst ist. Dieses hat die Steuer für sämtliche Erwerber festzusetzen.   11

einstweilen frei   12–19

4 Zuständigkeit bei Erwerb von Erbengemeinschaft (§ 35 Abs. 3 ErbStG)

Der durch das ErbStRG geänderte § 35 Abs. 3 ErbStG bestimmt in Satz 1 aus Zweckmäßigkeitserwägungen, dass bei Schenkungen oder Zweckzuwendungen unter Lebenden von einer Erbengemeinschaft dasjenige Finanzamt örtlich zuständig ist, das auch schon für die Bearbeitung des Erbfalls zuständig ist (dazu § 35 Abs. 1 ErbStG) ist.   20

Der durch das ErbStRG eingefügte § 35 Abs. 3 Satz 2 ErbStG, der insoweit die bereits früher vertretene Verwaltungsauffassung (FinMin Baden-Württemberg v. 27.11.1998, 3 – S 3850/2, DStR 1999, 27) kodifiziert, trifft eine entsprechende Anordnung auch für Schenkungen eines Miterben bei der Erbauseinandersetzung, indem er dem anderen Miterben mehr aus dem Nachlassvermögen überlässt als diesem nach seinem Erbanteil zusteht (BT-Drs. 16/7918, 38; krit. *Zauner/Berg*, ZEV 2009, 63). Insoweit ergibt die Zuständigkeit daher ebenfalls aus § 35 Abs. 1 ErbStG.   21

5 Zuständigkeit bei beschränkter Steuerpflicht (§ 35 Abs. 4 ErbStG)

In Fällen beschränkter Steuerpflicht (§ 2 Abs. 1 Nr. 3 ErbStG), d.h. wenn weder der Erblasser oder Schenker noch der Erwerber Inländer ist, ist Besteuerungsgrundlage das Inlandsvermögen. Die örtliche Zuständigkeit bestimmt sich nach der Vermögensbelegenheit (§ 19 Abs. 2 AO). Fällt das Vermögen nach seiner Belegenheit in den Zuständigkeitsbereich mehrerer Finanzämter, so ist dasjenige örtlich zuständig, in dessen Bezirk sich der wertvollste Vermögensteil befindet.   30

Pahlke

31 Ebenso bestimmt sich die örtliche Zuständigkeit aufgrund der durch das BeitrRl-UmsG geänderten Fassung des § 35 Abs. 4 ErbStG auch dann nach den vorstehenden Grundsätzen, wenn der Steuerpflichtige gemäß § 2 Abs. 3 ErbStG die Anwendung der Regelungen der unbeschränkten Steuerpflicht beantragt. Zur zeitlichen Geltung der Neufassung des § 35 Abs. 4 ErbStG vgl. § 37 Abs. 7 S. 2 ErbStG.

32–34 einstweilen frei

6 Verletzung der Vorschriften über die örtliche Zuständigkeit

35 Eine Verletzung über die örtliche Zuständigkeit führt gem. § 125 Abs. 3 Nr. 1 AO nicht zur Nichtigkeit des Verwaltungsakts. Zwar ist ein solcher Verwaltungsakt **rechtswidrig**. Seine Aufhebung kann jedoch gem. § 127 AO dann nicht beansprucht werden, wenn keine andere Entscheidung in der Sache hätte getroffen werden können (zu Einzelheiten vgl. *Frotscher,* in Pahlke/Schwarz, AO, § 127 Rz. 6).

FÜNFTER TEIL: Ermächtigungs- und Schlussvorschriften
(§§ 36–37a)

§ 36 Ermächtigungen

(1) Die Bundesregierung wird ermächtigt, mit Zustimmung des Bundesrates
1. zur Durchführung dieses Gesetzes Rechtsverordnungen zu erlassen, soweit dies zur Wahrung der Gleichmäßigkeit bei der Besteuerung, zur Beseitigung von Unbilligkeiten in Härtefällen oder zur Vereinfachung des Besteuerungsverfahrens erforderlich ist, und zwar über
   a) die Abgrenzung der Steuerpflicht,
   b) die Feststellung und die Bewertung des Erwerbs von Todes wegen, der Schenkungen unter Lebenden und der Zweckzuwendungen, auch soweit es sich um den Inhalt von Schließfächern handelt,
   c) die Steuerfestsetzung, die Anwendung der Tarifvorschriften und die Steuerentrichtung,
   d) die Anzeige- und Erklärungspflicht der Steuerpflichtigen,
   e) die Anzeige-, Mitteilungs- und Übersendungspflichten der Gerichte, Behörden, Beamten und Notare, der Versicherungsunternehmen, der Vereine und Berufsverbände, die mit einem Versicherungsunternehmen die Zahlung einer Versicherungssumme für den Fall des Todes ihrer Mitglieder vereinbart haben, der geschäftsmäßigen Verwahrer und Verwalter fremden Vermögens, auch soweit es sich um in ihrem Gewahrsam befindliche Vermögensgegenstände des Erblassers handelt, sowie derjenigen, die auf den Namen lautende Aktien oder Schuldverschreibungen ausgegeben haben;
2. Vorschriften durch Rechtsverordnung zu erlassen über die sich aus der Aufhebung oder Änderung von Vorschriften dieses Gesetzes ergebenden Rechtsfolgen, soweit dies zur Wahrung der Gleichmäßigkeit der Besteuerung oder zur Beseitigung von Unbilligkeiten in Härtefällen erforderlich ist.

(2) Das Bundesministerium der Finanzen wird ermächtigt, den Wortlaut dieses Gesetzes und der zu diesem Gesetz erlassenen Durchführungsverordnung in der jeweils geltenden Fassung satzweise numeriert mit neuem Datum und Paragraphenfolge bekanntzumachen und dabei Unstimmigkeiten des Wortlauts zu beseitigen.

§ 36 Abs. 1 ErbStG ermächtigt zum Erlass von Durchführungsverordnungen. Auf der Grundlage des § 36 Abs. 1 Nr. 1 Buchst. e ErbStG ist die ErbStDV (zuletzt geändert durch Gesetz v. 29.6.2015, BGBl I 2015, 1042) ergangen. 1

Die Ermächtigung des § 36 Abs. 1 Nr. 1 Buchst. e ErbStG beschränkt sich auf „Anzeige- Mitteilungs- und Übersendungspflichten". Die Vorschrift ermächtigt hingegen **nicht** zur Begründung von **Hinweispflichten** in Bezug auf die mögliche Steuerpflicht einer (gemischten) Schenkung bzw. einer Zweckzuwendung. Derartige Hinweispflichten werden jedoch Gerichten, Notaren und sonstigen Urkundspersonen durch § 8 Abs. 1 S. 6 und Abs. 4 ErbStDV auferlegt; diese Regelungen sind 2 mangels gesetzlicher Ermächtigung **nichtig** (zutr. *Wachter*, DNotZ 2010, 312; *Klöckner*, ZEV 2011, 299). Ein Notar, der die vorgenannten Regelungen der ErbStDV durch Nichthinweis auf eine mögliche Schenkungsteuerpflicht verletzt, kann insoweit auch keiner Haftung unterliegen (unzutr. daher OLG Oldenburg v. 12.6.2009, 6 U 58/09, DNotZ 2010, 312).

3 § 36 Abs. 2 ErbStG ermächtigt das BMF, den Wortlaut dieses Gesetzes und der ErbStDV – ggf. auch mit redaktionellen Korrekturen – neu bekannt zu machen.

§ 37 Anwendung des Gesetzes

(1) Dieses Gesetz in der Fassung des Artikels 6 des Gesetzes vom 22. Dezember 2009 (BGBl. I S. 3950) findet auf Erwerbe Anwendung, für die die Steuer nach dem 31. Dezember 2009 entsteht.

(2) ¹In Erbfällen, die vor dem 31. August 1980 eingetreten sind, und für Schenkungen, die vor diesem Zeitpunkt ausgeführt worden sind, ist weiterhin § 25 in der Fassung des Gesetzes vom 17. April 1974 (BGBl. I S. 933) anzuwenden, auch wenn die Steuer infolge Aussetzung der Versteuerung nach § 25 Abs. 1 Buchstabe a erst nach dem 30. August 1980 entstanden ist oder entsteht. ²In Erbfällen, die vor dem 1. Januar 2009 eingetreten sind, und für Schenkungen, die vor diesem Zeitpunkt ausgeführt worden sind, ist weiterhin § 25 Abs. 1 Satz 3 und Abs. 2 in der Fassung der Bekanntmachung vom 27. Februar 1997 (BGBl. I S. 378) anzuwenden.

(3) Die §§ 13a und 19a Absatz 5 in der Fassung des Artikels 6 des Gesetzes vom 22. Dezember 2009 (BGBl. I S. 3950) finden auf Erwerbe Anwendung, für die die Steuer nach dem 31. Dezember 2008 entsteht. § 13a in der Fassung des Artikels 6 des Gesetzes vom 22. Dezember 2009 (BGBl. I S. 3950) ist nicht anzuwenden, wenn das begünstigte Vermögen vor dem 1. Januar 2011 von Todes wegen oder durch Schenkung unter Lebenden erworben wird, bereits Gegenstand einer vor dem 1. Januar 2007 ausgeführten Schenkung desselben Schenkers an dieselbe Person war und wegen eines vertraglichen Rückforderungsrechts nach dem 11. November 2005 herausgegeben werden musste.

(4) § 13 Absatz 1 Nummer 1, § 13b Absatz 2 Satz 6 und 7 und Absatz 3, § 15 Absatz 1, § 16 Absatz 1 und § 17 Absatz 1 Satz 1 in der Fassung des Artikels 14 des Gesetzes vom 8. Dezember 2010 (BGBl. I S. 1768) sind auf Erwerbe anzuwenden, für die die Steuer nach dem 13. Dezember 2010 entsteht.

(5) Soweit Steuerbescheide für Erwerbe von Lebenspartnern noch nicht bestandskräftig sind, ist

1. § 15 Absatz 1 in der Fassung des Artikels 14 des Gesetzes vom 8. Dezember 2010 (BGBl. I S. 1768) auf Erwerbe, für die die Steuer nach dem 31. Juli 2001 entstanden ist, anzuwenden;
2. § 16 Absatz 1 Nummer 1 in der Fassung des Artikels 14 des Gesetzes vom 8. Dezember 2010 (BGBl. I S. 1768) auf Erwerbe, für die die Steuer nach dem 31. Dezember 2001 und vor dem 1. Januar 2009 entstanden ist, mit der Maßgabe anzuwenden, dass an die Stelle des Betrages von 500 000 Euro ein Betrag von 307 000 Euro tritt;
3. § 16 Absatz 1 Nummer 1 in der Fassung des Artikels 14 des Gesetzes vom 8. Dezember 2010 (BGBl. I S. 1768) auf Erwerbe, für die die Steuer nach dem 31. Juli 2001 und vor dem 1. Januar 2002 entstanden ist, mit der Maßgabe anzuwenden, dass an die Stelle des Betrages von 500 000 Euro ein Betrag von 600 000 Deutsche Mark tritt;
4. § 17 Absatz 1 in der Fassung des Artikels 14 des Gesetzes vom 8. Dezember 2010 (BGBl. I S. 1768) auf Erwerbe, für die die Steuer nach dem 31. Dezember 2001 und vor dem 1. Januar 2009 entstanden ist, anzuwenden;

§ 37   Anwendung des Gesetzes

5. § 17 Absatz 1 in der Fassung des Artikels 14 des Gesetzes vom 8. Dezember 2010 (BGBl. I S. 1768) auf Erwerbe, für die die Steuer nach dem 31. Juli 2001 und vor dem 1. Januar 2002 entstanden ist, mit der Maßgabe anzuwenden, dass an die Stelle des Betrages von 256 000 Euro ein Betrag von 500 000 Deutsche Mark tritt.

(6) § 13a Absatz 1a und § 13b Absatz 2 und 2a in der Fassung des Artikels 8 des Gesetzes vom 1. November 2011 (BGBl. I S. 2131) sind auf Erwerbe anzuwenden, für die die Steuer nach dem 30. Juni 2011 entsteht.

(7) [1]§ 2 Absatz 1 Nummer 1 und 3 und Absatz 3, § 7 Absatz 8, § 15 Absatz 4, § 16 Absatz 1 und 2, § 19 Absatz 2, § 21 Absatz 1 und § 35 Absatz 4 in der Fassung des Artikels 11 des Gesetzes vom 7. Dezember 2011 (BGBl. I S. 2592) finden auf Erwerbe Anwendung, für die die Steuer nach dem 13. Dezember 2011 entsteht. [2]§ 2 Absatz 1 Nummer 1 und 3 und Absatz 3, § 16 Absatz 1 und 2, § 19 Absatz 2, § 21 Absatz 1 und § 35 Absatz 4 in der Fassung des Artikels 11 des Gesetzes vom 7. Dezember 2011 (BGBl. I S. 2592) finden auf Antrag auch auf Erwerbe Anwendung, für die die Steuer vor dem 14. Dezember 2011 entsteht, soweit Steuerbescheide noch nicht bestandskräftig sind.

(8) § 13a Absatz 1 Satz 4, Absatz 4 Satz 5 und § 13b Absatz 2 in der Fassung des Artikels 30 des Gesetzes vom 26. Juni 2013 (BGBl. I S. 1809) sind auf Erwerbe anzuwenden, für die die Steuer nach dem 6. Juni 2013 entsteht.

(9) § 34 Absatz 2 Nummer 2 in der Fassung des Artikels 17 des Gesetzes vom 29. Juni 2015 (BGBl. I S. 1042) ist auf Erwerbe anzuwenden, für die die Steuer nach dem 16. August 2015 entsteht.

(10) § 13 Absatz 1 Nummer 16 Buchstabe b und c und § 30 Absatz 4 Nummer 1 in der am 6. November 2015 geltenden Fassung sind auf Erwerbe anzuwenden, für die die Steuer nach dem 5. November 2015 entstanden ist. § 13 Absatz 1 Nummer 16 Buchstabe b und c in der am 6. November 2015 geltenden Fassung ist auch auf Erwerbe anzuwenden, für die die Steuer vor dem 6. November 2015 entsteht, soweit Steuerbescheide noch nicht bestandskräftig sind.

(11) § 13 Absatz 1 Nummer 2 Buchstabe b Doppelbuchstabe bb in der am 6. August 2016 geltenden Fassung ist auf Erwerbe anzuwenden, für die die Steuer nach dem 5. August 2016 entstanden ist.

(12) [1]Die §§ 10, 13a bis 13d, 19a, 28 und 28a in der Fassung des Artikels 1 des Gesetzes vom 4.11.2016 (BGBl. I S. 2464) finden auf Erwerbe Anwendung, für die die Steuer nach dem 30. Juni 2016 entsteht. [2]§ 13a Absatz 1 Satz 3 und 4 in der Fassung des Artikels 1 des Gesetzes vom 4.11.2016 (BGBl. I S. 2464) findet auf frühere Erwerbe Anwendung, für die die Steuer nach dem 30. Juni 2016 entsteht. [3]§ 13c Absatz 2 Satz 3 bis 5 in der Fassung des Artikels 1 des Gesetzes vom 4.11.2016 (BGBl. I S. 2464) findet auf frühere Erwerbe Anwendung, für die die Steuer nach dem 30. Juni 2016 entsteht.

Anwendung des Gesetzes § 37

Inhalt   Rz.
1   Inkrafttreten (§ 37 Abs. 1 ErbStG)   1–9
2   Weitergeltung von § 25 ErbStG a.F. (§ 37 Abs. 2 ErbStG)   10–14
3   Sonderregelung betr. § 13a ErbStG bei Ausübung eines Rückforderungsrechts (§ 37 Abs. 3 ErbStG) 15–21
4   Erstmalige Anwendung der durch das JStG 2010 geänderten Vorschriften (§ 37 Abs. 4 ErbStG)   22
5   Erwerbe von Lebenspartnern (§ 37 Abs. 5 ErbStG)   23
6   Erstmalige Anwendung der durch das StVereinfG 2011 geänderten Vorschriften (§ 37 Abs. 6 ErbStG) 24
7   Erstmalige Anwendung der durch das BeitrRLUmsG geänderten Vorschriften (§ 37 Abs. 7 ErbStG)   25–27
8   Erstmalige Anwendung der durch das AmtshilfeRLUmsG geänderten Vorschriften (§ 37 Abs. 8 ErbStG)   28
9   Erstmalige Anzeigepflicht für die Erteilung des Europäischen Nachlasszeugnisses (§ 37 Abs. 9 ErbStG) 29
10 Erstmalige Anwendung der durch das StÄndG 2015 geänderten Vorschriften (§ 37 Abs. 10 ErbStG)......................   30
11 Erstmalige Anwendung des Gesetzes zur Neuregelung des Kulturschutzrechts 31–31
12 Anwendung des Gesetzes i.d.F. des Gesetzes vom 4.11.2016   32

1 Inkrafttreten (§ 37 Abs. 1 ErbStG)

§ 37 Abs. 1 ErbStG wurde durch das WachstBeschlG (v. 22.12.2009, BGBl I 2009, 3950) geändert und bestimmt den zeitlichen Anwendungsbereich der durch das WachstBeschlG geänderten Fassung des ErbStG. Diese Fassung ist auf Erwerbe anzuwenden, für die die Steuer nach dem 31.12.2009 entsteht; dieser für die Steuerentstehung maßgebende Zeitpunkt ergibt sich aus § 9 ErbStG.

Praktische Bedeutung hat die Änderung des § 37 Abs. 1 ErbStG für den durch das WachstBeschlG geänderten § 19 Abs. 1 ErbStG, der für Erwerber der Steuerklasse II zu einer deutlich niedrigeren Steuerbelastung führt. Dabei ist besonders misslich, dass sich der Gesetzgeber – anders als im Zusammenhang mit der Neuregelung des § 37 Abs. 3 ErbStG n.F. – nicht zu einer rückwirkenden Inkraftsetzung hat durchringen können. Im Ergebnis führen Erwerbe der Steuerklasse II bis zum 31.12.2009 zu einer wesentlich höheren Steuerbelastung als solche ab 1.1.2010. Die Verfassungsmäßigkeit dieser Regelung ist derzeit offen (vgl. BFH v. 5.10.2011, II R 9/11, BFH/NV 2012, 125; vgl. auch § 19 ErbStG Rz. 8 sowie *Wachter*, DB 2010, 74, 75); sie dürfte jedoch angesichts des dem Gesetzgeber vom BVerfG (BVerfG v. 7.11.2006, 1 BvL 10/02, BStBl II 2007, 192) zugebilligten weitreichenden Entscheidungsspielraums bei der Bestimmung des Steuersatzes zu bejahen sein. Der **Beratungspraxis** wird jedenfalls empfohlen, Steuerbescheide für Erwerber der Steuerklasse II betreffend im Jahr 2009 entstandene Schenkung- oder Erbschaftsteuer offenzuhalten (*Wachter*, DB 2010, 74, 75).

2   Die Regelung des § 37 Abs. 1 ErbStG a. F. (i. d. F. des ErbStRG) steht in Einklang mit der vom BVerfG (v. 7.11.2006, 1 BvL 10/02, BStBl II 2007, 192) ausgesprochenen Verpflichtung des Gesetzgebers, eine Neuregelung des ErbStG bis spätestens zum 31.12.2008 zu treffen. Den an sich möglichen Weg einer rückwirkenden Inkraftsetzung des geänderten ErbStG hat der Gesetzgeber nicht beschritten. Durch Art. 3 ErbStRG war allerdings den Steuerpflichtigen das Recht eingeräumt worden, unter näheren Voraussetzungen die rückwirkende Anwendung der durch das ErbStRG geänderten Vorschriften zu wählen. War ein solcher Antrag gestellt worden, sind auch die durch das WachstBeschlG geänderten §§ 13a und 19a ErbStG anzuwenden (Art. 14 WachstBeschlG; dazu Anhang zu § 37 ErbStG Rz. 1 ff.).

3–9 einstweilen frei

2 Weitergeltung von § 25 ErbStG a. F. (§ 37 Abs. 2 ErbStG)

10 § 37 Abs. 2 Satz 1 ErbStG betrifft die Anwendung des vormaligen § 25 Abs. 1 Buchst. a ErbStG (i. d. F. des bis zum 30.8.1990 geltenden Gesetzes v. 17.4.1974, BGBl I 1974, 933). Nach dieser Vorschrift konnte bei nutzungs- oder rentenbelasteten Erwerben eine Aussetzung der Besteuerung bis zum Erlöschen der Belastung beantragt werden. Hierbei verbleibt es für die noch nicht abgeschlossenen Fälle (vgl. auch BT-Drs. 13/4839, 72). Die Steuer ist nach Maßgabe des ErbStG 1996 zu berechnen (*Jülicher*, in T/G/J, ErbStG, § 37 Rz. 11).

11 § 37 Abs. 2 Satz 2 ErbStG wurde durch das ErbStRG einfügt und betrifft die weitere Anwendung des § 25 Abs. 1 Satz 3 und Abs. 2 ErbStG i. d. F. der Bekanntmachung vom 27.2.1997 (BGBl I 1997, 378). Diese Vorschrift stellt sicher, dass ein Erwerber, auf dessen Erwerb der durch das ErbStRG aufgehobene § 25 ErbStG anzuwenden war, die gestundete Steuer jederzeit mit ihrem Barwert nach § 12 Abs. 3 BewG ablösen kann. Die Stundung endet weiterhin dann, wenn der Erwerber das belastete Vermögen vor dem Erlöschen der Belastung veräußert (vgl. auch die Begründung des Finanzausschusses, BT-Drs. 16/11107, 16).

12–14 einstweilen frei

3 Sonderregelung betr. § 13a ErbStG bei Ausübung eines Rückforderungsrechts (§ 37 Abs. 3 ErbStG)

15 § 37 Abs. 3 ErbStG ist durch das ErbStRG eingefügt und durch das WachstBeschlG (im Hinblick auf die durch dieses Gesetz geänderten §§ 13a und 19a ErbStG) durch Einfügung des § 37 Abs. 3 S. 1 ErbStG und redaktionelle Anpassung des § 37 Abs. 3 S. 2 ErbStG geändert worden. Die aufgrund des WachstBeschlG geänderten §§ 13a und 19a ErbStG hätten an sich der allgemeinen Anwendungsregelung des § 37 Abs. 1 ErbStG unterlegen. Abweichend hiervon hat jedoch der Gesetzgeber durch § 37 Abs. 3 Satz 1 ErbStG deren rückwirkende Anwendung bereits auf Erwerbe angeordnet, für die die Steuer nach dem 31. Dezember 2008 entsteht. Diese Rückwirkungsanordnung ist, weil sie zugunsten der Erwerber begünstigend wirkt, verfassungsrechtlich unproblematisch (vgl. auch Begründung des Finanzausschusses zum WachstBeschlG, BT-Drs. 17/147, 10).

Anwendung des Gesetzes § 37

§ 37 Abs. 3 S. 1 ErbStG ordnet an, dass die durch das WachstBeschlG geänderten §§ 13a und 19 Abs. 5 ErbStG rückwirkend auf Erwerbe anzuwenden sind, für die die Steuer nach dem 31.12.2008 entsteht. Die Rückwirkungsanordnung gilt nach dem eindeutigen Wortlaut des § 37 Abs. 3 S. 1 ErbStG nicht für den durch das WachstBeschlG ebenfalls geänderten § 19a Abs. 3 ErbStG. Insoweit dürfte jedoch ein **Redaktionsversehen** vorliegen, sodass auch insoweit die Rückwirkungsordnung des § 37 Abs. 3 S. 1 ErbStG gilt (zutr. *Wachter*, DB 2010, 74, 78). 15a

Ist – was allenfalls in seltenen Ausnahmefällen zutreffen dürfte – im Zeitpunkt des Inkrafttretens der jetzt geltenden Fassung des § 37 Abs. 3 S. 1 ErbStG die Steuer für einen §§ 13a, 19a ErbStG unterliegenden Erwerb bereits **bestandskräftig** festgesetzt, ist der Steuerbescheid gem. **§ 175 Abs. 1 S. 1 Nr. 2 AO** zu ändern. Rechtsgrundlage dieser Änderungsbefugnis ist **§ 172 Abs. 1 S. 1 Nr. 2d AO**, weil § 37 Abs. 3 S. 1 ErbStG bei verständiger Würdigung seines Rechtsgehalts eine spezialgesetzliche Ermächtigung zur Änderung bestandskräftiger Erbschaft- oder Schenkungsteuerbescheide zu entnehmen ist. 15b

Ziel des § 37 Abs. 3 S. 2 ErbStG ist die **Einschränkung der Vergünstigungen aus § 13a und § 19a Abs. 5 ErbStG**, sofern das begünstigte Vermögen vor dem 1.1.2011 von Todes wegen oder durch Schenkung unter Lebenden erworben wird und bereits Gegenstand einer vor dem 1.1.2007 ausgeführten Schenkung (zur Ausführung der Schenkung vgl. § 9 Abs. 1 Nr. 2 ErbStG) desselben Schenkers an dieselbe Person war und der Schenkungsgegenstand wegen eines vertraglichen Rückforderungsrechts nach dem 11.11.2005 herausgegeben werden musste. Damit soll verhindert werden, dass vor dem 1.1.2007 ausgeführte und nach §§ 13a und 19a ErbStG entlastete Zuwendungen von begünstigtem Produktivvermögen aufgrund vertraglicher Rückforderungsrechte nach § 29 Abs. 1 Nr. 1 ErbStG – mit der Folge der Erstattung der bereits entrichteten Steuer – rückabgewickelt werden, um die günstigeren neuen Bestimmungen neuen Rechts auszunutzen (vgl. BT-Drs. 16/7918, 38; zu sog. Steuerklauseln vgl. auch § 29 ErbStG Rz. 18). Der für die Herausgabe maßgebliche Stichtag des 11.11.2005 (§ 37 Abs. 3 S. 2 ErbStG) ist bestimmt worden, weil die Große Koalition an diesem Tag angekündigt hatte, die Unternehmensnachfolge durch die nunmehr im ErbStRG getroffenen Begünstigungen zu erleichtern (BT-Drs. 16/7918, 38). 16

§ 37 Abs. 3 S. 2 ErbStG dient damit unter Berücksichtigung seiner gesetzgeberischen Intentionen der **Verhinderung von Gestaltungsmissbrauch** (vgl. auch § 42 Abs. 1 Satz 2 AO) und gilt nicht für Fälle, in denen begünstigtes Vermögen zunächst von Todes wegen auf den Erwerber übergegangen war. 17

§ 37 Abs. 3 S. 2 ErbStG hat insofern eine überschießende Tendenz, als er auch auf **vor dem 11.11.2005 vereinbarte Rückforderungsrechte** anzuwenden ist (*Crezelius*, DStR 2007, 2277, 2282). Für eine teleologische Reduktion bietet die Vorschrift jedoch unter Berücksichtigung ihres klaren Wortlauts keinen Ansatzpunkt. Dabei ist zu berücksichtigen, dass sich die Vorschrift ausschließlich auf ein **vertragliches Rückforderungsrecht** (dazu § 29 ErbStG Rz. 14ff.) beschränkt. 18

Gesetzliche Rückforderungsrechte (so etwa im Fall der Rückforderung wegen Verarmung des Schenkers, § 528 BGB; vgl. näher § 29 ErbStG Rz. 10ff.) unterfallen § 37 Abs. 3 S. 2 ErbStG nicht. 19

20 Der Anwendungsbereich des § 37 Abs. 3 S. 2 ErbStG beschränkt sich im Übrigen auf vor dem 1.1.2007 ausgeführte Schenkungen. Ab dem 1.1.2007 ausgeführte Schenkungen sind nicht erfasst.

21 **Rechtsfolge** des § 37 Abs. 3 S. 2 ErbStG ist die Nichtanwendung des § 13 a ErbStG i.d.F. des WachstBeschlG auf vor dem 1.1.2011 von Todes wegen oder durch Schenkung unter Lebenden erworbenes begünstigtes Vermögen. Unter Berücksichtigung der infolge des vertraglichen Rückforderungsrechts gemäß § 29 Abs. 1 Nr. 1 ErbStG erloschenen Steuer unterliegt daher der Übergang des begünstigten Vermögens dem Regelsteuersatz.

Gestaltungshinweis:
Dieser massive steuerliche Nachteil (krit. z.B. *Hübner*, Erbschaftsteuerreform 2009, 466) lässt sich vermeiden, wenn das begünstigte Vermögen nach Ausübung des Rückforderungsrechts einer anderen Person zugewendet wird.

4 Erstmalige Anwendung der durch das JStG 2010 geänderten Vorschriften (§ 37 Abs. 4 ErbStG)

22 § 37 Abs. 4 ErbStG regelt die erstmalige Anwendung der durch das JStG 2010 (v. 8.12.2010, BGBl I 2010, 1768) geänderten Vorschriften. Diese sind auf Erwerbe anzuwenden, für die die Steuer nach dem 13.12.2010 entsteht.

5 Erwerbe von Lebenspartnern (§ 37 Abs. 5 ErbStG)

23 § 37 Abs. 5 ErbStG regelt die rückwirkende Anwendung der näher bezeichneten Vorschriften auf Erwerbe von Lebenspartnern. Zu dieser rückwirkenden Neuregelung war der Gesetzgeber aufgrund des BVerfG-Beschlusses v. 21.7.2010 (1 BvR 611/07 und BVerfG v. 21.7.2010, 1 BvR 2464/07, BFH/NV 2010, 1985) verpflichtet. Diese rückwirkende Neuregelung ist allerdings auf noch nicht bestandskräftige Bescheide beschränkt; eine Erstattung überzahlter Erbschaft- bzw. Schenkungsteuer bei bereits bestandskräftiger Steuerfestsetzung ist damit ausgeschlossen. Eine weitergehende Verpflichtung des Gesetzgebers zur Aufrollung auch bereits bestandskräftiger Steuerfestsetzungen kann dem BVerfG-Beschluss v. 21.7.2010 nicht entnommen werden (a. A. offenbar *v. d. Recke/Scharfenberg*, DB 2010 Beil. 7, 43).

6 Erstmalige Anwendung der durch das StVereinfG 2011 geänderten Vorschriften (§ 37 Abs. 6 ErbStG)

24 § 37 Abs. 6 ErbStG regelt die zeitliche Geltung der durch das StVereinfG 2011 geänderten bzw. ergänzten Vorschriften des § 13 a bzw. § 13 b ErbStG. Diese Bestimmungen sind auf Erwerbe anzuwenden, für die die Steuer nach dem 30.6.2011 entsteht. Für Erwerbe ab diesem Steuerentstehungszeitpunkt gelten auch R E 13a.4 Abs. 11 und R E 13b.8 Abs. 3 ErbStR 2011 (vgl. ErbStR 2011 unter I. Abs. 2 S. 2).

Anwendung des Gesetzes § 37

7 Erstmalige Anwendung der durch das BeitrRLUmsG geänderten Vorschriften (§ 37 Abs. 7 ErbStG)

§ 37 Abs. 7 ErbStG betrifft die zeitliche Geltung der durch das BeitrRLUmsG geänderten bzw. ergänzten Vorschriften. 25

Nach § 37 Abs. 7 S. 1 ErbStG finden die hier genannten geänderten bzw. eingefügten Vorschriften auf Erwerbe Anwendung, für die die Steuer nach dem 13.12.2011 entsteht. 26

§ 37 Abs. 7 S. 2 ErbStG betrifft die zeitliche Geltung der Vorschriften (insbesondere § 2 Abs. 3 ErbStG sowie Folgeänderungen) für solche Erwerbe, bei denen aufgrund eines Antrags des Erwerbers die unbeschränkte Steuerpflicht gilt. Diese Vorschriften finden auf Antrag auch auf Erwerbe Anwendung, für die die Steuer vor dem 14.12.2011 entsteht, soweit Steuerbescheide noch nicht bestandskräftig sind. Mit der Ausdehnung des Anwendungsbereichs auf noch nicht bestandskräftige Veranlagungen trägt der Gesetzgeber dem Umstand Rechnung, dass das EuGH-Urteil in der Rechtssache C-510/08 (Mattner) (BFH/NV 2010, 1212) unmittelbar anzuwenden ist. Der für eine rückwirkende Anwendung der Vorschriften über die unbeschränkte Steuerpflicht erforderliche Antrag kann bis zur Bestandskraft der Steuerfestsetzung zurückgenommen werden (Gesetzesbegründung zum BeitrRLUmsG, BR-Drs. 253/11, 105). 27

8 Erstmalige Anwendung der durch das AmtshilfeRLUmsG geänderten Vorschriften (§ 37 Abs. 8 ErbStG)

§ 37 Abs. 8 ErbStG betrifft die zeitliche Geltung der durch das AmtshilfeRLUmsG geänderten § 13a Abs. 1 S. 4, Abs. 4 S. 5 ErbStG und § 13b Abs. 2 ErbStG. Diese Vorschriften sind erstmals auf Erwerbe anzuwenden, für die die Steuer nach dem 6.6.2013 entsteht. Damit ist eine rückwirkende Anwendung der Neuregelungen, insbesondere im Hinblick die sog. cash-GmbH, ausgeschlossen. 28

9 Erstmalige Anzeigepflicht für die Erteilung des Europäischen Nachlasszeugnisses (§ 37 Abs. 9 ErbStG)

§ 34 Abs. 2 Nr. 2 ErbStG ist auf Erwerbe anzuwenden, für die die Steuer nach dem 16.8.2015 entsteht. Dieser Zeitpunkt der erstmaligen Anwendung ist abgestimmt auf die am 17.8.2015 (vgl. Art. 22 Abs. 1 des Gesetzes v. 29.6.2015, BGBl I 2015, 1042) in Kraft getretenen Regelungen über das Europäische Nachlasszeugnis in §§ 35 ff. des Internationalen Erbrechtsverfahrensgesetzes (IntErbRVG). 29

10 Erstmalige Anwendung der durch das StÄndG 2015 geänderten Vorschriften (§ 37 Abs. 10 ErbStG)

Nach § 37 Abs. 10 S. 1 ErbStG sind § 13 Abs. 1 Nr. 16 Buchst. b und c sowie § 30 Abs. 4 Nr. 1 ErbStG i.d.F. des StÄndG 2015 auf Erwerbe anzuwenden, für die die Steuer nach dem 5.11.2015 entstanden ist. 30

§ 37 Anwendung des Gesetzes

Nach § 37 Abs. 10 S. 2 ErbStG sind § 13 Abs. 1 Nr. 16 Buchst. b und c ErbStG in der am 6.11.2015 geltenden Fassung auch auf Erwerbe anzuwenden, für die die Steuer vor dem 6.11.2015 entsteht, soweit Steuerbescheide noch nicht bestandskräftig sind. Mit dieser Regelung soll die Unvereinbarkeit der vormaligen Regelung des § 13 Abs. 1 Nr. 16 Buchst. b und c ErbStG mit Unionsrecht möglichst frühzeitig beseitigt werden, so dass die für betroffene Erwerber ausschließlich vorteilhafte Änderung dieser Regelungen für alle noch nicht bestandskräftigen Veranlagungen gilt (BT-Drs. 18/6994 (Finanzausschuss) S. 88).

11 Erstmalige Anwendung des Gesetzes zur Neuregelung des Kulturschutzrechts

31 Durch das Gesetz zur Neuregelung des Kulturgutschutzrechts (vom 5.6.2016, BGBl I 2016, 1914, 1936) wurde § 13 Abs. 1 Nr. 2b bb ErbStG geändert. Diese Neuregelung in der ab 6. August 2016 geltenden Fassung ist auf Erwerbe anzuwenden, für die Steuer nach dem 5. August 2016 entsteht.

31 Durch das Gesetz zur Neuregelung des Kulturgutschutzrechts (vom 5.6.2016, BGBl I 2016, 1914, 1936) wurde § 13 Abs. 1 Nr. 2b bb ErbStG geändert. Diese Neuregelung in der ab 6. August 2016 geltenden Fassung ist auf Erwerbe anzuwenden, für die Steuer nach dem 5. August 2016 entsteht.

12 Anwendung des Gesetzes i. d. F. des Gesetzes vom 4.11.2016

32 Die §§ 10, 13a bis 13d, 19a, 28 und 28a ErbStG finden nach gem. § 37 Abs. 12 Satz 1 ErbStG (BGBl I 2016, 2464) auf alle Erwerbe Anwendung, für die Steuer nach dem dem 30.6.2016 entsteht. Nach § 37 Abs 12 Nr. 2 ErbStG findet § 13a Abs. 1 Satz 3 und 4 ErbStG in der Fassung des Gesetzes vom 4.11.2016 ebenfalls auf frühere Erwerbe Anwendung, für die die Steuer nach dem 30.6.2016 ensteht. Ebenso findet nach § 37 Abs. 12 Satz 3 ErbsStG auch § 13c Abs. 2 S.ätze 3 bis 5 ErbStG in der Fassung des Gesetzes vom 4.11.2016 auf frühere Erwerbe Anwendung, für die Steuer nach dem 30.6. 2016 entsteht.

Die in all diesen Fällen vorliegende Rückwirkung des Gesetzes auf alle Stichtage nach dem 30.6.2016 dürfte zulässig sein. Hierzu Einführung Rz. 14c.

Anhang zu § 37

Art. 3 ErbStRG
Rückwirkende Anwendung des durch dieses Gesetz geänderten Erbschaftsteuer- und Bewertungsrechts

(1) Ein Erwerber kann bis zur Unanfechtbarkeit der Steuerfestsetzung beantragen, dass die durch dieses Gesetz geänderten Vorschriften des Erbschaftsteuer- und Schenkungsteuergesetzes, mit Ausnahme des § 16 des Erbschaftsteuer- und Schenkungsteuergesetzes, und des Bewertungsgesetzes auf Erwerbe von Todes wegen anzuwenden sind, für die die Steuer nach dem 31. Dezember 2006 und vor dem 1. Januar 2009 entstanden ist. In diesem Fall ist § 16 des Erbschaftsteuer- und Schenkungsteuergesetzes in der Fassung der Bekanntmachung vom 27. Februar 1997 (BGBl. I S. 378), der zuletzt durch Artikel 19 Nr. 4 des Gesetzes vom 19. Dezember 2000 (BGBl. I S. 1790) geändert worden ist, anzuwenden.

(2) Ist die Steuer, die auf einen Erwerb von Todes wegen nach dem 31. Dezember 2006 und vor dem 1. Januar 2009 entstanden ist, vor dem 1. Januar 2009 festgesetzt worden, kann der Antrag innerhalb von sechs Monaten nach Inkrafttreten des Gesetzes gestellt werden; in diesem Fall kann die Steuerfestsetzung entsprechend geändert werden.

(3) Der Erwerber kann den Antrag nicht widerrufen, wenn die Steuerfestsetzung nachträglich deshalb geändert wird, weil er gegen die Verschonungsvoraussetzungen (§§ 13a, 19a des Erbschaftsteuer- und Schenkungsteuergesetzes in der Fassung des Artikels 1 des Gesetzes vom 24. Dezember 2008 (BGBl. I S. 3018) verstoßen hat.

Art. 6 ErbStRG Inkrafttreten, Außerkrafttreten

(1) ...

(2) ...

(3) Artikel 3 tritt am 1. Juli 2009 außer Kraft.

Art. 14 WachstBeschlG
Anwendung des Artikels 3 des Erbschaftsteuerreformgesetzes

Hat ein Erwerber einen Antrag nach Artikel 3 Absatz 1 des Erbschaftsteuerreformgesetzes vom 24. Dezember 2008 (BGBl. I S. 3018) gestellt, ist Artikel 3 Absatz 1 und 3 des Erbschaftsteuerreformgesetzes mit der Maßgabe anzuwenden, dass an die Stelle der §§ 13a und 19a des Erbschaftsteuer- und Schenkungsteuergesetzes in der Fassung des Artikels 1 des Gesetzes vom 24. Dezember 2008 (BGBl. I S. 3018) die §§ 13a und 19a des Erbschaftsteuer- und Schenkungsteuergesetzes in der Fassung des Artikels 6 des Gesetzes vom 22. Dezember 2009 (BGBl. I S. 3950) treten.

Art. 15 WachstBeschlG
Inkrafttreten, Außerkrafttreten

...
(5) Artikel 14 tritt am 1. Juli 2010 außer Kraft.

Inhalt		Rz.
1	Allgemeines	1–9
2	Wahlrecht zur Anwendung des geänderten Erbschaftsteuer- und Bewertungsrechts (Art. 3 Abs. 1 ErbStRG)	10–19
3	Wahlrecht bei unanfechtbarer Steuerfestsetzung (Art. 3 Abs. 2 ErbStRG)	20–24
4	Unwiderruflichkeit des Antrags (Art. 3 Abs. 3 ErbStRG)	25
5	Außerkrafttreten des Art. 14 WachstBeschlG	26

1 Allgemeines

1 Die durch das ErbStRG geänderten Vorschriften des ErbStG waren auf Erwerbe anzuwenden, für die die Steuer nach dem 31. Dezember 2008 entsteht (§ 37 Abs. 1 ErbStG a. F.). Hiervon abweichend gewährte Art. 3 ErbStRG Erwerbern ein zeitlich bis zum 30.6.2009 begrenztes Wahlrecht zur rückwirkenden Anwendung der durch das ErbStRG geänderten Vorschriften bereits auf solche Erwerbe von Todes wegen, für die die Steuer nach dem 31.12.2006 und vor dem 1.1.2009 entstanden ist. Durch diese Regelung sollte im Hinblick auf die im Koalitionsvertrag vom 11.11.2005 vereinbarten Begünstigungen u.a. des Betriebsvermögens „eine **verfassungsrechtlich unzulässige Rückwirkung**" des ab 1.1.2009 anzuwendenden Rechts ausgeschlossen werden (BT-Drs. 16/7918, 47). Die im Rahmen des Art. 3 ErbStRG angeordnete Weitergeltung alten und neuen Rechts ist mit dem BVerfG-Beschluss vom 7.11.2006 (2 BvL 10/02, BStBl II 2007, 192) vereinbar. Der Gesetzgeber war insoweit nur zu einer Neuregelung bis zum 31.12.2008 verpflichtet, nicht aber an einer differenzierten Inkrafttretensregelung mit paralleler Anwendung alten und neuen Rechts gehindert (a. A. *Crezelius*, DStR 2007, 2277, 2282).

1a Durch **Art. 14 WachstBeschlG** (v. 22.12.2009, BGBl I 2009, 3950) wurde der sachliche Umfang des aufgrund des nach Art. 3 Abs. 1 ErbStRG gestellten Antrags anwendbaren neuen Rechts erweitert. Aufgrund des Antrags sind auch die durch das WachstBeschlG geänderten §§ 13a und 19a ErbStG anzuwenden. Durch Art. 14 WachstBeschlG soll nach der Gesetzesbegründung (BT-Drs. 17/147, 10) vermieden werden, dass bei Ausübung des Wahlrechts nach Art. 3 ErbStRG für den Erwerb von Unternehmensvermögen in den Jahren 2007 und 2008 andere Verschonungsvoraussetzungen gelten als für Erwerbe ab dem 1.1.2009 (vgl. § 37 Abs. 3 ErbStG i.d.F. des WachstBeschlG).

2 Das Wahlrecht nach Art. 3 ErbStRG bestand **nicht** für in dem fraglichen Zeitraum vom 1.1.2007 bis 31.12.2008 ausgeführte **Schenkungen unter Lebenden**. Durch diese Einschränkung sollen die nur bei Schenkungen unter Lebenden möglichen

missbräuchlichen Gestaltungen durch Ausübung des Optionsrechts verhindert werden (BT-Drs. 16/7918, 47). Die dagegen unter Hinweis auf § 1 Abs. 2 ErbStG geübte Kritik (*Crezelius*, DStR 2007, 2277, 2282; *Eisele*, Erbschaftsteuerreform 2009, 76) überzeugt nicht, weil durch Art. 3 ErbStRG „etwas anderes" i.S.d. § 1 Abs. 2 ErbStG bestimmt ist.

Die FinVerw. hat zur Anwendung dieser Vorschrift gleichlautende Erlasse (v. 23.2.2009, BStBl I 2009, 446; ergänzt durch Erlasse betr. Zweifelsfragen im Zusammenhang mit der Anwendung des Art. 3 ErbStRG, vgl. z.B. FinMin Schleswig-Holstein v. 1.2.2010, StEd 2010, 172) herausgegeben (zu Einzelfragen vgl. *Eisele*, ZEV 2009, 15; *Theissen*, ZEV 2009, 27; *Stützel*, DStR 2009, 843).

Art. 3 ErbStRG ist gemäß Art. 6 Abs. 3 ErbStRG am 1.7.2009 außer Kraft getreten, sodass zu diesem Zeitpunkt auch das Antragsrecht der Erwerber erloschen ist. Im Übrigen bleibt aber die Vorschrift auf die vor dem 1.7.2009 gestellten Anträge weiter anwendbar (oberste Finanzbehörden der Länder, Gleich lautende Ländererlasse v. 23.2.2009, BStBl I 2009, 446 Abs. 7).

einstweilen frei   3–9

2 Wahlrecht zur Anwendung des geänderten Erbschaftsteuer- und Bewertungsrechts (Art. 3 Abs. 1 ErbStRG)

Art. 3 Abs. 1 ErbStRG räumte Erwerbern von Todes wegen (§ 3 ErbStG) das Wahlrecht des geänderten Erbschaftsteuer- und Bewertungsrechts für solche Erwerbe ein, für die die Steuer nach dem 31.12.2006 und vor dem 1.1.2009 entstanden war (zur Anwendung der Vervielfältiger des § 14 Abs. 1 BewG auf Stichtage ab 1.1.2007 bzw. 1.1.2008 vgl. OFD Magdeburg v. 29.9.2011, S 3811-20-St-271, juris). Eine Anwendung auf lebzeitige Zuwendungen (§ 7 ErbStG) sowie auf die Tatbestände des § 1 Abs. 1 Nr. 3 und Nr. 4 ErbStG war nicht vorgesehen, um insoweit Gestaltungsmöglichkeiten auszuschließen (BT-Drs. 16/7918, 47).   10

Ausdrücklich von der Option ausgenommen sind die **Freibetragsregelungen** des § 16 ErbStG. Bei Ausübung der Option ist auch eine Anwendung des durch Art. 5 ErbStRG eingefügten § 35b EStG ausgeschlossen (*Eisele*, ZEV 2009, 152).   11

Der Antrag nach Art. 3 Abs. 1 ErbStRG konnte bis zur Unanfechtbarkeit der Steuerfestsetzung, allerdings **längstens bis zum 30.6.2009** – auch schon oder gleichzeitig mit Abgabe der Erbschaftsteuererklärung – gestellt werden (BFH v. 21.11.2012, II B 78/12, BFH/NV 2013, 320; Gleich lautende Ländererlasse v. 23.2.2009, BStBl I 2009, 446 Abs. 3). Tritt die Unanfechtbarkeit der Steuerfestsetzung erst nach dem 30.6.2009 ein, ergibt sich daraus kein (nachträgliches) Wahlrecht. Der Sache nach handelt es sich bei Art. 3 Abs. 1 ErbStRG um eine Ausschlussfrist, für die grds. keine Wiedereinsetzung in den vorigen Stand (§ 110 AO) gewährt werden kann (Pahlke, in Pahlke/Koenig, AO, 2009, § 110 Rz. 12 m.w.N.). Allerdings scheint die FinVerw. wohl unter Berücksichtigung einzelfallbedingter Billigkeitserwägungen, insoweit großzügig zu verfahren (vgl. *Pilz-Hönig*, Zerb 2011, 9). In jedem Fall ist die Wiedereinsetzungssperre des § 110 Abs. 3 AO zu beachten.   12

13	Der Antrag kann – abgesehen von den Fällen des Art. 3 Abs. 3 ErbStRG – bis zur Unanfechtbarkeit des Erbschaftsteuerbescheids **widerrufen** werden (Gleich lautende Ländererlasse v. 23.2.2009, BStBl I 2009, 446 Abs. 8; vgl auch *Geck*, ZEV 2013, 76/77 f.). Tritt die Unanfechtbarkeit erst nach dem 30.6.2009 ein, steht dies dem Widerruf nicht entgegen. Bei mehreren Erwerbern konnte jeder für „seinen" Erwerb optieren; einer einheitlichen Option bedurfte es nicht (Gleich lautende Ländererlasse v. 3.2.2009, BStBl I 2009, 446 Abs. 6).
14	War ein Antrag gem. § 3 Abs. 1 ErbStRG gestellt worden, sind auch die durch das WachstBeschlG geänderten §§ 13a und 19a ErbStG anzuwenden (**Art. 14 ErbStRG**). Das gilt jedoch ausschließlich für Fälle, in denen das Wahlrecht entsprechend Art. 3 Abs. 1 ErbStRG tatsächlich ausgeübt worden war. Eine Nachholung des Antrags im Hinblick auf die durch Art. 14 ErbStRG gewährte nachträgliche Vergünstigung (durch Anwendung der zusätzlich entlastenden Neuregelungen der §§ 13a und 19a ErbStG i.d.F. des WachstBeschlG) ist nicht möglich.
15–19	einstweilen frei

3 Wahlrecht bei unanfechtbarer Steuerfestsetzung (Art. 3 Abs. 2 ErbStRG)

20	Art. 3 Abs. 2 ErbStRG eröffnete **Erwerbern von Todes** wegen ein dem Abs. 1 der Vorschrift entsprechendes Wahlrecht in Fällen, in denen die Erbschaftsteuer bereits vor dem 1.1.2009 festgesetzt worden war. In diesem Fall wird die (ggf. schon bestandskräftige) Steuerfestsetzung entsprechend geändert. Eine Änderung der der Besteuerung zugrunde liegenden Besteuerungsgrundlagen (z.B. Grundbesitzwerte) bestimmt sich nicht nach Art. 3 Abs. 2 ErbStRG, sondern nach § 175 Abs. 1 Satz 1 Nr. 2 AO (Gleich lautende Ländererlasse v. 23.2.2009, BStBl I 2009, 446 Abs. 9; dazu ergänzend – betr. Inhalt der Feststellungsbescheide für den Fall, dass nur einzelne Erben einen Antrag gem. Art. 3 ErbStRG gestellt haben – die in Rz. 3 genannten ergänzenden Ländererlasse, z.B. Erlass Schleswig-Holstein v. 1.2.2010).
21–24	einstweilen frei

4 Unwiderruflichkeit des Antrags (Art. 3 Abs. 3 ErbStRG)

25	Durch Art. 3 Abs. 3 ErbStRG ist das **Recht zum Widerruf des Antrags ausgeschlossen** (dazu schon Rz. 13), wenn die Steuerfestsetzung nachträglich deshalb geändert wird, weil er gegen die Vorschonungsvoraussetzungen nach §§ 13a und 19a ErbStG i.d.F. des ErbStRG verstoßen hat. Durch diese Regelung soll ausgeschlossen werden, dass das einmal ausgeübte Wahlrecht rückgängig gemacht wird, um die Nachversteuerung zu verhindern (BT-Drs. 16/7918, 48). Die Rechtswirkung der Nachversteuerung wird allerdings durch § 13a Abs. 5 S. 2 ErbStG gemildert. Art. 3 Abs. 3 ErbStRG ist auch anzuwenden, wenn die Besteuerung nach Maßgabe der §§ 13a und 19a ErbStG i.d.F. des WachstBeschlG erfolgt (Art. 14 WachstBeschlG).

5 Außerkrafttreten des Art. 14 WachstBeschlG

Die in Art. 14 WachstBeschlG getroffene Anwendungsregelung zu Art. 3 ErbStRG tritt am 1.7.2010 außer Kraft (Art. 15 Abs. 5 WachstBeschlG; dazu krit. *Wachter*, DB 2010, 74/78). Dieses Außerkrafttreten hat nicht etwa zur Folge, dass bis zum 1.7.2010 noch nicht bestandskräftig abgeschlossene Besteuerungsverfahren ohne Anwendung des Art. 14 ErbStRG fortzuführen sind. Es gilt hier vielmehr der allgemeine Grundsatz des intertemporalen Rechts, dass aufgehobene Normen des materiellen Rechts auf Tatbestände und Rechtsverhältnisse anwendbar bleiben, die während der Geltung der Vorschrift bestanden haben oder entstanden sind (BFH v. 8.11.2006, X R 45/02, BStBl II 2007, 574 m. w. N.).

26

§ 37a Sondervorschriften aus Anlass der Herstellung der Einheit Deutschlands

(1) (weggefallen)

(2) ¹Für den Zeitpunkt der Entstehung der Steuerschuld ist § 9 Abs. 1 Nr. 1 auch dann maßgebend, wenn der Erblasser in dem in Artikel 3 des Einigungsvertrages genannten Gebiet vor dem 1. Januar 1991 verstorben ist, es sei denn, daß die Steuer nach dem Erbschaftsteuergesetz der Deutschen Demokratischen Republik vor dem 1. Januar 1991 entstanden ist. ²§ 9 Abs. 2 gilt entsprechend, wenn die Versteuerung nach § 34 des Erbschaftsteuergesetzes (ErbStG) der Deutschen Demokratischen Republik in der Fassung vom 18. September 1970 (Sonderdruck Nr. 678 des Gesetzblattes) ausgesetzt wurde.

(3) (weggefallen)

(4) Als frühere Erwerbe im Sinne des § 14 gelten auch solche, die vor dem 1. Januar 1991 dem Erbschaftsteuerrecht der Deutschen Demokratischen Republik unterlegen haben.

(5) Als frühere Erwerbe desselben Vermögens im Sinne des § 27 gelten auch solche, für die eine Steuer nach dem Erbschaftsteuerrecht der Deutschen Demokratischen Republik erhoben wurde, wenn der Erwerb durch Personen im Sinne des § 15 Abs. 1 Steuerklasse I oder II erfolgte.

(6) § 28 ist auch anzuwenden, wenn eine Steuer nach dem Erbschaftsteuerrecht der Deutschen Demokratischen Republik erhoben wird.

(7) ¹Ist in dem in Artikel 3 des Einigungsvertrages genannten Gebiet eine Steuerfestsetzung nach § 33 des Erbschaftsteuergesetzes der Deutschen Demokratischen Republik in der Weise erfolgt, daß die Steuer jährlich im voraus von dem Jahreswert von Renten, Nutzungen oder Leistungen zu entrichten ist, kann nach Wahl des Erwerbers die Jahressteuer zum jeweils nächsten Fälligkeitstermin mit ihrem Kapitalwert abgelöst werden. ²§ 23 Abs. 2 ist entsprechend anzuwenden.

(8) Wurde in Erbfällen, die vor dem 1. Januar 1991 eingetreten sind, oder für Schenkungen, die vor diesem Zeitpunkt ausgeführt worden sind, die Versteuerung nach § 34 des Erbschaftsteuergesetzes der Deutschen Demokratischen Republik ausgesetzt, ist diese Vorschrift weiterhin anzuwenden, auch wenn die Steuer infolge der Aussetzung der Versteuerung erst nach dem 31. Dezember 1990 entsteht.

Inhalt		Rz.
1	Allgemeines	1
2	Steuerpflicht im Verhältnis zur einstigen DDR	2–3
3	Maßgeblichkeit des Zeitpunkts der Entstehung der Steuerschuld (§ 37a Abs. 2 ErbStG)	15–16
4	Zusammenrechnung mit früheren Erwerben (§ 37a Abs. 4 ErbStG)	20–21
5	Mehrfacher Erwerb desselben Vermögens (§ 37a Abs. 5 ErbStG)	30–32

§ 37a Sondervorschriften aus Anlass der Herstellung der Einheit Deutschlands

6 Stundung bei Erwerb von Betriebsvermögen oder land- und forstwirtschaftlichem Vermögen (§ 37a Abs. 6 ErbStG) 35
7 Ablösung der Jahressteuer bei Renten, wiederkehrenden Nutzungen oder Leistungen (§ 37a Abs. 7 ErbStG) 40
8 Aussetzung der Versteuerung (§ 37a Abs. 8 ErbStG) 45–46

1 Allgemeines

1 § 37a ErbStG enthält Übergangsregelungen im Zusammenhang mit der Erstreckung des Geltungsbereichs des ErbStG auf das Gebiet der vormaligen DDR; zu Einzelfragen vgl. H 90 ErbStH. Zur Steuerpflicht im Verhältnis zur ehemaligen DDR für Zeiträume bis 30.6.1990 bzw. vom 1.7.1990 bis vor dem 1.1.1991 vgl. nachfolgend.

2 Steuerpflicht im Verhältnis zur einstigen DDR

2 Vor dem 1.7.1990 erstreckte sich die unbeschränkte Steuerpflicht aus § 2 Abs. 1 Nr. 1 und 2 ErbStG nicht auf Vermögensgegenstände und Nutzungsrechte an Vermögensgegenständen, die auf das Währungsgebiet der DDR-Mark entfielen. Dies ergab sich aus § 2 Abs. 3 ErbStG a. F., der letztmals auf Steuerfälle anzuwenden war, in denen die Steuerpflicht vor dem 1.7.1990 entstanden war oder entsteht (§ 37 Abs. 4 ErbStG a.F., eingefügt durch Gesetz vom 25.6.1990, BGBl II, 518). Das vormalige ErbStG-DDR, das weitgehend mit dem in der Bundesrepublik geltenden früheren ErbStG 1959 übereinstimmte, ist mit Wirkung zum 1.1.1991 außer Kraft getreten. Bezüglich der Anwendung des ErbStG-DDR gegenüber Erwerbern im alten Bundesgebiet bei Erwerben vor dem 1.7.1990 galt das ErbStG-DDR. Die Erhebung der Steuer erst nach dem Beitritt der neuen Länder zur Bundesrepublik ist nicht am GG zu messen; jedoch ist das Willkür- und Übermaßverbot zu beachten (BFH v. 30.5.2001, II R 4/99, BStBl II 2001, 606; vgl. auch Bezirksgericht Dresden v. 29.4.1992, 1 K 10/91, EFG 1992, 471). Besonderheiten galten im Übrigen für Schenkungen in der Zeit vor dem 1.1.1991 gegenüber Bewohnern der alten Bundesländer. Ein in den alten Bundesländern wohnhafter Beschenkter war nicht nach dem ErbStG-DDR steuerpflichtig, so dass ihm gegenüber kein auf DDR-Recht gestützter Schenkungsteuerbescheid ergehen durfte (FG Leipzig v. 30.6.1993, 1 V 11/93, EFG 1993, 665).

3 Für die Zeit vom 1.7.1990 bis 31.12.1990 galten das frühere ErbStG-DDR und das ErbStG der Bundesrepublik nebeneinander. Einer Abgrenzung des Besteuerungsrechts für diesen Zeitraum ergab sich aus Art. 31 Abs. 4 bis 6 des Staatsvertrags vom 18.5.1990 über die Schaffung einer Währungs-, Wirtschafts- und Sozialunion zwischen der Bundesrepublik und der DDR (BGBl II 1990, 518 = BStBl I 1990, 294; dazu FinMin Baden-Württemberg v. 8.8.1990, S 3832-9/90, ErbSt-Kartei, § 2 ErbStG Karte 2). Die Übergangsregelung des Art. 31 Abs. 5 des Staatsvertrags vom 18.5.1990 grenzte das Besteuerungsrecht für die Zeit vom 1.7.1990 bis 31.12.1990 wie folgt ab: Das Besteuerungsrecht stand demjenigen Staat zu, in dem der Erblasser oder Schenker den **Mittelpunkt seiner Lebensinteressen** hatte. Für den Fall des Wohnsitzwechsels nach dem 8.11.1989 wurde durch eine Art „Meistbegünstigungsklausel"

festgelegt, dass sich keine höhere Erbschaftsteuer ergeben sollte als bei unbeschränkter Steuerpflicht im Gebiet der anderen Vertragspartei. Eingehende Verwaltungsanweisungen bestanden bezüglich der Behandlung von Schenkungen, für die im zweiten Halbjahr 1990 Schenkungsteuer sowohl nach dem Schenkungsteuerrecht der Bundesrepublik als auch nach dem der ehemaligen DDR entstanden war (Gleich lautende Ländererlasse v. 3.12.1991, BStBl I 1992, 31).

3 Maßgeblichkeit des Zeitpunkts der Entstehung der Steuerschuld (§ 37a Abs. 2 ErbStG)

§ 37a Abs. 2 Satz 1 ErbStG enthält eine Sonderregelung für den Fall, dass ein Erblasser zwar vor dem 1.1.1991 – dem Zeitpunkt der erstmaligen Anwendung des ErbStG 1974 im Beitrittsgebiet – verstorben war, jedoch die Steuerschuld erst nach dem 31.12.1990 entstanden (§ 9 Abs. 1 ErbStG) ist. Ein solcher vom Zeitpunkt des Todestags des Erblassers abweichender Entstehungszeitpunkt der Steuer ist z.B. denkbar bei Eintritt einer **aufschiebenden Bedingung** (§ 9 Abs. 1 Nr. 1a ErbStG) oder bei **Geltendmachung eines Pflichtteilsanspruchs** (§ 9 Abs. 1 Nr. 1 b ErbStG) erst nach dem 31.12.1990. Für derartige Fälle ordnet § 37a Abs. 2 Satz 1 ErbStG die Geltung des im Zeitpunkt der Entstehung der Steuerschuld geltenden Rechts, d.h. des ErbStG, an. Dementsprechend ist auch bei Schenkungen unter Lebenden das Recht maßgebend, das im Zeitpunkt der Ausführung der Schenkung (§ 9 Abs. 1 Nr. 2 ErbStG) gilt. 15

§ 37a Abs. 2 Satz 2 ErbStG betrifft Fälle, in denen die **Versteuerung** nach § 34 ErbStG-DDR **ausgesetzt** war. Davon erfasst sind Erwerbe, bei denen die Nutzung des Vermögens einem anderen als dem Steuerpflichtigen zustand. Kommt es nach dem 31.12.1990 zum Erlöschen des Nutzungsrechts, so gilt die Steuer aufgrund des gem. § 37a Abs. 2 Satz 2 ErbStG entsprechend anzuwendenden § 9 Abs. 2 ErbStG als entstanden. 16

4 Zusammenrechnung mit früheren Erwerben (§ 37a Abs. 4 ErbStG)

Nach § 14 ErbStG sind mehrere innerhalb von zehn Jahren derselben Person anfallende Vermögensvorteile zusammenzurechnen und im Ergebnis wie ein Erwerb zu behandeln. Als frühere Erwerbe i.S.d. § 14 ErbStG sind nach § 37a Abs. 4 ErbStG auch solche zu behandeln, die **vor dem 1.1.1991 dem ErbStG-DDR unterlegen** haben. Einzelheiten zur Zusammenrechnung, insbesondere zur Maßgeblichkeit der für den Vorerwerb und die anzurechnende Steuer maßgebenden Rechtslage nach dem ErbStG-DDR ergeben sich aus einem koordinierten Ländererlass (Gleich lautende Ländererlasse v. 22.1.1991, BStBl I 1991, 142, Tz. 1.4). Danach sind Vorerwerbe aus der Zeit vor dem 1.1.1991 mit ihrem nach § 22 ErbStG-DDR ermittelten Wert anzusetzen. Sachliche Steuerbefreiungen nach § 18 ErbStG-DDR bleiben beim Ansatz des Vorerwerbs erhalten. 20

Nach den vorzitierten koordinierten Ländererlassen ist die **anzurechnende Steuer** für den Vorerwerb nach der für den Steuerpflichtigen günstigeren Methode zu ermitteln ist. So ist bei der Berechnung der Steuer für den Vorerwerb das ErbStG-DDR anzuwenden, soweit dieses einen niedrigeren Freibetrag, eine ungünstigere 21

§ 37a Sondervorschriften aus Anlass der Herstellung der Einheit Deutschlands

Steuerklasse oder einen höheren Steuersatz vorsah. Es ist deshalb u. U. möglich, dass die anzurechnende Steuer höher ist als die Steuer für den Gesamterwerb. Ist dies der Fall, so scheidet eine Steuererstattung zwar aus. Jedoch kann eine verbleibende Differenz bis zur Erreichung des überschießenden Steuerbetrags durch – im Ergebnis steuerfreie – zusätzliche Schenkungen innerhalb des maßgeblichen Zehn-Jahres-Zeitraums in Anspruch genommen werden (*Schwedhelm/Olbing*, ZEV 1995 S. 17).

5 Mehrfacher Erwerb desselben Vermögens (§ 37a Abs. 5 ErbStG)

30 Nach § 27 ErbStG tritt beim Übergang desselben Vermögens unter näheren Voraussetzungen eine **Steuerermäßigung** ein. Nach § 37a Abs. 5 ErbStG führen im Rahmen des § 27 ErbStG auch nach dem ErbStG-DDR besteuerte Vorerwerbe aus der Zeit vor dem 1.1.1991 zu einer Ermäßigung der Steuer. Allerdings weicht die Steuerklasseneinteilung des ErbStG von derjenigen des früheren ErbStG-DDR ab: § 9 ErbStG-DDR sah nur zwei Steuerklassen vor, wobei die Steuerklasse I den Ehegatten und Kinder umfasste; alle übrigen Erwerber und die Zweckzuwendungen waren der Steuerklasse II zugeordnet.

31 Die dem § 27 ErbStG entsprechende Vorschrift des § 20 ErbStG-DDR galt nur für Erwerbe der Steuerklasse I. Die Anwendung des § 27 ErbStG auf die nach dem ErbStG-DDR besteuerten Vorerwerbe erforderte daher nähere Abgrenzungen bezüglich der begünstigten Vorerwerbe. Hierzu ordnet § 37a Abs. 5 ErbStG die Berücksichtigung solcher Vorerwerbe an, für die schon bei einer früheren Geltung des § 15 ErbStG 1974 die Steuerklasse I oder II gegolten hätte.

32 Die Neufassung des § 27 Abs. 1 ErbStG durch das JStG 1997 berührt den Anwendungsbereich des § 37a Abs. 5 ErbStG nicht, weil für die insoweit vorausgesetzten Vorerwerbe noch § 15 ErbStG 1974 galt.

6 Stundung bei Erwerb von Betriebsvermögen oder land- und forstwirtschaftlichem Vermögen (§ 37a Abs. 6 ErbStG)

35 Nach § 28 ErbStG a. F. war die Steuer bei dem Erwerb von Betriebsvermögen oder land- und forstwirtschaftlichem Vermögen **auf Antrag bis zu sieben Jahren** insoweit zu stunden, als dies zur Erhaltung des Betriebs notwendig ist. Diese besondere Stundungsmöglichkeit wird gem. § 37a Abs. 6 ErbStG auch für Erwerbe gewährt, für die nach dem ErbStG-DDR eine Steuer festgesetzt wurde (vgl. auch H 90 ErbStH 2003).

7 Ablösung der Jahressteuer bei Renten, wiederkehrenden Nutzungen oder Leistungen (§ 37a Abs. 7 ErbStG)

40 Für die Besteuerung von Renten und anderen wiederkehrenden Nutzungen und Leistungen enthielt § 33 ErbStG-DDR eine dem § 23 Abs. 1 ErbStG entsprechende Vorschrift. Allerdings war eine Ablösung der Jahressteuer, wie sie § 23 Abs. 2 ErbStG ermöglicht, in § 33 ErbStG-DDR nicht vorgesehen. Durch § 37a Abs. 7 ErbStG wird bei einer über den 31.12.1990 hinaus laufenden Jahresversteuerung nach § 33 ErbStG-DDR die Möglichkeit zur vorzeitigen Ablösung der Jahressteuer

eröffnet (dazu H 90 ErbStH). Für die Ermittlung des Kapitalwerts im Ablösungszeitpunkt sind § 13 BewG, § 14 BewG anzuwenden (Gleich lautende Ländererlasse v. 22.1.1991, BStBl I 1991, 142).

8 Aussetzung der Versteuerung (§ 37a Abs. 8 ErbStG)

§ 34 ErbStG-DDR eröffnete beim Erwerb von Vermögen, dessen Nutzung einem anderen als dem Steuerpflichtigen zustand, eine **Aussetzung der Versteuerung bis zum Erlöschen des Nutzungsrechts**. Diese Vorschrift entsprach dem bis zum 30.8.1980 geltenden § 25 ErbStG a.F.

Nach § 37a Abs. 7 ErbStG gilt § 34 ErbStG-DDR **über den 31.12.1990 hinaus.** Reicht die Aussetzung der Versteuerung über diesen Zeitpunkt hinaus, so entsteht die Steuer mit dem Erlöschen des Nutzungsrechts (§ 37a Abs. 2 Satz 2 ErbStG, vgl. Rz. 15f).

Bilaterale Maßnahmen zur Vermeidung der Doppelbesteuerung auf dem Gebiet der Erbschaft- und Schenkungsteuern

Inhalt		Rz.
1	Grundlagen...................................	1–17
1.1	Ursachen der internationalen Doppelbesteuerung...........	1–8
1.2	Vermeidung der internationalen Doppelbesteuerung.........	9–16
1.3	Doppelbesteuerungsabkommen innerhalb der Europäischen Union als gemeinschaftsrechtliche Verpflichtung?...........	17
2	Bestehende Doppelbesteuerungsabkommen...............	18

Schrifttum

Arlt, Internationale Erbschaft- und Schenkungsteuerplanung (Diss.), Herne/Berlin 2001; *Bärtels*, Erbschaftsteuerliche Doppelerfassungen bei der deutsch-französischen Unternehmensnachfolge, RIW 1999, 22; *Gosch/Kroppen/Grotherr*, DBA-Kommentar, Herne; Berlin 1997 (Losebl.), Stand Februar 2011; *Dautzenberg/Brüggemann*, EG-Vertrag und deutsche Erbschaftsteuer, BB 1997, 123; *Debatin/Wassermeyer*, Kommentar zu allen deutschen Doppelbesteuerungsabkommen, München 2013 (Losebl.), Stand März 2013; *Dehmer*, Einmal erben, mehrfach zahlen – Gestaltungsansätze zur Vermeidung doppelter Erbschaftsteuerbelastung, IStR 2009, 454; *Flick/Piltz* (Hrsg.) Der Internationale Erbfall, 2. Auflage, 2008; *Goodman*, International Double Taxation of Estates and Inheritances, London 1978; *ders.*, Generalbericht des XXXIX Congrès International de droit financier et fiscal, London 1985, in: Cashier de droit fiscal international 1985, hrsg. von der IFA, 115; *ders.*, The OECD Model Estate Tax Convention, European Taxation 1994, 338; *Hueck*, Internationale Erbschaftsteuerprobleme bei der Vererbung von Anteilen an Personengesellschaften, in: Münchener Schriften zum Internationalen Steuerrecht, Heft 17, München 1993; *Kaminski*, Methoden zur Vermeidung der Doppelbesteuerung bei internationalen Erbschaftsteuerfällen, Stbg 2013, 10; *Krüger*, Die feste Einrichtung bei der Ausübung einer selbständigen Arbeit, IStR 1998, 104; *Moench/Weinmann*, Erbschaft- und Schenkungsteuer, Kommentar (Losebl.), Stand Februar 2011; *OECD-Musterabkommen 1982* zur Vermeidung der Doppelbesteuerung der Nachlässe, Erbschaften und Schenkungen: Bericht des Fiskalausschusses der OECD 1982; hrsg. vom Bundesministerium der Finanzen, Berlin 1988; *Piltz*, Schuldenabzug bei internationalen Erbfällen, ZEV 1998, 461; *Piltz*, Unternehmerisches Auslandsvermögen und Erbschaftsteuer, IStR 1998, 47; *Plewka/Watrin*, Steuerliche Strukturierung internationaler Vermögensnachfolgen, ZEV 2002, 253; *Raudszus*, Schuldenabzug bei internationalen Erbfällen, ZEV 1999, 179; *Strunk/Meyer-Sandberg*, Vermeidung der Doppelbesteuerung bei internationalen Erbfällen, Anmerkungen zum Urteil des EGH v. 12.2.2009 – Rs. C-67/08, Margarete Block, IWB F. 11a 2009, 1235; *T/G/J*, Kommentar zur Erbschaft- und Schenkungsteuer (Losebl.), Stand Januar 2013; *Wassermeyer*, Das Fehlen von Erbschaftsteuer-Doppelbesteuerungsabkommen innerhalb der EU, EuZW 1995, 813; *Watrin/Kappenberg*, Generalthema II: Internationale Besteuerung von Erbfällen, IStR 2010, 546; *Wilms/Jochum*, Kommentar zum

Erbschaftsteuer- und Schenkungsteuergesetz, Bonn 2008 (Losebl.), Stand Oktober 2010.

1 Grundlagen

1.1 Ursachen der internationalen Doppelbesteuerung

1 Aufgrund der weitreichenden Anknüpfungspunkte der unbeschränkten deutschen Erbschaft- und Schenkungsteuerpflicht (§ 2 Abs. 1 Nr. 1 und 2 ErbStG) bei der unentgeltlichen Übertragung des **weltweiten Vermögens** umfasst der deutsche Besteuerungsanspruch auch die Übertragung von **ausländischem Vermögen**. In Verbindung mit den verschiedenen Anknüpfungspunkten ausländischer Steuerrechtsordnungen kann dies zu zwischenstaatlichen Überschneidungen von Steueransprüchen führen.

2 Die gleichzeitige Erhebung gleicher oder gleichartiger Steuern durch unterschiedliche Steuerhoheiten für denselben Besteuerungstatbestand bei demselben Steuerpflichtigen führt zu einer **internationalen Doppelbesteuerung** (zum Begriff der Doppelbesteuerung: *Grotherr*, in Gosch/Kroppen/Grotherr, DBA, Grundlagen Teil 1 Abschn. 1 Rz. 1 ff.; die Begriffe „internationale Doppelbesteuerung" und „Doppelbesteuerung" werden nachfolgend aus Vereinfachungsgründen synonym gebraucht). Eine Doppelbesteuerung tritt bei der Übertragung von ausländischem Vermögen auf und beruht auf einer **Kollision von Besteuerungsansprüchen verschiedener Staaten.**

3 Diese entsteht in Fällen, in denen ein Staat seinen Besteuerungsanspruch aufgrund des subjektiven Anknüpfungspunktes der **steuerlichen Ansässigkeit der beteiligten Personen** geltend macht, während ein anderer Staat seine Besteuerungskompetenz mit der **objektiven Belegenheit des Vermögens** begründet. Aus deutscher Sicht ist dies der Fall, wenn in Deutschland infolge der Inländereigenschaft der Beteiligten die Übertragung des gesamten weltweiten Vermögens der unbeschränkten Erbschaft- und Schenkungsteuerpflicht unterliegt, während für die Übertragung des aus der Sicht des ausländischen Staats „inländischen" Vermögens dort eine beschränkte Steuerpflicht besteht. Bei einer Identität von Steuersubjekt, Steuerobjekt, Besteuerungszeitraum und Gleichartigkeit der Steuern ergibt sich so bei der Übertragung von ausländischem Vermögen eine materielle und formelle juristische Doppelbesteuerung durch die Kollision von Besteuerungsansprüchen auf der Grundlage des Universalitäts- und des Belegenheits- bzw. Territorialitätsprinzips (vgl. dazu die grafische Darstellung in Abbildung 4a bei *Bärtels*, RIW 1999, 22).

4 Eine Doppelbesteuerung kann auch entstehen, wenn zwischen der deutschen Steuerrechtsordnung und der anderer Staaten **Überschneidungen bei der Beurteilung der Belegenheit von Vermögen** auftreten. Diese können dazu führen, dass die Übertragung eines Vermögensgegenstands steuerlich in mehreren Staaten erfasst wird. Nur bei Immobilien ist die Gefahr einer solchen Kollision objektiver steuerrechtlicher Anknüpfungskriterien aufgrund der Beurteilung der Belegenheit eines Vermögensgegenstandes nahezu ausgeschlossen. Bei vielen beweglichen materiellen oder immateriellen Gegenständen müssen unterschiedliche nationale Zuordnungskriterien beachtet werden. So gilt ein Patent aus der nationalen Sicht mancher Staaten

(wie z.B. Deutschlands) als inländisches Vermögen, wenn es dort registriert ist. Im Gegensatz dazu stellen andere Staaten bei der Bestimmung des Belegenheitsorts eines Patents auf den Ort ab, an dem dessen Verwertung erfolgt. Deshalb kann dieses Patent nach der dortigen Steuerrechtsordnung ebenfalls als inländisches Vermögen erfasst werden, sodass die Gefahr einer Doppelbesteuerung besteht.

Eine Doppelbesteuerung kann auch durch die international **uneinheitliche Zuordnung** eines Vermögensgegenstandes zu **unterschiedlichen Vermögensarten** verursacht werden. Diese Gefahr besteht vor allem bei der Übertragung von Anteilen an einer juristischen Person, die ausländisches Immobilienvermögen hält und nicht im Belegenheitsstaat des Immobilienvermögens ansässig ist. Hier kann einerseits die Übertragung des Grundbesitzes im Belegenheitsstaat besteuert werden. Gleichzeitig kann auch die Anteilübertragung in einem anderen Staat (z.B. im Sitzstaat der juristischen Person) erfasst wird. Ähnliche Probleme können sich bei der Übertragung von Beteiligungen an Personengesellschaften im Verhältnis zu Staaten ergeben, die diese – im Gegensatz zu Deutschland – nicht als transparent, sondern als intransparente Einheiten betrachten. 5

Daneben kann eine Doppelbesteuerung durch eine Kollision der **subjektiven Anknüpfungskriterien** verschiedener Steuerrechtsordnungen auftreten. Dies ist der Fall, wenn Deutschland seine erweitert unbeschränkte Steuerpflicht (§ 2 Abs. 1 Nr. 1 Buchst. b ErbStG) für **deutsche Staatsangehörige** aufrechterhält, bei denen aus steuerlicher Sicht zum Zeitpunkt der Vermögensübertragung nach einer Wohnsitzverlegung zwar die Anknüpfungspunkte der unbeschränkten Steuerpflicht nicht mehr „unmittelbar" bestehen, diese jedoch innerhalb von fünf Jahren davor bestanden haben und somit weiterhin eine Inländereigenschaft „fingiert" wird. Wenn eine solche Person wegen ihrer Ansässigkeit im Ausland dort (z.B. aufgrund eines Wohnsitzes im Zuzugsstaat) ebenfalls einer unbeschränkten Steuerpflicht unterliegt, kommt es wiederum zu einer Doppelbesteuerung. Diese Gefahr besteht auch, wenn der deutsche Besteuerungsanspruch nach einer Wohnsitzverlegung ins Ausland aufgrund der erweitert unbeschränkten oder erweitert beschränkten Steuerpflicht neben dem Besteuerungsanspruch des „neuen" Wohnsitzstaates weiter bestehen bleibt. 6

Eine internationale Doppelbesteuerung kann weiterhin bei einer Kollision subjektiver Anknüpfungspunkte verschiedener Steuerrechtsordnungen auftreten, wenn z.B. 7

- die **Staatsangehörigkeit der beteiligten Personen** eine steuerliche Ansässigkeit begründet (insbesondere wenn der Erblasser der Staatsbürger eines Staats gewesen ist, in dem die Staatsangehörigkeit zur Begründung der steuerlichen Ansässigkeit führt, er seinen Wohnsitz aber in Deutschland hatte. Da Deutschland die unbeschränkte Erbschaftsteuerpflicht ebenfalls an die steuerliche Ansässigkeit knüpft, zur deren Bestimmung aber auf einen Wohnsitz abstellt, besteht in einem solchen Fall regelmäßig in beiden Staaten eine unbeschränkte Steuerpflicht). 7a

- die unbeschränkten Steuerpflicht an die steuerliche **Ansässigkeit des Begünstigten** anknüpft (wenn der Übertragende im Ausland, der Vermögensempfänger in Deutschland ansässig ist; vgl. dazu die grafische Darstellung in Abbildung 4b bei *Bärtels*, RIW 1999, 22). 7b

7c • sich **Überschneidungen bei den nationalen steuerlichen Ansässigkeitskriterien** in verschiedenen Staaten ergeben. Dies ist der Fall, wenn der eine Staat die unbeschränkte Steuerpflicht einer Vermögensübertragung an den **Aufenthalt des Übertragenden** knüpft, der andere die Ansässigkeit vom Vorhandensein eines **Wohnsitzes** abhängig macht. Wenn der Übertragende in einem solchen Fall seinen Wohnsitz ins Ausland verlegt hat, sich jedoch noch so häufig in Deutschland aufhält, dass er hier einen „gewöhnlichen Aufenthalt" begründet, wird er in beiden Steuerrechtsordnungen als ansässig betrachtet. Eine solche Doppelansässigkeit kann sich auch ergeben, wenn in beiden nationalen Steuerrechtsordnungen zwar die **gleichen Anknüpfungskriterien** vorgesehen sind, diese aber unterschiedlich interpretiert werden, oder beide Staaten die steuerliche Ansässigkeit im Sinne ihres **bürgerlichen Rechts** prüfen (*Goodman*, Generalbericht 1985, in: CDFI 1985, 144).

8 Durch die international uneinheitliche Zuordnung von **Erblasserschulden** kann bei grenzüberschreitenden Vermögensübertragungen, in denen eine sachgerechte zwischenstaatliche Aufteilung der Schulden zwischen den beteiligten Staaten nicht gewährleistet ist, ebenfalls eine Doppelbesteuerung entstehen.

1.2 Vermeidung der internationalen Doppelbesteuerung

9 Die **Notwendigkeit zu einer Vermeidung der internationalen Doppelbesteuerung** ergibt sich bereits aus dem Gebot einer Besteuerung nach der wirtschaftlichen Leistungsfähigkeit (*Grotherr*, in Gosch/Kroppen/Grotherr, DBA, Teil 1 Abschn. 1 Doppelbesteuerung Rz. 37). Aus diesem Grund sind die einzelnen Staaten dazu übergegangen, zur Vermeidung der Doppelbesteuerung auf zwischenstaatlicher Ebene mit anderen Staaten **bilaterale Verträge** zu schließen oder die Doppelbesteuerung durch innerstaatliche Maßnahmen (§ 21 ErbStG Rz. 1 ff) **unilateral** zu mildern. Dabei wird von denjenigen Staaten, in denen – wie in Deutschland – die Übertragung von ausländischem Vermögen aufgrund der persönlichen Beziehung des Übertragenden der unbeschränkten Steuerpflicht unterliegt, üblicherweise ein primäres Besteuerungsrecht des ausländischen Belegenheitsstaates anerkannt.

10 Als bilaterale Maßnahmen zur Vermeidung der Doppelbesteuerung von erworbenem ausländischem Vermögen bei einer Kollision der Besteuerungsansprüche verschiedener Staaten hat Deutschland auf dem Gebiet der Erbschaft- und Schenkungsteuern mehrere **Doppelbesteuerungsabkommen** (nachfolgend auch „DBA") geschlossen.

11 Von ihrem **Rechtscharakter** sind die von Deutschland geschlossenen Doppelbesteuerungsabkommen **völkerrechtliche Verträge** zwischen zwei Staaten. Ihre Hauptfunktion besteht in der Vermeidung der Doppelbesteuerung bei einer Übertragung von ausländischem Vermögen. Bei einer Kollision der Besteuerungsansprüche des Wohnsitzstaates der beteiligten Personen und des Belegenheitsstaates des übertragenen Vermögens soll eine doppelte Erfassung des gleichen Steuerguts vermieden werden. Die deutschen Erbschaftsteuer-DBA vermeiden nicht nur die effektive, sondern u. U. auch eine virtuelle Doppelbesteuerung (BFH v. 31.7.1974, I R 27/73, BStBl II 1975, 61; v. 20.10.1982, I R 104/79, BStBl II 1983, 402; v. 14.12.1988, I R 148/87, BStBl II 1989, 319). Darüber hinaus werden mit den materiellen Regelungen der DBA aber teilweise auch weitergehende Ziele verfolgt.

Als solche weitergehende Ziele haben z. B. das Verbot einer Diskriminierung aufgrund der Staatsangehörigkeit, die in den Abkommen vorgesehene Zusammenarbeit von Staaten durch das internationale Verständigungsverfahren und der zwischenstaatliche Informationsaustausch inzwischen ebenfalls eine eigenständige Bedeutung gewonnen.

Insbesondere durch die Regelungen des Verständigungsverfahrens und des Informationsaustauschs werden in den DBA **internationale Verfahrenswege** begründet, die eine Erweiterung der operativen Möglichkeiten der FinVerw. bewirken. Sogenannte „**Schlußprotokolle**" oder sonstige Dokumente, die den DBA zur Erläuterung und Ergänzung des Abkommenstextes beigefügt werden, sind ein **integrierter Bestandteil des Abkommens** und daher ebenfalls von gleichrangiger Bedeutung. 12

Als bilaterale Verträge des speziellen Völkerrechts gehören sie nicht zu den allgemeinen Regeln des Völkerrechts i. S. d. Art. 25 GG, sondern haben dispositiven Charakter. Deshalb sind Staaten völkerrechtlich nicht dazu verpflichtet, Regelungen zur Vermeidung einer Doppelbesteuerung zu schaffen (*Wassermeyer*, in Debatin/Wassermeyer, MA Vor Art. 1, Rz. 10 m. w. N). DBA kommen nach dem im „**Wiener Übereinkommen über das Recht der Verträge**" (WÜRV, Gesetz zu dem Wiener Übereinkommen vom 23.5.1969 über das Recht der Verträge v. 3.8.1985, BGBl II 1985, 926) vorgesehenen Verfahren in mehreren Schritten zustande, nämlich durch 13

- Regierungsverhandlungen über den Inhalt des Abkommens unter Hinzuziehung von Fachdelegationen,
- Paraphierung des ausgehandelten Vertragstextes als Abschluss der Verhandlungen durch die Leiter der Fachdelegationen bei erzielter Einigung,
- Unterzeichnung des Vertragsentwurfs durch Bevollmächtigte als völkerrechtlicher Akt,
- Vorlage vor die gesetzgebenden Körperschaften in beiden Staaten,
- Ratifikation des Abkommens mit anschließendem Austausch besonderer Ratifikationsurkunden nach dem Abschluss der nationalen Gesetzgebungsverfahren,
- Inkrafttreten des Abkommens.

Die Rechtsgrundlage für die unmittelbare innerstaatliche Anwendbarkeit eines solchen Abkommens bildet das **Zustimmungsgesetz** gem. Art. 59 Abs. 2 GG nach dessen Verabschiedung durch den deutschen Bundestag als der gesetzgebenden Körperschaft in Deutschland. 14

Sobald die DBA in Kraft getreten sind, stellen sie **innerstaatlich vollziehbares Völkerrecht** dar und müssen sowohl vom Steuerpflichtigen als auch von Amts wegen beachtet werden. Sie wirken insoweit wie jede andere innerstaatliche Norm, da Deutschland völkerrechtlichen Verträgen, soweit sie innerstaatliches Recht geworden sind, keinen Vorrang vor den nationalen Gesetzen einräumt. § 2 AO bestimmt zwar, dass DBA den allgemeinen Steuergesetzen vorgehen und i. d. S. leges speciales darstellen. Dies muss jedoch so interpretiert werden, dass die Regelungen der DBA nur dann als lex specialis den generellen Normen des innerstaatlichen Rechts vorgehen, wenn sie sich unmittelbar an Steuerpflichtige wenden und in den innerstaatlichen Rechtsnormen nicht deutlich gegenteiliges bestimmt wird. Deshalb gilt dieses Verhältnis der Spezialität nur für die Rechtsfolgen, die im DBA normiert werden. 15

16 DBA-Eingriffe sind immer auf den Vertragszweck begrenzt, so dass die **Vorschriften des innerstaatlichen Rechts von der DBA-Anwendung unberührt** bleiben. Dies gilt insbesondere für den Besteuerungsgegenstand und den Umfang der Steuerpflicht. Ein Besteuerungsanspruch entsteht weiterhin nach innerstaatlichem Recht und kann deshalb durch DBA weder neu begründet noch erweitert werden. Die DBA können den Steueranspruch eines Staats nur begrenzen, da der Abschluss eines DBA die Vertragsstaaten normalerweise zu einem (teilweisen) Verzicht auf innerstaatliche Steueransprüche verpflichtet.

1.3 Doppelbesteuerungsabkommen innerhalb der Europäischen Union als gemeinschaftsrechtliche Verpflichtung?

17 In der Literatur wird diskutiert, ob sich aus Art. 293 EGV eine Verpflichtung der Mitgliedsstaaten der Europäischen Union zueinander zur Vermeidung der Doppelbesteuerung ergibt. Dabei besteht das Problem insbesondere in der Frage, ob sich aus Art. 220 des EG-Vertrags für Deutschland eine Verpflichtung zum Abschluss von DBA auf dem Gebiet der Erbschaft- und Schenkungsteuern ergibt. Da Deutschland auf dem Gebiet der Erbschaft- und Schenkungsteuer innerhalb der EU derzeit nur mit Dänemark und Schweden ein DBA geschlossen hat, wäre Folge hiervon aus deutscher Sicht, dass sich die beteiligten Personen bei Vermögensübertragungen innerhalb der EU auf einen Verstoß Deutschlands gegen gemeinschaftsrechtliche Verpflichtungen berufen könnten (*Dautzenberg/Brüggemann*, BB 1997, 123; *Wassermeyer*, EuZW 1995, 813). Von der Rechtsprechung des EuGH wird die Bedeutung des Gemeinschaftsrechts für die Erbschaft- und Schenkungsteuer bislang eher uneinheitlich gesehen (*Jülicher*, in T/G/J, ErbStG, § 2 Rz. 301 bis 315, m.w.N.; *Strunk/Meyer-Sandberg*, Vermeidung der Doppelbesteuerung bei internationalen Erbfällen, Anmerkungen zum Urteil des EGH v. 12.2.2009, Rs. C-67/08, Margarete Block, IWB F. 11a 2009, 1235).

2 Bestehende Doppelbesteuerungsabkommen

18 Derzeit (BMF v. 22.1.2013, IV B 2 – S 1301/07/10017 – 04, BStBl I 2013, 162, Stand 1.1.2013) bestehen auf dem Gebiet der Nachlass-, Erbschaft- und Schenkungsteuern **Abkommen mit Dänemark, Griechenland, Schweden, der Schweiz und den USA**. Das Abkommen mit Österreich wurde von der BRD mit Wirkung zum 31.12.2007 gekündigt. Aufgrund eines Vertragsgesetzes ist es jedoch weiterhin auf Erbfälle anwendbar, die nach dem 31.12.2007 und vor dem 1.8.2008 eingetreten sind. Das Abkommen mit **Frankreich** wurde am 2.4.2009 durch den Austausch der entsprechenden Urkunden ratifiziert, sodass es am 3.4.2009 in Kraft getreten ist.

OECD-Musterabkommen (Erb)

OECD-Musterabkommen für ein Abkommen zwischen (Staat A) und (Staat B) zur Vermeidung der Doppelbesteuerung auf dem Gebiete der Nachlaß-, Erbschaft- und Schenkungsteuern

Präambel

Anmerkung: Die Präambel des Abkommens richtet sich nach den verfassungsrechtlichen Vorschriften der beiden Vertragsstaaten.

Abschnitt I Geltungsbereich des Abkommens

Art. 1 Unter das Abkommen fallende Nachlässe, Erbschaften und Schenkungen

Dieses Abkommen gilt für

a) Nachlässe und Erbschaften, wenn der Erblasser im Zeitpunkt seines Todes einen Wohnsitz in einem Vertragsstaat oder in beiden Vertragsstaaten hatte, und

b) Schenkungen, wenn der Schenker im Zeitpunkt der Schenkung einen Wohnsitz in einem Vertragsstaat oder in beiden Vertragsstaaten hatte.

Art. 2 Unter das Abkommen fallende Steuern

1. Dieses Abkommen gilt, ohne Rücksicht auf die Art der Erhebung, für Nachlaß- und Erbschaftsteuern sowie Schenkungsteuern, die für Rechnung eines Vertragsstaats oder seiner Gebietskörperschaften erhoben werden.
2. Als Nachlaß- und Erbschaftsteuern gelten die Steuern, die von Todes wegen als Nachlaßsteuern, Erbanfallsteuern, Abgaben vom Vermögensübergang oder Steuern von Schenkungen auf den Todesfall erhoben werden. Als Schenkungsteuern gelten die Steuern, die auf Übertragungen unter Lebenden nur deshalb erhoben werden, weil die Übertragungen ganz oder teilweise unentgeltlich vorgenommen werden.
3. Die bestehenden Steuern, für die das Abkommen gilt, sind:
    a) in (Staat A): ...
    b) in (Staat B): ...
4. Das Abkommen gilt auch für alle Steuern gleicher oder im wesentlichen ähnlicher Art, die nach der Unterzeichnung des Abkommens neben den bestehenden Steuern oder an deren Stelle erhoben werden. Die zuständigen Behörden der Vertragsstaaten teilen einander am Ende eines jeden Jahres die in ihren Steuergesetzen eingetretenen Änderungen mit.

Abschnitt II Begriffsbestimmungen

Art. 3 Allgemeine Begriffsbestimmungen

1. Im Sinne dieses Abkommens, wenn der Zusammenhang nichts anderes erfordert,
    a) umfaßt der Ausdruck „Vermögen, das Teil des Nachlasses oder einer Schenkung einer Person mit Wohnsitz in einem Vertragsstaat ist" alle

Vermögenswerte, deren Übergang oder Übertragung nach dem Recht eines Vertragsstaats einer Steuer unterliegt, für die das Abkommen gilt;
b) bedeutet der Ausdruck „zuständige Behörde"
 i) (Staat A): ...
 ii) (Staat B): ...
2. Bei der Anwendung des Abkommens durch einen Vertragsstaat hat, wenn der Zusammenhang nichts anderes erfordert, jeder im Abkommen nicht definierte Ausdruck die Bedeutung, die ihm nach dem Recht dieses Staates über die Steuern zukommt, für die das Abkommen gilt.

Art. 4 Steuerlicher Wohnsitz

1. Im Sinne dieses Abkommens bedeutet der Ausdruck „eine Person mit Wohnsitz in einem Vertragsstaat" eine Person, deren Nachlaß oder Schenkung nach dem Recht dieses Staates dort aufgrund ihres Wohnsitzes, ihres ständigen Aufenthalts, des Ortes ihrer Geschäftsleitung oder eines anderen ähnlichen Merkmals steuerpflichtig ist. Der Ausdruck umfaßt jedoch nicht eine Person, deren Nachlaß oder Schenkung in diesem Staat nur mit in diesem Staat gelegenem Vermögen steuerpflichtig ist.
2. Hat nach Absatz 1 eine natürliche Person in beiden Vertragsstaaten einen Wohnsitz, so gilt folgendes:
 a) Der Wohnsitz der natürlichen Person gilt als in dem Staat gelegen, in dem sie über eine ständige Wohnstätte verfügt; verfügt sie in beiden Staaten über eine ständige Wohnstätte, so gilt ihr Wohnsitz als in dem Staat gelegen, zu dem sie die engeren persönlichen und wirtschaftlichen Beziehungen hat (Mittelpunkt der Lebensinteressen);
 b) kann nicht bestimmt werden, in welchem Staat die Person den Mittelpunkt ihrer Lebensinteressen hat, oder verfügt sie in keinem der Staaten über eine ständige Wohnstätte, so gilt ihr Wohnsitz als in dem Staat gelegen, in dem sie ihren gewöhnlichen Aufenthalt hat;
 c) hat die Person ihren gewöhnlichen Aufenthalt in beiden Staaten oder in keinem der Staaten, so gilt ihr Wohnsitz als in dem Staat gelegen, dessen Staatsangehöriger sie ist;
 d) ist die Person Staatsangehöriger beider Staaten oder keines der Staaten, so regeln die zuständigen Behörden der Vertragsstaaten die Frage in gegenseitigem Einvernehmen.
3. Hat nach Absatz 1 eine andere als eine natürliche Person in beiden Vertragsstaaten ihren Wohnsitz, so gilt ihr Wohnsitz als in dem Staat gelegen, in dem sich der Ort ihrer tatsächlichen Geschäftsleitung befindet.

Abschnitt III Besteuerungsregeln

Art. 5 Unbewegliches Vermögen

1. Unbewegliches Vermögen, das Teil des Nachlasses oder einer Schenkung einer Person mit Wohnsitz in einem Vertragsstaat ist und das im anderen Vertragsstaat liegt, kann im anderen Staat besteuert werden.

2. Der Ausdruck „unbewegliches Vermögen" hat die Bedeutung, die ihm nach dem Recht des Vertragsstaats zukommt, in dem das Vermögen liegt. Der Ausdruck umfaßt in jedem Fall das Zubehör zum unbeweglichen Vermögen, das lebende und tote Inventar land- und forstwirtschaftlicher Betriebe, die Rechte, für die die Vorschriften des Privatrechts über Grundstücke gelten, Nutzungsrechte an unbeweglichem Vermögen sowie Rechte auf veränderliche oder feste Vergütungen für die Ausbeutung oder das Recht auf Ausbeutung von Mineralvorkommen, Quellen und anderen Bodenschätzen; Schiffe und Luftfahrzeuge gelten nicht als unbewegliches Vermögen.

3. Absatz 1 gilt auch für unbewegliches Vermögen eines Unternehmens und für unbewegliches Vermögen, das der Ausübung eines freien Berufs oder einer sonstigen selbständigen Tätigkeit dient.

Art. 6 Bewegliches Vermögen einer Betriebstätte oder einer festen Einrichtung

1. Bewegliches Vermögen eines Unternehmens, das Teil des Nachlasses oder einer Schenkung einer Person mit Wohnsitz in einem Vertragsstaat ist und das Betriebsvermögen einer im anderen Vertragsstaat gelegenen Betriebstätte darstellt, kann im anderen Staat besteuert werden.

2. Im Sinne dieses Abkommens bedeutet der Ausdruck „Betriebstätte" eine feste Geschäftseinrichtung, durch die die Tätigkeit eines Unternehmens ganz oder teilweise ausgeübt wird.

3. Der Ausdruck „Betriebstätte" umfaßt insbesondere:
   a) einen Ort der Leitung,
   b) eine Zweigniederlassung,
   c) eine Geschäftsstelle,
   d) eine Fabrikationsstätte,
   e) eine Werkstätte und
   f) ein Bergwerk, ein Öl- oder Gasvorkommen, einen Steinbruch oder eine andere Stätte der Ausbeutung von Bodenschätzen.

4. Eine Bauausführung oder Montage ist nur dann eine Betriebstätte, wenn ihre Dauer zwölf Monate überschreitet.

5. Ungeachtet der vorstehenden Bestimmungen dieses Artikels gelten nicht als Betriebstätten:
   a) Einrichtungen, die ausschließlich zur Lagerung, Ausstellung oder Auslieferung von Gütern oder Waren des Unternehmens benutzt werden;
   b) Bestände von Gütern oder Waren des Unternehmens, die ausschließlich zur Lagerung, Ausstellung oder Auslieferung unterhalten werden;
   c) Bestände von Gütern oder Waren des Unternehmens, die ausschließlich zu dem Zweck unterhalten werden, durch ein anderes Unternehmen bearbeitet oder verarbeitet zu werden;
   d) eine feste Geschäftseinrichtung, die ausschließlich zu dem Zweck unterhalten wird, für das Unternehmen Güter oder Waren einzukaufen oder Informationen zu beschaffen;
   e) eine feste Geschäftseinrichtung, die ausschließlich zu dem Zweck unterhalten wird, für das Unternehmen andere Tätigkeiten auszuüben, die vorbereitender Art sind oder eine Hilfstätigkeit darstellen;

f) eine feste Geschäftseinrichtung, die ausschließlich zu dem Zweck unterhalten wird, mehrere der unter den Buchstaben a bis e genannten Tätigkeiten auszuüben, vorausgesetzt, dass die sich daraus ergebende Gesamttätigkeit der festen Geschäftseinrichtung vorbereitender Art ist oder eine Hilfstätigkeit darstellt.

6. Bewegliches Vermögen, das Teil des Nachlasses oder einer Schenkung einer Person mit Wohnsitz in einem Vertragsstaat ist und der Ausübung eines freien Berufes oder einer sonstigen selbständigen Tätigkeit dient und das zu einer im anderen Vertragsstaat gelegenen festen Einrichtung gehört, kann im anderen Staat besteuert werden.

Art. 7 Anderes Vermögen

Vermögen, das Teil des Nachlasses oder einer Schenkung einer Person mit Wohnsitz in einem Vertragsstaat ist und in den Artikeln 5 und 6 nicht behandelt wurde, kann ohne Rücksicht auf seine Belegenheit nur in diesem Staat besteuert werden.

Art. 8 Schuldenabzug

1. Schulden, die durch das in Artikel 5 genannte Vermögen besonders gesichert sind, werden vom Wert dieses Vermögens abgezogen. Schulden, die zwar nicht durch das in Artikel 5 genannte Vermögen besonders gesichert sind, die aber im Zusammenhang mit dem Erwerb, der Änderung, der Instandsetzung oder der Instandhaltung solchen Vermögens entstanden sind, werden vom Wert dieses Vermögens abgezogen.
2. Vorbehaltlich des Absatzes 1 werden Schulden, die mit einer in Artikel 6 Absatz 1 genannten Betriebstätte oder einer in Artikel 6 Absatz 6 genannten festen Einrichtung zusammenhängen, vom Wert der Betriebstätte beziehungsweise der festen Einrichtung abgezogen.
3. Die anderen Schulden werden vom Wert des Vermögens abgezogen, für das Artikel 7 gilt.
4. Übersteigt eine Schuld den Wert des Vermögens, von dem sie in einem Vertragsstaat nach den Absätzen 1 oder 2 abzuziehen ist, so wird der übersteigende Betrag vom Wert des übrigen Vermögens, das in diesem Staat besteuert werden kann, abgezogen.
5. Verbleibt in einem Vertragsstaat nach den Abzügen, die aufgrund der Absätze 3 oder 4 vorzunehmen sind, ein Schuldenrest, so wird dieser vom Wert des Vermögens, das im anderen Vertragsstaat besteuert werden kann, abgezogen.
6. Ist ein Vertragsstaat nach den Absätzen 1 bis 5 verpflichtet, einen höheren als nach seinem Recht vorgesehenen Schuldenabzug vorzunehmen, so gelten die genannten Absätze nur insoweit, als der andere Vertragsstaat nach seinem innerstaatlichen Recht nicht verpflichtet ist, die gleichen Schulden abzuziehen.

Abschnitt IV Methoden zur Vermeidung der Doppelbesteuerung
Art. 9 A Befreiungsmethode

1. Der Vertragsstaat, in dem der Erblasser im Zeitpunkt des Todes oder der Schenker im Zeitpunkt der Schenkung seinen Wohnsitz hatte, nimmt das Vermögen, das aus demselben Anlaß nach diesem Abkommen im anderen Vertragsstaat besteuert werden kann, von der Besteuerung aus.
2. Der erstgenannte Vertragsstaat nimmt von der Besteuerung auch das Vermögen aus, das aus Anlaß einer früheren Schenkung nach diesem Abkommen im anderen Vertragsstaat besteuert werden könnte. Der erstgenannte Staat nimmt jedoch kein Vermögen von der Besteuerung aus, das in diesem Staat nach Artikel 5 oder 6 des Abkommens besteuert werden konnte.
3. In jedem Fall kann der erstgenannte Vertragsstaat das von der Besteuerung ausgenommene Vermögen bei der Festsetzung der Steuer für das übrige Vermögen einbeziehen.

Art. 9 B Anrechnungsmethode

1. Der Vertragsstaat, in dem der Erblasser im Zeitpunkt des Todes oder der Schenker im Zeitpunkt der Schenkung seinen Wohnsitz hatte, rechnet auf die nach seinem Recht festgesetzte Steuer den Betrag an, der der Steuer entspricht, die im anderen Vertragsstaat für das Vermögen gezahlt wird, das aus demselben Anlaß nach diesem Abkommen im anderen Staat besteuert werden kann.
2. Der erstgenannte Vertragsstaat rechnet auf diese Steuer auch den Betrag an, der der Steuer entspricht, die im anderen Vertragsstaat nach diesem Abkommen auf eine frühere Schenkung gezahlt worden ist, soweit dieser Betrag nach Absatz 1 anläßlich dieser Schenkung nicht angerechnet worden ist. Der erstgenannte Staat rechnet jedoch keine Steuer an, die für Vermögen gezahlt worden ist, das in diesem Staat nach Artikel 5 oder 6 des Abkommens besteuert werden konnte.
3. Die in den Absätzen 1 und 2 erwähnten Anrechnungsbeträge dürfen jedoch den Teil der vor der Anrechnung ermittelten Steuer des erstgenannten Vertragsstaats nicht übersteigen, der auf das Vermögen entfällt, für das die Anrechnung zu gewähren ist.

Abschnitt V Besondere Bestimmungen
Art. 10 Gleichbehandlung

1. Staatsangehörige eines Vertragsstaats dürfen, ungeachtet ihres Wohnsitzes, im anderen Vertragsstaat keiner Besteuerung oder damit zusammenhängenden Verpflichtung unterworfen werden, die anders oder belastender ist als die Besteuerung und die damit zusammenhängenden Verpflichtungen, denen Staatsangehörige des anderen Staates unter gleichen Verhältnissen unterworfen sind oder unterworfen werden können.
2. Der Ausdruck „Staatsangehörige" bedeutet
   a) natürliche Personen, die die Staatsangehörigkeit eines Vertragsstaats besitzen;

b) juristische Personen, Personengesellschaften und andere Personenvereinigungen, die nach dem in einem Vertragsstaat geltenden Recht errichtet worden sind.
3. Staatenlose mit Wohnsitz in einem Vertragsstaat dürfen in keinem Vertragsstaat einer Besteuerung oder damit zusammenhängenden Verpflichtung unterworfen werden, die anders oder belastender ist als die Besteuerung und die damit zusammenhängenden Verpflichtungen, denen Staatsangehörige des betreffenden Staates unter gleichen Verhältnissen unterworfen sind oder unterworfen werden können.
4. Dieser Artikel gilt ungeachtet des Artikels 2 für Steuern jeder Art und Bezeichnung.

Art. 11 Verständigungsverfahren

1. Ist eine Person der Auffassung, dass Maßnahmen eines Vertragsstaats oder beider Vertragsstaaten für sie zu einer Besteuerung führen oder führen werden, die diesem Abkommen nicht entspricht, so kann sie unbeschadet der nach dem innerstaatlichen Recht dieser Staaten vorgesehenen Rechtsmittel ihren Fall der zuständigen Behörde eines der beiden Vertragsstaaten unterbreiten. Der Fall muß innerhalb von drei Jahren nach der ersten Mitteilung der Maßnahme unterbreitet werden, die zu einer dem Abkommen nicht entsprechenden Besteuerung führt.
2. Hält die zuständige Behörde die Einwendung für begründet und ist sie selbst nicht in der Lage, eine befriedigende Lösung herbeizuführen, so wird sie sich bemühen, den Fall durch Verständigung mit der zuständigen Behörde des anderen Vertragsstaats so zu regeln, dass eine dem Abkommen nicht entsprechende Besteuerung vermieden wird. Die Verständigungsregelung ist ungeachtet der Fristen des innerstaatlichen Rechts der Vertragsstaaten durchzuführen.
3. Die zuständigen Behörden der Vertragsstaaten werden sich bemühen, Schwierigkeiten oder Zweifel, die bei der Auslegung oder Anwendung des Abkommens entstehen, in gegenseitigem Einvernehmen zu beseitigen. Sie können auch gemeinsam darüber beraten, wie eine Doppelbesteuerung in Fällen vermieden werden kann, die im Abkommen nicht behandelt sind.
4. Die zuständigen Behörden der Vertragsstaaten können zur Herbeiführung einer Einigung im Sinne der vorstehenden Absätze unmittelbar miteinander verkehren. Erscheint ein mündlicher Meinungsaustausch für die Herbeiführung der Einigung zweckmäßig, so kann ein solcher Meinungsaustausch in einer Kommission durchgeführt werden, die aus Vertretern der zuständigen Behörden der Vertragsstaaten besteht.

Art. 12 Informationsaustausch

1. Die zuständigen Behörden der Vertragsstaaten tauschen Informationen aus, die zur Durchführung dieses Abkommens oder des innerstaatlichen Rechts der Vertragsstaaten betreffend die unter das Abkommen fallenden Steuern erforderlich sind, soweit die diesem Recht entsprechende Besteuerung nicht dem Abkommen widerspricht. Der Informationsaustausch ist durch Artikel 1

nicht eingeschränkt. Alle Informationen, die ein Vertragsstaat erhalten hat, sind ebenso geheimzuhalten wie die aufgrund des innerstaatlichen Rechts dieses Staates beschafften Informationen und dürfen nur den Personen oder Behörden (einschließlich der Gerichte und der Verwaltungsbehörden) zugänglich gemacht werden, die mit der Veranlagung oder Erhebung, der Vollstreckung oder Strafverfolgung oder mit der Entscheidung von Rechtsmitteln hinsichtlich der unter das Abkommen fallenden Steuern befaßt sind. Diese Personen oder Behörden dürfen die Informationen nur für diese Zwecke verwenden. Sie dürfen die Informationen in einem öffentlichen Gerichtsverfahren oder einer Gerichtsentscheidung offenlegen.

2. Absatz 1 ist nicht so auszulegen, als verpflichte er einen Vertragsstaat,
   a) Verwaltungsmaßnahmen durchzuführen, die von den Gesetzen oder der Verwaltungspraxis dieses oder des anderen Staates abweichen;
   b) Informationen zu erteilen, die nach den Gesetzen oder im üblichen Verwaltungsverfahren dieses oder des anderen Staates nicht beschafft werden können;
   c) Informationen zu erteilen, die ein Handels-, Industrie-, Gewerbe- oder Berufsgeheimnis oder ein Geschäftsverfahren preisgeben würden oder deren Erteilung dem Ordre public widerspräche.

Art. 13 Diplomaten und Konsularbeamte

Dieses Abkommen berührt nicht die steuerlichen Vorrechte, die den Diplomaten und Konsularbeamten nach den allgemeinen Regeln des Völkerrechts oder aufgrund besonderer Vereinbarungen zustehen.

Art. 14 Ausdehnung des räumlichen Geltungsbereiches

1. Das Abkommen kann entweder als Ganzes oder mit den erforderlichen Änderungen [auf jeden Teil des Hoheitsgebiets (des Staates A) oder (des Staates B), der ausdrücklich von der Anwendung des Abkommens ausgeschlossen ist, oder] auf jeden anderen Staat oder jedes andere Hoheitsgebiet ausgedehnt werden, dessen internationale Beziehungen von (Staat A) oder von (Staat B) wahrgenommen werden und in dem Steuern erhoben werden, die im wesentlichen den Steuern ähnlich sind, für die das Abkommen gilt. Eine solche Ausdehnung wird von dem Zeitpunkt an und mit den Änderungen und Bedingungen, einschließlich der Bedingungen für die Beendigung, wirksam, die zwischen den Vertragsstaaten durch auf diplomatischem Weg auszutauschende Noten oder auf andere, den Verfassungen dieser Staaten entsprechende Weise vereinbart werden.

2. Haben die beiden Vertragsstaaten nichts anderes vereinbart, so wird mit der Kündigung durch einen Vertragsstaat nach Artikel 16 die Anwendung des Abkommens in der in jenem Artikel vorgesehenen Weise auch [für jeden Teil des Hoheitsgebiets (des Staates A) oder (des Staates B) oder] für Staaten oder Hoheitsgebiete beendet, auf die das Abkommen nach diesem Artikel ausgedehnt worden ist.

Abschnitt VI Schlußbestimmungen
Art. 15 Inkrafttreten

1. Dieses Abkommen bedarf der Ratifikation; die Ratifikationsurkunden werden so bald wie möglich in. ..... ausgetauscht.
2. Das Abkommen tritt mit dem Austausch der Ratifikationsurkunden in Kraft, und seine Bestimmungen finden Anwendung
   a) (in Staat A): ...
   b) (in Staat B): ...

Art. 16 Kündigung

Dieses Abkommen bleibt in Kraft, solange es nicht von einem Vertragsstaat gekündigt wird. Jeder Vertragsstaat kann nach dem Jahr. ..... das Abkommen auf diplomatischem Weg unter Einhaltung einer Frist von mindestens sechs Monaten zum Ende eines Kalenderjahres kündigen. In diesem Fall findet das Abkommen nicht mehr Anwendung
a) (in Staat A): ...
b) (in Staat B): ...

Schlußklausel

Anmerkung: Die Schlußklausel über die Unterzeichnung richtet sich nach den verfassungsrechtlichen Verfahren der beiden Vertragsstaaten.

19   Die von Deutschland und anderen Vertragstaaten der OECD geschlossenen DBA auf dem Gebiet der Nachlass- und Erbschaftsteuern folgen in weiten Teilen dem vom Steuerausschuss der OECD konzipierten Musterabkommen von 1966. Die letzte überarbeitete Neufassung des Musterabkommens wurde im Jahr 1982 vom Fiskalausschuss der OECD verabschiedet. 1987 wurde die deutsche Übersetzung des Musterabkommens 1982 und des Berichts des Fiskalausschusses der OECD, einschließlich der darin enthaltenen umfangreichen Kommentierung, vom Bundesministerium der Finanzen herausgegeben (abgedruckt bei *Gosch/Kroppen/Grotherr*, DBA, Teil 4 I OECD-MA/ErbSt).

20   Im Gegensatz zu Musterabkommen von 1966 wurden in die Neufassung von 1982 auch Steuern auf Schenkungen unter Lebenden in den Anwendungsbereich des Musterabkommens einbezogen. Wegen der ansonsten weitgehenden Übereinstimmung kann den in beiden Abkommen verwendeten Begriffen grundsätzlich dieselbe Bedeutung beigelegt werden. Gegen Teile der Neufassung des Abkommens 1982 haben einzelne OECD-Mitgliedsstaaten Vorbehalte angemeldet, so dass in das Musterabkommen Ergänzungsklauseln für Sonderfälle aufgenommen wurden. Dennoch ist das OECD-MA 1966/1982 und der dazugehörende Bericht des Fiskalausschusses der OECD, einschließlich der darin enthaltenen Kommentierung, noch heute von **grundlegender Bedeutung für die Interpretation der bestehenden DBA** auf dem Gebiet der Nachlass-, Erbschaft- und Schenkungsteuern. Das gilt auch ungeachtet dessen, dass die BRD in neuerer Zeit auch sog. „große" Abkommen geschlossen hat (DBA Dänemark, DBA Schweden), in denen die Vermeidung der Doppelbesteuerung auf den Gebieten des Einkommens, Vermögens und bei Erb-

schaften, Nachlässen und Schenkungen sowie die gegenseitige Amts- und Rechtshilfe abkommenstechnisch in einem Vertrag geregelt wurde (gl. A. *Jülicher*, in T/G/J, ErbStG, § 2 Rz. 151).

Allerdings sind weder das Musterabkommen selbst noch der dazugehörige Kommentar völkerrechtliche Verträg. Deshalb besteht weder eine völkerrechtliche Verpflichtung, dem Musterabkommen beim Abschluss eines DBA zu folgen, noch kann der Kommentar zum Musterabkommen für die Auslegung als rechtsverbindlich angesehen werden. Zu beachten ist jedoch, dass der Rat der OECD eine Empfehlung an die Mitgliedstaaten ausgesprochen hat, dem Abkommensmuster mit der in den Kommentaren niedergelegten Auslegung bei der Abfassung von zweiseitigen DBA zu folgen (*Wassermeyer*, in Debatin/Wassermeyer, MA Vor Art. 1, Rz. 34 m. w. N.). Die praktische Relevanz von Musterabkommen und Kommentar basiert deshalb weitgehend auf völkerrechtlichen Auslegungsgrundsätzen. Infolgedessen greift der BFH auch in seiner neueren Rechtsprechung sowohl auf das Musterabkommen als auch auf den Kommentar zum Musterabkommen als **Auslegungshilfen** zurück (z. B. BFH v. 28.6.2006, I R 92/05, BStBl II 2007, 100; v. 16.12.1998, I R 40/97, BStBl II 1999, 207). So sollte zumindest unter OECD-Mitgliedstaaten, wenn die Vertragsstaaten im betreffenden Abkommen den Text des Musterabkommens ganz oder teilweise übernommen haben, die Vermutung möglich sein, dass das Abkommen i. S. d. Musterabkommens und des Kommentars interpretiert werden muss, sofern die Vertragsstaaten nicht Vorbehalte angemeldet haben bzw. bewusst eine vom Musterabkommen bzw. vom Kommentar abweichende und nach innerstaatlichem Recht auszulegende Regelung schaffen wollten (*Wassermeyer*, in Debatin/ Wassermeyer, MA Vor Art. 1, Rz. 51).

DBA-Griechenland

Übereinkommen zwischen Deutschland und Griechenland über die Besteuerung des beweglichen Nachlaßvermögens
Vom 18.11./1.12.1910
(RGBl 1912, 173)

Art. 1

Das in Deutschland befindliche bewegliche Vermögen eines Griechen, der zur Zeit seines Todes weder seinen Wohnsitz noch seinen gewöhnlichen Aufenthalt in einem deutschen Bundesstaate hatte, unterliegt der Reichserbschaftsteuer nur dann, wenn der Erbe zur Zeit des Erbfalls seinen Wohnsitz oder seinen gewöhnlichen Aufenthalt in einem deutschen Bundesstaate hatte, und ebenso unterliegt das in Griechenland befindliche bewegliche Vermögen eines Deutschen, der zur Zeit seines Todes weder seinen Wohnsitz noch seinen gewöhnlichen Aufenthalt in Griechenland hatte, der Erbschaftsteuer des Königreichs Griechenland nur dann, wenn der Erbe zur Zeit des Erbfalls seinen Wohnsitz oder seinen gewöhnlichen Aufenthalt in Griechenland hatte.

Art. 2

In dem Falle, daß weder der Grieche, der in Deutschland bewegliches Vermögen hinterläßt, noch der Erbe selbst zur Zeit des Erbfalls ihren Wohnsitz oder ihren gewöhnlichen Aufenthalt in einem deutschen Bundesstaate hatten, sichert die Kaiserlich Deutsche Regierung namens der beteiligten Bundesstaaten zu, daß dieses Vermögen in gleicher Weise von den gegenwärtig oder künftig in den Bundesstaaten zur Erhebung gelangenden Erbschaftsteuern befreit bleiben wird.

Art. 3

Das gegenwärtige Übereinkommen soll ratifiziert und die Ratifikationsurkunden sollen sobald als möglich in Athen ausgewechselt werden. Es soll zwei Monate nach Auswechselung der Ratifikationsurkunden in Kraft treten. Jeder der beiden vertragschließenden Teile kann jederzeit das gegenwärtige Übereinkommen aufkündigen, indem er den anderen Teil von seiner Absicht sechs Monate vorher benachrichtigt.

Schrifttum

Holthaus, Erbschaftsteuer-DBA Deutschland-Griechenland – wenig beachtetes Kleinod aus der Kaiserzeit mit aktueller Brisanz, IWB, F. 5 G 3 2008, 147; *Jülicher,* Der deutsch-griechische Erbfall, PIStb 2009, 165.

Das Abkommen mit Griechenland vom 18.11.1910/01.12.1910 (in Kraft getreten am 22.3.1912 (RGBl 1912, 176); Wiederanwendung seit 1.1.1953, BGBl I 1953, 525) ist auf Sachverhalte anwendbar, in denen der **Erblasser die griechische oder deutsche Staatsangehörigkeit** hat. Der Wohnsitz des Erblassers ist für die Angrenzung des persönlichen Anwendungsbereichs des Abkommens ohne Be-

22

deutung. Die sachliche Anwendbarkeit beschränkt sich auf das durch Erbfall übertragene **bewegliche Nachlassvermögen**.

23 Die Besteuerung der Übertragung von **unbeweglichem Vermögen** erfolgt nach den Bestimmungen des jeweiligen **innerstaatlichen Steuerrechts**. Kommt es dadurch zu einer Doppelbesteuerung, weil z. B. bei unbeschränkter deutscher Steuerpflicht auch die Übertragung des in Griechenland belegenen unbeweglichen Vermögens in der Bundesrepublik der Besteuerung unterliegt, kommt u. U. eine Anrechnung der griechischen ErbSt nach § 21 ErbStG in Betracht.

24 Das in Griechenland befindliche bewegliche Vermögen eines deutschen Erblassers, der in Griechenland weder Wohnsitz noch gewöhnlichen Aufenthalt hatte, unterliegt nur der griechischen Besteuerung, wenn der **Erbe seinen Wohnsitz oder gewöhnlichen Aufenthalt in Griechenland** hat (Art. 1 DBA-Erb GR). In diesem Fall erfolgt eine Vermeidung der Doppelbesteuerung durch die **Befreiungsmethode**, d. h. das in Griechenland befindliche bewegliche Vermögen wird von der deutschen Besteuerung ausgenommen (Art. 2 DBA-Erb GR).

25 Die Begriffe des beweglichen und des unbeweglichen Vermögens sind im Abkommen selbst **nicht definiert**. Nach den Grundsätzen des OECD-Musterabkommen, das jedoch zum Zeitpunkt des Abschlusses des DBA-Griechenlands noch nicht existierte, handelt es sich beim unbeweglichen Vermögen im wesentlichen um Grundbesitz einschließlich seiner Bestandteile und des Zubehörs sowie um land- und forstwirtschaftliches Vermögen. Das **übrige Vermögen** ist als bewegliches Vermögen anzusehen.

26 Im Abkommen ist keine gesonderte Regelung des **Schuldenabzugs** enthalten. Deshalb gelten diesbezüglich die jeweiligen innerstaatlichen Vorschriften der Vertragsstaaten. Schulden sind in der Bundesrepublik nur insoweit abzugsfähig, als sie in wirtschaftlichem Zusammenhang mit Vermögensgegenständen stehen, welche in der BRD der Besteuerung unterliegen. Probleme können sich durch die fehlende Regelung im DBA in Fällen ergeben, in denen das bewegliche Nachlassvermögen, das entsprechend dem Abkommen in Griechenland besteuert wird, überschuldet ist. In Deutschland ist ein Ausgleich der Schulden mit dem hier besteuerten Vermögen nicht möglich, da die Schulden mit Vermögen in wirtschaftlichem Zusammenhang stehen, das nicht der deutschen Besteuerung unterliegt. Durch die Anwendung des DBA Griechenland ergibt sich in diesem Fall eine steuerliche Mehrbelastung, da die Schulden ohne Anwendung des Abkommens in voller Höhe in der BRD zu berücksichtigen wären. Zur Vermeidung der Schlechterstellung des Steuerpflichtigen durch die Anwendung des Abkommens ist m. E. jedoch in Deutschland eine Berücksichtigung des Schuldenüberhangs auf dem Billigkeitswege denkbar.

27 Das DBA Griechenland selbst sieht für das in seinen Regelungsbereich fallende Vermögen **keinen Progressionsvorbehalt** vor. Deshalb wird davon ausgegangen, dass die Einbeziehung des der griechischen Besteuerung unterliegenden Vermögens in den deutschen Progressionsvorbehalts nach § 19 Abs. 2 ErbStG unzulässig ist (*Weinmann*, in Moench/Weinmann, ErbStG, § 2 Rz. 44; a. A. mit Verweis auf die jüngere Entwicklung der Rechtsprechung des BFH: *Jülicher*, in T/G/J, ErbStG, § 2 Rz. 209).

DBA-Österreich

Abkommen zwischen der Bundesrepublik Deutschland und der Republik Österreich zur Vermeidung der Doppelbesteuerung auf dem Gebiete der Erbschaftsteuern

Vom 4.10.1954

(BGBl 1955 II, 756)

In der Fassung des Zusatzabkommens vom 15. Oktober 2003 (BGBl. 2004 II, 883)

Art. 1 Zweck, Wohnsitz

(1) Durch dieses Abkommen soll vermieden werden, daß Nachlaßvermögen von Erblassern, die zur Zeit ihres Todes in einem der beiden oder in beiden Vertragsstaaten ihren Wohnsitz hatten, in beiden Staaten zur Erbschaftsteuer herangezogen wird.

(2) Eine natürliche Person hat einen Wohnsitz im Sinne dieses Abkommens in dem Vertragsstaat, in dem sie eine Wohnung innehat unter Umständen, die darauf schließen lassen, daß sie die Wohnung beibehalten und benutzen wird. Wenn sie in keinem der Vertragsstaaten einen Wohnsitz hat, gilt als Wohnsitz der Ort ihres gewöhnlichen Aufenthaltes.

Art. 2 Unter das Abkommen fallende Steuern

(1) Erbschaftsteuern im Sinne dieses Abkommens sind:

1. in der Bundesrepublik Deutschland:
die Erbschaftsteuer, soweit ihr Erwerbe von Todes wegen oder Zweckzuwendungen von Todes wegen unterliegen;
2. in der Republik Österreich:
die Erbschaftsteuer, soweit ihr Erwerbe von Todes wegen oder Zweckzuwendungen von Todes wegen unterliegen.

(2) Das Abkommen ist auf jede andere ihrem Wesen nach gleiche oder ähnliche Steuer (auch Nachlaßsteuer) anzuwenden, die nach seiner Unterzeichnung von einem der Vertragsstaaten eingeführt wird. Die Steuer vom Vermögen einer Stiftung oder eines Vereins, die nach § 1 Absatz 1 Nummer 4 und § 9 Absatz 1 Nummer 4 des deutschen Erbschaftsteuergesetzes erhoben wird, gilt nicht als Erbschaftsteuer oder als gleiche oder ähnliche Steuer im Sinne des vorstehenden Satzes.

(3) Die obersten Finanzbehörden der Vertragsstaaten werden sich gegenseitig über die Einführung neuer Steuern, über wesentliche Änderungen oder die Aufhebung bestehender Steuern, die von diesem Abkommen betroffen werden, unterrichten.

Siehe auch Artikel 2 des Zusatzabkommens: „Bei der Erhebung der in Artikel 1 dieses Zusatzabkommens genannten Steuer wird das in der Bundesrepublik Deutschland steuerpflichtige österreichische Vermögen in gleicher Weise behandelt, wie wenn es sich um deutsches Vermögen handeln würde."

Art. 3 Unbewegliches Nachlaßvermögen

(1) Unbewegliches Nachlaßvermögen (einschließlich des Zubehörs), das in einem der Vertragsstaaten liegt, wird nur in diesem Staate besteuert.

(2) Nutzungsrechte an unbeweglichem Vermögen, das in einem der Vertragsstaaten liegt, sowie Rechte, die durch Pfandrecht an einem solchen Vermögen gesichert sind oder die auf ihm lasten, werden nur in diesem Staate besteuert.

(3) Zum unbeweglichen Vermögen gehört auch das unbewegliche Betriebsvermögen.

Art. 4 Gewerbliches Nachlaßvermögen

Für Nachlaßvermögen, das in einem der Vertragsstaaten dem Betrieb eines gewerblichen Unternehmens dient, gilt folgendes:
1. Hat das Unternehmen eine Betriebstätte nur in einem der Vertragsstaaten, so wird dieses Vermögen nur in diesem Staate besteuert.
2. Hat das Unternehmen Betriebstätten in beiden Vertragsstaaten, so wird das Vermögen in jedem der beiden Staaten insoweit besteuert, als es der in diesem Staate liegenden Betriebstätte dient.

Art. 5 Sonstiges Nachlaßvermögen

Für Nachlaßvermögen, das nicht nach Artikel 3 oder Artikel 4 zu behandeln ist, gilt folgendes:
1. Hatte der Erblasser zur Zeit seines Todes nur in einem der Vertragsstaaten seinen Wohnsitz, so wird dieses Nachlaßvermögen nur in diesem Staate besteuert.
2. Hatte der Erblasser zur Zeit seines Todes in beiden Vertragsstaaten einen Wohnsitz, so wird das Nachlaßvermögen nur in dem Staate besteuert, zu dem die stärksten persönlichen und wirtschaftlichen Beziehungen des Erblassers bestanden (Mittelpunkt der Lebensinteressen). Wenn dies nicht festzustellen ist, werden die obersten Finanzbehörden der Vertragsstaaten sich nach Artikel 10 verständigen.

Art. 6 Schuldenanrechnung

(1) Schulden, die in wirtschaftlichem Zusammenhang mit dem in Artikel 3 oder Artikel 4 bezeichneten Nachlaßvermögen stehen oder auf ihm sichergestellt sind, werden auf dieses Vermögen angerechnet. Sonstige Schulden werden auf das nach Artikel 5 zu behandelnde Vermögen angerechnet.

(2) Wenn Nachlaßvermögen der in Artikel 3 oder Artikel 4 bezeichneten Art in beiden Vertragsstaaten zu versteuern ist, so sind Schulden, die in wirtschaftlichem Zusammenhang mit dem in dem einen Staate zu versteuernden Vermögen dieser Art stehen oder auf ihm sichergestellt sind, zunächst auf dieses Vermögen anzurechnen. Ein nicht gedeckter Rest wird auf das übrige in diesem Staate zu versteuernde Nachlaßvermögen angerechnet. Wenn in diesem Staate kein anderes Nachlaßvermögen zu versteuern ist, oder wenn sich bei der Anrechnung wieder eine Überschuldung ergibt, dann sind die restlichen Schulden auf das Nachlaßvermögen in dem anderen Staat anzurechnen.

(3) Absatz 2 Sätze 2 und 3 gelten sinngemäß, wenn sich nach Absatz 1 Satz 2 in einem der Vertragsstaaten eine Überschuldung ergibt.

Art. 7 Progressionsvorbehalt

Dieses Abkommen schließt nicht aus, daß jeder Staat die Steuer von dem ihm zur Besteuerung überlassenen Teil des Nachlaßvermögens oder Erwerbs nach dem Satz erheben kann, der dem Wert des gesamten Nachlasses oder des gesamten Erwerbs entspricht.

Art. 8 Rechtsbehelfe

(1) Weist eine Person nach, daß Maßnahmen der Finanzbehörden der Vertragsstaaten für sie die Wirkung einer Doppelbesteuerung gehabt haben, die den Grundsätzen dieses Abkommens widerspricht, so kann sie sich, unbeschadet eines innerstaatlichen Rechtsmittels, an die oberste Finanzbehörde des Vertragsstaates wenden, in dem sie ihren Wohnsitz hat.

(2) Werden die Einwendungen für begründet erachtet, so soll die nach Absatz 1 zuständige oberste Finanzbehörde versuchen, sich mit der obersten Finanzbehörde des anderen Staates zu verständigen, um eine Doppelbesteuerung zu vermeiden.

Art. 9 Austausch von Informationen

Die obersten Finanzbehörden der Vertragsstaaten werden sich die Mitteilungen machen, die nach den Steuergesetzen der beiden Vertragsstaaten verlangt werden können und die erforderlich sind, um dieses Abkommen durchzuführen, insbesondere um Steuerverkürzungen zu verhindern. Der Inhalt dieser Mitteilungen ist geheim zu halten und nur solchen Personen zugänglich zu machen, die nach den gesetzlichen Vorschriften bei der Veranlagung und Erhebung der Steuern im Sinne dieses Abkommens mitwirken.

Art. 10 Verständigungsverfahren

(1) Die obersten Finanzbehörden der Vertragsstaaten können bei der Behandlung von Fragen, die sich aus diesem Abkommen ergeben, unmittelbar miteinander verkehren.

(2) Zur Beseitigung von Schwierigkeiten und Zweifeln, die bei der Auslegung oder Anwendung dieses Abkommens auftreten, sowie zur Beseitigung von Härten auf Grund einer Doppelbesteuerung in Fällen, die in diesem Abkommen nicht geregelt sind, und vor Erlaß von Durchführungsbestimmungen in den Vertragsstaaten werden sich die obersten Finanzbehörden gegenseitig ins Einvernehmen setzen.

Art. 11

(gegenstandslos)

Art. 12 Inkrafttreten und Kündigung

(1) Dieses Abkommen soll ratifiziert und die Ratifikationsurkunden sollen sobald wie möglich in Wien ausgetauscht werden. Das Abkommen tritt mit

dem Tage des Austausches der Ratifikationsurkunden in Kraft und ist auf alle Fälle, in denen der Erblasser nach diesem Zeitpunkt verstorben ist, anzuwenden. Auf Fälle, in denen der Erblasser bis zu diesem Zeitpunkt verstorben ist, ist der Vertrag zwischen dem Deutschen Reich und der Republik Österreich vom 28. Mai 1922 zur Vermeidung der Doppelbesteuerung auf dem Gebiete der Abgaben von Todes wegen weiterhin anzuwenden.

(2) Dieses Abkommen soll so lange in Geltung bleiben, als es nicht von einem der Vertragsstaaten gekündigt wird. Wird mindestens drei Monate vor Ablauf eines Kalenderjahres gekündigt, so verliert das Abkommen mit dem 1. Januar des nächstfolgenden, andernfalls mit dem 1. Januar des zweitfolgenden Jahres seine Wirksamkeit.

Schlussprotokoll zum DBA Österreich

Volltext des Schlussprotokolls siehe DVD-/Online-Version unter HaufeIndex 1343274.

Schrifttum

Hoheisel, Auswirkungen einer Kündigung des ErbSt-DBA mit Österreich nach Abschaffung der österreichischen Erbschaftsteuer, IStR 2008, 139; *Jülicher*, Nachfolgeplanung nach Kündigung des deutsch-österreichischen DBA zur Erbschaftsteuer, ZEV 2008, 64.

28 Das Abkommen ist am 7.9.1955 (BGBl II 1955, 891) in Kraft getreten. Es war auf alle am oder nach dem 1.1.2003 entstehenden Steuern in beiden Vertragsstaaten in der Fassung des Zusatzabkommens vom 15.10.2003, das am 17.9.2006 in Kraft trat (BGBl II 2006, 1482), anwendbar.

29 Nachdem der Österreichische Verfassungsgerichtshof (VfGH) mit Urteil vom 7.3.2007 das **österreichische Erbschaftsteuergesetz für verfassungswidrig erklärt** hatte, trat es **Ende Juli 2008 außer Kraft.** Da somit in Österreich mit Wirkung ab 1.8.2008 die Erbschaftsteuer abgeschafft ist, wurde das DBA vom 4.10.1954 von deutscher Seite gem. Art. 12 Abs. 2 DBA-Erb AT bereits im Voraus zum 31.12.2007 gekündigt (BMF v. 8.12.2007, BStBl I 2007, 821) und **trat bereits am 1.1.2008 außer Kraft.**

30 Somit besteht für Erbfälle, die während des **Zeitraums vom 1.1.2008 bis 31.7.2008** eingetreten sind, aufgrund des abkommenslosen Zustands die Möglichkeit einer Doppelbesteuerung. Daher hat das Bundeskabinett in seiner Sitzung am 18.9.2007 zusammen mit der Kündigung des Abkommens beschlossen, der Republik Österreich anzubieten, eine Vereinbarung abzuschließen, die eine beiderseitige Anwendung der Regelungen des gekündigten Abkommens auf Erbfälle ermöglicht, die **nach dem 31.12.2007 und vor dem 1.8.2008 eintreten** und einen entsprechenden Gesetzenwurf veröffentlicht. Dabei handelt es sich um das **Vertragsgesetz**, mit dem auf deutscher Seite das „Abkommen vom 6.11.2008 zwischen der BRD und der Republik Österreich zur Vermeidung der Doppelbesteuerung auf dem Gebiet der Erbschaftsteuern bei Erbfällen, in denen der Erblasser nach dem 31.12.2007 und vor

dem 1.8.2008 verstorben ist" **umgesetzt wird** (Entwurf eines Gesetzes vom 21.1.2009 zu dem Abkommen vom 6.11.2008 zwischen der BRD und der Republik Österreich zur Vermeidung der Doppelbsteuerung auf dem Gebiet der Erbschaftsteuern bei Erbfällen, in denen der Erblasser nach dem 31.12.2007 und vor dem 1.8.2008 verstorben ist (Quelle: www.bundesfinanzministerium.de). Nach einer Mitteilung des österreichischen Bundesministeriums der Finanzen wurde das Abkommen zur vorübergehenden Weitergeltung des Erbschaftsteuer-DBA mit Deutschland am 6.11.2008 in Wien unterzeichnet, das Ratifikationsverfahren wurde bereits eingeleitet (Quelle: www.bmf.gv.at).

Gegenüber der bisher bestehenden Rechtslage erfällt durch die Abkommenskündigung in Todesfällen (das Abkommen war für die Schenkungsteuer nicht anwendbar) die Freistellung des in Österreich belegenen unbeweglichen Nachlaßvermögens und des Vermögens einer österreichischen Betriebstätte. Außerdem unterliegt bei Vermögensübertragungen, in denen der Erblasser und der Erwerber seinen Wohnsitz noch nicht länger als fünf Jahre von Deutschland nach Österreich verlegt hat bzw. der Erblasser einen Nebenwohnsitz in Deutschland unterhält, weiterhin der unbeschränkten Erbschaftsteuerpflicht in Deutschland.

DBA-Schweiz

Abkommen zwischen der Bundesrepublik Deutschland und der Schweizerischen Eidgenossenschaft zur Vermeidung der Doppelbesteuerung auf dem Gebiet der Nachlaß- und Erbschaftsteuern
Vom 30.11.1978
(BGBl 1980 II, 595)

Art. 1 Geltungsbereich

Dieses Abkommen gilt für Nachlässe von Erblassern, die im Zeitpunkt ihres Todes einen Wohnsitz in einem Vertragsstaat oder in beiden Vertragsstaaten hatten.

Art. 2 Unter das Abkommen fallende Steuern

(1) Dieses Abkommen gilt, ohne Rücksicht auf die Art der Erhebung, für Nachlaß- und Erbschaftsteuern, die für Rechnung eines der beiden Vertragsstaaten, der Länder, Kantone, Bezirke, Kreise, Gemeinden oder Gemeindeverbände (auch in Form von Zuschlägen) erhoben werden.

(2) Als Nachlaß- und Erbschaftsteuern gelten alle Steuern, die von Todes wegen als Nachlaßsteuern, Erbanfallsteuern, Abgaben vom Vermögensübergang oder Steuern von Schenkungen auf den Todesfall erhoben werden.

(3) Zu den bestehenden Steuern, für die das Abkommen gilt, gehören

a) in der Bundesrepublik Deutschland:
die Erbschaftsteuer;

b) in der Schweiz:
die von den Kantonen, Bezirken, Kreisen und Gemeinden erhobenen Erbschaftsteuern (Erbanfall- und Nachlaßsteuern).

(4) Das Abkommen gilt auch für alle Nachlaß- und Erbschaftsteuern, die nach der Unterzeichnung dieses Abkommens neben den bestehenden Steuern oder an deren Stelle erhoben werden.

Art. 3 Allgemeine Begriffsbestimmungen

(1) Im Sinne dieses Abkommens

a) bedeutet der Ausdruck „Bundesrepublik Deutschland", im geographischen Sinne verwendet, das Gebiet des Geltungsbereichs des Grundgesetzes für die Bundesrepublik Deutschland sowie das an die Hoheitsgewässer der Bundesrepublik Deutschland angrenzende und steuerrechtlich als Inland bezeichnete Gebiet, in dem die Bundesrepublik Deutschland in Übereinstimmung mit dem Völkerrecht ihre Rechte hinsichtlich des Meeresgrundes und des Meeresuntergrundes sowie ihrer Naturschätze ausüben darf;

b) bedeutet der Ausdruck „Schweiz" die Schweizerische Eidgenossenschaft;

c) bedeuten die Ausdrücke „ein Vertragsstaat" und „der andere Vertragsstaat", je nach dem Zusammenhang, die Bundesrepublik Deutschland oder die Schweiz;

d) bedeutet der Ausdruck „Staatsangehörige"
   aa) in bezug auf die Bundesrepublik Deutschland:
   Deutsche im Sinne des Artikels 116 Absatz 1 des Grundgesetzes für die Bundesrepublik Deutschland und juristische Personen, Personengesellschaften und andere Personenvereinigungen, die nach dem in der Bundesrepublik Deutschland geltenden Recht errichtet worden sind;
   bb) in bezug auf die Schweiz:
   natürliche Personen, die die schweizerische Staatsangehörigkeit besitzen, und juristische Personen, Personengesellschaften und andere Personenvereinigungen, die nach dem in der Schweiz geltenden Recht errichtet worden sind;
e) bedeutet der Ausdruck „zuständige Behörde"
   aa) in der Bundesrepublik Deutschland:
   der Bundesminister der Finanzen;
   bb) in der Schweiz:
   der Direktor der Eidgenössischen Steuerverwaltung oder sein bevollmächtigter Vertreter.

(2) Bei der Anwendung des Abkommens durch einen Vertragsstaat hat, wenn der Zusammenhang nichts anderes erfordert, jeder im Abkommen nicht definierte Ausdruck die Bedeutung, die ihm nach dem Recht dieses Staates über die Steuern zukommt, für die das Abkommen gilt.

Art. 4 Steuerlicher Wohnsitz

(1) Einen Wohnsitz im Sinne dieses Abkommens hatte der Erblasser

a) in der Bundesrepublik Deutschland, wenn er Inländer im Sinne des Erbschaftsteuerrechts der Bundesrepublik Deutschland war;

b) in der Schweiz, wenn er dort im Sinne des schweizerischen Erbschaftsteuerrechts Wohnsitz oder ständigen Aufenthalt hatte oder wenn dort der Erbgang zu eröffnen ist.

(2) Hatte nach Absatz 1 ein Erblasser in beiden Vertragsstaaten einen Wohnsitz, so gilt folgendes:

a) Der Wohnsitz des Erblassers gilt als in dem Staat gelegen, in dem er über eine ständige Wohnstätte verfügte. Verfügte er in beiden Staaten über eine ständige Wohnstätte, so gilt sein Wohnsitz als in dem Staat gelegen, zu dem er die engeren persönlichen und wirtschaftlichen Beziehungen hatte (Mittelpunkt der Lebensinteressen).

b) Kann nicht bestimmt werden, in welchem Staat der Erblasser den Mittelpunkt seiner Lebensinteressen hatte, oder verfügte er in keinem der Staaten über eine ständige Wohnstätte, so gilt sein Wohnsitz als in dem Staat gelegen, in dem er seinen gewöhnlichen Aufenthalt hatte.

c) Hatte der Erblasser seinen gewöhnlichen Aufenthalt in beiden Staaten oder in keinem der Staaten, so gilt sein Wohnsitz als in dem Staat gelegen, dessen Staatsangehöriger er war.

d) War der Erblasser Staatsangehöriger beiden Staaten oder keines der Staaten, so regeln die zuständigen Behörden der Vertragsstaaten die Frage in gegenseitigem Einvernehmen.

(3) Hatte ein Erblasser nach den Absätzen 1 und 2 seinen Wohnsitz in der Schweiz, verfügte er aber im Zeitpunkt seines Todes seit mindestens fünf Jahren in der Bundesrepublik Deutschland über eine ständige Wohnstätte, so kann das Naßlaßvermögen ungeachtet der Artikel 5 bis 8 Absatz 1 nach dem Recht der Bundesrepublik Deutschland besteuert werden. Die nach dem Abkommen in der Schweiz zulässige Besteuerung bleibt unberührt. Artikel 10 Absatz 1 ist entsprechend anzuwenden.

(4) Hatte ein Erblasser im Zeitpunkt seines Todes seinen Wohnsitz in der Schweiz und hatte er vorher über eine ständige Wohnstätte in der Bundesrepublik Deutschland verfügt, so kann das Nachlaßvermögen ungeachtet der Artikel 5 bis 8 Absatz 1 nach dem Recht der Bundesrepublik Deutschland besteuert werden, wenn der Erblasser in den letzten zehn Jahren vor der Aufgabe seiner letzten Wohnstätte in der Bundesrepublik Deutschland mindestens fünf Jahre über eine solche Wohnstätte verfügt hatte und sein Tod in dem Jahr, in dem er zuletzt über eine solche Wohnstätte verfügt hatte, oder in den folgenden fünf Jahren eingetreten ist. Dies gilt nicht, wenn der Erblasser
a) in der Schweiz einen Wohnsitz begründet hatte
aa) wegen Aufnahme einer echten unselbständigen Tätigkeit in der Schweiz für einen Arbeitgeber, an dem er über das Arbeitsverhältnis hinaus weder unmittelbar noch mittelbar durch Beteiligung oder in anderer Weise wirtschaftlich interessiert war, oder
bb) wegen Eheschließung mit einem schweizerischen Staatsangehörigen oder
b) in dem Zeitpunkt, in dem er zuletzt über eine ständige Wohnstätte in der Bundesrepublik Deutschland verfügt hatte, schweizerischer Staatsangehöriger war.
Die nach dem Abkommen in der Schweiz zulässige Besteuerung bleibt unberührt. Artikel 10 Absatz 1 ist entsprechend anzuwenden.

(5) Als ständige Wohnstätte im Sinne dieses Artikels gelten nicht eine Wohnung oder Räumlichkeiten, die Erholungs-, Kur-, Studien- oder Sportzwecken dienen und nachweislich nur gelegentlich verwendet werden.

Art. 5 Unbewegliches Vermögen

(1) Unbewegliches Vermögen, das ein Erblasser, der im Zeitpunkt des Todes seinen Wohnsitz in einem Vertragsstaat hatte, im anderen Vertragsstaat besaß, kann im anderen Staat besteuert werden.

(2) Der Ausdruck „unbewegliches Vermögen" hat die Bedeutung, die ihm nach dem Recht des Vertragsstaats zukommt, in dem das Vermögen liegt. Der Ausdruck umfaßt in jedem Fall das Zubehör zum unbeweglichen Vermögen, das lebende und tote Inventar land- und forstwirtschaftlicher Betriebe, die Rechte, für die die Vorschriften des Privatrechts über Grundstücke gelten, Nutzungsrechte an unbeweglichem Vermögen sowie Rechte auf veränderliche oder feste Vergütungen für die Ausbeutung oder das Recht auf Ausbeutung von

Mineralvorkommen, Quellen und anderen Bodenschätzen; Schiffe und Luftfahrzeuge gelten nicht als unbewegliches Vermögen.

(3) Die Absätze 1 und 2 gelten auch für unbewegliches Vermögen eines Unternehmens und für unbewegliches Vermögen, das der Ausübung eines freien Berufs oder einer sonstigen selbständigen Tätigkeit ähnlicher Art dient.

Art. 6 Vermögen einer Betriebstätte

(1) Vermögen (ausgenommen das nach den Artikeln 5 und 7 zu behandelnde Vermögen), das Betriebsvermögen einer Betriebstätte eines Unternehmens ist, die ein Erblasser, der im Zeitpunkt des Todes seinen Wohnsitz in einem Vertragsstaat hatte, im anderen Vertragsstaat hatte, kann im anderen Staat besteuert werden.

(2) Der Ausdruck „Betriebstätte" bedeutet eine feste Geschäftseinrichtung, in der die Tätigkeit eines Unternehmens ganz oder teilweise ausgeübt wird.

(3) Der Ausdruck „Betriebstätte" umfaßt insbesondere:

a) einen Ort der Leitung,
b) eine Zweigniederlassung,
c) eine Geschäftsstelle,
d) eine Fabrikationsstätte,
e) eine Werkstätte und
f) ein Bergwerk, ein Öl- oder Gasvorkommen, einen Steinbruch oder eine andere Stätte der Ausbeutung von Bodenschätzen.

(4) Eine Bauausführung oder Montage ist nur dann eine Betriebstätte, wenn ihre Dauer zwölf Monate überschreitet.

(5) Ungeachtet der vorstehenden Bestimmungen dieses Artikels gelten nicht als Betriebstätten:

a) Einrichtungen, die ausschließlich zur Lagerung, Ausstellung oder Auslieferung von Gütern oder Waren des Unternehmens benutzt werden;
b) Bestände von Gütern oder Waren des Unternehmens, die ausschließlich zur Lagerung, Ausstellung oder Auslieferung unterhalten werden;
c) Bestände von Gütern oder Waren des Unternehmens, die ausschließlich zu dem Zweck unterhalten werden, durch ein anderes Unternehmen bearbeitet oder verarbeitet zu werden;
d) eine feste Geschäftseinrichtung, die ausschließlich zu dem Zweck unterhalten wird, für das Unternehmen Güter oder Waren einzukaufen oder Informationen zu beschaffen;
e) eine feste Geschäftseinrichtung, die ausschließlich zu dem Zweck unterhalten wird, für das Unternehmen andere Tätigkeiten auszuüben, die vorbereitender Art sind oder eine Hilfstätigkeit darstellen;
f) eine feste Geschäftseinrichtung, die ausschließlich zu dem Zweck unterhalten wird, mehrere der unter den Buchstaben a bis e genannten Tätigkeiten auszuüben, vorausgesetzt, daß die sich daraus ergebende Gesamttätigkeit der festen Geschäftseinrichtung vorbereitender Art ist oder eine Hilfstätigkeit darstellt.

(6) Ist eine Person – mit Ausnahme eines unabhängigen Vertreters im Sinne des Absatzes 7 – für ein Unternehmen tätig und besitzt sie in einem Vertragsstaat die Vollmacht, im Namen des Unternehmens Verträge abzuschließen, und übt sie die Vollmacht dort gewöhnlich aus, so wird das Unternehmen ungeachtet der Absätze 2 und 3 so behandelt, als habe es in diesem Staat für alle von der Person für das Unternehmen ausgeübten Tätigkeiten eine Betriebstätte, es sei denn, diese Tätigkeiten beschränken sich auf die in Absatz 5 genannten Tätigkeiten, die, würden sie durch eine feste Geschäftseinrichtung ausgeübt, diese Einrichtung nach dem genannten Absatz nicht zu einer Betriebstätte machen.

(7) Ein Unternehmen eines Vertragsstaates wird nicht schon deshalb so behandelt, als habe es eine Betriebstätte in dem anderen Vertragsstaat, weil es dort seine Tätigkeit durch einen Makler, Kommissionär oder einen anderen unabhängigen Vertreter ausübt, sofern diese Personen im Rahmen ihrer ordentlichen Geschäftstätigkeit handeln.

(8) Vermögen (ausgenommen das nach Artikel 5 zu behandelnde Vermögen), das zu einer der Ausübung eines freien Berufs oder einer sonstigen selbständigen Tätigkeit ähnlicher Art dienenden festen Einrichtung gehört, die ein Erblasser, der im Zeitpunkt des Todes seinen Wohnsitz in einem Vertragsstaat hatte, im anderen Vertragsstaat hatte, kann im anderen Staat besteuert werden.

(9) Dieser Artikel gilt auch für Beteiligungen an Personengesellschaften. Er erstreckt sich auch auf Darlehensforderungen, die dem Gesellschafter gegenüber der Gesellschaft zustehen, und auf Wirtschaftsgüter, die der Gesellschaft von dem Gesellschafter überlassen worden sind, sofern diese Gegenstände nach dem Recht des Vertragsstaats, in dem sich die Betriebstätte befindet, dem Betriebsvermögen der Betriebstätte zugerechnet werden.

Art. 7 Seeschiffe und Luftfahrzeuge

Seeschiffe und Luftfahrzeuge im internationalen Verkehr und der Binnenschiffahrt dienende Schiffe, die von einem Unternehmen betrieben werden, das einem Erblasser gehörte, der im Zeitpunkt des Todes seinen Wohnsitz in einem Vertragsstaat hatte, und bewegliches Vermögen, das dem Betrieb dieser Schiffe oder Luftfahrzeuge dient, können im anderen Vertragsstaat besteuert werden, wenn sich der Ort der tatsächlichen Geschäftsleitung des Unternehmens im anderen Staat befindet.

Art. 8 Nicht ausdrücklich erwähntes Vermögen

(1) Das nicht nach den Artikeln 5 bis 7 zu behandelnde Vermögen kann nur in dem Vertragsstaat besteuert werden, in dem der Erblasser im Zeitpunkt des Todes seinen Wohnsitz hatte.

(2) Ungeachtet der Artikel 5 bis 7 und Absatz 1 dieses Artikels kann das Nachlaßvermögen nach dem Recht der Bundesrepublik Deutschland besteuert werden, wenn der Erwerber im Zeitpunkt des Todes des Erblassers in der Bundesrepublik Deutschland über eine ständige Wohnstätte verfügte oder dort seinen gewöhnlichen Aufenthalt hatte. Die nach dem Abkommen in der Schweiz zulässige Besteuerung bleibt unberührt. Die Artikel 4 Absatz 5 und 10 Absatz 1

sind entsprechend anzuwenden. Die vorstehenden Bestimmungen gelten nicht, wenn im Zeitpunkt des Todes des Erblassers dieser und der Erwerber schweizerische Staatsangehörige waren.

Art. 9 Abzug von Schulden

(1) Schulden, die mit einem bestimmten Vermögensgegenstand in wirtschaftlichem Zusammenhang stehen, werden vom Wert dieses Vermögens abgezogen.

(2) Die anderen Schulden werden vom Wert des Vermögens abgezogen, das nur in dem Vertragsstaat besteuert werden kann, in dem der Erblasser seinen Wohnsitz hatte. Diese Schulden werden bei der Anwendung des Artikels 4 Absätze 3 und 4 und des Artikels 8 Absatz 2 auch in der Bundesrepublik Deutschland abgezogen, wenn der Erblasser bzw. der Erwerber Inländer im Sinne des Erbschaftsteuerrechts der Bundesrepublik Deutschland waren. War der Erblasser nicht Inländer und besteuert die Bundesrepublik Deutschland nach Artikel 4 Absatz 4 Vermögen, das nach Artikel 8 Absatz 1 nur in der Schweiz besteuert werden kann, so wird vom Wert dieses Vermögens der Teil der nach diesem Absatz von der Schweiz zu berücksichtigenden Schulden abgezogen, der dem Verhältnis dieses Vermögens nach Berücksichtigung eines Schuldenausgleichs nach Absatz 3 zum gesamten Rohvermögen nach Abzug der unter Absatz 1 fallenden Schulden entspricht.

(3) Übersteigt eine Schuld den Wert des Vermögens, von dem sie in einem Vertragsstaat nach den Absätzen 1 und 2 abzuziehen ist, so wird der übersteigende Betrag vom Wert des übrigen Vermögens, das in diesem Staat besteuert werden kann, abgezogen.

(4) Verbleibt nach den Abzügen, die auf Grund der vorstehenden Absätze vorzunehmen sind, ein Schuldenrest, so wird dieser vom Wert des Vermögens, das im anderen Vertragsstaat besteuert werden kann, abgezogen.

(5) Die vorstehenden Bestimmungen über den Schuldenabzug gelten sinngemäß auch für den Abzug der Vermächtnisse.

Art. 10 Vermeidung der Doppelbesteuerung

(1) Hatte der Erblasser im Zeitpunkt des Todes seinen Wohnsitz in der Bundesrepublik Deutschland, so wird die Doppelbesteuerung wie folgt vermieden:

a) Die Bundesrepublik Deutschland nimmt in der Schweiz gelegenes unbewegliches Vermögen im Sinne des Artikels 5 Absatz 2 von der Besteuerung aus, wenn der Erblasser im Zeitpunkt seines Todes schweizerischer Staatsangehöriger war. Sie kann aber bei der Festsetzung der Steuer für das Vermögen, für das sie das Besteuerungsrecht behält, den Steuersatz anwenden, der anzuwenden wäre, wenn das unbewegliche Vermögen nicht von der Besteuerung ausgenommen wäre.

b) Soweit Buchstabe a nicht anzuwenden ist, rechnet die Bundesrepublik Deutschland nach Maßgabe der Vorschriften des deutschen Rechts über die Anrechnung ausländischer Steuern auf die nach ihrem Recht festgesetzte Steuer die Steuer an, die in der Schweiz für das Vermögen gezahlt wird, das nach dem Abkommen in der Schweiz besteuert werden kann. Der anzurechnende Betrag darf jedoch den Teil der vor der Anrechnung ermittelten Steuer nicht übersteigen, der auf das Vermögen entfällt, das in der Schweiz besteuert werden kann.

(2) Hatte der Erblasser im Zeitpunkt des Todes seinen Wohnsitz in der Schweiz, so wird die Doppelbesteuerung wie folgt vermieden: Die Schweiz nimmt das Vermögen, das nach den Artikeln 5, 6 und 7 in der Bundesrepublik Deutschland besteuert werden kann, von der Besteuerung aus. Sie kann aber bei der Festsetzung der Steuer für das Vermögen, für das sie das Besteuerungsrecht behält, den Steuersatz anwenden, der anzuwenden wäre, wenn das betreffende Vermögen nicht von der Besteuerung ausgenommen wäre.

Art. 11 Gleichbehandlung

(1) Die Staatsangehörigen eines Vertragsstaats dürfen im anderen Vertragsstaat weder einer Besteuerung noch einer damit zusammenhängenden Verpflichtung unterworfen werden, die anders oder belastender sind als die Besteuerung und die damit zusammenhängenden Verpflichtungen, denen die Staatsangehörigen des anderen Staates unter gleichen Verhältnissen unterworfen sind oder unterworfen werden können.

(2) Die Besteuerung einer Betriebstätte, die ein Unternehmen eines Vertragsstaats im anderen Vertragsstaat hat, darf im anderen Staat nicht ungünstiger sein als die Besteuerung von Unternehmen des anderen Staates, die die gleiche Tätigkeit ausüben. Diese Bestimmung ist nicht so auszulegen, als verpflichte sie einen Vertragsstaat, den im anderen Vertragsstaat ansässigen Personen Steuerfreibeträge, -vergünstigungen und -ermäßigungen auf Grund des Personenstandes oder der Familienlasten zu gewähren, die er den in seinem Gebiet ansässigen Personen gewährt.

(3) Die Unternehmen eines Vertragsstaats, deren Kapital ganz oder teilweise, unmittelbar oder mittelbar, einer im anderen Vertragsstaat ansässigen Person oder mehreren solchen Personen gehört oder ihrer Kontrolle unterliegt, dürfen im erstgenannten Vertragsstaat weder einer Besteuerung noch einer damit zusammenhängenden Verpflichtung unterworfen werden, die anders oder belastender sind als die Besteuerung und die damit zusammenhängenden Verpflichtungen, denen andere ähnliche Unternehmen des erstgenannten Staates unterworfen sind oder unterworfen werden können.

(4) In diesem Artikel bedeutet der Ausdruck „Besteuerung" Steuern jeder Art und Bezeichnung.

Art. 12 Verständigungsverfahren

(1) Ist eine Person der Auffassung, daß Maßnahmen eines Vertragsstaats oder beider Vertragsstaaten für sie zu einer Besteuerung führen oder führen werden, die diesem Abkommen nicht entspricht, so kann sie unbeschadet der nach dem innerstaatlichen Recht dieser Staaten vorgesehenen Rechtsmittel ihren Fall der zuständigen Behörde eines der beiden Staaten unterbreiten.

(2) Hält die zuständige Behörde die Einwendung für begründet und ist sie selbst nicht in der Lage, eine befriedigende Lösung herbeizuführen, so wird sie sich

bemühen, den Fall durch Verständigung mit der zuständigen Behörde des anderen Vertragsstaats so zu regeln, daß eine dem Abkommen nicht entsprechende Besteuerung vermieden wird.

(3) Die zuständigen Behörden der Vertragsstaaten werden sich bemühen, Schwierigkeiten oder Zweifel, die bei der Auslegung oder Anwendung des Abkommens entstehen, in gegenseitigem Einvernehmen zu beseitigen. Sie können auch gemeinsam darüber beraten, wie eine Doppelbesteuerung in Fällen vermieden werden kann, die im Abkommen nicht behandelt sind. Dies gilt auch für die Besteuerung von Schenkungen und Zweckzuwendungen unter Lebenden.

(4) Die zuständigen Behörden der Vertragsstaaten können zur Herbeiführung einer Einigung im Sinne der vorstehenden Absätze unmittelbar miteinander verkehren. Erscheint ein mündlicher Meinungsaustausch für die Herbeiführung der Einigung zweckmäßig, so kann ein solcher Meinungsaustausch in einer Kommission durchgeführt werden, die aus Vertretern der zuständigen Behörden der Vertragsstaaten besteht.

Art. 13 Austausch von Informationen

(1) Die zuständigen Behörden der Vertragsstaaten können auf Verlangen diejenigen (gemäß den Steuergesetzgebungen der beiden Staaten im Rahmen der normalen Verwaltungspraxis erhältlichen) Auskünfte austauschen, die notwendig sind für eine richtige Durchführung dieses Abkommens. Jede auf diese Weise ausgetausche Auskunft soll geheimgehalten und niemandem zugänglich gemacht werden, der sich nicht mit der Veranlagung, der Erhebung, der Rechtsprechung oder der Strafverfolgung hinsichtlich der unter dieses Abkommen fallenden Steuern befaßt. Auskünfte, die irgendein Handels- oder Bank-, gewerbliches oder Berufsgeheimnis oder ein Geschäftsverfahren offenbaren würden, dürfen nicht ausgetauscht werden.

(2) Die Bestimmungen dieses Artikels dürfen auf keinen Fall dahin ausgelegt werden, daß sie einem der Vertragsstaaten die Verpflichtung auferlegen, Verwaltungsmaßnahmen durchzuführen, die von seinen eigenen Vorschriften oder von seiner Verwaltungspraxis abweichen oder die seiner Souveränität, seiner Sicherheit, seinen allgemeinen Interessen oder dem Ordre public widersprechen, oder Angaben zu vermitteln, die nicht auf Grund seiner eigenen und auf Grund der Gesetzgebung des ersuchenden Staates beschafft werden können.

Art. 14 Diplomatische und konsularische Vorrechte

Dieses Abkommen berührt nicht die steuerlichen Vorrechte, die den Mitgliedern einer diplomatischen Mission oder konsularischen Vertretung oder ihren Familienangehörigen nach den allgemeinen Regeln des Völkerrechts oder auf Grund besonderer Vereinbarungen zustehen. Soweit eine Nachlaß- oder Erbschaftsteuer wegen dieser Vorrechte im Empfangsstaat nicht erhoben werden kann, steht das Besteuerungsrecht dem Entsendestaat zu.

Art. 15 Außerkrafttreten des früheren DBA

Mit dem Inkrafttreten dieses Abkommens tritt das Abkommen vom 15. Juli 1931 zwischen dem Deutschen Reich und der Schweizerischen Eidgenossenschaft zur

Vermeidung der Doppelbesteuerung auf dem Gebiete der direkten Steuern und der Erbschaftsteuern in der zur Zeit gültigen Fassung außer Kraft. Es findet nicht mehr Anwendung auf Nachlässe, auf die dieses Abkommen nach Artikel 17 Absatz 2 anzuwenden ist.

Art. 16
(gegenstandslos)

Art. 17 Inkrafttreten

(1) Diese Abkommen bedarf der Ratifikation; die Ratifikationsurkunden werden so bald wie möglich in Bern ausgetauscht.

(2) Das Abkommen tritt am 30. Tag nach dem Tag in Kraft, an dem die Ratifikationsurkunden ausgetauscht werden. Seine Bestimmungen finden auf Nachlässe von Personen Anwendung, die an oder nach diesem Tag sterben.

Art. 18 Kündigung

Dieses Abkommen bleibt in Kraft, solange es nicht von einem der Vertragsstaaten gekündigt worden ist. Jeder Vertragsstaat kann das Abkommen auf diplomatischem Weg unter Einhaltung einer Frist von mindestens sechs Monaten zum Ende eines Kalenderjahres, frühestens zum Ende des Jahres 1983, kündigen. In diesem Fall findet das Abkommen nicht mehr auf Nachlässe von Personen Anwendung, die nach Ablauf des Kalenderjahres verstorben sind, zu dessen Ende das Abkommen gekündigt worden ist.

Schrifttum

Bischoff/Kotyrba, Wohnsitzverlegung in die Schweiz – Steuerfolgen und Steuerplanung, BB 2002, 382; *Hangarter*, Das deutsch-schweizerische Erbschaftsteuer-Doppelbesteuerungsabkommen in der praktischen Anwendung, in: Hefte zur Internationalen Besteuerung, Heft 42, Hamburg 1988; *Flick/Wingert*, Durchgreifende Änderungen bei der Erbschaftsteuer für in die Schweiz ausgewanderte, DB 1974, 2124; *Füger/Rieger*, Erbschaftsteuer nach Wegzug in die Schweiz, IStR 1998, 460; *Jülicher*, Deutsch-Schweizer Nachfolgeplanung, IStR 2004, 37; *Klempt*, Das neue Abkommen zwischen der Bundesrepublik Deutschland und der Schweiz zur Vermeidung der Doppelbesteuerung auf dem Gebiet der Nachlaß- und Erbschaftsteuer, DStZ 1980, 150; *Michel*, Beseitigung der Doppelbelastung mit Erbschaftsteuer durch neues Abkommen mit der Schweiz, INF 1979, 515; *Michel*, Neues Erbschaftsteuer-Doppelbesteuerungsabkommen mit der Schweiz, DStR 1979, 159; *Scheller/Bader*, Wie weit reichen die europarechtlichen Grundfreiheiten in der Erbschaftsteuer bei Drittstaatenfällen, insbesondere gegenüber der Schweiz?, ZEV 2011, 112; *Schindhelm/Hindersmann*, Die Besteuerung deutschschweizerischer Erbfälle – ein Überblick, ZEV 2003, 491.

32 Das DBA Schweiz vom 30.11.1978, das am 28.9.1980 in Kraft trat (BGBl II 1980, 1341), gilt für **Nachlässe bzw. Erbschaften von Erblassern, die im Zeitpunkt des Todes** in einem oder in beiden Vertragsstaaten ihren Wohnsitz i. S. d. Abkommens hatten (Art. 1 DBA-Erb CH). Die **Staatsangehörigkeit** der beteiligten Personen ist für die Abgrenzung des persönlichen Anwendungsbereichs des Abkommens ebenso **ohne Bedeutung** wie der **Wohnsitz des Begünstigten**.

33 In der Schweiz liegt die **Gesetzgebungskompetenz** in den Händen der **Kantone** und z. T. in denen der **Gemeinden**. Deshalb gibt es dort **kein einheitliches**, für das gesamte Staatsgebiet geltendes **Erbschaftsteuerrecht**. Der sachliche Anwendungsbereich des DBA entspricht Art. 2 des OECD-MA und umfasst **alle Nachlass- und Erbschaftsteuern**, die für Rechnung eines der **beiden Vertragsstaaten, der Länder, Kantone, Bezirke, Kreise, Gemeinden oder Gemeindeverbände** – auch in Form von **Zuschlägen** – erhoben werden (Art. 2 Abs. 1 DBA-Erb CH).

34 Als Nachlaß- und Erbschaftsteuern gelten alle Steuern, die von Todes wegen als Nachlasssteuern, Erbanfallsteuern, Abgaben vom Vermögensübergang oder Schenkungen auf den Todesfall erhoben werden (Art. 2 Abs. 2 DBA-Erb CH).

35 Steuern auf **Vermögensübertragungen unter Lebenden** (Schenkungen) sind – mit der Ausnahme von Vorschenkungen – **nicht Abkommensgegenstand**. Deshalb kann bei diesen eine Vermeidung der Doppelbesteuerung grundsätzlich nur durch **unilaterale Massnahmen** der beteiligten Staaten erfolgen (s. dazu Niedersächsisches FG v. 26.8.2009, 3 K 62/07, DStRE 2010, 291; Rev. eingelegt, und BFH v. 22.9.2010, II R 54/09, BStBl II 2011, 247). Im Rahmen der Regelungen zum **Verständigungsverfahren** enthält das DBA Schweiz allerdings einen Passus (Art. 12 Abs. 3 DBA-Erb CH), nach dem sich die zuständigen Behörden bemühen werden, Schwierigkeiten und Zweifel, die bei der Auslegung oder Anwendung des Abkommens entstehen, in **gegenseitigem Einvernehmen durch ein Verständigungsverfahren zu beseitigen**. Ergänzend wird angemerkt, dass sich die zuständigen Behörden dabei auch darüber beraten können, wie eine Doppelbesteuerung in den Fällen vermieden werden kann, die **im Abkommen nicht behandelt** sind. An dieser Stelle wird explizit auf die **Besteuerung von Schenkungen und Zweckzuwendungen unter Lebenden** hingewiesen (Art. 12 Abs. 3 Satz 3 DBA-Erb CH).

36 Nach dieser Regelung kann jeder Schenker oder Beschenkte die Einleitung eines Verständigungsverfahrens beantragen. Faktisch wurde die Möglichkeit einer auf diese Vorschrift des DBA gestützten Vermeidung einer Doppelbesteuerung bei einer Schenkung im Rahmen einer Verständigungsvereinbarung erst in einem einzigen Anwendungsfall genutzt. Die dabei zwischen den zuständigen Behörden getroffene Vereinbarung besteht darin, dass bei der Übertragung von **Geschäftsvermögen einer schweizerischen Betriebstätte** (nach der FinVerw. wohl nicht Anteile an Kapitalgesellschaften) durch einen **deutschen Schenker** die für Erbfälle geltenden Regelungen des Abkommens auch für Schenkungen unter Lebenden entsprechend anzuwenden sind. Gemäß dieser Vereinbarung kann bei Anwendung des DBA bei einer Schenkung eines deutschen Schenkers unbewegliches Betriebsvermögen im Belegenheitsstaat (Art. 5 Abs. 3 DBA-Erb CH) und (sonstiges) Betriebsvermögen einer Betriebstätte im Betriebstättenstaat besteuert werden (Art. 6 DBA-Erb CH); bei Personengesellschaften ist Art. 6 Abs. 9 DBA-Erb CH zu beachten. Die Doppel-

besteuerung ist im Wohnsitzstaat nach Art. 10 DBA-Erb CH zu vermeiden. Das übrige Betriebsvermögen kann nach Art. 8 Abs. 1 DBA-Erb CH nur im Wohnsitzstaat besteuert werden. Bei Ansässigkeit des Erwerbers in der BRD ist jedoch Art. 8 Abs. 2 DBA-Erb CH anzuwenden (Art. 12 Abs. 3 Satz 3 DBA-Erb CH i.V.m. Schreiben des BMF v 7.4.1988, IV C 6 – S 1301 Schz – 25/88, DB 1988, 938).

Soweit das Abkommen keine eigene Begriffsbestimmungen enthält, erfolgt die **Auslegung** der im DBA verwendeten Begriffe für die Abkommensanwendung – entsprechend dem Musterabkommen der OECD - nach dem Sinn und Vorschriftenzusammenhang, ansonsten nach innerstaatlichem Recht (Art. 3 OECD-MA). 37

Zur Bestimmung des abkommensrechtlichen **Wohnsitzes** des Erblassers wird im Abkommen auf das **innerstaatliche Recht der Vertragsstaaten** bezug genommen (Art. 4 Abs. 1 DBA-Erb CH). Die nationalen Begriffsdefinitionen werden somit zum Vertragsinhalt erhoben. Aus deutscher Sicht ist deshalb die Inländereigenschaft i.S.d. § 2 Abs. 1 Nr. 1 Satz 2 ErbStG für das abkommensrechtliche Wohnsitzkriterium ausschlaggebend. Deshalb besteht auch bei Erblassern, die im Rahmen der erweiterten unbeschränkten Erbschaftsteuerpflicht (§ 2 Abs. 1 Nr. 1 Buchst. b ErbStG) innerhalb der ersten fünf Jahre nach einem Wegzug in Ausland fiktiv als Inländer gelten, für Abkommenszwecke ein inländischer Wohnsitz. Nach der Rechtsprechung besteht bei einem Wohnsitz oder gewöhnlichen Aufenthalt in der Enklave Büsing unbeschränkte Steuerpflicht in der BRD (BFH v. 13.4.1989, IV R 196/85, BStBl II 1989, 614). 38

Die bei der Überschneidung der nationalen Wohnsitzkriterien auftretenden Konfliktfälle eines „**Doppelwohnsitzes**" werden im DBA durch eine Kollisionsregelung gelöst. Deren stufenartige Struktur entspricht dem Musterabkommen der OECD (Art. 4 Abs. 2 DBA-Erb CH; Art. 4 Abs. 2 OECD-MA). Wenn für einen Erblasser nach den nationalen Kriterien in beiden Staaten ein abkommensrechtlicher Wohnsitz besteht, wird auf das Vorhandensein einer **ständigen Wohnstätte** in einem der beiden Vertragsstaaten abgestellt. Falls eine solche ebenfalls in beiden Staaten vorhanden ist, gilt der Erblasser als in dem Staat ansässig, in dem er die engeren persönlichen und wirtschaftlichen Beziehungen hatte (**Mittelpunkt der Lebensinteressen**). Falls anhand dieses Kriteriums keine eindeutige Bestimmung des Mittelpunkts der Lebensinteressen erfolgen kann, bestimmt sich die Ansässigkeit danach, in welchem der beiden Staaten der Erblasser seinen **gewöhnlichen Aufenthalt** hat. Wenn auch der gewöhnliche Aufenthalt keinem der beiden Staaten eindeutig zugeordnet werden kann, wird die abkommensrechtliche Ansässigkeit anhand der **Staatsangehörigkeit** bestimmt. Bei Sachverhalten, in denen die Person entweder die deutsche Staatsangehörigkeit und zusätzlich die des Vertragsstaates oder keine dieser Staatsangehörigkeiten besitzt, ist als letzter Lösungsweg ein internationales **Verständigungsverfahren** durch die zuständigen Behörden der Vertragsstaaten vorgesehen. 39

Dabei ist der im DBA verwendete Begriff der „**ständigen Wohnstätte**" als spezifisch abkommensrechtlicher Begriff nicht mit dem Wohnsitzbegriff des nationalen Steuerrechts (§ 8 AO) identisch. Das DBA Schweiz enthält vielmehr eine eigenständige, negative Abgrenzung einer „ständigen Wohnstätte", die im Vergleich zum Wohnsitzbegriff des nationalen Steuerrechts **enger gefasst** ist. Deshalb gilt nach der 40 abkommensrechtlichen Definition keine Wohnung oder Räumlichkeit als ständige Wohnstätte, die Erholungs-, Kur-, Studien- oder Sportzwecken dient und nachweislich nur gelegentlich verwendet wird (Art. 4 Abs. 5 DBA-Erb CH).

41 In der Literatur wird zur Frage, wann nach diesen Kriterien letztendlich eine ständige Wohnstätte anzunehmen ist, die Meinung vertreten, dass eine tatsächliche ständige Nutzung erfolgen muss (*Flick/Hebing*, RIW/AWD 1979, 111). Andererseits wird bereits das Bestehen einer ständigen Nutzungsmöglichkeit als ausreichend angesehen, sofern diese für den ständigen Gebrauch des Erblassers eingerichtet und bestimmt ist und nicht nur für gelegentliche, ihrer Natur nach kurze Aufenthalte zur Verfügung steht (*Kemmermann*, FR 1979, 450; *Klempt*, DStZ 1980, 150). Der BFH hat sich in seiner Rechtsprechung zu dem in Art. 4 Abs. 1 – 3 DBA-ESt-CH verwendeten Begriff der „ständigen Wohnstätte" geäußert (BFH v. 16.12.1998, I R 40/97, BStBl II 1999, 207; v. 5.6.2007, I R 22/06, BStBl II 2007, 812). Dabei hat der BFH festgestellt, dass jemand über eine Wohnstätte verfügt, wenn er die **Möglichkeit** hat, jederzeit (rechtmäßig) die Räumlichkeit als Wohnstätte zu nutzen und sie tatsächlich nutzt. Die Notwendigkeit eines ständigen Bewohnens ergibt sich aus dem Abkommenswortlaut nicht. Allerdings reicht die alleinige Tatsache, dass der Steuerpflichtige über eine Wohnung verfügt, ohne sie mit einer gewissen Regelmäßigkeit zu bewohnen, für die Annahme einer ständigen Wohnstätte nicht aus. Das bloße Innehaben einer Wohnung unter Umständen, die darauf schließen lassen, dass die Wohnung beibehalten und benutzt werde soll, genügt damit nicht. Im Gegensatz zu diesem in § 8 AO verwendeten Wohnsitzbegriff ist für die Begründung einer „ständigen Wohnstätte" eine Art und Intensität der Nutzung erforderlich, welche die Wohnung als eine nicht nur hin und wieder aufgesuchte, sondern **in den allgemeinen Lebensrhythmus einbezogene Anlaufstelle des Steuerpflichtigen** erscheinen lässt. Das Erfordernis eines zeitlichen Mindestaufenthalts lässt sich jedoch dem Abkommen nicht entnehmen. Diese zum DBA-ESt CH bestehenden Rechtsprechungsgrundsätze können m. E. auch für die Auslegung des im DBA-Erb CH verwendeten Begriffs der „ständigen Wohnstätte" zu Grunde gelegt werden (gl. A. *Weinmann*, in Moench/Weinmann, ErbStG, § 2 Rz. 47).

42 Abweichend vom OECD-Musterabkommen enthält das Abkommen in Art. 4 Abs. 3 und 4 DBA-Erb CH systemfremde Sonderregelungen für die Besteuerung von **Wegzüglern in die Schweiz**. Im Rahmen dieser „**überdachenden Besteuerung**" dürfen für Wegzügler die in Art. 5 bis 8 Abs. 1 DBA-Erb CH enthaltenen **Zuteilungsnormen von Deutschland ignoriert** werden. Dabei bleibt die nach dem Abkommen in der Schweiz zulässige Besteuerung unberührt. Die Vermeidung einer möglichen Doppelbesteuerung erfolgt in diesen Fällen ebenfalls durch Steueranrechnung, lediglich für das in der Schweiz gelegenen Grundvermögens bei weggezogenen Schweizer Staatsangehörigen ist eine Freistellung unter Progressionsvorbehalt vorgesehen (Art. 10 Abs. 1 DBA-Erb CH).

42a • Der erweiterte deutsche Besteuerungsvorbehalt beim Bestehen eines **Erblasserdoppelwohnsitzes** ist anwendbar, wenn sich der abkommensrechtliche **Wohnsitz** des Erblassers nach Art. 4 Abs. 1 und 2 DBA-Erb CH in der **Schweiz** befindet, von diesem jedoch zum Zeitpunkt seines Todes seit **mindestens fünf Jahren ohne Unterbrechung** (*Weigell*, in Debatin/Wassermeyer, E Schweiz,

Art. 4 Rz. 35) eine **ständige Wohnstätte** i.S.d. Abkommens in **Deutschland** beibehalten wurde (Art. 4 Abs. 3 DBA-Erb CH). Das „überdachende" Besteuerungsrecht führt dazu, dass der Erblasser in diesem Fall aus deutscher Sicht erbschaftsteuerlich – ohne Berücksichtigung seiner Staatsangehörigkeit – als Inländer behandelt wird. Somit kann sich nach den Vorschriften des nationalen deutschen Erbschaftsteuerrechts eine Steuerpflicht ergeben. In diesem Fall wird das Nachlaßvermögen aufgrund des im DBA enthaltenen Besteuerungsvorbehalts uneingeschränkt in Deutschland besteuert. Dabei ist die durch das Abkommen erfolgte Aufteilung der Besteuerungsbefugnis insoweit unbeachtlich. Das primäre Besteuerungsrecht der Schweiz als abkommensrechtlicher Wohnsitzstaat bleibt durch diese Bestimmung unangetastet.

- Der erweiterte deutsche Besteuerungsvorbehalt für **Abwanderer** kommt zum Tragen, wenn der Erblasser seinen abkommensrechtlichen **Wohnsitz** im Todesjahr oder in den vorangegangenen fünf Jahren in der **Schweiz** hatte, er aber in den **letzten zehn Jahren vor der Aufgabe** seiner **ständigen Wohnstätte in Deutschland** über diese in **mindestens fünf**, nicht zwingend zusammenhängenden, **Jahren verfügt** hat. Das Besteuerungsrecht ist nach dem Abkommen auf einen Zeitraum von maximal **sechs Jahren** nach der Verlegung des Erblasserwohnsitzes in die Schweiz **befristet** (Art. 4 Abs. 4 DBA-Erb CH). Der erweiterte deutsche Besteuerungsvorbehalt für Abwanderer führt dazu, dass die in Art. 5 bis 8 Abs. 1 DBA-Erb CH enthaltenen Zuteilungsnormen von Deutschland ignoriert werden. Er greift allerdings nicht ein, wenn über den gesamten Fünfjahreszeitraum **anzuerkennende Motive** für die Wohnsitzverlegung des Erblassers vorlagen. Als solche werden im Abkommen genannt:

42b

  - Aufnahme eines echten **unselbstständigen Arbeitsverhältnisses** in der Schweiz für einen Arbeitgeber, an dem der Erblasser über das Arbeitsverhältnis hinaus weder unmittelbar noch mittelbar durch Beteiligung oder in einer anderen Weise interessiert war (Art. 4 Abs. 4 Buchst. a, aa DBA-Erb CH)
  - **Eheschließung** mit einem schweizerischen Staatsangehörigen (Art. 4 Abs. 4 Buchst. a, bb DBA-Erb CH)
  - bei Erblassern, die zu dem Zeitpunkt, in dem sie zuletzt die ständige Wohnstätte in Deutschland innehatten, das Besitzen der **schweizerischen Staatsangehörigkeit** (Art. 4 Abs. 4 Buchst. b DBA-Erb CH).

Der im Abkommen vorgesehene Besteuerungsvorbehalt für Abwanderer kann in Deutschland jedoch nur zu einer Besteuerung führen, wenn der Nachlass in Deutschland nach innerstaatlichem Recht der Besteuerung unterliegt. Dies kann entweder aufgrund der einweitert unbeschränkten Erbschaftsteuerpflicht (§ 2 Abs. 1 Nr. 1 Satz 2 Buchst. b ErbStG) innerhalb einer Fünfjahresfrist nach der Aufgabe des inländischen Wohnsitzes, oder im Rahmen der erweitert beschränkten Steuerpflicht (§ 4 AStG) – begrenzt auf das erweiterte Inlandsvermögen - bis zum zehnten Jahr nach dem Wegzug der Fall sein.

Der Erwerber des Nachlasses erlangt deshalb nur Abkommensschutz, wenn der Erblasser nach dem Jahr der Aufgabe seiner deutschen Wohnstätte noch mindestens fünf Jahre lebt. Als Folge des deutschen Besteuerungsvorbehalts für Abwanderer ergibt sich, dass der Erwerb bei einem Todesfall innerhalb dieser Zeit ungeachtet eines u. U. niedrigeren Steuerniveaus in der Schweiz uneingeschränkt der deutschen Steuer unterliegt. Damit ist für potentielle Erblasser eine kurzfristige Wohnsitzverlegung in die Schweiz wenig attraktiv.

43 Neben diesen in Art. 4 DBA-Erb CH enthaltenen Besteuerungsvorbehalten beim Bestehen eines Erblasserdoppelwohnsitzes und bei Abwanderern, die jeweils an die Person des Erblassers anknüpfen, knüpft ein in Art. 8 Abs. 2 DBA-Erb CH enthaltener weiterer Besteuerungsvorbehalt Deutschlands an die Person des Erwerbers an. Abweichend vom Musterabkommen der OECD behält sich Deutschland hier ein konkurrierendes Besteuerungsrecht für den Fall vor, dass der Erwerber abkommensrechtlich in Deutschland ansässig ist bzw. zum Zeitpunkt des Todes des Erblassers hier eine ständige Wohnstätte oder einen gewöhnlichen Aufenthalt hat. Dieser an die **Inländereigenschaft des Erwerbers** anknüpfende Besteuerungsvorbehalt Deutschlands führt wiederum dazu, dass die in Art. 5 bis 8 Abs. 1 DBA-Erb CH enthaltenen Zuteilungsnormen von Deutschland ignoriert werden. Er gilt **nicht**, wenn sowohl der **Erblasser** als auch der **Erwerber** zum Todeszeitpunkt die **schweizerische Staatsangehörigkeit** besitzen oder die Voraussetzungen für die Anwendung der **vorrangigen Besteuerungsvorbehalte** beim Bestehen eines Erblasserdoppelwohnsitzes und bei Abwanderern gegeben sind. Aus deutscher Sicht begründet nur der Wohnsitz oder der gewöhnliche Aufenthalt die Inländereigenschaft i. S. d. § 2 Abs. 1 Nr. 1 Satz 2 Buchst. a ErbStG, so dass Artikel 8 Abs. 2 DBA-Erb CH ins Leere läuft, wenn der Erwerber im Inland „nur" eine „ständige Wohnstätte" i. S. d. DBA besitzt (*Bellstedt/Meyer*, in Gosch/Kroppen/Grotherr, DBA, Art. 8 DBA-Schweiz/ErbSt, Rz. 22).

44 Bei **erweitert unbeschränkt steuerpflichtigen Erwerbern** mit **deutscher Staatsangehörigkeit** (§ 2 Abs. 1 Nr. 1 Satz 2 Buchst. b ErbStG), die zwar im Inland **nach einem Wegzug** keinen Wohnsitz mehr haben, sich aber noch nicht länger als fünf Jahre dauernd im Ausland aufgehalten haben, führt Art. 8 Abs. 2 DBA-Erb CH zu einer Einschränkung des deutschen Nachbesteuerungsrechts, da diese in Zeitpunkt des Todes des Erblassers weder eine ständige Wohnstätte noch einen gewöhnlichen Aufenthalt in Deutschland haben. Gleiches gilt bei **Auslandsbediensteten** (§ 2 Abs. 1 Nr. 1 Satz 2 Buchst. c ErbStG), deren Inländereigenschaft ebenfalls nur fingiert wird. Dem gegenüber wird teilweise die Ansicht vertreten, dass auch in Fällen, in denen der Erwerber im Inland zwar eine ständige Wohnstätte, jedoch weder Wohnsitz noch gewöhnlichen Aufenthalt hatte, bei deutscher Staatsangehörigkeit die Wohnsitzfiktionen des § 2 Abs. 1 Nr. 1 Satz 2 Buchst. b und c ErbStG eingreifen und damit Art. 8 Abs. 2 DBA-Erb CH doch wieder anwendbar machen können. M. E. steht diese Auffassung jedoch im Widerspruch zum Wortlaut des Abkommens (gl. A. *Weigel*, in Debatin/Wassermeyer, E Schweiz, Art. 8 Rz. 30; *Jülicher*, in T/G/J, ErbStG, § 2 Tz. 232; *Füger/Rieger*, IStR 1998, 460; a. A. *Opel*, in Gosch/Kroppen/Grotherr, DBA, Art. 8 DBA-Schweiz/ErbSt, Rz. 13).

45 Auch bei Eingreifen des an die Inländereigenschaft des Erwerbers anknüpfenden Besteuerungsvorbehalts erfolgt die Vermeidung der Doppelbesteuerung – ebenso wie bei den Besteuerungsvorbehalten beim Bestehen eines Erblasserdoppelwohnsitzes und bei Abwanderern – durch **Steueranrechnung**. Dies führt dazu, dass zwar die Doppelbesteuerung vermieden wird, in Deutschland jedoch eine Anhebung der

Steuerbelastung auf das deutsche Steuerniveau erfolgt. Lediglich für das in der Schweiz gelegene Grundvermögen bei weggezogenen schweizer Staatsangehörigen ist eine Freistellung unter Progressionsvorbehalt vorgesehen (Art. 10 Abs. 1 Buchst. a DBA-Erb CH).

Unbewegliches Vermögen, das ein Erblasser, der im Zeitpunkt des Todes seinen Wohnsitz in einem Vertragstaat hatte, im Nichtwohnsitzstaat besass, bleibt der **konkurrierenden Besteuerung im Belegenheitsstaat** unterworfen (Art. 5 Abs. 1 DBA-Erb CH). Nach dieser dem OECD-Musterabkommen (Art. 5 OECD-MA) entsprechenden Abkommensvorschrift erfolgt die Bestimmung des Begriffs „unbewegliches Vermögen" nach der **Rechtsordnung des jeweiligen Belegenheitsstaates**. Insoweit sind Qualifikationskonflikte bei der Zuordnung des unbeweglichen Vermögens ausgeschlossen. Durch die Bezugnahme auf das innerstaatliche Recht werden Grundpfandrechte und grundpfandrechtlich gesicherte Forderungen aus deutscher Sicht dem beweglichen Vermögen und nicht dem Grundvermögen zuordnet. Dabei erfolgt die Bewertung des unbeweglichen Vermögens mit dem Verkehrswert (FG Hamburg v. 15.1.1993, II 54/89, EFG 1993, 586 (rkr.)). 46

Ergänzend führt das Abkommen ausdrücklich Vermögenswerte und Rechte an, die **stets als unbewegliches Vermögen zu behandeln** sind. Der abkommensrechtliche Begriff des unbeweglichen Vermögens erfasst im wesentlichen neben Grundstücken und Gebäuden auch Zubehör, das Inventar land- und forstwirtschaftlicher Betriebe, grundstücksgleiche Rechte, Nutzungsrechte an unbeweglichem Vermögen und Ausbeutungsrechte von Mineralvorkommen, Quellen und anderen Bodenschätzen. Schiffe und **Luftfahrzeuge** gelten nicht als unbewegliches Vermögen und werden daher grundsätzlich im **Wohnsitzstaat** besteuert (Art. 5 Abs. 2 DBA-Erb CH). 47

Das auf dem Belegenheitsprinzip beruhende Besteuerungsrecht für unbewegliches Vermögen hat **Vorrang** gegenüber anderen Zuordnungen. Es gilt daher auch, wenn das ausländische Grundvermögen zu einer Betriebstätte gehört oder es der Ausübung einer selbständigen Tätigkeit dient (Art. 5 Abs. 3 DBA-Erb CH). 48

Für das **bewegliche Betriebsvermögen der Betriebstätte** eines Unternehmens, das ein Erblasser, der im Zeitpunkt des Todes seinen Wohnsitz in einem Vertragstaat hatte, im Nichtwohnsitzstaat hatte, bleibt nach dem Abkommen ein **konkurrierendes Besteuerungsrecht für den Betriebstättenstaat** erhalten (Art. 6 Abs. 1 DBA-Erb CH). 49

Der **Begriff der Betriebstätte** entspricht weitgehend dem OECD-Musterabkommen (Art. 6 Abs. 2 OECD-MA). 50

Die Steuerberechtigung des Betriebstättenstaates umfaßt grundsätzlich das gesamte der Betriebstätte **zuzurechnende bewegliche Betriebsvermögen**, das dem Unternehmen und der betreffenden Betriebstätte **im Übertragungszeitpunkt dient**. Dazu zählen auch Forderungen, Wertpapiere und andere immaterielle Vermögensgegenstände, die tatsächlich zu der Betriebstätte gehören. Lediglich bei der Übertragung von zum Betrieb gehörendem unbeweglichem Vermögen sowie bei Schiffen und Luftfahrzeugen, die im internationalen Verkehr betrieben werden, erfolgt keine Zuordnung zum Betriebsvermögen (Art. 5 Abs. 3, Art. 7 DBA-Erb CH). Dokumentiert werden kann der Zusammenhang zwischen Betriebsvermögen und Betrieb- 51

DBA-Schweiz

stätte i.d.R. durch die Buchführung des Unternehmens oder die vom Übertragenden vor der Übertragung abgegebenen Steuererklärungen.

52 Auch das **bewegliche Vermögen**, das zu einer der Ausübung eines **freien Berufs** oder einer **sonstigen selbständigen Tätigkeit** ähnlicher Art dienenen **festen Einrichtung** gehört, die ein Erblasser, der im Zeitpunkt des Todes seinen Wohnsitz in einem Vertragstaat hatte, im Nichtwohnsitzstaat hatte, bleibt der Besteuerung im Staat der festen Einrichtung unterworfen (Art. 6 Abs. 8 DBA-Erb CH). Der abkommensrechtliche Begriff einer der freiberuflichen oder selbstständigen Tätigkeit dienenden festen Einrichtung ist weder im DBA definiert, noch sind andere Anhaltspunkte für dessen Gehalt gegeben. Die Auslegung muss somit nach innerstaatlichem Recht erfolgen (BFH v. 29.11.1966, I 216/64, BStBl III 1967, 392). Nach diesem besteht eine der freiberuflichen oder der selbstständigen Tätigkeit dienende feste Einrichtung, wenn der Steuerpflichtige im anderen Staat einen eigenen Stützpunkt hat, von dem aus er seinen Beruf ausübt. Die feste Einrichtung wird somit als eine Art „**Betriebstätte des freiberuflich Tätigen**" angesehen (*Krüger*, IStR 1998, 104).

53 Abweichend vom OECD-Musterabkommen ist im DBA Schweiz eine eigene Vorschrift für die Übertragung von **Beteiligungen an Personengesellschaften** enthalten (Art. 6 Abs. 9 DBA-Erb CH). Diese stellt die Beteiligung an der Personengesellschaft mit einer Betriebstätte des Erblassers im Staat, in dem sich die Personengesellschaft befindet, gleich. Bei der Übertragung einer Beteiligung an einer Personengesellschaft muss deshalb das **konkurrierende Besteuerungsrecht** des Betriebstättenstaates beachtet werden. Dabei werden Gesellschafterdarlehen und Wirtschaftsgüter, die der Gesellschaft vom Erblasser zur Verfügung gestellt worden sind (**Sonderbetriebsvermögen**), Beteiligungungen an Personengesellschaften gleichgestellt. Voraussetzung hierfür ist, dass diese Forderungen und Wirtschaftsgüter nach dem Recht des Staates, in dem sich die Betriebstätte befindet, deren Betriebsvermögen zugerechnet werden.

54 Allerdings muss beim Tod des Gesellschafters einer Personengesellschaft mit einer Betriebstätte im anderen Vertragsstaat für die Zuordnung der Besteuerungsberechtigung nach dem DBA vorab geprüft werden, ob die Personengesellschaft aufgelöst werden muss oder nach einer entsprechenden gesellschaftsrechtlichen Vereinbarung fortgeführt werden kann. Diese Prüfung ist aufgrund des Gesellschaftsstatuts nach dem Gesellschaftsrecht des jeweiligen Staats, in dem sich die Personengesellschaft befindet, vorzunehmen. Wenn die Personengesellschaft danach beim Tod des im anderen Staat ansässigen Gesellschafters aufgelöst wird, fällt der **anteilige Liquidationserlös** in den Nachlass. Bei diesem Anteil am Liquidationserlös handelt es sich um eine Geldforderung, für die nach dem Abkommen ein ausschließliches Besteuerungsrecht für den Wohnsitzstaat des Erblasser vorgesehen ist (Art. 8 Abs. 1 DBA-Erb CH). Nur wenn die Personengesellschaft beim Tod des im anderen Staat ansässigen Gesellschafters nicht aufgelöst wird, richtet sich die Zuordnung des Besteuerungsrechts für das anteilige Gesellschaftsvermögen nach Art. 6 Abs. 9 DBA-Erb CH.

55 Bei **Seeschiffen** und **Luftfahrzeugen**, die von einem Unternehmen im internationalen Verkehr betrieben werden sowie bei der Binnenschiffahrt dienenden Schiffen ist im Abkommen ein konkurrierendes Besteuerungsrecht des Staates vorgese-

hen, in dem sich der Sitz der Geschäftsleitung des betreibenden Unternehmens befindet (Art. 7 DBA-Erb CH). Für Schiffe und Luftfahrzeuge im Privatbesitz ist Art. 8 DBA-Erb CH anzuwenden.

Das **sonstige Vermögen**, das im Abkommen nicht ausdrücklich erwähnt ist, darf ausschließlich im **Wohnsitzstaat des Erblassers** besteuert werden (Art. 8 Abs. 1 DBA-Erb CH; Art. 7 OECD-MA). Zu den sonstigen Vermögenswerten, die dem ausschließlichen Besteuerungsrecht des Wohnsitzstaates unterliegen, zählen insbesondere 56

- das gesamte in Drittstaaten belegene Vermögen,
- Kapitalvermögen, insbesondere Wertpapiere,
- private sowie die nicht zu einem Betriebsvermögen gehörenden betrieblichen Forderungen,
- Beteiligungen an Kapitalgesellschaften,
- typische stille Beteiligungen,
- bewegliche Vermögensgegenstände, wie z.B. Schmuck, Hausrat, private KFZ, Bankguthaben oder Kunstgegenstände.

Im Abkommen ist vorgesehen, dass **Schulden**, die mit einem bestimmten Vermögensgegenstand in **wirtschaftlichem Zusammenhang** stehen, jeweils vom Wert dieses Vermögens abgezogen werden (Art. 9 Abs. 1 DBA-Erb CH). Der Begriff des „wirtschaftlichen Zusammenhangs" ist im Abkommen nicht näher erläutert. Unter Berücksichtigung von Sinn und Zweck der Vorschrift ist bei der Bestimmung des „wirtschaflichen Zusammenhangs" auf die Verwendung der entsprechenden Mittel, d.h. die wirtschaftliche Verknüpfung, abzustellen. 57

Nach dieser Zuordnungsregel sind Schulden 58

- vom Wert des unbeweglichen Vermögens abzuziehen, wenn sie durch dieses Vermögen dinglich gesichert wurden. Dabei ist es ohne Bedeutung, ob diese Schulden auf den Erwerb oder die Erhaltung des Vermögens zurückzuführen sind,
- vom Wert des Betriebstättenvermögens bzw. des freiberuflichen Vermögens abzuziehen, wenn sie bei der Ausübung der Tätigkeit durch die Betriebstätte bzw. bei der Ausübung eines freien Berufs im Zusammenhang mit einer genutzten festen Einrichtung entstanden sind. Daher können durch ausländisches unbewegliches Vermögen gesicherte Verbindlichkeiten, die für eine inländische Betriebstätte aufgenommen wurden, im Inland abgezogen werden,
- im Wohnsitzstaat des Erblassers zu berücksichtigen, sofern sie in wirtschaftlichem Zusammenhang mit sonstigem Vermögen stehen.

Die **sonstigen Schulden**, die entweder in keinem wirtschaftlichen Zusammenhang zu einem bestimmten Vermögensgegenstand stehen oder als sog. Erbfallschulden keine vom Erblasser eingegangenen Verbindlichkeiten darstellen, werden nach dem Abkommen grundsätzlich vom Wert des Vermögens abgezogen, das der ausschließlichen Besteuerungskompetenz des Wohnsitzstaates des Erblassers unterliegt (Art. 9 Abs. 2 Satz 1 DBA-Erb CH). Die Bewertung der Schulden erfolgt nach dem innerstaatlichen Recht der Vertragsstaaten. 59

60 Im Fall des Eingreifens der erweiterten deutschen Besteuerungsvorbehalte beim Bestehen eines Erblasserdoppelwohnsitzes (Rz. 42a), bei Abwanderen (Rz. 42b) und beim Besteuerungsvorbehalt aufgrund der Inländereigenschaft des Erwerbers (Rz. 43) werden die Schulden aufgrund einer **Sonderregelung** auch in der BRD abgezogen, wenn der Erblasser bzw. der Erwerber Inländer i. S. d. deutschen ErbStG waren. Anders ist es, wenn der Erblasser kein Inländer war und die BRD aufgrund des erweiterten deutschen Besteuerungsvorbehalts für Abwanderer sonstiges Vermögen besteuert, das nach Art. 8 Abs. 1 DBA-Erb CH ausschließlich in der Schweiz als dem Wohnsitzstaat des Erblassers besteuert werden darf. Hier kann vom Wert dieses Vermögens lediglich der Teil der sonstigen Schulden nochmals in Deutschland abgezogen werden, der dem Wert des dem erweiterten deutschen Besteuerungsvorbehalt für Abwanderer unterliegenden Vermögens zum gesamten Rohvermögen entspricht. Das dem erweiterten deutschen Besteuerungsvorbehalt für Abwanderer unterliegende Vermögen ist zuvor um die nach Art. 9 Abs. 3 DBA-Erb CH des Abkommens zu berücksichtigenden Schulden zu mindern, das gesamte Rohvermögen um die unten den Abzug nach Art. 9 Abs. 1 DBA-Erb CH fallenden Schulden (Art. 9 Abs. 2 Sätze 2 und 3 DBA-Erb CH).

61 Übersteigt bei einem **Schuldenüberhang** der Wert einer Schuld das Vermögen, von dem diese abzuziehen ist, muss der Staat, dem das Besteuerungsrecht für das Vermögen zugeordnet wird, zunächst den Abzug von anderen, ihm zur Besteuerung überlassenen Vermögenswerten vornehmen (Art. 9 Abs. 3 DBA-Erb CH).

62 Verbleibt im Anschluß daran im Belegenheits- bzw. Wohnsitzstaat ein **nicht abzugsfähiger Schuldenrest**, wird dieser im anderen Vertragsstaat berücksichtigt (Art. 9 Abs. 4 DBA-Erb CH).

63 Nach dem Abkommen gelten die Bestimmungen über den Schuldenbzug sinngemäß auch für den Abzug der **Vermächtnisse** (Art. 9 Abs. 5 DBA-Erb CH).

64 Zur Vermeidung der Doppelbesteuerung ist bei einem **Erblasser mit Wohnsitz in Deutschland** eine **Freistellung** des in der Schweiz gelegenen unbeweglichen Vermögens i. S. d. Art. 5 Abs. 2 DBA-Erb CH unter Progressionsvorbehalt vorgesehen, wenn dieser im Zeitpunkt des Todes die **schweizerische Staatsangehörigkeit** hatte (Art. 10 Abs. 1 Buchst. a DBA-Erb CH).

65 Ansonsten erfolgt die Vermeidung der Doppelbesteuerung in der BRD bei einem Erblasser mit Wohnsitz in Deutschland durch die Anwendung der **Anrechnungsmethode**. Danach wird die in der Schweiz tatsächlich gezahlte schweizerische Steuer, die auf das Vermögen entfällt, das nach dem Abkommen in der Schweiz besteuert werden kann, nach den Vorschriften des § 21 ErbStG auf die in Deutschland festgesetzte Steuer angerechnet. Dabei ist der anzurechnende Betrag der Höhe nach begrenzt. Er darf den Teil der vor der Anrechnung ermittelten Steuer in Deutschland nicht übersteigen, der auf das Vermögen entfällt, das in der Schweiz besteuert werden kann (Art. 10 Abs. 1 Buchst. b DBA-Erb CH).

66 Bei einem **Erblasser mit Wohnsitz in der Schweiz** ist in der Schweiz zur Vermeidung der Doppelbesteuerung eine **Freistellung** der der deutschen Belegenheitsbesteuerung nach Art. 5, 6 und 7 unterliegenden Vermögens unter Progressionsvorbehalt vorgesehen (Art. 10 Abs. 2 Satz 2, DBA-Erb CH).

Das im Abkommen enthaltene **Diskriminierungsverbot** entspricht weitgehend 67
dem OECD-Musterabkommen, das allerdings die Abs. 2 und 3 der Vorschrift nicht
enthält (Art. 11 DBA-Erb CH; Art. 11 OECD-MA). Es gebietet die Gleichbehandlung von Staatsangehörigen beider Staaten insoweit, als es eine an die Staatsangehörigkeit anknüpfende belastende Ungleichbehandlung im andern Staat untersagt.
Ebenso darf die Besteuerung einer Betriebstätte, die ein Unternehmen eines Vertragsstaats im anderen Vertragsstaat hat, im anderen Vertragsstaat nicht ungünstiger
sein als die Besteuerung von Unternehmen des anderen Staates, die die gleiche
Tätigkeit ausüben.

Ist eine Person der Meinung, dass Maßnahmen eines Vertragsstaats oder beider 68
Vertragsstaaten für sie zu einer dem Abkommen nicht entsprechenden Besteuerung
führen oder führen werden, hat sie aufgrund des Abkommens – ungeachten der nach
nationalem Steuerrecht vorgesehenen Möglichkeiten (z.B. Einspruch, §§ 347f. AO)
das Recht, ihren Fall bei der zuständigen Behörde eines der beiden Staaten zu
unterbreiten (Art. 12 Abs. 1 DBA-Erb CH; Art. 11 OECD-MA). Nach diesem
besonderen Rechtsbehelf gegen Abkommensverletzungen kann die angerufene Behörde dann unter Berücksichtigung von Art. 12 Abs. 4 DBA-Erb CH entweder
Abhilfe schaffen oder ein **Verständigungsverfahren** mit der Behörde des anderen
Staates einleiten (Art. 12 Abs. 2 DBA-Erb CH). Zur einvernehmlichen Beseitigung
von Schwierigkeiten oder Zweifeln bei der Auslegung oder Anwendung des Abkommens ist ein **Konsultationsverfahren** möglich (Art. 12 Abs. 3 DBA-Erb CH).

Aufgrund der „kleinen Auskunftsklausel" besteht für die zuständigen Behörden der 69
Vertragsstaaten abweichend von Art. 12 OECD-MA im Rahmen des **Informationsaustauschs** „nur" die Möglichkeit, auf Verlangen die Auskünfte auszutauschen, die
zur ordnungsmäßigen Durchführung des Abkommens erforderlich sind (Art. 13
DBA-Erb CH). Als Auskünfte, die im Rahmen einer kleinen Auskunftsklausel zu
erteilen sind, gelten Auskünfte über die Höhe der im Belegenheitsstaat erhobenen
und vom Wohnsitzstaat anzurechnenden Steuer, Auskünfte im Rahmen eines Verständigungsverfahrens oder Auskünfte über Steuerbefreiungen u.ä. Weitergehende
Auskünfte, wie z.B. im Rahmen des subsidiären Besteuerungsrechts zugunsten
Deutschlands bei einem inländischen Erwerber oder des Progressionsvorbehalts,
dürfen hingegen nicht erteilt werden, da sie ausschließlich der Anwendung des
sonstigen nationalen Rechts eines der Vertragsstaaten dienen (*Weigell,* in Debatin/
Wassermayer, E Schweiz, Art. 13 Rz. 7f).

Art. 14 DBA-Erb CH bestätigt den Fortbestand steuerlicher Vorrechte für diplo- 70
matische und konsularische Beamte und enspricht insoweit Art. 13 OECD-MA.
Darüber hinaus bestätigt er das Besteuerungsrecht des Entsendestaates.

DBA-USA

Abkommen zwischen der Bundesrepublik Deutschland und den Vereinigten Staaten von Amerika zur Vermeidung der Doppelbesteuerung auf dem Gebiet der Nachlass-, Erbschaft- und Schenkungsteuern
In der Bekanntmachung der Neufassung vom 21.12.2000
(BGBl 2001 II, 65)

Abschnitt I
Art. 1 Geltungsbereich

Dieses Abkommen gilt für
a) Nachlässe von Erblassern, die im Zeitpunkt ihres Todes einen Wohnsitz in einem Vertragsstaat oder in beiden Vertragsstaaten hatten, und
b) Schenkungen von Schenkern, die im Zeitpunkt der Schenkung einen Wohnsitz in einem Vertragsstaat oder in beiden Vertragsstaaten hatten.

Art. 2 Unter das Abkommen fallende Steuern

(1) Die bestehenden Steuern, für die das Abkommen gilt, sind
a) in den Vereinigten Staaten von Amerika: die Bundeserbschaftsteuer (Federal estate tax) und die Bundesschenkungsteuer (Federal gift tax) einschließlich der Steuer auf Übertragungen, bei denen eine oder mehrere Generationen übersprungen werden;
b) in der Bundesrepublik Deutschland: die Erbschaftsteuer (Schenkungsteuer).

(2) Dieses Abkommen gilt auch für alle Nachlass-, Erbschaft- und Schenkungsteuern ähnlicher Art, die nach der Unterzeichnung des Abkommens neben den bestehenden Steuern oder an deren Stelle erhoben werden.

Abschnitt II
Art. 3 Allgemeine Begriffsbestimmungen

(1) Im Sinne dieses Abkommens
a) bedeutet der Ausdruck „Vereinigte Staaten von Amerika", im geographischen Sinne verwendet, die Bundesstaaten und den Distrikt Columbia. Der Ausdruck umfasst auch das Küstenmeer der Vereinigten Staaten von Amerika und den Meeresboden und Meeresuntergrund der an die Küste der Vereinigten Staaten von Amerika angrenzenden, aber jenseits des Küstenmeers gelegenen Unterwassergebiete, über die die Vereinigten Staaten von Amerika in Übereinstimmung mit dem Völkerrecht für die Zwecke der Erforschung und Ausbeutung der Naturschätze dieser Gebiete Hoheitsrechte ausüben;
b) bedeutet der Ausdruck „Bundesrepublik Deutschland", im geographischen Sinne verwendet, den Geltungsbereich des Grundgesetzes für die Bundesrepublik Deutschland sowie die an die Hoheitsgewässer der Bundesrepublik Deutschland angrenzenden und in Übereinstimmung mit dem Völkerrecht

in Bezug auf die Rechte, welche die Bundesrepublik Deutschland hinsichtlich des Meeresbodens und des Meeresuntergrunds sowie ihrer Naturschätze ausüben darf, steuerrechtlich als Inland bezeichneten Gebiete;
c) bedeutet der Ausdruck „Unternehmen" ein gewerbliches Unternehmen;
d) bedeutet der Ausdruck „Unternehmen eines Vertragsstaats" ein Unternehmen, das von einer Person mit Wohnsitz in einem Vertragsstaat betrieben wird;
e) bedeutet der Ausdruck „zuständige Behörde"
i) auf Seiten der Vereinigten Staaten von Amerika den Finanzminister (Secretary of the Treasury) oder seinen bevollmächtigten Vertreter und
ii) auf Seiten der Bundesrepublik Deutschland den Bundesminister der Finanzen.

(2) Bei der Anwendung des Abkommens durch einen Vertragsstaat hat, wenn der Zusammenhang nichts anderes erfordert, jeder im Abkommen nicht definierte Ausdruck die Bedeutung, die ihm nach dem Recht dieses Vertragsstaats über die Steuern zukommt, für die das Abkommen gilt.

Art. 4 Steuerlicher Wohnsitz

(1) Eine natürliche Person hat im Sinne dieses Abkommens einen Wohnsitz
a) in den Vereinigten Staaten von Amerika, wenn sie dort ansässig ist oder Staatsangehöriger der Vereinigten Staaten von Amerika ist;
b) in der Bundesrepublik Deutschland, wenn sie dort ihren Wohnsitz oder gewöhnlichen Aufenthalt hat oder aus anderen Gründen für die Zwecke der deutschen Erbschaftsteuer (Schenkungsteuer) als unbeschränkt steuerpflichtig gilt.

(2) Hatte nach Absatz 1 eine natürliche Person in beiden Vertragsstaaten einen Wohnsitz, so gilt vorbehaltlich des Absatzes 3 Folgendes:

a) Der Wohnsitz der natürlichen Person gilt als in dem Vertragsstaat gelegen, in dem sie über eine ständige Wohnstätte verfügte. Verfügte sie in beiden Vertragsstaaten oder in keinem der Vertragsstaaten über eine ständige Wohnstätte, so gilt ihr Wohnsitz als in dem Vertragsstaat gelegen, zu dem sie die engeren persönlichen und wirtschaftlichen Beziehungen hatte (Mittelpunkt der Lebensinteressen);
b) kann nicht bestimmt werden, in welchem Vertragsstaat die natürliche Person den Mittelpunkt ihrer Lebensinteressen hatte, so gilt ihr Wohnsitz als in dem Vertragsstaat gelegen, in dem sie ihren gewöhnlichen Aufenthalt hatte;
c) hatte die natürliche Person ihren gewöhnlichen Aufenthalt in beiden Vertragsstaaten oder in keinem der Vertragsstaaten, so gilt ihr Wohnsitz als in dem Vertragsstaat gelegen, dessen Staatsangehöriger sie war;
d) war die Person Staatsangehöriger beider Vertragsstaaten oder keines der Vertragsstaaten, so regeln die zuständigen Behörden der Vertragsstaaten die Frage in gegenseitigem Einvernehmen.

(3) War eine natürliche Person im Zeitpunkt ihres Todes oder der Schenkung
a) Staatsangehöriger eines Vertragsstaats, ohne gleichzeitig Staatsangehöriger des anderen Vertragsstaats zu sein, und

b) hatte sie auf Grund des Absatzes 1 einen Wohnsitz in beiden Vertragsstaaten und
c) hatte sie im anderen Vertragsstaat ihren Wohnsitz auf Grund des Absatzes 1 für die Dauer von nicht mehr als zehn Jahren gehabt,

so gilt der Wohnsitz dieser Person und der zu ihrem Haushalt gehörenden Familienmitglieder, bei denen die gleichen Voraussetzungen vorliegen, ungeachtet des Absatzes 2 als in dem Vertragsstaat gelegen, dessen Staatsangehörige sie waren.

(4) Eine natürliche Person, die im Zeitpunkt ihres Todes oder der Schenkung in einer Besitzung der Vereinigten Staaten von Amerika ansässig war und nur deshalb Staatsangehöriger der Vereinigten Staaten von Amerika wurde, weil sie
a) Staatsbürger einer solchen Besitzung war oder
b) in einer solchen Besitzung geboren wurde oder dort ansässig war,

wird für die Zwecke dieses Abkommens so behandelt, als habe sie in dem genannten Zeitpunkt keinen Wohnsitz in den Vereinigten Staaten von Amerika gehabt und als sei sie in dem genannten Zeitpunkt kein Staatsangehöriger der Vereinigten Staaten von Amerika gewesen.

(5) Für die Zwecke dieses Abkommens wird die Frage, ob eine andere als eine natürliche Person ihren Wohnsitz in einem Vertragsstaat hatte, nach dem Recht dieses Staates bestimmt. Hat diese Person ihren Wohnsitz in beiden Vertragsstaaten, so regeln die zuständigen Behörden der Vertragsstaaten den Fall in gegenseitigem Einvernehmen.

Abschnitt III
Art. 5 Unbewegliches Vermögen

(1) Unbewegliches Vermögen, das Teil des Nachlasses oder einer Schenkung einer Person mit Wohnsitz in einem Vertragsstaat ist und das im anderen Vertragsstaat liegt, kann im anderen Staat besteuert werden.

(2) Der Ausdruck „unbewegliches Vermögen" hat die Bedeutung, die ihm nach dem Recht des Vertragsstaats zukommt, in dem das Vermögen liegt. Der Ausdruck umfasst in jedem Fall das Zubehör zum unbeweglichen Vermögen, das lebende und tote Inventar land- und forstwirtschaftlicher Betriebe, die Rechte, für die die Vorschriften des Privatrechts über Grundstücke gelten, Nutzungsrechte an unbeweglichem Vermögen sowie Rechte auf veränderliche oder feste Vergütungen für die Ausbeutung oder das Recht auf Ausbeutung von Mineralvorkommen, Quellen und anderen Bodenschätzen; Schiffe und Luftfahrzeuge gelten nicht als unbewegliches Vermögen.

(3) Die Absätze 1 und 2 gelten auch für unbewegliches Vermögen eines Unternehmens und für unbewegliches Vermögen, das der Ausübung einer selbständigen Arbeit dient.

Art. 6 Vermögen einer Betriebstätte und Vermögen einer der Ausübung einer selbständigen Arbeit dienenden festen Einrichtung

(1) Vermögen eines Unternehmens, das Teil des Nachlasses oder einer Schenkung einer Person mit Wohnsitz in einem Vertragsstaat ist und das Betriebsvermögen einer im anderen Vertragsstaat gelegenen Betriebstätte darstellt – ausgenommen das nach den Artikeln 5 und 7 zu behandelnde Vermögen – kann im anderen Staat besteuert werden.

(2) a) Der Ausdruck „Betriebstätte" bedeutet eine feste Geschäftseinrichtung, in der die Tätigkeit eines Unternehmens eines Vertragsstaats ganz oder teilweise ausgeübt wird.

b) Der Ausdruck „Betriebstätte" umfasst insbesondere
einen Ort der Leitung,
eine Zweigniederlassung,
eine Geschäftsstelle,
ein Ladengeschäft oder eine andere Verkaufseinrichtung,
eine Fabrikationsstätte,
eine Werkstätte,
ein Bergwerk, einen Steinbruch oder eine andere Stätte der Ausbeutung von Bodenschätzen,
eine Bauausführung oder Montage, deren Dauer zwölf Monate überschreitet.

c) Ungeachtet des Buchstabens a begründet eine oder mehrere der folgenden Tätigkeiten keine Betriebstätte:
das Benutzen von Einrichtungen zur Lagerung, Ausstellung oder Auslieferung von Gütern oder Waren des Unternehmens;
das Unterhalten eines Bestands von Gütern oder Waren des Unternehmens zur Lagerung, Ausstellung oder Auslieferung;
das Unterhalten eines Bestands von Gütern oder Waren des Unternehmens zu dem Zweck, sie durch ein anderes Unternehmen bearbeiten oder verarbeiten zu lassen;
das Unterhalten einer festen Geschäftseinrichtung zu dem Zweck, für das Unternehmen Güter oder Waren einzukaufen oder Informationen zu beschaffen;
das Unterhalten einer festen Geschäftseinrichtung zu dem Zweck, für das Unternehmen zu werben, Informationen zu erteilen, wissenschaftliche Forschung zu betreiben oder ähnliche Tätigkeiten auszuüben, wenn sie vorbereitender Art sind oder eine Hilfstätigkeit darstellen.

d) Hat ein Unternehmen eines Vertragsstaats im anderen Staat keine Betriebstätte im Sinne der Buchstaben a bis c, so wird es dennoch so behandelt, als habe es im letztgenannten Staat eine Betriebstätte, wenn es in diesem Staat durch einen Vertreter gewerblich tätig ist, der eine Vollmacht besitzt, im Namen des Unternehmens Verträge abzuschließen, und die Vollmacht in diesem Staat regelmäßig ausübt, es sei denn, dass sich die Ausübung der Vollmacht auf den Einkauf von Gütern oder Waren für das Unternehmen beschränkt.

e) Ein Unternehmen eines Vertragsstaats wird nicht schon deshalb so behandelt, als habe es eine Betriebstätte im anderen Staat, weil es dort seine gewerbliche Tätigkeit durch einen Makler, Kommissionär oder einen anderen unabhängigen Vertreter ausübt, sofern diese Person im Rahmen ihrer ordentlichen Geschäftstätigkeit handelt.

f) Der Umstand, dass eine in einem der Vertragsstaaten ansässige Person oder eine Körperschaft eines der Vertragsstaaten
i) eine Körperschaft des anderen Staates beherrscht, von ihr beherrscht wird oder mit ihr gemeinsam beherrscht wird oder
ii) eine Körperschaft beherrscht, von ihr beherrscht wird oder mit ihr gemeinsam beherrscht wird, die im anderen Staat (entweder durch eine Betriebstätte oder auf andere Weise) gewerblich tätig ist,

wird bei der Feststellung, ob diese Person oder Körperschaft eine Betriebstätte im anderen Staat hat, nicht berücksichtigt.

(3) Vermögen, das Teil des Nachlasses oder einer Schenkung einer Person mit Wohnsitz in einem Vertragsstaat ist und das zu einer der Ausübung einer selbständigen Arbeit dienenden festen Einrichtung im anderen Vertragsstaat gehört – ausgenommen das unter Artikel 5 fallende Vermögen – kann im anderen Staat besteuert werden.

Art. 7 Schiffe und Luftfahrzeuge

Seeschiffe und Luftfahrzeuge eines Unternehmens, die Teil des Nachlasses oder einer Schenkung einer Person mit Wohnsitz in einem Vertragsstaat sind und die im internationalen Verkehr betrieben werden, sowie bewegliches Vermögen, das dem Betrieb dieser Schiffe und Luftfahrzeuge dient, können nur in diesem Staat besteuert werden.

Art. 8 Beteiligungen an Personengesellschaften

Ist eine Beteiligung an einer Personengesellschaft Teil des Nachlasses oder einer Schenkung einer Person mit Wohnsitz in einem Vertragsstaat und gehört der Personengesellschaft unter Artikel 5 oder 6 fallendes Vermögen, so kann die Beteiligung in dem Staat besteuert werden, in dem das betreffende Vermögen liegt, jedoch nur mit dem diesem Teil des Vermögens zuzurechnenden Teil ihres Wertes.

Art. 9 Nicht ausdrücklich erwähntes Vermögen

Vermögen, das Teil des Nachlasses oder einer Schenkung einer Person mit Wohnsitz in einem Vertragsstaat ist und nicht unter Artikel 5, 6, 7 oder 8 fällt, kann ohne Rücksicht auf seine Belegenheit nur in diesem Staat besteuert werden; Artikel 11 Absatz 1 bleibt unberührt.

Abschnitt IV
Art. 10 Abzüge und Befreiungen

(1) Bei Vermögen, das Teil eines Nachlasses oder einer Schenkung ist und das lediglich in Übereinstimmung mit Artikel 5, 6 oder 8 in einem Vertragsstaat der

Besteuerung unterliegt, sind Schulden mindestens in Höhe der nachstehend vorgesehenen Beträge bei der Wertermittlung mindernd zu berücksichtigen oder als Abzüge vom Vermögenswert zuzulassen:

a) bei dem in Artikel 5 genannten Vermögen die Schulden, die für den Erwerb, die Instandsetzung oder die Instandhaltung des Vermögens aufgenommen wurden;
b) bei dem in Artikel 6 genannten Vermögen die Schulden, die im Zusammenhang mit dem Betrieb einer Betriebstätte oder einer festen Einrichtung aufgenommen wurden, und
c) bei der in Artikel 8 genannten Beteiligung an einer Personengesellschaft die Schulden, auf die Buchstabe a oder Buchstabe b Anwendung fände, wenn das in dem erwähnten Artikel genannte Vermögen einer Personengesellschaft dem Erblasser oder Schenker unmittelbar gehörte.

(2) Vermögen, das einer Körperschaft oder Organisation eines Vertragsstaats, die ausschließlich religiösen, mildtätigen, wissenschaftlichen, erzieherischen oder öffentlichen Zwecken dient, oder einer öffentlichen Einrichtung eines Vertragsstaats zur Verwendung für diese Zwecke oder zur Nutzung übertragen wurde, ist von der Steuer des anderen Vertragsstaats befreit, wenn und soweit die Übertragung des Vermögens an die Körperschaft, Organisation oder Einrichtung

a) im erstgenannten Vertragsstaat steuerbefreit ist und
b) im anderen Vertragsstaat steuerbefreit wäre, wenn sie an eine ähnliche Körperschaft, Organisation oder öffentliche Einrichtung dieses anderen Staates vorgenommen worden wäre.

Die zuständigen Behörden der Vertragsstaaten regeln die Anwendung dieser Bestimmung in gegenseitigem Einvernehmen.

(3) Ruhegehälter, Renten und andere Beträge, die von einem Vertragsstaat, einem Bundesstaat, einem Land oder ihren Gebietskörperschaften oder aus einer öffentlichen Kasse, die nach dem öffentlichen Recht des Staates, des Landes oder der Gebietskörperschaft errichtet worden ist, oder auf Grund einer Regelung, die eine in diesem Staat ansässige Person getroffen hat,

a) nach dem Sozialversicherungsrecht dieses Staates oder
b) als Vergütung für geleistete Dienste oder
c) als Ausgleich erlittener Schäden

gezahlt werden, sind im anderen Vertragsstaat insoweit steuerbefreit, als sie im erstgenannten Vertragsstaat steuerbefreit wären, wenn der Erblasser dort seinen Wohnsitz hätte. Die so steuerbefreiten Beträge können jedoch auf den Versorgungsfreibetrag nach dem deutschen Erbschaftsteuer- und Schenkungsteuerrecht angerechnet werden.

(4) Vermögen (ausgenommen Gesamtgut), das von einem Erblasser oder Schenker, der seinen Wohnsitz in einem Vertragsstaat hatte oder Staatsangehöriger dieses Staates war, auf den Ehegatten übergeht und das lediglich auf Grund des Artikels 5, 6 oder 8 im anderen Vertragsstaat besteuert werden kann, wird bei der Festsetzung der Steuer dieses anderen Staates nur insoweit in die Besteuerungsgrundlage einbezogen, als sein Wert (nach Berücksichtigung der zulässi-

gen Abzüge) 50 vom Hundert des Wertes des gesamten in die Besteuerungsgrundlage einbezogenen Vermögens übersteigt, das von dem anderen Staat besteuert werden kann. Der vorhergehende Satz darf aber nicht dazu führen,
a) dass aus der Besteuerungsgrundlage in der Bundesrepublik Deutschland ein Betrag ausgenommen wird, der den Freibetrag des Ehegatten übersteigt, der bei Übertragungen an unbeschränkt steuerpflichtige Ehegatten nach dem deutschen Erbschaftsteuer- und Schenkungsteuerrecht gewährt wird;
b) dass die in den Vereinigten Staaten von Amerika geschuldete Steuer auf einen Betrag sinkt, der niedriger ist als die Steuer, die bei Anwendung der für eine Person mit Wohnsitz in den Vereinigten Staaten von Amerika geltenden Steuersätze auf die nach dem genannten Satz ermittelte Besteuerungsgrundlage zu zahlen wäre.

Dieser Absatz findet keine Anwendung auf Staatsangehörige der Vereinigten Staaten von Amerika mit Wohnsitz in der Bundesrepublik Deutschland oder ehemalige Staatsangehörige oder langfristig Ansässige der Vereinigten Staaten von Amerika im Sinne des Artikels 11 Absatz 1 Buchstabe a.

(5) Bei der Festsetzung der von den Vereinigten Staaten von Amerika erhobenen Erbschaftsteuer wird auf den Nachlass eines Erblassers (der nicht Staatsangehöriger der Vereinigten Staaten von Amerika ist), der im Zeitpunkt seines Todes seinen Wohnsitz in der Bundesrepublik Deutschland hatte, ein Anrechnungsbetrag in Höhe des größeren der folgenden Beträge gewährt:
a) des Betrags, der das gleiche Verhältnis zu der nach dem Recht der Vereinigten Staaten von Amerika auf den Nachlass eines Staatsangehörigen der Vereinigten Staaten von Amerika gewährten Anrechnung ergibt wie der Wert des Teils des Bruttonachlasses des Erblassers, der sich im Zeitpunkt seines Todes in den Vereinigten Staaten von Amerika befindet, zu dem Wert des gesamten Bruttonachlasses des Erblassers, ungeachtet dessen, wo er sich befindet; oder
b) der Anrechnungsbetrag, der nach dem Recht der Vereinigten Staaten von Amerika auf den Nachlass einer nicht ansässigen Person gewährt wird, die kein Staatsangehöriger der Vereinigten Staaten von Amerika ist.

Ein andernfalls nach diesem Absatz zulässiger Anrechnungsbetrag wird um den Betrag einer früher auf eine vom Erblasser vorgenommene Schenkung gewährten Anrechnung gekürzt. Für die Zwecke des Buchstabens a darf der in den Vereinigten Staaten von Amerika befindliche Teil des Bruttonachlasses des Erblassers den Teil seines Bruttonachlasses nicht übersteigen, der von den Vereinigten Staaten von Amerika nach Maßgabe dieses Abkommens besteuert werden kann. Ein andernfalls nach Buchstabe a zulässiger Anrechnungsbetrag wird nur gewährt, wenn alle erforderlichen Informationen zur Überprüfung und Berechnung des Anrechnungsbetrags zur Verfügung gestellt werden.

(6) Bei der Festsetzung der von den Vereinigten Staaten von Amerika erhobenen Erbschaftsteuer wird der Wert des Nachlasses eines Erblassers ermittelt, indem vom Wert des Bruttonachlasses ein Betrag in Höhe des Wertes von Vermögensanteilen abgezogen wird, die auf den überlebenden Ehegatten des Erblassers (im Sinne des Rechts der Vereinigten Staaten von Amerika) überge-

hen und für die nach dem Recht der Vereinigten Staaten von Amerika Anspruch auf einen Ehegattenfreibetrag bei der Erbschaftsteuer bestehen würde, wenn der überlebende Ehegatte ein Staatsangehöriger der Vereinigten Staaten von Amerika wäre und alle zur Verfügung stehenden Wahlrechte ordnungsgemäß wahrgenommen würden (im Folgenden als „anspruchsberechtigtes Vermögen" bezeichnet). Für den Nachlass des Erblassers besteht Anspruch auf einen solchen Ehegattenfreibetrag, sofern

a) der Erblasser im Zeitpunkt seines Todes seinen Wohnsitz entweder in der Bundesrepublik Deutschland oder in den Vereinigten Staaten von Amerika hatte,

b) der überlebende Ehegatte im Zeitpunkt des Todes des Erblassers seinen Wohnsitz entweder in der Bundesrepublik Deutschland oder in den Vereinigten Staaten von Amerika hatte,

c) falls sowohl der Erblasser als auch sein überlebender Ehegatte ihren Wohnsitz im Zeitpunkt des Todes des Erblassers in den Vereinigten Staaten von Amerika hatten, einer von ihnen oder beide deutsche Staatsangehörige waren, und

d) der Nachlassverwalter die Vergünstigungen nach diesem Absatz beansprucht und unwiderruflich auf die Vergünstigungen anderweitiger Ehegattenfreibeträge bei der Erbschaftsteuer verzichtet, die nach dem Recht der Vereinigten Staaten von Amerika auf Grund einer amerikanischen Erbschaftsteuererklärung gewährt würden, die bis zu dem Tag, bis zu dem nach dem Recht der Vereinigten Staaten von Amerika ein Treuhandvermögen (qualified domestic trust) errichtet werden könnte, für den Nachlass des Erblassers abgegeben wird.

Der nach diesem Absatz gewährte Ehegattenfreibetrag entspricht dem Wert des anspruchsberechtigten Vermögens oder dem geltenden Steuerfreibetrag (im Sinne des Rechts der Vereinigten Staaten von Amerika, der ohne Rücksicht auf eine etwaige vom Erblasser früher vorgenommene Schenkung festgesetzt wird), je nachdem, welcher geringer ist.

Art. 11 Anrechnung

(1) Dieses Abkommen schließt nicht aus, dass

a) die Vereinigten Staaten von Amerika den Nachlass (die Schenkung) eines Erblassers (Schenkers), der im Zeitpunkt seines Todes oder der Schenkung

i) Staatsangehöriger der Vereinigten Staaten von Amerika war,

ii) seinen Wohnsitz im Sinne des Artikels 4 in den Vereinigten Staaten von Amerika hatte oder

iii) ein ehemaliger Staatsangehöriger oder langfristig Ansässiger war, der diesen Status unter anderem hauptsächlich wegen der Umgehung von Steuern (im Sinne des Rechts der Vereinigten Staaten von Amerika) verloren hat, jedoch nur für einen Zeitraum von zehn Jahren nach dem Verlust, nach ihrem Recht besteuern;

b) die Bundesrepublik Deutschland einen Erben, Beschenkten oder sonstigen Begünstigten, der im Zeitpunkt des Todes des Erblassers oder der Schenkung seinen Wohnsitz im Sinne des Artikels 4 in der Bundesrepublik Deutschland hatte, nach ihrem Recht besteuert. Artikel 10 Absätze 2, 3 und 4, die Absätze 2, 3, 4 und 5 dieses Artikels und Artikel 13, beziehungsweise Artikel 10 Absätze 5 oder 6 in Bezug auf Nachlässe von anderen Personen als den im vorhergehenden Satz genannten ehemaligen Staatsangehörigen oder langfristig Ansässigen, bleiben unberührt.

(2) Erheben die Vereinigten Staaten von Amerika Steuern auf Grund der Tatsache, dass der Erblasser oder Schenker dort seinen Wohnsitz hatte oder Staatsangehöriger der Vereinigten Staaten von Amerika war, so wird die Doppelbesteuerung wie folgt vermieden:

a) Besteuert die Bundesrepublik Deutschland Vermögen auf Grund des Artikels 5, 6 oder 8, so rechnen die Vereinigten Staaten auf die nach ihrem Recht festgesetzte Steuer von diesem Vermögen einen Betrag in Höhe der in der Bundesrepublik Deutschland auf dieses Vermögen gezahlten Steuer an.

b) War der Erblasser oder Schenker Staatsangehöriger der Vereinigten Staaten von Amerika und hatte er im Zeitpunkt des Todes oder der Schenkung seinen Wohnsitz in der Bundesrepublik Deutschland, so gewähren die Vereinigten Staaten von Amerika die Anrechnung der gezahlten deutschen Steuer auf die nach ihrem Recht festgesetzte Steuer über Buchstabe a hinaus für die Steuer von allem Vermögen, das nicht auf Grund des Artikels 5, 6 oder 8 in den Vereinigten Staaten von Amerika besteuert werden kann.

(3) Erhebt die Bundesrepublik Deutschland Steuern auf Grund des Wohnsitzes des Erblassers, Schenkers, Erben, Beschenkten oder sonstigen Begünstigten, so wird die Doppelbesteuerung wie folgt vermieden:

a) Besteuern die Vereinigten Staaten von Amerika Vermögen auf Grund des Artikels 5, 6 oder 8, so rechnet die Bundesrepublik Deutschland auf die nach ihrem Recht festgesetzte Steuer von diesem Vermögen einen Betrag in Höhe der in den Vereinigten Staaten von Amerika auf dieses Vermögen gezahlten Steuer an.

b) Hatte der Erblasser oder Schenker seinen Wohnsitz in den Vereinigten Staaten von Amerika und hatte der Erbe, Beschenkte oder sonstige Begünstigte im Zeitpunkt des Todes des Erblassers oder der Schenkung seinen Wohnsitz in der Bundesrepublik Deutschland, so gewährt die Bundesrepublik Deutschland die Anrechnung der gezahlten amerikanischen Steuer auf die nach ihrem Recht festgesetzte Steuer über Buchstabe a hinaus für die Steuer von allem Vermögen, das nicht auf Grund des Artikels 5, 6 oder 8 in der Bundesrepublik Deutschland besteuert werden kann.

(4) Bei der Anrechnung durch die Bundesrepublik Deutschland nach Absatz 3 werden auch die Steuern berücksichtigt, die von Gebietskörperschaften der Vereinigten Staaten von Amerika erhoben worden sind. Können diese Steuern nach Absatz 3 nicht angerechnet werden, so können die zuständigen Behörden über die Vermeidung der Doppelbesteuerung nach Artikel 13 beraten.

(5) Zur Vermeidung der Doppelbesteuerung berücksichtigt jeder Vertragsstaat bei der Anrechnung nach den Absätzen 2, 3 und 4 in angemessener Weise

a) alle Steuern, die der andere Vertragsstaat auf eine frühere vom Erblasser vorgenommene Schenkung von Vermögen erhoben hat, wenn das betreffende Vermögen zu dem im erstgenannten Staat steuerpflichtigen Nachlass gehört;
b) alle vom anderen Vertragsstaat angerechneten Erbschaft- und Schenkungsteuern, die in Bezug auf frühere Steuertatbestände gezahlt worden sind.

Schwierigkeiten und Zweifel bei der Anwendung dieser Bestimmung werden von den zuständigen Behörden nach Artikel 13 beseitigt.

(6) Der nach diesem Artikel anzurechnende Betrag darf den Teil der vor der Anrechnung ermittelten Steuer eines Vertragsstaats nicht übersteigen, der auf das Vermögen entfällt, für das nach diesem Artikel eine Anrechnung gewährt werden kann.

(7) Ein Anspruch auf Steueranrechnung oder -erstattung nach diesem Artikel kann innerhalb eines Jahres nach der endgültigen Festsetzung (durch Verwaltungsakt oder auf gerichtlichem Wege) und Zahlung der Steuer, für die eine Anrechnung nach diesem Artikel beantragt wird, geltend gemacht werden, vorausgesetzt, dass die Festsetzung und Zahlung innerhalb von zehn Jahren nach dem Tode des Erblassers oder nach der Schenkung erfolgen. Die zuständigen Behörden können die Zehn-Jahres-Frist in gegenseitigem Einvernehmen verlängern, wenn Umstände, die der Steuerpflichtige nicht zu vertreten hat, die Festsetzung der dem Anspruch auf Anrechnung oder Erstattung zugrunde liegenden Steuer innerhalb dieser Frist verhindern. Auf Erstattungen, die lediglich auf Grund dieses Abkommens vorgenommen werden, werden keine Zinsen gezahlt.

Art. 12 Nachlässe (Estates) und Treuhandvermögen (Trusts)

(1) Dieses Abkommen hindert keinen der beiden Vertragsstaaten, seine für die Anerkennung eines Steuertatbestands maßgebenden Bestimmungen auf Vermögensübertragungen an einen Nachlass oder ein Treuhandvermögen oder aus einem Nachlass oder Treuhandvermögen anzuwenden.

(2) Lösen auf Grund von Unterschieden zwischen den Gesetzesvorschriften der Vertragsstaaten Vermögensübertragungen an einen Nachlass oder ein Treuhandvermögen oder aus einem Nachlass oder Treuhandvermögen eine Besteuerung zu verschiedenen Zeitpunkten aus, so können die zuständigen Behörden den Fall nach Artikel 13 erörtern, um Härten zu vermeiden, vorausgesetzt, dass der zeitliche Unterschied bei der Besteuerung höchstens fünf Jahre beträgt.

(3) Führt eine Vermögensübertragung an einen Nachlass oder ein Treuhandvermögen nach dem deutschen Erbschaft- und Schenkungsteuerrecht zum Zeitpunkt der Übertragung nicht zu einer Besteuerung, so kann der Begünstigte aus dem Nachlass oder Treuhandvermögen innerhalb von fünf Jahren nach der Übertragung verlangen, dass er zur deutschen Steuer (einschließlich der Einkommensteuer) so herangezogen wird, als habe im Zeitpunkt der Übertragung ein steuerpflichtiger Vorgang stattgefunden.

Art. 13 Verständigungsverfahren

(1) Ist eine Person der Auffassung, dass die Maßnahmen eines Vertragsstaats oder beider Vertragsstaaten für sie zu einer Besteuerung führen oder führen werden, die diesem Abkommen nicht entspricht, so kann sie unbeschadet der nach dem innerstaatlichen Recht dieser Vertragsstaaten vorgesehenen Rechtsmittel ihren Fall der zuständigen Behörde eines der beiden Staaten unterbreiten. Der Fall muss innerhalb eines Jahres nach der endgültigen Regelung oder Ablehnung eines Anspruchs auf Befreiung, Anrechnung oder Erstattung nach diesem Abkommen unterbreitet werden.

(2) Hält die zuständige Behörde die Einwendung für begründet und ist sie selbst nicht in der Lage, eine befriedigende Lösung herbeizuführen, so wird sie sich bemühen, den Fall durch Verständigung mit der zuständigen Behörde des anderen Vertragsstaats so zu regeln, dass eine dem Abkommen nicht entsprechende Besteuerung vermieden wird.

(3) Die zuständigen Behörden der Vertragsstaaten werden sich bemühen, Schwierigkeiten oder Zweifel, die bei der Auslegung oder Anwendung des Abkommens entstehen, in gegenseitigem Einvernehmen zu beseitigen. Sie können auch gemeinsam darüber beraten, wie eine Doppelbesteuerung in Fällen vermieden werden kann, die im Abkommen nicht behandelt sind.

(4) Die zuständigen Behörden der Vertragsstaaten können zur Herbeiführung einer Einigung im Sinne dieses Artikels unmittelbar miteinander verkehren. Erscheint es zur Herbeiführung der Einigung zweckmäßig, so können sich die zuständigen Behörden zu einem mündlichen Meinungsaustausch treffen.

(5) Erzielen die zuständigen Behörden eine solche Verständigung, so werden die Vertragsstaaten die Steuern entsprechend der Verständigung erheben und ungeachtet der nach ihrem Recht geltenden Verfahrensregelungen (einschließlich Verjährungsfristen) erstatten oder anrechnen.

Art. 14 Informationsaustausch

(1) Die zuständigen Behörden der Vertragsstaaten tauschen die Informationen aus, die zur Durchführung dieses Abkommens oder des innerstaatlichen Rechts der Vertragsstaaten betreffend die unter das Abkommen fallenden Steuern erforderlich sind, soweit die diesem Recht entsprechende Besteuerung nicht dem Abkommen widerspricht. Der Informationsaustausch ist durch Artikel 1 nicht eingeschränkt. Alle Informationen, die ein Vertragsstaat erhalten hat, sind ebenso geheim zu halten wie die auf Grund des innerstaatlichen Rechts dieses Staates beschafften Informationen und dürfen nur den Personen oder Behörden (einschließlich der Gerichte und der Verwaltungsbehörden) zugänglich gemacht werden, die mit der Veranlagung oder Erhebung, der Vollstreckung oder Strafverfolgung oder mit der Entscheidung von Rechtsmitteln hinsichtlich der unter das Abkommen fallenden Steuern befasst sind. Diese Personen oder Behörden dürfen die Informationen nur für diese Zwecke verwenden. Sie dürfen die Informationen in einem öffentlichen Gerichtsverfahren oder in einer Gerichtsentscheidung offen legen.

(2) Absatz 1 ist nicht so auszulegen, als verpflichte er einen Vertragsstaat,

a) Verwaltungsmaßnahmen durchzuführen, die von den Gesetzen und der Verwaltungspraxis dieses oder des anderen Vertragsstaats abweichen;
b) Angaben zu übermitteln, die nach den Gesetzen oder im üblichen Verwaltungsverfahren dieses oder des anderen Vertragsstaats nicht beschafft werden können;
c) Informationen zu erteilen, die ein Handels-, Industrie-, Gewerbe- oder Berufsgeheimnis oder ein Geschäftsverfahren preisgeben würden oder deren Erteilung der öffentlichen Ordnung widerspräche.

(3) Bei Auskunftsersuchen eines Vertragsstaats auf Grund dieses Artikels holt der andere Vertragsstaat die entsprechenden Informationen (einschließlich Zeugenaussagen und Kopien einschlägiger Unterlagen) auf die gleiche Weise und im gleichen Umfang ein, als wenn es sich bei der Steuer des ersuchenden Staates um die Steuer des anderen Staates handelte und sie von diesem anderen Staat erhoben würde.

(4) Kann nach Artikel 7 oder 9 Vermögen ungeachtet des Artikels 11 Absatz 1 nur in dem Vertragsstaat besteuert werden, in dem der Schenker oder Erblasser ansässig war, und wird die in diesem Staat fällige Steuer nicht gezahlt, so können die zuständigen Behörden vereinbaren, dass dieses Vermögen ungeachtet des Artikels 7 oder 9 im anderen Vertragsstaat besteuert wird.

Art. 15 Mitglieder diplomatischer Missionen und konsularischer Vertretungen

(1) Dieses Abkommen berührt nicht die steuerlichen Vorrechte, die den Mitgliedern diplomatischer Missionen und konsularischer Vertretungen nach den allgemeinen Regeln des Völkerrechts oder auf Grund besonderer Übereinkünfte zustehen.

(2) Dieses Abkommen gilt nicht für Beamte internationaler Organisationen oder Mitglieder einer diplomatischen Mission oder konsularischen Vertretung eines dritten Staates, die sich in einem Vertragsstaat befinden und nicht so behandelt werden, als hätten sie für die Zwecke der Nachlass-, Erbschaft- oder Schenkungsteuer ihren Wohnsitz in einem der Vertragsstaaten.

Art. 16 (gegenstandslos)

(gegenstandslos)

Abschnitt V

Art. 17 Inkrafttreten

(1) Dieses Abkommen bedarf der Ratifikation nach Maßgabe der geltenden Verfahrensvorschriften jedes Vertragsstaats; die Ratifikationsurkunden werden so bald wie möglich in Washington ausgetauscht.

(2) Das Abkommen tritt mit dem Austausch der Ratifikationsurkunden in Kraft und findet allgemein Anwendung auf Nachlässe von Personen, die am oder nach dem 1. Januar 1979 sterben, und auf Schenkungen, die am oder nach dem 1. Januar 1979 vorgenommen werden.

(3) Darüber hinaus können bei Nachlässen von Personen, die am oder nach dem 1. Januar 1974 und vor dem 1. Januar 1979 gestorben sind, die zuständigen Behörden der Vertragsstaaten gemeinsam darüber beraten, wie die durch innerstaatliche Vergünstigungen nicht vermiedene Doppelbesteuerung verhindert werden kann. Zu diesem Zweck können sie im Rahmen des Artikels 13 vorsehen, dass Steuern eines Vertragsstaats ungeachtet der Unterschiede in den innerstaatlichen Rechtsvorschriften über Belegenheit und Wohnsitz auf die Steuern des anderen Vertragsstaats angerechnet werden.

Art. 18 Kündigung

Dieses Abkommen bleibt in Kraft, solange es nicht von einem der Vertragsstaaten gekündigt wird. Jeder Vertragsstaat kann das Abkommen auf diplomatischem Weg jederzeit nach Ablauf von drei Jahren nach Inkrafttreten des Abkommens unter Einhaltung einer Frist von mindestens sechs Monaten kündigen. In diesem Fall findet das Abkommen nicht mehr Anwendung auf Nachlässe von Personen, die nach dem 31. Dezember sterben, der auf den Ablauf der sechsmonatigen Kündigungsfrist folgt, und auf Schenkungen, die nach diesem Zeitpunkt vorgenommen werden.

Schrifttum

Debatin, Das amerikanisch-deutsche Erbschaftsteuer-Doppelbesteuerungsabkommen als Instrument des Steuersystemausgleichs, in Festschrift für Otto Walter, hrsg. von H. Conston, Osnabrück 1988, 169; *Eimermann*, Änderung des deutsch-amerikanischen Erbschaftsteuerabkommens, IStR 1999, 237; *Flick*, Amerikanische Erbschaft- und Schenkungsteuer auf deutsche Investitionen in den Vereinigten Staaten, DStR 1986, 487; *Fox*, Schlechterstellung deutscher (und ausländischer) Ehegatten bei Vermögensübertragungen im US-amerikanischen Erbschaft- und Schenkungsteuerrecht, IStR 1993, 550; *Goldberg*, The United States/German Estate Tax Treaty (I), Intertax 1982, 313; *ders.*, The United States/German Estate Tax Treaty (II), Intertax 1982, 359; *Gornall/Thiessen*, Auswirkungen des DBA-USA auf dem Gebiet der Nachlaß-, Erbschaft- und Schenkungsteuer, RIW 1987, 40; *Helman*, Deutsch-amerikanische Nachlaßplanung: „Aufräumung" nach dem TAMRA-„Überfall", RIW 1989, 207; *Helman*, Deutsch-amerikanische Nachlaßplanung: TAMRA-Korrekturen bringen nur wenig Erleichterung, RIW 1990, 684; *Kochinke/Niedermeier*, US-TAMRA-Erbschaftsteuer unter ausländischem Druck, RIW 1990, 776; *Laubrock*, Nachlaß und Erbschaft in den USA, in: Münchener Schriften zum Internationalen Steuerrecht, Heft 10, München 1986; *Michel*, Deutsch-amerikanisches Abkommen zur Vermeidung der Doppelbesteuerung bei den Nachlaß-, Erbschaft- und Schenkungsteuern, DStR 1981, 73; *Wassermeyer*, Das US-amerikanische Erbschaft- und Schenkungsteuerrecht, Köln 1996.

Das DBA-USA in der Fassung vom 3.12.1980 ist am 27.6.1986 in Kraft getreten (Bekanntmachung v. 24.7.1986, BGBl II 1986, 860).

Das **Änderungsprotokoll** zum Abkommen vom 14.12.1998 trat am 14.12.2000 in Kraft (Bekanntmachung v. 18.12.2000, BGBl II 2001, 62) und ist bei den danach eintretenden Todesfällen und danach gemachten Schenkungen anzuwenden. Es hat

DBA-USA

einzelne Regelungen des DBA abgeändert und zusätzliche Regelungen eingefügt. Das wesentliches Ziel Deutschlands bei der Verhandlung des Änderungsprotokolls bestand darin, Härten abzumildern, die sich durch das US-Steuerbereinigungsgesetz 1988 (Technical and Miscellaneous Revenue Act of 1988 – TAMRA) insbesondere für die Besteuerung eines überlebenden Ehegatten ergeben konnten, der nicht US-Staatsangehöriger ist. Die durch das Protokoll angefügten Abs. 5 und 6 des Art. 10 DBA-Erb USA und der ersetzte Art. 11 Abs. 1 des Abkommens sind ungeachtet einer nach dem Recht eines Vertragsstaats festgesetzten Befristung für die Veranlagung, Neuveranlagung oder Erstattung im Zusammenhang mit der Erklärung einer Person oder eines Nachlasses bei Todesfällen und Schenkungen anzuwenden, die nach dem 10.11.1988 eingetreten sind beziehungsweise gemacht wurden, vorausgesetzt, die Erklärung oder der Erstattungsantrag, mit denen ein Anspruch auf die Vergünstigungen nach diesem Protokoll geltend gemacht wird, wird innerhalb eines Jahres nach Inkrafttreten dieses Protokolls oder innerhalb der sonst für diese Anträge nach dem innerstaatlichen Recht geltenden Frist eingereicht.

73 Das Abkommen gilt für **Nachlässe bzw. Erbschaften von Erblassern** und für **Schenkungen von Schenkern**, die im Zeitpunkt des Todes bzw. im Zeitpunkt der Schenkung in einem oder in beiden Vertragsstaaten ihren **Wohnsitz** i.S.d. Abkommen hatten (Art. 1 DBA-Erb USA). Der Wohnsitz des Begünstigten ist für die Abgrenzung des persönlichen Anwendungsbereichs des Abkommens ohne Bedeutung.

74 Das in Deutschland für die Erbschaft- und Schenkungsteuer geltende DBA gilt sachlich für die in den **USA** auf **Bundesebene** erhobene **Erbschaftsteuer** (Federal estate tax), **Schenkungsteuer** (Federal gift tax) einschließlich der Steuer auf **Übertragungen, bei denen eine oder mehrere Generationen übersprungen werden** (tax on generation-skipping transfers, Art. 2 DBA-Erb USA).

75 Es **gilt nicht** auf die entsprechenden Steuern, die zusätzlich in den einzelnen Bundesstaaten der USA erhoben werden. Ungeachtet dessen berücksichtigt Deutschland diese Steuern bei der Anrechnung nach § 21 ErbStG, nachdem diese vorher zunächst zumindest teilweise auf die US-amerikanische Bundessteuer angerechnet werden (*Wurm/Bödecker*, in Gosch/Kroppen/Grotherr, DBA, Art. 2 DBA-USA/ErbSt, Rz. 2; *Hey*, in Grotherr, Handbuch der Internationalen Steuerplanung, 3. Aufl., 2011, 1968). Sofern im Einzelfall eine Anrechnung dieser Steuern nicht möglich ist, kann ein Verständigungsverfahren nach Art. 11 Abs. 4 Satz 2 DBA-Erb USA eingeleitet werden.

76 Soweit das Abkommen keine eigene Begriffsbestimmungen enthält, erfolgt die **Auslegung** der im DBA verwendeten Begriffe für die Abkommensanwendung – entspechend dem OECD-Musterabkommen – nach dem Sinn und Vorschriftenzusammenhang, ansonsten nach innerstaatlichem Recht (Art. 3 DBA-Erb USA; Art. 3 OECD-MA). Die nationalen Begriffsdefinitionen werden somit zum Vertragsinhalt erhoben.

77 Das Abkommen enthält keine eigene Definition für den Begriff des abkommensrechtlichen **Wohnsitzes** des Erblassers bzw. Schenkers. Bei einer **natürlichen Person** erfolgt dessen Bestimmung nach nationalem Recht. Der abkommensrechtliche Wohnsitz einer natürlichen Person befindet sich deshalb in den USA, wenn die

Person dort ansässig ist oder die US-amerikanische Staatsangehörigkeit hat. Er befindet sich in Deutschland, wenn die übertragende natürliche Person dort einen Wohnsitz (§ 8 AO) oder gewöhnlichen Aufenthalt (§ 9 AO) hat oder als unbeschränkt erbschaft- und schenkungsteuerpflichtig gilt. Die Bestimmung des abkommensrechtlichen Wohnsitzes knüpft insoweit an die Inländereigenschaft des Übertragenden an (§ 2 Abs. 1 Nr. 1 ErbStG).

Die bei der Überschneidung der nationalen Wohnsitzkriterien auftretenden Konfliktfälle eines „Doppelwohnsitzes" werden im DBA durch eine Kollisionsregelung gelöst. Deren Struktur entspricht dem Musterabkommen der OECD (Art. 4 Abs. 2 DBA-Erb USA; Art. 4 Abs. 2 OECD-MA). Wenn deshalb für einen Erblasser nach den nationalen Kriterien in beiden Staaten ein abkommensrechtlicher Wohnsitz anzunehmen ist, wird auf das Vorhandensein einer **ständigen Wohnstätte** in einem der beiden Vertragsstaaten abgestellt. Falls eine solche ebenfalls in beiden Staaten besteht, gilt der Erblasser als in dem Staat ansässig, in dem er die engeren persönlichen und wirtschaftlichen Beziehungen hatte (**Mittelpunkt der Lebensinteressen**). Falls anhand dieses Kriteriums keine eindeutige Bestimmung der abkommensrechtlichen Ansässigkeit erfolgen kann, bestimmt sich diese danach, in welchem der beiden Staaten der Erblasser seinen **gewöhnlichen Aufenthalt** hat. Wenn auch der gewöhnliche Aufenthalt keinem der beiden Staaten eindeutig zugeordnet werden kann, wird die abkommensrechtliche Ansässigkeit anhand der **Staatsangehörigkeit** bestimmt. Bei Sachverhalten, in denen die Person entweder die deutsche Staatsangehörigkeit und zusätzlich die des Vertragsstaates oder keine dieser Staatsangehörigkeiten besitzt, ist als letzter Lösungsweg ein **internationales Verständigungsverfahren** durch die zuständigen Behörden der Vertragsstaaten vorgesehen.

78

Im Abkommen ist allerdings eine **Sonderregelung** für natürliche Personen enthalten, die den Wohnsitz von einem Vertragsstaat in den anderen verlegen (Art. 4 Abs. 3 DBA-Erb USA). Danach wird ein Erblasser oder Schenker, der Staatsangehöriger eines Vertragsstaates ist, trotz Wohnsitznahme im anderen Staat als im Staatsangehörigkeitsstaat ansässig behandelt, wenn er nicht auch Staatsangehöriger des Zuzugsstaates ist und innerhalb von **zehn Jahren** (früher fünf Jahre) nach dem **Wohnsitzwechsel** stirbt. Der Zuzugsstaat kann in diesem Fall nur im Rahmen der beschränkten Steuerpflicht die ihm aufgrund des Belegenheitsprinzips zugewiesenen Vermögenswerte besteuern (*Wurm/Bödecker*, in Gosch/Kroppen/Grotherr, DBA, Art. 4 DBA-USA/ErbSt, Rz. 11). Zu beachten ist, dass aufgrund der mit dem Änderungsprotokoll am 14.12.2000 vorgenommenen Ausdehnung der Frist von ursprünglich fünf auf nun zehn Jahre auch die im nationalen deutschen ErbStG vorgesehene Frist für die erweiterte unbeschränkte Erbschaft- und Schenkungsteuerpflicht (§ 2 Abs. 1 Nr. 1 Sätze 1 und 2 Buchst. b ErbStG) für die entsprechenden Personen ebenfalls auf zehn Jahre ausgedehnt wurde (Art. 3 des Zustimmungsgesetzes v. 15.9.2000, BGBl II 2000, 1170).

79

Das Abkommen enthält eine weitere Besonderheit für Erblasser oder Schenker, deren Gebietsansässigkeit in den USA oder deren US-amerikanische Staatsangehörigkeit sich nur aus der Anknüpfung an Besitzungen der USA (Puerto Rico) ergibt. Diese fallen nicht unter den Abkommensschutz (Art. 4 Abs. 4 DBA-Erb USA).

80

81 Weiterhin ist vorgesehen, dass sich der Wohnsitz für **eine andere als eine natürliche Person**, die durch das Abkommen als Schenker oder auch als Begünstigte angesprochen wird (z.B. auch Stiftungen, Trusts), ebenfalls wiederum nach jeweilige innerstaatlichem Erbschaft- und Schenkungsteuerrecht bestimmt (Art. 4 Abs. 5 DBA-Erb USA). Eine andere als eine natürliche Person ist deshalb in Deutschland ansässig, wenn sich ihre Geschäftsleitung oder ihr Sitz dort befindet (§ 2 Abs. 1 Buchst. d ErbStG). Sofern im Falle einer Überschneidung dieser nationalen Kriterien für die nicht-natürliche Person eine Doppelansässigkeit festgestellt wird, ist zur Lösung dieses Konflikts ein Verständigungsverfahren vorgesehen.

82 **Unbewegliches Vermögen** das ein Erblasser oder Schenker, der im Zeitpunkt der Übertragung seinen Wohnsitz in einem Vertragstaat hatte, im Nichtwohnsitzstaat besaß, bleibt der konkurrierenden Besteuerung im Belegenheitsstaat unterworfen (Art. 5 Abs. 1 DBA-Erb USA). Nach dieser, dem OECD-Musterabkommen (Art. 5 OECD-MA) entsprechenden Abkommensvorschrift, wird der Begriff „unbewegliches Vermögen" nach der Rechtsordnung des jeweiligen Belegenheitsstaates bestimmt. Deshalb sind Qualifikationskonflikte bei der Zuordnung des unbeweglichen Vermögens ausgeschlossen. Durch die Bezugnahme auf das innerstaatliche Recht sind aus deutscher Sicht Grundpfandrechte und grundpfandrechtlich gesicherte Forderungen dem beweglichen Vermögen und nicht dem Grundvermögen zuordnen.

83 Ergänzend führt das Abkommen ausdrücklich Vermögenswerte und Rechte an, die stets **als unbewegliches Vermögen behandelt** werden. Hierzu gehören neben Grundstücken und Gebäuden im Wesentlichen auch Zubehör, das Inventar land- und forstwirtschaftlicher Betriebe, grundstücksgleiche Rechte, Nutzungsrechte an unbeweglichem Vermögen und Ausbeutungsrechte von Mineralvorkommen, Quellen und anderen Bodenschätzen. Schiffe und Luftfahrzeuge gelten nicht als unbewegliches Vermögen und werden daher grundsätzlich im Wohnsitzstaat besteuert (Art. 5 Abs. 2 DBA-Erb USA).

84 Das auf dem Belegenheitsprinzip beruhende Besteuerungsrecht für unbewegliches Vermögen hat **Vorrang gegenüber anderen Zuordnungen**. Es gilt daher auch, wenn das ausländische Grundvermögen zu einer Betriebstätte gehört oder es der Ausübung einer selbstständigen Tätigkeit dient (Art. 5 Abs. 3 DBA-Erb USA).

85 Für das **bewegliche Betriebsvermögen der Betriebstätte** eines Unternehmens, das ein Erblasser oder Schenker, der im Zeitpunkt der Übertragung seinen Wohnsitz in einem Vertragstaat hatte, im Nichtwohnsitzstaat hatte, ist im Abkommen ein konkurrierendes Besteuerungsrecht für den Betriebstättenstaat vorgesehen (Art. 6 Abs. 1 DBA-Erb USA).

86 Die Definition des **Betriebstättenbegriffs** entspricht großteils dem Musterabkommen der OECD. Abweichend hiervon ist für die Annahme einer Betriebstätte immer eine **feste Geschäftseinrichtung** erforderlich, in der die Tätigkeit eines Unternehmens eines Vertragsstaats ganz oder teilweise ausgeübt wird (Art. 6 Abs. 2 DBA-Erb USA; Art. 6 Abs. 2 OECD-MA).

87 Die Steuerberechtigung des Betriebstättenstaates umfaßt grundsätzlich das gesamte der Betriebstätte zuzurechnende **bewegliche Betriebsvermögen**, das dem Unternehmen und der betreffenden Betriebstätte im Übertragungszeitpunkt dient. Dazu

zählen auch Forderungen, Wertpapiere und andere immaterielle Vermögensgegenstände, die tatsächlich zu der Betriebstätte gehören. Lediglich bei der Übertragung von zum Betrieb gehörendem unbeweglichem Vermögen (Art. 6 Abs. 1 i.V.m. Art. 5 Abs. 3 DBA-Erb USA) sowie bei Schiffen und Luftfahrzeugen, die im internationalen Verkehr betrieben werden, erfolgt keine Zuordnung zum Betriebsvermögen (Art. 6 Abs. 1 i.V.m. Art. 7 DBA-Erb USA). Dokumentiert werden kann der Zusammenhang zwischen beweglichem Betriebsvermögen und Betriebstätte i.d.R. durch die Buchführung des Unternehmens oder die vom Übertragenden vor der Übertragung abgegebenen Steuererklärungen.

Auch das **bewegliche Vermögen**, das zu einer der Ausübung einer **selbstständigen Arbeit** dienenden **festen Einrichtung** gehört, die ein Erblasser oder Schenker, der im Zeitpunkt der Übertragung seinen Wohnsitz in einem Vertragstaat hatte, im Nichtwohnsitzstaat hatte, bleibt der Besteuerung im Staat der festen Einrichtung unterworfen (Art. 6 Abs. 3 DBA-Erb USA). Der abkommensrechtliche Begriff einer der Ausübung einer selbstständigen Arbeit dienenden festen Einrichtung ist weder im DBA definiert noch sind andere Anhaltspunkte für dessen Gehalt gegeben. Die Auslegung muß somit nach innerstaatlichem Recht erfolgen (BFH v. 29.11.1966, I 216/64, BStBl III 1967, 392). Nach diesen besteht eine der freiberuflichen oder der selbstständigen Tätigkeit dienende feste Einrichtung, wenn der Steuerpflichtige im anderen Staat einen eigenen Stützpunkt hat, von dem aus er seinen Beruf ausübt. Die feste Einrichtung wird somit als eine Art „**Betriebstätte des freiberuflich Tätigen**" angesehen (*Krüger*, IStR 1998, 104). 88

Bei von einem Unternehmen im internationalen Verkehr betriebenen **Seeschiffen** und **Luftfahrzeugen** (einschließlich des beweglichen Vermögens, das ihrem Betrieb dient) ist im Abkommen ein ausschließliches Besteuerungsrecht für den Wohnsitzstaat des Übertragenden vorgesehen (Art. 7 DBA-Erb USA). Für Schiffe und Luftfahrzeuge im Privatbesitz erfolgt die Zuordnung des Besteuerungsrechts nach Art. 9 DBA-Erb USA. 89

Abweichend vom OECD-Musterabkommen ist im DBA-Erb USA eine eigene Vorschrift für die Übertragung von **Beteiligungen an Personengesellschaften** enthalten. Eine Beteiligung an einer Personengesellschaft, die Teil eines Nachlasses oder einer Schenkung einer Person mit Wohnsitz in einem Vertragstaat ist und in deren Betriebsvermögen sich **unbewegliches Vermögen** (Art. 5 DBA-Erb USA) oder **bewegliches Betriebsvermögen** bzw. das der Ausübung einer **selbstständigen Arbeit** dienende Vermögen einer **festen Einrichtung** (Art. 6 DBA-Erb USA) befindet, kann danach **wertanteilig im Belegenheitsstaat** dieses Vermögens besteuert werden (Art. 8 DBA-Erb USA). 90

Das Abkommen sieht hier unter Mißachtung der formellen Rechtsinhaberschaft der Personengesellschaft die Möglichkeit eines Durchgriffs auf den Gesellschafter vor, so dass letztlich die Zuordnung der Besteuerungsberechtigung ohne Berücksichtigung der gesellschaftsrechtlichen Vermögenseinbindung vorgenommen wird. Der h.M. folgend wird eine Personengesellschaft insoweit als **transparente Einheit** angesehen, bei der der Gesellschafter wie der (mittelbare) quotale Eigentümer des im anderen Staat belegenen unbeweglichen Vermögens und des beweglichen Betriebsvermögens (bzw. des der Ausübung einer selbstständigen Arbeit dienenden Ver- 91 mögens einer festen Einrichtung) behandelt wird (Dazu: *Jülicher,* in Debatin/ Wassermeyer, USA-E, Art. 8 Rz. 1 ff.; R B 97.3 Abs. 1 ErbStR 2011).

92 Demgegenüber ist der Anteil an einer Personengesellschaft nach der Ansicht von Wurm/Bödecker als nicht-transparente Einheit anzusehen. Dies soll im Ergebnis dazu führen, dass nach nationalem deutschem Steuerrecht bei der Übertragung des Gesellschaftsanteils an einer gewerblichen Personengesellschaft (wie bei einem Anteil an einer Kapitalgesellschaft, der nicht unter § 121 BewG fällt) keine Besteuerung aufgrund der Belegenheit des Gesellschaftsvermögens erfolgen kann (*Wurm/ Bödecker,* in Gosch/Kroppen/Grotherr, DBA, Art. 8 DBA-USA/ErbSt, Rz. 5).

93 Das Abkommen selbst spezifiziert nicht, wann eine Beteiligung an einer Personengesellschaft vorliegt. Da es auch keine Vorschrift enthält, die zur Definition dieses Begriffs den nationalen steuerrechtlichen Kriterien eines der Vertragsstaaten den Vorrang einräumt, muss auf das innerstaatliche Recht beider Vertragsstaaten zurückgegriffen werden.

94 Im US-amerikanischen Steuerrecht bestehen für die Beantwortung der Frage, ob eine ausländische oder eine US-amerikanische Gesellschaft für steuerliche Zwecke als Personen- oder Kapitalgesellschaft behandelt wird, eigene Kriterien. Diese steuerrechtliche Qualifikation erfolgt unabhängig von der Betrachtungsweise nach dem ausländischen Recht und unabhängig von der Einordnung im US-amerikanischen Handels- bzw. Gesellschaftsrecht. Für den Steuerpflichtigen besteht deshalb in gewissen Fällen de facto ein Wahlrecht („check the box") dahingehend, ob die jeweilige Gesellschaft in den USA für steuerliche Zwecke als intransparente (Kapitalgesellschaft) oder als transparente (Personengesellschaft bzw. Betriebstätte) Einheit behandelt wird. Bei der Übertragung einer Beteiligung an einer solchen Gesellschaft kann sich durch die Abkommensanwendung ein Qualifikationskonflikt ergeben. Dies ist der Fall wenn für die US-amerikanische Besteuerung nach der „check the box"-Regelung für eine andere Behandlung optiert wird, als sie in Deutschland für die entsprechende Rechtsform vorgesehen ist. Zur Vermeidung dieses Qualifikationskonflikts kann es insbesondere im Hinblick auf Vermögensübertragungen von Todes wegen zweckmäßig sein, das US-amerikanische Vermögen über eine „hybride" Gesellschaft (z.B. ein deutsche GmbH & Co. KG) zu halten, für die in den USA eine steuerliche Behandlung als intransparente ausländische Kapitalgesellschaft gewählt wird. In diesem Fall unterliegt die Übertragung des US-amerikanischen Vermögens bei der Abkommensanwendung ausschließlich der deutschen Besteuerung, so dass keine Doppelbesteuerung möglich ist. Die in Art. 8 DBA-Erb USA enthaltene Sonderregelung für die Übertragung einer Beteiligung an einer Personengesellschaft kommt dabei nicht zur Anwendung.

95 Bei der **Schenkung** von Anteilen an einer Personengesellschaft, die US-amerikanisches Vermögen hält, können sich andere steuerliche Folgen als bei deren Übertragung von Todes wegen ergeben. Die Beteiligung an einer Personengesellschaft wird in diesem Fall aus der Sicht des US-amerikanischen Steuerrechts als immaterielle Vermögensgegenstände („intangible porperty") betrachtet. Die Übertragung von bestimmten immateriellen Vermögensgegenständen zwischen nicht in den USA ansässigen Ausländern wird von der dortigen Schenkungsteuer nicht erfasst, so dass hier nach nationalem US-amerikanischem Steuerrecht keine anteilsmäßige Steuer-

pflicht für das US-amerikanische Vermögen der Gesellschaft entsteht. Ungeachtet dessen, dass von US-amerikanischer Seite noch nicht verbindlich geklärt wurde, ob das dem nationalen Recht gleichstehende Abkommensrecht eine US-amerikanische Steuerpflicht begründen kann, die für beschränkt steuerpflichtige Personen nach den nationalen US-amerikanischen Steuerrechtsvorschriften nicht besteht, ist davon auszugehen, dass die US-Steuerverwaltung in der Praxis diese Auffassung vertritt. Vor diesen Hintergrund ist zu erwarten, dass auch bei der Schenkung der Beteiligung unter Lebenden – wie bei deren Übertragung von Todes wegen – ein direkter Durchgriff durch die Gesellschaft auf das US-amerikanische Vermögen erfolgt. Die Übertragung der Beteiligung unter Lebenden wäre dann entgegen der nationalen US-amerikanischen Regelung entsprechend dem Anteil des dortigen Gesellschaftsvermögens in den USA steuerbar (*Jülicher*, in Debatin/Wassermeyer, USA E, Art. 8 Rz. 6ff.; *Wurm/Bödecker*, in Gosch/Kroppen/Grotherr, DBA, Art. 8 DBA-USA/ErbSt, Rz. 6).

Allerdings muss beim Tod des Gesellschafters einer Personengesellschaft für die Zuordnung der Besteuerungsberechtigung nach dem DBA vorab geprüft werden, ob die Personengesellschaft – aufgrund des Gesellschaftsstatuts nach dem Gesellschaftsrecht des jeweiligen Staates, in dem sich die Personengesellschaft befindet – aufgelöst werden muss oder nach einer entsprechenden gesellschaftsrechtlichen Vereinbarung fortgeführt werden kann. Wenn die Personengesellschaft beim Tod des Gesellschafters aufgelöst wird, fällt der anteilige Liquidationserlös in den Nachlaß. Da dieser Anteil am Liquidationserlös eine Geldforderung darstellt, hat der Wohnsitzstaat des Erblassers nach dem Abkommen das ausschließliche Besteuerungsrecht (Art. 9 DBA-Erb USA). Nur wenn die Personengesellschaft beim Tod des Gesellschafters nicht aufgelöst wird, richtet sich die Zuordnung des Besteuerungsrechts für das anteilige Gesellschaftsvermögen nach Art. 8 DBA-Erb USA. 96

Das **sonstige Vermögen**, das im Abkommen nicht ausdrücklich erwähnt ist und somit nicht unter die Artikel 5, 6, 7 oder 8 DBA-Erb USA fällt, darf ohne Rücksicht auf seine Belegenheit ausschließlich im **Wohnsitzstaat des Übertragenden** besteuert werden (Art. 9 DBA-Erb USA; Art. 7 OECD-MA). Zu den sonstigen Vermögenswerten, die dem ausschließlichen Besteuerungsrecht des Wohnsitzstaates unterliegen, zählen insbesondere 97

- das gesamte in Drittstaaten belegene Vermögen,
- Kapitalvermögen, insbesondere Wertpapiere,
- private sowie die nicht zu einem Betriebsvermögen gehörenden betrieblichen Forderungen,
- Beteiligungen an Kapitalgesellschaften,
- typische stille Beteiligungen,
- bewegliche Vermögensgegenstände, wie z. B. Schmuck, Hausrat, private KFZ, Bankguthaben oder Kunstgegenstände.

Abweichend vom Musterabkommen der OECD, das den Abzug von Verbindlichkeiten entweder an die besondere Sicherung oder an den wirtschaftlichen Zusammenhang knüpft (Art. 8 Abs. 1 OECD-MA), wird im Abkommen mit den USA bei **Schuldenabzug** ausschließlich auf den wirtschaftlichen Zusammenhang abgestellt. Die Schulden sind nach Art. 10 Abs. 1 DBA-Erb USA im Rahmen der Besteuerung 98 im Belegenheitsstaat mindestens in Höhe der nachstehend genannten Beträge bei der Wertermittlung zu berücksichtigen oder vom entsprechenden Vermögenswert abzuziehen:

- Bei unbeweglichem Vermögen (Art. 5 DBA-Erb USA): Soweit sie für dessen Erwerb, die Instandsetzung oder die Inhsandhaltung aufgenommen wurden.
- Bei beweglichem Betriebstättenvermögen bzw. dem einer selbstständigen Arbeit dienenden Vermögen einer festen Einrichtung (Art. 6 DBA-Erb USA): Wenn sie im Zusammenhang mit dem Betrieb der Betriebstätte oder der festen Einrichtung aufgenommen wurden.
- Bei Beteiligung an einer Personengesellschaft, in deren Betriebsvermögen sich unbewegliches Vermögen oder bewegliches Betriebsvermögen bzw. das der Ausübung einer selbstständigen Arbeit dienende Vermögen einer festen Einrichtung befindet: Wenn die Schulden abzugsfähig wären, sofern das unbewegliche Vermögen oder das Betriebsvermögen bzw. Vermögen einer festen Einrichtung dem Übertragenden unmittelbar gehören würde.

Die Bewertung der Schulden richtet dabei nach dem innerstaatlichen Recht der Vertragsstaaten.

99 Neben diesem abkommensrechtlichen „Mindestabzug" bleibt eine günstigere Bemessung des Schuldenabzugs nach innerstaatlichem Recht vorbehalten. Diese kann sich beispielsweise beim proportionalen Schuldenabzug bei einer nach US-amerikanischen Steuerrecht bestehenden beschränkten Steuerpflicht in den USA ergeben. Hier besteht für den Steuerpflichtigen beim Schuldenabzug ein Wahlrecht zwischen einem Abzug nach dem wirtschaftlichen Zusammenhang i.S.d. DBA und einem proportionalen Schuldenabzug im Verhältnis der Gesamtschuldenbelastung zum Gesamtnachlaß (*Wurm/Bödecker*, in Gosch/Kroppen/Grotherr, DBA, Art. 10 DBA-USA/ErbSt, Rz. 3). Die Vorteilhaftigkeit dieser Option bestimmt sich nach dem Verhältnis der mit dem US-amerikanischen Nachlaß zusammenhängenden Verbindlichkeiten zu den Verbindlichkeiten, die auf dem gesamten Nachlass lasten.

100 Für den Fall dass der Wert einer Schuld das Vermögen, von dem diese abzuziehen ist, übersteigt (**Schuldenüberhang**), enthält das Abkommen keine Regelung. Entsprechend dem Sinngehalt der Vorschrift soll zunächst im Belegenheitsstaat und anschließend im Wohnsitzstaat ein vollständiger Schuldenausgleich möglich sein (*Jülicher*, in T/G/J, ErbStG, § 2 Rz. 255; *Jülicher*, in Debatin/Wassermeyer, USA E, Art. 10 Rz. 16f.; *Arlt*, Internationale Erbschaft- und Schenkungsteuerplanung 2000, 195; a.A. *Laubrock*, Nachlass und Erbschaft in den USA 1986, 94).

101 Für **Zuwendungen an gemeinnützige Körperschaften, Organisationen oder öffentliche Einrichtungen** im anderen Vertragsstaat ist eine Steuerbefreiung vorgesehen. Voraussetzung für die Nutzung dieser sachlichen Steuervergünstigung ist, dass die Zuwendung an das entsprechende Rechtsgebilde im Sitzstaat steuerbefreit ist und dies auch im anderen Staat wäre, wenn der Zuwendungsempfänger in ähnlicher Form auf dessen Gebiet bestehen würde (Art. 10 Abs. 2 DBA-Erb USA).

102 Ansprüche auf **staatliche und private Sozialversicherungsrenten, Ruhegehälter und Pensionen öffentlicher Einrichtungen sowie Verfolgtenrenten** sind im Wohnsitzstaat des Erblassers steuerfrei, sofern diese auch im Quellstaat steuerfrei

wären, wenn der Erblasser dort seinen Wohnsitz gehabt hätte (Art. 10 Abs. 3 DBA-Erb USA). Das Recht Deutschlands zur Anrechnung dieser steuerfreien Beträge auf den „besonderen Versorgungsfreibetrag" (§ 17 ErbStG) wird durch das Abkommen nicht eingeschränkt.

Für die Übertragung von Vermögen eines Erblassers oder Schenkers auf seinen **Ehegatten** ist ein Freibetrag vorgesehen. Voraussetzung für dessen Gewährung ist, dass der Übertragende seinen Wohnsitz in einem Vertragsstaat hat oder dessen Staatsangehörigkeit besitzt und die Vermögensübertragung nach dem Abkommen aufgrund der Belegenheitsbesteuerung der beschränkten Steuerpflicht des anderen Staates unterliegt. In diesem Fall ist das der Belegenheitsbesteuerung unterliegende Nettovermögen nur mit 50 % seines Werts anzusetzen, so dass im Belegenheitsstaat ein Freibetrag in Höhe der Hälfte des nach dem Schuldenabzug ermittelten Nettowerts des der dortigen Belegenheitsbesteuerung unterliegenden Grund- oder Betriebsvermögens oder des Vermögens einer festen Einrichtung eingeräumt wird (Art. 10 Abs. 4 DBA-Erb USA). 103

Allerdings darf dieser „**abkommensrechtliche Ehegattenfreibetrag**" nicht dazu führen, dass 104

- dieser den nach nationalem deutschen Steuerrecht bei unbeschränkt steuerpflichtigen Ehegatten in Deutschland bestehenden Ehegattenfreibetrag in Höhe von derzeit 500.000 Euro übersteigt (Art. 10 Abs. 4 Buchst. a DBA-Erb USA i. V. m. § 16 Abs. 1 Nr. 1 ErbStG).
- die in den USA bei beschränkter Steuerpflicht geschuldete Steuer auf einen Betrag sinkt, der niedriger als der Steuerbetrag ist, der sich bei unbeschränkter US-amerikanischer Steuerpflicht in den USA ergeben würde (Art. 10 Abs. 4 Buchst. b DBA-Erb USA).

Der abkommensrechtliche Ehegattenfreibetrag ist bei in Deutschland ansässigen US-amerikanischen Staatsangehörigen sowie bei ehemaligen Staatsangehörige der USA bzw. langfristig Ansässigen (d.h. Personen mit Einwanderungsstatus) i.S.v. Art. 11 Abs. 1 Buchst. a DBA-Erb USA nicht anwendbar. 105

Ein weiterer **proportionaler Freibetrag** ist für einen Erblasser mit deutschem Wohnsitz vorgesehen, der kein US-amerikanischer Staatsangehöriger ist und dessen Nachlass nach dem Abkommen aufgrund der Belegenheitsbesteuerung in den USA der beschränkten Steuerpflicht unterliegt (Art. 10 Abs. 5 DBA-Erb USA). 106

- Die USA gewähren in diesem Fall mindestens die Anrechnung eines Betrags auf die in den USA erhobene Erbschaftsteuer, der dem Anrechnungsbetrag bei beschränkter US-amerikanischer Steuerpflicht entspricht (Art. 10 Abs. 5 Buchst. a DBA-Erb USA). Dabei darf der in den USA befindliche Teil des Bruttonachlasses den Teil des Bruttonachlasses nicht übersteigen, der dort nach dem Abkommen besteuert werden darf. Weiterhin wird der Anrechnungsbetrag nur gewährt, wenn hierfür der Steuerbehörde alle erforderlichen Informationen zur Überprüfung und Berechnung des Anrechnungsbetrags vorgelegt werden.
- Der Anrechnungsbetrag kann jedoch bis zur Höhe des nach US-amerikanischem Steuerrecht für einen unbeschränkt Steuerpflichtigen geltenden Anrechnungsbetrags steigen, der sich in diesem Fall proportional nach dem Verhältnis des der

US-amerikanischen Belegenheitsbesteuerung unterliegenden Bruttonachlasses zum Wert des weltweiten Bruttonachlasses bestimmt (Art. 10 Abs. 5 Buchst. b DBA-Erb USA).

Der Anrechnungsbetrag wird dabei um den Betrag eines früher auf eine vom Erblasser vorgenommene Schenkung gewährten Anrechnungsbetrags gekürzt.

107 Bei **Ehegatten** ist vorgesehen, dass beim zuerst versterbenden Ehegatten vom Wert dessen Bruttonachlasses ein **Betrag abgezogen** wird, der dem Vermögen entspricht, das auf den überlebenden Ehegatten übergeht (Art. 10 Abs. 6 DBA-Erb USA, dazu ausführlich *Jülicher*, in Debatin/Wassermeyer, USA E, Art. 10 Rz. 110ff). Voraussetzung hierfür ist, dass für den Nachlass nach US-amerikanischem Recht der Ehegattenabzug gewährt würde, wenn der überlebende Ehepartner ein US-amerikanischer Staatsbürger wäre und von allen Wahlmöglichkeiten zutreffend Gebrauch gemacht hätte. Dieser nach dem Abkommen vorgesehene **Ehegattenabzug** ist auf den allgemein geltenden US-Freibetrag begrenzt. Der Abzug kann nur in Anspruch genommen werden, wenn

- sowohl der Erblasser als auch der erwerbende Ehepartner zum Zeitpunkt des Todes des Erblassers den Wohnsitz in Deutschland oder in den USA hatten. In Fällen, in denen beide Ehepartner ihren Wohnsitz in den USA hatten, muss mindestens einer von beiden die deutsche Staatsangehörigkeit haben.
- sich der Nachlassverwalter (executor) ausdrücklich für den Ehegattenabzug entscheidet und unwiderruflich auf die Vorteile von Abzügen verzichtet, die ansonsten durch entsprechenden Antrag in der Steuererklärung durch Gründung eines qualified domestic trusts in Anspruch genommen werden könnte (*Hundt*, IStR 2002, 80, 83).

108 Wenn einer der beiden Ehepartner seinen Wohnsitz in einem Drittstaat hatte, ist die Anwendung des Ehegattenabzugs nicht möglich. Der Abzug kann nur in Höhe des jeweils niedrigeren Betrags des Nachlasswerts oder des Freistellungsbetrags nach US-amerikanischem Steuerrecht in Anspruch genommen werden. Frühere Schenkungen des Erblassers bleiben dabei unberücksichtigt.

109 Ehegatten können den **abkommensrechtlichen Ehegattenfreibetrag**, den **proportionalen Freibetrag** und den **Ehegattenabzug** bei beschränkter US-amerikanischer Steuerpflicht **kummulativ** in Anspruch nehmen (*Jülicher*, in Debatin/Wassermeyer, USA E, Art. 10 Rz. 160f).

110 Die Vermeidung der Doppelbesteuerung erfolgt in beiden Staaten durch die **Anrechnungsmethode** (Art. 11 Abs. 2a, 3a DBA-Erb USA). Danach wird bei einer in Deutschland unbeschränkt steuerpflichtigen Person die in den USA tatsächlich gezahlten US-amerikanische Steuer, die auf das Vermögen entfällt, das nach dem Abkommen in den USA besteuert werden kann, nach den Vorschriften des § 21 ErbStG auf die in Deutschland festgesetzte Steuer angerechnet.

111 Im Abkommen sind mehrere **Besteuerungsvorbehalte** enthalten. Diese „**überdachende Besteuerung**" (sog. „savings clause") ist jedoch gegenüber der aufgrund von Art. 10 Abs. 2 bis 4 DBA-Erb USA bestehenden Steuervergünstigungen, den Vorschriften über die Steueranrechnung nach Art. 11 Abs. 2 bis 5 DBA-Erb USA bzw. der Regelung des Art. 10 Abs. 5 und 6 DBA-Erb USA nachrangig anzuwen-

den (Art. 11 Abs. 1 letzter Satz DBA-Erb USA). Die Besteuerungsvorbehalte bestehen für

- die USA bei Nachlässen von US-amerikanischen Staatsangehörigen sowie bei Nachlässen der im Ausland ansässigen ehemaligen US-amerikanischen Staatsangehörigen oder langfristig Ansässiger, die diesen Status innerhalb eines Zeitraums von zehn Jahren vor der Vermögensübertragung hauptsächlich zu Zwecken der Steuervermeidung aufgegeben haben. Sofern diese Voraussetzungen vorliegen, bleibt die an die Staatsangehörigkeit anknüpfende US-amerikanische Besteuerung des gesamten Vermögensanfalls ungeachtet des primären Besteuerungsrechts Deutschlands als Wohnsitzstaat subsidiär aufrechterhalten (Art. 11 Abs. 1 Buchst. a DBA-Erb USA). Durch die Bezugnahme auf „langfristig Ansässige" gilt dieser Besteuerungsvorbehalt innerhalb der Zehnjahresfrist auch für Personen mit Einwanderungsstatus, die diesen Status inzwischen wieder aufgegeben haben (*Eimermann*, IStR 1999, 237 (239)).

111a

- die BRD bei einem Erwerber, dessen abkommensrechtlicher Wohnsitz sich im Zeitpunkt der Steuerentstehung (FG Baden-Württemberg v. 26.6.2001, EFG 2001, 152) in Deutschland befindet, wenn sich der ankommensrechtliche Wohnsitz des Übertragenden in den USA befindet (Art. 11 Abs. 1 Buchst. b DBA-Erb USA). Ohne die Aufrechterhaltung dieses konkurrierenden Besteuerungsrechts für Deutschland als Wohnsitzstaat des Erwerbers könnte Deutschland ansonsten nur das in Deutschland gelegene Grundvermögen (Art. 5 DBA-Erb USA), Betriebstättenvermögen (Art. 6 DBA-Erb USA) und das entsprechende Vermögen einer Personengesellschaft (Art. 8 DBA-Erb USA) besteuern. Das primäre Besteuerungsrecht der USA als abkommensrechtlicher Wohnsitzstaat des Übertragenden bleibt dabei aufrechterhalten.

111b

Zur Vermeidung der Doppelbesteuerung rechnet der Vertragsstaat, der den Besteuerungsvorbehalt geltend macht, jeweils die im Wohnsitzstaat des Übertragenden erhobene Steuer an. Ausgeschlossen ist dabei die Anrechnung der Steuer, die auf das Vermögen entfällt, für das der den Besteuerungsvorbehalt geltend machende Vertragsstaat bereits aufgrund der im Abkommen enthaltenen Zuteilungsnormen (Art. 5, 6 und 8 DBA-Erb USA) das Besteuerungsrecht hat (Art. 11 Abs. 2 Buchst. b, Art. 11 Abs. 3 Buchst. b DBA-Erb USA).

112

Deutschland berücksichtigt bei der Anrechnung auch die Steuern, die von den **US-Bundesstaaten** erhoben werden, obwohl diese Steuern nach Art. 2 Abs. 1 Buchst. a DBA-Erb USA sachlich nicht in den Anwendungsbereich des Abkommens fallen. Voraussetzung hierfür ist, dass diese Steuern auf die Übertragung von Vermögenswerten erhoben werden, die nach dem Abkommen der US-amerikanischen Steuerberechtigung zuzuordnen sind. Insoweit kann eine Doppelbesteuerung bei Vermögenswerten verbleiben, bei denen das US-amerikanische Besteuerungsrecht auf Bundesebene zwar gem. Art. 9 DBA-Erb USA aufgehoben wird, die Einzelstaatenbesteuerung aber aufrechterhalten bleibt. Dies kann z. B. der Fall sein, wenn US-amerikanische Aktien zum Nachlaß eines Erblassers mit deutschem Wohnsitz gehören (*Jülicher*, in Debatin/Wassermeyer, USA E, Art. 11 Rz. 51). Im Abkommen ist hierzu lediglich vorgesehen, dass in Fällen, in denen die von den US-Bundesstaaten erhobenen Steuern nicht angerechnet werden können, die zu-

113

ständigen Behörden durch die Einleitung eines Verständigungsverfahrens über die Vermeidung der Doppelbesteuerung beraten (Art. 11 Abs. 4 DBA-Erb USA).

114 Als weitere Besonderheit muss bei Erbfällen im Rahmen der zu gewährenden Steueranrechnung eine im anderen Vertragsstaat auf **Vorschenkungen** angefallene Schenkungsteuer auf die im Nachlaß enthaltenen Schenkungsgegenstände ebenfalls in angemessener Weise angerechnet werden. Der zur Steueranrechnung verpflichtete Staat muss ausserdem die im anderen Staat zur Anrechnung gebrachte Steuer für **frühere Steuertatbestände** in den Anrechnungsausgleich einbeziehen. Schwierigkeiten und Zweifeln werden von den zuständigen Behörden durch die Einleitung eines Verständigungsverfahrens beseitigt (Art. 11 Abs. 5 DBA-Erb USA).

115 Für den anzurechnenden Betrag besteht eine **Begrenzung der Höhe nach**. Dieser darf den Teil der vor der Anrechnung ermittelten Steuer im Wohnsitzstaat nicht übersteigen, der auf das Vermögen entfällt, das im anderen Staat besteuert werden kann (Art. 11 Abs. 6 DBA-Erb USA). Diese Vorschrift entspricht der in § 21 ErbStG enthaltenen Regelung.

116 Die **Frist** für die Geltendmachung des Anspruchs auf Steueranrechnung oder -erstattung beträgt ein Jahr nach der endgültigen Festsetzung (durch Verwaltungsakt oder auf gerichtlichem Weg) und Zahlung der Steuer, die angerechnet werden soll. Ausserdem müssen die Festsetzung und Zahlung der Steuer, gegen die die Anrechnung erfolgen soll, innerhalb von zehn Jahren nach dem Tod des Erblassers bzw. nach der Schenkung erfolgen. Wenn diese Frist unverschuldet versäumt wird, kann sie von den zuständigen Behörden einvernehmlich verlängert werden. Erstattungen, die lediglich auf Grund des Abkommens vorgenommern werden, werden nicht verzinst (Art. 11 Abs. 7 Satz 3 DBA-Erb USA).

117 Bei einem **Trustverhältnis** handelt es sich um ein Rechtsgebilde mit der Struktur eines verselbständigten Treuhandvermögens, das der deutschen Rechtordnung unbekannt ist. Es basiert auf der im anglo-amerikanischen Rechtskreis bestehenden Möglichkeit, das Eigentum in einen „legal title" und einen „equitable title" aufzuspalten, d. h. ein und dieselbe Sache „in law" einer anderen Person zuzuordnen als „in equity". Der Trustee – Träger des „legal title" – der mit Errichtung des Trusts rechtlicher Eigentümer des Treuhandvermögens wird, ist nach Billigkeitsrecht verpflichtet, das Vermögen zum Vorteil der Begünstigten als aussenstehende Dritte – die Träger des „equitable title" – zu verwalten (dazu ausführlich: *Arlt*, Internationale Erbschaft- und Schenkungsteuerplanung 2000, 327 ff.).

118 Aufgrund einer im Abkommen enthaltenen Sonderregelung sind die betreffenden nationalen Vorschriften in den Fällen des Übergangs von Vermögen an einen Nachlass mit „executor" bzw. auf einen Trustee weiterhin anwendbar (Art. 12 Abs. 1 DBA-Erb USA). Aus US-amerikanischer Sicht betrifft dies insbesondere die Entstehung der US-amerikanischen Nachlasssteuer im Zeitpunkt des Vermögensübergangs an einen Nachlass mit „executor" bzw. auf den Trustee, aus der Sicht des deutschen Steuerrechts (ab 5.2.1999) um die ggfs. relevanten Vorschriften des §§ 3 Abs. 2 Nr. 1 Satz 2 und 7 Abs. 1 Nr. 8 Satz 2 ErbStG.

119 Bei Vermögensübertragungen an diese Rechtsgebilde bzw. von diesen Rechtsgebilden kann in den USA und in Deutschland die Steuerpflicht zu unterschiedlichen

Zeitpunkten ausgelöst werden. Hierdurch können sich insbesondere bei der Anrechnung der US-amerikanischen Steuer Schwierigkeiten ergeben, da diese nach der anwendbaren Vorschrift des deutschen Steuerrechts nur anrechenbar ist, wenn sie innerhalb von fünf Jahren seit dem Zeitpunkt der Entstehung der ausländischen Erbschaftsteuer entstanden ist (§ 21 Abs. 1 Satz 4 ErbStG). Zur Vermeidung von Härten ist im Abkommen deshalb vorgesehen, dass die zuständigen Behörden den Fall durch die Einleitung eines Verständigungsverfahrens erörtern können, sofern der zeitliche Unterschied bei der Besteuerung höchstens fünf Jahre beträgt (Art. 12 Abs. 2 DBA-Erb USA). Um in Fällen eines längeren zeitlichen Unterschieds den Verlust der Anrechnungsmöglichkeit zu vermeiden, kann der Begünstigte aus einem Nachlass (mit executor) oder Treuhandvermögen innerhalb von fünf Jahren nach der Übertragung verlangen, dass bei ihm einen fiktiver steuerpflichtiger Erwerb rückwirkend auf den Zeitpunkt der Vermögensübertragung angenommen wird, der für die deutsche Steuer (einschließlich der Einkommensteuer) herangezogen wird (Art. 12 Abs. 3 DBA-Erb USA).

Wenn eine Person der Ansicht ist, dass Maßnahmen eines Vertragsstaats oder beider Vertragsstaaten für sie zu einer dem Abkommen nicht entsprechenden Besteuerung führen oder führen werden, hat sie aufgrund des Abkommens – ungeachtet der nach nationalem Steuerrecht vorgesehenen Möglichkeiten (z.B. Einspruch, §§ 347ff. AO) das Recht, ihren Fall bei der zuständigen Behörde eines der beiden Staaten zu unterbreiten (Art. 13 Abs. 1 DBA-Erb USA; Art. 11 OECD-MA). Bei diesem besonderen Rechtsbehelf gegen Abkommensverletzungen kann die angerufene Behörde dann unter Berücksichtigung entweder Abhilfe schaffen oder ein **Verständigungsverfahren** mit der Behörde des anderen Staates einleiten (Art. 13 Abs. 2 DBA-Erb USA). Zur einvernehmlichen Beseitigung von Schwierigkeiten oder Zweifeln bei der Auslegung oder Anwendung des Abkommens ist ein **Konsultationsverfahren** möglich (Art. 13 Abs. 3 DBA-Erb USA). Im Rahmen des Verständigungs- bzw. Konsultationsverfahrens können die zuständigen Behörden unmittelbar miteinander verkehren, dabei ist auch ein mündlicher Meinungsaustausch möglich (Art. 13 Abs. 4 DBA-Erb USA). Bei Erzielung einer Einigung ist die Besteuerung in den Vertragstaaten entsprechend zu korrigieren, wobei die nach nationalem Recht geltenden Verfahrenregeln (einschließlich Verjährung) unbeachtlich sind (Art. 13 Abs. 5 DBA-Erb USA).

120

Aufgrund der „großen Auskunftsklausel" besteht für die zuständigen Behörden der Vertragsstaaten entsprechend dem OECD-Musterabkommen im Rahmen des **Informationsaustauschs** die Möglichkeit, auf Verlangen die Auskünfte auszutauschen, die zur ordnungsmäßigen Durchführung des Abkommens oder des innerstaatlichen Rechts betreffen die unter das Abkommen fallenden Steuern erforderlich sind (Art. 14 DBA-Erb USA, Art. 12 OECD-MA). Neben Auskünften über die Höhe der im Belegenheitsstaat erhobenen und vom Wohnsitzstaat anzurechnenden Steuer, Auskünften im Rahmen eines Verständigungsverfahrens oder über Steuerbefreiungen u. ä. können Auskunftsersuchen bei einer großen Auskunftsklausel auch z.B. Informationen über die tatsächlichen und rechtlichen Verhältnisse oder Auskünfte für Zwecke des Progressionsvorbehalts betreffen.

121

Weiterhin enthält der Artikel eine Sondervorschrift, nach der das Besteuerungsrecht (ungeachtet Art. 11 Abs. 1 DBA-Erb USA) in den Fällen der Art. 7 DBA-Erb USA (Seeschiffe und Luftfahrzeuge) und 9 DBA-Erb USA (sonstiges Vermögen) vom steuerberechtigten Vertragsstaat auf den anderen Staat zurückübertragen werden kann, wenn die fällige Steuer im steuerberechtigten Staat nicht gezahlt wird (Art. 14 Abs. 4 DBA-Erb USA). Diese Regelung betrifft vor allem Fälle, in denen der Erwerber nicht im Wohnsitzstaat des Übertragenden ansässig ist und dort nicht persönlich in Anspruch genommen werden kann (*Wurm/Bödecker*, in Gosch/Kroppen/Grotherr, DBA, Art. 14 DBA-USA/ErbSt, Rz. 2f.).

122 Art. 15 DBA-Erb USA bestätigt den Fortbestand steuerlicher Vorrechte für diplomatische und konsularische Beamte und enspricht insoweit Art. 13 OECD-MA.

DBA-Schweden

Abkommen zwischen der Bundesrepublik Deutschland und dem Königreich Schweden zur Vermeidung der Doppelbesteuerung bei den Steuern vom Einkommen und vom Vermögen sowie bei den Erbschaft- und Schenkungsteuern und zur Leistung gegenseitigen Beistands bei den Steuern (Deutsch-schwedisches Steuerabkommen)
Vom 14.7.1992
(BGBl 1994 II, 687)

...

Geltungsbereich des Abkommens
Art. 2 Geltungsbereich des Abkommens

(1) Dieses Abkommen gilt, ohne Rücksicht auf die Art der Erhebung, für folgende Steuern, die für Rechnung eines Vertragsstaats, seiner Länder oder seiner Gebietskörperschaften erhoben werden:

a) Abschnitt II für Steuern vom Einkommen und vom Vermögen; als solche gelten alle Steuern, die vom Gesamteinkommen, vom Gesamtvermögen oder von Teilen des Einkommens oder des Vermögens erhoben werden, einschließlich der Steuern vom Gewinn aus der Veräußerung beweglichen oder unbeweglichen Vermögens sowie der Steuern vom Vermögenszuwachs.

b) Abschnitt III für Nachlaß-, Erbschaft- und Schenkungsteuern; als solche gelten die Steuern, die

aa) von Todes wegen als Nachlaßsteuern, Erbanfallsteuern, Abgaben vom Vermögensübergang oder Steuern von Schenkungen auf den Todesfall erhoben werden, oder

bb) auf Übertragungen unter Lebenden nur deshalb erhoben werden, weil die Übertragungen unentgeltlich oder gegen ein zu geringes Entgelt vorgenommen werden.

c) [1]Abschnitt IV für Steuern jeder Art und Bezeichnung, soweit der Zusammenhang nichts anderes erfordert. [2]Ausgenommen sind jedoch Zölle und Verbrauchsabgaben; die Umsatz- und Luxussteuern gelten für den Anwendungsbereich dieses Abschnitts nicht als Verbrauchsabgaben.

(2) Die zur Zeit bestehenden Steuern, für die das Abkommen gilt, sind in der Anlage zum Abkommen aufgeführt.

(3) Das Abkommen gilt auch für alle Steuern gleicher oder im wesentlichen ähnlicher Art, die nach der Unterzeichnung des Abkommens neben den bestehenden Steuern oder an deren Stelle erhoben werden.

(4) In diesem Abkommen gelten

a) der Abschnitt II für Personen, die in einem Vertragsstaat oder in beiden Vertragsstaaten ansässig sind;

b) der Abschnitt III für
   aa) Nachlässe und Erbschaften, wenn der Erblasser im Zeitpunkt seines Todes in einem Vertragsstaat oder in beiden Vertragsstaaten ansässig war, und
   bb) Schenkungen, wenn der Schenker im Zeitpunkt der Schenkung in einem Vertragsstaat oder in beiden Vertragsstaaten ansässig war.

Art. 3 Allgemeine Begriffsbestimmungen

(1) Im Sinne dieses Abkommens, wenn der Zusammenhang nichts anderes erfordert:

a) bedeutet der Ausdruck „Bundesrepublik Deutschland", im geographischen Sinne verwendet, das Gebiet, in dem das Steuerrecht der Bundesrepublik Deutschland gilt einschließlich des an das Küstenmeer angrenzenden Gebiets des Meeresbodens, des Meeresuntergrunds und der darüber befindlichen Wassersäule, soweit die Bundesrepublik Deutschland dort in Übereinstimmung mit dem Völkerrecht souveräne Rechte und Hoheitsbefugnisse ausübt;

b) bedeutet der Ausdruck „Schweden" das Königreich Schweden, und, im geographischen Sinne verwendet, das schwedische Hoheitsgebiet und alle Gebiete außerhalb der schwedischen Hoheitsgewässer, soweit Schweden dort in Übereinstimmung mit dem Völkerrecht seine Hoheitsrechte zur Erforschung des Festlandsockels und zur Ausbeutung seiner Naturschätze ausüben darf;

c) bedeuten die Ausdrücke „ein Vertragsstaat" und „der andere Vertragsstaat", je nach dem Zusammenhang, die Bundesrepublik Deutschland oder Schweden;

d) umfaßt der Ausdruck „Person" natürliche Personen und Gesellschaften;

e) bedeutet der Ausdruck „Gesellschaft" juristische Personen oder Rechtsträger, die für die Besteuerung wie juristische Personen behandelt werden;

f) bedeuten die Ausdrücke „Unternehmen eines Vertragsstaats" und „Unternehmen des anderen Vertragsstaats", je nachdem, ein Unternehmen, das von einer in einem Vertragsstaat ansässigen Person betrieben wird, oder ein Unternehmen, das von einer in dem anderen Vertragsstaat ansässigen Person betrieben wird;

g) umfaßt der Ausdruck „internationaler Verkehr" jede Beförderung mit einem Seeschiff oder Luftfahrzeug, das von einem Unternehmen eines Vertragsstaats betrieben wird, es sei denn, das Seeschiff oder Lufffahrzeug wird ausschließlich zwischen Orten im anderen Vertragsstaat betrieben;

h) hat der Ausdruck „unbewegliches Vermögen" die Bedeutung, die ihm nach dem Recht des Vertragsstaats zukommt, in dem das Vermögen liegt. ²Der Ausdruck umfaßt in jedem Fall das Zubehör zum unbeweglichen Vermögen, das lebende und tote Inventar land- und forstwirtschaftlicher Betriebe, Gebäude, die Rechte, für die die Vorschriften des Privatrechts über Grundstücke gelten, Nutzungsrechte an unbeweglichem Vermögen sowie Rechte auf veränderliche oder feste Vergütungen für die Ausbeutung oder das Recht auf Ausbeutung von Mineralvorkommen, Quellen und anderen Bodenschätzen; Schiffe und Lurtfahrzeuge gelten nicht als unbewegliches Vermögen;

i) umfaßt der Ausdruck „Vermögen, das Teil des Nachlasses oder einer Schenkung einer in einem Vertragsstaat ansässigen Person ist" alle Vermögenswerte, deren Übergang oder Übertragung einer unter Abschnitt III des Abkommens fallenden Steuer unterliegt;
j) bedeutet der Ausdruck „Staatsangehöriger"
aa) in bezug auf die Bundesrepublik Deutschland alle Deutschen im Sinne des Grundgesetzes für die Bundesrepublik Deutschland und alle juristischen Personen, Personengesellschaften und anderen Personenvereinigungen, die nach dem in der Bundesrepublik Deutschland geltenden Recht errichtet worden sind;
bb) in bezug auf Schweden alle natürlichen Personen, die die schwedische Staatsangehörigkeit besitzen und alle juristischen Personen, Personengesellschaften und anderen Personenvereinigungen, die nach dem in Schweden geltenden Recht errichtet worden sind;
k) bedeutet der Ausdruck „zuständige Behörde"
aa) in der Bundesrepublik Deutschland den Bundesminister der Finanzen oder die Behörde, an die er seine Befugnisse delegiert hat;
bb) in Schweden den Finanzminister, seinen Bevollmächtigten oder die Behörde, an die er seine Befugnisse delegiert hat.

(2) ^{1}Dieses Abkommen ist bei seiner Anwendung durch beide Vertragsstaaten übereinstimmend aus sich selbst heraus auszulegen. ^{2}Ein in diesem Abkommen nicht definierter Ausdruck hat jedoch dann die Bedeutung, die ihm nach dem Recht des anwendenden Staates zukommt, wenn der Zusammenhang dies erfordert und die zuständigen Behörden sich nicht auf eine gemeinsame Auslegung geeinigt haben (Artikel 39 Absatz 3, Artikel 40 Absatz 3).

Art. 4 Ansässige Person

(1) Im Sinne dieses Abkommens bedeutet der Ausdruck „eine in einem Vertragsstaat ansässige Person"
a) für Zwecke der Steuern vom Einkommen und vom Vermögen eine Person, die nach dem Recht dieses Staates dort aufgrund ihres Wohnsitzes, ihres ständigen Aufenthalts, des Ortes ihrer Geschäftsleitung oder eines anderen ähnlichen Merkmals steuerpflichtig ist. ^{2}Der Ausdruck umfaßt jedoch nicht eine Person, die in diesem Staat nur mit Einkünften aus Quellen in diesem Staat oder mit in diesem Staat gelegenem Vermögen steuerpflichtig ist;
b) für Zwecke der Nachlaß-, Erbschaft- und Schenkungsteuern eine Person, deren Nachlaß oder Schenkung oder deren Erwerb nach dem Recht dieses Staates dort aufgrund ihres Wohnsitzes, ihres ständigen Aufenthalts, des Ortes ihrer Geschäftsleitung oder eines anderen ähnlichen Merkmals steuerpflichtig ist. ^{2}Der Ausdruck umfaßt jedoch nicht eine Person, deren Nachlaß oder Schenkung in diesem Staat nur mit in diesem Staat gelegenem Vermögen steuerpflichtig ist.

(2) Ist nach Absatz 1 eine natürliche Person in beiden Vertragsstaaten ansässig, so gilt folgendes:

a) Die Person gilt als in dem Staat ansässig, in dem sie über eine ständige Wohnstätte verfügt; verfügt sie in beiden Staaten über eine ständige Wohnstätte, so gilt sie als in dem Staat ansässig, zu dem sie die engeren persönlichen und wirtschaftlichen Beziehungen hat (Mittelpunkt der Lebensinteressen);
b) kann nicht bestimmt werden, in welchem Staat die Person den Mittelpunkt ihrer Lebensinteressen hat, oder verfügt sie in keinem der Staaten über eine ständige Wohnstätte, so gilt sie als in dem Staat ansässig, in dem sie ihren gewöhnlichen Aufenthalt hat;
c) hat die Person ihren gewöhnlichen Aufenthalt in beiden Staaten oder in keinem der Staaten, so gilt sie als in dem Staat ansässig, dessen Staatsangehöriger sie ist;
d) ist die Person Staatsangehöriger beider Staaten oder keines der Staaten, so regeln die zuständigen Behörden der Vertragsstaaten die Frage in gegenseitigem Einvernehmen.

(3) Ist nach Absatz 1 eine andere als eine natürliche Person in beiden Vertragsstaaten ansässig, so gilt sie als in dem Staat ansässig, in dem sich der Ort ihrer tatsächlichen Geschäftsleitung befindet.

Art. 5 Betriebsstätte

(1) ¹Im Sinne dieses Abkommens bedeutet der Ausdruck „Betriebsstätte" eine feste Geschäftseinrichtung, durch die die Tätigkeit eines Unternehmens ganz oder teilweise ausgeübt wird.

²Der Ausdruck „Betriebsstätte" umfaßt insbesondere:

a) einen Ort der Leitung,
b) eine Zweigniederlassung,
c) eine Geschäftsstelle,
d) eine Fabrikationsstätte,
e) eine Werkstätte und
f) ein Bergwerk, ein Öl- oder Gasvorkommen, einen Steinbruch oder eine andere Stätte der Ausbeutung von Bodenschätzen.

(3) Eine Bauausführung oder Montage ist nur dann eine Betriebsstätte, wenn ihre Dauer zwölf Monate überschreitet.

(4) Ungeachtet der vorstehenden Bestimmungen dieses Artikels gelten nicht als Betriebsstätten:

a) Einrichtungen, die ausschließlich zur Lagerung, Ausstellung oder Auslieferung von Gütern oder Waren des Unternehmens benutzt werden;
b) Bestände von Gütern oder Waren des Unternehmens, die ausschließlich zur Lagerung, Ausstellung oder Auslieferung unterhalten werden;
c) Bestände von Gütern oder Waren des Unternehmens, die ausschließlich zu dem Zweck unterhalten werden, durch ein anderes Unternehmen bearbeitet oder verarbeitet zu werden;
d) eine feste Geschäftseinrichtung, die ausschließlich zu dem Zweck unterhalten wird, für das Unternehmen Güter oder Waren einzukaufen oder Informationen zu beschaffen;

e) eine feste Geschäftseinrichtung, die ausschließlich zu dem Zweck unterhalten wird, für das Unternehmen zu werben, Informationen zu erteilen, wissenschaftliche Forschung zu betreiben oder ähnliche Tätigkeiten auszuüben, die vorbereitender Art sind oder eine Hilfstätigkeit darstellen;
f) eine feste Geschäftseinrichtung, die ausschließlich zu dem Zweck unterhalten wird, mehrere der unter den Buchstaben a bis e genannten Tätigkeiten auszuüben, vorausgesetzt, daß die sich daraus ergebende Gesamttätigkeit der festen Geschäftseinrichtung vorbereitender Art ist oder eine Hilfstätigkeit darstellt.

(5) Ist eine Person – mit Ausnahme eines unabhängigen Vertreters im Sinne des Absatzes 6 – für ein Unternehmen tätig und besitzt sie in einem Vertragsstaat die Vollmacht, im Namen des Unternehmens Verträge abzuschließen, und übt sie die Vollmacht dort gewöhnlich aus, so wird das Unternehmen ungeachtet der Absätze 1 und 2 so behandelt, als habe es in diesem Staat für alle von der Person für das Unternehmen ausgeübten Tätigkeiten eine Betriebsstätte, es sei denn, diese Tätigkeiten beschränken sich auf die in Absatz 4 genannten Tätigkeiten, die, würden sie durch eine feste Geschäftseinrichtung ausgeübt, diese Einrichtung nach dem genannten Absatz nicht zu einer Betriebsstätte machen.

(6) Ein Unternehmen wird nicht schon deshalb so behandelt, als habe es eine Betriebsstätte in einem Vertragsstaat, weil es dort seine Tätigkeit durch einen Makler, Kommissionär oder einen anderen unabhängigen Vertreter ausübt, sofern diese Personen im Rahmen ihrer ordentlichen Geschäftstätigkeit handeln.

(7) Allein dadurch, daß eine in einem Vertragsstaat ansässige Gesellschaft eine Gesellschaft beherrscht oder von einer Gesellschaft beherrscht wird, die im anderen Vertragsstaat ansässig ist oder dort (entweder durch eine Betriebsstätte oder auf andere Weise) ihre Tätigkeit ausübt, wird keine der beiden Gesellschaften zur Betriebsstätte der anderen.

...

Abschnitt III. Besteuerung von Nachlässen, Erbschaften und Schenkungen

Art. 24 Besteuerungsregeln

(1) Unbewegliches Vermögen, das Teil des Nachlasses oder einer Schenkung einer in einem Vertragsstaat ansässigen Person ist und im anderen Vertragsstaat liegt, kann im anderen Vertragsstaat besteuert werden.

(2) Bewegliches Vermögen eines Unternehmens, das Teil des Nachlasses oder einer Schenkung einer in einem Vertragsstaat ansässigen Person ist und

a) Betriebsvermögen einer im anderen Vertragsstaat belegenen Betriebstätte darstellt, oder
b) der Ausübung eines freien Berufs oder einer sonstigen selbständigen Tätigkeit dient und das zu einer im anderen Vertragsstaat belegenen festen Einrichtung gehört,

kann im anderen Staat besteuert werden.

(3) Alles andere Vermögen, das Teil des Nachlasses oder einer Schenkung einer in einem Vertragsstaat ansässigen Person ist, kann ohne Rücksicht auf seine Belegenheit nur in diesem Staat besteuert werden, soweit Artikel 26 nichts anderes bestimmt.

Art. 25 Schuldenabzug

(1) Schulden, die durch das in Artikel 24 Absatz 1 genannte Vermögen besonders gesichert sind, werden vom Wert dieses Vermögens abgezogen. Schulden, die zwar nicht durch das in Artikel 24 Absatz 1 genannte Vermögen besonders gesichert sind, die aber im Zusammenhang mit dem Erwerb, der Änderung, der Instandsetzung oder der Instandhaltung solchen Vermögens entstanden sind, werden vom Wert dieses Vermögens abgezogen.

(2) Vorbehaltlich des Absatzes 1 werden Schulden, die mit einer in Artikel 24 Absatz 2 Buchstabe a genannten Betriebstätte oder einer in Artikel 24 Absatz 2 Buchstabe b genannten festen Einrichtung zusammenhängen, vom Wert der Betriebstätte beziehungsweise der festen Einrichtung abgezogen.

(3) Die anderen Schulden werden vom Wert des Vermögens abgezogen, für das Artikel 24 Absatz 3 gilt.

(4) Übersteigt eine Schuld den Wert des Vermögens, von dem sie in einem Vertragsstaat nach den Absätzen 1 oder 2 abzuziehen ist, so wird der übersteigende Betrag vom Wert des übrigen Vermögens, das in diesem Staat besteuert werden kann, abgezogen.

(5) Verbleibt in einem Vertragsstaat nach den Abzügen, die aufgrund von Absatz 3 oder 4 vorzunehmen sind, ein Schuldenrest, so wird dieser vom Wert des Vermögens, das im anderen Vertragsstaat besteuert werden kann, abgezogen.

(6) Ist ein Vertragsstaat nach den Absätzen 1 bis 5 verpflichtet, einen höheren als nach seinem Recht vorgesehenen Schuldenabzug vorzunehmen, so gelten die genannten Absätze nur insoweit, als der andere Vertragsstaat nach seinem innerstaatlichen Recht nicht verpflichtet ist, die gleichen Schulden abzuziehen.

Art. 26 Vermeidung der Doppelbesteuerung im Wohnsitzstaat

(1) War der Erblasser, der Schenker oder ein Erwerber in der Bundesrepublik Deutschland ansässig, so wird die Doppelbesteuerung in der Bundesrepublik Deutschland wie folgt beseitigt:

a) War der Erblasser im Zeitpunkt seines Todes oder der Schenker im Zeitpunkt der Ausführung der Schenkung in der Bundesrepublik Deutschland ansässig, so rechnet die Bundesrepublik Deutschland nach Maßgabe der Vorschriften des deutschen Rechts über die Anrechnung ausländischer Steuern auf ihre Steuer die Steuer an, die in Schweden für das Vermögen gezahlt wird, das nach Artikel 24 Absätze 1 und 2 in Schweden besteuert werden kann.

b) War im Zeitpunkt des Todes des Erblassers oder der Schenkung ein Erwerber in der Bundesrepublik Deutschland ansässig, so kann die Bundesrepublik Deutschland den Erwerb dieser Person nach den Bestimmungen des deutschen Rechts besteuern. Sie rechnet aber nach Maßgabe der Vorschriften des deutschen Rechts über die Anrechnung ausländischer Steuern auf ihre Steuer die Steuer an, die in Schweden für alles Vermögen gezahlt wird, das nicht nach Artikel 24 Absätze 1 und 2 in der Bundesrepublik Deutschland besteuert werden kann.

Der anzurechnende Betrag darf jedoch den Teil der vor der Anrechnung ermittelten deutschen Steuern nicht übersteigen, der auf das Vermögen entfällt, für das die Anrechnung zu gewähren ist.

(2) War der Erblasser oder der Schenker in Schweden ansässig, so wird die Doppelbesteuerung in Schweden wie folgt beseitigt:

a) War der Erblasser im Zeitpunkt seines Todes oder der Schenker im Zeitpunkt der Ausführung der Schenkung in Schweden ansässig, so rechnet Schweden auf die nach seinem Recht festgesetzte Steuer den Betrag an, der den Steuern entspricht, die in der Bundesrepublik Deutschland für das Vermögen gezahlt werden, das nach Artikel 24 Absätze 1 und 2 in der Bundesrepublik Deutschland besteuert werden kann.

b) War im Zeitpunkt des Todes des Erblassers oder der Schenkung ein Erwerber nach schwedischem Recht in Schweden ansässig und nicht gleichzeitig nach deutschem Recht in der Bundesrepublik Deutschland ansässig, so kann Schweden den Erwerb dieser Person nach den Bestimmungen des schwedischen Rechts besteuern. Es rechnet aber auf die schwedische Steuer die Steuer an, die in der Bundesrepublik Deutschland für alles Vermögen gezahlt wird, das nicht nach Artikel 24 Absätze 1 und 2 in Schweden besteuert werden kann.

Der anzurechnende Betrag darf jedoch den Teil der vor der Anrechnung ermittelten schwedischen Steuern nicht übersteigen, der auf das Vermögen entfällt, für das die Anrechnung zu gewähren ist.

Art. 27 Fünf-Jahres-Regel

(1) War der Erblasser im Zeitpunkt seines Todes oder der Schenker im Zeitpunkt der Schenkung

a) Staatsangehöriger eines Vertragsstaats, ohne gleichzeitig Staatsangehöriger des anderen Vertragsstaats zu sein, und

b) wird er in dem erstgenannten Staat nach dessen Steuerrecht wie eine dort ansässige Person besteuert und

c) war er in dem anderen Vertragsstaat aufgrund des Artikels 4 Absatz 1 Buchstabe b für die Dauer von nicht mehr als fünf Jahren ansässig gewesen,

so gilt er abweichend von Artikel 4 als in dem Vertragsstaat ansässig, dessen Staatsangehöriger er war.

(2) Absatz 1 gilt entsprechend für die Besteuerung eines Erben oder Beschenkten, wenn er in seiner Person im Zeitpunkt des Erbfalls oder der Schenkung die Voraussetzungen nach Absatz 1 erfüllt.

Art. 28 Steuerbefreite Organisationen

(1) Eine deutsche Körperschaft oder Organisation, die ausschließlich religiöse, mildtätige, wissenschaftliche, erzieherische oder öffentliche Zwecke verfolgt, ist

für Zwecke der Nachlaß-, Erbschaft- und Schenkungsteuern (Artikel 2 Absatz 1 Buchstabe b) in Schweden steuerbefreit, wenn und soweit sie
a) in der Bundesrepublik Deutschland steuerbefreit ist und
b) in Schweden steuerbefreit wäre, sofern sie dort organisiert worden und ausschließlich dort tätig wäre.

(2) Eine schwedische Körperschaft oder Organisation, die ausschließlich religiöse, mildtätige, wissenschaftliche, erzieherische oder öffentliche Zwecke verfolgt, ist für Zwecke der Nachlaß-, Erbschaft- und Schenkungsteuern (Artikel 2 Absatz 1 Buchstabe b) in der Bundesrepublik Deutschland steuerbefreit, wenn und soweit sie
a) in Schweden steuerbefreit ist und
b) in der Bundesrepublik Deutschland steuerbefreit wäre, sofern sie dort organisiert worden und ausschließlich dort tätig wäre.

Schrifttum

Bellstedt/Lindencrona, Das neue deutsch-schwedische Steuerabkommen, DB 1991, 62; *Krabbe*, Neuregelungen zur Vermeidung der Doppelbesteuerung bei den Erbschaft- und Schenkungsteuern im Verhältnis zu Schweden, ZEV 1995, 286.

123 Das Doppelbesteuerungsabkommen mit Schweden vom 14.7.1992 (BGBl II 1994, 687) stellt das erste „große" Doppelbesteuerungsabkommen dar, in dem die Vermeidung der Doppelbesteuerung bei der Erbschaft- und Schenkungsteuer mit der Vermeidung der Doppelbesteuerung auf dem Gebiet der Steuern vom Einkommen und Vermögen sowie der Rechts- und Amtshilfe in einem Doppelbesteuerungsabkommen zusammengefasst wurden.

124 Die in den in Abschnitt III (Art. 2 Abs. 1 Buchst. b DBA S) des DBA Schweden in den Art. 24 bis 28 enthaltenen Regelungen gelten für Nachlässe und Erbschaften sowie für Schenkungen. Sie sind auf Erbfälle anzuwenden, die nach dem 31.12.1994 eingetreten sind, und auf Schenkungen, die nach dem 31.12.1994 vorgenommen werden.

125 Nachdem **Schweden mit Wirkung vom 1.1.2005 die Erbschaft- und Schenkungsteuer abgeschafft** hat, hat der entsprechende Abschnitt des DBA faktisch gegenstandslos geworden. Das Abkommen kann jedoch in Fällen von Bedeutung sein, in denen ein Erblasser oder Schenker mit deutscher Staatsangehörigkeit seinen Wohnsitz vor mehr als fünf Jahren nach Schweden verlegt hat und auch der Erwerber seit mehr als fünf Jahren nicht mehr in Deutschland ansässig (Art. 27 DBA S i.V.m. Art. 26 Abs. 1 Buchst. b DBA S) ist. Nach deutschen Erbschaft- und Schenkungsteuerrecht unterliegt die Übertragung von bestimmten als Inlandsvermögen geltenden Vermögensgegenständen in diesem Fall auch nach der Wohnsitzverlegung der Beteiligten der beschränkten Steuerpflicht (§ 2 Abs. 1 Nr. 3 ErbStG i.V.m. § 121 BewG). Durch die Anwendung von Art. 24 Abs. 3 DBA S wird das Besteuerungsrecht bei der Übertragung von „anderem Vermögen" i.S.d. DBA ausschließlich Schweden als Wohnsitzstaat des Übertragenden zugeordnet. Aufgrund dieser Zuteilungsnorm erfolgt in Deutschland insoweit eine Freistellung des als „anderes Ver-

mögen" i.S.d. Art. 24 Abs. 3 DBA S geltenden Inlandsvermögens i.S.d. § 121 BewG (z.B. die Beteiligung von mehr als 10% an einer Kapitalgesellschaft mit Sitz in Deutschland) von der Besteuerung im Rahmen der beschränkten Steuerpflicht. Im Hinblick auf die erwartete Aufhebung des Abkommens bei einer demnächst erwarteten Neuverhandlung des DBA wird auf das DBA Schweden im Rahmen dieser Ausführungen nicht weiter eingegangen.

DBA-Dänemark

Abkommen zwischen der Bundesrepublik Deutschland und dem Königreich Dänemark zur Vermeidung der Doppelbesteuerung bei den Steuern vom Einkommen und vom Vermögen sowie bei den Nachlaß-, Erbschaft- und Schenkungsteuern und zur Beistandsleistung in Steuersachen (Deutsch-dänisches Steuerabkommen)
Vom 22.11.1995
(BGBl 1996 II, 2566)
... :

Art. 3 Allgemeine Begriffsbestimmungen

(1) Im Sinne dieses Abkommens, wenn der Zusammenhang nichts anderes erfordert:

a) bedeuten die Ausdrücke „ein Vertragsstaat" und „der andere Vertragsstaat", je nach dem Zusammenhang, die Bundesrepublik Deutschland oder das Königreich Dänemark, und der Ausdruck „Staaten" die Bundesrepublik Deutschland oder das Königreich Dänemark;

b) bedeutet der Ausdruck „Bundesrepublik Deutschland" das Gebiet, in dem das Steuerrecht der Bundesrepublik Deutschland gilt, sowie die an das Küstenmeer der Bundesrepublik Deutschland grenzenden Gebiete des Meeresgrunds und Meeresuntergrunds und der darüberliegenden Gewässer, soweit die Bundesrepublik Deutschland dort zur Erforschung und zur Ausbeutung der Naturschätze in Übereinstimmung mit dem Völkerrecht souveräne Rechte und die Hoheitsgewalt ausübt;

c) bedeutet der Ausdruck „Dänemark" das Königreich Dänemark einschließlich der Gebiete außerhalb des dänischen Küstenmeers, die in Übereinstimmung mit dem Völkerrecht nach dänischem Recht als Gebiete ausgewiesen oder gegebenenfalls künftig noch ausgewiesen werden, in denen Dänemark zur Erforschung und zur Ausbeutung der Naturschätze des Meeresgrunds und Meeresuntergrunds und der darüberliegenden Gewässer und bezüglich anderer Tätigkeiten zur wirtschaftlichen Erforschung und Ausbeutung des betroffenen Gebiets souveräne Rechte ausüben kann; der Ausdruck umfaßt nicht die Färöer und Grönland;

d) umfaßt der Ausdruck „Person" natürliche Personen und Gesellschaften;

e) bedeutet der Ausdruck „Gesellschaft" juristische Personen oder Rechtsträger, die für die jeweilige Besteuerung wie juristische Personen behandelt werden;

f) hat der Ausdruck „unbewegliches Vermögen" die Bedeutung, die ihm nach dem Recht des Vertragsstaats zukommt, in dem das Vermögen liegt. ²Der Ausdruck umfaßt in jedem Fall das Zubehör zum unbeweglichen Vermögen, das lebende und tote Inventar land- und forstwirtschaftlicher Betriebe, die Rechte, für die die Vorschriften des Privatrechts über Grundstücke gelten, Nutzungsrechte an unbeweglichem Vermögen sowie Rechte auf veränderliche oder feste Vergütungen für die Ausbeutung oder das Recht auf Aus

beutung von Mineralvorkommen, Quellen und anderen Naturschätzen; Schiffe und Luftfahrzeuge gelten nicht als unbewegliches Vermögen;
g) bedeuten die Ausdrücke „Unternehmen eines Vertragsstaats" und „Unternehmen des anderen Vertragsstaats", je nachdem, ein Unternehmen, das von einer in einem Vertragsstaat ansässigen Person betrieben wird, oder ein Unternehmen, das von einer im anderen Vertragsstaat ansässigen Person betrieben wird;
h) bedeutet der Ausdruck „internationaler Verkehr" jede Beförderung mit einem Seeschiff oder Luftfahrzeug, das von einem Unternehmen mit tatsächlicher Geschäftsleitung in einem Vertragsstaat betrieben wird, es sei denn, das Seeschiff oder Luftfahrzeug wird ausschließlich zwischen Orten im anderen Vertragsstaat betrieben;
i) umfaßt der Ausdruck „Vermögen, das Teil des Nachlasses oder einer Schenkung einer in einem Vertragsstaat ansässigen Person ist" alle Vermögenswerte, deren Übergang oder Übertragung einer unter Abschnitt III des Abkommens fallenden Steuer unterliegt;
j) bedeutet der Ausdruck „Staatsangehöriger"
aa) in bezug auf die Bundesrepublik Deutschland alle Deutschen im Sinne des Artikels 116 Absatz 1 des Grundgesetzes für die Bundesrepublik Deutschland und alle juristischen Personen, Personengesellschaften und anderen Personenvereinigungen, die nach dem in der Bundesrepublik Deutschland geltenden Recht errichtet worden sind;
bb) in bezug auf Dänemark alle natürlichen Personen, die die dänische Staatsangehörigkeit besitzen, und alle juristischen Personen, Personengesellschaften und anderen Personenvereinigungen, die nach dem in Dänemark geltenden Recht errichtet worden sind;
k) bedeutet der Ausdruck „zuständige Behörde"
aa) auf seiten der Bundesrepublik Deutschland das Bundesministerium oder die Behörde, an die es seine Befugnisse delegiert hat;
bb) auf seiten Dänemarks der Minister für die Besteuerung oder seinen bevollmächtigten Vertreter.

(2) Bei Anwendung des Abkommens durch einen Vertragsstaat hat, wenn der Zusammenhang nichts anderes erfordert, jeder im Abkommen nicht definierte Ausdruck die Bedeutung, die ihm nach dem Recht dieses Staates über die Steuern zukommt, für die das Abkommen gilt.

Art. 4 Ansässige Personen

(1) Im Sinne dieses Abkommens bedeutet der Ausdruck „eine in einem Vertragsstaat ansässige Person"

a) für Zwecke der Steuern vom Einkommen und vom Vermögen eine Person, die nach dem Recht dieses Staates dort aufgrund ihres Wohnsitzes, ihres ständigen Aufenthalts, des Ortes ihrer Geschäftsleitung oder eines anderen ähnlichen Merkmals steuerpflichtig ist. ²Der Ausdruck umfaßt jedoch nicht eine Person, die in diesem Staat nur mit Einkünften aus Quellen in diesem Staat oder mit in diesem Staat gelegenem Vermögen steuerpflichtig ist;

b) für Zwecke der Nachlaß-, Erbschaft- und Schenkungsteuern eine Person, die mit einem Nachlaß oder einer Schenkung nach dem Recht dieses Staates dort aufgrund ihres Wohnsitzes, ihres ständigen Aufenthalts, des Ortes ihrer Geschäftsleitung oder eines anderen ähnlichen Merkmals steuerpflichtig ist. ²Der Ausdruck umfaßt jedoch nicht eine Person, deren Nachlaß oder Schenkung in diesem Staat nur mit in diesem Staat gelegenem Vermögen steuerpflichtig ist.

(2) Ist nach Absatz 1 eine natürliche Person in beiden Vertragsstaaten ansässig, so gilt folgendes:

a) Die Person gilt als in dem Staat ansässig, in dem sie über eine ständige Wohnstätte verfügt; verfügt sie in beiden Staaten über eine ständige Wohnstätte, so gilt sie als in dem Staat ansässig, zu dem sie die engeren persönlichen und wirtschaftlichen Beziehungen hat (Mittelpunkt der Lebensinteressen);
b) kann nicht bestimmt werden, in welchem Staat die Person den Mittelpunkt ihrer Lebensinteressen hat, oder verfügt sie in keinem der Staaten über eine ständige Wohnstätte, so gilt sie als in dem Staat ansässig, in dem sie ihren gewöhnlichen Aufenthalt hat;
c) hat die Person ihren gewöhnlichen Aufenthalt in beiden Staaten oder in keinem der Staaten, so gilt sie als in dem Staat ansässig, dessen Staatsangehöriger sie ist;
d) ist die Person Staatsangehöriger beider Staaten oder keines der Staaten, so regeln die zuständigen Behörden der Vertragsstaaten die Frage in gegenseitigem Einvernehmen.

(3) Ist nach Absatz 1 eine andere als eine natürliche Person in beiden Vertragsstaaten ansässig, so gilt sie als in dem Staat ansässig, in dem sich der Ort ihrer tatsächlichen Geschäftsleitung befindet.

Art. 5 Betriebsstätte

(1) Im Sinne dieses Abkommens bedeutet der Ausdruck „Betriebsstätte" eine feste Geschäftseinrichtung, durch die die Tätigkeit eines Unternehmens ganz oder teilweise ausgeübt wird.

(2) Der Ausdruck „Betriebsstätte" umfaßt insbesondere:

a) einen Ort der Leitung,
b) eine Zweigniederlassung,
c) eine Geschäftsstelle,
d) eine Fabrikationsstätte,
e) eine Werkstätte und
f) ein Bergwerk, ein Öl- oder Gasvorkommen, einen Steinbruch oder eine andere Stätte der Ausbeutung von Bodenschätzen.

(3) Eine Bauausführung oder Montage ist nur dann eine Betriebsstätte, wenn ihre Dauer zwölf Monate überschreitet.

(4) Ungeachtet der vorstehenden Bestimmungen dieses Artikels gelten nicht als Betriebsstätten:

a) Einrichtungen, die ausschließlich zur Lagerung, Ausstellung oder Auslieferung von Gütern oder Waren des Unternehmens benutzt werden;
b) Bestände von Gütern oder Waren des Unternehmens, die ausschließlich zur Lagerung, Ausstellung oder Auslieferung unterhalten werden;
c) Bestände von Gütern oder Waren des Unternehmens, die ausschließlich zu dem Zweck unterhalten werden, durch ein anderes Unternehmen bearbeitet oder verarbeitet zu werden;
d) Eine feste Geschäftseinrichtung, die ausschließlich zu dem Zweck unterhalten wird, für das Unternehmen Güter oder Waren einzukaufen oder Informationen zu beschaffen;
e) Eine feste Geschäftseinrichtung, die ausschließlich zu dem Zweck unterhalten wird, für das Unternehmen andere Tätigkeiten auszuüben, die vorbereitender Art sind oder eine Hilfstätigkeit darstellen;
f) Eine feste Geschäftseinrichtung, die ausschließlich zu dem Zweck unterhalten wird, mehrere der unter den Buchstaben a bis e genannten Tätigkeiten auszuüben, vorausgesetzt, daß die sich daraus ergebende Gesamttätigkeit der festen Geschäftseinrichtung vorbereitender Art ist oder eine Hilfstätigkeit darstellt.

(5) Ist eine Person, mit Ausnahme eines unabhängigen Vertreters im Sinne des Absatzes 6, für ein Unternehmen tätig und besitzt sie in einem Vertragsstaat die Vollmacht, im Namen des Unternehmens Verträge abzuschließen, und übt sie die Vollmacht dort gewöhnlich aus, so wird das Unternehmen ungeachtet der Absätze 1 und 2 für Zwecke des Abschnitts II so behandelt, als habe es in diesem Staat für alle von der Person für das Unternehmen ausgeübten Tätigkeiten eine Betriebsstätte, es sei denn, diese Tätigkeiten beschränken sich auf die in Absatz 4 genannten Tätigkeiten, die, würden sie durch eine feste Geschäftseinrichtung ausgeübt, diese Einrichtung nach dem genannten Absatz nicht zu einer Betriebsstätte machen würden.

(6) Ein Unternehmen wird nicht schon deshalb so behandelt, als habe es eine Betriebsstätte in einem Vertragsstaat, weil es dort seine Tätigkeit durch einen Makler, Kommissionär oder einen anderen unabhängigen Vertreter ausübt, sofern diese Personen im Rahmen ihrer ordentlichen Geschäftstätigkeit handeln.

(7) Allein dadurch, daß eine in einem Vertragsstaat ansässige Gesellschaft eine Gesellschaft beherrscht oder von einer Gesellschaft beherrscht wird, die im anderen Vertragsstaat ansässig ist oder dort (entweder durch eine Betriebsstätte oder auf andere Weise) ihre Tätigkeit ausübt, wird keine der beiden Gesellschaften zur Betriebsstätte der anderen.

...

Abschnitt III Besteuerung von Nachlässen, Erbschaften und Schenkungen

Art. 25 Besteuerungsregeln

(1) Unbewegliches Vermögen, das Teil des Nachlasses oder einer Schenkung einer in einem Vertragsstaat ansässigen Person ist und im anderen Vertragsstaat liegt, kann im anderen Staat besteuert werden.

(2) Bewegliches Vermögen eines Unternehmens, das Teil des Nachlasses oder einer Schenkung einer in einem Vertragsstaat ansässigen Person ist und
a) Betriebsvermögen einer im anderen Vertragsstaat gelegenen Betriebsstätte darstellt, oder
b) der Ausübung eines freien Berufs oder einer sonstigen selbständigen Tätigkeit dient und zu einer im anderen Vertragsstaat gelegenen festen Einrichtung gehört,

kann im anderen Staat besteuert werden.

(3) Alles andere Vermögen, das Teil des Nachlasses oder einer Schenkung einer in einem Vertragsstaat ansässigen Person ist, kann ohne Rücksicht auf seine Belegenheit nur in diesem Staat besteuert werden, soweit Artikel 26 nichts anderes bestimmt.

Art. 26 Vermeidung der Doppelbesteuerung

(1) Die Doppelbesteuerung wird im Falle der Bundesrepublik Deutschland wie folgt vermieden:

a) War der Erblasser im Zeitpunkt seines Todes oder der Schenker im Zeitpunkt der Schenkung in der Bundesrepublik Deutschland ansässig, so rechnet die Bundesrepublik Deutschland nach Maßgabe der Vorschriften des deutschen Rechts über die Anrechnung ausländischer Steuern auf die nach ihrem Recht festgesetzte Steuer die Steuer an, die in Dänemark für das Vermögen gezahlt wird, das nach Artikel 25 Absätze 1 und 2 in Dänemark besteuert werden kann.

b) War der Erwerber im Zeitpunkt des Todes des Erblassers oder der Schenkung in der Bundesrepublik Deutschland ansässig, so kann die Bundesrepublik Deutschland das gesamte von dieser Person erworbene Vermögen besteuern und rechnet nach Maßgabe der Vorschriften des deutschen Rechts über die Anrechnung ausländischer Steuern auf die nach ihrem Recht festgesetzte Steuer die Steuer an, die in Dänemark für alles Vermögen gezahlt wird, das nicht nach Artikel 25 Absätze 1 und 2 in der Bundesrepublik Deutschland besteuert werden kann.

(2) Die Doppelbesteuerung wird im Falle Dänemarks wie folgt vermieden:

a) War der Erblasser im Zeitpunkt seines Todes oder der Schenker im Zeitpunkt der Schenkung in Dänemark ansässig, so rechnet Dänemark nach Maßgabe der Vorschriften des dänischen Rechts über die Anrechnung ausländischer Steuern auf die nach dänischem Recht festgesetzte Steuer die Steuer an, die in der Bundesrepublik Deutschland für das Vermögen gezahlt wird, das nach Artikel 25 Absätze 1 und 2 in der Bundesrepublik Deutschland besteuert werden kann.

b) War der Erwerber im Zeitpunkt des Todes des Erblassers oder der Schenkung in Dänemark ansässig, so kann Dänemark das gesamte von dieser Person erworbene Vermögen besteuern und rechnet nach Maßgabe der Vorschriften des dänischen Rechts über die Anrechnung ausländischer Steuern auf die nach dänischem Recht festgesetzte Steuer die Steuer an, die in der Bundes republik Deutschland für alles Vermögen gezahlt wird, das nicht nach Artikel 25 Absätze 1 und 2 in Dänemark besteuert werden kann.

(3) Der nach den Absätzen 1 und 2 jeweils anzurechnende Betrag darf jedoch den Teil der vor der Anrechnung ermittelten deutschen beziehungsweise dänischen Steuern nicht übersteigen, der auf das Vermögen entfällt, für das die Anrechnung zu gewähren ist.

Art. 27 Fünf-Jahres-Regel

(1) War der Erblasser im Zeitpunkt seines Todes oder der Schenker im Zeitpunkt der Ausführung der Schenkung

a) Staatsangehöriger eines Vertragsstaats, ohne gleichzeitig Staatsangehöriger des anderen Vertragsstaats zu sein,
b) im erstgenannten Staat nach dessen Steuerrecht unbeschränkt steuerpflichtig, und
c) war er in dem anderen Staat aufgrund des Artikels 4 Absatz 1 Buchstabe b für die Dauer von nicht mehr als fünf Jahren ansässig gewesen,

so gilt er abweichend von Artikel 4 als in dem Vertragsstaat ansässig, dessen Staatsangehöriger er war.

(2) Absatz 1 gilt entsprechend für einen Erben oder Beschenkten, wenn er in seiner Person im Zeitpunkt des Erbfalls oder der Schenkung die Voraussetzungen des Absatzes 1 erfüllt.

Art. 28 Schuldenabzug

(1) Schulden, die durch das in Artikel 25 genannte Vermögen besonders gesichert sind, werden vom Wert dieses Vermögens abgezogen. Schulden, die zwar nicht durch das in Artikel 25 genannte Vermögen besonders gesichert sind, die aber im Zusammenhang mit dem Erwerb, der Änderung, der Instandsetzung oder der Instandhaltung solchen Vermögens entstanden sind, werden vom Wert dieses Vermögens abgezogen.

(2) Vorbehaltlich des Absatzes 1 werden Schulden, die mit einer in Artikel 25 Absatz 2 genannten Betriebsstätte oder einer in Artikel 25 Absatz 2 genannten festen Einrichtung zusammenhängen, vom Wert der Betriebsstätte beziehungsweise der festen Einrichtung abgezogen.

(3) Die anderen Schulden werden vom Wert des Vermögens abgezogen, für das Artikel 25 gilt.

(4) Übersteigt eine Schuld den Wert des Vermögens, von dem sie in einem Vertragsstaat nach den Absätzen 1 oder 2 abzuziehen ist, so wird der übersteigende Betrag vom Wert des übrigen Vermögens, das in diesem Staat besteuert werden kann, abgezogen.

(5) Verbleibt in einem Vertragsstaat nach den Abzügen, die aufgrund der Absätze 3 oder 4 vorzunehmen sind, ein Schuldenrest, so wird dieser vom Wert des Vermögens, das im anderen Vertragsstaat besteuert werden kann, abgezogen.

(6) Ist ein Vertragsstaat nach den Absätzen 1 bis 5 verpflichtet, einen höheren als nach seinem Recht vorgesehenen Schuldenabzug vorzunehmen, so gelten die genannten Absätze nur insoweit, als der andere Vertragsstaat nicht verpflichtet ist, die gleichen Schulden nach seinem innerstaatlichen Recht abzuziehen.

Schrifttum

Alsted, Neuerungen bei der Besteuerung von Erbschaften und Schenkungen in Dänemark, IWB Fach 5 Gruppe 2, 127; *Krabbe*, Das deutsch-dänische Steuerabkommen vom 22.11.1995, IStR 1997, 161; *ders.*, Regelung zur Vermeidung der Doppelbesteuerung bei den Erbschaft- und Schenkungsteuern im Verhältnis zu Dänemark, ZEV 1997, 146.

Beim Doppelbesteuerungsabkommen mit Dänemark vom 22.11.1995 (BGBl II 1996, 2566) handelt es sich – wie beim Doppelbsteuerungsabkommen mit Schweden – um ein „großes" Abkommen, in dem die Vermeidung der Doppelbesteuerung bei der Erbschaft- und Schenkungsteuer mit der Vermeidung der Doppelbesteuerung auf dem Gebiet der Steuern vom Einkommen und Vermögen sowie der Rechts- und Amtshilfe in einem DBA zusammengefasst wurden. 126

Die in den in Abschnitt III des DBA Dänemark in den Art. 24 bis 28 enthaltenen Regelungen gelten für **Nachlässe** und **Erbschaften** sowie für **Schenkungen,** d. h. der sachliche Anwendungsbereich umfasst Nachlass- und Erbanfallsteuern, Abgaben von Vermögensübertragungen oder Steuern von Schenkungen auf den Todesfall. Weiterhin ist es auf Steuern anwendbar, die bei einer Übertragung unter Lebenden nur deshalb erhoben werden, weil die Übertragung unentgeltlich oder gegen ein zu geringes Entgelt vorgenommen wird (Art. 2 Abs. 1 Buchst. b DBA DK). 127

Zeitlich ist es auf Erbfälle und Schenkungen anzuwenden, die ab dem 1.1.1997 eingetreten sind bzw. vorgenommen wurden (Art. 49 Abs. 2 Buchst. b DBA DK). 128

Voraussetzung für die Anwendbarkeit des Abkommens ist, dass der **Erblasser** zur Zeit seines Todes oder der **Schenker** zur Zeit der Schenkung in einem oder in beiden Vertragsstaaten **ansässig** war (Art. 2 Abs. 4 Buchst. b DBA DK). Die Staatsangehörigkeit der beteiligten Personen ist für die Abgrenzung des persönlichen Anwendungsbereichs des Abkommens ebenso ohne Bedeutung wie der Wohnsitz des Begünstigten. 129

Zur Bestimmung der abkommensrechtlichen Ansässigkeit des Erblassers oder Schenkers wird im Abkommen Bezug genommen auf das innerstaatliche Recht der Vertragsstaaten (Art. 4 Abs. 1 Buchst. b DBA DK; Art. 4 Abs. 1 OECD-MA). Die bei der Überschneidung der nationalen Wohnsitzkriterien auftretenden Konfliktfälle eines „**Doppelwohnsitzes**" werden bei einer natürlichen Person im DBA durch eine Kollisionsregelung gelöst, deren Struktur dem Musterabkommen der OECD entspricht (Art. 4 Abs. 2 DBA DK; Art. 4 Abs. 2 OECD-MA). Es erfolgt insoweit eine abgestufte Prüfung anhand der Kriterien einer ständigen Wohnstätte, dem Mittelpunkt der Lebensinteressen, des gewöhnlichen Aufenthalts sowie anhand der Staatsangehörigkeit. Als letzter Lösungsweg ist ein Regelung im gegenseitigen Einver- 130 nehmen im Rahmen eines internationalen Verständigungsverfahrens durch die zuständigen Behörden der Vertragsstaaten vorgesehen.

131 Durch Art. 27 DBA DK wird klargestellt, dass auch eine nach § 2 Abs. 1 Nr. 1 Buchst. b ErbStG als Inländer unbeschränkt steuerpflichtige natürliche Person mit deutscher Staatsangehörigkeit innerhalb eines **Fünfjahreszeitraums nach der Aufgabe des Wohnsitzes** in Deutschland abkommensrechtlich als Person mit Wohnsitz in Deutschland betrachtet wird. Diese Vorschrift ist sowohl für Erblasser und Schenker, als auch für Erben und Beschenkte anwendbar.

132 Bei einer **nicht natürlichen Person** wird in Zweifelsfällen bei der Bestimmung der Ansässigkeit auf den Staat abgestellt, in dem sich der Ort ihrer tatsächlichen Geschäftsleitung befindet (Art. 4 Abs. 3 DBA DK; Art. 4 Abs. 3 OECD-MA Einkommen und Vermögen).

133 Bei der Übertragung von im Nichtwohnsitzstaat belegenem **unbeweglichem Vermögen** eines Erblassers oder Schenkers, der im Übertragungszeitpunkt seinen Wohnsitz in einem Vertragstaat hatte, bleibt ein konkurrierendes Besteuerungsrecht des Belegenheitsstaates bestehen (Art. 25 Abs. 1 DBA DK; Art. 5 Abs. 1 und 3 OECD-MA).

134 Für das bewegliche Betriebsvermögen der **Betriebstätte** eines Unternehmens und für das bewegliche Vermögen, das zu einer der Ausübung eines **freien Berufs** oder einer **sonstigen selbständigen Tätigkeit** ähnlicher Art dienenen **festen Einrichtung** gehört, das ein Erblasser, der im Zeitpunkt des Todes seinen Wohnsitz in einem Vertragstaat hatte, im Nichtwohnsitzstaat hatte, bleibt nach dem Abkommen ein konkurrierendes Besteuerungsrecht für den Betriebstättenstaat bzw. den Staat der festen Einrichtung erhalten (Art. 25 Abs. 2 DBA DK; Art. 6 OECD-MA).

135 Das **andere Vermögen** kann unabhängig davon, wo es sich tatsächlich befindet, nur im Wohnsitzstaat des Übertragenden besteuert werden (Art. 25 Abs. 3 DBA DK; Art. 7 OECD-MA). Dies schließt die Besteuerung eines im anderen Vertragsstaat ansässigen **Erwerbers** nicht aus (Art. 26 Abs. 1 Buchst. b und Abs. 2 Buchst. b DBA DK).

136 Die **Vermeidung der Doppelbesteuerung** bei Vermögen, das nach dem Abkommen in beiden Staaten besteuert werden kann, erfolgt durch die **Anrechnung** der darauf im jeweils anderen Staat erhobenen Steuer (Art. 26 Abs. 1 DBA DK). Danach wird in der BRD die in Dänemark tatsächlich gezahlte Steuer, die auf das Vermögen entfällt, das nach dem Abkommen in Dänemark besteuert werden kann, nach den Vorschriften des § 21 ErbStG auf die in Deutschland festgesetzte Steuer angerechnet.

137 Der anzurechnende Betrag ist **der Höhe nach begrenzt**. Er darf den Teil der vor der Anrechnung ermittelten Steuer in Deutschland nicht übersteigen, der auf das Vermögen entfällt, das nach dem Abkommen in Deutschland besteuert werden kann (Art. 26 Abs. 3 DBA DK).

DBA-Frankreich

Abkommen zwischen der Bundesrepublik Deutschland und der Französischen Republik zur Vermeidung der Doppelbesteuerung der Nachlässe, Erbschaften und Schenkungen
Vom 12.10.2006
(BGBl 2007 II, 1403)

Art. 1 Unter das Abkommen fallende Nachlässe, Erbschaften und Schenkungen
Dieses Abkommen gilt für
a) Nachlässe und Erbschaften, wenn der Erblasser im Zeitpunkt seines Todes einen Wohnsitz in einem Vertragsstaat oder in beiden Vertragsstaaten hatte, und
b) Schenkungen, wenn der Schenker im Zeitpunkt der Schenkung einen Wohnsitz in einem Vertragsstaat oder in beiden Vertragsstaaten hatte.

Art. 2 Unter das Abkommen fallende Steuern

(1) Dieses Abkommen gilt, ohne Rücksicht auf die Art der Erhebung, für Nachlass- und Erbschaftsteuern sowie Schenkungsteuern, die für Rechnung eines Vertragsstaats oder seiner Gebietskörperschaften erhoben werden.

(2) Als Nachlass- und Erbschaftsteuern gelten die Steuern, die von Todes wegen als Nachlasssteuern, Erbanfallsteuern, Abgaben vom Vermögensübergang oder Steuern von Schenkungen auf den Todesfall erhoben werden. Als Schenkungsteuern gelten die Steuern, die auf Übertragungen unter Lebenden nur deshalb erhoben werden, weil die Übertragungen ganz oder teilweise unentgeltlich vorgenommen werden.

(3) Die bestehenden Steuern, für die das Abkommen gilt, sind:
a) in Frankreich: die Abgaben vom unentgeltlichen Vermögensübergang (droits de mutation à titre gratuit)
(nachstehend als „französische Steuer" bezeichnet);
b) in der Bundesrepublik Deutschland: die Erbschaft- und Schenkungsteuer (nachstehend als „deutsche Steuer" bezeichnet).

(4) Das Abkommen gilt auch für alle Steuern gleicher oder im Wesentlichen ähnlicher Art, die nach der Unterzeichnung des Abkommens neben den bestehenden Steuern oder an deren Stelle erhoben werden. Die Steuer vom Vermögen einer Stiftung oder eines Vereins, die nach § 1 Absatz 1 Nummer 4 und § 9 Absatz 1 Nummer 4 des deutschen Erbschaftsteuergesetzes erhoben wird, gilt nicht als Erbschaftsteuer oder als gleiche oder ähnliche Steuer im Sinne des vorstehenden Satzes. Die zuständigen Behörden der Vertragsstaaten teilen einander die in ihren Steuergesetzen eingetretenen wesentlichen Änderungen mit.

Art. 3 Allgemeine Begriffsbestimmungen

(1) Im Sinne dieses Abkommens, wenn der Zusammenhang nichts anderes erfordert,

a) bedeutet der Ausdruck „Vertragsstaat" die Bundesrepublik Deutschland beziehungsweise Frankreich; der Ausdruck „Vertragsstaaten" bedeutet die Bundesrepublik Deutschland und Frankreich;
b) bedeutet der Ausdruck „Frankreich" die europäischen und überseeischen Departements der Französischen Republik einschließlich des Küstenmeers sowie die außerhalb des Küstenmeers liegenden Gebiete, soweit die Französische Republik dort in Übereinstimmung mit dem Völkerrecht souveräne Rechte zur Erforschung und Ausbeutung der natürlichen Ressourcen des Meeresbodens, des Meeresuntergrunds und der darüber liegenden Gewässer ausübt;
c) bedeutet der Ausdruck „Bundesrepublik Deutschland" das Gebiet, in dem das Steuerrecht der Bundesrepublik Deutschland gilt, einschließlich des an das Küstenmeer angrenzenden Gebiets des Meeresbodens, des Meeresuntergrunds und der darüber befindlichen Wassersäule, soweit die Bundesrepublik Deutschland dort in Übereinstimmung mit dem Völkerrecht souveräne Rechte und Hoheitsbefugnisse zur Erforschung und Ausbeutung der natürlichen Ressourcen ausübt;
d) umfasst der Ausdruck „Vermögen, das Teil des Nachlasses oder einer Schenkung einer Person mit Wohnsitz in einem Vertragsstaat ist" alle Vermögenswerte, deren Übergang oder Übertragung nach dem Recht eines Vertragsstaats einer Steuer unterliegt, für die das Abkommen gilt;
e) bedeutet der Ausdruck „zuständige Behörde"
aa) auf Seiten Frankreichs: den für den Haushalt zuständigen Minister oder seinen bevollmächtigten Vertreter;
bb) auf Seiten der Bundesrepublik Deutschland: das Bundesministerium der Finanzen oder die Behörde, an die es seine Befugnisse delegiert hat.

(2) Bei der Anwendung des Abkommens durch einen Vertragsstaat hat, wenn der Zusammenhang nichts anderes erfordert, jeder im Abkommen nicht definierte Ausdruck die Bedeutung, die ihm nach dem Recht dieses Staates über die Steuern zukommt, für die das Abkommen gilt.

Art. 4 Steuerlicher Wohnsitz

(1) Im Sinne dieses Abkommens bedeutet der Ausdruck „eine Person mit Wohnsitz in einem Vertragsstaat" eine Person, deren Nachlass oder Schenkung nach dem Recht dieses Staates dort aufgrund ihres Wohnsitzes, ihres ständigen Aufenthalts, des Ortes ihrer Geschäftsleitung oder eines anderen ähnlichen Merkmals steuerpflichtig ist. Der Ausdruck umfasst jedoch nicht eine Person, deren Nachlass oder Schenkung in diesem Staat nur mit in diesem Staat gelegenem Vermögen steuerpflichtig ist.

(2) Hat nach Absatz 1 eine natürliche Person in beiden Vertragsstaaten einen Wohnsitz, so gilt Folgendes:

a) Der Wohnsitz der natürlichen Person gilt als in dem Staat gelegen, in dem sie über eine ständige Wohnstätte verfügt; verfügt sie in beiden Staaten über eine ständige Wohnstätte, so gilt ihr Wohnsitz als in dem Staat gelegen, zu dem sie

die engeren persönlichen und wirtschaftlichen Beziehungen hat (Mittelpunkt der Lebensinteressen);
b) kann nicht bestimmt werden, in welchem Staat die Person den Mittelpunkt ihrer Lebensinteressen hat, oder verfügt sie in keinem der Staaten über eine ständige Wohnstätte, so gilt ihr Wohnsitz als in dem Staat gelegen, in dem sie ihren gewöhnlichen Aufenthalt hat;
c) hat die Person ihren gewöhnlichen Aufenthalt in beiden Staaten oder in keinem der Staaten, so gilt ihr Wohnsitz als in dem Staat gelegen, dessen Staatsangehörige sie ist;
d) ist die Person Staatsangehörige beider Staaten oder keines der Staaten, so regeln die zuständigen Behörden der Vertragsstaaten die Frage in gegenseitigem Einvernehmen.

(3) Ungeachtet des Absatzes 2 gilt der Wohnsitz einer natürlichen Person, die zum Zeitpunkt ihres Todes oder zum Zeitpunkt der Schenkung Staatsangehörige eines Vertragsstaats war, ohne gleichzeitig Staatsangehörige des anderen Vertragsstaats zu sein, und die nach Absatz 1 einen Wohnsitz in beiden Vertragsstaaten hatte, als nur im erstgenannten Staat gelegen, wenn diese Person die eindeutige Absicht hatte, ihren Wohnsitz im anderen Staat nicht auf Dauer beizubehalten und wenn sie während der dem Zeitpunkt des Todes oder der Schenkung unmittelbar vorausgehenden sieben Jahre ihren Wohnsitz dort insgesamt weniger als fünf Jahre hatte.

(4) Hat nach Absatz 1 eine andere als eine natürliche Person in beiden Vertragsstaaten einen Wohnsitz, so gilt ihr Wohnsitz als in dem Staat gelegen, in dem sich der Ort ihrer tatsächlichen Geschäftsleitung befindet.

Art. 5 Unbewegliches Vermögen

(1) Unbewegliches Vermögen, das Teil des Nachlasses oder einer Schenkung einer Person mit Wohnsitz in einem Vertragsstaat ist und das im anderen Vertragsstaat liegt, kann im anderen Staat besteuert werden.

(2) Der Ausdruck „unbewegliches Vermögen" hat die Bedeutung, die ihm nach dem Recht des Vertragsstaats zukommt, in dem das Vermögen liegt, wobei jedoch hypothekarisch oder in anderer Weise durch eine Immobilie gesicherte Forderungen nicht als unbewegliches Vermögen gelten. Der Ausdruck umfasst in jedem Fall das Zubehör zum unbeweglichen Vermögen, das lebende und tote Inventar land- und forstwirtschaftlicher Betriebe, die Rechte, für die die Vorschriften des Privatrechts über Grundstücke gelten, Nutzungsrechte an unbeweglichem Vermögen sowie Rechte auf veränderliche oder feste Vergütungen für die Ausbeutung oder das Recht auf Ausbeutung von Mineralvorkommen, Quellen und anderen natürlichen Ressourcen; Schiffe und Luftfahrzeuge gelten nicht als unbewegliches Vermögen.

(3) Der Ausdruck „unbewegliches Vermögen" umfasst ebenfalls Aktien, Anteile oder sonstige Rechte an einer Gesellschaft oder juristischen Person, deren Vermögen unmittelbar oder über eine oder mehrere andere Gesellschaften oder juristische Personen mehr als die Hälfte aus in einem Vertragsstaat gelegenen Immobilien oder aus Rechten an diesen Immobilien besteht. Diese Aktien,

Anteile oder sonstigen Rechte gelten als in dem Vertragsstaat gelegen, in dem die Immobilien gelegen sind. Bei der Anwendung dieses Absatzes bleiben die Immobilien unberücksichtigt, die von dieser Gesellschaft oder juristischen Person für den eigenen gewerblichen oder land- und forstwirtschaftlichen Betrieb genutzt werden oder der Ausübung eines freien Berufs oder einer sonstigen selbständigen Tätigkeit durch diese Gesellschaft oder juristische Person dienen.

(4) Eine Immobilie gilt als Teil des Nachlasses oder der Schenkung einer Person mit Wohnsitz in einem Vertragsstaat im Sinne des Absatzes 1, wenn sie Gesellschaften oder juristischen Personen gehört, an denen der Erblasser oder der Schenker allein oder gemeinsam mit seinem Ehegatten, ihren Verwandten in gerader Linie oder ihren Geschwistern unmittelbar oder über eine oder mehrere andere Gesellschaften oder juristische Personen mehr als die Hälfte der Aktien, Anteile oder sonstigen Rechte hält.

(5) Dieser Artikel gilt auch für unbewegliches Vermögen eines Unternehmens und für unbewegliches Vermögen, das der Ausübung eines freien Berufs oder einer sonstigen selbständigen Tätigkeit dient.

Art. 6 Bewegliches Vermögen einer Betriebsstätte oder einer festen Einrichtung

(1) Bewegliches Vermögen eines Unternehmens, das Teil des Nachlasses oder einer Schenkung einer Person mit Wohnsitz in einem Vertragsstaat ist und das Betriebsvermögen einer im anderen Vertragsstaat gelegenen Betriebsstätte darstellt, ausgenommen das in Artikel 7 behandelte Vermögen, kann im anderen Staat besteuert werden.

(2) Im Sinne dieses Abkommens bedeutet der Ausdruck „Betriebsstätte" eine feste Geschäftseinrichtung, durch die die Tätigkeit eines Unternehmens ganz oder teilweise ausgeübt wird.

(3) Der Ausdruck „Betriebsstätte" umfasst insbesondere:

a) einen Ort der Leitung,
b) eine Zweigniederlassung,
c) eine Geschäftsstelle,
d) eine Fabrikationsstätte,
e) eine Werkstätte und
f) ein Bergwerk, ein Öl- oder Gasvorkommen, einen Steinbruch oder eine andere Stätte der Ausbeutung natürlicher Ressourcen.

(4) Eine Bauausführung oder Montage ist nur dann eine Betriebsstätte, wenn ihre Dauer zwölf Monate überschreitet.

(5) Ungeachtet der vorstehenden Bestimmungen dieses Artikels gelten nicht als Betriebsstätten:

a) Einrichtungen, die ausschließlich zur Lagerung, Ausstellung oder Auslieferung von Gütern oder Waren des Unternehmens benutzt werden;
b) Bestände von Gütern oder Waren des Unternehmens, die ausschließlich zur Lagerung, Ausstellung oder Auslieferung unterhalten werden;

c) Bestände von Gütern oder Waren des Unternehmens, die ausschließlich zu dem Zweck unterhalten werden, durch ein anderes Unternehmen bearbeitet oder verarbeitet zu werden;
d) eine feste Geschäftseinrichtung, die ausschließlich zu dem Zweck unterhalten wird, für das Unternehmen Güter oder Waren einzukaufen oder Informationen zu beschaffen;
e) eine feste Geschäftseinrichtung, die ausschließlich zu dem Zweck unterhalten wird, für das Unternehmen andere Tätigkeiten auszuüben, die vorbereitender Art sind oder eine Hilfstätigkeit darstellen;
f) eine feste Geschäftseinrichtung, die ausschließlich zu dem Zweck unterhalten wird, mehrere der unter den Buchstaben a bis e genannten Tätigkeiten auszuüben, vorausgesetzt, dass die sich daraus ergebende Gesamttätigkeit der festen Geschäftseinrichtung vorbereitender Art ist oder eine Hilfstätigkeit darstellt.

(6) Bewegliches Vermögen, das Teil des Nachlasses oder einer Schenkung einer Person mit Wohnsitz in einem Vertragsstaat ist und der Ausübung eines freien Berufs oder einer sonstigen selbständigen Tätigkeit dient und das zu einer im anderen Vertragsstaat gelegenen festen Einrichtung gehört, kann im anderen Staat besteuert werden.

Art. 7 Schiffe und Luftfahrzeuge

(1) Seeschiffe und Luftfahrzeuge, die von einem Unternehmen mit tatsächlicher Geschäftsleitung in einem Vertragsstaat im internationalen Verkehr betrieben werden, sowie dem Betrieb dieser Schiffe und Luftfahrzeuge dienendes bewegliches Vermögen, die Teil des Nachlasses oder einer Schenkung einer Person mit Wohnsitz im anderen Vertragsstaat sind, können im erstgenannten Staat besteuert werden. Der Ausdruck „internationaler Verkehr" bedeutet jede Beförderung mit einem Seeschiff oder Luftfahrzeug, das von einem Unternehmen mit tatsächlicher Geschäftsleitung in einem Vertragsstaat betrieben wird, es sei denn, das Seeschiff oder Luftfahrzeug wird ausschließlich zwischen Orten im anderen Vertragsstaat betrieben.

(2) Schiffe der Binnenschifffahrt, die von einem Unternehmen mit tatsächlicher Geschäftsleitung in einem Vertragsstaat betrieben werden, sowie dem Betrieb dieser Schiffe dienendes bewegliches Vermögen, die Teil des Nachlasses oder einer Schenkung einer Person mit Wohnsitz im anderen Vertragsstaat sind, können im erstgenannten Staat besteuert werden.

Art. 8 Bewegliches materielles Vermögen

Bewegliches materielles Vermögen, ausgenommen das in den Artikeln 6 und 7 behandelte bewegliche Vermögen, das Teil des Nachlasses oder einer Schenkung einer Person mit Wohnsitz in einem Vertragsstaat ist und im anderen Vertragsstaat gelegen ist, kann in diesem anderen Staat besteuert werden.

Art. 9 Anderes Vermögen

Vermögen, das Teil des Nachlasses oder einer Schenkung einer Person mit Wohnsitz in einem Vertragsstaat ist und in den Artikeln 5, 6, 7 und 8 nicht behandelt wurde, kann ohne Rücksicht auf seine Belegenheit nur in diesem Staat besteuert werden.

Art. 10 Schuldenabzug

(1) Schulden, die im Zusammenhang mit dem Erwerb, dem Bau, der Änderung, der Verbesserung, der Instandsetzung oder der Instandhaltung des in Artikel 5 genannten Vermögens entstanden sind, werden vom Wert dieses Vermögens abgezogen.

(2) Vorbehaltlich des Absatzes 1 werden Schulden, die mit einer in Artikel 6 Absatz 1 genannten Betriebsstätte oder einer in Artikel 6 Absatz 6 genannten festen Einrichtung zusammenhängen, vom Wert der Betriebsstätte beziehungsweise der festen Einrichtung abgezogen.

(3) Schulden, die mit den in Artikel 7 genannten Schiffen und Luftfahrzeugen sowie mit den ihrem Betrieb dienenden beweglichen Vermögenswerten zusammenhängen, werden vom Wert dieser Schiffe, Luftfahrzeuge und Vermögenswerte abgezogen.

(4) Schulden, die mit dem in Artikel 8 genannten beweglichen materiellen Vermögen zusammenhängen, werden vom Wert dieses Vermögens abgezogen.

(5) Die anderen Schulden werden vom Wert des Vermögens abgezogen, für das Artikel 9 gilt.

(6) Übersteigt eine Schuld den Wert des Vermögens, von dem sie in einem Vertragsstaat nach den Absätzen 1, 2, 3 oder 4 abzuziehen ist, so wird der übersteigende Betrag vom Wert des übrigen Vermögens, das in diesem Staat besteuert werden kann, abgezogen.

(7) Verbleibt in einem Vertragsstaat nach den Abzügen, die aufgrund der Absätze 5 oder 6 vorzunehmen sind, ein Schuldenrest, so wird dieser vom Wert des Vermögens, das im anderen Vertragsstaat besteuert werden kann, abgezogen.

Art. 11 Vermeidung der Doppelbesteuerung

(1) Die Doppelbesteuerung wird im Falle Frankreichs wie folgt vermieden:
a) Hatte der Erblasser im Zeitpunkt seines Todes oder der Schenker im Zeitpunkt der Schenkung seinen Wohnsitz in Frankreich,
  aa) so besteuert Frankreich das gesamte Vermögen, das Teil des Nachlasses oder der Schenkung ist, einschließlich des Vermögens, das nach diesem Abkommen in der Bundesrepublik Deutschland besteuert werden kann, und rechnet auf diese Steuer den Betrag an, der der Steuer entspricht, die in der Bundesrepublik Deutschland für das Vermögen gezahlt wird, das aus demselben Anlass nach diesem Abkommen in der Bundesrepublik Deutschland besteuert werden kann.
  bb) Der unter Doppelbuchstabe aa erwähnte Anrechnungsbetrag darf jedoch den Teil der vor der Anrechnung ermittelten französischen Steuer nicht übersteigen, der auf das Vermögen entfällt, für das die Anrechnung zu gewähren ist. Unter diesem Teil ist Folgendes zu verstehen:
    – sofern die für dieses Vermögen zu zahlende Steuer unter Anwendung eines proportionalen Satzes errechnet wird, das Produkt aus

dem Nettowert dieses Vermögens und dem darauf tatsächlich angewandten Satz;
- sofern die für dieses Vermögen zu zahlende Steuer unter Anwendung eines progressiven Tarifs errechnet wird, das Produkt aus dem Nettowert dieses Vermögens und dem Satz, der sich aus dem Verhältnis zwischen der Steuer, die für das gesamte nach französischem innerstaatlichen Recht zu besteuernde Vermögen tatsächlich zu zahlen ist, und dem Nettowert des gesamten Vermögens ergibt.

b) Hatte der Erblasser im Zeitpunkt seines Todes oder der Schenker im Zeitpunkt der Schenkung seinen Wohnsitz nicht in Frankreich, so wird die französische Steuer auf das Vermögen, das nach diesem Abkommen in Frankreich besteuert werden kann, unter Anwendung des Satzes ermittelt, der für das gesamte nach französischem innerstaatlichen Recht zu besteuernde Vermögen gilt.

c) Hatte der Erwerber im Zeitpunkt des Todes des Erblassers oder im Zeitpunkt der Schenkung seinen Wohnsitz in Frankreich, so kann Frankreich ungeachtet des Artikels 9 den gesamten Erwerb dieser Person besteuern; es rechnet nach Maßgabe der Vorschriften des französischen Rechts über die Anrechnung ausländischer Steuern auf die nach seinem Recht festgesetzte Steuer die Steuer an, die in der Bundesrepublik Deutschland für anderes als das Vermögen gezahlt wird, das nach den Artikeln 5, 6, 7 und 8 in Frankreich besteuert werden kann.

(2) Die Doppelbesteuerung wird im Falle der Bundesrepublik Deutschland wie folgt vermieden:

a) Hatte der Erblasser im Zeitpunkt seines Todes oder der Schenker im Zeitpunkt der Schenkung in der Bundesrepublik Deutschland seinen Wohnsitz, so rechnet die Bundesrepublik Deutschland nach Maßgabe der Vorschriften des deutschen Rechts über die Anrechnung ausländischer Steuern auf die nach ihrem Recht festgesetzte Steuer die Steuer an, die in Frankreich für das Vermögen gezahlt wird, das nach den Artikeln 5, 6, 7 und 8 in Frankreich besteuert werden kann.

b) Hatte der Erwerber im Zeitpunkt des Todes des Erblassers oder im Zeitpunkt der Schenkung in der Bundesrepublik Deutschland seinen Wohnsitz, so kann die Bundesrepublik Deutschland ungeachtet des Artikels 9 den gesamten Erwerb dieser Person besteuern; sie rechnet nach Maßgabe der Vorschriften des deutschen Rechts über die Anrechnung ausländischer Steuern auf die nach ihrem Recht festgesetzte Steuer die Steuer an, die in Frankreich für anderes als das Vermögen gezahlt wird, das nach den Artikeln 5, 6, 7 und 8 in der Bundesrepublik Deutschland besteuert werden kann.

Der anzurechnende Betrag darf jedoch den Teil der vor der Anrechnung ermittelten deutschen Steuer nicht übersteigen, der auf das Vermögen entfällt, für das die Anrechnung zu gewähren ist. Abweichend hiervon darf der anzurechnende Betrag den Teil der vor der Anrechnung ermittelten deutschen Steuer nicht übersteigen, der anteilig dem Verhältnis des Immobilienvermögens einer Gesellschaft oder juristischen Person, das ganz oder teilweise gemäß Artikel 5

Absatz 4 in Verbindung mit Artikel 5 Absatz 1 in Frankreich besteuert werden kann, zu deren gesamtem Vermögen entspricht.

Art. 12 Gleichbehandlung

(1) Für die Gleichbehandlung auf dem Gebiet der Erbschaft- und Schenkungsteuern gelten die Bestimmungen des Artikels 21 des durch das Revisionsprotokoll vom 9. Juni 1969 und die Zusatzabkommen vom 28. September 1989 und vom 20. Dezember 2001 geänderten Abkommens vom 21. Juli 1959 zwischen der Bundesrepublik Deutschland und der Französischen Republik zur Vermeidung der Doppelbesteuerungen und über gegenseitige Amts- und Rechtshilfe auf dem Gebiete der Steuern vom Einkommen und vom Vermögen sowie der Gewerbesteuern und der Grundsteuern zusammen mit dem zugehörigen Protokoll (im Folgenden als „Doppelbesteuerungsabkommen" bezeichnet).

(2) Für die Anwendung von Artikel 21 Absatz 1 des Doppelbesteuerungsabkommens sind bei natürlichen Personen, juristischen Personen, Personengesellschaften und Personenvereinigungen, die ihren Wohnsitz oder ständigen Aufenthalt in einem Vertragsstaat haben, nicht die gleichen Verhältnisse gegeben wie bei natürlichen Personen, juristischen Personen, Personengesellschaften und Personenvereinigungen, die ihren Wohnsitz oder ständigen Aufenthalt nicht in diesem Staat haben, auch wenn nach Artikel 21 Absatz 2 des Doppelbesteuerungsabkommens diese juristischen Personen, Personengesellschaften und Personenvereinigungen als Staatsangehörige des Vertragsstaats gelten, in dem sie ihren Wohnsitz oder ständigen Aufenthalt haben.

Art. 13 Verständigungsverfahren

(1) Ist eine Person der Auffassung, dass Maßnahmen eines Vertragsstaats oder beider Vertragsstaaten für sie zu einer Besteuerung führen oder führen werden, die diesem Abkommen nicht entspricht, so kann sie unbeschadet der nach dem innerstaatlichen Recht dieser Staaten vorgesehenen Rechtsmittel ihren Fall der zuständigen Behörde eines der beiden Vertragsstaaten unterbreiten. Der Fall muss innerhalb von drei Jahren nach der ersten Mitteilung der Maßnahme unterbreitet werden, die zu einer dem Abkommen nicht entsprechenden Besteuerung führt.

(2) Hält die zuständige Behörde die Einwendung für begründet und ist sie selbst nicht in der Lage, eine befriedigende Lösung herbeizuführen, so wird sie sich bemühen, den Fall durch Verständigung mit der zuständigen Behörde des anderen Vertragsstaats so zu regeln, dass eine dem Abkommen nicht entsprechende Besteuerung vermieden wird. Die Verständigungsregelung ist ungeachtet der Fristen des innerstaatlichen Rechts der Vertragsstaaten durchzuführen.

(3) Die zuständigen Behörden der Vertragsstaaten werden sich bemühen, bei der Auslegung oder Anwendung des Abkommens entstehende Schwierigkeiten in gegenseitigem Einvernehmen zu beseitigen. Sie können auch gemeinsam darüber beraten, wie eine Doppelbesteuerung in Fällen vermieden werden kann, die im Abkommen nicht behandelt sind.

(4) Die zuständigen Behörden der Vertragsstaaten können gemeinsam oder getrennt alle Vorschriften erlassen und Verfahren festlegen, die zur Durchführung des Abkommens erforderlich sind.

(5) Die zuständigen Behörden der Vertragsstaaten können zur Herbeiführung einer Einigung im Sinne der Absätze 1, 2, 3 und 4 unmittelbar miteinander verkehren. Erscheint ein mündlicher Meinungsaustausch für die Herbeiführung der Einigung zweckmäßig, so kann ein solcher Meinungsaustausch in einer Kommission durchgeführt werden, die aus Vertretern der zuständigen Behörden der Vertragsstaaten besteht.

Art. 14 Schiedsverfahren

(1) In den in Artikel 13 genannten Fällen können die zuständigen Behörden, wenn sie nicht innerhalb von 24 Monaten vom Tag des Eingangs des Antrags des oder der Steuerpflichtigen an gerechnet zu einer Verständigung kommen, die Anrufung einer Schiedskommission vereinbaren.

(2) Diese Kommission wird für jeden Einzelfall auf folgende Weise gebildet: jeder Vertragsstaat benennt ein Mitglied; die beiden Mitglieder benennen in gegenseitigem Einvernehmen einen Angehörigen eines dritten Staates, der zum Vorsitzenden ernannt wird. Alle Mitglieder müssen innerhalb von drei Monaten, gerechnet ab dem Tag, an dem die zuständigen Behörden sich darauf geeinigt haben, den Fall der Schiedskommission zu unterbreiten, benannt werden.

(3) Werden die in Absatz 2 genannten Fristen nicht eingehalten, und wird keine andere Vereinbarung getroffen, so kann jeder Vertragsstaat den Generalsekretär des Ständigen Schiedsgerichtshofs ersuchen, die erforderlichen Benennungen vorzunehmen.

(4) Die Schiedskommission entscheidet nach den Grundsätzen des Völkerrechts und insbesondere nach den Bestimmungen dieses Abkommens. Sie setzt selbst ihr Verfahren fest. Der Steuerpflichtige hat das Recht, von der Kommission gehört zu werden oder schriftliche Anträge einzureichen.

(5) Die Entscheidungen der Schiedskommission werden mit Stimmenmehrheit der Mitglieder gefasst und sind verbindlich. Die Abwesenheit oder Stimmenthaltung eines der von den Vertragsstaaten benannten beiden Mitglieder hindert die Kommission nicht, eine Entscheidung zu treffen. Bei Stimmengleichheit ist die Stimme des Vorsitzenden ausschlaggebend.

Art. 15 Informationsaustausch

(1) Die zuständigen Behörden der Vertragsstaaten tauschen die Informationen aus, die zur Durchführung dieses Abkommens oder zur Verwaltung beziehungsweise Vollstreckung des innerstaatlichen Rechts betreffend Steuern jeder Art und Bezeichnung, die für Rechnung der Vertragsstaaten oder ihrer Gebietskörperschaften erhoben werden, voraussichtlich erheblich sind, soweit die diesem Recht entsprechende Besteuerung nicht dem Abkommen widerspricht. Der Informationsaustausch ist durch Artikel 1 und 2 nicht eingeschränkt.

(2) Alle Informationen, die ein Vertragsstaat gemäß Absatz 1 erhalten hat, sind ebenso geheim zu halten wie die aufgrund des innerstaatlichen Rechts dieses Staates beschafften Informationen und dürfen nur den Personen oder Behörden (einschließlich der Gerichte und der Verwaltungsbehörden) zugänglich gemacht werden, die mit der Veranlagung oder Erhebung, der Vollstreckung oder Strafverfolgung oder mit der Entscheidung von Rechtsmitteln hinsichtlich der in Absatz 1 genannten Steuern oder mit der Aufsicht darüber befaßt sind. Diese Personen oder Behörden dürfen die Informationen nur für diese Zwecke verwenden. Sie dürfen die Informationen in einem öffentlichen Gerichtsverfahren oder für eine Gerichtsentscheidung offen legen.

(3) Absätze 1 und 2 sind nicht so auszulegen, als verpflichteten sie einen Vertragsstaat,

a) Verwaltungsmaßnahmen durchzuführen, die von den Gesetzen oder der Verwaltungspraxis dieses oder des anderen Vertragsstaats abweichen;
b) Informationen zu erteilen, die nach den Gesetzen oder im üblichen Verwaltungsverfahren dieses oder des anderen Vertragsstaats nicht beschafft werden können;
c) Informationen zu erteilen, die ein Handels-, Industrie-, Gewerbe- oder Berufsgeheimnis oder ein Geschäftsverfahren preisgeben würden oder deren Erteilung der öffentlichen Ordnung widerspräche.

(4) Ersucht ein Vertragsstaat gemäß diesem Artikel um Informationen, so nutzt der andere Vertragsstaat die ihm zur Verfügung stehenden Möglichkeiten zur Beschaffung der erbetenen Informationen, selbst wenn dieser andere Staat diese Informationen für seine eigenen steuerlichen Zwecke nicht benötigt. Die im vorhergehenden Satz enthaltene Verpflichtung unterliegt den Beschränkungen gemäß Absatz 3, sofern diese Beschränkungen einen Vertragsstaat nicht nur deshalb an der Erteilung von Informationen hindern, weil er kein innerstaatliches steuerliches Interesse an diesen Informationen hat.

(5) Absatz 3 ist in keinem Fall so auszulegen, als könne ein Vertragsstaat die Erteilung von Informationen nur deshalb ablehnen, weil sich die Informationen bei einer Bank, einem sonstigen Finanzinstitut, einem Bevollmächtigten, Vertreter oder Treuhänder befinden oder sich auf das Eigentum an einer Person beziehen.

Art. 16 Unterstützung bei der Beitreibung

(1) Auf Ersuchen der zuständigen Behörde des einen Vertragsstaats führt der andere Vertragsstaat vorbehaltlich der Absätze 7 und 10 die Beitreibung der steuerlichen Ansprüche des erstgenannten Staates nach Maßgabe der Rechtsvorschriften durch, die für die Beitreibung seiner eigenen steuerlichen Ansprüche gelten. Der Ausdruck „steuerliche Ansprüche" bedeutet den Steuerbetrag sowie mit diesem Betrag zusammenhängende Zinsen, Geldbußen und Kosten der Erhebung oder Sicherung, die geschuldet werden und noch nicht gezahlt worden sind.

(2) Absatz 1 gilt nur für steuerliche Ansprüche, die Gegenstand eines im ersuchenden Staat gültigen Vollstreckungstitels sind und die vorbehaltlich einer

gegenteiligen Regelung durch die zuständigen Behörden nicht mehr angefochten werden können.

(3) Bei steuerlichen Ansprüchen im Zusammenhang mit einem Erblasser oder seinem Nachlass beschränkt sich die Verpflichtung zur Gewährung einer Unterstützung bei der Beitreibung auf den Wert des Nachlasses oder desjenigen Teiles des Vermögens, der auf jeden Nachlassbegünstigten entfällt, je nachdem, ob die Ansprüche aus dem Nachlass oder aus dem auf den Nachlassbegünstigten entfallenden Teil zu befriedigen sind.

(4) Auf Ersuchen der zuständigen Behörde des einen Vertragsstaats trifft der andere Vertragsstaat zum Zweck der Beitreibung eines Steuerbetrags Sicherungsmaßnahmen, selbst wenn gegen die steuerlichen Ansprüche Einspruch eingelegt oder der Vollstreckungstitel noch nicht ausgestellt worden ist.

(5) Dem Ersuchen sind beizufügen:
a) eine Erklärung, dass der Anspruch eine unter das Abkommen fallende Steuer betrifft und dass er im Falle der Beitreibung vorbehaltlich des Absatzes 2 nicht angefochten wird,
b) eine amtliche Ausfertigung des im ersuchenden Staat gültigen Vollstreckungstitels und
c) die anderen für die Beitreibung oder die Sicherungsmaßnahmen erforderlichen Schriftstücke.

(6) Der im ersuchenden Staat gültige Vollstreckungstitel wird, soweit erforderlich, gemäß den im ersuchten Staat geltenden Bestimmungen nach Eingang des Ersuchens so bald wie möglich anerkannt, ergänzt oder durch einen Vollstreckungstitel des ersuchten Staates ersetzt.

(7) Für Fragen im Zusammenhang mit Verjährungsfristen bei steuerlichen Ansprüchen ist das Recht des ersuchenden Staates maßgebend. Das Ersuchen um Unterstützung enthält Angaben über diese Verjährungsfristen.

(8) Beitreibungsmaßnahmen, die vom ersuchten Staat aufgrund eines Ersuchens durchgeführt werden und die nach dem Recht dieses Staates die in Absatz 7 erwähnten Verjährungsfristen hemmen oder unterbrechen würden, haben im Hinblick auf das Recht des ersuchenden Staates dieselbe Wirkung. Der ersuchte Staat unterrichtet den ersuchenden Staat über die zu diesem Zweck getroffenen Maßnahmen.

(9) Der ersuchte Staat kann einem Zahlungsaufschub oder Ratenzahlungen zustimmen, wenn sein Recht oder seine Verwaltungspraxis dies in ähnlichen Fällen zulässt; er unterrichtet den ersuchenden Staat im Voraus hierüber.

(10) Der ersuchte Staat ist keinesfalls verpflichtet, einem Ersuchen zu entsprechen, das später als 15 Jahre nach dem Zeitpunkt der Ausfertigung des ursprünglichen Vollstreckungstitels gestellt wird.

Art. 17 Mitglieder diplomatischer Missionen und konsularischer Vertretungen
(1) Dieses Abkommen berührt nicht die steuerlichen Vorrechte, die den Diplomaten und Konsularbeamten nach den allgemeinen Regeln des Völkerrechts oder aufgrund gesonderter Vereinbarungen zustehen.

(2) Ungeachtet des Artikels 4 wird eine natürliche Person, die Mitglied einer diplomatischen Mission, einer konsularischen Vertretung oder einer Ständigen Vertretung eines Vertragsstaats ist, die im anderen Vertragsstaat oder in einem dritten Staat gelegen ist, für die Zwecke dieses Abkommens so behandelt, als habe sie ihren Wohnsitz im Entsendestaat, wenn

a) nach dem Völkerrecht ihr Nachlass oder ihre Schenkung im Empfangsstaat mit außerhalb dieses Staates gelegenem Vermögen nicht steuerpflichtig ist und

b) der gesamte Nachlass oder die gesamte Schenkung im Entsendestaat in gleicher Weise besteuert wird wie die Nachlässe oder Schenkungen von Personen mit Wohnsitz in diesem Staat.

(3) Das Abkommen gilt nicht für

a) Schenkungen von internationalen Organisationen oder von deren Organen oder Beamten oder von Personen, die Mitglieder einer diplomatischen Mission, einer konsularischen Vertretung oder einer Ständigen Vertretung eines dritten Staates sind, und

b) Nachlässe dieser Beamten oder Personen,

wenn diese Organisationen, Organe, Beamten oder Personen sich in einem Vertragsstaat aufhalten und ihre Schenkungen oder Nachlässe in keinem Vertragsstaat steuerlich wie die Schenkungen oder Nachlässe von Personen mit Wohnsitz in diesem Staat behandelt werden.

Art. 18 Protokoll zum Abkommen

Das anliegende Protokoll ist Bestandteil dieses Abkommens.

Art. 19 Inkrafttreten

(1) Dieses Abkommen bedarf der Ratifikation. Die Ratifikationsurkunden werden so bald wie möglich ausgetauscht.

(2) Dieses Abkommen tritt am Tag nach dem Austausch der Ratifikationsurkunden in Kraft. Die Bestimmungen dieses Abkommens finden Anwendung auf die Nachlässe von Personen, die am oder nach dem Tag des Inkrafttretens des Abkommens sterben, und auf Schenkungen, die am oder nach dem Tag des Inkrafttretens des Abkommens ausgeführt werden.

Art. 20 Geltungsdauer und Kündigung

Das Abkommen bleibt auf unbestimmte Zeit in Kraft, jedoch kann jeder der Vertragsstaaten vom fünften Jahr nach dem Jahr des Inkrafttretens an das Abkommen bis zum 30. Juni eines jeden Kalenderjahres auf diplomatischem Weg schriftlich kündigen. In diesem Fall ist das Abkommen auf die Nachlässe der im Kalenderjahr der Kündigung des Abkommens gestorbenen Personen beziehungsweise auf die in diesem Jahr vorgenommenen Schenkungen letztmals anzuwenden.

Protokoll zum Abkommen zwischen
der Bundesrepublik Deutschland
und der Französischen Republik
zur Vermeidung der Doppelbesteuerung
der Nachlässe, Erbschaften und Schenkungen

Die Bundesrepublik Deutschland und die Französische Republik haben anlässlich der Unterzeichnung des Abkommens zwischen den beiden Staaten zur Vermeidung der Doppelbesteuerung der Nachlässe, Erbschaften und Schenkungen am 12. Oktober 2006 die nachstehenden Bestimmungen vereinbart:

(1) Hinsichtlich des Artikels 3 Absatz 2 besteht Einvernehmen darüber, dass bei der Anwendung des Abkommens durch einen Vertragsstaat die Bedeutung, die einem Ausdruck nach dem Steuerrecht dieses Staates zukommt, Vorrang hat vor der Bedeutung, die ihm in anderen Bereichen des Rechts dieses Staates zukommt.

(2) Hinsichtlich des Artikels 4 Absatz 1 gilt ein deutscher Staatsangehöriger, der sich zum Zeitpunkt des Todes oder der Schenkung seit höchstens fünf Jahren außerhalb der Bundesrepublik Deutschland aufhielt, ohne in der Bundesrepublik Deutschland über eine Wohnstätte zu verfügen, als eine Person mit Wohnsitz in der Bundesrepublik Deutschland im Sinne des ersten Satzes dieses Absatzes.

(3) Hinsichtlich des Artikels 5 Absatz 4 besteht Einvernehmen darüber, dass die über eine oder mehrere andere Gesellschaften oder juristische Personen gehaltenen Immobilien nur mit dem prozentualen Anteil zu berücksichtigen sind, der dem entsprechenden prozentualen Anteil an den Aktien, Anteilen oder sonstigen Rechten entspricht, der dem Erblasser oder Schenker zuzurechnen ist.

(4) Hinsichtlich des Artikels 8 gelten Bargeld, Forderungen jeder Art, Aktien und Gesellschaftsanteile nicht als bewegliches materielles Vermögen.

Artikel 8 gilt zudem nicht für bewegliches materielles Vermögen, das Teil des Nachlasses einer Person mit Wohnsitz in einem Vertragsstaat ist und das im Zeitpunkt des Todes im Hoheitsgebiet des anderen Vertragsstaates gelegen ist, ohne zum dauerhaften Verbleib in diesem anderen Vertragsstaat bestimmt gewesen zu sein. In diesem Fall ist ausschließlich Artikel 9 anzuwenden.

(5) Hinsichtlich des Artikels 10 besteht Einvernehmen darüber, dass in dem Fall, in dem ein Vertragsstaat aufgrund seines innerstaatlichen Rechts einen Vermögenswert nur zu einem Teil seines Werts besteuert, die Schulden ungeachtet der Bestimmungen der Absätze 6 und 7 dieses Artikels auch nur anteilig abgezogen werden.

(6) Es besteht Einvernehmen darüber, dass Artikel 11 Absatz 2 letzter Satz nicht anzuwenden ist, wenn in der Bundesrepublik Deutschland das innerstaatliche Recht eine Besteuerung von Immobilienvermögen gemäß Artikel 5 Absatz 4 in Verbindung mit Artikel 5 Absatz 1 ermöglicht.

(7) Hinsichtlich der Artikel 15 und 16 gelten, soweit nach diesen Artikeln personenbezogene Daten übermittelt werden, ergänzend die nachfolgenden Be-

stimmungen unter Beachtung der in jedem Vertragsstaat geltenden Rechtsvorschriften:

a) Unter personenbezogenen Daten sind nähere Angaben über die persönlichen und faktischen Verhältnisse einer bestimmten oder bestimmbaren natürlichen Person zu verstehen.
b) Die aufgrund dieses Abkommens übermittelten personenbezogenen Daten sind für die Zwecke, für die sie übermittelt worden sind, und zu den von der übermittelnden zutändigen Behörde im Einzelfall vorgeschriebenen Bedingungen zu verwenden. Die Verwendung der personenbezogenen Daten für andere Zwecke bedarf der vorherigen Zustimmung der die betreffenden Daten übermittelnden zuständigen Behörde.
c) Vorbehaltlich der innerstaatlichen Rechtsvorschriften der Vertragsstaaten gilt für die Übermittlung und Verwendung von personenbezogenen Daten Folgendes:
aa) Die empfangende zuständige Behörde unterrichtet die übermittelnde zuständige Behörde auf Ersuchen über die empfangenen personenbezogenen Daten, deren Verwendung und die dadurch erzielten Ergebnisse;
bb) Die zuständigen Behörden behandeln die im Rahmen dieses Abkommens übermittelten personenbezogenen Daten sorgfältig und achten besonders auf deren Korrektheit und Vollständigkeit. Es sind nur personenbezogene Daten zu übermitteln, die das gestellte Ersuchen betreffen. Erweist sich, dass unrichtige personenbezogene Daten oder personenbezogene Daten, die nicht übermittelt werden durften, übermittelt worden sind, so ist dies der empfangenden zuständigen Behörde unverzüglich mitzuteilen. Die empfangende zuständige Behörde berichtigt etwaige Fehler oder übermittelt die personenbezogenen Daten zurück;
cc) Die zuständigen Behörden machen die Übermittlung und den Empfang von personenbezogenen Daten in geeigneter Weise aktenkundig;
dd) Die zuständigen Behörden gewährleisten für die übermittelten personenbezogenen Daten Schutz gegen unbefugten Zugang, unbefugte Veränderung und unbefugte Bekanntgabe.

Schrifttum

Bisle, Neues Erbschaft- und Schenkungsteuer-DBA mit Frankreich, IWB F. 5 Frankreich G 2 2009, 1533; *Czakert*, Das neue Erbschaft- und Schenkungsteuer DBA zwischen Deutschland und Frankreich, IStR 2007, 281; *Gottschalk*, Frankreich: Doppelbesteuerungsabkommen mit Deutschland zur Erbschaft- und Schenkungsteuer, ZEV 2007, 217; *Hechler*, Die Besteuerung deutsch-französischer Erbfälle, Köln 1998; *Jülicher*, Das neue DBA Frankreich-Deutschland zur Erbschaftund Schenkungsteuer, IStR 2007, 85; *Moench/Morsch*, Das „Erbschaftsteuer-DBA" zwischen Saarland und Frankreich – Ein Dokument zeitvergessener Vertragshandlungen, ZEV 2002, 273; *Nennstiel*, Erben in Frankreich, DATEV-Magazin 05/2010, 29; *Reichertz*, Die Erbschaft- und Schenkungsteuer in Frankreich bei grenzüberschreitenden Sachverhalten mit Deutschland, INF 2007, 421; *Reitter/Krenz*, Steuereffiziente Gestaltungen von Grundstücksinvestitionen in Frankreich, IStR 1996,

DBA-Frankreich

165; *Rosner*, Erbschaft und Schenkung von Grundvermögen in Frankreich nach dem DBA-Frankreich, IStR 2012, 252; *von Oertzen/Schienke*, Die Besteuerung deutschfranzösischer Erbfälle nach Inkrafttreten des ErbSt-DBA zwischen Deutschland und Frankreich, ZEV 2007, 206.

Aufgrund der Vorschriften zum Ausschluß der Doppelbesteuerung bei der Erbschaftsteuer zwischen dem **Saarland und Frankreich** auf der Grundlage des Saarvertrags aufgrund des Saarvertrags vom 27.10.1956 (BGBl II 1956, 1587) bestehen im Verhältnis des Saarlands zu Frankreich bereits Regelungen zur Vermeidung einer Doppelbesteuerung. Diese haben aus deutscher Sicht nur Bedeutung für Personen, die im Besteuerungszeitpunkt im Saarland ansässig sind (*Moench/Morsch*, ZEV 2002, 273). Allerdings hat der BFH festgestellt, dass die Vorschrifen des Saarvertrages zur Vermeidung der Doppelbesteuerung bereits seit dessen Außerkrafttreten am 5.7.1959 nicht mehr anwendbar sind. Hintergrund ist, dass die Verwaltungsanweisungen, durch die ihre weitere Anwendung angeordnet wurde, für Gerichte nicht verbindlich sind und keinen Vertrauensschutz zugunsten der Steuerpflichtigen begründen (BFH v. 4.7.2012, II R 38/10, BStBl II 2012, 782). 138

Weiterhin wurde das **ESt-DBA Frankreich** durch **Zusatzabkommen** vom 28.9.1989 (BGBl II 1990, 770; BStBl I 1990, 413) um den die Erbschaftsteuer betreffenden Art. 21 Abs. 7 ergänzt. Dieser sieht vor, dass die **Steuerbefreiungen und Steuerermäßigungen auf Schenkungen oder Erbschaften**, die das Recht eines der Vertragsstaaten zugunsten dieses Staats, seiner Länder oder seiner Gebietskörperschaften vorsieht, jeweils auch für juristische Personen gleicher Art des anderen Vertragsstaates gelten. Weiterhin sind bestimmte Anstalten des öffentlichen Rechts sowie Institutionen, die religiöse, wissenschaftliche, künstlerische und ähnliche Zwecke verfolgen, im anderen Staat steuerbefreit, wenn sie die nach dessen Recht geltenden Voraussetzungen für die Steuerbefreiung bei der Gründung in diesen Vertragsstaat erfüllt hätten und wenn für diese in dem Staat, in dem sie gegründet wurden, ähnliche Steuerbefreiungen oder Vergünstigungen gelten. 139

Das Abkommen zwischen der BRD und der Französischen Republik zur Vermeidung der Doppelbesteuerung der Nachlässe, Erbschaften und Schenkungen wurde am 12.10.2006 unterzeichnet (BGBl II 2007, 1403). Es entspricht weitgehend dem Musterabkommen der OECD. Am 2.4.2009 wurde das Abkommen durch **Austausch der entsprechenden Urkunden ratifiziert**, sodass es am 3.4.2009 in Kraft getreten ist. 140

Das neue DBA findet somit Anwendung auf alle Erbschaften, bei denen der Erblasser ab Inkrafttreten des neuen DBA, also nach dem 2.4.2009, gestorben ist, sowie auf alle Schenkungen ab diesem Datum. Zum Abkommen wurde ein Protokoll vereinbart, das Bestandteil des Abkommens ist (Art. 18 DBA-Erb FR).

Es gilt für Nachlässe bzw. Erbschaften von **Erblassern** und Schenkungen von **Schenkern**, die im Zeitpunkt der Vermögensübertragung in mindestens einem der beiden Vertragsstaaten ihren **Wohnsitz** im Sinne des Abkommens hatten (Art. 1 DBA-Erb FR). Die Staatsangehörigkeit der beteiligten Personen ist für die Abgrenzung des persönlichen Anwendungsbereichs des Abkommens ebenso ohne Bedeutung wie der Wohnsitz des Begünstigten. 141

Arlt

DBA-Frankreich

142 Das Abkommen ist sachlich für **Nachlass- und Erbschaftsteuern** sowie **Schenkungsteuern** anwendbar, die für Rechnung eines Vertragsstaats oder seiner Gebietskörperschaften erhoben werden. Es gilt in Deutschland für die Erbschaft- und Schenkungsteuer, in Frankreich für die Abgaben vom unentgeltlichen Vermögensübergang (droits de mutation à titre gratuit). Das Abkommen gilt nicht für die in Deutschland alle 30 Jahre auf das Vermögen einer Familienstiftung mit Sitz oder Geschäftsleitung im Inland (§ 1 Abs. 1 Nr. 4 i.V.m. § 9 Abs. 1 Nr. 4 ErbStG) erhobene Erbersatzsteuer (Art. 2 DBA-Erb FR).

143 Die **Definition** der wesentlichen im DBA verwendeten Begriffe erfolgt, soweit das Abkommen keine eigene Begriffsbestimmungen enthält, – entsprechend dem OECD-Musterabkommen – nach dem Sinn und Vorschriftenzusammenhang, ansonsten nach innerstaatlichem Recht (Art. 3 DBA-Erb FR, Art. 3 OECD-MA). Dabei wird durch Nr. 1 des Schlussprotokolls ein Vorrang der Bedeutung innerstaatlicher steuerrechtlicher Begriffe vor der Bedeutung dieser Begriffe aus anderen innerstaatlichen Rechtsgebieten eingeräumt.

144 Zur Bestimmung des abkommensrechtlichen **Wohnsitzes** des Erblassers oder Schenkers wird im Abkommen auf das innerstaatliche Recht der Vertragsstaaten bezug genommen (Art. 4 Abs. 1 DBA-Erb FR; Art. 4 Abs. 1 OECD-MA). Dabei ist in Nr. 2 des Schlussprotokolls die Klarstellung enthalten, dass auch eine nach § 2 Abs. 1 Nr. 1 Buchst. b ErbStG als Inländer unbeschränkt steuerpflichtige natürliche Person mit deutscher Staatsangehörigkeit innerhalb eines Fünfjahreszeitraums nach der Aufgabe des Wohnsitzes in Deutschland abkommensrechtlich als Person mit Wohnsitz in Deutschland betrachtet wird. Die bei der Überschneidung der nationalen Wohnsitzkriterien auftretenden Konfliktfälle eines „**Doppelwohnsitzes**" werden bei einer natürlichen Person im DBA durch eine Kollisionsregelung gelöst, deren Struktur dem Musterabkommen der OECD entspricht (Art. 4 Abs. 2 DBA-Erb FR; Art. 4 Abs. 2 OECD-MA). Es erfolgt insoweit eine abgestufte Prüfung anhand der Kriterien einer ständigen Wohnstätte, dem Mittelpunkt der Lebensinteressen, des gewöhnlichen Aufenthalts sowie anhand der Staatsangehörigkeit. Als letzter Lösungsweg ist eine Regelung im gegenseitigen Einvernehmen im Rahmen eines internationales Verständigungsverfahrens durch die zuständigen Behörden der Vertragsstaaten vorgesehen.

145 Eine vom OECD-Musterabkommen abweichende Besonderheit ist bei einer natürlichen Person vorgesehen, die zum Zeitpunkt der Vermögensübertragung Staatsangehörige eines Vertragsstaats war, ohne gleichzeitig Staatsangehörige des anderen Vertragsstaats zu sein und die aufgrund des innerstaatlichen Rechts der Vertragsstaaten einen Doppelwohnsitz hatte. In diesem Fall wird der abkommensrechtliche Wohnsitz nur in dem Staat angenommen, dessen Staatsangehörigkeit sie hatte, wenn diese Person die eindeutige Absicht hatte, ihren Wohnsitz im anderen Staat **nicht auf Dauer beizubehalten** und wenn sie während der dem Zeitpunkt des Todes oder der Schenkung unmittelbar vorausgehenden sieben Jahre ihren Wohnsitz dort insgesamt weniger als fünf Jahre hatte (Art. 4 Abs. 3 DBA-Erb FR).

146 Eine **nicht natürliche Person** gilt in Zweifelsfällen abkommensrechtlich als in dem Staat ansässig, in dem sich der Ort ihrer tatsächlichen Geschäftsleitung befindet (Art. 4 Abs. 4 DBA-Erb FR, Art. 4 Abs. 3 OECD-MA).

Bei der Übertragung von im Nichtwohnsitzstaat belegenem **unbeweglichem Vermögen** eines Erblassers oder Schenkers, der im Übertragungszeitpunkt seinen Wohnsitz in einem Vertragstaat hatte, bleibt ein konkurrierendes Besteuerungsrecht des Belegenheitsstaates bestehen (Art. 5 Abs. 1 DBA-Erb FR). Nach dieser dem OECD-Musterabkommen (Art. 5 Abs. 1 OECD-MA) weitgehend entsprechenden Abkommensvorschrift erfolgt die Bestimmung des Begriffs „unbewegliches Vermögen" nach der Rechtsordnung des jeweiligen Belegenheitsstaates, sodass Qualifikationskonflikte bei der Zuordnung des unbeweglichen Vermögens ausgeschlossen sind. Ergänzend führt das Abkommen ausdrücklich Vermögenswerte und Rechte an, die stets als unbewegliches Vermögen zu behandeln sind. Allerdings gelten hypothekarisch oder in anderer Weise durch eine Immobilie gesicherte Forderungen nicht als unbewegliches Vermögen (Art. 5 Abs. 2 DBA-Erb FR). Das auf dem Belegenheitsprinzip beruhende Besteuerungsrecht für unbewegliches Vermögen hat Vorrang gegenüber anderen Zuordnungen, d.h. es gilt auch für unbewegliches Vermögen eines Unternehmens und für unbewegliches Vermögen, das der Ausübung eines freien Berufs oder einer sonstigen selbständigen Tätigkeit dient (Art. 5 Abs. 5 DBA-Erb FR). 147

Als Besonderheit ist vorgesehen, dass **Aktien, Anteile oder sonstige Rechte an einer Gesellschaft oder juristischen Person,** deren Vermögen unmittelbar oder über eine oder mehrere andere Gesellschaften oder juristische Personen **zu mehr als der Hälfte** aus in einem Vertragsstaat gelegenen **Immobilien** oder aus Rechten an diesen Immobilien besteht, als **unbewegliches Vermögen** qualifiziert werden. Diese gelten abkommensrechtlich als in dem Vertragsstaat belegen, in dem die Immobilien gelegen sind. Dabei bleiben Immobilien unberücksichtigt, die von dieser Gesellschaft oder juristischen Person für den eigenen gewerblichen oder land- und forstwirtschaftlichen Betrieb genutzt werden oder der Ausübung eines freien Berufs oder einer sonstigen selbstständigen Tätigkeit durch diese Gesellschaft oder juristische Person dienen (Art. 5 Abs. 3 DBA-Erb FR). 148

Ergänzend wird auch bei der Übertragung einer Immobilie, die einer oder mehreren Gesellschaften oder juristischen Personen gehört, an denen der Übertragende alleine oder mit bestimmten ihm nahestehenden Personen zu mehr als der Hälfte beteiligt ist, abkommensrechtlich als Übertragung von unbeweglichem Vermögen fingiert (Art. 5 Abs. 4 DBA-Erb FR). Dabei ist die Beteiligungshöhe der jeweiligen Gesellschaft an der Immobilie unbeachtlich (*Reith*, in Gosch/Kroppen/Grotherr, DBA, Art. 5 DBA-Frankreich/ErbSt, Rz. 5). In diesem Fall wird durch Nr. 3 des Schlussprotokolls klargestellt, dass die Besteuerung auf den prozentualen Anteil an der Gesellschaft oder juristischen Person beschränkt bleibt, der dem Übertragenden zuzurechnen ist.

Für das bewegliche Betriebsvermögen der **Betriebstätte** eines Unternehmens und für das bewegliche Vermögen, das zu einer der Ausübung eines **freien Berufs** oder einer **sonstigen selbstständigen Tätigkeit** ähnlicher Art dienenden **festen Einrichtung** gehört, das ein Erblasser, der im Zeitpunkt des Todes seinen Wohnsitz in einem Vertragstaat hatte, im Nichtwohnsitzstaat hatte, bleibt nach dem Abkommen ein konkurrierendes Besteuerungsrecht für den Betriebstättenstaat bzw. den Staat der festen Einrichtung erhalten (Art. 6 DBA-Erb FR; Art. 6 OECD-MA). 149

150 Bei **Seeschiffen** und **Luftfahrzeugen**, die von einem Unternehmen im internationalen Verkehr betrieben werden, sowie bei der Binnenschiffahrt dienenden Schiffen ist im Abkommen ein konkurrierendes Besteuerungsrecht des Staats vorgesehen, in dem sich der Sitz der Geschäftsleitung des betreibenden Unternehmens befindet (Art. 7 DBA-Erb FR). Für Schiffe und Luftfahrzeuge im Privatbesitz ist Art. 9 DBA-Erb FR anzuwenden.

151 Abweichend vom OECD-Musterabkommen und den bisher von der BRD geschlossenen Abkommen ist im DBA-Erb FR eine Sonderregelung für **bewegliches materielles Vermögen** enthalten. Dieses unterliegt normalerweise der ausschließlichen Steuerberechtigung des Wohnsitzstaats das Übertragenden (Art. 9 OECD-MA). Abweichend hiervon ist in Art. 8 DBA-Erb FR für bewegliches materielles Vermögen, mit Ausnahme des in den Art. 6 und 7 DBA-Erb FR behandelten beweglichen Vermögens, ein konkurrierendes Besteuerungsrecht des Belegenheitsstaates vorgesehen. Im Schlussprotokoll wird konkretisiert, dass Bargeld, Forderungen jeder Art, Aktien und Gesellschaftsanteile nicht als bewegliches materielles Vermögen gelten. Weiterhin gilt Art. 8 DBA-Erb FR nicht für bewegliches materielles Vermögen, das Teil des Nachlasses eines Erblassers mit Wohnsitz in einem Vertragsstaat ist und das sich im Zeitpunkt des Todes im Hoheitsgebiet des anderen Vertragsstaates befindet, **ohne zum dauerhaften Verbleib** in diesem anderen Vertragsstaat **bestimmt** gewesen zu sein, da für dieses Vermögen aufgrund von Art. 9 DBA-Erb FR ein ausschließliches Besteuerungsrecht des Wohnsitzstaats des Übertragenden besteht (Schlussprotokoll Nr. 4).

152 Die Zuteilungsnorm des Art. 8 DBA-Erb FR ist z. B. für Hausrat, Schmuck, private KFZ, Kunstgegenstände und Sammlungen, Boote und Yachten etc. von Bedeutung. Vor allem bei der Klärung der Frage, ob dieses bewegliche materielle Vermögen zum dauerhaften Verbleib im anderen Vertragsstaat bestimmt ist, kann es zu erheblichen Abgrenzungsproblemen kommen.

153 Das **andere Vermögen** kann unabhängig davon, wo es sich tatsächlich befindet, nur im Wohnsitzstaat des Übertragenden besteuert werden (Art. 9 DBA-Erb FR; Art. 7 OECD-MA).

154 **Schulden**, die im Zusammenhang mit dem Erwerb, Bau, der Änderung oder Verbesserung, der Instandsetzung oder Instandhaltung von unbeweglichem Vermögen entstanden sind, sind vom Wert dieses Vermögens abzuziehen (Art. 10 Abs. 1 DBA-Erb FR). Ob diese Schulden durch das unbewegliche Vermögen dinglich gesichert wurden ist ohne Bedeutung. Schulden, die in Zusammanhang mit dem beweglichen Vermögen einer Betriebstätte bzw. festen Einrichtung, mit von einem Unternehmen betriebenen Seeschiffen und Luftfahrzeugen i. S. des Art. 7 DBA-Erb FR oder mit dem der Belegenheitsbesteuerung unterliegenden beweglichen materiellen Vermögen stehen, können jeweils vom Wert dieses Vermögens abgezogen werden (Art. 10 Abs. 2 bis 4 DBA-Erb FR). Die nicht mit diesem Vermögen in Zusammenhang stehenden Schulden sowie die Schulden, die als sog. Erbfallschulden keine vom Erblasser eingegangenen Verbindlichkeiten darstellen, können nur vom Wert des Vermögens abgezogen werden, das der ausschließlichen Besteuerungskompetenz des Wohnsitzstaats des Übertragenden unterliegt (Art. 10 Abs. 5 DBA-Erb FR). Die Bewertung der Schulden erfolgt nach dem innerstaatlichen Recht der Vertragsstaaten.

Übersteigt bei einem **Schuldenüberhang** der Wert einer Schuld das Vermögen, von 155
dem diese abzuziehen ist, muss der Staat, dem das Besteuerungsrecht für das
Vermögen zugeordnet wird, zunächst den Abzug von anderen, ihm zur Besteuerung
überlassenen Vermögenswerten vornehmen (Art. 10 Abs. 6 DBA-Erb FR). Verbleibt im Anschluss daran im Belegenheits- bzw. Wohnsitzstaat ein nicht abzugsfähiger Schuldenrest, wird dieser im anderen Vertragsstaat berücksichtigt (Art. 10
Abs. 7 DBA-Erb FR). Wenn der jeweilige Staat aufgrund seines innerstaatlichen
Rechts einen Vermögenswert nur zu einem Teil seines Werts besteuert, können die
Schulden bei einem Schuldenüberhang nur anteilig abgezogen werden (Schlussprotokoll Nr. 5).

Die **Vermeidung der Doppelbesteuerung** erfolgt in der BRD durch die Anwen- 156
dung der **Anrechnungsmethode**. Danach wird die in Frankreich tatsächlich
gezahlte Steuer, die auf das Vermögen entfällt, das nach dem Abkommen in
Frankreich besteuert werden kann, nach den Vorschriften des § 21 ErbStG auf
die in Deutschland festgesetzte Steuer angerechnet (Art. 11 Abs. 2 Buchst. a
DBA-Erb FR).

Der anzurechnende Betrag ist der Höhe nach begrenzt. Er darf den Teil der vor der 157
Anrechnung ermittelten Steuer in Deutschland nicht übersteigen, der auf das Vermögen entfällt, das nach dem Abkommen in Frankreich besteuert werden kann. Eine
Besonderheit besteht in Fällen, in denen Frankreich unbewegliches Vermögen
besteuert, das über eine Gesellschaft i.S.d. Art. 5 Abs. 4 DBA-Erb FR gehalten wird.
In diesem Fall ist der anzurechnende Betrag der Höhe nach auf den Teil der vor der
Anrechnung ermittelten deutschen Steuer begrenzt, der anteilig dem Verhältnis des
Immobilienvermögens der Gesellschaft zu deren gesamten Vermögen entspricht
(Art. 11 Abs. 2 Sätze 2 bis 3 DBA-Erb FR).

Im Abkommen ist ein **Besteuerungsvorbehalt** für den **Wohnsitzstaat des Erwer-** 158
bers vorgesehen. Diese „überdachenden Besteuerung" besteht bei einem Erwerber,
dessen abkommensrechtlicher Wohnsitz sich im Zeitpunkt der Vermögensübertragung in einem Vertragsstaat befindet, wenn sich der ankommensrechtliche Wohnsitz des Übertragenden im anderen Vertragsstaat befindet (Art. 11 Abs. 1 Buchst. c,
Abs. 2 Buchst. b DBA-Erb FR). Ohne die Aufrechterhaltung dieses konkurrierenden Besteuerungsrechts für den Wohnsitzstaat des Erwerbers könnte dieser ansonsten
nur das dort belegene unbewegliche Vermögen (Art. 5 DBA-Erb FR), bewegliche
Vermögen einer Betriebstätte bzw. festen Einrichtung (Art. 6 DBA-Erb FR), die von
einem Unternehmen betriebenen Seeschiffen und Luftfahrzeugen i.S. des Art. 7 oder
das bewegliche materiellen Vermögen (Art. 8 DBA-Erb FR) besteuern. Das primäre
Besteuerungsrecht des abkommensrechtlichen Wohnsitzstaats des Übertragenden
bleibt dabei aufrechterhalten.

Zur Vermeidung der Doppelbesteuerung rechnet der Vertragsstaat, der den Besteue- 159
rungsvorbehalt als Wohnsitzstaat des Erwerbers geltend macht, jeweils die im
Wohnsitzstaat des Übertragenden erhobene Steuer an. Ausgeschlossen ist dabei die
Anrechnung der Steuer, die auf das Vermögen entfällt, für das der den Besteuerungsvorbehalt geltend machende Vertragsstaat bereits aufgrund einer im Abkommen
enthaltenden Zuteilungsnorm (Art. 5 bis 8 DBA-Erb FR) das Besteuerungsrecht hat.

Arlt

DBA-Frankreich

160 Das im Abkommen enthaltene **Diskriminierungsverbot** weicht insoweit vom OECD-Musterabkommen ab, als es pauschal auf Art. 21 des DBA Frankreich für die Ertrag- und Vermögensteuern verweist (Art. 12 Abs. 1 DBA-Erb FR). Es schränkt die Gleichbehandlung allerdings insoweit ein, als Personen, die ihren Wohnsitz oder ständigen Aufenthalt in einem Vertragsstaat haben, nicht gleich behandelt werden müssen wie Personen, die keinen Wohnsitz in einem der Vertragsstaaten haben (Art. 12 Abs. 2 DBA-Erb FR).

161 Im Abkommen ist die Möglichkeit vorgesehen, dass eine Person, die die Auffassung vertritt, dass Maßnahmen eines Vertragsstaats oder beider Vertragsstaaten für sie zu einer dem Abkommen nicht entsprechenden Besteuerung führen oder führen werden, aufgrund des Abkommens – ungeachten der nach nationalem Steuerrecht vorgesehenen Möglichkeiten (z.B. Einspruch, §§ 347f.. AO) das Recht hat, ihren Fall bei der zuständigen Behörde eines der beiden Staaten zu unterbreiten (Art. 13 Abs. 1 DBA-Erb FR; Art. 11 OECD-MA). Nach diesem besonderen Rechtsbehelf gegen Abkommensverletzungen, kann die angerufene Behörde dann unter Berücksichtigung entweder Abhilfe schaffen oder ein **Verständigungsverfahren** mit der Behörde des anderen Staats einleiten (Art. 13 Abs. 2 DBA-Erb FR). Zur einvernehmlichen Beseitigung von Schwierigkeiten oder Zweifeln bei der Auslegung oder Anwendung des Abkommens ist ein **Konsultationsverfahren** möglich (Art. 13 Abs. 3 DBA-Erb FR). Dabei sind die zuständigen Behörden berechtigt, Vorschriften zu erlassen und Verfahren festzulegen, die zur Durchführung des Abkommens erforderlich sind (Art. 13 Abs. 4 DBA-Erb FR). Im Rahmen des Verständigungsbzw. Konsultationsverfahrens können die zuständigen Behörden unmittelbar miteinander verkehren, dabei ist auch ein mündlicher Meinungsaustausch möglich (Art. 13 Abs. 5 DBA-Erb FR). Weiterhin ist abweichend vom OECD-Musterabkommen ergänzend vorgesehen, dass die zuständigen Behörden im Rahmen eines Schiedsverfahrens die Anrufung einer Schiedskomission vereinbaren können (Art. 14 DBA-Erb FR).

162 Aufgrund der „großen Auskunftsklausel" besteht für die zuständigen Behörden der Vertragsstaaten im Rahmen des **Informationsaustauschs** die Möglichkeit, auf Verlangen die Auskünfte auszutauschen, die zur ordnungsmäßigen Durchführung des Abkommens oder des innerstaatlichen Rechts betreffend die unter das Abkommen fallenden Steuern erforderlich sind. Dabei sind im Abkommen sowie im Schlussprotokoll verschiedene verfahrensrechtliche Details enthalten, die teilweise im OECD-Musterabkommen nicht vorgesehen sind (Art. 15 DBA-Erb FR; Schlussprotokoll Nr. 7; Art. 12 OECD-MA).

163 Weiterhin enthält der Artikel abweichend vom OECD-Musterabkommen eine Sondervorschrift, die die Amtshilfe zwischen den beiden Vertragsstaaten bei der Steuererhebung bzw. der Beitreibung der Steuern regelt, für die das Abkommen gilt (Art. 16 DBA-Erb FR; Schlussprotokoll Nr. 7).

164 Art. 17 DBA-Erb FR bestätigt den Fortbestand steuerlicher Vorrechte für diplomatische und konsularische Beamte und enspricht insoweit weitgehend Art. 13 OECD-MA.

STICHWORTVERZEICHNIS

Erläuterungen zu den Fundstellenangaben, die

auf den Teil **Kommentar** zum ErbStG verweisen:
12 62 fette Zahlen = Paragraphen des ErbStG
magere Zahlen = Randziffern
§ 12 Rz. 62
Einführung 86 Einführung Rz. 86

auf den Teil der **Kommentierung** der **DBA** verweisen:
DBA-Land, 144 fette Bezeichnung = DBA
magere Zahlen = Randziffern
DBA-Frankreich Rz. 144
Grundlagen 3 Grundlagen Rz. 3

Stichwortverzeichnis

A

Abfindung, Auffangtatbestand 3 543
–, Ausschlagung 3 545
–, Verzicht auf Pflichtteilsanspruch 3 544
–, vorzeitiger Erbausgleich 7 430
–, Zurückweisung 3 547
Abfindung für aufschiebend bedingte Ansprüche, Grundsatz 7 480
–, Verzicht auf Erwerbsaussichten 7 481
Abfindung für Erb- und Pflichtteilsverzicht, Abfindung für Erb- und Pflichtteilsverzicht durch Dritte 7 421
–, Grundsatz 7 420
–, zwischen künftigen gesetzlichen Erben 7 422
Abfindungsentgelt für ausscheidenden Gesellschafter, zweigliedrige Personengesellschaft 7 546
abgekürzte Leibrente 12 143
Ableitung des Anteilswerts 12 390 ff.
–, Wert des Anteils am Betriebsvermögen 12 392
Ableitung des Unternehmenswerts aus Verkäufen 12 271, 282
–, Begriff des Verkaufs 12 272 ff.
–, stichtagsnahe Verkäufe 12 280
–, unterschiedliche Ausstattungsmerkmale der Anteile 12 283 f.
–, Verkäufe im gewöhnlichen Geschäftsverkehr 12 277 ff.
–, Verkäufe unter fremden Dritten 12 275 f.
Abschmelzungsmodell 28a 69
–, Verschonungsabschlag 13c 39
Adoption, Freibetrag 16 15
–, Steuerklasse 15 45
Adoptivkind, Steuerklasse 15 17
Altersversorgungsvermögen, Schulden 13b 317
Altersversorgungsverpflichtung 13b 303, 312
–, gemeiner Wert 13b 314
andere Methoden der Unternehmensbewertung 12 300
–, Anwendungsbereich 12 299
–, vergleichsorientierte Methoden/Multiplikatorenmethoden 12 298
Anerbenrecht (Höferecht), Abgrenzung 3 266 f.
–, Begriff 3 263
–, Bewertung LuF-Vermögen 3 265
–, gesetzliche Teilungsanordnung 3 264

Anfall der Erbschaft und Ausschlagung, Abfindung 3 17 f.
–, Beweggrund 3 16
–, Erbanfallsprinzip 3 12
–, Ersatzerbe 3 14
–, Gestaltungsrecht/Frist 3 13
–, unbekannte Erben 3 19
–, Wirkung 3 15
Angehöriger, Begriff 13a 645
Anrechnung ausländischer Erbschaftsteuer, Anrechnungsüberhänge 21 3
–, Antrag 21 33
–, Aufteilungsgebot 21 80
–, ausländische Nachlasssteuer 21 46
–, Auslandsvermögen 21 80, 110
–, Capital gains tax 21 9, 41
–, Doppelbesteuerung 21 2
–, enger Auslandsvermögensbegriff 21 111
–, Entsprechensklausel 21 35a
–, Fünfjahreszeitraum 21 87
–, funktionale Qualifikation 21 40
–, hybriden Trusts 21 45
–, Kapitalverkehrsteuerfreiheit 21 6
–, Nachlasssteuer 21 45
–, per country limitation 21 3
–, plus valia 21 41
–, Rechtsanspruch 21 33
–, Registergebühr 21 42
–, Steuersubjektidentität 21 43
–, Subsidiarität 21 35
–, Vergleichbarkeit 21 38
–, weiter Auslandsvermögensbegriff 21 114
–, Weltvermögensanfall 21 1
–, Wertzuwachssteuer 21 41
–, wirtschaftliche Belastung 21 43, 48
Anteile an Kapitalgesellschaften 13b 102
Anteilsübertragung, gebundener Anteilseigner 13b 195
Antragsrecht, optional unbeschränkte Steuerpflicht 2 152
Anzeige des Erwerbs 30 1
–, Anlaufhemmung 30 83
–, Anzeigeadressat 30 24
–, Bank 33 13
–, Bausparkasse 33 13
–, Beamter 34 1
–, Bedingung 30 56
–, Befristung 30 56
–, Behörde 34 1
–, Berichtigungspflicht 30 5

Stichwortverzeichnis

–, Betagung 30 56
–, Entbehrlichkeit 30 21, 50
–, Erwerb von Kapitalvermögen 30 52
–, Festsetzungsfrist 30 80
–, Form 30 65
–, freiwillige Anzeige des Erwerbs 30 85
–, Frist 30 25
–, Gegenstand 30 18
–, Genehmigungsbehörde 34 25
–, Gericht 34 1
–, Inhalt 30 65
–, Kreditinstitut 33 13
–, mehrere Anzeigepflichtige 30 20
–, Notar 34 1
–, pflichtwidriges Unterlassen 30 71
–, Schenker 30 40
–, Schenkung 30 27
–, Schriftform 30 28
–, Standesamt 34 10
–, Testamentsvollstrecker 30 17
–, Umfang 33 37a
–, Verfügung von Todes wegen 30 26
–, Verhältnis zur Steuererklärung 30 2
–, Vermögensverwahrer 33 10
–, Vermögensverwalter 30 17; 33 10
–, Versicherung 33 37a
–, Versicherungsunternehmen 33 35
–, Verspätungszuschlag 30 72
–, Wertangabe 30 69
–, Zweckzuwendung 30 17
Anzeigepflicht, Ahndung bei Verstoß 33 45
Anzeigepflicht s. Anzeige des Erwerbs 30 1
atypisch stillen Beteiligungen, Unterbeteiligung 13b 80
Aufhebung der Stiftung, Änderung des Stiftungszwecks 7 464
–, Erlöschen der Stiftung 7 461
–, Grundsatz 7 460
–, Tatbestände des Erlöschens einer Stiftung 7 463
–, Zuwendender 7 462
Auflage oder Bedingung 3 539
–, Abgrenzung zum Vermächtnis 3 536, 538
–, Auflage Erblassers vor dessen Tod 3 540
–, Bedingung 3 541
–, Vollziehungsberechtigte 3 537
auflösend bedingte Lasten 12 48
auflösend bedingter Erwerb 12 41
–, Eintritt der auflösenden Bedingung 12 42 ff.
–, Fall 12 40

Auflösung einer Familienstiftung 26 2
Auflösung Verein oder Trusts, Auflösung einer Vermögensmasse ausländischen Rechts 7 470
–, Auflösung eines Vereins 7 465
–, Formwechsel eines Vereins 7 469
–, freigebige Zuwendungen bei Vereinen 7 468
–, Übergang von Vereinsvermögen 7 466 f.
–, Zwischenberechtigung 7 471
aufschiebend bedingte Lasten, Behandlung 12 45
Aufschiebend bedingte Lasten, Einzelfall 12 46
aufschiebend bedingte Lasten, Einzelfall 12 46
–, Folgen des Eintritts 12 47
aufschiebend bedingter Erwerb 12 33 f., 37 ff.
–, Fall 12 35
–, Rechtsfolge 12 36
aufschiebende Bedingung, beim ausl. Erbrecht 9 32
–, beim ausländischen Erbrecht 9 32
–, Steuerentstehung 9 31
–, Vermächtnisanspruch 9 33
Ausbildung, s. Berufsausbildung 13 71 ff.
Auseinandersetzung der Erbengemeinschaft, Ausgleichung 3 127
–, erbschaftsteuerliche Folgen 3 124
–, ertragsteuerliche Folgen 3 125
–, freigebige Zuwendung 3 126
–, Prinzip 3 122
–, Teilungsanordnung/Auseinandersetzungsvertrag 3 123
Ausgangslohnsumme 13a 336
ausländisches Sachvermögen 12 620
–, Anteile an Kapitalgesellschaften 12 626
–, ausländische Teile einer wirtschaftlichen Einheit 12 629
–, Begriff 12 621
–, Betriebsvermögen 12 625
–, Bewertung 12 623
–, Grundvermögen 12 624
–, land- und forstwirtschaftliches Vermögen 12 627 f.
–, Umfang der wirtschaftlichen Einheit 12 630
Auslandserwerb, Erbwerbsvorgang nach ausländischem Zivilrecht 3 62
–, zweistufige Objektqualifikation/Trust 3 63
Auslegung, Anzeigepflicht 30 4
–, Auslegung des ErbStG **Einführung** 45
Auslegung des ErbStG 10 13

1487

Stichwortverzeichnis

Ausscheiden Gesellschafter, Abfindungsentgelt, Abtretungs- und Einziehungsklausel 7 548
–, Anwachsung 7 544
–, Kapitalgesellschaftsrecht 7 547
–, Minderung des Gesellschaftsanteils 7 545
–, objektive Bereicherung 7 542
–, Vertragsstrafencharakter 7 543
–, Wagnisrechtsprechung 7 541
Ausschlagung Erbeinsetzung, Ehegatte 5 81 f.
Aussetzung der Versteuerung 9 129

B

Bedingung, Abgrenzung gegen andere Sachverhalte 12 30
–, Art 12 29
–, aufschiebende/auflösende 12 28
–, Wirkung 12 31
Bedingung/Befristung 12 25
Befristung, Art 12 50 f.
–, befristetes Arbeitsverhältnis 12 32
–, Begriff 12 49
–, Folgen 12 52
begünstigtes Vermögen, Anwendungsbereich 13b 40
Begünstigtes Vermögen, Grenze 90 % 13b 271
begünstigtes Vermögen, Steuerstundung 28 20 f.
–, Stichtagsprinzip 13b 17
–, Umfang 13b 263
begünstigungsfähiges Vermögen 13b 52
–, Definition 13b 252
Begünstigungsfähiges Vermögen, Gewerblicher Hauptzweck 13b 591
begünstigungsfähiges Vermögen, Verwaltungsvermögen 13b 10
Behaltensregelung, Anzeigepflichten der Erwerbers 13a 524
–, Rechtsfolgen 13a 484
–, Verstoß 13a 465
–, Wegfall Verschonungsabschlag 13a 485
Beibehaltung des Fortführungswerts bei Betriebs- und Anteilsveräußerung, Allgemeines 12 465
–, Sechsmonatszeitraum 12 467
–, Veräußerungserlös 12 466
–, Verwendung des Veräußerungserlöses 12 468

Beibehaltung des Fortführungswerts bei Herauslösung wesentlicher Wirtschaftsgüter 12 473
Beihilferecht, europäisches 13a 89
belohnende Schenkung 7 500 ff.
–, Abgrenzung Entlohnung zur Belohnung 7 500
–, lästiger Vertrag 7 502
Bereicherung 7 215
–, Besonderheit 7 207
–, Einzel-/Oderkonto 7 203 f.
–, freie Verfügung 7 202
–, Gemeinschaftskonto 7 204
–, Grundsatz 7 200
–, Kettenschenkung 7 209 f.
–, Schenkung unter Widerrufsvorbehalt 7 216
–, schuldrechtliche Beziehung 7 201
–, Weitergabe an Dritten 7 208
–, Weiterschenkungsklausel 7 211, 213 f.
–, Zuordnung 7 205 f.
–, Zuwendung an juristische Person 7 212
Bereicherungsprinzip 6 9; 8 2; 28 51
–, Bewertungsstichtag 11 15
Berliner Testament 15 70
–, Freibetrag 16 18
–, Mehrfacherwerb 27 6
Berücksichtigung früherer Erwerbe, Verschonungsabschlag 13c 71
Beschäftigter, Begriff 13a 279
beschränkte Steuerpflicht 10 70
–, Freibetrag 16 8
–, Wahlrecht 16 14a
Beschränkt Steuerpflichtige, Freibetrag 16 14a
Bestattungskosten 10 201
Besteuerung bei Nutzungs-/Rentenlast, rechtswirkungen Altfälle 25 1
betagter Erwerb 9 34 ff., 39
–, Jastrowsche Klausel 9 36
–, Lebensversicherung 9 37, 39
–, Steuerentstehung 9 35
–, zivilrechtl. Grundlagen 9 34
–, zivilrechtliche Grundlage 9 34
Beteiligung, Kapitalerhöhung 13b 108
Betrieb, Begriff 13a 289
–, Beschäftigte in Tochtergesellschaften 13a 289
Betrieb der Land- und Forstwirtschaft, Betrieb der Land- und Forstwirtschaft als wirtschaftliche Einheit 12 429

Stichwortverzeichnis

–, Grundbesitzwert des 12 482a
–, land- und forstwirtschaftliche Nutzungen 12 433
–, Nebenbetrieb 12 434
–, Personengesellschaften und Gemeinschaften 12 430
–, Stückländerei 12 431
–, Umfang des Wirtschaftsteils 12 432
–, Wert eines Anteils am Betrieb der Land- und Forstwirtschaft 12 482a
Betriebsaufspaltung 13a 296; 13b 370
–, Begriff 13a 297
–, Nutzungsüberlassung 13b 363
Betriebsergebnis 12 366 f.
–, Abgeltung des Ertragsteueraufwands 12 373
–, Absetzungen auf den Geschäftswert 12 356
–, Absetzungen für Abnutzung 12 353 ff.
–, Aufwendungen auf nicht betriebsnotwendiges Vermögen 12 359a
–, Ausgangswert 12 341 ff.
–, Ausgangswert bei Kapitalgesellschaften 12 344
–, Ausgangswert bei Personengesellschaften 12 345, 348
–, außerordentliche Aufwendung 12 352
–, Basiszinssatz 12 375
–, Berechnungsbeispiel 12 377
–, einmaliger Veräußerungsverlust 12 357
–, einmalige Veräußerungsgewinne/außerordentliche Erträge 12 361
–, Ergänzungsbilanz 12 347
–, erhöhte Absetzungen 12 352
–, Ermittlung bei Einnahmenüberschussrechnung 12 372
–, Ertragsteueraufwand 12 359
–, Höhe des angemessenen Unternehmerlohns 12 364
–, Investitionsabzugsbetrag 12 352
–, Investitionszulage 12 358, 362
–, Kapitalisierungsfaktor 12 374
–, Korrekturen des Ausgangswerts 12 351
–, mithelfende Familienangehörige 12 365
–, Sonderabschreibung 12 352
–, Sonderbetriebsvermögen 12 346
–, sonstige Hinzurechnungen und Abzüge 12 368 ff.
–, Tätigkeitsvergütungen für Gesellschafter 12 349
–, Teilwertabschreibung 12 352

–, Teilwertzuschreibungen/Auflösung steuerfreier Rücklagen 12 360
–, Unternehmerlohn 12 363
–, Vorabgewinnanteil 12 350
–, Zuführungen zu steuerfreien Rücklagen 12 352
–, Zuschlag zum Basiszinssatz 12 376
Betriebsvermögen, Drittstaaten 13b 96
–, Gewerbebetrieb als Ganzes 13b 73
–, inländisches Betriebsvermögen 13b 72
–, mittelbare Schenkung 13b 77
–, Nießbrauchsvorbehalt 13b 84
–, Steuerstundung 28 10 ff.
Betriebsvermögen im Ausland, EU-/EWR-Mitgliedsstaat 13b 93
Betriebsverpachtung 13b 392
–, Voraussetzung 13b 397
Betriebsverpachtungen, Konzern 13b 410
Betriebswohnung 13b 61
–, Steuerbefreiung Wohnimmobilie 13d 81
Bewertung, allgemeine Vorschrift 12 10
–, Bewertungsstichtag 11 1
–, Ziel 12 2
–, Zweck 12 1
Bewertung bebauter Grundstücke, Arten bebauter Grundstücke 12 524 f.
–, Begriff 12 523
–, Bewertungsverfahren 12 526
–, Ertragswertverfahren 12 533
–, Sachwertverfahren 12 545
–, Vergleichsfaktor 12 532
–, Vergleichswertverfahren/Kaufpreissammlung 12 528
–, Vergleichswertverfahren/Vergleichsfaktoren 12 529, 531
–, Vergleichswertverfahren/Vergleichsgrundstücke 12 527
–, Vergleichswertverfahren/wertbeeinflussende Besonderheiten 12 530
Bewertung der Betriebswohnungen und des Wohnteils des luf Betriebs 12 478
–, Abgrenzung der Betriebswohnungen und des Wohnteils 12 480 f.
–, Bewertungsgrundsatz 12 479
–, Nachweis des gemeinen Werts 12 482
Bewertung des Wirtschaftsteils des luf Betriebs, Berechnungsbeispiel 12 458
–, Bewertungsstichtag 12 436
–, Ermittlung der Wirtschaftswerte 12 435
–, Ermittlung des Fortführungswerts 12 435

1489

Stichwortverzeichnis

–, Liquidationswert 12 459
–, Mindestwert 12 459
–, niedrigerer gemeiner Wert 12 459
Bewertungsstichtag 11 1
–, Bereicherungsprinzip 11 15
–, Billigkeitsmaßnahme 11 50
–, Forderungsausfall 11 38
–, Fremdwährungsguthaben 11 34
–, Rückwirkung 11 5
–, Schätzung 11 31
–, Steuerentstehung 11 2
–, tatsächlichen Verhältnisse 11 30
–, verzögerte Verfügbarkeit 11 33
–, wertaufhellende Umstände 11 22
–, Wertpapier 11 34
–, Wertverlust 11 32
Bewertungsverfahren 12 3
Bewertung von Bodenschätzen 12 600 ff.
Billigkeitsmaßnahme 11 50
Börsenkurs 12 88 f.
–, Abweichungen vom 12 86
–, Begriff 12 83
–, Feststellung 12 84
–, maßgeblicher Börsenkurs 12 85
–, Verfügungsbeschränkung 12 87

D

DBA-Dänemark, Anrechnungsmethode DBA-Dänemark 136
–, bewegliches Betriebsvermögen DBA-Dänemark 134
–, Doppelwohnsitz DBA-Dänemark 130
–, feste Einrichtung DBA-Dänemark 134
–, persönlicher Anwendungsbereich DBA-Dänemark 129
–, sachlicher Anwendungsbereich DBA-Dänemark 127
–, sonstiges Vermögen DBA-Dänemark 135
–, unbewegliches Vermögen DBA-Dänemark 133
–, Wohnsitzverlegung DBA-Dänemark 131
DBA-Frankreich, Anrechnungsmethode DBA-Frankreich 156
–, Besteuerungsvorbehalt DBA-Frankreich 158
–, bewegliches Betriebsvermögen DBA-Frankreich 149
–, bewegliches materielles Vermögen DBA-Frankreich 151 f.

–, Diskriminierungsverbot DBA-Frankreich 160
–, Doppelwohnsitz DBA-Frankreich 144 f.
–, Immobiliengesellschaft DBA-Frankreich 148
–, Informationsaustausch DBA-Frankreich 162
–, Konsultationsverfahren DBA-Frankreich 161
–, Luftfahrzeug DBA-Frankreich 150
–, persönlicher Anwendungsbereich DBA-Frankreich 141
–, sachlicher Anwendungsbereich DBA-Frankreich 142
–, Schenkung DBA-Frankreich 142
–, Schulden DBA-Frankreich 154
–, Schuldenüberhang DBA-Frankreich 155
–, Seeschiff DBA-Frankreich 150
–, sonstiges Vermögen DBA-Frankreich 153
–, unbewegliches Vermögen DBA-Frankreich 147
–, Verständigungsverfahren DBA-Frankreich 161
–, Wohnsitz DBA-Frankreich 144
–, zeitlicher Anwendungsbereich DBA-Frankreich 140
DBA-Griechenland, Befreiungsmethode DBA-Griechenland 24
–, persönlicher Anwendungsbereich DBA-Griechenland 22
–, Progressionsvorbehalt DBA-Griechenland 27
–, sachlicher Anwendungsbereich DBA-Griechenland 22
–, Schuldenabzug DBA-Griechenland 26
–, unbewegliches Vermögen DBA-Griechenland 23
DBA-Österreich, Kündigung DBA-Österreich 29
–, Übergangsregelung DBA-Österreich 30
DBA-Schweden, Anwendungsbereich DBA-Schweden 125
–, Wohnsitzverlegung DBA-Schweden 125
DBA-Schweiz, Abwanderer DBA-Schweiz 42b
–, Anrechnungsmethode DBA-Schweiz 65
–, Auslegung DBA-Schweiz 37
–, Betriebstätte DBA-Schweiz 50
–, bewegliches Betriebstättenvermögen DBA-Schweiz 49

Stichwortverzeichnis

–, Diskriminierungsverbot DBA-Schweiz 67
–, Doppelwohnsitz DBA-Schweiz 39
–, Erblasserdoppelwohnsitz DBA-Schweiz 42a
–, erweitert unbeschränkt steuerpflichtiger Erwerber DBA-Schweiz 44
–, feste Einrichtung DBA-Schweiz 52
–, Freistellungsmethode DBA-Schweiz 64, 66
–, Informationsaustausch DBA-Schweiz 69
–, Inländereigenschaft des Erwerbers DBA-Schweiz 43
–, Konsultationsverfahren DBA-Schweiz 68
–, Luftfahrzeug DBA-Schweiz 55
–, persönlicher Anwendungsbereich DBA-Schweiz 32
–, Personengesellschaft DBA-Schweiz 53
–, sachlicher Anwendungsbereich DBA-Schweiz 33 ff.
–, Schenkung DBA-Schweiz 35 f.
–, Schuldenabzug DBA-Schweiz 57 f.
–, Schuldenüberhang DBA-Schweiz 61
–, Seeschiff DBA-Schweiz 55
–, sonstige Schulden DBA-Schweiz 59
–, sonstiges Vermögen DBA-Schweiz 56
–, ständige Wohnstätte DBA-Schweiz 40 f.
–, überdachende Besteuerung DBA-Schweiz 42
–, unbewegliches Vermögen DBA-Schweiz 46
–, Vermächtnis DBA-Schweiz 63
–, Verständigungsverfahren DBA-Schweiz 68
–, Wegzügler DBA-Schweiz 42
–, Wohnsitz DBA-Schweiz 38
DBA-USA, Anrechnungsbegrenzung DBA-USA 115
–, Anrechnungsmethode DBA-USA 110
–, Auslegung DBA-USA 76
–, Ausnahme/Erbquote DBA-USA 112
–, Belegenheitsprinzip DBA-USA 84
–, Besteuerungsvorbehalt DBA-USA 111
–, Betriebsstättenbegriff DBA-USA 86
–, bewegliches Betriebstättenvermögen DBA-USA 85
–, bewegliches Betriebsvermögen DBA-USA 87
–, Bundesstaatensteuer DBA-USA 113
–, Doppelwohnsitz DBA-USA 78
–, Ehegattenerwerb DBA-USA 103 f.
–, feste Einrichtung DBA-USA 88
–, Frist DBA-USA 116
–, Informationsaustausch DBA-USA 121

–, Konsultationsverfahren DBA-USA 120
–, Luftfahrzeug DBA-USA 89
–, persönlicher Anwendungsbereich DBA-USA 73
–, Personengesellschaft DBA-USA 90 ff.
–, proportionaler Freibetrag DBA-USA 106
–, sachlicher Anwendungsbereich DBA-USA 74 f.
–, Schenkung DBA-USA 74
–, Schenkung von Anteilen DBA-USA 95
–, Schuldenabzug DBA-USA 98
–, Schuldenüberhang DBA-USA 100
–, Seeschiff DBA-USA 89
–, sonstiges Vermögen DBA-USA 97
–, Tod eines Gesellschafters DBA-USA 96
–, Trust DBA-USA 117 ff.
–, unbewegliches Vermögen DBA-USA 82 f.
–, Verständigungsverfahren DBA-USA 120
–, Vorschenkung DBA-USA 114
–, Wohnsitz DBA-USA 77
Diplomat 2 53
Doppelbesteuerungsabkommen, Bestandteil Grundlagen 12
–, bestehendes Abkommen Grundlagen 18
–, EU Grundlagen 17
–, europäische Union Grundlagen 17
–, innerstaatlich vollziehbares Völkerrecht Grundlagen 15
–, Rechtscharakter Grundlagen 11
–, Zustandekommen Grundlagen 13
–, Zustimmungsgesetz Grundlagen 14
Drittverhalten, Besteuerung 13a 65

E

Ehe, Freibetrag 16 10
–, Steuerklasse 15 9
Ehegatte, Tarif 19 8
Ehevertrag 5 3
Einführung, Anrechnung ausländischer Erbschaftsteuer Einführung 108
–, Anzeigepflicht der Vermögensverwahrer Einführung 110
–, Aufteilung der Steuerhoheit Einführung 70
–, Beihilfenrecht Einführung 121
–, beschränkte Steuerpflicht Einführung 107
–, direkte Steuern Einführung 61
–, Diskriminierung Einführung 83
–, Drittstaat Einführung 84

1491

Stichwortverzeichnis

–, erweiterte unbeschränkte Steuerpflicht Einführung 96
–, Familienheim Einführung 103
–, Finanzbedarf Einführung 72
–, Freiheit des Kapitalverkehrs Einführung 81
–, Gegenseitigkeit Einführung 105
–, geltungserhaltende gemeinschaftsrechtskonforme Auslegung Einführung 99
–, Grenzpendlerfall Einführung 65
–, Grundfreiheit Einführung 60
–, indirekte Steuern Einführung 61
–, Kapitalverkehr Einführung 81
–, Kohärenz Einführung 69
–, Mehrfacher Erwerb desselben Vermögens Einführung 109
–, Nachlassverbindlichkeit Einführung 98
–, nachteilige Ungleichbehandlung Einführung 66
–, Niederlassungsfreiheit Einführung 86
–, objektiv vergleichbare wirtschaftliche Situation Einführung 63
–, primäres Gemeinschaftsrecht Einführung 60
–, Steueraufsicht Einführung 71
–, Verhältnismäßigkeit Einführung 74
–, verwaltungstechnische Erwägungen Einführung 72
–, willkürliche Diskriminierung Einführung 83
eingetragene Lebenspartner, Tarif 19 8
–, Versorgungsfreibetrag 17 4
Einzelunternehmen 13a 57
Eltern, Freibetrag 16 13
Enkel, Steuerklasse 15 21
Enkelkind, Freibetrag 16 12
Entreicherung, abweichender Entreicherungsbegriff 7 164
–, Arbeits- und Dienstleistungen 7 161
–, Begriff 7 160
–, Bewertung des Nutzungsvorteils 7 166
–, erwerbswirtschaftliche Nutzung 7 163
–, Forderungsschenkung 7 170
–, Gebrauchs- und Nutzungsüberlassung 7 162
–, unverzinsliches Darlehen 7 165, 167 ff.
–, zinsloses Darlehen 7 163
Erbanfall, Erbvergleich 3 102
–, Erwerb auf Grund unwirksamer Verfügung von Todes wegen 3 102
–, Gesamtrechtsnachfolge 3 100
–, Nacherbe 3 101

Erbbaurecht 12 511
–, Steuerbefreiung Wohnimmobilie 13d 55
Erbbaurechtsfall, Bewertung des Erbbaurechts 12 558 f.
–, Bewertung Erbbaugrundstück 12 564 f.
–, Bodenwertanteil des Erbbaurechts 12 560 ff.
–, Bodenwertanteil Erbbaugrundstück 12 566
–, Gebäudewertanteil des Erbbaurechts 12 563
–, Gebäudewertanteil Erbbaugrundstück 12 567
–, getrennte Wertermittlung 12 557
Erbengemeinschaft, Abweichung bei Sonderrechtsnachfolge 3 121
–, Auseinandersetzung 3 127
–, Begriff 3 119
–, Gesamthandsvermögen 3 120
Erbersatzanspruch 13 70
Erbersatzsteuer 9 128
–, Familienstiftung 13a 773
Erbrechtsgarantie Einführung 8
Erbschaft, Ausschlagung 28a 183
Erbschaftsteuer, Allgemeinheit des Gesetzes Einführung 24
–, Auslegung des ErbStG Einführung 45
–, Betriebsvermögen Einführung 9
–, Billigkeitsmaßnahme 11 50
–, Einkommensteuer Einführung 31
–, Erbanfallsteuer Einführung 5
–, Erbrechtsgarantie Einführung 8
–, Erdrosselung 11 51
–, Erlass aus Billigkeitsgründen 28 50 f.
–, Erlöschen 29 1
–, Familienprinzip Einführung 10a
–, Grunderwerbsteuer Einführung 35
–, Landessteuer Einführung 6
–, Leistungsfähigkeitsprinzip Einführung 7
–, Mehrfacherwerb s. dort 27 1
–, Nachlasssteuer Einführung 5
–, Rückwirkung 13a 85
–, Stundung 28 1 ff.
–, Testierfreiheit Einführung 8
–, Verfassungsmäßigkeit 13a 47
–, Wesen Einführung 4
–, Zivilrecht Einführung 46
–, Zurechnung von Wirtschaftsgütern Einführung 48
Erbschaftsteuerbescheid s. Steuerbescheid 32 2
Erbschaftsteuerreformgesetz, Überblick Einführung 1

1492

Stichwortverzeichnis

Erbschaftsteuer s. a. Halbteilungsgrundsatz Einführung 8
Erbschaftsteuer s. a. Schenkungsteuer Einführung 4
Erbschein 3 102 f.
ErbStG, In-Kraft-Treten 37 1
–, neue Bundesländer 37a 1
–, rückwirkende Anwendung Art. 3 1
ErbStH, Bindungswirkung Einführung 3j
–, zeitliche Geltung **Einführung** 3k
ErbStR, Bindungswirkung Einführung 3j
–, zeitliche Geltung **Einführung** 3k
Erbvergleich, Auslegungsvertrag 3 55
–, erbschaftsteuerliche Folgen 3 56 ff.
–, Zweck 3 54
Erfüllung einer Bedingung, Abgrenzung zum bedingten Erwerb 7 392
–, Anwendungsbereich 7 391
–, Erwerb infolge der Erfüllung einer Bedingung 7 393
–, Verbindung zweier freigebiger Zuwendungen 7 390
Erlass aus Billigkeitsgründen 28 50 f.
Erlöschen der Steuer, Anrechnung bei Zugewinnausgleichsanspruch 29 50
–, Auflage 29 12
–, europäisches Gemeinschaftsrecht 29 62
–, Kapitalverkehrsteuerfreiheit 29 62
–, Notbedarfsfall 29 12, 40
–, Nutzungsvorteil 29 100
–, Rückforderungsrecht 29 7, 10; 37 15
–, Rückschenkung 29 2
–, Verfahrensfrage 29 80
–, Wegfall der Geschäftsgrundlage 29 20
–, Zuwendung an Körperschaften 29 60
–, Zuwendung an Stiftungen 29 60
Ermäßigung der Steuer, Anrechnung Ersatzerbschaftsteuer 26 4
Ermittlung der Wirtschaftswerte, Abbauland 12 450
–, agrarstatistische Daten als Ermittlungsgrundlage 12 438
–, Betriebsgrößenklasse 12 444
–, Bewertungsfaktor 12 439 f.
–, Geringstland 12 448
–, Grundsatz 12 437
–, Kapitalisierungsfaktor 12 451
–, Nebenbetrieb 12 450
–, Regionen für die Ermittlung der Standarddeckungsbeiträge 12 443

–, Reingewinn forstwirtschaftliche Nutzung 12 445
–, Reingewinn gärtnerische Nutzung 12 447
–, Reingewinn landwirtschaftliche Nutzung 12 441
–, Reingewinn Sondernutzungen 12 447a
–, Reingewinn weinbauliche Nutzung 12 446
–, sonstige land- und forstwirtschaftliche Nutzung 12 450
–, Standarddeckungsbeitrag 12 442
–, Unland 12 449
Ermittlung Unternehmenswert unter Berücksichtigung der Ertragsaussichten 12 290
–, Behandlung betriebsneutralen Vermögens 12 296
–, Berücksichtigung der Ertragsaussichten 12 291 f.
–, Grundsätze des Ertragswertverfahrens 12 293
–, Kapitalisierungsfaktor 12 295
–, Sachverständigengutachten 12 297
–, zukünftiger Ertrag 12 294
Errungenschaftsgemeinschaft 5 20, 99
–, Fortgeltung 5 21
Ersatzerbschaftsteuer, Entstehung 1 81
–, Erhebung 1 80
–, Fälligkeit 24 5
–, Familienstiftung 1 50, 60, 100
–, Steuerklasse 15 65
–, Stundung 28 30 f.
–, Verrentung 24 1, 10
Ertragswertverfahren, Anwendbarkeit des 12 533
–, Bewirtschaftungskosten 12 536
–, Bodenwertverzinsung 12 537
–, Liegenschaftszinssatz 12 538 ff.
–, Mindestnutzungsdauer des Gebäudes 12 543
–, Restnutzungsdauer des Gebäudes 12 542
–, Rohertrag 12 535
–, Struktur des 12 534
–, Vervielfältiger 12 541
Erwerb, Steuerentstehung bis zum 30.6.2016 13a 78
–, Steuerentstehung nach dem 30.6.2016 13a 79
Erwerb bei Errichtung einer Stiftung oder Bildung eines Trusts, Bereicherung der Stiftung 7 441
–, Erstausstattung der Stiftung 7 440
–, Trusterrichter 7 443

1493

Stichwortverzeichnis

–, Vermögensmasse ausländischen Rechts 7 442
Erwerb durch Dritte vor einer genehmigungspflichtigen Zuwendung 7 400
Erwerb durch Vermächtnis, Ausschlagung 3 311
–, berliner Testament 3 307
–, Entstehen und Fälligkeit 3 306
–, erbrechtliche Grundlage 3 300 ff.
–, Geld- und Stückvermächtnis 3 308
–, Geldvermächtnis 3 317
–, Gestaltungsmöglichkeit 3 310
–, Jastrowsche Klausel 3 307
–, Kaufrechts-/Sachvermächtnis 3 309
–, Pflichtteilsstrafklausel 3 307
–, Renten- und Nießbrauchsvermächtnis 3 319
–, Sachvermächtnis 3 318
–, Supervermächtnis 3 322
–, Verhältnis zum Bereicherungsprinzip 3 305
–, Vermächtnisart 3 321
–, Vermächtnisnehmer 3 312 ff.
–, Zweckvermächtnis 3 320
Erwerber 3 67
–, ausländische Vermögenmasse 3 74 f.
–, Außen-GbR 3 70
–, Erbfähigkeit 3 68
–, Gemeinschaft zur gesamten Hand 3 69
–, Gesamthandsgesellschaft 3 72
–, nicht eingetragener Verein 3 71
–, Trust 3 73
–, Vermächtnisnehmer 3 76
Erwerbs von Mitunternehmeranteilen, Rechtsprechung 13b 89
Erwerb von Todes wegen, Begriff 3 1
–, Bereicherungsanspruch 3 10
–, Erbvertrag 3 7
–, Grundlage 3 5 f., 9, 11
–, Katalog der Ewerbsgründe 3 2 ff.
–, Nachlassverbindlichkeit 3 8
–, zugewendete Leistung 3 10

F

Familienheim 13 25 ff.
–, Begriff 13 30 f.
–, Zuwendung an Kinder und Enkelkinder 13 40 ff.
–, Zuwendung unter Ehegatten 13 29 ff., 36 ff.
Familienstiftung 26 1
–, Begriff 1 61; 13a 649

–, Erbersatzsteuer 13a 773; 28a 47
–, Steuerbefreiung Wohnimmobilie 13d 121
–, Steuerklasse 15 50
–, Verschonungsabschlag 13c 78
Familienunternehmen, Gestaltung von Gesellschaftsverträgen 13a 716
–, Verfügungsbeschränkung 13a 62
–, Vorab-Abschlag 13a 582
–, Vorab-Abschlag für qualifizierte 13a 563
Familienverein 13a 651; 26 1
–, Begriff 1 64
Festsetzungsfrist, optional unbeschränkte Steuerpflicht 2 154
Finanzamt, Steuerbescheid 35 1
–, Zuständigkeit 35 1
Finanzierungsgesellschaft 13b 597
Finanzmittel 13b 532
–, Besondere Investitionsklausel 13b 635
–, junge Finanzmittel 13b 539
Finanzmitteltest 13b 547, 581
Forderungsverzicht, freigebige Zuwendung 7 252
–, Kapitalgesellschaft 7 129
Formwechsel 26 3
fortgesetzte Gütergemeinschaft, Abfindung 4 22
–, Beendigung 4 4, 21
–, Besteuerungsfolge 4 1
–, Gesamthandsgemeinschaft 4 2
–, güterrechtliche Sonderrechtsnachfolge 4 10
–, Lebenspartner 4 1
–, Nachlassverbindlichkeit 4 12
–, praktische Bedeutung 4 1
–, Sondergut 4 11
–, Sonderrechtsnachfolge 4 1, 3
–, Tod eines anteilsberechtigten Abkömmlings 4 20
–, Tod eines Ehegatten 4 10
–, Tod eines Lebenspartners 4 10
–, Verzicht 4 22
–, Verzicht auf Anteil am Gesamtgut 4 4
–, Vorbehaltsgut 4 11
Freibetrag, Abrundung 16 19
–, Adoption 16 15
–, Angehörige Freibeträge 16 3
–, Ausschlagung 16 17
–, Bemessungsgrundlage 16 1
–, beschränkte bzw. unbeschränkte Steuerpflicht 16 8
–, beschränkt Steuerpflichtige 16 14a

1494

Stichwortverzeichnis

–, Ehe oder Lebenspartnerschaft 16 10
–, Eltern 16 13
–, Enkelkind 16 12
–, Erbschaftsteuerreformgesetz 16 5
–, Erhöhung der Freibeträge 16 5
–, Erwerbsbezogenheit 16 4
–, Familiengebrauchsvermögen 16 6
–, Familienprivilegierung 16 3
–, Kind 16 12
–, Kleinbetragsgrenze 16 19
–, Lebensversicherungsvertrag 16 21
–, Leistungsfähigkeit 16 3
–, mehrere Personen 16 17
–, persönlicher Freibetrag 16 2
–, rechtzeitige Schenkung 16 16
–, Überblick 16 7
–, Urenkel 16 13
–, Verfassung 16 7b
freigebige Zuwendung, Abgrenzung zur Schenkung i. S. d. BGB 7 11 ff.
–, Auffangfunktion 7 15
–, Forderungsverzicht 7 252
–, kein Auffangtatbestand 7 16
–, verdeckte Gewinnausschüttung 7 255a, 256
–, Zuwendung 7 10
–, Zuwendungstatbestand 7 30

G

Gebäude auf fremden Grund und Boden, Begriff 12 568
–, Wert des belasteten Grundstücks 12 573
–, Wert des Gebäudes 12 570 ff.
–, Wertermittlung 12 569
Gegenleistung ohne Geldwert 7 495
Gelegenheitsgeschenk, Annehmlichkeit 13 77
–, Jubiläumsgeschenk 13 79
gemeiner Wert, Begriff 12 60
–, Begriff des 12 60
–, Ermittlung im Ertragswertverfahren 12 71 ff.
–, Ermittlung im Sachwertverfahren 12 75 f.
–, Ermittlung im Vergleichswertverfahren 12 70
–, gewöhnlicher Geschäftsverkehr 12 61 ff.
–, persönliche Verhältnisse 12 67
–, ungewöhnliche Verhältnisse 12 65 f.
–, Verfahren zur Ermittlung 12 69
–, Verfahren zur Ermittlung des 12 69

–, Verfügungsbeschränkung 12 68
–, wertbeeinflussende Umstände 12 64
gemischte Schenkung 7 49 ff., 63 ff.
–, Beweislast 7 56
–, Einheitstheorie 7 51 f., 336a
–, Grundstücksschenkung 7 53
–, mittelbare Geldschenkung 7 63
–, mittelbare Grundstücksschenkung 7 55, 64 f.
–, mittelbare Zuwendung 7 54
–, Teilschenkung 7 57
–, Trennungstheorie 7 49 f.
gemischt-freigebige Zuwendung, Bewertung von Leistung und Gegenleistung 7 333
–, Einheitstheorie 7 336
–, Gegenstand Zuwendung 7 334
–, Grundsatz 7 330
–, objektive Wertdifferenz 7 331
–, subjektive Äquivalenz 7 332
–, Trennungstheorie 7 335
–, vermögensverwaltende Personengesellschaft 7 337
–, Wille zur Bereicherung 7 333
Genehmigung einer Zuwendung des Erblassers 3 542
Gesamthandsgemeinschaft, fortgesetzte Gütergemeinschaft 4 2
–, Steuerklasse 15 44
Geschäftsbetrieb, Vermietung von Wohnungen 13b 445
Geschwister, Freibetrag 16 14
–, Steuerklasse 15 36
gesellschaftsrechtliche Anteilsübertragung, Anwachsung 3 432
–, Einziehung eines Gesellschaftsanteil einer GmbH 3 435
–, gesellschaftsrechtliche Anteilsübertragung bei Kapitalgesellschaften 3 434
–, Grundlage 3 431
–, subjektives Merkmal 3 433
Gesellschaftsvertrag, Abfindungsbeschränkung 13a 671
–, Änderung 13a 592
gesetzliche Erbfolge 3 104 ff.
–, Anwendung 3 104
–, Erbrecht des Ehegatten 3 106 ff.
–, Ordnung 3 105
–, Prinzip 3 105
gesonderte Feststellung 12 200
–, Anteilswerte 12 208

1495

Stichwortverzeichnis

–, Außenprüfung zur Ermittlung der Besteuerungsgrundlagen 12 230 ff.
–, Basiswert 12 213 ff.
–, Bekanntgabe des Feststellungsbescheids 12 226 f.
–, Beteiligte am Feststellungsverfahren 12 224
–, Betriebsvermögenswerte 12 207
–, Erklärungspflicht 12 219 f.
–, Erklärungspflicht für 12 219 f.
–, Feststellungsfrist 12 221 ff.
–, Gegenstand und Voraussetzungen 12 201
–, gesonderte Feststellung von Anteilswerten 12 208
–, gesonderte Feststellung von Betriebsvermögenswerten 12 207
–, gesonderte Feststellung von Wirtschaftsgütern und Schulden 12 209
–, keine gesonderte Feststellung bei Auslandsvermögen 12 216
–, Notwendigkeit 12 202 ff.
–, örtliche Zuständigkeit 12 217 f.
–, Rechtsbehelfsbefugnis gegen Feststellungsbescheide 12 228 f.
–, Umfang 12 210 ff.
–, Umfang der 12 210 ff.
–, Wirtschaftsgüter und Schulden 12 209
gewillkürte Erbfolge 3 111 ff.
–, Auslegung des Testaments 3 116
–, berliner Testament 3 117
–, Ehegatten- und Lebenspartnertestament 3 114
–, Erbeinsetzung 3 113
–, Erbvertrag 3 115
–, Pflichtteilsstrafklausel/Jastrowsche Klausel 3 118
–, Testament und Erbvertrag 3 111
–, Verfügung 3 112
Gleichheitsgrundsatz Einführung 9
Grabdenkmal 10 206
Grabpflege 8 8
Grabpflegekosten 10 207
90 %-Grenze, Rechtsfolgen Überschreitung 13b 295
Großeltern, Freibetrag 16 13
–, Steuerklasse 15 23, 35
Großerwerb 13a 16
–, Abschmelzungsmodell 13c 39
–, Berücksichtigung früherer Erwerbe 13c 71
–, Familienstiftung 13c 78
–, Schulden und Lasten 13c 42

–, Steuerstundung 13c 34
–, Tarifbegrenzung 13c 33
–, Verschonungsabschlag 13c 1
–, Verschonungsbedarfsprüfung 13c 36
–, Vorweg-Abschlag für Familiengesellschaften 13c 30
–, Zusammenrechnung mehrerer Erwerbe 13c 19
Grundfreiheit Einführung 62
–, dreistufige Prüfung **Einführung** 62
Grundstück, Bestandteil 12 504 ff.
–, Betriebsvermögen 13b 428
–, Erwerb 13a 60
–, Scheinbestandteil 12 507 ff.
–, Zubehör 12 510
grundstücksgleiche Rechte, Nutzungsüberlassung an Dritten 13b 351
Grundstücksschenkung, Grundstücksschenkung und Grunderwerbsteuer **Einführung** 36
–, Steuerentstehung 9 100 ff.
Grundstücksüberlassung, Lieferungsvertrag 13b 452
Grundvermögen 12 500
–, Abgrenzung wirtschaftliche Einheit 12 516 ff.
–, Abgrenzung zu land- und forstwirtschaftlichem und Betriebsvermögen 12 513
–, Begriff 12 501
–, Betriebsgrundstück 12 515
–, Bewertung bebauter Grundstücke 12 523
–, Bewertung unbebauter Grundstücke 12 520 ff.
–, Erbbaurechtsfall 12 557
–, Gebäude auf fremdem Grund und Boden 12 568
–, Gebäude und Gebäudeteile für den Zivilschutz 12 575
–, Grundstücke im Zustand der Bebauung 12 574
–, Nachweis des niedrigeren Verkehrswerts 12 576, 578
–, nicht zum Grundvermögen gehörige Wirtschaftsgüter 12 514
–, Umfang 12 503
Güterstand, gesetzlicher Güterstand 5 1
Güterstandsschaukel, fliegender Zugewinnausgleich 5 85 f.
–, steuerliche Folgen 5 83 f.

Güterstandswechsel, Folgen **5** 69
–, Grund **5** 67 f.
–, steuerliche Folgen **5** 70 f.

H

Härteausgleich 19 13
Haftungsmindestgrenze 20 89
Halbteilungsgrundsatz Einführung 8
–, Billigkeitsmaßnahme **11** 51
Hausrat, Steuerbefreiung **13** 5 ff.
Herausgabeanspruch, Vertrags- und Schlusserben **3** 551 f.
Herausgabe Vorerbschaftsvermögen 7 431 ff.
Holdinggesellschaft 13b 104

I

Investmentzertifikat, Bewertung mit dem Rücknahmepreis **12** 97

J

Junge Finanzmittel 13b 561
–, Saldierung mit Schulden **13b** 694
Junges Verwaltungsvermögen 13b 681
juristische Person, Steuerklasse **15** 44

K

Kapitalerhöhung, Abrede zwischen Alt- und Neugesellschafter **7** 83
–, Bereicherung **7** 80
–, Wertverschiebung stiller Reserven **7** 76 f.
Kapitalforderungen/Kapitalschulden, Ansatz mit dem Nennwert **12** 101
–, Begriff **12** 100
–, Bewertung niedrig- oder hochverzinslicher **12** 105 ff.
–, Bewertung unverzinslicher **12** 103 f.
–, Kapitalforderungen/Kapitalschulden vom Nennwert abweichende Bewertung **12** 102, 117
–, noch nicht fällige LV-Ansprüche **12** 118 ff.
–, stille Einlagen **12** 110 ff.
–, uneinbringliche Forderung **12** 113
–, zweifelhafte Forderung **12** 114 ff.
Kapitalgesellschaft, Forderungsverzicht **7** 129
–, freigebige Zuwendung **15** 84

–, Poolvereinbarung **13b** 157
–, steuerbare Zuwendung an nahestehende Personen **7** 254
–, überhöhte Vergütung **7** 131
–, Vorbehaltsnießbrauch **13b** 112
Kapitalisierungsfaktor 12 376d
–, Neuregelung **12** 376b
–, Rückwirkung **12** 376e
Kapitallebensversicherung, Bewertung **9** 37
Kettenschenkung, Freibetrag **16** 20
Kind, Freibetrag **16** 12
–, Steuerklasse **15** 13
–, Tarif **19** 8
–, Versorgungsfreibetrag **17** 2
Kleinbetragsgrenze, Änderungs- und Berichtigungssperre **22** 8
–, Erhebungsverfahren **22** 10
–, praktische Auswirkung **22** 5
Körperschaft, Steuerbefreiung **13** 84 ff.
–, Zweckzuwendung **8** 9
Kontrollmitteilung 33 2
Konzern, Betriebsüberlassung **13b** 412
Kunstgegenstand, Erwerb **13a** 63
–, Verwaltungsvermögen **13b** 507

L

land- und forstwirtschaftliches Vermögen 12 420
–, Begriff der Land- und Forstwirtschaft **12** 425
–, Betrieb der Land- und Forstwirtschaft **12** 429
–, Betriebsgrundstück **12** 428
–, Bewertung des Wirtschaftsteils **12** 435
–, Bewertungsgrundsatz **12** 421 ff.
–, EU-/EWR-Mitgliedsstaat **13b** 67
–, nicht zum Land- und forstwirtschaftliches Vermögen gehörende Wirtschaftsgüter **12** 427
–, Steuerstundung **28** 10 ff.
–, zum Land- und forstwirtschaftliches Vermögen gehörende Wirtschaftsgüter **12** 426
land- und forstwirtschaftliche Vermögen, Betriebsfortführung **13b** 65
lebenslängliche Nutzungen und Leistungen, aufgeschobene Leibrente **12** 143
–, Berichtigung der Regelbewertung **12** 144 ff.
–, Bewertung mit dem gemeinen Wert **12** 150 f.
–, Lebensdauer mehrerer Personen **12** 147 ff.
–, Regelbewertung **12** 141 f.

1497

Stichwortverzeichnis

Lebenspartner, Ausgleichsanspruch 5 57
–, fortgesetzte Gütergemeinschaft 4 1
–, Steuerklasse 15 6
Lebenspartnerschaft 5 22; 15 71
–, Freibetrag 16 10
–, Steuerklasse 15 9
Lebenspartnerschaft, Aufhebung, Steuerklasse 15 43
Lebensversicherung, Bewertung 9 37
Leiharbeiter 13a 283
Leistungen an Kapitalgesellschaften 7 549
–, Alleingesellschafter als Leistender 7 555
–, Bedachter 7 555, 566
–, Bereicherung 7 569
–, Bereicherungswille des Leistenden 7 570
–, Entreicherung des Leistenden 7 568
–, Erhöhung des Unternehmenswerts 7 555
–, Ersparnis von Aufwendungen 7 564
–, Forderungserlass 7 564
–, Kapitalerhöhung gegen zu niedriges Aufgeld 7 557
–, Leistung 7 555
–, Nutzungseinlage 7 555
–, Regelungszweck 7 550
–, Satzungsänderung 7 555
–, schuldrechtlich gebundene Kapitalrücklage 7 555
–, Steuerbegünstigungen (§§ 13 a, 13b ErbStG) 7 554
–, überschießender Charakter des Tatbestands 7 558
–, Unternehmenswert und Substanzwert 7 563
–, Valutaverhältnis 7 566
–, verdeckte Einlage 7 555
–, verfassungskonforme Auslegung 7 559
–, Verhältnis zu Grundtatbestand des § 7 Abs. 1 Nr. 1 ErbStG 7 556
–, Werterhöhung von Anteilen 7 555, 562
–, Zuwendender 7 555, 566
Liquidationswert, Allgemeines 12 460
–, Ansatz bei Herauslösung wesentlicher Wirtschaftsgüter 12 470 ff.
–, Ansatz bei Veräußerung eines Betriebs oder Anteils am Betrieb 12 461
–, Berücksichtigung von Schulden 12 477
–, Bewertungsmaßstab 12 476
–, rückwirkende Ersetzung des Fortführungswerts 12 474 f.

–, Veräußerung eines Anteils am Betrieb 12 463 f.
–, Veräußerung eines Betriebs 12 462
Lohnsumme, Begriff 13a 304
–, bei Beteiligungen an anderen Unternehmen 13a 326
Lohnsummenkontrolle 13a 66
–, Änderungen 13a 254
–, Verfahrensvorschriften 13a 382
–, Verschonungsabschlag 13a 232
Lohnsummenregelung, Anwendungsbereich 13a 271
–, Anzeigepflichten des Erwerbers 13a 524
–, Betrieb mit nicht mehr als 5 Beschäftigten 13a 276
Lohnsummenregelung, Verstoß 13a 488

M

Mehrfacherwerb, ausländische Erbschaftsteuer 27 20
–, begünstigter Personenkreis 27 3
–, Begünstigung 27 1
–, berliner Testament 27 6
–, Ermäßigungsbetrag 27 40
–, Ermäßigungshöchstbetrag 27 50
–, mehrere Erwerber 27 42
–, Nacherbenanwartschaftsrecht 27 12
–, Nacherbschaft 27 6, 13
–, Steuerfestsetzung für Vorerwerb 27 18
–, Vermögensübergang 27 11
–, Vorerwerb 27 9
–, Wertminderung 27 13
–, Wertsteigerung 27 13
–, Zusammenrechnung 27 17
Mietwohngrundstück, Bewertung 12 479
–, Ertragswert 12 479
Mindestbeteiligung, Erblasser 13b 123
–, Höhe 13b 124
–, Kapitalgesellschaft 13b 121
Mindestlohnsumme 13a 356
–, Unterschreiten 13a 371
Mindestwert, Bewertung des Besatzkapitals 12 453a, 454 f.
–, Bewertung des Grund und Bodens 12 453
–, Ermittlung 12 452, 457
–, Kapitalisierungsfaktor 12 456

1498

Stichwortverzeichnis

Mitgliederbeitrag 18 1 ff.
–, Beiträge an Personenvereinigungen 18 1
–, Beitrag 18 3 f.
–, nichtrechtsfähiger Verein 18 2
–, Personenvereinigung 18 2
–, Vereinigung 18 3
mittelbare Beteiligung 13b 107
mittelbare Grundstücksschenkung
7 58 ff., 66 f.
–, Abgrenzung zur Geldschenkung unter Auflage 7 62
–, Darlehen 7 66
–, Erwerbsnebenkosten 7 67
–, Geldschenkung unter Auflage 7 60
–, Zweckschenkung 7 58 f.
–, zweistufige mittelbare Grundstücksschenkung 7 61
mittelbare Schenkung 7 68 ff.
–, Gesellschaftsanteil 7 68 ff.
Mitunternehmerstellung 13b 87
Münzen 13b 508

N

Nacherbe, Anwartschaftsrecht 28a 179
Nacherbenanwartschaft, Übertragung 3 550
Nacherbenanwartschaftsrecht 6 18 ff.
–, Mehrfacherwerb 27 12
–, Übertragung 6 22 f.
–, Vererbung 6 24
–, Verzicht 6 20 f.
Nacherbschaft, Mehrfacherwerb 27 6
Nachlasspfleger, Bekanntgabe des Steuerbescheids 32 20
–, Sicherheitsleistung 32 20
–, Steuerzahlung 32 20
Nachlassverbindlichkeit 6 23
–, fortgesetzte Gütergemeinschaft 4 13
Nachlassverwalter, Bekanntgabe des Steuerbescheids 32 2
–, Haftung 32 11
–, Rechtsbehelfsbefugnis 32 6
–, Sicherheitsleistung 32 9
–, Steuerzahlung 32 9
Nachsteuertatbestände 13a 417
Nachsteuertatbestand, Aufhebung einer Verfügungsbeschränkung 13a 463
–, Überausschüttung 13a 445
–, Überentnahme 13a 445

–, Veräußerung eines Anteils an einer Personengesellschaft 13a 434
–, Veräußerung eines Gewerbebetriebs 13a 434
–, Veräußerung von Anteilen an einer Kapitalgesellschaft 13a 458
Nachweispflichten, bei ausländischem Vermögen 13a 552
nahestehende Person, Forderungsverzicht 7 129
–, steuerbare Zuwendung an Kapitalgesellschaft 7 254
–, überhöhte Vergütung 7 131
Neffe, Freibetrag 16 14
–, Steuerklasse 15 39
Nichte, Freibetrag 16 14
–, Steuerklasse 15 39
nichteheliches Kind, Steuerklasse 15 16
Nießbrauch, kapitalisierter Wert 28a 176
Nießbrauchsvermächtnis 6 16 f.
Nießbrauchsverzicht 29 25
Nutzungen und Leistungen, Aufzehrmethode 23 38
–, Bereicherungsprinzip 23 47
–, Erbbauzins 23 22
–, Jahresversteuerung 23 1, 25
–, Jahreswert 23 31
–, Kapitalforderung 23 21
–, Kapitalwert 23 2, 71
–, Kürzungsmethode 23 40
–, Sterbetaphel 23 71
–, Stichtagsprinzip 23 47
–, Verzicht 23 24
–, Vorbehaltsnießbrauch 23 24
–, Wahlrecht 23 1
–, Zahlungstermin 23 43
Nutzungsüberlassung, Ausnahme 13b 362
–, Betriebsverpachtung 13b 384
–, Erwerb zu Lebzeiten 13b 399
–, Konzern 13b 406
–, land- und forstwirtschaftlichen Nutzung 13b 466
–, mittelbare Beteiligung 13b 381
–, Voraussetzung 13b 354

O

objektive Unentgeltlichkeit, Abgrenzung zur Entgeltlichkeit 7 251 f.
–, Gegenleistung 7 256
–, Gesellschaftsanteil 7 257 f.

Stichwortverzeichnis

–, Gleichwertigkeit Leistung **7** 256
–, Grundsatz **7** 250
–, Leistung der Gesellschafter an die Kapitalgesellschaft **7** 254
–, Leistung der Kapitalgesellschaft an die Gesellschafter **7** 255a
–, Zweckschenkung **7** 253
örtliche Zuständigkeit, Erwerb von Erbengemeinschaft **35** 20
Onkel, Steuerklasse **15** 44
optional unbeschränkte Steuerpflicht 2 151
Optionsverschonung 13a 217, 252, 732
–, Antrag des Erwerbers **13a** 741
–, Grenze von 20 % **13a** 761
–, Verschonungsabschlag **13c** 39

P

Paketzuschlag 12 96
–, Änderung der Beteiligungsquote durch Erb- oder Schenkungsfall **12** 93 f.
–, Anwendungsbereich **12** 90 f.
–, Höhe **12** 95
–, maßgebliche Beteiligungsquote **12** 92
partielle Steuerbefreiung 13 15
persönliche Steuerpflicht, Auslandsbediensteter **2** 50
–, Berufskonsularbeamte **2** 54
–, bestimmter Vermögensgegenstand **2** 94
–, Diplomat **2** 53
–, Doppelbesteuerung **2** 33
–, Doppelstaatler **2** 37
–, erweitert beschränkte Erbschaftsteuerpflicht **2** 130 f.
–, erweiterte unbeschränkte Steuerpflicht **2** 34
–, Familienstiftung **2** 63
–, Gesamthandsgemeinschaft **2** 28
–, gewöhnlicher Aufenthalt **2** 31
–, Inländer **2** 20
–, Inlandsvermögen **2** 90, 92
–, Nacherbfolge **2** 26
–, Niedrigsteuergebiet **2** 130
–, Personengesellschaft **2** 28
–, sachliche Steuerpflicht **2** 3
–, Sitz der Geschäftsleitung **2** 56
–, Vermögensanfall im Ausland **2** 22
–, Weltvermögensprinzip **2** 59
–, wirtschaftlicher Zusammenhang **2** 97
–, Wohnsitz im Inland **2** 30
–, zweistufige Objektqualifikation **2** 23

Pflegegeld 13 62 ff.
Pflegekind, Steuerklasse **15** 19, 44
Pflichtteil, Stundung **7** 163
Pflichtteilsanspruch, Entstehung der Steuer **3** 417
–, erbrechtliche Grundlage **3** 400 ff.
–, erbschaftsteuerliche Grundlage **3** 413 ff.
–, Geltendmachung **3** 418
–, Stundung **3** 163, 420
–, teilweise Geltendmachung **3** 419
–, Verzicht **13** 68 f.
Pflichtteilsergänzung 29 13
Pflichtteilsergänzungsanspruch, Erbschaftsteuer **3** 423
Poolvereinbarung 13b 136
–, Aktiengesellschaft **13b** 203
–, Familiengesellschaft **13b** 149
–, Form **13b** 212
–, Formerfordernisse **13b** 209
–, Gesellschaft bürgerlichen Rechts **13b** 224
–, Kapitalgesellschaft **13b** 151
–, Mindestlaufzeit **13b** 217
–, Rechtsfolgen **13b** 221
–, Verfügungsbeschränkung **13b** 164, 206
–, Vorlauffrist **13b** 154
–, Zeitpunkt **13b** 215
–, Zusammenrechnung der Anteile **13b** 227
Poolvereinbarungen, Gestaltung **13b** 240
Progressionsvorbehalt 19 6, 10

R

Regelverschonung, Verschonungsabschlag **13a** 251; **13c** 39
–, Verschonungsabschlag von 85 % **13a** 153
Reinvestition, Nachversteuerung **13a** 512
Reinvestitionsklausel, Voraussetzungen **13a** 506
Reinvesttionsklausel, Behaltensregel **13a** 502
Rente 23 1 f., 21 f., 24 f., 31, 38, 40, 43, 47, 71
–, Aufzehrmethode **23** 38
–, Bereicherungsprinzip **23** 47
–, Erbbauzins **23** 22
–, Jahresversteuerung **23** 1, 25
–, Jahreswert **23** 31
–, Kapitalforderung **23** 21
–, Kapitalwert **23** 2, 71
–, Kürzungsmethode **23** 40
–, Sterbetaphel **23** 71
–, Stichtagsprinzip **23** 47

Stichwortverzeichnis

–, Verzicht 23 24
–, Vorbehaltsnießbrauch 23 24
–, Wahlrecht 23 1
–, Zahlungstermin 23 43
Rückschenkung, Erlöschen der Steuer 29 2

S

Sachleistungsansprüche und -verbindlichkeiten, Bewertung 12 121 ff.
Sachwertverfahren, Alterswertminderung 12 551
–, Anwendbarkeit 12 545
–, Regelherstellungskosten 12 547 ff.
–, Sachwertfaktor 12 554 f.
–, Struktur 12 546
–, Wertzahl 12 553, 556
Saisonarbeiter 13a 282
Saldierung von Schulden, Verwaltungsvermögen 13b 691
Sanierungsgewinn, Schenkung 7 600
Scheidung, Steuerklasse 15 43
Schenker, Übernahme Steuer 13a 492
Schenkung, Auflage 29 12
–, gemischte Schenkung 6 19
–, Herausgabe des Geschenks 29 8
–, Notbedarfsfall 29 12
–, Rückforderungsrecht 29 10; 37 15
–, Sanierungsgewinn 7 600
–, Wegfall der Geschäftsgrundlage 29 20
–, Widerrufsvorbehalt 29 14
Schenkung auf den Todesfall 3 427 ff.
–, befristete Schenkung 3 430
–, Grundlage 3 425
–, Überlebensbedingung 3 426
Schenkung Gesellschaftsanteil bei Buchwertklausel, abfindungsbeschränkte Klausel 7 514
–, Anteile an Personengesellschaften 7 510
–, Buchwertklausel 7 513
–, Manager-/Mitarbeitermodell 7 512
–, Schenkung an Nichtgesellschafter 7 511
–, stille Reserve 7 515 f.
Schenkung Gesellschaftsanteil mit überhöhter Gewinnbeteiligung, Änderung Gewinnverteilungsschlüssel 7 522
–, angemessene Gewinnverteilung 7 523 f.
–, Familienpersonengesellschaft 7 520
–, Steuerklausel 7 526

–, überhöhte Gewinnbeteiligung 7 525
–, Verhältnis zum EStG 7 527
Schenkungsteuer, Erlass aus Billigkeitsgründen 28 50 f.
–, Erlöschen 29 1
–, Stundung 28 1 ff.
Schenkungsteuerbescheid s. **Steuerbescheid** 32 2
Schenkungsvertrag, Rückdatierung 11 37
Schenkung unter Auflage, Abgrenzung zum bedingten Erwerb 7 392
–, Anwendungsbereich 7 391
–, Duldungs-/Leistungsauflage 7 361 f.
–, Erwerb infolge der Erfüllung einer Bedingung 7 393
–, Grundsatz 7 360
–, Steuerentstehung 9 121 ff.
–, Verbindung zweier freigebiger Zuwendungen 7 390
–, Verkehrswert der Gegenleistung/Wertsicherungsklausel 7 363
Schenkung unter Lebenden, Anwartschaftsrecht 7 9
–, Grundtatbestand 7 1
–, Konkurrenz 7 2 ff.
–, Schenkungsversprechen 7 6
–, Steuerentstehung 7 8
–, Vermögensverschiebung 7 7
–, Vermögenszuwachs 7 5
Schuldbefreiung 13 45 ff.
Schulden 13b 570
Schulden und Lasten, Verschonungsabschlag 13c 42
Schwarzgeld, Anzeige des Erwerbs 30 6
–, Steuerhinterziehung 30 6
Schwiegereltern, Steuerklasse 15 42
Schwiegerkinder, Steuerklasse 15 41
Segelflugzeug 13b 511
selbst bewirtschaftetes Grundstück, Bauland 13b 63
Selbstnutzungsfrist 13 39, 44
Sonderbetriebsvermögen, Nutzungsüberlassung 13b 378
–, Übertragung 13b 81
Sonstige Schenkung unter Lebenden, Steuerentstehung 9 120
sonstige Schenkung unter Lebenden, Steuerentstehung 9 120

1501

Stichwortverzeichnis

Steuerbefreiung 13 3
–, Ausbildung 13 71 ff.
–, Bundesentschädigungsgesetz 13 54
–, Dreißigster 13 23 f.
–, Einführung 13 1
–, Erwerbsunfähigkeit 13 49 ff.
–, Familienheim 13 25 ff.
–, Gebietskörperschaft 13 80
–, Gelegenheitsgeschenk 13 77 ff.
–, Hausrat 13 5 ff.
–, Körperschaft 13 84 ff.
–, Kulturgut 13 10 ff.
–, Kunstgegenstand 13 11
–, Lebenspartner 13 9
–, mittelbare Schenkung 13 8
–, Objektverbrauch 13 28
–, Pensions- und Unterhaltungsleistungen 13 74 ff.
–, Pflegegeld 13 62 ff.
–, Pflege- und Unterhaltungsleistungen 13 55 ff.
–, politische Partei 13 93 f.
–, Prüfung von Amts wegen 13 2
–, Religionsgesellschaft 13 82 f.
–, Schuldbefreiung 13 45 ff.
–, unbeschränkte Steuerpflicht 13 33
–, Unterhalt 13 71 f., 95
–, Vermögensrückfall 13 65 ff.
–, Verzicht 13 18, 22, 96
–, Verzicht auf Erbersatzanspruch 13 70
–, Verzicht auf Pflichtteilsanspruch 13 68 f.
–, Wohlfahrt 13 19
Steuerbefreiung Wohnimmobilie, Anteile an Grundstücksgesellschaft 13d 82
–, Anwendungsbereich 13d 15
–, Bebaute Grundstücke oder Grundstücksteile 13d 51
–, Betreutes Wohnen 13d 60
–, Betriebswohnung 13d 81
–, Doppelbegünstigung 13d 78
–, Erbbaurechte 13d 55
–, Erbersatzsteuer 13d 121
–, Familienstiftung 13d 121
–, Ferien- und Wochenendwohnungen 13d 60
–, Gemischt genutzte Grundstücke 13d 62
–, Leerstand 13d 69
–, Mietvertrag 13d 63
–, Steuerstundung 13d 35
–, Teilung Nachlass 13d 84
–, Vermietung an Angehörige 13d 67

–, Vermietung zu Wohnzwecken 13d 59
–, Vermögensverwaltende Personengsellschaft 13d 82
–, Verschonung 13d 100
–, Weiterübertragung 13d 83
Steuerbescheid, Änderung 29 81
–, Aufhebung 29 81
–, Auslegung **Anhang zu 32** 4
–, Bekanntgabe 32 2; **Anhang zu 32** 13
–, Bestimmtheit **Anhang zu 32** 4
–, Lebenssachverhalt **Anhang zu 32** 6
–, Nachlassverwalter 32 2
–, Nebenbestimmung **Anhang zu 32** 11
–, Rechtsbehelf **Anhang zu 32** 16
–, Testamentsvollstrecker 32 2
–, vorläufiger Steuerbescheid **Anhang zu 32** 12
–, zusammengefasster Steuerbescheid **Anhang zu 32** 7
–, zuständiges Finanzamt 35 1
Steuerentstehung 9 5
–, Bewertungsstichtag 11 2
–, Grundlage 9 1
–, mehrere Erwerbsvorgänge 9 10
–, steuerliche Rückwirkung 9 3 f.
–, Stichtagsprinzip/Fälligkeit 9 6 ff.
–, Voraussetzung 9 2
–, Wertungswiderspruch 9 11
Steuerentstehung bei bed. Erwerben, Sonderfall 9 30
Steuerentstehung bei bedingten Erwerben, aufschiebende Bedingung 9 31
–, Bedingung 9 28
–, Befristung 9 29
–, betagter Erwerb 9 34
–, Erwerbsgrund/Erwerbsgegenstand 9 27
–, Sonderfall 9 30
–, Vermächtnisanordnung 9 26
Steuerentstehung beim Erwerb von Todes wegen 9 25
–, Ausschlagung 9 24
–, Gestaltungsrecht 9 23
–, Grundlage 9 20
–, unwirksame Verfügung 9 22
–, Von-Selbst-Erwerb 9 21
Steuerentstehung bei Pflichtteilsansprüchen, Abtretung 9 44
–, Geltendmachung 9 43
–, Grundlage 9 40
–, Pflichtteilsergänzungsanspruch 9 47
–, teilweise Geltendmachung 9 45

–, Verjährung 9 46
–, Verzicht 9 41 f.
Steuerentstehung bei Schenkung unter Lebenden, Aktie 9 91
–, Anteil an Kapitalgesellschaften 9 94
–, Anwartschaft 9 96
–, aufschiebende Bedingung/Befristung 9 82
–, Ausführung 9 83
–, Besteuerungsabrede 9 93
–, Beteiligungen an Personengesellschaften 9 89
–, bewegliche Sachzuwendung/Rechte/Forderungen 9 88
–, Grundlage 9 80
–, künftig entstehende Forderung 9 92
–, Lebensversicherung 9 95
–, Scheck 9 90
–, Schenkungsversprechen 9 97 ff.
–, Verfügungsvollmacht 9 87
–, Wechsel der Rechtszuständigkeit 9 81
–, Widerrufsvorbehalt/Rüchtrittsrecht 9 86
–, Zuwendungsgegenstand 9 84 f.
Steuerentstehung bei sonst. Erwerben, Abfindung 9 54 f.
–, gemäß Testament 9 59
Steuerentstehung bei sonstigen Erwerben, Abfindung 9 54 f.
–, Anwartschaft 9 58
–, Auflage 9 51
–, ausländische Vermögensmasse 9 49
–, Bedingung 9 52
–, gemäß Testament 9 59
–, Genehmigung 9 53
–, Nacherbfolge 9 57
–, Stiftung 9 48, 50
–, Vermächtnis 9 56
Steuererklärung, Aufforderung zur Abgabe 30 91; 31 2
–, Berichtigungspflicht 31 9
–, Erklärungsfrist 31 6
–, Erklärungspflichtige 31 5
–, Erwerbermehrheit 31 26
–, fortgesetzte Gütergemeinschaft 31 25
–, Inhalt 31 11
–, Nachlasspfleger 31 50
–, Nachlassverwalter 31 40
–, Testamentsvollstrecker 31 40
–, Verspätungszuschlag 31 7
–, Wertangabe 31 13

Steuererlass, begünstigtes Vermögen 28a 85
–, Verschonungsabschlag 13c 36
Steuerfestsetzung, Ablaufhemmung 30 100
–, Anlaufhemmung 30 83, 90, 94
–, Festsetzungsfrist 30 80
–, Schätzung 31 28
–, Verspätungszuschlag 30 72; 31 7
–, Zweckzuwendung 30 99
Steuerfestsetzung s. Steuerbescheid 32 2
Steuerfreies Vermögen, Kürzung Zugewinnausgleichsfreibetrag 5 99
Steuerhinterziehung 13a 49
–, Schwarzgeld 30 6
Steuerklasse 15 9
–, Abkömmling 15 21 f.
–, Abkömmlinge von Geschwistern 15 39
–, Adoption 15 19, 45
–, Adoptivkind 15 17, 21, 36, 39
–, AG 15 44
–, Antragserfordernis 15 80
–, Anwendungswahlrecht 15 8
–, aufgehobene Adoption 15 47
–, aufschiebende Bedingung 15 11
–, Berliner Testament 15 70
–, Besteuerung des Schlusserbenerwerbs 15 74
–, Bindung des überlebenden Ehegatten 15 78
–, Ehe 15 43
–, Ehegatte 15 9, 74
–, eheliches Kind 15 15, 36
–, eingetragene gleichgeschlechtliche Lebenspartner 15 6
–, eingetragene Lebenspartnerschaft 15 71, 81
–, Eltern 15 23, 35, 37
–, Enkel 15 21
–, Erbquote 15 78
–, Erbverzicht 15 37
–, Erwerben von Todes wegen 15 24
–, Erwerb von Todes wegen 15 24
–, Familie 15 5
–, Familienstiftung 15 50
–, Freibetrag 15 74
–, Gesamthandsgemeinschaft 15 44
–, Geschenke vor der Ehe 15 11
–, Geschwister 15 36, 75
–, Getrenntlebende 15 9
–, GmbH 15 44
–, Großneffe 15 44
–, Großnichte 15 44
–, juristische Person 15 44

Stichwortverzeichnis

–, Kind 15 13, 20
–, Kindeskinder 15 21
–, Lebenspartner 15 20, 22, 74
–, Lebenspartnerschaft 15 6
–, leibliches Kind 15 36
–, Mehrfacherwerb 27 3
–, Neffe 15 75
–, Nichte 15 75
–, nichteheliche Lebensgemeinschaft 15 9
–, nichteheliches Kind 15 16, 36
–, nichtige oder aufhebbare Ehe 15 9
–, nichtig erklärte Ehe 15 43
–, Onkel 15 44
–, Patchworkfamilie 15 36
–, Pflegekind 15 19, 44
–, Pflichtteil 15 14
–, Pflichtteils(ergänzungs)Anspruchsverzicht 15 38
–, Rückfall von Todes wegen 15 26
–, Rückübertragung 15 35
–, Scheidung 15 12, 43
–, Schenkung 15 24, 35
–, Schenkung auf den Todesfall 15 24
–, Schenkung durch Kapitalgesellschaft 15 8a
–, Schenkung durch Kapitalgesellschaften 15 82, 85 f.
–, Schenkungen auf den Todesfall 15 24
–, Schlusserbe 15 72a, 74, 79
–, Schlussvermächtnisnehmer 15 79a
–, Schwiegereltern 15 42
–, Schwiegerkinder 15 41
–, Steuerklassenzuordnung 15 1
–, Steuersatz 15 74
–, Stichtagsprinzip 15 2
–, Stiefeltern 15 23, 40
–, Stiefgeschwister 15 36
–, Stiefkind 15 13, 18, 21, 39
–, Stiefschwiegerkinder 15 41
–, Stiftung 15 44, 60
–, Tante 15 44
–, Unterhaltsleistung 15 25
–, Unterhaltszahlung 15 35
–, verdeckte Gewinnausschüttung 15 8b
–, Verein 15 44
–, verfassungsrechtlicher Rahmen 15 4
–, Verfügung des Erstversterbenden 15 72a, 78
–, Verhältnis Erwerber zu Erblasser/Schenker 15 3
–, Verlobte 15 10
–, Vermächtnisnehmer 15 74

–, Vermögen des Erstversterbenden 15 77
–, Verwandte beider Ehepartner 15 79
–, Vollerbe Einheitslösung 15 72
–, Vollerbfolge und Nießbrauchsvermächtnis 15 70
–, Voll- und Schlusserbfolge 15 70, 72
–, Voreltern 15 23, 35, 40
–, Vor- und Nacherbfolge 15 70
–, Wirkung 15 1
–, zivilrechtlicher Kindesbegriff 15 13
–, Zuwendung 15 37
–, Zweckzuwendung 15 44
Steuerklausel 29 19; 37 16
steuerpflichtiger Erwerb, Abfindung 10 172
–, Abfindungsleistung 10 187
–, Abrundung 10 54
–, Abwicklungsvollstreckung 10 215
–, Abzugsschranke 10 212
–, Abzugsverbot 10 251, 259
–, aufgestauter Reparaturbedarf 10 144
–, Auflage 10 300
–, Aufrechnung 10 43
–, außergewöhnliche Unterhaltskosten 10 116
–, Bankguthaben 10 15
–, Beerdigungskosten 10 201
–, befreites Betriebsvermögen 10 263
–, Bereicherungsbegriff 10 26
–, Bereicherungsprinzip 10 3
–, Bestattungskosten 10 201
–, Bestattungsvorsorgetreuhandkonto 10 205
–, betrieblicher Steuererstattungsanspruch 10 44
–, Dauerschuldverhältnis 10 141
–, Deckungsverhältnis 10 16
–, eigene Erbschaftsteuer 10 290
–, einfache Nachfolgeklausel 10 313
–, Einzelkonto 10 18
–, Erbauseinandersetzung 10 211
–, Erbersatzsteuer 10 280
–, Erbfallschulden 10 111, 170
–, Erblasserschulden 10 111, 130
–, Erbschaftsverwaltungsschulden 10 200
–, Ersatzerbschaftsteuer 10 58
–, Erwerbskosten 10 219
–, Familiengrabstätte 10 206
–, formelle Rechtsgrundtheorie 10 41
–, Fortsetzungsklausel 10 312
–, Geldvermächtnis 10 175
–, Geltendmachung 10 184
–, Gemeinschaftskonto 10 17

Stichwortverzeichnis

–, gemischte Schenkung 10 28, 51
–, gesamter Vermögensfall 10 10
–, Gleichstellungsgeld 10 265
–, Grabdenkmal 10 206
–, Grabpflege 10 179, 207
–, Grabpflegekosten 10 208
–, Grundstücksbelastung 10 272
–, Inlandsvermögen 10 260
–, Kanalisationsbeitrag 10 144
–, Kaufrechtsvermächtnis 10 176
–, Konfusion 10 80
–, Konsolidation 10 83
–, Lasten 10 263
–, latente Ertragsteuerbelastung 10 142
–, materielle Rechtsgrundtheorie 10 41
–, Mietzins 10 14
–, Missbrauch von Gestaltungsmöglichkeiten 10 13a
–, mittelbare Zuwendung 10 11
–, Nacherbe 10 4, 95
–, Nacherbenanwartschaftsrecht 10 96
–, Nachfolgeklausel 10 310
–, Nachlasskosten 10 200
–, Nachlassregelungskosten 10 209
–, Nachlassverbindlichkeit 10 111
–, Nachlassverwaltung 10 216
–, Nachlassverwaltungskosten 10 233
–, Noterbrecht 10 188
–, Nutzungsrecht 10 272, 274
–, objektiv nachteilige Auflage 10 303
–, Oder-Konto 10 17
–, Pauschbetrag 10 228
–, Pflege- oder Unterhaltsleistungen 10 222
–, pflichtbelastete Rechtslage 10 145
–, Pflichtteil 10 183
–, privater Steuererstattungsanspruch 10 41
–, qualifizierte Nachfolgeklausel 10 314
–, qualifizierte negative Nachfolgeklausel 10 315
Steuerpflichtiger Erwerb, Restitutionsansprüche 10 14a
steuerpflichtiger Erwerb, Sachvermächtnis 10
–, Schulden 10 263
–, schwebendes Rechtsgeschäft 10 14
–, Steuerbemessungsgrundlage 10 2
–, Steuerschulden 10 134
–, Straßenanliegerbeitrag 10 144
–, teilweise befreite Vermögensgegenständen 10 262
–, Testamentsvollstrecker 10 214

–, Überlast 10 116
–, Übernahme der Steuer 10 65
–, Und-Konto 10 17
–, unmittelbarer Zusammenhang 10 212
–, Unterhalts-, Hilfs- und Pflegeleistungen 10 147
–, Valutaverhältnis 10 16
–, Verlustabzug 10 45
–, Vermächtnis 10 172
–, (vermögensverwaltende) Personengesellschaft 10 50
–, Verschaffungsvermächtnis 10 176
–, Vor- und Nacherbfolge 10 95
–, wirtschaftliche Belastung 10 115, 133 f.
–, wirtschaftlicher Zusammenhang 10 254
–, wirtschaftliches Eigentum 10 12
–, Zugewinnausgleichsforderung 10 146
–, Zurechnung 10 12
–, Zusammenrechnung von Erwerben 10 7
–, Zweckzuwendung 10 53
steuerpflichtiger Vorgang, Auflage 1 25
–, Erwerb von Todes wegen 1 20
–, Gebot der weitgehenden Gleichstellung 1 150
–, Schenkungen unter Lebenden 1 22
–, Zweckzuwendung 1 23
Steuersatz 19 1, 8
–, Bemessungsgrundlage 19 7
–, DBA 19 6, 10 f.
–, Doppelbelastung 19 3
–, Ehegatte 19 4
–, Gestaltung 19 16
–, Härteausgleich 19 2, 11, 13
–, Härteausgleichszone 19 15
–, Kind 19 4
–, Leistungsfähigkeitsprinzip 19 5
–, Progressionsvorbehalt 19 6, 10
–, Steuerklasse 19 8
–, Steuersatzermäßigung 19 6
–, Steuertarif 19 1
–, Stufentarif 19 2
–, Stufenungerechtigkeit 19 2
–, Tarif 19 8
–, Tarifstufe 19 8
–, unbeschränkte Steuerpflicht 19 10
Steuerschuldner, ausländische Vermögensmasse 20 17
–, Auswahlermessen 20 5
–, Erbengemeinschaft 20 3
–, Ersatzerbschaftsteuer 20 15

1505

Stichwortverzeichnis

–, Erwerbssplitting 20 3
–, Geldinstitut 20 77
–, Gesamthänder 20 3
–, Gesamtschuldner 20 4
–, Gesamtschuldnerschaft 20 9
–, Gewahrsam 20 79
–, Gütergemeinschaft 20 3, 18
–, Haftungsbescheid 20 73
–, Haftungsrisiko 20 82
–, juristische Personen 20 3
–, Nacherbe 20 43
–, Nachlasshaftung 20 30
–, Nutzungs- und Rentenlast 20 61
–, Personengesellschaft 20 3
–, Pflichtteilsberechtigter 20 2
–, Schließfächer 20 81
–, Steuerschuldner 20 2
–, Testamentsvollstrecker 20 83
–, Trust 20 3
–, Unbedenklichkeitsbescheinigung 20 78
–, Vermögenssurrogat 20 85
–, Vermögensverwahrer 20 70, 77
–, Verschulden 20 88
–, Versicherungsunternehmen 20 70, 74
–, Verwirkung des Steueranspruchs 20 12
–, Vorerbe 6 14; 20 2, 40
–, Zweckzuwendung 8 12; 20 14a
Steuerstundung, Steuerbefreiung Wohnimmobilie **13d** 35
Stichtagsprinzip, Beteiligung **13b** 127
–, s. Bewertungsstichtag 11 20
Stichtagssteuer 11 3
Stiefeltern, Steuerklasse **15** 40
Stiefkind, Steuerklasse **15** 13, 18
Stiftung, gemeinnützige Stiftung **13a** 652
–, private **13a** 650
–, Steuerklasse **15** 60
–, Zweckzuwendung **8** 10
Stiftung oder ausl. Vermögensmasse, nichtrechtsfähige Stiftung oder ausl. Vermögensmasse **3** 534
Stiftung oder ausländische Vermögensmasse, Anwendungsbereich **3** 530
–, Erstausstattung **3** 533
–, Familienstiftung **3** 532
–, nichtrechtsfähige Stiftung oder ausl. Vermögensmasse **3** 534
–, Vermögensmasse ausländischen Rechts **3** 535
–, Vermögenszuwachs **3** 531

–, zivilrechtliche Grundlage **3** 528
–, Zuständigkeit **3** 529
Stimmbindungsvereinbarung 13b 200
Stimmrechtsbindung 13b 198
Stimmrechtsbündelung, Verfügungsbeschränkung **13b** 165
Stimmrechtsvollmacht, Mitunternehmerstellung **13b** 88
Stückländerei 13b 62
Stückzins, Einkommensteuer **10** 46–49
Stundung 28 1 ff.
–, Antrag **28** 13, 22
–, Betriebsvermögen **28** 10 ff.
–, Ende der Stundung **28** 25
–, Erbschaftsteuer **28** 4
–, Ersatzerbschaftsteuer **28** 30 f.
–, land- und forstwirtschaftliches Vermögen **28** 10 ff.
–, Stundung nach § 222 AO **28** 45 f.
–, Stundungsdauer **28** 14, 23
–, Stundungszins **28** 15, 24
–, Wohngrundstück **28** 35 ff.
Stundungszins 28 15, 24
subjektiver Tatbestand, belohnende Schenkung **7** 304
–, Beweislast **7** 303
–, Kulanzleistung **7** 305
–, Notverkauf **7** 305
–, Sonderangebot **7** 305
–, Sponsoren und Mäzenen **7** 306
–, subjektiver Tatbestand bei der öffentlichen Verwaltung **7** 307
–, Verkürzung **7** 302
–, Werbegeschenk **7** 305
–, Wille zur Freigebigkeit **7** 300
–, Wille zur Unentgeltlichkeit **7** 301
–, Zuwendungen an Mitarbeiter **7** 305
–, Zuwendungen im Konzern **7** 305
subjektiver Zuwendungstatbestand, gemischte Schenkung **7** 35
–, Irrtum **7** 33 f.
–, konkreter Wille **7** 36
–, Verhältnis zum objektiven Zuwendungstatbestand **7** 38
Substanzwert, Bewertung aktiver Wirtschaftsgüter **12** 303
–, Bewertung passiver Wirtschaftsgüter **12** 306
–, einzubeziehende aktive Wirtschaftsgüter **12** 302

Stichwortverzeichnis

–, einzubeziehende passive Wirtschaftsgüter 12 304
–, Notwendigkeit der Ermittlung 12 308
–, Untergrenze für Unternehmensbewertung 12 301
–, Verhältnis zum Liquidationswert 12 307

T

Tante, Steuerklasse 15 44
Tarifstufe 19 9
Teilungsanordnung, Ausnahme/Erbquote 3 134
–, begünstigtes Vermögen 3 130
–, Folgen 3 128 f.
–, Vorausvermächtnis ohne wertmäßige Begünstigung 3 132 f.
–, Wertausgleich 3 131
Testamentsanfechtung, fehlende Anfechtung 3 53
–, Grundlage 3 50
–, Motivirrtum 3 51
–, Rechtsfolge 3 52
Testamentsvollstrecker, Bekanntgabe des Steuerbescheids 32 2
–, Haftung 32 11
–, Rechtsbehelfsbefugnis 32 6
–, Sicherheitsleistung 32 9
–, Steuerzahlung 32 9
Testamentsvollstreckung 3 268
Tod des Erblassers, Hirntod 3 65
–, Todeszeitpunkt 3 64
–, Wirksamkeit einer Todeserklärung 3 66
Trust 26 6

U

überhöhte Vergütung, Kapitalgesellschaft 7 131
Übertragung, Einheitlichkeit 13b 191
Übertragung des Erwerbs, Erbschaftskauf 3 60
–, erbschaftsteuerliche Folgen 3 61
unbeschränkte Steuerpflicht, Antragsrecht 16 8a
–, Freibetrag 16 8
Universität, Zuwendung 8 9; 13 90
Unschädliches Verwaltungsvermögen 13b 670

Unternehmensbewertung, Aktiva von Kapital- und Personengesellschaften 12 253 f.
–, Betriebsgrundstück 12 256 f.
–, Bewertungsmethode 12 270
–, Methodenwahl beim Fehlen stichtagsnaher Verkäufe 12 286 ff.
–, qualifiziertes Familienunternehmen 13a 577
–, Rücklage 12 259
–, Tierhaltung 12 255
–, Überblick 12 250
–, Umfang der wirtschaftlichen Einheit 12 251
–, Umfang des Aktivvermögens 12 252
–, Umfang des Passivvermögens 12 258
Unternehmenserbschaftsteuerrecht, neues 13a 55
Unternehmensnachfolge, Erleichterung 13a 5, 69
–, steuerliche Förderung 13a 21
unwirksame Verfügung von Todes wegen 3 23
–, Doppelbesteuerung 3 22
–, Durchführung trotz Unwirksamkeit 3 21
–, Mindestvoraussetzung 3 24
–, Nichtigkeit 3 20
–, Umfang der Bereicherung 3 25
Urenkel, Freibetrag 16 13
Ursachen der Doppelbesteuerung, Ansässigkeit der beteiligten Personen Grundlagen 3
–, Kollision subjektiver Anknüpfungskriterien Grundlagen 6
–, Kollision von Besteuerungsansprüchen verschiedener Staaten Grundlagen 2
–, objektive Belegenheit von Vermögen Grundlagen 4
–, unterschiedliche Beurteilung der Belegenheit von Vermögen Grundlagen 5
–, Zuordnung von Erblasserschulden Grundlagen 8

V

Veräußerungserlös, Reinvestition 13a 509
Verbundvermögensaufstellung, Anteile an Gesellschaft 13b 707
verdeckte Einlage 7 73, 86, 254
–, disquotale 7 73, 86, 254
verdeckte Gewinnausschüttung 7 255 ff.
–, disquotale 7 255a; 15 8b
–, freigebige Zuwendung 7 255a, 256
–, Gesellschafter 15 83

1507

Stichwortverzeichnis

–, nahe Angekörige **15** 82
–, Rechtsprechung zur Erbschaftsteuer **15** 8b
–, Schenkung an die Gesellschafter **7** 255a
verdeckte Gewinnausschütung, Nichtanwendungserlass **15** 8b
Verein 18 2
Vereinbarung der Gütergemeinschaft 7 410
vereinfachtes Ertragswertverfahren
12 320, 328
–, Anwendbarkeit **12** 321 f.
–, Beteiligung **12** 332
–, Betriebsergebnis **12** 341
–, betriebsneutrales Wirtschaftsgut **12** 329 ff.
–, Entscheidung über die Anwendung **12** 325 ff.
–, Ermittlung des Jahresertrags **12** 334
–, neu eingelegtes Wirtschaftsgut **12** 333
–, offensichtlich unzutreffendes Ergebnis **12** 323 f.
–, regelmäßiger Ermittlungszeitraum für den Jahresertrag **12** 335 ff.
–, Sonderbetriebsvermögen **12** 333c
–, verkürzter Ermittlungszeitraum für den Jahresertrag **12** 339 f.
Vererbung GmbH-Anteile, Abtretungsklausel **3** 261 f.
–, Einziehungsklausel **3** 255 ff.
–, Erbfall **3** 250 ff.
Vererbung Personengesellschaftsanteile, Abfindungsvariante **3** 182
–, Auflösung und Liquidation **3** 155 ff.
–, Begünstigung, § 13 a, § 19 a **3** 166
–, einfache Nachfolgeregelung **3** 165 ff.
–, Einkommensteuerrecht **3** 168
–, Eintrittsklausel **3** 173 ff.
–, Fortsetzung der Gesellschaft **3** 160 ff.
–, gesellschaftsrechtliche Grundlage **3** 150 ff.
–, qualifizierte Nachfolgeklausel **3** 169 ff.
–, Treuhandvariante **3** 181
Verfügungsbeschränkung 13b 172
verlängerte Leibrente 12 143
Verlobte, Steuerklasse **15** 10
Vermächtnis, bedingtes, befristetes, betagtes **3** 549
Vermächtnisnießbrauch 13b 183
Vermächtnisrecht, sonstiger Erwerb **3** 436 f.
Vermietung, Verwaltungsvermögen **13b** 432
Vermietung an Angehörige, Steuerbefreiung Wohnimmobilie **13d** 67

Vermögen, Abgrenzung **13b** 22
–, begünstigtes **13a** 6; **28a** 9
–, land- und forstwirtschaftliches **13b** 58
–, Veräußerung von land- und forstwirtschaftlichem Vermögen **13a** 442
–, verfügbares **28a** 10
Vermögensrückfall 13 65 ff.
Verschonung, Steuerbefreiung Wohnimmobilie **13d** 100
Verschonungabschlag, Höhe **13c** 43
Verschonungsabschlag 13a 12, 612, 791
–, Abschmelzungsmodell **13a** 123; **13c** 39
–, Abzugsbetrag von bis zu 150.000 EUR **13a** 201
–, Antrag **13c** 53
–, Anwendungsbereich **13c** 16
–, Behaltensregelungen **13a** 407
–, Berechnung der Grenze von 26 Mio. EUR **13a** 169
–, Berücksichtigung früherer Erwerbe **13c** 71
–, Familienstiftung **13c** 78
–, Grenze von 26 Mio. EUR **13a** 164
–, Großerwerb **13c** 1
–, Lohnsummenkontrolle **13a** 232
–, persönlicher Anwendungsbereich **13a** 105
–, Rechtsfolgen des Überschreitens der Grenze von 26 Mio. EUR **13a** 196
–, sachlicher Anwendungsbereich **13a** 101
–, Schulden und Lasten **13c** 42
–, Steuerstundung **13a** 134; **13c** 34
–, Tarifbegrenzung **13a** 131; **13c** 33
–, Verschonungsbedarfsprüfung **13c** 36
–, von 85 % **13a** 145
–, Vorab-Abschlag für Familiengesellschaften **13a** 116; **13c** 30
–, Weiterübertragung von begünstigtem Vermögen **13a** 392
–, Zusammenrechnung mehrerer Erwerbe **13a** 178; **13c** 19
–, Zusammenrechnung mehrerer Erwerbe innerhalb von 10 Jahren **13a** 174
Verschonungsbedarfsprüfung 28a 6
–, Abschmelzungsmodell **28a** 69
–, Antrag des Erwerbers **28a** 95
–, Anzeigepflichten des Erwerbers **28a** 285
–, Bedingung für den Steuererlass **28a** 236
–, Behaltefrist **28a** 251
–, bereits vorhandenes, nicht begünstigtes Vermögen **28a** 165

Stichwortverzeichnis

–, Erbersatzsteuer bei inländischen Familienstiftungen 28a 314
–, Familienstiftung mit begünstigtem Vermögen 28a 326
–, internationaler Anwendungsbereich 28a 58
–, Lohnsummenregelung 28a 243
–, Nacherwerb durch Schenkung 28a 257
–, Nacherwerb von Todes wegen 28a 257
–, Nachweis des Erwerbers 28a 109
–, persönlicher Anwendungsbereich 28a 53
–, Rechtsfolge 28a 123
–, sachlicher Anwendungsbereich 28a 45
–, Steuererlass 13a 137; 28a 81
–, Steuerstundung 28a 76
–, Stundung der verbleibenden Steuer 28a 226
–, Tarifbegrenzung 28a 75
–, Verfahren 28a 279
–, verfassungsrechtliche Fragen 28a 25
–, verfügbares Vermögen 28a 144
–, Verhältnis zur Anschmelzung des Verschonungsanschlags 28a 346
–, Vermögensaufstellung des Erwerbers 28a 113
–, Verschonungsabschlag 13c 36
–, Vorab-Abschlag für Familiengesellschaft 28a 63
–, Weiterübertragung des begünstigten Vermögens auf einen Dritten 28a 132
–, Zahlungsverjährung 28a 307
–, zeitlicher Anwendungsbereich 28a 41
–, zugleich übertragenes, nicht begünstigtes Vermögen 28a 153
Verschonungsregeln, Verhältnis 13b 44
Versorgungsanspruch, kraft Gesetz 5 33
–, vertraglicher Versorgungsanspruch 5 34 f.
Versorgungsausgleich, nachehelicher Versorgungsausgleich 5 98
Versorgungsbezüge, Vervielfältiger 17 9
Versorgungsfreibetrag, Abfindung für Erbverzicht 17 3
–, Änderung von Versorgungsbezügen 17 16
–, anrechnungspflichtige Versorgungsbezüge 17 5
–, Anrechnung von Versorgungsbezügen 17 8, 15
–, auflösend bedingte Erwerbe 17 13
–, aufschiebend bedingte Einmalbeträge 17 13
–, aufschiebend bedingte Erwerbe 17 16
–, beschränkte Steuerpflicht 17 1a
–, besonderer Versorgungsfreibetrag 17 1d

–, Bruttobezüge 17 10
–, Ehe 17 7
–, Ehegatte 17 2
–, Ehegattenfreibetrag 17 7
–, eingetragene Lebenspartner 17 4
–, Einmalbetrag 17 10
–, Erwerb von Todes wegen 17 3
–, Europarechtskonformität 17 1a
–, Freibetrag für eingetragene Lebenspartner 17 7
–, Freibetragskürzung 17 2
–, Gleichbehandlung 17 2
–, Kapitalwert 17 2, 8, 13, 15
–, Kind 17 2
–, Kinderfreibetrag 17 14
–, Lebenspartner 17 2
–, Lebenspartnerschaft 17 7
–, Schenkungen auf den Todesfall 17 3
–, spätere Änderungen steuerfreier Versorgungsbezüge 17 10
–, spätere Änderung von Versorgungsbezügen 17 13
–, Steuerumgehungbekämpfungsgesetz 17 1a
–, Versorgungsbezüge 17 1d, 2
–, vertraglich gewährte Bezüge 17 11
–, Zugewinnausgleich 17 11
Vertrag zugunsten Dritter 3 510
–, berufsständische Versorgungseinrichtung 3 503
–, Forderungserwerb 3 512 f.
–, freigebige Zuwendung 3 507
–, Grundlage 3 500
–, Kfz-Insassenversicherung/Luftunfallversicherung 3 501
–, Lebensversicherung 3 515 ff.
–, Leistungsauflage 3 509
–, objektive Bereicherung 3 508
–, Riesterrente 3 502
–, Vermögensvorteil 3 514
–, Versorgungsanspruch Hinterbliebener 3 523 ff.
–, zivilrechtliche Grundlage 3 504 ff.
–, Zurückweisung 3 511
Verwaltungsvermögen 13a 7
–, Allgemeine Investitionsklausel 13b 616
–, Anteile an Kapitalgesellschaft 13b 480
–, Ausnahmen 13b 344
–, Definition 13b 23
–, Grundstück 13b 349
–, Investitionsklausel 13b 606

1509

Stichwortverzeichnis

–, junges Verwaltungsvermögen 13b 11
–, Kunstgegenstände und Oldtimer 13b 501
–, Nettowert 13b 641
–, Qualifikation 13b 485
–, Umfang 13b 342
–, unschädliches 13b 14
–, Unschädliches Verwaltungsvermögen 13b 661
–, Verbundvermögensaufstellung. 13b 714
–, Verwaltungsvermögenstest 13b 331
Verwaltungsvermögenstest, Anwendung 13b 340
–, Ermittlung Vermögen 13b 26
Verwaltungsvermögenstest Rechnung, Verfassungsrecht 13b 27
Verwaltungsvermögentest, Verfahrensregelung 13b 731
Vorab-Abschlag 13b 152
–, Anwendungsbereich 13a 601
–, Beschränkungen nur für Teile des begünstigten Vermögens 13a 679
–, Höhe 13a 707
–, Rechtsfolgen 13a 701
–, Steuerstundung 13a 615
–, Tarifbegrenzung 13a 614
–, Verfügungsbeschränkung 13a 655
–, Verhältnis zu anderen Verschonungsregelungen 13a 611
–, Verschonungsabschlag 13a 611
–, Voraussetzungen 13a 623
Vorausempfang, Bewertung 5 39
Vorbehaltsnießbrauch 13b 86, 181
Vor- und Nacherbschaft 6 1 ff.
–, Auflage 6 47
–, erbrechtliche Grundsätze 6 2 ff.
–, erbschaftsteuerrechtliche Grundsätze 6 7 ff.
–, Freibetrag 16 18
–, freies Vermögen 6 32 ff.
–, Nacherbenanwartschaftsrecht 6 18 ff.
–, Nacherbfall 6 25 ff., 36, 38
–, Nachvermächtnis 6 6, 42 f.
–, Nießbrauchsvermächtnis 6 16 f.
–, Steueranrechnung 6 39 ff.
–, Steuersatz 6 35
–, Vorerbfall 6 11 ff., 37
–, Wahlrecht 6 29 ff.
Vorweg-Abschlag, Steuererlass aufgrund Verschonungsbedarfsprüfung 13a 617
vorzeitige Herausgabe von Nacherbschaftsvermögen 7 490

W

Wahlrecht, Anwendung neuen Rechts **Art.** 3 10
Wert des Anteils am Betriebsvermögen, Ermittlung bei Einnahmenüberschussrechnung 12 396
–, Ermittlungsgrundsatz 12 393
–, negatives Kapitalkonto 12 395
–, Zurechnung der Kapitalkonten 12 394
–, Zurechnung des Restbetriebsvermögens 12 397 ff.
–, Zurechnung des Sonderbetriebsvermögens 12 400
Wert des Anteils an einer Kapitalgesellschaft, eigene Aktie 12 404
–, Kommanditgesellschaft auf Aktien 12 402
–, nicht vollständig eingezahltes Nennkapital 12 403
–, zweistufige Ermittlung 12 401
Wert eines Anteils am Betrieb der LuF, Aufteilung des gemeinschaftlichen Vermögens 12 487
–, Aufteilung des Wirtschaftswerts 12 483
–, Wert eines Anteils am Betrieb der LuF zu berücksichtigende Verbindlichkeiten 12 488
–, Zurechnung der Betriebswohnungen und des Wohnteils 12 489
–, Zurechnung von Sonderbetriebsvermögen 12 484 ff.
Wertermittlung bei mehreren Beteiligten 12 18 ff.
Wertermittlungsmethode 12 4
Wertpapier 12 80; 13b 517
–, Begriff 12 81
–, börsennotiertes Wertpapier 12 82
Wertpapierbegriff 13b 519
Wertpapiere, Banken und Versicherungen 13b 527
wiederkehrende Nutzungen und Leistungen, Art 12 133
–, Begrenzung des Kapitalwerts durch den gemeinen Wert 12 140
–, Begriff der wiederkehrenden Leistung 12 132
–, Begriff der wiederkehrenden Nutzung 12 131
–, Bewertung 12 130
–, Höchstbetrag des Jahreswerts von Nutzungen 12 159 ff.

Stichwortverzeichnis

–, immerwährende Nutzungen und Leistungen 12 138
–, Jahreswert 12 152 ff.
–, Nutzungen oder Leistungen von unbestimmter Dauer 12 139
–, wiederkehrende Nutzungen und Leistungen auf bestimmte Zeit beschränkte 12 135 ff.
wirtschaftliche Einheit, Abgrenzung 12 14
–, Abgrenzung der 12 14
–, Begriff 12 13
–, Begriff der 12 13
–, Zugehörigkeit 12 15 f.
–, Zugehörigkeit zu 12 15 f.
wirtschaftlicher Geschäftsbetrieb, Definition 13b 441
Wohnimmobilie, Bebaute Grundstücke oder Grundstücksteile 13d 51
–, Doppelbegünstigung 13d 78
–, Erbbaurechte 13d 55
–, Familienstiftung 13d 121
–, Gemischt genutzte Grundstücke 13d 62
–, Leerstand 13d 69
–, Steuerstundung 13d 35
–, Teilung Nachlass 13d 84
–, Vermietung an Angehörige 13d 67
–, Verschonung 13d 100
–, Weiterübertragung 13d 83
Wohnungs- und Teileigentum 12 512
Wohnungsunternehmen 13a 59; 13b 422
–, Familienpool 13b 451

Y

Yacht 13b 510

Z

Zahlung ausländischer Steuer 21 50
Zugewinnausgleich, Anrechnung bei Zugewinnausgleichsanspruch 29 50
–, erbrechtlich beschränkte Steuerpflicht 5 26
–, erbrechtlicher Zugewinnausgleich 5 8
–, erbrechtliche Voraussetzung 5 9, 24 f., 58 ff.
–, fliegender 5 85 f.
–, güterrechtliche Ermittlung 5 11
–, güterrechtliche Voraussetzung 5 10
–, Scheidung, Ermittlung 5 63 f.
–, Scheidung, Vorausempfänge 5 65 f.

Zugewinnausgleich erbrechtlich, steuerliche Folgen 5 23
Zugewinnausgleichsanspruch, Anfangsvermögen 5 13 f., 17
–, Bewertung 5 17
–, Endvermögen 5 15 f.
–, Erfüllung 5 95 f.
–, fiktive Ermittlung 5 27
–, Inflation 5 17
–, latente Steuern 5 17
–, Nachweis 5 28 f.
–, Schenkung an Dritte 5 40 ff.
–, steuerliche Begrenzung 5 48 ff.
–, Versorgungsanspruch 5 36
–, Verzicht 5 87 ff.
–, Verzicht gegen Abfindung 5 90 ff.
–, Vorausempfang 5 19, 37 f.
–, Wertsteigerung 5 30 ff.
Zugewinnausgleichsanspruch Anfangsvermögen, Bewertung 5 17
Zugewinnausgleichsfreibetrag, Kürzung, steuerfreies Vermögen 5 99
Zugewinngemeinschaft, Ausschlagung Erbeinsetzung 5 81 f.
–, Beendigung 5 12
–, Beendigung durch Tod 5 7, 72 ff., 78 ff.
–, Beendigungstatbestand 5 2
–, Beendigung unter Lebenden 5 76 f.
–, ehevertragliche Modifikation 5 43 ff.
–, Ermittlung 5 2
–, Güterstandsschaukel 5 83 f.
–, modifizierte 5 3 ff.
–, Wertsteigerung 5 2
–, Zustimmung 5 1
Zusammenrechnung 14 1, 51
–, Änderung der Verhältnisse 14 9
–, Anhebung des Steuersatzes 14 66 ff.
–, Anrechnung Steuer 14 38 ff.
–, aufschiebende Bedingung 14 6
–, Auslandsbezug 14 77
–, Betriebsvermögen 14 61
–, DBA 14 78 ff.
–, einheitliche Zuwendung 14 48 ff.
–, Erwerb von derselben Person 14 10 ff.
–, Festsetzungsfrist 14 83 ff.
–, fiktive Abzugssteuer 14 30 ff.
–, Gesetzesänderung 14 4
–, Höchstbetrag 14 86 ff.

Stichwortverzeichnis

–, Jahressteuer gemäß § 23 ErbStG 14 70 ff.
–, Mehrfacherwerb 27 17
–, Mindeststeuer 14 5, 42 ff.
–, Mindeststeuerbetrag 14 41
–, Nacherbfall 14 55 f.
–, Nießbrauch 14 59 f.
–, Nutzungsrecht 14 59 f.
–, praktische Durchführung 14 18 ff.
–, Steueranrechnung gemäß § 21 ErbStG 14 81 f.
–, Steuer für Gesamtbetrag 14 22
–, tatsächliche Steuer 14 33 ff.
–, Übernahme der Steuer 14 52 ff.
–, Verfahrensrecht 14 7 f.
–, Vorerwerb 14 16 f., 23 ff.
–, wiederauflebender Freibetrag 14 65
–, Zehnjahresfrist 14 13 ff.
–, Zweck 14 2 f.
Zusammenrechnung mehrerer Erwerbe, Verschonungsabschlag 13c 19
Zuwendung, Empfänger der, echter Vertrag zugunsten Dritter 7 121 ff., 125 f.
–, Gesellschafter-Geschäftsführer 7 137
–, GmbH 7 129
–, Grundsatz 7 120
–, mittelbare verdeckte Gewinnausschüttung 7 131 ff.
–, Personengesellschaft 7 130
–, unechter Vertrag zugunsten Dritter 7 124
–, Verwandter 7 127
–, zivilrechtliche Maßstäbe für den 7 128
Zuwendungen zwischen Kapitalgesellschaften, Alleingesellschafter als Leistender 7 579
–, Bedachter 7 580
–, Deckungsverhältnis 7 575
–, Dienstleistung 7 578
–, Konzernsachverhalt 7 574
–, mittelbare verdeckte Einlage 7 575
–, mittelbare verdeckte Gewinnausschüttung 7 575
–, mittelbar verdeckte Einlage 7 574
–, mittelbar verdeckte Gewinnausschüttung 7 574
–, Nutzungseinlage 7 578
–, Schwesterkapitalgesellschaft 7 574

–, Valutarverhältnis 7 575
–, Veranlassung durch den Gesellschafter 7 575
–, Vollzugsverhältnis 7 575
–, Zuwendender 7 580
–, Zuwendung durch Enkelkapitalgesellschaft 7 577
Zuwendungsgegenstand, Anwartschaftsrecht 7 42
–, Bestellung von Sicherheiten 7 46
–, Bürgschaft 7 47
–, disquotale Einlage 7 48
–, Erhöhung einer Forderung 7 43
–, Erwerbsaussicht 7 42
–, Forderung 7 42
–, Grundsatz 7 39
–, Lebensversicherung 7 43
–, Leistung auf fremde Schuld 7 45
–, Sache 7 42
–, Schenkungsabrede 7 40
–, Sicherheiten im Dreipersonenverhältnis 7 47
–, Treuhandvertrag 7 42
–, wiederkehrende Leistung 7 44
–, zivilrechtliche Übertragung 7 42
Zuwendungsgegenstand im Kapitalgesellschafsrecht, Bargründung/verdeckte Sacheinlage 7 85
–, disquotale Einlage 7 72
–, Kapitalerhöhung gegen Einlage 7 73
–, Kapitalerhöhung gegen Aufgeld 7 74, 75
–, objektive Unentgeltlichkeit 7 71
–, teilweise Einziehung des Gesellschaftsanteils 7 84
Zuwendungsnießbrauch 13b 90, 180
Zuwendungstatbestand, Beweislast 7 37
–, objektiver Zuwendungstatbestand 7 31
–, subjektiver Zuwendungstatbestand 7 32
Zweckzuwendung 8 1 ff.
–, gemeinnützige Körperschaft 8 9
–, Grabpflege 8 8
–, Steuerentstehung 9 127
–, Steuerklasse 15 44
–, Steuerschuldner 8 12
–, Stiftung 8 10
–, Zweckschenkung 8 4
–, Zweckwidmung 8 6

Notizen

Notizen